DICCIONARIO
PRÁCTICO
DEL ESTUDIANTE

Con la colaboración de la

FUNDACIÓN
RAFAEL DEL PINO

DICCIONARIO
PRÁCTICO
DEL ESTUDIANTE

REAL ACADEMIA
ESPAÑOLA

ASOCIACIÓN DE ACADEMIAS
DE LA LENGUA ESPAÑOLA

ISBN: 978-84-03-09746-9
Depósito legal: B-32.968-2010
Impreso en España – Printed in Spain

Impreso en el mes de septiembre de 2010
en los Talleres Gráficos de Printer Industria Gráfica Newco, S. L.
08620-Sant Vicenç dels Horts (Barcelona)

Índice

Más que un diccionario

S i la palabra es lo que nos hace humanos, el cultivo de la capacidad léxica se convierte en una empresa de la máxima trascendencia individual y social. En la medida en la que una persona enriquece su caudal de palabras, amplía su posibilidad de entender el mundo y de disfrutar de él, al tiempo que ensancha y refuerza el dominio de su libertad.

En un buen diccionario se encierra todo, y en el caso del español, el tesoro que generaciones y generaciones de hombres y mujeres de nuestra cultura, de España y de América, han ido acumulando a lo largo de los siglos. No es un mausoleo de voces muertas, sino granero de semillas que pueden producir frutos multiplicados.

Este DICCIONARIO PRÁCTICO DEL ESTUDIANTE es el resultado de años de trabajo de los equipos de la Real Academia Española y de las veintiuna Academias de América y Filipinas que con ella integran la Asociación de Academias de la Lengua Española. Su objetivo es introducir a los alumnos en el maravilloso mundo de la palabra y guiarlos en el conocimiento de nuestro idioma.

Ha sido construido el Diccionario de nueva planta sobre la base de un banco de datos léxicos extraído de los libros de texto y de consulta utilizados en los sistemas educativos de España y de América, con el respaldo añadido de los ricos archivos lingüísticos de las Academias, cada una de las cuales ha cuidado lo relativo a su área lingüística.

La globalización de las comunicaciones, los flujos migratorios y la movilidad cada vez mayor de las personas hacen que hoy nos llegue de las más distintas partes del mundo un español variado en su léxico. Este DICCIONARIO PRÁCTICO DEL ESTUDIANTE quiere facilitar la comprensión de ese español total. Y no se limita para ello a registrar términos y definirlos. Con el apoyo constante de ejemplos de uso real, aporta una gran cantidad de aclaraciones y precisiones de índole gramatical, ortográfica o semántica, proporciona sinónimos posibles y completa su documentación con apéndices sobre conjugaciones, sobre numerales, etc.

Por todo ello puede decirse con justicia que este DICCIONARIO PRÁCTICO DEL ESTUDIANTE es más que un diccionario.

El DICCIONARIO PRÁCTICO DEL ESTUDIANTE es versión especialmente preparada para Hispanoamérica del DICCIONARIO DEL ESTUDIANTE de la Real Academia Española

ACADÉMICO ASESOR
Manuel Seco, de la Real Academia Española

COORDINADORA
Elena Zamora

Redactoras:
María Luisa Álvarez Rubio
Marta Criado González
Luisa Diez Bulnes

Agradecemos su eficaz aportación a Olimpia Andrés y Julián Gimeno Almenar.

Redacción del DICCIONARIO DEL ESTUDIANTE (2005)

ACADÉMICO ASESOR
Manuel Seco, de la Real Academia Española

EQUIPO DE REDACCIÓN

COORDINADORA:
Elena Zamora

Redactores:
Marta Criado González   María Luisa Álvarez Rubio

Natalia Beltrán Zarzuela   Luisa Diez Bulnes   Silvia Rebollo Conde   Susana Rodríguez Andrea
Jorge Sánchez Arribas   Eduardo Vallejo Palomo   Juan Antonio Villafáñez Gallego

Con la colaboración extraordinaria de Olimpia Andrés

Nuestro agradecimiento se extiende a Laura Fernández-Salinero San Martín, Guadalupe Galán Izquierdo, Marta García Gutiérrez, Julián Gimeno Almenar, Fernando de la Orden, Fernando Sánchez León, María del Mar Venegas García y Lourdes Leandra Yagüe Olmos.

ESPAÑOL DE AMÉRICA

Han colaborado:
– Humberto López Morales, Secretario General de la Asociación de Academias de la Lengua Española
– Jaime Bernal León-Gómez, de la Academia Colombiana de la Lengua
– Susana Cordero, de la Academia Ecuatoriana de la Lengua
– José G. Moreno de Alba, de la Academia Mexicana de la Lengua
– Matías Romero Coto, de la Academia Salvadoreña de la Lengua
– María Josefina Tejera, de la Academia Venezolana de la Lengua
– Alfredo Matus Olivier, Marianne Peronard y Felipe Alliende, de la Academia Chilena de la Lengua
– Rodolfo Cerrón-Palomino, de la Academia Peruana de la Lengua
– Francisco Albizúrez Palma, de la Academia Guatemalteca de la Lengua
– Miguel Ángel Quesada Pacheco, de la Academia Costarricense de la Lengua
– Martín Jamieson, de la Academia Panameña de la Lengua
– Gisela Cárdenas Molina, de la Academia Cubana de la Lengua
– Manuel Argüello, de la Academia Paraguaya de la Lengua Española
– Carlos Coello, de la Academia Boliviana de la Lengua
– Bruno Rosario Candelier y Ramón Emilio Reyes, de la Academia Dominicana de la Lengua
– Róger Matus Lazo, de la Academia Nicaragüense de la Lengua
– Pedro Luis Barcia, de la Academia Argentina de Letras
– Carolina Escudero y Héctor Balsas, de la Academia Nacional de Letras del Uruguay
– María Elba Nieto Segovia, de la Academia Hondureña de la Lengua
– María Vaquero y Amparo Morales, de la Academia Puertorriqueña de la Lengua Española
– Gerardo Piña-Rosales, de la Academia Norteamericana de la Lengua Española

Nuestro agradecimiento se extiende a Rocío Mandujano, María Luisa González, Soledad Chávez, Carlos Garatea, Guillermo Pérez Castillo, María Antonia Osés, Rigoberto Paredes y Juan Luis Martínez Guzmán.

ARTÍCULOS DE MUESTRA

Lema
(palabra estudiada).

Separación de las acepciones en bloques, según su categoría gramatical (véase SIGNOS).

Sinónimo de la combinacion estable del lema (véase SIGNOS).

café. m. **1.** Semilla del cafeto, convexa por una parte y plana y con un surco longitudinal por la otra. *Un paquete de café molido.* **2.** Infusión que se hace con granos de café (→ 1) tostados y molidos. *Desayuno café con leche.* **3.** Establecimiento en el que se sirve café (→ 2) y otras bebidas. ◉ adj. **4.** frecAm. Marrón. *El color de la araña es café claro* [C]. ■ ~ cantante. m. Establecimiento nocturno en el que se sirven bebidas y se interpretan canciones de género frívolo. ■ ~ descafeinado. m. Café (→ 1, 2) con bajo o nulo contenido de cafeína. ⇒ DESCAFEINADO. ■ ~ solo. m. Café (→ 2) sin leche. ■ ~ teatro. m. Establecimiento en el que se sirven bebidas y se representan obras de teatro cortas. ■ ~ tinto. m. Am. Café solo (→ café solo). *Desea tomarse un café tinto* [C]. ⇒ Am: TINTO. FAM cafetería; cafetero, ra; cafetín; caficultor, ra (Am).

Número de la acepción.

Ejemplo
(impreso en cursiva).

Combinación estable del lema.

Signo de palabra, que representa al lema (véase SIGNOS).

Familia: palabras relacionadas con el lema.

Remisión al apéndice de conjugación verbal.

Información sobre las preposiciones con las que suele combinarse la palabra estudiada.

vestir. (conjug. PEDIR). tr. **1.** Cubrir (a alguien) con ropa. *¿Puedes vestir a la niña?* **2.** Cubrir (algo), espec. para adornar(lo). *Visten el suelo DE/CON alfombras.* **3.** Proporcionar o hacer vestidos (a alguien). *La viste una modista.* ○ intr. **4.** Llevar ropa de unas características determinadas. *Vestía DE rojo.* Tb. prnl. *Se viste a la moda.* **5.** Llevar ropa de un determinado gusto. *Viste bien.* **6.** Ser algo, espec. la ropa o el material de que está hecha, elegante. *El color negro viste mucho.* ■ de ~. loc. adj. Dicho de ropa o calzado: Elegante o formal. *Camisa de vestir.*

Complemento directo del verbo en la acepción estudiada.

Información gramatical complementaria.

Sujeto del verbo en la acepción estudiada.

Sujeto de la locución.

En la definición, complemento correspondiente al de la locución.

encontradizo, za. hacerse alguien el ~ (con otra persona). loc. v. Fingir que se encuentra (con ella) por casualidad cuando ha sido intencionadamente. *Se hizo el encontradizo CON ella para pedirle una cita.*

Complemento de la locución.

adolecer. (conjug. AGRADECER). intr. Seguido de un complemento introducido por *de:* Tener como defecto lo expresado por él. *El informe adolece de falta de rigor.*

Construcción de la palabra estudiada.

muelle[1]. adj. **1.** cult. Agradable o blando. *Vida muelle.* ● m. **2.** Pieza elástica, gralm. de metal, que puede deformarse y después recuperar su forma. ▶ **2:** RESORTE.

muelle[2]. m. Obra construida en la orilla del mar o de un río, que sirve para facilitar a las embarcaciones el embarque y desembarque de personas y cosas.

gota. f. **1.** Pequeña porción de líquido, de forma esférica. *Gotas* DE *rocío.* **2.** coloq. Cantidad muy pequeña de algo. *Hay una gota* DE *viento.* **3.** Med. Enfermedad producida por el exceso de ácido úrico en la sangre y caracterizada por la hinchazón dolorosa de algunas articulaciones. ○ pl. **4.** Preparación farmacéutica en que se presentan algunos medicamentos líquidos para facilitar su dosificación en gotas (→ 1). *Vitamina A en gotas.* Tb. ese medicamento. *Me han recetado unas gotas.* ■ ~ a ~. loc. adv. **1.** En forma de gotas (→ 1). *El agua cae gota a gota.* **2.** Poco a poco, o lentamente. *Perdía la vida gota a gota.* □ loc. s. **3.** Med. Método para administrar sustancias gota a gota (→ gota a gota 1) por vía intravenosa. *El médico decidió recurrir al gota a gota.* Tb. el aparato con que se administra (→ gotero). ■ ni ~. loc. s. Nada. *No queda ni gota* DE *sal.* ■ sudar la ~ gorda. loc. v. coloq. Pasar mucho calor. *El panadero suda la gota gorda.* ■ sudar la ~ gorda (para algo). loc. v. coloq. Esforzarse o sufrir mucho (para ello). *Sudó la gota gorda* PARA *aprobar el examen.*

reelegir. (conjug. PEDIR; part. reelegido o, Am., reelecto). tr. Volver a elegir (a alguien). *Lo han reelegido como director. Aspira a ser reelecto* [C]. FAM reelección.

estadía. f. frecAm. Estancia (hecho de permanecer en un lugar durante un tiempo). *Acompañó a su padre durante su estadía en Costa Rica* [C]. En Esp. sobre todo tiene carácter literario o formal. ▶ *ESTANCIA.

audífono. m. Aparato para percibir mejor los sonidos, usado por los sordos. En Am. designa tb. el auricular de algunos aparatos. *Aparece con audífonos en las orejas dando pasitos sensuales con la música que escucha* [C].

alubia. f. Judía. *Se les quitan las hebras a las alubias y se cortan.*

Definición sinonímica.

Sinónimos de la combinación estable del lema (véase SIGNOS).

judía. f. Cada una de las semillas comestibles en forma de riñón y de diversos colores según la variedad, que crecen en hilera en frutos con forma de vaina aplastada y terminada en dos puntas. *Un guiso de judías blancas.* Tb el fruto. ■ ~ **verde.** f. Fruto de la planta de la judía, que se consume cuando está verde. ⇒ **Am:** CHAUCHA, EJOTE, POROTO. ▶ ALUBIA, HABICHUELA. ‖ **Am** o **frecAm:** CARAOTA, FRÉJOL, FRIJOL, POROTO.

Grupo de sinónimos o afines, destacando los americanos (véase SIGNOS).

escaño. m. **1.** Puesto o asiento de un parlamentario en una Cámara. *El ministro contestó desde su escaño.* **2.** Banco con respaldo en el que pueden sentarse varias personas. *En el recibidor hay un escaño de madera.* ▶ **Am: 1:** BANCA, CURUL.

Definición sinonímica en que se especifica el valor concreto del sinónimo empleado.

Sinónimo o afín básico.

curul. f. Am. Escaño (puesto de los parlamentarios). *Alcanzó una curul en la Asamblea Nacional Constituyente* [C]. ▶ *ESCAÑO.

Variantes ortográficas de palabras incluidas como familia del lema.

Variante ortográfica del lema.

yodo. (Tb. iodo). m. Elemento químico del grupo de los halógenos, que se emplea en medicina como desinfectante (Símb. *I*). FAM yodado; yoduro o ioduro.

Símbolo asociado a una acepción.

Prefijos y elementos compositivos más productivos.

trans-. (Tb. **tras-**). pref. Significa 'a través' (*transoceánico, transcontinental, trascutáneo, transiberiano*) o 'al otro lado' (*transalpino, transmontano, trasmuro*).

aero-. elem. compos. Significa 'aire' (*aerofobia, aeronavegación*) o 'aviación' (*aeroescuela*).

Remisión al apéndice de numerales.

cuatro. adj. → APÉND. NUM. ■ **más de** ~. loc. adj. coloq. Muchos. *Más de cuatro colegas te enviidarán.*

Información gramatical complementaria.

hámster. (pronunc. "jámster"; pl. **hámsteres**). m. Roedor parecido al ratón, que se cría como animal de compañía y de laboratorio. *El hámster hembra.*

Siglas más usuales.

DVD. (sigla; pronunc. "de-uve-de" o, Am., "de-ve-de"). m. Disco óptico que contiene en forma codificada imágenes y sonidos que se reproducen en la pantalla y los altavoces de un equipo electrónico. *Una película en DVD.*

Pronunciación de las palabras que tienen alguna dificultad al respecto.

Qué es el Diccionario práctico del estudiante

La Real Academia Española ofrece, en el presente DICCIONARIO PRÁCTICO DEL ESTU-DIANTE, una adaptación para Hispanoamérica de su *Diccionario del estudiante*, dirigida, como este, a una franja que abarca a los muchachos y jóvenes de edades entre doce y dieciocho años.

Nuevo. Ofrece una amplia selección de las entradas y acepciones del *Diccionario del estudiante*, ahora totalmente revisadas, atendiendo especialmente a los usos americanos, y siempre en un lenguaje actual y de fácil comprensión.

Actual. Contiene más de 30 000 palabras y locuciones representativas del léxico vivo del español general, y en particular de Hispanoamérica, en una cuidada selección del vocabulario fundamental que precisa un estudiante de enseñanza secundaria. Para esta tarea se tomó como base la consulta de un banco de datos léxicos, creado por la Academia ex profeso para la elaboración del *Diccionario del estudiante* e integrado por libros de texto de todas las materias.

Documentado. El Diccionario está elaborado tomando como punto de partida la rica base documental constituida por el Corpus actual del gran Banco de Datos léxicos de la Academia. Todas las voces y acepciones se cotejaron para asegurar su actualidad, desechando los usos anticuados o exclusivamente peninsulares.

Panhispánico. El Diccionario ofrece una selección de los americanismos más usuales y extendidos, todos ellos consultados con las Academias de la Lengua americanas.

Normativo. Informa sobre numerosas normas básicas de corrección lingüística que debe conocer el estudiante de habla española.

Con ejemplos vivos. Casi todas las definiciones van acompañadas de uno o más ejemplos basados en el uso real, que ilustran a menudo sobre las construcciones más características. Para los usos americanos, los ejemplos están directamente extraídos del Banco de Datos de la Academia.

Con informaciones detalladas. En cada acepción se informa del ámbito social y el nivel de uso. Además, se incluyen, en muchos casos, aparte del significado principal, otros relacionados, aclaraciones y precisiones sobre modos de empleo y combinaciones de la palabra. Todo ello ilustrado con ejemplos. Se indica la pronunciación de las palabras que pueden presentar alguna dificultad.

Con sinónimos. Una selección de los sinónimos y voces afines de la palabra estudiada se ofrece como complemento de muchas definiciones.

Con familias de palabras. Al final de numerosos artículos se registran otras palabras emparentadas por su forma y su contenido con la voz estudiada.

Con siglas. Dentro de la estructura general del Diccionario ocupan su lugar alfabético con su explicación las siglas más extendidas y usuales de nuestro idioma.

Y apéndices que muestran la conjugación de todos los verbos irregulares o que plantean alguna dificultad de conjugación, la lista de los numerales y un repertorio de reglas ortográficas básicas consensuadas por las Academias de la Lengua.

En resumen, un diccionario PRÁCTICO. Todo ello en **un formato moderno y accesible,** donde se destacan en color cada una de las voces estudiadas y los símbolos con que se estructura la información de cada uno de los artículos.

CÓMO USAR ESTE DICCIONARIO

EL LÉXICO QUE VA A ENCONTRAR EL LECTOR

Este Diccionario presenta y explica más de 30 000 palabras y locuciones del español de Europa y América. Es un diccionario académico: todas las voces y acepciones en él incluidas se encuentran en la última edición (2001) del *Diccionario* de la Real Academia Española (en adelante citado como *DRAE*) o en otros diccionarios publicados por ella.

ORDEN ALFABÉTICO DE LOS ARTÍCULOS

En este Diccionario los artículos siguen el orden alfabético normal. Sin embargo, a veces se rompe ligeramente este orden en beneficio del ahorro de espacio, como ocurre al agrupar en una sola entrada más de un lema o más de una remisión que ocuparían lugares muy próximos aunque no inmediatos. Por ejemplo, el artículo de lema doble "fisonomía o fisionomía" se alfabetiza después de **fisioterapia,** a pesar de que *fisonomía* debería figurar antes de *fisioterapia;* en las remisiones contiguas "**cantor, ra; canturrear; canturreo. → cantar**" y "**cantoral. → canto**[1]" se ha optado por agrupar *cantor, ra* junto a *canturrear* y *canturreo,* a pesar de que *cantoral* va inmediatamente antes que estas dos voces.

LÉXICO GENERAL, ACTUAL, DOCUMENTADO

El Diccionario registra el léxico **de hoy,** reflejando tanto el uso real como la norma vigente. La existencia en el uso actual de las voces y acepciones seleccionadas está garantizada por el cotejo de cada voz y cada acepción con los textos modernos almancenados en el gran Banco de Datos léxicos de la Academia. Además, teniendo en cuenta las necesidades de los destinatarios de esta obra, se ha aprovechado un Banco de

Datos de libros de texto creado especialmente para ella. El léxico actual recogido es del **español general** de España y América, prescindiendo de los usos locales o regionales, o de los exclusivamente nacionales. Y al ser un diccionario actual, **desecha los usos anticuados**. Esto no excluye la presencia selectiva de términos conservados en la actualidad para designar realidades del pasado, como *calendas, encomienda, arcabuz*. Todos ellos van consignados con la marca "histór." (ámbito histórico).

LOS NIVELES DE USO

Todo acto de uso de la lengua se realiza en situaciones concretas que influyen en la elección de una u otra forma de expresión. Muchas palabras son válidas para un número indefinido de situaciones; esas palabras aparecen en este Diccionario sin ninguna marca de uso; por ejemplo, *tener, cabeza, bueno*. Pero determinadas situaciones de comunicación reclaman o admiten palabras adecuadas a ellas. Por ejemplo, en conversación entre amigos o familiares son normales o posibles voces como *fenomenal* 'bueno': casos así se señalan con la marca "coloq." (coloquial). En grupos marginales puede oírse *hierba* 'marihuana' o *pedo* 'borrachera': aquí la marca usada es "jerg." (jergal). En obras literarias o en textos formales se emplearían palabras como *abyecto* 'vil o despreciable': estas voces se marcan como "cult." (culto). Entre personas de poca cultura se podría oír *arrejuntarse* 'pasar dos personas a vivir maritalmente sin haberse casado': en estas ocasiones, la marca es "vulg." (vulgar). Palabras que no deben pronunciarse ante personas respetables, como *mierda*, llevan la marca "malson." (malsonante). Cuando una voz es utilizada para hablar con niños, como *caca*, la marca utilizada es "infant." (infantil). Otras marcas empleadas han sido "despect." (despectivo) (*bailongo, valentón*), "humoríst." (humorístico) (*autobombo, gordinflón*) y "eufem." (eufemístico) (*descansar en paz* 'morir', *eme* 'mierda').

EL LÉXICO AMERICANO

Respondiendo a su carácter selectivo, el Diccionario recoge una muestra que no pretende ser extensa, pero sí significativa, de voces de América, indicando esta naturaleza por medio de marcas adecuadas. La selección se realizó de acuerdo con los siguientes criterios:

1º **Constan en el *DRAE*,** aunque no siempre lleven allí marca americana.
2º **Son usuales.**
3º **Están atestiguadas al menos en dos países americanos,** según la información del Banco de Datos.
4º **Han sido consultadas con las Academias de la Lengua americanas.**

Las **marcas** utilizadas en el Diccionario para señalar los usos americanos son dos: "Am." y "frecAm.". En ningún caso se debe entender que la voz o la acepción así marcadas se usen en todo el ámbito americano: solo dicen que el uso se da en dos o más países del continente. **La primera marca, Am.,** acompaña a usos exclusivamente americanos. Por ejemplo, *refaccionar* 'restaurar o reparar (algo, espec. un edificio)', *encomienda* 'paquete postal'. **La segunda marca, frecAm.,** indica voces o acepciones conocidas también en España, pero mayoritarias en América. Por ejemplo, *almorzar* 'tomar la comida del mediodía'. No se aplican estas marcas a las voces que, aun designando realidades americanas, son utilizadas sin alternativas en el español general y no son, por tanto, privativas del español americano. Por ejemplo: *llama, chicha, cumbia, ceiba*.

Sobre las **definiciones** y los **ejemplos** presentados en las entradas de voces americanas, véanse más adelante los apartados *LA DEFINICIÓN* y *LOS EJEMPLOS*.

LAS VOCES DE CIENCIAS, TÉCNICAS Y OTRAS ACTIVIDADES

De la extensa terminología de las ciencias y las técnicas se incluyen con marcas propias las voces y acepciones más difundidas. Sin embargo, claro está, no se han marcado como tales las ya establecidas en la lengua general. Así, se registra como propia de la medicina la voz *cefalea*, pero no la voz *jaqueca*, pues esta pertenece ya a la lengua común; o se ha marcado como de la bioquímica y de la medicina la voz *riboflavina*, pero no *vitamina*. Cuando una voz técnica se utiliza en varios ámbitos distintos con un mismo sentido, va marcada como *tecn.*, esto es, "de lenguaje técnico"; es lo que ocurre con *tomografía*, voz que se utiliza, por ejemplo, en geología, ingeniería y medicina.

Al lado de los términos de ciencias y técnicas están los especiales de diversas actividades o disciplinas, como la marina, la milicia, los oficios, las artes, el teatro y el cine, la radio y la televisión, la literatura, la filosofía, la religión, la mitología, los deportes y los juegos. Aunque algunas actividades más especiales no tienen asignada marca propia, sus definiciones van introducidas por indicaciones como "En atletismo", "En joyería", "En ajedrez", etc.

A propósito de la marca *Rel.* (religión), conviene advertir que la mayoría de las referencias son al catolicismo. Si se trata de alguna otra creencia en particular, se precisa en la definición.

LAS VOCES EXTRANJERAS

Van integradas en el cuerpo del Diccionario las voces extranjeras más frecuentes en el uso español, seleccionadas entre las que ya aparecen en el *DRAE*. Para señalar estas voces claramente como no españolas, se han impreso en cursiva y seguidas de una indicación del idioma al que pertenecen. (No debe confundirse este dato con la etimología de la voz, que no se incluye en ningún caso). Además, se añade al final del artículo, cuando es oportuno, información normativa consensuada por las Academias de la Lengua. Esta información se señala con el signo ¶. Así, la palabra inglesa *camping* se registra en el Diccionario como "*camping*. (pal. ingl.)", y tras la explicación de la voz se añade: "¶ [Adaptación recomendada: *campin*, pl. *cámpines*]".

LATINISMOS Y SIGLAS

El Diccionario recoge las principales palabras y locuciones latinas que se emplean con cierta frecuencia en español. A diferencia de las voces de lenguas modernas, presenta las latinas sin indicar el idioma de origen –salvo cuando son locuciones– e impresas en letra redonda, y les aplica las reglas de acentuación ortográfica como si fueran palabras españolas (así lo hace el *DRAE*); por ejemplo, **vox pópuli**. Cuando es necesario, indica la pronunciación: **sine qua non**, pronunc. "sine-kua-nón".

También entran en el cuerpo del Diccionario las siglas más extendidas y usuales, como **DVD** o **FM**.

PREFIJOS

1. Tienen entrada propia los principales prefijos vivos de nuestra lengua, es decir, los que son **productivos**, capaces de combinarse con palabras ya existentes en el idioma para crear palabras nuevas. Por ejemplo, re-, que ya se encuentra en voces tradicionales como *remachar, reponer, retiro*, puede formar otras nuevas con idea de 'repetición', como *repensar, reexplicación*, o con idea de 'intensidad', como *relisto, remacho*. Estas

formaciones con prefijos productivos tienen la particularidad de ser fácilmente comprendidas por un hablante aunque no las haya oído nunca, al ser perfectamente conocidos por él los componentes de la voz nueva. Por esta razón, algunas que ya se oyen ocasionalmente (como la citada *reexplicación*) pueden ser omitidas en los diccionarios sin ningún problema.

Los prefijos productivos tienen en su mayoría un sentido determinado, que se indica entre comillas simples:

> **re-.** pref. **1.** Significa 'repetición'. *Reexplicación, revaluar.* **2.** coloq. Denota 'intensidad o intensificación'. *Relisto, remacho.*

Pero otros no tienen significado preciso, sino solo la misión de intervenir en la formación de palabras derivadas:

> **a-.** pref. Se usa en la formación de algunos derivados. *Asilvestrado.*

2. Además de los prefijos tradicionales, cuyo origen y sentido están relacionados con preposiciones y adverbios, existen otros, relativamente modernos, nacidos de sustantivos, adjetivos o verbos. Todos los prefijos de esta serie se marcan como **elementos compositivos**. Por ejemplo, **cardio-** ('corazón'), en *cardiocirujano*; un **auto-**, de origen griego ('el mismo'), en *autocorrección, autolesionarse,* y un segundo **auto-** ('de automóvil'), en *autorradio*; o un **tele-**, de origen griego ('lejos'), en *teleoperador, teletransportar,* y otro **tele-** ('de televisión'), en *teleconcurso*.

Algunos prefijos, por apócope común en la lengua coloquial, se convierten en **palabras independientes**, sin perjuicio de su pervivencia como prefijos. Tal es el caso de **ex** o de **micro**, que se registran ya sin el guión final con que van encabezadas las entradas de los verdaderos prefijos.

> **ex.** m. y f. coloq. Persona que, respecto de otra, ha dejado de ser su cónyuge o pareja sentimental. *El ex de María sale ahora con su amiga Inés.*
>
> **micro.** m. coloq. Micrófono.

3. No se da entrada a los prefijos técnicos, como **meso-, ecto-**, etc., a menos que sean productivos en la lengua común, como **bio-** ('biológico') en *biocombustible*. Pero sí se incluyen los principales prefijos que forman múltiplos o submúltiplos de unidades de medida, como **deca-** ('diez'), en *decalitro*.

ADJETIVOS EN -BLE Y ADVERBIOS EN -MENTE

Por razones de espacio, el Diccionario no incluye aquellas voces terminadas en los sufijos *-ble* y *-mente* cuyo significado sea fácilmente deducible a partir de la palabra de la que derivan. Así, no recoge la voz **elegible**, por entender que su significado, "Que puede ser elegido", es fácil de deducir del significado de *elegir*. En cambio, sí registra **mudable**, porque su significado, "Que muda con gran facilidad", no es inmediatamente deducible de los significados de la voz *mudar*. Es distinto, en cambio, lo que sucede con **imperdible**, que, además de su significado de fácil deducción, "Que no se debe perder o dejar de aprovechar", tiene una acepción sustantiva: "Alfiler que se abrocha...". En casos como estos se exponen tanto las acepciones deducibles como las que no lo son.

En lo que se refiere a los adverbios terminados en *-mente*, el Diccionario no registra los que se podrían definir como "De manera + *adjetivo base*"; por ejemplo, **astutamente** "De manera astuta". En cambio, incluye **remotamente**, porque, además de la acepción "De manera remota", tiene la siguiente: "En un lugar o tiempo remotos". También en estos casos se explican todas las acepciones, las deducibles y las no deducibles.

LA PUERTA DEL ARTÍCULO: EL LEMA

El lema es la voz, normalmente una sola, que, por ser el objeto de estudio en el artículo, es la que lo encabeza. Si la voz tiene variación de género, la forma masculina va seguida de la terminación femenina: **niño, ña; algún, na; barón, nesa.** A veces el femenino tiene una segunda forma que se hace constar a continuación: **director, tora** (o **triz**). Si se trata de una unidad latina o extranjera compuesta de dos o más palabras, figura como lema tal cual es, ordenándola alfabéticamente como si estuviera escrita en una sola palabra: **in situ,** entre **insistir** e **insobornable.**

VARIANTES GRÁFICAS

Algunas palabras pueden existir en dos formas distintas, ambas aceptadas, aunque generalmente preferida una de ellas. El Diccionario da las dos al comienzo de la entrada, poniendo en primer lugar la que suele considerarse preferible. Por ejemplo: "**enseguida. (Tb. en seguida)**"; "**período o periodo**". Si la segunda forma requiere un lugar alfabético distinto, se inserta allí, remitida a la primera: **postdata. → posdata.**

EL ARTÍCULO POR DENTRO

En los artículos más desarrollados, las **acepciones** (esto es, las explicaciones de los significados) se dividen en dos bloques, separados por el signo ■: las acepciones simples y las formas complejas.

1. Las **acepciones simples** –las de la palabra cuando no se combina de manera fija con otra– van numeradas, y se intercala entre ellas el signo ● cuando hay cambio de categoría gramatical (adjetivo/sustantivo, adjetivo/adverbio, etc.). El signo ○ separa subdivisiones dentro de una misma categoría (en un verbo, transitivo/intransitivo, etc.; en un nombre, masculino/masculino y femenino, etc.). El orden de las categorías y de sus subdivisiones depende de la naturaleza básica de la voz: por ejemplo, en **más,** el orden es adverbio, adjetivo, pronombre y sustantivo; en el verbo **pensar,** se comienza por las acepciones transitivas y se sigue con las intransitivas, mientras que en el verbo **andar,** el orden es el contrario.

2. Las **formas complejas** –combinaciones de la palabra estudiada, más o menos fijas, con otras palabras, o bien formas especiales del lema– se reparten en dos grupos, el de las **combinaciones estables del lema** y el constituido por las otras formas complejas, que son las **locuciones** y las **expresiones,** y algunas **interjecciones.**

a) Las *combinaciones estables del lema* van marcadas como nombres. Por ejemplo, en el artículo **número** son combinaciones estables **número romano** (nombre masculino), **número uno** (nombre masculino y femenino) y **números rojos,** nombre masculino plural. Si la combinación contiene un adjetivo con variación de género, esta se indica añadiendo la terminación del femenino separada por una raya oblicua; por ejemplo, en el artículo **hijo, ja,** aparece la combinación ~ **adoptivo/va.** Las combinaciones estables se ordenan alfabéticamente, poniendo en primer lugar las que comienzan con el lema y a continuación las que lo contienen en segundo término.

b) *Otras formas complejas.* Las **locuciones** son combinaciones fijas con distintas funciones en la frase. Hay locuciones verbales, como **poner en solfa** (algo o a alguien); sustantivas, como **el ojo derecho** (de alguien); adjetivas, como **de provecho;** adverbiales, como **fuera de quicio;** prepositivas, como **en vez de,** y conjuntivas, como **por más que.**

También se consideran locuciones verbales las construcciones formadas por un verbo y un pronombre enclítico, como **apañárselas**.

Las **expresiones** son combinaciones con una forma fija y con cierta independencia dentro de la frase, aunque no son necesariamente oraciones independientes: **ni que decir tiene, dale que dale, ya lo creo, hasta luego, por todos los santos, por favor**. Si tienen un verbo, este suele experimentar muy poca variación morfológica, a diferencia de las locuciones verbales. Por ejemplo, la expresión **es mucho decir**, usada para refutar o matizar lo expuesto anteriormente, no admitiría apenas modificación, salvo, por ejemplo, usada en estilo indirecto: *Le respondió que eso de que fueran amigas era mucho decir.*

En el apartado de las formas complejas figuran también las **interjecciones** que no tienen entrada propia, como **vaya**, que se incluye en **ir**, o **cielos**, que va en el artículo **cielo**.

LA DEFINICIÓN

Cada una de las acepciones del artículo, sea acepción simple o forma compleja, está constituida básicamente por una definición, esto es, por la explicación de un significado.

1. *Dos formas de definición.* La explicación del significado puede consistir en una palabra o una frase con categoría gramatical igual y sentido equivalente a los de la definida; es decir, prácticamente es un sinónimo suyo (**definición propia**); por ejemplo, del adjetivo **burgués, sa**, es definición propia la frase "de la clase media o acomodada", que tiene valor adjetivo y que por su sentido puede sustituir en un contexto al adjetivo *burgués*.

Pero también la explicación del significado puede no reunir las condiciones de la definición propia, sino consistir en una oración que exponga el contenido de la palabra diciendo para qué sirve (**definición impropia**). La forma característica de esta modalidad comienza por "se dice de" o "se usa para"; por ejemplo, en el caso de nuestra palabra, sería: "Se dice de lo que corresponde o pertenece a la clase media o acomodada".

En este Diccionario lo normal es la definición propia. La impropia solo aparece en los casos en que esto no es posible; por ejemplo, "**excelentísimo, ma.** adj. Se usa, antepuesto a *señor* o *señora*, como tratamiento que corresponde a determinados cargos o dignidades"; en el artículo **haber**, "**no hay de qué.** expr. Se usa como fórmula de cortesía para contestar a alguien que da las gracias".

Todas las definiciones van precedidas de la marca que expresa la categoría gramatical (verbo, adjetivo, etc.).

2. *Definiciones con referencia a una acepción anterior.* A pesar de la afirmación tan repetida de que "la palabra definida no debe entrar en la definición", la práctica es perfectamente válida si la palabra aparece refiriéndose a una acepción ya definida. Así se hace en este Diccionario siempre que conviene. Por ejemplo, "**valla**. f. 1. Cerco de madera [...]. 3. En una carrera deportiva: Obstáculo en forma de valla (→ 1) que debe ser saltado por los participantes". (El número remite a la acepción a que se alude).

3. *Palabras de América.* Las definiciones de las palabras de América siguen las normas generales expuestas. En el caso de las voces que, siendo diferentes en España y América, designan una misma realidad existente a ambos lados del Atlántico, el Diccionario, por economía de espacio, opta a menudo por la definición sinonímica, utilizando como definidor una voz equivalente considerada más general. Por ejemplo:

cacho². m. Am. Cuerno. *Los animales grandes que poseen cachos resisten golpes fuertes en la cabeza* [C].

cerquillo. m. Am. Flequillo. *Ella llevaba una suerte de peinado paje, ese con el cerquillo* [C].

INFORMACIONES COMPLEMENTARIAS SOBRE LA FORMA

A la información que ofrecen las definiciones se añaden con frecuencia, entre paréntesis, datos suplementarios sobre cuestiones de forma, que pueden afectar a todo el artículo o solo a acepciones concretas. Esta información es muy variada:

- *Peculiaridades en cuanto al género o al número:* "**mar.** m. (En aceps. 1, 2 y 4, tb. f.)" o "**clip.** (pl. **clips**). m.";
- *Pronunciación de palabras con alguna particularidad:* "**texano, na.** (pronunc. "tejáno")" o "**SOS.** (pronunc. "ese-o-ese")";
- *Variantes del lema:* "**en-.** (Tb. **em-** ante *b* y *p*)", o de una forma compleja: "**contra reloj.** (Tb. **contrarreloj**)";
- *Usos en mayúscula:* "**avemaría.** f. 1. (Frec. en mayúsc.). Oración cristiana...";
- *Apócopes:* "**bueno, na.** (apóc. **buen:** se usa ante m. sing. ...);
- *Comparativos y superlativos irregulares* (junto con los regulares, si pueden alternar): "**bueno, na.** ([...] compar. **mejor;** sup. **buenísimo, óptimo;** sup. cult., **bonísimo**)";
- *Naturaleza extranjera de una voz:* "**blues.** (pal. ingl.)";
- *Indicación de siglas:* "**ADN.** (sigla)";
- *Advertencia sobre marcas registradas:* "**celofán.** (Marca reg.: *Cellophane*)", etc.

Los verbos irregulares, o los que tienen alguna peculiaridad en su conjugación, remiten al apéndice correspondiente, CONJUGACIÓN VERBAL: "**pacer.** (conjug. AGRADECER)". En algunas voces, se remite al apéndice de NUMERALES: "**catorce.** → APÉND. NUM.".

INFORMACIONES COMPLEMENTARIAS SOBRE EL SIGNIFICADO

Al margen de la definición es a veces necesario precisar en qué circunstancias, o con relación a qué personas o cosas, tiene validez propia la fórmula expuesta. Esa precisión se presenta normalmente precediendo a la definición. Por ejemplo:

> **valla.** f. [...] <u>En una carrera deportiva</u>: Obstáculo en forma de valla (→ 1) que debe ser saltado por los participantes.

> **sofista.** [...] m. **2.** histór. <u>En la Grecia del s. V a. C.</u>: Maestro de retórica y de filosofía que enseñaba el arte de hablar en público y de defender una tesis mediante cualquier tipo de argumento.

> **cirílico, ca.** adj. <u>Dicho de alfabeto o de sus signos</u>: Que se usan en ruso y otras lenguas eslavas.

> **certero, ra.** adj. [...] <u>Dicho de persona</u>: Que actúa con acierto.

> **trotón, na.** adj. <u>Dicho de caballería</u>: Que tiene por paso ordinario el trote.

> **yerno.** m. <u>Respecto de los padres de una mujer</u>: Marido de ella.

EL CONTORNO DE LA DEFINICIÓN

El contorno es un elemento del concepto definido, pero que no forma parte propiamente de la definición, sino que es un elemento obligatorio en un contexto real de uso de la palabra definida. Se puede ver esto con el siguiente ejemplo:

> **rapar.** tr. **1.** Cortar (el pelo) al rape. *Rapan el pelo a los soldados.* **2.** Cortar el pelo (a alguien o algo) al rape. *Le han rapado la cabeza.*

La definición de la primera acepción incluye un elemento entre paréntesis, *el pelo*, que no forma parte de la definición, sino del uso real que, en forma de frase, se hace de la palabra definida. En este caso, *el pelo* es el complemento directo de *rapar* en la frase real.

En la definición de la segunda acepción, el elemento que va entre paréntesis, *a alguien o algo*, no es parte de la definición, sino el complemento directo del mismo verbo *rapar* en la frase real. En cambio, aquí *el pelo* sí forma parte de la definición.

El contorno de **complemento directo** se marca **entre paréntesis**. Pero el contorno puede ser también de **sujeto**, y en este caso se marca presentándolo **en letra pequeña**:

pintar. [...] intr. **6.** Dibujar o dejar marca un lápiz u otro utensilio para escribir. *El lápiz no pinta.*

LOS EJEMPLOS

Tienen mucha importancia los ejemplos contenidos en los artículos. Casi todas las definiciones –excepto las de voces y acepciones malsonantes (marcadas como "malson.")– van acompañadas de un ejemplo de uso, o a veces más, reflejando en este caso distintos aspectos del sentido.

Los ejemplos que ilustran las voces o acepciones de América son citas de textos americanos tomadas del Corpus actual del Banco de Datos. Esta procedencia se certifica por medio de la marca "[C]" que sigue a cada ejemplo.

Al ser este un diccionario selectivo y no exhaustivo, pueden aparecer en los ejemplos voces no incluidas en el cuerpo de la obra. Puede ocurrir esto con más frecuencia en los ejemplos americanos, extraídos directamente del Banco de Datos. Siempre que la presencia de una voz desconocida no oscurezca el sentido de la que se quiere ilustrar, se respeta la frase tal cual, en beneficio de la expresividad y autenticidad del texto.

SINÓNIMOS Y AFINES

Tras las acepciones se abre un apartado, que comienza con el signo ▶, donde se presentan los principales sinónimos y afines de la voz. Se consideran *afines* aquellas palabras que, sin ser sinónimos perfectos (los cuales raramente existen), tienen un significado próximo al de la voz estudiada, lo que las hace susceptibles en muchos casos de ser empleadas como equivalentes de la voz en cuestión. Si la entrada tiene más de una acepción, el sinónimo o afín se expone precedido de uno o más números que indican la acepción o acepciones a las que se asigna. Naturalmente, no hay números si el sinónimo o afín vale para todas las acepciones de la voz.

La información de sinónimos y afines solo se da tratándose de nombres, adjetivos, verbos y combinaciones estables del lema.

Los sinónimos o afines propios del español americano se presentan separados de los otros por medio del signo ‖ y precedidos de la marca **Am** o **frecAm** (que ya se explicó a propósito de los americanismos).

Un sinónimo o afín marcado con un asterisco significa que se da como cabeza de grupo y que en la entrada correspondiente a esa palabra se podrán encontrar otros términos igualmente relacionados. Por ejemplo, en el artículo **taladrar**, *AGUJEREAR.

En el caso de las combinaciones estables, sus sinónimos y afines se exponen al final de la acepción, señalados con el signo ⇒. Por ejemplo, en la combinación **número quebrado**, ⇒ FRACCIÓN, QUEBRADO.

Conscientemente se limita el número de sinónimos citados. Ante todo, hay que recordar el carácter selectivo de esta obra, que en este aspecto no es un diccionario *de* sinónimos y afines, sino un diccionario *con* sinónimos y afines. A veces esta información explícita se omite por innecesaria, al ser un sinónimo la propia definición.

poro². m. Am. <u>Puerro</u>. *Al caldo se añaden apio, poro, nabo y cebolla* [C].

puerro. m. Hortaliza de bulbos comestibles, cilíndricos y alargados, formados por capas superpuestas. Tb. el bulbo. *Puré de puerros y patatas.* ▶ **Am:** PORO.

No obstante, en el caso de que la definición en forma de sinónimo tenga además algún tipo de especificación, se hace constar el sinónimo.

candela. f. **1.** <u>Vela (pieza de cera)</u>. **2.** frecAm. Lumbre o fuego. *El carbón daba una candela azul más fuerte* [C]. ▶ **1:** VELA.

vela¹. f. [...] **2.** Pieza gralm. cilíndrica de cera u otra materia grasa consistente, que tiene una mecha en su eje para encenderla, y que se usa para alumbrar. *Enciende una vela.* [...] ▶ [...] **2:** CANDELA.

Por otra parte, no se citan los sinónimos que pertenecen a un nivel marcado, ya que en tales niveles se da con frecuencia una sinonimia muy amplia. (Piénsese, por ejemplo, en los numerosos sinónimos que en la lengua coloquial tiene una voz de nivel no marcado como **tonto**). Como consecuencia, un caso como **chancho, cha** solo lleva indicación de sinónimo para la primera acepción, no marcada, y no para la tercera, que va marcada como "coloq.":

chancho, cha. m. **1.** Am. Cerdo (mamífero doméstico, o su carne). *Yo crié hartas gallinas, pavos, chanchos* [C]. ○ f. **2.** Am. Hembra del chancho (→ 1). *Allí había una tremenda chancha recién parida* [C]. ○ m. y f. **3.** Am. coloq. Cerdo (persona sucia, o persona despreciable). *Le dije que era un chancho* [C]. ▶ **1:** *CERDO.

Tampoco se muestran en los sinónimos las simples variantes gráficas o fonéticas: en el artículo **judía** 'legumbre', se menciona el sinónimo **frijol**, omitiendo la variante **fríjol**, que sí se hace constar, claro está, en el artículo **frijol**.

FAMILIAS DE PALABRAS

Al final de muchas entradas existe un apartado, que comienza con el signo FAM, constituido por una breve lista de palabras **cercanas al lema** en el orden alfabético, **emparentadas por su forma y su contenido con la que encabeza el artículo**. Estas voces, por economía de espacio, no tienen artículo propio, ya que su parentesco con la de cabecera es suficiente para deducir con facilidad su significado básico. A pesar de no estar expresamente definidas, el conocimiento de este significado básico permite que sean utilizadas formando parte de definiciones y ejemplos de otros artículos. Véase, por ejemplo, cómo la voz **renuncia**, que figura en la familia de **renunciar**, aparece empleada en la definición de otro artículo, **privación**:

renunciar. (conjug. ANUNCIAR). intr. **1.** Dejar o abandonar voluntariamente algo o a alguien, o el derecho a ellos. *El rey renunció AL trono.* ○ tr. **2.** Dejar o abandonar voluntariamente (algo) o el derecho (a ello). *El ministro renunció su cargo.* FAM <u>renuncia</u>; renunciable; renunciación; renunciamiento.

privación. f. **1.** Hecho de privar a alguien de algo. *Una condena de privación DE libertad.* **2.** Carencia de lo necesario o de lo deseado, debida a las circunstancias o a la <u>renuncia</u> voluntaria. Frec. en pl. *En la guerra pasaron privaciones.*

Para localizar fácilmente una palabra incluida en el bloque de FAM, se añade, en el lugar que le correspondería alfabéticamente, una remisión al artículo bajo el que figura, siempre y cuando se halle a más de tres o cuatro artículos de distancia, o menos si los artículos interpuestos son de tamaño considerable. Por ejemplo, la voz **fineza**, en su lugar alfabético correspondiente, remite a **fino, na** porque entre ambas figuran los artículos **fingido, da, fingir, finiquitar, finisecular, finito, ta** y **finlandés, sa.**

La existencia de una familia de palabras no implica que en ella se recojan necesariamente todas las relacionadas en forma y contenido con la que encabeza el artículo. Alguna de estas puede exigir artículo propio e incluso tener familia propia. Por ejemplo, **populismo**, frente a **popular**:

> popular. adj. **1.** Del pueblo o clase social más humilde. *Revuelta popular.* **2.** Conocido y apreciado por mucha gente. *Una popular cantante.* **3.** Que está al alcance de la gente con menos recursos económicos. *Precios populares.* ▶ **2:** *FAMOSO. FAM **popularidad; popularismo; popularista; popularización; popularizar.**

> populismo. m. despect. Tendencia a defender los intereses del pueblo o clase social más humilde. *Un gobierno de marcado populismo.* FAM **populista.**

No debe entenderse que las palabras agrupadas en FAM sean siempre derivadas de la que encabeza el artículo; en general, figura como lema aquella voz que es la más general o aporta más rasgos significativos, de modo que a partir de ella se puedan interpretar las otras dentro de un contexto:

> bramido. m. **1.** Voz característica del toro, el ciervo u otros animales semejantes. *El ciervo atrae a la hembra con sus bramidos.* **2.** Grito de la persona furiosa y colérica. *Sus bramidos se oían en toda la casa.* **3.** Ruido áspero y grave producido por el mar embravecido o por el viento agitado. *Los bramidos del viento no me han dejado dormir.* ▶ **2:** *GRITO. FAM **brama; bramar.**

Puede ocurrir que una voz recogida en el apartado FAM coexista con otra de igual forma, pero sin ese parentesco y tratada como artículo independiente. En estos casos, se añade, para aclarar, un ejemplo de uso junto a la voz que figura en FAM:

> calcular. tr. **1.** Realizar las operaciones matemáticas necesarias para averiguar (una cantidad o una magnitud). *Calcula cuánto costará el viaje.* **2.** Suponer (algo) por indicios u observaciones. *Calculo que tendrá veinte años.* **3.** Reflexionar atentamente (sobre algo que se va a hacer). *El político calculó su respuesta.* FAM **calculador, ra; cálculo** (*Haga un cálculo de los costes*).

> cálculo. m. *Med.* Acumulación anormal de sales minerales que se forma en el riñón, en la vesícula biliar o en la vejiga. *El cólico se ha debido a un cálculo en el riñón.* ▶ PIEDRA.

Las variantes ortográficas de las voces incluidas en FAM se recogen a continuación de la forma principal:

> psicosis. (Tb. sicosis). f. *Med.* Enfermedad mental, espec. la caracterizada por alteración de la personalidad, trastornos del pensamiento y pérdida de contacto con la realidad. FAM **psicótico, ca o sicótico, ca.**

Abreviaturas

Por economía de espacio, solo se recogen como explicación las formas masculinas en singular, aunque la abreviatura concreta sirva indistintamente para masculino o femenino, singular o plural. Cuando una abreviatura se ha utilizado exclusivamente para el femenino, solo se hace explícita esta forma.

acep.	acepción	elem.	elemento
adj.	adjetivo	*Encuad.*	Encuadernación
adv.	adverbio o adverbial	Esp.	España
Aer.	Aeronáutica	espec.	especialmente
al.	alemana	eufem.	eufemismo
Am.	América	exclam.	exclamativo
Anat.	Anatomía	expr.	expresión
Antropol.	Antropología	f.	femenino o nombre femenino
APÉND.	apéndice	fig.	figurado
apóc.	apócope	*Fil.*	Filosofía
Arq.	Arquitectura	*Fís.*	Física
Arqueol.	Arqueología	*Fisiol.*	Fisiología
art.	artículo	*Fon.*	Fonética y Fonología
Astrol.	Astrología	fr.	francesa
aux.	verbo auxiliar	frec.	frecuente o frecuentemente
Biol.	Biología	frecAm.	frecuente en América
Bioquím.	Bioquímica	fut.	futuro
Bot.	Botánica	*Geogr.*	Geografía
Coc.	Cocina	*Geol.*	Geología
coloq.	coloquial	*Gráf.*	Artes gráficas
Com.	Comercio	gralm.	generalmente
compar.	comparativo	*Gram.*	Gramática
compl.	complemento	*Heráld.*	Heráldica
compos.	compositivo	histór.	ámbito histórico
conj.	conjunción	humoríst.	humorístico
conjug.	conjugación	impers.	impersonal
conjunt.	conjuntiva	indef.	indefinido
constr.	construcción	indet.	indeterminado
Constr.	Construcción	infant.	infantil
copul.	verbo copulativo	*Inform.*	Informática
cult.	culto	*Ingen.*	Ingeniería
Dep.	Deportes	ingl.	inglesa
Der.	Derecho	interj.	interjección
despect.	despectivo	interrog.	interrogativo
det.	determinado	intr.	verbo intransitivo
dim.	diminutivo	invar.	invariable
Ecol.	Ecología	it.	italiana
Econ.	Economía	jap.	japonesa
Electrón.	Electrónica	jerg.	jergal

lat.	latina	pref.	prefijo
Ling.	Lingüística	*Prehist.*	Prehistoria
Lit.	Literatura	prep.	preposición
loc.	locución	prepos.	prepositiva
m.	masculino o nombre masculino	pret.	pretérito
malson.	malsonante	prnl.	pronominal
Mar.	Marina	pron.	pronombre
Mat.	Matemáticas	pronunc.	pronunciación
mayúsc.	mayúscula	*Psicol.*	Psicología
Mec.	Mecánica	*Quím.*	Química
Med.	Medicina	reg.	regular (verbo) o registrada (marca)
Meteor.	Meteorología	*Rel.*	Religión
Mil.	Milicia	relat.	relativo
Mineral.	Mineralogía	s.	sustantiva
Mús.	Música	sent.	sentido
n.	nombre	Símb.	símbolo
NUM.	numerales	sing.	singular
Of.	Oficios	*Sociol.*	Sociología
pal.	palabra	sup.	superlativo
part.	participio	*Taurom.*	Tauromaquia
Period.	Periodismo	tb.	también
pers.	persona o personal	tecn.	tecnicismo
pl.	plural	tr.	verbo transitivo
Polít.	Política	TV	Televisión
poses.	posesivo	v.	verbo o verbal
pospret.	pospretérito	vulg.	vulgar
pralm.	principalmente	*Zool.*	Zoología

Signos

~	Sustituye al lema cuando este se cita en el interior del artículo. Si el lema presenta variación de género, el signo ~ representa las dos formas. Por ej., en el artículo **muerto, ta,** ~ *de hambre* significa "muerto o muerta de hambre".

( )   **a)** Indica elementos opcionales. Por ej., en el artículo **espalda**, se recoge la forma compleja *caerse de* ~(s); en el artículo **lugar**, se recoge la locución *en buen* (o *mal*) ~.

      b) En la definición de los verbos, indica el complemento directo. Por ej., en el artículo **presentir**, "Tener la sensación de que (algo) va a suceder".

      c) En la lematización de las formas complejas, encierra los complementos. Por ej., en el artículo **dar**, se recoge la forma compleja *dárselas* alguien (de algo).

      d) En algunas definiciones sinonímicas, sirve para especificar el valor concreto del sinónimo empleado. Por ej., en el artículo **talle**, "Cintura (parte del cuerpo, o parte de una prenda)".

      e) En las definiciones, si se incluye un nombre propio, encierra una información básica para identificar lo nombrado. Por ej., en el artículo **alejandrino, na,** "De Alejandro Magno (emperador, 356-323 a. C.)...".

→   Remite a un artículo o a una acepción. Por ej., en el artículo **estrella**, la definición de la acepción 2, "Figura de una estrella (→ 1)...", indica que el sentido que aquí tiene *estrella* es el presentado en la acepción 1, "Cuerpo celeste...".

⇒   Remite al sinónimo o afín de una combinación estable de la palabra estudiada. Por ej., en el artículo **cuarto, ta**, la combinación estable **cuarto de baño** incluye los sinónimos o afines del siguiente modo: "⇒ BAÑO, LAVABO. ‖ Am: LAVATORIO".

►   Indica remisión a sinónimos o afines del lema o de alguna de sus acepciones. Por ej., en el artículo **afeitar**, "► RASURAR" significa que *rasurar* es sinónimo o afín de *afeitar* en sentido general. En el artículo **tablón**, "► 2: TABLERO" significa que *tablero* es sinónimo o afín de *tablón* en su acepción 2.

‖   En el apartado donde se recoge la sinonimia, separa los sinónimos o afines propios del español general, de los que corresponden a la variedad americana. Por ej., en el artículo **doblar,** "► 3: VOLVER. ‖ Am: 3: VOLTEAR" significa que, en la acepción 3, *volver* es sinónimo o afín de *doblar* en el español general, mientras que *voltear* lo es en el español americano.

*	En el apartado donde se recoge la sinonimia, va antepuesto a una voz para indicar que esta es un sinónimo o afín básico. Por ej., en el artículo **ameritar**, "*MERECER" significa que en el artículo *merecer* se encuentra la serie de sinónimos o afines correspondientes.
●	Separa las acepciones o grupos de acepciones pertenecientes a categorías gramaticales distintas (adjetivo, pronombre, sustantivo, etc.). Por ej., en el artículo **oficial, la,** separa las acepciones adjetivas de las sustantivas.
○	Separa las acepciones o grupos de acepciones pertenecientes a subcategorías gramaticales (en los sustantivos: m. / f. / m. y f. / pl., etc.). Por ej., en el artículo **saltar,** separa las acepciones intransitivas de las transitivas.
■	Señala, en un artículo, el comienzo del apartado destinado a las formas complejas. Por ej., en el artículo **regla,** tras el signo, aparecen las formas complejas: ~ **de tres, las cuatro ~s, en ~** y **por ~ general.**
□	Separa, dentro de las formas complejas, las combinaciones estables del resto de las formas complejas. Por ej., en el artículo **regla,** antes del signo, aparecen las combinaciones estables ~ **de tres** y **las cuatro ~s,** y después las formas complejas **en ~** y **por ~ general.**
■	Separa entre sí las distintas formas complejas. Por ej., en el artículo **regla,** las formas complejas **en ~** y **por ~ general** van separadas entre sí por este signo.
□	Separa las acepciones de una forma compleja cuando tienen distinta categoría o subcategoría gramatical. Por ej., en el artículo **regla,** la forma compleja **en ~** tiene dos acepciones, una que es locución adjetiva y otra que es locución adverbial.
¶	En los artículos correspondientes a palabras extranjeras, señala el apartado que recoge información normativa de la Academia. Por ej., en el artículo *camping,* la adaptación recomendada es *campin.*
FAM	Presenta palabras que, por su forma y su contenido, están relacionadas con la palabra que encabeza el artículo. Por ej., en el artículo **radical,** se incluyen del siguiente modo palabras relacionadas: "FAM **radicalidad; radicalismo; radicalizar**".

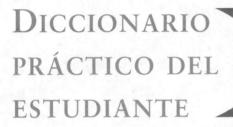

Diccionario práctico del estudiante

a

a¹. (pl. **aes**). f. Letra del abecedario español que corresponde al sonido vocálico articulado en la parte central de la boca y teniendo esta más abierta.

a². prep. **1.** Introduce el complemento directo, cuando designa persona, animal o, con determinados verbos, cosa. *El perro persigue al gato.* **2.** Introduce el complemento indirecto. *Póngale tinta a la impresora.* **3.** Introduce un complemento que indica el término de un movimiento o una trayectoria, o el punto en que acaban. *Vuelo a Londres.* **4.** Introduce un complemento que indica el límite hasta el que llega o se extiende algo. *El vestido le llega a los pies.* **5.** Introduce un complemento que expresa el aspecto en el que se considera la cualidad designada por el adjetivo que precede. *La angora es suave al tacto.* **6.** Introduce un complemento que expresa el tiempo en que ocurre un hecho. *¿Quedamos a las tres?* **7.** Introduce un complemento que expresa la situación o localización de la acción verbal con respecto a un punto expresado o sobrentendido. *Siéntese a mi derecha.* **8.** Seguida de un infinitivo, introduce una construcción que expresa una orden o una exhortación. *¡A dormir, que son las diez!* **9.** Seguida de un nombre, se usa para expresar la orden de que alguien vaya al lugar designado por él. *¡A la mesa, que se enfría la comida!* **10.** Introduce un complemento que expresa finalidad. *Voy a que me revisen los ojos.* **11.** Introduce el complemento propio de ciertos verbos, adjetivos y nombres. *Se parece a su padre. Sabor a fresa.* **12.** Con ciertos adverbios forma locuciones prepositivas, como *frente a* o *respecto a.*

a-. pref. Se usa en la formación de algunos derivados. *Asilvestrado.*

ábaco. m. Instrumento que sirve para contar.

abad, desa. m. y f. Superior de un monasterio.

abadía. f. Monasterio regido por un abad o una abadesa.

abajo. adv. Hacia, o en, un lugar más bajo o que está debajo. *Vayan abajo, al sótano.* ▪ **echar**, o **tirar, ~** (algo). loc. v. Derribar(lo).

abalanzarse. intr. prnl. Lanzarse sobre alguien o algo. *El gato se abalanza* HACIA /SOBRE *mí.*

abalear. tr. Am. Tirotear (a alguien o algo). *Acuchillan o abalean a cualquiera* [C]. ▶ *TIROTEAR.

abalorio. m. **1.** Objeto de adorno personal de poco valor. *Collares, pulseras y otros abalorios.* **2.** Cuenta o pieza agujereada, gralm. de vidrio, que se ensarta como adorno.

abanderado, da. m. y f. **1.** Persona que lleva la bandera. *Fue la abanderada del equipo olímpico.* **2.** Persona que representa o defiende una causa, movimiento u organización. *Es un abanderado* DE *la libertad.* FAM **abanderar.**

abandonar. tr. **1.** Dejar solos (algo o a alguien) apartándose (de ellos). *Su padre los abandonó.* **2.** Dejar (una actividad). *No abandones los estudios.* **3.** Dejar (un lugar). *Abandona la casa a las seis.* ○ intr. prnl. **4.** Dejar alguien de cuidar de su aseo, intereses u obligaciones. *Arréglese, no se abandone.* FAM **abandono.**

abanico. m. Instrumento para dar o darse aire, formado gralm. por una serie de varillas articuladas por un extremo y pegadas por el otro a una superficie de tela o papel que se despliega con ellas en semicírculo. FAM **abanicar; abaniqueo.**

abaratar. tr. Hacer (algo) barato o bajar su precio. *Abaratamos costes.* FAM **abaratamiento.**

abarca. f. Calzado tosco de cuero o caucho, que cubre solo la planta del pie, y que se sujeta con correas o cuerdas.

abarcar. tr. **1.** Contener una cosa (otra) o tener(la) dentro de ella. *El Siglo de Oro abarca los siglos* XVI *y* XVII. **2.** Rodear (algo) apretándo(lo), espec. con los brazos. *Abarco el tronco con los brazos.* **3.** Encargarse u ocuparse (de muchas cosas) al mismo tiempo. *No puedes abarcar tantas actividades.* **4.** Dominar con la vista o ser capaz de ver (algo) en su totalidad. *Desde la cumbre abarcarás la llanura.* ▶ **1:** *CONTENER.

abarrotar. tr. Llenar (algo) por completo de personas o de cosas. *Ha abarrotado* DE *bolsas el maletero.*

abarrote. m. Am. Artículo básico de abastecimiento, espec. alimento.

abastecer. (conjug. AGRADECER). tr. Proveer (a alguien o algo) de las cosas necesarias. *La fábrica abastece* DE *repuestos el mercado.* ▶ *PROVEER. FAM **abastecedor, ra; abastecimiento.**

abasto. m. **1.** Provisión de productos básicos, espec. alimentos. *Animales de abasto.* ○ pl. **2.** Comestibles o alimentos, espec. los frescos. *Mercado de abastos.* ▪ **dar ~.** loc. v. Bastar algo o alguien para una cosa. *No doy abasto* A/PARA *atenderos.* ▶ **1:** *PROVISIÓN.

abate. m. **1.** Sacerdote extranjero, espec. francés o italiano. **2.** histór. Clérigo que solo ha recibido las órdenes menores.

abatir. tr. **1.** Bajar o inclinar (una cosa o una parte del cuerpo). *La gaviota abatió las alas.* **2.** Derribar (algo o a alguien) o hacer que caiga. *Han abatido un avión.* **3.** Quitar los ánimos (a alguien). *Otro fracaso la abatiría.* ○ intr. prnl. **4.** Precipitarse sobre algo o alguien. *El halcón se abate* SOBRE *su presa.* FAM **abatible; abatimiento.**

abdicar. tr. **1.** Ceder un soberano, espec. un rey, la soberanía (de su reino o su corona) a otra persona. *El zar abdicó el trono* EN *su hijo.* ○ intr. **2.** Renunciar a algo propio, espec. a ideas o creencias. *No abdicará* DE *sus ideas.* FAM **abdicación.**

abdomen. m. **1.** Anat. Vientre (cavidad del cuerpo de los vertebrados, o parte exterior de esta). **2.** Zool. En animales invertebrados: Parte que sigue al tórax. ▶ **1:** *VIENTRE. FAM **abdominal.**

abecé. m. **1.** Abecedario. **2.** Conjunto de principios básicos de algo, espec. de una ciencia o técnica. *Aprendí el abecé de la fotografía.*

1

abecedario. m. Serie ordenada de las letras de un idioma. ▶ ABECÉ, ALFABETO.

abedul. m. Árbol de tronco esbelto, corteza lisa y blanquecina y hojas dentadas.

abeja. f. Insecto volador de color pardo negruzco, que vive en colonias donde hay una única hembra fecunda, muchos machos y muchísimas hembras estériles y productoras de cera y miel. ■ ~ **obrera.** f. Abeja hembra estéril. ⇒ OBRERA. ■ ~ **reina.** f. Abeja hembra fecunda. ⇒ REINA.

abejorro. m. Insecto semejante a la abeja pero más grande, de cuerpo velludo y gralm. negro y con bandas amarillas, que produce zumbido al volar.

aberrante. adj. Dicho de cosa: Que se aparta de lo normal, lo natural o lo lícito. *Un crimen aberrante.* FAM **aberración.**

abertura. f. **1.** Hecho o efecto de abrir o abrirse. *La abertura del paquete requería tijeras.* **2.** Espacio que divide parcialmente en dos la superficie de un cuerpo y que gralm. permite el paso de algo. *El frío se cuela por una abertura de la pared.* ▶ **2:** AGUJERO, BOQUETE, BRECHA, FISURA, HENDEDURA, HENDIDURA, INTERSTICIO, OQUEDAD, ORIFICIO, RAJA, RANURA, RENDIJA, RESQUICIO. ‖ frecAm: **2:** HENDIJA.

abeto. m. Árbol propio de regiones montañosas, de tronco recto, copa cónica, ramas horizontales y hojas en aguja.

abierto, ta. adj. **1.** Dicho de lugar o espacio: Extenso, despejado y sin obstáculos. *Trabajan en campo abierto.* **2.** Dicho de curva: Que se aparta de la línea recta de manera poco pronunciada. **3.** Dicho de cosa: Que tiene sus elementos dispersos o más separados de lo normal. *Juegan con la defensa muy abierta.* **4.** Franco y comunicativo. *Es gente abierta.* **5.** Receptivo y tolerante, espec. ante lo que es nuevo o distinto. *Tiene una mente abierta.* **6.** Patente o manifiesto. *Mostró una abierta oposición.* **7.** Dicho de asunto: Pendiente de ser resuelto. *El caso sigue abierto.* ● m. **8.** *Dep.* Competición en que pueden participar tanto aficionados como profesionales. *Ha ganado el abierto de golf.* ▶ **8:** OPEN.

abigarrado, da. adj. **1.** De varios colores, espec. mal combinados. **2.** Formado por elementos heterogéneos. *Una multitud abigarrada.* FAM **abigarramiento.**

abigeo. m. Am. Ladrón de ganado. *Bandas de abigeos* [C]. ▶ CUATRERO.

abisal. adj. **1.** *Geol.* Dicho de zona submarina: Que se encuentra a profundidades mayores de 2000 m. *Fondos abisales.* **2.** *Geol.* De la zona abisal (→ 1). *Fauna abisal.*

abismar. tr. cult. Sumir o sumergir (a alguien) en algo, espec. en una situación o una actividad. *Los recuerdos lo abisman EN la tristeza.*

abismo. m. Lugar de profundidad grande y peligrosa. FAM **abismal.**

abjurar. tr. **1.** Abandonar públicamente (una creencia o un compromiso). *Ha abjurado su religión.* ○ intr. **2.** Abandonar públicamente una creencia o un compromiso. *Abjuraron DE su fe.* ▶ *RENEGAR. FAM **abjuración.**

ablandar. tr. Poner o volver blando (algo o a alguien). ▶ REBLANDECER. FAM **ablandamiento.**

abnegado, da. adj. Dicho de persona: Que se sacrifica o renuncia de manera altruista a sus deseos o intereses por alguien o algo. FAM **abnegación.**

abocar. intr. **1.** Desembocar en un lugar o una situación, o ir a parar a ellos. *El estrés aboca A la depresión.* ○ intr. prnl. **2.** Se usa en constr. como *estar alguien o algo abocado a* una cosa, para expresar que esa cosa se les presenta como un fin inevitable. *Quizás la artesanía esté abocada a la desaparición.*

abochornar. tr. Hacer que (alguien) sienta bochorno o vergüenza. *Nos abochorna con sus impertinencias.*

abofetear. tr. Dar (a alguien) una o más bofetadas. ▶ Am: CACHETEAR.

abogado, da. m. y f. (A veces se usa **abogado** como f.). Persona legalmente capacitada para defender a otra en un juicio y para asesorarla en cuestiones legales. ■ **abogado del diablo.** m. Persona que de manera sistemática contradice o pone dificultades a lo que otro dice. ■ ~ **de oficio.** m. y f. Abogado designado por el juez para defender gratuitamente a un implicado en un juicio. ▶ LETRADO. FAM **abogacía.**

abogar. intr. **1.** Defender algo. *Abogan POR un aumento de la seguridad.* **2.** Hablar en favor de algo o de alguien. *Yo abogaré POR ti.*

abolengo. m. Ascendencia de alguien, espec. si es ilustre. *Una familia de noble abolengo.*

abolicionismo. m. Doctrina que defiende la abolición de una ley, una norma o una costumbre, espec. la que defendía la abolición de la esclavitud. FAM **abolicionista.**

abolir. (conjug. reg., aunque normalmente solo se usa en las formas cuya desinencia empieza por *i*). tr. Declarar nula (una ley, una norma o una costumbre). *El Parlamento abolió la pena de muerte.* ▶ DEROGAR. FAM **abolición.**

abollar. tr. Producir en la superficie (de algo) uno o más hundimientos, espec. con un golpe. *Te han abollado el coche.* FAM **abolladura; abollón.**

abombado, da. adj. Convexo y redondeado. *La cazuela tiene la base abombada.* FAM **abombamiento; abombar.**

abominar. intr. **1.** Expresar la mala consideración en que se tiene algo o a alguien. *El entrevistado abominó DE los videojuegos violentos.* **2.** Tener aversión a algo o alguien. *Abomino DE la verdura.* ○ tr. **3.** Tener aversión (a algo o alguien). *Abomina el boxeo.* ▶ **2, 3:** ABORRECER. FAM **abominable; abominación.**

abonar. tr. **1.** Pagar (algo). *Abone su consumición en la caja.* **2.** Echar abono (en un cultivo). *Han abonado los limoneros.* **3.** Suscribir o apuntar (a alguien), mediante pago, para que reciba un artículo o un servicio o para que pueda acudir a un espectáculo de manera periódica o durante un tiempo. *Te abonaré AL periódico.* ▶ **1:** PAGAR. FAM **abonable; abono.**

abono. m. **1.** Hecho o efecto de abonar o abonarse. *El abono del premio será en efectivo.* **2.** Sustancia que se echa en la tierra para fertilizarla. **3.** Documento que consta el derecho a recibir un servicio o a acudir a un espectáculo de manera periódica o durante un tiempo. *Un abono de veinte baños.* **4.** frecAm. Pago parcial de un préstamo o de una compra a plazos. *Los zapatos que compré en abonos los usé hasta el fin* [C].

abordar. tr. **1.** Llegar un barco (hasta otro) y tocar(lo) o chocar (con él). *Una patrullera abordó la lancha.* **2.** Acercarse (a alguien) para hablar(le). *Me ha abordado un desconocido.* **3.** Analizar o discutir (un asunto, frec. un problema). *El curso aborda varios temas.* **4.** Empezar a ocuparse (de algo). *Aborda* *la tarea con entusiasmo.* **5.** frecAm. Subir una persona (a un medio de transporte). *Le convenía abordar el ómnibus lejos del centro* [C]. FAM **abordaje.**

aborigen. adj. **1.** Dicho de persona o colectividad: Habitante de un lugar, anterior al establecimiento de los pobladores posteriores. *Pueblos aborígenes.* **2.** Dicho de especie animal o vegetal: Originaria del lugar en que habita.

aborrecer. (conjug. AGRADECER). tr. **1.** Sentir aversión o rechazo (hacia alguien o algo). *Aborrece a su jefe.* **2.** Abandonar un animal, espec. un ave, (el nido o las crías). *La hembra aborreció los huevos.* ▶ **1:** ABOMINAR. FAM **aborrecible; aborrecimiento.**

aborregado, da. adj. **1.** Dicho de cosa: Semejante a un conjunto de vellones de lana. *Nubes aborregadas.* **2.** Dicho de persona o de animal: Que reúne características atribuidas al borrego, como la mansedumbre y el seguimiento ciego de iniciativas ajenas. *Son gente aborregada y servil.* FAM **aborregarse.**

abortar. intr. **1.** Expulsar una hembra el feto antes de que este termine su desarrollo. *Sufrió una caída y abortó.* ○ tr. **2.** Interrumpir o detener el desarrollo (de algo). *El capitán aborta la operación.* FAM **abortista; abortivo, va; aborto.**

abotargarse o **abotagarse.** intr. prnl. Hincharse alguien o una parte de su cuerpo, o aumentar de volumen. *El rostro se le ha abotargado.* FAM **abotargamiento** o **abotagamiento.**

abotinado, da. adj. Dicho de calzado: Que cubre el empeine, a modo de botín.

abotonadura. f. Botonadura.

abotonar. tr. Cerrar (una prenda de vestir) metiendo los botones por sus ojales. *Le abotonó el vestido.*

abovedado, da. adj. **1.** Que tiene bóveda. *La iglesia es abovedada.* **2.** Que tiene forma de bóveda. *Techo abovedado.* FAM **abovedar.**

abra. f. Pequeña bahía o entrada del mar en la costa.

abracadabra. m. Palabra cabalística a la que se atribuyen poderes mágicos. *El mago dijo "abracadabra" y desapareció.*

abracadabrante. adj. humoríst. Muy sorprendente o desconcertante.

abrasar. tr. **1.** Quemar (algo o a alguien) intensamente o por completo. *Las llamas abrasaron el pinar.* ○ intr. **2.** Quemar algo mucho. *El agua de la ducha abrasa.* ▶ *QUEMAR. FAM **abrasador, ra; abrasamiento.**

abrasión. f. tecn. Desgaste o erosión producidos por fricción, roce o quemadura. *Las partículas arrastradas producen abrasión en las rocas.* FAM **abrasivo, va.**

abrazar. tr. **1.** Rodear (a alguien) con los brazos en señal de cariño. *Al despedirnos me abrazó.* **2.** Rodear (algo) sujetándo(lo). *Una goma abraza los billetes.* **3.** Empezar a seguir alguien (una doctrina, una opinión o una conducta). *Abrazó el budismo.* ○ intr. prnl. **4.** Rodear algo o a alguien con los brazos, sujetándose a ellos fuertemente. *El niño se abraza A su madre.* FAM **abrazadera; abrazo.**

abrebotellas. m. Utensilio que sirve para quitar las chapas de las botellas. ▶ ABRIDOR. ‖ **Am:** DESTAPADOR.

abrecartas. m. Utensilio puntiagudo semejante a un cuchillo, pero menos afilado, que sirve para abrir los sobres de las cartas.

abrelatas. m. Instrumento que sirve para abrir las latas de conserva. ▶ ABRIDOR.

abrevar. intr. **1.** Beber un animal. *En el remanso abrevan unos corzos.* ○ tr. **2.** Dar de beber (a un animal). *Abreva sus ovejas en un riachuelo.* FAM **abrevadero.**

abreviado, da. adj. Más breve o corto de lo normal. *Curso abreviado de inglés.*

abreviar. (conjug. ANUNCIAR). tr. **1.** Hacer (algo) más breve. *Abrevia el texto.* ○ intr. **2.** Actuar brevemente o más brevemente. *Abrevia, es tarde.* FAM **abreviación.**

abreviatura. f. Representación gráfica abreviada de una palabra o grupo de palabras que consiste en una o varias de sus letras seguidas gralm. de un punto.

abridor, ra. adj. **1.** Que abre o sirve para abrir. ● m. **2.** Abrebotellas. **3.** Abrelatas.

abrigar. tr. **1.** Defender o proteger del frío (algo o a alguien) cubriéndo(los) con una cosa. *La abrigó CON una manta.* **2.** Proteger una cosa del frío (algo o a alguien). *La bufanda me abriga poco.* **3.** Tener (un deseo, esperanza o sentimiento). *Abrigo dudas.*

abrigo. m. **1.** Prenda de abrigo (→ 2) gralm. larga, con mangas y abierta por delante, que se pone encima de las demás prendas. *Lleva un abrigo largo.* **2.** Hecho de abrigar o abrigarse. *Ropa de abrigo.* **3.** Lugar resguardado o defendido del viento. ■ **al ~ de.** loc. prepos. **1.** Detrás de, o bajo la protección de. *Un pueblo al abrigo de la montaña.* **2.** A salvo de, o a cubierto de. *Aquí estamos al abrigo de la lluvia.*

abril. m. **1.** Cuarto mes del año. ○ pl. **2.** Años de edad de una persona joven. *Cumple dieciséis abriles.* ▶ **2:** *AÑO.

abrillantar. tr. Poner brillante (algo). FAM **abrillantador, ra.**

abrir. (part. **abierto**). tr. **1.** Hacer que el interior (de algo) quede comunicado con el exterior. *Abre el coche con el mando. Abra los ojos.* **2.** Poner (una puerta, una tapa, un cerrojo o algo similar) en la posición que deja una cosa comunicada con el exterior. *Abran la puerta.* **3.** Separar los extremos libres (de dos miembros del cuerpo), o de dos partes (de una cosa) articuladas por el otro extremo. *El ejercicio consiste en abrir y cerrar las piernas.* **4.** Cortar o partir (un cuerpo sólido). *Para el postre, abriremos el melón.* **5.** Hacer (una abertura, un orificio o un camino). *Los prisioneros abrieron un túnel.* **6.** Permitir el paso (por un lugar, espec. una vía o un camino). *Si no nieva, abrirán el puerto.* **7.** Permitir (el paso) apartando los obstáculos que (lo) impiden. *Abran paso, por favor.* **8.** Poner (un grifo o dispositivo similar) en la posición que permita el paso de fluido. *Abro el grifo y lleno la jarra.* **9.** Permitir el paso (de fluido) mediante un grifo o dispositivo similar. *Abra el gas y encienda el calentador.* **10.** Extender (algo que estaba doblado o plegado). *Abre el paraguas.* **11.** Dar comienzo (a algo). *Abriré el debate con una pregunta.* **12.** Dar comienzo a la actividad (de un establecimiento u organismo). *Han abierto una panadería.* **13.** Ir en primer lugar (en una marcha o en una sucesión de personas o cosas). *El alcalde abría el desfile.* **14.** Ingresar dinero en un banco y hacer otras gestiones necesarias para empezar a tener (una cuenta bancaria). *He abierto una cuenta de ahorro.* ○ intr. **15.** Poder ser abierto (→ 1-3, 10) algo, espec. un recipiente, una puerta o un objeto articulado o plegable. *El cajón no abre bien.* **16.** Pasar una flor a tener los pétalos separados. *Han abierto las rosas.* Frec. prnl. **17.** Comenzar su actividad un establecimiento u organismo. *La tienda abre a las diez.* **18.** Empezar a clarear el día o el cielo. *Se levanta al abrir el día.* ○ intr. prnl. **19.** Tomar un vehículo o su conductor una curva arrimándose a su parte exterior. *No se abran tanto en las curvas.* **20.** Contar una persona a otra sus preocupaciones. *Es tímido, pero CONMIGO se abre.*

abrochar. tr. Cerrar o ajustar (algo, espec. una prenda de vestir o una parte de ella) con botones, corchetes u otro tipo de cierre. *Le abrocha las camisas hasta arriba.*

abrojo. m. Planta espinosa que crece en tierras sin cultivar.

abroncar. tr. **1.** coloq. Regañar o reñir (a alguien). **2.** coloq. Expresar el público su enfado por el desarrollo de un espectáculo (a sus responsables). *Los aficionados abroncan al árbitro.*

abrótano. m. Planta aromática, de hojas grisáceas y flores amarillas, que tiene propiedades medicinales.

abrumar. tr. Agobiar (a alguien). ▶ *AGOBIAR. FAM **abrumador, ra.**

abrupto, ta. adj. **1.** Dicho de terreno: Desigual, de mucha pendiente o de difícil tránsito. **2.** Violento o brusco. *Una abrupta sacudida del tren.*

abscisa. f. *Mat.* Coordenada horizontal, que sirve, junto con la ordenada, para determinar la posición de un punto en el plano. *El valor de "x" se representa en el eje de abscisas.*

absenta. f. Ajenjo (licor). ▶ AJENJO.

absentismo. m. Ausencia deliberada de un lugar al que se debe acudir, espec. el lugar de trabajo. *Absentismo laboral.* ▶ frecAm: AUSENTISMO. FAM **absentista.**

ábside. m. *Arq.* En una iglesia: Parte abovedada y gralm. semicircular, que sobresale en la fachada posterior y en la que originalmente se situaba el altar.

absolutismo. m. Sistema de gobierno absoluto. FAM **absolutista.**

absoluto, ta. adj. **1.** Completo y sin ninguna restricción. *Guarde reposo absoluto.* **2.** Dicho de cosa: Que se considera excluyendo cualquier relación o comparación con otra u otras. *La natalidad ha crecido en términos absolutos, pero no relativos.* **3.** Dicho de sistema de gobierno: Caracterizado por la concentración de todos los poderes en una sola persona, espec. en un monarca. *Monarquía absoluta.* ■ **en absoluto.** loc. adv. De ninguna manera. Se usa para negar enfáticamente, o como refuerzo de una negación. *–¿Molesto? –En absoluto.* ▶ **1:** *COMPLETO.

absolver. (conjug. MOVER; part. **absuelto**). tr. **1.** Declarar (a un acusado) no culpable. *Lo absolverán DEL delito.* **2.** *Rel.* Perdonar el sacerdote (al penitente) sus pecados. *El confesor la absolvió DE sus faltas.* FAM **absolución; absolutorio, ria.**

absorber. tr. **1.** Atraer una sustancia o cuerpo sólidos (otra sustancia, espec. líquida) de manera que penetre y quede retenida en ellos. *El pan absorbe el aceite.* **2.** Incorporar una entidad (a otra). *La empresa fue absorbida por la multinacional.* **3.** Atraer la atención (de alguien) o mantener(lo) ocupado por completo. *El trabajo la absorbe.* ▶ **1:** EMBEBER, EMPAPAR. FAM **absorbente; absorción.**

absorto, ta. adj. **1.** Completamente atento a algo y sin hacer caso a nada más, espec. cuando se realiza una actividad intelectual o contemplativa. *Está absorta EN sus pensamientos.* **2.** Admirado o asombrado. ▶ **2:** *ATÓNITO.

abstemio, mia. adj. Que no toma bebidas alcohólicas.

abstenerse. (conjug. TENER). intr. prnl. **1.** Renunciar a algo, o dejar de hacerlo voluntariamente. *Absténgase DE beber.* **2.** No participar en una votación. *El candidato se abstuvo.* FAM **abstención; abstencionismo; abstencionista; abstinencia.**

abstracto, ta. adj. **1.** Dicho de cosa: Que está abstraída o considerada con independencia de la persona o cosa en que se encuentra. *La bondad es un concepto abstracto.* **2.** *Arte* Que emplea líneas, formas, materias y colores por ellos mismos, sin intención de representar seres o cosas del mundo material. **3.** *Gram.* Dicho de nombre: Que designa una cualidad, una acción o un proceso.

abstraer. (conjug. TRAER). tr. **1.** Separar mentalmente (un rasgo o una cualidad) para considerar(los) independientemente de la persona o cosa en que se encuentran. *Abstraiga DE estos cuadros sus rasgos comunes.* ○ intr. prnl. **2.** Dejar alguien de prestar atención a lo que lo rodea por concentrarse en sus propios pensamientos. *Leyendo me abstraigo DEL ruido.* FAM **abstracción.**

absurdo, da. adj. **1.** Dicho de cosa: Falta de sentido o contraria a la razón. *Es absurdo gritar a un sordo.* **2.** Dicho de persona: Que actúa sin lógica. ● m. **3.** Cosa absurda (→ 1). *Sería un absurdo falsificar mi propia firma.*

abubilla. f. Ave de mediano tamaño, alas y cola negras con franjas blancas, y un penacho de plumas en la cabeza. *La abubilla macho.*

abuchear. tr. Expresar alguien, espec. un conjunto de personas, su enfado o su desacuerdo (con una persona o cosa presentes) mediante gritos, silbidos y otros ruidos. *Los aficionados abuchean al equipo.* FAM **abucheo.**

abuelo, la. m. y f. **1.** Respecto de una persona: Padre o madre de su padre o de su madre. **2.** coloq. Persona anciana. *¿Tiene usted hijos, abuela?* ○ m. pl. **3.** Abuelo (→ 1) y abuela.

abuhardillado, da. adj. Que tiene forma de buhardilla.

abulense. adj. De Ávila (España). ▶ AVILÉS.

abulia. f. Falta de voluntad. *Venza la abulia y actúe.* FAM **abúlico, ca.**

abultado, da. adj. Grande o voluminoso. *Va con una abultada carpeta.*

abultar. intr. **1.** Ocupar espacio. *El niño abulta poco.* ○ tr. **2.** Hacer que aumente el volumen (de algo). *La ropa abulta la mochila.* FAM **abultamiento.**

abundante. adj. **1.** Que abunda. *Una dieta abundante EN fibra.* **2.** Referido a un nombre en plural: Muchos. *Tiene abundantes razones para protestar.* ▶ **2:** *MUCHOS. FAM **abundancia.**

abundar. intr. **1.** Existir algo o alguien en gran cantidad. *En el parque abundan las ardillas.* **2.** Tener algo o alguien una cosa en gran cantidad. *Andalucía abunda EN olivares.* **3.** Compartir alguien una idea o una opinión de otro. *Abundo EN tu opinión.*

abur. interj. Adiós.

aburguesarse. intr. prnl. Tomar alguien o algo carácter burgués. *Sus costumbres se aburguesaron.* FAM **aburguesamiento.**

aburrido, da. adj. Que causa aburrimiento. *Una película aburrida.* ▶ PESADO, PLÚMBEO. ‖ frecAm: ABURRIDOR.

aburrir. tr. **1.** Producir molestia o cansancio anímicos (a alguien). *Me aburren sus historias.* ○ intr. prnl. **2.** Sentir cansancio o molestia por la falta de algo que

4

interese, distraiga o divierta. *Con este libro no me aburriré.* **3.** Cansarse de alguien o algo. *Se aburre DE todo.* ▶ **1:** HARTAR, HASTIAR. **2, 3:** HARTARSE, HASTIARSE. FAM aburrición (frecAm); aburridor, ra (frecAm); aburrimiento.

abusado, da. adj. Am. Inteligente o despierto. *Eres muy abusado para sacar provecho de los pendejos* [C]. ▶ *INTELIGENTE.

abusar. intr. **1.** Servirse de alguien o algo de manera excesiva o indebida. *No abusen DEL café.* **2.** Obligar una persona a otra a mantener contacto sexual con ella. *Será condenado por abusar DE una menor.* FAM abusivo, va; abuso; abusón, na.

abyecto, ta. adj. cult. Vil o despreciable en extremo. FAM abyección.

acá. adv. **1.** frecAm. En este lugar. *Pondremos la mesa acá y la luz allá.* **2.** frecAm. A este lugar. *¡Hágame el favor de venir acá!* [C]. **3.** Hasta este momento. *Desde entonces acá ha cambiado.* ● pron. **4.** frecAm. coloq. Esta persona. *Acá tiene razón en quejarse.* ■ ~ y allá, o ~ y acullá. loc. adv. cult. En diversos lugares que no se precisan. *Suscita críticas acá y allá.* (→ acullá). ■ de ~ para allá. loc. adv. De una parte a otra, sin dejar de moverse.

acabado, da. adj. **1.** Perfecto o completo. *El templo es un acabado ejemplo del gótico.* **2.** Dicho de persona: Decrépita. **3.** Dicho de persona: Que ha perdido la energía para seguir viviendo o actuando. *Al enviudar se volvió un hombre acabado.*

acabar. tr. **1.** Hacer (una cosa) hasta el final o hacer que quede completa. *Ya acabé el trabajo.* **2.** Consumir o usar (algo) gastándo(lo) por completo. *¿Has acabado los folios?* ○ intr. **3.** Llegar algo a su fin. *Hoy acaba el plazo.* Tb. prnl. **4.** Tener una cosa su final de determinada manera. *La torre acaba EN punta.* **5.** Hacer que alguien o algo desaparezcan o lleguen a su fin. *Nada acabará CON el teatro.* **6.** Seguido de de y un infinitivo: Realizar por completo lo expresado por el infinitivo. *Si acabas de estudiar, descansa.* **7.** Precedido de negación y seguido de de y un infinitivo, indica que no se consigue hacer lo expresado por el infinitivo. *No acabo de entenderlo.* **8.** Seguido de de y un infinitivo, indica que lo expresado por el infinitivo ha sucedido poco antes. *Acaba de llegar.* ■ de nunca ~. loc. adj. Dicho de cosa: Interminable. ■ san se acabó. → sanseacabó. ▶ **1:** CONCLUIR, FINALIZAR, FINIQUITAR, LIQUIDAR, REMATAR, TERMINAR, ULTIMAR. **2:** TERMINAR. **3, 4:** CONCLUIR, FINALIZAR, TERMINAR. **5-7:** TERMINAR. FAM acabado (*El coche tiene un buen acabado*).

acabose. el ~. loc. s. coloq. Cosa que ha alcanzado el máximo grado en algún aspecto. *Salir en televisión sería ya el acabose.*

acacia. f. Árbol de fruto en vaina y flores frec. en racimos colgantes, que se cultiva como ornamental.

academia. f. **1.** Sociedad literaria, artística o científica, gralm. con carácter oficial. *La Real Academia Española.* **2.** Centro docente en que se enseña una materia, técnica o profesión. *Academia de idiomas.* FAM academicismo; academicista; académico, ca.

acaecer. (conjug. AGRADECER). intr. **1.** cult. Suceder un hecho. *Acaeció un crimen.* ● m. **2.** cult. Cosa que acaece (→ 1). *Acaeceres históricos.* FAM acaecimiento.

acalambrar. tr. **1.** frecAm. Dar calambre (a una persona o a una parte de su cuerpo). *Los nervios me acalambran.* ○ intr. prnl. **2.** frecAm. Sufrir calambre. *El brazo se había acalambrado* [C].

acallar. tr. Hacer callar (algo o a alguien). *Nadie acallará nuestra voz.*

acalorado, da. adj. Dicho espec. de discusión: Apasionada o vehemente.

acalorar. tr. **1.** Causar congestión o sofoco (a alguien). *Correr me acalora.* ○ intr. prnl. **2.** Sufrir congestión o sofoco, espec. a causa del calor. *En la cuesta me acaloré.* **3.** Excitarse o perder la calma. *Se acalora al hablar de fútbol.* FAM acaloramiento.

acampanado, da. adj. Que tiene forma de campana. *Falda acampanada.*

acampar. intr. Instalarse por un tiempo en un lugar al aire libre, gralm. en tiendas de campaña. *Acamparon junto al río.* FAM acampada.

acanalado, da. adj. **1.** Dicho de cosa: Que tiene canales o hendiduras cóncavas en su superficie. *Techos de chapa acanalada.* **2.** Dicho de cosa: Alargada y cóncava. *Una teja acanalada.* FAM acanaladura.

acantilado, da. adj. **1.** Dicho de costa: Que tiene un corte vertical. ● m. **2.** Parte de un terreno, espec. costero, con un corte vertical.

acanto. m. Planta de hojas largas, rizadas y espinosas, muy usada como ornamental.

acantonar. tr. Distribuir y alojar (las tropas) en diferentes lugares. *Acantonaron a los soldados EN las montañas.* FAM acantonamiento.

acaparar. tr. **1.** Comprar y retener (algo) en gran cantidad por si sube de precio o escasea. *Acaparan alimentos básicos.* **2.** Conseguir (algo) o apropiarse de ello en gran parte o en su totalidad. *Acapara la atención de todos.* FAM acaparador, ra; acaparamiento.

acápite. m. **1.** Am. Párrafo (división en un escrito). *En un capítulo subordinado, se dice que el proyecto tendrá dos fases* [C]. **2.** Am. Título o subtítulo de un escrito. *Esta cita sirve de acápite al libro* [C]. **3.** Am. Capítulo (división de un escrito, gralm. numerada y titulada). *En este acápite presentaremos los principales argumentos* [C]. ▶ **1:** *PÁRRAFO. **2:** *TÍTULO. **3:** CAPÍTULO.

acaramelar. tr. **1.** Bañar (algo) con azúcar a punto de caramelo. *Primero acaramelamos la flanera.* ○ intr. prnl. **2.** Mostrarse muy cariñosas dos personas enamoradas. *La pareja estaba muy acaramelada.*

acariciar. (conjug. ANUNCIAR). tr. **1.** Hacer caricias (a alguien o algo) como demostración de cariño. *Él le acaricia la mano.* **2.** Rozar o tocar con suavidad (algo). *Acaricia orgulloso su obra.* **3.** Albergar (el deseo o la esperanza de realizar o conseguir algo). *Acaricio la idea de escribir un libro.* FAM acariciador, ra.

ácaro. m. Zool. Arácnido gralm. microscópico y parásito de plantas o de otros animales.

acarrear. tr. **1.** Transportar (algo), espec. en carro. *Acarrean la leña desde el monte.* **2.** Ocasionar o producir algo (un daño o un efecto negativo). *El tabaco te acarreará problemas.* FAM acarreo.

acartonado, da. adj. **1.** Que tiene la consistencia del cartón. *Una tela acartonada.* **2.** despect. Que carece de vitalidad o espontaneidad. *Se ve acartonados a los actores.* FAM acartonarse.

acaso. adv. Quizá. *Tiemblan, acaso de miedo.* ■ por si ~. loc. adv. En previsión de lo que pueda ocurrir. *Por si acaso, lleva dinero.* ■ si ~. loc. adv. En todo caso, o en su sumo. *No se lo cuentes a nadie; si acaso, a Juan.* (→ si[1]).

acatar. tr. Aceptar (una orden, una ley o una autoridad) subordinándose (a ellas). *Acatamos la sentencia.* FAM acatamiento.

acatarrarse. intr. prnl. Pasar a tener catarro. *Abríguese, no se acatarre.* ► CONSTIPARSE, ENFRIARSE, RESFRIARSE.

acaudalado, da. adj. Que tiene muchos bienes o mucho dinero. ► *RICO.

acaudillar. tr. Dirigir como caudillo o jefe (un movimiento o un grupo de gente). *Acaudilló un golpe de Estado.*

acceder. intr. **1.** Aceptar una persona lo que le piden o responder ante ello de manera positiva. *¿Accede A acompañarme?* **2.** Entrar o llegar alguien a un lugar. *Por ahí acceden AL salón.* **3.** Llegar alguien a alcanzar una situación o condición, espec. si son superiores a las que tenía. *Accedió A la titularidad de la casa.* ► **1:** *ACEPTAR.

accesible. adj. **1.** Dicho de cosa, espec. de lugar: Que tiene acceso o es de fácil acceso. *Pon el botiquín en un sitio accesible.* **2.** Dicho de persona: De fácil trato. **3.** De fácil comprensión. *Explica con lenguaje accesible.* FAM **accesibilidad.**

accésit. (pl. **accésits**). m. En un certamen científico, literario o artístico: Recompensa inmediatamente inferior al premio.

acceso. m. **1.** Hecho de acceder a un lugar o situación. *Prohibido el acceso A la obra.* **2.** Lugar por el que se accede a un sitio. *El edificio tiene dos accesos.* **3.** Aparición repentina de un estado físico o moral. *Un acceso DE tos.* ► **3:** *ATAQUE.

accesorio, ria. adj. **1.** Dicho de cosa: De importancia menor que la de lo principal. *Me importa que vengas; el atuendo es accesorio.* **2.** Dicho de cosa: Unida a otra principal y dependiente de ella. *El almacén está en un edificio accesorio.* ● m. **3.** Cosa, espec. pieza o utensilio, que sirve como elemento complementario de otra. *La olla tiene un accesorio para cocer al vapor.* ► **1:** SECUNDARIO. **2:** AUXILIAR.

accidentado, da. adj. **1.** Que se desarrolla con accidentes o sucesos repentinos e inesperados. *La reunión fue accidentada.* **2.** Dicho espec. de terreno: Desigual o que tiene cambios de nivel en su superficie.

accidente. m. **1.** Suceso repentino e inesperado que produce daño físico. *Aumentan los accidentes laborales.* **2.** Suceso imprevisto y casual. *Me confundí y llegué aquí por accidente.* **3.** Elemento que constituye una irregularidad de la superficie terrestre. *Señale los ríos y demás accidentes del relieve.* FAM **accidental; accidentalidad; accidentarse.**

acción. f. **1.** Expresa, en forma sustantivada, la idea de hacer. *No juzgo tus acciones.* **2.** En una obra de ficción: Conjunto de acontecimientos que constituyen el argumento. *La acción de la novela se desarrolla en París.* **3.** Combate militar. *Las tropas entran en acción.* **4.** Econ. Cada una de las partes en que está dividido el capital de una sociedad anónima. *Tiene el 75% de las acciones de la empresa.* **5.** Se usa en el rodaje de películas para ordenar el comienzo de una toma. ■ **de ~.** loc. adj. Dicho espec. de película: Que tiene un argumento abundante en peripecias, gralm. violentas. ► **1:** ACTO, HECHO. FAM **accionariado; accionarial; accionista.**

accionar. tr. **1.** Poner en marcha (un mecanismo o una parte de él). *Accione la palanca de arranque.* ○ intr. **2.** Hacer al hablar gestos y movimientos, espec. con las manos. *Acciona tanto que parece un mimo.* FAM **accionamiento.**

acebo. m. Árbol de hojas brillantes con borde espinoso y frutos en forma de bolitas rojas.

acechar. tr. Observar (algo o a alguien) con atención y cuidado, gralm. con alguna intención. *Nos acecha escondido.* ► AVIZORAR. ‖ Am: AGUAITAR. FAM **acechanza; acecho.**

acéfalo, la. adj. **1.** Que no tiene cabeza. *Estatua acéfala.* **2.** Que no tiene jefe. *Estalló una revolución acéfala.*

aceite. m. **1.** Líquido graso, viscoso y gralm. no mezclable con agua, que se extrae de vegetales, animales o minerales, o se obtiene sintéticamente, y se emplea para el consumo humano y usos industriales. *Cambie el aceite al coche periódicamente.* **2.** Aceite (→ 1) que se obtiene prensando aceitunas. *Aliña la ensalada con aceite.* FAM **aceitar** (conjug. PEINAR); **aceitero, ra.**

aceitoso, sa. adj. **1.** Que tiene aceite o mucho aceite. *Le gustan las ensaladas aceitosas.* **2.** De características semejantes a las del aceite. ► OLEAGINOSO, OLEOSO.

aceituna. f. Fruto del olivo, pequeño, ovalado y de color verde, marrón o negro, del que se extrae aceite. ► OLIVA. FAM **aceitunado, da; aceitunero, ra.**

aceleración. f. **1.** Hecho de acelerar o acelerarse. *Reclaman la aceleración de las obras.* **2.** Fís. Aumento de la velocidad de un móvil en una unidad de tiempo. *Calcula la aceleración de una moto que alcanza los 45 km/h en 10 segundos.*

acelerado, da. adj. Dicho de persona: Nerviosa o impaciente.

acelerar. tr. **1.** Aumentar la velocidad (de algo). *El uso de tecnología acelera el proceso.* **2.** Accionar el mecanismo que permite aumentar la velocidad (de un vehículo). *Aceleró la moto y se alejó.* ○ intr. prnl. **3.** Aumentar una cosa su velocidad. *Con el ejercicio se acelera el corazón.* **4.** Excitarse o ponerse nervioso. *Tranquila, no te aceleres.* FAM **acelerador, ra; aceleramiento; acelerón.**

acelga. f. Hortaliza de grandes hojas verdes, con nervio central blanco y grueso, que se consume como verdura.

acémila. f. **1.** Mula o mulo de carga. **2.** Persona ruda o ignorante.

acendrado, da. adj. cult. Dicho espec. de sentimiento o cualidad: Puro y fuerte o intenso. *Sirvió a su país con acendrada lealtad.* FAM **acendrar.**

acento. m. **1.** Conjunto de rasgos fonéticos y rítmicos característicos de una lengua o de una de sus variedades. *Habla inglés con acento español.* **2.** Entonación peculiar de la voz, con la que el hablante expresa algo. *Me imita con acento burlón.* **3.** Fon. Mayor intensidad con que se pronuncia una sílaba respecto de las demás de una palabra o de una oración. *El acento de "animal" recae sobre la última sílaba.* Tb. ~ *de intensidad,* o *prosódico.* **4.** Signo ortográfico consistente en una rayita oblicua que baja de derecha a izquierda y que, siguiendo unas reglas, se escribe sobre determinadas vocales de sílabas con acento (→ 3). *Ponga el acento en "azúcar".* Tb. ~ *gráfico,* u *ortográfico.* ■ **~ agudo.** m. Signo ortográfico (´) que se emplea en diversas lenguas, como el español. ■ **~ circunflejo.** m. Signo ortográfico (^) que se emplea en diversas lenguas, como el francés. ■ **~ grave.** m. Signo ortográfico (`) que se emplea en diversas lenguas, como el italiano. ► **4:** TILDE. FAM **acentuación; acentual; acentuar** (conjug. ACTUAR).

acentuado, da. adj. Intenso o muy perceptible. *Hay diferencias acentuadas entre ellos.*

acepción. f. Cada uno de los significados de una palabra o grupo de palabras. *La palabra "pino" tiene dos acepciones: 'árbol' y 'ejercicio gimnástico'.*

aceptar. tr. **1.** Dar alguien una respuesta afirmativa (a una petición o un ofrecimiento). *Acepte nuestra invitación.* **2.** Asumir o sobrellevar (algo negativo). *Cuesta aceptar la muerte de un hermano.* **3.** Dar por bueno o válido (algo o a alguien). *No lo aceptan por sus ideas.* ▶ **1:** ACCEDER, ADMITIR, APROBAR. **3:** ACOGER, ADMITIR, APROBAR. FAM aceptabilidad; aceptable; aceptación.

acequia. f. Canal o zanja por donde se conduce el agua para regar y otros fines.

acera. f. En una calle: Parte lateral situada junto a las casas, algo más elevada que la calzada y destinada al tránsito de peatones. ▶ Am: BANQUETA, VEREDA.

acerado, da. → acero.

acerbo, ba. adj. cult. Áspero o desagradable. *Acerbos reproches.*

acerca. ~ **de.** loc. prepos. Introduce un complemento que expresa el tema o asunto de que trata lo indicado por el nombre precedente, o a los que se refiere la acción del verbo. *Danos tu opinión acerca del problema.*

acercar. tr. **1.** Poner (una cosa o a una persona) cerca o más cerca de otra. *Acerca la silla A la pared.* **2.** Llevar (algo o a alguien) a un lugar. *Tengo coche, ¿te acerco A algún sitio?* ○ intr. prnl. **3.** Ir a un lugar. *Me acercaré HASTA su casa.* ▶ **1:** APROXIMAR, ARRIMAR, PEGAR. FAM acercamiento.

acería o **acerería.** f. Fábrica de acero.

acerico. m. Almohadilla para clavar en ella alfileres y agujas. ▶ ALFILETERO.

acero. m. **1.** Aleación de hierro y carbono, que, según su tratamiento, se caracteriza por la elasticidad, la dureza o la resistencia. *Cerradura de acero.* **2.** cult. Arma blanca, espec. la espada. ■ ~ **inoxidable.** m. Acero (→ 1) que contiene cromo y níquel y que es especialmente resistente a la corrosión. *Olla de acero inoxidable.* FAM acerado, da.

acérrimo, ma. adj. Muy fuerte o muy firme. *Es una defensora acérrima del deporte.*

acertado, da. adj. **1.** Que implica acierto. *Su opinión me parece acertada.* **2.** Que actúa con acierto. *Ha estado acertado en su intervención.*

acertar. (conjug. ACERTAR). tr. **1.** Encontrar (la solución o la respuesta) a un problema o a una pregunta. *Acertó cinco respuestas.* **2.** Encontrar la solución o la respuesta (a un problema o a una pregunta). *No acertarás la adivinanza.* ○ intr. **3.** Dar o golpear en el lugar al que se dirige o apunta algo. *Acertó a la botella que servía de diana.* **4.** Actuar de manera correcta o adecuada. *Hemos acertado trayendo ropa de abrigo.* **5.** Seguido de *a* y un infinitivo, expresa que sucede o tiene lugar lo denotado por él. *Acertó a pasar por allí un lugareño que nos orientó.* FAM acertante; acierto.

acertijo. m. Pasatiempo que consiste en acertar la solución a un enigma comprendiendo su sentido oculto. ▶ *ADIVINANZA.

acervo. m. cult. Conjunto de bienes morales o culturales de una comunidad de personas acumulados por tradición o herencia. *Las lenguas forman parte del acervo cultural de la humanidad.*

acetato. m. Material transparente presentado gralm. en forma de láminas. *El libro trae ilustraciones en láminas de acetato.*

acetona. f. Líquido incoloro e inflamable, de olor fuerte, presente a veces en la sangre y en la orina, y muy empleado como disolvente.

achacar. tr. **1.** Atribuir la culpa o la causa (de un hecho, gralm. negativo) a algo. *No lo achaques todo A la mala suerte.* **2.** Atribuir la culpa o la responsabilidad (de un hecho, gralm. negativo) a alguien. *Me achacan la desaparición de los documentos.* ▶ **2:** *ACUSAR.

achacoso, sa. → achaque.

achantar. tr. coloq. Acobardar (a alguien).

achaparrado, da. adj. De poca altura y más grueso o ancho de lo normal. *Es fuerte y achaparrado.*

achaparrarse. intr. prnl. Tomar un árbol forma de chaparro o empezar sus ramas a crecer hacia los lados y no hacia arriba. *Con tanto matorral alrededor, el árbol se achaparra.*

achaque. m. Indisposición o enfermedad leve, espec. las que son propias de la vejez. *Con ochenta años es normal que tenga mis achaques.*

achatar. tr. Dar forma chata (a algo). *Para hacer la hamburguesa, haga una bola de carne y achátela.* FAM achatamiento.

achicar. tr. **1.** Hacer pequeño o más pequeño (algo). *Hemos achicado este modelo de coche para que sea más económico.* **2.** Sacar (el agua) de un lugar inundado, espec. de un barco. *Achicaremos el agua con cubos.* FAM achicamiento; achique.

achicharrar. tr. **1.** coloq. Quemar (algo o a alguien) intensamente o por completo. *Al calentar la comida, la he achicharrado.* ○ intr. prnl. **2.** coloq. Experimentar alguien mucho calor. *Abre la ventanilla, que me estoy achicharrando.* FAM achicharramiento.

achicoria. f. **1.** Planta de raíces amargas, empleadas como sucedáneo del café, con hojas ásperas y comestibles que poseen propiedades medicinales. **2.** Bebida que se hace con la raíz tostada de la achicoria (→ 1) y que se toma como sucedáneo del café. *En épocas de escasez, desayunaban achicoria.*

achinado, da. adj. **1.** Dicho de persona o de su rostro: De rasgos o facciones parecidos a los de los chinos. **2.** Dicho de ojos: Rasgados e inclinados hacia arriba, como los de los chinos.

achiote. m. **1.** Am. Árbol de pequeño tamaño, propio de las regiones cálidas de América, de flores rojas y olorosas y fruto carnoso y ovalado. *El tono anaranjado lo extraían de la semilla del achiote* [C]. **2.** Am. Sustancia de color rojo, extraída de la semilla del achiote (→ 1), que se usa como condimento o como tinte. *Acostumbran peinarse con achiote* [C].

achique. → achicar.

achís. interj. Se usa para imitar el sonido de un estornudo. *–¡Achís! –Vaya, te has resfriado.*

achisparse. intr. prnl. Emborracharse un poco o empezar a mostrar los efectos producidos por el alcohol consumido. *Con el vino nos achispamos.*

achuchón. m. coloq. Empujón (fuerza que se ejerce sobre alguien o algo). *Espere su turno y no dé más achuchones.*

aciago, ga. adj. Dicho espec. de período de tiempo: Infeliz o desgraciado. *El aciago día en que estalló la guerra.*

aciano. m. Planta de tallo erguido y ramoso, con agrupaciones de flores rojizas por la parte interna y azules por la externa.

acíbar. m. **1.** Jugo amargo extraído de las hojas del áloe, que se emplea como sustancia medicinal. Tb. la planta. **2.** cult. Amargura o pesadumbre. *Sufrimos el acíbar de la derrota.* ▶ **1:** ÁLOE.

acicalar. tr. Arreglar (a alguien) con especial cuidado para que su aspecto sea limpio y agradable. *Acicalaron a los niños para la ceremonia.* FAM **acicalamiento.**

acicate. m. Incentivo o estímulo. *Su felicitación me sirve de acicate.* ▶ *ESTÍMULO.

acidez. f. **1.** Cualidad de ácido. *Miden la acidez del agua.* **2.** Malestar por exceso de ácidos en el estómago, que se manifiesta con sensación de calor en el tubo digestivo y sabor agrio en la boca. *He comido mucho y ahora tengo acidez.* **3.** *Quím.* Índice de concentración de iones de hidrógeno en una disolución acuosa.

ácido, da. adj. **1.** Que tiene un sabor fuerte, como el del vinagre o el del zumo de limón. *Aún no han madurado las ciruelas y están ácidas.* **2.** Dicho de sabor: Propio del vinagre o del zumo de limón. Tb. m. **3.** Dicho de persona o de su carácter, actitud o modo de expresarse: Áspero o mordaz. *Tus ácidos comentarios la hirieron.* **4.** *Quím.* Que tiene las características o las propiedades de un ácido. (→ 5). *El pH de una disolución ácida está entre 0 y 7.* ● m. **5.** *Quím.* Sustancia corrosiva y de sabor ácido (→ 2), que contiene hidrógeno y se descompone al disolverse en agua. *Los ácidos se combinan con las bases para formar sales.* ▶ **1:** AGRIO.

acierto. → acertar.

aclamar. tr. Expresar una multitud de personas aprobación o simpatía (hacia alguien o algo) con gritos y frec. con aplausos. *El público aclama al cantante.* ▶ VITOREAR. FAM **aclamación.**

aclarar. tr. **1.** Volver claro o más claro (algo). **2.** Quitar con agua el jabón u otro producto que se ha aplicado (a algo). *Frote la prenda y aclárela.* **3.** Explicar (algo), o hacer(lo) fácil de comprender. *Necesito que me aclares lo que se pone aquí.* **4.** Hacer que (la voz o la garganta) se vuelvan más limpias para que los sonidos emitidos sean más claros. *Se aclaró la garganta antes de hablar.* ○ intr. **5.** Volverse algo claro o más claro. Más frec. prnl. *En verano el pelo se le aclara.* **6.** Disiparse la niebla. *Esperaron a que aclarase la niebla.* Tb. prnl. ○ intr. impers. **7.** Amanecer, o comenzar a aparecer la primera luz del día. *En invierno aclara más tarde.* **8.** Despejarse el cielo, o disiparse las nubes de tormenta. *Amaneció nublado, pero luego aclaró.* ▶ **3:** CLARIFICAR, DILUCIDAR, ELUCIDAR, ESCLARECER. **7:** *AMANECER. **8:** CLAREAR. FAM **aclaración; aclarado; aclarador; aclaratorio, ria.**

aclimatar. tr. Hacer que (algo o alguien) se acostumbren a un clima o a una situación diferentes a los del lugar del que proceden. *Traen osos panda de China y tratan de aclimatarlos.* FAM **aclimatación.**

acné. m. (Tb., más raro, f.). Enfermedad de la piel caracterizada por la inflamación e infección de las glándulas sebáceas con aparición de granos y espinillas.

acobardar. tr. Hacer sentir miedo (a alguien). *Ellos no me acobardan.* ▶ *ATEMORIZAR. FAM **acobardamiento.**

acodarse. intr. prnl. Apoyar una persona los codos sobre algo. *Me acodé EN la barandilla.*

acogedor, ra. adj. **1.** Dicho de lugar: Agradable, espec. debido a su comodidad o su ambientación. *Una habitación muy acogedora.* **2.** Que acoge, espec. dando alojamiento o refugio. *Los habitantes de la isla son gente acogedora.*

acoger. tr. **1.** Admitir una persona (a otra) en su casa, espec. para dar(le) alojamiento o ayudar(la). *Cuando llegué, una amiga me acogió en su casa.* **2.** Servir un

lugar de albergue o refugio (a alguien). *El campo acoge a dos mil refugiados.* **3.** Recibir (algo o a alguien) de una determinada manera. *La afición acoge al equipo con aplausos.* **4.** Aceptar o admitir (algo o a alguien). *Los compañeros acogen al nuevo alumno en su pandilla.* ○ intr. prnl. **5.** Reclamar o pedir alguien que se le reconozca el derecho que se expresa. *Se acogerá A la ley de protección de testigos.* ▶ **1:** *ALOJAR. **4:** *ACEPTAR. FAM **acogida; acogimiento.**

acogotar. tr. **1.** coloq. Dominar o atemorizar (a alguien). *Los alumnos mayores acogotan a los pequeños.* **2.** coloq. Sujetar (a alguien) por el cuello con mucha fuerza. *El atracador lo acogota para que no se mueva.*

acojonante. adj. malson. Que acojona.

acojonar. tr. **1.** malson. Acobardar (a alguien). **2.** malson. Impresionar mucho (a alguien).

acolchar. tr. **1.** Recubrir o forrar la superficie (de algo) con un material blando. **2.** Poner algodón, lana u otra materia blanda entre dos piezas (de una tela o de una prenda) y unirlas con pespuntes. FAM **acolchado.**

acólito. m. **1.** despect. Persona que depende de alguien, o está sometida a él, y lo sigue a todas partes. *El jefe mafioso va siempre con alguno de sus acólitos.* **2.** *Rel.* Seglar que puede ayudar al sacerdote en la misa y administrar la eucaristía.

acometer. tr. **1.** Atacar (a alguien o algo) con fuerza. *El caballero saca la espada y acomete a su oponente.* **2.** Empezar a realizar (una actividad). *El Ayuntamiento acometerá las obras este verano.* ▶ **1:** *ATACAR.

acometida. f. **1.** Hecho de acometer, espec. a un contrario. *Resistían las acometidas del enemigo.* **2.** Instalación que sirve para hacer que el agua, el gas o la electricidad se desvíen de una conducción principal a un edificio. ▶ **1:** *ATAQUE.

acomodado, da. adj. Dicho de persona o grupo social: Que tiene una buena posición económica. *La gente acomodada vive en grandes chalés.*

acomodador, ra. m. y f. En un local de espectáculos: Persona encargada de indicar a los espectadores el asiento que les corresponde.

acomodar. tr. **1.** Colocar (algo o a alguien) en un lugar conveniente o cómodo. *Acomodaré a las visitas en esta habitación.* **2.** Amoldar (una cosa o a una persona) a otra, o a una norma. *Acomoda tus gastos A tu sueldo.* ▶ **1:** *COLOCAR. FAM **acomodación; acomodaticio, cia; acomodo.**

acompañamiento. m. **1.** Hecho de acompañar. *Cantará con el acompañamiento de una guitarra acústica.* **2.** Conjunto de personas que acompañan a otra o van con ella. *El acompañamiento del presidente.* **3.** Alimento que se sirve junto a un plato principal como complemento. *El plato lleva acompañamiento de patatas fritas.* **4.** *Mús.* Parte instrumental o vocal de una composición que sirve de soporte armónico a la parte melódica principal. ▶ **2:** COMITIVA.

acompañar. tr. **1.** Ir alguien a un lugar (con otro u otros). *Te acompañaré al médico.* **2.** Estar una persona (con otra u otras). *Te acompaño mientras haces la comida.* **3.** Existir u ocurrir una cosa al mismo tiempo que (otra). *Grandes atascos acompañan el comienzo de las vacaciones.* **4.** Existir o estar presente una cosa (en otra). *Una gran pompa acompañó la ceremonia.* **5.** Favorecer o ayudar una cosa (a alguien). *La suerte no ha acompañado al equipo.* **6.** Compartir los sentimientos (de alguien). *En el funeral, la abrazó y le dijo: "Te acompaño en el sentimiento".* **7.** *Mús.* Apoyar (a

8

alguien, gralm. a un solista) en su interpretación de una composición musical tocando el acompañamiento. *La orquesta acompaña al cantante.* FAM **acompañante.**

acompasar. tr. Hacer que (algo) siga un ritmo o compás, o que siga el compás de la persona o cosa que se expresan. *El bailarín acompasa sus movimientos A los de su pareja.*

acomplejado, da. adj. Que padece un complejo. *El niño está acomplejado.* FAM **acomplejar.**

acondicionador. m. **1.** Cosmético que se usa después de lavar el pelo para facilitar el peinado. **2.** Aparato de aire acondicionado.

acondicionar. tr. Hacer que (algo) quede en las condiciones o el estado adecuados. *Hay que acondicionar el nuevo piso.* FAM **acondicionamiento.**

aconfesional. adj. Que no pertenece a ninguna confesión o creencia religiosa. *Un Estado aconfesional.*

acongojar. tr. Causar congoja o inquietud (a alguien). *Nos acongoja ver cómo maltratan al animal.*

aconsejar. tr. **1.** Decir a alguien que (algo) es bueno o beneficioso para él. *Te aconsejo que te acuestes pronto.* **2.** Dar (a alguien) un consejo u opinión sobre lo que debe hacer. *Necesito que me aconsejes.* **3.** Hacer algo que alguien vea o comprenda que (otra cosa) es necesaria. *El estado del enfermo aconseja su ingreso en el hospital.* ▶ **1:** RECOMENDAR. **2:** ASESORAR, ORIENTAR. FAM **aconsejable.**

acontecer. (conjug. AGRADECER; solo se usa en las terceras personas y en part., ger. e infin.). intr. cult. Suceder un hecho. FAM **acontecimiento.**

acopiar. (conjug. ANUNCIAR). tr. Reunir o acumular (algo) en gran cantidad. *La población acopia alimentos.* ▶ *JUNTAR. FAM **acopio.**

acoplado. m. Am. Remolque (vehículo). *Otro hombre baja del acoplado del camión [C].* ▶ REMOLQUE.

acoplar. tr. **1.** Unir entre sí (dos piezas o elementos) de modo que ajusten exactamente. *Acople bien las piezas del mecanismo.* **2.** Unir entre sí (dos elementos) de modo que formen un todo o funcionen conjuntamente. *Acoplamos el remolque y el tractor.* **3.** Adaptar (algo o a alguien) a una cosa. *Hay que acoplar los horarios A las necesidades del cliente.* ○ intr. prnl. **4.** Unirse sexualmente dos animales. *El macho corteja a la hembra hasta que se acoplan.* FAM **acoplador, ra; acoplamiento.**

acoquinar. tr. coloq. Acobardar (a alguien).

acorazado, da. adj. **1.** Dicho de división u otra unidad militar: Constituida fundamentalmente por carros de combate o fuerzas transportadas en vehículos blindados. *División acorazada.* ● m. **2.** Buque de guerra blindado y de grandes dimensiones. *Un torpedo hundió el acorazado enemigo.* ▶ **1:** BLINDADO.

acorazar. tr. Blindar (algo) con planchas metálicas. *Acorazan el vehículo.*

acorazonado, da. adj. Dicho espec. de hoja de árbol: De forma de corazón.

acorchar. tr. Dejar sin sensibilidad (a una persona o a una parte de su cuerpo). *La anestesia me ha acorchado la mejilla.* ▶ EMBOTAR. FAM **acorchamiento.**

acordar. (conjug. CONTAR). tr. **1.** Llegar dos o más personas a decidir o fijar (algo) juntas y estando conformes. *Acordamos suspender la reunión.* **2.** Decidir alguien (una cosa). *El juez acordó ordenar una investigación.* ○ intr. prnl. **3.** Recordar algo o a alguien, o tenerlos presentes en la memoria. *Acuérdate DE apagar el gas.*

acorde. adj. **1.** Dicho de persona: Que está de acuerdo con algo o alguien. *Todos se muestran acordes CON la propuesta.* **2.** Que está en correspondencia o en consonancia con algo. *Busca una casa más acorde CON sus necesidades.* ● m. **3.** *Mús.* Conjunto de tres o más sonidos diferentes combinados armónicamente. ▶ **1, 2:** CONFORME.

acordeón. m. Instrumento musical de viento que se cuelga de los hombros y está formado por un fuelle con teclados en cada extremo. FAM **acordeonista.**

acordonar. tr. Rodear (un lugar) un conjunto de personas, espec. policías o soldados, colocadas en línea para impedir el acceso o la salida. *Los agentes acordonaron la zona.* FAM **acordonamiento.**

acorralar. tr. Hacer que (alguien) quede en un lugar del que no puede escapar. *La policía ha acorralado al fugitivo.* FAM **acorralamiento.**

acortar. tr. Hacer (algo) más corto espacial o temporalmente. *Hay que acortar este vestido.* FAM **acortamiento.**

acosar. tr. **1.** Perseguir sin descanso (a una persona o a un animal) para coger(los) o atacar(los). *La jauría acosa al zorro.* **2.** Perseguir o molestar a (alguien) haciéndo(le) continuas peticiones. *Los fotógrafos la acosan.* ▶ **1:** HOSTIGAR, PERSEGUIR. FAM **acosador, ra; acoso.**

acostar. (conjug. CONTAR). tr. **1.** Poner (a alguien) tumbado en un lugar, espec. en la cama, para que descanse o duerma. *Cogí al niño en brazos y lo acosté.* ○ intr. prnl. **2.** Tener una persona relaciones sexuales con otra. *No tiene por qué explicar CON quién se acuesta.*

acostumbrado, da. adj. Dicho de cosa: Habitual. ▶ HABITUAL.

acostumbrar. tr. Hacer que (alguien) adquiera una costumbre determinada. *Mi madre nos acostumbró A comer de todo.* ■ mal ~. → **malacostumbrar.** ▶ ENSEÑAR, HABITUAR.

acotación. f. **1.** Nota escrita en el margen de un texto. *El manuscrito tiene acotaciones del propio autor.* **2.** *Lit.* En el texto de una obra teatral: Nota en que el autor da detalles explicativos relacionados con la acción, los personajes o la escena. *En las acotaciones se describe al personaje.*

acotar. tr. **1.** Señalar los límites (de un terreno) para reservar su uso o aprovechamiento. *El propietario ha acotado sus tierras con mojones.* **2.** Delimitar (algo). *El profesor acota el período de la historia del que va a hablar.* **3.** Poner notas o aclaraciones en el margen (de un texto). *Ha acotado el guión con correcciones y sugerencias.* ▶ **2:** DELIMITAR. FAM **acotamiento.**

acracia. f. *Polít.* Doctrina que propugna la desaparición de toda forma de autoridad. ▶ ANARQUISMO. FAM **ácrata.**

acre. adj. Dicho de olor o sabor: Fuerte y áspero. *La pólvora deja un olor acre.*

acrecentar. (conjug. ACERTAR). tr. Aumentar (algo). *La publicidad ha acrecentado las ventas.* ▶ *AUMENTAR. FAM **acrecentamiento.**

acreditado, da. adj. Que tiene prestigio o fama. *Es un acreditado doctor.*

acreditar. tr. **1.** Probar o demostrar que (algo) es real o verdadero. *Para votar, tengo que acreditar que vivo aquí.* **2.** Seguido de un complemento introducido por *como* o *de:* Probar o demostrar que (alguien o algo) son lo expresado por él. *Me enseñó un carné que* *lo acreditaba como instalador autorizado.* **3.** Hacer que (alguien o algo) adquieran prestigio o buena fama. *Sus últimas novelas lo acreditan como escritor.* FAM acreditación; acreditativo, va.

acreedor, ra. adj. **1.** Que tiene derecho a que se le pague una deuda. *Bancos acreedores.* **2.** Que merece algo. *El descubrimiento lo hizo acreedor* AL *Nobel de medicina.*

acreencia. f. Am. Crédito (cantidad que se debe). *El monto de las acreencias estimadas sugiere una multitud de pequeños deudores* [C]. ▶ CRÉDITO.

acribillar. tr. **1.** Hacer muchas heridas o picaduras (a alguien). *Los soldados enemigos lo acribillaron.* **2.** Molestar mucho (a alguien), espec. haciéndo(le) muchas preguntas. *Los niños me acribillan* A *preguntas.*

acrílico, ca. adj. **1.** Dicho de materia o fibra: Que se obtiene del ácido acrílico (→ 2) o de sus derivados. *Pintura acrílica.* **2.** *Quím.* Dicho de ácido: Líquido, incoloro y muy empleado en la fabricación de fibras, plásticos y pinturas.

acriollarse. intr. prnl. Am. Adoptar un extranjero las costumbres del país hispanohablante donde vive. *Venías de Europa y te acriollaste* [C].

acristalado, da. adj. Que tiene cristales. *Un techo acristalado.*

acristalar. tr. Poner cristales (en un lugar) de modo que quede cerrado o cubierto. *Han acristalado la terraza.* ▶ ENCRISTALAR. FAM acristalado (*Trabajan en el acristalado del edificio*); acristalamiento.

acritud. f. Cualidad de acre o poco amable. *Me sorprende la acritud de sus comentarios.*

acrobacia. f. **1.** Ejercicio gimnástico o de equilibrio que requiere gran habilidad, espec. el que se realiza como parte de un espectáculo de circo. *La mujer hace acrobacias sobre un caballo.* **2.** Maniobra o movimiento espectaculares realizados con un avión. *Los pilotos ejecutan descensos en picado y otras acrobacias.* FAM acrobático, ca.

acróbata. m. y f. Persona que realiza acrobacias o ejercicios gimnásticos difíciles, espec. en el circo. *Un acróbata camina por el alambre.* ▶ ALAMBRISTA, EQUILIBRISTA, FUNÁMBULO, TITIRITERO, TRAPECISTA, VOLATINERO.

acrónimo. m. **1.** *Ling.* Palabra formada por la unión de partes de otras palabras. *"Ofimática" es un acrónimo formado a partir de "oficina" e "informática".* **2.** *Ling.* Sigla que se pronuncia como una palabra. *La palabra "ovni" es un acrónimo.*

acrópolis. f. histór. En la antigua Grecia: Parte más alta y fortificada de una ciudad. *El Partenón está en la acrópolis de Atenas.*

acróstico. m. Pasatiempo consistente en hallar, a partir de unas definiciones o indicaciones, una serie de palabras que, colocadas en columna, forman con sus iniciales un enunciado. *Una revista de crucigramas y acrósticos.*

acta. f. **1.** Documento en que se expone lo tratado o acordado en una junta. *El acta de la junta de vecinos.* **2.** Documento que constituye la certificación o constancia oficiales de un hecho. *El árbitro anota en el acta las incidencias del partido.*

actitud. f. **1.** Disposición de ánimo hacia alguien o algo manifestada de determinada manera, espec. en el comportamiento. *El alumno tiene una actitud participativa.* **2.** Postura del cuerpo de una persona, espec.

la que indica estado de ánimo o intención. *Se plantó ante mí en actitud desafiante.*

activar. tr. **1.** Poner en funcionamiento (algo, espec. un mecanismo). *Activé la alarma del despertador.* **2.** Hacer que aumente la velocidad o intensidad (de algo). *El estrés puede activar la caída del cabello.* FAM activación; activador, ra.

actividad. f. **1.** Cualidad de activo. *Admiro su actividad; yo sería incapaz de hacer tantas cosas.* **2.** Conjunto de acciones propias de algo o de alguien y encaminadas a un fin. *Después de dedicarse al periodismo, cambió de actividad.*

activista. m. y f. Miembro de una tendencia o grupo, gralm. políticos, que interviene activamente en su difusión o practica la acción directa. *En el piso de los activistas se encontraron explosivos.* FAM activismo.

activo, va. adj. **1.** Que actúa. *Es una organización muy activa en la lucha contra el racismo.* **2.** Dicho de persona: Que tiende a actuar por propia decisión o a tomar la iniciativa. *Es una mujer activa e independiente.* **3.** *Gram.* Dicho de oración: Que tiene el verbo en activa (→ 5). *Una oración activa puede tener complemento directo o no tenerlo.* ● m. **4.** *Econ.* Conjunto de los bienes con valor monetario que son propiedad de una empresa, institución o individuo. *El activo de la empresa es de un millón de euros.* ○ f. **5.** *Gram.* Voz activa (→ voz). *Cuando el verbo está en activa, el sujeto realiza la acción expresada por este.* ■ **en activo.** loc. adv. **1.** Trabajando o ejerciendo la propia profesión. *Pese a su avanzada edad, el concertista sigue en activo.* **2.** En funcionamiento. *La central nuclear permanecerá en activo un año más.*

acto. m. **1.** Acción. Expresa, en forma sustantivada, la idea de hacer. *No es responsable de sus actos.* **2.** Hecho público, frec. solemne. *Entre los actos programados hay un concierto.* **3.** Parte de las varias en que se divide una obra teatral, y en la representación, está separada de las otras por una pausa. *Comedia en tres actos.* ■ **~ sexual.** m. Coito. □ **~ seguido.** loc. adv. Inmediatamente después. *Se nubló y acto seguido empezó a llover.* ■ **en el ~.** loc. adv. Inmediatamente. *¡Voy para allá en el acto!* ■ **hacer** alguien **~ de presencia.** loc. v. Estar presente en un lugar durante un tiempo muy breve y solo por cumplir. *El homenajeado ni siquiera hizo acto de presencia.* ▶ **1:** *ACCIÓN. **3:** JORNADA.

actor, triz. m. y f. Persona que interpreta un papel en el teatro, el cine, la televisión o la radio. ■ **~ de reparto.** m. y f. Actor que interpreta un papel secundario o que no es de protagonista. *Premio a la mejor actriz de reparto.* ▶ COMEDIANTE, CÓMICO. FAM actoral.

actuación. → actuar.

actual. adj. De ahora. *La moda actual busca la comodidad.*

actualidad. f. **1.** Tiempo actual o presente. *En la actualidad se dedica a escribir.* **2.** Condición de actual. *El reportaje ha perdido actualidad.* **3.** Conjunto de cosas, como noticias o sucesos, que tienen interés para la gente en un momento determinado. *Un programa de actualidad.*

actualizar. tr. Hacer que (algo que se ha quedado atrasado) se adapte o corresponda al momento actual. *Hay que actualizar nuestros ficheros.* FAM actualización.

actualmente. adv. En la actualidad o en el tiempo presente. *Actualmente vivo en Perú.*

actuar. (conjug. ACTUAR). intr. **1.** Realizar acciones. *Si no actuamos pronto, el edificio se hundirá.* **2.** Hacer una persona o cosa algo que es característico de ellas. *Los jugos gástricos actúan* EN *la digestión.* **3.** Seguido de *de* o *como* y un nombre: Hacer una persona o cosa funciones de lo expresado por él. *La inmobiliaria actúa como intermediadora en la venta.* **4.** Producir algo un efecto determinado sobre una persona o sobre otra cosa. *El medicamento actúa* EN *el organismo rápidamente.* **5.** Interpretar un papel en una obra de teatro, cine, televisión o radio. *Ha actuado en varias obras clásicas.* FAM **actuación.**

acuarela. f. **1.** Técnica de pintar sobre papel o cartón con colores disueltos en agua. *Este pintor domina bien el óleo y la acuarela.* **2.** Color empleado para la acuarela (→ 1). *Tiene los dedos manchados de acuarela.* **3.** Pintura realizada con acuarela (→ 1). *Una exposición de acuarelas.* FAM **acuarelista.**

acuario[1]. m. **1.** Depósito de agua donde se tienen animales y vegetales acuáticos vivos. *Tiene un acuario en el salón.* **2.** Edificio en que se exhiben al público animales acuáticos vivos. *En el acuario del zoo hay tiburones.*

acuario[2]. m. y f. Persona nacida bajo el signo de Acuario. *Un acuario de febrero.*

acuartelar. tr. Hacer que (la tropa) permanezca en los cuarteles y preparada para actuar en caso de emergencia. *Han acuartelado a las tropas.* FAM **acuartelamiento.**

acuático, ca. adj. **1.** Que vive en el agua. *Planta acuática.* **2.** Del agua. *Medio acuático.*

acuatizar. intr. Posarse en el agua un vehículo aéreo o espacial, o sus ocupantes. *La nave acuatizará en algún lugar del océano.* ▶ AMERIZAR. FAM **acuatizaje.**

acuchillar. tr. **1.** Herir o matar (a alguien) con un cuchillo u otra arma blanca. *Sus asaltantes lo acuchillaron.* **2.** Alisar con cuchilla u otra herramienta (una superficie de madera, espec. el suelo). *Vamos a acuchillar el parqué.* FAM **acuchillado.**

acuciar. (conjug. ANUNCIAR). tr. **1.** Meter prisa (a alguien). *Nos acucia para que terminemos de comer.* **2.** Inquietar o desazonar (a alguien). *Me acuciaba con sus continuas preguntas.* ▶ 1: *URGIR. 2: *INQUIETAR. FAM **acuciante; acucioso, sa.**

acuclillarse. intr. prnl. Ponerse en cuclillas. *Se acuclilla para recoger las monedas del suelo.*

acudir. intr. **1.** Ir alguien a un lugar, espec. porque debe ir o porque lo llaman. *Hoy no ha acudido* AL *trabajo.* **2.** Buscar la ayuda de alguien. *Cuando tengo problemas, acudo* A *mi hermano.* **3.** Utilizar algo como remedio o para conseguir otra cosa. *Acudí* AL *viejo remedio del vaso de leche para poder dormir.* **4.** Venir o presentarse algo no material. *Los recuerdos acuden* A *mi mente.* ▶ 2, 3: RECURRIR.

acueducto. m. Conducto construido para llevar el agua a un lugar, espec. a una población, frec. elevado sobre arcadas con un puente.

acuerdo. m. **1.** Hecho de acordar. *El mediador busca lograr el acuerdo de las partes.* **2.** Cosa que se acuerda o decide, espec. por dos o más personas de forma conjunta. *Según nuestro acuerdo, te toca cocinar a ti.* ■ de ~. loc. adv. **1.** Con la misma opinión. *Estoy de acuerdo* CONTIGO. **2.** Se usa para expresar asentimiento o aprobación ante lo que otro dice. –*Te llamaré mañana.* –*De acuerdo.* ■ de ~ con. loc. prepos. Correspondiéndose con. *Se le impondrá la pena de acuerdo con lo que establezca la ley.*

acuícola. adj. Biol. Dicho de ser vivo: Que vive o se desarrolla en el agua.

acuicultura. f. Cultivo de especies acuáticas vegetales o animales.

acuífero, ra. adj. Que contiene agua. Dicho de vena, tb. m. *El vertido ha contaminado los acuíferos.*

acullá. adv. cult. En un lugar distinto más alejado. Se usa en contraposición a *aquí, acá, allí* o *allá.* (→ **allá**). *En el paisaje otoñal no quedan ya tonos verdes, apenas unos reflejos acá y acullá.*

acumular. tr. Juntar gran cantidad (de algo). *Acumula cosas inútiles en los cajones.* ▶ *JUNTAR. FAM **acumulación; acumulador, ra; acumulativo, va.**

acunar. tr. Mecer (a un niño) en la cuna o sosteniéndo(lo) entre los brazos. *Pasea por la habitación acunando al bebé.*

acuñar. tr. **1.** Fabricar (monedas o medallas). *Han acuñado unas monedas conmemorativas.* **2.** Crear (una palabra o expresión que alcanzan difusión). *Acuñaron el lema "haz el amor y no la guerra".* **3.** Dar forma y relieves (a un metal) para fabricar monedas o medallas. *El hombre empezó a acuñar los metales en el año 700 a. C.* ▶ 1: TROQUELAR. FAM **acuñación; acuñador, ra.**

acuoso, sa. adj. **1.** Líquido como el agua, o de características semejantes a las suyas. *Sustancia acuosa.* **2.** Del agua. *Medio acuoso.*

acupuntura. f. Técnica para curar enfermedades o dolores, que consiste en clavar agujas en puntos determinados del cuerpo. FAM **acupuntor, ra.**

acurrucarse. intr. prnl. Encogerse alguien o doblar el cuerpo, espec. para protegerse del frío. *Me acurruco bajo la manta.*

acusado, da. adj. Dicho de cosa: Que destaca o se nota con claridad. *Tiene acusado acento extranjero.*

acusar. tr. **1.** Señalar (a alguien) atribuyéndo(le) la responsabilidad o la culpa de una falta o un delito. *El fiscal lo acusa* DE *robo.* **2.** Dar muestras (de algo) o reflejar el efecto (de algo). *Los ciclistas acusan ya el cansancio.* ▶ 1: ACHACAR, IMPUTAR, INCRIMINAR, INCULPAR. ‖ Am: 1: SINDICAR. FAM **acusación; acusador, ra; acusatorio, ria.**

acuse. ~ de recibo. m. Hecho de avisar que se ha recibido algo, espec. una carta. *Envía el paquete con acuse de recibo.*

acústico, ca. adj. **1.** Del sentido del oído. *Estímulos acústicos.* **2.** Del sonido. *Ondas acústicas.* **3.** De la acústica (→ 5, 6). *El teatro tiene buenas condiciones acústicas.* **4.** Dicho de instrumento musical: Que no está modificado con medios electrónicos. *Guitarra acústica.* ● f. **5.** Parte de la física que se ocupa del sonido. *Los expertos en acústica estudian los efectos del ruido.* **6.** En un recinto o una sala: Conjunto de características de las que depende la calidad con que los sonidos se perciben en su interior. *La acústica del auditorio es deficiente.*

adagio[1]. m. Dicho o sentencia breves. ▶ *DICHO.

adagio[2]. (pal. it.; pronunc. "adáyo"). m. Mús. Tempo lento.

adalid. m. cult. Persona que dirige o encabeza un grupo o un movimiento, espec. si es de defensa de algo. *Fue un adalid* DE *la democracia.*

adaptar. tr. **1.** Modificar (una cosa) de manera conveniente para un fin o unas circunstancias nuevas. *Ha adaptado su horario* AL *cuidado del bebé.* **2.** Adecuar (una obra, gralm. literaria o musical) a las necesidades de otro público o de otro medio de difusión. *Adaptó la obra teatral* AL *cine.* **3.** Ajustar (algo) a los límites o a la forma de otra cosa. *Adapta tus gastos*

AL *presupuesto.* **4.** Hacer que (una persona) cambie su comportamiento de acuerdo con las condiciones de una situación o un entorno nuevos. *El entrenamiento de los astronautas los adapta A la vida en el espacio.* ○ intr. prnl. **5.** *Biol.* Cambiar un organismo o ser vivo sus características para integrarse mejor en un medio natural nuevo. *Algunos animales terrestres se adaptaron AL medio acuático.* FAM **adaptable; adaptación; adaptador, ra.**

adarga. f. histór. Escudo de cuero, ovalado o de forma de corazón.

adecentar. tr. Poner (algo o a alguien) limpios y con buen aspecto. *Hay que adecentar un poco la casa.*

adecuado, da. adj. Que se adapta a las necesidades o a las condiciones de algo o alguien. *Las sandalias no son adecuadas PARA la montaña.*

adecuar. (conjug. AVERIGUAR). tr. Adaptar (algo) a las necesidades o condiciones de una persona o de una cosa. *Adecuaremos el programa A los intereses de los alumnos.* FAM **adecuación.**

adefesio. m. coloq. Persona o cosa de gran fealdad o de aspecto ridículo. *Aunque se vista de gala, no deja de ser un adefesio.*

adelantado, da. adj. **1.** Que tiene un desarrollo superior a lo normal en su edad o en su momento. *Los alumnos adelantados ya leen solos.* ● m. **2.** histór. Gobernador político y militar de una zona fronteriza. ■ **por adelantado.** loc. adv. Con antelación. *Pague por adelantado.*

adelantar. tr. **1.** Hacer que (alguien o algo) estén delante. *Adelantan un pie y se preparan para la carrera.* **2.** Dar a conocer (algo, como una noticia) antes del tiempo previsto. *Les adelantaremos algunos titulares del informativo.* **3.** Dar (una cantidad de dinero) antes del tiempo que corresponde. *Necesito que me adelante el sueldo del próximo mes.* **4.** Hacer que (algo) suceda antes del tiempo debido o acordado. *Adelantaron las elecciones.* **5.** Colocarse una persona o cosa delante (de otra). *Adelanta al camión en la curva.* **6.** Hacer que (un reloj) marque una hora posterior a la que marcaba. *Adelanta el reloj para llegar a tiempo a las citas.* ○ intr. **7.** Funcionar un reloj a más velocidad de la debida. *Mi reloj adelanta.* Tb. prnl. **8.** Progresar alguien, o ir hacia adelante en una acción o en un proceso. *Si no pones algo de tu parte, no adelantamos nada.* ○ intr. prnl. **9.** Realizar alguien una acción antes que otra persona, o antes de que suceda algo. *Lo hubiera hecho yo, pero se me adelantaron.* ▶ **2, 4:** ANTICIPAR. **9:** ANTICIPARSE. FAM **adelantamiento; adelanto.**

adelante. adv. **1.** Hacia un lugar que está delante. *No se detengan, sigan adelante.* **2.** Precedido de un nombre de algo que tiene un recorrido, expresa progresión o avance a lo largo de él. *El coche acelera y se pierde carretera adelante.* **3.** frecAm. En un lugar que está delante. *La casa tiene suficiente terreno adelante, atrás y a los lados* [C]. **4.** Precedido de un nombre que puede ir cuantificado: Hacia, o en, un lugar que está, con respecto al de referencia, a la distancia expresada por ese nombre. *El baile consiste en dar tres pasos adelante y dos atrás.* ● interj. **5.** Se usa para permitir entrar a alguien que lo ha pedido. *–¿Se puede? –Adelante.* **6.** Se usa para exhortar a alguien a que lleve a cabo una acción o la prosiga. *¡Adelante!, pregunten lo que quieran.* ■ **en ~.** loc. adv. Desde el punto que se toma como referencia. *En adelante ella revisará el trabajo.* ■ **más ~.** loc. adv. Después en el tiempo o en el espacio. *Pararemos más adelante.*

adelfa. f. Arbusto de hojas parecidas a las del laurel y flores blancas o rojizas, muy cultivado como ornamental. Tb. la flor.

adelgazar. tr. **1.** Hacer que (alguien o algo) pasen a estar delgados o más delgados. *Las grasas no te adelgazarán.* **2.** Rebajar alguien de peso (la cantidad que se indica). *Adelgacé cuatro kilos.* ○ intr. **3.** Ponerse delgado o más delgado alguien o algo. *Le conviene adelgazar.* Tb. prnl. ▶ **1, 3:** ENFLAQUECER. FAM **adelgazamiento; adelgazante.**

ademán. m. Movimiento del cuerpo o de una parte de este que indica la intención, la actitud o el estado de ánimo. *Hizo ademán DE levantarse.*

además. adv. Indica que lo expresado en la oración o el elemento de oración a los que modifica se añade a algo mencionado antes. *Ganó un viaje y, además, dinero en efectivo.*

adentrar. tr. Meter o hacer entrar (a alguien) en el interior de un lugar. *Nos adentraron EN el bosque.*

adentro. adv. **1.** A un lugar que está dentro. *Pasa adentro, no te quedes en la puerta.* **2.** frecAm. En un lugar que está dentro. *Hace calor aquí adentro, vámonos* [C]. **3.** Precedido de un nombre sin artículo: Hacia o en, la parte interior de lo designado por ese nombre. *El velero se aleja mar adentro.* ● m. pl. **4.** Precedido de un adjetivo posesivo: La intimidad del propio pensamiento. *Se rió para sus adentros.*

adepto, ta. m. y f. Partidario de una persona, de una idea o de un grupo o concepción ideológicos. *Los adeptos A la secta entregan todos sus bienes.*

aderezar. tr. Añadir condimentos (a la comida) para dar(le) buen sabor. *Adereza la ensalada.* ▶ *CONDIMENTAR.

aderezo. m. **1.** Hecho de aderezar. *El aderezo de los boquerones lleva un buen rato.* **2.** Condimento o conjunto de ingredientes que se emplean para dar buen sabor a una comida. *Probó el aderezo y lo echó al pescado.* ▶ **1:** *CONDIMENTACIÓN. **2:** *CONDIMENTO.

adeudar. (conjug. ADEUDAR). tr. Deber (una cantidad de dinero). *El banco nos reclama lo que le adeudamos de la hipoteca.* ▶ DEBER. FAM **adeudo.**

adherencia. f. **1.** Hecho de adherirse o pegarse. *La cola pierde adherencia con el tiempo.* **2.** Cosa adherida. *Quite a las setas el barro y otras adherencias.* **3.** *Fís.* Resistencia que impide el deslizamiento de las superficies de dos cuerpos en contacto. *Con la nieve, la adherencia de los neumáticos disminuye.*

adherir. (conjug. SENTIR). tr. **1.** Pegar o unir (una cosa) a otra, frec. utilizando una sustancia, como pegamento. *Adhiera una fotografía A la solicitud.* ○ intr. prnl. **2.** Estar una persona de acuerdo con otra o unirse a ella, a una idea o a una organización. *El concejal propuso un minuto de silencio y se adhirieron A la iniciativa.* ▶ **1:** PEGAR. FAM **adherente; adhesión; adhesivo, va.**

ad hoc. (loc. lat.; pronunc. "ad-óc"; pl. invar.). loc. adj. Creado o dispuesto especialmente para un fin determinado. *Se creó una comisión ad hoc para investigar el caso.*

adicción. f. Hábito incontenible de consumir una droga o de practicar ciertos juegos de azar. *Tiene adicción A la cocaína.* FAM **adictivo, va; adicto, ta.**

adición. f. **1.** Hecho o efecto de añadir una cosa a otra. *Los alimentos no precisan la adición de sal.* **2.** *Mat.* Suma (operación aritmética). ▶ **2:** SUMA. FAM **adicional; adicionar; aditivo, va.**

adiestrar. tr. **1.** Enseñar (a alguien) o preparar(lo) para una actividad. *Los adiestramos EN las técnicas de búsqueda de empleo.* **2.** Amaestrar (a un animal). *Adiestra perros.* ▶ **1:** *ENTRENAR. **2:** AMAESTRAR. FAM **adiestrador, ra; adiestramiento.**

adinerado, da. adj. Que tiene mucho dinero. *Familia adinerada.* ▶ *RICO.

adiós. interj. **1.** Se usa como despedida. *Adiós, buen viaje.* **2.** Se usa para expresar disgusto ante un olvido u otro hecho adverso. *¡Adiós!, me he dejado las llaves.* ● m. **3.** Despedida.

adiposo, sa. adj. cult. De grasa, o cargado de grasa. *Tejido adiposo.* FAM **adiposidad.**

aditivo, va. → **adición.**

adivinanza. f. Juego que consiste en adivinar algo a partir de unas pistas que se dan. ▶ ACERTIJO, ENIGMA.

adivinar. tr. **1.** Predecir (un hecho futuro) o descubrir (algo que está oculto) utilizando la magia. *Adivinan el porvenir.* **2.** Descubrir por indicios o por intuición (algo oculto o ignorado). *Adiviné que algo pasaba.* **3.** Acertar (algo), espec. por azar. *Yo pienso un número y tú lo tienes que adivinar.* ▶ **1:** *PREDECIR. FAM **adivinación; adivinador, ra; adivinatorio, ria.**

adivino, na. m. y f. Persona con capacidad para adivinar algo, espec. hechos futuros a través de la magia. *El adivino predijo un año de grandes catástrofes.* ▶ ADIVINADOR, CLARIVIDENTE, PITONISA, VIDENTE.

adjetivo, va. adj. **1.** *Gram.* Que tiene valor adjetivo (→ 2). *Oración subordinada adjetiva.* **2.** *Gram.* Del adjetivo (→ 3). *Función adjetiva.* ● m. **3.** *Gram.* Palabra que delimita el contenido de un nombre, concordando con él. *En "mi nuevo ordenador", las palabras "mi" y "nuevo" son adjetivos.* ■ **adjetivo calificativo.** m. *Gram.* Adjetivo (→ 3) que expresa una cualidad de lo designado por el nombre. *En "las manzanas rojas", "rojas" es un adjetivo calificativo.* ⇒ CALIFICATIVO. FAM **adjetivación; adjetival; adjetivar.**

adjudicar. tr. **1.** Declarar que (algo) corresponde a alguien. *Aún no nos han adjudicado un piso.* ○ tr. prnl. **2.** Obtener (la victoria o un premio) en ciertas competiciones. *El equipo se ha adjudicado la medalla de plata.* **3.** Apropiarse (de algo), o quedarse (con ello). *Como no eran de nadie, me adjudiqué los lápices.* FAM **adjudicación; adjudicatario, ria.**

adjuntar. tr. Enviar (algo) junto a una carta u otro escrito. *Envíe el impreso y adjunte una fotografía.* ▶ frecAm: ANEXAR.

adjunto, ta. adj. **1.** Dicho de cosa: Unida a otra. *Para localizar las ciudades nombradas, véase el mapa adjunto.* **2.** Dicho de persona: Que tiene como función acompañar y ayudar al titular de un cargo en la realización de su trabajo. *Profesor adjunto.*

adminículo. m. Objeto pequeño que tiene alguna utilidad. *En una cajita lleva aguja, hilo y otros adminículos.*

administración. f. **1.** Hecho de administrar o administrarse. *Se ocupa de la administración de mis bienes.* **2.** Oficina del administrador. *Preséntese en administración.* **3.** (Frec. en mayúsc.). Conjunto de organismos que se ocupan de defender los intereses públicos y de hacer cumplir las leyes. *Es funcionario de la Administración.* **4.** Gobierno, espec. el de los Estados Unidos de América. *La administración Bush.* FAM **administrativo, va.**

administrar. tr. **1.** Organizar (los bienes) de alguien o algo, y decidir su empleo. *Administra su patrimonio.* **2.** Graduar el uso (de algo) para que dure más o para obtener mayores beneficios. *Debes administrar tu sueldo.* **3.** Aplicar o dar (un medicamento). *Le administraron un sedante.* **4.** Gobernar o dirigir (un territorio o a un conjunto de personas). *La oposición se queja de cómo administra el país el Gobierno.* **5.** *Rel.* Dar (un sacramento). *Dos sacerdotes administran la eucaristía.* ○ intr. prnl. **6.** Graduar alguien el gasto de su dinero. *No ganamos mucho, pero nos administramos bien.* FAM **administrador, ra.**

admiración. f. **1.** Hecho o efecto de admirar o admirarse. *Siento admiración por los voluntarios.* **2.** Signo ortográfico que se pone antes (¡) y después (!) de una frase o una palabra para indicar que tienen entonación exclamativa. ▶ **1:** *ASOMBRO. FAM **admirativo, va.**

admirar. tr. **1.** Reconocer y apreciar el valor o las cualidades (de alguien o algo). *Admiro la constancia de los deportistas.* **2.** Contemplar o mirar con agrado (a alguien o algo bellos). *Admiran el cuadro.* **3.** Causar sorpresa (a una persona) algo que se sale de lo común u ordinario. *Nos admira el tamaño de la catedral.* ▶ **3:** *ASOMBRAR. FAM **admirable; admirador, ra.**

admitir. tr. **1.** Permitir que (alguien o algo) entren en un lugar. *No nos admitieron en la discoteca.* **2.** Aceptar alguien voluntariamente (algo que se le ofrece o propone). *Admití el dinero que me ofrecía.* **3.** Permitir una cosa (otra) o hacer(la) posible. *Su traslado al hospital no admite demora.* **4.** Aceptar (algo o a alguien), o dar(los) por buenos o válidos. *Admita su error.* ▶ **2, 4:** *ACEPTAR. FAM **admisible; admisión.**

admonición. f. cult. Amonestación (advertencia, o reprensión). *Recibió una severa admonición de su superior.*

ADN. (sigla; pronunc. "a-de-ene"). m. *Biol.* Ácido que se encuentra en el núcleo celular formando cadenas dobles en espiral, y cuya función principal es transmitir la información genética de las células. *Moléculas de ADN.* ▶ DNA.

adobar. tr. **1.** Poner en adobo (un alimento, espec. una carne o un pescado). **2.** Curtir (la piel de un animal). ▶ **2:** CURTIR.

adobe. m. Masa de barro y paja, moldeada en forma de ladrillo y secada al aire, que se emplea para construir paredes. *Casas de adobe.*

adobo. m. **1.** Salsa hecha con varios ingredientes, pralm. aceite, vinagre, sal, ajo y especias, que sirve para sazonar y conservar alimentos, espec. carnes y pescados. *Pescado en adobo.* **2.** Hecho o efecto de adobar. *Empezaron con el adobo de la carne.*

adocenado, da. adj. Vulgar o mediocre. *Versos adocenados.*

adocenarse. intr. prnl. Volverse vulgar o mediocre.

adoctrinar. tr. Enseñar (a alguien) algo, espec. las ideas de una doctrina o creencia. *La han adoctrinado en colegios religiosos.* FAM **adoctrinamiento.**

adolecer. (conjug. AGRADECER). intr. Seguido de un complemento introducido por *de*: Tener como defecto lo expresado por él. *El informe adolece de falta de rigor.*

adolescencia. f. Período de la vida de una persona, que se extiende desde la pubertad hasta el completo desarrollo del organismo. *Está en la adolescencia.* FAM **adolescente.**

adonde. (En acep. 2, más frec. **a donde**). adv. relat. **1.** Al que, o al cual. *El pueblo adonde nos dirigimos.* (→ donde). **2.** Al lugar al que o al cual. *Adonde vamos* *no puedes ir tú.* ● prep. **3.** A casa de, o junto a. *Fue adonde su tía.*

adónde. adv. interrog. A qué lugar. *¿Adónde vas con tanta prisa?* (→ **dónde**).

adondequiera. adv. cult. A cualquier parte. *Adondequiera que vaya me sigue.*

adonis. m. Hombre muy guapo y gralm. joven.

adoptar. tr. **1.** Tomar como hijo (a alguien que no lo es naturalmente) cumpliendo los requisitos legales establecidos. *Van a adoptar a un niño.* **2.** Tomar (algo ajeno, como ideas o costumbres) haciéndo(lo) propio. *Han adoptado un nuevo método.* **3.** Tomar (una decisión o un acuerdo). **4.** Tomar algo (una forma determinada). *La construcción adopta forma de torre.* FAM adopción; adoptante; adoptivo, va.

adoquín. m. Bloque de piedra labrado en forma de prisma rectangular, que se usa para empedrar las calles. *Calles de adoquín.* FAM adoquinado; adoquinar.

adorar. tr. **1.** Venerar o rendir culto (a alguien o algo que se consideran de naturaleza divina). *Los incas adoraban al dios del trueno.* **2.** Amar mucho (a alguien). *Adora a su tío.* **3.** Sentir mucho gusto o placer (con algo). *Adora el chocolate.* **4.** Sentir o demostrar veneración o gran respeto (hacia alguien o algo). *Adoran a ese cantante.* FAM adorable; adoración; adorador, ra.

adormecer. (conjug. AGRADECER). tr. **1.** Producir sueño (a alguien). *El traqueteo del tren me adormece.* **2.** Reducir la sensibilidad (de alguien o algo). *El hielo me adormeció la ceja herida.* FAM adormecedor, ra; adormecimiento.

adormidera. f. Planta de hojas grandes, flores vistosas, gralm. blancas o rojizas, y frutos en forma de cápsula, de los que se extrae el opio.

adormilarse. intr. prnl. Quedarse medio dormido. *Me adormilé un rato.*

adornar. tr. **1.** Poner adornos (a alguien o algo). **2.** Servir algo de adorno (de una persona o cosa). *Un cuadro adorna la habitación.* ► ENGALANAR, ORNAMENTAR.

adorno. m. Cosa que sirve para embellecer o dar mejor aspecto a algo o alguien. ► ORNAMENTACIÓN, ORNAMENTO.

adosado, da. adj. Dicho de edificación o de elemento constructivo: Que está construido uniéndose a otro por uno de sus lados. *Columnas adosadas.*

adosar. tr. Poner (una cosa) al lado de otra o unida a ella. *Adosaron una bomba AL coche.*

adquirir. (conjug. ADQUIRIR). tr. **1.** Comprar (algo). **2.** Empezar a tener (algo). *En la primaria adquirimos los conocimientos básicos.* ► **1:** COMPRAR. FAM adquirente o adquiriente; adquisición; adquisitivo, va.

adrede. adv. A propósito o de manera intencionada. *No lo hice adrede.*

adrenalina. f. *Biol.* Hormona producida en las glándulas suprarrenales, que estimula el sistema nervioso y aumenta la actividad cardíaca y la presión arterial.

adriático, ca. adj. Del mar Adriático.

adscribir. (part. adscrito, o Am., adscripto). tr. **1.** Destinar a un trabajo o a un organismo. *Me han adscrito A otra sección.* **2.** Atribuir (una cosa) a otra o poner(la) en relación con ella. *Adscriben el cuadro AL modernismo.* FAM adscripción.

aduana. f. Oficina pública situada en la frontera de un país, donde se registran las mercancías que entran y salen y se cobran los derechos correspondien-

tes. *Un inspector de aduanas.* FAM aduanal (Am); aduanero, ra.

aducir. (conjug. CONDUCIR). tr. Presentar o exponer (algo) como argumento o justificación de otra cosa. *No puede aducir desconocimiento de la ley.* ► *ALEGAR.

adueñarse. intr. prnl. Apoderarse de alguien o algo.

adulador, ra. adj. Que adula. ► HALAGADOR, ZALAMERO.

adular. tr. Hacer o decir alguien de manera interesada lo que cree que puede agradar (a otra persona). *La adula con piropos.* ► HALAGAR. FAM adulación; adulón, na.

adulterar. tr. **1.** Alterar la composición (de algo, espec. de un alimento) al mezclar(lo) con otra cosa o al añadírsela. *Adulteran el vino CON sustancias químicas.* **2.** Falsear (algo) modificando su naturaleza o su contenido. *Cantar con micrófono adultera la ópera.* FAM adulteración.

adulterio. m. Relación sexual de una persona casada, con otra que no es su cónyuge. FAM adulterino, na; adúltero, ra.

adulto, ta. adj. Dicho de ser vivo: Que ha alcanzado su pleno desarrollo biológico. *Personas adultas.* ► GRANDE. FAM adultez.

adusto, ta. adj. **1.** Dicho de persona: Poco amable o expresiva en el trato. **2.** Dicho de cosa: Áspera o desagradable. *Un páramo adusto.* FAM adustez.

advenedizo, za. adj. despect. Dicho de persona: Que se ha establecido en un lugar, una posición o una actividad considerados superiores a los que le son propios. *Aristócratas advenedizos.*

advenimiento. m. **1.** cult. Hecho de venir o llegar. *Con el advenimiento de la democracia legalizaron los partidos.* **2.** cult. Hecho de subir o llegar al trono un rey. *El advenimiento de los Reyes Católicos tuvo lugar en 1474.*

adventismo. m. *Rel.* Doctrina protestante que afirma que habrá un segundo advenimiento o llegada de Cristo a la Tierra. FAM adventista.

adverbio. m. *Gram.* Palabra invariable cuya función es la de complementar a un verbo, un adjetivo, una oración o a una palabra de la misma clase. *En "los más altamente cualificados", "más" y "altamente" son adverbios.* FAM adverbial.

adversario, ria. m. y f. **1.** Respecto de una persona o un animal: Otro que lucha contra él o se le opone. *La tenista derrotó a su adversaria.* ● m. **2.** Conjunto de adversarios (→ 1). *El equipo no dio tregua al adversario.*

adversativo, va. adj. *Gram.* Dicho de oración: Que expresa sentido opuesto o contrario a lo dicho en la oración anterior. *En "llegamos tarde, pero no mucho", "pero no mucho" es una oración adversativa.* Tb. dicho de la conjunción correspondiente.

adversidad. f. **1.** Situación o suceso adversos. *Se crece en la adversidad.* **2.** Suerte adversa. *La adversidad no persigue.*

adverso, sa. adj. Contrario o desfavorable. *Circunstancias adversas.*

advertir. (conjug. SENTIR). tr. **1.** Notar (algo) o darse cuenta (de ello). *Al abrir la caja fuerte, advirtió que faltaba dinero.* **2.** Hacer notar u observar (algo) a alguien. *Le advierto que ese producto es tóxico.* **3.** Hacer notar u observar algo (a alguien). *Nos advirtieron DE que había mal tiempo.* **4.** Avisar o informar a alguien (de algo) por adelantado, frec. como amenaza. *Les advier-*

to *que no voy a tolerarlo.* ▶ **1:** NOTAR. **3:** APERCIBIR. FAM **advertencia.**

adviento. (Frec. en mayúsc.). m. *Rel.* Período que comprende las cuatro semanas anteriores al día de Navidad.

adyacente. adj. Contiguo o muy próximo. *El incendio se propagó al edificio adyacente al almacén.* FAM **adyacencia.**

aéreo, a. adj. **1.** De aire o del aire. *Este animal vive en el medio aéreo.* **2.** Que se desarrolla por el aire y no por la superficie. *Navegación aérea.* **3.** De la aviación o del avión. *Accidente aéreo.*

aero-. elem. compos. Significa 'aire' (*aerofobia, aeronavegación*) o 'aviación' (*aeroescuela*).

aeróbic o **aerobic.** m. Modalidad gimnástica acompañada de música, que se practica gralm. en grupo y consiste en hacer ejercicios enérgicos controlando el ritmo respiratorio.

aeróbico, ca. adj. *Biol.* De los seres que necesitan oxígeno para vivir, o del consumo de oxígeno con este fin. *El ejercicio mejora la capacidad aeróbica.*

aerodinámico, ca. adj. **1.** Dicho de vehículo u otro cuerpo móvil: Que tiene forma adecuada para disminuir la resistencia del aire. **2.** De la aerodinámica (→ 3), o de su objeto de estudio. *Cálculo aerodinámico.* ● f. **3.** Parte de la física que estudia el movimiento de los gases y espec. el de los cuerpos sólidos que se mueven en ellos. *Un laboratorio de aerodinámica.*

aeródromo. m. Terreno llano con pistas y otras instalaciones para el despegue y aterrizaje de aviones, gralm. menor que un aeropuerto. ▶ *AEROPUERTO.

aeroespacial. adj. **1.** De la atmósfera terrestre y el espacio exterior a ella. *Vehículo aeroespacial.* **2.** De los vehículos aeroespaciales (→ 1). *Ingeniero aeroespacial.*

aerolínea. f. Compañía de transporte aéreo.

aerolito. m. *Fís.* y *Mineral.* Meteorito rocoso formado pralm. por sales de ácidos de silicio. *En la Tierra caen más aerolitos que meteoritos de hierro o níquel.*

aeromodelismo. m. Actividad consistente en construir pequeños modelos de aviones que puedan volar. FAM **aeromodelista.**

aeromoza. f. *Am.* Azafata (mujer encargada de atender a los pasajeros de un avión). *La aeromoza nos rogaba que no fumásemos* [C]. ▶ AZAFATA.

aeronáutico, ca. adj. **1.** De la aeronáutica (→ 2). *Industria aeronáutica.* ● f. **2.** Estudio científico de la navegación aérea. *Aeronáutica militar.*

aeronaval. adj. *Mil.* De la Aviación y de la Marina conjuntamente. *Maniobras aeronavales.*

aeronave. f. Vehículo capaz de desplazarse por el aire.

aeroparque. m. *Am.* Aeropuerto pequeño, espec. el situado en área urbana. *El tránsito aéreo desde y hacia el aeroparque cercano* [C]. ▶ *AEROPUERTO.

aeroplano. m. Avión, espec. el de reducidas dimensiones. ▶ AVIÓN.

aeropuerto. m. Terreno llano provisto de diversas instalaciones y de pistas de despegue y aterrizaje para el tráfico regular de aviones. ▶ AERÓDROMO. ‖ **Am:** AEROPARQUE. FAM **aeroportuario, ria.**

aerosol. m. Mezcla de partículas microscópicas de un líquido o un sólido dispersas en un gas. ▶ SPRAY.

afable. adj. Amable o agradable en el trato. *Una mujer afable.* ▶ *AMABLE. FAM **afabilidad.**

afamado, da. adj. Famoso.

afán. m. **1.** Esfuerzo o empeño grandes. *Ha estudiado con afán.* **2.** Deseo intenso de algo. *Tiene afán* DE/POR *llamar la atención.*

afanarse. intr. prnl. Esforzarse en algo, o poner mucho afán o empeño en ello. *Se afanaron* EN/POR *dejarlo todo limpio.* FAM **afanoso, sa.**

afear. tr. **1.** Hacer o poner (algo o a alguien) feos o más feos. *Las cicatrices le afean el rostro.* **2.** Criticar o reprochar (algo) a alguien. *Le han afeado su comportamiento.* FAM **afeamiento.**

afección. f. cult. o *Med.* Enfermedad (alteración de la salud).

afectado, da. adj. Poco natural o falto de espontaneidad. *Una forma de hablar afectada.* ▶ DRAMÁTICO. FAM **afectación.**

afectar. tr. **1.** Tener o producir una cosa efecto (en alguien o algo). *El tipo de gasolina afecta al rendimiento del vehículo.* **2.** Producir una cosa daño o efecto negativo (en alguien o algo). *La crisis afectó al turismo.* **3.** Producir impresión (en alguien). *Nos afectó mucho su muerte.* **4.** Fingir o aparentar (algo). *Afecta indiferencia.* ▶ **4:** *FINGIR.

afectísimo, ma. adj. Se usa en fórmulas de despedida de cartas y documentos formales. Frec. en la constr. *suyo ~.*

afecto[1]. m. Inclinación favorable hacia alguien o algo con los que se crea cierto grado de unión. *Agradezco sus muestras de afecto.* ▶ AMOR, APEGO, APRECIO, CARIÑO, ESTIMA, ESTIMACIÓN. FAM **afectividad; afectivo, va; afectuosidad, afectuoso, sa.**

afecto[2], **ta.** adj. **1.** Que muestra preferencia o inclinación por algo o alguien. *Es afecto* A *la monarquía.* **2.** Dicho de persona: Destinada a prestar servicio en determinado puesto, actividad o dependencia. *Personal afecto* A *los servicios sanitarios.*

afeitar. (conjug. PEINAR). tr. **1.** Cortar el pelo (de alguien o de una parte de su cuerpo), espec. el de la barba o el bigote, al nivel de la piel. *El barbero me ha afeitado.* **2.** Cortar (el pelo, espec. el de la barba o el bigote) al nivel de la piel. *Se ha afeitado la barba.* ▶ RASURAR. FAM **afeitado; afeitador, ra.**

afeite. m. cult. Cosmético.

afelpado, da. adj. De aspecto o características semejantes a los de la felpa. *Tejido afelpado.*

afeminado, da. adj. **1.** Dicho de hombre: Que tiene características propias de las mujeres, espec. en el aspecto o el comportamiento. **2.** Que parece de mujer. *Una voz afeminada.*

afeminar. tr. Hacer que (un hombre) adquiera características propias de las mujeres, espec. en el aspecto o el comportamiento. *Trabajar como estilista de mujeres lo ha afeminado.* FAM **afeminamiento.**

aferrar. tr. Agarrar o coger (algo o a alguien) con fuerza. *Me aferró por la mano.*

affaire. (pal. fr.; pronunc. "afér"). m. **1.** Asunto o caso que se hace famoso, espec. el que causa escándalo. *El affaire de las comisiones ilegales.* **2.** Relación amorosa, gralm. secreta. *Tuvo un affaire con su jefe.*¶ [Equivalentes recomendados: 1: *caso, asunto, escándalo;* 2: *aventura (amorosa), lío*].

afgano, na. adj. De Afganistán (Asia).

afianzar. tr. **1.** Afirmar o asegurar (algo) de modo que quede seguro o estable. *Afianza bien la maleta.* **2.** Apoyar (una cosa) sobre otra. *Afianzarán el tejado* EN/SOBRE *los muros.* ▶ **1:** *ASEGURAR. FAM **afianzamiento.**

afiche. m. frecAm. Cartel (lámina con fines informativos o publicitarios). *Los afiches de las corridas* [C]. ▶ *CARTEL.

afición. f. **1.** Inclinación habitual de una persona o un animal hacia aquello que les gusta, espec. una actividad o un tipo de cosas o de personas. *Afición AL tenis.* **2.** Afecto por alguien. *Le he tomado afición a Andrés.* **3.** Conjunto de personas que tienen afición (→ 1) a algo, espec. a un espectáculo. *El cantante no ha defraudado a la afición.* FAM **aficionar.**

aficionado, da. adj. **1.** Que siente afición a algo, espec. a una actividad o a un espectáculo. *Es muy aficionado A la cocina.* **2.** Que practica una actividad sin ser profesional de ella. *Además de pediatra, es fotógrafa aficionada.*

afilado, da. adj. Que tiene filo o punta. *Dientes afilados.* ▶ FILOSO. ‖ Am: FILUDO.

afilar. tr. **1.** Hacer que (algo) tenga filo o que su filo sea más delgado y cortante. *Ha afilado el cuchillo.* **2.** Hacer que (algo) tenga punta o que su punta sea más aguda. *Afila el lápiz.* ○ intr. prnl. **3.** Hacerse más delgada una parte del cuerpo, espec. la cara, la nariz o los dedos. *Su rostro se ha afilado.* FAM **afilado** (*Afilado de cuchillos*); **afilador, ra.**

afiliar. (conjug. ANUNCIAR). tr. Inscribir o apuntar (a alguien) en una asociación. *Lo han afiliado AL partido.* FAM **afiliación.**

afín. adj. **1.** Que es semejante a otro, o comparte con él alguna característica. *Tenemos gustos afines.* **2.** Que está próximo a alguien o algo en cuanto a las ideas o los sentimientos. *Votantes afines AL nacionalismo.* FAM **afinidad.**

afinar. tr. **1.** Hacer (algo o a alguien) finos o más finos. *Afine la masa con el rodillo.* **2.** Poner (un instrumento) en el tono justo con arreglo a un diapasón, o hacer que suene acorde con otros instrumentos. *El cuarteto afina sus instrumentos.* **3.** Perfeccionar (algo). *Tienes que afinar la puntería.* ▶ **2:** TEMPLAR. FAM **afinación; afinador, ra; afinamiento.**

afincarse. intr. prnl. Establecerse alguien en un lugar, o fijar en él su residencia. *Se han afincado EN París.*

afirmar. tr. **1.** Decir (algo), gralm. dándo(lo) por cierto. *Afirmó que mentían.* **2.** Hacer que (algo) pase a estar estable o sujeto. *Plantó el árbol y lo afirmó apretando la tierra.* ○ intr. **3.** Decir que sí. *Afirmó con la cabeza.* ○ intr. prnl. **4.** Pasar alguien a estar seguro de lo dicho o pensado antes. *Se afirmó EN lo que dijo ayer.* **5.** Hacerse algo firme o más firme. *Sus creencias se afirmaron.* ▶ **2:** *ASEGURAR. **3:** ASENTIR. FAM **afirmación; afirmativo, va.**

aflautado, da. adj. Dicho de sonido, espec. de voz: Agudo, como el de la flauta. FAM **aflautar** (conjug. CAUSAR).

afligir. tr. Causar tristeza (a alguien). *Su muerte nos ha afligido a todos.* FAM **aflicción.**

aflojar. tr. **1.** Hacer que (algo) quede más flojo, o menos apretado o tirante. *Afloja la cuerda.* **2.** Hacer que (algo) sea más flojo, o que pierda intensidad o fuerza. *Afloja el paso.* ○ intr. **3.** Perder algo intensidad o fuerza. *La fiebre ha aflojado.* **4.** Dejar de poner alguien la misma energía o empeño en algo. *A final de curso ha aflojado.* FAM **aflojamiento.**

aflorar. intr. Aparecer algo que estaba oculto. *Han aflorado diferencias de opinión.* FAM **afloramiento.**

afluente. m. Río o arroyo que desembocan en otro.

afluir. (conjug. CONSTRUIR). intr. **1.** Desembocar un río o arroyo en otro. *El Huallaga afluye AL Amazonas.* **2.** Acudir o llegar gran cantidad de personas o cosas a un lugar. *Los turistas afluyen A la costa.* FAM **afluencia; aflujo.**

afonía. f. Pérdida o disminución de la voz. FAM **afónico, ca.**

aforismo. m. Sentencia breve y doctrinal que se propone como regla, espec. en una ciencia o arte. ▶ *DICHO. FAM **aforístico, ca.**

aforo. m. Número máximo de personas que puede admitir un recinto de espectáculos o de otro tipo de actos públicos. *El estadio tendrá un aforo de 40 000 espectadores.*

afortunadamente. adv. De manera afortunada. Se usa para expresar que aquello a que se hace referencia se considera un hecho afortunado o feliz. *Afortunadamente, hemos llegado a tiempo.*

afortunado, da. adj. **1.** Que tiene fortuna o buena suerte. *No soy afortunado EN el juego.* **2.** Oportuno o acertado. *Estuvo afortunado en sus respuestas.* **3.** Feliz o que produce felicidad. *Un encuentro afortunado.* ▶ **3:** BIENAVENTURADO.

afrancesado, da. adj. **1.** Partidario de los franceses o de lo francés. *Los españoles afrancesados querían a Bonaparte.* **2.** Que imita lo francés. *Arte afrancesado.*

afrancesar. tr. **1.** Dar carácter francés (a alguien o algo). *Ha afrancesado su modo de hablar.* **2.** Hacer (a alguien) afrancesado o partidario de los franceses. *José Bonaparte contribuyó a afrancesar a muchos españoles.* FAM **afrancesamiento.**

afrenta. f. Ofensa o humillación. ▶ *OFENSA. FAM **afrentar; afrentoso, sa.**

africano, na. adj. De África. FAM **africanidad; africanismo; africanista; africanizar.**

afro. adj. De origen africano o de características africanas. *Peinado afro.*

afro-. elem. compos. Significa 'africano'. *Afrocubano, afronorteamericano.*

afroamericano, na. adj. Dicho de persona: Americana y descendiente de africanos.

afroasiático, ca. adj. De África y Asia.

afrodisíaco, ca o **afrodisiaco, ca.** adj. Que estimula el deseo sexual. *Bebida afrodisíaca.*

afrontar. tr. Hacer frente (a un problema o a una situación difícil o negativa). *Ha afrontado la enfermedad con fortaleza.* ▶ ENFRENTAR.

afrutado, da. adj. De olor o sabor similares a los de la fruta.

afta. f. Med. Herida pequeña y blanquecina que se forma pralm. en la mucosa de la boca.

afuera. adv. **1.** A un lugar que está fuera. *Salgamos afuera a tomar el aire.* **2.** frecAm. En un lugar que está fuera. *Había sol afuera* [C]. ● f. pl. **3.** Alrededores o contornos de un lugar. *Vive en las afueras.* ▶ **3:** *INMEDIACIONES.

afuerino, na. adj. Am. Dicho de persona: Que viene de fuera. *Gentes afuerinas* [C]. ▶ *FORASTERO.

agachar. tr. **1.** Inclinar o bajar (una parte del cuerpo, espec. la cabeza). ○ intr. prnl. **2.** Encogerse alguien o doblar el cuerpo hacia el suelo. *Se agachó a recoger las monedas del suelo.*

agalla. f. **1.** Branquia, espec. la del pez. ○ pl. **2.** coloq. Valor o valentía. *Hay que tener agallas para subirse ahí.* ▶ **1:** BRANQUIA.

16

ágape. m. cult. Banquete (comida para celebrar un acontecimiento).

agarrar. tr. **1.** Coger (algo o a alguien), espec. con fuerza. **2.** coloq. Coger o empezar a tener (algo, espec. una enfermedad o un estado de ánimo). ○ intr. prnl. **3.** Cogerse a alguien o algo, espec. con fuerza. *Agárrate A la barandilla.* ▶ **1:** COGER. **3:** COGERSE. FAM agarradera; agarradero; agarrador; agarre; agarrón.

agarrotar. tr. Poner rígido o inmóvil (algo o a alguien). *El frío me agarrota las manos.* FAM agarrotamiento.

agasajar. tr. Tratar (a alguien) con atención y cariño, frec. ofreciéndo(le) regalos u otras muestras de consideración. *Darán una cena para agasajar al ganador.* FAM agasajo.

ágata. f. Variedad de cuarzo con vetas concéntricas de diferentes tonalidades, muy empleada en joyería.

agave. m. o f. Pita (planta). ▶ *PITA.

agazaparse. intr. prnl. Agacharse o encogerse, gralm. para esconderse. *El detective se agazapó en el asiento del coche.*

agencia. f. **1.** Empresa que realiza determinadas gestiones o servicios para el público o para otras entidades. *Agencia matrimonial.* **2.** Sucursal o delegación de una empresa. *El banco tiene cinco agencias en la ciudad.* **3.** Organismo administrativo encargado de un determinado servicio o actividad. *Agencia Tributaria.*

agenciar. (conjug. ANUNCIAR). tr. Conseguir o proporcionar (algo) a alguien. *Os he agenciado unas entradas.*

agenda. f. Libro o cuaderno para apuntar cosas que no se quieren olvidar, en los que cada día del año tiene asignado un espacio.

agente. adj. **1.** Que actúa. *Elemento agente.* ● m. y f. **2.** Persona que actúa en representación o al servicio de otra o de una organización. *Agente de seguros.* **3.** Miembro de la policía que tiene la graduación básica. *Fue arrestado por agentes de la policía.* ■ ~ doble. m. y f. Espía que trabaja al servicio de dos países rivales.

agigantar. tr. Volver (algo o a alguien) gigantescos o muy grandes.

ágil. adj. **1.** Que se mueve con facilidad y rapidez. *El mono es muy ágil.* **2.** Dicho de movimiento: Fácil y rápido. **3.** Que actúa o se desarrolla con rapidez o prontitud. *Tiene una prosa ágil.* FAM agilidad; agilización; agilizar.

agitado, da. adj. **1.** Dicho de cosa: Que implica mucha actividad. *Un día muy agitado.* **2.** Dicho de respiración o pulso: Que se ha acelerado.

agitar. tr. **1.** Mover (algo) repetidamente de un lado a otro. *El náufrago agitaba los brazos pidiendo ayuda.* **2.** Hacer que (un grupo de personas) proteste o se rebele. *Los acusan de agitar a los mineros.* **3.** Inquietar o poner nervioso (a alguien). *Recordar el accidente me agitó mucho.* FAM agitación; agitador, ra.

aglomerado. m. **1.** Producto obtenido aglomerando diversos elementos. *Un aglomerado de cuarzo y cristal.* **2.** Plancha obtenida aglomerando fragmentos de madera prensados. *Muebles de aglomerado.*

aglomerar. tr. **1.** Amontonar o juntar (personas o cosas). *El acto ha aglomerado a miles de personas.* **2.** Unir fragmentos (de una o varias sustancias) con un material que les dé cohesión por efectos de tipo exclusivamente físico. *Aglomeran las basuras en pequeñas*

piezas combustibles. ▶ **1:** *AMONTONAR. FAM aglomeración; aglomerante.

aglutinar. tr. **1.** Unir o pegar (dos o más cosas) formando un cuerpo compacto. *El agua y la cola aglutinan los trozos de papel.* **2.** Reunir o juntar (personas o cosas). *Debemos aglutinar nuestros esfuerzos.* ▶ **2:** AUNAR. FAM aglutinación; aglutinador, ra; aglutinante.

agnosticismo. m. *Fil.* Actitud filosófica que afirma que el entendimiento humano no puede tener conocimiento de lo divino, sino solo de las cosas constatables a través de la experiencia. FAM agnóstico, ca.

agobiar. (conjug. ANUNCIAR). tr. **1.** Causar tristeza o abatimiento (a alguien). *No la agobies CON tus problemas.* **2.** Causar agobio o intranquilidad (a alguien) algo que debe afrontar o hacer. *Nos agobia el trabajo.* ▶ **1:** ABRUMAR. **2:** ABRUMAR, AHOGAR, APRETAR. FAM agobiante.

agobio. m. **1.** Sensación de intranquilidad o inquietud por algo que se debe afrontar o hacer. *Trabajan sin agobios.* **2.** Ahogo o sofoco. *¡Qué agobio!, ¿ponemos el aire acondicionado?*

agolparse. intr. prnl. **1.** Juntarse de golpe en un lugar personas o cosas. *La multitud se agolpa A/EN la salida.* **2.** Estar juntos en un lugar personas o animales. *EN el autobús se agolpan cien personas.* ▶ **2:** *AMONTONARSE.

agonía. f. **1.** Estado de quien está enfermo o herido y próximo a morir. *Acompañan al amigo en su agonía.* **2.** Angustia o agobio. *Tengo la agonía de no saber qué hacer.* FAM agónico, ca; agonizante; agonizar.

ágora. f. histór. En las antiguas ciudades griegas: Plaza pública que servía de punto de reunión.

agorero, ra. adj. Que predice o anuncia desgracias. *–Este viaje terminará mal. –¡No seas agorera!*

agostar. tr. Secar (las plantas) algo, espec. el calor excesivo o la falta de agua. FAM agostamiento.

agosto. m. Octavo mes del año. FAM agosteño, ña.

agotar. tr. **1.** Consumir o gastar (algo) por completo. *Han agotado las reservas de agua.* **2.** Cansar mucho (a alguien). *Estas caminatas me agotan.* FAM agotador, ra; agotamiento.

agraciado, da. adj. Dicho espec. de persona o de su presencia: Que tiene belleza o atractivo físico.

agraciar. (conjug. ANUNCIAR). tr. Dar o conceder (a alguien) algo, espec. una gracia, un don o un premio. *La naturaleza la ha agraciado CON muchas virtudes.*

agradar. intr. Causar placer o satisfacción a alguien. *Me agrada que reconozcan mi trabajo.* ▶ COMPLACER, CONTENTAR, ENCANTAR, GRATIFICAR, GUSTAR, SATISFACER. FAM agradable.

agradecer. (conjug. AGRADECER). tr. **1.** Sentir gratitud (por algo). *Te agradezco tu ayuda.* **2.** Expresar gratitud (por algo). *Escribió una carta agradeciendo el favor.* **3.** Mostrar una cosa el efecto beneficioso (de otra). *Los artículos de piel agradecen la limpieza regular.* FAM agradecimiento.

agradecido, da. adj. **1.** Dicho de persona: Que siente o muestra gratitud. *Está muy agradecido por mi ayuda.* **2.** Dicho de cosa: Que responde favorablemente al trabajo o esfuerzo que se le dedica. *La limpieza de la casa es poco agradecida.*

agrado. m. **1.** Placer o satisfacción. *Acogimos con agrado la noticia.* **2.** Gusto o deseo. *El vino no es de mi agrado.*

agrandar. tr. Hacer (algo) más grande. FAM agrandamiento.

agrario, ria. adj. Del campo que se cultiva o se puede cultivar. *Reforma agraria.*

agravar. tr. Hacer (algo) más grave o preocupante. *La contaminación agrava las enfermedades respiratorias.* FAM **agravación; agravamiento; agravante.**

agravio. m. **1.** Ofensa al honor de alguien. *Llamarme mentiroso es un agravio.* **2.** Perjuicio causado a alguien. *No toleraré el agravio de que me estafen.* ▶ **1:** *OFENSA. **2:** *PERJUICIO. FAM **agraviar** (conjug. ANUNCIAR).

agredir. → agresión.

agregado[1]. m. Conjunto de cosas homogéneas que se consideran formando un cuerpo. *El huevo se convierte en un agregado de células.*

agregado[2]**, da.** m. y f. Funcionario de una embajada que se ocupa de los asuntos de su especialidad. *Agregado cultural.* FAM **agregaduría.**

agregar. tr. **1.** Añadir (algo) a lo que se ha dicho o escrito antes. *Me dijo adiós y agregó: –¡Llámeme!* **2.** Añadir (algo, espec. una sustancia) a otra cosa. *Agregue la leche A la besamel.* FAM **agregación.**

agresión. f. Hecho de atacar con violencia para causar algún daño. *Ha sido víctima de una agresión.* ▶ *ATAQUE. FAM **agredir; agresor, ra.**

agresivo, va. adj. **1.** Dicho de persona o animal: Propenso o dispuesto a agredir. *Cuando bebe, se pone agresivo.* **2.** Dicho de persona: Que actúa con decisión y energía en su trabajo o en otra actividad. *Nuestros vendedores deben ser agresivos.* FAM **agresividad.**

agreste. adj. **1.** Dicho espec. de terreno: Áspero o desigual. *Paisaje agreste.* **2.** Dicho de terreno: No cultivado. *Una extensión agreste.* **3.** Dicho de persona: Ruda o tosca en sus modales.

agriar. → agrio.

agricultura. f. Cultivo de la tierra para la obtención de productos vegetales destinados al uso o consumo humanos. *Viven de la agricultura.* FAM **agrícola; agricultor, ra.**

agridulce. adj. Que en el sabor tiene mezcla de agrio y de dulce.

agrietar. tr. Hacer grietas (en algo). *El terremoto agrietó las paredes.* ▶ QUEBRANTAR, RESQUEBRAJAR. FAM **agrietamiento.**

agrimensor, ra. m. y f. Especialista en técnicas de medición de tierras. ▶ TOPÓGRAFO.

agringarse. intr. prnl. Am. Adoptar alguien o algo las costumbres o las características del gringo. *Los árabes se han afrancesado en vez de agringarse* [C].

agrio, gria. adj. **1.** Ácido (que tiene un sabor fuerte, como el del vinagre o el zumo de limón). *Fruta agria.* **2.** Que se ha puesto agrio (→ 1). *Esta leche está agria.* **3.** Dicho de persona o de cosas como su carácter o su modo de expresarse: Áspero o falto de amabilidad. *Ha estado agrio con la prensa.* ▶ **1:** ÁCIDO. **3:** *ANTIPÁTICO. FAM **agriar** (conjug. ENVIAR).

agriparse. intr. prnl. Am. Contraer alguien gripe. *Estoy agripado* [C]. ▶ Am: ENGRIPARSE.

agrisado, da. adj. Grisáceo.

agro. m. cult. Campo dedicado a la agricultura.

agro-. elem. compos. Significa 'del campo' (*agroturismo*) o 'de la agricultura' (*agroindustria*).

agroalimentario, ria. adj. **1.** Dicho de producto agrícola: Destinado a la alimentación, que ha sido sometido a un tratamiento industrial. **2.** De los productos agroalimentarios (→ 1). *Industria agroalimentaria.*

agronomía. f. Estudio científico y técnico del cultivo de la tierra. FAM **agronómico, ca; agrónomo, ma.**

agropecuario, ria. adj. De la agricultura y la ganadería. *Sector agropecuario.*

agrupar. tr. Reunir o juntar (personas, animales o cosas) en un grupo. *El perro agrupó a las ovejas.* FAM **agrupación; agrupamiento.**

agua. f. **1.** Sustancia líquida que, en estado puro, no tiene olor ni sabor y que es el componente más abundante de la superficie terrestre y el esencial de los seres vivos. *Un aljibe recoge el agua de lluvia.* **2.** Seguido de *de* y un nombre de planta, flor o fruto, se usa para designar productos obtenidos al disolver o mezclar en agua (→ 1) sustancias procedentes de aquellos. *Agua de rosas.* **3.** Lluvia. **4.** Vertiente o parte inclinada de un tejado. *Una cubierta a dos aguas.* ○ pl. **5.** Zona marítima próxima a la costa de un lugar. *El bote fue encontrado en aguas DE Almería.* **6.** Destellos u dibujos ondulantes que presentan en su superficie algunas cosas, como telas o piedras. *El ágata hace aguas.* **7.** Agua (→ 1) de manantial con propiedades medicinales. *Vichy es famoso por sus aguas.* ■ ~ **corriente.** f. Agua (→ 1) que llega hasta las casas a través de canales y tuberías. *Una casa sin agua corriente.* ■ ~ **de colonia,** o **de Colonia.** f. Perfume hecho con agua (→ 1), alcohol y esencias aromáticas. ⇒ COLONIA. ■ ~ **dulce.** f. Agua (→ 1) de escasa salinidad, gralm. potable. *Peces de agua dulce.* ■ ~ **fuerte.** f. **1.** Disolución concentrada de un ácido de nitrógeno en agua (→ 1). *El agua fuerte es muy corrosiva.* □ m. **2.** → aguafuerte. ■ ~ **mineral.** f. Agua (→ 1) de manantial que tiene sustancias minerales disueltas. ■ ~ **nieve.** → aguanieve. ■ ~ **oxigenada.** f. Líquido incoloro que se usa para desinfectar o decolorar. ■ ~ **tónica.** f. Bebida gaseosa de sabor ligeramente amargo y que contiene quinina. ⇒ TÓNICA. ■ ~s **residuales.** f. pl. Agua (→ 1) que arrastra suciedad y residuos después de haber sido utilizada con fines domésticos o industriales. *Las aguas residuales se tratan en una depuradora.* ■ ~s **termales.** f. pl. Agua (→ 1) de manantial que tiene una temperatura superior a la ambiental. □ **bailarle el** ~ (a alguien). loc. v. Hacer lo que se cree que puede agradar (a esa persona), frec. de manera interesada. *No me bailes el agua, que yo no pienso prestarte ni un céntimo.* ■ **como** ~ **de mayo.** loc. adv. Se usa para enfatizar lo bien recibido que es aquello que se necesita o se desea mucho. *Esperan sus becas como agua de mayo.* ■ **con el** ~ **al cuello.** loc. adv. En una situación muy difícil o peligrosa. *Estaba con el agua al cuello y tuvo que pedir dinero prestado.* ■ **hacer** ~ una embarcación. loc. v. Tener una grieta o abertura por la que entra el agua (→ 1). ■ **hacer** ~ algo, espec. un proyecto. loc. v. Empezar a fallar o a fracasar. *El negocio hace agua y habrá que cerrar.* ■ **quedar(se)** algo, espec. un proyecto o una promesa, **en** ~ **de borrajas.** loc. v. Quedar en nada, o no llegar a realizarse o cumplirse. *El viaje que proyectamos se ha quedado en agua de borrajas.* ■ **romper** ~s una embarazada. loc. v. Sufrir la rotura de la bolsa de líquido que envuelve al feto, lo que indica el inicio del parto. ■ **ser** ~ **pasada.** loc. v. Haber perdido interés o importancia por pertenecer ya al pasado. *Ese asunto es agua pasada.* FAM **aguador, ra.**

aguacate. m. Fruto comestible en forma de pera, de piel verde oscura y rugosa y pulpa amarillenta e insulsa con un hueso grande en el centro. *Pela unos aguacates.* Tb. su árbol (→ palto). ▶ Am: PALTA.

aguacero. m. Lluvia repentina, intensa y de poca duración. ▶ *CHUBASCO.

aguada. f. **1.** Arte Técnica pictórica en que se emplean colores muy diluidos, bien en agua sola o con cola u otros ingredientes. *Domina bien la aguada.*

2. *Arte* Pintura realizada mediante la aguada (→ 1). *En el museo exponen sus aguadas.* ▶ GOUACHE.

aguafiestas. m. y f. coloq. Persona que, con lo que hace o lo que dice, hace que los demás dejen de divertirse o de estar alegres.

aguafuerte. (Tb. **agua fuerte**). m. (Tb. f.). **1.** *Arte* Técnica de grabado que consiste en dibujar con agua fuerte (→ **agua**) en una plancha metálica. *Cultivó el aguafuerte.* **2.** *Arte* Estampa hecha mediante el aguafuerte (→ 1). *Los aguafuertes de Goya.*

aguaitar. (conjug. BAILAR). tr. Am. Observar a escondidas (a alguien o algo). *Lo salían a aguaitar y le robaban la carne* [C]. ▶ ACECHAR.

aguamanil. m. **1.** Palangana o recipiente semejante para lavarse las manos. **2.** Mueble donde se coloca la palangana. ▶ **1:** *PALANGANA. **2:** PALANGANERO.

aguamarina. f. *Mineral.* Mineral transparente y azulado, apreciado en joyería.

aguamiel. f. Agua mezclada con miel. ▶ HIDROMIEL.

aguanieve. (Tb. **agua nieve**). f. Lluvia fina que cae mezclada con nieve.

aguantar. tr. **1.** Sostener una persona o cosa sobre sí el peso (de otra) para evitar que se caiga. *Aguanta las bolsas.* **2.** Experimentar alguien el efecto (de un sufrimiento o una circunstancia desfavorable) sin dejarse vencer (por ellos). *Ha aguantado muchas humillaciones.* **3.** Resistir la acción (de algo) sin cambiar ni deteriorarse. *Los rosales no aguantarán las heladas.* **4.** Tolerar o llevar con paciencia (algo o a alguien molestos o desagradables). *A esta no hay quien la aguante.* **5.** Contener (algo), o impedir que salga o se manifieste. *Aguantó las ganas de llorar.* ▶ **1:** *SOSTENER. **2:** *TOLERAR. **3:** RESISTIR. **4:** *TOLERAR. **5:** *CONTENER. FAM **aguante.**

aguar. (conjug. AVERIGUAR). tr. **1.** Echar agua (a otro líquido), gralm. para rebajar(lo). *Han aguado el vino.* **2.** Estropear (algo divertido o alegre). *Llegó de mal humor y nos aguó la cena.*

aguardar. tr. **1.** Esperar en un sitio a que lleguen (alguien o algo) o a que suceda (algo). *Aguárdeme aquí un momento.* **2.** Creer que sucederá (algo). *Estoy aguardando una disculpa.* **3.** Dar tiempo (a que llegue alguien o a que suceda algo). *Aguarda que haga una llamada y nos vamos.* **4.** Estar algo reservado (para alguien) en el futuro. *No se imaginan la sorpresa que los aguarda.* ○ intr. **5.** Detenerse en la acción. *Aguarda, que te vas sin las llaves.* ▶ ESPERAR.

aguardiente. m. Bebida alcohólica obtenida por destilación del vino o de otras sustancias fermentadas. FAM **aguardentoso, sa.**

aguarrás. m. Líquido incoloro de olor penetrante, que se obtiene de la trementina y se emplea como disolvente de pinturas y barnices.

aguatinta. f. **1.** *Arte* Técnica de grabado parecida al aguafuerte, pero en la que la plancha metálica se recubre de resina antes de pintarla y bañarla en la disolución ácida. *Goya empleó la aguatinta.* **2.** *Arte* Estampa hecha mediante la aguatinta (→ 1). *En la exposición se exhiben varias aguatintas.*

agudeza. f. Cualidad de agudo. *Agudeza visual.* ▶ INGENIOSIDAD.

agudo, da. adj. **1.** Dicho de cosa: Que tiene el extremo más estrecho que el resto. *Espadas agudas.* **2.** Dicho de sonido: Que tiene una frecuencia de vibración grande. *La voz de soprano es aguda.* Tb. m. **3.** Dicho espec. de dolor: Fuerte o intenso. *Un dolor*

agudo en el estómago. **4.** Dicho de enfermedad: Grave y de corta duración. *Apendicitis aguda.* **5.** Dicho espec. de vista o de oído: Que percibe las cosas con exactitud o precisión. **6.** Dicho espec. de persona o de mente: Que comprende con exactitud o precisión. **7.** Dicho de persona o de sus ideas o palabras: Ingeniosas. *Chistes agudos.* **8.** *Fon.* Dicho de palabra: Que lleva el acento de intensidad en la última sílaba. *La palabra "pincel" es aguda.* ▶ **6:** *INTELIGENTE. **7:** INGENIOSO. **8:** OXÍTONO. FAM **agudización; agudizar.**

agüero. m. Pronóstico favorable o adverso basado en la interpretación supersticiosa de ciertas señales. *Los agüeros de las brujas.* ■ **de buen** (o **mal**) ~. loc. adj. Que es señal de buena (o mala) suerte, o las causa. *Palabras de mal agüero.* ▶ *PREDICCIÓN.

aguerrido, da. adj. **1.** Valiente o valeroso. *Bomberos aguerridos.* **2.** Que tiene experiencia en la guerra. *Un ejército aguerrido.*

aguijada. f. Vara larga con punta de hierro para pinchar al ganado vacuno para que ande más deprisa. *El pastor camina con la aguijada al hombro.* FAM **aguijar.**

aguijón. m. **1.** Órgano punzante, gralm. con veneno, de los escorpiones y algunos insectos. *La abeja clava su aguijón.* **2.** Estímulo o acicate. *Sintió el aguijón del hambre.* ▶ **2:** *ESTÍMULO. FAM **aguijonazo; aguijonear.**

águila. f. **1.** Ave rapaz diurna de tamaño grande, pico curvado en la punta, garras muy desarrolladas y vuelo rápido. *El águila macho.* **2.** Persona muy lista y perspicaz. *Es un águila para las inversiones.*

aguileño, ña. adj. **1.** Dicho de nariz: Afilada y algo ganchuda. **2.** Dicho de rostro: Largo y delgado.

aguilucho. m. **1.** Ave rapaz de menor tamaño que un águila, con plumaje pardo o grisáceo y alas y cola alargadas. *El aguilucho hembra.* **2.** Pollo del águila.

aguinaldo. m. Regalo, gralm. consistente en dinero, que se da en las fiestas de Navidad.

agüita. f. Am. Infusión de hierbas u hojas medicinales. *El agüita de canela sienta bien para el dolor de estómago* [C]. ▶ *INFUSIÓN.

aguja. f. **1.** Barrita metálica muy fina, puntiaguda en un extremo y con un agujero para pasar el hilo en el otro, que sirve para coser o bordar. *Enhebra una aguja.* **2.** Varilla larga y delgada, puntiaguda en un extremo y con un remate en el otro, que sirve para hacer labores de punto. *Las agujas para tejer el jersey.* **3.** Tubito metálico muy fino, puntiagudo por uno de sus extremos, que se acopla en una jeringuilla para inyectar sustancias en el organismo. *La enfermera saca una aguja estéril.* **4.** En algunos instrumentos: Pieza alargada y gralm. puntiaguda, cuya función es señalar hacia un punto o una marca determinados. *Las agujas del reloj.* **5.** En un tocadiscos: Pieza terminada en punta, que recorre los surcos del disco para reproducir los sonidos grabados en él. *Posó la aguja sobre la primera canción.* **6.** Raíl móvil que sirve para que los trenes o los tranvías cambien de vía. *Los cambios de aguja se hacían con una palanca.* **7.** En una torre: Chapitel largo y estrecho. *La aguja de la torre de la iglesia.* ■ ~ **de marear.** f. *Mar.* Brújula. □ **buscar una ~ en un pajar.** loc. v. Empeñarse en encontrar algo muy difícil o imposible. ▶ **4:** MANECILLA, MANILLA, SAETA.

agujerear. tr. Hacer uno o más agujeros (a alguien o algo). *Agujereó la moneda con su revólver.* ▶ HORADAR, PERFORAR, TALADRAR.

agujero. m. **1.** Abertura, más o menos redondeada, que traspasa una cosa o que penetra en ella sin traspasarla. *Haz un agujero en la tierra.* **2.** Falta o pérdida injustificadas de dinero en la administración de una entidad. *Han dejado en la empresa un agujero de millones.* ■ ~ **negro.** m. Fís. Zona invisible del espacio cósmico cuyo campo gravitatorio es tan fuerte que no deja escapar nada de la materia o energía que absorbe. ▶ **1:** *ABERTURA.

agujetas. f. pl. Dolores musculares que se sienten tras un esfuerzo intenso y no habitual.

agusanarse. intr. prnl. Criar gusanos una cosa. *Las manzanas se han agusanado.*

agustino, na. adj. De la orden de San Agustín (filósofo y teólogo cristiano, 354-430). *Fraile agustino.* FAM **agustiniano, na.**

aguzado, da. adj. Que tiene forma aguda. *Colmillos aguzados.*

aguzar. tr. **1.** Hacer o sacar punta (a algo). *El animal aguza su cuerno.* **2.** Hacer que (un sentido, el ingenio o el entendimiento) tengan mayor capacidad de percepción o de penetración. *El hambre aguza el ingenio.*

ah. interj. **1.** Se usa para expresar ciertos sentimientos, como sorpresa o admiración. *¡Ah!, pues no lo sabía.* **2.** Am. Se usa para interrogar. *–¿Ah? –¿Que si eres sordo? [C].*

ahí. adv. **1.** En ese lugar. *Está ahí al lado.* **2.** A ese lugar. *Llévalo ahí adentro.* **3.** En ese punto o asunto. *Ahí está el quid de la cuestión.* ■ **por ~.** loc. adv. **1.** Por un lugar no lejano o indeterminado. *Me voy por ahí a dar una vuelta.* **2.** Poco más o menos, o aproximadamente. *Costará seis euros o por ahí.*

ahijado, da. m. y f. Persona respecto de su padrino o de su madrina.

ahínco. m. Gran empeño o perseverancia en la realización de algo. *Estudia con ahínco.* ▶ EMPEÑO.

ahíto, ta. adj. Harto o saciado, espec. de comida. *Estamos ahítas DE publicidad.*

ahogadilla. f. Broma consistente en sumergir a alguien la cabeza en el agua durante unos instantes. *Los niños se hacen ahogadillas en la piscina.*

ahogado¹. m. Am. Salsa que se prepara con diversos ingredientes. *Hacer un ahogado de tomate, cebolla, sal y pimienta [C].*

ahogado², da. adj. Dicho de respiración o sonido: Que se emite o se escucha con dificultad. *Voz ahogada.*

ahogar. tr. **1.** Matar (a alguien) impidiéndo(le) respirar. *Lo ahogaron con una almohada.* **2.** Causar ahogo o sensación de falta de aire (a alguien). *La corbata me ahoga un poco.* **3.** Causar angustia o inquietud (a alguien). *La rutina nos ahoga.* **4.** Hacer que (algo) cese o se extinga. *El ejército ahogó la revuelta.* **6.** Hacer que (un sonido) se oiga poco o deje de oírse. *El estruendo del radio ahoga el trino de los pájaros.* ▶ **3:** *AGOBIAR. FAM **ahogamiento; ahogo.**

ahondar. tr. **1.** Hacer (algo) hondo o más hondo. *El perro ahonda el hoyo con sus patas.* ○ intr. **2.** Penetrar profundamente en algo. Tb. prnl. *Las raíces se ahondan EN la tierra.* ▶ **2:** PROFUNDIZAR. FAM **ahondamiento.**

ahora. adv. **1.** En, o a, este momento, en el, o al, tiempo en que está o vive el que habla. *Ahora no puedo atenderle.* **2.** Recientemente, o en un momento del pasado muy próximo a aquel en que se encuentra la persona que habla. *¿Lo has oído ahora?, ha sonado* muy cerca. **3.** Inmediatamente, o en un momento del futuro muy próximo a aquel en que se encuentra la persona que habla. *Dice que ahora baja, que tiene que cambiarse.* ■ ~ **bien.** loc. adv. Una vez sentado o establecido lo que acaba de decirse. *Voy esta tarde; ahora bien, no sé si sola o acompañada.* ■ **por ~.** loc. adv. De momento. *Por ahora es mejor no decírselo.*

ahorcar. tr. Matar (a alguien) colgándo(lo) del cuello con una cuerda o algo similar. *Era costumbre ahorcar a los ladrones de caballos.* FAM **ahorcamiento.**

ahormar. tr. Ajustar (algo) a su horma o molde. *Un zapatero ahorma el calzado a medida.*

ahorquillado, da. adj. Que tiene forma de horquilla. *La cola ahorquillada de la golondrina.*

ahorrar. tr. **1.** Guardar (dinero) para un uso futuro. *Es imposible ahorrar dinero con este sueldo.* **2.** Gastar (algo) en menor cantidad de la habitual, frec. para reservar(lo). *Este motor ahorra combustible.* **3.** Evitar el gasto o consumo (de algo). *Yendo en avión nos ahorramos varios días de viaje.* **4.** Evitar o excusar (algo, espec. molesto o problemático). *Unas medidas de seguridad ahorrarán riesgos innecesarios.* ▶ **1, 2:** ECONOMIZAR. FAM **ahorrador, ra; ahorrativo, va; ahorrista** (Am); **ahorro.**

ahuecar. tr. **1.** Hacer que (algo) quede hueco o vacío. *Ahueque las patatas y rellénelas con carne.* **2.** Dar (a algo) forma cóncava. *Ahuecó la palma de la mano para recoger el agua.* **3.** Poner hueco o hacer menos compacto (algo). *Se ahuecó el pelo con la mano.* **4.** Dar un tono retumbante y profundo (a la voz).

ahuevado, da. adj. Que tiene forma de huevo. *Ojos ahuevados.*

ahumado, da. adj. Dicho de un cuerpo transparente: Que, sin haber estado expuesto al humo, tiene color oscuro. *Gafas de cristal ahumado.*

ahumar. (conjug. AUNAR). tr. **1.** Someter (un alimento) a la acción del humo para conservar(lo) o dar(le) sabor. *Ahúman los chorizos.* **2.** Ennegrecer (algo) con humo. *Ahumó un cristal para ver el eclipse.* **3.** Llenar de humo (algo, espec. un lugar, o a alguien). *Nos ahúmas con el cigarro.* FAM **ahumado** (*El ahumado del salmón*).

ahuyentar. tr. **1.** Hacer huir (a una persona o animal). *La vaca ahuyenta las moscas con el rabo.* **2.** Desechar o apartar (algo inmaterial que estorba o desagrada). *Hablaba para ahuyentar el miedo.* ▶ ESPANTAR.

aikido. m. Arte marcial de origen japonés, semejante al yudo y en el que se aprovecha la energía del atacante para vencerlo.

aimara. adj. **1.** De un pueblo indígena que habita en la región del lago Titicaca, entre Perú y Bolivia. Tb. m. y f. ● m. **2.** Lengua hablada por los aimaras (→ 1).

airado, da. adj. Dicho de cosa: Que expresa o denota ira. *Pidió silencio en tono airado.* FAM **airarse** (conjug. AISLAR).

airbag. (pl. **airbags**). m. Dispositivo de seguridad de un automóvil, consistente en una bolsa que, en caso de colisión violenta, se infla automáticamente para proteger a sus ocupantes.

aire. m. **1.** Mezcla gaseosa, constituida pralm. por oxígeno y nitrógeno, que forma la atmósfera terrestre y es imprescindible para respirar. *Tome aire y expúlselo poco a poco.* **2.** Viento, o movimiento del aire (→ 1). *Estos ventiladores dan poco aire.* **3.** Apariencia o aspecto. *La operación tiene todo el aire DE ser* *un fraude.* **4.** Parecido o semejanza, espec. entre personas. *Tienen cierto aire DE familia.* **5.** (En mayúsc.; frec. con art.). Fuerzas aéreas de un ejército. *Cuartel General del Aire.* **6.** Canción o melodía. *Interpretó unos aires mexicanos.* ○ pl. **7.** Alardes o pretensiones arrogantes. *Se dirigía a ella con aires DE suficiencia.* ■ ~ acondicionado. m. Aire (→ 1) de un local o espacio cerrado, sometido artificialmente a determinadas condiciones de temperatura y humedad. *El aire acondicionado puede provocar molestias físicas.* ■ ~ comprimido. m. Aire (→ 1) que está sometido a mayor presión de la normal en un volumen reducido y que al expansionarse libera energía. *Pistola de aire comprimido.* □ al ~. loc. adv. **1.** Sin cubrir. *Es mejor dejar la herida al aire.* **2.** Hacia arriba y sin intención de dar. *La policía disparó al aire.* ■ al ~ libre. loc. adv. En un espacio abierto. *Saldremos a pasar un fin de semana al aire libre.* ■ cambiar de ~s. loc. v. Cambiar de lugar de residencia. *El médico le recomendó que cambiara de aires.* ■ en el ~. loc. adv. **1.** En el ambiente o en el entorno. *La tensión se siente en el aire.* **2.** En situación insegura o sin resolver. *Su nombramiento está en el aire.* ■ saltar alguien o algo por los ~s. loc. v. Hacerse pedazos como consecuencia de una explosión. *La casa saltó por los aires.* ▶ **7:** ÍNFULAS.

airear. tr. **1.** Ventilar (algo), exponiéndo(lo) al aire o haciendo que el aire penetre (en ello). *Hay que airear bien los colchones.* **2.** Hacer público (algo), o dar(le) publicidad. *La prensa aireó la noticia.* ○ intr. prnl. **3.** Tomar el aire para refrescarse o respirar mejor. *Voy fuera a airearme un poco.* FAM aireación; aireamiento.

airoso, sa. adj. **1.** Que tiene aire o garbo. *Movimientos airosos.* **2.** Que lleva a cabo una empresa con éxito o lucimiento. *Hemos salido airosas del examen.*

aislado, da. adj. **1.** Dicho persona o cosa: Que está sola, sin formar conjunto con otras. *Los ermitaños viven aislados.* **2.** Que ocurre o aparece ocasionalmente y sin continuidad. *Se producirán chubascos aislados.*

aislar. (conjug. AISLAR). tr. **1.** Dejar (algo o a alguien) separados físicamente de otros. *Han aislado a los presos más peligrosos.* **2.** Apartar (a alguien) de la comunicación con los demás o de la realidad externa. *La heroína aísla al toxicómano.* **3.** Impedir que el calor, la humedad u otro agente físico penetren (en alguien o algo). *Un cable de goma aísla los hilos conductores DE las humedades.* FAM aislable; aislacionismo; aislacionista; aislamiento; aislante.

ajar. tr. Hacer que (alguien o algo) pierdan su vigor natural y su buen aspecto. *Aquel frío ajaba las plantas.*

ajardinar. tr. Convertir en jardín (un lugar). *El Ayuntamiento quiere ajardinar la zona.* FAM ajardinamiento.

ajedrez. m. Juego que se practica sobre un tablero de cuadros blancos y negros, entre dos jugadores con dieciséis piezas cada uno, de las cuales la más importante es el rey. FAM ajedrecista; ajedrecístico, ca.

ajedrezado, da. adj. Que presenta cuadros de colores alternados, como los de un tablero de ajedrez. *Un cojín de seda ajedrezado.*

ajenjo. m. **1.** Planta medicinal y aromática, de sabor amargo, empleada para elaborar un licor. *Una ramita de ajenjo.* **2.** Licor elaborado con ajenjo (→ 1). *Tomaban ajenjo con pastas.* ▶ **2:** ABSENTA.

ajeno, na. adj. **1.** Que es de otra persona. *No le gusta inmiscuirse en las vidas ajenas.* **2.** Que carece de relación o correspondencia con alguien o algo. *Ocurrió por causas ajenas A nuestra voluntad.* **3.** Ig-

norante o desconocedor de algo, espec. de lo que va a ocurrir. *Era totalmente ajena A lo que pasaba.*

ajetreo. m. Actividad intensa que gralm. obliga a moverse mucho de un sitio a otro. *El ajetreo de la gran ciudad.* ▶ TRAJÍN. FAM ajetrearse.

ají. m. frecAm. Pimiento (planta, o fruto). *Ají molido* [C]. ▶ PIMIENTO.

ajiaco. m. Am. Guiso gralm. caldoso, que suele llevar carne, verduras o patatas, y que varía según los países. *Las cholas venden sopas y ajiacos* [C].

ajillo. m. Salsa hecha de ajo y otros ingredientes. *Gambas al ajillo.*

ajo. m. **1.** Planta con un bulbo redondo, de olor fuerte y sabor picante, muy usado como condimento. *Plantaremos ajos.* **2.** Diente de ajo (→ diente). *Pela un ajo y échalo a la sartén.*

ajonjolí. m. Sésamo.

ajorca. f. Aro metálico que se lleva de adorno en la muñeca, el brazo o el tobillo. *Las odaliscas ceñían sus tobillos con ajorcas.*

ajuar. m. **1.** Conjunto de muebles y otros objetos, espec. ropa para la casa, que aporta la mujer al matrimonio. *Están cosiendo para el ajuar de la novia.* **2.** Equipo de ropa y otros objetos que se prepara para un recién nacido. **3.** Conjunto de muebles, ropa y utensilios de uso común en una casa. *El seguro cubre todo el ajuar doméstico.* ▶ **2:** CANASTILLA.

ajumarse. intr. prnl. coloq. Emborracharse.

ajustado, da. adj. **1.** Que se ajusta a unas normas o exigencias. *Un modo de vida ajustado A los dictados de la moral.* **2.** Justo o proporcionado. *Un precio ajustado.* **3.** Dicho de ropa: Que se ajusta o ciñe al cuerpo. *Un pantalón ajustado.* **4.** Dicho de resultado o triunfo: Que se produce con una diferencia mínima de puntos o tantos.

ajustador, ra. m. y f. **1.** Mec. Persona que tiene por oficio ajustar piezas. *Es ajustador en una fábrica naval.* ○ m. **2.** frecAm. Sujetador (prenda interior femenina). *El broche del ajustador* [C]. ▶ **2:** *SUJETADOR.

ajustar. tr. **1.** Hacer que (una cosa) quede justa, adaptándo(la) a la medida correspondiente. *Con el cordel puedes ajustar la capucha.* **2.** Hacer que (una cosa) armonice con otra, sin que haya desigualdad entre ellas. *Debes ajustar tus necesidades A tu sueldo.* **3.** Dejar (algo) perfectamente graduado o arreglado. *El botón sirve para ajustar el brillo de su televisor.* **4.** Ponerse de acuerdo (sobre algo). *Este no es el precio que yo ajusté con ustedes.* **5.** Hacer cálculos para liquidar (una cuenta). *El camarero ajustó la cuenta.* ○ intr. **6.** Quedar una cosa justa o adaptada a la medida correspondiente. *La tapa no ajusta bien.* ▶ **1:** APRETAR. **6:** ENCAJAR. FAM ajustable; ajuste.

ajusticiar. (conjug. ANUNCIAR). tr. Ejecutar (a un reo condenado a muerte). ▶ EJECUTAR.

al. → el.

ala. f. **1.** Extremidad o apéndice que tienen las aves, los murciélagos y algunos insectos a cada lado de su cuerpo, y cuya función principal es el vuelo. **2.** Superficie plana que sobresale a cada lado de un avión y sirve para mantenerlo en el vuelo. **3.** Sección en que se divide un espacio en un edificio, espec. la que se extiende o se sitúa hacia un lado. *Se declaró un incendio en el ala norte.* **4.** Grupo que constituye una tendencia, gralm. extremista, dentro de un partido, una organización o una asamblea. *El ala radical del par-*

tido. **5.** Parte saliente del sombrero, que rodea el extremo inferior de la copa. *Sombrero de ala ancha.* FAM **alado, da.**

alabanza. f. Hecho de alabar. *Rezaron una oración en alabanza del Señor.* ▶ APLAUSO, ELOGIO, ENALTECIMIENTO, ENCOMIO, ENSALZAMIENTO.

alabar. tr. Resaltar las cualidades o méritos (de alguien o algo) o expresar admiración (por ellos). *Todos alaban su buen gusto.* ▶ APLAUDIR, ELOGIAR, ENALTECER, ENCARECER, ENCOMIAR, ENSALZAR, PONDERAR.

alabarda. f. Arma antigua, compuesta por un asta larga de madera y una punta de lanza cruzada por una cuchilla con un lado agudo y otro en forma de media luna. *Delante del rey entraron dos soldados con alabarda.* FAM **alabardero.**

alabastro. m. Piedra translúcida, veteada como el mármol, utilizada en adornos, esculturas y decoración arquitectónica. *Un cenicero de alabastro.* FAM **alabastrino, na.**

alabeado, da. adj. Que posee forma combada o curva. ▶ *CURVO.

alabear. tr. Hacer que (algo, espec. de madera) se combe o se curve. *El peso de la enciclopedia ha alabeado los estantes.* ▶ *CURVAR. FAM **alabeo.**

alacena. f. Armario con estantes, gralm. empotrado en la pared, que sirve espec. para guardar alimentos y objetos de cocina.

alacrán. m. Escorpión (arácnido). ▶ ESCORPIÓN.

aladar. m. Mechón de pelo que cae sobre la sien. Gralm. en pl.

alado, da. → **ala.**

alamar. m. **1.** Presilla y su botón correspondiente, que van cosidos sobre el borde de una prenda de ropa y sirven para abotonarse y adornar. *Una casaca roja con alamares negros.* **2.** Adorno con flecos, espec. el del traje de luces de un torero.

alambicado, da. adj. Complicado o difícil, frec. por su falta de naturalidad. *Un estilo alambicado.* ▶ *COMPLICADO.

alambicar. tr. Hacer complicado o difícil (algo). *Le gustaba alambicar su discurso con dobles sentidos.* FAM **alambicamiento.**

alambique. m. Aparato para destilar sustancias mediante calor, compuesto por un recipiente para calentar el líquido y un conducto refrigerado donde se condensan los vapores de la sustancia destilada.

alambre. m. Hilo o filamento metálicos. *El traje cuelga de una percha de alambre.* FAM **alambrada; alambrado; alambrar; alambrera.**

alambrista. m. y f. Acróbata que realiza ejercicios sobre un alambre suspendido en el aire. ▶ *ACRÓBATA.

álamo. m. Árbol de tronco esbelto y hojas caducas, que crece junto a los ríos o en lugares húmedos. ▶ CHOPO.

alameda. f. **1.** Lugar poblado de álamos. *Meriendan en una alameda.* **2.** Paseo con álamos. *La alameda del camino.* **3.** Am. Paseo con árboles. *Una alameda de encinas* [C].

alano, na. adj. **1.** histór. De un pueblo germánico que invadió la Península Ibérica a principios del s. V. ● m. **2.** Perro alano (→ perro).

alarde. m. Demostración clara y ostentosa de algo, hecha frec. para impresionar o presumir. *Va haciendo alarde DE sus amistades.* ▶ OSTENTACIÓN. FAM **alardear.**

alargado, da. adj. Que es más largo que ancho. *Rostro alargado.*

alargar. tr. **1.** Hacer (algo) más largo en el espacio o en el tiempo. *La modista te alargará la falda.* **2.** Estirar (un miembro del cuerpo, espec. la mano o el brazo). *Alargó el brazo para ajustar el retrovisor.* **3.** Dar a alguien (algo) estirando la mano hacia él. *Alárgame ese lápiz, por favor.* **4.** Retardar o retrasar (algo). *La niebla alargará la salida de todos los vuelos.* **5.** Aumentar la cantidad (de algo). *Le han alargado la ración.* ○ intr. prnl. **6.** Superar el límite adecuado de tiempo o espacio. *No quiero alargarme mucho con este asunto.* FAM **alargadera; alargador; alargamiento.**

alarido. m. Grito fuerte y agudo, espec. de miedo o de dolor. ▶ *GRITO.

alarma. f. **1.** Aviso o señal para advertir de un peligro. *Gritos de alarma.* **2.** Aparato o mecanismo que sirven para avisar de algo, espec. de un peligro. *Olvidó conectar la alarma antirrobo.* **3.** Inquietud o susto provocados por la aparición repentina de un riesgo o amenaza. *Los rumores de golpe de Estado han sembrado la alarma.* FAM **alarmante; alarmar; alarmismo, alarmista.**

alavés, sa. adj. De Álava (España).

alazán, na. adj. Dicho de caballo o yegua: Que tiene el pelo de color canela.

alba. → **albo.**

albacea. m. y f. *Der.* Persona encargada de custodiar los bienes de alguien que ha muerto y de hacer que se cumpla su testamento. *Nombró albacea a su secretario.*

albacetense. adj. Albaceteño.

albaceteño, ña. adj. De Albacete (España). ▶ ALBACETENSE.

albahaca. f. Planta aromática, de hojas muy verdes, que se usa como condimento. *Macarrones con salsa de tomate y albahaca.*

albanés, sa. adj. **1.** De Albania. ● m. **2.** Lengua hablada en Albania.

albañal. m. **1.** Conducto de salida para aguas residuales. *Los albañales iban a desembocar al río.* **2.** Depósito de inmundicias. Más frec. fig. *Tras el jolgorio del sábado, el parque era un albañal.* ▶ **1:** *CLOACA.

albañil. m. Hombre que tiene por oficio realizar tareas de construcción con piedra, cemento, ladrillos o materiales semejantes. FAM **albañilería.**

albar. adj. Blanco o que tira a blanco.

albarán. m. Nota de entrega que firma la persona que recibe una mercancía. *El mensajero arrancó una copia del albarán para entregarla.*

albarda. f. Pieza del aparejo de las caballerías de carga, consistente en dos almohadillas unidas que protegen el lomo del animal por cada costado. *Pusieron la albarda al burro y lo cargaron de leña.*

albaricoque. m. Fruto del albaricoquero, comestible, parecido al melocotón pero más pequeño y con la piel de color amarillo anaranjado. Tb. su árbol (→ albaricoquero). ▶ **Am:** CHABACANO.

albaricoquero. m. Árbol frutal, de hojas en forma de corazón y flores blancas, cuyo fruto es el albaricoque. ▶ ALBARICOQUE. ‖ **Am:** CHABACANO.

albatros. m. Ave marina de gran tamaño, buena voladora, con alas largas y estrechas, propia del hemisferio sur. *El albatros hembra.*

albayalde. m. Sustancia de color blanco, empleada en pintura, en farmacia y, en la antigüedad, como cosmético. *Las damas llevaban el rostro blanqueado con albayalde.*

albedrío. m. Capacidad de una persona para actuar según su propia voluntad y elección. *Decidirá de acuerdo con su libre albedrío.*

alberca. f. **1.** Depósito artificial de agua para riego, construido con muros de piedra, cemento o materiales similares. *La alberca se desbordó tras las lluvias.* **2.** Am. Piscina. *Una alberca olímpica* [C].

albergar. tr. **1.** Dar alojamiento o cobijo (a una persona o a un animal). *El canguro hembra alberga a su cría en la bolsa.* **2.** Servir un lugar de alojamiento o cobijo (para una persona o un animal). *Un cobertizo nos albergó durante el chaparrón.* **3.** Contener algo dentro de sí (una cosa o a una persona). *La carpa puede albergar a unos doscientos espectadores.* **4.** Tener o guardar (un sentimiento o una idea). *Aún alberga esperanzas de hacerse rico.* ○ intr. prnl. **5.** Alojarse o cobijarse en un lugar. *La expedición se alberga en Leticia.* ▶ **1:** *ALOJAR. **5:** *ALOJARSE. FAM **albergue.**

albino, na. adj. Dicho de un ser vivo: Que presenta ausencia congénita de pigmentación, por lo que su piel, pelo, iris, plumas o flores son más o menos blancos a diferencia de los colores propios de su especie, variedad o raza. *Un gorila albino.* FAM **albinismo.**

albo, ba. adj. **1.** cult. Blanco. *El albo sudario.* ● f. **2.** Amanecer (tiempo). **3.** Primera luz del día, antes de salir el sol. *Salieron al despuntar el alba.* ▶ **2:** *AMANECER. FAM **albura.**

albóndiga. f. Bola de carne o pescado picados, mezclada con huevo batido, pan rallado y especias, cubierta de harina, y posteriormente frita y gralm. guisada.

albor. m. **1.** Comienzo o principio de algo, espec. de un período. *En el albor del siglo XX.* **2.** Luz del alba o del amanecer. *Se levanta con los primeros albores.* FAM **alborada; alborear.**

albornoz. m. Prenda similar a una bata, hecha de tejido de toalla, que se utiliza para secarse después del baño.

alborotado, da. adj. Que actúa precipitadamente y sin reflexionar. *Era una adolescente algo alborotada.*

alborotar. tr. **1.** Revolver o agitar (algo). *El viento le alborota el pelo.* **2.** Alterar el orden o la tranquilidad (de un lugar) con ruido, espec. de voces. *Unos jóvenes alborotaban la sala.* **3.** Causar inquietud o alteración (en alguien o algo). *Se pasa el día alborotando al resto de la clase.* ▶ **3: Am:** ALEBRESTARSE. FAM **alborotador, ra.**

alboroto. m. **1.** Ruido fuerte, espec. de voces o gritos. *Los vecinos arman mucho alboroto.* **2.** Confusión o desorden producidos gralm. por una multitud. *La medida provocará alborotos en las calles.* ▶ ALGARADA, BARAHÚNDA, BULLA, BULLICIO, DISTURBIO, ESCÁNDALO, TUMULTO.

alborozo. m. Alegría extraordinaria, frec. exteriorizada de manera festiva o ruidosa. *Gestos de alborozo.* FAM **alborozar.**

albricias. interj. Se usa para expresar alegría ante un hecho o una noticia favorables. *¡Albricias! ¡Pensé que os había pasado algo!*

albufera. f. Laguna litoral, de agua más o menos salobre, separada del mar por una franja de arena.

álbum. (pl. **álbumes**). m. **1.** Libro con páginas en blanco, que sirve para guardar colecciones de retratos, sellos u otras cosas similares. *Un álbum de fotos.* **2.** Disco o conjunto de discos sonoros, de larga duración, presentados en un estuche o carpeta. *Su último álbum tiene diez canciones.*

albumen. m. **1.** *Bot.* Tejido con sustancias nutritivas que rodea el embrión de algunas plantas. *El embrión del trigo se alimenta de las reservas del albumen.* **2.** *tecn.* Clara (materia que rodea la yema del huevo). ▶ **2:** CLARA.

albur. m. Suerte o azar que afectan al resultado de algo. *La operación se prepara sin dejar nada al albur.*

albura. → albo.

alcabala. f. **1.** histór. Tributo que se pagaba al fisco por la venta o permuta de bienes. *La nobleza consiguió la dispensa de pago de la alcabala.* **2.** Am. Puesto de control de la policía en las carreteras. *Las alcabalas móviles se levantaban en la vía* [C].

alcachofa. f. Hortaliza cuyas flores son cabezuelas comestibles en forma de piña. *Plantaremos alcachofas.* ▶ ALCAUCIL.

alcahuete, ta. m. y f. **1.** Persona que hace de mediadora para facilitar o encubrir una relación amorosa, gralm. ilícita. *Un amigo le servía de alcahuete, concertándole las citas.* **2.** coloq. Persona que lleva y trae chismes. *La alcahueta incapaz de guardar un secreto.* ▶ **1:** CELESTINA. FAM **alcahuetear; alcahuetería.**

alcaide. m. **1.** Persona que dirige una cárcel. **2.** histór. Hombre encargado de la custodia y defensa de una fortaleza. *El alcaide del alcázar.*

alcalde, desa. m. y f. Persona que dirige un ayuntamiento y es la máxima autoridad de su municipio. ▶ REGIDOR. FAM **alcaldada; alcaldía.**

alcalino, na. adj. *Quím.* De una sustancia que presenta reacción de base. *La linterna lleva pilas alcalinas.* FAM **alcalinidad.**

alcance. m. **1.** Capacidad de alcanzar un punto, cubrir una distancia o llegar a tocar algo. *Misiles de largo alcance.* **2.** Capacidad de realizar algo o de alcanzar lo que se busca o se desea. *El título de liga ha quedado fuera de su alcance.* **3.** Importancia o trascendencia de algo. *Aquel desastre tuvo alcance nacional.* **4.** Hecho de alcanzar. *Las imágenes recogen el momento del alcance de los escapados.* **5.** Inteligencia o capacidad de comprender. *Las cuestiones metafísicas están fuera de su alcance.* **6.** Noticia o sección de noticias recibidas a última hora. *A nuestra redacción llega un alcance sobre el pleno del Congreso.*

alcancía. f. Hucha, gralm. de barro. ▶ HUCHA.

alcanfor. m. Sustancia blanca y de olor penetrante, utilizada en medicina e industria y espec. contra la polilla de la ropa. *Pon bolitas de alcanfor en el ropero.* FAM **alcanforado, ra.**

alcantarilla. f. Conducto subterráneo que recoge las aguas residuales y el agua de lluvia de una población para darles salida. *La policía recorre las alcantarillas en busca de explosivos.* ▶ *CLOACA. FAM **alcantarillado; alcantarillar.**

alcanzar. tr. **1.** Llegar a juntarse o igualarse (con alguien o algo que va por delante). *Alcanzaron al corredor en la recta final.* **2.** Llegar (hasta un punto en el espacio, en el tiempo o en una escala). *La expedición alcanzará la cima mañana.* **3.** Llegar a tocar (algo). *¿Alcanzas el techo?* **4.** Llegar a golpear o herir (a alguien o algo). *El disparo lo alcanzó EN una pierna.* **5.** Coger (algo) estirando el brazo, frec. para dárse(lo) a alguien. *Alcánzame unos platos DE lo alto del aparador.* **6.** Afectar (a alguien). *La epidemia alcanzó a los más pobres.* **7.** Llegar a percibir o comprender (algo). *Nadie alcanza los motivos de esta separación.* ○ intr. **8.** Llegar hasta un punto en el espacio. *Sus terrenos alcanzan* HASTA *el río.* **9.** Llegar a tocar algo. *La niña no alcanza* AL *botón del ascensor.* **10.** Seguido de *a* más infinitivo: Llegar a hacer algo o tener capacidad para ello. *No alcanzo a entender por qué se comporta así.* **11.** Ser algo suficiente para un fin. *¿Este pan alcanzará* PARA *todos?* FAM **alcanzable.**

alcaparra. f. Arbusto de tallos espinosos y flores blancas, cuyos capullos, preparados en vinagre, se usan como condimento.

alcarreño, ña. adj. De la Alcarria (España).

alcatraz. m. Ave marina de gran envergadura, de plumaje blanco con las puntas de las alas negras, que se alimenta de peces que captura lanzándose en picado. *El alcatraz hembra.*

alcaucil. m. Alcachofa, espec. la silvestre. ▶ ALCACHOFA.

alcayata. f. Clavo con la cabeza doblada en forma de codo, que sirve para colgar algo de él.

alcázar. m. **1.** Fortaleza o palacio utilizados gralm. como residencia, espec. por un monarca. *El Alcázar de Toledo.* **2.** *Mar.* Espacio de una cubierta superior de un buque, que va desde el palo mayor hasta popa o hasta la toldilla.

alce. m. Mamífero rumiante de zonas frías septentrionales, parecido al ciervo pero más corpulento, cuyo macho tiene grandes cuernos en forma de pala. *El alce hembra.*

alcista. adj. *Econ.* Del alza de los valores en bolsa, los precios, los salarios u otros valores semejantes. *Una corriente alcista en los mercados bursátiles.*

alcoba. f. Dormitorio. *El mayordomo lo condujo a la alcoba de invitados.*

alcohol. m. **1.** Líquido incoloro e inflamable, de olor y sabor fuertes, producido por la fermentación de azúcares de origen vegetal y presente en numerosas bebidas, tales como el vino o la cerveza. *Desinfectan la herida con alcohol.* **2.** Bebidas que contienen alcohol (→ 1). *El médico le ha prohibido el alcohol.* **3.** *Quím.* Compuesto orgánico formado por carbono, hidrógeno y oxígeno con las propiedades químicas del alcohol (→ 1). *Los alcoholes son derivados de hidrocarburos.* FAM **alcoholero, ra; alcoholismo; alcoholización; alcoholizarse.**

alcoholemia. f. Presencia de alcohol en la sangre, debida a la ingestión de bebidas que lo contienen. *Control de alcoholemia.*

alcornoque. m. Árbol de hoja perenne, tronco retorcido, corteza muy gruesa y rugosa de la que se obtiene el corcho, y cuyo fruto es la bellota. FAM **alcornocal.**

alcurnia. f. Ascendencia o linaje, espec. noble. *Se casó con una dama de alcurnia.*

aldaba. f. **1.** Pieza metálica, gralm. de hierro o bronce, que se pone en las puertas para llamar golpeando con ella. **2.** Barra o travesaño con que se asegura una puerta o un postigo después de cerrarlos. *La puerta solo tenía echada la aldaba.* ▶ **1:** ALDABÓN.

aldabón. m. Aldaba (pieza para llamar a las puertas). ▶ ALDABA. FAM **aldabonazo.**

aldea. f. Pueblo pequeño con muy pocos habitantes y gralm. sin ayuntamiento propio. FAM **aldeanismo; aldeano, na.**

aleación. f. Producto, con propiedades metálicas, compuesto de dos o más elementos, uno de los cuales, al menos, es un metal. *El acero y el latón son aleaciones.* FAM **alear.**

aleatorio, ria. adj. Que depende del azar o de la casualidad. *Se practicarán controles aleatorios de los vehículos.*

alebrestarse. intr. prnl. Am. Alborotarse o agitarse. *¡Al próximo que se alebreste, truénenselo!* [C]. ▶ ALBOROTARSE.

aleccionar. tr. Enseñar o instruir (a alguien). *Alecciona a sus soldados* EN/SOBRE *el manejo de las armas.* FAM **aleccionador, ra; aleccionamiento.**

aledaño, ña. adj. **1.** Dicho de lugar: Lindante o contiguo a otro. *La procesión recorre los barrios aledaños* A *la catedral.* ● m. pl. **2.** Zona situada alrededor de un espacio. *Los aledaños del estadio.* ▶ **2:** *INMEDIACIONES.

alegar. tr. **1.** Exponer (algo) como argumento o justificación de otra cosa. *Ha pedido una gratificación alegando tener méritos para ello.* ○ intr. **2.** Am. Discutir o disputar una persona con otra. *¿Para qué alegar* CON *él?* [C]. ▶ **1:** ADUCIR, ARGÜIR. **2:** *DISCUTIR. FAM **alegación.**

alegato. m. **1.** Exposición de argumentos a favor o en contra de algo o alguien. *Su discurso es un alegato* CONTRA *las armas.* **2.** *Der.* Escrito en que un abogado expone los argumentos a favor de su cliente y en contra del adversario. *El juez pidió a la defensa que leyera su alegato.* **3.** Am. Discusión o disputa. *Pasaba horas en alegatos y discusiones* [C]. ▶ **3:** *DISCUSIÓN.

alegoría. f. Representación, normalmente artística o literaria, de ideas o hechos mediante personajes u objetos. *En la poesía medieval se hace amplio uso de la alegoría.* FAM **alegórico, ca; alegorizar.**

alegre. adj. **1.** Que siente alegría pasajeramente o por alguna circunstancia. *Está muy alegre* DE/POR *haber aprobado.* **2.** Que tiende, por naturaleza, a sentir o manifestar alegría. *Es una persona alegre y optimista.* **3.** Dicho de cosa: Que manifiesta o implica alegría. *Una alegre conversación.* **4.** Dicho de cosa: Que causa o infunde alegría. *La alegre noticia.* **5.** Dicho de color: Vivo o intenso. *Viste con colores alegres como el rojo.* **6.** coloq. Ligeramente borracho. *Con dos copas, se pone alegre.* **7.** Irreflexivo o poco responsable. *No se puede juzgar a la gente de forma tan alegre.* **8.** Libre en cuanto a las costumbres sexuales. *En la corte abundaban las mujeres de vida alegre.* ▶ **1:** CONTENTO, JOVIAL. **3:** JOVIAL. FAM **alegrar.**

alegría. f. **1.** Sentimiento de placer y animación producido gralm. por algo agradable y que suele manifestarse con risa u otros gestos. *La proximidad de las vacaciones trajo la alegría al colegio.* **2.** Persona o cosa que causan alegría (→ 1). *El pequeñín era la alegría de la casa.* **3.** Irresponsabilidad o falta de reflexión. *El problema se comentó con una alegría pasmosa.* ▶ **1:** CONTENTO, GOZO, JOVIALIDAD. FAM **alegrón.**

alegro. m. *Mús.* Tempo moderadamente vivo. *El moderato es más pausado que el alegro.*

alejado, da. adj. Lejano o distante. ▶ *LEJANO.

alejandrino, na. adj. **1.** De Alejandría (Egipto). Frec. referido a la Antigüedad clásica. *La biblioteca alejandrina.* **2.** De Alejandro Magno (emperador, 356-323 a. C.), o del estilo o las características propios de su época. *Las tropas alejandrinas cruzaron el Helesponto.* **3.** *Lit.* Dicho de verso: De catorce sílabas. **4.** Dicho de estrofa o composición: De versos alejandrinos (→ 3).

alejar. tr. **1.** Llevar o poner (a alguien o algo) lejos o más lejos. *Aleja al niño DE la chimenea.* **2.** Ahuyentar o hacer huir (a alguien). *El primer disparo bastó para alejar al león.* FAM **alejamiento.**

alelado, da. adj. Lelo o tonto. ▶ *TONTO. FAM **alelamiento.**

alelí. → **alhelí.**

aleluya. interj. **1.** Se usa para expresar alegría. *¡Aleluya, estamos de vacaciones!* **2.** *Rel.* Se usa durante la Pascua en determinadas oraciones para expresar alegría. ● m. (Tb. f.) **3.** *Rel.* Canto litúrgico en el que se dice "aleluya" (→ 2). *Se canta el aleluya en demostración del júbilo pascual.* ○ f. **4.** Pareado de versos octosílabos, gralm. de carácter popular. *Hay en el acervo tradicional aleluyas dedicadas a la boda de los reyes.*

alemán, na. adj. **1.** De Alemania. ● m. **2.** Lengua hablada en Alemania y otros países, como Austria o Suiza. ▶ **1:** GERMÁNICO, GERMANO, TEUTÓN, TUDESCO.

alentar. (conjug. ACERTAR). tr. **1.** Dar ánimos o energía moral (a alguien). *El entrenador alentaba a sus jugadores.* **2.** Dar estímulo o impulso (a algo). *No quiere alentar falsas esperanzas.* ▶ **1:** ANIMAR. **2:** *ESTIMULAR. FAM **alentador, ra.**

alerce. m. Árbol de la familia del pino, de gran altura, tronco recto, copa cónica y hoja caduca de color verde claro, propio de regiones montañosas.

alergia. f. Sensibilidad especial del organismo ante determinados agentes, que se manifiesta con alteraciones respiratorias, nerviosas o cutáneas. FAM **alergénico, ca; alérgeno; alérgico, ca; alergología, alergólogo, ga.**

alero. m. **1.** Parte inferior de un tejado, que sobresale de la pared y sirve para desviar el agua de lluvia. *Bajo el alero hay nidos de golondrina.* ○ m. y f. **2.** Jugador de baloncesto que ocupa una posición lateral, suele tirar a canasta desde media o larga distancia, y sirve de apoyo al base y al pívot.

alerón. m. **1.** Pieza articulada del borde trasero de las alas de un avión, que sirve para variar la inclinación del aparato y facilitar otras maniobras. **2.** Reborde que sobresale hacia arriba en la parte superior trasera de la carrocería de un automóvil. *El modelo deportivo lleva incorporados alerones.*

alerta. adv. **1.** En actitud vigilante o con atención. *La policía nos aconsejó que nos mantuviéramos alerta.* ● adj. **2.** Vigilante o atento. *Los ojos alertas.* ● f. **3.** Situación de vigilancia o atención. *Se puso en alerta a la población.* **4.** Aviso o llamada para ejercer vigilancia. *Se ha dado la alerta ante la aparición de un nuevo virus.* ▶ **2:** *ATENTO. FAM **alertar.**

aleta. f. **1.** Miembro plano que permite a un pez u otro vertebrado acuático desplazarse por el agua. *Las aletas de un tiburón.* **2.** Calzado de goma en forma de aleta (→ 1) y que se usa para nadar o bucear. *El buzo, con un golpe de aletas, salió a la superficie.* **3.** Ensanchamiento lateral inferior de cada orificio de la nariz. *De tanto sonarse, tiene irritadas las aletas de la nariz.*

aletargar. tr. **1.** Causar letargo (a alguien). *El narcótico lo aletargó durante varias horas.* ○ intr. prnl. **2.** Entrar un animal en estado de letargo. *Los osos se aletargan durante el invierno.* FAM **aletargamiento.**

aletear. intr. **1.** Agitar repetidamente las alas un animal. *Una mariposa aletea de flor en flor.* **2.** Agitar las aletas un animal acuático. *Las truchas aletean en la cesta del pescador.* FAM **aleteo.**

aleve. adj. cult. Que denota o implica alevosía. *Espera el aleve ataque de la muerte.*

alevín. m. Cría de pez para repoblación de ríos, lagos o estanques. *Alevines de carpa.*

alevosía. f. **1.** *Der.* Precaución que toma un delincuente para evitar su propio riesgo al cometer un delito contra las personas. *La agresión se ha cometido con premeditación y alevosía.* **2.** cult. Traición o deslealtad. *El rey descubrió la alevosía de sus cortesanos.* FAM **alevoso, sa.**

alfa. f. Letra del alfabeto griego (A, α), que corresponde al sonido de *a*. ■ **~ y omega.** f. cult. Principio y fin.

alfabético, ca. adj. **1.** Del alfabeto o abecedario. *El callejero sigue un orden alfabético.* **2.** Dispuesto según el orden alfabético (→ 1). *Nuestro catálogo incluye un índice alfabético de autores.*

alfabetizar. tr. **1.** Enseñar (a alguien) a leer y escribir. *Quieren alfabetizar a la población indígena.* **2.** Ordenar (algo) alfabéticamente. *La lista está mal alfabetizada.* FAM **alfabetización.**

alfabeto[1]**.** m. **1.** Serie ordenada de las letras de un idioma o de un conjunto de idiomas. *El alfabeto latino.* **2.** Conjunto de símbolos empleados en un sistema de comunicación y gralm. basados en un alfabeto (→ 1). *El alfabeto Morse.* ▶ **1:** *ABECEDARIO.

alfabeto[2]**, ta.** adj. frecAm. Que sabe leer y escribir. *El público fue cada vez más alfabeto, gracias a los programas educativos* [C].

alfajor. m. **1.** Dulce hecho con una pasta de nueces, almendras o piñones, miel, pan rallado y especias. *El alfajor es típico de Navidad.* **2.** Am. Dulce hecho con dos láminas de masa unidas entre sí con dulce de leche u otros ingredientes. *Alfajores rellenos de membrillo* [C].

alfalfa. f. Planta de flores azules y fruto en forma de vaina retorcida, que se cultiva para forraje.

alfanje. m. histór. Sable corto, ancho y curvo, con un filo en la hoja y doble filo en la punta, propio de los árabes. *Aladino llevaba babuchas, turbante y un alfanje.*

alfanumérico, ca. adj. *Inform.* Formado por letras, números y otros caracteres. *Teclado alfanumérico.*

alfarería. f. **1.** Arte u oficio de fabricar objetos de barro cocido, pralm. vasijas. *Se organizan cursos de alfarería.* **2.** Taller donde se fabrican objetos de alfarería (→ 1). FAM **alfarero, ra.**

alféizar. m. Superficie horizontal en la parte inferior de una ventana cubre el muro por dentro y por fuera. *Se asoma a la ventana, acodándose en el alféizar.*

alfeñique. m. coloq., despect. Persona delgada y de complexión débil.

alférez. m. y f. Oficial del Ejército o de la Armada cuyo empleo es inmediatamente superior al de suboficial mayor. *Alférez de fragata. Alférez de navío.*

alfil. m. En ajedrez: Cada una de las dos piezas que al comienzo del juego se sitúan junto al rey y la reina respectivamente, y que se mueven en diagonal por las casillas de su color.

alfiler. m. **1.** Utensilio metálico largo y muy fino, puntiagudo por un extremo y con cabeza por el otro, que sirve para prender o sujetar algo. *La modista coge los bajos del pantalón con alfileres.* **2.** Joya con forma de alfiler (→ 1), o de broche u horquilla, que se usa como adorno o para sujetar algo, espec. una prenda. *El alfiler de la corbata.* ■ **~ de gancho.** m. Am. Imperdible. *Llevaba el traje escotado, sujeto con alfileres de gancho* [C]. FAM **alfilerazo; alfiletero.**

alfombra. f. Pieza de tejido grueso que sirve para cubrir el suelo, gralm. de una habitación o una escalera.

▶ **Am:** TAPETE. FAM **alfombrado; alfombrar; alfombrilla.**

alforjas. f. pl. Tira ancha de material resistente, frec. tela o cuero, rematada en cada extremo por una bolsa grande y empleada para transportar carga al hombro o a lomos de un animal. *El borrico lleva las alforjas repletas de aceitunas.*

alga. f. Vegetal unicelular o pluricelular, gralm. provisto de clorofila, sin raíces, tallo u hojas verdaderos, y cuyas especies más conocidas son acuáticas.

algarabía. f. Ruido confuso de personas hablando o gritando todas a la vez. *Se oye la algarabía de los niños al salir de la escuela.*

algarada. f. Tumulto o disturbio causados por una multitud de gente, espec. en señal de protesta. *Los rumores de fraude electoral provocaron algaradas callejeras.* ▶ *ALBOROTO.

algarroba. f. **1.** Fruto de un árbol de copa ancha y grandes hojas, consistente en una vaina de color castaño oscuro, con semillas azucaradas y comestibles, que se usan como pienso. **2.** Planta herbácea del mismo grupo que el haba, utilizada como forraje. ▶ **2:** ARVEJA. FAM **algarrobo.**

algazara. f. Ruido de muchas voces alegres. *Los bañistas chapotean en la piscina con gran algazara.*

álgebra. f. Rama de las matemáticas en la que se generalizan operaciones mediante letras y símbolos. *El álgebra se centra en la resolución de ecuaciones.* FAM **algebraico, ca.**

álgido, da. adj. **1.** Dicho de momento o período: Culminante o principal. *El punto álgido del concierto.* **2.** cult. Muy frío. *Las álgidas aguas del lago.*

algo. (No tiene pl.). pron. **1.** Designa una cosa o una acción no determinada. *No te quedes ahí parado, haz algo.* **2.** Una cantidad pequeña de algo (→ 1). *Habla algo DE alemán.* **3.** Un poco. *Son algo despistados.* ■ ~ **es** ~. expr. Se usa para expresar que se está o se debe estar conforme con lo conseguido, aunque no sea suficiente. –*He aprobado una asignatura.* –*Algo es algo.* ■ **por** ~. loc. adv. Por una causa justificada. *Si te ha dicho eso, por algo será.*

algodón. m. **1.** Planta cuyo fruto consiste en una cápsula que contiene unas semillas rodeadas de una pelusa fibrosa, blanca y suave. *Una plantación de algodón.* **2.** Pelusa del fruto del algodón (→ 1). *Los esclavos recogían algodón de sol a sol.* **3.** Masa compacta de algodón (→ 2) limpio y esterilizado, que se utiliza en medicina y cosmética. *Compré algodón en la farmacia.* **4.** Hilo de algodón (→ 2). *El tejido lleva mezcla de algodón y fibra.* **5.** Tejido confeccionado con hilo de algodón (→ 2). *Un pantalón de algodón.* FAM **algodonal; algodonero, ra; algodonoso, sa.**

algoritmo. m. Conjunto ordenado de operaciones matemáticas que permite hallar la solución de un problema. *Son los algoritmos necesarios para desarrollar el programa informático.* FAM **algorítmico, ca.**

alguacil. m. y f. **1.** Funcionario municipal subalterno que ejecuta las órdenes del alcalde o de los tenientes de alcalde. *Se ha cubierto la plaza de alguacil en el Ayuntamiento.* **2.** Funcionario de justicia que ejecuta las órdenes de un tribunal. *El juez ordenó a los alguaciles que se llevaran a la acusada.*

alguicida. m. Producto o sustancia que eliminan las algas. *Tratan la piscina con un alguicida.*

alguien. (No tiene pl.). pron. **1.** Designa una persona existente no determinada. *Si alguien pregunta por mí, dile que me llame más tarde.* ● m. **2.** Persona de importancia. *Se creía alguien por tener un pequeño negocio.*

alguno, na. (En acep. 1 y 2, apóc. **algún:** se usa delante de m. sing., tb. cuando entre los dos se interpone un adj.: *algún inconveniente; algún mal hábito; algún alta médica*). adj. **1.** Antepuesto a un nombre contable, expresa que la persona o cosa designadas por él son una cualquiera, o más de una, no determinadas. *¿Hay aquí algún médico?* **2.** Seguido de un nombre abstracto o de materia en singular, expresa que lo designado por ellos se presenta en una cantidad o intensidad pequeñas no determinadas. *Me llevará algún tiempo arreglarlo.* ● pron. **3.** Designa una o varias personas o cosas no determinadas. *Algunos de los corredores no llegaron a la meta.*

alhaja. f. Joya (adorno personal). ▶ *JOYA.

alharaca. f. Expresión o demostración exageradas de un sentimiento. *Recibió la noticia sin hacer alharacas.*

alhelí. (Tb. **alelí;** pl. **alhelíes** o **alhelís**). m. Planta ornamental cuyas flores tienen olor agradable y muy diversos colores. Tb. la flor.

aliado, da. adj. **1.** Dicho de Estado, nación o ejército: Que se ha aliado militar o políticamente con otro. Tb. sustantivado. *Los aliados ganaron la guerra.* **2.** Dicho de persona: Que se ha aliado con otra para conseguir un mismo fin. Tb. m. y f. *El candidato busca aliados.*

alianza. f. **1.** Hecho de aliarse personas, organizaciones o Estados. *Tratado de alianza.* **2.** Anillo de matrimonio. *El padrino entrega las alianzas a los novios.* FAM **aliancista.**

aliar. (conjug. ENVIAR). tr. **1.** Unir (a una persona o cosa) con otra para un fin. *El miedo los alió contra el poder.* ○ intr. prnl. **2.** Unirse un Estado con otro, gralm. mediante tratado, para defender intereses políticos o militares comunes. *Japón se alió CON/A Alemania.* **3.** Unirse una persona o una colectividad con otra para un mismo fin. *Las alumnas se habían aliado CONTRA ella.*

alias. adv. **1.** Por otro nombre. Se usa siguiendo al nombre de una persona y antepuesto a su apodo o sobrenombre. *Conoció a Alfonso Tostado, alias "el Cuzqueño".* ● m. **2.** Apodo o sobrenombre. *Le pusieron el alias de "el Rata".*

alicaído, da. adj. **1.** Triste o desanimado. *Este nuevo fracaso lo ha dejado muy alicaído.* **2.** Débil o falto de fuerzas. *Fue al médico porque se notaba algo alicaído.*

alicantino, na. adj. De Alicante (España).

alicatar. tr. Revestir (algo) de azulejos. *Alicataremos el baño con azulejo celeste.* FAM **alicatado.**

alicate. m. Herramienta en forma de tenaza pequeña, con brazos gralm. curvos, que sirve para sujetar objetos pequeños o para torcer o cortar cables y cosas parecidas. *Para empalmar los cables necesito un alicate.*

aliciente. m. Cosa atractiva o que estimula a hacer algo. *El mayor aliciente del concurso es el premio.* ▶ *ESTÍMULO.

alienación. f. Transformación de la conciencia, gralm. por causas externas, que lleva a un individuo o una colectividad a perder su identidad o a estar en contradicción con ella. *El trabajo mecánico y repetitivo provoca alienación en el individuo.* FAM **alienante; alienar.**

alienado, da. adj. Loco o demente. ▶ *LOCO.

alienígena. adj. Extraterrestre.

aliento. m. **1.** Aire expulsado al respirar. *Echa el aliento a las gafas para limpiarlas.* **2.** Olor del aliento (→ 1). *Tiene mal aliento.* **3.** Respiración (hecho de respirar). *Llego al rellano de la escalera sin aliento.* ▶ **3:** *RESPIRACIÓN.

aligerar. tr. **1.** Hacer (algo o a alguien) más ligero o menos pesado, gralm. quitándo(le) carga o peso. *Aligerad vuestras mochilas.* **2.** Hacer (algo) más ligero, o menos grave o intenso. *Han aligerado las penas por esos delitos.* **3.** Hacer (algo) más rápido. *Aligera el paso.* ○ intr. **4.** Darse prisa. *¡Aligera, que no llegamos!*

alijo. m. Conjunto de géneros o mercancía de contrabando. *La policía se ha incautado de un alijo de heroína.*

alimaña. f. Animal salvaje perjudicial, espec. para la caza menor o el ganado. *Las ovejas están indefensas frente a las alimañas.*

alimentar. tr. **1.** Dar alimento (a un ser vivo). *Alimenta al bebé con papillas.* **2.** Proporcionar (a algo) lo necesario para que funcione, como materia o energía. *Las centrales eléctricas alimentan la red.* **3.** Servir para que se produzca o se mantenga (algo, espec. el fuego). *La maleza alimenta las llamas.* **4.** Fomentar el desarrollo o mantenimiento (de algo inmaterial, espec. facultades o sentimientos). *Su respuesta alimentó mi esperanza.* ○ intr. prnl. **5.** Tomar u obtener alimento. *Se alimentaban DE/CON bayas y raíces.* ▶ **5:** MANTENERSE. FAM **alimentación; alimentador, ra; alimentario, ria; alimenticio, cia.**

alimento. m. **1.** Conjunto de sustancias que un ser vivo toma para nutrirse y subsistir. *La planta absorbe alimento por las raíces.* **2.** Poder nutritivo o capacidad para nutrir. *Las legumbres tienen mucho alimento.* ▶ **1:** COMIDA.

alimón. al ~. loc. adv. Conjuntamente.

alineación. f. **1.** Hecho o efecto de alinear. *Ha revisado la alineación de las ruedas.* **2.** Disposición de los jugadores de un equipo deportivo según el puesto y función asignados a cada uno para determinado partido. *El equipo presenta una alineación ofensiva.* ▶ **1:** ALINEAMIENTO.

alineado, da. adj. Que ha tomado partido en un conflicto o disidencia. Se usa gralm. en la constr. *no ~,* en referencia a colectividades que proclaman así su neutralidad. *Países no alineados.* Tb. m. pl. *Cumbre de los no alineados.*

alinear. tr. **1.** Poner en línea recta (un grupo de personas, animales o cosas). *Vuelve a alinear las sillas descolocadas.* **2.** Incluir (a un jugador) en un equipo para un encuentro deportivo. *El seleccionador alineó a varios suplentes para el partido.* **3.** Vincular (a una persona o colectividad) a una tendencia o un bando. *Se alineó CON los nacionalistas en la votación.* FAM **alineamiento.**

aliñar. tr. Añadir condimentos (a un alimento o a una comida) para dar(les) buen gusto. *¿Has aliñado la ensalada?* ▶ *CONDIMENTAR. FAM **aliño.**

alisar. tr. Poner liso (algo). *Pone el mantel y lo alisa.* FAM **alisado; alisamiento.**

alisios. m. pl. Vientos alisios (→ viento).

aliso. m. Árbol alto, de tronco recto y corteza pardusca y agrietada, que crece en lugares húmedos. FAM **aliseda.**

alistamiento[1]. m. Hecho de alistar o alistarse en el ejército. *Se procedió al alistamiento forzoso de los hombres.*

alistamiento[2]. m. Am. Hecho de alistar o alistarse (→ alistar[2]). *La selección de fútbol inició su etapa de alistamiento* [C].

alistar[1]. tr. Inscribir (a alguien) en el ejército. *Lo alistaron sin su consentimiento.* ▶ ENROLAR. ‖ **Am:** ENLISTAR.

alistar[2]. tr. **1.** Am. Preparar o disponer (algo o a alguien) para un fin. *Estaba alistando los accesorios de buceo* [C]. **2.** Am. Arreglar (a alguien), o dar(le) un aspecto limpio y agradable. *Su esposo se alista en el baño* [C]. ▶ **1:** *PREPARAR. **2:** *ARREGLAR.

alivianar. tr. Am. Aliviar (algo o a alguien). *Para alivianar zozobras entré en un sitio proclive a la serenidad* [C]. ▶ *ALIVIAR.

aliviar. (conjug. ANUNCIAR). tr. **1.** Disminuir o suavizar la intensidad (de algo malo o molesto). *Esta pastilla te aliviará el dolor.* **2.** Hacer que (alguien) sienta con menor intensidad algo malo o molesto. *Os aliviará saber que todos están sanos y salvos.* **3.** Quitar (a alguien o algo) parte del peso que lleva o que tiene. Tb. fig. *Las pequeñas limosnas alivian su conciencia.* ▶ **1:** MITIGAR. ‖ **Am: 1-3:** ALIVIANAR. FAM **alivio.**

aljaba. f. Carcaj.

aljibe. m. **1.** Depósito para almacenar el agua de lluvia o la que se lleva de un río o manantial. *Saca el agua del antiguo aljibe del patio.* **2.** Depósito destinado al transporte de un líquido. *Camión aljibe.* ▶ **1:** CISTERNA.

aljófar. m. Perla pequeña y de forma irregular. *Una gargantilla de aljófares.*

allá. adv. **1.** En un lugar lejano no determinado. *Podemos comer allá, a la sombra.* **2.** A un lugar lejano no determinado. *¿Cuánto tardaremos de aquí allá?* **3.** Precedido de adverbios como *tan, más* o *muy:* En un lugar lejano no determinado con respecto al lugar en que está la persona que habla o al que se toma como referencia. *No te metas tan allá, que no sabes nadar.* **4.** En un tiempo lejano no determinado. Se usa seguido de una expresión que concreta la referencia temporal. *Fue la actriz de moda allá por los años cincuenta.* **5.** Precediendo a un adverbio o a un complemento adverbial, se usa para enfatizar la lejanía de lo designado. *Allá en Japón la gente come pescado crudo.* **6.** Se usa, seguido de un nombre o un pronombre que designa persona, para expresar despreocupación respecto a los problemas que atañen a la persona designada. *Allá tú con tu conciencia.* ■ **el más ~.** loc. s. cult., eufem. La vida de ultratumba. *Los ateos no creen en el más allá.*

allanar. tr. **1.** Poner o dejar llano (algo). *Una apisonadora allana el terreno.* **2.** Dejar libre de obstáculos (un camino). Frec. fig. *Un intermediario allana el camino a los negociadores.* **3.** Entrar (en casa ajena) contra la voluntad del dueño. *Unos ladrones allanaron su domicilio.* **4.** Am. Registrar (un domicilio) por orden judicial. *La policía allanó el apartamento* [C]. ▶ **1:** APLANAR. **4:** *REGISTRAR. FAM **allanamiento.**

allegado, da. adj. Dicho de persona: Cercana a otra en parentesco, amistad o trato. *Invitaron solo a sus amigos más allegados.*

allegar. tr. **1.** Juntar o reunir (cosas o personas). *El tesorero se encarga de allegar fondos.* ○ intr. prnl. **2.** Ir o acudir a un lugar. *Nos allegamos A los pueblos vecinos para llevar ayuda.*

allende. prep. cult. Más allá de o al otro lado de. *Importan la mejor música de allende nuestras fronteras.*

allí. adv. **1.** En aquel lugar. *Nació en Lima y vivió allí toda su vida.* **2.** A aquel lugar. *Todos se dirigieron allí en cuanto los avisaron.*

alma. f. **1.** Parte inmaterial del ser humano, que según muchas religiones es inmortal. **2.** Parte del ser humano relativa a los sentimientos, los valores morales y todo lo que constituye su personalidad. *Tiene alma aventurera.* **3.** Energía, espec. en la realización de algo. *Golpeé el balón con toda mi alma.* **4.** Persona o cosa que da fuerza o impulso a algo. *Es el alma* DEL *equipo.* **5.** Precedido de un numeral o un cuantificador: Persona. *Cerca de mil almas habitan el pueblo.* **6.** Seguido de un adjetivo: Persona con la característica o la cualidad expresadas por este. *Un alma caritativa se apiadó de él.* **7.** Fil. Principio que da vida a los seres. *Para Aristóteles, el estadio superior del alma es el característico del ser humano.* ■ **~ en pena.** f. Rel. Alma (→ 1) que está en el purgatorio o que va errante sin hallar reposo definitivo. □ **con el ~ en vilo,** o **en un hilo.** loc. adv. Con gran temor o inquietud. *Pasé toda la película con el alma en vilo.* ■ **en el ~.** loc. adv. Profundamente o en lo más íntimo. *Te lo agradezco en el alma.* ■ **llegarle al ~** algo (a alguien). loc. v. Producir(le) una gran emoción. *Sus elogiosas palabras me llegaron al alma.* ■ **partir,** o **romper, el ~** (a alguien). loc. v. **1.** Matar(lo). *Si vuelve a hacerlo, le parto el alma.* **2.** Causar(le) gran tristeza. *Verte tan triste me parte el alma.*

almacén. m. **1.** Edificio o local donde se guardan productos o mercancías. *La zapatería tiene el almacén en el sótano.* **2.** Establecimiento comercial que vende productos de un tipo determinado, gralm. al por mayor. *Almacén de maderas.* **3.** Am. Tienda donde se venden al por menor comestibles, bebidas y otros artículos, gralm. de uso doméstico. *Están obligados a comprar su comida en el almacén* [C]. ○ pl. **4.** Establecimiento comercial que vende al por menor productos, gralm. de un tipo determinado. *Almacenes Casado, todo en menaje del hogar.* ■ **grandes almacenes.** m. pl. Establecimiento comercial de grandes dimensiones donde se vende gran variedad de productos. *Trabaja en la sección de perfumería de unos grandes almacenes.* ▶ Am: 1: BODEGA. FAM **almacenista.**

almacenar. tr. **1.** Guardar (productos o mercancías) en un almacén. *Almacenan el género en la trastienda.* **2.** Reunir o acumular (algo) en grandes cantidades. *Con los años se van almacenando cosas inútiles.* **3.** *Inform.* Guardar (información) en la memoria de un ordenador o en otro soporte adecuado. *Almacenamos los ficheros en el disco duro.* FAM **almacenaje; almacenamiento.**

alma máter. (loc. lat.). f. cult. Madre nutricia. Designa la Universidad. *Expresó su agradecimiento a la Universidad de Santiago, alma máter de la que tanto aprendió.*

almanaque. m. Calendario distribuido por meses, que registra datos astronómicos, festividades religiosas y civiles, y otras noticias. *Según el almanaque, mañana hay luna llena.* ▶ CALENDARIO.

almeja. f. Molusco marino, con valvas casi ovales y carne comestible muy apreciada.

almena. f. Cada uno de los bloques prismáticos que coronan la muralla de una fortaleza y sirven para resguardar a sus defensores. *Los arcabuceros se parapetaban tras las almenas.* FAM **almenado, da.**

almendra. f. Semilla del almendro, comestible, de forma ovalada, blanca y recubierta por una piel pardusca. *El bote trae almendras, avellanas y otros frutos secos.* Tb. el fruto que la contiene. FAM **almendrado, da.**

almendro. m. Árbol de madera dura, flores blancas o rosadas que aparecen a principios del año, y cuyo fruto es la almendra.

almeriense. adj. De Almería (España).

almez. m. Árbol de la familia del olmo, de hoja caduca y corteza grisácea, cuya madera se emplea en la fabricación de diversos objetos, espec. herramientas de labranza.

almíbar. m. Líquido que se obtiene cociendo azúcar en agua y que se emplea en conservas y repostería. *Se rocían los bizcochos con almíbar.* FAM **almibarar.**

almibarado, da. adj. Muy dulce o delicado. Gralm. despect. *El guión tiene un final un tanto almibarado.*

almidón. m. Sustancia blanca y granulada que constituye la reserva energética de muchos vegetales y que se emplea pralm. en la industria alimentaria y para dar rigidez a la ropa. *La pasta es un alimento rico en almidón.* FAM **almidonar; almidonado.**

alminar. m. Torre elevada de una mezquita, desde la que el almuédano convoca a la oración. ▶ MINARETE.

almirantazgo. m. **1.** Empleo o cargo de almirante. *Obtuvo muy joven el almirantazgo.* **2.** Conjunto de los almirantes. *Al acto está invitado todo el almirantazgo.* **3.** Alto tribunal o consejo de la Armada. *El almirantazgo ha anunciado el hundimiento de un submarino.*

almirante. m. y f. Oficial general de la Armada cuyo empleo es inmediatamente superior al de vicealmirante. *La junta de almirantes solicita al Ministro de Defensa la renovación de la flota.*

almizcle. m. Sustancia grasa y de olor intenso, segregada por algunos mamíferos y utilizada en perfumería y cosmética.

almohada. f. **1.** Objeto de tela, de forma gralm. alargada y relleno de una materia blanda, que sirve para apoyar la cabeza en la cama. *Me gusta que la almohada esté mullida.* **2.** Funda de tela para la almohada (→ 1). *El juego de cama incluye dos sábanas y almohada.* ▶ **1:** CABEZAL. **2:** ALMOHADÓN.

almohadilla. f. **1.** Cojín pequeño que se coloca sobre asientos duros. *Se sienta sobre una almohadilla forrada de cuero.* **2.** Pieza blanda que sirve pralm. para proteger superficies del roce o de los choques. *Los auriculares están cubiertos con almohadillas.* **3.** Masa de tejido blando que tienen en la parte inferior del pie algunos animales, como el perro o el gato. FAM **almohadillar.**

almohadón. m. **1.** Cojín, gralm. cuadrado, que se emplea pralm. para sentarse o recostarse sobre él. *Me pongo un almohadón en la espalda para leer.* **2.** Almohada (funda). *Preparó las sábanas y el almohadón para hacer la cama.* ▶ **2:** ALMOHADA.

almoneda. f. Venta pública de objetos, que se hace mediante subasta u ofreciéndolos a bajo precio. *Los muebles se vendieron en almoneda.*

almorrana. f. Bulto con acumulación de sangre, que aparece en la zona del ano o del recto debido a una dilatación de las venas. Frec. en pl. *Una pomada para las almorranas.* ▶ HEMORROIDE.

almorzar. (conjug. CONTAR). intr. **1.** frecAm. Tomar la comida del mediodía. *Nos invitó a almorzar en el restaurante El Rosado* [C]. **2.** Tomar una comida por la mañana. *Almorcé a las diez y comí a las dos.*

○ tr. **3.** Tomar (una comida) para almorzar (→ 1, 2). *Almuerza un ligero menú de coliflor* [C]. FAM **almuerzo.**

almuédano. m. En el islamismo: Hombre que desde el alminar de la mezquita convoca en voz alta al pueblo para la oración. *Al amanecer se oye la voz del almuédano.*

alocado, da. adj. Que hace las cosas sin reflexionar. *Es muy alocado y siempre anda metido en líos.*

alocución. f. Discurso breve, gralm. dirigido por un superior a sus inferiores. *El director pronuncia una alocución para felicitar a los trabajadores.*

áloe o **aloe.** m. Planta propia de climas cálidos, de cuyas hojas, alargadas, carnosas y terminadas en punta, se extrae el acíbar. Tb. el jugo. *Crema de aloe.* ▶ ACÍBAR.

alojar. tr. **1.** Proporcionar (a alguien) habitación o lugar bajo techo donde instalarse a vivir, gralm. de forma temporal, o donde pasar la noche. *Una amiga nos alojará en su casa.* **2.** Situar (algo) en el interior de una cosa o de un lugar. *La máquina aloja cada pieza en su orificio.* ○ intr. prnl. **3.** Estar instalado o viviendo, gralm. de forma temporal, en un lugar bajo techo. *¿En qué hotel se aloja?* **4.** Situarse en el interior de una cosa o de un lugar. *La bala se alojó en el pecho.* ▶ **1:** ACOGER, ALBERGAR, APOSENTAR, HOSPEDAR. **3:** ALBERGARSE, APOSENTARSE, HOSPEDARSE. FAM **alojamiento.**

alondra. f. Pájaro de plumaje pardo, con el vientre blanco y una pequeña cresta, cuyo canto es muy melodioso. *La alondra macho.*

alpaca[1]. f. **1.** Mamífero rumiante doméstico sudamericano, semejante a la llama, cuyo pelo es muy apreciado en la industria textil. *La alpaca macho.* Tb. el pelo, y el tejido fabricado con este. *Una manta de alpaca.* **2.** Tela de algodón abrillantado empleada en trajes de verano. *Chaqueta de alpaca.*

alpaca[2]. f. Aleación de cobre, níquel y cinc, parecida a la plata y empleada en la fabricación de cubiertos y objetos de orfebrería. *Una bandeja de alpaca.*

alpargata. f. Calzado de tela, con suela de goma, cáñamo o esparto, que se sujeta con cintas o se ajusta al pie. *En verano uso sandalias o alpargatas.* FAM **alpargatería; alpargatero, ra.**

alpinismo. m. Deporte consistente en escalar montañas, espec. las de gran altura. *Practica el alpinismo.* ▶ MONTAÑISMO. FAM **alpinista.**

alpino, na. adj. **1.** De los Alpes (cordillera de Europa). *Glaciar alpino.* **2.** De alta montaña. *Clima alpino.*

alpiste. m. Semilla pequeña en forma de grano alargado y amarillento, que se usa como alimento para pájaros.

alquilar. tr. **1.** Dar (algo) a alguien para que haga uso (de ello) por un tiempo determinado y a un precio convenido. *Les he alquilado mi apartamento.* **2.** Tomar (algo) de alguien para hacer uso (de ello) por un tiempo determinado y a un precio convenido. *Alquiló un local y montó una tienda.* ○ intr. prnl. **3.** Ponerse una persona al servicio de otra por un tiempo determinado y a un precio convenido. *Muchos nativos se alquilan como guías.* ▶ **1, 2:** ARRENDAR.

alquiler. m. **1.** Hecho de alquilar. *¿Cuánto costaría el alquiler de este almacén?* **2.** Precio por el que algo es alquilado. *El casero nos ha subido el alquiler.* ■ **de ~.** loc. adj. Dicho de cosa: Que se alquila y está destinada a ese fin. *Buscamos un piso de alquiler.* ▶ **1:** ARRENDAMIENTO, ARRIENDO. **2:** ARRIENDO.

alquimia. f. histór. Disciplina antigua basada en un conjunto de experimentos con la materia, gralm. de carácter mágico y secreto, encaminados pralm. a la obtención de oro a partir de otros metales y al hallazgo de un remedio para todas las enfermedades. FAM **alquímico, ca; alquimista.**

alquitranado, da. adj. De alquitrán. *Residuos alquitranados.*

alquitrán. m. Sustancia de uso industrial, viscosa e inflamable, de color oscuro y olor fuerte, obtenida por destilación, pralm. de madera y carbón. *Alquitrán de petróleo.* FAM **alquitranado** (*El alquitranado de una carretera*); **alquitranar.**

alrededor. adv. **1.** Indica situación o movimiento en círculo respecto a un punto situado en el centro. *Siempre lleva un montón de gente alrededor.* **2.** Indica aproximación respecto a una cantidad o de un punto en el espacio o en el tiempo. Se usa seguido de un compl. introducido por *de. La entrada cuesta alrededor de cinco euros.* ● m. pl. **3.** Zonas que rodean a un lugar. *Tiene una casa en los alrededores de Madrid.* ▶ **3:** *INMEDIACIONES.

alta. f. **1.** Autorización que da el médico para que un paciente se reincorpore a la vida ordinaria. *Permanecerá en el hospital hasta que le den el alta.* **2.** Inscripción de alguien o algo en un registro. *Se reduce el número de altas en el padrón municipal.* ■ **dar de ~** (a alguien o algo). loc. v. Realizar el alta (→ 2) (de ellos). *Debe dar de alta su vehículo* EN *la jefatura de tráfico.*

altamente. adv. culto. Seguido de un adjetivo: Muy. *Se requiere personal altamente cualificado.*

altanero, ra. adj. Que muestra excesivo orgullo y tiene una actitud de superioridad hacia los demás. *El éxito lo volvió engreído y altanero.* ▶ *ORGULLOSO. FAM **altanería.**

altar. m. **1.** Rel. Mesa alargada donde el sacerdote celebra el sacrificio de la misa. *El cura da la comunión delante del altar.* **2.** Rel. Lugar o construcción elevados donde se celebran ritos religiosos. *El museo arqueológico conserva altares aztecas.* **3.** Se usa para simbolizar la admiración o el respeto que se siente por alguien. *Lo tiene en un altar y no ve sus defectos.* ■ **llevar** (a alguien) **al ~.** loc. v. Casarse (con él). *Ninguna mujer logró llevarlo al altar.* ▶ **1, 2:** ARA.

altavoz. m. Aparato que transforma una señal eléctrica en sonido audible. *A ambos lados del escenario retumban los altavoces.* ▶ Am o frecAm: ALTOPARLANTE, PARLANTE.

alterar. tr. **1.** Cambiar la forma o naturaleza (de algo). *Las riadas alteraron el curso del río.* **2.** Dañar o estropear (una sustancia, un órgano u otra cosa similar). *El calor altera los alimentos.* **3.** Causar nerviosismo o irritación (a alguien). *Sus comentarios machistas me alteran mucho.* FAM **alteración.**

altercado. m. Pelea o disputa. *A la salida del bar se produjo un altercado.* ▶ *PELEA.

álter ego. (loc. lat.). m. **1.** Persona real o imaginaria que representa a otra o que constituye su segunda personalidad. *El protagonista de la obra es el álter ego del autor.* **2.** Persona real o imaginaria que normalmente acompaña a otra y es de su absoluta confianza. *Ese político era el amigo y álter ego del presidente.*

alternar. intr. **1.** Hacer algunos dos o más personas repetidamente y por turno. Tb. prnl. *Los dos detectives se alternan para vigilar la casa.* **2.** Sucederse dos o más cosas repetidamente. *En otoño alternan los días claros y los lluviosos.* Tb. prnl. **3.** Hacer vida social o tener relaciones sociales con otras personas. *Lo que necesitas es salir de casa y alternar.* **4.** En una sala de fiestas o lugar semejante: Tratar a una mujer con los clientes para animarles a hacer gasto en su compañía. *Las chicas del club estaban obligadas a alternar.* ○ tr. **5.** Hacer que (una cosa) alterne (→ 2) con otra. *Sabe alternar el ocio* CON *el trabajo.* FAM **alternador; alternancia; alternante; alterne; alterno, na.**

alternativo, va. adj. **1.** Dicho de cosa: Que alterna. *Las mareas son un movimiento alternativo de subida y bajada de las aguas.* **2.** Dicho de persona o cosa: Que puede sustituir a otra cumpliendo su misma función. *Energías alternativas.* **3.** Dicho de actividad, espec. cultural: Que se aparta de los cánones o modelos comúnmente aceptados. *Teatro alternativo.* ● f. **4.** Posibilidad de elegir entre dos o más cosas. *No tengo alternativa; tengo que vender el negocio.* Tb. cada una de las cosas que se pueden elegir. *No le queda otra alternativa que dimitir.* ▶ **1:** ALTERNO.

alteza. f. Se usa como tratamiento que corresponde a príncipes o infantes. *¿Quiere tomar asiento, Alteza?* Frec. precedido de posesivo y en constr. como *Su ~ Real*, o *Imperial. El acto fue presidido por Su Alteza Real el Príncipe de Asturias.*

alti-. elem. compos. Significa 'alto'. *Altiplanicie.*

altibajos. m. pl. Alternancia de sucesos prósperos y adversos. *El negocio tiene muchos altibajos.*

altillo. m. Habitación situada en la parte más alta de una casa. *Al altillo se sube por una escalera de caracol.*

altiplanicie. f. Meseta muy extensa, situada a gran altitud. *Los corredores se entrenan en la altiplanicie.* ▶ ALTIPLANO.

altiplano. m. Altiplanicie. Frec. designa el de los Andes.

Altísimo, ma. el ~. loc. s. cult. Dios.

altisonante. adj. Dicho espec. de lenguaje o estilo: Elevado o solemne, espec. que muestra afectación.

altitud. f. **1.** Distancia vertical de un punto de la tierra respecto al nivel del mar. *La cima del monte se halla a más de 3500 metros de altitud.* **2.** Altura (distancia vertical entre un punto y una superficie tomada como referencia). ▶ *ALTURA.

altivo, va. adj. Que muestra gran orgullo, frec. con una actitud de superioridad hacia los demás. *Es altiva y distante con sus compañeros.* ▶ *ORGULLOSO. FAM **altivez.**

alto¹. interj. **1.** Se usa para ordenar a alguien que se detenga. *El vigilante los ve y grita: –¡Alto!* Tb. m., para designar la orden. *Un soldado les dio el alto.* ● m. **2.** Detención o parada, en la marcha o en una actividad. *Haremos un alto para tomar café.* ■ **~ el fuego.** expr. **1.** Se usa para ordenar que se deje de disparar. *El capitán gritó: –¡Alto el fuego!* □ loc. s. **2.** Suspensión de las acciones militares en un conflicto armado. *Ambos bandos acordaron un alto el fuego.*

alto², ta. adj. **1.** Que verticalmente mide más de lo normal o más que otros de su clase. *Es alto y moreno.* **2.** Que se sitúa, respecto al suelo, al nivel del mar o a otra superficie de referencia, a una distancia vertical superior a la normal o a la que tienen otros de su clase. *Vive en la parte alta de la ciudad.* **3.** Que está levantado o dirigido hacia arriba. *Camina con la cabeza alta.* **4.** De valor, nivel o intensidad, superiores a lo normal. *Hablan en voz alta.* **5.** De importancia, categoría o calidad superiores a lo normal. *Es un alto ejecutivo.* ● m. **6.** Altura (medida vertical). ● adv. **7.** En lugar alto (→ 2). *La avioneta vuela muy alto.*

8. En voz alta (→ 4). *No me hables tan alto, que no soy sorda.* ■ **altos y bajos.** m. pl. Altibajos. □ **en alto.** loc. adv. **1.** En posición alta (→ 2). *Salga del coche con los brazos en alto.* **2.** En voz alta (→ 4). *Lee en alto para que me entere.* ■ **por todo lo alto.** loc. adv. Con mucho gasto y lujo. *La victoria se celebró por todo lo alto.* ▶ **2:** ELEVADO. **6:** *ALTURA.

altoparlante. m. frecAm. Altavoz. *El altoparlante anuncia la salida del avión* [C].

altorrelieve. (Tb. **alto relieve**). m. *Arte* Relieve cuyas figuras resaltan sobre el plano más de la mitad de su volumen. *Arcos adornados con altorrelieves.*

altozano. m. Cerro o montículo aislado en un terreno llano. *La ermita está sobre un altozano.*

altruista. adj. Que procura el bien de los demás aun a costa del propio. *Es gente altruista que no cobra por su trabajo.* FAM **altruismo.**

altura. f. **1.** Medida vertical de una persona o cosa. *Un árbol de diez metros de altura.* **2.** Distancia vertical de un cuerpo respecto al suelo o a otra superficie tomada como referencia. *El helicóptero vuela a poca altura.* **3.** Altitud (distancia vertical de un punto de la tierra respecto al nivel del mar). **4.** Lugar alto o elevado, espec. la cumbre de un monte. *Tiene pánico a las alturas.* **5.** Cualidad de alto, en cuanto a importancia, categoría o calidad. *El escritor destaca por su altura moral e intelectual.* **6.** Cualidad de alto, en cuanto a valor, nivel o intensidad. *La inflación alcanzó una altura desconocida hasta entonces.* **7.** *Mat.* En una figura o cuerpo geométricos: Distancia perpendicular entre un lado o una cara y el punto opuesto más alejado. *Halla la altura del triángulo.* ○ pl. **8.** Cielo, material o espiritual. *Un águila surca las alturas.* ■ **a estas ~s.** loc. adv. En este tiempo u ocasión, o cuando han llegado las cosas a este punto. *A estas alturas no encontraremos entradas para el concierto.* ■ **a la ~.** loc. adv. Al nivel adecuado. *El equipo estará a la altura* DE *las circunstancias.* ■ **a la ~** (de alguien o algo). loc. adv. Al nivel (de ellos) o en paralelo (con ellos). *Al llegar a la altura* DE *la iglesia, gire a la derecha.* ▶ **1:** ALTO. **2, 3:** ALTITUD.

alubia. f. Judía. *Se les quitan las hebras a las alubias y se cortan.*

alucinación. f. Sensación subjetiva y engañosa que no va precedida de impresión en los sentidos. *Veía reptiles en el techo, escuchaba voces y tenía otras alucinaciones.*

alucinado, da. adj. **1.** Que tiene alucinaciones. *Se está volviendo un borracho alucinado.* **2.** Loco o trastornado. *Un crimen así solo puede ser obra de gente alucinada.* ▶ **2:** *LOCO.

alucinar. tr. **1.** Asombrar o deslumbrar (a alguien). *Lo que me alucina es que, con lo pequeña que es, hable tan bien.* ○ intr. **2.** Padecer alucinaciones. *Tomó las pastillas y comenzó a alucinar.* **3.** Asombrarse o deslumbrarse. *El público alucina con los efectos especiales.* Tb., menos frec., prnl. ▶ **1:** *ASOMBRAR. FAM **alucinante; alucinatorio, ria; alucinógeno, na.**

alud. m. Masa grande de una materia, espec. de nieve, que se desprende de una ladera y cae violentamente. *Un alud sepultó a los montañeros.* ▶ AVALANCHA.

aludido, da. darse por ~. loc. v. Demostrar haberse enterado de que alguien ha aludido, de forma efectiva o aparente, a algo que le atañe de algún modo. *Lo mejor ante las calumnias es no darse por aludido.*

aludir. intr. **1.** Mencionar o nombrar a alguien o algo. *En su discurso aludió A la reforma de la enseñanza.* **2.** Referirse a alguien o algo, sin mencionarlo directamente. *¿A quién aludía al hablar de ladrones de votos?* **3.** Tener algo, espec. una palabra, relación, a veces velada, con alguien o algo. *El nombre "cianuro" alude al color azul de esta sal.* ○ tr. **4.** Aludir (→ 1, 2) (a alguien o algo). *Durante la conversación lo aludieron muchas veces.* ▶ 1-3: REFERIRSE. FAM **alusión; alusivo, va.**

alumbrar. tr. **1.** Dar luz (a algo o a alguien). *Una lámpara alumbra el salón.* **2.** Poner o instalar luces (en un lugar). *Van a alumbrar el barrio.* **3.** Parir (un hijo, o algo inmaterial). ▶ 3: PARIR. FAM **alumbrado; alumbramiento.**

aluminio. m. Elemento químico metálico, ligero y maleable, de color y brillo similares a los de la plata, empleado espec. en industria y construcción (Símb. *Al*). *Ventanas de aluminio.*

alumno, na. m. y f. Persona que recibe enseñanza de otra o en un centro educativo. *Crece el número de alumnos matriculados en el colegio.* FAM **alumnado.**

alunizar. intr. Posarse una nave espacial o sus ocupantes en la superficie de la Luna. *En 1969 aluniza por primera vez una nave tripulada.* FAM **alunizaje.**

alusión; alusivo, va. → aludir.

aluvión. m. **1.** Sedimento arrastrado por las lluvias y las corrientes de agua. *La vegetación contiene los aluviones.* **2.** Afluencia grande de personas o cosas. *El primer día de las rebajas hay un aluvión DE gente.*

alvéolo o **alveolo.** m. **1.** Anat. Cada una de las cavidades en que están encajados los dientes en la mandíbula. **2.** Anat. Cada una de las diminutas cavidades en que terminan las últimas ramificaciones bronquiales.

alza. f. Subida del valor de algo. *Se espera un alza EN los precios.* ■ en ~. loc. adv. Aumentando de nivel, valor o estimación. *El interés por el flamenco está en alza.*

alzada. f. Altura de algunos cuadrúpedos, espec. el caballo, desde el pie hasta la parte más alta de la cruz. *Una yegua de gran alzada.*

alzado[1]. m. tecn. Dibujo que representa un cuerpo en un plano vertical y sin perspectiva. *Los planos de la casa incluyen planta y alzado.*

alzado[2], da. adj. Dicho de precio o cantidad: Fijados de manera global, sin una evaluación detallada.

alzar. tr. **1.** Levantar (algo o a alguien), poniéndo(lo) en un lugar más alto que el que tenía. *Alzan al herido y lo ponen en la camilla.* **2.** Levantar o dirigir hacia arriba (algo, espec. los ojos o la mirada). *Alza la vista del papel.* **3.** Levantar o construir (algo). *Alzarán un monumento en honor del poeta.* **4.** Subir el nivel, valor o intensidad (de algo). *Si no alzas más la voz, no se te oye.* **5.** Levantar o hacer que cese (un castigo o prohibición). *Se alzará el embargo que pesa sobre el país.* ○ intr. prnl. **6.** Levantarse o sobresalir de una superficie, espec. del suelo. *En lo alto de la ciudad se alza un impresionante castillo.* **7.** Rebelarse o sublevarse, espec. contra el poder político establecido. *El pueblo se alzó CONTRA el tirano.* ▶ 1-3: *LEVANTAR. 4: *ELEVAR. 5: *LEVANTAR. 6: *LEVANTARSE. 7: *SUBLEVARSE. FAM **alzamiento.**

alzhéimer. m. Med. Enfermedad de Alzheimer (→ enfermedad).

AM. (sigla; pronunc. "a-eme"). f. Radio Onda media. *Radiocasete AM/FM.*

ama. → amo.

amable. adj. Dicho de persona: Que trata a los demás de manera agradable y con ganas de complacer. *Ha sido usted muy amable al invitarnos.* ▶ AFABLE, AGRADABLE, ATENTO. FAM **amabilidad.**

amado, da. m. y f. cult. Persona a la que se ama o de la que se está enamorado. *Lloraba al ver partir a su amado.*

amaestrar. tr. Enseñar (a un animal) a hacer habilidades. *Amaestra monos para el circo.* ▶ ADIESTRAR.

amagar. tr. Hacer un gesto que indica la intención de efectuar (una acción o movimiento, espec. un golpe). *El alero amaga el lanzamiento.* FAM **amago.**

amainar. (conjug. BAILAR). intr. Perder fuerza o intensidad una cosa, espec. el viento, la tormenta o un fenómeno similar. *La flota aguarda a que amaine el temporal.*

amalgama. f. **1.** Unión o mezcla de cosas de naturaleza distinta o contraria. *El espectáculo es una curiosa amalgama de circo, teatro y música.* **2.** Quím. Aleación de mercurio y otro metal. FAM **amalgamar.**

amamantar. tr. Dar de mamar (a un hijo o a una cría). *La perra amamanta a sus cachorros.* FAM **amamantamiento.**

amancebarse. intr. prnl. Pasar dos personas a hacer vida de matrimonio sin haberse casado. *Cada vez son más las parejas que se amanceban.* FAM **amancebamiento.**

amanecer. (conjug. AGRADECER). intr. impers. **1.** Aparecer la luz del día al salir el sol. *Hoy amanece a las ocho.* ○ intr. **2.** Encontrarse en determinado lugar o estado al comenzar el día o al despertar. *Valle ha amanecido envuelto en niebla.* ● m. **3.** Hecho de amanecer (→ 1, 2). *Fotografió un hermoso amanecer.* **4.** Tiempo durante el que amanece (→ 1). *Llega el amanecer y canta el gallo.* ▶ 1: ACLARAR, CLAREAR. 4: ALBA. FAM **amanecida.**

amanerado, da. adj. Falto de naturalidad o espontaneidad, espec. por sujeción a unas formas dadas. *Su estilo resulta frío y amanerado.* FAM **amaneramiento; amanerar.**

amansar. tr. Domesticar o hacer manso (a un animal). *El domador amansa al tigre.* ▶ DOMESTICAR.

amante. adj. **1.** Que ama algo o a alguien. *Gente amante DE la aventura.* **2.** Dicho de cosa: Que manifiesta amor. *Actitud amante.* ● m. y f. **3.** Respecto de una persona: Otra que mantiene relaciones sexuales con ella sin estar casados. *Sospecha que su mujer tiene un amante.* ○ m. pl. **4.** cult. Pareja de enamorados. *"Romeo y Julieta" es la historia de dos amantes.*

amanuense. m. y f. Persona que tiene por oficio escribir a mano textos de otras personas. *En la Edad Media los libros eran copiados por amanuenses.*

amañar. tr. Preparar (algo) con trampa o engaño. *Amañaron el combate.* FAM **amaño.**

amapola. f. Flor silvestre, común en sembrados, con semilla negruzca y cuatro pétalos de color rojo intenso. Tb. su planta.

amar. → amor.

amaranto. m. Planta ornamental, ramosa y provista de una densa espiga de flores de vivos colores, frec. rojo carmesí. Tb. la flor.

amargado, da. adj. De carácter triste y resentido debido a frustraciones o disgustos. *Es así de amargado por la mala suerte que ha tenido.*

amargo, ga. adj. **1.** Dicho de sabor: Fuerte y desagradable como el de la bilis o hiel. *Al vomitar queda un regusto amargo en la boca.* **2.** Dicho de cosa: Que tiene sabor amargo (→ 1). *El café es amargo.* **3.** Que causa tristeza o disgusto. *El equipo ha sufrido una amarga derrota.* **4.** Que implica o demuestra tristeza o disgusto. *Con gesto amargo se despidió.* FAM **amargar; amargor; amargura.**

amariconado, da. adj. **1.** malson. Dicho de hombre: Afeminado, o que tiene características propias de las mujeres, espec. en el aspecto o el comportamiento. **2.** malson. Afeminado, o que parece de mujer.

amariconar. tr. malson. Afeminar (a un hombre), o hacer que adquiera características propias de las mujeres, espec. en el aspecto o el comportamiento.

amarillista. adj. Que practica el periodismo sensacionalista. *Periódico amarillista.* FAM **amarillismo.**

amarillo, lla. adj. **1.** De color semejante al del oro o al de la yema del huevo. *Flores amarillas.* **2.** Dicho de persona o de su raza: De piel amarillenta y ojos oblicuos. **3.** coloq., despect. Dicho de prensa o periodismo: Sensacionalista. FAM **amarillear; amarillento, ta; amarillez.**

amarilloso, sa. adj. frecAm. Que tira a amarillo. *Dientes amarillosos de fumar* [C]. ▶ AMARILLENTO.

amarra. f. Cuerda, cable o cadena con que se asegura una embarcación a un lugar. *Antes del temporal, los barcos refuerzan sus amarras.*

amarrar. tr. **1.** Sujetar (algo o a alguien) firmemente con cuerdas, cadenas u objetos similares, gralm. a un sitio fijo. *Amarra el caballo A un poste.* **2.** Sujetar (una embarcación) en el puerto o en cualquier fondeadero mediante amarras o anclas. *Amarran el pesquero en el muelle.* FAM **amarradero; amarre.**

amarrete, ta. m. y f. frecAm. coloq. Persona tacaña. *Papi es un amarrete y siempre se lo agarra todo para él* [C].

amartillar. tr. Poner (un arma de fuego) en posición de disparo. *Carga la pistola y la amartilla.*

amasar. tr. **1.** Formar una masa (con algo). *Ponga agua, harina y huevos y amáselo todo.* **2.** Formar la masa (de algo, espec. de pan). *Pasa la noche en la tahona amasando pan.* **3.** Acumular o reunir (dinero o bienes). *Amasó una pequeña fortuna.* FAM **amasado.**

amasiato. m. Am. Concubinato. *Me da vergüenza estar viviendo en amasiato* [C].

amasijo. m. **1.** Mezcla desordenada de cosas diversas. *El edificio quedó reducido a un amasijo de hierros.* **2.** Masa sin forma determinada. *De tanto masticar, se le hizo un amasijo de carne en la boca.*

amate. m. Am. Árbol propio de las regiones cálidas de México, cuya savia se usa como laxante y cuya corteza se emplea para hacer papel. *Un material utilizado para los códices fue la corteza del amate* [C].

amatista. f. Piedra preciosa de color violeta. *Lleva un anillo con una amatista.*

amatorio, ria. → amor.

amazona. f. **1.** Mujer que monta a caballo. *La amazona finaliza su recorrido sin derribos.* **2.** En la mitología grecorromana: Mujer guerrera de ciertas tribus. ▶ Am: JINETA.

amazónico, ca. adj. Del río Amazonas. *En la cuenca amazónica viven tribus indígenas.*

ambages. m. pl. Rodeos en la manera de expresarse que implican falta de claridad. *Quiero que me digas sin ambages cuáles son tus intenciones.*

ámbar. m. Resina fósil, dura, opaca o semitransparente y de color amarillo o anaranjado, muy empleada en adornos y bisutería. FAM **ambarino, na.**

ambateño, ña. adj. De Ambato (Ecuador).

ambición. f. **1.** Deseo vehemente de algo, espec. de poder, honores, riqueza o fama. *Es trabajador, pero le falta ambición.* **2.** Cosa que se desea con vehemencia. *Su mayor ambición es vivir en el campo.* FAM **ambicionar; ambicioso, sa.**

ambidextro, tra o **ambidiestro, tra.** adj. Que usa con la misma destreza la mano izquierda y la derecha. *El defensa del equipo de balonmano es ambidextro.*

ambiente. m. **1.** Aire o atmósfera de un lugar. *Habrá ambiente seco en toda la región.* **2.** Conjunto de circunstancias físicas o morales propias de un lugar, una colectividad o una época. *El ambiente familiar es muy agradable.* **3.** Ambiente (→ 2) agradable de un lugar, espec. el de animación. *Nos fuimos de la discoteca porque no había ambiente.* **4.** Grupo o círculo social. *En cuanto lo sacas de su ambiente, se vuelve muy tímido.* **5.** Actitud de un conjunto de personas con respecto de alguien o algo. *Hay mal ambiente en la empresa.* **6.** frecAm. Habitación de una vivienda. *Mi casita tenía dos ambientes y un garaje con parrilla* [C]. ● adj. **7.** Circundante o que rodea. *Temperatura ambiente.* ▶ **2:** CLIMA. **6:** *HABITACIÓN. FAM **ambientación; ambientador, ra; ambiental; ambientar.**

ambiguo, gua. adj. **1.** Dicho de cosa: Que se puede entender de varias maneras. *Sus palabras eran ambiguas.* **2.** Dicho de persona: Que, con sus palabras o su comportamiento, deja poco claras su opinión o su actitud. *Fue algo ambiguo en sus declaraciones.* FAM **ambigüedad.**

ámbito. m. **1.** Espacio real comprendido dentro de unos límites. *La empresa se ha expandido en el ámbito de los países iberoamericanos.* **2.** Espacio inmaterial en que se sitúa una persona o cosa, espec. una actividad. *Personalidades del ámbito de las artes.* ▶ **1:** ÁREA. **2:** ÁREA, CAMPO, TERRENO.

ambivalente. adj. Que presenta interpretaciones o dos valores, frec. opuestos. *Tenemos una relación ambivalente de amor-odio.* FAM **ambivalencia.**

ambos, bas. adj. pl. Los dos. Se usa siempre antepuesto al n. *Tiene miopía en ambos ojos.* Tb. pron. *Se enfrentan dos equipos importantes, ambos con posibilidades de triunfo.*

ambrosía. f. En la mitología grecorromana: Alimento de los dioses.

ambulancia. f. Vehículo destinado al transporte de enfermos o heridos.

ambulante. adj. **1.** Que va de un lugar a otro sin tener asiento fijo. *Circo ambulante.* **2.** Que se realiza cambiando de lugar. *Venta ambulante.* ● m. y f. **3.** Am. Persona que se dedica a la venta ambulante (→ 2). *Estaba plantado observando a los ambulantes: lustrabotas, alfajoreros, heladeros* [C]. ▶ **1:** ITINERANTE.

ambulatorio, ria. adj. **1.** Dicho de tratamiento médico: Que no obliga al enfermo a estar hospitalizado. ● m. **2.** Centro público de asistencia médica a enfermos que no están hospitalizados. *Una oftalmóloga me revisó la vista en el ambulatorio.* ▶ **2:** DISPENSARIO.

ameba. f. Zool. Ser microscópico unicelular, frec. acuático y a veces parásito, que se alimenta y se des-

32

plaza mediante prolongaciones de su cuerpo. *Una infección por amebas.* ▶ AMIBA.

amedrentar. tr. cult. Atemorizar (a alguien).

amén[1]. interj. En la religión cristiana: Así sea. Se usa gralm. al final de una oración. *"No nos dejes caer en la tentación, y líbranos del mal. Amén".*

amén[2]. ~ **de.** loc. prepos. cult. Además de. *Amén de su ingente producción pictórica, también realizó esculturas.*

amenazar. tr. **1.** Dar a entender (a alguien), mediante palabras o actos, que se (le) quiere hacer algún mal. *Lo amenazaron CON una navaja.* **2.** Presentarse como inminente (a una persona o a una cosa) algo malo, espec. un peligro o daño. *Nuevas enfermedades amenazan a la población.* **3.** Dar una cosa indicios de ir a sufrir (algo malo o desagradable). *El edificio amenaza ruina.* ○ intr. **4.** Presentarse como inminente algo malo o desagradable. *Por el sur amenaza tormenta.* FAM amenaza; amenazador, ra; amenazante.

ameno, na. adj. Que agrada y entretiene. *Es un libro muy ameno.* FAM amenidad; amenizar.

americanismo. m. **1.** Carácter o condición de americano. *En su obra se percibe un sello especial de americanismo.* **2.** Palabra o uso propios del español hablado en América o en alguno de sus países. *"Pollera" es un americanismo que significa 'falda'.* **3.** Palabra o uso propios de alguna lengua indígena de América, o procedentes de ella. *"Cóndor" y "cancha" son americanismos que provienen del quechua.* FAM americanista.

americano, na. adj. **1.** De América. **2.** Estadounidense. ● f. **3.** Chaqueta de tela, con solapas y botones, que llega por debajo de la cadera. *Lleva una americana azul y pantalones grises.* FAM americanización; americanizar.

ameritar. tr. Am. Merecer (algo). *Al menos han hecho algo que amerite una noticia* [C]. ▶ *MERECER.

amerizar. intr. Acuatizar. FAM amerizaje.

ametrallador, ra. adj. **1.** Dicho de arma de fuego: Automática y de tiro rápido y continuado, como el de la ametralladora (→ 2). *Fusil ametrallador.* ● f. **2.** Arma automática de fuego, de tiro rápido y continuado, que se utiliza apoyada en el terreno. *El enemigo había apostado ametralladoras en lo alto del desfiladero.* FAM ametrallamiento; ametrallar.

amianto. m. Mineral que se presenta en fibras blancas y flexibles, y que es utilizado como aislante térmico y para fabricar materiales incombustibles.

amiba. f. Zool. Ameba.

amígdala. f. Cada uno de los dos órganos, con forma de almendra y color rojizo, que hay a cada lado del velo del paladar. *De pequeña la operaron de las amígdalas.* ▶ ANGINA. FAM amigdalitis.

amigo, ga. adj. (sup. **amiguísimo**, sup. cult. **amicísimo**). **1.** Que tiene relación de amistad. *Su padre y el mío son amigos.* Dicho de pers., tb. m. y f. **2.** Que tiene gusto o afición por algo. *No es muy amiga DE viajar.* **3.** De amistad, o que manifiesta amistad. *Una mano amiga.* ● m. y f. **4.** Se usa para dirigirse a una persona conocida, con la que se tiene o no amistad, o desconocida. *Amigos, gracias por asistir a este homenaje.* FAM amigable; amigote; amiguete; amiguismo.

amilanar. tr. Asustar o desanimar (a alguien). *Su discapacidad no lo amilana, sino que lo anima a superarse.* ▶ *ATEMORIZAR.

aminoácido. m. Quím. Sustancia orgánica que es componente fundamental de las proteínas.

aminorar. tr. **1.** Reducir en cantidad o intensidad (algo). *Aminore la velocidad.* ○ intr. **2.** Disminuir en cantidad o intensidad algo. *Ha aminorado el viento.* Tb. prnl. ▶ *DISMINUIR. FAM aminoración.

amistad. f. **1.** Relación de afecto y confianza personal, que nace y se fortalece con el trato y no está basada en lazos familiares o sexuales. *Se conocieron y pronto hicieron amistad.* **2.** Relación de paz y concordia entre países u otras colectividades. *España quiere reforzar su amistad con los países mediterráneos.* **3.** Persona con quien se tiene amistad (→ 1). *Solo invitaron a algunas amistades.* FAM amistoso, sa.

amnesia. f. Pérdida total o parcial de la memoria. *A raíz del accidente sufre amnesia.* FAM amnésico, ca.

amnistía. f. Perdón de cierto tipo de delitos, que anula las penas correspondientes. *Se concede la amnistía a todos los presos políticos.* FAM amnistiar (conjug. ENVIAR).

amo, ma. m. y f. **1.** Dueño o poseedor de una cosa o de un animal. *¿Quién es el amo de este perro?* **2.** Respecto de un criado: Persona a la que sirve. *El ama trataba a la servidumbre con altivez.* ○ f. **3.** Nodriza (mujer que amamanta). ■ ~ **de casa.** m. y f. Persona que se ocupa de las tareas domésticas en su propia casa. *Prefiero trabajar fuera a ser ama de casa.* ■ **ama de llaves.** f. Mujer contratada para dirigir la organización y la economía de una casa. *El ama de llaves daba órdenes a los sirvientes.* ▶ **1:** *DUEÑO. **3:** NODRIZA.

amodorrar. tr. Causar (a alguien) modorra o somnolencia. *El licor lo amodorró.*

amoldar. tr. **1.** Adaptar o adecuar (una cosa) a algo. *El guía amolda su paso AL de la expedición.* **2.** Hacer que (alguien) se amolde (→ 4). *Es difícil amoldar a los alumnos al nuevo sistema educativo.* ○ intr. prnl. **3.** Adaptarse o adecuarse una cosa a algo. *El anillo se amolda perfectamente A su dedo.* **4.** Adaptar alguien su conducta y sus costumbres a algo, espec. a una nueva situación. *Le costó amoldarse AL modo de vida americano.*

amonestar. tr. **1.** Reprender o censurar (a alguien) por lo que ha hecho o dicho. *Han amonestado a los alumnos que faltaron a clase.* **2.** Advertir o prevenir (a alguien). *Su padre lo amonestó diciendo: –Procura llevar cuidado.* ▶ **1:** *REÑIR. FAM amonestación.

amoniaco o amoníaco. m. **1.** Gas incoloro, soluble en agua, de olor fuerte y penetrante. **2.** Disolución acuosa de amoniaco (→ 1), empleada pralm. en limpieza. *Friega el suelo con amoniaco.* FAM amoniacal.

amontonar. tr. **1.** Formar un montón (con algo). *Amontona los papeles en la mesa.* **2.** Reunir o juntar (personas o cosas) en abundancia. *De nada vale amontonar títulos.* ○ intr. prnl. **3.** Hallarse algo dispuesto en montón. *Las bolsas de basura se amontonan junto a la puerta.* **4.** Hallarse personas, animales o cosas reunidos en gran cantidad, y a veces muy apretados. *Los presos se amontonan en barracones.* ▶ **1, 2:** ACOPIAR, ACUMULAR, AGLOMERAR, APIÑAR. **3, 4:** AGLOMERARSE, AGOLPARSE, APELOTONARSE, APIÑARSE, APRETARSE. ‖ frecAm. **1:** ARRUMAR. FAM amontonamiento.

amor. m. **1.** Atracción sexual y emocional hacia una persona con quien se desea emprender una relación afectiva estable. *Se conocieron y el amor surgió entre ellos.* **2.** Sentimiento de intenso afecto e inclinación hacia alguien. *Contempla a su bebé con amor.* **3.** Persona hacia la que se tiene amor (→ 1, 2). *Tú fuiste mi primer amor.* ○ pl. **4.** Relación sexual con una persona. *Tuvo amores con muchas mujeres.* ■ ~ **libre.** m. Relaciones sexuales mantenidas libremente y sin intención de crear un vínculo estable. *El movimiento hippy preconizaba el amor libre.* ■ ~ **platónico.** m. Amor (→ 1) idealizado en el que no existe atracción o relación sexual. *Siente un amor platónico por su profesora.* ■ ~ **propio.** m. Estimación de uno mismo, que impulsa a superarse y a conseguir la aceptación de los demás. *Las críticas lo hirieron en su amor propio.* □ **hacer el ~.** loc. v. Tener una relación sexual. ▶ **1:** QUERER. **2:** *AFECTO. FAM **amar; amato-rio, ria; amorío.**

amoral. adj. Falto de preocupación o sentido moral. *Algunos políticos amorales cambian de orientación según las circunstancias.* FAM **amoralidad.**

amoratado, da. adj. De color que tira a morado. *Un cielo amoratado.*

amorcillo. m. *Arte* Figura de niño, desnudo y con alas, que simboliza el amor y gralm. lleva alguno de sus emblemas, como una carcaj con flechas o una venda. *En el cuadro revolotea un amorcillo.*

amordazar. tr. **1.** Poner una mordaza en la boca (a alguien). *El atracador ata y amordaza a su víctima.* **2.** Impedir, gralm. mediante coacción, que (alguien o algo) se expresen libremente. *El Gobierno trataba de amordazar a la prensa.*

amorfo, fa. adj. Que carece de una forma regular o bien determinada. *Entre la niebla vimos un bulto amorfo que se movía.*

amorío. → amor.

amoroso, sa. adj. **1.** Del amor. *Relación amorosa.* **2.** Que siente amor. *Es un padre muy amoroso.* **3.** Am. coloq. Encantador o muy amable. *La verdad es que es un amor, un chico amoroso* [C].

amortajar. tr. Poner la mortaja (a un cadáver). *Amortajan al difunto con una sábana.*

amortiguar. (conjug. AVERIGUAR). tr. Reducir la fuerza o la intensidad (de algo). *Los gruesos muros amortiguan el ruido del tráfico.* FAM **amortiguación; amortiguador, ra.**

amortizar. tr. **1.** Aprovechar (algo) lo suficiente para compensar lo que ha costado. *Si la nevera te ha durado treinta años, la has amortizado.* **2.** Econ. Devolver el dinero (de una deuda o un préstamo), gralm. mediante pagos periódicos. *El cliente amortiza el crédito con un interés del 7%.* FAM **amortizable; amortización.**

amoscarse. intr. prnl. coloq. Enfadarse. *Se amosca cuando le toman el pelo.*

amotinar. tr. **1.** Hacer que (alguien) se amotine (→ 2). *El general golpista amotinó a las tropas.* ○ intr. prnl. **2.** Alzarse en motín. *La marinería se amotinó.* FAM **amotinamiento.**

amparar. tr. **1.** Proteger o defender (a alguien o algo) de un peligro o un daño. *La marquesina nos ampara DE la lluvia.* **2.** Dar cobijo o acoger (a alguien o algo). *Amparan en su territorio a grupos terroristas.* **3.** Favorecer o apoyar (algo). *El Gobierno ampara la iniciativa privada en el sector educativo.* **4.** Estar el derecho o la razón de parte (de alguien). *Puede denunciarnos; la ley lo ampara.* ○ intr. prnl. **5.** Valerse de la protección o el apoyo de algo o alguien. *Los ladrones se amparan en la oscuridad para asaltar las casas.* FAM **amparo.**

amperio o **ampere.** m. *Fís.* Unidad básica de intensidad de corriente eléctrica del Sistema Internacional (Símb. *A*). *La capacidad de la batería del coche se expresa en amperios por hora.* FAM **amperaje.**

ampliar. (conjug. ENVIAR). tr. **1.** Hacer (algo) más amplio. *Ampliaremos el salón.* **2.** Reproducir (una imagen) en tamaño mayor que el del original. *Mandó ampliar la fotografía.* ▶ **1:** AMPLIFICAR. FAM **ampliable; ampliación; ampliador, ra.**

amplificar. tr. **1.** Ampliar (algo, espec. inmaterial). *La prensa ha amplificado la repercusión del hecho.* **2.** Aumentar la amplitud o intensidad (de un fenómeno físico, espec. del sonido). *Desde el control técnico amplificaron la señal.* ▶ **1:** AMPLIAR. FAM **amplificación; amplificador, ra.**

amplio, plia. adj. **1.** Dicho de cosa: Grande en extensión, tamaño, cantidad o importancia. *Necesito un plazo más amplio para acabar el proyecto.* **2.** Dicho de local o recinto: Espacioso. **3.** Dicho de prenda de vestir o de parte de ella: Holgada. **4.** Ancho o que tiene más anchura de la normal. *Buenos Aires tiene amplias avenidas.* ▶ **1:** DILATADO, EXTENSO. **2-4:** *ANCHO. FAM **amplitud.**

ampolla. f. **1.** Abultamiento de la piel por acumulación de líquido, debido gralm. a roce o quemadura. *Me han salido ampollas de tanto caminar.* **2.** Cápsula pequeña de vidrio, cerrada herméticamente, que sirve para contener líquidos, espec. medicamentos. *Loción capilar en ampollas.*

ampolleta. f. Am. Bombilla (lámpara). *Leía a la luz mortecina de la ampolleta* [C]. ▶ *BOMBILLA.

ampuloso, sa. adj. Dicho de persona, o de su lenguaje o estilo: Grandilocuente o enfático. *Se inauguró el centro cultural con ampulosos discursos.* FAM **ampulosidad.**

ampurdanés, sa. adj. Del Ampurdán (España).

amputar. tr. Cortar y separar totalmente del cuerpo (un miembro o parte de él). *Hay que amputarle la pierna gangrenada.* FAM **amputación.**

amueblar. tr. Dotar de muebles (un recinto). *Amueblarán el piso antes de mudarse.*

amuleto. m. Objeto pequeño que se lleva encima porque se piensa que da buena suerte.

amurallar. tr. Rodear (algo) de murallas. *Ordenó amurallar la ciudad.*

anabolizante. m. *Quím.* Sustancia utilizada para aumentar la intensidad de determinados procesos metabólicos. *Un atleta ha sido sancionado por tomar anabolizantes.*

anacardo. m. Fruto con forma de riñón, rico en grasa y proteínas, que se consume gralm. tostado.

anaconda. f. Serpiente sudamericana de gran tamaño, no venenosa, que vive en los ríos tropicales y se alimenta de animales a los que estrangula con su cuerpo.

anacoreta. m. y f. Persona que vive en un lugar solitario, entregada por completo a la meditación y la penitencia.

anacrónico, ca. adj. Que no es propio de la época de la que se trata. *El reloj de pulsera resulta anacrónico en una película de romanos.* FAM **anacronismo.**

ánade. m. (Tb., más raro, f.). Ave silvestre del mismo género que el pato, con el que se suele identificar. *El ánade hembra.*

anagrama. m. **1.** Palabra o frase que resultan de cambiar el orden de las letras de otra. *Firma sus poemas* *como "Tamar", anagrama de "Marta".* **2.** Símbolo o emblema constituidos por letras. *Las iniciales del diseñador forman el anagrama de su marca.*

anal. adj. Del ano. *Orificio anal.*

anales. m. pl. **1.** Relaciones de sucesos ordenados por años. *El autor aparece citado en unos anales del siglo* XIV. **2.** Publicación periódica especializada. *Se ha suscrito a "Anales de Cardiología".*

analfabeto, ta. adj. **1.** Que no sabe leer ni escribir. *Población analfabeta.* **2.** Ignorante o carente de cultura. *¡Qué analfabeta: no saber quién era Einstein!* ▶ **2:** *IGNORANTE. FAM **analfabetismo.**

analgésico, ca. adj. Que calma el dolor. *La aspirina tiene acción analgésica.*

análisis. m. **1.** Distinción y separación de las partes de algo para conocer su composición. *Un análisis químico del agua.* **2.** Estudio detallado de algo. *Hace un análisis de la situación política.* **3.** *Med.* Análisis (→ 1) de sustancias o componentes del organismo, realizado con fines diagnósticos. *Un análisis de sangre.* **4.** *Ling.* Análisis (→ 1) de los componentes de una unidad del discurso y examen de sus características y funciones. *Análisis sintáctico.* FAM **analista; analítico, ca; analizar.**

analógico, ca. adj. *tecn.* Dicho de aparato o instrumento: Que presenta o manipula información, espec. una medida, mediante una magnitud física continua proporcional al valor de dicha información. *Reloj analógico.*

análogo, ga. adj. Semejante o parecido. *Ambos países viven procesos análogos.* FAM **analogía.**

ananá o **ananás.** m. Am. Piña (fruto tropical). *Mezclar la miel con el jugo de ananá* [C]. ▶ *PIÑA.

anaquel. m. Estante.

anaranjado, da. adj. De color que tira a naranja. *Luz anaranjada.*

anarquía. f. **1.** Sistema político en que no hay Estado ni gobierno y se defiende la libertad total del individuo. *Duda que se viva mejor en una anarquía que en una democracia.* **2.** Desorden o confusión, espec. los producidos por la ausencia de autoridad o de normas. *Se suceden las revueltas y la anarquía reina en las calles.* FAM **anárquico, ca; anarquismo; anarquista.**

anatema. m. **1.** *Rel.* Excomunión. **2.** cult. Reprobación o condena. *Muchos lanzan anatemas contra la clase dirigente.* **3.** cult. Cosa reprobada o condenada. *Para un vegetariano, la carne es anatema.* FAM **anatematizar; anatemizar.**

anatomía. f. **1.** Estudio de la forma, la situación y las relaciones de las diferentes partes del cuerpo de los seres vivos. *En clase de Anatomía estudiaremos los huesos.* **2.** Disposición, tamaño y forma del cuerpo de un ser vivo o de alguna de sus partes. *La anatomía del ser humano no le permite volar.* FAM **anatómico, ca.**

anca. f. **1.** Cada una de las dos mitades laterales que forman la parte trasera de algunos animales, espec. de las caballerías. *Comeremos ancas de rana.* ○ pl. **2.** Grupa. *Subió a la mujer a las ancas de su caballo.*

ancestro. m. Antepasado remoto. *Los ancestros del hombre moderno.* FAM **ancestral.**

ancho, cha. adj. **1.** Que tiene más anchura de la normal o adecuada. *Una calle ancha.* **2.** Dicho de cosa, espec. de prenda de vestir: Sobradamente grande para lo que debe contener. *Se lleva la ropa ancha.* **3.** Dicho de persona o cosa: Que tiene espacio sobrante dentro de lo que la contiene. *En el sofá estoy*

más ancha. **4.** Dicho espec. de lugar: Que tiene mucho espacio o es de gran extensión. *Cruzan el ancho mar.* ● m. **5.** Anchura. ■ **a sus anchas.** loc. adv. Cómodamente o con toda libertad. *Me deja trabajar a mis anchas.* ▶ **1:** AMPLIO. **2:** AMPLIO, HOLGADO. **3:** HOLGADO. **4:** AMPLIO, ESPACIOSO.

anchoa. f. Boquerón hecho filetes y curado en salmuera.

anchoveta. f. Am. Pez semejante a la anchoa. *La anchoveta es la base para la fabricación de aceite de pescado* [C].

anchura. f. **1.** Medida horizontal de una persona o cosa, vistas de frente o de espaldas. *El sastre me mide la anchura de hombros.* **2.** En un objeto: Dimensión que no es la altura ni la longitud. *La figura tiene 15 cm de largo, 10 de alto y 6 de anchura.* **3.** En una figura plana: Dimensión menor de las que tiene. *La anchura del rectángulo es 3 cm, y la longitud, 6 cm.* **4.** Cualidad de ancho. *Contempla extasiado la anchura del mar.* ▶ **1:** ANCHO. **2:** ANCHO, ESPESOR, GROSOR, GRUESO. **3, 4:** ANCHO. FAM **anchuroso, sa.**

anciano, na. adj. Que tiene mucha edad y está en el final del ciclo vital. *Dos hombres ancianos charlan en un banco.* ▶ VIEJO. FAM **ancianidad.**

ancla. f. Instrumento de hierro formado por una barra de la que salen unos ganchos curvos, que, unido a una cadena, se lanza al fondo del agua para sujetar una embarcación. *El crucero leva anclas y zarpa.* ▶ ÁNCORA.

anclar. intr. **1.** Sujetarse una embarcación al fondo por medio del ancla. *El buque anclará EN el puerto.* **2.** Quedarse o detenerse en un lugar. *Viajó mucho y finalmente ancló EN su tierra.* Tb. prnl. ○ tr. **3.** Sujetar (algo) firmemente al suelo o a otro lugar. *Anclan los postes EN el suelo mediante una base de cemento.* FAM **anclaje.**

áncora. f. Ancla.

andadas. volver a las ~. loc. v. Volver a incurrir en una mala acción o en una mala costumbre. *Tras meses sin fumar, ha vuelto a las andadas.*

andaluz, za. adj. **1.** De Andalucía (España). ● m. **2.** Variedad de la lengua española que se habla en Andalucía.

andamio. m. Armazón desmontable, compuesta de tablones y tubos metálicos, que permite hacer tareas de construcción, reparación o pintura en las partes altas de un edificio. *Han puesto un andamio para revocar la fachada.* FAM **andamiaje.**

andanada. f. Descarga de una batería de cañones. *La andanada abrió una vía de agua en el barco enemigo.*

andante. m. *Mús.* Tempo moderadamente lento. *El andante es más pausado que el moderato.*

andar. (conjug. ANDAR). intr. **1.** Ir de un lugar a otro dando pasos. *Anduvieron durante dos horas.* **2.** Ir de un lugar a otro. *Este coche anda muy rápido.* **3.** Estar o encontrarse en un lugar, situación o estado. *Ando algo resfriada.* **4.** Seguido de un gerundio, forma con este una perífrasis que indica progresión o continuidad de la acción expresada por el gerundio. *Andan buscando piso.* **5.** Haber o existir. *Anda mucho loco suelto.* **6.** Ocuparse en algo. *Anda EN negocios inmobiliarios.* **7.** Actuar o comportarse de determinada manera. *No te fíes, anda CON cuidado.* Frec. prnl. ○ tr. **8.** Recorrer (un trayecto o una distancia). *Hemos andado varios kilómetros.* **9.** Am. Tener o llevar (algo). *Las dos andamos el pelo suelto* [C]. ● m. pl. **10.** Modo de andar (→ 1). *Lo reconozco por sus andares.* ■ **anda.** expr.

1. coloq. Se usa para animar a alguien a hacer algo. *¡Anda, acompáñame!* **2.** coloq. Se usa para expresar satisfacción por algo que molesta a la persona con la que se habla. *Lo ha hecho el niño, ande, para que se entere.* ■ **andando.** interj. coloq. Se usa para exhortar a alguien a ponerse en marcha. *Andando, chicos, que es tarde.* ► **1:** CAMINAR. **3, 4:** *ESTAR. **8:** CAMINAR, RECORRER. **9:** LLEVAR. FAM **andador, ra; andadura; andante; andanza; andariego, ga; andarín, na.**

andarivel. m. Am. En algunas competiciones deportivas: Pista o banda delimitadas por la que se desplaza cada participante. *La piscina posee ocho andariveles* [C]. ► *PISTA.

andas. f. pl. Tablero provisto de dos varas paralelas y horizontales que se emplea para conducir, gralm. a hombros, efigies o personas en actos solemnes. *En la procesión llevan a la Virgen en andas.* ► ANGARILLAS.

andén. m. **1.** En una estación de ferrocarril o de metro: Espacio elevado y pavimentado que se sitúa a lo largo de la vía. *Espera sentado en un banco del andén.* **2.** frecAm. Acera. *La gente deja los carros parqueados en cualquier andén* [C]. **3.** Am. Bancal o terraza para el cultivo. *La tierra que araban estos bueyes era un andén hermosísimo* [C]. ► **3:** *BANCAL.

andinismo. m. frecAm. Deporte que consiste en la ascensión a los Andes y a otras montañas altas. *Algunos equipos de andinismo contienen instrumentos para encender fuego* [C]. FAM **andinista.**

andino, na. adj. De los Andes (cordillera de América del Sur).

andorrano, na. adj. De Andorra (Europa).

andrajo. m. **1.** Prenda de vestir vieja y rota. *Va vestido con andrajos.* **2.** Jirón, o trozo desgarrado de una prenda de tela. *Llevas la chaqueta llena de andrajos.* ► **1:** GUIÑAPO, HARAPO. **2:** HARAPO. FAM **andrajoso, sa.**

andrógeno. m. *Biol.* Hormona que regula la aparición de los caracteres sexuales secundarios masculinos, como la barba o el cambio de voz. *Los testículos segregan andrógenos.*

andrógino, na. adj. Dicho de persona: De rasgos externos que no se corresponden con los propios de su sexo. *Modelos andróginas.*

androide. m. Robot o autómata con forma humana. *En la película, unos androides se apoderan de la Tierra.*

andurriales. m. Lugares apartados o poco transitados. *Le gusta salir al monte y perderse por esos andurriales.*

anécdota. f. **1.** Relato breve de un hecho curioso. *Cuéntanos anécdotas de tu viaje.* **2.** Cosa circunstancial o sin importancia. *Riñeron, pero al final todo quedó en una anécdota.* FAM **anecdotario; anecdótico, ca.**

anegar. tr. **1.** Inundar el agua u otro líquido (un lugar). *Las aguas anegan las calles.* **2.** Inundar (un lugar) con agua u otro líquido. *Al abrir la lavadora, anegué DE agua la cocina.* ► INUNDAR.

anejo, ja. adj. **1.** Dicho de lugar o edificación: Unido o próximo a otro del que depende. *Un cobertizo anejo A la casa.* **2.** Dicho de texto, documento o escrito: Adjunto o agregado a otro. **3.** Dicho de cosa: Estrechamente unida a otra o relacionada con ella. *El cargo lleva anejos unos privilegios.* ► ANEXO.

anélido. adj. **1.** *Zool.* Del grupo de los anélidos (→ 2). ● m. **2.** *Zool.* Gusano de cuerpo casi cilíndrico y dividido en anillos exteriores, como la lombriz.

anemia. f. Empobrecimiento de la sangre debido a una disminución anormal del número de glóbulos rojos o de la cantidad de hemoglobina. FAM **anémico, ca.**

anémona o **anemona.** f. **1.** Planta ornamental con flores solitarias, grandes y de vivos colores. **2.** Animal marino, de vivos colores, cuerpo blando y boca rodeada de tentáculos, que vive adherido a las rocas. Tb. *~ de mar.*

anestesiar. (conjug. ANUNCIAR). tr. Hacer que (una persona o una parte de su cuerpo) pierdan total o parcialmente la sensibilidad, espec. empleando un fármaco. *Anestesian al paciente para operarlo.* FAM **anestesia; anestésico, ca; anestesista.**

anexar. tr. **1.** Anexionar (algo), o unir(lo) a otra cosa. *Hitler anexó Austria A Alemania.* **2.** frecAm. Adjuntar (algo). *Morales remite un oficio a Guzmán anexándole la carta* [C]. ► **1:** ANEXIONAR. **2:** ADJUNTAR.

anexionar. tr. Unir o añadir (una cosa, espec. un territorio) a otra. *Tras años de ocupación, anexionaron la zona A su territorio.* ► ANEXAR. FAM **anexión; anexionismo; anexionista.**

anexo, xa. adj. Anejo.

anfetamina. f. Sustancia estimulante que se usa como medicamento y para aumentar el rendimiento físico e intelectual.

anfibio, bia. adj. **1.** Dicho de animal: Del grupo de los anfibios (→ 3). **2.** Dicho de vehículo, de aparato o de tropa militar: Que puede actuar tanto por el agua como por la tierra o el aire. ● m. **3.** Vertebrado que puede vivir indistintamente en la tierra o en el agua, como la salamandra, o que vive en el agua cuando joven y en la tierra cuando adulto, como la rana. ► **1, 3:** BATRACIO.

anfiteatro. m. **1.** Edificio de gran tamaño, de forma circular u ovalada, con una zona central de arena rodeada de gradas, usado en la Antigüedad para celebrar espectáculos públicos. *En los anfiteatros romanos había combates de gladiadores.* **2.** Aula con gradas, de forma gralm. semicircular. *La conferencia es en el anfiteatro de la facultad.*

anfitrión, na. m. y f. **1.** Persona que tiene invitados a su mesa o a su casa. *El anfitrión ofreció una espléndida cena.* **2.** Persona o entidad que recibe invitados o visitantes en su país o en su sede habitual. *El presidente argentino fue el anfitrión de la cumbre.*

ánfora. f. Vasija alta, de cuello largo y estrecho, con dos asas, empleada en la Antigüedad clásica para guardar granos y líquidos. *En las ruinas había ánforas romanas.*

angarillas. f. pl. **1.** Andas para transportar una imagen en procesión o un cadáver en un funeral. *Una vez al año sacan a la Virgen en angarillas.* **2.** Camilla portátil para transportar enfermos o heridos. *Improvisaron unas angarillas para llevar al herido.* ► **1:** ANDAS.

ángel. m. En algunas religiones, pralm. la cristiana, la judía y la musulmana: Espíritu celeste creado por Dios para actuar como su servidor y mensajero. ■ **~ de la guarda,** o **~ custodio.** m. En el catolicismo: Ángel que Dios asigna a cada persona para que cuide de ella. *Fue un accidente mortal, pero lo salvó su ángel de la guarda.* □ **como los ~es.** loc. adv. Muy bien. *Toca el violín como los ángeles.* FAM **angelical; angélico, ca.**

angelote. m. Figura grande de ángel alado con cuerpo de niño, que se usa como adorno. *En lo alto de la fuente hay cuatro angelotes de mármol.*

ángelus. m. *Rel.* Oración en honor del misterio de la Encarnación, que comienza con las palabras "Angelus Domini". *Al mediodía, las monjas rezan el ángelus.*

angina. f. **1.** Amígdala. ○ pl. **2.** Inflamación de las amígdalas. *Tienes anginas y fiebre.* ■ ~ **de pecho.** f. *Med.* Síndrome producido por un fallo en el riego cardíaco, y caracterizado por dolor fuerte en el pecho, frec. extendiéndose por el brazo izquierdo, y sensación de angustia. *El estrés puede producir una angina de pecho.*

anglicanismo. m. Religión protestante predominante en Inglaterra, cuya máxima autoridad es el monarca de este país. FAM **anglicano, na.**

anglicismo. m. Palabra o uso propios de la lengua inglesa empleados en otra. *El anglicismo "cocktail" se castellaniza como "cóctel".*

anglo-. elem. compos. Significa 'inglés'. *Anglofilia, anglocanadiense.*

angloamericano, na. adj. **1.** Estadounidense. **2.** De ingleses y americanos conjuntamente. *Coalición angloamericana.*

anglófilo, la. adj. Simpatizante o admirador de lo inglés. *Intelectuales anglófilos.*

anglófono, na. adj. De habla inglesa. *En Canadá hay zonas francófonas y zonas anglófonas.*

anglohablante. adj. Que tiene como lengua propia o materna el inglés. *Comunidad anglohablante.* ▶ ANGLOPARLANTE.

angloparlante. adj. Anglohablante.

anglosajón, na. adj. De lengua y cultura inglesas. *Gran Bretaña y Australia son países anglosajones.* ▶ SAJÓN.

angoleño, ña. adj. De Angola (África).

angora. f. Lana suave obtenida a partir del pelo del conejo de Angora o de la cabra de Angora. *Jersey de angora.*

angosto, ta. adj. Estrecho (que tiene menos anchura). En Esp. sobre todo tiene carácter literario o formal. *Es una muchacha de cintura angosta* [C]. ▶ ESTRECHO. FAM **angostamiento; angostarse; angostura** (*La angostura de una puerta*).

angostura. f. Bebida alcohólica amarga que se elabora a partir de la corteza de una planta y se emplea como ingrediente de algunos cócteles.

anguila. f. Pez comestible, de cuerpo largo y cilíndrico y piel resbaladiza, que vive en los ríos, pero desciende hasta el océano para reproducirse.

ángulo. m. **1.** Figura geométrica formada por dos líneas que parten del mismo punto o por dos planos que parten de la misma línea. *Cada ángulo del cuadrado mide 90°.* **2.** Espacio que corresponde al ángulo (→ 1) formado en el encuentro de dos superficies y considerado por su parte interior. *El piano está en un ángulo de la habitación.* **3.** Espacio que corresponde al ángulo (→ 1) formado en el encuentro de dos superficies y considerado por su parte exterior. *Se golpeó con el ángulo de la mesa.* **4.** Punto de vista. *Hablar permite ver las cosas desde otro ángulo.* ■ ~ **agudo.** m. *Mat.* Ángulo (→ 1) menor que el recto. *Dibuja un ángulo agudo de 60°.* ■ ~ **obtuso.** m. *Mat.* Ángulo (→ 1) mayor que el recto, pero menor que el plano. *Traza un ángulo obtuso de 120°.* ■ ~ **recto.** m. *Mat.* Ángulo (→ 1) formado por dos líneas o dos planos que se cortan perpendicularmente y que miden 90°. *Las esquinas de la ventana tienen forma de ángulo recto.* ▶ **2:** RINCÓN. **3:** ESQUINA. FAM **angular; angulosidad; anguloso, sa.**

angustia. f. **1.** Sufrimiento o inquietud intensos, frec. ante algo peligroso o desagradable. *No encontrar trabajo le produce angustia.* **2.** Sensación de opresión en el pecho o en el abdomen. *Siento una angustia en el pecho que no me deja respirar.* **3.** Aprieto o situación apurada. *Recuerda con alivio todas las angustias pasadas.* ▶ **1:** ANSIEDAD. FAM **angustiar; angustioso, sa.**

anhelar. tr. Desear (algo) intensamente. *Anhelaba volver a verla.* ▶ *DESEAR. FAM **anhelante; anhelo; anheloso, sa.**

anhídrido o **anhidrido.** m. *Quím.* Compuesto que procede de la combinación de oxígeno con otro elemento no metal. *Anhídrido sulfúrico.* ■ ~ **carbónico.** m. *Quím.* Dióxido de carbono.

anidar. intr. Hacer un animal, espec. un ave, un nido para vivir en él. *Las golondrinas anidan EN el tejadillo.* ▶ **1:** NIDIFICAR. FAM **anidamiento.**

anilina. f. Líquido incoloro y aceitoso, altamente tóxico, que se emplea pralm. en la fabricación de colorantes.

anilla. f. **1.** Anillo, frec. metálico, que sirve para sujetar algo. *La anilla del llavero.* ○ pl. **2.** Aparato gimnástico formado por dos anillas (→ 1), pendientes de cuerdas, y de las que se cuelga el gimnasta para hacer ejercicios. FAM **anillado** (*Se procede al anillado de las aves*).

anillado, da. adj. Que tiene uno o más anillos o elementos circulares. *El cuerpo anillado de la oruga.*

anillo. m. **1.** Aro pequeño de metal o de otra materia que se pone en los dedos normalmente como adorno. **2.** Cosa en forma circular o de anillo (→ 1). *Tres anillos de carreteras rodean la ciudad.* ■ **como ~ al dedo.** loc. adv. coloq. Muy bien o de manera muy oportuna. *Este trabajo le va como anillo al dedo.* ▶ **1:** SORTIJA.

ánima. f. **1.** Alma de una persona muerta. *Recemos una oración por el ánima del difunto.* **2.** *Rel.* Ánima (→ 1) que está penando en el purgatorio.

animación. f. **1.** Hecho o efecto de animar o animarse. *Había gran animación entre el público.* **2.** Cualidad de animado. *Sorprende la animación de las calles a estas horas.* **3.** Conjunto de acciones destinadas a impulsar la participación de las personas en una actividad. *Cursillo de animación para monitores infantiles.* **4.** *Cine* Técnica para crear imágenes en movimiento a partir de dibujos u otras imágenes fijas. *Walt Disney fue un pionero en el cine de animación.* ▶ **2:** VIDA.

animado, da. adj. **1.** Que tiene alma. *Los animales son seres animados.* **2.** Alegre o divertido. *Es un chico muy animado.* **3.** Que muestra vitalidad o viveza. *El enfermo está más animado.* **4.** Dicho espec. de lugar: Concurrido y con bullicio.

animador, ra. m. y f. **1.** Persona que anima o da ánimos a alguien. *Cientos de animadoras alientan a los ciclistas.* **2.** Persona que se dedica a la animación en actividades de grupo. *Los animadores del hotel organizan juegos para niños.* **3.** *Cine* Especialista en animación. *Hoy los animadores utilizan imágenes creadas por ordenador.*

animadversión. f. Aversión u hostilidad. *Se tienen tal animadversión que no se hablan.*

animal. m. **1.** Ser vivo dotado de sensibilidad y que se mueve por propio impulso. *El agua es imprescindible para la vida de animales y plantas.* **2.** Animal (→ 1) irracional. *Los animales carecen de la facultad del habla.* **3.** coloq. Persona ignorante o bruta. *Algún* *animal ha roto la puerta.* ● adj. **4.** De animal (→ 1, 2) o de los animales. *Comportamiento animal.* **5.** Del aspecto físico o sensitivo del ser humano, y no del espiritual o racional. *Están dominados por su parte animal.* FAM animalada; animalesco, ca; animalidad; animalización; animalizar.

animar. tr. **1.** Dar ánimos (a alguien). *Está decaído y necesita que lo animemos.* **2.** Estimular o impulsar (a alguien) a hacer algo. *Me anima A/PARA que vuelva a escribir.* **3.** Dar vitalidad o viveza (a algo). *Su intervención animó el debate.* ▶ **1:** ALENTAR. **3:** AVIVAR.

animismo. m. Creencia religiosa que consiste en atribuir alma y poderes a los seres, los objetos o los fenómenos de la naturaleza. FAM animista.

ánimo. m. **1.** Actitud o disposición. *Afronta las dificultades con ánimo tranquilo.* **2.** Intención o voluntad. *No lo dije con ánimo DE ofender.* ○ pl. **3.** Valor o energía. *No tengo ánimos DE ir al cine.* ● interj. **4.** Se usa para dar ánimos (→ 3) a alguien. *¡Ánimo, chicos, que vais a ganar!* ▶ **2:** *INTENCIÓN. FAM anímico, ca; animoso, sa.

animosidad. f. Hostilidad o aversión. *No siente animosidad hacia su ex jefe.*

aniñado, da. adj. **1.** Dicho espec. de rasgo físico: Propio de niño. **2.** Dicho de persona: Que tiene rasgos o comportamiento de niño.

aniquilar. tr. Destruir (algo o a alguien) por completo. *Aniquilaron al enemigo.* FAM aniquilación; aniquilador, ra; aniquilamiento.

anís. m. **1.** Semilla pequeña, verdosa y aromática, que se emplea espec. en cocina. *Torta de anís.* **2.** Aguardiente aromatizado con anís (→ 1). FAM anisado, da.

aniversario. m. Día en que se cumplen años de un acontecimiento. *Primer aniversario de boda.*

ano. m. Orificio exterior en que termina el conducto digestivo y por el que se expulsan los excrementos.

anoche. adv. Ayer por la noche. *Anoche me acosté tarde.*

anochecer. (conjug. AGRADECER). intr. impers. **1.** Desaparecer la luz del día al ponerse el sol. *Al anochecer, las calles quedan desiertas.* ● m. **2.** Hecho de anochecer (→ 1). *Contemplan el anochecer.* **3.** Tiempo durante el que anochece (→ 1). *Tenemos que llegar antes del anochecer.* FAM anochecida.

anodino, na. adj. Falto de interés o de originalidad. *Lleva una existencia anodina.*

anofeles. m. Mosquito que transmite el paludismo. *El anofeles hembra.* Tb. *mosquito ~.*

anómalo, la. adj. Que se aparta de lo normal o habitual. *La muerte se produjo en circunstancias anómalas.* FAM anomalía.

anonadar. tr. Causar gran sorpresa o desconcierto (a alguien). *Me anonadas; lo que dices es increíble.* FAM anonadamiento.

anónimo, ma. adj. **1.** Dicho espec. de lo escrito o de obra artística: De autor desconocido. **2.** Dicho espec. de autor: De nombre desconocido o que se oculta. ● m. **3.** Carta o mensaje de autor anónimo (→ 2) y de contenido gralm. amenazante u ofensivo. *Si recibe un anónimo, acuda a la policía.* FAM anonimato.

anorak. (pl. anoraks). m. Chaquetón impermeable, gralm. con capucha, empleado espec. en actividades y deportes de montaña.

anorexia. f. **1.** Med. Trastorno nervioso caracterizado por el rechazo a ingerir alimentos y la pérdida de apetito. *La anorexia se presenta más en mujeres jóve-*

nes. **2.** Med. Pérdida anormal del apetito. *Este medicamento puede producir anorexia.* FAM anoréxico, ca.

anormal. adj. **1.** Dicho de cosa: Que no se corresponde con lo normal o habitual. *Hace un calor anormal para estas fechas.* **2.** Dicho de persona: Que presenta un desarrollo físico o mental inferior al normal. FAM anormalidad.

anotar. tr. **1.** Apuntar o escribir (algo). **2.** En algunos deportes: Marcar o conseguir (un tanto). ▶ **1:** APUNTAR. **2:** MARCAR. FAM anotación; anotador, ra.

anquilosar. tr. **1.** Paralizar (algo o a alguien) o impedir su evolución o progreso. *La rutina anquilosa la mente.* **2.** Med. Hacer que disminuya o desaparezca la movilidad (de una persona, de una articulación o de un miembro). *La enfermedad le anquilosa los miembros.* FAM anquilosamiento.

ansia. f. Deseo intenso de algo. *Su ansia de poder no tiene límites.* ▶ *DESEO. FAM ansiar (conjug. ENVIAR); ansioso, sa.

ansiedad. f. **1.** Angustia o inquietud por algo que va a suceder o que se teme que suceda. *Espera con ansiedad la llamada.* **2.** Med. Estado de angustia o inquietud de carácter patológico. *Pastillas para la ansiedad.* ▶ **1:** *ANGUSTIA. FAM ansiolítico, ca.

antagonista. adj. **1.** Opuesto o contrario. *Amor y odio son sentimientos antagonistas.* ● m. y f. **2.** En una obra de ficción: Personaje que se opone al protagonista. *Protagonista y antagonista luchan por el amor de la dama.* FAM antagónico, ca; antagonismo.

antaño. adv. cult. En un tiempo pasado. *Lo que antaño eran caminos hoy son carreteras.*

antártico, ca. adj. **1.** De Antártica Chilena (Chile). **2.** Del Polo Sur. *Tierras antárticas.*

ante¹. m. Piel de alce o de otros animales, curtida y utilizada por el lado opuesto al del pelo. *Zapatos de ante.*

ante². prep. **1.** cult. Delante de, o frente a. *Ante mí se extendía un prado.* **2.** cult. En presencia de. *Cometió el crimen ante testigos.* **3.** cult. En comparación con. *Cualquier gesto queda empequeñecido ante su valentía.* **4.** cult. Por, o a causa de. *Ante su negativa, he dejado de insistir.*

anteanoche. adv. Anteayer por la noche. *Anteanoche hubo luna llena.*

anteayer. adv. En el día inmediatamente anterior al de ayer. *Vino anteayer.*

antebrazo. m. Parte inferior del brazo de una persona, que va desde la muñeca hasta el codo. *Lleva el antebrazo lleno de pulseras.*

antecámara. f. En un palacio o casa grande: Habitación que precede a la sala principal o a la sala donde se reciben visitas.

antecedente. adj. **1.** Que antecede. *El autor reitera lo dicho en los capítulos antecedentes.* ● m. **2.** Hecho o circunstancia que preceden a algo y que lo causan o sirven para comprenderlo o valorarlo. *El abogado expone los antecedentes del caso.* ○ pl. **3.** Datos sobre el comportamiento pasado de una persona, espec. los que quedan registrados en los archivos de la policía. *Tiene antecedentes por tráfico de drogas.*

anteceder. tr. Preceder una persona o cosa (a otra). *El relámpago antecede al trueno.* ▶ PRECEDER.

antecesor, ra. adj. **1.** Que antecede a alguien o algo en el tiempo. *En juez Cabrera fue antecesor de Maldonado en el caso.* ● m. y f. **2.** Respecto de una persona, animal o cosa: *Otro del que procede. Los homínidos descienden de un antecesor común.*

antecopretérito. m. *Gram.* Tiempo verbal de indicativo que presenta una acción pasada anterior a otra también pasada. *La forma verbal "había oído" es de antecopretérito.* ► PLUSCUAMPERFECTO.

antedicho, cha. adj. Dicho o mencionado antes. *Por las razones antedichas, este hombre debe ser condenado.*

antediluviano, na. adj. **1.** Muy antiguo. *Tiene unas ideas antediluvianas.* **2.** Anterior al Diluvio universal. *Grandes herbívoros antediluvianos.*

antefuturo. m. *Gram.* Tiempo verbal que expresa que la acción es futura respecto al momento en que se habla, pero pasada respecto a un punto de referencia posterior a ese momento. *En la frase "A las dos ya habré llegado" usamos el verbo en antefuturo.*

antelación. f. Anticipación en el tiempo. *Reserve su billete con antelación.* ► ANTICIPACIÓN.

antemano. de ~. loc. adv. Con anticipación. *Si lo hubiera sabido de antemano, habría ido.*

antena. f. **1.** Dispositivo que sirve para emitir o captar ondas electromagnéticas. *Con la antena parabólica se ven canales extranjeros.* **2.** Apéndice sensorial móvil que en número de dos o cuatro presentan algunos insectos y crustáceos en la cabeza. **3.** *Radio y TV* Emisión. FAM **antenista.**

anteojera. f. **1.** Cada una de las dos piezas de cuero que se ponen junto a los ojos de las caballerías para que solo vean de frente. ○ pl. **2.** Actitud moral o intelectual que solo permite una visión limitada de la realidad. *Intentemos analizar los hechos sin anteojeras.*

anteojo. m. **1.** Instrumento óptico compuesto por un juego de lentes en el interior de un tubo, que sirve para ver objetos lejanos. *Observa las estrellas con un anteojo.* ○ pl. **2.** frecAm. Gafas o lentes. *El óptico debe preparar los anteojos y ajustarlos correctamente* [C]. ► **1:** *TELESCOPIO. **2:** *GAFAS.

antepasado, da. adj. **1.** Dicho de período de tiempo: Inmediatamente anterior al último transcurrido. *Nos casamos el año antepasado.* ● m. y f. **2.** Respecto de una persona o grupo: Ascendiente más o menos remoto. *Nuestros antepasados se establecieron en esta ciudad.*

antepecho. m. Murete o barandilla colocados en un lugar alto para evitar caídas.

antepenúltimo, ma. adj. Inmediatamente anterior al penúltimo o lo penúltimo. *Llega a la meta en antepenúltimo lugar.*

anteponer. (conjug. PONER). tr. **1.** Dar más importancia (a una persona o cosa) que a otra. *Antepuso su profesión a su familia.* **2.** Poner (una cosa o una persona) antes o delante de otra. *Antepone a su nombre el título de doctor.* FAM **anteposición.**

antepospretérito. m. *Gram.* Tiempo verbal que expresa acción futura respecto a una acción del pasado, y que se forma con el verbo auxiliar *haber.* *"Habría salido" es una forma de antepospretérito.*

antepresente. m. *Gram.* Tiempo verbal que presenta una acción como acabada, pero vinculada al momento en que se habla. *"He terminado" es antepresente.* ► PERFECTO.

antepretérito. m. **1.** *Gram.* Tiempo verbal de indicativo que presenta una acción pasada inmediatamente anterior a otra también pasada. *El antepretérito de*

"llegar" es "hube llegado...". **2.** *Gram.* Tiempo verbal de subjuntivo que presenta una acción pasada anterior a otra también pasada. *En la frase "Si lo hubiera sabido", el verbo está en antepretérito.* ► **2:** PLUSCUAMPERFECTO.

anteproyecto. m. **1.** Texto previo o provisional de una ley o de un documento legal. *Se aprobó el anteproyecto de ley.* **2.** Proyecto previo o provisional de un trabajo. *Anteproyecto para la construcción del polideportivo.*

anterior. adj. **1.** Que ocurre o va antes. *Narre los hechos anteriores al crimen.* **2.** Que está delante. *Tiene una herida en la parte anterior del cráneo.* FAM **anterioridad.**

anteriormente. adv. Antes.

antes. adv. **1.** En un tiempo ya pasado con respecto a otro que se toma como referencia, que, cuando se expresa, va introducido por *de* o *que. Iré antes de Navidad.* **2.** Precedido de un nombre que puede ir cuantificado: En un tiempo o momento pasados, con respecto al de referencia, que distan de él la medida expresada por ese nombre. *Una semana antes de la boda se fugó.* **3.** Precedido de un nombre que puede ir cuantificado: En un lugar que está, con respecto al de referencia, a la distancia expresada por ese nombre. *Pocos kilómetros antes de llegar se mareó.* **4.** En un lugar físico que se presenta o aparece delante. *En la guía, "Sánchez" está antes que "Sanz".* **5.** En un lugar no físico más importante o de más interés. *Lógicamente, antes está tu salud.* **6.** Indica preferencia de algo. *Prefiero decírselo yo antes que se entere por otros.* ● adj. (pl. invar.). **7.** Precedido de un nombre que designa unidad de tiempo: Anterior. *Sucedió la noche antes de tu llegada.* ■ **~ de anoche.** loc. adv. Anteanoche. ■ **~ de ayer.** loc. adv. Anteayer.

antesala. f. Habitación que precede a la sala principal o al lugar donde se reciben visitas. *Espere en la antesala, por favor.*

antevíspera. f. Día inmediatamente anterior a la víspera.

anti-. pref. Significa 'opuesto o contrario'. *Antiadherente, antiaéreo, antiamericano, antibalas, anticlerical, anticongelante, antigás, antiinflamatorio, antinatural, antirrobo, antitabaco.*

antibiótico, ca. adj. Dicho espec. de sustancia: Capaz de paralizar el desarrollo de algunos microorganismos portadores de enfermedades o de causar su muerte.

anticiclón. m. *Meteor.* Área de altas presiones en la atmósfera, que suele producir tiempo despejado. *Se aproxima un anticiclón.* FAM **anticiclónico, ca.**

anticipado. por ~. loc. adv. Con anticipación. *La bebida se abona por anticipado.*

anticipar. tr. **1.** Hacer que (algo) suceda antes del tiempo previsto. *Anticiparán las elecciones.* **2.** Anunciar o comunicar (algo) antes del tiempo previsto. *Les anticipo que mañana llegará un nuevo encargado.* **3.** Prever (algo), o ver(lo) con anticipación. *No anticipó las consecuencias de su decisión.* ○ intr. prnl. **4.** Adelantarse a alguien en una acción o un hecho. *Quería haber invitado yo, pero María se ha anticipado.* ► **1, 2:** ADELANTAR. **3:** PREVER. **4:** ADELANTARSE. FAM **anticipación; anticipatorio, ria; anticipo.**

anticoncepción. f. Hecho de impedir el embarazo. *La anticoncepción –uso de preservativo, etc.– es decisión de la pareja.* ► CONTRACEPCIÓN, CONTRACONCEPCIÓN.

anticonceptivo, va. adj. Que impide el embarazo. *Métodos anticonceptivos.* ▶ CONTRACEPTIVO, CONTRACONCEPTIVO.

anticonstitucional. adj. Contrario a la Constitución o ley fundamental de un Estado. *Es anticonstitucional toda discriminación por razón de sexo, raza, religión u opinión.*

anticorrupción. (pl. invar.). adj. Destinado a la lucha contra la corrupción, espec. en el ámbito político, económico o administrativo. *Ley anticorrupción.*

anticristo. (Frec. en mayúsc.). m. *Rel.* En el cristianismo: Ser maligno que aparecerá antes de la segunda venida de Cristo para apartar a los cristianos de su fe.

anticuado, da. adj. **1.** Dicho de cosa: Que se ha pasado de moda o es propia de otra época. *Un vestido anticuado.* **2.** Dicho de persona: Que tiene ideas o costumbres anticuadas (→ 1). *Qué anticuada eres: ya no se lleva casarse.* ▶ **1:** ANTIGUO, ARCAICO. **2:** ANTIGUO. FAM anticuarse.

anticuario, ria. m. y f. **1.** Persona que se dedica al comercio de antigüedades. *Compramos el escritorio a un anticuario.* ○ m. **2.** Tienda en que se venden antigüedades. *Entramos en un anticuario.*

anticucho. m. *Am.* Trozo del corazón de la vaca, que, condimentado y ensartado en una varilla, se asa a la parrilla. *Vendedores de anticuchos* [C].

anticuerpo. m. *Biol.* Sustancia producida por un organismo animal como reacción de defensa ante la introducción de virus, bacterias u otras sustancias extrañas. *Anticuerpos del sida.*

antidemocrático, ca. adj. Contrario a la democracia. *Tachan de antidemocrática la actitud del alcalde.*

antidepresivo, va. adj. *Med.* Que combate la depresión. *Fármacos antidepresivos.*

antídoto. m. Sustancia que contrarresta o anula los efectos de un veneno. *No hay antídoto* CONTRA *el veneno de esa serpiente.* ▶ CONTRAVENENO.

antidroga. (pl. invar.). adj. Que trata de evitar el consumo o el tráfico de drogas. *Campaña antidroga.*

antier. adv. frecAm. coloq. Anteayer. *Hoy es día de asueto, como fue el día de ayer y antier* [C].

antiestético, ca. adj. **1.** Contrario a la estética. *Algunas corrientes modernas parecen tener una concepción antiestética del arte.* **2.** eufem. Feo o de mal gusto. *Elimine esas antiestéticas arrugas.*

antifaz. m. **1.** Pieza de tela, cartón u otro material, provista de agujeros para los ojos y empleada para cubrir la parte superior de la cara. *Antifaces de carnaval.* **2.** Pieza en forma de antifaz (→ 1), pero sin agujeros, con que se cubren los ojos para evitar que les dé la luz. *Duerme con antifaz.*

antigualla. f. despect. Cosa antigua o anticuada. *El desván está lleno de antiguallas.*

antiguamente. adv. En el pasado. *Antiguamente no había luz eléctrica.*

antigüeño, ña. adj. De Antigua Guatemala (Guatemala).

antiguo, gua. (sup. **antiquísimo**). adj. **1.** Que existe desde hace mucho tiempo. *Colecciona libros antiguos.* **2.** Que existió hace mucho tiempo. *Civilizaciones antiguas.* **3.** Dicho de tiempo: Pasado, espec. muy lejano. *Una costumbre de tiempos antiguos.* **4.** Antepuesto a un nombre: Que fue, pero ya no es, lo expresado por este. *Reunión de antiguos alumnos.* **5.** Anticuado. **6.** Dicho de persona: Que lleva tiempo en un puesto o empleo. *Es el empleado más antiguo de la*

empresa. ■ **a la antigua.** loc. adv. Siguiendo las costumbres de épocas pasadas. *Se viste a la antigua.* ■ **de antiguo.** loc. adv. Desde hace mucho tiempo. *Su amistad viene de antiguo.* ▶ **2:** ARCAICO. FAM **antigüedad.**

antihéroe. m. Persona, espec. personaje de ficción, de cualidades opuestas a las propias de un héroe. *El protagonista es un antihéroe: un detective feo y fracasado.*

antihistamínico, ca. adj. *Med.* Que limita la producción de histamina y contrarresta sus efectos, espec. en reacciones alérgicas. *Pomada antihistamínica.*

antillano, na. adj. De las Antillas (archipiélago de América Central).

antílope. m. Mamífero rumiante de África y Asia, gralm. esbelto y veloz, con cuernos de forma y tamaño variable. *El antílope hembra.*

antioqueño, ña. adj. De Antioquia (Colombia).

antiparras. f. pl. coloq. Gafas o lentes. *Sin las antiparras no ve nada.*

antipatía. f. **1.** Sentimiento de rechazo hacia alguien o algo. *Se tienen antipatía.* **2.** Cualidad de antipático. *Con su antipatía se ha ganado el odio de todos.* ▶ **1:** AVERSIÓN, MANÍA, OJERIZA.

antipático, ca. adj. Que causa antipatía o rechazo, espec. por falta de amabilidad. *Estuviste muy antipático con los invitados.* ▶ AGRIO, ARISCO, ÁSPERO, BRUSCO, HOSCO.

antípodas. f. pl. (Tb. m. pl.). **1.** Respecto de un lugar: Otro que se encuentra en el punto de la Tierra diametralmente opuesto. *Los tenistas europeos viajarán a las antípodas para disputar el abierto de Australia.* **2.** Lugar no material, o posición, radicalmente opuestos a otro. *Sus ideas políticas se hallan en los antípodas de las nuestras.*

antiquísimo, ma. → antiguo.

antisemita. adj. Contrario a los judíos. *Aparecían pintadas antisemitas en los comercios judíos.* FAM antisemitismo.

antiséptico, ca. adj. *Med.* Destinado a impedir o combatir las infecciones destruyendo los microbios que las causan. *Solución antiséptica.*

antisocial. adj. **1.** Contrario a la sociedad o a las normas sociales. *El fraude al fisco es una actividad antisocial.* **2.** Contrario a los intereses de las clases sociales menos favorecidas. *Sería antisocial una congelación de los salarios.* ● **3.** *Am.* Delincuente. *La detención de tres antisociales* [C].

antitérmico, ca. adj. **1.** Que aísla del calor. *Revestimiento antitérmico.* **2.** *Med.* Que combate la fiebre. *Supositorios antitérmicos.* ▶ **2:** FEBRÍFUGO.

antiterrorista. adj. **1.** Que tiene como objetivo combatir el terrorismo. *Pacto antiterrorista.* **2.** Contrario al terrorismo. *Casi todos los países mantienen una postura antiterrorista.*

antítesis. f. Persona o cosa completamente opuesta a otra. *El nuevo edificio es la antítesis del buen gusto.*

antivirus. adj. *Inform.* Dicho de programa: Destinado a detectar la presencia de virus y a eliminarlos.

antofagastino, na. adj. De Antofagasta (Chile).

antojarse. intr. prnl. **1.** Hacerse algo objeto de intenso deseo para alguien, espec. por capricho. *Se le han antojado pasteles.* **2.** Seguido de un adjetivo o un nombre: Parecerle a alguien que algo es lo expresado por ellos. *Se me antoja innecesario hacerlo.* **3.** Seguido de un infinitivo o de una oración introducida por *que:*

Parecerle a alguien lo expresado por ellos. *Se me antoja que va a llover.*

antojitos. m. pl. Am. Aperitivo o tapa. *Los antojitos son perfectos para acompañar un trago* [C]. ▶ *APERITIVO.

antojo. m. **1.** Deseo intenso y pasajero, espec. si es poco razonable. *Durante el embarazo, solía tener antojo de helado de fresa.* **2.** coloq. Lunar o mancha en la piel que suele atribuirse a un antojo (→ 1) de la madre no satisfecho durante el embarazo. ■ **al ~** (de alguien). loc. adv. Según la libre voluntad (de él). *Dispone de nuestras cosas a su antojo.* ▶ **1:** CAPRICHO. FAM antojadizo, za.

antología. f. En literatura, música u otras artes: Colección de fragmentos o de obras escogidas, gralm. de varios autores. *Antología de poetas renacentistas.* ■ **de ~.** loc. adj. Excelente o digno de ser destacado. *Cuenta unos chistes de antología.* FAM antológico, ca; antólogo, ga.

antónimo, ma. adj. *Ling.* Dicho de palabra o expresión: Que tiene significado opuesto al de otra. *"Alto" y "bajo" son palabras antónimas.* Tb. m.

antonomasia. por ~. loc. adj. Se usa para expresar que el nombre que se aplica a la persona o cosa aludidas les conviene con más propiedad que a cualquier otra. *Las Vegas es la ciudad del juego por antonomasia.*

antorcha. f. Utensilio para alumbrar consistente en un trozo alargado de madera u otro material que, impregnado en materia combustible, arde por un extremo y puede agarrarse con la mano por el otro. *Alumbraban el castillo con antorchas.*

antracita. f. Carbón mineral negro y brillante, que arde lentamente, desprendiendo mucho calor y poco humo, y que se emplea como combustible.

ántrax. m. **1.** *Med.* Inflamación dura y dolorosa con acumulación de pus, que se presenta concentrada en zonas de la piel. **2.** *Med.* Carbunco.

antro. m. **1.** coloq., despect. Establecimiento público oscuro o de mal aspecto y frec. con mala reputación. *Terminaron la juerga en un antro.* **2.** despect. Local o vivienda de mal aspecto. *No sé cómo pueden vivir en ese antro.*

antropo-. elem. compos. Significa 'hombre o ser humano'. *Antropocentrismo, antropofobia, antropometría, antropomorfo.*

antropófago, ga. adj. cult. o *Antropol.* Dicho de persona: Que come carne humana. *Indígenas antropófagos.* FAM antropofagia.

antropoide. adj. *Zool.* Dicho de animal, espec. de primate: De características morfológicas semejantes a las del hombre. *Mono antropoide.*

antropología. f. Estudio científico del ser humano en sus aspectos biológicos y sociales. *La antropología estudia las costumbres de las diferentes culturas.* FAM antropológico, ca; antropólogo, ga.

anual. adj. **1.** Que sucede cada año o corresponde a cada año. *La viña produce diez toneladas anuales.* **2.** Que dura un año. *Una suscripción anual a la revista.* **3.** *Bot.* Dicho de planta: Que completa su ciclo vital en un año, como el girasol y la amapola. FAM anualidad; anuario.

anudar. tr. **1.** Hacer uno o más nudos (en algo flexible y gralm. alargado). *Cubrió la herida con un pañuelo y lo anudó.* **2.** Unir (dos hilos o cuerdas u otras cosas semejantes) mediante uno o más nudos. *Anuda los cordones de sus zapatos.*

anular¹. adj. **1.** De anillo. *Una red de carreteras de forma anular rodea la ciudad.* **2.** De forma de anillo. *Cuando la piedra se hunde en el río, se forman ondas anulares.* ● m. **3.** Dedo anular (→ dedo).

anular². tr. **1.** Dejar nula o sin efecto (una cosa). *Anule su tarjeta de crédito.* **2.** Suspender (algo anunciado o proyectado). *Han anulado el vuelo.* **3.** Quitar (a alguien) su capacidad o su poder para hacer algo. *Los anula a todos con su fuerte personalidad.* FAM anulación.

anunciar. (conjug. ANUNCIAR). tr. **1.** Hacer que (algo, espec. un hecho futuro) se conozca o se sepa. *Ha anunciado su retirada.* **2.** Dar publicidad a (alguien o algo) con fines comerciales. *Anuncian una marca de refrescos.* **3.** Anunciar (→ 1) que (alguien o algo) llegarán o se presentarán muy pronto. *Han anunciado chubascos para mañana.* FAM anunciación; anunciador, ra; anunciante; anuncio.

anverso. m. En una cosa con dos caras: Cara frontal o principal, espec. la que en una moneda o en una medalla lleva grabado el busto de una persona. ▶ CARA.

anzuelo. m. **1.** Gancho metálico pequeño, con una o varias puntas, que, colgado de un hilo y provisto de cebo, sirve para pescar. **2.** Persona o cosa que sirven para atraer con engaño. *La oferta es un anzuelo para potenciales compradores.*

añadidura. f. **1.** Hecho de añadir. *Han ido haciendo añadiduras al edificio original.* **2.** Cosa añadida. *Tus añadiduras al texto son adecuadas.* ■ **por ~.** loc. adv. Además. *He tenido que cocinar y, por añadidura, fregar.* ▶ AÑADIDO.

añadir. tr. Unir (una persona o cosa) a otra haciendo que formen un conjunto. *Mezcle los ingredientes y añada sal.* FAM añadido.

añejo, ja. adj. **1.** Dicho de producto, espec. de vino: Que tiene uno o más años. **2.** Antiguo o viejo. *Tradiciones añejas.*

añicos. m. pl. Trozos pequeños en que se divide algo al romperse. *Se me cayó el plato y se hizo añicos.* ▶ *PARTE.

añil. m. Sustancia de color azul intenso que se emplea como colorante y para blanquear la ropa. ▶ ÍNDIGO.

año. m. **1.** Tiempo que tarda la Tierra en dar una vuelta alrededor del Sol, equivalente a 365 días y aproximadamente 6 horas. **2.** Período de doce meses, a contar desde el día 1 de enero hasta el 31 de diciembre. *A principios del próximo año, cambiará de trabajo.* **3.** Período de doce meses, a contar desde un día cualquiera. *Se conocieron hace dos años.* **4.** Curso académico. *Esta asignatura se da en el segundo año de bachillerato.* **5.** Año (→ 1) de existencia de alguien o algo. *La casa tiene más de cien años.* ■ **~ bisiesto.** m. Año (→ 1) de 366 días, en que el mes de febrero tiene 29 días. ⇒ BISIESTO. ■ **~ luz.** m. *Fís.* Unidad de longitud que equivale a la distancia que recorre la luz en el vacío en un año. *La Osa Mayor está a veinte años luz.* ■ **~ nuevo.** m. **1.** Año (→ 2) que está a punto de empezar o que ha empezado recientemente. *Me felicitó el año nuevo.* **2.** (Frec. en mayúsc.). Primer día del año (→ 2). *En Año Nuevo comemos todos juntos.* ■ **~ sabático.** m. Año (→ 4) de licencia con sueldo que algunas instituciones docentes e investigadoras conceden a su personal cada cierto tiempo. ⇒ SABÁTICO. □ **entrado/da en ~s.** loc. adj. De edad avanzada. ■ **los ~s.** loc. s. Seguido de un número de decena, designa la década del siglo del que se habla. *Los felices años veinte.* ▶ **5:** ABRILES, EDAD, PRIMAVERA. FAM añoso, sa.

añorar. tr. Recordar con pena (algo o a alguien muy queridos que no están). *Añora a su familia.* FAM **añoranza.**

aorta. f. *Anat.* Arteria principal que conduce la sangre oxigenada desde el corazón al resto del cuerpo.

aovado, da. adj. De forma de huevo. *El niño nació con la cabeza aovada.*

apabullar. tr. coloq. Hacer una persona que se muestra superior o una cosa de características poco corrientes que (alguien) sienta confusión o desconcierto ante ellas. *Las dimensiones del edificio apabullan al visitante.* FAM **apabullante.**

apacentar. (conjug. ACERTAR). tr. **1.** Proporcionar pasto (al ganado), conduciéndo(lo) a los lugares adecuados y vigilándo(lo) mientras pasta. *Apacienta cabras en el monte.* ○ intr. **2.** Pacer el ganado. *Unas ovejas apacentaban en la ladera.* Tb. prnl. ▶ **2:** *PACER.

apache. adj. De un pueblo indio, nómada y belicoso, que habitaba al suroeste de Norteamérica. *Jefe apache.*

apachurrar. tr. frecAm. coloq. Espachurrar (algo o a alguien). *Sobre el piso agonizaban algunas cucarachas que apachurró durante la noche* [C].

apacible. adj. **1.** Dulce y agradable en el trato o en la forma de ser. *Es un hombre apacible y se puede dialogar con él.* **2.** Dicho de cosa: Agradable, espec. por su tranquilidad o su suavidad. *Sopla una brisa apacible.* ▶ **2:** *TRANQUILO.

apaciguar. (conjug. AVERIGUAR). tr. **1.** Poner paz (entre dos o más personas que estaban en conflicto). *Los apaciguó e intentó que se dieran un abrazo.* **2.** Hacer que (alguien o algo) recuperen la paz o la calma. *Está furioso; trata de apaciguarlo.* FAM **apaciguador, ra; apaciguamiento.**

apadrinar. tr. **1.** Hacer de padrino (de alguien o algo). *Apadriné a mi sobrino en su bautizo.* **2.** Proteger o favorecer (algo o a alguien). *Apadrina un proyecto de ayuda a países de África.* FAM **apadrinamiento.**

apagado, da. adj. **1.** Dicho espec. de color o sonido: Poco vivo o poco intenso. *Un azul apagado.* **2.** Que tiene poca vitalidad o viveza. *Una mirada apagada.*

apagar. tr. **1.** Hacer que deje de arder o lucir (el fuego o la luz, o algo que arde o luce). *Apaguen la luz al salir.* **2.** Interrumpir el funcionamiento (de un aparato). *Apaga la televisión.* FAM **apagón.**

apaisado, da. adj. Dicho de objeto de forma rectangular: Más ancho que alto. *Foto apaisada.*

apalabrar. tr. Acordar o pactar (algo) de palabra. *Apalabra el precio con el comprador.*

apalancar. tr. Mover o abrir (algo) con una palanca. *Los bomberos apalancaron la puerta.*

apalear. tr. Dar golpes (a alguien o algo) con un palo o algo similar. *Unos encapuchados lo apalearon.*

apantallar. tr. Am. Impresionar (a alguien) o deslumbrar(lo). *Esa novedad sirve sobre todo para apantallar al gran público* [C]. ▶ *ASOMBRAR.

apañar. tr. **1.** coloq. Alterar o modificar (algo) con engaño. *Apañaron el resultado de las elecciones.* **2.** Am. coloq. Encubrir o justificar (una mala acción o a la persona que la comete). *Los jueces apañaron la corrupción* [C]. *Su madre lo apaña en todo* [C]. ■ **apañárselas.** loc. v. coloq. Encontrar la manera de salir adelante o de conseguir algo. *Por un día, podemos apañárnoslas sin aceite.* FAM **apaño.**

apapacho. m. Am. coloq. Mimo o caricia. *Se la vive de casa en casa en busca de los apapachos que los suyos no le hacen* [C]. FAM **apapachar.**

aparador. m. Mueble con puertas, cajones y tablero superior a modo de mesa, donde se tiene lo necesario para el servicio de comedor.

aparato. m. **1.** Conjunto organizado de piezas que cumple una función determinada. *Un aparato para picar verduras.* **2.** Conjunto de personas que dirigen una organización política o sindical. *El aparato del partido.* **3.** En gimnasia: Cada uno de los aparatos (→ 1) que se emplean para hacer ejercicios. *El gimnasta es especialista en el aparato de caballo con arcos.* **4.** *Biol.* Conjunto de órganos que realizan una función. *Aparato digestivo.* ▶ **1:** ARTEFACTO, ARTIFICIO, ARTILUGIO, INGENIO.

aparatoso, sa. adj. Llamativo, espec. por su exagerada complicación o magnitud. *Sufrió una aparatosa caída.*

aparcar. tr. Colocar transitoriamente (un vehículo) en un lugar. *He aparcado el coche enfrente.* ▶ **Am:** PARQUEAR. FAM **aparcacoches; aparcamiento.**

aparcería. f. Contrato por el que el propietario de tierras o de ganado cede su explotación a otra persona a cambio de un reparto proporcional de los beneficios. *Trabajaban la tierra en régimen de aparcería.* FAM **aparcero, ra.**

aparear. tr. **1.** Juntar (un animal macho) con una hembra para que se reproduzcan. *Quiere aparear a su mastín* CON *una perra de la misma raza.* ○ intr. prnl. **2.** Juntarse dos animales de distinto sexo para reproducirse o formar pareja. *Los tigres se aparean en cualquier época del año.* FAM **apareamiento.**

aparecer. (conjug. AGRADECER). intr. **1.** Pasar a hacerse visibles alguien o algo. *Al oscurecer, aparecen estrellas en el cielo.* **2.** Llegar alguien a un lugar, frec. por sorpresa o repentinamente. *Ha aparecido justo cuando hablábamos de él.* **3.** Ser encontrados alguien o algo que estaban ocultos o perdidos. *El informe no aparece por ninguna parte.* **4.** Pasar a tener existencia conocida algo. *Han aparecido nuevos casos de intoxicación.* ○ intr. prnl. **5.** Aparecer (→ 1) alguien o algo de manera sobrenatural ante una persona. *Se le apareció la Virgen.* FAM **aparición.**

aparecido. m. Fantasma o muerto que se aparece a los vivos. *Contaban historias de brujas y aparecidos.*

aparejador, ra. m. y f. (A veces como f. se usa **aparejador**). Técnico titulado en arquitectura, que se encarga de preparar y supervisar la ejecución de las obras proyectadas por el arquitecto.

aparejar. tr. **1.** Preparar (una cosa) o hacer que esté en las condiciones adecuadas para algo. *Aparejan las ollas para el guiso.* **2.** Se usa en constr. como *llevar,* o *traer,* una cosa *aparejada* otra, para expresar que la primera implica o conlleva la segunda. *Esa decisión lleva aparejadas graves consecuencias.*

aparejo. m. **1.** Conjunto de objetos, frec. utensilios, necesarios para una actividad u oficio. *Aparejo de pesca.* **2.** Conjunto de correas y piezas necesarias para montar o cargar una caballería. *Quita el aparejo a la mula.* ▶ **2:** *ARNÉS.

aparentar. tr. **1.** Hacer ver o creer (algo que no existe en realidad). *Aparenta que no pasa nada.* Tb. como intr., referido a nivel social. *Le gusta aparentar y da propinas de millonario.* **2.** Tener el aspecto correspondiente (a determinada edad). *Aparenta unos cuarenta años.* ▶ **1:** FINGIR.

aparente. adj. **1.** Que parece real y no lo es. *Su indiferencia es solo aparente.* **2.** Que se puede ver o

percibir. *De pronto, sin razón aparente, se enfadó.*
3. coloq. De buena apariencia. *La casa ha quedado muy aparente.*

aparición. → aparecer.

apariencia. f. **1.** Conjunto de cualidades o características con que se muestra o se percibe un ser o una cosa. *Esto tiene apariencia DE timo.* **2.** Cosa que parece real y no lo es. *La armonía que reina entre ellos es mera apariencia.* ■ en ~. loc. adv. Según las apariencias (→ 1). *Algunos juguetes en apariencia inofensivos son peligrosos.* ■ **guardar,** o **salvar,** o **cubrir, las ~s.** loc. v. Disimular la realidad para evitar críticas. *No se divorcian por guardar las apariencias.* ▶ **1:** ASPECTO, PINTA, TRAZA, VISO.

apartado, da. adj. **1.** Dicho de lugar: Alejado o distante. ● m. **2.** En un escrito: Párrafo o párrafos en que se trata de un asunto por separado. *Lee el último apartado del contrato.* **3.** En una oficina de correos: Servicio por el que se alquila al usuario una caja o sección con un número, en donde se deposita su correspondencia. ▶ **1:** *LEJANO.

apartamento. m. Piso o vivienda, gralm. pequeños, en un edificio de varias plantas. ▶ *PISO.

apartar. tr. **1.** Separar (personas, animales o cosas que estaban unidas o próximas). *Apartaron a dos perros que se estaban peleando.* **2.** Quitar (algo o a alguien) del lugar en que estaban, gralm. para que no estorben. *Se apartó el pelo DE la cara.* **3.** Alejar (algo o a alguien) de otra persona o cosa. *Aparta DE tu cabeza esos pensamientos.* FAM **apartadero; apartado** (*El apartado de las reses*); **apartamiento.**

aparte. adv. **1.** En un lugar separado de las personas o cosas que se mencionan o que son identificables por el oyente. *Guarda aparte el dinero para la compra.* **2.** Por separado. *Lo llamó aparte para hablar.* **3.** Gralm. precedido de un nombre sin artículo: Dejando a un lado o no teniendo en cuenta lo designado por ese nombre. *Bromas aparte, de verdad que tengo ganas de verlo.* ● adj. (pl. invar.). **4.** Diferente o distinto. *Lola es un caso aparte.* ● m. **5.** En una obra teatral: Lo que dice un personaje hablando para sí o con otro personaje, de forma que se supone que no lo oyen los demás. *En un aparte, el galán admite estar enamorado.* ■ ~ **de.** loc. prep. A excepción de. *Aparte de ti, no lo sabe nadie.*

apartheid. (pal. sudafricana; pronunc. "aparjéid"). m. Sistema de segregación racial, espec. el establecido en la República de Sudáfrica por la minoría blanca y abolido en 1991.

apasionado, da. adj. **1.** Que siente pasión por alguien o algo. *Es un viajero apasionado.* **2.** Que se deja llevar de la pasión. *Tiene un carácter apasionado y alegre.* ▶ **1:** *ENTUSIASTA. **2:** ARDIENTE, ARDOROSO, FEBRIL, FOGOSO, IMPETUOSO, VEHEMENTE.

apasionar. tr. Provocar pasión (en alguien). *Me apasiona el cine.* ▶ *ENTUSIASMAR. FAM **apasionamiento; apasionante.**

apatía. f. Falta de vigor o de energía para actuar. *Intenta acabar con la apatía de los alumnos.* FAM **apático, ca.**

apátrida. adj. Que carece de nacionalidad legal.

apeadero. m. Lugar preparado para que los trenes hagan parada y suban y bajen viajeros, pero que carece de estación u otras instalaciones.

apear. tr. Bajar (a alguien) de un vehículo o de una caballería. *Los apearon DEL autobús por ir sin billete.*

apechugar. intr. coloq. Aguantar por obligación algo o a alguien que resultan desagradables o molestos. *Ahora apechuga CON las consecuencias de tus actos.*

apedrear. tr. **1.** Tirar piedras (a alguien o algo). *Apedrearon los escaparates de las tiendas.* **2.** Lapidar (a alguien). ▶ **2:** LAPIDAR.

apego. m. **1.** Afición o inclinación hacia algo. *Su apego AL poder le impide dimitir.* **2.** Cariño o afecto hacia alguien o algo. *Tiene mucho apego A su tierra natal.* ▶ **2:** *AFECTO. FAM **apegarse.**

apelar. intr. **1.** cult. Hacer referencia a algo como apoyo o argumento de lo que se pide o defiende. *Apeló A nuestra conciencia para que lo ayudáramos.* **2.** Der. Solicitar a un tribunal superior la revisión de una sentencia dictada por otro inferior y considerada injusta. *El fiscal apelará CONTRA la resolución judicial.* FAM **apelación.**

apellido. m. Nombre que sigue al nombre de pila, compartido por los miembros de una familia y que pasa de padres a hijos. *El primer apellido de Luis es Álvarez, y el segundo, Perea.* FAM **apellidarse.**

apelmazar. tr. Hacer que (algo) se ponga compacto o apretado. *Apelmaza la nieve para hacer bolas.*

apelotonarse. intr. prnl. **1.** Formar una cosa pelotones o bolas. *El polvo se apelotona bajo la cama.* **2.** Formar varias personas, animales o cosas un grupo apretado. *Cientos de abejas se apelotonan en la colmena.* ▶ **2:** *AMONTONARSE.

apenar. tr. **1.** Causar pena (a alguien). *Nos apenaría que no vinieras.* ○ intr. prnl. **2.** Am. Avergonzarse alguien. *Soy especialista –y no me apena confesarlo– en las llamadas enfermedades secretas* [C]. ▶ **2:** AVERGONZARSE.

apenas. adv. **1.** Casi no. *Apenas la vemos últimamente.* Tb. ~ *si.* **2.** Después de un verbo en forma negativa: Casi. *No hay apenas luz en la sala.* **3.** Escasamente. *Hace apenas un año que se conocen.* ● conj. **4.** En cuanto. *Apenas salimos a la calle, empezó a llover.*

apéndice. m. **1.** Parte unida o añadida a otra principal a modo de prolongación o complemento. *Apéndice bibliográfico de un libro.* **2.** Prolongación delgada y hueca del intestino ciego. *Lo han operado del apéndice.* **3.** Anat. Parte del cuerpo del hombre o de otros animales que sobresale de otra principal o que constituye su prolongación. *El pulpo tiene ocho apéndices para moverse y cazar.* FAM **apendicitis.**

apercibir[1]. tr. **1.** Advertir (a alguien) de algo. *Un guardia apercibe a los conductores DEL peligro de hielo.* **2.** Der. Advertir (a alguien) de las consecuencias que pueden tener determinados actos. *El juez apercibe al testigo explicándole que el no decir la verdad constituye un delito.* ▶ **1:** ADVERTIR. FAM **apercibimiento.**

apercibir[2]. tr. **1.** Percibir o notar (algo). *Le dieron veneno sin que ella lo apercibiera.* ○ intr. prnl. **2.** Darse cuenta de algo. *Se apercibió DEL olor a quemado.*

apergaminarse. intr. prnl. Ponerse una persona o una parte de su cuerpo delgadas y secas como el pergamino. Frec. en part. *Tiene la piel apergaminada.*

aperitivo. m. **1.** Bebida que se toma antes de una comida principal, espec. la de mediodía, acompañada gralm. de alguna comida ligera. *Toma un cóctel como aperitivo.* **2.** Comida ligera que suele acompañar al aperitivo (→ 1). *El camarero pasa una bandeja de aperitivos.* ▶ **Am: 2:** ANTOJITOS, BOTANA.

43

apero. m. Instrumento o utensilio propios de una actividad. *Los aperos de labranza.* ▶ *TRASTOS.

apertura. f. **1.** Hecho o efecto de abrir o abrirse. *La apertura de la caja fuerte requiere una clave.* **2.** Aumento de la transigencia en lo político, lo moral o lo intelectual. *El régimen daba muestras de apertura.* FAM aperturismo; aperturista.

apesadumbrar. tr. Causar pesadumbre (a alguien).

apestar. intr. **1.** Despedir mal olor. *La basura apesta.* **2.** Fastidiar o resultar molesto. *Hemos hablado tantas veces del tema que ya apesta.* FAM apestoso, sa.

apetecer. (conjug. AGRADECER). intr. Ser algo objeto de deseo para alguien, o tener ganas de ello. *¿Le apetece un café?* ▶ *QUERER. FAM apetecible; apetencia.

apetito. m. **1.** Ganas de comer. *No he comido y tengo mucho apetito.* **2.** Impulso instintivo que lleva a satisfacer los propios deseos o necesidades. *Con la edad disminuyó su apetito sexual.* ■ abrir el ~ una cosa. loc. v. Producir apetito (→ 1). *Un largo paseo abre el apetito.* ▶ **2:** *DESEO. FAM apetitoso, sa.

api. m. Am. Comida hecha a base de maíz triturado, que se sazona con diversos ingredientes. *Un api es mejor que un té* [C].

apiadarse. intr. prnl. Tener piedad de alguien o algo. *Soy pobre, que alguien se apiade DE mí.*

ápice. m. **1.** Cima o culminación. *Ha alcanzado el ápice de su carrera.* **2.** tecn. Punta o extremo, gralm. superiores, de una cosa. *En el ápice del tallo hay una espiga.* ■ un ~. loc. s. Una parte o cantidad pequeñísimas. *No tiene ni un ápice de imaginación.*

apicultura. f. Cría de abejas para el aprovechamiento de sus productos. *El clima benigno favorecía el desarrollo de la apicultura.* FAM apícola; apicultor, ra.

apilar. tr. Poner (varias cosas) formando una pila. *Apila los platos sucios.*

apiñar. tr. **1.** Juntar (varias personas o cosas) haciendo que formen un grupo apretado. *Apiñaremos los trastos en un rincón.* ○ intr. prnl. **2.** Estar juntas varias personas o cosas formando un grupo apretado. *Una muchedumbre se apiñaba en la plaza.* ▶ **1:** *AMONTONAR. **2:** *AMONTONARSE.

apio. m. Hortaliza aromática que tiene un cogollo de tallos comestibles, anchos, huecos y estriados.

apisonar. tr. Apretar (una capa de terreno o sus materiales) para hacer(los) más firmes y resistentes. *Antes de construir apisonan el terreno.* FAM apisonador, ra.

aplacar. tr. **1.** Hacer que disminuya la fuerza o la intensidad (de algo). *La aspirina aplacará el dolor.* **2.** Hacer que (alguien o algo) pasen a estar en calma. *Si no lo aplacan, se enzarza en una pelea.* ▶ *CALMAR.

aplanar. tr. Dar (a algo) forma plana. *Se necesita una máquina para aplanar el camino.* ▶ ALLANAR. FAM aplanadora (Am).

aplastar. tr. Deformar (algo) reduciendo su altura o grosor al hacer presión (sobre ello) o al golpear(lo). *Se sentó sobre el sombrero y lo aplastó.* FAM aplastamiento; aplastante.

aplatanar. tr. Producir pereza (a alguien) o dejar(lo) sin ganas para realizar una actividad. *Las sobremesas largas me aplatanan.*

aplaudir. tr. **1.** Golpear una con otra las palmas de las manos para expresar aprobación, admiración o apoyo (a alguien o algo). *El público aplaude a los actores.* **2.** Expresar aprobación (a alguien o algo) con palabras u otras demostraciones. *Hay que aplaudir su actitud.* ▶ **1:** OVACIONAR. **2:** *ALABAR. FAM aplauso.

aplazado, da. adj. Am. Suspenso (que está suspendido en una prueba o un examen). *Se elimina el concepto de alumno aplazado* [C]. ▶ SUSPENSO.

aplazar. tr. **1.** Retrasar el momento de realizar (algo). *Han aplazado la boda.* **2.** Am. Suspender (a alguien) en un examen o en una asignatura. *Un catedrático aplazó a un alumno* [C]. ▶ **1:** *RETRASAR. **2:** *SUSPENDER. FAM aplazamiento.

aplicación. f. **1.** Hecho de aplicar o aplicarse. *Es muy exigente en la aplicación del reglamento.* **2.** Adorno hecho de un material diferente al del objeto al que se sobrepone. *Una mesa de madera con aplicaciones de metal.* **3.** Inform. Programa o conjunto de programas que permiten realizar una tarea determinada. *Una aplicación para la gestión de nóminas.* **4.** Mat. Relación entre dos conjuntos que hace corresponder a cada elemento del primero un solo elemento del segundo.

aplicado, da. adj. **1.** Dicho de persona: Que se aplica. *Alumno aplicado.* **2.** Dicho de ciencia o arte: Que se orienta a una utilidad práctica. *Física aplicada.*

aplicar. tr. **1.** Poner (una cosa) sobre otra o en contacto con otra, gralm. para que cause un efecto. *Aplique desinfectante a la herida.* **2.** Hacer que (algo, espec. una norma) recaiga en alguien o algo. *Aplican las leyes con rigor.* **3.** Emplear (una cosa) para algo. *Aplica el sentido común.* ○ intr. prnl. **4.** Esforzarse o poner interés en una actividad. *Si se aplica, aprobará.* FAM aplicabilidad; aplicable; aplicador, ra.

aplique. m. Lámpara que se fija en la pared.

aplomo. m. Serenidad o seguridad al actuar. *Habló con aplomo ante el tribunal.*

apocado, da. adj. Que se comporta con miedo o falta de decisión. *Es muy apocado y no se atreverá a reclamar.*

apocalíptico, ca. adj. **1.** Del Apocalipsis de San Juan (último libro del Nuevo Testamento, en que se anuncia el fin del mundo). *Pinturas de tema apocalíptico.* **2.** Terrorífico y espantoso. *De la guerra llegan imágenes apocalípticas.* **3.** Que anuncia catástrofes. *Discurso apocalíptico.*

apocarse. intr. prnl. Acobardarse o sentir miedo. ▶ *ATEMORIZARSE.

apócrifo, fa. adj. Falso o fingido. *Se demostró que el documento era apócrifo.*

apoderado, da. adj. Dicho de persona: Que tiene poderes o autorización de otra para representarla o actuar en su nombre. Frec. m. y f. *El contrato lo firmará el propietario o su apoderado.*

apoderar. tr. **1.** Dar una persona (a otra) poderes o autorización para que la represente o actúe en su nombre. *Si me apodera, podré firmar en su lugar.* ○ intr. prnl. **2.** Hacerse alguien dueño de algo, o ponerlo bajo su poder. *Los ladrones se apoderaron DE valiosas joyas.* ▶ **2:** APREHENDER, APRESAR, CAPTURAR.

apodo. m. Nombre, frec. humorístico, que se da a una persona en lugar del suyo o añadido a este. *Me pusieron de apodo "Marmota", por ser muy dormilón.* ▶ *SOBRENOMBRE. FAM apodar.

apogeo. m. Punto o momento culminantes. *La fiesta alcanzó su apogeo.*

apolillado, da. adj. despect. Antiguo o anticuado. *Ideas apolilladas.*

apolillarse. intr. prnl. Ser agujereado por la polilla una tela o una prenda. *Pon naftalina para que la ropa no se apolille.*

apolíneo, a. adj. **1.** De Apolo (dios griego). *Culto apolíneo.* **2.** Dicho de hombre: De gran belleza corporal. *Jóvenes apolíneos.*

apología. f. Defensa o alabanza que, por escrito o de palabra, se hacen de alguien o algo. *Sus palabras fueron una apología del homenajeado.* ▶ PANEGÍRICO. FAM **apologético, ca; apologista.**

apólogo. m. Relato tradicional breve cuya intención es dar una enseñanza moral. *Colecciones de apólogos de la Edad Media.* ▶ FÁBULA.

apoltronarse. intr. prnl. **1.** Arrellanarse o sentarse cómodamente en un sitio. *Se apoltrona EN su sillón.* **2.** Hacerse vago o perezoso. *Se ha apoltronado y ya no se esfuerza como antes.* FAM **apoltronamiento.**

apoplejía. f. Med. Suspensión de las funciones cerebrales producida frec. por hemorragia u obstrucción de una arteria del cerebro. *Ha perdido movilidad en el cuerpo por una apoplejía.* FAM **apopléjico, ca** o **apoplético, ca.**

aporrear. tr. Golpear (algo o a alguien) repetidamente, espec. con una porra. *Aporreaba la puerta.* FAM **aporreo.**

aportar. tr. **1.** Dar o proporcionar (una cosa) a alguien o algo. *El chocolate aporta energía.* **2.** Poner alguien (la parte que le corresponde) en una empresa o sociedad. *La mujer debía aportar una dote AL matrimonio.* FAM **aportación; aporte.**

aposentar. tr. **1.** Dar (a alguien) un lugar para alojarse, frec. de forma temporal. *Unos parientes los aposentarán en su casa.* ○ intr. prnl. **2.** Alojarse en un lugar, frec. de forma temporal. *Se aposentó un mes EN nuestro apartamento.* ▶ **1:** *ALOJAR. **2:** *ALOJARSE.

aposento. m. **1.** cult. En una vivienda u otro edificio: Habitación. **2.** cult. Alojamiento, o lugar donde se aloja alguien. *Buscaron aposento cerca de la estación.*

aposición. f. Gram. Construcción en que un nombre, o una construcción con valor de nombre, van unidos a otro al que complementan y que se refiere a la misma realidad. *"El río Orinoco" es aposición.*

apósito. m. Med. Pieza de material curativo que se pone sobre una herida o lesión.

aposta. (Tb. **a posta**). adv. A propósito, o de manera intencionada. *Le he tirado el café encima aposta.*

apostar¹. (conjug. CONTAR). tr. **1.** Pactar una persona con otra que el que pierda en una discusión o disputa dará al otro (una cantidad de dinero u otra cosa acordada). *He apostado CON ella una cena A que llueve.* **2.** En un juego o una competición: Arriesgar alguien que pertenece al público (algo, espec. una cantidad de dinero) de modo que, si gana, recibe una cantidad mayor. *Apostó todo A un solo caballo.* ○ intr. **3.** Elegir o preferir algo o a alguien. *Los diseñadores apuestan POR los tonos claros.* FAM **apostante, apuesta.**

apostar². tr. Poner (algo o a alguien) en un lugar para que esperen o vigilen. *Los francotiradores se apostaban en las azoteas.*

apostatar. intr. Abandonar alguien públicamente sus creencias religiosas. *Medita apostatar DE su fe.* ▶ *RENEGAR. FAM **apostasía; apóstata.**

a posteriori. (loc. lat.). loc. adv. Después de conocer un hecho determinado, o después del momento que se toma como referencia. *Se ha demostrado a posteriori que ella tenía razón.*

apostilla. f. Nota o explicación añadidas a un texto. *El manuscrito tiene apostillas al margen.* FAM **apostillar.**

apóstol. m. **1.** Cada uno de los doce discípulos principales de Jesucristo. *Los apóstoles predicaron el Evangelio.* **2.** Hombre dedicado a la difusión de la doctrina cristiana. *San Francisco Javier fue "el apóstol de las Indias".* FAM **apostolado; apostólico, ca.**

apostrofar. tr. cult. Dirigir (a alguien) un insulto o una recriminación vehemente. *No deja de apostrofar a su ayudante: –¡Inútil, incompetente!*

apóstrofo. m. Signo ortográfico (') que indica la supresión de uno o más sonidos. *En inglés, el apóstrofo seguido de "s" suele indicar posesión.*

apostura. f. Buen aspecto o apariencia de una persona. *Tiene la apostura de un galán de cine.*

apoteosis. f. Momento o grado culminantes de algo o de alguien. *El último movimiento constituye la apoteosis de la sinfonía.* FAM **apoteósico, ca.**

apoyar. tr. **1.** Poner (una cosa) de manera que su peso recaiga sobre otra. *Apoyaba la cabeza EN/SOBRE mi hombro.* **2.** Ayudar (a una persona o cosa) con el propio esfuerzo o trabajo, o mostrándose de acuerdo (con ellas). *Su familia la ha apoyado.* **3.** Hacer que (una cosa) tenga otra como base o punto de partida. *Apoyan sus previsiones EN el resultado de los sondeos.* ○ intr. **4.** Estar colocada una cosa de manera que su peso recae sobre otra. *Las vigas apoyan EN/SOBRE unos pilares.* Frec. prnl. ○ intr. prnl. **5.** Dejar una persona o una cosa que su peso recaiga sobre otra para sostenerse o mantenerse en una posición determinada. *Necesita apoyarse EN alguien para andar.* ▶ **3:** BASAR, FUNDAR. FAM **apoyatura; apoyo.**

apreciar. (conjug. ANUNCIAR). tr. **1.** Reconocer el mérito o la valía (de alguien o algo). *Lo que más aprecio de él es su sencillez.* **2.** Sentir afecto (hacia alguien). *Te aprecio y no quiero que te ocurra nada malo.* **3.** Percibir (algo) a través de los sentidos o de la mente. *Con tan poca luz no puedo apreciar el color.* ○ intr. prnl. **4.** Econ. Aumentar algo, espec. una moneda su valor o cotización. *El euro se apreció hasta los 99 centavos de dólar.* ▶ **1:** ESTIMAR, VALORAR, VALORIZAR. **2:** *QUERER. **3:** *PERCIBIR. FAM **apreciable; apreciación; apreciativo, va; aprecio.**

aprehender. tr. **1.** Apoderarse (de algo, espec. de contrabando). *Han aprehendido un cargamento de cocaína.* **2.** Apresar (a alguien), o hacer(lo) prisionero. *La policía quiere aprehender a tres terroristas.* **3.** cult. Percibir (algo) a través de los sentidos o de la mente. *Hay imágenes aprehendidas en la infancia que permanecen en la memoria.* ▶ **1:** *APODERARSE. **2:** *APRESAR. FAM **aprehensión).**

apremiar. (conjug. ANUNCIAR). tr. **1.** Meter prisa (a alguien) para que haga algo. *Nos apremian PARA que terminemos.* **2.** Empujar (a alguien) a hacer algo. *Cuando la necesidad los apremia, comen cualquier cosa.* ▶ **1:** *URGIR. FAM **apremiante; apremio.**

aprender. tr. **1.** Adquirir el conocimiento (de algo). *Ha aprendido inglés.* **2.** Grabar una persona (algo) en la memoria. *No consigo aprender tu dirección.* FAM **aprendizaje.**

aprendiz, za. m. y f. **1.** Persona que está en el primer grado de un oficio, normalmente antes de pasar al grado de oficial. *Aprendiz de carpintero.* **2.** Persona que está aprendiendo algo, espec. una profesión o actividad. *En la facultad no eres más que un aprendiz de periodista.*

aprensión. f. **1.** Temor o desconfianza instintivos hacia algo. *Pasar por el cementerio me da aprensión.* **2.** Rechazo instintivo al contacto con algo o alguien por asco o por temor a contagio. *Atendían a los lepro-sos sin sentir la menor aprensión.* **3.** Idea que carece de fundamento. Frec. en pl. *No le caes mal; son solo aprensiones tuyas.* ▶ **1:** *MIEDO. FAM aprensivo, va.

apresar. tr. **1.** Detener (a alguien), o hacer(lo) prisionero. *Han apresado al ladrón.* **2.** Apoderarse (de algo) por la fuerza. *Apresaron un cargamento de cocaína.* **3.** Aprisionar o sujetar (algo o a alguien) impidiendo que se muevan. *Los escombros le apresaban las piernas.* ▶ **1:** APREHENDER, CAPTURAR, PRENDER. **2:** *APODERARSE. **3:** APRISIONAR. FAM apresamiento.

aprestar. tr. **1.** Preparar (algo) para un fin. *Habían aprestado todo lo necesario PARA el viaje.* **2.** Poner apresto (a algo, espec. a un tejido). *Los polvos para aprestar telas se fabricaban con almidón.* ○ intr. prnl. **3.** Seguido de *a* y un infinitivo: Disponerse a hacer lo expresado por él. *Sonó el teléfono cuando se aprestaban A salir.* ▶ **1, 3:** *PREPARAR.

apresto. m. **1.** Sustancia que se aplica a tejidos, pieles y otros objetos para darles consistencia o mejorar su aspecto. **2.** Am. Hecho de aprestar o preparar. *Asistía a los aprestos de sus honras fúnebres* [C].

apresurar. tr. **1.** Hacer que (algo) se produzca más rápido o más deprisa. *Miró la hora y apresuró el paso.* ○ intr. prnl. **2.** Darse prisa. *Me apresuré A abrir el paraguas.* FAM apresuramiento.

apretado, da. adj. **1.** Dicho espec. de período de tiempo o de programa: Lleno de actividades o compromisos. *Tengo un día muy apretado.* **2.** Dicho espec. de resultado: Que presenta o supone una diferencia muy pequeña. *La victoria ha sido apretada.* **3.** Escaso de recursos económicos. *Andan muy apretados últimamente.*

apretar. (conjug. ACERTAR). tr. **1.** Ejercer presión o fuerza física (sobre algo o alguien). *Apriete el botón para apagar el aparato.* **2.** Juntar estrechamente (una persona o cosa) a otra. *Apretaba el peluche CONTRA su pecho.* **3.** Presionar o agobiar (a alguien). *Cuando los problemas te aprieten, mantén la calma.* **4.** Hacer que (algo que sirve para sujetar o ajustar) quede firme o ejerza presión. *Apretó las tuercas de la rueda.* **5.** Acelerar (algo, como el paso o el ritmo). *Tuvimos que apretar el paso para llegar a tiempo.* ○ intr. **6.** Quedar una prenda demasiado ajustada. *Me aprietan los zapatos en la punta.* **7.** Esforzarse más de lo habitual. *Con que apretaras un poco, aprobarías.* **8.** Actuar algo dejando sentir su efecto con mayor intensidad de lo habitual, frec. causando molestia. *A esta hora, el hambre aprieta.* ○ intr. prnl. **9.** Estar estrechamente juntas en un lugar muchas personas o cosas. *Los viajeros se apretaban de pie en el vagón.* ▶ **1:** *PRESIONAR. **3:** *AGOBIAR. **4:** AJUSTAR. **9:** *AMONTONARSE. FAM apretón.

apretujar. tr. **1.** coloq. Apretar mucho (una cosa o una persona) juntándo(las) estrechamente a otra. *No me apretujes CONTRA la pared.* ○ intr. prnl. **2.** coloq. Apretarse muchas personas o cosas en un lugar. *Los fans se apretujaban A la puerta del hotel.* FAM apretujón.

apretura. f. **1.** Concentración excesiva de gente. *Estaba feliz en la fiesta a pesar de la apretura.* **2.** Apuro o dificultad. *Pasó apreturas económicas.*

aprieto. m. Situación difícil o complicada. *Me pones en un aprieto.* ▶ APURO, EMBROLLO.

a priori. (loc. lat.). loc. adv. Antes de conocer un hecho determinado, o antes del momento que se toma como referencia. *A priori, nuestro equipo es el favorito.*

aprisa. (Tb. **a prisa**). adv. Con rapidez. *Camina muy aprisa.*

aprisco. m. Lugar cercado, a veces cubierto, donde se guarda el ganado.

aprisionar. tr. Sujetar con fuerza (algo o a alguien) impidiendo que se muevan. *Las ataduras lo aprisionan.* ▶ APRESAR. FAM aprisionamiento.

aprobar. (conjug. CONTAR). tr. **1.** Dar por bueno (algo) o mostrar que se está de acuerdo (con ello). *El Parlamento aprobó la reforma.* **2.** Declarar capacitado (a un alumno) en un examen o en una asignatura. *No aprobaré a los que cometan faltas de ortografía.* **3.** Obtener la calificación de capacitado o apto (en un examen o en una asignatura). *He aprobado Química.* ▶ **1:** *ACEPTAR. FAM aprobación; aprobado; aprobatorio, ria.

apropiado, da. adj. Adecuado para alguien o algo. *Esos zapatos no son apropiados PARA la lluvia.*

apropiarse. (conjug. ANUNCIAR). tr. prnl. **1.** Hacerse dueño (de algo que pertenece a otro). *Siempre se apropia las ideas ajenas.* ○ intr. prnl. **2.** Hacerse dueño de algo que pertenece a otro. *No te apropies DE mis ideas.* FAM apropiación.

aprovechado, da. adj. Dicho de persona: Que se aprovecha de las circunstancias favorables. Frec. despect.

aprovechar. tr. **1.** Emplear (algo) de forma provechosa o útil. *Aprovecharé las vacaciones para estudiar italiano.* ○ intr. **2.** Resultar una cosa provechosa. *El inspector se preguntaba a quién podía aprovechar el crimen.* ○ intr. prnl. **3.** Sacar provecho de algo o algo, espec. con astucia o abuso. *Quiere aprovecharse DE ti.* FAM aprovechable; aprovechamiento.

aprovisionar. tr. Abastecer (a alguien o algo) de las cosas necesarias. *Un avión aprovisiona DE víveres a las tropas.* ▶ *PROVEER. FAM aprovisionamiento.

aproximado, da. adj. Dicho de cosa: Que no es exacta, pero que se aproxima a la exacta. *Una duración aproximada de dos horas.* ▶ APROXIMATIVO.

aproximar. tr. Acercar (una cosa o a una persona) a otra. *Al aproximar la olla A la copa, casi la rompe.* ▶ *ACERCAR. FAM aproximación; aproximativo, va.

apto, ta. adj. Idóneo o adecuado para algo. *Aceite no apto PARA el consumo.* FAM aptitud.

apuesta. → apostar[1].

apuesto, ta. adj. Dicho espec. de hombre: Guapo y de buena presencia.

apuntado, da. adj. Dicho de cosa: Que termina en punta. *Una barbilla apuntada.*

apuntador, ra. adj. **1.** Que apunta o sirve para apuntar. ● m. y f. **2.** En el teatro: Persona que, situada fuera de la vista del público, apunta a los actores lo que deben decir. *El apuntador sigue el texto entre bastidores.*

apuntalar. tr. Poner puntales para sostener o asegurar (un edificio o alguna de sus partes). *Han tenido que apuntalar la fachada.* FAM apuntalamiento.

apuntar. tr. **1.** Escribir (algo, espec. un dato). *Apunta mi teléfono.* **2.** Escribir el nombre (de alguien) en una lista. *Se han apuntado AL concurso doscientas personas.* **3.** Dirigir (un arma) hacia alguien o algo que constituye el blanco. *Apuntaron los morteros A la ciudad.* **4.** Señalar o indicar (algo o a alguien). *Me apuntó con el dedo y dijo: –Te toca a ti.* **5.** Decir a alguien (lo que tiene que decir). *Un compañero me apuntó la respuesta.* ○ intr. **6.** Dirigir arma hacia alguien o algo que constituyen el blanco. *Me apunta* CON *una pistola.* **7.** Empezar a aparecer algo. *Se pusieron en camino cuando apuntaba el día.* ○ tr. prnl. **8.** Conseguir (algo, espec. un éxito o una ventaja). *Se apuntó un gol.* ○ intr. prnl. **9.** Decidir alguien unirse a algo. *Si se enteran de que vamos, seguro que se apuntan.* ▶ **1:** ANOTAR. **2:** INSCRIBIR. **4:** *SEÑALAR. ‖ frecAm: **2:** ENLISTAR.

apunte. m. **1.** Hecho o efecto de apuntar. *Para terminar esta conferencia, quiero hacer un último apunte.* **2.** Dibujo rápido tomado del natural. *El pintor hizo en su cuaderno varios apuntes de los niños que jugaban.* ○ pl. **3.** Resumen escrito hecho gralm. a partir de lo que se oye en una clase, o de lo que se lee en un libro. *Como falté a clase, pedí los apuntes a un compañero.*

apuntillar. tr. *Taurom.* Rematar (a un toro) con la puntilla. *Un subalterno apuntilló al toro.*

apuñalar. tr. Dar una o más puñaladas (a alguien). *Los atracadores la apuñalaron.* FAM **apuñalamiento.**

apurado, da. adj. **1.** Dicho de persona: Que está en apuros. *Si estás apurado, te presto dinero.* **2.** Dicho espec. de situación: Difícil o angustiosa.

apurar. tr. **1.** Causar preocupación o angustia (a alguien). *La apura mucho pensar en lo que queda por hacer.* **2.** Consumir por completo (una cosa). *Apuró su café.* **3.** Agotar (algo), o aprovechar(lo) al máximo. *Volvemos mañana para apurar el último día de vacaciones.* ○ intr. prnl. **4.** frecAm. Darse prisa. *Los soldados tenían que apurarse para igualar nuestro paso* [C].

apuro. m. **1.** Situación difícil, angustiosa o arriesgada. *Me ayudará a salir del apuro.* **2.** coloq. Vergüenza o turbación. *Que no te dé apuro preguntar.* **3.** frecAm. Prisa (rapidez al hacer algo, o necesidad de hacer algo rápidamente). *Sin apuro, durante una hora larga, saquearon la casa* [C]. ▶ **1:** *APRIETO. **3:** PRISA.

aquejar. tr. Afectar una enfermedad (a una persona o a una parte de su cuerpo). *La ingresaron aquejada* DE *neumonía.*

aquel, lla. adj. **1.** Que está lejos, en el espacio o en el tiempo, de la persona que habla y de la que escucha. *Aquella arma no era el arma del crimen.* ● pron. (Puede llevar acento, pero este solo es obligatorio cuando existe riesgo de ambigüedad entre la interpretación como pronombre y como adjetivo. *Al contarnos aquéllos* ('aquellos chicos') *relatos de terror nos asustamos).* **2.** El que está lejos, en el espacio o en el tiempo, de la persona que habla y de la que escucha. *Aquel fue un buen día.*

aquelarre. m. Reunión nocturna de brujos y brujas con la intervención del demonio.

aquello. (No tiene pl.). pron. Lo que está lejos, en el espacio o en el tiempo, de la persona que habla y de la que escucha. *Estoy segura de que aquello no es un avión.*

aquí. adv. **1.** En este lugar. *Cuelga el cuadro aquí mismo.* **2.** A este lugar. *¡Ven aquí inmediatamente!* **3.** En este punto o asunto. *Aquí es donde radica la dificultad.* **4.** En este momento. *No le bajaba la fiebre, y aquí empezamos a preocuparnos.* ■ **de ~ para allá.** loc. adv. De una parte a otra, sin parar de moverse. *Se pasa el día de aquí para allá.*

aquiescencia. f. Asentimiento o consentimiento. *Ha tomado la decisión con la aquiescencia de todos.*

aquietar. tr. Tranquilizar o calmar (algo o a alguien). *Por más que le he dicho, no he conseguido aquietarla.* ▶ *CALMAR.

aquilatar. tr. Calcular o determinar (el valor de algo). *Un gemólogo aquilatará el valor de la piedra preciosa.*

aquilino, na. adj. cult. Dicho de nariz o de rostro: Aguileño.

ara. f. Altar (mesa para celebrar la misa, o lugar para sacrificios). ■ **en ~s de.** loc. prepos. En favor de. *Sacrifican la calidad en aras de la producción.* ▶ ALTAR.

árabe. adj. **1.** De Arabia (península de Asia). **2.** De los pueblos que tienen como lengua el árabe (→ 3). ● m. **3.** Lengua semítica hablada en los países del norte de África y del sudoeste de Asia. FAM **arábigo, ga; arabización; arabizar.**

arabesco. m. Adorno, pintado o esculpido, constituido por una complicada combinación de figuras geométricas y vegetales, y empleado frec. en frisos o zócalos.

arabismo. m. Palabra o uso propios de la lengua árabe empleados en otra. *El español asimiló muchos arabismos.* FAM **arabista.**

arácnido. adj. **1.** *Zool.* Del grupo de los arácnidos (→ 2). ● m. **2.** *Zool.* Animal invertebrado terrestre con cuatro pares de patas y la cabeza unida al tórax, como la araña.

arado. m. **1.** Instrumento agrícola que, movido por fuerza animal o mecánica, sirve para arar. *Un arado de madera.* **2.** Hecho de arar. *Tienen que terminar el arado de la tierra antes de la siembra.*

aragonés, sa. adj. De Aragón (España).

arahuaco, ca. adj. De un grupo de pueblos indígenas de las Antillas que se extendió por Sudamérica.

arameo, a. adj. **1.** Del arameo (→ 2). ● m. **2.** Grupo de lenguas semíticas habladas antiguamente en Oriente Próximo y hoy en algunas partes de Siria, Líbano y otros países de la zona.

arancel. m. **1.** Impuesto que se aplica a un bien o producto importados en un país. **2.** Tarifa oficial que determina la cantidad que se ha de pagar por determinados servicios. *Los notarios cobran aranceles en los préstamos hipotecarios.* FAM **arancelario, ria.**

arándano. m. Fruto comestible y de sabor agridulce, de pequeño tamaño, con forma globosa y color negruzco o azulado.

arandela. f. Pieza plana y circular, perforada en el centro, que se usa para mantener una tuerca o un tornillo apretados, para asegurar el cierre de una junta o para evitar que dos piezas rocen entre sí. *La arandela de la cafetera.*

araña. f. **1.** Animal invertebrado con cuatro pares de patas y el abdomen abultado, que segrega un hilo viscoso con el que caza a sus presas. *La araña macho.* **2.** Lámpara de varios brazos que va sujeta al techo y de la que suelen colgar pequeñas piezas de cristal. *Una araña ilumina el patio de butacas.*

arañar. tr. **1.** Hacer una persona o animal heridas superficiales en forma de rayas con las uñas o con un objeto puntiagudo en la piel (de alguien o de una parte de su cuerpo). *Me has arañado en el lápiz.* **2.** Hacer rayas poco profundas en la superficie (de algo). *No dejes las llaves sobre la mesa, que la arañan.* FAM **arañazo.**

arar. tr. Remover (la tierra) o hacer surcos (en ella) con el arado. *Aran la tierra y después plantan el maíz.* ▶ LABRAR.

araucano, na. adj. **1.** De Arauco (Chile) o de Arauca (Colombia). **2.** De un pueblo indígena de Sudamérica que en la época de la conquista española habitaba en la zona central de Chile, y que después se extendió por la pampa argentina. Tb. m. y f. ● m. **3.** Lengua de los araucanos (→ 2). ▶ **2, 3:** MAPUCHE.

araucaria. f. Árbol originario de América, con forma parecida a la del abeto y hojas siempre verdes, que se cultiva como ornamental. *En Chile hay bosques de araucarias.*

arbitrario, ria. adj. **1.** Dicho de persona: Que actúa siguiendo su voluntad o capricho, sin ajustarse a las leyes o a la razón. *Es muy arbitrario en sus decisiones.* **2.** Dicho de cosa: Que depende de la voluntad o el capricho de alguien, sin ajustarse a las leyes o a la razón. *Criterios arbitrarios.* FAM **arbitrariedad.**

arbitrio. m. **1.** Facultad que tiene alguien de decidir o de adoptar una resolución. *Queda al arbitrio DE cada cual votar a uno u otro partido.* **2.** *Der.* Impuesto, gralm. municipal, establecido con el fin de obtener fondos para gastos públicos. *El arbitrio que grava las gasolinas.*

arbitrista. m. y f. Persona que propone proyectos disparatados o poco realistas para resolver problemas políticos o económicos. *Un pueblo sin educación es presa fácil de arbitristas.* FAM **arbitrismo.**

árbitro, tra. m. y f. **1.** Persona encargada de que se cumpla el reglamento en un encuentro deportivo. *Es árbitro de fútbol.* **2.** Persona, o grupo de ellas, encargadas de resolver un conflicto entre dos o más partes. *Una comisión interviene como árbitro en la conferencia de paz.* **3.** Persona cuyo criterio se toma como autoridad en un asunto o materia. *Los científicos no desean convertirse en árbitros de la moral.* FAM **arbitraje; arbitral; arbitrar.**

árbol. m. **1.** Planta de tallo leñoso, frec. elevado, que se divide en ramas a cierta altura del suelo. **2.** Representación gráfica en forma de árbol (→ 1) de la estructura de una cosa y de las relaciones entre sus elementos. *El árbol refleja la estructura de esta oración.* ■ ~ **de Navidad.** m. Árbol (→ 1) natural o artificial, gralm. un pino o un abeto, que se decora con luces, adornos y regalos para las celebraciones navideñas. ■ ~ **genealógico.** m. Árbol (→ 2) de las relaciones de parentesco entre los miembros de una familia. *El árbol genealógico de los Austrias.* ▶ Am: **1:** PALO. FAM **arbolado, da; arboleda; arbóreo, a.**

arboladura. f. *Mar.* Conjunto de palos y vergas de un buque. *Arriaron las velas, dejando al desnudo la arboladura.*

arborescencia. f. Cosa que tiene forma o estructura de árbol. *Los pulmones aparecen representados como dos arborescencias.* FAM **arborescente.**

arbotante. m. *Arq.* Arco que hace que el empuje de una bóveda recaiga sobre un contrafuerte exterior. *Los arbotantes góticos de la catedral.*

arbusto. m. Planta de tallos leñosos divididos en ramas desde la base. *El mangle es un arbusto tropical.* FAM **arbustivo, va.**

arca. f. **1.** Caja grande de madera, de base rectangular y tapa gralm. convexa, con bisagras y cerradura, que sirve para guardar objetos. *Las sábanas están en un arca.* **2.** Caja para guardar dinero. *La recaudación diaria se guarda en un arca metálica.* ■ ~ **de la Alianza.** f. *Rel.* Arca (→ 1) en que se guardaban las Tablas de la Ley que Dios entregó a Moisés. ■ ~ **de Noé.** f. Embarcación en que, según la Biblia, se salvaron del Diluvio Noé y su familia y los animales encerrados en ella. ▶ **1:** *BAÚL.*

arcabuz. m. histór. Arma de fuego semejante al fusil, que se disparaba prendiendo una mecha. FAM **arcabucero.**

arcada¹. f. Conjunto o serie de arcos de una construcción. *Una arcada rodea el patio del convento.*

arcada². f. Movimiento violento del estómago, gralm. seguido o acompañado de vómito. *Tuvo una arcada al pensar en comerse un gusano.*

arcaico, ca. adj. **1.** Muy antiguo o de época remota. *Historia de las religiones desde el mundo arcaico hasta nuestros días.* **2.** Muy anticuado. *Hay que modernizar las arcaicas estructuras del país.* ▶ **1:** ANTIGUO. **2:** *ANTICUADO.* FAM **arcaísmo; arcaizante.**

arcángel. m. *Rel.* En el cristianismo: Espíritu celeste de orden inmediatamente superior al del ángel. *El arcángel San Miguel.*

arcano, na. adj. **1.** Secreto u oculto. *Un brujo le enseñó recetas arcanas.* ● m. **2.** Secreto o misterio. *El libro se adentra en los arcanos de la prehistoria.*

arce. m. Árbol grande y de madera dura, cuyos frutos están provistos de una especie de alas que giran al caer.

arcén. m. En una carretera: Margen lateral reservado espec. para el uso de los peatones y de determinados vehículos. ▶ Am: BANQUINA.

archi-. pref. Significa 'muy'. *Archisabido, archifamoso.*

archidiócesis. f. Diócesis dirigida por un arzobispo. *La archidiócesis de Toledo.*

archiduque, quesa. m. y f. **1.** Duque con autoridad superior a la de otros duques. Se usa gralm. como título de los príncipes de la casa de Austria. *El archiduque Carlos.* **2.** Consorte de un archiduque (→ 1) o de una archiduquesa (→ 1). FAM **archiducado.**

archipiélago. m. Conjunto de islas. *El archipiélago canario.*

archivo. m. **1.** Lugar en que se guarda, gralm. de forma ordenada, un conjunto de documentos. *Los expedientes están almacenados en el archivo.* **2.** Hecho de archivar algo, espec. dándolo por terminado. *Los imputados piden el archivo del caso.* **3.** *Inform.* Espacio que se reserva en la memoria de un ordenador para almacenar información que pueda manejarse mediante una instrucción única. *He creado un archivo en el disco duro.* ▶ **3:** FICHERO. FAM **archivador, ra; archivar; archivero, ra; archivístico, ca.**

arcilla. f. Tierra fina que al humedecerse se hace moldeable, por lo que se emplea en cerámica y alfarería. FAM **arcilloso, sa.**

arcipreste. m. **1.** *Rel.* Eclesiástico con cargo de dignidad en una catedral, que antiguamente era el presbítero principal del cabildo. *El arcipreste rivalizaba con el deán del cabildo.* **2.** *Rel.* Eclesiástico que, por nombramiento del obispo, tiene autoridad sobre los curas y las iglesias de un territorio determinado. *Ha sido nombrado arcipreste de la diócesis.*

arco. m. **1.** Elemento arquitectónico cóncavo y gralm. curvo que cubre un hueco y descarga hacia los lados los empujes que recibe. *Los arcos de un puente romano.* Tb. designa otras cosas cuya forma recuerda la de ese elemento. *Tiene el arco del pie pronunciado.* **2.** Arma para disparar flechas, compuesta por una vara flexible sujeta por sus extremos con una cuerda que la curva al tensarse. *Cazan con arcos y flechas.* **3.** Varilla delgada que sirve para frotar las cuerdas de algunos instrumentos musicales. *Sostiene el arco del violín con la mano derecha.* **4.** *Mat.* Porción de una curva. *El arco de una circunferencia.* ■ ~ **apuntado.** m. *Arq.* Arco (→ 1) constituido por dos porciones de circunferencia que forman ángulo agudo. *El claustro tiene arcos* apuntados. ■ ~ **de herradura.** m. *Arq.* Arco (→ 1) formado por más de media circunferencia, característico de la arquitectura árabe. *Los arcos de herradura de la mezquita de Córdoba.* ■ ~ **de medio punto.** m. *Arq.* Arco (→ 1) formado por media circunferencia. *El arco de medio punto es característico del Románico.* ■ ~ **de triunfo, o triunfal.** m. Monumento compuesto de uno o más arcos (→ 1) y adornado con esculturas, que conmemora una victoria u otro acontecimiento. *Arcos triunfales romanos.* ■ ~ **eléctrico, o voltaico.** m. *Fís.* Descarga eléctrica luminosa que se produce entre dos electrodos próximos y que hace que estos se pongan incandescentes. ■ ~ **iris.** m. Banda de colores en forma de arco (→ 4) que aparece en el cielo cuando los rayos del sol se refractan y reflejan en las gotas de lluvia.

arcón. m. Arca grande para guardar objetos. ▶ *BAÚL.

arder. intr. **1.** Sufrir algo la acción del fuego. *Un tronco arde en la chimenea.* **2.** Experimentar alguien sensación de calor en una parte de su cuerpo. *Con esa salsa picante me arde la lengua.* **3.** Estar alguien bajo la influencia de una pasión o un sentimiento intensos. *Ardo EN deseos de verla.*

ardid. m. Medio hábil o astuto que se emplea para lograr algo. *Se descubrió el ardid.* ▶ *ARTIMAÑA.

ardiente. (sup. **ardentísimo**). adj. **1.** Que arde. *Un hierro ardiente.* **2.** Que causa ardor en alguna parte del cuerpo. *El sabor de la pimienta es ardiente.* **3.** Vehemente o apasionado. *Es un ardiente defensor de la paz.* ▶ **1:** ARDOROSO. **3:** *APASIONADO.

ardilla. f. Mamífero roedor muy ágil e inquieto, de cola larga y poblada de mucho pelo, que vive en los bosques. *La ardilla macho.*

ardite. **un ~.** loc. adv. Muy poco o nada. *Al tirano le importa un ardite el pueblo.*

ardor. m. **1.** Sensación de calor o quemazón intensos en alguna parte del cuerpo. *Tengo ardor de estómago.* **2.** Vehemencia o apasionamiento. *Defiende sus ideas con ardor.* **3.** Encendimiento o tensión máximos que alcanza algo, espec. una disputa. *En el ardor de la discusión, se insultaron.* FAM **ardoroso, sa.**

arduo, dua. adj. cult. Difícil o que requiere mucho esfuerzo. *Una tarea ardua.*

área. f. **1.** Espacio de tierra comprendido dentro de determinados límites. *El área metropolitana.* **2.** Espacio que se distingue por determinadas características o que está destinado a un fin. *El área atlántica.* **3.** En algunos deportes: Zona marcada delante de la meta, en la que las faltas tienen sanciones especiales. *Si el futbolista toca el balón con la mano en su área, será penalti.* **4.** Ámbito (espacio inmaterial). **5.** *Mat.* Superficie comprendida dentro del perímetro de una figura geométrica. *Calcule el área de un triángulo.* **6.** *Mat.* Unidad de superficie que equivale a 100 m² (Símb. *a*). *Cien áreas forman una hectárea.* ▶ **2, 4:** *ÁMBITO.

areito o **areíto.** m. frecAm. histór. Canto de los indios antillanos. *Cantadora y poetisa de areítos* [C].

arena. f. **1.** Conjunto de partículas desprendidas de las rocas y acumuladas pralm. en las orillas del mar o de los ríos y en los desiertos. *La arena de las dunas.* **2.** Ruedo (círculo donde se desarrolla la corrida de toros). **3.** En un circo o anfiteatro romanos: Lugar en que se desarrolla el combate u otros espectáculos. *Los gladiadores salen a la arena.* ■ ~**s movedizas.** f. pl. Arena (→ 1) muy húmeda y poco estable en que los cuerpos no pueden sostenerse y se hunden. ▶ **2:** *RUEDO. FAM **arenal; arenilla; arenoso, sa.**

arenga. f. Discurso pronunciado para excitar los ánimos de los oyentes, espec. el dirigido por una autoridad a una multitud. *El general lanza una arenga a sus tropas.* ▶ SOFLAMA. FAM **arengar.**

arenisca. f. *Geol.* Roca sedimentaria formada por arena de cuarzo y un cemento natural. *Estratos de areniscas.*

arenque. m. Pez marino comestible, semejante a la sardina, que se consume pralm. ahumado.

areola o **aréola.** f. *Anat.* Círculo rojizo o algo oscuro que rodea el pezón del pecho. ▶ AUREOLA.

arepa. f. frecAm. Torta de maíz. *El maíz para las arepas del desayuno* [C].

arequipeño, ña. adj. De Arequipa (Perú).

arete. m. **1.** Pendiente en forma de aro. *Lleva aretes de plata.* **2.** Am. Pendiente (adorno). *Me fijé en sus aretes de perlas* [C]. ▶ *PENDIENTE.

arévaco, ca. adj. histór. De un pueblo hispánico prerromano que habitaba territorios correspondientes a las actuales provincias de Soria y Segovia.

argamasa. f. Masa hecha de cal, arena y agua, que se emplea en albañilería. *Los bloques de piedra están unidos con argamasa.*

argelino, na. adj. De Argelia (África).

argentino, na. adj. **1.** De la Argentina. **2.** cult. Dicho espec. de brillo o color: De características semejantes a las de la plata. *El brillo argentino de la bandeja.* **3.** cult. Que suena de manera clara y sonora, como la plata. *El argentino tañido de la campanilla.* FAM **argénteo, a; argentífero, ra.**

argolla. f. **1.** Anilla gruesa, gralm. de hierro, que va fija en un sitio y sirve pralm. para atar o sujetar algo. *Amarra el caballo a una argolla de la pared.* **2.** Am. Anillo de compromiso o de matrimonio. *Un joyero le hizo las argollas matrimoniales* [C].

argot. (pl. **argots**). m. Jerga de una profesión o actividad. *El argot ciclístico.*

argucia. f. Argumento falso presentado con habilidad y con apariencia de verdadero. *No trates de convencernos con tus argucias.*

argüir. (conjug. CONSTRUIR). tr. Exponer (algo) como argumento o justificación de otra cosa. *Han argüido que faltaba tiempo.* ▶ *ALEGAR.

argumento. m. **1.** Razonamiento que se emplea para demostrar o para rechazar algo. *Sus argumentos no me convencen.* **2.** Conjunto de hechos encadenados que se narran en una obra de ficción. *El argumento de la película está basado en un suceso real.* FAM **argumentación; argumental; argumentar; argumentativo, va.**

aria. f. Composición musical para que la cante una sola voz, con acompañamiento instrumental y frec. como parte de una obra mayor. *La soprano interpreta un aria de "Carmen".*

árido, da. adj. **1.** Dicho espec. de terreno: Seco, o que tiene poca humedad. *Campos áridos.* **2.** Dicho de clima: Seco, o caracterizado por la escasez de lluvias. **3.** Que resulta pesado o aburrido. *Es un texto árido.* ● m. pl. **4.** Granos, legumbres y otros frutos que se miden con medidas de capacidad. *Los cereales y otros áridos se miden por fanegas.* **5.** *Constr.* Materiales rocosos, como la arena o la grava, que se emplean para hacer hormigón y otras mezclas. *Extracción de áridos.* FAM **aridez.**

aries. m. y f. Persona nacida bajo el signo de Aries.

ariete. m. **1.** histór. Máquina militar para derribar murallas, consistente en una viga larga y pesada, reforzada en un extremo con una pieza metálica. **2.** Dep. En el fútbol: Delantero centro. *El ariete lleva ya tres goles.*

ario, ria. adj. **1.** De un pueblo antiguo que habitó en Asia central y se extendió por otras zonas de Asia y Europa. *Lenguas arias.* **2.** De un pueblo de estirpe nórdica formado supuestamente por descendientes de los antiguos indoeuropeos. *Los nazis sostenían que la raza aria era superior.*

arisco, ca. adj. Áspero o desagradable en el trato. *El chiquillo es muy arisco.* ▶ *ANTIPÁTICO.

arista. f. Línea resultante de la intersección de dos planos o superficies, considerada desde la parte exterior del ángulo que forman. *Una cabeza de flecha con las aristas afiladas.*

aristocracia. f. **1.** Clase social constituida por los nobles. *La aristocracia terrateniente.* **2.** histór. Forma de gobierno en que el poder es ejercido por un grupo de personas destacadas. *En la Antigüedad hubo monarquías, tiranías, aristocracias, etc.* ▶ **1:** NOBLEZA. FAM **aristócrata; aristocrático, ca.**

aristotelismo. m. Fil. Doctrina y escuela filosóficas de Aristóteles (filósofo griego, s. IV a. C.) y de sus seguidores. FAM **aristotélico, ca.**

aritmético, ca. adj. **1.** De la aritmética (→ 2). *Cálculos aritméticos.* ● f. **2.** Parte de las matemáticas que estudia los números y las operaciones que se hacen con ellos.

arlequín. m. Persona disfrazada de Arlequín (personaje de la comedia del Arte), con una máscara negra y un traje de rombos de colores. *Picasso pintó arlequines.*

arma. f. **1.** Instrumento que sirve para atacar o defenderse. *Armas químicas y bacteriológicas.* **2.** Medio natural de defensa o ataque de las personas o de los animales. *El arma del rinoceronte es su cuerno.* **3.** Medio que se utiliza para conseguir algo. *Su mejor arma es la simpatía.* **4.** Cada una de las partes del ejército con una función determinada. *Es teniente del arma de infantería.* ○ pl. **5.** Profesión de militar. *En su vida profesional supo unir las armas y las letras.* ■ ~ blanca. f. Arma (→ 1) que tiene una hoja de acero y puede herir por el filo o por la punta. *Hubo dos heridos por arma blanca.* ■ ~ de doble filo, o de dos filos. f. Cosa que puede tener un efecto perjudicial, contrario al que se pretende. *La tecnología es un arma de doble filo.* ■ ~ de fuego. f. Arma (→ 1) que emplea un material explosivo para lanzar proyectiles. *La policía encontró pistolas y otras armas de fuego.* ■ ~s. loc. v. Sublevarse con armas (→ 1). *El pueblo se alzará en armas contra los invasores.* ■ de ~s tomar. loc. adj. Dicho de persona: Decidida y que no se deja atropellar. *Es una mujer de armas tomar.* ■ en ~s. loc. adv. En lucha armada. *El pueblo está en armas contra el tirano.* ■ pasar (a alguien) por las ~s. loc. v. Fusilar(lo). *Los acusaron de traición y los pasaron por las armas.* FAM **armería; armero.**

armada. f. **1.** (En mayúsc.). Conjunto de fuerzas navales de un Estado. *Una fragata de la Armada.* **2.** Conjunto de barcos de guerra. *Divisan la armada enemiga.* ▶ **2:** ESCUADRA.

armadillo. m. Mamífero americano con el cuerpo protegido por un caparazón óseo cubierto de escamas articuladas que le permite enrollarse sobre sí mismo. *El armadillo hembra.*

armado, da. adj. **1.** Dicho espec. de cuerpo militar: Provisto de armas. *Las Fuerzas Armadas.* **2.** Que se desarrolla con la utilización de armas. *Enfrentamientos armados.* **3.** Dicho de cemento o de hormigón: Reforzado con barras metálicas. *Vigas de cemento armado.*

armador, ra. adj. Que prepara o equipa barcos con todo lo necesario para su explotación comercial. *Compañía armadora.*

armadura. f. **1.** Armazón. **2.** histór. Conjunto de piezas de hierro con que se cubría el cuerpo del guerrero para su protección durante el combate. *El museo expone viejas armaduras.*

armamento. m. Conjunto de armas, espec. militares o de guerra. *Armamento nuclear.* FAM **armamentismo; armamentista; armamentístico, ca.**

armañac. m. Aguardiente de uva originario de Armagnac (región de Francia).

armar. tr. **1.** Formar (algo, como un ruido o un lío). *¡Menudo lío has armado!* **2.** Unir o ajustar entre sí las piezas (de algo). *Ayúdame a armar la estantería.* **3.** Proporcionar armas (a alguien o algo). *Nos han armado DE rifles y pistolas.* ○ intr. prnl. **4.** Adoptar determinada actitud, espec. de paciencia para conseguir algo o soportar algo. *Ármate DE valor.* ▶ **2:** MONTAR.

armario. m. **1.** Mueble con puertas, provisto en su interior de estantes y gralm. de una barra para colgar perchas, que sirve para guardar ropa u otros objetos. *Han roto el armario en la mudanza.* **2.** Espacio cerrado por puertas, a semejanza de un armario (→ 1), que se construye aprovechando un hueco entre paredes o el espesor de un muro. *El piso tiene armarios empotrados.*

armatoste. m. despect. Objeto, espec. mueble o aparato, excesivamente grande, que molesta o es de escasa utilidad. *Este sofá es un armatoste.*

armazón. m. o f. Pieza o conjunto de piezas unidas que sirven como soporte o estructura de una cosa o para darle resistencia. *La tienda de campaña se sostiene con una armazón de varillas.* ▶ ARMADURA.

armenio, nia. adj. **1.** De Armenia (país de Europa) o de Armenia (Colombia). ● m. **2.** Lengua hablada en Armenia (Europa).

armería; armero. → arma.

armiño. m. Mamífero carnívoro semejante a la comadreja, de piel muy apreciada en peletería, parda en verano y blanca en invierno. *El armiño hembra.*

armisticio. m. Suspensión temporal de la lucha, pactada entre dos bandos que están en guerra. *Han acordado un armisticio.*

armonía. f. **1.** Correspondencia adecuada entre las partes de un todo, que hace que este resulte agradable. *Te falta armonía en los movimientos.* **2.** Buena relación entre personas. *En la casa vuelve a reinar la armonía.* **3.** Mús. Arte de formar y enlazar los acordes. *Estudia armonía en el conservatorio.* FAM **armónico, ca; armonioso, sa; armonizar.**

armonio o **armónium.** m. Órgano pequeño, con aspecto de piano, al cual se da aire por medio de fuelles accionados con los pies. *Desde el coro llegan las notas de un armonio.*

arnés. m. **1.** Conjunto de correas ajustables que sirve para sujetar o transportar algo o a alguien. *Los albañiles llevan un arnés para no caer al vacío.* **2.** Conjunto de correajes y piezas que se ponen a las caballerías para que tiren de los carruajes o para montarlas o cargarlas. *El cochero ajustó las correas del arnés.* ▶ **2:** APAREJO, ARREOS.

árnica. f. Planta silvestre de flores amarillas que se emplea en medicina para el tratamiento de golpes y contusiones.

aro. m. **1.** Pieza de material rígido en forma de circunferencia. *La pelota rebotó en el aro de la canasta.* **2.** Aparato gimnástico consistente en un aro (→ 1) grande y ligero, que se usa para hacer ejercicios de gimnasia rítmica. *La gimnasta lanzó el aro hacia arriba.* **3.** Juguete que consiste en un aro (→ 1) que se hace rodar empujándolo con un palo. *Carreras de aros.* **4.** Am. Pendiente (adorno). *Los aros de brillantes seguían el contorno de los lóbulos* [C]. ■ **pasar, o entrar, por el ~.** loc. v. coloq. Aceptar algo que no se deseaba o que se rechazaba. *No quiere casarse, pero terminará pasando por el aro.* ▶ **4:** *PENDIENTE.

aroma. m. Olor muy bueno o agradable. *El aroma de las flores.* ▶ PERFUME. FAM aromático, ca; aromatizante; aromatizar.

arpa. f. Instrumento musical de forma triangular, con cuerdas verticales que se pulsan con ambas manos. FAM arpista.

arpegio. m. *Mús.* Serie de los sonidos de un acorde tocados de manera sucesiva, en lugar de simultáneamente. *Los arpegios de una guitarra.*

arpía. (Tb. harpía). f. **1.** Mujer mala o malvada. **2.** En la mitología grecorromana: Animal fabuloso con rostro de mujer y cuerpo de ave rapaz.

arpillera. f. Tejido fuerte, hecho de estopa basta, empleado para proteger o embalar cosas.

arpón. m. Instrumento empleado pralm. para capturar peces grandes, consistente en un mango alargado con una pieza puntiaguda de metal en el extremo. FAM arponear; arponero.

arquear. tr. Poner (algo) en forma de arco. *El gato arqueó el lomo.* FAM **arqueo.** *(Apóyese para evitar el arqueo de la columna).*

arqueo. m. *Com.* Análisis comparativo de los gastos e ingresos de un negocio o una empresa para conocer su situación económica. *Las sociedades hacen arqueo al final de cada ejercicio.* ▶ BALANCE.

arqueología. f. Ciencia que estudia las civilizaciones antiguas a través de los restos que se conservan de ellas. FAM arqueológico, ca; arqueólogo, ga.

arquería. f. *Arq.* Serie de arcos. *Una arquería rodea el claustro.*

arquero, ra. m. y f. **1.** Persona que practica el tiro con arco. *En el torneo participan arqueros de todo el país.* **2.** *Dep.* Portero (jugador). ▶ m. **3.** histór. Soldado que luchaba con arco y flechas. *Los arqueros disparaban desde el castillo.* ▶ **2:** *PORTERO.

arqueta. f. Caja pequeña en forma de arca. *Guarda sus joyas en una arqueta.*

arquetipo. m. Modelo ideal o primario de algo. *Don Juan es el arquetipo del seductor.* FAM arquetípico, ca.

arquitectura. f. **1.** Arte o técnica de proyectar y construir edificios. *Estudió Arquitectura en la Universidad.* **2.** Obra de arquitectura (→ 1). *La ciudad es famosa por su arquitectura.* FAM arquitecto, ta; arquitectónico, ca.

arquitrabe. m. *Arq.* Parte inferior del entablamento, que descansa directamente sobre la columna.

arrabal. m. **1.** Barrio de las afueras de una población. *Antes esto era un arrabal mal comunicado.* ▶ pl. **2.** Afueras o alrededores de una población. *Los arrabales de la capital.* FAM arrabalero, ra.

arracimarse. intr. prnl. Juntarse formando grupos apretados. *La gente se arracima alrededor del herido.*

arraigar. (conjug. BAILAR). intr. **1.** Hacerse firme o duradero algo, como una idea o una costumbre. *La moda ha arraigado entre los jóvenes.* **2.** Establecerse alguien en un lugar de manera permanente. *Son hijos de emigrantes que arraigaron EN Argentina.* **3.** Echar raíces una planta. *No ha arraigado el manzano.* ▶ **3:** ENRAIZAR, PRENDER. FAM arraigo.

arrancar. tr. **1.** Sacar (algo) de raíz. *Arrancan las plantas secas.* **2.** Separar, frec. con fuerza o con violencia. *(algo) del lugar en que está fijo o sujeto. Arranca una hoja DEL cuaderno.* **3.** Poner en funcionamiento (una máquina o un vehículo). *Tirad del cable para arrancar la motosierra.* **4.** Obtener o conseguir (algo) de una persona o cosa con astucia, esfuerzo o violencia. *No me arrancarás ni una palabra.* ○ intr. **5.** Empezar a moverse o a funcionar un vehículo o una máquina. *El motor no arranca.* **6.** Seguido de *a* y un infinitivo: Empezar a hacer lo expresado por él, frec. de forma imprevista. *El caballo ha arrancado a correr.* FAM **arrancada; arranque.**

arras. f. pl. Conjunto de trece monedas que el novio entrega a la novia durante la ceremonia del matrimonio.

arrasar. tr. Destruir (algo) por completo. *El fuego ha arrasado el bosque.* FAM arrasador, ra.

arrastrado, da. adj. coloq. Dicho espec. de vida: Llena de angustias y dificultades. *La muerte pondrá fin a su arrastrada existencia.*

arrastrar. tr. **1.** Mover (algo) de manera que roce el suelo u otra superficie. *Camina arrastrando los pies.* **2.** Mover a algo o a alguien de un lado a otro, espec. tirando (de él o ello). *Las olas me arrastran.* **3.** Tener algo como consecuencia (otra cosa). *La medida arrastrará desagradables consecuencias.* **4.** Soportar (algo negativo y que dura mucho). *Arrastra el cansancio desde hace días.* ○ intr. prnl. **5.** Moverse rozando el suelo con el cuerpo. *La serpiente se arrastra.* **6.** Humillarse completamente. *Aunque te arrastres, no lo haré.* FAM arrastre; arrastrero.

arrayán. m. Mirto.

arre. interj. Se usa para animar a una caballería a que ande. *¡Arre, caballo!*

arrear. tr. Estimular (a un animal) con la voz o con un golpe para que ande o para que lo haga más deprisa. *Los vaqueros arrean las reses.*

arrebatado, da. adj. **1.** Vehemente o impetuoso. *Un discurso arrebatado.* **2.** Dicho de persona o de su rostro: Enrojecido.

arrebatar. tr. **1.** Quitar (algo a alguien) a una persona con violencia. *Les han arrebatado a su hijo.* **2.** Conmover o impresionar mucho (a alguien) provocándo(le) entusiasmo. *La cantante arrebató al auditorio.* ○ intr. prnl. **3.** Dejarse llevar por una pasión, espec. por la ira. *Me arrebaté tanto que no medía mis palabras.* **4.** Asarse o cocerse un alimento demasiado rápido por exceso de fuego. *Para que no se arrebate el guiso, póngalo a fuego lento.* ▶ **2:** *ENTUSIASMAR. FAM arrebatador, ra; arrebato.

arrebol. m. cult. Color rojizo del rostro o de las nubes iluminadas por los rayos del sol. *Los arreboles del ocaso.* FAM arrebolar.

arrebujar. tr. **1.** Formar una masa arrugada y apretada (con algo flexible). *Arrebujó las sábanas sucias.* ○ intr. prnl. **2.** Cubrirse alguien con una prenda, gralm.

amplia y envolvente, encogiendo el cuerpo dentro de ella. *Se arrebuja EN la manta.*

arrecho, cha. adj. **1.** frecAm. malson. Dicho de persona, espec. de hombre: Excitada sexualmente. **2.** Am. coloq. Dicho de persona: Valiente o esforzada. *Sois gente arrecha de mar, no moluscos* [C]. **3.** Am. coloq. Dicho de persona: Enfadada o llena de ira. *Estoy arrecho con el presupuesto que le han dado a la cultura* [C].

arreciar. (conjug. ANUNCIAR). intr. Hacerse algo más fuerte o más violento. *La lluvia arreció.*

arrecife. m. Elevación del fondo marino formada por rocas o por masas calcáreas de pólipos, espec. de corales, que asoma sobre la superficie del agua o se halla cerca de ella.

arredrar. tr. cult. Atemorizar (a alguien). *No lo arredra nada.*

arreglado, da. adj. **1.** Dicho de persona: Ordenada o que sabe organizarse. *Es muy arreglado: tiene sus cosas siempre a punto.* **2.** Dicho de cosa: Moderada o no excesiva. *El precio me parece muy arreglado.*

arreglar. tr. **1.** Hacer que (algo roto o estropeado) vuelva a su estado normal o funcione de nuevo. *El fontanero ha arreglado el grifo.* **2.** Dar (a alguien o algo) un aspecto limpio y agradable. *Arregló un poco la cama.* ■ **arreglárselas.** loc. v. Encontrar la manera para hacer algo. *Se las arreglan PARA sobrevivir.* ▶ **1:** COMPONER, RECOMPONER, REPARAR. **2:** COMPONER. ‖ **Am: 2:** ALISTAR. FAM **arreglista; arreglo.**

arrejuntarse. intr. prnl. vulg. Pasar dos personas a vivir maritalmente sin haberse casado. *Los criticaron por arrejuntarse.*

arrellanarse. intr. prnl. Sentarse cómodamente en un sitio. *Se arrellana EN el sillón.*

arremangar. tr. coloq. Remangar (una prenda de vestir). *Camina arremangando la falda.*

arremeter. intr. Atacar con violencia a alguien o algo. *Ha arremetido CONTRA su atacante.* ▶ *ATACAR. FAM **arremetida.**

arremolinar. tr. **1.** Formar remolinos (con algo). *El viento arremolina las hojas caídas.* ○ intr. prnl. **2.** Amontonarse o apiñarse desordenadamente personas o cosas en movimiento. *La gente se arremolina alrededor de la ganadora.* **3.** Formar remolinos algo. *El agua se arremolina a la altura del puente.*

arrendar. (conjug. ACERTAR). tr. **1.** Ceder a alguien el derecho a usar o aprovechar (algo) por un precio y durante un tiempo determinado. En Esp. sobre todo referido a fincas o bienes inmuebles. *Usted me dirá qué necesita para arrendarme la habitación* [C]. **2.** Adquirir el derecho a usar o aprovechar (algo) por un precio y durante un tiempo determinado. En Esp., sobre todo referido a fincas o bienes inmuebles. *Arrendé un auto* [C]. ▶ ALQUILAR. FAM **arrendador, ra; arrendamiento; arrendatario, ria; arriendo.**

arreo. m. **1.** Am. Hecho de arrear. *Suspendió el arreo de las ovejas* [C]. **2.** Am. Recua (conjunto de animales). *La carga se transportaba en arreos de equinos* [C]. ▶ **2:** RECUA.

arreos. m. pl. Correas y piezas que se ponen a las caballerías. ▶ *ARNÉS.

arrepentirse. (conjug. SENTIR). intr. prnl. **1.** Sentirse disgustado o apenado por algo que se ha hecho o se ha dejado de hacer. *Se arrepintió DE haberle hablado así.* **2.** Cambiar de opinión. *Iba a decir algo, pero me he arrepentido.* FAM **arrepentimiento.**

arrestar. tr. Detener o privar de libertad (a alguien) una autoridad. *La agente ha arrestado a dos sospechosos.* ▶ DETENER.

arresto. m. **1.** Hecho de arrestar. *El arresto del ladrón.* ○ pl. **2.** Valor o decisión para hacer algo arriesgado. *No tiene arrestos para nada.*

arriano, na. adj. **1.** De Arrio (sacerdote de Alejandría, s. IV) o de su doctrina, condenada como herejía, según la cual el Hijo no es igual o de la misma sustancia que el Padre. **2.** Seguidor de la doctrina arriana (→ 1). FAM **arrianismo.**

arriar. (conjug. ENVIAR). tr. Bajar (una bandera o una vela que están izadas). *El capitán ordena arriar las velas.* FAM **arriada; arriado.**

arriate. m. Porción de tierra acotada, gralm. estrecha y pegada a una pared, para plantas de adorno. *Un arriate con rosales.*

arriba. adv. **1.** Hacia, o en, un lugar que está más alto o en la parte alta. *Ve arriba por los abrigos.* **2.** frecAm. En un lugar que está encima. *Las medias le llegan arriba de la rodilla* [C]. ■ **de ~ abajo.** loc. adv. Totalmente, o de un extremo a otro. *En un momento se cambió de arriba abajo.*

arribar. intr. Llegar a un lugar una embarcación. *El barco ha arribado AL puerto.* FAM **arribada; arribo.**

arribista. adj. Dicho de persona: Que emplea todos los medios y actúa sin escrúpulos para progresar rápidamente. *Charlatanes arribistas.* FAM **arribismo.**

arriendo. → arrendar.

arriero, ra. m. y f. Persona que se dedica al transporte de mercancías con animales de carga. *Los arrieros llevaban el hielo hasta la ciudad.*

arriesgado, da. adj. **1.** Dicho de persona: Que actúa con riesgo o con osadía. *Unos escaladores arriesgados.* **2.** Dicho de cosa: Que implica riesgo o peligro. *Una maniobra arriesgada.* ▶ **2:** *PELIGROSO.

arriesgar. tr. Poner en peligro (algo o a alguien). *Se arriesga A perder el tren.*

arrimar. tr. Acercar (algo o a alguien) a un sitio. *Se arrimó AL cristal.* ▶ *ACERCAR. FAM **arrimo.**

arrinconar. tr. **1.** Poner (algo) en un rincón o lugar apartado. *En una habitación fuimos arrinconando los trastos.* **2.** Acorralar (a alguien) en un lugar. *Arrinconó a su adversario contra la pared.* FAM **arrinconamiento.**

arriscar. tr. Am. Levantar o subir (algo). *Mi mula arrisca el labio para morder la hierba* [C]. ▶ *LEVANTAR.

arritmia. f. cult. o Med. Falta de regularidad en el ritmo, espec. en el de las contracciones del corazón. *Arritmia cardíaca.* FAM **arrítmico, ca.**

arroba. f. **1.** Unidad tradicional de peso que en Castilla equivale a 11,502 kg. *El cerdo pesaba doce arrobas.* **2.** *Inform.* Símbolo (@) usado en las direcciones de correo electrónico, gralm. después del nombre del usuario.

arrobar. tr. Embelesar (a alguien). *Lo arroba escuchar su voz.* ▶ *EMBELESAR. FAM **arrobamiento; arrobo.**

arrocero, ra. → arroz.

arrodillarse. intr. prnl. Ponerse de rodillas. *Se arrodilla ante el altar.* ▶ HINCARSE, PROSTERNARSE.

arrogante. adj. Dicho de persona: Orgullosa o altanera. ▶ *ORGULLOSO. FAM **arrogancia.**

arrogarse. tr. prnl. Atribuirse alguien (algo, espec. un derecho o una facultad) de manera indebida. *Nadie puede arrogarse el derecho a decidir por ella.*

arrojado, da. adj. cult. Valiente u osado. FAM **arrojo.**

arrojar. tr. **1.** Lanzar (algo o a alguien). *Algunos arrojaron piedras.* **2.** Echar o dejar caer (algo) en un lugar. *Arrojó la colilla al suelo.* **3.** Expulsar una persona o cosa (algo que contienen en su interior). *La fábrica arroja gases contaminantes.* **4.** Vomitar (lo contenido en el estómago). *Se sintió mal y arrojó todo lo que había comido.* **5.** Echar o expulsar (a alguien) de un lugar. *El ángel arrojó a Adán y Eva DEL Paraíso.* ▶ **1:** *LANZAR. **4:** *VOMITAR. FAM **arrojadizo, za.**

arrollado. m. **1.** Am. Carne cocinada en forma de rollo. *El arrollado se pone a cocer en agua hirviendo* [C]. **2.** Am. Fiambre (carne). *Extrajo un pan con arrollado* [C]. ▶ **2:** FIAMBRE.

arrollar. tr. **1.** Atropellar o pasar por encima (de alguien o algo) algo en movimiento. *El coche arrolló al ciclista.* **2.** Vencer por completo (a alguien). *El equipo ha arrollado al adversario.* FAM **arrollador, ra.**

arropar. tr. Cubrir (a alguien) con ropa. *Arrópese, que hace frío.* FAM **arropamiento.**

arrope. m. Mosto cocido hasta que toma consistencia de jarabe, en el que frec. se echan trozos de frutas. *Buñuelos bañados en arrope.*

arrostrar. tr. cult. Enfrentarse (a un peligro o una dificultad). *El héroe arrostró todo tipo de peligros.*

arroyo. m. **1.** Corriente de agua de recorrido corto y caudal escaso o irregular. *En verano se seca el arroyo.* **2.** Situación de pobreza o desamparo extremos. *Su familia la sacó del arroyo.*

arroz. m. Cereal que se cultiva en terrenos inundables y cuyo fruto es un grano blanco y alargado. FAM **arrocero, ra; arrozal.**

arruga. f. **1.** Pliegue irregular que se forma en una tela u otra materia flexible. *Lleva los pantalones llenos de arrugas.* **2.** Pliegue que se forma en la piel, espec. a causa de la edad. *Tiene arrugas alrededor de los ojos.* FAM **arrugamiento; arrugar.**

arruinar. tr. **1.** Causar (a alguien o algo) la ruina o una gran pérdida económica. *Mi hijo nos arruinó.* **2.** Destruir (algo o a alguien) o causar(les) un grave daño. *El granizo ha arruinado la cosecha.*

arrullar. tr. **1.** Adormecer una persona (a otra), espec. a un niño) emitiendo un sonido monótono y suave. *Arrulló a la niña hasta que se durmió.* **2.** Emitir la paloma o la tórtola un sonido suave y monótono para atraer (a su pareja). FAM **arrullador, ra; arrullo.**

arrumaco. m. Demostración de cariño hecha con gestos o caricias. *Todos le hacen arrumacos al bebé.*

arrumar. tr. frecAm. Amontonar (algo). *Dejaron arrumados sus cadáveres, uno sobre otro* [C]. ▶ AMONTONAR.

arrumbar. tr. Apartar o retirar (algo o a alguien) por considerar(los) faltos de interés o de utilidad. *Han arrumbado los muebles viejos en el desván.*

arsenal. m. **1.** Almacén de armas y municiones. *Un soldado custodia la entrada al arsenal.* **2.** Lugar donde se construyen, reparan y equipan buques de guerra.

arsénico. m. **1.** Quím. Elemento sólido y de color grisáceo, muy tóxico y frec. usado en medicina y en las industrias electrónica y del vidrio (Símb. *As*). **2.** Sustancia venenosa compuesta de arsénico (→ 1).

arte. m. o f. (Gralm. en sing. se usa como m., y en pl., como f.). **1.** Actividad humana que tiene como objetivo la creación de cosas bellas. *El nacimiento del arte se remonta a la Prehistoria.* **2.** Habilidad o destreza para hacer algo. *Tiene mucho arte para la cocina.*

3. Conjunto de reglas que regulan una actividad. *El libro contiene un arte poética.* **4.** Instrumento que sirve para pescar. *La red es un arte muy antiguo.* ■ ~ **marcial.** m. o f. Técnica de lucha originaria de Extremo Oriente y que se practica como deporte. ■ **bellas ~s.** f. pl. Conjunto de artes (→ 1) constituido espec. por la pintura, la escultura, la arquitectura y la música. *Academia de Bellas Artes.* □ **el séptimo ~.** loc. s. cult. El arte (→ 1) del cine. ■ **no tener** alguien ~ **ni parte** (en algo). loc. v. coloq. No intervenir (en ello) de ningún modo. *No tuve arte ni parte EN el asunto.* ■ **por ~ de magia,** o **por ~ de birlibirloque.** loc. adv. Por medios extraordinarios o inexplicables. *Si no limpias, el polvo no va a desaparecer por arte de magia.* FAM **artista; artístico, ca.**

artefacto. m. **1.** Máquina o aparato. *Logró volar en un extraño artefacto.* **2.** Carga o aparato explosivos. *La policía desactivó el artefacto.* ▶ **1:** *APARATO.

artemisa. f. Planta aromática de flores blancas o amarillentas, que tiene propiedades medicinales.

arteria. f. **1.** Cada uno de los vasos sanguíneos que llevan la sangre desde el corazón a las demás partes del cuerpo. **2.** Calle o vía importantes en las que desembocan muchas otras. *Las arterias de la ciudad están colapsadas.* ■ ~ **coronaria.** f. *Anat.* Cada una de las dos arterias (→ 1) que nacen de la aorta y se ramifican rodeando el corazón. ⇒ CORONARIA. FAM **arterial.**

arteriosclerosis o **arterioesclerosis.** f. *Med.* Endurecimiento de las arterias. FAM **arteriosclerótico, ca.**

artero, ra. adj. cult., despect. Astuto. FAM **artería.**

artesa. f. Recipiente rectangular, gralm. de madera, que se estrecha hacia el fondo y se emplea pralm. para amasar pan. ▶ **Am:** BATEA.

artesanía. f. **1.** Actividad u oficio del artesano. *La artesanía ha experimentado un crecimiento.* **2.** Obra de artesanía (→ 1). *Compran tejidos y artesanías.*

artesano, na. m. y f. **1.** Persona que realiza a mano o con herramientas sencillas trabajos que son normalmente doméstico o decorativo, imprimiéndoles un sello personal. ● adj. **2.** De la artesanía o del artesano (→ 1). *Pan artesano.* FAM **artesanado; artesanal.**

artesonado, da. adj. **1.** *Arq.* Decorado con elementos poligonales, cóncavos y con adornos, dispuestos en serie para cubrir la parte interior de una cubierta. *Techos artesonados.* ● m. **2.** *Arq.* Techo o bóveda artesonados (→ 1). *La sala tiene un artesonado mudéjar.*

ártico, ca. adj. Del Polo Norte. *Fauna ártica.*

articulación. f. **1.** Hecho o efecto de articular o articularse. *La articulación de los vagones del tren.* **2.** Unión de dos cosas, como dos piezas o dos huesos, que permite que se muevan. *Siente dolor en las articulaciones.* FAM **articulado, da** (*El brazo articulado de la máquina*); **articular** (*Inflamación articular*); **articulatorio, ria.**

articular. tr. **1.** Unir (dos piezas) de manera que puedan moverse. *Un alambre articula las piezas del muñeco.* **2.** Organizar (algo formado por varios elementos) para lograr un conjunto coherente. *Hay que articular el proyecto.* **3.** Pronunciar o emitir (un sonido o una palabra). *No pudo articular palabra.* ○ intr. prnl. **4.** Estar algo formado por varios elementos organizado como un conjunto coherente. *La ley se articula en treinta preceptos.*

artículo. m. **1.** Cosa que es objeto de venta o comercio. *Artículos de regalo.* **2.** Escrito, gralm. de autor conocido, que se publica en un periódico o revista y en el que se reflexiona sobre un tema determinado.

Artículos de opinión. **3.** Cada una de las normas o preceptos numerados que componen un tratado, una ley o un reglamento. *El artículo doce de la Constitución.* **4.** En un diccionario o en una enciclopedia: División encabezada por una palabra y cuyo contenido proporciona información sobre esta. *El diccionario tiene 40 000 artículos.* **5.** *Gram.* Palabra que precede a un nombre o a una expresión con valor de nombre para indicar si lo designado por ellos es o no conocido o consabido. *Los artículos son palabras átonas.* ■ ~ determinado, o definido. m. *Gram.* Artículo (→ 5) que indica que lo designado por el nombre al que precede es conocido o consabido. *"Las" es artículo determinado.* ■ ~ indeterminado, o indefinido. m. *Gram.* Artículo (→ 5) que indica que lo designado por el nombre al que precede no es lo conocido o consabido. *"Una" es artículo indeterminado.* ▶ **4:** ENTRADA. FAM articulado (*El articulado de la ley*); articulista.

artífice. m. y f. Persona que realiza algo o es responsable de ello. *Ella es la artífice de la expansión de la empresa.*

artificial. adj. **1.** Hecho por el hombre, frec. a imitación o en sustitución de algo natural. *Luz artificial.* **2.** Falto de naturalidad. *Una sonrisa artificial.* FAM artificialidad; artificiosidad; artificioso, sa.

artificiero, ra. m. y f. Especialista en el manejo de explosivos, espec. si es militar o miembro de un cuerpo armado.

artificio. m. **1.** Falta de naturalidad. *Se muestran tal como son, sin ningún artificio.* **2.** Aparato o mecanismo. *Desarrolló un artificio para alcanzar las frutas más altas.* ▶ **2:** *APARATO.

artillería. f. **1.** Armamento de guerra constituido por cañones, morteros y otras armas de gran calibre. *Artillería antiaérea.* **2.** Arma del ejército encargada del uso de la artillería (→ 1). *Un regimiento de artillería.* FAM artillero, ra.

artilugio. m. Mecanismo o aparato, espec. si son raros o complicados. *Tiene un artilugio para regar las plantas.* ▶ *APARATO.

artimaña. f. Medio hábil y engañoso para conseguir algo. *Su artimaña para robar el dinero funcionó.* ▶ ARDID, ASTUCIA, MAÑA, TRETA, TRUCO. ‖ Am: TRÁCALA.

artista; artístico, ca. → arte.

artritis. f. *Med.* Inflamación de las articulaciones. FAM artrítico, ca.

artrópodo. adj. **1.** *Zool.* Del grupo de los artrópodos (→ 2). ● m. **2.** *Zool.* Animal invertebrado que tiene esqueleto exterior y apéndices compuestos de piezas articuladas, como el cangrejo.

artrosis. f. Enfermedad consistente en un deterioro progresivo de las articulaciones sin que se produzca inflamación. *La artrosis es frecuente entre las personas mayores.*

arveja. f. **1.** Algarroba (planta, o semilla). **2.** *Am.* Guisante. *Las arvejas se desgranan y se cuecen en agua hirviendo* [C]. ▶ **1:** ALGARROBA.

arzobispo. m. Obispo de la diócesis principal de una provincia eclesiástica. *Los obispos están bajo la autoridad del arzobispo.* FAM arzobispado; arzobispal.

arzón. m. Parte delantera o trasera de una silla de montar.

as. m. **1.** En una baraja: Carta que lleva el número uno. *El as de copas.* **2.** Persona que sobresale extraordinariamente en una actividad o profesión. *Un as del baloncesto.*

asa. f. En un utensilio, espec. un recipiente: Parte que sobresale y que sirve para cogerlo con la mano. *Agarra la taza por el asa.* FAM asidero.

asado; asador, ra. → asar.

asadura. f. Conjunto de las vísceras de un animal, pralm. el hígado, el corazón y los pulmones.

asaetear. tr. Disparar saetas (contra alguien o algo). *Los cazadores asaeteaban a sus presas.*

asalariado, da. adj. Que recibe un salario por su trabajo. *Trabajadores asalariados.*

asaltar. tr. **1.** Atacar por sorpresa (algo o a alguien) para robar(los). *Me que me asaltaron me quitaron el reloj.* **2.** Atacar por sorpresa (un lugar) para entrar (en él). *El enemigo asaltó la fortaleza.* **3.** coloq. Aparecer repentinamente un pensamiento o un sentimiento en la mente (de alguien). *Me asaltó la duda de si había hecho bien.* FAM asaltante; asalto.

asamblea. f. **1.** Reunión de los miembros de una colectividad para discutir algún asunto. *Los estudiantes se han reunido en asamblea.* **2.** Conjunto de los miembros de una corporación, espec. de un órgano político, cuya función es debatir y resolver determinados asuntos. *Es diputado de la Asamblea Constituyente.* FAM asambleario, ria; asambleísta.

asar. tr. Preparar (un alimento) para su consumo sometiéndo(lo) a la acción directa del fuego y sin sumergir(lo) en un líquido. *He asado el pollo en el horno.* FAM asado; asador, ra.

asaz. adv. cult. Bastante. *Son comentarios asaz impertinentes.*

asbesto. m. *tecn.* Mineral de composición y características semejantes a las del amianto, pero de fibras duras y rígidas, empleado en la industria como material aislante.

ascendente. adj. **1.** Que asciende. *Masajee la espalda en sentido ascendente.* ● m. **2.** *Astrol.* Constelación que aparece en el horizonte en el momento en que nace alguien y que sirve para hacer predicciones sobre su futuro. *Soy Leo, de ascendente Sagitario.*

ascender. (conjug. ENTENDER). intr. **1.** Subir, o ir a un lugar más alto. *Ascendimos A/HASTA la cima.* **2.** Pasar alguien a un estado o situación más altos. *Acaba de ascender A jefe de ventas.* **3.** Llegar una cuenta a una cantidad determinada. *Sus deudas ascienden A dos millones.* ○ tr. **4.** Hacer que (alguien) pase a ocupar un cargo más alto. *Si te ascienden, ganarás más.* ▶ **1-3:** SUBIR. FAM ascensión; ascensional; ascenso.

ascendiente. m. y f. **1.** Persona de la que se desciende o procede otra. *Sus ascendientes eran originarios de Navarra.* ○ m. **2.** Influencia sobre alguien. *Tengo cierto ascendiente SOBRE él.* FAM ascendencia.

ascensor. m. Aparato para trasladarse de un piso a otro de un edificio. ▶ frecAm: ELEVADOR. FAM ascensorista.

asceta. m. y f. Persona que intenta alcanzar la perfección espiritual renunciando al placer físico y a las necesidades materiales. FAM ascético, ca; ascetismo.

asco. m. **1.** Sensación de intenso desagrado físico que puede producir náuseas. *Las ostras le dan asco.* **2.** Sentimiento de desagrado o rechazo hacia alguien o algo. *Me da asco que sea tan hipócrita.* ■ hacer ~s (a alguien o algo). loc. v. coloq. Rechazar(los) afectadamente o sin justificación. *Le hace ascos a aceptar el dinero.* ■ no hacer ~s (a alguien o algo). loc. v. coloq. Aceptar(los) con gusto. *Prefiero la carne, pero no le hago ascos a un buen pescado.* ■ un ~. loc. s. **1.** Cosa de mal aspecto o de mala calidad. *Esas tijeras son un asco: apenas cortan.* **2.** Persona o cosa que producen asco (→ 1, 2). *La cocina es un asco, ¿nunca la limpian?* ▶ REPUGNANCIA.

ascua. f. Trozo de materia sólida que está incandescente y no despide llama. *Para avivar el fuego sopló las ascuas.* ■ **en, o sobre, ~s.** loc. adv. En estado de inquietud o de incertidumbre. *Cuéntanos el final, que nos tienes en ascuas.*

aseado, da. adj. Que tiene o muestra limpieza y arreglo. *Es un hombre aseado.*

asear. tr. Limpiar (algo o a alguien) dándo(les) un aspecto agradable y arreglado. *Cada mañana se asea y se pone ropa limpia.* FAM aseo.

asechanza. f. Engaño para perjudicar a alguien. *Las asechanzas del enemigo.* ▶ *ENGAÑO.

asediar. (conjug. ANUNCIAR). tr. Cercar (un lugar) para conseguir su rendición. *Las tropas asedian la capital.* ▶ *CERCAR. FAM asedio.

asegurar. tr. **1.** Hacer que (alguien o algo) queden seguros o firmes. *Aseguran la puerta con una barra.* **2.** Hacer que (alguien o algo) queden seguros o libres de peligro. *Los castillos tenían como fin asegurar el reino.* **3.** Hacer un contrato de seguro para cubrir los daños que puedan sufrir (alguien o algo). *Aseguró el collar EN dos millones.* **4.** Hacer que (algo) quede seguro o garantizado. *La policía asegura el cumplimiento de la ley.* **5.** Decir (algo) con seguridad. *Me aseguró que vendría.* **6.** Dejar (a alguien) seguro de la realidad o certeza de algo. *Asegúrate DE cerrar bien las ventanas.* ▶ 1: AFIANZAR, AFIRMAR, SUJETAR. **6:** CERCIORARSE. FAM asegurador, ra; aseguramiento.

asemejar. intr. Parecerse una persona o cosa a otra. Frec. prnl. *Su sabor se asemeja AL del melón.* ▶ PARECER.

asenso. m. Asentimiento.

asentaderas. f. pl. coloq. Nalgas (parte del cuerpo humano).

asentar. (conjug. ACERTAR). tr. **1.** Poner (una cosa) sobre otra de manera que quede firme. *Debe asentar la moto EN un terreno liso.* **2.** Situar (una población o un edificio) en un lugar. *Asentaron la ciudad en una colina.* ○ intr. prnl. **3.** Establecerse alguien, espec. un pueblo, o fijar su residencia en un lugar. *Varios pueblos mediterráneos se asentaron EN las costas.* **4.** Posarse o depositarse las partículas sólidas que hay en un líquido o en el aire. *Los posos del vino se asientan en el fondo.* FAM asentamiento.

asentir. (conjug. SENTIR). intr. Mostrar acuerdo con lo que otro dice o propone. *Asintió con la cabeza.* ▶ AFIRMAR. FAM asentimiento.

aseo. → asear.

asepsia. f. Ausencia de organismos que causan enfermedades. *Para una asepsia de la herida se recomienda un buen lavado.* FAM aséptico, ca.

asequible. adj. Que se puede conseguir o alcanzar. *Precios asequibles.*

aserrado[1]. m. Hecho de aserrar. *Durante el aserrado, la madera desprende virutas.*

aserrado[2], da. adj. Que tiene dientes como los de una sierra. *Hoja aserrada. Bordes aserrados.* ▶ SERRADO.

aserrar. (conjug. ACERTAR). tr. Serrar (algo). *Aserró la tabla.* ▶ SERRAR. FAM aserradero; aserrador, ra.

aserrín. m. frecAm. Serrín. *Estaba barriendo el piso con aserrín* [C].

aserto. m. Afirmación o aseveración. *El juez pidió al abogado que demostrara sus asertos.* FAM aserción; asertivo, va.

asesinar. tr. Matar (a alguien) de manera intencionada y sin justificación legal. *Unos matones la asesinaron.* ▶ *MATAR. FAM asesinato; asesino, na.

asesorar. tr. **1.** Aconsejar o informar (a alguien) sobre determinado asunto. *El pediatra la asesora sobre la alimentación del bebé.* ○ intr. prnl. **2.** Recibir de alguien consejo o información sobre determinado asunto. *Antes de invertir, asesórese.* ▶ 1: *ACONSEJAR. FAM asesor, ra; asesoramiento; asesoría.

asestar. tr. Dar a alguien o a algo (un golpe o un disparo). *Le asestó dos puñaladas.* ▶ *PEGAR.

aseverar. tr. **1.** Afirmar o decir (algo). *Miró a su alrededor y aseveró: –Aquí hace falta orden.* **2.** Decir que (algo) es cierto. *Varios testigos aseveran su declaración.* FAM aseveración; aseverativo, va.

asexual. adj. Que no tiene sexo. *Las esporas son células asexuales.* FAM asexuado, da.

asfalto. m. Sustancia negra obtenida del petróleo y de yacimientos naturales, que se emplea pralm. en la pavimentación de calles. FAM asfaltado; asfaltar; asfáltico, ca.

asfixia. f. **1.** Suspensión de la respiración. *Murió por asfixia.* **2.** Dificultad grande en la respiración. *Cuando le da el ataque de asma, siente asfixia.* FAM asfixiante; asfixiar (conjug. ANUNCIAR).

así. adv. **1.** De esta o esa manera. *Sigue así y lo conseguirás.* **2.** No muy bien, o regular. *El examen le salió así así.* **3.** Entonces, o en consecuencia. *Quería enriquecerse, y así, decidió probar suerte con la lotería.* Tb. ~ **pues.** ● adj. (pl. invar.). **4.** De estas o esas características o clase. *De una persona así no te puedes fiar.* **5.** No muy bueno, o mediocre. *El abogado que me recomendaste es así así.* ● conj. **6.** Aunque. *No paran de hablar así los maten.* ■ ~ **como ~.** loc. adv. **1.** Fácilmente. *No te librarás de tus obligaciones así como así.* **2.** Sin reflexionar. *¿Vas a tomar una decisión tan importante así como así?* ■ ~ **de.** loc. adv. Tan. *No creí que fuera así de tarde.* ■ ~ **o asá.** loc. adv. De una manera o de otra. *Igual le da hacerlo así o asá.* ■ ~ **que.** loc. conjunt. Introduce una proposición coordinada que expresa una consecuencia lógica. *Es preferible que no te vea aquí, así que vete.*

asiático, ca. adj. De Asia.

asidero. → asa.

asiduo, dua. adj. **1.** Dicho de persona: Que hace algo o acude a un lugar con frecuencia y constancia. *Soy lector asiduo de su periódico.* **2.** Dicho de cosa: Que se hace con frecuencia y constancia. *Le recomiendo la práctica asidua de algún deporte.* FAM asiduidad.

asiento. m. **1.** Mueble para sentarse o lugar adecuado para ello. *Vamos en el asiento trasero del coche.* **2.** Parte sobre la que se asienta o descansa algo. *Si la vasija baila, es que no tiene el asiento liso.* **3.** Lugar donde alguien se asienta o donde algo está situado. *Las costas del sur de España sirvieron de asiento a comunidades cartaginesas.* **4.** Anotación de algo en un registro o documento semejante, espec. de una operación en un libro de cuentas. *La compraventa consta en los asientos del registro de la propiedad.*

asignar. tr. Señalar o determinar que (una cosa) les corresponde a alguien o a algo. *Me asignó la tarea de ordenar el archivo.* FAM asignación.

asignatura. f. Cada una de las materias que se enseñan en un centro educativo o forman un plan de estudios. *He aprobado todas las asignaturas.* ▶ MATERIA.

asilado, da. m. y f. Persona que vive en un asilo. *Los asilados del albergue.*

asilo. m. **1.** Establecimiento benéfico en que se acoge y atiende a personas necesitadas. *Un asilo de ancianos.* **2.** Protección concedida a una persona que huye de su país por motivos políticos. *Los opositores pidieron asilo en las embajadas.* **3.** Protección o amparo. *Llovía y nos dio asilo en su casa.* ▶ **1**: HOGAR. FAM asilar.

asilvestrarse. intr. prnl. **1.** Volverse salvaje un animal doméstico. *Son perros que se han asilvestrado.* **2.** Crecer en estado silvestre una planta que procede de otra cultivada.

asimétrico, ca. adj. **1.** Que no tiene simetría. *Un escote asimétrico.* ● f. pl. **2.** *Dep.* Barras asimétricas (→ barra). *Obtuvo medalla en la prueba de asimétricas.* FAM asimetría.

asimilar. tr. **1.** Hacer un organismo que (una sustancia) pase a formar parte de él. *Tengo anemia porque no asimilo el hierro.* **2.** Comprender una persona (algo), incorporándo(lo) a lo que ya sabe. *No puedo asimilar tanta información nueva.* **3.** Considerar que (una persona o cosa) son iguales a otra en algún aspecto. *Han asimilado el título AL de licenciado.* ○ intr. prnl. **4.** Parecerse una persona o cosa a otra. *El sol se asimilaba A una gran bola de fuego.* FAM asimilación; asimilativo, va.

asimismo. (Tb. **así mismo**). adv. También. *El director, protagonista asimismo de la película, fue muy aclamado.*

asintomático, ca. adj. *Med.* Que no presenta síntomas. *Enfermedad asintomática.*

asir. (conjug. ASIR). tr. **1.** cult. Coger o sujetar con las manos (algo o a alguien). *Lo asió por la muñeca para que soltara el arma.* ○ intr. prnl. **2.** cult. Agarrarse o cogerse a alguien o algo. *Se asía con fuerza AL cuello de su madre.*

asirio, ria. adj. histór. De Asiria (antiguo reino de Asia).

asistido, da. adj. Que se hace con ayuda de algún medio mecánico. *Precisa respiración asistida.*

asistir. intr. **1.** Ir alguien a un lugar donde se celebra un acto. *Hoy ha asistido menos gente AL teatro.* **2.** Estar alguien presente en un acto. *Él asistió AL nacimiento de su hijo.* **3.** Hacer trabajos domésticos por horas. *Ha tenido que ponerse a asistir.* ○ tr. **4.** Socorrer o ayudar (a alguien). *Un médico la asistió en el parto.* **5.** Proporcionar cuidados (a alguien). *Al enfermo lo asiste un familiar.* **6.** Estar la razón o el derecho de parte (de alguien). *Nos asiste el derecho a reclamar.* FAM asistencia; asistencial; asistente.

asma. f. Enfermedad caracterizada por la dificultad para respirar, la tos y la sensación de ahogo. FAM asmático, ca.

asno, na. m. **1.** Burro (mamífero). ○ f. **2.** Burra (hembra del burro). ○ m. y f. **3.** cult. Persona ignorante o de corto entendimiento. ▶ **1**: *BURRO.

asocial. adj. Dicho de persona: Que no se integra, o no quiere integrarse, en la sociedad. *Es un sujeto violento y asocial.*

asociar. (conjug. ANUNCIAR). tr. **1.** Relacionar mentalmente (una cosa) con otra. *Asocia el pueblo CON su infancia.* **2.** Juntar (a una persona o una entidad) con otra para un fin o actividad comunes. *Han asociado a Ana A la nueva empresa.* **3.** Juntar (una cosa) con otra, espec. para una actividad común. *Debe asociar el medicamento CON otro.* FAM asociación; asociacionismo; asociacionista; asociativo, va.

asolar. (conjug. CONTAR o reg.). tr. Destruir (algo) totalmente. *Un huracán ha asolado la región.* FAM asolador, ra; asolamiento.

asolear. tr. frecAm. Poner (algo o a alguien) al sol. *Las mujeres asoleaban en los balcones fondos y camisetas* [C]. ▶ SOLEAR.

asomar. tr. **1.** Sacar (algo o a alguien) por una abertura o por detrás de algo. *Voy a asomarme para ver si llueve.* ○ intr. **2.** Empezar a estar a la vista una cosa. *El sol asoma entre los nubarrones.*

asombrar. tr. Causar asombro (a alguien). *Me asombra la rapidez con que has terminado.* ▶ RAR, ALUCINAR, DESLUMBRAR, ENCANDILAR, EPATAR, IMPACTAR, PASMAR, SORPRENDER. ‖ Am: APANTALLAR.

asombro. m. Sorpresa o extrañeza producidas por algo repentino o extraordinario. *Cuando se lo dije, puso cara de asombro.* ▶ ADMIRACIÓN, ESTUPEFACCIÓN, ESTUPOR, EXTRAÑEZA, PASMO, PERPLEJIDAD, SORPRESA.

asombroso, sa. adj. Que causa asombro. *Ha demostrado una calma asombrosa.* ▶ ALUCINANTE, DESLUMBRANTE, DESLUMBRADOR, IMPACTANTE, IMPRESIONANTE, PASMOSO, SORPRENDENTE, SORPRESIVO.

asomo. m. Indicio o señal de algo. *Bailaba sin asomo de cansancio.* ■ **ni por ~.** loc. adv. coloq. De ningún modo. *No voy a tolerar ni por asomo que me falten al respeto.*

asonada. f. Tumulto o disturbio violento con fines políticos. *Asonada militar.*

asonante. adj. *Lit.* Dicho de rima: Que se produce sin coincidencia de todos los sonidos vocálicos. *Los versos terminados en "cala" y "dama" tienen rima asonante.* FAM asonancia.

aspa. f. **1.** Figura en forma de "X". *Para detener la máquina, pulse el botón con un aspa roja.* **2.** En una máquina o aparato: Pieza giratoria constituida por cuatro brazos en aspa (→ 1), cuya función es impulsar o producir movimiento. *Para Don Quijote, el molino era un gigante, y el aspa, sus brazos.* Tb. cada brazo. FAM aspado, da.

aspaviento. m. Demostración excesiva o afectada de una sensación o de un sentimiento. *¡Tanto aspaviento por un ratón!*

aspecto. m. **1.** Apariencia de algo o alguien a la vista. *El guiso tiene buen aspecto.* **2.** Parte de algo que se toma en consideración, o modo en que se considera. *Solo la conozco en el aspecto profesional.* ▶ **1**: *APARIENCIA. FAM aspectual.

asperger. tr. Asperjar (algo o a alguien). ▶ ASPERJAR.

asperjar. tr. **1.** Rociar (algo o a alguien) con agua bendita. *El sacerdote asperjó a los presentes.* **2.** Esparcir (algo) en gotas. *Asperja el agua de un cubo para refrescar el patio.* FAM aspersión; aspersor.

áspero, ra. adj. **1.** Que resulta desagradable al tacto por tener la superficie desigual. *Es una tela áspera.* **2.** Antipático o poco agradable en el trato. *Una mujer áspera y de respuestas cortantes.* **3.** Dicho de terreno: Desigual o irregular. *El camino es áspero y empinado.* **4.** Dicho de cosa: Desagradable al gusto o al oído. *Esta pera es muy áspera.* ▶ **2**: *ANTIPÁTICO. **3**: ESCABROSO. FAM aspereza.

áspid. m. Serpiente venenosa de la que existen varias clases.

aspillera. f. En una fortificación: Abertura larga y estrecha en un muro, para disparar por ella.

aspirar. tr. **1.** Hacer que (el aire) entre en los pulmones. *Aspiramos seis mil litros de aire al día.* **2.** Absorber una máquina (algo) hacia su interior mediante una corriente de aire. *La depuradora de la piscina aspira el agua y la envía a un filtro.* **3.** *Fon.* Pronunciar (un sonido) expulsando con fuerza el aire de la garganta. *"Saharaui" se pronuncia con "h" aspirada.* ○ intr. **4.** Seguido de un complemento introducido por *a*: Desear lo expresado por él o querer conseguirlo. *Solo aspiro A una vida tranquila.* FAM **aspiración; aspirador, ra; aspirante.**

aspirina. (Marca reg.). f. Medicamento sólido que se usa para combatir el dolor y la fiebre.

asquear. intr. Causar asco a alguien una persona o cosa. *Le asquea la gente hipócrita.*

asqueroso, sa. adj. **1.** Que da o causa asco. *Lávate las manos, que las tienes asquerosas.* **2.** Dicho de persona: Propensa a sentir asco. *Hay que limpiarlo todo bien, porque es muy asquerosa.* FAM **asquerosidad.**

asta. f. **1.** Palo al que se sujeta una bandera. **2.** Cuerno de algunos animales, como el toro o el ciervo. *Tiene una herida por asta de toro.* **3.** Palo de una lanza u otra arma semejante. ▶ **2:** *CUERNO. FAM **astado, da.**

astenia. f. *Med.* Falta o pérdida de fuerzas. *Una alimentación deficiente puede producir astenia.* FAM **asténico, ca.**

asterisco. m. Signo ortográfico (*) que se emplea gralm. para remitir a una nota.

asteroide. m. *Fís.* Cuerpo rocoso que gira alrededor del Sol, solo visible a través del telescopio. *La sonda espacial ha atravesado el cinturón de asteroides.*

astigmatismo. m. *Med.* Defecto de visión, gralm. por curvatura irregular de la córnea, consistente en percibir las imágenes de manera imprecisa. FAM **astigmático, ca.**

astil. m. Mango, gralm. de madera, de algunos utensilios o herramientas, como el hacha o el martillo.

astilla. f. Fragmento irregular que se desprende de la madera, o de otra materia dura, cuando se parte o se rompe. *Me he clavado una astilla.* FAM **astillar.**

astillero. m. Lugar donde se construyen y reparan buques. *Remolcaron el barco hasta los astilleros.*

astracán. m. Piel de cordero aún no nacido o recién nacido, fina y de pelo rizado, que se usa en peletería. *Un abrigo de astracán.*

astracanada. f. *Lit.* Obra de teatro cuyo objetivo es hacer reír mediante chistes y situaciones disparatadas.

astrágalo. m. **1.** *Anat.* Hueso del tarso que está articulado con la tibia y el peroné. **2.** *Arq.* Moldura en forma de anillo que rodea el fuste de una columna en su unión con el capitel. ▶ **1:** TABA.

astringente. adj. **1.** Que estriñe. *La manzana es astringente.* **2.** Que contrae y seca los tejidos. *Si tiene la piel grasa, aplíquese un tónico astringente.*

astro. m. **1.** Cuerpo celeste. *Las estrellas y los planetas son astros.* **2.** Persona que sobresale extraordinariamente en una actividad o profesión. *Al festival acudirán astros del cine.* ▶ **2:** ESTRELLA. FAM **astral.**

astrofísico, ca. adj. **1.** De la astrofísica (→ 3), o de su objeto de estudio. *Observatorio astrofísico.*

● m. y f. **2.** Especialista en astrofísica (→ 3). *Los astrofísicos debaten sobre la edad del Universo.* ○ f. **3.** Parte de la astronomía que estudia las propiedades físicas de los astros. *Laboratorio de astrofísica.*

astrolabio. m. Instrumento para observar y determinar la posición de los astros. *El astrolabio era empleado por los navegantes.*

astrología. f. Estudio de la posición y el movimiento de los astros como medio para predecir hechos futuros y conocer el carácter de las personas. *Sabe de signos del zodíaco y de astrología.* FAM **astrológico, ca; astrólogo, ga.**

astronauta. m. y f. Persona que tripula una nave espacial. ▶ COSMONAUTA. FAM **astronáutico, ca.**

astronave. f. Nave espacial. *La astronave ha aterrizado en la Luna.* ▶ *NAVE.

astronomía. f. Ciencia que estudia los astros. *Galileo revolucionó la astronomía.* FAM **astronómico, ca; astrónomo, ma.**

astroso, sa. adj. **1.** Dicho de persona: Desaseada y mal vestida. *Unos chiquillos astrosos.* **2.** Dicho de cosa: Sucia y rota. *Ropas astrosas.*

astur. adj. **1.** histór. De un pueblo prerromano que habitaba al norte de la Península Ibérica. **2.** cult. Asturiano.

asturiano, na. adj. De Asturias (España).

astuto, ta. adj. Que tiene habilidad e ingenio para lograr su propósito, espec. con engaño o disimulo. *Hay que ser astuto para sobrevivir en la calle.* ▶ LADINO, RAPOSO, TAIMADO. FAM **astucia.**

asueto. m. Interrupción temporal por descanso del trabajo, los estudios u otra actividad habitual. *Aprovecha los ratos de asueto para leer.*

asumir. tr. **1.** Tomar alguien para sí (algo, espec. una responsabilidad). *El abogado ha asumido la defensa del acusado.* **2.** Darse cuenta (de algo) y aceptar(lo). *Ha tenido que asumir la pérdida del anonimato.*

asunceno, na. adj. De Asunción (Paraguay).

asunción. f. **1.** Hecho de asumir. *Le exigen la asunción de sus responsabilidades.* **2.** (En mayúsc.). *Rel.* Hecho de ser elevada la Virgen María al cielo en cuerpo y alma. *La Asunción se celebra el 15 de agosto.*

asunto. m. **1.** Cosa que interesa o importa a alguien, o sobre la que se habla o se piensa. *No quiero discutir más del asunto.* **2.** Tema de una obra literaria o artística. *Una colección de cuadros de asunto religioso.* **3.** Negocio (actividad encaminada a obtener una ganancia). **4.** Relación amorosa, más o menos secreta, de carácter sexual. *Descubrió que su marido tenía un asunto con otra mujer.* ■ **de Asuntos Exteriores.** loc. adj. Dicho de ministerio: Que se ocupa de las relaciones con otros países. ▶ **1:** TEMA, MATERIA. **3:** NEGOCIO.

asustar. tr. Causar susto a alguien. *El trueno nos asustó.* ▶ *ATEMORIZAR. FAM **asustadizo, za.**

atabal. m. histór. Timbal.

atacar. tr. **1.** Lanzarse violentamente (contra alguien o algo) para causar(les) algún daño. *El león atacó al domador.* **2.** Emprender una acción contra alguien o algo en un combate. *El ejército atacó posiciones enemigas.* **3.** Actuar (contra algo) para destruirlo. *Los antitérmicos atacan la fiebre.* **4.** Alterar o crispar (los nervios) a alguien. *Me ataca los nervios verla sin hacer nada.* **5.** coloq. Irritar (a alguien) o hacer(le) perder la calma. *Es que me ataca, no puedo ni verlo.* **6.** Ejercer una sustancia su acción (sobre otra) alterando su estado. *El óxido ataca el hierro.* ▶ **1:** ACO-METER, AGREDIR, ARREMETER. FAM **atacante**.

atadijo; atadura. → **atar**.

atado. m. Conjunto de cosas atadas. *Llevaba un atado de ropa bajo el brazo.*

atajar. intr. **1.** Tomar por un atajo. *Por aquí atajaremos y llegaremos antes.* ○ tr. **2.** Salir al encuentro (de alguien que va delante) empleando un atajo. *Los atajaremos por esta calle.* **3.** Cortar o interrumpir (algo). *Los bomberos no podían atajar el fuego.*

atajo[1]. m. Camino más corto que el habitual. *Tomaremos un atajo que nos evitará el atasco.*

atajo[2]. → **hatajo**.

atalaya. f. Torre de vigilancia, situada gralm. en un lugar alto, desde la que se tiene una vista muy amplia. *En la atalaya había un vigía controlando el valle.*

atañer. (conjug. TAÑER; solo se usa en las terceras personas y en part., ger. e infin.). intr. cult. Concernir a alguien o algo. *Sus problemas no nos atañen.*

ataque. m. **1.** Hecho de atacar, espec. para causar un daño o una derrota. *Fue víctima del ataque de una banda callejera.* **2.** Manifestación repentina de un trastorno o un sentimiento extremo. *Le dan ataques de celos.* ▶ **1:** ACOMETIDA, AGRESIÓN, ARREMETIDA. **2:** ACCESO, ARRANQUE, ARREBATO, RAPTO.

atar. tr. **1.** Sujetar (algo o a alguien) con una cuerda o algo parecido. *Le ataron las manos a la espalda.* **2.** Impedir el movimiento o la capacidad de acción (a alguien). *Mis obligaciones me atan demasiado.* ■ **loco de ~.** loc. adj. coloq. Muy loco. ▶ LIGAR. FAM **atadijo; atadura**.

atarantado, da. adj. frecAm. Atolondrado. *Un chofer atarantado lo atropelló* [C]. ▶ *ATURDIDO.

atarantar. tr. frecAm. Aturdir o confundir (a alguien). *¡Y ya no me atarantes!* [C]. ▶ *ATURDIR.

atardecer. (conjug. AGRADECER). intr. impers. **1.** Empezar a caer la tarde. *Al atardecer, el cielo se tiñe de rojo.* ● m. **2.** Hecho de atardecer (→ 1). *Contemplemos el atardecer desde la ventana.* **3.** Tiempo durante el que atardece (→ 1). *Los atardeceres me parecen muy románticos.* FAM **atardecida**.

atarearse. intr. prnl. Dedicarse a algo con empeño. *Se atarea EN/CON los quehaceres domésticos.*

atascar. tr. **1.** Obstruir (un conducto o una vía). *El tráfico atascaba las calles de la ciudad.* **2.** Poner obstáculos al progreso (de alguien o algo). *El desacuerdo entre ellos ha atascado las negociaciones.* ○ intr. prnl. **3.** Quedarse detenidos o paralizados alguien o algo por algún obstáculo o dificultad. *Se ha atascado la impresora.* FAM **atasco**.

ataúd. m. Caja, gralm. de madera, donde se pone un cadáver para ser enterrado. *Los compañeros llevarán el ataúd a hombros.* ▶ CAJA, FÉRETRO.

ataviar. (conjug. ENVIAR). tr. Arreglar (a alguien) poniéndo(le) vestido y adornos. *La han ataviado CON sus mejores ropas.* FAM **atavío**.

atávico, ca. adj. Heredado de los antepasados remotos. *Terrores atávicos.*

atavismo. m. **1.** Tendencia a imitar o mantener ideas y formas de vida arcaicas. *Luchemos por superar los atavismos y las barreras.* **2.** Biol. Reaparición en un ser vivo de los caracteres propios de sus ascendientes remotos. *El zoólogo estudió los fenómenos de atavismo en las especies cruzadas.*

ateísmo. → **ateo**.

atemorizar. tr. Causar temor (a alguien). *Unos jóvenes atemorizan a los vecinos del barrio.* ▶ ACOBARDAR, AMILANAR, APOCARSE, ASUSTAR, INTIMIDAR. FAM **atemorizador, ra; atemorizante**.

atemperar. tr. Moderar o suavizar (algo). *La tormenta atemperó el calor reinante.*

atemporal. adj. Intemporal. *Un enfoque atemporal.* FAM **atemporalidad**.

atenazar. tr. **1.** Sujetar u oprimir con fuerza (algo). *Unos grilletes le atenazaban los tobillos.* **2.** Torturar o afligir (a alguien) gralm. un pensamiento o un sentimiento. *El miedo la atenaza.*

atención. f. **1.** Hecho de atender. *Presta atención A lo que te voy a decir.* **2.** Demostración de respeto o cortesía. *Tuvieron muchas atenciones CON su huésped.* ■ **en ~ a.** loc. prepos. Atendiendo a. *En atención a su trayectoria, recibió un homenaje.* ■ **llamar** algo o alguien **la ~.** loc. v. Destacar o resultar llamativo. *Es tan guapa que llama la atención.* ■ **llamar** algo **la ~** (a alguien). loc. v. Sorprender(lo). *Me llama la atención que pienses así.* ■ **llamar** alguien **la ~** (a otra persona). loc. v. Reprender(la). *Me llamó la atención por haberme portado mal.* ■ **llamar** algo o alguien **la ~** (a otra persona). loc. v. Atraer(la) despertando su agrado o su interés. *Esa música no me llama la atención.* ■ **llamar** algo o alguien **la ~** (de una persona). loc. v. Hacer que repare en él o en ello. *Llamo su atención SOBRE el punto 3 del informe.* ▶ *CORTESÍA.

atender. (conjug. ENTENDER). intr. **1.** Aplicar voluntariamente la actividad mental a la captación de algo. *Si no atiendes en clase, no aprobarás.* **2.** Seguido de un complemento introducido por *a:* Tener en cuenta lo expresado por él. *No atiende a razones.* **3.** Tener un animal por nombre el que se indica. *El perro atiende POR "Rayo".* **4.** Ocuparse o encargarse alguien de una cosa. *Atiende A lo que estás haciendo.* **5.** Seguido de un complemento introducido por *a:* Acoger favorablemente algo, espec. un deseo o una petición. *Atendieron a mi reclamación.* ○ tr. **6.** Aplicar la actividad mental a la captación (de algo). *No atiende las explicaciones del profesor.* **7.** Acoger favorablemente (algo, espec. un deseo o una petición). *No han atendido mi petición.* **8.** Ocuparse o encargarse alguien (de una persona o cosa). *Me atendió una dependienta.* FAM **atendible**.

ateneo. m. Asociación cultural, gralm. de tipo científico o literario.

atenerse. (conjug. TENER). intr. prnl. Ajustarse o someterse a algo. *Atente A las consecuencias.*

ateniense. adj. De Atenas (Grecia).

atentado. m. **1.** Agresión contra la vida de alguien o contra algo, espec. por motivos políticos. *En el atentado hubo dos muertos.* **2.** Ataque contra algo, espec. contra un principio que se considera justo. *Las imágenes son un atentado A la sensibilidad.* FAM **atentar; atentatorio, ria**.

atento, ta. adj. **1.** Que presta atención. *No estabas atento A la pregunta.* **2.** Que tiene atenciones con los demás. *Tienes que ser más atenta CON los clientes.* ▶ **1:** ALERTA, ALERTADO, PENDIENTE, VIGILANTE. **2:** *AMABLE.

atenuar. (conjug. ACTUAR). tr. Disminuir la gravedad, la intensidad o la fuerza (de algo). *No hay nada que pueda atenuar su tristeza.* FAM **atenuación; atenuante**.

ateo, a. adj. Que niega la existencia de Dios. *Se declaraba atea.* FAM **ateísmo**.

aterciopelado, da. adj. Que tiene características semejantes al terciopelo, espec. la suavidad. *Cutis aterciopelado.*

aterir. (Solo se usa en las formas cuya desinencia empieza por *i*). tr. Dejar entumecido (a alguien) el frío. *El frío atería a los montañeros.*

aterrar. tr. Aterrorizar (a alguien). *Me aterran las películas de miedo.* ▶ ATERRORIZAR. FAM **aterrador, ra.**

aterrizar. intr. Posarse un vehículo aéreo o espacial, o sus ocupantes sobre tierra firme u otra superficie que sirva para ello. *La azafata nos informó de que íbamos a aterrizar en unos minutos.* FAM **aterrizaje.**

aterrorizar. tr. Causar terror (a alguien). *Me aterroriza la idea de no verla más.* ▶ ATERRAR.

atesorar. tr. Reunir o poseer (algo de valor). *Ha atesorado una fortuna* FAM **atesoramiento.**

atestado. m. Documento oficial en que una autoridad o sus delegados hacen constar algo como cierto, espec. las circunstancias de un delito o accidente. *En el atestado figura la hora del crimen.*

atestar. tr. Llenar (algo, espec. un lugar) hasta el límite de su capacidad. *Miles de manifestantes atestaban las calles* ▶ INFESTAR.

atestiguar. (conjug. AVERIGUAR). tr. **1.** Declarar (algo) como testigo. *Atestiguó CONTRA él en el juicio.* **2.** Dar una cosa prueba (de algo). *El documento atestigua que la finca es suya.* ▶ TESTIFICAR.

atezar. tr. Tostar (la piel, espec. del rostro) el sol u otro elemento. *La intemperie les ha atezado el rostro.*

atiborrar. tr. **1.** Hartar (a alguien) de algo, espec. de comida o bebida. *Mis amigos me atiborraron DE vino durante la cena.* **2.** Llenar (algo) hasta el límite de su capacidad. *Has atiborrado la maleta DE ropa.* ▶ **1:** HARTAR.

ático. m. Último piso de un edificio, gralm. con azotea o terraza. *Se ha comprado un ático en el centro.*

atigrado, da. adj. Manchado como la piel del tigre. *Tela atigrada.*

atildado, da. adj. Pulcro y elegante. *Un atildado galán.* Frec. despect.

atildar. tr. Arreglar (a alguien) con cuidado. *Se atildó para la entrevista.* FAM **atildamiento.**

atinar. intr. **1.** Encontrar lo que se busca, espec. a tientas. *Con este desorden no atino CON la llave.* **2.** Dar con lo oportuno, o con lo que se busca o necesita por sagacidad natural o por casualidad. *Atinó EN la respuesta y ganó el concurso.* **3.** Acertar en el blanco. *Será difícil atinar desde una distancia tan grande.* **4.** Seguido de *a* más infinitivo: Conseguir hacer lo expresado por él. *No atiné A abrir la puerta.* ○ tr. **5.** Acertar (algo). *No atinó ni una sola pregunta.*

atípico, ca. adj. Que se aparta de lo habitual. *Un personaje atípico para su época.*

atiplado, da. adj. Dicho de voz: Aguda, como de tiple. FAM **atiplar.**

atisbar. tr. **1.** Mirar u observar (algo) atenta y disimuladamente. *A través de la puerta entreabierta, atisbaba la escena.* **2.** Vislumbrar (algo), o ver(lo) de forma confusa por la distancia o la falta de luz. *Atisbó una figura de mujer al final del túnel.* **3.** Vislumbrar (algo), o suponer(lo) por indicios. *Atisbo cierta ironía en tus palabras.* ▶ **2, 3:** VISLUMBRAR. FAM **atisbo.**

atizar. tr. **1.** Remover (el fuego) o añadir(le) combustible para que arda más. *Atiza la lumbre.* **2.** Avivar o hacer más intenso (algo, espec. una pasión o

una discordia). *Las constantes injusticias atizaron el odio.* FAM **atizador, ra.**

atlante. m. *Arq.* Escultura con figura de hombre que sirve de columna. *Un pórtico griego con atlantes.*

atlántico, ca. adj. Del océano Atlántico, o de los territorios que baña. *Clima atlántico.*

atlas. m. **1.** Colección de mapas gralm. geográficos, que suele aparecer encuadernada como libro. *Busca en el atlas dónde está Chiloé.* **2.** Colección de láminas descriptivas pertenecientes a una disciplina, y que suele aparecer encuadernada como libro. *Atlas de anatomía.* **3.** *Anat.* Primera vértebra de las cervicales.

atleta. m. y f. **1.** Persona que practica un conjunto de actividades que comprende pruebas de velocidad, saltos y lanzamiento. *Un atleta africano ha ganado la final.* ○ m. **2.** histór. Hombre que tomaba parte en los juegos públicos de Grecia y Roma. FAM **atlético, ca; atletismo.**

atmósfera. f. **1.** Capa de aire que rodea la Tierra. *La fábrica emite gases tóxicos a la atmósfera.* **2.** *Fís.* Capa gaseosa que rodea un astro. *La atmósfera marciana.* **3.** Ambiente que rodea a las personas o a las cosas. *La novela ha conseguido crear una atmósfera de suspense.* **4.** *Fís.* Unidad de presión del Sistema Internacional equivalente a la ejercida por la atmósfera (→ 1) al nivel del mar, y que es igual a la presión de una columna de mercurio de 760 mm de alto. FAM **atmosférico, ca.**

atole. dar ~ con el dedo (a alguien). loc. v. *Am.* coloq. Engañar(lo). *Nos siguen dando atole con el dedo; todo es mentira* [C].

atolladero. m. **1.** Lugar donde se atascan personas o cosas. *Hay que sacar el todoterreno del atolladero.* **2.** Situación comprometida. *No sé cómo salir del atolladero sin mentir.*

atolón. m. Isla de coral de forma anular, con una laguna interior que comunica con el mar por pasos estrechos. *Un atolón de la Polinesia.*

atolondrado, da. adj. Que actúa sin reflexión. *Es un adolescente un poco atolondrado.* ▶ *ATURDIDO. FAM **atolondramiento; atolondrar.**

atomizar. tr. **1.** Dividir o separar (algo) en átomos o partes muy pequeñas. *Los nacionalismos atomizaron el país.* **2.** Esparcir (una sustancia líquida) en átomos o partes muy pequeñas. *El aerosol sirve para atomizar la laca.* ▶ **2:** *PULVERIZAR. FAM **atomización; atomizador, ra.**

átomo. m. **1.** *Fís.* y *Quím.* Partícula más pequeña de un elemento químico capaz de tomar parte en una reacción y permanecer inalterada. *La molécula de agua tiene dos átomos de hidrógeno y uno de oxígeno.* **2.** coloq. Parte muy pequeña de algo. *No perdió ni un átomo de calma.* FAM **atómico, ca.**

atonal. adj. *Mús.* Dicho de música o de composición: Que no siguen las reglas de la tonalidad.

atonía. f. **1.** cult. Falta de vigor o de energía. *Tras la derrota reinaba la atonía.* **2.** *Biol.* Falta de tono o de elasticidad, espec. de un órgano que se puede contraer. *Atonía muscular.*

atónito, ta. adj. Asombrado hasta el punto de no poder reaccionar. *Se quedaron atónitos cuando se supo quién era el ladrón.* ▶ ABSORTO, ESTUPEFACTO, PERPLEJO.

átono, na. adj. *Fon.* Dicho de vocal, sílaba o palabra: Que se pronuncia sin acento. *En la palabra "coche", la sílaba átona es "-che".*

atontado, da. adj. Dicho de persona: Tonta o que no sabe cómo comportarse. *Qué muchacho más atontado.* A veces se usa como insulto. ▶ *TONTO.

atontar. tr. **1.** Aturdir (a alguien). *El incienso me atonta.* **2.** Entontecer o volver tonto (a alguien). *Algunos programas de televisión atontan al espectador.* ▶ **1:** *ATURDIR. FAM atontamiento.

atontolinar. tr. coloq. Atontar (a alguien). *El susto me dejó atontolinada.*

atorar. tr. **1.** Atascar u obstruir (algo). *Vas a atorar el lavabo con tantos pelos.* ○ intr. prnl. **2.** Atascarse alguien al hablar. *Cuando tiene que hablar en público se atora.* **3.** Am. Atragantarse o ahogarse. *Estaba tomando un trago de coca-cola y se atoró* [C].

atormentar. tr. **1.** Causar (a alguien) tormento o dolor físico o moral. *Los remordimientos la atormentaban.* **2.** Dar tormento (a alguien) como castigo o para que realice una confesión. *Cuando estuvo detenido lo atormentaron.*

atornillar. tr. **1.** Introducir (un tornillo) haciéndo(lo) girar alrededor de su eje. *Atornilla bien los tornillos de la mesa.* **2.** Sujetar (algo) con tornillos. *Los bancos del parque están atornillados al suelo.*

atorrante, ta. adj. Am. coloq., despect. Sinvergüenza o caradura. *Los muchachos atorrantes ya no tienen novias, sino relaciones de pareja* [C].

atosigar. tr. **1.** Agobiar (a alguien) metiéndo(le) prisa. *No me atosigues, que me pones nerviosa.* **2.** Inquietar o preocupar (a alguien). *Atosiga a sus amigos con sus problemas.* ▶ *AGOBIAR. FAM atosigamiento.

atrabiliario, ria. adj. Irritable o violento. *Tiene fama de matón y atrabiliario.*

atracadero. m. Lugar acondicionado para que atraquen las embarcaciones de pequeño tamaño.

atracador, ra. m. y f. Persona que atraca un establecimiento o a otra persona con intención de robar. *Los atracadores forzaron la cerradura.*

atracar. tr. **1.** Asaltar (un establecimiento o a alguien) con intención de robar. *Me atracaron de madrugada.* **2.** Arrimar (una embarcación) a otra o a tierra. *Atracaron el yate EN el muelle.* **3.** coloq. Hartar (a alguien), o hacer que coma a sus anchas. *La atracó DE golosinas.* ○ intr. **4.** Arrimarse una embarcación a otra o a tierra. *El transatlántico atracó EN el puerto.*

atraco. m. Hecho de atracar con intención de robar. *La banda perpetró un atraco A una joyería.*

atracón. m. **1.** coloq. Hecho o efecto de atracar de comida o bebida. *Un atracón de plátanos.* **2.** coloq. Hartazgo de algo, espec. de una actividad que se realiza con exceso. *Se ha dado un atracón A estudiar.*

atraer. (conjug. TRAER). tr. **1.** Hacer una persona o cosa que (otra) se acerque a ellas o acuda al lugar en que están en virtud de una fuerza física o de otro tipo. *La miel atrajo a las moscas.* **2.** Despertar una persona o cosa (en alguien) un sentimiento de afecto, inclinación o deseo hacia ellas. *Tu amigo no me atrae físicamente.* **3.** Ser una persona o cosa la responsable o la causa de que (algo, frec. un sentimiento) recaiga en alguien. *Se atrajo el odio de sus compañeras.* ▶ **2:** CAUTIVAR, FASCINAR, MAGNETIZAR, SEDUCIR. FAM atracción; atractivo, va; atrayente.

atragantarse. intr. prnl. Sufrir ahogos una persona por quedarle algo detenido en la garganta. *Me atraganté CON una uva.*

atrancar. tr. **1.** Cerrar (algo, espec. una puerta) asegurándo(lo) con una tranca u otro sistema de cierre.

No olvides atrancar la puerta. **2.** Atascar (algo) u obstruir(lo). *Las hojas atrancaron el desagüe.* ○ intr. prnl. **3.** coloq. Cortarse alguien cuando habla. *Cuando tiene que leer algo en alto, se atranca.* ▶ **1:** TRANCAR.

atrapamoscas. m. Planta americana cuyas hojas, dotadas de pelos sensitivos, se cierran para atrapar los insectos que se posan sobre ellas, los cuales sirven a aquella de alimento.

atrapar. tr. coloq. Coger con rapidez y habilidad (algo o a alguien que se mueven o pueden escapar). *La policía no consiguió atrapar al ladrón.*

atraque. m. Hecho de atracar una embarcación. *Maniobras de atraque.*

atrás. adv. **1.** Hacia, o en, un lugar que está detrás. *Se asustó y dio un paso atrás.* **2.** A, o en, un tiempo anterior respecto al que se toma como referencia. *Atrás quedaron los años de la carrera.* **3.** Precedido de un nombre que puede ser cuantificado: En un tiempo o lugar anteriores al de referencia en la medida expresada: *Semanas atrás se habían peleado.* **4.** En una situación de desventaja en relación con una persona o cosa que se toman como referencia. *Ha crecido tanto que ha dejado a su padre atrás.*

atrasar. tr. **1.** Hacer (que algo) suceda más tarde del tiempo debido o acordado. *Atrasarán la puesta en marcha del proyecto.* **2.** Fijar (la datación) de un suceso más tarde. *Algunos estudios atrasan la fecha de la aparición del hombre en la Tierra.* **3.** Hacer que (un reloj) marque una hora anterior a la que marcaba. *Esta madrugada hay que atrasar los relojes.* **4.** Marcar un reloj (la cantidad de tiempo que se indica inferior a la debida). *Su reloj atrasa varios minutos.* ○ intr. **5.** Funcionar un reloj a menos velocidad de la debida. *Su reloj atrasa.* ○ intr. prnl. **6.** Retrasarse en el tiempo. *Si te atrasas en el pago, te multarán.* **7.** No alcanzar un ser vivo el desarrollo adecuado. *La uva se atrasó este año porque ha llovido poco.* ▶ **1, 3:** *RETRASAR. **6:** *RETRASARSE. FAM atraso.

atravesado, da. adj. Dicho de persona: Que tiene mala intención o mal carácter. *Es muy atravesado y tratará de ponerte la zancadilla.*

atravesar. (conjug. ACERTAR). tr. **1.** Poner (algo) en un lugar de modo que llegue de una parte a otra, frec. para impedir el paso. *Los huelguistas atravesaron un camión en la calle.* **2.** Estar extendida una cosa cruzando (a otra). *La línea de alta tensión atraviesa la autopista.* **3.** Pasar a través (de alguien o algo) penetrándo(los) de parte a parte. *La bala le atravesó un pulmón.* **4.** Marchar cruzando al otro lado (de algo, como una calle, una línea o un río). *No atravieses la calle sin mirar.* **5.** Recorrer (un lugar) de un extremo a otro. *Atravesamos la ciudad buscando un hotel.* **6.** Pasar (por una determinada situación). *La empresa atraviesa una crisis.* ○ intr. prnl. **7.** Aparecer alguien o algo que obstaculizan. *Una mujer se atravesó en su vida.*

atrayente. → atraer.

atreverse. intr. prnl. **1.** Tener alguien el valor de hacer algo arriesgado, indebido o que puede provocar rechazo. *No me atrevo A salir con este frío.* **2.** Tener alguien el valor de enfrentarse a otra persona o a una cosa. *No te atreves CON él porque es mayor que tú.*

atrevido, da. adj. Que se atreve o actúa con valor o con insolencia. *Como es muy atrevido hizo un curso de paracaidismo.* ▶ AUDAZ, INSOLENTE. ‖ Am: AVENTADO.

atrevimiento. m. Cualidad de atrevido. ▶ AUDACIA, INSOLENCIA.

atrezo. m. *Cine* y *Teatro* Utilería.

atribuir. (conjug. CONSTRUIR). tr. **1.** Considerar algo como causa (de otra cosa). *Atribuimos su éxito A su esfuerzo.* **2.** Considerar a alguien como autor o responsable (de algo). *Han atribuido el crimen A un desequilibrado.* **3.** Considerar que alguien o algo poseen (una determinada cualidad o característica). *Atribuían a la planta propiedades curativas.* **4.** Establecer o asignar (algo) a alguien como de su competencia. *Usted se ha atribuido funciones que no le corresponden.* FAM atribución.

atribular. tr. Causar tribulación o pena (a alguien). *La muerte de su amigo la atribuló.*

atributo. m. **1.** Cualidad o característica propia de un ser. *El lenguaje es un atributo del ser humano.* **2.** Símbolo que sirve para representar algo o a alguien. *A Júpiter lo suelen mostrar con su atributo, el rayo.* **3.** *Gram.* Adjetivo o nombre del predicado que, unido a los verbos *ser, estar,* o a otro equivalente, expresan una cualidad de lo designado por el sujeto. *El atributo concuerda con el sujeto.* FAM atributivo, va.

atril. m. Soporte en forma de plano inclinado, que sirve para sostener libros, partituras u otros papeles y leerlos con más comodidad. *El orador colocó su discurso en el atril.*

atrincherar. tr. **1.** Fortificar (una posición militar) con trincheras u otra obra de defensa. *Ordenaron atrincherar el cuartel.* **2.** Poner (a alguien) a cubierto del enemigo en trincheras u otra obra de defensa. *Atrincheró a sus tropas en el castillo.* ○ intr. prnl. **3.** Mantenerse firme y obstinadamente en una posición o en una actitud. *Sigue atrincherado EN su silencio.* FAM atrincheramiento.

atrio. m. Espacio cerrado, gralm. rodeado de pórticos, que hay delante de la entrada de algunos edificios, como templos o palacios.

atrocidad. → atroz.

atrofia. f. Falta de desarrollo o disminución de volumen de un órgano o una parte de él, debidas a causas patológicas. *Atrofia cerebral.* FAM atrofiar (conjug. ANUNCIAR).

atronar. (conjug. CONTAR). tr. Perturbar (algo o a alguien) con un ruido parecido al del trueno. *Los niños nos atronaban con sus gritos.* FAM atronador, ra.

atropellado, da. adj. Dicho de persona: Que actúa con precipitación. *Escribe con faltas de ortografía porque es muy atropellada.*

atropellar. tr. **1.** Pasar un vehículo o alguien precipitadamente por encima (de una persona o cosa) o chocar (con ellas) ocasionándo(les) daños. *Una moto la atropelló.* **2.** Proceder sin respeto (hacia alguien o algo). *Usted no tiene derecho a atropellarme.* ○ intr. prnl. **3.** Hablar o actuar con precipitación. *No te atropelles: contesta cuando estés segura.* ▶ **1:** COGER. FAM atropellamiento; atropello.

atroz. adj. **1.** Que causa terror o espanto. *Crímenes atroces.* **2.** Muy grande o extraordinario. *Un hambre atroz.* ▶ **1:** *TERRIBLE. **2:** *ENORME. FAM atrocidad.

atuendo. m. Conjunto de prendas y adornos que lleva una persona. *Se presentó a la cena con un atuendo informal.*

atún. m. Pez marino de gran tamaño, negro azulado por encima y plateado por debajo, cuya carne se consume fresca o en conserva. FAM atunero, ra.

aturdido, da. adj. Dicho de persona: Atolondrada o que actúa sin reflexión. *Es un muchacho tímido y algo aturdido.* ▶ ATOLONDRADO. ‖ frecAm: ATARANTADO.

aturdir. tr. Hacer una persona o una cosa que (alguien) pierda el uso normal de los sentidos o no sepa qué decir o hacer. *El bombardeo de preguntas me aturde.* ▶ ATOLONDRAR, ATONTAR. ‖ frecAm: ATARANTAR. FAM aturdimiento.

aturrullar. tr. Confundir (a alguien) dejándo(lo) sin saber qué decir o hacer. *Gritándole solo conseguirás aturullarlo.*

atusar. tr. Arreglar un poco (el pelo) pasando la mano o el peine. *Deja que te atuse el pelo.*

audaz. adj. Que actúa de manera atrevida o arriesgada. *Demostraron ser muy audaces.* ▶ *ATREVIDO. FAM audacia.

audición. f. **1.** Hecho de oír. *En el juicio se procedió a la audición de la cinta.* **2.** Concierto, recital o lectura en público. *Asistimos a la primera audición del cantante.* **3.** Prueba que se realiza a un artista con vistas a su contratación. *Me fue muy bien en la audición y creo que conseguiré el papel.* FAM audible; audio; audímetro; audiómetro; auditivo, va; auditorio; auditórium.

audiencia. f. **1.** Acto de recibir oficialmente una persona de alta jerarquía a otra persona para escuchar sus peticiones, reclamaciones o exposiciones. *El rey recibió en audiencia a la embajadora.* **2.** *Der.* Acto por el que las partes tienen ocasión de exponer sus argumentos ante un juez o un tribunal y por el que se decide un pleito o una causa. *Citaron al testigo para que declarara en la audiencia.* **3.** (Frec. en mayúsc.). *Der.* Tribunal de justicia formado por varios miembros, que se ocupa de las causas y los pleitos de determinado territorio. *La Audiencia Nacional.* **4.** Conjunto de oyentes. *El programa batió récords de audiencia.*

audífono. m. Aparato para percibir mejor los sonidos, usado por los sordos. En Am. designa tb. el auricular de algunos aparatos. *Aparece con audífonos en las orejas dando pasitos sensuales con la música que escucha* [C].

audio-. elem. compos. Significa 'sonido' o 'audición'. *Audiovisual.*

auditor, ra. adj. **1.** Que realiza auditorías. *Trabaja en una firma auditora.* ● m. y f. **2.** Persona que se dedica a realizar auditorías. *El auditor determinará el valor real de las acciones de la compañía a solicitud del consejo de administración.* FAM auditar.

auditoría. f. **1.** Revisión de la contabilidad o de la gestión de una sociedad o una empresa, realizada como procedimiento de control de estas. *La auditoría destapó el cobro de comisiones ilegales.* **2.** Profesión de auditor. **3.** Despacho del auditor.

auditorio; auditórium. → audición.

auge. m. Momento de mayor desarrollo, intensidad o altura. *El turismo alcanzó un gran auge.*

augur. m. histór. En la antigua Roma: Sacerdote que practicaba oficialmente la adivinación, basándose espec. en el canto y el vuelo de las aves.

augurio. m. Señal o indicio de algo futuro. *Seguirá adelante a pesar de los malos augurios.* ▶ *PRESAGIO. FAM augurar.

augusto, ta. adj. **1.** Que infunde o merece gran respeto y veneración. *Una augusta misión.* ● m. **2.** Payaso de circo. ▶ **2:** *PAYASO.

aula. f. Sala donde se dan las clases en un centro docente. *Hay demasiados alumnos por aula.* ▶ CLASE.

áulico, ca. adj. cult. De la corte o del palacio. *Poetas áulicos.*

61

aullido. m. Voz triste y prolongada característica del lobo, el perro u otros animales. Tb. fig. *El aullido del viento.* FAM **aullador, ra; aullar** (conjug. AUNAR).

aumentar. tr. **1.** Hacer mayor (algo). *Aumentaremos las ayudas a las pequeñas empresas.* O intr. **2.** Hacerse mayor algo. *Ha aumentado* DE *peso.* ▶ **1:** INCREACENTAR, INCREMENTAR. FAM **aumento** (*Piden un aumento de sueldo*).

aumentativo, va. adj. **1.** *Ling.* Dicho de sufijo: Que se utiliza para expresar, en general, aumento de tamaño, aportando a veces un matiz subjetivo. *El sufijo "-ón" es aumentativo.* ● m. **2.** *Ling.* Palabra formada con un sufijo aumentativo (→ 1). *"Manaza" es un aumentativo.*

aumento. m. *Fís.* Unidad de medida de la potencia amplificadora de una lente u otro instrumento óptico. Más frec. en pl. *Los prismáticos tienen lentes de diez aumentos.*

aun. adv. **1.** (Se escribe con tilde). Todavía. *Aún no se ha despertado. El socavón se hizo aún más grande.* **2.** Hasta o incluso. *Aun así siguió insistiendo.* ■ ~ **cuando.** loc. conjunt. cult. Aunque. *Es de estilo gótico, aun cuando tenga elementos románicos.*

aunar. (conjug. AUNAR). tr. **1.** Coordinar (dos o más cosas), o unir(las) para un fin. *Tenemos que aunar esfuerzos.* **2.** Poner juntas o reunir (varias personas o cosas). *Sus diseños aúnan modernidad y tradición.* ▶ **1:** COORDINAR. **2:** AGLUTINAR.

aunque. conj. **1.** Introduce una proposición que expresa una dificultad o un obstáculo que no impiden que se cumpla el hecho expuesto en la oración principal. *Iré a trabajar aunque tenga fiebre.* **2.** Introduce una oración coordinada que expresa un hecho que se cumple a pesar de que se contrapone a lo expuesto antes. *Tengo un coche, aunque no sé conducir.*

aupar. (conjug. AUNAR). tr. Levantar o subir (algo o a alguien). *Aúpame, que no lo alcanzo.*

aura[1]. f. **1.** En parapsicología: Halo de energía que aparece alrededor de determinados cuerpos. *Fotografiaron su aura con una cámara especial.* **2.** Atmósfera que rodea a alguien o algo. *Un aura de misterio la envuelve.*

aura[2]. f. frecAm. Ave carroñera sin plumas en la cabeza y en el cuello, de color rojizo, y plumaje negro. *Las auras no se resignaban a perder su parte en la carroña* [C].

áureo, a. adj. cult. De oro, o de características semejantes a las suyas, espec. el color. *Un manto áureo.* FAM **aurífero, ra.**

aureola. f. **1.** Círculo o resplandor luminoso que suele rodear la cabeza de las imágenes sagradas. *La Virgen del cuadro aparece con una aureola.* **2.** Fama o gloria que alcanza alguien o algo. *Accedió a la presidencia con una aureola de héroe popular.* **3.** Areola. ▶ **1:** CORONA, HALO, NIMBO. FAM **aureolar.**

aurícula. f. *Anat.* Cavidad del corazón que recibe la sangre de las venas y la vierte en un ventrículo. FAM **auricular** (*Arteria auricular*).

auricular. adj. **1.** Del oído o de la oreja. *Pabellón auricular.* ● m. **2.** En los aparatos telefónicos y en los empleados para percibir sonidos: Parte o pieza que se aplica a los oídos. *Descuelgue el auricular y marque el número de teléfono.* ▶ **Am: 2:** FONO.

auriga. m. histór. En las antiguas Grecia y Roma: Hombre que dirigía los caballos de los carros en las carreras de circo.

aurora. f. Luz rosada que precede inmediatamente a la salida del Sol. *Nos levantamos para ver la aurora.* ■ ~ **austral.** f. *Meteor.* Aurora polar (→ aurora polar) del hemisferio sur. ■ ~ **boreal.** f. *Meteor.* Aurora polar (→ aurora polar) del hemisferio norte. ■ ~ **polar.** f. *Meteor.* Fenómeno atmosférico luminoso que se observa cerca de los polos magnéticos, producido por partículas cargadas eléctricamente que proceden de las erupciones solares. *Las auroras polares son frecuentes en otoño.*

auscultar. tr. *Med.* Explorar con instrumentos o sin ellos los sonidos que se producen dentro del organismo (de una persona o de una de sus partes). *El médico le auscultó el pecho.* FAM **auscultación.**

ausentarse. intr. prnl. Irse alguien de un lugar. *Me ausenté unos minutos.* FAM **ausencia; ausente; ausentismo** (frecAm).

auspicio. m. **1.** Favor o apoyo. *El pacto fue firmado bajo los auspicios de la Unión Europea.* **2.** Señal o indicio de algo futuro. *Comenzó su gestión con los mejores auspicios.* **3.** Agüero (pronóstico). ▶ **2:** *PRESAGIO. **3:** *PREDICCIÓN. FAM **auspiciar** (conjug. ANUNCIAR).

austero, ra. adj. **1.** Dicho de persona: Que se ajusta rigurosamente a las normas de la moral. *Es muy austero y sus principios son estrictos.* **2.** Dicho de persona: Que es sencilla y sobria en sus necesidades y se aparta del lujo. *Vivir en un pueblo la hizo más austera.* **3.** Dicho de cosa: Que es sencilla y sobria, y carece de lujos. *La sede es un edificio austero.* FAM **austeridad.**

austral. adj. **1.** Del sur. *Hemisferio austral.* **2.** Del hemisferio austral (→ 1). *Bosques australes.* ▶ **1:** *SUREÑO.

australiano, na. adj. De Australia.

austriaco, ca o **austríaco, ca.** adj. De Austria.

austro. m. cult. (Referido a punto cardinal, se usa en mayúsc.). Sur (punto cardinal, o viento).

autarquía. f. Política económica de un país que prescinde de las importaciones y pretende autoabastecerse con el aprovechamiento de los propios recursos. FAM **autárquico, ca.**

auténtico, ca. adj. **1.** Dicho de persona o cosa: Acreditada como cierta o verdadera. *La firma es auténtica.* **2.** Antepuesto a un nombre, se usa para enfatizar el significado de este. *Es un auténtico imbécil.* FAM **autenticación; autenticar; autenticidad; autentificar.**

autismo. m. *Med.* Trastorno psicológico que se manifiesta pralm. en niños y que se caracteriza por la dificultad para establecer contacto con el mundo exterior. FAM **autista.**

auto[1]. m. **1.** *Der.* Resolución judicial que decide motivadamente sobre cuestiones para las que no se requiere sentencia. *El juez firmó un auto para la apertura del juicio.* **2.** *Lit.* Composición dramática breve en la que suelen intervenir personajes bíblicos o alegóricos. *Los autos se representaban en la Edad Media.* O pl. **3.** *Der.* Conjunto de actuaciones o documentos de un procedimiento judicial. *Los autos contendrán los originales de los documentos procesales.* ■ ~ **de fe.** m. histór. Ejecución pública de una sentencias dictadas por el tribunal de la Inquisición. ■ ~ **sacramental.** m. *Lit.* Auto (→ 2) que se representa en alabanza del sacramento de la Eucaristía. *Calderón escribió autos sacramentales.*

auto[2]. m. Automóvil (vehículo para no más de nueve personas). ▶ *AUTOMÓVIL.

auto-¹. elem. compos. Significa 'de o por sí mismo'. *Autocompasivo, autocorrección, autolesionarse, autoadhesivo, autocensurar, autodefinirse, autodominio, autogol, autopropulsión, autorregularse.*

auto-². elem. compos. Significa 'de automóvil o de automóviles'. *Autorradios, autoescuela.*

autoafirmación. f. Defensa de la propia personalidad. *Tiene una gran necesidad de autoafirmación.*

autobiografía. f. Biografía de una persona escrita por ella misma. *En su autobiografía, la artista desvela muchos secretos.* FAM **autobiográfico, ca.**

autobombo. m. humoríst. Demostración pública de la propia valía hecha de manera desmesurada. *El concejal tiene tendencia al autobombo.*

autobús. m. **1.** Vehículo automóvil de gran capacidad, destinado al transporte de pasajeros, frec. con trayecto fijo y urbano. *Voy en autobús al trabajo.* **2.** Autocar. ▶ Am o frecAm: **1:** CAMIÓN, COLECTIVO, GÓNDOLA, GUAGUA. FAM **autobusero, ra.**

autocar. m. Vehículo automóvil de gran capacidad, destinado al transporte de pasajeros, que gralm. realiza largos recorridos por carretera. *Los autocares que van a la costa salen de la estación sur.* ▶ AUTOBÚS.

autoclave. f. Aparato que sirve para esterilizar objetos y sustancias por medio de vapor y altas temperaturas.

autocracia. f. Sistema de gobierno en que una sola persona ejerce el poder absoluto. FAM **autócrata; autocrático, ca.**

autocrítica, ca. adj. **1.** De la autocrítica (→ 3). *Planteamientos autocríticos.* **2.** Que practica la autocrítica (→ 3). *Es un periodista autocrítico y objetivo.* ○ f. **3.** Juicio crítico que se realiza sobre obras o comportamientos propios. *No tiene capacidad de autocrítica.*

autóctono, na. adj. **1.** Dicho de persona: Nacida en el mismo lugar en que vive. *Población autóctona.* **2.** Dicho de especie animal o vegetal: Nacida en el mismo lugar en que se encuentra y no introducida por el hombre. *Fauna autóctona.*

autodefensa. f. Defensa propia. *Técnicas de autodefensa.*

autodestrucción. f. Destrucción de sí mismo. *La humanidad camina hacia su autodestrucción.* FAM **autodestructivo, va.**

autodeterminación. f. Decisión del estatuto político de un territorio tomada por sus propios habitantes.

autodidacto, ta. (Frec. se usa la forma **autodidacta** como invar. en género). adj. Que se ha instruido por sí mismo sin ayuda de maestro. *Un filósofo autodidacto. Pintores autodidactas.* FAM **autodidactismo.**

autoedición. f. Inform. Diseño, composición e impresión de textos y gráficos por ordenador. *Curso de diseño gráfico y autoedición.*

autoestima. f. Estima o consideración de sí mismo. *Sus palabras de elogio subieron mi autoestima.*

autoestop. m. Autostop. FAM **autoestopista.**

autógeno, na. adj. Dicho de soldadura de metales: Que se hace sin intermedio de materia extraña, fundiendo con el soplete las partes por donde se hace la unión. *La soldadura autógena asegura uniones muy duraderas.*

autogestión. f. Econ. Gestión de una empresa por sus propios trabajadores. *La fábrica funciona en régimen de autogestión.*

autogolpe. m. Golpe de Estado realizado por quien está en el poder para afianzarse en él. *El presidente dio un autogolpe y disolvió el Congreso.*

autógrafo, fa. adj. **1.** Dicho de escrito: Que está escrito de mano de su mismo autor. *Existen cartas autógrafas del rey a su ministro.* ● m. **2.** Firma de una persona famosa o importante. *Al cantante le pedían autógrafos.*

autoinducir. (conjug. CONDUCIR). tr. Inducir o causar (algo) en sí mismo. *Sus vómitos son autoinducidos.*

autómata. m. **1.** Máquina que imita la figura y los movimientos en un ser animado, espec. de una persona. *Ha inventado un autómata que habla.* **2.** Persona que se comporta como una máquina, y que se deja dirigir por otra. *Estaba harto de convivir con autómatas en una sociedad alienada.* ▶ ROBOT.

automático, ca. adj. **1.** Dicho de algo, espec. un mecanismo: Que funciona parcial o totalmente por sí solo. *La caja de cambios del vehículo es automática.* **2.** Dicho de arma de fuego: Que carga, amartilla y dispara de manera completamente mecánica. *Rifles automáticos.* **3.** Que se produce inmediata y necesariamente como consecuencia de algo. *Su mala gestión fue la causa de su cese automático.* **4.** Maquinal o no deliberado. *Con un movimiento automático lo sujetó cuando resbalaba.* FAM **automatismo; automatización; automatizar.**

automedicarse. intr. prnl. Tomar un medicamento, o seguir un tratamiento, sin prescripción médica. *Tenía la mala costumbre de automedicarse.* FAM **automedicación.**

automotor, tora (o **triz**). adj. **1.** Dicho de máquina, aparato o vehículo: Que se mueve sin la intervención directa de una acción exterior. *Una carretilla automotora.* **2.** De los vehículos automotores (→ 1), espec. de los automóviles. *Industria automotriz.*

automóvil. adj. **1.** Dicho espec. de vehículo: Que está dotado de un motor para trasladarse. Tb. m. *En el grupo de los automóviles se encuentran los turismos y las motocicletas.* ● m. **2.** Vehículo automóvil (→ 1) destinado al transporte de personas, gralm. con cuatro ruedas, y con capacidad no superior a nueve plazas. *Se ha comprado un automóvil de cinco plazas.* ■ ~ **deportivo.** m. Automóvil (→ 2) gralm. pequeño y de dos plazas, diseñado para alcanzar grandes velocidades. ⇒ DEPORTIVO. ■ ~ **de turismo.** m. Automóvil (→ 2) destinado al transporte de personas, con capacidad de hasta nueve plazas, incluido el conductor. ⇒ TURISMO. ▶ **2:** AUTO, COCHE. ‖ Am: **2:** CARRO. FAM **automoción; automovilismo; automovilista; automovilístico, ca.**

autonomía. f. **1.** Capacidad de actuar libremente, sin depender de nada o de nadie. *El hospital tendrá autonomía para decidir.* **2.** Capacidad de una región, dentro de un Estado, para regirse mediante normas y órganos de gobierno propios. *Los ciudadanos fueron consultados sobre la autonomía de la región.* **3.** Comunidad autónoma. *Andalucía es una de las autonomías de España.* **4.** Tiempo máximo que puede funcionar un aparato, espec. un vehículo, sin recargar energía. *Un ordenador portátil con una autonomía de tres horas.* ▶ **3:** COMUNIDAD. FAM **autonómico, ca; autonomista; autónomo, ma.**

autoparte. f. Am. Pieza o conjunto de piezas de automóvil, que pueden venderse por separado. *El valor agregado es de entre 70 y 80% para una autoparte típica* [C].

autopista. f. Carretera con calzadas separadas para los dos sentidos de circulación, cada una de ellas con dos o más carriles, y sin cruces a nivel. *Está prohibido que los peatones circulen por las autopistas.* ▶ PISTA.

autopsia. f. Examen anatómico de un cadáver para determinar las causas de la muerte. *La autopsia reveló que el perro había sido envenenado.*

autor, ra. m. y f. **1.** Persona que realiza algo o es responsable de ello. *¿Quiénes fueron los autores del incendio?* **2.** Persona que ha realizado alguna obra científica o artística. *Han premiado a una autora mexicana.* ■ **de autor.** loc. adj. Dicho de obra o actividad artísticas: Realizadas por un autor (→ 2) con el estilo y las características que le son propios. *Cine de autor.* FAM autoría.

autoridad. f. **1.** Poder otorgado de ejercer el mando o de exigir obediencia. *El general tiene autoridad sobre la tropa.* **2.** Capacidad de hacerse obedecer. *Es una maestra seria y con autoridad.* **3.** Persona o grupo de personas que ejercen o poseen la autoridad (→ 1). *Los soldados desfilarán ante las autoridades militares.* **4.** Prestigio o crédito que se reconocen a una persona o una institución por su legitimidad o por su competencia en alguna materia. *Es innegable la autoridad* EN *derecho penal de este abogado.* **5.** Texto o expresión de un autor que se citan o alegan en apoyo de lo que se dice. *Los artículos del primer diccionario de la Academia incluían autoridades.* **6.** Superioridad grande. *Ganó con autoridad el maratón.* ▶ **1, 3:** MANDO. FAM autoritario, ria; autoritarismo.

autorización. f. Hecho o efecto de autorizar. *La venta está pendiente de la autorización del Gobierno.* ▶ CONSENTIMIENTO, PERMISO.

autorizado, da. adj. Respetado por sus cualidades o circunstancias. *Personas autorizadas en la materia. Fuentes autorizadas.*

autorizar. tr. **1.** Dar o reconocer (a alguien) la facultad o el derecho de hacer algo. *¿Quién lo autorizó* PARA *tomar esa decisión?* **2.** Dar permiso para hacer (algo). *El presidente autorizó el ataque.* **3.** Dar validez (a algo, espec. a un documento). *El traductor jurado autoriza la traducción del contrato.* ▶ **2:** CONSENTIR, PERMITIR.

autorretrato. m. Retrato de una persona hecho por ella misma. *Un autorretrato de Rembrandt.*

autoservicio. m. Sistema de venta o de servicio por el que los clientes toman los productos que desean. *Se sirvió un bocadillo en una máquina de autoservicio.*

autostop. m. Hecho de solicitar transporte gratuito a los vehículos en circulación haciéndoles determinadas señas. *Se recorrió Estados Unidos en autostop.* ▶ AUTOESTOP. ‖ **Am:** AVENTÓN. FAM autostopista.

autosuficiente. adj. **1.** Que se basta a sí mismo. *Es una mujer autosuficiente que no depende de nadie.* **2.** Suficiente o engreído. *Siendo tan autosuficiente perderás a tus amigos.* FAM autosuficiencia.

autosugestión. f. Sugestión que nace espontáneamente en una persona, independientemente de cualquier influencia externa. *Acabará enfermando por autosugestión.*

autovía. f. Carretera con calzadas separadas para los dos sentidos de la circulación, cuyas entradas y salidas no se someten a las exigencias de seguridad de las autopistas. *Sigue por la autovía y toma el primer desvío.*

auxiliar. adj. **1.** Dicho de persona o cosa: Que auxilia o sirve de auxilio en una tarea. *Personal técnico y auxiliar.* **2.** Dicho de profesor: Encargado de ayu-

dar a un catedrático o de sustituirlo en su ausencia. *Trabaja en la Facultad como profesora auxiliar.* **3.** Dicho de cosa: Accesoria o secundaria. *Han habilitado un carril auxiliar para descongestionar el tráfico.* ● m. **4.** *Gram.* Verbo auxiliar (→ verbo). *Los tiempos compuestos del verbo se forman con el auxiliar "haber".* ○ m. y f. **5.** Empleado técnico o administrativo de categoría subalterna. *He aprobado las oposiciones de auxiliar en el Ministerio.* ■ **~ de vuelo.** m. y f. Persona que se ocupa de la atención de los pasajeros y de la tripulación en los aviones. ⇒ AZAFATA. ‖ **Am:** AEROMOZA. ▶ **3:** ACCESORIO.

auxilio. m. Ayuda o socorro. *Al ver que su casa ardía, pidió auxilio a los vecinos.* ▶ *AYUDA. FAM auxiliar (conjug. ANUNCIAR).

auyama. f. Am. Calabaza (fruto). *Cuando las habichuelas estén blandas, agregar la auyama* [C]. ▶ *CALABAZA.

aval. m. **1.** *Com.* Firma al pie de una letra u otro documento de crédito, para responder de su pago en caso de no efectuarlo la persona obligada a él. *Con el aval del banco haremos frente a las deudas.* **2.** Confianza o favor. *Su nuevo disco no ha obtenido el aval del público.* FAM avalar; avalista.

avalancha. f. Alud.

avaluar. (conjug. ACTUAR). tr. frecAm. Valorar (algo) o establecer su valor. *Las pérdidas se avalúan* EN *millones* [C]. ▶ *VALORAR. FAM avalúo.

avanzadilla o **avanzada.** f. **1.** Grupo de soldados destacado del cuerpo principal, para observar de cerca al enemigo y evitar sorpresas. *Una avanzada informó de la situación del enemigo.* **2.** Persona o grupo de personas que se adelantan a la tendencia general. *Estos artistas constituyen la avanzadilla cultural de la ciudad.*

avanzado, da. adj. **1.** Que está muy adelantado o próximo al fin en su desarrollo. *Un avanzado estado de gestación.* **2.** Que se distingue por su audacia, novedad o carácter progresista. *Tiene una mentalidad muy avanzada.* ▶ **2:** PUNTERO.

avanzar. intr. **1.** Ir hacia adelante. *Avanzábamos con dificultad por entre los arbustos.* **2.** Ir o moverse un ejército hacia adelante por un territorio con el propósito de conquistarlo. *El ejército avanza* SOBRE *la capital.* **3.** Acercarse a su fin un período de tiempo. *Conforme avanza el día, va acumulando cansancio.* **4.** Progresar o ir a más en algo. *No avanza nada* EN *inglés.* ○ tr. **5.** cult. Adelantar (algo), o mover(lo) hacia delante. *Avanzó una mano para coger el dinero.* FAM avance.

avaricia. f. Tacañería o afán desmedido por acumular riquezas. *Su avaricia lo llevó a morir rico pero solo.* ▶ *TACAÑERÍA. FAM avaricioso, sa; avariento, ta; avaro, ra.

avasallar. tr. Someter (algo o a alguien), o dominar(los) por la fuerza. *Los invasores avasallaban a la población.* ▶ *SOMETER. FAM avasallador, ra; avasallamiento; avasallante.

avatar. m. Vicisitud. Más frec. en pl.

ave[1]. f. Animal vertebrado ovíparo, con pico córneo y el cuerpo cubierto de plumas, provisto de dos patas y de dos alas, gralm. aptas para el vuelo. *Abundan las cigüeñas y otras aves. La gallina es un ave.* ■ **~ del paraíso.** f. Ave de tamaño medio propia de Oceanía, cuyo macho, de vistoso colorido, posee largas plumas en la cola. ■ **~ de paso.** f. **1.** Ave que se detiene en un lugar solo el tiempo necesario para descansar y comer durante sus viajes migratorios. *Vimos varias bandadas* *de gansos y otras aves de paso*. **2.** coloq. Persona que se detiene durante poco tiempo en los lugares por los que pasa. *Los marinos son aves de paso*. ■ ~ **de rapiña.** f. **1.** → **ave rapaz. 2.** despect. Persona codiciosa. *Cuídese de esas aves de rapiña, que solo van por su dinero*. ■ ~ **rapaz, o de rapiña.** f. Ave carnívora, que se caracteriza por tener el pico curvado y fuerte, y las uñas afiladas, como el búho y el águila. ⇒ RAPAZ. FAM **aviar** (*Peste aviar*); aviario, ria; avícola; avicultor, ra; avicultura.

ave². ~ **María (Purísima).** expr. **1.** Se usa para expresar sorpresa o asombro. *¡Ave María Purísima, qué golpe se ha dado!* **2.** Se usa como saludo al entrar en ciertos lugares religiosos.

avecinarse. intr. prnl. Acercarse o aproximarse algo. *Se avecina una tormenta.*

avecindarse. intr. prnl. Establecerse en una población en calidad de vecino. *Se avecindará en el pueblo de sus padres.*

avejentar. tr. Hacer que (alguien o algo) parezcan viejos o más viejos. *Esa forma de vestir la avejenta.* ▶ ENVEJECER.

avellana. f. Fruto comestible del avellano, pequeño y redondeado, que está cubierto por una cáscara dura de color marrón.

avellano. m. Arbusto grande y muy ramoso, propio de zonas montañosas, cuyo fruto es la avellana. *En su finca de Asturias tiene avellanos y castaños.* Tb. su madera. *Cestos de avellano.*

avemaría. f. (Frec. en mayúsc.). Oración cristiana que contiene las palabras con que el arcángel San Gabriel saludó a la Virgen María, y que comienza con "Ave María". *Rece diez avemarías y una salve.*

avena. f. Cereal de cañas delgadas y protegidas por hojas estrechas, cuyo grano se emplea como pienso y en la alimentación humana. *Campos de trigo y avena.*

avenida. f. **1.** Vía ancha, a veces con árboles a los lados. *Vive en una avenida donde hay muchas tiendas.* **2.** Creciente impetuosa del caudal de un curso de agua. *Las lluvias provocaron avenidas torrenciales.*

avenir. (conjug. VENIR). tr. **1.** Poner de acuerdo (a dos o más partes en desacuerdo). *El abogado trataba de avenir a los herederos.* ○ intr. prnl. **2.** Acceder a algo. *Se avendrá A aceptar lo que decidamos.* **3.** Entenderse con alguien. *No se aviene CON sus compañeros.* **4.** Estar en armonía o conformidad dos o más cosas. *Mal se avienen el rigor y las prisas.* FAM avenencia.

aventado, da. adj. Am. Atrevido (que actúa con valor o insolencia). *Actores aventados que se la juegan aunque no les paguen* [C]. ▶ *ATREVIDO.

aventajado, da. adj. Que aventaja a lo ordinario o común en su línea. *Es uno de mis alumnos más aventajados.*

aventajar. tr. Llevar o sacar ventaja una persona o cosa (a otra). *El primer clasificado aventaja al segundo EN tres puntos.*

aventar. (conjug. ACERTAR). tr. **1.** Echar al viento (algo, espec. el grano trillado) para limpiar(lo) separándo(lo) de la paja. *Aventaron sus cenizas en el mar.* **2.** Echar o expulsar (algo o a alguien). *La luz del día aventó sus temores.* **3.** Am. Arrojar o tirar (algo o a alguien). *Me golpearon y luego me aventaron por la escalera* [C]. ▶ **3:** *LANZAR.

aventón. m. Am. **1.** Am. Autostop. *Se bajó del carro y me dio las gracias por el aventón* [C]. **2.** Am. Empujón. *Sufrió una revolcada en el piso a causa del aventón* [C].

aventura. f. **1.** Experiencia o suceso extraordinarios. *La protagonista vive insólitas aventuras.* **2.** Acción que presenta riesgos. *Decidí meterme en la aventura de fundar un periódico.* **3.** Relación amorosa entre dos personas, gralm. breve y que se produce cuando alguna de ellas está comprometida. *Tiene una aventura con una compañera.* FAM aventurado, da; aventurar; aventurero, ra.

avergonzar. (conjug. CONTAR). tr. Causar vergüenza (a alguien). *Me has avergonzado delante de ellas.* ▶ Am: APENARSE.

avería. f. Daño o desperfecto que impide o dificulta el normal funcionamiento de algo, espec. de un aparato o un vehículo. *El técnico arregló la avería del frigorífico.* FAM averiar (conjug. ENVIAR).

averiguar. (conjug. AVERIGUAR). tr. Llegar a saber (algo) realizando las operaciones necesarias para ello. *El detective averiguará el paradero del asesino.* FAM averiguación.

averno. m. cult. Infierno (lugar donde habitan los espíritus de los muertos).

aversión. f. Rechazo a alguien o a algo. *Sentía aversión HACIA su hija.* ▶ *ANTIPATÍA.

avestruz. m. Ave de gran tamaño, con alas cortas no aptas para el vuelo, cuello largo y desnudo, y largas patas que le permiten correr a gran velocidad. *Vimos a unos avestruces y unas cebras.* ■ **de(l) ~.** loc. adj. Dicho espec. de táctica: Que responde a la actitud de no afrontar los problemas. *Sigue la estrategia del avestruz y verás cómo nada se arregla.*

avezarse. intr. prnl. Acostumbrarse alguien a algo. *Es conveniente que vayan avezándose AL estudio.*

aviación. f. **1.** Navegación aérea por medio de aparatos más pesados que el aire. *Accidente de aviación.* **2.** Cuerpo militar especializado en aviación (→ 1). *La zona fue bombardeada por la aviación.* FAM aviador, ra.

aviar¹. (conjug. ENVIAR). tr. **1.** coloq. Preparar o disponer (algo). *Avía la ensalada con poca sal.* **2.** coloq. Arreglar o componer (algo o a alguien) dándo(les) un aspecto limpio y agradable. *Tarda horas en aviarse.* **3.** coloq. Proporcionar (a alguien) lo que necesita para salvar una situación. *El dinero que me prestaste me avió hasta que cobré.* **4.** coloq. Acabar (lo que se está haciendo). *Avía la tarea, que no tenemos todo el día.* **5.** coloq. Se usa en constr. como *estar*, o *ir*, alguien *aviado*, para expresar que esa persona está muy equivocada o se encuentra en una situación complicada. *¡Como nos quedemos sin gasolina, estamos aviados!* ○ intr. prnl. **6.** coloq. Atender alguien a sus necesidades con lo mínimo aceptable. *Con 6 euros me avío.* FAM avío.

aviar²; aviario, ria; avícola; avicultor, ra; avicultura. → ave.

ávido, da. adj. Que desea o ansía algo con vehemencia. *Un hombre ávido DE riquezas.* FAM avidez.

avieso, sa. adj. Malvado o que tiene malicia. *Una sonrisa aviesa.*

avilés, sa. adj. Abulense.

avinagrado, da. adj. Áspero o desabrido. *Una persona avinagrada.*

avinagrar. tr. **1.** Poner agrio (algo). *La entrada de oxígeno avinagró el vino.* **2.** Volver áspero o desabrido (a alguien o algo). *El resentimiento avinagraba su carácter.*

avío. → aviar.

avión - azafrán

avión[1]. m. Pájaro semejante a la golondrina pero con la parte inferior blanca y la cola menos ahorquillada.

avión[2]. m. Vehículo aéreo más pesado que el aire, provisto de alas y de uno o más motores, que le sirven de propulsión. *El avión despegó puntualmente.* ■ **~ de caza.** m. Avión de pequeño tamaño y gran velocidad destinado pralm. a reconocimientos y combates aéreos. *Un avión de caza derribó a dos aviones enemigos.* ⇒ CAZA. ▶ AEROPLANO. FAM avioneta.

avisado, da. adj. Sagaz, o que prevé y previene las cosas. *Escogió a las discípulas más avisadas.*

avisar. tr. **1.** Dar noticia (de algo) a alguien, o hacer que (lo) sepa. *Nos avisaron que teníamos que ir a Correos.* **2.** Dar noticia de algo (a alguien). *No me avisó DE su llegada.* **3.** Llamar (a alguien o algo) para que preste un servicio. *Avisa al médico si te encuentras peor.* FAM aviso.

avispa. f. Insecto volador semejante a la abeja, de abdomen amarillo con franjas negras, cuya picadura causa escozor e inflamación. ■ **de ~.** loc. adj. Dicho de cintura o de talle: Estrecho o fino. *El vestido resalta su cintura de avispa.* FAM avispero.

avispado, da. adj. coloq. Listo o despierto. *Es un muchacho muy avispado.*

avistar. tr. Alcanzar con la vista (algo o a alguien que están lejos). *Avistamos una ballena.*

avituallar. tr. Proveer de vituallas o víveres (a alguien o algo). *Una nave avitualla a la estación espacial.* FAM avituallamiento.

avivar. tr. **1.** Hacer que (algo) sea más vivo o intenso. *Esos comentarios avivarán viejos rencores.* **2.** Hacer que (algo, espec. el fuego) arda más. *El viento avivó el incendio.* **3.** Hacer que (algo) sea más vivo o rápido. *Avivó el paso.* **4.** Animar (algo o a alguien) dándo(les) vitalidad o viveza. *La alegría avivaba su mirada.* ▶ **4:** ANIMAR.

avizor. adj. cult. Atento o vigilante. *El padre, siempre avizor, velaba por su familia.* Frec. en la constr. *ojo ~. Los ojos avizores del centinela.* (→ **ojo**). FAM avizorar.

ayacuchano, na. adj. De Ayacucho (Perú).

axial. adj. **1.** tecn. Del eje. *Simetría axial.* **2.** Fundamental o principal. *Los rasgos axiales de su personalidad.*

axila. f. Concavidad que forma el arranque del brazo con el cuerpo. *Se depila las axilas.* ▶ SOBACO. FAM axilar.

axiología. f. Fil. Teoría de los valores. *La axiología jurídica.* FAM axiológico, ca.

axioma. m. Proposición tan clara y evidente que se admite sin necesidad de demostración. *Recordemos el axioma: "No hay efecto sin causa".* FAM axiomático, ca.

axis. m. Anat. Segunda vértebra del cuello, sobre la que se produce el movimiento de rotación de la cabeza.

axón. m. Anat. Prolongación en forma de hilo de la neurona, por la que esta transmite impulsos nerviosos a otras células.

ay. interj. **1.** Se usa para expresar pena, dolor o sobresalto. *¡Ay, qué daño me he hecho!* **2.** Seguida de *de* y un nombre o un pronombre, expresa temor, conmiseración o amenaza. *Como se entere, ¡ay de ti!* ● m. **3.** Quejido o suspiro. *Los ayes de los heridos.*

ayatolá. m. Autoridad religiosa de los chiitas islámicos. *El ayatolá regresó a Irán después de años de exilio.*

ayer. adv. **1.** En el día inmediatamente anterior al de hoy. *Se lo recordé ayer mismo.* **2.** En el pasado reciente. *¿Ya camina?, ¡si ayer todavía mamaba!* ● m. **3.** Tiempo pasado. *En la exposición puede contemplarse el ayer de un pintor consagrado.* ■ **~ noche.** loc. adv. Anoche. *Llegué ayer noche a las once.* ■ **~ tarde.** loc. adv. Ayer (→ 1) por la tarde. *Ayer tarde nos la presentaron.*

ayo, ya. m. y f. hist. Persona encargada en una casa principal de la crianza y la educación de los niños o de los jóvenes. *El príncipe pasaba mucho tiempo con su aya.*

ayudar. tr. **1.** Cooperar una persona o cosa (con otra) para facilitar una acción, o realizarla con más rapidez o eficacia. *Ayúdame A mover el sofá.* **2.** Prestar cooperación para que (alguien o algo) salgan de una situación, frec. difícil o peligrosa. *Ayudamos a los heridos en el accidente.* ○ intr. prnl. **3.** Valerse de alguien o algo, o utilizarlos para algo. *Tuvo que ayudarse DEL diccionario para traducir el texto.* ▶ **2:** AUXILIAR, SOCORRER. FAM ayuda; ayudante.

ayunar. intr. **1.** Abstenerse total o parcialmente de comer y beber. *No es saludable ayunar para perder peso.* **2.** Abstenerse parcialmente de comer y beber cumpliendo con un precepto eclesiástico. *Ayuna los viernes de Cuaresma.* FAM ayuno (*Guarda ayuno*).

ayunas. en ~. loc. adv. Sin haber tomado ninguna comida, espec. el desayuno. *Para los análisis de sangre tendrá que venir en ayunas.*

ayuno, na. adj. cult. Privado o falto de algo. *Es un guión ayuno DE originalidad.*

ayuntamiento. (Frec. en mayúsc. en acep. 1, 2). m. **1.** Corporación compuesta por un alcalde y varios concejales para la administración de los intereses de un municipio. *El pleno del Ayuntamiento se ha reunido para aprobar los presupuestos.* **2.** Edificio donde se reúne el ayuntamiento (→ 1). *El ayuntamiento está situado en la plaza.* **3.** cult. Coito. *El libro aconsejaba no realizar el ayuntamiento hasta el matrimonio.* ▶ **1:** CABILDO, CONCEJO, CONSISTORIO, MUNICIPALIDAD. **2:** CONCEJO, CONSISTORIO.

azabache. m. **1.** Variedad de lignito, dura, de color negro y susceptible de pulimento, que se emplea como adorno en joyería. *Un collar con cuentas de azabache.* **2.** Color negro como el del azabache (→ 1). *El azabache de sus ojos.*

azada. f. Instrumento que consiste en una lámina o pala cuadrangular de hierro, cortante por un extremo y encajada en el opuesto a un mango, y que sirve para remover la tierra. *Cavó una zanja con la azada.* FAM azadilla; azadón.

azafata. f. **1.** Mujer encargada de atender a los pasajeros a bordo de un avión. *Las azafatas servirán una cena fría durante el vuelo.* **2.** Mujer que proporciona información y ayuda al público en exposiciones, congresos u otros eventos. *Las azafatas del congreso repartían folletos.* **3.** hist. Criada de la reina que se ocupaba de sus vestidos y alhajas. *Una azafata ayudó a la reina a vestirse.* ▶ **Am: 1:** AEROMOZA.

azafate. m. Am. Bandeja (recipiente plano). *Se acercó con un azafate y puso las bebidas sobre la mesa* [C]. ▶ *BANDEJA.

azafrán. m. **1.** Planta con flores moradas, cuyos estigmas, de color rojo anaranjado, se usan como condimento. *Bulbos de azafrán.* **2.** Color rojo anaranjado, como el de los estigmas del azafrán (→ 1). *Túnicas color azafrán.* FAM azafranado, da.

66

azahar. m. Flor blanca del naranjo y del limonero, muy olorosa y apreciada en perfumería. *La novia lleva un ramo de azahar.*

azalea. f. Arbusto de hermosas flores de color rojo, rosa o blanco, que se cultiva con fines ornamentales.

azar. m. **1.** Causa atribuida a sucesos imprevisibles o inexplicables. *El accidente ha sido fruto del azar.* **2.** Suceso imprevisto, gralm. desgraciado. *Un azar se nos llevó de este mundo a nuestro querido padre.* ◼ **al ~.** loc. adv. Sin una motivación determinada. *Diga al azar un número.* FAM **azaroso, sa.**

azarar. tr. **1.** Avergonzar (a alguien). *Vas a azarar a la pobre chica de tanto mirarla.* **2.** Inquietar (a alguien), o hacer que se sienta incómodo. *Cuando me azaran, se me traba la lengua.* FAM **azaramiento.**

azerbaiyano, na. adj. De Azerbaiyán (Asia). ▶ AZERÍ.

azerí. adj. **1.** Azerbaiyano. ● m. **2.** Lengua hablada en Azerbaiyán.

azogue. m. **1.** Mercurio. *Minas de azogue.* **2.** coloq. Persona inquieta. *Este niño es un azogue; a ver si para un poco.*

azor. m. Ave rapaz grande, de plumaje gris oscuro y alas redondeadas, especializada en volar entre los árboles para capturar a sus presas.

azorar. tr. **1.** Inquietar (a alguien), o hacer que se sienta incómodo. *No azores al profesor haciéndole preguntas difíciles.* **2.** Avergonzar (a alguien). *La burla de que había sido objeto lo azoraba.* FAM **azoramiento; azoro** (frecAm).

azotar. tr. **1.** Dar azotes o golpes (a alguien). *Lo azotaron con un látigo.* **2.** Golpear una cosa (otra), o dar repetida y violentamente (contra ella). *El mar azota los peñascos.* **3.** Ejercer su acción un agente meteorológico (sobre alguien o algo). *Un temporal azotará el sur.* **4.** Producir daños o destrozos de importancia (en alguien o algo). *El hambre azotó el país.*

azote. m. **1.** Instrumento de castigo formado por un mango y unas cuerdas anudadas o erizadas de puntas. *Los penitentes iban golpeándose la espalda con un azote.* **2.** Golpe dado con el azote (→ 1). *El condenado recibió cien azotes.* **3.** Golpe dado en las nalgas con la mano. *Su padre le dio unos azotes.* **4.** Hecho de azotar. *Sufren el azote de la enfermedad.* **5.** Persona o cosa que causan daños o destrozos de importan-

cia. *El terrorismo es uno de los azotes de la sociedad actual.* ▶ **1:** *LÁTIGO. FAM **azotaina; azotamiento.**

azotea. f. Cubierta llana de un edificio por la que se puede andar. *Tienden la ropa en la azotea.* ▶ *TERRAZA.

azteca. adj. **1.** De un antiguo pueblo que habitaba México. ● m. **2.** Lengua nahua.

azuayo, ya. adj. De Azuay (Ecuador).

azúcar. m. **1.** (Tb. f.; dim. **azuquítar**). Sustancia blanca soluble en agua y de sabor dulce. *Ponga más azúcar en el café.* **2.** *Quím.* Hidrato de carbono, caracterizado por su sabor dulce. *La glucosa pertenece al grupo de los azúcares.* ◼ **~ cande,** o **candi.** m. (Tb. f.). Azúcar (→ 1) en cristales grandes. ◼ **~ glas,** o **glasé.** m. (Tb. f.). Azúcar (→ 1) pulverizado que se utiliza en confitería y repostería. ◼ **~ moreno.** m. (Tb. **~ morena,** f.). Azúcar (→ 1) cuyo color varía desde el amarillo claro al pardo oscuro. FAM **azucarado, da; azucarar; azucarero, ra; azucarillo.**

azucena. f. Planta bulbosa que se cultiva como ornamental por sus grandes y olorosas flores blancas.

azuela. f. Herramienta parecida a una azada pequeña, que se utiliza espec. para desbastar la madera y cortar ramas. *El museo expondrá una muestra de hachas y azuelas del Neolítico.*

azufre. m. Elemento químico del grupo de los metales, de color amarillo y olor intenso característico, que se utiliza pralm. en la fabricación de productos industriales y medicinales (Símb. S). *Las aguas de este balneario tienen mucho azufre.*

azul. adj. De color semejante al del cielo sin nubes o el mar en un día soleado. *Ojos azules.* ◼ **~ celeste.** loc. adj. Azul claro. *Una blusa azul celeste.* ◼ **~ marino.** loc. adj. Azul oscuro. *Un traje azul marino.* ◼ **~ turquí.** loc. adj. Azul muy oscuro. *Los guardias reales vestían una guerrera azul turquí.* FAM **azulado, da; azulón, na.**

azulejo. m. Ladrillo vidriado, usado para revestir o decorar, espec. paredes. *Los azulejos del baño.*

azuquítar. → azúcar.

azuzar. tr. **1.** Incitar (a un perro) para que ataque. *Han azuzado a los perros CONTRA él.* **2.** Incitar o estimular (a alguien). *Mis amigos me azuzaban dándome ánimos.* **3.** Excitar (algo), o hacer que aparezca o se intensifique. *Aquellos hechos azuzaron el odio.*

b

b. f. Letra del abecedario español cuyo nombre es *be*.

baba. f. **1.** Saliva espesa que fluye a veces de la boca de las personas y de algunos animales. *Al bebé se le caía un hilillo de baba.* **2.** Líquido viscoso segregado por el cuerpo de algunos animales o por algunas plantas. *Lave los caracoles hasta que suelten toda la baba.* FAM babear; babeo; babero; babosada (Am); babosear; baboso, sa.

babel. f. (Tb. m.). **1.** Desorden o confusión por la acumulación de cosas o personas. *No entiendo esta babel DE cifras.* **2.** Torre de Babel (→ torre). *La sala de congresos era una babel.* FAM babélico, ca.

babilónico, ca. adj. histór. De Babilonia (antigua ciudad de Asia). FAM babilonio, nia.

babor. m. Lado izquierdo de una embarcación, mirando de popa a proa. *Han virado a babor.*

babucha. f. Zapato ligero, sin tacón ni talón, propio de países orientales y norteafricanos.

babuino. m. Mono africano de cuerpo esbelto y pelaje pardo claro, con callosidades en las nalgas. *El babuino hembra.*

bacalao. m. Pez marino comestible, de tamaño grande y color grisáceo, pardo o verdoso, cuya carne se consume fresca o en salazón. FAM bacaladero, ra.

bacán, na. adj. **1.** Am. coloq. Estupendo o muy bueno. *Les parece reconta bacán* [C]. **2.** Am. coloq. Ricachón. Frec. m. y f. *Usted anduvo por Chile bien "forrado", hecho un bacán* [C].

bacanal. f. **1.** Orgía (fiesta en que se cometen excesos). **2.** histór. Fiesta en honor del dios Baco. *El Senado romano prohibió las bacanales.* ▶ **1:** ORGÍA.

bacante. f. histór. Sacerdotisa que participaba en las bacanales.

bacarrá o **bacará.** m. Juego de cartas en que los jugadores juegan contra la banca.

bache. m. Hoyo en el pavimento de una calle, carretera o camino, producido pralm. por el uso. FAM bacheado, da; bachear.

bachiller, ra. m. y f. (A veces como f. se usa **bachiller**). Persona que ha cursado estudios de enseñanza secundaria o, más raramente, que los está cursando. *Es ya bachiller.* FAM bachillerato.

bacilo. m. *Biol.* Bacteria en forma de bastoncillo. *Infección causada por un bacilo.*

bacín. m. Orinal, espec. el alto y de barro vidriado. FAM bacinilla.

bacón. m. Panceta ahumada. *Un bocadillo de bacón y queso.* ▶ BEICON.

bacteria. f. Organismo microscópico unicelular, que participa en las fermentaciones y la putrefacción y, como parásito, es causante de enfermedades. FAM bacteriano, na; bacteriología; bacteriológico, ca.

báculo. m. cult. Bastón con la parte superior curva, que sirve para apoyarse.

badajo. m. Pieza alargada, gralm. metálica y en forma de pera, que cuelga en el interior de una campana o un cencerro, y con la cual se golpean estos para hacerlos sonar.

badajocense. adj. De Badajoz (España).

badana. f. Piel curtida y fina de carnero u oveja. *Una carpeta de badana.*

badén. m. Hondonada en la superficie de una carretera o de un camino.

bádminton. m. Deporte semejante al tenis, practicado en una cancha pequeña con la red alta, raquetas ligeras y un volante en lugar de una pelota. *Juegan al bádminton.*

badulaque. m. y f. coloq. Persona necia o tonta.

bafle. m. Caja que contiene un altavoz o un juego de altavoces y proporciona mejor calidad y difusión del sonido. *Un equipo de música con cuatro bafles.*

bagaje. m. cult. Conjunto de conocimientos o ideas adquiridos por alguien. *Tiene un gran bagaje intelectual.*

bagatela. f. Cosa de poco valor o importancia. *Discutieron por una bagatela.*

bagdadí. adj. De Bagdad (Iraq).

bagre. m. Pez comestible, de cabeza grande y con barbillas, propio de los ríos de América. *Un canasto de bagres pescados en el manantial* [C].

bahameño, ña. adj. De las Bahamas.

bahareque. m. Am. Bajareque. *Inmuebles construidos con bahareque* [C].

bahía. f. Entrada de mar en la costa, de extensión considerable, que puede servir de abrigo a las embarcaciones.

bailar. (conjug. BAILAR). intr. **1.** Ejecutar movimientos con el cuerpo, los brazos y los pies al compás de una pieza musical. *Me gusta bailar.* **2.** Moverse u oscilar algo en su sitio por no estar suficientemente fijado. *Le baila un diente de leche.* **3.** Reflejar o mostrar los ojos viveza o alegría. *Cuando la mira, le bailan los ojos.* **4.** Expresar alguien satisfacción o alegría. *Los resultados no son para bailar de alegría.* ○ tr. **5.** Bailar (→ 1) siguiendo el compás (de una pieza musical). *La pareja bailó un chachachá.* ▶ **1, 5:** DANZAR. FAM bailable; bailador, ra; bailaor, ra; bailarín, na; bailón, na; bailotear; bailoteo.

baile. m. **1.** Hecho de bailar. *Él será mi pareja de baile.* **2.** Arte de bailar o ejecutar movimientos con el cuerpo. *Es un maestro en el baile flamenco.* **3.** Serie de movimientos que se realizan al compás de un determinado tipo de música siguiendo una técnica y unas pautas establecidas. *El charlestón es un baile.* **4.** Fiesta en que se reúnen varias personas para bailar. *Se organizará un baile benéfico.* ■ ~ de salón. m. Baile (→ 3) por parejas. *El vals en medio de salón.* ■ ~ de San Vito. m. Enfermedad que se caracteriza por movimientos involuntarios, bruscos y arrítmicos. ▶ **1-3:** DANZA.

bailongo, ga. m. y f. **1.** coloq. o despect. Persona aficionada a bailar. *Un bailongo se hizo el amo de la pista.* ○ m. **2.** coloq. o despect. Baile (fiesta, o lugar donde se reúne gente para bailar).

baja. f. **1.** Hecho de bajar. *Se nota una baja en su rendimiento.* **2.** Autorización que da el médico a una persona para que falte a su trabajo por causa de enfermedad o accidente. *No puedes faltar al trabajo sin la baja médica.* **3.** Cese temporal o definitivo de alguien o algo en un registro, como el de una persona en una colectividad u organización, o el de una cosa en un inventario. *El número de bajas en el padrón municipal ha aumentado.* **4.** Mil. Pérdida o falta de un individuo. *El ejército enemigo ha tenido muchas bajas.* ■ **dar de ~** (algo o a alguien). loc. v. Borrar(los) de un registro o realizar su baja (→ 3). *Se ha dado de baja* EN *el sindicato.* ■ **de ~.** loc. adv. Con autorización médica para faltar al trabajo por causa de enfermedad o accidente. *Lleva varios días de baja.* ■ **en ~.** loc. adv. Bajando de nivel, valor o estimación. *El interés por ese tema está en baja.*

bajá. m. **1.** histór. En el Imperio otomano: Hombre que poseía un alto cargo, espec. el de gobernador o virrey. *El bajá del mar dirigía la flota turca.* **2.** En algunos países musulmanes: Título honorífico.

bajacaliforniano, na. adj. De Baja California (México).

bajamar. f. Nivel más bajo que alcanza la marea.

bajante. f. (Tb. m.). En un edificio: Tubería de desagüe para la bajada de aguas. *Las bajantes están obstruidas.*

bajar. intr. **1.** Ir de un lugar a otro inferior o más bajo. *Han bajado* AL *primer piso.* **2.** Dejar de estar encima de un animal o de una cosa. *Bajó* DEL *caballo.* **3.** Salir de un vehículo. *Los pasajeros han bajado* DEL *avión.* **4.** Disminuir algo o ponerse más bajo. *Le ha bajado la fiebre.* **5.** Ponerse más bajo el precio de algo. *El besugo ha bajado.* **6.** Llegar a un punto más bajo. *La carretera baja hasta el pueblo.* ○ tr. **7.** Ir desde la parte de arriba hasta la parte de abajo (de un sitio). *Bajó las escaleras muy despacio.* **8.** Llevar (algo o alguien) desde un lugar a otro más bajo. *Bajaremos los trastos* AL *sótano.* **9.** Hacer que (algo) pierda intensidad o valor. *Baja la voz.* **10.** Poner más bajo el precio (de algo). *El frutero ha bajado las naranjas.* **11.** Inclinar (algo, espec. una parte del cuerpo) hacia abajo. *Bajó la cabeza en señal de arrepentimiento.* ▶ **1, 4, 7:** DESCENDER. FAM **bajada.**

bajareque. m. Am. Pared hecha de palos entretejidos con cañas y barro. Tb. ese material. *Paredes de bajareque* [C]. ▶ **Am:** BAHAREQUE.

bajel. m. histór. Buque de vela.

bajero, ra. adj. **1.** Que se usa o se pone debajo. *Sábana bajera.* **2.** Que está abajo. *Colocaron armarios bajeros en la cocina.*

bajío. m. En los mares, ríos y lagos navegables: Elevación del fondo que impide flotar a las embarcaciones. *El barco ha encallado en un bajío.* ▶ BAJO.

bajista¹. m. y f. Músico que toca el bajo. *El grupo necesita un bajista.*

bajista². adj. Econ. De la baja de los valores en bolsa. *La tendencia bajista ha sembrado la desconfianza entre los inversores.*

bajo¹. prep. **1.** Debajo de o en lugar inferior a. *Estamos bajo techado.* **2.** Denota dependencia, subordinación o sometimiento. *Está bajo la tutela de su abuelo.* **3.** Denota ocultación o disimulo. *Se ha pre-*sentado bajo seudónimo. **4.** En una gradación numérica, indica una posición inferior a la que se toma como referencia. *Estamos a seis grados bajo cero.* **5.** Denota localización dentro de un conjunto. *Está clasificado bajo la etiqueta de "varios".* **6.** Durante el período correspondiente a un determinado mandato o modo de gobernar. *Bajo la dictadura.*

bajo², ja. adj. **1.** Que verticalmente mide menos de lo normal o menos que otros de su clase. *Es un chico bajo.* **2.** Que se sitúa, respecto al suelo, al nivel del mar o a otra superficie de referencia, a una distancia vertical inferior a la normal o a la que tienen otros de su clase. *Una casa con los techos bajos.* **3.** Que está inclinado o dirigido hacia abajo. *Volvía con la cabeza baja.* **4.** De valor, nivel o intensidad inferiores a la normal. *Una dieta baja* EN *grasas.* **5.** De importancia, categoría o calidad inferiores a lo normal. *Su familia pertenece a la clase baja.* **6.** Ruin o mezquino. *En su pecho anidan bajos sentimientos.* **7.** Dicho espec. de una expresión, del lenguaje o del estilo: Vulgar u ordinario. **8.** Dicho de oro o de plata: Que tiene exceso de mezcla. **9.** Dicho de río: Que lleva poca agua. *En verano el río viene bajo.* **10.** Dicho de parte de un río: Que está cerca de la desembocadura. *La cuenca baja del Colorado.* **11.** Dicho de sonido o tono: Grave. **12.** (Frec. en mayúsc.). Antepuesto a un nombre que designa período histórico: De la etapa final o más moderna. *La época del Bajo Imperio Romano.* ● m. **13.** Piso bajo (→ 2) de las casas que tienen dos o más. *Vive en el bajo.* **14.** Sitio o lugar hondos. *La flora de los bajos es distinta a la de las cumbres.* **15.** En los mares, ríos y lagos navegables: Elevación del fondo que impide flotar a las embarcaciones. *La barca ha quedado varada en los bajos.* **16.** Dobladillo de la parte inferior de la ropa. *Se me ha descosido el bajo de la falda.* **17.** Mús. Persona cuya voz tiene el registro más grave de las humanas. *En el concierto participan un bajo y dos sopranos.* **18.** Mús. En una composición musical: Línea, frec. de acompañamiento, formada por los sonidos más graves. *Un violonchelo hace el bajo.* **19.** Mús. Instrumento, como un contrabajo o un violonchelo, destinado a ejecutar un bajo (→ 19). *Ella toca el bajo.* ○ m. pl. **20.** Parte baja (→ 2) de una cosa, espec. de un edificio. *El almacén está en los bajos del bar.* **21.** Parte inferior externa de la carrocería de un vehículo. *Hay que limpiar los bajos del coche.* ● adv. **22.** En lugar bajo (→ 2). *La avioneta vuela muy bajo.* **23.** En voz baja (→ 4). *Habla bajo.* **24.** En tono grave. *Has empezado a cantar muy bajo.* **25.** Con valor, nivel o intensidad bajos (→ 4). *La libra sigue cotizando bajo.* ■ **por bajo.** loc. adv. Por debajo. *Mete la mano por bajo y sujeta este cable.* ■ **por lo bajo.** loc. adv. **1.** En voz baja. *Le dijo algo por lo bajo.* **2.** Con disimulo. *Sonrieron por lo bajo.* **3.** Se usa acompañando a la expresión de una cantidad para indicar que esta no es exacta, sino la mínima que se considera como probable. *Habría cincuenta personas, calculando por lo bajo.* ▶ **11:** GRAVE. **15:** BAJÍO. FAM **bajeza.**

bajón. m. **1.** Descenso brusco y notable de algo, espec. de algo que se puede medir. *Ha habido un bajón de las temperaturas.* **2.** Deterioro, más o menos notable, de la salud o del estado de ánimo. *Desde el accidente, ha dado un bajón.*

bajorrelieve. (Tb. **bajo relieve**). m. Arte Relieve cuyas figuras resaltan poco del plano. *Los bajorrelieves del friso representan pasajes de la Biblia.*

bala. f. **1.** Proyectil metálico para armas de fuego. *Una bala de cañón.* **2.** Paquete grande y apretado de una materia blanda que se ha de transportar. *Balas de heno.* ■ ~ **perdida.** f. Bala (→ 1) que da en un punto apartado de aquel al que apuntaba el tirador. *Resultó herido por una bala perdida.* FAM **balacera** (Am); **balazo; balín.**

balada. f. Canción de ritmo lento y tema gralm. amoroso. *La orquesta tocó una balada.* FAM **baladista.**

baladí. adj. cult. De escasa importancia. *No es una cuestión baladí.*

baladronada. f. Hecho o dicho propios de un fanfarrón o bravucón. *Sus amenazas no son más que baladronadas.*

balalaica. f. Instrumento musical popular, originario de Rusia, semejante a la guitarra pero con caja triangular.

balance. m. **1.** Análisis de los aspectos positivos y negativos de una situación para tratar de prever su evolución. *El presidente hizo balance de sus años de gobierno.* **2.** Com. Análisis comparativo de los gastos e ingresos de un negocio o una empresa para establecer su situación económica o el nivel de beneficios y pérdidas. *El balance de la empresa es negativo.* ▶ **2:** ARQUEO.

balancear. tr. **1.** Mover (algo o a alguien) haciendo que se inclinen a un lado y a otro. *Balancea los brazos al caminar.* ○ intr. prnl. **2.** Moverse alguien o algo inclinándose a un lado y a otro. *Se balancea en una mecedora.* ▶ **2:** COLUMPIARSE. FAM **balanceo.**

balancín. m. **1.** Barra de madera o de metal apoyada en equilibrio en su punto medio, de modo que quienes se sitúan en sus extremos suben y bajan alternativamente. *Los niños quieren montarse en el balancín.* **2.** Palo largo que usan los equilibristas para mantenerse sobre la cuerda. **3.** En lugares al aire libre: Asiento colgante cubierto de toldo. *Los novios charlan sentados en el balancín.*

balandro. m. Embarcación de vela, de pequeño tamaño, usada gralm. con fines deportivos o recreativos. FAM **balandra.**

balanza. f. Instrumento que sirve para pesar. *Se pesó en la balanza del cuarto de baño.* ■ **inclinar la ~.** loc. v. Inclinar el asunto en cuestión a favor de alguien o algo. *El voto de los jóvenes inclinó la balanza a favor de los progresistas.*

balar. → balido.

balasto o **balastro.** m. Capa de grava o de piedra machacada sobre la que se colocan las traviesas del ferrocarril. *Los operarios extienden el balasto.*

balaustre o **balaústre.** m. Columna pequeña, gralm. de piedra o madera, de las que forman las barandillas de balcones, azoteas, corredores y escaleras. *El pequeño asoma la cabeza entre los balaustres del balcón.* FAM **balaustrada.**

balazo. → bala.

balboa. m. Unidad monetaria de Panamá.

balbucear. intr. **1.** Hablar con pronunciación dificultosa y vacilante. *Contestó balbuceando.* ○ tr. **2.** Decir (algo) con pronunciación dificultosa y vacilante. *El bebé ya balbucea algunas palabras.* FAM **balbuceante; balbuceo; balbuciente.**

balbucir. (Solo se usa en las formas cuya desinencia empieza por *i*). intr. **1.** cult. Balbucear. ○ tr. **2.** cult. Balbucear (algo).

balcánico, ca. adj. De los Balcanes (región de Europa).

balcón. m. Hueco abierto al exterior desde el suelo de una habitación, protegido por barandilla y frec. con prolongación voladiza sobre la fachada. *Riega las macetas del balcón.* ■ ~ **corrido.** m. Conjunto de balcones con barandilla común. *El bloque tiene balcones corridos.* FAM **balconada.**

balda. f. Estante, espec. de un armario o una estantería. ▶ *ESTANTE.

baldaquino o **baldaquín.** m. Construcción de madera o de otro material sólido, que, adornada con telas y cortinas, se instala como cubierta ornamental sobre un altar, un trono u otro lugar solemne. *El baldaquino del altar mayor es de mármol.*

baldar. tr. Impedir algo, espec. una enfermedad o un accidente, el movimiento (de una persona o de una parte de su cuerpo). *El accidente la ha baldado.*

balde[1]. m. **1.** Recipiente con forma y tamaño de barreño, utilizado espec. para lavar. *Un balde de cinc.* **2.** Cubo que se emplea para sacar y transportar agua, espec. en embarcaciones. *Los marineros achican el agua con baldes.* FAM **baldear; baldeo.**

balde[2]. de ~. loc. adv. Gratuitamente o sin coste alguno. *Entramos de balde a la discoteca.* ■ en ~. loc. adv. Inútilmente o en vano. *Los médicos trataron de salvarlo, pero fue en balde.*

baldío, a. adj. **1.** Inútil o vano. *Esfuerzos baldíos.* **2.** Dicho de terreno: Que no está cultivado. ● m. **3.** Am. Solar (terreno). *Los baldíos existentes serían construidos* [C]. ▶ **1:** *INÚTIL. **2:** *YERMO. **3:** *SOLAR.

baldón. m. cult. Deshonra u ofensa.

baldosa. f. Pieza plana y delgada de material duro, gralm. de forma cuadrangular, que se utiliza para cubrir suelos. *Van a quitar las baldosas para poner parqué.* ▶ LOSA, LOSETA. FAM **baldosín.**

balear[1]. adj. **1.** De las islas Baleares (España). ● m. **2.** Variedad del catalán que se habla en las islas Baleares.

balear[2]. tr. frecAm. Tirotear (algo o a alguien). *Allí lo balearon* [C]. ▶ *TIROTEAR.

balido. m. Voz característica del carnero, el cordero, la oveja, la cabra, el gamo o el ciervo. FAM **balar.**

balín. → bala.

balístico, ca. adj. **1.** De la balística (→ 2). *Pruebas balísticas.* ● f. **2.** Ciencia que estudia la trayectoria de los proyectiles. *Expertos en balística.*

baliza. f. **1.** Señal fija o móvil que, en aguas marinas, se utiliza para indicar un peligro u orientar a navegantes. *Hay balizas en la bocana del puerto.* **2.** Señal utilizada para delimitar una ruta de tráfico aéreo o terrestre. *La pista de aterrizaje tiene balizas luminosas.* FAM **balizamiento; balizar.**

ballena. f. Mamífero marino con forma de pez, el mayor de los animales conocidos, de color gralm. oscuro por encima y blanquecino por debajo, que vive pralm. en aguas frías. *La ballena macho.* FAM **ballenato; ballenero, ra.**

ballesta. f. **1.** Arma portátil compuesta de una caja alargada de madera, semejante a la del fusil, con un canal por donde salen flechas u otros proyectiles impulsados por la fuerza de una cuerda tensada en los extremos de un muelle. **2.** Muelle en forma de arco, constituido por varias láminas elásticas de acero superpuestas, y utilizado en la suspensión de coches y carruajes. *La suspensión de los camiones era de ballesta.*

ballet. (pal. fr.; pronunc. "balé"). m. **1.** Danza, espec. clásica, ejecutada por un conjunto de bailarines sobre un escenario y con acompañamiento musical. *Es bailarina de ballet.* **2.** Compañía de *ballet* (→ 1). *Ha abandonado el Ballet Nacional.*

balneario. m. Establecimiento de baños medicinales, que gralm. da alojamiento y otros servicios a sus clientes.

balompié. m. Fútbol. FAM balompédico, ca.

balón. m. **1.** Bola grande, inflada de aire y forrada de cuero, que se usa en diversos deportes y con fines terapéuticos. *Un balón de voleibol.* **2.** Recipiente para gases. *El equipo de salvamento lleva un balón de oxígeno.* ■ ~ **de oxígeno.** m. Ayuda que sirve para superar, temporal o parcialmente, una situación difícil. *La bajada del dólar es un balón de oxígeno para el euro.* ▶ **1:** BOLA, ESFÉRICO, PELOTA. FAM balonazo.

baloncesto. m. Deporte entre dos equipos de cinco jugadores, que consiste en introducir con las manos un balón en la canasta del contrario situada a cierta altura. ▶ Am o frecAm: BÁSQUET, BASQUETBOL. FAM baloncestista; baloncestístico, ca.

balonmano. m. Deporte entre dos equipos de siete jugadores, que consiste en introducir con la mano un balón en la portería del contrario. FAM balonmanista.

balonvolea. m. Deporte entre dos equipos de seis jugadores, separados por una red colocada en mitad del campo y por encima de la cual tienen que enviar el balón con la mano hacia la zona del contrario. ▶ VOLEIBOL.

balsa¹. f. Plataforma flotante formada gralm. por maderos unidos, que se usa como embarcación. *Los náufragos construyeron una balsa.*

balsa². f. Masa de agua que se acumula natural o artificialmente en una hondonada del terreno. *Hay balsas de agua en la carretera.* ■ ~ **de aceite.** f. Lugar muy tranquilo donde no hay conflicto. *Esta casa es una balsa de aceite.*

bálsamo. m. **1.** Medicamento líquido o cremoso, compuesto gralm. de sustancias aromáticas, que se aplica en la piel como remedio para heridas, llagas u otras enfermedades. *Este bálsamo ayuda a expectorar.* **2.** Sustancia aromática obtenida por incisión de ciertos árboles. *El cadáver es ungido con bálsamos.* FAM balsámico, ca.

balsero, ra. m. y f. **1.** Persona que conduce una balsa. *El balsero los cruzó al otro lado del río.* **2.** En el Caribe: Persona que huye de su país en una balsa u otra embarcación precaria para entrar ilegalmente en otro. *Cuba ha solicitado a Estados Unidos la repatriación de los balseros.*

báltico, ca. adj. Del mar Báltico, o de los territorios que baña.

baluarte. m. **1.** Obra de fortificación que sobresale entre los tramos de muralla. *Aún se conservan algunos baluartes de las murallas.* **2.** Persona o cosa que proporcionan defensa y apoyo a algo. *París se convirtió en baluarte del arte de vanguardia.* ▶ **1:** BASTIÓN.

balumba. f. Conjunto desordenado y excesivo de cosas. *Una balumba DE libros.*

bambalina. f. *Teatro* Tira de tela pintada que cuelga de la parte superior del escenario completando el decorado. *Hay que cambiar las bambalinas.* ■ **entre ~s.** loc. adv. **1.** En la representación de un espectáculo: Detrás o a un lado del escenario, fuera de la vista del público. *Vio la actuación entre bambalinas.* **2.** De manera encubierta. *Entre bambalinas se fraguaba una conspiración.*

bambolear. tr. Hacer que (alguien o algo) oscilen con un movimiento de vaivén. *El oleaje bambolea el barco.* FAM bamboleante; bamboleo.

bambú. m. Planta tropical de tallo leñoso y de gran altura, cuyas cañas, huecas, ligeras y resistentes, se emplean para construir viviendas, muebles y diversos instrumentos. Tb. su madera. *Una mesa de bambú.*

banal. adj. Trivial, o de escasa importancia o sustancia. ▶ *NIMIO. FAM banalidad; banalización; banalizar.

banana. f. Plátano (fruto). ▶ *PLÁTANO.

bananero, ra. adj. **1.** De la banana o del banano. *Producción bananera.* **2.** despect. Dicho de país o república, espec. iberoamericanos: Que presenta escaso desarrollo económico, social y político, pralm. por su sometimiento a intereses extranjeros. ● m. **3.** Platanero (planta). ▶ **3:** *PLATANERO.

banano. m. **1.** Platanero (planta). **2.** Plátano (fruto). ▶ **1:** *PLATANERO. **2:** *PLÁTANO. FAM bananal (frecAm).

banasta. f. Cesto grande de mimbres o listas de madera delgadas y entretejidas. *Una banasta llena de pan recién horneado.* ▶ *CESTA. FAM banasto.

banca. f. **1.** Actividad económica consistente en realizar operaciones con dinero, espec. aceptándolo en depósito y prestándolo con intereses. *La banca experimentó un gran desarrollo en el siglo XIX.* **2.** Conjunto de los banqueros o los bancos. *La banca anuncia despidos masivos.* **3.** Asiento de madera, sin respaldo y a modo de mesa baja. *Se sentaron en unas bancas al aire libre.* **4.** frecAm. Banco (asiento largo o estrecho). *Andaba en hoteles de segunda y bancas de parque* [C]. **5.** Am. Escaño parlamentario. *Banca de diputado* [C]. ▶ **4:** BANCO. **5:** *ESCAÑO.

bancada. f. **1.** *Mar.* Tabla o banco donde se sientan los remeros. **2.** Am. Grupo de parlamentarios de un mismo partido. *La bancada conservadora* [C].

bancal. m. **1.** En un terreno pendiente: Porción horizontal de tierra que se forma natural o artificialmente y se aprovecha para el cultivo. *Cultivan los cerezos en bancales.* **2.** Pedazo de tierra rectangular destinado a un determinado cultivo. *Un bancal de patatas.* ▶ **1:** TERRAZA. ‖ Am: **1:** ANDÉN.

bancar. tr. Am. coloq. Soportar o aguantar (algo o a alguien). *Nos tiramos al río para bancar el calor* [C].

bancario, ria. adj. De la banca como actividad económica, o de los bancos. *Sucursal bancaria.*

bancarrota. f. **1.** Quiebra comercial completa, espec. por gestión ineficaz o fraudulenta. *La empresa se ha declarado en bancarrota.* **2.** Situación económica ruinosa. *Su afición al juego lo ha llevado a la bancarrota.* ▶ *QUIEBRA.

banco. m. **1.** Asiento largo y estrecho, con o sin respaldo, gralm. de piedra o madera, en que pueden sentarse varias personas. *Me senté en el primer banco de la iglesia.* **2.** Tablero que se coloca horizontalmente sobre cuatro pies y sirve de mesa de trabajo en labores manuales, espec. de artesanía. *Un banco de carpintero.* **3.** Establecimiento público que se dedica a realizar operaciones con dinero, espec. conceder créditos a los clientes y guardar sus ahorros. *Tengo que ir al banco a ingresar el dinero.* **4.** Establecimiento médico donde se conservan y almacenan órganos, tejidos o líquidos fisiológicos humanos para cubrir necesidades quirúrgicas, terapéuticas o de investigación. *Banco de sangre.* **5.** Conjunto numeroso de peces que se desplazan juntos. *Un banco de sardinas.* ■ ~ **de arena.** m. En aguas navegables: Fondo elevado y arenoso. *El barco ha encallado en un banco de arena.* ■ ~ **de datos.** m. *Inform.* Conjunto de información sobre una materia, que puede ser consultado por diversos usuarios. *Hacienda ha creado un banco de datos fiscales.* ■ **~ de niebla.** m. Masa de niebla que se encuentra diseminada en una superficie. *Mañana se formarán bancos de niebla en el norte.* ■ **~ de pruebas.** m. *Ingen.* Instalación en la que se verifican las características de una máquina o un aparato simulando su funcionamiento. *Se ha construido un banco de pruebas para el desarrollo de motores de aviación.* ▶ **frecAm: 1:** BANCA.

banda[1]**.** f. **1.** Cinta ancha de tela que se lleva gralm. atravesada de un hombro al costado opuesto como símbolo de honor u distinción. *La reina lucía una banda azul.* **2.** Tira o trozo alargado de algo. *La falda lleva una banda de raso.* **3.** Intervalo entre dos límites donde pueden darse variaciones. *Las temperaturas oscilan en una banda entre los 30° y los 40°.* **4.** Línea que delimita cada uno de los lados más largos de un campo deportivo. *Las bandas se han borrado con la lluvia.* **5.** Borde de la mesa de billar. *La bola golpeó en la banda derecha.* **6.** Costado de una embarcación. *El barco se inclinó sobre la banda de babor.* **7.** Lado de algo. *A esta banda del río hay un pueblo.* **8.** Radio y TV Intervalo de frecuencias entre dos límites definidos. Tb. *~ de frecuencia.* ■ **~ de rodadura.** f. Parte del neumático que está en contacto con el suelo. *Se ha desgastado la banda de rodadura.* ■ **~ de sonido,** o **sonora.** f. En una película cinematográfica: Franja en que está registrado el sonido. Tb. la música registrada en ella. *El filme recibió un premio por su banda sonora.* ■ **~ magnética.** f. En una tarjeta electrónica: Espacio largo y estrecho en que quedan registrados magnéticamente una serie de datos. □ **a dos,** o **tres,** etc., **~s.** loc. adj. **1.** Dicho de billar: Que se juega de modo que la bola impulsada deba tocar las bandas (→ 5) que se indican antes de hacer carambola. **2.** Dicho espec. de reunión o de acuerdo: Que se realiza con la intervención del número de partes o elementos indicados. *Una negociación a cuatro bandas.*

banda[2]**.** f. **1.** Grupo de delincuentes armados que opera de manera organizada. *Una banda de ladrones.* **2.** Grupo numeroso de animales que se desplazan juntos. *Una banda de pájaros.* **3.** Grupo de músicos que tocan instrumentos de viento y percusión. *Toca en la banda municipal.* **4.** Conjunto de instrumentistas, con o sin cantantes, que interpreta música ligera. *Es el cantante de una banda de rock.* FAM **bandada.**

bandazo. m. **1.** Movimiento violento de un vehículo, espec. de una embarcación, hacia un costado. *El barco empezó a dar bandazos.* **2.** Cambio brusco de dirección o de actitud. *Critican los bandazos de la política del Gobierno.*

bandearse. intr. prnl. Ingeniárselas para superar las dificultades o para satisfacer las necesidades de la vida. *Aunque no conoce nuestro idioma, sabe bandearse.*

bandeja. f. **1.** Recipiente plano y poco profundo que se usa para servir, presentar o depositar cosas. *Ha traído una bandeja de pasteles.* **2.** Pieza movible, en forma de caja descubierta y de poca altura, que divide horizontalmente el interior de algunos objetos, como un baúl o una maleta. *Guarda las camisas en una bandeja del baúl.* **3.** En un automóvil: Pieza horizontal, plana y a veces abatible, situada entre los asientos y el cristal traseros, y destinada a depositar objetos. *Si llenas la bandeja de cosas, no veo bien.* ■ **pasar la ~.** loc. v. Recoger dinero o limosnas pasando una bandeja (→ 1) u otro objeto similar. *El sacristán pasó la bandeja en la misa.* ■ **poner,** o **servir,** (algo) **en ~ (de plata)** (a alguien). loc. v. coloq.

Dar(le) grandes facilidades para que (lo) consiga. *El profesor nos ha puesto en bandeja el aprobado.* ▶ **Am: 1:** AZAFATE, CHAROLA.

bandera. f. **1.** Pieza de tela, gralm. rectangular, que se sujeta por uno de sus lados a un palo o una cuerda y que se emplea como símbolo de una nación, una colectividad o una institución. *Una bandera ondea en el balcón.* **2.** Nacionalidad a que pertenece un buque y que se representa por la bandera (→ 1) que ostenta. *Un barco de bandera española.* **3.** Pieza de tela con marcas y colores distintivos que se utiliza para indicar algo, para hacer señales o como adorno. *Hay bandera amarilla en la playa.* **4.** En algunos cuerpos del ejército: Cierta unidad táctica. *En el ataque ha participado una bandera de paracaidistas.* ■ **~ blanca.** f. Bandera (→ 3) que se levanta en señal de rendición o de amistad. □ **de ~.** loc. adj. Excelente en su clase. *Un vino de bandera.* ■ **hasta la ~.** loc. adv. Por completo. *El estadio está lleno hasta la bandera.* ■ **jurar (la) ~.** loc. v. Prestar juramento militar o civil ante la bandera. (→ 1). FAM **banderín; banderola.**

banderilla. f. Palo delgado, rematado por una punta de hierro en forma de arpón y revestido de papel de colores, que los toreros clavan de dos en dos al toro en la cerviz. *El torero es muy diestro con las banderillas.* FAM **banderillear; banderillero, ra.**

bandido, da. m. y f. Persona que roba o asalta, espec. en caminos o lugares despoblados. FAM **bandidaje.**

bando[1]**.** m. Comunicado oficial sobre algún aspecto de interés para la población, publicado, gralm. en las calles, por una autoridad. *Un bando municipal.*

bando[2]**.** m. Conjunto de personas que se mueven por ideas o intereses comunes. FAM **bandería.**

bandolera. f. Correa que cruza por el pecho y la espalda desde uno de los hombros hasta la cadera contraria y sirve para colgar un objeto, espec. un arma. *Sacó la pistola de la bandolera.*

bandolero, ra. m. y f. Persona armada que comete robos o asaltos en caminos o lugares despoblados. FAM **bandolerismo.**

bandoneón. m. Acordeón de pequeño tamaño y forma hexagonal, propio de Argentina.

bandurria. f. Instrumento musical popular semejante a una guitarra, pero algo más pequeño, con caja de forma aovada, mástil corto y seis cuerdas dobles que se pulsan con púa.

banjo. (pronunc. "bányo"; tb. **banyo**). m. Instrumento musical compuesto por una caja de resonancia redonda cubierta por una piel tensada, un mástil largo y un número variable de cuerdas, que se toca como la guitarra y es propio de la música popular norteamericana.

banquero, ra. m. y f. Propietario o director de una entidad bancaria. *Ha nacido en una familia de banqueros.*

banqueta. f. **1.** Asiento de tres o cuatro patas y sin respaldo, para una sola persona. **2.** Am. Acera. *Con el vehículo robado, se subió a la banqueta* [C]. ▶ **1:** TABURETE.

banquete. m. Comida a la que asisten muchas personas para celebrar algún acontecimiento. *Un banquete de boda.*

banquillo. m. **1.** En un juicio: Asiento en que se coloca el acusado ante el tribunal. *El procesado declaró desde el banquillo.* **2.** En deporte: Banco alargado situado fuera del campo de juego, donde se sientan los reservas, el entrenador y el masajista. *El entrenador ha dejado al delantero en el banquillo.*

banquina. f. Am. Arcén. *El vehículo fue abandonado en la banquina* [C].

bantú. (pl. **bantúes**). adj. **1.** Dicho de lengua: Que pertenece a un grupo de lenguas habladas en África ecuatorial y meridional por pueblos de caracteres étnicos diversos. **2.** Dicho de persona: Que pertenece a uno de los pueblos que hablan lenguas bantúes (→ 1). *Mujer bantú.*

banyo. → banjo.

bañador. m. Prenda de baño de una sola pieza, que cubre todo el tronco en las mujeres y solo la parte inferior en los hombres, usada en playas, piscinas u otros lugares públicos. ▶ Am: MALLA, TRUSA.

bañar. tr. **1.** Meter (algo o a alguien) en agua u otro líquido, gralm. para limpiar(lo), refrescar(lo) o con un fin medicinal. *He bañado al bebé.* **2.** Humedecer el agua u otro líquido (algo). *Las lágrimas bañaban sus mejillas.* **3.** Cubrir (algo) con una capa de una sustancia, mediante su inmersión en ella o untándo(lo) con ella. *Baña los trozos de pan EN leche.* **4.** Tocar el agua de un mar o un río (un lugar). *El Atlántico baña el litoral portugués.* FAM **bañadera** (Am); **bañera; bañista.**

baño. m. **1.** Hecho de bañar o bañarse. *Este niño necesita un baño.* **2.** Hecho de someter al cuerpo o parte de él al influjo intenso o prolongado de un agente físico. *Un baño de sol.* **3.** Agua o líquido para bañarse. *Se preparó un baño con sales.* **4.** Capa de una sustancia con que se cubre algo. *Un anillo con baño de oro.* **5.** Cuarto de baño (→ cuarto). *El piso tiene dos baños.* ■ ~ de sangre. m. Matanza de un elevado número de personas. ■ ~ (de) María. m. Método para cocinar o calentar sustancias que consiste en introducir el recipiente con la sustancia en otro que contiene agua y que se pone al fuego. *Un flan al baño María.* ■ ~ turco. m. Baño (→ 2) de vapor. Tb. el establecimiento o instalación donde se toma. *El club cuenta con baño turco y piscina.*

baobab. (pl. **baobabs**). m. Árbol tropical africano de gran altura y flores grandes y blancas.

baptista. adj. **1.** Rel. De una doctrina protestante cuya idea esencial es que el bautismo debe administrarse por inmersión y solo a personas adultas. *Iglesias baptistas.* **2.** Rel. Adepto a la corriente baptista (→ 1). *Predicador baptista.* FAM **baptismo.**

baqueta. f. Palo alargado, de borde redondeado y remate en forma de perilla, que sirve para tocar el tambor y otros instrumentos de percusión. ▶ PALILLO.

baquiano, na o **baqueano, na.** adj. **1.** Am. Experto o entendido. *Gente baqueana* [C]. ● m. **2.** Am. Guía (persona que muestra el camino). *El mejor baquiano de Guayana* [C]. ▶ **1:** *EXPERTO. **2:** *GUÍA.

báquico, ca. adj. De Baco (dios de la mitología grecorromana), o de cosas relacionadas con él, como el vino o la embriaguez. *Culto báquico.*

bar¹. m. Establecimiento público donde se sirven bebidas y, a veces, raciones de comida, que suelen tomarse de pie en el mostrador. *Tomamos unas copas en un bar.*

bar². m. Fís. Unidad de presión atmosférica (Símb. bar). *En meteorología suele emplearse el milibar, más que el bar.*

barahúnda. (Tb. **baraúnda**). f. Confusión grande, espec. si va acompañada de ruidos. *Una barahúnda DE coches.* ▶ *ALBOROTO.

baraja. f. Conjunto de cartas o naipes empleado para juegos de azar. *El mus se juega con la baraja española.* ▶ NAIPES. FAM **barajar.**

barandilla. f. Estructura compuesta de balaustres u otros elementos verticales y de las barras horizontales que los sujetan, que sirve pralm. para apoyarse y evitar caídas en lugares como escaleras o balcones. FAM **baranda; barandal.**

barato, ta. adj. **1.** De precio bajo o más bajo de lo normal. *Ropa barata.* **2.** Fácil, o que cuesta poco esfuerzo. *Esa es una excusa barata.* ● adv. **3.** A bajo precio. *Procuro comprar barato.* ▶ **1:** ECONÓMICO. FAM **baratija; baratillo; baratura.**

baraúnda. → barahúnda.

barba. f. **1.** Pelo que nace debajo de la boca y en las mejillas de una persona. *Se afeita la barba todos los días.* **2.** Barbilla. **3.** Barba (→ 1) crecida y gralm. cuidada y cortada de diversas formas. *Lleva barba y bigote.* **4.** En algunos mamíferos, espec. en el ganado cabrío: Mechón de pelo que cuelga de la mandíbula inferior. **5.** En la ballena: Láminas córneas de la mandíbula superior. FAM **barbado, da; barbería; barbero, ra; barbudo, da.**

barbacoa. f. Parrilla que sirve para asar al aire libre carne o pescado. *Echa más carbón a la barbacoa.*

barbarismo. m. **1.** Ling. Empleo de una forma incorrecta de una palabra. *Decir "semos" en lugar de "somos" es un barbarismo.* **2.** Ling. Extranjerismo no incorporado totalmente a la lengua. *Por presumir de que sabe idiomas, llena su lenguaje de barbarismos.*

bárbaro, ra. adj. **1.** Cruel o salvaje. *Instintos bárbaros.* **2.** Poco civilizado o falto de educación. **3.** coloq. Grande y extraordinario. *Tiene una fuerza de voluntad bárbara.* **4.** coloq. Excelente o magnífico. *El orador ha estado bárbaro.* **5.** hist. De los pueblos que desde el s. V invadieron el Imperio romano y se fueron extendiendo por buena parte de Europa. *Incursiones bárbaras.* ■ qué bárbaro. expr. coloq. Se usa para expresar sorpresa o admiración. *¡Qué bárbaro, qué coche tan bonito!* FAM **barbaridad; barbarie.**

barbecho. m. **1.** Tierra de labranza que se deja un tiempo sin sembrar para que descanse. *El camino discurre entre barbechos.* **2.** Sistema de cultivo en que la tierra se deja un tiempo sin sembrar para que descanse. *Los agricultores han abandonado el barbecho.* **3.** Hecho de arar la tierra para que descanse. *Han preparado el arado para el barbecho.* ■ en ~. loc. adj. Dicho de tierra: Que se deja un tiempo sin sembrar para que descanse. FAM **barbechar.**

barbería; barbero, ra. → barba.

barbilla. f. Parte de la cara que está debajo de la boca, espec. la punta saliente de la mandíbula inferior. *Tiene un hoyuelo en la barbilla.* ▶ BARBA, MENTÓN. ‖ Am: PERA.

barbitúrico. m. Sustancia derivada de un ácido orgánico, que tiene propiedades hipnóticas y sedantes y, en dosis excesivas, puede ser tóxica.

barbotar. intr. **1.** Hablar de forma atropellada y confusa. *Se marchó barbotando.* ○ tr. **2.** Decir (algo) de forma atropellada y confusa. *Barbotó improperios.* FAM **barbotear.**

barbudo, da. → barba.

barcelonés, sa. adj. De Barcelona (España, Venezuela).

barcino, na. adj. Dicho de algunos animales: De pelo blanco y pardo, y a veces rojizo.

barco. m. Embarcación grande y con cubierta. ▶ *EMBARCACIÓN. FAM barca; barcaza; barquero, ra.

barda. f. Tapia o vallado que rodea un lugar. *Han saltado la barda.*

baremo. m. Conjunto de normas o escala de valores, establecidos convencionalmente para medir o evaluar algo. *Se puntuará según un baremo DE méritos.* FAM baremar; baremación.

bargueño. m. Mueble de madera con muchos cajoncitos, adornado con labores de talla o de taracea normalmente doradas o de vivos colores, propio de los ss. XVI y XVII.

barítono. m. *Mús.* Hombre cuya voz tiene un registro entre el de tenor y el de bajo.

barlovento. m. *Mar.* Parte de donde viene el viento. *El velero se puso a barlovento.*

barman. (pl. bármanes). m. y f. Encargado de preparar y servir bebidas en la barra de un bar.

barniz. m. Disolución transparente de una o más resinas en un líquido volátil, que se extiende sobre la madera o la pintura para dar a estas brillo y protección. FAM barnizado; barnizar.

barómetro. m. Instrumento que sirve para medir la presión atmosférica. FAM barométrico, ca.

barón, nesa. m. y f. **1.** Persona con título nobiliario inmediatamente inferior al de vizconde. *El barón ha asistido a la recepción.* **2.** Consorte de un barón o una baronesa (→ 1). *El barón y la baronesa acudirán al baile.* FAM baronía.

barquero, ra. → barco.

barquilla. f. Cesto en el que viajan los tripulantes de un globo o de una aeronave semejante.

barquillo. m. Dulce crujiente, en forma de cilindro o de cono, hecho con una hoja delgada de pasta elaborada con harina sin levadura, azúcar y gralm. canela. FAM barquillero, ra.

barra. f. **1.** Pieza de metal u otra materia, gralm. de forma prismática o cilíndrica y mucho más larga que gruesa. *La barra de la cortina es de madera.* **2.** Pieza de pan de forma alargada. *Compra dos barras y una hogaza.* **3.** Mostrador de un bar u otro establecimiento similar. *Tomamos un café en la barra.* **4.** Barra (→ 1) situada horizontalmente a la pared a una altura determinada para realizar ciertos ejercicios gimnásticos o para aprender y practicar danza. *Las bailarinas ensayan los ejercicios en la barra.* **5.** Am. Conjunto de seguidores o partidarios de algo. *La sola barra comprará mil boletas* [C]. **6.** Am. Espacio destinado al público que asiste a determinados actos. *Unos jóvenes alentaron desde las barras a los intervinientes en el debate* [C]. ■ ~ **brava.** f. Am. coloq. Grupo de hinchas de un equipo de fútbol que suelen tener un comportamiento agresivo. *Los graves incidentes que provocó su barra brava* [C]. ■ ~ **de labios.** f. Pintalabios en forma de barra (→ 1).

barrabasada. f. coloq. Mala acción o travesura grave.

barraca. f. Vivienda construida toscamente y con materiales ligeros. FAM barracón.

barracuda. f. Pez marino, grande y voraz, de cuerpo alargado y poderosos dientes, propio de mares tropicales o templados.

barragana. f. histór. Concubina.

barranco. m. Desnivel abrupto y profundo del terreno, espec. el producido por corrientes de aguas. FAM barranca.

barrena. f. Barra fina de acero con la punta en espiral, provista normalmente de un mango en el otro extremo, que sirve para taladrar madera, metal u otros cuerpos duros. ■ **entrar en** ~ un avión. loc. v. Empezar a descender verticalmente y girando sobre su eje, por haber perdido la velocidad mínima indispensable para sostenerse en el aire. *El avión entró en barrena y se estrelló.* FAM barrenar; barrenero; barreno.

barreño. m. Recipiente circular, gralm. de barro, metal o plástico, de poca altura y más ancho por la boca que por el fondo, que se utiliza pralm. para fregar o lavar.

barrer. tr. **1.** Quitar del suelo (el polvo o la basura) con la escoba u otro utensilio semejante. *El peluquero barrió los pelos del suelo.* **2.** Quitar el polvo o la basura (de un lugar) con la escoba u otro utensilio semejante. *Barre tu habitación.* **3.** Examinar detenidamente (un lugar) recorriéndo(lo) con la vista o con un instrumento electrónico. *Barrió el local buscando una mesa libre.* ○ intr. **4.** Seguido de un complemento introducido por *con*: No dejar en un lugar nada de lo expresado por él. *Barrieron con todo lo que había en la nevera.* FAM barrendero, ra; barrido.

barrera. f. **1.** Dispositivo fijo o móvil, compuesto por piezas de metal o de madera, con que se cierra un paso o se cerca un lugar. *La barrera del paso a nivel está bajada.* **2.** En una plaza de toros: Valla de madera con que se cerca el ruedo. *El toro ha saltado la barrera.* **3.** Obstáculo o dificultad. *Es una barrera legal.*

barriada. → barrio.

barrial¹. m. Am. Barrizal. *La avenida se convertía en barrial todos los inviernos* [C].

barrial². adj. Am. Del barrio. *Centros culturales barriales* [C].

barrica. f. Tonel de tamaño mediano para contener pralm. vino u otros líquidos. ▶ *CUBA.

barricada. f. Obstáculo levantado en la calle con objetos diversos para impedir el paso o parapetarse tras él, espec. en revueltas populares.

barrido. → barrer.

barriga. f. **1.** Vientre (cavidad, o parte exterior del cuerpo). **2.** Vientre abultado de una persona. *Tiene barriga porque come mucho.* ▶ **1:** *VIENTRE. FAM barrigón, na; barrigudo, da.

barril. m. **1.** Recipiente grande, de madera o metal, gralm. cilíndrico, que sirve para conservar y transportar mercancías, espec. líquidos. *Cerveza de barril.* **2.** Unidad de capacidad utilizada en la industria del petróleo, que equivale a 158,98 litros. *El precio del barril de petróleo.* ▶ **1:** *CUBA.

barrilete. m. Am. Cometa (juguete). *Se fue corriendo, dándole hilo al barrilete* [C]. ▶ *COMETA.

barrio. m. **1.** Zona de las que componen una población o uno de sus distritos. *Un barrio céntrico.* **2.** Barrio (→ 1) periférico o alejado del centro. *Los chicos de los barrios se van de juerga al centro.* ■ ~ **chino.** m. Barrio (→ 1) donde se concentra la prostitución. FAM barriada.

barrito. m. Voz característica del elefante. FAM barritar.

barrizal. m. Lugar lleno de barro. ▶ CENAGAL, LODAZAL. ‖ Am: BARRIAL.

barro¹. m. **1.** Masa que resulta de la mezcla de tierra y agua, espec. la que se forma en el suelo cuando llueve. *Traes las botas llenas de barro.* **2.** Material arcilloso moldeable que se endurece por cocción en el horno y se utiliza en la fabricación de objetos de cerámica. *Cazuela de barro.* ▶ **1:** CIENO, FANGO, LAMA, LÉGAMO, LIMO, LODO.

barro[2]. m. Grano rojizo de pequeño tamaño que aparece en la cara.

barroco, ca. adj. **1.** Del Barroco (→ 4). *Música barroca.* **2.** Partidario o cultivador del Barroco (→ 4). *Autor barroco.* **3.** Recargado de adornos. *Un vestido muy barroco.* ● m. **4.** (Frec. en mayúsc.). Estilo artístico caracterizado por la abundante ornamentación, que en Europa se desarrolló desde finales del s. XVI hasta principios del s. XVIII. *Barroco español.* FAM barroquismo; barroquizante.

barrote. m. Barra metálica gruesa, espec. la que con otras forma una reja u otro objeto semejante.

barruntar. tr. Conjeturar o presentir (algo) por alguna señal o indicio. *Barrunto que vas a darme una mala noticia.* ▶ PRESENTIR. FAM barrunto.

bartola. a la ~. loc. adv. coloq. Sin ninguna actividad o preocupación. *Está tumbado a la bartola.*

bartolina. f. Am. Calabozo. *Las bartolinas de los presos* [C].

bártulos. m. pl. coloq. Enseres u objetos de uso personal o necesarios para una actividad.

barullo. m. **1.** coloq. Confusión o desorden. *¡Qué barullo DE papeles!* **2.** coloq. Mezcla confusa de ruidos y voces. *Se oye mucho barullo en la habitación.*

basalto. m. Roca volcánica de color negro o verdoso, de grano fino y gran dureza. FAM basáltico, ca.

basamento; basar. → base.

basca. f. Náusea (gana de vomitar). ▶ NÁUSEA.

báscula. f. Aparato que sirve para medir pesos.

bascular. intr. **1.** Moverse de un lado a otro sobre un eje vertical u horizontal. *La mecedora bascula.* **2.** Inclinarse, mediante un mecanismo adecuado, la caja de algunos vehículos de transporte de modo que la carga resbale hacia fuera por su propio peso. *El volquete del camión bascula para descargar la basura.* **3.** Inclinarse excesivamente hacia un lado alguien o algo en movimiento. *El coche basculó en la curva.* FAM basculante.

base. f. **1.** Parte inferior de algo, sobre la que se apoya o asienta. *La base de la copa tiene un filo dorado.* **2.** Elemento principal o fundamental de algo. *La base del cocido son los garbanzos.* **3.** Elemento que sirve de fundamento o punto de partida. *Han sentado las bases de la reforma económica.* **4.** Conjunto de instalaciones, espec. de carácter militar, donde se concentra personal y equipos para desarrollar una determinada actividad a partir de ellas. *La guerrilla tiene allí su base de operaciones.* **5.** En béisbol: Cada una de las cuatro esquinas del campo por las que el jugador tiene que pasar para completar una carrera. **6.** Mat. Lado o cara horizontales sobre los que se supone que descansa una figura o un cuerpo. *Multiplica la base del triángulo por su altura.* **7.** Quím. Sustancia que se combina con los ácidos para formar sales. *El amoníaco es una base.* ○ f. pl. **8.** Conjunto de normas que regulan un sorteo, un concurso o un procedimiento determinado. *He leído las bases del concurso.* ○ m. y f. **9.** En baloncesto: Jugador que organiza el juego de su equipo. *El base ha encestado un triple.* ■ **~ de datos.** f. *Inform.* Conjunto de datos organizado de tal modo que permita obtener con rapidez diversos tipos de información. *La empresa dispone de una base de datos de los clientes.* □ **a ~ de.** loc. prepos. Teniendo la base (→ 2) de. *Un ungüento a*

base de hierbas. ■ **de ~.** loc. adj. Dicho de militante o afiliado: Que no ocupa ningún cargo directivo. FAM basamento; basar; básico, ca.

basílica. f. Iglesia notable por su antigüedad o magnificencia, o que goza de ciertos privilegios.

basilisco. m. Reptil de América tropical, semejante a una iguana pequeña, de color verde, cola larga y cresta en la cabeza y el lomo.

basquetbol. m. Am. Baloncesto. *Ha manifestado su deseo de ingresar alguna vez al basquetbol de la NBA* [C]. FAM básquet.

bastante. adj. **1.** Que basta. *Hay uniformes bastantes PARA todos.* **2.** Que se presenta en una cantidad o un grado elevados. *Tiene bastante dinero.* ● adv. **3.** En cantidad o grado bastantes (→ 1). *Ya he comido bastante.* **4.** En cantidad o grado elevados. *Nos pone bastante nerviosas.* ▶ **1:** SUFICIENTE.

bastar. intr. **1.** Ser suficiente y proporcionado para algo. *Bastó que se lo insinuara PARA que se ofendiera.* Tb. en constr. impers. *PARA entrar, bastará CON el carné.* ○ intr. prnl. **2.** Tener alguien suficiente capacidad por sí mismo para hacer algo. *Ella sola se basta para todo.*

bastardo, da. adj. **1.** Dicho de persona: Que ha nacido fuera del matrimonio. *Hija bastarda.* **2.** Indigno o poco noble. *Ambiciones bastardas.* ▶ **1:** ESPURIO. FAM bastardía.

bastidor. m. **1.** Armazón de madera o metal que sirve de soporte, espec. la de madera en que se fijan lienzos para pintar o telas para bordar. **2.** *Teatro* Armazón de madera en que se fija un lienzo o papel pintados y que se coloca verticalmente a cada lado del escenario como parte del decorado. *El actor desapareció detrás del bastidor.* **3.** *Mec.* Armazón metálica que sirve de soporte a la carrocería de un vehículo y en la que se instala el motor. *El automóvil lleva grabado en el bastidor un número que lo identifica.* ■ **entre ~s.** loc. adv. **1.** En teatro: Fuera del escenario y de la vista del público. *El nerviosismo era enorme entre bastidores.* **2.** Reservadamente, o sin que el asunto trascienda al público. *Han llegado a un acuerdo entre bastidores.*

bastilla. f. Doblez que, asegurado con puntadas o hilvanes, se hace en los extremos de una tela para que no se deshilache. *Hay que bajarle la bastilla a la falda.*

bastión. m. Baluarte (obra de fortificación). ▶ BALUARTE.

basto, ta. adj. **1.** Dicho de cosa: Tosca, o que carece de pulimento o suavidad. *Un tejido basto.* **2.** Dicho de persona: Grosera o maleducada. ▶ **2:** *MALEDUCADO.

bastón. m. Vara con mango o empuñadura, que sirve para apoyarse al andar. FAM bastonazo.

bastos. m. pl. Palo de la baraja española cuyas cartas tienen representados uno o varios palos gruesos. *El cuatro de bastos.*

basura. f. **1.** Conjunto de residuos u otros desperdicios. *La basura se acumula en las calles.* **2.** Conjunto de manchas, polvo, grasa o cosas semejantes que hacen que algo esté sucio. *¡Qué basura se forma encima de los muebles!* **3.** Se usa en aposición para expresar la baja calidad de lo designado por el nombre al que sigue. *Comida basura.* ▶ **2:** SUCIEDAD. FAM basural (Am).

basurero, ra. m. y f. **1.** Persona que tiene por oficio recoger basura. *Hay huelga de basureros.* ● m. **2.** Lugar usado para arrojar y acumular en él las basuras. ▶ **2:** VERTEDERO. ‖ Am: **2:** BASURAL, TIRADERO.

76

bata. f. **1.** Prenda de vestir larga, holgada, abierta por delante y con mangas, que se usa para estar por casa. *Nos ha recibido en bata.* **2.** Prenda de vestir larga, de tela lavable y gralm. blanca, que se usa como ropa de trabajo, espec. en laboratorios, clínicas o peluquerías. FAM batín.

batacazo. m. Golpe fuerte que se da una persona cuando cae.

batalla. f. Combate o serie de combates entre dos fuerzas armadas rivales. *Perdieron la batalla.* ■ ~ **campal.** f. **1.** Batalla que se desarrolla en campo abierto. *Los ejércitos se han enfrentado en batalla campal.* **2.** Enfrentamiento violento entre dos grupos de personas, espec. numerosos. *La manifestación desembocó en una batalla campal.* □ **dar la ~,** o **presentar ~.** loc. v. Enfrentarse con energía y decisión a una dificultad para conseguir algo. *Los jugadores presentarán batalla en el partido.* FAM batallador, ra; batallar.

batallón. m. En el ejército: Unidad de soldados compuesta de varias compañías y que suele estar a las órdenes de un teniente coronel o un comandante. *Un batallón de infantería.*

batán. m. Máquina que, por medio de gruesos mazos de madera, sirve para golpear los tejidos y los cueros, dándoles cuerpo y eliminando su grasa.

batata. f. Tubérculo comestible de forma alargada, carne blanca o amarillenta y sabor dulce. ▶ BONIATO. ǁ **Am:** CAMOTE.

bate. m. En béisbol y otros deportes: Palo para golpear la pelota, más grueso por el extremo libre que por la empuñadura. FAM batazo (Am.); bateador, ra; batear.

batea. f. **1.** Recipiente que se usa para el lavado de arenas y minerales. **2.** Am. Artesa para lavar. *Estuve restregando sábanas en la batea* [C]. ▶ **2:** ARTESA.

batel. m. Bote (embarcación pequeña). ▶ BOTE.

batería. f. **1.** Aparato o conjunto de aparatos que sirven para acumular energía eléctrica para su posterior utilización. **2.** Conjunto de instrumentos de percusión montados en un dispositivo único y que toca un solo ejecutante. *Toca la batería.* **3.** Conjunto de piezas de artillería dispuestas para abrir fuego. *Una batería de cañones.* **4.** Conjunto de recipientes, gralm. con un diseño común, que se utilizan para cocinar. *Una batería de acero inoxidable.* FAM baterista.

batey. m. frecAm. Lugar en donde se encuentran las viviendas, oficinas y otros edificios en una explotación de caña de azúcar. Referido espec. a algunos países americanos. *En los bateyes y bohíos está la gente trabajadora de este país* [C].

batiburrillo. m. coloq. Mezcla desordenada de cosas inconexas. *Un batiburrillo DE ideas.*

batiente. m. **1.** Parte del cerco de una puerta o ventana, en que bate y se detiene la hoja al cerrarse. **2.** Hoja de una puerta o ventana. *Abre un batiente del balcón.* ▶ **2:** HOJA.

batik. m. Técnica de estampado en color de tejidos, en la que se cubre con cera fundida las partes que deben quedar sin teñir. *El batik es originario de la isla de Java.*

batín. → bata.

batir. tr. **1.** Golpear (algo). *A lo lejos alguien batía un tambor.* **2.** Mover y revolver con algún instrumento (una sustancia) para que se condense o se licue. *Bate tres huevos.* **3.** Agitar (algo), o mover(lo) reiteradamente con fuerza. *El águila remontó el vuelo batiendo las alas.* **4.** Registrar exhaustivamente (un lu-

gar) para buscar algo o a alguien, espec. caza o delincuentes. *Han batido el bosque en busca del preso huido.* **5.** Derrotar o vencer (a un enemigo o adversario). **6.** *Dep.* Superar (una marca o récord). ○ intr. **7.** Golpear. *La lluvia bate contra los cristales.* ○ intr. prnl. **8.** Combatir en duelo dos personas. *Los dos caballeros se batieron en duelo.* ▶ **5:** *VENCER. FAM batida; batido; batidor, ra.

batista. f. Tejido fino y delgado de lino o algodón.

batracio. adj. **1.** *Zool.* Del grupo de los batracios (→ 2). ● m. **2.** *Zool.* Vertebrado sin pelo ni escamas, con sangre de temperatura variable, que puede vivir en la tierra o en el agua, como el sapo. ▶ ANFIBIO.

batuta. f. Varita con que el director de una orquesta, banda o coro marca el compás y dirige la ejecución de la pieza.

baúl. m. **1.** Caja grande y resistente de forma rectangular, con tapa frec. convexa, provista de bisagras por un lado y cerraduras por el opuesto, que se usa para guardar objetos o transportarlos en un viaje. **2.** Am. Maletero de un automóvil. *Ayudó al chofer a poner la valija en el baúl* [C]. ▶ **1:** ARCA, ARCÓN, COFRE. **2:** *MALETERO.

bautista. m. (En mayúsc.). Hombre que administra el bautismo. Designa a San Juan, el Precursor de Cristo. *Jesús fue bautizado por el Bautista.*

bautizar. tr. **1.** Administrar (a alguien) el sacramento por el que se convierte en cristiano. *Bautizó al niño.* **2.** Poner nombre (a alguien o algo). *Han bautizado el barco.* **3.** Poner (a alguien o algo) el nombre que se indica. *La bautizaron CON mi nombre.* ▶ **1:** CRISTIANAR. FAM bautismal; bautismo; bautizo.

bauxita. f. Roca arcillosa, frec. de color blanquecino, gris o rojizo. *Minas de bauxita.*

bávaro, ra. adj. De Baviera (Alemania).

baya. f. Fruto carnoso y jugoso, con semillas rodeadas de pulpa, como la uva, la frambuesa y el tomate.

bayamés, sa. adj. De Bayamo (Cuba).

bayeta. f. **1.** Paño que sirve para limpiar superficies. *Limpia la mesa con una bayeta húmeda.* **2.** Tela de lana, floja y poco tupida. *Una camisa de bayeta.*

bayo, ya. adj. Dicho de caballo: De color blanco amarillento.

bayoneta. f. Arma blanca de los soldados de infantería, que suele ir acoplada junto a la boca del cañón del fusil. *Los soldados calaron las bayonetas.* FAM bayonetazo.

baza. f. **1.** En algunos juegos de naipes: Conjunto de cartas que recoge quien gana cada mano. *Ha ganado todas las bazas.* **2.** Cosa que permite obtener una ventaja o beneficio. *El sprint es su mejor baza para ganar la carrera.*

bazar. m. **1.** Tienda en que se venden productos muy variados, a veces a un precio fijo. **2.** En Oriente Próximo: Mercado público o lugar destinado al comercio.

bazo. m. En los vertebrados: Órgano de color rojo oscuro, situado a la izquierda del estómago, que destruye los glóbulos rojos inservibles e interviene en la formación de glóbulos blancos.

bazofia. f. Comida de aspecto y sabor repugnantes. *Estoy harto de comer bazofia.*

bazuca. f. (Tb., más raro, m.). Lanzagranadas portátil consistente en un tubo abierto por los extremos, que se dispara apoyado sobre el hombro y se utiliza pralm. contra carros de combate.

be - beneficio

be. f. Letra *b*. En Am., tb. ~ *larga*, o *alta*.

beatitud. f. Felicidad o bienestar, espec. los producidos por la serenidad y la paz espiritual. *Una expresión de beatitud en el rostro.* FAM beatífico, ca.

beato, ta. adj. **1.** Dicho de persona: Que, una vez difunta, ha sido declarada por el Papa digna de culto, debido a sus virtudes y comportamiento cristianos a lo largo de su vida. **2.** despect. Que frecuenta mucho la iglesia y manifiesta una virtud y devoción exageradas. *Es muy beato.* FAM beatería; beatificación; beatificar.

bebe, ba. m. y f. Am. Bebé. *Tiene una beba de cuatro meses* [C].

bebé. m. Niño de corta edad, espec. si aún está lactando o no sabe andar. ▶ **Am:** BEBE, GUAGUA.

beber. tr. **1.** Ingerir (un líquido). *Bebió un refresco.* **2.** Absorber algo (un líquido). *El arroz ha bebido toda el agua.* O intr. **3.** Consumir bebidas alcohólicas, espec. en exceso y por vicio. *Ha intentado dejar de beber.* **4.** Brindar por alguien o algo. *¡Bebamos* POR *tu ascenso!* ▶ **4:** BRINDAR. ‖ **Am: 3:** TOMAR. FAM bebedero; bebedizo; bebedor, ra; bebible.

bebido, da. adj. Embriagado o borracho. *Lo echaron del restaurante porque estaba bebido.* ▶ *BORRACHO.

beca. f. Ayuda económica para realizar estudios o tareas de investigación. FAM becar; becario, ria.

becerro, rra. m. y f. **1.** Ternero de menos de dos años. **2.** *Taurom.* Novillo. FAM becerrada.

bechamel. f. Besamel.

bedel, la. m. y f. **1.** En un centro de enseñanza: Persona encargada de mantener el orden fuera de las aulas, además de otras funciones auxiliares. *Al término de las clases, el bedel hace sonar el timbre.* **2.** Ordenanza (empleado con funciones subalternas). ▶ **2:** ORDENANZA.

beduino, na. adj. Árabe nómada que vive en Siria y el norte de África.

befa. f. Burla grosera y despreciativa. *Los niños hacían befa de él.* ▶ *BURLA.

begonia. f. Planta ornamental de hojas grandes y dentadas, en forma de corazón, verdes por encima y rojizas por debajo, con flores rosadas. *Macetas de begonias.*

beicon. m. Bacón.

beige. (pal. fr.; pronunc. "beis"). adj. Beis.

beirutí. adj. De Beirut (Líbano).

beis. (pl. invar.). adj. De color castaño muy claro, semejante al del café con leche. *Una falda beis.* ▶ BEIGE.

béisbol. m. Deporte que se juega entre dos equipos que se turnan para golpear con un bate la pelota que lanza el contrario y tratar de completar corriendo un circuito con cuatro puestos, o bases, situados en las esquinas del campo. FAM beisbolista.

bejuco. m. Planta trepadora, propia de regiones tropicales, cuyos tallos se utilizan para tejidos y muebles.

bel canto. m. *Mús.* Arte del canto según el estilo tradicional de la ópera italiana, en que priman el gusto por la belleza sonora y las florituras, y la técnica interpretativa ágil y poco esforzada. *Tiene facultades para el bel canto.*

beldad. f. **1.** cult. Belleza o hermosura, espec. la de la mujer. *Los hombres caían rendidos ante su beldad.* **2.** cult. Mujer que destaca por su belleza. *Es una beldad.*

belén. m. Nacimiento (representación del nacimiento de Jesucristo). ▶ *NACIMIENTO.

belfo. m. **1.** En algunos animales, espec. el caballo: Labio. **2.** En una persona: Labio inferior, espec. cuando es muy abultado. *Tiene el belfo caído.*

belga. adj. De Bélgica.

beliceño, ña. adj. De Belice (América).

bélico, ca. adj. De la guerra. *Industria bélica.* ▶ GUERRERO. FAM belicismo; belicista; belicosidad; belicoso, sa.

beligerante. adj. **1.** Que está en guerra. *Naciones beligerantes.* **2.** Propenso al combate o al enfrentamiento. *Se mostró muy beligerante.* FAM beligerancia.

bellaco, ca. adj. cult. Dicho de persona: Que actúa con maldad o con poca honradez. FAM bellaquería.

belladona. f. Planta muy venenosa, de hojas ovaladas y flores violáceas, que se utiliza con fines terapéuticos.

bello, lla. adj. **1.** Dicho de cosa: Que produce placer a la vista o al oído. *Una bella melodía.* **2.** Que produce placer espiritual o intelectual. *Una historia de amor muy bella.* **3.** Dicho de persona, espec. de mujer: Que tiene un físico bello (→ 1). **4.** Bueno en el aspecto moral. *Es una bella persona.* ▶ BONITO, HERMOSO, LINDO. FAM belleza.

bellota. f. Fruto de la encina, el roble y otros árboles del mismo género.

bemol. adj. **1.** *Mús.* Dicho de nota: Que está alterada en un semitono por debajo de su sonido natural. *Una sinfonía en do bemol.* ● m. **2.** *Mús.* Signo semejante a una *b*, que se coloca delante de una nota para indicar que es bemol (→ 1).

benceno. m. *Quím.* Hidrocarburo líquido, incoloro e inflamable, que se utiliza pralm. como combustible y disolvente. ▶ BENZOL.

bencina. f. **1.** *Quím.* Líquido incoloro, volátil e inflamable, que se obtiene del petróleo y se emplea como disolvente. **2.** (Tb. **benzina**). Am. Gasolina. *No tenía plata para la bencina del auto* [C].

bendecir. (conjug. BENDECIR). tr. **1.** Invocar el sacerdote la gracia divina (en favor de alguien o algo) haciendo la señal de la cruz. *El sacerdote bendijo a los fieles.* **2.** Consagrar (algo) al culto divino mediante una ceremonia. *El obispo ha bendecido la nueva capilla.* **3.** Conceder Dios bienes y protección (a alguien). *Que Dios te bendiga.* **4.** Dar gracias (a alguien o algo) exaltándo(los) o alabándo(los). *Bendigo al médico que me salvó la vida.* FAM bendición.

bendito, ta. adj. **1.** Bendecido. **2.** Santo o bienaventurado. *Las benditas almas del purgatorio.* **3.** Dicho de persona: Que es muy buena. **4.** Que produce felicidad o resulta beneficioso. *¡Benditas vacaciones!* **5.** coloq. Antepuesto a un nombre, se usa para expresar la molestia o rechazo que causa lo designado por este. *No encuentro el bendito libro.*

benedictino, na. adj. **1.** De la orden de San Benito. *Monje benedictino.* ● m. **2.** Licor fabricado originariamente por los monjes benedictinos (→ 1). *Una copa de benedictino.*

benefactor, ra. adj. Bienhechor.

beneficencia. f. **1.** Prestación de ayuda gratuita y desinteresada a los necesitados. *Una orden religiosa dedicada a la beneficencia.* **2.** Conjunto de instituciones y servicios que se dedican a la beneficencia (→ 1). *Tuvo que recurrir a la beneficencia.*

beneficio. m. **1.** Provecho o utilidad. *El concierto se celebrará a beneficio de una ONG.* **2.** Ganancia económica que se obtiene de un negocio, inversión o cualquier otra actividad mercantil. *La empresa no tiene beneficios.* ■ **el ~ de la duda.** loc. s. El derecho de una persona acusada a ser considerada inocente mientras no se demuestre lo contrario. *Hasta que no haya sentencia firme, merece el beneficio de la duda.* FAM **beneficiar** (conjug. ANUNCIAR); **beneficiario, ria; beneficioso, sa.**

benéfico, ca. adj. **1.** Que hace bien. *Influencia benéfica.* **2.** De la beneficencia. *Institución benéfica.*

benemérito, ta. adj. Digno de reconocimiento por sus méritos o servicios. *Jueces beneméritos.*

beneplácito. m. **1.** Aprobación o permiso. *Los padres dieron su beneplácito al enlace.* **2.** Complacencia o satisfacción. *La obra cuenta con el beneplácito de la crítica.*

benévolo, la. adj. Que tiene o muestra buena voluntad o indulgencia hacia los demás. FAM **benevolencia; benevolente.**

bengala. f. **1.** Fuego artificial que despide una luz muy viva, frec. de distintos colores, y se emplea para hacer señales. *Los náufragos lanzan bengalas de auxilio.* **2.** Varilla que arde por uno de sus extremos echando chispas de luz muy vivas y que se emplea como juego o como adorno. *La torta de cumpleaños tiene una bengala en el centro.*

bengalí. adj. De Bengala (región de Asia).

benigno, na. adj. **1.** Benévolo. **2.** Templado o suave. *Clima benigno.* **3.** Dicho de lesión o enfermedad: Que no es grave. *Este año la gripe será más benigna que otros años.* FAM **benignidad.**

beninés, sa. adj. De Benín (África).

benjamín, na. m. y f. **1.** Hijo menor de una familia. *Mi hijo mayor tiene doce años, y el benjamín, tres.* **2.** Miembro más joven de un grupo. *Es la benjamina del equipo.*

benjuí. m. Bálsamo aromático que se obtiene por incisión en la corteza de ciertos árboles tropicales.

benzina. → bencina.

benzol. m. *Quím.* Benceno.

beodo, da. adj. cult. Embriagado o borracho.

berberecho. m. Molusco marino comestible de valvas amarillentas, estriadas y casi circulares, que vive debajo de la arena. *Una lata de berberechos.*

berberisco, ca. adj. histór. Bereber.

berbiquí. m. Herramienta para taladrar, consistente en un manubrio en forma de doble codo, con una empuñadura en un extremo y una punta en espiral en el otro.

berciano, na. adj. Del Bierzo (España).

bereber o **beréber** o **berebere.** adj. **1.** De Berbería (región de África). Tb. m. y f. ● m. **2.** Lengua hablada por los bereberes (→ 1).

berenjena. f. Fruto comestible, ovoide y carnoso, de color morado intenso por fuera y blanquecino por dentro.

berenjenal. m. coloq. Situación o asunto complicados. *No te metas en berenjenales.*

bergamota. f. Variedad de lima muy aromática, de la que se extrae una esencia usada en perfumería. *Perfume de bergamota.*

bergantín. m. Buque de vela, gralm. de dos palos y vela cuadrangular.

beriberi. m. *Med.* Enfermedad propia de países tropicales, debida a la carencia de vitamina B_1 y caracteri-

zada por debilidad general, rigidez de los miembros y aparición de edemas.

berlina. f. **1.** Automóvil de cuatro puertas y de cuatro a seis plazas. *Se ha comprado una berlina.* **2.** histór. Coche de caballos cerrado, gralm. de dos asientos.

berlinés, sa. adj. De Berlín (Alemania).

bermejo, ja. adj. Rojizo

bermellón. m. **1.** Color rojo vivo como el del bermellón (→ 2). *El bermellón de sus mejillas indica buena salud.* **2.** *Mineral.* Cinabrio reducido a polvo, de color rojo vivo.

bermudas. f. pl. (Tb. m. pl.). **1.** Pantalón bermudas (→ **pantalón**). **2.** Prenda de baño masculina, semejante a unas bermudas (→ 1).

bernés, sa. adj. De Berna (Suiza).

berrido. m. **1.** Voz propia del becerro y de algunos otros animales. **2.** coloq. Grito estridente de una persona, frec. al llorar. *El niño se puso a dar berridos.* FAM **berrea; berrear; berreo.**

berrinche. m. coloq. Enfado o disgusto grandes, espec. si se muestran de manera vehemente.

berro. m. Planta que crece en terrenos con mucha agua, cuyas hojas, de gusto picante, se comen en ensalada.

berza. f. Col. *Caldo de berzas.*

besamanos. m. **1.** Acto público en que se saluda a un monarca u otra alta autoridad en señal de adhesión y respeto. *La cena en el Palacio Real estuvo precedida de un besamanos.* **2.** Saludo que se hace a una persona de especial respeto acercando la boca a su mano derecha. *Los diplomáticos saludan a la esposa del embajador con un besamanos.*

besamel. f. Salsa blanca que se hace con harina, leche y mantequilla. ▶ BECHAMEL.

besar. tr. Tocar u oprimir con los labios (algo o a alguien), en señal de amor, afecto o reverencia, o como saludo. *La besó en los labios.* FAM **beso; besucón, na; besuquear; besuqueo.**

bestia. f. **1.** Animal cuadrúpedo, espec. de carga o de tiro. *Engancha las bestias al arado.* ○ m. y f. **2.** Persona bruta o sin delicadeza. *Un bestia me ha dado un empujón.* **3.** Persona ignorante o torpe para razonar o comprender. *Solo un bestia como tú puede decir que el Ebro pasa por Lima.* ■ **~ negra.** f. Persona que despierta el rechazo o la enemistad de otra. □ **a lo ~.** loc. adv. coloq. Con violencia o sin contemplaciones. *Lo trata a lo bestia.* ▶ 2: BRUTO. FAM **bestial; bestialidad.**

bestialismo. m. Relación sexual de una persona con un animal. ▶ BESTIALIDAD, ZOOFILIA.

bestiario. m. En literatura, espec. medieval: Colección de relatos, descripciones e imágenes de animales reales o fantásticos.

best seller. (loc. ingl.; pronunc. "bés-séler"). m. Libro de gran éxito y mucha venta. *Su novela se convirtió en un best seller.* ¶ [Equivalente recomendado: *superventas*].

besugo. m. Pez marino de color rosáceo, gralm. con una mancha negra en la zona de las aletas pectorales, cuya carne es muy apreciada.

beta. f. Letra del alfabeto griego (B, β), que corresponde al sonido de *b*.

bético, ca. adj. histór. De la Bética (antigua provincia hispanorromana).

betún. m. Mezcla de varios ingredientes, líquida o pastosa, que se usa para dar brillo al calzado. *Dales betún a los zapatos.*

bi-. elem. compos. Significa 'dos' (*bicameral, bicameralismo, bicentenario, bicolor, bidimensional, bidireccional, bifocal, bilabial, bilateral, bimotor, bióxido, bipartición, bipartidismo, bipartidista, biplano, biplaza, bipolar, bipolaridad, bisílabo*) o 'dos veces' (*bianual, bicampeón, bilaureado, bimensual*).

bibelot. (pl. **bibelots**). m. Figurita decorativa.

biberón. m. Recipiente semejante a un frasco y provisto de una tetina, que se usa para dar leche u otros líquidos a los niños pequeños y a las crías de animales, espec. durante la lactancia. ▶ **Am:** MAMADERA, TETERO.

biblia. f. Obra que reúne los conocimientos o ideas fundamentales de una disciplina o doctrina, o que constituye la máxima autoridad para un grupo de personas. *El "Curso de lingüística general" de Saussure es la biblia de muchos lingüistas.*

bíblico, ca. adj. De la Biblia. *Sus pinturas representan escenas bíblicas.*

biblio-. elem. compos. Significa 'libro'. *Bibliofilia, bibliófilo, bibliología, bibliómano, bibliobús, biblioteconomía.*

bibliografía. f. **1.** Catálogo o repertorio de publicaciones sobre una materia, un autor o una época determinados. *Una bibliografía sobre Quevedo.* **2.** Estudio científico que tiene por objeto la descripción y el conocimiento de los textos y ediciones publicados. *Tiene conocimientos de bibliografía.* FAM **bibliográfico, ca; bibliógrafo, fa.**

biblioteca. f. **1.** Institución o servicio que tienen como finalidad la adquisición, conservación y clasificación de libros y documentos, para que puedan ser consultados o leídos por el público. *Ha ido a la biblioteca de la facultad.* **2.** Lugar donde se guardan ordenados los libros. *La casa tiene una biblioteca muy amplia.* **3.** Librería (mueble). **4.** Colección de libros. *Donó su biblioteca a la Universidad.* ▶ **3:** *LIBRERÍA. FAM **bibliotecario, ria.**

bicarbonato. m. Producto químico presentado gralm. en forma de polvos blancos, y muy usado como medicamento y como producto de limpieza. *Los refrescos con gas contienen bicarbonato.*

bicéfalo, la. adj. cult. Que tiene dos cabezas. *Un dragón bicéfalo.* FAM **bicefalia.**

bíceps. m. *Anat.* Músculo que tiene dos porciones o cabezas en su parte superior, espec. el que está situado en la parte anterior del brazo. *Tiene los bíceps muy desarrollados.*

bicho. m. **1.** coloq. Animal pequeño, espec. insecto. *Hay un bicho en la sopa.* **2.** coloq. o despect. Animal. **3.** despect. Persona despreciable o con malas intenciones. *Es un bicho: disfruta malmetiendo.* ■ **~ raro.** m. coloq. Persona de carácter o comportamiento que se salen de lo común.

bicicleta. f. Vehículo formado por un caballete montado sobre dos ruedas, gralm. de igual tamaño y que se mueven mediante pedales. FAM **bici.**

bicoca. f. coloq. Ganga (cosa valiosa o beneficiosa).

bidé. m. Instalación sanitaria con forma de recipiente, ovalada y baja, sobre la que se sienta una persona para lavarse.

bidón. m. Recipiente hermético, gralm. cilíndrico, destinado a contener líquidos u otras sustancias que requieren aislamiento. *Un bidón de aceite.*

biela. f. Pieza que en una maquinaria sirve para transformar un movimiento de vaivén en otro de rotación, o viceversa. *Las ruedas del tren están unidas mediante bielas.*

bielorruso, sa. adj. **1.** De Bielorrusia (Europa). ● m. **2.** Lengua hablada en Bielorrusia.

biempensante. adj. Dicho de persona: Que piensa y actúa de acuerdo con las ideas más tradicionales.

bien[1]. m. **1.** Lo bueno. *Sabe distinguir entre el bien y el mal.* **2.** Cosa buena. *El nacimiento de su hijo fue un bien para él.* **3.** Beneficio o utilidad. *Si te regaño, lo hago por tu bien.* **4.** Posesión material. *No tiene ningún bien a su nombre.* ■ **de ~.** loc. adj. Dicho de persona: Honrada o de buen proceder. *Un hombre de bien.* ■ **tener** alguien **a ~** (algo). loc. v. Estimar(lo) justo o conveniente. *El director tuvo a bien concederle el premio.*

bien[2]. adv. **1.** Según es debido o de manera adecuada. *Se portó bien.* **2.** Según se desea o requiere. *Me parece bien lo que hace.* **3.** Con buena salud. *No me encuentro bien.* **4.** Sin inconveniente o dificultad. *Bien puedes creerlo.* **5.** Seguramente o aproximadamente. *Bien andaríamos cinco kilómetros.* **6.** De acuerdo. –*¿Vamos al cine? –Bien.* **7.** Mucho. *Te has equivocado bien.* **8.** cult. Enunciado ante dos o más elementos de oración, introduce otras tantas posibilidades contrapuestas. *Recibirá el diploma, bien hoy, bien mañana.* ■ **~ de.** loc. adj. Mucho. *Hay bien de comida.* ■ **~ que.** loc. conj. Aunque. *Consiguió su aprobación, bien que con dificultades.* ■ **pues ~.** loc. conj. Se usa para admitir o conceder algo. *Estamos en verano; pues bien, aun así hace frío.* ■ **si ~.** loc. conj. Aunque. *Suelen estar de acuerdo, si bien no siempre.* ■ **y ~.** loc. conj. Se usa para preguntar algo. *Y bien, ¿cómo van sus cosas?*

bienal. adj. **1.** Que sucede cada dos años. *Congreso bienal de escritores.* **2.** Que dura dos años. *El curso se divide en dos ciclos bienales.*

bienaventuranza. f. **1.** *Rel.* Felicidad eterna que se alcanza en el cielo ante la presencia de Dios. *El cristiano aspira a gozar de la bienaventuranza.* **2.** *Rel.* Cada una de las frases pronunciadas por Jesucristo en el Sermón de la Montaña que comienzan con la palabra "bienaventurados" y en las que explicó quiénes merecerán bienaventuranza (→ 1). *En la catequesis aprendió las bienaventuranzas.* FAM **bienaventurado, da.**

bienestar. m. **1.** Situación desahogada que permite vivir con comodidad y disfrutar de bienes materiales. *Este dinero asegura el bienestar de mi familia.* **2.** Estado de la persona que se siente bien física y psíquicamente. *Hacer deporte me produce bienestar.*

bienhablado, da. (Tb. **bien hablado**). adj. **1.** Que habla educadamente y sin decir groserías. **2.** Que habla con corrección. *Alguien tan bienhablado no diría "pienso de que".*

bienhechor, ra. adj. Que hace bien a alguien o algo. *Lluvias bienhechoras.* ▶ BENEFACTOR.

bienintencionado, da. (Tb. **bien intencionado**). adj. Que tiene buena intención.

bienio. m. Tiempo de dos años. *Un plan empresarial para el próximo bienio.*

bienquisto, ta. (Tb. **bien quisto**). adj. cult. Dicho de persona: Apreciada y de buena reputación. *El alcalde era persona bienquista DE todos sus convecinos.*

bienvenida. f. Recibimiento amable que se hace a una persona. *Sus amigos fueron al aeropuerto para darle la bienvenida.* FAM **bienvenido, da** (*Eres bienvenida*).

bies. m. Trozo de tela cortado en diagonal respecto al hilo, y que se suele poner en los bordes de otra tela

o de una prenda de vestir. *Le puso un bies a la falda.*
■ **al ~.** loc. adv. En diagonal, o de forma oblicua. *Tela cortada al bies.*

bife. m. **1.** Am. Bistec. *Asaban bifes en una hoguera de leña* [C]. **2.** Am. Bofetada (golpe). *Me pegaste un bife en la cara* [C]. ▶ **2:** *BOFETADA.

bífido, da. adj. *Biol.* Que está dividido en dos partes. *Lengua bífida.*

bifurcarse. intr. prnl. Dividirse algo en dos ramales o brazos. *La carretera se bifurca.* FAM **bifurcación.**

bígamo, ma. adj. Que está casado con dos personas al mismo tiempo. FAM **bigamia.**

big bang. (loc. ingl.; pronunc. "bíg-bán"). m. *Fís.* Gran explosión que dio origen al universo. ¶ [Equivalente recomendado: *gran explosión*].

bigote. m. **1.** Conjunto de pelos que nacen sobre el labio superior. *Se dejó bigote.* **2.** En algunos mamíferos: Conjunto de pelos largos que nacen a ambos lados de la boca. FAM **bigotudo, da.**

bigudí. (pl. **bigudíes** o **bigudís**). m. Lámina pequeña de metal, larga, estrecha y forrada, en la que se enrolla un mechón de pelo para rizarlo.

bikini. → **biquini.**

bilbaíno, na. adj. De Bilbao (España).

bilingüe. adj. **1.** Que habla dos lenguas. *Es bilingüe.* **2.** Que tiene dos lenguas, o desarrolla su actividad en dos lenguas. *Colegio bilingüe.* **3.** Expresado en dos lenguas. *Diccionario bilingüe.* FAM **bilingüismo.**

bilis. f. **1.** Líquido viscoso, amargo y de color amarillento o verdoso, que segrega el hígado de muchos vertebrados e interviene en la digestión. **2.** coloq. Rabia o irritación. *Dio una contestación cargada de bilis.* ■ **tragar** alguien **~.** loc. v. coloq. Aguantar la rabia o la irritación. *El subcampeón tragó bilis y felicitó al ganador.* ▶ **1:** HIEL. FAM **biliar; bilioso, sa.**

billar. m. Juego que se practica sobre una mesa rectangular forrada de paño y que consiste en impulsar bolas de marfil o de un material parecido con un taco. *Una partida de billar.* FAM **billarista; billarístico, ca.**

billete. m. **1.** Papel impreso emitido gralm. por el banco central de un país y que circula como dinero legal. *Pagó con un billete.* **2.** Papel o tarjeta impresos que dan derecho a entrar en determinados lugares, frec. para presenciar un espectáculo, o a utilizar un medio de transporte. *Viajaba sin billete.* **3.** Papel impreso que da derecho a participar en un sorteo de lotería. Designa espec. el que corresponde a un número entero y que suele venderse en décimos. *Compra un billete para el sorteo de Navidad.* ▶ **2:** ENTRADA. ‖ Am o frecAm: **2:** BOLETO, TIQUETE. **3:** TIQUETE. FAM **billetera; billetero.**

billón. (APÉND. NUM.). m. Conjunto de un millón de millones.

bimestre. m. Tiempo de dos meses. *Las rebajas de verano ocupan el bimestre de julio y agosto.* FAM **bimestral.**

binario, ria. adj. Que está formado por dos elementos. *La cal es un compuesto binario de oxígeno y calcio.*

bingo. m. **1.** Juego de azar semejante a la lotería, en el que cada jugador debe completar los números de su cartón según van saliendo en el sorteo, y en el que gana el que antes complete todos. *Juega al bingo.* **2.** Establecimiento público donde se juega al bingo (→ 1). *Aquí cerca hay un bingo.*

binóculo. m. Anteojo con lentes para ambos ojos. *La mujer del palco miraba el escenario con un binóculo.* ▶ *PRISMÁTICOS. FAM **binocular.**

binomio. m. **1.** *Mat.* Expresión algebraica formada por dos términos unidos por los signos más o menos. *La expresión "5x - 8" es un binomio.* **2.** Conjunto de dos personas o elementos que actúan como uno solo. *La Iglesia y el Estado formaron un binomio consolidado hasta bien entrado el siglo XX.*

bio-. elem. compos. Significa 'biológico'. *Biocombustible, biodegradación, biodiversidad, bioética, biofísico, biomasa, biomaterial, biomedicina, bioprotección, bioquímica, biotipo.*

biodegradable. adj. *Quím.* Dicho espec. de sustancia: Que puede descomponerse por la acción de organismos vivos. *Envase biodegradable.*

biografía. f. **1.** Obra escrita que narra la vida de una persona. *Una biografía de Picasso.* **2.** Género literario constituido por las biografías (→ 1). *La biografía está en auge.* **3.** Historia de la vida de una persona. *Me ha contado toda su biografía.* ▶ **3:** VIDA. FAM **biografiar** (conjug. ENVIAR); **biográfico, ca; biógrafo, fa.**

biología. f. Ciencia que estudia los seres vivos y los fenómenos vitales. ■ **~ molecular.** f. Rama de la biología que estudia los seres vivos y los fenómenos biológicos en función de las propiedades fisicoquímicas de las moléculas en la célula. FAM **biológico, ca; biólogo, ga.**

biombo. m. Mampara formada por varias láminas, unidas por bisagras, que se pueden plegar y desplegar. *El restaurante tenía las mesas separadas por biombos.*

biónico, ca. adj. **1.** De la biónica (→ 2), o de su objeto de estudio. *Cuando perdió el brazo, le pusieron una prótesis biónica.* ● f. **2.** Ciencia que aplica el estudio de los fenómenos biológicos y de la organización de los seres vivos a la creación de sistemas y mecanismos tecnológicos.

biopsia. f. *Med.* Extracción y examen microscópico de una muestra de tejido de un ser vivo, que se hacen para dar un diagnóstico. *Le practicaron una biopsia.*

bioquímico, ca. adj. **1.** De la bioquímica (→ 3), o de su objeto de estudio. *Investigación bioquímica.* ● m. y f. **2.** Especialista en bioquímica (→ 3). ○ F. **3.** Rama de la química que estudia los fenómenos biológicos.

biorritmo. m. Ciclo de fenómenos fisiológicos de un ser vivo, que se repite periódicamente y que en las personas puede traducirse en variaciones de comportamiento o de estado de ánimo. *El ciclo vigilia-sueño es un biorritmo.*

biosfera. f. *Biol.* Zona constituida por las partes de la corteza terrestre y de la atmósfera donde se desarrollan los seres vivos.

biotecnología. f. *Biol.* Utilización de microorganismos vivos y procesos biológicos para la obtención y mejora de productos útiles. *Los expertos en biotecnología de los alimentos investigan sobre cereales transgénicos.*

biotopo. m. *Biol.* Lugar con las características ambientales adecuadas para que se desarrolle en él una determinada comunidad de seres vivos. *Biotopo acuático.*

bipartito, ta. adj. Que consta de dos partes. *Es una comisión bipartita, integrada por empresarios y sindicatos.*

bípedo, da. adj. Que tiene dos pies. *Las aves son animales bípedos.*

biquini. (Tb. **bikini,** frecAm., y a veces f.). m. Traje de baño femenino constituido por un sujetador y una braguita. *Un biquini rojo. Salía a navegar luciendo diminutas bikinis* [C].

birlar. tr. coloq. Hurtar o quitar con malas artes (algo) a alguien. *Me han birlado el bocadillo.*

birmano, na. adj. **1.** De Myanmar (Asia). **2.** histór. De Birmania, hoy Myanmar.

birome. (Marca reg.). f. Am. Bolígrafo. *Buscá un papel y una birome* [C].

birrete. m. **1.** Gorro en forma de prisma y con una borla en la parte superior, usado por jueces, abogados y profesores universitarios en los actos solemnes. *El rector iba tocado con un birrete.* **2.** Gorro cuadrangular y gralm. provisto de una borla en la parte superior, que usan los clérigos. *Los cardenales llevan birrete rojo.* ▶ **2:** BONETE. FAM **birreta.**

birria. f. **1.** coloq. Persona o cosa feas o de aspecto lamentable. *Tras la enfermedad, se quedó hecho una birria.* **2.** coloq. Persona o cosa de poco valor o importancia. *¡Es una birria de empleo!* FAM **birrioso, sa.**

bis. adv. **1.** Dos veces. Se usa en un escrito o en una partitura para indicar que algo debe repetirse o está repetido. *En la última línea de la canción pone: "Y siempre lo será. (Bis)".* ● m. **2.** En un concierto o en un espectáculo teatral: Ejecución repetida de una pieza o fragmento para responder a los aplausos o a la petición del público. *Los espectadores pidieron un bis.* ● adj. **3.** Se usa pospuesto a un número de una serie para indicar que este sigue inmediatamente a ese mismo número ya empleado. *Vive en la calle Mayor, 31 bis.* FAM **bisar.**

bisabuelo, la. m. y f. **1.** Respecto de una persona: Padre o madre de su abuelo o de su abuela. ○ m. pl. **2.** Bisabuelo (→ 1) y bisabuela. *Esta casa era de mis bisabuelos.*

bisagra. f. Pieza metálica constituida por dos láminas articuladas sobre un eje, y que sirve para unir dos superficies permitiendo el giro de ambas o de una sobre la otra. *Engrasa las bisagras de la puerta.*

bisayo, ya. adj. **1.** De las islas Bisayas (Filipinas). ● m. (Tb. **bisaya** como m.). **2.** Lengua hablada en las islas Bisayas.

bisbisear. intr. **1.** Hablar en voz muy baja, de forma que se perciban espec. los sonidos silbantes. *Se pasaron toda la película bisbiseando.* ○ tr. **2.** Decir (algo) bisbiseando (→ 1). *¿Qué estás bisbiseando?* FAM **bisbiseo.**

biscote. m. Rebanada cuadrada de pan tostado, fabricada de forma industrial y que se conserva durante mucho tiempo.

bisector, triz. adj. **Mat.** Dicho de línea o de plano: Que divide en dos partes iguales.

bisel. m. Corte oblicuo en el borde de una superficie. *El afilado de las herramientas se hace siempre por el lado del bisel.* FAM **biselar.**

bisexual. adj. Dicho de persona: Que mantiene relaciones sexuales con individuos de ambos sexos. *Mujer bisexual.* FAM **bisexualidad.**

bisiesto. m. Año bisiesto (→ año). *Nació en bisiesto.*

bisnieto, ta. m. y f. Respecto de una persona: Hijo o hija de su nieto o de su nieta. ▶ BIZNIETO.

bisonte. m. Mamífero rumiante parecido al toro, con abundante pelo, la parte anterior del cuerpo muy abultada y con una giba, y la cabeza grande y con cuernos poco desarrollados. *El bisonte hembra.*

bisoñé. m. Peluca que cubre solo la parte delantera de la cabeza.

bisoño, ña. adj. Nuevo e inexperto en una actividad. *Un escritor bisoño.* FAM **bisoñez.**

bistec o **bisté.** m. Filete de vaca. *He comido un bistec a la plancha.* ▶ Am: BIFE.

bisturí. (pl. **bisturíes** o **bisturís**). m. Instrumento semejante a un cuchillo pequeño, que se emplea en cirugía para hacer cortes en tejidos blandos.

bisutería. f. **1.** Conjunto de objetos de adorno parecidos a las joyas, pero realizados con materiales no preciosos. *Va cargada de bisutería.* **2.** Industria dedicada a la fabricación de bisutería (→ 1). *Unos pendientes de bisutería.*

bit. (pl. **bits**). m. **Inform.** Unidad mínima de información que equivale a la elección entre dos posibilidades igualmente probables. *Microprocesadores de 32 bits.*

bitácora. f. **Mar.** En una embarcación: Armario pequeño, situado cerca del timón, en que está colocada la brújula.

biunívoco, ca. adj. Dicho espec. de correspondencia o relación: Que se establece entre los elementos de dos conjuntos cuando, a cada elemento de un conjunto, le corresponde uno y solo uno de los elementos del otro, y viceversa. *Entre síntomas y enfermedades no hay una relación biunívoca.*

bivalente. adj. **Quím.** Que tiene dos valencias. *El mercurio es un elemento bivalente.*

bivalvo, va. adj. **1.** **Zool.** Dicho de concha: De dos valvas. *La concha de la almeja es bivalva.* **2.** **Zool.** Dicho de molusco: De concha bivalva (→ 1).

bizantino, na. adj. **1.** histór. De Bizancio (antiguo Imperio romano de Oriente, y su capital). *Imperio bizantino.* **2.** Del arte bizantino (→ 1). *Mosaico bizantino.* **3.** Dicho espec. de discusión: Que es demasiado sutil, o que se enreda con detalles o aspectos poco significativos.

bizarro, rra. adj. cult. Valiente y valeroso. FAM **bizarría.**

bizco, ca. adj. **1.** Estrábico. **2.** coloq. Asombrado o impresionado. *Lleva unas joyas de quedarse bizco.* FAM **bizquear; bizquera.**

bizcocho. m. Dulce elaborado con una masa de harina, azúcar, huevos y otros ingredientes, y cocido al horno. FAM **bizcochuelo** (Am).

biznieto, ta. m. y f. Bisnieto.

bla-bla-bla o **blablablá.** m. coloq. Discurso o conversación prolongados e insustanciales. *No soporto ese blablablá de los que se creen muy listos.*

blanco, ca. adj. **1.** De color semejante al de la nieve o la leche. *Dientes blancos.* **2.** Dicho de persona: De piel clara y pelo fino. *Los habitantes de Europa son blancos.* **3.** De los blancos o propio de los blancos (→ 2). *Raza blanca.* **4.** Que ha perdido el color a causa de una emoción fuerte, un susto o una sorpresa. *Cuando me vio aparecer, se quedó blanca.* **5.** Dicho de cosa: De color más claro que otros de su misma clase. *Pan blanco.* ● m. **6.** Objeto situado a distancia sobre el que se dispara para practicar el tiro y la puntería. *El blanco está muy lejos.* **7.** Persona o cosa a las que se dirige un disparo. *Sin escolta, es un blanco fácil para los terroristas.* **8.** Persona o cosa a la que se dirige una acción determinada. *Ella fue el blanco de todas las miradas.* **9.** Vino blanco (→ vino). *Le sirvieron un blanco.* **10.** En un escrito: Espacio que queda por completar. *Rellena con tus datos personales los* *blancos del impreso.* ○ f. **11.** *Mús.* Nota cuyo valor es la mitad de una redonda. *En un compás de cuatro por cuatro caben dos blancas.* ■ **blanco de los ojos.** m. Parte blanca (→ 1) de los ojos. *Tienes un derrame en el blanco de los ojos.* □ **dar en el blanco.** loc. v. Acertar. *Ha dado en el blanco con su proyecto.* ■ **en blanco.** loc. adv. **1.** Sin texto escrito, o sin estar pintado o dibujado. *Entregó el examen en blanco.* **2.** Sin dormir. *He pasado la noche en blanco.* **3.** Sin recordar o pensar nada. *Se quedó en blanco durante el examen.* **4.** Sin entender nada. *Con sus explicaciones me he quedado en blanco.* ■ **en blanco y negro.** loc. adv. Sin colores. *El televisor solo se ve en blanco y negro.* FAM **blancor; blancura; blancuzco, ca; blanquecino, na.**

blandir. tr. Mover (algo, espec. un arma) agitándo(lo) en la mano. *Los mosqueteros blandieron sus espadas.*

blando, da. adj. **1.** Que cede fácilmente a la presión o al tacto. *Esta cama es muy blanda.* **2.** Dicho de persona: Que soporta mal el cansancio, el trabajo o las contrariedades. *Es blanda para el trabajo.* **3.** Dicho de persona: Que tiene un carácter débil, sensible o excesivamente benévolo. **4.** Dicho de cosa: Suave o moderada. *Un castigo blando.* **5.** Dicho de cosa: Suave o delicada. *Un dibujo de trazos blandos.* FAM **blandengue; blandenguería; blandura.**

blanquear. tr. **1.** Poner blanco (algo). *Mete la ropa en lejía para blanquearla.* **2.** Pintar (una pared o un edificio) con cal o yeso blanco. *Han blanqueado la fachada.* **3.** Legalizar (dinero conseguido de forma ilegal o no declarado). *Utilizan la empresa para blanquear dinero procedente del narcotráfico.* ○ intr. **4.** Mostrar algo su color blanco o que tira a blanco. *Con la luz del día, sus cabellos blanquean con más intensidad.* **5.** Tomar o ir tomando algo color blanco o que tira a blanco. *Después de tantos lavados, la camisa azul empieza a blanquear.* **1, 2, 5:** EMBLANQUECER. FAM **blanqueamiento; blanqueo.**

blanquillo. m. **1.** Am. Huevo (cuerpo de forma redondeada, o huevo de gallina). *Blanquillos estrellados puestos en una tortilla* [C]. **2.** Am. Melocotón de piel blanca. *Su nombre vulgar es durazno de carne blanca en Colombia, blanquillos en Perú y melocotón en Europa* [C]. ▶ **1:** HUEVO.

blasfemia. f. **1.** Palabra o expresión injuriosas contra Dios, la Virgen o los santos. *Lleno de ira, empezó a soltar blasfemias.* **2.** Palabra o expresión gravemente ofensivas o irrespetuosas contra alguien o algo. *Es una blasfemia llamar "aficionado" a un artista de su talento.* FAM **blasfemar; blasfematorio, ria; blasfemo, ma.**

blasón. m. **1.** Escudo de armas. *El blasón de la familia preside la portada del palacio.* **2.** Figura, pieza o partición de las que aparecen en un blasón (→ 1). *La flor de lis es un blasón.* **3.** cult. Honor o gloria. *Desempeñar este cargo ha constituido el más alto blasón.* ▶ **1:** ESCUDO. FAM **blasonado, da.**

blazer. (pal. ingl.; pronunc. "bléiser"). m. (Tb. f.). Chaqueta de *sport* parecida a una americana. *Un blazer azul marino.* ¶ [Adaptación recomendada: *bléiser,* pl. *bléiseres*].

bledo. un ~. loc. adv. coloq. Muy poco o nada. *Me importa un bledo lo que opine.*

blenda. f. Mineral de sulfuro de cinc, que se halla en la naturaleza en cristales muy brillantes, de color que varía desde el amarillo rojizo al pardo oscuro, y del que se extrae el cinc.

blindado, da. adj. Dicho de división u otra unidad militar: Acorazada.

blindar. tr. Proteger (algo) cubriéndo(lo) con un material resistente, espec. con planchas metálicas. *Han blindado la puerta.* FAM **blindaje.**

bloc. m. Conjunto de hojas de papel del mismo tamaño, superpuestas y unidas por uno de sus lados de modo que se puedan arrancar con facilidad. *Bloc de dibujo.*

blonda. f. Encaje de seda.

blondo, da. adj. cult. Rubio.

bloque. m. **1.** Trozo, gralm. grande y pesado, de un material sólido o compacto. *El buque ha chocado con un bloque de hielo.* **2.** Conjunto coherente u homogéneo de cosas o personas. *Contestó bien al primer bloque de preguntas.* **3.** Edificio grande de pisos. *En mi bloque hay 54 viviendas.* **4.** *Mec.* En un motor de explosión: Pieza que contiene los cilindros y por la que circula el líquido refrigerante. ■ **en ~.** loc. adv. En conjunto o sin hacer distinciones ni separaciones. *La propuesta debe aceptarse en bloque.*

bloquear. tr. **1.** Obstruir o cerrar (un paso o camino). *Varios camiones han bloqueado la frontera.* **2.** Impedir el desarrollo normal (de algo, espec. una acción). *El atentado ha bloqueado las conversaciones de paz.* **3.** Impedir o paralizar el funcionamiento (de algo). *Un virus informático puede bloquear el ordenador.* **4.** Paralizar la capacidad de actuar o de pensar (de alguien). *En el examen de conducir me bloquearon los nervios.* **5.** Inmovilizar la autoridad (una cantidad de dinero o un crédito), privando a su dueño de disponer (de ellos). *El juez ha bloqueado sus cuentas.* **6.** Cortar la comunicación (de un lugar) con el exterior por medio de una operación militar. *El ejército invasor bloquea la ciudad.* FAM **bloqueo.**

blues. (pal. ingl.; pronunc. "blus"). m. Género de música que tiene su origen en el folclore de los negros estadounidenses, y se caracteriza por su ritmo lento y su tono triste y melancólico. *Un concierto de blues.*

blusa. f. Prenda de vestir femenina o infantil semejante a una camisa, que cubre la parte superior del cuerpo y gralm. es de tela fina y abierta por delante. FAM **blusón.**

boa. f. **1.** Serpiente americana de gran tamaño, no venenosa, que mata a sus presas comprimiéndolas con su cuerpo. ○ m. **2.** Prenda femenina de piel o plumas y en forma de serpiente, que se usa como abrigo o adorno del cuello y los hombros. *La vedette llevaba un boa de plumas.*

boato. m. Ostentación de riqueza con que se presenta algo o alguien. *La ceremonia fue sencilla y sin boato.*

bobina. f. **1.** Cilindro de hilo o cordel enrollados alrededor de un canuto de cartón u otro material. *Una bobina de hilo blanco.* **2.** Rollo de un material flexible, gralm. montado sobre un soporte. *La película ocupa tres bobinas.* **3.** *Fís.* Elemento de un circuito eléctrico constituido por un hilo conductor aislado y enrollado formando capas de espiras, que sirve para crear un campo magnético al pasar por él la corriente. FAM **bobinado; bobinar.**

bobo, ba. adj. **1.** Dicho de persona: De corto entendimiento o capacidad. *¿Pero eres bobo?, ¿no entiendes lo que te estoy diciendo?* **2.** Dicho de persona: Extremadamente simple o ingenuo. *Es tan boba que se cree todo lo que le dicen.* ▶ **1:** *TONTO. FAM **bobada; bobalicón, na; bobear; bobería.**

boca. f. **1.** En una persona o en un animal: Abertura anterior del aparato digestivo, situada en la cabeza.

Toma aire por la nariz y expúlsalo por la boca. **2.** Cavidad a la que sirve de entrada la boca (→ 1), y que contiene la lengua y los dientes. *No hables con la boca llena.* **3.** Conjunto de los dos labios. *Lleva la boca pintada.* **4.** Órgano de la palabra. *Tiene una boca de verdulera, que da miedo oírla.* **5.** Persona o animal a los que hay que alimentar o mantener. *Tiene cinco bocas a su cargo.* **6.** Entrada o salida de un lugar. *La boca de una vía.* **7.** Abertura o agujero. *La botella tiene la boca rota.* ■ **~ del estómago.** f. Parte del abdomen donde está la entrada del estómago. *Tengo una sensación de pesadez en la boca del estómago.* ■ **~ de riego.** f. Abertura hecha en un conducto de agua y provista de una llave o un dispositivo de cierre, a la que puede acoplarse una manguera para regar calles o jardines. □ loc. adv. **A bocajarro.** *Me ha lanzado la pregunta a boca de jarro.* ■ **abrir, o hacer, ~.** loc. v. Despertar el apetito tomando algún alimento ligero o alguna bebida estimulante antes de una comida. *Abrieron boca con unos entremeses.* ■ **abrir la ~.** loc. v. coloq. Decir algo. *Rara vez abre la boca.* ■ **a pedir de ~.** loc. adv. Tan bien como sería deseable. *Todo ha salido a pedir de boca.* ■ **~ abajo.** (Tb. **bocabajo**). loc. adv. **1.** Con el cuerpo tendido con la cara hacia abajo. *Se echó bocabajo.* **2.** En posición invertida. *Cientos de murciélagos colgaban boca abajo.* ■ **~ a ~.** loc. adj. **1.** Dicho de respiración: Que consiste en aplicar la boca (→ 1) a la de una persona accidentada para introducirle aire con un ritmo determinado. □ loc. adv. **2.** Verbalmente o de palabra. *La convocatoria del paro se difundió boca a boca.* ■ **~ arriba.** (Tb. **bocarriba**). loc. adv. Con el cuerpo tendido de espaldas. *Duerme boca arriba.* ■ **buscar** (a alguien) **la ~.** loc. v. Dar(le) motivo, gralm. provocándo(le) de palabra, para que diga lo que de otro modo callaría. *Se lo dije para buscarle la boca.* ■ **callar, o cerrar, la ~** alguien. loc. v. coloq. Callar. *Te compraré el helado, pero calla la boca.* ■ **cerrar, o tapar, la ~** (a alguien). loc. v. coloq. Dar(le) argumentos tan concluyentes que lo dejen sin respuesta. *Si protesta, dile que lo ha mandado el jefe y le cierras la boca.* ■ **como ~ de lobo.** loc. adv. En total oscuridad. *La habitación estaba como boca de lobo.* ■ **con la ~ abierta.** loc. adv. En estado de asombro. *Se quedaron con la boca abierta ante el espectáculo.* ■ **de ~ en ~.** loc. adv. Propagándose o divulgándose en las conversaciones de unas personas con otras. *El rumor corrió de boca en boca.* ■ **decir algo ~ es mía.** loc. v. coloq. Decir algo. *Como se te ocurra decir esta boca es mía, te enteras.* ■ **en ~** (de alguien). loc. adv. En sus conversaciones o habladurías. *Está en boca de todo el pueblo.* ■ **hablar** alguien **por ~** (de otra persona). loc. v. Expresarse haciendo suyas las palabras o el pensamiento (de esa otra persona). *Tú no eres quién para hablar por boca de Lucía.* ■ **hacer ~.** → **abrir boca.** ■ **hacérsele** (a alguien) **la ~ agua.** loc. v. **1.** coloq. Deleitarse (esa persona) pensando en el sabor de algo apetitoso. *Se me hace la boca agua solo con leer los platos del menú.* **2.** coloq. Disfrutar (esa persona) pensando o recordando algo agradable. *Se le hace la boca agua al hablar de las vacaciones.* ■ **meterse** alguien **en la ~ del lobo.** loc. v. coloq. Exponerse a un peligro seguro. ■ **poner** (un dicho) **en ~** (de alguien). loc. v. Atribuír(selo). *Han puesto en boca de Juan cosas que no ha dicho.* ■ **tapar la ~** (a alguien). loc. v. **1.** coloq. Hacer(le) callar sobornándo(lo). *Han tapado la boca a los testigos.* **2.** → **cerrar la boca.**

bocabajo. → **boca.**

bocacalle. f. **1.** Calle secundaria que da a otra. **2.** Entrada de una calle. *Levantaron barricadas en las bocacalles.*

bocadillo. m. Panecillo o trozo de pan cortados en dos mitades, entre las que se colocan alimentos. *Un bocadillo de jamón.*

bocado. m. **1.** Porción de comida que se mete en la boca de una vez. *Saborea cada bocado.* **2.** Porción pequeña de comida. *–¿Has comido? –He tomado un bocado antes de salir de casa.* **3.** Mordisco o mordedura. *Le dio un bocado al sándwich.* **4.** Trozo que se arranca de un bocado (→ 3). *A la pizza le faltan varios bocados.* **5.** Parte del freno que entra en la boca de la caballería. *La caballería precisa un tipo de bocado.* ■ **~ de Adán.** m. Nuez de la garganta. *El bocado de Adán le subía y bajaba deprisa.* □ **no probar ~.** loc. v. No comer nada. *No he probado bocado en todo el día.*

bocajarro. a ~. loc. adv. **1.** Desde muy cerca. *Le dispararon a bocajarro.* **2.** De improviso o de manera brusca y sin preparación. *Me soltó a bocajarro que se iba a vivir al extranjero.*

bocamanga. f. Parte de la manga de una prenda de vestir que está más cerca de la muñeca, espec. por el interior o por el forro. *Se me está deshilachando la chaqueta por la bocamanga.*

bocamina. f. Boca que sirve de entrada a una mina.

bocana. f. Paso estrecho de mar que sirve de entrada a una bahía o a un puerto.

bocanada. f. **1.** Porción de humo que se echa de una vez de la boca al fumar. *Cuando fuma puros, echa bocanadas blancas y espesas.* **2.** Ráfaga de aire, de olor o de calor, que llega y cesa de repente. *Una bocanada de perfume inundó la habitación.* **3.** Cantidad de líquido que llega de una vez a la boca o se expulsa de ella. *Me vino una bocanada y casi vomito.*

bocarriba. → **boca.**

boceto. m. **1.** Proyecto o apunte de una obra artística, trazados en líneas generales y como paso previo a la ejecución. *Un boceto a carboncillo.* **2.** Proyecto o esquema en que se apuntan las líneas generales de algo. *Un boceto de ley.*

bochinche. m. **1.** coloq. Situación confusa y gralm. ruidosa. *Armaron un gran bochinche.* **2.** coloq. Conjunto de cosas revueltas o enredadas. *¡Menudo bochinche de cacerolas hay en la cocina!* FAM **bochinchero, ra** (Am).

bochorno. m. **1.** Calor sofocante propio del verano, espec. de los días tormentosos. *Es un día de bochorno.* **2.** Sentimiento de vergüenza, frec. acompañado de rubor en el rostro. *¡Qué bochorno cuando fui a pagar y no tenía dinero!* FAM **bochornoso, sa.**

bocina. f. **1.** Pieza o instrumento de metal, de forma cónica, que se emplea para amplificar el sonido emitido. *Un gramófono con una bocina de latón.* **2.** Instrumento en forma de bocina (→ 1), que sirve para emitir señales acústicas. Tb. designa otros instrumentos o dispositivos, frec. eléctricos, que sirven para el mismo fin. *El taxista hizo sonar la bocina.* ▶ **2:** CLAXON, PITO. FAM **bocinazo.**

bocio. m. Aumento de la glándula tiroides, que produce un abultamiento en el cuello.

bocón, na. adj. frecAm. coloq. Que habla más de lo debido y de manera indiscreta o inoportuna. *El chulo cubano era muy bocón* [C].

boda. f. **1.** Hecho de casar o casarse dos personas. *Mi boda será por amor.* **2.** Fiesta con que se celebra una boda (→ 1). *Un restaurante especializado en bodas.* ■ **~s de oro.** f. pl. Fecha en que se cumplen cincuenta años de una boda (→ 1) o de otro acontecimiento. *Mis padres han celebrado sus bodas de oro.* ■ **~s de plata.** f. pl. Fecha en que se cumplen veinticinco años de una boda (→ 1) o de otro acontecimiento. *Este año se cumplen las bodas de plata del rey.* ▶ **1:** CASAMIENTO, ENLACE. FAM **bodorrio.**

bodega. f. **1.** Lugar donde se elabora, cría y guarda el vino. *Los vinos de crianza pasan años en las barricas de las bodegas.* **2.** Almacén de vinos y bebidas alcohólicas. *En el sótano de su casa tiene una bodega.* **3.** Establecimiento público en que se venden y sirven vinos y otras bebidas alcohólicas. *Compra unas cervezas en la bodega.* **4.** En una embarcación: Espacio interior que hay entre la cubierta inferior y la quilla. *Encontraron un tesoro en la bodega del galeón hundido.* **5.** Am. Almacén (lugar donde se guardan cosas). *Bodegas para pertrechos de guerra* [C]. **6.** Am. Tienda pequeña. *Estaban en fila frente a una bodega* [C]. ▶ **5:** ALMACÉN. FAM **bodeguero, ra.**

bodegón. m. Composición pictórica que representa alimentos y cacharros o utensilios domésticos.

bodrio. m. **1.** Guiso mal hecho. *Nos preparó un bodrio incomible.* **2.** coloq. Cosa mal hecha o de mala calidad. *Es un bodrio de novela.*

body. (pal. ingl.; pronunc. "bódi"). m. Prenda interior femenina de una sola pieza, elástica y ajustada, que cubre el tronco. ¶ [Adaptación recomendada: *bodi,* pl. *bodis*].

bóer. (pl. **bóeres**). adj. **1.** Dicho de persona: Que es habitante de Sudáfrica, descendiente de los colonos holandeses. **2.** De los bóeres (→ 1). *Lengua bóer.*

bofe. m. Pulmón, espec. el de una res destinado al consumo. ▶ PULMÓN.

bofetada. f. **1.** Golpe dado en la cara con la mano abierta. *Le dio una bofetada.* **2.** Desaire o humillación. *Su fracaso en las elecciones fue una bofetada para él.* ▶ **1:** CACHETE, GUANTADA, GUANTAZO. ‖ Am o frecAm: **1:** BIFE, CACHETADA. FAM **bofetón.**

boga. f. Buena aceptación de que goza algo, frec. de manera pasajera. *Está en boga practicar deportes de riesgo.*

bogar. intr. *Mar.* Remar. FAM **boga** (*Los remeros comenzaron la boga*).

bogavante. m. Crustáceo marino comestible similar a la langosta, de color negro azulado y con el primer par de patas terminadas en grandes pinzas.

bogotano, na. adj. De Bogotá (Colombia). ▶ SANTAFEREÑO.

bohardilla. f. Buhardilla. ▶ *DESVÁN.

bohemio, mia. adj. **1.** De Bohemia (República Checa). **2.** Dicho espec. de modo de vida: Informal, desordenado y que se aparta de las convenciones sociales. *Vida bohemia.* **3.** Dicho de persona, espec. de artista: Que lleva una vida bohemia (→ 2). *Un poeta bohemio.* Tb. m. y f. ● m. **4.** Dialecto checo hablado en Bohemia. Tb. la lengua checa (→ checo). ○ f. **5.** Mundo de los bohemios (→ 3). *Se introdujo en la bohemia parisina.*

bohío. m. Cabaña americana construida con madera y ramas, cañas o pajas, y sin otra abertura que la puerta. *Construían bohíos circulares* [C].

boicotear. tr. **1.** Impedir o dificultar la realización (de un acto o proceso) como medio de presión para conseguir un objetivo. *Han intentado boicotear el mi-*

tin. **2.** Impedir que (una persona, un colectivo o una entidad) tengan relaciones sociales o comerciales, como medio de presión para conseguir lo que se exige (de ellos). *Amenazan con boicotear a algunas empresas.* FAM **boicot; boicoteo.**

boina. f. Gorra de lana sin visera, redonda y plana, y gralm. de una sola pieza.

boj o **boje.** m. Arbusto mediterráneo de tallos derechos y muy ramosos, y hojas elípticas, cuya madera, dura y compacta, se usa mucho para el grabado y en ebanistería. Tb. su madera. *Una pipa de boj.*

bol. m. Recipiente semejante a un tazón y sin asas. *Bate los huevos en un bol.*

bola. f. **1.** Cuerpo esférico de un material gralm. macizo. *Hacen guerras de bolas de nieve.* En deporte designa el balón o la pelota de juego (→ **balón**). **2.** Canica. **3.** malson. Testículo. **4.** Am. coloq. Montón (gran cantidad de personas o cosas). *Es un partido de todos una bola de incompetentes* [C]. **5.** Am. coloq. Revolución o revuelta. *Ya te hubiera yo querido ver en la mera bola* [C]. ■ **~ del mundo.** f. Globo terráqueo. *Una bola del mundo de madera.* ■ **~ de nieve.** f. Situación o asunto que van adquiriendo dimensiones cada vez mayores o más graves. *El conflicto se convirtió en una bola de nieve.* □ **dar,** o **parar, ~(s).** loc. v. Am. coloq. Hacer caso. *Él te quiere montones, Chelita, ¿por qué no le paras bolas?* [C]. ■ **hacerse ~s.** loc. v. Am. coloq. Hacerse un lío. *Fueron tantos recuerdos que se agolparon en mi mente, que me hice bolas* [C]. ■ **tener ~s.** loc. v. Am. malson. Tener valor o coraje. ▶ **1:** PELOTA. FAM **bolazo.**

bolchevique. adj. **1.** Del sistema político implantado en Rusia con la revolución de 1917, basado en las doctrinas marxistas-leninistas, y que establece el colectivismo mediante la dictadura del proletariado. *Ideas bolcheviques.* **2.** Partidario de la doctrina o del partido bolcheviques (→ 1). *Lenin y Stalin fueron dirigentes bolcheviques.* **3.** Comunista. FAM **bolchevismo.**

bolera. → bolo.

bolero. m. Composición musical de origen popular caribeño, de compás binario, ritmo lento y letras melancólicas.

boleta. f. **1.** Am. Recibo o tique de compra. *Las boletas que se expidan al efectuarse el pago* [C]. **2.** Am. Multa de tráfico. *Los conductores tendrán que revisar las boletas archivadas para saldarlas* [C].

boletín. m. **1.** Publicación periódica informativa, gralm. de carácter cultural o científico y editada por una entidad. *El boletín de la Real Academia Española.* **2.** Publicación periódica informativa que contiene disposiciones oficiales. *Boletín Oficial del Estado.* **3.** Cuadernillo o papel en que se anotan las calificaciones de un alumno. Tb. ~ *de notas,* o *de calificaciones.* **4.** Espacio breve de noticias, que se retransmite por radio o por televisión gralm. a horas determinadas. *Han dado la noticia en el boletín de las siete.* ▶ **2:** Am: GACETA.

boleto. m. **1.** Papeleta impresa que da derecho a participar en un sorteo o en otros juegos de azar. *Lleva un boleto para la rifa.* **2.** frecAm. Billete (papel o tarjeta impresos para presenciar un espectáculo o utilizar un medio de transporte). *Le traía unos boletos para la ópera* [C]. ▶ **2:** BILLETE. FAM **boletería** (Am); **boletero, ra** (Am).

boliche. m. Am. Establecimiento público de poca categoría, en que se sirven comidas y bebidas. *Salen, apurados, después de desayunar en cualquier boliche* [C].

bólido. m. Automóvil que alcanza gran velocidad. Frec. designa el de carreras.

bolígrafo. m. Instrumento para escribir, que tiene en su interior un tubo de tinta y, en la punta, una bolita metálica que gira libremente. ▶ Am: BIROME, LAPICERA, LAPICERO. FAM boli.

bolillo. m. **1.** Cada uno de los palos pequeños y redondeados que se usan para hacer encajes y pasamanería. *Encaje de bolillos.* **2.** Am. Pieza de pan blanco. *Su cena se redujo a dos bolillos* [C].

bolita. f. Am. Canica. *Todo niño poseía una bolita preferida* [C]. Tb. el juego que se practica con ellas. *Podemos jugar a las bolitas* [C].

bolívar. m. Unidad monetaria de Venezuela.

bolivarense, sa. adj. De Bolívar (Colombia, Ecuador, Venezuela) o de Ciudad Bolívar (Venezuela).

boliviano, na. adj. **1.** De Bolivia. ● m. **2.** Unidad monetaria de Bolivia.

bollo. m. **1.** Pieza esponjosa hecha con una masa de harina, agua y otros ingredientes, y cocida al horno. *Mojó el bollo en el café.* **2.** coloq. Chichón. *Se dio un golpe y le ha salido un bollo en la cabeza.* **3.** coloq. Situación confusa y gralm. ruidosa. *Se armó un bollo en clase.* **4.** coloq. Confusión o falta de claridad, espec. en las ideas. *Con tantos datos, me he armado un bollo.* FAM bollería; bollero, ra.

bolo. m. **1.** Objeto gralm. de madera, alargado, cilíndrico y de base plana para que se tenga derecho. *Perdió la partida al quedar un bolo en pie.* **2.** coloq. Hombre ignorante o de poca habilidad. *Lo tienen por un bolo.* ○ pl. **3.** Juego que consiste en colocar derechos sobre el suelo una serie de bolos (→ 1) e intentar derribarlos lanzando una bola desde cierta distancia. *Una partida de bolos.* ■ ~ alimenticio. m. Fisiol. Masa de alimento masticado y ensalivado, que se deglute de una vez. FAM bolera.

boloñés, sa. adj. **1.** De Bolonia (Italia). ● f. **2.** Salsa boloñesa (→ salsa). *A los espaguetis les va muy bien una boloñesa.*

bolsa¹. f. **1.** Recipiente de tela, plástico u otro material flexible, frec. abierto por arriba y con asas, que sirve para llevar o guardar cosas. *Una bolsa de patatas fritas.* **2.** Bolsa (→ 1) de material resistente, gralm. provista de cierre, con asas o correa para llevarla a mano o colgada del hombro, y que suele usarse en viajes o traslados. *Bolsa de viaje.* **3.** Arruga o abultamiento que se forman en una prenda de vestir cuando no ajusta bien al cuerpo. *Este vestido te hace bolsas en las caderas.* **4.** Abultamiento de la piel que se forma debajo del ojo. *Tiene ojeras y bolsas.* **5.** Acumulación de una sustancia líquida o gaseosa en un determinado lugar. *Bolsa de aire.* ■ ~ de trabajo. f. Registro de ofertas y demandas de empleo, gralm. creado y gestionado por una entidad para facilitar esa información a los interesados. FAM bolso.

bolsa². f. **1.** Institución económica donde se realizan operaciones de compra y venta de valores. *La empresa cotiza en la bolsa de Nueva York.* **2.** Edificio donde está ubicada la bolsa (→ 1). *Han visitado la bolsa.* **3.** Cotización o precio del conjunto de los valores negociados en la bolsa (→ 1). *La bolsa bajó tres enteros.* FAM bolsista.

bolsillo. m. **1.** Pieza pequeña en forma de bolsa, cosida en una prenda de vestir, y que sirve para llevar pequeños objetos. *Esta falda no tiene bolsillos.* **2.** Caudal o dinero de una persona. *Pagó la cena de su bolsillo.* ■ de ~. loc. adj. Dicho de cosa: De tamaño adecuado para ser llevada en el bolsillo. *Libro de bolsillo.*

boludo, da. adj. Am. coloq. Tonto o de corto entendimiento. *¿Estás boluda o qué tenés en la cabeza?* [C]. FAM boludez.

bomba. f. **1.** Artefacto explosivo provisto de un mecanismo que lo hace estallar en el momento adecuado. *Bomba atómica.* **2.** Se usa en aposición para expresar que lo designado por el nombre al que sigue va cargado con una bomba (→ 1). *Coche bomba.* **3.** Máquina o aparato para elevar o mover agua u otros líquidos, e impulsarlos en una dirección determinada. *Sacan agua del pozo mediante una bomba.* **4.** Aparato para extraer, inyectar o comprimir aire. *La bicicleta lleva una bomba para hinchar las ruedas.* **5.** Am. Gasolinera. Tb. ~ de gasolina. *Lo seguí hasta una bomba de gasolina en los arrabales de la ciudad* [C]. ■ ~ de relojería. f. Bomba (→ 1) cuyo mecanismo para hacerla estallar está conectado a un reloj o dispositivo similar para controlar con precisión el momento del estallido. *La bomba de relojería estaba programada para estallar a esa hora.* □ caer algo como una ~. loc. v. Producir por sorpresa un efecto fuerte, gralm. negativo o de desagrado. *La noticia de los despidos cayó como una bomba entre los trabajadores.* FAM bombazo.

bombacha. f. **1.** Am. Pantalón bombacho (→ pantalón). *Los domingos estaba de bombacha blanca impecable* [C]. **2.** Am. Braga. *El elástico de una bombacha* [C].

bombacho. m. Pantalón bombacho (→ pantalón).

bombardear. tr. **1.** Arrojar o disparar bombas u otros proyectiles explosivos (sobre un lugar). *Los aviones bombardearon la ciudad.* **2.** Acosar o agobiar (a alguien) con acciones muy reiteradas o insistentes. *Durante toda la cena me bombardeó CON sus preguntas.* **3.** *Fís.* Someter (un cuerpo) al impacto de radiaciones o partículas. FAM bombardeo; bombardero.

bombardino. m. Instrumento musical de viento, de metal, formado por un tubo cónico plegado sobre sí mismo y provisto de pistones.

bombear. tr. **1.** Elevar o impulsar en una dirección determinada (un líquido u otro fluido) por medio de una bomba. *El molino bombea el agua del río.* **2.** En deporte, espec. en el fútbol: Lanzar (un balón o una pelota) por alto, de modo que sigan una trayectoria curva. *El delantero bombeó la pelota.* FAM bombeo.

bombero, ra. m. y f. Persona que tiene por oficio extinguir incendios y realizar otras labores de salvamento.

bombilla. f. **1.** Lámpara consistente en un globo de cristal, en cuyo interior se ha hecho el vacío y se ha colocado un hilo metálico que se pone incandescente al paso de la corriente eléctrica. *Se fundió la bombilla.* **2.** Am. Tubo de caña o de metal terminado en forma de almendra agujereada, que se utiliza para sorber el mate. *Si me llevan la bolsa dondo guardo el mate, la yerba y la bombilla, me llevan la vida* [C]. ▶ Am: 1: AMPOLLETA. FAM bombillo (Am).

bombín. m. Sombrero hongo. *Charlot llevaba bombín.*

bombo. m. **1.** Instrumento musical de percusión consistente en un tambor cilíndrico de gran tamaño que se toca con una maza. **2.** Caja cilíndrica o esférica y giratoria, que sirve para contener las bolas o las papeletas que deben sacarse a la suerte en un sorteo o una rifa. ■ **a ~ y platillo.** loc. adv. coloq. Con mucha publicidad. *Anunciaron su boda a bombo y platillo.*

bombón. m. **1.** Pieza pequeña de chocolate, frec. rellena de licor, crema u otros ingredientes. *Una caja de bombones.* **2.** coloq. Persona muy guapa y atractiva. *Ana es un bombón.* FAM **bombonera; bombonería.**

bombona. f. **1.** Recipiente de metal de forma cilíndrica y cierre hermético, que sirve para contener gases a presión y líquidos muy volátiles. *Bombona de oxígeno.* **2.** Recipiente resistente, muy barrigudo y de boca estrecha, que sirve para contener líquidos. *Compramos bombonas de agua mineral.*

bonachón, na. adj. De carácter apacible y amable. FAM **bonachonería.**

bonaerense. adj. De Buenos Aires (Argentina).

bonanza. f. **1.** Tiempo tranquilo o apacible en el mar. *Un día de bonanza.* **2.** Prosperidad, espec. económica. *La bonanza económica llegó tras un período de crisis.* ▶ **2:** PROSPERIDAD. FAM **bonancible.**

bonapartismo. m. Movimiento político francés partidario del sistema de gobierno implantado por Napoleón Bonaparte (emperador francés, 1769-1821) y su dinastía. FAM **bonapartista.**

bondad. f. **1.** Cualidad de bueno. *Era un hombre de gran bondad.* **2.** Cualidad buena o positiva de algo o de alguien. *Todos alaban sus bondades como profesor.* **3.** Amabilidad con que se atiende a otra persona. *¿Tendría usted la bondad de ayudarme?* FAM **bondadoso, sa.**

bonete. m. Gorro, gralm. de cuatro picos, usado por los eclesiásticos y antiguamente por los colegiales y graduados. ▶ *BIRRETE.

bongó. m. Instrumento musical de percusión, originario de Cuba, que está formado por dos tambores de forma cilíndrica o cónica cubiertos por una de sus bases con una piel tensa, y que se toca con las manos.

bonhomía. f. cult. Carácter o comportamiento propios de la persona buena, sencilla y amable. *Se prestó a ayudarnos con la bonhomía que lo caracteriza.*

boniato. m. Batata.

bonificar. tr. Conceder (a alguien) un aumento en la cantidad de dinero que ha de cobrar, o un descuento en la que ha de pagar. *La empresa bonificará al mejor vendedor.* FAM **bonificación.**

bonísimo, ma. → bueno.

bonito¹. m. Pez marino, parecido al atún pero de menor tamaño, cuya carne se consume fresca o en conserva. FAM **bonitero, ra.**

bonito², ta. adj. **1.** Agradable a la vista o al oído. *Una canción muy bonita.* **2.** Agradable desde un punto de vista moral o intelectual. *El libro cuenta una historia muy bonita.* **3.** coloq. Antepuesto a un nombre, se usa para enfatizar las dimensiones o la intensidad de lo designado por este. *Gana un bonito sueldo.* ▶ **1, 2:** *BELLO.

bono. m. **1.** Tarjeta de abono que da derecho a utilizar un servicio durante un período de tiempo determinado o un número específico de veces. *He comprado un bono de veinte baños en la piscina.* **2.** Tarjeta que se puede canjear por determinados artículos o por dinero. *Me hicieron un bono por el importe de la prenda defectuosa.* **3.** Econ. Título de deuda emitido por una tesorería pública o una empresa y por el que estas se comprometen a pagar una cantidad a su vencimiento. *Bonos del Tesoro.*

bonsái. m. Árbol enano, cultivado gralm. en un recipiente mediante una técnica de corte de raíces y ramas que impide su crecimiento, y destinado a la ornamentación.

bonzo. m. Monje budista. ■ **a lo ~.** loc. adv. Rociándose el cuerpo de gasolina u otro líquido inflamable y prendiéndose fuego, gralm. como acción de protesta o sacrificio. *Se quemó a lo bonzo.*

boñiga. f. Excremento de animal, espec. de ganado vacuno. *Pisó una boñiga de vaca.* FAM **boñigo.**

boom. (pal. ingl.; pronunc. "bum"). m. Auge o éxito repentinos de algo o de alguien. *En los años sesenta hubo un boom de la narrativa hispanoamericana.* ¶ [Adaptación recomendada: bum, pl. bums].

boqueada. f. Hecho de abrir la boca un moribundo. *Se ha agravado: está dando las últimas boqueadas.*

boquear. intr. **1.** Abrir la boca. *Respiraba boqueando.* **2.** Dar las últimas boqueadas un moribundo. *El herido boqueaba.*

boquera. f. Herida que se forma en las comisuras de los labios, con fisuras y enrojecimiento de la piel. *Le salen boqueras cuando le sube mucho la fiebre.*

boquerón. m. Pez marino comestible, parecido a la sardina pero más pequeño y alargado, abundante en el Mediterráneo y en zonas del Atlántico. *Boquerones en vinagre.*

boquete. m. **1.** Abertura o brecha, espec. en una pared. *El proyectil hizo un boquete en la pared.* **2.** Entrada estrecha de un lugar. *Descubrió el boquete de la madriguera.* ▶ **1:** *ABERTURA. FAM **boquetero** (Am).

boquiabierto, ta. adj. Que tiene la boca abierta, espec. por asombro o admiración. *Se quedaron boquiabiertos al verme.*

boquilla. f. **1.** Instrumento para fumar constituido por un tubo pequeño, con un extremo más ancho en el que se coloca el cigarrillo, y otro más estrecho por el que se aspira el humo. *Siempre fuma en boquilla.* **2.** Parte de la pipa de fumar que se introduce en la boca. *La pipa tiene la boquilla mordisqueada.* **3.** Rollo pequeño de papel o cartulina, frec. provisto de un filtro interno de algodón u otras sustancias, que se pone en un extremo de algunos cigarrillos y por el que se aspira el humo al fumar. *Fuma cigarrillos sin boquilla.* **4.** Pieza pequeña y hueca que se adapta al tubo de algunos instrumentos musicales de viento y por la que se sopla para producir el sonido. *La boquilla del clarinete.* **5.** Pieza con un orificio de entrada o salida que se coloca en algunos objetos, espec. en recipientes. *El balón tiene una boquilla para inflarlo.* ■ **de ~.** loc. adv. coloq. Fingiendo sinceridad en lo que se dice, pero sin respaldarlo con hechos. *Prometió ayudarme, pero lo dijo de boquilla.* ▶ **4:** EMBOCADURA.

borbollón. m. Borbotón. ■ **a borbollones.** loc. adv. Atropelladamente. *Hablaba a borbollones.* FAM **borbollar.**

borbónico, ca. adj. De los Borbones (dinastía real de origen francés y reinante en España a partir del s. XVIII).

borbotón. m. Burbuja que se forma en la superficie de un líquido, espec. del agua, cuando este se agita con fuerza, al hervir. *La sopa hacía borbotones.* ■ **a borbotones.** loc. adv. Atropelladamente. *La sangre salía a borbotones de la herida.* ▶ BORBOLLÓN. FAM **borbotar; borbotear; borboteo.**

borceguí. (pl. **borceguíes** o **borceguís**). m. Calzado parecido a un botín, que llega hasta más arriba del tobillo, es abierto por delante y se ajusta con cordones o correas.

borda. f. Borde superior del costado de una embarcación. *Se acodó en la borda para mirar el mar.* ■ echar, o tirar, (algo o a alguien) por la ~. loc. v. Prescindir (de esa cosa o persona) sin considerar la pérdida o el desperdicio que ello supone. *Has echado por la borda varios meses de trabajo.*

bordado[1]. m. Hecho de bordar. *Da clases de bordado a mano.*

bordado[2]. m. Labor en relieve hecha en tela u otro material, con aguja e hilo. *Viste una falda de seda con bordados.*

bordar. tr. **1.** Hacer labores en relieve (en una prenda, tela u otro material) con aguja e hilo. *Le bordó las camisas con sus iniciales.* **2.** Hacer (una figura o un dibujo) en relieve con aguja e hilo. *Bordó unas flores en el mantel.* FAM bordador, ra.

borde. m. **1.** Límite o extremo de la superficie de algo. *Se sentaron en el borde de la cama.* **2.** Borde (→ 1) o contorno de la boca de un recipiente. *El vaso tiene el borde roto.* ■ a, o al, ~ de. loc. prepos. A punto de, o muy cerca de. *Estoy al borde de un ataque de nervios.* ▶ **1:** ORILLA.

bordear. tr. **1.** Ir por el borde (de algo) o cerca de él. *El tren bordea la costa.* **2.** Estar en el borde (de algo) o junto a él. *Los juncos bordean el río.* **3.** Aproximarse mucho (a algo no material, espec. una cualidad o un estado). *Sus poemas bordean la perfección.*

bordillo. m. Franja de piedras alargadas y estrechas que forman el borde de una acera. *La rueda reventó al chocar contra el bordillo.* ▶ **Am:** CORDÓN.

bordo. a ~. loc. adv. En el, o al, interior de un vehículo, espec. una embarcación. *La tripulación subió a bordo.* ■ de alto ~. loc. adj. Dicho de embarcación: De grandes dimensiones. *Navío de alto bordo.*

bordón. m. Bastón más alto que la estatura de un hombre, gralm. con una punta de hierro. *El peregrino caminaba con su bordón.*

boreal. adj. **1.** Del norte. *Hemisferio boreal.* **2.** Del hemisferio boreal (→ 1). *Vientos boreales.* ▶ **1:** NORTEÑO.

borgoña. m. Vino originario de la región francesa de Borgoña. *Tomaron un borgoña.*

boricua. adj. frecAm. Puertorriqueño.

borla. f. **1.** Adorno consistente en un conjunto de hilos o cordoncillos que, unidos por uno de sus extremos o por su mitad y sueltos por el otro extremo o por ambos, penden en forma de cilindro o se esparcen en forma de media bola. *Un cordón rematado con dos borlas.* **2.** Utensilio de forma redondeada, hecho de pluma o de otro material suave, y que se usa para aplicar polvos cosméticos. *Extienda el colorete con una borla o una brocha.*

borra. f. **1.** Pelo de cabra o de otros animales que se usa como relleno de almohadas, colchones u otros objetos. *Almohadas de borra.* **2.** Pelusa polvorienta que se forma en sitios como los bolsillos o entre los muebles por falta de limpieza. *Los bolsillos de su americana estaban llenos de borra.*

borracho, cha. adj. **1.** Que tiene trastornadas transitoriamente las facultades mentales por consumo excesivo de bebidas alcohólicas. *Está muy borracho.* **2.** Que se emborracha habitualmente. *Lo despidieron por incompetente y borracho.* **3.** Exaltado o dominado por algo, como un sentimiento o una sensación in-

tensos. *Está borracho DE poder.* ▶ **1:** BEBIDO. ‖ **Am: 1:** TOMADO. FAM borrachera; borrachín, na.

borrador. m. **1.** Texto provisional en el que pueden hacerse modificaciones para alcanzar la redacción definitiva. *Me envió un borrador de la novela.* **2.** Utensilio que sirve para borrar lo escrito en una pizarra o en una superficie semejante. *Sacude los borradores.* **3.** Goma de borrar. ▶ **3:** GOMA.

borraja. f. Hortaliza de tallo grueso, hojas grandes y flores azuladas en racimo, cubierta de pelos ásperos y punzantes.

borrar. tr. **1.** Hacer desaparecer (algo escrito, dibujado, pintado o marcado). *Han borrado su nombre de la lista de invitados.* **2.** Hacer desaparecer (algo o a alguien). *Las zarzas han borrado el sendero.*

borrasca. f. **1.** *Meteor.* Perturbación atmosférica caracterizada por fuertes vientos, lluvia abundante y baja presión. *Se anuncia la entrada de una borrasca por el noroeste de la península.* **2.** Tormenta grande, espec. en el mar. *La borrasca obligó a los barcos a volver a puerto.* ▶ **1:** CICLÓN. **2:** *TORMENTA. FAM borrascoso, sa.

borrego, ga. m. y f. **1.** Cordero de uno a dos años. **2.** coloq., despect. Persona, frec. simple o ignorante, que sigue dócilmente las ideas o iniciativas ajenas. *Usted es un borrego.* FAM borreguil; borreguismo.

borrico, ca. m. **1.** Burro (mamífero). ○ f. **2.** Burra (hembra del burro). ○ m. y f. **3.** coloq. Persona bruta o carente de delicadeza. *He sido una borrica, perdóname.* **4.** coloq. Persona de corto entendimiento. *Viendo este examen, una de dos: o nos has explicado nada, o eres un borrico.* ▶ **1:** *BURRO. FAM borricada.

borrón. m. **1.** Mancha de tinta que se hace en el papel. *Presenten los exámenes sin borrones.* **2.** Imperfección o hecho que suponen un deslucimiento o dañan la buena reputación. *Este suspenso es un borrón en su expediente académico.* ■ ~ y cuenta nueva. expr. Se usa para expresar el propósito de olvidar deudas o errores pasados y continuar como si no hubieran existido. *Rompe todo e intenta otro enfoque, borrón y cuenta nueva.*

borronear. tr. Emborronar (algo). *Más que dibujar, lo que hacía era borronear hojas.* ▶ EMBORRONAR.

borroso, sa. adj. Impreciso o que no se distingue con claridad. *Fotos borrosas.*

bosnio, nia. adj. De Bosnia-Herzegovina (Europa).

bosque. m. Extensión de terreno constituida por abundantes árboles y plantas. *Un bosque de pinos.* FAM boscaje; boscoso, sa.

bosquejo. m. **1.** Diseño primero, hecho a grandes rasgos y no definitivo, de una obra pictórica o de creación. *Hizo un bosquejo del bodegón.* **2.** Idea o plan vagos o poco perfilados de algo. *Expuso un bosquejo de su próximo libro.* ▶ ESBOZO. FAM bosquejar.

bosquimano, na o **bosquimán, na.** adj. De un pueblo indígena del África meridional, que habita espec. la zona del desierto de Kalahari.

bosta. f. Excremento de ganado vacuno o caballar.

bostezar. intr. Abrir la boca involuntariamente tomando aire lentamente y expulsándolo luego de forma a veces ruidosa, gralm. por sueño o aburrimiento. *No paraba de bostezar.* FAM bostezo.

bota[1]. f. Recipiente de cuero para contener vino, en forma de pera y con un tapón en la parte más estrecha por el que sale el líquido en chorro muy fino. *Empinó la bota y echó un trago.* ▶ CUERO.

bota². f. Calzado, gralm. de cuero, que cubre el pie y parte de la pierna. *Se quitó las botas. Botas de fútbol.* ■ ~ **de montar**. f. Bota que cubre la pierna hasta la rodilla, se pone por encima del pantalón y se usa para montar a caballo o como parte del uniforme militar de cuerpos montados. ☐ **con las ~s puestas.** loc. adv. En disposición para realizar una actividad, o realizándola. *No quiso retirarse; murió con las botas puestas.* ■ **ponerse las ~s.** loc. v. **1.** coloq. Conseguir un gran beneficio. *Con tantos turistas, los restaurantes se están poniendo las botas.* **2.** coloq. Hartarse o saciarse de algo placentero. *Se puso las botas con las golosinas.* FAM **botín** (*Calza botines*).

botadura. f. Hecho de botar un barco. *El ministro asistió a la botadura del nuevo buque de la Armada.*

botana. f. Am. Aperitivo (comida ligera). *Los visitantes pueden disfrutar de cervezas y botanas* [C]. ▶ *APERITIVO.

botánico, ca. adj. **1.** De la botánica (→ 2), o de su objeto de estudio. *Clasificación botánica de las plantas.* ● f. **2.** Ciencia que estudia los organismos vegetales. *Da clases de botánica.* ○ m. y f. **3.** Especialista en botánica (→ 2). *Es un botánico de fama mundial.*

botar. tr. **1.** Lanzar (una pelota u otro cuerpo elástico) contra una superficie dura para que retroceda con impulso. *Botó el balón dos veces antes de encestar.* **2.** Echar al agua (una embarcación, espec. si está recién construida). *Mañana botarán el barco.* **3.** Echar (a alguien) de un lugar. *Lo han botado de clase.* ○ intr. **4.** Saltar o salir despedida una pelota al chocar contra una superficie dura. *El juez de silla dijo que la pelota botó fuera.* **5.** Saltar alguien desde el suelo o desde la superficie donde se encuentra. *Los aficionados botan en las gradas para animar a su equipo.*

botarate. m. coloq. Hombre alocado e informal. *Es un botarate.*

bote¹. m. **1.** Hecho o efecto de botar una pelota. *La pelota dio varios botes.* **2.** Hecho o efecto de botar o saltar. *Pegó un bote del susto.*

bote². m. Recipiente pequeño y cilíndrico, frec. de vidrio o de metal, que sirve para contener alimentos o diversas sustancias. *Compra un bote de pintura.* ▶ Am: POTE.

bote³. m. Embarcación pequeña, gralm. de remo, sin cubierta y atravesada por unos tablones que sirven de asiento. ▶ BATEL.

botella. f. **1.** Recipiente gralm. de vidrio o de plástico, cilíndrico, alto y de cuello estrecho, que sirve para contener líquidos. *Descorchó una botella de vino.* **2.** Recipiente de metal, cilíndrico y alargado, que sirve para contener gases a presión. *El buzo llevaba dos botellas de oxígeno.* FAM **botellazo; botellero; botellín; botellón** (Am).

botica. f. Farmacia (establecimiento). ■ **haber de todo como en ~.** loc. v. coloq. Haber gran variedad de cosas o de personas. *—¿Tienes unas chinchetas? —Pues claro, aquí hay de todo como en botica.* ▶ FARMACIA. FAM **boticario, ria**.

botija. f. Recipiente de barro de mediano tamaño, redondo y de cuello corto y estrecho, que se usa para contener líquidos, espec. agua. *Sobre la mesa de la cocina había una botija de cerámica con vino.*

botijo. m. Recipiente de barro que se usa para refrescar el agua, de vientre abultado, con un asa en la parte superior, una boca a un lado de esta para echar el líquido, y un agujero en el lado opuesto para beber. *Bebió un trago de agua del botijo.*

botillería. f. Am. Establecimiento en que se venden bebidas. En Esp. sobre todo tiene carácter histórico. *Celebraban sus victorias callejeras en francachelas en tabernas y botillerías* [C].

botín. m. **1.** Conjunto de armas, provisiones y otros bienes pertenecientes a un ejército o población vencidos y de los que se apodera el vencedor. *El general entregó al césar el botín de sus campañas en África.* **2.** Conjunto del dinero u otros bienes que se obtienen de un robo o atraco. *Los ladrones se repartieron el botín.*

botiquín. m. **1.** Armario o caja donde se guardan medicamentos. *Hay aspirinas en el botiquín.* **2.** Habitación de un establecimiento público o de un lugar de trabajo en la que hay un botiquín (→ 1) y donde se aplican primeros auxilios. *En el botiquín le curaron la herida.*

botón. m. **1.** Pieza pequeña y frec. redonda, de un material duro, que se cose en una prenda de vestir para que, entrando en un ojal, la abroche, o para que sirva de adorno. *A esta camisa le falta un botón.* **2.** Pieza que, al oprimirla o hacerla girar, activa o desactiva un mecanismo. *Pulsa el botón de rebobinar.* **3.** Yema (brote de un vegetal). **4.** Capullo de una flor, completamente cerrado y cubierto de hojas que lo protegen. *Al rosal le han salido varios botones.* ■ ~ **de muestra**. m. Cosa que se presenta como muestra representativa de algo. *Los bocetos constituyen un botón de muestra de su talento.* ▶ **3:** YEMA. FAM **botonadura**.

botones. m. Muchacho que trabaja en un hotel haciendo recados y otros servicios. *Un botones se hizo cargo del equipaje.*

botsuano, na. adj. De Botsuana (África).

botulismo. m. Med. Intoxicación producida por la toxina de un bacilo contenido en alimentos envasados en malas condiciones.

bourbon. (pal. ingl.; pronunc. "búrbon"). m. Variedad de *whisky* elaborado con maíz, originario de los Estados Unidos de América. *Pidió un bourbon solo.* ¶ [Adaptación recomendada: *burbon*, pl. *búrbones*].

boutique. (pal. fr.; pronunc. "butík"). f. **1.** Tienda de ropa y complementos de moda selectos. *Se ha comprado la falda en una boutique.* **2.** Tienda de productos selectos. *Compra una chapata en la boutique del pan.* ¶ [Adaptación recomendada: *butic*, pl. *butics*].

bóveda. f. Arq. Techo curvado que cubre el espacio entre dos muros o entre varios pilares. *Varios arcos refuerzan la bóveda de la capilla.* ■ ~ **celeste.** f. cult. Cielo (esfera aparente que rodea la Tierra). ■ ~ **de cañón.** f. Arq. Bóveda con una superficie semicilíndrica engendrada por el desplazamiento de un arco de medio punto a lo largo de una línea longitudinal. *Una bóveda de cañón cubre la nave central de la iglesia.* FAM **bovedilla**.

bóvido. adj. **1.** Zool. Del grupo de los bóvidos (→ 2). ● m. **2.** Zool. Mamífero rumiante, con cuernos óseos permanentes tanto en el macho como en la hembra, como el toro.

bovino, na. adj. **1.** Del toro o de la vaca. *Carne bovina.* ● m. **2.** Ejemplar de ganado bovino (→ 1). *El buey es un bovino.*

box¹. m. **1.** En un circuito de carreras: Zona destinada a la asistencia técnica de los vehículos que compiten en la carrera. *Entró en el box para cambiar los neumáticos.* **2.** En una cuadra o un hipódromo: Compartimento para un solo caballo. *El caballo pateaba la puerta de su box.* **3.** En un hospital: Compartimento individual destinado a enfermos que llegan a las urgencias o que necesitan estar aislados. *Han trasladado al enfermo a un box.* **4.** En determinados establecimientos: Compartimento individual. *El salón de belleza cuenta con boxes para masajes.*

box². m. Am. Boxeo. *Peleas de box* [C].

boxeador, ra. m. y f. Persona que practica el boxeo. ▶ PÚGIL, PUGILISTA.

boxeo. m. Deporte de lucha en el que dos rivales se enfrentan a puñetazos, provistos de guantes especiales. *Combate de boxeo.* ▶ PUGILISMO. ‖ **Am:** BOX. FAM boxear; boxístico, ca.

boya. f. **1.** Cuerpo flotante sujeto al fondo del mar, de un lago o de un río, que se coloca gralm. para indicar la peligrosidad de un lugar o la existencia de un objeto sumergido. **2.** Corcho que se pone en una red o en el hilo de una caña de pescar para que las plomadas no los lleven al fondo.

boyacense. adj. De Boyacá (Colombia).

boyante. adj. Que tiene prosperidad o experimenta un éxito o felicidad crecientes. *Negocio boyante.*

boyero, ra. m. y f. Persona que guarda o conduce bueyes.

bozal. m. Aparato, frec. de cuero o de plástico, que se coloca a los perros en el hocico para que no muerdan.

bozo. m. Vello que nace sobre el labio superior antes de salir el bigote. *Empezó a afeitarse en cuanto le salió el bozo.*

bracear; braceo. → brazo.

bracero. m. Jornalero del campo que realiza trabajos básicos no especializados. *Trabajan como braceros durante la vendimia.* ▶ *JORNALERO.

bracista. → braza.

braga. f. Prenda interior femenina o infantil, ajustada, que cubre el cuerpo desde debajo de la cintura hasta las ingles. *Necesito pañales y braguitas para el bebé.* ▶ **Am:** BOMBACHA, CALZÓN, PANTALETA, TRUSA.

bragado, da. adj. Dicho de persona: Valiente y decidida.

braguero. m. Aparato que sirve para contener una hernia.

bragueta. f. Abertura delantera de un pantalón o de un calzoncillo. *La cremallera de la bragueta.*

braguetazo. m. coloq. Matrimonio por interés con una mujer rica. *¡Menudo braguetazo dio!: se casó con la hija del alcalde.*

brahmán. m. Miembro de la casta sacerdotal de los hindúes, la primera de las cuatro tradicionales en que se divide su sociedad.

braille. m. Sistema de lectura y escritura para ciegos, cuyos signos son combinaciones de puntos marcados en relieve para poder leerlos con los dedos. *Existen ediciones en braille de los libros de texto.*

bramante. m. Cordel delgado hecho de cáñamo.

bramido. m. **1.** Voz característica del toro, el ciervo u otros animales semejantes. *El ciervo atrae a la hembra con sus bramidos.* **2.** Grito de la persona furiosa y colérica. *Sus bramidos se oían en toda la casa.* **3.** Ruido áspero y grave producido por el mar embravecido o por el viento agitado. *Los bramidos del viento no me han dejado dormir.* ▶ **2:** *GRITO. FAM brama; bramar.

brandy. (pal. ingl.; pronunc. "brándi"). m. Coñac elaborado fuera de Francia. *Pidió un café y una copita de brandy.* ¶ [Adaptación recomendada: *brandi*, pl. *brandis*].

branquia. f. Zool. Órgano de la respiración de los peces y de otros animales acuáticos. *Las estrellas de mar respiran por medio de branquias.* ▶ AGALLA. FAM branquial.

brasa. f. Trozo encendido e incandescente de leña o de carbón. *Asa una patata entre las brasas.* ■ a la ~. loc. adj. Asado directamente sobre las brasas. *Carne a la brasa.* FAM brasear.

brasero. m. Recipiente de metal, gralm. circular y poco hondo, en el que se echan brasas o se hace arder lentamente carbón, y que se usa para calentar el ambiente. *En las tardes de invierno, la familia se reunía alrededor del brasero.*

brasileño, ña. adj. **1.** Del Brasil. ● m. **2.** Variedad lingüística del portugués que se habla en el Brasil. FAM brasilero, ra (frecAm).

bravata. f. **1.** despect. Amenaza hecha con arrogancia para intimidar a alguien. *No me achantan tus bravatas.* **2.** despect. Hecho o dicho propios de una persona que alardea de brava o valiente. *Eso de que él no teme a nadie es una bravata.*

bravo, va. adj. **1.** Dicho de persona: Valiente (que tiene valor para emprender acciones arriesgadas). **2.** Dicho de animal: Fiero o feroz. *Se dedica a la cría de ganado bravo.* **3.** Dicho de mar: Agitado o embravecido. *El mar está bravo.* **4.** Enfadado o furioso. *Su mamá y su papá se pusieron muy bravos al saber lo ocurrido* [C]. ■ **bravo.** interj. Se usa para expresar aplauso o aprobación. *Los espectadores gritaron: –¡Bravo, bravo!* ■ por la(s) brava(s), o a la(s) brava(s). loc. adv. Por la fuerza, o sin miramientos. *La echó de su casa a las bravas.* ▶ **1:** *VALIENTE. FAM braveza; bravío; bravura.

bravucón, na. adj. despect. Dicho de persona: Que alardea de tener apariencia de brava o valiente. *El cabecilla de la banda era el más bravucón.* FAM bravuconada; bravuconería.

braza. f. **1.** Unidad de longitud, usada espec. en marina, que equivale a 1,6718 metros. *El galeón hundido estaba a más de 300 brazas de profundidad.* **2.** Dep. Estilo de natación en que el nadador avanza boca abajo, dando brazadas sin sacar los brazos del agua, y moviendo a la vez las piernas. *Es campeón de braza.* FAM bracista.

brazalete. m. **1.** Aro de adorno, frec. de metal, que rodea el brazo por encima de la muñeca. *Un brazalete de oro.* **2.** Tira de tela que rodea el brazo por encima del codo y que sirve de distintivo. *Lleva un brazalete negro en señal de luto.* FAM brazal.

brazo. m. **1.** Extremidad superior de una persona, que va desde el hombro hasta la mano. *Tiene los brazos largos.* **2.** Parte del brazo (→ 1) que va desde el hombro hasta el codo. *La vacuna me la pusieron en el brazo.* **3.** Pata delantera de un animal cuadrúpedo. *El potro movía sus brazos.* **4.** Cada una de las piezas laterales que en un sillón o en una butaca sirven para apoyar los brazos (→ 1). *Apoyó la cabeza en el brazo del sillón.* **5.** Pieza alargada que del cuerpo central de un objeto y que sirve para sostener algo. *Un candelabro de dos brazos.* **6.** Cada una de las dos mitades del palo horizontal de una cruz. *Están restaurando los brazos de la cruz que preside el altar.* **7.** Cada una de las dos mitades de la barra horizontal que sujeta los platillos de una balanza. *Uno de los brazos de la balanza se inclina más que el otro.* **8.** Rama de un árbol. *El viento rompió un brazo del sauce.* **9.** Parte de un río u otra corriente de agua, que se separa y corre independientemente hasta reunirse de nuevo con el cauce principal o desembocar en el mar. *El río se divide en varios brazos.* **10.** Parte de una colectividad, encargada de una función determinada. *El brazo político de la organización.* **11.** Poder o autoridad. *El brazo de la justicia caerá sobre los asesinos.* **12.** *Mec.* Cada una de las distancias entre el punto de apoyo de una palanca y los puntos de acción de la potencia y la resistencia. *La longitud del brazo de la palanca es un factor muy importante.* ○ pl. **13.** Trabajadores, espec. jornaleros o peones. *El capataz contrató más brazos.* ■ **~ de mar.** m. Canal ancho y largo del mar, que se adentra en la tierra. *El brazo de mar se interna formando una ría.* □ **a ~ partido.** loc. adv. Con mucho empeño y tesón. *Lucharon a brazo partido.* ■ **con los ~s abiertos.** loc. adv. Con agrado y complacencia. *Su familia lo recibió con los brazos abiertos.* ■ **con los ~s cruzados.** loc. adv. Sin hacer nada. *No te quedes con los brazos cruzados y echa una mano.* ■ **cruzarse de ~s.** loc. v. Quedarse sin hacer nada o sin intervenir en el asunto de que se trata. *No puede cruzarse de brazos ante esta situación.* ■ **dar** alguien **su ~ a torcer.** loc. v. Desistir de su opinión o propósito. *Es muy tozudo y no dará su brazo a torcer.* ■ **del ~.** loc. adv. Con el brazo (→ 1) agarrado al de otra persona. *La novia entra en la iglesia del brazo de su padre.* ■ **hecho un ~ de mar.** loc. adj. Muy arreglado y vestido con elegancia. *Apareció en el cóctel hecho un brazo de mar.* ■ **ser el ~ derecho** (de alguien). loc. v. Ser la persona en quien (este) tiene su máxima confianza y de quien se sirve pralm. para que le ayude en sus asuntos. *Es el brazo derecho* DE *su jefe.* ▶ **8:** *RAMA. FAM **bracear; braceo; brazada.**

brea. f. Sustancia viscosa, de color rojo oscuro o negruzco, que se obtiene por destilación de la madera de varios árboles, del carbón mineral o de otras sustancias orgánicas, y como residuo de la destilación del alquitrán. *El camino está asfaltado con brea.*

brebaje. m. despect. Bebida, espec. la que resulta desagradable por su sabor o su aspecto. *El curandero le preparó un brebaje.*

brecha. f. **1.** Abertura alargada y gralm. irregular, espec. la que se produce en un muro o una pared. *Los ratones se colaban por una brecha de la pared del garaje.* **2.** Herida abierta, espec. en la cabeza. *Se hizo una brecha con el pico de la ventana.* **3.** Rotura de una muralla defensiva o de un frente de combate, producida gralm. por un ataque. *Bombardearon la fortaleza hasta hacer una brecha.* **4.** Resquicio por donde algo empieza a perder estabilidad o consistencia. *La desconfianza ha abierto una brecha en su relación.* ■ **abrir ~** (en algo, espec. en una actividad o ámbito). loc. v. Dar los primeros pasos (en ello), facilitando así que otros sigan el mismo camino. *Abrió brecha* EN *el campo de la biología molecular.* ■ **en la ~.** loc. adv. Luchando o trabajando con empeño. *Sus compañeros se han retirado, pero él sigue en la brecha.* ▶ **1:** *ABERTURA.

brécol. m. Variedad de col, con las hojas de color verde oscuro en forma de ramilletes. ▶ BRÓCULI.

bregar. intr. **1.** Trabajar con mucho empeño y esfuerzo. *Está harta de bregar para sacar adelante a los suyos.* **2.** Luchar o enfrentarse con alguien o algo. *Hay que bregar* CON *muchas dificultades.* FAM **brega.**

breña. f. Terreno escarpado y lleno de maleza.

brete. m. Aprieto o situación de difícil salida. *Me puso en un brete con sus preguntas.*

bretón, na. adj. **1.** De Bretaña (Francia). ● m. **2.** Lengua hablada en Bretaña.

breva. f. Primer fruto comestible de la higuera, más grande que el higo y de color morado o casi negro. *Recogen las brevas en junio.*

breve. adj. **1.** De corta duración o extensión. *Fue una conversación breve.* ● m. **2.** Texto periodístico de corta extensión, publicado en columna o en bloque con otros semejantes. *El periódico solo dedica un breve a la noticia.* ■ **en ~.** loc. adv. Dentro de poco tiempo. *Se reunirán en breve.* FAM **brevedad.**

breviario. m. **1.** Libro que contiene el rezo eclesiástico de todo el año. *El sacerdote siempre llevaba consigo su breviario.* **2.** Compendio de una obra extensa o de una materia. *Breviario de mitología clásica.*

brezo. m. Arbusto mediterráneo que crece formando matorrales, muy ramoso y con cuyas raíces se hace carbón y carboncillo de dibujo.

bribón, na. adj. Dicho de persona: Astuta y que carece de escrúpulos para engañar a los demás. *¡Será bribón, cómo me ha estafado!* ▶ *PÍCARO. FAM **bribonada.**

bricolaje. m. Conjunto de reparaciones, instalaciones u otros trabajos manuales caseros, realizados sin ayuda profesional. *Le gusta el bricolaje.*

brida. f. Conjunto formado por el freno del caballo, el correaje que lo sujeta a la cabeza y las riendas.

brigada. f. **1.** Conjunto de personas organizado para realizar un trabajo determinado. *Los recolectores trabajan en brigadas de diez hombres.* **2.** En el ejército: Unidad integrada por dos o más regimientos de un arma determinada. *La tercera brigada de infantería ligera entró en combate.* ○ m. y f. **3.** Suboficial del ejército cuyo empleo es superior al de sargento e inferior al de subteniente. *A sus órdenes, mi brigada.*

brigadier. m. En algunos países de América: Militar de categoría inferior a la de general. *El golpe militar lo iba a dirigir un brigadier.*

brillante. adj. **1.** Que brilla. *Es un alumno brillante.* ● m. **2.** Diamante tallado en diversas caras. *Una sortija de brillantes.* ▶ **1:** LUCIENTE, RELUCIENTE, RESPLANDECIENTE. FAM **brillantez; brilloso, sa** (frecAm).

brillantina. f. Cosmético que se usa para dar brillo al pelo.

brillar. intr. **1.** Emitir o reflejar luz un cuerpo. *El sol brillaba en el cielo azul.* **2.** Sobresalir o destacar despertando admiración. *No brilla* POR *su generosidad.* ▶ **1:** LUCIR, RELUCIR, RESPLANDECER. FAM **brillo.**

brincar. intr. **1.** Dar saltos ligeros. *Brincaba de alegría por haber aprobado.* ○ tr. **2.** frecAm. Pasar de un lado a otro (de algo) brincando (→ 1). *Dicen que Manolo brincó el mostrador* [C]. FAM **brinco.**

brindar. intr. **1.** Expresar, al ir a beber una bebida gralm. alcohólica, el bien que se desea a alguien o algo. *Brindaron con champán* POR *el éxito del proyecto.* ○ intr. prnl. **2.** Ofrecerse voluntariamente a hacer algo. *Se brindó* A *ayudarme.* ○ tr. **3.** Ofrecer a una persona o una cosa (algo) a alguien. *Un amigo me brindó su casa.* ▶ **1:** BEBER. **3:** OFRECER. FAM **brindis.**

brío. m. **1.** Energía o resolución para actuar o impulsar una acción. *Ha empezado el curso con mucho brío.* **2.** Garbo o ímpetu con que se hace algo. *A ver si barres el suelo con más brío.* FAM **brioso, sa.**

brisa. f. **1.** Viento suave. *Se levantó una ligera brisa.* **2.** Viento suave de periodicidad diaria que se origina en la costa y que por el día sopla del mar a la tierra y, por la noche, a la inversa. *La brisa marina.*

brisca. f. **1.** Juego de cartas en que se reparten tres a cada jugador, se descubre otra que indica el palo de triunfo, y gana el que consigue mayor número de puntos. *Jugaron a la brisca.* **2.** En la brisca (→ 1) y otros juegos: As o tres de un palo que no es triunfo. *Echa una brisca.*

británico, ca. adj. Del Reino Unido de Gran Bretaña e Irlanda del Norte.

brizna. f. **1.** Filamento o hebra de una planta. *Tenía briznas de paja en el pelo.* **2.** Parte muy pequeña de algo. *Aún tiene una brizna de esperanza.*

broca. f. Pieza de acero alargada y gralm. de punta cónica y con una rosca en espiral, que se coloca en las máquinas taladradoras para hacer los agujeros.

brocado, da. adj. **1.** Dicho de tela: Entretejida con hilos de oro y plata. *Llevaba una bata de seda brocada.* ● m. **2.** Tela de seda con dibujos en relieve, bordados con hilos de oro y plata. *Las damas de la corte iban vestidas con ricos brocados.*

brocal. m. Muro pequeño que rodea la boca de un pozo.

brocha. f. Utensilio compuesto por un manojo gralm. grande de pelos o cerdas, unido al extremo de un mango, que se usa espec. para pintar. *Limpia las brochas y los pinceles con aguarrás.* ■ **de ~ gorda.** loc. adj. **1.** coloq. Dicho de pintor o de pintura: De paredes, puertas y ventanas. **2.** despect. Dicho espec. de obra artística o intelectual: Tosca o burda. *Es una película con un guión de brocha gorda.* FAM **brochazo.**

broche. m. **1.** Objeto, gralm. de metal, formado por dos piezas, una de las cuales engancha o encaja en la otra, y que suele servir como mecanismo de cierre en ropas u otras cosas. **2.** Joya provista de un broche (→ 1) con un alfiler, que se lleva prendida en la ropa como adorno o para sujetar alguna prenda. *Lleva un broche en la solapa.* **3.** Remate o final de algo, espec. si aporta brillantez o realce. *El homenaje fue un broche de oro a su carrera.*

brocheta. f. Pincho (porción de comida). ▶ *PINCHO.

bróculi. m. Brécol.

broma. f. **1.** Cosa dicha o hecha a alguien para reírse de él, gralm. sin mala intención. *Fue una broma de mal gusto.* **2.** Diversión o fiesta. *No tengo ganas de broma.* **3.** Cosa enojosa o molesta. *La grúa se ha llevado mi coche y la broma me va a costar un ojo de la cara.* ▶ **1:** CHACOTA. ‖ **Am: 1:** RELAJO. FAM **bromazo; bromear; bromista.**

bromuro. m. Compuesto químico que se usa en medicina como sedante.

bronca. f. **1.** Riña o disputa fuertes. *Tuvo una bronca con un vecino.* **2.** Represión fuerte. *El jefe me echó una bronca.* **3.** En un espectáculo público: Manifestación ruidosa de protesta o desagrado por parte de los espectadores. *El torero recibió la bronca del tendido.* **4.** Am. Rabia (sentimiento de enojo o disgusto grandes). *En un arranque de bronca pateó una corona marchita* [C]. ▶ **1:** *PELEA. **4:** RABIA.

bronce. m. **1.** Aleación de cobre y estaño, frec. con pequeñas proporciones de otros metales y gralm. de color marrón amarillento. *Las campanas de la iglesia son de bronce.* **2.** Escultura u objeto de bronce (→ 1). *El bronce representa a Apolo.* **3.** Medalla de bronce (→ medalla). *Ganamos el bronce en el campeonato de baloncesto.* FAM **bronceado, da** (*Un tono bronceado*); **broncíneo, a; broncista.**

broncear. tr. Poner morena (a una persona o su piel). *Los rayos del sol nos iban bronceando.* FAM **bronceado** (*Consiga un bronceado duradero*); **bronceador, ra.**

bronco, ca. adj. **1.** Dicho de persona: De carácter y trato ásperos o desagradables. **2.** Dicho de voz o de sonido: Ronco o desagradable. *Tiene una voz bronca de fumador.* **3.** Dicho de cosa: Tosca o dura. *El libro refleja una realidad bronca.*

bronquio. m. Anat. Cada uno de los dos conductos en que se bifurca la tráquea al entrar en los pulmones, y sus ramificaciones mayores. *El aire inspirado se distribuye a los pulmones a través de los bronquios.* FAM **bronquial; bronquítico, ca; bronquitis.**

broquel. m. histór. Escudo, espec. el pequeño de madera o de corcho

broqueta. f. Brocheta.

brotar. intr. **1.** Nacer una planta. *Ya ha brotado el trigo.* **2.** Nacer o salir flores, hojas o renuevos en una planta. *Las flores de los almendros brotan a principios de la primavera.* **3.** Echar una planta flores, hojas o renuevos. *El tilo ha empezado a brotar.* **4.** Manar agua u otro líquido. *El agua brota sin cesar DE la tubería rota.* **5.** Manifestarse una enfermedad en la piel. *Le ha brotado la varicela.* **6.** Empezar algo a manifestarse o desarrollarse. *Le ha brotado la barba.* ▶ **1-2:** *SALIR. **4:** *MANAR. **6:** *NACER. FAM **brote.**

broza. f. **1.** Conjunto de hojas, ramas y otros restos de plantas que se acumula en un lugar. *Una colilla puede prender la broza del monte y originar un incendio.* **2.** Maleza (arbustos y hierbas salvajes). **3.** Desperdicio o suciedad acumulados. *La casa estaba llena de broza y telarañas.* **4.** despect. Conjunto de cosas inútiles dichas de palabra o por escrito. *La mitad de la novela era broza.* ▶ **2:** MALEZA.

brucelosis. f. Med. Enfermedad infecciosa del ganado, que se transmite al hombre por el contacto con animales infectados o por la ingestión de sus productos. *La pasteurización destruye las bacterias de la brucelosis en la leche.*

bruces. de ~. loc. adv. Boca abajo. *Resbaló y cayó de bruces sobre el suelo.* ■ **darse** alguien **de ~** (con una persona o una cosa). loc. v. Chocar de cara o de frente (con ellas). *Al salir se dio de bruces CON un hombre que entraba.*

brujo, ja. adj. **1.** De los brujos (→ 3). *Un hechizo brujo.* **2.** cult. Embrujador. *Ojos brujos.* ● m. y f. **3.** Persona a la que se atribuyen poderes mágicos obtenidos de un pacto con el diablo. *La Inquisición condenó a la hoguera a muchos sospechosos de brujos.* ○ m. **4.** En algunas sociedades tribales: Hombre al que se atribuyen poderes mágicos y que ejerce de sacerdote y curandero. *El brujo ejecutó una danza para honrar a sus dioses.* ○ f. **5.** En los cuentos infantiles tradicionales: Mujer fea, vieja y malvada, dotada de poderes mágicos, y que vuela montada en una escoba. *La bruja tenía una verruga en la nariz.* **6.** Mujer con características consideradas propias de una bruja (→ 5), espec. la maldad, la fealdad o la astucia. *Péinate, que pareces una bruja.* FAM **brujería; brujeril.**

brújula. f. **1.** Instrumento consistente en una caja en cuyo interior una aguja imantada gira sobre un eje y señala el norte magnético, y que sirve para orientarse en la superficie terrestre. *Se adentró en el bosque con una brújula de bolsillo.* **2.** Mar. En una embarcación: Instrumento que indica el rumbo, consistente en dos círculos concéntricos, uno de los cuales gira con una aguja imantada que señala el norte magnético, y el otro está fijo y lleva señalada la dirección de la quilla.

brujulear. intr. **1.** Moverse yendo de un lado a otro o intentando con habilidad distintas vías para conseguir algo. *Brujuleó por la biblioteca hasta dar con el libro que buscaba.* **2.** Andar sin rumbo fijo de un lado para otro. *Pasó la tarde brujuleando por la ciudad.*

bruma. f. Niebla, espec. la que se forma sobre el mar. ▶ NIEBLA. FAM **brumoso, sa.**

bruneano, na. adj. De Brunéi Darussalam (Asia).

bruñido[1]. m. Hecho o efecto de bruñir. *Ordenó el bruñido de su armadura.*

bruñido[2]**, da.** adj. cult. Reluciente. *La bruñida superficie del mar.*

bruñir. (conjug. MULLIR). tr. Sacar brillo (a algo, espec. si es metálico). *El soldado bruñía la hebilla de su uniforme.*

brusco, ca. adj. **1.** Rápido y repentino. *El accidente puso un brusco final a su carrera deportiva.* **2.** Falto de amabilidad y agrado. *Es brusca y antipática.* ▶ **2:** *ANTIPÁTICO. FAM **brusquedad.**

bruselense. adj. De Bruselas (Bélgica).

brutal. adj. **1.** Dicho de persona: De carácter violento o inhumano. *Tiene un padrastro brutal.* **2.** coloq. Muy grande o extraordinario. *¡Hace un calor brutal!* FAM **brutalidad; brutalizar.**

bruto, ta. adj. **1.** Dicho de persona: Ignorante o torpe para comprender o razonar. *Es tan bruto que no entiende la explicación.* **2.** Dicho de persona: Ruda o falta de delicadeza. *Qué chica más bruta, casi me tira al pasar a mi lado.* **3.** Dicho de producto: Que está en estado natural, o que no ha sido sometido a procesos de elaboración o refinado. *Petróleo bruto.* **4.** Dicho de cantidad de dinero: Que no ha experimentado retención o descuento. *Tiene un sueldo bruto de 2000 euros.* **5.** Dicho de peso de una cosa: Total, incluida la tara. *El peso bruto del camión era de una tonelada.* ■ m. **6.** cult. Animal irracional. Gralm. referido a cuadrúpedo y, espec., a caballo. *El jinete desmontó y quitó los aparejos al bruto.* ■ **a lo bruto.** loc. adv. **1.** Con brusquedad o violencia. *Bajaron del autobús a lo bruto.* **2.** Intensamente o sin medida. *Come a lo bruto.* ■ **en bruto.** loc. adv. **1.** Sin pulir. *Diamantes en bruto.* **2.** Considerando la cantidad o el peso brutos (→ 4, 5). *En bruto, su sueldo era de 1200 dólares.* ▶ **1:** *IGNORANTE. **2:** BESTIA.

buba. f. **1.** Pústula. **2.** Tumor blando, gralm. doloroso y lleno de pus, que sale espec. en las ingles como consecuencia de la sífilis.

bucal. adj. De la boca. *Cavidad bucal.*

bucanero. m. histór. En los ss. XVII y XVIII: Pirata que saqueaba las posesiones españolas en América.

búcaro. m. Florero.

bucear. intr. **1.** Nadar o mantenerse en el agua con todo el cuerpo sumergido, frec. con ayuda de aparatos para respirar. *Estaba buceando y se encontró un anillo en el fondo de la piscina.* **2.** Profundizar en un tema o asunto. *Bucear EN la Historia ayuda a comprender el presente.* FAM **buceador, ra; buceo.**

buche. m. **1.** Bolsa membranosa que constituye un ensanchamiento del esófago de las aves, y en la que se reblandece el alimento. *La gaviota lleva un pez en el buche.* **2.** Estómago de algunos animales. *Con el buche del cerdo se preparan embutido.* **3.** coloq. Estómago de una persona. *Viene a casa a llenar el buche.*

4. coloq. Cantidad de líquido que cabe en la boca o que se toma de una vez. *Bebió un buche de café.*

bucle. m. Rizo de pelo en forma circular o de hélice. *Tiene una melena de bucles rubios.*

bucodental. adj. De la boca y los dientes. *Higiene bucodental.*

bucólico, ca. adj. **1.** Dicho de obra o género literarios: Que trata sobre la vida pastoril o campestre idealizadas, gralm. en forma dialogada. *Sus poemas amorosos pertenecen al género bucólico.* **2.** De la poesía bucólica (→ 1) o de características semejantes a las suyas, espec. la idealización de la naturaleza. *Pinturas de tema bucólico.* **3.** Dicho de autor: Que cultiva la poesía bucólica (→ 1). *Poeta bucólico.* FAM **bucolismo.**

buda. m. En el budismo: Persona que ha alcanzado la sabiduría y el perfecto conocimiento. En mayúsc. designa al fundador del budismo. FAM **búdico, ca.**

budín. m. Pudin.

budismo. m. Doctrina filosófica y religiosa basada en las enseñanzas de Buda (s. VI a. C.), fundada en la India y muy extendida hoy por Asia. *El dalái lama es la máxima autoridad para los seguidores del budismo.* FAM **budista.**

buen. → **bueno.**

buenamente. adv. **1.** Dentro de las posibilidades que se tienen. *Te ayudaré como buenamente pueda.* **2.** De manera voluntaria. *Que venga el que buenamente quiera.*

buenaventura. (Tb. **buena ventura**). f. Adivinación del futuro de una persona mediante la interpretación de las rayas de su mano.

buenazo, za. adj. coloq. Dicho de persona: De carácter bueno y bondadoso.

bueno, na. (apóc. **buen**: se usa ante m. sing.; compar. **mejor**; sup. **buenísimo, óptimo**; sup. cult., **bonísimo**). adj. **1.** Que es como debe o se desea, según su naturaleza o su función. *Nunca escribirá un buen libro. Necesitas una buena mesa para estudiar. Este helado es mejor que ese.* **2.** Dicho de cosa: Que se ajusta a la norma moral. *Tiene buenos sentimientos.* **3.** Dicho de persona: Que piensa o actúa de acuerdo con la norma moral. *Es un hombre bueno.* **4.** Dicho de persona: Simple o bonachona. *Es tan bueno que se ha creído tus cuentos.* **5.** Dicho de persona o animal: Sano. *He estado con la gripe, pero ya estoy buena.* **6.** Dicho de cosa: Útil y a propósito para algo. *No es buen momento para discutir eso.* **7.** Dicho de cosa: Agradable o gustosa. *Hace un tiempo muy bueno.* **8.** Dicho de cosa: Grande o que supera lo común. *Va a caer un buen chaparrón.* **9.** Dicho de cosa: Que está en buen estado. *Estos zapatos aún están buenos.* ■ **a buenas.** loc. adv. coloq. En buena disposición. *No está a buenas con su familia.* ■ **bueno.** interj. Se usa para expresar aprobación, aceptación o sorpresa. *–¿Vienes al cine? –Bueno.* ■ **cuánto bueno.** expr. Se usa para saludar afectuosamente a alguien. *Hombre, cuánto bueno, cómo me alegra verte.* ■ **de buenas.** loc. adv. coloq. De buen humor, alegre y complaciente. *Parece que el jefe está de buenas.* ■ **de buenas a primeras.** loc. adv. De manera inesperada. *Así, de buenas a primeras, no sé qué contestar.* ■ **estaría bueno.** expr. coloq. Se usa para subrayar la oposición a algo o su inconveniencia. *Eso no se lo consiento a nadie, estaría bueno.* ■ **lo ~ es.** loc. v. Seguida de una oración introducida por *que*, se usa para indicar que lo expresado por ella es curioso, gracioso o chocante. *Es muy avaricioso, pero lo bueno es que dice que no le importa*

buey - bulo

el dinero. ■ **lo que es bueno.** loc. s. coloq. Situación más o menos adversa a la que alguien ha de enfrentarse. *Cuando tengas que madrugar ya verás lo que es bueno.* ■ **por las buenas.** loc. adv. Voluntariamente. *Lo hará, por las buenas o por las malas.* ▶ **8:** GRANDE.

buey. m. Toro castrado. *Un carro tirado por dos bueyes.*

bufa. → **bufo.**

búfalo, la. m. **1.** Mamífero rumiante parecido al toro, con largos cuernos curvados hacia atrás, que vive en zonas de África y Asia. **2.** Bisonte de América del Norte, muy corpulento y de pelo largo. ○ f. **3.** Hembra del búfalo (→ 1, 2). *La mozzarella se hacía con leche de búfala.*

bufanda. f. Prenda de abrigo larga y estrecha, gralm. de lana, que se pone alrededor del cuello.

bufar. intr. Resoplar con furor un animal, espec. un toro o un caballo. *La yegua bufó cuando el jinete intentó montarla.* FAM **bufido.**

bufé o bufet. m. Comida compuesta de una diversidad de alimentos fríos y calientes, dispuestos a la vez sobre una o varias mesas, y ofrecidos gralm. en hoteles y actos sociales. *El desayuno consiste en un bufé variado.*

bufete. m. **1.** Despacho de un abogado. *Trabaja como pasante en un bufete.* **2.** Mesa de escribir con cajones. *Tenía sobre el bufete pluma, tintero y papel de escribir.*

bufo, fa. adj. **1.** Cómico y grotesco. *Comedia bufa.* ● f. **2.** Burla.

bufón, na. m. y f. **1.** Persona que pretende hacer reír continuamente. *Es un bufón; no hay quien se aburra con él.* **2.** histór. Persona encargada de divertir a los reyes y señores con sus dichos y gestos. *El bufón de la corte llevaba un gorro con cascabeles.* FAM **bufonada; bufonesco.**

buganvilla o buganvilia. f. Arbusto trepador sudamericano, de hojas verdes y ovaladas, y pequeñas flores blancas rodeadas de otras hojas de colores vistosos, como el rojo o el malva.

buhardilla. f. **1.** Desván, frec. usado como vivienda. *Vive en una buhardilla.* **2.** En una buhardilla (→ 1): Ventana que se levanta por encima del tejado de la casa y que tiene un tejadillo cubierto gralm. de tejas o pizarras. *Se asomó a la buhardilla para ver la procesión.* ▶ **1:** *DESVÁN.

búho. m. Ave rapaz nocturna, de cabeza grande y redondeada, con pico encorvado, ojos redondos situados en la parte anterior, y dos penachos de plumas sobre ellos, que parecen orejas. *El búho hembra.* ▶ **Am:** TECOLOTE.

buhonero, ra. m. y f. Vendedor ambulante de objetos de poco valor.

buitre. m. **1.** Ave rapaz diurna de gran tamaño, con el cuello desnudo y rodeado de un collar de plumas largas, que se alimenta de carroña. *El buitre hembra.* **2.** coloq. Persona que se ceba en la desgracia de otro, o que busca obtener de ella beneficio o enriquecimiento. *Aquellos periodistas de la prensa sensacionalista eran unos buitres.* FAM **buitrera.**

buje. m. Mec. Pieza cilíndrica que protege interiormente el cubo de la rueda de un vehículo. *En el buje trasero de la bicicleta va acoplado el piñón.*

bujía. f. **1.** En un motor de explosión: Pieza que produce una chispa eléctrica para inflamar la mezcla de combustible y aire. **2.** Vela de cera, o esperma de

ballena o de otra sustancia semejante. *La luz de una bujía iluminaba el aposento.*

bula. f. **1.** Documento pontificio autorizado con el sello del papa, sobre materia de fe o de interés general, concesión de gracias o privilegios, u otros asuntos judiciales o administrativos. *El Tribunal de la Inquisición se constituyó en Castilla por una bula de Sixto IV.* **2.** Documento por el que el papa concedía alguna indulgencia o dispensaba de alguna obligación religiosa a cambio de una limosna para sufragar los gastos de la Iglesia. *Por una cantidad de dinero, se podía obtener una bula papal que eximía del ayuno.*

bulbo. m. Bot. Yema abultada, gralm. subterránea, envuelta en hojas ricas en sustancias de reserva. *Pon unos bulbos de jacinto en un lugar oscuro hasta que broten.* ■ **~ piloso.** m. Anat. Abultamiento en que termina la raíz del pelo. ■ **~ raquídeo.** m. Anat. Parte superior y abultada de la médula espinal, que se encuentra en la base del encéfalo. ▶ CEBOLLA. FAM **bulboso, sa.**

bulevar. m. Calle ancha con un paseo central gralm. arbolado. *Se sienta a leer el periódico en un banco del bulevar.*

búlgaro, ra. adj. **1.** De Bulgaria. ● m. **2.** Lengua hablada en Bulgaria.

bulimia. f. Med. Sensación patológica de hambre desmesurada y difícil de saciar. Tb. la enfermedad caracterizada esa sensación, que lleva a comer descontroladamente y gralm. a provocarse vómitos después. *La bulimia suele tener origen psicológico.*

bulín. m. **1.** Am. coloq. Vivienda modesta de gente soltera. *¡Qué lindo te quedó el bulín, Carlitos!* [C]. **2.** Am. coloq. Habitación o vivienda destinadas a las citas amorosas. *La encontró en el bulín y en otros brazos* [C].

bulla. f. **1.** Confusión de gritos o voces altas y ruidos. *Armaban tal bulla que no podíamos dormir.* **2.** Concurrencia de mucha gente. *Se agarraron de la mano para no perderse en medio de la bulla.* ▶ **1:** *ALBOROTO. FAM **bullanga; bullanguero, ra.**

bullabesa. f. Sopa de pescados y mariscos, sazonada con especias fuertes, tomate, vino y aceite, y que se suele servir con rebanadas de pan. *De entrada nos sirvieron una bullabesa.*

bulldozer. (pal. ingl.; pronunc. "buldócer"). m. Máquina muy potente, constituida por un tractor movido por orugas y provisto de una pala móvil de acero en la parte delantera, que se usa para explanar terrenos. *Un bulldozer dejó el solar preparado para la edificación.* ¶ [Adaptación recomendada: *buldócer,* pl. *buldóceres*].

bullicio. m. **1.** Ruido causado por la concentración de mucha gente. *Fuera se oye el bullicio de los manifestantes.* **2.** Situación confusa y gralm. ruidosa. *El bullicio de las calles anuncia la llegada de las fiestas navideñas.* ▶ *ALBOROTO. FAM **bullicioso, sa.**

bullir. (conjug. MULLIR). intr. **1.** Hervir un líquido, o algo en un líquido, o el recipiente que los contiene. *La sopa bulle en el fogón.* **2.** Agitarse algo, frec. una masa de personas, animales o cosas. Tb. fig. *Las preguntas del examen bullían en mi cabeza.* **3.** Moverse como dando señales de vida. *Aquello es un páramo donde nada bulle.* **4.** Moverse alguien con viveza, o desarrollar mucha actividad. *Cientos de estudiantes bullen por los pasillos.* ▶ **1:** HERVIR. **4:** HORMIGUEAR. FAM **bullente; bullidor, ra.**

bulo. m. Noticia falsa, gralm. propagada de forma oral con un fin determinado. *Corre por ahí el bulo de que se casa porque está embarazada.* ▶ *RUMOR.

94

bulto. m. **1.** Elevación o parte que sobresale en una superficie. *Le salió un bulto en el pecho.* **2.** Volumen o masa de un cuerpo. *Al estirar el brazo, notó el bulto del niño a su lado.* **3.** Cuerpo que no se distingue bien. *Sin gafas solo ve bultos.* **4.** Paquete, maleta u otro objeto preparado para ser transportado. *Me pidió que la ayudara con los bultos.* ■ **a ~.** loc. adv. Aproximadamente, o sin precisión. *Calculando a bulto, debe de haber unas doscientas personas en el local.* ■ **de ~.** loc. adj. Dicho de error: Muy evidente o considerable. ■ **escurrir el ~.** loc. v. coloq. Eludir un trabajo, un riesgo o un compromiso. *Siempre que le pido un favor, escurre el bulto.* ■ **hacer ~.** loc. v. coloq. Contribuir a dar aspecto concurrido a una reunión con la mera presencia. *Fuimos al acto para hacer bulto.*

bumerán. m. Objeto arrojadizo consistente en una lámina curvada, gralm. de madera, que, al lanzarla con movimiento giratorio, vuelve al punto de partida. *Los indígenas australianos utilizaban el bumerán como arma.*

bungalow. (pal. ingl.; pronunc. "bungaló" o "bungalóu", o, Am., "búngalo"). m. Casa pequeña de una sola planta, gralm. construida en un lugar de vacaciones. *Ha comprado un bungalow en la playa.* ¶ [Adaptación recomendada: *bungaló* o *búngalo*; pl. *bungalós* o *búngalos*, respectivamente].

búnker. (pl. **búnkeres**). m. **1.** Refugio, gralm. subterráneo, para protegerse de bombardeos. *Han construido un búnker en la residencia oficial del presidente.* **2.** Grupo político resistente a cualquier cambio. *Las propuestas renovadoras tropezaron con el búnker formado por los más veteranos.*

buñuelo. m. Pastelito en forma de bola, hecho con una masa de harina, huevo y otros ingredientes, frito y frec. relleno. *Buñuelos de bacalao.* ■ **~ de viento.** m. Buñuelo relleno de cabello de ángel, crema u otra pasta dulce.

buque. m. Barco con cubierta que, por su tamaño, solidez y fuerza, es adecuado para navegaciones de importancia. *Un buque de guerra.* ▶ *EMBARCACIÓN.

buqué. m. Aroma de un vino. *Probamos un tinto de excelente buqué.*

burbuja. f. **1.** Globo de aire u otro gas, que se forma en el interior de un líquido y sube hasta la superficie. *Las burbujas del refresco me hacen cosquillas en la garganta.* **2.** Recinto estéril y aislado del exterior, que sirve de habitáculo para personas con deficiencia inmunitaria. *El niño sólo puede sobrevivir en una burbuja.* FAM **burbujear; burbujeo.**

burdel. m. Prostíbulo.

burdeos. m. Vino originario de la región de la ciudad francesa de Burdeos. *Abre una botella de burdeos.*

burdo, da. adj. Tosco o basto. *Una tela burda. Una burda mentira.*

bureo. m. coloq. Juerga o diversión. *Esta noche nos vamos de bureo.*

burgalés, sa. adj. De Burgos (España).

burgo. m. histór. En la Edad Media: Ciudad pequeña, surgida gralm. en el recinto de una fortaleza o en torno a ella. *Los burgos eran los centros de actividad de artesanos y comerciantes.*

burgomaestre. m. En algunos países: Alcalde de una ciudad. *El burgomaestre de Bruselas.*

burgués, sa. adj. **1.** De la clase media o acomodada. *Enriquecimiento burgués.* **2.** despect. Mediocre e inclinado al bienestar material y sin grandes inquietudes

espirituales. *Aquella vida monótona y burguesa no era para él.* **3.** histór. En la Edad Media: Del burgo o que habita en él. *El señor feudal y la sociedad burguesa.* ■ **pequeño ~.** → **pequeñoburgués.** FAM **burguesía.**

buril. m. Instrumento constituido por un mango de madera y una barra de acero, gralm. prismática y puntiaguda o terminada en bisel, que se usa para grabar en metal o en otros materiales. FAM **burilar.**

burla. f. Hecho de burlar o burlarse. *Tiene que soportar las burlas de sus compañeros.* ▶ BEFA, BUFA, ESCARNECIMIENTO, ESCARNIO, MOFA. FAM **burlesco, ca.**

burladero. m. Valla situada delante de la barrera de una plaza de toros, y detrás de la cual puede refugiarse el torero para burlar al toro.

burlar. tr. **1.** Engañar (a alguien). *Ha burlado a todo el vecindario vendiendo propiedades que no existen.* **2.** Esquivar o eludir (algo o a alguien que intentan impedir el paso, detener o atacar). *No conseguirá burlar a la justicia.* **3.** Seducir con engaño (a una mujer). *Ha burlado a muchas mujeres.* ○ intr. prnl. **4.** Reírse de alguien o algo. *No tolera que se burlen DE él.* ▶ **1:** ENGAÑAR. FAM **burlador, ra.**

burlete. m. Tira de tela, caucho u otro material, que se fija en las rendijas y en las juntas de puertas y ventanas para impedir la entrada de aire frío. *La colocación de burletes reduce el gasto en calefacción.*

burlón, na. adj. **1.** Dicho de persona: Que se burla o es inclinada a burlarse. *Es muy burlón.* **2.** Que denota o implica burla. *Una mirada burlona.*

buró. m. **1.** Escritorio que tiene una parte más alta que el tablero, provista de pequeños cajones o compartimentos, y que se cierra levantando el tablero o mediante una cubierta corredera de tablillas articuladas. *Guarda las cartas en un compartimento secreto del buró.* **2.** En algunas organizaciones, espec. en un partido político: Órgano colegiado de dirección. *Era miembro del buró del Partido Comunista.*

burocracia. f. **1.** Organización administrativa, espec. la estatal o pública. *Conoce por dentro la institución y su burocracia.* **2.** Conjunto de los empleados públicos. *El emperador se apoyaba en una burocracia leal.* **3.** Burocracia (→ 1) que ejerce una influencia excesiva o impone excesiva rigidez y formalidades. *La burocracia entorpecía el funcionamiento del Estado.* FAM **burócrata; burocrático, ca; burocratismo; burocratizar.**

burrada. f. coloq. Hecho o dicho propios de una persona burra. *Escribir "haber" sin "h" es una burrada.*

burriciego, ga. adj. De vista defectuosa. *Toro burriciego.*

burro, rra. m. **1.** Mamífero doméstico parecido al caballo pero de menor tamaño y orejas más largas, que se utiliza espec. como animal de carga y tiro. *Los burros espantaban las moscas con el rabo.* **2.** Juego de cartas en que se reparten cuatro a cada jugador, y gana quien se queda antes sin cartas. *Solíamos jugar al burro o al tute.* ○ f. **3.** Hembra del burro (→ 1). *Cuentan que la reina Cleopatra se bañaba en leche de burra.* ○ m. y f. **4.** coloq. Persona bruta o carente de delicadeza. *Este burro ha roto una taza al lavarla.* **5.** coloq. Persona ignorante o de corto entendimiento. *Es una burra: ha escrito "mujer" con "g".* ■ **~ de carga.** m. y f. coloq. Persona que se esfuerza y aguanta mucho, espec. en trabajos físicos. *Dile a ese burro de carga que descanse un poco.* □ **bajar,** o **apear,** (a alguien) **del burro.** loc. v. coloq. Convencer(lo) de su error. *Se empecinó en que llevaba razón y costó Dios* *y ayuda bajarla del burro.* ∎ **bajarse,** o **apearse,** o **caerse,** alguien **del burro.** loc. v. coloq. Reconocer su error. *Es tan terco que no se apeará del burro.* ▶ **1:** ASNO, BORRICO, JUMENTO, POLLINO.

bursátil. adj. De la bolsa de valores, o de las operaciones que se realizan en ella. *Es asesor financiero especializado en inversiones bursátiles.*

burundés, sa. adj. De Burundi (África).

bus. m. coloq. Autobús. *Te espero en la parada del bus.*

buscapersonas. m. Aparato electrónico pequeño y portátil, que sirve para recibir avisos, gralm. en forma de señales acústicas, a distancia. *Lleva un buscapersonas para estar siempre localizable.* FAM **busca** (*La médica tuvo que irse porque sonó el busca*).

buscapiés. m. Cohete sin varilla que, al encenderlo, corre a ras del suelo. ▶ TRIQUITRAQUE.

buscapleitos. m. y f. frecAm. coloq. Persona inclinada a provocar broncas o peleas. *Además es contrabandista, bebedor y buscapleitos* [C].

buscar. tr. **1.** Hacer lo necesario para encontrar (algo o a alguien). *Llevo una hora buscando las llaves.* **2.** Hacer lo necesario para que ocurra (algo) o para conseguir(lo). *Ocúpate de lo tuyo y no busques problemas.* **3.** Recoger (a alguien) para llevar(lo) o ir (con él) a algún sitio. *Va a buscar a su hijo a la salida del colegio.* **4.** Provocar (a alguien) para iniciar una pelea. *Es pacífica, pero, si la buscas, se puede enfadar mucho.* FAM **busca** (*Partieron en busca del tesoro*); **buscador, ra; búsqueda.**

buscavidas. m. y f. coloq. Persona hábil en buscarse la forma de salir adelante en la vida. *Ni en las épocas más duras pasó hambre: fue siempre un buscavidas.*

buscón, na. m. y f. **1.** Persona que busca. *Al mercadillo acuden curiosos y buscones de gangas.* ○ f. **2.** Prostituta.

buseta. f. Am. Autobús pequeño. *Piden una limosna a las personas que esperan el bus o la buseta* [C].

busto. m. **1.** Escultura o pintura de la cabeza y la parte superior del tórax. *En el auditorio hay un busto en mármol de Beethoven.* **2.** Parte superior del cuerpo humano, entre el cuello y la cintura. *El ciclista pedalea con el busto casi paralelo a la carretera.* **3.** Pechos de una mujer. *El vestido le resalta el busto.* ▶ **3:** PECHO.

butaca. f. **1.** Asiento semejante a un sillón, gralm. menos voluminoso y con el respaldo inclinado hacia atrás. *Se ha quedado dormido en la butaca del salón.* **2.** En un teatro o un cine: Asiento para una persona, con brazos y respaldo. *Se sentaron en las primeras filas de butacas.* **3.** Entrada que da derecho a ocupar una butaca (→ 2). *Tengo dos butacas para la función de esta noche.* ▶ **1:** POLTRONA. FAM **butacón.**

butanés, sa. adj. De Bután (Asia).

butano. m. Gas derivado del petróleo y que, envasado a presión en bombonas, se usa espec. como combustible doméstico e industrial. *Cambia la bombona de butano de la estufa. Gas butano.* FAM **butanero.**

buzo. m. **1.** Buceador, gralm. profesional, equipado con una escafandra. *Dos buzos tomaban muestras del fondo marino.* **2.** Prenda de abrigo para niños pequeños, que cubre todo el cuerpo y tiene capucha. *El bebé iba embutido en su buzo.* **3.** Mono (prenda de vestir). *Los trabajadores llevan buzo y botas.* **4.** Am. Chándal. *Se despoja del pantalón del buzo y apaga la luz* [C]. **5.** Am. Sudadera. *Salí así, vestido con un buzo azul, un pantalón corto blanco y chancletas* [C]. **6.** Am. Jersey. *Vestía camisa blanca, buzo verde, pantalón gris y saco marrón* [C]. ▶ **3:** MONO.

buzón. m. **1.** Receptáculo con una abertura alargada para echar por ella cartas u otro tipo de correo o de envíos. *Echa esta carta en el buzón.* **2.** Depósito en el que se almacenan los mensajes transmitidos por correo electrónico. *Cuando llegue un mensaje a su buzón, aparecerá un icono en la pantalla.* Tb. ~ electrónico. ∎ ~ **de voz.** m. Depósito asociado a un teléfono, en el que se almacenan los mensajes dejados por quienes llaman a ese número, y que permite al usuario escucharlos después. *Como tenías el móvil apagado, te dejé un mensaje en el buzón de voz.*

byte. (pal. ingl.; pronunc. "bait"). m. *Inform.* Octeto (unidad de información). ▶ OCTETO.

C

c. f. Letra del abecedario español cuyo nombre es *ce*, que se pronuncia como *k* delante de *a, o, u* o de consonante, o en final de palabra (*calor, loco, cual, acción, perfecto, tic*), y con un sonido propio delante de *e* o *i* (*acero, cine*). En este último caso se pronuncia como *s* en Am. y algunas zonas de España.

cabal. adj. **1.** Exacto o ajustado. *Un relato cabal de los hechos.* **2.** Dicho de persona: Justa e íntegra. ■ **en sus ~es.** loc. adv. coloq. Con las facultades mentales en perfecto estado. *No le haga caso, no está en sus cabales.*

cábala. f. **1.** Suposición o conjetura. *Mejor no hacer cábalas y esperar.* **2.** Conjunto de doctrinas basadas en la Biblia, que pretende revelar, mediante un método esotérico de interpretación, verdades ocultas sobre Dios y el mundo. FAM **cabalista; cabalístico, ca.**

cabalgadura. f. Animal en que se cabalga. *Llegó en su cabalgadura.* ▶ MONTURA.

cabalgar. intr. **1.** Andar, o estar, montado en un caballo u otra montura. *Cabalga SOBRE su caballo.* ○ tr. **2.** Andar, o estar, montado (en un caballo u otra montura). *El jinete cabalga un purasangre.* ▶ MONTAR. FAM **cabalgada.**

cabalgata. f. Desfile de carrozas, bandas de música y personas a pie que se celebra como festejo popular, espec. el de la víspera de Reyes Magos.

caballa. f. Pez marino alargado, de color azul con rayas negras en el lomo, muy apreciado en la industria conservera.

caballar. → caballo.

caballería. f. **1.** Caballo, o animal del mismo grupo, que se utiliza para cabalgar o transportar cosas. *Tenía dos caballerías: un burro y una mula.* **2.** Parte del ejército formada por las tropas montadas a caballo o en vehículos de motor. **3.** histór. En la Edad Media: Institución formada por los caballeros o nobles que luchaban a caballo.

caballero. m. **1.** Hombre que se comporta con nobleza y cortesía. *Qué atento, es todo un caballero.* **2.** Hombre o varón, espec. adulto. *Baño de caballeros.* **3.** Se usa como tratamiento de cortesía aplicado a un hombre. *Damas y caballeros: bienvenidos.* **4.** histór. En la Edad Media: Noble que luchaba a caballo a las órdenes del rey. **5.** histór. Hombre que pertenece a una orden militar o civil. *Era caballero de la Orden de Calatrava.* ■ **~ andante.** m. histór. En la Edad Media: Noble que viajaba por el mundo buscando aventuras para demostrar su valor y aumentar su fama. FAM **caballeresco, ca; caballerete; caballerosidad; caballeroso, sa.**

caballete. m. **1.** Armazón de madera, gralm. con tres pies, en que se colocan el lienzo o la tabla sobre los que se pinta. **2.** Soporte formado por una pieza horizontal sobre unos pies con forma de uve invertida. **3.** Elevación curva de la nariz en su parte media.

caballito. m. **1.** dim. → caballo. ○ pl. **2.** Tiovivo. ■ **~ del diablo.** m. Insecto parecido a la libélula, pero

de menor tamaño. ■ **~ de mar.** m. Pez marino de pequeño tamaño, que nada en posición vertical y cuya cabeza recuerda la del caballo. ⇒ HIPOCAMPO.

caballo. m. **1.** Mamífero de gran tamaño, con extremidades, cabeza y cuello largos, y que suele utilizarse como montura o animal de tiro. **2.** En el juego del ajedrez: Pieza cuya forma recuerda la de un caballo (→ 1) y que se desplaza con movimientos en forma de "L". **3.** En la baraja española: Carta que tiene representada la figura de un caballo (→ 1) con su jinete. **4.** Aparato gimnástico parecido al potro, pero más alargado. **5.** *Mec.* Unidad de potencia que equivale a 745,7 vatios (Símb. CV). *Su coche tiene 120 caballos.* Tb. *~ de vapor.* ■ **~ de batalla.** m. Punto más debatido en una discusión. *La financiación ha sido el caballo de batalla en la negociación.* □ **a ~.** loc. adv. **1.** Montando una caballería a horcajadas. **2.** Apoyándose en dos cosas contiguas, participando de ambas, o entre ambas. *Vivió a caballo DE dos siglos.* ■ **a mata ~.** → matacaballo. ▶ Am: **1:** PINGO. FAM **caballar; caballeriza; caballerizo; caballista; caballuno, na.**

caballón. m. Lomo de tierra, como el que queda entre surco y surco de un terreno arado, o al levantar tierra cuando se prepara una huerta. ▶ frecAm: CAMELLÓN.

cabaña. f. **1.** Construcción pequeña y tosca, hecha gralm. con palos, cañas y ramas, que se usa como refugio en el campo. **2.** Conjunto de ganado de una región o de un país. *Argentina tiene una importante cabaña vacuna.* ▶ **1:** CHAMIZO, CHOZA, CHOZO.

cabaré. (pl. *cabarés*). m. Establecimiento nocturno en el que se sirven bebidas y se ofrecen espectáculos de variedades. FAM **cabaretero, ra.**

cabecear. intr. **1.** Inclinar alguien bruscamente la cabeza al quedarse dormido sin tenerla apoyada. *Cabeceaba en el asiento del tren.* **2.** Mover la cabeza en señal de negación o de asentimiento. *Al preguntarle si quería un caramelo, cabeceó sonriente.* **3.** Mover un animal la cabeza a un lado y a otro, o arriba y abajo. *Para que el caballo no cabecee, mantén firmes las riendas.* **4.** Moverse una cosa alternativamente a un lado y a otro. *El velero cabecea por el oleaje.* **5.** En fútbol: Golpear el balón con la cabeza, gralm. rematando. *El defensa cabeceó hacia el medio campo.* FAM **cabeceo.**

cabecera. f. **1.** Parte de la cama donde se ponen las almohadas. **2.** Lugar principal de algo como una mesa o un estrado. *El director se sentará en la cabecera de la mesa.* **3.** Principio de un escrito. *Escriba sus datos en la cabecera del impreso.* **4.** Nombre de un periódico registrado como propiedad de una persona o entidad mercantil. *El semanario tiene como cabecera "Nuevas finanzas".* **5.** Origen de algo, espec. un río o un trayecto. *Subiendo río arriba, llegamos hasta su cabecera.* **6.** Población principal de un territorio o un distrito. *Las aldeas dependían de su cabecera de comarca.* FAM **cabecero.**

cabecilla. m. y f. Persona que está a la cabeza de un grupo rebelde o contrario a la ley.

cabello. m. **1.** Pelo de la cabeza de una persona. *Tienes un cabello en la solapa.* **2.** Conjunto de cabellos (→ 1). *Laca para el cabello.* ■ ~ **de ángel.** m. Dulce de textura fibrosa que se prepara con calabaza en almíbar. ▶ PELO. FAM **cabellera.**

caber. (conjug. CABER). intr. **1.** Poder contenerse una persona o cosa dentro de algo. *¿Cabe mi mochila EN el maletero?* **2.** Poder pasar alguien o algo por un lugar o entre unos límites. *El armario no cabe POR la puerta.* **3.** Ser posible algo. *Cabían varias respuestas.* **4.** Tocarle o corresponderle algo a alguien. *Le cupo el honor de leer el pregón.* ■ **no ~** alguien **en sí.** loc. v. Estar pletórico o muy contento. *El premiado no cabe en sí DE gozo.* ▶ **1, 2:** ENTRAR. FAM **cabida.**

cabestrillo. m. Banda o aparato que se cuelgan del hombro y sirven para sostener el brazo o, a veces, la mano lesionados. *Lleva el brazo escayolado y en cabestrillo.*

cabestro. m. Cuerda que se ata al cuello o a la cabeza de una caballería para llevarla o asegurarla. *Conduce al mulo del cabestro.*

cabeza. f. **1.** Parte superior del cuerpo de una persona, o anterior o superior de algunos animales, en la que se encuentran la boca y los principales órganos sensoriales. *Un pasamontañas le cubría la cabeza, salvo los ojos.* **2.** Parte superior y posterior de la cabeza (→ 1) de las personas y de algunos animales, que comprende desde la frente hasta el cuello, excluida la cara. *El sombrero no le cabe en la cabeza.* **3.** Parte superior de algo. *Deja espacio en la cabeza de la página.* **4.** Parte extrema y abultada de un objeto, gralm. opuesta a la punta. *Chinchetas con cabezas de colores.* **5.** Primer lugar. *El equipo marcha en cabeza.* **6.** Persona, considerada como individuo. *Tocamos a tres pasteles por cabeza.* **7.** Res, espec. la doméstica criada para la explotación. *Un rebaño de mil cabezas.* **8.** Mente, o capacidad de razonar. *No tengo la cabeza despejada.* **9.** Talento, o capacidad intelectual. *Cabeza no le falta para los estudios.* **10.** Cordura o prudencia. *Conduce con cabeza.* ○ m. y f. **11.** Persona de mayor importancia en una colectividad, que frec. reside o dirige. *El Rey era cabeza del ejército.* ■ ~ **cuadrada.** m. y f. coloq. Persona de mentalidad poco flexible o ideas fijas. *Es un tozudo y un cabeza cuadrada.* ■ ~ **de ajo(s).** f. Conjunto de las partes o dientes que forman el bulbo del ajo, cuando todavía están unidos. *Se añade una cabeza de ajo entera.* ■ ~ **de familia.** m. y f. Persona de mayor responsabilidad en una familia que vive reunida. *El padre era el cabeza de familia.* ■ ~ **de serie.** m. y f. Jugador o equipo que, por resultados anteriores, se sitúan los primeros de su grupo y quedan libres de enfrentarse a otros de su misma categoría en las primeras fases de una competición. *Nuestra selección parte como cabeza de serie.* ■ ~ **de turco.** m. y f. Persona en quien recaen las culpas de un error o fracaso cometidos por muchos. *Él es solo el cabeza de turco del escándalo.* ■ ~ **rapada.** m. y f. Persona, gralm. joven, con el pelo rapado y con indumentaria de inspiración militar, que pertenece a un grupo violento de extrema derecha. *Dos cabezas rapadas atacaron a un inmigrante.* □ ~ **abajo.** loc. adv. Con la parte superior hacia abajo y la inferior hacia arriba, en posición vertical. *Colgaba cabeza abajo del trapecio.* ■ **levantar ~.** loc. v. coloq. Salir de una situación desgraciada, como una enfermedad o la pobreza. *Enviudó y no levanta cabeza.* ■ **subirse** algo, espec. una bebida alcohólica **a la ~.** loc. v. coloq. Alterar o

trastornar la mente. *El vino se me sube a la cabeza.* ▶ **7:** RES. **10:** *SENSATEZ. FAM **cabezada; cabezazo; cabezón, na; cabezudo, da.**

cabezal. m. **1.** Pieza de una máquina de afeitar donde se aloja la cuchilla. *Máquina de afeitar con cuatro cabezales.* **2.** En algunos aparatos, como un magnetófono o un vídeo: Pieza que sirve para la lectura o la grabación de cintas magnéticas. *Hay que limpiar los cabezales del vídeo.* **3.** Pieza que se coloca en el extremo de algunos aparatos. *El cabezal del cepillo eléctrico.* **4.** Almohada (objeto de tela). ▶ **4:** ALMOHADA.

cabezuela. f. Bot. Grupo de flores insertas unas junto a otras en un receptáculo, dando la apariencia de una sola flor. *La parte comestible de la alcachofa es la cabezuela.*

cabida. → caber.

cabildo. m. **1.** Ayuntamiento (corporación). **2.** Conjunto de los eclesiásticos que tienen un cargo en una catedral. *Presidirán la misa el obispo y el cabildo catedralicio.* ▶ **1:** *AYUNTAMIENTO.

cabina. f. **1.** Compartimento cerrado en que hay un teléfono para uso individual. *Telefoneó desde una cabina.* **2.** Recinto pequeño y aislado, destinado a un determinado uso. *El estudio de grabación cuenta con una cabina de sonido.* **3.** Espacio reservado para el conductor y sus ayudantes en un vehículo terrestre o aéreo. *Visitamos la cabina del avión.*

cabizbajo, ja. adj. Dicho de persona: Que tiene la cabeza inclinada hacia abajo, por tristeza, preocupación o vergüenza.

cable. m. **1.** Cordón formado por varios conductores eléctricos aislados unos de otros, y protegido gralm. por una envoltura. *Al desenchufar, no tire del cable.* **2.** Mensaje transmitido por cable (→ 1) submarino. *Recibió un cable con la noticia.* **3.** Cuerda de alambres torcidos capaz de soportar grandes pesos y tensiones. *Las cabinas del teleférico se desplazan a lo largo del cable.* **4.** Mar. Cabo grueso. *Desde el barco lanzaron un cable al náufrago.* FAM **cableado; cablear; cablegrafiar** (conjug. ENVIAR); **cablegrama.**

cabo. m. **1.** Extremo en que termina algo. *Sujeta este cabo de la cuerda.* **2.** Porción de hilo. *Entresaca varios cabos de la tela.* **3.** Extensión de terreno de la costa que penetra en el mar. *El barco doblará el cabo de Hornos.* **4.** Mar. Cuerda. *Con un cabo aseguró la vela.* ○ m. y f. **5.** Militar cuyo empleo es superior al de soldado, en el Ejército, y al de marinero, en la Armada. ■ ~ **suelto.** m. Punto de un asunto que queda sin resolver o sin conexión con los demás. *Repasemos el plan por si quedan cabos sueltos.* □ **al ~ de.** loc. prepos. Después de. *Regresó al cabo de dos horas.* ■ **atar** cabos. loc. v. Caer en la cuenta de algo al hallar la relación existente entre datos sueltos. *Atando cabos, comprendí que había mentido.* ■ **de ~ a rabo.** loc. adv. coloq. Del principio al fin. *Se lee el periódico de cabo a rabo.* ■ **llevar a ~** (una cosa). loc. v. Realizar(la).

cabotaje. m. Mar. Navegación que hacen los buques entre los puertos de un mismo país sin apartarse de la costa. *Barcos de cabotaje.*

caboverdiano, na. adj. De Cabo Verde (África).

cabra. f. Mamífero rumiante doméstico, con cuernos vueltos hacia atrás, muy ágil para saltar y subir por lugares escarpados. *Un rebaño de cabras.* ■ ~ **montés.** f. Mamífero salvaje del mismo género que la cabra, que vive en zonas montañosas. FAM **cabrero, ra; cabrío, a; cabrito, ta; cabro** (Am. *Cabro asado* [C]).

cabrear. tr. coloq. Enfadar (a alguien). FAM **cabreo.**

cabrestante. m. Torno de eje vertical que se emplea para mover grandes pesos por medio de un cable que se va enrollando en él. *Accionó el cabrestante, y el vehículo se deslizó hasta la plataforma.*

cabrillear. intr. **1.** Formar pequeñas olas espumosas el mar. *Observan cómo cabrillea el mar.* **2.** Vibrar o temblar la luz. *El sol cabrillea en las aguas del lago.* FAM **cabrilleo.**

cabriola. f. **1.** Brinco o salto, espec. el que se da cruzando varias veces los pies en el aire. *Hizo unas cabriolas en la barra de equilibrio.* **2.** Salto que da el caballo, soltando un par de coces mientras se mantiene en el aire.

cabriolé. m. **1.** Coche de caballos ligero, sin cubierta y abierto por los costados. **2.** Automóvil descapotable.

cabritilla. f. Piel curtida de algunos animales pequeños, como el cabrito o el cordero. *Guantes de cabritilla.*

cabrito, ta; cabro¹. → cabra.

cabro², bra. m. y f. Am. coloq. Muchacho (niño o adolescente). *Recreo de cabros chicos* [C].

cabrón, na. m. **1.** Macho de la cabra. **2.** malson. Hombre al que le es infiel su mujer, espec. si él lo consiente. O m. y f. **3.** malson. Persona que hace malas pasadas. ▶ Am: **1:** CABRO.

cabuya. f. Am. Cuerda (objeto delgado, alargado y flexible). *Una estera amarrada con dos cabuyas* [C]. ▶ *CUERDA.

caca. f. **1.** eufem., coloq. o infant. Excremento. **2.** eufem., coloq. o infant. Suciedad o porquería. *Lávate las manos, que las traes llenas de caca.* **3.** eufem., coloq. Cosa sin ningún valor o mal hecha. *Esa película es una caca.*

cacahuete. m. Fruto consistente en una cáscara que contiene varias semillas comestibles, redondeadas, blancas y cubiertas por una fina piel marrón, de las que se extrae aceite. Tb. cada semilla y la planta. *Sírvame unos cacahuetes bien doraditos.* ▶ Am o frecAm: MANÍ. FAM **cacahuate** (Am).

cacao. m. **1.** Árbol tropical cuyo fruto contiene muchas semillas con las que se elabora el chocolate. **2.** Polvo soluble que se obtiene de las semillas del cacao (→ 1), y que se toma como alimento. *Echa una cucharada de cacao en la leche.* **3.** Producto cosmético hidratante para los labios, elaborado con manteca de las semillas del cacao (→ 1). **4.** coloq. Confusión o falta de claridad, espec. en las ideas. *Qué cacao con tantos datos.* FAM **cacaotal.**

cacarear. intr. **1.** Emitir el gallo o la gallina su voz característica. *Las gallinas cacarean en el corral.* O tr. **2.** coloq. Ponderar o alabar de forma exagerada (algo, espec. propio). *Le gusta cacarear sus logros.* FAM **cacareo.**

cacatúa. f. **1.** Ave del mismo grupo que el loro, gralm. de color blanco, con una cresta que despliega en abanico. **2.** coloq., humoríst. Mujer vieja que, con ropas y adornos impropios de su edad, pretende pasar por joven.

cacereño, ña. adj. De Cáceres (España).

cacería. f. Partida de caza. *Iremos de cacería al monte.*

cacerola. f. Recipiente de metal, gralm. de forma cilíndrica y con dos asas, que se utiliza para cocinar. FAM **cacerolada.**

cacha. f. Cada una de las dos piezas que cubren el mango de una navaja, un cuchillo o algunas armas de fuego. *Una navaja con cachas de marfil.*

cachaco. m. Am. despect. Militar. *En la dictadura, se agarró a trompadas con los cachacos* [C].

cachalote. m. Cetáceo de gran tamaño, con cabeza muy gruesa y larga, del que se obtiene ámbar gris. *El cachalote hembra.*

cachar. tr. Am. coloq. Sorprender o descubrir (a alguien). *¿Y si me cachan? ¿Y si me denuncian?* [C].

cacharro. m. **1.** Vasija o recipiente, espec. de cocina. *Friega los cacharros y los cubiertos.* **2.** coloq. Aparato viejo, estropeado o que funciona mal. *Este cacharro ya no escribe.* FAM **cacharrazo; cacharrería; cacharrero, ra.**

cachaza. f. coloq. Lentitud o calma excesivas. *Con esa cachaza, no sufrirá de estrés.* FAM **cachazudo, da.**

caché. m. **1.** Distinción o elegancia. *Hasta en el hablar se le nota el caché.* **2.** Cotización de un artista o de ciertos profesionales que trabajan en público. *Su caché rondaba el millón por película.*

cachear. tr. Registrar (a alguien) palpándo(lo) para comprobar si oculta objetos prohibidos, espec. armas. *Un policía cachea a los sospechosos.* FAM **cacheo.**

cachemir. m. Tejido hecho con lana de cabra de Cachemira (región asiática al oeste del Himalaya). *Un abrigo de cachemir.* ▶ frecAm: CASIMIR. FAM **cachemira.**

cachete. m. **1.** Golpe dado con la palma de la mano sobre una parte del cuerpo, espec. la mejilla o la nalga. **2.** Mejilla. *Le dio un beso en el cachete.* ▶ **1:** *BOFETADA. FAM **cachetada** (frecAm); **cachetear** (Am).

cachetón, na. adj. Am. Que tiene mofletes. *Rostro cachetón* [C]. ▶ MOFLETUDO.

cachimba. f. Pipa (utensilio para fumar). ▶ PIPA.

cachiporra. f. Palo con un extremo terminado en bola o cabeza abultada. *Van armados con cachiporras.* FAM **cachiporrazo.**

cachivache. m. coloq. o despect. Trasto (cosa inútil o estropeada).

cacho¹. m. **1.** coloq. Pedazo de algo. *Corta la tortilla en cachitos.* **2.** coloq. Seguido de *de* y un nombre, se usa para enfatizar el significado de este. *¡Vaya cacho de coche!*

cacho². m. Am. Cuerno. *Los animales grandes que poseen cachos resisten golpes fuertes en la cabeza* [C].

cachondo, da. adj. **1.** malson. Dicho de animal: Que está en celo. **2.** malson. Dicho de persona: Que siente apetito sexual. **3.** coloq. Dicho de persona: Graciosa y divertida. *Nos reiremos con él, es muy cachondo.* FAM **cachondearse; cachondeo.**

cachorro, rra. m. y f. Cría del perro o de otros mamíferos, como el león o el oso.

cachucha. f. Am. Gorra con visera. *Lleva cachucha para protegerse del sol* [C]. ▶ GORRA.

cacillo. m. Cazo (utensilio de cocina). ▶ CAZO.

cacique, ca. m. y f. **1.** coloq. Persona que ejerce excesiva influencia en los asuntos políticos de un pueblo o comarca. *Los negocios del cacique del pueblo.* **2.** histór. Señor de un pueblo o tribu de indios. *El cacique Lautaro.* FAM **cacicada; caciquil; caciquismo.**

caco. m. coloq. Ladrón, espec. el que aprovecha el descuido de su víctima.

cacofonía. f. Sonido desagradable que resulta de una combinación repetitiva de los elementos acústicos de una o varias palabras. *Su nombre, Juan José Ajenjo, producía cacofonía.* FAM **cacofónico, ca.**

cacto - cafre

cacto o **cactus**. m. Planta de zonas desérticas, cuyas especies más representativas tienen tallos gruesos, gralm. espinosos y capaces de almacenar agua.

cacumen. m. coloq. Inteligencia o agudeza.

cada. adj. **1.** Seguido de un nombre en singular, expresa que se considera individualmente a las personas o cosas designadas por ese nombre, las cuales forman parte de un conjunto. *En cada coche van cinco personas.* **2.** Seguido de un adjetivo de cantidad y un nombre gralm. en plural, indica que las personas o cosas designadas por ese nombre se agrupan según la cantidad expresada por el adjetivo. *Cada cuatro años hay elecciones.* **3.** Antepuesto a un nombre en singular, intensifica su significado por medio de la consecuencia de lo expuesto, la cual va introducida por *que. Me cuenta cada historia que me deja estupefacta.* ■ ~ **cual.** loc. s. Cada (→ 1) persona de un conjunto mencionado. *Había varios perros, cada cual de una raza.* ■ ~ **que.** loc. conjunt. Am. Cada vez que o siempre que. *Tome una aspirina cada que se sienta mal* [C]. ■ ~ **uno.** loc. s. Cada (→ 1) persona o cosa de un conjunto mencionado. *Tocamos a un pastel cada uno.*

cadalso. m. Tablado que se levanta para la ejecución de una pena de muerte.

cadáver. m. Cuerpo muerto, espec. de una persona. ▶ CUERPO. FAM **cadavérico, ca.**

caddie. (pal. ingl.; pronunc. "cádi"). m. y f. Persona que lleva los palos a un jugador de golf. ¶ [Adaptación recomendada: *cadi,* pl. *cadis*].

cadena. f. **1.** Serie de piezas, gralm. metálicas y en forma de anillo, enlazadas unas con otras. *Lleva en el cuello una cadena de plata.* **2.** Fila de personas que se unen cogiéndose de las manos. *Una cadena policial impide el paso.* **3.** Conjunto de establecimientos o empresas que pertenecen a un mismo grupo o están bajo una sola dirección. *Es dueño de una cadena de restaurantes.* **4.** Conjunto de instalaciones emisoras y receptoras de radio o televisión que se encargan de una misma programación. *Presenta un concurso en una cadena privada.* **5.** Equipo estereofónico compuesto por diversos aparatos de reproducción de sonido, independientes unos de otros. Tb. ~ *de música.* **6.** Sucesión de hechos relacionados entre sí, frec. desencadenado cada uno por el anterior. *Una cadena de atentados.* ○ pl. **7.** Dispositivo formado por cadenas (→ 1), que cubre los neumáticos de un vehículo para evitar deslizamientos sobre la nieve o el hielo. *El temporal obliga a usar cadenas.* ■ ~ **de montaje.** f. Conjunto de instalaciones industriales destinadas a la fabricación en serie de un producto siguiendo un proceso de transformación sucesiva del mismo, en distintos puntos y por distintos operarios. *Es remachador en una cadena de montaje.* ■ ~ **de montañas,** o **montañosa.** f. Cordillera. ■ ~ **perpetua.** f. Pena máxima de prisión. *Está condenado a cadena perpetua.* □ tirar de la ~. loc. v. Descargar la cisterna de un inodoro. *Cuando vayas al baño, tira de la cadena.* ▶ 4: CANAL. FAM **cadeneta.**

cadencia. f. **1.** Repetición de un fenómeno que se sucede de forma regular. *La cadencia de su pedaleo no disminuye.* **2.** Serie de sonidos o de movimientos que se suceden de forma regular. *Se oye una cadencia de maracas.* **3.** Distribución proporcionada de los acentos y las pausas al hablar. *Recita con pausada cadencia.* FAM **cadencioso, sa.**

cadera. f. **1.** Cada una de las dos partes salientes que hay a los lados del cuerpo humano formadas por los huesos superiores de la pelvis. **2.** Parte lateral del

anca de algunos animales, como el caballo. *La leona alcanzó a la cebra por la cadera.*

cadete. m. y f. Alumno de una academia militar.

cadí. m. En el islamismo: Juez.

caducar. intr. Perder una cosa validez o eficacia. *Estos antibióticos caducaron hace un mes.*

caduco, ca. adj. **1.** Anticuado o en desuso. *Defiende valores ya caducos.* **2.** cult. Perecedero o de corta duración. *Este mundo es caduco.* **3.** Bot. Dicho de zórgano vegetal, espec. de hoja: Destinado a caer. FAM **caducidad.**

caer. (conjug. CAER). intr. **1.** Ir algo hacia abajo por efecto del propio peso. *Aquí cayó un meteorito.* Tb. prnl. **2.** Pender o colgar algo de la manera que se indica. *El flequillo le cae sobre la frente.* **3.** Perder alguien el equilibrio hasta dar contra una superficie que está abajo, espec. el suelo. Tb. prnl. *He tropezado y por poco me caigo.* **4.** Pasar al estado o situación expresados. *Ha caído enferma.* **5.** Dejar de existir. *Si cae el régimen, muchos volverán.* **6.** Disminuir algo o perder fuerza. *Las ventas han caído.* **7.** Ir a parar a un lugar sin haberlo previsto. *Nos perdimos y fuimos a caer EN un pueblecito.* **8.** Tocar o corresponder algo por suerte. *Ojalá me caiga esta pregunta en el examen.* **9.** Estar algo aproximadamente situado en un cierto lugar o a una cierta distancia. *El taller cae a mano derecha.* **10.** Corresponder una fecha a un determinado espacio de tiempo, como un día o un mes. *Su cumpleaños caerá EN martes.* **11.** Acercarse el Sol a su ocaso. *Saldremos cuando caiga el sol.* **12.** Sentarle algo a alguien de la manera que se indica. *La cena me ha caído fatal.* **13.** Provocarle una persona a otra la impresión que se indica. *Nos cae mal porque es un chulo.* **14.** coloq. Darse cuenta de algo o llegar a comprenderlo. *Entonces cayó EN lo que querían decir.* ○ intr. prnl. **15.** Desprenderse algo del lugar que estaba adherido o sujeto. *Se me cae mucho el pelo.* **16.** Seguido por *de* y un nombre como *sueño* o *cansancio:* Sentir en gran medida lo designado por él. *Me caigo de sueño.* ■ al ~. loc. adv. coloq. A punto de llegar. *Los invitados estarán al caer.* FAM **caedizo, za; caída** (*Sufrió una caída*).

café. m. **1.** Semilla del cafeto, convexa por una parte y plana y con un surco longitudinal por la otra. *Un paquete de café molido.* **2.** Infusión que se hace con granos de café (→ 1) tostados y molidos. *Desayuno café con leche.* **3.** Establecimiento en el que se sirve café (→ 2) y otras bebidas. ○ adj. **4.** frecAm. Marrón. *El color de la araña es café claro* [C]. ■ ~ **cantante.** Establecimiento nocturno en el que se sirven bebidas y se interpretan canciones de género frívolo. ■ ~ **descafeinado.** m. Café (→ 1, 2) con bajo o nulo contenido de cafeína. ⇒ DESCAFEINADO. ■ ~ **solo.** m. Café (→ 2) sin leche. ■ ~ **teatro.** m. Establecimiento en el que se sirven bebidas y se representan obras de teatro cortas. ■ ~ **tinto.** m. Am. Café solo (→ café solo). *Desea tomarse un café tinto* [C]. ⇒ Am: TINTO. FAM **cafetería; cafetero, ra; cafetín; caficultor, ra** (Am).

cafeína. f. Sustancia con propiedades excitantes que se obtiene de la semilla del café, el té y otros vegetales.

cafeto. m. Árbol tropical pequeño, cuyo fruto, de color rojo, contiene los granos de café. FAM **cafetal.**

cafiche. m. Am. coloq. Proxeneta. *Las dueñas de prostíbulo prefieren entenderse con los cafiches* [C].

cafre. adj. coloq. Bárbaro o bruto. *¡Piensa, no seas tan cafre!*

cagada. f. **1.** malson. Porción de excremento. **2.** malson. Equivocación o desacierto.

cagadero. m. malson. Lugar destinado o usado para defecar.

cagajón. m. coloq. Porción de excremento de una caballería.

cagar. intr. **1.** malson. Evacuar el vientre. ○ tr. **2.** malson. Expulsar (algo) por el ano. ○ intr. prnl. **3.** malson. Cagar (→ 1) involuntariamente. **4.** malson. Acobardarse o sentir miedo. ■ ~la. loc. v. malson. Cometer un error de difícil solución. ■ **me cago en diez, o en la leche, o en la mar,** etc. loc. v. malson. Se usan exclamativamente para expresar enfado o irritación. ■ **me cago** (en alguien o algo). loc. v. malson. Se usa exclamativamente para expresar desprecio o rechazo hacia él o ello.

cagarruta. f. coloq. Porción de excremento, espec. de ganado menor como ovejas o cabras.

cagón, na. adj. **1.** malson. Que defeca con mucha frecuencia. **2.** malson. Cobarde.

cagueta. adj. coloq. Dicho de persona: Cobarde o pusilánime. *Atrévete, no seas cagueta.*

caída. → caer.

caído, da. adj. **1.** Desanimado o abatido. *Me siento caída.* **2.** Dicho de parte del cuerpo: Que está más baja de lo normal. *Tiene los hombros caídos.* **3.** Muerto en defensa de una causa, espec. en una guerra. Tb. m. y f. *Un monolito en memoria de los caídos.*

caimán. m. Reptil americano parecido al cocodrilo, pero de menor tamaño y hocico redondeado. ▶ **Am:** YACARÉ.

caimito. m. frecAm. Árbol de corteza rojiza y madera blanda, cuyo fruto, redondo y menor que una naranja, tiene la pulpa azucarada. *Árboles frutales –naranjos, caimitos– convidaban a pasearse* [C].

Caín. **las de ~.** loc. s. pl. coloq. Situación difícil o apurada. *Pasó las de Caín para sobrevivir.*

cainita. adj. Dicho de sentimiento o de actitud de rechazo: Que se dirige contra familiares o amigos. *La guerra civil alimentó un odio cainita.*

cairel. m. **1.** Fleco que se usa como adorno en algunas ropas. *El militar lucía una casaca con caireles.* **2.** Trozo de cristal que sirve de adorno en candelabros, lámparas u otros objetos. *Una araña de caireles ilumina el salón.*

cairota. adj. De El Cairo (Egipto).

caite. m. Am. Sandalia de cuero. *En ocasiones festivas llevan los caites de siete suelas de cuero* [C].

caja. f. **1.** Recipiente gralm. con tapa, que sirve para guardar o transportar cosas. **2.** Ataúd. **3.** Cubierta o armazón que protegen un aparato o un mecanismo. *El relojero abrió la caja del reloj para arreglarlo.* **4.** En un banco, en una tesorería o en un establecimiento comercial: Lugar donde se realizan los pagos y se recibe y guarda el dinero. *Hay cola en las cajas del supermercado.* **5.** Registradora (máquina). **6.** Tambor (instrumento musical). **7.** Anat. Cavidad que encierra y protege un órgano. *La caja torácica alberga el corazón y los pulmones.* ■ ~ **de ahorros.** f. Establecimiento destinado a guardar los ahorros de los particulares, proporcionándoles un interés. ■ ~ **de cambios, o de velocidades.** f. En un automóvil: Caja (→ 3) que contiene el mecanismo que permite cambiar de velocidad. ■ ~ **de música.** f. Caja (→ 1) que contiene un mecanismo, formado por un cilindro de púas y un muelle de reloj, que, al abrir la tapa, hace sonar una melodía. ■ ~ **de Pandora.** f. Acción o decisión de la que, de manera imprevista, derivan consecuencias de-

sastrosas. *Será necesaria mucha prudencia, antes de abrir la caja de Pandora de la intervención militar.* ■ ~ **de resonancia.** f. Cavidad que sirve para amplificar y modular el sonido. *La caja de resonancia de la guitarra va unida al mástil.* ■ ~ **fuerte, o de caudales.** f. Caja (→ 1) de material resistente, que se utiliza para guardar dinero y cosas de valor. ■ ~ **negra.** f. En una aeronave: Caja (→ 1) hermética y de material muy resistente, que contiene un mecanismo que registra y almacena datos sobre las incidencias del vuelo. *Según los datos de la caja negra, el accidente se debió a un fallo humano.* □ **con ~s destempladas.** loc. adv. Con malos modos. *Nos echó con cajas destempladas.* ■ **hacer ~.** loc. v. **1.** En un establecimiento comercial: Contabilizar las ventas de un día o de otro período de tiempo. *Al hacer caja, comprobó que faltaba dinero.* **2.** En un establecimiento comercial: Recaudar dinero. *El restaurante hace poca caja.* ▶ **5:** REGISTRADORA. **6:** TAMBOR. FAM cajero, ra; cajetilla; cajetín.

cajamarquino, na. adj. De Cajamarca (Perú).

cajón. m. **1.** Receptáculo que forma parte de un mueble, y que se puede sacar del hueco donde va encajado. *Busca en el segundo cajón del aparador.* **2.** Caja con forma de prisma, que se utiliza para guardar o transportar algo. *Transportan cajones de fruta.* ■ ~ **de sastre.** m. Lugar donde se encuentra un conjunto de cosas diversas y desordenadas. *El último capítulo del libro es un cajón de sastre.* □ **de ~.** loc. adj. coloq. Evidente o fuera de toda discusión. *Es de cajón que no jugará si está lesionado.*

cajuela. f. Am. Maletero de un automóvil. *La cerradura de la cajuela del auto se bloqueó* [C]. ▶ *MALETERO.

cal. f. Sustancia blanca de origen mineral, constituida por óxido de calcio, que se utiliza pralm. en la fabricación de cementos. *Blanquean las casas con cal.* Tb. ~ **viva.** ■ **a ~ y canto.** loc. adv. Sin posibilidad de entrar o salir. *Se ha encerrado a cal y canto.* ■ **una de ~ y otra de arena.** loc. s. coloq. Alternancia de cosas positivas y negativas. *No gana siempre, da una de cal y otra de arena.*

cala¹. f. **1.** Hecho de calar un melón u otra fruta. *El vendedor hizo una cala en un melón.* **2.** Perforación que se hace en algo para analizar las características de lo que está debajo. *Los geólogos realizarán una cala en el terreno.*

cala². f. Ensenada pequeña.

cala³. f. Planta ornamental acuática, de hojas en forma de flecha y flores amarillas rodeadas por una especie de cucurucho blanco.

calabacín. m. Calabaza de forma cilíndrica, corteza verde y carne blanca y tierna. *Crema de calabacines.* ▶ **Am:** ZAPALLITO.

calabaza. f. **1.** Fruto comestible, gralm. grande, redondeado, de color amarillo o anaranjado y con numerosas semillas en su interior. *Con la calabaza se hace cabello de ángel.* ○ pl. **2.** coloq. Rechazo de una proposición amorosa. *Se declaró, pero ella le dio calabazas.* ▶ **Am: 1:** AUYAMA, ZAPALLO. FAM calabacera.

calabozo. m. Lugar seguro, gralm. incomunicado, donde se encierra a un preso. ▶ **Am:** BARTOLINA.

calada. f. Chupada que se da a un cigarrillo, cigarro o pipa al fumarlos.

caladero. m. Lugar apropiado para echar las redes de pesca. *Faenan en los caladeros de Terranova.*

calado. m. **1.** Labor que se hace con aguja sobre un tejido, a imitación del encaje. **2.** *Mar.* Profundidad que alcanza en el agua la parte sumergida de un barco. *Un velero de poco calado.* **3.** *Mar.* Altura que alcanza la superficie del agua sobre el fondo. *Harán obras en el puerto para aumentar su calado.*

calafatear. tr. Cerrar las junturas de las maderas (de un barco) con estopa y brea para que no entre el agua. *El capitán mandó calafatear el barco.* FAM **calafate; calafateado.**

calamar. m. Molusco comestible, con diez tentáculos provistos de ventosas, que segrega un líquido negro para defenderse de los ataques.

calambre. m. **1.** Contracción espasmódica, momentánea y dolorosa de un músculo. *Ha sufrido un calambre en un gemelo.* **2.** Estremecimiento del cuerpo causado por el paso de una corriente eléctrica, gralm. de baja intensidad. *No toques el cable, que da calambre.*

calamidad. f. **1.** Desgracia o infortunio, espec. cuando afectan a una colectividad. *Sufrieron la guerra y todo tipo de calamidades.* **2.** coloq. Persona inútil o incapaz. *Eres una calamidad, no das una.* FAM **calamitoso, sa.**

calamina. f. **1.** *Mineral.* Mineral del que se suele extraer el cinc. **2.** frecAm. Aleación de cinc, plomo y estaño. *Cucharas de calamina* [C]. Tb., en Am., la plancha hecha de ese material. *Vi una miserable población de cartones, calaminas y tablas* [C].

cálamo. m. histór. Pluma de ave para escribir.

calandria. f. Pájaro cantor parecido a la alondra, pero de mayor tamaño. *La calandria macho.*

calaña. f. coloq., despect. Índole o naturaleza, espec. de alguien. *Trata con individuos de toda calaña.*

calar. tr. **1.** Penetrar un líquido (en un cuerpo permeable). *La lluvia apenas ha calado la tierra.* **2.** Cortar un pedazo (de melón u otra fruta) para probar(los). *El melonero caló una sandía.* **3.** Agujerear (una tela, un papel u otra materia en láminas) de forma que resulte un dibujo parecido al del encaje. *Adornos de papel calado.* **4.** coloq. Llegar a conocer la naturaleza o las intenciones ocultas (de alguien). *El inspector cala enseguida al detenido.* **5.** Ponerse (un sombrero o una gorra) en la cabeza haciéndo(los) encajar bien. *Calé el sombrero y salí a la calle.* ○ intr. **6.** Causar impresión o efecto profundos en alguien o algo. *Sus palabras calarán EN los asistentes.* **7.** Permitir un material u un objeto que el agua pase a través de ellos. *Este impermeable cala.* ○ intr. prnl. **8.** Mojarse una persona al calar (→ 1) su ropa la lluvia. *No llevaba paraguas y me he calado.*

calarse. intr. prnl. Pararse bruscamente un motor de explosión por estar frío o porque no le llega combustible suficiente. *Cuando aprendía a conducir, se me calaba mucho el motor.*

calato, ta. adj. Am. Desnudo (que no lleva puesta ninguna prenda). *Estaba calato, sí, tal como lo habían parido* [C]. ▶ DESNUDO.

calavera. f. **1.** Conjunto de los huesos de la cabeza cuando permanecen unidos, espec. despojados de la carne y la piel. *Hay una bandera pirata con su calavera.* ○ m. **2.** coloq. Hombre de vida desordenada y libertina. *Es un calavera.* FAM **calaverada.**

calcado, da. adj. Idéntico o muy parecido. *Eres calcada A tu hermana.*

calcañar o **calcañal.** m. Parte posterior de la planta del pie.

calcar. tr. **1.** Sacar copia (de un dibujo o un texto escrito) trazando sus líneas sobre un papel o una tela transparentes que se ponen encima. *Calca el mapa en una hoja de papel cebolla.* **2.** Copiar (una cosa) de

otra, imitándo(la) o reproduciéndo(la) con exactitud. *Aunque calque tus movimientos, no es tan elegante.* FAM **calco.**

calcáreo, a. adj. Que tiene cal. *Aguas calcáreas.* ▶ CALIZO.

calce. m. **1.** Am. Pie de un documento. *No aparecía firma alguna al calce* [C]. **2.** Am. Texto explicativo que va al pie de una foto. *El calce de la foto decía que en ese buque navegaba el presidente* [C].

calcedonia. f. Ágata muy traslúcida, de color azulado o lechoso.

calceta. f. Labor de punto. *Se te da bien hacer calceta.*

calcetín. m. Prenda de punto que cubre el pie y parte de la pierna, sin llegar a la rodilla. ▶ Am: MEDIA.

calcinar. tr. Quemar o abrasar por completo (algo o a alguien). *El incendio calcinó el edificio.* ▶ *QUEMAR. FAM **calcinación.**

calcio. m. Elemento químico del grupo de los metales, muy ligero y que, en contacto con el aire y el agua, se altera rápidamente (Símb. Ca). *Toma calcio para fortalecer los huesos.* FAM **cálcico, ca; calcificación; calcificar; calcita.**

calco. → calcar.

calcomanía. f. Estampa coloreada que, mediante contacto, se transfiere del papel al que va adherida, a otra materia.

calcular. tr. **1.** Realizar las operaciones matemáticas necesarias para averiguar (una cantidad o una magnitud). *Calcula cuánto costará el viaje.* **2.** Suponer (algo) por indicios u observaciones. *Calculo que tendrá veinte años.* **3.** Reflexionar atentamente (sobre algo que se va a hacer). *El político calculó su respuesta.* FAM **calculador, ra; cálculo** (*Haga un cálculo de los costes*).

cálculo. m. *Med.* Acumulación anormal de sales minerales que se forma en el riñón, en la vesícula biliar o en la vejiga. *El cólico se ha debido a un cálculo en el riñón.* ▶ PIEDRA.

caldas. f. pl. Termas (baños de aguas minerales calientes). ▶ TERMAS.

caldear. tr. **1.** Hacer que (algo que estaba frío, espec. un lugar) aumente perceptiblemente la temperatura. *Enciende el radiador para caldear el salón.* **2.** Excitar (a alguien), o hacer que pierda la calma. *Las decisiones arbitrales caldearon al público.* FAM **caldeamiento; caldeo** (*Encienden fuego para el caldeo del agua*).

caldeo, a. adj. histór. De Caldea (antigua región de Asia).

caldera. f. **1.** Recipiente metálico provisto de una fuente de calor, en que se calienta el agua para servicios como la calefacción de un edificio. *No hay agua caliente por avería de la caldera.* **2.** Depósito de una máquina, en el que se hace hervir agua cuyo vapor se utiliza como energía. *La locomotora funcionaba con una caldera.* Tb. ~ de vapor. **3.** Recipiente grande, semiesférico y con dos asas, que se utiliza para calentar o cocer algo. *La bruja remueve con un palo el contenido de la caldera.* ▶ **1:** *CALENTADOR.

caldereta. f. Guiso hecho con pescado, o con carne de cordero o cabrito.

calderilla. f. Conjunto de monedas de escaso valor. *Llevo poco dinero, solo calderilla.*

caldero. m. Caldera pequeña con una sola asa sujeta de lado a lado.

calderón. m. **1.** Cetáceo semejante al delfín, pero de mayor tamaño y cabeza voluminosa. **2.** Signo gráfico (¶) que se utiliza para señalar un párrafo. **3.** *Mús.* Signo gráfico que, colocado sobre una nota o un silencio, indica que la duración de estos puede prolongarse según decida el ejecutante.

caldo. m. **1.** Líquido que se obtiene de la cocción de un alimento en agua. *Haz el caldo con un hueso de jamón y verduras.* **2.** Vino. ■ ~ **de cultivo.** m. Ambiente propicio para el desarrollo de algo, espec. negativo. *Una sociedad racista es un caldo de cultivo para el fascismo.* FAM **caldoso, sa.**

calé. adj. Gitano (de un pueblo originario de la India). ▶ *GITANO.

calefacción. f. **1.** Hecho o efecto de calentar o poner caliente. *Sistema de calefacción por gas.* **2.** Conjunto de aparatos destinados a calentar un lugar. *Hay que arreglar la calefacción.* FAM **calefactor, ra.**

calefón. m. Am. Calentador. *Nos muestra el funcionamiento del calefón y del aire acondicionado* [C]. ▶ *CALENTADOR.

caleidoscopio. m. Aparato consistente en un tubo, por uno de cuyos extremos se mira y se ven, al hacerlo girar, diferentes imágenes simétricas y de colores. ▶ CALIDOSCOPIO. FAM **caleidoscópico, ca.**

calendario. m. **1.** Sistema de representación del paso del tiempo, dividido en años, meses y días. *Ocurrió el año 646 del calendario musulmán.* **2.** Hoja o conjunto de hojas en que se representan los días del año distribuidos en meses y semanas, gralm. con indicación de las festividades. *Señala su santo en el calendario.* **3.** Distribución de determinadas actividades por días, meses o años. *Nos plantearemos un calendario de trabajo.* ▶ **2:** ALMANAQUE.

calendas. f. pl. histór. En el calendario de los antiguos romanos: Primer día del mes. *Nació en las calendas de mayo.* ■ **las ~ griegas.** loc. s. cult. humoríst. El tiempo que no ha de llegar nunca. *La decisión se postergará hasta las calendas griegas.*

caléndula. f. Planta de flores circulares y anaranjadas, muy usada como ornamental.

calentador. m. Aparato o dispositivo que se utilizan para calentar, espec. el agua de una vivienda. *Enciende el calentador para ducharte.* ▶ CALDERA. ‖ Am: CALEFÓN.

calentar. (conjug. ACERTAR). tr. **1.** Poner (algo o a alguien) caliente o más caliente, o hacer que se eleve su temperatura. *Calienta la comida en el microondas.* **2.** coloq. Pegar o dar golpes (a alguien). **3.** coloq. Excitar (a alguien), o hacer que pierda la calma. *No me calientes con tus bromitas.* **4.** coloq. Excitar sexualmente (a alguien). **5.** Realizar ejercicios suaves para que (los músculos) adquieran agilidad y soltura. Frec. como intr. *Me lesioné por no calentar antes de correr.* FAM **calentamiento; calentón, na; calenturiento, ta.**

calentísimo, ma. → caliente.

calentura. f. **1.** Fiebre (aumento de la temperatura). **2.** Erupción que sale en los labios. ▶ **1:** FIEBRE. **2:** PUPA.

caleño, ña. adj. De Cali (Colombia).

calesa. f. Coche de caballos de dos o cuatro ruedas, abierto por delante y con capota.

caletre. m. coloq. Inteligencia (capacidad de razonar).

calibrar. tr. **1.** Medir el calibre (de algo). *Calibra las consecuencias de tus actos.* **2.** Dar (a algo) el calibre que se desea. *La máquina permite calibrar los tubos según las necesidades.* FAM **calibración; calibrador, ra.**

calibre. m. **1.** Diámetro interior de un objeto cilíndrico hueco, espec. el cañón de un arma de fuego. *Un rifle del calibre 22.* **2.** Tamaño o importancia de algo. *Por un escándalo de ese calibre, dimitiría.*

calidad. f. **1.** Conjunto de propiedades inherentes a una persona o cosa, que permiten valorarlas con respecto a otras de su misma clase o especie. *Una tela de mala calidad.* **2.** Buena calidad (→ 1). *Fabricamos productos de calidad.* **3.** Nobleza o categoría alta de una persona. *Por la puerta principal solo entraban las personas de calidad.* ■ **en ~ de.** loc. prep. Con carácter de, o en función de. *Declarará en calidad de testigo.*

cálido, da. adj. **1.** Que proporciona calor o tiene una temperatura elevada. *Vive en una zona cálida.* **2.** Afectuoso o cariñoso. *Recibimos una cálida acogida.* **3.** Agradable o placentero. *Tiene una voz cálida.* **4.** Dicho de colorido o gama de colores: De tonos rojizos o amarillos. *Pintaremos las paredes con colores cálidos.* ▶ **1, 4:** CALIENTE. FAM **calidez.**

calidoscopio. m. Caleidoscopio. FAM **calidoscópico, ca.**

caliente. adj. (sup. **calentísimo**). **1.** Que tiene una temperatura superior a la normal. *Tome un café caliente.* **2.** Dicho de habitación o de prenda de vestir: Que proporciona calor. *El salón es la parte más caliente de la casa.* **3.** Dicho de colorido o de gama de colores: Cálido. **4.** Dicho de lugar o época: Conflictivos o problemáticos. *Los sindicatos prevén un otoño caliente.* **5.** coloq. Excitado o que ha perdido la calma. *Los ánimos están calientes.* **6.** coloq. Excitado sexualmente. **7.** coloq. Que acaba de producirse o suceder. *El periódico trae noticias calentitas.* ● interj. **8.** Se usa para indicar a alguien que está cerca de encontrar un objeto escondido o de acertar algo. *–¿Tienes quince años? –Caliente, caliente.* ■ **en ~.** loc. adv. Inmediatamente, o sin dejar que pase el interés o motivo iniciales. *Tras el atentado, hizo unas polémicas declaraciones en caliente.* ▶ **2, 3:** CÁLIDO.

califa. m. histór. Príncipe musulmán que, como sucesor de Mahoma, ejercía el poder religioso y civil. FAM **califal; califato.**

calificado, da. adj. **1.** Que tiene autoridad o es respetado. *El programa buscaba opiniones calificadas para el debate.* **2.** Dicho de trabajador o profesional: Cualificado. *Es una persona muy calificada para su puesto.* ▶ **2:** CUALIFICADO.

calificar. tr. **1.** Seguido de *de* o *como* y un adjetivo: Expresar que (alguien o algo) tienen la cualidad o la propiedad indicadas por ese adjetivo. *Calificó la sentencia de injusta.* **2.** Valorar el grado de suficiencia o insuficiencia de los conocimientos demostrados (por una persona) en una prueba o examen. *Un tribunal calificará a los candidatos.* **3.** Valorar el grado de suficiencia o insuficiencia de los conocimientos demostrados por una persona (en una prueba o examen). *El profesor calificó su examen con un aprobado.* **4.** *Gram.* Atribuir un adjetivo una cualidad (a lo designado por un nombre). *En "la casa grande", el adjetivo "grande" califica al nombre "casa".* ▶ **1:** CATALOGAR, TACHAR, TILDAR. FAM **calificación; calificador, ra; calificativo, va.**

californiano, na. adj. De California (Estados Unidos de América).

caligrafía. f. **1.** Arte de escribir con letra bella y correctamente formada, según diferentes estilos. *Ejercicios de caligrafía.* **2.** Conjunto de rasgos que caracterizan una escritura. *Con tan mala caligrafía, no se entiende lo que escribes.* FAM **caligrafiar** (conjug. ENVIAR); **caligráfico, ca; calígrafo, fa.**

calina - calzar

calina o **calima**. f. Niebla ligera propia de épocas calurosas, que se produce por la existencia de partículas en suspensión.

calipso. m. Baile popular caribeño.

cáliz. m. **1.** Copa de oro o plata que se utiliza en la misa para contener el vino que se ha de consagrar. **2.** cult. Amargura o aflicción. *Apuró el cáliz de la despedida.* **3.** Bot. Cubierta exterior de una flor, formada por hojas gralm. verdes, y que se une al tallo.

calizo, za. adj. **1.** Que contiene cal. *Agua caliza.* ● f. **2.** Roca compuesta por carbonato de cal. ▶ **1:** CALCÁREO.

callado, da. adj. **1.** Dicho de persona: Silenciosa o reservada. *Opina, no seas tan callado.* **2.** Dicho de persona o cosa: Silenciosa o que no hace ruido. **3.** Dicho de cosa: Hecha con silencio o reserva. *Una labor callada pero eficaz.*

callar. intr. **1.** Cesar de hablar. *Cuando entré yo, callaron.* Frec. prnl. **2.** Cesar de emitir un sonido. *Callan los violines y entran las flautas.* **3.** No hablar. *Estaba abstraído y callaba.* Tb. prnl. ○ tr. **4.** No decir (algo) u omitir(lo). *Sabe muchas cosas, pero las calla.*

calle. f. **1.** Camino entre dos filas de edificios o solares de una población. *Vive en una calle céntrica.* **2.** Zona urbana al aire libre por la que se puede transitar. *Me encontré en la calle a mi profesor.* **3.** Público en general, como conjunto mayoritario que opina. *El Gobierno desoye la opinión de la calle.* **4.** Libertad, o estado de quien no está preso. *Ayer lo detuvieron y hoy ya está en la calle.* **5.** Dep. En ciertas competiciones de atletismo y natación: Franja por la que ha de desplazarse cada deportista. *El representante chileno nada por la calle cuatro.* ■ echar a la ~, o poner en la ~, (a alguien). loc. v. coloq. Expulsar(lo) de su casa, de un cargo o de un trabajo. *La empresa pondrá en la calle a cinco trabajadores.* ■ echar, o tirar, por la ~ de en medio, o del medio. loc. v. coloq. Tomar una decisión terminante sin reparar en los inconvenientes. *Decidió tirar por la calle de en medio y dimitir.* ■ echarse a la ~. loc. v. Sublevarse o amotinarse. *Los obreros se echaron a la calle.* ■ en la ~. loc. adv. **1.** Sin alojamiento. *La casa se hundió y varias familias se quedaron en la calle.* **2.** coloq. Sin bienes o sin trabajo. *Una crisis dejaría en la calle a muchos trabajadores.* ■ hacer la ~ una persona que se dedica a la prostitución. loc. v. coloq. Buscar clientes en la vía pública. *Hacía la calle para sobrevivir.* ■ llevar, o traer, por la ~ de la amargura (a alguien). loc. v. coloq. Producir(le) muchas preocupaciones. *Las deudas lo traen por la calle de la amargura.* ■ poner en la ~. → echar a la calle. ▶ **1:** RÚA. **5:** *PISTA. FAM calleja; callejear; callejeo; callejero, ra; callejón; callejuela.

callo. m. **1.** Dureza que, por roce o presión, se forma en algunas partes del cuerpo, espec. en manos y pies. *El calzado estrecho me ha hecho un callo.* ○ pl. **2.** Pedazos del estómago de la vaca, ternera o carnero, que se comen guisados. ▶ **1:** DUREZA. FAM callicida; callista; callosidad; calloso, sa.

calma. f. **1.** Estado de la atmósfera cuando no hay viento. *Tras la tormenta, volvió la calma.* **2.** Paz o tranquilidad. *Tómatelo con calma.* **3.** Lentitud para hacer algo. *Con esa calma, no acabarás nunca.* ■ ~ chicha. f. **1.** Quietud completa del aire, espec. en el mar. *Se prevé calma chicha cerca de las islas.* **2.** coloq. Quietud o inactividad. *Una etapa de calma chicha.* □ en ~. loc. adj. Dicho del mar: Que no tiene olas. ▶ **2:** SERENIDAD, TRANQUILIDAD. FAM calmo, ma; calmoso, sa.

calmar. tr. **1.** Poner en calma (algo o a alguien). *Intenta calmarla CON sus palabras.* **2.** Aliviar (un dolor o una necesidad). *Una aspirina le calmará el dolor.* ▶ **1:** APLACAR, AQUIETAR, SERENAR, TRANQUILIZAR. **2:** APLACAR. FAM calmante.

caló. m. Lengua de los gitanos.

calor. m. **1.** Sensación similar a la que produce en el cuerpo la exposición a los rayos solares. *¿No tienes calor con el abrigo?* **2.** Cualidad que posee algo, espec. el aire o la atmósfera, cuando causa calor (→ 1). *Ese día hacía calor.* **3.** Actitud favorable o afectuosa. *El calor de sus amigos lo ayudó.* **4.** Entusiasmo o apasionamiento. *Debaten con calor.* **5.** Fís. Energía que se produce por el movimiento de las moléculas de los cuerpos y que causa la dilatación y los cambios de estado de estos. *Por el calor, los sólidos se vuelven líquidos.* ■ al ~ de. loc. prepos. coloq. Al amparo o con la ayuda de. *Al calor de la revuelta, surgen varias asociaciones.* ■ entrar en ~ una persona que tenía frío. loc. v. Empezar a sentir calor (→ 1). *Tome un café para entrar en calor.* FAM calorífico, ca; calorina; caluroso, sa.

caloría. f. Fís. Unidad de energía térmica equivalente a la cantidad de calor necesaria para elevar la temperatura de un gramo de agua en un grado centígrado, de 14,5° a 15,5°, a la presión normal (Símb. cal). *Los dulces tienen muchas calorías.*

calostro. m. Primera leche que da la hembra después de parir.

calumniar. (conjug. ANUNCIAR). tr. Acusar falsa y maliciosamente (a una persona) para causar(le) daño o perjuicio. *Denunció a los que lo habían calumniado.* FAM calumnia; calumniador, ra; calumnioso, sa.

calva. → calvo.

calvados. m. Aguardiente de sidra, originario de Calvados (departamento de Francia).

calvario. m. Sucesión de adversidades y desgracias. *Vivió un calvario.* ▶ *TORMENTO.

calvinismo. m. Doctrina religiosa protestante de Juan Calvino (teólogo y reformador francés, 1509-1564). FAM calvinista.

calvo, va. adj. **1.** Dicho de persona: Que ha perdido total o parcialmente el pelo de la cabeza. *Es calvo, pero lleva peluquín.* **2.** Dicho de parte de un terreno: Desprovista de vegetación. *Cerros calvos.* ▶ Am: **1:** PELADO. FAM calva; calvero; calvicie.

calza. f. histór. Prenda de vestir masculina que cubría el muslo y la pierna. *Vestía calzas y capa.*

calzada. f. **1.** Parte de una calle o de una carretera por donde circulan los vehículos. *La moto derrapó y se salió de la calzada.* **2.** histór. Vía o camino empedrados construidos por los antiguos romanos. ▶ **1:** *CAMINO.

calzado¹. m. Conjunto de prendas destinadas a cubrir y proteger el pie. *Lleva un calzado cómodo.*

calzado², da. adj. **1.** Dicho de religioso: Que pertenece a una orden que usa zapatos, en contraposición a otra que usa sandalias. *Carmelitas calzados.* **2.** Dicho de animal: Que en la parte inferior de sus patas tiene color distinto que en el resto del cuerpo. *Una yegua negra y calzada.* **3.** Dicho de ave: Que tiene los tarsos cubiertos de plumas hasta el nacimiento de los dedos. *Gallinas calzadas.*

calzar. tr. **1.** Cubrir los pies (de alguien) con calzado. *Calza al niño.* **2.** Cubrir (los pies) con calzado. *Calce sus pies con buenos zapatos.* **3.** Proporcionar calzado (a alguien). *Esa zapatería calza a todo el barrio.*

4. Tener (una medida de calzado determinada). *Calzo un 38.* **5.** Poner una cuña u otro objeto (a algo, espec. a un vehículo o a un mueble) para impedir que se mueva. *Calzó la mesa con un cartón.* FAM **calzador; calzo.**

calzón. m. **1.** Prenda deportiva que se ajusta a la cintura y llega hasta una altura variable de los muslos, cubriendo cada pierna por separado. *Ganó el boxeador con calzón negro.* Tb. la prenda interior masculina de forma semejante. **2.** Am. Braga (prenda femenina). *Usaban calzones y sostenes de seda* [C]. ▶ **2:** *BRAGA.

calzonazos. m. coloq. Hombre de carácter débil y fácilmente gobernable, espec. por una mujer. *Acabó casándose con un calzonazos.*

calzoncillo. m. Prenda interior masculina que llega aproximadamente desde la cintura hasta una altura variable de los muslos, cubriendo cada pierna por separado. *Lleva camiseta y calzoncillo de algodón.* ▶ *SLIP.* ‖ Am: TRUSA.

cama. f. **1.** Mueble formado por una armazón sobre la que se coloca un colchón, una almohada y otras prendas que lo cubren, y que sirve para dormir o descansar. **2.** En un hospital: Plaza para un enfermo. *Lo ingresarán en cuanto haya una cama.* **3.** Lugar donde se echa un animal para descansar. *Tras los matorrales hallaron una cama de jabalí.* **4.** En un plato cocinado: Conjunto de alimentos que se ponen como base debajo del resto de ingredientes. *Disponga el salmón sobre una cama de lechuga.* ■ ~ de matrimonio. f. Cama (→ 1) grande para dos personas. ■ ~ camera. f. Cama (→ 1) de tamaño adecuado para una sola persona. ■ ~ elástica. f. Aparato formado por una lona sujeta con muelles a un soporte fijo, que se utiliza para realizar saltos gimnásticos. ■ ~ mueble. f. Mueble que alberga una cama (→ 1) en su interior. Tb. *mueble ~.* ■ ~ redonda. f. Relación sexual que se practica entre más de dos personas. *Aquella fiesta acabó en cama redonda.* ■ ~ turca. f. Especie de sofá sin respaldo ni brazos que sirve de cama (→ 1). ▭ estar en ~, o guardar ~. loc. v. Permanecer echado en la cama (→ 1) por causa de una enfermedad. *El médico me recomienda guardar cama.* ▶ **1:** CATRE. FAM camastro; camilla; camillero, ra.

camada. f. **1.** Conjunto de las crías de determinados mamíferos, nacidas del mismo parto. *La coneja amamanta a su camada.* **2.** despect. Grupo de personas de un mismo origen y naturaleza. *Una camada de delincuentes.*

camafeo. m. Figura tallada en relieve sobre una piedra preciosa, gralm. ónice.

camagüeyano, na. adj. De Camagüey (Cuba).

camaleón. m. **1.** Reptil capaz de cambiar de color para camuflarse, con ojos de movimiento independiente y una larga lengua pegajosa para cazar insectos. **2.** coloq. Persona hábil para cambiar de actitud o comportamiento y adoptar los más ventajosos. FAM camaleónico, ca.

cámara. f. **1.** Espacio o recinto. *La cámara de combustión del motor.* **2.** Recinto dotado de instalaciones que producen frío artificial, destinado a conservar alimentos u otros productos. Frec. ~ *frigorífica.* **3.** cult. Habitación, frec. de uso privado. *Los novios se retiraron a la cámara nupcial.* **4.** (Frec. en mayúsc.). En un sistema político representativo: Órgano legislativo. *La Cámara aprobó la ley.* **5.** Organismo que se encarga de organizar y regular los asuntos de una actividad profesional. *Cámara de comercio.* **6.** Aparato que sirve para hacer fotografías. **7.** Aparato que sirve para registrar imágenes en movimiento. *Una cámara graba a los que entran en el banco.* **8.** Pieza de goma, provista de una válvula para inyectar aire a presión, que va alojada en el interior de un neumático o de un balón. *El pinchazo se arregla pegando un parche en la cámara.* ○ m. y f. **9.** Persona que se dedica al manejo de una cámara (→ 7). *Es cámara de televisión.* ■ **Cámara alta.** f. Senado. ■ **Cámara baja.** f. Congreso de los Diputados. ■ ~ de aire. f. Espacio que se deja en el interior de un muro o de una pared y que sirve de aislamiento. *Las paredes exteriores tienen cámara de aire.* ■ ~ de gas. f. Recinto hermético destinado a ejecutar a una o más personas por medio de gases tóxicos. ■ ~ lenta. f. Rodaje o proyección de una película de modo que se produce un efecto de lentitud en la sucesión de las imágenes. *En la repetición del gol a cámara lenta, se aprecia la falta.* ⇒ RALENTÍ. ■ ~ mortuoria. f. Capilla ardiente. ■ ~ oscura. f. Fís. Aparato óptico que consiste en una caja cerrada y opaca con una abertura por donde entra la luz, la cual reproduce dentro de la caja una imagen invertida de los objetos situados frente al orificio. *La cámara oscura fue el precedente de la cámara fotográfica.* ▭ de ~. loc. adj. **1.** Dicho de conjunto musical, espec. de orquesta: Compuesto por un número reducido de músicos, gralm. con predominio de instrumentos de cuerda. **2.** Dicho de música: Destinada a ser interpretada por un conjunto de cámara (→ de cámara 1). **3.** histór. Dicho de persona: Que estaba al servicio del rey en el palacio real. *Velázquez fue pintor de cámara.* ▶ **9:** CAMERAMAN. FAM camarín; camarógrafo, fa (frecAm).

camarada. m. y f. **1.** Compañero con el que se mantiene un trato de amistad y confianza. **2.** En determinadas asociaciones políticas o sindicales: Correligionario. *Un sindicalista exhortaba a sus camaradas a la huelga.* ▶ **1:** COMPAÑERO. **2:** CORRELIGIONARIO. FAM camaradería.

camarero, ra. m. y f. **1.** Persona que tiene por oficio servir consumiciones en restaurantes, bares u otros establecimientos similares. **2.** Persona que tiene por oficio acondicionar las habitaciones o atender a los clientes en un hotel o barco. ▶ Am: **1:** MESERO, MESONERO.

camarilla. f. Conjunto de personas que influyen en los asuntos de Estado o en las decisiones que toma un gobernante. *El rey lo destituyó aconsejado por su camarilla.*

camarín. → cámara.

camarlengo. m. Cardenal que preside la junta que administra el tesoro pontificio, y que se encarga de gobernar el Vaticano desde que fallece el Papa hasta que se elige a su sucesor.

camarógrafo, fa. → cámara.

camarón. m. Crustáceo comestible parecido a la gamba pero de pequeño tamaño. ▶ QUISQUILLA.

camarote. m. Compartimento en un barco, con una o varias camas.

camastro. → cama.

cambalache. m. coloq., despect. Trueque, frec. malicioso.

cambiar. (conjug. ANUNCIAR). tr. **1.** Convertir (algo) en otra cosa distinta u opuesta. *La noticia cambió su llanto EN alegría.* **2.** Dar o tomar (algo) en lugar de otra cosa. *Cambio mi máquina POR un ordenador.* **3.** Dar o tomar (dinero o valores) por otros equivalentes. *En el banco te cambiarán los pesos POR/EN euros.* **4.** Poner (algo) de manera distinta a como era o estaba. *Van a cambiar el horario comercial.* **5.** Poner (algo) en lugar de otra cosa de similares características. *Van a cambiar el aceite del coche en el taller.* **6.** Trasladar o llevar (algo o a alguien) de un lugar a otro. *He cambiado la mesa* DE *sitio.* **7.** Poner (a alguien) una cosa, espec. una prenda, en lugar de otra de similares características. *Cambia* DE *pañales al bebé.* ○ intr. **8.** Volverse distinto o variar de apariencia o condición. *Ha cambiado mucho tras su matrimonio.* **9.** Tomar una cosa por otra de similares características. *Quiero cambiar* DE *sofá.* **10.** Tomar el viento otra dirección. *Tras la tormenta el viento cambió.* **11.** En un vehículo de motor o en una bicicleta: Pasar de una marcha a otra. *Cambia a primera para subir la cuesta.* ▶ **4:** VARIAR. **7:** MUDAR. **8:** VARIAR. FAM **cambiador, ra; cambiante; cambiazo; cambista.**

cambio. m. **1.** Hecho o efecto de cambiar. *Habrá cambio de director en la empresa.* **2.** Conjunto de dinero en monedas o billetes de poco valor. *Paga con tarjeta si no tienes cambio.* **3.** Dinero que se devuelve al realizar un pago con una cantidad superior a la necesaria. *La cajera se equivocó al dar los cambios.* **4.** Valor relativo de la moneda de un país con respecto a la de otro. *¿A cuánto está hoy el cambio de dólares?* **5.** En un vehículo de motor o en una bicicleta: Mecanismo que permite pasar de una velocidad a otra. *La palanca de cambios del camión.* ■ **libre ~.** → **librecambio.** □ **a ~.** loc. adv. En compensación o como contrapartida. *Confíe en nosotros y a cambio no le fallaremos.* ■ **a ~ de.** loc. prepos. En lugar de. *Le entregaron un vehículo nuevo a cambio del suyo.* ■ **a las primeras de ~.** loc. adv. A la primera oportunidad u ocasión. *A las primeras de cambio volvió a beber.* ■ **en ~.** loc. adv. Por el contrario. *Es muy prudente; en cambio, su hermano es un alocado.* ▶ **1:** VARIACIÓN. **3:** *VUELTA.

camboyano, na. adj. De Camboya (Asia).

cambur. m. Am. Plátano (fruto). *Se comía dos cambures o un racimo de uvas* [C]. ▶ *PLÁTANO.

camelar. tr. coloq. Engañar (a alguien), espec. con halagos, para conseguir algo (de él). *A ver si la camelo para que me lo regale.* FAM **camelo.**

camelia. f. Flor muy vistosa, blanca, rosa o roja y sin aroma, que brota de un arbusto.

camello, lla. m. **1.** Mamífero rumiante de gran tamaño, con dos jorobas, pelo largo, y que se utiliza como montura o animal de carga. ○ f. **2.** Hembra del camello (→ 1). FAM **camellero.**

camellón. m. **1.** frecAm. Caballón. *Se pueden trazar camellones, si el terreno es en declive* [C]. **2.** Am. Franja, frec. ajardinada, que divide las dos calzadas de una avenida. *Caminaron hasta una avenida con camellón* [C].

camelo. → **camelar.**

camembert. m. Queso de vaca originario de la región francesa de Camembert, cubierto por una capa de moho blanca, y de textura blanda y untuosa.

cameraman. m. Cámara (hombre que maneja una cámara). ▶ CÁMARA.

camerino. m. Habitación de un teatro o de una sala de espectáculos, donde los artistas se visten y maquillan para salir a escena. ▶ CAMARÍN.

camerunés, sa. adj. De Camerún (África).

camilla; camillero, ra. → **cama.**

caminar. intr. **1.** Andar de un lugar a otro. *Camina apoyándose en un bastón.* **2.** Seguir algo su curso, o desplazarse. *El río camina por el desfiladero.* **3.** Diri-

girse a un lugar. *Caminan* HACIA *el desastre.* ○ tr. **4.** Andar (una determinada distancia). *Caminaremos un par de kilómetros.* ▶ **1, 3, 4:** *ANDAR. FAM **caminante; caminata, caminero.**

camino. m. **1.** Franja de terreno por donde se transita habitualmente, espec. la que no está asfaltada. *Un camino lleva hasta el refugio.* **2.** Trayecto que se recorre de un punto a otro. *Se me ha hecho corto el camino.* **3.** Dirección que ha de seguirse para llegar a un lugar. *Conozco el camino de su casa.* ■ **~ de herradura.** m. Camino (→ 1) por el que solo pueden transitar caballerías, pero no carros. *Al pueblo solo se podía llegar por un camino de herradura.* ■ **~ trillado.** m. Modo común o regular de obrar o discurrir. *Odia los caminos trillados: quiere innovar.* ■ **~ vecinal.** m. Camino (→ 1) construido y conservado por un municipio y que suele ser más estrecho que las carreteras. □ **abrirse ~** una persona. loc. v. Ir salvando dificultades hasta llegar a un objetivo deseado. *Conseguirá abrirse camino en los negocios.* ■ **~ de.** loc. prepos. Hacia, o en dirección a. *Vamos camino de la estación.* ■ **cruzarse** una persona en el ~ (de otra). loc. v. Entorpecer o impedir los propósitos (de esta). *Si el favorito no se cruza en su camino, puede ganar.* ■ **de ~.** loc. adv. **1.** De paso, o al ir de un lugar a otro. *Si te pilla de camino el quiosco, trae el periódico.* **2.** De paso, o aprovechando la ocasión. *Compró ropa para los niños y, de camino, algo para ella.* ■ **llevar ~** (de algo). loc. v. Dirigirse (a ello) como resultado. *Llevas camino* DE *repetir curso.* ■ **ponerse en ~.** loc. v. Emprender viaje. *A primera hora se pusieron en camino.* ▶ **1:** CALZADA, VÍA.

camión. m. **1.** Vehículo automóvil de cuatro o más ruedas, que sirve para transportar cargas grandes o pesadas. *Hará falta un camión para la mudanza.* **2.** Am. Autobús. *Un camión con cerca de treinta pasajeros se precipitó a un barranco* [C]. ■ **~ de volteo.** m. Am. Volquete. *Llegaron obreros, máquinas y camiones de volteo* [C]. FAM **camionero, ra; camioneta.**

camisa. f. **1.** Prenda de vestir que cubre el torso, con cuello y mangas, gralm. abierta y abotonada por delante. *Lleva camisa blanca con corbata azul.* **2.** Prenda de dormir ancha, que cubre el tronco y va hasta una altura variable de las piernas. Frec. **~ de dormir.** **3.** Piel vieja de algunos reptiles, que se desprende de forma periódica cuando se ha formado debajo de ella una nueva. *La camisa de una culebra.* ■ **~ de fuerza.** f. Prenda de tejido fuerte parecida a una camisa (→ 1), que se cierra por detrás, con mangas cerradas, y que se pone a los enfermos mentales para inmovilizarlos. □ **(hasta) la ~.** loc. s. coloq. Todo lo que se posee. *Perdió hasta la camisa en el juego.* ■ **meterse** alguien **en ~ de once varas.** loc. v. coloq. Inmiscuirse en algo, gralm. complicado, que no le incumbe. *Déjalo, no te metas en camisa de once varas.* ▶ **2:** CAMISÓN. FAM **camisería; camisero, ra; camisola.**

camiseta. f. **1.** Prenda de vestir interior, que cubre el torso, con mangas o sin ellas, gralm. sin cuello y punto. **2.** Prenda de vestir exterior semejante a una camiseta (→ 1). *Vestía vaquero y camiseta.* ■ **sudar la ~** alguien, espec. un deportista. loc. v. coloq. Trabajar duro. *Para ganar, tendrán que sudar la camiseta.* ▶ Am: **2:** POLERA.

camisón. m. Prenda de dormir femenina, que cubre el tronco y cae suelta hasta una altura variable de las piernas. ▶ CAMISA.

camomila. f. Manzanilla (planta). ▶ MANZANILLA.

camorra. f. **1.** coloq. Riña o pelea. *Echen a los que busquen camorra.* **2.** (Frec. en mayúsc.). Mafia napolitana. FAM **camorrista.**

camote. m. Am. Batata. *El potaje se complementa con yuca, camote o choclo* [C].

campamento. m. Conjunto de instalaciones temporales, en terreno abierto, que se montan para albergar personas. *Envió a sus hijos a un campamento de verano.*

campana. f. **1.** Instrumento metálico hueco, gralm. en forma de copa invertida, que produce un sonido al ser golpeado en su interior o su exterior. *Tocan las campanas de la iglesia.* **2.** Objeto cuya forma recuerda a la de una campana (→ 1). *Había un reloj cubierto por una campana de cristal.* **3.** Aparato que aspira y extrae los humos que se producen al cocinar. ■ **echar,** o **lanzar, las ~s al vuelo.** loc. v. coloq. Expresar mucha alegría por un suceso favorable. *No echemos las campanas al vuelo antes de tiempo.* FAM **campanada; campanario; campaneo; campanero, ra; campanil.**

campanilla. f. **1.** Campana pequeña, gralm. con un mango para hacerla sonar. **2.** Flor de algunas plantas, cuya corola es de una pieza y tiene forma de campana. *El prado está lleno de campanillas y amapolas.* **3.** Parte membranosa y carnosa, semejante a una gota, que cuelga en la zona media del paladar, y que divide la entrada de la garganta en dos mitades a modo de arcos. ■ **de ~s.** loc. adj. coloq. De importancia o renombre. *La película cuenta con un reparto de campanillas.* FAM **campanillear; campanilleo.**

campante. adj. coloq. Despreocupado y tranquilo. *¿Enfadado?, está tan campante.*

campaña. f. **1.** Conjunto de actividades de distinta índole o encaminadas a un fin, que se realizan en un período de tiempo determinado. *Lanzarán una campaña para prevenir accidentes.* **2.** Conjunto de operaciones militares de guerra que se realizan en un período de tiempo o en un territorio determinados. *César emprendió la campaña de las Galias.* ■ **de ~.** loc. adj. Que tiene características de lo que es propio de las operaciones militares. *Tras la riada, el polideportivo se convirtió en hospital de campaña.*

campar. intr. Moverse o actuar con libertad. *Las ratas campaban a sus anchas por las ruinas.*

campechano, na. adj. **1.** De Campeche (México). **2.** Que se comporta con sencillez y cordialidad, sin ceremonias ni formulismos. *Gente campechana.* FAM **campechanía.**

campeón, na. m. y f. **1.** Persona, animal o conjunto de personas que vencen en una competición. *La campeona del torneo de tenis.* **2.** Persona que defiende con mucho empeño una causa o una idea. *Fue un campeón de causas perdidas.* FAM **campeonato.**

campero, ra. m. → **campo.**

campesino, na. adj. **1.** De campo o del campo. *Paisajes campesinos.* **2.** Dicho de persona: Que vive y trabaja en el campo. Frec. m. y f. *Unos campesinos aran la tierra.* **3.** De los campesinos (→ 2). *Revuelta campesina.* ▶ **1:** CAMPESTRE. ‖ **Am: 1, 2:** POBLANO. FAM **campesinado.**

campestre. → **campo.**

camping. (pal. ingl.; pronunc. "cámpin"). m. **1.** Lugar al aire libre, preparado para hacer *camping* (→ 2). *Iremos de vacaciones a un* camping. **2.** Actividad turística o deportiva que consiste en vivir al aire libre alojándose en tiendas de campaña o caravanas. *Prefieren hacer* camping *a alquilar un apartamento.* ▶ **2:** CAMPISMO. ¶ [Adaptación recomendada: *campin,* pl. *cámpines*].

campiña. f. Extensión grande y llana de tierra de labor. *Cultivos de la campiña chilena.*

campista. m. y f. Persona que practica la acampada o el *camping.* FAM **campismo.**

campo. m. **1.** Conjunto de terrenos que se encuentran situados fuera de los núcleos de población. *Vive en el campo porque la ciudad lo estresa.* **2.** Conjunto de terrenos destinados a la agricultura o a la ganadería. *El temporal provocará pérdidas en el campo.* **3.** Porción de tierra que se destina al cultivo de productos vegetales. *Posee un campo de vides.* **4.** Espacio delimitado para realizar una actividad determinada. *Hacen prácticas en el campo de tiro.* **5.** Conjunto de instalaciones destinadas a la práctica de uno o varios deportes. *Construirán un campo de béisbol.* **6.** Terreno de juego en algunos deportes. *Los futbolistas saltan al campo.* **7.** Ámbito propio de una actividad o de un conocimiento. *Es una eminencia en el campo de la biología.* **8.** *Fís.* Espacio en que un cuerpo experimenta una fuerza provocada por la presencia de otro u otros cuerpos. *Todo cuerpo cargado genera un campo eléctrico.* ■ **~ de batalla.** m. Lugar donde combaten dos ejércitos. *El campo de batalla quedó lleno de cadáveres.* ■ **~ de concentración.** m. Recinto cercado para reclusos, espec. presos políticos y prisioneros de guerra. ■ **~ de refugiados.** m. Lugar acondicionado para la instalación temporal de personas que se han visto obligadas a abandonar el lugar en que viven. ■ **~ libre.** m. Independencia o libertad a la hora de actuar, sin dificultades ni competidores. *Pidió campo libre para investigar.* ■ **~ santo.** → **camposanto.** ■ **~ visual.** m. Espacio que abarca la vista estando inmóvil el ojo del observador. *El exceso de alcohol reduce el campo visual del conductor.* □ (a) **~ través,** o (a) **~ traviesa.** loc. adv. Dejando el camino y cruzando el campo (→ 1). *Nos dirigimos al pueblo a campo traviesa.* ■ **de ~.** loc. adj. Dicho de investigación: Que se realiza en el lugar donde se encuentra el objeto de estudio. *Prefiere el trabajo de campo al despacho.* ▶ **6:** TERRENO. **7:** *ÁMBITO.* FAM **campero, ra; campestre.**

camposanto. (Tb. **campo santo**). m. Cementerio.

campus. m. Conjunto de terrenos y edificios pertenecientes a una universidad.

camuflar. tr. **1.** Disimular el aspecto (de alguien o algo) con el fin de que no sean reconocidos. *Los soldados iban camuflados con ramas.* **2.** Disimular la presencia (de alguien o algo) u ocultar(los). *Camuflaron droga en botes de detergente.* FAM **camuflaje.**

can. m. cult. Perro (mamífero doméstico).

cana[1]. → **cano.**

cana[2]. f. **1.** Am. coloq. Cárcel. *Me metieron en cana porque me afané todos los discos* [C]. **2.** Am. coloq. Policía (cuerpo). *Llegó la cana y nos llevaron a todos presos* [C]. O m. y f. **3.** Am. coloq. Policía (miembro). *Iba al lado del cana que mandaba el operativo* [C].

canadiense. adj. De Canadá.

canal. m. **1.** Cauce artificial por donde se conduce el agua u otro líquido. *El sistema de riego consta de varios canales.* **2.** Paso estrecho de mar, entre dos zonas más anchas o abiertas. *El canal de Panamá une el Caribe con el Pacífico.* **3.** Conducto del cuerpo. *Los canales respiratorios.* **4.** Vía o conducto no materiales. *El aire es el canal más frecuente en la comunicación oral.* **5.** Banda de frecuencia en que puede emitir una estación de televisión o radio. *El transistor capta treinta canales.* Tb. la estación. *Trabaja en un canal de televisión.* O f. (Tb., más raro, m.). **6.** Conducto alargado y cóncavo, como el que sirve para recoger el agua de lluvia. *El agua que se escurría de las macetas iba a parar a una canal.* **7.** Res muerta y abierta, sin las vísceras. *El carnicero preparó una canal en piezas.* ■ **abrir en ~** (una res). loc. v. Abrir(la) de arriba abajo, despojándo(la) de las vísceras. *Tras sacrificar al cerdo, lo abrieron en canal.* ▶ **5:** CADENA. FAM **canaleta; canalización; canalizar; canalón.**

canalla. m. y f. **1.** Persona despreciable y de malas intenciones. *Solo un canalla abusaría de un niño.* ○ f. **2.** cult. Gente despreciable o ruin. *Había que frenar los desmanes de la canalla.* ▶ **1:** MISERABLE. FAM **canallada; canallesco, ca.**

canana. f. Cinto o cinturón para llevar cartuchos.

cananeo, a. adj. histór. De Canaán (antiguo territorio de Asia).

canapé. m. **1.** Asiento en forma de banco, con respaldo y acolchado. **2.** Soporte rígido y acolchado de algunas camas, sobre el que se coloca el colchón. *Cambiaremos el somier por un canapé.* **3.** Porción de pan u otra base similar sobre la que se pone algún alimento, y que suele servirse como aperitivo.

canario, ria. adj. **1.** De las islas Canarias (España) o de Canelones (Uruguay). ● m. **2.** Variedad de la lengua española que se habla en las islas Canarias. *El seseo es característico del canario.* **3.** Pájaro de tamaño similar a un gorrión, de plumaje variado, que se suele criar por su canto. ○ f. **4.** Hembra del canario (→ 3).

canasta. f. **1.** Cesta ancha, gralm. con dos asas. **2.** En baloncesto: Aro metálico, del que cuelga una red sin fondo, sujeto a un tablero vertical, y por el que hay que introducir el balón para marcar puntos. **3.** En baloncesto: Hecho de introducir el balón en la canasta (→ 2). *La última canasta les dio la victoria.* **4.** Juego de naipes con dos o más barajas francesas entre dos bandos de jugadores. ▶ **1:** *CESTA. **2:** CESTA, CESTO. **3:** CESTA, ENCESTE. FAM **canastilla; canastillo; canasto.**

cancán. m. **1.** Baile de ritmo rápido, ejecutado por mujeres como parte de un espectáculo de cabaret. **2.** Enagua con muchos volantes para ahuecar la falda. *El vestido de novia incluía cancán.*

cancela. f. Verja pequeña que se pone gralm. en el umbral de algunas casas y que sirve para impedir el acceso a su interior.

cancelar. tr. **1.** Anular (algo que se había establecido previamente). *Van a cancelar el vuelo a Londres.* **2.** Liquidar (una deuda), o pagar(la) enteramente. *He cancelado todas mis deudas.* ▶ **2:** *LIQUIDAR. FAM **cancelación.**

cáncer. m. y f. **1.** Persona nacida bajo el signo de Cáncer. ○ m. **2.** Enfermedad grave causada por una multiplicación anormal de las células, que destruye los tejidos orgánicos animales. FAM **cancerígeno, na; canceroso, sa.**

cancerbero, ra. m. y f. **1.** humoríst. Portero o vigilante, espec. severos y de modales bruscos. *Dos cancerberos vigilan la entrada.* **2.** Dep. Portero (jugador). ▶ **2:** *PORTERO.

cancha. f. **1.** Espacio destinado a la práctica de determinados deportes. En Am., referido a deportes en general. *Pondrán una cancha de fútbol en esta plaza* [C]. **2.** Am. Terreno llano y despejado preparado para determinados usos. *Volaron la cancha de aterrizaje del aeropuerto* [C]. ■ **dar ~** (a alguien). loc. v. coloq. Dejar(le) el espacio o la oportunidad para actuar. *Hay que dar cancha a nuevos actores.*

canchero, ra. adj. Am. coloq. Experimentado. *Es un tipo canchero en los asuntos de gobierno* [C].

canciller. m. y f. **1.** En algunos países: Presidente del Gobierno. **2.** En algunos países, espec. americanos: Ministro de Asuntos Exteriores. **3.** Empleado auxiliar en una embajada o en un consulado. FAM **cancillería.**

canción. f. **1.** Composición, a veces en verso, a la que se le pone música para ser cantada. *El vocalista escribe las canciones del grupo.* **2.** Música que acompaña a una canción (→ 1). *Suena una canción.* **3.** coloq. Cosa que se repite con insistencia hasta llegar a resultar pesada. *Estudie, estudie, ¡siempre la misma canción!* **4.** Lit. Composición lírica en versos de siete y once sílabas, dividida frec. en estrofas de igual estructura métrica. *Garcilaso escribió sonetos, canciones...* ■ **~ de cuna.** f. Nana (canto). FAM **cancionero.**

candado. m. Cerradura suelta contenida en una caja de metal, de la que sobresale un gancho, y que se utiliza para asegurar, fijar o cerrar objetos.

candeal. adj. **1.** Dicho de trigo: De una variedad que tiene la espiga cuadrada, y que da harina blanca de gran calidad. **2.** Dicho de pan: Elaborado con harina de trigo candeal (→ 1).

candela. f. **1.** Vela (pieza de cera). **2.** frecAm. Lumbre o fuego. *El carbón daba una candela azul más fuerte* [C]. ▶ **1:** VELA.

candelabro. m. Candelero de dos o más brazos.

candelero. m. Utensilio consistente en un cilindro hueco unido a un pie, que sirve para sujetar una vela o candela. ■ **en (el) ~.** loc. adv. coloq. De actualidad, de moda, o disfrutando de fama o éxito. *El cine argentino está en el candelero.*

candente. adj. **1.** Dicho de cuerpo, gralm. metálico: Que ha alcanzado el color rojo o blanco por la acción del calor. *Saca de la fragua un hierro candente.* **2.** Que provoca un vivo interés. *Temas de candente actualidad.* ▶ **2:** PALPITANTE.

candidato, ta. m. y f. Persona que pretende algo, espec. un cargo, premio o distinción. *Hay tres candidatos AL puesto.* ▶ frecAm: POSTULANTE. FAM **candidatear** (Am); **candidatura.**

cándido, da. adj. Ingenuo o simple. *Es tan cándido que lo toman el pelo.* ▶ *INGENUO. FAM **candidez.**

candil. m. Utensilio para alumbrar dotado de un recipiente de aceite, donde se encuentra la mecha, y un gancho en uno de los extremos para colgarlo.

candilejas. f. pl. Línea de luces que hay en la parte del escenario de un teatro más cercana al público.

candombe. m. Baile de ritmo muy vivo, de origen africano, propio de algunos países de América del Sur, y asociado a ciertos cultos religiosos.

candor. m. **1.** Pureza o inocencia. *Un alma llena de candor.* **2.** Ingenuidad o candidez. *El candor de su propuesta nos hizo sonreír.* ▶ **2:** *INGENUIDAD. FAM **candoroso, sa.**

caneca. f. **1.** Am. Recipiente de cristal que se usa para contener licor. *Traía una caneca de ron en su mochila* [C]. **2.** Am. Envase de latón para transportar líquidos. *Se decomisaron 18 canecas de acetona* [C].

canela. f. **1.** Corteza interior del canelo, de color entre amarillento y rojizo, muy aromática, y que se usa como condimento. *Echa un poco de canela a las natillas.* **2.** coloq. Cosa muy fina y exquisita. *Su música es canela pura.*

canelo, la. adj. **1.** Dicho espec. de perro: Que tiene el pelo del color de la canela. ● m. **2.** Árbol de la familia del laurel, de cuya corteza aromática se extrae la canela.

canelón. m. Pasta alimenticia de harina en forma cuadrangular, con la que se envuelve un relleno. Tb. cada rollo de esa pasta con el relleno. *Sírvele otro canelón más.*

canesú. m. Pieza superior de una camisa, blusa o vestido, a la que van unidos el cuello, las mangas y el resto de la prenda.

cangilón. m. Cada uno de los recipientes de una noria con los que se recoge el agua.

cangrejo. m. Crustáceo de diez patas, las dos primeras acabadas en pinza, y cuerpo redondeado. *Comeremos arroz con cangrejos.* ▶ **Am:** JAIBA.

canguro. m. **1.** Mamífero australiano con las extremidades posteriores muy desarrolladas que le permiten desplazarse a grandes saltos, y cuya hembra posee en el vientre una bolsa donde lleva las crías. *El canguro hembra.* ○ m. y f. **2.** coloq. Persona que se encarga de cuidar niños pequeños a domicilio en ausencia ocasional de sus padres, gralm. por un sueldo. *La canguro acostará al niño.*

caníbal. adj. **1.** Dicho de persona: Que come carne humana. Frec. m. y f. *Tribus de caníbales.* **2.** Dicho de animal: Que come a otros de su misma especie. **3.** Cruel o feroz. FAM **canibalismo.**

canica. f. **1.** Bola pequeña, gralm. de vidrio, que utilizan los niños para jugar. ○ pl. **2.** Juego infantil que se practica con canicas (→ 1), y que consiste en hacerlas rodar, chocándolas unas contra otras, según ciertas reglas. *Juegan a las canicas.* ▶ **1:** BOLA. **2:** BOLAS. ‖ **Am: 1:** BOLITA. **2:** BOLITAS.

caniche. m. Perro caniche (→ **perro**).

canícula. f. Período del año en que es más fuerte el calor. FAM **canicular.**

cánido, da. adj. **1.** Zool. Del grupo de los cánidos (→ 2). ● m. **2.** Zool. Mamífero carnívoro, con cuatro dedos en sus patas traseras y cinco en las delanteras, como el perro.

canijo, ja. adj. **1.** coloq. o despect. Pequeño o de pequeño tamaño. *No quepo en esa cama tan canija.* **2.** coloq. Raquítico (débil o enfermizo).

canilla. f. **1.** Parte más delgada de la pierna o del brazo. *Le asoman las canillas por las perneras.* **2.** coloq. Pierna, espec. si es muy delgada. **3.** Am. Grifo (llave). *Reguló el termostato y abrió las canillas* [C]. ■ ~ **libre.** f. Am. Barra libre. *La velada contará con canilla libre de bebidas* [C]. ▶ **1:** CAÑA. **3:** GRIFO.

canillita. m. y f. Am. Vendedor callejero de periódicos. *Un canillita vendía El Comercio* [C].

canino, na. adj. **1.** De perro o del perro. *Exposición canina.* ● m. **2.** Anat. Diente canino (→ **diente**). ▶ **2:** *COLMILLO.

canje. m. Intercambio de personas o cosas. *Los secuestradores propusieron un canje de rehenes.* FAM **canjear.**

cannabis. m. Cáñamo índico, usado como droga. ▶ *MARIHUANA.

cano, na. adj. **1.** Que tiene canas (→ 2). *Un bigote cano.* ● f. **2.** Pelo que se ha vuelto blanco. *Se tiñe las canas.* ■ **echar una ~,** o **una canita, al aire.** loc. v. coloq. Divertirse o esparcirse. *Deja a los niños en casa y echa una canita al aire.* FAM **canoso, sa.**

canoa. f. Embarcación de remo, estrecha y ligera, con la popa y la proa rematadas frec. en punta.

canódromo. m. Instalación destinada a las carreras de galgos.

canon. m. **1.** Regla o norma. *Lo critican por apartarse de los cánones.* **2.** Modelo que posee las características perfectas dentro de su clase. *Cada época tiene su canon de belleza.* **3.** Cantidad de dinero, establecido por ley o acuerdo entre las partes, que se paga de forma periódica por el uso de algo. *El Ayuntamiento cobra un canon por la recogida de basuras.* **4.** Mús. Composición en la que varias voces van entrando sucesivamente, repitiendo cada una el canto de la anterior. ○ pl. **5.** Conjunto de normas establecidas por la Iglesia católica que determinan su organización y regulan la vida de sus fieles. *Se casaron según los cánones eclesiásticos.* ▶ **1:** *REGLA. FAM **canónico, ca; canonista.**

canónigo. m. Eclesiástico que tiene una prebenda por la que pertenece al cabildo de una iglesia catedral. FAM **canonjía.**

canonizar. tr. Declarar el Papa oficialmente santa (a una persona). FAM **canonización.**

canoro, ra. adj. cult. Dicho de ave: De canto agradable y melodioso.

canoso, sa. → **cano.**

cansado, da. adj. **1.** Dicho de cosa: Que denota cansancio. *Avanza con andares cansados.* **2.** Dicho de cosa: Que produce cansancio. *El viaje fue muy cansado.*

cansancio. m. Hecho o efecto de cansar o cansarse.

cansar. tr. **1.** Hacer que disminuya la fuerza o la resistencia (de alguien). *Correr nos cansó.* **2.** Hacer que disminuya el interés (de alguien). *Me cansa la charla banal.* **3.** Quitar fertilidad (a la tierra), gralm. por la continuidad o el tipo de cultivos. *La agricultura intensiva cansa la tierra.* FAM **cansino, na.**

cantábrico, ca. adj. **1.** Del mar Cantábrico, o de las tierras próximas a este mar. *El litoral cantábrico.* **2.** De Cantabria (España). ▶ **2:** CÁNTABRO.

cántabro, bra. adj. De Cantabria (España). *Localidades cántabras.* ▶ CANTÁBRICO.

cantado, da. adj. Que es previsible o seguro que ocurra. *Su derrota está cantada.*

cantante. m. y f. Persona que canta, espec. si lo hace como profesión.

cantaor, ra. m. y f. Cantante de flamenco. *El cantaor se arrancó por bulerías.*

cantar. intr. **1.** Producir una persona con la voz sonidos melodiosos. *Le gusta cantar en la ducha.* **2.** Producir un animal, espec. un ave, sonidos gralm. melodiosos. *Un jilguero canta en el árbol.* **3.** coloq. Oler mal algo, espec. una parte del cuerpo. *Le cantan los pies.* **4.** coloq. Llamar mucho la atención. *Va a cantar mucho que no vengas.* ○ tr. **5.** Interpretar con la voz (una composición musical). *Cántenos un tango.* **6.** Componer una obra, gralm. en verso, que ensalza las virtudes (de alguien o algo). *El poeta canta a su tierra.* **7.** Ensalzar (las virtudes o las cualidades de alguien o algo). *Volvió cantando las maravillas de aquellos paisajes.* **8.** En el bingo: Anunciar que se ha completado (una línea) o un cartón (de bingo). *Estoy a punto de cantar bingo.* **9.** coloq. Confesar (algo) bajo presión. *¡Canta de una vez dónde has estado!* ● m. **10.** Composición poética popular destinada a ser cantada (→ 5). *Entonaron cantares de su región.* ■ ~ **de gesta.** m. Composición poética medieval, que narra los hechos de personajes históricos o legendarios. □ **ser** alguien o algo **otro ~.** loc. v. coloq. No ser igual, o ser otro lo mismo. *Ella es simpática, pero su novio es otro cantar.* FAM **cantable; cantarín, na; cantor, ra; canturrear; canturreo.**

cantárida. f. Insecto del grupo del escarabajo, que se utilizaba en medicina como irritante, y al que se atribuían poderes afrodisíacos. *Le echó en la comida polvo de cantárida.*

cántaro. m. Recipiente de barro o metal, ancho por el cuerpo y estrecho por la boca y el pie, gralm. con una o dos asas, y que se utiliza para contener líquidos. *Llenó el cántaro de agua en la fuente.* ■ **a ~s.** loc. adv. En abundancia. *Llueve a cántaros.* FAM **cántara.**

cantata. f. Composición musical de carácter vocal, con acompañamiento instrumental.

cantautor, ra. m. y f. Cantante, por lo común solista, que es autor de sus propias canciones, gralm. de intención crítica o poética.

cante. m. Canto popular andaluz y gitano. Frec. *~ flamenco.* ■ **~ hondo,** o **jondo.** m. Cante genuinamente andaluz y gitano, de profundo sentimiento y gran pureza.

cantera. f. **1.** Sitio de donde se extrae piedra u otro material semejante. *Una cantera de granito.* **2.** Lugar de donde proceden personas cualificadas o adecuadas para una actividad. *La escuela es una cantera de bailarines.* FAM **canterano, na.**

cantero. m. **1.** Hombre que tiene por oficio extraer la piedra de una cantera o labrarla para las construcciones. **2.** Extremo de algo. *Se dio con el cantero de la mesa.* **3.** Am. Macizo (conjunto de plantas). *Un cantero de claveles adornaba el portalillo* [C]. ▶ **1:** PICAPEDRERO. **3:** MACIZO. FAM **cantería.**

cántico. → canto.

cantidad. f. **1.** Número de unidades. *Aumenta la cantidad de turistas.* **2.** Medida de una porción de algo. *Mezcle los ingredientes en las cantidades indicadas.* **3.** Porción grande de algo o abundancia de personas o cosas. *Hay cantidad de cosas que hacer.* **4.** Porción indeterminada de dinero. *Ha pagado una importante cantidad.* **5.** coloq. Mucho. *¡Tu moto me gusta cantidad!* ■ **en ~.** loc. adv. En abundancia. *Perdía sangre en cantidad.* ▶ **1:** CUANTÍA.

cantiga. f. Composición poética medieval destinada al canto.

cantil. m. **1.** Lugar que forma escalón en la costa o en el fondo del mar. *Muchas aves anidan en los cantiles del litoral.* **2.** Borde de un despeñadero.

cantilena. f. **1.** Composición poética breve y sencilla, compuesta para ser cantada. *Recuerdo aquella cantilena infantil.* **2.** coloq. Cantinela.

cantimplora. f. Recipiente aplanado, gralm. de metal, revestido de un material aislante, que se utiliza en los viajes para llevar la bebida.

cantina. f. **1.** Establecimiento donde se sirven comidas y bebidas, y que forma parte de una instalación más amplia. *Comen en la cantina del cuartel.* **2.** frecAm. Taberna. *Encontró a su padre bebiendo en la cantina* [C]. FAM **cantinero, ra.**

cantinela. f. Cosa que se dice con reiteración y que causa molestia. *Siempre con esa cantinela de que no lo entienden.*

canto¹. m. **1.** Hecho o efecto de cantar. *¿Oyes el canto de un cuco?* **2.** Composición poética. *Escribió un canto fúnebre por su amada.* **3.** Lit. Parte en que se divide un poema épico. *La "Odisea" se compone de 24 cantos.* ■ **~ de(l) cisne.** m. Última obra o actividad de alguien. *La película fue su canto del cisne como director.* ■ **~ de sirena.** m. Halago interesado para atraer a alguien y engañarlo. *No te dejes arrastrar*

por cantos de sirena. ■ **~ llano,** o **gregoriano.** m. *Mús.* Canto (→ 1) interpretado por varias voces a la vez, sin acompañamiento musical, propio de la liturgia cristiana latina. FAM **cántico; cantoral.**

canto². m. **1.** Borde o lado de algo estrecho o aplanado. *Pegó un golpe con el canto de la regla.* **2.** Grosor de algo estrecho o aplanado. *El canto de la mesa es de tres centímetros.* **3.** Corte del libro, opuesto al lomo. *Un lujoso libro con el canto dorado.* **4.** Piedra pequeña, espec. la que tiene los bordes alisados y redondeados. ■ **~ rodado.** m. Canto (→ 4) alisado y redondeado debido al desgaste producido por una corriente de agua. *Había calles de cantos rodados.* □ **de ~.** loc. adv. Sobre el canto (→ 1), o de lado. *La moneda cayó de canto.* FAM **cantonera.**

cantón. m. División administrativa del territorio en algunos Estados. *Suiza está dividida en cantones.* En algunos países de Am., designa un distrito o un municipio. *Residía en el cantón Santa Lucía, en el municipio de Bolívar* [C]. FAM **cantonal; cantonalismo; cantonalista.**

cantor, ra; canturrear; canturreo. → cantar.

cantoral. → canto¹.

cánula. f. *Med.* Tubo corto que se emplea en diferentes operaciones de cirugía, o que forma parte de aparatos físicos o quirúrgicos. *Respira por una cánula colocada en la tráquea.*

canuto. m. **1.** Objeto cilíndrico, gralm. hueco y de longitud no muy grande. *Se hizo una flauta con un canuto.* **2.** coloq. Porro.

caña. f. **1.** Planta de tallo hueco, flexible y con nudos, propia de lugares húmedos. *A orillas de la laguna crecen cañas y juncos.* **2.** Tallo de algunas plantas gramíneas, espec. de la caña (→ 1), gralm. hueco y con nudos. *Muebles de cañas de bambú.* **3.** Planta tropical de unos dos metros de altura, cuyo tallo contiene un tejido esponjoso y dulce del que se extrae azúcar. Tb. *~ de azúcar.* **4.** Vara flexible y larga que se utiliza para pescar, y de cuyo extremo más delgado cuelga el sedal con el anzuelo. **5.** Bebida alcohólica, gralm. vino o cerveza, servida en un vaso cilíndrico y ligeramente cónico. *Tomaremos unas cañas.* **6.** Canilla de la pierna. *La gabardina llega a media caña.* **7.** Tuétano de la pierna de la vaca. *Echa hueso de caña al cocido.* ■ **~ brava.** (Tb. **cañabrava.**) f. Am. Planta de gran altura que crece en las orillas de los ríos y cuyo tallo se utiliza en la construcción de techos y paredes. *Se perdió entre las cañas bravas de la ribera* [C]. □ **dar ~** (a alguien o algo). loc. v. **1.** coloq. Golpear(lo) o vapulear(lo). *Los defensas le han dado mucha caña.* **2.** coloq. Imprimir velocidad (a esa persona o cosa). *No le des caña al coche.* ▶ **6:** CANILLA. **7:** CAÑADA. FAM **cañizal; cañizar.**

cañabrava. → caña.

cañada. f. **1.** Paso entre dos alturas poco distantes entre sí. *En lo hondo de la cañada corre un arroyo.* **2.** Vía para los ganados trashumantes. **3.** Caña (tuétano). ▶ **3:** CAÑA.

cañamazo. m. **1.** Tela tosca de cáñamo. **2.** Tela de hilos muy separados, que se utiliza para bordar.

cáñamo. m. **1.** Planta de gran altura y tallo hueco, erguido y áspero, del cual se obtiene una fibra textil. **2.** Fibra textil, áspera y resistente, que se obtiene del tallo del cáñamo (→ 1). *Cuerda de cáñamo.* ■ **~ índico.** m. Variedad de cáñamo (→ 1), con propiedades estupefacientes y narcóticas. *Del cáñamo índico se obtiene la marihuana.*

cañamón. m. Semilla del cáñamo, pequeña y redonda, utilizada como alimento para pájaros.

cañaveral. m. Terreno poblado de cañas o carrizos. ▶ CAÑIZAL, CAÑIZAR.

cañería. f. Tubo o conjunto de tubos por donde se distribuye el agua o el gas. *Hay goteras por la rotura de una cañería.*

cañí. adj. coloq. Gitano (de un pueblo originario de la India).

cañizal; cañizar. → caña.

cañizo. m. Tejido hecho con cañas que se utiliza espec. para cubrir techos.

caño. m. Tubo corto por el que sale un chorro de un líquido, espec. el de una fuente.

cañón. m. **1.** Pieza de artillería, de gran longitud respecto a su calibre, que se utiliza para lanzar proyectiles pesados. **2.** Pieza hueca y cilíndrica de un arma de fuego, por donde sale el proyectil. *Sintió en la espalda el cañón de la pistola.* **3.** Pieza hueca y alargada de algo. *El cañón de la chimenea.* **4.** Paso estrecho entre dos montañas por donde discurre o ha discurrido un río. FAM cañonazo; cañonear; cañoneo; cañonero, ra.

caoba. f. Árbol americano cuya madera, de color rojizo, es muy apreciada. Tb. su madera.

caos. m. **1.** Confusión o desorden muy grandes. *Durante la revuelta, el caos se apoderó de la ciudad.* **2.** Estado de desorden y confusión que se supone anterior a la ordenación del mundo. FAM caótico, ca.

capa. f. **1.** Prenda de vestir larga, suelta y sin mangas, abierta por delante y ancha en su parte inferior, que se lleva sobre los hombros encima del vestido. *La dama lleva una capa de terciopelo.* **2.** Capote (pieza de tela). **3.** Sustancia que recubre o baña algo. *Una capa de hielo tapa el parabrisas.* **4.** Parte o zona superpuestas a otras, con las que forman un todo. *La tarta tiene una capa de bizcocho y otra de chocolate.* ■ ~ de ozono. f. Capa (→ 4) de la estratosfera en la que se concentra la mayor proporción de ozono. *Algunos gases dañan la capa de ozono.* ⇒ OZONOSFERA. □ a ~ y espada. loc. adv. Con mucho afán o con todas las fuerzas posibles. *Defenderá su propuesta a capa y espada.* ■ de ~ caída. loc. adv. coloq. En decadencia o en una mala situación. *La pequeña tienda está de capa caída.* ■ de ~ y espada. loc. adj. Dicho de obra artística, espec. de comedia del s. XVII: De ambiente caballeresco y amatorio. ▶ **2:** *CAPOTE.

capacho. m. **1.** Recipiente parecido a la espuerta, gralm. de esparto. *Los albañiles sacan los escombros con capachos.* **2.** Capazo (cuna). ▶ CAPAZO.

capacidad; capacitación; capacitar. → capaz.

capar. tr. Castrar (a una persona o un animal). ▶ CASTRAR. FAM capador.

caparazón. m. **1.** Cubierta dura que protege el cuerpo de algunos animales, como el de las tortugas, los crustáceos y algunos insectos. **2.** Esqueleto del cuerpo de un ave. *Prepara caldo con un caparazón de gallina.*

capataz, za. m. y f. **1.** Persona que organiza y vigila las tareas de un grupo de trabajadores. *Es capataz en una fábrica.* **2.** Persona que tiene a su cargo la administración de una finca en el campo.

capaz. adj. **1.** Que tiene espacio suficiente para contener a alguien o algo en su interior. *Una sala capaz PARA mil personas.* **2.** Grande o espacioso. *Los armarios son capaces y bien terminados.* **3.** Dicho de persona: Apta, o que posee cualidades para algo. *Es una*

chica capaz y responsable. **4.** Que puede realizar la acción designada. *Un avión capaz DE volar a gran altura.* **5.** Dicho de persona: Que se atreve a algo. *No soy capaz DE decirle la verdad.* **6.** *Der.* Que posee aptitud legal para algo. *Al alcanzar la mayoría de edad se es capaz PARA votar.* ● adv. **7.** Am. coloq. Quizá o tal vez. *Yo no sé, capaz que no fue cierto, pero así anduvieron diciendo* [C]. FAM capacidad; capacitación; capacitar.

capazo. m. **1.** Cesta con dos asas que se usa como cuna y que se encaja gralm. en una armazón con ruedas para su desplazamiento. *Lleva al bebé en un capazo.* **2.** Capacho (recipiente). ▶ CAPACHO.

capcioso, sa. adj. Dicho de pregunta o argumento: Que se formula para poner en un aprieto al interlocutor.

capear. tr. **1.** Eludir con habilidad (un compromiso o una situación difícil). *Sabe capear las dificultades.* **2.** *Mar.* Sortear (el mal tiempo) con las maniobras adecuadas. *Viraron a babor para capear la tormenta.*

capellán. m. Sacerdote que tiene a su cargo decir misa en una capilla o un oratorio privado. *El capellán de la Facultad.*

capelo. m. Sombrero rojo de los cardenales.

caperuza. f. **1.** Gorro que remata en punta. *Una capa con caperuza.* **2.** Pieza que cubre o protege el extremo de algo. *Pon la caperuza al bolígrafo.*

capicúa. m. Número que es igual leído de derecha a izquierda que de izquierda a derecha. *El 5335 es un capicúa.*

capilar. adj. **1.** Del cabello. *Loción capilar anticaspa.* **2.** Dicho de tubo, espec. de vaso de un organismo: Muy fino o estrecho, como un cabello. *Los vasos capilares extienden la savia por todo el árbol.*

capilla. f. **1.** Lugar secundario de una iglesia, dotado de un altar propio o dedicado al culto de una imagen. *La basílica consta de nave central y capillas laterales.* **2.** Lugar dedicado al culto cristiano que forma parte de un edificio o un recinto. *Hará la comunión en la capilla del colegio.* ■ ~ ardiente. f. Lugar en que se coloca a un difunto para velarlo y celebrar honras fúnebres por él. *La capilla ardiente del capitán se instalará en la comandancia.* □ en ~. loc. adv. **1.** Esperando un condenado a muerte que se cumpla la sentencia. *El preso que estaba en capilla pidió un sacerdote.* **2.** coloq. Esperando el momento de enfrentarse a una prueba o de conocer el resultado de algo que causa inquietud. *Los novios ya están en capilla.*

capirote. m. Gorro en forma cónica, de cartón y cubierto de tela, que utilizan los penitentes en las procesiones de Semana Santa. ■ de ~. loc. adj. coloq. Pospuesto a un adjetivo despectivo como *tonto*, se usa para enfatizar el significado de este. *Ese es tonto de capirote.*

capital. adj. **1.** Principal, o de mayor importancia. *Es una figura capital del arte.* ● m. **2.** Cantidad de bienes que se poseen, espec. dinero. *Al morir dejó todo su capital a sus hijos.* **3.** Cantidad de dinero que se invierte para obtener un rendimiento. *Invirtió un capital en acciones.* **4.** *Econ.* Factor de producción constituido por todos aquellos elementos que, combinados pralm. con el trabajo, se destinan a la consecución de bienes. *La maquinaria forma parte del capital.* ○ f. **5.** Ciudad principal y cabeza de un Estado, provincia o distrito. *La capital de Argentina es Buenos Aires.* **6.** Lugar o población que destacan en algún aspecto o actividad. *Mi-*

lán, *capital mundial de la moda.* FAM **capitalidad; capitalizar.**

capitaleño, ña. adj. De Santo Domingo (República Dominicana).

capitalismo. m. Sistema económico que se basa en el predominio del capital como elemento de producción y creador de riqueza. *El capitalismo postula la libre competencia.* FAM **capitalista.**

capitán, na. (La forma **capitán** se usa como f. en las acep. 1-3). m. y f. **1.** Persona que manda un barco, espec. mercante o de pasajeros. **2.** Oficial del Ejército cuyo empleo es inmediatamente superior al de teniente. *Lo ascendieron a capitán.* **3.** Oficial de la Armada cuyo empleo es inmediatamente superior al de teniente de navío. *Es capitán de navío.* **4.** Jefe absoluto de un ejército. *Don Juan de Austria fue el capitán de los ejércitos cristianos en la batalla de Lepanto.* **5.** Persona que dirige o encabeza un grupo de personas, espec. un equipo deportivo. *El árbitro dialoga con el capitán del equipo.* ● adj. **6.** Dicho de nave: En que va embarcado y arbola su insignia el jefe de una escuadra. ■ **capitán general.** m. y f. Oficial general del ejército cuyo empleo es el de mayor rango superior. *El capitán general se reunirá con el rey.* FAM **capitanear; capitanía.**

capitel. m. *Arq.* Parte superior de la columna, que suele estar decorada.

capitolio. m. **1.** En algunos países: Palacio que alberga los órganos legislativos del Estado. **2.** histór. Acrópolis. *Paseamos por el capitolio romano.*

capitoste. m. despect. Persona con influencia o poder. *Al acto acudieron el alcalde y algunos capitostes.*

capitular¹. adj. **1.** Del cabildo seglar o eclesiástico. *Sala capitular.* **2.** Del capítulo de una orden. *Reuniones capitulares.*

capitular². intr. **1.** En un conflicto bélico: Rendirse bajo determinadas condiciones. *Tras dos meses de sitio, capitularon.* ○ tr. **2.** Pactar o acordar (algo). *Se entrevistaron para capitular la rendición.* FAM **capitulación.**

capítulo. m. **1.** Cada una de las divisiones estructurales, frec. numeradas y tituladas, que se hacen en un libro u otra obra extensa. *Me falta un capítulo para terminar la novela.* **2.** Junta de los religiosos de una orden, o de los miembros de algunas organizaciones, para tratar determinados asuntos. *Los benedictinos se reunieron en capítulo.* ■ **llamar, o traer, a ~** (a alguien). loc. v. Pedir(le) cuentas de su comportamiento o recriminar(lo) por este. *La junta directiva llamó a capítulo al gerente.* ■ **ser, o merecer,** alguien o algo **~ aparte.** loc. v. Ser un caso diferente o digno de una consideración más detenida. *Dentro de su obra, las sinfonías merecen capítulo aparte.* ▶ **Am: 1:** ACÁPITE.

capo. m. Jefe de una mafia, espec. de narcotraficantes. *Han capturado a un capo de la droga.*

capó. m. Cubierta del motor de un automóvil. *Levante el capó para ver el motor.*

capón. adj. **1.** Castrado. *Un burro capón.* ● m. **2.** Pollo castrado cuando es joven y cebado para comerlo. *Cenaremos capón relleno.*

caporal. m. frecAm. Capataz de una finca o hacienda. *Los caporales vigilan a los trabajadores cómo cortan el café* [C].

capota. f. Cubierta plegable que llevan algunos vehículos. *Iba en un deportivo con la capota bajada.*

capotar. intr. **1.** Volcar un vehículo automóvil quedando en posición invertida. *El coche dio dos vueltas*

de campana y capotó. **2.** Dar con la proa en tierra un vehículo aéreo. *El avión capotó contra la pista antes de despegar.*

capote. m. **1.** Abrigo ceñido al cuerpo y con largos faldones que usan los militares. **2.** Pieza de tela que recuerda a una capa, con vuelo y de color vivo, usado por los toreros con capote. *Toreó con capote.* ▶ **2:** CAPA, MULETA, TELA, TRAPO. FAM **capotazo; capotear.**

capricho. m. **1.** Deseo pasajero, gralm. irracional o sin motivación aparente. *Malcrías al niño si accedes a todos sus caprichos.* **2.** Persona, animal o cosa que es objeto de un capricho (→ 1). *Fue caro el reloj, pero era un capricho.* **3.** Obra de arte, como un cuadro o una pieza musical, que se aleja de los modelos tradicionales y en la que predominan el ingenio y la fantasía. *Un capricho para violín.* ▶ **1:** ANTOJO. FAM **caprichoso, sa.**

capricornio. m. y f. Persona nacida bajo el signo de Capricornio.

caprino, na. adj. De la cabra. *Ganado caprino.*

cápsula. f. **1.** Envoltura insípida y soluble en la que se presentan ciertos medicamentos de sabor desagradable. *El antibiótico lo hay en cápsulas y en inyecciones.* **2.** Pieza de metal con que se cierra herméticamente una botella después de llena y taponada. *Quitó la cápsula a la botella y la descorchó.* **3.** En una nave espacial: Cabina para la tripulación donde se encuentran los mandos de control. FAM **capsular.**

captar. tr. **1.** Percibir (algo) por medio de los sentidos. *Los perros captan infinidad de olores.* **2.** Percibir (algo) por medio de la inteligencia. *Cuesta captar el sentido del texto.* **3.** Recoger o registrar alguien o algo (sonidos o imágenes). *Una cámara captó la escena.* **4.** Recoger (las aguas, espec. de un río o un lago) para su utilización. *Captan agua del manantial para el riego.* **5.** Atraer (a alguien) para ganar su voluntad o su afecto. *La secta captaba a jóvenes.* **6.** Atraer o provocar una persona o cosa (admiración o interés) en alguien. *La novela capta la atención del lector.* ▶ **1, 2:** *PERCIBIR. FAM **captación; captador, ra.**

captor, ra. adj. **1.** Que capta. *Paneles captores de energía.* **2.** Que captura. Tb. m. y f. *Logró huir de sus captores.*

capturar. tr. **1.** Apoderarse (de alguien o algo). *El perro capturó en el aire un hueso que le lanzaron.* **2.** Apresar o hacer prisionero (a alguien, espec. a un delincuente). *La policía ha capturado al ladrón.* ▶ **1:** *APODERARSE. **2:** *APRESAR. FAM **captura.**

capucha. f. Pieza de una prenda de vestir, gralm. acabada en punta, que sirve para cubrir la cabeza. Tb. designa la prenda independiente que cubre la cabeza y el rostro. *Los atracadores llevaban capuchas.* ▶ FAM **capuchón.**

capuchino, na. adj. **1.** Dicho de religioso descalzo: Que pertenece a una orden reformada de San Francisco. *Frailes capuchinos.* ● m. **2.** Café con leche y crema espumosa. *¡Dos con leche y un capuchino!*

capullo. m. **1.** Envoltura de forma oval que fabrican las larvas de algunos insectos, y en la que se encierran para transformarse en adultos. *Un gusano de seda teje su capullo.* **2.** Flor, espec. una rosa, que aún no ha abierto los pétalos. *Al rosal le ha salido un capullo.*

caqui¹. (Tb. **kaki**.) m. Árbol originario de Japón y de China, cuyo fruto, esférico y rojo o anaranjado, es comestible. Tb. el fruto.

caqui². (Tb. **kaki**.) adj. **1.** De color que varía entre amarillo u ocre y verde grisáceo. *Pantalón caqui.*

● m. **2.** Uniforme militar caqui (→ 1). *Iba vestido con el caqui.*

cara. f. **1.** En el cuerpo humano: Parte delantera de la cabeza, desde la frente hasta la barbilla. *Tiene granos en la cara.* **2.** En un animal: Parte análoga a la cara (→ 1). **3.** Persona, considerada como individuo. *Hay caras nuevas en el colegio.* **4.** Expresión o aspecto de la cara (→ 1), espec. como reflejo de un estado físico o psíquico. *Tienes mala cara.* **5.** Aspecto o apariencia de una cosa. *¡Qué buena cara tiene esta fruta!* **6.** Cada uno de los lados o de las superficies de algo, espec. de un cuerpo plano. *Un dado tiene seis caras.* **7.** Cara (→ 6) principal de una moneda o de una medalla. *La moneda tiene una efigie en la cara, y un escudo en la cruz.* **8.** coloq. Descaro o atrevimiento. *¡Qué cara le echa, se ha colado!* **9.** Mat. Cada uno de los planos que forman un cuerpo geométrico. *Las caras de un cubo son cuadrados.* ○ m. y f. **10.** coloq. Caradura. Tb. ~ *dura.* ■ ~ **de perro.** f. coloq. Cara (→ 4) de disgusto u hostilidad. *Obedeció con cara de perro.* ■ ~ **dura.** → **caradura.** ■ ~ **larga.** f. coloq. Cara (→ 4) de tristeza o contrariedad. *Todo eran llantos y caras largas.* □ a ~ o **cruz.** loc. adv. Lanzando al aire una moneda que, al caer con la cara (→ 7) o la cruz hacia arriba, decide entre dos posibilidades. *Se jugará la casa a cara o cruz.* ■ **caérsele la ~ de vergüenza** (a alguien). loc. v. coloq. Sentir (esa persona) mucha vergüenza. *Se me caería la cara de vergüenza si nos sorprendieran.* ■ ~ **a.** loc. prepos. **1.** En dirección a o mirando a. *Lo castigaron cara a la pared.* **2.** Con vistas a, o para. *¿Habrá novedades cara a las elecciones?* ■ ~ **a ~.** loc. adv. En presencia de la persona o las personas en cuestión. *Hablará cara a cara con los afectados.* ■ **cruzar la ~** (a alguien). loc. v. Dar(le) uno o más golpes en la cara (→ 1), espec. un par de bofetadas. *Calla o te cruzo la cara.* ■ **dar la ~.** loc. v. Responder de los propios actos y afrontar las consecuencias. *Que el culpable dé la cara.* ■ **dar la ~** (por alguien). loc. v. Salir en defensa o apoyo (de él). *Nadie dio la cara por mí.* ■ **de ~.** loc. adv. De frente o por delante. *El viento sopla de cara.* ■ **de ~ a.** loc. prepos. En relación con. *Habrá mejoras de cara al cliente.* ■ **echar en ~** (algo a alguien). loc. v. Criticárse(lo) o censurárse(lo). *Me echa en cara mi desinterés.* ■ **en la ~** (de alguien). loc. adv. En presencia (de él). *Si tiene quejas, dígamelo en la cara.* ■ **plantar ~** (a alguien). loc. v. Oponerse o enfrentarse (a él). *Las pequeñas empresas plantan cara a las grandes.* ■ **sacar la ~** (por alguien). loc. v. Salir en defensa (de él). *Siempre saca la cara por los suyos.* ■ **salvar la ~.** loc. v. Mantener la dignidad en una situación desfavorable. *Salvaron la cara marcando en el último minuto.* ▶ **4, 5:** SEMBLANTE. **7:** ANVERSO.

carabao. m. Búfalo asiático, de color gris azulado y cuernos largos y dirigidos hacia atrás.

carabela. f. histór. Embarcación de vela, larga y ligera, con una sola cubierta y tres palos. *Colón comandaba una nao y dos carabelas.*

carabina. f. **1.** Arma de fuego parecida a un fusil, pero de menor longitud. **2.** histór., coloq. Mujer mayor que acompañaba a una señorita cuando salía a la calle.

carabinero[1], ra. m. y f. **1.** Soldado perteneciente a un cuerpo destinado a la persecución del contrabando. *El cuerpo de carabineros se incautó de un alijo de tabaco.* **2.** Am. Policía (miembro). *Fui detenido por un carabinero* [C]. ▶ **2:** POLICÍA.

carabinero[2]. m. Crustáceo marino comestible parecido al langostino pero de mayor tamaño y de color rojo oscuro.

caracol. m. **1.** Molusco acuático o terrestre, con tentáculos en la cabeza y una concha en espiral, del que existen especies comestibles. **2.** Concha del caracol (→ 1). *La caja va adornada con conchas y caracoles.* **3.** Rizo de pelo. **4.** Anat. Cavidad en forma de caracol (→ 2) situada en el oído interno de los vertebrados. ■ ~**es.** interj. Se usa para expresar asombro o enfado. *¡Caracoles, qué frío!* FAM **caracolear; caracoleo.**

caracola. f. Concha de un caracol marino, gralm. grande y de forma cónica.

carácter. (pl. **caracteres**). m. **1.** Conjunto de cualidades de una persona o colectividad, que determinan su conducta y la distinguen de las demás. *Es de carácter introvertido.* **2.** Fuerza o firmeza de carácter (→ 1). *Tiene carácter, no se dejará manipular.* **3.** Condición de una persona o cosa. *Una entidad de carácter benéfico.* **4.** Fuerza y originalidad de estilo. *Edificios vulgares y sin carácter.* **5.** Rasgo distintivo. *Estas plantas presentan, entre otros caracteres, el fruto en legumbre.* **6.** Signo de escritura o de imprenta. *Una inscripción en caracteres árabes.* **7.** Señal espiritual que queda en una persona como efecto de un conocimiento o experiencia importantes, como, en la religión católica, la dejada por algunos sacramentos. *El bautismo imprime carácter.* ▶ **1:** GENIO.

característico, ca. adj. **1.** Que distingue o sirve para distinguir algo o a alguien. *Nos acogió con su jovialidad característica.* ● f. **2.** Cualidad característica (→ 1) de algo o alguien. *Explica las características del Barroco.* ▶ **1:** CLÁSICO, INDIVIDUAL, PECULIAR, PROPIO, REPRESENTATIVO.

caracterizado, da. adj. Destacado o importante. *Es el líder más caracterizado.*

caracterizar. tr. **1.** Ser algo característico o distintivo (de algo o alguien). *Las temperaturas extremas caracterizan este clima.* **2.** Presentar las cualidades características o distintivas (de algo o alguien). *Las crónicas lo caracterizan como un rey justo.* **3.** Vestir y maquillar (a un actor) de acuerdo con el personaje que representa. *Lo caracterizaron* DE *hombre lobo.* **4.** Poseer una cualidad característica o distintiva. *El león se caracteriza* POR *su fiereza.* FAM **caracterización; caracterizador, ra.**

caradura. (Tb. **cara dura**). m. y f. coloq. Persona descarada o atrevida. *Un caradura intentó colarse.*

carajo. m. **1.** malson. Pene. **2.** malson. Se usa, pospuesto a una palabra interrogativa, para enfatizar expresiones que indican disgusto, sorpresa o rechazo. **3.** Am. despect., malson. Se usa para mencionar a una persona desvalorizándola. ● interj. **4.** malson. Se usa para expresar sorpresa, contrariedad o enfado. Tb. *qué* ~. ■ **al** ~. expr. malson. Se usa para expresar rechazo o enfado. ■ **del** ~. loc. adj. malson. Muy grande o extraordinario. ■ **un** ~. loc. adv. **1.** malson. Muy poco o nada. **2.** malson. Mucho. □ expr. **3.** malson. Se usa para enfatizar una negativa o una reacción de rechazo.

caramba. interj. Se usa para expresar sorpresa o enfado. *¡Caramba, te has casado!*

carámbano. m. Pedazo de hielo alargado y puntiagudo, formado al helarse el agua que gotea. *Hay carámbanos en la ventana.*

carambola. f. **1.** Jugada de billar en que la bola impulsada toca a otras dos. *Hizo una carambola a tres bandas.* **2.** coloq. Resultado, frec. favorable, producido por casualidad o de manera indirecta. *Fue pura carambola que salieran ilesos.*

caramelo. m. **1.** Pasta de azúcar fundido. *Echa caramelo líquido sobre el helado.* **2.** Dulce pequeño hecho de caramelo (→ 1) endurecido y aromatizado con esencias, gralm. de frutas o de hierbas. *Reparte caramelos entre los niños.* FAM **caramelizar.**

caramillo. m. Flautilla de caña, madera o hueso, de sonido muy agudo.

carancho. m. Am. Ave rapaz americana de tamaño grande, color pardo oscuro y costumbres a menudo terrestres, que se alimenta de carroña, reptiles o insectos. *Los caranchos esconden sus presas* [C].

carantoña. f. coloq. Muestra de cariño, gralm. mediante una caricia, que se hace a alguien, frec. para conseguir algo de él. *Todos hacen carantoñas al bebé.*

caraota. f. Am. Judía. *Le espera la modesta mesa con su plato de caraotas* [C].

caraqueño, ña. adj. De Caracas (Venezuela).

carátula. f. **1.** Máscara para ocultar la cara. *En el carnaval, muchos van con carátulas.* **2.** Portada o cubierta de la funda de un disco o del estuche de una cinta. *En la carátula del CD figura una foto del grupo.* **3.** frecAm. Portada de un libro, de una revista o de otro conjunto de hojas encuadernadas. *Baste ver la carátula que le dedicó recientemente una revista chilena* [C].

caravana. f. **1.** Grupo de personas que, cabalgando o en vehículos, viajan o se desplazan en fila. *Una caravana de beduinos en camello atraviesa el desierto.* **2.** Fila de vehículos que avanzan por la carretera lentamente y con frecuentes retenciones. *Hay caravana en la autopista.* **3.** Vehículo provisto de motor propio o remolcado por un automóvil, que está acondicionado como vivienda y se usa espec. en viajes.

caray. interj. Se usa para expresar sorpresa o enfado. *¡Caray, qué modales!*

carbón. m. **1.** Mineral de color negro u oscuro, constituido por materia vegetal fosilizada, y usado como combustible. *Minas de carbón.* Tb. *~ mineral.* **2.** Materia sólida y ligera, de color negro u oscuro, que se obtiene quemando leña u otros cuerpos orgánicos y se usa como combustible. *Están en el bosque fabricando carbón.* ■ *~ vegetal.* m. Carbón (→ 2) que se obtiene al quemar leña. ▶ **3:** CARBONCILLO. FAM **carbonería; carbonero, ra; carbonífero, ra; carbonilla; carbonización; carbonizar.**

carboncillo. m. **1.** Palito carbonizado de una madera ligera, como sauce o brezo, que sirve para dibujar. *Retratos a carboncillo.* **2.** Dibujo hecho con carboncillo (→ 1). *Exposición de acuarelas y carboncillos.* ▶ **1:** CARBÓN.

carbono. m. Elemento químico muy abundante en la naturaleza, que es el componente principal de las sustancias orgánicas y tiene gran variedad de usos y aplicaciones (Símb. C). FAM **carbonatar; carbonato; carbónico, ca.**

carbunco o **carbunclo.** m. Med. Enfermedad contagiosa de los animales, espec. del ganado, producida por un bacilo y transmisible al ser humano. ▶ ÁNTRAX.

carburante. m. Mezcla de hidrocarburos que se emplea como fuente de energía en los motores de explosión. *El gasóleo es un carburante.*

carburar. tr. **1.** Mezclar (aire) con los vapores o gases de un carburante para hacerlos combustibles o detonantes. *El motor gira según la cantidad de aire*

carburado. ○ intr. **2.** coloq. Funcionar o realizar su función una persona o una cosa. *Esta radio no carbura.* FAM **carburación; carburador.**

carburo. f. Quím. Compuesto químico de carbono y otro cuerpo simple. *El carburo de aluminio produce metano.*

carcaj. m. Caja para flechas, alargada y abierta por arriba, que se lleva colgada del hombro. ▶ ALJABA.

carcajada. f. Risa impetuosa y ruidosa. *Ríe a carcajadas.* FAM **carcajearse.**

carcamal. m. coloq., despect. Persona vieja y gralm. achacosa.

carcasa. f. **1.** Esqueleto de animal. *Con la carcasa del pollo haremos un caldo.* **2.** Armazón o estructura de un objeto. *La carcasa del ordenador.*

cárcava. f. Zanja u hondonada grandes formadas por las crecidas de agua. *Ascenderemos a la cima bordeando profundas cárcavas.*

cárcel. f. Establecimiento destinado a la reclusión de presos. *Está en la cárcel por robo.* ▶ PENAL, PENITENCIARÍA, PRESIDIO, PRISIÓN. FAM **carcelario, ria; carcelero, ra.**

carcoma. f. Insecto de pequeño tamaño cuya larva roe la madera. *Se oye el ruido de la carcoma taladrando las vigas.* FAM **carcomer.**

cardamomo. m. Planta herbácea de flores blancas en espiga, fruto triangular y semillas aromáticas que se usan en medicina, perfumería y como especia.

cardar. tr. **1.** Peinar o cepillar (el pelo) desde la punta hacia la raíz para que quede hueco. *Le han cardado el pelo en la peluquería.* **2.** Preparar con una especie de cepillo con púas de alambre (una materia textil) para el hilado. *Cardaban la lana.* FAM **carda; cardado; cardador, ra.**

cardenal[1]. m. Eclesiástico de rango superior, que es miembro del colegio consultivo del papa y del cónclave que se reúne para elegir a este. FAM **cardenalato; cardenalicio, cia.**

cardenal[2]. m. Mancha amoratada que sale en la piel debido gralm. a un golpe. ▶ MORADURA.

cardenillo. m. Materia tóxica, verdosa o azulada, que se forma sobre los objetos de cobre o de sus aleaciones. *Calderos manchados de cardenillo.*

cárdeno, na. adj. **1.** cult. Amoratado. **2.** Taurom. Dicho de toro: De pelo negro y blanco.

cardíaco, ca o **cardiaco, ca.** adj. **1.** Del corazón. *Enfermedad cardíaca.* **2.** Dicho de persona: Que padece del corazón. *Enfermo cardíaco.*

cárdigan. m. (pl. *cárdigan*). Chaqueta deportiva de punto con escote en pico.

cardinal. adj. **1.** cult. Principal o fundamental. *La educación es un elemento cardinal de su programa.* **2.** Gram. Dicho de adjetivo o pronombre numerales: Que expresa una cantidad precisa de elementos. *"Diez" es un numeral cardinal.*

cardio-. elem. compos. Significa 'del corazón'. *Cardiocirujano, cardiograma, cardiología, cardiológico, cardiólogo, cardiopatía, cardiorrespiratorio, cardiovascular.*

cardo. m. **1.** Planta de hojas grandes y espinosas, flores azules y pencas comestibles. **2.** Planta con espinas similar al cardo (→ 1), cuyas pencas no son comestibles. *El solar está lleno de cardos y matojos.*

cardumen. m. cult. o tecn. Banco de peces. *Las sardinas se agrupan en cardúmenes.*

carear. tr. Poner (a una persona) en presencia de otra o de otras, para contrastar sus declaraciones y así determinar la verdad de lo que afirman. *El juez mandó carear al acusado* CON *un testigo.* FAM **careo.**

carecer. (conjug. AGRADECER). intr. No tener algo. *El edificio carece* DE *ascensor.* FAM **carencia; carencial.**

carenado. m. Revestimiento de fibra de vidrio, plástico u otro material, que se añade a un vehículo, espec. a una motocicleta o a un coche de carreras, con fines gralm. ornamentales o aerodinámicos.

carenar. tr. *Mar.* Reparar el casco (de una nave). *El puerto dispone de dos diques para carenar embarcaciones.*

carencia; carencial. → carecer.

carente. adj. Que carece de algo. *Una novela carente* DE *originalidad.* ▶ DESPROVISTO, EXENTO, FALTO.

careo. → carear.

carero, ra. → caro.

carestía. f. **1.** Precio alto de las cosas, espec. de las de uso común. *Protestan por la carestía de la vivienda.* **2.** Falta o escasez de algo, espec. de alimentos. *La posguerra fue una época de tremenda carestía.*

careta. f. **1.** Máscara que puede ser de diversos materiales y sirve para cubrir, proteger u ocultar la cara. *El niño lleva una careta de cartón.* **2.** Parte delantera de la cabeza del cerdo usada como alimento. *Comimos caldereta de cerdo con oreja y careta.*

carey. (pl. careyes) m. **1.** Tortuga marina de aguas tropicales, con extremidades delanteras más largas que las traseras, y caparazón pardo compuesto por escamas superpuestas. **2.** Materia córnea, translúcida y de color ambarino, que se obtiene del caparazón del carey (→ 1) y se emplea para fabricar adornos y otros objetos. *El armario tiene incrustaciones de carey.* ▶ **2:** CONCHA.

carga. f. **1.** Hecho de cargar. *Zona de carga y descarga.* **2.** Cosa o conjunto de cosas que se cargan en un vehículo, sobre un animal o sobre una persona. *En el camión la carga debe ir bien amarrada.* **3.** Peso que lleva una persona, un animal o un vehículo, o que soporta una estructura. *La carga máxima del elevador es de 600 kilos.* **4.** Repuesto del depósito de un utensilio. *Necesito una carga para el bolígrafo.* **5.** Cantidad de explosivo que se pone en un arma de fuego, un artefacto explosivo u otras cosas semejantes. *Estalló una carga de dinamita.* **6.** Persona o cosa que producen molestia, preocupación o sufrimiento. *Me voy, no quiero ser una carga.* **7.** Obligación que viene dada por un estado o empleo determinado. *Ayudas para trabajadores con cargas familiares.* **8.** Impuesto o tributo. *Cargas fiscales.* **9.** Cantidad de electricidad acumulada en un cuerpo. *El electrón es una partícula con carga negativa.* ■ ~ **de profundidad.** f. Explosivo que se lanza contra un objetivo sumergido en el agua. *Una carga de profundidad destruyó el submarino.* □ **de** ~. loc. adj. Dicho de animal o vehículo: Destinado a llevar carga (→ 2). *Un buque de carga.* ■ **volver a la** ~. loc. v. Insistir en un empeño o tema. *Yo quería zanjar el tema, pero él volvía a la carga.* FAM **carguero, ra.**

cargado, da. adj. Dicho de atmósfera o de tiempo: Bochornoso. *La tarde estaba cargada y amenazaba tormenta.* ■ ~ **de hombros,** o ~ **de espaldas.** loc. adj. Que tiene la parte superior de la espalda algo saliente y lleva los hombros echados hacia delante. *Era alto y algo cargado de hombros.* ▶ BOCHORNOSO.

cargar. tr. **1.** Poner cosas que se van a transportar (en un vehículo, sobre un animal o sobre una persona). *Cargaron la furgoneta* DE *patatas.* **2.** Poner (cosas que se van a transportar) en un vehículo, sobre un animal o sobre una persona. *Carga la leña* EN *el burro.* **3.** Hacer que (alguien o algo) soporten un peso. Tb. fig. *No me cargue* CON *esa responsabilidad.* **4.** Proporcionar (a un aparato o a un utensilio) lo que necesitan para funcionar. *Cargue la batería del móvil.* **5.** Introducir la carga o el proyectil (en un arma de fuego). *Cargó la escopeta y disparó.* **6.** Hacer que (una persona o una cosa) tengan algo en abundancia. *Carga sus frases de ironía.* **7.** Poner (en una bebida) abundante cantidad del componente básico para hacer(la) más fuerte. *No cargues tanto el café.* **8.** Anotar (una cantidad) en una cuenta. *El banco cargará los recibos* EN *su cuenta.* **9.** coloq. Molestar o fastidiar (a alguien). *Me cargan los pedantes.* **10.** *Inform.* Instalar en un ordenador (el programa que se va a utilizar). *Haga clic para cargar el programa.* ○ tr. prnl. **11.** coloq. Matar (a una persona o a un animal). *Se cargó al ladrón de un tiro.* **12.** coloq. Romper o estropear (algo). *Tropecé y casi me cargo la tele.* ○ intr. **13.** Tomar o llevar encima un peso. *El botones cargará* CON *las maletas.* **14.** Lanzarse al ataque, espec. el ejército o la policía, contra el enemigo o una multitud. *La caballería cargó* CONTRA *el enemigo.* ○ intr. prnl. **15.** Llenarse de nubes el cielo, o el horizonte o cosas semejantes. *La tarde se está cargando.* ▶ **8:** ADEUDAR. FAM **cargadero; cargador, ra; cargamento; cargante; cargazón; cargoso, sa** (Am).

cargo. m. **1.** Puesto o empleo que tiene una persona dentro de una organización o de una empresa. *El Presidente tomará posesión de su cargo.* **2.** Persona que desempeña un cargo (→ 1). *Los altos cargos tienen coche oficial.* **3.** Falta que se imputa a alguien. *Si se prueban los cargos, será condenado.* **4.** Cantidad anotada en una cuenta en concepto de gasto o deuda. *En su libreta figura un cargo correspondiente a una compra con tarjeta.* **5.** Cantidad que se carga sobre el precio de algo. *En la factura consta el cargo por desplazamiento.* ■ ~ **de conciencia.** m. Remordimiento o sentimiento de culpabilidad. *Me da cargo de conciencia dejarla sola.* □ **a** ~ (de alguien). loc. adv. **1.** Bajo su cuidado o responsabilidad. *Tiene cien obreros a su cargo.* **2.** Por expensas. *Los gastos corren a cargo* DE *la empresa.* ■ **con** ~ (a alguien o algo). loc. adv. Cubriendo (ellos) los gastos. *Conceden becas con cargo a los presupuestos generales.* ■ **hacerse** alguien ~ (de una persona o una cosa). loc. v. Tomar(las) bajo su cuidado o responsabilidad. *El Estado se hizo cargo* DE *los huérfanos.* ■ **hacerse** alguien **cargo** (de algo). loc. v. Entender(lo) o hacerse una idea (de ello). *Hazte cargo de mi situación; no puedo ir.* ▶ **1:** *TRABAJO.

carguero, ra. → carga.

cariacontecido, da. adj. Que muestra pena o tristeza en el rostro. *El aspirante salió de la entrevista cariacontecido.*

cariar. → caries.

cariátide. f. *Arq.* Escultura con figura de mujer que sirve de columna. *Templo griego con un pórtico de cariátides.*

caribe. adj. **1.** histór. De un pueblo que dominó una parte de las Antillas y se extendió por el norte de Sudamérica. Tb. m. y f. ● m. **2.** Lengua hablada por los caribes (→ 1).

caribeño, ña. adj. Del mar Caribe o de la región que ocupa. *Música caribeña.*

caribú. m. Mamífero parecido al reno pero de mayor tamaño y cuernos más grandes, propio del norte de América. *El caribú hembra.*

caricatura. f. **1.** Dibujo satírico en que se deforman las facciones y el aspecto de alguien. *Hace caricaturas de famosos.* **2.** Obra artística que ridiculiza el modelo que tiene por objeto. *Su farsa es una caricatura de la sociedad.* **3.** despect. Persona o cosa que no alcanza a ser lo que pretende. *Ahora es una caricatura del gran jugador que fue.* FAM caricato; caricaturesco, ca; caricaturista; caricaturización; caricaturizar.

caricia. f. Hecho de tocar o rozar algo o a alguien con suavidad como demostración de cariño. *Una pareja se hacía caricias.*

caridad. f. **1.** Actitud o sentimiento de quien está dispuesto a ayudar a otros cuando sufren o están necesitados. Frec. en la constr. *por ~*, para expresar ruego o súplica. *–Deme algo, por caridad.* **2.** Limosna que se da a una persona necesitada. *Un mendigo imploraba una caridad.* **3.** Rel. En el cristianismo: Virtud que consiste en amar a Dios sobre todas las cosas y a los demás como a uno mismo. FAM caritativo, va.

caries. f. Erosión del esmalte de un diente por la acción de bacterias. *La higiene bucal previene la caries.* FAM cariar (conjug. ENVIAR).

carilla. f. Plana o cara de una hoja de papel. *Escribió un folio por ambas carillas.*

carillón. m. **1.** Conjunto de campanas en una torre, dispuestas para producir un sonido armónico. **2.** Reloj con carillón (→ 1). *El carillón del Ayuntamiento dio las doce.* **3.** Instrumento musical de percusión, consistente en un juego de tubos o planchas de acero.

cariño. m. **1.** Sentimiento de afecto hacia alguien o algo que se desea tener cerca. *Tiene mucho cariño A sus primos.* **2.** Manifestación de cariño (→ 1) mediante hechos o palabras. *Le hace cariños al bebé.* **3.** Cuidado o esmero con que se hace algo. *Un trabajo hecho con cariño.* ▶ 1: *AFECTO. FAM cariñoso, sa.

carioca. adj. De Río de Janeiro (Brasil).

carisma. m. Capacidad para atraer o fascinar. *Es un líder con carisma.* FAM carismático, ca.

caritativo, va. → caridad.

cariz. m. Aspecto que presenta una cosa, espec. un asunto. *No me gusta el cariz que están tomando los acontecimientos.*

carmelita. adj. De la orden del Carmen o del Carmelo. *Monjas carmelitas.* FAM carmelitano, na.

carmesí. (pl. carmesíes o carmesís). adj. De color rojo grana u oscuro. *Terciopelo carmesí.*

carmín. m. **1.** Pintalabios. ● adj. **2.** De color rojo vivo o intenso. *Un cielo carmín.*

carnada. f. Cebo animal para pescar o cazar. *Ponga carnada en el anzuelo.* ▶ CARNAZA.

carnaval. m. **1.** Fiesta popular en que la gente se disfraza y participa en bailes y comparsas, gralm. en la calle, durante los tres días que preceden a la Cuaresma. **2.** Período de tres días que precede a la Cuaresma. *Pasado carnaval, llega el Miércoles de Ceniza.* ▶ CARNESTOLENDAS. FAM carnavalada; carnavalesco, ca.

carnaza. f. Carnada.

carne. f. **1.** Parte muscular del cuerpo humano o animal. *Se le ha incrustado la uña en la carne.* **2.** Carne (→ 1) comestible del animal terrestre o de ave. *Prefiero la carne al pescado.* **3.** Parte blanda de un fruto, que está bajo la cáscara o el pellejo. *La carne del tomate es jugosa.* **4.** En el cristianismo: Parte material o corporal del ser humano, considerada en oposición al espíritu y como vehículo de la sensualidad y el goce sexual. *Condenan los placeres de la carne.* ■ *~ de cañón.* f. Persona o grupo de personas expuestas a peligro de muerte u otro riesgo grave. *La tropa era carne de cañón.* ■ *~ de gallina.* f. Aspecto que toma la piel humana cuando, por frío o por una emoción fuerte, aparecen pequeños abultamientos que recuerdan los de la piel de un ave desplumada. *El testimonio de los torturados pone carne de gallina.* ■ *~ de membrillo.* f. Dulce compacto hecho a base de carne (→ 3) de membrillo cocida con azúcar. ⇒ MEMBRILLO. □ *de ~ y hueso.* loc. adj. Real, o que existe de verdad. *Mezclan dibujos animados con actores de carne y hueso.* ■ *en ~ viva.* loc. adj. Dicho de parte del cuerpo: Accidentalmente despojada de la piel. *El perro traía las patas en carne viva.* FAM carnal; carnalidad; carnicería; carnicero, ra; cárnico, ca; carnívoro, ra; carnosidad; carnoso, sa.

carné. m. Documento que se expide a favor de una persona, gralm. provisto de su fotografía, y que sirve para acreditar su identidad, su pertenencia a un colectivo o su facultad para realizar una actividad. *Muéstreme su carné de conducir.* ■ *~ de identidad.* m. Carné que sirve para acreditar oficialmente la identidad del titular.

carnero. m. Macho adulto de la oveja, provisto de cuernos enrollados hacia atrás.

carnestolendas. (A veces en mayúsc.). f. pl. Carnaval.

carnicería; carnicero, ra; cárnico, ca; carnívoro, ra; carnosidad; carnoso, sa. → carne.

caro, ra. adj. **1.** De precio alto o más alto de lo normal. *La gasolina está cara.* **2.** cult. Querido o amado. *Mi caro y gran amigo, agradezco sus palabras.* ● adv. **3.** A un precio alto. *Aquí venden caro.* FAM carero, ra.

carolingio, gia. adj. De Carlomagno (emperador de Occidente, 742?-814), de su dinastía o de su época. *Imperio carolingio.*

carótida. f. Anat. Cada una de las dos arterias que llevan sangre a la cabeza a través del cuello.

carozo. m. Am. Hueso de un fruto. *Aceitunas verdes sin carozo* [C]. ▶ *HUESO.

carpa¹. f. Pez de agua dulce, gralm. con dos pequeñas barbas a ambos lados de la boca, que habita en aguas tranquilas. *En el estanque hay carpas de colores.*

carpa². f. **1.** Toldo de grandes dimensiones que cubre un circo u otro recinto amplio. **2.** Am. Tienda de campaña. *Los gringos mandaron alimentos y carpas* [C]. **3.** Am. Tienda de playa. *Usted descansa en la carpa mientras su familia da un paseo por la playa* [C]. **4.** Am. Tienda que se monta en fiestas populares para vender bebidas y comestibles. *Se montan carpas y se hace una semana de comidas, bailes y bebidas* [C]. ▶ 2: TIENDA.

carpeta. f. **1.** Utensilio rectangular de cartón o plástico que, doblado por la mitad de su lado más largo, forma dos tapas que se unen mediante gomas o cintas y sirve para guardar papeles. *Acude a clase con una carpeta de apuntes.* **2.** Cartera grande, con forma de carpeta (→ 1) y gralm. de piel, que se coloca sobre la mesa de trabajo para escribir sobre ella y guardar papeles. ▶ Am: 1: FÓLDER.

carpetazo. dar ~ (a algo). loc. v. Dar(lo) por terminado o abandonar(lo). *La policía ha dado carpetazo a la investigación.*

carpintero, ra. m. y f. Persona que tiene por oficio trabajar la madera y fabricar con ella muebles u otros objetos. FAM carpintería.

carpo. m. *Anat.* Conjunto de huesos situados entre la mano y el brazo, que en el hombre constituye el esqueleto de la muñeca. **FAM carpiano, na.**

carraca. f. Instrumento de madera provisto de un mango y una rueda dentada que, al girar, va levantando una lengüeta y produciendo un ruido seco y desagradable. *Los hinchas hacen sonar sus carracas.*

carrasca. f. Encina, espec. pequeña. ▶ *ENCINA. **FAM carrascal; carrasco.**

carraspear. intr. Emitir una tosecilla suave y repetida para aclarar la garganta y evitar que la voz salga ronca. *Bebió, carraspeó y se dispuso a cantar.* **FAM carraspeo; carraspera.**

carrera. f. **1.** Hecho de correr. *Me di una carrera para no perder el autobús.* **2.** Competición de velocidad entre personas a pie, sobre un animal o en un vehículo, o entre animales. *Carreras de caballos. Coche de carreras.* **3.** Conjunto de estudios, espec. universitarios, que capacitan para el ejercicio de una profesión. *Estudia la carrera de Medicina.* **4.** Profesión, o actividad profesional. *Tiene éxito en su carrera de cantante.* **5.** Línea de puntos que se sueltan en una media o en otro tejido análogo. *Se enganchó la media y se le hizo una carrera.* **6.** Servicio o recorrido que hace un vehículo de alquiler con cada cliente. *Pague la carrera al taxista.* ■ **a la ~.** loc. adv. A toda velocidad y frec. de manera precipitada. *Escribió algo a la carrera.* ■ **hacer ~.** loc. v. Prosperar social, profesional o económicamente. *Hizo carrera EN los negocios.* **FAM carrerilla.**

carreta; carretada. → carro.

carrete. m. Pieza cilíndrica, gralm. hueca y con rebordes en las bases, en la que se enrolla hilo, cable, película u otro material similar. *Compra un carrete de hilo.*

carretera. f. Vía pública, ancha y pavimentada, diseñada para el tránsito de vehículos. *Una carretera llega hasta el pueblo.*

carretero; carretilla; carretón. → carro.

carricoche. m. Coche viejo o de mal aspecto. *Con aquel carricoche no conseguirían llegar.*

carril. m. **1.** Cada una de las bandas longitudinales de una calzada destinadas al tránsito de una sola fila de vehículos. *Una carretera de tres carriles.* **2.** Canal o ranura por los que se puede deslizar un objeto o una pieza de un mecanismo. *El carril de las cortinas.* **3.** Cada una de las dos barras metálicas paralelas por las que circula un ferrocarril.

carrillo. m. Mejilla.

carrizo. m. Planta con tallo largo y hojas en forma de punta de lanza, que se cría cerca del agua. *Una techumbre de carrizos.* **FAM carrizal.**

carro. m. **1.** Vehículo de carga, gralm. de dos ruedas, con uno o dos largueros unidos a su armazón que permiten su arrastre por personas o por animales. *Una mula tira del carro.* **2.** Armazón con ruedas que se empuja o se arrastra para transportar ciertos objetos entre lugares cercanos. *Traigo el carro de la compra lleno.* Frec. *carrito.* **3.** *Mec.* Pieza móvil de algunas máquinas, que se desplaza horizontalmente. *El carro de la máquina de escribir se atascaba.* **4.** Tanque (vehículo de guerra). Más frec. *~ de combate.* **5.** Am. Automóvil (vehículo). *Hundió el pie en el acelerador y el carro avanzó por el sendero* [C]. En Esp. se usa coloq. y humoríst. *Se ha comprado un carro que no le cabe en el garaje.* ■ **subirse al ~.** loc. v. coloq. Unirse a algo que se considera favorable. *Los más*

críticos acabarán subiéndose al carro de la victoria. ▶ **4:** TANQUE. **5:** *AUTOMÓVIL. **FAM carreta; carretada; carretero; carretilla; carretón.**

carrocería. f. Cubierta de un vehículo automóvil o ferroviario que, asentada sobre una armazón metálica, reviste el motor y otros elementos, y en cuyo interior van los pasajeros y la carga. *El coche tiene una abolladura en la carrocería.* **FAM carrocero, ra.**

carromato. m. Carro grande, provisto de dos largueros de madera para enganchar las caballerías, y gralm. cubierto por un toldo. *Los gitanos partieron en sus carromatos.*

carroña. f. **1.** Carne en descomposición, espec. la de animal muerto. *El buitre se alimenta de carroña.* **2.** Persona o cosa despreciables. *Esos traficantes son carroña.* **FAM carroñero, ra.**

carroza. f. **1.** Coche de caballos grande y lujoso. *La carroza de Cenicienta se convirtió en calabaza.* **2.** Vehículo de gran tamaño que, adornado adecuadamente y ocupado por gente disfrazada, participa en un desfile representando algún tema. *En el carnaval habrá desfile de carrozas.*

carruaje. m. Vehículo formado por una armazón sobre ruedas, gralm. para el transporte de personas. *Carruajes tirados por caballos.*

carrusel. m. **1.** Tiovivo. **2.** Espectáculo en que varios jinetes realizan vistosos ejercicios.

carta. f. **1.** Escrito que una persona envía a otra, normalmente dentro de un sobre, para comunicarse con ella. *Ha llegado una carta del banco.* **2.** Naipe (cartulina rectangular). **3.** En un restaurante: Lista de platos y bebidas que se pueden elegir. *El cliente pide la carta de vinos.* **4.** *tecn.* Documento, espec. jurídico o comercial. *En la carta de pago figura la cuenta bancaria.* **5.** Mapa. *Cartas de navegación.* **6.** cult. Constitución (ley fundamental de un Estado). Frec. *~ magna.* ■ **~ abierta.** f. Escrito dirigido a una persona y redactado en forma de carta (→ 1), que se publica en un periódico o una revista. *Han publicado una carta abierta AL Presidente.* ■ **~ astral.** f. Gráfico que refleja la posición de los astros en el instante en que nació una persona y que sirve para hacer interpretaciones astrológicas sobre esta. *Su carta astral le augura felicidad.* ■ **~ blanca.** f. Permiso para actuar con plena libertad en un asunto. *Tenemos carta blanca PARA escoger el tema del trabajo.* ■ **~ de ajuste.** f. TV Gráfico con líneas, figuras geométricas y colores, que se emite antes de la programación para facilitar el ajuste de la imagen. ■ **~ de marear,** o **náutica.** f. Carta (→ 5) que describe el mar o una zona de este. *El Capitán marca el rumbo en la carta de marear.* ■ **~ pastoral.** f. Escrito o discurso dirigido por un prelado a los miembros de su diócesis. *El arzobispo hizo pública una carta pastoral sobre la familia.* ⇒ PASTORAL. ■ **~s credenciales.** f. pl. Documento que un embajador o ministro entrega en un Estado extranjero para que este lo admita y reconozca por tal. *Los nuevos embajadores presentan hoy sus cartas credenciales al Presidente.* ⇒ CREDENCIALES. ☐ **a ~ cabal.** loc. adv. Completamente de manera indiscutible. *Es honrada a carta cabal.* ■ **echar las ~s.** loc. v. Hacer combinaciones de cartas (→ 2) para adivinar cosas desconocidas, espec. el futuro. *Una mujer que echaba las cartas le dijo que se casaría.* ■ **tomar ~s en el asunto.** loc. v. Intervenir. *La ONU tomará cartas en el asunto.* ▶ **2:** NAIPE. **3:** MENÚ. **FAM cartearse; carteo; cartero, ra.**

cartabón. m. Instrumento de delineación en forma de triángulo rectángulo con los tres lados desiguales.

cartagenero, ra. adj. De Cartagena (Colombia, España).

cartaginense. adj. histór. Cartaginés.

cartaginés, sa. adj. **1.** De Cartago (Costa Rica). **2.** histór. De Cartago (antigua ciudad de África). ▶ **2:** CARTAGINENSE.

cartapacio. m. Carpeta o funda para llevar papeles, espec. de tamaño grande.

cartearse. → carta.

cartel[1]. m. **1.** Lámina, gralm. de papel, que contiene texto o ilustraciones y se exhibe con fines informativos o publicitarios. *En la puerta hay un cartel de "se vende".* **2.** Prestigio o reputación. *Un tenor con mucho cartel.* ■ **en ~.** loc. adj. Que se está exhibiendo o representando. *Películas en cartel.* ▶ **1:** PÓSTER. ‖ frecAm: **1:** AFICHE. FAM **cartelista.**

cartel[2] o **cártel.** m. Organización ilícita dedicada gralm. al tráfico de drogas o de armas. *Pretenden desbaratar los carteles de la cocaína.*

cartela. f. Pedazo de cartulina, madera u otra materia, que lleva inscrito un texto explicativo, gralm. al pie de un cuadro o de una escultura. *En una cartela dorada figura el título del cuadro.*

cartelera. f. **1.** Sección de un periódico donde se anuncian espectáculos, espec. de cine o teatro. *Consulte el horario de funciones en la cartelera.* **2.** Armazón con una superficie adecuada para fijar carteles. *A la entrada, una cartelera anuncia la película.*

cartelista. → cartel[1].

carteo. → carta.

cárter. m. *Mec.* En los automóviles y otras máquinas: Pieza o conjunto de piezas que protegen determinados mecanismos y a veces contienen el lubricante.

cartera. f. **1.** Objeto rectangular de bolsillo, frec. de piel, que se pliega por la mitad, y sirve para guardar billetes, tarjetas u otros documentos pequeños. **2.** Objeto rectangular con o sin asa, provisto de cierre, y que sirve para llevar pralm. documentos o libros. *El notario trae bajo el brazo una cartera.* **3.** Bolso de mujer alargado y sin asas, que se lleva en la mano. *Lleva zapatos de charol y cartera a juego.* **4.** Am. Bolso de mujer. *Ponete la cartera cruzada sobre el pecho* [C]. **5.** Ministerio (departamento). *Dirige la cartera de Economía.* ■ **en ~.** loc. adv. En preparación o en estudio para una futura ejecución. *Hay varios proyectos en cartera.* ▶ **5:** MINISTERIO.

carterista. m. y f. Ladrón de carteras de bolsillo.

cartero, ra. → carta.

cartesianismo. m. Sistema filosófico de René Descartes (filósofo y matemático francés, 1596-1650), caracterizado por su fuerte racionalismo y rigor lógico. FAM **cartesiano, na.**

cartílago. m. Tejido orgánico, flexible y resistente, de color blanco o grisáceo, que forma algunas partes del esqueleto de los vertebrados. *El tabique nasal está constituido principalmente por cartílago.* ▶ TERNILLA. FAM **cartilaginoso, sa.**

cartilla. f. **1.** Libreta o cuadernillo que contienen anotaciones o datos oficiales relativos a una persona, y a veces cupones para su canje por productos. *Iba a comprar leche con su cartilla de racionamiento.* **2.** Cuadernillo que contiene las letras y ejercicios para aprender a leer. ■ **leer la ~** (a alguien). loc. v. **1.** coloq. Avisar(le) de lo que debe hacer. *Los padres le leían la cartilla antes de salir.* **2.** coloq. Reñir(lo) o reprender(lo). *Si se portan mal, les leeré la cartilla.*

cartografía. f. Ciencia y técnica de trazar mapas. *Como navegantes, se interesan por la Geografía y la Cartografía.* FAM **cartografiar** (conjug. ENVIAR); **cartográfico, ca; cartógrafo, fa.**

cartomancia. f. Adivinación del futuro por medio de las cartas de la baraja, espec. las del tarot. *Consultorio de astrología y cartomancia.* FAM **cartomántico, ca.**

cartón. m. **1.** Materia plana y flexible, aunque de cierta rigidez, compuesta por láminas de papel adheridas y comprimidas. *Los zapatos vienen en una caja de cartón.* **2.** Hoja o pedazo de cartón (→ 1). **3.** Envase de cartón (→ 1), espec. el que contiene diez paquetes de cigarrillos. *Un cartón de cigarrillos negros.* **4.** En el bingo: Cartulina con números para participar en uno de los juegos. ■ **~ piedra.** m. Pasta endurecida de cartón (→ 1), yeso y aceite secante, que suele usarse para hacer figuras. *Un decorado en cartón piedra.* □ **de ~ piedra.** loc. adj. Falso o artificial. *Una sonrisa de cartón piedra.*

cartoné. m. *Encuad.* Encuadernación hecha con tapas de cartón rígido y forro de papel. *Hay una edición en cartoné y otra en rústica.*

cartucho. m. **1.** Cilindro que contiene una carga explosiva y a veces munición, y que se emplea en armas de fuego o para voladuras. *Cartuchos de dinamita.* **2.** Pieza recambiable que contiene la carga necesaria para que funcionen algunos aparatos o instrumentos. *Cambia el cartucho de tinta de la impresora.* **3.** Cucurucho (papel o cartulina enrollados en forma de cono). ■ **último ~.** m. Último recurso o posibilidad. *Decidió quemar el último cartucho: se exiliaría.* ▶ **3:** CUCURUCHO. FAM **cartuchera.**

cartujo, ja. adj. De la orden de la Cartuja, fundada por San Bruno en el s. XI. *Monje cartujo.* FAM **cartuja; cartujano, na.**

cartulina. f. Cartón delgado y satinado. *Dibuja el mapa en una cartulina.*

casa. f. **1.** Edificio de una o más viviendas. *Vive en una casa de cinco plantas.* **2.** Vivienda. **3.** Familia (conjunto de personas emparentadas entre sí que viven juntas). *En mi casa éramos cuatro hermanos.* **4.** Familia o linaje. *La casa de Borbón.* **5.** Establecimiento industrial o mercantil. *Trabaja para una casa de cosméticos.* **6.** Institución social o cultural, espec. la que agrupa a personas con vínculos geográficos o intereses comunes. *El acto será organizado por la Casa de España.* **7.** Conjunto de enseres necesarios o convenientes para habitar una casa (→ 2). Gralm. en la constr. *poner ~.* **8.** Conjunto de personas que tienen a su cargo los servicios del palacio o residencia del jefe del Estado. *La Casa Militar de Su Majestad el Rey.* **9.** *Astrol.* Cada una de las doce partes en que se considera dividido el cielo. *Según el horóscopo, Mercurio transita por la casa once.* ■ **~ consistorial.** f. Edificio del Ayuntamiento. ■ **~ cuna.** f. Establecimiento donde se recoge y cría a los niños abandonados por sus padres. *Antes de ser adoptada vivía en una casa cuna.* ■ **~ de citas.** f. Establecimiento en que se alquilan habitaciones para mantener relaciones sexuales. *Frecuentaba casas de citas.* ■ **~ de empeño(s).** f. Establecimiento donde se presta dinero a cambio de dejar en prenda joyas, ropas u otros bienes similares. *Cuando salía del apuro, volvía a la casa de empeños a recuperar sus joyas.* ■ **~ de huéspedes.** f. Casa (→ 2) en que se ofrece habitación, y a veces también comida, mediante pago. *Busca alojamiento barato en una casa de huéspedes.* ■ **~ de juego.** f. Establecimiento dedicado a los juegos de azar con apuestas. *Ha perdido su* *fortuna en casinos y casas de juego.* ■ **~ de la Moneda.** f. Establecimiento oficial donde se fabrica y acuña moneda. ■ **~ de putas.** f. **1.** malson. Prostíbulo. **2.** malson. Lugar de gran desorden. ■ **~ de vecindad.** f. Casa (→ 1) constituida por muchas viviendas, gralm. con patio y corredores. ■ **~ solariega.** f. Casa (→ 1) más antigua de una familia noble. *Aún existe en el pueblo la casa solariega de los Hurtado.* □ **como una ~.** loc. adj. coloq. Muy grande o de gran importancia. *Eso es una mentira como una casa.* ■ **echar, o tirar, la ~ por la ventana.** loc. v. coloq. Gastar con generosidad por algún motivo, espec. por una celebración. *En la boda echarán la casa por la ventana.* ▶ **1:** INMUEBLE. **3:** FAMILIA. FAM **caserón; caseta; casón; casona.**

casabe. m. frecAm. Cazabe. *Vendían frijoles negros, casabe y refrescos* [C].

casaca. f. **1.** Prenda de vestir parecida a una chaqueta, ceñida al cuerpo y con faldones traseros hasta las rodillas, empleada frec. en uniformes. *Carlos III aparece con casaca y sombrero de tres picos en el retrato.* **2.** Am. Cazadora (chaqueta). *Viste unos jeans gastados y una casaca de cuero* [C]. ▶ **2:** *CAZADORA.

casadero, ra. → casar.

casamata. f. Bóveda de gran solidez para instalar piezas de artillería. *Durante la guerra, el monte estaba salpicado de trincheras y casamatas.*

casamentero, ra. adj. Dicho de persona: Que propone una boda o interviene en el ajuste de ella, espec. por afición o por interés. *Su madre era muy casamentera.*

casanova. m. Hombre seductor y dado a las aventuras amorosas. ▶ *DONJUÁN.

casar. intr. **1.** Contraer matrimonio. Más frec. prnl. *Se casó* CON *su novia* POR *la iglesia.* **2.** Ajustarse o corresponderse dos o más cosas. *Las versiones de los testigos no casan.* □ tr. **3.** Legitimar un sacerdote o una autoridad civil el matrimonio (entre dos personas) dirigiendo la ceremonia. *Los casará el cura del pueblo.* **4.** Disponer o concertar un padre o un superior el matrimonio (de alguien que está bajo su autoridad). *El padre casaba a los hijos* CON *quien considerara conveniente.* **5.** Hacer que (dos más cosas) se ajusten o se correspondan. *El niño va casando las piezas del rompecabezas.* ■ **no ~se con nadie.** loc. v. coloq. Mantener la independencia de criterio o de actitud. *Es un juez que no se casa con nadie.* FAM **casadero, ra; casamiento.**

cascabel. m. Bola metálica hueca, gralm. pequeña, provista de una ranura, que contiene un trocito de metal y suena cuando se mueve. ■ **poner el ~ al gato.** loc. v. coloq. Arriesgarse a hacer algo considerado peligroso o difícil. *Habría que subir los impuestos, pero ¿quién le pone el cascabel al gato?* ■ **ser un ~.** loc. v. coloq. Ser muy alegre. *Esta muchacha es un cascabel.* FAM **cascabelear; cascabeleo.**

cascada. f. Caída del agua de un río u otra corriente por brusco desnivel del cauce. *El arroyo vierte sus aguas formando una cascada.* ■ **en ~.** loc. adv. En sucesión encadenada y gralm. con abundancia. *Las dimisiones se produjeron en cascada.* ▶ CATARATA.

cascado, da. adj. **1.** coloq. Que está viejo o en mal estado. *Estoy ya muy cascado.* **2.** Dicho de voz: Que carece de la fuerza y la sonoridad normales.

cascajo. m. **1.** Conjunto de fragmentos de piedra. *El cascajo en el fondo de la maceta impide que se salga la tierra.* **2.** coloq. Persona o cosa que están viejas o en mal estado. *Con los años me he vuelto un cascajo.*

cascanueces. m. Instrumento con forma de tenaza, que sirve para partir la cáscara de la nuez o de otros frutos secos.

cascar. tr. **1.** Romper (algo duro o quebradizo). *Casque un huevo.* **2.** coloq. Romper o estropear (algo). *Terminaréis cascando la radio.* **3.** coloq. Golpear (a alguien). ○ intr. **4.** Romperse algo duro o quebradizo. *El cristal cascó sin que nadie lo tocara.* Tb. prnl. **5.** coloq. Romperse o estropearse algo. Tb. prnl. *Se nos ha cascado la lavadora.*

cáscara. f. **1.** Cubierta exterior dura de un huevo, de algunos frutos o semillas y de otras cosas. *Cáscara de limón.* **2.** Corteza de árbol. FAM **cascarilla; cascarón.**

cascarrabias. m. y f. coloq. Persona que fácilmente se enoja o se disgusta. *Es un cascarrabias insoportable.*

casco. m. **1.** Pieza cóncava de metal o de otro material rígido, que sirve para proteger la cabeza. *Se prohíbe entrar en la obra sin casco.* **2.** Cuerpo de una embarcación o una aeronave, sin los palos, velas, máquinas y demás equipamiento. *Una vía de agua en el casco provocó el hundimiento.* **3.** Botella de vidrio vacía. *Echa los cascos de cerveza al contenedor.* **4.** Uña grande, dura y redondeada en que termina la pata de un caballo u otro animal similar. **5.** Conjunto de edificios de una ciudad, hasta donde termina su agrupación. *Vive en el casco viejo de la ciudad.* Tb. **~ urbano. 6.** Fragmento de un recipiente que se ha roto. *Recoge los cascos de la taza que se ha caído.* ○ pl. **7.** Aparato compuesto por dos auriculares unidos por una tira curvada, que se ajusta a la cabeza y permite o mejora la recepción del sonido. *Con los cascos escucho música sin molestar.* ■ **~s azules.** m. pl. Tropas que por encargo de las Naciones Unidas intervienen como fuerzas neutrales en zonas conflictivas. *Los cascos azules controlaban Sarajevo.*

cascote. m. Fragmento suelto de una obra de albañilería al derrumbarse o al ser derribada. *Entre los cascotes del edificio había supervivientes.*

caserío. m. **1.** Conjunto de casas de una población. *Desde la sierra se divisa el caserío de Granada.* **2.** Conjunto reducido de casas que no llega a formar un pueblo. *Viven en aldeas o en aislados caseríos.*

casero, ra. adj. **1.** De la casa como vivienda u hogar, como familia o como establecimiento. *Nos repartimos las tareas caseras.* **2.** Hecho con medios rudimentarios o procedimientos poco científicos. *Remedios caseros para el catarro.* **3.** Dicho de árbitro o arbitraje deportivo: Que favorece al equipo local. **4.** Que pasa mucho tiempo en casa y disfruta de ello. *Con los años uno se vuelve más casero.* ● m. y f. **5.** Dueño de una casa o local en alquiler. *Cada mes pagaba al casero.*

caserón; caseta. → casa.

casete. f. **1.** (Tb. m.). Especie de cajita plana de plástico que contiene un rollo de cinta magnética para grabar y reproducir sonidos. *El curso de idiomas incluye varias casetes.* ○ m. **2.** Magnetófono pequeño para casetes (→ 1). *El periodista puso en marcha el casete.* ▶ **1:** CINTA.

casi. adv. Indica que falta poco para que se cumpla el hecho, la circunstancia o la cualidad expresados. *Casi se cae del andamio.* Tb. coloq., **~ que.** *Si no hay prisa, casi que lo dejamos para mañana.*

casilla. f. **1.** Cada uno de los recuadros en que se divide un tablero de ajedrez, de damas o de otros juegos de mesa. **2.** Recuadro que se puede rellenar con algún dato o con una marca en un formulario, un gráfico u otro documento. *Marque con una cruz las casillas correspondientes.* **3.** Cada uno de los compartimentos a modo de cajones abiertos que forman un mueble y sirven para tener clasificados papeles u otros objetos. *El conserje sacó las llaves de la casilla 106.* **4.** Casa o construcción pequeñas, espec. la que sirve de refugio o para vigilancia. *La casilla de los guardas.* ■ ~ **postal.** f. Am. Apartado de correos. *Remitió a una casilla postal en Filadelfia un juego de fotografías* [C]. □ **sacar** (a alguien) **de sus ~s.** loc. v. coloq. Enojar(lo) o hacer(le) perder la paciencia. *Me sacan de mis casillas tus manías.* ■ **salirse** alguien **de sus ~s.** loc. v. coloq. Enojarse o perder la paciencia. *Cuando se sale de sus casillas da miedo.* FAM **casillero.**

casimir. m. frecAm. Cachemir. *Vestía un traje gris de casimir* [C].

casino. m. **1.** Local de ocio destinado a la práctica de juegos de azar y en el que también se ofrecen espectáculos musicales o de otro tipo. **2.** Lugar de reunión de un club o sociedad de carácter recreativo, gralm. para hombres, donde se acude a charlar, leer y cosas similares. *El domingo va a la tertulia del casino.*

caso. m. **1.** Ocasión que se presenta o que puede presentarse. *La respuesta es correcta en la mayoría de los casos.* **2.** Situación particular o personal. *Yo, en su caso, llamaría a la policía.* **3.** Hecho o suceso. *Voy a contarles un caso que me sucedió en París.* **4.** Asunto que se trata o se investiga, espec. por vía policial o judicial. *La policía investiga el caso de la mujer envenenada.* **5.** Manifestación individual de un fenómeno, espec. de una enfermedad epidémica. *Se han registrado varios casos de meningitis.* **6.** coloq. Persona singular, o que destaca por sus buenas o malas cualidades. *¿Ya te has vuelto a manchar?, ¡eres un caso!* ■ ~ **de conciencia.** m. Punto dudoso en materia moral. *Para algunos médicos, la interrupción del embarazo es un caso de conciencia.* ■ ~ **perdido.** m. coloq. Persona cuyas malas cualidades parecen no tener remedio. *Le he dicho mil veces que deje de fumar, pero es un caso perdido.* □ **(en) ~ de.** loc. prepos. Si se presenta el hecho o la posibilidad de. *En caso de incendio, abandone el edificio.* ■ **en todo ~.** loc. adv. **1.** De cualquier manera o de todos modos. *Procura llegar; en todo caso, si ves que no puedes, avisa.* **2.** A lo sumo o como máximo. *No le regalaré nada; un detallito en todo caso.* ■ **hacer al ~.** → **venir al caso.** ■ **hacer ~** (a, o de, alguien o algo). loc. v. **1.** Prestar(les) atención. *No hagas caso DE lo que dicen.* **2.** Obedecer(los). *Haz caso a tu madre.* ■ **hacer ~ omiso** (de alguien o algo). loc. v. Ignorar(lo) o no tener(los) en cuenta. *Se estrelló por hacer caso omiso DEL semáforo.* ■ **poner por ~.** loc. v. Poner como ejemplo o suposición. *¿Por qué no puedo llegar, pongamos por caso, a presidente?* ■ **venir,** o **hacer, al ~.** loc. v. Ser adecuado al asunto o al propósito en cuestión. *Sus bromas no venían al caso.*

casón; casona. → **casa.**

casorio. m. Casamiento. ▶ *BODA.

caspa. f. Conjunto de escamillas blanquecinas que se forman en el cuero cabelludo. *Se sacude la caspa de los hombros.* FAM **casposo, sa.**

cáspita. interj. Se usa para expresar sorpresa, admiración o enfado.

casquería. f. Establecimiento en que se venden vísceras y otras partes comestibles de la res que no se consideran carne. *Compra orejas de cerdo en la casquería.* Tb. los productos que se venden en él. FAM **casquero, ra.**

casquete. m. Especie de gorro pequeño que se ajusta sobre la parte superior de la cabeza. *El Papa lleva un casquete blanco.* ■ ~ **polar.** m. Geogr. Parte de la superficie terrestre comprendida entre el círculo polar y el polo.

casquillo. m. **1.** Parte metálica del cartucho de un arma de fuego, espec. cuando queda vacía tras el disparo. *Junto al lugar del atentado se han hallado casquillos de bala.* **2.** Pieza metálica en forma de rosca que, en una bombilla o en un portalámparas, permite la conexión con el circuito eléctrico. *El voltaje de la bombilla va impreso en el casquillo.*

casquivano, na. adj. **1.** coloq. Dicho de persona, espec. de mujer: Informal o frívola en sus relaciones sexuales. *La comedia trata de un marido engañado y su esposa casquivana.* **2.** coloq. Dicho de persona: Que actúa sin reflexionar o de manera poco sensata. *El público era caprichoso y casquivano.*

casta. f. **1.** Linaje o ascendencia. *Ninguno de los de su casta había trabajado.* **2.** Calidad propia de los de una clase o raza. *Un toro de casta.* **3.** Antropol. Grupo social, pralm. por razones étnicas, religiosas o de rango, que forma una clase cerrada y tiende a permanecer separado del resto. *La sociedad hindú se rige por un sistema de castas.*

castañetear. intr. Golpear repetidamente entre sí los dientes de cada mandíbula. *Le castañeteaban los dientes por el frío.* ○ tr. Golpear repetidamente entre sí (los dientes de cada mandíbula). *Deja de castañetear los dientes.* FAM **castañeteo.**

castaño, ña. adj. **1.** De color semejante al de la cáscara de la castaña (→ 3). *Tiene cabello y ojos castaños.* ● m. **2.** Árbol grande, de tronco grueso y copa ancha y redonda, apreciado por su fruto. ○ f. **3.** Fruto del castaño (→ 2), comestible, en forma de corazón y cubierto por una cáscara marrón oscura. *Me apetecen unas castañas asadas.* **4.** coloq. Golpe. ■ **castaño de Indias.** m. Árbol grande, ornamental, de copa densa, flores blancas o rojizas y fruto semejante al del castaño (→ 2) pero no comestible. □ **sacar las castañas del fuego** (a alguien). loc. v. coloq. Resolver(le) un problema. *Se mete en líos y luego tengo yo que sacarle las castañas del fuego.* FAM **castañar** o **castañal; castañazo; castañero, ra.**

castañuela. f. Instrumento musical de percusión, compuesto por dos piezas cóncavas que, unidas por una cuerda que se sujeta a un dedo de la mano, se hacen entrechocar. *Danzan tocando las castañuelas.*

castellano, na. adj. **1.** De Castilla (España). ● m. y f. **2.** Español (lengua). *El castellano es, después del inglés, la lengua más hablada en Estados Unidos.* **3.** Variedad de la lengua española que se habla en Castilla la Vieja. *"Madriz" es una pronunciación típica del castellano.* ▶ **2:** ESPAÑOL. FAM **castellanismo; castellanización; castellanizar; castellanohablante; castellanoparlante.**

castellano-leonés, sa o **castellanoleonés, sa.** adj. De Castilla y León (España).

castellano-manchego, ga o **castellanomanchego, ga.** adj. De Castilla-La Mancha (España).

castellonense. adj. De Castellón de la Plana (España).

casticismo; casticista. → **castizo.**

castidad. → **casto.**

castigar. tr. **1.** Imponer un castigo (a alguien) por una falta o un delito. *El sargento los castigó A fregar los suelos.* **2.** Imponer un castigo a alguien (por una falta o un delito). *La ley castiga* CON *multa la conducción bajo los efectos del alcohol.* **3.** Causar daño (a alguien o algo), espec. de manera continuada. *Una sequía está castigando al país.* **4.** coloq. Enamorar (a alguien) por puro pasatiempo o jactancia. *Hace de mujer fatal que castiga al protagonista.* ▶ **1, 2:** PENALIZAR, PENAR, SANCIONAR. FAM castigador, ra.

castigo. m. **1.** Daño que se hace recaer sobre alguien por haber cometido una falta o un delito. *Su madre le levantó el castigo.* **2.** Persona o cosa que da mucho sufrimiento o trabajo. *Es un castigo tener que madrugar.* ▶ **1:** PENA, SANCIÓN.

castillo. m. Construcción militar amurallada, situada gralm. en lugar elevado y provista de fosos, torres y otras fortificaciones, propia pralm. de la Edad Media. *En una torre del castillo residía el señor feudal.* ■ ~ de fuego, o de fuegos artificiales. m. Armazón en que se instala un conjunto de fuegos artificiales para ser lanzados. *Habrá castillo de fuegos artificiales a las doce.* ■ ~s en el aire. m. pl. Ilusiones con poco o ningún fundamento. *Aunque ella lo desprecia, él se hace castillos en el aire.* FAM castillete.

casting. (pal. ingl.; pronunc. "cástin"). m. Selección de actores para una película o una función teatral, de modelos para una campaña publicitaria, o de candidatos para un programa televisivo. *La actriz no encaja en el papel: es un error de* casting. ¶ [Adaptación recomendada: *castin*, pl. *cástines*].

castizo, za. adj. Genuino del país o del lugar en cuestión. *Un castizo barrio sevillano.* FAM casticismo; casticista.

casto, ta. adj. Que se abstiene de cualquier relación o goce sexuales, o se atiene a los que se consideran lícitos. *Permaneció soltero y casto.* ▶ *DECENTE. FAM castidad.

castor. m. Mamífero roedor de espeso pelaje pardo y larga cola aplanada, que habita en ríos y lagos, donde construye diques con piedras, tierra y troncos. *El castor hembra.*

castrar. tr. **1.** Extirpar o inutilizar los órganos genitales (a una persona o un animal). *Propusieron castrar a los violadores.* **2.** Quitar la fuerza o la energía (a alguien o algo). *Sus obligaciones castraron sus ansias de aventura.* ▶ **1:** CAPAR. FAM castración.

castrense. adj. Militar. *Mandos castrenses.*

castrismo. m. Movimiento político comunista que triunfó en Cuba en 1959 tras la revolución encabezada por Fidel Castro (político cubano, 1927). Tb. el régimen establecido por este movimiento. *Los Estados Unidos se oponen al castrismo.* FAM castrista.

casual. adj. Que sucede por una combinación de circunstancias, sin haber sido preparado ni podido prever. *Tuvimos un encuentro casual.* FAM casualidad.

casuístico, ca. adj. **1.** De la casuística (→ 2). *Análisis casuístico.* ● f. **2.** Consideración de los diversos casos particulares de una materia o un asunto. *El entrenador recurrió a una refinada casuística para explicar los males del equipo.* FAM casuismo.

casulla. f. Vestidura larga, con una abertura en el centro para pasar la cabeza, que se pone el sacerdote católico sobre el resto de la ropa para celebrar la misa.

cata. → catar.

cataclismo. m. **1.** Gran catástrofe producida por un fenómeno natural. *Esta zona ha sido azotada por numerosos cataclismos.* **2.** coloq. Gran trastorno o desastre. *El desplome del dólar produjo un cataclismo en la bolsa.* ▶ **1:** *CATÁSTROFE.

catacumbas. f. pl. histór. Galerías subterráneas que servían a los primitivos cristianos, espec. en Roma, para enterrar a sus muertos y practicar algunos ritos.

catador, ra. → catar.

catadura. f. Aspecto o apariencia. *Hay un sujeto de mala catadura merodeando.*

catafalco. m. Armazón adornada que suele ponerse en un templo para unas honras fúnebres solemnes.

catalán, na. adj. **1.** De Cataluña (España). *Pirineo catalán.* ● m. **2.** Lengua que se habla en Cataluña y en otros dominios de la antigua Corona de Aragón.

catalejo. m. Instrumento óptico manual y extensible, que permite ver a larga distancia. *El vigía escudriñaba el océano con un catalejo.* ▶ *TELESCOPIO.

catalizar. Favorecer o acelerar el desarrollo (de algo). *Es necesario un esfuerzo diplomático que catalice el proceso de paz.* FAM catalizador, ra.

catalogar. tr. **1.** Hacer catálogo (de un conjunto de cosas). *Catalogó su colección de discos.* **2.** Incluir (algo) en un catálogo. *Cataloga documentos en el archivo municipal.* **3.** Dar determinada categoría o valoración (a algo o a alguien). *El ministro catalogó la reunión DE satisfactoria.* ▶ **3:** *CALIFICAR. FAM catalogación; catalogador, ra.

catálogo. m. Relación ordenada y con descripciones individuales de un conjunto de cosas o personas relacionadas entre sí. *Todos los muebles tienen un 20% de descuento sobre el precio de catálogo.* Tb. el libro o el folleto que la contiene.

catamarán. m. Embarcación ligera, gralm. de vela, con dos cascos paralelos de igual longitud, unidos por una cubierta horizontal.

catamarqueño, ña. adj. De Catamarca (Argentina) o de San Fernando del Valle de Catamarca (Argentina).

cataplasma. f. Remedio medicinal de consistencia blanda que, envuelto en una tela, se aplica sobre una parte del cuerpo.

cataplum o **catapum** o **catapún.** interj. Se usa para imitar el ruido de una caída u otro golpe, o para expresar que algo ocurre de repente. *Se subió al taburete y de pronto ¡cataplum!*

catapulta. f. **1.** Mecanismo que sirve para impulsar aviones y facilitar su despegue desde una plataforma u otro espacio reducido. **2.** histór. Máquina militar que servía para lanzar piedras o flechas. *Los castillos eran atacados con catapultas y arietes.* FAM catapultar.

catar. tr. Probar (un alimento o una bebida), espec. para examinar su sabor u otras características. *Cató varios vinos.* ▶ DEGUSTAR. FAM cata; catador, ra.

catarata. f. **1.** Cascada en una corriente grande de agua. *Las cataratas del Iguazú.* **2.** Falta de transparencia del cristalino del ojo, que produce visión borrosa y puede conducir a la ceguera. *Bastantes ancianos padecen de cataratas.* ▶ **1:** CASCADA.

catarro. m. Med. Inflamación de una mucosa, espec. de las vías respiratorias, acompañada de secreción de moco. *Tengo la nariz taponada por el catarro.* ▶ CONSTIPADO, ENFRIAMIENTO, RESFRIADO. ‖ frecAm: RESFRÍO. FAM catarral; catarroso, sa.

catarsis. f. Purificación, liberación o transformación interior suscitadas por una experiencia vital profunda. *Tras el fallido golpe de Estado se produjo una catarsis colectiva de la población.*

catastro. m. Censo estadístico de fincas rústicas y urbanas. *Debe inscribir su propiedad en la oficina del catastro.* FAM **catastral.**

catástrofe. f. Suceso desgraciado que altera gravemente el orden normal de las cosas. *Se enviará ayuda a las víctimas de la catástrofe.* ▶ CATACLISMO, DEBACLE, DESASTRE, SINIESTRO, TRAGEDIA. FAM **catastrófico, ca; catastrofismo; catastrofista.**

cátchup. m. Kétchup.

catear. tr. frecAm. Registrar (algo o a alguien), o examinar(lo) con cuidado. *Catearon la vivienda con orden del Juzgado* [C]. ▶ *REGISTRAR.

catecismo. m. Libro que, de manera elemental y frec. en forma de preguntas y respuestas, contiene la doctrina cristiana. *Antes de hacer la comunión, se aprenden el catecismo.*

catedral. f. Iglesia principal de una diócesis, en la que tiene su sede el obispo. FAM **catedralicio, cia.**

catedrático, ca. m. y f. Profesor que tiene la categoría más alta en enseñanza media o universitaria. *Es catedrática de Historia Contemporánea.* FAM **cátedra.**

categoría. f. **1.** Cada una de las clases o divisiones establecidas al clasificar algo. *El piloto compite en la categoría de 250 cc.* **2.** Cada uno de los grados o niveles establecidos en una jerarquía, como una profesión o una carrera. *Entró en la empresa con la categoría de aprendiz.* **3.** Calidad o importancia. *Un restaurante de categoría.* ▶ **1:** *CLASE. FAM **categorización; categorizar.**

categórico, ca. adj. Que no admite condición, restricción o discusión. *Su negativa es categórica.*

cateo. m. Am. Hecho de catear. *El fiscal coordinó el cateo en ocho viviendas* [C]. ▶ *REGISTRO.

catequesis. f. Hecho de instruir en la doctrina cristiana. *Pertenece al grupo de catequesis de la parroquia.* Tb. el lugar o reunión en que se hace. FAM **catequista; catequización; catequizar.**

catering. (pal. ingl.; pronunc. "cáterin"). m. Servicio de suministro de comida y bebida para un colectivo de personas. *Una empresa de* catering *sirve el cóctel.* [Adaptación recomendada: *cáterin,* pl. invar.].

caterva. f. despect. Multitud desordenada de personas o cosas. *No me da miedo esa caterva de maleantes.*

cateto. m. *Mat.* Cada uno de los dos lados que forman el ángulo recto de un triángulo rectángulo.

catire, ra. adj. Am. Dicho de persona: Rubia. *Los vikingos eran todos catires* [C]. ▶ *RUBIO.

catolicismo. (Tb. con mayúsc.). m. Religión cristiana regida por el papa de Roma. *Los misioneros trataban de convertir a los indígenas al catolicismo.* FAM **catolicidad; católico, ca.**

catorce. → APÉND. NUM.

catre. m. Cama sencilla y ligera, frec. plegable, para una sola persona. ▶ CAMA.

catrín, na. adj. Am. Dicho de persona: Elegante o bien vestida. *Ahí se iba uno para la calle bien catrín con su uniforme* [C]. ▶ ELEGANTE.

cátsup. m. Kétchup.

caucasiano, na. adj. Caucásico (del Cáucaso). ▶ CAUCÁSICO.

caucásico, ca. adj. **1.** Del Cáucaso (cordillera y región de Asia). **2.** Dicho de raza: Blanca o indoeuropea. ▶ **1:** CAUCASIANO.

cauce. m. **1.** Porción cóncava del terreno por donde fluye una corriente de agua. *El cauce del arroyo está seco.* **2.** Medio o procedimiento establecidos para un fin. *Tras el conflicto buscan nuevos cauces para el diálogo.* ▶ **1:** LECHO. **2:** *VÍA.

caucho. m. **1.** Sustancia elástica, resistente e impermeable, que se obtiene por coagulación del jugo de varias plantas tropicales o de manera artificial. *Zapatillas con suela de caucho.* **2.** Am. Neumático (pieza de goma). *El autobús se detuvo; se había pinchado un caucho* [C]. ▶ **1:** GOMA. **2:** *NEUMÁTICO. ‖ Am: **1:** HULE. FAM **cauchero, ra.**

caudal. m. **1.** Cantidad de agua que corre o mana. *Mermó el caudal del río.* **2.** Conjunto de bienes, espec. dinero. *Gastó en poco tiempo su inmenso caudal.* **3.** Cantidad grande de algo que no sea bienes. *Posee un caudal de conocimientos.* FAM **caudaloso, sa.**

caudillo. m. Jefe absoluto de un ejército. *El general vence al caudillo extranjero.* FAM **caudillaje; caudillismo.**

causa. f. **1.** Persona o cosa que hacen que algo suceda o exista. *La lluvia fue la causa DEL accidente.* **2.** Cosa que justifica algo. *No se podrá faltar a clase si no existe una causa razonable.* **3.** Propósito o ideal por los que alguien toma partido y se esfuerza. *Lucha por una buena causa.* ■ **a ~ de.** loc. prepos. Por. Introduce un complemento que expresa causa (→ 1, 2). *Murió a causa de las heridas.*

causal. adj. **1.** De la causa. *No parece que exista una relación causal entre la inmigración y el desempleo.* **2.** Gram. Dicho de oración: Que expresa causa. Tb. dicho de la conjunción correspondiente.

causalidad. f. Relación de causa y efecto. *Existe una clara causalidad entre educación técnica y crecimiento industrial.*

causar. (conjug. CAUSAR). tr. Ser causa (de algo). *La bomba causó grandes destrozos.* FAM **causante.**

cáustico, ca. adj. **1.** Dicho de sustancia: Que quema y destruye los tejidos orgánicos. **2.** Mordaz con malicia. ▶ **2:** *MORDAZ.

cauterizar. tr. Med. Quemar (una herida o un tejido) con fines curativos.

cautivar. tr. **1.** Hacer prisionero o privar de libertad (a alguien). *Los cautivó el enemigo.* **2.** Atraer irresistiblemente la atención o el interés (de alguien). *La película cautiva al espectador.* ▶ **2:** *ATRAER. FAM **cautivador, ra; cautiverio; cautividad; cautivo, va.**

cauto, ta. adj. Que actúa con precaución o prudencia. *El periodista cauto contrasta la información.* FAM **cautela; cautelar; cauteloso, sa.**

cava. f. Anat. Vena cava (→ vena).

cavar. tr. **1.** Hacer un hoyo u otra cavidad (en la tierra). *Cavan la tierra con palas.* **2.** Hacer (un hoyo u otra cavidad) en la tierra. *Cava un hoyo y planta el árbol.*

caverna. f. Cavidad profunda, subterránea o entre rocas. *Han encontrado fósiles en una caverna.* ▶ *CUEVA. FAM **cavernario, ria; cavernícola; cavernoso, sa.**

caviar. m. Alimento muy apreciado que consiste en huevas de esturión saladas y prensadas. *Toman champán y caviar.*

cavidad. f. Espacio hueco situado en el interior o en la superficie de algo. *El insecto pone sus huevos en las cavidades de la roca.*

cavilar. intr. **1.** Pensar con insistencia y profundidad en algo. *Necesita tiempo para cavilar SOBRE el problema.* ○ tr. **2.** Pensar con insistencia y profundidad (en algo). *Anda siempre cavilando sus cosas.* FAM **cavilación; caviloso, sa.**

cayado. m. Bastón curvado por la parte superior, espec. el de los pastores.

cayo. m. Isla pequeña, llana y arenosa, propia del mar de las Antillas y del golfo de México.

cayuco. m. frecAm. Embarcación típica de las Antillas, más pequeña que una canoa y hecha de una sola pieza. *Se echó al agua y el cayuco dio la voltereta* [C].

caza. f. **1.** Hecho de cazar, espec. animales. *Temporada de caza.* **2.** Conjunto de animales no domesticados, antes y después de ser cazados. *Lleva la caza en un morral.* ○ m. **3.** Avión de caza (→ **avión**). ■ ~ **de brujas.** f. Persecución por prejuicios sociales o políticos. *Se emprendió una caza de brujas entre los intelectuales.* ■ ~ **mayor.** f. Caza (→ 1) de animales grandes, como el jabalí o el ciervo. *Practica la caza mayor.* Tb. dichos animales. ■ ~ **menor.** f. Caza (→ 1) de animales pequeños, como la perdiz o el conejo. Tb. dichos animales. *En el coto abunda la caza menor.* FAM **cazabombardero.**

cazabe. m. frecAm. Harina hecha con raíz de mandioca. *Pan de cazabe* [C]. Tb. la torta hecha con esa harina. ▶ frecAm: CASABE.

cazador, ra. adj. **1.** Que caza, espec. animales. *El hombre primitivo era cazador* ● f. **2.** Chaqueta corta que se ajusta a la cadera mediante un elástico y a veces se cierra con cremallera. *Una cazadora de cuero.* ▶ Am: 2: CAMPERA, CASACA, CHOMPA.

cazar. tr. **1.** Capturar o matar (un animal) después de perseguir(lo). *El guepardo cazó a la gacela.* **2.** Alcanzar (a alguien que va delante, espec. a un corredor). *El piloto argentino cazó al alemán en la última vuelta.* **3.** Conquistar (a alguien), espec. con halagos o engaños. *Su aspiración es cazar a un tipo con dinero.* FAM **cazadero.**

cazatalentos. m. y f. Persona que se dedica a buscar individuos idóneos para ser contratados por determinadas empresas.

cazo. m. **1.** Recipiente de cocina de forma más o menos cilíndrica y con mango. *Calienta la leche en un cazo.* **2.** Utensilio de cocina que consiste en una pieza cóncava semiesférica unida a un mango largo, y se usa para trasvasar líquidos de un recipiente a otro. *Sirve la sopa con un cazo.* ▶ 2: CACILLO.

cazoleta. f. Parte cóncava de la pipa de fumar, donde se coloca el tabaco.

cazón. m. Tiburón comestible de pequeño tamaño, de color gris y cola alargada. *El cazón hembra.*

cazuela. f. **1.** Recipiente metálico de forma cilíndrica, más ancho que alto, con tapa y dos asas, que se usa para guisar. *Hierva la verdura en una cazuela.* **2.** Recipiente de barro, ancho, poco profundo y gralm. circular, que se usa para guisar. *Sirve el bacalao en la misma cazuela.*

cazurro, rra. adj. **1.** coloq. Que habla poco y actúa con malicia o astucia. *Es cazurro y seguro que trama algo.* **2.** coloq. Torpe o ignorante. *Con gente tan cazurra no se puede ni hablar.* FAM **cazurrería.**

CD. (sigla; pronunc. "ce-de"). m. Disco compacto.

CD-ROM. (sigla; pronunc. "ce-de-rom"). m. Disco compacto de gran capacidad, en que se almacena información que puede ser reproducida, pero no modificada, en un ordenador. *Curso multimedia en CD-ROM.* ▶ CEDERRÓN.

ce. f. Letra *c*. *"Acción" se escribe con dos ces.*

cebada. f. Cereal semejante al trigo, pero de grano más alargado y puntiagudo, que se emplea como pienso y en la fabricación de bebidas alcohólicas, pralm. cerveza.

cebar. tr. **1.** Dar comida (a un animal) para que engorde. *Cebará un pavo para Navidad.* **2.** Proporcionar (a algo, espec. a un aparato o a un utensilio) lo que necesita para que funcione. *El fogonero cebaba la caldera.* **3.** Am. Preparar la infusión (de mate). *Le pidió que le cebara el mate* [C]. ○ intr. prnl. **4.** Ensañarse con alguien o algo. ▶ 4: *ENSAÑARSE. FAM **cebón, na.**

cebiche. (Tb. **ceviche**). m. frecAm. Plato de pescado o marisco crudos, cortados en trozos pequeños y adobados con limón, cebolla y ají. *Ceviche de corvina* [C]. ▶ frecAm: SEBICHE.

cebo. m. Porción de alimento, o cosa que lo simula, que se coloca en una trampa o en un aparejo de pesca o de caza, para atraer a los animales. *El pez arrancó el cebo sin morder el anzuelo.*

cebolla. f. Hortaliza de bulbo comestible, redondo, formado por capas superpuestas, de olor fuerte y sabor más o menos picante. Tb. el bulbo. *Pica una cebolla para la ensalada.*

cebolleta. f. Hortaliza muy parecida a la cebolla, de bulbo más pequeño y con parte de las hojas comestibles. *Un manojo de cebolletas.* Tb. el bulbo.

cebollino. m. Hortaliza parecida a la cebolla, de bulbos pequeños, ovalados y de sabor dulce, y tallos jugosos que se comen en ensalada.

cebra. f. Mamífero africano similar al caballo, de pelaje blanco o amarillento con rayas negras, y con una cresta de pelo tieso a lo largo del cuello. *La cebra macho.*

cebú. m. Mamífero parecido al buey, que tiene una giba sobre el lomo y vive en Asia y África, donde se utiliza como animal de carga. *El cebú hembra.*

cecear. intr. Pronunciar la *s* como *z*. *De niño ceceaba.* FAM **ceceante; ceceo.**

cecina. f. Carne salada y seca. *Cecina de vaca.* ▶ TASAJO.

cedazo. m. Utensilio que consiste en una malla tupida ajustada a un aro, y que se usa para separar las partículas finas de las gruesas de algunas cosas. *Cierne la harina con un cedazo.* ▶ *TAMIZ.

ceder. tr. **1.** Dar o traspasar (algo) a alguien. *Me cedió su asiento.* ○ intr. **2.** Rendirse o dejar de oponer resistencia. *Cedió y aceptó el acuerdo.* **3.** Romperse o soltarse una cosa debido a una presión o un peso excesivos. *Una de las vigas cedió.* **4.** Perder una cosa la resistencia o la rigidez que le son propias. *Los muelles del sofá han ido cediendo.* ▶ 2: CEJAR, CLAUDICAR, TRANSIGIR.

cederrón. m. *Inform.* CD-ROM.

cedilla. f. Letra formada por una *c* y un rasgo en forma de coma unido a la parte inferior. Tb. ese rasgo. *Escribe una ce con cedilla.*

cedro. m. Árbol grande, de tronco recto y grueso, copa cónica o piramidal y hojas en forma de aguja. Tb. su madera.

cédula. f. Documento oficial en que se acredita o notifica algo. *Cédula de residencia.* ■ ~ **de identidad.** f. Am. Carné de identidad. *Habían falsificado la fecha de nacimiento de mi cédula de identidad* [C].

cefalea. f. *Med.* Dolor de cabeza.

cefalópodo. adj. **1.** *Zool.* Del grupo de los cefalópodos (→ 2). ● m. **2.** *Zool.* Molusco marino, normalmente sin concha visible, con la cabeza bien diferenciada del resto del cuerpo y rodeada de tentáculos, como el pulpo.

cefalotórax. m. *Zool.* Parte del cuerpo de los crustáceos y de los arácnidos, formada por la unión de la cabeza y el tórax.

cegar. (conjug. ACERTAR). tr. **1.** Dejar sin vista (a alguien o a sus ojos). *Las lágrimas cegaban sus ojos.* **2.** Deslumbrar (una luz o aquello que la emite (a alguien). *Los faros del coche me cegaron.* **3.** Hacer que (alguien) deje de pensar con claridad o sensatez. *Te ciega la ira.* **4.** Cerrar o tapar (una vía, un conducto o una abertura). *Han cegado dos ventanas.* ▶ **2:** *DESLUMBRAR. FAM **cegador, ra; cegato, ta; cegatón, na** (frecAm); **ceguedad; ceguera.**

cegesimal. adj. Dicho de sistema de medida: Que tiene por unidades fundamentales el centímetro, el gramo y el segundo.

ceiba. f. Árbol tropical americano de gran altura y tronco grueso, cuyo fruto contiene semillas envueltas en una fibra algodonosa.

ceibeño, ña. adj. De La Ceiba (Honduras).

ceja. f. Parte de la cara, ligeramente curva y prominente, cubierta de pelo y situada sobre la cuenca del ojo. Tb. el pelo que la cubre. *Tiene las cejas canosas.* ■ **metérsele, o ponérsele,** algo (a alguien) **entre ~ y ~.** loc. v. coloq. Pasar a ser el principal propósito o empeño (de esa persona). *Si se le mete algo entre ceja y ceja, no para hasta conseguirlo.* ■ **tener** (algo) **entre ~ y ~.** loc. v. coloq. Tener(lo) como principal propósito o empeño. *Tiene entre ceja y ceja sacarse el doctorado.* ■ **tener** (a alguien) **entre ~ y ~.** loc. v. coloq. Tener(le) manía o aversión. *La profesora nos tiene entre ceja y ceja.*

cejar. intr. Ceder o rendirse en algo. *No cejará EN su empeño.* ▶ *CEDER.

cejijunto, ta. adj. **1.** De cejas pobladas y casi juntas. *Es barbudo y cejijunto.* **2.** Que tiene o pone ceño. *Un hombre cejijunto y malhumorado.* ▶ **2:** CEÑUDO.

celada¹. f. Emboscada.

celada². f. histór. Pieza de la armadura que servía para cubrir y proteger la cabeza.

celar. tr. Vigilar (algo o a alguien). FAM **celador, ra.**

celda. f. **1.** Habitación en que se encierra a los presos, gralm. en una cárcel o una comisaría. *Comparte celda con dos presos más.* **2.** Habitación individual en un convento. *Las monjas rezan en sus celdas.* **3.** Celdilla (receptáculo de un panal). ▶ **3:** CELDILLA.

celdilla. f. **1.** Cavidad o hueco pequeños, gralm. de los que forman un conjunto. *Rellene las celdillas del cuestionario.* **2.** Cada uno de los receptáculos hexagonales de que se compone un panal. *Las abejas depositan la miel en las celdillas.* ▶ **2:** CELDA.

celebrado, da. adj. Célebre.

celebrar. tr. **1.** Realizar un acto festivo como muestra de alegría (por algo). *Celebran la victoria con champán.* **2.** Realizar (un acto que gralm. requiere formalidad o solemnidad). *La boda se celebrará en mayo.* **3.** Alegrarse (de algo). *Celebro tu decisión.* **4.** Decir (misa). *El párroco celebra misa diariamente.* ▶ **1:** CONMEMORAR. FAM **celebración; celebrante.**

célebre. adj. (sup. **celebérrimo**). Famoso o muy conocido. *Personajes célebres.* ▶ CELEBRADO. FAM **celebridad.**

celentéreo, a. adj. **1.** *Zool.* Del grupo de los celentéreos (→ 2). ● m. **2.** *Zool.* Animal invertebrado acuático, cuyo cuerpo presenta simetría radial y una única cavidad digestiva comunicada con el exterior por un orificio, gralm. rodeado de tentáculos, que es a la vez boca y ano, como el coral.

celeridad. f. cult. Rapidez o velocidad.

celeste. adj. **1.** Del cielo. *Cuerpos celestes.* **2.** Azul celeste (→ azul).

celestial. adj. **1.** Del cielo, considerado como la mansión eterna de los bienaventurados. *El Padre celestial.* **2.** Delicioso o encantador. *Mirada celestial.*

celestina. f. Alcahueta (mujer mediadora en una relación amorosa). *Los amantes se relacionaban libremente, sin necesidad de celestina.* ▶ *ALCAHUETA.

celíaco, ca o celiaco, ca. adj. **1.** *Med.* Que padece la enfermedad celíaca (→ 2). *Menú para niños celíacos.* **2.** *Med.* Dicho de enfermedad: Que produce trastornos, pralm. digestivos, debido a una excesiva sensibilidad de la mucosa intestinal al gluten.

célibe. adj. Soltero, espec. por haber hecho voto de castidad. *Sacerdote célibe.* ▶ SOLTERO. FAM **celibato.**

celo. m. **1.** Sumo interés o cuidado que se ponen en algo, espec. en la ejecución del trabajo o del deber encomendados. *Guarda sus antigüedades con celo de coleccionista.* **2.** Apetito sexual de un animal. *La gata tiene el celo varias veces al año.* ○ pl. **3.** Sentimiento de rabia o de tristeza experimentado ante el hecho o la posibilidad de que la persona querida dedique su cariño a otra. *Tiene celos DE la mujer de su hijo.* **4.** Sentimiento de rabia o de tristeza experimentado cuando algo que se desea es alcanzado por otra persona. *Tenía celos DE ella porque sacaba mejores notas.* ▶ **4:** ENVIDIA. FAM **celoso, sa.**

celofán. (Marca reg.: *Cellophane*). m. Película flexible y transparente, obtenida de la celulosa y utilizada gralm. para envolver. *El ramo de rosas viene envuelto en celofán.*

celosía. f. Enrejado de listones, gralm. de madera, que se coloca en una ventana u otro hueco similar, pralm. para permitir a quien está en el interior ver sin ser visto.

celta. adj. **1.** histór. De un grupo de pueblos indoeuropeos establecidos antiguamente en la Galia, las islas Británicas, buena parte de la Península Ibérica y otros territorios. Tb. m. y f. ● m. **2.** Lengua hablada por los celtas (→ 1).

céltico, ca. adj. histór. Celta.

célula. f. **1.** Unidad mínima fundamental, dotada de vida y gralm. microscópica, de las que forman un organismo vivo. *Células nerviosas.* **2.** Grupo reducido de personas que funciona de manera independiente dentro de una organización. *Célula terrorista.* ■ **~ fotoeléctrica.** f. Dispositivo que transforma energía luminosa en energía eléctrica. *La célula fotoeléctrica detecta al intruso.* ■ **~ madre.** f. *Biol.* Célula (→ 1) que puede generar distintos tipos de tejidos o un organismo completo. *Investigación con células madre.*

celular. adj. **1.** De la célula. *División celular.* **2.** Formado por células. *El tejido celular.* ● m. **3.** Am. Teléfono celular (→ teléfono). *Vendo celular con 2000 dólares en llamadas y cargador [C].*

celulitis. f. Acumulación de grasa bajo la piel en algunas partes del cuerpo, que toman un aspecto granuloso como el de la piel de naranja. *Tiene celulitis en los muslos.* FAM **celulítico, ca.**

celuloide. m. **1.** Sustancia sólida, casi transparente, elástica y muy inflamable, antes muy empleada en la fabricación de película cinematográfica. **2.** Cine (arte o industria). *Estrellas del celuloide.* ▶ **2:** *CINE.

celulosa. f. Sustancia que forma la pared de las células vegetales, empleada en diversos procesos industriales, espec. en la fabricación de papel.

cementerio. m. **1.** Terreno, gralm. cercado, destinado a enterrar cadáveres. *Yace en el cementerio.* **2.** Terreno destinado al depósito de residuos industriales, maquinaria inservible u otras cosas semejantes. *Cementerio de automóviles.* ▶ **1:** CAMPOSANTO.

cemento. m. Mezcla de arcilla y materiales calcáreos que, reducida a polvo y mezclada con agua, se endurece y sirve como material de construcción. *Solaron el patio con una capa de cemento.* FAM **cementación; cementar; cementero, ra.**

cena. f. Última comida del día, que se toma al atardecer o por la noche. *De cena tomaré algo ligero.* ◼ **última ~.** (Frec. en mayúsc.). f. *Rel.* Última cena que tomó Jesucristo con sus apóstoles. ▶ **Am:** COMIDA. FAM **cenar.**

cenáculo. m. cult. Reunión poco numerosa de personas unidas por vínculos ideológicos, profesionales o intelectuales, espec. artistas o literatos. *La nueva ley es tema de debate en los cenáculos parlamentarios.*

cenado, da. adj. Que ha tomado la cena. *Cuando estéis cenados, a la cama.*

cenador. m. Espacio pequeño, gralm. circular, cercado y cubierto de plantas trepadoras, situado en el interior de un jardín. *A las cinco se sirve el té en el cenador.*

cenagal. m. Lugar lleno de cieno. *El campo era un cenagal.* ▶ *BARRIZAL. FAM **cenagoso, sa.**

cenar. → cena.

cencerro. m. Campana tosca, más o menos cilíndrica, hecha de latón o de chapa de hierro, que se cuelga del pescuezo de vacas y otras reses. FAM **cencerrada.**

cendal. m. Tela de seda o de lino, muy delgada y transparente.

cenefa. f. Franja decorativa dispuesta a lo largo de algo y que consiste en un dibujo o un motivo que se van repitiendo. *Una cenefa de motivos geométricos recorre la pared.*

cenicero. → cenizo.

cenicienta. f. Persona o cosa injustamente marginadas o despreciadas. *La Historia era la cenicienta de las asignaturas.*

cenit o **cénit.** m. **1.** cult. Punto culminante o principal. *Las artes alcanzan su cenit en el Renacimiento.* **2.** *Fís.* Punto donde se cruza con la esfera celeste una vertical imaginaria trazada desde un lugar de la Tierra. *Entre los trópicos, el Sol pasa por el cenit dos veces al año.*

cenital. adj. **1.** Del cenit. **2.** Dicho de luz: Que entra por el techo.

cenizo, za. adj. **1.** Del color de la ceniza (→ 2). *Pelo cenizo.* ● f. **2.** Polvo de color gris que queda después de que algo se queme por completo. *En la chimenea solo queda ceniza.* ○ f. pl. **3.** Restos de un cadáver. *Aquí reposan las cenizas de su padre.* ○ m. **4.** coloq. Persona que tiene o trae mala suerte. *No te acerques a él, que es un cenizo.* **5.** coloq. Aguafiestas. ◼ **reducir** (algo) **a cenizas** o **convertir** (algo) **en cenizas.** loc. v. Destruir(lo) o arruinar(lo) por completo. *Redujo a cenizas mi argumentación.* FAM **cenicero; ceniciento, ta.**

censo. m. **1.** Registro general de los ciudadanos que componen una población, en que se incluyen datos personales y de sus propiedades. *El censo refleja cuántos ciudadanos poseen estudios superiores.* **2.** Lista o registro general de los ciudadanos con derecho a voto.

Consulte las listas del censo antes de votar. FAM **censal; censar.**

censura. f. **1.** Crítica o reprobación severas de alguien o de algo. *Tuvo palabras de censura para los alborotadores.* **2.** Revisión oficial de correspondencia, publicaciones, espectáculos o emisiones de radio o televisión, para aprobarlos, modificarlos o prohibirlos de acuerdo con criterios morales o ideológicos. *Con la censura no había libertad de expresión.* FAM **censor, ra; censurable; censurar.**

centauro. m. En la mitología grecorromana: Ser fantástico que es mitad hombre y mitad caballo.

centavo. m. Moneda equivalente a la centésima parte de algunas unidades monetarias americanas, como el peso o el dólar. *Solo tenía unos centavos en el bolsillo.*

centella. f. Chispa (partícula encendida, o descarga eléctrica). *Sus ojos brillan como dos centellas.* ▶ *CHISPA.

centellear. intr. Despedir destellos breves e intensos de manera intermitente. *A lo lejos centellea la luz del faro.* FAM **centelleante; centelleo.**

centena. f. Conjunto de cien unidades. *Se quemaron centenas de árboles.* ▶ CIENTO. FAM **centenar.**

centenario, ria. adj. **1.** Que tiene cien años o más. *Árbol centenario.* ● m. **2.** Fecha en que se cumplen una o más centenas de años de un acontecimiento. *En 2005 fue el cuarto centenario del "Quijote".*

centeno. m. Cereal semejante al trigo pero de espigas más delgadas, del que se obtiene una harina oscura y que se emplea también como pienso y para la fabricación de bebidas. Tb. el grano. *Pan de centeno.*

centesimal. adj. *tecn.* Basado en la centena o en el número cien. *Escala centesimal.*

centésimo, ma. adj. **1.** → APÉND. NUM. **2.** Dicho de parte: Que es una de las cien iguales en que puede dividirse un todo. *Un centavo es la centésima parte de un dólar.* Tb. f. *Ha ganado la carrera por una centésima DE segundo.*

centi-. elem. compos. Significa 'centésima parte'. Se une a u. de unidades de medida para designar el submúltiplo correspondiente (Símb. *c*). *Centigramo, centilitro.*

centígrado, da. adj. **1.** Dicho de escala: Que está dividida en grados centígrados (→ grado). **2.** De la escala centígrada (→ 1). *Termómetro centígrado.*

centímetro. m. Unidad de longitud que equivale a la centésima parte de un metro (Símb. *cm*). *Mide un metro y setenta centímetros de altura.*

céntimo. m. Moneda equivalente a la centésima parte de algunas unidades monetarias. *Dejó unos céntimos de propina.*

centinela. m. Soldado encargado de vigilar desde un puesto. *Había dos centinelas a las puertas del palacio.*

centollo. m. Crustáceo marino parecido al cangrejo pero de mayor tamaño, de caparazón casi redondo, patas largas y carne muy apreciada. FAM **centolla.**

central. adj. **1.** Que está en el centro o entre dos extremos. *La revista incluye un reportaje en las páginas centrales.* **2.** Que ejerce su acción sobre todo un territorio o un sistema. *Gobierno central.* **3.** Dicho de edificación u organización: Que es la más importante de un conjunto y de la que suelen depender las demás. *Trabaja en la sede central de la compañía.* **4.** Esencial o fundamental. *La idea central de una novela.* **5.** Dicho de futbolista o de jugador de otros deportes: Que juega en el centro de la defensa. *Defensa central.* ● f. **6.** Instalación dedicada a la producción de energía eléctrica. *Central hidroeléctrica.* FAM **centralidad.**

centralita. f. Aparato que permite conectar una o varias líneas telefónicas con diversos teléfonos instalados dentro de un mismo local o edificio. *Una telefonista se encarga de la centralita.*

centralizar. tr. **1.** Reunir (varias cosas) en un centro común para el desarrollo de una actividad. *Han centralizado la tramitación de becas en la secretaría del rectorado.* **2.** Hacer que (una o varias cosas) dependan de un centro común, espec. de un poder central. *La Iglesia se halla centralizada bajo la autoridad del Papa.* FAM **centralismo; centralista; centralización; centralizador, ra.**

centrar. tr. **1.** Colocar (algo) en el centro o entre dos extremos. *El programa permite centrar el texto.* **2.** Colocar el centro (de algo) en un punto. *La empresa centrará la producción del nuevo modelo EN la factoría alemana.* **3.** Poner (algo) en su sitio o en el sitio adecuado. *El moderador se encarga de centrar el debate.* **4.** Dirigir alguien (algo, espec. el interés o la atención) hacia un objetivo concreto. *Ha centrado su investigación EN la época de las colonias.* **5.** Constituir el centro (de algo), espec. de la atención o el interés). *Las llamativas esculturas centraron la atención del público.* **6.** Proporcionar (a alguien) un estado de equilibrio y seguridad. *La familia y el trabajo han conseguido centrarlo.* ○ intr. **7.** En algunos deportes de equipo, espec. en fútbol: Lanzar la pelota desde un lado del campo hacia la parte central próxima a la portería contraria. *El extremo centra desde la banda.* ○ intr. prnl. **8.** Tener algo su centro o su objetivo en un punto. *Todas las miradas se centraban EN ella.* **9.** Dirigir alguien la atención o el interés hacia un objetivo concreto. *No divagues y céntrate.* FAM **centrado.**

céntrico, ca. → centro.

centrifugar. tr. Aplicar un movimiento rápido de rotación (a algo) para que, por efecto de la fuerza centrífuga, se escurra, se seque o se separen sus componentes. *La lavadora centrifuga la ropa.* FAM **centrifugación; centrifugado; centrifugador, ra.**

centrífugo, ga. adj. **1.** *tecn.* Que aleja del centro. *Fuerza centrífuga.* **2.** *tecn.* Que se aleja del centro. *Movimiento centrífugo.*

centrípeto, ta. adj. **1.** *tecn.* Que atrae o impulsa hacia el centro. *Aceleración centrípeta.* **2.** *tecn.* Que va hacia el centro. *Movimiento centrípeto.*

centrismo. m. Centro (tendencia política intermedia). ▶ CENTRO. FAM **centrista.**

centro. m. **1.** Punto o zona interiores de una cosa, que se hallan aproximadamente a la misma distancia de todos los límites o extremos de esta. *En el centro de la habitación hay una mesa.* **2.** Parte de una población, frec. situada en su centro (→ 1), donde hay más afluencia de gente y mayor actividad comercial y administrativa. *Van de compras al centro.* **3.** Aquello que atrae el máximo interés o constituye el fin principal de determinadas acciones. *Su mujer era el centro de su vida.* **4.** Tendencia política intermedia entre la derecha y la izquierda. *Un partido de centro.* **5.** Institución, organismo o establecimiento en que se desarrollan actividades o se prestan servicios con un fin específico. *Centro comercial.* **6.** Lugar donde se desarrolla con especial intensidad una actividad determinada. *La Universidad era un centro de resistencia contra la dictadura.* **7.** En algunos deportes de equipo, espec. en fútbol: Hecho o efecto de centrar. *El extremo falló el centro.* **8.** *Mat.* Punto interior equidis-

tante de todos los de una circunferencia o de una superficie esférica. *El eje de la esfera pasa por su centro.* **9.** *Mat.* Punto de un polígono o de un poliedro regulares que coincide respectivamente con el centro (→ 8) de una circunferencia o de una esfera circunscritas. *El centro del cuadrado es el punto donde se cortan sus diagonales.* ■ ~ **de gravedad.** m. *Fís.* Punto sobre el que actúa la resultante de las fuerzas de atracción de la gravedad en un cuerpo. *Los objetos tienen mayor estabilidad cuanto más bajo está su centro de gravedad.* ■ ~ **de mesa.** m. Vasija que se coloca de adorno, gralm. con flores, en el centro (→ 1) de una mesa. ▶ **4:** CENTRISMO. FAM **céntrico, ca.**

centroafricano, na. adj. **1.** De África central. *País centroafricano.* **2.** De la República Centroafricana. *Bangui es la capital centroafricana.*

centroamericano, na. adj. De Centroamérica. *Países centroamericanos.*

centrocampista. m. y f. En fútbol: Jugador que actúa entre la defensa y la delantera, sirviendo de enlace. *El centrocampista distribuye el juego.*

centroeuropeo, a. adj. De Europa central. *Estados centroeuropeos.*

centuplicar. tr. **1.** Multiplicar por cien o hacer cien veces mayor (algo). *Han conseguido centuplicar la memoria de los ordenadores.* **2.** Ser algo cien veces mayor (que otra cosa). *El presupuesto del campeón centuplica el de un equipo modesto.*

centuria. f. **1.** cult. Siglo (período de cien años). *En la pasada centuria se produjeron dos guerras mundiales.* **2.** histór. En el ejército romano: Unidad constituida originariamente por cien soldados. *La legión imperial constaba de sesenta centurias.*

centurión. m. histór. En el ejército romano: Jefe al mando de una centuria.

ceñido, da. adj. Dicho de prenda de ropa: Que va ajustada al cuerpo. *Blusa ceñida.*

ceñir. (conjug. CEÑIR). tr. **1.** Rodear una persona (algo o a alguien) con los brazos o con un objeto, gralm. apretando. *La ciñó por la cintura y la besó.* **2.** Ajustar (algo) a una parte del propio cuerpo o del de otra persona. *El presidente del jurado le ciñó la diadema de Miss Universo.* **3.** Ajustarse una cosa alrededor de (otra). *El vestido ceñía su cuerpo.* ○ intr. prnl. **4.** Limitarse o reducirse a algo. *Cíñase A los hechos, por favor.* FAM **ceñidor.**

ceño. m. **1.** Gesto que consiste en arrugar la frente y el entrecejo y que es señal de determinados sentimientos o emociones, como enojo, rechazo o preocupación. *Al ver la factura frunció el ceño.* **2.** Entrecejo (parte de la cara). ▶ **2:** ENTRECEJO. FAM **ceñudo, da.**

cepa. f. **1.** Parte del tronco de un árbol u otra planta, que está bajo tierra y unida a las raíces. *Cave con cuidado de no dañar la cepa del árbol.* **2.** Vid. **3.** Origen de una persona o de una familia. *Su familia es cubana de cepa.* **4.** *Biol.* Grupo de organismos emparentados, como las bacterias, los hongos o los virus, cuya ascendencia común es conocida. *Hay varias cepas del virus de la gripe.* ■ **de pura ~.** loc. adj. Dicho de persona: Auténtica o genuina. *Es una montevideana de pura cepa.*

cepellón. m. Porción de tierra que se mantiene adherida a las raíces de una planta al transplantarla. *Hay que transplantar el árbol sin dañar el cepellón.*

cepillo. m. **1.** Instrumento formado por hileras de pelillos rígidos que, distribuidos sobre una base plana, sirven para limpiar o peinar. *Quita el polvo al traje* con un cepillo. **2.** Herramienta de carpintería formada por un bloque de madera con una cuchilla en la base, que sirve para pulir o alisar superficies. *Iguala la tabla con un cepillo.* FAM cepillar.

cepo. m. **1.** Artefacto para cazar animales provisto de un dispositivo que se cierra aprisionando al animal cuando este lo toca. *Los furtivos han puesto cepos por el bosque.* **2.** histór. Instrumento que, mediante dos piezas unidas, servía para aprisionar una parte del cuerpo, como la pierna o la garganta. *Los reos eran conducidos con cepos.*

cera. f. **1.** Sustancia blanda y amarillenta que segregan las abejas para fabricar las celdillas de los panales. *Con la cera se hacen velas.* **2.** Sustancia grasa de origen natural o sintético, similar a la cera (→ 1) o compuesta de ella, que se funde con facilidad y tiene diversas aplicaciones, como depilar el vello o abrillantar superficies de madera. *Cera para muebles.* **3.** Sustancia grasa y amarillenta que segrega el oído externo. *Oye mal porque tiene un tapón de cera.* ▶ **3:** CERUMEN. FAM céreo, a; cerería; cerero, ra; ceroso, sa.

cerámico, ca. adj. **1.** De la cerámica (→ 2). *Material cerámico.* ● f. **2.** Arte de fabricar objetos de barro, loza o porcelana. *Curso de cerámica.* FAM ceramista.

cerbatana. f. Tubito estrecho utilizado para lanzar dardos soplando con fuerza por uno de sus extremos. *Los indios del Amazonas cazan con cerbatana.*

cerca¹. f. Construcción a modo de tapia que se pone alrededor de un lugar para cerrarlo, protegerlo o delimitarlo. *Una cerca de estacas.* ▶ CERCADO, CERCO.

cerca². adv. **1.** A poca distancia. *Vive cerca DEL trabajo.* **2.** En un tiempo que acaba de pasar o está a punto de llegar. *Tu cumpleaños ya está cerca.* ■ ~ **de.** loc. prepos. Alrededor de. Se usa seguida de una expresión de cantidad o de tiempo. *Habría cerca de mil invitados.*

cercado. m. **1.** Terreno rodeado con una cerca. *Meten las ovejas en el cercado.* **2.** Cerca (construcción). ▶ **2:** *CERCA.

cercano, na. adj. Que está cerca. *Se hospeda en un hotel cercano.* FAM cercanía.

cercar. tr. **1.** Rodear (un lugar) con una cerca o construcción similar. *Van a cercar el solar.* **2.** Rodear (un lugar, o a quien está en él) cerrando todas las salidas para conseguir la rendición. *El ejército cerca la ciudad.* **3.** Rodear (algo o a alguien) por completo. *Los cazadores cercan a su presa.* ▶ **1:** VALLAR. **2:** ASEDIAR, SITIAR.

cercenar. tr. **1.** Cortar o separar (una parte de algo, frec. una extremidad) con un instrumento cortante. *Se cercenó el dedo con una sierra.* **2.** Recortar o disminuir (algo). *La censura cercenó el texto.*

cerciorarse. intr. prnl. Asegurarse de algo o confirmar que es cierto. *Mira en el bolso para cerciorarse DE que lleva las llaves.* ▶ ASEGURARSE.

cerco. m. **1.** Hecho de cercar para conseguir la rendición. *El ejército pone cerco A la ciudad.* **2.** Cosa que ciñe, rodea o bordea. *El cerco de la ventana.* **3.** Cerca (construcción). ▶ **1:** ASEDIO, SITIO. **3:** *CERCA.

cerda. f. **1.** Pelo duro y grueso del cuerpo de algunos animales, como el cerdo o el caballo. **2.** Pelo de un cepillo, de una brocha o de cosas semejantes, artificial o hecho de cerda (→ 1). *Limpia las cerdas de los pinceles.*

cerdo, da. m. **1.** Mamífero doméstico de cuerpo grueso, cabeza y orejas grandes, hocico estrecho y patas cortas, que se cría espec. para su aprovechamiento en la alimentación humana. **2.** Carne de cerdo (→ 1).

Filete de cerdo. ○ f. **3.** Hembra del cerdo (→ 1). *La cerda amamanta a los lechones.* ○ m. y f. **4.** coloq. Persona sucia o grosera. *Enfrente, un cerdo se metía el dedo en la nariz.* **5.** coloq. Persona mala o despreciable. *Ese cerdo nos ha traicionado.* ▶ **1:** COCHINO, GUARRO, MARRANO, PUERCO. ‖ **Am: 1, 2:** CHANCHO. FAM cerdada.

cereal. m. **1.** Planta gramínea cultivada pralm. por su grano, muy utilizado en la alimentación humana y animal, como el trigo y la cebada. Tb. su grano. ○ pl. **2.** Alimento elaborado con cereales (→ 1), gralm. enriquecido con vitaminas y otras sustancias. *Desayuna leche con cereales.*

cerebelo. m. Anat. Centro nervioso situado en la parte posterior del cráneo, bajo el cerebro, cuya función principal es la coordinación de movimientos y el control del equilibrio.

cerebral. adj. **1.** Del cerebro. *Actividad cerebral.* **2.** Que se caracteriza por dar preferencia a lo intelectual y a la reflexión frente a las emociones. *Es una mujer fría y cerebral.*

cerebro. m. **1.** Centro nervioso que ocupa las partes anterior y superior del cráneo, y constituye el principal coordinador de la actividad voluntaria física e intelectual. **2.** Mente o cabeza. *¡Qué poco cerebro tienes!* **3.** Persona que concibe o dirige un plan, una organización o algo similar. *Fue el cerebro DEL atraco.* **4.** Persona que sobresale por su inteligencia, espec. en el terreno técnico o científico. *Es un cerebro de las matemáticas.* ■ ~ **electrónico.** m. Aparato electrónico, gralm. una computadora, capaz de realizar funciones similares a las de un cerebro (→ 1) humano. *El ajedrecista se enfrenta a un cerebro electrónico.* □ **lavar el** ~ (a alguien). loc. v. coloq. Cambiar(le) la manera de pensar. *En la secta le habían lavado el cerebro.*

ceremonia. f. **1.** Acto solemne que sigue unas reglas establecidas. *Ceremonia de entrega de premios.* **2.** Demostración formal y cortés de respeto entre personas. *Son viejos conocidos y se saludan sin mucha ceremonia.* ▶ **2:** ETIQUETA. FAM ceremonial; ceremonioso, sa.

céreo, a; cerería; cerero, ra. → cera.

cereza. f. Fruto del cerezo, comestible, pequeño y casi redondo, de color rojo y con un rabillo largo.

cerezo. m. Árbol frutal, de tronco liso y alto, copa abierta, flores blancas y cuyo fruto es la cereza. Tb. su madera. *Una pipa de cerezo.*

cerilla. f. Trozo alargado y estrecho de papel encerado, madera o cartón, con una cabeza inflamable de fósforo en uno de sus extremos, que se enciende al frotarla con una superficie adecuada. *Enciende su cigarrillo con una cerilla.* ▶ FÓSFORO. FAM cerillero, ra; cerillo (frecAm).

cerner. (conjug. ENTENDER). tr. **1.** Separar con un tamiz o una criba las partículas más gruesas (de una materia en polvo o en grano). *Hay que cerner la harina.* ○ intr. prnl. **2.** Amenazar de cerca algo malo. *Un frente frío se cierne SOBRE la costa.* ▶ **1:** *TAMIZAR. **2:** CERNIRSE. FAM cernido.

cernícalo. m. Ave rapaz parecida al halcón pero de menor tamaño, de color rojizo con manchas negras. *El cernícalo hembra.*

cernir. (conjug. DISCERNIR). tr. **1.** Cerner (algo). *Ciernen la arena.* ○ intr. prnl. **2.** Cernerse. *Los problemas se ciernen SOBRE nosotros.* ▶ **1:** *TAMIZAR.

cero. (APÉND. NUM.). m. **1.** Signo con que se representa la falta absoluta de cantidad y que colocado a la derecha de un número entero multiplica el valor de este por diez. *El cero se escribe 0.* **2.** Puntuación mínima en cualquier ejercicio o competición. **3.** En un aparato de medida: Punto de origen de la escala. *En el termómetro, el nivel de mercurio se ha quedado en el cero.* ● adj. **4.** Ninguno. *Estamos a cero grados.* **5.** Que corresponde al punto de origen en una serie o escala. *El kilómetro cero de la etapa.* ■ a ~. loc. adv. Sin nada o sin ninguna cantidad. *Dejó la cuenta a cero.* ■ al ~. loc. adv. A la altura de la raíz del cabello. *Le cortan el pelo al cero.* ■ de, o desde, ~. loc. adv. Desde el principio, o sin contar con recursos. *Levantan el negocio desde cero.* ■ un ~ a la izquierda. loc. s. coloq. Una persona inútil o que no está nada valorada. *Se siente un cero a la izquierda.*

ceroso, sa. → cera.

cerquillo. m. Am. Flequillo. *Ella llevaba una suerte de peinado paje, ese con el cerquillo* [C].

cerrado, da. adj. **1.** Dicho de lugar o espacio: Que tiene poca o ninguna comunicación con el exterior. **2.** Dicho de curva: Que se aparta de la línea recta de manera muy pronunciada. **3.** Dicho de aplauso: Fuerte y unánime. **4.** Dicho de lista o texto: Que está completo y no admite cambios. **5.** Dicho de persona: Callada o poco habladora. **6.** Estricto o poco flexible. *No se puede ir a negociar con una actitud tan cerrada.* **7.** Dicho de acento o de habla: Que presenta rasgos locales o regionales muy marcados.

cerradura. f. Mecanismo accionado gralm. con llave, que se instala en una puerta, una tapa o lugar semejante, para poder cerrarlos. *Alguien ha forzado la cerradura de su maleta.* ▶ Am: CHAPA.

cerrajero, ra. m. y f. Persona que tiene por oficio hacer o reparar cerraduras, cerrojos y objetos semejantes. *Perdimos las llaves y hubo que llamar a un cerrajero.* FAM cerrajería.

cerrar. (conjug. ACERTAR). tr. **1.** Hacer que el interior (de algo) quede incomunicado con el exterior. *Cerró el coche con llave. Cierre los ojos.* **2.** Poner (una puerta, una tapa, un cerrojo o algo similar) en la posición que deja una cosa incomunicada con el exterior. *Cierra la ventana.* **3.** Juntar o aproximar los extremos libres (de dos miembros del cuerpo), o de dos partes (de una cosa) articuladas por el otro extremo. *El ejercicio consiste en abrir y cerrar los brazos.* **4.** Doblar o plegar (lo que estaba extendido). *Cerró el paraguas.* **5.** Impedir el paso (por un lugar, espec. una vía o camino). *Cerrarán varias calles al tráfico.* **6.** Impedir o cortar (el paso). *Una pandilla de matones le cerró el paso.* **7.** Poner (un grifo o dispositivo similar) en la posición que impida el paso de fluido. *Cierra bien el grifo para que no gotee.* **8.** Interrumpir el paso (de fluido) mediante un grifo o dispositivo similar. *Cuando salgas, cierra el gas.* **9.** Ir en último lugar o al final (de una sucesión de personas o cosas). *Unas modelos en traje de noche cierran el desfile.* **10.** Interrumpir temporal o definitivamente la actividad (de un establecimiento u organismo). *Cerraron la empresa debido a las fuertes pérdidas.* **11.** Dar por firme y definitivo (un trato o acuerdo). *Cerraron el trato con un apretón de manos.* ○ intr. **12.** Poder ser cerrado (→ 1- 4, 7) algo, espec. un recipiente, una puerta o un objeto articulado o plegable. *Este armario no cierra.* **13.** Cicatrizar una herida. *Con unos puntos la herida cerrará antes.* Tb. prnl. **14.** Llegar la noche a su plenitud. *Aguardan a que cierre la noche para atacar.* Tb. prnl. **15.** Cesar en su actividad un establecimiento u organismo de manera temporal o definitiva. *El bar no cierra a mediodía.* ○ intr. prnl. **16.** Pasar una flor a tener los pétalos juntos. *La margarita se cierra al ponerse el sol.* **17.** Tomar un vehículo o su conductor una curva arrimándose a su parte interior. *No te cierres en las curvas.* ▶ **13:** CICATRIZAR. FAM cerramiento.

cerrazón. f. **1.** Incapacidad de comprender o aceptar algo por falta de inteligencia o de flexibilidad. *Muestra cerrazón A las corrientes renovadoras.* **2.** Obstinación en una idea. *Está empeñada en vender la casa y nadie la saca de su cerrazón.*

cerril. adj. **1.** Obstinado o reacio a cualquier razonamiento. *No te pongas cerril, te digo que ahí no cabe el armario.* **2.** Tosco o grosero. *Son gente de campo, un poco cerriles, pero buena gente.* ▶ **1:** *TERCO.

cerro. m. Elevación del terreno, aislada y de cierta altura, menor que una montaña.

cerrojazo. m. **1.** Hecho de cerrar algo, espec. un establecimiento u organismo, o un período de tiempo o actividad. *El país tiene ganas de dar cerrojazo al sangriento episodio.* **2.** Acción de echar el cerrojo bruscamente. *Se despertó con el ruido de un cerrojazo.*

cerrojo. m. **1.** Barrita metálica provista de una manija, que se desliza por el interior de unos soportes para dejar cerrada una puerta, una ventana o una caja. *Cierra la puerta y echa el cerrojo.* **2.** Dep. En fútbol y otros deportes de equipo: Sistema de juego muy defensivo. *El equipo es experto en practicar el cerrojo.*

certamen. m. Concurso abierto que gralm. se celebra para estimular con premios una actividad. *Certamen internacional de pintura.* ▶ *CONCURSO.

certero, ra. adj. **1.** Dicho de cosa: Que implica acierto. *Lo hirió de una certera estocada.* **2.** Dicho de persona: Que actúa con acierto. *Fue certero en su diagnóstico.*

certeza o **certidumbre.** f. Conocimiento seguro y claro de algo. *Tengo la certeza DE que mintió.*

certificado. m. Carta o paquete que se certifican por medio de un servicio postal. *El cartero le entrega un certificado.*

certificar. tr. **1.** Manifestar mediante escrito oficial una persona autorizada para ello que (algo) es cierto. *El forense certifica la defunción.* **2.** Afirmar que (algo) es cierto. *Varios testigos certifican que lo vieron salir de la casa.* **3.** Enviar (una carta o un paquete) mediante un servicio postal con el que, previo pago, se obtiene un resguardo que acredita el envío y asegura la entrega. *Certifique la carta en la oficina de correos.* FAM certificado (*Un certificado de defunción*); certificación.

cerumen. m. Cera (sustancia que segrega el oído). ▶ CERA.

cerval. adj. Dicho de miedo: Muy grande. *Tiene un miedo cerval a las arañas.*

cervato. m. Ciervo menor de seis meses. Frec. *cervatillo. Los perros acosan a un cervatillo.*

cerveza. f. Bebida alcohólica que se hace con granos de cebada u otro cereal fermentado en agua, y a la que se da un gusto amargo aromatizándola con lúpulo. *Como buen irlandés, prefiere la cerveza negra a la rubia.* FAM cervecería; cervecero, ra.

cerviz. f. Parte trasera del cuello, que en la mayoría de los mamíferos consta de siete vértebras y varios músculos. *Ha clavado el estoque al toro en la cerviz.* FAM cervical.

cesantía. f. **1.** Situación o estado del funcionario que ha cesado. *Los turnos de gobierno condenaban a muchos funcionarios a la cesantía.* **2.** Am. Despido (hecho de despedir). *La ley llevará a cesantías en masa* [C]. **3.** Am. Paro (situación de parado, o subsidio). *Esa región ostenta uno de los más altos índices de cesantía* [C]. **4.** frecAm. Paga que percibe un funcionario que ha cesado. *Las cesantías que se han pagado a altos funcionarios llegan a sumas gravosas* [C]. ▶ **2:** DESPIDO. **3:** *PARO. FAM cesante; cesantear.

cesar. intr. **1.** Acabarse o interrumpirse algo que dura un tiempo. *Los bombardeos no cesaron en toda la noche.* **2.** Dejar de desempeñar un empleo o cargo. *Cesará EN su cargo de entrenador.* **3.** Seguido de *de* y un infinitivo, o de *en* y un nombre, indica interrupción de lo expresado por el infinitivo o el nombre. *No cesa de mirarte.* FAM cesación; cese.

césar. m. Emperador, espec. el romano. *Calígula se convirtió en césar.*

cesárea. f. Operación quirúrgica que consiste en abrir la matriz para extraer el feto, gralm. cuando hay dificultades en el parto.

cesión. f. Hecho de ceder algo a alguien. *Decidió la cesión de sus derechos a su hijo.*

césped. m. **1.** Hierba fina, corta y tupida que cubre un terreno. *El jardinero corta el césped.* **2.** Dep. Terreno de juego de hierba. *El equipo salta al césped.* ▶ Am: GRAMA, GRAMILLA.

cesta. f. **1.** Recipiente de caña, mimbre u otra materia flexible entretejida, a veces con tapa, que sirve para recoger y llevar objetos, y frec. tiene un asa cruzada en el centro. *Coge setas y las va echando en una cesta.* **2.** En baloncesto: Canasta. *Introduce el balón en la cesta.* ▶ **1:** BANASTA, BANASTO, CANASTA, CANASTILLA, CANASTILLO, CANASTO. **2:** *CANASTA. FAM cestería; cestero, ra; cesto.

cetáceo, a. adj. **1.** Del grupo de los cetáceos (→ 2). ● m. **2.** Mamífero marino de gran tamaño y forma de pez, que tiene aletas anteriores y una aleta en la cola, como la ballena.

cetrería. f. **1.** Técnica de criar y domesticar aves rapaces para la caza de animales, espec. de otras aves. *Tratado de cetrería.* **2.** Caza realizada con aves rapaces. *El halcón es un ave de cetrería.*

cetrino, na. adj. De color amarillo verdoso. *Su tez se volvió cetrina.*

cetro. m. Vara finamente labrada y adornada, que sirve como insignia de la dignidad de rey o emperador. *El rey aparecía retratado con cetro y corona.*

ceutí. (pl. ceutíes o ceutís). adj. De Ceuta (España).

ceviche. → cebiche.

ch. f. Combinación de las letras *c* y *h*, que suele recibir el nombre de *che*, y que se pronuncia con un sonido propio. *Chimenea, muchacho.*

chabacano[1]**.** m. **1.** Am. Albaricoquero. *Observó que el chabacano reiniciaba su crecimiento* [C]. **2.** Am. Albaricoque (fruto). *Se ponen los chabacanos al fuego con muy poca agua* [C]. ▶ **2:** ALBARICOQUE.

chabacano[2]**, na.** adj. Vulgar, grosero o de mal gusto. *Es gente inculta y chabacana.* ▶ *MALEDUCADO. FAM chabacanada; chabacanería.

chabola. f. Vivienda pequeña, construida con materiales pobres o de desecho, gralm. en un suburbio. *En las grandes ciudades crecen los barrios de chabolas.* ▶ FAVELA. FAM chabolismo; chabolista.

chacal. m. Mamífero parecido al lobo pero de menor tamaño y, en algunas especies, de pelaje más rojizo, que habita en Asia y África. *El chacal hembra.*

chacarero, ra. m. y f. **1.** Am. Persona que cuida una granja o es propietaria de ella. *Los chacareros con poca maquinaria siembran al voleo* [C]. ○ f. **2.** Am. Baile popular de origen argentino, ejecutado por parejas sueltas y con ritmo variable. *Se bailaron chacareras* [C]. Tb. su música. ▶ **1:** GRANJERO.

chachachá. m. Baile moderno de origen cubano, derivado de la rumba y el mambo, y ejecutado con pasos cortos y contoneos, al son de un ritmo vivo y alegre. Tb. su música.

cháchara. f. coloq. Conversación insustancial o de poca importancia. *¡Basta ya de cháchara; a trabajar!* FAM chacharear.

chacho, cha. m. y f. **1.** coloq. Muchacho (niño o joven). ○ f. **2.** coloq. Sirvienta o criada. *La chacha limpiaba y cuidaba a los niños.*

chacota. f. Burla o broma. *No se lo tomen a chacota, que es muy serio.* ▶ BROMA.

chacra. f. Am. Granja. *Cuando la chacra daba buenas cosechas, llegué a tener ochenta peones trabajando* [C].

chadiano, na. adj. Del Chad (África).

chador. m. Velo negro con que las mujeres de algunos países musulmanes se cubren la cabeza y gran parte del cuerpo.

chafar. tr. **1.** Aplastar (algo, espec. blando o frágil). *No pongas los huevos en el fondo de la bolsa, que los puedes chafar. Con un gancho de izquierda le chafaron la nariz.* **2.** coloq. Estropear o echar a perder (algo, espec. un plan o una idea). *El mal tiempo nos ha chafado las vacaciones.* **3.** coloq. Dejar (a alguien) confundido o sin respuesta en una conversación. *¿Que te has separado?, pues me has chafado, porque te iba a preguntar por tu marido.* **4.** coloq. Deprimir o desilusionar (a alguien). *La noticia de que no habría veraneo dejó a los niños chafados.*

chaflán. m. Cara que resulta de cortar por un plano una esquina, espec. la que forman dos calles o dos paredes. *El portal está en el chaflán de la esquina.*

chal. m. Prenda de vestir femenina, de tejido fino y forma alargada, que se coloca sobre los hombros. *Se puso un chal sobre el vestido de tirantes.* ▶ ECHARPE.

chala. f. Am. Hoja que envuelve la mazorca de maíz. *Pedimos ajiacos, servidos en chalas* [C].

chalaco, ca. adj. Del Callao (Perú).

chalado, da. adj. coloq. Que está un poco loco. *Hay que estar chalado para conducir a esa velocidad.* FAM chaladura.

chalán, na. m. y f. Persona que se dedica a la compraventa, espec. de caballos u otros animales. *Vendió el potro a un chalán en la feria.*

chalana. f. Embarcación pequeña, de fondo plano, proa en punta y popa cuadrada, que sirve para transporte en aguas poco profundas. FAM chalanear; chalaneo.

chalé. m. Edificio pequeño, gralm. de entre una y tres plantas, provisto de jardín y destinado a vivienda para una sola familia. *Vive en un lujoso chalé.* ▶ CHALET, HOTEL.

chaleco. m. **1.** Prenda de vestir, sin mangas, que cubre el tronco hasta la cintura y se suele llevar sobre la camisa. *Un traje con chaleco a juego.* **2.** Pieza similar a un chaleco (→ 1), que cumple diversas funciones, gralm. protectoras o de seguridad. *Chaleco antibalas.*

chalet. (pl. **chalets**). m. Chalé.

chalina. f. Am. Chal estrecho. *Se protege el cuello con una chalina de seda.*

chalota. f. Hortaliza parecida a la cebolla, de bulbos arracimados, pequeños y rojizos, y de sabor más suave y aromático que los de la cebolla. Tb. el bulbo. *Dora las chalotas con mantequilla.* ► CHALOTE, ESCALONIA.

chalote. m. Chalota.

chalupa. f. Embarcación pequeña, espec. una lancha o un bote. *Desde el buque botan una chalupa para ir a tierra.*

chamaco, ca. m. y f. Am. Muchacho. *Es una chamaca que todavía anda jugando al burro* [C].

chamán. m. Rel. Hechicero al que se supone dotado de poderes sobrenaturales para hacer curaciones, adivinaciones o invocaciones a los espíritus. FAM **chamanismo.**

chamarra. f. Prenda de abrigo a modo de chaqueta o chaquetón. *Una chamarra de cuero.*

chamba. f. Am. coloq. Trabajo, a veces casual. *La chamba de camarero no le iba a durar demasiado* [C]. FAM **chambear.**

chambelán. m. histór. Caballero que acompañaba a un príncipe o monarca y estaba a su servicio en palacio. *El emperador daba audiencia rodeado de chambelanes.*

chambergo. m. histór. Sombrero chambergo (→ **sombrero**).

chambón, na. adj. frecAm. coloq. Torpe. *En todas partes hay poetas ramplones, zapateros chambones, matasanos* [C].

chamizo. m. Choza o cabaña con techumbre de hierba o ramas. ► *CABAÑA.

champa. f. Am. Cobertizo o tienda de campaña que se usa como vivienda. *Los campesinos viven en champas de plástico* [C].

champán o **champaña.** m. Vino espumoso, gralm. blanco, originario de la región francesa de Champaña. *Celebran la victoria con champán.*

champiñón. m. Seta comestible, muy cultivada, de color blanquecino o pardo y sombrero en forma de paraguas.

champú. m. Producto líquido para el lavado del cabello. *Champú anticaspa.*

chamuscar. tr. Quemar (algo) por la superficie o el exterior. *La llama le chamuscó las cejas.*

chamusquina. f. Hecho de chamuscar. *El viento trae olor a chamusquina.* ■ **oler** algo a ~. loc. v. coloq. Dar esa cosa motivos de sospecha o recelo. *Tanto secreto me huele a chamusquina.*

chancaca. f. Am. Azúcar de caña sin refinar, gralm. presentado en porciones compactas de forma redonda o rectangular. *También se puede hacer el almíbar con chancaca* [C].

chance. f. (Tb. m.). frecAm. Oportunidad o posibilidad de conseguir algo. *Es desaprovechar la chance DE estar juntos* [C].

chancear; chancero, ra. → **chanza.**

chancho, cha. m. **1.** Am. Cerdo (mamífero doméstico, o su carne). *Yo crié hartas gallinas, pavos, chanchos* [C]. ○ f. **2.** Am. Hembra del chancho (→ 1). *Allí había una tremenda chancha recién parida* [C]. ○ m. y f. **3.** Am. coloq. Cerdo (persona sucia, o persona despreciable). *Le dije que era un chancho* [C]. ► **1:** *CERDO.

chanchullo. m. coloq. Negocio o manejo ilícitos. *Se han descubierto los chanchullos del mafioso.* FAM **chanchullero, ra.**

chancla o **chancleta.** f. Zapatilla sin talón o con el talón doblado hacia dentro. *En verano voy con chanclas.* FAM **chancletear.**

chanclo. m. Zapato grande, gralm. de goma, en que se mete el pie ya calzado para proteger el zapato ordinario del barro y de la humedad. *Sale con paraguas y chanclos.*

chándal. (pl. **chándales**). m. Conjunto de ropa deportiva formado por un pantalón largo y una chaqueta o jersey amplios. ► **Am:** BUZO.

chanfaina. f. Guiso hecho con trozos de carne o de bofe u otras vísceras.

changador. m. Am. Hombre que tiene por oficio llevar cosas pesadas de un sitio a otro. *Changadores y peones se unieron a los manifestantes* [C].

changarro. m. Am. Tienda pequeña. *Vivía en la trastienda de su changarro* [C].

chantaje. m. Presión que se ejerce sobre alguien mediante amenaza, espec. la de hacer público algo que le perjudique, a fin de obtener de esa persona dinero u otro beneficio. *Alguien le hace chantaje con unas fotos comprometedoras.* ► EXTORSIÓN. FAM **chantajear; chantajista.**

chantillí. m. Crema de nata batida, usada en pastelería. Tb. *crema ~.*

chanza. f. cult. Broma o burla, gralm. sin mala intención. *Me habla en tono de chanza.* FAM **chancear; chancero, ra.**

chao. interj. Adiós o hasta luego. *¡Chao!, que te vaya bien.* ► *ADIÓS.

chapa. f. **1.** Lámina de metal, madera u otra materia dura. *Un armario revestido con chapa de madera.* **2.** Placa metálica que sirve como distintivo o insignia. *Mostró su chapa de policía.* **3.** Tapón metálico que cierra herméticamente algunas botellas. *Colecciona chapas de cerveza.* **4.** Am. Cerradura. *Introduje la llave en la chapa* [C]. **5.** Am. Matrícula (placa de un vehículo). *Me paso el día contando los coches con chapa impar* [C]. **6.** Am. Mancha rojiza que aparece en la mejilla. *Tomaba anís hasta que me salían chapas* [C]. ► **5:** *MATRÍCULA.

chapado, da. ~ **a la antigua.** loc. adj. Apegado a las ideas y costumbres antiguas o tradicionales. *Son gente chapada a la antigua.*

chapalear. intr. Chapotear.

chapar. tr. Cubrir (algo) con chapa. Frec. en part. *Una cadena chapada EN oro.* ► CHAPEAR.

chaparro, rra. m. **1.** Mata de encina o roble, de muchas ramas y poca altura. *En el monte abundan los chaparros.* ○ f. **2.** Chaparro (→ 1). ● adj. **3.** Rechoncho. FAM **chaparral.**

chaparrón. m. Lluvia intensa de corta duración. *Cayó un buen chaparrón.* ► *CHUBASCO.

chapata. f. Pan crujiente, de forma aplastada y alargada.

chapear. tr. Chapar (algo). ► CHAPAR.

chapín, na. adj. Am. De Guatemala. *La cultura del pueblo chapín* [C]. ► GUATEMALTECO.

chapista. m. y f. Persona que tiene por oficio trabajar la chapa metálica, espec. la de las carrocerías. *El chapista repara la abolladura.* FAM **chapistería.**

chapitel. m. Arq. Remate de forma piramidal en lo alto de una torre.

chapó. interj. Se usa para expresar admiración por alguien o algo. *¡Chapó, chicas, lo han hecho fenomenal!*

chapotear. intr. Dar golpes bruscos y ruidosos en el agua o en el barro, gralm. con los pies o con las manos. *El bebé chapotea* EN *el agua con su patito de goma.* ▶ CHAPALEAR. FAM **chapoteo.**

chapulín. m. Am. Langosta o saltamontes. *Los chapulines ponen sus huevos en el suelo* [C]. ▶ SALTAMONTES.

chapurrear o **chapurrar.** tr. coloq. Hablar (una lengua) con dificultad y cometiendo errores. *Apenas chapurreo el inglés.* FAM **chapurreo.**

chapuza. f. coloq. Obra o trabajo hechos sin esmero o de manera poco profesional. *Por querer terminar el artículo deprisa, hice una chapuza.* FAM **chapucería; chapucero, ra; chapuzas.**

chapuzón. m. Hecho de meter a alguien debajo del agua con ímpetu. *Se da un chapuzón en la piscina.* FAM **chapuzar.**

chaqué. m. Prenda masculina a modo de chaqueta, que a partir de la cintura se abre hacia atrás formando dos faldones. *Acudirá a la boda vestido de chaqué.*

chaqueño, ña. adj. Del Chaco (Argentina, Bolivia) o del Gran Chaco (Bolivia).

chaqueta. f. Prenda exterior de vestir, con mangas y abierta por delante, que cubre desde los hombros hasta la cadera. *Lleva chaqueta y pantalón de lino.* ■ **cambiar de ~,** o **cambiar la ~.** loc. v. coloq. Cambiar de bando o partido por conveniencia personal. *Muchos cambiaron de chaqueta cuando ganaron los socialistas.* ▶ **Am:** SACO. FAM **chaquetear; chaqueteo; chaquetero, ra; chaquetilla; chaquetón.**

charada. f. Pasatiempo consistente en adivinar una palabra a partir de alguna pista sobre su significado y sobre el de otras palabras que constituyen sílabas de la palabra buscada.

charanga. f. Banda pequeña de música, frec. de carácter popular o jocoso, formada por instrumentos de viento y percusión. *Durante las fiestas hay desfiles, carrozas y charangas.*

charango. m. frecAm. Instrumento musical usado espec. en América del Sur, parecido a una pequeña guitarra, con cinco cuerdas dobles y un sonido muy agudo. *Suenan charangos y zampoñas* [C].

charca. f. Masa de agua, algo menor que una laguna, que queda detenida en el terreno. *Cazan ranas en la charca.*

charco. m. Masa de agua u otro líquido, que queda detenida en una cavidad pequeña y poco profunda del suelo. *La lluvia deja la calle llena de charcos.* ■ **el ~.** loc. s. coloq. El mar o el océano, espec. el Atlántico. *Muchos se decidieron a cruzar el charco.*

charcutería. f. Tienda en que se venden embutidos, fiambres y otros productos. FAM **charcutero, ra.**

charla. f. **1.** Hecho de conversar de forma distendida o relajada. *Nos pasamos la tarde de charla.* **2.** Disertación pública de carácter informal o poco solemne. *Dará una charla sobre técnicas de estudio.* ▶ **1:** *CONVERSACIÓN. FAM **charlar; charleta; charlista; charlotear; charloteo.**

charlatán, na. adj. **1.** Que habla mucho. *Calla un poco; no seas tan charlatana.* **2.** Que engaña o embauca a través de la palabra, frec. fingiendo sabiduría. *Es un astrólogo charlatán.* ● m. y f. **3.** Vendedor ambulante que anuncia su mercancía hablando a voces y sin parar. *En la plaza, un charlatán vendía mantas.* FAM **charlatanería.**

charlestón. m. Baile de origen estadounidense, muy de moda en la década de 1920, ejecutado al son de un ritmo vivo de orquesta de *jazz* y caracterizado por giros bruscos y ágiles de las piernas. Tb. su música y su letra.

charleta; charlista. → **charla.**

charnela. f. Bisagra o gozne. *Hay que engrasar las charnelas de las compuertas.*

charol. m. Cuero tratado con un barniz, gralm. negro, muy brillante y permanente. *Zapatos de charol.* Tb. ese barniz. FAM **charolar.**

charola. f. Am. Bandeja (recipiente plano). *Hornear sobre charolas engrasadas* [C]. ▶ *BANDEJA.

charolado, da. adj. Que tiene brillo semejante al del charol. *Hojas charoladas.*

charqui. m. Am. Carne salada y secada al aire o al sol, para que se conserve durante mucho tiempo. *El charqui se guarda en lugares secos* [C].

charrán. m. Ave acuática parecida a la gaviota, de color gris, pico recto y puntiagudo y cabeza negra hasta debajo de los ojos. *El charrán hembra.*

charretera. f. Distintivo militar en forma de pala, que va sujeto sobre el hombro del uniforme y del cual penden flecos. *El general lleva charreteras doradas.*

charro. m. Am. Jinete mexicano que viste un traje típico compuesto de chaqueta corta, pantalones ajustados, camisa blanca y sombrero. *El gaucho, como el charro, canta su propia historia* [C].

charrúa. adj. De un pueblo indígena que habitaba la costa septentrional del Río de la Plata. *Indio charrúa.*

chárter. (pl. **chárteres** o invar.). adj. Dicho de vuelo o avión: Fletado, gralm. por una empresa turística, para una ocasión concreta y no de manera regular.

chascar. intr. Dar uno o varios chasquidos, frec. al romperse. *El látigo chascó en el aire.* ▶ CHASQUEAR.

chascarrillo. m. Anécdota, cuentecillo o frase aguda, de carácter gracioso. *Siempre cuenta algún chascarrillo.* ▶ CHISTE.

chasco. m. Decepción causada por un suceso contrario a lo que se esperaba. *Me llevé un chasco al saber que no venías.*

chascón, na. adj. Am. coloq. Que tiene el pelo enmarañado o descuidado. *Ella salía con el pelo natural, medio chascona* [C].

chasis. m. Armazón o bastidor de un automóvil. *El motor se monta en el chasis.*

chasquear. intr. **1.** Chascar. *Tuerce el gesto y hace chasquear la lengua.* ○ tr. **2.** Causar un chasco o decepción (a alguien). Frec. en part. *El público salió chasqueado del concierto.*

chasqui. m. **1.** histór. En el Imperio incaico: Mensajero. **2.** Am. Emisario o mensajero. *Había mandado un chasqui a la estancia* [C]. ▶ **2:** MENSAJERO.

chasquido. m. Ruido seco y repentino, espec. el que se produce al partirse algo, al sacudir un látigo o al separar la lengua bruscamente del paladar. *Por el chasquido supe que me había roto un hueso.*

chatarra. f. Conjunto de trozos de metal viejo o desechado, espec. de hierro. *Los vehículos quedaron convertidos en chatarra.* FAM **chatarrería; chatarrero, ra.**

chato, ta. adj. **1.** Dicho de nariz: Pequeña y aplanada. **2.** Dicho de cosa: De menor altura, longitud o relieve que lo normal. *Uñas chatas.* **3.** De escaso valor intelectual o espiritual. *Su destino transcurrió chato y gris* [C]. Referido a pers., frecAm. *Un ciuda-*

dano chato y sometido [C]. **4.** Am. coloq. Dicho de persona: De baja estatura. *Zoé era chata y gorda* [C]. ▶ **Am: 1, 2:** NATO.

chau. interj. Am. Chao. *Yo voy en un ratito, chau* [C].

chaucha. f. Am. Judía verde. *Se lavan las chauchas, se le quitan los extremos y el hilo de los costados* [C].

chaval, la. m. y f. coloq. Niño o joven. *Unos chavales juegan a las canicas.*

chaveta. f. **1.** Clavija que se fija o introduce en una barra para permitir la unión y sujeción de dicha barra a otras piezas. *La polea y su eje se unen mediante una chaveta.* **2.** coloq. Cabeza humana (parte del cuerpo, mente, o cordura). **3.** Am. Navaja. *No tenemos ametralladoras ni fusiles, ni siquiera chavetas* [C].

chavo[1]. m. coloq. Moneda de poco valor.

chavo[2], va. m. y f. **1.** Am. Muchacho (niño o adolescente). *Había unos chavos patinando* [C]. **2.** Am. Novio. *Viene mi chavo a buscarme* [C]. ▶ **1:** *MUCHACHO.

che[1]. f. Combinación de las letras *c* y *h*. *"Chile" empieza por che.*

che[2]. interj. frecAm. Se usa para llamar la atención de alguien, o para denotar asombro o sorpresa. *No vengas con pavadas, che* [C].

checar. tr. Am. Hacer un examen o revisión (a algo). *Usted debería checar los precios de otras tiendas* [C]. ▶ CHEQUEAR.

checo, ca. adj. **1.** De la República Checa (Europa). **2.** Checoslovaco. ● m. **3.** Lengua hablada en la República Checa y, minoritariamente, en otros países. ▶ **3:** BOHEMIO.

checoslovaco, ca o **checoeslovaco, ca.** adj. histór. De Checoslovaquia (antiguo país de Europa). ▶ CHECO.

chef. (pl. *chefs*). m. y f. Jefe de cocina, espec. el de un restaurante.

chelín. m. Antigua moneda británica equivalente a la vigésima parte de una libra.

chelo. m. Violonchelo. *Toca el chelo.* FAM **chelista.**

chepa. f. coloq. Joroba de una persona. FAM **cheposo, sa; chepudo, da.**

cheque. m. Documento en que el titular de una cuenta ordena a su banco que, a la presentación de dicho documento, pague cierta cantidad a la persona que se hace constar. *Puede pagar en efectivo, con cheque o con tarjeta.* ■ ~ **cruzado.** m. Cheque que lleva trazadas dos rayas paralelas indicativas de que solo puede cobrarse por medio de una cuenta corriente. *Ingresaré el cheque cruzado.* ■ ~ **de viaje.** m. Cheque extendido por un banco a nombre de una persona y provisto de su firma, que puede hacerse efectivo en otro banco o servir para pagar en un establecimiento volviendo a firmarlo delante del cajero. *Compra cheques de viaje cuando sale al extranjero.* ■ ~ **en blanco.** m. Cheque en que no se hace constar la cantidad que cobrará el beneficiario. *Me entregó un cheque en blanco para que yo fijara el importe.* FAM **chequera.**

chequeo. m. **1.** Examen o revisión. *La ley obliga a un chequeo periódico del automóvil.* **2.** Reconocimiento médico general. *Los chequeos permiten el diagnóstico precoz.* FAM **chequear.**

cheto, ta. adj. Am. Distinguido o selecto. *Pertenece a la clase cheta* [C].

chévere. adj. **1.** Am. Estupendo. *¡Qué peinado más chévere!* [C]. ● adv. **2.** Am. Estupendamente. *Debemos portarnos chévere con ellos* [C].

cheyene. adj. De un pueblo indígena de Norteamérica, que habitaba al sur del lago Superior.

chiapaneco, ca. adj. De Chiapas (México).

chibcha. adj. **1.** histór. De un pueblo indígena de Colombia, que habitaba en las tierras altas de Bogotá y Tunja. Tb. m. y f. ● m. **2.** Lengua hablada por los chibchas (→ 1).

chic. (pl. **chics** o invar.). adj. **1.** Elegante y a la moda. *Solía llevar ropa muy chic.* ● m. **2.** Elegancia o distinción. *Sus diseños tienen el chic de los modistas italianos.*

chica. → chico.

chicano, na. adj. Estadounidense de origen mexicano. *Escritor chicano.*

chicarrón, na. m. y f. coloq. Niño o adolescente muy fuertes y desarrollados. *Es una chicarrona de casi dos metros.*

chicha. f. Bebida alcohólica de algunas zonas de América, elaborada con maíz fermentado en agua azucarada. *Me ha traído chicha de Perú.* Tb. la obtenida de la fermentación de otros ingredientes. *Chicha de manzana* [C]. FAM **chichería.**

chicharra. f. **1.** Cigarra. *En el jardín se oyen las chicharras.* **2.** Timbre eléctrico de sonido estridente. *La chicharra del teléfono lo sobresaltó.*

chicharro. m. **1.** Jurel. **2.** Chicharrón.

chicharrón. m. Residuo frito que queda después de derretida la manteca de cerdo o de otro animal. *Pan con chicharrones.* ▶ CHICHARRO.

chiche. adj. **1.** Am. coloq. Dicho de cosa: Bonita, delicada y gralm. pequeña. *Viven en un departamentito chiche* [C]. ● m. o f. **2.** Am. malson. Mama de una mujer. Gralm. en pl.

chichería. → chicha.

chichimeco, ca. (Frec. se usa la forma **chichimeca** como invar. en género). adj. De un pueblo indígena que antiguamente ocupó el norte y la meseta central de México.

chichón. m. Bulto que se forma en la cabeza a causa de un golpe. FAM **chichonera.**

chicle. m. Pastilla de goma, de diversos sabores, que se mastica sin llegar a tragarla. *Masca chicle para evitar el mal aliento.*

chico, ca. adj. **1.** Pequeño (de poco tamaño o edad). *El niño es aún muy chico.* ● m. y f. **2.** Niño o adolescente. *De chico jugaba con mis hermanos.* **3.** Persona joven, o que no es de edad muy avanzada. *Conocí a una chica mexicana de unos veinticinco años.* ○ m. **4.** Muchacho que hace recados y tareas de poca importancia en una oficina, un comercio u otro establecimiento similar. *El chico del almacén trajo los paquetes.* ▶ **2:** *MUCHACHO. FAM **chiquilla, na; chiquillería; chiquillo, lla; chiquitín, na.**

chicote. m. Am. Látigo (instrumento). *Imponía el orden haciendo chasquear un chicote* [C]. ▶ *LÁTIGO.

chicuelina. f. Taurom. Lance que consiste en atraer al toro extendiendo el capote con los brazos a la altura del pecho y, en el momento en que pasa el animal, dar media vuelta en sentido contrario al de este para volver a encararlo.

chifa. m. (Tb. f.). Am. Restaurante de comida china. *Terminaban una cena opulenta en el chifa "Kuo Man"* [C].

chiflado, da. adj. **1.** coloq. Que está un poco loco. *No seas chiflada y conduce más despacio.* **2.** coloq.

Que siente gran atracción o interés por algo o por alguien. *Está chiflado* POR *ella*. FAM **chifladura**.

chiflar. tr. **1.** coloq. Gustar o atraer mucho (a alguien). *Me chiflan los dulces.* ○ intr. **2.** Silbar. ○ intr. prnl. **3.** coloq. Sentir gran atracción o interés por algo o por alguien. *Se chifla* POR *las motos*. FAM **chiflido**.

chifonier. m. Mueble alto y estrecho, todo él con cajones, que se emplea gralm. para guardar ropa.

chihuahua. m. Perro chihuahua (→ **perro**).

chihuahuense. adj. De Chihuahua (México).

chiismo. m. Rama de la religión musulmana que atribuye la sucesión de Mahoma como jefe espiritual del islam a su yerno Alí y a todos sus descendientes. *El chiismo es mayoritario en Irán.* FAM **chiita** o **chií**.

chilaba. f. Prenda de vestir larga, a modo de túnica, con mangas y capucha, propia de los moros, espec. de los marroquíes.

chilango, ga. adj. Am. coloq., despect. De la capital o del Distrito Federal de México. *Un licenciado chilango* [C].

chile. m. frecAm. Variedad americana de pimiento picante. *Pica chile y cebollas y prepara un guacamole* [C].

chileno, na. adj. De Chile.

chilindrón. m. (Tb. f.). Guiso hecho con trozos de carne, rehogados con una salsa de tomate, pimiento, cebolla y otros ingredientes. Tb. esa salsa. *Cordero al chilindrón.*

chillar. intr. **1.** Gritar con voz aguda y desapacible. *Los monos chillan en sus jaulas.* **2.** Gritar, o hablar levantando la voz. *No chilles, que te oigo perfectamente.* ► *GRITAR. FAM **chillido**.

chillón, na. adj. **1.** Dicho gralm. de persona: Que chilla mucho. *Niños chillones.* **2.** Dicho de sonido: Agudo y desapacible. *Voz chillona.* **3.** Dicho de color: Que es demasiado vivo.

chilote. adj. De Chiloé (Chile).

chilpayate, ta. m. y f. (Frec. como f. se usa **chilpayate**). Am. coloq. Niño (persona que está en la niñez). *A esta casa le hacen falta las risas de los chilpayates* [C].

chimenea. f. **1.** Conducto que permite la salida al exterior del humo de un fogón, una caldera, una estufa o algo semejante. *A lo lejos se ven las chimeneas de las fábricas.* **2.** Espacio abierto en la pared de una sala, provisto de chimenea (→ 1), que sirve para hacer fuego y calentarse. *Nos sentamos junto a la chimenea.*

chimpancé. m. Simio africano, un poco más bajo que el hombre, con el cuerpo cubierto de pelo pardo negruzco, con brazos muy largos y sin cola. *El chimpancé hembra.*

chimú. adj. De un pueblo indígena que habitaba en el norte del Perú.

china. → **chino¹** y **chino²**.

chinchar. tr. **1.** coloq. Molestar o fastidiar (a alguien). *El niño se pasa el día chinchando a su hermana.* ○ intr. prnl. **2.** coloq. Fastidiarse o aguantarse. *Chínchate, que mi balón es mejor.*

chinche. f. Insecto parásito sin alas, que chupa sangre y segrega una sustancia maloliente. *Las camas están llenas de chinches.*

chincheta. f. Clavito metálico corto, de cabeza ancha, circular y aplanada, que sirve para fijar papeles a una superficie. *Clavó el anuncio en el tablón con una chincheta.*

chinchilla. f. Mamífero roedor de América del Sur, parecido a la ardilla pero algo mayor, de piel gris, muy suave y apreciada. Tb. la piel. *Abrigo de chinchilla.*

chinchín¹. m. Sonido de una banda de música, espec. de los platillos. *Se oye el chinchín de las charangas.*

chinchín². interj. Se usa para acompañar un brindis, espec. al chocar las copas o los vasos.

chinchorro. m. **1.** Embarcación de remos pequeña, la menor de las que lleva a bordo un barco. **2.** Am. Hamaca (pieza de red para tumbarse). *Se acuesta en el chinchorro* [C]. **3.** Am. Red de pesca. *Los pescadores reparan chinchorros* [C]. ► **2**: HAMACA.

chinela. f. Zapatilla de suela ligera y sin talón, que gralm. se usa para estar en casa.

chinesco, ca. adj. De China, o propio de ella. *Ojos chinescos.*

chingana. f. Am. despect. Tienda pequeña y modesta donde se venden o consumen licores y productos comestibles. *La chingana estaba llena de obreros borrachos* [C].

chingar. tr. **1.** coloq. Molestar o fastidiar (a alguien). *Deja de chingar a tu hermano y dale el juguete.* En Am., frec. malson. **2.** frecAm. malson. Realizar el coito (con alguien). ○ intr. **3.** frecAm. malson. Realizar el coito. ○ intr. prnl. **4.** Am. malson. Fastidiarse o aguantarse.

chingo. m. Am. malson. Montón (gran cantidad de personas o cosas).

chino¹, na. adj. **1.** De China. ● m. **2.** Lengua hablada en China, Taiwán y otros países orientales. **3.** coloq. Lenguaje incomprensible. *Te repito que no lo sé, ¿es que hablo en chino?* ■ **de chinos.** loc. adj. coloq. Dicho de un trabajo o una tarea: Difícil o laborioso, espec. si requiere paciencia.

chino², na. m. y f. **1.** Am. coloq. Persona de origen indio o mestizo. *La china María Eugenia era su ama de llaves* [C]. **2.** Am. coloq. Persona de origen plebeyo. *Podía verse la montonera de chinos andrajosos* [C]. **3.** Am. coloq. Niño (persona que está en la niñez). *El muchacho le llevaba la maleta; al llegar a la casa, le dio una moneda al chino y lo despachó* [C]. **4.** Am. coloq. Sirviente, espec. si es joven. *Trapéeme bien los rincones, chino, ¿me oye?* [C]. ○ f. **5.** Am. coloq. Mujer (ser racional de sexo femenino). *Los mozos y las chinitas se preparan para bailar* [C].

chinos. m. pl. Juego que consiste en esconder dentro del puño un número de cero a tres monedas, o cosas similares, y tratar de adivinar cuántas suman en total todos los jugadores.

chip. m. *Electrón.* Placa muy pequeña de material semiconductor, gralm. silicio, sobre la que va impreso un circuito integrado capaz de realizar diversas funciones en ordenadores y otros dispositivos electrónicos. ► MICROCHIP.

chipirón. m. Calamar de pequeño tamaño.

chipriota. adj. De Chipre (Europa).

chiquero. m. Am. Pocilga. *No se permitirán chiqueros en la ciudad ni soltar cerdos por las calles* [C].

chiquilín, na; chiquillada; chiquillería; chiquillo, lla. → **chico**.

chiquimulteco, ca. adj. De Chiquimula (Guatemala).

chiquitín, na. → **chico**.

chiribita. f. Chispa (partícula encendida). ■ **hacerle** (a alguien) **los ojos ~s.** loc. v. **1.** Ver (esa persona) chispas delante de los ojos, gralm. por efecto de un golpe. *Al volver en sí, los ojos le hacían chiribitas.* **2.** Tener en la mirada (esa persona) una expresión de asombro o ilusión. *Al mirarla, los ojos le hacen chiribitas.* ▶ CHISPA.

chiribitil. m. coloq. despect. Habitación muy pequeña. *Vive en un chiribitil sin luz.*

chirigota. f. **1.** Conjunto que, por carnaval, canta canciones satíricas o humorísticas. *Concurso de chirigotas.* **2.** coloq. Broma o burla. *Cuenta chistes y hace chirigotas.*

chirimbolo. m. Objeto que no se sabe cómo nombrar. *Y este chirimbolo ¿para qué sirve?*

chirimía. f. Instrumento musical de viento de carácter popular, similar a un oboe, hecho de madera, con diez agujeros y boquilla de caña de doble lengüeta.

chirimoya. f. Fruto del chirimoyo, mayor que una manzana, de piel verde, con pepitas negras y pulpa blanquecina de sabor dulce.

chirimoyo. m. Árbol tropical, de tronco ramoso y copa densa, cuyo fruto es la chirimoya.

chiringuito. m. Quiosco o puesto de bebidas, y a veces también de comidas, al aire libre. *Toman unas cervezas en un chiringuito de la playa.*

chiripa. f. coloq. Casualidad favorable. *Se salvó de pura chiripa.*

chirla. f. Molusco comestible parecido a la almeja pero de menor tamaño y carne menos apreciada.

chirona. f. coloq. Cárcel.

chirriar. (conjug. ENVIAR). intr. Hacer algo un ruido agudo, continuado y desagradable, gralm. al rozar con otra cosa. *Los goznes de la puerta chirrían.* ▶ *RECHINAR. FAM chirriante; chirrido.

chis. interj. **1.** Se usa para pedir o imponer silencio, frec. acompañada por un gesto del dedo índice sobre los labios. *¡Chis!, no hable tan alto* **2.** Se usa para llamar a alguien. *¡Chis, chis!; ¡ven aquí!*

chisguete. m. coloq. Chorrito de líquido. *Eche un chisguete de licor al café.*

chisme[1]. m. coloq. o despect. Trasto, gralm. pequeño. *La mesa está llena de chismes inútiles.*

chisme[2]. m. Noticia, verdadera o falsa, acerca de alguien a quien gralm. se pretende criticar o desprestigiar. *No hagas caso de los chismes que circulan sobre él.* FAM chismear; chismografía; chismorrear; chismorreo; chismoso, sa.

chispa. f. **1.** Partícula encendida que salta del fuego o del choque entre dos cosas duras. *Al mover las brasas salen chispas.* **2.** Descarga luminosa entre dos cuerpos cargados con potenciales eléctricos muy diferentes. *Salió una chispa al juntar los cables.* **3.** Gracia, o agudeza. *A los diálogos les falta chispa.* **4.** coloq. Porción mínima de algo. *Le falta una chispa DE sal al guiso.* ■ echar ~s. loc. v. coloq. Mostrarse muy enojado o furioso. *Va a echar chispas cuando se entere.* ▶ **1:** CHIRIBITA. **1, 2:** CENTELLA. FAM chispazo; chispeante; chispear; chisporrotear; chisporroteo.

chist. interj. **1.** Se usa para pedir o imponer silencio, frec. acompañada de un gesto del dedo índice sobre los labios. *¡Chist!, hablen más bajo.* **2.** Se usa para llamar a alguien. *Alguien hizo "chist" a su espalda y ella se volvió.*

chistar. intr. **1.** Hacer el sonido chis, o chist, para imponer silencio o llamar a alguien. *El profesor chista, pero los alumnos no callan.* **2.** Hablar o decir algo, frec. para replicar o protestar. *Obedece sin chistar.*

chiste. m. **1.** Historieta, comentario o dibujo, que suelen contener algún juego verbal o conceptual, y cuya intención es hacer reír. *Cuenta unos chistes muy graciosos.* **2.** Gracia o capacidad de una cosa para hacer reír. *Tiene chiste: primero me insulta y luego me pide favores.* ▶ **1:** CHASCARRILLO. FAM chistoso, sa.

chistera. f. Sombrero de copa. *Vestía de gala, con frac y chistera.*

chita. a la ~ callando. loc. adv. coloq. Calladamente y con disimulo. *A la chita callando ha ido ascendiendo de posición en la empresa.*

chito o chitón. interj. Se usa para imponer silencio, a veces denotando la necesidad de ser discreto o precavido. *¡Chitón!, que empieza la película.*

chiva[1]. → chivo.

chiva[2]. f. Am. Autobús para transporte público, que lleva la carrocería abierta por los lados. *La chiva partió con exceso de pasajeros* [C].

chivarse. intr. prnl. **1.** coloq. Delatar una persona algo a alguien, o decir algo que perjudica a otro. *Se chivó A la profesora DE que habíamos copiado.* **2.** Am. coloq. Enojarse o enfadarse. *Créeme, me chivé, me sentí molesto* [C]. FAM chivatazo.

chivato, ta. adj. y f. **1.** coloq. Persona que se chiva o que delata. *Es un chivato de la policía.* ○ m. **2.** coloq. Dispositivo que emite una señal visual o acústica para avisar de algo. *Se iluminó el chivato del combustible.*

chivo, va. m. y f. Cría de la cabra desde que deja de mamar hasta que llega a la edad de procrear. ■ chivo expiatorio. m. Persona a la que se hace pagar las culpas de otros o de todos. *Fue el chivo expiatorio del escándalo político.*

chocar. intr. **1.** Encontrarse violentamente una persona o cosa con otra. *El automóvil chocó CON/CONTRA una farola.* **2.** Causar extrañeza o asombro. *Choca que nadie haya protestado.* ○ tr. **3.** Hacer que (algo) choque (→ 1) con otra cosa. *Chocó su copa CON la mía.* **4.** Dar una persona (la mano) a alguien, en señal de saludo, acuerdo o enhorabuena. *Sale a recibirlos y choca la mano CON ellos.* FAM chocante.

chocarrero, ra. adj. Que suele hacer o decir groserías. *Sus amigos son gente chocarrera.* FAM chocarrería.

chocho, cha. adj. **1.** coloq. Que tiene debilitadas las facultades mentales por efecto de la edad. *El jefe es un viejo chocho.* **2.** Am. coloq. Contento o satisfecho. *Estoy chocha aquí en mi departamento haciendo mil cosas* [C]. FAM chochear; chochera; chochez.

choclo. m. Am. Maíz. *Estaba comiendo pastel de choclo* [C]. Tb. su mazorca.

chocoano, na. adj. Del Chocó (Colombia).

chocolate. m. **1.** Pasta comestible, gralm. de color marrón, hecha básicamente con cacao y azúcar molidos, que se toma sola o formando parte de otros alimentos, como pasteles o golosinas. *Helado de chocolate.* **2.** Bebida, gralm. caliente, que se hace con chocolate (→ 1) disuelto y cocido en agua o en leche. *Desayuna chocolate con bizcochos.* FAM chocolatada; chocolateado, da; chocolatero, ra; chocolatería; chocolatín; chocolatina.

chófer o chofer. (chofer, Am.; pl. chóferes o choferes). m. Persona que tiene por oficio conducir automóviles. *Trabaja de chofer con su propio vehículo* [C].

cholo, la. adj. **1.** frecAm. Mestizo de blanco e indio. *En la intimidad no dejamos de sentirnos cholos* [C]. **2.** frecAm. Dicho de indio americano: Que ha adoptado las costumbres o usos de la sociedad occidental. Frec. m. y f. *Esta cultura era considerada cosa cholos y bohemios* [C].

chompa. f. **1.** Am. Jersey. *Vestía una chompa de cuello alto* [C]. **2.** Am. Cazadora (chaqueta). *El manchón cubría la tela de la chompa* [C]. ▶ **2:** *CAZADORA.

chompipe. m. Am. Pavo (ave). *Llegaban campesinos a vender chompipes* [C]. ▶ *PAVO.

chongo. m. Am. Moño (parte del cabello). *Se había recogido el pelo en un chongo* [C]. ▶ MOÑO.

chontaleño, ña. adj. De Chontales (Nicaragua).

chopo[1]. m. Álamo, espec. el álamo negro. ▶ ÁLAMO. FAM chopera.

chopo[2]. m. coloq. Fusil. *Los soldados cargan sus chopos en las maniobras.*

choque[1]. m. Hecho o efecto de chocar dos personas o cosas entre sí. *El choque de los vehículos fue frontal.* ■ **de ~.** loc. adj. **1.** Dicho de unidad militar o policial: Concebida y entrenada para la acción directa. *Fuerzas de choque.* **2.** Dicho de remedio: De acción fuerte y rápida para combatir el mal. *Tratamiento de choque.*

choque[2]. m. **1.** Emoción o impresión fuertes. *Fue un choque verlo tan desmejorado.* **2.** Med. Depresión nerviosa y circulatoria, sin pérdida de conciencia, producida frec. a consecuencia de una conmoción fuerte. *Tras el accidente quedó en estado de choque.*

chorizo. m. **1.** Embutido de carne, gralm. de cerdo, picada y adobada con pimentón, que se cura al humo. *Comen chorizos de puerco.* **2.** Am. Corte de carne del lomo vacuno, situada a cada lado del espinazo. *Bife de chorizo con papas* [C]. FAM choricero, ra.

chorlito. m. **1.** Ave de patas largas, pico robusto y dorso pardo o gris moteado de oscuro. *El chorlito hembra.* **2.** coloq. Persona de poco juicio. *¿Qué dice ese chorlito?*

choro. m. Am. Mejillón. *Los choros más grandes del litoral* [C].

chorrera. f. Adorno de encaje que va en la abertura de la pechera de una camisa u otra prenda de vestir. *Un chaleco con chorreras.*

chorro. m. **1.** Porción de líquido, o de otro fluido, que sale ininterrumpidamente por una abertura estrecha con más o menos fuerza. *Abre el grifo y pone la cabeza bajo el chorro.* **2.** Masa de aire expulsada hacia atrás por un motor de reacción y que sirve para propulsar un vehículo o un proyectil. *Un reactor emplea propulsión a chorro.* ■ **a ~s.** loc. adv. En abundancia. *Sangra a chorros.* FAM chorrear; chorreo; chorreón o chorretón.

chotacabras. m. Ave insectívora nocturna, de plumaje marrón grisáceo moteado de oscuro, con cerdas a los lados de la boca. *El chotacabras hembra.*

choto, ta. m. y f. **1.** Ternero. **2.** Cabrito.

chova. f. Ave parecida al cuervo, de color negro azulado lustroso, pico rojo o amarillo y patas rojas. *La chova macho.*

chovinismo. m. Actitud de quien exalta exageradamente lo nacional frente a lo extranjero. *A mí me parece, y no es chovinismo, que nuestro ganado es el mejor del mundo.* FAM chovinista.

choza. f. Construcción pequeña y tosca, hecha de materiales pobres y destinada a refugio o vivienda. *El pastor pasa la noche en una choza.* ▶ *CABAÑA. FAM chozo.

christmas. (pal. ingl.; pronunc. "krísmas"). m. Tarjeta ilustrada de felicitación navideña. *Manda christmas a los amigos.* ¶ [Equivalente recomendado: *tarjeta navideña.* Adaptación recomendada: *crismas,* pl. invar.].

chubasco. m. Lluvia repentina, intensa y de corta duración, frec. acompañada de viento. *Habrá chubascos dispersos.* ▶ AGUACERO, CHAPARRÓN.

chubasquero. m. Impermeable ligero, gralm. corto y con capucha. *A bordo, todos llevan chubasquero.* ▶ IMPERMEABLE.

chubutense. adj. De Chubut (Argentina).

chúcaro, ra. adj. Am. Dicho del ganado: Bravío. *Los potros siempre han sido chúcaros* [C]. ▶ BRAVÍO.

chuchería. f. **1.** Golosina u otro alimento ligero, que se toman por gusto o entretenimiento. *Compra caramelos y otras chucherías.* **2.** Cosa de poco valor o importancia. *Me compraré alguna chuchería como recuerdo.*

chucho[1]. m. Am. Escalofrío. *Él estaba con fiebre y chuchos de frío* [C].

chucho[2]**, cha.** m. y f. coloq. Perro, espec. si no es de raza.

chueco, ca. adj. **1.** Am. Dicho de cosa: Torcida (que no está recta). *Tenía una letrota chueca* [C]. **2.** Am. Dicho de persona: Retorcida (que tiene malicia). *Gente chueca y mal intencionada* [C]. **3.** Am. Deshonesto o ilícito. *Negocios chuecos* [C]. **4.** Am. Dicho de las piernas: Arqueadas. *Tiene las piernas chuecas* [C]. **5.** Am. Dicho de cosa: Mal hecha o defectuosa. *Se puso a rearmar el chueco proyector* [C]. ▶ **1:** TORCIDO. **2:** *RETORCIDO. **3:** ILÍCITO.

chufa. f. Tubérculo comestible, en forma de pequeño grano amarillento por fuera y blanco por dentro, de sabor dulce y con el que se fabrica horchata. Tb. su planta.

chuleta. f. Costilla con carne de vaca, de cerdo o de cordero.

chulo, la. adj. **1.** Dicho de persona: Arrogante o presumida. *Se pasea muy chulo con su coche nuevo.* **2.** coloq. Bonito o atractivo. *¡Qué abrigo tan chulo!* ● m. **3.** coloq. Proxeneta. FAM chulada; chulear; chulería; chulesco, ca.

chumbera. f. Planta propia de América, del mismo grupo que el cacto, con tallos carnosos en forma de palas con espinas, cuyo fruto es el higo chumbo. ▶ frecAm: NOPAL, TUNA.

chunga. f. coloq. Broma o burla. *Todo se toman a chunga.*

chuño. m. Am. Fécula de patata. *Se agrega la harina con el chuño* [C].

chupada. → chupar.

chupado, da. adj. coloq. Dicho de persona o de cara: Flaca o muy delgada.

chupamedias. adj. Am. coloq. Adulador. *¿Qué opina de las actitudes chupamedias que tienen algunos politiqueros?* [C].

chupar. tr. **1.** Apretar (algo) con los labios y gralm. también con la lengua, para sacar el jugo o la sustancia que contiene. *Chupa una naranja.* **2.** Apretar (algo) con los labios, gralm. humedeciéndo(lo) con la lengua. *El niño se chupa el dedo.* **3.** Lamer (algo), humedecer(lo) con la lengua. *El animal se chupa las heridas.* **4.** Absorber o sorber (algo). *Las plantas chupan el agua del suelo.* ○ intr. **5.** Am. coloq. Beber una bebida alcohólica. *Ahorita estoy chupando para apagar las penas* [C]. FAM chupada; chupador, ra; chupetear; chupeteo.

chupatintas. m. y f. coloq., despect. Oficinista.

chupe. m. Am. Guiso de patatas al que se añaden otros ingredientes, como carne, pescado o marisco. *Un chupe de mariscos* [C].

chupete. m. Objeto provisto de un asa en un extremo y una parte blanda de goma en el otro, que se da a bebés y niños pequeños para que se calmen chupando. *En cuanto le dan el chupete, el bebé se queda dormido.* ▶ **Am:** CHUPÓN.

chupetón. m. Acción de chupar una vez con fuerza. *El niño le da un chupetón al helado.* ▶ **Am:** CHUPÓN.

chupón, na. adj. **1.** Que chupa mucho para sacar jugo o sustancia de algo. *Si el niño está chupón, le estará saliendo un diente.* ● m. **2.** Brote que sale de las ramas principales, el tronco o las raíces de un árbol y que les chupa la savia. *Hay que podar los chupones.* **3.** Am. Chupete. *Tenías tres meses cuando soltaste el chupón* [C]. **4.** Am. Chupetón. *Le había causado un hematoma con un cariñoso chupón* [C].

churrasco. m. frecAm. Carne asada a la plancha o a la parrilla. *Preparamos el churrasco con ensalada* [C].

churrete. m. Mancha de líquido que ha resbalado o chorreado, espec. por la cara u otra parte del cuerpo. *El niño tenía churretes de chocolate.*

churrigueresco, ca. adj. Arq. Del arquitecto español José de Churriguera (1665-1725) o con características semejantes a las de sus obras, espec. la abundante ornamentación. *Estilo churrigueresco.*

churro. m. Alimento hecho con una masa de harina, agua y sal, que se fríe en aceite y se presenta en pequeñas piezas cilíndricas y estriadas. *Chocolate con churros.* FAM churrería; churrero, ra.

chusco, ca. adj. coloq. Gracioso o burlón. *Comentarios chuscos.*

chusma. f. coloq. Conjunto o multitud de gente grosera o vulgar. *La chusma linchó al sospechoso.*

chut. (pl. **chuts**). m. En el fútbol: Disparo con el pie, gralm. a la portería contraria. *Abrió el marcador con un chut desde fuera del área.*

chutar. intr. En el fútbol: Disparar con el pie, gralm. a la portería contraria. *Aprenden a chutar con ambas piernas.* ▶ DISPARAR.

chuzo. m. Palo con un pincho de hierro en la punta, usado para atacar o defenderse. *El gladiador lleva una red y un chuzo.*

cian. m. Color azul verdoso. *El cian es el color complementario del rojo.*

cianuro. m. Sustancia venenosa obtenida a partir de un ácido y de potasio. *Lo mató echándole cianuro en el café.*

ciático, ca. adj. **1.** Anat. Del ciático (→ 2) o de la ciática (→ 3). *Artrosis ciática.* ● m. **2.** Anat. Nervio ciático (→ nervio). *Sufre un pinzamiento en el ciático.* ○ f. **3.** Dolor constante e intenso en las nalgas y la parte posterior del muslo, por inflamación o compresión del ciático (→ 2). *Está postrado en cama con un ataque de ciática.*

ciberespacio. m. Inform. Espacio imaginario en que se establecen las comunicaciones de una red informática, espec. de Internet. *Navega por el ciberespacio.* FAM cibernauta.

cibernético, ca. adj. **1.** De la cibernética (→ 2). *Robot cibernético.* ● f. **2.** Ciencia que estudia las semejanzas entre los sistemas de control y comunicación de los seres vivos y los de las máquinas, y en particular las aplicaciones de los mecanismos biológicos a la tecnología. *La cibernética revolucionó el campo de la tecnología.*

cicatero, ra. adj. Tacaño o mezquino. *La dueña es muy cicatera.* ▶ *TACAÑO. FAM cicatería.

cicatrizar. intr. Quedar totalmente cerrada una herida. *Con el aire, las heridas cicatrizan antes.* Tb. prnl. ▶ CERRAR. FAM cicatriz; cicatrización; cicatrizante.

cicerone. m. y f. Persona que enseña un lugar y explica sus peculiaridades a otras que lo visitan. *Hizo de cicerone con sus amigos extranjeros.*

ciclamen. m. Planta de hojas acorazonadas, verdes por el haz y rojizas por el envés, y vistosas flores rosadas, que se cultiva como ornamental. *Macetas de ciclámenes.*

ciclismo. m. Deporte que consiste en montar en bicicleta. *Campeonato de ciclismo en pista.* FAM ciclista; ciclístico, ca.

ciclo. m. **1.** Serie de operaciones, fenómenos o hechos, que se repiten ordenadamente y de forma periódica. *Ciclo lunar.* **2.** Cada uno de los bloques de cursos en que se divide un plan de estudios. *Estoy en el primer curso del segundo ciclo.* **3.** Conjunto de actos culturales que tienen un tema en común. *Ciclo de cine argentino.* FAM cíclico, ca.

ciclomotor. m. Vehículo de dos ruedas provisto de un motor de poca potencia. *Los dos jóvenes circulaban en un ciclomotor.*

ciclón. m. **1.** Huracán. **2.** Meteor. Borrasca (perturbación atmosférica). ▶ 2: BORRASCA. FAM ciclónico, ca.

cíclope. m. En la mitología grecorromana: Gigante con un solo ojo, en el centro de la frente. *Ulises cegó al cíclope clavándole una estaca en el ojo.*

ciclópeo, a. adj. **1.** cult. Enorme o gigantesco. *Esfuerzo ciclópeo.* **2.** Arqueol. Dicho de construcción: Hecha con piedras de enorme tamaño, unas sobre otras y sin argamasa. *Muralla ciclópea.*

cicuta. f. Planta venenosa, con hojas de color verde oscuro y racimos de flores blancas. Tb. el veneno preparado con el jugo de esa planta. *En Atenas se ejecutaba a los condenados con cicuta.*

cidra. f. Fruto del cidro, semejante al limón, pero más grande y de corteza muy rugosa. *Confitura de cidra.*

cidro. m. Árbol de tamaño medio y tronco liso y moroso, cuyo fruto es la cidra.

ciego, ga. adj. **1.** Privado del sentido de la vista. *Es ciega de nacimiento.* **2.** Que no puede pensar con claridad o sensatez, frec. debido a una emoción o un sentimiento intensos. *Ciego DE rabia, quería pegarme.* **3.** Dicho de sentimiento o actitud: Muy fuerte y que se manifiesta sin dudas y de manera irreflexiva. *Fe ciega.* ● m. **4.** Anat. Intestino (→ intestino). ■ **a ciegas.** loc. adv. **1.** Sin ver. *Entra a ciegas en el dormitorio.* **2.** Sin dudas y de manera irreflexiva. *No se puede creer a ciegas todo lo que dice.*

cielo. m. **1.** Esfera aparente que rodea la Tierra, azul en los días despejados y gris en los nublados. *El cielo está lleno de estrellas.* **2.** Espacio que rodea la Tierra. *Han visto una nave extraterrestre en el cielo.* **3.** En el cristianismo: Lugar en que está Dios con los ángeles, los santos y todos aquellos que alcanzan la gloria o bienaventuranza eternas. *Los que se arrepienten de sus pecados van al cielo.* ■ a ~ abierto, o descubierto. loc. adv. Al aire libre o sin techumbre alguna. *Dormimos a cielo descubierto.* ■ caer del ~. → llover del cielo. ■ ~s. interj. Se usa para expresar sorpresa o asombro. *¡Cielos, un ovni!* ■ clamar algo al ~. loc. v.

Ser esa cosa indignante o escandalosa. *Clama al cielo tanta injusticia.* ■ **ganarse** alguien **el ~.** loc. v. Ser digno de alabanza y admiración por su abnegación o sufrimiento. *Con sus obras de caridad se ha ganado el cielo.* ■ **llover,** o **caer, del ~.** loc. v. Llegar u ocurrir de manera inesperada y muy oportuna. *La herencia les ha llovido del cielo.* ■ **mover,** o **remover, ~ y tierra.** loc. v. Esforzarse todo lo posible para lograr algo. *La policía movió cielo y tierra hasta dar con los criminales.* ■ **ver el ~ abierto.** loc. v. coloq. Encontrar la ocasión propicia de salir de un apuro o de conseguir lo que se desea. *Vi el cielo abierto cuando te encontré.*

ciempiés. m. Animal invertebrado de cuerpo alargado, estrecho y dividido en numerosos anillos, con un par de patas en cada uno, que suele vivir entre las piedras y cuya mordedura, en algunas especies, es venenosa.

cien. → **ciento.**

ciencia. f. **1.** Conjunto estructurado de conocimientos obtenidos mediante la observación y el razonamiento, de los que se derivan principios y leyes generales. *La ciencia ha experimentado un avance enorme.* **2.** Cada una de las áreas de la ciencia (→ 1), que tiene un método o un objeto de estudio determinados. *Ciencias químicas.* **3.** Sabiduría o erudición. *No hace falta demasiada ciencia para entender lo que dice.* ○ pl. **4.** Ciencias (→ 2) basadas en el cálculo matemático y en la observación de los fenómenos de la naturaleza. *Facultad de Ciencias.* ■ **~ ficción.** f. Género literario y cinematográfico de contenido fantástico, basado pralm. en los logros técnicos o científicos que podrían alcanzarse en el futuro. *Una novela de ciencia ficción.* ■ **~ infusa.** f. Conocimiento adquirido sin estudio ni aprendizaje. *Los idiomas no se aprenden por ciencia infusa.* ■ **~s exactas.** f. pl. Ciencia (→ 2) que trata de la cantidad. *Es licenciado en Ciencias Exactas.* ⇒ MATEMÁTICAS. ■ **~s humanas,** o **sociales.** f. pl. Ciencias (→ 2) cuyo objeto de estudio es alguna actividad intelectual o social del ser humano, como la psicología, la filosofía o la antropología. ■ **~s naturales.** f. pl. Ciencias (→ 2) cuyo objeto de estudio es algún aspecto de la naturaleza y sus fenómenos, como la geología, la botánica o la zoología. ■ **~s ocultas.** f. pl. Conjunto de conocimientos y prácticas secretos, como la magia, la alquimia o la astrología, que pretenden desvelar misterios de la naturaleza y que no están considerados como ciencia (→ 2). ■ **~s sociales.** → **ciencias humanas.** □ **a ~ cierta.** loc. adv. Con toda seguridad o sin duda alguna. *No sé a ciencia cierta a qué hora llega.* FAM cientificismo; cientificista; científico, ca; cientifismo; cientifista.

cienfueguero, ra. adj. De Cienfuegos (Cuba).

cieno. m. Lodo blando que se deposita en el fondo de ríos, lagunas y lugares húmedos o con aguas estancadas. *Sus pies se hunden en el cieno de la charca.* ▶ *BARRO. FAM ciénaga.

ciento. adj. **1.** (apóc. **cien:** se usa siempre delante de n. pl. o detrás de n. sing., incluso si se interpone otro adj. entre ellos; no se usa nunca delante de numerales, salvo cuando tiene valor multiplicativo ante *mil, millón, billón, trillón,* etc.). → APÉND. NUM. **2.** Se usa con intención enfática para expresar una cantidad abundante. *Te lo he dicho cien veces: así no se hace.* ● m. **3.** (Gralm. hoy solo se usa la apóc. **cien**). Número que sigue al noventa y nueve. *El cien se representa como 100.* **4.** (no se usa la apóc. **cien**). Centena. *Varios cientos DE personas murieron en el bombardeo.*

■ **cien por cien,** o **~ por ~.** loc. adv. Completa o totalmente. *El cine mudo era ciento por ciento visual.*

cierne. en ~(s). loc. adv. En período inicial de desarrollo o a falta de perfeccionarse. *El proyecto se halla aún en ciernes.*

cierre. m. **1.** Hecho o efecto de cerrar o cerrarse. *La policía procederá al cierre del local.* **2.** Cosa que sirve para cerrar. *Se ha roto el cierre del vestido.* **3.** Cortina metálica enrollable que cierra y protege los accesos a una tienda u otro establecimiento. *La tienda tiene el cierre bajado.* **4.** Period. En periódicos y otras publicaciones análogas: Acción de dar por terminada la admisión de originales para la edición que está en prensa. *Al cierre de esta edición, no se tienen más datos del secuestro.*

ciertamente. adv. De manera cierta o verdadera. *Tienen una casa ciertamente bonita.* Se usa frec. para expresar asentimiento o confirmación. *Ciertamente, tiene usted razón.*

cierto, ta. adj. (sup. **ciertísimo**). **1.** Pospuesto al nombre: Verdadero o que se ajusta a la verdad o a la realidad. *Es una observación muy cierta. No es cierto que no te avisara con tiempo.* **2.** Antepuesto al nombre: Que tiene una identidad o naturaleza que no se quiere o no se puede precisar. *Hay ciertas personas aquí que aún no han presentado el trabajo. Ciertos párrafos son ofensivos. Me lo dijo cierta persona que no puedo mencionar. Tienen un cierto parecido.* ● adv. **3.** Ciertamente. *–Con este ruido es imposible concentrarse.* ñ*Cierto.* ■ **de cierto.** loc. adv. cult. Con seguridad o certeza. *No lo sé de cierto, es solo una sospecha.* ■ **por cierto.** loc. adv. A propósito de lo que se acaba de decirse. *Por cierto, ¿has decidido ya si aceptarás la invitación?*

ciervo, va. m. **1.** Mamífero rumiante, de patas largas y color pardo rojizo o pardo grisáceo, cuyo macho presenta grandes cuernos ramificados. *Una manada de ciervos.* ○ f. **2.** Hembra del ciervo (→ 1). *Los lobos acosan a la cierva.* ▶ **1:** VENADO.

cierzo. m. Norte (viento). ▶ *NORTE.

cifra. f. **1.** Signo con que se representa uno de los números del cero al nueve. *Mil es un número de cuatro cifras.* **2.** Número o cantidad de unidades. *La cifra de desaparecidos supera el centenar.* Frec. designa una cantidad de dinero o un dato económico. *Pagarán una cifra muy elevada.*

cifrar. tr. **1.** Valorar (algo) mediante cifras o números. *Cifran las pérdidas EN miles de dólares.* **2.** Reducir (algo) a una cosa. *Cifra sus esperanzas EN la lotería.* **3.** Transcribir (un mensaje) con un código secreto. *Los espías cifran sus comunicaciones.* FAM cifrado.

cigala. f. Crustáceo marino comestible, semejante a la langosta pero de menor tamaño y con el primer par de patas terminadas en largas y robustas pinzas.

cigarra. f. Insecto de color gralm. pardo o amarillento, ojos saltones y dos pares de alas venosas, cuyo macho emite un ruido estridente y monótono. *En las tardes de verano se oyen las cigarras.* ▶ CHICHARRA.

cigarrillo. m. Cilindro pequeño y estrecho de tabaco picado, envuelto en papel fino, que se enciende por un extremo y se fuma por el otro. *Cigarrillos con filtro.* ▶ CIGARRO, PITILLO.

cigarro. m. **1.** Rollo compacto de hojas de tabaco, que se enciende por un extremo y se fuma por el otro. *Después de comer, se fuma un cigarro.* **2.** Cigarrillo. ▶ **1:** HABANO, PURO, VEGUERO. FAM cigarrero, ra.

cigoto. (Tb. **zigoto**). m. *Biol.* Célula resultante de la unión de los gametos masculinos y femenino. *La fecundación del óvulo por el espermatozoide produce el cigoto.* ▶ HUEVO.

cigüeña. f. Ave migratoria, de patas y cuello largos, pico rojo, cuerpo gralm. blanco y alas negras, que suele anidar en lugares altos. *La cigüeña macho.* FAM **cigoñino.**

cigüeñal. m. *Mec.* Eje con codos que transforma un movimiento rectilíneo en circular. *Necesito un cigüeñal nuevo para la moto.*

cilantro. m. Hierba olorosa, de tallo estrecho y florecillas blancas o rojizas en racimo, que tiene usos medicinales y culinarios.

cilicio. m. Faja de cerdas o de cadenillas de hierro con puntas, que se lleva ceñida al cuerpo como penitencia.

cilindro. m. **1.** Cuerpo geométrico engendrado por una recta que gira alrededor de un eje al cual es paralela y dos bases que la cortan. *Cilindro de bases circulares.* **2.** Pieza u objeto en forma de cilindro (→ 1). *La apisonadora rueda sobre unos cilindros de acero.* **3.** *Mec.* Tubo en que se mueve el émbolo de una máquina. *El nuevo modelo tiene seis cilindros.* FAM **cilindrada; cilíndrico, ca.**

cilio. m. *Biol.* Órgano celular en forma de filamento que presentan algunos microorganismos y que les permite desplazarse en un medio líquido.

cima. f. **1.** Punto más alto de una elevación del terreno. *Suben hasta la cima del monte.* **2.** Parte más alta de una cosa material. *La cima del rascacielos.* **3.** Culminación o grado más alto de una cosa inmaterial. *Pocos pintores llegan a la cima.* ▶ **1:** CRESTA, CUMBRE, CÚSPIDE, PICO. **2:** CÚSPIDE. **3:** CUMBRE, CÚSPIDE. FAM **cimero, ra.**

cimarrón, na. adj. **1.** Dicho de animal: Que ha nacido o se ha hecho salvaje. *Caballos cimarrones.* **2.** Am. Dicho de planta: Que es la variedad silvestre de una especie cultivada. *Apio cimarrón* [C]. **3.** Am. Dicho de mate: Amargo. *El mate cimarrón pasa de mano en mano* [C]. **4.** frecAm. histór. Dicho de esclavo negro: Que escapaba de su amo. Frec. m. y f. *Los ejércitos coloniales combatieron a los cimarrones* [C].

címbalo. m. Instrumento musical de percusión que consiste en dos platillos metálicos que suenan al chocar entre sí. *Bailan al son de címbalos y tambores.*

cimborio o **cimborrio.** m. *Arq.* Construcción elevada, de planta cuadrada, circular u octagonal, que sirve de base a una cúpula. *A lo lejos se ve el cimborrio de la catedral.*

cimbrear. tr. **1.** Hacer vibrar, ondular u oscilar (algo, espec. largo y flexible). *La brisa cimbrea las plantas.* ○ intr. prnl. **2.** Vibrar, ondular u oscilar algo, espec. largo y flexible. *El sauce se cimbrea con el viento.* **3.** Moverse una persona o su cuerpo de un lado a otro con movimiento sinuoso. *Sus caderas se cimbrean al son del mambo.* FAM **cimbrar; cimbreante.**

cimero, ra. → cima.

cimiento. m. **1.** Parte subterránea de un edificio en la que este se apoya y se sostiene. *Ya están haciendo los cimientos de la nueva casa.* **2.** Base o principio sobre los que se apoya algo inmaterial. *Un buen sistema educativo es el cimiento de toda sociedad.* FAM **cimentación; cimentar** (conjug. ACERTAR o reg.).

cimitarra. f. histór. Sable corto, cuya hoja se curva y ensancha hacia la punta, usado por turcos, persas y otros pueblos orientales. *La guardia del sultán llevaba cimitarras.*

cinabrio. m. Mineral compuesto de azufre y mercurio, pesado y de color rojo, del que se extrae el mercurio. *Yacimiento de cinabrio.*

cinc. (Tb. **zinc**). m. Elemento químico del grupo de los metales, quebradizo, brillante y de color blanco azulado, que se emplea en aleaciones y tiene numerosas aplicaciones industriales (Símb. *Zn*). *Tejado de zinc.*

cincel. m. Herramienta formada por una barra de acero terminada en un filo recto con doble bisel, que sirve para labrar piedras y metales a golpe de martillo. *El escultor da forma al busto con un cincel.* FAM **cincelar.**

cincha. f. Faja, gralm. de cuero o esparto, con que se asegura la silla de montar, la albarda u otro aparejo, ciñéndola por debajo de la barriga del animal. *Pone la montura al potro y ajusta la cincha.*

cincho. m. Cinturón (cinta flexible que se ajusta a la cintura). ▶ *CINTURÓN.

cinco. adj. → APÉND. NUM. ■ **estar sin ~**, o **no tener ni ~.** loc. v. coloq. No tener nada de dinero. *Estoy sin cinco.*

cincuenta. adj. → APÉND. NUM. ■ **los (años) ~.** m. pl. La sexta década del siglo, espec. del XX. *En los años cincuenta surge el rock and roll.* FAM **cincuentena; cincuentenario; cincuentón, na.**

cine. m. **1.** Técnica o arte de captar imágenes fotográficas en movimiento para proyectarlas sobre una pantalla. *Escuela de cine.* Tb. las obras realizadas con esta técnica. *El actor hace tanto cine con teatro.* **2.** Industria del cine (→ 1). *Se discute sobre si el cine está en crisis.* **3.** Sala o local donde se exhiben al público películas de cine (→ 1). *Te espero en la puerta del cine.* ▶ **1, 2:** CELULOIDE, CINEMATOGRAFÍA, CINEMATÓGRAFO. **3:** CINEMATÓGRAFO. FAM **cineasta; cineclub; cinéfilo, la; cinema; cinemateca; cineteca (Am).**

cinegético, ca. adj. **1.** De la cinegética (→ 2). *Especies cinegéticas.* ● f. **2.** Técnica o actividad de cazar animales. *Aficionados a la cinegética.*

cinemascope. (Marca reg.; a veces en mayúsc.). m. Procedimiento cinematográfico que consiste en la toma comprimida de imágenes con un campo visual amplio, para proyectarlas, ya descomprimidas, sobre una pantalla de grandes dimensiones. *El cinemascope permitió al director rodar impresionantes tomas del desierto.*

cinematógrafo. m. **1.** Cine (técnica, industria, o sala). Gralm. en contextos históricos. *Iba por primera vez a un cinematógrafo.* **2.** histór. Aparato que permitía la grabación y proyección de películas cinematográficas. *El cinematógrafo de los hermanos Lumière.* ▶ **1:** *CINE. FAM **cinematografía; cinematográfico, ca.**

cinerama. (Marca reg.; a veces en mayúsc.). m. Procedimiento cinematográfico consistente en la toma simultánea de tres imágenes contiguas con otras tantas cámaras, para proyectarlas una junto a otra sobre una pantalla curva de grandes dimensiones. *La película se rodó en cinerama.*

cinético, ca. adj. **1.** tecn. Del movimiento. *Energía cinética.* ● f. **2.** *Fís.* Parte de la mecánica que estudia el movimiento.

cingalés, sa. adj. **1.** De Sri Lanka (Asia). *Isla cingalesa.* **2.** De Ceilán, hoy Sri Lanka. *Los portugueses ocuparon las costas cingalesas.* ▶ SINGALÉS.

cíngaro, ra. (Tb. **zíngaro**). adj. Gitano.

cínico, ca. adj. Dicho de persona: Que actúa con falsedad o desvergüenza descaradas. *¡Qué cínico!, dice que lo aburren y los invita a cenar.* FAM **cinismo.**

cinta. f. **1.** Tira de tela que sirve pralm. para atar o adornar. *El regalo viene atado con una cinta.* **2.** Tira de material flexible, como papel o plástico, que puede tener distintos usos. *Cinta de adhesiva.* **3.** Casete (cajita con cinta magnética). **4.** Película (obra cinematográfica). **5.** Dispositivo automático formado por una banda móvil que sirve para trasladar equipajes, u otros objetos, o personas. Tb. *~ transportadora.* **6.** Aparato de gimnasia rítmica formado por una cinta (→ 1) larga unida a un palito. *Es campeona en la modalidad de cinta.* ■ *~ métrica.* f. Cinta (→ 2) para medir distancias que lleva marcados los metros y sus divisiones. *El sastre saca la cinta métrica y le toma medidas.* ▶ **3:** CASETE. **4:** *PELÍCULA.

cintarazo. m. Golpe dado con un cinturón. *La emprendió a cintarazos con el chico.*

cinto. m. Cinturón (cinta que se ajusta a la cintura). ▶ *CINTURÓN.

cintura. f. **1.** Parte más estrecha del tronco del cuerpo humano, por encima de las caderas. **2.** Parte de una prenda de vestir que corresponde a la cintura (→ 1). *Hay que meter la cintura de la falda.* ■ **meter** (a alguien) **en ~.** loc. v. coloq. Hacer que (esa persona) se someta a unas normas de conducta y disciplina. *El maestro ha metido en cintura a los alumnos rebeldes.* ▶ TALLE. FAM **cinturilla.**

cinturón. m. **1.** Cinta de material flexible, gralm. cuero, que se ajusta alrededor de la cintura y sirve pralm. para sujetar una prenda de vestir o llevar un arma. *Si se te caen los pantalones, ponte un cinturón.* **2.** Cinta de fibra fuerte que, cruzada sobre el abdomen y normalmente también el pecho, sirve para sujetar a un viajero al asiento del vehículo. *Abróchense los cinturones.* Frec. *~ de seguridad.* **3.** *Dep.* Categoría que alcanza un luchador de artes marciales y que se identifica por el color del cinturón (→ 1) con que se sujeta el quimono. *Tiene cinturón negro en yudo.* **4.** Porción más o menos circular de terreno que rodea el casco de una ciudad. *El cinturón industrial.* ■ *~ de castidad.* m. histór. Instrumento en forma de cinturón (→ 1) de metal o de cuero, con cerradura y con una tira curva que cubría los genitales de la mujer para impedir que mantuviera relaciones sexuales. □ **apretarse el ~.** loc. v. coloq. Ahorrar o reducir gastos por escasez de medios. *Este mes nos apretaremos el cinturón.* ▶ **1:** CINCHO, CINTO, CORREA.

cipote. m. malson. Pene.

ciprés. m. Árbol de tronco recto y alto, copa cónica y hojas verde oscuro. Tb. su madera.

circa. prep. Hacia o alrededor de. Se usa delante de un número que designa un año para indicar tiempo aproximado. *En la cueva hay pinturas prehistóricas, circa 50 000 a. C.*

circo. m. **1.** Edificio, o recinto cubierto por una carpa, con gradas y una pista central donde actúan acróbatas, domadores, payasos y otros artistas. *El circo será instalado en la explanada.* Tb. ese espectáculo. *A los niños les encanta el circo.* **2.** histór. Recinto al aire libre, con gradas y una pista central, donde los antiguos romanos celebraban espectáculos diversos, espec. carreras de carros. FAM **circense.**

circuito. m. **1.** Recorrido que acaba en el punto de partida. *Haremos un circuito por los pueblos de la comarca.* **2.** Trayecto en forma de curva cerrada, previamente fijado, para realizar carreras u otras actividades semejantes. *Circuito de fórmula 1.* **3.** Sistema de conductores, frec. cables, por el que fluye una corriente eléctrica y en el que suele haber intercalados componentes que la generan o la trasforman. *Hay una avería en el circuito eléctrico.* ■ **corto ~.** → cortocircuito.

circular¹. adj. **1.** Que tiene forma de círculo. *Órbita circular.* **2.** Que parece no tener fin porque acaba donde empieza. *Un relato circular.* **3.** Dicho de razonamiento o definición: Que explica recíprocamente una cosa por otra, dejando ambas sin aclarar. ● f. **4.** Orden, carta o aviso, que van dirigidos a varias personas. *Se enviará una circular a todos los departamentos.* FAM **circularidad.**

circular². intr. **1.** Moverse por un circuito. *La sangre circula* POR *venas y arterias.* **2.** Moverse por un lugar. *Abre la ventana para que circule el aire.* **3.** Transitar una persona, un vehículo o sus ocupantes por una vía pública. *Está prohibido circular sin cinturón de seguridad.* **4.** Pasar algo constantemente de unas personas o lugares a otros. *Circulan rumores sobre él.* **5.** Tener validez legal una moneda o un sello. *Los antiguos centavos ya no circulan.* FAM **circulación; circulante; circulatorio, ria.**

círculo. m. **1.** Superficie plana contenida dentro de una circunferencia. *Calcule el área del círculo.* **2.** Circunferencia (curva). *Trazó un círculo.* **3.** Corro (grupo de personas). **4.** Sector o ambiente social. Gralm. en pl. *En círculos financieros se prevé un alza en los precios.* **5.** Club o sociedad con fines gralm. recreativos o culturales. *Círculo de amigos del vino.* ■ *~ polar.* m. Cada una de los dos paralelos que cortan el globo terrestre a 66,5° del Ecuador. *Círculo polar antártico.* ■ *~ vicioso.* m. Situación en que una circunstancia se da como causa de otra y viceversa. *Es un círculo vicioso: sin experiencia no hay trabajo y sin trabajo no se gana experiencia.* ▶ **2:** CIRCUNFERENCIA. **3:** CORRO. **5:** *SOCIEDAD.

circun-. (Tb. **circum-** ante *p* o *b*). pref. Significa 'alrededor'. *Circunvolar, circunnavegante, circunsolar, circumboreal, circumpacífico, circumpolar.*

circuncidar. tr. Cortar circularmente una porción del prepucio (a alguien), espec. como práctica ritual en algunas religiones. *Los judíos circuncidan a los niños al poco de nacer.* FAM **circuncisión; circunciso.**

circundar. tr. cult. Rodear (algo o a alguien). *Una arboleda circunda el poblado.* FAM **circundante.**

circunferencia. f. **1.** Curva plana y cerrada cuyos puntos son todos equidistantes de otro, el centro, situado en su interior. *Trace una recta que corte la circunferencia.* **2.** Contorno de una superficie. *Midieron la circunferencia de la Tierra.* ▶ **1:** CÍRCULO.

circunloquio. m. Rodeo de palabras para dar a entender algo que hubiera podido expresarse más brevemente. *Déjese de circunloquios y vaya al grano.* ▶ RODEO.

circunnavegar. tr. Navegar alrededor (de un lugar). *Fue el primer marino que circunnavegó el globo.* FAM **circunnavegación.**

circunscribir. (part. **circunscrito** o, Am., **circunscripto**). tr. **1.** Reducir (algo) a unos límites o términos específicos. *Ha circunscrito sus estudios* AL *ámbito de la geología.* ○ intr. prnl. **2.** Ceñirse o limitarse alguien a algo. *El músico no quiere circunscribirse* AL *rock.*

circunscripción. f. Cada una de las zonas en que se divide un territorio con fines pralm. electorales o administrativos. *El índice de participación varía según las circunscripciones.*

circunspecto, ta. adj. Serio o comedido. *Es circunspecto y poco dado a las bromas.* FAM **circunspección.**

circunstancia. f. Aquello que, gralm. de manera temporal, rodea o acompaña a una persona, una cosa o un hecho, y tiene influencia en ellos. *Explique las circunstancias en que se produjeron los hechos.* FAM circunstanciado, da; circunstancial.

circunvalación. f. **1.** Hecho de rodear un lugar. *Carretera de circunvalación.* **2.** Vía que circunvala un núcleo urbano. *Se ha producido un accidente en la circunvalación de la capital.* FAM **circunvalar.**

cirílico, ca. adj. Dicho de alfabeto o de sus signos: Que se usan en ruso y otras lenguas eslavas.

cirio. m. Vela de cera larga y gruesa. *Puso un cirio a la Virgen.*

cirquero, ra. m. y f. Am. Persona que trabaja en una compañía de circo. *El cirquero pertenece al mundo del espectáculo* [C].

cirro. m. *Meteor.* Nube ligera, en forma de hilos o jirones, que se presenta en las capas altas de la atmósfera. *Cirros cobrizos salpican el cielo.*

cirrosis. f. Enfermedad caracterizada por la degeneración de los tejidos que forman el hígado. *El abuso del alcohol puede producir cirrosis.* FAM **cirrótico, ca.**

ciruela. f. Fruto comestible del ciruelo, de forma redondeada, piel fina y carne jugosa.

ciruelo. m. Árbol frutal pequeño, de hojas ovaladas y flores blancas o rosadas, cuyo fruto es la ciruela. ▶ PRUNO.

cirugía. f. Parte de la medicina que tiene por objeto curar o reconstruir partes dañadas del cuerpo, actuando sobre ellas manualmente con ayuda de instrumentos adecuados. *Estudió Medicina y se especializó en Cirugía.* FAM **cirujano, na.**

cisco. m. Carbón vegetal menudo. *Brasero de cisco.* ■ hacer ~ (algo o a alguien). loc. v. coloq. Destrozar(lo). *Los niños hacen cisco los zapatos.*

cisma. m. **1.** Separación en el seno de una Iglesia o religión. *El cisma de la Iglesia anglicana.* **2.** Separación o conflicto entre los miembros de un grupo. *Hay un cisma dentro del partido.* FAM **cismático, ca.**

cisne. m. Ave acuática grande, de cuello largo y flexible, pico anaranjado y plumaje gralm. blanco, que suele habitar en lagos y estanques. *El cisne hembra.*

cisterna. f. **1.** Depósito de agua de un retrete. *Si no tiras bien de la cadena, la cisterna no se vacía del todo.* **2.** Vehículo para transportar líquidos. *Camión cisterna.* ▶ **3:** ALJIBE.

cistitis. f. *Med.* Inflamación de la vejiga urinaria. *La cistitis provoca necesidad de orinar frecuentemente.*

citar. tr. **1.** Comunicar (a alguien) el día, la hora y el lugar en que debe presentarse. *Citó al reportero en su casa.* **2.** Nombrar o mencionar (algo o a alguien, espec. un texto o a un autor). *Cita con frecuencia a Cicerón.* **3.** Repetir oralmente o por escrito (palabras dichas por alguien o escritas en un texto). *El artículo cita palabras textuales del ministro.* ○ intr. prnl. **4.** Convenir una persona con otra el día, la hora y el lugar para reunirse. *Se citó CON ella en un café.* FAM **cita; citación.**

cítara. f. **1.** Instrumento musical compuesto por una caja de resonancia plana de madera y una serie de cuerdas tendidas sobre ella, que en la Antigüedad se asemejaba a una lira y modernamente tiene forma trapezoidal. *Apolo aparece tocando la cítara.* **2.** Instrumento musical semejante al laúd pero más pequeño, que se toca con púa y tiene tres órdenes de cuerdas. *Se oye música de guitarras y cítaras.*

citología. f. *Med.* Prueba diagnóstica basada en el examen de las células contenidas en líquidos o secreciones del cuerpo, o exfoliadas de un órgano o una cavidad. *Citología vaginal.*

citoplasma. m. *Biol.* Parte de la célula situada entre el núcleo y la membrana celular. FAM **citoplasmático, ca.**

cítrico, ca. adj. **1.** Dicho de fruto: Agrio o agridulce, como la naranja o el limón. Más frec. m., y gralm. pl. *Explotación de cítricos.* **2.** De los cítricos (→ 1). *Sector cítrico.*

ciudad. f. **1.** Población grande en extensión y número de habitantes, los cuales se dedican pralm. a actividades no agrícolas. *La población se concentra en las grandes ciudades.* **2.** Vida o ámbito de la ciudad (→ 1). *Prefieren la ciudad al campo.* **3.** Conjunto de edificios e instalaciones que ocupa una parte delimitada de la ciudad (→ 1) y tiene una finalidad específica. *Ciudad universitaria.* ■ ~ dormitorio. (pl. ciudades dormitorio). f. Población cuyos habitantes trabajan gralm. en una ciudad (→ 1) importante cercana. ■ ~ jardín. (pl. ciudades jardín). f. Parte de una ciudad (→ 1) que está constituida por casas unifamiliares, cada una con jardín. ■ ~ satélite. f. Ciudad (→ 1) que depende en cierta medida de otra cercana, mayor y más importante. ▶ **1:** URBE.

ciudadano, na. adj. **1.** De la ciudad. *Vida ciudadana.* Dicho de pers., tb. m. y f. **2.** De los ciudadanos (→ 1, 3). *Asociación ciudadana.* ● m. y f. **3.** Persona que tiene derechos políticos en un Estado y normalmente ha nacido y vive en él. *Se casó con una ciudadana mexicana.* ▶ **2:** CÍVICO, CIVIL. FAM **ciudadanía.**

ciudadela. f. Recinto fortificado, situado en el interior de una plaza o población, que sirve para dominarla o como último refugio.

ciudadrealeño, ña. adj. De Ciudad Real (España).

cívico, ca. adj. **1.** Del civismo. *Espíritu cívico.* **2.** Que muestra o denota civismo. *Tirar papeles al suelo es poco cívico.* **3.** Ciudadano (de los ciudadanos). ▶ **3:** *CIUDADANO. FAM **civismo.**

civil. adj. **1.** Que no es militar ni religioso. *Arquitectura civil y religiosa.* **2.** Ciudadano (de los ciudadanos). **3.** *Der.* Que atañe a las relaciones e intereses privados de los ciudadanos. *Derecho civil.* ▶ **2:** *CIUDADANO. FAM **civilista.**

civilización. f. **1.** Estadio cultural propio de las sociedades humanas más avanzadas por el nivel de su ciencia, artes, ideas y costumbres. *Llevaron la civilización a los lugares más remotos.* **2.** Conjunto de las ideas, el saber y las costumbres de una sociedad concreta. *La civilización azteca.* **3.** Hecho de civilizar o civilizarse. *La lengua es un instrumento de civilización.*

civilizado, da. adj. Educado y sociable. *Es gente civilizada con la que se puede hablar.*

civilizar. tr. **1.** Dar un nivel avanzado de desarrollo material, moral e intelectual (a una sociedad o un grupo humano). *En la selva encontraron tribus sin civilizar.* **2.** Mejorar la formación y el comportamiento (de una persona). *Algunos niños están aún por civilizar.* FAM **civilizador, ra.**

civismo. m. Comportamiento propio de quien respeta los derechos de los demás y cumple sus deberes como ciudadano. *El que escupe muestra una falta total de civismo.*

cizalla. f. Instrumento que sirve para cortar metales en frío. *Abrieron el cierre con una cizalla.*

cizaña. f. **1.** Planta de tallo alto y flores en espiga, que crece como mala hierba en los sembrados y puede ser venenosa. **2.** Enemistad o discordia. *Si se han enfadado, no vengas tú a meter cizaña.*

clamar. tr. **1.** cult. Exigir una persona (algo) con fuerza. *Los estafados claman justicia.* **2.** cult. Gritar o expresar (algo) con vehemencia. *El acusado clama que es inocente.* O intr. **3.** cult. Requerir una cosa algo con urgencia. *La vieja ley clama* POR *una reforma.* FAM clamor; clamoreo.

clamoroso, sa. adj. **1.** Acompañado de gritos de gente que clama. *Una clamorosa acogida.* **2.** Muy grande o extraordinario. *Tiene un éxito clamoroso.*

clan. m. **1.** Grupo social más pequeño que la tribu, formado por personas unidas por un vínculo familiar. *Los patriarcas de los distintos clanes se reúnen con el jefe de la tribu.* **2.** Grupo de personas unidas por fuertes vínculos y con tendencia a excluir al resto. *La pandilla constituía un clan en el que era muy difícil entrar.*

clandestino, na. adj. Secreto u oculto, espec. por temor a la ley o para eludirla. *Comercio clandestino.* ▶ SUMERGIDO. FAM clandestinidad.

claque. f. Grupo de personas contratado para aplaudir en un espectáculo, espec. de teatro. Tb. fig. *Cada parlamentario tiene su claque.*

claqué. m. Baile de origen estadounidense, en que el bailarín marca el ritmo golpeando el suelo con la puntera y el tacón de sus zapatos.

claqueta. f. *Cine* Instrumento compuesto de dos tablas de madera unidas por una bisagra, que se hacen chocar ante la cámara al inicio de cada toma. *Suena la claqueta y se comienza a rodar.*

clara. → claro.

claraboya. f. Ventana o abertura acristaladas que hay en el techo o en la parte superior de la pared. *La claraboya del camarote.*

clarear. tr. **1.** Dar claridad o más claridad (a algo). *El sol va clareando el campo.* **2.** Hacer más claro o menos denso (algo). *Están clareando el bosque.* O intr. **3.** Pasar a tener claridad o más claridad. *El día clareaba.* **4.** Hacerse más claro o menos denso. *Le empieza a clarear el pelo.* O intr. impers. **5.** Amanecer, o comenzar a aparecer la primera luz del día. *Partiremos cuando empiece a clarear.* **6.** Despejarse el cielo, o disiparse las nubes de tormenta. *No se nubla, el partido se suspenderá.* ▶ **5:** *AMANECER. **6:** ACLARAR.

claridad; clarificación; clarificador, ra; clarificar. → claro.

clarín. m. Instrumento musical de viento, de metal, semejante a la trompeta, pero más pequeño y de sonido más agudo. *Los clarines anuncian la llegada de la caballería.*

clarinete. m. Instrumento musical de viento, de madera, constituido por un tubo largo con orificios y llaves, terminado en un ensanche cónico, y con una boquilla de lengüeta. *Concierto para clarinete y orquesta.* FAM clarinetista.

clarisa. adj. Dicho de religiosa: De la Orden de San Francisco fundada por Santa Clara en el s. XIII. *Monja clarisa.* Tb. f. *Convento de clarisas.*

clarividencia. f. **1.** Capacidad de comprender o analizar con claridad. *Me asombra su clarividencia.* **2.** Facultad paranormal de percibir cosas que el ojo no ve o de adivinar hechos futuros. *Hablan de telepatía, clarividencia y otros fenómenos.* FAM clarividente.

claro, ra. adj. **1.** Que tiene luz abundante. *Esta habitación es muy clara.* **2.** Dicho del tiempo, el cielo o el día: Que no tiene nubes. **3.** Dicho de color: Que tiende al blanco o se le acerca más que otro de la misma clase. *Un azul claro.* **4.** Que tiene color claro (→ 3). *Prendas claras.* **5.** Dicho espec. de líquido: Limpio y transparente. *Aguas claras.* **6.** Poco denso o poco espeso. *El café está demasiado claro.* **7.** Dicho de cosa: Que se percibe o distingue bien. *Tiene una letra muy clara.* **8.** Dicho de cosa: Fácil de comprender. *Usa un lenguaje claro.* **9.** Dicho de persona: Que se expresa de manera clara (→ 8). *Es un profesor muy claro.* **10.** Evidente, o que no ofrece duda. *Está claro que los precios suben.* **11.** Sincero y directo. *Seamos claros: esto no tiene remedio.* ● m. **12.** Espacio vacío en el interior de algo o en un conjunto de cosas. *Acampan en un claro del bosque.* O f. **13.** Materia líquida y transparente que rodea la yema del huevo de las aves y se vuelve blanca al coagularse. ● adv. **14.** De manera clara (→ 7, 8, 10, 11). *Hablemos claro: ¿tú quieres casarte o no?* **15.** Por supuesto. *–¿Seguro que te gusta? –¡Claro!* ■ **claro de luna.** m. Momento corto en que la luna se muestra con toda claridad en una noche oscura. Tb. luz de la luna en ese momento. *El claro de luna iluminó el estanque.* □ **a las claras.** loc. adv. De manera clara (→ 10, 11). *Las cifras muestran a las claras la crisis.* ■ **poner en claro** (algo). loc. v. Eliminar las dudas o lo que se ignora (sobre ello). *La reunión servirá para poner en claro cuáles son las dificultades.* ■ **tener** (algo) **claro.** loc. v. Estar seguro (de ello). *Tenía claro que quería ser médico.* ▶ **10:** *EVIDENTE. **13:** ALBUMEN. FAM claridad; clarificación; clarificador, ra; clarificar; claror.

claroscuro. m. *Arte* En un cuadro: Contraste acentuado de luces y sombras. *Caravaggio y Rembrandt son grandes maestros del claroscuro.*

clase. f. **1.** Grupo de los que se pueden hacer en un conjunto de elementos, al distribuirlos según sus características comunes. *Hay camisas de dos clases: de manga corta y de manga larga.* **2.** Clase (→ 1) de personas establecida en la sociedad según criterios pralm. económicos o culturales. *Una familia de clase media.* Tb. ~ *social.* **3.** Distinción o elegancia. *Una mujer culta y con clase.* **4.** Categoría o calidad. *Un jugador con mucha clase.* **5.** Lección que da el maestro a los discípulos cada día. *Los alumnos siguen la clase con atención.* **6.** Actividad de dar o recibir enseñanza. *Por las tardes no hay clase.* **7.** Conjunto de alumnos de un mismo curso, que reciben enseñanza juntos en el mismo grupo. *Toda la clase aprobó.* **8.** Aula. **9.** *Biol.* Categoría taxonómica en que se clasifican los seres vivos, inmediatamente superior al orden e inferior al filo. *La clase de los mamíferos.* ■ ~ **de tropa.** f. *Mil.* Conjunto formado por los soldados rasos y los cabos. *Ascendió en el escalafón desde la clase de tropa.* ⇒ TROPA. □ **dar ~.** loc. v. **1.** Enseñar un profesor. *Da clase a chicos jóvenes.* **2.** Recibir enseñanza un alumno. *Damos clase* DE *lengua con la directora.* ▶ **1:** CATEGORÍA, ESPECIE, TIPO.

clasicismo. m. **1.** Cualidad o condición de clásico. *Vestidos de elegante clasicismo.* **2.** Estilo artístico o literario basado en los modelos de la Antigüedad clásica. *El clasicismo del siglo XVIII.* FAM clasicista.

clásico, ca. adj. **1.** De la Antigüedad griega y romana, espec. de su arte o su literatura. *Mitología clásica.* Dicho de autor o artista, tb. m. *Se representarán obras de clásicos, como Sófocles o Plauto.* **2.** Que se inspira en el arte y el mundo clásicos (→ 1), o los imita. *Estilo clásico.* **3.** Dicho de período cultural: Culminante o de mayor plenitud. *El período clásico del* *arte griego.* **4.** Dicho de autor u obra: Que pertenece a un período clásico (→ 3). *Teatro clásico.* Tb. m. *Leen a Cervantes y otros clásicos.* **5.** Dicho de autor u obra: Que es considerado modelo digno de imitación. *Algunas de sus obras son ya clásicas.* Tb. m. *"El halcón maltés" es un clásico del género policíaco.* **6.** Dicho de música o de artes relacionadas con ella: De la tradición culta occidental. *Danza clásica.* **7.** Dicho de algunas lenguas: Que corresponden al período clásico (→ 3) o constituyen la variante culta propia del uso escrito. *Árabe clásico.* **8.** Que no se aparta de lo tradicional o de las reglas establecidas por la costumbre y el uso. *Un automóvil de línea clásica.* **9.** Típico o característico. *En Ecuador comimos el clásico ceviche.* ▶ **9:** *CARACTERÍSTICO.

clasificación. f. **1.** Hecho o efecto de clasificar o clasificarse. *Se ocupa de la clasificación de los documentos.* **2.** Lista de elementos ordenados según una clasificación (→ 1), espec. la de los participantes en una competición deportiva. *El equipo asciende varios puestos en la clasificación.* FAM **clasificatorio, ria.**

clasificado, da. adj. **1.** Dicho de información o documento: Secreto o reservado. ● m. **2.** Anuncio por palabras en una publicación periódica, que aparece ordenado según un determinado criterio. *Busca piso en la sección de clasificados.*

clasificar. tr. **1.** Ordenar (un conjunto de elementos) por clases. *Clasifica los libros POR géneros.* **2.** Poner (algo o a alguien) dentro de una clase. *La policía lo tiene clasificado como delincuente peligroso.* ○ intr. prnl. **3.** Obtener determinado puesto en una competición deportiva. *La nadadora se clasificó primera.* **4.** Conseguir un resultado que permite participar o continuar en una competición deportiva. *El equipo se clasificó PARA la final.* FAM **clasificable; clasificador, ra.**

clasismo. m. Actitud o tendencia de quien defiende las diferencias de clase social y la discriminación por ese motivo. *Una sociedad caracterizada por el clasismo y la desigualdad.* FAM **clasista.**

claudia. f. Ciruela muy dulce y de color verde.

claudicar. intr. **1.** Ceder o rendirse, espec. ante la presión. *Su padre claudicó y le compró la bicicleta.* **2.** Renunciar a los propios principios o propósitos. *Ha claudicado DE sus ideas revolucionarias.* ▶ **1:** *CEDER. FAM **claudicación.**

claustro. m. **1.** Galería que rodea el patio de una iglesia o convento. **2.** Conjunto de profesores de un centro docente en ciertos grados de la enseñanza. *Hoy se reúne el claustro.* **3.** Junta de gobierno de una universidad. *Es representante de los alumnos en el claustro.* **4.** Reunión que mantienen los miembros de un claustro (→ 2, 3). *Los profesores celebrarán un claustro.* ■ **~ materno.** m. cult. Útero. FAM **claustral.**

claustrofobia. f. Miedo patológico a permanecer en lugares cerrados. *Sufrió un ataque de claustrofobia en el ascensor.* FAM **claustrofóbico, ca.**

cláusula. f. Disposición o estipulación de las contenidas en un contrato, un testamento, un tratado u otro documento semejante. *El contrato del futbolista tiene una cláusula de rescisión.*

clausura. f. **1.** Hecho de cerrar algo, como un establecimiento o un congreso, o de poner fin a su actividad. *Un tribunal ordenó la clausura del local.* **2.** Acto solemne con que se pone fin a un congreso, un curso, una competición u otra actividad semejante. *La clausura de las Olimpiadas.* **3.** En algunos conventos: Prohibición a los religiosos de salir de cierto recinto interior, y a otras personas de entrar

en él. Tb. la vida de dichos religiosos. *Monja de clausura.* FAM **clausurar.**

clavar. tr. **1.** Introducir (un objeto puntiagudo) en un cuerpo. *Le clavó un puñal.* **2.** Asegurar (algo) con clavos u objetos semejantes. *Clava un anuncio en el tablón.* **3.** Fijar (algo) con firmeza en un lugar. *Clava los ojos en el muchacho.* **4.** Parar o inmovilizar (algo o a alguien) en un lugar. *Algunas escenas dejan al espectador clavado AL asiento.*

clave¹. f. **1.** Sistema de signos convenido para la transmisión de mensajes secretos. *El enemigo manda mensajes en clave.* **2.** Conjunto de reglas y correspondencias que explican una clave (→ 1). *Tras horas de análisis del texto, dieron con la clave.* **3.** Dato o idea que permiten comprender algo enigmático. *No podían desentrañar las claves del misterioso asesinato.* **4.** Combinación de signos que permite el funcionamiento de una máquina o un sistema, o el acceso a ellos. *Olvidé la clave de acceso de mi ordenador.* **5.** Elemento básico o fundamental de algo. *La clave de un guiso es su punto de sal.* **6.** Instrumento musical de percusión, de carácter popular y de origen cubano, consistente en dos pequeños cilindros de madera que se golpean uno contra otro. *En el son cubano se emplean mucho las claves.* **7.** *Mús.* Signo que se coloca al principio del pentagrama para determinar el tono y la altura de las notas. *La clave de fa.* ■ **en ~ de.** loc. prepos. Con carácter o tono de. *El artículo está escrito en clave de humor.*

clavecín o **clave².** m. Instrumento musical de teclado y cuerda, semejante a un piano, en el que cada tecla acciona una pieza que, haciendo las veces de púa, pulsa la cuerda correspondiente. *Música barroca para clavecín.* ▶ CLAVICÉMBALO. FAM **clavecinista.**

clavel. m. Flor olorosa de diversos colores, de tallo largo, delgado y nudoso, y con numerosos pétalos dentados.

clavellina. f. Flor semejante al clavel, pero de tallos, hojas y flores más pequeños.

clavetear. tr. **1.** Sujetar (algo) con clavos. *Claveteó el panel trasero del armario.* **2.** Adornar (algo) con clavos. Frec. en part. *Botas claveteadas.*

clavicémbalo. m. Clavecín.

clavicordio. m. Instrumento musical de teclado y cuerda, semejante a un piano, en el que cada tecla acciona una palanca con un pedazo de latón que en su extremo que golpea la cuerda. *El clavicordio, como el clavecín, fueron cediendo su lugar al piano.*

clavícula. f. Hueso que va desde la parte superior y central del pecho hasta el hombro, uniendo el esternón con el omóplato.

clavija. f. **1.** Pieza de forma gralm. cilíndrica o cónica, que se inserta en un taladro de otra pieza con diversos fines. *El estante está sujeto con clavijas.* **2.** Clavija (→ 1) de cabeza ensanchada que sirve para sujetar y tensar las cuerdas de un instrumento musical. *Ajusta las clavijas de la guitarra.* **3.** Pieza de material aislante provista de unas varillas metálicas que se introducen en los agujeros de la hembra del enchufe. *Meta la clavija y pulse el interruptor.* **4.** Pieza con que se conecta un teléfono a una red. *Desconecta la clavija para no recibir llamadas.*

clavo. m. **1.** Pieza metálica, larga y delgada, puntiaguda por un extremo y aplanada o abultada por el otro, que se introduce en algo con el fin de sujetar, asegurar o adornar. *Fijó con clavos las tablas sueltas.*

2. Capullo seco de la flor de un árbol tropical, que tiene forma de clavo (→ 1) pequeño, olor muy aromático y sabor picante, y es muy utilizado en cocina. ■ **dar en el ~.** loc. v. coloq. Acertar. *Siempre da en el clavo con sus observaciones.*

claxon. (pl. **cláxones**). m. Bocina eléctrica de un automóvil. *El taxista toca el claxon para avisar de su llegada.* ▶ *BOCINA.

clemente. adj. Que, por compasión, aplica la justicia o el castigo con moderación. *El juez fue clemente CON el acusado.* FAM **clemencia.**

clepsidra. f. Reloj de agua. *La clepsidra se usaba en astronomía.*

cleptomanía. f. Tendencia patológica al hurto. *Roba en las tiendas porque sufre cleptomanía.* FAM **cleptómano, na.**

clérigo. m. En el cristianismo: Hombre que ha recibido las órdenes sagradas. ▶ ECLESIÁSTICO. FAM **clerecía; clerical; clericalismo; clero.**

clic. m. Hecho de pulsar un botón del ratón de un ordenador. *Haga doble clic en el icono.*

cliché. m. **1.** Idea o expresión demasiado repetidas. *El feminismo quiere acabar con el cliché de la mujer sumisa.* **2.** *Fot.* Tira de película revelada, con imágenes negativas. *Con los clichés hacen copias de las fotos.* ▶ **1:** *TÓPICO. **2:** CLISÉ.

cliente, ta. m. y f. (A veces como f. se usa **cliente**). Persona que compra en una tienda, o utiliza los servicios de un establecimiento, una empresa o un profesional, espec. si lo hace con asiduidad. *El abogado defendió a su clienta con pericia.* ▶ frecAm: MARCHANTE. FAM **clientela.**

clima. m. **1.** Conjunto de condiciones atmosféricas características de una región. *Clima tropical.* **2.** Ambiente (conjunto de circunstancias). ▶ **2:** AMBIENTE. FAM **climático, ca; climatología; climatológico, ca.**

climaterio. m. *Fisiol.* Período de la vida en que declinan y se extinguen las funciones genitales. *Climaterio masculino.*

climatizar. tr. Dar (a un espacio cerrado) las condiciones de temperatura, de humedad del aire y a veces de presión necesarias para la salud o la comodidad de quienes lo ocupan. *Van a climatizar las viviendas.* FAM **climatización; climatizador, ra.**

clímax. (pl. invar.). m. **1.** Punto culminante de un proceso. *Tras estos sucesos, la revolución llega a su clímax.* **2.** Momento culminante de la acción de una obra literaria o cinematográfica. *La escena de la pelea es el clímax de la película.*

clínico, ca. adj. **1.** De la clínica (→ 4). *Ensayo clínico.* ● m. y f. **2.** *Med.* Médico dedicado a la clínica (→ 4). *Clínicos e investigadores estudian la enfermedad.* ○ f. **3.** Establecimiento sanitario, gralm. privado, donde ingresan o acuden enfermos para ser diagnosticados y recibir tratamiento. *Dio a luz en una clínica.* **4.** *Med.* Ejercicio práctico de la medicina, basado en la observación directa del paciente y en su tratamiento. *La clínica tiene cada vez más en cuenta los aspectos psicológicos.*

clip[1]. (pl. **clips**). m. **1.** Utensilio hecho con un trozo de alambre o de plástico doblado sobre sí mismo, que sirve para sujetar varios papeles juntos. *Pon un clip a las hojas para que no se pierdan.* **2.** Pieza en forma de pinza que, mediante presión, sirve para sujetar broches, pendientes y cosas semejantes. *Pendientes de clip.*

clip[2]. (pl. **clips**). m. Videoclip.

clisé. m. Cliché (tira de película). ▶ CLICHÉ.

clítoris. m. *Anat.* Órgano pequeño, carnoso y eréctil, que sobresale en la parte más alta de la vulva.

cloaca. f. **1.** En una población: Conducto, gralm. subterráneo, de aguas residuales y de inmundicias. *De las cloacas sale un olor nauseabundo.* **2.** Lugar sucio o asqueroso. *Este local es una cloaca.* ▶ **1:** ALBAÑAL, ALCANTARILLA.

clon. m. **1.** *Biol.* Conjunto de células u organismos idénticos, originados por reproducción asexual o por división artificial en fase embrionaria a partir de una única célula u organismo. Tb. cada célula u organismo originados. *Lograron crear un clon de una oveja adulta.* **2.** *Biol.* Conjunto de fragmentos idénticos de ADN obtenidos a partir de una misma secuencia original. FAM **clonación; clonar; clónico, ca.**

cloqueo. m. Cacareo sordo de la gallina clueca. *En el gallinero se oye el cloqueo de una gallina.* FAM **cloquear.**

cloro. m. Elemento químico del grupo de los halógenos, gaseoso en estado natural, de color amarillo verdoso, olor fuerte y sofocante, y muy tóxico (Símb. *Cl*). *Añaden cloro al agua de beber.* FAM **cloración; clorar.**

clorofila. f. Pigmento que proporciona el color a las plantas verdes. *Las moléculas de clorofila absorben energía luminosa.* FAM **clorofílico, ca.**

cloroformo. m. Líquido incoloro que desprende vapores de olor agradable, cuya inhalación produce efectos anestésicos. *Antes dormían a los enfermos con cloroformo.*

cloruro. m. *Quím.* Sal de un ácido compuesto de cloro e hidrógeno. *La sal común es cloruro sódico.*

clóset. (pl. **clósets**). m. Am. Armario empotrado. *Sacó de un clóset una escoba* [C].

clown. (pal. ingl.; pronunc. "cláun" o "clon"). m. Payaso de circo, espec. el que actúa con aire serio y afectado. *El clown llevaba la cara pintada de blanco.* ▶ *PAYASO.

club. (pl. **clubs** o **clubes**). m. **1.** Sociedad formada por personas con intereses comunes y dedicada a actividades diversas, pralm. recreativas, deportivas o culturales. *Club de fútbol.* Tb. el local o edificio donde se reúnen sus miembros. **2.** Local de ocio donde se bebe y se baila, que gralm. es nocturno y a veces ofrece espectáculos musicales. Tb. ~ **nocturno.** *Pasaron la velada en un club nocturno.* ▶ **1:** *SOCIEDAD.

clueco, ca. adj. Dicho de gallina u otra ave: Que está en el período de echarse sobre los huevos para empollarlos. *Hay varias gallinas cluecas.*

co-. pref. Significa 'conjuntamente con otro'. *Coautor, codirigir, coeditor, cofactor, coeducación, cofundador, cogestión, colindante, copartícipe, copresidente, coproducir, copropietario, coprotagonista, corresponsable.*

coacción. f. Hecho de obligar a alguien a actuar o decidir de una manera determinada. *El acusado declaró que había confesado bajo coacción.* FAM **coaccionar; coactivo, va.**

coadjutor, ra. adj. **1.** Dicho de persona: Que ayuda a otra en determinados asuntos. *Obispo coadjutor.* ● m. **2.** *Rel.* Sacerdote que ayuda al párroco. *El coadjutor sustituirá hoy al cura en la misa.*

coadyuvar. intr. Contribuir a un fin. *La Fundación coadyuvó CON el Museo AL éxito de la exposición.* FAM **coadyuvante.**

coagular. tr. **1.** Hacer que (una sustancia líquida) se vuelva sólida. *El frío ha coagulado el caldo.* ○ intr. **2.** Hacerse sólido un líquido, espec. la sangre. *La sangre de la herida ha coagulado.* Frec. prnl. FAM **coagulación; coagulante; coágulo.**

coalición. f. Unión de personas, partidos políticos o países que tienen intereses comunes. *Los partidos de izquierda gobernarán en coalición.* FAM **coaligarse.**

coartada. f. **1.** Prueba que exculpa a alguien de un delito, por demostrar que se hallaba en otro lugar en el momento de cometerse. *Está en libertad porque tenía una coartada.* **2.** Excusa o pretexto. *El catarro es su coartada para no examinarse.*

coartar. tr. **1.** Restringir o limitar (la voluntad o la facultad de actuar de alguien). *Están coartando mi libertad.* **2.** Restringir o limitar la voluntad o la facultad de actuar (de alguien). *La presencia del director los coartaba.*

coatí. (pl. **coatíes** o **coatís**). m. Mamífero carnívoro americano, de hocico alargado, cola larga, gralm. levantada, y patas cortas, con garras que le permiten trepar a los árboles. *El coatí hembra.*

coaxial. adj. tecn. Dicho de cuerpo o figura: Compuesto por partes cilíndricas que tienen un eje de simetría común. *Cable coaxial.*

coba. f. coloq. Halago o adulación, a veces fingidos. *Si me da coba, es que quiere pedirme algo.*

cobarde. adj. Que ante el peligro o el riesgo siente miedo o falta de valor. *¡Pelea, no seas cobarde!* FAM **cobardía.**

cobaya. m. o f. **1.** Mamífero roedor, semejante al conejo pero de menor tamaño, de orejas cortas y cola pequeña, muy usado en experimentos de medicina o biología. **2.** Persona sometida a experimentos u observación. *Se ofreció de cobaya para probar la nueva vacuna.* ▶ Am: **1:** CUY.

cobertizo. m. Construcción sencilla con tejado ligero y sostenido gralm. por pilares, que sirve para proteger de la intemperie. *Guarda las bicicletas en el cobertizo.* ▶ GALPÓN.

cobertor. m. Colcha.

cobertura. f. **1.** Hecho o efecto de cubrir. *El bizcocho lleva una cobertura de azúcar glas.* **2.** Cubierta (cosa que cubre o tapa algo). **3.** Extensión territorial que alcanzan algunos servicios, espec. los de telecomunicaciones. *Una emisora de cobertura nacional.* **4.** En algunos deportes, espec. en el fútbol: Defensa (conjunto de jugadores defensores). ▶ **2:** CUBIERTA. **4:** DEFENSA.

cobija. f. frecAm. Manta (prenda grande y rectangular que sirve de abrigo). *Antes de dormir iba a acomodarle la cobija de la cama* [C]. ▶ MANTA.

cobijar. tr. **1.** Dar refugio (a alguien o algo). *Un granjero los cobijó hasta que amainó la tormenta.* **2.** Servir un lugar como refugio (de alguien o algo). *La embajada cobijó a los refugiados políticos.* ○ intr. prnl. **3.** Refugiarse o buscar refugio. *Se metieron en un portal para cobijarse de la lluvia.* ▶ **1, 2:** *REFUGIAR. **3:** *REFUGIARSE. FAM **cobijo.**

cobra. f. Serpiente venenosa de más de un metro de longitud, propia de regiones cálidas de Asia y África, que, al ser provocada, se endereza y dilata la piel del cuello.

cobrar. tr. **1.** Recibir (dinero) como pago de algo. *Me han cobrado 60 pesos POR el arreglo.* **2.** Recibir dinero como pago (de algo). *El mecánico no me cobró la reparación.* **3.** Tomar o adquirir (algo no material), o pasar a tener(lo). *La hipótesis del crimen pasional cobraba fuerza.* **4.** Caza Obtener (una pieza de caza). *De seis disparos cobró cuatro perdices.* ○ tr. prnl. **5.** Producir algo (víctimas). *El huracán se cobró miles de víctimas.* **6.** Conseguir o procurarse una compensación (por un favor hecho o un daño recibido). *Algún día me cobraré con creces todas tus ofensas.* FAM **cobradero, ra; cobrador, ra; cobranza; cobro.**

cobre. m. Elemento químico del grupo de los metales, de color rojo pardo, maleable, muy empleado en la industria eléctrica y en la fabricación de diversos utensilios (Símb. *Cu*). *Una moneda de cobre.* FAM **cobrizo, za.**

coca. f. Arbusto tropical de flores blanquecinas, originario de Sudamérica, de cuyas hojas se extrae la cocaína. FAM **cocal** (frecAm); **cocalero, ra** (frecAm).

cocaína. f. Sustancia obtenida de la hoja de la coca, que se utiliza como anestésico y más frec. como droga. FAM **coca** (*Un traficante de coca*); **cocainómano, na.**

cóccix. m. Anat. Coxis.

cocear. intr. **1.** Dar coces. *El caballo empezó a cocear.* ○ tr. **2.** Dar coces (a alguien o algo). *La yegua lo coceó.*

cocer. (conjug. MOVER). tr. **1.** Cocinar (un alimento) sometiéndo(lo) a la acción del calor en un líquido hirviendo. *Hay que cocer las peras EN vino.* **2.** Hacer que (un líquido) hierva. *Cuece agua para el té.* **3.** Someter (algo, espec. pan o cerámica) a la acción del calor en un horno. *El alfarero puso a cocer el jarrón recién moldeado.* ○ intr. **4.** Hervir un líquido. *Cuando cueza el agua, echa la pasta.* Tb. prnl. ○ intr. prnl. **5.** coloq. Sentir mucho calor. *Apaga la calefacción, que me estoy cociendo.* ▶ **1, 2, 4:** *HERVIR. FAM **cocción; cocedero; cocido; cocimiento.**

cochambre. f. coloq. Porquería o suciedad. *No sé cómo puedes vivir entre tanta cochambre.* FAM **cochambroso, sa.**

cochayuyo. m. Am. Alga marina comestible. *Un estofado de cochayuyo* [C].

coche. m. **1.** Automóvil (vehículo para no más de nueve personas). *He aparcado el coche.* **2.** Vehículo de ruedas, tirado por caballos y destinado al transporte de personas. *El paseo en coche es una de las atracciones turísticas de Sevilla.* Tb. ~ de caballos. **3.** Vehículo de una flota de autobuses, autocares o tranvías. *La compañía pondrá más coches en función del número de viajeros.* **4.** Vagón de tren o de metro. *La locomotora va enganchada al primer coche.* **5.** Vehículo pequeño de ruedas, con forma de cuna o de silla, que se mueve empujándolo y sirve para transportar a niños pequeños. ■ ~ **cama.** (pl. **coches cama**). m. Vagón de ferrocarril dividido en compartimentos cuyos asientos son convertibles en camas. *Hizo el viaje por la noche en un coche cama.* ■ ~ **celular.** m. Vehículo automóvil acondicionado para el transporte de presos o detenidos. ▶ **1:** *AUTOMÓVIL. FAM **cochero, ra.**

cochinilla. f. **1.** Crustáceo terrestre de pequeño tamaño, color gris oscuro y cuerpo segmentado, que se hace una bola cuando se la toca. **2.** Insecto pequeño, de cuerpo arrugado, cabeza cónica, antenas cortas y trompa en forma de hilo, que segrega una sustancia empleada como colorante. **3.** Colorante rojo que se obtiene de la cochinilla (→ 2). *Las mujeres nahuas llevan ropa teñida con cochinilla.*

cochino, na. adj. **1.** coloq. Sucio o asqueroso. *No seas cochina y dúchate.* ● m. **2.** Cerdo (mamífero). ○ f. **3.** Cerda (hembra del cerdo). ▶ **2, 3:** *CERDO. FAM cochinada; cochinería; cochinillo.

cochiquera. f. Pocilga.

cocido. → cocer.

cociente. m. *Mat.* Resultado de la operación de dividir. *El cociente de 27 entre 3 es 9.* ■ ~ intelectual. m. *Psicol.* Coeficiente intelectual. *Le han hecho pruebas para conocer su cociente intelectual.*

cocimiento. → cocer.

cocina. f. **1.** Habitación donde se guisa y se cocinan los alimentos. *En este rincón de la cocina pondré un microondas.* **2.** Aparato provisto de unos quemadores, y frec. también de horno, para calentar y cocinar alimentos, que funciona gralm. con gas o electricidad. *Se ha comprado una cocina con placa vitrocerámica.* **3.** Arte de cocinar alimentos. *Un libro de cocina.*

cocinar. tr. Preparar (los alimentos) para comer(los) sometiéndo(los) a la acción de una fuente de calor. *¡Qué bien huele!, ¿qué está cocinando?* FAM cocinero, ra.

cocinilla. f. Cocina pequeña y portátil. *Una cocinilla de gas.*

coco[1]. m. **1.** Fruto del cocotero, con forma y tamaño de melón, que tiene una capa externa fibrosa y una cáscara interna muy dura, una pulpa blanca comestible, adherida al interior de la cáscara y un líquido dulce en la cavidad central. **2.** coloq. Cabeza humana (parte del cuerpo, o mente). ■ comerse el ~. loc. v. coloq. Preocuparse en exceso u obsesionarse. *Lo hecho, hecho está; deja de comerte el coco.*

coco[2]. m. coloq. (Frec. con art.). Personaje imaginario con que se asusta a los niños. *¡Escóndete, que viene el coco!* ▶ **Am:** CUCO.

cocodrilo. m. Reptil de gran tamaño, piel escamosa, grandes mandíbulas y color verdoso, que vive en los ríos de regiones tropicales. *El cocodrilo hembra.*

cocotero. m. Árbol tropical del grupo de las palmeras, de tronco largo, recto y sin ramas, cuyo fruto es el coco. FAM cocotal.

cóctel o **coctel.** (coctel, Am.). m. **1.** Bebida que consiste en una mezcla de licores u otros ingredientes. *Durante el evento se ofrecen bocadillos y cócteles* [C]. **2.** Reunión social, celebrada gralm. por la tarde, en la que se sirven cócteles (→ 1) y otras bebidas. *Después de la presentación del libro habrá un cóctel.* **3.** Mezcla de cosas diversas. *Dan a los enfermos un coctel compuesto de drogas oncológicas* [C]. ■ ~ molotov. m. Explosivo de fabricación casera, que consiste en una botella llena de líquido inflamable y provista de mecha. *Unos encapuchados lanzaron cócteles molotov contra la embajada.* ▶ **1:** COMBINADO. FAM coctelera.

cocuyo. m. frecAm. Insecto coleóptero de América tropical, alargado, pardo y con dos manchas amarillentas, que de noche despide una luz azulada. *El parpadeo de cocuyos y los griticos de animalejos nocturnos* [C].

coda. f. *Mús.* Fragmento que sirve de cierre o remate a una pieza musical.

codazo. → codo.

codearse. intr. prnl. Tener una persona trato de igualdad con otra o con cierto grupo social. *Se codea CON lo mejorcito de la sociedad.*

codeína. f. Sustancia extraída del opio, que se emplea como calmante.

codera. → codo.

códice. m. Libro manuscrito antiguo, espec. si es anterior a la invención de la imprenta.

codicia. f. Deseo vehemente o excesivo de poseer algo, espec. riquezas. *Tanta riqueza despertará la codicia de los demás.* FAM codiciable; codiciar (conjug. ANUNCIAR); codicioso, sa.

codicilo. m. *Der.* Disposición de última voluntad que sirve de testamento o que se añade a él. *Procedo a leer el codicilo que anula el anterior testamento.*

codificar. tr. **1.** Ordenar u organizar (leyes) en forma de código. *Los fenicios codificaron las primeras reglas de navegación.* **2.** Formular o expresar (un mensaje) dándo(le) la forma determinada por un código. *El espía codificó los documentos robados.* FAM codificación; codificador, ra.

código. m. **1.** Colección ordenada y sistemática de leyes. *Es un artículo del Código Penal.* **2.** Conjunto ordenado de normas sobre algo. *El código de la Hermandad.* **3.** *Ling.* Sistema de signos y de reglas que permite formular y comprender un mensaje. *Las lenguas son códigos.* **4.** Signo o combinación de signos que tienen un valor determinado dentro de un código (→ 3). *El código secreto de la tarjeta de crédito.* ■ ~ de barras. m. Conjunto de líneas impresas de distinto grosor y de números asociados a ellas, que llevan los productos comerciales y que contiene información sobre estos. *La cajera pasa el lector óptico por el código de barras.* ■ ~ genético. m. *Biol.* Información contenida en los genes, que determina la transmisión de los caracteres hereditarios. *Sus investigaciones se centran en el ADN y el código genético.* ■ ~ postal. m. Conjunto de números que sirve para identificar la zona, población y distrito del remitente o destinatario de correo. *No olvide incluir el código postal en la dirección.*

codillo. m. **1.** En un cuadrúpedo: Articulación de la pata delantera, que se halla más próxima al pecho. *El animal tenía heridas en el codillo.* **2.** En un cuadrúpedo: Parte de la pata, comprendida entre el codillo (→ 1) y la rodilla. *Codillo de cerdo con repollo.* ▶ **1:** CODO.

codo. m. **1.** Parte posterior de la articulación del brazo con el antebrazo. *Se recostó apoyándose en un codo.* **2.** En un animal cuadrúpedo: Codillo (articulación). **3.** Trozo de tubo, doblado en ángulo o en arco, que sirve para variar la dirección recta de una tubería. *El fontanero puso codos para salvar los rincones.* ■ ~ a ~, o ~ con ~. loc. adv. Conjuntamente o en unión. *Trabajan codo con codo para sacar adelante el proyecto.* ■ empinar el ~. loc. v. coloq. Consumir bebidas alcohólicas. *Estuvo empinando el codo con los amigotes.* ■ hablar por los ~s. loc. v. coloq. Hablar mucho. *Si el tema es ella misma, habla por los codos.* ■ hincar los ~s. loc. v. coloq. Estudiar con empeño. *Voy a hincar los codos para aprobar el curso.* ▶ **2:** CODILLO. FAM codazo; codera.

codorniz. f. Ave migratoria, semejante a la perdiz pero de menor tamaño, de plumaje pardo con rayas más oscuras y la parte inferior gris amarillenta. *La codorniz macho.*

coeficiente. m. **1.** *Mat.* En expresiones algebraicas: Número que se sitúa a la izquierda de una letra o letras y que multiplica su valor. *En la expresión "5a + 4b", 5 y 4 son coeficientes.* **2.** *Fís.* Valor numérico de una propiedad específica de una sustancia. *Coeficiente de dilatación.* ■ ~ intelectual. m. *Psicol.* Cifra que expresa la inteligencia relativa de una persona y que se obtiene dividiendo su edad mental por su edad física. *Tiene un coeficiente intelectual superior a 140.*

coerción. f. cult. Hecho de reprimir o impedir algo, espec. el ejercicio de una facultad o un derecho. *Defienden la libertad frente a la coerción estatal.* FAM coercitivo, va.

coetáneo, a. adj. **1.** Contemporáneo (de la misma época que otro). **2.** Dicho de persona: De la misma edad que otra. *Los protagonistas son coetáneos.* ▶ **1:** CONTEMPORÁNEO.

coexistir. intr. Existir dos o más personas o cosas a la vez y de forma compatible. *En el océano coexisten millones de especies marinas.* FAM coexistencia; coexistente.

cofia. f. Prenda femenina que se lleva en la cabeza, recogiendo el cabello, y que forma parte del uniforme de camarera, enfermera o sirvienta.

cofradía. f. **1.** Asociación de personas devotas fundada con fines piadosos y benéficos. *Cofradías parroquiales.* **2.** Gremio o asociación. Tb. fig. *Cofradías de ladrones.* ▶ **1:** HERMANDAD. **2:** *SOCIEDAD. FAM cofrade.

cofre. m. Caja resistente de madera o de metal, con tapa y cerradura, destinada a guardar objetos de valor. ▶ *BAÚL.

cogeneración. f. tecn. Producción simultánea de calor y electricidad en una central termoeléctrica.

coger. tr. **1.** Sujetar (algo o a alguien) con las manos, o con otra parte del cuerpo o con un instrumento adecuado. *Coja un trozo.* **2.** Fijar (algo) mediante un instrumento adecuado. *Se cogió el pelo con un prendedor.* **3.** Absorber algo sólido (una sustancia, espec. un líquido). *La alfombra ha cogido mucho polvo.* **4.** Recoger (algo) del lugar en que se había dejado. *No olvide coger su paraguas a la salida.* **5.** Recoger o recolectar (algo). *Este año hemos cogido menos manzanas que el pasado.* **6.** Apresar o capturar (a alguien). *Si los cogen, se pasarán años en la cárcel.* **7.** Hallar o encontrar alguien o algo (a una persona) en un lugar o situación determinados, de modo imprevisto. *Nos cogió la lluvia a la vuelta del paseo.* **8.** Ocupar alguien (un lugar) instalándose en él), o reservándo(lo) para sí mismo o para otra persona. *Ve cogiendo sitio, que ahora vamos.* **9.** Pasar a tener (algo no material, espec. una sensación, una costumbre o una cualidad). *Abrígate, que vas a coger frío.* **10.** Empezar a tener o a padecer (una enfermedad, o un estado anímico o físico determinados). *Ha cogido piojos en el colegio.* Tb. prnl. **11.** Elegir o escoger (algo). *He cogido el turno de tarde.* **12.** Aprisionar algo (otra cosa, espec. una parte del cuerpo de alguien). *La máquina de picar carne le cogió un dedo.* Tb. prnl. **13.** Hacer uso (de un vehículo). *Cogeremos un taxi.* **14.** Atropellar un vehículo (a alguien). *Estuvo a punto de cogerlo el tren.* **15.** Tomar (una dirección determinada). *Coja la avenida principal y tuerza a la izquierda.* **16.** Am. malson. Realizar el coito (con alguien). ○ intr. **17.** coloq. Empezar a seguir una dirección determinada. *Me he perdido porque he cogido* POR/HACIA *la izquierda.* ○ intr. prnl. **18.** Sujetarse a alguien o a algo, gralm. con las manos. *Me cogí* A *la barandilla para subir la escalera.* ▶ **14:** ATROPELLAR. FAM cogida.

cognición. f. cult. o *Fil.* o *Psicol.* Conocimiento (hecho o efecto de conocer). FAM cognitivo, va.

cognoscitivo, va. adj. *Fil.* Del conocimiento. *Acto cognoscitivo.* FAM cognoscible.

cogollo. m. **1.** Parte interior y más compacta de algunas hortalizas. *Cogollos de lechuga.* **2.** Parte central y más escogida de algo. *Vive en el cogollo de la ciudad.*

cogote. m. Parte superior y posterior del cuello. *El moño le deja el cogote al descubierto.*

cohabitar. intr. **1.** Habitar dos o más personas conjuntamente. *Tres familias cohabitan en un piso de 40 m².* **2.** Hacer vida marital dos personas sin casarse. *Cohabitaron durante años antes de casarse.* **3.** Coexistir en el poder dos o más partidos políticos o sus miembros. *En el Ayuntamiento cohabitan nacionalistas y conservadores.* FAM cohabitación.

cohecho. m. *Der.* Hecho de sobornar a un funcionario público, o de aceptar este un soborno. *Un delito de cohecho.*

coherente. adj. **1.** Dicho de cosa: Que tiene relación lógica con otra o está compuesta por elementos que mantienen una relación lógica. *El argumento de la novela es poco coherente.* **2.** Dicho de persona: Que actúa en consecuencia con sus ideas o principios. *Tienen que ser coherentes en sus propuestas.* FAM coherencia.

cohesión. f. **1.** Unión entre los elementos que forman un todo. *Hubo falta de cohesión en la exposición de sus ideas.* **2.** *Fís.* Unión entre las moléculas de un cuerpo. *Un sólido tiene mayor cohesión que un líquido.* FAM cohesionador, ra; cohesionar; cohesivo, va.

cohete. m. **1.** Tubo relleno de pólvora, unido a una varilla y con mecha en la parte inferior, que, cuando se prende, sale propulsado a gran altura y estalla en el aire. *Como fin de fiesta se tirarán cohetes en la plaza.* **2.** Artefacto con propulsión a chorro, empleado en vehículos espaciales, como arma de guerra o como instrumento de investigación científica. *El cohete llevará a la nave más allá de la órbita terrestre.* FAM cohetería.

cohibido, da. adj. Que carece de naturalidad. *La alumna, con aspecto cohibido, contestaba las preguntas del profesor.* ▶ CORTADO.

cohibir. (conjug. PROHIBIR). tr. **1.** Impedir que (alguien) actúe con naturalidad. *El interrogatorio cohibió al testigo.* **2.** Reprimir o refrenar (algo). *Cohíben nuestra libertad.* ▶ **1:** *REPRIMIRSE. **2:** *REPRIMIR.

cohorte. f. **1.** cult. Gran número de personas o cosas. *El director viaja con su cohorte de asesores.* **2.** histór. Unidad de infantería del ejército romano, que formaba parte de una legión.

coima. f. Am. Soborno. *Los policías vivían como ricos a fuerza de coimas* [C]. FAM coimear.

coincidir. intr. **1.** Encontrarse una persona con otra en el mismo lugar de manera casual. *Coincidí* CON mi *vecino en el ascensor.* **2.** Estar una cosa en el mismo lugar que otra. *El final de la alfombra coincide* CON *la puerta.* **3.** Tener una cosa el perfil o contorno que encajan o se ajustan con los de otra. *La llave no coincide* CON *la cerradura.* **4.** Estar de acuerdo una persona con otra en algo. *Coincido* CON *ella* EN *que hace demasiado calor.* **5.** Ser una cosa igual a otra en algo. *Su declaración no coincida* CON *la del testigo.* ▶ **5:** ENCAJAR. FAM coincidencia; coincidente.

coito. m. Relación sexual, espec. entre hombre y mujer, en la que el órgano masculino penetra en el femenino. FAM coital.

cojear. intr. **1.** Andar defectuosamente una persona o un animal por sufrir una lesión o una deformidad en un pie o una pierna, o por carecer de ellos. *Cojea* DE *la pierna derecha.* **2.** Balancearse un mueble por tener las patas desiguales o por apoyarse sobre una superficie desigual. *La mesa cojea.* **3.** Tener o mostrar defectos. *La película cojea desde el principio.* ▶ **1:** RENQUEAR. ‖ frecAm: **1:** RENGUEAR. FAM cojera.

cojín. m. Objeto de tela, frec. cuadrado, relleno de material blando, que sirve para apoyarse, arrodillarse o sentarse con comodidad. *Se echa sobre unos cojines.*

cojinete. m. *Mec.* Pieza hueca en la que se apoya y gira el eje de un mecanismo. *Cojinete de bolas.*

cojitranco, ca. adj. despect. Dicho de persona o animal: Que cojea, espec. de manera llamativa. *El burro está cojitranco.*

cojo, ja. adj. **1.** Dicho de persona o animal: Que cojea o anda defectuosamente. *Recogieron a un perrillo cojo.* **2.** Dicho de mueble: Que cojea o se balancea. *Calza la mesa, que está coja.* **3.** Dicho de cosa: Incompleta o defectuosa. *Sin una bibliografía, el trabajo queda cojo.* ▶ RENCO, RENGO.

cojón. m. malson. Testículo. ■ **tener cojones.** loc. v. malson. Tener valor o coraje.

cojonudo, da. adj. malson. Muy bueno o estupendo.

cojudo, da. adj. Am. coloq. Tonto o de corto entendimiento. *No es tan cojudo como parece* [C]. FAM **cojudez.**

cok. (pl. **coks**). m. Coque.

col. f. Hortaliza de hojas anchas, blancas o verdes que forman un cogollo. ■ **~ de Bruselas.** f. Variedad de col con varios tallos, alrededor de los cuales crecen apretados muchos cogollos pequeños. ▶ BERZA.

cola¹. f. **1.** Extremidad posterior del cuerpo de algunos animales, que constituye la prolongación de la columna vertebral. *La vaca espanta las moscas con la cola.* **2.** Conjunto de plumas largas y fuertes que tienen las aves en la parte posterior del cuerpo. *El pavo real abrió su cola.* **3.** Extremo final o posterior de algo, en contraposición a su parte delantera. *El líder va en la cola del pelotón.* **4.** Parte posterior de un vestido que cae y arrastra por el suelo. *Unos niños sujetan la cola del vestido de la novia.* **5.** Estela luminosa que desprende un cometa. *La cola del cometa podía verse sin telescopio.* **6.** Fila de personas que esperan turno. *Estamos en la cola del cine.* **7.** Am. coloq., eufem. Nalgas (parte del cuerpo humano). *El bebé tiene la cola muy irritada* [C]. ■ **~ de caballo.** f. Peinado que consiste en recoger el pelo en la parte superior de la nuca de manera que caiga suelto hacia atrás. □ **a la ~.** loc. adv. En la parte final de la cola (→ 6). *¡Póngase a la cola como todo el mundo!* ■ **a la ~** (de alguien o algo). loc. adv. coloq. Detrás (de ellos). *Seguimos a la cola DE los países desarrollados.* ■ **hacer ~** alguien. loc. v. coloq. Esperar turno en una cola (→ 6). *Hemos hecho cola durante horas.* ■ **traer ~** algo. loc. v. Tener graves consecuencias. *Sus declaraciones traerán cola.* ▶ **1:** RABO. FAM **colear; coletazo.**

cola². f. Sustancia fluida y pastosa, obtenida gralm. de la cocción de pieles y otras materias animales, que sirve para pegar o adherir cosas. *Cola de carpintero.*

cola³. f. **1.** Árbol tropical cuyo fruto contiene semillas de las que se extrae una sustancia estimulante. **2.** Sustancia estimulante extraída de la semilla de cola (→ 1). *Refrescos de cola.* **3.** Bebida refrescante hecha con cola (→ 2). *Un vaso de cola.*

colaborar. intr. **1.** Trabajar conjuntamente con alguien, espec. para ayudarlo en la realización de algo. *Sus hijos colaboran CON él EN las tareas domésticas.* **2.** Escribir artículos habitualmente en un periódico o una revista, sin pertenecer a su plantilla. *Colabora EN una revista de viajes.* **3.** Contribuir económicamente a algo de forma voluntaria. *Colaboran CON un grupo ecologista.* FAM **colaboración; colaboracionista; colaborador, ra.**

colación. f. cult. Comida ligera que se toma para reponer fuerzas. *A media mañana se servirá una colación.* ■ **traer** (algo o a alguien) **a ~.** loc. v. Mencionar(los) o referirse (a ellos). *Ya que lo traes a colación, te diré que el asunto está resuelto.*

colágeno, na. adj. **1.** *Bioquím.* Del colágeno (→ 2). *Fibras colágenas.* ● m. **2.** *Bioquím.* Proteína de los tejidos óseo, cartilaginoso y conjuntivo, que al cocerse se transforma en gelatina y que, por sus propiedades, se usa mucho en cosmética.

colapso. m. **1.** Destrucción o ruina de algo, espec. de un sistema o institución. *El país está al borde del colapso.* **2.** Paralización de una actividad, espec. del tráfico. *La medida evitará el colapso de las carreteras.* **3.** Estado de debilidad extremo, con tensión sanguínea baja e insuficiencia circulatoria. *Sufrió un colapso al recibir la noticia.* FAM **colapsar.**

colar. (conjug. CONTAR). tr. **1.** Hacer pasar (un líquido) por un utensilio adecuado para quitar(le) las partículas sólidas que contiene. *Cuela la salsa.* **2.** Introducir (a alguien) en un lugar a escondidas o sin permiso. *Mi primo nos cuela en el zoo.* ○ intr. prnl. **3.** Entrar algo un lugar estrecho. *El frío se colaba por las rendijas.* FAM **colada; coladera; colador.**

colateral. adj. **1.** Dicho de cosa: Que es una de las que están a uno y otro lado de otra principal. *Naves colaterales de la iglesia.* **2.** Dicho de pariente: Que no lo es por línea directa. *Su tía y él son parientes colaterales.*

colcha. f. Cobertura exterior de cama, que sirve de adorno y de abrigo. ▶ COBERTOR, CUBRECAMA.

colchón. m. **1.** Objeto rectangular de tela relleno de materia blanda o elástica, que se coloca sobre el armazón de la cama para tumbarse en él. *Duerme en el suelo, sobre un colchón.* **2.** Capa de materia blanda que cubre una superficie. *Un colchón de musgo.* FAM **colchonería; colchonero, ra; colchoneta.**

cole. → colegio.

colear. → colar.

colección. f. **1.** Conjunto ordenado de cosas de una misma clase reunidas por alguien, gralm. por su especial interés o valor. *Una colección de pintura.* **2.** Conjunto de obras con características formales comunes y publicadas bajo un mismo epígrafe. *Colección de clásicos del cine.* **3.** Conjunto de modelos creados y presentados por un diseñador de ropa para una temporada. *Colección primavera-verano de la modista.* **4.** Conjunto grande de personas o cosas. *Tiene una colección de anécdotas que contar.* FAM **coleccionable; coleccionar; coleccionismo; coleccionista.**

colecta. f. Recaudación de donativos, gralm. con fines benéficos.

colectivo, va. adj. **1.** De una colectividad o agrupación de personas, o constituido por ellas. *En la política debe primar el interés colectivo. Deportes individuales y colectivos.* **2.** *Gram.* Dicho de nombre: Que expresa conjunto. *"Rebaño" es un nombre colectivo.* ● m. **3.** Grupo de personas con una actividad o unos intereses comunes. *El colectivo de los funcionarios amenaza con ir a la huelga. Se entrevistará con representantes del colectivo gay.* **4.** Am. Autobús. *No tenía ni para el colectivo del pobre; iba caminando a todos lados* [C]. FAM **colectividad; colectivismo; colectivista; colectivización; colectivizar.**

colector, ra. adj. **1.** Que recoge o reúne. *Cañería colectora.* ● m. **2.** Conducto que recoge líquidos, espec.

aguas, procedentes de otros conductos. *Un colector de aguas fecales.*

colega. m. y f. Compañero de profesión. *El médico va a contrastar su diagnóstico con el de otros colegas.*

colegiado, da. adj. **1.** Dicho espec. de corporación o de órgano: Constituido por varias personas de la misma categoría. *El claustro es uno de los órganos colegiados de la universidad.* **2.** Dicho de cosa: Realizada por personas de la misma categoría. *Tomaron la decisión colegiada de apoyar al gobierno.* ● m. y f. **3.** Árbitro de algunos deportes, espec. de fútbol. *El colegiado anuló el gol.*

colegiarse. (conjug. ANUNCIAR). intr. prnl. Inscribirse alguien en un colegio profesional. *Se colegió en el Colegio de Abogados.* FAM **colegiación.**

colegiata. f. Iglesia que, sin ser sede de obispo o arzobispo, tiene abad y canónigos, y servicios religiosos propios de una catedral.

colegio. m. **1.** Centro de enseñanza para niños y jóvenes, espec. de enseñanza primaria. *Estudia en un colegio público.* **2.** Asociación oficial de personas de la misma profesión, que autoriza a sus miembros a ejercerla y defiende sus intereses. *El Colegio de Farmacéuticos.* ■ ~ **Cardenalicio,** o **de Cardenales.** m. *Rel.* Cuerpo de cardenales de la Iglesia católica. *El Colegio Cardenalicio elegirá al nuevo Papa.* ■ ~ **electoral.** m. **1.** Local donde se ejerce el derecho al voto. *Los colegios electorales abrieron a las ocho.* **2.** Grupo de electores con derecho al voto. *El colegio electoral elige al presidente de los Estados Unidos.* ■ ~ **universitario.** m. Centro docente de estudios superiores que depende de una universidad. FAM **cole; colegial.**

colegir. (conjug. PEDIR). tr. cult. Inferir o deducir (algo) de otra cosa. *DE su respuesta pudimos colegir que no sabía nada.*

coleóptero. adj. **1.** *Zool.* Del grupo de los coleópteros (→ 2). ● m. **2.** *Zool.* Insecto masticador, gralm. con dos pares de alas, las primeras duras y las segundas membranosas, como el escarabajo.

cólera[1]**.** f. Ira o enojo violento. *Cegado por la cólera, quemó la casa.* ■ **montar en ~.** loc. v. Encolerizarse o enojarse violentamente. FAM **colérico, ca** (*Grito colérico*).

cólera[2]**.** m. *Med.* Enfermedad infecciosa y epidémica grave, caracterizada por vómitos, diarrea y calambres. *Tras las inundaciones surgieron brotes de cólera.* FAM **colérico, ca** (*Diarrea colérica*).

colero. m. Am. Colista. *El partido enfrenta a los dos coleros del Grupo 4* [C].

colesterol. m. *Biol.* y *Med.* Sustancia que se halla en el plasma sanguíneo, la bilis y algunos tejidos animales, cuya presencia excesiva en la sangre se considera el origen de la arteriosclerosis. *Una dieta baja en colesterol.*

coleta. f. **1.** Porción de cabello, suelto o trenzado, que se recoge y sujeta de manera que caiga a los lados o en la parte posterior de la cabeza. *Mi niña es de las coletas.* **2.** *Taurom.* Trenza que lleva el torero en la parte posterior de la cabeza. *La coleta asoma bajo la montera.* FAM **coletero.**

coletazo. → **cola.**

coletilla. f. Añadido breve al final de lo dicho o escrito, frec. para recalcar lo expresado o hacer una salvedad. *Acabó con la coletilla "He dicho".*

coleto. ■ **echarse** (algo) **al ~.** loc. v. coloq. Comérse(lo) o bebérse(lo). *Si se echa una copa más al coleto, se cae aquí mismo.* ■ **para su ~.** loc. adv. Para sus adentros. *–¡Vaya día de perros! –dijo para su coleto.*

colgar. (conjug. CONTAR). tr. **1.** Sujetar (algo o a alguien) a un punto fijo, sin que llegue al suelo. *Cuelga el abrigo EN la percha.* **2.** Dejar (un teléfono) sin comunicación, colocando el auricular sobre su soporte o accionando el dispositivo correspondiente. *Le colgué el teléfono en medio de la discusión.* **3.** Exponer (pinturas, dibujos o fotografías). *La pintora colgó su obra en una galería.* **4.** coloq. Ahorcar (a alguien). *La colgaron acusada de brujería.* **5.** coloq. Con determinados nombres, como *guantes, hábitos, libros,* etc.: Abandonar la actividad representada (por estos). *El boxeador colgó los guantes. El cura colgó la sotana para casarse.* **6.** coloq. Atribuir o achacar a alguien (algo que no ha hecho o dicho, o que es falso). *Le colgaron el sambenito de gruñón.* ○ intr. **7.** Estar algo sujeto a un punto fijo por una parte, sin llegar al suelo. *Una telaraña enorme colgaba DEL techo.* **8.** Estar un edificio construido al borde de una pendiente. *Las casas cuelgan sobre el corte del río.* **9.** coloq. Ser una prenda más larga por alguna de sus partes. *El mantel cuelga por ese lado.* ○ intr. prnl. **10.** Apoyarse sobre algo, descansando el peso en ello. *Ya eres mayorcito para ir colgado DEL brazo de tu madre.* **11.** coloq. Frustrar (a alguien) en sus esperanzas o deseos. *Teníamos un comprador para el piso, pero nos ha dejado colgados.* FAM **colgador; colgadura; colgajo; colgante.**

colibrí. m. Pájaro americano de tamaño muy pequeño, pico largo y delgado, y plumaje de colores metálicos. *El colibrí hembra.*

cólico. m. **1.** Trastorno del intestino, caracterizado por fuertes dolores abdominales, diarrea y vómitos. *Está en cama con un cólico debido a un atracón.* **2.** Trastorno de un órgano abdominal que no es el intestino, caracterizado por fuertes dolores y vómitos. *Cólico nefrítico.* ■ ~ **miserere.** m. Obstrucción intestinal.

coliflor. f. Variedad de col, cuyas flores forman una masa blanca y redondeada compuesta de pequeños grumos.

coligarse. intr. prnl. Coaligarse dos o más personas, partidos políticos o países. *Los partidos se coligaron para acudir a las elecciones.* ▶ COALIGARSE.

colilla. f. Parte que queda sin consumir de un cigarro o un cigarrillo. *No tiren las colillas al suelo.* ▶ **Am:** PUCHO.

colina. f. Elevación natural del terreno, menor que una montaña y gralm. de forma redondeada. *Desde lo alto de la colina se ven las vacas pastando.* ▶ COLLADO.

colirio. m. Medicamento líquido para los ojos administrado en forma de gotas.

coliseo. m. cult. Sala o recinto de gran tamaño destinados a espectáculos públicos, espec. teatro. *Cantó en el Liceo, el célebre coliseo de la ópera.*

colisión. f. **1.** Choque violento de dos o más cosas, espec. vehículos. *Una maniobra imprudente causó la colisión.* **2.** Oposición entre ideas o intereses distintos, o entre las personas o entidades que los representan. *Su reforma entra en colisión CON nuestros intereses.* FAM **colisionar.**

colista. adj. *Dep.* Dicho de equipo o deportista: Que está en el último puesto de la clasificación. *El equipo colista.* Tb. m. y f. (→ **colero**).

colitis. f. *Med.* Inflamación del colon. *Una colitis vírica.*

colla. adj. Am. De un pueblo indígena americano que habita en las mesetas andinas. *Las razas colla y quechua reunidas son mayoritarias en el Perú* [C].

collado. m. Colina.

collage. (pal. fr.; pronunc. "colásh" o "colás"). m.
1. *Arte* Técnica pictórica que consiste en pegar recortes de papel u otros materiales sobre el lienzo. *Matisse aportó innovaciones al collage.* **2.** *Arte* Obra realizada mediante el *collage* (→ 1). *La profesora les mandó hacer un* collage *con periódico.* ¶ [Adaptación recomendada: colaje, pl. colajes].

collar. m. **1.** Joya u otro objeto de adorno que se ponen alrededor del cuello. *Un collar de perlas.* **2.** Aro de cuero u otro material fuerte, que se pone alrededor del cuello de algunos animales para sujetarlos. *Si el perro no tiene collar, es que es callejero.* FAM **collera.**

collarín. m. Aparato ortopédico usado para lesiones cervicales.

colmar. tr. **1.** Llenar completamente (un recipiente) de modo que lo que se echa (en él) levante más que los bordes. *El camarero le colma el vaso.* **2.** Dar (a alguien) algo en abundancia. *El rey colmó DE riquezas a sus caballeros.* **3.** Satisfacer por completo (un deseo o aspiración). *Colmó sus aspiraciones al conseguir el puesto.*

colmena. f. **1.** Pequeña construcción natural o artificial que sirve de habitáculo a una colonia de abejas. **2.** Lugar o edificio donde vive mucha gente apiñada. *El centro de la ciudad es una colmena.* FAM **colmenar; colmenero, ra.**

colmillo. m. **1.** Diente puntiagudo, situado entre el último incisivo y la primera muela. *El perro enseña los colmillos.* **2.** Cada uno de los dos incisivos largos y en forma de cuerno que tienen los elefantes en la mandíbula superior. ▶ **1:** CANINO.

colmo. m. Grado o punto más alto que se puede alcanzar en algo. *En el colmo de la desesperación, comía de la basura.* ■ **el ~.** loc. s. coloq. Una cosa que no se puede superar. *Si me toca la lotería, ya sería el colmo.* ▶ SÚMMUM.

colocar. tr. **1.** Poner (algo o a alguien) en un lugar, situación o modo, o en el lugar, situación o modo adecuados. *Coloca las maletas EN el maletero. Colóquese DE espaldas.* **2.** Dar empleo (a una persona). *Trata de colocar a su hijo en Correos.* **3.** Encontrar comprador (para un producto). *En un pueblo es difícil colocar artículos de importación.* **4.** Invertir (dinero). *Ha colocado sus ahorros en un fondo de inversión.* ○ intr. prnl. **5.** Obtener una persona un empleo. *Me coloqué DE dependienta en una tienda.* ▶ **1:** ACOMODAR, DISPONER, ORDENAR. **2, 5:** *EMPLEAR. FAM **colocación.**

colofón. m. **1.** Remate o final de algo. *Como colofón, oiremos de nuevo la canción ganadora.* **2.** *Gráf.* Nota impresa en la última página de un libro, que indica el nombre del impresor y el lugar y la fecha de impresión.

colombiano, na. adj. De Colombia.

colombino, na. adj. De Cristóbal Colón (1451?-1506). *El primer viaje colombino.*

colon. m. *Anat.* Parte del intestino grueso situada entre el ciego y el recto. *Cáncer de colon.*

colón. m. Unidad monetaria de Costa Rica y de El Salvador.

colonense. adj. De Colón (Panamá).

colonia¹. f. **1.** Territorio sometido al dominio político y administrativo de un Estado extranjero. *España perdió sus últimas colonias en 1898.* **2.** Conjunto de personas naturales de un territorio o país y residentes en otro. *La colonia alemana de Chile.* **3.** Conjunto de personas procedentes de un país, que se establecen en otro ocupado por aquel. *La colonia francesa de Indochina.* **4.** Grupo de viviendas semejantes que constituyen un conjunto urbanístico unitario. *Vive en una colonia de las afueras.* **5.** Residencia de vacaciones para niños, atendida por monitores y situada gralm. en el campo o en la playa. *Los niños pasan el mes de julio en las colonias.* **6.** *Biol.* Grupo de seres de una misma especie que viven juntos en un lugar. *Una colonia de pingüinos.* FAM **coloniaje; colonial; colonialismo; colonialista.**

colonia². f. Agua de colonia (→ agua). *Se peina y se echa colonia.*

coloniense. adj. De Colonia (Uruguay).

colono, na. m. y f. Persona que convierte un territorio en una colonia o que habita en ella. *Hubo enfrentamientos entre indígenas y colonos.* FAM **colonización; colonizador, ra; colonizar.**

coloquial. adj. Propio de la conversación informal y relajada. *Lenguaje coloquial.* ▶ CONVERSACIONAL. FAM **coloquialismo.**

coloquio. m. **1.** Conversación entre dos o más personas. *Mantuve un animado coloquio con los vecinos.* **2.** Reunión de un número reducido de personas convocadas para debatir un tema determinado. *El ateneo organiza un coloquio sobre el poeta.* **3.** Turno de debate o de preguntas que sigue a una conferencia. *En el coloquio, el ponente resolvió las dudas de los asistentes.* **4.** *Lit.* Diálogo (obra). ▶ **1:** *CONVERSACIÓN. **4:** DIÁLOGO.

color. m. **1.** Sensación producida en el ojo por los rayos de luz que los cuerpos absorben y reflejan, variable en función de la longitud de onda de dichos rayos. *El daltónico no percibe bien algunos colores.* **2.** (Tb., más raro, f.) Color (→ 1) natural de la piel humana. *Hoy tienes buen color.* **3.** Sustancia preparada para pintar o teñir con determinado color (→ 1). *Doy a la pared otra capa de color.* **4.** Conjunto de colores (→ 1) de algo. *El pintor ha sabido captar el color del otoño.* **5.** Conjunto de rasgos peculiares o distintivos de algo. *La novela tiene un fuerte color local.* **6.** Modo en que se presentan las cosas. *El futuro de la nación tenía un color sombrío.* **7.** Tendencia política. *Ciudadanos de todos los colores apoyan la iniciativa.* ○ pl. **8.** *Dep.* Combinación de colores (→ 1) adoptada como distintivo por un club o equipo. *Los hinchas llevan bufandas con los colores de su equipo.* ■ **~es complementarios.** m. pl. Colores (→ 1) que al combinarse producen el blanco. *El azul y el naranja son colores complementarios.* □ **~.** loc. adj. **1.** De un color (→ 1) que no es blanco, negro, ni gris. *Ropa de color.* **2.** Dicho de persona: De raza negra o mulata. *Una cantante de color.* ■ **de ~ de rosa.** loc. adj. Dicho de cosa: Feliz u optimista. *Para él, la vida es de color de rosa.* ■ **en ~.** loc. adj. Dicho espec. de película, fotografía o televisor: Que reproduce los colores (→ 1). *Películas en color, y en blanco y negro.* ■ **no haber ~.** loc. v. coloq. No haber comparación posible. *Entre su coche y el mío no hay color.* ■ **sacar los ~es (a alguien).** loc. v. coloq. Sonrojar(lo) o avergonzar(lo). *Emplea tal vocabulario que me saca los colores.* FAM **coloración; colorante; colorido, da; colorismo; colorista.**

colorado, da. adj. De color rojo. *Cuando la regañó, se puso colorada.* ▶ *ROJO.

colorear. tr. **1.** Dar color (a algo) o pintar(lo) de colores. *Colorea el cielo DE azul, y el sol DE amarillo.* ○ intr. **2.** Tomar un fruto el color rojo propio de su

madurez. *Los pimientos no han coloreado todavía.*
▶ **1**: PIGMENTAR, TEÑIR, TINTAR.

colorete. m. Cosmético, gralm. en polvo y de color rojizo, que se usa para maquillar las mejillas.

colorín. m. **1.** Color vivo y chillón. *Corbatas de colorines.* ■ ~ colorado, (este cuento se ha acabado). expr. Se usa para indicar el final de una narración, espec. de un cuento infantil.

colorinche. adj. **1.** Am. coloq. De colorinches (→ 2). *Atuendo colorinche* [C]. ● m. **2.** Am. coloq. Colorín. *Chalecos de colorinches* [C].

coloso. m. **1.** Estatua de enormes dimensiones. *Un terremoto destruyó el coloso de Rodas.* **2.** Persona, animal o cosa de gran tamaño. *El elefante, un coloso de la sabana.* **3.** Persona de extraordinarias cualidades. *Un coloso del ciclismo.* FAM colosal; colosalismo.

columbrar. tr. **1.** Divisar (algo), o ver(lo) desde lejos sin distinguir(lo) bien. *Los marineros columbran el faro en medio de la tormenta.* **2.** Conjeturar (algo) por indicios. *Columbró que pasaba algo raro.*

columna. f. **1.** Elemento arquitectónico alargado y vertical, gralm. cilíndrico, que sirve de soporte o como adorno. *La columna románica.* **2.** Cosa alargada y vertical que recuerda a una columna (→ 1). *Una columna de humo.* **3.** Sección de las varias en que puede dividirse una página impresa o manuscrita, por medio de líneas o espacios en blanco verticales. *La noticia aparece en portada y a cuatro columnas.* **4.** En un termómetro, barómetro o aparato semejante: Porción de fluido que sube o baja por el tubo que la contiene. *La columna de mercurio ha descendido a -6 °C.* **5.** En el esqueleto de los vertebrados: Eje protector de la médula espinal, formado por una fila de huesos cortos articulados entre sí y situado a lo largo de la línea media dorsal. *Padece una desviación de columna.* Tb. ~ vertebral. **6.** Persona o cosa que sirven de apoyo. *Estos dos jugadores son la columna del equipo.* Tb. ~ vertebral. **7.** Mil. Conjunto de soldados o de unidades militares que marchan ordenadamente unos detrás de otros. *Una columna blindada se dirige a la ciudad.* ■ ~ salomónica. Arq. Columna (→ 1) cuyo fuste tiene forma de espiral. ■ quinta ~. f. Grupo organizado que en un país en guerra actúa clandestinamente en favor del enemigo. *Una quinta columna informa de nuestros planes a los invasores.* ▶ **5**: ESPINA, ESPINAZO. FAM columnata; columnista.

columpio. m. Asiento que cuelga de dos cuerdas o barras y en el que es posible balancearse, gralm. por diversión. FAM columpiar (conjug. ANUNCIAR).

colusión. f. Der. Pacto entre dos personas o grupos en contra de un tercero. *El juez aprecia colusión en esta fusión empresarial.*

colza. f. Variedad de col, de cuyas semillas se obtiene un aceite usado como lubricante.

coma[1]. f. **1.** Signo ortográfico (,) que indica una pausa breve y que se usa para separar oraciones o elementos de una oración. **2.** Signo matemático igual que la coma (→ 1), que se usa para separar la parte entera de la decimal en un número. *Escribe con cifras tres coma ocho.*

coma[2]. m. Estado de pérdida total de conciencia, sensibilidad y capacidad de movimiento, producido gralm. por una enfermedad o un accidente graves. *Salió del coma unos años después.* FAM comatoso, sa.

comadre. f. coloq. Amiga o vecina de cierta confianza. FAM comadrear; comadreo.

comadreja. f. Mamífero carnívoro de pequeño tamaño, patas cortas y dorso rojizo, que se come los huevos de las aves. *La comadreja macho.*

comadrón, na. m. y f. Persona titulada para asistir a una parturienta. *La comadrona cortó el cordón umbilical.* ▶ MATRONA, PARTERO.

comal. m. Am. Disco de barro o de metal que se utiliza para cocer tortillas de maíz o para tostar granos u otros alimentos. *Ha hecho calentar el comal* [C].

comanche. adj. De una tribu amerindia habitante de Texas y Nuevo México.

comandante. m. y f. **1.** Oficial del Ejército cuyo empleo es inmediatamente superior al de capitán. *El comandante iba al frente de las tropas.* **2.** Militar que ejerce el mando en determinadas circunstancias, aunque no sea comandante (→ 1). *Muertos los oficiales, el sargento quedó como comandante de la unidad.* **3.** Oficial de la Armada que manda un buque de guerra. *El comandante ordenó lanzar los torpedos.* **4.** Piloto que tiene el mando de un avión. *El comandante da la bienvenida a los pasajeros.* FAM comandancia.

comandar. tr. Mandar (una tropa o un puesto militar). *El general comandaba las tropas aliadas.*

comandita. en ~. loc. adv. **1.** coloq. En grupo. *El guion fue escrito en comandita.* □ loc. adj. **2.** Com. Dicho de sociedad: Comanditaria.

comanditario, ria. adj. Com. Dicho de sociedad: Constituida por socios, algunos de los cuales tienen limitadas a cierta cuantía sus ganancias y responsabilidad en el negocio. *Sociedad comanditaria por acciones.*

comando. m. **1.** Grupo pequeño de soldados destinado a realizar operaciones especiales en terreno enemigo. *El comando se interna en la selva.* **2.** Grupo armado de terroristas. *El comando preparaba un nuevo atentado.*

comarca. f. División territorial que comprende varias poblaciones, gralm. con características geográficas o históricas comunes. *La feria reúne a los ganaderos de la comarca.* FAM comarcal.

comatoso, sa. → coma[2].

combatir. intr. **1.** Luchar. *Los soldados están listos para combatir.* ○ tr. **2.** Actuar (contra algo) para destruir(lo) o contener(lo). *Combaten las plagas fumigando.* **3.** Luchar (contra alguien). *Hay que combatir al invasor.* ▶ **3**: *LUCHAR. FAM combate; combatiente; combatividad; combativo, va.

combinación. f. **1.** Hecho de combinar o combinarse. *El fuego se propaga EN combinación CON el aire.* **2.** Conjunto de dos o más letras por las que empieza una serie de palabras. *Escribe palabras que empiecen por la combinación "trans".* **3.** Conjunto de números que constituye la clave para abrir o hacer funcionar ciertos mecanismos o aparatos. *La combinación de la caja fuerte.* **4.** Prenda interior femenina que va desde los hombros o desde la cintura hasta el borde de la falda. *Los encajes de la combinación le asoman por debajo de la falda.* ▶ **4**: ENAGUA, VISO. ‖ Am: **4**: FONDO.

combinado. m. **1.** Cóctel, espec. el formado por un licor y un refresco. *El cubalibre y otros combinados.* **2.** Dep. Equipo formado por jugadores procedentes de varios clubes. *El combinado nacional.* ▶ **1**: CÓCTEL.

combinar. tr. **1.** Unir (dos o más cosas) de manera que formen una unidad o un conjunto armonioso. *Combina elementos tradicionales y modernos.*

2. _Quím._ Unir (dos o más sustancias) para formar un compuesto. _Si combinamos nitrógeno e hidrógeno, obtendremos amoniaco._ ○ intr. **3.** Unirse dos o más cosas de manera que formen un conjunto armonioso. _El bolso gris y los zapatos marrones no combinan._ **4.** En algunos deportes: Pasar un jugador el balón. _El delantero combinó_ CON _el centrocampista._ ▶ **3:** PEGAR. FAM **combinable; combinatorio, ria.**

combo[1]. m. **1.** frecAm. Grupo musical. _Un combo de merengues_ [C]. **2.** Am. Golpe dado con el puño de la mano. _Le propinó un combo_ [C]. **3.** Am. Lote de varias cosas que vienen juntas o se venden por el precio de una. _Un combo de cotufas y refrescos_ [C]. ▶ **2:** PUÑETAZO. **3:** LOTE.

combo[2]**, ba.** adj. Combado o curvo. _Una superficie comba._ ▶ *CURVO. FAM **comba** (_La comba de su vientre_).

combustible. adj. **1.** Que puede arder, espec. con facilidad. _Los barnices son altamente combustibles._ ● m. **2.** Materia combustible (→ 1) que se prende para aprovechar la energía que produce. _El avión se ha quedado sin combustible._ FAM **combustibilidad; combustión.**

comedero. → comer.

comedia. f. **1.** Obra teatral o cinematográfica extensa, de acción predominantemente alegre o humorística y de desenlace feliz. _Una comedia de enredo._ **2.** Farsa o engaño. _Hace la comedia de que está enfermo para no ir al colegio._ ■ ~ del Arte. f. _Lit._ Tipo de comedia (→ 1) teatral surgida en Italia en el s. XVI, con personajes fijos que improvisan la acción y el diálogo. _Arlequín es un personaje de la comedia del Arte._ ■ ~ de situación. f. _TV_ Serie con las características de la comedia (→ 1), cuyos episodios se desarrollan siempre con los mismos personajes y en los mismos lugares. ■ ~ musical. f. Comedia (→ 1) con partes cantadas y bailadas. _"Cantando bajo la lluvia" es una comedia musical._ ■ alta ~. f. Comedia (→ 1) que se desarrolla en ambientes urbanos contemporáneos y con personajes de la aristocracia o la alta burguesía. FAM **comediante, ta.**

comedido, da. adj. Moderado o prudente. _Es comedido en sus gastos._ ▶ *MODERADO.

comediógrafo, fa. m. y f. Autor de comedias teatrales. _Aristófanes era un comediógrafo griego._

comedirse. (conjug. PEDIR). intr. prnl. Comportarse de forma moderada o prudente. _Si quieren intervenir en el debate, tendrán que comedirse._ FAM **comedimiento.**

comedor, ra. adj. **1.** Que come. _Aves comedoras de insectos._ ● m. **2.** En una casa: Habitación destinada para comer. _¿Comemos en la cocina o en el comedor?_ Tb. el mobiliario de esa habitación. _Están ahorrando para poner el comedor._ **3.** Establecimiento destinado al servicio de comidas al público o a un determinado grupo de personas. _El comedor del hotel se llena a la hora del desayuno._

comemierda. m. y f. malson. Persona ruin o despreciable. Frec. se usa como insulto.

comendador. m. **1.** Miembro de una orden civil o militar de carácter honorífico, con rango inmediatamente superior al de caballero. _Comendador de la Orden Civil de Alfonso X el Sabio._ **2.** histór. Miembro de una orden militar que tenía a su cargo una casa o convento. _Comendador de la Orden de Santiago._

comendadora. f. Religiosa de un convento perteneciente a una orden militar. _Las comendadoras de Santiago._

comensal. m. y f. Persona de las que comen en una misma mesa. _Los comensales brindan por los novios._

comentar. tr. **1.** Expresar opiniones o consideraciones (sobre algo). _Todos comentaban la noticia._ **2.** Hablar o escribir (sobre un autor o una obra) con el fin de analizar(los) o explicar(los). _Tradujo y comentó a varios autores latinos._ FAM **comentador, ra; comentario; comentarista.**

comenzar. (conjug. ACERTAR). tr. **1.** Empezar (algo), o hacer que pase a existir, ocurrir o hacerse. _Los obreros han comenzado la nueva casa._ ○ intr. **2.** Empezar algo, o pasar a existir, ocurrir o hacerse. _Las vacaciones comienzan mañana._ **3.** Seguido de _a_ y un infinitivo: Pasar a realizar la acción que se expresa. _Comienza_ A _comer, no me esperes._ ▶ **1, 2:** *EMPEZAR. FAM **comienzo.**

comer. tr. **1.** Tomar (alimento) por la boca. _Come algo antes de salir._ **2.** Tomar (alimento sólido). _Los niños comían un bocadillo durante el recreo._ **3.** Tomar (la comida del mediodía). _–¿Qué hay de comer hoy? –Estofado de carne._ **4.** Consumir o destruir (algo). _El óxido come el hierro._ **5.** Quitar el color o la luz intensidad (al color). _El sol ha comido el color de las cortinas._ **6.** Causar algo inquietud o desazón (a alguien). _Me comen los celos._ **7.** En algunos juegos: Ganar (una ficha o una pieza del contrario) eliminándo(las). _Si mueves el alfil, te como la torre._ ○ tr. prnl. **8.** Omitir (algo) cuando se habla o escribe. _Aquí te has comido una línea._ **9.** Hacer que se gaste o consuma por completo (algo, espec. el dinero). _La compra del piso se comió sus ahorros._ ■ sin ~lo ni beberlo. loc. adv. coloq. Sin haber participado en lo que se expresa, o sin esperarlo. _Intentó evitar una pelea y, sin comerlo ni beberlo, se llevó un puñetazo._ FAM **comedero; comestible; comible.**

comercial. adj. **1.** Del comercio o de los comercios. _Horario comercial._ **2.** Que tiene fácil aceptación en el mercado. _Este es su disco más comercial._ ● m. y f. **3.** Agente que se dedica a hacer operaciones de venta por cuenta ajena, recibiendo por ello una comisión. _Vino un comercial vendiendo enciclopedias._ ○ m. **4.** Am. Anuncio (conjunto con el que se anuncia algo o se hace publicidad de ello). _El pelo revoltea alrededor de la cara, como en los comerciales de champú_ [C]. ▶ **1:** MERCANTIL. **4:** ANUNCIO. FAM **comercialismo.**

comercializar. tr. **1.** Poner a la venta (un producto). _Comercializa sus vinos en el extranjero._ **2.** Dar (a un producto) las condiciones y la organización adecuadas para su venta. _Una agencia se encargará de comercializar la marca._ FAM **comercialización.**

comercio. m. **1.** Actividad de vender o intercambiar mercancías para obtener beneficios. _Los fenicios se dedicaban al comercio._ **2.** Establecimiento dedicado al comercio (→ 1). _¿A qué hora cierran los comercios?_ **3.** Conjunto de los comercios (→ 2) o de los profesionales del comercio (→ 1). _El pequeño comercio se puso en huelga._ **4.** cult. Relación sexual. Frec. ~ carnal. FAM **comerciante; comerciar** (conjug. ANUNCIAR).

cometa[1]. m. Astro de órbita elíptica, formado por un núcleo poco denso y brillante y una estela de gas muy luminosa. _El cometa Halley._

cometa[2]. f. Juguete formado por una armazón plana y ligera que sostiene una lámina tensa de tela o papel, con una cola, el cual, sujeto con una cuerda, se arroja al aire para que el viento lo eleve. _Corría un vientecillo ideal para volar la cometa._ ▶ **Am:** BARRILETE, PAPALOTE, VOLANTÍN.

cometer. tr. Realizar (un error, una falta o un delito). *Lo acusaron de un delito que no había cometido.* ▶ PERPETRAR.

cometido. m. **1.** Encargo hecho a una persona. *Su cometido era entregar la carta en mano.* **2.** Función de una persona o cosa. *Es cometido de los padres velar por sus hijos.* ▶ **1:** MISIÓN.

comezón. f. **1.** Picor o picazón, espec. si son persistentes. *Las lombrices intestinales producen comezón en el ano.* **2.** Desazón o inquietud del ánimo, espec. por deseo o impaciencia. *Espero saber de ellos pronto, porque esta comezón está acabando conmigo.* ▶ **1:** *PICOR. **2:** *INQUIETUD.

comible. → comer.

cómic. (pl. cómics). m. **1.** Serie de dibujos enmarcados en viñetas que constituyen un relato. *Una revista de cómics.* **2.** Revista o libro de cómics (→ 1). *En su habitación hay una pila de cómics.* ▶ **Am:** MONITOS.

comicios. m. pl. **1.** Elecciones para designar cargos políticos. *Los comicios municipales se celebrarán en octubre.* **2.** histór. En la antigua Roma: Asamblea popular para tratar asuntos públicos.

cómico, ca. adj. **1.** De la comedia. *El género cómico.* **2.** Dicho de actor: Que hace papeles cómicos (→ 1). **3.** Dicho de autor: Que escribe comedias. *Plauto es un gran autor cómico latino.* **4.** Que divierte y hace reír. *Un peinado muy cómico.* ● m. y f. **5.** Actor. *Ha dejado la carrera para hacerse cómico.* ■ ~ de la legua. m. y f. Cómico (→ 5) que actúa de pueblo en pueblo. *Una compañía de cómicos de la legua.* FAM comicidad.

comida. f. **1.** Alimento, espec. el que toman las personas y los animales. *No queda comida en casa.* **2.** Conjunto de alimentos que se toman a mediodía. *Nos sirvieron una comida muy sabrosa.* **3.** Hecho de comer, espec. a las horas establecidas del día y, en particular, al mediodía. *No me da tiempo a ir a casa para la comida.* **4.** Am. Cena. *Por la noche, durante la comida, tu padre había hablado del telegrama* [C]. ■ ~ rápida. f. Comida (→ 1) que se prepara y se consume con rapidez. *Suelo pedir un sándwich en algún local de comida rápida.* ▶ **1:** ALIMENTO. FAM comistrajo.

comidilla. f. coloq. Tema que es objeto de comentario o murmuración. *La noticia es la comidilla de las revistas del corazón.*

comienzo. → comenzar.

comillas. f. pl. **1.** Signo ortográfico (" " o « ») que se usa para aislar palabras o frases que se quieren destacar, o para reproducir citas textuales. **2.** Signo ortográfico (') que se usa con la misma función de las comillas (→ 1) dentro de un texto ya entrecomillado, o para expresar el significado de otra palabra. Tb. ~ simples.

comilón, na. adj. **1.** coloq. Que come mucho. *Un bebé muy comilón.* ● f. **2.** coloq. Comida muy abundante. *Para celebrarlo nos daremos una comilona.*

comino. m. Planta de tallos delgados y flores blancas o rosadas, cuyas semillas, aromáticas y de forma aovada, se emplean como condimento. ■ un ~, o tres ~s. loc. adv. coloq. Muy poco o nada. *¡No insistas: me importa un comino que llores!*

comisariato. m. Am. Economato. *Me llevaba de compras al comisariato de la compañía bananera* [C].

comisario, ria. m. y f. **1.** Persona designada por la autoridad superior para realizar un encargo o misión especial. *La comisaria de la exposición.* **2.** Oficial de policía que es la máxima autoridad de un distrito o demarcación urbana. *El comisario reunió a sus inspectores.* Tb. ~ de policía. **3.** Polít. Miembro de la Comisión Europea. *El comisario de Pesca de la Unión Europea.* ■ ~ político/ca. m. y f. Representante político adscrito a mandos militares para intervenir en sus decisiones, espec. en tiempo de guerra. *Fue comisario político en el ejército republicano.* FAM comisaría.

comisión. f. **1.** Hecho de cometer. *El acusado reconoce la comisión del delito.* **2.** Conjunto de personas elegidas para representar a un grupo o a una entidad en algún asunto. *La comisión de festejos organizará las fiestas patronales.* **3.** Cantidad de dinero que se percibe, frec. en forma de porcentaje, por gestionar una compraventa u otra operación o transacción comercial. *La banca cobra una comisión por cada transferencia.* ■ ~ de servicio(s). f. Situación de un funcionario que presta sus servicios temporalmente fuera de su puesto de trabajo habitual. *Estuvo en comisión de servicios en Ginebra.* ▶ **1:** PERPETRACIÓN. **2:** COMITÉ. FAM comisionista.

comisionar. tr. Encargar (a una persona) una misión especial. *El juez comisionó a unos peritos para que investigaran el suceso.*

comistrajo. → comida.

comisura. f. Punto en que se unen los extremos de algunas partes del cuerpo, espec. de los labios. *Tienes chocolate en las comisuras de los labios.*

comité. m. **1.** Conjunto de personas elegidas para actuar en algún asunto, espec. si lo hacen representando a un grupo. *Un comité de expertos elaborará un informe.* **2.** Órgano dirigente de un partido político. *Fue miembro del comité central del Partido Comunista.* ▶ **1:** COMISIÓN.

comitiva. f. Conjunto de personas que van en grupo acompañando a alguien, espec. a una persona importante. *La comitiva real.* ▶ ACOMPAÑAMIENTO.

como. adv. relat. **1.** De la manera, o de la misma manera que. *Hazlo como quieras.* Tb. tal ~. **2.** En el que, o en el cual. *El modo como nos engañó a todos nos dejó sorprendidos.* **3.** En construcciones comparativas de igualdad, introduce el segundo término de la comparación. *Es gordo como su tío. No lee tantos libros como dice.* **4.** De acuerdo con lo que. *Como suele decirse, más vale pájaro en mano que ciento volando.* **5.** En el caso de que. *Como no estudies, no aprobarás.* **6.** Puesto que. *Como llovía, decidimos no ir.* ● adv. **7.** Aproximadamente, o más o menos. *Pesa como cincuenta kilos.* ● prep. **8.** En calidad de, o con carácter de. *Trabaja como abogado.*

cómo. adv. interrog. **1.** De qué manera. *¿Cómo se encuentra?* Tb. exclam. *¡Cómo te has puesto de barro!* **2.** Por qué. *No sé cómo tú culpas a él.* ● m. **3.** (Frec. con art.). Manera o modo. *No sabían aún el cómo y el cuándo.*

cómoda. f. Mueble con tablero horizontal a modo de mesa y cajones en toda la parte frontal, empleado gralm. para guardar ropa.

comodín. m. En algunos juegos de naipes: Carta que puede tomar el valor de otra, según las necesidades del jugador. *Con tres reyes y un comodín haces póquer de reyes.*

cómodo, da. adj. **1.** Dicho de cosa: Que proporciona descanso o bienestar, o no implica esfuerzo o molestia. *Zapatos cómodos.* **2.** Dicho de persona: Que se encuentra en una situación cómoda (→ 1). *No me siento cómodo hablando en público.* **3.** Dicho de persona: Que busca siempre lo cómodo (→ 1). *No seas cómodo y ayúdame a poner la mesa.* FAM **comodidad; comodón, na.**

comodoro. m. En algunos países: Oficial de marina cuya categoría equivale a la de capitán de navío de la Armada.

comoquiera. (Tb. **como quiera**). adv. cult. De cualquier manera. *María, o comoquiera que se llame tu amiga.* ■ **~ que.** loc. conjunt. cult. Puesto que. *Como quiera que se hacía tarde, dieron por concluida la reunión.*

compa. → compadre y compañero.

compacto, ta. adj. **1.** Dicho de cuerpo: Denso y apretado. *Una masa compacta.* ● m. **2.** Disco compacto (→ disco). *Grabó un compacto.* ▶ **1:** *DENSO. FAM **compactación; compactar.**

compadecer. (conjug. AGRADECER). tr. **1.** Sentir pena o lástima por la desgracia o el sufrimiento (de alguien). *Compadezco a la mujer que se case contigo.* ○ intr. prnl. **2.** Sentir pena o lástima por la desgracia o el sufrimiento de alguien. *Se compadeció DE la chiquilla.*

compadre. m. **1.** coloq. Amigo (persona que tiene amistad con otra). **2.** Padre o padrino de una persona, respecto al padrino, del padre o de la madrina de esta. *Él y yo somos compadres porque apadriné a su hija menor.* FAM **compa** (*Encontré a mi compa de la infancia*); **compadrear; compadreo.**

compaginar. tr. **1.** Hacer compatible (una cosa) con otra. *Compagina el trabajo CON los estudios.* ○ intr. prnl. **2.** Corresponderse o ser acorde una cosa con otra. *Sus declaraciones no se compaginan CON su comportamiento.* FAM **compaginación.**

compañero, ra. m. y f. **1.** Persona que está junto a otra o hace algo con ella, espec. de manera habitual. *Se busca compañera de piso.* **2.** Persona que convive con otra con la que mantiene una relación amorosa. *Llevo diez años con mi compañera y tenemos un hijo en común.* **3.** En algunos juegos: Jugador que forma pareja o equipo con otro u otros. *Somos compañeros de mus.* **4.** Cosa que hace juego o forma pareja con otra. *Aquí hay un calcetín, pero no encuentro el compañero.* ▶ **1:** CAMARADA. FAM **compa** (*Un compa del trabajo*); **compañerismo.**

compañía. f. **1.** Hecho de acompañar a alguien a un lugar o en un lugar. *Hazme compañía un rato.* **2.** Persona o grupo de personas que acompañan a alguien. *Culpaba de sus errores a las malas compañías.* **3.** Sociedad o empresa. *Trabaja en una compañía aérea.* **4.** Agrupación de actores o bailarines unidos para representar espectáculos escénicos. *La compañía estrenará su nuevo montaje.* **5.** Mil. Unidad de soldados que forma parte de un batallón y está mandada por un capitán. *Una compañía de infantería.* ■ **de ~.** loc. adj. **1.** Dicho de mujer: Que acompaña y ayuda a otra. *Damas de compañía.* **2.** Dicho de animal doméstico: Que se tiene solo para hacer compañía (→ 1). *El chihuahua es un perro de compañía.* ▶ **3:** *EMPRESA.

comparación. f. **1.** Hecho o efecto de comparar. *Has crecido en comparación CON el año pasado.* **2.** Lit. Símil.

comparado, da. adj. Dicho de ciencia o disciplina: Que procede por comparación. *Es profesora de Lingüística Comparada.*

comparar. tr. **1.** Analizar con atención (una cosa o a una persona) para establecer sus semejanzas o diferencias con otra. *Compara tu situación actual CON la que tenías.* **2.** Establecer la semejanza (de una persona o cosa) con otra. *Lo compararon CON un célebre actor.* FAM **comparable; comparatista.**

comparativamente. adv. **1.** En comparación. *Comparativamente, nuestro poder adquisitivo es inferior.* **2.** De manera comparativa. *El artículo analiza comparativamente todas las ofertas.*

comparativo, va. adj. **1.** De la comparación, o que sirve para comparar. *Un estudio comparativo de la expansión del sida en Europa y África.* **2.** Gram. Que expresa comparación. *"Mayor" es un adjetivo en grado comparativo.* Dicho de adjetivo o adverbio, tb. m. *El comparativo de "bueno" es "mejor".*

comparecer. (conjug. AGRADECER). intr. **1.** Presentarse alguien en un lugar donde ha sido citado o donde se le espera. *No compareció en la rueda de prensa.* **2.** Der. Presentarse alguien como testigo o parte en un lugar, espec. en un tribunal. *Los testigos comparecieron ante el juez.* FAM **comparecencia; compareciente.**

comparsa. f. **1.** Teatro Conjunto de personas que aparecen en escena sin hablar ni intervenir directamente en la acción. *Desea actuar, aunque sea en la comparsa.* **2.** Grupo de personas que, disfrazadas gralm. de la misma manera, participan en un festejo, espec. en los carnavales. *Un desfile de las comparsas.* ○ m. y f. **3.** Teatro Persona que forma parte de una comparsa (→ 1). *Uno de los comparsas se resbaló en escena.* **4.** Persona o entidad que tienen escasa importancia o protagonismo en algo. *Algunos países participaron como meros comparsas.* ▶ **1:** FIGURACIÓN. **3:** *FIGURANTE.

compartimento o **compartimiento.** m. Parte de las varias en que se ha dividido un espacio. *Los pendientes están en un compartimento del joyero.* ■ **~ estanco.** m. Mar. Sección de un buque que queda cerrada y aislada del resto, impidiendo el paso del agua en caso de inundación. FAM **compartimentación; compartimentar.**

compartir. tr. **1.** Hacer alguien partícipes a otro u otros (de algo que tiene o de que dispone). *Compartió su triunfo CON nosotras.* **2.** Tener alguien (algo) en común con otra u otras personas. *Compartía piso CON dos estudiantes.*

compás. m. **1.** Instrumento de dibujo formado por dos patas puntiagudas, articuladas entre sí por su extremo superior, que sirve para trazar arcos o circunferencias y para hacer mediciones. **2.** Ritmo de una composición musical. *El director de la orquesta marca el compás.* **3.** Mús. Cada uno de los períodos de tiempo iguales, determinados por el ritmo, que se establecen en una composición. *Reconocí la sinfonía en cuanto sonaron los primeros compases.* **4.** Mús. En el pentagrama: Espacio delimitado por dos barras verticales correspondiente a un compás (→ 3). *En la partitura están marcados los compases.* ■ **~ de espera.** m. Detención breve de un proceso o actividad. *Estamos en un compás de espera hasta que el jurado emita su veredicto.*

compasión. f. Sentimiento de tristeza causado por el sufrimiento ajeno. *Ten compasión DE ese pobre viejo.* ▶ CONMISERACIÓN, LÁSTIMA, MISERICORDIA, PIEDAD.

compasivo, va. adj. Que siente o tiene tendencia a sentir compasión. *Una vecina compasiva ha acogido al perrillo.* ▶ CONMISERATIVO, MISERICORDIOSO.

compatible. adj. **1.** Dicho de persona o cosa: Que puede estar con otra o unirse a ella sin estorbo o impedimento. *Buscan un riñón compatible* CON *el de la enferma.* **2.** *Inform.* Dicho de aparato, dispositivo o programa: Que puede funcionar correctamente en un sistema determinado. *La tarjeta de sonido es compatible con el sistema operativo del ordenador.* FAM compatibilidad; compatibilizar.

compatriota. m. y f. Persona de la misma patria que otra. *Somos compatriotas.* ▶ CONCIUDADANO.

compeler. tr. cult. Obligar (a alguien) a algo. *Lo compelieron* A *abandonar el local.*

compendio. m. Resumen o síntesis de algo. *El libro es un compendio de la historia del cine.* FAM compendiar (conjug. ANUNCIAR); compendioso, sa.

compenetrarse. intr. prnl. Identificarse una persona o cosa con otra, o relacionarse de manera armónica con ella. *No se compenetra* CON *sus compañeras.* FAM compenetración.

compensación. f. Hecho o efecto de compensar. *Recibió una compensación económica* POR *el daño recibido.* ▶ INDEMNIZACIÓN, RESARCIMIENTO.

compensar. tr. **1.** Anular el efecto (de una cosa que se considera negativa) con otra que se considera positiva. *Compensaron las pérdidas de un trimestre* CON *las ganancias del siguiente.* **2.** Anular una cosa que se considera positiva el efecto (de otra que se considera negativa). *El dinero no compensaba la falta de cariño.* **3.** Dar algo (a alguien) para atenuar el disgusto o daño que se le ha causado. *Quería compensarlo* POR *los malos ratos pasados.* **4.** Ser algo suficiente para que (alguien) considere bien empleado su esfuerzo. *El dinero que gano no me compensa.* ▶ **1:** CONTRAPESAR. **3:** INDEMNIZAR, RESARCIR. FAM compensador, ra; compensatorio, ria.

competencia[1]. f. **1.** Hecho de competir u oponerse. *Los grandes almacenes se hacen la competencia.* **2.** Persona o grupo de personas rivales, espec. en una actividad comercial. *Una emisora de la competencia.* ▶ **1:** COMPETICIÓN.

competencia[2]. f. **1.** Condición de competente. *Se pone en duda su competencia profesional.* **2.** Obligación o responsabilidad que competen a alguien. *Los departamentos tienen competencias en educación.* FAM competencial.

competente. adj. **1.** Dicho de persona o entidad: Que tiene la competencia o responsabilidad que le compete. *Las autoridades competentes.* **2.** Dicho de persona: Capacitada para realizar la actividad que le es propia. *Es una abogada muy competente.*

competer. intr. Incumbir o tocar a alguien algo, espec. una obligación o responsabilidad. *La educación de los hijos compete a los padres.*

competir. (conjug. PEDIR). intr. **1.** Oponerse una persona o cosa a otra u otras para conseguir el mismo objetivo. *La película compite* CON *otras cuatro* POR *el premio.* **2.** Ser susceptible de comparación una persona o cosa con otra en algún aspecto. *La cocina española compite* CON *la francesa* EN *calidad y variedad.* ▶ RIVALIZAR. FAM competición; competidor, ra; competitividad; competitivo, va.

compilar. tr. Reunir en una sola obra (otras obras o partes de estas, o documentos, de una materia parecida). *Han compilado la correspondencia de la escritora* EN *un solo volumen.* FAM compilación; compilador, ra.

compinche. m. y f. coloq. Compañero habitual, espec. en diversiones o asuntos poco lícitos. *El jefe de la banda reunió a sus compinches para planear el golpe.* FAM compincharse.

complacer. (conjug. AGRADECER). tr. **1.** Causar placer o satisfacción (a alguien o algo). *No le importa sacrificarse con tal de complacer a los demás.* **2.** Satisfacer una persona los deseos (de otra). *Sus padres intentan complacerla* EN *todo lo que pide.* ○ intr. prnl. **3.** Encontrar satisfacción o placer en algo. *Me complazco* EN *presentarles a los ganadores.* ▶ **1:** *AGRADAR.* FAM complacencia; complaciente.

complejo, ja. adj. **1.** Que se compone de elementos diversos. *Las oraciones complejas.* **2.** Complicado (difícil). *Preguntas complejas.* ● m. **3.** Conjunto de varias cosas que constituyen una unidad. *Un complejo vitamínico.* **4.** Conjunto unitario de edificios o instalaciones agrupados en una misma zona y con un fin común. *Un complejo industrial.* **5.** Sentimiento de quien cree tener cierta cualidad o defecto, espec. el de inferioridad. *Le da igual lo que piensen de él: es un hombre sin complejos.* **6.** *Psicol.* Conjunto de ideas, emociones y tendencias, total o parcialmente inconscientes, que pueden determinar la conducta de una persona. *Según el psicoanalista, en los sueños afloran los complejos.* ▶ **2:** *COMPLICADO.* FAM complejidad.

complementar. tr. Dar complemento (a algo) o servir(le) de complemento. *El curso lo hace para complementar su formación.* FAM complementación; complementariedad; complementario, ria.

complemento. m. **1.** Cosa que se añade a otra para hacerla completa. *Complementos dietéticos.* **2.** *Gram.* Palabra o construcción que dependen sintácticamente de uno o varios elementos de una oración, y que completan su significado. *Los complementos* DEL *verbo.* ■ ~ agente. m. *Gram.* En la oración pasiva: Complemento (→ 2) que designa la persona o cosa que realiza la acción expresada por el verbo. *En "América fue descubierta por Colón", "por Colón" es el complemento agente.* ■ ~ circunstancial. m. *Gram.* Complemento (→ 2) que expresa una circunstancia de la acción verbal, espec. de lugar, tiempo, o modo. *En "Estoy en Cuzco", "en Cuzco" es un complemento circunstancial.* ■ ~ directo. m. *Gram.* Complemento (→ 2) que depende sintácticamente de un verbo transitivo, completando su significado. *En "Dio la papilla al niño", "la papilla" es el complemento directo.* ■ ~ indirecto. m. *Gram.* Complemento (→ 2) que expresa el destinatario o beneficiario de la acción verbal. *En "Dio la papilla al niño", "al niño" es el complemento indirecto.* ■ ~ predicativo. m. *Gram.* Complemento (→ 2) de un verbo no copulativo que expresa al mismo tiempo una cualidad de lo designado por el sujeto o por el complemento directo (→ complemento directo). *En "Lo nombraron alcalde", "alcalde" es un complemento predicativo.*

completo, ta. adj. **1.** Dicho de cosa: Que tiene todas las partes o elementos que le corresponden. *Aún conserva la dentadura completa.* **2.** Dicho de lugar: Lleno u ocupado en todas sus plazas. *El estadio tiene el aforo completo.* **3.** Perfecto (que tiene las mejores cualidades posibles). *Los atletas más completos.* **4.** Seguido de un nombre calificador, se usa para enfatizar el significado expresado por este. *La organización ha sido un completo desastre.* ■ por completo. loc. adv. De manera completa (→ 1). *Me arrepiento por completo de haber dejado los estudios.* ▶ **1:** ABSOLUTO, ENTERO, ÍNTEGRO, PLENO, TOTAL. **3, 4:** PERFECTO. FAM completar.

complexión. f. Constitución (conjunto de características físicas). ▶ *CONSTITUCIÓN.*

complicado, da. adj. **1.** Difícil de entender o de resolver. *Un problema muy complicado.* **2.** Que está compuesto de muchas partes. *El tratamiento de su enfermedad es complicado.* ▶ **1:** ALAMBICADO, COMPLEJO, DIFÍCIL, ENREVESADO, INTRINCADO.

complicar. tr. **1.** Aumentar la dificultad (de algo), o hacer(lo) menos sencillo. *Calla y no compliques más las cosas.* **2.** Comprometer o hacer participar (a alguien) en un asunto. *Lo complicaron en un asesinato.* ▶ **1:** DIFICULTAR. **2:** *COMPROMETER. FAM complicación.

cómplice. adj. **1.** Que manifiesta o denota entendimiento mutuo. *Cruzaron miradas cómplices.* ● m. y f. **2.** Persona que participa o coopera en la ejecución de un delito o de un acto censurable. *Los detenidos han delatado a sus cómplices* EN *el atraco.* FAM complicidad.

complot. (pl. **complots**). m. Conspiración contra alguien, espec. la de carácter político. *Un complot para derrocar al Presidente.* ▶ *CONSPIRACIÓN. FAM complotar (Am).

componenda. f. Arreglo poco lícito acordado entre varias personas. *Llegó al poder al margen de componendas políticas.*

componer. (conjug. PONER). tr. **1.** Formar o constituir dos o más cosas o personas (otra cosa nueva). *El equipo lo componen cinco jugadores.* **2.** Formar o constituir alguien (algo) reuniendo dos o más cosas o personas. *Ha compuesto un menú de cinco platos.* **3.** Escribir (una obra científica, literaria o musical). *Mozart compuso sus primeras piezas a los seis años.* **4.** Arreglar o reparar (algo roto o estropeado). *A ver si puedes ponerme el despertador.* **5.** Arreglar (algo), o hacer que tenga un aspecto apropiado y agradable. *Se compuso la corbata antes de salir.* **6.** Engalanar o adornar (a alguien). *Las hermanas compusieron a la novia.* ▶ **4-6:** *ARREGLAR. FAM componente.

comportar. tr. **1.** Implicar algo (otra cosa). *El ascenso comporta un aumento de sueldo.* ○ intr. prnl. **2.** Actuar alguien de una manera determinada. *Sigues comportándote como un adolescente.* **3.** Comportarse (→ 2) bien o de manera correcta. *Aprende a comportarte.* **4.** *Biol.* Responder un organismo de determinada manera ante una situación o un estímulo dados. *Investigamos cómo se comportan los animales en cautividad.* ▶ **1:** *IMPLICAR. **2:** CONDUCIRSE, PORTARSE, PROCEDER. **3:** PORTARSE. FAM comportamiento.

composición. f. **1.** Hecho o efecto de componer. *La composición de un medicamento.* **2.** Obra escrita, espec. si es musical. *Son famosas sus composiciones para piano.* **3.** *Ling.* Procedimiento de formación de palabras que consiste en unir dos o más palabras o elementos, o una palabra con un elemento. *"Lavavajillas" es una palabra hecha por composición.* **4.** *Arte* Disposición de las figuras y elementos de una obra de manera que se consiga el efecto deseado. *En este cuadro falla la composición.* ■ **hacer(se)** alguien **una,** o **su, ~ de lugar.** loc. v. Pensar sobre las circunstancias que rodean un asunto para actuar de la manera más adecuada. FAM compositivo, va; compositor, ra.

compost. m. Abono obtenido de la descomposición de residuos orgánicos. FAM compostaje.

compostelano, na. adj. De Santiago de Compostela (España). *Año santo compostelano.*

compostura. f. **1.** Hecho de componer o reparar algo. *No hay compostura posible para esos zapatos.* **2.** Moderación o comedimiento. *Nunca pierde la compostura.*

compota. f. Dulce de fruta cocida con agua y azúcar. FAM compotera.

comprar. tr. **1.** Obtener (algo) a cambio de dinero. *Compra pan.* **2.** Conseguir que (alguien) actúe favorablemente a cambio de una recompensa, espec. dinero. *Compraron al juez.* ▶ **1:** ADQUIRIR. **2:** *SOBORNAR. FAM compra; comprador, ra.

compraventa. f. Hecho o actividad de comprar y vender, espec. cosas usadas. *La compraventa de inmuebles.*

comprender. tr. **1.** Percibir (algo) por medio de la inteligencia. *No comprende el arte abstracto.* **2.** Encontrar justificable o razonable (algo). *No comprendo cómo puedes tener miedo.* **3.** Encontrar justificado o razonable el estado de ánimo (de alguien), o su manera de ser o de actuar. *La comprendí perfectamente: yo hubiera hecho lo mismo.* **4.** Contener una cosa (otra), o tener(la) dentro de sí. *El primer tomo comprende los diez primeros fascículos.* ▶ **1:** ENTENDER. **2:** CONCEBIR, ENTENDER. **3:** ENTENDER. **4:** *CONTENER. FAM comprensibilidad; comprensible; comprensión; comprensivo, va.

compresa. f. **1.** Pieza de gasa o algodón que, doblada varias veces, se emplea con fines curativos, como limpiar o cubrir heridas, contener hemorragias o aplicar frío o calor sobre una parte del cuerpo. *Le pusieron compresas frías en la frente.* **2.** Pieza alargada de celulosa u otra materia semejante, que utilizan las mujeres para la absorción del flujo menstrual.

compresor, ra. adj. *tecn.* Que sirve para comprimir algo, reduciendo su volumen o el espacio que ocupa. *Un programa compresor de archivos de imagen.*

comprimido, da. adj. **1.** *Zool.* Estrechado lateralmente. *El lenguado es un pez de cuerpo comprimido.* ● m. **2.** Pastilla pequeña, gralm. de medicamento, obtenida por la compresión de sus ingredientes previamente reducidos a polvo.

comprimir. tr. **1.** Ejercer presión (sobre algo) de manera que ocupe menos espacio o tenga menos volumen. *El aire y el agua comprimen las rocas.* **2.** Hacer que (alguien o algo) ocupen menos espacio o se reduzcan. *Comprime el texto para que quepa en una página.* **3.** Oprimir o apretar (algo). *Procure que las medias no compriman las piernas.* ▶ **1:** *PRESIONAR. FAM compresión; compresivo, va.

comprobar. (conjug. CONTAR). tr. Pasar a estar seguro (de algo), o a no tener dudas (sobre ello). *Comprueba que ha apagado las luces.* FAM comprobación; comprobante.

comprometer. tr. **1.** Poner (algo o a alguien) en una situación difícil o peligrosa. *Con su comportamiento compromete la seguridad del grupo.* **2.** Hacer que (alguien) contraiga un compromiso u obligación. *He pedido un presupuesto, pero eso no me compromete* A *nada.* **3.** Hacer aparecer (alguien) como responsable de algo censurable. *Las pruebas te comprometen* EN *el crimen.* ○ intr. prnl. **4.** Contraer un compromiso u obligación. *Se comprometió* A *estar aquí a las once.* **5.** Contraer una persona compromiso matrimonial con otra. *Al poco de conocerla, se comprometió* CON *ella.* ▶ **1:** COMPLICAR, ENREDAR, ENZARZAR, IMPLICAR, INVOLUCRAR. FAM comprometedor, ra.

comprometido, da. adj. Que implica riesgo, dificultad o peligro. *Nos ha puesto en una situación comprometida.*

compromisario, ria. adj. Dicho de persona: Que ha sido elegida por un grupo de electores para representarlos en una votación electoral posterior. *Asamblea de socios compromisarios.*

compromiso. m. **1.** Obligación contraída, espec. por acuerdo o contrato. *Es conocido su compromiso con la causa ecologista.* **2.** Situación difícil o peligrosa. *Me pone en un compromiso cuando me pide que los delate.* **3.** Promesa de matrimonio. *La pareja ha anunciado su compromiso.* ■ **de ~.** loc. adj. Dicho espec. de solución o acuerdo: Que se alcanza haciendo concesiones. *Buscan una solución de compromiso que satisfaga a todos.* ■ **sin ~.** loc. adv. **1.** Sin que suponga contraer una obligación. *Le informaremos sin compromiso.* **2.** Sin novio. Mas frec. loc. adj. *Es una chica soltera y sin compromiso.*

compuerta. f. En canales o diques: Puerta corredera, de movimiento vertical, que sirve para abrir, cortar o graduar el paso de agua.

compuesto, ta. adj. **1.** Formado por varios elementos simples. *Las oraciones compuestas. Piensos compuestos.* **2.** *Bot.* Del grupo de las compuestas (→ 5). *Planta compuesta.* **3.** *Ling.* Dicho de palabra: Formada por composición. *Algunos neologismos son palabras compuestas.* ● m. **4.** *Quím.* Sustancia formada por dos o más elementos en proporciones fijas. *El dióxido de carbono es un compuesto de oxígeno y carbono.* ○ f. **5.** *Bot.* Planta de hojas simples y flores reunidas sobre un receptáculo común, como la alcachofa.

compulsar. tr. Cotejar o comparar (la copia de un documento) con su original para confirmar que coincide con este. *Presente la fotocopia compulsada del expediente.* FAM **compulsa.**

compulsión. f. *Psicol.* Impulso irrefrenable y persistente a actuar de una manera determinada. *La enferma siente la compulsión de comer.* FAM **compulsivo, va.**

compungido, da. adj. Que manifiesta o denota pena causada por el sufrimiento ajeno o la propia culpa. *Gesto compungido.* FAM **compunción; compungir.**

computación. f. **1.** Hecho de computar. *La capacidad de computación de los ordenadores es muy grande.* **2.** *Inform.* Informática (conjunto de conocimientos). ▶ **2:** INFORMÁTICA. FAM **computacional.**

computador, ra. adj. **1.** Que computa. *Máquina computadora.* ● m. **2.** Ordenador. *Una avería en el computador central de la fábrica paralizó la producción.* ○ f. **3.** Ordenador. *El campeón del mundo de ajedrez se enfrentará a una computadora.*

computar. tr. **1.** Contar o calcular (algo) con números. *En el Sistema Internacional, el peso se computa EN kilos.* **2.** Considerar o tener en cuenta (algo) en un cómputo o cálculo. *Los años de becario se computarán para la jubilación.* FAM **cómputo.**

computarizar o **computadorizar.** tr. *Inform.* Someter (algo) al tratamiento de un ordenador o computadora. Frec. en part. *Edición computarizada de "La Celestina".*

comulgar. intr. **1.** Recibir la comunión. *Comulgó por primera vez a los ocho años.* **2.** Coincidir o estar de acuerdo una persona con otra en algo, espec. en las ideas. *No comulga CON ella EN su adhesión al régimen.* FAM **comulgante.**

común. adj. **1.** Que pertenece a varias personas o cosas o a una generalidad de estas, sin ser privativo de ninguna. *Nos conocimos en la boda de una amiga común.* **2.** Normal o habitual. *La nieve es algo poco común en esta región.* ● m. **3.** Mayoría o generalidad de personas. *El común de la gente apoya la Constitución.* **4.** Conjunto de los habitantes de una localidad.

Le han dado permiso para meter las ovejas en tierras del común. ■ **en ~.** loc. adv. Conjuntamente. *La decisión fue tomada en común.* ■ **por lo ~.** loc. adv. Normal o habitualmente. *El número de pacientes por lo común no pasaba de diez al día.* ▶ **2:** *HABITUAL. FAM **comunal.**

comuna. f. Comunidad de personas que viven juntas compartiendo sus propiedades, gralm. sin someterse a las normas y valores sociales establecidos. *Cuando era hippie vivió en una comuna.*

comunero, ra. adj. histór. Del partido de las Comunidades de Castilla, que se rebeló contra Carlos I en 1520. *El levantamiento comunero.*

comunicado[1]. m. Nota, declaración o parte que se comunica para conocimiento público. *Leyó un comunicado en el que anunciaba su retirada.*

comunicado[2], da. adj. Dicho de lugar: Provisto de medios de transporte. *Es un barrio periférico pero bien comunicado.*

comunicar. tr. **1.** Hacer saber (algo) a alguien. *Mañana nos comunicará su decisión.* **2.** Establecer un acceso (entre un lugar) y otro. *El túnel comunica la celda CON el exterior.* **3.** Transmitir una persona o cosa (un estado de ánimo o una emoción), o hacer que se perciban en ellas. Frec. como intr. *Es un actor capaz de comunicar.* ○ intr. **4.** Establecer conexión, espec. por teléfono o por radio, con alguien. *Los astronautas no pudieron comunicar CON la Tierra.* Tb. prnl. **5.** Permitir un lugar el acceso a otro. Tb. prnl. *El comedor se comunica CON la terraza.* ○ intr. prnl. **6.** Establecer relación o contacto con los demás. *El niño tiene problemas para comunicarse CON sus compañeros.* ▶ **2, 4:** *CONECTAR. FAM **comunicación; comunicacional; comunicador, ra; comunicante; comunicativo, va.**

comunicólogo, ga. m. y f. Especialista en medios de comunicación.

comunidad. f. **1.** Condición de común o perteneciente a varios. *Hay una comunidad de ideas entre los miembros del equipo.* **2.** Conjunto de personas o naciones unidas por circunstancias o intereses comunes. *Es presidente de la comunidad de vecinos.* **3.** Conjunto de religiosos que viven en un mismo convento bajo unas reglas determinadas. *El abad reunió a la comunidad en el refectorio.* **4.** En España: Entidad territorial dotada de autonomía legislativa y competencias ejecutivas, con la facultad de administrarse mediante sus propios representantes. *La comunidad autónoma de Andalucía.* ▶ **4:** AUTONOMÍA. FAM **comunitario, ria.**

comunión. f. **1.** En el cristianismo: Sacramento de la Eucaristía. *Varios sacerdotes daban la comunión.* **2.** Hecho de recibir la comunión (→ 1). *No pudo hacer la comunión porque no estaba bautizado.* **3.** Hecho de unirse en algo común, espec. no material. *Entre los seres vivos y su entorno hay una comunión perfecta.*

comunismo. m. Sistema político y económico que defiende una sociedad sin clases ni propiedad privada, en la que los medios de producción estén en manos de la comunidad. FAM **comunista.**

con. (Seguida de pron. *mí*, *ti*, *sí*, forma con ellos una sola palabra: *conmigo*, *contigo*, *consigo*). prep. **1.** Introduce un complemento que expresa medio o instrumento. *Lo cortó con un cuchillo. Se logra con perseverancia.* **2.** Introduce un complemento que expresa modo o manera. *Salió a la calle con los zapatos desatados.* **3.** Introduce un complemento que expresa causa. *Con las prisas se nos olvidó el paraguas. Con* *lo que come, no es extraño que engorde.* **4.** cult. Introduce un complemento que expresa una dificultad o un obstáculo que no resultan suficientes para impedir un hecho. *Su presencia en la reunión, con ser importante, no resulta imprescindible.* **5.** Introduce un complemento que expresa compañía o colaboración. *Fue al cine con una amiga.* **6.** Indica adición. *Come pan con jamón.*

conato. m. Inicio de algo que no llega a desarrollarse por completo, espec. una acción o un hecho. *Hubo un conato de incendio.*

concatenar. tr. Unir o enlazar (dos o más cosas) estableciendo una relación, espec. temporal, (entre ellas). *Hacer una película es algo más que concatenar imágenes.* FAM concatenación.

cóncavo, va. adj. Curvado hacia dentro, como el interior de un cuenco. *El espejo cóncavo deforma su figura.* FAM concavidad.

concebir. (conjug. PEDIR). tr. **1.** Dar origen una hembra (a un hijo) en su útero. *Concibió a su primer hijo siendo muy joven.* **2.** Empezar a sentir (algo, espec. deseos o esperanzas). *No quería concebir esperanzas.* **3.** Formar (una idea) en la mente. *Concibió un plan para fugarse.* **4.** Formar la idea (de algo) en la mente. *No concibe la vida sin ella.* **5.** Comprender (algo), o encontrar(lo) explicable. *No concibo cómo has hecho eso.* ▶ **3:** *IDEAR. **5:** *COMPRENDER. FAM concebible; concepción.

conceder. tr. **1.** Dar a alguien (algo que ha pedido o que desea). *Le han concedido una beca.* **2.** Atribuir (importancia) a algo. *Concedes demasiada importancia a su opinión.* **3.** Estar de acuerdo (con una opinión) o admitir(la). *Te concedo que la película es mala, pero reconoce que el protagonista es guapísimo.* FAM concesión; concesionar (Am); concesionario, ria.

concejal, la. m. y f. (A veces como f. se usa **concejal**). Miembro de un ayuntamiento o corporación municipal. *Ha sido elegido concejal en las elecciones municipales.* ▶ EDIL, REGIDOR. FAM concejalía.

concejo. m. **1.** Ayuntamiento (corporación municipal, o edificio). **2.** Reunión de los miembros de un concejo (→ 1). *Se ha celebrado un concejo para discutir el asunto del riego.* ▶ **1:** *AYUNTAMIENTO. FAM concejil.

concelebrar. tr. Celebrar conjuntamente (la misa) dos o más sacerdotes. *La misa fue concelebrada por varios obispos.*

concentrar. tr. **1.** Reunir (personas o cosas separadas o dispersas) en un solo lugar. *El rey concentraba todos los poderes. Los manifestantes se concentran EN la plaza.* **2.** Recluir (a un equipo deportivo) en un lugar aislado antes de competir, con el fin de preparar(lo) para la competición. *La selección está concentrada EN un balneario.* **3.** Reducir el líquido (de una sustancia) para disminuir su volumen. *Para concentrar el caldo, déjalo hervir.* **4.** Aumentar la cantidad de sustancia disuelta (en una disolución). *Podemos concentrar la disolución añadiendo más sal.* ○ intr. prnl. **5.** Poner la atención o el pensamiento en algo. *Concéntrate en los estudios.* FAM concentración; concentrado; concentrador, ra.

concéntrico, ca. adj. *Mat.* Dicho de figura o cuerpo geométricos: Que tiene el mismo centro que otro. *Círculos concéntricos.*

concepción. → concebir.

conceptismo. m. Estilo literario, espec. el que triunfó en el siglo XVII español, caracterizado por un lenguaje sentencioso y agudo, y por la asociación ingeniosa de conceptos. *El conceptismo y el culteranismo.* FAM conceptista.

concepto. m. **1.** Representación mental y abstracta de algo o de alguien. *Tienen un concepto muy particular de la amistad.* **2.** Opinión o juicio que se tiene de algo o de alguien. *No esperes que tenga buen concepto DE ti después de lo que hiciste.* **3.** Cosa o aspecto que se toman en consideración o a los que se hace referencia. *En la factura se detallan el precio del material, la mano de obra y otros conceptos.* ■ **bajo ningún ~.** loc. adv. De ninguna manera, o en ningún caso. *No abras la puerta a nadie bajo ningún concepto.* ■ **en ~ de.** loc. prepos. Como, o en calidad de. *Ha de pagar un suplemento en concepto de gastos de envío.* ▶ **1, 2:** IDEA. FAM conceptual; conceptualismo; conceptualista.

conceptualizar. tr. cult. Reducir (algo) a concepto o representación mental. *La poesía conceptualiza el mundo interior del poeta.*

conceptuar. (conjug. ACTUAR). tr. Formar determinado concepto u opinión (de alguien o algo). *La fiscal conceptuó al acusado como una persona violenta.*

concernir. (conjug. DISCERNIR). intr. **1.** Tener que ver algo con una persona o cosa, o corresponderles a ellas. *Aquel asunto no nos concernía directamente.* ○ tr. **2.** cult. Afectar (a alguien o algo), o tener efecto (en ellos). *No me siento concernido por sus palabras.* ▶ **1:** RESPECTAR. FAM concerniente.

concertante. adj. *Mús.* Dicho de composición o de parte de ella: Que incluye la intervención de varias voces o instrumentos solistas. *Sinfonía concertante.*

concertar. (conjug. ACERTAR). tr. **1.** Acordar o pactar (algo). *Me ha concertado una entrevista con la directora.* **2.** Coordinar o armonizar (dos o más cosas) para un propósito común. *Si concertamos nuestras fuerzas, tendrán que ceder.* **3.** *Gram.* Hacer que concuerde (una palabra) con otra. *Siempre hay que concertar el verbo CON el sujeto.* ○ intr. **4.** *Gram.* Concordar una palabra con otra. *El adjetivo concierta CON el nombre EN género y número.* ○ intr. prnl. **5.** Ponerse de acuerdo dos o más personas para algo. *Los estudiantes se concertaron PARA ir a la huelga.* ▶ **4:** CONCORDAR. FAM concertación.

concertina. f. Acordeón pequeño, de fuelle muy largo y tapas hexagonales con teclado.

concertino. m. *Mús.* Primer violinista de una orquesta, encargado de tocar los solos.

concertista. → concierto.

concesión; concesionar; concesionario, ria. → conceder.

concesivo, va. adj. **1.** De la concesión o que la implica. *−Está bien −dijo con tono concesivo.* **2.** *Gram.* Dicho de oración: Que expresa una objeción o dificultad a lo que se dice en la oración principal, sin que esto impida su realización. *Oración concesiva.* Tb. dicho de la conjunción correspondiente.

concha. f. **1.** Cubierta dura que protege el cuerpo de algunos animales, como los moluscos o las tortugas. **2.** Carey (materia córnea). *Gafas de concha.* **3.** *Teatro* Mueble bajo en forma de cuarto de esfera, que se sitúa en la parte delantera del escenario y sirve para ocultar al apuntador. **4.** Am. malson. Vulva. ▶ **2:** CAREY.

conchabar. tr. **1.** Am. Contratar (a alguien) para un servicio. *Un capitán organizaba una expedición, y conseguí que me conchabaran en ella* [C]. ○ intr. prnl. **2.** coloq. Ponerse de acuerdo dos o más personas para hacer algo censurable o poco honrado. *Los timadores se conchabaron para embaucarlo.* **3.** Am. Contratarse para un servicio. *Se conchabó* DE *marinero en una carabela* [C].

conciencia. f. **1.** Facultad de reconocer la realidad exterior y relacionarse con ella. *Sufrió un desmayo y tardó en recobrar la conciencia.* **2.** Facultad de la persona de conocerse a sí misma y de juzgar sus propias acciones. *Siempre he hecho lo que me ha dictado la conciencia.* **3.** Conocimiento inmediato o espontáneo de una realidad. *No tengo conciencia de haberte dado permiso.* Frec. en la constr. *tomar ~.* ■ *a ~.* loc. adv. De manera concienzuda. *La organización ha trabajado a conciencia.* ■ *en ~.* loc. adv. Según la conciencia (→ 2). *Estos son los hechos y ahora que cada cual actúe en conciencia.* ▶ **1:** CONOCIMIENTO, CONSCIENCIA. **3:** CONSCIENCIA.

concienciar. (conjug. ANUNCIAR). tr. Hacer que (alguien) tome conciencia de algo. *Hay que concienciar a los fumadores de los peligros del tabaco.* FAM concienciación; concientización (Am); concientizar (Am).

concienzudo, da. adj. **1.** Dicho de persona: Que actúa con cuidado y detenimiento. *Una científica concienzuda.* **2.** Dicho de cosa: Realizada con cuidado y detenimiento. *Un concienzudo trabajo de documentación.*

concierto. m. **1.** Hecho de concertar un acuerdo, o de concertarse para lograrlo. *El concierto entre la Universidad y el Estado ha resultado beneficioso.* **2.** Interpretación en público de composiciones musicales. *Un concierto de la Orquesta Nacional. Un concierto de rock.* **3.** Composición musical para diversos instrumentos en que uno o varios llevan la parte principal. *Bach compuso los "Conciertos de Brandeburgo".* **4.** Organización adecuada o correcta de las cosas. *Los libros están amontonados sin concierto.* FAM concertista.

conciliábulo. m. Reunión para tratar un asunto poco lícito o que se quiere mantener oculto. *Días antes del golpe de Estado se suceden los conciliábulos.*

conciliar. (conjug. ANUNCIAR). tr. Poner de acuerdo (una cosa o a una persona) con otra. *El autor ha tratado de conciliar la filosofía* CON *la religión.* FAM conciliación; conciliador, ra; conciliatorio, ria.

concilio. m. Rel. Asamblea de obispos y otros eclesiásticos para tratar asuntos importantes relacionados con la Iglesia católica. *El Concilio Vaticano II.* FAM conciliar (*Textos conciliares*).

conciso, sa. adj. Que emplea pocas palabras para expresar sus conceptos. *Su estilo narrativo es conciso.* FAM concisión.

concitar. tr. **1.** Provocar o causar (algo). *Sus palabras concitaron las iras de los presentes.* **2.** Reunir o congregar (personas o cosas). *El congreso concitó a especialistas de todo el mundo.*

conciudadano, na. m. y f. **1.** Persona de la misma ciudad que otra. *El alcalde atiende las demandas de sus conciudadanos.* **2.** Compatriota.

cónclave. m. **1.** Rel. Asamblea de los cardenales de la Iglesia católica, reunidos para elegir papa. *La fumata blanca indica que el cónclave ya ha tomado una decisión.* **2.** Reunión de personas para tratar un asunto. *Los ministros de economía asistirán a un cónclave sobre la moneda única.*

concluir. (conjug. CONSTRUIR). tr. **1.** Acabar o terminar (algo) haciendo que quede completamente hecho. *Tras meses de rodaje, por fin concluí la película.* **2.** Llegar (a una idea o a una decisión) después de considerar una serie de datos o circunstancias. *El juez concluyó*

que *no había pruebas para procesarlo.* ○ intr. **3.** Acabar o terminar algo. *La historia concluye* CON *el matrimonio de los protagonistas.* ▶ **1, 3:** *ACABAR. FAM conclusivo, va; concluso, sa.

conclusión. f. **1.** Hecho de concluir. *Tuvo que aplazar la conclusión de su proyecto.* **2.** Idea o decisión a las que se llega después de considerar una serie de datos o circunstancias. *¿Han llegado a alguna conclusión respecto a las vacaciones?* ■ *en ~.* loc. adv. Resumiendo, o como conclusión (→ 2). *En conclusión, ¿puede prestarme dinero?*

concluyente. adj. Que no admite discusión o réplica. *Las pruebas son concluyentes.*

concomitante. adj. Dicho de cosa: Que se presenta o actúa junto con otra. *La fiebre y el catarro son síntomas concomitantes en el proceso gripal.* FAM concomitancia.

concordar. (conjug. CONTAR). intr. **1.** Armonizar o estar de acuerdo dos o más personas o cosas. *Las dos versiones no concuerdan.* **2.** Gram. Estar en concordancia una palabra con otra. *El verbo concuerda* CON *el sujeto.* ○ tr. **3.** Armonizar o poner de acuerdo (a dos o más personas o cosas). *Si logran concordar sus horarios, encontrarán tiempo para verse.* ▶ **2:** CONCERTAR. FAM concordancia; concordante; concorde.

concordato. m. Tratado sobre asuntos eclesiásticos entre un Estado y la Santa Sede.

concordia. f. Acuerdo o conformidad entre personas discrepantes o enfrentadas. *Todos deseamos que la concordia vuelva a reinar en el país.*

concreción. f. **1.** Hecho o efecto de concretar o concretarse. *El estudio es interesante pero carece de concreción.* **2.** Masa sólida que es el producto de una acumulación de partículas. *Los cálculos biliares son concreciones anómalas de sales minerales.*

concretar. tr. **1.** Hacer concreto (algo). *Te llamaré para concretar la hora de la cita.* ○ intr. prnl. **2.** Referirse a algo en concreto. *Concretémonos* AL *tema que nos ocupa.* ▶ **1:** CONCRETIZAR.

concretizar. tr. Concretar (algo). *La circular concretiza las condiciones exigidas a los aspirantes.* ▶ CONCRETAR. FAM concretización.

concreto¹. m. Am. Hormigón. *El segundo puente será construido de concreto* [C].

concreto², ta. adj. **1.** Que tiene existencia real y física. *El cuerpo humano es algo concreto.* **2.** Que se considera individual y particularmente, con independencia del grupo o especie a los que pertenece. *Este libro concreto no lo he leído, pero he leído otros de ese autor.* **3.** Preciso o exacto. *Necesito los datos concretos, nada de aproximaciones.* **4.** Gram. Dicho de nombre: Que designa seres concretos (→ 1). *"Cuerpo" es un nombre concreto.* ■ *en concreto.* loc. adv. De manera concreta (→ 1-3). *No se refiere a nadie en concreto, sino a la población en general.* ▶ **3:** ESPECÍFICO.

concubinato. m. Relación de un hombre y una mujer que viven como matrimonio pero sin estar casados. *En la antigua Roma se admitía el concubinato.* ▶ AMANCEBAMIENTO. ‖ Am: AMASIATO. FAM concubina.

conculcar. tr. cult. Quebrantar (una ley, una obligación o un principio). *La sentencia del magistrado conculca la Constitución.* FAM conculcación.

concuñado, da. m. y f. Respecto de una persona: Cuñado/a su hermano o cónyuge de su cuñado/a. *El gerente propuso a su concuñado para el puesto.* ▶ CUÑADO.

concupiscencia. f. cult. Deseo de bienes o placeres materiales, espec. de placer sexual. *La Iglesia censura la pornografía porque alienta la concupiscencia.* FAM concupiscente.

concupiscible. adj. cult. Dicho de cosa: Que tiende hacia el bien sensible. *Platón distingue tres partes del alma: inteligible, irascible y concupiscible.*

concurrir. intr. **1.** Acudir dos o más personas a un lugar o acto. *Miles de peregrinos concurren A La Meca cada año.* **2.** Juntarse dos o más personas o cosas en un mismo lugar. *Las calles más importantes concurren EN la plaza del ayuntamiento.* **3.** Coincidir dos o más cualidades o circunstancias en alguien o en algo. *Juventud y talento concurren EN las nuevas promesas del cine.* **4.** Tomar parte en un concurso. *A este concurso concurre gente de todas las edades.* FAM concurrencia; concurrente; concurrido, da.

concurso. m. **1.** Competición entre varias personas para conseguir un premio. *El jinete obtuvo medalla en el concurso de saltos.* **2.** En la Administración: Proceso de selección para cubrir un puesto de trabajo, en que un tribunal juzga los méritos y condiciones que presentan los aspirantes. *Los que aprueben la oposición pasarán al concurso de méritos.* **3.** En la Administración: Proceso de selección para adjudicar una contrata o una concesión, en que se elige la oferta más ventajosa. *El Ayuntamiento convoca concurso para las obras de restauración de la catedral.* **4.** Colaboración o participación. *Para el festival de música contamos con el concurso de un cuarteto de cuerda.* ▶ **1:** CERTAMEN. FAM concursante; concursar.

conde, desa. m. y f. **1.** Persona con título nobiliario inmediatamente inferior al de marqués. *Goya retrató a la condesa de Chinchón.* **2.** Consorte de un conde (→ 1, 3) o de una condesa (→ 1). ○ m. **3.** histór. En la Edad Media española: Persona que gobernaba un territorio. *Fernán González fue el primer conde de Castilla.* FAM condado; condal.

condecoración. f. **1.** Hecho de condecorar. *El rey presidió la ceremonia de condecoración de los héroes de guerra.* **2.** Insignia de honor o distinción. *Lucía varias condecoraciones en su pecho.*

condecorar. tr. Conceder o imponer (a alguien) una condecoración o insignia. *Lo condecoraron por su valor.*

condenado, da. adj. **1.** coloq. Dicho de persona: Perversa o de mala intención. Frec. con intención afectiva. *¡El muy condenado se ha comido la tarta entera!* **2.** coloq. Antepuesto a un nombre, se usa para expresar la molestia o rechazo que causa lo designado por este. *¡Condenado ordenador, nunca funciona cuando se necesita!* ■ como un ~. loc. adv. coloq. Mucho. *Trabaja como una condenada.*

condenar. tr. **1.** Imponer un juez, un tribunal o una autoridad un castigo o una pena (a alguien). *El juez lo condenó A pagar una multa.* **2.** Forzar (a alguien) a algo penoso o desagradable. *Te guste o no, estamos condenadas A entendernos.* **3.** Censurar (algo o a alguien) o calificar(los) de moralmente malos. *Se niegan a condenar el atentado.* **4.** Cerrar permanentemente (una puerta, una ventana o una habitación). *Han condenado todas las ventanas del caserón.* ○ intr. prnl. **5.** Rel. Ir al infierno. *Se condenará porque es una mala persona.* FAM condena; condenable; condenación; condenatorio, ria.

condensar. tr. **1.** Convertir (un vapor) en líquido o en sólido. *Las bajas temperaturas condensan el vapor de agua de las nubes.* **2.** Concentrar (una sustancia)

haciéndo(la) más espesa. *Condense el caldo dejándolo hervir.* **3.** Resumir o sintetizar (algo). *El cuadro condensa técnicas pictóricas de vanguardia.* FAM condensación; condensador, ra.

condesa. → conde.

condescender. (conjug. ENTENDER). intr. Adaptarse por amabilidad a la voluntad de alguien. *No le importa condescender con tal de evitar discusiones.* FAM condescendencia; condescendiente.

condestable. m. histór. En la Edad Media: Jefe máximo del ejército. *Fue condestable de Castilla durante el reinado de Enrique IV.*

condición. f. **1.** Circunstancia indispensable para que se produzca un hecho. *Te ayudo con la condición de que mañana vengas.* **2.** Naturaleza, o conjunto de caracteres y propiedades que constituyen la esencia de un ser. *Se preciaba de conocer bien la condición humana.* **3.** Manera natural de ser. *Era un perro dócil y de condición tranquila.* **4.** Situación especial en que se hallan alguien o algo. *Mi condición DE azafata me ha permitido conocer muchas ciudades.* **5.** Clase social. *Se casó con un hombre de baja condición.* ○ pl. **6.** Cualidades o aptitudes. *No tiene condiciones PARA la música.* **7.** Circunstancias que afectan a un proceso o al estado de una persona o cosa. *Sufre una intoxicación por comer alimentos en malas condiciones.* ■ condiciones normales. f. pl. Fís. y Quím. Circunstancias estándar, establecidas por convenio, bajo las que se define el estado físico de un cuerpo, es decir, cero grados centígrados y una atmósfera de presión. *Este compuesto es gaseoso en condiciones normales.* □ en condiciones. loc. adj. **1.** Que tiene las condiciones (→ 6) adecuadas para algo. *Quítate esos trapos y ponte ropa en condiciones.* □ loc. adv. **2.** En las condiciones (→ 7) adecuadas para algo. *Cállate, que no estás en condiciones DE exigir nada.* ▶ **2:** NATURALEZA. **3:** ÍNDOLE. FAM condicionamiento; condicionante; condicionar.

condicionado, da. adj. Psicol. Dicho de reflejo: Producido en ausencia de un estímulo específico, por otro específico previamente asociado. *El perro saliva, por un reflejo condicionado, al oír el timbre que le anuncia la comida.*

condicional. adj. **1.** Que implica una condición o está sometido a ella. *Su apoyo a la coalición es condicional.* **2.** Gram. Dicho de oración: Que expresa una condición para que se cumpla lo que se dice en la oración principal. *En "Si llueve, no iré", "si llueve" es una oración condicional.* Tb. dicho de la conjunción correspondiente. ■ ~ compuesto. m. Gram. Antepospretérito. ■ ~ simple. m. Gram. Pospretérito.

condimentación. f. Hecho o efecto de condimentar. *El cocinero reveló secretos de la condimentación de sus platos.* ▶ ADEREZO, ALIÑO.

condimentar. tr. Añadir condimentos (a la comida) para dar(le) buen sabor. *Condimenta el pollo con sal y pimienta.* ▶ ADEREZAR, ALIÑAR, SAZONAR.

condimento. m. Sustancia o conjunto de sustancias que se añaden a la comida para darle buen sabor. *El azafrán es un condimento esencial en la paella.* ▶ ADEREZO, ALIÑO.

condiscípulo, la. m. y f. Discípulo que tiene el mismo maestro o maestros que otro. *Fray Luis fue condiscípulo DE Arias Montano.*

condolencia. f. cult. Manifestación de dolor por la desgracia o el sufrimiento ajenos, espec. por la muerte de un ser querido. *Reciba nuestra más sentida condolencia por tan dolorosa pérdida.*

condolerse. (conjug. MOVER). intr. prnl. Compadecerse de alguien o algo, o sentir pena o lástima por ellos. *Se condolía DEL sufrimiento ajeno.*

condominio[1]. m. *Der.* Dominio conjunto de dos o más personas sobre una cosa. *Los hermanos heredarán las tierras en régimen de condominio.*

condominio[2]. m. Am. Conjunto de viviendas. *Un terreno ocupado por un condominio* [C].

condón. m. Preservativo.

condonar. tr. *Der.* Perdonar (una deuda o una pena, espec. si es de muerte). *Les condonaron parte de la deuda externa.* ▶ PERDONAR. FAM **condonación.**

cóndor. m. Ave rapaz americana semejante al buitre, de gran tamaño y plumaje negro azulado y blanco. *El cóndor hembra.*

conducir. (conjug. CONDUCIR). tr. **1.** Llevar o transportar (algo o a alguien) a un lugar. *Las venas conducen la sangre HASTA el corazón.* **2.** Guiar (a alguien) hasta un lugar por un camino determinado. *El mapa condujo a los piratas HASTA el tesoro.* **3.** Llevar (algo o a alguien) a una situación o actuación determinadas. *Los celos lo conducen A la locura.* **4.** Dirigir o mandar (a un grupo de personas) en algo. *El general condujo las tropas en la batalla.* **5.** Dirigir (un negocio o la actuación) de un grupo de personas. *Conduce el negocio familiar desde hace años.* **6.** Dirigir el movimiento (de un vehículo). *El joven conducía una moto.* **7.** *Fís.* Transmitir o propagar. *Los metales conducen el calor.* ○ intr. prnl. **8.** Comportarse de una manera determinada. *A pesar de su aspecto, se conducía como un caballero.* ▶ **8:** *COMPORTARSE. ‖ Am: **6:** MANEJAR. FAM **conducción; conducente.**

conducta. f. **1.** Manera en que una persona actúa o se comporta frente a los demás. *Le han reducido la pena por buena conducta.* **2.** *Biol.* Manera en que un ser vivo reacciona ante una situación o un estímulo. *Estudia la conducta migratoria de las cigüeñas.* FAM **conductismo; conductista; conductual.**

conducto. m. **1.** Tubo o canal por donde circula un fluido. *Los ladrones entraron por uno de los conductos de ventilación.* **2.** Medio o vía que sigue algo para llegar a su destino. *Lo supo por conducto de su amiga.* ▶ **2:** *VÍA.

conductor, ra. adj. **1.** Que conduce. *El hilo conductor de la trama novelesca.* ● m. y f. **2.** Persona que conduce o guía. *Fue un visionario y un conductor de las masas.* **3.** Persona que conduce un vehículo o realiza esta actividad como oficio. *El conductor del turismo se saltó el semáforo.* ○ m. **4.** *Fís.* Cuerpo capaz de conducir el calor o la electricidad. *El cobre es un buen conductor de la electricidad.* **5.** *Fís.* Hilo metálico destinado a transmitir electricidad. *El conductor de la toma de tierra.* FAM **conductancia; conductividad.**

condumio. m. coloq. Comida o guiso. *Quédate, que aquí hay condumio para todos.*

conectar. tr. **1.** Unir o enlazar (una cosa) a otra con la cual forma un sistema. *Conectan la manguera AL grifo.* **2.** Establecer relación (entre dos o más personas o cosas). *Sabe conectar la teoría y la práctica.* **3.** Poner en comunicación (un lugar) con otro, o establecer un acceso entre ellos. *Un pasadizo secreto conectaba el monasterio CON la iglesia.* **4.** Establecer contacto (entre un aparato o un sistema) y una fuente de energía. *Aún no han conectado el ordenador A la red.* ○ intr. **5.** Establecer relación o comunicación con alguien o algo. *Al final del programa conectaron CON un corresponsal en Milán.* **6.** Lograr una buena

comunicación con alguien. *La profesora conectó CON sus alumnos desde el primer día.* ▶ **1, 2:** INTERCONECTAR. **3:** COMUNICAR, INTERCONECTAR. **5:** COMUNICAR. FAM **conectivo, va; conector, ra.**

conejillo. ~ **de Indias.** m. Cobaya. *El fármaco se probará en conejillos de Indias.*

conejo, ja. m. **1.** Mamífero roedor, de color gralm. pardo o gris y orejas largas, que habita en madrigueras y es apreciado por su carne y su pelo. *El mago saca un conejo de su chistera.* **2.** Carne de conejo (→ 1). *Comeremos conejo al ajillo.* ○ f. **3.** Hembra del conejo (→ 1). *Las conejas tienen una gestación de treinta y un días.* FAM **conejero, ra.**

conexión. f. **1.** Hecho o efecto de conectar. *Ha perdido la conexión CON la realidad.* **2.** Dispositivo para conectar aparatos o sistemas. *Las conexiones de los altavoces no encajan con las del ordenador.* **3.** Persona con la que se tiene relación y que facilita el contacto con otra. *Sus conexiones en la mafia le tenían informado.* FAM **conexo, xa.**

confabularse. intr. prnl. Ponerse de acuerdo dos o más personas para hacer algo, gralm. ilícito, o contra alguien. *Todos se han confabulado CONTRA él.* FAM **confabulación.**

confección. f. **1.** Hecho o efecto de confeccionar. *Vende conservas de confección casera.* **2.** Hecho de confeccionar prendas de vestir. *Su familia se ha dedicado a la confección durante generaciones.* **3.** Prenda de vestir, gralm. fabricada en serie, que se vende hecha. *Los grandes almacenes presentan sus confecciones para el verano.* ■ **de ~.** loc. adj. Dicho de prenda de vestir: Que se vende hecha y, gralm., fabricada en serie. *Lleva un abrigo de confección que parece hecho a medida.* FAM **confeccionista.**

confeccionar. tr. Hacer (una cosa material, espec. compuesta de varias partes). *Aún no hemos confeccionado la ruta que seguiremos.* FAM **confeccionador, ra.**

confederación. f. Agrupación de personas, organismos o Estados con unos intereses comunes. *El precedente del Estado federal de Suiza fue una confederación de cantones.* FAM **confederado, da; confederal; confederar; confederativo, va.**

conferencia. f. **1.** Exposición oral en público, de carácter didáctico o doctrinal, sobre un tema determinado. *Un ciclo de conferencias sobre arte.* **2.** Reunión de personas, espec. políticos o científicos, para tratar asuntos importantes de su competencia. *El presidente de la Conferencia episcopal. Conferencia Internacional sobre Medio Ambiente.* **3.** Comunicación telefónica entre dos ciudades o países. *Telefonista, póngame una conferencia con Pekín, por favor.* ■ ~ **de prensa.** f. Rueda de prensa. *Tras el pase de la película, el director dará una conferencia de prensa.* FAM **conferenciante; conferenciar** (conjug. ANUNCIAR); **conferencista** (Am).

conferir. (conjug. SENTIR). tr. Conceder o dar (algo no material, espec. una cualidad) a una persona o cosa. *El sello de la facultad confiere carácter oficial al diploma.*

confesar. (conjug. ACERTAR). tr. **1.** Manifestar o dar a conocer (algo que se mantenía en secreto). *Me confesó que no pensaba venir.* **2.** Reconocer o admitir una persona (algo que se le atribuye o de lo que se la acusa). *El acusado confesó su participación en el robo.* **3.** *Rel.* Escuchar un sacerdote (a alguien) en el sacramento de la penitencia. *Me confesó el párroco.* ○ intr. prnl. **4.** Reconocer una persona que es lo que indica. *Se confiesa un maniático del orden.* **5.** *Rel.*

Declarar alguien sus pecados a un sacerdote en el sacramento de la penitencia. *Siempre se confiesa antes de comulgar.* FAM **confesable; confeso, sa; confesor.**

confesión. f. **1.** Hecho de confesar o confesarse. *Hizo una confesión de culpabilidad.* **2.** Cosa o conjunto de cosas que se confiesan. *Su confesión no tiene validez.* **3.** Creencia religiosa. *El colegio admite alumnos de todas las confesiones religiosas.* **4.** *Rel.* Sacramento de la penitencia. *La moribunda pidió la confesión.* FAM **confesional; confesionalidad; confesionario** o **confesonario.**

confeti. m. Conjunto de trocitos de papel de varios colores que se arrojan unas personas a otras en fiestas y celebraciones.

confiado, da. adj. **1.** Dicho de persona: Que tiene confianza o seguridad. *Iba muy confiado al examen y suspendió.* **2.** Dicho de persona: Que tiende a confiar excesivamente en los demás. *No se puede ser tan confiado.*

confianza. f. **1.** Sentimiento de esperanza o seguridad de la persona que confía en algo o en alguien. *Esta marca no me inspira confianza.* **2.** Familiaridad (condición de familiar). ■ **de ~.** loc. adj. **1.** Dicho de persona o cosa: Que ofrece confianza (→ 1) o seguridad. *¿Conoces a algún fontanero de confianza?* **2.** Dicho de persona: Que tiene trato íntimo y familiar con otra. *Las damas de honor son amigas de confianza de la novia.* **3.** Dicho de persona: Que trabaja para otra o colabora con ella y goza de manera exclusiva de su total confianza (→ 1). *Es el hombre de confianza de la directora.* ■ **en ~.** loc. adv. De manera reservada o secreta. *En confianza, no soporto a ese tipo.* ▶ 2: FAMILIARIDAD. FAM **confianzudo, da.**

confiar. (conjug. ENVIAR). tr. **1.** Encargar a una persona el cuidado (de alguien o algo), o poner(los) en sus manos. *La vecina me ha confiado sus plantas mientras está de vacaciones.* **2.** Comunicar (algo) a alguien en quien se confía (→ 3). *Te voy a confiar un secreto.* O intr. **3.** Creer firmemente en la bondad o la calidad de alguien o algo. *Confiaba EN ellos y lo traicionaron.* **4.** Esperar algo, o tener la esperanza de que suceda. *No confía EN que le paguen lo que le deben.* O intr. prnl. **5.** Comunicar una persona algo, espec. sus problemas, a otra. *Necesita confiarse A alguien.* **6.** Abandonar toda precaución. *No te confíes: apenas los conoces.* ▶ 4: ESPERAR.

confidencia. f. Revelación de algo secreto y gralm. personal, que se hace a alguien de manera reservada. *Le hizo confidencias íntimas.* FAM **confidencial; confidencialidad; confidente.**

configurar. tr. Dar forma (a algo). *Las encinas configuran el paisaje de la zona.* FAM **configuración.**

confín. m. cult. Límite o frontera. *La noticia llegó hasta el confín más remoto del país.*

confinar. tr. **1.** Desterrar (a alguien) obligándo(lo) a residir en un lugar determinado. *Confinaron a Napoleón EN/A la isla de Elba.* **2.** Encerrar o recluir (a alguien) dentro de unos límites determinados. *Confinan a los prisioneros EN campos de concentración.* FAM **confinamiento.**

confirmación. f. **1.** Hecho o efecto de confirmar o confirmarse. *La confirmación del dopaje supuso el fin de su carrera deportiva.* **2.** *Rel.* Sacramento mediante el cual confirma su fe el que ya ha sido bautizado.

confirmar. tr. **1.** Asegurar la verdad o la certeza (de algo). *Aún no han confirmado la noticia.* **2.** Vol-

ver a dar validez (a algo ya establecido). *Llame al hotel para confirmar su reserva.* **3.** Dar (a alguien) seguridad o certeza respecto a algo que suponía. *Su silencio los confirmó EN la sospecha de que era culpable.* **4.** *Rel.* Administrar (a alguien) el sacramento de la confirmación. *El obispo los confirmó en la parroquia.*

confiscar. tr. Quitar una autoridad (los bienes) a su propietario para poner(los) a disposición de la hacienda pública. *El Estado le confiscó sus propiedades.* FAM **confiscación.**

confitar. tr. Recubrir de un baño de azúcar (frutas o frutos secos). *Receta para confitar maní.* FAM **confite; confitura.**

confitería. f. **1.** Establecimiento donde se hacen y venden dulces. *El escaparate de la confitería.* **2.** Oficio o actividad de la persona que hace o vende dulces. *La familia se dedica a la confitería.* **3.** Conjunto de productos de confitería (→ 2). *Aquí venden confitería fina.* FAM **confitero, ra.**

conflagración. f. Enfrentamiento bélico entre pueblos o países. *El bombardeo puso fin a la conflagración.*

conflicto. m. **1.** Oposición entre personas o cosas. *Sus ideas políticas entran en conflicto con sus creencias religiosas.* **2.** Enfrentamiento armado. *Un mediador negociará con los países en conflicto.* **3.** *Psicol.* Coincidencia de impulsos o tendencias opuestos, capaz de producir trastorno en el individuo. *Los procesos mentales reprimidos originan conflictos.* ■ **~ colectivo.** m. Enfrentamiento laboral entre los empresarios y trabajadores, espec. el que afecta a todo un sector de la economía. *El conflicto colectivo en los astilleros puede desembocar en una huelga.* FAM **conflictividad; conflictivo, va.**

confluir. (conjug. CONSTRUIR). intr. Juntarse dos o más personas o cosas en un mismo lugar. *Las dos carreteras comarcales confluyen EN la autovía.* FAM **confluencia; confluyente.**

conformar. tr. **1.** Dar forma (a algo). *La educación ayuda a conformar el carácter.* **2.** *Econ.* Poner un banco su conformidad (en un cheque), garantizando su pago. *El comerciante pagó con un talón conformado.* O intr. prnl. **3.** Darse por satisfecho con algo. *Tuvieron que conformarse CON un poco de pan.* FAM **conformación; conformismo; conformista.**

conforme. adj. **1.** Que está en correspondencia o en consonancia con algo. *Solo se admitirán las enmiendas conformes CON el artículo 124.* **2.** Dicho de persona: Que está de acuerdo con algo o alguien. *No estoy conforme CON el fallo del jurado.* **3.** Que se da por satisfecho. *Los empleados no estaban conformes CON sus sueldos.* ● conj. **4.** De la misma manera que. *Lo hice conforme me lo ordenaron.* ■ **~ a.** loc. preps. De acuerdo con algo. *Todo salió conforme a lo previsto.* ▶ 1, 2: ACORDE.

conformidad. f. **1.** Hecho de estar conforme o de acuerdo. *Expresan su conformidad CON la propuesta.* **2.** Hecho de conformarse. *Sorprende la conformidad con la que han reaccionado.* ■ **de, o en, ~ con.** loc. preps. Conforme a. *Actúo de conformidad con las normas.*

confort. (pl. conforts). m. Comodidad material. *Me gusta este hotel por el confort de sus habitaciones.* FAM **confortabilidad; confortable.**

confortar. tr. **1.** Dar fuerza o bienestar (a alguien). *Cuando hace frío, un vaso de leche caliente te conforta.* **2.** Animar o consolar (a alguien). *Su compañía la con-*

fortaba en aquellos momentos dolorosos. **FAM confortador, ra; confortante.**

confraternizar. intr. Tener una persona un trato de amistad y camaradería con otra. *Las tropas confraternizaban* CON *la población.* **FAM confraternidad; confraternización.**

confrontar. tr. Poner (una cosa o a una persona) frente a otra, para compararlas u oponerlas. *Confrontó la primera edición del libro* CON *la segunda.* **FAM confrontación.**

confucianismo o **confucionismo.** m. Doctrina religiosa basada en las enseñanzas de Confucio (filósofo chino, s. V a. C.) y extendida por diversos países orientales. **FAM confuciano, na; confucionista.**

confundir. tr. **1.** Tomar desacertadamente (una cosa o a una persona) por otra. *Perdone, lo he confundido* CON *otra persona.* **2.** Mezclar (varias cosas) haciendo que no puedan distinguirse (entre sí). *La oscuridad confunde los contornos de las cosas.* **3.** Desconcertar (a alguien). *Las luces y el bullicio me confunden.* **4.** Hacer que (alguien) se quede sin capacidad de respuesta en una disputa. *Como buen polemista, busca confundir a sus oponentes.* ○ intr. prnl. **5.** Equivocarse. *Nos hemos confundido* DE *dirección.* **6.** Mezclarse personas o cosas diversas de manera que no puedan distinguirse unas de otras. *Sus voces se confundían en el griterío. Los recuerdos se confundían en su mente.*

confusión. f. **1.** Hecho de confundir o confundirse, espec. por haberse cometido un error. *El cliente advirtió una confusión en la factura.* **2.** Cualidad de confuso. *La confusión y los mareos desaparecerán al cabo de unos días.* **FAM confusionismo.**

confuso, sa. adj. **1.** Dicho de persona: Confundida o desconcertada. *Miraba confuso buscando la salida.* **2.** Difícil de comprender. *El gráfico resulta confuso.* **3.** Difícil de percibir o distinguir. *Las imágenes son confusas por la mala calidad de la cinta.* **4.** Desordenado o revuelto. *En el escritorio hay una confusa montaña de papeles.*

conga. f. Baile de origen cubano, de ritmo vivo, ejecutado por personas que van en fila levantando las piernas alternativamente cada tres pasos.

congelado[1]. m. Hecho o efecto de congelar, espec. alimentos. *La cámara está preparada para el congelado de una tonelada de carne.*

congelado[2], da. adj. Extremadamente frío. *Las sábanas están congeladas.*

congelar. tr. **1.** Helar (un líquido). *El frío congeló el agua del lago.* **2.** Someter (algo, espec. un alimento) a una temperatura inferior a 0 °C para que pueda conservarse en buenas condiciones durante largo tiempo. *Si no vas a cocinar hoy, congela la carne.* **3.** Dañar el frío (una parte del cuerpo expuesta a temperaturas muy bajas), produciendo la muerte de las células de sus tejidos. *El frío había empezado a congelar los dedos.* **4.** Suspender por un tiempo (una actividad, un proceso o un proyecto). *La cadena ha congelado la emisión del programa.* **5.** Econ. Declarar oficialmente inmodificables (un sueldo o un precio). *El Gobierno decidió congelar el sueldo a los funcionarios.* **6.** Econ. Inmovilizar (fondos o cuentas particulares) para impedir que se realicen operaciones con ellos. *El juez ordenó congelar las cuentas bancarias de los imputados.* **7.** Cine y TV Detener el movimiento (de un plano o una imagen). *La película termina con un plano congelado.* ○ intr. prnl. **8.** coloq. Helarse o sentir mucho frío. *Pon la calefacción, que*

me estoy congelando. ▶ **1:** HELAR. **FAM congelación; congelador, ra; congelamiento (frecAm).**

congénere. adj. Del mismo género o clase que otro. Gralm. m. y f., espec. referido a pers. *El perro es más noble que muchos de nuestros congéneres.*

congeniar. (conjug. ANUNCIAR). intr. Coincidir una persona en carácter o inclinaciones con otra. *No congenia* CON *su hermana.*

congénito, ta. adj. Que se tiene desde el nacimiento. *Enfermedades congénitas.*

congestión. f. **1.** Acumulación excesiva de personas o cosas que dificulta el paso, la circulación o el movimiento. *La huelga de controladores produjo congestiones en los aeropuertos.* **2.** Acumulación excesiva de sangre en una parte del cuerpo. *Congestión cerebral.* **FAM congestionar; congestivo, va.**

conglomerado. m. Masa compacta formada por la unión de partículas. *El óvulo se transforma en un conglomerado de células.* **FAM conglomerante; conglomerar.**

congoja. f. Pena muy intensa, gralm. manifestada con llanto. *La viuda no podía ocultar su congoja.*

congoleño, ña o **congolés, sa.** adj. De alguno de los países africanos que llevan o han llevado el nombre del Congo.

congraciarse. (conjug. ANUNCIAR). intr. prnl. Ganarse la benevolencia o la simpatía de alguien. *Busca cómo congraciarse* CON *él.*

congratular. tr. **1.** Alegrar (a alguien). *Nos congratula volver a veros.* ○ intr. prnl. **2.** Sentir alegría o satisfacción por algo. *El cirujano se congratulaba* DEL *éxito de la operación.* ▶ **2:** FELICITARSE. **FAM congratulación.**

congregar. tr. Reunir o juntar (personas). *Nos congregó a todos para darnos la noticia.* ▶ *JUNTAR. **FAM congregación; congregante.**

congreso. m. **1.** Reunión, gralm. periódica, de los miembros de una asociación o colectividad para exponer y debatir temas previamente fijados. *Prepara una ponencia para el Congreso Internacional de Psiquiatría.* **2.** (En mayúsc.). Cuerpo legislativo de ámbito nacional, compuesto por los diputados o representantes de los electores. *Se han convocado elecciones al Congreso y al Senado.* **3.** (En mayúsc.). En algunos países: Conjunto de las dos cámaras legislativas. *El Capitolio es la sede del Congreso de los Estados Unidos.* **4.** (En mayúsc.). Edificio donde se reúne el Congreso (→ 2, 3). *Los afectados se manifestarán a las puertas del Congreso.* **FAM congresal (Am); congresista; congresual.**

congrio. m. Pez marino comestible, de color gris y forma alargada casi cilíndrica, que posee una larga aleta dorsal.

congruente. adj. Que tiene coherencia o correspondencia, espec. lógica, con algo. *Mantiene una conducta congruente* CON *su declaración.* **FAM congruencia.**

cónico, ca. → cono.

conífero, ra. adj. **1.** Bot. Del grupo de las coníferas (→ 2). ● f. **2.** Bot. Planta con fruto en forma de piña o cono y hojas persistentes, gralm. en forma de aguja, como el pino.

conjetura. f. Hecho o efecto de suponer algo basándose en indicios u observaciones. *Solo podemos hacer conjeturas acerca de lo que pasó.* ▶ SUPOSICIÓN. **FAM conjetural; conjeturar.**

conjugación. f. **1.** Hecho de conjugar o conjugarse. *El éxito depende de la conjugación de muchos factores.* **2.** *Gram.* Cada uno de los grupos en que se clasifican los verbos según la terminación del infinitivo. *En español hay tres conjugaciones.* **3.** *Gram.* Conjunto de las formas que puede presentar un verbo. *Díganme la conjugación del verbo "andar".*

conjugar. tr. **1.** Combinar (una cosa) con otra. *El edificio pretende conjugar la tradición* CON *la modernidad.* **2.** *Gram.* Enunciar o utilizar (un verbo) en sus diferentes formas. *Aprenden a conjugar los verbos irregulares.*

conjunción. f. **1.** Hecho o efecto de conjuntar. *El proyecto nace de la conjunción de varias propuestas.* **2.** *Fís.* Situación relativa de dos o más astros cuando se encuentran alineados con el punto de observación. *Marte entró en conjunción con Saturno.* **3.** *Gram.* Palabra invariable que introduce una oración subordinada o que une elementos sintácticamente equivalentes. *"Y" es una conjunción copulativa.*

conjuntar. tr. Hacer que (dos o más cosas) formen un conjunto armónico. *No sabe conjuntar los colores.*

conjuntivitis. f. *Med.* Inflamación de la conjuntiva.

conjuntivo, va. adj. **1.** *Biol.* Que une o junta. *Tejido conjuntivo.* **2.** *Gram.* De la conjunción. *Función conjuntiva.* **3.** *Gram.* Que tiene valor conjuntivo (→ 2). *Locución conjuntiva.* ● f. **4.** *Anat.* Membrana muy fina que recubre el interior de los párpados y la parte anterior del globo ocular.

conjunto, ta. adj. **1.** Dicho de cosa: Que se hace o se produce con la intervención de varias personas o cosas. *Los líderes harán una declaración conjunta.* ● m. **2.** Dos o más elementos considerados como una unidad. *Una biblioteca es un conjunto ordenado de libros.* **3.** Unidad constituida por la totalidad de los elementos de algo. *Ha recibido un premio por el conjunto de su obra.* **4.** Conjunto (→ 2) de prendas de vestir a juego. *Viste un conjunto de chaqueta y pantalón.* **5.** Orquesta formada por un pequeño número de músicos que interpretan música ligera. *Formó parte de un conjunto de rock.* **6.** Conjunto (→ 2) de personas que actúan cantando y bailando en un espectáculo teatral, gralm. de variedades. *La vedette empezó como chica de conjunto.* **7.** *Dep.* Equipo deportivo. *El conjunto argentino ha marcado un gol.* **8.** *Mat.* Conjunto (→ 2) de entidades matemáticas con una propiedad en común. *La teoría de conjuntos.* ■ **conjunto vacío.** m. *Mat.* Conjunto (→ 8) que no contiene ningún elemento. *El símbolo del conjunto vacío es "Ø".* □ **en conjunto.** loc. adv. Considerando la totalidad de algo y no sus partes o sus detalles. *En conjunto, tienes un buen expediente.* FAM **conjuntamente.**

conjurar. intr. **1.** Conspirar. *Fue acusado de conjurar contra el Gobierno.* ○ tr. **2.** Alejar o ahuyentar (un daño o un peligro). *Trata de conjurar el peligro anticipándose a él.* **3.** Expulsar (al demonio) con exorcismos. *El sacerdote conjuró al demonio.* **4.** Invocar la presencia (de los espíritus). *La médium conjura a los espíritus.* FAM **conjura; conjuración; conjuro.**

conllevar. tr. Implicar o comportar algo (otra cosa). *El ascenso conlleva un aumento de sueldo.* ▶ *IMPLICAR.

conmemorar. tr. Recordar (algo o a alguien), espec. con una celebración, acto o monumento. *Las cadenas del escudo de Navarra conmemoran la victoria de las Navas de Tolosa.* ▶ CELEBRAR. FAM **conmemoración; conmemorativo, va.**

conmigo. → yo y con.

conminar. tr. Obligar (a alguien) a hacer algo bajo amenaza de castigo. *El juez los conminó* A *guardar silencio.* FAM **conminación; conminatorio, ria.**

conmiseración. f. Compasión o piedad. *Sentía conmiseración por los pobres.* ▶ *COMPASIÓN. FAM **conmiserativo, va.**

conmoción. f. **1.** Hecho o efecto de conmover o conmoverse, espec. por una impresión. *La noticia le causó una fuerte conmoción.* **2.** Estado de una persona producido gralm. por un golpe violento en la cabeza y caracterizado por el aturdimiento o la pérdida del conocimiento. *Sufre conmoción cerebral y amnesia.* FAM **conmocionar.**

conmover. (conjug. MOVER). tr. **1.** Producir impresión (en una persona o su ánimo). *Las imágenes del asesinato conmovieron al mundo.* **2.** Enternecer (a alguien). *Mis súplicas la conmovieron.* ▶ **2:** ENTERNECER. FAM **conmovedor, ra.**

conmutador. m. *Fís.* Dispositivo que sirve para que una corriente eléctrica cambie de conductor o de dirección. *El aparato tiene un conmutador de "encendido / apagado".*

conmutar. tr. Sustituir (una pena) por otra de menor gravedad. *Le conmutaron la pena de muerte* POR *la de cadena perpetua.* FAM **conmutación.**

conmutativo, va. adj. *Mat.* Dicho de operación: Que tiene un resultado que no varía cambiando el orden de sus términos o elementos.

connacional. m. y f. Persona de la misma nación que otra. *Prohibieron la salida al extranjero de sus connacionales.*

connatural. adj. Propio de la naturaleza del ser o de la cosa de que se habla. *El instinto de supervivencia es connatural* A *los seres vivos.*

connivencia. f. **1.** Confabulación o acuerdo entre personas para hacer algo ilícito o considerado incorrecto. *El golpista ha actuado en connivencia* CON *mandos militares.* **2.** Tolerancia o disimulo de las faltas o transgresiones de otros. *Algunos grupos de hinchas violentos gozaban de la connivencia de los clubes.*

connotación. f. cult. Conjunto de valores subjetivos que se asocian al significado propio de una palabra o expresión. *"Viejo" tiene una connotación despectiva en español.* FAM **connotar; connotativo, va.**

cono. m. **1.** *Mat.* Cuerpo geométrico de base circular, cuya superficie superior está generada por el giro completo de un triángulo rectángulo sobre uno de sus catetos. **2.** Cosa cuya forma recuerda la del cono (→ 1). *Solo se veía el cono de luz de una linterna.* **3.** Montaña de lava y cenizas volcánicas que tiene forma de cono (→ 1). Tb. ~ **volcánico.** ■ ~ **sur.** (Frec. en mayúsc.). m. Zona de América del Sur que comprende Argentina, Chile, Uruguay y, a veces, Paraguay. FAM **cónico, ca.**

conocer. (conjug. AGRADECER). tr. **1.** Tener en la mente la imagen (de alguien o algo). *Ha traído una foto de su hijo para que lo conozcamos. ¿Conoces París?* **2.** Conocer (→ 1) el carácter (de alguien) o las características (de algo). *Lo conozco y sé que está bromeando.* **3.** Distinguir (una cosa o a una persona) entre otras de la misma clase. *Está tan débil que no conoce a sus hijos.* **4.** Tener trato (con una persona). *Cuando la conoces, te das cuenta de que no es antipática.* **5.** Experimentar o sentir (algo). *El pirata no conocía el miedo.* **6.** cult. Tener relaciones sexuales (con alguien). *No ha conocido varón.* ■ **se conoce.** loc. v. Parece claro. *Se conoce que ha dejado el trabajo.* FAM **conocedor, ra.**

conocido, da. adj. **1.** Famoso o popular. *El conocido cantante.* ● m. y f. **2.** Persona con quien se tiene trato, pero no amistad. *Tengo muchos conocidos.* ▶ *FAMOSO.

conocimiento. m. **1.** Hecho o efecto de conocer. *No tengo conocimiento de que las normas hayan cambiado.* **2.** Facultad de conocer. *El hombre está dotado de conocimiento.* **3.** Capacidad de razonar. *¡Tenga más conocimiento, que ya no es usted un niño!* **4.** Conciencia (facultad de reconocer la realidad y relacionarse con ella). *Se dio un golpe y perdió el conocimiento.* ○ pl. **5.** Cosas que se conocen o se saben. *Mis conocimientos sobre la materia son muy básicos.* ▶ **4:** *CONCIENCIA.

conque. conj. Así que. *Seguro que llueve, conque coge el paraguas.*

conquense. adj. De Cuenca (España).

conquistar. tr. **1.** Conseguir mediante las armas (un territorio, una población o una posición). *Derrotó ejércitos y conquistó reinos.* **2.** Conseguir (algo) mediante el esfuerzo. *Se ha propuesto conquistar el récord mundial.* **3.** Ganarse el afecto o la voluntad (de alguien). *Ha conquistado al público con su simpatía.* **4.** Conseguir el amor (de alguien). *Me conquistó con su mirada.* FAM **conquista; conquistador, ra.**

consabido, da. adj. **1.** Sabido por todos los que intervienen en un acto de comunicación. *Concluyó su discurso con los consabidos versos del poeta.* **2.** Conocido o habitual. *Desayuna su consabido café con tostadas.*

consagrar. tr. **1.** Hacer sagrado (algo o a alguien). *El Papa consagró a los cardenales.* **2.** Dedicar (una cosa o a una persona) a alguien o algo. *Consagró su vida A la medicina.* **3.** Dar (a alguien o algo) fama o prestigio en su género o en su actividad. *El descubrimiento lo consagró como el más grande científico de su época.* **4.** *Rel.* Pronunciar el sacerdote en la misa las palabras para que (el pan y el vino) se transformen en el cuerpo y la sangre de Jesucristo. *El sacerdote ha consagrado el pan y el vino.* ○ intr. prnl. **5.** Dedicarse íntegramente a alguien o algo. *Se consagró A la política.* FAM **consagración.**

consanguíneo, a. adj. Dicho de persona: Unida a otra por parentesco natural o por tener antepasados comunes. *Parientes consanguíneos.* FAM **consanguineidad; consanguinidad.**

consciencia. f. **1.** Facultad de la persona de reconocer la realidad y relacionarse con ella. *El coma consiste en la pérdida total de consciencia.* **2.** Conocimiento inmediato o espontáneo de una realidad. *Tenía plena consciencia DE lo que hacía.* ▶ *CONCIENCIA. FAM **consciente.**

conscripto. m. *Am.* Soldado que está haciendo el servicio militar. *Los conscriptos aceleraban sus desplazamientos cuando venía un teniente* [C]. FAM **conscripción.**

consecuencia. f. **1.** Hecho que resulta de otro. *El efecto invernadero es una consecuencia DE la deforestación.* **2.** Idea que se deduce de otra de manera lógica. *De esas premisas se deriva esta consecuencia.* **3.** Cualidad de consecuente. *Admiro su consecuencia y su firmeza.* ■ **a ~ de.** loc. prepos. Como consecuencia (→ 1) de. *El río se desbordó a consecuencia de las lluvias.* ■ **en ~.** loc. adv. De manera consecuente. *Debes analizar la situación y obrar en consecuencia.*

consecuente. adj. **1.** Que actúa de acuerdo con sus principios o ideas. *Fue consecuente CON sus declara-*

ciones. **2.** Dicho de cosa: Que se sigue o resulta de otra. *El frío y el consecuente cambio en la vegetación dieron lugar a migraciones.*

consecutivo, va. adj. **1.** Dicho de cosa: Que sigue inmediatamente a otra, frec. de la misma clase, o es consecuencia de ella. *Ha nevado durante tres días consecutivos.* **2.** *Gram.* Dicho de oración: Que expresa consecuencia. *Oración consecutiva.* También dicho de la conjunción correspondiente.

conseguir. (conjug. PEDIR). tr. **1.** Llegar a tener (algo que se desea). *Aún no ha conseguido el piso.* **2.** Seguido de un infinitivo: Llegar a realizar (la acción designada). *No consigo pescar ni una trucha.* ▶ LOGRAR. FAM **consecución.**

conseja. f. Cuento popular o tradicional.

consejo. m. **1.** Opinión que se da sobre cómo se debe actuar. *Pide consejo a alguien.* **2.** Órgano constituido por un conjunto de personas cuya función es asesorar o decidir en asuntos de gobierno o administración de una entidad. *Consejo de Ministros.* **3.** Reunión del consejo (→ 2). *Los viernes hay consejo de ministros.* ■ **Consejo de Estado.** m. *Polít.* Órgano máximo de consulta del Gobierno en asuntos políticos y administrativos. ■ **~ de guerra.** m. Tribunal constituido por militares, que se ocupa de las causas de la jurisdicción militar. *El desertor comparecerá ante un consejo de guerra.* FAM **consejería; consejero, ra.**

consenso. m. Acuerdo entre todos los miembros de un grupo o colectividad. *El consenso internacional.* FAM **consensual; consensuar** (conjug. ACTUAR).

consentido, da. adj. Dicho de niño: Mimado.

consentir. (conjug. SENTIR). tr. **1.** Permitir (algo que no es bueno). *No te consiento que me hables así.* **2.** Permitir a una persona (algo que desea). *En su casa se lo consienten todo.* **3.** Mimar (a alguien) o ser muy blando (con él). *Su madre la ha consentido desde que nació.* ○ intr. **4.** Aceptar una persona algo que se le pide o plantea. *Consintió EN prestarle dinero.* ▶ **1, 2:** *AUTORIZAR. FAM **consentidor, ra; consentimiento.**

conserje. m. y f. Portero de un edificio o de un establecimiento público. *El conserje del colegio.* FAM **conserjería.**

conserva. f. **1.** Alimento en conserva (→ 2). *Se alimenta de conservas y comida congelada.* **2.** Método para conservar alimentos consistente en prepararlos de forma adecuada y envasarlos herméticamente para que puedan mantenerse en buenas condiciones durante largo tiempo. *Atún en conserva.* FAM **conservero, ra.**

conservacionismo. m. Tendencia o actitud de quien da prioridad a conservar y defender la naturaleza. FAM **conservacionista.**

conservador, ra. adj. **1.** Que conserva. *Sustancias conservadoras.* **2.** Favorable a mantener la tradición y las ideas del pasado frente a las innovaciones y los cambios radicales. *La sociedad se ha vuelto más conservadora.* ● m. y f. **3.** Persona encargada de la conservación del patrimonio o los fondos de un museo o una institución semejante. *La conservadora del museo seleccionará las obras de la exposición.* FAM **conservadurismo.**

conservar. tr. **1.** Hacer que (algo) se mantenga o permanezca, gralm. en el estado en que se encontraba. *El frío conserva los alimentos.* **2.** Hacer que (alguien o algo) continúen existiendo. *Hay que conservar los bosques.* **3.** Continuar (con algo), o seguir teniéndo(lo). *Es difícil conservar la calma en una si-*

tuación así. **4.** Guardar (algo), o tener(lo) en su poder. *La Biblioteca Nacional conserva la primera edición del libro.* O intr. prnl. **5.** Mantenerse o permanecer alguien o algo, gralm. en el estado en que se encontraban. *El abuelo se conserva a pesar de sus años.* FAM conservación; conservante.

conservatorio. m. Centro oficial de enseñanza de música y, a veces, de otras artes relacionadas, como el ballet. *Da clases de violín en el conservatorio.*

conservero, ra. → conserva.

considerable. adj. Dicho de cosa: Bastante grande o importante. *Ha pagado una suma considerable por el cuadro.*

consideración. f. **1.** Hecho o efecto de considerar. *Someten el proyecto a la consideración del consejo.* **2.** Actitud de respeto hacia alguien o algo, atendiendo a sus circunstancias o condición. *Nos trata con consideración.* ■ **de ~.** loc. adj. Considerable. *Hubo daños de consideración.* ■ **tener, o tomar, en ~** (algo o a alguien). loc. v. Prestar(les) atención. *No toma en consideración las opiniones de los demás.* FAM considerado, da.

considerar. tr. **1.** Dedicar atención (a alguien o algo). *La eligieron a ella, y a su compañero ni lo consideraron.* **2.** Reflexionar o meditar (sobre algo). *Considera la propuesta antes de rechazarla.* **3.** Tratar (a alguien) con atención y respeto. *En la empresa me han considerado desde el primer día.* **4.** Tener (de alguien o algo) el concepto que se expresa. *Lo consideran una pérdida de tiempo.*

consigna. f. **1.** Orden dada directamente a un subordinado o a los miembros de un colectivo. *Los soldados tienen la consigna de disparar.* **2.** En una estación o en un aeropuerto: Lugar donde se puede depositar temporalmente el equipaje. *Dejé la maleta en la consigna de la terminal.*

consignar. tr. **1.** Poner (algo) por escrito. *En comisaría consignan la fecha y la hora de la denuncia.* **2.** Establecer (una cantidad de dinero) para alguien o algo en un presupuesto. *El Gobierno consignará tres millones de euros a sanidad.* **3.** Com. Enviar (una mercancía) a alguien. *La mercancía consignada se halla en el depósito franco.* FAM consignación.

consignatario, ria. adj. Com. Destinatario de un buque, cargamento o mercancía. Más frec. m. y f. *El consignatario firmará el albarán de entrega.*

consigo. → se¹ y con.

consiguiente. adj. Que se deduce o es consecuencia de algo. *Asumió la dirección, con las consiguientes responsabilidades.* ■ **por ~.** loc. adv. Como consecuencia de lo anterior. *La reforma es complicada y, por consiguiente, costosa.* FAM consiguientemente.

consistente. adj. **1.** Que consiste. *El escultor descubrió su obra, consistente EN tres palos y dos piedras.* **2.** Que tiene estabilidad o solidez. *Un muro consistente.* FAM consistencia.

consistir. intr. **1.** Ser algo otra cosa. *El premio consistía en una bicicleta.* **2.** Deberse una cosa a otra, o estar causada por ella. *Su éxito consiste EN su simpatía.* **3.** Estar una cosa formada por otra u otras. *El examen consistirá EN diez preguntas.*

consistorio. m. Ayuntamiento (corporación o edificio). ▶ *AYUNTAMIENTO. FAM consistorial.

consola. f. **1.** Mesa de adorno alargada, que se arrima a la pared y sobre la que se colocan objetos decorativos. **2.** Tablero de instrumentos de control de un

aparato o máquina. *El técnico de sonido manipula la consola de la mesa de mezclas.* **3.** Aparato pequeño provisto de consola (→ 2), que sirve para reproducir videojuegos en una pantalla integrada o independiente. *La niña pide una consola para su cumpleaños.* ▶ **3:** VIDEOCONSOLA.

consolar. (conjug. CONTAR). tr. **1.** Aliviar la pena o el disgusto (de alguien). *Como lloraba, me acerqué a consolarla.* **2.** Aliviar (la pena o el disgusto) de alguien. *Nada puede consolar el dolor de su ausencia.* FAM consolación; consolador, ra; consuelo.

consolidar. tr. Dar firmeza o solidez (a algo). *Los hijos han consolidado su matrimonio.* FAM consolidación.

consomé. m. Caldo de carne y verduras, que se toma solo o añadiéndole yema de huevo o jerez.

consonante. adj. **1.** Dicho de cosa: Que concuerda o es armónica con otra u otras. *La letra de la canción es consonante CON el clima social de la época.* **2.** Lit. Dicho de rima: Que se produce por la coincidencia de todos los sonidos vocálicos y consonánticos. *El soneto clásico tiene catorce versos de rima consonante.* **3.** Gram. Dicho de letra: Que sirve para representar una consonante (→ 4). *Letra consonante.* O f. **4.** Gram. Sonido del lenguaje que se produce por el contacto total o parcial de los órganos articulatorios. *La consonante "b" se realiza con los labios.* FAM consonancia; consonántico, ca; consonantismo.

consorcio. m. Agrupación de personas o entidades para un fin común, gralm. de carácter económico. *Un consorcio de bancos concederá el crédito para la obra.*

consorte. m. y f. Persona que está casada con otra. *María Cristina era la consorte de Alfonso XII.*

conspicuo, cua. adj. cult. Destacado o notable. *El mundo del teatro homenajea a uno de sus más conspicuos miembros.*

conspiración. f. Hecho o efecto de conspirar. *El presidente fue víctima de una conspiración.* ▶ COMPLOT, CONJURA, CONJURACIÓN. FAM conspirativo, va; conspiratorio, ria.

conspirar. intr. Unirse contra alguien, espec. contra el poder o la autoridad. *Han conspirado contra el rey.* ▶ CONJURAR. ‖ Am: COMPLOTAR. FAM conspirador, ra.

constante. adj. **1.** Dicho de persona: Que mantiene la misma actitud o actividad de manera duradera. *Es trabajadora y muy constante.* **2.** Dicho de cosa: Que se mantiene invariable. *La temperatura permanece constante.* **3.** Dicho de cosa: Que se mantiene de forma duradera e ininterrumpida. *Su hija era una fuente constante de preocupación.* **4.** Dicho de cosa: Que se repite con frecuencia o permanentemente. *La han sancionado por sus constantes retrasos.* ● f. **5.** Mat. Variable de valor fijo. *La constante de la gravitación universal.* O pl. **6.** Med. Datos relativos a las funciones del organismo, cuyos valores deben estar dentro de ciertos límites para el mantenimiento de las condiciones de vida normales. *El paciente ha recuperado sus constantes vitales.* FAM constancia.

constar. intr. **1.** Tener varias partes o elementos, estar formado por ellos. *El examen constará DE tres partes.* **2.** Estar algo registrado por escrito. *EN la solicitud deben constar los dos apellidos.* **3.** Ser algo cierto para alguien. *Me consta que fue idea suya.* FAM constancia.

constatar. tr. Comprobar (algo dudoso o supuesto). *Constató que aún tenía pulso.* FAM constatación.

constelación. f. **1.** Conjunto de estrellas que, mediante trazos imaginarios, forman un dibujo que evoca determinada figura. *La constelación de la Osa Menor.* **2.** cult. Conjunto de personas o cosas. *Una constelación de razas.*

consternación. f. Pena o abatimiento profundos. *Su fallecimiento ha causado consternación en todo el país.* FAM **consternar.**

constipado. m. Resfriado o catarro. *No tengo gripe: es un simple constipado.* ▶ *CATARRO. FAM **constiparse.**

constitución. f. **1.** Hecho de constituir. *La constitución del club se remonta a hace cincuenta años.* **2.** Manera en que está constituida o formada una cosa. *Hoy explicaremos la constitución de la célula.* **3.** Conjunto de las características físicas de una persona. *Es una mujer de constitución atlética.* **4.** (En mayúsc.). Ley fundamental de un Estado, que define la organización de este y el régimen básico de los derechos y libertades de los ciudadanos. *La medida es contraria a la Constitución.* ▶ **3:** COMPLEXIÓN, CONTEXTURA. FAM **constitucional; constitucionalidad; constitucionalismo; constitucionalista.**

constituir. (conjug. CONSTRUIR). tr. **1.** Formar dos o más personas o cosas (un conjunto unitario). *Las vocales y las consonantes de una lengua constituyen su alfabeto.* **2.** Tener alguien o algo la condición (de lo que se indica). *Sus amigos constituyen su mejor apoyo.* **3.** Establecer o fundar (algo). *Los agricultores se agruparon para constituir una cooperativa.* **4.** Dar (a alguien o algo) la condición que se indica. *El documento lo constituye EN su tutor legal.* ▶ **3:** *ESTABLECER. FAM **constitutivo, va; constituyente.**

constreñir. (conjug. CEÑIR). tr. **1.** Obligar (a alguien) a hacer algo. *Las deudas lo constriñeron A pedir dinero prestado.* **2.** Limitar o reducir (algo). *Las reglas rígidas constriñen la imaginación.* **3.** Limitar la libertad (de alguien). *Las estrictas normas del internado constreñían a los alumnos.* **4.** Apretar (algo) ejerciendo presión (sobre ello). *La goma de los calcetines le constreñía los tobillos.* ▶ **4:** *PRESIONAR. FAM **constreñimiento; constrictivo, va.**

constricción. f. Hecho de constreñir algo, espec. mediante presión. *Durante la crisis asmática hay una constricción de las vías respiratorias.* FAM **constrictor, ra.**

construcción. f. **1.** Hecho de construir. *Miles de esclavos trabajaron en la construcción de las pirámides.* **2.** Actividad de construir edificios u obras semejantes. *Trabaja en la construcción.* **3.** Cosa construida, espec. un edificio. *Las construcciones más antiguas de la ciudad datan del siglo* XVII. **4.** Gram. Conjunto de palabras que forman una unidad sintáctica. *¿Es correcta la construcción "Creo de que tienes razón"?* ○ pl. **5.** Juego infantil que consta de piezas de distintas formas que se combinan gralm. para construir edificios. *Los niños se entretenían jugando a las construcciones.* ▶ **1:** EDIFICACIÓN. **3:** *EDIFICIO.

constructivismo. m. *Arte* Movimiento vanguardista surgido a principios del s. XX, que se caracteriza por emplear materiales procedentes de la industria.

construir. (conjug. CONSTRUIR). tr. **1.** Hacer (un edificio o una obra semejante). *Están construyendo un hospital en las afueras.* **2.** Hacer (algo) utilizando los elementos adecuados. *Construyó un imperio financiero. Los castores construyen diques.* **3.** Gram. Unir (una palabra) con otra según las leyes gramaticales. *El verbo "versar" se construye con la preposición "sobre".* ▶ **1:** EDIFICAR. FAM **constructivo, va; constructor, ra.**

consubstancial; consubstancialidad. → consustancial.

consuegro, gra. m. y f. Respecto de una persona: Suegro o suegra de su hijo o de su hija.

consuelo. → consolar.

consuetudinario, ria. adj. **1.** De costumbre o de la costumbre. *El texto se sale de los cauces consuetudinarios.* **2.** Der. Establecido por la costumbre. *Derecho consuetudinario.*

cónsul. m. y f. **1.** Diplomático cuya función es proteger a las personas y los intereses de su país en una ciudad extranjera. *Los pasajeros afectados han pedido ayuda al cónsul español en Miami.* ○ m. **2.** histór. En la República romana: Cada uno de los dos magistrados que ostentaban la máxima autoridad. *Cicerón fue elegido cónsul.* ■ ~ **general.** m. y f. Jefe del servicio de cónsules (→ 1) en un país extranjero. *El cónsul general de Argentina en Perú.* FAM **consulado; consular.**

consulta. f. **1.** Hecho o efecto de consultar. **2.** Hecho de atender el médico a sus pacientes. *La pediatra pasa consulta.* **3.** Local donde el médico atiende a sus pacientes.

consultar. tr. **1.** Tratar (un asunto) con alguien para conocer su opinión o criterio. *Consultó el problema con él.* **2.** Pedir opinión (a alguien). *Ha consultado a los médicos.* **3.** Buscar (información) en un texto. *Consulta los datos* EN *la enciclopedia.*

consultivo, va. adj. Dicho de organismo o corporación: Establecido para ser oído y consultado.

consultor, ra. adj. Que atiende consultas y asesora sobre una materia específica, espec. de forma profesional. *Una empresa consultora.* FAM **consultoría.**

consultorio. m. **1.** Establecimiento privado donde se atienden consultas sobre una materia específica. *Un consultorio fiscal.* **2.** Local donde uno o más médicos atienden a sus pacientes. *Te atenderán en el consultorio sin necesidad de ir al hospital.* **3.** Sección de un periódico, revista o programa de radio, destinada a contestar consultas del público. *Llamó a un consultorio sentimental de la radio.* ▶ **2:** CONSULTA.

consumado, da. adj. Dicho de persona: Que realiza una actividad con perfección. *Es un pianista consumado.*

consumar. tr. **1.** Llevar a cabo (algo) totalmente. *Lo detuvieron antes de que pudiera consumar el robo.* **2.** Completar los esposos (el matrimonio) realizando el primer acto sexual. *No llegaron a consumar el matrimonio.* FAM **consumación.**

consumible. adj. Que puede consumirse, espec. a través del uso. *Las energías solar y eólica son energías no consumibles.* Dicho de producto, tb. m.

consumición. f. **1.** Hecho de consumir o consumirse. *La consumición de la vela era muy rápida.* **2.** Conjunto de cosas que se consumen en un bar u otro establecimiento público. *Por favor, abonen sus consumiciones en el acto.*

consumir. tr. **1.** Destruir o extinguir (algo). *El fuego todo lo consume.* **2.** Utilizar (comestibles u otros bienes) para satisfacer necesidades o deseos. *Consumimos muchas legumbres.* **3.** Gastar (energía o un producto energético). *Mi coche consume gasoil.* **4.** Desazonar o afligir (a alguien). *Las preocupaciones me consumen.* **5.** Poner muy flaco y débil (a alguien). *El cáncer lo está consumiendo.* ▶ **3:** GASTAR.

consumo. m. Hecho o efecto de consumir un alimento o un producto. *El consumo de frutas aporta vitaminas.* FAM consumidor, ra.; consumismo; consumista.

consunción. f. cult. Hecho de consumir o consumirse por destrucción, debilitamiento o aflicción. *El anciano falleció por consunción.*

consuno. de ~. loc. adv. cult. En unión o de manera conjunta. *La decisión se tomó de consuno.*

consustancial. (Tb. **consubstancial**). adj. **1.** Propio de la naturaleza de alguien o algo, o inherente a ella. *El espíritu de supervivencia es consustancial* AL *ser humano.* **2.** *Rel.* De la misma sustancia y naturaleza indivisible. *Padre, Hijo y Espíritu Santo son consustanciales.* FAM consustancialidad o consubstancialidad.

contabilidad. f. **1.** Hecho o actividad de llevar las cuentas de un negocio u oficina. *Acostumbra a llevar al día la contabilidad.* **2.** Oficina de la persona encargada de la contabilidad (→ 1). *Lleva estas facturas a contabilidad.* FAM contable.

contabilizar. tr. Apuntar (una cantidad o una operación) en los libros de cuentas. *Contabiliza los gastos en una columna.*

contacto. m. **1.** Hecho de tocarse físicamente dos o más cosas o personas. *Su piel enrojece al entrar en contacto con la lana.* **2.** Conexión entre los conductores de un circuito eléctrico. *Las pilas no hacen contacto.* **3.** Dispositivo para producir un contacto (→ 2). *Dele al contacto para ver si arranca el coche.* **4.** Comunicación o relación entre dos o más personas. *Apenas tengo contacto con los vecinos.* **5.** Persona que sirve de enlace o relación con otros dentro de un medio determinado. *El periodista tenía un contacto en la policía.* FAM contactar.

contado, da. adj. **1.** Acompañando a un nombre en plural: Pocos o escasos. *Nos hemos visto en contadas ocasiones.* **2.** Que se presenta en cantidad determinada o limitada. *No me entretengas, que tengo el tiempo contado.* ■ **al contado.** loc. adv. Con pago inmediato. *Se puede pagar a plazos o al contado.*

contador, ra. adj. **1.** Que cuenta. *En los bancos hay máquinas contadoras de billetes.* ● m. **2.** Aparato o dispositivo que sirve para medir numéricamente determinadas magnitudes o la cantidad de un fluido, espec. agua, gas o electricidad, que pasa por un punto. *Los del gas vendrán a leer el contador.* ○ m. y f. **3.** frecAm. Contable (persona encargada de la contabilidad). *Tiene que contratar a un contador para sus declaraciones de impuestos* [C]. ▶ **3:** CONTABLE.

contaduría. f. Oficina de la persona encargada de la contabilidad. *Trabaja en la contaduría del Ayuntamiento.*

contagiar. (conjug. ANUNCIAR). tr. **1.** Transmitir (una enfermedad) a alguien. *Un perro le contagió la rabia.* **2.** Transmitir una enfermedad (a alguien). *Ha contagiado DE varicela a su hermanita.* ▶ **1:** TRANSMITIR. FAM contagio; contagioso, sa.

contaminar. tr. **1.** Alterar la pureza o las condiciones (de algo, espec. del agua, del aire o los alimentos) con elementos perjudiciales para los seres vivos. *Los vertidos contaminan el río.* **2.** Contagiar (a alguien), o transmitir(le) algo malo, espec. una enfermedad. *Está en cuarentena para que no contamine a los demás.* ▶ **1:** POLUCIONAR. FAM contaminación; contaminador, ra; contaminante.

contante. adj. Dicho de dinero: Efectivo. *Dinero contante y sonante.* ▶ EFECTIVO.

contar. (conjug. CONTAR). tr. **1.** Establecer la cantidad exacta (de personas o cosas), numerándo(las). *La azafata contó a los pasajeros.* **2.** Decir o dar a conocer (un hecho o una historia, reales o imaginarios). *¿Te cuento un chiste?* **3.** Incluir (algo o a alguien) en un grupo. *En clase somos treinta, contando al profesor.* **4.** Tener alguien o algo (un número de años). *Cuando murió contaba 83 años.* **5.** Considerar (algo o a alguien) como algo. *Te cuento como mi mejor colaborador.* ○ intr. **6.** Decir los números correlativamente. *Ya sabe contar hasta diez.* **7.** Disponer una persona o una cosa de otra o tenerla. *El piso cuenta CON calefacción central.* **8.** Importar alguien o algo o ser de consideración. *Los que cuentan de verdad son la familia y los amigos.* **9.** Tomar en consideración una cosa o a una persona para algo. *Cuento CON vosotros* PARA *poner la fecha del examen.* **10.** Tener por cierto que se podrá disponer de alguien o de algo. *Cuento* CON *tu coche* PARA *ir al aeropuerto.* **11.** Tener la certeza de que ocurrirá algo. *Preparó la mesa en el jardín contando* CON *que iba a hacer calor.* **12.** Equivaler algo o alguien a otra cosa o tener la consideración de ella. *Come tanto que cuenta* POR *dos.* ○ intr. prnl. **13.** Estar alguien o algo en un grupo. *Los premiados se cuentan entre los mejores novelistas.* ▶ **2:** NARRAR, REFERIR, RELATAR. ‖ Am: **2:** PLATICAR.

contemplar. tr. **1.** Mirar con atención (algo o a alguien). *Podría estar horas contemplando este cuadro.* **2.** Considerar (algo o a alguien) de una determinada manera. *Los médicos contemplan la intervención quirúrgica como solución.* **3.** Mostrarse sumamente complaciente o considerado (con alguien). *No la contemples más; ya dejará de llorar cuando se canse.* FAM contemplación; contemplador, ra; contemplativo, va.

contemporáneo, a. adj. **1.** Dicho de persona o cosa: Que es del mismo tiempo o época que otra. *Góngora y Quevedo son contemporáneos.* **2.** De la época actual. *Música contemporánea.* **3.** De la Edad Contemporánea. *Catedrático de Historia Moderna y Contemporánea.* ▶ **1:** COETÁNEO. FAM contemporaneidad.

contemporizar. intr. Adaptarse a la voluntad u opinión ajenas para evitar conflictos. *Tiende a contemporizar* CON *todo el mundo.* FAM contemporización; contemporizador, ra.

contención. → contener.

contencioso, sa. adj. **1.** *Der.* Dicho de asunto, proceso o recurso: Sometido a litigio entre partes en un juicio. *Presentaremos un recurso contencioso ante el Supremo.* **2.** Contencioso-administrativo. *Han interpuesto un recurso contencioso contra el decreto.* **3.** De los recursos contenciosos (→ 1). *Vía contenciosa.* ● m. **4.** Conflicto o enfrentamiento. *Continúa el contencioso Iglesia-Estado en torno a la enseñanza.* ▶ **3:** CONTENCIOSO-ADMINISTRATIVO.

contencioso-administrativo, va. adj. **1.** *Der.* Dicho de proceso o recurso: Que se sostiene contra la Administración pública. *Han interpuesto un recurso contencioso-administrativo ante la Audiencia Nacional.* **2.** De los recursos contencioso-administrativos. *Jurisdicción contencioso-administrativa.* ▶ CONTENCIOSO.

contender. (conjug. ENTENDER). intr. Pelear o luchar dos o más personas. *Los gladiadores contendían en la arena del circo.* ▶ *LUCHAR. FAM contendiente; contienda.

contenedor, ra. adj. **1.** Que contiene algo dentro. *Bolsa contenedora de residuos.* ● m. **2.** Recipiente de gran tamaño y dimensiones normalizadas, provisto de dispositivos que facilitan su manejo, que se emplea para transportar mercancías. *El buque lleva contenedores de trigo.* **3.** Recipiente amplio y de formas diversas, que se emplea para depositar y trasladar determinados materiales, espec. residuos. *Tire las botellas al contenedor de vidrio.*

contener. (conjug. TENER). tr. **1.** Tener una cosa dentro de sí (otra). *La naranja contiene vitamina C.* **2.** Frenar el avance o el desarrollo (de alguien o algo). *No pudo contener las lágrimas.* ○ intr. prnl. **3.** Reprimir alguien sus sentimientos o sus deseos. *Su primer impulso fue abrazarlo, pero se contuvo.* ▶ **1:** ABARCAR, COMPRENDER, ENCERRAR, INCLUIR, INTEGRAR. **2:** AGUANTAR, REPRIMIR. **3:** *REPRIMIRSE. FAM **contención.**

contenido[1]. m. **1.** Cosa que está contenida dentro de otra. *El contenido del frasco.* **2.** Conjunto de cosas que se expresan en un escrito, un discurso o una obra. *El contenido de la carta.* **3.** Ling. Componente significativo de un signo o de un texto. *Analice la forma y el contenido de estas palabras.*

contenido[2], **da.** adj. Dicho de persona: Que se contiene o reprime. *Es un actor contenido y algo inexpresivo.*

contento[1]. m. Alegría o satisfacción. *Expresaron su contento por el premio.* ▶ *ALEGRÍA.

contento[2], **ta.** adj. **1.** Alegre pasajeramente o por alguna circunstancia. *Están contentos porque se acercan las vacaciones.* **2.** Satisfecho o conforme. *No estoy contenta CON la nota del examen.* ▶ **1:** *ALEGRE. FAM **contentadizo, za; contentamiento; contentar.**

conteo. m. Am. Cuenta (hecho o efecto de contar). *Hizo un conteo lento hasta treinta* [C]. ▶ *CUENTA.

contera. f. Pieza, gralm. metálica, que cubre la punta de determinados objetos, como el bastón o el paraguas.

contertulio, lia. m. y f. Persona que asiste a una tertulia o participa en ella.

contestar. tr. **1.** Decir o escribir (algo) para resolver una pregunta o atender a una comunicación. *El testigo contestó lo mismo A la pregunta del defensor.* **2.** Decir o escribir algo (a alguien) para resolver sus preguntas o atender a sus comunicaciones. *Solicité una tarjeta de crédito al banco y aún no me han contestado.* **3.** Decir o escribir algo para resolver (una pregunta). *Me dio tiempo a contestar todas las preguntas del examen.* **4.** Decir o escribir algo para atender (a una comunicación). *Debe de estar enfadado, porque no contesta mis llamadas.* **5.** Decir (algo) una persona con autoridad como protesta ante una orden. Más frec. como intr. *Obedece a tu madre y no contestes.* **6.** Adoptar una actitud de oposición o protesta, frec. violenta, (contra alguien o algo, espec. una autoridad o algo impuesto). *La apertura de la central nuclear fue muy contestada por los ecologistas.* ▶ **1-4:** RESPONDER. **5:** REPLICAR. ‖ Am: **5:** REVIRAR. FAM **contestación; contestador, ra; contestatario, ria; contestón, na.**

contexto. m. **1.** Enunciado completo del que forma parte una palabra, una frase u otro elemento del mensaje. *Comprendo la palabra por el contexto.* **2.** Situación o conjunto de circunstancias en que se halla algo, espec. un hecho. *La esclavitud en el contexto de la época.* FAM **contexto; contextual; contextualizar.**

contextura. f. **1.** Disposición de las partes que forman un todo. *La contextura urbanística del casco viejo es intrincada.* **2.** Constitución física de una persona. *Ella es de contextura atlética.* ▶ **2:** *CONSTITUCIÓN.

contienda. → contender.

contigo. → tú y con.

contiguo, gua. adj. Que está situado en un lugar inmediato a alguien o algo. *Vive en la casa contigua A la mía.* ▶ INMEDIATO. FAM **contigüidad.**

continencia. f. **1.** Hecho de contener o contenerse. *Alaban la continencia de su prosa.* **2.** Abstinencia sexual. *En sus sermones predica la continencia.*

continente. adj. **1.** Dicho de cosa: Que contiene a otra en su interior. Frec. m. *El seguro de la casa cubre el contenido y el continente.* ● m. **2.** Gran extensión de tierra limitada por uno o varios océanos. *Esta especie habita en los cinco continentes.* **3.** cult. Aire o aspecto físico de una persona. *Intimida con su adusto continente.* FAM **continental.**

contingente. adj. **1.** Dicho de cosa: Que puede suceder o no. *Acontecimientos contingentes.* ● m. **2.** Grupo o conjunto de personas o cosas. *Se ha enviado un contingente de ayuda humanitaria a la zona.* **3.** Mil. Conjunto de tropas. *El contingente aliado desembarcó en Normandía.* **4.** Econ. Cuota máxima establecida para la importación de mercancías. *La Unión Europea fija contingentes para cada producto.* FAM **contingencia.**

continuar. (conjug. ACTUAR). tr. **1.** Seguir (lo que se ha empezado), o no dejar de realizar(lo). *El maestro continuó su explicación.* ○ intr. **2.** Seguido de un complemento que expresa una situación o un lugar: No dejar de estar en ellos. *Continuaron enfadados mucho tiempo.* **3.** Seguido de un complemento que expresa un hecho: No dejar de producirse o tener lugar. *Si continúas EN/CON la misma actitud, te suspenderán.* **4.** No dejar de producirse o tener lugar algo. *Continúan las conversaciones de paz.* ○ intr. prnl. **5.** Extenderse algo en el espacio o en el tiempo. *Su dinastía se continúa hasta el siglo XVII.* ▶ **1-4:** *SEGUIR. FAM **continuación; continuador, ra; continuidad; continuismo; continuista; continuo, nua.**

contonearse. intr. prnl. Hacer movimientos afectados con los hombros y las caderas al andar. *Iba contoneándose de un lado a otro del local.* FAM **contoneo.**

contorno. m. **1.** Línea formada por el límite de una figura o una superficie. *Con el impresionismo los contornos se diluyen.* ○ pl. **2.** Conjunto de terrenos o territorios que rodean un lugar. *A la feria acuden ganaderos de la población y sus contornos.* ▶ **1:** *PERFIL. FAM **contornear.**

contorsión. f. Movimiento forzado o irregular que se hace doblando el cuerpo o una parte de él. *Las gimnastas hacían contorsiones.* FAM **contorsionarse; contorsionista.**

contra. prep. **1.** Indica hostilidad u oposición. *Hay que luchar contra la deforestación.* **2.** Introduce un complemento que expresa la cosa sobre la que se produce un golpe. *Se golpeó la cabeza contra un roca.* **3.** En sentido opuesto a. *Nadaba contra la corriente.* **4.** Apoyándose en. *Coloca la escalera contra la tapia.* **5.** A cambio de. *Me enviaron el paquete contra reembolso.* ■ **a la ~.** loc. adv. Llevando la contraria. *Siempre se manifiesta a la contra.* ■ **en ~.** loc. adv. En oposición o en sentido contrario. *Hay que pronunciarse a favor o en contra.* ■ **hacer** (a alguien) **la ~.** loc. v. Oponerse a lo que quiere. *Estamos haciendo la contra a una persona que no se lo merece.* ■ **llevar** (a alguien) **la ~.** loc. v. Oponerse a lo que dice o quiere. *Le gusta llevar la contra a su padre.*

contra-. pref. Significa 'contrario'. *Contrainsurgencia, contranatural, contraargumentar.*

contraalmirante. (Tb. **contralmirante**). m. y f. Oficial general de la Armada cuyo empleo es inmediatamente superior al de capitán de navío.

contraanálisis. m. Análisis clínico para comprobar los resultados de otro anterior. *El ciclista acusado de dopaje ha pedido un contraanálisis.*

contraatacar. intr. Atacar a un enemigo o rival para responder a un ataque o avance suyos. *Nuestro equipo contraatacó en la segunda parte.* FAM **contraataque.**

contrabajo. m. Instrumento musical de cuerda y arco, más grande y de sonido más grave que el violonchelo, que se toca gralm. de pie y apoyándolo sobre el suelo. *Toca el contrabajo en un grupo de jazz.* FAM **contrabajista.**

contrabando. m. **1.** Introducción clandestina de mercancías en un país. *Se dedica al contrabando de armas.* **2.** Mercancía introducida en un país de forma clandestina. *El contrabando iba en la bodega del barco.* ▶ MATUTE. FAM **contrabandista.**

contracción. f. **1.** Hecho o efecto de contraer o contraerse. *Las contracciones del parto.* **2.** *Gram.* Unión en una sola palabra de otras dos, la segunda de las cuales suele empezar por vocal. *"Al" es una contracción de "a" y "el".* FAM **contráctil; contracto, ta.**

contracepción. f. Anticoncepción. FAM **contraceptivo, va.**

contrachapado, da. adj. Dicho de tablero: Que está formado por dos o más capas de madera encoladas, de manera que sus fibras queden cruzadas entre sí. Tb. m. *Los muebles de la cocina son de contrachapado.*

contraconcepción. f. Anticoncepción. FAM **contraconceptivo, va.**

contracorriente. a ~. loc. adv. **1.** En contra de la corriente del agua. *Nadando a contracorriente, cuesta alcanzar la orilla.* **2.** En contra de las ideas o los usos de la mayoría. *Los vanguardistas vivían a contracorriente.*

contractual. adj. Del contrato, o derivado de él. *Lea las cláusulas contractuales antes de firmar.*

contractura. f. *Med.* Contracción involuntaria y duradera de uno o más grupos musculares. *El jugador sufre una contractura dorsal.*

contracubierta. f. Cubierta de la parte posterior de un libro o revista. *En la contracubierta hay una foto de la autora.*

contracultura. f. Cultura o forma de vida, frec. juvenil, que rechaza el sistema de valores sociales y culturales establecidos, proponiendo otros alternativos. *El cantante de rock es un icono de la contracultura.* FAM **contracultural.**

contradanza. f. histór. Baile propio de los ss. XVII y XVIII, que ejecutaban varias parejas formando figuras geométricas.

contradecir. (conjug. PREDECIR). tr. **1.** Decir una persona que (lo que alguien, espec. otra persona, da por cierto o correcto) no lo es. *Copérnico contradijo las teorías de Ptolomeo.* **2.** Decir una persona lo contrario de lo que ha dicho (otra o ella misma). *¡Cállate y no me contradigas!* **3.** Probar una cosa que (algo) no es cierto o no es correcto. *Los análisis contradicen el diagnóstico.* FAM **contradicción; contradictorio, ria.**

contraejemplo. m. Ejemplo que contradice lo expresado en otro. *Este contraejemplo no es suficiente para echar abajo la teoría.*

contraer. (conjug. TRAER). tr. **1.** Hacer que (algo) disminuya de tamaño. *El frío contrae los cuerpos.* **2.** Adquirir o pasar a tener (algo, espec. una enfermedad, una costumbre, una deuda o un compromiso). *Ha contraído una enfermedad tropical.* **3.** Celebrar (el matrimonio). *Contrajo segundas nupcias a sus setenta años.*

contraespionaje. m. Servicio secreto de un Estado, encargado de la defensa contra el espionaje de naciones extranjeras en su territorio. *El contraespionaje ruso interceptó al agente americano.*

contrafuerte. m. **1.** *Arq.* Pilar adosado a un muro para reforzarlo y contrarrestar su empuje hacia los lados. *El arbotante recibe la carga de la bóveda de crucería y la lleva al contrafuerte.* **2.** *Of.* Pieza de cuero con que se refuerza el calzado por la parte del talón. *El contrafuerte de las botas sujeta bien el talón.* ▶ **1:** ESTRIBO.

contragolpe. m. **1.** Golpe que se da como respuesta a otro golpe. Frec. fig. *Tras los bombardeos, se esperaba un contragolpe del enemigo.* **2.** *Dep.* Contraataque. ▶ **1:** CONTRAATAQUE.

contrahecho, cha. adj. Dicho de persona, de su cuerpo o de parte de él: Deforme o que presenta malformación. *Unas piernas contrahechas.*

contraindicar. tr. *Med.* Señalar como perjudicial (algo, espec. un medicamento) en un caso determinado. Frec. en part. *La penicilina está contraindicada en algunos casos.* FAM **contraindicación.**

contralmirante. → contraalmirante.

contralor, ra. m. y f. Am. Funcionario encargado de controlar las cuentas y la legalidad de los gastos públicos. *El alcalde dio posesión a la contralora municipal* [C]. FAM **contraloría.**

contralto. m. y f. *Mús.* Persona cuya voz tiene un registro entre el de *mezzosoprano* y el de tenor. *La contralto hará el papel de Azucena en "Il Trovatore".*

contraluz. m. (Tb., más raro, f.). Vista o aspecto de algo desde el lado opuesto a la luz. *Para evitar un excesivo contraluz cambie el encuadre.*

contramaestre. m. Oficial de marina encargado de dirigir las faenas de los marineros.

contramanifestación. f. Manifestación convocada en oposición a otra y celebrada simultáneamente. *Cerca de la embajada hubo manifestaciones y contramanifestaciones.*

contramano. a ~. loc. adv. En dirección contraria a la normal o correcta. *Circula a contramano.*

contraofensiva. f. *Mil.* Ofensiva emprendida para contrarrestar al enemigo. *La guerrilla ha lanzado una contraofensiva.*

contraoferta. f. Oferta que se hace frente a otra anterior. *Si dices que me han ofrecido más sueldo, te harán una contraoferta.*

contraorden. f. Orden que anula otra dada antes. *Una contraorden del gobernador detuvo la ejecución.*

contrapartida. f. Cosa que sirve para compensar otra que se hace. *Como contrapartida por las pérdidas, recibirá una indemnización.*

contrapelo. a ~. loc. adv. **1.** En dirección contraria a la natural del pelo. *Cepilla al gato a contrapelo.* **2.** En sentido contrario al natural. *Vamos a contrapelo: cuando tú te acuestas, yo me levanto.*

contrapeso. m. **1.** Peso que se pone en la parte contraria de otro para que ambos queden en equilibrio. *El reloj funciona con un sistema de pesos y con-*

trapesos. **2.** Cosa que compensa o contrarresta a otra. *El buen horario sirve de contrapeso a un sueldo bajo.* FAM **contrapesar.**

contrapié. a ~. loc. adv. Con el pie o los pies en posición contraria a la requerida. *El soldado marcha a contrapié.*

contraplano. m. *Cine* y *TV* Plano realizado desde el punto de vista opuesto al del plano inmediatamente anterior. *El realizador graba los planos y contraplanos de la entrevista por separado.*

contrapoder. m. Poder que se opone al poder establecido. *El periódico era el órgano de contrapoder.*

contraponer. (conjug. PONER). tr. **1.** Poner (una cosa) contra otra para dificultar su acción. *Contrapone sus intereses* A *las necesidades de la mayoría.* **2.** Poner (una cosa o persona) frente a otra para establecer sus semejanzas o diferencias. *El autor contrapone el pensamiento religioso* AL *científico.* ○ intr. prnl. **3.** Ser una persona o cosa contraria a otra. *Las leyendas se contraponen* A *la realidad.* FAM **contraposición.**

contraportada. f. **1.** Última página de una publicación periódica. *En la contraportada del periódico hay un artículo interesante.* **2.** *Gráf.* En un libro: Página situada frente a la portada, en hoja independiente, que puede aparecer en blanco o contener datos diversos, como el nombre de la serie a que pertenece la obra.

contraprestación. f. Prestación dada a cambio de otra recibida. *Trabaja de voluntario sin recibir contraprestación alguna.*

contraproducente. adj. Que tiene un efecto contrario al deseado. *Protestar sería contraproducente.*

contraprogramación. f. *TV* Táctica consistente en modificar inesperadamente la programación anunciada para hacer competencia a la de otras cadenas.

contrapropuesta. f. Propuesta hecha para sustituir a otra previa la que no se está de acuerdo.

contrapunto. m. **1.** *Mús.* Técnica de composición consistente en superponer varias melodías diferentes. *Estudió contrapunto.* **2.** Cosa que contrasta con otra simultánea a ella. *Su simpatía puso el contrapunto a la solemnidad del acto.*

contrariar. (conjug. ENVIAR). tr. **1.** Resistirse a los deseos o las intenciones (de una persona). *Jamás me atrevería a contrariarte.* **2.** Resistirse (a los deseos o las intenciones) de una persona. *Abandonó los estudios, contrariando la voluntad de su familia.* **3.** Disgustar o enfadar (a alguien). *Acepté ir por no contrariarlos.* FAM **contrariedad.**

contrario, ria. adj. **1.** Dicho de persona o cosa: Que es totalmente diferente de otra. *El coche circulaba en sentido contrario.* **2.** Dicho de persona o cosa: Que está en total desacuerdo con otra. *Soy contraria* A *la pena de muerte.* **3.** Dicho de persona o conjunto de personas: Que se enfrentan a otras en una competición o lucha. *El equipo contrario.* ■ **al contrario,** o **por el contrario.** loc. adv. Al revés o de manera contraria (→ 1). *–¿A que tengo razón? –Al contrario, estás totalmente equivocada.* ■ **de lo contrario.** loc. adv. En caso contrario (→ 1). *Hazlo o, de lo contrario, me voy a enfadar.* ■ **llevar la contraria** (a alguien). loc. v. Decir o hacer lo contrario (→ 1) de lo que (este) dice o desea. *En realidad lo digo por llevarle la contraria.* ▶ **1:** OPUESTO. **2:** ENEMIGO, OPUESTO. **3:** *RIVAL. FAM **contrariamente.**

contrarreforma. f. **1.** Reforma contraria a otra reforma. *Prometen hacer una contrarreforma fiscal cuando lleguen al poder.* **2.** (Gralm. en mayúsc.). histór.

Movimiento católico europeo del s. XVI, que surge para combatir la Reforma protestante.

contrarreloj. → reloj.

contrarrelojista. m. y f. Ciclista especializado en carreras contra reloj. *Ganó la etapa una contrarrelojista.*

contrarréplica. f. Réplica que se da como respuesta a otra réplica. *Hubo réplicas y contrarréplicas en la sesión de control al Gobierno.*

contrarrestar. tr. Anular el efecto, gralm. negativo, (de algo). *Los anticoagulantes contrarrestan la coagulación de la sangre.*

contrarrevolución. f. Movimiento destinado a combatir una revolución. *Estados Unidos apoyó la contrarrevolución nicaragüense.* FAM **contrarrevolucionario, ria.**

contrasentido. m. Cosa sin sentido o contraria a la razón. *Es un contrasentido que trabajes estando enfermo.* ▶ DISPARATE.

contraseña. f. Seña, palabra o frase secretas que permiten el acceso a un lugar restringido o el reconocimiento entre personas. *Para acceder a la web introduzca su contraseña.*

contrastar. intr. **1.** Mostrar una persona o cosa una gran diferencia con otra. *Su serenidad contrasta* CON *tu nerviosismo.* ○ tr. **2.** Comprobar la veracidad o exactitud (de algo). *Un periodista debe contrastar la información antes de publicarla.* FAM **contrastable.**

contraste. m. **1.** Hecho de contrastar. *En la catedral hay un contraste de estilos.* **2.** Sustancia que, introducida en el organismo, hace observables por rayos X u otro medio exploratorio órganos que sin ella no lo serían. *Para hacerle la radiografía, le inyectarán un contraste.* **3.** Marca que se graba en los objetos de metal noble para garantizar que se ha comprobado su valor. *Este anillo es de oro, porque tiene contraste.* **4.** Cualidad de una imagen fotográfica o televisiva, debida a la escasez de tonos intermedios entre el más oscuro y el más claro. *Al aumentar el contraste del televisor, la imagen es más nítida.*

contrata. f. Contrato para realizar una obra o prestar un servicio por un precio determinado. *El Ayuntamiento ha adjudicado la contrata para la recogida de basuras.* FAM **contratista.**

contratenor. m. *Mús.* Hombre cuya voz tiene un registro más agudo que el de tenor. *Un contratenor interpretó el "Gloria" de Vivaldi.*

contratiempo. m. Suceso inesperado que causa dificultades o supone un obstáculo. *Llegará tarde porque le ha surgido un contratiempo.*

contrato. m. **1.** Pacto oral o escrito entre partes, por el que estas contraen obligaciones sobre un asunto determinado. *Han cerrado el contrato de compraventa.* **2.** Documento en que consta un contrato (→ 1) escrito. *Lea el contrato y fírmelo.* FAM **contratación; contratante; contratar.**

contraveneno. m. Sustancia que contrarresta los efectos de un veneno. ▶ ANTÍDOTO.

contravenir. (conjug. VENIR). intr. **1.** Obrar en contra de una ley o una norma. *Actuó contraviniendo* A *la ley.* ○ tr. **2.** Obrar en contra (de una ley o una norma). *Las condiciones de trabajo contravienen la normativa.* ▶ **2:** *INFRINGIR. FAM **contravención.**

contraventana. f. Puerta de madera que se cierra sobre el cristal de la ventana para protegerla o para que no entre la luz. *El viento batía las contraventanas.* ▶ CONTRA.

contrayente. adj. Dicho de persona: Que contrae matrimonio. *La pareja contrayente.*

contribuir. (conjug. CONSTRUIR). intr. **1.** Dar una cantidad de dinero voluntariamente para un fin determinado. *Ha contribuido A la restauración de la iglesia CON mucho dinero.* **2.** Pagar impuestos. *No está obligado a contribuir porque gana poco.* **3.** Ayudar o colaborar en algo. *Aquello contribuyó A complicar las cosas.* FAM **contribución; contributivo, va; contribuyente.**

contrición. f. **1.** cult. Arrepentimiento por haber actuado mal. *Su rostro reflejaba contrición.* **2.** Rel. Pesar por haber ofendido a Dios. *Antes de confesarse, hizo acto de contrición.* FAM **contrito, ta.**

contrincante. m. y f. Persona que compite con otra para conseguir algo. *Los dos contrincantes se dieron la mano.*

control. m. **1.** Comprobación o inspección. *El bar no ha pasado el control de sanidad.* **2.** Dominio o dirección. *El avión está fuera de control.* **3.** Limitación o regulación de algo. *Medidas para el control de la natalidad.* **4.** Oficina o puesto de control (→ 1, 2). *Hay controles policiales en las carreteras.* **5.** Dispositivo de control (→ 2), espec. de una máquina o un sistema. *Algo le pasa a la nave: ¡los controles no responden!* ■ **~ remoto.** m. Regulación a distancia del funcionamiento de un aparato o un sistema. *Volarán el edificio por control remoto.* FAM **controlable; controlar.**

controlador, ra. adj. **1.** Que ejerce o realiza control. *Es una persona controladora y posesiva.* ● m. y f. **2.** Técnico encargado de la regulación del despegue y aterrizaje de aviones en un aeropuerto. *Hay huelga de controladores aéreos.*

controversia. f. Debate o discusión extensos y con posiciones enfrentadas. *La eutanasia es objeto de controversia.* ▶ POLÉMICA. FAM **controversial** (Am); **controvertir** (conjug. SENTIR).

contubernio. m. despect. Alianza o unión. *Lo acusan de contubernio con la izquierda radical.*

contumaz. adj. Obstinado o pertinaz. *Un enemigo contumaz.* ▶ *TERCO. FAM **contumacia.**

contundente. adj. **1.** Que produce o puede producir contusión. *La golpearon con un objeto contundente.* **2.** Convincente e indiscutible. *Las pruebas de la acusación son contundentes.* FAM **contundencia.**

conturbar. tr. cult. Turbar o inquietar (a alguien). *El recuerdo de su indiscreción lo conturbaba.*

contusión. f. Daño sin herida exterior producido por un golpe en una parte del cuerpo. *El accidentado presenta múltiples contusiones.* FAM **contusionar; contuso, sa.**

conuco. m. Am. Porción pequeña de tierra dedicada al cultivo. *El huracán arrasó los conucos de yuca* [C].

conurbación. f. Conjunto de núcleos urbanos contiguos, inicialmente independientes, que, al crecer, han formado una unidad funcional.

convalecer. (conjug. AGRADECER). intr. Recobrar las fuerzas después de una enfermedad. *Convalece DE una neumonía en el hospital.* FAM **convalecencia; convaleciente.**

convalidar. tr. Dar validez (a algo, frec. un título o unos estudios). *Le han convalidado la carrera que hizo en el extranjero.* FAM **convalidación.**

convección. f. Fís. Propagación de calor u otra magnitud física en un medio fluido por diferencias de densidad. *Un horno de convección.* FAM **convectivo, va.**

convecino, na. adj. Vecino de la misma población que otro. *Familias convecinas.*

convencer. tr. **1.** Conseguir una persona con razones que (otra) haga algo o cambie de opinión. *Intentaré convencerla PARA que no lo haga.* **2.** Conseguir una cosa que (alguien) crea o encuentre razonable otra. *Tus explicaciones no me convencen.* ○ intr. prnl. **3.** Llegar a estar seguro de algo por el propio razonamiento. *Al final se convenció DE que estaba equivocado.* FAM **convencimiento; convincente.**

convención. f. **1.** Acuerdo o pacto entre personas, organizaciones o países. *La Convención de Ginebra.* **2.** Norma o práctica admitidas por la colectividad y basadas en alguna costumbre o precedente. *La forma de medir el tiempo no es más que una convención.* **3.** Reunión general de un partido político u otra agrupación de personas. *La convención se celebrará en un hotel.*

convencional. adj. **1.** Que se establece por convenio o acuerdo. *Las señales de tráfico son convencionales.* **2.** Corriente o tradicional. *El modisto crea diseños nada convencionales.* **3.** Dicho de persona: Que se atiene a las normas o costumbres establecidas. *Es una mujer bastante convencional en sus gustos.* FAM **convencionalismo.**

convenio. m. **1.** Acuerdo o pacto. *No existe convenio de extradición entre los dos países.* **2.** Acuerdo vinculante entre los empresarios y los trabajadores de un sector o de una empresa, que regula las condiciones laborales. *Según el convenio, hay 15 días de permiso en caso de matrimonio.* Tb. *~ colectivo.*

convenir. (conjug. VENIR). intr. **1.** Ser útil o adecuado para alguien o algo. *Convendría que ventilaras la habitación.* **2.** Admitir una persona lo que aporta otra, o considerarlo aceptable. *Convendrás CONMIGO EN que dijo una tontería.* **3.** Ponerse de acuerdo dos o más personas en algo. *Convinimos EN vernos después del trabajo.* FAM **conveniencia; conveniente.**

convento. m. Casa en que vive una comunidad de frailes o monjas. *El edificio fue un convento de franciscanos.* FAM **conventual.**

converger. intr. **1.** Dirigirse dos o más cosas, como líneas o cosas de estructura lineal, a unirse en un punto. *Dos trenes convergían HACIA la estación por la misma vía.* **2.** Unirse dos o más cosas, como líneas o cosas de estructura lineal, en un punto. *EN cada vértice del polígono convergen dos lados.* ▶ CONVERGIR. FAM **convergencia; convergente.**

convergir. intr. Converger.

conversación. f. Hecho de conversar. *Una conversación telefónica.* ▶ CHARLA, COLOQUIO. ‖ frecAm: PLÁTICA. FAM **conversa** (frecAm); **conversacional.**

conversar. intr. Hablar una o varias personas con otra u otras, espec. con familiaridad y confianza. *La maestra conversaba CON los padres SOBRE el niño.* ▶ CHARLAR. ‖ frecAm: PLATICAR. FAM **conversador, ra.**

converso, sa. adj. Que se ha convertido a una religión. *Se cree que Fernando de Rojas era un judío converso.*

convertible. adj. **1.** Que se puede convertir. *Medidas populistas convertibles EN votos.* **2.** Econ. Dicho de moneda: Que puede cambiarse por oro o por otra moneda más generalmente aceptada en los mercados. *La deuda del país en moneda convertible es de un billón de dólares.* **3.** Am. Dicho de automóvil: Descapotable. *Le regalaron un automóvil convertible* [C]. ▶ **3:** DESCAPOTABLE. FAM **convertibilidad.**

convertidor. m. **1.** Aparato que convierte corriente alterna en continua o viceversa. *El equipo incluye batería de repuesto y convertidor.* **2.** Aparato electrónico que convierte una señal en otra diferente. *El convertidor transforma la señal analógica en digital.*

convertir. (conjug. SENTIR). tr. **1.** Hacer que (una persona o una cosa) pasen a ser otra o a tener características distintas. *La convivencia los convirtió EN buenos amigos.* **2.** Hacer que (alguien) profese una religión o la practique. *Los misioneros convertían a los indígenas.* ○ intr. prnl. **3.** Pasar a profesar o a practicar una religión. *Se ha convertido AL budismo.* FAM **conversión.**

convexo, xa. adj. Curvado hacia fuera, como el exterior de un cuenco. *Una lente convexa.* FAM **convexidad.**

convicción. f. **1.** Hecho o efecto de convencer o convencerse. *Habló sin convicción.* **2.** Idea religiosa, ética o política firme y sólida. *Lo detuvieron por defender sus convicciones.* ▶ **1:** *CONVENCIMIENTO.

convicto, ta. adj. **1.** Dicho de reo: Que ha cometido un delito que ha sido probado. *Asesino convicto.* ● m. y f. **2.** Presidiario. ▶ **2:** *PRESO.

convidado, da. ~ **de piedra.** m. y f. Persona que está callada y sin moverse en una reunión.

convidar. tr. **1.** Invitar (a alguien) para que esté presente en un lugar o acto determinados, como muestra de cortesía o amistad. *Te convido A mi cumpleaños.* **2.** Invitar (a alguien) a algo, espec. comida o bebida, como muestra de cortesía o amistad. *No pagues, que yo te convido.* **3.** Invitar o incitar (a alguien) a algo. *Todo en este lugar nos convida AL descanso.* ▶ INVITAR.

convincente. → convencer.

convite. m. Hecho de convidar o invitar a alguien como muestra de cortesía o amistad. *Iré a la ceremonia, pero no me quedaré al convite.* ▶ **Am:** CONVIVIO.

convivio. m. frecAm. Convite. *Se pospone el convivio de bienvenida para el nuevo gobernador* [C].

convivir. intr. Vivir en compañía de otro u otros. *Es fácil convivir CON él.* FAM **convivencia.**

convocar. tr. **1.** Llamar (a una o más personas) para que acudan a un lugar o acto determinados. *El presidente convocó a los vecinos A una junta.* **2.** Anunciar (una reunión o un acto) para que acudan las personas interesadas (en ellos). *El Gobierno ha convocado elecciones.* **3.** Anunciar (un concurso o competición) para que participen las personas interesadas. *El Ayuntamiento convoca oposiciones.* FAM **convocante; convocatoria.**

convoy. m. **1.** Conjunto de vehículos terrestres o embarcaciones acompañados de escolta. *Se ha enviado un convoy de ayuda humanitaria.* **2.** Escolta de un vehículo terrestre o una embarcación. *El coche real iba acompañado de un convoy.* **3.** Tren (conjunto de vagones arrastrados por una locomotora). ▶ **3:** *TREN.

convulsión. f. **1.** Contracción y dilatación musculares, violentas e involuntarias, y de origen patológico. *Tiene fiebre y convulsiones.* **2.** Agitación violenta, gralm. social o política, que trastorna la vida normal de una colectividad. *El país vivía tiempos de gran convulsión.* **3.** Geol. Sacudida de la tierra o del mar por un movimiento sísmico. *Se temen nuevas convulsiones en zonas cercanas al epicentro.* FAM **convulsionar; convulsivo, va; convulso, sa.**

cónyuge. m. y f. Persona que está casada con otra. *Su cónyuge le es infiel.* FAM **conyugal.**

coñac. (pl. **coñacs**). m. Licor de alta graduación, obtenido por destilación de vinos flojos y envejecido en toneles de roble, imitando el procedimiento empleado en la población francesa de Cognac.

coño. m. **1.** malson. Vulva. ● interj. **2.** malson. Se usa para expresar sorpresa o enfado.

cooperación. f. Hecho de cooperar. *Un acuerdo de cooperación.*

cooperar. intr. Actuar una persona o cosa conjuntamente con otra para un mismo fin. *La población coopera CON la policía PARA detener al asesino.* FAM **cooperador, ra; cooperante.**

cooperativo, va. adj. **1.** De la cooperación o que la implica. *Se fomentará el trabajo cooperativo dentro del aula.* **2.** De la cooperativa (→ 3). *El texto analiza el movimiento cooperativo en el medio rural.* ● f. **3.** Sociedad cooperativa (→ sociedad). *La fruta se recoge y se lleva a la cooperativa.* FAM **cooperativismo; cooperativista.**

coordenada. f. Mat. Línea paralela a un eje de coordenadas (→ eje) y que sirve para determinar la posición de un punto en el plano. *Trace las coordenadas de los puntos que se indican.*

coordinada. f. Gram. Oración coordinada (→ oración).

coordinante. adj. Gram. Dicho espec. de conjunción: Que coordina un elemento gramatical con otro. *"Ni" es una conjunción coordinante.* ▶ COORDINATIVO.

coordinar. tr. **1.** Unir (medios o esfuerzos) para alcanzar un fin. *Hay que coordinar esfuerzos para acabar con el problema.* **2.** Unir (dos o más cosas) de manera que formen una unidad o un conjunto armonioso. *El editor coordinaba los textos de los autores del libro.* **3.** Gram. Unir sintácticamente (dos o más elementos de igual categoría). *En "sin prisa pero sin pausa", la conjunción coordina dos complementos de modo.* ▶ **1:** AUNAR. FAM **coordinación; coordinador, ra; coordinativo, va.**

copa. f. **1.** Recipiente en forma de cuenco y sostenido sobre un pie, que sirve para beber. *Un camarero llena las copas.* **2.** Consumición de bebida alcohólica. *Le invito a una copa.* **3.** Conjunto de ramas y hojas que forman la parte superior de un árbol. *Trepó a la copa del árbol.* **4.** Parte hueca de un sombrero, en la que entra la cabeza. **5.** Cada una de las dos partes huecas en un sujetador. *Un sostén de copa pequeña es incómodo.* **6.** Trofeo consistente en una copa (→ 1) grande y gralm. metálica, que se da como premio en una competición deportiva. **7.** (Frec. en mayúsc.). Competición deportiva en que se da como premio una copa (→ 6) y que suele constar de fases eliminatorias. *Jugarán las semifinales de la Copa.* ○ pl. **8.** Palo de la baraja española cuyas cartas tienen representadas una o varias copas (→ 1). *El rey de copas.* FAM **copazo; copero, ra; copón.**

copar. tr. Ocupar por completo (algo, espec. unos puestos determinados). *El disco copa los primeros puestos de las listas de ventas.*

copeo. m. coloq. Venta de bebidas por copas. *Venden vino embotellado y al copeo.*

copernicano, na. adj. **1.** De Nicolás Copérnico (astrónomo polaco, 1473-1543). **2.** Dicho de cambio o giro: Total o radical. *Ha dado un giro copernicano a su vida.*

copero, ra. → copa.

copete. m. **1.** Conjunto de plumas que tienen algunas aves en la parte superior de la cabeza. *La abubilla mueve su copete.* **2.** Pelo que se lleva levantado sobre la frente. **3.** Parte del contenido de un recipiente que sobresale por encima del borde. *Una cucharada de cacao con copete.* ■ **de alto ~.** loc. adj. coloq. De mucha categoría. *Gente de alto copete.*

copiar. (conjug. ANUNCIAR). tr. **1.** Reproducir a mano (textos, imágenes o figuras). *Aprende a pintar copiando cuadros del museo.* **2.** Reproducir de manera exacta (textos, imágenes, sonidos u objetos) por medios mecánicos. *Cópiame el vídeo del viaje.* **3.** En un examen escrito: Reproducir (lo que se mira a escondidas de un libro, de unos apuntes o del ejercicio de un compañero). Tb. como intr. *El profesor lo sorprendió copiando.* **4.** Anotar o escribir (lo que dice alguien). *El reportero lo copiaba todo en una libreta.* **5.** Imitar (algo o a alguien). *Me copia en todo.* FAM **copia; copiador, ra; copión, na; copista.**

copihue. m. Am. Planta trepadora americana de hermosas flores, gralm. rojas. *En la ruta hay bosques de roble y abunda el copihue* [C].

copiloto. m. y f. Piloto auxiliar. *El comandante dejó la nave en manos de su copiloto.*

copioso, sa. adj. cult. Abundante.

copista. → copiar.

copla. f. **1.** Composición poética breve, gralm. constituida por una estrofa de entre cuatro y siete versos, y que sirve de letra a canciones populares. Tb. cada una de esas canciones. *Cantan coplas de su tierra.* **2.** Género musical de la canción popular española con influencia del flamenco. *La Piquer era la reina de la copla.* **3.** coloq. Asunto o tema de conversación, espec. si resulta repetitivo. *¡No sigas con esa copla!* FAM **coplero, ra.**

copo. m. **1.** Cada una de las porciones individuales de nieve que caen cuando nieva. *Llega el frío y caen los primeros copos.* **2.** Porción de una sustancia cuya forma recuerda la de un copo (→ 1). *Desayuno leche con copos DE avena.* **3.** Masa de algodón, lana, lino o cáñamo, preparada para hilarse. *Puso un copo de lana en la rueca.*

copón. → copa.

copretérito. m. Gram. Tiempo verbal de indicativo que presenta una acción pasada como no acabada. *La forma verbal "gritaba" es copretérito.* ► IMPERFECTO.

copto, ta. adj. **1.** Cristiano de Egipto. *Ritos coptos.* ● **2.** Lengua hablada antiguamente en Egipto, que se conserva en los ritos de la Iglesia copta (→ 1).

copular. intr. Unirse sexualmente dos personas o animales. *Unos leones copulan en la sabana.* ► FORNICAR. FAM **cópula, copulación.**

copulativo, va. adj. **1.** Gram. Dicho de oración: Que expresa suma de significado con respecto a otra. *En "Pagó y se marchó" hay dos oraciones copulativas.* Tb. dicho de la conjunción correspondiente. **2.** Gram. Dicho de oración: Que se construye con un verbo copulativo (→ verbo). *"Pareces cansado" es una oración copulativa.*

coque. m. Combustible sólido, ligero y poroso, obtenido al calcinar hulla u otros carbones minerales. ► COK.

coquetear. intr. **1.** Mantener una persona con otra una actitud más o menos insinuante como juego amoroso. *Mi novio no coquetea CON otras.* **2.** Tener una

relación superficial con alguien o algo. *Coqueteó CON la política.* ► **1:** FLIRTEAR. FAM **coqueteo; coquetería.**

coqueto, ta. adj. **1.** Dicho de persona: Que coquetea con otra o intenta atraerla por puro pasatiempo o vanidad. *Ella lo mira coqueta.* **2.** Dicho de persona: Que cuida mucho su aspecto para parecer atractiva. *Los chicos son cada vez más coquetos.* **3.** Dicho de cosa: De aspecto sencillo y atractivo o gracioso. *Una casita muy coqueta.* ● f. **4.** Mueble de tocador, con espejo, usado espec. por las mujeres para peinarse y maquillarse. *La polvera está encima de la coqueta.* FAM **coquetón, na.**

coracero. m. Soldado de caballería armado de coraza. *Una escolta de coraceros.*

coraje. m. **1.** Valor o decisión. *Afrontan el problema con coraje.* **2.** Rabia o irritación. *Me da coraje haber suspendido.* FAM **corajina; corajudo, da.**

coral[1]. m. **1.** Animal marino que habita en colonias y posee un esqueleto calcáreo, frec. rojo o rosado, con el que forma arrecifes. **2.** Masa calcárea de color rojo segregada por el coral (→ 1), que se emplea en joyería. *Un collar de coral.* FAM **coralífero, ra; coralino, na.**

coral[2]. adj. **1.** Del coro. *Música coral.* ● f. **2.** Agrupación musical que interpreta composiciones corales (→ 1). *Canta en la coral de la Universidad.* ○ m. **3.** Mús. Composición religiosa de carácter vocal y para coro, propia pralm. del culto protestante. *Un coral de Bach.* ► **2:** CORO, ORFEÓN.

coránico, ca. adj. Del Corán (libro sagrado musulmán). *Versículos coránicos.*

coraza. f. Armadura, gralm. metálica, que protege el pecho y la espalda.

corazón. m. **1.** Órgano muscular de los vertebrados y de algunos invertebrados, que impulsa la sangre por el cuerpo. *Cómo me late el corazón.* **2.** Figura cuya forma recuerda la de un corazón (→ 1). *Dibujó un corazón con su nombre y el de su novio.* **3.** Palo de la baraja francesa cuyas cartas tienen representados uno o varios corazones (→ 2). Más frec. en pl. *El as de corazones.* **4.** Sentimientos. *Eres frío y sin corazón.* **5.** Valor o ánimo. *No tuve corazón para negarme.* **6.** Centro de algo. *Vive en el corazón DE la jungla.* **7.** Dedo corazón. → **dedo.** ■ Junta el índice y el *corazón.* ■ **abrir** alguien **su ~** (a otra persona). loc. v. Descubrir(le) su intimidad o sus sentimientos. *Angustiado, me abrió su corazón.* ■ **a ~ abierto.** loc. adj. Dicho de operación quirúrgica: Que se realiza desviando la sangre a un corazón (→ 1) artificial, antes de abrir las cavidades cardíacas. ■ **con el ~ en la mano.** loc. adv. Con toda sinceridad. *Te hablo con el corazón en la mano.* ■ **con el ~ en un puño.** loc. adv. En estado de angustia y preocupación. *Esperaba con el corazón en un puño.* ■ **darle,** o **decirle,** (a alguien) **el ~** (una cosa). loc. v. coloq. Hacérse(la) presentir. *Me dice el corazón que aprobarás.* ■ **de (todo) ~.** loc. adv. Con sinceridad y afecto. *Te felicito de todo corazón.* ■ **del ~.** loc. adj. Dicho de prensa o revista: Que informa sobre la vida privada y social de personajes famosos. ■ **encogérsele** (a alguien) **el ~.** loc. v. coloq. Sentir temor o angustia (esa persona). *Pienso en la muerte y se me encoge el corazón.* ■ **partir** algo **el ~** (a alguien). loc. v. Causar(le) gran pena o tristeza. *Verlo enfermo me parte el corazón.* ■ **ser todo ~.** loc. v. Ser bueno y generoso. *Luisa es todo corazón.* ► **4:** ENTRAÑA.

corazonada. f. **1.** Presentimiento. *Tengo la corazonada de que ganará.* **2.** Impulso que lleva a hacer algo. *Vino por una corazonada, sin esperar encontrarnos.*

corbata. f. Prenda de adorno consistente en una tira de tela que se anuda o enlaza alrededor del cuello, dejando caer los extremos. *Viste traje y corbata.* FAM **corbatín.**

corbeta. f. Buque de guerra ligero, más pequeño que la fragata, gralm. destinado a misiones de escolta.

corcel. m. Caballo ligero de mucha altura.

corchea. f. *Mús.* Nota cuyo valor es la mitad de una negra.

corchete. m. **1.** Broche formado por dos piezas que se enganchan, una en forma de gancho y otra en forma de anilla. *La camisa lleva corchetes en vez de botones.* **2.** Signo ortográfico doble ([ ]) que tiene un uso semejante al del paréntesis.

corcho. m. **1.** Tejido vegetal poroso, impermeable y elástico, que se encuentra en la parte exterior del tronco, las ramas y las raíces de algunos árboles, espec. en la corteza del alcornoque. *En un tablero de corcho pinchan los avisos.* **2.** Tapón de corcho (→ 1). *Al abrir el champán, saltó el corcho.* FAM **corchero, ra.**

corcova. f. Joroba de una persona. ▶ *JOROBA. FAM **corcovado, da.**

cordada. f. Grupo de montañeros sujetos por una misma cuerda. *La cordada alcanzó la cima.*

cordaje. m. **1.** Conjunto de cuerdas, espec. de un instrumento musical o de una raqueta de tenis. **2.** *Mar.* Jarcia. FAM **cordel.**

cordero, ra. m. **1.** Cría de la oveja, que no pasa de un año. **2.** Carne de cordero (→ 1). *Comeremos cordero asado.* ○ f. **3.** Hembra del cordero (→ 1). ■ **cordero pascual.** m. Cordero (→ 1) que se come para celebrar la Pascua judía o cristiana.

cordial. adj. Afectuoso o cariñoso. *Reciba un cordial saludo.* FAM **cordialidad.**

cordillera. f. Serie de montañas unidas entre sí, de gran extensión. *Cordillera Andina.*

córdoba. m. Unidad monetaria de Nicaragua.

cordobán. m. Piel curtida de cabra. *Una correa de cordobán.*

cordobés, sa. adj. De Córdoba (Argentina, Colombia, España).

cordón. m. **1.** Cuerda delgada y redonda, constituida por hilos gralm. retorcidos o entrelazados, que se emplea para atar o como adorno. *Átese los cordones de los zapatos.* **2.** Conjunto de personas alineadas para impedir el paso. *El cordón policial frenó a los manifestantes.* **3.** *Am.* Bordillo. *Ayudar al discapacitado a subir el cordón de la vereda* [C]. ■ **~ sanitario.** m. Conjunto de disposiciones y medios materiales para impedir la propagación de una enfermedad o de una plaga. *Se estableció un cordón sanitario contra la peste.* ■ **~ umbilical.** m. *Anat.* Conjunto de vasos que unen la placenta de la madre con el vientre del feto para nutrir a este hasta el momento del parto. FAM **cordoncillo.**

cordura. f. Cualidad de cuerdo. *Obró con cordura.*

coreano, na. adj. **1.** De Corea (Asia). ● m. **2.** Lengua hablada en Corea.

corear. → coro.

coreografía. f. **1.** Arte de componer danzas o bailes para ser representados con acompañamiento musical. **2.** Conjunto de pasos y movimientos de un espectáculo de danza o baile. *Los bailarines ensayan la coreografía.* FAM **coreografiar** (conjug. ENVIAR); **coreográfico, ca; coreógrafo, fa.**

corifeo. m. Abanderado o portavoz de una tendencia, ideología u opinión. *Los corifeos DEL liberalismo.*

corintio, tia. adj. **1.** De Corinto (Grecia). Frec. referido a la Antigüedad clásica. *Cerámica corintia.* **2.** *Arq.* Dicho de orden: Que tiene el capitel adornado con hojas de acanto. Tb. dicho de lo perteneciente a ese orden. *Columnas corintias.*

corinto. m. Color rojo oscuro, tirando a violáceo. *Adornos en negro y corinto.*

corista. → coro.

cormorán. m. Ave acuática del tamaño de un ganso, de plumaje oscuro, patas cortas y pico largo y ganchudo. *El cormorán hembra.*

cornamenta. f. Conjunto de los dos cuernos de un animal cuadrúpedo, espec. si es de gran tamaño. *Los ciervos mudan la cornamenta.* FAM **cornada; cornear; cornudo, da.**

corneja. f. Ave de plumaje negro, semejante al cuervo, pero de menor tamaño. *La corneja macho.*

córneo, a. adj. **1.** De cuerno, o de características semejantes a las suyas, espec. el aspecto o la consistencia. *Estas tortugas poseen un pico córneo.* ● f. **2.** *Anat.* Membrana dura y transparente situada en la parte delantera del globo ocular.

córner. (pl. **córneres**) m. **1.** En algunos deportes, como el fútbol: Salida del balón fuera del campo por una de las líneas de meta, tras ser tocado por un defensor. *El árbitro pita córner.* **2.** En algunos deportes, como el fútbol: Saque de esquina. *Sacó el córner.*

corneta. f. Instrumento musical de viento, de metal, semejante a una trompeta pequeña, y de sonido agudo. FAM **cornetín.**

cornete. m. *Anat.* Cada una de las láminas óseas de forma curva que se encuentran en el interior de las fosas nasales. *La mucosa de los cornetes produce moco.*

cornisa. f. **1.** Conjunto de molduras o salientes que coronan un edificio o una de sus plantas. *Parte de la cornisa se desprendió.* **2.** Faja horizontal estrecha que corre al borde de un precipicio o un acantilado. **3.** *Arq.* Parte superior del conjunto de elementos que coronan un edificio. *En el templo clásico, la cornisa está sobre el friso.*

corno. ~ **inglés.** m. Instrumento musical de viento, de madera, semejante a un oboe, pero de mayor tamaño y sonido más grave.

cornucopia. f. En la mitología grecorromana: Cuerno de la abundancia.

cornudo, da. → cornamenta.

cornúpeta. m. y f. Animal con cuernos, espec. el toro de lidia. *El torero cuadra al cornúpeta antes de entrar a matar.*

coro. m. **1.** Conjunto de personas que cantan simultáneamente una pieza musical o parte de ella. *Acompaña al cantante un coro.* **2.** Coral (agrupación). **3.** Composición cantada o recitada por un coro (→ 1, 2). *Interpretaron un coro de Verdi.* **4.** Conjunto de personas que dicen lo mismo al mismo tiempo. *Un coro de fans jalea al ídolo.* **5.** Parte de la iglesia donde se reúne el clero para cantar los oficios. ■ **a ~.** loc. adv. Al mismo tiempo entre varios. *Repetían la lección a coro.* ▶ 2: *CORAL. FAM **corear; corista.**

corola. f. *Bot.* Parte de la flor que rodea los órganos sexuales, formada por piezas a modo de hojas, gralm. de vivos colores. *La corola de la margarita tiene pétalos blancos.*

corolario. m. Afirmación que no necesita prueba particular por deducirse claramente de lo ya demostrado antes. *Del estudio se desprende como corolario que urge una reforma.*

corona. f. **1.** Aro de flores, de ramas o de un metal valioso, que se coloca sobre la cabeza como adorno o como símbolo de algo, espec. de dignidad. *El césar llevaba una corona de laurel.* **2.** Conjunto de flores o de hojas o de las dos cosas a la vez dispuestas en círculo. *Sobre la lápida descansa una corona fúnebre.* **3.** Dignidad real. *El heredero de la corona.* **4.** Reino o monarquía. *Territorios de la Corona de Inglaterra.* **5.** Aureola (círculo luminoso de las imágenes sagradas). **6.** Cosa o conjunto de cosas de forma circular. *Estos animales tienen una corona de ganchitos alrededor de la boca.* **7.** Unidad monetaria actual de algunos países. *Corona sueca.* **8.** histór. Antigua moneda de distintas épocas y países. **9.** Anat. Parte del diente que sobresale de la encía. ▶ **3:** TRONO. **4:** REINO. **5:** *AUREOLA.

coronar. tr. **1.** Poner una corona en la cabeza (de alguien), espec. para proclamar(lo) rey o emperador. *Lo coronaron rey.* **2.** Llegar a la parte más alta (de algo). *Ha coronado el Aconcagua.* **3.** Estar situada una cosa en la parte más alta (de otra). *El Partenón corona la Acrópolis.* **4.** Completar o acabar (algo, espec. una obra o una actividad). *Coronarán la investigación con éxito.* FAM **coronación; coronamiento.**

coronario, ria. adj. **1.** Med. De las coronarias (→ 2). *Enfermedad coronaria.* ● f. **2.** Anat. Arteria coronaria (→ arteria).

coronel. m. y f. Oficial del Ejército cuyo empleo es inmediatamente superior al de teniente coronel (→ teniente).

coronilla. f. **1.** Parte posterior y más elevada de la cabeza. *Tiene la coronilla calva.* **2.** Tonsura (porción tonsurada). ■ **hasta la ~.** loc. adv. coloq. En un estado de hartazgo. *Estoy hasta la coronilla DE sus quejas.* ▶ **2:** TONSURA.

coroto. m. Am. Cosa u objeto. *Puede agarrar sus corotos y largarse* [C]. ▶ *OBJETO.

corpachón. → corporal.

corpiño. m. **1.** Prenda de vestir femenina, sin mangas, escotada y ajustada, que cubre el cuerpo hasta la cintura. Tb. la prenda interior de forma semejante. *Le soltó los cordones del corpiño.* **2.** frecAm. Sujetador. *La Nana la acompañó a comprar su primer corpiño* [C].

corporación. f. **1.** Organización o entidad con sus propias normas y cuyas funciones suelen estar establecidas por ley. *Los colegios profesionales son corporaciones públicas.* **2.** Empresa de grandes dimensiones, espec. la que agrupa a otras empresas menores. *La cadena fue absorbida por una corporación de radio.* FAM **corporativo, va.**

corporal. adj. Del cuerpo, espec. del humano. *Estudia danza y expresión corporal.* FAM **corpachón; corporeidad; corporeizar** (conjug. PEINAR); **corpóreo, a; corporizar.**

corporativismo. m. Actitud o tendencia de quien defiende de manera excesiva los intereses de los miembros de su sector profesional. *Han encubierto la negligencia por corporativismo.* FAM **corporativista.**

corporeidad. → corporal.

córpore insepulto. adj. Dicho de acto fúnebre: Que se celebra antes del entierro. *Una misa córpore insepulto.*

corporeizar; corpóreo, a; corporizar. → corporal.

corpulento, ta. adj. Dicho de persona, animal o planta: Grande en tamaño. *Un atleta corpulento.* ▶ GRANDE. FAM **corpulencia.**

corpus[1]. m. Colección extensa y ordenada de datos o textos, espec. la que sirve de base a una investigación. *Realizó el estudio sobre un corpus de textos históricos.*

Corpus[2]. m. En la Iglesia católica: Fiesta que conmemora la institución de la Eucaristía. Tb. ~ *Christi.*

corpúsculo. m. Porción muy pequeña, gralm. microscópica, de materia. *Los genes son corpúsculos microscópicos.* FAM **corpuscular.**

corral. m. Espacio cercado y descubierto, en el campo o junto a una casa, que sirve para guardar animales domésticos. *Tienen un corral con gallinas.*

corralón. Am. Depósito donde la policía guarda los vehículos que retira. *Una grúa trasladó el vehículo decomisado al corralón federal* [C].

correa. f. **1.** Tira de cuero o de otro material semejante, que se emplea espec. para atar o sujetar. *Lleva al perro con correa.* **2.** Cinturón de cuero para sujetar los pantalones u otra prenda de vestir. **3.** En una máquina: Tira de caucho u otro material semejante, que, unida por sus extremos, sirve para transmitir movimiento de una rueda o polea a otra. *Se ha roto la correa del ventilador del coche.* ▶ **2:** *CINTURÓN. FAM **correaje; correazo.**

correcaminos. m. Ave corredora muy veloz, de plumaje oscuro, patas largas y alas cortas, que habita en zonas desérticas de América del Norte y Centroamérica.

corrección. f. **1.** Hecho de corregir. *La corrección de exámenes lleva tiempo.* **2.** Cualidad de correcto. *Compórtense con corrección.*

correccional. m. Reformatorio. Tb. ~ *de menores.*

correctivo, va. → corregir.

correcto, ta. adj. **1.** Conforme a las reglas o normas consideradas válidas. *Una frase gramaticalmente correcta.* **2.** Que respeta las normas de la buena educación. *Un hombre muy correcto.* **3.** Conforme a la verdad. *Cada respuesta correcta vale un punto.* **4.** Conveniente o adecuado. *Haga un uso correcto del aparato.*

corrector, ra. → corregir.

corredero, ra; corredizo, za. → correr.

corredor, ra. adj. **1.** Que corre, espec. con rapidez. *Galgo corredor.* ● m. y f. **2.** Deportista que practica la carrera. **3.** Persona que profesionalmente actúa como intermediario en operaciones comerciales. *Es corredor de bolsa.* **4.** Agente que actúa de mediador en la contratación de un seguro. Tb. ~ *de seguros.* ○ m. **5.** Pasillo (pieza de paso en un edificio). **6.** Galería, abierta o cerrada, que corre a lo largo del patio o la fachada de un edificio. *Desde el corredor de la casa hay magníficas vistas.* **7.** Ruta fija para cubrir un trayecto determinado en avión. Frec. ~ *aéreo.* ▶ **5:** PASILLO. FAM **correduría.**

corregidor. m. histór. Persona que nombraba el rey para ejercer funciones de gobierno y justicia en una población o territorio.

corregir. (conjug. PEDIR). tr. **1.** Quitar o eliminar (de algo) un error, defecto o imperfección. *Corrijan los ejercicios antes de entregarlos.* **2.** Indicar (a alguien) que lo que hace o dice es equivocado, para que rectifique. *Corríjame si me equivoco.* **3.** Señalar un profesor los errores (en un examen o trabajo) para dar(les) una calificación. *Es muy estricto corrigiendo* *exámenes.* ▶ **1**: ENMENDAR, RECTIFICAR. FAM correctivo, va; corrector, ra.

correlativo, va. adj. **1.** Dicho de cosa: Que tiene correspondencia o relación recíproca con otra. *Hay un deber correlativo A todo derecho.* **2.** Dicho de elementos de una serie: Que van seguidos. *Números correlativos.* FAM correlación; correlato.

correligionario, ria. adj. **1.** Dicho de persona: Que tiene las mismas ideas políticas o pertenece al mismo partido que otra. Más frec. m. y f. *Lo censuran sus propios correligionarios de partido.* **2.** Dicho de persona: Que profesa la misma religión que otra. Más frec. m. y f. *Lutero criticó a su correligionario Zuinglio.* ▶ **1**: CAMARADA.

correntada. f. Am. Corriente impetuosa de agua desbordada. *La correntada se llevaba todo lo que no supiera flotar* [C].

correntino, na. adj. De Corrientes (Argentina).

correo. m. **1.** Servicio público para el transporte de paquetes y correspondencia. *Recibirá la notificación por correo.* **2.** Conjunto de cartas y paquetes transportados por correo (→ 1). *Mira a ver si hay correo.* **3.** Vehículo donde se transporta el correo (→ 2). *Una banda asaltó el correo de Glasgow.* **4.** histór. Persona que transportaba cartas o mensajes particulares. *Él era el correo del zar.* ■ ~ electrónico. m. Sistema de transmisión de mensajes por ordenador a través de una red informática. *Envíenos sus datos por correo electrónico.* Tb. el mensaje enviado. ▶ **1**: CORREOS.

correos. (Frec. en mayúsc.). m. **1.** Servicio público para el transporte de paquetes y correspondencia. *Es empleado de Correos.* **2.** Edificio o local de Correos (→ 1). *Voy a Correos.* ▶ **1**: CORREO.

correoso, sa. adj. **1.** Que se dobla y estira fácilmente sin romperse. *La piel del plátano es correosa.* **2.** Dicho de alimento: Que está blando y correoso (→ 1), gralm. por haber perdido cualidades. *Con la humedad, el pan se pone correoso.* **3.** Dicho de persona: De gran resistencia física y combatividad. *Es gente de campo, dura y correosa.*

correr. intr. **1.** Andar una persona o un animal rápidamente y con mucho impulso, de manera que, entre un paso y el siguiente, los pies o las patas quedan por un momento en el aire. *Los galgos corren tras la liebre.* **2.** Marchar deprisa alguien o algo. *¡Cómo corre tu coche!* **3.** Darse prisa. *Se vistió corriendo y salió.* **4.** Ir o moverse algo de un sitio a otro. *La lava corre por la ladera.* **5.** Circular o difundirse algo, espec. un rumor o una noticia. *Corre el rumor de que la van a ascender.* **6.** Transcurrir tiempo o un espacio de tiempo. *Corría el año 2000 cuando ocurrió.* **7.** Extenderse una cosa a lo largo de otra de estructura lineal. *El paseo corre junto a la costa.* **8.** Estar algo a cargo de alguien. *La comida corre a cargo de la empresa.* ○ tr. **9.** Recorrer (un lugar, un trayecto o una distancia) corriendo (→ 1). *Corrió la última recta lesionado.* **10.** Perseguir (a alguien) haciendo(lo) correr (→ 1). *Corrieron al forastero A pedradas.* **11.** Hacer que (algo) se mueva o cambie de sitio. *Corramos la mesa hacia la pared.* **12.** Hacer que (algo) se abra o cierre deslizándo(lo) por una instalación adecuada. *Corra las cortinas, que entre luz.* **13.** Pasar por la experiencia (de algo, como una aventura, un peligro o una suerte). *Aquí corremos peligro.* **14.** Am. Echar (a alguien) de su trabajo. *Dice que toma porque lo corrieron de su trabajo* [C]. ○ intr. prnl. **15.** Desplazarse o moverse alguien o algo del sitio en que están. *Córranse un poco a la derecha, por favor.* **16.** Extenderse algo, como un color, una man-

cha o un producto cosmético fuera del lugar en que debía estar. *No llores, que se te va a correr el rímel.* **17.** malson. Tener un orgasmo. ■ a todo ~. loc. adv. A toda velocidad. *Escribí el libro a todo correr.* ▶ **14**: *DESPEDIR. FAM corredero, ra; corredizo, za; correar; correteo; corrimiento.

correría. f. **1.** Viaje o aventura, gralm. breves. *Sus correrías lo llevaron a tierras americanas.* **2.** histór. Incursión en terreno de gente armada que se dedica a la destrucción y el saqueo. *Roma empezaba a sufrir las correrías de los bárbaros.*

correspondencia. f. **1.** Hecho de corresponder o corresponderse. *No hay correspondencia entre su versión y los hechos.* **2.** Conjunto de cartas enviadas por correo. *Su secretario abre la correspondencia.* **3.** Comunicación por escrito entre dos o más personas. *Mantienen correspondencia frecuente.*

corresponder. intr. **1.** Hacer algo para responder adecuadamente a otra cosa recibida antes. *Correspondió A su invitación CON un regalo.* **2.** Tocarle a alguien hacer algo, o ser responsabilidad o tarea suya. *Me corresponde a mí decidir.* **3.** Ser una cosa de alguien por derecho, o serle debida. *Le corresponde un tercio de la herencia.* **4.** Pertenecer una cosa a otra, o tener las características propias de ella. *El cuadro corresponde a la época impresionista.* **5.** Tener relación con alguien o algo. Tb. prnl. *Lo que dice no se corresponde CON lo que hace.* **6.** Equivaler una cosa a otra, o tener el mismo valor o significado que ella. *"Dog" en inglés corresponde a "perro" en español.* Tb. prnl. ○ tr. **7.** Tener una persona hacia otra (el mismo afecto que esta siente por ella). *Su cariño no era correspondido.* ▶ **2**: INCUMBIR. **4**: PERTENECER. FAM correspondiente.

corresponsal. m. y f. Periodista destinado por un medio de comunicación a otra ciudad u otro país para enviar desde allí información con regularidad. *Estamos en el habla con nuestro corresponsal en Moscú.* FAM corresponsalía.

correveidile. m. y f. coloq. Persona aficionada a chismorrear.

corrida. f. Espectáculo que consiste en lidiar toros en una plaza preparada para ello. Tb. ~ *de toros.*

corrido, da. adj. **1.** Avergonzado o confundido. *Se disculpó muy corrido.* **2.** Dicho de parte de una construcción: Seguida o continua. *Un edificio con balcones corridos.* **3.** Que excede un poco del peso o de la medida que se trata. *Pesa dos kilos corridos.* ● m. **4.** Composición musical de origen mexicano, de contenido y estructura parecidos a los del romance. *Los mariachis cantaron un corrido.* ■ de corrido. loc. adv. **1.** Sin interrupción. *Escribió la carta de corrido.* **2.** De memoria. *Se lo sabe de corrido.*

corriente. adj. **1.** Dicho de agua: Que corre. *La cascada es una columna de agua corriente.* (→ agua). **2.** Común o normal. *Aquí somos todos gente corriente.* Tb. ~ *y moliente.* **3.** Común o habitual. *Es corriente la niebla en esta época.* **4.** Dicho de semana, mes, año o siglo: Actual o que transcurre. *La ley entrará en vigor el 1 de marzo del corriente año.* ● f. **5.** Movimiento de un fluido, espec. de agua o de aire. *Cierra la puerta, que hay corriente.* **6.** Masa de un fluido, espec. de agua o de aire, en movimiento. *La corriente lo arrastró mar adentro.* **7.** Flujo de cargas eléctricas a través de un conductor. *Antes de arreglar el enchufe, corta la corriente.* **8.** Tendencia o movimiento ideológico, artístico o estético. *El surrealismo surge como una corriente literaria.* ■ ~ alterna. f. Corriente (→ 7) eléctrica que circula cambiando de sentido con una frecuencia determinada. ■ ~ **continua.** f. Corriente (→ 7) eléctrica que circula siempre en el mismo sentido. □ **al ~.** loc. adv. **1.** Sin atraso. *Estoy al corriente en los pagos.* **2.** Con conocimiento de algo. *Está al corriente DE lo sucedido.* ■ **contra ~.** loc. adv. En dirección contraria a la natural de la corriente (→ 5) del agua. *Navegaban contra corriente.* ■ **dejarse llevar por la ~.** loc. v. Conformarse con la opinión de la mayoría. *Protesta, no te dejes llevar por la corriente.* ■ **llevarle, o seguirle, la ~** (a alguien). loc. v. Mostrarse conforme con lo que dice o hace. *Conviene seguirle la corriente.* ▶ **3:** *HABITUAL. **7:** LUZ.

corrimiento. → correr.

corro. m. Grupo de personas reunidas formando un círculo, espec. alrededor de alguien o algo. *Hablaba rodeado de un corro de admiradores.* ▶ CÍRCULO. FAM **corrillo.**

corroborar. tr. Confirmar o asegurar (algo, espec. algo dicho). *Un testigo corroboró mi declaración.* FAM **corroboración.**

corroer. (conjug. ROER). tr. **1.** Destruir lentamente un agente externo (algo, espec. un metal). *Los ácidos corroen el aluminio.* **2.** Producir algo, espec. una preocupación o un sentimiento, inquietud (en alguien). *La envidia lo corroe.* ▶ **2:** ROER. FAM **corrosión; corrosivo, va.**

corromper. tr. **1.** Pudrir (una materia orgánica), o hacer que se descomponga. *La humedad corrompe la madera.* **2.** Pervertir (a alguien), o inducir(lo) a apartarse del comportamiento recto. *Corrompen a los jóvenes.* **3.** Sobornar (a alguien). **4.** Producir deterioro (en algo no material). *No corrompa su inocencia.* ▶ **1:** *DESCOMPONER. **3:** *SOBORNAR. FAM **corrupción; corruptible; corrupto, ta; corruptor, ra.**

corruptela. f. Mala costumbre o abuso introducidos contra la ley. *Había que acabar con las corruptelas en la Administración.*

corrusco. m. **1.** Trozo de la parte más tostada del pan, espec. de los extremos o del borde. *Córtame el corrusco para un bocadillo.* **2.** Trozo de pan duro. ▶ **2:** MENDRUGO.

corsario, ria. m. y f. Pirata (persona que aborda barcos en el mar). ▶ PIRATA.

corsé. m. **1.** Prenda interior femenina que ciñe el cuerpo desde el pecho hasta la parte superior de los muslos. **2.** Aparato ortopédico semejante a un corsé (→ 1), que sirve para corregir desviaciones de la columna vertebral. FAM **corsetería.**

corso, sa. adj. De Córcega (Francia).

corta. → cortar.

cortacésped. f. (Tb. m.). Máquina para cortar el césped.

cortacircuitos. m. Dispositivo que interrumpe automáticamente la corriente eléctrica cuando es excesiva o peligrosa. *En caso de sobrecarga, salta el cortacircuitos.*

cortacorriente. m. Interruptor, espec. el que actúa como dispositivo antirrobo en un vehículo. *El coche tiene alarma y cortacorriente.*

cortado, da. adj. **1.** Dicho de café: Que contiene un poco de leche. Frec. m. *Camarero, un cortado por favor.* **2.** Dicho de estilo de un escritor: Que no expresa los conceptos encadenándolos en períodos largos, sino separadamente, en frases breves y sueltas. ● f. **3.** frecAm. Herida causada con un objeto cortante. *Sangraban las cortadas producidas al saltar los vidrios* [C].

cortador, ra; cortadura. → cortar.

cortafrío. m. Instrumento que sirve para cortar hierro frío o practicar aberturas en la pared golpeándolo con un martillo. *Rompió la cadena con un cortafrío.*

cortafuego o **cortafuegos.** m. **1.** Camino o zanja anchos que se abren en los sembrados o el monte para que no se propaguen los incendios. *El camino forestal hace las veces de cortafuegos.* **2.** Muro, pared u otro elemento semejante de un edificio, destinado a frenar la propagación de un incendio.

cortante. → cortar.

cortapisa. f. Obstáculo o restricción para hacer algo. *Pueden hablar sin cortapisas.*

cortaplumas. m. Navaja pequeña. *Siempre lleva de excursión su cortaplumas.*

cortapuros. m. Instrumento para cortar la punta de los cigarros puros.

cortar. tr. **1.** Dividir o separar (algo) en partes con un instrumento afilado. *Corte las patatas en rodajas.* Tb. referido a una parte de ello. *Cortó un trozo de pastel.* **2.** Cortar (→ 1) lo que sobra o sobresale (de algo). *Se ha cortado la melena para igualarla.* **3.** Cortar (→ 1) una pieza de tela u otro material para hacer (una prenda de vestir). *Pone los patrones sobre la tela para cortar la falda.* **4.** Cortar (→ 1) (una pieza de determinada forma) separándo(la) del papel u otro material. *Corta un círculo de cartulina.* **5.** Eliminar (texto o imágenes) en el todo. *La censura cortó algunas escenas de la película.* **6.** Dividir o separar (algo). *El río corta la ciudad EN dos.* **7.** Atravesar (el agua o el aire). *Un velero corta las aguas del lago.* **8.** Hacer una herida (a alguien o a una parte de su cuerpo) con un instrumento afilado. *Cuidado con las tijeras, no te cortes.* **9.** Impedir el paso (de algo). *Les han cortado la luz por falta de pago.* **10.** Mezclar (un líquido) con otro para rebajar su fuerza o suavizar su sabor. *Corta el vino con gaseosa.* **11.** Interrumpir (algo o a alguien), o hacer que se detengan. *Cortaron la programación para dar la noticia.* **12.** Hacer que los componentes (de ciertos líquidos) pierdan cohesión. *El zumo de limón corta la leche.* **13.** Mat. Atravesar una línea o una superficie (a otra) por un punto o una línea. *La recta que corta la circunferencia por su centro determina su diámetro.* ● intr. **14.** Atajar, o reducir un recorrido. *Cortaremos POR esta calle.* FAM **corta** (*La corta de árboles*); **cortador, ra; cortadura; cortante.**

cortaúñas. m. Utensilio en forma de pinzas o tenazas, de extremos afilados y curvados hacia dentro, que sirve para cortar las uñas.

corte[1]. m. **1.** Hecho o efecto de cortar o cortarse. *Se hizo un corte con la sierra.* **2.** Filo del instrumento o máquina con que se corta. *El corte de las tijeras está oxidado.* **3.** Arte o técnica de cortar prendas de vestir. *Curso de corte y confección.* **4.** Pieza de tela u otro material de la medida necesaria para hacer una prenda de vestir. *Compró un corte de vestido.* **5.** Respuesta o hecho inesperados que desconciertan a la persona que escucha. *Se ha llevado un corte por entrometerse.* ■ **~ de mangas.** m. coloq. Gesto obsceno y despectivo hecho con los brazos. *Le ha respondido con un corte de mangas.*

corte[2]. f. **1.** (Frec. en mayúsc.). Población donde reside el monarca. *A la corte llegaron los mejores pintores.* **2.** Conjunto de personas formado por la familia del monarca, su comitiva y los empleados de palacio. *Perteneció a la corte del rey Fernando.* **3.** Conjunto de personas que acompañan a alguien famoso o importante. *Llega con su corte de admiradores.* ○ pl. **4.** (Frec. en mayúsc.). Cámaras legislativas. *El presidente disolvió las Cortes.* ■ ~ **celestial.** f. *Rel.* Conjunto formado por Dios y todos los habitantes del cielo. □ **hacer la ~** (a alguien, espec. a una mujer). loc. v. Cortejar(lo). *Él le hacía la corte.*

cortedad. → corto².

cortejar. tr. **1.** Intentar conseguir el amor (de una mujer) acompañándo(la) y halagándo(la). *Estuvo meses cortejándola.* **2.** Hacer o decir cosas interesadamente para agradar (a alguien). *Los conservadores cortejaban a los liberales.* ▶ **1:** GALANTEAR.

cortejo. m. **1.** Hecho de cortejar. *En cuanto la conoció, empezó el cortejo.* **2.** Conjunto de personas que acompañan a otra o van con ella. *El cortejo fúnebre.*

cortés. adj. Educado o atento. *Un joven muy cortés me cedió su asiento.* ▶ EDUCADO.

cortesano, na. adj. **1.** De la corte de un monarca. *Pintores cortesanos.* ● m. y f. **2.** Miembro de la corte, que está al servicio del monarca. *Entra el rey seguido de algunos cortesanos.* ○ f. **3.** cult. Prostituta distinguida.

cortesía. f. **1.** Comportamiento cortés. *Se tratan con cortesía.* **2.** Hecho o dicho corteses. *Me abruman tantas cortesías.* **3.** Regalo hecho por cortesía (→ 1) de alguien. *El champán es cortesía del caballero.* ▶ **1:** *EDUCACIÓN. **2:** ATENCIÓN, DELICADEZA, FINEZA.

corteza. f. **1.** Parte externa y dura del tronco o las ramas de árboles y arbustos. **2.** Parte externa y dura de algunos alimentos y frutos. *El postre lleva corteza de limón.* **3.** Piel de cerdo frita. *Tomaron unas cortezas de aperitivo.* **4.** *Anat.* Superficie externa de un órgano. *La corteza cerebral.* **5.** *Geol.* Capa sólida y más externa de la Tierra. Tb. ~ *terrestre.*

cortical. adj. *tecn.* De la corteza. *La región cortical del cerebro.*

corticoide. m. *Biol.* Hormona producida por la corteza de las glándulas suprarrenales, que, sintetizada artificialmente, se emplea en medicina pralm. como antiinflamatorio.

cortina. f. **1.** Pieza de tela u otro material semejante, que se cuelga para cubrir puertas o ventanas, separar espacios o tapar cosas. **2.** Cosa que cubre u oculta algo. *Una cortina de agua impedía la visibilidad.* ■ ~ **de humo.** f. Asunto con el que se pretende desviar la atención de otro. *La enfermedad presidencial fue una cortina de humo para ocultar la crisis.* FAM **cortinaje; cortinilla.**

cortisona. f. *Biol.* Corticoide regulador del metabolismo de los hidratos de carbono, cuya forma sintética tiene diversas aplicaciones médicas, como el tratamiento de alergias, reuma o enfermedades de la piel.

corto¹. → cortometraje.

corto², ta. adj. **1.** Que tiene menos longitud o extensión de la normal o de la que tienen otros elementos de la misma serie. *El abrigo es corto de mangas.* **2.** Que tiene poca duración. *Disfruta unas cortas vacaciones.* **3.** Escaso. **4.** coloq. Dicho de persona: De poca inteligencia. *¡Qué corto eres!* **5.** coloq. Dicho de persona: Tímida o apocada. *No seas corto, pide lo que te apetezca.* ■ **a la corta o a la larga.** loc. adv. Tarde o temprano. *A la corta o a la larga encontrarás trabajo.* ■ **ni corto ni perezoso.** loc. adv. Con decisión. *Llegamos al río y él, ni corto ni perezoso, se tiró al agua.* ■ **quedarse ~** alguien o algo. loc. v. No llegar a donde debía o podía llegar. *Me he quedado corta al calcular.* FAM **cortedad.**

cortocircuito. (Tb. **corto circuito**). m. Circuito eléctrico que se produce accidentalmente por contacto entre dos conductores de polos opuestos y que suele producir una descarga. *Un cortocircuito fue la causa del incendio.*

cortometraje. m. Película de corta duración, gralm. inferior a treinta minutos. FAM **corto** (*Rodó un corto*).

coruñés, sa. adj. De La Coruña (España).

corva. f. Parte por donde se dobla la pierna, opuesta a la rodilla.

corvejón. m. Articulación de las patas traseras de los cuadrúpedos, en la cara del muslo con la caña. *La yegua se hundía en el barro hasta los corvejones.*

corvina. f. Pez marino comestible, de gran tamaño, cuerpo alargado y color plateado.

corvo, va. adj. Curvo o arqueado. ▶ *CURVO.

corzo, za. m. **1.** Mamífero rumiante semejante al ciervo pero de menor tamaño, de cuernos cortos y sin rabo. ○ f. **2.** Hembra del corzo (→ 1).

cosa. f. **1.** Objeto real concebido como independiente, de naturaleza física o espiritual, animada o inanimada, concreta o abstracta. *Conocemos las cosas a través de los sentidos y el entendimiento.* **2.** Ser inanimado. *Trata a las personas como si fueran cosas.* **3.** Objeto material. *Cuando acabes, pon cada cosa en su sitio.* **4.** Asunto o tema. *Su vida amorosa no es cosa mía.* ○ pl. **5.** Rarezas o extravagancias. *Ni caso, son cosas de Pedro.* ■ **poca,** o **poquita, ~.** f. **1.** coloq. Persona o animal poco corpulentos. *Con lo poquita cosa que es este perro, ¡cómo ladra!* **2.** coloq. Algo de poca importancia. *No iría al médico por poca cosa.* □ **a otra ~, mariposa.** expr. coloq. Se usa para expresar que no se quiere seguir hablando de algo cuando un asunto se da por terminado. *Cerremos el trato y a otra cosa, mariposa.* ■ **como si tal ~.** loc. adv. coloq. Como si no hubiera pasado nada. *Un día te insulta y otro te saluda como si tal cosa.* ■ ~ **de.** loc. prepos. Cerca de, o aproximadamente. *Volveré en cosa de un mes.* ■ **no sea ~ que.** loc. conjunt. En previsión de la posibilidad de que. *Callen, no sea cosa que se enfade.* ▶ **3:** *OBJETO. FAM **cosificación; cosificar.**

cosaco, ca. adj. **1.** De una comunidad nómada habitante de las estepas del sur de Rusia. Tb. m. y f. ● m. **2.** histór. Soldado ruso de caballería ligera, reclutado normalmente entre los cosacos (→ 1). *Los cosacos lucharon contra el Ejército Rojo.* ■ **beber como un cosaco.** loc. v. coloq. Tomar bebidas alcohólicas en gran cantidad. *En fiestas bebe como un cosaco.*

coscorrón. m. **1.** Golpe en la cabeza. **2.** Golpe dado en la cabeza con los nudillos. *Si se portaba mal, le daban un coscorrón.*

cosecha. f. **1.** Conjunto de frutos, gralm. de un cultivo, que se recogen cuando están maduros. *La sequía ha arruinado la cosecha.* **2.** Hecho de recoger la cosecha (→ 1). *Llegan jornaleros para la cosecha del trigo.* **3.** Producto que se obtiene de algunos frutos tras su cosecha (→ 2) y posterior tratamiento. *Es la mejor cosecha de vino de los últimos años.* **4.** Conjunto de lo que alguien obtiene como resultado de los acontecimientos o de los propios actos. *Tendrá una cosecha DE éxitos.* ■ **de su ~.** loc. adj. coloq. De su invención. *Contaré un chiste de mi cosecha.* FAM **cosechador, ra; cosechar; cosechero, ra.**

coser. tr. **1.** Unir con hilo, gralm. enhebrado en una aguja, (dos piezas de tela u otra materia, o una prenda de vestir formada por ellas). *Ha cosido ella misma su disfraz.* **2.** Unir con hilo, gralm. enhebrado en una aguja, (algo) a una prenda de vestir o a parte de ella. *No sabe ni coser un botón.* **3.** Unir (los bordes de una herida o una parte del cuerpo) mediante puntos. *El cirujano le cosía el vientre.* **4.** Unir (papeles) mediante grapas. *Cose cada copia A su original.* **5.** Producir (a alguien) muchas heridas con un arma. *Lo cosieron A balazos.* ○ intr. **6.** Hacer labores con aguja e hilo. *Necesito las gafas para coser.* ■ ser algo ~ y cantar. loc. v. coloq. Ser muy fácil. *El examen ha sido coser y cantar.* FAM cosido.

cosificación; cosificar. → cosa.

cosmético, ca. adj. **1.** Dicho espec. de producto o sustancia: Que sirve para cuidar y embellecer el cabello y la piel, espec. la del rostro. Frec. m. *En la perfumería venden cosméticos (→ 1). La industria cosmética.* ● f. **3.** Técnica de la preparación y aplicación de productos cosméticos (→ 1). *Expertos en cosmética.*

cósmico, ca. → cosmos.

cosmogonía. f. Teoría mítica o científica sobre el origen del universo. *Según la cosmogonía azteca, hubo cuatro edades antes de la nuestra.* FAM **cosmogónico, ca.**

cosmonauta. m. y f. Astronauta. FAM **cosmonave.**

cosmopolita. adj. **1.** Dicho de persona: Que conoce muchas partes del mundo y frec. considera este como su patria. *Gente viajera y cosmopolita.* **2.** Dicho de lugar: Que reúne gente de muchas partes del mundo. FAM **cosmopolitismo.**

cosmos. m. Mundo (conjunto de todo lo existente). ▶ *MUNDO. FAM cósmico, ca; cosmografía; cosmología; cosmológico, ca.

cosmovisión. f. Concepción del mundo o universo. *En la cosmovisión indígena, lo sagrado tiene gran importancia.*

coso. m. Plaza de toros. ▶ PLAZA.

cosquillas. f. pl. Sensación que se experimenta en algunas partes del cuerpo al rozarlas ligeramente, y que provoca risa involuntaria. *Me hizo cosquillas en los pies con una pluma.* FAM **cosquillear; cosquilleo.**

costa[1]**.** f. **1.** Coste. Más frec. en pl. *¿A cuánto ascienden las costas de la reparación?* ○ pl. **2.** Gastos judiciales. *Fue condenado a pagar las costas del juicio.* ■ a ~ de. loc. prepos. Gracias a, o a base de. *Lo consiguió a costa de esfuerzo.* ■ a ~ (de alguien). loc. adv. A expensas (de él). *Vive a costa DE sus padres.* ■ a toda ~. loc. adv. Por encima de todo. *Quieren ganar a toda costa.*

costa[2]**.** f. Orilla del mar. Tb. la franja de tierra próxima a ella (→ litoral). *Veranea en un pueblo de la costa.* FAM **costear** (*El yate costea la isla*); **costero, ra.**

costado. m. Cada uno de los lados o partes laterales o delimitadoras de algo. *Me duele el costado. Han pintado tres costados del edificio.* ■ por los cuatro ~s. loc. adv. coloq. Por todas partes. *La novela respira patriotismo por los cuatro costados.* ▶ LADO.

costal. adj. **1.** De las costillas. *Dolor costal.* ● m. **2.** Saco grande de tejido fuerte, que se emplea espec. para transportar grano. FAM **costalada; costalazo.**

costanera. f. Am. Avenida o calle que se extienden a lo largo de una costa o de un río. *Estaban entrando a la ciudad por la costanera [C].*

costar. (conjug. CONTAR). intr. **1.** Ser comprada una cosa o estar en venta por un precio determinado. *¿Cuánto cuesta ese reloj?* **2.** Causar u ocasionar algo trabajo, dificultad o dolor. *Le cuesta hablar en otra lengua.* ■ ~ algo caro (a alguien). loc. v. Suponer(le) un perjuicio o daño. *Tu traición te costará cara.* ▶ **1:** VALER. FAM **costoso, sa.**

costarricense. adj. De Costa Rica.

coste. m. Gasto realizado para la obtención, adquisición o disfrute de algo. *Hay que abaratar los costes de producción.* ▶ COSTA. FAM **costear** (*Le costean los estudios*); **costo.**

costear; costero, ra. → costa[2].

costilla. f. **1.** Hueso largo de los que nacen en la columna vertebral y van hacia el pecho describiendo un arco. *Es tan delgada que se le notan las costillas.* Tb. la pieza de carne correspondiente de una res. *Costillas de cerdo.* ○ pl. **2.** Espalda (parte posterior del cuerpo humano). ▶ **2:** ESPALDA. FAM **costillar.**

costoso, sa. → costar.

costra. f. **1.** Superficie dura que se forma sobre una sustancia húmeda o blanda. *Crema con costra de caramelo.* **2.** Superficie dura que se forma sobre una herida o un grano al secarse. *Tiene una costra en la rodilla de una caída.* FAM **costroso, sa.**

costumbre. f. **1.** Manera habitual de actuar o comportarse. *Tengo la costumbre de madrugar.* **2.** Costumbre (→ 1) tradicional de un pueblo o una zona. *Aquí la costumbre es cantarle a la novia.* ■ de ~. loc. adj. Acostumbrado o habitual. *Quedamos a la hora de costumbre.* ■ de ~s. loc. adj. Lit. Que describe, a veces en tono moralista, las conductas y costumbres (→ 2) sociales. *Una comedia de costumbres.* ▶ **1:** USANZA, USO.

costumbrismo. m. Arte y Lit. Tendencia artística caracterizada por el retrato de las costumbres típicas de un pueblo o región. FAM **costumbrista.**

costura. f. **1.** Hecho de coser con aguja e hilo. *Una máquina realiza la costura de los botones.* **2.** Oficio o actividad de costurero. *Empezó joven en la costura.* **3.** Línea de puntadas que unen dos piezas de tela cosidas. *Pantalón con costuras amarillas.* ■ alta ~. Moda realizada por un diseñador de prestigio. *Desfile de alta costura.* FAM **costurero, ra.**

costurón. m. coloq. Cicatriz grande y visible.

cota[1]**.** f. histór. Prenda para proteger el cuerpo del guerrero, hecha normalmente de cuero revestido de clavos, anillas o mallas de hierro.

cota[2]**.** f. **1.** Nivel de calidad o cantidad. *Hemos alcanzado altas cotas de desarrollo.* **2.** Altura de un punto, gralm. sobre el nivel del mar. *La cota del Everest es de 8850 metros.*

cotarro. m. **1.** coloq. Conjunto o colectividad de personas. *Anda alborotado el cotarro político.* **2.** coloq. Asunto o situación. *Le gusta mandar y manejar el cotarro.*

cotejar. tr. Confrontar (una cosa) con otra para establecer su semejanza o su diferencia. *Cotejó la copia CON el original.* FAM **cotejo.**

cotidiano, na. adj. Diario (de todos los días). ▶ DIARIO. FAM **cotidianidad.**

cotiledón. m. Bot. Primera hoja del embrión de las plantas con flor.

cotilla. m. y f. coloq. Persona aficionada a chismorrear. FAM **cotillear; cotilleo.**

cotillón. m. Fiesta con baile, frec. celebrada en un día señalado como el fin de año o la noche de Reyes. *En Nochevieja fueron a un cotillón.*

cotizar. tr. **1.** Pagar (una cuota). *La empresa cotiza una cantidad por empleado.* **2.** Estimar o apreciar, espec. económicamente, (algo o a alguien). *Van Gogh empezó a ser cotizado tras su muerte.* ○ intr. **3.** Econ. Alcanzar algo un precio determinado en un mercado, espec. en el bursátil. *El barril de petróleo cotizó A 70 dólares.* FAM cotización.

coto. m. Terreno acotado con algún fin. *Un coto de caza.* ■ poner ~ (a algo como un vicio o un abuso). loc. v. Impedir que continúe. *Quieren poner coto a la piratería musical.*

cotorra. f. **1.** Ave del mismo grupo que el loro, de plumaje vistoso, gralm. verde. *La cotorra macho.* **2.** coloq. Persona muy habladora. FAM cotorrear; cotorreo.

covacha. f. **1.** Cueva pequeña. **2.** despect. Vivienda pequeña, oscura e incómoda. *En estos barrios pagan fortunas por cualquier covacha.*

covalente. adj. *Quím.* Dicho de enlace: Que se produce al unirse átomos que comparten pares de electrones.

coxis. m. *Anat.* En los vertebrados sin cola: Último hueso de la columna vertebral, formado por la unión de cuatro vértebras rudimentarias. ▶ CÓCCIX.

coyote. m. Mamífero carnívoro de Norteamérica, semejante al lobo pero más pequeño. *El coyote hembra.*

coyuntura. f. **1.** Articulación móvil de dos huesos. *Le duelen las coyunturas cuando va a llover.* **2.** Combinación de factores y circunstancias que se presentan en un momento determinado. *La actual coyuntura nos favorece.* **3.** Oportunidad o circunstancia oportuna para algo. *Si viene, aprovecharé la coyuntura para hablarle.* FAM coyuntural.

coz. f. **1.** Golpe que da un animal cuadrúpedo, espec. un caballo o una res, con una pata trasera o con las dos. **2.** coloq. Patada violenta que da una persona, espec. hacia atrás.

crac. m. Quiebra o bancarrota, espec. bursátil. *El crac del 29 desató una gran crisis.*

crack¹. (pal. ingl.). m. Droga muy adictiva, derivada de la cocaína, que se fuma. ¶ [Equivalente recomendado: *cocaína en piedra*. Adaptación recomendada: *crac*, pl. *cracs*].

crack². (pal. ingl.). m. Deportista de excepcional calidad. *Han fichado al crack brasileño.* ¶ [Equivalentes recomendados: *fuera de serie, número uno, fenómeno*. Adaptación recomendada: *crac*, pl. *cracs*].

cráneo. m. Conjunto de huesos de la parte superior y posterior de la cabeza, que contienen y protegen el encéfalo. FAM craneal; craneano, na.

craneoencefálico, ca. adj. Que afecta al cráneo y al encéfalo. *Traumatismo craneoencefálico.*

crápula. m. Hombre libertino y de vida desenfrenada.

craso, sa. adj. cult. Dicho espec. de error o de ignorancia: Grave y sin disculpa. *Craso error subestimar al enemigo.*

cráter. m. **1.** Depresión más o menos circular situada en la parte superior de un volcán, por la que salen humo, ceniza, lava y otros materiales cuando este se encuentra activo. **2.** Ahondamiento circular y de bordes algo elevados que se forma en la superficie de algo. *La viruela le ha dejado cráteres en la cara.*

crear. tr. **1.** Dar existencia (a algo) sacándo(lo) de la nada. *Dios creó el mundo.* **2.** Hacer que pase a existir (algo que no existía). *Cree su propia empresa.* ▶ 2: *ESTABLECER.* FAM creación; creacionismo; creacionista; creador, ra; creatividad; creativo, va.

crecepelo. m. Producto para hacer crecer el pelo de la cabeza y frenar la calvicie.

crecer. (conjug. AGRADECER). intr. **1.** Aumentar de tamaño. *El río ha crecido con las lluvias.* **2.** Aumentar de estatura. *¡Cómo ha crecido tu hijo!* **3.** Aumentar algo de longitud. *Le crece mucho el pelo.* **4.** Aumentar algo en cantidad o importancia. *El sector servicios sigue creciendo.* **5.** Nacer y desarrollarse algo en algún lugar. *El musgo crece EN lugares húmedos.* ○ intr. prnl. **6.** Adquirir más autoridad, importancia o atrevimiento. *Se crece ante las dificultades.* ▶ 2: *ESTIRAR.* FAM creciente; crecimiento.

creces. con ~. loc. adv. Amplia o sobradamente. *Cumple con creces las expectativas.*

crecido, da. adj. Grande o numeroso. *Un crecido número de asistentes.*

credencial. adj. **1.** Dicho de cosa: Que acredita. ● f. **2.** Documento en que consta la titulación de una persona o su nombramiento para un cargo o empleo. *Nadie entrará sin una credencial.* ○ pl. **3.** Cartas credenciales (→ carta). *Presentó sus credenciales al rey.*

credibilidad. → creer.

crédito. m. **1.** Hecho de considerar algo o a alguien como verdaderos. *Sus palabras merecen crédito.* **2.** Reputación o buen nombre. *Tiene crédito como juez.* **3.** Reputación que tiene una persona de cumplir los compromisos que contrae. *Aquí tengo crédito y me fían.* **4.** Préstamo o cantidad de dinero que se debe a un banco. *Pidió un crédito para la casa.* **5.** Unidad de valoración de una asignatura o curso, gralm. de estudios universitarios, para conseguir un título. *El curso de doctorado vale cuatro créditos.* ○ pl. **6.** Relación de personas que han intervenido en la realización de una película o programa de televisión, o de un libro. *En la película, los créditos aparecen al final.* ■ dar ~ (a alguien o algo). loc. v. Creer(los). *No podía dar crédito a lo que veía.* ▶ Am: 4: ACREENCIA. FAM crediticio, cia.

credo. m. **1.** (Frec. en mayúsc.). Oración que contiene los principales artículos de la fe católica y que comienza con las palabras "Creo en Dios Padre". **2.** Conjunto de creencias de una persona o de una colectividad. *No comulgo con su credo político.*

crédulo, la. adj. Dicho de persona: Que cree fácilmente cualquier cosa. Frec. despect. *El curandero engaña a la gente crédula.* ▶ *INGENUO.* FAM credulidad.

creer. (conjug. LEER). tr. **1.** Considerar alguien cierto (algo que se le comunica y que no conoce directamente). *No crea sus historias.* **2.** Considerar alguien cierto lo que comunica (otra persona). *Compruébelo si no me cree.* **3.** Pensar u opinar (algo). *¿Cree que miento?* **4.** Seguido de un infinitivo o una oración introducida por *que:* Tener la impresión de lo expresado por ellos). *Creía conocerlo.* **5.** Estar convencido de que (alguien o algo) tienen unas características determinadas, o estar ante un lugar o situación determinados. *La creo buena persona.* ○ intr. **6.** Estar convencido de que alguien o algo existen verdaderamente. *Cree EN las hadas.* **7.** Creer (→ 6) en Dios. *No cree: es ateo.* **8.** Tener confianza en alguien o algo. *Creo EN la viabilidad del proyecto.* ○ tr. prnl. **9.** Considerar alguien cierta (una afirmación). *Se cree cuanto le dicen.* ■ no (te) creas. expr. coloq. Se usa para atenuar o negar una afirmación. –*Llegaremos en dos horas.* –*No te creas, estamos lejos.* ■ ya lo creo. expr. coloq. Se usa para asentir enfáticamente. –*¿Hace frío?* –*¡Ya lo creo!* ▶ 3: ENTENDER, ESTIMAR, JUZGAR, OPINAR, PENSAR. FAM credibilidad; creencia; creíble.

creído, da. adj. Dicho de persona: Vanidosa o engreída.

crema. f. **1.** Sustancia grasa de la leche. *La leche descremada no tiene crema.* **2.** Puré poco espeso elaborado con alimentos variados, y al que se añade gralm. leche. *Crema de calabacín.* **3.** Pasta hecha con leche, huevos, harina y azúcar, que se emplea en pastelería. Tb. *~ pastelera.* **4.** Cosmético o medicamento de consistencia espesa. *Crema hidratante.* **5.** Pasta para limpiar la piel curtida, espec. la del calzado. **6.** Conjunto de las personas más distinguidas de un grupo o un lugar. *Asistió la crema de la sociedad.* FAM **cremoso, sa.**

cremallera. f. Cierre que consta de dos tiras de dientes metálicos o de plástico, que se encajan o desencajan al mover una pieza pequeña intermedia. *La cremallera del pantalón.*

cremar. tr. Am. Incinerar (algo, espec. un cadáver). *La mujer ha solicitado que lo cremen y dispersen sus cenizas* [C]. ► INCINERAR. FAM **cremación; crematorio, ria.**

crematístico, ca. adj. Del dinero. *Se mueve por intereses puramente crematísticos.*

cremoso, sa. → crema.

crencha. f. Cada una de las dos partes en que queda dividido el pelo por la raya.

crep. (pl. creps). m. Tejido fino, gralm. de lana, seda o algodón, de superficie rugosa u ondulada. *Un vestido negro de crep.*

crepitar. intr. cult. Producir algo, espec. un material que arde, un sonido semejante al de chasquidos. *La leña crepita en la chimenea.* FAM **crepitante.**

crepúsculo. m. **1.** Claridad que hay antes de salir el sol y, espec., después de ponerse. *Quería fotografiar el crepúsculo.* **2.** cult. Decadencia que precede al final de alguien o algo. *Se hizo pintor ya en el crepúsculo de su vida.* FAM **crepuscular.**

crescendo. (pal. it.; pronunc. "kreshéndo"). m. *Mús.* Aumento gradual de la intensidad del sonido. *El crescendo de la flauta subraya el dramatismo.*

crespo, pa. adj. Dicho de pelo: Rizado o ensortijado.

crespón. m. Tela negra que se usa en señal de luto. *Una bandera con crespón.*

cresta. f. **1.** Carnosidad roja que tienen sobre la cabeza el gallo y otras aves. **2.** Parte más alta de una ola. *Se desliza sobre la cresta* DE *una ola.* **3.** Cima rocosa de una montaña. **4.** coloq. Mechón de pelo que recorre la cabeza de una persona desde la frente hasta la nuca, con el resto de la cabeza afeitado. *Era punk y llevaba una cresta verde.* ■ **en la ~ de la ola.** loc. adv. En el apogeo. *Como cantante, sigue en la cresta de la ola.* ► **3:** *CIMA.

cretácico, ca o **cretáceo, a.** adj. (Como m. se usa en mayúsc.). *Geol.* Dicho de división geológica: Que abarca desde hace 144 millones de años hasta hace 65 millones de años. Tb. m. *En el Cretácico se extinguieron los dinosaurios.*

cretense. adj. De Creta (Grecia). Frec. referido a la Antigüedad clásica. *El palacio cretense de Cnosos.*

cretino, na. adj. **1.** Tonto o necio. *¡Calle, no sea cretina!* **2.** *Med.* Que padece una enfermedad producida por el mal funcionamiento o la ausencia de la glándula tiroides, y caracterizada por un retraso del desarrollo físico y mental y por múltiples deformaciones. ► **1:** *TONTO. FAM **cretinismo.**

cretona. f. Tela fuerte de algodón y gralm. estampada, que se emplea en tapicería y decoración.

creyente. adj. Que profesa una religión determinada. *Es creyente y va a misa.*

cría. f. **1.** Hecho de criar una planta o a un animal. *Se dedica a la cría de ganado.* **2.** Animal recién nacido o que aún está desarrollándose. *La perra amamanta a sus crías.*

criadero. → criar.

criadilla. f. En un animal de matadero: Testículo. ► TESTÍCULO.

criado, da. m. y f. Persona que sirve por un salario a otra, espec. en el servicio doméstico. *La criada sirve el té.* ■ **mal ~.** → malcriado. ► SERVIDOR, SIRVIENTE. || frecAm: MUCAMO.

crianza. f. **1.** Proceso de maduración o envejecimiento, en barrica de madera o en botella, al que se somete el vino después de la fermentación. *Les recomiendo este vino de crianza.* **2.** Hecho de criar, espec. animales o plantas. *Se dedica a la crianza de caballos.* **3.** cult. Educación o cortesía. *Ha dado muestras de su buena crianza.*

criar. (conjug. ENVIAR). tr. **1.** Alimentar con leche, espec. materna, (a un niño o a otro mamífero recién nacidos) durante el período de lactancia. *Ha criado a sus hijos dándoles el pecho.* **2.** Alimentar y cuidar (a un niño o a un animal) y cuidar de su desarrollo. *Lo criaron sus abuelos.* **3.** Facilitar el nacimiento y posterior crecimiento (de animales o plantas). *Cría conejos para luego venderlos.* **4.** Producir u originar (algo). *La falta de higiene cría parásitos.* ○ intr. prnl. **5.** Desarrollarse o crecer un ser vivo. *El niño se está criando muy sano.* ■ **mal ~.** → malcriar. FAM **criadero; criador, ra.**

criatura. f. **1.** Niño pequeño o recién nacido. *La madre lleva su criatura en brazos.* **2.** Ser creado. *Aquella mujer le parecía la criatura más bella del mundo.*

criba. f. **1.** Utensilio que consiste en una malla metálica o una plancha agujereada sujetas a un aro, y que sirve para separar partículas de diferente tamaño o grosor. *Pasa la harina por la criba.* **2.** Hecho de someter varias personas o cosas a una selección. *El jefe de personal hace una primera criba de aspirantes.* ► **1:** *TAMIZ. FAM **cribado; cribar.**

cricket. (pal. ingl.; pronunc. "kríket"). m. Deporte ente dos equipos de once jugadores, que se juega sobre un campo de césped, con bates de madera, una pelota de cuero y dos rastrillos. ¶ [Adaptación recomendada: *críquet*].

crimen. m. **1.** Delito grave, espec. asesinato. *Lo detuvieron en el lugar del crimen.* **2.** Hecho censurable. *Es un crimen tirar la comida.* FAM **criminal; criminalidad; criminalista; criminalización; criminalizar; criminología; criminológico, ca; criminólogo, ga.**

crin. f. **1.** Conjunto de pelos que tienen algunos animales en la parte superior del cuello. *Cepilla la crin del caballo.* **2.** Fibra que se obtiene de algunas plantas y que tiene distintas aplicaciones industriales. *Se frota la piel con un guante de crin.*

crío, a. m. y f. **1.** coloq. Niño, espec. el de poca edad. **2.** coloq. Persona adulta que se comporta como un niño, espec. por inmadurez o ingenuidad. *No seas crío y da la cara.*

criollo, lla. adj. **1.** Dicho de persona: Natural de un país hispanoamericano. *Parte de la población es criolla.* **2.** Dicho de cosa: Autóctona o propia de un país hispanoamericano. *Arquitectura criolla.* **3.** histór. Dicho de persona: Descendiente de españoles y nacido en un país hispanoamericano durante la época colonial. *Simón Bolívar era criollo.*

cripta. f. **1.** Lugar subterráneo de enterramiento. *Los reyes están enterrados en la cripta del monasterio.* **2.** Capilla subterránea de una iglesia.

críptico, ca. adj. Oscuro o incomprensible. *Algunos versos resultan crípticos.*

criptografía. f. Arte o técnica de escribir o descifrar mensajes en clave. *El espía era un experto en criptografía.* FAM **criptograma.**

crisálida. f. *Zool.* En la metamorfosis de algunos insectos: Individuo que se encuentra en el estado siguiente al de larva, y anterior al de adulto. *La crisálida del gusano de seda se transforma en mariposa.* ▶ NINFA, PUPA.

crisantemo. m. Flor grande y vistosa, blanca, rosada o morada, de pétalos alargados y apiñados formando una especie de borla. *Puso unos crisantemos sobre la tumba.*

crisis. f. **1.** Situación mala o difícil. *Al período de esplendor siguió otro de crisis.* **2.** Cambio brusco e importante en el desarrollo de un proceso. *Tuvo una crisis de fe en su juventud.* **3.** Situación política en que uno o varios miembros del Gobierno han dimitido o han sido destituidos, y aún no se han nombrado sus sustitutos. Tb. *~ ministerial.*

crisma. f. coloq. Cabeza humana. *¡Baja de ahí, que te vas a romper la crisma!*

crisol. m. Recipiente resistente al calor que se emplea para fundir determinados materiales a temperatura muy elevada. Frec. fig. *Hispanoamérica es un crisol de culturas.*

crispar. tr. **1.** Irritar o exasperar (a alguien). *Me crispa la estupidez.* **2.** Causar una contracción repentina y pasajera (en un músculo o una parte del cuerpo). *El miedo crispaba su rostro.* ▶ **1:** *IRRITAR. FAM **crispación; crispante.**

cristal. m. **1.** Vidrio (material duro, frágil y gralm. transparente). **2.** Pieza de cristal (→ 1), espec. la que se coloca en puertas y ventanas. *Auto de cristales tintados.* **3.** Lente de unas gafas o de un aparato óptico. **4.** *Mineral.* Cuerpo sólido de forma geométrica regular, que resulta de la disposición natural de sus partículas. *La pirita se presenta en forma de cristal.* ■ *~ de roca.* m. Cuarzo cristalizado, incoloro y transparente. ▶ **1:** VIDRIO. FAM **cristalero, ra; cristalografía; cristalográfico, ca.**

cristalería. f. **1.** Establecimiento en que se hacen o venden objetos de cristal. **2.** Parte de la vajilla formada por los vasos, copas y jarras de cristal. *Le regalaron una cristalería.*

cristalino, na. adj. **1.** Del cristal, o de características semejantes a las suyas, espec. la transparencia. *Un agua cristalina.* ● m. **2.** *Anat.* Parte del ojo situada detrás de la pupila, transparente y con forma de lente, por donde pasan los rayos de luz para enfocar las imágenes en la retina.

cristalizar. intr. **1.** Adquirir una sustancia la forma y la estructura del cristal. *El jugo de la caña se evapora y el azúcar cristaliza.* **2.** cult. Tomar algo forma o materializarse. *Su propuesta no cristalizó EN nada.* ○ tr. **3.** Hacer que (una sustancia) adquiera la forma y la estructura del cristal. *Puedes cristalizar un material derretido enfriándolo.* FAM **cristalización.**

cristianismo. (Tb. con mayúsc.). m. Religión basada en la doctrina de Jesucristo.

cristiano, na. adj. **1.** Del cristianismo o de los cristianos (→ 2). *Credo cristiano.* **2.** Que profesa el cristianismo. Tb. m. y f. *Los cristianos creen en un Dios único.* FAM **cristianar; cristiandad; cristianización; cristianizar.**

cristianodemócrata. adj. Democristiano.

cristo. (Frec. en mayúsc.). m. **1.** Crucifijo. **2.** Imagen o representación de Jesucristo.

criterio. m. **1.** Norma para juzgar o decidir, o para conocer la verdad. *¿Qué criterio de selección han seguido?* **2.** Opinión o juicio. *Según mi criterio, la situación es grave.*

crítico, ca. adj. **1.** De la crítica (→ 5-8). *Comentario crítico de un texto.* **2.** Muy difícil o de mucha gravedad. *El estado del herido es crítico.* **3.** Dicho de momento: Oportuno o preciso. *La policía llegó en el momento crítico.* ● m. y f. **4.** Persona que ejerce la crítica (→ 6). *Es crítico de cine.* ○ f. **5.** Expresión de un juicio sobre algo, espec. sobre una obra de arte. *El musical ha recibido críticas magníficas.* **6.** Actividad de hacer críticas (→ 5). *Se dedica a la crítica literaria.* **7.** Conjunto de los críticos (→ 4) o de sus críticas (→ 5). *La crítica ha elogiado la ópera.* **8.** Ataque verbal o comentario negativo. *Su gestión fue objeto de muchas críticas.* FAM **criticar; criticón, na.**

croar. intr. Emitir la rana su voz característica. *Las ranas croan en su charca.*

croata. adj. **1.** De Croacia (Europa). ● m. **2.** Lengua hablada en Croacia.

crocante. adj. Dicho de alimento: Que cruje al ser masticado. *Pan crocante.*

croché. m. Ganchillo (labor). ▶ GANCHILLO.

crol. m. *Dep.* Estilo de natación en que el nadador avanza boca abajo, moviendo alternativamente los brazos hacia delante y sacándolos del agua, y batiendo constantemente las piernas. *Una nadadora especialista en crol.* FAM **crolista.**

cromático, ca. adj. Del color o de los colores. *El cuadro destaca por su riqueza cromática.* FAM **cromatismo.**

cromo[1]. m. *Quím.* Elemento del grupo de los metales, de color blanco azulado, que se usa como protector de otros metales y en la composición de aceros inoxidables (Símb. *Cr*). FAM **cromado; cromar.**

cromo[2]. m. Reproducción, en papel o cartón de pequeño tamaño, de un dibujo, pintura o fotografía, destinada a juegos y colecciones infantiles. *Un álbum de cromos.*

cromosoma. m. *Biol.* Filamento alargado del núcleo celular, visible al microscopio, que contiene ADN y cuyo número es constante para todos los seres de la misma especie. *La célula humana tiene 46 cromosomas.* FAM **cromosómico, ca.**

crónica. f. **1.** En un medio de comunicación: Información sobre temas de actualidad. *Va a escribir la crónica taurina para el periódico.* **2.** Narración de hechos históricos por orden cronológico. *Las crónicas de los reyes castellanos.* FAM **cronicón; cronista.**

crónico, ca. adj. **1.** Dicho de enfermedad o dolencia: Prolongada o habitual. *Padece bronquitis crónica.* **2.** Dicho de enfermo: Que padece una enfermedad crónica (→ 1). **3.** Dicho de cosa: Que viene de tiempo atrás. *Su egoísmo es crónico.*

crono. m. **1.** *Dep.* Tiempo medido con cronómetro en una prueba de velocidad. *Su crono ha sido de 55 segundos.* **2.** *Dep.* Cronómetro.

cronograma. m. *Am.* Calendario de trabajo. *El cronograma trazado se ha venido cumpliendo* [C].

cronología. f. Orden en que se producen los hechos en el tiempo. *El esquema muestra la cronología de la Guerra.* FAM **cronológico, ca.**

cronómetro. m. Aparato o dispositivo de relojería de gran precisión, que sirven para medir fracciones de tiempo muy pequeñas. *El árbitro consultó el cronómetro y pitó el final del partido.* ► CRONO. FAM **cronometraje; cronometrar; cronométrico, ca.**

croqueta. f. Porción cilíndrica u ovalada de masa hecha de besamel y otros ingredientes desmenuzados, como jamón o pollo, que se empana y se fríe.

croquis. m. Dibujo esquemático hecho sin precisión. *Hazme un croquis de la zona.*

cross. (pal. ingl.). m. *Dep.* Carrera de larga distancia hecha en campo abierto. ¶ [Equivalente recomendado: *campo a través.* Adaptación recomendada: *cros*].

crótalo. m. **1.** Serpiente venenosa, originaria de América, que tiene en el extremo de la cola unos anillos con los que hace un ruido característico al moverse. *El crótalo, o serpiente de cascabel, vive en desiertos.* **2.** cult. Castañuela.

crotorar. intr. Emitir la cigüeña su voz característica. *Una cigüeña crotora en su nido.*

cruce. m. **1.** Hecho o efecto de cruzar o cruzarse. *Del cruce de caballo y burra nace una mula.* **2.** Punto donde se cruzan dos cosas. *Te espero en el cruce de las dos calles.* **3.** Paso para que los peatones crucen la calle. *Atraviesa la calle por el cruce.* ► **2:** ENCRUCIJADA. ‖ frecAm: **2:** ENTRONQUE.

cruceiro. m. Unidad monetaria de Brasil.

cruceño, ña. adj. De Santa Cruz (Bolivia) o de Santa Cruz de la Sierra (Bolivia).

crucería. f. *Arq.* Sistema de construcción propio del estilo gótico, en el que la bóveda se logra mediante el cruce de arcos diagonales u ojivales. *Bóveda de crucería.*

crucero. m. **1.** Viaje de placer en barco, con escala en varios lugares. *Haremos un crucero por el Caribe.* **2.** *Arq.* Espacio en que la nave mayor o principal de una iglesia se cruza con la nave transversal. *El altar mayor está en el crucero.*

cruceta. f. Utensilio o elemento cuya forma recuerda la de una cruz.

crucial. adj. Decisivo o crítico. *Está en un momento crucial de su carrera.*

crucificar. tr. **1.** Clavar en una cruz (a alguien) para torturar(lo) o matar(lo). *Cristo fue crucificado.* **2.** Someter (a alguien) a un castigo severo. *La prensa lo crucificará.* FAM **crucifixión.**

crucifijo. m. Imagen o representación de Jesucristo crucificado. ► CRISTO.

crucigrama. m. Pasatiempo que consiste en rellenar con letras las casillas de un dibujo, de modo que formen, en sentido horizontal y vertical, las palabras sugeridas por unas definiciones dadas.

crudo, da. adj. **1.** Dicho de alimento: Que no ha sido preparado mediante la acción del fuego, o que no lo ha sido suficientemente. *Los japoneses comen pescado crudo.* **2.** Dicho de material: Que no ha sido sometido a ningún tipo de elaboración o tratamiento. *Lana cruda.* **3.** Dicho de petróleo: Que no está refinado. Frec. m. *Sube el precio del barril de crudo.* **4.** Dicho espec. de proceso o negocio: Que no está suficientemente elaborado. *Ese proyecto está todavía muy crudo.* **5.** Dicho de tiempo o clima: Muy frío y desapacible. *El invierno fue crudo.* **6.** Dicho de cosa:

Dura o cruel. *Increíble, pero es la cruda realidad.* **7.** Dicho de color: Blanco amarillento. *Un vestido de novia de color crudo.* FAM **crudeza.**

cruel. (sup. **cruelísimo;** sup. cult., **crudelísimo**). adj. **1.** Dicho de persona: Que no se compadece del sufrimiento ajeno, o que lo provoca y disfruta con él. *Un dictador cruel.* **2.** Dicho de cosa: Que produce sufrimiento. *Una epidemia cruel.* ► **1:** DESALMADO, DESPIADADO, INHUMANO. FAM **crueldad.**

cruento, ta. adj. cult. Sangriento (que causa derramamiento de sangre).

crujir. intr. Producir algo, como la madera, la seda o los dientes, un sonido al rozarse, al doblarse o al romperse. *El suelo de madera cruje.* FAM **crujido; crujiente.**

crupier. m. y f. En un casino o casa de juego: Persona que tiene por oficio dirigir el juego, repartir las cartas y controlar las apuestas.

crustáceo. adj. **1.** *Zool.* Del grupo de los crustáceos (→ 2). ● m. **2.** *Zool.* Animal gralm. acuático, con dos pares de antenas, cuerpo articulado cubierto por un caparazón, y pinzas en algunas patas, como el cangrejo.

cruz. f. **1.** Figura formada por dos líneas rectas que se cortan perpendicularmente. *En lugar de firmar, hizo una cruz.* **2.** histór. Estructura formada por un madero hincado en la tierra y atravesado por otro más corto, a los que se clavaba o sujetaba a una persona por los brazos y las piernas para torturarla o matarla. *Cristo murió en la Cruz.* **3.** Imagen o representación de la cruz (→ 2), que es símbolo de la religión cristiana. *Sobre el altar hay una cruz.* **4.** Condecoración o distintivo constituidos por una cruz (→ 1). *Le concedieron la Cruz al Mérito Civil.* **5.** Reverso de una moneda, que gralm. lleva grabado un escudo. *Si sale cara, cenamos fuera; si sale cruz, en casa.* **6.** Sufrimiento o penalidad. *¡Qué cruz es esta enfermedad!* **7.** Parte más alta del lomo de algunos animales, donde se cruzan los huesos de las extremidades anteriores con el espinazo. *Le clavó las banderillas en la cruz.* ■ ~ **gamada.** f. Cruz (→ 1) que tiene los brazos doblados en ángulo recto. *La cruz gamada es un símbolo nazi.* ► ESVÁSTICA. ■ ~ **griega.** f. Cruz (→ 1) que tiene los brazos iguales. ■ ~ **latina.** f. Cruz (→ 1) cuyo palo vertical está atravesado por otro horizontal más corto cerca de su extremo superior. *La iglesia tiene planta de cruz latina.* □ **en ~.** loc. adj. Dicho de brazos: Extendidos horizontalmente. ► **5:** REVERSO. **6:** *TORMENTO. ‖ Am: **5:** SELLO.

cruza. f. Am. Cruce de animales. *El caporal decidía las cruzas de ganado* [C].

cruzada. f. **1.** (Frec. en mayúsc.). histór. Expedición militar cristiana contra los infieles, espec. para recuperar los Santos Lugares. *Ricardo I de Inglaterra organizó la Tercera Cruzada.* **2.** Campaña organizada con algún fin. *Una cruzada contra el hambre.*

cruzado, da. adj. **1.** Dicho de prenda de vestir: Que tiene el ancho necesario para poner una parte del delantero sobre la otra. *Abrigo cruzado.* **2.** Dicho de animal: Nacido de padres de distintas castas. *Una yegua cruzada.* **3.** histór. Que participa en una cruzada (→ **cruzada**). Tb. m. y f. *Los cruzados conquistaron Jerusalén en 1099.*

cruzar. tr. **1.** Recorrer (un lugar) de un extremo a otro. *Cruzó el continente en sus viajes.* **2.** Ir al otro lado (de algo, como una calle, una línea o un río). *Cruzan el río a nado.* **3.** Estar situada una cosa a un lado a otro (de otra), formando una cruz. *La carretera cruza las vías del tren.* **4.** Poner (una cosa) sobre otra, transversalmente o formando una cruz. *Se cruzó el fusil sobre el pecho.* **5.** Apoyar (los brazos) uno sobre el otro delante del pecho. *Al cruzar los brazos me tira la chaqueta.* **6.** Apoyar (las piernas) una sobre la otra estando sentado. *Se arrellanó en el sillón y cruzó las piernas.* **7.** Juntar (dos variedades de animales o de plantas, o dos individuos de estas) gralm. con el fin de obtener otras variedades distintas. *Experimenta cruzando guisantes de variedades diferentes.* ○ tr. prnl. **8.** Pasar una persona o una cosa al lado (de otra que va en dirección contraria). *–¿Has visto a Juan? –Acabo de cruzármelo.* ○ intr. prnl. **9.** Pasar una persona o una cosa al lado de otra que va en dirección contraria. *Me he cruzado CON Juan en la escalera.* **10.** Ponerse una persona o una cosa en el camino de otra, obstaculizándola. *Un rebaño se cruzó en la carretera.* FAM **cruzamiento.**

cu. f. Letra *q*.

cuaderno. m. Conjunto de hojas o pliegos de papel, cosido o encuadernado, que se emplea para escribir apuntes, ejercicios u otras anotaciones. FAM **cuadernillo.**

cuadra. f. **1.** Lugar cubierto y cerrado donde se guardan caballos y, a veces, otros animales domésticos. **2.** Conjunto de caballos, gralm. de carreras, que pertenecen a una misma persona o entidad. *Ganó la yegua de la cuadra andaluza.* **3.** Lugar muy sucio y desordenado. *Esta casa es una cuadra.* **4.** Am. Distancia que hay entre una esquina y la siguiente en una manzana de casas. *Fue a almorzar a algunas cuadras de allí* [C]. Tb. la fachada correspondiente. *Era la cuadra más vistosa* [C]. ▶ **1:** CABALLERIZA.

cuadrado, da. adj. **1.** Del cuadrado (→ 4). *Un patio de forma cuadrada.* **2.** Que tiene forma de cuadrado (→ 4). *Una caja cuadrada.* **3.** *Mat.* Dicho de unidad de superficie: Que equivale a un cuadrado (→ 4) que tiene de lado la unidad de longitud correspondiente. *Metro cuadrado.* ● m. **4.** *Mat.* Polígono de cuatro lados iguales que forman cuatro ángulos rectos. *Dibuja un cuadrado y un rombo.* **5.** *Mat.* Producto que resulta de multiplicar una cantidad por sí misma. *El cuadrado DE 7 es 49.* ▶ **4:** CUADRO.

cuadragésimo, ma. → APÉND. NUM.

cuadrangular. adj. *Mat.* Que tiene cuatro ángulos. *Una pirámide de base cuadrangular.*

cuadrante. m. **1.** *Mat.* Cuarta parte de la circunferencia o del círculo, comprendida entre dos radios perpendiculares. **2.** *Fís.* Instrumento constituido por un cuarto de círculo graduado, que sirve para medir ángulos.

cuadrar. intr. **1.** Ajustarse o corresponderse una cosa con otra. *Sus gustos no cuadran CON los míos.* **2.** Coincidir o ser iguales en una cuenta los totales del debe y el haber. *Las cuentas no cuadran.* ○ tr. **3.** Hacer que coincidan o sean iguales los totales del debe y el haber (de una cuenta). *El contable intenta cuadrar los presupuestos.* ○ intr. prnl. **4.** Adoptar un soldado la posición de firmes. *El cabo se cuadró ante el sargento.*

cuadratura. la ~ del círculo. loc. s. Se usa para referirse enfáticamente a algo que se considera imposible. *Pretender aprobar sin estudiar es intentar la cuadratura del círculo.*

cuadrícula. f. Conjunto de los cuadrados que resultan de cortarse perpendicularmente dos series de rectas paralelas. *Usa cuadernos de rayas o de cuadrícula.* FAM **cuadricular.**

cuadrilátero. m. **1.** *Mat.* Polígono de cuatro lados. *El rombo es un cuadrilátero.* **2.** *Dep.* En boxeo y otros deportes de lucha: Superficie en forma de cuadrilátero (→ 1), limitada por cuerdas y con suelo de lona, donde se celebran los combates. *El campeón y el aspirante suben al cuadrilátero.* ▶ **2:** RING.

cuadrilla. f. **1.** Conjunto de personas que realizan juntas un trabajo. *Una cuadrilla de albañiles arregla la fachada.* **2.** Pandilla (grupo de amigos). **3.** Conjunto de personas que actúan con el mismo fin. *Los ladrones actuaban en cuadrilla.* **4.** *Taurom.* Conjunto de toreros que están a las órdenes de un matador. ▶ **2:** *PANDILLA.

cuadro. m. **1.** Cuadrado (polígono). **2.** Pintura, dibujo o grabado, gralm. enmarcados. *Colgaré el cuadro en el salón.* **3.** Tablero con los dispositivos de control de un aparato o de una instalación. *El cuadro de mandos del televisor.* **4.** Descripción de algo, espec. de una situación o de un suceso. *Sus reportajes son cuadros de costumbres.* **5.** Resumen de datos clasificados y organizados, presentados gráficamente de manera que sea visible la relación entre ellos. Tb. ~ *sinóptico.* **6.** Conjunto de síntomas de un enfermo o de una enfermedad. *Presenta un cuadro de apendicitis.* Tb. ~ *clínico.* **7.** Conjunto de personas con autoridad en una empresa u organización. *El cuadro técnico del club recomendó el fichaje.* **8.** Conjunto de personas que forman un equipo de trabajo. *Se incorporó al cuadro médico del hospital.* **9.** Cada una de las partes breves en que se dividen algunas obras dramáticas o algunos actos de ellas. *Comedia en un acto dividido en dos cuadros.* ■ **en ~.** loc. adv. En forma o a modo de cuadrado. *Se sentaron en cuadro.* ▶ **1:** CUADRADO.

cuadrúpedo, da. adj. Dicho de animal: Que tiene cuatro patas.

cuádruple. adj. **1.** Cuatro veces mayor. Dicho de cantidad, tb. m. *Ocho es el cuádruple DE cuatro.* **2.** Compuesto de cuatro de los elementos designados por el nombre al que acompaña. *Cuádruple capa protectora.* FAM **cuadriplicar** o **cuadruplicar.**

cuajada. f. Pasta cremosa que se obtiene al cuajar la leche y separar el suero, y que se toma gralm. como postre.

cuajar. tr. **1.** Hacer que (un líquido) tome una consistencia sólida o pastosa. *Pone la leche al fuego para cuajarla.* **2.** Llenar (algo) de muchas cosas. *El jardín está cuajado DE flores.* ○ intr. **3.** Formar la nieve una capa sólida. *La nieve no ha cuajado.* **4.** Llegar a desarrollarse perfectamente. *Ninguna propuesta cuajó.* ○ intr. prnl. **5.** Tomar un líquido una consistencia sólida o pastosa. *Remueva el huevo en la sartén para que no se cuaje del todo.*

cuajarón. m. Porción de líquido que se ha cuajado. *Cuajarones DE sangre.*

cuajo. m. **1.** Sustancia que está en la mucosa del estómago de los mamíferos lactantes, y que sirve para cuajar la leche. **2.** coloq. Calma o lentitud excesivas. *¡Pero qué cuajo tienes!* ■ **de ~.** loc. adv. De raíz. *Unos gamberros arrancaron de cuajo los bancos.*

cuákero, ra. → **cuáquero.**

cual. pron. relat. **1.** (El) que, (lo) que. Se usa precedido de art. determinado. *Duda, lo cual no significa que no sepa.* ● conj. **2.** cult. Como, o de la misma manera que. *Actúa cual si fuera culpable.* ■ **a ~ más.** loc. adv. Muy. *Eran todos a cual más inteligentes.*

cuál. pron. interrog. **1.** Pregunta por la identidad de una persona o cosa entre varias. *¿Cuál es tu primo?* ● adj. interrog. **2.** Qué. *¿A cuál libro te refieres?* ■ **~ no será,** o **no sería.** expr. cult. Seguida de un nombre, se usa para enfatizar lo designado por ese nombre. *¡Cuál no sería nuestra sorpresa al verla aparecer!*

cualesquiera. → cualquiera.

cualidad. f. Elemento distintivo de la naturaleza de alguien o algo. *El zumo pierde sus cualidades si se deja reposar.* Frec. designa el considerado positivo. *Tiene más cualidades que defectos.* FAM **cualitativo, va.**

cualificado, da. adj. **1.** Dicho de trabajador: Que está espec. preparado para una determinada actividad. **2.** Dicho de persona: Que tiene autoridad o prestigio. *No desconfío de un médico tan cualificado.* ▶ **1:** CALIFICADO. FAM **cualificación; cualificar.**

cualquiera. adj. indef. (pl. **cualesquiera;** antepuesto al n., se usa frec. la apóc. **cualquier,** cuyo pl. es **cualesquier**). **1.** Que es indiferente o cuya identidad o naturaleza no es importante precisar. *Pide un libro cualquiera.* ● pron. indef. **2.** Una persona indiferente. *Pregunte a cualquiera.* ● (pl. **cualquieras;** frec. con el art. *un, una*). m. **3.** Hombre de poca importancia. *Me trata como a un cualquiera.* ○ f. **4.** despect. Mujer cuya conducta sexual se considera inapropiada o censurable. *La creían una cualquiera.* ■ **~ que sea.** (pl. **cualesquiera que sean**). loc. s. Se usa para expresar que es indiferente aclarar la identidad de la persona o cosa a la que se refiere el pronombre. *Cualquiera que sea el motivo, dígalo.*

cuán. → cuánto.

cuando. adv. relat. **1.** En el momento o en el tiempo en que. *Llame cuando llegue.* **2.** Siempre que, o cada vez que. *Cuando se enfada da miedo.* **3.** Si. *No será culpable cuando se muestra tan calmado.* **4.** Aunque, o a pesar de que. *Parece tonta, cuando en realidad es listísima.* **5.** Puesto que. *Cuando él lo dice, será verdad.* ● prep. **6.** En el tiempo de. *Viajó cuando el terremoto.* ■ **~ más,** o **~ mucho.** loc. adv. A lo sumo. *Tardará, cuando más, un mes.* ■ **~ menos.** loc. adv. Como mínimo, o por lo menos. *Resulta, cuando menos, ambiguo.* ■ **~ no.** loc. conjunt. Si no. *Es una persona difícil, cuando no intratable.* ■ **de ~ en ~.** loc. adv. Algunas veces, o de vez en cuando. *Viene de cuando en cuando.*

cuándo. adv. interrog. **1.** En qué momento. *¿Cuándo te marchas?* ● m. **2.** (Frec. con art.). Tiempo o momento. *Queda por decidir el cómo y el cuándo.*

cuantía. f. **1.** Cantidad (número). **2.** Importancia o valor. *Se trata del alijo de mayor cuantía incautado en Europa.* ▶ **1:** CANTIDAD. FAM **cuantioso, sa.**

cuantificar. tr. Establecer o fijar la cantidad (de algo). *Hay que cuantificar los daños.* FAM **cuantificación; cuantificador.**

cuantitativo, va. adj. De la cantidad. *Hay una mejora cuantitativa y cualitativa en el rendimiento.*

cuanto, ta. adj. relat. **1.** cult. Todos los (*nombre en plural*) que. *Cuantas personas vinieron, quedaron encantadas.* **2.** cult. Expresa una cantidad cuyo valor se establece en proporción a otra. *Se convocarán tantas plazas cuantas asignaturas haya. Cuanta más paciencia tenga, mejor.* ● pron. relat. **3.** Todos los que. *El mejor viaje de cuantos he hecho.* **4.** Todas las personas que. Se usa en la forma pl. *Cuantos la conocen la admiran.* **5.** Todo lo que. *Consigue fácilmente cuanto desea.* ■ **cuanto antes.** loc. adv. Lo más pronto posible. *Hazlo cuanto antes.* ■ **cuanto más.** loc. adv. Con más razón o motivo. *Es tímido con los conocidos, cuanto más con los desconocidos.* ■ **en cuanto.** loc. conjunt. **1.** Tan pronto como. *En cuanto se entere, vendrá.* □ loc. prepos. **2.** En calidad de, o en la faceta de. *Nuestro artista no ha sido estudiado en cuanto dibujante.* ■ **en cuanto a.** loc. prepos. Por lo que respecta

a. *Son iguales en cuanto a la forma.* ■ **por cuanto.** loc. conjunt. cult. Puesto que. *Fue un descubrimiento importante, por cuanto supuso un gran avance médico.*

cuánto, ta. (En la acep. *5*, apóc. **cuán,** cult., ante adj.). adj. interrog. **1.** Qué número o cantidad de personas o cosas. *¿A cuántos amigos has invitado?* Tb. exclam. *¡Cuántos años sin vernos!* ● pron. interrog. **2.** Qué precio. *¿A cuánto está el kilo de tomates?* **3.** Qué cantidad de tiempo. *No sé cuánto durará la entrevista.* Tb. exclam. *¡Cuánto has tardado!* **4.** Qué número de personas. *¿Cuántos vendrán a cenar?* ● adv. interrog. **5.** En qué grado o medida. *No te imaginas cuánto me asusté.* Tb. exclam.

cuáquero, ra. (Tb. **cuákero.**) m. y f. Miembro de una secta cristiana fundada en Inglaterra en el s. XVII, caracterizada por la sencillez de costumbres y por el rechazo del culto externo y de la jerarquía eclesiástica.

cuarcita. → cuarzo.

cuarenta. adj. → APÉND. NUM. ■ **los (años) ~.** m. pl. La quinta década del siglo, espec. del XX. *La Guerra Fría comienza en los años cuarenta.* FAM **cuarentón, na.**

cuarentena. f. **1.** Conjunto de cuarenta unidades. *Expondrá una cuarentena de grabados.* **2.** Aislamiento vigilado a que se somete a una persona o cosa enfermas o posibles portadoras de una enfermedad, durante un período de tiempo, para evitar contagios. *El pueblo permanece en cuarentena.*

cuaresma. (Frec. en mayúsc.). f. Rel. Período que va del Miércoles de Ceniza al Domingo de Resurrección, y que es tiempo de penitencia y ayuno. FAM **cuaresmal.**

cuarta. → cuarto.

cuartear. tr. **1.** Dividir (algo, espec. un ave o una res) haciéndo(lo) cuartos. *Cuarteó el pollo.* **2.** Cortar (algo) haciéndo(lo) partes o trozos. *Cuartearon un bloque de piedra.* **3.** Agrietar (algo). *La humedad cuartea las paredes.* FAM **cuarteamiento.**

cuartel. m. **1.** Edificio o lugar destinado a alojamiento de la tropa. **2.** Trato humanitario que se da al enemigo cuando se rinde o cae prisionero. Frec. fig. *El ganador no dio cuartel a su rival.* ■ **~ general.** m. **1.** Población, campamento o instalaciones donde se establece el Estado Mayor del Ejército o de la Armada. *La orden viene del cuartel general.* **2.** Lugar donde se establece la sede de una organización o asociación. *Se reunirán en el cuartel general de la empresa.* FAM **cuartelero, ra; cuartelillo.**

cuartelazo. m. coloq. Levantamiento militar.

cuarterón[1]. m. Cada uno de los cuadros que hay entre los listones de una puerta o ventana de madera. *Una gran puerta de cuarterones.*

cuarterón[2]**, na.** adj. Dicho de persona: Nacida en América de español y mestiza, o de mestizo y española. Frec. m. y f. *La familia se oponía al matrimonio con un cuarterón.*

cuarteta. f. **1.** Am. Dep. Conjunto o equipo integrados por cuatro miembros. *La cuarteta tenística del Brasil confirmó su arribo* [C]. **2.** Lit. Estrofa de cuatro versos de arte menor, que suelen rimar en consonante 1º con 3º y 2º con 4º.

cuarteto. m. **1.** Lit. Estrofa de cuatro versos de arte mayor, que suelen rimar en consonante 1º con 4º y 2º con 3º. *El soneto consta de dos cuartetos y dos tercetos.* **2.** Mús. Conjunto de cuatro instrumentos o de cuatro voces. *Toca en un cuarteto de cuerda.* **3.** Mús. Composición para ser interpretada por un cuarteto (→ 2). *Compuso cuartetos para cuerda.*

cuartilla. f. Hoja de papel para escribir cuyo tamaño es aproximadamente el de la mitad de un folio.

cuartillo. m. Unidad de capacidad para líquidos, que equivale a 0,504 litros. *Un cuartillo de vino.*

cuarto, ta. adj. **1.** → APÉND. NUM. **2.** Dicho de parte: Que es una de las cuatro iguales en que puede dividirse un todo. *Casi las tres cuartas partes de la superficie terrestre están cubiertas de agua.* ● m. **3.** Cada una de las cuatro partes en que se divide una cosa. *Tardaré un cuarto de hora.* **4.** En una vivienda u otro edificio: Habitación. *El cuarto de estudio da al jardín.* **5.** Habitación de una vivienda destinada a dormir. *Está en su cuarto.* ○ f. **6.** En el motor de un vehículo: Marcha que desarrolla mayor velocidad y menor potencia que la tercera, y mayor potencia y menor velocidad que la quinta. *En la recta cambió a cuarta.* **7.** Palmo. ■ **cuarto creciente.** m. Fase de las cuatro de la Luna en que su superficie visible va aumentando. *La luna está en cuarto creciente.* ■ **cuarto de aseo.** m. Cuarto (→ 4) con lavabo y retrete. ⇒ ASEO. ■ **cuarto de baño.** m. Cuarto (→ 4) de una vivienda, con lavabo, retrete, bañera y otros sanitarios. ⇒ BAÑO, LAVABO. ‖ Am: LAVATORIO. ■ **cuarto de estar.** m. Cuarto (→ 4) de una vivienda, donde pasan juntos la mayor parte del tiempo los miembros de una familia. *Ven al cuarto de estar a ver la televisión.* ⇒ frecAm: LIVING. ■ **cuarto menguante.** m. Fase de las cuatro de la Luna en que su superficie visible va disminuyendo. ■ **cuartos de final.** m. pl. *Dep.* Cada uno de los cuatro antepenúltimos encuentros de un campeonato que se gana por eliminar al contrario y no por puntos. *La eliminaron en los cuartos de final.* □ **qué... ni qué ocho cuartos.** expr. coloq. Se usa para expresar rechazo o desprecio hacia lo que se acaba de oír. *¡Qué tráfico ni qué ocho cuartos!, madruga más.* ▶ **4, 5:** *HABITACIÓN.

cuarzo. m. Mineral muy duro, compuesto de sílice, incoloro cuando está en estado puro, y que forma parte de la composición de muchas rocas. FAM **cuarcita.**

cuasi. adv. Casi.

cuate, ta. m. y f. Am. coloq. Amigo (persona que tiene amistad con otra). *Era muy amiguero y le gustaba invitar a su casa a sus cuates* [C].

cuaternario, ria. adj. (Como m. se usa en mayúsc.). *Geol.* Dicho de división geológica: Que abarca desde hace dos millones de años hasta la actualidad. Tb. m. *En el Cuaternario aparece el hombre.*

cuatrero, ra. m. y f. Ladrón de ganado, espec. de caballos. ▶ **Am:** ABIGEO.

cuatri-. elem. compos. Significa 'cuatro'. *Cuatrimestre, cuatrimotor, cuatripartito.*

cuatrienio. m. **1.** Tiempo de cuatro años. *La legislatura dura un cuatrienio.* **2.** Incremento económico de un sueldo o salario, correspondiente a un cuatrienio (→ 1) de trabajo. *Los trabajadores reclaman el pago de los cuatrienios.* FAM **cuatrienal.**

cuatrillizo, za. adj. Dicho de persona: Que es una de las cuatro nacidas de un mismo parto. *Hermanas cuatrillizas.*

cuatrillón. (APÉND. NUM.). m. Conjunto de un millón de trillones.

cuatro. adj. → APÉND. NUM. ■ **más de ~.** loc. adj. coloq. Muchos. *Más de cuatro colegas te envidiarán.*

cuatrocientos, tas. → APÉND. NUM.

cuba. f. Recipiente de madera formado por tablas abombadas unidas por aros de metal, y dos tapas circulares en sus extremos, que sirve para contener vino u otros líquidos. *La bodega rebosa de cubas.* ■ **como una ~.** loc. adv. coloq. En estado de embriaguez. *No le dejes conducir, que está como una cuba.* ▶ BARRICA, BARRIL, TONEL.

cubalibre. m. Bebida alcohólica compuesta gralm. de ron y refresco de cola.

cubano, na. adj. De Cuba.

cubertería. → cubierto.

cubeta. f. **1.** Recipiente gralm. rectangular, empleado en laboratorios, espec. en los fotográficos. *Vertió el líquido de revelado en una cubeta.* **2.** Am. Cubo (recipiente). *Costaba trabajo subir las cubetas llenas de agua* [C]. ▶ **2:** CUBO.

cúbico, ca. adj. **1.** Del cubo geométrico. *Superficie cúbica.* **2.** Que tiene forma de cubo geométrico. *Los dados son cúbicos.* **3.** *Mat.* Dicho de unidad de volumen: Equivalente a un cubo que tiene de arista la unidad de longitud correspondiente. *La piscina contiene tres mil metros cúbicos de agua.*

cubículo. m. Recinto de pequeñas dimensiones. *Vive en un cubículo de tres metros cuadrados.*

cubierta. f. **1.** Cosa que cubre algo para taparlo o protegerlo. *Los dientes tienen una cubierta de esmalte.* **2.** Parte exterior de un libro encuadernado, espec. de la parte delantera. *La ilustración de la cubierta es del propio autor.* **3.** Funda de caucho reforzado, que envuelve y protege la cámara de un neumático. *Si la cubierta está desgastada, el neumático se agarra peor.* **4.** Cada uno de los pisos que dividen horizontalmente a un barco, espec. el superior. *El capitán reunió a la tripulación en la cubierta.* **5.** Parte superior y externa que cubre un edificio o una construcción. *La ermita tiene muros de piedra y cubierta de madera.* ▶ **1:** COBERTURA.

cubierto. m. **1.** Servicio completo de mesa para una persona, compuesto de plato, vaso, tenedor, cuchara, cuchillo y servilleta. *Una mesa para cuatro cubiertos.* **2.** Juego de cuchara, tenedor y cuchillo. *Tengo plato, pero me falta el cubierto.* **3.** Comida que se sirve por un precio fijo en un restaurante y que está formada por unos platos determinados. *Les cobraron el banquete a cien euros el cubierto.* ■ **a ~.** loc. adv. En un lugar resguardado y protegido. *Va a llover, pongámonos a cubierto.* ▶ **1:** SERVICIO. FAM **cubertería.**

cubil. m. Lugar cubierto donde se refugia un animal salvaje. Tb. fig. *Cuando se enfada, se encierra en su cubil.*

cubilete. m. **1.** Recipiente pequeño, profundo, más ancho por la boca que por la base y gralm. de cuero, que se emplea para jugar a los dados o en algunos juegos de manos. *Agita el cubilete con los dados.* **2.** Recipiente pequeño y cilíndrico que se emplea en algunos juegos como el parchís para mover y tirar los dados.

cubismo. m. Movimiento artístico nacido en Francia hacia 1906, que se caracteriza por el predominio de formas geométricas y por representar la realidad desde varios puntos de vista a la vez. *Picasso es un representante del cubismo.* FAM **cubista.**

cubitera. f. Recipiente para servir cubitos de hielo. ▶ **Am:** HIELERA.

cúbito. m. *Anat.* Hueso un poco más largo que el radio, con el cual forma el antebrazo.

cubo[1]**.** m. Recipiente de madera, metal, plástico u otro material semejante, gralm. con forma de tronco de cono y más alto que ancho, cerrado por el fondo y con asa por la parte abierta, que se emplea espec.

para contener y transportar líquidos. *Llena el cubo para fregar el suelo.* ▶ **Am:** CUBETA. **FAM cubito.**

cubo². m. **1.** *Mat.* Cuerpo geométrico cuyas caras son seis cuadrados iguales. *Un cubo de 10 cm de arista tiene un volumen de 10 cm³.* **2.** *Mat.* Producto que resulta de multiplicar dos veces una cantidad por sí misma. *El cubo de 2 es 8.*

cubrecama. m. Colcha.

cubrir. tr. **1.** Poner una cosa delante o encima (de alguien o algo) para ocultar(los) o proteger(los). *Cubriremos los muebles* CON *sábanas.* **2.** Rellenar (una cavidad). *Hay que cubrir el socavón* CON *cemento.* **3.** Extender una sustancia sobre la superficie (de algo). *Cubra* DE *chocolate el bizcocho.* **4.** Ponerse encima o delante (de algo) de manera que (esto) deja de estar visible. *La hiedra cubre la fachada.* **5.** Poner el techo (a un edificio). *Cubrirán la casa* CON *pizarra.* **6.** Proteger una persona armada, desde un punto situado a cierta distancia, el avance o la retirada (de otra). *El atracador huyó mientras lo cubrían sus compinches.* **7.** Ocupar o llenar (un espacio). *Un bosque de robles cubre la ladera.* **8.** Ocupar (una plaza o un puesto de trabajo). *Convocarán oposiciones para cubrir diez plazas.* **9.** Satisfacer (una deuda o una obligación). *Con su sueldo no cubre ni el alquiler del piso.* **10.** Fecundar el macho (a la hembra). *Compraron un semental para que cubriera a las vacas.* **11.** Recorrer (una distancia). *Cubrimos tres kilómetros en media hora.* **12.** Recoger un informador la noticia (de un acontecimiento) para un medio de comunicación. *Cubrirá el viaje del Papa.* **13.** Hacer que (alguien) reciba algo en gran cantidad. *La cubren* DE *regalos.* **14.** *Dep.* Vigilar o controlar un jugador (a otro del equipo contrario, o una zona del campo de juego). *El defensa lateral cubre la banda derecha.* ○ intr. prnl. **15.** Pasar a estar alguien o algo ocultos por algo. *El queso se ha cubierto* DE *moho.* **16.** Prevenirse o protegerse de algo. *Así se cubren* ANTE *posibles reclamaciones.* **17.** Nublarse el cielo. *El cielo se está cubriendo.* ▶ **10:** MONTAR. ‖ **Am: 12:** REPORTEAR. **FAM cubrimiento.**

cucaracha. f. Insecto nocturno, de forma aplanada, color pardo o negro, y buen corredor.

cuchara. f. Utensilio de mesa, formado por un mango acabado en una pieza cóncava y gralm. ovalada, que sirve espec. para llevar a la boca los alimentos líquidos, blandos o con caldo. **FAM cucharada; cucharadita; cucharilla; cucharón.**

cuchichear. intr. Hablar una persona en voz baja con otra, de manera que los demás no se enteren. *Lo regañaron por cuchichear* CON *el compañero.* **FAM cuchicheo.**

cuchilla. f. **1.** Hoja de afeitar. **2.** Parte cortante de algunas máquinas o utensilios. *Hay que afilar las cuchillas de la picadora.* **3.** Instrumento cortante, formado por una hoja ancha, gralm. de metal y con un solo filo, que está insertada en un mango. *El carnicero corta los filetes con una cuchilla.* ▶ **2:** HOJA.

cuchillo. m. Instrumento cortante, formado por una hoja gralm. de metal y con un solo filo, insertada en un mango. ■ **pasar a ~** (a alguien). loc. v. Matar(lo) con arma blanca, espec. en una guerra. *Pasaron a cuchillo a los prisioneros.* **FAM cuchillada.**

cuchitril. m. despect. Habitación o lugar muy pequeños. *Malvive en un cuchitril.*

cuchufleta. f. coloq. Cosa dicha para hacer reír. *Todo eran chistes y cuchufletas.*

cuclillas. en ~. loc. adv. Con las piernas dobladas de forma que las nalgas se acercan al suelo o a los talones. *Se puso en cuclillas para acariciar al cachorrito.*

cuclillo. m. Cuco (ave). ▶ CUCO.

cuco¹. m. Am. coloq. (Frec. con art.). Coco (personaje imaginario). *Lo asustaron con el cuco o los fantasmas* [C].

cuco², ca. adj. **1.** Astuto o pillo. *El niño es muy cuco.* ● m. **2.** Ave trepadora de pequeño tamaño, que se caracteriza por su canto. *El cuco hembra.* ○ f. **3.** coloq. Cucaracha. ▶ **2:** CUCLILLO.

cucú. interj. Se usa para imitar el canto del cuco.

cucurucho. m. **1.** Papel o cartulina enrollados en forma de cono, que sirven espec. para contener dulces u otras cosas menudas. *Compró un cucurucho de maní.* **2.** Barquillo en forma de cono sobre el que se coloca una bola de helado. **3.** coloq. Gorro con forma de cucurucho (→ 1), como el de los penitentes o el de los adivinos. ▶ **1:** CARTUCHO.

cueca. f. Baile de pareja suelta, propio del oeste de América del Sur, en que los bailarines llevan un pañuelo en la mano derecha.

cuello. m. **1.** Parte del cuerpo que une la cabeza con el tronco. Tb. la parte correspondiente de una prenda de vestir. *Plancha el cuello de la camisa.* **2.** Parte superior y más estrecha de una botella u otra vasija. **3.** Parte más estrecha y delgada de algo. *El cuello* DEL *útero.* ■ **~ alto,** o **vuelto.** m. En un jersey: Cuello (→ 1) alto y que se ciñe a la garganta. ■ **~ de botella.** m. Estrechamiento de una calle o de una carretera que hace más lento el paso por ellas. *El acceso a la ciudad es un cuello de botella.* ⇒ EMBUDO.

cuenca. f. **1.** Cada una de las dos cavidades de la cabeza en las que están los ojos. **2.** Territorio que envía sus aguas a un río, un lago o un mar determinados. *Fue misionero en la cuenca* DEL *Amazonas.* **3.** Territorio situado en una concavidad del terreno y rodeado de alturas. *La ciudad está en una cuenca.* ▶ **2:** VALLE.

cuencano, na. adj. De Cuenca (Ecuador).

cuenco. m. **1.** Recipiente semiesférico y gralm. de barro, sin pie ni reborde. *Sobre la mesa había un cuenco con uvas.* **2.** Parte o lugar cóncavos. *Tomó agua de la fuente en el cuenco de la mano.* ▶ **2:** CONCAVIDAD.

cuenta. f. **1.** Hecho o efecto de contar o establecer la cantidad exacta. *Haz la cuenta de los que somos para cenar.* **2.** Cálculo u operación aritmética. *El niño hace cuentas en un cuaderno.* **3.** Relación detallada de la cantidad que se adeuda. *Camarero, la cuenta, por favor.* **4.** Depósito de dinero en una entidad financiera. *Abriré una cuenta en el banco.* **5.** Explicación o razón de algo. *No tengo que dar cuentas* DE *lo que hago.* **6.** Obligación o responsabilidad de una persona. *Los preparativos corren de mi cuenta.* **7.** Beneficio o utilidad. *Por la cuenta que te tiene, atenderás.* **8.** Cada una de las bolas ensartadas que componen el rosario y sirven para llevar la cuenta (→ 1) de las oraciones que se rezan. *Reza pasando las cuentas del rosario.* **9.** Cada una de las piezas ensartadas o taladradas que componen un collar. ■ **~ atrás.** f. **1.** Cuenta (→ 1) en sentido contrario al de los minutos y segundos que preceden al lanzamiento de un cohete. *Concluida la cuenta atrás, el cohete despegó.* **2.** Cuenta (→ 1) del tiempo cada vez menor que falta para un acontecimiento previsto. *Queda una semana para la boda: empieza la cuenta atrás.* ■ **~ corriente.** f. Cuenta (→ 4) que permite toda clase de ingresos y pagos, y en que la extracción de fondos se hace por medio de talones. □ **a** ~. loc. adv. Como anticipo o señal. *Al hacer la reserva, me pidieron a cuenta un 10% del precio.* ■ **a ~ de.** loc. prepos. **1.** A cambio de, o en compensación por. *Le dio una joya a cuenta de lo que le debía.* **2.** Por cuenta de (→ **por cuenta de**). *Viaja a cuenta de la empresa.* ■ **ajustar las ~s** (a alguien). loc. v. Dar(le) una lección o tomar medidas (contra él). *Ya te ajustaré las cuentas cuando te pille.* ■ **caer en la ~** (de algo). loc. v. Percibir(lo), habiendo pasado antes inadvertido. *Ahora caigo en la cuenta DE que es fiesta.* ■ **dar (buena) ~** (de algo). loc. v. coloq. Acabar(lo) o consumir(lo) por completo. *Dieron buena cuenta DEL pastel.* ■ **dar ~** (de algo). loc. v. Comunicar(lo) o informar (de ello). *Dio cuenta a su superior DE lo sucedido.* ■ **darse ~** (de algo). loc. v. Percibir(lo) o advertir(lo). *No me había dado cuenta DE lo tarde que era.* ■ **en resumidas ~s.** loc. adv. En resumen o en conclusión. *El proyecto, en resumidas cuentas, apuesta por la modernidad.* ■ **habida ~** (de algo). expr. cult. Teniéndo(lo) en consideración. *Se retirará, habida cuenta DE su último fracaso.* ■ **más (o menos) de la ~.** loc. adv. Más (o menos) de lo debido o conveniente. *Bebí más de la cuenta.* ■ **perder la ~** (de algo). loc. v. No acordarse (de ello) con exactitud, espec. por ser muy numeroso. *Ya he perdido la cuenta DE las veces que he llamado.* ■ **por ~ ajena.** loc. adj. Dicho de persona: Que trabaja como asalariada. *Trabajadores por cuenta ajena.* ■ **por ~ de.** loc. prepos. A expensas de. *Los gastos irán por cuenta del Ayuntamiento.* ■ **por ~ propia.** loc. adj. Dicho de persona: Que trabaja como no asalariada o que tiene su propio negocio. ■ **por su ~ (y riesgo).** loc. adv. Con independencia o autonomía. *Vende la casa por tu cuenta y deja la agencia.* ■ **tener,** o **tomar, en ~** (algo o a alguien). loc. v. Tener(lo) en consideración. *Tenga en cuenta el riesgo.* ▶ **1:** CÓMPUTO. ‖ Am: **1:** CONTEO.

cuentagotas. m. Utensilio, formado gralm. por un tubo de cristal con una pieza de goma en un extremo, que sirve para verter líquidos gota a gota. ■ **con ~.** loc. adv. coloq. Poco a poco. *Me da dinero con cuentagotas.* ▶ Am: GOTERO.

cuentahabiente. m. y f. Am. Persona que tiene cuenta corriente en un banco. *A los bancos internacionales les preocupa poder pagar los intereses a sus cuentahabientes* [C].

cuentakilómetros. m. **1.** Aparato que registra los kilómetros recorridos por el vehículo en que está instalado. **2.** Aparato que sirve para medir la velocidad del vehículo en el que está instalado. ▶ **2:** VELOCÍMETRO.

cuento. m. **1.** Relato, frec. indiscreto, de un suceso. *Empezó a exponer el cuento de su vida.* **2.** Narración de poca extensión y de carácter fantástico, destinada espec. a entretener a los niños. *Mi madre me contaba un cuento antes de dormir.* **3.** Obra literaria en prosa de corta extensión. *Prefiero los cuentos a las novelas.* **4.** coloq. Mentira o embuste. Tb. ~ *chino. Eso del extraterrestre es un cuento chino.* **5.** coloq. Chisme (noticia verdadera o falsa sobre una persona). **6.** coloq. Exageración con que alguien trata de darse importancia o de dar importancia a lo que hace o a lo que ocurre. *¿Fiebre?, ¡lo que tiene es cuento!* **7.** coloq. Cosa que se dice, pesada y sin interés. *Déjese de cuentos y vaya al grano.* ■ **a ~ de.** loc. prepos. A propósito de. *Lo dijo a cuento de una crítica que oyó.* ■ **el ~ de nunca acabar.** loc. s. coloq. Un asunto que se dilata y embrolla de modo que nunca se le ve fin. *¡Otro problema, esto es el cuento de nunca acabar!* ■ **sin ~.** loc. adj. Pospuesto a un nombre en plural: Incontables. *Pasó fatigas sin cuento.* ■ **venir** algo **a ~.** loc. v. Ser

oportuno o conveniente. *Sin venir a cuento, se marchó dando un portazo.* ■ **vivir del ~.** loc. v. coloq. Vivir sin trabajar. FAM cuentista; cuentístico, ca.

cuerda. f. **1.** Objeto delgado, alargado y flexible, formado por un conjunto de hilos retorcidos, gralm. de cáñamo o esparto, y que sirve para atar, sujetar o colgar. *Tendió la ropa en la cuerda.* **2.** Hilo de metal, nailon u otro material, que produce sonidos por vibración en determinados instrumentos musicales. *Suenan las cuerdas de una guitarra.* **3.** Resorte o muelle que sirve para poner en funcionamiento un mecanismo. *Un reloj de cuerda.* **4.** Conjunto de personas con ideas o características semejantes. *Congeniamos porque somos de la misma cuerda.* **5.** Dep. Aparato que consiste en una cuerda (→ 1) usada para hacer ejercicios de gimnasia rítmica. **6.** Mús. Conjunto de los instrumentos de cuerda (→ **instrumento**). *Cuarteto para cuerda.* ○ pl. **7.** En boxeo y otros deportes de lucha: Bandas elásticas que limitan un cuadrilátero. *Lanzó al otro púgil contra las cuerdas.* ■ **~ floja.** f. Alambre poco tenso sobre el que actúan los funámbulos. *El acróbata camina por la cuerda floja.* ■ **~s vocales.** f. pl. Anat. Pliegues membranosos de la laringe, cuya vibración produce la voz. □ **bajo ~.** loc. adv. De manera oculta o encubierta. *Recibe dinero bajo cuerda.* ■ **contra las ~s.** loc. adv. En una situación muy difícil o comprometida. *La crisis nos puso contra las cuerdas.* ■ **dar ~** (a algo). loc. v. Tensar el muelle o el resorte que (lo) pone en funcionamiento. *Dale cuerda al reloj.* ■ **en la ~ floja.** loc. adv. En una situación inestable, difícil o peligrosa. *Sospechan de él y está en la cuerda floja.* ■ **tener** alguien **~ para rato,** o **tener mucha ~.** loc. v. **1.** Durar mucho en una acción o actividad. *Si habla de su tesis, tiene cuerda para rato.* **2.** Tener mucha vida por delante. *El abuelo tiene aún mucha cuerda.* ▶ **1:** CABO. ‖ Am: **1:** CABUYA, MECATE.

cuerdo, da. adj. **1.** Dicho de persona: Que tiene sus facultades mentales normales. **2.** Sensato o prudente. *No es muy cuerdo navegar con temporal.*

cueriza. f. Am. Azotaina. *Ya sienten caliente el trasero de la cueriza* [C].

cuerno. m. **1.** Cada una de las dos prolongaciones óseas que tienen los rumiantes en la región frontal. *El toro le clavó un cuerno.* **2.** Protuberancia ósea que tiene el rinoceronte sobre la mandíbula superior. **3.** Cada una de las cuatro antenas de un caracol. **4.** Cosa cuya forma recuerda la de un cuerno (→ 1). *En la pastelería hacen cuernos de chocolate.* **5.** Cada una de las puntas que presenta la luna en las fases de cuarto creciente y cuarto menguante. **6.** Instrumento musical de viento, de sonido grave parecido al de la trompa, hecho gralm. de cuerno (→ 1) de vaca. *Se oyó sonar un cuerno de caza.* **7.** coloq. Infidelidad sexual. Frec. en la constr. *poner los ~. Su marido le ponía los cuernos con una vecina.* ■ **~ de la abundancia.** m. En la mitología grecorromana: Recipiente en forma de cuerno (→ 1) repleto de frutas y flores, que representa la abundancia. ⇒ CORNUCOPIA. □ **al ~.** expr. coloq. Se usa para expresar desaprobación o rechazo. *Me dan ganas de mandarlo todo al cuerno.* ■ **irse** algo **al ~.** loc. v. coloq. Fracasar o estropearse. *Su negocio se ha ido al cuerno.* ▶ **1, 2:** ASTA. ‖ Am: **1-4:** CACHO.

cuero. m. Piel de los animales, curtida y preparada, que se emplea como material en industrias diversas. *Un cinturón de cuero.* ■ **~ cabelludo.** m. Piel de la cabeza, de la que nace el cabello. *Algunas lociones irritan el cuero cabelludo.* □ **en ~s.** loc. adv. En completa desnudez. *No pase, que estoy en cueros.*

cuerpo. m. **1.** Conjunto de la materia orgánica que constituye un ser humano, un animal o un vegetal. *El cuerpo humano consta de cabeza, tronco y extremidades.* **2.** Tronco de una persona o de un animal. *Un perro de cuerpo robusto.* **3.** Parte de una prenda de vestir, que cubre desde el cuello o los hombros hasta la cintura. *El cuerpo del vestido es de encaje.* **4.** Cadáver, espec. de una persona. *Un cuerpo yace en el suelo.* **5.** Longitud de un cuerpo (→ 1), que se emplea para medir distancias, espec. en una carrera. *Nuestro caballo ganó por medio cuerpo.* **6.** Objeto o porción de materia de tres dimensiones. *Cuerpo geométrico.* **7.** Parte principal de algo, espec. de un escrito. *El cuerpo del libro ocupa quinientas páginas.* **8.** Cada una de las partes, gralm. iguales o semejantes, que constituyen un todo. *Un armario de dos cuerpos.* **9.** Conjunto de personas que desempeñan una misma profesión o constituyen una colectividad. *Ingresará en el cuerpo de bomberos.* **10.** Colección de leyes. *Se dotaron de un cuerpo legal.* **11.** Densidad o espesor de un líquido. *Se añade harina a la salsa para darle cuerpo.* **12.** Grosor de un tejido, un papel o algo semejante. *Este papel tiene poco cuerpo.* **13.** *Gráf.* Tamaño de los caracteres de imprenta. *Hay que reducir el cuerpo de la letra.* ■ **~ de baile.** m. Conjunto de bailarines de un espectáculo musical. *Pertenece al cuerpo de baile del teatro.* ■ **~ del delito.** m. Cosa sobre la que o con la que se ha cometido un delito, o en la que existen huellas de él. *El fiscal mostró el cuerpo del delito.* ■ **~ extraño.** m. Objeto que está en un organismo del que es ajeno. *Tengo un cuerpo extraño en el ojo.* ■ **mal ~.** m. Malestar físico. *Tengo mal cuerpo.* □ **a ~ de rey.** loc. adv. Con toda comodidad y atenciones. *Me tratan a cuerpo de rey.* ■ **~ a ~.** loc. adv. Empleando sus fuerzas directamente los adversarios en una lucha mediante el contacto físico. *Combaten cuerpo a cuerpo.* ■ **~ a tierra.** loc. adv. Con el cuerpo pegado al suelo, para protegerse o para no ser visto. *Avanzaban cuerpo a tierra.* ■ **de ~ entero.** loc. adj. **1.** Dicho de retrato o espejo: Que reproduce o refleja todo el cuerpo (→ 1). **2.** Dicho de persona: Completa o perfecta. *Es un artista de cuerpo entero.* ■ **de ~ presente.** loc. adj. Dicho de cadáver: Expuesto y preparado para el enterramiento. *El difunto está de cuerpo presente.* ■ **de medio ~.** loc. adj. Dicho de retrato o espejo: Que reproduce o refleja la mitad superior del cuerpo. ■ **en ~ y alma.** loc. adv. Totalmente o con toda dedicación. *Se entrega al trabajo en cuerpo y alma.* ■ **hacer de(l) ~.** loc. v. vulg. Expeler excrementos. *Lleva días sin hacer de cuerpo.* ■ **pedirle el ~** (algo a alguien). loc. v. vulg. Desear(lo) (esa persona). *El cuerpo me pide comida.* ► **2:** TRONCO. **4:** CADÁVER. **6:** SÓLIDO.

cuervo. m. Ave de gran tamaño, de plumaje negro, pico grueso y larga cola, que vive en zonas montañosas. *El cuervo hembra.*

cuesco. m. malson. Pedo (ventosidad).

cuesta. f. Terreno en pendiente. *Subí una cuesta.* ■ **a ~s.** loc. adv. Sobre los hombros o la espalda. *Lleva al niño a cuestas.* ■ **~ arriba.** loc. adj. Difícil. *Se me hace cuesta arriba pedir dinero.* ■ **la ~ de enero.** loc. s. coloq. Un período de dificultades económicas que coincide con el mes de enero, como consecuencia de los gastos navideños. ► *PENDIENTE.

cuestación. f. Petición de donativos para un fin benéfico. *Se realizará una cuestación contra el cáncer.*

cuestión. f. **1.** Asunto o materia, espec. los que son punto de discusión. *Abordarán la cuestión de los vertidos.* **2.** Cada una de las preguntas del conjunto que se plantea en una encuesta o examen. *El test consta de veinte cuestiones.* **3.** Plazo de tiempo. *La luz volvió en cuestión de minutos.* ■ **en ~.** loc. adj. Dicho de persona o cosa: De la que se está tratando. *No conozco a la mujer en cuestión.* FAM **cuestionario.**

cuestionar. tr. Poner en duda la validez o los motivos (de algo). *Cuestionan la veracidad de la noticia.* FAM **cuestionable; cuestionamiento.**

cueva. f. **1.** Cavidad natural o artificial, gralm. de mucha profundidad, en la tierra o en la roca. *En la cueva descubrieron pinturas rupestres.* **2.** Sótano. ■ **~ de ladrones.** f. coloq. Lugar donde se estafa o se cobra más de lo debido. ► **1:** CAVERNA, GRUTA.

cuidado. m. **1.** Hecho de cuidar. *Se dedica al cuidado de ancianos.* **2.** Atención o diligencia para hacer bien las cosas o para evitar un error o un daño. *Pon más cuidado en lo que haces.* **3.** Preocupación o temor. *No tengas cuidado, no pasa nada.* ● interj. **4.** Se usa para avisar de un peligro o error, o como amenaza. *¡Cuidado, que mancho!* **5.** Se usa con sentido enfático para llamar la atención sobre lo que se expresa. *¡Cuidado que es listo el muchacho!* ■ **de ~.** loc. adj. **1.** coloq. Grave. *Está enfermo de cuidado.* **2.** coloq. Dicho de persona: Peligrosa. *No te fíes de ella, que es de cuidado.* ■ **tener, o traer, sin ~** algo (a alguien). loc. v. coloq. No preocupar(le) o interesar(le). *Me tiene sin cuidado lo que haga.*

cuidar. tr. **1.** Atender (algo o a alguien) para que estén bien. *Cuida las plantas.* **2.** Poner atención y diligencia en que (algo) esté bien hecho. *Cuiden la presentación del trabajo.* ○ intr. **3.** Seguido de *de* y un nombre: Atender la cosa o la persona designadas por él para que estén bien. *Cuida de tus hermanos.* ○ intr. prnl. **4.** Tener precaución respecto a alguien o algo. *Me cuido DE mis enemigos.* FAM **cuidador, ra; cuidadoso, sa.**

cuita. f. cult. Pena o aflicción. *Solía contarme sus cuitas.* FAM **cuitado, da.**

culantrillo. m. Helecho de hojas grandes y lobuladas, que crece en las paredes de los pozos y en otros sitios húmedos.

culata. f. **1.** Parte posterior de la caja de un arma de fuego, que sirve para sujetarla al disparar. *La golpeó con la culata de la pistola.* **2.** *Mec.* Pieza metálica de un motor de explosión que cierra el cuerpo de los cilindros. FAM **culatazo.**

culear. tr. Am. malson. Realizar el acto sexual (con alguien). Tb. como intr.

culebra. f. Serpiente pequeña o mediana, gralm. no venenosa y de la que existen especies acuáticas y terrestres. *La culebra macho.* ► SERPIENTE.

culebrear. intr. Moverse o extenderse formando curvas. *Un sendero culebrea entre los pinos.* ► SERPENTEAR.

culebrón. m. coloq. Telenovela extremadamente larga y melodramática.

culera. → culo.

culinario, ria. adj. Del arte de cocinar. *El cocinero demostró sus dotes culinarias.*

culmen. m. cult. Punto más elevado o más importante de algo. *Un poemario constituye el culmen de su obra.*

culminar. intr. **1.** Llegar algo a su grado más elevado. *La discusión culminó EN una pelea.* ○ tr. **2.** Dar fin (a algo). *Esta película culmina una trilogía.* FAM **culminación; culminante.**

culo. m. **1.** coloq. Nalgas (parte del cuerpo humano). **2.** coloq. Parte del cuerpo de un animal que rodea el ano. *El perro apoyó el culo sobre la almohada.* **3.** coloq. Ano. **4.** coloq. Extremo inferior o posterior de algo. *El culo de la cacerola está quemado.* ■ **caerse de ~.** loc. v. coloq. Quedarse atónito. *Se van a caer de culo cuando se enteren.* ■ **confundir el ~ con las témporas.** loc. v. coloq. Mezclar cosas muy distintas al hablar o al actuar. *No sabes lo que dices, confundes el culo con las témporas.* ■ **dar por (el) ~ (a alguien).** loc. v. **1.** malson. Realizar (con él) el coito anal. **2.** malson. Fastidiar(lo). ■ **el ~ del mundo.** loc. s. coloq. Un lugar muy alejado. *Tu pueblo está en el culo del mundo.* ■ **que le den por (el) ~.** expr. malson. Se usa para expresar desprecio hacia alguien o algo. ■ **tomar por (el) ~.** loc. v. malson. Ser sodomizado. **FAM culera; culón, na.**

culpa. f. **1.** Responsabilidad que tiene una persona de una acción o un suceso, espec. si son malos. *Echa la culpa DE todo a los demás.* **2.** Hecho de ser algo causante de otra cosa, espec. si es mala. *La sequía tiene la culpa DE la mala cosecha.* **3.** Falta o delito. *Confesó para lavar sus culpas.* ■ **por ~ de.** loc. prepos. A causa de. *Llegó tarde por culpa del tráfico.* **FAM culpabilidad; culpabilizar; culpable; culpar.**

culteranismo. m. Estilo literario caracterizado por el lenguaje metafórico, el uso excesivo de latinismos y la complejidad sintáctica, espec. el que triunfó en el siglo XVII español. **FAM culterano, na.**

cultismo. m. Palabra propia del lenguaje intelectual, literario o científico. *"Dermis" es un cultismo, frente a "piel".*

cultivado, da. adj. Dicho de persona: Que ha adquirido cultura y refinamiento.

cultivar. tr. **1.** Trabajar (la tierra) para que produzca plantas y frutos. *El agricultor cultiva el campo.* **2.** Trabajar la tierra para que produzca (plantas y frutos). *Cultivaban olivos.* **3.** Hacer que se desarrollen (determinados seres vivos) en unas condiciones adecuadas, con fines científicos, económicos o industriales. *Cultivan algas marinas para obtener ácidos grasos.* **4.** Mantener y estrechar (el trato o la amistad) con alguien. *Cultivó la amistad de los intelectuales.* **5.** Desarrollar (una capacidad). *Lee para cultivar su inteligencia.* **6.** Practicar (una actividad científica o artística). *Cultiva la pintura.* ▶ **1:** LABRAR. **FAM cultivable; cultivador, ra; cultivo.**

culto, ta. adj. **1.** Que tiene un nivel cultural alto. *Es culto e interesado por el arte.* ● m. **2.** Homenaje de respeto religioso que se tributa a alguien o a algo. *Rinden culto A la Virgen.* **3.** Conjunto de ritos o ceremonias con que se tributa el culto (→ 2). *El culto católico se celebraba en latín.* **4.** Aprecio o estimación extraordinarios que se tiene a alguien o a algo. *El culto AL cuerpo.*

cultura. f. **1.** Conjunto de conocimientos que adquiere una persona y que le permiten desarrollar el sentido crítico y el juicio. *La cultura general se adquiere en el bachillerato.* **2.** Conjunto de modos de vida, conocimientos y grado de desarrollo de una época o de un grupo. *Las culturas griega y latina constituyen la cultura clásica.* ▶ **1:** INSTRUCCIÓN. **FAM cultural; culturización; culturizar.**

culturismo. m. Actividad deportiva orientada a un desarrollo muscular muy notable, frec. excesivo, mediante la realización de ejercicios gimnásticos y una alimentación determinada. *Practica el culturismo.* **FAM culturista.**

cumanagoto, ta. adj. histór. De un pueblo indígena que habitaba en la antigua región de Cumaná (Venezuela).

cumanés, sa. adj. De Cumaná (Venezuela).

cumbia. f. Baile popular propio de Colombia, de ritmo vivo.

cumbre. f. **1.** Cima de una montaña. **2.** Punto más alto al que se puede llegar. *Está en la cumbre DE su carrera.* **3.** Reunión de jefes de Estado o de Gobierno para tratar cuestiones importantes. *La cumbre del clima se celebró en Japón.* ▶ **1, 2:** *CIMA.

cum laude. (loc. lat.; pronunc. 'kum-láude'). loc. adj. Se usa, pospuesto a una calificación máxima o a un grado académico, para expresar que tiene una distinción añadida. *Sobresaliente con laude.*

cumpleaños. m. Respecto de una persona: Aniversario de su nacimiento. *Es mi cumpleaños, ¿qué me vas a regalar?* **FAM cumpleañero, ra.**

cumplido¹. m. Manifestación de amabilidad o cortesía. *Me dijo un cumplido.*

cumplido², da. adj. **1.** Dicho de persona: Que cumple escrupulosamente las reglas de cortesía y educación. *Es muy cumplido, un caballero.* **2.** Cabal o perfecto. *Daré cumplida satisfacción a sus exigencias.* **3.** Más grande de lo normal o de lo que corresponde. *Nos sirvió una ración cumplida.*

cumplimentar. tr. **1.** Rellenar (un impreso o documento). **2.** Cumplir (algo). *Se dispuso a cumplimentar la orden.* **3.** Saludar o visitar por cortesía (a alguien, espec. si es importante). *Acudió a Palacio a cumplimentar al Rey.* ▶ **1:** RELLENAR. **2:** CUMPLIR.

cumplir. tr. **1.** Realizar (algo determinado, espec. un mandato o una obligación). *Cumplamos la ley.* **2.** Llegar a tener (un número exacto de años o de meses). *Ha cumplido dieciocho años.* ○ intr. **3.** Cumplir (→ 1) algo. *Cumpla CON su deber.* **4.** Satisfacer la obligación de cortesía con alguien. *Le gusta cumplir CON los vecinos.* **5.** Vencer un plazo. *Hoy cumple el plazo.* Frec. prnl. ■ **por ~.** loc. adv. Por mera cortesía. *Acepté su invitación por cumplir.* ▶ **1:** CUMPLIMENTAR. **5:** *VENCER. **FAM cumplidor, ra; cumplimiento.**

cúmulo. m. **1.** cult. Gran cantidad de cosas o personas. *Conseguir el préstamo requiere un cúmulo DE trámites.* **2.** Meteor. Conjunto de nubes densas y blancas de forma redondeada, que son más oscuras por la base plana. *Los cúmulos producen lluvias intensas.*

cuna. f. **1.** Cama para bebés y niños pequeños, gralm. con barandillas laterales altas. *Mece la cuna para dormir a la niña.* **2.** cult. Lugar en que ha nacido alguien o algo. *Italia es la cuna DEL Renacimiento.* **3.** cult. Estirpe o linaje. *Es de humilde cuna.*

cundir. intr. **1.** Dar de sí algo. *Me ha cundido poco el trabajo.* **2.** Extenderse o propagarse una cosa inmaterial. *Que no cunda el pánico.*

cuneta. f. Zanja a cada uno de los lados de una carretera o camino, destinada a recoger el agua de lluvia. *La moto derrapó y cayó en la cuneta.*

cuña. f. **1.** Pieza de madera u otro material duro, dos de cuyas caras se juntan en un ángulo muy agudo, y que se emplea espec. para dividir cuerpos sólidos, calzarlos o ajustarlos. *Calza la mesa con una cuña.* **2.** Recipiente de poca altura que se emplea para recoger la orina y los excrementos del enfermo que no puede levantarse de la cama. **3.** En radio o televisión: Espacio publicitario breve. *Una cuña interrumpió el programa.*

cuñado, da. m. y f. **1.** Respecto de una persona: Hermano del cónyuge o cónyuge del hermano. *Vendrán mi hermana y mi cuñado.* **2.** Concuñado.

cuño. m. Molde que se emplea en la acuñación de monedas y medallas. ■ **de nuevo ~.** loc. adj. Nuevo, o de reciente aparición. *Carreras universitarias de nuevo cuño.*

cuota. f. **1.** Cantidad fija que corresponde pagar a cada persona o entidad. *Los socios pagan una cuota anual.* **2.** Parte fija y proporcional de cosas o personas. *Cada uno tiene su cuota* DE *responsabilidad.*

cuplé. m. Canción ligera, de contenido gralm. frívolo, que alcanzó gran auge en los espectáculos de variedades de principios del s. XX. FAM **cupletista.**

cupo. m. Parte proporcional correspondiente de cosas o personas. *El club ha ampliado el cupo* DE *socios.*

cupón. m. Trozo de papel que da derecho a participar en sorteos o concursos o a obtener ventajas en las compras. *Rellene este cupón y obtendrá un 20% de descuento.*

cúpula. f. **1.** Bóveda semiesférica con que se cubre un edificio o parte de él. *La cúpula de la catedral de Florencia.* **2.** Conjunto de los máximos dirigentes de un organismo, partido o empresa. *Se reunirá la cúpula del banco.*

cura. m. **1.** Sacerdote encargado de una parroquia. Tb. ~ *párroco. Los casará el cura párroco* **2.** coloq. Sacerdote católico.

curandero, ra. m. y f. **1.** Persona que, careciendo de estudios médicos, se dedica a curar mediante procedimientos empíricos o rituales. *Desahuciado por los médicos, acudió a un curandero.* **2.** Persona que ejerce la medicina sin título oficial. ▶ **Am: 1:** HIERBERO.

curar. tr. **1.** Devolver la salud (a una persona o a un animal enfermos o heridos). *El doctor te curará* DEL *catarro.* **2.** Hacer desaparecer (una enfermedad o una herida). *Estas pastillas curan la tos.* **3.** Aplicar los remedios necesarios para devolver la salud (a una persona o a un animal enfermos o heridos). *Todos los días venía la enfermera a curarme.* **4.** Aplicar a una persona o animal los remedios necesarios para hacer desaparecer (una enfermedad o una herida). *Cúrale la herida con agua oxigenada.* **5.** Preparar (un alimento determinado) sometiéndo(lo) a algún procedimiento para que se conserve por más tiempo. *Utilizan sal para curar el jamón.* ○ intr. **6.** Recuperar la salud una persona o animal enfermos o heridos. Frec. prnl. *Se curará pronto, tranquilo.* **7.** Desaparecer una enfermedad o una herida. *Las quemaduras curan mejor tapadas.* Frec. prnl. ▶ **1, 6:** SANAR. FAM **cura** (*Su enfermedad no tiene cura*); **curable; curación; curativo, va.**

curare. m. Sustancia amarga y resinosa que se extrae de la corteza de algunos árboles sudamericanos, es venenosa y capaz de paralizar los nervios motores. *Flechas con curare.*

curasao. m. Bebida alcohólica fabricada con corteza de naranja verde, aguardiente y azúcar.

curda. adj. **1.** coloq. Borracho (trastornado por exceso de bebida alcohólica). ● f. **2.** coloq. Borrachera (estado de la persona borracha).

curdo, da. (Tb. **kurdo**). adj. De un pueblo que habita en la región del Curdistán, repartida entre los Estados de Turquía, Irán, Iraq y Siria.

curia. f. Conjunto de congregaciones y tribunales de la corte papal, que intervienen en el gobierno de la Iglesia católica. Tb. ~ *pontificia* o *romana.*

curioso, sa. adj. **1.** Que desea saber o averiguar cosas ajenas. *No seas tan curioso y métete en tus asuntos.* **2.** Que llama la atención o despierta interés

por su rareza o por sus peculiaridades. *El ornitorrinco es un animal curioso.* FAM **curiosear; curiosidad.**

curita. (Marca reg.: *Curitas*). f. Am. Tirita. *Llevar vendas, curitas y tela adhesiva* [C].

currículo. m. **1.** Plan de estudios. *¿Qué materias se incluyen en el currículo de secundaria?* **2.** Currículum vítae. FAM **curricular.**

currículum vítae. (loc. lat.; pronunc. "kurríkulum-bíte" o "kurríkulum-bítae"; pl. invar.). m. Relación de datos personales, formación académica, actividad profesional y méritos de una persona. *Los interesados en el puesto deben enviar su currículum vítae.* ▶ CURRÍCULO.

curry. (pal. ingl.; pronunc. "cúrri"). m. Condimento de color amarillo, originario de la India, que consiste en una mezcla de especias en forma de polvo. *Pollo al curry.* ¶ [Adaptación recomendada: *curri*, pl. *curris*].

cursar. tr. **1.** Estudiar (una materia, un curso o un ciclo de enseñanza). *Cursa tercer año de bachillerato.* **2.** Dar curso (a un documento). *Curse la solicitud dentro del plazo.*

cursi. (sup. **cursilísimo**). adj. despect. Que pretende ser elegante o refinado y resulta afectado o ridículo. *Lleva un vestido rosa un poco cursi.* FAM **cursilada; cursilería.**

cursiva. f. Letra cursiva (→ **letra**).

curso. m. **1.** Recorrido de una corriente de agua. *Seguiremos el curso del río.* **2.** Evolución o desarrollo de algo. *La enfermedad sigue su curso.* **3.** Período anual de clases establecido oficialmente en los centros de enseñanza. *El curso empieza en septiembre.* **4.** Período de actividad anual de ciertas instituciones. *Solemne apertura de curso en la Real Academia de la Historia.* **5.** Cada uno de los niveles en que se divide por cursos (→ 3) un ciclo de enseñanza. *Alumno de primer curso.* **6.** Conjunto de alumnos de un curso (→ 5). *Todo el curso participa.* **7.** Serie de clases sobre una o varias materias, organizadas como una unidad y de duración variable. *Asiste a un curso de portugués.* **8.** Libro sobre el estudio general de una materia. *Escribió un curso de lingüística.* **9.** Circulación o paso de unas personas a otras. *Monedas de curso legal.* ■ **dar ~** (a un documento). loc. v. Tramitar(lo) para que cumpla su función. *Dieron curso a mi reclamación.* ■ **en ~.** loc. adj. Dicho de mes o año: Corriente. *Los años terminarán en el año en curso.* FAM **cursillista; cursillo.**

cursor. m. *Inform.* Marca movible, frec. en forma de línea parpadeante o de flecha, que en la pantalla de un ordenador indica el punto donde se insertará un carácter nuevo o se realizará la siguiente operación.

curtiembre. f. Am. Taller o establecimiento donde se curten pieles de animales. *Los vapores de las curtiembres entoldaban el cielo* [C].

curtir. tr. **1.** Someter (la piel de un animal) a un tratamiento que (la) hace flexible y (la) prepara para que se pueda emplear en industrias diversas. *Curten pieles para artículos de marroquinería.* **2.** Endurecer y tostar el sol o el aire (la piel de una persona). *El aire de la montaña curte la piel.* **3.** Acostumbrar (a una persona) a sobrellevar daños o adversidades. *Los fracasos acaban por curtirnos.* **4.** Hacer que (una persona) pase a tener experiencia en algo, espec. en un trabajo. *Debía curtir a los jóvenes en la defensa personal.* ▶ **1:** ADOBAR. FAM **curtido** (*Curtido de pieles*); **curtido** (*Almacén de curtidos*); **curtidor, ra.**

curul. f. Am. Escaño (puesto de los parlamentarios). *Alcanzó una curul en la Asamblea Nacional Constituyente* [C]. ▶ *ESCAÑO.

curva. → curvo.

curvado, da. adj. De forma curva. *El loro tiene el pico curvado.* ▶ *CURVO.

curvar. tr. Doblar o torcer (algo) en forma curva. *El viento curva las ramas de los árboles.* ▶ ALABEAR, COMBAR.

curvilíneo, a. adj. Formado por una o más líneas curvas. *Alternan adornos rectilíneos y curvilíneos.*

curvo, va. adj. **1.** Dicho de línea: Que cambia de dirección sin formar ángulos y no es recta en ninguna de sus porciones. Tb. f. *La circunferencia es una curva cerrada.* **2.** Dicho de superficie: Que no es plana en ninguna de sus porciones. *La superficie de la lente es curva.* **3.** De la línea o superficie curvas (→ 1, 2). *La piscina tiene forma curva.* **4.** Dicho de cosa: Que tiene forma curva (→ 3). *Tiene unas cejas muy curvas.* ● f. **5.** Tramo curvo (→ 4) de algo como un camino o una carretera. *El coche derrapó en una curva.* ○ f. pl. **6.** coloq. Formas acentuadas de la silueta femenina. *Es una rubia con curvas.* ▶ **4:** ALABEADO, COMBO, CORVO, CURVADO. FAM curvatura.

cuscús. m. Plato típico magrebí, elaborado con sémola de trigo en grano, y servido con carne, pollo o verduras.

cúspide. f. **1.** Cumbre de una montaña. **2.** Punto más alto al que se puede llegar. *El magistrado llegó a la cúspide DE la judicatura.* **3.** Parte más alta de algo, rematada en punta. *La cúspide DE un rascacielos.* **4.** Mat. Punta de una pirámide o de un cono. Tb. fig. *El rey ocupaba la cúspide de la pirámide social.* ▶ 1-3: *CIMA. 4: VÉRTICE.

custodia. f. **1.** Hecho de custodiar. *Tienen a su cargo la custodia del palacio.* **2.** Rel. Pieza de oro, plata u otro metal, en que se expone el Santísimo Sacramento a la adoración de los fieles.

custodiar. (conjug. ANUNCIAR). tr. **1.** Tener cuidado (de algo) o vigilar(lo) para evitar que sea robado. *Los guardias custodian las joyas.* **2.** Vigilar (un lugar) para controlar los accesos (a él). *El centinela custodia el cuartel.* **3.** Vigilar (a alguien) para evitar que escape o para preservar su seguridad. *Dos policías custodiaban al testigo.* ▶ *VIGILAR.

cúter. m. Instrumento para cortar cartón, papel u otro material semejante, consistente en una cuchilla que se guarda dentro de su propio mango. *Para abrir el paquete utiliza un cúter.*

cutícula. f. Piel fina y delgada que rodea la base de las uñas. *La manicura reblandeció las cutículas con una crema.*

cutis. m. Piel de un ser humano, espec. la de la cara. *La esteticista le hizo una limpieza de cutis.* FAM cutáneo, a.

cutre. adj. **1.** coloq. Sucio, pobre o de mala calidad. *Nos fuimos a meter en el bar más cutre de la plaza.* **2.** coloq. Tacaño o miserable. *No seas tan cutre y cómprate ropa nueva.*

cuy. m. Am. Cobaya (roedor). *Los indígenas crían cuyes en sus casas* [C]. ▶ COBAYA.

cuyo, ya. adj. relat. El (*nombre*) del cual. *Tomó una medida cuyo efecto ignora.*

cuzqueño, ña. adj. Del Cuzco (Perú).

d. f. Letra del abecedario español cuyo nombre es *de*.

dable. adj. cult. Posible o factible. *Es dable concebir esperanzas*.

dacha. f. Casa de campo rusa.

dación. f. Der. Hecho o efecto de dar o entregar. *Algunos cuadros del museo proceden de daciones en pago*.

dactilar. adj. De los dedos. *Huellas dactilares.* ▶ DI-GITAL.

dadaísmo. m. Movimiento artístico y literario de vanguardia, surgido a principios del s. XX y caracterizado por la negación de los cánones estéticos establecidos y por la apertura hacia la expresión de la irracionalidad. *El dadaísmo sentará las bases del surrealismo.* FAM dadá; dadaísta.

dádiva. f. Cosa que se da gratuitamente. *Recibían generosas dádivas de su señor.* FAM dadivosidad; dadivoso, sa.

dado[1]. m. **1.** Pieza cúbica en cuyas caras hay señalados puntos, desde uno hasta seis, y que se utiliza en algunos juegos. *Lanzó el dado y sacó un seis.* **2.** Pieza u objeto con forma cúbica. *De aperitivo, pon unos dados de queso.*

dado[2], **da**. adj. **1.** Inclinado, o que tiene tendencia a algo. *No es muy dado A hacer deporte.* **2.** Determinado o concreto. *En un momento dado me desapareció la maleta.* ■ **dado que.** loc. conjunt. **1.** Puesto que. *Dado que hay un empate a votos, que decida el presidente.* **2.** Si, o siempre que. *Dado que sea verdad lo que dicen, el acusado sería culpable.*

dador, ra. adj. Que da. *Para ellos, Dios es dador de vida.*

daga. f. Arma blanca semejante a una espada pequeña, de hoja corta y gralm. con doble filo. *En su colección figuran dagas y puñales.*

daguerrotipia. f. Técnica fotográfica primitiva mediante la cual las imágenes recogidas con la cámara oscura se fijan en placas metálicas. FAM daguerrotipo.

daiquiri o **daiquirí**. (daiquirí, Am.). m. Cóctel preparado con ron, zumo de limón y azúcar. *No era ocasión de tomar un daiquiri* [C].

dalái lama. (Frec. en mayúsc.; pl. dalái lamas). m. Sumo sacerdote del lamaísmo, que ejerce como máximo dirigente espiritual y político del Tíbet (región asiática). *Los tibetanos creen que, al morir, el Dalái Lama se reencarna en un niño.*

dalia. f. Planta de hojas ovaladas y flores grandes de diversos colores y con muchos pétalos, que se cultiva como ornamental.

dálmata. adj. **1.** De Dalmacia (Croacia). *Costa dálmata.* ● m. **2.** Perro dálmata (→ perro). **3.** Antigua lengua hablada en Dalmacia. *Del latín derivaron lenguas hoy extintas, como el dálmata.*

dalmática. f. **1.** Rel. Vestidura sagrada que cubre el cuerpo por delante y por detrás, con una especie de mangas anchas y abiertas, y que usan los diáconos encima de otras vestiduras en las celebraciones litúrgicas. *En la sacristía hay casullas y dalmáticas.* **2.** Túnica abierta por los lados, con mangas anchas y cortas, usada antiguamente por guerreros y personajes de relevancia, y hoy por maceros y heraldos.

daltonismo. m. Defecto de la vista que consiste en no percibir determinados colores o en confundir algunos de ellos. *Padece daltonismo.* FAM daltoniano, na; daltónico, ca.

dama. f. **1.** Mujer noble o distinguida. *Es una gran dama, elegante y educada.* **2.** cult. Mujer adulta. *–Primero las damas –dijo, cediéndome el paso.* **3.** cult. Mujer amada. *El poeta nos describe la belleza de su dama.* **4.** Actriz que interpreta el papel principal en una obra de teatro. *Durante años fue la dama joven de la compañía.* **5.** histór. Mujer que acompañaba o servía a una reina, una princesa o una infanta. *Las damas vestían a la infanta.* **6.** En el ajedrez: Reina. **7.** Pieza que, en el juego de las damas (→ 8), por haber alcanzado la primera línea del contrario, se corona con otra pieza y puede correr toda la línea. *Necesito pocas jugadas para hacer dama.* ○ pl. **8.** Juego para dos jugadores que se practica sobre un tablero de 64 escaques, con doce fichas para cada jugador. *¿Echamos una partida de damas?* ■ **~ de honor.** f. Mujer, espec. joven, que acompaña a otra, protagonista de un acto público o una ceremonia. *Las damas de honor cuidan de la cola del vestido de la novia.* ■ **primera ~.** f. En algunos países: Esposa del presidente de Gobierno. *El presidente estadounidense vendrá con la primera dama.* ▶ **6:** REINA.

damajuana. f. Vasija gralm. de vidrio, abombada, de cuello estrecho y frec. protegida por un revestimiento, que se usa para contener líquidos. *Llevan una cesta con la merienda y una damajuana de vino.*

damasco. m. **1.** Tejido fuerte de seda o algodón, que forma dibujos y está hecho con hilos de un solo color. *El mobiliario está tapizado en damasco.* **2.** frecAm. Variedad de albaricoquero. *Había un damasco y una higuera* [C]. Tb. su fruto. *Compota de damascos* [C].

damasquinado. m. Trabajo de adorno que se realiza incrustando oro o plata en hierro u otro metal. *El damasquinado tiene mucha tradición en Toledo.* FAM damasquinar.

damero. m. **1.** Tablero del juego de damas. *Cada jugador coloca sus fichas en las casillas del damero.* **2.** Plano de una zona urbanizada constituido por cuadros o rectángulos. *El barrio configura un damero regular.* **3.** Pasatiempo parecido a un crucigrama, en cuyas casillas, una vez resuelto, se puede leer un texto. *Ha sacado el damero que viene en el periódico.*

damisela. f. Señorita distinguida. Frec. despect. *Ella, toda una damisela, tuvo que rebajarse a trabajar.*

damnificar. tr. Causar daño (a alguien o algo). Frec. en part. *En el incendio resultó damnificado un hotel.*

dandi. m. Hombre que se distingue por su extremada elegancia y buenos modales. *El dandi saludaba a las señoras con una inclinación.* FAM dandismo.

danés, sa. adj. **1.** De Dinamarca. *Corona danesa.* ● m. **2.** Lengua hablada en Dinamarca. **3.** Perro danés (→ **perro**).

dantesco, ca. adj. **1.** Del poeta italiano Dante (1265-1321) o con características semejantes a las de sus obras. *Obras dantescas.* **2.** Dicho de escena o situación: Que causa espanto o impresiona por su carácter terrible. *Imágenes dantescas.*

danzar. intr. **1.** Bailar, o ejecutar movimientos con el cuerpo, los brazos y los pies al compás de una pieza musical. *Las bailarinas danzan al compás de "El lago de los cisnes".* ○ tr. **2.** Bailar al compás (de una pieza musical). *Los novios danzaban un vals.* ▶ BAILAR. FAM danza; danzador, ra; danzante; danzarín, na.

danzón. m. Baile cubano de ritmo lento, semejante a la habanera.

daño. m. **1.** Efecto causado en alguien o en algo, y que supone una pérdida o un deterioro en su estado o en sus intereses. *La explosión causó daños en el edificio.* **2.** Dolor o molestia causados por algo o alguien. *Los zapatos me hacen daño.* ■ ~s y perjuicios. m. pl. Daños (→ 1) por los que se tiene derecho a exigir una compensación. *Han demandado al periódico por daños y perjuicios.* ▶ 1: *PERJUICIO. FAM dañar; dañino, na; dañoso, sa.

dar. (conjug. DAR). tr. **1.** Hacer que alguien o algo pasen a tener (una cosa). *Dame la llave inglesa. Le han dado una semana para pensarlo.* **2.** Producir (algo) como fruto o resultado. *Leer sin gafas le da dolor de cabeza.* **3.** Ofrecer al público (un espectáculo, una película o un programa). *Hoy dan una película muy buena en la televisión.* **4.** Exponer (algo) para que sea conocido. *No des tu opinión si no te la piden.* **5.** Repartir (las cartas) a los jugadores. *Te toca a ti dar las cartas.* **6.** Extender (una sustancia) sobre algo, o poner(la) de modo que quede adherida a ello o lo impregne. *Deja que te dé pomada en la picadura.* **7.** Soltar (algo), o desprender(lo) de sí. *El ajo le da un sabor fuerte.* **8.** Decir o expresar (algo). *Dio el pésame a la viuda.* **9.** Seguido de un nombre: Realizar (la acción designada por él). *No quiso darle un beso.* **10.** Causar o provocar (una determinada sensación o emoción). *Ese olor me da asco.* **11.** Accionar el mecanismo que hace fluir (algo, como la luz, el agua o el gas), o ponerlo en funcionamiento. *La lavadora no funcionará hasta que no des el agua.* **12.** Marcar un reloj (una determinada hora) haciendo sonar las campanadas correspondientes. *El reloj del ayuntamiento dio las once.* **13.** Hacer que (un período de tiempo) transcurra de manera desagradable para alguien. *¡El niño nos ha dado una noche!, no ha parado de llorar.* **14.** Ofrecer (algo) a los asistentes con motivo de alguna celebración. *Dieron un banquete para doscientas personas.* **15.** Seguido de *por* y un adjetivo o participio: Declarar o considerar (algo o a alguien) lo expresado por ese adjetivo o participio. *Lo dieron por muerto.* ○ intr. **16.** Seguido de un complemento introducido por *de* que expresa un golpe o daño: Hacer sufrir a alguien lo expresado. *Se le echó encima y le dio de puñaladas.* **17.** Se usa en constr. como *da igual*, *da lo mismo* o *tanto da* para expresar que algo es indiferente. *Me da igual lo que diga.* **18.** Aparecer una sensación o emoción en alguien. *Cuando se enteró, casi le dio un síncope.* **19.** Seguido de un complemento introducido por *con*: Encontrar a la persona o cosa designadas por él. *No conseguía dar con la solución.* **20.** Chocar o golpear contra algo. *La moto derrapó y fue a dar CONTRA la valla.* Tb. prnl. **21.** Seguido de un complemento introducido por *a*: Estar algo orientado hacia la parte designada. *La fachada de la casa da al norte.* **22.** Llegar algo, como los rayos del sol, la luz o el viento a una cosa, o incidir en ella. *El resplandor me dio EN los ojos.* **23.** Seguido de adverbios como *bien* o *mal*: Resultar o quedar alguien de la manera indicada. *Das muy bien EN televisión.* **24.** Seguido de un complemento introducido por *a*: Realizar con la cosa designada por él la acción que le corresponde. *Le da demasiado al vino.* **25.** cult. Seguido de *en* y un infinitivo: Empezar a hacer lo expresado. *Quién sabe cómo dio en pensar aquel despropósito.* **26.** cult. Hacer caer al suelo. *El caballo dio con él EN tierra.* **27.** coloq. Seguido de una oración introducida por *que*: Tener el presentimiento de lo expresado por ella. *Me da que no va a salir bien.* **28.** coloq. Seguido de un complemento introducido por *a*: Accionar o poner en funcionamiento lo expresado por él. *Dale al botón para que venga la enfermera.* ○ intr. prnl. **29.** Suceder algo, o hacerse realidad. *También puede darse el caso de que el negocio sea ilegal.* **30.** Seguido de un complemento introducido por *a*: Dedicarse con fuerte interés a la actividad designada por él. *Se dio a la pintura desde niño.* **31.** Seguido del adverbio *bien* (o *mal*) u otro equivalente: Tener aptitud (o no tenerla) para tratar o manejar algo o a alguien. *Se te da bien improvisar discursos.* ○ intr. impers. **32.** Seguido de un complemento introducido con *por*: Pasar a ser la persona o cosa designadas por él el interés principal para alguien. *Le ha dado por coleccionar sellos.* ■ **dale que dale.** expr. coloq. Se usa para expresar la repetición de una acción. *Y yo aquí solo, dale que dale, sin parar de trabajar.* ■ ~ **a conocer** (algo o a alguien). loc. v. Hacer que sean conocidas esa persona o cosa. *Se dieron a conocer en un programa de radio.* ■ ~ **a entender** (algo). loc. v. Decir(lo) de manera indirecta o poco clara. *Dio a entender que no estaba contento en la empresa.* ■ ~ **de comer** (a alguien). loc. v. Proporcionar(le) alimento. *Le daban de comer con una sonda.* ■ ~ **de sí.** loc. v. Tener rendimiento. *Su cabeza no da más de sí.* ■ ~ **de sí** una prenda. loc. v. Hacerse mayor alargándose o ensanchándose como consecuencia del uso. *Este gorro ha dado de sí.* ■ **dársela** (a alguien). loc. v. coloq. Engañar(lo). *A mí no me la das con esa cara de mosquita muerta.* ■ **dárselas** alguien (de algo). loc. v. coloq. Presumir (de ello). *No te las des de experto conmigo.* ■ **y dale.** expr. coloq. Se usa para criticar la insistencia de una persona en algo. *¡Y dale!, te he dicho que no quiero hablar de eso.*

dardo. m. **1.** Arma arrojadiza, pequeña y delgada, que se lanza con la mano o con una cerbatana. *Clavó el dardo en la diana.* **2.** cult. Dicho satírico o malintencionado. *En su discurso lanzó dardos al presidente.*

dársena. f. Parte de un puerto resguardada artificialmente y preparada para la carga y descarga de embarcaciones. *En la dársena ha atracado un carguero.*

darwinismo. m. Teoría biológica de Charles Darwin (naturalista británico, 1809-1882), según la cual las especies evolucionan mediante un proceso de selección natural de los individuos. FAM **darwiniano, na; darwinista.**

data. f. **1.** Indicación del lugar y tiempo en que se hace o sucede algo, espec. la que se pone al principio o final de un documento. *Bajo la firma figura la data: "Santiago, a 22 de febrero de 1900".* **2.** Fecha (tiempo en que se hace o sucede algo). *En la fachada del edificio está grabada la data de su construcción: 1715.* ▶ FECHA.

datar. tr. **1.** Determinar la fecha (de algo). *Aún no han datado los fósiles.* **2.** Poner la fecha (a algo, espec.

un documento). *No olvides datar el escrito.* ○ intr. **3.** Tener una cosa su principio en el tiempo que se indica. *La catedral data DEL siglo XVII.* ▶ **1, 2:** FECHAR. FAM datación.

dátil. m. Fruto de la palmera, de forma alargada, color marrón y carne dulce comestible.

datilera. f. Palmera que produce dátiles.

dato. m. **1.** Información necesaria y que sirve de fundamento para llegar al conocimiento exacto de algo. *Rellene el impreso con sus datos personales.* **2.** *Inform.* Información codificada de manera adecuada para que pueda ser tratada por un ordenador. *En el disco duro se almacenan gran cantidad de datos.*

DDT. (sigla; pronunc. "de-de-te"). m. Sustancia tóxica para los animales, usada como insecticida. *Antes fumigaban las plantas con DDT.*

de¹. f. Letra *d.*

de². prep. **1.** Introduce un complemento que expresa posesión o correspondencia. *Se me ha pinchado una rueda de la bicicleta. El enfado de tu compañera no está justificado.* **2.** Introduce un complemento que expresa el origen o la procedencia de una persona o cosa. *Vengo de su casa y no hay nadie.* **3.** Introduce un complemento que expresa la materia de que está hecho algo. *Le regaló un anillo de diamantes. Usa sombrero de paja.* **4.** Introduce un complemento que expresa el contenido de algo. *Descorchó una botella de champán.* **5.** Introduce un complemento que expresa asunto o materia. *Es una película de terror.* **6.** Introduce un complemento que expresa la parte o el aspecto a los que se refiere lo expresado antes. *Era muy morena de piel. Anda mal de salud.* **7.** Introduce el complemento agente de una oración pasiva. *El equipo está formado de chicos y chicas.* **8.** Introduce un complemento que expresa causa. *Lloraba de alegría.* **9.** Introduce un complemento que expresa modo o manera. *Suelo dormir de un tirón.* **10.** Introduce un complemento que expresa medio o instrumento. *Encendimos la estufa de gas.* **11.** Introduce un complemento que expresa finalidad. *Utiliza las tijeras de podar para recortar el seto.* **12.** Introduce un complemento que expresa una cualidad o una actividad características de una persona o cosa. *Ponte las gafas de sol. Es una persona de reacciones viscerales.* **13.** Introduce un complemento que indica el límite inicial en un intervalo de tiempo o espacio. *Cierran del quince de julio al quince de agosto.* **14.** Precede a un nombre propio que especifica a qué persona o cosa se refiere el nombre anterior. *Vive en el departamento de Cundinamarca.* **15.** Precede, expresando condición, a un verbo en infinitivo. *Te habrían despedido, de no ser por él.* **16.** Precede a un nombre que designa la persona o cosa a las que se atribuye la cualidad o condición expresadas antes. *No me hables del imbécil de Alfredo.* **17.** Introduce un complemento que designa el todo del que se considera la parte indicada antes. *Ha sobrado un poco de tarta.* **18.** Introduce un complemento que expresa el término de comparación. *Comí más de lo debido.* **19.** Forma parte de varias locuciones y construcciones adverbiales que indican modo o manera, o tiempo. *Entró de puntillas. Se ha hecho de noche.* **20.** Se usa para formar locuciones prepositivas como *a diferencia de* o *con respecto de.*

de-. pref. Significa 'acción opuesta o inversa' (*defragmentar, demodulador*), o 'privación o eliminación' (*defoliar, demineralización*).

deambular. intr. Andar o ir de un lado a otro sin dirección determinada. *Deambulamos POR la ciudad hasta tarde.* FAM deambulación.

deambulatorio. m. *Arq.* En una catedral u otra iglesia: Pasillo transitable que rodea la parte trasera del altar mayor y da acceso a pequeñas capillas.

deán. m. Canónigo de una catedral que preside el cabildo en ausencia del obispo. *Concelebrarán la misa el obispo y el deán de la catedral.*

debacle. f. Desastre o catástrofe. *Toda guerra es una debacle.* ▶ *CATÁSTROFE.

debajo. adv. **1.** En posición o lugar inferior, o más bajo, respecto de algo que está en la misma vertical. *Nos sentamos debajo DE un castaño.* **2.** En una situación inferior en cantidad, calidad o categoría. *Debajo DEL presidente está el consejo de administración.* **3.** De forma que quede cubierto o tapado por algo. *Debajo DEL abrigo se puso una bufanda.* ■ **por ~ de.** loc. prepos. Sin llegar al límite de. Se usa seguido de una expresión de cantidad. *Han anunciado nieve por debajo de los mil metros.*

debatir. tr. **1.** Discutir (un tema) dos o más personas con opiniones diferentes. *Mañana debatirán la proposición de ley.* ○ intr. prnl. **2.** Luchar. *Se debate entre la vida y la muerte.* ▶ **1:** DISCUTIR. FAM debate.

debe. m. En una cuenta corriente: Columna en que se apuntan las cantidades que se cargan al titular. *Anota el pago en el debe y el ingreso en el haber.*

debelar. tr. cult. Vencer o someter (a un enemigo) por la fuerza de las armas. *Los militares demócratas debelaron a los insurrectos.* FAM debelación; debelador, ra.

deber. aux. **1.** Seguido de un infinitivo, expresa necesidad u obligación de hacer lo expresado por él. *¿Crees que debo exigir una indemnización?* **2.** Seguido de *de* y un infinitivo, expresa probabilidad o suposición. *Deben de ser las cinco.* ○ tr. **3.** Tener la obligación de pagar (algo, espec. una cantidad de dinero). *Cuando cobre, te daré lo que te debo.* **4.** Estar obligado a dar a alguien (algo inmaterial, espec. de carácter moral). *Le debes respeto y cariño.* **5.** Tener que estar agradecido (por algo) a una persona o a una cosa. *Les debe la vida a los cirujanos que lo operaron.* **6.** Estar (algo) motivado o causado por una persona o cosa. *El pueblo debe su nombre a un santo.* ○ intr. prnl. **7.** Tener a una persona o una cosa como objeto de especial interés y dedicación. *Se debe por entero A su profesión.* **8.** Ser una cosa consecuencia de otra. Se usa en part., o en las constr. *ser debido, o deberse, a* algo. *Mi mal humor se debe A que hoy todo me sale mal. La fiebre es debida A la infección.* ● m. **9.** Cosa que se tiene la obligación de hacer. *Todos tenemos derechos y deberes.* ○ pl. **10.** Ejercicios que se encargan al alumno para hacer fuera de clase, como complemento de lo aprendido en clase. *No saldrás a jugar hasta que no hagas los deberes.* ▶ **3:** ADEUDAR.

debido. **como es ~.** loc. adv. Según lo que debe hacerse. *Compórtate como es debido.* ■ **~ a.** loc. prepos. A causa de. *Se fue la luz debido a la tormenta.*

débil. adj. **1.** Que tiene poca fuerza o resistencia. *La enfermedad la dejó muy débil.* **2.** Que se deja dominar o que cede fácilmente ante alguien o algo. *Si eres débil, se aprovecharán de ti.* **3.** Poco intenso. *Sopla una débil brisa.* **4.** Poco poderoso. *Los países fuertes avasallan a los débiles.* **5.** Dicho de una moneda o de una divisa: Que internacionalmente no

debilitar - decimal

inspira confianza. *La peseta era entonces una moneda débil.* ▶ **1:** DELICADO, DESMADEJADO, ENCLENQUE, ENDEBLE, FLOJO, FRÁGIL. FAM **debilidad.**

debilitar. tr. Volver débil o más débil (algo o a alguien). *La enfermedad lo ha debilitado.* ▶ DEPAUPERAR, ENERVAR. FAM **debilitación; debilitamiento.**

débito. m. **1.** cult. Deuda (obligación de pagar, u obligación moral). **2.** cult. Obligación que tienen los cónyuges en el matrimonio canónico de unirse sexualmente para engendrar hijos. *La noche de bodas cumplieron con el débito conyugal.*

debut. (pl. **debuts**). m. **1.** Presentación en público por primera vez de un artista o de un espectáculo. *Hará su debut como solista en el Auditorio Nacional.* **2.** Comienzo o primera actuación de alguien en una actividad. *En su debut marcó dos goles.* FAM **debutante; debutar.**

deca-. elem. compos. Significa 'diez'. *Decaedro.* Se une a. n. de unidades de medida para designar el múltiplo correspondiente (Símb. *da*). *Decalitro, decagramo.*

década. f. **1.** Decenio. *En 2015, el festival cumplirá una década.* **2.** Cada uno de los decenios en que se divide un siglo. *En la segunda década del siglo XX estalla la guerra.*

decadencia. f. Hecho o efecto de decaer. *El libro narra la decadencia de una familia aristocrática.* ▶ DECAIMIENTO, DECLIVE. FAM **decadente.**

decadentismo. m. Tendencia artística y literaria surgida a finales del s. XIX y caracterizada por un afectado refinamiento formal y por un sentimiento de nostalgia hacia formas de vida que se van perdiendo. FAM **decadentista.**

decaer. (conjug. CAER). intr. Perder una persona o cosa fuerza, bondad, importancia o valor. *La obra decae en el último acto.* ▶ DECLINAR. FAM **decaimiento.**

decágono. m. *Mat.* Polígono de diez ángulos y diez lados. *Calcula el área de este decágono.*

decaído, da. adj. Débil físicamente o desanimado. *Está muy decaída porque no tiene trabajo.*

decalcificar. tr. *Med.* y *Quím.* Descalcificar (algo). FAM **decalcificación.**

decálogo. m. **1.** Conjunto de los diez mandamientos de la ley de Dios. *El cristiano debe cumplir los preceptos del Decálogo.* **2.** Conjunto de normas o consejos básicos para algo, espec. si son diez. *Decálogo sobre prevención del cáncer.*

decano, na. m. y f. **1.** Miembro más antiguo de una colectividad. *El decano de los embajadores extranjeros.* **2.** Persona que tiene la máxima autoridad en una facultad universitaria. *Asistirán al acto el rector y el decano de la Facultad.* **3.** Persona que preside una corporación de profesionales. *Fue decana del Colegio de Abogados.* FAM **decanato.**

decantar. tr. **1.** Separar (un líquido) del poso que contiene, vertiéndo(lo) suavemente en otro recipiente. *Decanta con cuidado el vino en una jarra.* O intr. prnl. **2.** Inclinarse o tomar partido por alguien o algo. *Se ha decantado POR uno de los candidatos.* FAM **decantación.**

decapitar. tr. Cortar la cabeza (a alguien). *El asesino decapitó a sus víctimas.* ▶ DESCABEZAR. FAM **decapitación.**

decápodo. adj. **1.** *Zool.* Del grupo de los decápodos (→ 2, 3). • m. **2.** *Zool.* Crustáceo que tiene diez patas, como la langosta. **3.** *Zool.* Cefalópodo que tiene diez tentáculos provistos de ventosas, dos de los cuales son más largos que los demás, como el calamar.

decasílabo, ba. adj. *Lit.* Dicho de verso: De diez sílabas.

decatlón. m. *Dep.* Prueba combinada de diez disciplinas atléticas que debe realizar un mismo atleta. FAM **decatleta.**

deceleración. f. Desaceleración.

decena. f. Conjunto de diez unidades. *En clase de inglés somos una decena de alumnos.*

decenio. m. Tiempo de diez años. *En el decenio 1895-1905 los acontecimientos se precipitan.* ▶ DÉCADA. FAM **decenal.**

decente. adj. **1.** Honrado, o que actúa conforme a las normas morales o legales establecidas. *No aceptará el negocio sucio: es una persona muy decente.* **2.** De costumbres sexuales moralmente aceptadas. *Me dijo que una chica decente no vuelve a casa tarde.* **3.** Limpio y aseado, aunque sin lujo. *Arréglate para ir decente a la entrevista.* **4.** De calidad o importancia suficientes, pero no excesivas. *Un sueldo muy decente.* ▶ **1:** *HONRADO.* **2:** CASTO, DECOROSO, HONESTO, PÚDICO, PUDOROSO, RECATADO. FAM **decencia.**

decepción. f. Sentimiento de pesar o tristeza que experimenta alguien al descubrir que una persona o cosa no son como esperaba. *Se llevará una decepción si no la seleccionan.* ▶ *DESILUSIÓN.* FAM **decepcionante; decepcionar.**

deceso. m. cult. Muerte natural de una persona. *El deceso del finado tuvo lugar de madrugada.*

dechado. m. Ejemplo o modelo. *No eres un dechado DE hermosura.*

deci-. elem. compos. Significa 'décima parte'. Se une a n. de unidades de medida para designar el submúltiplo correspondiente (Símb. *d*). *Deciárea, decigramo.*

decibel. m. frecAm. *Fís.* Decibelio. 60 *decibeles* [C].

decibelio. m. *Fís.* Unidad de intensidad sonora (Símb. *dB*). *Un ruido de más de 85 decibelios puede causar pérdidas auditivas.* ▶ frecAm: DECIBEL.

decible. → decir.

decididamente. adv. De manera decidida. *No te acobardes, actúa decididamente.* Se usa frec. para presentar lo que se dice como una conclusión o resolución. *Decididamente, el espectáculo ha sido un fracaso.*

decidido, da. adj. Que no duda y muestra seguridad al actuar. *Chica decidida.*

decidir. tr. **1.** Formar la idea o el propósito firme (de hacer algo), espec. tras haber reflexionado. *Ha decidido estudiar Biología.* **2.** Hacer que (alguien) forme la idea o el propósito firme de hacer algo. *La bajada de los intereses fue lo que nos decidió A comprar la casa.* **3.** Resolver o hacer que se solucione completamente (algo dudoso). *La última canasta decidió el encuentro.* O intr. prnl. **4.** Formar la idea o el propósito firme de hacer algo, espec. tras haber reflexionado. *Se han decidido A casarse.* ▶ **1:** DETERMINAR, RESOLVER. **2:** DETERMINAR. **3, 4:** RESOLVER. FAM **decisión; decisivo, va; decisorio, ria.**

decidor, ra. adj. Que habla con facilidad y gracia. *Es un andaluz alegre y decidor.*

decilitro. m. Unidad de capacidad para líquidos que equivale a la décima parte de un litro (Símb. *dl*). *Añada dos decilitros de vino blanco.*

decimal. adj. **1.** Dicho espec. de sistema de numeración: Que tiene como base el número 10. • m. **2.** Cada una de las cifras que aparece en la parte decimal (→ **parte**) de un número. *El resultado es un número con dos decimales.*

decímetro. m. Unidad de longitud que equivale a la décima parte de un metro (Símb. *dm*). *Corte una tira de tela de un decímetro de ancho.*

décimo, ma. adj. **1.** → APÉND. NUM. **2.** Dicho de parte: Que es una de las diez iguales en que puede dividirse un todo. *Una décima parte de los beneficios se reinvertirá.* ● m. **3.** Décima (→ 2) parte de un billete de lotería. *He comprado un décimo para el sorteo de Navidad.* ○ f. **4.** Décima (→ 2) parte de un grado del termómetro clínico. *No fue al colegio porque tenía unas décimas.* **5.** Lit. Estrofa de diez versos octosílabos que riman en consonante 1° con 4° y 5°; 2° con 3°; 6° con 7° y 10°, y 8° con 9°. *Una décima de Calderón.*

decimoctavo, va; decimocuarto, ta. → APÉND. NUM.

decimonónico, ca. adj. **1.** Del siglo XIX. *Pintura decimonónica.* **2.** despect. Anticuado o pasado de moda. *Sus ideas decimonónicas están desfasadas.*

decimonoveno, na; decimoquinto, ta; decimoséptimo, ma; decimosexto, ta; decimotercero, ra. → APÉND. NUM.

decir. (conjug. DECIR). tr. **1.** Expresar (algo) mediante el lenguaje oral o escrito. *No sabe cómo decírselo. Él dice que no, pero creo que está asustado.* **2.** Expresar o dar a entender (algo) mediante gestos o indicios. *Dijo que no moviendo la cabeza. Su cara lo dice todo.* **3.** Expresar (una opinión). *¿Qué dices tú al respecto, Luis?* **4.** Expresar (algo) un texto escrito. *El artículo dice que han descubierto un nuevo dinosaurio.* **5.** Llamar (a alguien o algo) con un determinado nombre. *¿Cómo le decís aquí al cerdo?* ○ intr. **6.** coloq. Armonizar una cosa con otra. *Esas gafas dicen bien* CON *tu cara.* ● m. **7.** Dicho (palabra o frase habitual para expresar un concepto). *Según el decir de sus paisanos, secreto de tres, secreto no es.* ■ **como aquel que dice, o como quien dice, o como si dijéramos, o por decirlo así, o digamos.** expr. coloq. Se usa para indicar que la palabra o frase a las que acompaña se emplean en un sentido aproximado. *La propina va, por decirlo así, incluida en el precio.* ■ **cualquiera lo diría, o quién lo diría.** expr. Se usa para expresar extrañeza por la falta de lógica entre lo expuesto por alguien y la realidad. *–Me ha contado que anda mal de dinero. –Cualquiera lo diría con los viajes que hace.* ■ **dicho y hecho.** expr. coloq. Se usa para expresar la prontitud o la rapidez con que se hace algo. *Decidimos ir a Londres, y, dicho y hecho, esa tarde sacamos los billetes.* ■ **digamos.** → **como aquel que dice.** ■ **di que.** expr. coloq. Se usa para introducir una proposición que expresa la causa de que no se cumpla lo que se expone a continuación. *Di que yo soy una persona muy tranquila, que, si no, me lío a golpes.* ■ **es ~.** → ser. ■ **es mucho ~.** expr. coloq. Se usa para refutar o matizar lo expuesto anteriormente. *Eso de que fueran amigas íntimas, es mucho decir.* ■ **es un ~.** expr. Se usa para indicar que la palabra o frase a las que acompaña se emplean en un sentido aproximado. *La bañista iba vestida, es un decir, con un biquini rojo.* ■ **he dicho.** expr. cult. Se usa para indicar que se ha terminado un discurso. *Acabó su exposición con un solemne "He dicho".* ■ **ni que ~ tiene.** expr. Se usa para enfatizar el carácter claro y evidente de lo expuesto antes o de lo que se expone a continuación. *Ni que decir tiene que puedes contar conmigo.* ■ **no ~ nada** algo (a alguien). loc. v. coloq. No tener interés (para esa persona). *El boxeo no me dice nada.* ■ **no digamos.** expr. coloq. Se usa para enfatizar el grado superior en que se dan una cualidad o una circunstancia en una persona o una cosa, en comparación con otras mencionadas antes. *Este abrigo es carísimo, y el otro, no digamos.* ■ **no me diga(s), o qué me dices.** expr. coloq. Se usa para expresar sorpresa o contrariedad ante lo que acaba de exponerse. *–Se ha fugado con dinero de la empresa. –¡No me digas!* ■ **por ~lo así.** → **como aquel que dice.** ■ **que digamos.** expr. coloq. Precedida de una oración en forma negativa, se usa para enfatizar la negación. *Su hijo tampoco es un angelito que digamos.* ■ **que se dice pronto.** expr. coloq. Se usa para enfatizar la importancia o la dificultad de un hecho por contraste con lo fácil que resulta mencionarlo. *Ha escalado cuatro veces el Everest, que se dice pronto.* ■ **que ya es ~.** expr. coloq. Se usa para enfatizar la cantidad o la naturaleza de lo expresado anteriormente. *Tiene una biblioteca de 50 000 volúmenes, que ya es decir.* ■ **quién lo diría.** → **cualquiera lo diría.** ■ **y que lo digas.** expr. coloq. Se usa para expresar conformidad o acuerdo con lo que se acaba de oír. *–Hace un frío que pela. –Y que lo digas.* ▶ **7:** DICHO. FAM decible.

decisión; decisivo, va; decisorio, ria → decidir.

declamar. tr. **1.** Recitar en voz alta y con entonación (algo, espec. un texto literario). *El poeta declamará versos de su libro.* ○ intr. **2.** Hablar en público, espec. con apasionamiento. *El líder declama ante la multitud.* FAM declamación; declamatorio, ria.

declarado, da. adj. Claro o manifiesto. *Es un declarado partidario de la reforma.*

declarar. tr. **1.** Dar a conocer (algo, espec. desconocido). *La actriz ha declarado su intención de casarse.* **2.** Manifestar o dar a conocer que (alguien o algo) es de una determinada manera o está en una determinada circunstancia. *El juez lo declaró culpable. Declararon el edificio en ruina.* **3.** Dar a conocer una persona a la autoridad u organismo competente (bienes sujetos a pago de impuestos). *Declara a Hacienda todos sus ingresos.* **4.** Decir una persona (algo) ante un juez o un tribunal o ante la autoridad competente. *El testigo declaró que no conocía a la víctima.* ○ intr. prnl. **5.** Manifestar una persona su amor a otra. *Su amigo se le ha declarado.* **6.** Empezar a manifestarse un determinado fenómeno. *El incendio se declaró a las cuatro.* ▶ **1:** MANIFESTAR. FAM declarable; declaración; declarante; declarativo, va.

declinación. f. **1.** Hecho de declinar. *La declinación de un imperio.* **2.** Gram. En algunas lenguas: Conjunto de las formas que pueden presentar determinadas palabras según su función sintáctica. *En griego clásico, la declinación constaba de cinco casos.* **3.** Gram. Cada uno de los grupos en que se clasifican las palabras según su declinación (→ 2). *En el examen de alemán nos han preguntado las declinaciones.*

declinar. intr. **1.** Decaer, o perder fuerza o importancia. *Su carrera deportiva ha empezado a declinar.* **2.** Aproximarse algo, espec. el día, a su fin. *Salen al declinar el día.* ○ tr. **3.** Rechazar cortésmente (algo, espec. una invitación). *Le propuse venir, pero declinó mi oferta.* **4.** Gram. Enunciar o formar la declinación (de una palabra). *Estamos aprendiendo a declinar los adjetivos.* ▶ **1:** DECAER. FAM declinante.

declive. m. **1.** Pendiente o inclinación del terreno o de otra superficie. *El cerro presenta un pronunciado declive.* **2.** Hecho o efecto de declinar o decaer. *El declive de antiguas civilizaciones.* ▶ **1:** PENDIENTE. **2:** *DECADENCIA.

decodificar. tr. Descodificar (un mensaje codificado). *El espía decodificó el mensaje en clave.* ▶ DESCODIFICAR. FAM decodificación; decodificador, ra.

decolorar. tr. Quitar el color (a algo). *La lejía decolora la ropa.* FAM **decoloración; decolorante.**

decomisar. tr. Quitar una autoridad (los bienes) a su propietario para poner(los) a disposición de la hacienda pública. *La policía ha decomisado varios kilos de hachís.* FAM **decomiso.**

deconstruir. (conjug. CONSTRUIR). tr. cult. Desmontar (un concepto o una construcción intelectual) por medio de su análisis. *El ensayista se propone deconstruir el concepto de modernidad.* FAM **deconstrucción.**

decorado. m. **1.** Conjunto de elementos que recrean un lugar o un ambiente en una representación teatral o en un rodaje cinematográfico. *Los alumnos han pintado el decorado de la obra.* **2.** Hecho de decorar. *Para el decorado del local contrataré a un interiorista.* ▶ DECORACIÓN.

decorar. tr. **1.** Dotar (a algo, espec. a un lugar) de determinados elementos destinados a embellecer(lo). *La vivienda está decorada con gusto.* **2.** Servir una cosa de adorno (a algo). *Unas figuras de porcelana decoran el mueble.* FAM **decoración; decorador, ra; decorativismo; decorativista; decorativo, va.**

decoro. m. **1.** Dignidad de una persona, respecto a su comportamiento, aspecto o calidad de vida. *Viste sin lujo, pero con decoro.* **2.** Respeto a determinadas normas sociales establecidas, espec. en lo relativo a moral sexual. *Perdieron el decoro y se lanzaron desnudos a la piscina.* FAM **decoroso, sa.**

decrecer. (conjug. AGRADECER). intr. Disminuir o hacerse menor. *Decrece el número de víctimas en accidentes.* ▶ *DISMINUIR. FAM **decreciente; decrecimiento.**

decremento. m. *tecn.* Disminución.

decrépito, ta. adj. **1.** Dicho de persona: Que tiene las facultades físicas muy disminuidas por causa de la vejez. *El abuelo era un hombre decrépito.* **2.** Dicho de cosa: Que está muy vieja o en fase de decadencia. *Un decrépito caserón. Instituciones decrépitas.* FAM **decrepitud.**

decrescendo. (pal. it.; pronunc. "dekreshéndo"). m. *Mús.* Disminución gradual de la intensidad del sonido.

decretar. tr. Decidir o resolver (algo) una autoridad competente. *El Ayuntamiento decreta tres días de luto.*

decreto. m. Disposición o resolución dictada por una autoridad en asuntos de su competencia. *El decreto prohíbe la venta de alcohol a menores.* ■ ~ **ley.** (pl. **decretos leyes**). m. Disposición con carácter de ley, dictada excepcionalmente por el poder ejecutivo sin haberla sometido al órgano legislativo adecuado. *En el decreto ley se autoriza el trasvase.*

decúbito. m. cult. o *Med.* Posición del cuerpo de una persona o de un animal cuando están tendidos horizontalmente. *Está postrado en cama y presenta llagas por decúbito.* ■ ~ **prono.** m. cult. Decúbito en que el cuerpo descansa sobre el pecho y el vientre. ■ ~ **supino.** m. cult. Decúbito en que el cuerpo descansa sobre la espalda.

decurso. m. cult. Transcurso.

dedal. m. Utensilio de costura, ligeramente cónico, hueco y frec. de metal, que se pone en la punta del dedo que empuja la aguja para protegerlo.

dédalo. m. cult. Laberinto (lugar, o cosa).

dedazo. m. Am. Designación por el poder ejecutivo de un candidato a un puesto público, de forma arbitraria. *Descartó el dedazo presidencial en la designación del rector* [C].

dedicación. f. Hecho de dedicar o dedicarse. *El premio reconoce su dedicación AL estudio del cáncer.* ■ ~ **exclusiva.** f. Dedicación de toda la jornada laboral a un solo trabajo, con exclusión de cualquier otro. *Cobra un plus por dedicación exclusiva.*

dedicar. tr. **1.** Destinar (algo) para un determinado fin. *Dedica la mañana A limpiar la casa.* **2.** Destinar o consagrar (un templo o altar) al culto de una divinidad o de un santo. *La iglesia está dedicada a San Pancracio.* **3.** Ofrecer (algo, espec. una obra literaria o artística) a alguien en señal de afecto o agradecimiento. *El director dedica la película a su madre.* ○ intr. prnl. **4.** Tener una persona algo como actividad o profesión. *Se dedica A la enseñanza.*

dedicatoria. f. Texto con que se dedica algo a alguien. *En el libro hay escrita una dedicatoria del autor a sus padres.*

dedillo. al ~. loc. adv. coloq. Muy bien y con todo detalle. *Se sabe la lección al dedillo.*

dedo. m. **1.** Cada una de las cinco prolongaciones articuladas en que terminan la mano y el pie de las personas y, en el mismo o menor número, de muchos animales. *Pulsó con el dedo el botón del mando.* **2.** Medida que equivale aproximadamente a la anchura de un dedo (→ 1) de la mano. *El tablero mide un dedo de grueso.* ■ ~ **anular.** m. Dedo (→ 1) cuarto de la mano, menor que el de en medio y mayor que los demás. ⇒ ANULAR. ■ ~ **(del) corazón, o de en medio.** m. Dedo (→ 1) central y más largo de la mano. ⇒ CORAZÓN. ■ ~ **gordo.** m. Dedo (→ 1) primero y más grueso de la mano y del pie. ■ ~ **índice.** m. Dedo (→ 1) segundo de la mano, que suele usarse para señalar. ⇒ ÍNDICE. ■ ~ **meñique.** m. Dedo (→ 1) quinto y más pequeño de la mano y del pie. ⇒ MEÑIQUE. ■ ~ **pulgar.** m. Dedo (→ 1) primero y más grueso de la mano. ⇒ PULGAR. □ **a ~.** loc. adv. **1.** coloq. Mediante designación personal, o de forma arbitraria. *El sucesor ha sido nombrado a dedo.* **2.** coloq. Utilizando el sistema del autoestop. *Tuvo que regresar a dedo.* ■ **chuparse el ~.** loc. v. coloq. Ser ingenuo o no enterarse de lo ocurre. *Se cree que me chupo el dedo, pero lo conozco bien.* ■ **contarse** personas o cosas **con los ~s de la mano.** loc. v. coloq. Ser muy escasas. *Los nuestros se contaban con los dedos de la mano.* ■ **de chuparse los ~s.** → **para chuparse los dedos.** ■ **dos ~s de frente.** loc. s. coloq. Un mínimo de lucidez. *Alguien con dos dedos de frente no hace una cosa así.* ■ **hacer ~.** loc. v. coloq. Viajar utilizando el sistema del autoestop. *Hice dedo hasta Córdoba.* ■ **no mover un ~** (por alguien o algo). loc. v. coloq. No actuar en favor de esa persona o cosa). *Si te portas mal, no moverán un dedo POR ti.* ■ **no mover (ni) un ~.** loc. v. coloq. No hacer nada. *Nadie ha movido un dedo PARA ayudarme.* ■ **para, o de, chuparse los ~s.** loc. adj. coloq. Muy bueno. *El asado está para chuparse los dedos.* ■ **poner el ~ en la llaga.** loc. v. Acertar con el punto más conflictivo o delicado de una cuestión. *Puso el dedo en la llaga al decir que nadie conocía el testamento.* ■ **señalar** (a alguien) **con el ~.** loc. v. coloq. Llamar la atención (sobre esa persona), normalmente con intención descalificadora. *En el barrio la señalan con el dedo.*

deducir. (conjug. CONDUCIR). tr. **1.** Sacar (una conclusión) de algo. *Por sus ojeras deduzco que no ha dormido bien.* **2.** Descontar (una cantidad). *Este es tu sueldo bruto, sin deducir los impuestos.* ▶ **1:** INFERIR. FAM **deducción; deductivo, va.**

de facto. (loc. lat.). loc. adv. De hecho. *Ambos países han abolido de facto su frontera.*

defecar. intr. cult. Evacuar el vientre. *Este laxante le ayudará a defecar.* FAM **defecación.**

defección. f. cult. Separación o abandono de una causa, partido o grupo. *Tras la defección de su dirigente, el partido tomó un nuevo rumbo.*

defectivo. m. *Gram.* Verbo defectivo (→ **verbo**). *Un ejemplo de defectivo es "atañer".*

defecto. m. **1.** Cualidad o hecho por los que alguien o algo no son perfectos o como deberían ser. *Su defecto es la avaricia. El edificio tiene un defecto de construcción.* **2.** Diferencia por la que algo no alcanza el límite debido o tomado como referencia. *Siempre se equivoca en el peso por defecto, no por exceso.* ■ **en ~** (de alguien o algo). loc. adv. A falta o en ausencia (de él o de ello). *Presente el pasaporte o, en su defecto, algún documento acreditativo.* ■ **por ~.** loc. adv. Automáticamente, si no se elige otra opción. *Por defecto, los archivos se graban en el disco duro.* ▶ **1:** DEFICIENCIA, FALTA, IMPERFECCIÓN, TACHA, TARA. ‖ frecAm: **1:** FALLA. FAM **defectuoso, sa.**

defender. (conjug. ENTENDER). tr. **1.** Proteger (a alguien o algo) de un daño o peligro. *Nos defendimos DEL frío con una hoguera.* **2.** Luchar a favor (de una persona o cosa que son atacadas). *Cuando iban a pegarme, mi hermano me defendió.* **3.** Apoyar (una idea) o argumentar a favor (de ella). *Defendió su propuesta en el Parlamento.* **4.** Hablar a favor (de alguien, espec. de un acusado) o interceder (por él). *Contrató a una abogada para que lo defendiera.* ○ intr. prnl. **5.** Desenvolverse sin dificultad. *No soy un maestro del ajedrez, pero me defiendo.* ▶ **1:** *PROTEGER. **5:** *DESENVOLVERSE. FAM **defendible; defensor, ra; defensoría** (Am.).

defenestrar. tr. **1.** Arrojar (a alguien) por la ventana. *Mata a su víctima defenestrándola.* **2.** Destituir o expulsar (a alguien) de un puesto o cargo. *El director fue defenestrado por su mala gestión.* FAM **defenestración.**

defensa. f. **1.** Hecho o efecto de defender o defenderse. *Una organización dedicada a la defensa de la naturaleza.* **2.** Cosa que sirve para defender o defenderse. *Sale a la plaza un toro con unas enormes defensas.* **3.** Mecanismo natural por el que un organismo se protege de agresiones externas. *Si tienen las defensas bajas, contraerán más enfermedades.* **4.** En algunos deportes: Conjunto de jugadores cuya misión principal es defender a su equipo de los ataques del contrario. *Es un equipo con una defensa muy sólida.* **5.** Abogado defensor. *La defensa llamará hoy a uno de los testigos.* ○ m. y f. **6.** Jugador de la defensa (→ **4**). *El defensa ha hecho falta al delantero.* ■ **~ personal.** f. Modo de defenderse sin armas que emplea recursos del boxeo, las artes marciales y la lucha. *Es monitor de defensa personal en un gimnasio.* ■ **legítima ~.** f. *Der.* Circunstancia que exime de determinados delitos, si estos se cometen por defenderse o por defender derechos propios o ajenos. *Actuó en legítima defensa cuando disparó.* ▶ **4:** COBERTURA. **6:** ZAGUERO. FAM **defensivo, va.**

defensor, ra; defensoría. → **defender.**

deferencia. f. Amabilidad o cortesía que se tienen con alguien. *Tuvo la deferencia de enviar un ramo de flores.* FAM **deferente.**

deficiencia. f. **1.** Defecto o imperfección. *El estudio tiene deficiencias.* **2.** Carencia o falta de algo debido o conveniente. *Presenta anemia por deficiencia de vitamina B$_{12}$.* ■ **~ mental.** f. Funcionamiento intelectual inferior a lo normal, que se manifiesta desde la infancia y está asociado a desajustes en el compor-

tamiento. *Niños con deficiencia mental.* ▶ **1:** *DEFECTO. FAM **deficiente.**

déficit. (pl. **déficits**). m. **1.** En economía y comercio: Exceso del debe sobre el haber, o de los gastos o pérdidas sobre los ingresos. *La empresa prevé un déficit de 20 millones.* **2.** Falta o escasez de algo que se considera necesario o adecuado. *En su dieta hay un déficit de vitaminas.* FAM **deficitario, ria.**

definición. f. **1.** Hecho de definir o definirse. *Hace falta una definición del modelo de escuela que queremos.* **2.** Secuencia de palabras con que se define. *Busca en un diccionario la definición de "argüir".* **3.** tecn. Capacidad que tiene un instrumento óptico, una película fotográfica o una pantalla de televisión, de reproducir imágenes con nitidez. *Televisor con pantalla de alta definición.*

definir. tr. **1.** Explicar con precisión el significado (de una palabra). *Comenzaremos la clase definiendo el término "nación".* **2.** Determinar o fijar con precisión la naturaleza o las características esenciales (de una persona o cosa). *Sus compañeros la definen como una persona cariñosa.* ○ intr. prnl. **3.** Mostrar o manifestar una persona su pensamiento o su actitud. *Nunca se ha definido políticamente.* FAM **definible; definidor, ra; definitorio, ria.**

definitivo, va. adj. **1.** Final y no sujeto a cambios posteriores. *Anuncian el cierre definitivo de la fábrica.* **2.** Que decide o resuelve. *Ha marcado el gol definitivo de la victoria.* ■ **en definitiva.** loc. adv. En conclusión o en resumen. *Hay publicidad que promete milagros y, en definitiva, engaña.* ▶ **1:** FIRME. FAM **definitivamente.**

deflación. f. *Econ.* Descenso del nivel de precios debido gralm. a la disminución de la demanda. *Se vivía una situación de deflación por fuerte deflación.* FAM **deflacionario, ria; deflacionista.**

deflactar. tr. *Econ.* Transformar (un valor monetario nominal) en otro expresado en monedas de poder adquisitivo constante.

deflagrar. intr. Arder una sustancia súbitamente, con llama y sin explosión. *Hay riesgo de que la pólvora almacenada deflagre.* FAM **deflagración.**

deflector. m. *Fís.* Pieza mecánica u otro dispositivo que sirve para modificar la dirección de un fluido, frec. un gas. *Secamanos electrónico con deflector de aire de dos posiciones.*

defoliación. f. *Bot.* Caída prematura de las hojas de árboles o plantas, espec. la producida por enfermedad, contaminación ambiental o acción humana. *Un hongo causa la defoliación de los árboles.* FAM **defoliante.**

deforestar. tr. Eliminar o destruir los árboles y plantas forestales (de un terreno). *El hombre ha deforestado una parte del Amazonas.* ▶ DESFORESTAR. FAM **deforestación.**

deformación. f. Hecho o efecto de deformar o deformarse. *Siéntese bien para evitar deformaciones de la columna.* ■ **~ profesional.** f. Hábito de actuar o pensar de determinada manera, debido a la profesión que se ejerce. *Si le pregunto tanto es por la deformación profesional del periodista.*

deformar. tr. Hacer que (algo) pierda su forma original. *El choque ha deformado la carrocería.* FAM **deformador, ra; deformante.**

deforme. adj. De forma irregular, desproporcionada o que se aparta de lo normal. *La mano le quedó deforme por el accidente.* ▶ DISFORME. FAM **deformidad.**

defraudar. (conjug. CAUSAR). tr. **1.** Causar decepción (a alguien). *Su última película me ha defraudado.* **2.** Eludir el pago (de una cantidad de dinero) mediante fraude. *Defraudó millones a Hacienda.* FAM **defraudación; defraudador, ra.**

defunción. f. Muerte de una persona. *Un médico firma el certificado de defunción.* ▶ MUERTE.

degenerado, da. adj. Dicho de persona: Que tiene un comportamiento vicioso e inmoral. Tb. m. y f. *Estas horribles vejaciones son obra de un degenerado.*

degenerar. intr. **1.** Perder una persona o cosa sus cualidades primitivas. *El barrio ha degenerado mucho.* **2.** Biol. Deteriorarse una célula o un tejido estructural o funcionalmente. *Células grasas que degeneran y dan lugar a tejido fibroso.* FAM **degeneración; degenerativo, va.**

deglutir. tr. Tragar (algo que está en la boca, espec. un alimento). *Deglute la comida con dificultad.* ▶ TRAGAR. FAM **deglución.**

degollar. (conjug. CONTAR). tr. Cortar la garganta o el cuello (a una persona o un animal). *En el matadero degüellan a las reses.* FAM **degollación; degolladero; degollador, ra; degollamiento; degüello.**

degollina. f. **1.** Matanza (hecho de matar muchas personas o animales). **2.** coloq. Hecho de suspender a gran número de personas en un examen. *El de química ha hecho una degollina.* ▶ **1:** *MATANZA.

degradar. tr. **1.** Hacer que (alguien) pase a tener categoría, empleo u honores inferiores a los que poseía. *El capitán fue degradado a soldado raso.* **2.** Envilecer (a alguien), o hacer que pierda su dignidad. *Las drogas lo han degradado mucho.* **3.** Hacer que (alguien o algo) pierdan sus cualidades inherentes. *Las emisiones de dióxido de carbono degradan la capa de ozono.* **4.** Disminuir de forma graduada la fuerza o la intensidad (de algo, espec. el color o de la luz). *Se consigue un efecto de perspectiva degradando los colores.* FAM **degradación; degradador, ra; degradante.**

degüello. → degollar.

degustar. tr. **1.** Probar (un alimento o bebida) para examinar o valorar su sabor. *Ofrecen jamón para degustarlo.* **2.** Saborear (algo). *Degustábamos una rica cena.* ▶ **1:** CATAR. FAM **degustación; degustador, ra.**

dehesa. f. Extensión de terreno, frec. acotada, constituida por pastizales. *Las ovejas pastan en la dehesa.*

deicidio. m. cult. Muerte dada a Dios. *Teodosio consideraba a los judíos culpables del deicidio.* FAM **deicida.**

deidad. f. Dios o ser divino. *Se ofrecían sacrificios a la deidad.* ▶ *DIOS. FAM **deificación; deificar.**

deísmo. m. Fil. y Rel. Doctrina que admite la existencia de un dios como autor de la naturaleza, pero no la revelación ni el culto externo. FAM **deísta.**

dejación. f. Hecho o efecto de dejar o dejarse. *Se ha pasado del autoritarismo a la dejación de autoridad.*

dejada. f. En algunos deportes, espec. tenis: Hecho de dejar caer la pelota suavemente, de manera que bote muy poco y resulte muy difícil devolverla. *Hizo una dejada desde el fondo de la pista.*

dejadez. f. Pereza o abandono de uno mismo o de los asuntos propios. *No se peina por dejadez.*

dejar. tr. **1.** Soltar (algo o a alguien que estaban sujetos). *Me saludó con efusividad y no me dejaba la mano.* **2.** Hacer que (alguien o algo) queden en un lugar al no sujetar(los) o vigilar(los). *Deje la maleta ahí.* **3.** Abandonar (algo o a alguien), o apartarse (de ellos). *Deja esas malas compañías. No consigue dejar*

el tabaco. **4.** Seguido de un infinitivo o una oración introducida por *que:* Permitir o consentir (lo expresado por ellos). *Déjame pensarlo. Deje que la ayude.* **5.** Producir (ganancia). *El bar deja poco dinero.* **6.** No seguir realizando (una actividad). *No dejes los estudios.* **7.** Encomendar (algo o a alguien) a una persona, o hacer que sea responsabilidad suya. *¿Puedo dejarte unos días al perro?* **8.** No molestar o no perturbar (a alguien). *Deja al niño, que está dormido.* **9.** Disponer una persona que, en su ausencia o a su muerte, otra reciba (algo que pertenece a aquella). *Le dejó todo a su nieta.* **10.** Prestar (algo) a alguien, o dárse(lo) pensando que se le será devuelto. *Ojalá me deje el coche.* **11.** Olvidar (algo) en algún lugar. *He dejado la cartera en el taxi.* **12.** Hacer que (alguien o algo) sigan en una situación determinada, o pasen a otra diferente. *La gripe me ha dejado muy débil. Deja la luz encendida.* **13.** Seguido del participio de algunos verbos transitivos, presenta la acción expresada por él como completada, antes de ausentarse, por la persona designada en el sujeto. *Dejó dispuesto que lo enterraran en su pueblo.* ○ intr. **14.** Seguido de *de* y un infinitivo, indica interrupción o cese de lo expresado por él. *No deja de mirarte.* ○ intr. prnl. **15.** Seguido de un complemento introducido por *de:* No continuar con lo expresado por él. *¡Déjense DE tonterías!* ■ **~ que desear.** loc. v. Ser imperfecto o insatisfactorio. *Su conducta deja mucho que desear.* ■ **~se caer** alguien (por un lugar). loc. v. coloq. Presentarse ocasionalmente (en ese lugar). *Déjate caer un día por aquí y tomamos un café.* ■ **~se llevar.** loc. v. Ser fácilmente influenciable o manejable. *No suele tomar la iniciativa, simplemente se deja llevar.* ■ **~se ver.** loc. v. Aparecer o presentarse ocasionalmente en un lugar. *Hace mucho que no te dejas ver por el club.* ■ **no ~ vivir** (a alguien). loc. v. Molestar(lo) o fastidiar(lo) de forma reiterada. *Los vecinos no nos dejan vivir.* ■ **no ~ de.** loc. v. Seguida de un infinitivo, se usa para afirmar de una manera atenuada o irónica lo expresado por él. *No deja de resultar desconcertante su comportamiento.*

dejo. m. Entonación peculiar al hablar. *Hay en sus palabras un dejo de amargura.* ▶ TONILLO. FAM **deje.**

del. → el.

delación. f. cult. Hecho de delatar. *Una delación frustró el plan de fuga.*

delantal. m. Prenda que cubre la parte delantera del cuerpo y que se pone, gralm. colgada del cuello o atada a la cintura, sobre la ropa normal para protegerla. *Ponte el delantal para cocinar.* ▶ MANDIL.

delante. adv. **1.** En una posición o lugar próximos o visibles para la persona que se toma como referencia. *Estaba delante DE ella o tú yo. Ponte aquí delante.* **2.** Enfrente. *Si construyen un edificio delante nos quitarán la luz.* **3.** En presencia. *Lo dejó en evidencia delante DE todo el mundo.*

delantero, ra. adj. **1.** Que está delante. *Los ladrones han forzado la puerta delantera.* ● m. y f. **2.** Jugador de la delantera (→ 5). *El delantero se interna en el área.* ○ m. **3.** Pieza de una prenda de vestir que forma la parte anterior. *El delantero del vestido tiene un bordado de colores.* ○ f. **4.** Parte delantera (→ 1) de algo. *El choque ha dejado la delantera del coche destrozada.* **5.** En algunos deportes, espec. en fútbol: Conjunto de jugadores que están situados en la posición más avanzada y cuya misión principal es atacar al equipo contrario. *El equipo juega con tres hombres en la delantera.* ■ **~ centro.** m. y f. Jugador que juega en el centro de la delantera (→ 5). *El delantero centro marcó.* ⇒ ARIETE. □ **coger, o tomar, la delantera** (a alguien). loc. v. Adelantárse(le). *Ha cogido la delantera a sus competidores con un revolucionario prototipo.* ■ **llevar la delantera.** loc. v. Ir en el primer puesto de una competición. *El equipo lleva la delantera en el campeonato de liga.* ■ **llevar la delantera** (a alguien o algo). loc. v. Aventajar(los). *Nos llevan la delantera en tecnología.*

delatar. tr. **1.** Denunciar (a alguien que ha cometido o va a cometer un delito) a la autoridad para que lo castigue. *Delató al cabecilla.* **2.** Descubrir o poner de manifiesto (algo oculto). *Ningún gesto delata su miedo.* **3.** Hacer patente la intención (de alguien). *Su nerviosismo la delata.* ○ intr. prnl. **4.** Hacer una persona patente su intención involuntariamente. *Se delata con su actitud.* FAM **delatador, ra; delator, ra.**

delectación. f. cult. Deleite.

delegado, da. adj. Dicho de persona o conjunto de personas: Que sustituyen o representan a otra u otras que han delegado en ellas. *El consejero delegado informa a los accionistas.*

delegar. tr. **1.** Dar una persona (a otra) autorización para que la sustituya o represente en sus funciones. *Los alumnos irán con el director o con quien este delegue.* **2.** Dar una persona a otra autorización para que la sustituya o represente (en sus funciones). *Delegó EN ella la dirección de la empresa.* FAM **delegable; delegación.**

deleite. m. Placer sensual o espiritual. *Paladea la carne con deleite.* ▶ *PLACER. FAM **deleitación; deleitar** (conjug. PEINAR); **deleitoso, sa.**

deletéreo, a. adj. cult. Mortífero o venenoso. *Gases deletéreos.*

deletrear. tr. Pronunciar separadamente las letras (de una palabra). *¿Me puede deletrear su nombre?* FAM **deletreo.**

deleznable. adj. **1.** Despreciable o censurable. *El terrorismo le parece deleznable.* **2.** De poco valor. *Son solo unos deleznables poemas de juventud.* **3.** Que se rompe o disgrega con facilidad. *Una piedra porosa fácilmente deleznable.* **4.** De poca consistencia o resistencia. *Unos cimientos deleznables.* ▶ **1:** *DESPRECIABLE.

délfico, ca. adj. **1.** De Delfos (Grecia). **2.** histór. Del oráculo de Apolo situado en Delfos.

delfín¹. m. Mamífero marino de cuerpo grisáceo por encima y blanquecino por debajo, cabeza voluminosa, boca muy grande y hocico delgado. *El delfín hembra.* FAM **delfinario.**

delfín². m. **1.** Sucesor o heredero de un político o de una personalidad importante. *Todos ven en el vicepresidente a su delfín.* **2.** histór. Primogénito del rey de Francia.

delgado, da. adj. **1.** Dicho de persona o animal, o de parte de su cuerpo: Que tiene poca carne. *Dedos largos y delgados.* **2.** Que tiene poco grosor o espesor. *La cuerda es muy delgada.* ▶ **1:** FLACO. FAM **delgadez.**

deliberado, da. adj. Intencionado o voluntario. *Pérdida deliberada de tiempo.*

deliberar. intr. Reflexionar detenidamente una o, espec., dos o más personas sobre algo antes de emitir un juicio o tomar una decisión. *El jurado, después de deliberar, emite su veredicto.* FAM **deliberación; deliberante; deliberativo, va.**

delicado, da. adj. **1.** Dicho de cosa: Que resulta agradable por su dulzura, suavidad o moderada in-

tensidad, o por carecer de brusquedad o violencia. *El delicado aroma de un perfume. Una joven de rasgos delicados.* **2.** Dicho de cosa: De extraordinaria calidad o perfección dentro de su clase. *Una delicada cristalería.* **3.** Dicho de cosa: Que se estropea o deteriora con facilidad. *Una planta delicada.* **4.** Dicho de persona: Débil o enfermiza. *La abuela está delicada.* **5.** Dicho de cosa: Difícil o que requiere un cuidado especial. *Una delicada situación económica.* **6.** Respetuoso y atento con los demás. *Estuvo muy delicada con los invitados.* ▶ **4:** *DÉBIL. FAM **delicadeza.**

delicatessen. (pal. ingl; pronunc. "delicatésen"). f. pl. **1.** Alimentos selectos y refinados, frec. de importación. *Caviar y otras delicatessen.* ○ m. o f. **2.** Establecimiento donde se venden *delicatessen* (→ 1). *Compra champán en el* delicatessen. ¶ [Equivalente recomendado: 1: *exquisiteces.* 2: *tienda de exquisiteces.* Adaptación recomendada 2: *delicatesen,* pl. invar.].

delicia. f. Placer muy intenso. *¡Qué delicia cuando sale el sol!* FAM **delicioso, sa.**

delictivo, va. → delito.

delicuescente. adj. **1.** Quím. Dicho de sustancia: Que absorbe la humedad del aire y se disuelve lentamente en ella. *La sosa cáustica es delicuescente.* **2.** cult. Inconsistente o evanescente. *Le vienen a la memoria imágenes delicuescentes de la infancia.*

delimitar. tr. Determinar o fijar con precisión los límites (de algo). *El contrato delimita las funciones del trabajador.* ▶ ACOTAR. FAM **delimitación; delimitador, ra.**

delincuente. adj. Dicho de persona: Que comete delito. Tb. m. y f. *La banda de delincuentes robaba en chalés.* ▶ MALHECHOR. ‖ Am: ANTISOCIAL. FAM **delincuencia; delincuencial.**

delinear. tr. Trazar las líneas (de una figura, espec. de un plano). *Delinea la planta del edificio.* Tb. fig. FAM **delineación; delineamiento; delineante.**

delinquir. intr. Cometer delito. *La ley establece penas para los que delincan.*

delirar. intr. **1.** Decir locuras o despropósitos debido a una perturbación de la mente, frec. producida por la fiebre. *Cuando la fiebre superó los 40° empezó a delirar.* **2.** coloq. Decir o pensar locuras o despropósitos. *Tú deliras si piensas que me voy a bañar con este frío.* ▶ **1:** DESVARIAR. FAM **delirante; delirio.**

delírium trémens. (loc. lat.). m. Perturbación caracterizada por una gran agitación, temblores y alucinaciones, propia de alcohólicos y toxicómanos.

delito. m. **1.** Acción u omisión, voluntaria o imprudente, penada por la ley. *Lo procesarán por un delito de estafa.* **2.** Hecho o cosa reprobables. *Con el hambre que hay en el mundo, es un delito tirar la comida.* ■ **~ de sangre.** m. Der. Delito (→ 1) que causa lesiones corporales graves o la muerte. *No habrá indulto para reos por delitos de sangre.* FAM **delictivo, va.**

delta. f. **1.** Letra del alfabeto griego (Δ, δ), que corresponde al sonido de *d.* ○ m. **2.** Terreno comprendido entre los brazos de un río en su desembocadura. *El delta del Nilo.* FAM **deltaico, ca.**

deltoides. adj. Anat. Dicho de músculo: Que está situado en el hombro, une la clavícula y el omóplato con el húmero, y permite elevar el brazo.

demacrado, da. adj. Delgado, pálido y con aspecto de enfermo. *Te encuentro demacrada.*

demagogia. f. Práctica política consistente en intentar ganarse el favor de la gente mediante halagos.

Se exige a los políticos que no hagan demagogia. FAM **demagógico, ca; demagogo, ga.**

demanda. f. **1.** Hecho o efecto de demandar. *Aumenta la demanda de mano de obra especializada.* Frec. en derecho. *Ha presentado una demanda por difamación.* **2.** Busca. *Hemos recibido llamadas en demanda de ayuda.* **3.** Econ. Cuantía global de las compras de bienes y servicios realizados o previstos por una colectividad. *Cuando la oferta supera a la demanda los precios bajan.*

demandar. tr. **1.** cult. Pedir una persona o cosa (algo). *Los estudiantes demandan más ayudas.* **2.** cult. Preguntar (algo). *El enfermo demanda qué puede hacer.* **3.** Der. Presentar una acusación de delito (contra alguien). *La casera demandó al inquilino por impago del alquiler.* FAM **demandante.**

demarcar. tr. Marcar los límites (de algo, espec. de un terreno). *Los arqueólogos demarcan el territorio que van a excavar.* FAM **demarcación.**

demarrar. intr. En ciclismo: Acelerar fuerte y repentinamente un corredor para despegarse de otros o del pelotón. *Demarró a un kilómetro de la meta.* FAM **demarraje.**

demás. adj. (pl. invar.). **1.** Antepuesto a un nombre en plural o a ciertos nombres colectivos en singular: Restante. *Médicos, enfermeras y demás personal sanitario estaban en huelga.* Tb. sustantivado. *Nunca piensa en los demás.* ● pron. (pl. invar.). **2.** El resto de las personas o cosas. *Cogió toalla, bañador y demás, y se fue a la playa.* ■ **por ~.** loc. adv. En exceso. *Habla por demás.* ■ **por lo ~.** loc. adv. En lo relativo a otros aspectos. *Me molesta su soberbia, pero por lo demás me cae bien.*

demasía. f. Exceso (hecho de excederse). ■ **en ~.** loc. adv. De manera excesiva. *Habla en demasía.*

demasiado, da. adj. **1.** Que sobrepasa la cantidad o el grado que se consideran convenientes o aceptables. *Son demasiados invitados.* Tb. pron. *Quita tres platos, hay demasiados.* ● adv. **2.** En un grado o cantidad que sobrepasa el límite que se considera conveniente o aceptable. *Es demasiado largo* PARA *acabarlo hoy.*

demencia. f. **1.** Locura o trastorno de la razón. *Le diagnosticaron una grave demencia.* **2.** Med. Estado caracterizado por el deterioro progresivo e irreversible de las facultades mentales. *A los 75 años empezó a padecer demencia senil.* ▶ **1:** *LOCURA.* FAM **demenciado, da; demencial; demente.**

demeritar. tr. Am. Quitar mérito (a alguien o algo). *Qué mal hace quien demerita al adversario* [C].

demérito. m. Acción o cualidad que hacen que algo o alguien desmerezcan. *Esta información va en demérito de su prestigio.*

demiurgo. m. Fil. Dios o principio creadores del universo. FAM **demiúrgico, ca.**

demo. f. (Tb. m.). Versión demostrativa de un programa informático o de una grabación musical, hecha con fines de promoción. *La revista regala un CD-ROM con un demo del videojuego.*

democracia. f. Régimen de gobierno en que la soberanía reside en el pueblo y la ejerce gralm. a través de los representantes que elige por votación. *Tras años de dictadura, se instauró la democracia.* Tb. el Estado así gobernado. FAM **demócrata; democrático, ca; democratización; democratizador, ra; democratizar.**

democristiano, na o **democratacristiano, na.** adj. **1.** Del conjunto de movimientos y partidos políticos caracterizados por pretender combinar la doctrina cristiana con los principios democráticos. *Un partido de orientación democristiana.* **2.** Partidario o seguidor de la ideología o el movimiento democristianos (→ 1). *El candidato democratacristiano.* ▶ CRISTIANODEMÓCRATA.

demodé. adj. Pasado de moda. *Ese vestido está un poco demodé.*

demografía. f. Estudio estadístico de la población humana. *La demografía señala el envejecimiento de la sociedad.* FAM **demográfico, ca; demógrafo, fa.**

demoler. (conjug. MOVER). tr. Derribar o destruir (una construcción). *Van a demoler la vieja fábrica.* ▶ *DERRIBAR.* FAM **demoledor, ra; demolición.**

demonio. m. **1.** Rel. Diablo (ángel rebelado). Frec. *el ~* para designar al príncipe de los diablos, que representa el espíritu del mal. *El demonio tentó a Eva.* **2.** Espíritu maligno. *El hechicero de la tribu conjuró a los demonios.* **3.** Fuerza que impulsa hacia algo negativo y que constituye una obsesión o una fuente de conflicto. *El demonio de la ambición.* **4.** coloq. Persona con características consideradas propias de un demonio (→ 1), espec. su maldad, su astucia o su carácter inquieto. *El tipo era un demonio y acabó en la cárcel.* **5.** coloq. Se usa pospuesto a una palabra interrogativa o exclamativa y gralm. en plural, para enfatizar expresiones que indican disgusto, sorpresa o rechazo. *¿Quién demonios ha estado hurgando en mi habitación?* ■ **a ~s.** loc. adv. coloq. Muy mal. *Dúchate, que hueles a demonios.* ■ **al ~.** expr. coloq. Se usa para expresar rechazo o enfado. *¡Al demonio* CON *todo; ya me han hartado!* ■ **como el,** o **un, ~.** loc. adv. coloq. Mucho. *Parece tímida, pero habla como un demonio.* ■ **como un ~,** o **hecho un ~.** loc. adj. coloq. Muy enfadado o irritado. *Si mamá se entera, se pondrá hecha un demonio.* ■ **del ~.** loc. adj. coloq. Pospuesto a un nombre, se usa para expresar la molestia o rechazo que causa lo designado por este. *¡Ya está sonando otra vez el teléfono del demonio!* ■ **del ~,** o **de mil ~s.** loc. adj. coloq. Muy grande o extraordinario. *Hace un frío de mil demonios.* ■ **~(s),** o **qué ~(s).** interj. Se usa para expresar sorpresa o enfado. *¡Demonio, a ver si miras por dónde vas!* ■ **llevarse** (a alguien) **el ~,** o **(todos) los ~s.** loc. v. coloq. Irritarse o encolerizarse (esa persona). *Se me llevan los demonios cada vez que lo veo fumando.* ▶ **1:** DIABLO. FAM **demoníaco, ca** o **demoniaco, ca.**

demonología. f. Estudio de la naturaleza y cualidades de los demonios.

demontre. m. eufem. Diablo (ángel rebelado). Frec. se usa pospuesto a una palabra para enfatizar expresiones que indican disgusto, sorpresa o rechazo. *¿Qué demontre querrá ese pesado?*

demorar. tr. **1.** Retrasar (algo), o hacer que llegue o suceda más tarde del tiempo debido o acordado. *No podemos demorar más la entrega del informe.* ○ intr. **2.** frecAm. Tardar una persona o cosa en hacer algo. *Max y Alejandra demoraron* EN *salir de su estupor* [C]. **3.** frecAm. Detenerse o entretenerse. *Tómese su tiempo, pero no demore demasiado* [C]. Tb. prnl. ▶ **1, 2:** *RETRASAR.* FAM **demora.**

demoscopia. f. Estudio de la opinión pública y de las aficiones y comportamiento de la sociedad mediante sondeos. *El diario ha encargado el sondeo a una empresa de demoscopia.* FAM **demoscópico, ca.**

demostrar. (conjug. CONTAR). tr. **1.** Hacer patente la verdad (de algo) con argumentos rigurosos o hechos ciertos. *Demostraremos su inocencia.* **2.** Mostrar (algo) o dejar(lo) ver. *Ha demostrado mucha entereza.* FAM **demostrable; demostración.**

demostrativo, va. adj. *Gram.* Dicho de adjetivo o pronombre: Que muestra o señala el contenido del nombre al que acompaña o sustituye. *En "esta casa", "esta" es un adjetivo demostrativo.*

demudar. tr. Alterar (el color, el gesto o la expresión del rostro). *El miedo le ha demudado la expresión.*

denario. m. histór. Antigua moneda romana.

dendrita. f. *Anat.* Prolongación ramificada de una neurona, mediante la que esta recibe los estímulos externos.

denegar. (conjug. ACERTAR). tr. Negar o no conceder (algo que se pide o solicita). *Si me deniegan la beca, no podré estudiar más.* FAM **denegación; denegatorio, ria.**

dengue. m. **1.** Melindre o demostración exagerada de delicadeza, disgusto o escrúpulos. *Déjate de dengues y termínate la comida.* **2.** Enfermedad epidémica y contagiosa que produce fiebre, dolores de cabeza, articulatorios y musculares, y una erupción en la piel. *El dengue es endémico en algunas zonas tropicales.* ▶ **1:** *MELINDRE.

denigrar. tr. **1.** Disminuir o quitar el crédito o la reputación (a alguien o algo). *Unos lo alaban y otros lo denigran.* **2.** Injuriar u ofender (a alguien). *Lo ha denigrado diciéndole muerto de hambre.* ▶ **1:** *DESACREDITAR. FAM **denigración; denigrador, ra; denigrante; denigratorio, ria.**

denodado, da. → denuedo.

denominador, ra. adj. **1.** Que denomina. *"Bebé" es un término denominador de cualquier niño lactante.* **2.** *Mat.* En un quebrado: Número que expresa las partes iguales en que la unidad se considera dividida. *En la fracción 5/3, el denominador es 3.* ■ **denominador común, o común denominador.** m. *Mat.* Respecto de un conjunto de quebrados: Número múltiplo de todos los denominadores (→ 2). *Para sumar fracciones, debemos reducirlas a común denomidador.*

denominar. tr. cult. Dar (a alguien o algo) el nombre que se indica. *Los romanos denominaron Hispania a la Península.* FAM **denominación.**

denominativo, va. adj. Que sirve para denominar. *Vocablo denominativo.* ▶ DESIGNATIVO.

denostar. (conjug. CONTAR). tr. cult. Decir injurias u ofensas graves (contra alguien o algo). *Algún día denostarás a quien hoy enalteces.* ▶ *OFENDER. FAM **denostación; denostador, ra; denostación.**

denotación. f. cult. Conjunto de rasgos objetivos del significado de una palabra o expresión. *En el lenguaje informativo debe primar la denotación sobre la connotación.*

denotar. tr. **1.** Indicar (algo), o ser signo (de ello). *Su gesto denota preocupación.* **2.** cult. Tener una palabra o expresión (una determinada denotación). *Las palabras "seco" y "mojado" denotan justo lo contrario.* FAM **denotativo, va.**

densidad. f. **1.** Cualidad de denso. *La densidad del tráfico en horas punta.* **2.** Número de habitantes por unidad de superficie. *La densidad de población en el país rondaba los 79 habitantes por km².* **3.** *Fís.* Relación entre la masa y el volumen de un cuerpo. *Tomaron una muestra de agua marina con una densidad de 1025 kg/m³.* ▶ **1:** ESPESOR, ESPESURA.

denso, sa. adj. **1.** Dicho de cosa: Que tiene mucha masa con respecto a su volumen. *Una densa niebla*

impedía la visibilidad. **2.** Que tiene muchos elementos apretados o muy juntos entre sí. *El país es pequeño, pero con una población densa.* **3.** Que presenta mucho contenido o profundidad en poco espacio, lo que frec. aporta oscuridad o dificultad. *La asignatura es demasiado densa para un solo curso.* **4.** Dicho de líquido o mezcla de líquido y sólido: Espeso (que tiene gran cantidad de sólido). *Un denso río de lava.* ▶ **1:** COMPACTO, ESPESO. **2:** COMPACTO, ESPESO, TUPIDO. **4:** ESPESO. FAM **densificación; densificar.**

dental. adj. De los dientes. *Hay que cuidar la higiene dental.* FAM **dentado, da; dentadura; dentición; dentista.**

dente. al ~. loc. adj. Dicho de alimento, espec. de pasta: Cocido de manera que conserve cierta consistencia. *Deje hervir los tallarines hasta que estén al dente.*

dentellada. f. Hecho de morder o clavar los dientes, gralm. con fuerza. *El perro le destrozó el brazo a dentelladas.*

dentera. f. Sensación desagradable que se experimenta en los dientes y encías, espec. al comer sustancias agrias, oír rechinar algo o tocar determinados cuerpos. ▶ **1:** GRIMA.

dentífrico, ca. adj. Dicho de sustancia, espec. de pasta: Que sirve para limpiar los dientes y mantenerlos sanos.

dentina. f. *Anat.* Marfil de los dientes.

dentro. adv. **1.** En un espacio delimitado, real o figurado, identificable por el oyente. *Prefiero comer dentro: fuera hace frío. Presentó la solicitud dentro* DEL *plazo.* **2.** En el ámbito de la conciencia. *No exterioriza sus sentimientos, se lo guarda todo dentro.* ■ **a ~.** → adentro. ■ **~ de.** loc. prepos. Después de. *Recuérdemelo dentro de un par de días.*

denuedo. m. cult. Fuerza o ímpetu con que se hace algo. *Buscan con denuedo la victoria.* FAM **denodado, da.**

denuesto. m. cult. Dicho que ofende gravemente. *Lanzaba denuestos e improperios.*

denunciar. (conjug. ANUNCIAR). tr. **1.** Notificar (un delito o perjuicio) a la autoridad. *Ha ido a la comisaría a denunciar un robo.* **2.** Notificar a la autoridad que (alguien) ha cometido o va a cometer un delito. *Denunciaré al sospechoso si me protege la policía.* **3.** Hacer pública (una cosa negativa o abusiva). *Los ecologistas han denunciado que el río está contaminado.* FAM **denuncia; denunciable; denunciador, ra; denunciante.**

deontología. f. Parte de la ética que trata de los deberes, espec. de los que rigen una actividad profesional. *Apuntes de deontología aplicada a las profesiones jurídicas.* FAM **deontológico, ca.**

deparar. tr. cult. Proporcionar (algo) a alguien, o poner(lo) a su disposición. *El viaje deparó muchas sorpresas.*

departamento. m. **1.** Parte de las varias en que se divide o estructura un espacio mediante paredes u otro medio de separación. *En el departamento del tren viajaban cuatro personas.* **2.** Sección especializada de una administración, organismo u otra entidad organizada. *Un departamento ministerial.* **3.** En una universidad: Sección que constituye una unidad de docencia e investigación especializada en un área, y que está integrada por una o varias cátedras. *Es becario en el Departamento de Historia Contemporánea.* **4.** Apartamento. *Venden un departamento de 40 m² en un edificio céntrico.* En Am. designa un piso, sin tener en cuenta sus dimensiones. *Pagan una renta por un departamento de tres habitaciones* [C]. **5.** En algunos países americanos y en Francia: Provincia (división administrativa). *Nació en Colombia, en un pueblo del departamento de Antioquia.* ▶ **5:** PROVINCIA. FAM **departamental.**

departir. intr. cult. Hablar o conversar una persona con otra. *El director departía* CON *unos profesores en el pasillo.*

depauperar. tr. **1.** Empobrecer (algo o a alguien). *La crisis económica ha depauperado al país.* **2.** Med. Debilitar (algo o a alguien). *Su larga enfermedad lo ha depauperado.* ▶ **1:** EMPOBRECER. **2:** *DEBILITAR. FAM **depauperación.**

dependencia. f. **1.** Hecho de depender. *Entre causa y efecto hay una relación de dependencia.* **2.** Necesidad compulsiva de consumir o administrarse habitualmente determinadas sustancias, espec. drogas. *El alcohol crea dependencia.* **3.** Sección u oficina que dependen de una autoridad u organización superiores. *Para poner una denuncia acuda a una dependencia policial.* **4.** Habitación o espacio de una casa o un edificio grande, destinados a un determinado uso. *Tiene permiso para entrar en todas las dependencias del palacio.* ▶ **2:** HÁBITO. **4:** *HABITACIÓN.

depender. intr. **1.** Estar una cosa determinada o condicionada por alguien o algo. *No sabemos a qué hora llegaremos, depende* DEL *tráfico.* **2.** Estar bajo la autoridad o jurisdicción de alguien o algo. *El batallón dependía* DE *un oficial del ejército.* **3.** Vivir de la protección de alguien o de determinados recursos. *Dependo* DE *mi sueldo.* **4.** Gram. Estar un elemento gramatical determinado por otro. *La oración subordinada depende* DE *la principal.*

dependiente, ta. adj. (Como adj. se usa solo **dependiente,** invar. en género). **1.** Que depende. *No soporta vivir solo porque es muy dependiente.* ● m. y f. **2.** Persona que tiene por oficio atender a los clientes en una tienda o establecimiento comercial similar. *La dependienta me enseñó unos zapatos del escaparate.*

depilar. tr. Eliminar el vello o el pelo de la piel (de alguien o de una parte de su cuerpo). *Me depilé con una maquinilla.* FAM **depilación; depilatorio, ria.**

deplorar. tr. cult. Lamentar (algo), o sentir pena (por ello). *Amigos y familiares deploramos su muerte.* FAM **deplorable.**

deponente. m. Gram. Verbo deponente (→ verbo).

deponer. (conjug. PONER). tr. **1.** Privar (a alguien) de su empleo o cargo. *Lo han depuesto* DE *su cargo por incompetente.* **2.** Dejar o abandonar (algo). *Los terroristas depusieron las armas.* **3.** Der. Declarar (algo) ante una autoridad judicial. *Depende de lo que deponga el testigo.* ○ intr. **4.** Defecar. ▶ **1:** *DESTITUIR. FAM **deposición.**

deportar. tr. Desterrar (a alguien) a un lugar lejano por razones políticas o como castigo. *Los inmigrantes ilegales han sido deportados.* FAM **deportación.**

deporte. m. Actividad física que se realiza como ejercicio o placer, frec. de carácter competitivo, y cuya práctica supone entrenamiento y está sujeta a determinadas reglas. *El esquí y otros deportes de invierno.* ■ **por ~.** loc. adv. Por gusto o desinteresadamente. *Pintaba cuadros por deporte, en sus ratos libres.* FAM **deportista.**

deportivo, va. adj. **1.** Del deporte. *Prensa deportiva.* **2.** Que se utiliza o es adecuado para la práctica de un deporte. *Sección de calzado deportivo.* **3.** Que se ajusta al espíritu y las normas de corrección que deben regir en el deporte. *En un gesto deportivo, los perdedores aplauden al vencedor.* **4.** Dicho de prenda de vestir o de calzado: Cómodo e informal. *Suele vestir ropa deportiva, nunca trajes.* ● m. **5.** Automóvil deportivo (→ automóvil). *Nos ha adelantado un deportivo a gran velocidad.* ▶ **4:** SPORT. FAM **deportividad.**

deposición. → deponer.

depositar. tr. **1.** Poner o colocar (algo) en un lugar determinado. *La niña depositó ante el altar una cesta de flores.* **2.** Entregar o confiar a una persona (algo, como la confianza o la fama). *Si depositas tu confianza* EN *mí, no te defraudaré.* **3.** Poner (bienes u objetos de valor) en un lugar bajo la custodia de alguien que debe responder de ellos). *Depositó sus joyas en la caja fuerte del hotel.* **4.** Dejar un fluido en un lugar (las materias que lleva suspendidas). *La corriente arrastró el fuel y lo depositó en las playas.* FAM **depositante.**

depositario, ria. adj. **1.** Que contiene o encierra algo. *Documentos depositarios de la historia del país.* ● m. y f. **2.** Persona en la que se deposita algo. *Es la depositaria de mis confidencias.*

depósito. m. **1.** Hecho de depositar. *El vendedor podrá exigir el depósito de una cantidad por adelantado.* **2.** Cosa o conjunto de cosas depositadas. *El museo cuenta con un depósito de mil cuadros.* **3.** Lugar que se utiliza para depositar o guardar algo. *Los aviones bombardearon los depósitos de combustible.* **4.** Lugar en el que se depositan los cadáveres que, por motivo de investigación científica o judicial, no pueden ser enterrados en el tiempo habitual. *El fallecido fue trasladado al depósito de cadáveres.* ■ **en ~.** loc. adj. Dicho de mercancía: Recibida del proveedor para su exposición y eventual venta, sin pagarla y con la posibilidad de devolverla si no se vende. *El comerciante devolvió al mayorista parte de la ropa en depósito.* ▶ **4:** MORGUE.

depravado, da. adj. Que tiene costumbres viciosas o inmorales. *El protagonista es un ser depravado.* FAM **depravación; depravar.**

deprecación. f. cult. Súplica o ruego. *Una fervorosa deprecación.*

depreciar. (conjug. ANUNCIAR). tr. Disminuir o rebajar el valor o precio (de algo). *Se plantean depreciar la moneda para favorecer la exportación.* ▶ *DEVALUAR. FAM **depreciación.**

depredador, ra. adj. Que depreda. *Son dientes propios de un animal depredador.* ▶ CARNICERO, PREDADOR.

depredar. tr. **1.** Robar o saquear (algo o un lugar) con violencia. *El ejército invasor depredó la región.* **2.** Cazar un animal (a otro de distinta especie) para su subsistencia. *Los felinos están dotados de garras para depredar a sus presas.* FAM **depredación.**

depresión. f. **1.** Concavidad o hundimiento, espec. del terreno. *El agua se acumula en las depresiones del terreno.* **2.** Tristeza o abatimiento. *Qué depresión: nunca acierto.* **3.** Psicol. Síndrome caracterizado por una tristeza profunda y por la inhibición de las funciones psíquicas. *Lleva dos meses de baja por depresión.* **4.** Econ. Período de baja actividad económica general, caracterizado por desempleo masivo, deflación, decreciente uso de recursos y bajo nivel de inversiones. *El desplome de la bolsa provocó una depresión económica.* **5.** Meteor. Zona de baja presión atmosférica. *Han pronosticado depresiones atmosféricas con fuertes precipitaciones.* FAM **depresivo, va; depresor, ra.**

deprimido, da. adj. **1.** Que tiene o muestra depresión o tristeza. *Se sentía solo y deprimido.* **2.** *Psicol.* Que padece depresión. *Un paciente deprimido puede llegar al suicidio.* **3.** *Econ.* Pobre o atrasado. *Se enviarán medicinas a las zonas más deprimidas del país.* **4.** *Anat.* Aplastado en el plano frontal. *La raya es un pez de cuerpo deprimido.*

deprimir. tr. **1.** Causar depresión o tristeza (a alguien). *La película te va a deprimir.* **2.** Hundir (un cuerpo o una parte de él) ejerciendo presión (sobre ellos). *Con una cuchara, le deprimió la lengua para verle las amígdalas.* FAM **deprimente.**

deprisa. (Tb. **de prisa**). adv. Con rapidez o celeridad. *El coche iba muy deprisa.* ■ **~ y corriendo.** loc. adv. De forma precipitada. *Tuvo que terminar deprisa y corriendo.*

depurar. tr. **1.** Eliminar las impurezas (de una sustancia). *Los riñones depuran la sangre.* **2.** Eliminar los errores o las imperfecciones (de algo). *Hace ejercicios de gramática para depurar su inglés escrito.* **3.** Someter (a un funcionario) a expediente para sancionar su conducta política. *Su madre era maestra y la depuraron después de la guerra.* **4.** Eliminar (de un cuerpo u organización) a los miembros considerados disidentes. *Quiere depurar el partido* DE *su ala inconformista.* FAM **depuración; depurado, da; depurador, ra.**

depurativo, va. adj. Que depura o purifica el organismo y, espec., la sangre. *Sigue una dieta depurativa a base de alimentos naturales.*

derbi. m. **1.** En deporte, espec. en el fútbol: Encuentro entre dos equipos tradicionalmente rivales y gralm. de la misma ciudad o región. *Los hinchas buscan entradas para el derbi madrileño.* **2.** Carrera de caballos de especial relevancia que se celebra anualmente. *El ganador del derbi es una yegua.*

derechazo. m. **1.** Golpe dado con la mano o la pierna derechas. *Puede dejarlo fuera de combate de un derechazo.* **2.** *Taurom.* Pase de muleta dado con la mano derecha. *Empieza la faena con unos derechazos.*

derechista. adj. **1.** De la derecha política. *Ideas derechistas.* **2.** Partidario o defensor de las ideas de la derecha política. *Periódico derechista.* FAM **derechismo; derechización; derechizar.**

derecho, cha. adj. **1.** Dicho de parte del cuerpo humano: Que está situada en el lado opuesto al del corazón. *Ve mal con el ojo derecho.* **2.** Que está situado en el lado opuesto al del corazón del observador. *En el ángulo derecho del cuadro aparece la firma del pintor.* **3.** Que cae hacia la parte derecha (→ 2) de una cosa. *El jardín está situado en el lado derecho de la casa.* **4.** En las cosas que se mueven: Que está situado en su parte derecha (→ 2) o cae hacia ella, considerado en el sentido de su marcha o avance. *La orilla derecha del río.* **5.** Recto, o que no está torcido o inclinado. *Ponte derecho, que voy a tomarte medidas.* **6.** Directo, o que no se detiene en puntos intermedios. *Salió de casa y fue derecha al colegio.* ● m. **7.** En una cosa plana: Lado principal. *Esta tela no debe plancharse por el derecho sino por el revés.* **8.** Conjunto de principios y normas que regulan las relaciones humanas y cuya observancia suele ser impuesta de manera coactiva. *No lo pueden detener porque los ampara el derecho.* **9.** Ciencia que estudia el derecho (→ 8). *Es profesor de Derecho.* **10.** Posibilidad de poder exigir algo, de acuerdo con una ley o con unos principios morales o sociales establecidos. *El enfermo tiene derecho* A *morir en paz.* **11.** Cosa que alguien puede exigir de acuerdo con una ley o con unos prin-

cipios morales o sociales establecidos. *Debes conocer tus derechos y tus obligaciones.* ○ m. pl. **12.** Cantidad que se paga por determinados servicios o autorizaciones. *Hay que pagar derechos* DE *matrícula.* ○ f. **13.** Mano derecha (→ 1). *La tenista golpeó la pelota con la derecha.* **14.** Parte derecha (→ 1-4) de algo o alguien. *Las butacas de la derecha están reservadas.* **15.** Dirección correspondiente al lado derecho (→ 2). *Al llegar al cruce, tuerce a la derecha.* **16.** En las asambleas parlamentarias: Conjunto de los representantes de los partidos conservadores. *La derecha parlamentaria se mostró favorable al proyecto.* **17.** Conjunto de personas que profesan ideas conservadoras. *La derecha ha salido a manifestarse.* ● adv. **18.** En línea recta. *La camioneta siguió derecho hasta el final de la calle.* ■ **derecho administrativo.** m. Derecho (→ 8) que regula la Administración Pública, su organización y sus servicios, así como sus relaciones con los ciudadanos. ■ **derecho canónico,** o **derecho eclesiástico.** m. Derecho (→ 8) que determina y regula la organización de la Iglesia católica y sus relaciones con los fieles. *La destitución de un obispo es un hecho previsto en el derecho canónico.* ■ **derecho civil,** o **derecho común.** m. Derecho (→ 8) que regula las relaciones privadas de los ciudadanos entre sí. ■ **derecho criminal.** → **derecho penal.** ■ **derecho de pernada.** m. histór. Derecho (→ 10) por el que el señor feudal podía yacer con la esposa recién casada de un vasallo. ■ **derecho eclesiástico.** → **derecho canónico.** ■ **derecho internacional.** m. Derecho (→ 8) que regula las relaciones entre los Estados. ■ **derecho mercantil.** m. Derecho (→ 8) que regula las relaciones comerciales. ■ **derecho natural.** m. Derecho (→ 8) basado en los primeros principios de lo justo y de lo injusto, inspirados por la naturaleza. ■ **derecho penal,** o **derecho criminal.** m. Derecho (→ 8) que regula el castigo de los delitos mediante la imposición de las penas. ■ **derecho político.** m. Derecho (→ 8) que regula el orden y funcionamiento de los poderes del Estado y sus relaciones con los ciudadanos. ■ **derecho público.** m. Derecho (→ 8) que regula el orden general del Estado. ■ **derechos civiles,** o **derechos fundamentales.** m. pl. Derechos (→ 11) que la ley garantiza a todos los ciudadanos. ■ **derechos de autor.** m. pl. Cantidad que cobra el autor de una obra por su publicación, ejecución o reproducción. ■ **derechos humanos.** m. pl. Derechos (→ 11) que la ley garantiza a todos los seres humanos. □ **a derechas.** loc. adv. **1.** En el mismo sentido que las manecillas del reloj. *El taladro puede hacer girar la broca a izquierdas o a derechas.* **2.** Bien, o como se debe. *A ver si te concentras y haces algo a derechas.* ■ **al derecho.** loc. adv. De la forma normal o esperada. *La frase "atar a la rata" se lee igual al derecho que al revés.* ■ **conforme a derecho.** loc. adv. Conforme a la legalidad vigente. *El tribunal actuó conforme a derecho.* ■ **de derecha,** o **de derechas.** loc. adj. De ideas conservadoras. *Los partidos de derecha votaron en contra.* ■ **de derecho.** loc. adv. Conforme a la legalidad vigente. *Le corresponde de derecho la custodia de sus hijos.* ■ **estar** alguien **en su derecho.** loc. v. Tener derecho (→ 10). *El agente está en su derecho* DE *multarte.* ■ **no haber derecho** (a algo). loc. v. Ser injusta (esa cosa). *No había derecho* A *tratarnos de aquel modo.* ▶ **6:** DIRECTO.

derechura. f. Cualidad de derecho o recto. *Las chimeneas se construirán con la mayor derechura posible.* ■ **en ~.** loc. adv. Directamente, o por el camino recto. *Tantos despropósitos conducían en derechura al desastre.*

deriva. f. *Mar.* Desvío de la nave de su verdadero rumbo por efecto del viento, del mar o de la corriente. *El capitán trata de corregir la deriva causada por la tormenta.* ■ ~ **continental.** f. *Geol.* Desplazamiento lento y continuo de las masas continentales sobre un magma fluido en el curso de los tiempos geológicos. □ **a la ~.** loc. adv. **1.** Sin dirección o a merced de las circunstancias. *La empresa va a la deriva.* **2.** *Mar.* A merced de la corriente o del viento. *Rescataron una lancha que iba a la deriva.*

derivación. f. **1.** Hecho y efecto de sacar o separar una parte del todo. *El agua de riego se saca del río mediante un canal de derivación.* **2.** Conexión a una conducción principal, espec. de agua o de electricidad. *Se ha producido una rotura en una de las derivaciones de la tubería.* **3.** *Electrón.* Escape eléctrico producido por la pérdida de aislamiento entre conductores. *Al tocar la pared me ha dado corriente: debe de haber una derivación.* **4.** *Gram.* Procedimiento de formación de palabras que consiste en añadir a una palabra o a una raíz elementos que aportan matices gramaticales o semánticos. *La palabra "prehistoria" se formó por derivación.*

derivado, da. adj. **1.** *Gram.* Dicho de palabra: Que se ha formado por derivación. *Escribe dos palabras derivadas de "padre".* **2.** *Quím.* Dicho de producto: Que se obtiene de otro. *La gasolina es un producto derivado del petróleo.* ● f. **3.** *Mat.* Valor límite de la relación entre el incremento del valor de una función y el incremento de la variable independiente, cuando este tiende a cero.

derivar. intr. **1.** Tener una cosa su origen en otra. *Sus fobias derivan DE un trauma infantil.* **2.** *Gram.* Tener una palabra su origen en una raíz determinada o en otra palabra. *La palabra "siglo" deriva DE la voz latina "saeculum".* **3.** *Mar.* Desviarse un buque de su rumbo. *Hay que corregir el rumbo, porque el barco ha derivado con la tormenta.* ○ tr. **4.** Hacer que (una palabra) tenga su origen en una raíz determinada o en otra palabra. *Algunos dicen "prorrogativa" porque lo derivan de "prórroga".* **5.** Encaminar o conducir (algo) de una parte a otra. *Tratan de derivar la atención hacia otras cuestiones.* **6.** *Mat.* Obtener la derivada (de una función). *Está aprendiendo a derivar funciones.*

dermis. f. Capa profunda y más gruesa de la piel de los vertebrados, situada debajo de la epidermis. *La quemadura afecta a la epidermis y a la dermis.* FAM **dermatitis; dermatología; dermatológico, ca; dermatólogo, ga; dermatosis; dérmico, ca.**

dermoprotector, ra. adj. Que protege o sirve para proteger la piel. *Jabón dermoprotector para pieles sensibles.*

derogar. tr. Abolir o anular (una norma, espec. una ley). *El decreto deroga el anterior de 1990.* ► ABOLIR. FAM **derogación; derogatorio, ria.**

derrama. f. Contribución temporal o extraordinaria. *Una derrama de varios millones.*

derramar. tr. Verter o esparcir (cosas líquidas o menudas). *El camarero va derramando la salsa.* FAM **derramamiento.**

derrame. m. **1.** Hecho de derramar o derramarse. *La causa del derrame de aceite era una grieta en el motor.* **2.** *Med.* Acumulación anormal de un líquido en una cavidad del organismo, o salida de este fuera del cuerpo. *Ha sufrido un derrame cerebral.*

derrapar. intr. Patinar un vehículo o una de sus ruedas, desviándose lateralmente. *La moto derrapó en la curva.* FAM **derrape.**

derredor. **en ~.** loc. adv. Alrededor, o en el espacio circundante. *Miró en derredor y sintió la espiaban.*

derrengado, da. adj. Muy cansado. *He estado limpiando y estoy derrengado.*

derrengar. tr. **1.** Lastimar gravemente la columna vertebral (de una persona o de un animal) a la altura de los riñones. *No pegues al animal, que lo vas a derrengar.* **2.** Torcer (algo), o inclinar(lo) a un lado más que a otro. *Dio un golpe a la silla y la derrengó.*

derretir. (conjug. PEDIR). tr. **1.** Fundir o hacer líquido (algo sólido o pastoso) por medio de calor. *Derrite la mantequilla en la sartén.* ○ intr. prnl. **2.** Mostrarse una persona muy tierna o enamorada. *Cuando le hacía carantoñas se derretía.* ► **1:** FUNDIR. FAM **derretimiento.**

derribar. tr. **1.** Hacer que (una construcción) caiga al suelo destruyéndo(la). *Derribaron el edificio con cargas de dinamita.* **2.** Hacer que (alguien o algo que está en posición vertical o elevada) caiga al suelo. *El yudoca derribó a su contrincante.* **3.** Hacer caer en tierra (a un toro o a una vaca), corriendo tras ellos a caballo y empujándolos con la garrocha. *El caballista consiguió derribar a la res.* **4.** Hacer que (alguien, espec. un gobernante) pierda su posición o su cargo. *El escándalo consiguió derribar al primer ministro.* **5.** Hacer que (un Gobierno o un sistema político) dejen de existir. *Los golpistas han derribado al Gobierno.* ► **1:** DEMOLER, DERRUIR, DERRUMBAR. **2:** DERRUMBAR. **4, 5:** DERROCAR. ‖ Am: **2:** VOLTEAR. FAM **derribo.**

derrocar. tr. **1.** Hacer que (alguien, espec. un gobernante) pierda su posición o su cargo. *El pueblo se ha unido para derrocar al dictador.* **2.** Hacer que (un Gobierno o un sistema político) dejen de existir. *Los golpistas han derrocado la República.* ► DERRIBAR. FAM **derrocamiento.**

derrochar. tr. **1.** Gastar (dinero) en exceso y sin necesidad. *Es un juerguista que derrocha el dinero.* **2.** Gastar (algo, espec. no material) en gran cantidad o desaprovechar su uso. *No derroches tus energías.* **3.** Poseer (algo, espec. una cualidad) en abundancia. *La niña derrocha simpatía.* ► **1, 2:** DESPILFARRAR. FAM **derrochador, ra; derroche; derrochón, na.**

derrota. f. *Mar.* Rumbo que sigue una embarcación. *La nave seguía su derrota hacia el Noroeste.*

derrotar. tr. **1.** Vencer (a un enemigo o a un rival). *Las tropas cristianas derrotaron a las musulmanas en las Navas de Tolosa.* **2.** Hundir moralmente (a alguien). *La muerte de su hijo lo ha derrotado.* ► **1:** *VENCER. FAM **derrota** (*La derrota de las tropas enemigas*).

derrotero. m. **1.** Camino o rumbo. Más frec. fig. *No me gusta el derrotero que está tomando la conversación.* **2.** *Mar.* Libro que contiene los caminos o derrotas. *Derrotero del mar de las Antillas.* ► **1:** RUMBO.

derrotismo. m. Tendencia al pesimismo y la desconfianza respecto de las propias posibilidades de éxito o victoria. *Al producirse las primeras bajas, cundió el derrotismo.* FAM **derrotista.**

derruir. (conjug. CONSTRUIR). tr. Derribar o destruir (un edificio u otra construcción). *Quieren derruir el colegio para poner un hotel.* ► *DERRIBAR.

derrumbar. tr. **1.** Derribar (una construcción). *El terremoto derrumbó muchas casas.* **2.** Derribar (a alguien o algo que está en posición vertical o elevada). *En la pelea lo derrumbaron de un puñetazo.* ► *DERRIBAR. FAM **derrumbadero; derrumbamiento; derrumbe.**

derviche. m. Religioso musulmán perteneciente a una cofradía de carácter ascético o místico. *En Estambul asistimos a la danza giratoria de los derviches.*

des-. pref. Significa 'acción opuesta o inversa' (*desaficionarse, desindustrialización, desincentivar, desinflamar, descasarse*), o 'negación o carencia' (*descorbatado*).

desabastecer. (conjug. AGRADECER). tr. Dejar de proporcionar (a una persona o a un lugar) las cosas necesarias. *Una avería dejó desabastecidos* DE *luz a muchos hogares.* FAM desabastecimiento.

desabotonar. tr. Sacar de sus ojales los botones (de una prenda de vestir, o de parte de ella). *Espera que me desabotone los puños y me remangue.*

desabrido, da. adj. **1.** Dicho de alimento: Que carece de sabor, o apenas lo tiene, o lo tiene malo. *El melón está desabrido.* **2.** Dicho espec. de persona o de su carácter o comportamiento: Áspero o desagradable. *Es un tipo estirado y desabrido.* **3.** Dicho de tiempo atmosférico: Desapacible. *El tiempo aquí es muy desabrido todo el año.* ▶ **3:** *DESAPACIBLE. FAM desabrimiento.

desabrigado, da. adj. Que no tiene abrigo o no tiene suficiente abrigo. *La tormenta nos pilló en una zona desabrigada y nos empapamos.*

desabrigar. tr. Desarropar o quitar el abrigo (a alguien). *Desabriga un poco al niño, que hace demasiado calor.*

desabrochar. tr. **1.** Soltar (un botón u otro cierre con que se ajusta la ropa). *Después de comer se desabrochó el botón del pantalón.* **2.** Soltar un botón u otro cierre con que se ajusta (una prenda de vestir o una parte de ella). *Se desabrochó la camisa.*

desacatar. tr. **1.** Desobedecer o no acatar (una ley, norma u orden). *Fue sancionado por desacatar las órdenes.* **2.** Faltar al respeto debido (a alguien). *No debes desacatar al juez.* FAM desacato.

desacelerar. tr. **1.** Disminuir gradualmente la velocidad (de un móvil). *Debes desacelerar el coche en la curva.* ○ intr. **2.** Disminuir gradualmente de velocidad un móvil. *Un proyectil desacelera gradualmente por la resistencia de la atmósfera.* **3.** Disminuir alguien la velocidad de un móvil. *El piloto desaceleró y comenzó el descenso para aterrizar.* FAM desaceleración.

desacierto. m. **1.** Falta de acierto. *Todas sus decisiones estuvieron marcadas por el desacierto.* **2.** Hecho o dicho que implican desacierto (→ 1). *La elección que hice fue un completo desacierto.* FAM desacertado, da; desacertar (conjug. ACERTAR).

desacomodo. m. Falta de acomodo. *Tras las disculpas, hubo menos desacomodo.*

desacompasado, da. adj. Que carece de ritmo o de compás. *La respiración es lenta y desacompasada.* ▶ DESCOMPASADO.

desaconsejable. adj. Que debe ser desaconsejado. *Es desaconsejable tomar el sol sin una protección adecuada.*

desaconsejar. tr. Indicar a alguien que (algo) no es aconsejable o conveniente. *Los médicos desaconsejan el medicamento a las embarazadas.*

desacoplar. tr. Separar (algo que estaba acoplado). *Los astronautas desacoplarán la nave espacial de la estación orbital.* FAM desacoplamiento.

desacorde. adj. **1.** No acorde con alguien o algo. *Algunos, desacordes* CON *la directiva, abandonaron el partido.* **2.** Falto de armonía. *Sonidos desacordes.*

desacostumbrado, da. adj. No acostumbrado o no habitual. *Se ha levantado a una hora desacostumbrada.*

desacostumbrar. tr. Hacer que (alguien) pierda la costumbre de algo. *Solían llevar al niño en brazos, y ahora cuesta desacostumbrarlo.*

desacralizar. tr. Quitar el carácter sagrado (a alguien o algo). *Hay que desacralizar los dogmas.* FAM desacralización.

desacreditar. tr. Disminuir o quitar el crédito o la reputación (a alguien o algo). *Tratan de desacreditar la escuela pública.* ▶ DENIGRAR, INFAMAR.

desactivar. tr. Anular la actividad o potencia activa (de algo, espec. de un dispositivo o un proceso). *Desactivaron una bomba.* FAM desactivación.

desactualizado, da. adj. **1.** Am. Dicho de un profesional: Que no está al tanto de los últimos conocimientos en su materia. *El ceramista debe estudiar, a riesgo de quedar desactualizado* [C]. **2.** Am. Dicho de cosa: Que no es actual. *Un erudito atiborrado de conocimientos desactualizados* [C].

desacuerdo. m. Disconformidad o ausencia de acuerdo. *Mostró su desacuerdo con la decisión.*

desafecto. m. Falta de afecto, o mala voluntad hacia alguien o algo. *Me trató con desafecto.* FAM desafección; desafecto, ta (*Es desafecta* AL *Gobierno*).

desafiar. (conjug. ENVIAR). tr. **1.** Retar (a alguien). *Lo desafió* A *un duelo.* **2.** Oponerse o ser contraria una cosa (a otra). *El nuevo descubrimiento desafía las leyes de la física.* **3.** Enfrentarse (a algo que entraña una dificultad o un peligro). *Se hicieron a la mar desafiando la tormenta.* ▶ **1:** RETAR. FAM desafiante; desafío.

desafinar. intr. **1.** Desviarse del tono justo un instrumento o una persona al interpretar una pieza o fragmento musicales. *Le gusta cantar, pero desafina.* ○ tr. **2.** Hacer que (un instrumento musical) deje de estar afinado. *El excesivo calor desafina los instrumentos.* ▶ **1:** DESENTONAR. FAM desafinación.

desaforado, da. adj. **1.** Dicho de cosa: Desmedida o grande en exceso. *Daba gritos desaforados.* **2.** Dicho de persona: Que actúa con violencia y sin control. *Unos manifestantes desaforados quemaban contenedores.*

desaforar. tr. Quitar los fueros o privilegios (a alguien). *Pretenden desaforar a los parlamentarios y someterlos a la justicia ordinaria.*

desafortunado, da. adj. Que no es afortunado. *Un comentario desafortunado y la pusieron en la calle.*

desafuero. m. Acto que va en contra de la ley, la justicia o la razón. *La edificación masiva de la costa nos parece un desafuero.*

desagradecido, da. adj. Dicho de persona: Que no agradece debidamente el beneficio recibido. *Tiene unos hijos muy desagradecidos.* ▶ INGRATO. FAM desagradecimiento.

desagrado. m. Sensación causada por algo que no gusta. *Su afán de protagonismo me causa desagrado.* FAM desagradable; desagradar.

desagraviar. (conjug. ANUNCIAR). tr. Reparar un agravio dando satisfacción (al agraviado). *No sabía qué hacer para desagraviarnos.* FAM desagravio.

desagregar. tr. Separar (algo) de otras cosas, espec. de otros elementos con los que forma un conjunto. *Hay que desagregar los datos por países.* FAM desagregación.

desaguar. (conjug. AVERIGUAR). tr. **1.** Extraer o sacar el agua (de un lugar). *Han desaguado la piscina.* ○ intr. **2.** Desembocar una corriente de agua en un lugar.

El Amazonas desagua EN *el Atlántico.* **3.** Dar salida un recipiente o una concavidad a las aguas que contiene. *La piscina no desagua bien porque los conductos están obstruidos.* ▶ **2:** *DESEMBOCAR. FAM **desaguadero; desagüe.**

desaguisado. m. **1.** Destrozo o daño grande. *¡Vaya desaguisado al mezclar la ropa blanca con la de color!* **2.** Fechoría o mala acción. *Fue a la cárcel por no sé qué desaguisado que hizo en el banco.*

desahogado, da. adj. **1.** Dicho de lugar: Amplio o que tiene espacio suficiente. *Los artesanos pedían un lugar más desahogado donde instalar sus puestos.* **2.** Dicho de persona: Que tiene bastantes recursos para vivir con comodidad y sin problemas. *Con el sueldo que tiene vive bastante desahogada.* ▶ **2:** HOLGADO.

desahogar. tr. **1.** Manifestar (un sentimiento o un estado de ánimo) aliviándose así (de ellos). *Suele desahogar su cólera con su familia.* **2.** Aliviar (a una persona) de algo que (la) inquieta u oprime moralmente. *Hablar contigo me desahoga.* ○ intr. prnl. **3.** Hablar una persona con otra, refiriéndole lo que la angustia o aflige. *No tiene un amigo con quien desahogarse.* **4.** Aliviarse una persona de algo que la inquieta u oprime moralmente. *Se desahogó llorando.* ▶ **3, 4:** EXPANSIONARSE. FAM **desahogo.**

desahuciar. (conjug. ANUNCIAR y CAUSAR). tr. **1.** Echar mediante una acción legal (a un inquilino o arrendatario). *Los han desahuciado por no pagar el alquiler.* **2.** Admitir un médico que un enfermo no tiene posibilidad de curación. *Los médicos lo han desahuciado.* FAM **desahucio.**

desairar. (conjug. BAILAR). tr. Herir el amor propio o la dignidad (de alguien), no prestándo(le) la debida atención, despreciándo(le) algún ofrecimiento o haciéndo(le) quedar mal. *Si rechazas su invitación, la vas a desairar.* FAM **desaire.**

desajustar. tr. Hacer que (algo) deje de estar ajustado. *El golpe ha desajustado las piezas del motor.* FAM **desajuste.**

desalar. tr. Quitar la sal (a algo, espec. a un alimento). *Desale el bacalao.* FAM **desalación.**

desalentar. (conjug. ACERTAR). tr. Quitar el ánimo (a alguien). *La lluvia no desalentó al público.* ▶ *DESANIMAR. FAM **desalentador, ra; desaliento.**

desalinizar. tr. Quitar la sal (al agua de mar), gralm. para hacer(la) potable. *Quieren desalinizar el agua de mar para surtir de agua potable a la isla.* FAM **desalinización; desalinizador, ra.**

desaliño. m. Falta de cuidado, espec. en la forma de vestir o en el aseo. *Viste con estudiado desaliño.* FAM **desaliñado, da.**

desalmado, da. adj. Cruel o inhumano. *Unos secuestradores desalmados.* ▶ *CRUEL.

desalojar. tr. **1.** Sacar o hacer salir de un lugar (a alguien o algo). *La policía los desalojó del edificio.* **2.** Abandonar (un lugar) o dejar(lo) vacío. *Los alumnos desalojaron el centro por amenaza de bomba.* **3.** Mover o desplazar (algo) de un lugar. *Un cuerpo sumergido experimenta una fuerza hacia arriba igual al peso del fluido que desaloja.* FAM **desalojamiento; desalojo.**

desamarrar. tr. Quitar las amarras (a algo, espec. a una embarcación). *Los marineros desamarran el barco.*

desamor. m. **1.** Falta de amor. *En su vida hubo etapas de amor y de desamor.* **2.** Enemistad o rechazo. *Experimentó el desamor de los que se decían sus amigos.*

desamortizar. tr. Privar mediante disposiciones legales (de bienes pertenecientes a manos muertas) y poner(los) en venta. *La burguesía adquirió gran parte de los bienes desamortizados.* FAM **desamortización; desamortizador, ra.**

desamparado, da. adj. Que no tiene amparo o protección. *Al llegar a la vejez se encontró desamparada.*

desamparar. tr. Dejar (a una persona o una cosa) sin amparo o protección. *Dios no desampara a sus criaturas.* FAM **desamparo.**

desandar. (conjug. ANDAR). tr. Recorrer retrocediendo (un camino recorrido). *Nos equivocamos y tuvimos que desandar el camino.*

desangelado, da. adj. Falto de gracia o encanto. *Vive en un piso pequeño y desangelado.*

desangrar. tr. **1.** Hacer que (una persona o animal) pierda toda la sangre o mucha sangre. *Cuando matan al cerdo lo desangran.* **2.** Hacer que (alguien) pierda bienes o dinero sin darse cuenta. *El hijo lo está desangrando a base de juergas.* FAM **desangramiento.**

desanimado, da. adj. **1.** Dicho espec. de lugar: Poco concurrido. *La fiesta estaba desanimada.* **2.** Que tiene o muestra desánimo. *Lleva unos días desanimado.*

desanimar. tr. Quitar el ánimo o el valor (a alguien). *El escaso éxito de su libro lo desanimó.* ▶ DESALENTAR, DESCORAZONAR, DESMORALIZAR. FAM **desánimo.**

desanudar. tr. Desatar (un nudo o algo anudado). *Al llegar se desanudó la corbata.*

desapacible. adj. **1.** Desagradable. *Tiene una voz ronca, desapacible.* **2.** Dicho espec. de tiempo atmosférico: Inestable y desagradable, gralm. por el frío, el viento y la lluvia. *La tarde estaba desapacible y no salimos.* ▶ **2:** DESABRIDO, DESTEMPLADO.

desaparecer. (conjug. AGRADECER). intr. **1.** Dejar de estar a la vista. *La actriz desapareció por un lateral del escenario.* **2.** Dejar de estar en un sitio. *El ladrón desapareció* DEL *chalé antes de que llegara la policía.* **3.** Pasar a estar una persona o cosa en un lugar que se desconoce. *Un montañero desapareció tras la tormenta.* **4.** Dejar de existir. *Los dinosaurios desaparecieron hace mucho.* **5.** eufem. Morir. *Guardan silencio por el jugador que acaba de desaparecer.* ○ tr. **6.** Am. Hacer que (algo o alguien) desaparezcan (→ 3). *Desaparecieron a papá en el 74* [C]. FAM **desaparición.**

desapasionado, da. adj. Falto de apasionamiento. *Hizo un análisis desapasionado de la cuestión.*

desapego. m. Falta de afición, afecto o interés por alguien o algo. *Mostraba conmigo un desapego que no entendía.* ▶ DESPEGO. FAM **desapegarse.**

desapercibido, da. adj. Inadvertido o no percibido. *En las reuniones intenta pasar desapercibido.*

desaplicado, da. adj. Que no se aplica en el estudio. *Es un alumno desaplicado.*

desaprensivo, va. adj. Que tiene falta de escrúpulos, o actúa con falta de escrúpulos. *Algún vándalo desaprensivo quemó las papeleras.* FAM **desaprensión.**

desaprobar. (conjug. CONTAR). tr. No aprobar o considerar malo (algo). *Desapruebo su conducta.* ▶ REPROBAR. FAM **desaprobación.**

desaprovechar. tr. No aprovechar (algo) o no obtener (de ello) el máximo rendimiento. *No debes desaprovechar la oportunidad.* FAM **desaprovechamiento.**

desarbolado, da. adj. Que no tiene árboles. *Una llanura desarbolada.*

desarbolar. tr. **1.** Destruir o derribar los mástiles (de un barco). *La tormenta desarboló la nave.* **2.** Hacer que (alguien o algo) se derrumben. Tb. fig. *Estos datos han desarbolado las teorías de los analistas.*

desarmado, da. adj. **1.** Que no tiene armas. *Disparó a un hombre desarmado.* **2.** Que no tiene argumentos para replicar o discutir. *El adulto está desarmado ante la curiosidad del niño.*

desarmar. tr. **1.** Quitar o hacer entregar (a alguien) las armas que tiene. *El atracador logró desarmar al policía.* **2.** Reducir las fuerzas militares o el armamento (de un país o región). *Algunos políticos hablan de desarmar la zona.* **3.** Dejar (a alguien) sin argumentos o razones para replicar o discutir. *Su respuesta me desarmó.* **4.** Separar las piezas de las que está compuesto (un objeto). *El mecánico desarmó el motor para localizar la avería.* FAM **desarmable; desarmado, da; desarme.**

desarmonía. f. Falta de armonía.

desarraigado, da. adj. Dicho de persona: Que no tiene lazos afectivos o culturales que la liguen a un lugar o entorno social. *Jóvenes desarraigados.*

desarraigar. (conjug. BAILAR). tr. **1.** Arrancar de raíz (una planta). *Desarraigan un olivo para asfaltar la plaza.* **2.** Extirpar enteramente (una pasión, una costumbre o un vicio). *Cuesta desarraigar los vicios.* **3.** Separar (a alguien) del lugar o medio donde se ha criado, o cortar los vínculos afectivos que tiene con ellos. *La actividad industrial ha desarraigado a los indígenas.* ▶ **1:** DESENRAIZAR. FAM **desarraigo.**

desarrapado, da. → desharrapado.

desarreglado, da. adj. Que no tiene el orden o estado adecuados. *Llegó desarreglado y borracho.*

desarreglar. tr. Hacer que (algo) pierda el orden o estado adecuados. *Los niños entraron a jugar y desarreglaron las camas.*

desarreglo. m. **1.** Falta de arreglo. *El desarreglo de su pelo es intencionado.* **2.** Falta de regla o norma. *Su vida se caracteriza por el desarreglo.* **3.** Trastorno o alteración de la salud. *Tenía desarreglos intestinales.*

desarrollar. tr. **1.** Hacer que (algo) crezca en tamaño o importancia. *El ejercicio ayuda a desarrollar la memoria.* **2.** Exponer con orden y amplitud (una cuestión o un tema). *Le piden que desarrolle más su respuesta.* **3.** Realizar (una idea o un proyecto). *La empresa ha desarrollado un plan de ampliación de capital.* **4.** Mat. Efectuar las operaciones de cálculo indicadas (en una expresión). *Desarrolle las siguientes expresiones.* ○ intr. prnl. **5.** Crecer un organismo hasta convertirse en adulto. *Transplanté la planta para que se desarrollara rápido.* **6.** Progresar o crecer una comunidad humana. *El país se desarrolla lentamente.* **7.** Suceder u ocurrir un hecho. *No podía creer la escena que se desarrollaba ante sus ojos.* ▶ **1:** DESENVOLVER. FAM **desarrollo.**

desarrollismo. m. Econ. Proceso de desarrollo en que se prima el crecimiento meramente económico por encima de otros aspectos o consideraciones. *El desarrollismo de los años 60 y 70 generó problemas sociales.* FAM **desarrollista.**

desarropar. tr. Quitar (a alguien) la ropa con que se cubre. *Si te desarropas mientras duermes puedes coger frío.*

desarrugar. tr. Quitar las arrugas (de algo). *¡Ríase y desarrugue ya el entrecejo!*

desarticulado, da. adj. Falto de articulación. *Ideas desarticuladas.*

desarticular. tr. **1.** Separar (huesos o miembros que están articulados). *Le han desarticulado un hueso de la mano.* **2.** Desorganizar (algo, espec. una banda de delincuentes). *La policía ha desarticulado una banda de ladrones.* **3.** Separar las piezas (de una máquina o aparato). *El mecánico desarticula la máquina para su traslado.* FAM **desarticulación.**

desaseado, da. adj. Falto de aseo. *Una casa desaseada.* FAM **desaseo.**

desasir. (conjug. ASIR). tr. **1.** Soltar o desprender (algo o a alguien asidos o sujetos). *Logró desasirse DE las ataduras.* ○ intr. prnl. **2.** Desprenderse de algo, o renunciar a ello. *Le resulta imposible desasirse DE su pasado.* FAM **desasimiento.**

desasistir. tr. Dejar sin asistencia o ayuda (a alguien o algo). *Irá a juicio por desasistir a un accidentado en la carretera.* FAM **desasistencia.**

desasnar. tr. coloq. Hacer, por medio de la enseñanza, que (alguien) deje de ser rudo o ignorante. *Espero que en este colegio lo desasnen.*

desasosiego. m. Falta de sosiego. *¡Qué desasosiego, tantas horas de incertidumbre!* ▶ *INQUIETUD. FAM **desasosegador, ra; desasosegante; desasosegar** (conjug. ACERTAR).

desastrado, da. adj. **1.** Desaseado o descuidado. *Cómo puede ponerse ese pantalón tan desastrado.* **2.** cult. Dicho de cosa: Infeliz o desgraciada. *Tuvo un desastrado fin.*

desastre. m. **1.** Suceso desgraciado que causa gran daño o destrucción. *Intentan prevenir los desastres naturales.* **2.** Cosa de calidad, funcionamiento, resultado o características muy malos. *La cocina está hecha un desastre.* **3.** Fracaso o final lamentable. *Si no se enmiendan, vamos al desastre.* **4.** coloq. Persona poco hábil, poco capaz, o a la que todo le sale mal. *Soy un desastre para las matemáticas.* ▶ **1:** *CATÁSTROFE. FAM **desastroso, sa.**

desatado, da. adj. Que no tiene control o moderación. *Pasiones desatadas.*

desatar. tr. **1.** Soltar (algo o a alguien que están atados). *Ya sabe atarse y desatarse los cordones.* **2.** Provocar (algo), o hacer que comience a manifestarse, espec. de forma violenta. *El penalti desató la ira de los aficionados.* ○ intr. prnl. **3.** Perder la timidez o el temor y actuar libremente. *En cuanto bebe se desata y empieza a hablar por los codos.* **4.** Perder alguien el control sobre sí mismo insultando a los demás. *Se desató en insultos contra los que le habían roto el escaparate.* ▶ **1:** SOLTAR.

desatascar. tr. Dejar limpio o despejado (algo atascado u obstruido, como un lugar de paso o un conducto). *Un producto para desatascar tuberías.* ▶ DESATRANCAR. FAM **desatasco.**

desatender. (conjug. ENTENDER). tr. **1.** No atender (a alguien o algo) o no ocuparse (de ellos). *Los enfermos se quejan de que en el hospital los desatienden.* **2.** No atender (a los consejos o peticiones) de alguien o no hacer(les) caso. *Si no hubiera desatendido sus consejos, le habría ido mejor.* ▶ **2:** DESOÍR. FAM **desatención.**

desatento, ta. adj. **1.** Que no presta atención. *Estaba ensimismada y desatenta A todo.* **2.** Descortés o falto de atención con los demás. *El personal del hotel es desatento.* ▶ **2:** *MALEDUCADO.

desatino. m. **1.** Falta de tino o acierto. *Su desatino al enjuiciar el caso era patente.* **2.** Locura, despropósito o error. *Fue un desatino llevar el coche, porque* *no había dónde aparcar. No dice más que desatinos.* FAM **desatinado, da.**

desatornillar. tr. **1.** Sacar (un tornillo) dándo(le) vueltas. *Si los tornillos se congelan, costará desatornillarlos.* **2.** Sacar los tornillos (de algo sujeto con ellos). *Desatornilló la cajonera de la mesa.* ▶ DESTORNILLAR.

desatracar. tr. **1.** Separar (una embarcación) de otra o del lugar en que está atracada. *El capitán dio orden de desatracar el barco.* ○ intr. **2.** Separarse una embarcación de otra o del lugar en que está atracada. *En el muelle, los cargueros atracaban y desatracaban.*

desatrancar. tr. **1.** Dejar limpio o libre de obstáculos (algo atrancado, espec. un conducto). *Hay que desatrancar un colector del alcantarillado.* **2.** Quitar (a una puerta o ventana atrancadas) la tranca o sistema de cierre que impide abrir(las). *Por las mañanas desatrancan el portón de la entrada.* ▶ **1:** DESATASCAR.

desautorizar. tr. Quitar (a alguien) autoridad o crédito. *El presidente no quiso desautorizar al ministro.* FAM **desautorización.**

desavenencia. f. Discordia o falta de avenencia entre dos o más personas. *Dimitió por desavenencias con el director.* ▶ DISCORDIA.

desavisado, da. adj. Poco avisado o poco enterado. *Un observador desavisado no habría reparado en ese detalle.*

desayuno. m. Primera comida del día, que se toma por la mañana. *Como desayuno tomo café y cereales.* FAM **desayunar.**

desazón. f. **1.** Inquietud o desasosiego, de carácter físico o anímico. *La discusión le produjo una gran desazón.* **2.** Picor (sensación que impulsa a rascarse). ▶ **1:** *INQUIETUD. **2:** *PICOR. FAM **desazonado, ra; desazonar.**

desbancar. tr. Hacer perder (a alguien o algo) la posición que ocupaban, ocupándola en su lugar. *Desbancó del primer puesto al anterior líder.*

desbandarse. intr. prnl. Apartarse o huir en distintas direcciones y en desorden personas o animales que estaban agrupados. *Al oír el tiro, los patos se desbandaron.* FAM **desbandada.**

desbarajuste. m. Desorden confuso. *Un contable pondrá orden en este desbarajuste de cuentas.* ▶ DESORDEN. FAM **desbarajustar.**

desbaratar. tr. **1.** Deshacer (algo). *De un golpe casi desbarata la estantería.* **2.** Impedir que (algo, espec. un plan) se realice o tenga efecto. *Tener que trabajar en agosto desbarató sus planes para las vacaciones.* **3.** Hacer que (alguien, espec. el enemigo) huya desordenadamente. *Atacó por sorpresa y desbarató al enemigo.* ▶ **2:** *ESTROPEAR.

desbarrancar. tr. Am. Arrojar (algo o a alguien) a un barranco. *Allí paraban los que le habían desbarrancado el jeep al Sargento* [C].

desbarrar. intr. Hablar o razonar de forma desatinada. *No sabía lo que decía, el alcohol le hacía desbarrar.* FAM **desbarre.**

desbastar. tr. Quitar las partes más bastas (a algo que se va a labrar). *Los techos eran de vigas sin desbastar.* FAM **desbaste.**

desbloquear. tr. Levantar o eliminar el bloqueo (de algo). *Intentan desbloquear el proceso de paz.* FAM **desbloqueo.**

desbocarse. intr. prnl. **1.** Dejar de obedecer al freno una caballería y comenzar a galopar impetuosamente. *La yegua se desbocó y tiró al jinete.* **2.** Perder alguien o

algo el control o la contención. *La imaginación se desboca con facilidad.*

desbordar. tr. **1.** Rebasar algo los bordes (de un cauce o de un recipiente). *Tras la lluvia, los ríos desbordan sus cauces.* **2.** Sobrepasar alguien o algo los límites (de algo). *La demanda de entradas desbordó las previsiones.* **3.** Adelantar (a alguien) o sobrepasar(lo). *El delantero dribló y desbordó al defensa.* **4.** Sobrepasar algo la capacidad intelectual o emocional (de alguien). *Últimamente el trabajo la desborda.* ○ intr. **5.** Salirse algo de aquello que lo contiene. *Hizo tanta ensalada que la lechuga desbordaba DE la fuente.* Tb. prnl. ○ intr. prnl. **6.** Rebasar su cauce una corriente de agua. *El río se desbordó y anegó los campos.* **7.** Rebasar algo, espec. un sentimiento de alegría o entusiasmo los límites de lo normal. *Cuando el cantante salió el entusiasmo del público se desbordó.* FAM **desbordamiento; desbordante; desborde.**

desbravar. tr. Amansar (una caballería no domesticada). *Montaba cada día un poco a la yegua salvaje para desbravarla.* ▶ *DOMESTICAR.

desbrozar. tr. Quitar la broza (a algo) o limpiar(lo). *El jardinero desbroza el jardín DE maleza.* FAM **desbroce.**

descabalado, da. adj. **1.** Dicho de pieza: Que no tiene la pareja o otras piezas con las que forma un todo. *Recogió del suelo un calcetín descabalado y lo echó a la lavadora.* **2.** Disperso o desordenado. *Datos descabalados.* FAM **descabalar.**

descabalgar. intr. Desmontar o bajarse de una caballería. *Descabalgó y metió la yegua en la cuadra.*

descabellado, da. adj. Contrario a la razón. *Es un proyecto descabellado.*

descabellar. tr. *Taurom.* Matar (a un toro) clavándo(le) la punta del estoque en la parte posterior del cuello. *No acertaba a descabellar al toro.* FAM **descabello.**

descabezar. tr. **1.** Cortar o quitar la cabeza (a una persona o a un animal). *Toma un langostino, lo descabeza y pela el cuerpo.* **2.** Quitar la cabeza (a algo). *Intentan descabezar a la oposición.* ▶ **1:** DECAPITAR. FAM **descabezamiento.**

descacharrante. adj. coloq. Muy cómico o gracioso. *Historias descacharrantes.*

descacharrar. tr. coloq. Escacharrar (algo). *Vas a descacharrar el ordenador.*

descafeinado. m. Café descafeinado (→ café). *Camarero, un descafeinado, por favor.*

descafeinar. (conjug. DESCAFEINAR). tr. **1.** Quitar la cafeína (al café). *El proceso para descafeinar el café.* **2.** Hacer que (algo) pierda su esencia o fuerza. *Los nuevos dirigentes han descafeinado la política del partido.*

descalabrar. tr. **1.** Herir (a alguien) en la cabeza. *Le tiró una piedra y lo descalabró.* **2.** Causar daño o perjuicio (a alguien o algo). *El cataclismo ha descalabrado al país.* FAM **descalabradura; descalabro.**

descalcificar. tr. Eliminar o disminuir el calcio o las sustancias calcáreas (de algo, espec. de los huesos u otros tejidos orgánicos). *Hay enfermedades que pueden descalcificar los dientes.* ▶ DECALCIFICAR. FAM **descalcificación.**

descalificar. tr. **1.** Desacreditar o quitar el prestigio (a alguien o algo). *No entiendo ese tipo de arte, pero no me atrevo a descalificarlo.* **2.** Desautorizar o incapacitar (a alguien). *Su mala gestión anterior lo descalifica como candidato al puesto.* **3.** Eliminar (a alguien) de una competición o concurso como sanción por faltar a las normas establecidas. *El ciclista fue descalificado por consumir sustancias dopantes.* FAM **descalificación; descalificador, ra; descalificatorio, ria.**

descalzo, za. adj. **1.** Que no lleva calzado. *La niña camina descalza.* **2.** Dicho de religioso: Que profesa una regla que impone llevar los pies descalzos o solo con sandalias. *Fue carmelita descalza.* FAM **descalzar.**

descamar. tr. **1.** Quitar las escamas (al pescado). *El pescadero descamó la merluza y la cortó en rodajas.* ○ intr. prnl. **2.** Desprenderse la piel en forma de escamas. *Si la piel está tan seca, es fácil que se descame.* ▶ **1:** ESCAMAR. FAM **descamación.**

descaminado, da. adj. Equivocado o mal orientado. *No anda descaminada al sospechar de él.* ▶ DESENCAMINADO.

descamisado, da. adj. **1.** Que no lleva camisa o que la lleva de manera descuidada. *Iban descamisados, sudorosos y armando jaleo.* **2.** Dicho de persona: Muy pobre o sin medios para vivir. *En sus mítines hablaba del obrero descamisado.*

descampado, da. adj. Dicho de terreno: Que está sin cultivar, libre de árboles y sin edificios. *Lugar descampado.* Frec. m. *Abandonaron el coche en un descampado.*

descansado, da. adj. Dicho espec. de ocupación: Que requiere poco esfuerzo.

descansar. intr. **1.** Reponer las fuerzas tras un esfuerzo o trabajo. *A media mañana hacemos un alto para descansar.* **2.** Interrumpir temporalmente el trabajo o la acción. *Se lo bebió de un trago, sin descansar.* **3.** Dormir. *El enfermo ha descansado dos horas.* **4.** Tener algún alivio en las preocupaciones o dolores. *Durante las vacaciones descansaba* DE *sus alumnos.* **5.** Desahogarse, o tener alivio o consuelo comunicando a un amigo o a una persona de confianza los males o penalidades. *Todos necesitamos un amigo* EN *quien descansar.* **6.** Apoyarse una cosa sobre otra. *La cúpula descansa* SOBRE *columnas de mármol.* **7.** Estar sin cultivo uno o más años la tierra de labor. *Se deja descansar la tierra para que produzca más.* **8.** cult. Estar enterrado en un lugar. *Sus restos descansan en el cementerio local.* ○ tr. **9.** Hacer que (alguien o una parte de su cuerpo) pierdan el cansancio. *De vez en cuando deja de mirar la pantalla para descansar la vista.* **10.** Apoyar (una cosa) sobre otra. *Descansó la cabeza* SOBRE *el respaldo.* FAM **descansadero; descanso.**

descansillo. m. Espacio llano al final de un tramo de escalera. *Han puesto plantas en los descansillos de la escalera.*

descapitalizar. tr. Dejar total o parcialmente sin capital (a una empresa o entidad). *Quiere descapitalizar el negocio para no pagar la deuda.* FAM **descapitalización.**

descapotable. adj. Dicho de vehículo: Que está provisto de capota plegable. *Auto descapotable.* Dicho de automóvil, tb. m. *De pie en el descapotable, saluda a la multitud.* ▶ Am: CONVERTIBLE.

descapotar. tr. Plegar o bajar la capota (de un vehículo). *El sonido de la radio es excelente, incluso con el auto descapotado.*

descarado, da; descararse. → descaro.

descarga. f. **1.** Hecho o efecto de descargar o descargarse. *Trabaja en el aeropuerto, en la carga y descarga de equipajes.* **2.** Conjunto de disparos que se hacen a la vez por varias armas. *El pelotón dispara y se oye una fuerte descarga.* **3.** Paso brusco de la carga eléctrica de un cuerpo a otro de distinto po-

tencial. *Si tocas esos cables te puede dar una descarga eléctrica.*

descargar. tr. **1.** Quitar (a alguien o algo) la carga que tiene o lleva, o hacer que sea menor. *Los estibadores descargan el barco.* **2.** Quitar (una carga). *Descargan la mercancía* DEL *camión.* **3.** Dar (un golpe) con violencia. *El boxeador descargó un derechazo* EN *el estómago de su rival.* **4.** Liberarse (de las propias responsabilidades u obligaciones) haciéndo(las) recaer en alguien. *Descarga sus obligaciones* EN *sus subordinados.* **5.** Hacer recaer en alguien o algo (un sentimiento de ira o enfado). *Descargó su mal humor* CONTRA *el empleado.* **6.** Liberar (a alguien) de una preocupación u obligación. *Necesita a alguien para que la descargue* DE *trabajo.* **7.** Extraer la carga (a un arma de fuego). *Antes de limpiar el fusil debes descargarlo.* **8.** Disparar (un arma de fuego) hasta que quede vacío el cargador. *Le descargó la pistola en el pecho.* **9.** Hacer que pierda la carga eléctrica (un cuerpo, espec. una batería). *Si deja la luz encendida va a descargar la batería.* ○ intr. **10.** Deshacerse una nube y caer en lluvia o granizo. *Esa nube descargará pronto.* **11.** Desembocar una corriente de agua en un lago, en el mar o en otra corriente. *El río Apure descarga* EN *el Orinoco.* ▶ **3:** *PEGAR. **11:** *DESEMBOCAR. FAM **descargador, ra.**

descargo. m. Hecho de descargar o liberar. *En mi descargo diré que no sabía lo que hacía.*

descarnado, da. adj. cult. Muy realista o crudo. *Escribió una crónica descarnada sobre la guerra.*

descarnar. tr. **1.** Quitar la carne (a un hueso). *El carnicero descarna el hueso con habilidad.* **2.** Eliminar o arrancar la parte superficial (de algo). *Las lluvias han descarnado la pared.* FAM **descarnadura.**

descaro. m. Falta de vergüenza o de respeto hacia los demás. *Mira con descaro las piernas de la joven.* ▶ DESFACHATEZ. FAM **descarado, da; descararse.**

descarriar. (conjug. ENVIAR). tr. **1.** Apartar (a alguien) del camino adecuado. *Esas amistades lo pueden descarriar.* ○ intr. prnl. **2.** Apartarse una res del rebaño. *El pastor busca a la oveja que se descarrió.* **3.** Apartarse alguien o algo de lo justo o razonable. *El partido de fútbol se ha descarriado y acabará en pelea.* FAM **descarrío.**

descarrilar. intr. Salirse del carril un tren u otro vehículo que circula sobre carriles. *El tren descarriló debido a un error del maquinista.* FAM **descarrilamiento.**

descartar. tr. **1.** Excluir o eliminar (algo o a alguien). *El seleccionador lo ha descartado para el próximo partido.* **2.** Rechazar o no admitir como posible (algo). *Hay que descartar esa hipótesis.* ○ intr. prnl. **3.** En algunos juegos de cartas: Desprenderse un jugador de una o todas las cartas que considera inútiles, espec. para sustituirlas por otras. *Se descartó* DE *un seis y un siete.* FAM **descartable; descarte.**

descasarse. intr. prnl. Divorciarse u obtener la anulación matrimonial una persona. *¡Con qué facilidad se casan y se descasan algunos!*

descascarar. tr. **1.** Quitar la cáscara (a algo). *Una vez descascarados los piñones, se tuestan.* **2.** frecAm. Descascarillar la superficie (de algo). *Hay que evitar que la humedad descascare la capa de pintura* [C]. ▶ DESCASCARILLAR.

descascarillar. tr. **1.** Quitar la cáscara o cascarilla (a algo, espec. a un cereal o a un fruto seco). *Estaba descascarillando cacahuetes.* **2.** Hacer que caiga o se desprenda la superficie (de algo). *El tiempo ha descas-*

carillado las paredes. ▶ **1:** DESCASCARAR. ‖ **frecAm: 2:** DESCASCARAR. FAM **descascarillado.**

descastado, da. adj. **1.** Dicho de persona: Que manifiesta poco cariño hacia su familia o hacia sus amigos. *Hijos descastados.* **2.** *Taurom.* Dicho de toro: Que no tiene casta. *El segundo era un toro descastado y con poca fuerza.*

descatalogar. tr. Quitar (algo, espec. un libro o un disco) del catálogo del que forma parte. *La novela está descatalogada.*

descendente. adj. Que desciende o baja. *Un camino descendente lleva a la playa. Los precios siguen una evolución descendente.*

descender. (conjug. ENTENDER). intr. **1.** Bajar, o ir de un lugar a otro más bajo. *El helicóptero está descendiendo.* **2.** Bajar o disminuir algo. *Las temperaturas descenderán.* **3.** Proceder una persona o una especie por generación sucesiva de otra, o tener su origen en ella. *Las aves descienden DE los dinosaurios.* ○ tr. **4.** Bajar (por un lugar). *El ciclista desciende el puerto a gran velocidad.* ▶ **1, 2, 4:** BAJAR.

descendiente. adj. Que desciende de otra persona o animal. *Es descendiente DE castellanos.* FAM **descendencia.**

descendimiento. m. Hecho de descender o bajar. Frec., en mayúsc., designa el que se hizo del cuerpo de Cristo, desde la cruz. *El sacerdote leyó el pasaje del Descendimiento.*

descenso. m. Hecho de descender. *En el descenso, un montañero se fracturó un brazo.*

descentrado, da. adj. **1.** Dicho espec. de instrumento o de pieza: Que tiene el centro fuera de la posición normal. *Una rueda descentrada.* **2.** Dicho de persona: Que no está centrada en una actividad o situación. *Cambié de trabajo y estoy descentrada.*

descentralizar. tr. Hacer que (algo centralizado) deje de estarlo y cobre mayor autonomía. *La empresa ha empezado a descentralizar la producción.* FAM **descentralización; descentralizador, ra.**

descentrar. tr. **1.** Hacer que el centro (de algo, espec. de una máquina o aparato) deje de estar en la posición que debe ocupar. *El golpe ha descentrado el objetivo de la cámara.* **2.** Hacer que (alguien) deje de estar centrado en una actividad o situación. *El divorcio de sus padres lo ha descentrado.*

desceñir. (conjug. CEÑIR). tr. Desatar o soltar (algo ceñido). *Hizo el gesto de desceñirse la correa para pegarnos.*

descerebrado, da. adj. coloq. De muy escasa inteligencia. *Llamó descerebrados a los jueces.*

descerebrar. tr. **1.** *Biol.* Extirpar experimentalmente el cerebro (de un animal). *En el laboratorio descerebran animales para estudiarlos.* **2.** *Med.* Producir la inactividad funcional del cerebro (de alguien). *Sufrió un derrame que lo descerebró.*

descerrajar. tr. **1.** Arrancar o forzar la cerradura (de algo, como una puerta o un recipiente). *Los ladrones descerrajaron la puerta para entrar.* **2.** Disparar (un tiro). *Lo amenazó con descerrajarle un tiro.*

descifrar. tr. **1.** Averiguar el significado (de algo escrito en clave o en caracteres desconocidos). *Descifré la inscripción.* **2.** Averiguar el significado (de algo oculto o difícil de entender). *Ha descifrado el misterio.* FAM **descifrador, ra; desciframiento.**

desclasarse. intr. prnl. Dejar alguien de pertenecer a la clase social de la que proviene, o perder concien-

cia de ella. *Muchos de la clase media se desclasaron durante la recesión económica.* FAM **desclasamiento.**

desclasificar. tr. Hacer público (lo que está declarado secreto o reservado). *El Gobierno desclasificará el documento que solicita la Justicia.* FAM **desclasificación.**

desclavar. tr. **1.** Quitar o arrancar (un clavo u otro objeto puntiagudo que ha sido clavado). *Tuvo que desclavar la grapa.* **2.** Soltar (algo o a alguien sujetos con clavos u otro objeto puntiagudo). *Desclavaba el marco de la puerta.*

descoco. m. coloq. Falta de recato o pudor, espec. en la forma de vestir. *Luce su cuerpo con descoco.* FAM **descocado, da.**

descodificar. tr. Aplicar inversamente (a un mensaje codificado) las reglas de su código para obtener la forma primitiva del mensaje. *Especialistas del ejército descodifican los mensajes interceptados al enemigo.* ▶ DECODIFICAR. FAM **descodificación; descodificador, ra.**

descolgar. (conjug. CONTAR). tr. **1.** Quitar (algo o a alguien) de donde están colgados. *Ayúdeme a descolgar estos cuadros.* **2.** Bajar o dejar caer poco a poco (algo o a alguien) sujetándo(los) desde arriba con una cuerda o cadena. *Tendrán que descolgar los muebles por la ventana.* **3.** Levantar el auricular (del teléfono). *Descolgó el teléfono para llamar a la policía.* **4.** En algunos deportes, espec. en ciclismo: Dejar atrás (a alguien). *El escapado acelera y descuelga a sus perseguidores.* ○ intr. prnl. **5.** Bajar o dejarse caer alguien o algo de un sitio alto. *Los bomberos van a descolgarse por el hueco de la escalera.* **6.** Apartarse de algo, espec. de una actividad colectiva, o no participar en ello. *Muchos han decidido descolgarse DE la manifestación.* **7.** coloq. Decir o hacer algo inesperado o intempestivo. *Se descolgó CON unas declaraciones incendiarias.*

descollar. (conjug. CONTAR). intr. Sobresalir una persona o cosa respecto a otras, espec. en calidad o importancia. *El palacete descuella ENTRE los edificios del barrio.* ▶ *SOBRESALIR. FAM **descollante.**

descolocar. tr. **1.** Quitar o separar (algo o a alguien) del lugar o la posición que les corresponden. *No descoloques los libros.* **2.** coloq. Desconcertar o confundir (a alguien). *Lo que me dijo me ha descolocado.* FAM **descolocación.**

descolonizar. tr. Poner fin a la situación colonial (de un territorio). *En pleno siglo XX, aún quedaban territorios por descolonizar.* FAM **descolonización; descolonizador, ra.**

descolorido, da. adj. Que tiene un color poco intenso, espec. por haberlo perdido. *La tapicería está descolorida. Iba con una niña delgada y descolorida.*

descomedido, da. adj. Excesivo o desproporcionado. *Reaccionó de forma descomedida ante una simple broma.* ▶ *EXCESIVO.

descompasado, da. adj. **1.** Desacompasado. *Hablaba jadeante, con la respiración descompasada.* **2.** cult. Descomedido o desproporcionado. *Una reacción descompasada.*

descompensar. tr. Hacer perder la compensación o el equilibrio (a algo). *Introdujo un delantero más para descompensar la defensa contraria.* FAM **descompensación.**

descomponer. (conjug. PONER). tr. **1.** Separar las diversas partes que forman (un compuesto). *El prisma descompone la luz solar.* **2.** Hacer que (una materia orgánica muerta) pase a un estado en que las partículas que (la) componen se separan. *El agua descompuso el cadáver.* **3.** Desordenar o desbaratar (algo). *El viento le descompuso el peinado.* **4.** Hacer perder (a alguien) la serenidad o la calma. *Las discusiones la descomponen.* **5.** frecAm. Averiar o estropear (algo). *Creemos que él descompuso la radio, pero mi papá dice que sin pruebas no podemos acusarlo* [C]. **6.** Provocar (en alguien) una indisposición o una alteración de su salud, frec. acompañada de diarrea. *El frío me descompone.* **7.** Alterar la expresión (del rostro). *El dolor le descompuso el rostro.* ▶ **2:** CORROMPER, PODRIR, PUDRIR.

descomposición. f. **1.** Hecho o efecto de descomponer o descomponerse. *El cadáver estaba en estado de descomposición. La descomposición del país.* **2.** Diarrea.

descompostura. f. Am. Fallo o avería. *Lo hacían previniendo un apagón o la descompostura de la computadora* [C].

descomprimir. tr. Eliminar o reducir la compresión (en algo, espec. en un cuerpo o en un espacio cerrado). *Deberá descomprimir el archivo para visualizarlo.* FAM **descompresión; descompresor.**

descomulgar. tr. Excomulgar (a alguien). ▶ EXCOMULGAR.

descomunal. adj. Muy grande o extraordinario. *Éxito descomunal.* ▶ *ENORME.

desconchar. tr. Quitar (a una pared o a otra superficie) parte de su revestimiento. *Golpeó la taza y la desconchó.* FAM **desconchado.**

desconcierto. m. **1.** Estado de perplejidad o confusión mental sobre lo que pasa o se debe hacer. *Se tiró vestido a la piscina ante nuestro desconcierto.* **2.** Falta de orden o de concierto. *Todo era caos y desconcierto en la ciudad.* FAM **desconcertado, da; desconcertar** (conjug. ACERTAR).

desconectado, da. adj. Que no está conectado. *Unas ideas desconectadas de la realidad.*

desconectar. tr. **1.** Interrumpir o suprimir la conexión (de algo, espec. de un aparato eléctrico). *Han desconectado los altavoces.* ○ intr. **2.** Dejar de tener conexión o relación con alguien o algo. *Necesito desconectar DEL trabajo.* FAM **desconexión.**

desconfiado, da. adj. Dicho de persona: Que desconfía. *Es muy desconfiado.*

desconfiar. (conjug. ENVIAR). intr. No confiar en alguien o algo. *Desconfía DE los aduladores.* FAM **desconfianza.**

descongelar. tr. **1.** Hacer que (algo) deje de estar congelado. *Descongele el pollo en el microondas.* **2.** Quitar la capa de hielo o escarcha que se acumula (en algo, espec. en el frigorífico). *Hay que descongelar el frigorífico.* FAM **descongelación.**

descongestionar. tr. Disminuir o quitar la congestión (a algo o a alguien). *Aplique el bálsamo en el pecho para descongestionar las vías respiratorias.* FAM **descongestión; descongestionante; descongestivo, va.**

desconocer. (conjug. AGRADECER). tr. **1.** No conocer (algo o a alguien). *Usa palabras que desconozco.* **2.** No reconocer (algo o a alguien conocidos) por encontrar(los) muy cambiados o distintos. *La fama lo ha transformado y ahora la desconozco.* FAM **desconocedor, ra; desconocimiento.**

desconocido, da. adj. **1.** Ignorado o no conocido. *Un autor desconocido.* **2.** Muy cambiado o irreconocible. *La niña ha crecido mucho, está desconocida.*

desconsiderado, da. adj. Falto de consideración o poco considerado. *Has sido muy desconsiderado con él. Recibió un trato desconsiderado.* FAM **desconsideración.**

desconsiderar. tr. No considerar (algo). *Fracasó porque desconsideró factores básicos.*

desconsuelo. m. Tristeza o pena profundas, espec. por la falta o pérdida de algo querido o deseado. *La muerte de su madre la sumió en el desconsuelo.* FAM **desconsolado, da; desconsolador, ra; desconsolar** (conjug. CONTAR).

descontado. dar por ~ (algo). loc. v. Tener(lo) como seguro e indiscutible. *Den por descontado que iré a su boda.* ■ por ~. loc. adv. Por supuesto o sin duda alguna. *–¿Me ayudaría a buscar piso? –Por descontado, cuente conmigo.*

descontaminar. tr. Hacer que (algo o alguien contaminados) dejen de estarlo. *Hay que descontaminar los mares.* FAM **descontaminación.**

descontar. (conjug. CONTAR). tr. **1.** Quitar o restar (una cantidad) de otra. *Nos descuentan un 10% DEL precio total.* **2.** En algunos deportes: Añadir el árbitro al final de un período reglamentario (el tiempo en que el juego ha estado interrumpido). *El árbitro descontó cinco minutos.* **3.** Com. Abonar al contado (una letra u otro documento no vencido) rebajando de su valor la cantidad que se estipule, como intereses del dinero que se anticipa. *El acreedor no esperó al vencimiento de la letra y fue al banco para que se la descontaran.*

descontento[1]. m. Estado de la persona descontenta. *Muestra su descontento.* FAM **descontentar.**

descontento[2]**, ta.** adj. Insatisfecho o no contento. *Quedó descontento DEL resultado.*

descontrol. m. Falta de control, de orden o de disciplina. *El aumento del déficit se debió al descontrol del gasto público.* FAM **descontrolar.**

desconvocar. tr. Anular la convocatoria (de un acto como una huelga o una manifestación). *Han desconvocado la huelga.* FAM **desconvocatoria.**

descoordinado, da. adj. Que no tiene coordinación. *Los movimientos del bebé son descoordinados.* FAM **descoordinación.**

descorazonar. tr. Quitar el ánimo o la esperanza (a alguien). *La noticia de la derrota descorazonó a los nuestros.* ▶ *DESANIMAR. FAM **descorazonador, ra; descorazonamiento.**

descorchar. tr. Quitar (a una botella) el corcho que (la) cierra. *El camarero descorchó una botella.* FAM **descorchador; descorche.**

descornar. (conjug. CONTAR). tr. Quitar o romper los cuernos (a un animal). *Han descornado a la vaca.*

descorrer. tr. Hacer que (algo, espec. una cortina o un cerrojo) se abra moviéndo(lo). *Descorra las cortinas.*

descortés. adj. Falto de cortesía. *Estuvo descortés con los invitados.* ▶ *MALEDUCADO. FAM **descortesía.**

descortezar. tr. Quitar la corteza (a algo, espec. a un árbol). *Descortece el pan.*

descoser. tr. Soltar las puntadas (de algo cosido). *Descose las costuras.*

descosido. m. Parte descosida de una prenda. *Un descosido en la falda.*

descoyuntar. tr. **1.** Desencajar (un hueso) de su articulación. *El golpe le descoyuntó la mandíbula.* **2.** Descomponer o desbaratar (algo). *Tanta presión*

descrédito - desdoblar

acabará descoyuntando el Estado. FAM **descoyunta-miento.**

descrédito. m. Disminución o pérdida del crédito o reputación. *Las acusaciones contribuyeron al descrédito del escritor.*

descreído, da. adj. Falto de fe, espec. religiosa. *La sociedad se ha vuelto materialista y descreída. Es una persona descreída.* FAM **descreer** (conjug. LEER); **descreimiento.**

descremar. tr. Quitar la crema o la grasa (a la leche o a los productos lácteos). Gralm. en part. *Una taza de leche descremada.*

describir. (part. **descrito** o, Am., **descripto**). tr. **1.** Representar (algo o a alguien) por medio del lenguaje, explicando sus características. *El testigo lo describió como una persona violenta.* **2.** Trazar o seguir alguien o algo (una línea). *El proyectil describe una trayectoria curva.* FAM **descripción; descriptible; descriptivo, va.**

descriptor, ra. adj. **1.** Que describe. *Estos datos son descriptores de la situación.* ● m. **2.** tecn. Término o símbolo formalizado usados para identificar el contenido de un documento y facilitar la búsqueda o consulta de este. *El programa permite buscar los libros por título, autor o descriptores.*

descristianizar. tr. Apartar de la fe cristiana (a alguien). *Pretendían descristianizar la sociedad.* FAM **descristianización.**

descruzar. tr. Hacer que dejen de estar cruzadas (determinadas cosas). *Permanecía sentado, cruzando y descruzando las piernas.*

descuajar. tr. Arrancar de raíz o de cuajo (un árbol u otras plantas). *Es capaz de descuajar árboles.*

descuajaringar o **descuajeringar.** tr. **1.** coloq. Estropear (algo) al desunir las partes que (lo) componen. *El viento descuajeringó las persianas.* **2.** coloq. Cansar intensamente (a alguien). *Esas caminatas lo descuajaringan.*

descuartizar. tr. **1.** Dividir en cuartos o trozos (a una persona o un animal). *La víctima fue descuartizada.* **2.** Hacer pedazos (algo), frec. para repartir(lo). *El oleaje ha descuartizado la barca.* FAM **descuartizador, ra; descuartizamiento.**

descubierto, ta. adj. **1.** Claro o visible y no cubierto u oculto. *El techo tiene vigas descubiertas de madera.* **2.** Dicho de lugar: Abierto o espacioso. *La tormenta nos sorprendió en una zona descubierta del bosque.* **3.** Dicho de persona: Que lleva la cabeza sin cubrir con sombrero u otra prenda. *El cuadro representa a un caballero con sombrero y otro descubierto.* ● m. **4.** Econom. Déficit o saldo deudor de una cuenta. *Tenía un descubierto de medio millón en su cuenta.* ○ f. **5.** Mil. Reconocimiento del terreno que hace la tropa. *Los soldados decidieron hacer una descubierta por los alrededores.* ■ **al descubierto.** loc. adv. **1.** De manera descubierta (→ 1), o en situación de ser visto o conocido patentemente. *Su vestido deja sus hombros al descubierto.* **2.** Al raso, sin protección ni resguardo. *El local quedó al descubierto cuando el tejado se vino abajo.*

descubrir. (part. **descubierto**). tr. **1.** Destapar (a alguien o algo cubiertos o tapados). *Descubrieron los muebles tapados con sábanas.* **2.** Hallar o encontrar (algo desconocido u oculto). *Han descubierto una cueva prehistórica.* **3.** Llegar a tener conocimiento (de algo desconocido u oculto). *He conseguido descubrir lo que se proponen.* **4.** Llegar a conocer la identidad,

la situación o los propósitos (de alguien que quiere mantenerlos ocultos). *Han descubierto al espía.* **5.** Alcanzar a ver (algo). *Desde aquí descubrimos un amplio panorama.* ○ intr. prnl. **6.** Quitarse el sombrero u otra prenda que cubre la cabeza, para saludar o mostrar respeto. *Se descubre al entrar en la iglesia.* FAM **descubridor, ra; descubrimiento.**

descuelgue. m. Hecho de descolgar o descolgarse de algo, espec. de algo colectivo. *Hubo consenso hasta el descuelgue de los representantes sindicales.*

descuento. m. **1.** Hecho de descontar. *Si compra tres le hacemos un descuento.* **2.** Cantidad que se descuenta. *Resta al precio marcado un descuento del 5%.* **3.** En algunos deportes: Tiempo que se descuenta. *Empatamos el partido en el descuento.*

descuerar. tr. **1.** frecAm. Quitar la piel (a un animal). *Es más fácil descuerar los animales antes de abrirlos* [C]. **2.** frecAm. Desacreditar (a alguien) murmurando gravemente de él. *En esos programas se dedican a descuerar al prójimo.*

descuidado, da. adj. **1.** Dicho de persona: Que muestra poco cuidado en lo que hace o en el aseo y arreglo de su persona y sus cosas. *Procura fijarte y no seas tan descuidada.* **2.** Desprevenido. FAM **descuido.**

descuidar. tr. **1.** No cuidar (a alguien o algo) con la atención necesaria o debida. *Descuidó sus estudios y suspendió.* ○ intr. **2.** Se usa en imperativo para tranquilizar a alguien que tiene una preocupación o para librarle de una tarea. *−Ten cuidado y no te bañes −Descuida, no lo haré.* ○ intr. prnl. **3.** Dejar de tener el cuidado o la atención necesarios sobre algo. *Si me descuido, pierdo el autobús.*

desde. prep. **1.** Indica el límite inicial de una trayectoria en el espacio o en el tiempo. *La conoce desde hace años. Hay tres kilómetros desde allí hasta aquí.* **2.** Indica el límite mínimo de una cantidad variable. *Pisos desde un millón.* **3.** Indica el punto en el que se percibe algo que sucede o está en otro lugar. *Desde mi casa se ve el mar.*

desdecir. (conjug. PREDECIR). intr. **1.** Contrastar de forma desagradable alguien o algo con su entorno o en un lugar, por no estar acorde o en armonía con ellos. *Esta lámpara desdice aquí.* ○ intr. prnl. **2.** Dejar de mantener lo que se ha dicho. *Se desdijo DE sus acusaciones.* ▶ **2:** RETRACTARSE.

desdén. m. Indiferencia o desapego indicativos de desprecio. *La miró con desdén.*

desdentado, da. adj. **1.** Que no tiene dientes. *Viejo desdentado.* **2.** Zool. Del grupo de los desdentados (→ 3). ● m. **3.** Zool. Mamífero que carece de dientes incisivos y, a veces, de caninos y molares, como el oso hormiguero.

desdeñoso, sa. adj. Que tiene o muestra desdén. *El acusado se mostró desdeñoso y hostil.* FAM **desdeñable; desdeñar.**

desdibujado, da. adj. Que no tiene claridad o precisión en la forma. Tb. fig. *Los personajes de la novela me parecen desdibujados y poco interesantes.*

desdibujar. tr. Hacer que (algo, espec. un perfil o un contorno) pierda claridad o precisión. *La tormenta desdibuja el perfil de la ciudad.* FAM **desdibujado, da.**

desdicha. f. Desgracia (suceso adverso, o mala suerte). ▶ DESGRACIA. FAM **desdichado, da.**

desdoblar. tr. **1.** Extender (algo que está doblado). *Desdobla la carta para leerla.* **2.** Separar (algo) formando dos o más elementos iguales. *El nuevo plan de estudios desdobla la asignatura EN dos.* FAM **desdoblamiento.**

desdoro. m. Menoscabo en la reputación o el prestigio. *Es el mejor, lo digo sin desdoro de los demás.*

desdramatizar. tr. Quitar dramatismo (a algo). *El ministro intenta desdramatizar los datos del desempleo.* FAM **desdramatización; desdramatizador, ra.**

deseable. adj. **1.** Que debe ser deseado. *Reúne las cualidades deseables para el puesto.* **2.** Digno de ser deseado. *La capacidad de trabajo es una cualidad deseable.* ▶ **2:** APETECIBLE, APETITOSO.

desear. tr. **1.** Querer (algo), o tener voluntad o intención de conseguir(lo) o de realizar(lo). *Lo que más deseaba era comprarse un piso.* **2.** Sentir atracción sexual (hacia una persona). ▶ **1:** *QUERER.

desecar. tr. Hacer que (algo) pierda la humedad o el agua. *La sequía desecó el río.* FAM **desecación; desecamiento; desecante.**

desechable. adj. **1.** Que puede o debe ser desechado. *Trastos viejos desechables.* **2.** Dicho de objeto: Destinado a ser utilizado una sola vez y desecharse después. *Jeringuilla desechable.*

desechar. tr. **1.** Rechazar o no admitir (algo). *Han desechado la propuesta.* **2.** Apartar de sí (una sospecha o un temor). *Desecha ese temor.* **3.** Dejar o arrojar (algo que se considera inútil o inservible). *Recoge muebles viejos que la gente desecha.*

desecho. m. Cosa o conjunto de cosas que se desechan por considerarlas inútiles. *Desechos industriales.*

desembalar. tr. Deshacer el embalaje (de algo). *¡Con qué excitación desembaló el equipo de música!* FAM **desembalaje.**

desembalsar. tr. Dar salida (a agua contenida en un embalse). *Abrieron las compuertas del embalse para desembalsar 1 400 000 m³ de agua.* FAM **desembalse.**

desembarazado, da. adj. **1.** cult. Que tiene o muestra desembarazo. *Cada vez se muestra más desembarazada con la gente.* **2.** Libre de embarazos u obstáculos. *El terreno era llano y desembarazado.*

desembarazar. tr. cult. Dejar libre de embarazos u obstáculos (a alguien o algo). *Se desembarazó DE documentos comprometedores.*

desembarazo. m. Soltura en los modales o en la acción. *Se mueve con desembarazo.*

desembarcar. tr. **1.** Sacar una embarcación, tren o avión (a personas o mercancías). *Del carguero han desembarcado mil toneladas.* ○ intr. **2.** Salir o bajar de una embarcación, tren o avión. *Los pasajeros del vuelo están desembarcando.* **3.** Llegar a un lugar para comenzar o desarrollar una actividad. *Acaba de desembarcar EN la empresa y está algo perdida.* FAM **desembarcadero; desembarco; desembarque.**

desembargar. tr. Levantar el embargo (de algo). *Desembarguen los bienes confiscados.*

desembocadura. f. Lugar por donde desemboca una corriente de agua, una calle o algo similar. *La foto del satélite muestra la desembocadura del Amazonas.*

desembocar. intr. **1.** Acabar una corriente de agua, un conducto o una vía en un lugar. *El río Bravo desemboca EN el Golfo de México.* **2.** Acabar una cosa en otra. *La discusión ha desembocado EN una pelea.* ▶ **1:** DESAGUAR, DESCARGAR, VACIAR, VERTER.

desembolsar. tr. Pagar o entregar (una cantidad de dinero). *No puedo desembolsar ese dineral.* FAM **desembolso.**

desembozar. tr. Descubrir (a alguien embozado). *El caballero se desemboza y esgrime su espada.*

desembragar. tr. **1.** Desconectar (un eje, una pieza o un mecanismo) de un motor por medio del embrague. *Esta palanca sirve para embragar y desembragar el disco.* ○ intr. **2.** Desconectar el motor de la transmisión. *Intenta desembragar con suavidad.* FAM **desembrague.**

desembrollar. tr. coloq. Hacer que (algo) deje de estar embrollado. *Los cables forman una maraña imposible de desembrollar.*

desembuchar. tr. coloq. Decir alguien (cuanto sabe y tiene callado). *Ha desembuchado todos los detalles del plan.*

desemejante. adj. Diferente o no semejante. *Con concepciones tan desemejantes no cabe la comparación.* ▶ *DIFERENTE. FAM **desemejanza.**

desempañar. tr. Hacer que (algo empañado, espec. un cristal) deje de estarlo. *Para desempañar el parabrisas, conecte el aire frío.*

desempaquetar. tr. Quitar el paquete o envoltorio (a algo). *¡Qué nervios al desempaquetar los regalos!*

desempatar. tr. **1.** Deshacer el empate (en una competición u otro tipo de confrontación). *Este punto desempata la eliminatoria.* ○ intr. **2.** Deshacer un empate. *Si los candidatos empatan, habrá otra vuelta para desempatar.* FAM **desempate.**

desempeñar. tr. **1.** Recuperar (algo que se había empeñado) pagando la cantidad acordada. *Va a desempeñar las joyas.* **2.** Realizar las actividades o funciones propias (de una profesión, cargo u oficio). *Ha desempeñado cargos en la Administración.* **3.** Interpretar (un papel) en una obra teatral, cinematográfica o televisiva. *Desempeña el papel de un detective en la serie.* ○ intr. prnl. **4.** Am. Dedicarse alguien a una profesión, cargo u oficio. *Se desempeñaba como profesor en la Facultad de Humanidades* [C]. FAM **desempeño.**

desempleo. m. Paro (situación del que no tiene trabajo), o subsidio correspondiente). *Cuando el desempleo se prolonga, afecta psicológicamente.* ▶ *PARO. FAM **desempleado, da.**

desempolvar. tr. **1.** Quitar el polvo (a algo). *Con un plumero desempolva las figuritas.* **2.** Recuperar (algo olvidado o desechado mucho tiempo atrás) y volver a hacer uso (de ello). *Tendré que desempolvar mis conocimientos de matemáticas.*

desenamorarse. intr. prnl. Dejar de estar enamorado. *Toda una vida enamorándose y desenamorándose DE ella.*

desencadenar. tr. Originar (algo, espec. violento), o hacer que se produzca. *La medida desencadenará protestas.* FAM **desencadenamiento; desencadenante.**

desencajar. tr. **1.** Sacar (algo o a alguien de donde están encajados). *Le han desencajado la mandíbula de un puñetazo.* ○ intr. prnl. **2.** Descomponerse o alterarse la expresión del rostro, por enfermedad o perturbación del ánimo. *Mira la escena con el rostro desencajado.* FAM **desencaje.**

desencallar. tr. Poner a flote (una embarcación encallada). *Un remolcador consigue desencallar el buque.*

desencaminado, da. adj. Descaminado.

desencantar. tr. **1.** Deshacer el encanto al que están sometidos (alguien o algo). *El hada desencanta a la princesa.* **2.** Decepcionar o desilusionar (a alguien). *Te va a desencantar la película.* ▶ **2:** *DESILUSIONAR. FAM **desencantamiento; desencanto.**

215

desenchufar. tr. Separar o desacoplar (algo) de aquello en que está enchufado. *Antes de limpiar la batidora, desenchúfala.*

desencolar. tr. Despegar (algo pegado con cola). *Conviene desencolar y extraer la pieza para barnizarla.*

desencuadernar. tr. Deshacer o romper la encuadernación (de algo, espec. de un libro). *Si tratas así el libro, lo vas a desencuadernar.*

desencuentro. m. Desacuerdo o falta de entendimiento. *A pesar de algún desencuentro, se llevan bien.*

desenfado. m. Falta de timidez o inhibición al hablar o actuar. *Ha contado con desenfado varias anécdotas.* FAM **desenfadado, da.**

desenfocar. tr. Hacer perder el enfoque (a una imagen o a un asunto). *No desenfoques la cuestión.* FAM **desenfoque.**

desenfreno. m. Falta de freno o de moderación. *Le escandaliza el desenfreno de la juventud.* FAM **desenfrenado, da; desenfrenar.**

desenfundar. tr. **1.** Quitar la funda (a algo). *Desenfunda la máquina de escribir.* **2.** Sacar (algo) de su funda. *Desenfundó el revólver y disparó.*

desenganchar. tr. **1.** Soltar o desprender (algo o a alguien que están enganchados o sujetos). *Desengancha DEL coche el remolque.* **2.** coloq. Hacer que (alguien) deje una adicción. *Lo han desenganchado en un centro.* **3.** coloq. Liberar (a alguien) de un compromiso u obligación. *Se desenganchó DE la promesa hecha.* FAM **desenganche.**

desengañar. tr. **1.** Hacer ver (a una persona) el error que ha cometido al valorar a alguien o algo. *Lo tenía por amigo, pero su comportamiento la ha desengañado.* **2.** Quitar la esperanza o la ilusión (a alguien). *Persiste en su propósito sin que los fracasos la desengañen.* ▶ **2:** *DESILUSIONAR. FAM **desengaño.**

desengrasar. tr. **1.** Quitar la grasa (a algo). *Es un producto especial para desengrasar sartenes.* ○ intr. **2.** Neutralizar los efectos de una comida grasa, gralm. tomando frutas, sorbetes u otro alimento. *Después de la carne, un sorbete para desengrasar.* **3.** Aliviar la pesadez de lo que se está haciendo variando de actividad. *Cada dos horas de estudio, da un paseo para desengrasar.* FAM **desengrase.**

desenlace. m. Final de un suceso, de una narración o de una obra dramática. *Ignoramos cuál va a ser el desenlace de nuestra aventura.*

desenlazar. tr. **1.** Soltar (algo o a alguien que estaban enlazados). *Desenlaza nerviosa el paquete.* **2.** Dar solución (a algo, espec. a una obra dramática, narrativa o cinematográfica). *El director desenlaza la película con la muerte del protagonista.*

desenmarañar. tr. Desenredar (algo) o hacer que deje de estar enmarañado. *¡Qué tirones para desenmarañarme el pelo!*

desenmascarar. tr. Dar a conocer (a alguien) tal como es, descubriendo de quién se trata o cuál es su verdadero carácter o sus intenciones ocultas. *Las investigaciones permitieron desenmascarar al asesino.* FAM **desenmascaramiento.**

desenraizar. (conjug. AISLAR). tr. Desarraigar o arrancar de raíz (una planta). *Será necesario excavar para desenraizar el árbol.* ▶ DESARRAIGAR.

desenredar. tr. Hacer que (algo o alguien) dejen de estar enredados. *Hay que desenredar los hilos del cestillo.* Tb. fig. *Un lío difícil de desenredar.*

desenrollar. tr. Extender (algo que está enrollado o tiene forma de rollo). *Desenrollaron la alfombra sobre la escalinata.* ▶ DESENVOLVER.

desenroscar. tr. Hacer que (algo) deje de estar enroscado. *Desenrosca la bombilla.*

desensillar. tr. Quitar la silla (a una caballería). *El jinete desensilla la yegua.*

desentenderse. (conjug. ENTENDER). intr. prnl. No atender a alguien o algo, o no ocuparse de ellos. *Se ha desentendido DE la familia.* FAM **desentendimiento.**

desenterrar. (conjug. ACERTAR). tr. **1.** Sacar (algo o a alguien) de debajo de la tierra, o de donde están enterrados. *Alguien desenterró los cadáveres.* **2.** Traer a la memoria o dar a conocer (algo o a alguien olvidados). *Pasan la tarde desenterrando historias de juventud.* ▶ EXHUMAR.

desentonar. intr. **1.** Contrastar de forma desagradable alguien o algo con su entorno o en un lugar, por no estar en armonía con ellos. *Ese jarrón desentona EN el salón.* **2.** En música: Desafinar, espec. al cantar. *¡Cómo desentona ese borracho!* ▶ **2:** DESAFINAR. FAM **desentono.**

desentrañar. tr. Averiguar o llegar a comprender a fondo (algo dificultoso o recóndito). *Quiere desentrañar las causas de la enfermedad.* FAM **desentrañamiento.**

desentrenar. tr. Hacer perder (a alguien) el entrenamiento adquirido. *Intentan desentrenar al delfín para devolverlo a su hábitat.*

desentumecer. (conjug. AGRADECER). tr. Hacer que (alguien o algo) pierdan su entumecimiento. *Un masaje desentumece los músculos.* FAM **desentumecimiento.**

desenvainar. (conjug. BAILAR). tr. Sacar de la vaina (un arma blanca). *¡Desenvaina tu espada y defiéndete!*

desenvolver. (conjug. MOVER; part. **desenvuelto**). tr. **1.** Quitar la envoltura (a algo). *No lo desenvuelva hasta que llegue a casa.* **2.** Desenrollar (algo). *Desenvuelva la manguera y conéctela al grifo.* **3.** Desarrollar (algo), o hacer que crezca cuantitativa o cualitativamente. *Aquí podrá desenvolver su talento.* ○ intr. prnl. **4.** Seguido de un complemento de modo: Actuar de la manera expresada en una determinada circunstancia. *Se desenvuelve bien en su trabajo.* **5.** Actuar hábilmente o de forma adecuada. *Sabe desenvolverse en el mundo de los negocios.* ▶ **2:** DESENROLLAR. **3:** DESARROLLAR. **4:** DEFENDERSE, VALERSE. FAM **desenvolvimiento.**

desenvuelto, ta. adj. Que tiene o muestra facilidad y soltura en la forma de actuar o de hablar. *Parece desenvuelta y audaz.* FAM **desenvoltura.**

deseo. m. **1.** Hecho de desear. *El deseo de triunfar lo obsesiona.* **2.** Cosa que es objeto de deseo (→ 1). *Su deseo es acabar la carrera.* **3.** Apetito sexual. *También en la vejez puede haber deseo.* ▶ **1:** ANHELO, ANSIA, APETENCIA, APETITO. **3:** APETITO.

deseoso, sa. adj. Que tiene o muestra deseo o apetencia de algo. *Llega deseoso DE descansar.* ▶ ANHELANTE, ANHELOSO, ANSIOSO.

desequilibrio. m. **1.** Falta de equilibrio. *Son síntomas de desequilibrio hormonal.* **2.** Estado psíquico que se caracteriza por trastornos de la personalidad, sin llegar a la locura. *Nada, salvo su desequilibrio, lo ha impulsado al suicidio.* FAM **desequilibrado, da; desequilibrar.**

desertar. intr. **1.** Abandonar un soldado el ejército sin autorización. *Se castigará a los soldados que deserten.* **2.** Abandonar una obligación o un ideal. *Ha desertado DE su puesto.* **3.** Dejar de frecuentar (un lugar). *He* *desertado* DEL *bar en que desayunábamos.* FAM **deserción; desertor, ra.**

desértico, ca. adj. **1.** Del desierto, o de características semejantes a las suyas. *Clima desértico.* **2.** Dicho de lugar: Desierto (no habitado o vacío de gente). *Calles desérticas.* ▶ **2:** DESIERTO. FAM **desertificación; desertificar; desertización; desertizar.**

desescombrar. tr. Limpiar de escombros (un lugar). *Unos operarios han desescombrado el local tras la explosión.* FAM **desescombro.**

desesperado, da. adj. **1.** Dominado por la pérdida de esperanza. Tb. m. y f. *Habla con la firmeza de los desesperados.* **2.** Que no tiene solución o no permite concebir esperanzas. *Los médicos lo consideran un caso desesperado.* ■ **a la desesperada.** loc. adv. Como último remedio para lograr lo que no parece posible de otro modo. *Miles de ciudadanos huyen a la desesperada.*

desesperanzar. tr. Quitar la esperanza (a alguien). *El fracaso de su novela lo ha desesperanzado.* FAM **desesperanza; desesperanzador, ra.**

desesperar. tr. **1.** Hacer perder (a alguien) la calma o la tranquilidad. *Estos niños me desesperan.* ○ intr. **2.** Perder la esperanza. *No desesperes* DE *triunfar.* FAM **desesperación; desesperante; desespero.**

desestabilizar. tr. Alterar o perturbar la estabilidad (de algo). Frec. hablando de situación política o económica. *Los atentados persiguen desestabilizar el país.* FAM **desestabilización; desestabilizador, ra.**

desestiba. f. Mar. Hecho de sacar el cargamento de la bodega de una embarcación y disponerlo para la descarga. *Servicio portuario de estiba y desestiba.*

desestimar. tr. **1.** Denegar o desechar (algo, espec. una petición). *Tuvo una idea, pero la desestimó. La resolución judicial desestima el recurso del fiscal.* **2.** Menospreciar o tener en poco (algo). *Nunca desestimes la capacidad de tu adversario.* FAM **desestima; desestimación; desestimatorio, ria.**

desfacedor. ~ **de entuertos.** m. cult., humoríst. Persona que deshace o venga agravios. *Según ella soy el mayor desfacedor de entuertos de la historia.*

desfachatez. f. Descaro.

desfalcar. tr. Apropiarse alguien (de dinero o de bienes que están bajo su custodia). *El administrador ha desfalcado millones.* FAM **desfalco.**

desfallecer. (conjug. AGRADECER). intr. **1.** Perder completamente las fuerzas. *Al pasar la meta, el atleta desfallece y cae.* **2.** Perder el ánimo o la energía. *No desfallezca, puede lograrlo.* ▶ **1:** ENFLAQUECER. **2:** DESMAYAR. FAM **desfallecimiento.**

desfasado, da. adj. Que no se ajusta a las corrientes, condiciones o circunstancias del momento. *¡Qué ideas tan desfasadas!*

desfase. m. **1.** Falta de ajuste o adaptación entre personas o cosas, o en relación con el ambiente y las circunstancias de un momento determinado. *Hay un gran desfase entre salarios y precios.* **2.** Fís. Diferencia de fase. FAM **desfasar.**

desfavorable. adj. Adverso o no favorable. *Un informe desfavorable.*

desfavorecer. (conjug. AGRADECER). tr. Causar perjuicio (a alguien o algo). *El árbitro nos ha desfavorecido con sus decisiones.*

desfibrilador. m. Med. Aparato que aplica descargas eléctricas para restablecer el ritmo cardíaco normal. *La ambulancia está equipada con un desfibrilador.*

desfigurar. tr. **1.** Alterar la forma o las facciones (de una persona o de su rostro) deformándolas. *Las quemaduras le han desfigurado la cara.* **2.** Alterar o cambiar (algo, espec. un suceso o una verdad). *Tiende a desfigurar los hechos.* FAM **desfiguración.**

desfiladero. m. Paso estrecho entre montañas. *El desfiladero estaba nevado.*

desfilar. intr. **1.** Marchar en orden y formación soldados o tropas ante alguien o algo, espec. una autoridad. *Desfilarán soldados de los tres ejércitos.* **2.** Pasar unas tras otras varias personas o cosas. *La comitiva desfila por la avenida.* **3.** coloq. Marcharse unas tras otras varias personas. *A medianoche los invitados empezaron a desfilar.* FAM **desfile.**

desflecar. tr. Sacar flecos (a algo, espec. a una tela) destejiendo las orillas o extremos. *El viento desfleca la bandera.*

desflorar. tr. Desvirgar (a una mujer). ▶ DESVIRGAR. FAM **desfloración.**

desfogar. tr. **1.** Manifestar o dejar ver (un sentimiento o una pasión) con vehemencia. *Desfoga su ira gritando.* ○ intr. prnl. **2.** Manifestar o dejar ver alguien un sentimiento o una pasión con vehemencia. *Se desfoga con su familia.* FAM **desfogue.**

desfondar. tr. **1.** Quitar o romper el fondo (a algo, espec. a una vasija o una caja). *El golpe ha desfondado el cántaro.* **2.** Quitar las fuerzas (a alguien), o dejar(lo) sin ellas. *El entrenamiento los ha desfondado.* FAM **desfondamiento.**

desforestar. tr. Deforestar (un terreno). *Las compañías madereras están desforestando los bosques.* ▶ DEFORESTAR.

desgaire. m. Descuido, frec. afectado, en lo que se hace. *Dejó con desgaire el periódico sobre la mesa.* ■ **al** ~. loc. adv. Con descuido, frec. afectado. *Y así, al desgaire, suelta las pullas más venenosas.*

desgajar. tr. **1.** Separar o arrancar (una rama) del tronco de donde nace. *El peso de la fruta ha desgajado una rama.* **2.** Separar (una cosa) de otra a la que está unida. *Han desgajado la cátedra de Historia* DE *la de Geografía.* FAM **desgajamiento; desgaje.**

desgalichado, da. adj. coloq. Desgarbado.

desgana. f. **1.** Falta de ganas de comer. *Se tomó la sopa con desgana.* **2.** Falta de gana, interés o deseo. *Trabaja con desgana.* ▶ **1:** INAPETENCIA. FAM **desganado, da.**

desgañitarse. intr. prnl. Gritar o vocear haciendo un esfuerzo exagerado. *Me desgañitaba llamándola.*

desgarbado, da. adj. Falto de garbo. *Andares desgarbados.*

desgarrado, da. adj. **1.** Que manifiesta o implica dolor. *Gritos desgarrados.* **2.** Que muestra desgarro o desvergüenza. *Su lenguaje resulta chulesco y desgarrado.*

desgarrar. tr. **1.** Romper o hacer pedazos (algo, espec. un tejido orgánico o una tela) con fuerza y sin el auxilio de ningún instrumento. *Un león desgarra la carne de la cebra.* **2.** Causar gran pena (a alguien o algo, espec. al corazón) o despertar compasión (en ellos). *Ver a los niños hambrientos le desgarra el corazón.* FAM **desgarrador, ra; desgarradura; desgarramiento; desgarro.**

desgarrón. m. Rotura grande que se produce en algo, espec. en una tela, al desgarrarse. *Se ha hecho un desgarrón en el pantalón.*

desgastar. tr. **1.** Hacer que (algo) se deteriore por el uso o el roce. *Desgasta enseguida las suelas de los* *zapatos.* **2.** Hacer que (alguien o algo) pierdan fuerza o poder. *Tantos años en el cargo la han desgastado.* FAM **desgaste.**

desglosar. tr. Separar (algo) de un todo para estudiar(lo) o considerar(lo) independientemente. *Desglosaron* DEL *expediente algunos documentos.* FAM **desglose.**

desgobierno. m. Desorden o falta de gobierno. *Solo un cambio de autoridad pondría fin a tanto desgobierno.* FAM **desgobernar** (conjug. ACERTAR).

desgracia. f. **1.** Suceso adverso que causa un grave perjuicio. *Su muerte fue una desgracia.* **2.** Mala suerte. *Me persigue la desgracia.* **3.** Pérdida del favor o de la consideración. *Su antiguo hombre de confianza cayó en desgracia.* ▶ **1, 2:** DESDICHA.

desgraciado, da. adj. **1.** Que padece desgracias o una desgracia. *Entrevistaremos a las desgraciadas víctimas de los atentados.* **2.** Desafortunado o que no tiene suerte. *Ha sido afortunado en el juego y desgraciado en amores.* **3.** Dicho de persona: Digna de menosprecio. Frec. se usa como insulto. *Mira lo que me ha hecho, ¡será desgraciada!* **4.** Dicho de cosa: Que causa o implica desgracia. *Un accidente desgraciado.* **5.** Desacertado o inconveniente. *Pido perdón por tan desgraciado comentario.* ▶ **1:** DESDICHADO. **4:** FATAL, FATÍDICO, FUNESTO, MALHADADO. FAM **desgraciadamente.**

desgraciar. (conjug. ANUNCIAR). tr. Malograr o echar a perder (algo o a alguien). *La mala gestión puede desgraciar el proyecto.*

desgranar. tr. **1.** Sacar los granos (de un fruto). *Desgrana las vainas de los guisantes.* **2.** Hacer que (varias cosas, espec. cuentas del rosario) pasen una detrás de otra. Tb. fig. *El conferenciante va desgranando argumentos.* FAM **desgrane.**

desgrasar. tr. Quitar la grasa (a algo). *Desgrase el guiso con la espumadera.*

desgravar. tr. Deducir o descontar (algo) en la cuota de un impuesto. *Se pueden desgravar una cantidad por el alquiler de la vivienda.* FAM **desgravación.**

desgreñado, da. adj. Dicho de persona o de cabeza: Que tiene el pelo despeinado o desordenado. *Un mendigo desgreñado.*

desguarnecer. (conjug. AGRADECER). tr. Quitar (a un lugar) la guarnición o tropas que tenía para su defensa. *Había que lanzar el ataque sin desguarnecer el castillo.*

desguazar. tr. Deshacer o desmontar (algo, espec. un vehículo). *Van a desguazar las viejas fragatas.* FAM **desguace.**

deshabitado, da. adj. Que no está habitado. *Las zonas desérticas están deshabitadas.* ▶ INHABITADO.

deshabitar. tr. Dejar sin habitantes (un lugar). *La guerra deshabitó el pueblo.*

deshabituar. (conjug. ACTUAR). tr. Hacer perder el hábito de algo (a alguien). *El objetivo del centro es deshabituar a los drogodependientes.* FAM **deshabituación.**

deshacer. (conjug. HACER). tr. **1.** Hacer que (algo que está hecho) deje de estarlo. *Hizo y deshizo el nudo varias veces.* **2.** Hacer que (algo) desaparezca completamente. *Es necesario deshacer este malentendido.* **3.** Hacer que (algo que se ha acordado) no tenga efecto. *Piensa deshacer el acuerdo con su socio.* **4.** Arruinar o destruir completamente (algo). *El negocio que tanto costó levantar lo han deshecho sus hijos en un año.* **5.** Ocasionar un grave daño físico o moral (a alguien).

Está deshecha por la muerte de su padre. **6.** Descomponer o separar (un todo) en partes. *El matarife mataba y deshacía las reses.* **7.** Hacer líquido (algo sólido). *El sol ha deshecho el muñeco de nieve.* **8.** Disolver (un sólido) en un líquido. *Deshaz el comprimido* EN *un vaso de agua.* ○ intr. prnl. **9.** Prodigar determinadas manifestaciones, espec. de afecto o cortesía. *Al hablar de su mujer se deshace* EN *elogios.* **10.** Desprenderse de algo, frec. inservible o molesto. *No quiero deshacerme* DE *mis libros.* **11.** Librarse de alguien o algo molestos o inoportunos, frec. eliminándolos. *El asesino se deshizo* DEL *testigo estrangulándolo.*

desharrapado, da. (Tb. **desarrapado**). adj. **1.** Andrajoso o lleno de harapos. *Niños desharrapados y con piojos.* **2.** Dicho de persona: Pobre o que carece de medios para vivir. Tb. m. y f. *Luchemos por los humildes y los desharrapados.*

deshelar. (conjug. ACERTAR). tr. Hacer que (algo) deje de estar helado. *El calor ha ido deshelando la nieve.* FAM **deshielo.**

desheredado, da. adj. Pobre o que carece de medios para vivir. Tb. m. y f. *Ayuden a los marginados y a los desheredados.*

desheredar. tr. Excluir (a un heredero) de la herencia que (le) corresponde por derecho. *Su madre lo ha desheredado.*

deshidratar. tr. Privar (a un cuerpo o a un organismo) del agua que contienen. *Deshidratan los alimentos sometiéndolos a altas temperaturas.* FAM **deshidratación.**

deshilachar. tr. Sacar los hilos (de una tela) formando hilachas. *El viento deshilachaba el toldo.*

deshilar. tr. Sacar hilos (de una tela), espec. con fines ornamentales. *Está deshilando la tela para hacer vainica.* FAM **deshilado.**

deshilvanado, da. adj. Dicho espec. de idea o de discurso: Falto de enlace o de conexión. *El discurso se redujo a cuatro ideas deshilvanadas.*

deshilvanar. tr. Quitar los hilvanes (a algo hilvanado y ya cosido). *Hay que deshilvanar las costuras.*

deshinchar. tr. Hacer que (algo hinchado) deje de estarlo. *Le han deshinchado las ruedas del coche.*

deshojar. tr. Quitar las hojas (a algo, espec. a una flor o una planta). *Está deshojando una margarita.* FAM **deshoje.**

deshollinar. tr. Limpiar (algo, espec. una chimenea) quitándo(le) el hollín. *Hay que deshollinar la chimenea.* FAM **deshollinador, ra.**

deshonesto, ta. adj. **1.** Que no es honesto u honrado. *En todas las profesiones hay personas deshonestas.* **2.** Que no es honesto o decente, en el aspecto sexual. *Ha cometido actos deshonestos con un menor.* ▶ **2:** IMPURO. FAM **deshonestidad.**

deshonor. m. Pérdida del honor. *Un sentimiento de humillación y deshonor.* ▶ DESHONRA.

deshonrar. tr. **1.** Quitar la honra o el honor (a alguien). *Semejante vileza deshonra a quien la comete.* **2.** Quitar la honra (a una mujer), gralm. violándo(la) o haciéndo(le) perder la virginidad fuera del matrimonio. FAM **deshonra; deshonroso, sa.**

deshora. a ~(s). loc. adv. Fuera del tiempo oportuno o apropiado. *Llegó borracho y a deshora.*

deshuesar. tr. Quitar los huesos (a algo, espec. carne o fruta). *Deshuesar un jamón no es fácil.* FAM **deshuesado.**

deshumanizado, da. adj. Que no tiene determinadas características humanas, espec. sentimientos. *El trato es impersonal y deshumanizado.*

deshumanizar. tr. Privar (a alguien o algo) de carácter humano. *El poder la deshumaniza.* FAM deshumanización; deshumanizador, ra; deshumanizante.

desiderátum. m. Aspiración o deseo aún no cumplido. *La justicia social es un desiderátum.*

desidia. f. Falta de ganas o de disposición para actuar. *No se arregla por desidia.* FAM desidioso, sa.

desierto, ta. adj. **1.** Dicho de lugar: No habitado, o vacío de gente. *Las aulas están desiertas.* **2.** Dicho de premio, concurso o subasta: Que no ha tenido ganador o queda sin adjudicar. ● m. **3.** Extensión de terreno propia de zonas con gran escasez de lluvias, caracterizada por la aridez del suelo y por la carencia casi total de vegetación y de fauna. **4.** Lugar despoblado o en el que no hay gente. *El parque es un desierto.* ■ **predicar en** (el), o **clamar en el, desierto.** loc. v. Intentar inútilmente convencer a alguien que no está dispuesto a atender a razones. *Decirle que estudie es predicar en el desierto.* ▶ **1:** DESÉRTICO.

designar. tr. **1.** Señalar (a alguien) para desempeñar un cargo o función. *Lo han designado jefe de personal.* **2.** Determinar o señalar (algo). *Designaron el 2 de abril para su reunión.* **3.** Representar (a alguien o algo) por medio del lenguaje. *Designamos cada lado del triángulo con una letra.* ▶ **1:** ELEGIR, NOMBRAR, NOMINAR. FAM designación; designativo, va.

designio. m. Propósito o voluntad de hacer algo. *Todos se someten a sus designios.*

desigual. adj. **1.** Que no es igual o presenta diferencias. *Tiene los dientes desiguales.* **2.** Variable o que implica cambios. *Tendremos un tiempo desigual.* **3.** Dicho de una superficie: Que presenta desniveles o irregularidades. FAM desigualar; desigualdad.

desilusión. f. **1.** Sentimiento de pesar o tristeza que experimenta alguien al ver frustrada una ilusión o descubrir que una persona o una cosa no son como esperaba. *Comprobó con desilusión que no le regalaban nada.* **2.** Falta de ilusiones. *No se puede emprender un proyecto con tanta desilusión.* ▶ **1:** DECEPCIÓN, DESENCANTAMIENTO, DESENCANTO, DESENGAÑO. **2:** DESENCANTAMIENTO, DESENCANTO.

desilusionar. tr. **1.** Hacer que (alguien) pierda la ilusión o las ilusiones. *No es por desilusionarte, pero veo difícil que apruebes.* **2.** Causar desilusión o decepción (a alguien). *Me has desilusionado.* ▶ **2:** DECEPCIONAR, DESENCANTAR, DESENGAÑAR.

desincrustar. tr. Limpiar o eliminar (algo incrustado, espec. suciedad). *Desincruste la grasa de la sartén.*

desinencia. f. *Gram.* Morfema que se añade a la raíz de las palabras variables para expresar determinados rasgos gramaticales. *¿Con qué desinencia se forma la 1ª persona del presente de "estudiar"?*

desinfectar. tr. Destruir los gérmenes nocivos (de algo) para quitar o evitar una infección. *Desinfecta las pinzas con alcohol.* FAM desinfección; desinfectante.

desinflamar. tr. Hacer que (algo inflamado o hinchado, espec. una parte del cuerpo) pierda la inflamación. *Se da pomada para desinflamar la rodilla.*

desinflar. tr. **1.** Hacer que (algo inflado) deje de estarlo. *Desinfla la colchoneta.* **2.** Desanimar o desilusionar (a alguien). *Las críticas a su trabajo lo desinflan.*

desinformación. f. **1.** Falta de información. *Cometieron el error por desinformación.* **2.** Hecho de dar información ocultando o falseando hechos intencionadamente. *Campaña de desinformación.* FAM desinformar.

desinhibido, da. adj. Espontáneo o falto de inhibición. *Conducta desinhibida.*

desinhibir. tr. Hacer que (alguien) pierda la inhibición o se comporte con espontaneidad. *Estar con gente de confianza lo desinhibe.* FAM desinhibición.

desinsectar. tr. Limpiar de insectos, espec. de los nocivos para la salud o para la economía, (algo o a alguien). *Desinsectaron el establo.* FAM desinsectación.

desintegrar. tr. Separar los elementos de los que está compuesto (algo) o dividir(lo) en fragmentos. *La digestión desintegra los alimentos.* FAM desintegración.

desinterés. m. **1.** Falta de interés por alguien o algo. *Muestra gran desinterés POR la política.* **2.** Falta de interés por obtener provecho personal en lo que se hace. *Actúa con desinterés, sin esperar nada a cambio.* FAM desinteresarse.

desinteresado, da. adj. **1.** Dicho de persona: Que tiene o muestra desinterés. *El público se muestra frío, desinteresado.* **2.** Dicho de cosa: Que manifiesta o implica desinterés. *Su ayuda es desinteresada.*

desintoxicar. tr. Hacer que (alguien), mediante un tratamiento adecuado, deje de estar intoxicado. *Comió algo en mal estado y en el hospital lo desintoxicaron.* FAM desintoxicación.

desistir. intr. Abandonar una idea, intento o actitud. *No desistas; sigue adelante con tu proyecto.*

deslave. m. *Am.* Tierra que se desprende de una montaña o ladera por efecto del agua. *Deslaves ocasionados por una torrencial lluvia* [C].

desleal. adj. Que no es leal. *Fue desleal CON usted al ocultarle información.* FAM deslealtad.

deslegitimar. tr. Quitar validez o legitimidad (a alguien o algo). *La falta de un censo electoral fiable deslegitimaría el referéndum.*

desleír. (conjug. SONREÍR). tr. Disolver (algo, espec. sólido o pastoso) en un líquido. *Hay que desleír el chocolate EN la leche.* ▶ *DISOLVER.

deslenguado, da. adj. Que habla con desvergüenza o de forma grosera. *Es chismoso y deslenguado.*

desliar. (conjug. ENVIAR). tr. Hacer que (algo) deje de estar liado. *Nos costó desliar el paquete, que venía bien atado.*

desligar. tr. **1.** Separar (una cosa) de otra a la que está ligada o unida. *No podemos desligar la forma de un texto DE su contenido.* **2.** Separar (a una persona) de alguien o algo a los que está ligada afectiva o legalmente. *Quiere desligarme DE mis amigos.*

deslindar. tr. Señalar o establecer los límites (de algo), frec. respecto de otra cosa. *En el trabajo hay que deslindar lo personal DE lo laboral.* FAM deslinde.

desliz. m. **1.** Error o desacierto cometidos por flaqueza o por descuido. *Cometió un desliz.* Frec. designa el hecho de mantener relaciones sexuales, espec. fuera del matrimonio, que dan lugar a un embarazo no deseado. *Si una chica tenía un desliz, debía casarse inmediatamente.* **2.** Hecho de deslizarse. *Sintió el desliz de una mano acariciadora.*

deslizar. tr. **1.** Mover suavemente (una cosa) sobre la superficie de algo. *Desliza la mano por mi pelo.* **2.** Introducir o colocar (algo) con disimulo. *Deslizó una carta en su bolsillo.* ○ intr. prnl. **3.** Moverse una cosa suavemente sobre la superficie de algo. *La moneda se desliza sobre la mesa y cae al suelo.* **4.** Desplazarse o moverse alguien sobre la superficie de algo. *Se desliza con su tabla de surf.* FAM **deslizamiento; deslizante.**

deslomar. tr. **1.** coloq. Romper la espalda o el lomo (a alguien), espec. con golpes. *Le pegó con tanta fuerza que casi lo desloma.* **2.** coloq. Agotar o dejar muy cansada (a una persona) alguien o algo, espec. un esfuerzo. *Estar todo el día de acá para allá me desloma.*

deslucido, da. adj. Falto de lucimiento. *La ceremonia fue triste y deslucida.*

deslucir. (conjug. LUCIR). tr. Quitar el brillo o la buena apariencia (a algo). *La lluvia deslució el espectáculo.*

deslumbrar. tr. **1.** Dejar una luz intensa o aquello que la emite momentáneamente ciego (a alguien). *Los faros del coche me deslumbraron.* **2.** Producir gran impresión o admiración (en alguien). *Su belleza deslumbra a todos.* ► **1:** CEGAR, ENCANDILAR. **2:** *ASOMBRAR. FAM **deslumbrador, ra; deslumbramiento; deslumbrante.**

deslustrar. tr. Quitar lustre (a algo). *Nada deslustrará la ceremonia.*

desmadejado, da. adj. Dicho de persona o de una parte de su cuerpo: Débil o flojo. *Es alto y desmadejado.* ► *DÉBIL.

desmadejar. tr. Debilitar (a alguien o alguna parte de su cuerpo) o dejar(los) flojos. *Una fatiga inmensa desmadeja su cuerpo.*

desmadrarse. intr. prnl. coloq. Excederse alguien en su comportamiento, hasta el punto de perder la mesura y la dignidad. *Cuando sale de juerga, se desmadra.* FAM **desmadre.**

desmán. m. Exceso o desorden, frec. cometidos con abuso del poder o la fuerza. *Durante su mandato cometió muchos desmanes.*

desmandarse. intr. prnl. Apartarse del orden establecido. *Aquí nadie se puede desmandar ni actuar por su cuenta.*

desmano. a ~. loc. adv. A trasmano o fuera de los caminos frecuentados. *La casa se encuentra muy a desmano.*

desmantelar. tr. Dejar sin actividad (algo) derribando o desmontado sus instalaciones. *Van a desmantelar las bases nucleares.* FAM **desmantelamiento.**

desmañado, da. adj. Dicho de persona: Falto de maña o habilidad. *Soy desmañado para el dibujo.*

desmaquillar. tr. Quitar el maquillaje (a una persona o a su rostro). *Desmaquille siempre sus ojos.* FAM **desmaquillador, ra.**

desmarcarse. intr. prnl. **1.** En algunos deportes: Apartarse un jugador de otro u otros para quedar libre de su marcaje. *El delantero se desmarca de su defensor.* **2.** Apartarse o distanciarse de un grupo o de algo de carácter colectivo, gralm. para marcar las diferencias. *Siempre se ha desmarcado DE las posturas más radicales.* FAM **desmarque.**

desmayado, da. adj. Falto de fuerza. *Gestos desmayados.*

desmayo. m. **1.** Pérdida del sentido o del conocimiento. *Sufrió un desmayo.* **2.** Pérdida del ánimo o las fuerzas. *Estudia sin desmayo.* ► **1:** DESFALLECIMIENTO, DESVANECIMIENTO, LIPOTIMIA, SÍNCOPE, VAHÍDO. **2:** DESFALLECIMIENTO. FAM **desmayar.**

desmedido, da. adj. Excesivo o desproporcionado. *Tiene un desmedido afán de protagonismo.* ► *EXCESIVO.

desmedrado, da. adj. Dicho de persona o cosa: Que no alcanza el desarrollo normal. *Las plantas crecen débiles y desmedradas.*

desmejorar. tr. **1.** Hacer que (alguien o algo) pasen a estar peor. *Los aditivos desmejoran la calidad del producto.* ○ intr. **2.** Ir perdiendo la salud o la vitalidad. *El enfermo ha desmejorado mucho.*

desmelenado, da. adj. **1.** Que se presenta sin la compostura debida, espec. con el cabello suelto y desordenado. *Salió a abrir la puerta desmelenada.* **2.** Que muestra arrebato o falta de moderación. *Fanáticos desmelenados.*

desmembrar. (conjug. ACERTAR o reg.). tr. **1.** Separar los miembros o partes (de un cuerpo). *Desmembró a su víctima.* Tb. fig. *Las luchas internas desmembraron el imperio.* **2.** Separar (una parte) del todo en que está integrada. *La dirección desmembró DEL partido al sector radical.* FAM **desmembración; desmembramiento.**

desmemoriado, da. adj. Que tiene poca memoria o que no tiene memoria. *Es muy desmemoriado y olvida siempre las citas.* FAM **desmemoria.**

desmentir. (conjug. SENTIR). tr. **1.** Sostener o demostrar la falsedad (de un dicho o hecho). *Ha desmentido que esté embarazada.* **2.** Sostener o demostrar que lo dicho o hecho (por alguien) es falso. *El periodista desmintió al político durante la entrevista.* FAM **desmentida** (Am); **desmentido.**

desmenuzar. tr. **1.** Deshacer (algo) dividiéndo(lo) en partes menudas, espec. con los dedos. *Desmenuza un bollo sobre el tazón de leche.* **2.** Examinar detalladamente (algo). *Lee desmenuzando cada frase.* FAM **desmenuzamiento.**

desmerecer. (conjug. AGRADECER). intr. **1.** Perder mérito o valor. *Las obras clásicas no desmerecen con el tiempo.* **2.** Ser una persona o cosa inferiores a otra u otras con las que se comparan. *Esta novela no desmerece DE las anteriores.* FAM **desmerecimiento.**

desmesurado, da. adj. Excesivo o que sobrepasa los límites de lo normal. *Un precio desmesurado.* ► *EXCESIVO. FAM **desmesura; desmesurar.**

desmigajar o **desmigar.** tr. Desmenuzar o hacer migajas (algo, espec. un alimento). *Desmigaja pan para las palomas.*

desmilitarizar. tr. **1.** Suprimir el carácter militar (de algo). *Al terminar la guerra, desmilitarizaron los servicios de la ciudad.* **2.** Dejar libre de tropas e instalaciones militares (un territorio), obedeciendo a un acuerdo internacional. *La ONU acuerda desmilitarizar la zona en litigio.* FAM **desmilitarización.**

desmineralización. f. tecn. Disminución o eliminación de los elementos minerales de algo, espec. de los huesos o del agua. *Desmineralización ósea.*

desmirriado, da. adj. Muy flaco y débil. *Come, que estás desmirriado.* ► ESCUÁLIDO.

desmitificar. tr. Privar de carácter mítico (a alguien o algo). *El ensayo desmitifica la llamada "época dorada" del país.* FAM **desmitificación; desmitificador, ra.**

desmochar. tr. Quitar o cortar la punta o parte superior (de algo) dejándo(lo) mocho. *En invierno desmochan los árboles.* FAM **desmoche.**

desmontar[1]. tr. **1.** Separar o quitar (una pieza) o el conjunto de piezas de las que está compuesto (algo). *El relojero desmonta el reloj.* **2.** Hacer que (algo montado) deje de estarlo. *Desmontan el escenario.* **3.** Separar los elementos (de una estructura o sistema intelectual) sometiéndolos a análisis. *El oponente trata de desmontar su teoría.* ○ intr. **4.** Bajarse alguien de una caballería, bicicleta o motocicleta. *Desmonta* DEL *mulo y le quita los arreos.* FAM **desmontable; desmontaje.**

desmontar[2]. tr. **1.** Cortar los árboles o matas (de un monte u otro terreno), gralm. para cultivar(lo). *Se aprobó desmontar cinco hectáreas de bosque.* **2.** Rebajar (un terreno) para allanar(lo) o igualar(lo). *Desmontan el terreno por donde pasará la línea férrea.* FAM **desmonte.**

desmoralizar. tr. Quitar la moral o el ánimo (a alguien). *Me desmoraliza no encontrar trabajo.* ▶ *DESANIMAR. FAM **desmoralización; desmoralizador, ra.**

desmoronar. tr. **1.** Deshacer (algo, espec. un edificio) separando progresivamente los elementos de que está compuesto. *Las humedades desmoronaron la casa.* **2.** Hacer que (alguien) decaiga moral o físicamente. *No encontrar trabajo lo está desmoronando.* FAM **desmoronamiento.**

desmotivar. tr. Quitar (a alguien) la motivación o el ánimo para hacer algo. *Las críticas lo desmotivan.* FAM **desmotivación.**

desmovilizar. tr. Hacer que (personas o tropas movilizadas) dejen de estarlo. *El país desmovilizará a 10 000 soldados de sus bases militares internacionales.* FAM **desmovilización.**

desnacionalizar. tr. Hacer que (algo, espec. una corporación o industria) pierda el carácter de nacional o de nacionalizado. *El Gobierno desnacionalizó varias empresas públicas.* FAM **desnacionalización.**

desnatar. tr. Quitar la nata (a la leche o a un producto lácteo). *Leche desnatada.*

desnaturalizado, da. adj. Que no cumple con las obligaciones naturales hacia sus familiares. *Madre desnaturalizada.*

desnaturalizar. tr. **1.** Alterar las propiedades o condiciones (de algo). *Han desnaturalizado las instituciones.* **2.** Degradar (una sustancia, como el alcohol o el aceite) de manera que deje de ser apta para el consumo humano. *Vendían alcohol desnaturalizado como licor.* FAM **desnaturalización.**

desnivel. m. **1.** Diferencia de nivel. *Una cascada con 200 metros de desnivel.* **2.** Parte del terreno que presenta un desnivel (→ 1) entre dos puntos. *Bajamos por un desnivel.*

desnivelar. tr. Hacer perder la nivelación o equilibrio existentes (en alguien o algo). *El apoyo de la superpotencia a uno de los bandos desniveló el conflicto.*

desnucar. tr. Romper la nuca (a alguien). *De un golpe desnucó al animal.*

desnuclearización. f. Prohibición o eliminación de armas o instalaciones nucleares de un territorio. *Tratado de desnuclearización.*

desnuclearizado, da. adj. Desprovisto de armas o instalaciones nucleares. *Zona desnuclearizada.*

desnudo, da. adj. **1.** Dicho de persona o parte del cuerpo: Que no lleva puesta ninguna prenda de vestir. *El niño corretea desnudo por la playa.* **2.** Dicho de cosa: Que no tiene los elementos que lo cubren o adornan. *Me gustan las paredes desnudas.* ● m. **3.** Arte Figura humana desnuda (→ 1). *Exposición de desnudos.* ■ **al desnudo.** loc. adv. Al descubierto o a la vista. *El vestido deja los hombros al desnudo.* ▶ Am: **1:** CALATO. FAM **desnudar; desnudez; desnudismo; desnudista.**

desnutrirse. intr. prnl. Pasar a tener un ser vivo falta de nutrición. *Si la alimentación es inadecuada, el paciente se desnutre.* FAM **desnutrición.**

desobedecer. (conjug. AGRADECER). tr. No obedecer (a alguien, o una orden o indicación). *No desobedezcas a tu madre.* FAM **desobediencia; desobediente.**

desobstruir. (conjug. CONSTRUIR). tr. Hacer que (algo obstruido, espec. un conducto) quede libre de obstrucción. *Hay que desobstruir la arteria.*

desocupación. f. **1.** Falta de ocupación. *Medidas contra la desocupación de las viviendas.* **2.** frecAm. Paro (situación de parado, o subsidio correspondiente). *La tasa de desocupación disminuye.* ▶ **2:** *PARO.

desocupado, da. adj. **1.** Que no está ocupado. *Quedan solo dos habitaciones desocupadas.* **2.** frecAm. Parado (que no tiene empleo). *Hay miles de trabajadores desocupados.* ▶ **2:** *PARADO.

desocupar. tr. **1.** Dejar libre (un lugar). *Desocupen sus habitaciones antes de las doce.* **2.** Sacar lo que hay dentro (de algo). *Desocupa el armario.* ○ intr. prnl. **3.** Quedar libre de una ocupación o trabajo. *Cuando el mozo se desocupe, los atenderá.*

desodorante. adj. Que elimina el mal olor, espec. el corporal. Frec. m. *Desodorante sin alcohol.* FAM **desodorizar.**

desoír. (conjug. OÍR). tr. Desatender (consejos o peticiones) de alguien. *No desoiga sus advertencias.* ▶ DESATENDER.

desolación. f. **1.** Tristeza o aflicción intensas. *Pasa de la alegría a la desolación.* **2.** Destrucción completa de algo, espec. de un lugar. *Impresiona la desolación del bosque tras el incendio.* FAM **desolador, ra; desolar** (conjug. CONTAR).

desolado, da. adj. Dicho espec. de lugar: Inhóspito o desierto. *Llanuras desoladas.*

desollar. (conjug. CONTAR). tr. Quitar o arrancar la piel (a alguien o a una parte de su cuerpo). *Matan los conejos y los desuellan.* ▶ DESPELLEJAR. FAM **desolladero; desolladura.**

desorbitado, da. adj. Exagerado o desmedido. *Un precio desorbitado.* ▶ *EXCESIVO.

desorbitar. tr. Sacar (algo, espec. los ojos) de su órbita. *El mimo gesticula y desorbita los ojos.*

desorden. m. **1.** Falta de orden. *Hay mucho desorden en este cuarto.* **2.** Alteración de la tranquilidad pública o el orden social. Frec. en pl. *La crisis económica provocó graves desórdenes.* ▶ **1:** DESBARAJUSTE.

desordenado, da. adj. Que actúa sin orden o no cuida del orden en sus cosas. *Es desordenado con sus papeles.*

desordenar. tr. Alterar el orden (de algo). *Alguien ha desordenado las fichas.* ▶ DESBARAJUSTAR.

desorejar. tr. Cortar las orejas (a una persona o a un animal). *El torero desorejó a sus dos toros.*

desorganizar. tr. Alterar o deshacer la organización (de algo). *La huelga ha desorganizado el servicio de correos.* FAM **desorganización; desorganizador, ra.**

desorientar. tr. **1.** Hacer que (alguien) pierda la orientación o el conocimiento de la posición o del lugar en que se encuentra o a los que se dirige. *La niebla nos desorientó.* **2.** Confundir o sorprender (a alguien) dejándo(lo) desconcertado. *Sus decisiones repentinas me desorientan.* ▶ frecAm: DESUBICAR. FAM **desorientación; desorientador, ra.**

desovar. intr. Soltar los huevos la hembra en un pez, anfibio, crustáceo, molusco o insecto. *Algunos peces remontan el río para desovar.* FAM **desove.**

despabilado, da. adj. Espabilado. ▶ *INTELIGENTE.

despabilar - desperdiciar

despabilar. tr. **1.** Espabilar (a alguien). *El aire fresco me despabiló.* ○ intr. **2.** Espabilar alguien. *Despabilad, que ya es tarde.* Tb. prnl. *Con la ducha te despabilas rápido.* ▶ ESPABILAR.

despachar. tr. **1.** Resolver o dar solución (a un asunto). *Despacharé varios asuntos esta mañana.* **2.** Terminar o finalizar (un trabajo o una tarea). *En una hora despacho el informe.* **3.** Vender (algo, espec. una mercancía) al público. *Despacha fruta en el mercado.* **4.** Atender un tendero o un dependiente (a un cliente). *En la carnicería la despachó un chico joven.* ○ intr. **5.** Resolver o tratar con alguien asuntos o negocios. *El director despacha CON los jefes.* ○ intr. prnl. **6.** coloq. Hablar o actuar con libertad y sin contemplaciones. *Tenía ganas de despacharme a gusto con él.*

despacho. m. **1.** Hecho de despachar. *El despacho de boletos comienza a las nueve.* **2.** Local destinado al estudio o a una gestión profesional. *El director nos recibe en su despacho.* **3.** Comunicación escrita entre el Gobierno de una nación y sus representantes en el extranjero. *El cónsul recibe un despacho del ministro.* **4.** Comunicación transmitida por telégrafo, por teléfono o por cualquier otro medio de comunicación. *Un despacho cablegráfico.*

despacio. adv. **1.** Lentamente. *Abre la puerta despacio.* **2.** Con detenimiento. *Cuéntamelo todo despacio.* FAM despacioso, sa.

despampanante. adj. coloq. Que deja atónito, gralm. por la belleza o el atractivo físico. *Una modelo despampanante.*

despanzurrar. tr. **1.** coloq. Abrir o reventar el vientre (a una persona o a un animal). *Un coche despanzurró al perro.* **2.** coloq. Romper (algo) de forma que se vea lo que contiene. *Despanzurran los paquetes.*

desparejado, da. adj. Que no tiene pareja. *Procura que ningún invitado quede desparejado.*

desparejar. tr. Deshacer (una pareja de personas o cosas). *Desparejaste mis calcetines.*

desparejo, ja. adj. Dispar o desigual. *Tiene los dientes desparejos.*

desparpajo. m. Soltura o falta de timidez en la forma de hablar o de comportarse. *Habla con desparpajo.* FAM desparpajado, da.

desparramar. tr. Extender o esparcir (algo que está junto o amontonado). *Desparrama las herramientas POR el suelo.*

despatarrar. tr. Abrir las piernas (a alguien). *Se despatarró en el sofá.*

despavorido, da. adj. Que tiene o muestra pavor. *Huyen despavoridos DE las llamas.*

despecho. m. Resentimiento o disgusto causado por un desengaño o una frustración y que impulsa a la venganza. *Presentó su dimisión por despecho.* ■ a ~ de. loc. prepos. cult. A pesar de. *Se casarán a despecho de la oposición de sus padres.* FAM despechado, da.

despectivo, va. adj. **1.** Que expresa desprecio. *Me habla en tono despectivo.* *"-ucho" y "-orrio" son sufijos despectivos.* ● m. **2.** Gram. Palabra formada con un sufijo despectivo (→ 2). *La palabra "hotelucho" es un despectivo.*

despedazar. tr. Hacer pedazos (algo o a alguien). *El león despedaza a su presa.* FAM despedazamiento.

despedir. (conjug. PEDIR). tr. **1.** Arrojar o lanzar hacia fuera (algo). *El tapón de la botella sale despedido.* **2.** Producir una persona o cosa (algo que sale de ella). *Despide un olor nauseabundo.* **3.** Privar (a al-

guien) de su empleo. *Despiden a varios empleados.* **4.** Acompañar por cortesía hasta un punto determinado (a una persona que se marcha). *Sale a despedirnos hasta la puerta.* ○ intr. prnl. **5.** Separarse una persona de otra con expresiones de afecto o cortesía. *Se despiden DE ella con un abrazo.* **6.** Dejar una persona su empleo voluntariamente. *Se despidió porque no soportaba a su jefa.* **7.** Seguido de un complemento introducido por *de*: Hacerse alguien a la idea de que no va a conseguir lo expresado por él. *Si no apruebas, despídete de la bicicleta.* ▶ **2:** DESPRENDER, ECHAR, EMANAR, EMITIR, SOLTAR. ‖ Am: **3:** CESANTEAR, CORRER. FAM despedida.

despegado, da. adj. Que tiene o muestra desapego. *Se ha vuelto muy despegado con la familia.*

despegar. tr. **1.** Separar (dos cosas que estaban pegadas o unidas). *Despega el papel DE la pared. Costaba despegar los granos de arroz.* ○ intr. **2.** Separarse un vehículo aéreo de la superficie en que se encuentra al comenzar el vuelo. *El avión despega sin problemas.* **3.** Comenzar a desarrollarse o a progresar una actividad, o una persona en una actividad. *El negocio no acaba de despegar.* FAM despegue.

despego. m. Desapego.

despeinar. (conjug. PEINAR). tr. **1.** Deshacer el peinado o revolver el pelo (a alguien). *El aire la despeinó.* **2.** Revolver (el pelo). *Le acarició la cabeza despeinándole el pelo.*

despejado, da. adj. **1.** Espacioso o ancho. *Frente despejada.* **2.** Dicho de persona o de su mente: Capaz de razonar con claridad y rapidez. *Es hombre de cabeza despejada.*

despejar. tr. **1.** Dejar libre o sin obstáculos (un lugar). *Despeja la mesa.* **2.** Aclarar (algo, espec. una duda). *Necesito que me despeje una duda.* **3.** Hacer que (una persona o su cabeza) dejen de estar confusas o embotadas. *El aire fresco me despejará.* **4.** Mat. Separar (la incógnita) del resto de los miembros de una ecuación para calcular su valor. *Despeje la primera incógnita.* **5.** En deporte, espec. en el fútbol: Alejar (la pelota) de la meta propia. *El defensa despejó el balón de un cabezazo.* ○ intr. **6.** Quedar libre de nubes el cielo, el día o el tiempo. Frec. prnl. *Amaneció nublado, pero luego el día se despejó.* FAM despeje.

despellejar. tr. Quitar el pellejo o la piel (a alguien o algo). *Despellejan las reses.* ▶ DESOLLAR.

despelote. m. Am. coloq. Lío o alboroto. *–¿Ustedes son leales o rebeldes? –No sabemos; esto es un despelote* [C].

despenalizar. tr. Hacer que dejen de estar penalizados por la legislación penal (un hecho o una conducta). *Piden que despenalicen la eutanasia.* FAM despenalización; despenalizador, ra.

despensa. f. Lugar gralm. de una casa o de una nave, en el que se guardan alimentos. ▶ Am: REPOSTERO. FAM despensero, ra.

despeñadero. m. Precipicio escarpado y con peñascos. *El coche se precipitó por un despeñadero.* ▶ DERRUMBADERO.

despeñar. tr. Arrojar (algo o a alguien) desde un precipicio u otro lugar alto. *Lo despeñaron por un barranco.*

despepitar. tr. Quitar las pepitas (a un fruto). *Despepita las uvas.*

desperdiciar. (conjug. ANUNCIAR). tr. No aprovechar (algo) o aprovechar(lo) solo en parte. *No desperdicie la ocasión.*

desperdicio. m. **1.** Hecho de desperdiciar. *Es un desperdicio tener esa luz encendida.* **2.** Residuo que no se puede utilizar. *Tira los desperdicios a la basura.* ■ **no tener ~** alguien o algo. loc. v. Ser muy útil o de mucho provecho. *El cerdo no tiene desperdicio.*

deperdigado, da. adj. Que se presenta aislado o separado. *Las casas aparecen desperdigadas por la ladera.*

desperdigar. tr. Separar o esparcir (personas o cosas que están juntas). *La guerra desperdigó a la familia.*

desperezarse. intr. prnl. Extender y estirar los miembros del cuerpo para desentumecerlos o sacudir la pereza. *Bostezaba y se desperezaba.* FAM **desperezo.**

desperfecto. m. Daño o deterioro leves. *El barco presenta desperfectos en el casco.*

despersonalizar. tr. **1.** Quitar (a una persona) su personalidad o características propias. *Piensa que en las sectas despersonalizan a los adeptos.* **2.** Quitar el carácter personal (a algo). *El juez debe ser imparcial y despersonalizar sus sentencias.* FAM **despersonalización.**

despertar. (conjug. ACERTAR). tr. **1.** Interrumpir el sueño (a alguien que está durmiendo). *Despiértame a las seis.* **2.** Causar (algo, espec. un sentimiento). *El libro despertó su curiosidad.* ○ intr. **3.** Dejar alguien de estar dormido. Tb. prnl. *Se despertó a las tres.* ● m. **4.** Hecho de despertar o despertarse (→ 1-3). *Tuvo un brusco despertar.* FAM **despertador, ra.**

despiadado, da. adj. Cruel o que no tiene piedad. *Es despiadado con el enemigo.* ▶ *CRUEL.

despido. m. **1.** Hecho de despedir del trabajo. *Despido improcedente.* **2.** Indemnización que recibe el trabajador despedido. *Aún no ha cobrado el despido.* ▶ Am: **1:** CESANTÍA.

despierto, ta. adj. **1.** Que no está durmiendo. *¡Qué raro verte despierto tan temprano!* **2.** Sagaz y ágil mentalmente. *Es una chica despierta.* ▶ **2:** *INTELIGENTE.

despiezar. tr. Dividir (algo) en piezas o en las partes que (lo) componen. *Despiezan automóviles.* FAM **despiece.**

despilfarrar. tr. Derrochar o gastar descontroladamente (algo, espec. dinero). *Despilfarró su fortuna.* ▶ DERROCHAR. FAM **despilfarrador, ra; despilfarro.**

despintar. tr. Quitar la pintura (a algo). *La lluvia despintó las puertas.*

despiojar. tr. Quitar los piojos (a alguien). *La gorila despioja a sus crías.*

despiporre. el ~. loc. s. coloq. Cosa que ha alcanzado el máximo grado en algún aspecto. *La fiesta fue el despiporre.*

despistado, da. adj. Que no se da cuenta de lo que hace o de lo que pasa a su alrededor. *Estaba despistada y no te he visto llegar.*

despistar. tr. **1.** Hacer perder la pista (a alguien). *Los terroristas despistaron a la policía.* ○ intr. **2.** Disimular o fingir. *Cuando hablan de él, fuma para despistar.* ○ intr. prnl. **3.** Desorientarse o perder el rumbo. *En esta autopista es fácil despistarse.* **4.** Distraerse o perder la atención. *En clase se despista.* FAM **despiste.**

desplante. m. Hecho o dicho arrogantes o insolentes y frec. bruscos. *El no invitarla fue un desplante.*

desplazado, da. adj. Dicho de persona: Que no se adapta a las circunstancias que la rodean. *En este barrio me siento desplazada.*

desplazar. tr. **1.** Mover (algo o a alguien) del lugar en que están. *Hay que desplazar los muebles.* **2.** Quitar (a alguien o algo) de un puesto o una función. *Las máquinas desplazan al hombre.* ○ intr. prnl. **3.** Ir de un lugar a otro. *Se desplaza en metro.* FAM **desplazamiento.**

desplegable. adj. **1.** Que se puede desplegar. *Mesa desplegable.* **2.** En informática, dicho espec. de menú: Que se extiende en la pantalla para mostrar las opciones que se pueden elegir. ● m. **3.** Lámina, página o folleto plegados, que hay que desplegar para leerlos o verlos enteros. *La revista trae un desplegable.*

desplegar. (conjug. ACERTAR). tr. **1.** Extender (algo que está plegado). *El pavo real despliega su cola.* **2.** Extender o colocar de forma más abierta (algo, espec. tropas). *El general despliega sus tropas por el valle.* **3.** Poner en práctica (una actividad) o manifestar intensamente (una cualidad o una actitud). *Despliega todo su encanto.* FAM **despliegue.**

desplomar. tr. **1.** Hacer que (algo, espec. una pared o un edificio) caigan o pierdan la posición vertical. *El viento desplomó el muro.* ○ intr. prnl. **2.** Caerse o perder la posición vertical un edificio o una construcción. *La pared se desplomó.* **3.** Caer alguien o algo a plomo. *Se desploma en el sillón.* **4.** Caer alguien sin vida o sin conocimiento. *Le dio un ataque y se desplomó.* FAM **desplome.**

desplumar. tr. Quitar las plumas (a un ave). *Despluma las perdices.* FAM **desplume.**

despoblar. (conjug. CONTAR). tr. Hacer que (un lugar) deje de estar poblado. *La emigración despuebla el campo.* FAM **despoblación; despoblado; despoblamiento.**

despojar. tr. **1.** Privar (a alguien) de algo con violencia. *Los despojó DE su dinero.* **2.** Quitar (a alguien o a algo) lo que (los) cubre, adorna o completa. *Se despoja DE su cazadora.* ○ intr. prnl. **3.** Renunciar a algo voluntariamente. *Se despojó DE todos sus bienes.* FAM **despojamiento.**

despojo. m. **1.** Hecho de despojar o despojarse. *Eran habituales los despojos de tierras.* **2.** Parte que sobra o queda de algo gastado o destruido. Frec. en pl. *Hay despojos DE comida.* ○ pl. **3.** cult. Restos mortales de una persona. *En el panteón reposan sus despojos.*

despolitizar. tr. Quitar carácter político o interés por la política (a alguien o algo). *Había que despolitizar la justicia.* FAM **despolitización.**

desportillar. tr. Deteriorar (algo, espec. un recipiente) rompiendo parte de la boca o del borde. *Desportillaron las tazas.*

desposado, da. adj. cult. Recién casado. Frec. m. y f. *Los desposados se irán de luna de miel.*

desposar. tr. **1.** cult. Casar, o unir en matrimonio (a alguien). *El obispo los desposó.* ○ intr. prnl. **2.** cult. Casarse, o unirse en matrimonio. *Se desposó siendo muy joven.* **3.** cult. Contraer esponsales o promesa de matrimonio. *Se desposarán en abril y la boda será en agosto.* FAM **desposorio.**

desposeer. (conjug. LEER). tr. Privar (a alguien) de lo que posee. *Lo desposeyeron DE sus bienes.* FAM **desposesión.**

desposeído, da. adj. Pobre o que no tiene lo necesario para vivir. *Diferencias entre clases adineradas y desposeídas.*

déspota. m. y f. Gobernante que ejerce un poder absoluto y arbitrario. *Un déspota tenía sometido al pueblo.* ▶ TIRANO. FAM **despótico, ca; despotismo.**

despotricar. intr. coloq. Expresar críticas o protestas de manera desconsiderada o sin contención. *Despotrica* CONTRA *todo.*

despreciable. adj. Digno de desprecio. *Es un ser despreciable.* ▶ DELEZNABLE, DETESTABLE, INDIGNO, RUIN, VIL.

despreciar. (conjug. ANUNCIAR). tr. **1.** Sentir desprecio (hacia alguien) o tratar(lo) con desprecio. *Desprecia a las mujeres porque es un misógino.* **2.** Considerar que (algo, espec. una cantidad) no tiene valor o importancia. *Al hacer la cuenta, desprecia los céntimos.* **3.** No aceptar alguien (algo que se le ofrece). *Si te ofrecen un trabajo, no lo desprecies.* ▶ **1:** DETESTAR, MENOSPRECIAR. FAM **despreciativo, va.**

desprecio. m. **1.** Sentimiento negativo que despiertan alguien o algo considerados indignos de aprecio o de estima moral. *Lo miró con desprecio.* **2.** Hecho de despreciar. *A cualquier ofrecimiento de ayuda responde con desprecios.*

desprender. tr. **1.** Separar (a una persona o cosa) de algo a lo que están unidas o sujetas. *La humedad desprende la pintura* DE *la pared.* **2.** Despedir una persona o cosa (algo que sale de su interior). *Desprende olor a sudor.* ○ intr. prnl. **3.** Dejar una persona voluntariamente algo que le pertenece. *Le cuesta desprenderse* DE *su dinero.* **4.** Deducirse una cosa de otra. DE *sus palabras se desprende que no está de acuerdo con la propuesta.* ▶ **2:** *DESPEDIR. FAM **desprendimiento.**

desprendido, da. adj. Desinteresado o generoso. *Es una persona desprendida.* ▶ *GENEROSO.

despreocupado, da. adj. **1.** Dicho de persona: Que muestra falta de preocupación. *Paseaba despreocupado por el parque.* **2.** Dicho de cosa: Que denota o implica falta de preocupación. *Viste de un modo despreocupado.*

despreocuparse. intr. prnl. Dejar de preocuparse, o no preocuparse. *Se despreocuparon* DE *su padre cuando estuvo enfermo.* FAM **despreocupación.**

desprestigiar. (conjug. ANUNCIAR). tr. Quitar el prestigio (a alguien o algo). *Los policías corruptos desprestigian al cuerpo.* FAM **desprestigio.**

despresurizar. tr. Hacer que disminuya la presión atmosférica (en un lugar cerrado, espec. en un avión o una nave espacial). *El comandante ordena despresurizar la cabina.* FAM **despresurización.**

desprevenido, da. adj. Que no está prevenido o preparado. *Nos pilló desprevenidos.* ▶ DESCUIDADO.

desprivatizar. tr. Hacer que pasen a ser públicos (una empresa o servicio privados). *Quieren desprivatizar la Sanidad.* FAM **desprivatización.**

desproporcionado, da. adj. **1.** Dicho de persona o cosa: Constituida por partes que no guardan proporción entre sí. *Un cuerpo desproporcionado.* **2.** Dicho de cosa: Que no guarda proporción con otra. *Su peso es desproporcionado* A *su constitución.* FAM **desproporción.**

despropósito. m. Hecho o dicho inconvenientes o sin sentido. *No decía más que despropósitos.*

desprotegido, da. adj. Que no tiene protección. *Se sentía sola y desprotegida.* FAM **desprotección; desproteger.**

desproveer. (conjug. LEER; part. **desproveído** o **desprovisto**). tr. Privar o despojar (a una persona o cosa) de algo. *Los desproveyeron* DE *todos sus bienes.*

desprovisto, ta. adj. Que carece de algo. *Una zona desprovista* DE *árboles.* ▶ *CARENTE.

después. adv. **1.** En un tiempo futuro con respecto a otro que se toma como referencia, que, cuando se expresa, va introducido por *de* o *que. Después de comer se tumbó un rato.* **2.** Precedido de un nombre que puede ir cuantificado: En un tiempo o momento futuros, con respecto al de referencia, que distan de él el tiempo expresado por ese nombre. *Cuatro días después de la operación ya andaba.* **3.** Precedido de un nombre que puede ir cuantificado: En un lugar que está, con respecto al de referencia, a la distancia expresada por ese nombre. *Dos estaciones después, el tren se detiene media hora.* **4.** En un lugar físico que se presenta o aparece detrás o a continuación. *Yendo en esa dirección, después del parque hay un hotel.* **5.** En un lugar no físico menos importante o de menor interés. *Después de mi hermano, tú eres en quien más confío.* ● adj. (pl. invar.). **6.** Precedido de un nombre que designa unidad de tiempo: Siguiente o posterior. *Los minutos después del atentado fueron de gran confusión.* ■ ~ **de.** loc. prepos. A pesar de. *¡Mira que dimitir!, ¡después de lo que le había costado llegar hasta ahí!*

despuntar. tr. **1.** Romper o gastar la punta (a algo). *Vas a despuntar el rotulador.* ○ intr. **2.** Sobresalir una persona o cosa en tamaño o importancia. *Despunta por su elocuencia.* **3.** Empezar a manifestarse algo, espec. el día. *Saldremos al despuntar el día.* ▶ **2:** *SOBRESALIR. FAM **despunte.**

desquiciar. (conjug. ANUNCIAR). tr. Sacar de quicio (algo o a alguien). *Me desquicia la gente prepotente.* FAM **desquiciador, ra; desquiciamiento.**

desquitar. tr. **1.** Descontar (una cantidad). *De aquí hay que desquitar los gastos de hospedaje.* ○ intr. prnl. **2.** Resarcirse o tomar compensación de un daño o perjuicio. *Solo piensa en desquitarse* DE *la paliza que le dieron.* FAM **desquite.**

desratizar. tr. Eliminar las ratas y ratones (de un lugar). *Desratizan las alcantarillas.* FAM **desratización.**

destacado, da. adj. Que destaca o sobresale, espec. en importancia. *El Rey ocupa un lugar destacado en el acto.* ▶ DESCOLLANTE, EMINENTE, NOTABLE, RELEVANTE, SEÑALADO, SOBRESALIENTE.

destacamento. m. Mil. Grupo de tropa destacada para una misión. *Un destacamento escolta el convoy.*

destacar. tr. **1.** Hacer notar (algo) o llamar la atención (sobre ello). *El profesor destaca la importancia de esta fecha.* **2.** Mil. Separar del cuerpo principal (una porción de tropa) para una acción. *El oficial ha destacado tropas en la colina.* ○ intr. **3.** Sobresalir una persona o cosa en tamaño, calidad o importancia respecto a otras. *Destaca* ENTRE *sus compañeros.* Tb. prnl. ▶ **1:** ACENTUAR, REMARCAR, RESALTAR, SUBRAYAR. **3:** *SOBRESALIR. FAM **destacable.**

destajo. a ~. loc. adv. **1.** Por una cantidad concertada de dinero. *Trabajan a destajo en la obra.* **2.** Con empeño y sin descanso. *Trabajamos a destajo para cumplir los plazos.*

destapador. m. Am. Abrebotellas. *Busqué ansiosamente la cerveza y un destapador* [C].

destapar. tr. **1.** Quitar la tapa, el tapón o algo que sirve para tapar o cerrar (a una cosa). *Destapa la botella.* **2.** Hacer que (algo o alguien) dejen de estar ocultos o cubiertos. *No quites la manta, que me destapas.*

destape. m. **1.** Hecho de destapar o destaparse. *El destape del desfalco llevará al presidente a la cárcel.* **2.** Hecho de desnudarse públicamente alguien, espec.

un actor. *La película es una excusa para el destape de la protagonista.*

destartalado, da. adj. Falto de orden o armonía. *Viven en un piso destartalado.*

destejer. tr. Deshacer (algo tejido). Frec. fig. *Destejen la trama del asesinato.*

destello. m. Resplandor o ráfaga de luz de corta duración. *Los destellos de las luciérnagas.* FAM **destellar.**

destemplado, da. adj. **1.** Falto de templanza o moderación. *Una reacción destemplada.* **2.** Que siente destemplanza o sensación de malestar. *Estaba destemplada y se fue a la cama.* **3.** Dicho de tiempo atmosférico: Desapacible. ▶ **1:** INTEMPERANTE. **3:** *DESAPACIBLE.

destemplanza. f. **1.** Falta de moderación, espec. en las acciones o en las palabras. *Nos trata con destemplanza.* **2.** Sensación de malestar general, acompañada de escalofríos. *Se acostó porque sentía destemplanza.* ▶ **1:** INTEMPERANCIA. FAM **destemplarse; destemple.**

destensar. tr. Disminuir o eliminar la tensión (de alguien o algo). *Destensa los cabos de la vela.* ▶ DISTENDER.

desteñir. (conjug. CEÑIR). tr. **1.** Quitar el tinte o color (a algo). *Destiñó la camisa con lejía.* **2.** Manchar una cosa (otra) cuando pierde su color. *Las sábanas azules destiñeron las blancas.* ○ intr. **3.** Perder algo su tinte o color. Tb. prnl. *La camisa roja se destiñó.*

desternillarse. intr. prnl. coloq. Reírse mucho y sin poder contenerse. Frec. ~ *de risa. Las niñas se desternillan de risa con los payasos.* FAM **desternillante.**

desterrar. (conjug. ACERTAR). tr. **1.** Expulsar (a alguien) de un país o territorio por mandato gubernamental o decisión judicial. *Lo desterraron DE su país.* **2.** Apartar de sí (algo inmaterial). *He desterrado la idea de cambiar de trabajo.* ○ intr. prnl. **3.** Abandonar alguien un país o territorio por propia voluntad. *Muchos se desterraron DEL país.* FAM **destierro.**

destetar. tr. Hacer que (un niño o una cría de animal) dejen definitivamente de mamar y empiecen a alimentarse de otro modo. *A este niño ya hay que destetarlo.* FAM **destete.**

destiempo. a ~. loc. adv. Fuera de tiempo o en momento poco oportuno. *La lluvia llega a destiempo, con la cosecha ya seca.*

destilación. f. Proceso que consiste en separar las sustancias volátiles de una mezcla líquida o de un sólido, mediante su evaporación y posterior condensación. *Elaboran licores mediante destilación de semillas y frutos.*

destilar. tr. **1.** Someter (una sustancia) a un proceso de destilación. *Destila orujo con un alambique.* **2.** Expulsar (un líquido) gota a gota. Tb. fig. *Sus palabras destilan ternura.* FAM **destilador, ra; destilería.**

destinación. f. Destino (uso que se da a algo). ▶ DESTINO.

destinar. tr. **1.** Determinar (algo) para un fin o una función. *Destina parte de sus ingresos A pagar la hipoteca.* **2.** Determinar que (alguien) ejerza un empleo o cargo en un lugar. *Lo han destinado A Rosario.*

destinatario, ria. m. y f. Persona a quien va dirigido algo. *El cartero entrega el paquete al destinatario.*

destino. m. **1.** Punto de llegada o lugar hacia donde se dirigen alguien o algo. *Punta Cana es el destino de miles de turistas.* **2.** Uso o empleo que se dan a algo. *No sabían qué destino dar a ese almacén.* **3.** Lugar en que alguien ejerce su empleo o cargo. *Obtuvo destino en la capital.* **4.** Fuerza que dirige la vida de las perso-

nas y determina el curso de los acontecimientos. *El destino hizo que se enamoraran.* **5.** Encadenamiento de los sucesos que afectan a alguien o algo y que se consideran inevitables. *No puedes cambiar tu destino.* ▶ **2:** DESTINACIÓN. **4:** SINO. **5:** SINO, suerte.

destituir. (conjug. CONSTRUIR). tr. Separar o expulsar (a alguien) de su cargo. *Destituyeron al entrenador.* ▶ DEPONER, REMOVER, SEPARAR. FAM **destitución.**

destornillador. m. Instrumento gralm. metálico y provisto de un mango, que sirve para atornillar y desatornillar. *Con un destornillador desmonta la cerradura.*

destornillar. tr. Desatornillar (algo). *Destornille los tornillos para quitar el estante.* ▶ DESATORNILLAR.

destrabar. tr. Quitar las trabas (a alguien o algo). Frec. fig. *Parecía imposible destrabar la negociación.*

destrenzar. tr. Deshacer la trenza (del pelo o de algo semejante). *Destrenza su largo cabello.*

destreza. f. Cualidad de diestro o hábil. *En estas curvas se pone a prueba la destreza de los pilotos.*

destripar. tr. **1.** Sacar las tripas (a una persona o a un animal). *Destripa la gallina.* **2.** Sacar lo que está en el interior (de algo, espec. de un objeto) rompiéndo(lo) o desarmándo(lo). *Destripó la radio.* FAM **destripador, ra.**

destronar. tr. **1.** Deponer (a un monarca). *El objetivo de la revolución era destronar al rey.* **2.** Quitar (a alguien) de un puesto de preponderancia. *El aspirante destronará al campeón.* FAM **destronamiento.**

destrozar. tr. **1.** Hacer que (algo) quede estropeado o roto y no se pueda utilizar. *El niño destroza los zapatos.* **2.** Producir un gran perjuicio o daño (en algo). *Las inundaciones destrozaron los cultivos.* **3.** Causar (a alguien) un gran deterioro físico o moral. *La enfermedad lo está destrozando.* **4.** Derrotar o vencer completamente (a un enemigo o contrincante). *El ejército destrozó a la guerrilla.* ▶ **2:** *DESTRUIR. FAM **destrozo; destrozón, na.**

destructor, ra. adj. **1.** Que destruye. *Los vertidos tienen un efecto destructor sobre el medio ambiente.* ● m. **2.** Barco de guerra rápido, de tonelaje medio, equipado con armamento, que se utiliza pralm. en operaciones ofensivas y de escolta. *Dos destructores escoltan al portaaviones.*

destruir. (conjug. CONSTRUIR). tr. **1.** Reducir a pedazos o deshacer completamente (algo material). *El misil destruyó el edificio.* **2.** Deshacer (algo no material) o inutilizar(lo). *Los celos destruyeron su relación.* **3.** Producir un gran perjuicio o daño (en alguien o algo). *Las lluvias han destruido la cosecha.* ▶ **3:** DESTROZAR, DEVASTAR, ESTRAGAR. FAM **destrucción; destructividad; destructivo, va.**

desubicado, da. adj. Am. Que no se comporta de acuerdo con las circunstancias y hace o dice cosas inoportunas o inconvenientes. *Es un joven desubicado y tímido* [C]. ▶ INOPORTUNO.

desubicar. tr. frecAm. Desorientar (a alguien). *A Ezequiel esa sonrisa lo desubicó* [C]. ▶ DESORIENTAR.

desuello. m. Hecho de desollar. *Los animales son enviados al matadero para su desuello.*

desunir. tr. Hacer que (dos o más personas o cosas) dejen de estar unidas. *La distancia los desunió.* FAM **desunión.**

desusado, da. adj. **1.** Que ya no se usa. *Un lenguaje desusado.* **2.** Insólito o que no es usual. *Comió con desusada ansiedad.* ▶ **2:** *RARO.

desuso. m. Falta de uso. *Llevar sombrero es una costumbre en desuso.*

desvaído, da. adj. **1.** Dicho espec. de color: Apagado o poco intenso. *Tonos desvaídos.* **2.** Vago o impreciso. *Figura desvaída.*

desvalido, da. adj. Desamparado, o falto de ayuda o protección. *La asociación ayuda a ancianos desvalidos.* FAM **desvalimiento.**

desvalijar. tr. **1.** Robar las cosas valiosas (de una casa u otro lugar cerrado). *Desvalijaron la· tienda.* **2.** Robar (a una persona) el dinero o los bienes que lleva encima. *Unos tipos me desvalijaron.* ▶ *ROBAR. FAM **desvalijador, ra; desvalijamiento.**

desvalorizar. tr. **1.** Quitar valor (a alguien o algo). *No hay que desvalorizar el papel de la memoria en el aprendizaje.* **2.** Devaluar (una moneda). *El Gobierno desvalorizó el peso.* ▶ *DEVALUAR. FAM **desvalorización.**

desván. m. Parte más alta de la casa, inmediatamente debajo del tejado, que se utiliza gralm. para guardar objetos viejos o en desuso. *Hay que vaciar el desván de trastos.* ▶ BOHARDILLA, BUHARDILLA, MANSARDA, SOBRADO. ‖ **Am:** ENTRETECHO.

desvanecer. (conjug. AGRADECER). tr. **1.** Atenuar gradualmente la intensidad (de algo) hasta hacer(lo) desaparecer. *El aire va desvaneciendo el humo.* **2.** Eliminar (algo), o hacer que desaparezca. *Lo que le dijo desvaneció sus dudas.* ○ intr. prnl. **3.** Perder el sentido o el conocimiento. *Se ha desvanecido por el calor.* ▶ **3:** DESMAYARSE. FAM **desvanecimiento.**

desvariado, da. adj. Que dice o hace despropósitos. *Era un personaje excéntrico y desvariado.*

desvariar. (conjug. ENVIAR). intr. **1.** Decir locuras o despropósitos debido a una perturbación de la mente. *El anciano desvaría de vez en cuando.* **2.** Decir o pensar locuras o despropósitos. *Tú desvarías si piensas que te voy a dejar dinero.* ▶ **1:** DELIRAR. FAM **desvarío.**

desvelar[1]. tr. Quitar el sueño o no dejar dormir (a alguien). *El café me desvela.* FAM **desvelo.**

desvelar[2]. tr. Descubrir o poner de manifiesto (algo oculto o desconocido). *La policía desveló el complot.* FAM **desvelamiento.**

desvencijar. tr. Aflojar y desunir las partes que componen (algo). *No saltes sobre el sofá, que lo vas a desvencijar.*

desventaja. f. **1.** Situación de inferioridad o retraso en que se encuentra una persona o cosa respecto de otra. *Tras la expulsión del delantero, el equipo quedó en desventaja.* **2.** Condición desfavorable de una persona o cosa respecto de otra. *Ventajas y desventajas de adquirir un vehículo.* ▶ **2:** INCONVENIENTE. FAM **desventajoso, sa.**

desventura. f. cult. Desgracia (suceso adverso, o mala suerte). *Tuvo la desventura de enviudar.*

desventurado, da. adj. cult. Desgraciado o desafortunado. *La desventurada tropa cayó en una emboscada.*

desvergüenza. f. **1.** Falta de vergüenza, respeto o pudor. *Me sorprende la desvergüenza con que habla.* **2.** Hecho o dicho que denotan o implican desvergüenza (→ 1). *Es una desvergüenza tratar así a una persona mayor.* FAM **desvergonzado, sa.**

desvestir. (conjug. PEDIR). tr. Desnudar o quitar las prendas de vestir (a alguien). *Desviste al bebé.* ▶ DESNUDAR.

desviación. f. **1.** Hecho o efecto de desviar o desviarse. *Obras de desviación del río.* **2.** Vía o camino que parten de otros principales o más importantes y se apartan de ellos. *Tome la desviación que hay a la izquierda.* **3.** Camino provisional que se debe seguir mientras esté inutilizado el tramo de carretera habitual. *Durante las obras estará en servicio una desviación de 7 km.* ▶ DESVÍO.

desviar. (conjug. ENVIAR). tr. **1.** Hacer que (alguien o algo) se aparten de la dirección o camino que llevaban. *El portero desvía el disparo del delantero.* **2.** Apartar (una cosa o a una persona) de algo, espec. una idea o un modelo. *Conseguimos desviarlo DE sus propósitos.*

desvincular. tr. Anular el vínculo (de una persona o una cosa) con otra. *Se desvinculó DE sus amigos.* FAM **desvinculación.**

desvío. m. **1.** Hecho o efecto de desviar o desviarse. *Se investiga el desvío de fondos para campañas políticas.* **2.** Desviación (vía que se aparta de otra, o camino provisional). ▶ DESVIACIÓN.

desvirgar. tr. Quitar la virginidad (a una persona, espec. a una mujer). ▶ DESFLORAR.

desvirtuar. (conjug. ACTUAR). tr. Quitar (a algo) sus características o su valor. *Desvirtuaron la película al cortar algunas escenas.*

desvivirse. intr. prnl. Tener un interés, amor o atención intensos e incesantes hacia alguien o algo. *Se desvive POR ayudarnos.*

detallar. tr. Contar o tratar (algo) minuciosamente o con detalles. *En el informe detalla las incidencias del día.*

detalle. m. **1.** Aspecto parcial de algo. *Describe el suceso con muchos detalles.* **2.** Acto de amabilidad, cortesía o afecto. *Su visita fue un bonito detalle.* ■ **al ~.** loc. adv. Com. Al por menor. *Venden al detalle.* ■ **al, o en, ~.** loc. adv. Minuciosamente o con todos los detalles (→ 1). *Analiza al detalle las causas de la crisis.*

detallista. adj. **1.** Minucioso o que cuida los detalles. *El escritor es detallista en las descripciones.* **2.** Que tiene detalles en su trato con los demás. *Qué detallista; siempre nos trae un regalo.* ● m. y f. **3.** Persona que vende al por menor. *Varios detallistas han creado una cooperativa.* ▶ **1:** *MINUCIOSO. FAM **detallismo.**

detectar. tr. Descubrir la existencia (de alguien o algo ocultos, o que no se han advertido). *Detectaron un fallo en el motor.* FAM **detección; detector, ra.**

detective. m. y f. **1.** Policía especializado en la investigación de crímenes y actos delictivos. *Una detective de la comisaría.* **2.** Persona que se dedica profesionalmente a hacer investigaciones privadas. Tb. *~ privado.* FAM **detectivesco, ca.**

detener. (conjug. TENER). tr. **1.** Impedir que (alguien o algo) se muevan o realicen una acción. *Detuvo el coche.* **2.** Interrumpir (algo), o impedir que siga adelante. *El ruido detuvo la huida del jabalí.* **3.** Privar de libertad (a alguien) la autoridad competente, espec. encarcelándo(lo). *Detienen al atracador.* ○ intr. prnl. **4.** Pararse a considerar algo con cuidado y atención. *Se detuvo EN un pasaje que le pareció interesante.* ▶ **3:** ARRESTAR. FAM **detención; detenimiento.**

detenido, da. adj. Minucioso o que implica detenimiento. *Un estudio detenido.*

detentar. tr. Retener o ejercer ilegítimamente (algo, espec. el poder o un cargo). *Detenta el poder tras un golpe de Estado.* FAM **detentación; detentador, ra.**

detergente. m. Sustancia o producto que limpian químicamente, gralm. eliminando las impurezas por disolución. *Lava con un detergente en polvo.*

deteriorar. tr. Poner (algo o a alguien) en malas condiciones, o peores de las que tenía. *El uso deteriora la ropa.* ▶ *ESTROPEAR. FAM deterioro.

determinación. f. **1.** Hecho o efecto de determinar o determinarse. *Tengo que tomar una determinación.* **2.** Decisión o valor para actuar. *Actúa con determinación.* ▶ **2:** DECISIÓN.

determinante. adj. **1.** Que determina algo o es la causa de ello. *Su intervención fue determinante.* ● m. **2.** *Gram.* Palabra que se une directamente al nombre para precisar alguna circunstancia de su significado. *Los adjetivos posesivos son determinantes.* ▶ **1:** DECISIVO.

determinar. tr. **1.** Decidir (algo). *Determinó mudarse de piso.* **2.** Hacer que (alguien) tome una decisión. *El infarto lo determinó A dejar de fumar.* **3.** Establecer o fijar (algo). *El reglamento determina cuál es el horario.* **4.** Señalar o indicar (algo) con claridad y exactitud. *No supo determinar cómo era su agresor.* **5.** Ser la causa de que (algo) ocurra o de que (alguien) se comporte de una manera determinada. *La guerra determinó la bajada de las bolsas.* ○ intr. prnl. **6.** Decidirse a algo. *No se determina A casarse.* ▶ **1, 2:** DECIDIR. **3:** *FIJAR. **6:** DECIDIRSE. FAM determinativo, va.

determinismo. m. Doctrina filosófica según la cual todo lo que sucede está determinado de antemano. FAM determinista.

detestable. adj. **1.** Digno de ser detestado. *La ciudad le parecía sucia y detestable.* **2.** Muy malo o pésimo. *Tiene una ortografía detestable.* ▶ **1:** DESPRECIABLE.

detestar. tr. Sentir gran antipatía o rechazo (hacia alguien o algo). *Detesto llegar tarde.* ▶ *DESPRECIAR.

detonar. intr. **1.** Estallar o hacer explosión algo, espec. un artefacto explosivo. *La bomba iba a detonar mañana.* ○ tr. **2.** Provocar la explosión (de algo), espec. de un artefacto explosivo. *La policía detonó la bomba.* FAM detonación; detonador, ra; detonante.

detractor, ra. adj. Que se opone a alguien o algo descalificándolos. Frec. m. y f. *Tiene más partidarios que detractores.*

detrás. adv. **1.** En una posición o lugar opuestos a la parte delantera, o que están ocultos a la vista. *Se escondieron detrás DE un árbol.* **2.** Intentando conseguir algo o a alguien. *Ese solo va detrás DE su dinero.*

detrimento. m. Daño o perjuicio materiales o morales. *El aumento del ritmo de producción va en detrimento de la calidad.*

detrito o **detritus.** m. Producto resultante de la descomposición en partículas de una masa sólida. *Detritos vegetales.* Tb. fig. *Al basurero llegan todos los detritus de la ciudad.*

deuda. f. **1.** Obligación de pagar o devolver algo, espec. una cantidad de dinero. *Paga al contado y nunca contrae deudas.* **2.** Obligación moral que se contrae de corresponder a alguien o algo. *Le ha salvado la vida: siempre estará en deuda con ella.* **3.** Pecado, culpa u ofensa. *Oímos rezar: –Perdónanos nuestras deudas...* ▶ **1:** ADEUDO. FAM deudor, ra.

deudo. m. cult. Pariente (persona con parentesco).

devaluar. (conjug. ACTUAR). tr. Disminuir o rebajar el valor (de algo, espec. de una moneda). *El Gobierno devaluó el peso.* ▶ DEPRECIAR, DESVALORIZAR. FAM devaluación; devaluatorio, ria.

devanar. tr. Enrollar (un hilo o material similar) alrededor de un eje formando una madeja o un ovillo. *Compra la lana al peso y luego la devana.*

devaneo. m. **1.** Relación amorosa superficial y pasajera. *Aunque estaba casado, tenía algún devaneo.* **2.** Distracción o pasatiempo inútiles o infructuosos. *Al padre, eso del grupo de teatro le parece un devaneo.*

devastar. tr. Destruir completamente (un lugar). *El bombardeo devastó pueblos enteros.* ▶ *DESTRUIR. FAM devastación; devastador, ra.

develar. tr. cult. Desvelar (algo oculto o desconocido). *Nadie fue capaz de develar el misterio.*

devengar. tr. Adquirir alguien derecho (a una percepción o retribución), frec. por un trabajo o servicio realizados. *Piden un aumento para los que devengan el salario mínimo.* FAM devengo.

devenir. (conjug. VENIR). intr. **1.** cult. Llegar a ser algo o convertirse en algo. *El afecto puede devenir EN amor.* ● m. **2.** cult. Proceso por el que algo ocurre o se desarrolla. *El devenir de los acontecimientos.*

devoción. f. **1.** Fervor religioso. *Reza con devoción.* **2.** Amor hacia alguien o algo sagrados, que da lugar a actos de culto. *En México es tradicional la devoción A la Virgen de Guadalupe.* **3.** Inclinación o afición especiales hacia alguien o algo. *Tiene devoción POR su nieta.* **4.** Práctica religiosa no obligatoria. *Cumplió con la devoción de ir a la iglesia.*

devocionario. m. Libro de oraciones para uso de los fieles.

devolver. (conjug. MOVER; part. **devuelto**). tr. **1.** Hacer que (algo que pertenecía a alguien) vuelva a su poder. *Le devolverá el dinero que le robó.* **2.** Hacer que (algo que se ha perdido) vuelva a la persona o cosa que (lo) tenía. *El aire puro le devolverá el color.* **3.** Entregar (una compra) al vendedor por no estar conforme (con ella), obteniendo el importe pagado u otra cosa de igual valor. *Tiene diez días para devolver su compra.* **4.** Dar a quien ha hecho un pago (la cantidad de dinero que excede del importe). *Paga con un dólar y le devuelven diez centavos.* **5.** Rechazar (algo) por considerar(lo) inadecuado, haciendo que vuelva a la persona o al lugar de donde procede. *Le devolvieron la factura porque tenía errores.* **6.** Dar o hacer (una cosa) a cambio de otra igual que se ha recibido. *Te devolveré el favor.* **7.** Vomitar (lo contenido en el estómago). *El niño devolvió la merienda.* ○ tr. prnl. **8.** Am. Regresar o volver. *Lo mejor para Estévez es que se devuelva hacia su distrito* [C]. ▶ **1:** RESTITUIR. **7:** *VOMITAR. **8:** REGRESAR. ‖ Am: **1:** REGRESAR. FAM devolución.

devorar. tr. **1.** Comer un animal (a su presa). *El león devora una cebra.* **2.** Comer (un alimento) con ansia y rápidamente. *Devoró la cena.* **3.** Consumir o destruir completamente algo, espec. el fuego (una cosa). *Las llamas devoran el bosque.* **4.** Producir desasosiego o inquietud (en alguien) un sentimiento o una pasión. *Lo devoran los celos.* **5.** Leer con avidez (algo). *Devora los libros.* FAM devorador, ra.

devoto, ta. adj. **1.** Dicho de cosa, espec. de imagen o lugar: Que inspira devoción. *Visitaron el devoto santuario.* **2.** Dicho de persona: Que tiene o manifiesta devoción. *Es muy devoto de la Virgen de Guadalupe.*

deyección. f. cult. Hecho o efecto de expulsar los excrementos. *Las calles están limpias de las deyecciones de animales.*

di-. elem. compos. Significa 'dos'. *Dimorfo, disílabo.*

día. m. **1.** Período de veinticuatro horas, que corresponde al tiempo aproximado que tarda la Tierra en

diabetes - diagrama

dar una vuelta completa sobre su eje. Designa espec. ese período contado a partir de las doce de la noche. *Una semana tiene siete días.* **2.** Parte del día (→ 1) en que hay luz solar. *En verano los días son más largos.* **3.** Tiempo meteorológico que hace durante el día (→ 1, 2) o durante gran parte de él. *¿Qué día hace hoy!* **4.** Día (→ 1) dedicado a la celebración o conmemoración de algo. *El Día del Libro.* ○ pl. **5.** Vida de una persona. *Siguió trabajando hasta el final de sus días.* ■ ~ **del Juicio (Final).** m. *Rel.* Último día (→ 1) de los tiempos, en que Jesucristo juzgará a los vivos y a los muertos. *El fresco representa el día del Juicio Final.* ■ ~ **de trabajo.** m. Día (→ 1) ordinario, por contraposición al día de fiesta. *Los días de trabajo viste de uniforme.* ■ ~ **festivo,** o **feriado.** m. Día (→ 1) en que, por disposición legal o precepto eclesiástico, no se trabaja y ciertos establecimientos permanecen cerrados. *El 1 de mayo es un día feriado en México.* ⇒ FESTIVO. ‖ frecAm: FERIADO. ■ ~ **laborable.** m. Día (→ 1) en que hay obligación de trabajar. *La oficina está abierta los días laborables.* ⇒ LABORABLE. □ **al ~.** loc. adv. Al corriente. *Está al día de lo sucedido.* ■ **al otro ~.** loc. adv. Al día (→ 1) siguiente. *Al otro día se volvieron a ver.* ■ **buenos ~s.** expr. Se usa como fórmula de saludo por la mañana. *Buenos días, ¿qué tal has dormido?* ■ **cualquier ~,** o **un buen ~,** o **el ~ menos pensado.** loc. adv. En cualquier día (→ 1) imprevisto o inesperado. *El día menos pensado desaparece.* ■ **dar los buenos ~s.** loc. v. Saludar por la mañana deseando feliz día (→ 1). *Entra en la sala sin dar los buenos días.* ■ **de ~.** loc. adv. Durante el tiempo que transcurre desde que sale el sol hasta que anochece. *Prefiero conducir de día.* ■ **de ~ en ~.** loc. adv. Continua y progresivamente. *Su salud mejora de día en día.* ■ **del ~.** loc. adj. Reciente o hecho en el mismo día (→ 1). *Pan del día.* **2.** De moda o de actualidad. *La boda se ha convertido en el tema del día.* ■ **de un ~ a,** o **para, otro.** loc. adv. Muy pronto o inmediatamente. *No puedes ser así, de un día para otro.* ■ ~ **y noche,** o **noche y ~.** loc. adv. Continuamente. *Trabaja día y noche.* ■ **el ~ de hoy.** loc. adv. Hoy. *La búsqueda continúa hasta el día de hoy.* ■ **el ~ de mañana.** loc. adv. En un tiempo futuro. *Estudia para tener una profesión el día de mañana.* → **cualquier día.** ■ **el otro ~.** loc. adv. En uno de los días (→ 1) próximos en el pasado. *El otro día me encontré con Lucía.* ■ **en su ~.** loc. adv. En el tiempo oportuno o a su debido tiempo. *Ya expresé mi opinión en su día.* ■ **mañana será otro ~.** expr. coloq. Se usa para indicar que se pospone la ejecución de algo, o para expresar la esperanza de que cambie la situación al día (→ 1) siguiente. *Acuéstate, que mañana será otro día.* ■ **tener** alguien **los ~s contados.** loc. v. coloq. Encontrarse al final de su vida. Tb. fig. *Este presidente tiene los días contados.* ■ **todo el santo ~.** loc. adv. coloq. Constantemente o sin parar. *Está todo el santo día hablando de su trabajo.* ■ **un buen ~.** → **cualquier día.** ■ **un ~ sí** y otro no. loc. adv. En días (→ 1) alternos. *Se lava el pelo un día sí y otro no.* ■ **vivir al ~.** loc. v. Gastar a diario todo el dinero que se tiene, sin ahorrar nada. *Los más pobres viven al día.* ▶ **1:** JORNADA. **5:** VIDA.

diabetes. f. Enfermedad metabólica caracterizada por sed intensa y eliminación excesiva de orina. Designa espec. la que produce un exceso de azúcar en la sangre. FAM **diabético, ca.**

diablo. m. **1.** *Rel.* Ángel rebelado contra Dios y arrojado por ello al abismo. Frec. *el ~* para designar al príncipe de esos ángeles, que representa el espíritu del mal. *Las tentaciones del diablo.* **2.** Persona con características consideradas propias de un diablo (→ 1), espec. su maldad, su astucia o su carácter inquieto. *Parecía un bendito, pero ha resultado un diablo.* **3.** coloq. Se usa pospuesto a una palabra interrogativa o exclamativa y gralm. en plural, para enfatizar expresiones que indican disgusto, sorpresa o rechazo. *No sé qué diablos has venido a hacer aquí.* ■ **pobre ~.** m. Hombre de carácter débil y al que se reconoce poca valía o poder. *Las culpas han recaído sobre un pobre diablo.* □ **al ~.** expr. coloq. Se usa para expresar rechazo o enfado. *¡Al diablo los libros, ya no estudio más!* ■ **del ~,** o **de (todos) los ~s.** loc. adj. coloq. Muy grande o extraordinario. *Se armó un lío de todos los diablos.* ■ **~(s),** o **qué ~(s).** interj. Se usa para expresar sorpresa o enfado. *¡Diablos, qué carácter!* ▶ **1:** DEMONIO. FAM **diabla; diablesa; diablillo; diablura; diabólico, ca.**

diábolo. m. Juguete que consiste en una pieza formada por dos conos unidos por sus vértices, la cual se hace girar por medio de una cuerda atada al extremo de dos varillas.

diácono, nisa. m. y f. *Rel.* Persona que ha recibido órdenes sagradas de grado inmediatamente inferior al de sacerdote. El f. no se usa referido a la religión católica. *Diaconisa anglicana.*

diacrónico, ca. adj. cult. Que se desarrolla o sucede a lo largo del tiempo. *Podemos estudiar la literatura como fenómeno diacrónico.* ▶ HISTÓRICO. FAM **diacronía.**

diadema. f. **1.** Adorno femenino en forma de aro abierto, hecho en diversos materiales, que sirve para sujetar el pelo hacia atrás. **2.** Joya femenina, en forma de media corona abierta por detrás, que se coloca en la cabeza. *La reina lleva una diadema de brillantes.* ▶ **2:** TIARA.

diáfano, na. adj. **1.** Dicho de cuerpo: Que deja pasar la luz casi en su totalidad. *Material diáfano.* **2.** Claro o limpio. *Aguas diáfanas.* **3.** Dicho de espacio: Despejado, o que carece de obstáculos o separaciones. *Sala diáfana.*

diafragma. m. **1.** En los mamíferos: Membrana muscular que separa la cavidad torácica de la abdominal. *El diafragma interviene en la respiración.* **2.** Membrana de goma u otro material que, colocada en el fondo de la vagina, impide la fecundación. *Utiliza un diafragma como método anticonceptivo.* **3.** En una cámara fotográfica: Disco pequeño con una abertura, situado en el objetivo, que permite regular la cantidad de luz que se deja pasar. *Si hay mucho sol, cierre el diafragma.*

diagnosticar. tr. **1.** Determinar (algo) a partir del análisis o evaluación de los signos que presenta. *Es difícil diagnosticar la evolución de la bolsa.* **2.** *Med.* Determinar la existencia (de una enfermedad) a partir de la observación de sus síntomas. *Las ecografías se utilizan para diagnosticar enfermedades.* **3.** *Med.* Determinar (la enfermedad) que alguien padece a partir de la observación de sus síntomas. *Le han diagnosticado una bronquitis.* FAM **diagnosis; diagnóstico, ca.**

diagonal. adj. **1.** Oblicuo o que se desvía de la línea horizontal o de la vertical). **2.** *Mat.* Dicho de línea recta: Que une dos vértices no contiguos en un polígono, o dos vértices de distinta cara en un poliedro. Tb. f. *La diagonal de un rectángulo.* ▶ **1:** *OBLICUO.

diagrama. m. Representación gráfica, gralm. esquemática, de algo. *Un diagrama de las partes de la flor.* FAM **diagramación** (frecAm); **diagramar** (frecAm).

diaguita. adj. histór. Dicho de individuo: De un pueblo amerindio que habitó en la región montañosa del noroeste de la Argentina.

dial. m. **1.** Superficie graduada sobre la que se mueve un indicador que mide o señala una determinada magnitud, como peso, voltaje, longitud de onda o velocidad. *La aguja del dial del coche marca 2000 revoluciones.* **2.** En un teléfono o un receptor de radio: Placa con letras o números sobre los que se mueve un indicador con el que se selecciona la conexión deseada. *Sintonizó el 88.7 del dial.* **3.** Conjunto de las emisoras de radio que se captan en un determinado territorio. *Las voces más populares del dial.*

dialéctico, ca. adj. **1.** De la dialéctica (→ 3, 4). *Un enfrentamiento dialéctico.* ● m. y f. **2.** Partidario o cultivador de la dialéctica (→ 3, 4). *Son dos dialécticos natos.* ○ f. **3.** Arte de discutir o argumentar. *Me ha convencido con su dialéctica.* **4.** Relación entre opuestos. *Se mantiene la dialéctica de enfrentamiento entre patronal y sindicatos.*

dialecto. m. Variedad de una lengua en un territorio determinado. *Hablan dialectos distintos, pero se entienden.* FAM **dialectal.**

diálisis. f. Med. Método terapéutico de depuración artificial de la sangre por el que se eliminan las sustancias nocivas contenidas en ella.

dialogante. adj. Abierto al diálogo o al entendimiento. *Una actitud dialogante.*

dialogar. intr. **1.** Mantener un diálogo. *Han resuelto sus diferencias dialogando.* ○ tr. **2.** Dar (a algo) forma de diálogo. *Novela dialogada.*

diálogo. m. **1.** Conversación entre dos o más personas que hablan alternativamente, espec. para llegar a un entendimiento. *Es imposible mantener un diálogo CON él.* **2.** Lit. Obra literaria en prosa o en verso escrita en forma de diálogo (→ 1). *Su última obra es un diálogo.* ■ ~ **de sordos.** m. Conversación en la que los interlocutores no se prestan atención. *Las negociaciones fueron un diálogo de sordos.* ▶ **1:** INTERLOCUCIÓN. **2:** COLOQUIO.

diamante. m. **1.** Piedra preciosa constituida por carbono cristalizado, que se utiliza en joyería y en la industria. *Anillo de diamantes.* **2.** En la baraja francesa: Palo cuyas cartas tienen representadas una o varias figuras en forma de rombos de color rojo. Más frec. en pl. *El as de diamantes.* ■ ~ **en bruto.** m. Persona o cosa de valor o potencial grandes, pero sin desarrollar o aprovechar. *El joven cantante es un diamante en bruto.* FAM **diamantino, na.**

diametralmente. adv. Entera o completamente. *Tenemos gustos diametralmente opuestos.*

diámetro. m. Mat. Segmento lineal que une dos puntos de una circunferencia y pasa por su centro. *El valor del diámetro es el doble que el del radio.*

diana. f. **1.** Punto central de un blanco de tiro. *Apunta a la diana y dispara.* **2.** Blanco de tiro, constituido gralm. por una superficie en la que hay dibujadas varias circunferencias concéntricas. *Para jugar se necesitan unos dardos y una diana.* **3.** Toque militar al comienzo de la jornada, para despertar a la tropa. *A las seis suena la diana.*

diantre. m. coloq., eufem. Diablo (ángel rebelado). *¿A quién diantre se le ha ocurrido esta barbaridad?* ■ ~(s). interj. eufem. Diablo.

diapasón. m. Mús. Instrumento de acero en forma de horquilla con pie que, cuando se hace sonar, emite el sonido *la,* que se toma como referencia para afinar voces e instrumentos.

diapositiva. f. Fotografía positiva sacada sobre una materia transparente, que se puede observar por transparencia o proyectada en una pantalla. ▶ FILMINA.

diariamente. adv. Todos los días. *Se ducha diariamente.*

diario, ria. adj. **1.** De todos los días. *Un paseo diario.* ● m. **2.** Periódico que se publica todos los días. *Toma café y lee el diario.* **3.** Libro o cuaderno en el que se anota lo sucedido cada día. *Guarda su diario con llave.* ■ **a diario.** loc. adv. Diariamente. ■ **de diario.** loc. adj. Dicho de ropa: Que se usa los días laborables o no festivos. *El abrigo de diario.* ▶ **1:** COTIDIANO. **2:** *PERIÓDICO. FAM **diariero, ra** (Am).

diarrea. f. Evacuación frecuente y anormal de heces blandas o casi líquidas. ▶ DESCOMPOSICIÓN.

diáspora. f. cult. Dispersión de un grupo humano que abandona su lugar de origen Frec. designa la del pueblo judío. *La diáspora de los judíos españoles se inicia con su expulsión.*

diástole. f. Fisiol. Movimiento de dilatación del corazón. FAM **diastólico, ca.**

diatónico, ca. adj. Mús. Dicho de escala o sistema musical: Que procede por intervalos de dos tonos y un semitono.

diatriba. f. Discurso o escrito en los que se critica duramente algo o a alguien. *Su artículo es una diatriba CONTRA el Gobierno.*

dibujar. tr. **1.** Trazar las líneas (de algo) sobre una superficie. *Dibuja un bodegón en el bloc.* ○ intr. prnl. **2.** Mostrarse o dejarse ver. *En su cara se dibujó una sonrisa.*

dibujo. m. **1.** Hecho o efecto de dibujar. *Dibujos a carboncillo.* **2.** Arte o técnica de dibujar. *Es profesor de dibujo.* **3.** Figura o conjunto de figuras que componen el adorno de algo, espec. de un tejido o un bordado. *No me gustan las telas con dibujo.* **4.** Conjunto de hendiduras de la banda de rodadura de un neumático. *Los neumáticos apenas tienen dibujo.* ■ ~s (**animados**). m. pl. Sucesión de dibujos (→ 1) fotografiados en una película, que representan las fases del movimiento de una figura. *Un largometraje de dibujos animados.* FAM **dibujante.**

dicción. f. **1.** Manera de pronunciar. *Tiene problemas de dicción.* **2.** Manera de hablar o escribir. *El novelista destaca por su dicción perfecta.*

diccionario. m. Libro en el que se recogen, según un orden determinado, gralm. alfabético, palabras o expresiones de una o más lenguas, o de una materia concreta, acompañadas de su definición o de su equivalencia.

dicha. f. **1.** Felicidad. *Sintió una gran dicha al verlo.* **2.** Buena suerte. *Ojalá tengas la dicha de encontrar lo que buscas.*

dicharachero, ra. adj. Que tiene una conversación animada y ocurrente. *Es dicharachera e ingeniosa.*

dicho, cha. adj. **1.** Mencionado antes. *Se recogerán datos; dichos datos se clasificarán.* ● m. **2.** Palabra o frase que se dicen habitualmente para expresar un concepto de forma concisa. *"Un día es un día" es un dicho muy corriente.* ▶ **2:** ADAGIO, AFORISMO, DECIR, MÁXIMA, PROVERBIO, REFRÁN, SENTENCIA.

dichoso, sa. adj. **1.** Feliz (que tiene felicidad, o que trae felicidad). **2.** coloq. Se usa para expresar la molestia o rechazo que causa lo designado por un nombre. *¡Ya se bloqueó el dichoso ordenador!* ▶ **1:** FELIZ.

diciembre. m. Duodécimo mes del año.

dicotomía. f. cult. División en dos partes, gralm. opuestas entre sí. *La dicotomía* ENTRE *lo público y lo privado.* FAM dicotómico, ca.

dictablanda. f. humoríst. Dictadura poco rigurosa. *El régimen se convirtió en una dictablanda.*

dictado. m. **1.** Hecho de dictar para que otro escriba. *El profesor hace un dictado.* ○ pl. **2.** Inspiraciones o preceptos sugeridos por alguien o algo, espec. la razón o la conciencia. *Sigue los dictados* DE *tu corazón.*

dictador, ra. m. y f. Gobernante que asume todo el poder de un Estado y lo ejerce sin limitaciones. *El dictador subió al poder tras un levantamiento militar.*

dictadura. f. **1.** Régimen de gobierno caracterizado por la ausencia de control democrático y por la concentración de todo el poder en manos de un solo individuo, asamblea, partido o clase. *La transición de la dictadura a la democracia.* **2.** Cargo o dignidad de dictador. Tb. el tiempo que dura. *En la dictadura, la censura actuaba con dureza.*

dictaminar. intr. Emitir una opinión o un juicio sobre algo. *Un experto dictaminará* SOBRE *la autenticidad del lienzo.* FAM **dictamen.**

dictar. tr. **1.** Decir (algo) con las pausas necesarias para que otra persona lo vaya escribiendo. *Vaya dictándome la lista de precios.* **2.** Sugerir o inspirar (algo). *Haz lo que te dicte tu conciencia.* **3.** Dar o hacer pública (una ley o una sentencia). *El tribunal dictó sentencia.* FAM **dictáfono.**

dictatorial. adj. De la dictadura o del dictador. *Régimen dictatorial.*

didáctico, ca. adj. **1.** De la enseñanza. *Método didáctico.* **2.** Dicho de cosa: Adecuada para la enseñanza. *Las visitas a museos son didácticas.* **3.** Dicho de persona: Que tiene una manera didáctica (→ 2) de explicar las cosas. *Es un profesor muy didáctico.* **4.** Dicho de obra, género o autor: Que tiene como finalidad fundamental la enseñanza. ● f. **5.** Disciplina que estudia los métodos y las técnicas de enseñanza. *Es especialista en didáctica de lenguas extranjeras.* ▶ **2:** *EDUCATIVO. FAM **didactismo.**

diecinueve. → APÉND. NUM.

dieciochesco, ca. adj. Del siglo XVIII. *Un palacete dieciochesco.*

dieciocho; dieciséis; diecisiete. → APÉND. NUM.

diente. m. **1.** Pieza dura y blanquecina de las que crecen en las mandíbulas del hombre y de muchos animales, que sirve como órgano de masticación o de defensa. *Al niño le están saliendo los dientes.* **2.** Punta o saliente que presenta el borde de algunas cosas. *Los dientes de un peine.* ■ **~ canino.** m. Colmillo. ⇒ CANINO. ■ **~ de ajo.** m. Cada una de las partes en que se divide la cabeza del ajo, separadas por su cáscara particular. *Sofríe un diente de ajo.* ⇒ AJO. ■ **~ de leche.** m. Diente (→ 1) de la primera dentición, que es reemplazada por la definitiva en la edad adulta. *Aún tiene los dientes de leche.* ■ **~ de león.** m. Hierba de flores amarillas, cuyas hojas y raíces poseen propiedades curativas. ■ **~ incisivo.** m. *Anat.* Diente (→ 1) situado en la parte más saliente de las mandíbulas, entre los colmillos superiores e inferiores. *Los dientes incisivos sirven para cortar los alimentos.* ⇒ INCISIVO. ■ **~ molar.** m. *Anat.* Diente (→ 1) de la parte posterior de la boca. ⇒ MOLAR, MUELA. ■ **~ premolar.** m. *Anat.* Diente (→ 1) situado entre los caninos y las muelas, que posee raíz y corona más sencillas que las de estas. ⇒ PREMOLAR. ■ **~s de sierra.** m. pl. Serie de entrantes y salientes repetidos alternativamente. *El gráfico presenta dientes de sierra.* □ **armarse hasta los ~s.** loc. v. coloq. Armarse con gran cantidad de armas. *Los atracadores van armados hasta los dientes.* ■ **entre ~s.** loc. adv. De manera poco inteligible y frec. manifestando disgusto. *Hablaba entre dientes.* ■ **hincar, o meter, el ~** (a algo). loc. v. coloq. **1.** Empezar a comer(lo) espec. si es difícil de masticar. *No sé cómo hincar el diente a este jamón.* **2.** Acometer(lo) o abordar(lo). *Tenemos que hincar el diente al problema.* **3.** Apropiarse (de ello). *Querían hincar el diente a la fortuna de su tío.* ■ **tener buen ~.** loc. v. coloq. Ser muy comedor. *No se preocupe por las comidas, tengo buen diente.*

diéresis. f. Signo ortográfico (¨) que se pone sobre la *u* de las sílabas *gue, gui,* para indicar que debe pronunciarse. *"Vergüenza" lleva diéresis en la "u".*

diésel. m. **1.** Motor que utiliza gasóleo como combustible, el cual se inflama por la compresión a que se somete la mezcla de aire y combustible en el cilindro. **2.** Vehículo dotado de diésel (→ 1). *Camión diésel.*

diestro, tra. adj. **1.** Que utiliza preferentemente la mano y el lado derechos. *Un jugador diestro.* **2.** Hábil o experto en algo. *Es diestra* EN *el manejo del pincel.* **3.** cult. Que está a la derecha. *Mano diestra.* ● m. **4.** Matador de toros. *El diestro realizó una faena brillante.* ■ **a diestro y siniestro.** loc. adv. coloq. A todos lados y en gran cantidad. *Daba golpes a diestro y siniestro.* ▶ **4:** *TORERO.

dieta[1]. f. **1.** Régimen que regula la alimentación de una persona y que se manda observar, gralm. por motivos de salud. *El médico la puso a dieta.* **2.** Conjunto de sustancias que regularmente se ingieren como alimento. *Es aconsejable tomar una dieta variada.* ▶ **1:** *RÉGIMEN.

dieta[2]. f. Retribución diaria que se concede a una persona por el desempeño de una actividad laboral fuera de su lugar de residencia. Más frec. en pl. *Además del sueldo, cobra dietas cuando viaja.*

dietario. m. Libro en que se anotan los ingresos y los gastos diarios. *Utiliza un dietario para la contabilidad de su tienda.*

dietético, ca. adj. **1.** De la dieta alimentaria. *Hábitos dietéticos.* **2.** De la dietética (→ 3). *Técnicas dietéticas.* ● f. **3.** Parte de la medicina que estudia las dietas alimentarias y la influencia de la alimentación en la salud. *Experto en dietética.* FAM **dietista.**

diez. → APÉND. NUM. ■ **los (años) ~.** m. pl. La segunda década del siglo, espec. del XX. *La Primera Guerra Mundial tiene lugar en los años diez.*

diezmar. tr. Causar gran mortandad (en un conjunto de personas o animales). *La epidemia diezmó la población.*

diezmo. m. histór. Tributo pagado pralm. a la Iglesia o al rey, que consistía en una décima parte de los frutos o del valor de determinadas mercancías.

difamar. tr. Desacreditar (a una persona) diciendo o escribiendo algo contra su buena opinión o fama. *Sus adversarios políticos pretenden difamarlo.* FAM **difamación; difamador, ra; difamatorio, ria.**

diferencia. f. **1.** Cualidad de diferente. ENTRE *los dos tonos hay una ligera diferencia.* **2.** Oposición o desacuerdo. *Tenemos nuestras diferencias.* **3.** Resultado que se obtiene al comparar dos cantidades. *La diferencia de precio es de cinco dólares.* **4.** *Mat.* Resultado de la operación de restar). ■ **a ~ de.** loc. prepos. De manera diferente o contraria a. *A diferencia de sus hermanos, él es rubio.* ▶ **1:** DESEMEJANZA. **4:** *RESTO.

230

diferencial. adj. **1.** Que diferencia una cosa o persona de otra. *Características diferenciales de las dos enfermedades.* ● m. **2.** *Mec.* Mecanismo que enlaza tres móviles, de modo que sus velocidades simultáneas de rotación puedan ser diferentes. *Se ha roto el diferencial del coche.*

diferenciar. (conjug. ANUNCIAR). tr. **1.** Reconocer o establecer diferencia (entre una persona o cosa) y otra. *Hay que diferenciar unos casos DE otros.* **2.** Hacer algo diferente (a una persona o cosa) de otra. *Lo que la diferencia DE los demás es su carácter.* ○ intr. prnl. **3.** Ser una persona o cosa diferentes de otra en algún aspecto o por algún motivo. *El original apenas se diferencia DE la falsificación.* ▶ *DISTINGUIR. FAM diferenciación; diferenciador, ra.

diferendo. m. frecAm. Desacuerdo o falta de acuerdo. *El diferendo entre Argentina y Uruguay por el comercio papelero* [C].

diferente. adj. **1.** Que no es igual ni parecido. *Son muy diferentes entre sí.* **2.** Seguido de un nombre en plural: Varios (no muchos). ● adv. **3.** De manera diferente (→ 1). *Siempre opina diferente.* ▶ **1:** DESEMEJANTE, DISTINTO, DIVERSO. **2:** *VARIOS.

diferido. en ~. loc. adj. Dicho de programa de radio o televisión: Que se emite con posterioridad a su grabación.

diferir. (conjug. SENTIR). tr. **1.** Retrasar la realización (de algo). *No podemos diferir más la decisión.* ○ intr. **2.** Diferenciarse una persona o cosa de otra. *Su opinión no difiere DE la mía.* **3.** Disentir de alguien o algo. *Difiero totalmente DE ti.* ▶ **1:** *RETRASAR. **2:** *DISTINGUIRSE.

difícil. adj. **1.** Que no se consigue, realiza o entiende sin mucho esfuerzo o habilidad. *Es una prueba difícil DE superar.* **2.** Que es poco probable que ocurra. *Es difícil que llueva hoy.* **3.** Desagradable en el trato. *Carácter difícil.* ▶ **1:** *COMPLICADO. FAM dificultar.

dificultad. f. **1.** Cualidad de difícil. *La dificultad del trabajo es enorme.* **2.** Condición o circunstancia que hacen difícil algo. Gralm. en pl. *Tiene dificultades económicas.* **3.** Argumento propuesto contra una opinión. Gralm. en pl. *A todo le pones dificultades.* FAM dificultoso, sa.

difteria. f. *Med.* Enfermedad infecciosa caracterizada por la formación de falsas membranas en las mucosas, con síntomas generales de fiebre, anemia y agotamiento.

difuminar. tr. **1.** Extender (los trazos de lápiz o de color de un dibujo o una pintura) para reducir su intensidad o para sombrear. *Difumina las líneas de carboncillo con el dedo.* **2.** Hacer que (algo) pierda nitidez o intensidad. *La niebla difumina los contornos.* ▶ **1:** ESFUMAR.

difundir. tr. **1.** Extender (algo, espec. la luz) en todas direcciones. *La atmósfera difunde la luz del sol.* **2.** Propagar (algo, espec. noticias, costumbres o ideas), o hacer que sea conocido y seguido por muchas personas en diversos lugares. *La agencia de noticias difundió un comunicado.* FAM difusión; difusor, ra.

difunto, ta. adj. Dicho de persona: Que ha muerto. *Su difunto marido le dejó una fortuna.*

difuso, sa. adj. Vago o impreciso. *Solo tengo recuerdos difusos de mi niñez.*

digerir. (conjug. SENTIR). tr. **1.** Convertir en el aparato digestivo (los alimentos) en sustancias asimilables por el organismo. *Nuestro organismo no digiere la fibra.* **2.** Aceptar o sobrellevar (algo desagradable).

Aún no ha digerido la noticia. **3.** Entender o comprender (algo). *No puedo digerir tanta información.*

digestión. f. Hecho de digerir alimentos.

digestivo, va. adj. **1.** De la digestión. *Aparato digestivo.* **2.** Del aparato digestivo (→ 1). *Trastornos digestivos.*

digital. adj. **1.** De los dedos. *Huellas digitales.* **2.** Dicho de aparato o instrumento: Que presenta la información mediante dígitos. *Reloj digital.* ▶ **1:** DACTILAR. FAM digitalizar.

digitar. tr. Am. Introducir (datos) en una computadora utilizando el teclado. *Se procedió a digitar la información* [C].

dígito. m. *Mat.* Número que puede expresarse con un solo guarismo. *La clave de acceso tiene cuatro dígitos.*

dignarse. tr. prnl. Condescender (a hacer algo) o tener(lo) a bien. *No se ha dignado contestarnos.*

dignatario, ria. m. y f. Persona investida de una dignidad. *Asistirán dignatarios de todo el mundo.*

dignidad. f. **1.** Cualidad de digno, espec. en la manera de comportarse. *El sueldo le permite vivir con dignidad.* **2.** Cargo o título honoríficos y de autoridad. *Los monarcas ostentan muchas dignidades.*

digno, na. adj. **1.** Que merece algo. *Es digna DE admiración.* **2.** Adecuado al mérito y condición de alguien o algo. *Esa vileza es digna DE él.* **3.** Que se comporta de una forma que merece respeto y consideración por parte de los demás. *Una persona digna e insobornable.* **4.** De calidad o importancia aceptables. *Tiene un salario digno.* FAM dignificación; dignificar.

digresión. f. Ruptura del hilo del discurso para hablar de cosas que no tienen conexión con aquello de que se estaba tratando. *Se pierde en digresiones.*

dilación. f. Tardanza o retraso. *Me mandó llamar y acudí sin dilación.*

dilapidar. tr. Malgastar o derrochar (bienes materiales). *Dilapidó su fortuna.* FAM dilapidación.

dilatado, da. adj. Extenso o muy grande. *Dominaba un dilatado imperio.* ▶ *AMPLIO.

dilatar. tr. **1.** Hacer que (algo) aumente de tamaño o ensanche. *El oftalmólogo le dilata las pupilas con un colirio.* **2.** Hacer que (algo) se extienda en el tiempo. *Intenta dilatar su permanencia en el poder.* **3.** Retrasar o aplazar (algo). *Dilata el momento de tomar una decisión.* ▶ **3:** *RETRASAR. FAM dilatación; dilatador, ra; dilatorio, ria.

dilema. m. Circunstancia en la que es necesario elegir entre dos opciones que se consideran igualmente buenas o malas. *Estoy en un dilema: ¿voy o no voy?*

diletante. adj. cult. Que practica una actividad sin ser profesional de ella. *Poeta diletante.*

diligencia. f. **1.** Cualidad de diligente. *Gracias a su diligencia, el congreso fue un éxito.* **2.** tecn. Trámite de un asunto administrativo. *Diligencias de embargo.* **3.** histór. Coche grande y cerrado, arrastrado por caballerías y destinado al transporte de viajeros. FAM diligenciar (conjug. ANUNCIAR).

diligente. adj. **1.** Que pone mucho cuidado en la ejecución de algo. *Es un revisor diligente.* **2.** Que actúa con rapidez. *Es diligente y tendrá el trabajo a tiempo.*

dilucidar. tr. Poner en claro (algo), o eliminar las dudas (sobre ello). *Hay que dilucidar quién es el culpable.* ▶ *ACLARAR.

diluir. (conjug. CONSTRUIR). tr. **1.** Disolver (algo) por medio de un líquido. *Diluya el azúcar EN la leche.* **2.** Disminuir la concentración (de una disolución) añadiendo disolvente. *Hay que diluir la pintura.* **3.** Hacer que (algo) pierda importancia o intensidad. *El tiempo diluye los recuerdos.* ▶ **1:** *DISOLVER. FAM dilución; diluyente.

diluvio. m. **1.** Inundación de la tierra provocada por lluvias muy abundantes. Frec., en mayúsc., designa aquella con que, según la Biblia, Dios castigó a los hombres en tiempo de Noé y, entonces, tb. ~ *universal. Dios mandó a Noé construir un arca para salvarlo del Diluvio.* **2.** Lluvia muy abundante. *La gente se protegía del diluvio.* FAM diluviar (conjug. ANUNCIAR).

dimanar. intr. Proceder o provenir una cosa de otra. *No cumple las obligaciones que dimanan DE su cargo.* ▶ EMANAR.

dimensión. f. **1.** Aspecto o faceta de algo. *Lo sucedido tiene una dimensión trágica.* **2.** Tamaño de un cuerpo. *Calcule la dimensión de la pieza.* **3.** Cada una de las magnitudes consideradas en el espacio para determinar el tamaño de una cosa. *Mida las tres dimensiones del mueble: largo, ancho y alto.* ▶ **2:** *TAMAÑO. FAM dimensional.

dimes. ~ y diretes. m. pl. coloq. Comentarios o discusiones entre dos o más personas. *Tras muchos dimes y diretes llegaron a un acuerdo.*

diminutivo, va. adj. **1.** Ling. Dicho de sufijo: Que se utiliza para expresar, en general, disminución de tamaño, o, a veces, un matiz subjetivo. *"-ito" es un sufijo diminutivo.* ● m. **2.** Ling. Palabra formada con un sufijo diminutivo (→ 1). *"Juanita" es un diminutivo cariñoso.*

diminuto, ta. adj. Extremadamente pequeño. *Las casas parecen puntos diminutos desde el avión.*

dimitir. intr. Renunciar a un cargo o puesto. *Dimitió DE su cargo.* FAM dimisión; dimisionario, ria.

dinámico, ca. adj. **1.** Que manifiesta gran energía o capacidad de desarrollar una actividad. *Una persona dinámica.* ● f. **2.** Conjunto de hechos sucesivos y encadenados entre sí. *La dinámica geológica de la Tierra.* FAM dinamismo; dinamización; dinamizador, ra; dinamizar.

dinamita. f. Explosivo que resulta de mezclar nitroglicerina con otras sustancias. *Una bomba con cien kilos de dinamita.* FAM dinamitar; dinamitero, ra.

dinamo o **dínamo.** f. (En Am., tb. m.). *Fís.* Máquina que transforma la energía mecánica en energía eléctrica. *El faro de la bici funciona con una dinamo.*

dinar. m. Unidad monetaria de varios países, espec. pertenecientes al mundo árabe. *Dinares tunecinos.*

dinastía. f. **1.** Serie de soberanos pertenecientes a una misma familia. *La dinastía de los Ming.* **2.** Familia en cuyos individuos se perpetúa el poder o la influencia política, económica, o de otro tipo. *Pertenece a una dinastía de empresarios.* FAM dinástico, ca.

dinero. m. **1.** Conjunto de monedas o billetes que se aceptan como medio legal de pago. *Llevo poco dinero encima.* **2.** Fortuna o conjunto de bienes y riquezas que posee una persona. *Es una familia de dinero.* **3.** *Econ.* Medio de cambio gralm. aceptado, constituido por monedas, billetes y otros instrumentos de pago que tienen asignado un determinado valor. *El dinero sirve para comprar.* ■ ~ negro. m. Dinero (→ 1) conseguido de forma ilegal y que no se declara a la Hacienda pública. *Ha cobrado en dinero negro.* ▶ **2:** FORTUNA, HACIENDA. ‖ Am: **1, 2:** PLATA. FAM dineral; dinerario, ria; dinerillo.

dinosaurio. m. Reptil fósil de enormes proporciones, que apareció hace unos 220 millones de años y se extinguió hace unos 65 millones de años, y que gralm. tenía cabeza pequeña, cuello y cola largos, y extremidades posteriores más largas que las anteriores.

dintel. m. Parte superior de una puerta, una ventana u otro hueco, que está sostenida por dos piezas verticales. *Sobre el dintel de la puerta hay una luz.*

diócesis. f. En la religión cristiana: Distrito o territorio en que ejerce su autoridad espiritual un prelado. *El arzobispo visita las parroquias de su diócesis.* FAM diocesano, na.

dioptría. f. *Fís.* Unidad de potencia de una lente, que equivale a la de una lente de un metro de distancia focal. *Una lente de +20 dioptrías.*

diorama. m. Montaje escenográfico que da a las figuras un efecto tridimensional. *En la exposición hay dioramas con escenas de dinosaurios.*

dios, sa. m. **1.** (En mayúsc.). En las religiones monoteístas: Ser supremo, creador del universo. *Cree en Dios.* ○ m. y f. **2.** En las religiones politeístas: Ser sobrenatural, dotado de poder sobre los humanos y de determinados atributos. *Los dioses griegos.* ● interj. **3.** (En mayúsc.). Se usa para expresar admiración, asombro u horror. *¡Dios, qué gente tan rara hay aquí!* Tb. *Dios mío.* ■ a la buena de Dios. loc. adv. coloq. Sin preparación o al azar. *Hicieron la obra a la buena de Dios.* ■ bendito sea Dios. expr. Se usa para expresar enfado, sorpresa o conformidad. *¡Bendito sea Dios, qué manera de llover!* ■ como Dios manda. loc. adv. coloq. Bien, o del modo debido. *Siéntate como Dios manda.* ■ Dios dirá. expr. Se usa para expresar que depende de la voluntad de Dios (→ 1) el éxito de algo, o lo que suceda en un futuro. *Hoy tenemos trabajo, mañana Dios dirá.* ■ Dios mediante. expr. Se usa para expresar que el cumplimiento de algo futuro que se anuncia depende de la voluntad de Dios (→ 1). *La semana que viene, Dios mediante, podremos verlo.* ■ Dios me perdone. expr. coloq. Se usa al ir a emitir un juicio desfavorable o temerario, disculpándose por ello. *Dios me perdone, pero creo que nos está mintiendo.* ■ Dios quiera. → quiera Dios. ■ Dios sabe. expr. Se usa para encarecer algo o para darlo como dudoso. *Dios sabe lo que sufrí.* ■ la de Dios es Cristo. loc. s. coloq. Un alboroto o riña muy grandes. *Se va a armar la de Dios es Cristo.* ■ por Dios. expr. Se usa para reforzar una súplica o una protesta. *Por Dios, señora, una ayuda para comer. ¡Qué niño tan pesado, por Dios!* ■ quiera Dios, o Dios quiera. expr. Seguido de una oración introducida por *que*, se usa para manifestar, frec. con desconfianza, el deseo de que suceda lo expresado por ella. *Quiera Dios que todo salga bien.* ■ sabe Dios. expr. Se usa para manifestar la inseguridad o ignorancia de lo que se trata. *Sabe Dios dónde estará.* ■ válgame Dios. expr. Se usa para expresar sorpresa, admiración o disgusto. *¡Válgame Dios, tú por aquí!* ■ vaya con Dios. expr. Se usa como fórmula para despedir a alguien. *Hasta mañana, vaya usted con Dios.* ■ vaya por Dios. expr. Se usa para expresar decepción, desagrado o lástima. *¡Vaya por Dios, ya has tenido que liarla otra vez!* ▶ **1:** HACEDOR. **2:** DEIDAD, DIVINIDAD.

dióxido. m. *Quím.* Óxido cuya molécula contiene dos átomos de oxígeno. ■ ~ de carbono. m. *Quím.* Gas más pesado que el aire, que se produce en las combustiones y en algunas fermentaciones. *Hay que reducir las emisiones de dióxido de carbono o anhídrido carbónico.*

diplodocus o **diplodoco.** m. *Zool.* Dinosaurio de unos 25 m de longitud y cuello muy largo, propio del Jurásico superior de América del Norte.

diploma. m. Documento que expide un centro educativo o una corporación y que acredita un título, un grado académico o un premio. *Los alumnos recibirán un diploma.* FAM **diplomar.**

diplomacia. f. **1.** Parte de la política que se ocupa de los intereses y relaciones internacionales. *El buen gobernante recurrirá a la diplomacia antes que a la guerra.* **2.** Tacto o habilidad para tratar con las personas. *Carece de diplomacia.*

diplomado, da. adj. Que ha obtenido un diploma o una diplomatura. *Es enfermera diplomada.*

diplomático, ca. adj. **1.** De la diplomacia o parte de la política que se ocupa de las relaciones internacionales. *Cuerpo diplomático.* **2.** Dicho de persona: Que representa oficialmente a un Estado en otro, o interviene en las cuestiones relativas a las relaciones internacionales. Frec. m. y f. *A la recepción acudieron varios diplomáticos.* **3.** Que tiene o demuestra diplomacia en su trato con los demás. *Es muy diplomática.*

diplomatura. f. Grado universitario que se obtiene tras realizar estudios de menor duración que los de licenciatura. *Diplomatura EN Ciencias Empresariales.*

díptero, ra. adj. **1.** *Zool.* Del grupo de los dípteros (→ 2). ● m. **2.** *Zool.* Insecto chupador, que tiene solo dos alas anteriores membranosas, o que carece de alas por la adaptación a la vida parasitaria, como la mosca.

díptico. m. Obra de pintura o escultura formada por dos paneles o tableros unidos que se cierran como las tapas de un libro.

diptongo. m. *Fon.* Conjunto de dos vocales diferentes que se pronuncian en una sola sílaba. *En "aire", "puerta" y "fui" hay diptongos.* FAM **diptongación; diptongar.**

diputación. f. **1.** (Frec. en mayúsc.). Conjunto de los diputados. *La Diputación financiará las obras.* **2.** *Am.* Cargo de diputado. *Ha obtenido la diputación federal* [C].

diputado, da. m. y f. Persona nombrada por elección popular como representante en una cámara legislativa nacional, regional o provincial. *Es diputado por Ayacucho.*

dique. m. **1.** Muro o construcción para contener las aguas. *Van a construir un dique.* **2.** Espacio situado en un lugar resguardado, en el que entran las embarcaciones para su limpieza o reparación en seco. *El buque permanece varado en el dique del puerto.* ▶ **1**: MALECÓN, ROMPEOLAS.

dirección. f. **1.** Hecho o efecto de dirigir. *El entrenador se ocupa de la dirección del equipo.* **2.** Lugar hacia el que va algo en su movimiento. *Reparte las cartas en la dirección de las agujas del reloj.* **3.** Línea sobre la que se mueve un punto, que puede ser recorrida en los dos sentidos opuestos. *Dirección norte-sur.* **4.** Cargo de director. *Ocupa la dirección de la empresa.* **5.** Persona o conjunto de personas que ejercen el cargo de director. *La dirección envía una circular.* **6.** Oficina del director. *Señor Gómez, acuda a dirección.* **7.** Conjunto de datos que indican el lugar en que reside una persona o está establecida una entidad. *Deme su dirección y teléfono.* **8.** *Mec.* Mecanismo que sirve para dirigir automóviles u otros vehículos. *Una avería en la dirección del auto.* ■ ~ **asistida.** f. *Mec.* Mecanismo que multiplica la fuerza aplicada al volante del automóvil para facilitar su manejo. *Este modelo tiene dirección asistida.* ■ ~ **general.** f. Cada una de las oficinas superiores que dirigen los diferentes ramos en que se divide la Administración pública.

Dirección General de Aduanas. □ **en ~ a.** loc. prepos. Hacia. *Va en dirección a Quito.* ▶ **7**: SEÑAS. FAM **direccional.**

directivo, va. adj. **1.** De la dirección. *Ocupa un puesto directivo.* **2.** Que tiene la función de dirigir. *Equipo directivo.* ● f. **3.** Mesa o junta de gobierno de una entidad. *La directiva del club de fútbol.* **4.** Directriz o instrucción normativa. *Hay que marcar unas directivas claras.* **5.** En algunos organismos internacionales: Disposición de rango superior que han de cumplir todos sus miembros. *Una directiva del Banco Mundial.*

directo, ta. adj. **1.** Que va en línea recta o que no cambia de dirección. *No hay un camino directo.* **2.** Que se detiene ni se desvía en puntos intermedios. *Un vuelo directo a París.* ● adv. **3.** Directamente. ■ **en directo.** loc. adj. *Radio y TV* Dicho de programa de radio o de televisión: Que se emite a la vez que se realiza.

director, tora (o triz). adj. (Su f. es solo **directriz**). **1.** Que dirige. *Línea directriz de una empresa.* ● m. y f. (Su f. es solo **directora**). **2.** Persona que dirige o tiene un cargo directivo. *Es director de cine. La directora del banco.* ● f. (directriz). **3.** Instrucción principal. *Las directrices de un proyecto.* **4.** *Mat.* Línea que determina la generación de otra línea, figura o superficie.

directorio. m. **1.** Guía o lista en la que figuran direcciones, teléfonos y otros datos de personas, empresas y servicios. *Según el directorio, la zapatería está en la primera planta.* **2.** *Inform.* Conjunto de archivos, ficheros o programas almacenados conjuntamente en la memoria de un ordenador. *Copia los archivos del directorio en un disquete.* **3.** *Am.* Guía de teléfonos. Tb. ~ **telefónico.** *Buscó el apellido Saldaña en el directorio telefónico* [C].

directriz. → director.

dirigible. adj. **1.** Que se puede dirigir. ● m. **2.** Globo de navegación aérea, alargado y más estrecho en los extremos, que lleva una o varias barquillas con motores y hélices, y un timón para guiarlo. ▶ **2**: GLOBO.

dirigir. tr. **1.** Hacer que (alguien o algo) vayan en determinada dirección o hacia un determinado lugar. *Dirige el barco HACIA el puerto.* **2.** Poner o colocar (algo) en determinada dirección. *Dirigió la mirada AL cielo.* **3.** Hacer que (una cosa) tenga otro destino u objetivo a otra cosa o persona. *Dirigiremos un escrito a la gerencia.* **4.** Orientar o marcar las pautas de la realización o el desarrollo (de algo). *Ella dirige el proyecto.* **5.** Guiar o disponer la actuación (de alguien). *Dirige la orquesta.* ○ intr. prnl. **6.** Ir alguien o algo en determinada dirección o hacia un determinado lugar. *El avión se dirige a Boston.* **7.** Destinar unas palabras a alguien o algo oralmente o por escrito. *El orador se dirigió a la audiencia.* ▶ **4, 5**: CAPITANEAR, GUIAR, MANDAR. FAM **dirigencia** (Am); **dirigente.**

dirigismo. m. Tendencia de una autoridad a intervenir de manera excesiva en una actividad. *Dirigismo informativo.* FAM **dirigista.**

dirimir. tr. Resolver o concluir (una disputa o desacuerdo). *Dirimieron sus diferencias.*

discal. adj. *Anat.* Del disco fibroso que se encuentra entre las vértebras. *Desplazamiento discal.*

discapacitado, da. adj. Dicho de persona: Que tiene impedida o entorpecida alguna de las actividades consideradas normales, por alteración de sus funciones intelectuales o físicas. *Un programa de empleo para personas discapacitadas.* ▶ MINUSVÁLIDO. FAM **discapacidad.**

discar. tr. Am. Marcar (números) en el teléfono. *Debe discar los tres últimos números* [C].

discernir. (conjug. DISCERNIR). tr. Distinguir (una cosa) de otra, o percibir las diferencias. *No discierne lo justo* DE *lo injusto.* ▶ *DISTINGUIR. FAM **discernimiento.**

disciplina. f. **1.** Obediencia a las reglas que rigen la actuación o el comportamiento de una persona o de un grupo de personas. *Para ser un atleta se necesita mucha disciplina.* **2.** Materia objeto de estudio, conocimiento o instrucción. *Disciplinas científicas.* FAM **disciplinar; disciplinario, ria.**

disciplinado, da. adj. Que guarda la disciplina u obediencia a las reglas. *Es una bailarina disciplinada.*

discípulo, la. m. y f. Persona que aprende o ha aprendido las enseñanzas de un maestro. *Fue discípulo de un ilustre médico.*

disc-jockey. (pal. ingl.; pronunc. "dís-yókei"). m. y f. Pinchadiscos. [Adaptación recomendada: *disyóquey,* pl. *disyoqueis*].

disco[1]. m. **1.** Cuerpo circular y plano. *La señal de prohibido es un disco metálico.* **2.** Lámina circular, espec. de plástico o de metal, que sirve para grabar y reproducir sonidos. *Puso un viejo disco de vinilo.* **3.** Plancha circular que se lanza en una de las pruebas de determinadas competiciones atléticas. *Récord de lanzamiento de disco.* **4.** Círculo luminoso, verde, rojo o amarillo, de que los tres que gralm. forman un semáforo. **5.** En algunos aparatos telefónicos: Pieza circular giratoria que sirve para marcar. **6.** Figura circular y plana con que se presentan a nuestra vista el Sol, la Luna y los planetas. *Hoy no se puede ver el disco lunar.* **7.** *Inform.* Soporte de información de gran capacidad en forma de disco (→ 1). *Ha grabado todos sus archivos en un disco.* **8.** *Anat.* Formación fibrosa con forma de disco (→ 1), que se encuentra entre dos vértebras. *Hernia de disco.* ■ ~ **compacto.** m. Disco (→ 2) que se graba y se reproduce con láser y permite acumular gran cantidad de información. *Un disco compacto de música clásica.* ⇒ CD, COMPACTO. ■ ~ **duro.** m. *Inform.* Disco (→ 7) que sirve para almacenar datos y programas en un ordenador. *Graba el documento en el disco duro.* ■ ~ **óptico.** m. *Inform.* Disco (→ 7) en que la información se graba y se lee mediante rayos láser. *Los nuevos discos ópticos, los DVD, amenazan con desbancar a los compactos.* FAM **discografía; discográfico, ca.**

disco[2]. → discoteca.

discóbolo. m. Atleta lanzador de disco. Frec. referido a la Antigüedad clásica. *La escultura representa un discóbolo.*

díscolo, la. adj. Desobediente o poco dócil. *Un alumno díscolo.*

disconforme. adj. Que no está conforme. *Ciudadanos disconformes* CON *las reformas.* ▶ INCONFORME. FAM **disconformidad.**

discontinuo, nua. adj. Que no es continuo. *Una línea discontinua.* FAM **discontinuidad.**

discordante o **discorde.** adj. Que no está de acuerdo con alguien o algo, o que se opone a ellos. *Tienen opiniones discordantes.* FAM **discordancia.**

discordia. f. Oposición o falta de acuerdo entre personas. *Este asunto ha sembrado la discordia entre ellos.* ▶ DESAVENENCIA.

discoteca. f. **1.** Establecimiento público donde se baila y se sirven bebidas. *Los sábados va a la discoteca.* **2.** Colección de discos y de otras grabaciones musicales. *Posee una discoteca de ópera.* FAM **disco** (*Bailan en la disco*); **discotequero, ra.**

discreción. f. Cualidad de discreto. *Te pido discreción.* ■ a ~. loc. adv. Según el criterio o voluntad de alguien, espec. sin límites. *Comieron a discreción.*

discrecional. adj. **1.** Que depende del criterio de una persona o de una autoridad, y no se somete a reglas establecidas. *Poderes discrecionales del juez.* **2.** Dicho de un servicio de transporte: Que no está sujeto a ningún compromiso de regularidad. *Servicio discrecional de autobús.*

discrepar. intr. **1.** Ser una cosa diferente de otra, o estar en desacuerdo con ella. *Las dos teorías discrepan* EN *aspectos fundamentales. Su teoría discrepa* DE *otras* EN *lo fundamental.* **2.** Estar en desacuerdo una persona con otra, o con su conducta u opinión. *Discrepo* DE *tu decisión.* ▶ DIVERGIR. FAM **discrepancia.**

discreto, ta. adj. **1.** Que tiene prudencia y tacto, y no se mete en los asuntos de los demás. *Es discreta y sabe guardar un secreto.* **2.** Que no llama la atención. *Ropa discreta.* **3.** Moderado o de nivel medio. Frec. despect. *La actuación del actor fue solo discreta.*

discriminar. tr. **1.** Diferenciar o distinguir (una cosa) de otra. *Es difícil discriminar lo verdadero* DE *lo falso.* **2.** Dar trato de inferioridad (a una persona o colectividad) espec. por motivos raciales, religiosos o políticos. *En su trabajo lo discriminan.* ▶ **1:** *DISTINGUIR. FAM **discriminación; discriminatorio, ria.**

disculpa. f. Razón o motivo que se dan para justificar algo o a alguien. *Presentó sus disculpas a la condesa.* Tb. el hecho de darlos. *Lo que has hecho no tiene disculpa.* ■ pedir ~s. loc. v. Disculparse. ▶ *PERDÓN.

disculpar. tr. **1.** Dar razones o pruebas que descarguen de una culpa (a alguien) o justifiquen (algo). *Se disculpó* POR *llegar tarde.* **2.** Perdonar o no tener en cuenta (una falta u omisión, o la persona que las comete). *Disculpe mi error. Discúlpeme, por favor.*

discurrir. intr. **1.** Pensar o reflexionar. *Discurra y dará con la solución.* **2.** Transcurrir o pasar el tiempo. *Discurrían los días.* **3.** Correr o ir de un lugar a otro un fluido, espec. una corriente de agua. *El río discurre por un valle.* ○ tr. **4.** Inventar o idear (algo). *Ha discurrido un plan.* ▶ **4:** *IDEAR.

discursivo, va. adj. **1.** Del discurso o razonamiento. *Procedimientos discursivos de la inteligencia.* **2.** Reflexivo o explicativo. *Estilo discursivo.*

discurso. m. **1.** Serie de palabras y frases empleadas para manifestar lo que se piensa o siente. *He perdido el hilo del discurso.* **2.** Razonamiento o exposición sobre un tema, que se leen o se pronuncian en público. *Les dio un discurso de bienvenida.*

discusión. f. Hecho de discutir. *Lo que dice no admite discusión.* ■ sin ~. loc. adv. Indiscutiblemente. *Es, sin discusión, el mejor.* ▶ DISPUTA. ‖ Am: ALEGATO.

discutir. tr. **1.** Examinar dos o más personas (una materia) exponiendo cada cual su punto de vista e intentando llegar a un acuerdo. *Tenemos que discutir este asunto con calma.* **2.** Manifestar una opinión contraria (a alguien o algo). *No me discutas.* ○ intr. **3.** Hablar una persona con otra sobre algo, espec. de forma enérgica o violenta, manteniendo opiniones opuestas. *Discuto* CON *él* DE *política.* ▶ **1:** DEBATIR. **3:** DISPUTAR. ‖ Am: **3:** ALEGAR. FAM **discutible.**

disecar[1]. tr. Preparar (un animal muerto) para que conserve la apariencia de cuando estaba vivo. *Disecó el jabalí que había cazado.*

disecar². tr. Secar (algo, espec. una planta), gralm. para conservar(lo) con la apariencia de cuando estaba vivo. *Diseca plantas para confeccionar un herbario.*

diseccionar. tr. **1.** Dividir en partes (una planta o el cadáver de un animal) para examinar su estructura o sus alteraciones orgánicas. *Diseccionaron una rata.* **2.** Hacer un análisis detallado (de algo). *En su tesis doctoral disecciona la filosofía de Kant.* FAM **disección**.

diseminar. tr. Esparcir o extender (algo que constituye un conjunto) haciendo que sus componentes queden separados. *El viento disemina las semillas.* FAM **diseminación**.

disentería. f. *Med.* Enfermedad infecciosa caracterizada por la aparición de úlceras en el intestino y la evacuación de sangre y mucosidades.

disentir. (conjug. SENTIR). intr. Estar en desacuerdo con alguien o algo, o en algo. *Lamento disentir DE ti.* FAM **disensión; disentimiento**.

diseñar. tr. **1.** Hacer un dibujo, esquema o boceto para fabricar o producir (algo) después. *Diseña joyas.* **2.** Idear (algo, espec. un plan o proyecto). *La empresa diseñó una estrategia de ventas.* FAM **diseñador, ra; diseño**.

disertar. intr. Tratar con autoridad y de forma extensa una materia, espec. exponiéndola en público. *Puede pasarse horas disertando SOBRE arte.* FAM **disertación**.

disforme. adj. Deforme.

disfrazar. tr. **1.** Cambiar la apariencia física (de alguien) con un atuendo, de modo que no pueda ser reconocido o parezca otro. *Se disfrazó DE egipcia.* **2.** Hacer que (alguien o algo) parezcan distintos de como son en realidad. *No puede disfrazar sus sentimientos.* ▶ **1:** TRAVESTIR. FAM **disfraz**.

disfrutar. tr. **1.** Sentir placer o satisfacción (por algo). *Disfrutan la buena comida.* **2.** Tener (una circunstancia o condición buenas). *Disfruta una posición privilegiada.* ○ intr. **3.** Sentir placer o satisfacción por algo. *Disfruta jugando al golf.* **4.** Tener una circunstancia o condición buenas. *Disfruta DE una salud excelente.* FAM **disfrute**.

disfunción. f. *Med.* Alteración de una función orgánica. *Una disfunción hormonal.*

disgregar. tr. **1.** Separar las partículas (de algo compacto). *Disgregar los cálculos renales.* **2.** Separar los elementos o partes (de un conjunto o grupo). *Las tensiones han disgregado el grupo.* FAM **disgregación; disgregador, ra**.

disgusto. m. **1.** Sentimiento de pena provocado por un hecho desagradable o desgraciado. *Se llevó un disgusto al enterarse del accidente.* **2.** Enfado o disputa. *Vamos a tener un disgusto como sigas así.* ■ **a ~.** loc. adv. De mala gana o con incomodidad. *No lo hagas a disgusto.* ▶ **2:** *ENFADO. FAM **disgustar**.

disidente. adj. Que se separa de una doctrina o creencia. *Los intelectuales disidentes.* FAM **disidencia**.

disímil. adj. cult. Diferente o que no es igual. *Los trabajadores tienen situaciones laborales muy disímiles.* FAM **disimilitud**.

disimulado, da. adj. Que disimula u oculta lo que siente o piensa. *Me molestan las personas disimuladas.*

disimular. tr. **1.** Ocultar o encubrir (lo que se siente o piensa). *No puede disimular su miedo.* **2.** Ocultar (algo) para que no se vea o para que parezca distinto de lo que es. *Disimula las canas tiñéndose el pelo.* ○ intr. **3.** Fingir desconocimiento o falta de atención

respecto a algo. *No disimules: sabes perfectamente a qué me refiero.* FAM **disimulo**.

disipación. f. **1.** Hecho de disipar o disiparse. *La disipación de las nubes.* **2.** Entrega excesiva a la diversión y a los placeres. *En su vida no encuentra cabida el ocio y la disipación.*

disipado, da. adj. Excesivamente entregado a la diversión y a los placeres. *Lleva una vida disipada.*

disipar. tr. **1.** Hacer desaparecer poco a poco, espec. por evaporación, (algo físico). *El sol ha disipado la niebla.* **2.** Hacer que (algo, como un sueño, una duda o una sospecha) desaparezca o se reduzca a la nada. *Tus argumentos han disipado mis dudas.*

dislate. m. cult. Disparate.

dislexia. f. *Med.* Trastorno que consiste en una incapacidad parcial o total para leer y para comprender lo que se lee, causado por una lesión cerebral. FAM **disléxico, ca**.

dislocar. tr. Sacar (algo, espec. un hueso) de su lugar. *Me retorció la muñeca y me la disloqué.* FAM **dislocación**.

disminución. f. Hecho de disminuir. *Hubo una disminución del número de accidentes.* ▶ AMINORACIÓN, DECRECIMIENTO, DECREMENTO, MERMA.

disminuido, da. adj. Que tiene limitadas sus facultades físicas o mentales. *Un centro para niños disminuidos.*

disminuir. (conjug. CONSTRUIR). tr. **1.** Hacer menor (algo). *Voy a disminuir el ritmo de trabajo.* ○ intr. **2.** Hacerse menor algo. *La fiebre ha disminuido.* ▶ **1:** AMINORAR, MENGUAR, REDUCIR. **2:** AMINORAR, DECRECER, MENGUAR, MERMAR.

disociar. (conjug. ANUNCIAR). tr. **1.** Separar (algo) de otra cosa a la que estaba unido. *No se puede disociar la teoría DE la práctica.* **2.** *Quím.* Separar los diversos componentes (de una sustancia). *Podemos disociar la molécula a temperaturas constantes.* FAM **disociación**.

disolución. f. **1.** Hecho de disolver o disolverse. *Se produjo la disolución de las Cortes.* **2.** Mezcla homogénea que resulta de disolver una sustancia en un líquido. *Una disolución acuosa.* **3.** Ruptura de los lazos o vínculos existentes entre varias personas. *Escritura de disolución de la compañía.* ▶ **2:** SOLUCIÓN.

disoluto, ta. adj. cult. Excesivamente relajado o entregado a vicios o placeres. *Tiene fama de hombre disoluto.*

disolver. (conjug. MOVER; part. **disuelto**). tr. **1.** Separar las partículas o moléculas (de un sólido, un líquido o un gas) en un líquido de forma que queden incorporadas a él. *Disuelva el azúcar EN la leche.* **2.** Deshacer (algo) poniendo fin a la unión de sus componentes. *La sentencia de divorcio disuelve el matrimonio.* ▶ **1:** DESLEÍR, DILUIR. FAM **disolvente**.

disonar. (conjug. CONTAR). intr. **1.** Sonar sin armonía o de forma desagradable. *Algunos acordes disuenan.* **2.** Resultar extraño o raro. *Un mueble tan recargado disuena en esta habitación.* **3.** Discrepar una cosa de otra, o estar en desacuerdo con ella. *Aquellos gritos disonaban DE su tono de voz habitual.* FAM **disonancia; disonante**.

dispar. adj. cult. Diferente o que no es igual. *Se dedica a actividades muy dispares.* FAM **disparidad**.

disparada. f. **1.** *Am.* Huida súbita y precipitada. *Se atrasó en emprender la disparada* [C]. **2.** *Am.* Alza súbita y considerable del precio o valor de algo. *La disparada del dólar* [C].

disparadero. en el ~. loc. adv. En situación de sentirse obligado a hacer o decir algo. *Me puso en el disparadero* DE *aceptar su propuesta.*

disparar. tr. **1.** Hacer que (un arma) despida su carga. *Disparan el cañón.* **2.** Hacer que un arma despida (su carga). *Disparó una flecha.* **3.** Despedir (su carga) un arma. Más frec. como intr. *La pistola no dispara.* **4.** Hacer que se produzca (un tiro). *Le disparó un tiro a bocajarro.* **5.** Hacer que salte el mecanismo (de un aparato, espec. una cámara fotográfica). *No dispare la cámara todavía.* **6.** En fútbol y otros deportes: Lanzar (el balón) con fuerza hacia la meta. Más frec. como intr. *El extremo dispara y consigue el primer gol.* ○ intr. **7.** Salir o ir con mucha prisa o precipitación. *El caballo se disparó.* Frec. en constr. como *salir disparado.* **8.** Hablar u obrar con extraordinaria violencia y comúnmente sin razón. *Cuando se dispara, solo dice tonterías.* **9.** Crecer o incrementarse algo sin moderación. *Las ventas se dispararon.* ► **6:** CHUTAR. FAM **disparador, ra; disparo.**

disparatado, da. adj. **1.** Dicho de cosa: Contraria a la razón. *Ideas disparatadas.* **2.** Que dice o hace disparates. *Nunca he conocido a nadie tan disparatado.* **3.** coloq. Enorme o muy grande. *Tiene un precio disparatado.*

disparate. m. Hecho o dicho contrarios a la razón. *Dejar un trabajo tan bien pagado es un disparate.* ■ un ~. loc. s. coloq. Gran cantidad de personas o cosas. *Había un disparate* DE *gente.* ► CONTRASENTIDO. FAM **disparatar.**

disparidad. → dispar.

dispendio. m. Gasto, gralm. excesivo e innecesario. *Pagar tanto por un bolso es un dispendio.* FAM **dispendioso, sa.**

dispensar. tr. **1.** Conceder u otorgar (algo). *Les dispensaron una calurosa acogida.* **2.** Eximir (a alguien) de una obligación o del cumplimiento de una norma. *Lo dispensarán* DE *hacer el examen.* **3.** Perdonar o disculpar (algo o a alguien). *Dispense las molestias.* FAM **dispensa.**

dispensario. m. Establecimiento destinado a prestar asistencia médica y farmacéutica a enfermos que no se alojan en él. ► AMBULATORIO.

dispersar. tr. **1.** Hacer que los elementos (de un conjunto o una agrupación) queden separados. *Los disparos dispersan a la manada de elefantes.* **2.** Aplicar (el esfuerzo, la atención o la actividad) desordenadamente en múltiples direcciones. *No disperses la atención.* FAM **dispersión; disperso, sa.**

display. m. tecn. Dispositivo de algunos aparatos electrónicos destinado a la representación visual de información. *En el display del teléfono aparece la hora.*

displicente. adj. Dicho de persona: Que tiene una actitud de indiferencia y desprecio. *Nos miró displicente.* FAM **displicencia.**

disponer. (conjug. PONER). tr. **1.** Colocar (algo o a alguien) de una manera o según un criterio. *Han dispuesto a los comensales según el protocolo.* **2.** Preparar (algo o a alguien) para un fin. *Tengo que disponer lo necesario para la fiesta.* **3.** Mandar (algo) o establecer(lo) como obligatorio alguien o algo con autoridad para ello. *El juez dispuso la prisión incondicional del acusado.* ○ intr. **4.** Servirse o valerse de una persona o cosa para un fin. *Disponga usted de mí cuando me necesite.* **5.** Tener algo. *Disponemos* DE *poco tiempo.* ► **1:** *COLOCAR. **2:** *PREPARAR. **3:** *MANDAR. FAM **disponible; disponibilidad.**

disposición. f. **1.** Hecho o efecto de disponer. *No me gusta la disposición de los muebles.* **2.** Condiciones adecuadas para algo en las que se encuentra una persona. *No estoy* EN *disposición* DE *prestarte dinero.* **3.** Aptitud para determinada actividad. *Tiene disposición para la pintura.* ■ a (la) ~ (de una persona). loc. adv. En situación de que (esa persona) mande o se sirva de alguien o algo. *Ha sido puesto a disposición* DE *las autoridades judiciales.*

dispositivo, va. adj. **1.** De la disposición o hecho de disponer. *La parte dispositiva de una sentencia.* ● m. **2.** Mecanismo o artificio dispuestos para producir una acción prevista, gralm. automática. *Un dispositivo de alarma.* **3.** Conjunto de medidas para conseguir un fin determinado. *Se pondrá en marcha un dispositivo de seguridad.* ► **3:** OPERATIVO.

dispuesto, ta. adj. **1.** Que está en disposición o condiciones para algo. *Estoy dispuesta* A *contártelo.* **2.** Dicho de persona: Hábil o capaz. *Es una persona trabajadora y dispuesta.*

disputar. tr. **1.** Competir una persona con otra para conseguir (algo que quieren las dos o que tiene esta última). *Nadie le disputa el puesto.* ○ intr. **2.** Discutir una persona con otra sobre algo. *Disputan* CON *él* SOBRE *la herencia.* ► **2:** *DISCUTIR. FAM **disputa.**

disquero, ra. adj. **1.** Am. De la grabación y venta de discos musicales. *Un sello disquero* [C]. ● f. **2.** Am. Compañía discográfica. *Otra estrategia de las disqueras es reciclar los éxitos de siempre en una nueva edición* [C].

disquete. m. Inform. Disco magnético portátil, de capacidad reducida, que se introduce en un ordenador para su grabación o lectura. *Grabe el archivo en un disquete.* FAM **disquetera.**

disquisición. f. **1.** Examen riguroso de algo, considerando cada una de sus partes. *El libro contiene una disquisición sobre las motivaciones del ser humano.* **2.** Reflexión o comentario que se hacen separándose de aquello que se está tratando. Más en pl. *No quiero entrar en disquisiciones.* ► **2:** *DIVAGACIÓN.

distancia. f. **1.** Espacio que existe entre una persona o cosa y otra. *La distancia* DE *la Tierra* A *Marte es grande.* Tb. la medida. *Está a muchos metros de distancia.* **2.** Intervalo de tiempo que media entre un acontecimiento y otro, o entre una persona o cosa y otra. *De aquí a Navidad hay dos meses de distancia.* **3.** Mat. Longitud del segmento de recta comprendido entre dos puntos del espacio. ■ a ~. loc. adj. **1.** Dicho de estudios: Que se imparten por correo o a través de medios de comunicación. *Un curso de inglés a distancia.* □ loc. adv. **2.** Desde cierta distancia (→ 1). *Los observa a distancia.* ■ guardar, o mantener, (las) ~s. loc. v. Mantener en el trato con otras personas una actitud que evite la familiaridad. *En el trabajo guardamos las distancias.*

distanciar. (conjug. ANUNCIAR). tr. **1.** Poner (a una persona o cosa) a cierta distancia o a más distancia de otra. *Distancia un poco la mesa* DE *la pared.* **2.** Hacer que la relación (de una persona) con otra se enfríe o deteriore. *La escasa convivencia lo ha ido distanciando* DE *ella.* FAM **distanciador, ra; distanciamiento.**

distante. adj. **1.** Que se encuentra a una distancia grande. *Viajó a lugares muy distantes.* **2.** Que evita el trato amistoso o la intimidad. *La noto distante conmigo.* ► **1:** *LEJANO.

distar. intr. **1.** Estar una persona o cosa a determinada distancia de otra. *La tienda dista apenas unos me-*

tros. **2.** Diferenciarse una persona o cosa notablemente de otra. *Sus gustos distan mucho DE los míos.*

distender. (conjug. ENTENDER). tr. Hacer que disminuya la tensión (de alguien o algo). *Ejercicios para distender los músculos.* ► DESTENSAR. FAM **distensión.**

distinción. f. **1.** Hecho o efecto de distinguir o distinguirse. *Hay que establecer una distinción ENTRE ciencia y técnica.* **2.** Premio u honor con que se distingue a alguien. *Le ha sido concedida la más alta distinción en música.* **3.** Cualidad de distinguido o elegante. *Todos admiran su distinción.* ► **1:** DISTINGO.

distingo. m. Distinción, espec. la que se hace con cierta sutileza o malicia. *No hace distingos entre sus empleados.* ► DISTINCIÓN.

distinguido, da. adj. **1.** Refinado y elegante en su forma de comportarse y de vestir. *Es un joven muy distinguido.* **2.** Dicho de persona o grupo de personas: Que destaca entre los demás por alguna cualidad. *Un distinguido novelista.* **3.** Se usa en fórmulas de cortesía para dirigirse formalmente al destinatario de una carta. *Distinguido cliente: Tenemos el honor de comunicarle...*

distinguir. tr. **1.** Conocer la diferencia (entre una persona o cosa) y otra. *No distingue el vino bueno DEL malo.* **2.** Hacer que (una persona o cosa) se diferencien de otra por medio de alguna particularidad. *La cubierta distingue el tomo primero DEL segundo.* **3.** Señalar la diferencia (entre una persona o cosa) y otra. *El autor distingue los términos correctos DE los incorrectos.* **4.** Ver (algo), diferenciándo(lo) de lo demás, a pesar de existir alguna dificultad. *Ya distingo la iglesia a lo lejos.* **5.** Conceder (a alguien) un premio o un honor. *Lo han distinguido CON varios premios.* ○ intr. **6.** Percibir la diferencia entre una persona o cosa y otra. *Hay que distinguir ENTRE religión y ética.* ○ intr. prnl. **7.** Ser una persona o cosa diferentes de otra en algo. *Tu camisa se distingue DE la mía EN el color.* **8.** Destacar o sobresalir entre otros. *Se distingue POR su voluntad.* ► **1:** DISCRIMINAR, DIFERENCIAR. **6:** DIFERENCIAR, DISCERNIR. **7:** DIFERENCIARSE, DIFERIR. FAM **distintivo, va.**

distinto, ta. adj. **1.** Diferente (que no es igual). **2.** Seguido de un nombre en plural: Varios (no muchos). ► **1:** *DIFERENTE. **2:** *VARIOS.

distorsión. f. Deformación o alteración, espec. de imágenes, sonidos o hechos. *Las pantallas planas eliminan la distorsión de la imagen.* FAM **distorsionador, ra; distorsionar.**

distraer. (conjug. TRAER). tr. **1.** Ocupar la atención (de alguien) proporcionándo(le) momentos agradables. *Leer me distrae.* **2.** Apartar la atención (de alguien) del objeto a que la aplicaba o a que debía aplicarla. *Calla y no distraigas a tu compañero.* **3.** Desviar (la atención). *Algo distrajo su atención cuando conducía.* ► **1:** *DIVERTIR. **2:** ENTRETENER. FAM **distracción.**

distraído, da. adj. Que se distrae con facilidad y actúa sin darse cuenta de lo que hace o de lo que pasa a su alrededor. *Es muy distraída y se ha olvidado las llaves.*

distribuir. (conjug. CONSTRUIR). tr. **1.** Dividir (un conjunto de personas o cosas) entre otras. *Distribuiremos el trabajo.* **2.** Dar (una serie de cosas) a distintas personas o entregar(la) en diferentes lugares. *Distribuyen folletos ENTRE los asistentes.* **3.** Hacer llegar (una mercancía) a sus lugares de venta. *La disquera distribuye el disco POR toda América.* ► **1, 2:** *REPARTIR. FAM **distribución; distribuidor, ra.**

distributivo, va. adj. **1.** De la distribución. *Igualdad distributiva.* **2.** *Mat.* Dicho de operación: Que permite transformar un producto en una suma o en una diferencia, o viceversa. Tb. dicho de la propiedad correspondiente. *La multiplicación tiene la propiedad distributiva.* **3.** *Gram.* Dicho de oración: Que expresa distribución. *Oración coordinada distributiva.* Tb. dicho de la conjunción correspondiente.

distrito. m. Cada una de las zonas en que se subdividen un territorio o una población a efectos jurídicos o administrativos. *El municipio pertenece al distrito de Izalco.*

disturbio. m. Alteración del orden público. Frec. en pl. *Durante la manifestación se produjeron disturbios.* ► *ALBOROTO.

disuadir. tr. Inducir (a alguien) con razones a cambiar de opinión o a desistir de un propósito. *Me disuadieron DE que aceptara el empleo.* FAM **disuasión; disuasivo, va; disuasorio, ria.**

disyunción. f. cult. Hecho o efecto de separar o desunir. *Disyunción entre práctica y teoría.*

disyuntivo, va. adj. **1.** *Gram.* Dicho de oración: Que expresa opción, alternancia o exclusión con respecto a la oración anterior. *"¿Vienes o te quedas?" es una coordinada disyuntiva.* Tb. dicho de la conjunción correspondiente. ● f. **2.** Alternativa entre dos cosas, por una de las cuales hay que optar. *Se me plantea la disyuntiva de aceptar la beca o ponerme a trabajar.*

ditirambo. m. **1.** cult. Alabanza o elogio exagerados. *Hizo un ditirambo de mis virtudes.* **2.** histór. En la antigua Grecia: Composición poética en honor de Dioniso.

diurético, ca. adj. *Med.* y *Fisiol.* Que aumenta la secreción de orina. *Infusión diurética.*

diurno, na. adj. **1.** Del día o que se desarrolla durante el día. *Suben las temperaturas diurnas.* **2.** Dicho de animal o planta: Que realiza sus principales funciones durante el día. *Ave diurna.*

divagación. f. Hecho o efecto de divagar. *No te pierdas en divagaciones.* ► DISQUISICIÓN, ESCARCEO.

divagar. intr. Hablar o escribir sin centrarse en un tema o sin propósito fijo. *El orador empezó a divagar.*

diván. m. Asiento alargado y mullido, gralm. sin respaldo, para tenderse o recostarse. *El diván del psicoanalista.*

divergir. intr. **1.** Irse apartando sucesivamente una cosa de otra. *Desde aquí mi camino diverge DEL suyo.* **2.** Discrepar o no estar de acuerdo una persona o cosa con otra en algo. *Diverjo DE él EN cuestiones importantes.* ► **2:** DISCREPAR. FAM **divergencia; divergente.**

diversión. f. **1.** Hecho o efecto de divertir o divertirse. *La película garantiza diversión para toda la familia.* **2.** Cosa que divierte. *Este trabajo no es ninguna diversión.* ► DISTRACCIÓN, ENTRETENIMIENTO. ‖ *Am:* ENTRETENCIÓN. FAM **divertimento; divertimiento.**

diverso, sa. adj. **1.** Diferente (que no es igual). **2.** Seguido de un nombre en plural: Varios (no muchos). ► **1:** *DIFERENTE. **2:** *VARIOS. FAM **diversidad; diversificación; diversificar.**

divertido, da. adj. **1.** Dicho de cosa: Que divierte. *Una película divertida.* **2.** Dicho de persona: Alegre o animada. *Tienes unos amigos muy divertidos.* ► **1:** ENTRETENIDO.

divertir. (conjug. SENTIR). tr. Hacer pasar momentos agradables y de disfrute a (alguien). *Me divierte hacer crucigramas.* ► DISTRAER, ENTRETENER.

dividendo. m. **1.** *Mat.* Cantidad que ha de dividirse por otra. *En 200/5, el dividendo es 200 y el divisor 5.*

2. *Econ.* Parte de los beneficios de una sociedad que corresponde a cada acción. *Reparto de dividendos.*

dividir. tr. **1.** Hacer que (de un todo) resulten diferentes partes. *El profesor divide a sus alumnos* EN *dos grupos.* **2.** Distribuir o repartir (algo) entre varios. *Dividió sus propiedades* ENTRE *sus hijos.* **3.** Provocar desunión y discordia (entre personas). *La gestión del Gobierno dividió a la sociedad.* **4.** Averiguar cuántas veces contiene (una cantidad) a otra. *Si dividimos 20* ENTRE/POR *5, el resultado es 4.* ▶ **2:** *REPARTIR.

divinamente. adv. **1.** De manera divina. *Mensaje divinamente revelado.* **2.** Estupendamente o muy bien. *Lo pasamos divinamente.*

divinidad. f. **1.** Naturaleza divina. *La divinidad de Jesucristo.* **2.** Dios o ser divino. *Atenea era una divinidad.* ▶ **2:** *DIOS. FAM divinización; divinizar.

divino, na. adj. **1.** De Dios o de los dioses. *Mandato divino.* **2.** De naturaleza divina (→ 1). *Seres divinos.* **3.** coloq. Muy bello o bonito. *Esa blusa es divina.*

divisa. f. **1.** Moneda extranjera, respecto de la unidad monetaria de otro país. *El yen es la divisa japonesa.* **2.** Señal exterior que sirve para distinguir personas, grados u otras cosas. *Los caballeros llevaban divisas en sus escudos.*

divisar. tr. Ver confusamente (algo, espec. lejano). *Por fin divisamos la costa.*

división. f. **1.** Hecho o efecto de dividir o dividirse. *División celular.* En matemáticas, designa la operación aritmética de dividir. *Haz la división con la calculadora.* **2.** Discordia o desunión. *La decisión la ha provocado divisiones en el grupo.* **3.** *Dep.* Grupo en que compiten, según su categoría, los equipos o deportistas. *El equipo ha ascendido a primera división.* **4.** En el ejército: Unidad formada por dos o más brigadas o regimientos homogéneos, y provista de servicios auxiliares.

divisor, ra. adj. **1.** Que divide o sirve para dividir. *Líneas divisoras.* ● m. **2.** *Mat.* Cantidad por la cual ha de dividirse otra. *En la división 10/5, 10 es el dividendo y 5 el divisor.* **3.** *Mat.* Cantidad contenida en otra un número exacto de veces. *El máximo común divisor de 24 y 18 es 6.* ▶ **3:** FACTOR, SUBMÚLTIPLO. FAM divisorio, ria.

divo, va. adj. Dicho de artista del mundo del espectáculo, espec. de cantante de ópera: Que goza de mucha fama. Tb. m. y f. *La gran diva dará un recital.* FAM divismo.

divorciar. (conjug. ANUNCIAR). tr. **1.** Disolver un juez por sentencia el matrimonio (entre dos personas). *El juez los divorció.* **2.** Separar o apartar (una cosa o a una persona) de otra a la que deben estar unidas. *No podemos divorciar el sentido común* DEL *rigor científico.* ○ intr. prnl. **3.** Obtener una persona el divorcio legal de otra. *Se divorció* DE *su marido.* FAM divorcio.

divulgar. tr. Poner en conocimiento del público (algo, espec. un secreto o una información reservada a una minoría). *La prensa divulgó la noticia.* ▶ ESPARCIR. FAM divulgación; divulgador, ra; divulgativo, va.

dizque. adv. Am. coloq. Al parecer o presuntamente. *A ver, ustedes que dizque son tan católicos, ¿en qué iglesia está San Pedro Claver?* [C].

DNA. (sigla; pronunc. "de-ene-a"). m. *Biol.* ADN.

do. m. *Mús.* Primera nota de la escala natural mayor. ■ **~ de pecho.** m. Nota más aguda a la que puede llegar la voz de tenor. *El aria termina con un do de pecho.*

dóberman. m. Perro guardián y de defensa, de cuerpo esbelto y musculoso, y pelo corto, oscuro y brillante.

dobladillo. m. Pliegue que como remate se hace a la ropa en los bordes, doblándola un poco hacia adentro dos veces para coserla. *La falda lleva el dobladillo descosido.*

doblar. tr. **1.** Cambiar la disposición de dos partes (de un todo) de modo que quede una sobre otra. *Dobla las sábanas.* **2.** Hacer que (alguien o algo) se curven o queden en ángulo. *Se dobla por la cintura.* **3.** Pasar al otro lado (de algo, como una esquina o un cabo). *Doble la esquina y siga recto.* **4.** Aumentar (algo) haciéndo(lo) doble. *Le doblaron el sueldo.* **5.** Tener una persona o cosa el doble (de algo) que otra. *Le dobla la edad.* **6.** *Cine* y *TV* Sustituir las voces originales de los actores (de una película o un programa de televisión) por las de otros que hablan en la lengua de los espectadores. *Doblan las películas inglesas* EN *español.* ○ intr. **7.** Pasar a estar una parte de alguien o algo formando curva o ángulo. *Estas láminas de metal doblarán fácilmente.* **8.** Cambiar de dirección. *En la plaza, doble* A *la derecha.* **9.** Tocar a muerto las campanas. *¿Sabes* POR *quién doblan las campanas?* ▶ **3:** VOLVER. ‖ Am: **3:** VOLTEAR. FAM doblador, ra; doblaje.

doble. adj. **1.** Dos veces mayor. *El precio es doble* DE *lo que pensaba.* Dicho de cantidad, tb. m. *Ocho es el doble de cuatro.* **2.** Compuesto de dos de los elementos designados por el nombre al que acompaña. *Doble ventana.* ● m. **3.** En deportes, espec. en tenis: Encuentro entre cuatro jugadores, dos por cada bando. Más frec. en pl. *El tenista perdió en dobles con su compañero.* ○ m. y f. **4.** Persona que se parece mucho a otra, hasta el punto de poder ser confundida con ella. *Tengo una amiga que es tu doble.* **5.** Actor que sustituye a otro en determinados momentos de un rodaje cinematográfico. *Las escenas de riesgo las hace un doble.* ● adv. **6.** En doble (→ 1) cantidad o intensidad. Tb. el ~. *Los domingos venden el doble.* ▶ **4:** SOSIA, SOSIAS.

doblegar. tr. Someter alguien (a una persona) o hacer que acate su voluntad. *No conseguirás doblegarlo.* ▶ *SOMETER.

doblemente. adv. **1.** El doble. *Se fatiga doblemente con el calor.* **2.** Por doble motivo. *Me considero doblemente perjudicado.*

doblete. m. Hecho de realizar o conseguir dos cosas al mismo tiempo, o hecho de realizar o conseguir algo dos veces. *En la película hace doblete: es director e intérprete.*

doblez[1]. m. Hecho de doblar algo o a alguien haciendo que una parte quede sobre otra, o curvada o en ángulo. Tb., más frec., la parte que queda doblada. *El pañuelo está plegado en varios dobleces.*

doblez[2]. f. (Tb., más raro, m.). Hipocresía o malicia en la forma de actuar. *Es una persona sin doblez.*

doblón. m. histór. Antigua moneda española de alto valor. *Un cofre de doblones de oro.*

doce. → APÉND. NUM.

docena. f. Conjunto de doce unidades.

docencia. f. Enseñanza (hecho de enseñar). ▶ *ENSEÑANZA.

docente. adj. **1.** Que enseña o instruye. *Personal docente.* **2.** De la docencia. *Vocación docente.*

dócil. adj. Dicho de persona o animal: Que cumple voluntariamente lo que se le manda. *Un caballo dócil.* FAM docilidad.

docto, ta. adj. cult. Que posee amplios conocimientos, espec. si los ha obtenido a través del estudio. *Es muy docta EN la materia.*

doctor, ra. m. y f. **1.** Persona que ha obtenido un doctorado. *Es doctora EN Filología.* **2.** Médico. **3.** Persona a la que la Iglesia reconoce oficialmente un relieve especial al haber sobresalido en la enseñanza o defensa de la doctrina cristiana. *Santa Teresa es doctora de la Iglesia.*

doctorado. m. **1.** Grado máximo que concede una universidad u otro establecimiento académico autorizado para ello. *Tiene un doctorado EN Filosofía.* **2.** Estudios necesarios para obtener un doctorado (→ 1). *Cursos de doctorado.* FAM **doctorando, da; doctorar.**

doctoral. adj. Del doctor o del doctorado. *Tesis doctoral. Da la lección con tono doctoral.*

doctrina. f. Conjunto de teorías o principios, espec. políticos o religiosos, sostenidos por una persona o una colectividad. *La doctrina marxista.* FAM **doctrinal; doctrinario, ria.**

docudrama. m. Obra difundida en cine, radio o televisión, que trata hechos reales, con técnicas dramáticas y de documental. *Un docudrama sobre las drogas.*

documentación. f. **1.** Hecho o efecto de documentar o documentarse. *Ha investigado con poca documentación.* **2.** Conjunto de documentos, espec. de carácter oficial, que sirven para documentar algo. *La policía nos pide la documentación.*

documentado, da. adj. **1.** Dicho de cosa: Apoyada por los documentos necesarios. *Un trabajo documentado.* **2.** Que posee conocimientos o pruebas acerca de algo. *Es un historiador muy documentado.*

documental. adj. **1.** De los documentos. *Una prueba documental.* **2.** Dicho de película cinematográfica o de programa televisivo: Que representa, con carácter informativo o didáctico, hechos reales. Frec. m. *Un documental sobre aves.*

documentalista. m. y f. **1.** Persona que recopila datos o documentos sobre determinada materia. *Es documentalista del Museo.* **2.** Persona que se dedica a hacer cine o televisión documental. *Comenzó su carrera cinematográfica como documentalista.*

documentar. tr. **1.** Probar la existencia o la verdad (de algo) con documentos. *Documentan esta palabra en el siglo XIII.* **2.** Informar (a alguien) de datos o pruebas sobre algo, espec. con documentos. *Se ha documentado bien SOBRE el tema.*

documento. m. Escrito que proporciona información fiable sobre algo, o que puede ser empleado para probar algo. *El contrato es un documento legal.*

dodecaedro. m. *Mat.* Cuerpo de doce caras. *¿Qué forma tienen las caras de un dodecaedro regular?*

dodecágono. m. *Mat.* Polígono de doce ángulos y doce lados. *Dibuja un dodecágono.*

dogal. m. Cuerda con un nudo corredizo para atar las caballerías por el cuello. Tb. fig. *El dogal de la dictadura.*

dogma. m. **1.** Proposición que se considera como verdad indiscutible de una ciencia o doctrina, espec. religiosa. *Dogmas del catolicismo.* **2.** Conjunto de dogmas (→ 1) de una doctrina, espec. religiosa. *El dogma socialista.*

dogmático, ca. adj. **1.** Del dogma. *Su libro es una exposición dogmática del comunismo.* **2.** Que mantiene sus opiniones como verdades indiscutibles. *Es una persona dogmática.* FAM **dogmatismo; dogmatizar.**

dogo. m. Perro dogo (→ perro).

dólar. m. Unidad monetaria de los Estados Unidos de América y de otros países.

dolencia. f. cult. Enfermedad.

doler. (conjug. MOVER). intr. **1.** Presentar dolor físico una parte del cuerpo. *Me duele la cabeza.* **2.** Causar algo dolor físico o moral. *Le duele la incomprensión de la gente.* ○ intr. prnl. **3.** Quejarse de dolor físico o moral. *Se duele DEL trato que le das.* **4.** Arrepentirse de algo hecho o dicho. *Se duele DE haberlo tratado con dureza.*

dolido, da. adj. Que siente o manifiesta dolor por un desprecio o una ofensa. *Está dolida contigo.*

dolmen. m. *Arqueol.* Monumento prehistórico en forma de mesa, compuesto de una o más losas colocadas horizontalmente sobre dos o más piedras verticales.

dolomita. f. *Mineral.* Mineral de carbonato doble de calcio y magnesio. FAM **dolomítico, ca.**

dolor. m. **1.** Sensación física molesta o difícil de soportar, debida a una causa interior o exterior. *Tengo dolor de muelas.* **2.** Sentimiento de pena. *La pérdida le causó mucho dolor.*

dolorido, da. adj. Que siente dolor. *Tengo los pies doloridos.*

doloroso, sa. adj. **1.** Que causa dolor. *Es una lesión muy dolorosa.* ● f. **2.** Imagen o representación de la Virgen que expresa su dolor por la muerte de Cristo. *La capilla de la Dolorosa.*

domar. tr. Hacer dócil (a un animal, gralm. salvaje) por medio de ejercicio y adiestramiento. *Doma tigres y leones.* ▶ *DOMESTICAR. FAM **doma; domador, ra.**

domeñar. tr. cult. Dominar o someter (algo o a alguien). *Consiguió domeñar a la fiera.*

domesticar. tr. Hacer doméstico (un animal, espec. salvaje). *El hombre domesticó al perro.* ▶ AMANSAR, DESBRAVAR, DOMAR.

doméstico, ca. adj. **1.** De la casa o el hogar. *Quehaceres domésticos.* **2.** Dicho de un animal: Que se cría junto al hombre y le sirve de compañía o para su alimentación. **3.** Dicho de criado: Que presta servicios domésticos (→ 1). Tb. m. y f. *Le abre la puerta una doméstica.*

domiciliar. (conjug. ANUNCIAR). tr. **1.** Fijar una cuenta bancaria para que se hagan en ella (pagos o cobros). *Domicilie su nómina.* ○ intr. prnl. **2.** Establecer una persona o una empresa su domicilio en un lugar. *Se domiciliará EN la capital.* FAM **domiciliación.**

domicilio. m. **1.** Vivienda o lugar donde se vive. *Cambió de domicilio.* **2.** Lugar en que se consideran legalmente establecidas una persona o una entidad. *La correspondencia se envía al domicilio de la sociedad.* ■ a ~. loc. adv. **1.** En el domicilio (→ 1, 2) del interesado. *Se dan clases a domicilio.* **2.** *Dep.* En el campo del equipo contrario. *El equipo ganó a domicilio.* ▶ 1: *VIVIENDA. FAM **domiciliario, ria.**

dominar. tr. **1.** Tener autoridad (sobre alguien o algo). *Los alemanes dominaban media Europa.* **2.** Tener algún poder o influencia (sobre alguien o algo). *No dejes que te domine.* **3.** Sujetar o contener (un sentimiento o un impulso). *Domina tus nervios.* **4.** Conocer muy bien (algo, espec. un tema o una materia). *Domina el inglés.* **5.** Sobresalir algo, espec. con su altura, sobre una construcción (en un lugar), o ser lo más alto (de él). *El castillo domina el valle.* **6.** Divisar (una extensión considerable de terreno) desde una altura. *Desde el mirador domina toda la calle.* ○ intr. **7.** Predominar una cosa sobre otra u otras. *En la pintura dominan los tonos claros* SOBRE *los oscuros.* ○ intr. prnl. **8.** Contener una persona sus impulsos o sentimientos. *Iba a contestarle, pero se dominó.* ▶ **2:** *SOMETER. FAM dominación; dominador, ra; dominante.

dómine. m. histór. Maestro de latín.

domingo. m. Último día de la semana, gralm. festivo en la sociedad occidental. FAM **dominguero, ra.**

dominical. adj. **1.** De domingo. *El descanso dominical.* **2.** Dicho de un suplemento de prensa: Que se vende los domingos conjuntamente con algunos diarios. Tb. m.

dominicano, na. adj. De la República Dominicana o de su capital, Santo Domingo.

dominico, ca. adj. De la orden de Santo Domingo. *Misioneras dominicas.*

dominio. m. **1.** Hecho de dominar. *Exigen un buen dominio del alemán.* **2.** Ámbito o campo de una actividad. *El tratamiento de las enfermedades pertenece al dominio de la medicina.* **3.** Territorio bajo la autoridad de una persona o de un Estado. *Canadá fue un dominio británico.* ■ **de(l)** ~ **público.** loc. adj. Dicho de cosa: Conocida o sabida por todos. *Es de dominio público que está en bancarrota.*

dominó. m. **1.** Juego con 28 fichas rectangulares divididas en dos cuadrados, cada uno de los cuales lleva marcados de uno a seis puntos, o no lleva ninguno, y que consiste en ir colocando las fichas según determinadas reglas. **2.** Conjunto de las piezas con que se juega al dominó (→ 1). *Falta una ficha del dominó.*

don[1]. m. **1.** cult. Regalo. Frec. designa una cualidad considerada como regalo de la divinidad o de la naturaleza. *Ha sido agraciada con el don de la belleza.* **2.** Condición o aptitud para algo. *Tiene don* DE *mando.* ■ ~ **de gentes.** m. Cualidad de la persona que tiene facilidad para tratar con otras personas. *Necesitamos a alguien con don de gentes.*

don[2], **doña.** m. y f. Se usa como tratamiento de cortesía, antepuesto al nombre de pila de una persona. *Hay una carta para doña Margarita.*

donaire. m. cult. Gracia o ingenio en la manera de expresarse, espec. de palabra. *Tiene donaire para contar anécdotas.*

donar. tr. **1.** cult. o Der. Dar voluntaria y gratuitamente una persona a otra (algo, o el derecho que tiene sobre ello). *Ha donado sus cuadros al museo.* **2.** Ceder voluntariamente una persona (sangre o algún órgano) a otra que (los) necesita. *Quiere donar sus órganos cuando muera.* FAM **donación; donador, ra** (frecAm); **donante; donativo.**

doncel. m. **1.** histór. Hombre que, habiendo en su niñez servido de paje al rey, pasaba a servir en la milicia formando parte de un cuerpo especial. **2.** histór. Joven de familia noble que aún no ha sido armado caballero.

doncella. f. **1.** cult. Mujer que no ha mantenido relaciones sexuales. *En muchas culturas primitivas, se sacrificaban doncellas.* **2.** Criada encargada de la atención personal de los señores, o que se ocupa en las tareas domésticas ajenas a la cocina. *La doncella abrochó el vestido a la condesa.* FAM **doncellez.**

donde. (En la acep. 1, cuando va precedido de la prep. *a* = **adonde**). adv. relat. **1.** En el lugar en que. *Lo encontré donde lo había dejado.* **2.** En el que, o en el cual. *Un mundo donde no haya pobres.* **3.** Adonde (al que, o al cual). *Estoy en el lugar donde me enviaron.* ● prep. **4.** coloq. A casa de, o junto a. *Fue donde*

su tía. ■ **de** ~. loc. conjunt. Por lo que, o por lo cual. *Ayer no vino a trabajar, de donde deduzco que estaba enfermo.* ■ **en** ~. loc. adv. Donde (→ 1). *Lo encontré en donde lo había dejado.*

dónde. adv. interrog. **1.** En qué lugar. *¿Dónde está el restaurante? Me preguntó dónde vivía.* **2.** Adónde. *¿Dónde vas con tanta prisa?* ● m. **3.** (Frec. con art.). Lugar. *No hemos decidido aún el dónde y el cuándo.* ■ **de** ~. loc. adv. excl. Se usa para expresar sorpresa o incredulidad. *– ¿Tú más listo? –¡De dónde!* ■ **en** ~. loc. adv. Dónde (→ 1). *¿En dónde colocaste el libro?*

dondequiera. (Tb. **donde quiera**). adv. cult. En cualquier parte. Frec. seguido de una oración introducida por *que. Donde quiera que vaya hará amigos.*

donjuán. (Tb. **don juan**). m. Hombre que seduce a las mujeres. *Es un donjuán, te puede quitar la novia.* ▶ CASANOVA, TENORIO. FAM **donjuanesco, ca.**

donoso, sa. adj. cult. Que tiene donaire y gracia. *Una donosa contestación.* FAM **donosura.**

donostiarra. adj. De San Sebastián (España).

doña. → don.

dopar. tr. Administrar sustancias estimulantes (a una persona o animal) para potenciar su rendimiento en una competición. *El ciclista se dopaba.* FAM **dopaje; dopante.**

doquier. por ~. loc. adv. cult. Por todas partes. *Las malas hierbas crecían por doquier.*

dorado, da. adj. **1.** De color semejante al del oro. *Su pelo tiene reflejos dorados.* **2.** Dicho de período de tiempo: Esplendoroso o feliz. *La época dorada del cine.* ● m. pl. **3.** Conjunto de adornos de latón o de metal dorados (→ 1). *Un mueble con dorados.*

dorar. tr. **1.** Cubrir con oro (algo). *El pan de oro se usa para dorar los marcos.* **2.** Dar color dorado (a algo). *El sol dora su piel.* **3.** Asar o freír (un alimento) hasta que tome color dorado. *Dora la carne.* FAM **dorado** (*Destinaron el oro al dorado del altar*).

dórico, ca. adj. Arq. Dicho de orden: Que tiene el capitel sin decoración. Tb. dicho de lo perteneciente a ese orden. *Templo dórico.*

dormir. (conjug. DORMIR). intr. **1.** Estar una persona o animal en un estado de reposo en el que no hay actividad consciente. *Duermo bien por la noche.* ○ tr. **2.** Hacer que (alguien) se duerma (→ 1). *No hay quien duerma a este niño.* **3.** Dormir (→ 1) (durante la siesta). *Todos los días duermo la siesta.* **4.** Dormir (→ 1) (tras una borrachera). *Lo llevaron a casa a dormir la mona.* ○ intr. prnl. **5.** Quedarse una persona o animal dormidos (→ 1). *Se durmió viendo la televisión.* **6.** Perder temporalmente un miembro la sensibilidad o la movilidad. *Se me durmió una pierna.* **7.** Descuidarse o actuar con menos rapidez de la necesaria. *No se duerma: hay que presentar el proyecto ya.* ▶ **1:** DESCANSAR. FAM **dormida; dormilón, na.**

dormitar. intr. Dormir con sueño poco profundo. *Dormita en la mecedora.*

dormitorio. m. Habitación de una vivienda destinada a dormir. *En mi dormitorio hay dos camas.* ▶ ALCOBA, CUARTO, HABITACIÓN. ‖ Am: RECÁMARA.

dorso. m. Parte posterior de algo o de alguien, o parte opuesta a la que se considera principal. *El dorso de la mano.* FAM **dorsal.**

dos. → APÉND. NUM. ■ **cada** ~ **por tres.** loc. adv. coloq. Con frecuencia. *Cada dos por tres me pregunta la hora.* ■ **en un** ~ **por tres.** loc. adv. coloq. En un momento o rápidamente. *En coche llegas en un dos por tres.*

doscientos, tas. → APÉND. NUM.

dosel. m. Cubierta horizontal de madera o tela, fijada a la pared o sostenida por columnas y frec. con colgaduras, que a cierta altura cubre con fines ornamentales un lugar, espec. un altar, un trono o una cama. ▶ PABELLÓN.

dosificar. tr. **1.** Determinar la dosis (de algo, espec. de un medicamento). *Dosifique el jarabe con una cuchara.* **2.** Graduar la cantidad o proporción (de algo). *Tiene que dosificar sus fuerzas.* FAM **dosificación; dosificador, ra.**

dosis. f. Cantidad de una sustancia, espec. de un medicamento, que se da o se toma de una vez o a determinados intervalos. *Ingirió una dosis elevada de barbitúricos.*

dossier. (pal. fr.; pronunc. "dosiér"). m. Conjunto de informes y documentos relativos a un asunto. *Entregó el dossier al director.* ¶ [Adaptación recomendada: dosier, pl. *dosieres*].

dotación. f. **1.** Conjunto de aquello con que se dota a alguien o algo. *La dotación de la beca es muy pequeña.* **2.** Conjunto de personas asignadas al servicio de un establecimiento público o una empresa. *La dotación de médicos del hospital es insuficiente.* **3.** Conjunto de personas asignadas al servicio de un buque de guerra o de otro vehículo, o de una unidad policial o militar. *Una dotación de bomberos.*

dotado, da. adj. **1.** Que tiene dotes o cualidades especiales. *Es una joven dotada PARA la danza.* **2.** Seguido de *de* y un nombre: Que tiene la cualidad expresada por ese nombre. *Un artista dotado de gran sensibilidad.*

dotar. tr. **1.** Dar (a una persona) ciertos dones o cualidades. *Dios lo dotó de una gran paciencia.* **2.** Asignar (a algo, espec. a un establecimiento o a una oficina) los recursos materiales y humanos que (le) son necesarios. *Hay que dotar DE medios al centro.* **3.** Asignar una cantidad de dinero (a un premio o un puesto). *El premio está dotado CON cinco millones.* **4.** Proveer (a una cosa) de algo que la mejora. *Han dotado al coche DE los últimos adelantos.* **5.** Dar dote (a una mujer que va a casarse o a entrar en una orden religiosa). *Dotaban a las jóvenes más pobres.*

dote. f. (Tb. m.). **1.** Conjunto de bienes o dinero que aporta una mujer al matrimonio o a la orden religiosa a la que va a pertenecer. ○ pl. **2.** Aptitudes o cualidades apreciables en alguien. *Tiene dotes PARA el dibujo.*

dovela. f. Arq. Piedra labrada en forma de cuña de las que forman un arco o una bóveda.

dracma. m. (Tb. f.). Unidad monetaria de Grecia anterior al euro.

draconiano, na. adj. Dicho espec. de ley o medida: Excesivamente severa o despiadada. *Un contrato con condiciones draconianas.*

draga. f. **1.** Máquina que se emplea para ahondar y limpiar los puertos o las corrientes de agua, extrayendo de ellos fango, piedras, arena u otros materiales. **2.** Aparato que, arrastrado por el fondo del mar, se emplea para recoger productos marinos.

dragaminas. m. Buque destinado a limpiar los mares de minas submarinas.

dragar. tr. Ahondar o limpiar con draga (un lugar, espec. un puerto o un río). *Están dragando la desembocadura del río.* FAM **dragado.**

drago. m. Árbol de gran altura y tronco grueso, con flores pequeñas de color blanco verdoso, y de fruto en baya amarillenta.

dragón. m. Animal fabuloso al que se atribuye forma de serpiente muy corpulenta, con pies y alas, de gran fiereza, y que arroja fuego por la boca. *El caballero se enfrenta a un dragón.*

drama. m. **1.** Obra literaria destinada a la representación escénica y cuyo argumento se desarrolla mediante la acción y el diálogo o el monólogo de los personajes. *Los dramas de Shakespeare.* **2.** Obra de teatro o de cine de tono serio o triste, sin llegar al extremo de la tragedia. *Prefiero los dramas a las comedias.* **3.** Dramática (género). **4.** Suceso o situación tristes y con capacidad de conmover. *El drama del hambre en el mundo.* ■ **hacer un ~** (de algo). loc. v. coloq. Dar(le) unos tintes de gravedad o dramatismo que no tiene. *De cualquier problemita hace un drama.* ▶ **3:** *DRAMÁTICA. FAM **dramaturgo, ga; dramón.**

dramático, ca. adj. **1.** Del drama. *Obra dramática.* **2.** Propio del drama o apto para él. *Recursos dramáticos.* **3.** Dicho de autor: Que cultiva el drama. **4.** Capaz de preocupar y conmover. *Su situación es dramática.* **5.** Teatral o afectado. *Actitud dramática.* ● f. **6.** Género literario constituido por las obras teatrales. *Épica, lírica y dramática son los tres grandes géneros clásicos.* ▶ **5:** AFECTADO. **6:** DRAMA, TEATRO. FAM **dramatismo.**

dramatizar. tr. **1.** Dar (a algo) forma de drama u obra escrita para ser representada. *La serie de televisión dramatiza sucesos reales.* **2.** Hacer que (algo) sea dramático o conmovedor. *Dramatiza la situación.* Tb. como intr. *No dramatices, que no ha pasado nada.* FAM **dramatización.**

dramaturgia. f. **1.** Arte de componer obras dramáticas. *Es un nombre relevante de la dramaturgia.* **2.** Concepción escénica y montaje de una obra dramática. *En una ópera una cosa es el texto y la música, y otra, la dramaturgia.* FAM **dramatúrgico, ca.**

drapear. tr. Hacer pliegues (en un tejido o una prenda de vestir) dándo(les) la caída conveniente. *Una blusa drapeada.* FAM **drapeado.**

drástico, ca. adj. Enérgico o radical. *Una decisión drástica.*

drenar. tr. **1.** Dar salida al exceso de agua o humedad (de un terreno). *Utilizan bombas de agua para drenar la zona pantanosa.* **2.** Med. Asegurar la salida de líquidos, gralm. anormales, (de algo como una herida o una cavidad). *Es necesario drenar la herida.* FAM **drenaje.**

driblar. tr. En fútbol y otros deportes: Hacer regates (a alguien). *El jugador dribla al contrario.* Tb. como intr. *El delantero va driblando y avanzando hacia la portería.* ▶ REGATEAR.

dril. m. Tela fuerte de hilo o de algodón crudos. *Un traje de dril.*

droga. f. Sustancia o preparado naturales o artificiales de efecto estimulante o depresor, que se utilizan para alterar la percepción o el juicio. *Un traficante de drogas.* ■ **~ blanda.** f. Droga que no es adictiva o que lo es en bajo grado. *El hachís es una droga blanda.* ■ **~ dura.** f. Droga que crea una fuerte adicción. *La cocaína es una droga dura.* FAM **drogar.**

drogadicción. f. Adicción a las drogas. *Campaña de prevención de la drogadicción.* ▶ DROGODEPENDENCIA, TOXICOMANÍA.

drogadicto, ta. adj. Dicho de persona: Adicta a las drogas. *Un joven drogadicto.* ▶ DROGODEPENDIENTE, TOXICÓMANO.

drogodependencia. f. Drogadicción. FAM **drogodependiente.**

droguería. f. **1.** Tienda en la que se venden pinturas y productos de limpieza e higiene. *Compra desinfectante en la droguería.* **2.** Am. Establecimiento en que se venden o distribuyen medicamentos y productos químicos de uso medicinal. *La droguería encargada del abastecimiento a farmacias, ópticas y otros consumidores* [C]. ▶ **2:** FARMACIA. FAM **droguero, ra.**

dromedario. m. Mamífero rumiante parecido al camello, pero con una sola joroba, propio de Arabia y el norte de África. *El dromedario hembra.*

druida. m. histór. En la religión de los celtas, espec. los galos: Miembro de la clase elevada sacerdotal, estrechamente asociada al poder político.

drupa. f. *Bot.* Fruto carnoso con un hueso en su interior que rodea la semilla. *La cereza es una drupa.*

dual. adj. Que reúne dos elementos o dos caracteres distintos, o que se refiere a ellos. *Sistema dual de televisión.*

dualidad. f. Existencia de dos elementos o dos caracteres distintos en una misma persona o cosa. *La dualidad amor-odio en el ser humano.* ▶ DUALISMO.

dualismo. m. **1.** *Fil.* y *Rel.* Doctrina que defiende la existencia de dos principios igualmente necesarios y opuestos. *El dualismo cartesiano concibe al hombre como suma de cuerpo y espíritu.* **2.** Dualidad. FAM **dualista.**

dubitación. f. cult. Duda (estado).

dubitativo, va. adj. Que tiene o manifiesta duda. *Es dubitativo e inseguro.*

dublinés, sa. adj. De Dublín (Irlanda).

ducado; ducal. → duque.

ducha. f. **1.** Proyección de agua que, en forma de lluvia o de chorro, se hace caer sobre el cuerpo para limpiarlo o refrescarlo, o con propósito medicinal. *Se da una ducha y desayuna.* **2.** Aparato o instalación que sirve para tomar una ducha (→ 1). *Hay que reparar la ducha.* **3.** Habitación o lugar donde hay una ducha (→ 1). *Se dejó la toalla en las duchas del gimnasio.* ▶ **Am: 2:** REGADERA. FAM **duchar.**

ducho, cha. adj. Que sabe mucho de algo. *Tú eres más ducho que yo EN matemáticas.* ▶ *EXPERIMENTADO.

dúctil. adj. **1.** Dicho de metal: Que puede extenderse en hilos o alambres y sufrir otras deformaciones mecánicas sin llegar a romperse. **2.** Dicho de persona: Que se adapta con facilidad. *Es muy dúctil y se amolda a mis decisiones.* FAM **ductilidad.**

ducto. m. Am. Conducto o tubo. *Este país transporta su crudo por el ducto San Miguel* [C].

duda. f. **1.** Estado de quien no sabe qué hacer, decir, pensar o creer. *Aún me queda la duda DE si hice lo correcto.* **2.** Cuestión que plantea duda (→ 1). *El profesor nos resuelve las dudas.* ■ **sin (la menor)** ~. loc. adv. Con toda seguridad. *–¿Le gustará a ella? –Sin la menor duda.*

dudar. tr. **1.** Tener duda (sobre algo). *Dudo si decírselo o no.* ○ intr. **2.** Tener duda sobre algo. *Nadie duda DE su buena voluntad.* **3.** Tener duda o desconfianza sobre la honradez o sinceridad de una persona. *No temas, aquí nadie duda DE ti.* ■ **lo dudo.** expr. Se

usa para expresar que no se cree lo que ha dicho otro. *–Yo sé alemán. –Lo dudo.*

dudosamente. adv. Escasamente o nada. *Un proyecto dudosamente eficaz.*

dudoso, sa. adj. **1.** Dicho de persona: Que tiene duda, o que no sabe qué hacer, decir, pensar o creer. *Estoy dudosa, no sé a dónde ir.* **2.** Dicho de cosa: Que ofrece duda. *Es dudoso que venga a la fiesta.*

duela. f. Cada una de las tablas que constituyen las paredes curvas de las cubas o los barriles.

duelo[1]. m. histór. Combate entre dos personas, que sigue a un desafío y que está sometido a unas reglas establecidas. *El duelo sería a pistola.* FAM **duelista.**

duelo[2]. m. Sentimiento de dolor o pena por la muerte de una persona. *La bandera ondea a media asta en señal de duelo.*

duende. m. **1.** Espíritu fantástico que se supone que habita en ciertos lugares y que asusta a la gente. *Dicen que en esa casa hay duendes.* **2.** Encanto o atractivo especiales y difíciles de explicar. *Para bailar flamenco hay que tener duende.* ▶ **1:** TRASGO.

dueño, ña. m. y f. **1.** Persona que tiene dominio o propiedad sobre algo. *Es dueña de un gran patrimonio.* **2.** Persona que tiene dominio o control sobre una situación o un asunto. *No era dueño de sus actos.* ■ ~ **de sí (mismo/ma).** loc. adj. Dicho de persona: Que sabe dominarse. *En las situaciones de tensión hay que ser dueño de sí mismo.* ■ **ser** alguien (**muy**) ~ (de hacer algo). loc. v. Tener libertad o derecho (para hacerlo). *Eres muy dueño DE decir lo que piensas.* ▶ **1:** AMO, SEÑOR, PROPIETARIO.

duermevela. m. o f. Sueño poco profundo o discontinuo. *Pasó la noche en duermevela.*

dueto. m. *Mús.* Dúo.

dulce. adj. **1.** Dicho de sabor: Que causa una sensación suave y agradable al paladar, como la miel o el azúcar. *Este chocolate tiene un sabor demasiado dulce.* **2.** De sabor dulce (→ 1). *Un pastel muy dulce.* **3.** Dicho espec. de alimento: Que tiene un sabor más azucarado que otros del mismo tipo. *Tomamos un vino dulce.* **4.** Dicho de cosa: Agradable, espec. por su suavidad o falta de brusquedad. *Una voz dulce.* **5.** De trato cálido o amable. *Es dulce y cariñosa.* ● m. **6.** Alimento hecho con azúcar, o con un alto contenido de azúcar. *No comas tantos dulces.* ■ ~ **de leche.** m. Dulce (→ 6) hecho con leche azucarada, aromatizada gralm. con vainilla, y sometida a cocción lenta y prolongada. □ **en** ~. loc. adj. Dicho de fruta: Conservada en almíbar. *Papaya en dulce.* FAM **dulcificar; dulzón, na; dulzor; dulzura.**

dulzaina. f. Instrumento musical de viento de carácter popular, parecido al oboe y fuertemente melódico.

dumping. (pal. ingl.; pronunc. "dúnpin"). m. *Econ.* Práctica comercial de vender en el mercado exterior a precios inferiores al del interior, o incluso al de costo, para adueñarse del mercado. *Han sancionado a la empresa por hacer dumping.* ¶ [Equivalentes españoles recomendados: competencia desleal, venta a pérdida].

duna. f. Montículo de arena acumulada por el viento, que se forma en playas y desiertos. ▶ MÉDANO.

dúo. m. **1.** *Mús.* Conjunto de dos instrumentos o de dos voces. *Un dúo de guitarras.* **2.** Composición para ser interpretada por un dúo (→ 1). *El tenor y la soprano cantarán un dúo.* ■ **a** ~. loc. adv. **1.** Actuando dos personas al mismo tiempo. Gralm. hablando de la interpretación de una composición musical.

Cantan muy bien a dúo. **2.** Con intervención simultánea de dos personas. *Los niños contestaron a dúo.* ▶ DUETO.

duodécimo, ma. → APÉND. NUM.

duodeno. m. *Anat.* Primera porción del intestino delgado de los mamíferos. FAM **duodenal.**

dúplex. adj. **1.** Dicho de sistema de información: Capaz de transmitir y recibir simultáneamente dos mensajes, uno en cada sentido. ● m. **2.** Vivienda de un edificio constituida por dos pisos superpuestos y unidos por una escalera interior. *El salón está en la planta de abajo del dúplex.*

duplicado. m. Copia o ejemplar doble de algo, espec. de un documento. *Necesito un duplicado de la factura.* ■ **por ~.** loc. adv. Dos veces, o en dos ejemplares. *Hay que presentar la solicitud por duplicado.*

duplicar. tr. **1.** Multiplicar por dos (algo). *Les han duplicado el sueldo.* **2.** Hacer copia exacta (de algo, espec. de un documento). *Voy a duplicar la llave.* FAM **duplicación; duplicidad.**

duque, quesa. m. y f. **1.** Persona con el título nobiliario más alto. *El emperador se casó con una duquesa.* **2.** Consorte de un duque (→ 1) o de una duquesa FAM **ducado; ducal.**

duraluminio. (Marca reg.). m. Aleación de aluminio con magnesio, cobre y manganeso, que tiene la dureza del acero. *Escalera de duraluminio.*

durante. prep. Referido a tiempo: A lo largo de, o en el transcurso de. *He estado trabajando durante dos años.*

durar. tr. **1.** Suceder o existir algo (a lo largo de un tiempo determinado). *El viaje dura cuatro horas.* **2.** Permanecer o mantenerse (a lo largo de un tiempo determinado). *Duró un año en el cargo.* ○ intr. **3.** Suceder o existir algo a lo largo de un tiempo determinado. *La reunión duró DE las seis A las ocho.* FAM **durabilidad; durable; duración; duradero, ra.**

durazno. m. Variedad del melocotón, algo más pequeño que el común. *Duraznos en almíbar.* Tb. el árbol (→ **melocotonero**). En Am., designa frec. cualquier melocotón. *De postre, duraznos* [C]. ▶ MELOCOTÓN.

dureza. f. **1.** Cualidad de duro. *La dureza del colchón es importante para el descanso.* **2.** Parte endurecida de la piel, espec. la que se forma en los pies. **3.** *Mineral.* Resistencia que se opone un mineral a ser rayado. *Clasifican los minerales por su dureza.* ▶ **2:** CALLO.

durmiente. m. Am. Traviesa. *Trabajé en los ferrocarriles, cambiando durmientes y rieles* [C].

duro, ra. adj. **1.** Que se resiste a ser rayado, doblado o deformado, espec. por la presión o el tacto. *El diamante es la piedra más dura.* **2.** Que soporta bien el cansancio, el trabajo o las contrariedades. *Hay que ser duro para trabajar en las minas.* **3.** Que tiene un carácter fuerte, exigente o poco sensible. *Tiene un padre muy duro.* **4.** Inflexible o riguroso. *El sector duro del partido.* **5.** Que exige gran esfuerzo o causa sufrimiento. *Es una tarea dura.* **6.** Fuerte o violento. *Son imágenes muy duras.* **7.** Dicho de formas o rasgos: Faltos de suavidad o armonía. *Sus facciones son duras.* ● adv. **8.** De manera dura (→ 5). *Ha trabajado duro.*

DVD. (sigla; pronunc. "de-uve-de" o, Am., "de-ve-de"). m. Disco óptico que contiene en forma codificada imágenes y sonidos que se reproducen en la pantalla y los altavoces de un equipo electrónico. *Una película en DVD.*

e

e¹. (pl. **es**). f. Letra del abecedario español que corresponde al sonido vocálico articulado en la parte anterior de la boca y teniendo esta medio cerrada.

e². → y.

ebanista. m. y f. Persona que tiene por oficio realizar muebles y trabajos artesanales en maderas finas. *La consola es obra de un ebanista.* FAM **ebanistería.**

ébano. m. Árbol tropical de tronco grueso, copa ancha y hojas en forma de punta de lanza, cuya madera, negra y dura, se usa para la fabricación de muebles y objetos artesanales. Tb. la madera. *Un escritorio en ébano.*

ebrio, bria. adj. **1.** cult. Borracho (trastornado por exceso de bebida alcohólica). **2.** cult. Exaltado o dominado por algo, como un sentimiento o una sensación intensos. *Combatían ebrios DE ira.* FAM **ebriedad.**

ebullición. f. **1.** Hecho de hervir. *La ebullición de la leche la depura de bacterias.* **2.** Estado de agitación. *El país está en plena ebullición.* ▶ **1:** HERVOR.

ebúrneo, a. adj. cult. Del marfil, o de características semejantes a las suyas, espec. su color. *Una piel ebúrnea.*

eccema. (Tb. **eczema**). m. *Med.* Enfermedad de la piel caracterizada por la aparición de pequeñas ampollas, enrojecimiento y escamas.

echar. tr. **1.** Hacer que (una cosa) pase a estar en un lugar, frec. lanzándo(la) o dándo(le) impulso, o disponiéndo(la) sobre algo. *Echa las cartas AL buzón.* **2.** Hacer salir (a alguien) de un lugar. *Lo echaron DE clase por hablar.* **3.** Despedir de sí (algo). *La comida echa humo.* **4.** Hacer salir (a alguien), de forma duradera o definitiva, del lugar en que vive o desarrolla una actividad. *La han echado DE varios colegios.* **5.** Empezar a tener un ser vivo (algo que corresponde a su naturaleza o que pasará a formar parte de ella). *El niño está echando los dientes.* **6.** Juntar (a un animal macho) con la hembra para la fecundación. *Compraron un semental para echárselo a las vacas.* **7.** Mover (una llave u otro mecanismo parecido) para que algo quede cerrado. *Echa el pestillo por la noche.* **8.** Inclinar (algo o a alguien) en la dirección que se expresa. *Eche la cabeza HACIA delante.* **9.** Dar (comida) a los animales. *Echó maíz a las gallinas.* **10.** Hacer un cálculo aproximado (de una magnitud). *No le echo más de treinta años.* **11.** Gastar (una determinada cantidad de tiempo) en algo. *He echado dos horas EN llegar.* **12.** coloq. Representar o retransmitir (un espectáculo). *¿Qué echan hoy EN la tele?* **13.** Seguido de determinados nombres: Realizar (la actividad expresada o implicada por estos). *Echó una cabezada en el sofá.* **14.** Tender o tumbar (a alguien). *Échenlo sobre la cama con los pies en alto.* **15.** En un juego de cartas: Mostrar (una carta), poniéndo(la) boca arriba sobre la mesa. *Ha echado el cinco de copas.* ○ intr. **16.** Iniciar la marcha en una dirección. *Echemos POR ese atajo.* **17.** Seguido de *a* y un infinitivo: Empezar a hacer lo que expresa el infinitivo. *El tren echó a andar.* ○ tr. prnl. **18.** Entablar una relación amorosa o de

amistad (con alguien). *Se ha echado novio.* ■ **~ a perder.** loc. v. Estropear (algo o a alguien). *Echó a perder la sorpresa.* ■ **~ de menos** (algo o a alguien). loc. v. Sentir su ausencia. *¿Me han echado de menos?* ■ **~ a rodar** (algo que se estaba desarrollando). loc. v. Desbaratar(lo), o impedir que continúe su desarrollo. *No lo eche todo a rodar por una tontería.* ■ **~se atrás** alguien. loc. v. Dejar de mantener algo que se ha dicho o acordado. *Di mi palabra, no me echaré atrás.* ■ **~se encima** un período de tiempo. loc. v. Acercarse de un modo que resulta demasiado rápido. *Se echa encima el día del examen.* ▶ **2:** EXPULSAR. **3:** *DESPEDIR. **4:** EXPULSAR.

echarpe. m. Chal.

eclecticismo. m. Actitud o tendencia caracterizadas por conciliar ideas o elementos de distintos tipos y procedencias. *Su afición al rock y a la música clásica es prueba de su eclecticismo.* FAM **ecléctico, ca.**

eclesial. adj. cult. De la Iglesia como comunidad cristiana. *La comunidad eclesial.*

eclesiástico, ca. adj. **1.** De la Iglesia, o de los eclesiásticos (→ 2). *Derecho Eclesiástico. Traje eclesiástico.* ● m. **2.** Clérigo.

eclipse. m. **1.** *Fís.* Ocultación temporal de un astro por la interposición de otro cuerpo celeste. *El eclipse solar se verá en el hemisferio norte.* **2.** Relegación de una persona o cosa por la presencia o existencia de otra. *Su brillante actuación supuso el eclipse de sus compañeros.* **3.** Desaparición o decadencia de alguien o algo. *En el XIX se produce el eclipse del sistema colonial.* FAM **eclipsar.**

eclíptica. f. *Fís.* Círculo máximo de intersección del plano de la órbita terrestre con la esfera celeste, que aparentemente recorre el Sol durante un año.

eclosión. f. **1.** *Biol.* Hecho de abrirse una flor o un capullo extendiendo sus pétalos. *El documental muestra la eclosión de una rosa.* **2.** *Biol.* Hecho de romperse un huevo o la envoltura de una crisálida para permitir la salida o nacimiento del animal. **3.** cult. Aparición o surgimiento repentinos de algo, como un fenómeno o un movimiento cultural o social. *La eclosión de Internet.* FAM **eclosionar.**

eco. m. **1.** Repetición de un sonido producida al ser reflejadas sus ondas por un obstáculo. *Las paredes devuelven el eco de su voz.* **2.** Sonido que se percibe de manera débil y confusa, gralm. por su lejanía. *Llega el eco de un tumulto.* **3.** Rumor o noticia vaga. *Hay ecos de dimisión.* **4.** Resonancia o difusión de algo, como un suceso o una noticia. *Sus ideas tuvieron eco en la Universidad.* **5.** Influencia ejercida por un hecho o una persona. *Se percibe en su obra el eco del maestro.* **6.** Persona o cosa que repiten servilmente lo que dice otra. *El periódico era el eco del poder.* ■ **hacerse ~** (de algo). loc. v. Mencionar(lo), gralm. difundiéndo(lo). *La prensa se hizo eco DEL acto.*

eco-. elem. compos. Significa 'ecología'. *Ecoagricultura, ecoenvase.*

ecografía. f. Técnica de exploración médica que permite obtener imágenes del interior del cuerpo aplicando ultrasonidos y registrando sus ecos en el organismo. Tb. la imagen así obtenida. *En la ecografía se aprecia el sexo del feto.* FAM ecográfico, ca.

ecología. f. Estudio científico de las relaciones de los seres vivos entre sí y con el medio ambiente en que viven. FAM ecológico, ca; ecólogo, ga.

ecologista. adj. Partidario del movimiento que defiende el respeto y protección de la naturaleza y el medio ambiente. *Grupos ecologistas.* ▶ VERDE. FAM ecologismo.

economato. m. Establecimiento en el que se venden productos, gralm. de consumo diario, a precio reducido, y cuyo acceso está restringido a los miembros de una empresa o institución. ▶ Am: COMISARIATO.

economía. f. **1.** Administración eficaz y adecuada de unos bienes. *La escasez obligó a una estricta economía de las reservas.* **2.** Ciencia que estudia los sistemas de producción, distribución y consumo de los bienes materiales. *Licenciado en Economía.* **3.** Conjunto de actividades económicas de una sociedad. *La economía del país está en crisis.* **4.** Ahorro o gasto reducido. *Trabaja con gran economía DE medios.* **5.** Riqueza de un país, entidad o persona. *Tal derroche mermó su economía.* ■ ~ de mercado. f. Sistema de economía (→ 3) basado en la regulación de los precios según la ley de la oferta y la demanda, y en la mínima intervención del Estado. ■ ~ sumergida. f. Parte de la economía (→ 3) que se desarrolla al margen de los registros y controles legales. FAM economicismo; economicista; económico, ca; economista; economizar.

ecónomo. m. **1.** *Rel.* Eclesiástico que administra los bienes de una diócesis. **2.** *Rel.* Eclesiástico que ocupa temporalmente un cargo cuando este está vacante o no puede desempeñarlo su titular.

ecosistema. m. *Biol.* Sistema constituido por un medio físico y la comunidad de seres vivos que habitan en él, cuyos procesos vitales se desarrollan relacionados entre sí y con ese medio. *Se está alterando el equilibrio del ecosistema.*

ectoplasma. m. En ocultismo: Emanación visible del cuerpo de un médium, que adopta la forma de seres vivos o de cosas. *Vio el ectoplasma de su padre.*

ecuación. f. *Mat.* Igualdad que contiene una o más incógnitas. *En la ecuación "4x = y", cuando la "x" vale 5, la "y" vale 20.* Tb. fig.

ecuador. m. **1.** (Frec. en mayúsc.). *Geogr.* Círculo máximo de la esfera terrestre, perpendicular a su eje de rotación y equidistante de los polos geográficos. *El barco naufragó a 10 grados del Ecuador.* Tb. ~ terrestre. **2.** *Fís.* Círculo máximo de la esfera celeste, perpendicular al eje de la Tierra. Tb. ~ celeste.

ecualizador. m. Dispositivo electrónico que sirve para ajustar las frecuencias de reproducción del sonido en un equipo de alta fidelidad u otro aparato.

ecuánime. adj. **1.** Que tiene firmeza y serenidad de ánimo. *Sé ecuánime ante la adversidad.* **2.** Imparcial en el juicio. *Un árbitro ecuánime.* FAM ecuanimidad.

ecuatoguineano, na. adj. De la Guinea Ecuatorial.

ecuatorial. adj. Del Ecuador (círculo geográfico), o de las zonas próximas a él.

ecuatoriano, na. adj. Del Ecuador (país de América).

ecuestre. adj. **1.** Del caballo, o de la equitación. *Deportes ecuestres.* **2.** *Arte* Dicho espec. de pintura o

escultura: Que representa a una persona montada a caballo.

ecuménico, ca. adj. Universal (que concierne o se aplica a todo el mundo). ▶ UNIVERSAL.

ecumenismo. m. *Rel.* Movimiento que pretende restaurar la unidad de todas las Iglesias cristianas.

eczema. → eccema.

edad. f. **1.** Tiempo que ha vivido una persona u otro ser vivo hasta el momento que se considera. *Murió a la edad de 84 años.* **2.** Tiempo de existencia de una cosa hasta el momento que se considera. *Ignoro la edad de estas pirámides.* **3.** Cada uno de los períodos en que se considera dividida la vida humana. *La adolescencia es una edad difícil.* **4.** (Frec. en mayúsc.). Cada una de las divisiones amplias de tiempo, de varios siglos, que constituyen la Historia o la Prehistoria. Frec. seguido de un elemento especificador. *Edad Contemporánea; Edad Media; Edad del Hierro.* ■ ~ adulta. f. Edad (→ 3) en la que un ser vivo, espec. una persona, alcanza su pleno desarrollo biológico. ■ Edad de los Metales. f. Edad (→ 4) prehistórica posterior a la de Piedra y en que el hombre empezó a usar útiles de metal. ■ ~ del pavo. f. coloq. Edad (→ 3) en que se entra en la adolescencia, y que se caracteriza por la inestabilidad emocional y de comportamiento. *Está en la edad del pavo y no se centra.* ■ ~ de merecer. f. Edad (→ 1, 3) considerada oportuna para buscar cónyuge. Frec. hablando de mujer. *Jóvenes en edad de merecer.* ■ Edad de Piedra. f. Edad (→ 4) prehistórica caracterizada por el uso de útiles de piedra. ■ ~ escolar. f. Edad (→ 3) en la que la legislación establece la escolarización obligatoria. *Niños en edad escolar.* ■ ~ madura. f. Madurez. *En la edad madura, aspiramos a la estabilidad.* ■ ~ mental. f. Grado de desarrollo de la inteligencia de una persona, determinado mediante pruebas de inteligencia, en relación con su edad (→ 1). *A sus quince años tiene una edad mental de nueve.* ■ tercera ~. f. Vejez. *Trastornos propios de la tercera edad.* □ de ~. loc. adj. Dicho de persona: Mayor o anciana. ■ mayor (o menor) de ~. loc. adj. Que tiene mayoría (o minoría) de edad (→ mayoría, minoría). *Si es menor de edad, no puede votar.* ▶ 1: *AÑOS.

edecán. m. **1.** histór. *Mil.* Ayudante de campo. **2.** cult., despect. Ayudante o acompañante de alguien. *El presidente recibe halagos de sus edecanes.*

edema. m. *Med.* Acumulación patológica de líquido en el tejido celular.

edén. m. **1.** (Frec. en mayúsc.). En el Antiguo Testamento: Paraíso. **2.** Paraíso (lugar agradable). ▶ PARAÍSO. FAM edénico, ca.

edición. f. **1.** Hecho de editar. *El premio conlleva la edición de la obra.* **2.** Conjunto de ejemplares impresos de una sola vez. *El periódico dio la noticia en la edición de ayer.* **3.** Celebración de un acto cultural, festivo o deportivo que se repite cada cierto tiempo. *50ª Edición del Festival de San Sebastián.* ■ ~ crítica. f. *Lit.* Edición (→ 1) que pretende reconstruir con criterios filológicos el texto original de una obra y el más acorde con la voluntad del autor. *La editorial está especializada en la edición crítica de clásicos.*

edicto. m. **1.** Escrito oficial de una autoridad judicial o política, que se expone o publica como aviso para los interesados, o para comunicar una decisión o noticia de interés general. *Según el edicto del Juzgado, el prófugo tiene quince días para comparecer.* **2.** histór. Mandato o decreto publicados por un soberano. *Con el Edicto de Milán, Constantino prohibió las persecuciones de los cristianos.*

edificar. tr. **1.** Hacer (un edificio). *Van a edificar un rascacielos.* **2.** Fundar o construir (algo inmaterial). *Edifiquemos nuestra cooperación sobre valores comunes.* **3.** Inspirar (en alguien) valores religiosos o morales como la piedad o la virtud, frec. mediante el ejemplo o la palabra. *Las parábolas entretienen y edifican al lector.* ▶ **1:** CONSTRUIR. FAM edificabilidad; edificable; edificación; edificador, ra; edificante.

edificio. m. Construcción realizada con materiales resistentes y destinada a vivienda o a otros usos. *Un edificio de diez plantas.* ▶ CONSTRUCCIÓN, EDIFICACIÓN.

edil, la. m y f. (Frec. como f. se usa **edil**). Concejal.

editar. tr. **1.** Publicar (algo) por medio de la imprenta u otros procedimientos de reproducción gráfica. *Van a editar su novela.* **2.** Publicar y comercializar (una obra impresa). *La empresa edita varias revistas.* **3.** Grabar y comercializar (un disco o una obra audiovisual). *Han editado la película en DVD.* **4.** Preparar o adaptar (un texto) para su publicación. *La profesora ha editado un texto medieval.* **5.** tecn. Montar (una grabación hecha en cinta magnética). *Editan imágenes para el reportaje.* **6.** Inform. Preparar (un documento o un conjunto de datos) para su visualización o su impresión. *El programa permite editar textos con gráficos.* ▶ **5:** MONTAR. FAM editor, ra.

editorial. adj. **1.** De la edición o del editor. *Consejo editorial.* ● f. **2.** Empresa editora. *Una editorial publicará el libro.* ○ m. **3.** Artículo sin firma en el que la dirección del diario u otra publicación periódica expresa su opinión sobre un asunto. *El periódico cuestiona en su editorial la nueva ley.* ▶ **2:** EDITORA.

editorialista. m. y f. Persona encargada de escribir editoriales en un periódico. *El editorialista critica la medida del Gobierno.* FAM editorializar.

edredón. m. Cobertura de cama rellena de plumas de ave, fibras u otros materiales de abrigo. *Duerme con un edredón.*

educación. f. **1.** Hecho o efecto de educar. *Ha recibido educación bilingüe.* **2.** Modo de comportarse una persona, en relación con las normas sociales. *Es de mala educación insultar.* **3.** Buena educación (→ 2). *Pide las cosas con educación.* ■ ~ especial. f. Educación (→ 1) que se imparte a personas con minusvalías físicas o intelectuales. ■ ~ física. f. Gimnasia (práctica de desarrollar y fortalecer el cuerpo). ⇒ GIMNASIA. ▶ **1:** *ENSEÑANZA. **3:** CORTESÍA, URBANIDAD. FAM educacional.

educado, da. adj. Dicho de persona: Que tiene buena educación. *Es fácil convivir con gente educada.* ■ mal ~. → maleducado. ▶ CORTÉS.

educar. tr. **1.** Desarrollar o perfeccionar las facultades intelectuales y morales (de una persona). *Hay que educar integralmente a los niños.* **2.** Enseñar (a una persona) un comportamiento adecuado en relación con las normas sociales. *Le faltan modales porque lo han educado mal.* **3.** Acostumbrar (a un órgano, un miembro, un sentido o una facultad) para que realicen adecuadamente su función. *Escuche voces distintas para educar el oído.* ■ mal ~. → maleducar. ▶ **1:** *ENSEÑAR. FAM educador, ra.

educativo, va. adj. **1.** De la educación. *Reforma educativa.* **2.** Que educa o sirve para educar. *Juguete educativo.* ▶ **1:** EDUCACIONAL. **2:** DIDÁCTICO, FORMATIVO, INSTRUCTIVO, PEDAGÓGICO.

edulcorar. tr. Endulzar (algo). *Edulcore el postre con azúcar refinado.* ▶ ENDULZAR. FAM edulcorante.

efe. f. Letra *f.*

efebo. m. cult. Muchacho adolescente, espec. si es de una belleza afeminada. Frec. referido a la Antigüedad clásica. *Representan a Hermes como un efebo.*

efectista. adj. Que pretende producir un fuerte efecto o impresión en el ánimo. *Es una puesta en escena muy efectista.* FAM efectismo.

efectivamente. adv. De manera efectiva o real. *Exigen aplicar efectivamente la ley.* Se usa frec. para expresar asentimiento o confirmación. *Efectivamente, sucedió así.*

efectivo, va. adj. **1.** Real y verdadero. *¿Cuál será el coste efectivo de la obra?* **2.** Dicho de cosa: Eficaz. **3.** Dicho de dinero: En billetes o monedas. Tb. m. *Pague con tarjeta o en efectivo.* ● m. pl. **4.** Conjunto de fuerzas militares o semejantes que están bajo el mismo mando o realizan una misión conjunta. *Atacaron efectivos del Ejército de Tierra.* **5.** Conjunto de personas que forman una plantilla. *La empresa reducirá sus efectivos.* ■ hacer ~ (algo). loc. v. Realizar(lo) o poner(lo) en práctica. *Por fin se hará efectivo el proyecto.* ■ hacer ~ (algo, como una deuda o un documento de crédito). loc. v. **1.** Pagar(lo). *Si no hace efectiva la deuda, embargarán sus bienes.* **2.** Cobrar(lo). *Hizo efectivo el cheque en un banco.* ▶ **2:** EFICAZ. **3:** CONTANTE. FAM efectividad.

efecto. m. **1.** Aquello que es producido por una causa. *La fiebre es efecto de la gripe.* **2.** Impresión producida en el ánimo o en los sentidos. *Algunas escenas producen un efecto desagradable.* **3.** Finalidad con que se realiza algo. *Se reunirán a efectos de aprobar los presupuestos.* **4.** Movimiento giratorio que se da a una bola o pelota y que las desvía de su trayectoria normal. *Engañó al portero dando efecto al balón.* ○ pl. **5.** Objetos o enseres. *Perdió sus efectos personales.* ■ ~ dominó. m. Efecto (→ 1) de una acción que produce una serie de consecuencias en cadena. *El crac de Nueva York produjo un efecto dominó en las bolsas europeas.* ■ ~ invernadero. m. Efecto (→ 1) de recalentamiento de la atmósfera producido por la emisión de gases industriales. ■ ~ secundario, o colateral. m. Med. Efecto (→ 1) indeseado que acompaña al consumo de un medicamento o al uso de una terapia. *Efectos secundarios de este fármaco: somnolencia, mareos...* ■ ~s especiales. m. pl. tecn. Trucos utilizados en cine, teatro y otros medios para producir una impresión de realidad en el espectador. *En la película abundan los efectos especiales.* □ en ~. loc. adv. Efectivamente. ■ hacer, o surtir, ~ algo. loc. v. Producir esa cosa el efecto (→ 1) que se deseaba. *Las medidas contra el paro ya surten efecto.* ■ llevar a ~ (algo). loc. v. Realizar(lo) o ejecutar(lo). *El nuevo presidente tendrá cuatro años para llevar a efecto su programa.*

efectuar. (conjug. ACTUAR). tr. Hacer o realizar (una acción). *El tren efectuará una parada de quince minutos.* ▶ HACER.

efemérides o **efeméride.** f. Conmemoración de un hecho notable, que se hace en su aniversario. *Participaron en la efemérides del fin de la guerra.* Tb. el hecho. *El 12 de octubre se celebra la efemérides del descubrimiento de América.*

efervescencia. f. **1.** Desprendimiento de burbujas gaseosas a través de un líquido. *La efervescencia del champán.* **2.** Agitación o excitación de alguien o algo. *La actividad política está en plena efervescencia.* ▶ **2:** AGITACIÓN. FAM efervescente.

efesio, sia. adj. histór. De Éfeso (antigua ciudad de Asia).

eficaz. adj. **1.** Dicho de cosa: Que consigue el efecto esperado o pretendido. *Un remedio eficaz contra la gripe.* **2.** Dicho de persona: Eficiente. ▶ **1:** EFECTIVO. **2:** EFICIENTE. FAM eficacia.

eficiente. adj. Competente o capaz de realizar de manera eficaz una actividad o función. *Merece un ascenso por ser tan eficiente.* ▶ EFICAZ. FAM eficiencia.

efigie. f. cult. Imagen o representación de una persona. *Sello con la efigie de Colón.*

efímero, ra. adj. De corta duración. *Tuvieron una relación efímera.* ▶ *PASAJERO.

efluvio. m. cult. Emisión de partículas muy pequeñas, desprendidas de un cuerpo o de ciertas sustancias. *Efluvios de gas han causado la intoxicación.*

efusión. f. **1.** Expresión abierta e intensa de afecto o de sentimientos alegres o generosos. *Se abrazan con efusión.* **2.** cult. Derramamiento de un líquido, espec. de sangre. *El médico detuvo la efusión de sangre.* FAM efusividad; efusivo, va.

égida. f. cult. Protección o amparo. *Colón viajó bajo la égida DE los Reyes.*

egipcio, cia. adj. **1.** De Egipto. ● m. **2.** Lengua hablada en Egipto. FAM egiptología; egiptólogo, ga.

égloga. f. Composición poética del género bucólico, en la que aparecen pastores que dialogan sobre el amor o sobre la vida en el campo. *Una égloga de Garcilaso.*

ego. m. **1.** Psicol. En el psicoanálisis: Parte de la personalidad, parcialmente consciente, que se reconoce como *yo*, y actúa como intermediaria entre los instintos, los ideales y la realidad. **2.** coloq. Autoestima excesiva. *Perder sería un golpe para su ego.*

egocentrismo. m. Actitud o cualidad de la persona que exalta o considera la propia personalidad como si fuera el centro de todo. *Su egocentrismo le impide valorar a los demás.* FAM egocéntrico, ca.

egoísmo. m. Cualidad o actitud de la persona que atiende prioritariamente a su propio interés y lo antepone al de los demás. *Protesta por puro egoísmo.* FAM egoísta.

egolatría. f. cult. Estimación o amor excesivos de uno mismo. *Es una diva llena de egolatría.* FAMególatra.

egregio, gia. adj. cult. Insigne o ilustre. *Un egregio poeta.*

egresar. intr. **1.** frecAm. Acabar alguien un ciclo de estudios en un centro docente. *Egresan cerca de 8000 médicos cada año* [C]. **2.** Am. Salir de un lugar, espec. de un hospital u otro establecimiento similar. *Los pacientes egresan DE una unidad asistencial cuando ya no requieren de sus servicios* [C].

egreso. m. **1.** Am. Hecho de egresar. *Se han admitido 479 pacientes y han tenido 243 egresos* [C]. **2.** frecAm. Partida de dinero que sale de una cuenta bancaria. *Los ingresos son de 245 millones frente a egresos de 275* [C].

eh. interj. Se usa para llamar la atención, advertir o expresar que no se ha entendido algo. *¡Eh, cuidado con lo que dice!*

eje. m. **1.** Barra que atraviesa el centro de un cuerpo giratorio para servirle de apoyo en su movimiento. *Se partió el eje de la rueda.* Tb. la línea imaginaria semejante. *La Tierra rota sobre su eje.* **2.** Elemento principal y central de un cuerpo, alrededor del cual surgen o se disponen otros elementos. *La columna vertebral es el eje del esqueleto.* **3.** Persona o cosa consideradas el centro de algo, y en torno a las cuales gira lo de-

más. *Su obra tiene como eje el exilio.* **4.** Mat. Recta que se toma como referencia para determinar la posición de un punto en un plano o en el espacio. *En un sistema cartesiano, el eje de las "x" representa las abscisas, y el de las "y", las ordenadas.* ■ ~ de abscisas. m. Mat. Eje de coordenadas (→ eje de coordenadas) horizontal. ■ ~ de coordenadas, o ~ coordenado. m. Mat. Cada uno de los dos o de los tres ejes (→ 4) que se cortan en un punto común y se toman como referencia para determinar la posición de los demás puntos en el plano o en el espacio por medio de líneas que se trazan paralelas a ellos. *Un eje de coordenadas en cuya horizontal se representen los meses, y en la vertical, las lluvias.* ■ ~ de ordenadas. m. Mat. Eje de coordenadas (→ eje de coordenadas) vertical.

ejecutar. tr. **1.** Realizar o llevar a cabo (algo previsto con antelación). *Ejecute la orden.* **2.** Matar (a una persona) para cumplir una sentencia. *Lo ejecutaron por desertor.* **3.** Interpretar con uno o más instrumentos (una pieza musical). **4.** *Inform.* Realizar un programa (una operación específica). *Este programa ejecuta archivos de sonido.* ▶ **2:** AJUSTICIAR. FAM ejecución; ejecutante; ejecutor, ra.

ejecutivo, va. adj. **1.** Que ejecuta o realiza algo. *Comisión ejecutiva.* ● m. **2.** Gobierno de un Estado. *Se incorpora al ejecutivo como ministro de Interior.* ○ f. **3.** Grupo de personas que dirige una empresa, una sociedad o una entidad semejante. *La ejecutiva anunció la fusión con otra empresa.* ○ m. y f. **4.** Persona con responsabilidad en la dirección de una empresa. *Es un alto ejecutivo de un banco.* ▶ **2:** GOBIERNO.

ejecutoria. f. **1.** Título en que consta legalmente la nobleza de una persona o familia. *En la biblioteca se conserva la ejecutoria de la casa ducal.* **2.** Der. Documento público y solemne en el que se consigna una sentencia firme. **3.** frecAm. Acción o actuación, espec. si son ennoblecedoras. *El campeón, ubicado ya en el sosiego que merece por sus inigualables ejecutorias* [C]. Tb. la trayectoria determinada por un conjunto de esas acciones. *Tienes una ejecutoria honesta a lo largo de tu vida* [C].

ejemplar. adj. **1.** Que sirve de ejemplo para ser imitado. *Una persona ejemplar.* ● m. **2.** Objeto, espec. un libro u otro impreso, reproducido a partir de un determinado original. *El escritor firma hoy ejemplares de su novela.* **3.** Individuo de una especie o género determinados. *Dos ejemplares de oso pardo.* **4.** Objeto de diversa clase o género que forma parte de una colección. *Esta cruz es el ejemplar más valioso del museo.* ▶ **1:** EJEMPLARIZANTE, EJEMPLARIZADOR, MODÉLICO.

ejemplarizar. tr. Dar ejemplo (a alguien). *Aceptó el sacrificio para ejemplarizar a sus discípulos.* FAM ejemplaridad; ejemplarizador, ra; ejemplarizante.

ejemplificar. tr. Ilustrar o aclarar (algo) con ejemplos. *Ejemplifica con una frase el significado de "adusto".* FAM ejemplificación.

ejemplo. m. **1.** Persona o cosa que pueden ser imitadas. *Es tan superior que no sirve de ejemplo.* **2.** Persona o cosa dignas de ser imitadas. *Fue un ejemplo DE honradez PARA mí.* **3.** Persona o cosa que posee las características de la clase a la que pertenece, y que se toma o se cita para apoyar o ilustrar algo que se dice sobre esa clase. *¿Puede poner otro ejemplo de pronombre?* **4.** Cosa que se utiliza para apoyar o ilustrar una afirmación o una explicación, o para aclarar el significado de algo. *Otro ejemplo es el feminismo del XX.*

■ **dar** ~ alguien (a otros). loc. v. Actuar de una manera digna de ser imitada (por estos). *Dé ejemplo al niño.*
■ **por** ~. loc. adv. Se usa cuando se menciona un ejemplo (→ 3). *Prefiero países exóticos, la India, por ejemplo.* ▶ **2:** MODELO.

ejercer. tr. **1.** Realizar las actividades propias (de un oficio o profesión). *Ejerzo la medicina.* **2.** Poner en práctica (algo que se tiene, como un derecho, una facultad o una capacidad). *Ejercerá el derecho al voto.* **3.** Realizar sobre alguien o algo (una acción o una influencia). *Ejerce atracción* SOBRE *las mujeres.* ○ intr. **4.** Realizar las actividades propias de un oficio o profesión. *Ejerció* DE *corresponsal de guerra.* ▶ **2:** EJERCITAR.

ejercicio. m. **1.** Hecho de ejercer. *En el ejercicio de mi profesión aprendí mucho.* **2.** Acción o conjunto de acciones que se realizan para mantener o mejorar la forma física. *Es saludable hacer ejercicio.* **3.** Actividad o conjunto de actividades destinadas a adquirir, desarrollar o mantener una facultad o la habilidad para hacer algo. *Ejercicios* DE *tiro.* **4.** Prueba que realiza un estudiante o un opositor para obtener un grado académico o superar un examen. *En la oposición hay un ejercicio escrito y otro oral.* **5.** Trabajo práctico que complementa una enseñanza teórica. *Cada tema se acompaña de ejercicios.* **6.** Tiempo, gralm. de un año, en que una institución o una empresa dividen su actividad económica. *El último ejercicio se cerró con beneficios.* ■ ~**s espirituales.** m. pl. Práctica religiosa consistente en que un grupo de fieles se retira de la vida ordinaria durante unos días para dedicarse a la oración. □ **en** ~. loc. adj. Que ejerce el oficio o la profesión que se expresan. *Abogado en ejercicio.*

ejercitar. tr. **1.** Hacer que (alguien o algo) realicen ejercicios para adquirir práctica o destreza. *Los bailarines ejercitan sus músculos.* **2.** Ejercer (algo), o poner(lo) en práctica. *Ejercita el poder.* ▶ **1:** *ENTRENAR. **2:** EJERCER. FAM **ejercitación.**

ejército. m. **1.** (Frec. en mayúsc.). Conjunto de las fuerzas armadas de un Estado. *Están desfilando los cuerpos de élite del Ejército.* Tb. cada una de las dos o tres grandes secciones que lo componen. *Intervendrán militares del Ejército de Tierra y del Ejército del Aire.* **2.** (En mayúsc.). Conjunto de las secciones de Tierra y de Aire del Ejército (→ 1). *El grado de teniente en el Ejército es equivalente al de teniente de navío en la Armada.* **3.** Gran unidad constituida por varios cuerpos del Ejército (→ 1) y organizada para el combate. *El ejército del general Sucre venció en Ayacucho.*

ejido. m. **1.** Campo común de los habitantes de un pueblo, que linda con él y se destina a eras o al ganado. *Conducía las mulas hacia el ejido.* **2.** Am. Terreno rural cuya propiedad es otorgada por el Gobierno a un colectivo para su explotación. *Para disponer de los bosques se necesita un permiso, sea en pequeñas propiedades, ejidos o comunidades* [C]. FAM **ejidal** (Am).

ejote. m. Am. Judía verde. *Lavar, despuntar y cortar los ejotes en cuadritos* [C].

el, la. (pl. los, las. La forma el, precedida de *a* o *de*, se contrae en *al* o *del*, salvo cuando, con mayúscula, acompaña a un nombre propio: *el vuelo del águila; ir al cine; avión procedente de El Cairo.* Inmediatamente antes de f. sing. que empieza por *a-* o *ha-* tónicas se usa *el: el aula, el hacha*). art. det. **1.** Precediendo a un nombre o a un elemento que se sustantiva, indica que lo designado por ellos ya se ha mencionado, o es algo conocido o identificable por el oyente. *Vendrán los seis.* **2.** Precede a un nombre, o a un elemento que se sustantiva, para indicar que lo designado por ellos

se considera en general y no individualmente. *Las verdades ofenden.*

él, ella. (pl. ellos, ellas; → lo², la², le, se¹, sí¹). pron. pers. Designa cualquier cosa, o a una persona diferente de la que habla y de aquella a quien se habla. *A ellos los odia.*

elaborar. tr. **1.** Hacer o producir (algo) mediante distintas acciones o procesos. *Aprende a elaborar pan.* **2.** Transformar (una cosa) para obtener un producto mediante distintas acciones o procesos. *Elaboran la uva en el lagar.* **3.** Idear (algo complejo). *Elaboró toda una teoría.* ▶ **1:** *HACER. FAM **elaboración; elaborador, ra.**

elástico, ca. adj. **1.** Que puede recobrar su forma y extensión al cesar la fuerza que lo estiraba o alteraba. *Tejido elástico.* **2.** Que se adapta a distintas circunstancias. *Un horario elástico.* **3.** Que admite varias interpretaciones. *Es una ley demasiado elástica.* ● m. **4.** Tejido elástico (→ 1) que se utiliza en algunas prendas de vestir para que puedan ajustarse o darse de sí. *El elástico del bañador.* ○ f. **5.** Camiseta elástica (→ 1), usada frec. en uniformes deportivos. *Vestirá la elástica nacional.* FAM **elasticidad.**

ele. f. Letra *l.*

elección. f. **1.** Hecho de elegir. *Sorprende su elección para el cargo.* **2.** Posibilidad o libertad de elegir. *Lo dejo a tu elección.* ○ f. pl. **3.** Hecho de elegir uno o más cargos políticos mediante votación. *¿Qué partido ganará las elecciones?* ■ **elecciones primarias.** f. pl. Elecciones (→ 3) internas y previas a las de carácter general, que se desarrollan en un partido político para designar a su candidato. FAM **electivo, va.**

eleccionario, ria. adj. Am. De las elecciones. *La primera vuelta eleccionaria* [C]. ▶ ELECTORAL.

electo, ta. adj. Que ha sido elegido para un cargo, pero aún no ha tomado posesión de él. *Presidente electo.*

elector, ra; electorado. → elegir.

electoral. adj. De las elecciones o de los electores. *Campaña electoral. Censo electoral.* ▶ Am: ELECCIONARIO.

electoralismo. m. Modo de actuar político que subordina cualquier consideración a la obtención de un buen resultado en las elecciones. FAM **electoralista.**

electricidad. f. **1.** Forma de energía que se manifiesta en diversos modos, como iluminación, calor, comunicaciones y medios de transporte. *La central suministra electricidad a la región.* **2.** Parte de la física que estudia los fenómenos eléctricos. *La electricidad se ocupa del comportamiento de los imanes.* ■ ~ **estática.** f. Fís. Electricidad (→ 1) presente en un cuerpo que tiene cargas eléctricas en reposo. *La electricidad estática de las nubes produce los rayos.* FAM **electricista; eléctrico, ca.**

electrificar. tr. **1.** Hacer que (algo) funcione por medio de la electricidad. *Electrifican la vía férrea.* **2.** Suministrar electricidad (a un lugar). *Levantaron unos postes para electrificar la urbanización.* FAM **electrificación.**

electrizar. tr. **1.** Producir electricidad (en un cuerpo). *Electriza plástico frotándolo con lana.* **2.** Exaltar o excitar (a alguien). *La música me electriza.* FAM **electrizante.**

electro-. elem. compos. Significa 'electricidad' o 'eléctrico'. *Electroestimulador, electroacústica, electrodinámica, electroquímico, electromecánico, electroscopio, electrostática, electrotecnia.*

electrocardiograma. m. *Med.* Gráfico en el que se registran las corrientes eléctricas producidas por el corazón. *El electrocardiograma indica una taquicardia.*

electrochoque. m. *Med.* Tratamiento de ciertos trastornos psiquiátricos que consiste en aplicar descargas eléctricas en el cerebro.

electrocutar. tr. Matar (a alguien) por medio de una descarga eléctrica. *Electrocutó a su víctima arrojando una lámpara en la bañera.* FAM **electrocución.**

electrodo. m. *Fís.* Extremo de un conductor que, en contacto con un medio, transmite a este una corriente eléctrica o la recibe de él.

electrodoméstico. adj. Dicho de aparato: Que se utiliza para las actividades de la casa y funciona con electricidad. Frec. m. *Tienda de electrodomésticos.*

electroencefalograma. m. *Med.* Gráfico en el que se registra la actividad eléctrica del encéfalo. ▶ ENCEFALOGRAMA.

electrógeno, na. adj. *Fís.* Que genera electricidad. *Instalación electrógena.*

electroimán. m. Imán artificial que consta de un núcleo de hierro dulce rodeado por una bobina por la que pasa una corriente eléctrica.

electrolisis o **electrólisis.** f. *Quím.* Descomposición de una sustancia en disolución por medio de una corriente eléctrica. FAM **electrolítico, ca.**

electrolito o **electrólito.** m. *Quím.* Sustancia que en disolución se descompone por la acción de una corriente eléctrica. *Las pilas tienen en su interior un electrolito.*

electromagnetismo. m. *Fís.* Parte de la física que estudia los fenómenos en que interaccionan corrientes eléctricas y campos magnéticos. FAM **electromagnético, ca.**

electrón. m. *Fís.* Partícula elemental con carga eléctrica negativa, que gira alrededor del núcleo del átomo. *Los átomos tienen protones, electrones y neutrones.*

electrónico, ca. adj. **1.** De la electrónica (→ 2). *Ingeniero electrónico.* ● f. **2.** Rama de la física que estudia el comportamiento de los electrones en diversos medios, como en el vacío, en gases o en semiconductores, y su aplicación técnica.

elefante, ta. m. **1.** Mamífero de gran tamaño, piel rugosa, trompa alargada y dos largos colmillos. ○ f. **2.** Hembra del elefante (→ 1). ■ **~ marino.** m. Mamífero marino parecido a la foca, cuyo macho tiene un largo hocico en forma de trompa.

elefantiasis. f. *Med.* Enfermedad producida por un parásito propio de regiones cálidas, que produce un crecimiento enorme de algunas partes del cuerpo, espec. de las extremidades inferiores y de los órganos genitales. FAM **elefantiásico, ca.**

elegante. adj. **1.** Que tiene gracia, belleza y armonía. *Un estilo literario elegante.* **2.** Dicho de persona: Que viste con buen gusto y distinción. *La más elegante lleva un vestido negro.* **3.** Dicho de cosa: Que revela buen gusto y distinción. *Va con unos zapatos muy elegantes.* ▶ **Am: 2:** CATRÍN. FAM **elegancia.**

elegía. f. Composición poética de carácter lírico, en que se lamenta la muerte de alguien u otra desgracia. FAM **elegíaco, ca** o **elegiaco, ca.**

elegir. (conjug. PEDIR). tr. **1.** Preferir (algo o a alguien) de entre varias personas o cosas. *Elijo el marco gris.* Tb. como intr. **2.** (part. **elegido** o, frecAm., **electo**). Designar (a alguien) por votación para ocupar un cargo, realizar una función o recibir un premio. *Fue electa en 1976* [C]. ▶ **1:** ESCOGER. **2:** *DESIGNAR. FAM **elector, ra; electorado.**

elemental. adj. **1.** Fundamental o primordial. *Principios elementales de Física.* **2.** Sencillo, o que no tiene complicación o dificultad. *Cultivan la tierra con técnicas elementales.* ▶ **2:** SENCILLO. FAM **elementalidad.**

elemento. m. **1.** Parte integrante de algo. *Otro elemento del vehículo es el carburador.* **2.** Componente de una agrupación de personas. *Este alumno es un elemento nocivo para el resto.* **3.** Individuo valorado positiva o negativamente. *¿Quién es ese elemento?* **4.** Cosa o recurso necesarios para un fin determinado. *No tengo elementos para juzgarlo.* **5.** Medio donde se desarrolla adecuadamente un ser vivo. *Un pez no puede vivir fuera del agua, su elemento.* **6.** *Fil.* Cada una de las cuatro sustancias fundamentales que, en la filosofía antigua, se consideraba que constituían el universo: tierra, agua, aire y fuego. **7.** *Quím.* Cuerpo simple. *El oro es un elemento del grupo de los metales.* **8.** *Mat.* Elemento (→ 1) de un conjunto. *¿Qué elementos del conjunto A son divisibles por dos?* ○ pl. **9.** Principios básicos de una ciencia o arte. *Elementos de Retórica.* **10.** Fuerzas de la naturaleza, espec. las que influyen en las condiciones atmosféricas. *La furia de los elementos provocó el naufragio.*

elenco. m. **1.** Conjunto de actores de una compañía teatral o que actúan en una obra. *El elenco es digno de la obra.* **2.** Conjunto de personas destacadas que realizan una misma tarea o forman un equipo. *Asistió un elenco de intelectuales.* **3.** Catálogo o serie, gralm. ordenada, de cosas. *Un elenco de especies en extinción.* ▶ **1:** REPARTO.

elepé. m. Disco de larga duración. *Sacará un elepé con sus éxitos.* ▶ LP.

elevado, da. adj. **1.** Que está a cierta altura sobre el suelo. *Un paso elevado cruza la vía.* **2.** Alto, o que tiene una altura superior a la normal. *Una cumbre elevada.* **3.** De calidad superior en el aspecto intelectual o moral. *Lenguaje elevado.* ▶ **2:** ALTO.

elevador, ra. adj. **1.** Que eleva o sirve para elevar. *Plataforma elevadora.* ● m. **2.** Máquina o dispositivo que sirven para subir o bajar pesos, espec. mercancías. *Con un elevador apilan las cajas en el almacén.* **3.** frecAm. Ascensor. *Bajé en el elevador hasta la calle* [C]. ○ f. **4.** Elevador (→ 2).

elevalunas. m. Mecanismo para subir y bajar las ventanillas de un vehículo.

elevar. tr. **1.** Mover (algo) hacia arriba o poner(lo) en un lugar más alto que el que tenía. *El viento elevó el globo.* **2.** Dirigir hacia arriba (algo, especialmente los ojos o la mirada). *Eleva los ojos al cielo.* **3.** Hacer (algo) más alto. *No oigo, ¿puede elevar la voz?* **4.** Colocar (a alguien) en un puesto importante o más importante que el que tenía. *Han elevado al secretario de Estado A ministro.* **5.** Dirigir (un escrito o una petición) a una autoridad. *Elevará un recurso ANTE la Corte Suprema.* **6.** Hacer (un edificio o construcción). *Le van a elevar un monumento.* **7.** *Mat.* Multiplicar (una cantidad o expresión) por sí misma un determinado número de veces, indicado por el exponente. *Si elevamos dos al cuadrado, el resultado es cuatro.* ○ intr. prnl. **8.** Llegar algo a una altura determinada. *El olivo se eleva HASTA cinco metros.* **9.** Llegar una cuenta o un cómputo a un total determinado. *El número de afectados se eleva ya A mil.* **10.** Sobresalir algo sobre una superficie o plano. *La torre se eleva sobre los tejados.* ▶ **1, 2:** *LEVANTAR. **3:** ALZAR, SUBIR. **6:** *LEVANTAR. **10:** *LEVANTARSE. FAM **elevación.**

elfo. m. En la mitología escandinava: Genio o espíritu del aire.

elidir. tr. **1.** *Ling.* Suprimir (la vocal con que acaba una palabra cuando la que sigue empieza con otra vocal). *En la expresión francesa "d'amour" hemos elidido la vocal "e".* **2.** *Gram.* Omitir (una o más palabras) en una oración sin alterar el sentido de esta ni contravenir las reglas gramaticales. *En "tienes que fregar" está elidido el complemento directo.* FAM elisión.

eliminar. tr. **1.** Hacer que (algo) desaparezca. *El ambientador elimina los malos olores.* **2.** Excluir (a alguien) en un proceso de selección, o dejar(lo) fuera. *Eliminan a los candidatos que no hablan inglés.* **3.** Dejar (a un rival) fuera de una competición deportiva al vencer(lo). *Nos eliminaron en semifinales.* **4.** Matar (a alguien). **5.** Expulsar un organismo (una sustancia). *En la sauna el cuerpo elimina toxinas.* ▶ 1: *QUITAR. 2: *EXCLUIR. 4: *MATAR. FAM eliminación; eliminatorio, ria.

elipse. f. *Mat.* Curva plana cerrada, simétrica respecto de dos ejes perpendiculares entre sí, en la que la suma de las distancias de cada uno de sus puntos a otros dos puntos fijos o focos es constante. *Los planetas describen una elipse alrededor del Sol.* FAM elíptico, ca (*Una órbita elíptica*).

elipsis. f. *Gram.* Omisión de una o más palabras de una oración, sin que se altere el sentido de esta ni se incumplan las reglas gramaticales. *En "Juan llegará hoy, y Ana, mañana", hay elipsis del segundo verbo.* FAM elíptico, ca (*Expresión elíptica*).

elisión. → elidir.

elite o **élite.** f. Minoría selecta de personas. *La elite social.* FAM elitismo; elitista.

elixir o **elíxir.** (elíxir, Am.). m. **1.** Licor farmacéutico compuesto de sustancias medicinales disueltas gralm. en alcohol. *Elixir contra la calvicie.* **2.** Medicamento o remedio de propiedades maravillosas. *El elíxir de la eterna juventud* [C]. ▶ *PÓCIMA.

ella. → él.

elle. f. Combinación de dos letras *l*. *Caballo se escribe con elle.*

ello. (No tiene pl.; → lo², le²). pron. pers. Designa un hecho, una idea, una cosa o un conjunto de cosas mencionados antes. *Me preocupa, pero prefiero no hablar de ello.*

ellos. → él.

elocución. f. Manera de hablar o de expresarse. *Un orador de elegante elocución.*

elocuencia. f. **1.** Facultad de hablar o expresarse de manera fluida, apropiada y convincente. *El senador exhibe su elocuencia.* **2.** Capacidad de una cosa para persuadir o conmover. *Nada que añadir ante la elocuencia de la imagen.* FAM elocuente.

elogiar. (conjug. ANUNCIAR). tr. Alabar (algo o a alguien). *Sus profesores lo elogian por su constancia.* ▶ *ALABAR. FAM elogiable; elogio; elogioso, sa.

elote. m. Am. Mazorca tierna de maíz. *Desgranan los elotes* [C]. ▶ MAZORCA.

elucidar. tr. Hacer claro o comprensible (algo oscuro o difícil). *Los astrofísicos tratan de elucidar el origen del universo.* ▶ *ACLARAR. FAM elucidación.

elucubrar. tr. Elaborar (pensamientos profundos). *Elucubra teorías filosóficas.* Frec. como intr. FAM elucubración.

eludir. tr. **1.** Evitar (algo, como una dificultad o una obligación), espec. con astucia. *Elude el pago de impuestos.* **2.** Evitar el encuentro (con alguien o algo). *Eludía mi mirada.* ▶ *EVITAR. FAM elusión; elusivo, va.

em-. → en-.

emanar. intr. **1.** Proceder una cosa de otra, o tener su origen en ella. *Defendían que el poder emana de Dios.* **2.** Desprenderse de un cuerpo una sustancia volátil. *De la estufa emanaba un gas tóxico.* O tr. **3.** Emitir o desprender un cuerpo (una sustancia volátil). *Las rosas emanan un agradable aroma.* ▶ 1: DIMANAR. 3: *DESPEDIR. FAM emanación.

emancipar. tr. **1.** Liberar (a alguien) de la patria potestad, la tutela o la servidumbre. *Llevado a Roma como esclavo, un senador lo emancipó.* **2.** Liberar a alguien) de una subordinación o dependencia. *Simón Bolívar emancipó a su pueblo.* FAM emancipación; emancipador, ra.

embadurnar. tr. Poner (sobre alguien o algo) una sustancia pegajosa o que ensucia. *Le embadurna la cara DE cremas.*

embajada. f. **1.** Cargo de embajador. *Le han ofrecido la embajada española en México.* **2.** Lugar donde reside oficialmente el embajador o en el que está su oficina. *Recepción en la embajada de Costa Rica.* **3.** Conjunto de personas que trabajan a las órdenes del embajador. **4.** Mensaje enviado por una autoridad de un país a la de otro a través de un embajador. *Transmitirá al Papa una embajada del Presidente.*

embajador, ra. m. y f. **1.** Diplomático que representa a un Estado dentro de otro. *La embajadora presentó sus credenciales.* **2.** Emisario o mensajero. *Un embajador de Su Eminencia trajo el mensaje.* **3.** Persona o cosa que representan a un país por ser espec. característicos o conocidos fuera de él. *Un embajador DE nuestra moda.*

embalar¹. tr. Poner (un objeto que se va a transportar) en una caja o en una envoltura que (lo) proteja. *Han embalado los cuadros.* FAM embalaje.

embalar². tr. **1.** Hacer que (alguien o algo) tomen velocidad. *Embaló el coche en la recta.* O intr. prnl. **2.** Tomar algo velocidad. *Cuesta abajo la bicicleta se embala.* **3.** coloq. Dejarse llevar por un impulso o un sentimiento. *Piénsalo, no te embales.*

embaldosar. tr. Cubrir con baldosas el suelo (de un sitio). *Embaldosaron el patio.*

embalsamar. tr. **1.** Tratar (un cadáver) con sustancias que evitan su descomposición. *Embalsamaron al difunto.* **2.** cult. Perfumar o aromatizar (algo). *El incienso embalsama la sala.* FAM embalsamador, ra; embalsamamiento.

embalse. m. **1.** Hecho o efecto de recoger agua en un embalse (→ 2). *El embalse de las aguas posibilitó los regadíos.* **2.** Depósito artificial para almacenar el agua de un río, que se construye cerrando un valle con una presa o dique. *Un embalse abastece de agua a la comarca.* FAM embalsar.

embarazado, da. adj. Dicho de mujer: Que ha sido fecundada y va a tener un hijo. *Está embarazada DE su novio.* ▶ ENCINTA, GESTANTE, PREÑADA.

embarazar. tr. **1.** Fecundar (a una mujer). *Al poco de casarse embarazó a su mujer.* **2.** cult. Hacer que (alguien) actúe o se mueva con dificultad o con falta de soltura. *Los actos sociales lo embarazan.* **3.** cult. Hacer que (algo) se produzca con dificultad. *El vestido embaraza los movimientos de la novia.* ▶ 1: PREÑAR.

embarazo - emboscada

embarazo. m. **1.** Estado de la mujer embarazada. *No fume durante el embarazo.* **2.** Encogimiento o incomodidad para actuar o comportarse. *En público siente embarazo.* **3.** cult. Dificultad u obstáculo. *Un camino libre de embarazos.* ▶ **1:** PREÑEZ. FAM **embarazoso, sa.**

embarcación. f. Construcción cóncava capaz de flotar y que se utiliza para el transporte por agua. *Una embarcación de vela.* ▶ BARCA, BARCO, BUQUE, NAVE, NAVÍO.

embarcar. tr. **1.** Introducir (personas o mercancías) en una embarcación, tren o avión. *Embarcan los equipajes en la pista del aeropuerto.* **2.** Hacer que (alguien) participe en una empresa difícil o arriesgada. *Embarcó EN su proyecto a un amigo.* ○ intr. **3.** Subir a una embarcación, tren o avión. *Los pasajeros embarcaron y el barco zarpó.* Frec. prnl. FAM **embarcadero; embarco; embarque.**

embargar. tr. **1.** Retener (bienes) de alguien por mandato judicial para garantizar el pago de una deuda o por haber cometido esa persona una falta o delito. *Embargarán su casa.* **2.** Apoderarse (de alguien) una emoción o un sentimiento. *Me embarga la tristeza.*

embargo. m. **1.** Hecho de embargar bienes. *El juez decreta el embargo de su finca.* **2.** Medida decretada por uno o más países, consistente en prohibir el comercio con otro como sanción o forma de presión contra él. *El país sufre un embargo comercial.* ■ **sin ~.** loc. adv. A pesar de lo expuesto. *No he dormido; sin embargo, me siento despejado.*

embarrada. f. Am. coloq. Error (acción desacertada). *De embarrada en embarrada, siempre está opinando lo que no toca* [C].

embarrancar. intr. Encallar una embarcación en un fondo de arena. *El barco ha embarrancado cerca de la playa.* ▶ *ENCALLAR.

embarrar. tr. **1.** Cubrir (algo) de barro. *La lluvia embarró el camino.* **2.** Manchar (algo o a alguien) con barro. *Te vas a embarrar el pantalón.* ■ **~la.** loc. v. Am. coloq. Cometer un error o equivocarse. *Lo dejamos por ahora, no vayamos a embarrarla* [C].

embarullar. tr. **1.** Confundir o mezclar desordenadamente (varias cosas). *Embarulla los datos.* **2.** Confundir o desorientar (a alguien). *Calla, que me embarullas.*

embate. m. Golpe o acometida, espec. del mar. *El embate de las olas.* Tb. fig.

embaucar. (conjug. CAUSAR). tr. Engañar (a alguien) aprovechándose de su inexperiencia o ingenuidad. *Nos embauca con promesas.* FAM **embaucador, ra; embaucamiento.**

embeber. tr. **1.** Absorber un cuerpo sólido (un líquido). *La esponja embebe el agua.* **2.** Empapar (algo) en un líquido. *Use un paño antes embebido EN alcohol.* **3.** Contener una cosa dentro de sí (otra). *Las tuberías van embebidas en hormigón.* **4.** Reducir la anchura (de algo) recogiéndo(lo) sobre sí mismo. *Va embebiendo la tela a medida que cose.* ○ intr. **5.** Encogerse algo. *La lana embebe al lavarla.* ○ intr. prnl. **6.** Poner alguien toda su atención o interés en algo. *Se embebe EN su trabajo.* **7.** Instruirse en profundidad en algo. *Se embebió DE Historia.* ▶ **1:** *ABSORBER. **2:** *EMPAPAR. **5:** *ENCOGER.

embeleco. m. Engaño, espec. el hecho con zalamerías o con algún artificio. *Lo consiguió con trampas y embelecos.* ▶ *ENGAÑO.

embelesar. tr. Suspender o arrebatar los sentidos (a alguien). *Los bailarines embelesaron al público.* ▶ ARROBAR, EXTASIAR, SUBYUGAR. FAM **embelesamiento.**

embeleso. m. Hecho o efecto de embelesar o embelesarse. *Mira al bebé con embeleso.* ▶ ARROBAMIENTO, ARROBO, EMBELESAMIENTO.

embellecer. (conjug. AGRADECER). tr. **1.** Hacer o poner bello o más bello (a alguien o algo). *Las flores embellecen los balcones.* ○ intr. **2.** Hacerse o ponerse bello o más bello. *Embellece cuando ríe.* FAM **embellecedor, ra; embellecimiento.**

embestir. (conjug. PEDIR). tr. Ir con violencia un animal, espec. un toro, (contra alguien o algo). *El toro embiste al caballo.* Tb. fig. FAM **embestida.**

emblanquecer. (conjug. AGRADECER). tr. **1.** Poner blanco o más blanco (algo). ○ intr. **2.** Ponerse blanco o más blanco. *La ropa emblanquece con lejía.* Frec. prnl. ▶ BLANQUEAR.

emblema. m. **1.** Figura acompañada de un verso, lema o leyenda, que se emplea como símbolo o distintivo de una persona o una institución. *El emblema de la universidad es una corona con una frase en latín.* **2.** Cosa que simboliza o representa a otra. *El monumento se ha convertido en emblema de la ciudad.* FAM **emblemático, ca.**

embobar. tr. Tener suspenso o admirado (a alguien). *El mago emboba al público con sus trucos.* FAM **embobamiento.**

embocadura. f. **1.** Entrada de un lugar estrecho. *La embocadura del río.* **2.** Boquilla de un instrumento musical de viento. ▶ **2:** BOQUILLA.

embocar. tr. **1.** Meter (algo) en la boca. *Emboca un habano.* **2.** Entrar (por un lugar, gralm. estrecho). *Un coche emboca el túnel.* **3.** En algunos juegos o deportes: Meter (una bola o una pelota) en un orificio. *Si embocas la bola negra, pierdes.*

embolia. f. Med. Obstrucción de un vaso sanguíneo causada por un cuerpo formado en la sangre, que impide la circulación de esta. *Sufrió una embolia cerebral.*

émbolo. m. Mec. Pieza que se mueve de un lado a otro en el interior del tubo de una bomba, o de un cilindro de una máquina, para comprimir un fluido o recibir de él movimiento. *Al presionar el émbolo de la jeringa, sale el líquido.* ▶ PISTÓN.

embolsar. tr. **1.** Guardar (algo) en una o más bolsas. *Embolsan el té para su venta.* ○ tr. prnl. **2.** Ganar (dinero). *Venció y se embolsó mil euros.* FAM **embolsamiento.**

emboquillar. tr. Poner boquilla (a los cigarrillos). Frec. en part. *Fuma cigarrillos emboquillados.*

emborrachar. tr. **1.** Poner borracho (a alguien). *Emborracharon al novio.* **2.** Empapar (un bizcocho u otro dulce) en almíbar, vino o licor. *Emborrache el bizcocho EN/CON almíbar.*

emborronar. tr. **1.** Llenar de borrones o de garabatos (un papel). *No emborronéis los exámenes.* **2.** Escribir (en un papel) deprisa o sin mucha reflexión. *Emborrona cuartillas con poemitas.* **3.** Correr la tinta (de un papel escrito o dibujado) de modo que queda borroso o difícil de entender. *La lluvia emborronó el lienzo.* ▶ BORRONEAR.

emboscada. f. **1.** Operación consistente en esconderse de una o más personas para atacarlas por sorpresa. *Los guerrilleros han tendido una emboscada a*

252

una patrulla. **2.** Engaño o asechanza. *Sus amigos le preparan una emboscada.* FAM **emboscarse.**

embotar. tr. **1.** Hacer que disminuyan en agudeza o intensidad (los sentidos o las facultades intelectuales). *La marihuana embota los sentidos.* **2.** Hacer que los sentidos o las facultades intelectuales (de alguien) pierdan agudeza o intensidad. *El calor me embota.* ▶ **2:** ACORCHAR. FAM **embotamiento.**

embotellar. tr. **1.** Meter (algo, espec. un líquido) en una o más botellas. *Embotellan el vino.* **2.** Entorpecer el tráfico (en un lugar, espec. en una calle o carretera). *Los camiones de reparto embotellan las calles céntricas.* FAM **embotellado; embotellador, ra; embotellamiento.**

embozar. tr. **1.** Cubrir (a una persona o su rostro) hasta la nariz o los ojos. *El atracador embozó su rostro.* **2.** Ocultar o encubrir (algo). *No emboces tus intenciones.*

embozo. m. **1.** Parte de la sábana que se dobla para cubrir por encima la colcha o las mantas a la altura de la cara. *Duerme con los brazos sobre el embozo.* **2.** Parte de la capa u otras prendas, con que se cubre el rostro. *La miraba por encima del embozo.*

embrague. m. **1.** Mecanismo que permite conectar o desconectar un eje al movimiento de otro. *Un auto con embrague automático.* **2.** Pedal con el que se acciona el embrague (→ 1). *Pise el embrague y cambie de velocidad.* FAM **embragar.**

embravecerse. (conjug. AGRADECER). intr. prnl. Enfurecerse o ponerse violento. *El mar se embravece.*

embrear. tr. Untar (algo) con brea. *Están embreando el casco del barco.*

embriagar. tr. cult. Emborrachar (a alguien). Tb. fig. *La música lo embriaga.* FAM **embriagador, ra; embriagante; embriaguez.**

embridar. tr. **1.** Poner la brida (a una caballería). *Ensilla y embrida su caballo.* **2.** Sujetar o refrenar (algo o a alguien). *Le cuesta embridar su rabia.*

embrión. m. **1.** Ser vivo en las primeras etapas de su desarrollo, desde la fecundación hasta que adquiere las características morfológicas de su especie. *El embrión crece dentro de la madre.* **2.** Principio poco desarrollado de algo. *Estas notas son el embrión DE una novela.* **3.** Bot. En las semillas de algunas plantas: Parte destinada a desarrollarse como la futura planta. FAM **embriología; embriológico, ca; embrionario, ria.**

embrollo. m. **1.** Lío o confusión. *La trama del libro es un embrollo.* **2.** Aprieto o situación complicada. *¡En qué embrollos nos metes!* ▶ **2:** *APRIETO. FAM **embrollar.**

embromar. tr. **1.** Gastar bromas (a alguien). *Los veteranos embroman a los novatos.* **2.** Am. Fastidiar (a alguien) o molestar(lo). *Se abatían contra él para embromarlo* [C]. Tb. como intr. ○ intr. prnl. **3.** Am. Fastidiarse o aguantarse alguien. *El que no esté de acuerdo que se embrome* [C]. ▶ **2:** *MOLESTAR. **3:** *FASTIDIARSE.

embrujar. tr. Hechizar (algo o a alguien). *El castillo había sido embrujado.* ▶ *HECHIZAR. FAM **embrujador, ra; embrujamiento; embrujo.**

embrutecer. (conjug. AGRADECER). tr. Entorpecer la capacidad de razonar (de alguien). *La cárcel los embrutece.* ▶ BRUTALIZAR. FAM **embrutecedor, ra; embrutecimiento.**

embuchar. tr. **1.** Meter (carne, espec. lomo de cerdo) en una tripa de animal. *Embuchan el lomo o lo adoban.* **2.** coloq. Ingerir (un alimento o una bebida)

deprisa o en grandes cantidades. *¡Cómo embucha la comida!* ▶ **1:** EMBUTIR. FAM **embuchado.**

embudo. m. **1.** Utensilio hueco en forma de cono, con una boca ancha y otra estrecha prolongada en un tubo, que se emplea para pasar líquidos de un recipiente a otro. *Rellena las botellas con un embudo.* **2.** Cuello de botella.

embuste. m. Mentira. FAM **embustero, ra.**

embutido. m. Tripa rellena de distintos ingredientes, espec. carne de cerdo aderezada con especias. *Trajo chorizos y otros embutidos.*

embutir. tr. **1.** Meter (carne y otros ingredientes) en una tripa. *Una vez preparado el picadillo, lo embuten EN tripas.* **2.** Hacer (un embutido) rellenando una tripa con carne y otros ingredientes. *Embutir chorizos.* **3.** Meter (una cosa) dentro de otra, espec. de manera que quede apretada. *Las piezas de nácar van embutidas EN la madera.* ▶ **1:** EMBUCHAR. FAM **embutido** (*El proceso de embutido del picadillo*).

eme. f. **1.** Letra *m.* **2.** coloq., eufem. Mierda.

emergencia. f. **1.** Hecho de emerger. *Asistimos a la emergencia de nuevas tecnologías.* **2.** Suceso o situación imprevistos que requieren una acción inmediata. *En caso de emergencia, evacuen el edificio.* ■ **de ~.** loc. adj. **1.** Dicho espec. de salida: Preparada para utilizarse en caso de emergencia (→ 2). **2.** Dicho espec. de plan: Pensado para llevarse a cabo en caso de emergencia (→ 2).

emerger. intr. **1.** Salir a la superficie del agua u otro líquido. *El submarino emerge.* **2.** Salir algo del interior de otra cosa. *Emergía lava del volcán.* **3.** Aparecer o pasar a hacerse visible alguien o algo. *Al excavar emergieron ruinas romanas.* FAM **emergente.**

emeritense. adj. De Mérida (España).

emérito, ta. adj. Que se ha retirado de un empleo o cargo, espec. el de profesor, y disfruta de algún premio por haberlos ejercido de forma meritoria. *Catedrático emérito.*

emético, ca. adj. Med. Que provoca el vómito. *Un fármaco emético.* ▶ VOMITIVO.

emigrar. intr. **1.** Dejar o abandonar una persona su país para establecerse en otro extranjero. *Tras la guerra, emigraron A América.* **2.** Dejar o abandonar una persona su pueblo o ciudad para establecerse en otros de su mismo país, en busca de mejores medios de vida. *Emigran A la ciudad buscando trabajo.* **3.** Trasladarse de un lugar a otro un animal por motivos relacionados con el clima, la alimentación o la reproducción. *Los gansos emigran AL sur en otoño.* FAM **emigración; emigrante; emigratorio, ria.**

eminencia. f. **1.** Cualidad de eminente. *El premio reconoce su valía como músico.* **2.** Persona eminente en su profesión o especialidad. *Es una eminencia EN Derecho.* **3.** Lugar eminente o superior en altura a aquello que lo rodea. *El castillo se asienta en una eminencia.* **4.** Se usa como tratamiento que corresponde a un cardenal de la Iglesia. *Su Eminencia el cardenal de Lima.* ■ **~ gris.** f. Persona que, sin que apenas se conozca públicamente, inspira las decisiones de un personaje o un grupo.

eminente. adj. **1.** Que sobresale por su calidad o mérito. *Un eminente cirujano.* **2.** Que está a una altura superior a aquello que lo rodea. *De lejos se ve la eminente torre.* ▶ **1:** *DESTACADO.

eminentísimo. adj. Se usa como tratamiento que corresponde a un cardenal. *El eminentísimo señor cardenal.*

emir. m. Príncipe o caudillo árabe. *El emir de Qatar.* FAM **emirato.**

emisario, ria. m. y f. Persona enviada por otra en su representación para transmitir un mensaje o tratar un asunto. *El emisario partió con el mensaje del zar.*

emisor, ra. adj. **1.** Que emite. *Foco emisor de luz.* ● m. **2.** Aparato que emite ondas hercianas. *Emisores de radio.* ○ f. **3.** Centro desde el que se emiten ondas hercianas, espec. de radio o televisión. *Una emisora local.* ▶ **3:** ESTACIÓN.

emitir. tr. **1.** Despedir, o echar hacia fuera, una persona o cosa (algo producido en su interior). *El faro emitía una potente luz.* **2.** Poner en circulación (dinero, o títulos o valores públicos). *El Banco Central emite los billetes de curso legal.* **3.** Manifestar o dar a conocer (algo, como un juicio, un dictamen o una comunicación). *El juez ha emitido su veredicto.* **4.** Transmitir (algo) por medio de ondas hercianas. *El canal de televisión emite noticias todo el día.* FAM **emisión.**

emmental. m. Queso de origen suizo, hecho de leche de vaca, de color amarillento y grandes agujeros.

emoción. f. Alteración del ánimo intensa y pasajera, agradable o penosa, que va acompañada gralm. de una reacción corporal. *Lloran de emoción al encontrarse.* FAM **emocional; emocionalidad; emocionante; emocionar; emotividad; emotivo, va.**

emoliente. adj. *Med.* Que sirve para ablandar una parte del cuerpo, como una dureza. *Una pomada emoliente.*

emolumento. m. Remuneración que se recibe en un empleo o cargo. Frec. en pl. *En la oferta de trabajo prometen elevados emolumentos.*

emoticono o **emoticón.** m. *Inform.* Símbolo gráfico que se utiliza en las comunicaciones por redes informáticas o por telefonía móvil para expresar pralm. emociones. *Acaba el mensaje con el emoticono de una cara sonriente.*

empacar. tr. **1.** Poner (algo) en pacas o fardos. *Empacan la hierba.* **2.** Am. Hacer (el equipaje). *Ha decidido empacar maletas* [C]. Tb. como intr. FAM **empacador, ra.**

empacho. m. **1.** Indigestión. Tb. fig. **2.** Vergüenza para hacer o decir algo. *No tuvo empacho en criticarnos.* FAM **empachar.**

empadronar. tr. Registrar (a alguien) en un padrón. *El Ayuntamiento quiere empadronar a los emigrantes.* FAM **empadronamiento.**

empalagar. tr. **1.** Causar desagrado o hastío (a alguien) un alimento, espec. un dulce. *La miel me empalaga.* **2.** Causar desagrado o hastío (a alguien) una persona o cosa excesivamente amables o sentimentales. *Lo empalagan tantos halagos.* FAM **empalago; empalagoso, a.**

empalar. tr. Atravesar (a alguien) con un palo o algo semejante. *Lo ejecutaron empalándolo.* FAM **empalamiento.**

empalidecer. (conjug. AGRADECER). intr. Palidecer.

empalizada. f. Cerca hecha con palos o tablas clavados en la tierra.

empalmar. tr. **1.** Juntar por los extremos (dos cosas, gralm. alargadas) de modo que formen un todo. *Empalma los dos cables.* **2.** Unir o enlazar (dos cosas) de modo que se sucedan en el tiempo sin interrupción. *Habla empalmando chistes.* ○ intr. **3.** Juntarse una cosa con otra. *Su calle empalma CON la mía.* **4.** Unirse o enlazarse una cosa con otra de modo que se

sucedan en el tiempo sin interrupción. *El almuerzo empalmó CON la merienda.* Frec. prnl. ▶ **3:** ENLAZAR. ‖ frecAm: 1, 2: EMPATAR. FAM **empalme.**

empanada. f. Comida consistente en una masa rellena de diversos ingredientes, como carne, pescado u hortalizas, y cocida al horno. FAM **empanadilla.**

empanar. tr. Rebozar (un alimento) con pan rallado. *Empana los filetes.*

empantanar. tr. **1.** Llenar de agua (un terreno), dejándo(lo) como un pantano. *Las lluvias han empantanado los campos.* **2.** Hacer que (alguien o algo) queden detenidos en un pantano o terreno fangoso. *Casi empantana el coche EN un barrizal.* Frec. fig. *Nos dejó empantanados con el trabajo.* **3.** Detener (un asunto o una actividad), o impedir que avancen. *El recorte presupuestario empantanará el proyecto.*

empañar. tr. **1.** Quitar brillo o transparencia (a algo, espec. a un cristal). *El vapor empaña el espejo.* **2.** Manchar el prestigio o el mérito (de algo). *Ha empañado su buen nombre con este escándalo.* **3.** Cubrir las lágrimas (los ojos). *El llanto empañó sus ojos.* **4.** Quitar claridad (a la voz). *La emoción le empaña la voz.*

empapar. tr. **1.** Humedecer (algo) de modo que el líquido penetre completamente (en ello). *Empape el bizcocho EN la leche.* **2.** Absorber un cuerpo sólido (un líquido). *La tierra empapa el agua.* **3.** Recoger (un líquido) con algo que (lo) absorba. *Empapó el agua con la bayeta.* **4.** Humedecer completamente un líquido (un cuerpo sólido). *La lluvia empapará la ropa.* **5.** Hacer que penetren con intensidad (en alguien o algo) una idea o un sentimiento. *Su ideología empapa la obra DE radicalismo.* ○ intr. prnl. **6.** Enterarse bien de algo. *Se empapó DE arte.* ▶ **1:** EMBEBER, REMOJAR. **2:** *ABSORBER.

empapelar. tr. **1.** Cubrir de papel (una superficie), espec. las paredes de una habitación). *Han empapelado el muro con carteles electorales.* **2.** Envolver (algo) en papel. *Empapelaremos las copas con periódicos.* **3.** coloq. Procesar judicialmente (a alguien) o abrir(le) expediente. *Si lo pilla la policía, lo empapela.* FAM **empapelado.**

empaque[1]. m. **1.** Distinción o elegancia. *La toga daba empaque al juez.* **2.** Aspecto o apariencia. *Un caserón de empaque señorial.*

empaque[2]. m. frecAm. Envoltura o envase. *Saqué la chaqueta del empaque* [C]. ▶ *ENVOLTURA.

empaquetar. tr. Poner (algo) en un paquete o paquetes. *Ha empaquetado los libros en cajas.* FAM **empaquetado; empaquetador, ra.**

emparedado. m. Par de rebanadas de pan de molde entre las que se pone fiambre u otros alimentos. *Haré emparedados de jamón.* ▶ SÁNDWICH.

emparedar. tr. **1.** Encerrar (a alguien) entre paredes, sin comunicación alguna. *La emparedaron en una celda.* **2.** Ocultar (algo) entre paredes. *Emparedó las joyas.*

emparejar. tr. **1.** Unir (dos personas, animales o cosas) formando pareja o conjunto. *Empareja los calcetines.* **2.** Unir (dos personas o animales) formando pareja amorosa o sexual. *La agencia empareja a solteros.* ○ intr. **3.** Unirse dos personas, animales o cosas formando pareja o conjunto. *Esos zapatos no emparejan.* Frec. prnl. **4.** Unirse dos personas o animales formando pareja amorosa o sexual. Frec. prnl. *Estas águilas se emparejan para toda la vida.* **5.** Ponerse una persona o cosa al lado de otra o al mismo nivel. Frec.

prnl. *En la meta, su caballo se emparejó* CON *el primero.* FAM emparejamiento.

emparentar. (conjug. reg. O ACERTAR). intr. **1.** Contraer parentesco dos personas o dos familias mediante casamiento. *Las dos familias emparentarán con esta boda.* **2.** Tener una cosa una relación de parentesco o semejanza con otra. *Su novela emparenta* CON *el realismo.* O tr. **3.** Señalar una relación de parentesco o semejanza (entre dos cosas). *Los especialistas emparentan ambos estilos pictóricos.*

emparrado. m. Parra o conjunto de parras que forman cubierta sobre un soporte. *La terraza del bar está bajo un emparrado.*

empastar¹. tr. **1.** Cubrir (algo) con una pasta. *Empastó con cemento la pared.* **2.** Rellenar con pasta el hueco producido por una caries (en un diente o una muela), para curar(los). *El dentista me ha empastado dos muelas.* **3.** Encuadernar en pasta (un libro). *Mandaré empastar mi viejo atlas.* FAM empaste.

empastar². tr. Am. Convertir en prado (un terreno). *El campo estaba bien empastado* [C].

empatar. intr. **1.** Obtener dos o más personas o grupos el mismo número de votos en una confrontación. *Si los candidatos empatan, habrá segunda vuelta.* **2.** Obtener dos o más jugadores o equipos el mismo número de tantos o puntos en una competición deportiva. *Colombia y Perú empatan* A *un gol.* O tr. **3.** Obtener el mismo número de votos (en una confrontación). *Dos alumnos empataron la votación.* **4.** Obtener el mismo número de tantos o puntos (en una competición deportiva). *Han empatado el partido.* **5.** frecAm. Empalmar o unir (cosas). *Como no teníamos de dónde colgar los frascos de los sueros, se empataron varias cuerdas* [C]. ▶ **5:** EMPALMAR. FAM empate.

empatía. f. Identificación mental y afectiva de una persona con el estado de ánimo de otra. *Es buen médico, pero no tiene empatía con sus pacientes.*

empavorecer. (conjug. AGRADECER). tr. **1.** Causar pavor (a alguien). *Las películas de terror la empavorecen.* O intr. **2.** Llenarse de pavor. *Cuando lo vio, empavoreció.*

empecer. (conjug. AGRADECER). intr. cult. Impedir algo, o ser obstáculo para ello. *Admitir su falta no empece* PARA *que reciba un castigo.*

empecinado, da. adj. Obstinado o terco. *No seas tan empecinada y reconoce tu error.* ▶ *TERCO. FAM empecinamiento; empecinarse.

empedernido, da. adj. Que tiene un hábito muy arraigado. *Lector empedernido.* ▶ IMPENITENTE, INCORREGIBLE.

empedrar. (conjug. ACERTAR). tr. Cubrir (un suelo) de piedras. *Van a empedrar el camino de la ermita.* FAM empedrado.

empeine. m. **1.** Parte superior del pie, que está entre los dedos y el principio de la pierna. *Dio al balón con el empeine.* **2.** Parte del calzado que cubre el empeine (→ 1).

empellón. m. Empujón brusco con el cuerpo. *Se abren paso a empellones.*

empeñar. tr. **1.** Dejar (algo) como garantía de devolución de un préstamo. *Empeñaré el reloj para pagar mis deudas.* **2.** Emplear (un tiempo) para hacer o conseguir algo. *Ha empeñado cuatro años en la oposición.* O intr. prnl. **3.** Endeudarse. **4.** Obstinarse. ▶ **1:** PIGNORAR.

empeño. m. **1.** Hecho de empeñar. *Empeño de jo-yas.* **2.** Deseo intenso de hacer o conseguir algo. *Tenía el empeño* DE *publicar una novela.* **3.** Cosa que se desea. *Su único empeño es convertirse en arquitecto.* **4.** Esfuerzo que se realiza para hacer o conseguir algo. *Trabaja con empeño.* ▶ **4:** AHÍNCO.

empeñoso, sa. adj. frecAm. Dicho de persona: Que muestra empeño en hacer o conseguir algo. *No tenía capital, pero sabía trabajar y era empeñoso* [C].

empeorar. tr. **1.** Hacer o poner peor (algo o a alguien). *Una borrasca empeoró el tiempo.* O intr. **2.** Hacerse o ponerse peor. *El herido empeora.* FAM empeoramiento.

empequeñecer. (conjug. AGRADECER). tr. **1.** Hacer más pequeño (algo o a alguien). Tb. fig. *El miedo nos empequeñece.* O intr. **2.** Hacerse alguien o algo más pequeños. *Su figura empequeñece al alejarse.* Frec. prnl. FAM empequeñecimiento.

emperador, triz. m. y f. **1.** Soberano que gobierna sobre otros soberanos o grandes príncipes, o en un territorio extenso. *El emperador Carlos V.* O m. **2.** Jefe supremo del antiguo Imperio romano. *El emperador Trajano amplió el territorio dominado por Roma.* O f. **3.** Mujer del emperador (→ 1).

emperejilar. tr. coloq., despect. Emperifollar (a alguien).

emperifollar. tr. coloq., despect. Arreglar (a alguien), espec. en exceso. *¡Cómo emperifollas al niño de esa manera!*

empero. conj. **1.** cult. Pero. *Luchan con arrojo, empero sucumben.* **2.** cult. Sin embargo. *Las pruebas, empero, no demuestran su culpabilidad.*

emperrarse. intr. prnl. coloq. Obstinarse.

empezar. (conjug. ACERTAR). tr. **1.** Hacer que (algo) pase a existir, ocurrir o hacerse. *Los obreros han empezado la casa.* **2.** Pasar a consumir (algo). *Empecemos el jamón.* O intr. **3.** Pasar a existir, ocurrir o hacerse. *Empiezan las vacaciones.* **4.** Seguido de *a* y un infinitivo: Pasar a realizar la acción que se expresa. *Empezó* A *comer.* ■ **por algo se empieza.** expr. Se usa para manifestar conformidad con los principios poco satisfactorios de algo y animar a proseguir en el empeño. *Solo tiene un cliente, pero por algo se empieza.* ▶ **1, 3:** COMENZAR, INICIAR, PRINCIPIAR. FAM empiece.

empinado, da. adj. Que tiene mucha pendiente. *Una calle empinada.*

empinar. tr. **1.** Alzar o elevar (algo). *Los niños empinan sus cabezas para ver la cabalgata.* **2.** Levantar e inclinar (un vaso u otro recipiente) para beber. *Empina el porrón y bebe.* **3.** Am. coloq. Beber (una bebida alcohólica). *La invitó a empinarse un trago* [C]. O intr. **4.** coloq. Tomar bebidas alcohólicas. *Pasa la tarde empinando en el bar.* O intr. prnl. **5.** Ponerse alguien sobre las puntas de los pies. *Se empinó para alcanzar un libro.* **6.** Alzarse o elevarse algo. *Un torreón se empina sobre la colina.*

empingorotado, da. adj. despect. Dicho de persona: De clase social elevada. *Los señoritos empingorotados acuden al casino.*

empíreo. (Frec. en mayúsc.). m. cult. Cielo o paraíso.

empírico, ca. adj. **1.** De la experiencia o fundado en ella. *Datos empíricos.* **2.** Que actúa de manera empírica (→ 1). *Un psicólogo empírico.*

empirismo. m. Método de conocimiento fundado en la experiencia. FAM empirista.

empitonar. tr. *Taurom.* Coger el toro (a alguien) con los pitones. *El toro empitonó al diestro.*

emplasto. m. Preparado farmacéutico de uso externo, hecho con materias grasas, que se adhiere al cuerpo con el calor. *Le ponen emplastos en el pecho para el catarro.*

emplazar[1]. tr. Citar (a alguien) en una fecha y lugar determinados, espec. para dar razón de algo. *El Tribunal los emplaza a comparecer como testigos.* FAM **emplazamiento** (*El juez procede al emplazamiento del acusado*).

emplazar[2]. tr. **1.** Situar (algo o a alguien) en un lugar. *Emplazaremos la base de operaciones EN un terreno elevado.* ○ intr. prnl. **2.** Situarse algo en un lugar. *El cementerio se emplaza EN las afueras.* ▶ **1:** SITUAR. **2:** SITUARSE. FAM **emplazamiento** (*Terreno para el emplazamiento del aeropuerto*).

empleado, da. m. y f. Persona que desempeña un trabajo a cambio de un sueldo. *En la tienda trabajan cinco empleados.* ■ ~ **de hogar.** m. y f. Persona que realiza tareas domésticas a cambio de un sueldo.

empleador, ra. m. y f. frecAm. Patrono (persona que contrata empleados). *Los clandestinos son víctimas de empleadores sin escrúpulos* [C]. ▶ *PATRONO.

emplear. tr. **1.** Usar o utilizar (algo). *Empleó su llave para entrar.* **2.** Gastar o consumir (algo). *Emplearé el dinero PARA la reforma.* **3.** Dar un empleo remunerado (a una persona). *La fábrica emplea a cien trabajadores.* ▶ **1:** *UTILIZAR. **3:** COLOCAR. ‖ Am: **3:** ENGANCHAR.

empleo. m. **1.** Hecho de emplear. *Se ha extendido el empleo de computadoras.* **2.** Trabajo u oficio remunerados. *Tiene un buen empleo en un banco.* **3.** Mil. Jerarquía o categoría personal. *Obtuvo el empleo de general.* ▶ **2:** *TRABAJO.

emplomar. tr. Cubrir o soldar (algo, espec. cristales) con plomo. Frec. en part. *Una vidriera de cristales emplomados.*

emplumar. tr. **1.** Poner plumas (a algo), espec. para adornar(lo). Frec. en part. *Los indios llevaban la cabeza emplumada.* ○ intr. **2.** Echar un ave plumas. *Los polluelos están empezando a emplumar.*

empobrecer. (conjug. AGRADECER). tr. **1.** Hacer o volver (algo o a alguien) pobres o más pobres. *La crisis empobrecerá al país.* ○ intr. **2.** Hacerse o volverse pobre o más pobre. *Empobreció por un negocio ruinoso.* Frec. prnl. ▶ **1:** DEPAUPERAR. FAM **empobrecedor, ra; empobrecimiento.**

empollar. tr. Incubar un ave (los huevos). *La gallina empolla sus huevos.* ▶ INCUBAR.

empolvar. tr. **1.** Cubrir de polvo (algo o a alguien). *Al sacudir la alfombra lo empolvó todo.* **2.** Echar polvos de tocador (sobre alguien o algo). *Le empolvan el rostro.*

emponzoñar. tr. Envenenar (algo o a alguien).

emporcar. (conjug. CONTAR). tr. Ensuciar o manchar (algo o a alguien). *Todo lo emporcaban y destrozaban.* ▶ *ENSUCIAR.

emporio. m. **1.** Empresa o conjunto de empresas prósperas o poderosas. *Preside un emporio de la construcción.* **2.** Ciudad o lugar importantes en su desarrollo, pralm. económico o comercial. *Milán es un emporio de la moda.*

empotrar. tr. **1.** Meter (algo, espec. un mueble) en una pared o en la tierra de manera que encaje y quede fijo. *Empotraremos la caja fuerte detrás del cuadro.* **2.** Incrustar (una cosa) en otra, espec. por un choque violento (entre ellas). *Empotró la moto CONTRA/EN un árbol.*

emprender. tr. Comenzar (algo, como una acción o un proyecto, espec. si conllevan riesgo o dificultad). *Emprenderá el viaje sola.* ■ ~**la** (con alguien o algo). loc. v. Acometer(los) o atacar(los). *La emprendió A golpes CON él.* FAM **emprendedor, ra.**

empresa. f. **1.** Cosa que se emprende. *Filmar en el Amazonas será una empresa arriesgada.* **2.** Organización dedicada a actividades industriales, mercantiles o de prestación de servicios con fines lucrativos. *Dirige una empresa de transportes.* ▶ **2:** COMPAÑÍA, FIRMA, SELLO, SOCIEDAD. FAM **empresarial.**

empresario, ria. m. y f. **1.** Titular propietario o directivo de una empresa. *Los empresarios negocian con los sindicatos.* **2.** Persona que por concesión o por contrata ejecuta una obra pública, o explota un servicio o un espectáculo público. *El empresario de la plaza contrata a los mejores toreros.* FAM **empresariado.**

empréstito. m. Préstamo que toma el Estado, una corporación o una empresa, espec. el representado por títulos negociables en bolsa o al portador. *El Gobierno contrató un empréstito para extender la red ferroviaria.*

empujar. tr. **1.** Hacer fuerza (contra alguien o algo), presionándo(los) o chocando (contra ellos), de manera que se muevan. *Empujemos el armario hasta la pared.* **2.** Incitar (a alguien) a algo. *Aquellas medidas los empujaron A la huelga.* FAM **empuje.**

empujón. m. **1.** Fuerza que se ejerce sobre alguien o algo, gralm. para moverlo o apartarlo. *Se abría paso a empujones.* **2.** Avance rápido que se da a una obra trabajando con intensidad en ella. *Con este empujón, terminaremos a tiempo.* ▶ **Am: 1:** AVENTÓN.

empuñar. tr. Sujetar con el puño (algo, espec. un arma). *Empuña un revólver.* FAM **empuñadura.**

emular. tr. Imitar (algo o a alguien) intentando igualar(los) e incluso superar(los). *Emula a su maestro EN cada detalle.* FAM **emulación; emulador, ra.**

émulo, la. adj. cult. Dicho de persona: Que emula a otra. *Un poeta émulo de Martí.*

emulsión. f. **1.** En fotografía: Sustancia compuesta de sales de plata y gelatina que, por su sensibilidad a la luz, se emplea para impresionar fotografías. **2.** Quím. Líquido formado por otros que no llegan a mezclarse, uno de los cuales está en suspensión en forma de gotas muy pequeñas. FAM **emulsionante; emulsionar.**

en. prep. **1.** Introduce un complemento que expresa situación o lugar. *Ha nevado en la montaña.* **2.** Introduce un complemento que expresa el tiempo durante el cual tiene lugar un hecho. *Nació en 1906.* **3.** Introduce un complemento que expresa situación temporal de una persona o cosa. *Una autopista en construcción.* **4.** Introduce un complemento que expresa modo o manera. *Salió en pijama.* **5.** Precedida de un adjetivo o un nombre, indica la materia o el ámbito a los que esas palabras se refieren. *Es experta en informática.* **6.** Introduce un complemento que expresa causa o motivo. *Se le nota el catarro en la voz.*

en-. (Tb. **em-** ante *b* y *p*). pref. Se usa en la formación de algunos derivados. *Enturbiar, embarcadero.*

enagua. f. Prenda interior femenina, parecida a una falda, que se pone debajo de esta y suele ir adornada con encajes o puntillas. ▶ *COMBINACIÓN.

enajenado, da. adj. Loco o que no es capaz de razonar normalmente. *Una persona enajenada no es responsable de sus actos.* Tb. ~ **mental.** ▶ *LOCO.

enajenar. tr. **1.** Transmitir alguien a otra persona el dominio (de una cosa) o los derechos (sobre ella). *El Gobierno enajenó bienes de la Iglesia.* **2.** Trastornar (a una persona, o sus facultades mentales o sus sentidos). *La soledad enajena al náufrago.* FAM **enajenable; enajenación; enajenante.**

enaltecer. (conjug. AGRADECER). tr. **1.** Alabar o elogiar (algo o a alguien). *El poeta enaltece a su amada.* **2.** Elevar el grado de dignidad (de alguien o algo). *Lejos de enaltecer su oficio, lo devalúa.* ▶ **1:** *ALABAR. **2:** *ENSALZAR. FAM **enaltecimiento.**

enamorado, da. adj. **1.** Que siente amor o atracción sexual por alguien. *Estoy enamorado.* **2.** Que tiene una gran afición por algo. *Gente enamorada DE la música.*

enamorar. tr. **1.** Provocar una persona amor o atracción sexual (en otra). *Me enamora con sus cartas.* ○ intr. prnl. **2.** Comenzar a sentir una persona amor o atracción sexual por otra. *Se enamoró de ti.* **3.** Comenzar a sentir alguien gran afición o inclinación por algo. *Te enamorarás DEL mar.* FAM **enamoradizo, za; enamoramiento.**

enamoriscarse. intr. prnl. Enamorarse superficialmente de alguien. *Se ha enamoriscado DE ese chico.* ▶ ENCAPRICHARSE.

enano, na. adj. **1.** Dicho de persona: Que ha desarrollado una estatura muy inferior a la media por padecer un trastorno del crecimiento. Frec. m. y f. *En el espectáculo participaban enanos.* **2.** Dicho de ser vivo: Que tiene un tamaño muy inferior al normal entre los de su especie. *Un perro enano.* **3.** Dicho de cosa: Muy pequeño. *La casa es enana.* ● m. y f. **4.** coloq., despect. Persona de estatura muy baja. Se usa como insulto. *Cállate, enana.* ○ m. **5.** Personaje fantástico con figura de hombre muy pequeño, que aparece en cuentos infantiles y leyendas. *El enano le concede un deseo.* ■ **como un ~,** o **como ~s.** loc. adv. coloq. Mucho. *Trabaja como un enano.* FAM **enanismo.**

enarbolar. tr. Levantar (algo como una bandera o un arma). *El alférez enarbola el estandarte.*

enardecer. (conjug. AGRADECER). tr. Excitar o avivar (una pasión o sentimiento, o a la persona que los tiene). *La victoria enardeció los ánimos.* FAM **enardecimiento.**

enarenar. tr. Cubrir de arena (una superficie). *Han enarenado el sendero.*

encabalgarse. intr. prnl. Ponerse una cosa encima de otra. *Unos libros se encabalgan SOBRE otros en los estantes.*

encabezado. m. Am. Titular de un periódico. *Compran el periódico y leen con avidez los encabezados* [C]. ▶ TITULAR.

encabezar. tr. **1.** Poner (en un documento u otro escrito) una fórmula o conjunto de palabras introductorios, gralm. destacados en la parte superior. *Encabezó la carta CON un "Estimado señor".* **2.** Ir o estar una persona o cosa a la cabeza (de algo). *Ella encabeza la lista electoral.* FAM **encabezamiento.**

encabritar. tr. **1.** Hacer que (un caballo) se empine, afirmándose sobre los pies y levantando las manos. *El estruendo encabritó al caballo.* **2.** Hacer que (un vehículo) levante su parte delantera súbitamente hacia arriba. *Aceleró para encabritar la moto.*

encabronar. tr. malson. Enojar o enfadar (a alguien).

encadenar. tr. **1.** Sujetar (a alguien) con cadenas. *Encadenó al rehén A un poste.* **2.** Unir o ligar (dos o más cosas). *Encadenamos seis victorias.* FAM **encadenamiento.**

encajar. tr. **1.** Meter (una cosa o parte de ella) dentro de otra de manera que no sobre ni falte espacio. *Empuja la puerta para encajarla EN el marco.* **2.** Unir (dos o más cosas) de manera que no sobre ni falte espacio. *Encaje estas piezas.* **3.** Poner (algo, espec. una prenda de vestir) a alguien de manera que le quede ajustado. *Le encajó el gorro al niño.* **4.** coloq. Hacer que alguien reciba (algo doloroso o desagradable). *Le ha encajado un puñetazo.* **5.** coloq. Recibir o soportar (algo doloroso o desagradable, espec. un golpe). *Sabe encajar los fracasos.* ○ intr. **6.** Entrar una cosa o parte de ella dentro de otra, sin que sobre ni falte espacio. *La clavija encaja EN el enchufe.* Tb. fig. *No encajo EN el grupo.* **7.** Unirse dos o más cosas de manera que no sobre ni falte espacio. *Cuando las piezas del puzle encajen, se verá un retrato.* **8.** Coincidir o estar de acuerdo dos cosas. *Las versiones de los testigos encajan.* **9.** Venir algo al caso, o ser adecuado. *Esa vulgaridad no encaja EN un discurso.* ○ intr. prnl. **10.** Meterse alguien en un lugar tan estrecho que le resulta difícil moverse. *Se encajaron todos EN el asiento trasero.* ▶ **2:** ENSAMBLAR. **6:** AJUSTAR. **8:** COINCIDIR. FAM **encaje** (*Un buen encaje de las piezas*).

encaje. m. Tejido de mallas muy fino, con calados, lazadas u otros adornos.

encajonar. tr. **1.** Meter (algo) en un cajón. *Encajonan las armas para su transporte.* **2.** Meter (algo o a alguien) en un lugar estrecho. *Me encajonaron al fondo.*

encalar. tr. Pintar (algo) con cal. *Encalan la pared.* ▶ *ENLUCIR. FAM **encalado.**

encallar. intr. Quedar detenida una embarcación en la arena o entre rocas. *Un barco ha encallado en los arrecifes.* Tb. fig. ▶ EMBARRANCAR, VARAR.

encallecer. (conjug. AGRADECER). tr. Endurecer (una parte del cuerpo) formando callo (en ella). *Las faenas del campo han encallecido sus manos.*

encalmar. tr. Calmar o sosegar (algo). *Nada encalma la furia del mar.*

encamar. tr. Meter en la cama (a alguien), gralm. por enfermedad o para tener relaciones sexuales. *El médico aconseja encamar al paciente.*

encaminar. tr. **1.** Dirigir (algo o a alguien) hacia un lugar determinado. *Encaminan sus pasos HACIA la puerta.* **2.** Dirigir (algo o a alguien) hacia un fin determinado. *Encamina tus esfuerzos A aprender.* **3.** Decir (a alguien) el camino que ha de tomar. *Me perdí y una aldeana me encaminó.* ○ intr. prnl. **4.** Dirigirse alguien o algo hacia un lugar determinado. *Se encamina A la playa.* **5.** Dirigirse alguien o algo hacia un fin determinado. *Su lucha se encamina A paliar la miseria.* ▶ **1, 2:** ENCARRILAR, ENDEREZAR.

encampanarse. intr. prnl. Envalentonarse.

encanallar. tr. Convertir (a alguien) en un canalla. *Las malas compañías lo han encanallado.* FAM **encanallamiento.**

encandilar. tr. **1.** Deslumbrar (a alguien) una luz muy intensa o aquello que la emite. *Los rayos de sol me encandilaban.* **2.** Deslumbrar (a alguien) o causar(le) una gran impresión. *Nos encandila con su voz.* **3.** Despertar el sentimiento o deseo amorosos (en alguien). *Me encandiló en cuanto la vi.* ▶ **1:** *DESLUMBRAR. **2:** *ASOMBRAR.

encanecer. (conjug. AGRADECER). intr. **1.** Ponerse canoso alguien o su pelo. *Encaneció aún joven.* ○ tr. **2.** Poner canoso (a alguien o su pelo). *El tiempo la ha encanecido.*

encantar. tr. **1.** Someter (a alguien o algo) a poderes mágicos. *Una bruja encantó al príncipe.* **2.** Gustar o agradar mucho alguien o algo (a una persona). *Me encanta la fiesta.* ▶ **1:** *HECHIZAR. **2:** *AGRADAR. FAM encantador, ra; encantamiento.

encanto. m. **1.** Hecho o efecto de encantar o someter a poderes mágicos. *Atribuían sus males a un encanto.* **2.** Persona o cosa que gusta o agrada mucho. *Es un encanto de chica.* ○ pl. **3.** Atractivo físico. *Explota sus encantos.* ▶ **1:** *HECHIZO.

encañonar. tr. Apuntar (a alguien) con el cañón de un arma de fuego. *El atracador encañonó al vigilante.*

encapotarse. intr. prnl. Cubrirse el cielo de nubes oscuras y que amenazan tormenta. *El cielo se ha encapotado y llovizna.*

encapricharse. intr. prnl. **1.** Pasar a tener el capricho de algo. *Se encapricha DE cualquier juguete.* **2.** Enamorarse de alguien de manera superficial o pasajera. *Se ha encaprichado CON/DE una conocida.* ▶ **2:** ENAMORISCARSE.

encapsular. tr. Meter (algo) en una cápsula. *Encapsulan el medicamento.*

encapuchar. tr. Cubrir o tapar con capucha (algo o a alguien). *Los atracadores se habían encapuchado.*

encarado, da. mal ~. loc. adj. Dicho de persona: De facciones desagradables.

encaramar. tr. **1.** Subir (algo o a alguien) a un lugar elevado o difícil de alcanzar. *Un gato se encarama AL árbol.* **2.** coloq. Poner (a alguien) en un puesto o situación destacados. *Se ha encaramado EN el primer puesto de la clasificación.*

encarar. tr. **1.** Poner (una cosa o a una persona) frente a otra. *Encara un perro a otro para que luchen.* **2.** Hacer frente (a un problema o dificultad). *Encare la enfermedad con valor.* ○ intr. prnl. **3.** Ponerse una persona o un animal frente a otro, cara a cara y gralm. en actitud violenta o agresiva. *El acusado se encaró CON un testigo.* **4.** Hacer frente a un problema o dificultad. *Encárese CON la enfermedad.*

encarcelar. tr. Meter (a alguien) en la cárcel. *Lo encarcelaron por sus ideas.* FAM encarcelación; encarcelamiento.

encarecer. (conjug. AGRADECER). tr. **1.** Subir el precio (de algo). *La sequía encarecerá la fruta.* **2.** Ponderar o alabar (algo o a alguien). *Encareció tus virtudes.* **3.** Pedir (algo) a alguien con empeño. *Les encarezco que acepten.* ○ intr. **4.** Subir algo de precio. *En Navidad, el pavo encarece.* Tb. prnl. ▶ **2:** *ALABAR. FAM encarecimiento.

encargado, da. adj. **1.** Dicho de persona: Que ha recibido un encargo. *El juez encargado DEL caso.* ● m. y f. **2.** Persona que tiene a su cargo un establecimiento o un negocio en representación del dueño. *Empezó como dependienta y ya es la encargada.*

encargar. tr. **1.** Poner (algo o a alguien) al cuidado de otra persona. *Te encargo mis plantas unos días.* **2.** Pedir u ordenar a alguien que haga (algo, espec. un trabajo). *Me encargó ordenar el archivo.* **3.** Pedir que se traiga o envíe (algo). *Encargaré una pizza por teléfono.* ○ intr. prnl. **4.** Tomar una persona algo o a alguien bajo su cuidado o responsabilidad. *Un tío se encargó DEL huérfano.* FAM encargo.

encariñarse. intr. prnl. Tomar cariño a alguien o algo. *Me encariñé DE/CON él.*

encarnado, da. adj. De color rojo. *Una blusa encarnada.* ▶ *ROJO.

encarnadura. f. Capacidad de los tejidos orgánicos para cicatrizar o recuperarse de una lesión. *Su pierna sanó pronto porque tiene buena encarnadura.*

encarnar. tr. **1.** Personificar o representar (algo abstracto). *James Dean encarnaba la rebeldía.* **2.** Interpretar (un personaje) en una obra de teatro o en una película. *La actriz encarnará a Juana de Arco.* ○ intr. **3.** Tomar forma corporal algo abstracto, como un espíritu o una idea. Frec. prnl. *Cree que su espíritu se encarnará EN otro ser.* **4.** En el cristianismo: Tomar forma humana el Verbo Divino. Frec. prnl. *El Verbo Divino se encarnó EN Jesucristo.* ○ intr. prnl. **5.** Introducirse una uña, al crecer, en la carne que la rodea. *Al encarnarse, la uña duele.* ▶ **2:** *INTERPRETAR. FAM encarnación.

encarnizado, da. adj. Dicho espec. de lucha: Muy dura y porfiada.

encarnizarse. intr. prnl. Cebarse o ensañarse con alguien o algo. *El asesino se encarnizó CON su víctima.* ▶ *ENSAÑARSE. FAM encarnizamiento.

encarrilar. tr. **1.** Encaminar o dirigir (algo o a alguien) hacia un lugar o un fin determinados. *Encarriló el coche HACIA el garaje.* **2.** Dirigir (algo o a alguien) por el camino adecuado o conveniente. *Costará encarrilar el negocio.* **3.** Colocar sobre los carriles o raíles (un vehículo). *Una grúa encarrila la vagoneta.* ▶ **1:** *ENCAMINAR.

encartar. tr. *Der.* Someter (a alguien) a un proceso judicial. Frec. en part. *Hay varias personas encartadas por el secuestro.* ▶ *PROCESAR.

encarte. m. *Gráf.* Hoja o folleto que se insertan entre las páginas de una publicación periódica o de un libro. *La revista trae un encarte con publicidad.*

encasillar. tr. **1.** Poner (algo) en una casilla para clasificar(lo). *Ordena y encasilla el correo.* **2.** Considerar, frec. de modo arbitrario, que alguien pertenece a un grupo o una ideología. *Lo encasillaron como actor cómico.* **3.** Poner límites (a alguien) en el ejercicio de una profesión. *Renuncia a reciclarte te encasilla.* FAM encasillamiento.

encasquetar. tr. **1.** coloq. Encajar a alguien en la cabeza (un sombrero u otra prenda semejante). *Encasquetó una gorra al niño.* **2.** coloq. Hacer aguantar a alguien (algo molesto o desagradable). *No me encasquetes el problema.*

encasquillarse. intr. prnl. Atascarse un arma de fuego con el casquillo de la bala al disparar. *Cuando tenía la liebre a tiro, se le encasquilló la escopeta.*

encastillarse. intr. prnl. **1.** Refugiarse en un castillo o en un paraje alto o de difícil acceso. *Los rebeldes se habían encastillado EN un alcázar.* **2.** Perseverar en una idea u opinión, o mantenerse con obstinación en ellas. *Se encastilló EN la negativa.*

encastrar. tr. Encajar o empotrar (algo). *Encastrarán el lavabo EN el mueble.*

encausar. (conjug. CAUSAR). tr. *Der.* Someter (a alguien) a una causa o proceso judicial. *Van a encausar al banquero por desfalco.* ▶ *PROCESAR.

encauzar. (conjug. CAUSAR). tr. **1.** Conducir (una corriente de agua) por un cauce. *Han encauzado el río.* **2.** Dirigir (algo) por el camino adecuado. *Superarás el divorcio y encauzarás de nuevo tu vida.* FAM encauzamiento.

encebollar. tr. Guisar (un alimento) con abundante cebolla. Frec. en part. *Bistec encebollado.*

encéfalo. m. *Anat.* Conjunto de órganos del sistema nervioso contenidos en el cráneo. *El cerebro es* la parte principal del encéfalo. FAM **encefálico, ca;** encefalitis.

encefalograma. m. *Med.* Electroencefalograma.

encefalopatía. f. *Med.* Alteración patológica del encéfalo.

encelar. tr. **1.** Dar celos (a alguien). *Le gusta encelar a su novio.* **2.** Poner (a un animal) en celo. *El macho danza para encelar a la hembra.*

encenagar. tr. **1.** Cubrir o manchar (algo o a alguien) con cieno. *La riada ha encenagado las vías.* ○ intr. prnl. **2.** Entregarse a los vicios. *Se encenagó* EN *el juego.*

encendedor. m. Aparato que sirve para encender por medio de una chispa o una llama que se producen en él. *Sacó cigarrillos y encendedor.* ▶ MECHERO.

encender. (conjug. ENTENDER). tr. **1.** Hacer que (algo) comience a arder. *Voy a encender unas velas.* **2.** Hacer que funcione (un dispositivo o un aparato eléctricos). *Encienda el vídeo.* **3.** Causar (una guerra o un enfrentamiento). *Los abusos encienden la rebelión.* **4.** Provocar o enardecer (a alguien o algo, como un sentimiento o una pasión). *Busca encender mi ira.* **5.** Enrojecer (el rostro). *El esfuerzo encendía su cara.* ○ intr. **6.** Comenzar a arder algo. *La leña húmeda no enciende.* Frec. prnl. **7.** Empezar a funcionar un dispositivo o un aparato eléctricos. Frec. prnl. *No se enciende la tele.* ▶ Am: 2: PRENDER.

encendido¹. m. En un motor de explosión: Inflamación del carburante por medio de una chispa eléctrica. *Con la batería descargada, no se produce el encendido.* Tb. el conjunto de dispositivos que producen. *El coche tiene el encendido averiado.*

encendido², da. adj. Dicho de color, espec. del rojo: Muy intenso.

encerado. m. Pizarra (superficie). ▶ *PIZARRA.

encerar. tr. Dar cera (a algo). *Encere los muebles y quedarán como nuevos.* FAM **encerado** (*Me ocuparé del encerado de las baldosas*).

encerrar. (conjug. ACERTAR). tr. **1.** Meter (a alguien) en un lugar cerrado del que no puede salir. *Por la noche encierran a las ovejas.* **2.** Meter (algo) en un sitio cerrado del que gralm. no puede sacarse sin medios especiales. *Han encerrado la joya* EN *una urna.* **3.** Contener una cosa (otra). *El fruto encierra la semilla.* ○ intr. prnl. **4.** Meterse en un lugar cerrado en señal de protesta. *Los estudiantes se encerrarán* EN *la facultad para pedir más becas.* **5.** Meterse una persona en un lugar cerrado para aislarse. *Se enfadó y se encerró* EN *su cuarto.* **6.** Perseverar con tesón en una idea. *Se encierra* EN *su punto de vista y no cede.* ▶ 1: RECLUIR. 3: *CONTENER. 4, 5: RECLUIRSE. FAM **encerramiento.**

encerrona. f. Situación, preparada de antemano, en que se pone a alguien para obligarle a hacer algo. *Le han preparado una encerrona para que se rinda.*

encestar. tr. **1.** Poner (algo) en una cesta. *Encestan las fresas.* **2.** En baloncesto: Introducir (el balón) en la canasta. Frec. como intr. *Encestó en el último minuto.* FAM **encestador, ra; enceste.**

encharcar. tr. **1.** Cubrir de agua (un terreno) formando charcos. *Las lluvias han encharcado el terreno.* **2.** Llenar de líquido (un órgano del cuerpo, espec. los pulmones). *La sangre le encharcó los pulmones.* FAM **encharcamiento.**

enchilada. f. Tortilla de maíz enrollada, rellena de carne y condimentada con chile, típica de México y otros países centroamericanos. *Enchiladas de pollo.*

enchilar. tr. *Am.* Condimentar con chile (un alimento). *Comidas enchiladas* [C].

enchiquerar. tr. coloq. Encarcelar (a alguien).

enchufe. m. **1.** Dispositivo formado por dos piezas que encajan para conectar un aparato eléctrico a la red. *El enchufe de la lámpara.* **2.** Sitio donde conectan dos tubos, encajando sus extremos. *Ajuste el enchufe de la manguera al grifo.* FAM **enchufar.**

encía. f. Parte carnosa del interior de la boca que protege la dentadura.

encíclica. f. *Rel.* Carta pública y solemne que el papa dirige al conjunto de los obispos o a los fieles. *La encíclica trataba sobre los peligros del materialismo.*

enciclopedia. f. **1.** Obra en que se trata de muchas ciencias, o de todos los aspectos de una ciencia o un arte. *Enciclopedia* DEL *cine.* **2.** Diccionario que trata del conjunto de las ciencias y define o explica las cosas designadas por las palabras. *Busca la palabra "marxismo" en la enciclopedia.* FAM **enciclopédico, ca.**

enciclopedismo. m. Conjunto de doctrinas desarrolladas en Francia en el s. XVIII por Diderot y D'Alembert, y expuestas en su *Enciclopedia.* FAM **enciclopedista.**

encierro. m. **1.** Hecho de encerrar o encerrarse. *Saldrá tras varios días de encierro.* **2.** Lugar donde se encierra algo o a alguien. *Escapó de su encierro.* **3.** Hecho de llevar los toros a encerrar en el toril. *Un toro corneó a un joven durante el encierro.*

encima. adv. **1.** En posición o lugar superior o más alto respecto de algo que está en la misma vertical, y que puede o no servir de apoyo. *Deja el abrigo encima* DE *la cama.* **2.** En una situación superior en cantidad, calidad o categoría. Más frec. *por ~.* *No hay nadie por encima* DEL *jefe.* **3.** De forma que recae o pesa sobre la persona a la que se hace referencia. *Lleva encima una pesada mochila.* **4.** De forma que cubra o tape algo. *Dio esmalte encima* DE *la pintura.* **5.** Además. *Encima de engreído, es mentiroso.* **6.** En un tiempo o espacio muy próximos o cercanos. *Tenemos encima el verano.* **7.** Vigilando atentamente. *Si no estoy encima* DE *ella, no estudia.* ■ **por ~.** loc. adv. Superficialmente, o sin profundizar. *Me lo explicó por encima.* ■ **por ~ de.** loc. prepos. **1.** Sobrepasando el límite de. *Estuvimos por encima de los 40°.* **2.** A pesar de. *Por encima de las discusiones, somos amigos.* ■ **por ~ de todo.** loc. adv. Sobre todo. *Valoro por encima de todo su disposición.*

encina. f. Árbol de tronco grueso, copa grande y redonda y madera muy dura, cuyo fruto es la bellota. ▶ CARRASCA, CARRASCO. FAM **encinar.**

encinta. adj. Dicho de mujer: Embarazada. ▶ *EMBARAZADA.

encizañar. tr. Sembrar cizaña o enemistad (en alguien o algo, o entre varias personas). *Encizañar a los vecinos inventando rumores.* ▶ ENREDAR, ENZARZAR.

enclaustrar. (conjug. CAUSAR). tr. **1.** Meter (algo o a alguien) en un lugar cerrado, frec. con intención de aislamiento. *Enclaustran a los prisioneros en mazmorras.* **2.** Encerrar (a una persona) en un convento para que lleve una vida monástica. *Dudaba entre casar a su hija o enclaustrarla.* FAM **enclaustramiento.**

enclavado, da. adj. **1.** Dicho de lugar: Encerrado dentro del área de otro. *Un bosque enclavado* EN *la comarca.* **2.** Dicho de un objeto: Encajado en otro. *Un hueso enclavado* EN *la base del cráneo.*

enclave. m. **1.** Territorio situado dentro de otro con características políticas, administrativas o geográficas diferentes. *Ceuta es un enclave español* EN *África.* **2.** Grupo étnico, político o ideológico inserto en otro mayor y de características diferentes. *Integraban el enclave judío familias llegadas del este.*

enclenque. adj. Débil o enfermizo. *Tiene un aspecto enclenque.* ▶ *DÉBIL.

enclítico, ca. adj. *Gram.* Dicho de palabra átona: Que se une con la palabra anterior formando un único término. *En "déselo" los pronombres "se" y "lo" son enclíticos.*

encofrado. m. **1.** *Constr.* Molde hecho con tablas o con chapas de metal, en el que se vierte el hormigón hasta que fragua. *Vacían el hormigón dentro del encofrado para hacer los pilares.* **2.** *Constr.* Hecho de formar el encofrado (→ 1) de algo. *Se dedica al encofrado en edificios.* FAM **encofrador, ra; encofrar.**

encoger. tr. **1.** Contraer (a alguien o algo, espec. el cuerpo o un miembro). *Encogió el brazo.* **2.** Hacer (que alguien o su ánimo) pierdan fuerza o decisión. *La mínima adversidad lo encoge.* ○ intr. **3.** Disminuir algo de tamaño. *Los vaqueros encogen al lavarlos.* Frec. prnl. ○ intr. prnl. **4.** Actuar alguien con cortedad o falta de decisión. *No te encojas, protesta.* ▶ **3:** EMBEBER. FAM **encogimiento.**

encolar. tr. **1.** Pegar (algo) con cola. *Tienes que encolar la pata de la mesa.* **2.** Dar cola (a una superficie). *Encole la pared antes de empapelarla.* FAM **encolado.**

encolerizar. tr. Poner colérico (a alguien). ▶ *ENFURECER.

encomendar. (conjug. ACERTAR). tr. **1.** Poner (algo o a alguien) al cuidado de una persona. *Le encomiendo a mi hijo durante mi ausencia.* **2.** Encargar a alguien que haga (algo). *Le han encomendado la restauración del palacio.* **3.** Confiar (una cosa o a una persona) al amparo o la protección de alguien. *Encomendó su alma a Dios.*

encomienda. f. **1.** Cosa que se encomienda o encarga. *Recibió la encomienda de protegerlos.* **2.** Dignidad de comendador de una orden militar o civil. *Se le concedió la encomienda de la Orden de Alfonso XII.* **3.** *histór.* En la América colonial: Territorio poblado de indios, asignado a una persona para su provecho a cambio de encargarse de la evangelización de aquellos. **4.** *Am.* Paquete postal. *Es preferible recibir encomiendas internacionales en el correo de Valparaíso* [C]. FAM **encomendero.**

encomio. m. Alabanza encarecida. *Es digno de encomio su deseo de aprender.* ▶ *ALABANZA. FAM **encomiable; encomiar** (conjug. ANUNCIAR); **encomiástico, ca.**

enconado, da. adj. Que implica encono. *Un enconado ataque.*

enconar. tr. Irritar o exasperar (a alguien). *Me encona su insistencia.* FAM **enconamiento.**

encono. m. Rencor o animadversión. *Lo acusó con encono.* ▶ ENCONAMIENTO.

encontradizo, za. hacerse alguien **el ~** (con otra persona). loc. v. Fingir que se encuentra (con ella) por casualidad cuando ha sido intencionadamente. *Se hizo el encontradizo* CON *ella para pedirle una cita.*

encontrado, da. adj. Opuesto o contrario. *Tenemos pareceres encontrados.*

encontrar. (conjug. CONTAR). tr. **1.** Llegar alguien a tener a la vista o a su alcance (la cosa o a la persona que busca). *No encuentra las llaves.* **2.** Conseguir (algo

o a alguien que se buscan o desean). *¿Ha encontrado trabajo?* **3.** Ver casualmente (algo o a alguien) o llegar a estar (junto a ellos). *¡Lo que he encontrado!* **4.** Percibir una persona (algo o a alguien) de la manera que se indica al ver(los) o pensar (sobre ellos). *La encontré rara.* ○ intr. prnl. **5.** Seguido de un complemento introducido por con que expresa la persona o cosa que se buscan: Pasar a estar junto a ellas. *Nos encontraremos contigo en el cine.* **6.** Seguido de un complemento introducido por con que expresa una persona o cosa: Llegar a verlas, o a estar junto a ellas, inesperadamente. *Adivina con quién me he encontrado.* **7.** Enfrentarse dos o más personas al coincidir en un lugar. *Los dos equipos se encontrarán* EN *semifinales.* **8.** Estar en el lugar o de la manera que se indica. *Ya me encuentro bien.* ▶ **7:** ENFRENTARSE. **8:** *ESTAR.

encontronazo. m. Choque violento entre dos personas o cosas. Frec. fig. *Tuvieron un encontronazo y ya no se hablan.*

encopetado, da. adj. despect. Dicho de persona: Que es de alta categoría o presume de serlo. *Se codea con la gente más encopetada del lugar.*

encorajinar. tr. Encolerizar o enfurecer (a alguien). *Su terquedad me encorajina.* ▶ *ENFURECER.

encorbatarse. intr. prnl. Ponerse corbata. *Me encorbataré para el evento.*

encordar. (conjug. CONTAR). tr. **1.** Poner cuerdas (a algo, espec. a un instrumento musical o a una raqueta de tenis). *Encordamos y afinamos guitarras.* ○ intr. prnl. **2.** Atarse alguien a una cuerda de seguridad. *El escalador se encuerda para evitar caídas.*

encorsetar. tr. Poner corsé (a alguien). Frec. fig. *Las normas encorsetan al genio.*

encorvar. tr. **1.** Hacer que (algo) tome forma curva. *Tanto peso encorva los estantes.* ○ intr. prnl. **2.** Doblarse la espalda de una persona por la edad o por una enfermedad. *Se ha ido encorvando con los años.*

encrespar. tr. **1.** Rizar (algo, espec. el pelo) con rizos pequeños. *La brisa le encrespa el cabello.* **2.** Erizar (algo, espec. el pelo o el plumaje). *El mastín encrespó los pelos del lomo.* **3.** Agitar o alterar (a alguien o su ánimo). *Me encrespa su mal humor.* **4.** Alborotar (el mar o las olas). *La tormenta ha encrespado el mar.*

encristalar. tr. Acristalar (un lugar). *Un porche encristalado.* ▶ ACRISTALAR.

encrucijada. f. **1.** Lugar donde se cruzan dos o más calles o caminos. *Al llegar a la encrucijada, gire a la derecha.* **2.** Situación en que resulta complicado decidir o elegir. *Me puso en una encrucijada al obligarme optar.* ▶ **1:** CRUCE.

encrudecer. tr. Volver más crudo o duro (algo). *El frío encrudece la lucha.*

encuadernar. tr. **1.** Coser o pegar las hojas o pliegos (de un libro) y poner(le) tapas. *Encuadernar libros* EN *piel.* **2.** Coser o pegar (varias hojas o pliegos) y poner(les) tapas. *Haré encuadernar los fascículos.* FAM **encuadernación; encuadernador, ra.**

encuadrar. tr. **1.** Enmarcar (algo), o poner(lo) en un marco. Frec. fig. *Encuadran la crisis* EN *el marco de la guerra.* **2.** Incluir (algo o a alguien) en un esquema clasificatorio. *Encuadran su obra* EN *el realismo.* **3.** Incluir (a alguien) en un esquema de organización, espec. militar o política. *Lo encuadraron* EN *una sección sindical.* **4.** *tecn.* Delimitar la imagen (de alguien o algo) captada por el objetivo de la cámara. *El cámara la encuadra* EN *un plano.* ▶ **1:** ENMARCAR. FAM **encuadramiento; encuadre.**

encubierto, ta. adj. Oculto o no manifiesto. *Un asesino encubierto.*

encubrir. (part. **encubierto**). tr. **1.** Ocultar (algo o a alguien) de modo que no puedan verse. *Encubre sus intenciones bajo esa sonrisa.* **2.** Ocultar o impedir que se descubra (un delito o a un delincuente). *Fue condenado por encubrir el crimen.* FAM **encubridor, ra; encubrimiento.**

encuentro. m. **1.** Hecho de encontrar o encontrarse. *Evita un encuentro con él.* **2.** Entrevista o reunión entre dos o más personas para tratar un asunto. *Habrá un encuentro para revisar el pacto.* **3.** Enfrentamiento deportivo entre dos jugadores o dos equipos. *Ganará el encuentro.* ■ **ir, o salir, al ~ (de alguien).** loc. v. Dirigirse (hacia esa persona), para encontrarse (con ella). *Lo vi y fui a su encuentro.* ▶ **3:** PARTIDO.

encuerar. tr. coloq. Desnudar (a alguien). *Se encuera para tomar el sol.*

encuesta. f. Consulta hecha a un número representativo de personas para conocer determinadas cuestiones que les afectan o su opinión sobre un asunto. *Las encuestas dan como ganador al presidente.* FAM **encuestador, ra; encuestar.**

encumbrar. tr. Colocar (algo o a alguien) en una situación elevada o prestigiosa. *Este premio la encumbrará.* FAM **encumbramiento.**

encurtir. tr. Conservar (frutos o legumbres) en vinagre. *Encurten alcaparras.* FAM **encurtido.**

ende. por ~. loc. adv. cult. Por tanto. *Son recursos finitos y, por ende, preciados.*

endeble. adj. Débil o de poca resistencia. *Esta mesa es muy endeble para soportar tanto peso.* ▶ *DÉBIL. FAM **endeblez.**

endecasílabo, ba. adj. *Lit.* Dicho de verso: De once sílabas.

endecha. f. **1.** cult. Canción triste, de lamento o de queja. *Cantan endechas fúnebres.* **2.** *Lit.* Composición poética de asunto triste, en versos de cinco a siete sílabas.

endemia. f. *Med.* Enfermedad propia de un país o región, que se da habitualmente o en una época determinada. *El paludismo es una endemia en África.*

endémico, ca. adj. **1.** Dicho de enfermedad: Que constituye una endemia. **2.** Dicho de cosa, gralm. negativa: Que está muy extendida en un país o en un ámbito, o es habitual o permanente en ellos. *La pobreza es un mal endémico del país.* **3.** *Biol.* Dicho de animal o de planta: Propio y exclusivo de un país o región. FAM **endemismo.**

endemoniado, da. adj. **1.** Dicho de persona: Poseída por el demonio. **2.** Sumamente malo. *Trae intenciones endemoniadas.* ▶ **1:** POSESO. **2:** ENDIABLADO.

enderezar. tr. **1.** Poner derecho o recto (algo). *Enderece el cuadro.* **2.** Poner (algo) en estado adecuado o conveniente. *Enderezamos la situación.* **3.** Corregir la conducta o el comportamiento (de alguien). *Su padre lo enderezará.* **4.** Dirigir (algo o a alguien) hacia un lugar o un fin determinados. *Enderezó sus pasos HACIA MÍ.* ▶ **4:** *ENCAMINAR.

endeudar. (conjug. ADEUDAR). tr. Hacer que (una persona, grupo o entidad) contraigan deudas. *Su fichaje endeudó al club.* ▶ EMPEÑARSE. FAM **endeudamiento.**

endiablado, da. adj. Sumamente malo. *Un ser endiablado.* ▶ ENDEMONIADO.

endibia. (Tb. **endivia**). f. Variedad cultivada de achicoria, de la que se consume, en ensalada o acompañado de salsas, el cogollo de hojas tiernas y pálidas.

endilgar. tr. coloq. Hacer aguantar a alguien (algo molesto o desagradable). *¡Qué charla nos ha endilgado!*

endiosar. tr. **1.** Ensalzar (a alguien) como a un dios. *Sus fans lo endiosan.* ○ intr. prnl. **2.** Ensoberbecerse alguien como si fuera un dios. *Se ha endiosado con el éxito.* FAM **endiosamiento.**

endocrino, na. adj. **1.** *Fisiol.* Dicho de glándula: Que segrega productos que son vertidos directamente en la sangre. **2.** *Fisiol.* De las glándulas endocrinas (→ 1) o de los productos segregados por ellas. *Sistema endocrino.* FAM **endocrino, na** (*El endocrino me ha puesto una dieta*); **endocrinología; endocrinólogo, ga.**

endodoncia. f. *Med.* Tratamiento de los conductos de las raíces de una pieza dentaria. *La caries es tan profunda que habrá que hacer una endodoncia.*

endogamia. f. **1.** Práctica de contraer matrimonio o tener relaciones sexuales entre personas de ascendencia común o procedentes de un mismo grupo social o comunidad. *Su tribu practica la endogamia.* **2.** Práctica consistente en dar preferencia a personas vinculadas a un grupo o una institución para incorporarse a estos como miembros. *La endogamia universitaria nos priva de excelentes profesores.* **3.** *Biol.* Cruce entre individuos de una raza o comunidad aisladas genéticamente. FAM **endogámico, ca.**

endógeno, na. adj. *tecn.* Que tiene origen o causa interna. *Depresión endógena.*

endomingarse. intr. prnl. Vestirse con ropa de fiesta. *Todos se endomingaban para la misa mayor.*

endosar. tr. **1.** Traspasar a alguien (una letra de cambio u otro documento de crédito) haciendo que conste al dorso. *Firmó el cheque por detrás para endosarlo.* **2.** Trasladar a alguien (algo molesto o fastidioso). *Me endosa sus tareas.* ▶ **2:** ENJARETAR.

endoscopio. m. *Med.* Instrumento que permite examinar visualmente el interior del organismo. *Detectaron la úlcera mediante el endoscopio.* FAM **endoscopia.**

endriago. m. Monstruo fabuloso con mezcla de rasgos humanos y animales.

endrino, na. adj. **1.** De color semejante al de la endrina (→ 3). *Cabello endrino.* ● m. **2.** Arbusto de ramas espinosas y flores blancas, cuyo fruto es la endrina (→ 3). ○ f. **3.** Fruto del endrino (→ 2), pequeño, redondeado, de color negro azulado y sabor amargo, empleado para la elaboración de bebidas alcohólicas. *Licor de endrinas.*

endulzar. tr. Hacer dulce (algo). *Endulza el té con miel.* ▶ EDULCORAR.

endurecer. (conjug. AGRADECER). tr. Hacer o poner duro (algo o a alguien). *Levanta pesas para endurecer los músculos.* FAM **endurecimiento.**

ene. f. **1.** Letra *n*. **2.** *Mat.* Cantidad indeterminada. *¿Es posible dividir infinito entre ene?* ● adj. **3.** Se usa para expresar una cantidad indeterminada. *Lo revisará ene veces.*

enea. f. Espadaña (planta). Tb. su hoja. *Sillas de enea.* ▶ *ESPADAÑA.

enebro. m. Árbol de hojas perennes, madera rojiza, y pequeños frutos redondeados de color negro azulado que se usan como aromatizantes.

eneldo. m. Planta herbácea de tallo ramoso y flores amarillas dispuestas en círculo, apreciada por las propiedades medicinales de su fruto.

enema. m. (Tb. f., frecAm.). **1.** *Med.* Líquido que se introduce por el ano, espec. para limpiar el intestino. *Administran un enema al enfermo. Aplicación de una enema en la víspera de la intervención quirúrgica* [C]. **2.** *Med.* Operación de introducir un enema (→ 1) en el cuerpo. *Realizando un enema comprobaremos si hay úlceras en el intestino. Efectuar la enema teniendo el estómago sin alimentos* [C]. ► **1:** LAVATIVA.

enemigo, ga. adj. **1.** Dicho de persona: Que le desea o le hace mal a otra. Frec. m. y f. *Tiene muchos enemigos.* **2.** Dicho de persona o colectividad: Contraria a otra en una guerra. *El bando enemigo.* Tb. m. *Atacaron al enemigo.* **3.** Dicho de persona o cosa: Que se opone a alguien o a algo. *Soy enemiga DE la violencia.* ► **2:** *RIVAL. **3:** *CONTRARIO. FAM **enemistad; enemistar.**

energía. f. **1.** *Fís.* Capacidad que tiene un cuerpo o un sistema para realizar un trabajo. *La batería proporciona energía al vehículo.* **2.** Capacidad física para mover algo o a alguien que tenga peso u oponga resistencia. *Estoy lleno de energía.* **3.** Vigor o firmeza de una persona. *Respondió con energía.* FAM **energético, ca; enérgico, ca.**

energúmeno, na. m. y f. Persona furiosa o violenta. *Un energúmeno lo agredió.*

enero. m. Primer mes del año.

enervar. tr. **1.** Poner nervioso o irritado (a alguien). *Me enerva el ruido.* **2.** Debilitar (algo o a alguien), o quitar(les) fuerza. *La enfermedad lo enerva.* ► **1:** *IRRITAR. **2:** *DEBILITAR. FAM **enervante.**

enésimo, ma. adj. **1.** *Mat.* Que ocupa un lugar indeterminado en una sucesión. *Un número elevado a la enésima potencia.* **2.** Que ocupa un lugar indeterminado y elevado en una serie de cosas. *Te lo pido por enésima vez.*

enfadar. tr. **1.** Causar (a alguien) un sentimiento de disgusto o molestia. *He enfadado a mi madre.* ○ intr. prnl. **2.** Perder la amistad o la buena relación con alguien. *Se enfadó CONMIGO por una tontería.* ► **1:** ENOJAR. **2:** DISGUSTARSE.

enfado. m. Hecho o efecto de enfadar o enfadarse. *¡Vaya enfado que tiene porque olvidé nuestra cita!* ► DISGUSTO, PIQUE. FAM **enfadoso, sa.**

enfangar. tr. Cubrir (algo) de fango o meter(lo) en él. *La riada enfangó el sótano.*

énfasis. m. Fuerza en la expresión o en la entonación de aquello que se dice, para destacar su importancia. *Pronunció con énfasis mi nombre.* ■ **poner,** o **hacer, ~** (en algo). loc. v. Hacer hincapié (en ello). *Ha puesto énfasis en la necesidad de colaborar.* FAM **enfático, ca; enfatizar.**

enfebrecido, da. adj. Febril (ardoroso, o que tiene fiebre). ► FEBRIL.

enfermar. intr. **1.** Ponerse enfermo. *Enfermó DE rubeola.* Tb. prnl., espec. en Am. *Me enfermé* [C]. ○ tr. **2.** Poner enfermo (algo o a alguien). *Me enferma esa manía.*

enfermedad. f. **1.** Alteración de la salud de un ser vivo o de una parte de él. *Tiene una enfermedad grave.* **2.** Funcionamiento anómalo y nocivo de alguien o algo. *La insolidaridad es la enfermedad de nuestros tiempos.* ■ **~ de Alzheimer.** f. *Med.* Enfermedad (→ 1) asociada gralm. a la demencia y caracterizada por una pérdida progresiva de las facultades mentales, que se manifiesta pralm. en la vejez. ⇒ ALZHÉIMER. ■ **~ del sueño.** f. *Med.* Enfermedad (→ 1) causada por un parásito propio de zonas tropicales de África, y transmitido por un tipo de mosca, que produce debilidad, temblores y tendencia al sueño profundo. ■ **~ de Parkinson.** f. *Med.* Enfermedad (→ 1) que se manifiesta gralm. en la vejez y se caracteriza por rigidez muscular y temblores. ⇒ PÁRKINSON. ► MAL.

enfermero, ra. m. y f. Persona que tiene por oficio atender a los enfermos siguiendo pautas médicas. *Una enfermera le toma la tensión.* FAM **enfermería.**

enfermo, ma. adj. Que padece una enfermedad. *Está enfermo DE cáncer.* ► MALO. FAM **enfermizo, za.**

enfervorecer. (conjug. AGRADECER). tr. Enfervorizar (a alguien). ► *ENTUSIASMAR.

enfervorizar. tr. Provocar fervor o entusiasmo (en alguien). *La actuación del cantante enfervoriza al público.* ► *ENTUSIASMAR.

enfilar. tr. **1.** Dirigir la vista (hacia alguien o algo). *Enfiló una bandada de patos con los prismáticos.* **2.** Tomar (una calle u otra vía) para empezar a recorrer(las). *La comitiva va a enfilar la calle principal.* **3.** Hacer pasar (algo) por un hilo, un alambre u otra cosa parecida. *Enfila cuentas de colores para hacerse un collar.* ○ intr. **4.** Dirigirse a un lugar o en una dirección determinados. *Enfilamos HACIA el refugio.*

enfisema. m. *Med.* Dilatación anormal de un tejido producida por la presencia de aire o gas en él. *El tabaquismo puede producir enfisema pulmonar.*

enflaquecer. (conjug. AGRADECER). tr. **1.** Poner flaco (a alguien). *La enfermedad lo enflaqueció.* ○ intr. **2.** Ponerse alguien flaco. *Has enflaquecido.* **3.** Desfallecer. Frec. prnl. *Las fuerzas se enflaquecen.* ► **1, 2:** ADELGAZAR. FAM **enflaquecimiento.**

enfocar. tr. **1.** Proyectar una persona un foco de luz (sobre alguien o algo). *Enfocan al cantante en el escenario.* **2.** Proyectar *un foco* su luz (sobre alguien o algo). *Los faros enfocan la carretera.* **3.** Hacer que la imagen (de un objeto) producida en el foco de una lente se perciba con nitidez. *Enfoca bien el paisaje.* **4.** Dirigir una persona el objetivo de una cámara (hacia alguien o algo). *Enfocó a los manifestantes con un teleobjetivo.* **5.** Dirigir la atención o el interés (hacia un asunto) desde unos presupuestos previos, para resolver(lo) acertadamente. *Enfocas el problema de forma subjetiva.* FAM **enfoque.**

enfrascarse. intr. prnl. Dedicarse con intensidad a algo sin atender a otra cosa. *Se han enfrascado EN una partida de ajedrez.* ► ENGOLFARSE.

enfrentar. tr. **1.** Hacer que (dos personas o cosas) queden la una frente a la otra. *Enfrentan dos sillas para hablar.* **2.** Hacer que (dos personas) luchen o compitan (entre sí). *La ambición los enfrenta.* ○ intr. prnl. **3.** Luchar o competir contra alguien. *Nos enfrentaremos CON Italia en semifinales.* **4.** Hacer frente a un problema o un peligro. *Enfréntate a la situación.* ► **3:** ENCONTRARSE. **4:** AFRONTAR. FAM **enfrentamiento.**

enfrente. (Tb., menos frec., **en frente**). adv. **1.** Con la cara o la parte frontal orientadas hacia las de otra persona o cosa que se toman como punto de referencia. *Colócate enfrente DE la cámara.* **2.** En contra, o en la parte contraria. *En el próximo partido, tendremos enfrente a un equipo duro.*

enfriar. (conjug. ENVIAR). tr. **1.** Poner (algo o a alguien) fríos o más fríos. *El hielo enfría las bebidas.*

2. Disminuir la intensidad (de algo, como un sentimiento o una pasión). *La rutina ha enfriado el amor.* ○ intr. prnl. **3.** Ponerse frío o más frío. *Deje el caldo hasta que se enfríe.* **4.** Resfriarse. ▶ **4:** *ACATARRARSE. FAM enfriamiento.

enfundar. tr. Poner (algo) dentro de una funda. *Enfundó el arma.*

enfurecer. (conjug. AGRADECER). tr. Poner furioso (a alguien). *La indisciplina me enfurece.* ▶ AIRARSE, ENCOLERIZAR, ENCORAJINAR. FAM enfurecimiento.

enfurruñarse. intr. prnl. coloq. Enfadarse. FAM enfurruñamiento.

engalanar. tr. Adornar (algo o a alguien) o dar(les) un aspecto bello o agradable. *Han engalanado la plaza para las fiestas.* ▶ *ADORNAR.

engallar. tr. **1.** Erguir (la parte superior del cuerpo, espec. la cabeza) en actitud arrogante. *Engalla orgulloso la cabeza.* ○ intr. prnl. **2.** Comportarse con arrogancia o de manera desafiante. *Intentó no engallarse y callar.*

enganchar. tr. **1.** Sujetar (algo o a alguien) con un gancho o un objeto semejante. *Enganchan la barca para remolcarla.* **2.** Sujetar (un animal o una máquina) a un carruaje o a un instrumento agrícola para que tiren de estos. *Van a enganchar la locomotora A los vagones.* **3.** coloq. Coger o atrapar (a alguien). *Lo enganchó la policía.* **4.** coloq. Ganarse la voluntad, el afecto o el amor (de alguien). *Quiere enganchar a una mujer rica.* **5.** coloq. Captar intensamente la atención (de alguien). *La película te engancha desde el principio.* **6.** coloq. Causar una droga o una actividad adicción o dependencia (a alguien). Tb. como intr. *La cocaína engancha.* **7.** Taurom. Coger el toro con los cuernos (a alguien o algo) y levantar(los). *El toro enganchó al torero.* **8.** Am. Emplear (a una persona). *Enganchan profesionales capacitados del exterior* [C]. ○ intr. **9.** Pasar a estar sujeto en un gancho u objeto semejante. Más frec. prnl. *Se me ha enganchado el jersey CON un alambre.* ○ intr. prnl. **10.** coloq. Adquirir adicción o dependencia de una droga o una actividad. *No te enganches A la heroína.* **11.** coloq. Alistarse. *Se enganchó EN el ejército.* ▶ **8:** *EMPLEAR. FAM enganche; enganchón.

engañabobos. m. despect. Cosa que engaña a personas ingenuas. *Esas dietas milagrosas son un engañabobos.*

engañar. tr. **1.** Hacer creer (a alguien) que algo falso es verdad. *Engañó a un vecino fingiéndose inspector.* **2.** Ser una persona infiel (a su pareja). *Su marido la engaña.* **3.** Aliviar momentáneamente (una sensación o necesidad), o hacer que disminuya. *Engaña el hambre con un chicle.* **4.** Seducir (a alguien) con halagos y mentiras. *Cayó en sus brazos porque la engañó.* ○ intr. prnl. **5.** Negarse a aceptar la verdad. *No te engañes: lo ha hecho a propósito.* ▶ **1:** BURLAR. FAM engañador, ra; engañoso, sa.

engañifa. f. coloq. Engaño. *Estos premios que anuncian son una engañifa.*

engaño. m. Hecho de engañar o engañarse. *Vive del engaño.* ■ llamarse a ~. loc. v. Retractarse de lo acordado alegando haber sido engañado. *Seré muy claro para que nadie se llame a engaño.* ▶ ASECHANZA, EMBELECO, FRAUDE, INSIDIA, TRAPACERÍA.

engarzar. tr. **1.** Unir (piezas) de modo que formen una cadena. *El orfebre engarza los eslabones de una pulsera.* **2.** Engastar (algo). *Los zafiros van engarzados EN oro.* ▶ **2:** *ENGASTAR. FAM engarce.

engastar. tr. Encajar o embutir (una piedra preciosa) en algo, espec. un metal. *Han engastado las esmeraldas EN oro.* ▶ ENGARZAR, MONTAR. FAM engaste.

engatusar. tr. Ganar la voluntad (de alguien) con halagos. *Sabe engatusarme.*

engendrar. tr. **1.** Producir una persona o un animal (individuos de su misma especie). *Engendró un varón.* **2.** Causar u ocasionar (algo). *El odio engendra más odio.* ▶ **1:** PROCREAR.

engendro. m. **1.** despect. Ser feo, desproporcionado o monstruoso. *La manipulación genética puede producir engendros.* **2.** despect. Producto u obra mal concebidos o mal hechos. *¡Qué engendro de película!*

englobar. tr. **1.** Incluir o reunir (varias cosas) en una. *Englobamos estas enfermedades bajo la denominación de "víricas".* **2.** Incluir o contener algo (un conjunto de personas o cosas). *El organismo engloba a más de cien países.*

engolado, da. adj. **1.** Afectado o enfático. *Habla de manera engolada.* **2.** Dicho de persona: Engreída. FAM engolamiento.

engolar. tr. Dar resonancia gutural (a la voz). *Para darse tono engola la voz.*

engolfarse. intr. prnl. Meterse totalmente en una actividad sin atender a nada más. *Se engolfa EN la lectura.* ▶ ENFRASCARSE.

engolosinar. tr. Excitar el deseo (en alguien). *La engolosina con palabras tiernas.*

engomar. tr. Untar con goma (algo) para que pueda pegarse. *Engoman los sellos.*

engominar. tr. Dar gomina (al pelo). *El peluquero me engominó el pelo.*

engorda. f. Am. Hecho de engordar, espec. al ganado. *La cría y engorda del ganado* [C]. ▶ ENGORDE.

engordar. tr. **1.** Hacer que (alguien o algo) pasen a estar gordos. *Engordan a los pollos con pienso.* Tb. como intr. **2.** Aumentar alguien de peso (la cantidad que se indica). *Engordé un kilo.* ○ intr. **3.** Ponerse gordo alguien o algo. *Has engordado.* FAM engorde.

engorro. m. coloq. Fastidio o molestia. *¡Qué engorro madrugar!* FAM engorroso, sa.

engranar. intr. **1.** Mec. Encajar entre sí dos piezas dentadas. *Las ruedas del reloj no engranan.* **2.** Enlazarse o relacionarse varias cosas, como ideas o hechos. *Los criterios de su método engranan con lógica.* FAM engranaje.

engrandecer. (conjug. AGRADECER). tr. Hacer grande o más grande (algo). *Engrandeció su territorio con nuevas conquistas.* FAM engrandecimiento.

engrapadora. f. Am. Grapadora. *Sobre la mesa hay una agenda, una engrapadora, lápices y plumas.* [C].

engrasar. tr. **1.** Untar con grasa (algo o a alguien). *Engrasa el molde con mantequilla.* **2.** Dar una sustancia lubricante (a un mecanismo) para suavizar el rozamiento de sus piezas. *Hay que engrasar las bisagras de la puerta.* FAM engrase.

engreído, da. adj. Dicho de persona: Demasiado convencida de su valer. *Es tan engreída que no acepta las críticas.* ▶ *ORGULLOSO. FAM engreimiento.

engriparse. intr. prnl. Am. Contraer alguien gripe. *El frío apretaba y unos cuantos empezaban a engriparse* [C]. ▶ Am: AGRIPARSE.

engrosar. (conjug. reg. o CONTAR). tr. **1.** Hacer grueso (algo), o dar(le) más grosor o volumen. *La cirugía permite engrosar los labios.* **2.** Hacer más numeroso (un grupo). *Ellos engrosarán las filas del partido.*

○ intr. **3.** Hacerse grueso algo, o adquirir más grosor o volumen. *La capa de hielo ha ido engrosando.* FAM **engrosamiento.**

engrudo. m. Masa hecha con harina o almidón cocidos en agua, que se utiliza como pegamento. *Usan engrudo para pegar carteles.*

enguantado, da. adj. Que lleva guantes. *Una mano enguantada.*

engullir. (conjug. MULLIR). tr. Tragar (comida) con avidez y sin masticar(la). *Engulle la comida como un pavo.*

engurruñar. tr. Arrugar o encoger (algo). *Engurruña el papel y lo tira.*

enharinar. tr. **1.** Cubrir o envolver con harina (un alimento). *Enharine la merluza y fríala.* **2.** Manchar de harina (algo o a alguien). *Cuando amasaba lo enharinaba todo.*

enhebrar. tr. **1.** Pasar la hebra por el ojo (de una aguja). *¿Me enhebras la aguja?* **2.** Unir o ensartar (cosas, como frases o ideas). *Va enhebrando anécdotas sin parar.*

enhiesto, ta. adj. cult. Erguido o derecho. *Camina con el cuello enhiesto.*

enhorabuena. f. **1.** Felicitación. *Dale la enhorabuena, que ha sido padre.* ● interj. **2.** (Tb. **en hora buena**). Fórmula que se usa para felicitar a alguien. *¡Enhorabuena!, su trabajo es impecable.* ■ **de ~.** loc. adv. En situación afortunada o feliz. *Está de enhorabuena: ha aprobado la oposición.*

enigma. m. **1.** Cosa expresada de manera oscura, cuyo significado hay que interpretar. *Si el héroe descifraba el enigma del oráculo, conocería su destino.* **2.** Persona o cosa que no se llegan a comprender. *La desaparición de la joven sigue siendo un enigma.* ▶ **1:** *ADIVINANZA. FAM **enigmático, ca.**

enjabonar. tr. Dar jabón (a alguien o algo) para lavar(los). *Enjabona bien la camisa.* ▶ JABONAR.

enjaezar. tr. Poner los jaeces (a una caballería). *Enjaezó el caballo para el desfile.*

enjalbegar. tr. Blanquear (una pared) con cal, yeso o tierra blanca. *Han enjalbegado la fachada.* ▶ *ENLUCIR.

enjambre. m. **1.** Conjunto de abejas con una reina que salen juntas de una colmena para formar otra. *El ataque de un enjambre puede matar a un hombre.* **2.** Conjunto de personas, animales o cosas juntos. *Un enjambre de aficionados.*

enjaretar. tr. **1.** Hacer (algo) deprisa. *Pronto enjareto una cena.* **2.** Hacer aguantar a alguien (algo molesto o desagradable). *Me enjareta cada historia...* ▶ **2:** ENDOSAR.

enjaular. (conjug. CAUSAR). tr. **1.** Encerrar en una jaula (a una persona o un animal). *Capturaron y enjaularon al tigre.* **2.** coloq. Encarcelar (a alguien).

enjoyar. tr. Adornar con joyas (algo o a alguien). *La enjoyan para asistir a la gala.*

enjuagar. tr. **1.** Limpiar (la boca) con agua u otro líquido. *Enjuágate la boca después de comer.* **2.** Aclarar o limpiar con agua (lo que se ha enjabonado o fregado). *Enjuaga bien los platos.* FAM **enjuague.**

enjugar. tr. **1.** Quitar la humedad (de alguien o algo). *Enjuga los platos.* **2.** Secar (la humedad que echa de sí el cuerpo, espec. lágrimas o sudor). *Se enjugó las lágrimas.* **3.** Cancelar (una deuda o un déficit). *Con la herencia enjugará sus deudas.*

enjuiciar. (conjug. ANUNCIAR). tr. **1.** Formar un juicio o una opinión (sobre alguien o algo). *No lo enjuicies tan duramente.* **2.** *Der.* Instruir o juzgar (una causa). *Un tribunal enjuiciará la causa contra el genocida.* **3.** *Der.* Someter a juicio (a alguien). *Van a enjuiciar al secuestrador.* ▶ **3:** *PROCESAR. FAM **enjuiciamiento.**

enjundia. f. Sustancia o valor. *Escribe ensayos de enjundia.* FAM **enjundioso, sa.**

enjuto, ta. adj. cult. Delgado o seco. *Tiene el rostro enjuto y los ojos hundidos.*

enlace. m. **1.** Hecho o efecto de enlazar. *El túnel sirve de enlace entre dos valles.* **2.** Boda (hecho de casarse). **3.** Persona que sirve para establecer relación entre dos o más personas u organizaciones, o ponerlas en comunicación. *Nuestro enlace en Berlín le irá informando.* **4.** *Quím.* Unión de dos átomos de un compuesto, debida a la existencia de fuerzas de atracción entre ellos. *Los enlaces de hidrógeno mantienen unidas las moléculas de agua.* ▶ **2:** *BODA.

enlatado, da. adj. Dicho de música o de programa de radio o televisión: Que está grabado. *Habrá una orquesta en directo, no música enlatada.*

enlatar. tr. Meter (algo, espec. un alimento) en latas. *Después de enlatar los espárragos, etiquetan las latas.* FAM **enlatado** (*Proceso de enlatado de pescado*).

enlazar. tr. **1.** Unir o relacionar (una cosa) con otra. *Un tren enlazará la costa CON el interior.* **2.** Unir o juntar (dos o más cosas). *Los ligamentos enlazan los huesos de las articulaciones.* ○ intr. **3.** Unirse o relacionarse una cosa con otra. *La carretera enlaza CON la autovía.* Tb. prnl. **4.** Empalmar un medio de transporte con otro. *Este autobús enlaza CON el tren de París.* ▶ **4:** EMPALMAR.

enlentecer. (conjug. AGRADECER). tr. Ralentizar (algo). *Las obras enlentecen el tráfico.* ▶ *RALENTIZAR. FAM **enlentecimiento.**

enlistar. tr. **1.** frecAm. Apuntar (a alguien o algo) en una lista. *Una mujer enlista a sus cinco familiares desaparecidos* [C]. **2.** Am. Alistar (a alguien) en el ejército. *Me enlistaré en algún cuerpo artillero* [C]. ▶ **1:** *APUNTAR, *ALISTAR.

enlodar. tr. **1.** Manchar o ensuciar de lodo (algo). *Las lluvias enlodaron los caminos.* **2.** Desprestigiar (algo o a alguien). *Han enlodado su buen nombre.*

enloquecer. (conjug. AGRADECER). tr. **1.** Volver loco (a alguien) o hacer que pierda la razón. *La droga lo enloqueció.* ○ intr. **2.** Volverse loco o perder la razón. *En la guerra, muchos enloquecen.* Tb. prnl. **3.** Gustar mucho a alguien una persona o una cosa. *Nos enloquecía el circo.* FAM **enloquecedor, ra; enloquecimiento.**

enlosar. tr. Cubrir (un suelo) de losas. *Enlosarán la acera.* FAM **enlosado.**

enlucido. m. *Constr.* Hecho o efecto de enlucir. *Goya hizo sus "Pinturas negras" sobre un enlucido de yeso.* ▶ ENCALADO, ENYESADO, ESTUCADO.

enlucir. (conjug. LUCIR). tr. *Constr.* Cubrir (una pared o un techo) con una capa de yeso, cemento u otros materiales semejantes. *Están enluciendo la fachada.* ▶ ENCALAR, ENJALBEGAR, ENYESAR, ESTUCAR, REVOCAR.

enlutar. tr. Vestir de luto (a alguien). *La viuda se enlutó durante un año.*

enmadrarse. intr. prnl. Encariñarse excesivamente con su madre una persona, espec. un niño. *Con tantos mimos, el hijo se iba enmadrando.*

enmarañar. tr. **1.** Enredar (algo) formando una maraña. *El gato ha enmarañado los hilos.* **2.** Complicar (algo), o hacer(lo) menos sencillo. *No enmarañes más las cosas.*

enmarcar. tr. **1.** Poner (algo, como una pintura o una fotografía) en un marco que (le) sirva de protección o adorno. *Voy a enmarcar el retrato.* **2.** Situar (algo) dentro de un marco o contexto. *Deben enmarcar el texto dentro de su época.* ▶ **1:** ENCUADRAR.

enmascarar. tr. **1.** Cubrir (a alguien o su rostro) con una máscara. *Nos enmascaramos para el carnaval.* **2.** Encubrir o disimular (algo). *Intenta enmascarar su tristeza.* FAM **enmascaramiento.**

enmendar. (conjug. ACERTAR). tr. **1.** Arreglar (algo), o quitar(le) errores, defectos o imperfecciones. *Enmendó el texto.* ○ intr. prnl. **2.** Rectificar alguien su mal comportamiento. *Debe enmendarse.* ▶ **1:** *CORREGIR. **2:** RECTIFICAR. FAM **enmienda.**

enmohecer. (conjug. AGRADECER). tr. Cubrir de moho (algo). *La humedad enmohece los alimentos.*

enmoquetar. tr. Cubrir de moqueta el suelo (de algo). *Enmoquetan la habitación.*

enmudecer. (conjug. AGRADECER). intr. **1.** Quedar mudo o sin habla. *Se puso rojo y enmudeció.* ○ tr. **2.** Dejar mudo (a alguien) o hacer(lo) callar. *Un grito enmudece al público.* FAM **enmudecimiento.**

ennegrecer. (conjug. AGRADECER). tr. **1.** Poner negro o más negro (algo). *Tanta contaminación ennegrece los edificios.* ○ intr. **2.** Ponerse algo negro o más negro. *La chimenea va ennegreciendo con el humo.* Frec. prnl. FAM **ennegrecimiento.**

ennoblecer. (conjug. AGRADECER). tr. **1.** Hacer noble (a alguien). *La corona inglesa ennobleció al artista concediéndole el título de "sir".* **2.** Dignificar o enaltecer (algo o a alguien). *Su lucha por la justicia lo ennoblece.* FAM **ennoblecimiento.**

ennoviarse. (conjug. ANUNCIAR). intr. prnl. coloq. Hacerse una persona novia de otra. *Se ha ennoviado CON mi hermano.*

enojar. tr. Enfadar (a alguien). *Cuando quieren enojarla, componen cánticos* [C]. En Esp. sobre todo tiene carácter literario o formal. FAM **enojo; enojoso, sa.**

enología. f. Estudio científico de la elaboración y conservación del vino. *Un experto en enología diserta sobre la cata de vinos.* FAM **enólogo, ga.**

enorgullecer. (conjug. AGRADECER). tr. Hacer que (alguien) se sienta orgulloso. *El triunfo del hijo enorgullece a los padres.*

enorme. adj. Mucho más grande de lo normal. *Cuentan con un presupuesto enorme.* ▶ ATROZ, DESCOMUNAL, ESPANTOSO, GIGANTESCO, INCONMENSURABLE, MASTODÓNTICO, MONSTRUOSO. FAM **enormidad.**

enquistarse. intr. prnl. **1.** Formar algo un quiste en un organismo. *Las larvas de la tenia se enquistan en los músculos del cerdo.* **2.** Detenerse o estancarse un proceso o una situación. *Las negociaciones se han enquistado.* FAM **enquistamiento.**

enrabietar. tr. Causar una rabieta (a alguien). *El castigo ha enrabietado al niño.*

enraizar. (conjug. AISLAR). intr. Echar raíces. *El esqueje de rosal ya ha enraizado.* Frec. prnl. ▶ *ARRAIGAR. FAM **enraizamiento.**

enramada. f. **1.** Conjunto espeso de ramas entrelazadas. *En la enramada hay un nido.* **2.** Adorno hecho de ramas de árboles. *Guirnaldas y enramadas decoran la sala.*

enrarecer. (conjug. AGRADECER). tr. **1.** Hacer raro o escaso (algo). *La sequía ha enrarecido los bosques.* **2.** Hacer menos denso (un gas). *Es posible enrarecer un gas mediante una descarga eléctrica.* **3.** Contaminar (el aire o la atmósfera). *El humo de las fábricas enrarece la atmósfera.* **4.** Enfriar (una relación o un ambiente) haciendo que disminuya la cordialidad o el entendimiento. *Aquel malentendido enrareció la amistad.* FAM **enrarecimiento.**

enredadera. f. Se usa para designar varias plantas cuyos tallos, largos y sarmentosos, se enredan o agarran a las superficies o soportes junto a los que crecen.

enredar. tr. **1.** Entrelazar de manera desordenada (cosas largas y finas, como hilos o pelos). *El gato enredaba los hilos.* **2.** Complicar (un asunto). *No enredes más el problema.* **3.** Meter (a alguien), gralm. con habilidad, en un asunto comprometido o peligroso. *Me ha enredado para ser su socio.* **4.** Entretener o hacer perder el tiempo (a alguien). *Me enredó un compañero y salí tarde.* **5.** Encizañar (algo o a alguien) o meter discordia (en ellos). *Disfruta enredando a todos con cotilleos.* Tb. como intr. ○ intr. **6.** Comportarse alguien, espec. un niño, de forma inquieta o traviesa. *¡Pórtate bien y no enredes!* ○ intr. prnl. **7.** Entrelazarse cosas largas y finas, como hilos o pelos, de manera desordenada. *Se me enreda mucho el pelo.* **8.** Complicarse un asunto. *Se ha enredado tanto esto que no tiene arreglo.* **9.** Aturdirse o hacerse un lío alguien. *Me enredo con tantos números.* **10.** coloq. Pasar a tener relaciones sexuales o a vivir en pareja dos personas sin haberse casado. *Al poco de conocerse se enredaron.* ▶ **3:** *COMPROMETER. **4:** ENTRETENER. **5:** *ENCIZAÑAR. **6:** TRASTEAR. FAM **enredador, ra; enredo.**

enrejar. tr. **1.** Cercar o cerrar (un lugar) con una reja o con rejas. *Hay que enrejar el jardín.* **2.** Poner rejas (en una ventana u otro hueco de un edificio). *Han enrejado las ventanas.* FAM **enrejado.**

enrevesado, da. adj. Complicado o difícil de entender. *Una pregunta enrevesada.* ▶ *COMPLICADO.

enriquecer. (conjug. AGRADECER). tr. **1.** Hacer ricos (a una persona o grupo), o proporcionar(les) mucho dinero o muchos bienes. *Los yacimientos han enriquecido al país.* **2.** Hacer más rico (un producto o una sustancia) aumentando la proporción de alguno de sus componentes. *Enriquecen la leche con calcio.* **3.** Hacer que (algo) sea más rico, valioso o abundante. *La ornamentación enriquece el edificio.* ○ intr. prnl. **4.** Hacerse algo más rico o valioso. *Con la lectura se enriquecerá tu vocabulario.* FAM **enriquecedor, ra; enriquecimiento.**

enrocar. intr. En el ajedrez: Cambiar simultáneamente la posición del rey y de la torre. Tb. prnl. *Se enrocó para defender su rey de un jaque.* FAM **enroque.**

enrojecer. (conjug. AGRADECER). tr. **1.** Poner rojo (algo o a alguien). *La ira enrojecía su rostro.* ○ intr. **2.** Ponerse rojo alguien o algo. *Cuando la piropean, enrojece.* Frec. prnl. FAM **enrojecimiento.**

enrolar. tr. **1.** Inscribir (a alguien) en la lista de tripulantes de un barco. *Lo enrolaron de grumete EN un buque mercante.* **2.** Inscribir (a alguien) en el ejército u otra organización. *Lo enrolaron EN infantería.* ▶ **2:** *ALISTAR.

enrollar. tr. **1.** Dar forma de rollo (a algo). *Enrolle el cable.* **2.** coloq. Liar (a alguien) o convencer(lo) para que haga algo. *Me enrolló para que me quedara.* ○ intr. prnl. **3.** coloq. Extenderse mucho al hablar o al escribir. *No te enrolles por teléfono.* **4.** coloq.

Entretenerse en una actividad o dejarse absorber por ella. *Se enrolla* CON *Internet hasta las tantas.* **5.** coloq. Pasar a tener relaciones sexuales o a vivir en pareja dos personas sin haberse casado. *Al poco de conocerse, se enrollaron.*

enronquecer. (conjug. AGRADECER). tr. **1.** Poner ronco (a alguien o su voz). *Fumar enronquece la voz.* ○ intr. **2.** Ponerse ronco alguien o su voz. *Gritó hasta enronquecer.* Frec. prnl.

enroque. → **enrocar.**

enroscar. tr. **1.** Poner (algo o a alguien) en forma de rosca. *La serpiente enroscó su cuerpo* EN *la rama.* **2.** Poner (una pieza con rosca) dándo(le) vueltas. *Enrosca el tapón.*

enrostrar. tr. Am. Reprochar (algo) a alguien y echárse(lo) en cara. *La opinión pública le enrostra al presidente su extrema debilidad* [C]. ▶ REPROCHAR.

ensaimada. f. Bollo hecho con una tira de pasta hojaldrada dispuesta en espiral.

ensalada. f. **1.** Plato elaborado con una o varias hortalizas, gralm. crudas, troceadas y aderezadas con sal, aceite, vinagre u otros ingredientes. *Prepara una ensalada de lechuga y tomate.* Tb. designa el plato frío aderezado con esos o parecidos ingredientes. *Ensalada* DE *pollo.* **2.** coloq. Mezcla confusa de cosas de diversa naturaleza. *¡Vaya ensalada de ideas que tienes!* ■ ~ **de frutas.** f. Plato consistente en una mezcla de frutas troceadas, frec. con zumo o almíbar. *De postre hay ensalada de frutas.* ⇒ MACEDONIA. ■ ~ **rusa.** f. Plato hecho con patatas y huevos, cocidos y troceados, acompañados de otros ingredientes, como pimientos, guisantes o atún, aderezado todo con mayonesa y servido frío. FAM **ensaladera.**

ensalivar. tr. Untar o empapar (algo) con saliva. *Ensalivó el cierre del sobre.*

ensalmo. m. Oración o práctica mágica para curar enfermedades. *Curaba el mal de ojo con ensalmos.* ■ **por ~.** loc. adv. De manera rápida e inesperada. *Cuando murió el millonario, aparecieron por ensalmo muchos parientes.*

ensalzar. tr. **1.** Alabar o elogiar (algo o a alguien). *Ensalzó nuestras virtudes.* **2.** Elevar a un grado superior (algo o a alguien). *La leyenda ensalza al campesino* A *la categoría de héroe.* ▶ **1:** *ALABAR. **2:** ENALTECER, EXALTAR. FAM **ensalzamiento.**

ensamblar. tr. Unir o encajar (dos o más piezas). *Tiene que lijar las piezas para ensamblarlas.* ▶ ENCAJAR. FAM **ensamblado; ensamblaje.**

ensanchar. tr. Hacer más ancho (algo). *Ensancharán la carretera.* FAM **ensanchamiento; ensanche.**

ensangrentar. (conjug. ACERTAR). tr. Manchar de sangre (algo o a alguien). *El herido ensangrentó la sábana.*

ensañarse. intr. prnl. Causar un daño a alguien con crueldad extrema. *¿Cómo se ensañaron así* CON *un inocente?* ▶ CEBARSE, ENCARNIZARSE. FAM **ensañamiento.**

ensartar. tr. **1.** Unir (una serie de cosas, como cuentas o anillos) pasando por su agujero un hilo, cuerda o alambre. *Ensarta las cuentas para hacerse un collar.* **2.** Atravesar (algo) con un objeto puntiagudo. *Ensarta el pollo en el asador.* **3.** Decir una detrás de otra (varias cosas, espec. palabras o frases). *¡Deja de ensartar disparates!*

ensayar. tr. **1.** Preparar la ejecución (de algo), espec. de una obra teatral o musical) antes de ofrecer(lo) al público. *Ensayan mucho las escenas.* **2.** Probar (algo)

para saber si funciona adecuadamente. *Han ensayado un nuevo avión.* **3.** Hacer la prueba (de algo). *Voy a ensayar un cambio de estilo.*

ensayo. m. **1.** Hecho o efecto de ensayar. *Los ensayos de la vacuna fueron positivos.* **2.** *Lit.* Obra literaria en prosa en la que el autor desarrolla sus ideas sobre un tema, gralm. sin mostrar el aparato de citas o el bibliográfico. *Escribe un ensayo sobre el mal.* **3.** *Lit.* Género constituido por los ensayos (→ 2). *Cultiva el ensayo.* ■ ~ **general.** m. Representación completa de una obra teatral o musical, previa a su estreno. *En el ensayo general todo salió perfecto.* FAM **ensayismo; ensayista; ensayístico, ca.**

enseguida. (Tb. **en seguida**). adv. Inmediatamente después en el tiempo o en el espacio. *Voy a comprar pero vuelvo enseguida.*

ensenada. f. Parte del mar que entra en la tierra y que sirve de abrigo a las embarcaciones. *El velero fondeó en una ensenada.*

enseña. f. cult. Bandera o estandarte. *En el cuartel, ondea la enseña nacional.*

enseñanza. f. **1.** Hecho de enseñar o hacer aprender. *Se dedica a la enseñanza de idiomas.* **2.** Sistema o método para enseñar. *Enseñanza a distancia.* **3.** Cosa que se enseña. Frec. en pl. *No olvidaré sus enseñanzas.* **4.** Cosa que se aprende por propia experiencia para tener en cuenta en otra situación similar. *Que esto te sirva de enseñanza.* ▶ **1:** DOCENCIA, EDUCACIÓN, FORMACIÓN, INSTRUCCIÓN.

enseñar. tr. **1.** Hacer que (alguien) aprenda algo. *Me enseñará* A *cazar.* Tb. referido a ese algo. *Enseña francés.* Tb. como intr. **2.** Poner (algo) ante la vista de alguien. *Enséñeme el carné.* **3.** Dejar ver (algo) involuntariamente. *Enseña la enagua.* **4.** Acostumbrar o habituar (a alguien o algo). *Enseñar al estómago* A *digerir líquidos.* ▶ **1:** EDUCAR, FORMAR, ILUSTRAR, INSTRUIR. **4:** *ACOSTUMBRAR. FAM **enseñante.**

enseñorear. tr. **1.** Dominar (algo). *Los invasores enseñoreaban el país.* ○ intr. prnl. **2.** Hacerse señor y dueño de algo. *La mafia se ha enseñoreado* DE *las calles.*

enser. m. Objeto, como un mueble o un utensilio, de los que son necesarios para el equipamiento de una casa o para el ejercicio de una profesión. *Los enseres de cocina.*

ensillar. tr. Poner la silla (a una caballería). *Ensilla la yegua.*

ensimismarse. intr. prnl. Abstraerse alguien, o concentrarse en sus propios pensamientos sin prestar atención a lo que le rodea. *Se ensimisma* EN *sus recuerdos.* FAM **ensimismamiento.**

ensoberbecer. (conjug. AGRADECER). tr. Poner soberbio (a alguien). *El éxito la ha ensoberbecido.*

ensombrecer. (conjug. AGRADECER). tr. **1.** Oscurecer o cubrir de sombra (algo). *Unos nubarrones ensombrecen el valle.* **2.** Poner sombrío o triste (a alguien o algo). *La mala noticia ensombreció su ánimo.*

ensoñar. (conjug. CONTAR). intr. **1.** Imaginar que es real algo que no lo es. *Mientras ensoñaba, se evadía.* ○ tr. **2.** Imaginar que es real (algo agradable o deseable). *Ensueñas grandes aventuras.* FAM **ensoñación; ensoñador, ra.**

ensordecer. (conjug. AGRADECER). tr. Dejar sordo (a alguien). *La explosión lo ensordeció.* FAM **ensordecedor, ra.**

ensortijar. tr. Rizar (algo, espec. el pelo) en forma de sortija. *La humedad me ensortija el pelo.*

ensuciar. (conjug. ANUNCIAR). tr. **1.** Poner sucio (algo o a alguien). *¡Cómo ensucias las camisas!* Tb. como intr. ○ intr. prnl. **2.** Defecar una persona en un lugar. *El bebé se ha ensuciado.* ▶ **1:** MANCHAR, EMPORCAR.

ensueño. m. Hecho o efecto de ensoñar. *Su fantasía le empuja al ensueño.* ■ **de ~.** loc. adj. Fantástico o maravilloso. *Una playa de ensueño.* ▶ ENSOÑACIÓN.

entablado. m. Suelo o soporte de tablas. *Las tejas se apoyan en un entablado.*

entablamento. m. *Arq.* Conjunto de elementos que coronan un edificio, y que suele estar compuesto de arquitrabe, friso y cornisa.

entablar. tr. Empezar (una relación, una lucha o una conversación). *Entablaron una buena amistad.*

entablillar. tr. Sujetar con tablillas y vendas (un miembro roto). *Le entablillaremos la pierna hasta que llegue la ambulancia.*

entallar. tr. **1.** Ajustar (una prenda de vestir) al talle o cintura. *Si le queda holgada la chaqueta, se la entallamos.* ○ intr. **2.** Ajustarse una prenda de vestir al talle o cintura. *Los vestidos que entallan realzan la figura.* Frec. prnl.

entarimado. m. Suelo de tarima. *Baila sobre un entarimado.* FAM entarimar.

ente. m. **1.** *Fil.* Lo que es, existe o puede existir. *Un ente superior pudo crear el universo.* **2.** Institución, espec. si pertenece al Estado. *La televisión estatal constituye un ente público.* ▶ **1:** *SER. **2:** ENTIDAD.

enteco, ca. adj. cult. Flaco o enfermizo. *Niños mugrientos de carnes entecas.*

entelequia. f. cult. Cosa irreal. *La paz mundial es una entelequia.*

entendederas. f. pl. coloq., despect. Entendimiento (facultad de comprender).

entender. (conjug. ENTENDER). tr. **1.** Percibir (algo) por medio de la inteligencia. *Entendió el problema.* **2.** Encontrar justificado o razonable (algo). *Entiendo que actúe así.* **3.** Encontrar justificado o razonable el estado o actitud de alguien), o su manera de ser o de actuar. *No entiendo a los violentos.* **4.** Creer u opinar (algo). *Entiendo que hice mal.* ○ intr. **5.** Tener conocimientos de algo. *Entiende DE economía.* **6.** Tener autoridad para ocuparse de un asunto. *Un juez entiende DEL caso.* ○ intr. prnl. **7.** Tener dos o más personas buena relación entre sí. *¡Cómo se entienden!* **8.** coloq. Tener dos personas relaciones amorosas en secreto. *¿Sabe que Juan y Lola se entienden?* **9.** Seguido de un complemento introducido por con: Llegar a conocer o dominar lo expresado por él. *No me entiendo con estas instrucciones.* **10.** Seguido de un complemento introducido por con: Relacionarse con la persona designada, para tratar un asunto, espec. un negocio. *Entiéndase usted con el comprador.* ● m. **11.** Opinión o criterio. *A mi entender, es su mejor novela.* ▶ **1-3:** *COMPRENDER. **4:** *CREER. **5:** SABER. FAM entendedor, ra.

entendido, da. adj. Dicho de persona: Sabia o experta en algo. Tb. m y f. *Según los entendidos, la obra es muy buena.*

entendimiento. m. **1.** Facultad de comprender y razonar. *Gracias al entendimiento, el hombre piensa y juzga.* **2.** Hecho o efecto de entender o entenderse. *El mediador facilita el entendimiento entre las partes.* ▶ **1:** *INTELIGENCIA.

entenebrecer. (conjug. AGRADECER). tr. Oscurecer o llenar de tinieblas (algo). *La noche entenebreció el cielo.*

entente. f. Pacto o acuerdo entre dos países o Estados. *Por la entente de 1904, Francia y Gran Bretaña se reparten sus colonias en África.* Frec. fig.

enterado, da. adj. Dicho de persona: Que es entendido o tiene conocimientos en algo. *El lector enterado captará los guiños de la novela.*

enterar. tr. **1.** Hacer saber algo (a alguien). *Lo enteraron DEL fallecimiento por telegrama.* ○ intr. prnl. **2.** Pasar a saber algo. *¿Te has enterado DE lo ocurrido?*

entereza. f. Fortaleza o firmeza de ánimo. *Lo soporta con entereza.* ▶ FORTALEZA.

enterizo, za. adj. De una sola pieza. *El tablero de la mesa es de madera enteriza.*

enternecer. (conjug. AGRADECER). tr. Provocar un sentimiento de ternura o compasión (en alguien). *Me enternece verlo llorar.* ▶ CONMOVER. FAM enternecedor, ra; enternecimiento.

entero, ra. adj. **1.** Completo (que tiene todas las partes o elementos que le corresponden). *Eche una cebolla entera.* **2.** Dicho de persona: Que tiene fortaleza de ánimo o domina sus emociones, espec. en una situación difícil. *La viuda estaba muy entera.* **3.** Dicho de persona: Que conserva su fuerza. *Llegó muy entera a la meta.* **4.** Dicho de cosa, espec. de un alimento: Dura o consistente. *Prefiero la fruta entera a la madura.* ● m. **5.** *Mat.* Número entero (→ número). **6.** *Econ.* Unidad que mide la variación en la cotización de un valor bursátil. *La petrolera subió cinco enteros.* Tb. fig. ■ **por entero.** loc. adv. Completa o plenamente. *Se dedica por entero al trabajo.* ▶ **1:** *COMPLETO.

enterrar. (conjug. ACERTAR). tr. **1.** Poner (algo) bajo tierra. *El perro entierra un hueso.* **2.** Dar sepultura (a un cadáver). *Lo enterrarán en su pueblo.* **3.** Sobrevivir (a alguien). *Es muy duro que un padre entierre a un hijo.* **4.** Hacer que (una persona o una cosa) queden ocultas o desaparezcan bajo algo. *Un alud enterró a los alpinistas.* **5.** Olvidar o abandonar (un asunto). *Enterremos las rencillas.* ▶ **2, 4:** SEPULTAR. FAM enterrador, ra; enterramiento.

entibiar. (conjug. ANUNCIAR). tr. **1.** Poner tibio o templado (algo, espec. un líquido). *Entibia la sopa con caldo frío.* **2.** Quitar fuerza o intensidad (a un afecto o una pasión). *El tiempo ha entibiado su amor.*

entidad. f. **1.** Institución, organismo u otra colectividad, espec. si son considerados como una unidad jurídica. *La entidad bancaria se ha declarado en quiebra.* **2.** Importancia o relevancia. *Sus investigaciones tienen mucha entidad.* **3.** *Fil.* Ente o ser. *Considera cuerpo y alma como entidades separadas.* ▶ **1:** ENTE. **3:** *SER.

entierro. m. **1.** Hecho de enterrar o dar sepultura. *No pudo contener el llanto durante el entierro.* **2.** Grupo de personas que acompaña al cadáver que se lleva a enterrar. *Cuando pasó el entierro, se santiguó.* ■ **~ de la sardina.** m. Fiesta de carnaval celebrada el miércoles de Ceniza, en la que se entierra la figura de una sardina.

entintar. tr. Impregnar de tinta (algo). *El tampón sirve para entintar sellos.*

entoldar. tr. **1.** Cubrir (un lugar) con un toldo o un conjunto de toldos. *Han entoldado la terraza.* **2.** Cubrir las nubes (el cielo). *Densas nubarrones entoldan el cielo.* FAM entoldado.

entomología. f. Parte de la zoología que estudia los insectos. FAM entomólogo, ga.

entonación. f. **1.** Hecho de entonar o cantar en el tono adecuado. *En su interpretación destacó la per-

fecta entonación del aria. **2.** Tono o modulación de la voz al hablar, gralm. para dar determinado sentido a lo que se dice. *Si se lo dices con esa entonación, se ofenderá.* **3.** Conjunto de rasgos relativos al tono, que son característicos de una lengua, de un hablante o de un tipo de expresión. *El español tiene una entonación diferente en Chile y en Cuba.* ▶ **2:** TONO.

entonar. tr. **1.** Cantar (algo) en el tono adecuado. *Necesitó varios ensayos para entonar la canción.* Tb. como intr. **2.** Cantar (algo). *Entona un bolero.* **3.** Fortalecer o vigorizar (algo o a alguien). *Una sopa caliente nos entonará.* ▶ **3:** TONIFICAR.

entonces. adv. **1.** En ese tiempo o momento del pasado o del futuro. *Cálmate y entonces hablaremos.* **2.** En ese caso. *–Hoy estoy ocupado. –Entonces nos vemos mañana.* **3.** Se usa exclamativamente para expresar que lo que ha dicho el interlocutor aclara o justifica aquello que le provocaba extrañeza o rechazo. *¿No le pediste tú ayuda?, ¡entonces!* Tb. *pues ~.* ■ **en, o por, aquel ~.** loc. adv. En, o por, aquel tiempo. *Por aquel entonces no nos conocíamos.*

entontecer. (conjug. AGRADECER). tr. **1.** Poner tonto (a alguien). *El sueño lo entontece.* ○ intr. **2.** Volverse alguien tonto. *Ha entontecido con los años.* Frec. prnl.

entorchado. m. Bordado en oro o plata que como distintivo llevan en las mangas de su uniforme los militares y algunos altos funcionarios. Frec. en pl.

entornar. tr. Cerrar de manera incompleta (algo, como una puerta, una ventana o los ojos). *Entorna la puerta, que hay corriente.* ▶ ENTRECERRAR.

entorno. m. **1.** Conjunto de personas o cosas que rodean a alguien o algo. *Creció en un entorno violento.* **2.** *Inform.* Programa o conjunto de programas que administra un ordenador u otros programas. *Tiene instalado un entorno gráfico para diseñar planos.*

entorpecer. (conjug. AGRADECER). tr. **1.** Poner torpe (algo o a alguien) haciéndo(los) lentos o menos ágiles. *La enfermedad entorpece sus movimientos.* **2.** Dificultar o estorbar (algo). *Las obras entorpecían el tráfico.* FAM **entorpecimiento.**

entrada. f. **1.** Hecho de entrar. *Se prohíbe la entrada a menores.* **2.** Sitio por donde se entra en un lugar. *Quedamos en la entrada del cine.* **3.** Parte de un edificio, como una casa o un hotel, cercana a la puerta principal. *En la entrada de la casa hay un perchero.* **4.** Papel o cartulina impresos que sirven para entrar en un lugar, como un teatro, un cine o un museo. *Quería dos entradas para la última sesión.* **5.** Número de personas que asisten a un espectáculo público. *Se espera una gran entrada para el concierto.* **6.** Cantidad de dinero que se recauda en un espectáculo. *Los gastos del recital se cubrirán con la entrada.* **7.** Entrante (plato que se toma en primer lugar en una comida). **8.** Parte de la frente, en sus dos lados, donde escasea el pelo. Frec. en pl. *Disimula sus entradas con el flequillo.* **9.** Cantidad de dinero que se entrega como primer pago de una compra a plazos. *Ya hemos pagado la entrada del piso.* **10.** Cantidad de dinero que entra en caja. *El contable anota las entradas y salidas del mes.* **11.** Comienzo de un período de tiempo, como un año o una estación. *¡Feliz entrada y salida de año!* **12.** En algunos deportes: Acción, gralm. brusca o violenta, con la que un jugador intenta arrebatarle el balón a otro o impedir su avance. *Fue expulsado por una dura entrada.* **13.** *Ling.* En un diccionario o en una enciclopedia: Palabra o expresión que encabezan un artículo. *Las entradas del*

diccionario van en negrita. Tb. el mismo artículo (→ **artículo**). *Un diccionario con 70 000 entradas.* ■ **de ~.** loc. adv. Para empezar. *Ella, de entrada, siempre desconfía.* ▶ **7:** *ENTRANTE.

entradilla. f. *Period.* Comienzo de una información, que resume lo más importante de la misma. *Las entradillas del periódico van destacadas en negrita.*

entramado. m. **1.** Conjunto de hilos, cables u otros elementos alargados y flexibles que se entrecruzan. *Hubo un cortocircuito en el entramado de cables.* Tb. fig. *Un entramado de calles.* **2.** Conjunto de ideas, hechos o circunstancias que se entrecruzan en un texto. *Cuesta seguir el entramado de la novela.* **3.** *Arq.* Armazón de madera, hierro u otros materiales con que se construye una pared o un suelo rellenando los huecos de su estructura.

entrambos, bas. adj. pl. cult. Ambos.

entrampar. tr. **1.** Hacer que (un animal) caiga en una trampa. *Colocaba lazos para entrampar liebres.* ○ intr. prnl. **2.** coloq. Endeudarse.

entrante. adj. **1.** Que entra. *Volveré el año entrante.* ● m. **2.** Plato que se toma en primer lugar en una comida. *Como entrante, unas endibias.* ▶ **2:** ENTRADA, ENTREMÉS.

entraña. f. **1.** Víscera, espec. del abdomen. Frec. en pl. *Unos buitres despedazan las entrañas de una res.* **2.** Parte más profunda o interior de algo. Frec. en pl. *Se escondió en las entrañas del bosque.* **3.** Corazón (sentimientos). Frec. en pl. *Un hombre cruel y sin entrañas.* ▶ **1:** VÍSCERA. **3:** CORAZÓN.

entrañable. adj. Dicho espec. de cariño u otro sentimiento: Íntimo o muy afectuoso. Tb. dicho de la pers. o cosa que lo inspiran. *Un amigo entrañable.*

entrañar. tr. Conllevar o implicar (algo). *Boxear entraña riesgos.* ▶ *IMPLICAR.

entrar. intr. **1.** Pasar dentro de un lugar delimitado o cerrado. *Entró en un comercio.* Tb. prnl. **2.** Poder meterse o contenerse dentro de un lugar. *¿Entrará ahí el sofá?* **3.** Penetrar en alguien o algo, o pasar a su interior. *La bala le había entrado* POR *un costado.* **4.** Ser admitido en un lugar. *Para entrar* EN *el museo piden el carné.* **5.** Unirse a un colectivo o una actividad. *Ha entrado* EN *el equipo de baloncesto.* **6.** Empezar un período de tiempo. *El curso que entra será difícil.* **7.** Empezar a dejarse sentir en alguien un estado de ánimo, una sensación o un síntoma de enfermedad. *Le entra alegría al vernos.* **8.** Formar parte de algo, como un compuesto o un conjunto de elementos. *EN muchos antibióticos entra la penicilina.* **9.** Seguido de a y un infinitivo: Empezar a hacer lo expresado por él. *Entró a servir muy joven.* **10.** Intervenir o tomar parte en algo. *No entraré* EN *discusiones.* **11.** Pasar a un estado o situación determinados. *Está a punto de entrar* EN *la pubertad.* **12.** Estar incluida una cosa en otra. *Eso no entra* EN *mis planes.* **13.** coloq. Empezar alguien el trato o el contacto con otro. *Pruebe a entrarle hablándole de fútbol.* **14.** coloq. Resultar accesible o comprensible para alguien un conocimiento. *Nunca le entró el latín.* **15.** *Mús.* Empezar a emitir sonidos. *En el segundo compás entran los violines.* **16.** *Dep.* Acometer un jugador a otro, gralm. para quitarle el balón o para frenar su avance. *Le mostraron tarjeta por entrar a un defensa.* ○ tr. **17.** Introducir o hacer entrar (→ 1) (algo o a alguien). *Entró la maleta* EN *el auto.* ▶ **2:** CABER. **17:** *METER.

entre. prep. **1.** Indica situación de una persona o cosa en medio de otras, espec. de otras dos. *Se sentó entre* *ella y yo.* **2.** Indica estado o cualidad intermedios. *Una actitud entre tímida y desafiante.* **3.** Formando parte de. *Entre el mobiliario hay dos sillones.* **4.** Indica colaboración de los miembros de un conjunto. *Lo hicieron entre todos.* **5.** Indica reciprocidad. *Se pelean entre ellos.*

entreabrir. (part. **entreabierto**). tr. Abrir un poco (algo, como una puerta o una ventana). *Entreabre la puerta y mira si hay alguien.*

entreacto. m. Intermedio de una representación teatral. *En el entreacto fumaban.*

entrecano, na. adj. Medio canoso. *Barba entrecana.*

entrecejo. m. Espacio que hay entre las cejas. Frec. con *fruncir* para expresar que se arruga ese espacio en señal de disgusto. *Frunce el entrecejo cuando lo critican.*

entrecerrar. (conjug. ACERTAR). tr. Entornar (algo, espec. los ojos). *Entrecierra los ojos adormilado.* ▶ ENTORNAR.

entrechocar. intr. Chocar dos cosas entre sí. *Las monedas entrechocan en su bolsillo.* Tb. prnl.

entrecomillar. tr. Poner entre comillas (una palabra o un texto). *En el escrito, entrecomille las citas.* FAM **entrecomillado.**

entrecortar. tr. Hacer que (algo, espec. la voz, la respiración o un sonido) sea discontinuo o se emita con interrupciones. *La emoción entrecortaba su voz.*

entrecot. m. Filete de vacuno sacado de entre dos costillas. *Entrecot con patatas.*

entrecruzar. tr. Cruzar (dos o más cosas) entre sí. *Junta las manos entrecruzando los dedos.* FAM **entrecruzamiento.**

entredicho. m. Duda que existe sobre el crédito, el honor o la calidad de alguien o algo. *Una calumnia puso en entredicho su reputación.*

entrega. f. **1.** Hecho o efecto de entregar o entregarse. *Entrega de paquetes.* **2.** Esfuerzo o generosidad con que una persona se dedica a alguien o a algo. *Admiro su entrega como madre.* **3.** Cada uno de los pliegos de aparición periódica que forman una obra publicada y vendida por partes. *Novela publicada por entregas.* ▶ **3:** FASCÍCULO.

entregar. tr. **1.** Dar (algo) a alguien, o hacer que pase a tener(lo). *Entregará el premio al ganador.* **2.** Poner (algo o a alguien) bajo la responsabilidad o autoridad de otro. *Le entregaron al niño en adopción.* ○ intr. prnl. **3.** Ponerse alguien en poder de otro, espec. de una autoridad o del enemigo. *El atracador se entregó a la policía.* **4.** Seguido de un complemento introducido por *a*: Dedicarse a la persona o cosa designadas con mucho interés o en exceso. *Se entrega a su trabajo.* **5.** Dejar de luchar o de esforzarse por conseguir algo, por no tener fuerzas. *Puedes lograrlo, no te entregues.*

entreguerras. de ~. loc. adj. Que transcurre o que tiene lugar entre dos guerras consecutivas, espec. entre la Primera y la Segunda Guerra Mundial. *Período de entreguerras.*

entreguismo. m. Actitud derrotista que induce a darse por vencido sin intentar la lucha. *Al gobernante no le perdonan su entreguismo frente a la potencia extranjera.*

entrelazar. tr. Enlazar entre sí (dos o más cosas). *Teje una red entrelazando los hilos.* FAM **entrelazado; entrelazamiento.**

entremedias. → medio.

entremés. m. **1.** Plato que se toma gralm. antes de los platos principales. Frec. en pl. *Menú: entremeses, sopa y chuletas.* **2.** Lit. Pieza dramática de un solo acto y carácter cómico o burlesco. *"El viejo celoso" es un entremés de Cervantes.* ▶ **1:** *ENTRANTE.

entremeter. tr. **1.** Meter (una cosa) entre otras. *Había entremetido sus cartas ENTRE las hojas de un libro.* ○ intr. prnl. **2.** Entrometerse.

entremetido, da. adj. Dicho de persona: Que se entremete. *No seas entremetido y no preguntes.* ▶ ENTROMETIDO.

entremezclar. tr. Mezclar (varias cosas) entre sí. *El pintor entremezcla colores.*

entrenador, ra. m. y f. Persona que entrena a otra u otras, espec. para realizar un deporte. *La entrenadora exige el máximo a sus gimnastas.* ▶ MÍSTER, PREPARADOR.

entrenar. tr. **1.** Preparar o adiestrar (personas o animales) para la práctica de una actividad, espec. un deporte. *Entrena a un equipo de baloncesto.* ○ intr. **2.** Prepararse alguien para la práctica de una actividad, espec. un deporte. *Va a entrenar todas las tardes.* ▶ **1:** ADIESTRAR, EJERCITAR. FAM **entrenamiento, entreno.**

entrepaño. m. En algunos muebles, como una estantería: Estante. ▶ *ESTANTE.

entrepierna. f. **1.** Parte del cuerpo formada por la cara interior de los muslos. Se aplica gralm. a los genitales. *Hizo un gesto obsceno tocándose la entrepierna.* **2.** Parte de una prenda de vestir que cubre la entrepierna (→ 1).

entrepiso. m. frecAm. Entreplanta. *La zona de bodegas se ubica en un entrepiso entre planta baja y el subsuelo* [C].

entreplanta. f. Planta que se construye quitando parte de la altura de una, y que se sitúa entre esta y la superior. ▶ frecAm: ENTREPISO.

entrerriano, na. adj. De Entre Ríos (Argentina).

entresacar. tr. **1.** Sacar (una cosa) de otra de la que forma parte. *Entresaca del texto las citas.* **2.** Quitar árboles o plantas (de un monte o un sembrado) para que haya más espacio entre los que quedan. *Hay que entresacar el encinar.* **3.** Cortar parte (de una cabellera) para que quede menos espesa. *El peluquero le entresaca la melena.*

entresijos. m. pl. Interioridades o aspectos ocultos de algo. *Conoce bien los entresijos del oficio.*

entresuelo. m. Piso situado entre la planta baja y el primer piso de un edificio.

entretanto. adv. **1.** → tanto. ● m. **2.** (Frec. con art.). cult. Tiempo que transcurre durante la realización de un hecho. *Firmaría en septiembre y en el entretanto viajaría.*

entretecho. m. Am. Desván. *El fuego se inició en un entretecho* [C].

entretejer. tr. **1.** Meter (en una tela que se teje) un hilo o un material distinto de los demás para hacer una labor diferente. *Entretejió el manto CON hilos de plata.* **2.** Entrelazar (hilos u otras cosas de forma lineal). *Entreteje mimbres para hacer un cesto.*

entretela. f. **1.** Tejido que se pone entre la tela y el forro de una prenda de vestir para darle firmeza a esta. ○ pl. **2.** Parte más interna u oculta de algo. *Pocos conocen las entretelas del poder.* **3.** coloq. Corazón o entrañas. *¡Hijo de mis entretelas!*

entretención. f. **1.** Am. Hecho de entretener o entretenerse. *Su entretención nunca dependió de la pantalla chica* [C]. **2.** Am. Cosa que entretiene o divierte. *Las entretenciones eran los rodeos, el fútbol* [C]. ▶ *DIVERSIÓN.

entretener. (conjug. TENER). tr. **1.** Distraer (a alguien) impidiéndo(le) hacer algo. *No lo entretengas, que está estudiando.* **2.** Hacer que (alguien o algo) se retrasen. *Llegué tarde porque me entretuvieron.* **3.** Distraer o divertir (a alguien). *Me entretiene la tele.* Tb. como intr. **4.** Hacer (algo) más soportable o llevadero. *Entretuvo la espera CON crucigramas.* ▶ **1:** DISTRAER. **2:** ENREDAR. **3:** *DIVERTIR. FAM entretenimiento.

entretenido, da. adj. **1.** Dicho espec. de cosa: Que entretiene o divierte. *Una película entretenida.* ● f. **2.** Mujer a la que su amante sufraga los gastos. *Esa es la entretenida del jefe.* ▶ **1:** DIVERTIDO.

entretiempo. m. Tiempo de temperatura suave, entre una estación calurosa y otra fría. *Una chaqueta DE entretiempo.*

entrever. (conjug. VER). tr. Ver (algo o a alguien) con poca claridad o precisión. *Pude entrever en la oscuridad a alguien saltando la valla.*

entreverado, da. adj. Que tiene mezcladas entre sí cosas o elementos distintos. *Mármol blanco entreverado DE gris.*

entreverar. tr. Mezclar entre sí (varias cosas). *Entreveró verdades y mentiras.*

entrevista. f. **1.** Encuentro o reunión entre dos o más personas con el fin de tratar un asunto. *Hoy tengo una entrevista de trabajo.* **2.** Conversación en la que alguien, espec. un periodista, hace preguntas a una o más personas. *En la entrevista le han preguntado por su último disco.* ▶ **2:** INTERVIÚ. FAM entrevistador, ra; entrevistar.

entristecer. (conjug. AGRADECER). tr. **1.** Causar tristeza (a alguien). *Su muerte nos ha entristecido.* Tb. como intr. **2.** Dar aspecto triste (a algo). *El luto entristece su rostro.* FAM entristecedor, ra.

entrometerse. intr. prnl. Tomar parte alguien en un asunto que no le incumbe. *Déjelos, no se entrometa.* ▶ ENTREMETERSE, INJERIRSE, INMISCUIRSE, METERSE. FAM entrometimiento.

entrometido, da. adj. Dicho de persona: Que se entromete. ▶ ENTREMETIDO.

entroncar. tr. **1.** Establecer una relación de parentesco (entre dos linajes), o (entre una persona) y un linaje o familia. *Los historiadores entroncan ambas dinastías.* **2.** Establecer una relación (entre una cosa) y otra. *Entroncan su obra CON el realismo.* ○ intr. **3.** Contraer parentesco una persona con un linaje o familia. *Entroncó CON los Suárez.*

entronizar. tr. **1.** Colocar en el trono (a alguien). *Entronizaron a Felipe V.* **2.** Poner (algo o a alguien) en una posición superior. *Entronizan el dinero.* FAM entronización.

entronque. m. **1.** Hecho o efecto de entroncar. *Es claro el entronque de su película CON el western.* **2.** frecAm. Punto donde empalman dos carreteras o dos vías férreas. *Llegamos a un entronque y el camionero nos dejó allí* [C]. ▶ **2:** CRUCE.

entubar. tr. **1.** Poner tubos (a algo). *Iban entubando las galerías de la mina.* **2.** Med. Intubar (a alguien). *Entubaron al paciente.*

entuerto. m. cult. Agravio u ofensa. *Salió don Quijote a deshacer entuertos.*

entumecer. (conjug. AGRADECER). tr. Entorpecer el movimiento (de un miembro). *El frío entumece sus manos.* FAM entumecimiento.

enturbiar. (conjug. ANUNCIAR). tr. Poner turbio (algo). *La tierra enturbia el agua.*

entusiasmar. tr. **1.** Infundir entusiasmo (a alguien). *Consiguió entusiasmar al auditorio.* **2.** Gustar mucho alguien o algo (a una persona). *Me entusiasma el cine.* ▶ **1:** APASIONAR, ARREBATAR, ENFERVORECER, ENFERVORIZAR.

entusiasmo. m. Sentimiento muy intenso hacia alguien o algo que despiertan un vivo interés. *Trabaja con entusiasmo en el rodaje.* ▶ APASIONAMIENTO, FERVOR.

entusiasta. adj. **1.** Dicho de persona: Que siente entusiasmo. *Una persona tan entusiasta transmite ilusión.* **2.** Dicho de cosa: Que denota o expresa entusiasmo. *Una acogida entusiasta.* ▶ **1:** APASIONADO, FERVIENTE, FERVOROSO. FAM entusiástico, ca.

enumerar. tr. Nombrar una detrás de otra (varias cosas). *Enumere los países americanos.* FAM enumeración.

enunciado. m. **1.** Hecho o efecto de enunciar. *La carta era un enunciado de quejas.* **2.** Ling. Secuencia oral o escrita de palabras, delimitada por pausas muy marcadas. *Analice el enunciado "Si estudia, aprobará".* ▶ **1:** ENUNCIACIÓN.

enunciar. (conjug. ANUNCIAR). tr. **1.** Expresar con brevedad y precisión (una idea). *Arquímedes enunció la ley de la palanca.* **2.** Mat. Exponer los datos (de un problema). *Enunció un problema: –Si x vale... FAM enunciación; enunciativo, va.

envainar. (conjug. BAILAR). tr. Meter en la vaina (una espada u otra arma blanca). *El caballero envainó la espada.*

envalentonar. tr. Infundir valentía o atrevimiento (a alguien). *Las dificultades lo envalentonan.* ▶ ENCAMPANARSE.

envanecer. (conjug. AGRADECER). tr. Poner vanidoso o soberbio (a alguien). *Tanta popularidad lo ha envanecido.* FAM envanecimiento.

envarado, da. adj. Dicho de persona: Estirada u orgullosa. *Un juez envarado.*

envarar. tr. **1.** Entorpecer o impedir el movimiento (de un miembro). *El reúma le envara las piernas.* **2.** Poner estirado o soberbio (a alguien). *Que el éxito no te envare.* FAM envaramiento.

envase. m. Recipiente para guardar, conservar o transportar determinados productos. *Vende leche en envases de litro.* FAM envasado; envasador, ra; envasar.

envejecer. (conjug. AGRADECER). tr. **1.** Hacer que (alguien o algo) sean o parezcan viejos o más viejos. *La barba me envejece.* ○ intr. **2.** Hacerse o parecer viejo o más viejo alguien o algo. *Este vino envejece en barrica.* Frec. prnl. ▶ **1:** AVEJENTAR. FAM envejecimiento.

envenenar. tr. **1.** Dar veneno (a alguien). *La envenenaron con cianuro.* **2.** Poner veneno (en algo). *Los vertidos envenenan el lago.* **3.** Dar una mala intención (a unas palabras o a una acción). *Sus palabras estaban envenenadas.* **4.** Corromper (a alguien) o influir negativamente (en él) con malas ideas. *Esas malas compañías lo van a envenenar.* FAM envenenador, ra; envenenamiento.

envergadura. f. **1.** Distancia entre los extremos de los brazos de una persona completamente extendidos. *Es alto y de mucha envergadura.* **2.** Distancia entre los extremos de las alas de un ave completamente extendidas. *El albatros tiene gran envergadura.* **3.** Distancia entre los extremos de las alas de un avión. *Un avión con 40 m de envergadura.* **4.** Importancia o relevancia de algo. *Un proyecto de envergadura.*

envés. m. **1.** Parte opuesta al haz de una tela u otra cosa plana. *El haz y el envés de una moneda.* **2.** *Bot.* Cara inferior de la hoja, gralm. más áspera y con más nervios.

enviado, da. ~ **especial.** m. y f. Persona que ha sido enviada por un medio de comunicación para informar eventualmente desde un lugar.

enviar. (conjug. ENVIAR). tr. **1.** Encargar u ordenar (a alguien) que vaya a algún lugar. *Enviaremos un corresponsal A la zona.* **2.** Hacer que (alguien o algo) sean llevados o lleguen a alguna parte. *Le enviaré un telegrama.* FAM **envío.**

enviciar. (conjug. ANUNCIAR). tr. Hacer que (alguien) adquiera un vicio con algo. *Lo va a enviciar dándole cigarrillos.*

envidia. f. **1.** Tristeza o disgusto producidos por no tener algo que otra persona tiene. *La envidia lo tiene amargado.* **2.** Deseo de algo que tiene otra persona. *¿No le dan envidia esas casas?* ▶ **1:** CELOS. FAM **envidiable; envidioso, sa.**

envidiar. (conjug. ANUNCIAR). tr. Tener envidia (de alguien o algo). *Envidio tu optimismo.* ■ **no tener que** ~, o **tener poco que** ~, una persona o cosa (a otra). loc. v. No ser inferior (a esa persona o cosa). *Buenos Aires no tiene que envidiar a otras capitales.*

envilecer. (conjug. AGRADECER). tr. Hacer vil o despreciable (algo o a alguien). *La corrupción envilece la política.* FAM **envilecedor, ra; envilecimiento.**

envío. → enviar.

envite. m. **1.** En algunos juegos, espec. de cartas: Apuesta que se hace en una jugada, frec. superando la ordinaria. *Aceptó el envite.* Tb. fig. **2.** Empujón.

enviudar. intr. Quedar viudo. *Volvió a casarse tras enviudar DEL primer marido.*

envoltorio. m. **1.** Cosa o conjunto de cosas envueltas. *Pesaron el envoltorio antes de franquearlo.* **2.** Envoltura.

envoltura. f. Capa que envuelve una cosa o conjunto de cosas. *La envoltura del chicle es de papel.* ▶ ENVOLTORIO. ‖ **frecAm:** EMPAQUE.

envolver. (conjug. MOVER; part. **envuelto**). tr. **1.** Cubrir o rodear (algo o a alguien) con una cosa, espec. tela, papel o algo parecido. *Envuelvo el bocadillo EN/CON papel de aluminio.* Tb. como intr. **2.** Cubrir o rodear una cosa (algo o a alguien) por todas sus partes. *Una capa de grasa envuelve el músculo.* **3.** Mezclar o complicar (a alguien) en un asunto. *Lo envolvieron EN un negocio sucio.* **4.** Acorralar (a alguien) dejándo(lo) confuso y sin salida. *Consigue envolvernos con su verborrea.* FAM **envolvente.**

enyesar. tr. **1.** Cubrir (algo, espec. una pared) con yeso. *Enyesa la pared con una paleta.* **2.** Escayolar (a alguien o una parte de su cuerpo). ▶ **1:** *ENLUCIR. **2:** ESCAYOLAR. FAM **enyesado.**

enzarzar. tr. **1.** Sembrar discordia o disensión (entre dos o más personas). *No enzarces a los vecinos.* **2.** Meter (a alguien) en un asunto comprometido o peligroso. *Lo han enzarzado en un negocio ilegal.* ○ intr. prnl. **3.** Meterse en algo difícil o que complica. *Se enzarzan EN disputas eternas.* ▶ **1:** *ENCIZAÑAR. **2:** *COMPROMETER.

enzima. f. (Tb. m.). *Bioquím.* Proteína que actúa como catalizador en las reacciones bioquímicas del metabolismo. *Enzimas digestivas.* ▶ FERMENTO. FAM **enzimático, ca.**

eñe. f. Letra *ñ.*

eólico, ca. adj. **1.** Del viento. *Energía eólica.* **2.** Dicho de máquina: Que funciona por la acción del viento. *Generador eólico.*

epatar. tr. Producir asombro o admiración (a alguien). *La representación epató al público.* Tb. como intr. ▶ *ASOMBRAR.

epiceno. adj. *Gram.* Dicho de nombre común de persona o animal: Que, con un solo género gramatical, designa indistintamente individuos de ambos sexos. *"Criatura" es un nombre epiceno.*

epicentro. m. *Geol.* Punto de la superficie terrestre situado en la vertical del foco de un seísmo. *El epicentro del terremoto se localizó en la capital.* Tb. fig.

épico, ca. adj. **1.** De la épica (→ 4). *Poema épico.* **2.** Dicho de autor: Que cultiva la épica (→ 4). **3.** Propio de la épica (→ 4) o apto para ella. Frec. fig. *La carrera tuvo un final épico.* ● f. **4.** *Lit.* Género literario en verso en el que se narran hechos de carácter histórico o legendario, protagonizados habitualmente por un héroe que representa a un pueblo o a una colectividad. *En la épica castellana destaca el "Cantar de Mio Cid".*

epicureísmo. m. **1.** *Fil.* Doctrina fundada por Epicuro (filósofo griego, s. III a. C.), que propone la búsqueda virtuosa del placer como fin principal de la conducta. **2.** Actitud que busca exclusivamente el disfrute de placeres. *Su epicureísmo lo hace huir de privaciones.* FAM **epicúreo, a.**

epidemia. f. Enfermedad infecciosa que afecta a un gran número de personas en una misma época y lugar. *Hay epidemia de gripe.* Tb. fig. FAM **epidémico, ca; epidemiología; epidemiológico, ca; epidemiólogo, ga.**

epidermis. f. **1.** *Anat.* Capa externa de la piel de los animales. *La varicela produce lesiones en la epidermis.* **2.** *Bot.* Capa de células que recubre la superficie de las plantas. FAM **epidérmico, ca.**

epidural. adj. *Med.* Dicho de anestesia: Que se aplica para insensibilizar la parte inferior del cuerpo. *En el parto le pondrán anestesia epidural.*

epifanía. (En mayúsc.). f. cult. Reyes (festividad).

epiglotis. f. *Anat.* Lámina cartilaginosa de los mamíferos que tapa la glotis durante la deglución. *La epiglotis impide que entren alimentos por la tráquea.*

epígono. m. cult. Persona que recoge la influencia de una escuela, estilo o autor anteriores. *Los epígonos de Quevedo no alcanzaron su altura.*

epígrafe. m. **1.** Texto que encabeza un libro, un capítulo u otro escrito, resumiendo su contenido. *Cada capítulo del "Quijote" lleva un epígrafe.* **2.** Cita o sentencia que encabezan un libro, un capítulo u otro escrito, que sugieren el tema o el motivo que los ha inspirado. *Escogió unos versículos de la Biblia como epígrafe de su novela.* **3.** Inscripción en piedra, metal u otro material semejante. *Han encontrado varias lápidas con epígrafes en latín.* **4.** Rótulo o título. *Bajo el epígrafe "Otros autores" encontraréis una ampliación del tema.* ▶ **3:** INSCRIPCIÓN. **4:** *TÍTULO. FAM **epigrafía.**

epigrama. m. *Lit.* Composición poética breve, ingeniosa y frec. de carácter satírico. FAM **epigramático, ca.**

epilepsia. f. Enfermedad nerviosa caracterizada por ataques repentinos, con pérdida del conocimiento y convulsiones. FAM epiléptico, ca.

epílogo. m. **1.** Última parte de un discurso o un escrito, donde se resume lo expresado en ellos. *Cerró la conferencia con un epílogo.* **2.** Última parte de una obra literaria o cinematográfica, que presenta el desenlace o sucesos que son consecuencia de la acción principal. *Sabemos qué fue del protagonista en el epílogo de la novela.*

episcopado. m. **1.** Cargo o dignidad de obispo. **2.** Conjunto de obispos de un país o de toda la Iglesia. *El episcopado chileno.* ▶ **1:** OBISPADO. FAM episcopal.

episodio. m. **1.** Acción secundaria ligada a la principal en una obra, espec. literaria. *En la novela se intercalan episodios del pasado del protagonista.* **2.** Cada una de las acciones o sucesos con unidad propia que constituyen una obra narrativa, teatral o cinematográfica, espec. si esta se publica o emite en forma de serie. *En el episodio de ayer se descubre al asesino.* **3.** Suceso o incidente que forman parte de un todo o conjunto. *El divorcio fue el episodio más amargo de su vida.* FAM episódico, ca.

epistemología. f. *Fil.* Estudio de los fundamentos y métodos del conocimiento científico. FAM epistemológico, ca.

epístola. f. **1.** cult. Carta que se dirige a alguien. *Epístola de San Pablo a los corintios.* **2.** *Lit.* Composición poética, gralm. de carácter moral o satírico, en que el autor se dirige a una persona real o imaginaria. FAM epistolar; epistolario.

epitafio. m. Inscripción funeraria que se pone en un sepulcro o en una lápida.

epíteto. m. **1.** Adjetivo calificativo usado como elogio o como insulto. *Le dedicó el epíteto de rastrero.* **2.** *Gram.* Adjetivo explicativo que gralm. se antepone al nombre y que suele usarse con intención expresiva. *En "blanca nieve" el adjetivo es un epíteto.*

epítome. m. Compendio de una obra extensa, que expone lo fundamental de la materia tratada en ella.

época. f. **1.** Período extenso de tiempo marcado por un acontecimiento importante, y comprendido gralm. entre unos límites cronológicos. *Colón inicia una época de descubrimientos geográficos.* **2.** Espacio de tiempo. *En aquella época lo pasamos muy bien.* **3.** Temporada o parte del año que se corresponden con una estación o presentan circunstancias características. *La época de recolección de manzanas es el otoño.* **4.** *Geol.* Unidad de tiempo geológico, subdivisión de un período. ■ **de ~.** loc. adj. Dicho de cosa: Antigua. *Un vestido de época.* ■ **hacer ~** alguien o algo. loc. v. Dejar larga memoria. *Pelé ha hecho época en el fútbol.* ▶ **1:** ERA.

epónimo, ma. adj. cult. Dicho de persona o cosa: Que da nombre a otra. Tb. m. *Alejandro es el epónimo de la ciudad de Alejandría.*

epopeya. f. **1.** *Lit.* Poema épico extenso y de estilo elevado que narra las hazañas de un héroe u otros hechos memorables. *La epopeya "Ramayana" narra la historia del príncipe Rama.* Tb. el género constituido por estos poemas. **2.** cult. Hecho o conjunto de hechos de carácter excepcional o heroico. *Dar la vuelta al mundo fue una epopeya.*

equidad. f. Cualidad de una persona que la hace juzgar o actuar con un sentido natural de lo que es justo. *Un juez con equidad.* ▶ ECUANIMIDAD. FAM equitativo, va.

equidistar. intr. Estar a la misma distancia dos personas o cosas con relación a otra, o una persona o cosa con relación a otras. *Los puntos de una circunferencia equidistan DE su centro.* FAM equidistancia; equidistante.

équido. adj. **1.** *Zool.* Del grupo de los équidos (→ 2). ● m. **2.** *Zool.* Mamífero cuyas extremidades terminan en un solo dedo, como el caballo.

equilátero, ra. adj. *Mat.* Que tiene todos sus lados iguales. *Triángulo equilátero.*

equilibrio. m. **1.** Estado de quietud de un cuerpo debido a que las fuerzas que actúan sobre él se compensan o se anulan. *Cuando soportan el mismo peso, los brazos de la balanza están en equilibrio.* **2.** Situación de un cuerpo que, a pesar de tener poca base de sustentación, se mantiene sin caerse. *Perdió el equilibrio y cayó.* **3.** Estado de armonía interior de una persona, que se manifiesta en la sensatez de sus juicios y actos. *Con el yoga encontró el equilibrio.* **4.** Armonía o compensación entre cosas diferentes. *Busca el equilibrio entre el deber y el deseo.* **5.** Ejercicio consistente en mantenerse o mantener objetos en posturas difíciles. Frec. en pl. *El acróbata hacía equilibrios sobre una silla.* ○ pl. **6.** Acciones astutas o prudentes encaminadas a superar una situación difícil. *Hace equilibrios para contentar a todos.* FAM equilibrar.

equilibrista. adj. Que hace ejercicios de equilibrio. Frec. m. y f. *En el circo, me encantó el número del equilibrista.* ▶ *ACRÓBATA. FAM equilibrismo.

equino, na. adj. **1.** Del caballo. *Peste equina.* ● m. **2.** Animal de la especie equina (→ 1). *Habrá que vacunar a todos los equinos.*

equinoccio. m. *Fís.* Momento de los dos anuales en que el Sol se halla sobre el Ecuador, y el día y la noche tienen la misma duración en toda la Tierra. *Equinoccio de primavera.* FAM equinoccial.

equinodermo. adj. **1.** *Zool.* Del grupo de los equinodermos (→ 2). ● m. **2.** *Zool.* Animal marino de simetría radial y esqueleto externo calcáreo con numerosos orificios, como la estrella de mar.

equipaje. m. Conjunto de cosas que se llevan en un viaje. *Han perdido mi equipaje en el aeropuerto.*

equipar. tr. Proveer (a alguien o algo) de las cosas necesarias. *Nos han equipado DE material de montaña para la excursión.* ▶ *PROVEER. FAM equipamiento.

equiparar. tr. Considerar (una cosa o a una persona) iguales o equivalentes a otra. *Van a equiparar las pensiones más bajas AL salario mínimo.* FAM equiparación.

equipo. m. **1.** Grupo de personas organizado para realizar una actividad o una empresa común. *La investigación la lleva a cabo un equipo de científicos.* **2.** Grupo de personas que participan unidas en una competición deportiva. *El equipo de balonmano ganó el mundial.* **3.** Conjunto de ropas y otras cosas necesarias para uso personal. *Se puso el equipo de gimnasia.* **4.** Conjunto de utensilios, instrumentos y aparatos necesarios para realizar una actividad o usar una instalación, máquina o aparato. *Equipo de música de alta fidelidad.*

equis. f. **1.** Letra *x.* **2.** *Mat.* Se usa como signo de la incógnita en los cálculos. *En esta ecuación, equis equivale a "− 4".* ● adj. **3.** Se usa para expresar un número indeterminado o desconocido. *Supongamos que tiene equis dólares...*

equitación. f. Arte, actividad o deporte de montar a caballo. ▶ HÍPICA.

equitativo, va. → equidad.

equivaler. (conjug. VALER). intr. Ser una cosa igual a otra en valor, efecto o significado. *Una milla equivale a 1609 metros.* FAM equivalencia; equivalente.

equivocar. tr. **1.** Tomar desacertadamente (algo) por cierto o adecuado. *Al escribir la dirección, equivoqué el número.* ○ intr. prnl. **2.** Tomar desacertadamente algo o a alguien por ciertos o adecuados. *Se ha equivocado DE día: su cita es mañana.* ▶ **1:** *ERRAR. **2:** CONFUNDIRSE. FAM equivocación.

equívoco, ca. adj. **1.** Que puede interpretarse en varios sentidos. *Un mensaje equívoco.* ● m. **2.** Palabra o expresión equívocas (→ 1). *Hace chistes jugando con equívocos.* **3.** Equivocación. ▶ **3:** *ERROR.

era¹. f. **1.** (Tb. en mayúsc.). Período de tiempo cuyo punto de partida es un suceso importante. *El Imperio romano cae en el siglo V de la era cristiana.* **2.** Período histórico extenso caracterizado por algún gran acontecimiento o innovación. *Vivimos en la era de la informática.* **3.** (Tb. en mayúsc.). Geol. Unidad de tiempo geológico, que se divide en períodos. *La era paleozoica.* ▶ **2:** ÉPOCA.

era². f. Lugar limpio y firme, donde se trillan las mieses.

eral, la. m. y f. Ternero que no pasa de dos años.

erario. m. Hacienda pública. Tb. ~ *público.* ▶ *HACIENDA.

erasmismo. m. Doctrina filosófica de Erasmo de Rotterdam (humanista holandés, ss. XV-XVI), que proponía un cristianismo más espiritual y menos externo. FAM erasmista.

ere. f. Letra *r*, en su sonido suave.

erección. f. **1.** Hecho de erigir o erigirse. *Se decidió la erección de un monumento.* **2.** Hecho de ponerse erecto algo, espec. el pene. *Tiene problemas de erección.*

erecto, ta. adj. Erguido o levantado. *El hombre camina erecto.* FAM eréctil.

eremita. m. cult. Ermitaño (religioso).

ergo. conj. cult. o humoríst. Por tanto o luego. *Es un espíritu libre, ergo un golfo.*

ergonomía. f. Estudio de las relaciones entre el hombre y sus condiciones e instrumentos de trabajo, para aumentar su rendimiento y reducir esfuerzo y riesgos. *Un experto en ergonomía explica cómo sentarse ante la pantalla.* FAM ergonómico, ca.

erguir. (conjug. ERGUIR). tr. **1.** Poner derecho (a alguien o algo, espec. el cuello o la cabeza). *Irguió la cabeza para ver mejor el desfile.* ○ intr. prnl. **2.** Levantarse algo, espec. una construcción o un edificio, o sobresalir sobre una superficie o plano. *Una torre se yergue en la plaza.* ▶ **1:** *LEVANTAR. **2:** *LEVANTARSE.

erial. adj. Dicho de terreno: Que está sin cultivar. Frec. m. *La huerta era antes un erial.* Tb. fig. ▶ *YERMO.

erigir. tr. **1.** Levantar o construir (un edificio o un monumento). *Van a erigirle una estatua.* **2.** Fundar o instituir (algo). *Ha erigido un imperio económico.* **3.** Dar (a alguien o algo) una condición, carácter o categoría determinados. *Cuatro medallas de oro lo erigen EN el mejor atleta.* ▶ **2:** *ESTABLECER.

erisipela. f. Med. Infección causada por una bacteria, acompañada de fiebre, que se manifiesta con manchas rojas en la piel.

eritema. m. Med. Enrojecimiento de la piel causado por la congestión de los vasos capilares. *La exposición prolongada al sol causa eritemas.*

eritreo, a. adj. De Eritrea (África).

eritrocito. m. Biol. Glóbulo rojo.

erizar. tr. **1.** Levantar o poner rígido (algo, espec. el pelo). *El perro eriza los pelos.* **2.** Llenar (algo) de púas, espinas o dificultades. *Erizaron la muralla DE espino.* **3.** Encrespar o irritar (a alguien o su ánimo). *El hambre eriza los ánimos.* ▶ **3:** *IRRITAR.

erizo. m. **1.** Mamífero de pequeño tamaño, con el dorso y los costados cubiertos de púas. **2.** Animal marino de forma esférica y con un caparazón cubierto de púas. Tb. ~ *de mar.* **3.** Corteza espinosa que envuelve algunos frutos, como la castaña.

ermita. f. Iglesia, gralm. pequeña, que suele estar situada en despoblado o alejada de una población.

ermitaño, ña. m. y f. **1.** Persona que vive en una ermita y cuida de ella. *Es una ermitaña, no se trata con nadie.* ○ m. **3.** Religioso que vive en soledad. *Se hizo ermitaño para estar más cerca de Dios.* **4.** Cangrejo que se aloja en conchas vacías para proteger su abdomen blando. Tb. *cangrejo ~.*

erogar. tr. Am. Econ. Gastar (dinero). *Se han erogado más de 100 000 millones en los programas sociales [C].* ▶ GASTAR. FAM erogación.

erógeno, na. adj. Que produce excitación o placer sexuales. *Los genitales son zonas erógenas.*

eros. m. cult. Conjunto de impulsos sexuales de la persona. *Según Freud, el eros determina nuestra conducta.*

erosión. f. **1.** Desgaste de la superficie terrestre producido por el agua, el viento u otros agentes externos. *La erosión redondea las rocas.* **2.** Desgaste de la superficie de un cuerpo, producido por rozamiento o fricción con otro. *El azúcar produce la erosión del diente.* **3.** Lesión superficial en la piel producida por un agente externo. *El ácido sulfúrico produce erosiones en la piel.* **4.** Desgaste o pérdida de prestigio de alguien o algo. *La imagen del Gobierno ha sufrido una erosión.* FAM erosionar; erosivo, va.

erótico, ca. adj. **1.** Del amor o del placer sexuales. *Atracción erótica.* **2.** Que excita el deseo sexual. *Juegos eróticos.* **3.** Dicho de obra o género literarios o artísticos: Que trata del amor, la sensualidad o el deseo amoroso. *Novela erótica.* **4.** Dicho de autor: Que cultiva el género erótico (→ 3). ● f. **5.** Atracción intensa, semejante a la sexual, que por algo, como la fama o el dinero. *La erótica DEL poder.* FAM erotismo; erotización; erotizar.

erotómano, na. adj. Med. Dicho de persona: Que tiene obsesiones o delirios eróticos.

errabundo, da. adj. Errante.

erradicar. tr. Arrancar de raíz (algo). Frec. fig. *Hay que erradicar la miseria.* FAM erradicación.

errante. adj. Que va de un sitio a otro sin asentarse en un lugar fijo. *Los judíos fueron un pueblo errante.* ▶ ERRABUNDO, ERRÁTICO.

errar. (conjug. ERRAR o, Am., reg.). tr. **1.** No acertar en la realización o elección (de algo). *Erré el tiro.* ○ intr. **2.** No acertar en la realización o elección de algo. *Has errado EN las cuentas.* **3.** Vagar de un lugar a otro. *Pasó un año errando POR la India.* ▶ **1, 2:** EQUIVOCAR, DESACERTAR. **3:** VAGAR.

errata. f. Equivocación cometida al escribir o al imprimir. *Cuando escribo en la computadora, cometo muchas erratas.*

errático, ca. adj. Errante. Tb. fig. *Comportamiento errático.*

erre. f. Letra *r*.

error. m. **1.** Idea o juicio que no se ajustan a la verdad o a la realidad. *Hay un error en su teoría.* **2.** Acción desacertada o indebida. *Pagó su error.* **3.** *tecn.* Diferencia entre un valor real y el valor calculado o medido. *Un reloj con un error de un segundo cada 300 000 años.* ▶ **1:** EQUIVOCACIÓN, EQUÍVOCO. **2:** EQUIVOCACIÓN. FAM erróneo, a.

eructar. intr. Expulsar por la boca gases del estómago. *Las bebidas gaseosas me hacen eructar.* FAM eructo.

erudición. f. Conjunto amplio y preciso de conocimientos basado fundamentalmente en el estudio de documentos y fuentes de una materia. *Nos deslumbra con su erudición* EN *Historia.* FAM erudito, ta.

erupción. f. **1.** Aparición, en la piel o en las mucosas, de granos, manchas o vesículas. *Erupción alérgica.* **2.** *Geol.* Emisión a la superficie de la Tierra de materias procedentes de su interior. *Se teme otra erupción volcánica.* FAM eruptivo, va.

esbelto, ta. adj. Alto, delgado y de formas airosas y proporcionadas. *Una figura esbelta.* FAM esbeltez.

esbirro. m. **1.** despect. Hombre que ejecuta las órdenes de una autoridad, espec. si para ello debe emplear la violencia. *Llegó el comisario con dos esbirros.* **2.** despect. Persona pagada por otra para ejecutar actos violentos.

esbozar. tr. **1.** Bosquejar (algo). *Hay que esbozar un plan de trabajo.* **2.** Iniciar levemente (un gesto). *Esbozó una sonrisa.* ▶ **1:** BOSQUEJAR. FAM esbozo.

escabeche. m. **1.** Salsa hecha con aceite, vino o vinagre, laurel y otros ingredientes, para conservar algunos alimentos. *Perdiz en escabeche.* **2.** Alimento conservado en escabeche (→ 1). *Sacó escabeches y encurtidos.* FAM escabechar.

escabel. m. **1.** Banco o tarima pequeños que se ponen delante del asiento para descansar los pies mientras se está sentado. *Leía en el sillón, con los pies sobre el escabel.* **2.** Asiento pequeño hecho de tablas y sin respaldo.

escabroso, sa. adj. **1.** Dicho de terreno: Desigual y lleno de accidentes u obstáculos que dificultan el paso por él. *Los ciclistas atraviesan una zona escabrosa.* **2.** Dicho de cosa: Que está al borde de lo inmoral o lo indecente. *No ahorró detalles escabrosos.* **3.** Dicho de asunto: Peligroso o delicado de tratar. *El escabroso asunto de la eutanasia.* ▶ **1:** ÁSPERO. FAM escabrosidad.

escabullirse. (conjug. MULLIR). intr. prnl. **1.** Irse o escaparse de un lugar con disimulo. *Aprovechó la ocasión para escabullirse* DE *la fiesta.* **2.** Librarse con habilidad de algo, espec. de una obligación. *Se escabulle* DE *fregar los platos.* ▶ **2:** ZAFARSE.

escacharrar. tr. coloq. Estropear (algo). *Has escacharrado la máquina de fotos.*

escafandra. f. Equipo compuesto de un traje impermeable y un casco cerrado, con tubos para renovar el aire, y que sirve para permanecer largo tiempo debajo del agua. Tb. el equipo de forma semejante usado por los astronautas para salir al espacio.

escala. f. **1.** Escalera de mano, hecha de madera, de cuerda o de ambas cosas. *Hay una escala para subir a la cabaña del árbol.* **2.** Sucesión ordenada de valores distintos de una misma cualidad. *Escala de colores.* **3.** Sucesión de divisiones de un instrumento de medida. *El termómetro tiene escala centígrada.* **4.** Serie de categorías jerárquicas o sociales. *En la escala militar*

el teniente está por debajo del capitán. **5.** Proporción entre la representación de un objeto y su tamaño real. *La escala del mapa es de 1/1000. Muebles a escala.* **6.** Tamaño o proporción de algo, espec. un asunto o idea. *El ejército está fraguando un ataque a gran escala.* **7.** Lugar en que una embarcación o una aeronave realizan una parada antes de llegar a su destino final. *El puerto se usa como escala por los navíos que se dirigen a la zona del conflicto.* **8.** Detención realizada por una embarcación o una aeronave en un lugar antes de llegar a su destino final. *El barco hará escala en Valparaíso.* **9.** *Mús.* Sucesión de las notas musicales. Tb. ~ *musical.* ■ ~ **técnica.** f. Escala (→ 8) que efectúa el piloto por necesidades de la navegación. *El piloto tuvo que realizar una escala técnica para repostar combustible.*

escalabrar. tr. coloq. Descalabrar (a alguien), o herir(lo) en la cabeza.

escalafón. m. Lista de los individuos de una corporación, clasificados según su grado, antigüedad o méritos. *Empezó de asistente y fue ascendiendo en el escalafón.*

escalar¹. tr. **1.** Subir (a un lugar alto). *Escalará el Aconcagua.* **2.** Subir (puestos o a una posición elevada). *Ha ido escalando posiciones hasta encabezar la clasificación.* FAM escalada; escalador, ra.

escalar². adj. *Fís.* Dicho de magnitud: Que carece de dirección y se expresa solo mediante un valor numérico.

escaldado, da. adj. coloq. Escarmentado o receloso. *Salió escaldada de la prueba.*

escaldar. tr. **1.** Hacer que (alguien o algo) sufran los efectos del agua hirviendo. *Escaldaré el tomate para pelarlo.* ○ intr. prnl. **2.** Escocerse la piel, espec. de las ingles. *Se le escaldó el cuello por estar trabajando al sol.* ▶ **2:** ESCOCERSE. FAM escaldadura.

escalera. f. **1.** Serie de peldaños colocados uno tras otro a diferentes alturas, y que sirve para subir a un piso o nivel más elevados, o para bajar de ellos. *No sé si subir en ascensor o por la escalera.* **2.** Utensilio portátil, gralm. metálico o de madera, compuesto de dos largueros entre los que están encajados transversalmente una serie de travesaños, y que sirve para subir o bajar de un nivel a otro. *Necesito una escalera para colgar la lámpara.* Tb. ~ *de mano.* **3.** En un juego de cartas: Combinación de cartas de valor correlativo. *Necesita un cuatro para completar la escalera.* ■ ~ **de caracol.** f. Escalera (→ 1) de forma espiral, gralm. sin descansillo. ■ ~ **de color.** f. Escalera (→ 3) formada por cartas del mismo palo. *Sacó un póquer, pero yo llevaba escalera de color.* ■ ~ **de incendios.** f. Escalera (→ 1) destinada a facilitar la salida de un edificio o la entrada en él en caso de incendio u otra emergencia. ■ ~ **mecánica.** f. Escalera (→ 1) accionada por un mecanismo eléctrico y cuyos escalones, articulados sobre una cadena, se deslizan en marcha ascendente o descendente para transportar al usuario. *Los grandes almacenes tienen escaleras mecánicas.*

escalerilla. f. Escalera de pocos escalones y gralm. estrecha. *Escalerilla del avión.*

escalfar. tr. Cocer en agua hirviendo o en caldo (un huevo sin la cáscara). *Escalfa los huevos en agua con sal y vinagre.*

escalinata. f. Escalera amplia, gralm. artística y de un solo tramo, en el exterior o en el vestíbulo de un edificio. *La escalinata de mármol del palacio.*

escalofrío. m. **1.** Sensación de frío, gralm. repentina, violenta y acompañada de contracciones musculares, que a veces precede a un ataque de fiebre. *El enfermo tiene escalofríos.* **2.** Sensación semejante a un escalofrío (→ 1), producida por una emoción intensa, espec. de terror. *Sintió un escalofrío cuando oyó los aullidos.* ▶ **Am:** CHUCHO. FAM **escalofriante; escalofriar** (conjug. ENVIAR).

escalón. m. **1.** Plataforma horizontal, gralm. rectangular, donde se apoya el pie al recorrer una escalera de un edificio. *Sube los escalones de dos en dos.* **2.** Grado o nivel, espec. en una ocupación. *Ha ascendido varios escalones en su empresa.* **3.** Paso o etapa en la consecución de un objetivo. *Un escalón indispensable para ser actriz es tomar clases de teatro.* ▶ **1:** PELDAÑO. FAM **escalonado, da.**

escalonar. tr. **1.** Disponer (una cosa o un conjunto de personas o cosas) en tramos sucesivos, frec. ascendentes o descedentes. *Escalonan las vides en las laderas.* **2.** Distribuir (algo) en intervalos de tiempo sucesivos. *Han escalonado los exámenes.* FAM **escalonamiento.**

escalonia. f. Chalota (hortaliza, o bulbo). ▶ *CHALOTA.

escalope. m. Filete delgado de carne, frito y empanado. *Escalopes de ternera.*

escalpelo. m. *Med.* Instrumento quirúrgico en forma de cuchillo pequeño, de hoja fina, puntiaguda y de uno o dos cortes, que se usa en disecciones y autopsias.

escama. f. **1.** Lámina pequeña y dura de las que cubren el cuerpo de algunos animales, espec. de peces y reptiles. *Limpia de escamas las sardinas.* **2.** Cosa cuya forma recuerda a la de las escamas (→ 1). *Escamas de cera.* **3.** Lámina formada por células muertas de la piel, que se desprenden espontáneamente. *Date crema para que no te salgan escamas.* FAM **escamoso, sa.**

escamar. tr. **1.** Descamar (un pescado). *Escame la merluza.* **2.** coloq. Provocar recelo o desconfianza (a alguien). *Me ha escamado su comentario.* ▶ **1:** DESCAMAR.

escamotear. tr. **1.** Hacer desaparecer de la vista (algo), espec. con habilidad o artificio. *El mago escamotea objetos ante el público.* **2.** Robar o quitar (algo) con agilidad o astucia. *Un ladrón le ha escamoteado el monedero.* **3.** Evitar (algo), espec. con habilidad. *El periódico escamotea el desenlace del escándalo.* FAM **escamoteo.**

escampar. intr. impers. Parar de llover. *Me refugié hasta que escampó.*

escanciar. (conjug. ANUNCIAR). tr. cult. Echar o servir (una bebida, espec. vino). *Descorchó una botella y escanció el vino.* FAM **escanciador, ra.**

escándalo. m. **1.** Alboroto o ruido grandes. *Un grupo de borrachos armaba escándalo.* **2.** Hecho o dicho considerados inmorales o condenables y que causan indignación y gran impacto públicos. *Está implicado en un escándalo financiero.* **3.** Efecto causado por un escándalo (→ 2). *Nunca dio motivo de escándalo.* **4.** Desvergüenza o mal ejemplo. *Se recortan los gastos sociales, ¡qué escándalo!* **5.** Asombro o admiración. *Aproveche nuestras rebajas: son de escándalo.* ▶ **1:** *ALBOROTO. FAM **escandalera; escandalizador, ra; escandalizar; escandaloso, sa.**

escandinavo, va. adj. De Escandinavia (región de Europa).

escáner. m. **1.** *tecn.* Dispositivo que explora un espacio o una imagen y los traduce en señales eléctricas para su procesamiento. *Con un escáner podrá digitalizar sus fotos.* **2.** *Med.* Aparato de exploración radiográfica mediante el que se obtiene una representación visual de secciones del cuerpo. *El servicio de rayos cuenta con un moderno escáner.* Tb. la exploración y la representación así obtenida. FAM **escanear.**

escaño. m. **1.** Puesto o asiento de un parlamentario en una Cámara. *El ministro contestó desde su escaño.* **2.** Banco con respaldo en el que pueden sentarse varias personas. *En el recibidor hay un escaño de madera.* ▶ **Am: 1:** BANCA, CURUL.

escapada. f. **1.** Hecho de escapar o escaparse. *Emprendieron la escapada a pocos kilómetros de la meta.* **2.** Salida breve para divertirse o distraerse, espec. abandonando las ocupaciones habituales. *Me gustaría hacer una escapada A Brasil.* ▶ **1:** *HUIDA.

escapar. intr. **1.** Salir de un lugar donde se está encerrado. *El preso logró escapar DE la prisión.* Tb. prnl. Tb. fig. *A ver si puedo escaparme hoy antes DEL trabajo.* **2.** Huir de alguien o de algo que constituyen un peligro o amenaza, por miedo u otro motivo. *Echamos a correr y escapamos DEL perro.* Tb. prnl. **3.** Salir o librarse de algo. *Escapó DE la muerte por milagro.* **4.** Salir un líquido o un gas de un recipiente, cañería o canal por alguna abertura. Tb. prnl. *Pon el tapón al flotador para que no se escape el aire.* **5.** Quedar fuera del dominio, comprensión o influencia de alguien o algo. *Nada escapará A nuestro control.* Tb. prnl. **6.** Producirse algo involuntariamente. Frec. prnl. *Se le escapó una risita.* **7.** Pasar algo inadvertido a alguien o algo. Frec. prnl. *Se nos ha escapado una errata.* **8.** *Dep.* Adelantarse alguien al grupo en que va corriendo. *El corredor consiguió escapar y alcanzar ventaja.* Frec. prnl. ○ intr. prnl. **9.** Soltarse alguien o algo que estaban sujetos. *Se me escapó un punto de la media.* **10.** Decir algo involuntariamente. *Se le escapó el secreto que le había contado.* **11.** Alejarse del alcance de alguien. *Se nos escapó la oportunidad.* **12.** Marcharse un vehículo de transporte público antes de poder entrar en él. *Se me escapó el autobús por minutos.* ▶ **1, 2:** *HUIR.

escaparate. m. **1.** Espacio exterior de una tienda, cerrado con cristales, donde se exponen los artículos a la vista del público. *Los escaparates se preparan para Navidad.* **2.** Lugar o circunstancia en que se hacen muy patentes las características de alguien o de algo. *La ciudad en fiestas es un escaparate turístico.* **3.** Am. Ropero (armario). *Yo guardaba el dinero dentro de mi escaparate* [C]. ▶ **3:** ROPERO. ‖ **Am: 1:** VIDRIERA.

escapatoria. f. **1.** Hecho de escaparse o evadirse. *No tiene posibilidad de escapatoria.* **2.** Salida o recurso para escapar de una dificultad o aprieto. *Tienes que aceptar, no tienes escapatoria.* ▶ **1:** *HUIDA. **2:** ESCAPE.

escape. m. **1.** Hecho de escapar o escaparse de un lugar, o de algo que lo constituyen un peligro. *Puerta de escape.* **2.** Hecho de escapar o escaparse un gas o un líquido. *Escape de gas.* **3.** Escapatoria (salida o recurso). *Tendrá que aceptar: no hay escape.* **4.** En los motores de explosión: Salida de los gases quemados. *Tubo de escape.* ■ **a ~.** loc. adv. A toda prisa. *El ladrón salió a escape.* ▶ **1:** *HUIDA. **3:** ESCAPATORIA.

escapismo. m. Actitud de quien escapa o huye mentalmente de la realidad cuando esta desagradable. *Beber es un tipo de escapismo.* FAM **escapista.**

escápula. f. *Anat.* Omóplato. FAM **escapular.**

escapulario. m. **1.** Tira de tela con una abertura por donde se mete la cabeza, que cuelga sobre el pecho y la espalda, y que sirve de distintivo a varias órdenes religiosas. *La monja lleva las manos detrás del*

escapulario del hábito. **2.** Objeto devoto formado por dos pedazos pequeños de tela con una imagen y por dos cintas largas que los unen, que se lleva de modo que un pedazo cuelgue sobre el pecho y otro sobre la espalda.

escaque. m. Cada una de las casillas, gralm. blancas o negras, que constituyen el tablero de ajedrez o el del juego de damas. *Movió un peón dos escaques.*

escara. f. *Med.* Costra, gralm. de color oscuro, que se forma en una parte del cuerpo gangrenada o profundamente quemada.

escarabajo. m. Insecto de cuerpo ovalado y patas cortas, con dos alas duras que le sirven de protección y otras dos que le permiten volar.

escaramuza. f. **1.** Batalla de poca importancia, espec. la sostenida por las avanzadillas de los ejércitos. *Había escaramuzas entre los rebeldes y las tropas del rey.* **2.** Riña o disputa de poca importancia. *Una escaramuza familiar.*

escarapela. f. Divisa o adorno compuesto de cintas gralm. de varios colores, fruncidas o formando lazadas alrededor de un punto.

escarbar. tr. **1.** Remover repetidamente la superficie (de la tierra o de otra cosa de consistencia similar), ahondando algo (en ellas). *Las gallinas escarban la tierra.* **2.** Limpiar (los dientes o los oídos) sacando la suciedad (de ellos). *Se escarba los dientes con un palillo.* ○ intr. **3.** Curiosear en algo hasta averiguarlo. *Pagó a un detective para que escarbara EN su pasado.* ▶ **1:** HURGAR. FAM **escarbador, ra.**

escarceo. m. **1.** Relación amorosa superficial o que está en sus inicios. Tb. ~ *amoroso.* **2.** Acción realizada sin mucha profundidad o dedicación. *Se han sucedido los escarceos entre ambos ejércitos.* **3.** Tanteo o incursión en un área o actividad no acostumbradas. *Hizo algunos escarceos en política.*

escarcha. f. Rocío de la noche congelado.

escarchar. intr. impers. **1.** Formarse escarcha. *Va a escarchar.* ○ tr. **2.** Preparar (algo, espec. frutas o dulces) de modo que el azúcar cristalice como si fuese escarcha. *Frutas escarchadas.*

escardar. tr. Arrancar los cardos y otras hierbas nocivas (de los sembrados). *Hay que escardar los campos de cereal.* FAM **escarda.**

escarlata. adj. De color rojo intenso. *Terciopelo escarlata.*

escarlatina. f. Enfermedad infecciosa y contagiosa, caracterizada por la aparición de manchas de color rojo escarlata en la piel, acompañadas de fiebre alta y anginas.

escarmentar. (conjug. ACERTAR). intr. **1.** Aprender de la experiencia propia o ajena para evitar caer en los mismos errores o males. *A ver si escarmientas.* ○ tr. **2.** Castigar con rigor (a alguien) para que rectifique su comportamiento. *Hay que escarmentarla para que no vuelva a hacerlo.* FAM **escarmiento.**

escarnio. m. Burla hecha con el propósito de ofender o humillar. *Hace escarnio de todo.* ▶ *BURLA. FAM **escarnecer** (conjug. AGRADECER); **escarnecimiento.**

escarola. f. Hortaliza parecida a la lechuga, pero de hojas rizadas y sabor amargo.

escarpado, da. adj. **1.** Dicho de terreno: Que tiene gran pendiente. **2.** Dicho de una altura: De difícil acceso por carecer de subida o bajada transitables, o por tenerlas muy peligrosas. *Ladera escarpada.* FAM **escarpa; escarpadura.**

escarpín. m. **1.** Prenda semejante a un calcetín, gralm. de lana, que se usa para abrigo del pie o puede ponerse encima del calcetín o de la media. *Escarpines de bebé.* **2.** Zapato ligero y flexible, de una sola suela y una sola costura, que deja descubierta la garganta del pie. *Escarpines de tacón alto.*

escaso, sa. adj. **1.** Poco abundante. *La comida es escasa.* **2.** Que tiene poco de algo. *Estoy escasa DE recursos.* **3.** No entero o no completo. *Habrá una docena escasa de personas.* **4.** Poco o pequeño. *Moneda de escaso valor.* FAM **escasear; escasez.**

escatimar. tr. Dar o utilizar (algo) reduciéndo(lo) todo lo posible. *Les escatima el dinero.* ▶ Am: RETACEAR.

escatología¹. f. *Rel.* Parte de la teología que se ocupa de las creencias y doctrinas referentes a la vida de ultratumba. *Según la escatología egipcia, el alma es inmortal.* FAM **escatológico, ca** (*Creencias escatológicas*).

escatología². f. Conjunto de expresiones y temas relacionados con los excrementos. *La obra fue censurada por su escatología.* FAM **escatológico, ca** (*Chistes escatológicos*).

escayola. f. Yeso calcinado que, amasado con agua, se emplea para hacer moldes o figuras y para endurecer vendajes. FAM **escayolar; escayolista.**

escena. f. **1.** Escenario (lugar del teatro). **2.** Escenario decorado para la representación. *La escena representa un quirófano.* **3.** Literatura dramática. *Lope de Vega es una figura destacada de la escena española.* **4.** Arte de la interpretación. *Su vocación es la escena.* **5.** Cada una de las partes que componen el acto de una obra teatral, en que intervienen los mismos personajes. *Se levantó el telón y comenzó la primera escena del primer acto.* **6.** Parte de una película o de una obra televisiva que constituye una unidad en sí misma, caracterizada por la presencia de los mismos personajes. *La escena de la persecución es emocionante.* **7.** Suceso o manifestación de la vida real considerados como espectáculo que llama la atención. *La amenaza de bomba ha provocado escenas de pánico.* ■ **desaparecer de ~.** loc. v. Desaparecer o no dejarse ver. ■ **poner en ~** (una obra teatral). loc. v. Montar(la) y representar(la). *Es la primera vez que ponen en escena esa obra.* ▶ **1:** ESCENARIO. FAM **escénico, ca.**

escenario. m. **1.** Lugar del teatro donde se coloca el decorado y se representan las obras dramáticas o cualquier otro espectáculo. *Salió al escenario entre aplausos.* **2.** Lugar donde se desarrollan las escenas de una película. *La ciudad ha sido escenario de varias películas.* **3.** Lugar en que ocurre o se desarrolla un suceso. *El escenario del crimen.* ▶ **1:** ESCENA.

escenificar. tr. **1.** Dar forma dramática (a una obra literaria) para poner(la) en escena. *El autor ha escenificado varios cuentos.* **2.** Poner en escena (una obra teatral). *La compañía escenificará una comedia.* FAM **escenificación.**

escenografía. f. **1.** Arte de proyectar o realizar decoraciones para el teatro, el cine o la televisión. *Estudia escenografía.* **2.** Conjunto de decorados de una representación teatral, de una obra cinematográfica o de un programa televisivo. *Diseñó la escenografía de varias óperas.* FAM **escenográfico, ca; escenógrafo, fa.**

escepticismo. m. Cualidad o actitud de la persona que no cree o finge no creer en algo, o duda sobre ello. FAM **escéptico, ca.**

escindir. tr. cult. Dividir (algo). *La guerra escindió el país.* FAM **escisión.**

escita. adj. histór. De Escitia (antigua región de Europa y Asia).

esclarecer. (conjug. AGRADECER). tr. Poner (algo) en claro. *Se abrió una investigación para esclarecer el crimen.* ▶ *ACLARAR. FAM esclarecedor, ra; esclarecimiento.

esclarecido, da. adj. cult. Ilustre o insigne. *Pertenece a un linaje esclarecido.*

esclavina. f. **1.** Prenda semejante a una capa corta, que se pone sobre los hombros y cubre parcialmente los brazos. *Lleva atuendo de peregrino: saya, bordón y esclavina.* **2.** Pieza sobrepuesta de una capa o un vestido, semejante a una esclavina (→ 1). *El hábito del fraile tiene esclavina y capucha.*

esclavo, va. adj. **1.** Dicho de persona: Que carece de libertad por estar bajo el dominio legal de otra. Más frec. m. y f. *El comercio de esclavos.* **2.** Dicho de persona: Sometida rigurosa o fuertemente a otra persona o a una cosa. *Es una mujer esclava del deber.* **3.** Dicho de persona: Que trabaja mucho o tiene completa dedicación a sus quehaceres u obligaciones del trabajo. Más frec. m. y f. *Soy agricultor y no quiero que mi hijo sea como yo, un esclavo.* ● f. **4.** Pulsera con una placa en la que gralm. se graba un nombre de persona. FAM esclavista; esclavitud; esclavización; esclavizar.

esclerosis. f. **1.** Med. Endurecimiento patológico de un órgano o un tejido. *Esclerosis pulmonar.* **2.** cult. Rigidez o embotamiento de la capacidad de actuar, evolucionar o adaptarse a situaciones nuevas. *Denunció la esclerosis de la Administración.* FAM esclerótico, ca.

esclusa. f. Compartimiento construido en un canal de navegación, con puertas de entrada y salida, y en el que se hace subir o bajar el nivel de agua para que los barcos puedan pasar de un tramo a otro de diferente nivel.

escoba. f. **1.** Utensilio que sirve para barrer el suelo, compuesto de un conjunto de ramas flexibles o filamentos de otro material sujetos al extremo de un palo. *Dame una escoba para barrer los cristales rotos.* **2.** Juego de cartas, gralm. entre dos o cuatro jugadores, en que cada uno intenta sumar quince puntos justos con una de sus cartas y otra u otras de las que están en la mesa. *Solían jugar a la escoba o al mus.* **3.** Planta muy ramosa, frec. usada para fabricar escobas (→ 1). FAM escobazo.

escobajo. m. Raspa que queda de un racimo después de quitarle las uvas.

escobilla. f. **1.** Cepillo o escoba pequeña que se usan para limpiar. *Limpia la pipa con una escobilla.* **2.** Fís. Pieza conductora que sirve para mantener el contacto eléctrico entre una parte fija y otra móvil. *Las escobillas del motor.* **3.** Am. Cepillo de dientes. Tb. ~ de dientes. *Necesito una escobilla de dientes y algo para afeitarme* [C].

escobillón. m. Cepillo unido a un mango largo y que se usa para barrer el suelo.

escocer. (conjug. MOVER). intr. **1.** Producir algo escozor o una sensación parecida a la causada por una quemadura. *El alcohol en las heridas escuece.* **2.** Producir algo una sensación de malestar o amargura en alguien. *Me escoció que no me invitaran.* ○ intr. prnl. **3.** Sufrir enrojecimiento o escozor una persona o una parte de su cuerpo. *Ponte crema hidratante para que no se te escueza la piel.* ▶ 3: ESCALDARSE. FAM escocedura.

escocés, sa. adj. **1.** De Escocia (Reino Unido). **2.** Dicho de tela: De rayas de varios colores que se entrecruzan formando cuadros. *Lleva una chaqueta de tela escocesa.* **3.** Dicho de prenda de vestir: Confeccionada con tela escocesa (→ 2). *Una falda escocesa.* ● m. **4.** Lengua hablada en Escocia. *Además de inglés, habla escocés.*

escofina. f. Herramienta semejante a una lima, de dientes gruesos y triangulares, que se usa para desbastar superficies.

escoger. tr. Elegir (a alguien o algo) de entre varias personas o cosas. *Escoja una carta de la baraja.* Tb. como intr. *Te toca escoger.* ▶ ELEGIR.

escogido, da. adj. Selecto. *Al acto acudió la sociedad más escogida.*

escolapio, pia. adj. De la orden de las Escuelas Pías. *Padres escolapios.*

escolar. adj. **1.** De la escuela o establecimiento de instrucción primaria. *Se ampliará el número de plazas escolares.* **2.** De los escolares (→ 3). *Población escolar.* ● m. y f. **3.** Alumno que asiste a la escuela para recibir la enseñanza obligatoria. *Libros de texto para escolares.* FAM escolaridad; escolarización; escolarizar.

escolasticismo. m. Filosofía desarrollada en Europa durante la Edad Media y caracterizada por una conciliación de las doctrinas aristotélicas con las religiosas, ya sean cristianas, musulmanas o judías. FAM escolástico, ca.

escoliosis. f. Med. Desviación lateral de la columna vertebral. *Padece escoliosis.*

escollera. f. Obra hecha con piedras o bloques echados al agua, para formar un dique de defensa contra el oleaje, servir de cimiento a un muelle o resguardar de las corrientes el pie de otra obra. *El puerto marítimo está protegido por escolleras.*

escollo. m. **1.** Peñasco que está en la superficie del agua, a poca profundidad o en zona poco visible, y que constituye un peligro para la navegación. **2.** Obstáculo o dificultad que suponen peligro. *El camino está lleno de escollos.* ▶ 2: *OBSTÁCULO.

escolopendra. f. Animal invertebrado de cuerpo alargado, anillado y brillante, con numerosos pares de patas, que suele vivir bajo las piedras y cuya mordedura es venenosa. *En las zonas desérticas abundan las escolopendras.*

escoltar. tr. **1.** Acompañar (algo o a alguien que se dirigen a un lugar) para que lleguen con seguridad a su destino o para que no escapen. *Fuerzas militares escoltarán los camiones de ayuda humanitaria.* **2.** Acompañar (algo o a alguien) en señal de honra o respeto. *La Guardia Real escolta el féretro de la Reina.* FAM escolta.

escombro. m. **1.** Desecho que queda de una obra de albañilería o de un edificio arruinado o derribado. *Retiran los escombros del edificio.* **2.** Desecho de la explotación de una mina. *De la mina salen vagonetas llenas de escombros.* FAM escombrera.

esconder. tr. **1.** Retirar (algo o a alguien) a un lugar, espec. secreto, para que no puedan ser vistos o encontrados. *Escondió las fotos en el cajón.* **2.** Hacer que (alguien o algo) no puedan verse. *El maquillaje esconde las ojeras.* **3.** Ocultar (algo) o evitar manifestar(lo). *No pudo esconder su alegría al recibir el premio.* **4.** Incluir o contener en sí (algo que no es manifiesto a todos). *El barco naufragado escondía un tesoro.* ○ intr. prnl. **5.** Estar algo oculto o poco visible. *Tras las montañas se esconde un valle.*

escondidas. a ~. loc. adv. Sin ser visto. *Se fumó un cigarrillo a escondidas.*

escondite. m. **1.** Lugar apropiado para esconderse o para esconder algo o a alguien. *El contrabandista tenía su escondite en una cueva.* **2.** Juego infantil en el que unos se esconden y otro busca a los escondidos. *Juegan al escondite.* ▶ **1:** ESCONDRIJO.

escondrijo. m. Escondite (lugar apropiado para esconderse). *El atracador salió de su escondrijo y se entregó.* ▶ ESCONDITE.

escopeta. f. Arma de fuego portátil, con uno o dos cañones largos, que suele usarse para cazar. FAM escopetazo; escopetero.

escoplo. m. Herramienta formada por una barra de hierro terminada en bisel y un mango de madera, que se usa para labrar la madera o la piedra.

escorar. tr. **1.** *Mar.* Hacer que (una embarcación) se incline de costado. *El viento escora el velero a babor.* ○ intr. **2.** *Mar.* Inclinarse una embarcación por la fuerza del viento o por otras causas. *El barco escora peligrosamente.* FAM escora.

escorbuto. m. *Med.* Enfermedad producida por insuficiencia de vitamina C en la alimentación, y caracterizada por hemorragias cutáneas y musculares, alteración de las encías y debilidad general.

escoria. f. **1.** Sustancia de aspecto vidrioso formada por las impurezas que se separan de los metales durante la fundición, refinado u otros procesos metalúrgicos. *Antes de verter el metal fundido en moldes, se retira la escoria de su superficie.* **2.** Residuo esponjoso que queda tras la combustión del carbón. *Las centrales de carbón generan mucha escoria.* **3.** Lava porosa de los volcanes. *Las laderas están cubiertas de arena negra procedente de escorias.* **4.** cult. Cosa despreciable y carente o indigna de estimación. *Ese libro es una escoria.*

escoriación; escoriar. → excoriación.

escorpión. m. **1.** Arácnido con pinzas delanteras y abdomen que se prolonga en una cola formada por seis segmentos y terminada en un aguijón curvo y venenoso. ○ m. y f. **2.** Persona nacida bajo el signo de Escorpión. ▶ **1:** ALACRÁN.

escorrentía. f. Corriente de agua procedente de las lluvias o del deshielo y que discurre por la superficie de un terreno o por debajo de ella.

escorzo. m. **1.** *Arte* Representación de una figura perpendicular u oblicua al plano en que se pinta, acortando algunas de sus dimensiones según las reglas de la perspectiva. *El duque está pintado en escorzo.* **2.** *Arte* Figura representada en escorzo (→ 1). *El escorzo de la derecha representa a la dama.* FAM escorzar.

escotadura. f. Entrante que resulta en una cosa cuando está cortada o parece que lo está. *Las escotaduras del esternón.*

escote. m. **1.** Abertura de una prenda de vestir en la parte del cuello, espec. la que deja descubierta parte del pecho y de la espalda. *Un vestido con escote.* **2.** Parte del busto que queda descubierta por el escote (→ 1). *Se te ve el escote.* FAM escotar.

escotilla. f. Cada una de las aberturas que hay en la cubierta de una embarcación, y que permiten el acceso a las partes inferiores.

escotillón. m. Puerta o trampa que se abre en el suelo. *Por los escotillones de cubierta se baja a la bodega del barco.*

escozor. m. **1.** Sensación dolorosa y de ardor, como la producida por una quemadura. *La falta de sueño provoca escozor de ojos.* **2.** Sentimiento doloroso causado por una pena, inquietud o disgusto. *Siente el escozor de la envidia.*

escriba. m. **1.** hist. Amanuense. **2.** histór. Entre los hebreos: Doctor e intérprete de la ley. *Jesús tacha de hipócritas a los escribas y fariseos.*

escribanía. f. **1.** Conjunto de utensilios de escritura. **2.** Am. Oficio de escribano. *Mi padre quiere que estudie escribanía* [C]. **3.** Am. Oficina del escribano. *Trabajaba en una escribanía* [C]. ▶ **2, 3:** NOTARÍA.

escribano, na. m. **1.** Pájaro con pico corto de base ancha, que se alimenta de granos. *El escribano hembra.* **2.** histór. Persona que por oficio público estaba autorizada para dar fe de las escrituras y otros actos públicos. *Cliente y artista ajustaron el precio de la obra ante el escribano de la villa.* ○ m. y f. **3.** Am. Notario. *Debe contar con autorización de los padres ante escribano público* [C].

escribir. (part. escrito). tr. **1.** Trazar (letras u otros signos) en papel u otra superficie para representar las palabras o las ideas. *Se ha confundido al escribir la cantidad.* Tb. como intr., sobrentendiéndose gralm. carta. *Hace semanas que no le escribo.* **2.** Componer (una obra literaria, musical o de otro tipo). *Escribe artículos en un periódico.* **3.** Comunicar (algo) a alguien por escrito. *Nos ha escrito que va a casarse.* ○ intr. **4.** Expresarse por escrito. *Escribe bien, pero no sabe hablar en público.* **5.** Escribir (→ 1, 2) sobre alguien o algo. *Ha escrito* SOBRE *los invertebrados.* FAM escribidor, ra; escribiente.

escrito, ta. adj. **1.** Que se produce o se manifiesta por medio de la escritura. *¿El examen será oral o escrito?* ● m. **2.** Texto manuscrito, mecanografiado o impreso. *Redacta un escrito con tu propuesta.* **3.** Obra o composición científicas o literarias. *Es autor de varios escritos sobre la clonación.* **4.** Solicitud o exposición escritas (→ 1) dirigidas a una autoridad. *Han entregado en el Ayuntamiento un escrito con mil firmas.* ■ estar escrito algo. loc. v. Estar dispuesto así por la Providencia o el destino. *Estaba escrito que tendría un accidente.* ■ por escrito. loc. adv. Por medio de la escritura. *Las solicitudes se presentarán por escrito.*

escritor, ra. m. y f. Autor de obras escritas, espec. literarias.

escritorio. m. Mueble que se cierra, con divisiones en su parte interior y cajones para guardar papeles, y con un tablero sobre el que se puede escribir cuando se abre. *Guarda los libros de contabilidad en su escritorio.* ▶ SECRETER.

escritura. f. **1.** Hecho o efecto de escribir. *La escritura del informe le llevó dos tardes.* **2.** Arte de escribir. *Tiene aptitudes para la escritura.* **3.** Sistema de signos utilizado para escribir. *Escritura ideográfica.* **4.** Documento en que se hace constar un acuerdo o compromiso entre dos o más personas, que está firmado por ellas, gralm. ante notario. *Firmó la escritura de compraventa del local.* ■ la (Sagrada) Escritura. loc. s. La Biblia. *Cuenta la Escritura que Caín mató a Abel.* FAM escriturar.

escroto. m. *Anat.* Bolsa formada por la piel que cubre los testículos y por las membranas que los envuelven.

escrúpulo. m. **1.** Duda o recelo inquietantes para la conciencia sobre si algo es bueno o se debe hacer desde un punto de vista moral. *No tuvo el menor es-*

crúpulo en mentir. **2.** Aprensión o asco hacia algo, espec. hacia el consumo de algún alimento o el uso de alguna cosa. *Le da escrúpulo comer fuera.* **3.** Exactitud o rigor en el cumplimiento del deber o en la realización de algo. *La investigación se llevará a cabo con escrúpulo.* FAM **escrupulosidad; escrupuloso, sa.**

escrutar. tr. **1.** Examinar (algo o a alguien) cuidadosamente, para averiguar algo. *Escruta el cielo con unos prismáticos.* **2.** Realizar el cómputo (de votos) en unas elecciones. *Han escrutado la mitad de los votos.* FAM **escrutador, ra.**

escrutinio. m. Hecho de escrutar votos. *Hubo fallos en el escrutinio de los votos.*

escuadra. f. **1.** Instrumento de delineación en forma de triángulo rectángulo con dos lados iguales. *Traza paralelas deslizando la escuadra sobre el cartabón.* **2.** Ángulo recto. *La entrada del dormitorio forma escuadra con la del salón.* **3.** Pieza de hierro u otro material, en forma de escuadra (→ 2), que sirve para asegurar ensamblajes. *Cada esquina del marco tiene una escuadra metálica.* **4.** Cuadrilla o grupo de personas, gralm. encabezadas por un jefe. *Se ocupará de la limpieza una escuadra de operarios.* **5.** Mil. Conjunto numeroso de buques de guerra reunido para determinadas operaciones tácticas bajo un mismo mando. *Felipe II envió una escuadra contra Inglaterra.* **6.** Mil. En el ejército: Unidad pequeña de soldados a las órdenes de un cabo. *Una escuadra de legionarios rendía honores.* ▶ **5:** ARMADA. FAM **escuadrar.**

escuadrilla. f. **1.** Mil. Conjunto de aviones que realizan un mismo vuelo dirigidos por un jefe. *Una escuadrilla de bombarderos.* **2.** Mil. Escuadra compuesta de buques de guerra ligeros. *De la base naval zarpó una escuadrilla de seis fragatas.*

escuadrón. m. **1.** Mil. En el ejército: Unidad de caballería que suele entrar a las órdenes de un capitán. *Dos compañías de infantería preceden al escuadrón.* **2.** Mil. Unidad aérea de un número importante de aviones. *Un escuadrón de cazas.*

escuálido, da. adj. Muy flaco. ▶ DESMIRRIADO. FAM **escualidez.**

escualo. m. Zool. Pez marino gralm. de gran tamaño, con el cuerpo alargado y en forma de huso, boca grande y con numerosos dientes situada en la cara ventral, y cola robusta. *En estas costas abundan los tiburones y otros escualos.*

escucha. f. **1.** Hecho de escuchar. *La escucha de unos sonidos grabados.* **2.** Hecho de espiar una conversación telefónica privada utilizando medios técnicos de escucha (→ 1) y grabación del sonido. *Se ha destapado un caso de escuchas telefónicas a altos cargos.* ■ **a la ~.** loc. adv. Prestando atención para oír algo. *No cuelgue: manténgase a la escucha.*

escuchar. tr. **1.** Prestar atención (a lo que se oye). *Escuchan el discurso del director.* Tb. como intr. *Si no escucha, no entenderá nada.* **2.** Prestar atención a lo que (alguien) dice. *Cállate y escúchame.* **3.** Prestar atención (a un consejo o una sugerencia de alguien). *Nunca escucha los consejos.* ○ intr. prnl. **4.** Hablar con pausas afectadas mostrando satisfacción al hacerlo. *Le encanta escucharse.* FAM **escuchador, ra.**

escudar. tr. **1.** Servir de escudo o protección (a alguien). *Buscó a alguna amiga que lo escudase.* ○ intr. prnl. **2.** Valerse de alguien o de algo como escudo o defensa. *Se escuda EN el trabajo para no ayudar.*

escudería. f. En deporte: Conjunto de automóviles o motos, pilotos y mecánicos de un mismo equipo de carreras. *El piloto lidera una escudería de Fórmula 1.*

escudero. m. histór. Paje o sirviente que llevaba el escudo al caballero cuando este no lo usaba. *La novela relata la historia de Don Quijote y su escudero Sancho.*

escudilla. f. Vasija ancha y en forma de media esfera, que se usa gralm. para servir en ella sopa u otras comidas con caldo. *Una escudilla de barro.*

escudo. m. **1.** Arma defensiva que se lleva en el brazo, y que se utiliza para cubrir y proteger el cuerpo de las armas ofensivas y de otras agresiones. *El caballero llevaba lanza y escudo.* **2.** Superficie o espacio en forma de escudo (→ 1) en que se representan los símbolos o emblemas de un Estado, población, familia o corporación. *El águila aparece en el escudo de la ciudad.* Frec. ~ *de armas.* **3.** Persona o cosa que se utilizan con protección. *El chaleco antibalas le sirvió de escudo.* **4.** Unidad monetaria de Portugal anterior al euro. **5.** histór. Antigua unidad monetaria. ▶ **2:** BLASÓN.

escudriñar. tr. Examinar (algo) con cuidado y atención para averiguar algo. *Se escudriñó los bolsillos buscando monedas.* FAM **escudriñador, ra; escudriñamiento.**

escuela. f. **1.** Establecimiento público donde se da, espec. a los niños, la instrucción primaria. *Aprendemos a leer en la escuela.* **2.** Establecimiento en que se da instrucción, espec. técnica o artística. *Hace ballet en una escuela de danza.* **3.** Lugar o cosa que constituye una fuente de ejemplo o experiencia. *Todo lo aprendí en la escuela de la vida.* **4.** Se usa en aposición con un nombre de lugar para indicar que dicho lugar funciona como centro de enseñanza teórica y práctica. *Granja escuela.* **5.** Enseñanza que se da o se adquiere. *Es un buen actor, pero aún le falta escuela.* **6.** Conjunto de profesores y alumnos de una escuela (→ 1, 2). *Iré de excursión con la escuela.* **7.** Conjunto de seguidores de un maestro, una doctrina, un arte o un estilo. *El neoplatonismo fue una escuela filosófica.* **8.** Conjunto de caracteres comunes que distinguen una escuela (→ 7). *Lienzos de escuela flamenca.* ■ ~ **normal.** f. Escuela (→ 2) en que se hacen los estudios y la práctica necesarios para obtener el título de maestro. ⇒ NORMAL.

escuerzo. m. **1.** Sapo (anfibio). **2.** coloq. o despect. Persona flaca y desmedrada. ▶ **1:** SAPO.

escueto, ta. adj. **1.** Estricto o desprovisto de rodeos o elementos innecesarios. *Responda de manera escueta.* **2.** Carente de adornos o detalles accesorios. *Un salón de escueto mobiliario.*

escular. tr. Am. Registrar (algo o a alguien) para buscar algo oculto. *Me detuvieron y me escularon toda la cartera [C].* ▶ *REGISTRAR.

esculpir. tr. **1.** Labrar a mano (una figura), espec. en piedra, madera o bronce. *El escultor ha esculpido un ángel en bronce.* **2.** Grabar (algo) en hueco o en relieve sobre una superficie de metal, madera o piedra. *Esculpieron su nombre en la lápida.*

escultismo. m. Movimiento juvenil internacional que pretende la educación integral del individuo por medio de la autoformación y el contacto con la naturaleza. *La asociación de escultismo organiza campamentos de verano.* FAM **escultista.**

escultura. f. **1.** Arte o técnica de modelar, tallar o esculpir figuras en tres dimensiones. *Practica la escultura.* **2.** Obra de escultura (→ 1). *El "David" es una de las esculturas de Miguel Ángel.* FAM **escultor, ra; escultórico, ca.**

279

escultural. adj. Que tiene características considera-das propias de una escultura clásica, espec. la belleza o la proporción de formas. *Tiene un cuerpo escultural.*

escupir. intr. **1.** Arrojar saliva o flemas por la boca. *Tiene la costumbre de escupir.* ○ tr. **2.** Arrojar de la boca (algo) con violencia. *Escupió un hueso de aceitu-na.* **3.** Arrojar una cosa hacia fuera (algo que se produ-ce en su interior). *El volcán escupe lava.* **4.** Despedir una cosa (algo que está dentro de ella). *La ametralladora escupe balas.* **5.** Mostrar desprecio (hacia alguien). *¿Ir a su casa para que me escupa en la cara?* **6.** coloq. Contar o confesar (algo). *Escupe de una vez lo que sa-bes.* FAM escupidera.

escupitajo. m. Saliva u otra materia escupidas por la boca. *Le lanzó un escupitajo.*

escurridizo, za. adj. **1.** Que se escurre o desliza fácilmente. *La piel de las ranas es escurridiza.* **2.** Di-cho de cosa, espec. de lugar: Que hace escurrirse o deslizarse fácilmente. *El suelo está escurridizo.* **3.** Que tiende a escurrirse o salir huyendo. *Es una persona muy escurridiza.*

escurrido, da. adj. Dicho de persona: Delgada y de formas poco pronunciadas. *Es escurrida de caderas.*

escurrir. tr. **1.** Sacar los restos o últimas gotas (de un líquido) que han quedado en un recipiente. *Volcó la botella para escurrir el vino.* **2.** Hacer que (una cosa empapada) despida la parte de líquido que retenía. *Escurre la ropa antes de tenderla.* ○ intr. **3.** Dejar caer gota a gota una vasija el líquido que contiene. *Pon a escurrir la aceitera.* **4.** Despedir una cosa empapada la parte de líquido que retenía. *Lava la lechuga y deja que escurra.* Frec. prnl. **5.** Deslizarse una cosa por en-cima de otra. Tb. prnl. *El agua se escurre por las pie-dras.* ○ intr. prnl. **6.** Resbalar algo o desprenderse de donde estaba. *El jabón se escurre de las manos.* **7.** Sa-lir huyendo alguien. *El ladrón se escurrió por la puerta trasera.* FAM escurridero; escurridor; escurrimiento.

escusado, da. → excusado[1].

esdrújulo, la. adj. Fon. Dicho de palabra: Que lleva el acento de intensidad en la antepenúltima sílaba. *"Pa-tética" es una palabra esdrújula.* ▶ PROPAROXÍTONO.

ese[1]. f. Letra *s.* ■ haciendo ~s. loc. adv. Con andar tambaleante. *Sale del bar haciendo eses.*

ese[2]**, sa.** adj. **1.** Que está a una distancia interme-dia, entre cerca y lejos, en el espacio o en el tiempo, de la persona que habla. *A esa ave herida la recogie-ron ayer.* **2.** Que ha sido mencionado antes, espec. por la persona con quien se habla. *–¡Es un imbécil y un presuntuoso! –No digas esas cosas.* ● pron. (Pue-de llevar acento, pero este solo es obligatorio cuando existe riesgo de ambigüedad entre la interpretación como pronombre y como adjetivo). *Habló con su pri-ma y le dijo que ésa ('esa chica') mañana saldría de paseo.* **3.** El que está a una distancia intermedia, en-tre cerca y lejos, en el espacio o en el tiempo, de la persona que habla. *Ese parece un buen lugar para descansar.* **4.** Las palabras que acaban de mencionar-se. Se usa en la forma f. pl. *¿Ahora sales con esas?, ¡deja de decir tonterías!* ■ ni por esas. loc. adv. coloq. De ningún modo. *Intentaron sobornarlo ofreciéndole mucho dinero, pero ni por esas.*

esencia. f. **1.** Conjunto de características perma-nentes e invariables que constituyen la naturaleza de algo. *Para los existencialistas, la existencia precede a la esencia.* **2.** Rasgo o elemento más importantes o característicos de algo. *El respeto es la esencia de toda relación duradera.* **3.** Extracto concentrado de una

sustancia gralm. aromática. *Esencia de café.* **4.** Sustan-cia líquida, muy volátil y de olor penetrante, que se ex-trae de algunas plantas y se usa en perfumería. *Esencia de lavanda.* **5.** Perfume líquido con gran concentración de la sustancia o sustancias aromáticas. *La marca de perfumes lanza una nueva esencia.* ▶ quinta ~. → quin-taesencia. ▶ 2: FONDO, MEOLLO, QUID.

esencial. adj. **1.** De la esencia o conjunto de carac-terísticas constitutivas de algo. *La inteligencia es una característica esencial del ser humano.* **2.** Principal o más importante. *Tras la introducción, llegamos al punto esencial.* **3.** Imprescindible o absolutamente necesario. *El auto le resulta esencial.* FAM esenciali-dad; esencialista.

esfera. f. **1.** Cuerpo geométrico limitado por una superficie curva cuyos puntos equidistan del centro. *Explique las diferencias entre circunferencia y esfera.* **2.** Círculo en que giran las manecillas del reloj. *La es-fera de mi reloj tiene los números romanos.* **3.** Espa-cio a que alcanza la acción o la influencia de alguien o algo. *Un nuevo caso de corrupción en la esfera po-lítica.* Tb. ~ de acción. **4.** Clase o condición de una persona. *Se codea con personas de las altas esferas.* ■ ~ celeste. f. Esfera (→ 1) ideal, concéntrica con la Tierra, en la que se mueven aparentemente los astros. *Las constelaciones de la esfera celeste.* ■ ~ terrestre. f. Planeta Tierra. *El Ecuador divide la esfera terrestre en dos hemisferios.*

esférico, ca. adj. **1.** De la esfera. *El globo ocular tiene forma esférica.* **2.** Que tiene forma de esfera. *La Tierra es esférica.* ● m. **3.** Dep. Balón, espec. de fút-bol. *El esférico se coló en la portería.* ▶ 3: *BALÓN. FAM esfericidad.

esfinge. f. **1.** Monstruo fabuloso, con cuerpo de león y cabeza gralm. humana, que en el antiguo arte egip-cio se representaba recostado. *Dos esfinges de grani-to flanquean la entrada del templo.* **2.** Persona de acti-tud reservada o enigmática.

esfínter. m. Anat. Músculo en forma de anillo con que se abre y cierra el orificio de una cavidad del cuerpo.

esforzado, da. adj. cult. Valiente y animoso. *Es-forzados caballeros andantes.*

esforzar. (conjug. CONTAR). tr. **1.** Someter (algo o a alguien) a un esfuerzo físico o moral. *Enciende la luz para no esforzar la vista.* ○ intr. prnl. **2.** Hacer es-fuerzos físicos o morales con algún fin. *Se esfuerza PARA/POR/EN lograr buenas notas.*

esfuerzo. m. **1.** Empleo enérgico de la fuerza física o moral para conseguir algo. *Hacía esfuerzos para no llorar.* **2.** Empleo de medios costosos para conseguir algo. *Gracias a un gran esfuerzo económico pudo comprarse el apartamento.*

esfumar. tr. **1.** Arte Difuminar (los trazos de lápiz o de color de un dibujo o una pintura). *El dibujante esfuma el contorno de las figuras.* ○ intr. prnl. **2.** Di-siparse o desaparecer algo. *Su ira se esfumó.* **3.** coloq. Marcharse alguien de un lugar con disimulo y rapidez. *Se esfumó en cuanto vio aparecer al jefe.* ▶ 1: DIFUMI-NAR. FAM esfumado.

esgrafiar. (conjug. ENVIAR). tr. Trazar dibujos (en una superficie) superponiendo dos o más capas de dife-rente color y raspando hasta dejar al descubierto lo que se desea. *Van a esgrafiar la fachada.* FAM esgrafiado.

esgrima. f. Deporte basado en el arte de manejar la espada, el sable o el florete, y en el que se enfrentan dos combatientes, provistos de caretas y otras protecciones, que intentan tocar con el arma al contrario sin ser tocados. FAM **esgrimista.**

esgrimir. tr. **1.** Manejar o empuñar (un arma blanca) para defenderse o atacar. *El atracador esgrimía una navaja.* **2.** Usar (algo) como medio para lograr una cosa. *Los argumentos que esgrime no tienen sentido.*

esguince. m. Torcedura o distensión violentas y dolorosas de una articulación. *Se hizo un esguince en la muñeca.*

eslabón. m. **1.** Pieza en forma de anillo o de otra curva cerrada que, enlazada con otras, forma una cadena. *Le quitó algunos eslabones a la pulsera.* **2.** Elemento necesario para el enlace de una serie, espec. de acciones, sucesos o ideas. *Falta algún eslabón para la resolución del crimen.* FAM **eslabonamiento; eslabonar.**

eslalon. m. *Dep.* Competición de esquí a lo largo de un trazado descendente y jalonado por pares de palos entre los que hay que pasar.

eslavo, va. adj. **1.** De uno de los pueblos de Europa central y oriental, como los rusos, polacos o eslovacos, que constituyen un grupo étnico originario de Asia y que tienen lenguas emparentadas. *Guerreros eslavos.* ● m. **2.** Lengua hablada por los antiguos eslavos (→ 1). Tb. *antiguo ~.* Tb. el conjunto de lenguas derivadas de ella. *Tanto el checo como el eslovaco pertenecen al eslavo occidental.* FAM **eslavista.**

eslogan. m. Fórmula breve y original, utilizada en publicidad o en la propaganda. *La campaña para prevenir los accidentes de tráfico tiene el eslogan "Feliz regreso".*

eslora. f. *Mar.* Longitud de una embarcación medida de proa a popa sobre la cubierta principal. *El portaaviones tiene doscientos metros de eslora.*

eslovaco, ca. adj. **1.** De Eslovaquia (Europa). ● m. **2.** Lengua hablada en Eslovaquia.

esloveno, na. adj. **1.** De Eslovenia (Europa). ● m. **2.** Lengua hablada en Eslovenia.

esmalte. m. **1.** Barniz que se obtiene fundiendo polvo de vidrio coloreado con óxidos metálicos y que se aplica mediante fusión a la porcelana, loza, metales y otras sustancias elaboradas. *Un botijo vidriado con esmalte negro.* **2.** Objeto cubierto o adornado de esmalte (→ 1). *En el museo se exponen esmaltes y tapices.* **3.** Sustancia blanca y muy dura que recubre los dientes de los vertebrados. *El flúor refuerza el esmalte de la dentadura.* **4.** Cosmético que se usa para colorear las uñas y darles brillo. *Un esmalte rojo para las uñas de los pies.* ▶ **4:** LACA. FAM **esmaltado, da; esmaltar.**

esmeralda. f. Piedra preciosa de color verde. *Una gargantilla de esmeraldas.*

esmeraldeño, ña. adj. De Esmeraldas (Ecuador).

esmeril. m. Roca negruzca y muy dura, que se emplea en polvo para pulimentar metales, labrar piedras preciosas o deslustrar vidrio. *Lija de esmeril.* FAM **esmerilar.**

esmero. m. Sumo cuidado y atención en lo que se hace. *Cuida el jardín con esmero.* FAM **esmerado, da; esmerarse.**

esmirriado, da. adj. coloq. Muy flaco y débil.

esmoquin. m. Chaqueta masculina de etiqueta, sin faldones, con cuello y solapas gralm. de seda. *Los invitados deben asistir con esmoquin.*

esnob. (pl. **esnobs**). m. y f. despect. Persona que imita o adopta sin criterio cualquier novedad o moda de los círculos que considera distinguidos y de buen gusto. *Es una esnob.* FAM **esnobismo.**

eso. (No tiene pl.). pron. **1.** Lo que está a una distancia intermedia, entre cerca y lejos, en el espacio o en el tiempo, de la persona que habla. *Hay que quitar eso mohoso al jamón.* **2.** Lo que se ha mencionado antes. *Laura es todo eso y además una gran profesional.* ■ **a ~ de.** loc. prepos. Seguida de un nombre que expresa tiempo: Alrededor de. *Llegaremos a eso de las diez.* ■ **en ~.** loc. adv. Mientras sucede lo que se ha expuesto antes. *Estábamos hablando de Susana, y en eso entró ella en la habitación.* ■ **(y) ~ que.** loc. conjunt. A pesar de que. *No llegamos a tiempo, y eso que habíamos salido con bastante antelación.*

esófago. m. *Anat.* Conducto del aparato digestivo que va desde la faringe al estómago. FAM **esofágico, ca.**

esotérico, ca. adj. Oculto, o reservado y comprensible solo para iniciados. *Más que lo exotérico de la religión –ritos, ceremonias...–, le interesa lo esotérico.* FAM **esoterismo.**

espabilar. tr. **1.** Quitar (a alguien) el sueño o la pereza. *El aire fresco me espabila.* **2.** Hacer (a alguien) más vivo o desenvuelto. *La televisión espabila mucho a la gente.* **3.** Salir del sueño o la pereza. *Espabila, que ya es de día.* Tb. prnl. **4.** Hacerse alguien más vivo o desenvuelto. *Se fue a vivir solo y espabiló.* Tb. prnl. **5.** Apresurarse o darse prisa. Tb. prnl. *Tendré que espabilarme, si quiero llegar.* ▶ **1-3:** DESPABILAR. FAM **espabilado, da.**

espachurrar. tr. coloq. Aplastar (algo) estrujándo(lo) o apretándo(lo) con fuerza. *Espachurró la colilla en el cenicero.*

espaciador, ra. adj. Dicho de tecla o barra de una máquina de escribir o de un ordenador: Que se pulsa para dejar espacios en blanco. *Pulsa la barra espaciadora.*

espaciar. (conjug. ANUNCIAR). tr. Poner espacio físico o temporal (entre las cosas). *El médico aconseja espaciar las visitas.* FAM **espaciado; espaciamiento.**

espacio. m. **1.** Lo que contiene toda la materia existente. *La Tierra gira en el espacio.* **2.** Región del universo que se encuentra más allá de la atmósfera terrestre. *Los astronautas viajan por el espacio.* Tb. *~ exterior.* **3.** Parte de espacio (→ 1) que ocupa cada objeto sensible. *La estantería ocupa mucho espacio.* **4.** Porción de espacio (→ 1) entre dos cuerpos. *Coloca la mesita en el espacio que queda entre las dos camas.* **5.** Separación entre las líneas de un texto mecanografiado o escrito a ordenador. *Escribió el informe a doble espacio.* **6.** Separación entre dos palabras o dos signos de un texto, que corresponde a una pulsación del teclado. *Detrás de la primera palabra sobra un espacio.* **7.** Porción de tiempo. *Esperó por espacio de tres horas.* **8.** Programa o parte de la programación de radio o televisión. *Presenta un espacio informativo.* **9.** *Mús.* Separación entre las rayas del pentagrama. *El pentagrama se compone de cinco líneas y cuatro espacios.* **10.** *Fís.* Distancia recorrida por un móvil en cierto tiempo. *Halla el espacio recorrido en 10 minutos por un móvil que se desplaza a 100 km/h.* ■ **~ aéreo.** m. Parte de espacio (→ 1) en que se desarrolla la circulación de aviones, sometida a la jurisdicción de un país. *Un avión viola el espacio aéreo norteamericano.* ■ **~ vital.** m. Ámbito territorial que necesitan un individuo o un grupo para desarrollarse. *El hombre invade el espacio vital de especies animales.* FAM **espacial.**

espacioso, sa. adj. Que tiene mucho espacio o es de gran extensión. *Una habitación espaciosa.* ▶ *ANCHO. FAM **espaciosidad.**

espada. f. **1.** Arma blanca de hoja larga, recta, aguda y cortante, y con empuñadura. *Desenvainó la espada.* **2.** (Tb., más frec., m.). Matador de toros. ○ pl. **3.** Palo de la baraja española cuyas cartas tienen representadas una o varias espadas (→ 1). *Tengo el rey de espadas.* ■ ~ **de Damocles.** f. Amenaza persistente de un peligro. *La espada de Damocles de una crisis económica pende sobre el país.* □ **entre la ~ y la pared.** loc. adv. En situación de tener que decidirse, sin posible escapatoria, por una cosa o por otra, gralm. igual de malas. *¿Debía delatarlo o encubrirlo?; estaba entre la espada y la pared.* ▶ **2:** *TORERO. FAM **espadín.**

espadachín. m. Hombre que sabe manejar la espada.

espadaña. f. **1.** Campanario de una sola pared, en la que están abiertos los huecos para colocar las campanas. **2.** Planta de hojas en forma de espada y tallos largos terminados en una mazorca cilíndrica aterciopelada, que suele crecer a orillas de ríos y pantanos. ▶ **2:** ENEA.

espadón. m. despect. Persona de elevada jerarquía en la milicia. *Algunos espadones planearon un golpe militar.*

espagueti. m. Pasta alimenticia en forma de cilindro macizo, largo y delgado, más grueso que los fideos. *Espaguetis con salsa boloñesa.*

espalda. f. **1.** Parte posterior del cuerpo humano, desde los hombros hasta la cintura. *Siéntese recto para que no le duela la espalda.* **2.** Parte posterior del tronco de los animales. *Acarició la espalda de su caballo.* **3.** Parte posterior de algo. *El cine está a la espalda del museo.* **4.** *Dep.* Estilo de natación en que el nadador va boca arriba, moviendo los brazos alternativamente y batiendo las piernas. *La nadadora es muy buena en espalda.* ■ **a ~s** (de alguien). loc. adv. Sin que (esa persona) se entere. *Pactaron a mis espaldas.* ■ **caerse de ~**(s). loc. v. coloq. Asombrarse o sorprenderse mucho. *Te voy a contar una cosa que te vas a caer de espaldas.* ■ **dar,** o **volver, la ~** (a algo o a alguien). loc. v. **1.** Presentar(le) la espalda (→ 1). *Quise saludarlo pero me volvió la espalda.* **2.** Abandonar(los) o no hacer(les) caso. *Sus amigos le dieron la espalda.* ■ **de ~**(s). loc. adv. **1.** Presentando la espalda (→ 1). *En la foto tu prima aparece de espaldas.* **2.** Con la espalda (→ 1) dirigida hacia el sentido de la marcha. *El motorista sale del garaje de espaldas.* **3.** Sobre la espalda (→ 1). *Se tumbó de espaldas.* ■ **de ~s** (a algo). loc. adv. Sin querer considerar(lo). *Vive de espaldas a la realidad.* ■ **echar** (algo) **sobre las ~s** (de alguien). loc. v. Poner(lo) a cargo (de esa persona). *Echan todo el trabajo sobre mis espaldas.* ■ **echarse** alguien (algo) **sobre las ~s.** loc. v. Hacerse responsable (de ello). *No puedes echarte sobre las espaldas sus errores.* ■ **guardar,** o **cubrir, la**(s) **~**(s). loc. v. Resguardar de riesgos o peligros. *En los negocios es mejor guardarse las espaldas.* ■ **por la ~.** loc. adv. A traición. *Los que creía que eran sus amigos lo apuñalaron por la espalda.* ▶ **1:** COSTILLAS. FAM **espaldista.**

espaldar. m. Respaldo de un asiento.

espaldarazo. m. **1.** Reconocimiento de la competencia a que ha llegado alguien en una profesión o actividad. *El premio fue un espaldarazo en su carrera.* **2.** histór. Golpe simbólico dado con la espada en la espalda de alguien para armarlo caballero.

espaldera. f. Enrejado dispuesto para que trepen por él ciertas plantas. *Una espaldera para la hiedra.*

espantable. adj. cult. Espantoso (que causa espanto).

espantajo. m. **1.** Espantapájaros. **2.** Cosa que causa espanto, espec. por su apariencia o su figura. *Sus obras son tenebrosas, verdaderos espantajos.* **3.** coloq., despect. Persona estrafalaria y despreciable. *¿Quién es ese espantajo?*

espantapájaros. m. Objeto, frec. representando la figura humana, que se pone en los sembrados y en los árboles para ahuyentar los pájaros. ▶ ESPANTAJO.

espantar. tr. **1.** Causar espanto o miedo (a alguien). *Me espanta ver sangre.* **2.** Ahuyentar (algo o a alguien). *Espantó un moscardón con la mano.* ▶ **1:** ESPELUZNAR. **2:** AHUYENTAR. FAM **espantada; espantadizo, za.**

espanto. m. Terror o miedo muy intenso. *Un grito de espanto.* Tb. la persona o cosa que causan ese terror. *El monstruo era un espanto.* ■ **curado de ~**(s). loc. adj. coloq. Hecho a reaccionar con impasibilidad ante cualquier suceso o circunstancia, por la costumbre o experiencia acumulada. *Como policía, está curada de espanto.* ■ **de ~.** loc. adj. coloq. Muy grande o extraordinario. *Hace un calor de espanto.* ▶ *MIEDO.

espantoso, sa. adj. **1.** Que causa espanto o terror. *Fue víctima de espantosas torturas.* **2.** Muy grande o extraordinario. *Hace un frío espantoso.* **3.** Muy feo. *Es un vestido espantoso.* ▶ **1:** *TERRIBLE. **2:** *ENORME.

español, la. adj. **1.** De España. ● m. **2.** Lengua hablada en España, Hispanoamérica y otras partes del mundo. *Existen muchos hablantes de español en Estados Unidos.* ▶ **1:** HISPÁNICO, HISPANO. **2:** CASTELLANO. FAM **españolada; españolidad; españolismo; españolista; españolización; españolizar.**

esparadrapo. m. Tira de tela o de papel, con una de sus caras adhesiva, que se usa para sujetar vendajes y a veces como apósito.

esparcir. tr. **1.** Extender (algo que está junto o amontonado). *Ha esparcido los papeles* POR *la mesa.* **2.** Divulgar o difundir (algo). *Se pasa el día esparciendo chismes.* ○ intr. prnl. **3.** Divertirse o entretenerse. *Necesito salir a esparcirme un rato.* ▶ **1:** *EXTENDER. **2:** DIVULGAR. FAM **esparcimiento.**

espárrago. m. Brote de la raíz de una planta, alargado, tierno y comestible. *Espárragos con mayonesa.* Tb. la planta. ■ **a freír ~s.** expr. coloq. Se usa para despedir a alguien o desechar algo despectivamente o con enojo. *¡Vete a freír espárragos!*

espartano, na. adj. **1.** histór. De Esparta (antigua ciudad de Grecia). **2.** Austero o sobrio. *Decoración espartana.* **3.** Severo o estricto. *Recibió una educación espartana.*

esparto. m. Planta propia de zonas secas, de hojas grandes y resistentes, enrolladas sobre sí a lo largo, que se utilizan para fabricar cuerdas, esteras, pasta de papel y otras cosas. Tb. las hojas, o la fibra que se obtiene de ellas. *Cesto de esparto.*

espasmo. m. *Med.* Contracción brusca e involuntaria de los músculos, producida gralm. por mecanismo reflejo. *Un espasmo muscular.* FAM **espasmódico, ca.**

espatarrar. tr. vulg. Despatarrar (a alguien).

espátula. f. **1.** Instrumento con forma de paleta, gralm. pequeño, con bordes afilados y mango largo, que se emplea espec. para mezclar, retirar y extender materias pastosas. *Extendió el yeso con una espátula.* **2.** Ave de patas largas, plumaje blanco y pico en forma de espátula (→ 1), que habita en zonas pantanosas. *La espátula macho.*

especia. f. Sustancia vegetal aromática que se usa como condimento. *Echó al guiso pimienta, comino y otras especias.* FAM **especiería.**

especial. adj. **1.** Que se diferencia de lo común o habitual. *Un amigo muy especial.* **2.** Muy adecuado o propio para una persona o cosa concretas. *Un champú especial PARA cabello graso.* **3.** Dicho de programa radiofónico o televisivo: Que se dedica monográficamente a un asunto determinado. *La cadena emitirá un reportaje especial sobre la artista.* ■ **en ~.** loc. adv. Especialmente. *Lloverá en el norte, en especial en la costa.* ▶ **1:** PARTICULAR, SINGULAR.

especialidad. f. **1.** Rama determinada de una ciencia, técnica o actividad. *Eligió la especialidad de Ginecología.* **2.** Especialidad (→ 1) a la que alguien se dedica. *Su especialidad es el derecho laboral.* **3.** Actividad para la que alguien posee capacidad o habilidad especiales. *Hablar en público no es mi especialidad.* **4.** Producto en cuya preparación o fabricación sobresalen una persona, un establecimiento o una región. *La tarta de chocolate es la especialidad de la casa.*

especialista. adj. **1.** Dicho de persona: Que cultiva o practica una especialidad o rama determinadas de una ciencia, técnica o actividad. Frec. m. y f. *Es una especialista EN literatura medieval.* ● m. y f. **2.** *Cine* Persona que actúa, gralm. como doble de un actor principal, en escenas peligrosas o que requieren cierta destreza. *La escena del salto en paracaídas la interpreta un especialista.*

especializar. tr. **1.** Limitar (algo) a un fin determinado. *Tienda especializada EN electrónica.* ○ intr. prnl. **2.** Cultivar una especialidad o rama determinada de una ciencia, arte o actividad. *Se especializó EN Arte.* FAM **especialización.**

especialmente. adv. **1.** De manera especial. *La sala está especialmente acondicionada PARA reuniones.* **2.** Sobre todo. *El tráfico será intenso, especialmente en las carreteras de salida.*

especie. f. **1.** Clase (grupo de los que se pueden hacer en un conjunto de elementos). *Vende géneros de cualquier especie.* **2.** Persona o cosa muy semejantes a otra de otra especie (→ 1). *Le salió una especie de sarna.* **3.** *Biol.* Categoría taxonómica en que se clasifican los seres vivos, inmediatamente inferior al género. *El panda es una especie en peligro de extinción.* ■ **en ~.** loc. adv. En frutos o en género y no en dinero. *Percibe en especie un 10% de su salario.* ▶ **1:** *CLASE.

especificar. tr. Fijar o determinar (algo) de modo preciso. *Habló de varias personas sin especificar nombres.* FAM **especificación; específicativo, va.**

específico, ca. adj. **1.** Que es propio de una persona o cosa y los caracteriza y distingue de otras. *La fotosíntesis es un proceso específico de las plantas verdes.* **2.** Concreto (preciso). *Cada uno tiene una tarea específica.* **3.** Dicho de cosa: Adecuada de manera específica (→ 2) a un fin. *Se crea una fiscalía específica contra delitos financieros.* ● m. **4.** Medicamento indicado para curar una determinada enfermedad o afección. *Un específico contra las quemaduras.* **5.** Medicamento fabricado al por mayor, que se vende con envase especial y lleva el nombre científico de las sustancias medicamentosas que contiene, u otro nombre registrado. *En la sanidad pública se prefieren los genéricos a los específicos.* ▶ **2:** CONCRETO. FAM **especificidad.**

espécimen. (pl. **especímenes**). m. Persona, animal o cosa que se consideran representativos de su especie por presentar las propiedades características de esta muy bien definidas. *En la cuadra hay un espécimen de purasangre.*

especioso, sa. adj. cult. Engañoso o de solidez solo aparente. *Argumento especioso.*

espectáculo. m. **1.** Acción que se ejecuta ante el público para divertirlo o entretenerlo, gralm. en un teatro, circo u otro local destinado a ello. *Un espectáculo de ballet.* **2.** Conjunto de actividades profesionales relacionadas con los espectáculos (→ 1). *Debutó en el mundo del espectáculo como cantante.* **3.** Cosa que se ofrece a la vista o a la contemplación intelectual y es capaz de atraer la atención y conmover. *El cielo estrellado es un espectáculo maravilloso.* **4.** Acción que causa escándalo o gran extrañeza. *No des el espectáculo.* FAM **espectacular; espectacularidad.**

espectador, ra. adj. **1.** Dicho de persona: Que asiste a un espectáculo público. Tb. m. y f. *Los espectadores aplaudieron.* **2.** Dicho de persona: Que observa un hecho o es testigo de él. Tb. m. y f. *Hemos sido espectadores de grandes avances científicos.*

espectro. m. **1.** Fantasma (imagen de una persona muerta). *No creo en espectros.* **2.** *Fís.* Resultado de la dispersión de una radiación o de un fenómeno ondulatorio, como la luz o el sonido, en función de una magnitud relacionada con ellos, como la frecuencia o la longitud de onda. *Los colores del espectro luminoso.* **3.** *Med.* Conjunto de las especies microbianas contra las que es activo un producto, espec. un antibiótico. *Antibiótico de amplio espectro.* ▶ **1:** FANTASMA. FAM **espectral; espectrógrafo.**

especular¹. intr. **1.** Teorizar o reflexionar con hondura sobre algo. *El filósofo especula SOBRE la existencia de Dios.* **2.** Realizar conjeturas o hipótesis sobre algo que no se sabe con certeza. *La prensa ha especulado SOBRE/CON su secuestro.* **3.** Efectuar operaciones comerciales o financieras para obtener grandes beneficios aprovechando las variaciones de los precios o de los cambios. *Amasó una fortuna especulando CON suelo urbanizable.* **4.** Buscar provecho o ganancia con algo fuera del tráfico mercantil. *Especuló CON sus amistades.* FAM **especulación; especulador, ra; especulativo, va.**

especular². adj. **1.** cult. Del espejo. *Brillo especular.* **2.** *tecn.* Dicho de imagen de un objeto: Reflejada en un espejo, o que aparece como reflejada en un espejo. *Cada mitad del plano es la imagen especular de la otra.*

espejismo. m. **1.** Ilusión óptica debida a la reflexión total de la luz cuando atraviesa capas de aire de densidad distinta, lo cual hace que los objetos lejanos den una imagen invertida, ya por debajo del suelo, ya sobre la superficie del mar. *Los espejismos del desierto.* **2.** Ilusión engañosa o fruto de la imaginación. *Nos veíamos ganadores, pero fue un espejismo.* ▶ **1:** ILUSIÓN.

espejo. m. **1.** Superficie de cristal cubierto con mercurio por la parte posterior, o de metal pulido, en la que se refleja la luz y los objetos situados delante. *Un armario con espejo.* Tb. el objeto que consta básicamente de una superficie de ese tipo. *Sacó un espejo y se peinó.* **2.** Cosa que da una imagen de algo. *La lengua es el espejo de una cultura.* **3.** Modelo digno de imitación. *Es espejo DE generosidad.*

espejuelos. m. pl. *Am.* Gafas o lentes. *Llevaba unos espejuelos de concha con los cristales muy gruesos* [C]. En Esp. tiene carácter histórico. ▶ *GAFAS.

espeleología - espinilla

espeleología. f. Estudio científico de las cavernas, atendiendo a su naturaleza, origen y formación, y su fauna y flora. FAM **espeleológico, ca; espeleólogo, ga.**

espeluznar. tr. Espantar o causar horror (a alguien). *Aquel crimen espeluznó a toda la ciudad.* ▶ ESPANTAR. FAM **espeluznante.**

esperanto. m. Idioma creado en el s. XIX sobre la base de las lenguas europeas más extendidas, con idea de que pudiese servir como lengua universal.

esperanza. f. **1.** Sentimiento que surge de ver como posible la realización (algo o a alguien). *Alberga la esperanza DE volver a verla.* **2.** *Rel.* Virtud teologal por la que se espera que Dios dé los bienes que ha prometido. *Las virtudes teologales son fe, esperanza y caridad.* ■ ~ **de vida.** f. Perspectiva media de duración de la vida de un individuo o de un grupo de población. *La esperanza de vida en el país se sitúa en 81 años para las mujeres.* □ **dar** ~(s) a alguien. loc. v. Dar(le) a entender que puede tener esperanza (→ 1). *No aceptó ser mi novia, pero me dio esperanzas.* FAM **esperanzado, da; esperanzador, ra; esperanzar.**

esperar. tr. **1.** Tener esperanza (de algo). *Espero que tenga suerte.* **2.** Creer que sucederá (algo) o que llegarán (alguien o algo). *No esperaba eso de él.* **3.** Permanecer en un sitio al que han de ir (alguien o algo) o en donde se espera que ocurrirá (algo). *Si no estoy a las dos, no me esperes.* Tb. como intr. *No me hagas esperar.* **4.** Llevar una mujer (un hijo) en su vientre. *Está esperando un niño para mayo.* ○ intr. **5.** Dejar pasar el tiempo sin actuar hasta que suceda o se produzca algo. *Espera A la noche para llamarla.* **6.** Ser algo previsible o probable para alguien. *Menuda bronca te espera.* ■ ~ alguien **sentado.** loc. v. Se usa para indicar que algo que atañe a esa persona tardará mucho en suceder o no sucederá. *Puedes esperar sentada si piensas que te va a ayudar.* ▶ **1:** CONFIAR. **2-6:** AGUARDAR. FAM **espera; esperable.**

esperma. m. o f. **1.** Semen. **2.** Sustancia grasa que se extrae del cráneo del cachalote y que se usa para hacer velas y en la preparación de cosméticos o medicamentos. Tb. ~ **de ballena.** FAM **espermático, ca.**

espermatozoide o **espermatozoo.** m. *Biol.* Célula reproductora masculina.

espermicida. adj. *Med.* Que sirve para destruir espermatozoides. *Crema espermicida.*

esperpento. m. Persona o cosa grotescas o de mala apariencia. *¡Qué esperpento de mujer!* FAM **esperpéntico, ca; esperpentizar.**

espeso, sa. adj. **1.** Dicho de líquido o mezcla de líquido y sólido: Que tiene gran cantidad de sólido. *La miel es más espesa que la leche.* **2.** Dicho de cosa: Densa, o que tiene mucha masa con respecto a su volumen. *Un humo espeso llena la sala.* **3.** Dicho cosa: Que tiene los elementos que la componen muy juntos o apretados. *Una espesa arboleda.* **4.** Grueso o macizo. *El castillo tiene unos muros espesos.* ▶ **1-3:** *DENSO. FAM **espesamiento; espesante; espesar.**

espesor. m. **1.** Grosor de un cuerpo de tres dimensiones. *La capa de nieve es de un metro de espesor.* **2.** Cualidad de espeso. *El espesor de la niebla impide ver bien.* ▶ **1:** *ANCHURA. **2:** *DENSIDAD.

espesura. f. **1.** Cualidad de espeso. *La espesura de las copas de los árboles hace el bosque sombrío.* **2.** Lugar muy poblado de árboles y matorrales. *Se adentraron en la espesura.* ▶ **1:** *DENSIDAD.

espetar. tr. **1.** Atravesar (algo) con un hierro u otro instrumento puntiagudo, para asar(lo). *Ha espetado*

unas sardinas en el asador. **2.** coloq. Decir (algo) a alguien, causándole sorpresa o molestia. *Le espetó que lo odiaba.*

espía. m. y f. Persona que trabaja al servicio de otra o de una organización o un Estado para averiguar informaciones secretas de interés para estos. ■ ~ **doble.** m. y f. Espía que trabaja simultáneamente al servicio de dos países rivales.

espiar. (conjug. ENVIAR). tr. **1.** Observar atenta y disimuladamente (algo o a alguien). *Desde la ventana espía sus idas y venidas.* **2.** Observar atenta y disimuladamente (algo o a alguien) para conseguir información secreta. *Se introdujo en la organización para espiar a sus dirigentes.*

espichar. intr. coloq. Morir. *Si no le hacen un torniquete, espicha.* ■ ~la. loc. v. coloq. Morir. *Casi la espicha de un atracón.*

espiga. f. **1.** Conjunto de granos dispuestos a lo largo de un eje común, que constituye la parte terminal de los tallos de ciertas plantas. *Espiga de trigo.* **2.** Parte de una herramienta o de otro objeto, adelgazada para que encaje en otra pieza.

espigado, da. adj. **1.** Dicho de persona: Alta y delgada. *Era un joven espigado.* **2.** Dicho de cosa, espec. de árbol nuevo: Muy elevado. *Una espigada palmera.* **3.** De forma de espiga. *El esparto tiene sus flores en mazorca espigada.*

espigar. tr. **1.** Coger (las espigas que han quedado en un terreno segado). *Iban tras los segadores espigando lo que dejaban.* **2.** Tomar (datos) de uno o más escritos o fuentes. *DEL texto espiga varias frases.* ○ intr. **3.** Echar espigas un cereal. *El trigo ya ha espigado.* **4.** Crecer mucho una persona. Tb. prnl. *La niña se ha espigado en estos meses.* ○ intr. prnl. **5.** Crecer demasiado una hortaliza y dejar de ser propia para la alimentación por haberse endurecido. *No dejes que se espiguen las lechugas.* FAM **espigador, ra.**

espigón. m. Muro saliente que se construye a la orilla de un río o en la costa del mar, para defender las márgenes o modificar la corriente.

espiguilla. f. **1.** En los tejidos: Dibujo formado por una línea como eje y otras laterales, paralelas entre sí y oblicuas al eje. *Un traje de espiguilla.* **2.** Cada una de las espigas pequeñas de las que forman la principal en algunas plantas. *La espiga del trigo está formada por espiguillas.*

espina. f. **1.** Cada una de las piezas óseas, largas, delgadas y puntiagudas que forman parte del esqueleto de muchos peces. *Limpió el lenguado de espinas.* **2.** Púa de algunas plantas. *Un rosal sin espinas.* **3.** Astilla pequeña y puntiaguda de madera, esparto u otra cosa áspera. *La madera estaba astillada y me clavé una espina.* **4.** Columna vertebral. Tb. ~ **dorsal.** **5.** Tristeza íntima y duradera. *Tiene clavada la espina de no haber terminado sus estudios.* ■ **darle** (a alguien) **mala** ~ algo. loc. v. coloq. Hacer(le) desconfiar o recelar. *Esa sonrisa me da mala espina.* ■ **sacarse** alguien **la** ~. loc. v. coloq. Desquitarse. *Me ha ofendido, pero me sacaré la espina.* ▶ **4:** *COLUMNA.

espinaca. f. Hortaliza de hojas grandes y de un verde intenso y oscuro, que se consume como verdura.

espinal. adj. *Anat.* De la espina dorsal, o de la médula espinal (→ médula). *Líquido espinal.*

espinazo. m. Columna vertebral. ▶ *COLUMNA.

espinilla. f. **1.** Grano que aparece en la piel debido a la obstrucción de un poro por una acumulación de materia sebácea. **2.** Parte anterior de la pierna, que va desde la rodilla hasta el pie. *Tiene las espinillas llenas de cardenales.* FAM **espinillera**.

espino. m. **1.** Arbusto de ramas espinosas, flores blancas y olorosas y madera muy dura. Tb. su madera. *Una cruz de espino.* **2.** Alambrada con pinchos, frec. usada para cercas. *Compran espino para cercar la finca.* FAM **espinar**.

espinoso, sa. adj. **1.** Que tiene espinas. *Arbusto de ramas espinosas.* **2.** Dicho espec. de asunto o problema: Difícil o delicado. *La espinosa cuestión de lo que es justo.*

espionaje. m. **1.** Hecho de espiar, espec. para obtener información secreta. *Espionaje industrial.* **2.** Actividad de espía. *Durante la guerra se dedicó al espionaje.*

espira. f. **1.** Vuelta de una espiral o de una hélice. *Estire el muelle de modo que las espiras queden un poco abiertas.* **2.** Mat. Hélice (curva). *Alambre enrollado en forma de espira.* **3.** Mat. Espiral (curva plana). ▶ **2:** *HÉLICE. **3:** ESPIRAL.

espiral. adj. **1.** De la espiral (→ 3, 4). *Líneas de forma espiral.* **2.** Que tiene forma de espiral (→ 3, 4). *Una escalera espiral.* ● f. **3.** Mat. Curva plana que da vueltas alrededor de un punto, alejándose de él más en cada vuelta. *La circunferencia se cierra sobre sí misma, a diferencia de la espiral.* **4.** Mat. Hélice (curva). *Tubo enrollado en espiral.* **5.** Cosa cuya forma recuerda la de una espiral (→ 3, 4). *Cuaderno con espiral.* **6.** Proceso de aumento o crecimiento rápidos y progresivos de algo. *Espiral de violencia.* ▶ **3:** ESPIRA. **4:** *HÉLICE.

espirar. tr. Expulsar (el aire aspirado). *Espire el aire por la boca.* Tb. como intr. *Al espirar, el diafragma baja.* FAM **espiración; espiratorio, ria**.

espiritado, da. adj. cult. Muy flaco. *Es un hombre alto y espiritado.*

espiritismo. m. Doctrina según la cual es posible convocar a los espíritus de los muertos y comunicarse con ellos a través de un médium o mediante otras prácticas. Tb. el conjunto de esas prácticas. *Sesión de espiritismo.* FAM **espiritista**.

espiritoso, sa. adj. Espirituoso. *Licor espiritoso.*

espíritu. m. **1.** Ser inmaterial dotado de razón. *Dios y los ángeles son espíritus.* **2.** Alma del hombre. *Según esa religión, el cuerpo muere pero el espíritu perdura.* **3.** Alma de una persona muerta a la que se supone en comunicación sensible con los vivos. *Se comunica con los espíritus.* **4.** Persona, considerada en su aspecto intelectual o moral. *Es uno de los espíritus más instruidos que conozco.* **5.** Ser sobrenatural no divino que aparece en los mitos o las leyendas. *Los gnomos son espíritus de la tierra.* **6.** Esencia o carácter íntimo de algo. *Es necesario captar el espíritu de la ley.* **7.** cult. Ánimo en la realización de algo. *Una mujer de mucho espíritu.* ■ **~ de contradicción.** m. Tendencia a contradecir siempre. *Se opone solo por su espíritu de contradicción.* ■ **~ inmundo,** o **maligno.** m. Diablo (ángel rebelado). ■ **Espíritu Santo.** m. Rel. Tercera persona de la Santísima Trinidad. *Nos bendijo en el nombre del Padre, del Hijo y del Espíritu Santo.* □ **dar,** o **despedir,** o **exhalar, el ~.** loc. v. cult. Expirar o morir. *Inclinó la cabeza y exhaló el espíritu.* ■ **pobre de ~.** loc. adj. **1.** Dicho de persona: Falta de ánimo o valor. *Es pobre de espíritu y sin iniciativa.* **2.** Dicho de persona: Desprendida de los bienes y honores mundanos. Tb. m. y f. *Bienaventurados los pobres de espíritu.*

espiritual. adj. **1.** Del espíritu, espec. del alma humana. *El desarrollo espiritual del individuo.* **2.** Reli-

gioso (de la religión). *El poder espiritual de la Iglesia.* **3.** Dicho de persona: Muy sensible y poco interesada por lo material. ▶ **2:** RELIGIOSO. FAM **espiritualidad; espiritualización; espiritualizar**.

espirituoso, sa. adj. Dicho de bebida: Que tiene un alto contenido de alcohol. *Licor espirituoso.* ▶ ESPIRITOSO.

espita. f. **1.** Canuto gralm. provisto de una llave, que se mete en el agujero de una cuba u otra vasija para que salga por él el líquido contenido. *La espita del barril de vino.* **2.** Dispositivo similar a una espita (→ 1), que regula la salida de gases o líquidos. *Cierre la espita del gas.*

esplendente. adj. cult. Que resplandece. *Un sol esplendente.*

espléndido, da. adj. **1.** Excelente o magnífico. *Un día espléndido.* **2.** Generoso o desprendido. *Es muy espléndida regalando.* ▶ **2:** *GENEROSO. FAM **esplendidez**.

esplendor. m. **1.** Cualidad de espléndido o excelente. *Desde la cima, el valle puede contemplarse en todo su esplendor.* **2.** Auge o apogeo. *La literatura española conoció su máximo esplendor en el siglo XVI.* **3.** cult. Resplandor (brillo de un cuerpo). *El esplendor de los rayos de sol.* FAM **esplendoroso, sa**.

espliego. m. Planta aromática de tallos leñosos, hojas elípticas y flores azuladas en espiga, muy usada en perfumería. ▶ LAVANDA.

esplín. m. Melancolía o tedio de la vida. *Está inmerso en el esplín urbano.*

espolear. tr. **1.** Picar con la espuela (a la cabalgadura) para que ande. *Espoleó a su caballo para alcanzarlos.* **2.** Estimular (a alguien) para que haga algo. *Su familia lo espolea para que estudie.* ▶ **2:** *ESTIMULAR.

espoleta. f. Dispositivo colocado en una bomba, granada o proyectil, y que sirve para hacer explotar su carga.

espoliación; espoliador, ra; espoliar; espolio. → expoliar.

espolón. m. **1.** Saliente óseo que tienen en la parte posterior de las patas el gallo y otras aves. *La gallina no tiene espolones.* **2.** Dique que se construye a orillas de un río o del mar para contener las aguas. *La riada no causó estragos gracias al espolón.* **3.** Ramal corto y escarpado de una sierra, en dirección aproximadamente perpendicular a ella. *El castillo se halla sobre un espolón rocoso.*

espolvorear. tr. **1.** Esparcir sobre algo (una sustancia en polvo). *Podemos espolvorear canela sobre el café.* **2.** Esparcir (sobre algo) una sustancia en polvo. *Espolvorea el pastel CON azúcar glas.* FAM **espolvoreo**.

esponja. f. **1.** Animal acuático, gralm. marino, de cuerpo poroso, cuyo esqueleto está formado por fibras entrecruzadas que constituyen una masa elástica y absorbente, y que vive en colonias fijas sobre objetos sumergidos. *El fondo marino está poblado de esponjas.* **2.** Esqueleto de esponja (→ 1), que se usa como utensilio de limpieza. Tb. *~ natural. Retire la mascarilla con una esponja natural y agua.* **3.** Cuerpo de material sintético, elástico, poroso y absorbente, que se usa espec. como utensilio de limpieza. *Echa gel en la esponja y frótate bien.* **4.** coloq. Persona con gran capacidad de beber, espec. bebidas alcohólicas. *Lleva diez cervezas; ¡es una esponja!* ■ **arrojar,** o **tirar, la ~.** loc. v. Desistir o darse por vencido. *Me está presionando para que arroje la esponja.*

esponjar. tr. **1.** Poner hueco o esponjoso (algo). *Cavó la tierra para esponjarla.* ○ intr. prnl. **2.** Ponerse orgulloso o satisfecho. *Se esponja cuando lo halagan.* FAM **esponjamiento.**

esponjoso, sa. adj. De características semejantes a las de una esponja, espec. la porosidad y ligereza. *Con suavizante, la lana queda esponjosa.* FAM **esponjosidad.**

esponsales. m. pl. Promesa mutua de casarse que se hacen y aceptan los miembros de una pareja, gralm. en un acto ceremonial o cumpliendo ciertas formalidades legales. *Al mes de los esponsales se celebró la boda de los príncipes.*

esponsorizar. tr. Patrocinar (algo o a alguien), o apoyar(los) con dinero. *El equipo ciclista busca a alguien que lo esponsorice.* ► *PATROCINAR. FAM **esponsorización.**

espontáneo, a. adj. **1.** Voluntario o producido por propio impulso. *Su confesión ha sido espontánea, no forzada.* **2.** Que se produce aparentemente sin causa. *El fuego se produjo por combustión espontánea.* **3.** Dicho de planta: Que se produce sin cultivo o sin cuidados del hombre. *Esta planta crece espontánea en terrenos húmedos.* ● m. y f. **4.** Persona que durante una corrida se lanza al ruedo a torear. *El espontáneo dio unos pases de muleta.* **5.** Persona que interviene en algo por iniciativa propia. *Una espontánea ha subido al escenario y se ha puesto a cantar.* FAM **espontaneidad.**

espora. f. Biol. Célula reproductora de algunos vegetales, bacterias y protozoos, que, sin necesidad de unirse con otra célula reproductora, es capaz de originar un nuevo individuo. *Las algas y los hongos se reproducen por esporas.*

esporádico, ca. adj. Que ocurre o se presenta de manera poco frecuente o aislada en el tiempo. *Realiza traducciones esporádicas para revistas.*

esposar. tr. Sujetar con esposas (a alguien). *Se lo llevan esposado a la comisaría.*

esposo, sa. m. y f. **1.** Persona casada con otra. *El presidente viaja acompañado de su esposa.* ○ m. pl. **2.** Esposo (→ 1) y esposa. *Los esposos celebran sus bodas de plata.* ○ f. pl. **3.** Par de aros de metal unidos entre sí, que sirven para sujetar las muñecas de una persona, espec. de un detenido. *Un policía le puso las esposas.* ► **1:** MARIDO, MUJER, SEÑORA.

esprintar. intr. Dep. Realizar un *sprint. El corredor esprintó a metros de la meta.*

esprínter. m. y f. Dep. Corredor, gralm. ciclista, especializado en *sprints.*

espuela. f. **1.** Pieza de metal con una rueda dentada o una estrella con puntas en un extremo, que se ajusta al talón del calzado y la usa el jinete para picar a la cabalgadura. **2.** Estímulo o acicate. *No hay mejor espuela que la curiosidad.* ► **2:** *ESTÍMULO.

espuerta. f. Cesta gralm. de esparto, con dos asas, que se usa espec. para trasladar escombros, tierra u otros materiales de construcción. *Los albañiles cargan espuertas de arena.* ■ **a ~s.** loc. adv. coloq. En gran cantidad. *Gasta dinero a espuertas.*

espulgar. tr. Limpiar de pulgas o piojos (a alguien). *Hay que espulgar al perro.*

espuma. f. **1.** Conjunto de burbujas amontonadas que se forma en la superficie de algunos líquidos, frec. al ser agitados, hervir o fermentar. *Me gusta la cerveza con espuma.* **2.** Gomaespuma. *Los cojines están rellenos de espuma.* **3.** Tejido muy ligero y esponjoso. *Medias de espuma.* ■ **~ de mar.** f. Mineral ligero y de color blanquecino, empleado para hacer pipas y otros objetos. □ **como (la) ~.** loc. adv. coloq. Rápidamente. *Los precios suben como la espuma.* FAM **espumoso, sa.**

espumadera. f. Utensilio de cocina en forma de paleta con agujeros, que sirve para retirar la espuma de un caldo, o para sacar de la sartén lo que se fríe en ella.

espumar. tr. **1.** Quitar la espuma (al caldo o a otro líquido). *Cuando el caldo empiece a hervir, espúmalo.* ○ intr. **2.** Hacer espuma. *La sidra espuma al servirla.*

espumarajo. m. Saliva espumosa arrojada en gran cantidad por la boca. *Le dio un ataque epiléptico y empezó a echar espumarajos.* ■ **echar** alguien **~s por la boca.** loc. v. coloq. Estar muy alterado y enfadado. *¿Enojado?, echaba espumarajos por la boca.*

espurio, ria. adj. **1.** Bastardo (nacido fuera del matrimonio). *Hijo espurio.* **2.** Falso o falto de legitimidad. *Intereses espurios.* ► **1:** BASTARDO.

espurrear. tr. Rociar (algo o a alguien) con agua u otro líquido expulsado por la boca. *Al toser nos espurreó DE saliva.*

esputo. m. Flema que se arroja de una vez por la boca. *Esos esputos sanguinolentos eran síntoma de tuberculosis.* FAM **esputar.**

esqueje. m. Trozo de tallo, rama o cogollo de una planta, que se injerta en otra o se introduce en la tierra para que se reproduzca.

esquela. f. Aviso de la muerte de una persona que se publica en los periódicos con recuadro de luto. *Según la esquela, el entierro será a las siete.*

esqueleto. m. **1.** Conjunto de piezas duras y resistentes, gralm. articuladas o trabadas entre sí, que da consistencia al cuerpo de los animales, sosteniendo o protegiendo sus partes blandas. *El fémur es el hueso más largo del esqueleto humano.* **2.** Armazón que sostiene algo. *Ya está acabado el esqueleto del edificio.* **3.** Bosquejo o plan esquemático de algo, espec. de una obra escrita o un discurso. *Fue concibiendo poco a poco el esqueleto del libro.* **4.** coloq. Persona muy flaca. *¿Ponerte a régimen?, ¡si eres un esqueleto!* ■ **mover el ~.** loc. v. coloq. Bailar. FAM **esquelético, ca.**

esquema. m. **1.** Representación gráfica o simbólica de algo, atendiendo a sus características fundamentales. *Hazme un esquema de la distribución de tu casa.* **2.** Resumen de algo, atendiendo a sus líneas o aspectos básicos. *Hacer un esquema de lo estudiado ayuda a memorizar.* **3.** Idea o concepto que alguien tiene de algo y que condicionan su comportamiento. *El matrimonio no encaja en su esquema de vida.* ■ **en ~.** loc. adv. De manera esquemática. *Esto es, en esquema, lo que quería aclarar.* ■ **romper los ~s** (a alguien). loc. v. Desconcertar(lo) o desorientar(lo). *Mi negativa a aceptar el puesto le había roto los esquemas.* FAM **esquematización; esquematizar.**

esquemático, ca. adj. **1.** Del esquema. *Cuente de forma esquemática el argumento de la obra.* **2.** Que constituye un esquema o tiene características similares a las suyas, espec. el carácter resumido o simplificado. *En la página 7 se muestra la representación esquemática de un circuito eléctrico.* **3.** Que tiende a reducir todo a sus rasgos principales, sin percibir detalles o matices. *Para su mente esquemática, las personas se dividen en buenas y malas.* FAM **esquematismo.**

esquí. (pl. **esquís** o, más raro, **esquíes**). m. **1.** Tabla de material ligero y elástico, larga, estrecha y con el extremo delantero frec. curvado hacia arriba, que se ajusta al pie y se usa para deslizarse sobre la nieve, el agua u otra superficie. *El equipo incluye esquís, botas y bastones.* **2.** Deporte que consiste en deslizarse con esquís (→ 1) sobre la nieve. *Practica el esquí.* ■ ~ acuático, o náutico. m. Deporte que consiste en deslizarse con esquís (→ 1) sobre el agua, remolcado por una lancha motora.

esquiar. (conjug. ENVIAR). intr. Patinar con esquís. *Va a Bariloche a esquiar.* FAM **esquiador, ra.**

esquife. m. Barco pequeño que se lleva en una embarcación para ciertos usos, como saltar a tierra. *Avistaron un esquife con tres supervivientes del naufragio.*

esquila. f. **1.** Cencerro pequeño. *El rebaño avanza con un ruido entremezclado de balidos y esquilas.* **2.** Campana pequeña, espec. la usada para convocar a los actos de comunidad en los conventos. *La esquila llama a maitines.*

esquilar. tr. Cortar el pelo o la lana (a un animal). *Hay que esquilar a las ovejas.* ▶ TRASQUILAR. FAM **esquila** (*Se hace una esquila al año*); **esquilador, ra; esquileo.**

esquilmar. tr. **1.** Agotar (una fuente de riqueza) sacando (de ella) mayor provecho que el debido. *Están esquilmando los caladeros.* **2.** Conseguir abusivamente dinero o bienes (de alguien). *El banco nos esquilma con los intereses.* **3.** Empobrecer una planta (la tierra). *Hay árboles que esquilman el suelo.*

esquimal. adj. **1.** De un pueblo de raza mongólica que habita, en pequeños grupos dispersos, la margen ártica de América del Norte, de Groenlandia y de Asia. Tb. m. y f. ● m. **2.** Lengua hablada por los esquimales (→ 1). *Habla ruso y esquimal.*

esquina. f. Ángulo formado en el encuentro de dos paredes o de dos superficies, considerado por su parte exterior. Tb., más frec., el espacio correspondiente. *La esquina de la mesa.* ■ hacer ~ un edificio. loc. v. Estar situado en la esquina de la manzana de que forma parte. *El edificio hace esquina A la calle Real.* ▶ ÁNGULO. FAM **esquinar; esquinero, ra.**

esquinazo. m. coloq. Esquina de un edificio. *Como su piso está en un esquinazo, tiene ventanas a dos calles.* ■ dar (el) ~ (a alguien). loc. v. coloq. Evitar el encuentro (con esa persona). *A ver si podemos dar esquinazo a esa pesada.*

esquirla. f. Astilla o fragmento irregular que se desprenden del hueso, una piedra, un cristal u otra materia semejante. *Esquirlas de metralla.*

esquirol. m. despect. Trabajador que no se adhiere a una huelga o que ocupa el puesto de un huelguista. *Algunos grupos insultaban a los esquiroles.*

esquivar. tr. Evitar (algo o a alguien) con habilidad. *No pudo esquivar el puñetazo. Ha estado esquivándome toda la mañana.* ▶ *EVITAR.

esquivo, va. adj. Dicho de persona: Que esquiva el trato con otra u otras, o se comporta de manera poco afable. *Una mujer esquiva y distante.* FAM **esquivez.**

esquizofrenia. f. Med. Enfermedad mental evolutiva, caracterizada por una escisión de la personalidad, la perturbación de las funciones psíquicas y la pérdida de contacto con la realidad. *Padece esquizofrenia paranoide.* FAM **esquizofrénico, ca.**

esquizoide. adj. Med. Que tiene predisposición a la esquizofrenia y se caracteriza por la introversión, insociabilidad y tendencia a la fantasía. *Personalidad esquizoide.*

estable. adj. **1.** Que se mantiene firme o constante, sin moverse o sin peligro de cambiar, caer o desaparecer. *Las temperaturas seguirán estables.* **2.** Que permanece en un lugar indefinidamente. *En la pensión hay varios huéspedes estables.* **3.** Que mantiene o recupera el equilibrio. *Este coche es muy estable.* **4.** Quím. Dicho de sustancia: Difícil de descomponer por la acción de la temperatura o de agentes químicos. *Se trata de un compuesto tóxico, estable e insoluble.* ▶ **1:** *FIRME. FAM **estabilidad; estabilización; estabilizador, ra; estabilizante; estabilizar.**

establecer. (conjug. AGRADECER). tr. **1.** Hacer que pase a existir (algo) de forma permanente o prolongada. *Estableció un régimen monárquico.* **2.** Poner (algo) como orden o mandato. *Habrá que establecer turnos.* **3.** Dejar demostrado o firme (un principio, una teoría o una idea). *Estableció uno de los principios de la física.* ○ intr. prnl. **4.** Fijar alguien su residencia en alguna parte. *Se establecerá EN la ciudad.* **5.** Abrir por cuenta propia un establecimiento mercantil o industrial. *Se ha establecido como panadero.* ▶ **1:** CONSTITUIR, CREAR, ERIGIR, FUNDAR, INSTAURAR, INSTITUIR.

establecimiento. m. **1.** Hecho de establecer o establecerse. *Propone el establecimiento de nuevas normas.* **2.** Lugar donde se desarrolla una actividad comercial o una profesión. *Entró en un establecimiento comercial.*

establo. m. Recinto cubierto en que se encierra el ganado para su descanso y alimentación.

estaca. f. **1.** Palo afilado en un extremo para clavarlo. *Una alambrada sujeta con estacas.* **2.** Palo grueso que puede manejarse como si fuera un bastón. *Camina con una estaca en la mano.* **3.** Rama o tallo verde sin raíces que se clava en la tierra para que se forme una nueva planta. *Los sauces se reproducen por estacas.* FAM **estacazo.**

estacada. dejar en la ~ (a alguien). loc. v. Abandonar(lo) en una situación comprometida o peligrosa. *Huyó y dejó a su socio en la estacada.*

estación. f. **1.** Cada una de las cuatro partes en que se divide el año. *Las estaciones son primavera, verano, otoño e invierno.* **2.** Época o período del año. *Estamos en la estación de las lluvias.* **3.** Sitio donde habitualmente hacen parada los trenes, los autobuses o el metro para recibir o descargar pasajeros o mercancías. *Este tren no para en la estación de Santa Cruz.* **4.** Emisora de radio. *Por la mañana sintonizo mi estación favorita para oír las noticias.* **5.** Centro o conjunto de instalaciones para ciertas actividades, frec. de carácter científico. *Estación espacial.* **6.** Rel. Altar, cruz o representación de la Pasión de Jesucristo en el recorrido del vía crucis. *El vía crucis tiene catorce estaciones.* ■ ~ de servicio. f. Instalación provista de surtidores de gasolina, gasóleo, lubricantes y otros servicios de atención a los conductores y a sus vehículos. ▶ **4:** EMISORA.

estacional. adj. Propio o dependiente de una estación del año, o que se produce solo en ella. *El paro bajó en verano por factores estacionales.* FAM **estacionalidad.**

estacionar. tr. **1.** Dejar (un vehículo) detenido y gralm. desocupado en un lugar. *Estacionó la furgoneta EN un garaje.* Tb. como intr. *Prohibido estacionar en doble fila.* ○ intr. prnl. **2.** Situarse o colocarse alguien o algo en un lugar en que quedan detenidos. *El tren se estacionará* EN *la vía 5.* **3.** Estancarse alguien o algo, o quedarse estacionarios. *El paciente se estacionó.* FAM **estacionamiento.**

estacionario, ria. adj. Que se mantiene en el mismo lugar, estado o situación. *El estado del herido es estacionario.*

estada. f. Am. Estancia (hecho de permanecer en un lugar durante un tiempo). *Prolongamos nuestra estada en la tierra de Pablo Neruda* [C]. ▶ *ESTANCIA.

estadía. f. frecAm. Estancia (hecho de permanecer en un lugar durante un tiempo). *Acompañó a su padre durante su estadía en Costa Rica* [C]. En Esp. sobre todo tiene carácter literario o formal. ▶ *ESTANCIA.

estadillo. m. Resumen estadístico, gralm. en forma de tabla cuyas casillas se rellenan con cifras o nombres. *En los estadillos del almacén figuran las compras, ventas y devoluciones.*

estadio. m. **1.** Recinto con graderías para los espectadores, destinado a competiciones deportivas. *Estadio olímpico.* **2.** Etapa o fase de un proceso o de una evolución. *Un estadio avanzado de la enfermedad.* **3.** histór. En las antiguas Grecia y Roma: Recinto destinado a las carreras, cuya pista medía unos 185 metros de longitud.

estadista. m. y f. Persona con conocimientos o aptitudes para dirigir los asuntos del Estado, o para gobernar con visión de Estado. *Julio César fue un gran estadista.*

estadístico, ca. adj. **1.** De la estadística (→ 2, 3). *Estudio estadístico.* ● f. **2.** Estudio científico que tiene por objeto la recopilación, clasificación y análisis de los datos numéricos concernientes a determinados fenómenos, así como la obtención de conclusiones a partir de ellos, frec. basadas en el cálculo de probabilidades. **3.** Conjunto de datos obtenidos mediante los métodos y técnicas de la estadística (→ 2). *Las estadísticas reflejan que las mujeres viven más tiempo que los hombres.* ○ m. y f. **4.** Especialista en estadística (→ 2). *¿Qué dicen los estadísticos sobre este tema?*

estado. m. **1.** Modo de estar alguien o algo. *El cuadro se conserva en buen estado.* **2.** Condición de una persona respecto a si es soltera, casada, viuda, separada o divorciada. Tb. *~ civil.* **3.** Fís. Cada una de las formas en que se presenta un cuerpo según la agregación de sus moléculas. *Los estados de la materia son tres: sólido, líquido y gaseoso.* **4.** (En mayúsc.). Conjunto de los órganos de gobierno de un país soberano. *El patrimonio cultural es competencia del Estado.* **5.** En un país de régimen federal: Territorio cuyos habitantes se rigen por leyes propias, aunque estén sometidos en ciertos asuntos a las decisiones de un gobierno común. *El estado de Michoacán.* **6.** histór. Estamento (grupo social). *Los burgueses y los campesinos conformaban el estado llano.* ■ ~ **de alarma.** *Polít.* Situación, oficialmente declarada por el Gobierno, de grave inquietud para el orden público, que implica la suspensión de garantías constitucionales. *El Gobierno declaró el estado de alarma debido al terremoto.* ■ ~ **de ánimo.** m. Estado (→ 1) en que se encuentra alguien, causado por sus sentimientos o su actitud. *Su estado de ánimo es bueno.* ■ ~ **de(l) bienestar.** m. *Polít.* Sistema de organización social por el que el Estado (→ 4) procura garantizar el bienestar de los ciudadanos en aspectos socioeconómicos como la salud, el empleo o la educación. *Se intenta desmantelar el estado de bienestar.* ■ ~ **de excepción.** m. *Polít.* Situación, oficialmente declarada por el Gobier-

no, provocada por la alteración de la normalidad del orden público, en que pueden quedar suspendidas ciertas garantías constitucionales. *El Gobierno declaró el estado de excepción durante treinta días.* ■ ~ **de gracia.** m. Estado (→ 1) de quien está limpio de pecado. *Para comulgar hay que estar en estado de gracia.* ■ ~ **de guerra,** o de **sitio.** m. *Polít.* Situación, oficialmente declarada por un Gobierno, pralm. cuando se produce una guerra o por motivos de orden público, en que toma el poder la autoridad militar y se suspenden ciertas garantías constitucionales. ■ **Estado Mayor.** m. En el ejército: Conjunto de oficiales al mando de un jefe superior, encargados de transmitir las órdenes y vigilar su cumplimiento. *El general ocupa la jefatura del Estado Mayor.* □ **de Estado.** loc. adj. Dicho de persona: De aptitud reconocida para dirigir los asuntos políticos. *El candidato es un auténtico hombre de Estado.* ■ **en ~.** loc. adj. Dicho de mujer: Embarazada. Tb. *en ~ de buena esperanza* o *en ~ interesante.*

estadounidense. adj. De los Estados Unidos de América. ▶ AMERICANO, ANGLOAMERICANO, NORTEAMERICANO.

estafar. tr. Sacar con engaño dinero o cosas de valor a (alguien), espec. abusando de su confianza y buena fe. *Ha estafado a su socio.* FAM **estafa; estafador, ra.**

estafermo. m. histór. En los juegos caballerescos: Muñeco giratorio, con un escudo en una mano y unas bolas o unos sacos en la otra, que, al ser golpeado en el escudo con una lanza por jugadores que pasaban corriendo, golpeaba a su vez al que lo hacía sin habilidad.

estafeta. f. Oficina de correos, espec. si es una sucursal. Tb. *~ de correos.*

estalactita. f. Formación calcárea que gralm. asemeja a un cono irregular con la punta hacia abajo, y que se forma en el techo de las cavernas por la filtración de aguas con carbonato cálcico disuelto.

estalagmita. f. Formación calcárea que gralm. asemeja a un cono irregular con la punta hacia arriba, y que se forma en el suelo de las cavernas al gotear desde una estalactita agua con carbonato cálcico disuelto.

estalinismo. m. Doctrina y práctica políticas de Stalin (político y revolucionario soviético, 1879-1953), basadas en su interpretación del leninismo y caracterizadas espec. por su totalitarismo. FAM **estalinista; estaliniano, na.**

estallar. intr. **1.** Abrirse o romperse algo de golpe, con un chasquido o un ruido muy fuerte. *Estalla una bomba en Japón.* **2.** Abrirse o romperse algo por exceso de presión interior. *El globo estalló.* **3.** Ocurrir o iniciarse algo bruscamente. *La Revolución francesa estalló en 1789.* **4.** Sentir y manifestar repentina y bruscamente ira, alegría u otra emoción. *Los hinchas estallaron de júbilo.* ▶ **2:** REVENTAR. FAM **estallido.**

estambre. m. **1.** Lana compuesta de hebras largas. Tb. el hilo formado con esas hebras. *Medias de estambre.* **2.** Bot. Órgano masculino de ciertas flores, situado en el centro de estas y formado por una especie de saco que contiene el polen y que está sostenido gralm. por un filamento. *Señale en la flor cáliz, corola, estambres y pistilos.*

estamento. m. **1.** Estrato de una sociedad, caracterizado por un estilo de vida o por una función social. *Estamento militar.* **2.** histór. En la Europa de la Edad

Media y Moderna: Grupo social constituido por las personas de determinada condición, y sujeto a ciertas normas que determinaban la posibilidad de entrar en él o salir del mismo. *La nobleza y el clero eran estamentos poderosos.* FAM **estamental.**

estameña. f. Tejido de estambre, sencillo y ordinario, frec. empleado para la confección de hábitos. *Iba el peregrino con sandalias y hábito de estameña.*

estampa. f. **1.** Imagen o figura impresas en un papel u otra materia mediante una plancha grabada. *Tiene una colección de estampas.* **2.** Dibujo que ilustra una publicación. *El libro tiene unas estampas de colores.* **3.** Papel o tarjeta con la reproducción de una imagen, espec. religiosa. *Lleva en la cartera una estampa de la Virgen.* **4.** Figura o aspecto de alguien o algo. *Un toro de magnífica estampa.* **5.** Espectáculo o escena, espec. si son pintorescos. *Contempla la tierna estampa del perro acurrucado junto al gato.* ■ **dar a la ~** (una obra). loc. v. Imprimir(la) o publicar(la). *Dio a la estampa la novela antes de morir.* ■ **ser la viva ~** (de alguien). loc. v. coloq. Parecerse muchísimo (a esa persona). *La niña es la viva estampa de su padre.*

estampar. tr. **1.** Imprimir o dejar marcado (algo, espec. letras, imágenes o dibujos contenidos en un molde) en papel, tela u otra superficie. *Esta máquina estampa los dibujos en la tela.* **2.** Señalar o imprimir (algo) en otra cosa. *Como no sabía firmar, estampó la huella digital.* **3.** Poner (el nombre o la firma) en algo. *El notario estampó su firma en el contrato.* **4.** coloq. Arrojar con fuerza (a una persona o cosa) haciéndo(las) chocar contra otra. *Estampó una botella* CONTRA *el suelo.* FAM **estampación; estampado, da; estampador, ra.**

estampía. de ~. loc. adv. De repente y de forma impetuosa. *Lo abandonaron todo y salieron de estampía.*

estampida. f. Huida repentina e impetuosa de un conjunto de personas o, espec., de animales. *Los disparos provocaron la estampida de una manada de búfalos.* ■ **de ~.** loc. adv. De estampía. *En cuanto acaba la clase, los niños salen de estampida.*

estampido. m. Ruido fuerte y seco como el producido por el disparo de un cañón. *En las fiestas, se oye el estampido de los petardos.*

estampilla. f. **1.** Sello que tiene reproducida la firma de una persona u otro letrero para poder estamparlos en documentos o papeles. *La firma y la estampilla del ministro.* **2.** Am. Sello (trozo de papel que se pega en las cartas). *Están los postales con las estampillas ya colocadas para mandar* [C]. Tb. **~ postal.** ▶ **2:** SELLO. FAM **estampillado; estampillar.**

estancar. tr. **1.** Detener el curso o la corriente (de algo, espec. de un líquido). *Hay que estancar el agua para el riego.* **2.** Detener la evolución o el desarrollo (de alguien o algo). *La falta de acuerdo estancó las negociaciones.* **3.** Prohibir el curso libre (de una mercancía) concediendo su venta a determinadas personas o entidades. *Establecimiento autorizado para la venta de productos estancados.* FAM **estancamiento.**

estancia. f. **1.** Hecho de estar o permanecer durante cierto tiempo en un lugar determinado. *Disfrutó de su estancia en Buenos Aires.* **2.** Habitación de una vivienda, espec. si es grande y lujosa. *Las estancias principales del palacio se sitúan en torno al patio.* **3.** Am. Finca, espec. ganadera. *Formaron una estancia para la cría del ganado mayor* [C]. ▶ **2:** *HABITACIÓN. **3:** FINCA. ‖ **Am** o frecAm **1:** ESTADA, ESTADÍA. FAM **estanciero, ra** (Am).

estanco, ca. adj. **1.** Dicho espec. de compartimento o recipiente: Cerrado e incomunicado. *Caldera estanca.* **2.** Cerrado o aislado de manera que no deje pasar el agua u otro fluido. *El revestimiento del casco del barco contribuye a hacer estanco su interior.* ● m. **3.** Establecimiento autorizado para vender tabaco, sellos y otros artículos cuya venta libre está prohibida. *Compra tabaco en el estanco.* **4.** Hecho o efecto de estancar o prohibir el curso libre de una mercancía. *El estanco de la sal en el siglo* XVII. FAM **estanqueidad; estanquidad.**

estándar. adj. **1.** Corriente o conforme al tipo o norma habituales. *Le ofrecemos el mejor programa informático, a medida o estándar.* ● m. **2.** Patrón o modelo de referencia. *Las piezas se ajustan a los estándares internacionales.* **3.** Nivel de calidad. *No podrá mantener su actual estándar de vida.* FAM **estandarización; estandarizar.**

estandarte. m. Insignia de una corporación civil, militar o religiosa, consistente en un pedazo de tela gralm. cuadrado, pendiente de un asta y en el que figura su escudo o divisa. *Portan en la procesión el estandarte de la Virgen.*

estanque. m. Depósito de agua construido con fines utilitarios u ornamentales. *Un estanque con peces de colores.*

estante. m. **1.** Tabla horizontal colocada en un mueble o en una pared para poner objetos encima. *El estante superior del armario.* **2.** Mueble provisto de estantes (→ 1) y gralm. sin puertas. *Un estante con sus anaqueles repletos de libros.* ▶ **1:** ANAQUEL, BALDA, ENTREPAÑO. FAM **estantería.**

estaño. m. Elemento químico del grupo de los metales, de color y brillo semejantes a los de la plata, muy maleable y que se emplea, entre otros usos, para recubrir y proteger otros metales (Símb. *Sn*). FAM **estañar.**

estar. (conjug. ESTAR). copul. **1.** Constituye el predicado de una oración junto con un adjetivo calificativo o expresión equivalente, que expresan un estado o una característica que se conciben como no permanentes en lo designado en el sujeto. *Estuviste muy hábil. Las uvas están maduras.* **2.** Se usa solo, sin un adjetivo o expresión equivalente, para expresar un determinado estado sobrentendido. *Ha dicho que estaría en cinco minutos.* **3.** Seguido del participio de ciertos verbos transitivos, forma una construcción pasiva que presenta el hecho expresado por ese participio como resultado de algo que le ha sucedido a lo designado por el sujeto. *La cuenta está pagada. Está enfadado.* ○ intr. **4.** Acompañado de un adverbio o una construcción con valor de adverbio, expresa situación o localización de lo expresado en el sujeto en un estado, un tiempo o un lugar. *Estamos en otoño.* Tb. prnl. *Se estuvo todo el día en la cama.* **5.** Seguido de un gerundio, forma con él una perífrasis que expone en su desarrollo la acción expresada por ese gerundio. *¿Por qué estás llorando?* **6.** Seguido de *de* y un nombre: Trabajar en la actividad o el oficio propios de la persona designada por ese nombre. *Estuvo de camarero.* **7.** Seguido de *de* y un nombre: Ocuparse temporalmente en la actividad expresada por ese nombre. *El fin de semana estaré de mudanza.* **8.** Seguido de *en* y una oración introducida por *que*: Tener la convicción del hecho expresado por ella. *Pues yo estoy en que llega mañana.* **9.** Seguido de *en* y un nombre o una expresión con valor de nombre: Poner el interés o la atención en lo expresado por ellos. *Ellos no están en los pequeños detalles.* **10.** Seguido de un complemento con *por*: Ser favorable o inclinarse a lo expresado por ese complemento. *Estuve por callarme, pero al final se lo dije.* **11.** Seguido de *para* y un infinitivo, expresa inminencia de la acción expresada por ese infinitivo. *Está para llover.* **12.** Precedido de *no* y seguido de *para* y un nombre o una expresión con valor de nombre, expresa la falta de disposición para hacer o soportar lo expresado por ellos. *No está para bromas.* **13.** Valer o costar una cosa en un determinado momento. *Ese cuadro está EN once millones.* **14.** Seguido de *en* y un nombre o expresión equivalente: Consistir o radicar algo en lo expresado por ellos. *El problema está en que no oye.* ■ **está bien.** expr. Se usa para expresar aprobación o conformidad. –*Al final no podré acompañarte.* –*Está bien, iré solo.* ■ ~ alguien **en todo.** loc. v. Atender a muchas cosas al mismo tiempo. *Es muy eficaz, está en todo.* ▶ **4:** ANDAR, ENCONTRARSE. **7:** ANDAR.

estarcir. tr. Estampar (un dibujo u otro motivo) en una superficie, colocando sobre esta una chapa o plantilla en la que están recortados y sobre la que se aplica el color. *Las puertas están decoradas con figuras geométricas estarcidas.* FAM **estarcido.**

estatal. adj. Del Estado. *Dinero estatal.*

estatalismo. m. Estatismo (tendencia política). ▶ ESTATISMO.

estatalizar o **estatificar.** tr. Poner (algo, espec. una empresa o un servicio privados) bajo la administración o dirección del Estado. *Han estatalizado la sanidad.* ▶ frecAm: ESTATIZAR. FAM **estatalización; estatificación.**

estático, ca. adj. **1.** Que permanece en un mismo estado o sin experimentar cambio. *Los precios se mantuvieron estáticos el pasado mes.* **2.** Que no tiene movimiento o está fijo en un sitio. *Bicicleta estática.* **3.** Dicho de persona: Parada o inmóvil por el asombro o la emoción. *Escuchó estática la noticia.* **4.** *Fís.* De la estática (→ 5), o de su objeto de estudio. *El edificio parece desafiar las leyes estáticas.* ● f. **5.** *Fís.* Rama de la mecánica que estudia las leyes del equilibrio de los cuerpos sometidos a la acción de fuerzas. *Fundamentos y aplicaciones de la estática y la dinámica.*

estatismo[1]**.** m. Cualidad de estático o inmóvil. *El estatismo de la mujer del relieve.*

estatismo[2]**.** m. Tendencia política que exalta el poder y la preeminencia del Estado sobre los demás ámbitos y entidades del país. *El estatismo y la burocratización de los sistemas socialistas.* ▶ ESTATALISMO. FAM **estatista** (frecAm).

estatizar. tr. frecAm. Estatalizar (algo, espec. una empresa o un servicio privados). *Las empresas que la dictadura estatizó están dejando pérdida* [C]. ▶ ESTATALIZAR.

estatua. f. Escultura que reproduce una figura humana o animal. FAM **estatuario, ria.**

estatuir. (conjug. CONSTRUIR). tr. Establecer o determinar (algo). *La ley estatuye un plazo determinado.*

estatura. f. **1.** Altura de una persona. *Ella es de baja estatura.* **2.** Talla o categoría de una persona. *Con esa reacción demuestra tener muy poca estatura.* ▶ TALLA.

estatus. (pl. invar.). m. **1.** Posición que una persona ocupa en la sociedad o dentro de un grupo social. Tb. ~ *social. En esta zona vive gente de estatus social alto.* **2.** Situación relativa o condición de algo o alguien dentro de un determinado marco de referencia. *La colonia alcanzó el estatus de país independiente.*

estatuto. m. **1.** Regla o conjunto de reglas con fuerza de ley para el gobierno de un cuerpo, entidad o colectividad. *El Estatuto de los Trabajadores.* **2.** Ley especial básica para el gobierno de una comunidad autónoma, dictada por el Estado del que forma parte. Frec. ~ *de autonomía.* FAM **estatutario, ria.**

este[1]**.** m. **1.** (En mayúsc.). Punto cardinal por donde sale el Sol en los equinoccios (Símb. *E*). *Navega con rumbo hacia el Este.* **2.** En un lugar: Parte que está hacia el Este (→ 1). *Rusia está en el este de Europa.* **3.** Viento que sopla del Este (→ 1). ▶ **1, 2:** LEVANTE, ORIENTE. **3:** LEVANTE.

este[2]**, ta.** adj. **1.** Que está cerca, en el espacio o en el tiempo, de la persona que habla. *Esta aula está vacía.* **2.** Que se acaba de mencionar. *Está lloviendo a mares; en estas circunstancias es mejor no salir.* **3.** Seguido de un nombre que expresa tiempo o momento: Presente o actual. *Le prometió que esta semana irían a pescar.* ● pron. (Puede llevar acento, pero este solo es obligatorio cuando existe riesgo de ambigüedad entre la interpretación como pronombre y como adjetivo. *Al conjugar éstos* ('estos chicos') *verbos irregulares se equivocaron).* **4.** El que está cerca, en el espacio o en el tiempo, de la persona que habla. *Estos no son los pendientes que te regalé.* **5.** El que se acaba de mencionar. *Se lo contó a su vecina y a esta se le ocurrió una solución.* **6.** cult. En enunciados en que se contraponen algo mencionado en primer lugar y algo mencionado en segundo lugar: El que se ha mencionado en último lugar. *Ana y Celia discutieron y esta se marchó dando un portazo.* **7.** Referido a tiempo o momento: El presente o actual. *La semana pasada fuimos al cine y esta a cenar.* ■ **de esta.** loc. adv. En el caso u ocasión en que se encuentra la persona que habla. *De esta nos quedamos sin ir al teatro.* ■ **en estas,** o **a todas estas.** loc. adv. Mientras sucede lo que se acaba de exponer. *Estábamos charlando y en estas sonó el teléfono.* ■ **por estas.** loc. adv. Se usa como fórmula de juramento! *¡Por estas que no sales hoy sin acabar tu trabajo!*

estela[1]**.** f. **1.** Señal o rastro que deja tras de sí en el agua o en el aire una nave u otro cuerpo en movimiento. *Un avión surca el cielo dejando una estela de humo.* **2.** Rastro o huella que dejan alguien o algo que pasan. *Sigue la estela de éxitos de su antecesor.*

estela[2]**.** f. Monumento conmemorativo que se erige sobre el suelo en forma de lápida, pedestal o trozo de columna. *En el museo se exhiben estelas de época romana.*

estelar. adj. **1.** De la estrella o las estrellas del cielo. *Espacio estelar.* **2.** Extraordinario o de gran categoría. *Es su obra estelar como dramaturgo.*

estentóreo, rea. adj. Dicho de sonido, espec. de voz: Muy fuerte o retumbante.

estepa. f. Extensión de terreno amplia, llana y cuya vegetación está constituida fundamentalmente por hierbas, frec. resistentes a condiciones climáticas extremas. *Las estepas rusas. Las estepas de la Patagonia.* FAM **estepario, ria.**

éster. m. *Quím.* Compuesto orgánico que resulta de la reacción entre un ácido y un alcohol con eliminación de agua. *Las grasas son ésteres naturales.*

estera. f. Tejido grueso de esparto, juncos, palma u otra materia semejante, que se usa espec. para cubrir el suelo. *Cortinas de estera.* Tb. el objeto, frec. una alfombra, hecho de ese tejido. *Jugaban en el suelo, sentados sobre una estera.*

estercolar. tr. Echar estiércol (en la tierra). *Hay que estercolar la tierra antes de sembrar.* FAM **estercolero.**

estéreo. adj. **1.** De la estereofonía. *Grabación estéreo.* ● m. **2.** Estereofonía. *El programa se emite en estéreo.* ▶ **1:** ESTEREOFÓNICO.

estereofonía. f. Técnica de reproducción y grabación del sonido que utiliza dos o más canales distanciados para dar una sensación de relieve acústico. ▶ ESTÉREO. FAM **estereofónico, ca.**

estereoscopio. m. *Fís.* Instrumento óptico en el que se ven dos imágenes planas de un mismo objeto tomadas con distintos ángulos y que, al mirarlas simultáneamente cada una con un ojo, producen la sensación de una sola imagen en relieve. *Para tener una visión tridimensional del terreno, miro las fotos con un estereoscopio.* FAM **estereoscópico, ca.**

estereotipado, da. adj. Que se repite sin variación o de forma fija. *Una imagen estereotipada de la mujer.* FAM **estereotipo.**

estereotipar. tr. Fijar mediante su repetición frecuente (algo, espec. un gesto, una frase o una fórmula). *El lenguaje jurídico estereotipa muchas expresiones.*

estereotipia. f. *Med.* Repetición involuntaria y automática de un gesto, acción o palabra, que ocurre sobre todo en ciertos dementes.

estéril. adj. **1.** Que no da fruto, o no produce nada. *El cultivo intensivo transforma suelos fértiles en estériles.* Tb. fig. *Discusión estéril.* **2.** Dicho de ser vivo: Incapaz de reproducirse. *Su marido es estéril.* **3.** Libre de gérmenes causantes de enfermedades. *Gasa estéril.* ▶ **1:** IMPRODUCTIVO, INFECUNDO, INFÉRTIL, INFRUCTUOSO. **2:** INFECUNDO, INFÉRTIL. FAM **esterilidad; esterilización; esterilizador, ra; esterilizar.**

esterilla. f. Estera pequeña que se usa espec. para ponerla sobre el suelo.

esterlina. f. Libra esterlina (→ libra). *En Londres, gastó seiscientas esterlinas.*

esternocleidomastoideo. m. *Anat.* Músculo esternocleidomastoideo (→ músculo).

esternón. m. *Anat.* Hueso plano y alargado, situado en la parte anterior del pecho, con el que se articulan por delante los primeros siete pares de costillas.

estero. m. frecAm. Terreno bajo y pantanoso que suele llenarse de agua por la lluvia o por la filtración de una laguna o un río cercanos. *Agua dulce del estero* [C].

esteroide. m. *Biol.* Sustancia de la que derivan compuestos de gran importancia biológica, como las hormonas o los ácidos biliares. *La atleta fue sancionada por consumo de esteroides.* FAM **esteroideo, a.**

estertor. m. Respiración dificultosa, gralm. ronca o silbante, propia de la agonía y del coma. FAM **estertóreo, a.**

esteta. m. y f. Persona que siente o afecta culto por la belleza. *Decoró su casa con un refinamiento de esteta.*

estético, ca. adj. **1.** De la estética (→ 5, 6). *Concepción estética.* **2.** De la percepción o apreciación de la belleza. *Combina mal los colores: no tiene sentido estético.* **3.** De aspecto bello y elegante. *Esa silla es estética, pero poco práctica.* **4.** Dicho de cirugía: Que tiene por objeto el embellecimiento de una parte externa del cuerpo. *Centro de cirugía estética.* ● f. **5.** Ciencia que trata de la belleza y de la teoría fundamental y filosófica del arte. *Es profesor de Estética en la facultad de Filosofía.* **6.** Conjunto de elementos estilísticos y temáticos que caracterizan a un determinado autor o movimiento artístico. *La estética del modernis-*

mo. **7.** Armonía y apariencia agradable a la vista, que tiene alguien o algo desde el punto de vista de la belleza. *Antepone la estética a la comodidad.* **8.** Conjunto de técnicas y tratamientos utilizados para el embellecimiento del cuerpo. *Centro de estética.* FAM **esteticismo; esteticista.**

estetoscopio. m. *Med.* Instrumento que sirve para auscultar el pecho y otras partes del cuerpo, amplificando sus sonidos.

estiaje. m. Nivel más bajo o caudal mínimo que tienen las aguas de un río u otra corriente o extensión de agua en ciertas épocas del año. *El río tiene grandes estiajes.*

estibar. tr. **1.** Distribuir convenientemente (una serie de cosas) de forma que ocupen el menor espacio posible. *Han estibado las cajas de fruta en el camión.* **2.** *Mar.* Cargar o descargar (un buque). *El barco está estibado y listo para zarpar.* **3.** *Mar.* Distribuir convenientemente (la carga) en un buque. *Estiban la mercancía en la bodega del mercante.* FAM **estiba; estibador.**

estiércol. m. Materia orgánica en descomposición, pralm. excrementos animales, que se usa como abono para la tierra. *Los campos recién abonados olían a estiércol.*

estigma. m. **1.** cult. Marca o señal en el cuerpo. *No le quedan estigmas de su enfermedad.* **2.** cult. Marca de deshonra o mala reputación. *Ser divorciado no es ningún estigma.* **3.** *Rel.* Herida o marca que aparecen milagrosamente en el cuerpo de algunos santos, localizadas en las mismas zonas que las de Cristo cuando fue crucificado. *Al santo se lo representa con sus estigmas en manos, pies y costado.* **4.** *Bot.* Parte superior del pistilo de una flor, que recibe el polen en la fecundación. **5.** *Zool.* En los insectos y otros artrópodos: Orificio por el que penetra el aire en la tráquea. FAM **estigmatizar.**

estilarse. intr. prnl. Estar de moda o usarse algo. *Ya no se estila llevar sombrero.*

estilete. m. Puñal de hoja muy estrecha y aguda. *La mató clavándole un estilete.*

estilismo. m. **1.** Cuidado prioritario del estilo en la obra literaria, anteponiendo la forma al fondo. *Para quien valora el estilismo, el teatro comprometido deja mucho que desear.* **2.** Actividad profesional que tiene por objeto el cuidado del estilo y la imagen, espec. en el mundo de la moda y la decoración. *Tendencias en peluquería y estilismo.*

estilista. m. y f. **1.** Escritor que se distingue por lo esmerado y elegante de su estilo. *En prosa y en verso, es ante todo un estilista.* **2.** Persona que se dedica al estilismo como actividad profesional. *Es estilista de interiores.* **3.** Peluquero que crea nuevos peinados y tendencias. *Mi estilista me ha aconsejado un tinte color caoba.*

estilizar. tr. **1.** Representar (algo o a alguien) reduciéndo(los) a sus rasgos más característicos. *El pintor estiliza el cuerpo humano.* **2.** Adelgazar o hacer más esbelto (algo o a alguien). *El negro estiliza la figura.* FAM **estilización.**

estilo. m. **1.** Forma característica o habitual de actuar o de comportarse. *Estilo de vida.* **2.** Manera de escribir o de hablar peculiar de un escritor o de un orador. *El estilo de Cervantes.* **3.** Carácter propio que da a sus obras un artista plástico o un músico. *El estilo de Miguel Ángel.* **4.** Conjunto de características que individualizan una tendencia artística. *Muebles* *de estilo imperio.* **5.** Gusto o elegancia de una persona o cosa. *Viste con estilo.* **6.** *Bot.* En la mayoría de las flores: Tubo pequeño, hueco o esponjoso, que arranca del ovario y sostiene el estigma. **7.** *Dep.* Modalidad o forma de practicar un deporte. *Compite en estilo mariposa.* ■ **de ~.** loc. adj. Dicho de un mueble o de un objeto de arte: Que pertenece o imita a un estilo (→ 4) antiguo determinado. *Una butaca de estilo.* ■ **por el ~.** loc. adv. De forma parecida. *Me caen los dos por el estilo.* FAM **estilístico, ca; estiloso, sa.**

estilográfica. f. Pluma estilográfica (→ **pluma**). *Ha firmado con su estilográfica.*

estima. f. **1.** Opinión favorable respecto a alguien o algo por su calidad o circunstancias. *En su empresa le tienen mucha estima.* **2.** Aprecio o afecto. *No me tiene demasiada estima, incluso diría que le soy antipático.* ▶ **2:** *AFECTO. FAM **estimable.**

estimado, da. adj. Se usa en fórmulas de cortesía para dirigirse formalmente al destinatario de una carta. *Estimada Sra.: Me dirijo a Ud. para solicitar información...*

estimar. tr. **1.** Calcular o determinar el valor (de algo), espec. de forma aproximada. *Estimaron las pérdidas EN varios millones.* **2.** Atribuir cierto valor (a alguien o algo). *Estima mucho el anillo porque era de su abuela.* **3.** Sentir afecto (por alguien). *Todos la estiman por su buen carácter.* **4.** Juzgar o creer (algo). *Estimaron que no era oportuno insistir.* **5.** Juzgar o creer que (algo) es de determinada manera. *No estiman necesario que lo sepa.* ▶ **2:** *APRECIAR. **3:** *QUERER. **4:** *CREER. FAM **estimación; estimativo, va; estimatorio, ria.**

estimular. tr. **1.** Provocar (en alguien) las ganas de hacer algo. *Tu apoyo me estimula A/PARA seguir así.* **2.** Activar (algo, espec. una acción o función). *El objetivo es estimular el ahorro.* ▶ **1:** ALENTAR, ESPOLEAR, IMPULSAR, INCENTIVAR, INCITAR. **2:** FOMENTAR, INCENTIVAR. FAM **estimulación; estimulador, ra; estimulante.**

estímulo. m. **1.** Cosa que estimula. *Necesita un estímulo PARA seguir luchando.* **2.** *tecn.* Agente capaz de estimular una función o desencadenar una reacción funcional en un organismo. *Estímulos ambientales como la luz causan movimientos en las plantas.* ▶ **1:** ACICATE, AGUIJÓN, ALICIENTE, ESPUELA, INCENTIVO.

estío. m. cult. Verano. *En el estío las aves acuden al lago.*

estipendio. m. Paga o remuneración que se da a alguien por un trabajo o un servicio. *Hacía de mensajero por un insignificante estipendio.*

estipular. tr. Convenir o acordar (algo). *Cobran la cantidad estipulada.* FAM **estipulación.**

estirado, da. adj. Engreído en su trato con los demás.

estirar. tr. **1.** Hacer que (algo) aumente de longitud, espec. tirando con fuerza de sus extremos. *Si estiras tanto la goma acabará por romperse.* **2.** Hacer que (algo) quede tenso o tirante. *Estira más la cuerda del tendedero, que está un poco floja.* **3.** Extender (algo doblado o encogido, espec. un miembro del cuerpo). *No puedo estirar bien el brazo.* **4.** Poner liso (algo) o quitar(le) las arrugas. *No hace falta que planches la camisa, estírala un poco con las manos.* **5.** Gastar (dinero) con cuidado para atender al mayor número posible de necesidades. *Debo estirar mi sueldo si quiero llegar a fin de mes.* ○ intr. **6.** Crecer una persona o aumentar de estatura. *¡Cómo has estirado desde que no te veo!* ○ intr. prnl. **7.** Alargarse algo o aumentar de

longitud. *La imagen se estira o se encoge pulsando ese botón.* **8.** Estirar (→ 2) una parte del cuerpo, espec. brazos o piernas, para desentumecerlos o para desperezarse. *No deja de bostezar y de estirarse.* ▶ **6:** CRECER. FAM **estirada; estirado** (*El estirado de la masa*); **estiramiento.**

estirón. m. **1.** Crecimiento en estatura de una persona. *La niña ha dado un estirón y ya no le vale la ropa.* **2.** Hecho de estirar con fuerza. *Dio un estirón al cable.*

estirpe. f. Linaje. *El heredero debía casarse con alguien de estirpe real.*

estival. adj. Del estío. *Vacaciones estivales.*

esto. (No tiene pl.). pron. **1.** Lo que está cerca, en el espacio o en el tiempo, de la persona que habla. *Esto no es un problema de integración.* **2.** Lo que se acaba de mencionar. *Sé que tenemos problemas, pero no es de esto de lo que quería hablarte.* ■ **en ~.** loc. adv. Mientras sucede lo que se acaba de exponer. *Estábamos viendo una película y en esto llegó mi hermano.* ■ **~ es.** → **ser.**

estocada. → **estoque.**

estofa. f. Calidad o clase. Gralm. despect. *Gente de baja estofa.*

estofar[1]**.** tr. Guisar (un alimento, espec. carne) condimentándo(lo) en crudo con aceite, vino o vinagre, ajo, cebolla y varias especias y cociéndo(lo) a fuego lento. *Voy a estofar la carne.* FAM **estofado** (*Un estofado de ternera*).

estofar[2]**.** tr. *Arte* Decorar (algo) pintando sobre dorado o raspando el color dado sobre dorado para que aparezca el oro. *Un dorador se encargó de estofar las imágenes del altar mayor.* FAM **estofado** (*La técnica del estofado en imaginería*).

estoicismo. m. **1.** Fortaleza o dominio sobre la propia sensibilidad, que conducen a la indiferencia ante el placer o el sufrimiento, o a la capacidad para soportar la desgracia. *Afronta su dolor con estoicismo.* **2.** *Fil.* Escuela grecorromana fundada por Zenón (filósofo griego, s. III a. C.), cuyo ideal es el ejercicio de la virtud, que se logra mediante la aceptación del destino y la lucha contra las pasiones. FAM **estoico, ca.**

estola. f. **1.** Prenda femenina en forma de banda larga, gralm. de piel, que se lleva sobre los hombros o alrededor del cuello como abrigo o adorno. *Una estola de visón.* **2.** *Rel.* Ornamento sagrado que consiste en una banda larga de tela, con una cruz en el medio y otra en cada extremo, y que se coloca el sacerdote colgando del cuello.

estólido, da. adj. cult. Tonto o de corto entendimiento. FAM **estolidez.**

estomagar. tr. coloq. Causar fastidio o molestia (a alguien). FAM **estomagante.**

estómago. m. **1.** En el aparato digestivo de las personas y de algunos animales: Parte ancha del tubo digestivo, situada entre el esófago y el intestino, en la que se produce la descomposición de los alimentos para ser asimilados por el organismo. **2.** Parte exterior del cuerpo que corresponde al estómago (→ 1), espec. si es abultada. *Me dio una patada en el estómago.* **3.** coloq. Capacidad para soportar o hacer cosas desagradables. *Hay que tener estómago para casarse con ese hombre.* ■ **revolver el ~** (a alguien). Causar(le) malestar o repugnancia. *Tanta injusticia me revuelve el estómago.* FAM **estomacal.**

estomatología. f. *Med.* Rama de la medicina que se ocupa de las enfermedades de la boca. *Clínica dental: estomatología.* FAM **estomatológico, ca; estomatólogo, ga.**

estonio, nia o **estoniano, na.** adj. **1.** De Estonia (Europa). ● m. **2.** Lengua hablada en Estonia.

estopa. f. Parte basta del lino o del cáñamo, que queda en el rastrillo formando un amasijo de fibras cuando se rastrilla, y que se emplea para fabricar cuerdas y tejidos de baja calidad, y para otros usos. *El fontanero puso estopa en las juntas de las tuberías.*

estoque. m. **1.** Espada estrecha con la que solo se puede herir de punta. *Desenvainó el estoque dispuesto a defenderse.* **2.** *Taurom.* Espada que utilizan los toreros para matar al toro. *El matador acertó con el estoque.* FAM **estocada; estoquear.**

estorbar. tr. **1.** Poner una dificultad u obstáculo a la ejecución (de algo). *El mueble estorba el paso.* **2.** Causar molestia o incomodidad (a alguien). *Si te estorbo, me voy.* ▶ **1:** *OBSTACULIZAR. FAM **estorbo.**

estornino. m. Pájaro de cabeza pequeña, pico amarillo y plumaje negro con reflejos metálicos, a veces moteado, que suele formar grandes bandadas.

estornudar. intr. Despedir con violencia el aire de los pulmones, por espiración involuntaria y repentina causada por un estímulo que actúa sobre las mucosas nasales. *Es alérgica al polen y en primavera no para de estornudar.* FAM **estornudo.**

estrábico, ca. adj. **1.** Dicho de ojo o de mirada: Desviado respecto de su posición normal. *Antes de operarse tenía el ojo izquierdo estrábico.* **2.** Que padece estrabismo. *Niña estrábica.* ▶ BIZCO.

estrabismo. m. Disposición anómala de los ojos por la cual los dos ejes visuales no se dirigen a la vez a un mismo objeto. ▶ BIZQUERA.

estrado. m. Sitio de honor, espec. constituido por una tarima algo elevada, en un lugar donde se celebra un acto. *El diputado subió al estrado para leer su discurso.*

estrafalario, ria. adj. coloq. Extravagante hasta el punto de resultar risible, espec. en el modo de vestir. *Apareció con un estrafalario sombrero de colores.*

estragar. tr. **1.** Causar estragos (en algo). *La sequía estragó los campos.* **2.** Dañar (a alguien o a una parte de su cuerpo). *Abusar del sol estraga la piel.* ▶ **1:** *DESTRUIR.

estrago. m. Daño grande o destrucción. *El hambre causa estragos en África.*

estragón. m. Hierba de tallos delgados y ramosos, hojas estrechas y flores amarillentas, que se usa como condimento.

estrambótico, ca. adj. coloq. Extravagante o alejado de lo común.

estrangular. tr. **1.** Ahogar (a una persona o a un animal) oprimiéndole(s) el cuello hasta impedir la respiración. *Lo han estrangulado con una cuerda.* **2.** Dificultar o impedir el paso o la circulación (por una vía o conducto). *Los estacionamientos en doble fila estrangulan las calles.* **3.** Impedir el desarrollo o la manifestación (de algo). *El embargo está estrangulando la economía del país.* FAM **estrangulación; estrangulador, ra; estrangulamiento.**

estraperlo. m. coloq. Comercio ilegal de artículos intervenidos por el Estado o sujetos a tasa. *Los productos de estraperlo alcanzaban precios abusivos.*

estratagema. f. **1.** Engaño hecho con astucia para conseguir un fin. *Sus estratagemas para no estudiar*

no le servirán. **2.** Acción de guerra realizada con habilidad para conseguir un objetivo. *La estratagema evitó muchas muertes.*

estratega. m. y f. Persona experta en estrategia. *Los estrategas determinaron el lugar del desembarco.* ▶ ESTRATEGO.

estrategia. f. **1.** Arte o técnica de planificar y dirigir las operaciones militares. *El general es experto en estrategia.* **2.** Plan de acciones coordinadas para dirigir un asunto o conseguir un fin. *La empresa desarrolla nuevas estrategias de venta.*

estratégico, ca. adj. **1.** De la estrategia. *Un ataque estratégico de la aviación desconcertó al enemigo.* **2.** Dicho de cosa, espec. de lugar o posición: De importancia decisiva para un fin. *La estación se construirá en un punto estratégico de la ciudad.*

estratego. m. Hombre experto en estrategia. *Es un mal estratego.* ▶ ESTRATEGA.

estratigrafía. f. **1.** *Geol.* Parte de la geología que estudia los estratos y la disposición y caracteres de las rocas sedimentarias que los constituyen. **2.** *tecn.* Estudio de los estratos. *Estratigrafía social.* FAM **estratigráfico, ca.**

estrato. m. **1.** *Geol.* Cada una de las capas minerales que constituyen un terreno sedimentario. *Los estratos del suelo pueden plegarse o fracturarse.* **2.** *Sociol.* Capa o nivel de una sociedad. *Ciudadanos de todos los estratos.* Tb. ~ *social.* **3.** cult. Cada una de las capas superpuestas que forman un todo. *Distinguimos tres estratos en la piel.* **4.** *Meteor.* Nube baja y grisácea, en forma de una faja extensa, uniforme y paralela al horizonte. FAM **estratificación; estratificar.**

estratosfera o **estratósfera.** f. *Meteor.* Capa de la atmósfera terrestre, inmediatamente superior a la troposfera. FAM **estratosférico, ca.**

estrechar. tr. **1.** Hacer estrecho o más estrecho (algo). *Con los años estrecharon su amistad.* **2.** Apretar (algo o a alguien), espec. en señal de afecto o cariño. *Me felicitó y me estrechó la mano.* ○ intr. prnl. **3.** Ponerse las personas muy cerca unas de otras para ocupar menos espacio. *Si nos estrechamos, cabremos.* FAM **estrechamiento.**

estrecho, cha. adj. **1.** Que tiene menos anchura de la normal o adecuada. *La blusa le queda estrecha.* **2.** Que tiene poca holgura. *En la oficina estamos muy estrechos.* **3.** Dicho de relación: Muy cercana. *Su amistad es muy estrecha.* **4.** Dicho de cosa: Que tiene poca amplitud. *Su vida se desarrolla en un ámbito muy estrecho.* **5.** Dicho de cosa, espec. de margen: Pequeño o escaso. *Hay un estrecho margen de error.* ● m. **6.** Zona estrecha (→ 1) de mar, comprendida entre dos tierras, que comunica un mar con otro. *El estrecho de Magallanes.* ▶ **1:** ANGOSTO. FAM **estrechez; estrechura.**

estregar. (conjug. ACERTAR o, frecAm., reg.). tr. Restregar (algo o a alguien). *El mayordomo estregaba los candelabros con un paño.* ▶ RESTREGAR.

estrella. f. **1.** Cuerpo celeste que brilla en la noche, excepto la Luna. *El cielo estaba lleno de estrellas.* **2.** Figura de una estrella (→ 1), con rayos que parten de un centro común o con un círculo rodeado de puntas. *La estrella de David tiene seis puntas.* **3.** Signo en forma de estrella (→ 2), que sirve para indicar la graduación de jefes y oficiales de las fuerzas armadas. *En el uniforme lleva las estrellas de coronel.* **4.** Signo en forma de estrella (→ 2), que sirve para indicar, según su número, la categoría oficial de los es-

estrellar - estructura

tablecimientos hoteleros. *Hotel de cuatro estrellas.* **5.** Suerte o destino. *Llora su mala estrella.* **6.** Persona, espec. artista de cine, que sobresale extraordinariamente en su profesión. *Admira a las estrellas de cine.* **7.** Se usa en aposición para indicar que lo designado por el sustantivo al que sigue se considera lo más destacado en su género. *La pieza estrella de la exposición es una Venus.* **8.** Animal marino con el cuerpo deprimido en forma de estrella (→ 2), gralm. de cinco brazos. Tb. ~ *de mar.* **9.** *Astr.* Cuerpo celeste que emite energía luminosa y calorífica, producida por reacciones termonucleares. *El Sol es una estrella.* ■ ~ **fugaz.** f. Meteorito que se mueve con gran velocidad y deja una estela luminosa al entrar en la atmósfera, apagándose pronto. *Vi una estrella fugaz y pedí un deseo.* □ **nacer con** ~, o **tener** ~. loc. v. Ser afortunado. *Los hay que nacen con estrella.* ▶ **6:** ASTRO. FAM **estrellado, da.**

estrellar. tr. **1.** coloq. Hacer que (una persona o cosa) choquen con fuerza contra otra o contra una superficie dura y se aplasten o se hagan pedazos. *Estrelló un plato* CONTRA *la pared.* **2.** Echar (un huevo) para freír(lo). *Estrella un huevo en la sartén.* ○ intr. prnl. **3.** Fracasar en una pretensión por tropezar contra un obstáculo insuperable. *Sus intentos de reforma se estrellan* CON *la negativa del director.*

estrellato. m. Condición de estrella del espectáculo. *Alcanzó el estrellato.*

estremecer. (conjug. AGRADECER). tr. **1.** Hacer temblar (algo). *Los cañonazos estremecían las casas.* **2.** Producir algo, espec. el frío, el miedo o la emoción alteración o sobresalto, a veces acompañado de temblor físico, (en alguien). *La noticia nos ha estremecido.* FAM **estremecedor, ra; estremecimiento.**

estrenar. tr. **1.** Hacer uso (de algo) por primera vez. *Estreno reloj.* **2.** Representar por primera vez ante el público (un espectáculo). *La compañía estrenó ayer una comedia.* ○ intr. prnl. **3.** Empezar a desempeñar una actividad o una profesión. *Se estrena* EN *las tareas de dirección.* FAM **estreno.**

estreñido, da. adj. Que padece estreñimiento. *El bebé está estreñido.*

estreñimiento. m. Hecho o efecto de estreñir. *Laxantes para el estreñimiento.*

estreñir. (conjug. CEÑIR). tr. Retrasar (en alguien) el curso del contenido intestinal y dificultar su evacuación. *La manzana me estriñe.*

estrépito. m. Ruido fuerte. ▶ ESTRUENDO. FAM **estrepitoso, sa.**

estrés. m. Estado de tensión provocado por situaciones agobiantes que originan trastornos físicos o psicológicos a veces graves. *Hace yoga para combatir el estrés.* FAM **estresante; estresar.**

estría. f. **1.** Cada de las rayas en hueco que suelen tener algunos cuerpos. Gralm. en pl. *Las estrías de una columna.* **2.** Cada una de las líneas claras que aparecen en la piel, frec. en el embarazo, por desgarros o estiramientos. FAM **estriado, da.**

estriar. (conjug. ENVIAR). tr. Hacer estrías (en algo). *Los estiramientos excesivos estrían la piel.*

estribación. f. Ramal de montaña que deriva de una cordillera. *La ruta baja por las estribaciones de la sierra.*

estribar. intr. Tener una cosa su fundamento u origen en otra. *La dificultad estriba* EN *la falta de medios.* ▶ RADICAR.

estribillo. m. **1.** Verso o conjunto de versos que se repiten después de cada estrofa en algunas composi-

ciones líricas, y que a veces también les sirven de comienzo. *El estribillo de la canción es muy pegadizo.* **2.** Palabra o frase que se repite mucho, frec. por costumbre o de manera automática. *¡Ya está con el estribillo de siempre!*

estribo. m. **1.** Pieza de una silla de montar, gralm. de metal o cuero, que pende de una correa y en la que el jinete apoya el pie. *Puso el pie en el estribo.* **2.** Especie de escalón del que van provistos algunos carruajes y otros vehículos, y que sirve para subir a ellos o para bajar. **3.** *Anat.* Hueso pequeño situado en la parte más interna del oído medio y que se articula con el yunque. ■ **perder** alguien **los** ~s. loc. v. Alterarse hasta el punto de perder el control de sí mismo. *Perdona lo que dije: perdí los estribos.*

estribor. m. Lado derecho de una embarcación, mirando de popa a proa. *El barco viró a estribor.*

estricnina. f. *Quím.* Sustancia muy venenosa, presente en algunos vegetales.

estricto, ta. adj. **1.** Dicho de norma: Que no admite excepciones ni interpretación. *Las normas de selección son muy estrictas.* **2.** Dicho de persona o cosa: Que se ajusta enteramente a la norma establecida. *Tiene un jefe muy estricto.*

estridente. adj. **1.** Dicho de sonido: Agudo y desagradable. *Música estridente. Voz estridente.* **2.** Dicho de cosa o persona: Que, por exagerada o violenta, produce una sensación llamativa y molesta. *Colores estridentes.* FAM **estridencia.**

estro. m. **1.** cult. Inspiración artística, espec. poética. *Fruto de su estro lírico son estos sonetos.* **2.** *Zool.* Período de celo de los mamíferos.

estrofa. f. Conjunto organizado de versos con una disposición determinada de metros y rimas, que constituye una unidad métrica dentro de algunas composiciones poéticas. *El poema consta de cinco estrofas.* FAM **estrófico, ca.**

estrógeno. m. *Biol.* Hormona segregada pralm. por el ovario y que induce la aparición de los caracteres sexuales secundarios femeninos, como el desarrollo de las mamas o la primera menstruación. *Con la menopausia los estrógenos disminuyen.*

estropajo. m. Utensilio de materia áspera y fibrosa, que sirve para fregar.

estropajoso, sa. adj. **1.** coloq. Dicho de cosa: Áspera y fibrosa como el estropajo. *Pelo estropajoso.* **2.** coloq. Dicho espec. de lengua o modo de hablar: De pronunciación confusa o defectuosa. *Pidió con voz estropajosa otra copa.*

estropear. tr. **1.** Hacer que (algo) quede en malas condiciones o peores de las que tenía. *Estropeó los pantalones de tanto lavarlos.* **2.** Hacer que (alguien o algo) tomen peor aspecto del que tenían. *Una torre estropearía el paisaje.* **3.** Impedir que (algo, como un asunto o un proyecto) se desarrolle bien o salga adelante. *Le estropearon los planes.* **4.** Hacer que (alguien) adopte malos hábitos. *Con tantos mimos vas a estropear a la niña.* ▶ **1:** DETERIORAR, ROMPER. **3:** DESBARATAR, FASTIDIAR, MALOGRAR.

estropicio. m. Destrozo ruidoso o llamativo y frec. de escasas consecuencias.

estructura. f. **1.** Modo de estar distribuidas o dispuestas las partes de algo. *La estructura de la novela.* **2.** Armazón, gralm. de acero u hormigón armado, que sustenta un edificio. *Solo la estructura del rascacielos quedó en pie tras el incendio.* **3.** Sistema de elementos interrelacionados. *En el ejército, la estructura* *de mandos está muy jerarquizada.* FAM **estructuración; estructural; estructurar.**

estructuralismo. m. Teoría científica basada en la consideración de un conjunto de datos como estructura o sistema de interrelaciones. FAM **estructuralista.**

estruendo. m. Ruido grande. *Cuando explotó la bomba, se oyó un estruendo.* ▶ ESTRÉPITO. FAM **estruendoso, sa.**

estrujar. tr. **1.** Apretar (algo) para sacar(le) el zumo. *Estruja bien el limón.* **2.** Apretar (algo) de manera que se deforme o se arrugue. *Estrujó el papel y lo tiró a la papelera.* **3.** Apretar o comprimir (a alguien o una parte su cuerpo) tan fuerte y violentamente que llegue a hacer daño. *En el metro te estrujan.* **4.** Abrazar muy fuerte y con mucho cariño (a alguien). *Estruja al niño entre sus brazos y lo besa.* **5.** coloq. Exprimir (algo o a alguien). *En su trabajo lo estrujan.* FAM **estrujamiento; estrujón.**

estuario. m. Desembocadura de un río caudaloso en el mar, cuyas márgenes van apartándose en el sentido de la corriente, y en la que penetra el agua del mar con la subida de las mareas. *El estuario del Río de la Plata.*

estuche. m. Caja o envoltura para guardar ordenadamente uno o varios objetos. *Guarda la estilográfica en su estuche.* FAM **estuchado; estuchar.**

estuco. m. **1.** Masa de yeso blanco y agua de cola, con la que se hacen y preparan muchos objetos que después se doran o pintan. *Los relieves de estuco de los capiteles.* **2.** Pasta de cal y mármol pulverizado, con que se enlucen las paredes que se van a barnizar después con aguarrás y cera. FAM **estucado; estucar.**

estudiado, da. adj. Dicho de cosa: Que carece de sencillez o naturalidad. *Es una muchacha poco espontánea, de gestos estudiados.*

estudiante. m. y f. Persona que cursa estudios en un centro de enseñanza. *Estudiantes universitarios.* FAM **estudiantado; estudiantil.**

estudiantina. f. Conjunto musical formado por estudiantes, gralm. universitarios, que visten con un traje tradicional y suelen acompañarse con instrumentos de cuerda y panderetas. *La estudiantina interpretó una melodía.*

estudiar. (conjug. ANUNCIAR). tr. **1.** Aplicar el entendimiento para comprender o aprender (algo). *Está estudiando matemáticas para el examen.* **2.** Recibir enseñanza (sobre una o varias materias), espec. en un centro docente. *Estudió latín en la escuela.* **3.** Examinar atentamente (algo). *Voy a estudiar las distintas propuestas.*

estudio. m. **1.** Hecho de estudiar para comprender, aprender o conocer algo. *El estudio requiere concentración.* **2.** Obra en que un autor estudia o analiza una cuestión. *Publicó un estudio sobre la pintura de Leonardo.* **3.** Lugar de trabajo de un artista o profesional liberal. *Es arquitecto y trabaja en un estudio.* **4.** Apartamento de reducidas dimensiones, usado gralm. como vivienda o despacho. *Vive en un estudio en el centro de la ciudad.* **5.** Conjunto de edificios o instalaciones destinados a la realización de películas cinematográficas, a emisiones de radio o televisión o a grabaciones discográficas. *La película se rueda en un estudio de Hollywood.* **6.** *Mús.* Composición destinada al aprendizaje o perfeccionamiento en el ejercicio de la interpretación instrumental. *Aprendí a tocar el piano con unos estudios de Schumann.* **7.** *Arte* Boceto preparatorio para una obra pictórica o escul-

tórica. *Solo se conservan los estudios del cuadro que se destruyó.* ○ pl. **8.** Hecho de estudiar o recibir enseñanza. *Dejó los estudios y se puso a trabajar.* **9.** Conjunto de materias que se estudian para obtener una titulación. *Quiere acabar sus estudios de Medicina.* **10.** Instrucción o enseñanza recibida. *No tiene estudios y apenas sabe leer.* FAM **estudioso, sa.**

estufa. f. **1.** Aparato destinado a calentar un recinto y que funciona por electricidad o por combustión de gas, madera u otro combustible. *Estufa de leña.* **2.** Aparato o recinto que sirven para secar, desinfectar o mantener caliente o en un ambiente con determinadas condiciones de calor y humedad algo. *Se secan los tallos en estufa.*

estulto, ta. adj. cult. Tonto o necio. *Sonrisa estulta.* FAM **estulticia.**

estupefaciente. adj. **1.** Dicho de sustancia: Que es narcótica y hace perder la sensibilidad. *Consume cocaína y otras sustancias estupefacientes.* Tb. m. **2.** De los estupefacientes (→ 1). *La metadona tiene propiedades estupefacientes.*

estupefacto, ta. adj. Atónito o asombrado. ▶ *ATÓNITO. FAM **estupefacción.**

estupendo, da. adj. **1.** Muy bueno. *Unas vacaciones estupendas.* ● adv. **2.** coloq. Muy bien. *Lo pasamos estupendo en la discoteca.* ▶ **1:** COLOSAL, EXCELENTE, FABULOSO, FORMIDABLE, MAGNÍFICO, MARAVILLOSO, SOBERBIO. ‖ Am: **1:** CHÉVERE, REGIO.

estúpido, da. adj. Tonto o de corto entendimiento. *¡Qué estúpida fui al dejarme engañar!* Se usa como insulto. ▶ *TONTO. FAM **estupidez.**

estupor. m. **1.** Asombro, espec. si es muy intenso o paralizante. *Se encaramó a la torre ante el estupor general.* **2.** *Med.* Estado caracterizado por una disminución de la actividad intelectual, con ausencia de movimientos y de reacción a los estímulos. *El paciente pasó de la desorientación al estupor y después al coma.* ▶ **1:** *ASOMBRO.

estupro. m. *Der.* Hecho de realizar un adulto el coito con un menor, mediante engaño o valiéndose de su superioridad sobre este. *Un delito de estupro.*

esturión. m. Pez marino de gran tamaño, que remonta el curso de los ríos para desovar y con cuyas huevas se prepara el caviar.

esvástica. f. Cruz gamada. *Unos nazis ondeaban banderas con la esvástica.*

etano. m. *Quím.* Gas incoloro, inodoro y combustible, presente en el gas natural y en el petróleo, que se utiliza para producir otros hidrocarburos.

etapa. f. **1.** Trecho de los varios en que se divide mediante paradas un recorrido. *Empieza la carrera con una etapa de 90 km.* **2.** Lugar donde se hace una parada de descanso en un recorrido. *La primera etapa del viaje será Buenos Aires.* **3.** Fase en el desarrollo de una acción o de un proceso. *Las primeras etapas de la vida.* ■ **por ~.** loc. adv. Gradualmente o por pasos sucesivos. *La implantación se realizará por etapas.* ■ **quemar ~.** loc. v. Avanzar en una acción o proceso pasando rápidamente por las etapas (→ 3) previstas. *Fue quemando etapas hasta convertirse en director.* ▶ **3:** FASE.

etarra. adj. De la organización terrorista ETA. *Comando etarra.*

etcétera. Voz que se usa para sustituir el final de una exposición o enumeración, gralm. porque se sobrentiende o no se quiere especificar. *Estudian geografía, historia, matemáticas, etcétera.* Tb. m.

éter. m. **1.** cult. Cielo (esfera aparente que rodea la Tierra). *Las aves surcan el éter.* **2.** *Quím.* Compuesto que resulta de la unión de dos moléculas de alcohol con pérdida de una molécula de agua. **3.** *Quím.* Líquido inflamable, volátil y de olor penetrante, que se obtiene al calentar a elevada temperatura una mezcla de alcohol etílico y ácido sulfúrico, frec. usado como anestésico. Tb. ~ *etílico,* o *sulfúrico.*

etéreo, a. adj. **1.** cult. Vago o sutil. *Belleza etérea.* **2.** cult. Del éter o cielo.

eterno, na. adj. **1.** Que no tiene principio ni fin. *Dios es eterno.* **2.** Que dura para siempre. *Me juró amor eterno.* **3.** Antepuesto a un nombre, se usa para expresar el carácter habitual o excesivamente repetitivo de lo designado por este. *De ella recuerdo su eterna sonrisa.* FAM **eternal; eternidad; eternizar.**

ético, ca. adj. **1.** De la ética (→ 3, 4). *El punto de vista ético.* **2.** Recto, o conforme con la ética (→ 3). *No es ético aprovecharse de ella.* ● **3.** Conjunto de normas que rigen la conducta humana, relacionadas con el sentido del bien y del mal. *La abogada faltó a su ética profesional.* **4.** Parte de la filosofía que estudia el comportamiento del hombre desde el punto de vista del bien y del mal, y los principios por los que debe regirse teniendo como finalidad el bien. ▶ **3, 4:** *MORAL. FAM **eticidad.**

etileno. m. *Quím.* Gas incoloro, de sabor dulce y muy inflamable, constituyente del gas natural y muy empleado en la industria petroquímica.

etílico, ca. adj. *Quím.* Dicho de alcohol: Que contiene el radical etilo. Tb. dicho de efectos producidos por el consumo excesivo de alcohol. *Entró en coma etílico.*

etilo. m. *Quím.* Radical del etano. *El cloruro de etilo se usa como anestésico.*

etimología. f. **1.** Origen de una palabra. *¿Cuál es la etimología DE la palabra "padre"?* **2.** Estudio del origen de las palabras. *Es necesario entender de etimología para conocer bien un idioma.* FAM **etimológico, ca; etimologista; etimólogo, ga.**

etiología. f. **1.** *tecn.* Estudio de las causas de las cosas, espec. de las enfermedades. *Etiología y Patología.* **2.** *tecn.* Causa u origen de algo, espec. de una enfermedad. *Padece un trastorno digestivo de etiología infecciosa.* FAM **etiológico, ca.**

etíope. adj. De Etiopía (África). FAM **etiópico, ca.**

etiqueta. f. **1.** Trozo de papel, cartulina, tela u otro material, que se coloca en un objeto o en un producto, con fines pralm. de identificación, valoración o clasificación. *La etiqueta del precio.* **2.** Conjunto de reglas que deben observarse en las casas reales y en actos públicos solemnes. *Si acuden a una recepción real, tendrán que respetar la etiqueta.* **3.** Ceremonia (demostración formal y cortés de respeto entre personas). *No me trates con tanta etiqueta.* **4.** Calificación identificadora que se aplica a algo o alguien. *Me han colgado la etiqueta de sindicalista.* ■ **de ~.** loc. adj. **1.** Dicho de ropa, espec. de traje: Adecuado según las normas o el protocolo para asistir a un acto solemne. *Un traje de etiqueta.* **2.** Dicho de fiesta o ceremonia: Que exige ropa de etiqueta (→ de etiqueta 1). *Una cena de etiqueta.* ▶ **3:** CEREMONIA. FAM **etiquetado; etiquetaje; etiquetar.**

etnia. f. Comunidad humana definida por afinidades raciales, lingüísticas y culturales. *Etnia gitana.* FAM **étnico, ca.**

etnocentrismo. m. *Antropol.* Tendencia a considerar superior el grupo étnico al que se pertenece y a convertirlo en modelo de referencia. FAM **etnocéntrico, ca.**

etnografía. f. *tecn.* Rama de la antropología que se ocupa del estudio descriptivo de las etnias y pueblos, sus costumbres, tradiciones y demás aspectos sociales. FAM **etnográfico, ca; etnógrafo, fa.**

etnología. f. *tecn.* Rama de la antropología que se ocupa del estudio de las etnias y los pueblos en sus distintos aspectos y relaciones, a partir de los datos proporcionados por la etnografía. FAM **etnológico, ca; etnólogo, ga.**

etología. f. *tecn.* Ciencia que estudia el comportamiento de los animales y del hombre en su medio natural. FAM **etológico, ca; etólogo, ga.**

etrusco, ca. adj. histór. De Etruria (antigua región de Italia).

eucalipto o eucaliptus. m. **1.** Árbol de gran altura, tronco recto y hojas olorosas verdes y en forma de punta de lanza, empleadas en medicina por sus propiedades balsámicas. **2.** Extracto de hojas de eucalipto (→ 1). *Caramelos de eucalipto.*

eucaristía. f. **1.** *Rel.* Sacramento mediante el cual, por las palabras que el sacerdote pronuncia, el pan y el vino se transforman en el cuerpo y la sangre de Cristo. **2.** *Rel.* Misa (rito). *El Papa celebrará la eucaristía.* ▶ **2:** MISA. FAM **eucarístico, ca.**

euclidiano, na. adj. *Mat.* Dicho espec. de geometría: Basada en los postulados de Euclides (matemático griego, s. III a. C.).

eufemismo. m. Palabra o expresión usadas para evitar otra que se considera dura, inadecuada o malsonante. *Hable claro y déjese de eufemismos.* FAM **eufemístico, ca.**

eufonía. f. Sonoridad agradable y armoniosa de una palabra o secuencia de palabras. *La eufonía contribuye al éxito del eslogan publicitario.* FAM **eufónico, ca.**

euforia. f. Estado de ánimo de intensa alegría, con tendencia al optimismo. *Todo va bien, pero no nos dejemos llevar por la euforia.* FAM **eufórico, ca; euforizante.**

eunuco. m. Hombre castrado. *Tenía una voz aguda, como de eunuco.*

eureka. interj. Se usa para expresar alegría cuando se encuentra o descubre algo que se busca con afán. *¡Eureka!, aquí está el teléfono que buscaba.*

euro¹. m. Unidad monetaria común a los Estados de la Unión Europea.

euro². m. cult. Este (viento). *Un euro lluvioso sopla en la casa.*

euro-. elem. compos. Significa 'europeo o de Europa' (*eurocampeón, euroasiático*), o 'de la Unión Europea' (*eurocámara, eurodiputada*).

eurocentrismo. m. Tendencia a considerar los valores culturales, sociales y políticos de tradición europea como modelos universales.

europeo, a. adj. De Europa. *País europeo.* FAM **europeidad; europeísta; europeización; europeizante; europeizar** (conjug. DESCAFEINAR).

euskera o eusquera. adj. **1.** Del euskera (→ 2). *Sufijo eusquera.* ● m. **2.** Lengua hablada por parte de los naturales del País Vasco español, francés y de la comunidad de Navarra. ▶ **2:** VASCO, VASCUENCE.

eutanasia. f. Hecho de acelerar o provocar la muerte de un enfermo incurable para evitarle sufrimiento, ya aplicando medios adecuados, ya renunciando a aplicar los que prolongarían su vida. FAM **eutanásico, ca.**

eutrofización. f. *Ecol.* Incremento de sustancias nutritivas en aguas dulces, espec. en lagos y embalses, que provoca un exceso de plancton vegetal.

evacuar. (conjug. AVERIGUAR o, menos frec., ACTUAR). tr. **1.** Hacer que (un lugar) quede vacío, espec. para evitar algún daño o peligro. *Evacuaron las casas a causa del desbordamiento del río.* **2.** Desalojar (a los habitantes de un lugar) para evitar(les) algún daño o peligro. *Ante el riesgo de derrumbamiento, los bomberos evacuaron a sus inquilinos.* **3.** Expulsar (los excrementos u otras secreciones) del organismo. *Los laxantes ayudan a evacuar las heces.* **4.** Desocupar (el vientre). *Los laxantes ayudan a evacuar el vientre.* FAM **evacuación; evacuatorio, ria.**

evadir. tr. **1.** Evitar (algo), gralm. con astucia. *Le acusan de evadir el pago de impuestos.* **2.** Eludir (algo) o librarse (de ello) con habilidad. *Sabe evadir las preguntas comprometidas.* **3.** Sacar (dinero) ilegalmente de un país. *Está en la cárcel por evadir millones.* ○ intr. prnl. **4.** Huir de un lugar donde se está encerrado. *Dos presos han intentado evadirse DE la cárcel.* **5.** Desentenderse de una preocupación o una situación difícil. *Leer le permite evadirse DE la realidad.* ► **4:** *HUIR. FAM **evasor, ra.**

evaluar. (conjug. ACTUAR). tr. **1.** Determinar o fijar el valor (de alguien o algo). *Evalúan los daños.* **2.** Valorar y calificar los conocimientos, las aptitudes y el rendimiento (de los alumnos). *Evalué a los alumnos.* FAM **evaluación; evaluador, ra.**

evanescente. adj. cult. Que se desvanece o esfuma. *En sus sueños aparecía la figura evanescente de una hermosa mujer.* FAM **evanescencia.**

evangélico, ca. adj. **1.** Del Evangelio. *Leímos el pasaje evangélico de la Resurrección.* **2.** *Rel.* Del protestantismo, espec. del que funde el culto luterano y el calvinista. *Iglesia Luterana Evangélica.* ► **2:** PROTESTANTE.

evangelio. m. **1.** Doctrina de Jesucristo, contenida en los Evangelios (→ 2). *Quiere ir como misionera a predicar el Evangelio.* **2.** (En mayúsc.). Cada uno de los cuatro libros de la Biblia que relatan la vida, milagros y doctrina de Jesucristo, y que componen la primera parte del Nuevo Testamento. *Evangelio de San Juan.* **3.** Pasaje tomado de los Evangelios (→ 2) y que se lee en misa, gralm. después de la epístola. *El evangelio de hoy narra la resurrección de Lázaro.* **4.** Religión cristiana. *Se convirtió al evangelio.* FAM **evangelización; evangelizador, ra; evangelizar.**

evangelista. m. Cada uno de los cuatro discípulos de Jesucristo con cuyos nombres se designan los cuatro Evangelios.

evaporar. tr. **1.** Convertir en vapor (un líquido). *El calor evapora el agua.* **2.** Hacer que (algo) se disipe o desaparezca. *Sus críticas evaporaron mis expectativas de ascenso.* ○ intr. prnl. **3.** Convertirse en vapor un líquido. *La colonia se ha evaporado.* **4.** coloq. Desaparecer alguien o algo sin ser notados. *El detective se despistó y la persona a la que seguía se evaporó.* FAM **evaporación; evaporador, ra.**

evasión. f. Hecho de evadir o evadirse. *La evasión DE capitales.* ■ **de ~.** loc. adj. Dicho de género u obra literarios, cinematográficos o televisivos: Que tienen como finalidad entretener. *El cine de evasión acapara la cartelera.* ► *HUIDA.

evasivo, va. adj. **1.** Que evade una dificultad o una situación comprometida. *Se mostró evasivo durante el interrogatorio.* ● f. **2.** Medio para eludir una dificultad o una situación comprometida. *Sé claro y no me respondas con evasivas.*

evasor, ra. → evadir.

evento. m. cult. Acontecimiento. *El evento social del año fue la boda del rey.*

eventual. adj. **1.** Que puede suceder o no, o que está sujeto a cualquier contingencia. *Previenen un eventual ataque.* **2.** Dicho de trabajador: Que no pertenece a la plantilla de una empresa y presta sus servicios en ella de manera provisional. Tb. dicho del trabajo que se realiza en esas condiciones. FAM **eventualidad.**

evidencia. f. **1.** Certeza clara e indudable de la verdad o realidad de algo. *Ante la evidencia de su inocencia, fue absuelto.* **2.** Cosa o prueba evidentes. *Eso es negar las evidencias.* ■ **en ~.** loc. adv. **1.** En ridículo o en situación desairada. *Me puso en evidencia.* **2.** En conocimiento de todos o en situación de ser apreciado con toda claridad. *Queda en evidencia cuál fue el error.* FAM **evidenciar** (conjug. ANUNCIAR).

evidente. adj. Que se presenta de tal modo que no ofrece duda o no se puede negar. *Es evidente que está enfadada.* ► CLARO, FRANCO, MANIFIESTO, NOTORIO, OBVIO, OSTENSIBLE, PALMARIO, PATENTE, VISIBLE.

evidentemente. adv. De manera evidente. *Evidentemente, si el objeto no recibe luz, tampoco proyecta sombra.* Se usa frec. para expresar asentimiento o confirmación. *Le pregunté si vendría y contestó: –Evidentemente.*

evitar. tr. **1.** Hacer que (algo, espec. un daño, un peligro o una molestia) no suceda. *Hizo una maniobra para evitar el choque.* **2.** Procurar no hacer (algo). *Evita encontrarse conmigo.* **3.** Procurar alguien no encontrarse (en una situación o un lugar, o con una persona o cosa). *La evito porque no me cae bien.* ► ELUDIR, ESQUIVAR. FAM **evitación.**

evocar. tr. **1.** Recordar o traer a la memoria (algo o a alguien). *Evocaron sus tiempos de estudiantes.* **2.** Traer una cosa a la imaginación (otra semejante o relacionada de algún modo con ella). *El color rojo evoca pasión.* **3.** Llamar (a los espíritus o a los muertos). *En la sesión de espiritismo han evocado a los espíritus.* ► **2:** SUGERIR. FAM **evocación; evocador, ra; evocativo, va** (frecAm).

evolución. f. **1.** Transformación gradual de algo o alguien, por medio de la cual pasan de un estado a otro, gralm. mejor o más perfecto. *El herido tiene una evolución favorable.* **2.** *Biol.* Transformación continua de las especies a través de cambios producidos en sucesivas generaciones. *Darwin formuló la teoría de la evolución.* Tb. ~ *biológica.* **3.** Movimiento de una persona, animal o cosa que se desplazan describiendo curvas. *Miraba las evoluciones de una pareja en la pista de baile.* **4.** Movimiento de tropas pasando de unas formaciones a otras de acuerdo con un plan para atacar al enemigo o defenderse de él. *Los generales dirigían las evoluciones del ejército.* FAM **evolucionar; evolutivo, va.**

evolucionismo. m. *Biol.* Teoría que defiende la idea de la evolución de las especies. FAM **evolucionista.**

ex. m. y f. coloq. Persona que, respecto de otra, ha dejado de ser su cónyuge o pareja sentimental. *El ex de María sale ahora con su amiga Inés.*

ex-. pref. Se usa antepuesto a nombres o adjetivos de personas o, a veces, de cosas para indicar que estas han dejado de ser lo que aquellos significan. Frec. se escribe separado de la palabra a la que precede, o con guión. *Ex ministro, ex marido, ex-jugador, ex-capital.*

exabrupto. m. Dicho inconveniente e inesperado, manifestado con brusquedad. *¿Pero quién se ha creído para soltar tal exabrupto?*

exacción. f. *Der.* Exigencia del pago de un impuesto, prestación, multa o deuda. *La exacción de este impuesto corresponde a cada Ayuntamiento.*

exacerbar. tr. **1.** Hacer más fuerte o intenso (algo, espec. un sentimiento). *La ausencia de noticias exacerba su angustia.* **2.** Agravar (una enfermedad o un síntoma). *La contaminación exacerba las alergias.* **3.** Irritar (a alguien) o causar(le) enfado. *Su indecisión lo exacerba.* FAM exacerbación; exacerbamiento.

exactamente. adv. De manera exacta. *Todos los días sale exactamente a las ocho.* Se usa frec. para expresar asentimiento o confirmación. *–¿Son dos cucharadas de azúcar? –Exactamente.*

exacto, ta. adj. **1.** Rigurosamente ajustado a la realidad, a la lógica o a un modelo. *Dato exacto.* ● adv. **2.** Se usa frec. para expresar asentimiento o confirmación. *¡Exacto! Eso es lo que necesito.* ▶ **1:** CONCRETO, ESPECÍFICO. FAM exactitud.

exagerado, da. adj. **1.** Dicho de persona: Que exagera. *No sea exagerado, que fue un golpecito.* **2.** Dicho de cosa: Que tiene o implica exageración. *No es exagerado afirmar que la Tierra está en peligro.* **3.** Dicho de cosa: Que sobrepasa los límites de lo justo, conveniente o razonable. *No es un sueldo exagerado.* ▶ **3:** *EXCESIVO.

exagerar. tr. Dar (a algo) proporciones excesivas, o presentar(lo) como más grande o más importante de lo que es en realidad. *La prensa exageró el suceso.* FAM exageración.

exagonal; exágono. → hexágono.

exaltado, da. adj. Que se exalta con facilidad perdiendo la calma.

exaltar. tr. **1.** Elevar (a alguien) a una alta dignidad o a una posición elevada. *Fue exaltado A la Jefatura del Estado.* **2.** Realzar el mérito o valor (de alguien o algo). *El poeta exalta al torero como héroe.* **3.** Avivar o aumentar (un sentimiento o pasión). *La música exalta las pasiones.* ○ intr. prnl. **4.** Dejarse llevar por una pasión, perdiendo la moderación y la calma. *Se exaltó con la discusión.* ▶ **1:** *ENSALZAR. **2:** *ALABAR. FAM exaltación; exaltador, ra.

examen. m. **1.** Hecho de observar o considerar atentamente algo o a alguien para conocer sus cualidades o circunstancias. *Se somete a un examen médico.* **2.** Prueba o conjunto de pruebas que se realizan para comprobar la aptitud de una persona para el ejercicio de una actividad o cargo, o para demostrar su aprovechamiento en los estudios. *Tengo examen de Geografía.* ■ ~ **de conciencia.** m. Reflexión sobre la propia conducta desde el punto de vista moral. *Deberías hacer examen de conciencia.* ■ **libre ~.** m. Consideración de las doctrinas cristianas sin otro criterio que el texto de la Biblia interpretado conforme al juicio personal y descartando la autoridad de la Iglesia.

examinar. tr. **1.** Observar o considerar atentamente (algo o a alguien) para conocer sus cualidades o circunstancias. *La doctora examinó al paciente.* **2.** Someter (a alguien) a un examen o prueba. *El profesor nos examinó.* ○ intr. prnl. **3.** Sufrir un examen o prueba. *Me examino DE danza.* FAM examinador, ra; examinando, da.

exangüe. adj. **1.** cult. Desangrado o falto de sangre. *El herido estaba exangüe.* **2.** cult. Que está sin fuerzas. *El corredor se desplomó jadeante y exangüe.*

3. cult. Que está muerto o sin vida. *Encontraron el cuerpo exangüe flotando en el río.*

exánime. adj. **1.** cult. Que está sin vida. *El cuerpo exánime yacía en el suelo.* **2.** cult. Muy debilitado o sin aliento. *El náufrago alcanzó la costa exánime.*

exantema. m. *Med.* Erupción rojiza de la piel, que aparece con enfermedades como el sarampión o la escarlatina y termina por descamación.

exasperar. tr. Irritar o enfurecer (a alguien). *Tu lentitud me exaspera.* ▶ *IRRITAR. FAM exasperación.

excarcelar. tr. Poner en libertad (a un preso) por mandamiento judicial. FAM excarcelación.

excavar. tr. **1.** Hacer hoyos o agujeros (en un terreno o en algo sólido). *Excavan la montaña para hacer el túnel.* **2.** Hacer (hoyos o agujeros) en el terreno o en algo sólido. *Los topos excavan galerías bajo el suelo.* **3.** *Agr.* Ahuecar la tierra de alrededor (de las plantas) para favorecer su crecimiento. *Hay que excavar las lechugas.* FAM excavación; excavador, ra.

excedente. adj. **1.** Que excede un límite, o que sobra. *El material excedente se destruye.* **2.** Dicho de trabajador, espec. de funcionario público: Que está sin ejercer su cargo u ocupar su puesto de manera temporal. *Los funcionarios excedentes no serán retribuidos.* ● m. **3.** Cantidad de algo que excede las previsiones o las necesidades. *El excedente de la producción de vino se comercializa en el extranjero.* ▶ **1, 3:** SOBRANTE. FAM excedencia.

exceder. tr. **1.** Superar una cosa o persona (a otra). *Esa decisión excede A mi competencia.* **2.** Ir alguien más allá (de cierto límite). *No exceda el límite de velocidad.* ○ intr. **3.** Ir más allá de un determinado límite. *Los cuentos no deben exceder DE dos páginas.* ○ intr. prnl. **4.** Ir alguien más allá de lo debido o razonable. *Se excede EN las comidas.* FAM excedentario, ria.

excelencia. f. **1.** Cualidad de excelente. *Merece nuestro aplauso la excelencia de su trabajo.* **2.** Se usa como tratamiento que corresponde a determinadas personas por su cargo o dignidad. *Su Excelencia el Presidente de la República.* ○ pl. **3.** Cosa muy buena o positiva de alguien o algo. *Todos alaban las excelencias de la obra.* ■ **por ~.** loc. adj. Por antonomasia. *"Romeo y Julieta" es el drama amoroso por excelencia.*

excelente. adj. **1.** Muy bueno. *Es una noticia excelente.* **2.** Dicho de persona: Que destaca por su bondad o sus cualidades morales. *Un joven excelente.* ▶ **1:** *ESTUPENDO.

excelentísimo, ma. adj. Se usa, antepuesto a *señor* o *señora*, como tratamiento que corresponde a determinados cargos o dignidades. *Excelentísimo Señor Embajador.*

excelso, sa. adj. **1.** cult. Muy elevado o sobresaliente. *Sus vinos alcanzan las más excelsas cotas de calidad.* **2.** cult. Dicho de persona o cosa: De singular excelencia. *Habló del excelso poeta.* FAM excelsitud.

excéntrico, ca. adj. **1.** Raro o extravagante. *Le parece excéntrico ir siempre con sandalias.* **2.** *Mat.* Que se aparta del centro, o que tiene un centro diferente. *Esferas excéntricas o concéntricas.* FAM excentricidad.

excepción. f. **1.** Hecho de exceptuar. *No haré excepciones con nadie.* **2.** Persona o cosa que se apartan de la regla o condición general. *Si todos van, yo no quiero ser una excepción.* ■ **a (o con) ~ de.** loc. prepos. Exceptuando a. *Funcionan todas las líneas de metro, a excepción de la tres.* ■ **de ~.** loc. adj. Que se aparta de lo corriente u ordinario. *Hoy contamos con un invitado de excepción.* FAM **excepcional; excepcionalidad.**

excepto. prep. Menos, o a excepción de. *Excepto bailar, haré cualquier cosa.*

exceptuar. (conjug. ACTUAR). tr. Excluir (a alguien o algo) de la generalidad o de la regla común. *Exceptuando Uruguay, conoce toda Sudamérica.* ▶ *EXCLUIR.

excesivo, va. adj. Dicho de cosa: Que excede el límite de lo razonable, aceptable o necesario. *He aguantado mucho, pero esto ya es excesivo.* ▶ DESCOMEDIDO, DESMEDIDO, DESMESURADO, DESORBITADO, EXAGERADO, EXORBITANTE, EXTREMADO.

exceso. m. **1.** Hecho de exceder el límite de lo debido o razonable. *Pagó un suplemento por exceso de equipaje.* **2.** Cantidad de cosas que excede el límite de lo debido o razonable. *Con una dieta, perderá el exceso de kilos que tiene.* **3.** Diferencia por la que algo supera el límite debido o tomado como referencia. *Prefiere calcular el precio por exceso a por defecto.* **4.** Hecho de excederse. *Cometió muchos excesos con el alcohol.* ■ **en ~.** loc. adv. Excesivamente. *Come en exceso.*

excipiente. m. Med. Sustancia neutra que se mezcla con los principios activos de un medicamento para dar a este la consistencia, forma, sabor u otras cualidades que faciliten su dosificación y uso.

excitar. tr. **1.** Producir, mediante un estímulo, un aumento de la actividad (de algo). *Los olores excitan el sentido del olfato.* **2.** Hacer que se produzca o sea más intenso (algo, como una actividad, un sentimiento o una sensación). *Este preparado excita el apetito.* **3.** Provocar un estado de entusiasmo, impaciencia o nerviosismo (en alguien). *La idea de irme de viaje me excita.* **4.** Provocar enfado o irritación (en alguien). *Está de mal humor, así que no lo excites.* **5.** Despertar deseo sexual (en alguien). *La excita con caricias.* FAM **excitabilidad; excitable; excitación; excitador, ra; excitante.**

exclamar. tr. Decir (algo) con fuerza o ímpetu para expresar la viveza de un sentimiento o una emoción. *Se encontró con ella y exclamó: –¡Cuánto tiempo sin verte!* FAM **exclamación; exclamativo, va; exclamatorio, ria.**

exclaustrar. (conjug. CAUSAR). tr. **1.** Permitir u ordenar (a un religioso) que abandone el claustro. *La monja fue exclaustrada por negarse a cumplir las reglas.* ○ intr. prnl. **2.** Abandonar el claustro un religioso. *Tras una crisis de fe, el fraile se exclaustró.* FAM **exclaustración.**

excluir. (conjug. CONSTRUIR). tr. **1.** Quitar (algo o a alguien) del lugar o de la situación en que deberían estar, o dejar(los) fuera. *No podemos excluirla DE la lista.* **2.** Rechazar que (algo) sea posible. *No excluyo dimitir.* ▶ **1:** DESCARTAR, ELIMINAR, EXCEPTUAR, SACAR. FAM **exclusión; excluyente.**

exclusive. adv. Pospuesto a un nombre: Excluyendo lo designado por ese nombre. *Las solicitudes podrán entregarse hasta el doce de enero exclusive.*

exclusivismo. m. Adhesión obstinada a una persona o a una cosa, sin prestar atención a las demás que deben tenerse en cuenta. *Se dedicó al café, descuidando otros cultivos, y a la larga pagó este exclusivismo.* FAM **exclusivista.**

exclusivo, va. adj. **1.** Que excluye. *El método no es exclusivo DE otros.* **2.** Único o solo. *Voy con el exclusivo propósito de protestar.* **3.** Que corresponde o

está limitado a una persona, cosa o grupo, excluyendo a los demás. *Piscina para uso exclusivo de los socios.* ● f. **4.** Privilegio o derecho por el que una persona o entidad pueden hacer algo prohibido a las demás. *La empresa tiene la exclusiva de venta del producto.* **5.** Noticia conseguida y publicada por un solo medio informativo, que se reserva los derechos de su difusión. *Publican la exclusiva del divorcio de la pareja.* FAM **exclusividad.**

excombatiente. adj. Dicho de persona: Que ha luchado en una guerra.

excomulgar. tr. **1.** Rel. Apartar la autoridad eclesiástica (a alguien) de la comunión de los fieles y del uso de los sacramentos. *El Papa excomulgó a Lutero.* **2.** Declarar (a alguien) fuera de la comunión o trato con otra u otras personas. Frec. humoríst. *En cuanto te sales de la norma te excomulgan.* ▶ DESCOMULGAR. FAM **excomunión.**

excoriación. (Tb. **escoriación**). f. Med. Lesión en la piel consistente en una pérdida superficial de sustancia que solo afecta a la epidermis. FAM **excoriar** o **escoriar** (conjug. ANUNCIAR).

excrecencia. f. Prominencia gralm. carnosa que crece de manera anormal o superflua en la superficie de un organismo animal o vegetal. *Verrugas y otras excrecencias de la piel.*

excremento. m. Materia que el organismo expulsa como producto de desecho después de la digestión. Designa espec. la materia sólida que se expulsa por el ano. *Pisó un excremento de vaca.* FAM **excremental; excrementicio, cia.**

excretar. tr. Fisiol. Expulsar (excrementos o productos elaborados por las glándulas). *Las glándulas sudoríparas excretan sudor.* FAM **excreción; excretor, ra.**

exculpar. tr. Disculpar o descargar de culpa (a alguien). *Su declaración exculpó al acusado.* FAM **exculpación; exculpatorio, ria.**

excursión. f. Ida a un lugar, durante un tiempo corto, gralm. para conocerlo por razones de estudio o por diversión. FAM **excursionismo; excursionista.**

excusa. f. **1.** Hecho de excusar o dar razones para justificar una actuación u omisión, o a una persona de una culpa. *Lo que ha hecho no tiene excusa.* **2.** Motivo o pretexto que se exponen para eludir una obligación o justificar una actuación u omisión. *No me vengas con excusas.* ▶ **1:** *PERDÓN.

excusado¹, da. (Tb. **escusado**). adj. **1.** Reservado o separado del común. *Las hizo entrar por una puerta excusada.* ● m. **2.** cult. Retrete.

excusado², da. adj. Innecesario. *Excusado es elogiar su valía.*

excusar. tr. **1.** Dar razones para justificar (una actuación u omisión, o a una persona de una culpa). *La excusó POR no haber ido.* **2.** Evitar (algo). *Excusa entrar en conflicto con él, que es peligroso.* **3.** Poder dejar de hacer (algo). *Excuso decirle que, si llega tarde, no la esperaré.* **4.** Dispensar (a alguien) de algo. *Me excusaron DE asistir.*

execrar. tr. cult. Condenar o reprobar (algo o a alguien). *El escrito comienza execrando la guerra.* FAM **execrable; execración.**

exégesis o **exegesis.** f. cult. Explicación e interpretación de algo, espec. de la Biblia o de otro texto. *Exégesis de un poema.* FAM **exégeta** o **exegeta; exegético, ca.**

exención. f. Hecho de eximir. *Se incentiva a las empresas con exenciones fiscales.*

exento, ta. adj. **1.** Libre o dispensado de algo, espec. de una obligación o de algo molesto. *Artículos exentos DE impuestos.* **2.** Que carece de algo. *Una opinión exenta DE malicia.* **3.** Aislado o independiente. *Edificio exento.* ▶ **1:** LIBRE. **2:** *CARENTE.

exequias. f. pl. Honras fúnebres. *Las exequias de Carlos V.* ▶ *HONRAS.

exfoliar. (conjug. ANUNCIAR). tr. Dividir (algo, espec. la piel) en láminas o escamas. *Es aconsejable exfoliar e hidratar la piel.* FAM **exfoliación; exfoliante.**

exhalación. f. **1.** Hecho o efecto de exhalar. *Las fases de inhalación y exhalación al respirar.* **2.** Rayo (chispa eléctrica). Gralm. en la constr. *como una ~* para enfatizar la rapidez con la que ocurre o se hace algo. *Salió como una exhalación.* ▶ **2:** RAYO.

exhalar. tr. **1.** Despedir una persona o cosa (gases, vapores u olores). *Las rosas exhalan un agradable aroma.* **2.** Lanzar (suspiros o quejas). *Exhaló un suspiro de resignación.*

exhaustivo, va. adj. Que agota o apura por completo el tema o asunto de que se trata. *Hizo una corrección exhaustiva del texto.* FAM **exhaustividad.**

exhausto, ta. adj. Enteramente agotado o falto de lo necesario para hallarse en buen estado. *Los esfuerzos del parto la dejaron exhausta.*

exhibicionismo. m. **1.** Inclinación o conducta de la persona que desea exhibirse. *Actúa movido por un exhibicionismo infantil.* **2.** Inclinación o conducta de la persona que siente el impulso de exhibir su cuerpo, espec. los órganos genitales. *Lo acusaron de perversión de menores y exhibicionismo.* FAM **exhibicionista.**

exhibir. tr. **1.** Manifestar o mostrar (algo) en público. *Va a exhibir sus cuadros en una galería.* **2.** Presentar (algo, espec. un documento legal) ante quien corresponda. *Para pasar, hay que exhibir el pasaporte.* FAM **exhibición; exhibidor, ra.**

exhortar. tr. Incitar (a alguien) con palabras, espec. razones o ruegos, a que haga o deje de hacer algo. *Los exhortó A la rebelión.* FAM **exhortación; exhortativo, va.**

exhorto. m. *Der.* Comunicación de un juez o un organismo judicial a otros de igual categoría, para que lleven a cabo determinado trámite.

exhumar. tr. **1.** Desenterrar (algo, espec. un cadáver o restos humanos). *El juez ha ordenado exhumar el cadáver.* **2.** Dar nuevo auge (a alguien o algo olvidados). *Exhumó el traje de las grandes ceremonias.* ▶ DESENTERRAR. FAM **exhumación.**

exigir. tr. **1.** Pedir (algo) a alguien quien tiene derecho o autoridad. *Para el puesto exigen el título de licenciado.* **2.** Pedir enérgicamente (algo). *Exijo una explicación.* **3.** Hacer una cosa que (otra) sea necesaria. *Estudiar exige concentración.* FAM **exigencia; exigente.**

exiguo, gua. adj. Escaso o reducido. *Un presupuesto exiguo.* FAM **exigüidad.**

exilar. tr. **1.** Exiliar (a alguien). *La disidencia era motivo para exilar a una persona.* ○ intr. prnl. **2.** Exiliarse alguien. *Prefirió ser encarcelado a exilarse.* ▶ **1:** EXILIAR. **2:** EXILIARSE.

exiliar. (conjug. ANUNCIAR). tr. **1.** Expulsar (a alguien) de un territorio. *La junta militar exilió al presidente.* ○ intr. prnl. **2.** Abandonar alguien su país, gralm. por motivos políticos. *Durante la dictadura, se exilió A México.* ▶ **1:** EXILAR. **2:** EXILARSE.

exilio. m. **1.** Separación de una persona de su propio país por motivos políticos. *Napoleón fue condenado al exilio en la isla de Elba.* **2.** Situación de persona exiliada. *Vivió su exilio en Roma.*

eximente. adj. **1.** Que exime. *Factor eximente.* ● f. (Tb., más raro, m.). **2.** Circunstancia que exime a alguien de responsabilidad en algo. *No le busques eximentes.*

eximio, mia. adj. cult. Muy ilustre o de calidad excelente. *Eximio escritor.*

eximir. tr. Librar (a alguien) de algo, espec. de una carga u obligación, o de culpa o responsabilidad. *La sentencia los exime DE toda responsabilidad.* ▶ *LIBRAR.

existencia. f. **1.** Hecho de existir. *No cree en la existencia de los duendes.* **2.** Vida (período de tiempo que se vive). *Sufrió mucho a lo largo de su existencia.* ○ pl. **3.** Mercancías destinadas a la venta, guardadas en un almacén o tienda. *La oferta dura hasta que se acaben las existencias.* FAM **existencial.** **2:** VIDA.

existencialismo. m. *Fil.* Doctrina según la cual el hombre no está predeterminado por su esencia, sino que es libre y responsable de su existencia, y esta constituye el fundamento de su comprensión de la realidad. FAM **existencialista.**

existir. intr. **1.** Ser alguien o algo reales, en el plano físico o mental. *Existe la posibilidad de pagar a plazos.* **2.** Tener vida. *Nadie te recordará cuando no existas.* FAM **existente.**

éxito. m. **1.** Resultado feliz de una acción o de algo que se emprende. *La terapia se aplicó con éxito.* **2.** Buena aceptación que tiene alguien o algo entre la gente. *De jovencita tenía mucho éxito con los chicos.* **3.** Cosa que tiene éxito (→ 1, 2). *La operación ha sido un éxito.* FAM **exitoso, sa.**

éxodo. m. cult. Emigración de un pueblo o de una muchedumbre de personas. *La Pascua conmemora el éxodo de los judíos de Egipto.*

exogamia. f. **1.** *Antropol.* Práctica de contraer matrimonio o tener relaciones sexuales entre personas de ascendencia distinta o procedentes de distintos grupos sociales o comunidades. **2.** *Biol.* Cruce entre individuos de distinta raza o comunidad. FAM **exogámico, ca.**

exógeno, na. adj. *tecn.* Que tiene origen o causa externa. *Trastorno exógeno.*

exonerar. tr. **1.** Descargar (a alguien) de una carga u obligación. *Ha firmado un documento exonerándola DE toda responsabilidad.* **2.** Destituir (a alguien) de un cargo o empleo. *Lo han exonerado DE su cargo de juez.* ▶ **1:** *LIBRAR. FAM **exoneración.**

exorbitante. adj. Que es excesivo o sobrepasa con mucho el límite de lo normal o de la justa medida. *El caviar alcanza precios exorbitantes.* ▶ *EXCESIVO.

exorcismo. m. Práctica religiosa para conjurar y expulsar al demonio. FAM **exorcista; exorcizar.**

exordio. m. cult. Introducción o preámbulo, espec. de un razonamiento o una conversación. *Este exordio me sirve para plantear la siguiente reflexión.*

exotérico, ca. adj. Común o accesible para la generalidad de las personas. *El comentarista del Corán trasciende su significado exotérico y ahonda en el esotérico.*

exótico, ca. adj. **1.** Extranjero o procedente de un país o lugar lejanos y percibidos como muy distintos del propio. *Mujeres exóticas de acentos desconocidos.* **2.** Extraño o llamativo, frec. por ser poco común en un ambiente determinado. *Es exótico que haya puesto a sus hijos nombres de plantas.* FAM **exotismo.**

expandir. tr. **1.** Dilatar (algo), o hacer que aumente de tamaño. *El diafragma es el músculo que expande los pulmones en la inspiración.* **2.** Difundir o propagar (algo, como noticias o ideas). *La radio expandió la noticia POR todo el país.* **3.** Extender (algo), o hacer que ocupe más espacio. *El viento expande el fuego.* ▶ **3:** *EXTENDER.

expansión. f. **1.** Hecho o efecto de expandir o expandirse. *La expansión de la enfermedad fue rápida.* **2.** Hecho de exteriorizar efusivamente un sentimiento o un estado de ánimo. *Expansión de alegría.* **3.** Diversión o distracción. *Necesita un poco de expansión.* FAM **expansionar; expansionismo; expansionista; expansivo, va.**

expatriar. (conjug. ANUNCIAR o ENVIAR). tr. **1.** Hacer salir (a alguien) de su patria. *El Gobierno decidió expatriar a los disidentes.* ○ intr. prnl. **2.** Abandonar alguien su patria, por propia voluntad o por necesidad. *Si la crisis continúa, está dispuesta a expatriarse.* FAM **expatriación.**

expectante. adj. Que espera con atención y gralm. con tensión o interés. *Permanecimos allí, expectantes, hasta que se confirmó la noticia.* FAM **expectación.**

expectativa. f. **1.** Esperanza de realizar o conseguir algo. *No quiero crear falsas expectativas, pero podemos ganar.* **2.** Posibilidad razonable de que algo suceda. *¿Qué expectativa hay de que los precios bajen?* ■ **a ~.** loc. adv. Sin actuar ni tomar una determinación hasta ver qué sucede. *Los inversores se mantienen a la expectativa.*

expectorar. tr. Arrojar por la boca, tosiendo, (las flemas y secreciones que se depositan en los órganos del aparato respiratorio). *Por la mañana expectora algo de sangre.* FAM **expectoración; expectorante.**

expedición. f. **1.** Hecho de expedir. *El permiso tiene una vigencia de un mes a partir de la fecha de su expedición.* **2.** Viaje organizado con un fin militar, científico o deportivo. *Expedición científica a la Antártida.* **3.** Excursión o desplazamiento por placer o diversión. *El hotel ofrece expediciones turísticas por la isla.* FAM **expedicionario, ria.**

expediente. m. **1.** Conjunto de documentos correspondientes a la tramitación de un asunto. *La secretaria entregó el expediente del caso al letrado.* **2.** Procedimiento administrativo en que se enjuicia la actuación de una persona o de una entidad. *Han abierto un expediente disciplinario contra el funcionario.* **3.** Conjunto de calificaciones e incidencias en la carrera de un estudiante. *Los candidatos deben presentar su expediente académico.* **4.** Relación de trabajos realizados por un funcionario o empleado. *Tiene un expediente profesional brillante.* **5.** Medio o recurso que se emplea para salvar una dificultad o inconveniente. *No quieren recurrir al expediente de la fuerza.* FAM **expedientar.**

expedir. (conjug. PEDIR). tr. **1.** Extender (un documento o una orden), o poner(los) por escrito y en la forma adecuada. *Me expiden el pasaporte en la comisaría del barrio.* **2.** Enviar (algo) a otro lugar. *Expidió el paquete a Panamá.* FAM **expedidor, ra.**

expeditivo, va. adj. Que actúa o se ocupa de algo con rapidez, sin enredarse en trámites u obstáculos. *Piden una justicia más expeditiva.* ▶ EXPEDITO.

expedito, ta. adj. **1.** Libre de obstáculos. *Debe quedar expedita la salida de emergencia.* **2.** Expeditivo. *Nuestros profesionales han de ser expeditos.*

expeler. tr. Expulsar una persona o cosa (algo) de su interior. *Cuando espiramos, expelemos el aire de los pulmones.* ▶ EXPULSAR.

expender. tr. Vender (algo) al por menor. *En la farmacia expenden medicamentos.* FAM **expendedor, ra.**

expensas. **a ~** (de alguien). loc. adv. Cubriendo (él) los costes. *Sigue viviendo a expensas DE sus padres.*

experiencia. f. **1.** Hecho de haber sentido, conocido o presenciado algo. *Lo sé por experiencia.* **2.** Práctica prolongada que proporciona conocimiento o habilidad para hacer algo. *Es un abogado con experiencia EN tribunales.* **3.** Conocimiento de la vida adquirido por las circunstancias o situaciones vividas. *Déjate aconsejar por tus padres, que tienen más experiencia que tú.* **4.** Circunstancia o acontecimiento vivido por una persona. *Ser madre es una experiencia maravillosa.* **5.** Experimento. *En la clase de química realizamos una experiencia con disoluciones.* FAM **experiencial.**

experimentación. f. **1.** Hecho de experimentar. *El fármaco se comercializará después de su experimentación en humanos.* **2.** Método científico de investigación, basado en la provocación y estudio de los fenómenos. *Por medio de la experimentación se llega al conocimiento de la naturaleza.*

experimentado, da. adj. Dicho de persona: Que tiene experiencia, conocimiento o práctica. *La operó un médico experimentado.* ▶ DUCHO, EXPERTO.

experimental. adj. **1.** Fundado en la experiencia o en el experimento. *La Física es una ciencia experimental.* **2.** Que sirve de experimento, con vistas a posibles perfeccionamientos o aplicaciones. *La máquina se sometió a pruebas experimentales.* **3.** Que tiende a la búsqueda de nuevas formas estéticas y de técnicas expresivas renovadoras. *Música experimental.* FAM **experimentalismo; experimentalista.**

experimentar. tr. **1.** Probar y examinar de forma práctica las propiedades (de algo). *Están experimentando una nueva vacuna.* **2.** Notar en uno mismo, espec. una impresión o un sentimiento. *Experimentó una gran alegría al verla.* **3.** Sufrir (una modificación o cambio). *La economía experimentó un crecimiento.* ○ intr. **4.** Hacer operaciones destinadas a descubrir, comprobar o demostrar determinados fenómenos o principios científicos. *Experimenta CON embriones.* FAM **experimentador, ra.**

experimento. m. Operación destinada a descubrir, comprobar o demostrar determinados fenómenos o principios científicos. *Mendel realizó experimentos genéticos con guisantes.* ▶ EXPERIENCIA.

experto, ta. adj. **1.** Dicho de persona: Hábil o experimentada en algo. *Es una abogada muy experta.* **2.** Dicho de persona: Que está especializada en una materia o tiene muchos conocimientos sobre ella. *Un científico experto EN biología marina.* ▶ **1:** *EXPERIMENTADO. ‖ Am: **2:** BAQUEANO, BAQUIANO.

expiar. (conjug. ENVIAR). tr. **1.** Borrar (culpas) por medio de algún sacrificio o penitencia. *Rece para expiar sus pecados.* **2.** Sufrir la pena impuesta (por un delito). *Tendrá que expiar sus crímenes en prisión.* FAM **expiación; expiatorio, ria.**

expirar. intr. **1.** Morir alguien. *Expiró al amanecer.* **2.** Acabar un período de tiempo, espec. un plazo. *Su mandato expira mañana.* ▶ **1:** MORIR. **2:** *VENCER. FAM **expiración.**

explanada. f. Espacio de terreno llano o allanado. *La fiesta se celebra en una explanada en las afueras del pueblo.*

explanar. tr. Poner llano o nivelado (un terreno). *Están explanando la finca para construir una casa.* FAM **explanación.**

explayarse - expresar

explayarse. intr. prnl. **1.** Extenderse hablando. *Se explayó en su discurso.* **2.** Esparcirse o divertirse. *Lleva al niño al parque para que se explaye.* **3.** Manifestar alguien sus secretos o sentimientos para desahogarse. *Estaba triste y se explayó conmigo.*

explicar. tr. **1.** Dar a conocer (algo) aportando datos. *Tienes que explicarme cómo lograste convencerlo.* **2.** Presentar (algo de difícil comprensión) de forma clara para que se entienda. *El profesor nos ha explicado el teorema de Pitágoras.* **3.** Enseñar (una materia o asignatura). *Explica Literatura en la Universidad.* **4.** Dar a conocer la causa o justificación (de algo). *No ha explicado por qué dimitió.* ◯ tr. prnl. **5.** Llegar a comprender la razón (de algo). *Ahora me explico lo que ha pasado.* ◯ intr. prnl. **6.** Dar alguien a conocer lo que piensa o hacerse entender. *Sabe explicarse muy bien.* **7.** Dar alguien a conocer la causa o justificación de su comportamiento. *Deja que se explique: quizá tenía motivos.* FAM **explicable; explicación; explicador, ra; explicativo, va.**

explícito, ta. adj. **1.** Dicho de cosa: Expresada de forma clara y precisa. *El sujeto de la oración puede estar explícito o implícito.* **2.** Dicho de persona: Que se expresa con claridad y precisión sobre algo. *¿Qué insinúa?, ¿podría ser más explícita?* ▶ **1:** EXPRESO. FAM **explicitar; explicitud.**

explorar. tr. **1.** Recorrer (un lugar desconocido) para examinar(lo) o conocer(lo). *La expedición ha explorado la isla.* **2.** Examinar con cuidado (algo) para conocer sus características o circunstancias. *Este curso exploraremos la pintura del siglo XVI.* **3.** Med. Examinar (a alguien o una parte de su organismo) con fines diagnósticos. *El pediatra exploró al bebé.* FAM **exploración; explorador, ra; exploratorio, ria.**

explosión. f. **1.** Ruptura violenta y gralm. estruendosa de algo, provocada por un incremento brusco de la presión interior. *La bomba haría explosión a las nueve.* **2.** Liberación brusca y violenta de energía, debida a una reacción química o nuclear muy rápida, y que se manifiesta en la producción de gran cantidad de calor, luz y gases, gralm. acompañada de estruendo. *Según una teoría, el Universo se originó a partir de una gran explosión.* **3.** Manifestación súbita y violenta de un sentimiento o un estado de ánimo. *¡Qué explosión de alegría tras la victoria!* **4.** Desarrollo repentino o muy rápido de algo. *La explosión demográfica en el Tercer Mundo.* FAM **explosionar.**

explosivo, va. adj. **1.** Que hace o puede hacer explosión. *Carga explosiva.* **2.** Que causa impresión o llama mucho la atención. *La protagonista es una rubia explosiva.* ● m. **3.** Sustancia o mezcla de sustancias químicas capaces de provocar una explosión. *Para la demolición emplearán dinamita u otro explosivo.*

explotación. f. **1.** Hecho de explotar algo o a alguien. *La explotación de los pobres.* **2.** Conjunto de elementos e instalaciones dedicados a sacar provecho de una fuente de riqueza o de un recurso. *Trabaja en una explotación agrícola.*

explotar¹. tr. **1.** Sacar provecho (de una fuente de riqueza o de un recurso) trabajando en ellos. *Tiene licencia para explotar una cantera de granito.* **2.** Utilizar en provecho propio, gralm. de modo abusivo, (algo o a alguien). *En muchos países pobres explotan a los niños.* FAM **explotable; explotador, ra.**

explotar². intr. **1.** Hacer explosión algo. *La nave puede explotar al entrar en contacto con la atmósfera.* **2.** Manifestar violentamente alguien un sentimiento o emoción reprimidos. *No pudo contener la risa y explotó.* ▶ **1:** EXPLOSIONAR.

expoliar. (Tb. **espoliar;** conjug. ANUNCIAR). tr. Despojar (algo o a alguien) con violencia o injusticia. *Los invasores expoliaron la ciudad.* FAM **expoliación** o **espoliación; expoliador, ra** o **espoliador, ra; expolio** o **espolio.**

exponencial. adj. **1.** Dicho de proceso, espec. de crecimiento: Que se produce a un ritmo que aumenta cada vez más rápidamente. *El precio de la vivienda ha tenido un crecimiento exponencial.* **2.** Mat. Que contiene un exponente. *Expresión exponencial.*

exponente. adj. **1.** Que expone o habla de algo para darlo a conocer. *El libro fue exponente de ideas revolucionarias.* ● m. **2.** Persona o cosa que son representativas o constituyen un índice de algo. *Picasso es uno de los exponentes de la pintura del siglo XX.* **3.** Mat. Número o expresión algebraica colocados en la parte superior derecha de otro número o expresión, y que indican la potencia a la que han de elevarse aquellos.

exponer. (conjug. PONER). tr. **1.** Presentar (algo) para que sea visto. *Expuso sus esculturas en varias galerías.* **2.** Hablar (de algo) para dar(lo) a conocer. *Han expuesto sus peticiones al director.* **3.** Colocar (algo o a alguien) para que reciban la acción de un agente. *En la etiqueta pone que no debemos exponer el producto A a la luz.* **4.** Poner (algo o a alguien) en peligro o en situación de sufrir un daño o perjuicio. *Me expongo A que me despidan.* **5.** Someter (una placa fotográfica o un papel sensible) a la acción de la luz para que se impresione. *El fotómetro indica cómo exponer correctamente una foto.*

exportar. tr. Vender (mercancías o servicios) a otro país. *Colombia exporta café a muchos países.* FAM **exportación; exportador, ra.**

exposición. f. **1.** Hecho o efecto de exponer. *Hizo una exposición de lo ocurrido.* **2.** Lugar donde se exponen artículos, gralm. obras de arte o productos comerciales, para que sean vistos por el público. *Quedamos en la puerta de la exposición de arte antiguo.*

expositivo, va. adj. **1.** Que expone o manifiesta algo. *Textos expositivos y narrativos.* **2.** De la exposición. *La claridad expositiva es fundamental en un discurso.*

expósito, ta. adj. Dicho de persona: Abandonada por sus padres y confiada a una institución benéfica estando recién nacida. *Fue un niño expósito, criado en un orfanato.*

expositor, ra. adj. **1.** Que expone algo en una exposición pública. *En la feria participan más de cien firmas expositoras.* ● m. **2.** Mueble en que se expone algo a la vista del público, gralm. para su venta. *En uno de los expositores de la librería están los libros más vendidos.* ◯ m. y f. **3.** Persona que expone o explica algo, espec. un texto sagrado o jurídico. *Fue uno de los mayores expositores de la doctrina de la Iglesia.*

exprés. adj. **1.** Dicho espec. de olla o de cafetera: Rápida y a presión. *Ponga en la olla exprés todos los ingredientes.* **2.** Dicho de café: Hecho en una cafetera exprés (→ 1). *Me gusta el café exprés.* **3.** Dicho espec. de servicio: Rápido. *Transporte exprés.*

expresar. tr. **1.** Manifestar (algo) con palabras. *Tengo la idea clara pero no sé cómo expresarla.* **2.** Manifestar (algo) con miradas, gestos, actitudes o por medio del arte. *Utilizando colores oscuros el pintor quiso expresar su tristeza.* ◯ intr. prnl. **3.** Manifestarse por medio de la palabra. *Se expresa con propiedad.* **4.** Manifestarse con miradas, gestos o actitudes o por medio del arte. *Como mejor se expresa es actuando.*

expresión. f. **1.** Hecho o efecto de expresar o expresarse. *Hay libertad de expresión.* **2.** Palabra o conjunto de palabras con una forma fija. *Sé expresiones y frases hechas del inglés.* **3.** Signo o gesto que manifiesta en una persona un estado de ánimo, un sentimiento o un rasgo de su carácter. *Hay una expresión de enfado en su rostro.* **4.** Viveza o fuerza con que se manifiestan los afectos en las artes. *Esculturas llenas de expresión y dramatismo.* **5.** *Ling.* Componente formal de un signo o de un texto. **6.** *Mat.* Conjunto de términos que representan una cantidad o una relación. *Expresiones algebraicas.* ■ **~ corporal.** f. Técnica practicada por el intérprete para expresar circunstancias de su papel por medio de gestos y movimientos del cuerpo, con independencia de la palabra. □ **reducir (algo) a la mínima ~.** loc. v. Disminuir(lo) todo lo posible. *Redujo su apoyo a la mínima expresión.* ■ **valga la ~.** expr. Se usa por el hablante para pedir disculpas o la aceptación de alguna deficiencia o inexactitud verbal de la que es consciente. *Eso es, valga la expresión, como querer y no poder.*

expresionismo. m. Tendencia artística y literaria surgida en Europa a principios del s. XX como reacción al impresionismo, y que propugna la expresión intensa de los sentimientos del artista. FAM **expresionista.**

expresivo, va. adj. **1.** De la expresión. *El poema tiene fuerza expresiva.* **2.** Dicho de persona: Que manifiesta con gran viveza lo que siente o piensa. *Es una persona muy expresiva, y se nota si está enfadada.* **3.** Dicho de cosa: Que muestra con viveza un sentimiento, una idea o una emoción. *Ojos expresivos.* **4.** Que constituye un indicio de algo. *El número de autos es un dato expresivo del nivel de vida alcanzado.* **5.** *Ling.* De la expresión. *La metáfora es un recurso expresivo.* FAM **expresividad.**

expreso¹. m. Tren expreso (→ **tren**). *¿A qué hora sale el expreso a París?*

expreso². adj. Especificado o expresado de forma clara. *El entierro se celebrará en la intimidad por expreso deseo de la familia.* ▶ EXPLÍCITO.

exprimir. tr. **1.** Extraer el zumo o líquido (de una cosa), apretándo(la) o retorciéndo(la). *Exprima cuatro naranjas para el zumo.* **2.** coloq. Sacar (de alguien o algo) todo el partido o rendimiento posibles. *Su jefe lo exprime.* FAM **exprimidor.**

ex profeso. loc. adv. A propósito o con intención. *Viajó a Santiago ex profeso para firmar el contrato.*

expropiar. (conjug. ANUNCIAR). tr. Privar la Administración a una persona de la titularidad (de un bien o un derecho) dándole a cambio una indemnización, por motivos de utilidad pública. *Van a expropiarle el solar para ensanchar la carretera.* FAM **expropiación; expropiador, ra; expropiatorio, ria.**

expuesto, ta. adj. Que supone o puede suponer peligro. *Saltar sin red es muy expuesto.*

expugnar. tr. Tomar por las armas (un lugar). *Expugnó la fortaleza.*

expulsar. tr. **1.** Hacer una persona o cosa que (algo) salga de su interior. *Pon al niño bocabajo para que expulse los gases.* **2.** Echar, a veces de forma brusca o violenta, (a alguien) un lugar. *El juez la expulsó DE la sala.* ▶ **1:** EXPELER. **2:** ECHAR. FAM **expulsión; expulsor, ra.**

expurgar. tr. **1.** Limpiar (algo) de lo malo o inútil. *Hay que expurgar los archivos DE algunos documentos.* **2.** Mandar la autoridad competente que se supriman (palabras, frases o pasajes) de determinados libros o impresos, sin prohibir la lectura de estos. *La censura expurgó varios pasajes del libro.* FAM **expurgación; expurgo.**

exquisito, ta. adj. **1.** Que agrada de manera muy especial, por su extraordinaria calidad, perfección o delicadeza. *Unos pasteles exquisitos.* **2.** Que denota gran refinamiento o delicadeza. *Una dama de exquisitos modales.* FAM **exquisitez.**

éxtasis. m. **1.** Estado de una persona embargada por un sentimiento de profunda admiración o alegría. *Entro en éxtasis escuchando a Mozart.* **2.** *Rel.* Estado de una persona caracterizado por la unión mística de su alma con Dios, y por la suspensión de los sentidos. *Mediante la contemplación, el místico alcanza el éxtasis.* FAM **extasiar** (conjug. ENVIAR); **extático, ca.**

extemporáneo, nea. adj. **1.** Impropio del tiempo en que sucede o se hace. *Lluvias extemporáneas.* **2.** Inoportuno o inconveniente, por suceder o intervenir en mal momento. *No voy a tolerar comentarios extemporáneos.* FAM **extemporaneidad.**

extender. (conjug. ENTENDER). tr. **1.** Hacer que (algo) ocupe más espacio que antes. *El viento extendió el fuego.* **2.** Hacer que (algo amontonado o espeso) deje de estarlo. *Extiende la crema POR todo el cuerpo.* **3.** Hacer que (algo doblado o encogido) deje de estarlo. *Extienda el plano EN/SOBRE la mesa.* **4.** Hacer que (algo) alcance un determinado punto o lugar. *Extendió su imperio HASTA el mar.* **5.** Hacer que (una cosa) alcance a alguien o algo a los que no llega habitualmente. *Extenderá el indulto A los presos políticos.* **6.** Poner (un documento) por escrito y en la forma adecuada. *Le extenderé un cheque.* ○ intr. prnl. **7.** Estar situado algo que ocupa cierto espacio en un lugar. *Delante se extiende una explanada.* **8.** Ocupar algo cierta porción de espacio. *La ciudad se extiende sobre una colina.* **9.** Llegar algo a muchos sitios o personas. *Se ha extendido la creencia de que es un agua curativa.* **10.** Durar algo cierta cantidad de tiempo. *La reunión se extendió mucho.* **11.** Hacer, por escrito o de palabra, un relato muy detallado sobre algo. *No voy a extenderme en la carta.* **12.** Hacerse común o habitual algo, espec. un uso o costumbre. *Se ha extendido la costumbre del árbol de Navidad.* ▶ **1:** EXPANDIR, EXPANSIONAR. **2:** ESPARCIR, REPARTIR. **3:** TENDER. FAM **extensivo, va; extensor, ra.**

extensión. f. **1.** Hecho o efecto de extender o extenderse. *Hay que evitar la extensión del conflicto.* **2.** Medida del espacio ocupado por algo. *Es desigual la extensión de los capítulos.* **3.** Línea telefónica conectada a una centralita. *Pidió a la telefonista que lo pusiera con la extensión 316.* **4.** *Mat.* y *Fís.* Capacidad para ocupar una parte del espacio. *El punto no tiene extensión.* **5.** *Ling.* Extensión (→ la) del significado de una palabra o expresión a otro concepto relacionado con el primero. *"Hijo" puede ser, por extensión, cualquier persona de una generación más joven.* ■ **en toda la ~ de la palabra.** loc. adv. Enteramente o por completo. *Es un sabio en toda la extensión de la palabra.*

extenso, sa. adj. **1.** Que tiene mucha extensión en el espacio o en el tiempo. *Una extensa muralla. Una entrevista extensa.* **2.** Dicho de conjunto: Formado por muchos elementos. *Una extensa plantilla.* ■ **por extenso.** loc. adv. Con todo detalle. *Expondré cada punto por extenso.* ▶ **2:** *AMPLIO.

extenuar. (conjug. ACTUAR). tr. Debilitar (a alguien) al máximo. *La caminata nos ha extenuado.* FAM **extenuación; extenuante.**

exterior. adj. **1.** Que está en la parte de fuera. *Capa exterior del tronco.* **2.** Dicho de habitación o vivienda: Que tiene vistas a la calle. *Piso exterior.* **3.** De otros países, o no nacional. *Instituto de Comercio Exterior.* ● m. **4.** Parte exterior (→ 1) de algo. *El exterior de la iglesia es barroco.* **5.** Aspecto de una persona. *El exterior de las personas no me importa.* **6.** Espacio que rodea una cosa. *Los periodistas aguardan en el exterior del Congreso.* ○ pl. **7.** Cine y TV Secuencias rodadas en espacios al aire libre o en decorados que los representan. *Los exteriores se filmarán en Cuba.* FAM **exterioridad.**

exteriorizar. tr. Mostrar (algo, espec. un sentimiento) al exterior. *Exteriorizó su alegría con una enorme sonrisa.* FAM **exteriorización.**

exteriormente. adv. **1.** Por la parte exterior. *Exteriormente, tu coche se parece al mío.* **2.** En apariencia. *Exteriormente parece tranquila, pero la procesión va por dentro.*

exterminar. tr. Acabar del todo (con un conjunto de animales o plantas, o con un grupo humano). *Este insecticida extermina las cucarachas.* FAM **exterminación; exterminador, ra; exterminio.**

externalidad. f. *Econ.* Perjuicio o beneficio experimentados por un individuo o una empresa a causa de acciones ejecutadas por otras personas o entidades. *La depreciación de los inmuebles de una zona es una externalidad negativa.*

externamente. adv. Por fuera. *Externamente parecía calmado.*

externar. tr. Am. Manifestar (algo, espec. una opinión). *Las empresas encuestadas externaron su opinión* [C].

externo, na. adj. **1.** Que está fuera. *Úlceras externas.* **2.** Dicho de cosa: Que se manifiesta en el exterior. *Las arrugas son un signo externo del envejecimiento.* **3.** Dicho de persona: Que no vive en el lugar donde estudia o trabaja. *El centro cuenta con 300 alumnos externos y 60 internos.*

extinguidor. m. Am. Extintor. *Combatieron el fuego con extinguidores* [C].

extinguir. tr. **1.** Hacer que cese (un fuego o una luz). *Es difícil extinguir un incendio en un rascacielos.* **2.** Hacer que (algo) se acabe o deje de existir por completo. *Ha extinguido su vínculo laboral con la empresa.* ▶ 1: SOFOCAR. FAM **extinción.**

extinto, ta. adj. **1.** cult. Extinguido. *Especies extintas.* **2.** cult. Muerto o fallecido. *El extinto actor recibirá un homenaje de sus compañeros.*

extintor, ra. adj. **1.** Que extingue un fuego. *El agua y el dióxido de carbono son agentes extintores.* ● m. **2.** Aparato que sirve para extinguir incendios, gralm. consistente en un recipiente hermético con agua u otra sustancia que dificulta la combustión, y un mecanismo que permite lanzar chorros de esa sustancia sobre el fuego. *La sala está dotada de extintores y puertas ignífugas.* ▶ Am: **2:** EXTINGUIDOR.

extirpar. tr. **1.** Quitar (un órgano o una formación patológica), gralm. con fines terapéuticos. *Le han extirpado la vesícula.* **2.** Hacer que (algo) deje de existir por completo. *Es difícil extirpar los vicios.* FAM **extirpación.**

extorsión. f. Presión que se ejerce sobre alguien mediante amenazas para obligarlo a actuar de determinada manera y obtener así dinero u otro beneficio. *La banda se financiaba mediante secuestros y extorsiones.* ▶ CHANTAJE. FAM **extorsionador, ra; extorsionar; extorsionista.**

extra. adj. **1.** Extraordinario o superior a lo normal. *Productos de calidad extra.* **2.** Extraordinario (añadido a lo ordinario). *Todo tiempo extra de trabajo se compensará debidamente.* ● m. **3.** Cosa extraordinaria (→ 2), como un gasto, un número de una publicación o una retribución. *La revista sacará un extra de moda.* **4.** Accesorio o complemento de un producto, espec. de una máquina o aparato, que no van incorporados al modelo ordinario. *Si pones aire acondicionado y demás extras, el precio se dispara.* ○ m. y f. **5.** *Cine, Teatro y TV* Persona que aparece en una escena sin hablar ni intervenir directamente en la acción. *En la escena de la discoteca, aparecen varios extras bailando.* ▶ 1-3: EXTRAORDINARIO. 5: *FIGURANTE.

extra-. pref. **1.** Significa 'externo o ajeno a'. *Extraoficial, extraconyugal, extrajudicial.* **2.** Significa 'en grado sumo o extraordinario'. *Extrafino, extrasuave, extraplano.*

extracción. f. **1.** Hecho de extraer. *Las extracciones de sangre se realizarán en ayunas.* **2.** Origen de una persona. *Son de extracción social muy distinta.*

extracto. m. **1.** Resumen de un escrito o exposición, en el que se expresa de manera precisa únicamente lo más sustancial. *La revista publica un extracto del discurso.* **2.** Producto sólido o espeso obtenido al concentrar un zumo o una disolución. *Champú elaborado con extractos vegetales.* FAM **extractar.**

extracurricular. adj. Que no pertenece a un currículo o no está incluido en él. *La Universidad organiza actividades extracurriculares.*

extradición. f. Entrega de una persona, solicitada por las autoridades de un Estado a las de otro, para que pueda ser juzgada en aquel primero o cumpla en él una pena ya impuesta. *El Gobierno estudia la petición de extradición.* FAM **extraditar.**

extraer. (conjug. TRAER). tr. **1.** Poner (algo) fuera de donde está. *Habrá que extraerle la muela.* **2.** Obtener (una cosa) de otra, de la que forma parte. *Extraen el aceite de oliva DE la aceituna.* **3.** *Mat.* Averiguar (la raíz) de una cantidad o expresión algebraica. *Extrae la raíz cúbica de 125.* ▶ 2: SACAR. FAM **extractor, ra.**

extraescolar. adj. Dicho de actividad educativa: Que se realiza fuera del centro de enseñanza o en horario distinto al lectivo. *El centro ofrece actividades extraescolares como danza, teatro o informática.*

extralimitarse. intr. prnl. Sobrepasar el límite de lo autorizado o recomendable en el uso de facultades o atribuciones. *El tribunal se ha extralimitado EN sus competencias.* FAM **extralimitación.**

extramuros. adv. Fuera del recinto de una ciudad, población o lugar. *El cementerio se encuentra extramuros DEL pueblo.*

extranjero, ra. adj. **1.** De un país extranjero (→ 2). *Domina varias lenguas extranjeras.* Dicho de pers., tb. m. y f. *Numerosos extranjeros visitaron nuestro país.* **2.** Dicho de país: Que no es el propio. *Le gustaría ampliar estudios en un país extranjero.* ■ **el extranjero.** loc. s. País o conjunto de países que no son el propio. *Está de gira por el extranjero.* FAM **extranjería; extranjerismo; extranjerizar.**

extrañamiento. m. Hecho de extrañar o desterrar. *Pena de extrañamiento.*

extrañar. tr. **1.** Encontrar raro o sorprendente (algo) por su novedad o por no ser habitual. *No ha dormido bien porque extraña la cama.* **2.** Echar de menos (algo o a alguien). *En el internado, extraña a su madre.* **3.** *Der.* Desterrar (a alguien) a un país extranjero. *El régimen ha optado por extrañar a los presos políticos.* ○ intr. prnl. **4.** Sentir extrañeza o sorpresa por algo. *No sé DE qué te extrañas.*

extrañeza. f. **1.** Admiración o sorpresa. *Puso cara de extrañeza.* **2.** Cualidad de extraño o raro. *Nos desconcertó la extrañeza de la respuesta.* **3.** Cosa extraña o rara. *No debería ser una extrañeza ayudar a un desconocido.* ▶ **1:** *ASOMBRO.

extraño, ña. adj. **1.** Raro o sorprendente. *Es un hombre extraño.* **2.** Dicho de persona: De una familia o grupo social distintos de los de la persona o personas de que se trata. *No abra la puerta a gente extraña.* **3.** Dicho de cosa: De naturaleza o condición distintas de las de aquella de que se trata. *Retire los cuerpos extraños de la herida con unas pinzas.* **4.** Dicho de persona o cosa: Que es ajena a alguien o algo, o no tiene relación con ellos. *Prohibida la entrada a toda persona extraña A la empresa.* ● m. **5.** Movimiento súbito o inesperado. *El auto me hizo un extraño en la curva.* ▶ **1:** *RARO.

extraordinario, ria. adj. **1.** Fuera de lo común u ordinario. *Tiene una facilidad extraordinaria para aprender idiomas.* **2.** Añadido a lo ordinario. *Necesitaríamos un plazo extraordinario para incorporar esos cambios al proyecto.* ● m. **3.** Cosa extraordinaria (→ 2), espec. un gasto o un número de una publicación. *He tenido que pedir un préstamo porque este mes tengo varios extraordinarios. El domingo sale un extraordinario con ofertas de empleo público.* ○ f. **4.** Paga extraordinaria (→ 2). *Con la extraordinaria de diciembre compraré los regalos de Navidad.* ▶ **2-3:** EXTRA.

extraparlamentario, ria. adj. **1.** Dicho espec. de partido político: Que no tiene representación en el Parlamento. **2.** Dicho de cosa: Que es ajena al Parlamento o se desarrolla al margen de su actividad. *Pacto extraparlamentario.*

extrapolar. tr. Aplicar (conclusiones obtenidas en un campo) a otro. *Podemos extrapolar los resultados del primer trimestre AL segundo.* FAM **extrapolación.**

extrarradio. m. Zona que rodea el casco de una población o está alejada del centro. *Viven en el extrarradio.*

extrasensorial. adj. Dicho de percepción: Que se produce sin intervención de los sentidos. *Asegura que tiene percepciones extrasensoriales.*

extraterrestre. adj. **1.** Situado en el espacio exterior a la Tierra. *Vida extraterrestre.* **2.** Que procede del espacio exterior a la Tierra. *Nave extraterrestre.* ▶ **2:** ALIENÍGENA.

extraterritorial. adj. *Der.* Que está o se considera fuera del territorio de la propia jurisdicción. *Leyes extraterritoriales.*

extraterritorialidad. f. *Der.* Derecho por el que algunas personas o cosas, como los diplomáticos, las embajadas o los buques, siguen sujetos a las leyes de su país de origen y no a las del territorio en que se encuentran.

extrauterino, na. adj. *Med.* Que está u ocurre fuera del útero. *Feto extrauterino.*

extravagante. adj. Raro o alejado de lo común o acostumbrado, frec. hasta el punto de resultar negati-

vamente llamativo. *Ropa extravagante.* FAM **extravagancia.**

extravasarse. intr. prnl. *tecn.* Salirse un líquido, espec. la sangre, de su vaso o conducto. *En los pulmones hay sangre extravasada.* FAM **extravasación.**

extraversión. f. Actitud de la persona cuyo interés se dirige fundamentalmente al mundo exterior por medio de los sentidos. *Su extraversión hace que tenga muchos amigos.* ▶ EXTROVERSIÓN. FAM **extravertido, da.**

extraviado, da. adj. Dicho de lugar: Apartado o poco transitado. *Viaja por caminos extraviados.*

extraviar. (conjug. ENVIAR). tr. **1.** Perder (algo) o dejar de saber dónde se encuentra. *He extraviado las llaves.* ○ intr. prnl. **2.** Perder alguien el camino o la orientación. *El niño se extravió en la playa.* **3.** Perder su fijeza u orientación los ojos o la mirada. *Su mirada se extravió al perder la razón.* ▶ **1:** PERDER. **2:** PERDERSE.

extravío. m. **1.** Hecho o efecto de extraviar o extraviarse. *Llámenos en caso de extravío de su tarjeta de crédito.* **2.** Conducta desordenada o que se aparta de las normas morales. *Tuvo ciertos extravíos de juventud.*

extremado, da. adj. Dicho de cosa: Exagerado o que sobrepasa los límites de lo justo, conveniente o razonable. *La criticó con extremada dureza.* ▶ *EXCESIVO.

extremar. tr. Llevar (algo) al extremo o punto último o que puede llegar. *Van a extremar la vigilancia en los aeropuertos.*

extremaunción. f. *Rel.* Sacramento que consiste en la unción con óleo sagrado hecha por un sacerdote a una persona enferma y en peligro de morir. ▶ UNCIÓN.

extremeño, ña. adj. **1.** De Extremadura (España). ● m. **2.** Variedad de la lengua española hablada en Extremadura.

extremidad. f. **1.** Parte extrema o última de algo. *La extremidad del bastón.* **2.** Brazo o pierna del hombre. *Los músculos de las extremidades inferiores.* **3.** Pata de un animal. *Los conejos tienen las extremidades posteriores muy largas.* ▶ **2, 3:** MIEMBRO.

extremismo. m. Tendencia a adoptar ideas o actitudes extremas o exageradas, espec. en política. *Extremismos nacionalistas.* FAM **extremista.**

extremo, ma. adj. **1.** Dicho de cosa: Que está en su grado más intenso o elevado. *Este verano ha hecho un calor extremo.* **2.** Que es lo más alejado del término medio. *Milita en un partido de extrema izquierda.* **3.** Que ocupa un lugar muy distante con respecto a otro dado. *Japón es un país del Extremo Oriente.* ● m. **4.** Parte primera o espec. final de algo. *El extremo de la cuerda. Va de un extremo a otro del escenario.* **5.** Punto último a que puede llegar algo. *No sabía que estaba enfadada hasta ese extremo.* **6.** Actitud o comportamiento más alejados del término medio. *Es persona de extremos: tan pronto está simpática como antipática.* **7.** cult. Asunto o materia. *Les informaremos sobre este y otros extremos.* **8.** En deportes, espec. en fútbol: Jugador de la delantera que actúa junto a las bandas del terreno de juego. *El extremo izquierda marcó un gol.* ○ pl. **9.** Manifestaciones exageradas y vehementes de un sentimiento. *Hizo extremos de alegría al vernos.* ■ **en extremo.** loc. adv. cult. Muchísimo o excesivamente. *Me complace en extremo que venga.* ■ **en último extremo.** loc. adv. Si no hay más remedio. *Solo tomaré medidas drásticas en último extremo.* ▶ **5:** *LÍMITE.

extremoso, sa. adj. **1.** Dicho de persona: Que no se modera en sus afectos, opiniones o acciones. *Es*

tan extremoso que para él todo es blanco o negro.
2. Muy expresivo en demostraciones de cariño. *Como es tan extremosa, se puso a hacer aspavientos al verme.* FAM **extremosidad.**

extrínseco, ca. adj. Que es externo o no pertenece a la esencia o naturaleza propias de algo o de alguien. *En el fracaso escolar hay causas extrínsecas AL alumno.*

extroversión. f. Extraversión. FAM **extrovertido, da.**

extrusión. f. *tecn.* Proceso por el que se da forma a un material fluido, gralm. plástico o metálico, haciéndolo pasar por el orificio de un molde.

exuberante. adj. Muy abundante. *La exuberante vegetación del Amazonas.* FAM **exuberancia.**

exudar. tr. cult. Dejar un cuerpo que salga por sus poros o sus grietas (un líquido o una sustancia viscosa). *El tronco del pino exuda resina.* FAM **exudación; exudado.**

exultar. intr. Mostrar una gran alegría. *Exultaba DE júbilo.* FAM **exultación; exultante.**

exvoto. m. Ofrenda dedicada a Dios, a la Virgen o a un santo en señal y recuerdo de un beneficio recibido, que frec. consiste en una figura representativa de una persona o miembro sanados y suele colgarse en los muros o techos de los templos.

eyacular. tr. Expulsar con rapidez y fuerza (el contenido de un órgano o cavidad, espec. el semen). *El hombre eyacula el semen a través de la uretra.* FAM **eyaculación; eyaculador, ra; eyaculatorio, ria.**

eyectar. tr. **1.** *tecn.* Expulsar una persona o cosa (algo) de su interior. *El núcleo de la estrella eyecta gas hacia el espacio.* **2.** Expulsar con fuerza (algo o a alguien) mediante un mecanismo automático. *El piloto tendrá que eyectar la carga para hacer un aterrizaje de emergencia.* FAM **eyección; eyector.**

f. f. Letra del abecedario español cuyo nombre es *efe*.

fa. m. *Mús.* Cuarta nota de la escala de do mayor.

fábrica. f. **1.** Establecimiento para fabricar industrialmente objetos o productos, o para la producción de energía. *La fábrica textil está en las afueras.* **2.** Construcción hecha con piedra o ladrillo y argamasa. *Un muro de fábrica.*

fabricar. tr. **1.** Hacer (algo) por medios mecánicos. *En esta factoría fabrican piezas para automóviles.* **2.** Hacer que (algo no material) tenga existencia. *Llega a creerse las mentiras que fabrica.* ▶ **1:** *HACER. FAM **fabricación; fabricante.**

fabril. adj. De las fábricas. *Se ha reducido la actividad fabril.*

fábula. f. **1.** Relato literario breve, frec. en verso y con animales como personajes, cuya intención es dar una enseñanza moral. *La fábula de la cigarra y la hormiga.* **2.** Relato falso o carente de fundamento. *Lo que nos contó era pura fábula.* **3.** Relato mitológico. *La fábula de Venus y Adonis.* ■ **de ~.** loc. adj. coloq. Estupendo o muy bueno. *Un hotel de fábula.* ▶ **1:** APÓLOGO. **2:** FABULACIÓN. FAM **fabulista.**

fabular. intr. **1.** Inventar relatos falsos o argumentos de obras literarias. *Fabulaba a menudo y terminamos por no creerla.* ○ tr. **2.** Inventar (cosas imaginarias). *Fabula planes y viajes para el futuro.* FAM **fabulación; fabulador, ra.**

fabuloso, sa. adj. **1.** Fantástico o irreal. *Monstruos fabulosos.* **2.** Extraordinario o fuera de lo común. *Ha amasado una fortuna fabulosa.* ▶ **2:** *ESTUPENDO.

facción. f. **1.** Grupo de personas unidas por ideas o intereses comunes dentro de una agrupación o colectividad. *La facción conservadora del partido.* ○ pl. **2.** Conjunto de líneas que forman el rostro de una persona. *Es de facciones angulosas.*

faccioso, sa. adj. Perteneciente a una facción de rebeldes armados. *Líder faccioso.*

faceta. f. **1.** Cada uno de los aspectos que se pueden considerar en alguien o algo. *Pocos conocen su faceta de escultor.* **2.** Cara o lado de un poliedro, espec. los de las piedras preciosas talladas. *Las facetas del diamante.*

facha. f. coloq. Aspecto o apariencia, espec. de una persona. *Con esta facha no puedo salir a la calle.* ■ **hecho una ~.** loc. adj. coloq. Que presenta un aspecto ridículo o extravagante. *Con esa ropa vas hecho una facha.*

fachada. f. **1.** Cara exterior de un edificio, espec. la principal o delantera. *La fachada de la catedral.* **2.** coloq. Presencia o aspecto de una persona. *Tras esa fachada de angelito se esconde una mala persona.*

facial. adj. Del rostro. *Rasgos faciales.*

fácil. adj. **1.** Que se consigue, realiza o entiende sin mucho esfuerzo o habilidad. *El plátano es una fruta fácil DE pelar.* **2.** Que puede suceder con mucha probabilidad. *Si vamos con tiempo, es fácil que haya entradas.* **3.** Dicho espec. de mujer: Que se presta sin problemas a mantener relaciones sexuales. *Tiene fama de mujer fácil.* ● adv. **4.** coloq. De manera fácil. *La mancha se limpia fácil.* FAM **facilidad; facilón, na.**

facilismo. m. Am. Tendencia a hacer algo por el camino fácil y con el menor esfuerzo. *Su destino está en el trabajo paciente, alejado de los facilismos* [C].

facilitador, ra. adj. **1.** Que facilita. *Se crea un ambiente facilitador de la lectura.* ● m. y f. **2.** Am. Persona que trabaja como orientador o instructor en una actividad. *En el colegio, los facilitadores les pedían a los niños que representaran un personaje* [C].

facilitar. tr. **1.** Hacer que (algo) sea fácil o más fácil, o que requiera poco o menos esfuerzo. *La maquinaria facilita el trabajo.* **2.** Proporcionar o dar (algo) a alguien. *En el Ayuntamiento le facilitarán información.* FAM **facilitación.**

facineroso, sa. adj. Delincuente habitual. Tb. m. y f. *Una banda de facinerosos.*

facistol. m. Atril grande, frec. de cuatro caras, donde se ponen los libros para cantar en el coro de la iglesia.

facsímil o **facsímile.** m. Reproducción exacta de un impreso, manuscrito o grabado. *Un facsímil de La Celestina.* FAM **facsimilar.**

factible. adj. Que se puede hacer o que puede suceder. *Un proyecto factible.*

fáctico, ca. adj. **1.** De los hechos. *El abogado se basa en datos fácticos.* **2.** Fundamentado en hechos, o limitado a ellos. *Argumentos fácticos y teóricos.*

factor. m. **1.** Causa que contribuye, junto con otras, a producir un determinado resultado. *En el accidente influyeron varios factores.* **2.** *Mat.* Cada una de las cantidades o expresiones que se multiplican para obtener un producto. *El orden de los factores no altera el producto.* **3.** *Mat.* Divisor (cantidad contenida en otra). *El 2 y el 5 son factores del 10.* ■ **~ Rh.** m. *Fisiol.* Sustancia cuya presencia o ausencia en la sangre puede provocar una reacción inmunitaria en las transfusiones o en los embarazos. *Tengo factor Rh positivo.* ⇒ Rh. ▶ **3:** *DIVISOR.

factoría. f. **1.** Fábrica o complejo industrial. *La factoría azucarera.* **2.** Establecimiento comercial situado en un país colonial. *En el Mediterráneo hubo factorías griegas.*

factorial. adj. **1.** De los factores. *Análisis factorial.* ● m. **2.** *Mat.* Producto que resulta de multiplicar un número entero positivo por todos los números enteros positivos inferiores a él hasta el uno.

factótum. (pl. **factótums**). m. coloq. Persona que hace de todo, espec. en la casa o en el trabajo. *Es el factótum del negocio.*

factura. f. **1.** Cuenta en que se detallan con su precio los artículos vendidos o los servicios realizados y que se entrega al cliente como justificante de la operación. *En la factura figuran los datos del comerciante.* **2.** *Arte* Manera en que está hecha una cosa. *El cuadro es de admirable factura.* ■ **pasar ~.** loc. v. Pedir compensación por algo, como un favor o un servicio prestado. *Creo que me pasará factura por ayudarme.*

facturar. tr. **1.** Hacer la factura o cuenta (de algo). *La compañía telefónica factura las llamadas por segundos.* **2.** Entregar (equipajes o mercancías) en un aeropuerto o estación de tren para que sean enviados a su destino. *Factura sus maletas una hora antes del embarque.* FAM **facturación.**

facultad. f. **1.** Aptitud o capacidad para algo. Más frec. en pl. *Tiene muchas facultades PARA el deporte.* **2.** Poder o derecho de hacer algo. *El juez tiene facultad DE/PARA solicitar los datos necesarios.* **3.** Cada una de las grandes divisiones de una universidad, correspondiente a una rama del saber. *La Facultad de Derecho.*

facultar. tr. Dar (a alguien) facultad o poder para algo. *Tengo un documento que me faculta PARA actuar en su nombre.*

facultativo, va. adj. **1.** Optativo o no obligatorio. *Un libro de texto de lectura facultativa.* **2.** Del facultativo (→ 3). *Debe guardar reposo por prescripción facultativa.* ● m. y f. **3.** Médico. *Los facultativos dicen que la lesión es grave.*

facundia. f. cult. o despect. Facilidad para hablar o abundancia de palabras.

fado. m. Canción popular portuguesa de carácter melancólico.

faena. f. **1.** Trabajo, espec. el corporal. *Al caer la tarde se acaba la faena.* **2.** Conjunto de tareas que hay que hacer. *Aún tengo mucha faena en la cocina.* **3.** *Taurom.* Conjunto de operaciones que realiza el diestro durante la lidia, espec. las que hace con la muleta. *Hizo una buena faena y cortó dos orejas.*

faenar. tr. **1.** Matar y descuartizar (reses) para el consumo. *Tuvo que faenar él mismo la res.* ○ intr. **2.** Realizar los trabajos propios de la pesca marina. *La flota saldrá a faenar.*

fagocito. m. *Biol.* Célula capaz de capturar partículas o microorganismos nocivos o inútiles para el organismo, digiriéndolos después. FAM **fagocitar; fagocitosis.**

fagot. (pl. **fagots**). m. Instrumento musical de viento, de madera, formado por un tubo largo, con orificios y llaves, en el que va insertado otro, metálico, curvo y más estrecho, que lleva ajustada una boquilla de caña.

faisán, na. m. **1.** Ave de caza, apreciada por su carne, del tamaño de un gallo, con cola larga y, en el macho, plumaje de vivos colores. ○ f. **2.** Hembra del faisán (→ 1).

faja. f. **1.** Prenda interior espec. femenina, ajustada y elástica, que cubre la cintura y las caderas. *Llevaba faja para parecer más delgada.* **2.** Tira de tela u otro tejido con que se rodea el cuerpo por la cintura. *El traje regional se compone de camisa, pantalón y faja.* **3.** Faja (→ 2) que se emplea como insignia de un cargo o categoría civiles, militares o eclesiásticos. *El obispo lleva sotana, faja roja y solideo.* **4.** Franja mucho más larga que ancha, espec. de terreno. *A lo largo del camino hay una faja de tierra sin cultivar.* **5.** Tira de papel que se pone sobre la cubierta o sobrecubierta de un libro y que contiene un texto publicitario breve relativo a la obra. *En la faja del libro pone que esta es la cuarta edición.*

fajador, ra. adj. Dicho de boxeador: Que tiene gran capacidad para aguantar los golpes. *Un púgil fajador.* Tb. fig.

fajar. tr. **1.** Rodear con una faja (a alguien, espec. a un niño de pecho). *En el lienzo se ve a una mujer fajando a un niño.* ○ intr. prnl. **2.** frecAm. coloq. Pelearse o luchar una persona con otra. *Él sabía fajarse CONTRA enemigos de carne y hueso* [C]. Tb. fig. *Es un gobierno fuerte, capaz de fajarse CON la oposición.* **3.** Am. coloq. Dedicarse alguien intensamente a una tarea. *En junio hay que fajarse A estudiar todas las materias* [C].

fajín. m. Faja de seda empleada como insignia de un cargo, espec. militar.

fajo. m. Conjunto de cosas alargadas, espec. papeles, atadas gralm. por el centro. *Sacó del bolsillo un fajo de billetes.*

falacia. → falaz.

falange. f. **1.** Organización política derechista, de carácter totalitario. Frec., en mayúsc., designa al partido fundado en España por José Antonio Primo de Rivera en 1933. **2.** *Anat.* Hueso de los que forman el dedo. *Se fracturó la segunda falange del anular.* **3.** *Anat.* Primera falange (→ 2) del dedo contando desde la base. *El dedo tiene tres huesos: falange, falangina y falangeta.* FAM **falangismo; falangista.**

falangeta. f. *Anat.* Tercera falange del dedo contando desde la base.

falangina. f. *Anat.* Segunda falange del dedo contando desde la base.

falansterio. m. histór. En el socialismo utópico de Charles Fourier (filósofo y economista francés, 1772-1837): Comunidad de trabajadores autosuficiente y con una organización social igualitaria.

falaz. adj. cult. Falso o engañoso. *Sus promesas son falaces.* FAM **falacia.**

falda. f. **1.** Prenda de vestir o parte del vestido, gralm. de mujer, que cubre desde la cintura hacia abajo. *Lleva una falda tableada.* A veces en pl. **2.** Pieza de tela con que se cubre una mesa y que gralm. llega hasta el suelo. Frec. en pl. *Las faldas de la mesa guardan el calor del brasero.* **3.** Parte baja de un monte o de una montaña. *El pueblo está en la falda de una montaña.* **4.** Parte de la carne de una res que corresponde al bajo vientre y cuelga de las costillas delanteras sin pegarse al hueso. *Para el guiso se necesita un kilo de falda.* ○ pl. **5.** coloq. Mujer o mujeres. *Se han divorciado por un lío de faldas.* ■ ~ **pantalón.** (pl. **faldas pantalón**). f. Prenda de vestir que parece una falda (→ 1) pero que tiene perneras, como un pantalón. ▶ **1:** SAYA. ‖ **Am: 1:** POLLERA. **3:** FALDEO. FAM **faldero, ra.**

faldellín. m. Falda corta, espec. la que se lleva sobre otra prenda. *Los antiguos egipcios vestían un faldellín sujeto a la cintura.*

faldeo. m. Am. Falda (parte baja de una montaña). *El ganado ribereño irá bajando el faldeo de la colina* [C]. ▶ FALDA.

faldón. m. **1.** Parte que cuelga por abajo en una prenda de vestir. Frec. en pl. *Los faldones de la camisa.* **2.** Parte de una cosa que cuelga por abajo o que cubre la zona inferior. *Los faldones del paso procesional.* **3.** Prenda de vestir de bebé que cubre desde la cintura hasta los pies. *Para el bautizo pondrán al niño un faldón bordado.*

falible. adj. cult. Que puede fallar o equivocarse. *La justicia es falible.*

fálico, ca. → falo.

falla. f. **1.** frecAm. Defecto o fallo. *Acaban de descubrir una falla en el algoritmo* [C]. **2.** *Geol.* Quiebra que los movimientos geológicos producen en el terreno, con desplazamiento de los bloques situados a cada lado de ella. *La falla de san Andrés en California.* ▶ **1:** *DEFECTO.

fallar¹. tr. Decidir un tribunal o un jurado el resultado (de un proceso judicial o de un concurso). *Mañana fallan el premio de novela.* Tb. como intr. *Fallaron a su favor.* FAM **fallo** (*La acusada oyó el fallo del jurado*).

fallar². intr. **1.** No funcionar alguien o algo bien o como se espera. *El mecanismo de cierre falla.* **2.** Dejar de funcionar alguien o algo bien o como se espera. *No me falles: cuento con tu ayuda.* **3.** Perder su resistencia algo que sirve de apoyo. *Si la cuerda fallara, la escaladora caería al vacío.* ○ tr. **4.** No acertar (algo, como un tiro o una respuesta) o equivocarse (en ello). *El concursante ha fallado otra respuesta.* FAM **fallo** (*No he tenido ni un solo fallo en el test*).

falleba. f. En una puerta o ventana: Mecanismo de cierre consistente en una varilla vertical con extremos en forma de gancho que, al girar la pieza, encajan en el marco.

fallecer. (conjug. AGRADECER). intr. cult. Morir espec. una persona. *En el accidente fallecieron tres personas.* FAM **fallecimiento.**

fallido, da. adj. **1.** Que no da el resultado esperado. *Intento fallido.* **2.** Dicho de cantidad o de crédito: Que no se puede cobrar.

fallo. → **fallar**¹ y **fallar**².

falluto, ta. adj. Am. coloq. Hipócrita o desleal. *Me siento muy falluta* [C].

falo. m. cult. Pene. FAM **fálico, ca.**

falsete. m. Voz de una persona, gralm. hombre, más aguda que la natural, producida de manera gralm. intencionada. *El actor recitaba en falsete.*

falsificar. tr. **1.** Hacer (una cosa) falsa imitando otra auténtica. *Falsificaron cheques.* **2.** Falsear o alterar (algo) de manera que deje de ajustarse a la verdad. *La versión oficial falsifica los hechos.* ▶ FALSEAR. FAM **falsificación; falsificador, ra.**

falso, sa. adj. **1.** Que no se ajusta a la verdad. *Su declaración es falsa.* **2.** Fingido o simulado. *Una sonrisa falsa.* **3.** Dicho de cosa: Que se hace imitando a otra auténtica, frec. con intención de engañar. *El billete con el que ha pagado parece falso.* **4.** Dicho de persona: Que miente o que no manifiesta lo que realmente piensa o siente. *No te fíes de su simpatía, porque es una mujer muy falsa.* **5.** Arq. Dicho de bóveda o cúpula: Que está hecha por aproximación sucesiva de hiladas. *La falsa cúpula se emplea en la arquitectura megalítica.* ■ **en falso.** loc. adv. **1.** De manera falsa (→ 1). *Juró en falso.* **2.** Sin la seguridad o el apoyo necesarios. *Pisé en falso y me caí.* ▶ **1:** INCIERTO. **4:** *MENTIROSO. FAM **falsario, ria; falseamiento; falsear; falsedad.**

falta. f. **1.** Hecho de faltar. *Se cancela el espectáculo por falta de público.* **2.** Nota en que se hace constar que alguien no ha acudido donde debía, espec. a clase o al trabajo. *Si no voy me pondrán falta.* **3.** Error o equivocación. *Faltas de ortografía.* **4.** Defecto o imperfección. *No critique, que usted también tiene sus faltas.* **5.** En un deporte: Infracción del reglamento. *El gol vino tras una falta.* **6.** Der. Infracción de una norma, castigada por la ley con pena leve o, en el ámbito administrativo u laboral, con una sanción. *Que el hurto sea delito o falta depende de la cuantía de lo sustraído.* ■ **a ~ de.** loc. prepos. **1.** En caso de carecer de. *A falta de perejil, echaremos romero.* **2.** Por el he-

cho de carecer de. *A falta de un trabajo estable, hace chapuzas.* **3.** Careciendo solamente de. *El permiso está a falta de la firma del director.* ■ **echar en ~** (algo o a alguien). loc. v. Notar o sentir la falta (→ 1) (de esa persona o cosa). *¡Qué pena que no vinieras!; te echamos en falta.* ■ **hacer ~.** loc. v. Ser necesario. *Si hace falta, ayudo.* ■ **sacar faltas** (a alguien o algo). loc. v. coloq. Atribuir(les) o encontrar(les) faltas (→ 5) reales o imaginarias. *Los actores están tan bien que es difícil sacarles faltas.* ■ **sin ~.** loc. adv. Con seguridad. *Iré mañana sin falta.* ▶ **4:** *DEFECTO.

faltar. intr. **1.** No existir alguien o algo en un lugar, o no existir en la cantidad suficiente. *EN la empresa falta personal.* **2.** No existir alguien o algo para una persona o cosa, o no existir en la cantidad suficiente. *A la ensalada le falta aceite.* **3.** Seguido de una oración introducida por *sino que*, se usa para expresar enfáticamente rechazo de lo que se dice a continuación. *No faltaba sino que vinieran.* **4.** No acudir alguien a un lugar. *Ayer falté A clase.* **5.** No estar alguien o algo presentes en el lugar donde deben o suelen estar. *Falta DE su casa. Le falta un botón EN la manga.* **6.** No cumplir alguien con un compromiso o una obligación. *No falte A su promesa.* **7.** coloq. Tratar a alguien sin respeto o consideración. *¡Oiga, sin faltar!, que yo a usted no lo insulté.* **8.** Tener que sumarse una determinada cantidad de algo, frec. de tiempo o espacio, para que una cosa llegue o suceda. *Falta un mes PARA el viaje.* ■ **(no) faltaba,** o **faltaría, más.** expr. **1.** Se usa para expresar enfáticamente rechazo de lo anterior. –*Nos vamos andando.* –*Faltaría más, os llevo yo.* **2.** Se usa para expresar enfáticamente acuerdo en el cumplimiento de una petición. –*¿Me deja un folio?* –*No faltaba más.*

falto, ta. adj. Carente o necesitado de algo. *Está falta DE cariño.* ▶ *CARENTE.

faltón, na. adj. coloq. Dicho de persona: Que con frecuencia falta o no acude donde debe. *Amonestarán a los empleados faltones.*

faltriquera. f. **1.** cult. Bolsillo de una prenda. *Solía llevar dinero en una faltriquera del chaleco.* **2.** Bolsita que se lleva atada a la cintura, frec. bajo el vestido o el delantal. *La abuela hurgó en su faltriquera y sacó unas monedas.*

falúa. f. Embarcación ligera, con compartimiento cubierto o entoldado, utilizada en ríos y puertos con fines ceremoniales o para llevar a alguien importante.

fama. f. **1.** Condición de famoso. *Confunde fama con prestigio.* **2.** Opinión que la gente tiene de alguien o algo. *Este bar tiene fama DE caro.* **3.** Opinión favorable que la gente tiene de alguien o algo. *Un escándalo manchó la fama de la institución.*

famélico, ca. adj. **1.** cult. Hambriento. **2.** cult. Muy delgado, espec. por hambre.

familia. f. **1.** Conjunto de personas que tienen parentesco entre sí. *Mi familia es originaria de Santander.* **2.** Conjunto de personas que tienen parentesco entre sí y viven juntas, espec. el formado por una pareja y sus hijos. *Una familia sin hijos.* **3.** Hijos o descendencia. *Llevan casados dos años, pero aún no tienen familia.* **4.** Conjunto de personas que pertenecen a un mismo colectivo. *Toda la familia socialista apoya el proyecto.* **5.** Biol. Categoría taxonómica en que se clasifican los seres vivos, inmediatamente superior al género e inferior al orden. *La nutria pertenece a la familia de los mustélidos.* ■ **~ de lenguas.** f. Ling. Grupo de lenguas que derivan de una lengua común. *La familia de lenguas eslavas.* ■ **~ de palabras,** o **léxica.**

f. *Ling.* Grupo de palabras que tienen la misma raíz. *"Apasionarse" pertenece a la familia léxica de "pasión".* □ **de buena ~.** loc. adj. De una familia (→ 1, 2) de buena posición social. *Se casa con un chico de muy buena familia.* ■ **en ~.** loc. adv. **1.** Solo con miembros de la familia (→ 1, 2). *El bautizo se celebrará en familia.* **2.** Con pocas personas. *Estábamos en familia: solo el profesor y cuatro alumnos.* ▶ **2**: CASA.

familiar. adj. **1.** De la familia. *Tenemos reunión familiar.* **2.** Conocido o que no es extraño. *Su cara me es familiar.* **3.** Dicho de trato: Sencillo y sin ceremonia. *En el restaurante dan un trato muy familiar.* **4.** Dicho de lenguaje o estilo: Natural o propio de la conversación normal y corriente. **5.** De tamaño mayor que el normal. *Compre el envase familiar.* ● m. **6.** Respecto de una persona: Otra que pertenece a su familia. *Asistirán solo los familiares.* FAM **familiaridad; familiarizar.**

famoso, sa. adj. **1.** Conocido por mucha gente. *Me hice famosa.* **2.** coloq. Que es objeto de muchos comentarios. *¿Esta es la famosa llave que buscan?* ▶ **1**: AFAMADO, CÉLEBRE, CONOCIDO, ILUSTRE, INSIGNE, NOMBRADO, POPULAR, RENOMBRADO.

fámulo, la. m. y f. cult. o humoríst. Criado.

fan. (pl. **fans** o **fanes**). m. y f. Admirador o seguidor entusiasta de alguien o algo.

fanal. m. **1.** Campana de cristal que sirve para resguardar del polvo una cosa o para que el aire no apague una luz puesta en su interior. **2.** Farol grande que se emplea en los puertos y en las embarcaciones. *Encienden los fanales para atraer a los peces.* **3.** Am. Foco o faro. *Los autos circulan con los fanales iluminando los edificios* [C]. ▶ **3**: *FARO.

fanático, ca. adj. **1.** Partidario apasionado e intransigente de una persona o unas ideas. *Unos guerreros fanáticos.* **2.** Preocupado o entusiasmado ciegamente por algo. *Es fanática de la limpieza.* FAM **fanaticada** (Am); **fanatismo; fanatizar.**

fandango. m. Baile popular español, espec. de Andalucía, de movimiento vivo y con acompañamiento de cante, palmas, guitarra y castañuelas. Tb. su música y su letra.

fanega. f. Cierta unidad de capacidad para granos y diversos frutos.

fanfarria. f. Conjunto musical compuesto pralm. por instrumentos de metal. Tb. la música que interpreta.

fanfarrón, na. adj. despect. Que presume de ser superior, espec. en algo que no tiene, como valentía o riqueza. FAM **fanfarronada; fanfarronear; fanfarronería.**

fango. m. Mezcla espesa de agua y tierra, que se forma donde hay aguas detenidas. *Los hipopótamos se bañaban en el fango.* ▶ *BARRO. FAM **fangal; fangoso, sa.**

fantasía. f. **1.** Facultad que tiene la mente de representar en imágenes cosas irreales o inexistentes. *Para la ciencia ficción hace falta fantasía.* **2.** Cosa creada por la fantasía (→ 1). *Mi fantasía es convertirme en astronauta.* **3.** *Mús.* Composición musical de carácter instrumental y de forma libre. *Interpretó las fantasías para piano de Chopin.* ■ **de ~.** loc. adj. **1.** Dicho de prenda de vestir o adorno: De forma o gusto poco corrientes. *Medias de fantasía con lentejuelas.* **2.** Dicho espec. de joya: De imitación o de materiales que no son nobles. *Collares de fantasía.* FAM **fantasear; fantasioso, sa.**

fantasma. m. **1.** Imagen de una persona muerta que se aparece a los vivos. *Un castillo habitado por fantasmas.* **2.** Imagen irreal, producto de la imaginación, la fantasía o el recuerdo. *Por la noche vuelven mis fantasmas.* **3.** coloq. Persona vana y presuntuosa, con tendencia a exagerar o mentir. *No me creo lo que dice ese fantasma.* **4.** cult. Amenaza o riesgo que causan temor. *El fantasma de la guerra.* **5.** Se usa en aposición para expresar la falsedad o inexistencia de lo designado por el nombre al que sigue. *Tiene un pariente fantasma del que presume.* **6.** Se usa en aposición, pospuesto a un nombre de población, para expresar que esta se encuentra deshabitada. *Pueblos fantasmas.* ▶ **1**: ESPECTRO. FAM **fantasmada; fantasmal; fantasmón, na.**

fantasmagoría. f. Ilusión de los sentidos o figuración creada por la fantasía. *Aquel espectáculo fue solo una fantasmagoría.* FAM **fantasmagórico, ca.**

fantástico, ca. adj. **1.** Que es irreal o producto de la fantasía. *El unicornio es un animal fantástico.* **2.** coloq. Magnífico o muy bueno. *Tienen una casa fantástica.*

fantoche. m. **1.** despect. Persona que por su aspecto o sus actos resulta grotesca. *Han puesto a un fantoche como presidente para poder manejarlo.* **2.** despect. Hombre vano y presumido. *Sale con un fantoche que conduce un deportivo.* **3.** Muñeco grotesco, frec. movido por medio de hilos. *Recorrían los pueblos con sus fantoches de feria.* FAM **fantochada.**

faquir. m. **1.** Asceta musulmán o hindú que lleva una vida austera y practica duros ejercicios de mortificación. **2.** Artista de circo que, a imitación de los faquires (→ 1), realiza ejercicios corporales dolorosos. *El faquir se tumbó sobre una cama de clavos.*

farallón. m. Roca alta y cortada verticalmente, espec. la situada en la costa.

farándula. f. Profesión o ambiente de la gente del teatro. FAM **farandulero, ra.**

faraón. m. histór. Rey del antiguo Egipto. FAM **faraónico, ca.**

fardo. m. Paquete grande, espec. de ropa, apretado y atado para su transporte.

farero, ra. m. y f. Persona encargada de cuidar que un faro marino funcione.

farfullar. tr. coloq. Decir (algo) deprisa y de manera confusa. *Se fue enfadado y farfullando algo que no entendí.*

faringe. f. *Anat.* Porción del tubo digestivo situada a continuación de la boca y antes del esófago. FAM **faríngeo, a; faringitis.**

fariseo. m. **1.** histór. Miembro de una secta judía que cumplía con rigor los aspectos externos de la Ley, pero no sus preceptos y su espíritu. *Jesús se enfrentó a los fariseos.* **2.** Hombre hipócrita, espec. el que se finge virtuoso y juzga con severidad a los demás. ▶ **2**: *MENTIROSO. FAM **farisaico, ca; fariseísmo.**

farmacia. f. **1.** Establecimiento en que se preparan y venden medicamentos. **2.** Ciencia que estudia los medicamentos y cómo prepararlos. *Estudia Farmacia en la Universidad.* ▶ **1**: BOTICA. ‖ Am: **1**: DROGUERÍA. FAM **farmacéutico, ca.**

fármaco. m. *Med.* Medicamento. FAM **farmacología; farmacológico, ca.**

farmacopea. f. Libro en que están registrados oficialmente los medicamentos en uso, con información sobre su preparación, propiedades y otras características.

faro. m. **1.** Torre alta situada en la costa, con una luz en la parte superior que sirve de señal a los barcos por la noche. *La luz del faro de la costa.* **2.** En un vehículo: Lámpara de luz situada en la parte delantera. *Los faros del coche.* ▶ **Am: 2:** FANAL, FOCO.

farol. m. **1.** Caja de vidrio u otro material transparente, que tiene puesta una luz en su interior. *Un farol ilumina la entrada.* **2.** Elemento urbano compuesto de un pie metálico con un farol (→ 1) en lo alto, destinado a iluminar calles y otros espacios públicos. *Un farol del parque.* **3.** En un juego de cartas: Envite o apuesta que se hacen llevando mal juego, para hacer creer que se tiene bueno. *Su apuesta es un farol.* **4.** coloq. Hecho o dicho exagerado, propios de quien presume sin fundamento. *Dice que lo hará en solo una hora, pero es un farol.* ▶ **2:** FAROLA. FAM farolear; farolero, ra.

farola. f. Farol grande, gralm. compuesto de varios brazos, destinado a iluminar carreteras, calles y otros espacios públicos. *Se estrelló contra una farola.* ▶ FAROL.

farolillo. m. Farol hecho con papel de colores que sirve de adorno en fiestas.

farra. f. coloq. Juerga bulliciosa. *Nos fuimos de farra.*

fárrago. m. Conjunto desordenado de cosas. *Un fárrago de papeles.*

farragoso, sa. adj. Que resulta pesado por el exceso de ideas desordenadas o innecesarias. *Debería hacer discursos más breves y menos farragosos.*

farsa. f. **1.** Obra de teatro cómica, gralm. breve y de carácter satírico. *Vimos una farsa en que se hacía burla de los políticos.* **2.** Cosa que se hace para aparentar o engañar. *El concurso fue una farsa: los premios estaban adjudicados de antemano.*

farsante, ta. (La forma **farsanta** solo se usa como n. f., alternando con la más frec. **farsante**). adj. Que finge lo que no es o no siente. Tb. m. y f. ▶ *MENTIROSO.

fascículo. m. Cada uno de los cuadernos impresos que forman una obra publicada por partes. *Llevó a encuadernar los fascículos coleccionados.* ▶ ENTREGA.

fascinar. tr. Atraer (a alguien) de manera irresistible. *Me fascina Egipto.* ▶ *ATRAER. FAM fascinación; fascinador, ra; fascinante.

fascismo. m. Movimiento político de carácter totalitario surgido en Italia tras la Primera Guerra Mundial. *El fundador del fascismo fue Mussolini.* FAM fascista.

fase. f. **1.** Cada uno de los estados sucesivos de un fenómeno o proceso. *Colaboré en la fase final del film.* **2.** Apariencia que presenta un astro, espec. la Luna, según la iluminación del Sol. *La Luna está en la fase de cuarto creciente.* ▶ **1:** ETAPA.

fastidiar. (conjug. ANUNCIAR). tr. **1.** Molestar (a alguien) u ocasionar(le) malestar o disgusto. *Me fastidió que no me avisara.* **2.** Ocasionar (a alguien) un daño o un perjuicio. *Con su descuido nos fastidió a todos.* **3.** Estropear o echar a perder (algo). *Si siguen así van a fastidiar el plan.* ○ intr. prnl. **4.** Aguantarse o sufrir con paciencia algo negativo. *Tendremos que fastidiarnos y quedarnos sin cine.* ▶ **1:** *MOLESTAR. **3:** *ESTROPEAR. **4:** AGUANTARSE. ‖ **Am: 4:** EMBROMARSE. FAM fastidio; fastidioso, sa.

fasto. m. cult. Fausto (lujo extraordinario). *El fasto de la corte.* FAM fastuosidad; fastuoso, sa.

fatal. adj. **1.** Inevitable o ineludible. *Destino fatal.* **2.** Dicho de cosa: Desgraciada o que causa desgracia. *Incendio fatal.* **3.** coloq. Muy malo. *El ordenador dio un resultado fatal.* ○ adv. **4.** coloq. Muy mal. *Canta fatal.* ▶ **2:** *DESGRACIADO. FAM fatalidad.

fatalismo. m. Actitud de quien cree que todo lo que sucede está determinado de manera ineludible por el destino. FAM fatalista.

fatídico, ca. adj. **1.** Funesto o desgraciado. *Días fatídicos.* **2.** cult. Que anuncia el futuro, espec. si es una desgracia. *Su comentario resultó fatídico.* ▶ **1:** *DESGRACIADO.

fatiga. f. **1.** Cansancio producido por un esfuerzo físico o mental intensos. *Aún nos pesa la fatiga del viaje.* **2.** Dificultad para respirar producida por el esfuerzo o por una enfermedad. *El asmático usa el inhalador cuando tiene fatiga.* ○ pl. **3.** coloq. Penalidad o sufrimiento. *Pasó fatigas para salir adelante.* FAM fatigar; fatigoso, sa.

fatuo, tua. adj. Lleno de presunción ridícula y sin fundamento. FAM fatuidad.

fauces. f. pl. En algunos animales: Boca, espec. su parte posterior. *Fauces de león.*

fauna. f. **1.** Conjunto de los animales de un país, región o medio determinados. *La fauna marina.* **2.** coloq. Conjunto de personas de un mismo ambiente o comportamiento. *La fauna que frecuenta este bar.*

fauno. m. **1.** En la mitología grecorromana: Semidiós de los campos, representado con cuerpo de hombre y cuernos y patas de cabra. **2.** cult. Hombre lascivo. ▶ SÁTIRO.

fausto¹. m. cult. Lujo extraordinario. *Nos admiró el fausto de la sala.*

fausto², ta. adj. cult. Feliz (que trae felicidad). *Un fausto suceso.*

favela. f. En Brasil: Vivienda pequeña, construida con materiales pobres o de desecho, gralm. en un suburbio. *Un barrio de favelas en Río de Janeiro.* ▶ CHABOLA.

favor. m. **1.** Acción con que se presta ayuda a alguien de manera voluntaria y gralm. desinteresada. *Tengo que pedirle un favor.* **2.** Confianza o predilección de alguien, espec. si tiene poder o autoridad. *Goza del favor del público.* ■ **a ~** (de alguien o algo). loc. adv. De parte (de esa persona o cosa) o apoyándo(las). *Tiene al tribunal a su favor.* ■ **a ~** (de algo). loc. adv. Con la ayuda (de esa cosa). *Reman a favor* DE *la corriente.* ■ **a**, o **en, ~** (de alguien o algo). loc. adv. En beneficio (de esa persona o cosa). *El juez falló a mi favor.* ■ **haz(me) el ~** (de hacer algo). expr. Se usa como fórmula de cortesía para pedir o mandar algo. *Haga el favor* DE *irse.* ■ **por ~.** loc. adv. **1.** Se usa como fórmula de cortesía para pedir o mandar algo. *Por favor, ayúdeme.* □ expr. **2.** Se usa para expresar protesta o rechazo. *¡Pero, por favor, ya está bien!* FAM favorable.

favorecer. (conjug. AGRADECER). tr. **1.** Ayudar o beneficiar (a alguien o algo). *La suerte favorece a los que perseveran.* **2.** Mejorar el aspecto (de alguien o algo). *Ese corte de pelo te favorece.* FAM favorecedor, ra.

favorito, ta. adj. **1.** Que se prefiere a todos los demás. *Su fruta favorita es la pera.* **2.** En una competición: Que tiene atribuida mayor probabilidad de ganar. *Apoté al caballo favorito.* ● m. **3.** Hombre de confianza de un rey u otro alto personaje. *Carlos IV dejó el gobierno en manos de su favorito.* ▶ **3:** PRIVADO. FAM favoritismo.

fax. (pl. **faxes**). m. Sistema que permite la transmisión y reproducción por línea telefónica de documentos.

Tb. el aparato que emplea este sistema y el documento así recibido. ▶ TELEFACSÍMIL, TELEFAX. **FAM faxear.**

faz. f. **1.** cult. Cara o rostro. *Tenía la faz pálida.* **2.** cult. Superficie o lado externo de algo. *Los dinosaurios desaparecieron de la faz de la Tierra.*

fe. f. **1.** Creencia en algo de lo que no se tienen pruebas. *A Dios se llega por medio de la fe.* **2.** Conjunto de creencias de una religión. *El mártir murió por su fe.* **3.** Confianza que alguien tiene en una persona o cosa. *Tengo fe EN él.* **4.** Testimonio de que algo es cierto. *Puedo dar fe de que ocurrió así.* **5.** *Rel.* Virtud teologal que consiste en creer en las enseñanzas de la Iglesia. ■ ~ **de erratas.** f. Lista las erratas de un libro con su correspondiente corrección. *Han corregido el error en la fe de erratas.* ■ **buena** (o **mala**) ~. f. Buena (o mala) intención. *No dudo de tu buena fe.*

fealdad. → feo.

febrero. m. Segundo mes del año. *Febrero tiene veintiocho días.*

febrícula. f. *Med.* Fiebre moderada y prolongada.

febrífugo, ga. adj. *Med.* Que combate la fiebre. Frec. m. *Se tomó un febrífugo.* ▶ *ANTITÉRMICO.

febril. adj. **1.** De la fiebre. *Proceso febril.* **2.** Que tiene fiebre. *La enferma está febril.* **3.** Ardoroso o fogoso. *Pasión febril.* ▶ **2:** ENFEBRECIDO. **3:** *APASIONADO.

fecal. adj. Del excremento intestinal. *El agua contenía residuos fecales.*

fecha. f. **1.** Indicación del tiempo, y a veces del lugar, en que ocurre o se hace algo. *El cuadro lleva fecha.* **2.** Tiempo en que ocurre o se hace algo. *La fecha del examen.* **3.** Tiempo o momento actuales. *Hasta la fecha no sé nada.* ▶ **1, 2:** DATA. **FAM fechar.**

fechoría. f. **1.** Mala acción. *Cometió robos y otras fechorías.* **2.** Hecho propio de una persona traviesa. *Hizo la fechoría de echar sal en el café.* ▶ **2:** TRAVESURA.

fécula. f. Sustancia blanquecina en forma de granos microscópicos, que se encuentra como nutriente de reserva en raíces, tubérculos y semillas.

fecundo, da. adj. **1.** Dicho de ser vivo: Que puede reproducirse. *La hembra fecunda de la colmena.* **2.** Que produce mucha vegetación o hace posible su desarrollo. *Se fue en busca de tierras más fecundas.* **3.** Lleno o abundante. *El Siglo de Oro fue fecundo EN escritores.* **4.** Que crea abundantes obras o produce buenos resultados. *Fue un músico muy fecundo.* ▶ **1, 2:** *FÉRTIL. **FAM fecundación; fecundar; fecundidad.**

federarse. intr. prnl. **1.** Unirse varias provincias o estados independientes con un gobierno central y algunos organismos políticos comunes. *Alemania está formada por estados federados.* **2.** Unirse varios organismos o entidades con características comunes. *Las empresas textiles se han federado.* **FAM federación; federal; federalismo; federalista; federativo, va.**

fehaciente. adj. Dicho de cosa: Que da fe de que algo es cierto. *Datos fehacientes.*

feísmo. m. *Arte* y *Lit.* Tendencia que valora estéticamente lo feo.

felación. f. Estimulación del pene con la boca.

feldespato. m. Mineral de gran dureza y tonalidades diversas, constituido por un silicato de aluminio pralm. con sodio, potasio o calcio.

felicidad. f. **1.** Estado de plena satisfacción material y espiritual. *Puso cara de felicidad cuando le dio la noticia.* **2.** Persona o cosa que dan felicidad (→ 1). *Estos niños son mi felicidad.* ■ ~**es.** interj. Se usa para expresar felicitación. ▶ DICHA, VENTURA.

félido, da. adj. **1.** *Zool.* Del grupo de los félidos (→ 2). ● m. **2.** *Zool.* Mamífero de cabeza redondeada, con uñas agudas y retráctiles y colmillos desarrollados, como el gato. ▶ FELINO.

feligrés, sa. m. y f. Persona que pertenece a una parroquia. **FAM feligresía.**

felino, na. adj. **1.** Del gato. *Ojos felinos.* **2.** Que parece de gato. *Astucia felina.* **3.** *Zool.* Del grupo de los felinos (→ 4). ● m. **4.** *Zool.* Félido. *El león es un felino.* ▶ **3:** FÉLIDO.

feliz. adj. **1.** Dicho de persona: Que tiene felicidad. *Desde que la conoció, es un hombre feliz.* **2.** Dicho de cosa: Que trae o causa felicidad. *Me he enterado de la feliz noticia.* **3.** Dicho de cosa: Oportuna o acertada. *La feliz intervención de los bomberos.* ■ **hacer** ~ algo (a alguien). loc. v. coloq. Agradar(le) o parecer(le) bien. *Cambiamos de barrio si eso te hace feliz.* ▶ **1, 2:** DICHOSO. **FAM felicidad; felicitar.**

felonía. f. cult. Deslealtad o traición. *La felonía de los golpistas.* **FAM felón, na.**

felpa. f. Tejido de pelo largo y suave por una de sus caras. *Toallas de felpa.*

felpudo. m. Alfombra gruesa y gralm. pequeña que se pone en la entrada de un lugar para limpiarse la suela de los zapatos. *Se quitó el barro en el felpudo.*

femenino, na. adj. **1.** De la mujer. *El público femenino.* **2.** Dicho de ser vivo: Que tiene órganos para ser fecundado. *Un individuo femenino.* **3.** De un ser femenino (→ 2). *Los óvulos son células femeninas.* **4.** *Gram.* Dicho de palabra: De género femenino (→ género). *El sustantivo "casa" es femenino.* ● m. **5.** *Gram.* Género femenino (→ género). *"León" hace el femenino añadiendo "-a" a la raíz.*

fementido, da. adj. cult. Falso o engañoso. *Comportamiento fementido.*

fémina. f. cult. o humoríst. Mujer (ser de sexo femenino). **FAM feminidad; feminidad; feminización; feminizar.**

feminismo. m. Doctrina que defiende que las mujeres deben tener los mismos derechos que los hombres. *En clase se discutió de feminismo.* **FAM feminista.**

femoral. adj. *Anat.* Del fémur. *La arteria femoral.*

fémur. m. *Anat.* Hueso del muslo.

fenecer. (conjug. AGRADECER). intr. cult. Morir una persona.

fenicio, cia. adj. **1.** histór. De Fenicia (antiguo país de Asia). **2.** despect. Dicho de persona: Hábil para comerciar o negociar sacando el máximo beneficio. *Los de aquí tienen fama de ser un poco fenicios.*

fénix. m. **1.** En mitología: Ave fabulosa que renace de sus cenizas después de haber ardido. Tb. *ave* ~. **2.** Persona extraordinaria y única entre las de su clase. *Lope de Vega, el Fénix de los ingenios.*

fenol. m. *Quím.* Compuesto orgánico derivado del benceno y obtenido por destilación de aceites de alquitrán, usado en medicina como antiséptico.

fenomenal. adj. **1.** coloq. Estupendo o muy bueno. *Este vino es fenomenal.* **2.** coloq. Tremendo o muy grande. *Una bronca fenomenal.* ● adv. **3.** coloq. Muy bien. *Lo pasamos fenomenal.*

fenómeno. m. **1.** Cualquier manifestación perceptible por los sentidos o por la inteligencia. *El fenómeno de la refracción de la luz. El fenómeno de la emigración.* **2.** Persona o cosa extraordinarias o sorprendentes. *Esta chica es un fenómeno para las matemáticas.* **3.** Persona o animal monstruosos. *En la feria* *exhibían mujeres barbudas y otros fenómenos.* ● adj. **4.** coloq. Estupendo o muy bueno. *Es un chico fenómeno.* ● adv. **5.** coloq. Estupendamente o muy bien. *Se pasa fenómeno jugando al dominó.*

fenomenología. f. *Fil.* Método que, partiendo de una descripción de las entidades que se presentan a la intuición intelectual, trata de captar la esencia pura de dichas entidades, trascendente a la misma consciencia. FAM **fenomenológico, ca.**

fenotipo. m. *Biol.* Conjunto de los caracteres visibles de un individuo, determinados por la interacción del genotipo con factores ambientales. *El fenotipo es la manifestación externa del genotipo.* FAM **fenotípico, ca.**

feo, a. adj. **1.** Dicho de persona o cosa: Que carece de belleza. *Tu amiga no es nada fea.* **2.** Dicho de cosa: Que produce desagrado o rechazo, pralm. moral. *Está feo morderse las uñas.* **3.** Dicho de cosa: De aspecto malo o desfavorable. *El cielo se puso muy feo y empezó a tronar.* ● m. **4.** Desaire, o acción ofensiva o humillante. *Acepté el regalo por no hacerle un feo a ella.* ▶ **4:** DESAIRE. FAM **fealdad; feúcho, cha.**

feraz. adj. cult. Dicho espec. de tierra: Fértil. *Huertas feraces.*

féretro. m. Caja en que se pone un cadáver para enterrarlo. ▶ *ATAÚD.

feria. f. **1.** Mercado grande que se celebra al aire libre en lugar público y en días señalados. *Aquí se hacía la feria de ganado.* **2.** Exposición temporal en un recinto de productos de un ramo industrial o comercial para su promoción y venta. *Feria del calzado.* **3.** Conjunto de instalaciones recreativas que se montan al aire libre, gralm. con motivo de las fiestas de un lugar. *En la feria subiré en la noria.* FAM **ferial; feriante.**

feriado. m. frecAm. Día feriado (→ día). *Los fines de semana y feriados* [C].

fermento. m. Sustancia que cataliza algunas reacciones bioquímicas. *Hay fermentos que intervienen en la digestión.* ▶ ENZIMA. FAM **fermentación; fermentar.**

feroz. adj. **1.** Dicho de animal: Fiero y agresivo. *Una fiera feroz.* **2.** Dicho de persona: Brutal y despiadada. *Un asesino feroz.* **3.** Dicho de cosa: Muy grande o intensa. *Tengo un hambre feroz.* FAM **ferocidad.**

férreo, a. adj. **1.** De hierro. *Estructura férrea.* **2.** Duro o fuerte. *Disciplina férrea.*

ferretería. f. **1.** Tienda donde se venden diversos objetos, pralm. de metal, como herramientas, útiles para bricolaje y reparaciones, o piezas de menaje. **2.** Conjunto de objetos que se venden en la ferretería (→ 1). *El departamento de ferretería.* FAM **ferretero, ra.**

férrico, ca. adj. *Quím.* Dicho de compuesto de hierro: Que tiene este metal con valencia tres. *Sulfato férrico.*

ferrocarril. m. **1.** Vía formada por dos carriles de hierro paralelos por los que circulan los trenes. *Trabajan en el tendido del ferrocarril.* **2.** Tren (conjunto de vagones y locomotora, o medio de transporte). ▶ **2:** *TREN. FAM **ferrocarrilero, ra** (frecAm).

ferroso, sa. adj. *Quím.* Dicho de compuesto de hierro: Que tiene este metal con valencia dos. *Sulfato ferroso.*

ferroviario, ria. adj. **1.** Del ferrocarril. *La línea ferroviaria.* ● m. y f. **2.** Empleado del ferrocarril. *El sueldo de los ferroviarios.* ▶ frecAm: FERROCARRILERO.

ferruginoso, sa. adj. Dicho espec. de agua mineral: Que contiene hierro, espec. en abundancia.

ferry. (pal. ingl.; pronunc. "férri"). m. Embarcación de transporte que enlaza dos puntos regularmente. *Se toma el ferry en Chiloé.* ▶ TRANSBORDADOR. ¶ [Equivalente recomendado: *transbordador.* Adaptación recomendada: *ferri,* pl. *ferris*].

fértil. adj. **1.** Dicho espec. de tierra: Que produce mucho fruto o mucha vegetación. *Valles fértiles.* **2.** Dicho de ser vivo: Capaz de reproducirse. *Hembra fértil.* ▶ **1:** FECUNDO, RICO. **2:** FECUNDO. FAM **fertilidad; fertilización; fertilizante; fertilizar.**

férula. f. **1.** cult. Autoridad o poder, espec. si son despóticos. *Viven bajo la férula del dictador.* **2.** *Med.* Tablilla flexible y resistente que se emplea para mantener en su sitio un hueso fracturado. *La férula me impide mover bien la muñeca.*

fervor. m. Entusiasmo, espec. religioso. *Reza con fervor.* ▶ ENTUSIASMO. FAM **ferviente; fervoroso, sa.**

festejar. tr. **1.** Celebrar (algo) con una fiesta u otro acto que demuestra alegría. *Las hinchas festejan la victoria.* **2.** Hacer una fiesta u otro acto que demuestra alegría en atención (a alguien). *Festejaron al invitado con un banquete.* FAM **festejo.**

festero, ra. → **fiesta.**

festín. m. Banquete espléndido y abundante.

festival. m. Conjunto de actuaciones o representaciones dedicadas a un arte determinado, celebradas gralm. durante varios días y de manera periódica, a veces con entrega final de premios. *La película ha sido galardonada en varios festivales.*

festivo, va. adj. **1.** Alegre o lleno de alegría. *Ambiente festivo.* **2.** Chistoso o humorístico. *Un poema de tono festivo.* ● m. **3.** Día festivo (→ día). *El restaurante abre todos los festivos.* ▶ **3:** FIESTA. FAM **festividad.**

festón. m. **1.** Bordado, gralm. formando ondas, en que cada puntada queda rematada con un nudo en la parte exterior. **2.** Adorno o remate en forma de ondas o puntas hechos en el borde de algo. *Un pañuelo con festón de encaje.* FAM **festoneado, da; festonear.**

feta. f. Am. Loncha. *Cubra las tostadas con las fetas de jamón cocido* [C].

fetiche. m. Ídolo u objeto de culto a los que se atribuyen poderes sobrenaturales, espec. entre pueblos primitivos.

fetichismo. m. **1.** Culto de los fetiches. *El fetichismo en pueblos centroafricanos.* **2.** *Psicol.* Tendencia sexual, a veces patológica, de quien encuentra excitación en alguna parte del cuerpo distinta de los órganos sexuales, o en algún objeto relacionado con él. *Su fetichismo se centraba en los zapatos de tacón.* FAM **fetichista.**

fetidez. f. cult. Mal olor. *La fetidez de los cadáveres.* FAM **fétido, da.**

feto. m. Embrión de un mamífero desde que se implanta en el útero hasta el momento del parto. *El alimento llega al feto a través del cordón umbilical.*

feúcho, cha. → **feo.**

feudo. m. histór. Contrato por el cual los soberanos y los grandes señores concedían en la Edad Media tierras o rentas en usufructo, obligándose quien las recibía a ciertas contrapartidas. *Dio la isla en feudo a Jaime II.* FAM **feudal; feudalismo.**

fez. m. Gorro rojo, en forma de cubilete y con borla, usado por moros y turcos.

fiambre. m. **1.** Carne que, después de asada, cocida o curada, se consume fría y puede conservarse durante bastante tiempo. *Jamón y otros fiambres.*

2. coloq., humoríst. Cadáver de una persona. ▶ **Am: 1:** ARROLLADO.

fianza. f. Cantidad de dinero, u objeto de valor, que se entregan como garantía del cumplimiento de una obligación. *Cuando entregue el piso le devolvemos la fianza.*

fiar. (conjug. ENVIAR). tr. **1.** Vender (una cosa) a alguien sin exigirle que pague en el momento de la compra. *En el mercado me fiaron la compra.* ○ intr. prnl. **2.** Confiar en alguien o algo. *No se fiaban DE él.* ■ **de ~.** loc. adj. Digno de confianza. *La escalera está muy vieja y no es de fiar.* FAM **fiabilidad; fiable; fiador, ra.**

fiasco. m. cult. Fracaso (hecho o efecto de fracasar).

fibra. f. **1.** Filamento muy fino, de origen animal, vegetal o artificial, que se emplea en la fabricación de tejidos. *Son fibras naturales el lino y la lana.* **2.** Filamento que, con fines industriales, se obtiene artificialmente de diversas materias o elementos. *Fibra de vidrio.* **3.** *Anat.* y *Biol.* Cada uno de los filamentos que constituyen los tejidos animales o vegetales. *El pan integral es rico en fibra.* ■ **~ óptica.** f. Fibra (→ 2) de material transparente que por medio de señales luminosas transmite información a grandes distancias. *Cables telefónicos de fibra óptica.* FAM **fibroso, sa.**

fibrosis. f. *Med.* Formación patológica de tejido fibroso. *Fibrosis pulmonar.*

ficción. f. **1.** Hecho o efecto de fingir. *Las horas extras que declara son una ficción.* **2.** Invención o producto de la imaginación. *Don Quijote es un personaje de ficción.* **3.** *Lit.* Género literario que comprende las obras, gralm. narrativas, que tratan de hechos y personajes imaginarios. *En la estantería están las obras de ficción.*

ficha. f. **1.** Pieza pequeña, gralm. plana y circular, que tiene un valor asignado y se usa en sustitución de la moneda. *El agua de las duchas funciona con fichas.* **2.** Pieza pequeña, gralm. con un número grabado, que se usa para control en lugares como guardarropas, vestuarios o consignas. *Guarda la ficha del guardarropa.* **3.** En algunos juegos de mesa: Pieza pequeña con que se juega. *Las fichas de dominó.* **4.** Trozo de papel o de cartulina, gralm. pequeño y rectangular, en que se anotan determinados datos y que se suele archivar junto a otros del mismo tipo con fines clasificatorios. *La profesora tiene una ficha de cada alumno.* ■ **~ artística.** f. *Teatro, Cine* y *TV* Lista de los nombres y funciones de los miembros del equipo artístico, como director, guionista, actores, etc. ■ **~ técnica.** f. *Teatro, Cine* y *TV* Lista de los nombres y funciones de los miembros del equipo técnico, como operadores, ingenieros de sonido, electricistas, etc.

fichar. tr. **1.** Hacer una ficha con los datos (de alguien o algo). *El bibliotecario ficha los libros.* **2.** En deporte: Contratar (a un deportista o a un técnico). *El club fichará al jugador.* ○ intr. **3.** Marcar un trabajador la hora de entrada o salida de un centro de trabajo introduciendo su ficha en una máquina con reloj. *Hoy fiché a las nueve.* **4.** Firmar un contrato como jugador o técnico de un equipo. *El portero ha fichado POR el Atlético.* FAM **fichaje; fichero.**

ficticio, cia. adj. **1.** Fingido o simulado. *Sonrisa ficticia.* **2.** Imaginario o falso. *Un personaje ficticio.*

ficus. m. Planta ornamental con hojas grandes y de haz brillante.

fidedigno, na. adj. Digno de crédito. *Un testigo fidedigno del suceso.*

fideicomiso. m. *Der.* Disposición por la que una persona que hace testamento deja a otra unos bienes para que los transmita a alguien o los invierta como se le señala.

fidelidad; fidelísimo, ma. → **fiel.**

fideo. m. Pasta alimenticia en forma de cuerda delgada. Frec. en pl. *Sopa de fideos.*

fiduciario, ria. adj. **1.** *Econ.* Dicho de moneda o título: De valor variable, que depende del crédito y confianza que merezca. *Antes de que apareciera la moneda fiduciaria, se pagaba con piezas de oro o plata.* ● m. y f. **2.** *Der.* Persona que hereda unos bienes para transmitirlos a otra o para invertirlos de determinada manera.

fiebre. f. **1.** Aumento anormal de la temperatura del cuerpo, con aceleración del pulso y de la respiración. *Delira a causa de la fiebre.* **2.** Se usa para designar diferentes enfermedades que tienen como síntoma característico la fiebre (→ 1). *Fiebre palúdica.* Frec. en pl. **3.** Estado de viva agitación producido por algo. *Está entusiasmada con la música; ya se le pasará la fiebre.* ■ **~ aftosa.** f. Enfermedad del ganado caracterizada por la fiebre (→ 1) y el desarrollo de vesículas en la boca y entre las pezuñas. ■ **~ amarilla.** f. Enfermedad infecciosa epidémica, propia de América tropical y Senegal, transmitida por la picadura de ciertos mosquitos y caracterizada por vómitos y fiebres (→ 1) altas. ■ **~ del heno.** f. Estado alérgico, propio de la primavera o el verano, producido por la inhalación del polen y caracterizado por conjuntivitis, catarro nasal y síntomas asmáticos. ■ **~ de Malta.** f. Enfermedad infecciosa, propia de países mediterráneos, producida por una bacteria y caracterizada por temperatura irregular y sudores abundantes. ■ **~ tifoidea.** f. Enfermedad infecciosa que afecta al intestino delgado y es producida por una bacteria. ⇒ TIFOIDEA. ▶ **1:** CALENTURA.

fiel. adj. (sup. **fidelísimo**). **1.** Constante en el cumplimiento de sus obligaciones o compromisos con alguien o algo. *Somos fieles A la empresa.* Tb. fig. *Una ley fiel al espíritu de la reforma.* **2.** Exacto, o conforme con la verdad. *Una traducción fiel.* **3.** Creyente de una religión, espec. del catolicismo. Más frec. m. y f. *El obispo se dirige a los fieles.* ● m. **4.** En una balanza: Aguja que se pone en posición vertical cuando hay igualdad entre los pesos comparados. *El fiel señala 400 g.* FAM **fidelidad.**

fieltro. m. Tela parecida al paño, que se obtiene prensando borra, lana o pelo. *Llevaba un sombrero de fieltro.*

fiero, ra. adj. **1.** Dicho de animal: Salvaje o agresivo. *Un perro muy fiero.* **2.** Duro o áspero. *Un calor fiero.* ● f. **3.** Animal salvaje, espec. el carnívoro. *Tuvo que defenderse de las fieras.* **4.** coloq. Persona cruel o de carácter violento. *El asesino es una fiera sanguinaria.* **5.** coloq. Persona muy dotada o brillante en una actividad. *¡Es una fiera PARA/EN los negocios!* FAM **fiereza.**

fierro. m. Am. Hierro. *Una chapa de fierro* [C]. *Sulfato de fierro* [C].

fiesta. f. **1.** Día en que, por disposición legal o por precepto eclesiástico, no se trabaja y la mayoría de los establecimientos permanecen cerrados. *Mañana es fiesta y no hay colegio.* **2.** Acto organizado para que se diviertan los asistentes. *Están preparando el programa de fiestas.* **3.** Reunión de gente para celebrar algo o para divertirse. *Daré una fiesta.* **4.** coloq. Descanso laboral que se hace en un día que no es fiesta (→ 1). *En el trabajo nos dieron un día de fiesta.* ■ ~ **de guardar.** f. *Rel.* Día en que hay obligación de oír misa. ☐ **aguar la ~.** loc. v. coloq. Interrumpir una diversión. *Lo estoy pasando bien, no me agües la fiesta.* ■ **no estar** alguien **para ~s.** loc. v. coloq. Estar de mal humor o no encontrarse en buena disposición para lo que se expresa. *Id vosotros al cine: yo no estoy para fiestas.* ▶ **1:** FESTIVO. FAM **festero, ra; fiestero, ra.**

figón. m. Restaurante de poca categoría. *Comimos en un figón inmundo.*

figura. f. **1.** Forma exterior de alguien o algo. *La Tierra tiene figura esférica.* **2.** Figura (→ 1) del cuerpo de una persona, espec. si es proporcionada. *Hace deporte para mantener la figura.* **3.** Representación de una figura (→ 1). *El papel de envolver tiene figuras de colores.* **4.** Representación pictórica o escultórica de la figura (→ 1) humana o animal. *Colocó las figuras del belén.* **5.** Ilustración de un libro. *Véase la figura de la página 8.* **6.** Personaje de una obra dramática. *Suelo interpretar la figura de galán.* **7.** Persona que destaca en una determinada actividad. *Quiere convertirse en figura de la canción.* **8.** *Lit.* Forma de expresarse que se aparta de la habitual con fines expresivos o estilísticos. *El poema abunda en figuras.* Tb. ~ *retórica.* **9.** *Mat.* Línea o conjunto de líneas con que se representa un objeto. Tb. ~ *geométrica.* ▶ **2:** TALLE, TIPO.

figurado, da. adj. Dicho de sentido: Que no corresponde al literal de una palabra o expresión, pero está relacionado con él por una asociación de ideas. *El sentido literal de "lazo" es "atadura", y el sentido figurado, "unión".*

figurante, ta. m. y f. *Teatro, Cine* y *TV* Persona que aparece en una escena sin hablar ni intervenir directamente en la acción. ▶ COMPARSA, EXTRA.

figurar. intr. **1.** Formar parte de un determinado conjunto de personas o cosas. *Figura* ENTRE *las mejores tenistas.* **2.** Aparecer o constar en algún lugar. *Usted no figura* EN *esta lista.* **3.** Destacar, o ser considerado importante. *Le gusta figurar.* ○ tr. prnl. **4.** Imaginarse o suponer (algo). *Me figuro que perdió el tren.* FAM **figuración.**

figurativo, va. adj. **1.** Dicho de arte o de obra artística: Que representa figuras de seres o cosas concretos del mundo material. *Su obra se aleja del arte figurativo.* **2.** Dicho de artista: Que cultiva el arte figurativo (→ 1). *Pintor figurativo.* ■ **no ~.** loc. adj. Dicho de arte, obra artística o artista: Abstracto. *Pintura no figurativa.*

figurín. m. **1.** Dibujo de una prenda de vestir que se emplea como modelo para confeccionarla. *El traje lo copié de un figurín.* **2.** Persona que va muy elegante o pone mucho cuidado en su vestido. *Es muy sencilla vistiendo, pero su hermana es un figurín.*

fijar. tr. **1.** Poner (algo o a alguien) en un lugar, asegurándolo(s) de modo que no se muevan o se desplacen. *Fijó el cartel* EN *la pared.* **2.** Poner (algo, frec. la mirada o la atención) en un lugar o situación y hacer que se mantenga en ellos. *Es un niño inquieto y cuesta fijar su atención.* **3.** Establecer o determinar (algo) de manera firme. *Aún no han fijado la fecha.* **4.** Precisar (algo) o hacer que quede claro. *Para empezar, fijaremos algunos conceptos.* **5.** En fotografía: Hacer que (la imagen fotográfica) quede inalterable a la acción de la luz. *El líquido empleado para fijar la imagen fotográfica se llama fijador.* **6.** *Arte* Hacer que (un dibujo, una pintura o el color) queden inalterables a la acción de la luz o de otros agentes atmosféricos. *El restaurador se limita a eliminar barnices y fijar el color.* ○ intr. prnl. **7.** Dirigir la atención hacia algo o darse cuenta de ello. *¿Te has fijado* EN *las ojeras de Luis?* ▶ **3:** DETERMINAR, SEÑALAR. FAM **fijación; fijo; fijador, ra.**

fijo, ja. adj. **1.** Fijado o que no se mueve. *Piezas fijas.* **2.** Permanentemente establecido sobre reglas determinadas, y no expuesto a cambio o alteración. *Tiene un sueldo fijo.* ● adv. **3.** Con seguridad o sin duda. *Fijo que hoy llueve.* FAM **fijeza.**

fila. f. **1.** Conjunto de personas o cosas situadas unas al lado de otras o unas detrás de otras. *Una fila de botellas.* **2.** Línea horizontal formada por un conjunto de personas u objetos colocados unos al lado de otros. *Los de la primera fila dan un paso al frente.* ○ pl. **3.** Servicio militar. *Lo llamaron a filas.* **4.** Agrupación, espec. la de carácter político. *El desánimo se apoderó de las filas del equipo.* **5.** *Mil.* Fuerzas militares. *Cunde el pánico en las filas enemigas.* ■ ~ **india.** f. Fila (→ 1) de personas colocadas unas detrás de otras. *Entramos en la cueva en fila india.* ☐ **en ~.** loc. adv. Formando una fila (→ 1). *La gente espera en fila ante la ventanilla.* ▶ **1:** HILERA.

filamento. m. Cuerpo con forma de hilo. *El filamento de la lámpara.* ▶ HILO. FAM **filamentoso, sa.**

filantropía. f. Amor al género humano. FAM **filantrópico, ca; filántropo, pa.**

filarmónico, ca. adj. **1.** De la música, espec. de la clásica. *Sociedad filarmónica.* **2.** Dicho de orquesta: Sinfónica. *Orquesta Filarmónica de Berlín.* ▶ **2:** SINFÓNICA.

filatelia. f. Afición a coleccionar sellos de correos. FAM **filatélico, ca; filatelista.**

filete. m. **1.** Trozo largo y delgado de carne magra, o de pescado sin raspas. *Pechuga de pavo en filetes.* **2.** Línea fina o franja estrecha que sirven de adorno en algo, espec. las situadas en los bordes. *Un diploma en cartulina blanca con filete dorado.*

filia. f. cult. Afición o predilección por algo. *Cada cual tiene sus filias y sus fobias.*

filiación. f. **1.** Conjunto de los datos personales de alguien. *Un agente tomó la filiación al detenido.* **2.** Hecho o efecto de tomar la filiación (→ 1) a alguien. *Es indispensable la correcta filiación de los votantes.* **3.** Adscripción a una doctrina u organización. *No declaró su filiación política.* **4.** Relación de influencia o procedencia que una persona o cosa tienen respecto de otra. *Su música tiene filiación romántica.*

filial. adj. **1.** Del hijo. *Amor filial.* **2.** Dicho de entidad: Que depende de otra principal. *Empresas filiales.*

filibustero. m. histór. En el s. XVII: Pirata que actuaba en el mar de las Antillas, espec. contra las colonias españolas.

filiforme. adj. *tecn.* De forma de hilo. *Apéndices filiformes.*

filigrana. f. **1.** Obra hecha con hilos de oro o plata soldados con suma delicadeza y de tal manera que formen complicados dibujos. *Pendientes con filigrana de plata.* **2.** Cosa delicada o muy trabajada. *La patinadora hacía filigranas sobre el hielo.*

filípica. f. cult. Censura o reprobación severas. *El maestro nos echó una filípica.*

filipino - finca

filipino, na. adj. De Filipinas (Asia).

filisteo, a. adj. histór. De un pueblo que ocupaba la costa mediterránea al norte de Egipto y que luchó contra los israelitas.

filme. m. Película cinematográfica. *El filme se rodó en Uruguay.* ▶ *PELÍCULA. FAM film; filmación; filmar; fílmico, ca; filmografía.

filmina. f. Diapositiva.

filmoteca. f. Lugar donde se conservan y archivan los filmes para su estudio y exhibición. Tb. el local donde se proyectan. ▶ CINEMATECA. ‖ Am: CINETECA.

filo¹, m. **1.** Borde agudo de un arma o instrumento cortantes. *El carnicero le saca filo al cuchillo.* **2.** Borde de algo. *El filo del acantilado.* ■ **al ~ de.** loc. prepos. Muy poco antes o después de. *Llegamos a casa al filo de la medianoche.* FAM filoso, sa.

filo². m. *Biol.* Categoría taxonómica en que se clasifican los seres vivos, inmediatamente superior a la clase e inferior al reino. *El filo de los artrópodos.* ▶ TIPO.

filogenia. f. *Biol.* Desarrollo evolutivo de las especies. FAM filogenético, ca.

filología. f. Ciencia que estudia una cultura tal como se manifiesta en su lengua y en su literatura, pralm. a través de los textos escritos. FAM filológico, ca; filólogo, ga.

filón. m. **1.** Masa mineral que rellena una antigua grieta de las rocas de un terreno. *Filones de cobre.* **2.** Cosa de la que se saca gran provecho. *La novela fue un filón.*

filoso, sa. → filo¹.

filosofar. intr. Pensar o reflexionar filosóficamente sobre algo.

filosofía. f. **1.** Ciencia que busca establecer, de manera racional, los principios más generales que organizan y orientan el conocimiento de la realidad, así como el sentido del obrar humano. **2.** Conjunto sistemático de concepciones de filosofía (→ 1) de alguien. *La filosofía de Kant.* **3.** Manera de pensar de alguien, o concepción que tiene de la vida y las cosas. *Mi filosofía se resume en el lema "vive y deja vivir".* **4.** coloq. Serenidad de ánimo. *Tómatelo con filosofía.* FAM filosófico, ca; filósofo, fa.

filtrar. tr. **1.** Hacer pasar (algo) por un filtro. *Filtra el café para que no queden posos.* **2.** Divulgar indebidamente (algo secreto o confidencial). *Alguien filtró las preguntas del examen.* **3.** Dejar un cuerpo sólido que (algo, espec. un líquido) pase a través de sus poros o resquicios. *La arena del suelo filtra el agua de lluvia.* ○ intr. prnl. **4.** Pasar algo, espec. un líquido a través de los poros o resquicios de un cuerpo sólido. *El agua se filtra POR las paredes.* **5.** Divulgarse indebidamente algo secreto o confidencial. *La noticia de la detención se ha filtrado.* FAM filtración; filtrado; filtrador, ra; filtraje.

filtro¹. m. **1.** Materia o dispositivo porosos a través de los cuales se hace pasar un líquido o un gas para eliminar las partículas que llevan en suspensión. *El filtro de la cafetera.* **2.** Dispositivo que elimina o selecciona determinadas frecuencias o radiaciones. *Un filtro solar para evitar quemaduras en la piel.* **3.** Sistema o medio para seleccionar personas o cosas. *Hay que pasar filtros: un examen y una entrevista.*

filtro². m. Bebida mágica que hace sentir amor a la persona que la toma. *Tomó un filtro amoroso.*

filudo, da. adj. Am. Afilado. *Me mostrarían los perros sus colmillos filudos* [C].

fimosis. f. *Med.* Estrechez del orificio del prepucio, que impide la salida del glande.

fin. m. **1.** Punto en que termina algo, en el tiempo o en el espacio. *Al fin de su vida se arrepintió.* **2.** Última parte de un período de tiempo. *Para llegar a fin de mes, tengo que ganar más.* Frec. en pl. **3.** Objetivo, o cosa que se pretende. *El fin que persiguen es aprobar.* ■ **~ de fiesta.** m. Espectáculo con que se termina una función. *El grupo actuará en el fin de fiesta.* ■ **~ de semana.** m. Parte de la semana que comprende normalmente el sábado y el domingo. *Este fin de semana me voy de viaje.* □ **a ~,** o **a ~es.** loc. adv. En los últimos días, meses o años del período de tiempo que se indica. *Nació a fines de mayo.* ■ **a ~ de.** loc. prepos. Para, o con el fin (→ 3) de. *Han trabajado duro a fin de entregar el pedido.* ■ **a ~ de cuentas,** o **en ~ de cuentas.** loc. adv. En definitiva. *Después de tantas amenazas, a fin de cuentas no hizo nada.* ■ **a ~ de cuentas,** o **en ~ de cuentas,** o **al ~ y al cabo,** o **al ~ y a la postre.** loc. adv. Se usa para introducir un argumento a favor de lo que se está defendiendo y que se opone a algo dicho o pensado anteriormente. *No tiene que ayudarla; al fin y al cabo no se lo ha pedido.* ■ **al ~,** o **por ~.** loc. adv. Se usa para indicar que algo ha sucedido tras una larga espera o tras muchos obstáculos. *Por fin llegó la carta.* ■ **dar ~** (a algo). loc. v. Acabar(lo). *Estoy a punto de dar fin al trabajo.* ■ **en ~.** loc. adv. **1.** En suma, o en resumen. *He perdido las llaves, el bolso..., en fin, un desastre.* **2.** Se usa para dar por terminada una conversación o un asunto. *En fin, Julio, te dejo, que tengo prisa.* ■ **poner ~** (a algo). Hacer que acabe. *Entró y puso fin a la pelea.* ■ **por ~.** → **al fin.** ■ **sin ~.** loc. adj. **1.** Que no se acaba nunca o que no tiene límite. *Surgen problemas sin fin.* **2.** Dicho de correa, cinta o cadena: Cerrada, de modo que puede girar continuamente. *El trigo se sube con una cinta sin fin.* ▶ **1:** FINAL, LÍMITE. **2:** FINAL.

final. adj. **1.** Del fin o punto en que termina algo. *Examen final.* **2.** *Gram.* Dicho de oración: Que expresa finalidad. *Oración subordinada final.* Dicho también de la conjunción correspondiente. ● m. **3.** Fin, o punto en que termina algo. *Está al final de la calle.* **4.** Última parte de un período de tiempo. Frec. en pl. *Los finales de mes son duros.* ○ f. **5.** Competición última y decisiva de un campeonato o de un concurso. *Hoy es la final de la Copa.* ■ **a ~,** o **a ~es.** loc. adv. En los últimos días, meses o años del período de tiempo que se indica. *Cobra a final de mes.* ▶ **3, 4:** *FIN. FAM finalidad; finalización; finalizar; finalmente.

finalista. adj. **1.** Dicho de persona o de equipo: Que en una competición o en un concurso llega a la prueba final después de vencer en las anteriores. Tb. m. y f. *Los finalistas lucharán por la Copa.* **2.** Dicho de autor o de obra: Que llega a la votación final. *Hay dos novelas finalistas.*

financiar. (conjug. ANUNCIAR). tr. **1.** Aportar el dinero necesario (para algo). *La edición del libro la ha financiado el Ayuntamiento.* **2.** Aportar el dinero necesario para la compra (de algo). *El banco nos financió la casa.* ▶ *PATROCINAR. FAM financiación; financiador, ra; financiamiento.

finanzas. f. pl. **1.** Conjunto de actividades relacionadas con el dinero que se invierte. *El mundo de las finanzas.* **2.** Asuntos de dinero. *Las finanzas del partido.* **3.** Hacienda pública. *Ministro de Finanzas.* FAM financiero; financista (Am).

finca. f. Propiedad inmueble rústica o urbana. *El portero de la finca le informará sobre el piso en venta.*

316

Frec. designa la destinada a tareas agrícolas. *Nos dio peras de su finca.* ▶ **Am:** ESTANCIA.

finés, sa. adj. **1.** De Finlandia. ● m. **2.** Finlandés (lengua). ▶ FINLANDÉS.

fineza. → fino.

fingido, da. adj. Falso o no verdadero. *El fingido mundo de los sueños.*

fingir. tr. **1.** Dar a entender (algo que no es cierto). *Finge dormir.* **2.** Dar existencia ideal (a algo que realmente no la tiene). *Con sombras fingía seres en el escenario.* ▶ **1:** AFECTAR, APARENTAR, SIMULAR. **2:** SIMULAR. FAM **fingimiento.**

finiquitar. tr. **1.** Liquidar o pagar por completo (una cuenta). *Deseo finiquitar mis cuentas con Hacienda.* **2.** Acabar o concluir (algo). *Llegó a un acuerdo para finiquitar su contrato antes de lo estipulado.* ▶ **1:** *LIQUIDAR. **2:** *ACABAR. FAM **finiquito.**

finisecular. adj. Del fin de siglo. Frec. referido al s. XIX. *El México finisecular.*

finito, ta. adj. cult. Que tiene fin o límite. *Recursos finitos.* FAM **finitud.**

finlandés, sa. adj. **1.** De Finlandia. ● m. **2.** Lengua hablada en Finlandia. ▶ FINÉS.

fino, na. adj. **1.** Delgado o de poco grosor. *Una fina película de polvo.* **2.** Dicho de persona o de parte de su cuerpo: Delgada y de formas delicadas. *Tiene las piernas muy finas.* **3.** Suave o agradable al tacto. *Seda fina.* **4.** Dicho de persona: Cortés o bien educada. *Es una mujer muy fina.* **5.** Dicho de sentido: Agudo o que percibe las cosas con claridad y detalle. *Un oído fino.* **6.** Dicho de persona o de sus cosas: Agudas o penetrantes. *Un fino sentido del humor.* **7.** Dicho de cosa: De buena calidad. *Unos dulces finos.* **8.** Dicho de metal: Muy depurado. *Plata fina.* FAM **fineza; finura.**

finta. f. Hecho de amagar un golpe o un movimiento con intención de engañar al rival. Se usa espec. en deportes. *Hizo una finta y desbordó al defensa.* FAM **fintar.**

fiordo. m. Golfo estrecho y profundo, entre montañas de laderas abruptas, formado por los glaciares durante el período cuaternario. *Los fiordos de Noruega.*

firma. f. **1.** Nombre de una persona que, escrito por ella de su propia mano y siempre de la misma manera, sirve gralm. para dar autenticidad a un documento o aprobar su contenido. *Su firma es difícil de falsificar.* **2.** Hecho de firmar. *Hoy es la firma de las escrituras.* **3.** Empresa o compañía comercial. *La firma de cosméticos.* **4.** Autor periodístico, literario o artístico. *Aquí escriben las más prestigiosas firmas del país.* **5.** Peculiaridad del estilo o de la manera de actuar de alguien. *El robo tiene la firma de un profesional.* ▶ **3:** *EMPRESA. **5:** SELLO. FAM **firmante; firmar.**

firmamento. m. cult. Cielo, espec. cuando en él aparecen los astros.

firme. adj. **1.** Que no se mueve ni se desplaza, por estar sujeto o apoyado. *Las baldosas no están firmes.* **2.** Dicho de persona: De actitud u opiniones invariables o que no se deja influir. *Estoy firme en mi decisión.* **3.** Definitivo (final y no sujeto a cambios). *El juez dictó sentencia firme.* **4.** Dicho de soldado: Que está de pie con los tacones juntos y los brazos rígidos y pegados al cuerpo. *El soldado se puso firme.* ● m. **5.** Capa sólida de terreno, sobre la que se puede cimentar. *No encontraban el firme para edificar.* **6.** Capa de piedra machacada que da consistencia al pavimento de una calle o carretera. Tb. todo el pavimento.

El firme de la carretera. ■ **de ~.** loc. adv. Con constancia o intensidad. *Trabaja de firme.* ■ **en ~.** loc. adv. Con carácter definitivo. *La fecha se fijó en firme.* ▶ **1:** ESTABLE, SEGURO. **3:** DEFINITIVO. FAM **firmeza.**

fiscal, la. (La forma **fiscala** solo se usa como n. f., alternando con la más frec. **fiscal**). adj. **1.** Del fisco. *Un asesor fiscal.* **2.** Del fiscal (→ 3). *El acusado se enfrenta a una petición fiscal de diez años de prisión.* ● m. y f. **3.** Persona que ejerce la acusación pública en los tribunales de justicia. *Fue nombrada fiscal antidroga.* FAM **fiscalía.**

fiscalizar. tr. Controlar o vigilar (algo o a alguien). *Los inspectores de la ONU fiscalizarán el proceso de desarme.* FAM **fiscalización; fiscalizador, ra.**

fisco. m. **1.** Conjunto de organismos públicos que se ocupan de la recaudación de impuestos. *El fisco le reclama millones.* **2.** Conjunto de bienes del Estado. *El dinero para obras públicas proviene del fisco.* ▶ **1:** *HACIENDA. FAM **fiscalidad.**

fisgar. tr. coloq. Mirar con curiosidad (algo) o intentar enterarse (de ello). *Ha fisgado mis cartas.* FAM **fisgón, na; fisgonear.**

físico, ca. adj. **1.** De la física (→ 6), o de su objeto de estudio. *La longitud es una magnitud física.* **2.** Del cuerpo. *Discapacidad física.* **3.** Material o real. *Tenga en cuenta la imposibilidad física de leerlo todo hoy.* ● m. y f. **4.** Especialista o titulado en física (→ 6). *Newton fue un gran físico.* ● m. **5.** Aspecto externo del cuerpo de una persona. *El atleta tiene un físico espectacular.* ○ f. **6.** Ciencia que estudia las propiedades de la materia y la energía y las relaciones entre ambas. FAM **fisicoquímico, ca.**

fisiología. f. Ciencia que estudia las funciones de los seres vivos. FAM **fisiológico, ca; fisiólogo, ga.**

fisión. f. Fís. Rotura del núcleo de un átomo con liberación de energía. Tb. *~ nuclear.*

fisioterapia. f. Tratamiento de las enfermedades o lesiones por medio de elementos naturales, como el aire, el agua o la luz, o de ejercicios mecánicos, como el masaje o la gimnasia. FAM **fisioterapeuta.**

fisonomía o **fisionomía.** f. **1.** Aspecto particular del rostro de una persona. *La fisonomía del actor.* **2.** Aspecto exterior de algo. *La fisonomía de la ciudad.* FAM **fisonómico, ca.**

fisonomista. m. y f. Persona que tiene facilidad natural para recordar y distinguir a las personas por su fisonomía. *Soy buen fisonomista y nunca se me olvida una cara.*

fístula. f. Med. Conducto anormal que comunica un órgano con el exterior del cuerpo, o dos órganos entre sí, y que puede ser natural o artificial. *Fístula anal.*

fisura. f. **1.** Grieta o hendidura en la superficie de algo. *El casco del barco tiene fisuras.* **2.** Hendidura de un hueso sin que llegue a romperse. *La radiografía muestra fisura de tibia.* **3.** Quiebra o pérdida de consistencia en algo, espec. en una actitud, una idea u otra cosa inmaterial. *El partido mantiene la unidad sin fisuras.* ▶ **1:** *ABERTURA.

flácido, da. (Tb. **fláccido**). adj. Blando o sin consistencia. *Muslos flácidos. Las hojas penden fláccidas de las ramas.* FAM **flacidez** o **flaccidez.**

flaco, ca. adj. **1.** Dicho de persona o animal, o de parte de su cuerpo: Que tiene muy poca carne. *Brazos flacos.* **2.** Antepuesto a un nombre como *servicio* o *favor,* se usa para enfatizar la idea contraria a la designada por ese nombre. *Sus declaraciones hacen un* *flaco servicio a la democracia.* **3.** cult. Flojo o débil. *La guerra destapa la flaca condición del ser humano.* ▶ **1:** DELGADO. FAM **flacucho, cha.**

flagelo. m. **1.** Instrumento que sirve para azotar. *Los penitentes se golpeaban con flagelos.* **2.** Biol. Órgano con forma de hilo que sirve a algunas células o microorganismos para desplazarse. ▶ **1:** *LÁTIGO. FAM **flagelación; flagelar.**

flagrante. adj. **1.** Tan evidente que no necesita pruebas. *La invasión es una violación flagrante del derecho internacional.* **2.** Que se está ejecutando en el momento del que se habla. *La policía podrá inspeccionar si hay certeza de delito flagrante.*

flamante. adj. **1.** Dicho de cosa: Acabada de hacer o de estrenar. *Los muebles están flamantes.* **2.** Antepuesto a un nombre, expresa que la condición de lo designado por él se tiene desde hace poco. *Nos presentó a su flamante esposa.*

flambear. tr. Rociar (un alimento) con licor y prenderle fuego a este.

flamboyán. m. Árbol tropical de copa achaparrada y vistosas flores rojas.

flamear. intr. **1.** Ondear una bandera o algo parecido a causa del viento. *La bandera flamea.* **2.** Despedir llamas. *La hoguera flamea.* ○ tr. **3.** Pasar (algo) por una llama. *Antes de asar el pollo, lo flameó.*

flamenco, ca. adj. **1.** De Flandes (región histórica de Europa, o actual provincia de Bélgica). *Pintura flamenca.* **2.** Dicho espec. de canto o baile: De carácter popular y propio de Andalucía, espec. de su población gitana. *Baile flamenco.* ● m. **3.** Idioma flamenco (→ 1). **4.** Cante o baile flamencos (→ 2). *Un espectáculo de flamenco.* **5.** Ave de patas y cuello muy largos, con el pico curvado hacia abajo y plumaje blanco y rosado o rojo. *El flamenco hembra.* FAM **flamencología; flamencólogo, ga.**

flamígero, ra. adj. **1.** cult. Que arroja o despide llamas. *Ángel flamígero.* **2.** cult. Que imita o evoca la forma de las llamas. *Espada flamígera. Gótico flamígero.*

flan. m. Dulce hecho con yemas de huevo, leche y azúcar, cuajado al baño María dentro de un molde bañado de azúcar tostada. FAM **flanera.**

flanco. m. Lado o costado. *Atacan a la infantería por el flanco derecho.*

flanquear. tr. Estar alguien o algo al lado o a los lados (de una persona o cosa). *Dos guardaespaldas flanquean al presidente.*

flaquear. intr. Debilitarse o perder fuerza. *Su vista empezó a flaquear.*

flaqueza. f. **1.** Debilidad o falta de fuerza, espec. moral o espiritual. *En un momento de flaqueza accedí a lo que pedía.* **2.** Acción desacertada o reprobable cometida por debilidad. *Una flaqueza juvenil lo marcó toda la vida.*

flash. (pal. ingl.; pronunc. "flas"). m. **1.** Aparato que produce un destello breve e intenso, proporcionando la luz necesaria para hacer una fotografía. *El flash de la cámara.* **2.** Period. Noticia breve que se da con carácter urgente. *Interrumpimos la emisión para dar un flash sobre la guerra.* ¶ [Adaptación recomendada: *flas*, pl. *flases*].

flashback. (pal. ingl.; pronunc. "flásbak"). m. Cine, TV y Lit. Interrupción del relato para narrar algo anterior a la acción en curso y gralm. relacionado con ella. *En "Casablanca" hay un* flashback *de la historia*

de amor en París. ¶ [Equivalentes recomendados: Cine, TV: *escena, secuencia retrospectiva, salto atrás*].

flato. m. Acumulación molesta de gases en el tubo digestivo. *El champán me produce flato.* FAM **flatulencia; flatulento, ta.**

flauta. f. Instrumento musical de viento, de madera o metal, que tiene forma de tubo y varios agujeros que se tapan con los dedos o con llaves. ■ ~ **dulce**, o **de pico.** f. Flauta que tiene boquilla en el extremo superior del tubo y se toca colocándola de frente delante de la cara. ■ ~ **travesera.** f. Flauta que tiene embocadura en un lateral de la parte superior del tubo y se toca colocándola de través. FAM **flautista; flautín.**

flebitis. f. Med. Inflamación de una vena. *Padece flebitis en una pierna.*

flecha. f. **1.** Arma arrojadiza consistente en una varilla delgada con punta afilada en uno de sus extremos. *Los indígenas cazan con flechas.* **2.** Indicador en forma de flecha (→ 1), espec. el de dirección. *La flecha del plano indica dónde está el museo.* ■ **como una ~.** loc. adv. coloq. Muy deprisa. *El ladrón corría como una flecha.* ▶ **1:** SAETA.

flechar. tr. **1.** Herir (a alguien) con una flecha. *Un indio flechó al vaquero.* **2.** Enamorar (a alguien) de manera repentina. *Me ha flechado con su mirada.*

flechazo. m. **1.** Golpe o herida de flecha. *El animal tiene un flechazo en el costado.* **2.** coloq. Amor repentino e inmediato. *Lo nuestro fue un flechazo.*

fleco. m. **1.** Adorno compuesto por una serie de hilos, tiras o cordoncillos, normalmente de la misma longitud, que cuelgan de una tira de tela. *Juguetea con el fleco de la bufanda.* Tb. cada hilo, tira o cordoncillo. **2.** coloq. Detalle o aspecto menor que quedan por resolver en un asunto. *Quedan pequeños flecos aún por negociar.*

fleje. m. Tira de hierro u otro material resistente que se emplea para reforzar embalajes o, en forma de aro, para asegurar cubas y toneles.

flema. f. **1.** Mucosidad que se echa por la boca, procedente de las vías respiratorias. *Echa flemas al toser.* **2.** Calma o impasibilidad. *Flema británica.* FAM **flemático, ca.**

flemón. m. Med. Inflamación del tejido conjuntivo, espec. de las encías.

flequillo. m. Cabello recortado que cae sobre la frente. ▶ **Am:** CERQUILLO.

fletar. tr. Tomar en alquiler (un vehículo aéreo o terrestre). *Fletarán un barco.*

flete. m. **1.** Precio del alquiler de una embarcación, espec. una marina, u otro vehículo aéreo o terrestre. *La compañía exportadora pagó el flete.* **2.** Carga de un buque. *El barco porta un flete de armas y municiones.*

flexible. adj. **1.** Que se puede doblar fácilmente. *Articulaciones flexibles.* **2.** Dicho de cosa: Que puede adaptarse según las circunstancias o necesidades. *Horario flexible.* **3.** Dicho de persona: Que acepta con facilidad la opinión o la voluntad de otros. *Tiene un padre flexible.* FAM **flexibilidad; flexibilizar.**

flexión. f. **1.** Hecho o efecto de doblar algo, espec. el cuerpo o una de sus partes. *Se tumba para hacer flexiones.* **2.** Gram. Variación que puede sufrir la forma de una palabra mediante el cambio de desinencias. *Los nombres tienen flexión de género y número.* FAM **flexionar; flexivo, va.**

flexor, ra. adj. Que permite un movimiento de flexión. *El tendón flexor del dedo.*

flirtear. intr. Coquetear o mantener un juego amoroso con una persona. *Flirtea CON todas.* ▶ COQUETEAR. FAM **flirteo.**

flojo, ja. adj. **1.** Poco apretado o poco tirante. *Tense los cables que están flojos.* **2.** Que tiene poca fuerza. *Al final de las carreras me siento muy floja.* **3.** Que tiene poca actividad. *Es una época floja para el comercio.* **4.** De calidad inferior a la normal. *Su ejercicio de redacción es flojo.* **5.** Cobarde o apocado. Dicho de pers., tb. m. y f. *Es un flojo: en cuanto ve sangre, se marea.* **6.** frecAm. coloq. Vago o perezoso. *Luis es flojo, y Rosita, aplicada* [C]. ▶ **2:** *DÉBIL. FAM **flojear; flojedad; flojera.**

flor. f. **1.** En una planta: Parte, gralm. perfumada y con hojas de colores, que brota periódicamente y contiene los órganos reproductores. *Tienda de flores.* **2.** Parte mejor y más escogida de algo. *La flor de la harina.* **3.** coloq. Piropo o alabanza. *Me echa tantas flores que me ruborizo.* ■ **~ compuesta.** f. Bot. Conjunto de muchas florecillas (→ 1) agrupadas en un receptáculo común. *El diente de león tiene flores compuestas.* ■ **~ de lis.** f. Heráld. Figura de la flor (→ 1) del lirio compuesta de tres hojas, una grande y ancha en el medio, y dos estrechas y curvadas a los lados. *En el escudo hay una flor de lis.* ⇒ LIS. □ **a ~.** loc. adv. En o sobre la superficie. *El yacimiento se encuentra a flor DE tierra.* ■ **a ~ de piel.** loc. adv. A punto de mostrarse o dejarse ver. *Tengo los nervios a flor de piel.* ■ **en ~.** loc. adj. **1.** Que tiene flores (→ 1). *El valle está lleno de cerezos en flor.* **2.** Que está en el primer momento de esplendor o belleza. *Una muchacha en flor.* ■ **la ~ y nata.** loc. s. Lo más escogido y selecto. *En el festival estará la flor y nata del cine europeo.* FAM **floración; floral; florear; florero; floricultor, ra; floricultura.**

flora. f. **1.** Conjunto de las plantas de un país, región o medio determinados. *Flora ibérica.* **2.** Biol. Conjunto de los microorganismos que habitan en una medio determinado, espec. en una parte del cuerpo. *La flora intestinal.*

florecer. (conjug. AGRADECER). intr. **1.** Echar flores una planta. *Ya floreció el naranjo.* **2.** Prosperar, o adquirir fuerza o empuje. *La economía floreció.* **3.** Aparecer, o pasar a tener existencia. *El surrealismo floreció en los años veinte.* FAM **floreciente; florecimiento.**

florería. f. frecAm. Floristería. *Fui a una florería y le envié un ramo de rosas* [C].

floresta. f. cult. Terreno frondoso y agradable, poblado de árboles.

florete. m. Espada de hoja muy estrecha, de cuatro aristas y gralm. sin aro en la empuñadura, que se usa en esgrima.

floricultor, ra; floricultura. → flor.

florido, da. adj. **1.** Que tiene flores. *Jardín florido.* **2.** Escogido o selecto. *Irá lo más florido de la sociedad.* **3.** Dicho espec. de lenguaje o estilo: Muy adornado.

florilegio. m. Colección de piezas literarias selectas.

florín. m. Unidad monetaria de los Países Bajos anterior al euro, y de Hungría.

floripondio. m. despect. Flor grande, espec. en adornos.

floristería. f. Establecimiento en que se venden flores. ▶ frecAm: FLORERÍA. FAM **florista.**

floritura. f. Adorno, espec. el aparatoso. *Su estilo es sencillo y sin florituras.*

florón. m. Adorno en forma de flor grande. Se usa espec. en arquitectura.

flota. f. **1.** Conjunto de barcos que están destino o utilidad comunes. *Flota de guerra.* **2.** Conjunto de aviones u otros vehículos. *La línea aérea está renovando su flota.*

flotar. intr. **1.** Sostenerse un cuerpo en la superficie de un líquido. *La hoja flota EN el agua.* **2.** Sostenerse en suspensión un cuerpo en un líquido o un gas. *Por todas partes flotan partículas de polvo.* **3.** Estar algo inmaterial en un lugar. *El miedo flota en el ambiente.* FAM **flotabilidad; flotación; flotador; flotante.**

flote. **a ~.** loc. adv. **1.** Flotando. *No consiguen poner la barca a flote.* **2.** A salvo o fuera de peligro. *Sacará a flote la empresa.*

flotilla. f. Flota de barcos pequeños. *Una flotilla de remolcadores.*

fluctuar. (conjug. ACTUAR). intr. Oscilar algo, creciendo y disminuyendo alternativamente su intensidad, grado o medida. *El valor de la moneda fluctúa.* ▶ OSCILAR. FAM **fluctuación; fluctuante.**

fluido, da. adj. **1.** Dicho de sustancia: Que se encuentra en estado líquido o gaseoso. *Los cuerpos fluidos carecen de forma propia.* **2.** Dicho de cosa, frec. de lenguaje o estilo: Que se produce o se desarrolla de manera natural, fácil y continuada, sin interrupciones ni obstáculos. *Tráfico fluido.* ● m. **3.** Corriente eléctrica. *Al reparar el cable, se ha restablecido el fluido.* Tb. *~ eléctrico.* FAM **fluidez; fluidificar.**

fluir. (conjug. CONSTRUIR). intr. **1.** Correr o moverse un fluido. *El agua fluye por el cauce.* Tb. fig. *Una masa de gente fluye por la avenida.* **2.** Brotar con facilidad una idea o una palabra de la mente o de la boca. *Las palabras fluyen DE su boca.* FAM **fluyente.**

flujo. m. Hecho o efecto de fluir. *Flujo sanguíneo.* Tb. fig. *El flujo de inmigrantes crece.*

flúor. m. Elemento químico del grupo de los halógenos, gaseoso en estado natural, de color amarillo verdoso y olor sofocante (Símb. *F*). FAM **fluoración; fluorar.**

fluorescencia. f. Fís. Luminiscencia que desaparece al cesar la causa que la produce.

fluorescente. adj. **1.** De la fluorescencia. *El resplandor fluorescente de un anuncio.* **2.** Que tiene fluorescencia. *Lleva una camiseta con dibujo fluorescente.* ● m. **3.** Tubo fluorescente (→ tubo). *Se encendieron los fluorescentes del aula.*

fluoruro. m. Quím. Sal de un ácido del flúor. *Un dentífrico con fluoruro sódico.*

fluvial. adj. Del río o de los ríos. *Pesca fluvial.*

flux. m. Am. Terno. *El director viste un flux de dril blanco* [C]. ▶ *TRAJE.

fluyente. → fluir.

FM. (sigla; pronunc. "efe-eme"). f. Radio Sistema de transmisión por medio de la modulación de la frecuencia de las ondas sonoras, que permite una alta calidad de sonido. *La cadena de radio tiene varias emisoras que emiten en FM.*

fobia. f. **1.** cult. Aversión fuerte. *Tendrás que vencer tu fobia A madrugar.* **2.** Med. Miedo patológico y obsesivo. *Tiene fobia A las alturas.* FAM **fóbico, ca.**

foca. f. Mamífero marino de cuerpo alargado, pelaje corto y espeso, sin orejas y con dos aletas delanteras para arrastrarse y una trasera para nadar. *La foca macho.*

focalizar. tr. Centrar o concentrar (algo) en un foco o punto. *Han focalizado la atención en el escándalo.* FAM **focalización.**

foco. m. **1.** Lámpara eléctrica orientable, de luz muy potente, concentrada en una dirección. *Un foco ilumina el escenario.* **2.** Punto en que se origina y desde el que se propaga algo. *Los bomberos buscan el foco del incendio.* **3.** Punto donde algo se encuentra concentrado con toda su fuerza. *El pueblo se ha convertido en el foco de interés de la prensa.* **4.** *Fís.* Punto donde se concentran o del que parten ondas o haces de rayos. *Los rayos traspasan la lente y convergen en el foco.* **5.** *Mat.* Punto fijo que sirve para generar una elipse, una hipérbola o una parábola. **6.** *Am.* En un vehículo: Faro. *Se encendieron los focos de un auto* [C]. ▶ **6:** *FARO. FAM focal.

fofo, fa. adj. despect. Blando y de poca consistencia. *Me tendió una mano fofa.*

fogata. f. Fuego con mucha llama. *Una fogata ilumina el campamento.*

fogón. m. En una cocina: Lugar en que se hace fuego para guisar.

fogonazo. m. Llamarada o destello instantáneos, espec. al disparar un arma de fuego o una cámara fotográfica con *flash*. *El fogonazo de la cámara lo deslumbró.*

fogonero. m. Hombre encargado de alimentar la caldera de una máquina de vapor.

fogoso, sa. adj. Lleno de ímpetu y viveza. ▶ *APASIONADO. FAM fogosidad.

foguear. tr. Acostumbrar (a alguien) a los problemas y dificultades de un trabajo o situación nuevos. *El entrenador lo mandó a su primera competición para foguearlo.*

fogueo. m. Hecho o efecto de foguear. *Lleva años de fogueo a pie de calle.* ■ **de ~.** loc. adj. Dicho espec. de bala: Que solo tiene pólvora.

foie-gras o **foie gras.** (loc. fr.; pronunc. "fuagrás"). m. Paté de hígado, espec. de cerdo o de ave. *Latas de* foie gras. ¶ [Adaptación recomendada: *fuagrás*, pl. *fuagrases*].

folclore o **folclor.** m. Conjunto de costumbres, creencias, canciones, artesanía y otras cosas semejantes, de carácter tradicional. FAM **folclórico, ca; folclorista.**

fólder. (pl. **fólderes**). m. *Am.* Carpeta para guardar papeles. *Abrió un fólder sobre su escritorio y empezó a sacar papeles* [C]. ▶ CARPETA.

foliación. f. **1.** *Bot.* Hecho de echar hojas una planta. *La floración y la foliación del árbol se producen en primavera.* **2.** *Geol.* Estructura en láminas propia de las rocas metamórficas. *La pizarra es una roca de foliación muy desarrollada.*

foliar. adj. *Bot.* De la hoja. *Vellosidad foliar.*

folículo. m. *Anat.* Glándula en forma de saco situada en el espesor de la piel o de las mucosas. *Folículos pilosos.*

folio. m. **1.** Hoja de papel que mide aproximadamente 33 cm de largo y 22 cm de ancho. *Rellenó un folio del examen.* **2.** Hoja en un libro o de un cuaderno. *La escritura consta en el libro registral 432, folios 31-40.*

folíolo o **foliolo.** m. *Bot.* Cada una de las hojitas que forman una hoja compuesta.

folk. adj. **1.** Dicho de música: Moderna pero inspirada en temas o motivos de la música folclórica. *Un concierto de música folk.* **2.** De la música folk (→ 1). *Festival folk.* ● m. **3.** Música folk (→ 1). *Un cantante de folk.*

follaje. m. Conjunto de hojas de los árboles y otras plantas. ▶ VERDE.

follar. intr. **1.** malson. Realizar el coito. ○ tr. **2.** malson. Realizar el coito (con alguien).

folletín. m. **1.** Novela de gusto popular y tono melodramático, con abundantes peripecias, propia del siglo XIX, y que solía publicarse por entregas. *Estudio los folletines de la época de Isabel II.* **2.** despect. Novela, u obra teatral o cinematográfica, que presenta características propias del folletín (→ 1). *La película es un folletín lacrimógeno.* **3.** despect. Conjunto de sucesos insólitos, propios de un folletín (→ 1). *Su luna de miel se ha convertido en el folletín del verano.* FAM **folletinesco, ca.**

folleto. m. Obra impresa, no periódica, de pocas hojas y de carácter informativo o publicitario. *Un folleto turístico.*

folletón. m. despect. Folletín.

follón. m. coloq. Situación confusa y gralm. ruidosa. *Se coló y hubo follón.*

fomentar. tr. Promover o impulsar el desarrollo (de algo). *Una campaña para fomentar el turismo.* ▶ *ESTIMULAR. FAM fomento.

fonación. f. *Fon.* y *Fisiol.* Producción de la voz o de los sonidos articulados. *La lengua es un órgano de la fonación.* FAM **fonador, ra.**

fonda. f. Establecimiento hotelero de poca categoría, donde se da alojamiento y se sirven comidas.

fondeadero. m. *Mar.* Lugar de profundidad suficiente para que una embarcación pueda fondear. *Han dejado el barco en el fondeadero.*

fondear. intr. **1.** *Mar.* Asegurarse una embarcación o cualquier otro cuerpo flotante por medio de anclas que se agarren al fondo de las aguas o de grandes pesos que descansen en él. *El barco fondeará en la bahía.* ○ tr. **2.** *Mar.* Asegurar (una embarcación o cualquier otro cuerpo flotante) por medio de anclas que se agarren al fondo de las aguas o de grandes pesos que descansen en él. *El capitán fondea el buque cerca de la costa.*

fondillo. m. **1.** Parte trasera de un pantalón, que cubre las nalgas. *Se te ha roto el fondillo del pantalón.* Frec. en pl. **2.** *Am.* coloq. Nalgas (parte del cuerpo). Frec. en pl. *Había limpiado los fondillos a Rosalinda hasta que cumplió los cuatro años* [C]. ▶ **1:** FUNDILLO.

fondista. m. y f. *Dep.* Corredor que participa en carreras de fondo.

fondo. m. **1.** Parte interna o más alejada del borde de una cosa hueca. *El fondo de la botella.* **2.** Parte interna o más alejada de la entrada de un lugar o de un determinado punto de referencia. *Se sienta al fondo de la clase.* **3.** Superficie sólida sobre la que está o sobre la que fluye una masa de agua. *El fondo del río.* **4.** Profundidad, o distancia que hay entre el fondo (→ 1-3) y el borde, la entrada o la superficie de algo. *El saco tiene poco fondo.* **5.** Color o dibujo que cubre una superficie y sobre el que destacan otros colores, figuras o dibujos. *Un mantel de flores sobre fondo azul.* **6.** Parte principal y esencial de algo. *Llegaré al fondo del asunto.* **7.** Forma de ser verdadera de una persona. *Es cascarrabias, pero tiene buen fondo.* **8.** Conjunto de impresos y manuscritos de una biblioteca o archivo. Frec. en pl. Tb. el conjunto de obras de un museo. **9.** Conjunto de libros publicados por una editorial. **10.** Cantidad de dinero reunido entre varias personas para un fin. *Hicimos un fondo para pagar la comida.* **11.** *Econ.* Cantidad de dinero un organismo destina a un fin determinado. *Parte del fondo para el medio ambiente será para proteger los arrecifes.* **12.** *Dep.* Resistencia física. *Lleva un mes sin entrenar y le falta fondo.* Tb. designa la carrera o modalidad de larga distancia que requieren mucha resistencia. *Es especialista en maratón y en fondo.* **13.** *Am.* Combinación (prenda de vestir). *Tenía una capa, y debajo el fondo, o si se quiere, la enagua* [C]. ○ pl. **14.** Dinero, o conjunto de billetes y monedas. *Fondos públicos.* ■ ~ **de inversión.** m. Fondos (→ 14) destinados a la inversión de una pluralidad de personas, y administrados por una sociedad gestora. ■ ~ **de pensiones.** m. Fondos (→ 14) aportados para disponer de ellos tras la jubilación. *Ahorran para un fondo de pensiones.* ■ ~s **reservados.** m. pl. Dinero autorizado por el presupuesto del Estado para gastos de seguridad exterior o interior, cuya utilización no hay obligación de justificar. ■ ~ **bajos** ~s. m. pl. Sector de la sociedad en que abundan los delincuentes. *Personajes de los bajos fondos.* □ **a** ~. loc. adv. **1.** Completamente o con todo detalle. *Debo estudiar a fondo el problema.* **2.** Con la mayor intensidad posible. *Pise a fondo el acelerador.* ■ **a** ~ **perdido.** loc. adv. Sin compromiso de devolución. *Cada socio entregó dos millones a fondo perdido.* ■ **de dos,** o **tres,** o **cuatro,** etc., **en** ~. loc. adv. En una fila compuesta transversalmente por tantos elementos como se indican. *Los prisioneros van de dos en fondo.* ■ **en el** ~. loc. adv. En realidad. *En el fondo se alegra de lo ocurrido.* ■ **tocar** ~. loc. v. Llegar al límite de una situación desfavorable. *Tocó fondo cuando volvió a suspender.* ▶ **6:** *ESENCIA. **13:** *COMBINACIÓN.

fondue. (pal. fr.; pronunc. "fondí"). f. **1.** *Coc.* Plato a base de queso que se funde dentro de una cazuela especial. **2.** *Coc.* Conjunto formado por una cazuela, un hornillo y otros utensilios, que se usa para hacer *fondues* (→ 1).

fonema. m. *Ling.* Sonido del lenguaje considerado exclusivamente en su aspecto significativo. *"Piso" y "peso" se distinguen por el primer fonema vocálico.*

fonendoscopio o **fonendo.** m. *Med.* Aparato que amplifica los sonidos de auscultación, consistente en una boquilla que se aplica sobre el cuerpo del paciente o va unida por dos tubos a unos auriculares. *Oye los latidos con el fonendoscopio.*

fonético, ca. adj. **1.** *Ling.* De los sonidos del lenguaje. *Hay que hacer una transcripción fonética del texto.* ● f. **2.** *Ling.* Parte de la lingüística que estudia los sonidos atendiendo a sus características articulatorias o acústicas. **3.** Conjunto de los sonidos de una lengua. *La fonética castellana se parece a la italiana.*

foniatra. m. y f. *Med.* Especialista en enfermedades de los órganos de fonación.

fónico, ca. adj. De los sonidos, espec. los del lenguaje.

fono. m. *Am.* Auricular (parte o pieza que se aplica a los oídos). *Entré a una de las cabinas, descolgué el fono y llamé* [C]. ▶ AURICULAR.

fonográfico, ca. adj. De la grabación y reproducción de las vibraciones sonoras, o de los instrumentos que se utilizan para ello. *Archivo fonográfico.*

fonógrafo. m. **1.** Gramófono. *En el desván hay un viejo fonógrafo.* **2.** histór. Aparato que registraba las vibraciones sonoras en un cilindro y permitía su reproducción. *Edison inventó el fonógrafo en 1877.*

fonología. f. *Ling.* Parte de la lingüística que estudia los fonemas. FAM **fonológico, ca.**

fontana. f. cult. Fuente (construcción o manantial).

fontanela. f. *Anat.* Espacio membranoso de los que hay en el cráneo antes de que este adquiera consistencia ósea completa.

fontanero, ra. m. y f. Persona que tiene por oficio instalar y reparar conducciones de agua. ▶ *Am:* PLOMERO. FAM **fontanería.**

foque. m. *Mar.* Vela triangular situada en la proa, espec. la mayor de ellas.

forajido, da. adj. Que ha cometido un delito y huye de la justicia. Más frec. m. y f. *El protagonista es asaltado por unos forajidos.*

foral. → **foro.**

foráneo, a. adj. cult. Que es o que viene de fuera, espec. del extranjero. *Capital foránea. Un jugador foráneo.*

forastero, ra. adj. Dicho de persona: Que viene de fuera o que solo vive temporalmente en el lugar de que se habla. Tb. m. y f. *Los forasteros no conocen las costumbres locales.* ▶ *Am:* AFUERINO, FUEREÑO.

forcejear. intr. Hacer fuerza una persona para vencer la resistencia de otra persona o de una cosa. *El policía forcejea* CON *el atracador.* FAM **forcejeo.**

fórceps. (pl. invar.). m. *Med.* Instrumento en forma de tenaza, que se emplea para extraer a la criatura en un parto difícil. *Hay que sacar al niño con el fórceps.*

forense. m. y f. Médico forense (→ **médico**). *Un forense hará la autopsia.*

forestación. f. *Bot.* Hecho de poblar un terreno con plantas forestales.

forestal. adj. Del bosque. *Guarda forestal.*

forja. f. **1.** Hecho o efecto de forjar. *En la exposición hay rejas y otros trabajos de forja.* **2.** Lugar donde se reduce a metal el mineral de hierro. *Los romanos mencionaron las forjas de la Península Ibérica.* **3.** Fragua.

forjado. m. *Constr.* Relleno con que se hacen las separaciones de los pisos de un edificio.

forjar. tr. **1.** Dar forma (a un metal o a un objeto de metal), gralm. golpeándo(los) en caliente. *Sabe forjar el hierro.* **2.** cult. Crear o formar. *Los persas forjaron un gran imperio.* FAM **forjador, ra.**

forma. f. **1.** Aspecto o apariencia exteriores de un cuerpo. *Las monedas tienen forma circular.* **2.** Modo en que se hace o en que ocurre algo. *Cambió de forma de vida.* **3.** Modo en que se expresa una idea. *Hay que cuidar tanto el fondo como la forma de la redacción.* **4.** Disposición física o moral para realizar una determinada actividad. *Se encuentra en baja forma.* **5.** *Der.* Conjunto de requisitos externos que debe cumplir un acto jurídico. *La demanda contenía defectos de forma.* **6.** *Rel.* Pan ácimo de forma (→ 1) circular, usado para la celebración de la eucaristía y para la comunión. *El sacerdote consagra las formas.* **7.** *Ling.* Cada una de las variaciones que puede presentar un elemento gramatical. *La palabra "estudiábamos" es una forma verbal.* ○ pl. **8.** Forma (→ 2) de comportarse adecuadamente. *Procuren guardar las formas.* **9.** Forma (→ 1) del cuerpo humano, espec. del pecho, cintura y caderas de la mujer. *Era una mujer de formas generosas.* ■ ~ **no personal.** f. *Gram.* Forma (→ 7) que presenta un verbo cuando no expresa persona gramatical. *Las formas no personales del verbo son infinitivo, gerundio y participio.* ■ ~ **personal.** f. *Gram.* Forma (→ 7) que presenta un verbo cuando expresa persona gramatical. *La oración "Te llamaré" tiene un verbo en forma personal.* □ **dar** ~ (a algo). loc. v.

formación - fortachón

Expresar(lo) de manera precisa y ordenada. *Tengo una idea, pero aún tengo que darle forma.* ■ **de cualquier ~.** loc. adv. De cualquier manera o sin cuidado. *Metió la ropa en la maleta de cualquier forma.* ■ **de cualquier ~,** o **de todas ~s.** loc. adv. De cualquier manera o en cualquier caso. *De todas formas, no pensaba ir.* ■ **de ~ que.** loc. conjunt. Así que. *No estuvo allí, de forma que no pudo ser el ladrón.* ■ **de todas ~s.** → **de cualquier forma.** ▶ **8:** *MODALES.

formación. f. **1.** Hecho de formar o formarse. *Irá a Roma para completar su formación.* **2.** Mil. Reunión ordenada de un cuerpo de tropas o de barcos de guerra. *El general pasa revista a la formación.* **3.** Geol. Conjunto de rocas o masas minerales con características comunes. *El estudio de las formaciones geológicas ayuda a determinar la edad de la Tierra.* **4.** Bot. Conjunto de vegetales en los que domina una determinada especie. Tb. *~ vegetal. La pradera es una formación vegetal.* ▶ **1:** *ENSEÑANZA.

formal. adj. **1.** De la forma. *Describe las características formales del poema.* **2.** Dicho de persona: Seria o responsable. *Es un hombre muy formal.* **3.** Dicho de cosa: Que se ajusta a los requisitos fijados. *Una protesta formal.* FAM **formalidad.**

formalismo. m. **1.** Tendencia o actitud de aplicar con rigor las normas externas. *Aplica la norma por puro formalismo.* **2.** Tendencia a considerar las cosas en su aspecto formal o externo. Se usa espec. en filosofía. FAM **formalista.**

formalizar. tr. **1.** Hacer que (algo) sea formal o se ajuste a los requisitos fijados. *Los asistentes formalizan su inscripción en la secretaría.* **2.** Dar a conocer seria y públicamente (una relación). *Van a formalizar su relación.* ○ intr. prnl. **3.** Hacerse formal una persona. *Se formalizó y dejó atrás las juergas.* FAM **formalización.**

formar. tr. **1.** Dar forma a (algo). *Forma una bola con plastilina.* **2.** Hacer que (algo) empiece a existir. *El viento forma dunas.* **3.** Juntar personas o cosas para hacer (un conjunto o un todo). *Formó dos equipos.* **4.** Ser un conjunto de personas o cosas (los componentes o partes de un todo o unidad). *Los huesos forman el esqueleto.* **5.** Educar (a alguien) o prepararlo) para una actividad. *El jefe forma a los recién contratados.* ○ intr. **6.** Colocarse una formación o conjunto ordenado. *El sargento ordena a los soldados que formen.* ▶ **5:** *ENSEÑAR. FAM **formador, ra; formativo, va.**

formato. m. **1.** Tamaño de un impreso, considerando su altura y su anchura. *El formato de este periódico es enorme. Han publicado la novela en formato reducido.* **2.** Tamaño o forma, espec. de una fotografía o de un cuadro. *En la exposición había varios cuadros de gran formato. El formato de la ampliación es dos veces mayor que el de la foto original.* **3.** Inform. Estructura que determina la disposición de los datos en un texto, en un archivo o en un soporte físico de información. *Cuando termine el informe, le daré formato. Compró una caja de disquetes sin formato.* **4.** Radio y TV Conjunto de características técnicas y de presentación de un programa. *El concurso ha cambiado de formato.* FAM **formatear; formateo.**

formenterano, na. adj. De Formentera (España).

formica. (Marca reg.). f. Materia plástica dura, en forma de lámina, que se pega sobre aglomerados de madera en la fabricación de muebles.

formidable. adj. **1.** Muy grande. *Se oyó una formidable detonación.* **2.** Excelente o magnífico. *Hace un día formidable.* ▶ **2:** *ESTUPENDO.

formol. m. Líquido incoloro y de olor fuerte, usado como desinfectante y para la conservación de muestras anatómicas o biológicas. *En el quirófano huele a formol.*

formón. m. Herramienta de carpintería semejante a un escoplo, pero de hoja más ancha y plana.

fórmula. f. **1.** Modo establecido para resolver un asunto o ejecutar algo difícil. *La actual fórmula de reparto es injusta.* **2.** Modo establecido de expresar algo conocido. *Se despidió con la fórmula "atentamente suyo" y firmó.* **3.** Expresión detallada de los componentes de algo, frec. por medio de letras y símbolos. *Patentarán la fórmula del medicamento.* **4.** Quím. Combinación de símbolos químicos que expresa la composición de una molécula de un cuerpo. *La fórmula del agua es H_2O.* **5.** tecn. Expresión abreviada de una regla o un principio. *La fórmula de la velocidad es espacio partido por tiempo.* **6.** Dep. Seguido de un numeral: Categoría de automóviles de carreras que depende de determinadas características, como el peso o la cilindrada. *Es campeón de fórmula 1.* ■ **~ magistral.** f. Medicamento que solo se prepara por prescripción del médico. *El farmacéutico hace fórmulas magistrales.*

formular. tr. **1.** Expresar o manifestar (algo). *Formula un deseo y sopla las velas.* **2.** Hacer (algo, como una denuncia, una reclamación o una pregunta). *Revisaré las solicitudes que han formulado.* **3.** Quím. Representar mediante símbolos químicos la composición (de una sustancia) o de las sustancias que intervienen (en una reacción). *El profesor nos manda formular el cloruro sódico.* FAM **formulación.**

formulario, ria. adj. **1.** Dicho de cosa: Que se hace solo por cubrir las apariencias. *Sus palabras de aliento eran formularias.* ● m. **2.** Impreso con espacios en blanco para rellenar. *Rellene el formulario y entréguelo.* ▶ Am: **2:** PLANILLA.

formulismo. m. **1.** Tendencia excesiva al uso de fórmulas en la expresión de determinadas cosas. *En la carta se aprecia cierto formulismo.* **2.** Actitud de quien actúa solo por cubrir las apariencias. *Le estrechó la mano por formulismo.*

fornicar. intr. Realizar el coito fuera del matrimonio. ▶ COPULAR. FAM **fornicación; fornicio.**

fornido, da. adj. Dicho de persona o de una parte de su cuerpo: Grande y fuerte. *Una espalda fornida.*

foro. m. **1.** (Tb. en mayúsc.). Reunión para discutir asuntos de interés actual ante un auditorio que a veces interviene en la discusión. *Foro nacional sobre las drogas.* **2.** (Tb. en mayúsc.). histór. En la antigua Roma: Plaza donde se trataban los asuntos públicos y donde el pretor celebraba los juicios. **3.** Teatro Fondo del escenario o del decorado. *El actor hace mutis por el foro.* ▶ **1:** FÓRUM. FAM **foral.**

forofo, fa. adj. coloq. Partidario entusiasta de algo o alguien, espec. de un deporte o equipo deportivo. *No soy tan forofo DEL fútbol como tú.*

forraje. m. Hierba verde o seca para alimentación del ganado. FAM **forrajero, ra.**

forrar. tr. **1.** Poner forro (a algo). *Forra los libros de texto.* ○ intr. prnl. **2.** coloq. Enriquecerse. *Se forrado con el negocio de la construcción.*

forro. m. Cubierta con que se reviste algo, por dentro o por fuera, y que sirve de abrigo, protección o adorno. *La cazadora lleva un forro.*

fortachón, na. adj. coloq. Dicho de persona: Fuerte o robusta.

322

fortaleza. f. **1.** Fuerza física. *El luchador tiene una gran fortaleza.* **2.** Fuerza moral. *Ojalá tenga fortaleza para sobrellevar esa desgracia.* **3.** Recinto fortificado. *Los soldados defendieron la fortaleza.* ▶ **2:** ENTEREZA. FAM **fortalecedor, ra; fortalecimiento; fortalecer.**

fortificar. tr. **1.** Dar (a alguien o algo) fortaleza física o moral. *Fortifica su fe con oraciones.* **2.** Hacer obras de defensa (en un lugar) para que resista los ataques del enemigo. *Fortificaron la ciudad.* FAM **fortificación.**

fortín. m. Recinto fortificado de pequeñas dimensiones.

fortísimo, ma. → **fuerte.**

fortuito, ta. adj. Imprevisto y casual. *Un encuentro fortuito.*

fortuna. f. **1.** Suerte (causa, o poder imaginario). *La fortuna quiso que nos encontráramos.* **2.** Buena suerte. *Para triunfar hace falta algo de fortuna.* **3.** Éxito o aceptación. *El plan no tuvo mucha fortuna.* **4.** Conjunto de bienes y riquezas de alguien, espec. si es grande. *Tiene una fortuna en joyas.* **5.** Suma grande de dinero. *Debe de ganar una fortuna.* ■ **por ~.** loc. adv. Afortunadamente. *Por fortuna, no hay heridos.* ■ **probar ~.** loc. v. Actuar o participar en algo de dudoso resultado con esperanzas de tener buena suerte. *Tengo que probar fortuna.* ▶ **1, 2:** SUERTE. **4:** *DINERO.

fórum. (pl. **fórums**). m. Foro (reunión).

forúnculo. m. Inflamación con pus producida en el espesor de la piel por una infección bacteriana. ▶ FURÚNCULO.

forzado, da. adj. **1.** Que no es natural o espontáneo. *Su risa es forzada.* ● m. **2.** histór. Galeote condenado a servir al remo en las galeras. *Trabaja como un forzado.*

forzar. (conjug. CONTAR). tr. **1.** Obligar (a alguien) a hacer algo. *La forcé a ir.* **2.** Aplicar la fuerza (a algo) para vencer su resistencia. *Forzó la puerta.* **3.** Poseer sexualmente (a alguien) contra su voluntad. FAM **forzamiento; forzoso, sa.**

forzudo, da. adj. Dicho de persona: Que tiene mucha fuerza.

fosa. f. **1.** Hoyo hecho en la tierra, espec. para enterrar un cadáver. *Introducen el ataúd en la fosa.* **2.** *Anat.* En algunas partes del cuerpo: Cavidad. *Fosas nasales.* **3.** *Geol.* Zona alargada de la corteza terrestre que presenta un hundimiento profundo respecto a los bloques laterales. *Fosa oceánica.* ■ **~ común.** f. Fosa (→ 1) en que se entierran cadáveres que no tienen sepultura propia. *Entierran en fosas comunes a las víctimas del seísmo.* ■ **~ séptica.** f. Pozo negro. *La fosa séptica recoge las aguas residuales de la urbanización.*

fosco, ca. adj. Dicho de pelo: Ahuecado y algo rizado. *Tiene el pelo negro y fosco.*

fosfato. m. *Quím.* Sal de un ácido del fósforo. *Abonos ricos en fosfato.* FAM **fosfatado, da.**

fosforescencia. f. **1.** *Fís.* Luminiscencia que permanece algún tiempo al cesar la causa que la produce. *El cuerpo dotado de fosforescencia absorbe energía.* **2.** *Fís.* Luminiscencia persistente de origen químico. *Las luciérnagas presentan fosforescencia.* FAM **fosforecer** (conjug. AGRADECER); **fosforescente; fosforescer.**

fósforo. m. **1.** Elemento químico inflamable y luminiscente que se encuentra, en diversas formas, tanto en los seres vivos como en el mundo mineral (Símb. *P*). **2.** Cerilla. *Encendí un fósforo.* FAM **fosforado, da; fosfórico, ca.**

fósil. adj. Dicho de sustancia de origen orgánico, o de resto de organismo: Que se encuentra más o menos petrificado en las capas terrestres, espec. si pertenece a otra época geológica. *Resina fósil.* Tb. m. *Colecciona fósiles.* FAM **fosilización; fosilizar.**

foso. m. **1.** Hoyo profundo en la tierra. *Cavan un foso para reparar la tubería.* **2.** Excavación profunda que rodea una fortaleza. *El castillo tenía foso y puente levadizo.* **3.** En un garaje o taller mecánico: Excavación que permite reparar y revisar con comodidad por abajo el vehículo colocado encima. **4.** *Teatro* Piso inferior del escenario. Frec. designa la parte descubierta donde se sitúa la orquesta.

foto. f. coloq. Fotografía (imagen).

foto-[1]. elem. compos. Significa 'luz'. *Fotómetro, fotocromático, fotosensible.*

foto-[2]. elem. compos. Significa 'fotografía'. *Fotoperiodismo, fotograbar.*

fotocomposición. f. *Gráf.* Sistema de composición de textos basada en la impresión fotográfica sobre una película fotosensible para su posterior reproducción.

fotocopia. f. Reproducción fotográfica de imágenes directamente sobre papel. Más frec. la fotografía obtenida. *Hizo una fotocopia del carné.* FAM **fotocopiador, ra; fotocopiar** (conjug. ANUNCIAR).

fotoeléctrico, ca. adj. *Fís.* Dicho de fenómeno eléctrico: Producido por la acción de la luz o de otras radiaciones de longitud de onda semejante.

fotofobia. f. *Med.* Rechazo patológico a la luz.

fotogénico, ca. adj. Que resulta bien en las fotografías. *Es muy fotogénica.* FAM **fotogenia.**

fotograbado. m. **1.** *Gráf.* Procedimiento de grabado que permite obtener planchas de impresión por medios fotográficos y químicos. **2.** *Gráf.* Grabado o plancha realizados con fotograbado (→ 1). *Exposición de fotograbados.*

fotografía. f. **1.** Arte o técnica de reproducir imágenes de la realidad mediante la acción de la luz en una superficie sensible a esta y situada en el interior de una cámara oscura. **2.** Imagen o estampa obtenidas por medio de la fotografía (→ 1). *Le revelamos sus fotografías.* FAM **fotografiar** (conjug. ENVIAR); **fotográfico, ca; fotógrafo, fa.**

fotograma. m. Imagen fotográfica de las que se suceden en una película cinematográfica. *El libro sobre Buñuel incluye numerosos fotogramas.*

fotomecánico, ca. adj. **1.** De la fotomecánica (→ 2). *Procesos fotomecánicos.* ● f. **2.** Técnica de impresión por medio de clichés fotográficos. *Tras diseñar el logotipo, se pasa a la fase de fotomecánica e impresión.*

fotomontaje. m. Composición fotográfica elaborada con varias fotografías unidas o superpuestas, frec. con fines artísticos, publicitarios o humorísticos.

fotón. m. *Fís.* Partícula de las que componen la luz u otra radiación electromagnética. *Un rayo de luz está formado por un chorro de fotones.*

fotonovela. f. Relato contado por medio de una sucesión de fotografías acompañadas de pequeños textos narrativos o dialogados.

fotoquímico, ca. adj. **1.** De la fotoquímica, o de su objeto de estudio. *Proceso fotoquímico.* ● f. **2.** Parte de la química que estudia las transformaciones químicas que producen la luz y otras radiaciones electromagnéticas.

fotosíntesis. f. *Biol.* Proceso de las plantas verdes por el cual, gracias a la energía luminosa, se sintetizan sustancias orgánicas a partir de otras inorgánicas.

fotovoltaico, ca. adj. *Fís.* Capaz de generar fuerza electromotriz a partir de energía luminosa. *Una instalación fotovoltaica.*

fox terrier. m. Perro pequeño y fuerte, de pelaje blanco con manchas negras o marrones, que hoy se emplea gralm. como animal de compañía.

foxtrot o **fox-trot.** m. Baile originario de los Estados Unidos de América, de ritmo cortado y alegre, que se ejecuta por una pareja enlazada. Tb. su música.

frac. (pl. **fracs**). m. Prenda de vestir masculina a modo de chaqueta, que por delante llega hasta la cintura y por detrás tiene dos faldones largos, y que se usa para actos formales o solemnes. ▶ FRAQUE.

fracasar. intr. **1.** No tener algo el resultado deseado o previsto. *El plan fracasó.* **2.** No conseguir alguien el resultado deseado o previsto en algo. *Ha fracasado* EN *su intento.* FAM fracaso.

fracción. f. **1.** Parte de un todo. *Una fracción de segundo.* **2.** Cada uno de los grupos que forman un conjunto. *Tratan de aunar a las diferentes fracciones del partido.* **3.** *Mat.* Número que expresa una o varias partes iguales de la unidad. *1/5 y 3/2 son fracciones.* ■ ~ **decimal.** f. *Mat.* Fracción (→ 3) cuyo denominador es una potencia de diez. *1/100 es una fracción decimal.* ■ ~ **impropia.** f. *Mat.* Fracción (→ 3) cuyo numerador es mayor que el denominador, y por consiguiente es mayor que la unidad. *3/2 es una fracción impropia.* ■ ~ **propia.** f. *Mat.* Fracción (→ 3) cuyo numerador es menor que el denominador, y por consiguiente es menor que la unidad. *1/5 es una fracción propia.* ▶ **1:** *PARTE. FAM fraccionamiento; fraccionar; fraccionaria, ria.

fracturar. tr. Romper (algo) con violencia. *Le fracturó el cráneo.* FAM fractura.

fragancia. f. Olor suave y agradable. *La fragancia de la rosa.* FAM fragante.

fragata. f. **1.** Buque de guerra ligero, destinado a misiones de escolta o patrulla, y dotado gralm. de armamento antisubmarino y antiaéreo. *Cuatro fragatas escoltan al portaaviones.* **2.** histór. Buque de tres palos, con aparejo para vela cuadrada en todos ellos y, si era de guerra, con batería corrida de cañones entre los puentes.

frágil. adj. **1.** Que se rompe o se hace pedazos con facilidad. *Las copas de cristal son frágiles.* **2.** Dicho de cosa: Que puede deteriorarse con facilidad. *Tiene una salud frágil.* **3.** Dicho de persona: De escasa fuerza física o moral. *No hay que ser frágiles ante la adversidad.* ▶ **3:** *DÉBIL. FAM fragilidad.

fragmento. m. **1.** Porción de una cosa partida o rota. *Quedan fragmentos de la taza rota.* **2.** Trozo sacado de una obra artística. *Interpreta fragmentos de óperas.* ▶ *PARTE. FAM fragmentación; fragmentar; fragmentaria, ria.

fragor. m. cult. Estruendo, o ruido grande. *El fragor de la batalla.* FAM fragoroso, sa.

fragoso, sa. adj. Áspero, abrupto y lleno de maleza. *Monte fragoso.* FAM fragosidad.

fragua. f. Fogón en que se calientan metales, espec. hierro, para forjarlos. *El herrero saca la pieza de la fragua con unas tenazas.* ▶ FORJA.

fraguar. (conjug. AVERIGUAR). tr. **1.** Idear o planear (algo). *Fraguan un plan.* ○ intr. **2.** *Constr.* Endure-

cerse o tomar consistencia una mezcla o una masa. *Este cemento fragua muy rápido.* FAM fraguado.

fraile. m. (apóc. **fray:** se usa como tratamiento ante nombre de pila de persona). Miembro de una orden religiosa. *Frailes agustinos. Fray Luis.* ▶ *HERMANO. FAM frailuno, na.

frambuesa. f. Fruto del frambueso, de forma semejante a la de la mora, color rojizo y sabor agridulce.

frambueso. m. Planta de tallos espinosos y hojas en forma de corazón, con el borde dentado, cuyo fruto es la frambuesa.

francachela. f. coloq. Reunión bulliciosa de varias personas para comer, beber y divertirse, gralm. de manera desenfrenada. *Es asiduo de fiestas y francachelas.*

francamente. → franco.

francés, sa. adj. **1.** De Francia. ● m. **2.** Lengua hablada en Francia y otros países de su cultura. ▶ **1:** GALO.

franchute, ta. m. y f. despect. Francés.

franciscano, na. adj. De la orden de San Francisco. *Misionero franciscano.*

franco, ca. adj. **1.** Sincero (que dice lo que realmente piensa o siente). *Seré franco: no me gusta lo que hizo.* **2.** Claro o evidente. *Experimentó una franca mejoría.* **3.** Despejado o libre de obstáculos. *Los soldados huyen dejando el paso franco al enemigo.* **4.** Dicho de lugar: Destinado al almacenamiento de mercancía que no ha de pagar impuestos o aranceles. *La zona franca del puerto.* **5.** histór. De un pueblo germánico que ocupó la Galia romana a finales del s. v a. C. ● m. **6.** Unidad monetaria de Francia, Bélgica y Luxemburgo anterior al euro, y de Suiza. ▶ **1:** *SINCERO. **2:** *EVIDENTE. FAM francamente; franqueza.

franco-. elem. compos. Significa 'francés'. *Francofilia, francocanadiense.*

francófono, na. adj. De habla francesa. *La comunidad francófona del Canadá.*

francotirador, ra. m. y f. Persona aislada que, apostada en un lugar escondido, ataca con armas de fuego.

franela. f. Tejido fino de lana o algodón, ligeramente cardado por una de sus caras.

franja. f. **1.** Trozo largo y estrecho de una cosa. *Una franja de terreno.* **2.** Dibujo o adorno de forma alargada y estrecha, gralm. de diferente color o en relieve. *La ensaladera es blanca con una franja azul en el borde.*

franquear. tr. **1.** Abrir (algo) o hacer que quede libre de obstáculos. *Me franqueó la puerta.* **2.** Atravesar (algo) o pasar al otro lado. *Franqueamos el río.* **3.** Poner sellos (a una carta o paquete que se envían por correo). *Franqueó la carta.* FAM franqueo.

franqueza. → franco.

franquicia. f. **1.** Exención concedida a alguien para no pagar un impuesto o no pagar por el uso de un servicio público. *Existe franquicia arancelaria para importar materias primas.* **2.** *Econ.* Cesión que, a cambio de un beneficio económico, hace una empresa a otra de los derechos de explotación de su nombre comercial, su producto o su actividad. *La cadena hotelera tiene diez establecimientos en régimen de franquicia.*

franquismo. m. Régimen dictatorial instaurado por el general Franco en España a partir de la Guerra Civil (1936-1939). FAM franquista.

fraque. m. Frac.

frasco. m. Recipiente de vidrio, u otro material semejante, gralm. pequeño.

frase. f. Conjunto de palabras dotado de sentido propio, que puede constituir o no una oración. *Un estilo conciso, de frases cortas.* ■ ~ **hecha.** f. Frase de uso común, que tiene forma fija y sentido figurado. *Su discurso está lleno de frases hechas.*

fraseo. m. *Mús.* Hecho o efecto de interpretar una pieza musical delimitando bien sus partes y expresándolas con nitidez y destreza. *El fraseo de la soprano.*

fraseología. f. **1.** Conjunto de modos de expresión peculiares de una lengua, de una actividad, de un grupo o de una persona. *Ha hecho un estudio de la fraseología del novelista.* **2.** *Ling.* Conjunto de locuciones, frases hechas y modismos de una lengua o de un habla. *El diccionario recoge la fraseología más usual del español.*

fraterno, na. adj. De los hermanos, o propio de ellos. *Los dos amigos tienen una relación fraterna.* ▶ FRATERNAL. FAM **fraternal; fraternidad; fraternizar.**

fratricidio. m. cult. Muerte dada por alguien a su hermano. FAM **fratricida.**

fraude. m. Engaño hecho en beneficio propio y perjuicio de otro, espec. si es contrario a la ley. *Un fraude fiscal.* ▶ *ENGAÑO. FAM **fraudulento, ta.**

fray. → fraile.

frazada. f. frecAm. Manta. *Es como una frazada eléctrica* [C].

freático, ca. adj. **1.** *Geol.* Dicho de agua: Que está acumulada en el subsuelo y puede aprovecharse por medio de pozos. **2.** *Geol.* Dicho de capa del subsuelo: Que contiene aguas freáticas (→ 1).

frecuencia. f. **1.** Cualidad de frecuente. *Vengo por aquí con frecuencia.* **2.** Número de veces que se repite un hecho por unidad de tiempo. *Su pulso tenía una frecuencia de 80 latidos por minuto.* **3.** *Fís.* En un proceso periódico: Número de ciclos completos por unidad de tiempo. *La frecuencia de onda de una emisora.*

frecuentar. tr. **1.** Acudir con frecuencia (a un lugar). *Frecuenta el barrio.* **2.** Tratar con frecuencia (a alguien). *Frecuenta a la alta sociedad.* FAM **frecuentación.**

frecuente. adj. **1.** Que se repite cada poco tiempo. *Realiza frecuentes viajes a El Salvador.* **2.** Usual o común. *Es frecuente sufrir estrés.* ▶ **2:** *HABITUAL.

fregadero. m. Pila de fregar. *Aún hay platos sucios en el fregadero.* ▶ **Am:** LAVAPLATOS.

fregado. m. **1.** Hecho de fregar. *Para el fregado de la vajilla use guantes.* **2.** coloq. Lío o alboroto. *¡Vaya fregado que se ha montado con la protesta!* **3.** coloq. Asunto complicado o difícil. *No quise meterme en semejante fregado.*

fregar. (conjug. ACERTAR). tr. **1.** Limpiar (algo) restregándo(lo) gralm. con un estropajo o una bayeta empapados en agua y jabón. *Ya he fregado los platos.* **2.** Am. coloq. Fastidiar o molestar (a alguien). *Y otra vez no me vengas a fregar a esta hora* [C]. **3.** Am. coloq. Causar (a alguien o algo) un daño o perjuicio graves. *Los guerrilleros prometían fregar a los que estaban en el gobierno* [C]. FAM **fregón, na.**

freír. (conjug. SONREÍR; part. freído o frito. Ambos part. se utilizan en la conjugación: *He freído/frito un huevo.* Como adj. solo se usa *frito: Unas patatas fritas*). tr. **1.** Preparar (un alimento) para su consumo teniéndo(lo) durante el tiempo necesario en aceite o grasa hirviendo. *Frió los filetes.* **2.** coloq. Molestar insistentemente (a alguien) con algo. *Lo frieron A pre-*

guntas. **3.** coloq. Acribillar a balazos (a alguien). *Lo frieron a tiros.* ○ intr. **4.** Cocinarse algo en aceite o grasa hirviendo. *Añada la cebolla y deje que fría hasta que esté dorada.* FAM **freidora.**

fréjol o **frejol.** m. frecAm. Judía. *Matas de fréjoles* [C].

frenesí. m. Exaltación violenta del ánimo. *La ama con frenesí.* FAM **frenético, ca.**

frenillo. m. *Anat.* Membrana que limita el movimiento de una parte del cuerpo. *El frenillo de la lengua.*

freno. m. **1.** Dispositivo para moderar o parar el movimiento de una máquina o un vehículo. *Pise el freno.* **2.** Instrumento de hierro que sirve para sujetar y gobernar las caballerías. *El freno del burro.* FAM **frenada; frenado; frenar; frenazo.**

frente. f. **1.** Parte superior de la cara, que va desde las cejas hasta el inicio del cuero cabelludo. *Le cae el sudor por la frente.* ○ m. **2.** Parte delantera de algo. *Tiene una casa con frente a la playa.* **3.** Parte o cara de algo que se ofrece a la vista. *En uno de los frentes del sarcófago hay una inscripción.* **4.** Coalición o agrupación de personas o partidos con un objetivo común. *El frente agrupa a todos los obreros.* **5.** *Meteor.* Zona de contacto entre dos masas de aire de distinta temperatura y humedad. *Un frente frío entrará por el norte.* **6.** *Mil.* Extensión o franja de terreno donde combaten dos ejércitos. *Lo enviaron al frente cuando era un niño.* ■ **al ~.** loc. adv. **1.** Hacia delante. *Den un paso al frente.* **2.** Dirigiendo o mandando. *Estoy al frente del proyecto.* **3.** Am. Enfrente. *La casa tenía viñas a los lados y, al frente, una alameda* [C]. ■ **con la ~ muy alta.** loc. adv. Con actitud orgullosa, o sin avergonzarse. *Salió de la sala con la frente muy alta.* ■ **de ~.** loc. adv. **1.** Con la cara o la parte delantera orientadas hacia lo que se toma como referencia. *Aparca el coche de frente A la entrada.* **2.** Avanzando hacia delante. *Sigan de frente por esta calle.* **3.** Con actitud decidida. *Tiene que atacar el problema de frente.* **4.** Sin desviar la vista. *No baje los ojos: míreme de frente.* ■ **en ~.** → enfrente. ■ ~ **a.** loc. prepos. Enfrente de. *Abrieron un supermercado frente a mi casa.* ■ ~ **a** ~. loc. adv. Cara a cara. *Se sentaron frente a frente.* ■ ~ **por** ~. loc. adv. Exactamente enfrente. *La terraza da frente por frente A un parque.* ■ **hacer** ~ (a alguien o algo). loc. v. Oponerse (a ellos). *Si le atacan, no les haga frente.*

fresa. f. Fruto comestible en forma de corazón, granuloso por fuera y carnoso por dentro, de color rojo y sabor agridulce. Tb. su planta. ▶ **Am:** FRUTILLA.

frescachón, na. adj. coloq. Dicho de persona, espec. de mujer: Robusta y con aspecto de buena salud.

fresco, ca. adj. **1.** Moderadamente frío. *Un vaso de agua fresca.* **2.** Reciente o que se acaba de hacer o producir. *Una docena de huevos frescos.* **3.** Dicho de alimento: Que no ha sido sometido a procesos de congelación o conservación. *El pescado lo tiene fresco, congelado o en conserva.* **4.** Descansado o que no da muestras de fatiga. *Aún estoy fresco y puedo trabajar otro rato.* **5.** Tranquilo o inmutable. *Acaban de decirle que lo despiden y está tan fresco.* **6.** Desvergonzado o que no tiene consideración hacia las demás. *Es tan fresco que no creo que se disculpe.* **7.** Dicho de tela: Delgada o ligera. *Para el verano elija telas frescas.* ● m. **8.** Frío moderado. *Abríguese, que hace fresco.* **9.** Pintura al fresco (→ al fresco). *Los frescos de la Capilla Sixtina.* ○ f. **10.** Fresco (→ 8), espec. el que hace en tiempo caluroso al amanecer o al anochecer. *Se fue a dar un paseo con la fresca.* ■ **al fresco.** loc. adj. Dicho de pintura: Que está realizada sobre paredes o techos con colores disueltos en agua de cal y extendidos sobre una capa de estuco. *Los techos están decorados con pinturas al fresco.* FAM frescor; frescura.

fresno. m. Árbol alto y ramoso, de tronco gris y madera muy apreciada.

freudiano, na. (pronunc. "froidiáno"). adj. **1.** De Sigmund Freud (médico austriaco, 1856-1939) o de su obra, o con características semejantes a las suyas. **2.** Partidario de las doctrinas de Freud. *Psiquiatra freudiano.*

frialdad. → frío.

fricción. f. **1.** Hecho de frotar o friccionar. *Déme unas fricciones en la espalda.* **2.** Roce de dos cuerpos en contacto. *La fricción de las piezas ha ocasionado su desgaste.* O pl. **3.** Desavenencias o faltas de acuerdo. *Han surgido fricciones entre madre e hija.*

friccionar. tr. Frotar o restregar (algo o a alguien). *Friccione la zona dolorida.*

friega. f. Frotamiento realizado con fines curativos en una parte del cuerpo, aplicando sobre ella alguna sustancia. *Le dio unas friegas de linimento.*

frigidísimo, ma. → frígido y frío.

frígido, da. adj. **1.** Que padece ausencia anormal de deseo o de placer sexual. *Una mujer frígida.* **2.** cult. Frío. *Un viento frígido. Frigidísimo páramo.* FAM **frigidez.**

frigio, gia. adj. histór. De Frigia (antiguo reino de Asia).

frigoría. f. Fís. Unidad de medida de absorción del calor, que se emplea en la tecnología de la refrigeración. *El aparato de aire acondicionado tiene una potencia de 5000 frigorías.*

frigorífico, ca. adj. **1.** Que produce frío artificialmente. *Mueble frigorífico.* **2.** Dicho de vehículo: Provisto de un espacio refrigerado para el transporte de alimentos perecederos. *Un camión frigorífico.* ● m. **3.** Nevera (electrodoméstico). *Metió la leche en el frigorífico.* ▶ **3:** *NEVERA.

frijol o **fríjol.** m. frecAm. Judía. *Tortas de queso y frijoles* [C]. ■ **ganarse los frijoles.** loc. v. Am. coloq. Conseguir, gralm. trabajando, lo necesario para vivir. *Buscaban otra manera de ganarse los frijoles* [C].

frío, a. adj. (sup. **friísimo;** sup. cult. **frigidísimo**). **1.** Que tiene una temperatura inferior a la ordinaria del ambiente o a la del cuerpo humano. *El agua está friísima.* **2.** Distante o poco afectuoso. *Es frío y calculador. Me habló en tono frío.* **3.** Dicho de persona: Indiferente al placer sexual. **4.** Dicho de color o de gama de colores: De tonos azules o verdosos. *Los colores fríos producen efecto sedante.* ● m. **5.** Temperatura baja. *En invierno hace frío.* **6.** Sensación que se experimenta ante un descenso de temperatura o por contacto con un cuerpo frío (→ 1). *Sentía frío y se puso otra manta.* ■ **dejar** algo ~ (a alguien), o **no darle** (a esa persona) **ni ~ ni calor.** loc. v. coloq. Dejar(la) indiferente o no causar(le) ninguna impresión. *A mí sus alardes de dinero me dejan fría.* ■ **en ~.** loc. v. Sin dejarse llevar por ninguna emoción o pasión. *Tengo que decidir en frío lo que haré.* FAM **friolento** (frecAm); **friolero, ra.**

friolera. f. Gran cantidad de algo, espec. de dinero. *Se ha gastado la friolera de dos millones.*

frisar. intr. cult. Acercarse a algo, espec. a una determinada edad. *Frisa EN los setenta años.*

friso. m. **1.** Franja en la parte inferior de una pared que se pinta o se decora de manera diferente al resto.

La casa tenía frisos de azulejos. **2.** Arq. Franja que se encuentra entre el arquitrabe y la cornisa, frec. decorada con adornos esculpidos. *El friso del templo de Apolo.* ▶ **1:** ZÓCALO.

fritanga. f. despect. Comida frita, espec. la grasienta.

frito, ta. adj. **1.** coloq. Muerto. *De un tiro lo dejó frito.* **2.** coloq. Dormido. *Me quedé frito.* ● m. **3.** Comida que se ha frito. *Los fritos me resultan indigestos.* ■ **tener,** o **traer,** (a alguien) ~. loc. v. coloq. Molestar(lo) insistentemente. *Me tiene frito con la cancioncita.* FAM **fritada; fritura.**

frívolo, la. adj. **1.** Dicho de persona: Superficial o insustancial. *Una mujer frívola.* **2.** Dicho de cosa: Ligera y de poca sustancia. *Asuntos frívolos.* **3.** Dicho de espectáculo o publicación: Ligero y sensual. *Comedia frívola.* FAM **frivolidad; frivolizar.**

fronda. f. Conjunto espeso de hojas y ramas. FAM **frondosidad; frondoso, sa.**

frontal. adj. **1.** De la frente. *Una contusión en la región frontal.* **2.** Del frente o parte delantera de algo. *Plano frontal del edificio.* **3.** Que se produce de frente. *El choque frontal.* ● m. **4.** Anat. Hueso frontal (→ **hueso**).

frontera. f. **1.** Límite que separa dos Estados contiguos. **2.** Límite o término de una cosa. *La frontera de los cuarenta años.* FAM **fronterizo, za.**

frontis. m. Parte frontal o delantera de algo, espec. de un edificio o un mueble.

frontispicio. m. **1.** Arq. Fachada delantera de un edificio. *El frontispicio de la catedral.* **2.** Arq. Frontón (remate triangular). ▶ **2:** FRONTÓN.

frontón. m. **1.** Pelota vasca. *Juegan al frontón.* **2.** Cancha para jugar al frontón (→ 1) o a otros juegos semejantes. *Las tres paredes del frontón.* **3.** Arq. Remate triangular de una fachada, un pórtico, una puerta o una ventana. ▶ **3:** FRONTISPICIO.

frotar. tr. **1.** Hacer que una cosa pase muchas veces (sobre alguien o algo) con más o menos fuerza. *Frota la mancha* CON *un paño húmedo.* **2.** Hacer que (alguien o algo) pasen muchas veces sobre otra persona o cosa con más o menos fuerza. *El gato se frota* CONTRA *mí.* FAM **frotación; frotamiento.**

frotis. m. Med. Preparación de una sustancia orgánica entre dos cristales para su examen en el microscopio. *Envían el frotis sanguíneo al laboratorio.*

fructificar. intr. Dar fruto. *Los cerezos fructifican en junio.* Tb. fig. FAM **fructífero, ra; fructificación; fructuoso, sa.**

fructosa. f. Bioquím. Azúcar que se encuentra en las frutas dulces.

frugal. adj. Dicho de persona: Moderada en la comida y la bebida. FAM **frugalidad.**

fruición. f. cult. Placer o complacencia. *Comía con fruición.*

fruncir. tr. **1.** Arrugar (una parte de la cara, como el ceño o el entrecejo). **2.** Recoger (algo flexible, espec. una tela) haciendo arrugas pequeñas. *Hay que fruncir el vuelo de la falda.* ▶ **1:** ARRUGAR. FAM **frunce; fruncido; fruncimiento.**

fruslería. f. Cosa de poco valor o importancia. ▶ *NIMIEDAD.

frustrar. tr. **1.** Impedir que (algo) alcance su natural desarrollo o dé el resultado esperado. *La policía frustró el atraco.* **2.** Hacer que (alguien) sienta decepción por no obtener lo que esperaba. *No ser elegida la frustró.* FAM **frustración; frustrante.**

fruta. f. Fruto comestible, espec. el de ciertas plantas cultivadas. FAM **frutal; frutería; frutero, ra; frutícola; fruticultura.**

frutilla. f. Am. Fresa (planta, o fruto). *500 g de frutillas* [C]. ▶ FRESA.

fruto. m. **1.** Producto del desarrollo del ovario de una flor tras la fecundación, en el que está contenida la semilla. *La planta dio fruto.* **2.** Producto o resultado de algo, espec. si es favorable. *Todo es fruto de su esfuerzo.* **3.** Producto de la tierra o del mar, espec. el que sirve como alimento. Frec. en pl. *Al mercado llegan frescos los frutos de la tierra y del mar.* **4.** cult. Hijo de un matrimonio, de una relación o de una mujer. *La niña es el fruto de su primer matrimonio.*

fu. ni ~ ni fa. expr. coloq. Se usa para expresar la condición de regular o mediano.

fucsia. f. **1.** Arbusto ornamental de flores colgantes, de color rosa intenso. Tb. su flor. ○ m. **2.** Color rosa intenso como el de la flor de la fucsia (→ 1).

fuego. m. **1.** Fenómeno caracterizado por la emisión de luz y calor, gralm. con llama. *El descubrimiento del fuego.* **2.** Masa de materia combustible, gralm. carbón o leña, que sirve para producir fuego (→ 1), espec. con el fin de calentar o cocinar. *Colocó la leña y prendió el fuego.* **3.** Fuego (→ 2) de mucha llama, hecho normalmente al aire libre y con leña. *Nos sentamos alrededor del fuego.* **4.** Incendio. **5.** Quemador de una cocina. *Una cocina de tres fuegos.* **6.** Hecho de disparar un arma de fuego (→ **arma**). *El fuego enemigo no cesa.* **7.** Excitación producida por una pasión, como el amor o la ira. *El fuego de su amor.* **8.** Ardor o vehemencia. *Puso tal fuego en sus palabras que la convenció.* **9.** Mechero o cerillas para prender el tabaco. *¿Me da fuego?* ■ ~ **cruzado.** m. Fuego (→ 6) que se hace contra un blanco desde varios lados, gralm. opuestos. *Acorralan al enemigo con fuego cruzado.* ■ ~ **fatuo.** m. Llama pequeña que se forma a poca distancia del suelo por inflamación de ciertas materias que se elevan de las sustancias animales o vegetales en putrefacción. ■ ~s **artificiales.** m. pl. Conjunto de luces de colores y detonaciones obtenido mediante diferentes dispositivos de pólvora y que se usa en fiestas públicas. □ **alto el** ~. → **alto.** ■ **entre dos** ~s. loc. adv. En una situación difícil por estar entre dos personas o cosas que se oponen o excluyen. ■ **hacer** ~. loc. v. Disparar un arma de fuego (→ **arma**). *Los soldados harán fuego.* ■ **jugar con** ~. loc. v. Hacer por pasatiempo o diversión algo que puede traer consecuencias negativas. *No juegues con fuego o te arrepentirás.* ■ **pegar,** o **prender,** ~ (a algo o a alguien). loc. v. Hacer que arda (esa persona o cosa). *Pegó fuego al bosque.* ▶ 3: *HOGUERA. 5: *QUEMADOR.

fueguino, na. adj. De Tierra del Fuego, Antártida e islas del Atlántico Sur (Argentina) o de Tierra del Fuego (Chile).

fuel. m. Combustible líquido obtenido del petróleo.

fuelle. m. Instrumento para avivar el fuego, consistente en una especie de caja con los costados flexibles, que, al extenderse y plegarse, echa aire por una boquilla.

fuente. f. **1.** Construcción provista de uno o más caños por los que sale agua, y que a veces tiene carácter monumental. *Bebí de la fuente del parque.* **2.** Manantial de agua. *En la ladera mana una fuente que riega los prados.* **3.** Plato grande, poco profundo, que se usa para servir alimentos. *Sirva la ensalada en la fuente.* **4.** Cosa material o inmaterial que constituye el origen de algo. *Fuentes de energía.* **5.** Persona o cosa de las que se obtiene información. *Citen la fuente de la que procede la noticia.*

fuer. a ~ de. loc. prepos. cult. Por tener la cualidad o condición de. *Muestra una alegría que, a fuer de entusiasta, parece fingida.*

fuera. adv. **1.** En un lugar no comprendido en el espacio delimitado que se toma como referencia. *Me echó fuera DE la clase.* ● interj. **2.** Se usa para expresar rechazo o desaprobación de una persona o un hecho. *Lo despidieron con gritos de "¡fuera, fuera!".* **3.** Seguido de un nombre, se usa para incitar a alguien a quitar de donde está lo designado por ese nombre, o a desprenderse de ello. *¡Fuera chaquetas, que aquí hace calor!* ■ ~ **de.** loc. prepos. **1.** Además de. *Fuera de trabajar mal, cobra mucho.* **2.** Excepto, o a excepción de. *Fuera de ella, no lo sabe nadie.* **3.** Indica privación de lo designado por el complemento que introduce. *Ya estoy fuera de peligro.* ■ ~ **de sí.** loc. adv. En un estado de alteración causado por la ira. *Me puse fuera de mí al ver la multa.*

fueraborda. m. En una embarcación: Motor provisto de una hélice, que está situado en la parte exterior de la popa. *La lancha lleva un fueraborda.*

fuereño, ña. adj. Am. Forastero. *Para los boxeadores fuereños es difícil obtener la victoria por puntos* [C].

fuero. m. **1.** Conjunto de leyes dadas como privilegio a un territorio determinado. *El rey abolió el fuero de Aragón.* **2.** Jurisdicción o autoridad. *Los miembros del ejército están sometidos al fuero militar.* **3.** Conjunto de privilegios concedidos a una persona. *El senador se acogió a su fuero parlamentario para no declarar.* **4.** histór. Compilación de leyes. *El Fuero Juzgo recopila leyes visigodas.* ■ ~ **interno.** m. Parte más íntima de la conciencia. *En mi fuero interno estoy convencida de que mienten.*

fuerte. adj. (sup. **fuertísimo**; sup. cult., **fortísimo**). **1.** Que tiene fuerza. *Es fuerte y podrá con la maleta. Mis argumentos son más fuertes.* **2.** Que tiene buena salud. *Tras la convalecencia vuelve a estar fuerte.* **3.** Corpulento o de cuerpo fuerte (→ 1) o grande. *Es un chica alta y fuerte.* **4.** Resistente o difícil de romper. *Ate el paquete con una cuerda fuerte.* **5.** Dicho de una sensación: Que se percibe con intensidad. *Un fuerte olor.* **6.** Que tiene mucha preparación o instrucción en algo. *No estoy fuerte EN álgebra.* **7.** Dicho de una obra de ficción: Que tiene un contenido erótico o violento. *La película es demasiado fuerte.* ● m. **8.** Recinto fortificado. *Los indios atacaron el fuerte.* **9.** Actividad en la que alguien sobresale. *El canto es mi fuerte.* ● adv. **10.** Con fuerza. *Agárrese fuerte.* **11.** Mucho o en abundancia. *Desayuna fuerte.* ▶ 4: RESISTENTE.

fuerza. f. **1.** Capacidad física para mover algo o a alguien que tenga peso o haga resistencia. *El caballo tiene fuerza para tirar del carro.* **2.** Capacidad moral para hacer o soportar algo. *En los momentos duros, hay que tener fuerza.* **3.** Capacidad para soportar un peso o un empuje. *Los maderos laterales dan fuerza a la viga.* **4.** Capacidad de algo para producir un efecto. *Con el tiempo disminuye la fuerza del fármaco.* **5.** Medida en que se aplica o se tiene una fuerza (→ 1-4). *Agarró su cartera con fuerza.* **6.** Fís. Causa capaz de modificar el estado de reposo o de movimiento de un cuerpo o de deformarlo. *Al aplicar una fuerza lateral al cuerpo, se desvía de su trayectoria.* ○ pl. **7.** Mil. Gente de guerra y material militar. *La ONU envió sus fuerzas a la zona.* ■ ~ **aérea.** f. Cuerpo militar basado en la aviación. *Un avión de la fuerza aérea* *nacional transporta la ayuda humanitaria.* ■ **~ bruta.** f. Fuerza (→ 1) que se usa de manera irracional. *Para esto se necesita habilidad y no fuerza bruta.* ■ **~ centrífuga.** f. *Mec.* Fuerza (→ 6) que hace que un cuerpo tienda a desplazarse hacia fuera cuando describe una trayectoria circular. *Un vehículo se puede salir de una curva por la fuerza centrífuga.* ■ **~ centrípeta.** f. *Mec.* Fuerza (→ 6) que hace que un cuerpo siga una trayectoria circular. *El satélite se mantiene en órbita por la fuerza centrípeta.* ■ **~ de voluntad.** f. Capacidad de una persona para hacer lo que quiere o debe a pesar de las dificultades. *Para ser campeón se requiere fuerza de voluntad.* ⇒ VOLUNTAD. ■ **~ electromotriz.** f. *Fís.* Diferencia máxima de potencial que puede ser generada por una fuente de corriente eléctrica. ■ **~ mayor.** f. Situación que no se puede prever ni evitar y que exime del cumplimiento de una obligación. *Solo se puede ausentar de su puesto en caso de fuerza mayor.* ■ **~ pública.** f. Conjunto de agentes de la autoridad encargados de mantener el orden público. *La fuerza pública disolvió la manifestación.* ■ **~s armadas.** f. pl. Conjunto constituido por el Ejército, la Armada y la Aviación de una nación. ■ **~s vivas.** f. pl. Personas representativas de un lugar, por su autoridad o por su influencia social. *Al evento asisten las fuerzas vivas de la región.* □ **a ~ de.** loc. prepos. Como resultado de. *A fuerza de oírlo, lo aprendí.* ■ **a la ~.** loc. adv. **1.** Con violencia o contra la propia voluntad. *Me sacaron fuera a la fuerza.* **2.** De manera necesaria o inevitable. *Con tanta gente, a la fuerza se tenía que romper algo.* ■ **a la ~ ahorcan.** expr. coloq. Se usa para dar a entender que alguien se ve o se ha visto obligado a hacer algo contra su voluntad. *No tengo más remedio que aceptar la propuesta..., ¡a la fuerza ahorcan!* ■ **a viva ~.** loc. adv. Violentamente o con todo el vigor posible. *La policía los expulsó a viva fuerza.* ■ **por ~.** loc. adv. De manera necesaria. *Entre tantos vestidos, por fuerza tiene que haber uno que te guste.* ■ **sacar** alguien **~s de flaqueza.** loc. v. Hacer un esfuerzo cuando se siente débil o impotente. *El corredor saca fuerzas de flaqueza en la última recta.* ■ **ser ~.** loc. v. Ser necesario o forzoso. *Es fuerza tomar una determinación.* ▶ **3:** RESISTENCIA.

fuga. f. **1.** Hecho de fugarse. **2.** Salida de gas o líquido por una abertura producida accidentalmente. *Una fuga de gas.* **3.** *Mús.* Composición musical que consiste en la repetición de un tema y su contrapunto por cada una de las voces. ■ **~ de cerebros.** f. Emigración al extranjero de personas destacadas en el ámbito científico, técnico o cultural, para ejercer su profesión en mejores condiciones. ▶ **1:** *HUIDA.

fugarse. intr. prnl. **1.** Huir de un lugar donde se está encerrado. *Dos reclusos se han fugado DE la prisión.* **2.** Abandonar, gralm. por sorpresa y de manera clandestina, el lugar de residencia. *Un menor se fuga DE su casa.* ▶ **1:** *HUIR. FAM fugitivo, va.

fugaz. adj. **1.** Que dura muy poco. *Una mirada fugaz.* **2.** cult. Que se aleja y desaparece velozmente. *Un ciervo cruza fugaz en la espesura.* FAM fugacidad.

fulano, na. m. y f. **1.** (Frec. en mayúsc.). Se usa en sustitución del nombre propio de una persona, cuando este se ignora o no se quiere decir. *Si alguien le pregunta, dígale: –Mire, Fulano, yo no sé nada.* **2.** despect. Persona cuyo nombre se ignora. *¿Quién era aquel fulano que vino el otro día?* ○ f. **3.** coloq., despect. Prostituta.

fular. m. Pañuelo para el cuello, a modo de bufanda, hecho de seda u otra tela fina.

fulgir. intr. cult. Resplandecer o despedir rayos de luz una cosa. *Su pelo rubio fulge como el oro.* FAM fulgente.

fulgor. m. Brillo o resplandor intensos. *El fulgor de un relámpago.*

fulgurante. adj. **1.** cult. Que fulgura. *Las fulgurantes estrellas.* **2.** cult. Muy rápido. *Su éxito fue fulgurante.*

fulgurar. intr. cult. Despedir rayos de luz. Tb. fig. *Sus ojos fulguraban de odio.* FAM fulguración.

fullero, ra. adj. Que hace trampas, espec. en el juego. ▶ TRAMPOSO.

fulminante. adj. **1.** Que fulmina. *Una enfermedad fulminante.* **2.** Muy rápido o inmediato. *Un éxito fulminante.* ● m. **3.** Materia que sirve para hacer estallar cargas explosivas. *El fulminante de un cartucho.*

fulminar. tr. **1.** Matar (a alguien) un rayo. *Un rayo la fulminó.* **2.** Causar muerte repentina (a alguien). *Un infarto lo fulminó.* **3.** Dejar rendido o muy impresionado (a alguien) al dirigir(le) una mirada, espec. de ira. *Me fulminó CON la mirada.*

fumar. intr. **1.** Aspirar y despedir el humo del tabaco. *Fumo en pipa.* ○ tr. **2.** Aspirar y despedir el humo del tabaco u otra sustancia contenidas (en un cigarrillo, un cigarro o una pipa). *Fuma cigarrillos sin filtro.* Tb. referido al tabaco o la sustancia. *Fuma opio.* FAM fumadero; fumador, ra.

fumarola. f. *Geol.* Emisión por una grieta en el terreno de gases o vapores procedentes de un conducto volcánico o de un flujo de lava.

fumata. f. *Rel.* Nube de humo que anuncia el resultado de la votación en la elección de Papa. *La fumata blanca indica que los cardenales ya han elegido Papa.*

fumigar. tr. Echar (sobre alguien o algo) determinadas sustancias para desinfectar(los) o librar(los) de los parásitos. *Fumiga la plantación.* FAM fumigación.

funámbulo, la. m. y f. Acróbata que realiza ejercicios sobre la cuerda floja o el alambre. ▶ *ACRÓBATA. FAM funambulismo.

función. f. **1.** Acción o capacidad de actuar propias de alguien o algo. *La función del casco es proteger la cabeza.* **2.** Tarea propia de un empleo o cargo, o de la persona que lo desempeña. *La contratación de personal es función del jefe de Recursos Humanos.* **3.** Acto solemne, espec. el religioso. *La misa y otras funciones litúrgicas.* **4.** Representación de un espectáculo, espec. teatral o circense, o proyección de una película. *A final de curso los alumnos hacen una función.* **5.** *Ling.* Papel que desempeña dentro de la oración un elemento de ella. *En la oración "la casa es grande", "la casa" tiene función de sujeto.* **6.** *Mat.* Relación entre dos conjuntos que asigna a cada elemento del primero un elemento del segundo, o ninguno. *Haz la representación gráfica de la función "y = 2x".* ■ **en ~ de.** loc. prepos. Dependiendo de. *Le pagan en función del número de palabras traducidas.* ■ **en funciones.** loc. adj. Dicho de persona con un cargo: Que sustituye temporalmente en sus funciones (→ 2) al titular de ese cargo. *El alcalde en funciones preside el pleno.*

funcional. adj. **1.** De la función o las funciones. *La rehabilitación ayuda al paciente en su recuperación funcional.* **2.** Dicho de cosa: Diseñada u organizada pensando sobre todo en la utilidad y la comodidad. *El mobiliario de un hospital debe ser funcional.* FAM funcionalidad; funcionalismo.

funcionar. intr. **1.** Realizar alguien o algo la función que les es propia. *La lavadora no funciona.* **2.** Resultar alguien o algo como se esperaba. *El experimento ha funcionado.* FAM **funcionamiento.**

funcionario, ria. m. y f. Persona que desempeña como titular un empleo en la Administración pública. ▶ BURÓCRATA. FAM **funcionariado; funcionarial.**

funda. f. Cubierta de material rígido o flexible con que se envuelve algo para tenerlo guardado y protegido. *Saca la guitarra de su funda.*

fundación. f. **1.** Hecho de fundar o crear. *Este año es el centenario de la fundación de la ciudad.* **2.** Institución dedicada a la beneficencia o a la cultura y que está financiada por bienes privados. *La fundación difunde el arte.* FAM **fundacional.**

fundamental. adj. **1.** Que sirve de fundamento. *Rojo, amarillo y azul son los colores fundamentales.* **2.** De la máxima importancia. *Es fundamental que obedezcas.*

fundamentalismo. m. **1.** *Rel.* Tendencia a la interpretación literal de los textos sagrados y a la aplicación estricta de sus normas. *Fundamentalismo islámico.* **2.** Exigencia intransigente de sometimiento a una doctrina o práctica establecidas. *Los fundamentalismos nacionalistas.* ▶ **1:** INTEGRISMO. FAM **fundamentalista.**

fundamento. m. **1.** Cosa sobre la que se apoya o en la que se basa otra. *El rumor no tiene fundamento.* **2.** Motivo o razón. *Tiene fundamento para sospechar.* **3.** Seriedad o formalidad de una persona. *Luis no tiene fundamento.* FAM **fundamentar; fundadamente.**

fundar. tr. **1.** Establecer o crear (algo). *Dos socios fundaron la compañía.* **2.** Basar o apoyar (una cosa) en otra. *El juez basaba su decisión* EN *sentencias precedentes.* ○ intr. prnl. **3.** Basarse o apoyarse en algo. *El método se funda* EN *la participación del alumno.* ▶ **1:** *ESTABLECER. **2:** *APOYAR. **3:** *ENTUSIASMO. FAM **fundador, ra.**

fundido. m. *Cine* y *TV* Hecho o efecto de mezclar los últimos momentos de una imagen o sonido con los primeros de otra secuencia. *La escena termina con un fundido.*

fundillo. m. **1.** *Am.* Fondillo (parte trasera del pantalón). *Alcanza a ver el fundillo de su pantalón* [C]. Frec. en pl. **2.** *Am. coloq.* Nalgas (parte del cuerpo). *Lo último que vi de ella fue su fundillo bamboleándose* [C]. ▶ **1:** FONDILLO.

fundir. tr. **1.** Hacer líquido (un cuerpo sólido, espec. un metal) por medio del calor. *Funde el chocolate para cubrir el postre.* **2.** Fabricar (algo) con metal fundido (→ 1) en moldes. *Tras preparar el molde, hay que fundir la estatua.* **3.** Estropear (un aparato o un dispositivo eléctrico). *La subida de tensión fundió la lámpara.* **4.** Reducir a una (dos o más cosas diferentes). *En la obra fundieron dos textos del autor.* ○ intr. **5.** Volverse líquido un cuerpo sólido por la acción del calor. *El hierro funde a una temperatura alta.* Frec. prnl. *El hielo se funde.* ▶ **1, 5:** DERRETIR. FAM **fundente; fundición; fundidor.**

fúnebre. adj. **1.** Del difunto o de los difuntos. *La marcha fúnebre.* **2.** Triste (que experimenta o manifiesta tristeza). *Rostros fúnebres.* ▶ **2:** *TRISTE.

funeral. adj. **1.** Del entierro o del funeral (→ 2). *Misa funeral.* ● m. **2.** Acto religioso solemne en recuerdo de un difunto, que se celebra algunos días después del entierro o anualmente. *Sus amigos han asistido al funeral.* ▶ **2:** *HONRAS.

funerario, ria. adj. **1.** Del entierro. *Servicios funerarios.* ● f. **2.** Empresa que se encarga de organizar entierros. *Los empleados de la funeraria.*

funesto, ta. adj. Que trae o implica desgracia. *Error funesto.* ▶ *DESGRACIADO.

fungible. adj. cult. Que se consume con el uso. *Material fungible de papelería.*

fungicida. adj. tecn. Que sirve para destruir los hongos. *Polvos fungicidas.*

funicular. adj. Dicho de vehículo: Sometido a tracción por medio de cuerdas, cables o cadenas. Más frec. m. *Tomamos el funicular que sube a la montaña.*

furcia. f. coloq., despect. Prostituta.

furgón. m. **1.** Vehículo automóvil cubierto, con un espacio amplio destinado al transporte de personas o mercancías. *Furgones blindados.* **2.** Vagón destinado al transporte de correspondencia, equipajes o mercancías. *El furgón de equipajes del tren.*

furgoneta. f. Vehículo automóvil cubierto, más pequeño que el camión, destinado gralm. al transporte de mercancías.

furia. f. **1.** Ira exaltada. *No podía contener la furia que sentía.* **2.** Violencia o agresividad. *La golpeó con furia.* **3.** Vehemencia o ímpetu. *El ciclista pedalea con furia.* **4.** En la mitología grecorromana: Cada una de las tres divinidades infernales que personificaban la venganza o los remordimientos. ▶ **1-3:** FUROR. FAM **furioso, sa.**

furibundo, da. adj. **1.** Dicho de persona: Que siente furia o ira. *Está furibundo.* **2.** Dicho de cosa: Que denota furia. *Una mirada furibunda.* **3.** Vehemente o entusiasta. *Son furibundos partidarios de la reforma.*

furor. m. **1.** Furia. *Oír tanta mentira provocó su furor.* **2.** Momento de mayor intensidad de una moda o costumbre. *El furor de la minifalda fue en los años 60.* **3.** Arrebato de entusiasmo. *Causa furor entre sus fans.* ■ **hacer ~.** loc. v. Ponerse o estar muy de moda. *Ese tipo de pintura hizo furor a principios de siglo.* ▶ **1:** FURIA.

furtivismo. m. Práctica del cazador o pescador furtivos. *Las autoridades forestales luchan contra el furtivismo.*

furtivo, va. adj. **1.** Que se hace o se produce a escondidas. *Le lanza una mirada furtiva.* **2.** Dicho espec. de cazador o pescador: Que actúa a escondidas y violando la ley. *Los cazadores furtivos amenazan la supervivencia de la especie.* FAM **furtivismo.**

furúnculo. m. Forúnculo.

fusa. f. *Mús.* Nota cuyo valor es la mitad de una semicorchea.

fuselaje. m. Cuerpo del avión. *Hallaron parte del fuselaje del avión siniestrado.*

fusible. adj. **1.** Que puede fundirse. *El níquel no es fácilmente fusible.* ● m. **2.** En una instalación eléctrica: Dispositivo de seguridad consistente en un hilo metálico que, cuando la intensidad de la corriente es excesiva, se funde y la interrumpe.

fusiforme. adj. tecn. De forma de huso. *La zanahoria es fusiforme.*

fusil. m. Arma de fuego portátil que consta de un cañón de acero y de un mecanismo de disparo, ambos encajados en una culata. FAM **fusilería; fusilero.**

fusilar. tr. **1.** Ejecutar (a alguien) con una descarga de fusilería. *Lo fusilaron por traidor.* **2.** Plagiar (algo, espec. una obra, o a su autor). *Para su novela, ha fusilado un viejo texto desconocido.* ▶ **2:** PLAGIAR. FAM **fusilamiento.**

fusión. f. Hecho o efecto de fundir o fundirse un cuerpo sólido, o dos o más cosas diferentes. *La fusión del hielo se produce a 0°. La fusión de las dos empresas.*

fusionar. tr. Hacer que (dos o más cosas diferentes) pasen a ser una sola por fusión. *Los directivos de ambas empresas acordaron fusionarlas.*

fusta. f. Vara flexible y delgada, con una trencilla de correa en uno de sus extremos, que usa el jinete para fustigar al caballo.

fuste. m. **1.** Entidad o importancia. *Había invitados de fuste.* **2.** Tronco de un árbol. *Talan los árboles de mayor fuste.* **3.** *Arq.* Parte central de una columna.

fustigar. tr. **1.** Golpear (a un animal) con un látigo u otro instrumento para hacer(lo) andar. *El labrador fustiga a la mula.* **2.** Censurar con dureza (a alguien). *La oposición fustiga al Gobierno.*

fútbol o **futbol.** (**futbol**, frecAm.). m. Deporte que se practica entre dos equipos de once jugadores, cuya finalidad es introducir un balón en la portería contraria golpeándolo pralm. con los pies. *La liga de fútbol. Antes se podía jugar futbol en la calle* [C]. ■ ~ **americano.** m. Deporte de origen estadounidense, semejante al *rugby*, en el que se permite pasar el balón hacia delante, y cuyos jugadores llevan el cuerpo muy protegido. *Los jugadores de fútbol americano llevan casco. Jugador de futbol americano* [C]. ■ ~ **sala.** m. Deporte semejante al fútbol, pero que se juega en un campo más pequeño, gralm. cubierto, y con dos equipos de cinco jugadores. ▶ BALOMPIÉ. FAM **futbolero, ra; futbolista; futbolístico, ca.**

futbolín. (Marca reg.). m. Juego que imita un partido de fútbol y que se realiza sobre un tablero cerrado y con unas figurillas accionadas por medio de barras.

fútil. adj. cult. De poca importancia. *No es un problema fútil.* FAM **futilidad.**

futre. m. Am. coloq. o despect. Persona que viste con elegancia afectada. *Trabó amistad con gente ciudadana para aprender la moda de los futres* [C].

futurismo. m. Movimiento surgido a principios del s. XX, que trataba de reflejar en el arte el dinamismo de las máquinas y los avances tecnológicos. FAM **futurista.**

futuro, ra. adj. **1.** Que está por venir. *Esa decisión la tendrá que tomar el futuro secretario.* ● m. **2.** Tiempo futuro (→ 1). *Guarda algo para el futuro.* **3.** *Gram.* Tiempo verbal que indica que la acción ocurre en un momento posterior a aquel en que se habla. *"Estaré" y "habré estado" son formas de futuro del verbo "estar".* **4.** *Gram.* Tiempo verbal que expresa de modo absoluto que la acción tiene lugar en el futuro (→ 2). *"Llamaré" es el futuro de "llamar".* Tb. *futuro imperfecto,* o *simple.* ■ ~ **perfecto,** o **compuesto.** m. *Gram.* Antefuturo. *"Habré comido" es un verbo en futuro compuesto.* ▶ **2:** MAÑANA, PORVENIR. FAM **futurible; futurología; futurólogo, ga.**

g

g. f. Letra del abecedario español cuyo nombre es *ge*, y que tiene dos pronunciaciones diferentes según la vocal que la siga. *Ganado, goma, agua, guerra, pingüino; general, agitar.*

gabacho, cha. adj. coloq., despect. Francés.

gabán. m. Abrigo masculino.

gabardina. f. **1.** Prenda de abrigo ligera, larga y con mangas, hecha de tejido impermeable. *Cuando llueve, lleva gabardina.* **2.** Tela resistente y tupida que se emplea en la confección de gabardinas (→ 1) y otras prendas. *Unos pantalones de gabardina.*

gabarra. f. Embarcación grande destinada a los transportes en las costas o a la carga y descarga en los puertos. *Los estibadores descargan una gabarra.*

gabela. f. cult. Tributo o impuesto. Frec. referido a época antigua.

gabinete. m. **1.** Habitación más pequeña que la sala, donde se recibe a las personas de confianza. *El mayordomo los conduce al gabinete.* **2.** Oficina de un organismo encargada de atender determinados asuntos. *El gabinete de prensa del partido.* **3.** Despacho o local destinados al ejercicio de una actividad profesional. *Un gabinete de abogados.* **4.** Conjunto de ministros que forman el Gobierno de un país. *El presidente releva a cuatro miembros de su gabinete.*

gabonés, sa. adj. De Gabón (África).

gacela. f. Mamífero rumiante muy ágil y esbelto, y con cuernos curvados en forma de "S", que habita en zonas áridas de África y Asia. *La gacela macho.*

gaceta. f. **1.** Publicación periódica en que se dan noticias, espec. las relativas a un determinado ámbito. Gralm. se usa como parte del nombre de dichas publicaciones. *"La Gaceta Literaria".* **2.** Am. Boletín (publicación periódica oficial). *El decreto 525, publicado en la Gaceta del 16 de septiembre de 1960* [C]. Tb. *~ oficial.* ▶ **2**: BOLETÍN.

gacetilla. f. Noticia corta publicada en un periódico. FAM gacetillero, ra.

gachas. f. pl. Guiso de harina cocida con agua y sal, al que se le añaden otros ingredientes dulces o salados.

gacho, cha. adj. Doblado o inclinado hacia abajo. *El perro lleva las orejas gachas.*

gachupín, na. m. y f. frecAm. coloq., despect. Español establecido en América. Se usa en algunos países americanos. *¡Antes casadas con un indio rabón que con un gachupín!* [C].

gaditano, na. adj. De Cádiz (España).

gaélico. m. Lengua celta hablada en Escocia e Irlanda.

gafas. f. pl. **1.** Utensilio para corregir defectos de visión o para proteger la vista, formado por dos lentes encajadas en una montura que se apoya en la nariz y se sujeta a las orejas. *Usa gafas para leer.* **2.** Utensilio para cubrir los ojos y proteger la vista en determinadas actividades, formado por una o dos piezas transparentes encajadas en una montura que se apoya en la nariz y se sujeta por detrás de la cabeza. *Unas ga-*

fas de bucear. ▶ **1**: LENTES. ‖ **Am** o **frecAm: 1**: ANTEOJOS; ESPEJUELOS.

gag. (pl. **gags**). m. En un espectáculo: Situación o efecto cómicos.

gagá. adj. coloq. Que ha perdido parte de las facultades mentales, espec. por su avanzada edad. *El abuelo está gagá.*

gaita. f. Instrumento musical de viento, propio de Escocia, Galicia y Asturias, formado por una bolsa de cuero donde se almacena aire que, mediante presión del brazo, sale por unos tubos produciendo el sonido. FAM gaitero, ra.

gaje. **~s del oficio.** m. pl. Molestias o perjuicios que llevan consigo un empleo o una situación. *No le gusta firmar autógrafos, pero son gajes del oficio.*

gajo. m. Cada una de las partes en que se divide el interior de algunos frutos, espec. los cítricos. *Un gajo de naranja.*

gala. f. **1.** Fiesta en que se exige ropa más lujosa de lo normal. *Después del estreno habrá una gala.* **2.** Actuación artística de carácter excepcional. *El cantante prepara una gala.* ○ pl. **3.** Vestidos y complementos lujosos. *Luce sus mejores galas.* ■ **de ~.** loc. adj. **1.** Dicho de ropa: Más lujosa de lo normal. *Uniforme de gala.* **2.** Dicho de fiesta o ceremonia: Que exige ropa de gala (→ de gala 1). *Una cena de gala.* □ loc. adv. **3.** Con ropa de gala (→ de gala 1). *Van de gala a la entrega de premios.* ■ **hacer ~** (de algo). loc. v. Mostrar algo alardeando (de ello). *Hace gala DE sus conocimientos.*

galáctico, ca. → galaxia.

galaico, ca. adj. **1.** cult. De Galicia (España). *Montes galaicos.* **2.** histór. De un pueblo hispánico prerromano que habitaba territorios correspondientes a la actual Galicia y zona norte de Portugal.

galán. m. **1.** Hombre que galantea a una mujer. *Iba del brazo de su galán.* **2.** Cine y Teatro Actor que representa papeles principales de hombre enamorado, joven y atractivo. *Gary Cooper es un galán clásico.*

galano, na. adj. **1.** cult. De buen gusto o hecho con primor. *Versos galanos.* **2.** Elegante o bien vestido. *Era una mujer muy galana.*

galante. adj. **1.** Dicho gralm. de hombre: Atento y cortés, espec. con las mujeres. **2.** Que trata con picardía un tema amoroso. *Novela galante.* FAM galantería.

galantear. tr. Cortejar (a una mujer). *Galantea a todas las mujeres.* ▶ CORTEJAR. FAM galanteador, ra; galanteo.

galápago. m. Reptil de agua dulce, semejante a la tortuga, con membranas entre los dedos. *El galápago hembra.*

galardón. m. Premio o recompensa por un mérito o servicio. *El cineasta recoge el galardón.* FAM galardonar.

galaxia. f. Conjunto enorme de estrellas, polvo interestelar, gases y partículas, que constituye un sistema aislado dentro del universo. Frec. designa la Vía Láctea. *La sonda espacial traspasa los límites de la galaxia.* FAM **galáctico, ca.**

galena. f. Mineral compuesto de azufre y plomo, de color gris y brillo intenso.

galeno. m. cult. o humoríst. Médico.

galeón. m. histór. Embarcación grande de vela, de tres o cuatro palos, que tuvo su auge en los ss. XVI y XVII, en las travesías a América.

galeote. m. histór. Hombre condenado a remar en las galeras.

galera. f. **1.** histór. Embarcación de vela y remo, larga y de gran ligereza. *Los remeros de las galeras romanas eran esclavos.* ○ pl. **2.** histór. Condena que consistía en remar en las galeras reales. *El reo fue condenado a galeras.*

galerada. f. *Gráf.* Prueba de un texto impreso sin ajustar, que se saca para corregirla. *La editora envía a los correctores las galeradas.*

galería. f. **1.** Habitación de paso, larga y espaciosa, gralm. con arcos o columnas. *Las galerías del castillo.* **2.** Corredor descubierto, o con columnas o vidrieras. **3.** Camino subterráneo. *Las galerías de una mina.* **4.** Establecimiento dedicado a la exposición y venta de obras de arte. **5.** Pasaje interior, en la planta baja de un edificio, a cuyos lados se alinea un conjunto de tiendas. Tb. ~ *comercial.* FAM **galerista.**

galés, sa. adj. **1.** De Gales (Reino Unido). ● m. **2.** Lengua celta hablada en Gales.

galgo, ga. m. **1.** Perro galgo (→ perro). ○ f. **2.** Hembra del galgo (→ 1).

gálibo. m. Perímetro imaginario que marca las dimensiones máximas autorizadas de la sección transversal de un vehículo. *Han diseñado un tren de gálibo reducido.*

galicismo. m. Palabra o uso propios de la lengua francesa empleados en otra.

galileo, a. adj. histór. De Galilea (antigua región de Asia).

galimatías. m. **1.** Cosa difícil de comprender. *No entiendo este galimatías.* **2.** Lío o confusión. *¡Qué galimatías se armó!*

gallada. f. Am. coloq. Pandilla o camarilla. *El país no podía seguir soportando a Bucaram y su gallada* [C].

galladura. f. Pequeña mancha como de sangre, que se halla en la yema del huevo de la gallina e indica que está fecundado.

gallardete. m. Bandera triangular, alargada y estrecha, que se emplea como insignia o adorno, o para hacer señales. *Un gallardete ondea en el palo mayor.*

gallardo, da. adj. **1.** cult. Elegante y airoso. *La gallarda torre de la catedral.* **2.** cult. Valiente e intrépido. *El gallardo soldado arriesgó su vida.* FAM **gallardía.**

gallego, ga. adj. **1.** De Galicia (España). **2.** Am. coloq. o despect. Dicho de persona: Nacida en España o de ascendencia española. Se usa en algunos países americanos. *Todos los que vivían en el conventillo eran tanos y gallegos* [C]. Tb. m. y f. ● m. **3.** Lengua hablada en Galicia. *La carta se ha publicado en gallego.*

galleta. f. Alimento de pequeño tamaño, forma variada y consistencia quebradiza, hecho con harina, azúcar y otros ingredientes, que se cuece al horno.

gallina. f. Ave de corral, de tamaño mediano y vuelo corto, con la cabeza provista de cresta y cuya hembra pone huevos. ■ ~ **ciega.** f. Juego en que un juga-

dor, con los ojos vendados, tiene que atrapar a uno de los otros y adivinar quién es. Tb. *gallinita ciega.* □ **la ~ de los huevos de oro.** loc. s. Aquello de lo que se obtiene un gran beneficio. *Su negocio es la gallina de los huevos de oro.*

gallináceo, a. adj. **1.** De la gallina. *Vuelo gallináceo.* **2.** *Zool.* Del grupo de aves al que pertenece la gallina.

gallinaza. f. Excremento de gallina. *Estiércol de gallinaza.*

gallinazo. m. frecAm. Zopilote. *Un revuelo de gallinazos que se disputaban las inmundicias* [C].

gallinero. m. **1.** Lugar vallado o cobertizo donde se guardan gallinas y otras aves de corral. **2.** coloq. En un cine o un teatro: Conjunto de butacas situadas en la parte más alta. *Sacó entradas de gallinero.*

gallito. m. coloq. Hombre arrogante y fanfarrón. *Daré un lección a ese gallito.*

gallo. m. **1.** Macho de la gallina, mayor que esta, con una cresta más llamativa y provisto de espolones en las patas. **2.** coloq. Sonido chillón que se emite involuntariamente al cantar o al hablar. *La soprano soltó un gallo.* **3.** frecAm. coloq. Hombre arrogante o fanfarrón (→ gallito). *Es un gallo y desafía a todo el mundo.* **4.** Am. coloq. Hombre adulto. *Enrique fue un gallo honesto* [C]. ■ **en menos que canta un ~.** loc. adv. coloq. En muy poco tiempo. *Vuelvo en menos que canta un gallo.* ■ **entre ~s y medianoche.** loc. adv. Am. En secreto o de manera clandestina. *Fue una decisión tomada entre gallos y medianoche* [C]. ■ **otro ~ me, te, o le, etc., cantara.** expr. coloq. Se usa para expresar que, si hubiera sucedido algo diferente, se habría tenido mejor suerte. *Si yo fuera rico, otro gallo me cantara.*

galo, la. adj. **1.** De Francia. **2.** histór. De la Galia (antigua región de Europa). ▶ **1:** FRANCÉS.

galo-. elem. compos. Significa 'francés'. *Galofobia, galorromance.*

galón[1]. m. **1.** Cinta estrecha de tejido fuerte que se emplea como adorno en una prenda de vestir. *Una levita con galones.* **2.** Galón (→ 1) que llevan en la manga o bocamanga los uniformes militares como distintivo de los grados. *Galones de general.* ▶ **Am: 2:** JINETA.

galón[2]. m. Unidad de capacidad del sistema anglosajón, que equivale a 4,55 litros en Gran Bretaña y a 3,78 litros en Norteamérica.

galopante. adj. De desarrollo y avance muy rápidos. *Una enfermedad galopante.*

galope. m. Marcha rápida de una caballería, más veloz que el trote, que consiste en avanzar saltando y manteniendo en algún momento las cuatro patas en el aire. *Puso su caballo al galope.* FAM **galopada; galopar.**

galopín. m. coloq. Am. Ayudante de cocina. *La troupe de galopines limpiaba las perolas* [C].

galpón. m. Cobertizo.

galvanizar. tr. **1.** Recubrir (un metal) con una fina capa de otro, frec. cinc, mediante una corriente eléctrica o por inmersión. *Acero galvanizado.* **2.** Reactivar súbitamente (una actividad o un sentimiento). *El capitán supo galvanizar el juego de su equipo.* FAM **galvanización; galvanizar.**

gama[1]. → gamo.

gama[2]. f. **1.** Escala o gradación de colores. *La gama de azules.* **2.** Serie o variedad de elementos que pertenecen a una misma clase. *El coche más caro de la gama.*

gamba - garantía

gamba. f. Crustáceo marino comestible, semejante al langostino pero de menor tamaño.

gamberro, rra. adj. Grosero y carente de civismo. *Los chicos más gamberros se dedican a hacer destrozos.* FAM **gamberrada; gamberrismo.**

gambiano, na. adj. De Gambia (África).

gambito. m. En el ajedrez: Jugada que consiste en sacrificar al principio de la partida algún peón u otra pieza para conseguir una buena posición.

gameto. m. *Biol.* Célula sexual de las que al unirse forman el huevo o cigoto. *El óvulo es un gameto femenino, y el espermatozoide, un gameto masculino.*

gamma. f. Letra del alfabeto griego (Γ, γ), que corresponde al sonido de *g* en *ganado.*

gamo, ma. m. **1.** Mamífero rumiante similar al ciervo pero de menor tamaño, de pelaje rojizo y cuernos en forma de pala. ○ f. **2.** Hembra del gamo (→ 1).

gamonal. m. *Am.* Cacique o terrateniente. *Ya no eres gamonal, se acabó tu latifundio* [C].

gamuza. f. **1.** Mamífero rumiante salvaje, semejante a una cabra grande, que habita en zonas montañosas y tiene cuernos rectos con la punta curvada hacia atrás. *La gamuza macho.* **2.** Piel de gamuza (→ 1) o de otro animal, que, después de curtida, queda suave, aterciopelada y de color amarillento. *Guantes de gamuza.*

gana. f. **1.** Deseo de algo. Frec. en pl. *No tengo ganas DE discutir.* **2.** Apetito, o ganas (→ 1) de comer. *Comerá cuando tenga gana.* ■ **darle** (a alguien) **la** (**real**) ~ algo. loc. v. coloq. Querer eso. *Iré si se da la gana.* ■ **darle** (a alguien) **la** (**real**) ~ (de algo). loc. v. coloq. Querer(lo). *No le da la gana DE estudiar.* ■ **de buena** ~. loc. adv. Con gusto. *Iría contigo de buena gana.* ■ **de mala** ~. loc. adv. Mostrando resistencia y fastidio. *Acepto de mala gana.* ■ **quedarse con las** ~s (de algo). loc. v. coloq. No lograr(lo). *Me quedé con las ganas DE viajar.* ■ **venir en** ~ algo (a alguien). loc. v. Apetecer(le). *Haz lo que te venga en gana.*

ganado. m. Conjunto de animales cuadrúpedos que se crían para su explotación. *Ganado vacuno.* ■ ~ **mayor.** m. Ganado compuesto de reses grandes, como vacas o caballos. *Comercio ilegal de ganado mayor.* ■ ~ **menor.** m. Ganado compuesto de reses pequeñas, como ovejas o cabras. *En esta zona se cría mucho ganado menor.* FAM **ganadería; ganadero, ra.**

gananciales. m. pl. Bienes adquiridos durante el matrimonio. *Al divorciarse, repartieron los gananciales.*

ganapán. m. despect. Hombre rudo y tosco. *Es un ganapán que no sabe nada.*

ganar. tr. **1.** Obtener (algo) como resultado de haber vencido en un combate, una disputa o una competición. *Ganó la medalla de plata.* **2.** Obtener (algo) como resultado de un esfuerzo. *Es difícil ganar su confianza.* **3.** Obtener (dinero). *Ha ganado mucho con la venta.* **4.** Obtener (un tiempo o un espacio de los que no se podía disponer). *Han ganado terreno al mar.* **5.** Recibir (una cantidad de dinero) como sueldo por un trabajo. *Gana mucho.* **6.** Superar o vencer (a alguien) en algo. Más frec. como intr. *Siempre gana en las discusiones.* **7.** Ser vencedor (en algo, como un combate, una disputa o una competición). *Gané la apuesta.* **8.** Atraerse la voluntad (de alguien). *Ganó a todos con su simpatía.* ○ intr. **9.** Mejorar o prosperar. *El nuevo modelo ha ganado EN comodidad.* ○ tr. prnl. **10.** Hacerse merecedor (de algo, como un castigo o un golpe). *Se ganó una reprimenda.* ▶ **6:** *VENCER. FAM **ganador, ra; ganancia.**

ganchillo. m. **1.** Aguja larga terminada en un gancho, que se emplea para hacer labores de punto o de encaje. **2.** Labor de punto o de encaje que se hace con ganchillo (→ 1). *Una colcha de ganchillo.* ▶ **2:** CROCHÉ.

gancho. m. **1.** Instrumento curvo y gralm. puntiagudo en uno o ambos extremos, que sirve para colgar o agarrar algo. *Cuelgan las reses de un gancho.* **2.** En boxeo: Golpe dado de abajo arriba con el brazo arqueado. *Un gancho de derecha.* **3.** coloq. Atractivo de una persona, espec. de una mujer. *Esa chica tiene gancho.* **4.** *Am.* Horquilla (pieza para sujetar el pelo). *Se fue retirando los ganchos de pelo* [C]. **5.** *Am.* Percha (utensilio para colgar la ropa). *Para colgar los pantalones venden unos ganchos largos* [C]. **6.** *Am.* Pinza (instrumento para sujetar). *Un gancho grande de prender ropa* [C]. ▶ **4:** HORQUILLA. **5:** PERCHA. **6:** PINZA. FAM **ganchudo, da.**

gandul, la. adj. Holgazán. FAM **gandulear.**

ganga. f. coloq. Cosa valiosa o beneficiosa que se obtiene por poco dinero o con poco esfuerzo. *Con las rebajas llegan las gangas.*

ganglio. m. **1.** *Anat.* Órgano intercalado en el trayecto de un vaso linfático, que interviene en la formación de los linfocitos. *El médico le palpa los ganglios de las ingles.* Tb. ~ *linfático.* **2.** *Anat.* Centro nervioso constituido por una masa de neuronas intercalada en el trayecto de un nervio. *Ganglio yugular.* Tb. ~ *nervioso.* FAM **ganglionar.**

gangoso, sa. adj. Que habla con resonancia nasal por algún problema en los conductos de la nariz. *El profesor es un poco gangoso.*

gangrena. f. Muerte de los tejidos corporales por falta de riego sanguíneo, frec. a causa de la infección de una herida. FAM **gangrenarse.**

ganso, sa. m. **1.** Ave doméstica similar al pato pero de mayor tamaño, gralm. de plumaje gris, cuyo hígado es muy apreciado como alimento. ○ f. **2.** Hembra del ganso (→ 1). ▶ OCA.

gánster. m. Miembro de una banda organizada de criminales. *Al Capone fue un famoso gánster.* FAM **gansterismo.**

ganzúa. f. Alambre fuerte doblado por un extremo, que se usa para abrir cerraduras sin utilizar llave.

gañán. m. **1.** Hombre que trabaja de criado en labores de labranza. *El gañán enganchó los aperos de las mulas.* **2.** Hombre bruto y tosco. *No sé cómo te gusta ese gañán.*

gañido. m. Quejido del perro o de otros animales. FAM **gañir** (conjug. MULLIR).

gañote. m. coloq. Garganta o cuello. *Sintió el cañón de la pistola en el gañote.*

garabato. m. Trazo torpe o irregular, espec. de escritura. *El niño hace garabatos intentando escribir su nombre.* FAM **garabatear.**

garaje. m. **1.** Local destinado a guardar coches u otros vehículos automóviles. **2.** Taller de reparación de automóviles. ▶ frecAm: **1:** COCHERA.

garantía. f. **1.** Seguridad que se da de que algo es o va a ser de determinada manera. *La operación no ofrece al enfermo una garantía total de recuperación.* **2.** Persona o cosa que sirven de garantía (→ 1). *Científicos como ella son garantía de rigor.* **3.** Cosa que sirve para asegurar el cumplimiento de una obligación o como protección contra un riesgo. *Como garantía de pago facilitamos un pagaré.* **4.** Compromiso temporal de un fabricante o un vendedor, por el que asegura el buen funcionamiento de un artículo y su reparación gratuita en caso de avería. *El televisor tiene dos años de garantía.* FAM **garantizar; garante.**

garañón. m. Caballo o burro sementales. *El garañón monta a la yegua.*

garbanzo. m. Semilla comestible de piel rugosa, forma redondeada rematada en pico y color amarillento.

garbo. m. Gracia y soltura. *Camina con garbo.* FAM **garboso, sa.**

gardenia. f. Flor blanca y olorosa, de pétalos gruesos, muy apreciada en jardinería. Tb. su planta.

garduña. f. Mamífero carnívoro nocturno, de pelaje pardo y semejante a la marta, pero con la garganta y el pecho blancos, y una cola larga y tupida. *La garduña macho.*

garete. irse algo al ~. loc. v. coloq. Fracasar o estropearse. *El plan se fue al garete.*

garfio. m. Instrumento de hierro, curvo y puntiagudo, que sirve para agarrar o colgar algo. *Cuelgan las reses de unos garfios.*

gargajo. m. Flema espesa que se escupe. *Soltó un repugnante gargajo.*

garganta. f. **1.** Parte delantera del cuello. *El médico le palpa la garganta.* **2.** Espacio interno comprendido entre el velo del paladar y la entrada del esófago y de la laringe. *Me duele la garganta.* **3.** Voz de cantante o aptitudes para el canto. *Tiene una de las mejores gargantas del mundo de la zarzuela.* **4.** Valle estrecho y profundo excavado por un río.

gargantilla. f. Collar corto que se ciñe al cuello.

gárgara. f. Hecho de mantener un líquido en la garganta, sin tragarlo y moviéndolo con la expulsión del aire. Más frec. en pl. *Hace gárgaras con limón y miel.* FAM **gargarismo.**

gárgola. f. Caño adornado, gralm. con formas vistosas o figuras fantásticas, por donde se vierte el agua de un tejado o de una fuente. *Las gárgolas de la iglesia.*

garita. f. Caseta u otra construcción pequeña para abrigo y defensa de centinelas o vigilantes. *Un soldado hace guardia en la garita.*

garito. m. **1.** Casa de juego, espec. la clandestina. *La policía hizo una redada en el garito.* **2.** despect. Establecimiento de diversión. *Se reunían a conversar en un garito mugriento.*

garlopa. f. Cepillo de carpintero, largo y con puño, que sirve para igualar las superficies de la madera ya cepillada.

garra. f. **1.** Mano o pie de animal, provistos de uñas curvas, fuertes y agudas. *Las garras del león.* **2.** Mano de persona. *La princesa cayó en las garras de la bruja.* **3.** Fuerza o empuje. *Al equipo le faltó garra.*

garrafa. f. Vasija de vidrio, ancha, redondeada y rematada por un cuello largo y estrecho, que suele tener asa y revestimiento. *Una garrafa de vino.* FAM **garrafón.**

garrafal. adj. Dicho espec. de error: Muy grande.

garrapata. f. Arácnido diminuto que vive parásito en mamíferos y aves, a los que chupa la sangre. *El perro tiene garrapatas.*

garrapatear. tr. **1.** Garabatear (algo o en algo). *Garrapatea tonterías en el cuaderno. No garrapatees los libros.* ○ intr. **2.** Garabatear. *El niño garrapatea EN un papel.* ▶ **1:** GARABATEAR.

garrido, da. adj. cult. Dicho de persona: Lozana y hermosa.

garrocha. f. **1.** Vara larga, con punta de acero en un extremo, que se emplea para picar al toro y en faenas de apartado y conducción de ganado vacuno. **2.** frecAm. Vara larga empleada para saltar. *Salto con garrocha* [C]. ▶ **1:** PUYA. **2:** PÉRTIGA.

garrote. m. **1.** Palo grueso y fuerte, curvado por la parte superior, que suele usarse como bastón. **2.** Procedimiento de ejecución consistente en estrangular al condenado comprimiéndole la garganta con una soga retorcida con un palo, o con un aro de hierro que se va estrechando por medio de un tornillo. Frec. ~ *vil. Lo ejecutaron con garrote vil.* FAM **garrota; garrotazo.**

garrucha. f. Polea (mecanismo). ▶ *POLEA.

gárrulo, la. adj. cult. Muy hablador o charlatán. *Es gárrulo y chismoso.*

garúa. f. Am. Llovizna. *No es una garúa, sino un diluvio total* [C].

garza. f. Ave semejante a la cigüeña pero algo más pequeña, de plumaje grisáceo o verdoso, penacho oscuro en la cabeza y pico amarillento. *La garza macho.*

garzo, za. adj. cult. Dicho espec. de ojo: Azulado.

gas. m. **1.** Cuerpo fluido de baja densidad, cuyas moléculas tienden a expandirse indefinidamente. *El oxígeno es un gas.* **2.** Gas (→ 1) o mezcla gaseosa empleados como combustibles. *Cocina de gas.* **3.** coloq. Fuerza o energía. *El caballo pierde gas.* ○ pl. **4.** Residuos gaseosos que se producen en el aparato digestivo. *Tengo gases.* ■ ~ **natural.** m. Gas (→ 2) procedente de depósitos naturales y compuesto espec. por metano. *Red de gas natural.* □ **a todo** ~. loc. adv. coloq. A toda velocidad. *Vamos a todo gas.*

gasa. f. **1.** Tela de seda o hilo muy fina y transparente. *Un pañuelo de gasa.* **2.** Tejido poco tupido de algodón que se emplea en curas y vendajes. *Una venda de gasa.*

gasear. tr. Someter (a alguien) a la acción de un gas tóxico, espec. para matar(lo).

gaseoso, sa. adj. **1.** Dicho de estado: Característico de un gas. **2.** Dicho de cuerpo: Que se halla en estado gaseoso (→ 1). **3.** Dicho de líquido: Que contiene gas. *Bebidas gaseosas.* ● f. **4.** Bebida gaseosa (→ 3), refrescante y sin alcohol, compuesta de agua azucarada. En Am., designa cualquier refresco. *No se puede nombrar la Coca-Cola en una novela; se debe decir "gaseosa" o "bebida cola"* [C]. FAM **gasificación.**

gasoducto o **gaseoducto.** m. Tubería de grandes dimensiones para conducir gas combustible. *Miles de kilómetros de gasoductos recorren América.*

gasógeno. m. Aparato que se instala en algunos vehículos para producir carburo de hidrógeno como carburante sustitutivo de la gasolina o el gasóleo. *Tanque de gasógeno.*

gasoil o **gasóleo.** m. Líquido obtenido por destilación del petróleo, que se emplea como carburante en los motores diésel y como combustible doméstico.

gasolina. f. Líquido muy inflamable y volátil, consistente en una mezcla de hidrocarburos derivada del petróleo, que se emplea como combustible en los motores de explosión. ▶ **Am:** BENCINA, NAFTA.

gasolinera. f. Establecimiento, dotado de las instalaciones adecuadas para suministrar gasolina y otros combustibles a vehículos automóviles. ▶ **Am:** BOMBA.

gastar. tr. **1.** Emplear (dinero). *Gasta su dinero EN ropa.* **2.** Deteriorar (algo) con el uso. *Has gastado los zapatos.* **3.** Usar una persona o cosa (algo que se altera, disminuye o desaparece) para satisfacer sus necesidades o para su funcionamiento. *No gastes energía EN* *eso.* **4.** Hacer (una broma). *Le encanta gastar bromas.* ▶ **3:** CONSUMIR. ‖ **Am: 1:** EROGAR. FAM **gastador, ra.**

gasterópodo. adj. **1.** *Zool.* Del grupo de los gasterópodos (→ 2). ● m. **2.** *Zool.* Molusco dotado de un pie carnoso con el que se arrastra, tentáculos en la cabeza y gralm. con una concha enrollada en espiral, como el caracol.

gasto. m. Hecho o efecto de gastar. *Tuve gastos imprevistos.* ■ ~s de representación. m. pl. Parte del presupuesto que se asigna a un cargo para atender sus actividades sociales. *Le dan 6000 dólares en concepto de gastos de representación.* □ correr con los ~s. loc. v. Aportar el dinero necesario. *Corre con los gastos* DE *la boda.* ■ cubrir ~s. loc. v. Compensar los costes de algo. *El negocio solo da para cubrir gastos.* ▶ **Am:** EROGACIÓN.

gástrico, ca. adj. *Anat.* Del estómago. *Jugos gástricos.* FAM **gastritis.**

gastrointestinal. adj. *Anat.* Del estómago y los intestinos. *La diarrea es un trastorno gastrointestinal.*

gastronomía. f. Arte de preparar una buena comida o disfrutar de ella. *Es aficionado* A *la gastronomía.* FAM **gastronómico, ca; gastrónomo, ma.**

gata. → gato.

gatas. a ~s. loc. adv. coloq. Con las manos y las rodillas, o los pies, apoyados en el suelo. *El bebé ya anda a gatas.* FAM **gatear.**

gatera. f. Agujero hecho en una puerta, una pared o un tejado, para que puedan entrar y salir los gatos.

gatillo. m. En un arma de fuego: Pieza que se aprieta con el dedo para disparar. FAM **gatillazo.**

gato, ta. m. **1.** Mamífero doméstico de pequeño tamaño, cabeza redonda, ojos brillantes y pelaje suave y espeso, que suele cazar ratones. **2.** Aparato que sirve para levantar grandes pesos a poca altura. *Con el gato cambia la rueda pinchada.* ○ f. **3.** Hembra del gato (→ 1). ■ gato de Angora. m. Gato (→ 1) de pelo muy largo, fino y sedoso, procedente de Angora, en Asia Menor. ■ gato montés. m. Felino salvaje parecido al gato (→ 1) pero de mayor tamaño, y de pelaje rayado de bandas negras, que vive en bosques y en las laderas de las montañas. ■ gato siamés. m. Gato (→ 1) de pelo muy corto y de color amarillento, con la cola, la cara, las orejas y las patas oscuras, procedente de Asia. → SIAMÉS. □ cuatro gatos. loc. s. coloq. Muy pocas personas. *Solo hay cuatro gatos en la oficina.* ■ dar gato por liebre. loc. v. coloq. Engañar dando algo por otra cosa de mejor calidad. *Con este jamón nos han dado gato por liebre.* ■ haber gato encerrado (en algo). loc. v. coloq. Haber algo oculto o misterioso (en ello). *¡Qué raro, aquí hay gato encerrado!* ■ llevarse el gato al agua. loc. v. coloq. Conseguir algo que pretenden varios. *El jugador ruso es el que se llevó el gato al agua.* FAM **gatuno, na.**

gauchada. f. Am. coloq. Favor desinteresado. *Está bien, le daré el adelanto, tómelo como una gauchada* [C].

gaucho. m. histór. Habitante de las pampas del sur de América, diestro en el manejo del caballo y en los trabajos ganaderos. FAM **gauchesco, ca.**

gaveta. f. Cajón de los que hay en los escritorios.

gavia. f. *Mar.* Vela de las que van situadas justo encima de las tres velas mayores o principales, espec. la del palo mayor.

gavilán. m. Ave rapaz pequeña, de plumaje gris por encima y blanco con listas oscuras por debajo, que se alimenta de pájaros y otros animales pequeños que suele cazar al vuelo. *El gavilán hembra.*

gavilla. f. **1.** Conjunto de mieses, ramas o cosas semejantes, normalmente atadas por el centro. **2.** despect. Conjunto grande de personas. *Una gavilla de bandoleros.*

gaviota. f. Ave acuática, gralm. marina, de tamaño mediano, plumaje blanco con el dorso gris y graznido estridente, que suele vivir en las cosas y alimentarse de peces. *La gaviota macho.*

gay. (pl. gais). adj. **1.** De los homosexuales. *Barrios gais.* ● m. **2.** Hombre homosexual. *Comparto piso con un gay.* ▶ *HOMOSEXUAL.

gazapo[1]. m. Conejo joven.

gazapo[2]. m. coloq. Error cometido al hablar o al escribir. *En la noticia se coló un gazapo.*

gazmoño, ña. adj. despect. Que muestra excesivos escrúpulos morales o devoción religiosa, o los finge. *Una sociedad gazmoña e hipócrita.* FAM **gazmoñería.**

gaznápiro, ra. adj. Bobo o atontado. *¡Qué gaznápiro!, me mira como alelado.*

gaznate. m. coloq. Garganta (parte delantera del cuello, o espacio interno). *Refresca el gaznate con un trago de vino.*

gazpacho. m. Sopa fría, típica de Andalucía, compuesta de tomate, pepino, pimiento y otros ingredientes. *La gaviota macho.*

ge. f. Letra g.

géiser. m. Fuente natural en forma de surtidor, de la que brotan intermitentemente agua caliente o vapor.

geisha. (pal. jap.; pronunc. "guéisa".) f. En Japón: Joven instruida en la danza, la música y otras artes, con el fin de entretener a los hombres. *Una geisha sirve el té.*

gel. m. Producto cosmético o medicinal en estado de una sustancia gralm. traslúcida que recuerda la gelatina. *Se ducha con gel.*

gelatina. f. Sustancia sólida de gran cohesión, blanda y transparente, sin olor ni color, que se obtiene de la cocción de huesos, cartílagos y otros tejidos. *La gelatina se emplea en la fabricación de mermeladas.* FAM **gelatinoso, sa.**

gélido, da. adj. cult. Muy frío. FAM **gelidez.**

gema. f. Piedra preciosa. FAM **gemología; gemólogo, ga.**

gemelo, la. adj. **1.** Dicho de persona: Que es una de las nacidas de un mismo parto, espec. cuando proceden del mismo óvulo y, por ello, presentan gran parecido. *Son hermanos gemelos.* ● m. **2.** Instrumento formado por dos piezas que semejan botones y que, abrochadas, sirven para cerrar el puño de la camisa. *Unos gemelos de plata.* **3.** Músculo gemelo (→ músculo). ○ pl. **4.** Instrumento óptico formado por dos tubos provistos de lentes, que sirve para mirar con los dos ojos y ampliar y acercar la visión. *Lleva unos gemelos al teatro.* ▶ **4:** *PRISMÁTICOS. ‖ **Am: 2:** MANCUERNA. FAM **gemelar.**

géminis. m. y f. Persona nacida bajo el signo de Géminis.

gemir. (conjug. PEDIR). intr. Emitir alguien sonidos que expresan dolor, pena o placer sexual. *La mujer gemía desconsolada.* FAM **gemido.**

gemología; gemólogo, ga. → gema.

gen. m. *Biol.* Unidad transmisora de caracteres hereditarios, constituida por una secuencia de ADN y situada en una posición fija a lo largo del cromosoma.

genciana. f. Planta de hojas grandes y flores en ramillete, gralm. amarillas, que se emplea en medicina
como tónico.

gendarme. m. Agente de policía de algunos países,
espec. de Francia. FAM **gendarmería.**

genealogía. f. **1.** Conjunto de los progenitores y
antepasados de una persona. *En su genealogía hay
varios nobles.* **2.** Documento en que consta una genealogía (→ 1). *En el libro aparece la genealogía de los
Austrias.* FAM **genealógico, ca.**

generación. f. **1.** Hecho de generar. *El objetivo es la
generación de empleo.* **2.** Hecho de engendrar o procrear. *Los órganos de la generación.* **3.** Sucesión de
descendientes en línea recta. *En la foto están las cuatro
generaciones de la familia.* **4.** Conjunto de todos los vi-
vientes coetáneos. *La generación futura vivirá mejor
que la nuestra.* **5.** Conjunto de personas de edad parecida que se comportan o actúan de manera similar,
espec. por haber recibido una educación o una influencia sociocultural semejantes. *Una generación de escritores ilustres.* **6.** Cada una de las fases de una técnica
en evolución, en que se aportan avances e innovaciones respecto a la fase anterior. *Ordenadores de última
generación.* FAM **generacional; generativo, va.**

generador, dora (o **triz**). adj. **1.** Que genera. *Una
actividad generadora de riqueza.* **2.** (Como f. se usa **generatriz**). *Mat.* Dicho de línea o figura geométrica:
Que con su movimiento generan, respectivamente, una
figura o un cuerpo geométricos. Tb. f. *La generatriz
del cono.* **3.** *Fís.* Dicho de máquina, o parte de ella:
Que genera fuerza o energía, espec. eléctrica. Frec. m.
*En caso de corte del fluido eléctrico, disponemos de un
generador.*

general. adj. **1.** De todos los componentes de un
conjunto, o de la mayoría. *Junta general de accionistas.* **2.** Común o frecuente. *La automedicación es
una práctica general.* **3.** Que no está especializado o
no es específico. *Conocimientos generales.* ● m. y f.
4. Oficial general (→ oficial) del Ejército cuyo empleo es inferior al de capitán general (→ capitán).
Han nombrado Ministro de Defensa a un general.
■ ~ **de brigada.** m. y f. Oficial general (→ oficial) del
Ejército cuyo empleo es inferior al de general de división (→ **general de división**). ■ ~ **de división.** m. y
f. Oficial general (→ oficial) del Ejército cuyo empleo es inferior al de teniente general (→ teniente).
■ ~ **en jefe.** m. y f. Oficial general (→ oficial) que
tiene el mando superior de un ejército. *Fue nombrado general en jefe del ejército sublevado.* □ **en** ~. loc.
adv. De forma general (→ 1, 3) o en conjunto. *En
general la película me ha gustado.* ■ **en** ~, o **por lo** ~.
loc. adv. Normalmente o por lo común. *Por lo general ahorro algo todos los meses.* ▶ **1:** GLOBAL, TO-
TAL. FAM **generalato.**

generalidad. f. **1.** Mayoría o casi totalidad de los
componentes de un conjunto. *La generalidad de los escolares estudia inglés.* **2.** Cosa general o no específica.
Más frec. en pl. *El portavoz contesta con generalidades.* ○ pl. **3.** Conocimientos generales de una ciencia
o un arte. *Primera unidad: "Arquitectura egipcia.
Generalidades".*

generalísimo. m. Jefe de todos los generales del
ejército.

generalizar. tr. **1.** Hacer (algo) general o mayoritario. *Pretenden generalizar el uso del ordenador.*
2. Considerar general (algo particular). Más frec. como intr. *No se puede generalizar: cada caso es diferente.* FAM **generalización; generalizador, ra.**

generar. tr. Producir o causar (algo). *Imágenes ge-
neradas por ordenador.*

generativo, va. → generación.

generatriz. → generador.

genérico, ca. adj. **1.** Del género. *Todos estos licores reciben el nombre genérico de "aguardientes".*
2. Dicho de medicamento: Que tiene la misma composición que uno con marca registrada, pero se comercializa bajo la denominación de su principio activo.

género. m. **1.** Conjunto de personas o cosas con caracteres comunes. *Las embarcaciones de recreo constituyen un género especial.* **2.** Clase o tipo a que pertenecen personas o cosas. *No aguanto ese género* DE
bromas. **3.** Cada uno de los grupos o clases a los que
pertenece una obra de arte según sus características
de forma y contenido. *Una novela del género policíaco.* **4.** Tela o tejido. *¿De qué género es este traje?*
5. *Com.* Mercancía. **6.** *Gram.* Accidente gramatical
de un nombre o pronombre por el cual han de tomar
una forma en *-o* o una forma en *-a* los adjetivos de
dos terminaciones que a ellos se refieran. *El atributo
ha de concordar con el sujeto en género y número.*
7. *Biol.* Categoría taxonómica en que se clasifican los
seres vivos, inmediatamente superior a la especie. *El
perro es del género "canis".* ■ ~ **femenino.** m. *Gram.*
Género (→ 6) del nombre o del pronombre que impone la forma en *-a* en los adjetivos de dos terminaciones que a ellos se refieran. ⇒ FEMENINO. *"Casa" y
"moto" son nombres de género femenino.* ■ ~ **masculino.** m. *Gram.* Género (→ 6) del nombre o del pronombre que impone la forma en *-o* en los adjetivos de
dos terminaciones que a ellos se refieran. *"Camino"
y "árbol" son nombres de género masculino.* ⇒ MAS-
CULINO. ■ ~ **neutro.** m. *Gram.* Género (→ 6) que no
es masculino ni femenino. *"Esto" es un pronombre
del género neutro.* ⇒ NEUTRO.

generosidad. f. Cualidad de generoso. *Me admira
su generosidad.* ▶ DADIVOSIDAD, DESPRENDIMIENTO,
ESPLENDIDEZ, LARGUEZA, LIBERALIDAD.

generoso, sa. adj. **1.** Que da lo que tiene desinteresadamente. *Es generosa dando propinas.* **2.** Que se
sacrifica desinteresadamente por los demás. *Los misioneros son personas generosas.* **3.** Abundante o
grande. *Un escote generoso.* ▶ **1:** DADIVOSO, DESPREN-
DIDO, ESPLÉNDIDO, LIBERAL, RUMBOSO.

génesis. f. **1.** Origen o principio de algo. *La génesis
de la epidemia.* **2.** Serie de hechos y causas que conducen a algo. *Relató la génesis de la novela.*

genético, ca. adj. **1.** De la genética (→ 2), o de su
objeto de estudio. *Una mutación genética.* ● f.
2. Parte de la biología que estudia los genes y la naturaleza y transmisión de los caracteres hereditarios.
FAM **genetista.**

genial. adj. **1.** Propio de un genio. *Un invento genial.* **2.** Que es un genio. *Un pintor genial.* **3.** coloq.
Muy bueno. *Hace un tiempo genial.* FAM **genialidad.**

genio. m. **1.** Carácter (conjunto de cualidades psíquicas de una persona o colectividad). **2.** Disposición
del ánimo que lleva a mostrarse alegre o triste, simpático o antipático, pacífico o violento. *Tiene mal
genio.* **3.** Mal genio (→ 2). *¡Vaya genio tiene!* **4.** Capacidad mental extraordinaria para crear o inventar
cosas nuevas y admirables. *Es una artista de genio
indiscutible.* **5.** Persona dotada de genio (→ 4). *Mozart era un genio.* **6.** Ser fantástico que se representa
como un hombre y que está dotado de poderes mágicos. *El genio le concede tres deseos.* ▶ **1:** CARÁCTER.

genital. adj. **1.** De la reproducción. *Órganos genitales.* ● m. pl. **2.** Órganos genitales (→ 1) externos. *Higiene de los genitales.*

genocidio. m. Exterminio sistemático de un grupo humano por motivo de su raza, etnia, religión o nacionalidad. *El genocidio judío.* FAM **genocida.**

genoma. m. *Biol.* Conjunto de los genes de un individuo o de una especie, contenido en un juego completo de cromosomas. *La identificación del genoma humano.*

genotipo. m. *Biol.* Conjunto de los genes de un individuo. *Correlación entre genotipo y fenotipo en un individuo.* FAM **genotípico, ca.**

gente. f. **1.** Personas, frec. consideradas colectivamente. *La gente pasea.* **2.** Conjunto de personas que siguen a alguien o trabajan para él. *Siempre aparece rodeado de su gente.* ■ ~ **bien.** f. coloq. Gente (→ 1) de buena posición social. *A ese restaurante solo va la gente bien.* ■ ~ **menuda.** f. coloq. Niños. ■ **buena** ~. f. coloq. Buena persona. *Juan es buena gente.* FAM **gentío; gentuza.**

gentil. adj. **1.** cult. Hermoso o elegante. *Una gentil dama.* **2.** cult. Amable o cortés. *Con gesto gentil me cede el paso.* ● m. y f. **3.** *Rel.* En el judaísmo: Persona que profesa otra religión. FAM **gentileza.**

gentilhombre. (pl. **gentileshombres** o **gentilhombres**) m. *histór.* Caballero que estaba al servicio del monarca o de un gran señor.

gentilicio. m. *Gram.* Adjetivo o nombre que expresan el lugar de origen o la nacionalidad. *El adjetivo "americano" es un gentilicio.*

gentleman. (pal. ingl.; pronunc. "yéntelman"). m. Caballero inglés de categoría, u hombre que lo parece por su educación y elegancia. *Regresa del colegio británico convertido en un gentleman.*

genuflexión. f. Hecho de doblar la rodilla hacia el suelo, gralm. en señal de reverencia. *Hace una genuflexión ante el altar.*

genuino, na. adj. Auténtico o legítimo. *El genuino cine negro americano.*

geo-. elem. compos. Significa 'tierra' (*geobotánica, geomancia*) o 'la Tierra' (*geoestrategia, geomagnetismo, geofísica, geopolítica*).

geocentrismo. m. *Fís.* Teoría que consideraba la Tierra como centro del universo. FAM **geocéntrico, ca.**

geodesia. f. Ciencia matemática que estudia la forma y magnitud de la Tierra. *La geodesia permite elaborar mapas precisos.*

geografía. f. **1.** Ciencia que tiene por objeto la descripción de la Tierra. *En clase de geografía estudiamos los ríos de América.* **2.** Conjunto de accidentes y rasgos de un territorio, de los que se ocupa la geografía (→ 1). *La geografía DE la región es llana.* FAM **geográfico, ca; geógrafo, fa.**

geología. f. Ciencia que estudia la historia del globo terrestre, así como la naturaleza, formación, evolución y disposición actual de las materias que lo componen. *La geología explica la formación de los continentes.* FAM **geológico, ca; geólogo, ga.**

geometría. f. Parte de las matemáticas que estudia las propiedades y las medidas de las figuras en el plano o en el espacio. FAM **geómetra; geométrico, ca.**

georgiano, na. adj. De Georgia (Asia).

geranio. m. Planta de hojas olorosas con borde ondulado y flores de distintos colores, que se cultiva como ornamental. Tb. la flor.

gerente, ta. (Gralm. como f. se usa **gerente**). m. y f. Persona encargada de la gestión y administración de una empresa, sociedad o institución. FAM **gerencia.**

geriatría. f. Rama de la medicina que se ocupa de las enfermedades de la vejez y de su tratamiento. *Unidad de Geriatría.* FAM **geriatra.**

geriátrico, ca. adj. **1.** De la geriatría. *Los pacientes geriátricos.* ● m. **2.** Hospital o residencia donde se atiende a ancianos enfermos. *Lo ingresaron en un geriátrico.*

gerifalte. m. despect. Persona con autoridad y poder. *Saluda a los gerifaltes.*

germánico, ca. adj. **1.** histór. De la Germania (antigua región de Europa) o de los germanos. *Pueblos germánicos.* **2.** De Alemania. **3.** Dicho de lengua: Que deriva del germánico (→ 4). *El inglés y el alemán son lenguas germánicas.* ● m. **4.** Lengua o familia de lenguas habladas por los antiguos germanos. ▶ **2:** *ALEMÁN. FAM **germanista.**

germanismo. m. Palabra o uso propios de la lengua alemana empleados en otra.

germano, na. adj. **1.** histór. De la Germania (antigua región de Europa). **2.** De Alemania. ▶ **2:** *ALEMÁN. FAM **germanización; germanizar.**

germano-. elem. compos. Significa 'alemán'. *Germanófilo, germanófobo.*

germen. m. **1.** Principio elemental de un ser vivo. *El cigoto es un germen del embrión.* **2.** Parte de una semilla, de la cual nace la planta. *La vitamina E está en el germen de los cereales.* **3.** Microorganismo que puede causar o propagar enfermedades. *Las bacterias son gérmenes.* **4.** Principio u origen de algo, espec. no material. *Los disturbios fueron el germen de la revolución.* FAM **germinal.**

germinar. intr. Empezar a desarrollarse una semilla, un grano de polen o una espora para formar una nueva planta. *El grano de polen germina en el estigma de la flor.* FAM **germinación; germinativo, va.**

gerontología. f. Estudio científico de la vejez y de los fenómenos y problemas que la caracterizan. *Curso de Gerontología.* FAM **gerontológico, ca; gerontólogo, ga.**

gerundense. adj. De Gerona (España).

gerundio. m. *Gram.* Forma no personal del verbo, cuya terminación en español es *-ando, -iendo* o *-yendo,* y que funciona como un adverbio. *En "vino corriendo", el gerundio tiene valor adverbial.*

gesta. f. cult. Hecho memorable. *Homero cantó las gestas de Ulises.*

gestar. tr. **1.** Llevar una hembra vivípara (a su hijo) en su interior desde la concepción hasta el momento del parto. *Algunas mujeres gestan hijos para otras que no pueden tenerlos.* **2.** Preparar o desarrollar (algo). *La novela fue gestada en una sola tarde.* FAM **gestación; gestante.**

gesticular. intr. Hacer gestos. *Gesticula mucho cuando habla.* FAM **gesticulación; gesticulante.**

gestión. f. **1.** Acción dirigida a conseguir o resolver algo. *Ha ido a renovar el pasaporte y a hacer otras gestiones.* **2.** Hecho de administrar u organizar algo. *La oposición critica la gestión del Gobierno.* FAM **gestionar; gestor, ra; gestoría.**

gesto. m. **1.** Movimiento del rostro, las manos u otra parte del cuerpo, que denota o expresa algo, espec. un estado de ánimo o un propósito. *Asiente con un gesto.* **2.** Movimiento involuntario del cuerpo, espec.

de la cara. *Repite ese gesto porque tiene un tic.* **3.** Rostro o semblante. *Tiene el gesto contraído por el frío.* **4.** Acto dotado de significación o intencionalidad. *Un gesto conciliador.* FAM **gestual; gestualidad.**

ghanés, sa. adj. De Ghana (África).

giba. f. Joroba. *Las gibas del camello almacenan grasa.* FAM **giboso, sa.**

gibón. m. Simio pequeño de abundante pelaje, sin cola y con largos brazos, que puede caminar erguido y habita en los bosques del sudeste asiático. *El gibón hembra.*

gibraltareño, ña. adj. De Gibraltar.

giga-. elem. compos. Significa 'mil millones'. Se une a n. de unidades de medida para designar el múltiplo correspondiente (Símb. *G*). *Gigavatio, gigaelectronvoltio.*

gigabyte. (pronunc. "jigabáit"). m. *Inform.* Unidad de información que equivale a 1024 megabytes (Símb. *GB*). *El disco duro tiene una capacidad de 30 gigabytes.*

gigante, ta. (La forma **giganta** solo se usa como f. en las acep. 2, 3). adj. **1.** Mucho mayor de lo normal. *Un pan gigante.* ● m. y f. **2.** Personaje imaginario de enorme estatura. *En el cuento aparece un gigante.* **3.** Persona de estatura mucho mayor de lo normal. *Las del equipo de baloncesto son unas gigantas.* FAM **gigantesco, ca.**

gil. adj. coloq. Tonto o simple. *No se puede ser tan bueno y tan gil.*

gilipollas. adj. malson. Tonto o simple.

gimnasia. f. **1.** Práctica que tiene por objeto desarrollar, fortalecer y dar flexibilidad al cuerpo por medio de ejercicios físicos. **2.** Práctica que sirve para desarrollar una facultad intelectual. *La lectura es gimnasia mental.* ■ **~ artística.** f. Deporte que consiste en hacer ejercicios de gimnasia (→ 1) con diversos aparatos, o sin ellos, sobre el suelo. ■ **~ rítmica.** f. Deporte femenino que combina ejercicios de gimnasia (→ 1) y pasos de baile, ejecutados al ritmo de una música y empleando diversos aparatos, como cintas o mazas. ■ **~ sueca.** f. Gimnasia (→ 1) que se practica sin aparatos. FAM **gimnasio; gimnasta; gimnástico, ca.**

gimotear. intr. despect. Gemir con insistencia y débilmente, gralm. por algo de poca importancia. *El niño gimotea en un rincón.* FAM **gimoteo.**

ginebra. f. Bebida alcohólica obtenida de semillas de cereales y aromatizada con bayas de enebro.

ginecología. f. Rama de la medicina que se ocupa de las enfermedades propias de la mujer. *Servicio de Ginecología.* FAM **ginecológico, ca; ginecólogo, ga.**

ginger-ale. (pal. ingl.; pronunc. "yínyer-éil"). m. Bebida gaseosa, refrescante y sin alcohol, elaborada con jengibre. *Ginebra con ginger-ale.*

gingival. adj. *Anat.* De las encías. *Inflamación gingival.* FAM **gingivitis.**

gin-tonic. (pal. ingl.; pronunc. "yintónic"). m. Bebida alcohólica compuesta de ginebra y tónica. *Un gin-tonic con hielo y limón.*

gira. f. **1.** Excursión o viaje por distintos lugares. *Una gira turística.* **2.** Serie de actuaciones sucesivas de un artista o grupo en diferentes lugares. *La compañía teatral está de gira por México.*

girar. intr. **1.** Moverse una persona o cosa en círculo alrededor de sí misma o de otra. *La Luna gira alrededor de la Tierra.* **2.** Desarrollarse una cosa en torno a alguien o algo. *Cree que la vida gira a su alrededor.* **3.** Desviarse alguien o algo de su dirección inicial. *Está prohibido girar en esta plaza.* ○ tr. **4.** Hacer que (algo) gire (→ 1). *Giré el volante para evitar el choque.* **5.** Enviar (dinero) a través de una oficina de correos o telégrafos. *Le girarán algo de dinero.* FAM **giratorio, ria.**

girasol. m. Planta de tallo muy alto, terminado en una gran flor amarilla que gira para estar de cara al sol y cuyas semillas son unas pipas comestibles de las que se extrae aceite. Tb. la flor.

giro. m. **1.** Hecho o efecto de girar. *El acróbata hace giros en el aire.* **2.** Hecho de girar dinero. Frec. ~ *postal. Pagaré la multa mediante giro postal.* **3.** Dirección que toma algo o que se da a algo. *La conversación tomó un giro inesperado.* **4.** Expresión peculiar de una lengua o estilo. *Sus novelas tienen giros del portugués.*

gitano, na. adj. De un pueblo originario de la India y extendido por Europa, que mantiene rasgos físicos y culturales propios y, con frecuencia, costumbres nómadas. *Poblado gitano.* ► CALÉ, CÍNGARO. FAM **gitanería.**

glaciación. f. *Geol.* Período en que el hielo invade grandes zonas de la superficie terrestre debido a un enfriamiento del planeta.

glacial. adj. **1.** Helado o muy frío. *Clima glacial.* **2.** Que hiela. *Hace un frío glacial.* **3.** Muy frío, distante o que no manifiesta emociones. *Una mirada glacial.* **4.** *Geogr.* Dicho de zona terrestre: Que tiene clima glacial (→ 1) y está situada entre el polo y el círculo polar. **5.** *Geogr.* Que está en la zona glacial (→ 4). *Océano Glacial Ártico.*

glaciar. adj. **1.** De los glaciares (→ 2). *Circo glaciar.* ● m. **2.** Gran masa de hielo acumulada en las zonas altas de las montañas, que se desliza lentamente hacia abajo.

gladiador. m. hist. En la antigua Roma: Hombre que luchaba en el circo contra otro hombre o contra una fiera.

gladiolo o **gladíolo.** m. Planta de tallo largo, con hojas en forma de espada y flores en espiga, que se cultiva como ornamental. Tb. la flor.

glamour. (pal. ingl.; pronunc. "glamúr"). m. Encanto o atractivo que causan fascinación. *Al estreno acudirán las estrellas con más glamour.* ¶ [Adaptación recomendada: *glamur*]. FAM **glamouroso, sa** o **glamuroso, sa.**

glande. m. *Anat.* Cabeza o extremo abultado del pene.

glándula. f. *Anat.* Órgano cuya función es segregar una sustancia que el organismo necesita utilizar o eliminar. *Glándulas sebáceas.* FAM **glandular.**

glasear. tr. **1.** *Coc.* Recubrir (un dulce) con una capa de almíbar o de azúcar glas. *El pastelero glasea unas rosquillas.* **2.** *Coc.* Hacer, con diversos medios, que (un alimento) quede brillante. *Glaseó la carne asada.*

glauco, ca. adj. cult. Verde claro. *Unos ojos glaucos.*

glaucoma. m. *Med.* Enfermedad del ojo caracterizada por un aumento de la presión en el interior del globo ocular, con pérdida progresiva de visión y ceguera.

gleba. f. cult. Tierra, espec. la cultivada. *Glebas a punto de arar.*

glicerina. f. Líquido incoloro, espeso y dulce, que está presente en la composición de todos los cuerpos grasos y se emplea en farmacia, en perfumería y en la fabricación de nitroglicerina. *Jabón de glicerina.*

glicinia o **glicina.** f. Planta de jardín, que crece enrollándose alrededor de un soporte y produce grandes racimos colgantes de flores olorosas. Tb. la flor.

global. adj. **1.** Del conjunto. *El importe global es de 350 dólares.* **2.** Del globo terráqueo. *El calentamiento global.* ▶ **1:** *GENERAL.

globalización. f. **1.** Hecho de globalizar. *La globalización de la información.* **2.** Proceso por el que los mercados y las empresas extienden su actividad más allá del ámbito nacional para alcanzar una dimensión mundial.

globalizar. tr. Dar carácter global o general (a algo). *Hay que globalizar el desarrollo.* FAM **globalizador, ra.**

globo. m. **1.** Cuerpo esférico. *Hace globos de chicle.* **2.** Planeta Tierra. *Viajó por todo el globo.* Tb. ~ *terráqueo* o *terrestre.* **3.** Esfera que representa la superficie del planeta Tierra. Tb. ~ *terráqueo* o *terrestre. En el aula hay un globo terráqueo.* **4.** Aparato de navegación aérea consistente en una gran bolsa, gralm. esférica, que se eleva al hincharla con un gas menos denso que el aire y de la que cuelga una barquilla para la carga y los pasajeros. *La vuelta al mundo en globo.* **5.** Objeto de materia flexible que, lleno de aire u otro gas más ligero, sirve de juguete o como decoración en fiestas. *La niña pide que le compre un globo.* **6.** Pieza de cristal, de forma gralm. esférica, con que se cubre una luz. *El globo de la lámpara está rajado.* ■ ~ **sonda.** m. **1.** Globo (→ 4) no tripulado que se emplea para estudios meteorológicos. **2.** Noticia que se difunde con el fin de observar la reacción que produce y actuar en consecuencia. *Los rumores de privatización eran un globo sonda.* ▶ **4:** DIRIGIBLE.

glóbulo. m. Pequeño cuerpo esférico. *Glóbulos sanguíneos.* ■ ~ **blanco.** m. Célula incolora de la sangre y de la linfa, encargada de la defensa del organismo. *Un virus provoca la activación de los glóbulos blancos.* ⇒ LEUCOCITO. ■ ~ **rojo.** m. Célula roja de la sangre, que transporta oxígeno a todo el organismo. *La anemia es consecuencia de una carencia de glóbulos rojos.* ⇒ ERITROCITO, HEMATÍE. FAM **globular.**

gloria. f. **1.** Fama u honor sobresalientes. *Consiguió la gloria.* **2.** Persona o cosa que honran a otra o la ennoblecen. *Borges es una de sus glorias nacionales.* **3.** Alabanza o exaltación. *Gloria a Dios en las alturas.* **4.** Esplendor o magnificencia. *Retrató al artista en toda su gloria.* **5.** *Rel.* Felicidad eterna alcanzada en el cielo por estar en presencia de Dios. *Los bienaventurados alcanzarán la gloria.* ○ m. **6.** *Rel.* Rezo o cántico de la misa que comienza con la palabra "gloria". **7.** *Rel.* Oración que comienza con las palabras "Gloria al Padre" y que suele rezarse después de otras oraciones. ■ **vieja ~.** f. Persona que destacó en otro tiempo en alguna actividad. *Las viejas glorias del fútbol.* □ **a ~.** loc. adv. coloq. Muy bien. *Esta salsa sabe a gloria.* ■ **cubrirse** alguien **de ~.** loc. v. Hacer o decir algo inoportuno o poco acertado. *Cada vez que habla, se cubre de gloria.* ■ **en la ~.** loc. adv. coloq. Muy a gusto. *Me siento en la gloria.* ■ **que en ~ esté.** expr. Se usa siguiendo a la mención de una persona muerta. *Me acuerdo de mi madre, que en gloria esté.* FAM **glorificación; glorificar.**

gloriarse. (conjug. ENVIAR). intr. prnl. Presumir o jactarse de algo. *Se gloría DE descender de una familia noble.* ▶ *PRESUMIR.

glorieta. f. **1.** Plaza donde desembocan varias calles o paseos arbolados. *Cambie de sentido en la glorieta.* **2.** Plazoleta de un jardín. *En una glorieta del parque hay un kiosco.*

glorioso, sa. adj. **1.** Digno de honor y alabanza. *Una hazaña gloriosa.* **2.** De la gloria. *Nos esperan días gloriosos.*

glosa. f. **1.** Nota que se añade a un texto, gralm. al margen o entre líneas, para explicar algo de difícil comprensión. **2.** Comentario o explicación. *El artículo es una glosa de las virtudes de la cocina vegetariana.* FAM **glosador, ra; glosar.**

glosario. m. Catálogo de palabras pertenecientes a un texto, autor o ámbito determinados, acompañadas de una definición o explicación. *El manual incluye un glosario en las últimas páginas.*

glotis. f. *Anat.* Abertura superior de la laringe, situada entre las cuerdas vocales.

glotón, na. adj. Que come en exceso y con ansia. FAM **glotonería.**

glucemia. f. *Med.* Cantidad de glucosa presente en la sangre.

glucosa. f. *Quím.* Azúcar cristalizable, de color blanco y sabor muy dulce, muy soluble en agua, que se encuentra en muchas frutas maduras y en la sangre. *Nivel de glucosa en sangre.*

gluten. m. Proteína de reserva nutritiva que, junto con el almidón, se halla en las semillas de plantas gramíneas, pralm. en el trigo. *El celíaco no tolera el gluten.*

glúteo, a. adj. **1.** De la nalga o de los glúteos (→ 2). *Región glútea.* ● m. **2.** Músculo glúteo (→ **músculo**).

gnomo. (Tb. **nomo**). m. Ser fantástico con forma de enano, que vive bajo tierra.

gnosis. f. *Fil.* y *Rel.* Conocimiento absoluto e intuitivo de las cosas divinas, espec. de la divinidad misma.

gnosticismo. m. *Fil.* y *Rel.* Doctrina difundida durante los primeros siglos de la Iglesia, mezcla de creencias cristianas con elementos esotéricos, que pretendía alcanzar la salvación a través de la gnosis. FAM **gnóstico, ca.**

gobernanta. f. En un establecimiento hotelero: Mujer que se encarga de dirigir el servicio y la limpieza. *La gobernanta asigna a cada camarera sus habitaciones.*

gobernar. (conjug. ACERTAR). tr. **1.** Dirigir alguien el funcionamiento (de un Estado, un territorio o una colectividad política). *Pétain gobernaba Francia.* **2.** Manejar (a alguien) o ejercer una fuerte influencia (sobre él). *Es independiente y no se deja gobernar.* **3.** Regir o administrar (algo) con autoridad. *El ama de llaves gobernaba el castillo.* **4.** Guiar o dirigir (algo). *Nadie gobierna la nave.* ○ intr. **5.** Dirigir alguien el funcionamiento de un Estado, un territorio o una colectividad política. *EN Alemania gobernaba Hitler.* **6.** Regir o administrar algo con autoridad. *No se sabe quién gobierna EN esta casa.* FAM **gobernación; gobernador, ra; gobernante.**

gobierno. m. **1.** Hecho de gobernar. *Dejó el gobierno de la nación en sus manos.* **2.** Conjunto del presidente y los ministros de un Estado o territorio. *El Gobierno se reunirá con los empresarios.* ▶ **2:** EJECUTIVO. FAM **gobiernista** (Am).

goce. m. Hecho de gozar. *Tiene derecho al uso y goce DE su piso.*

godo, da. adj. **1.** histór. De un antiguo pueblo germánico que se extendió por el continente europeo fundando reinos en España e Italia. **2.** Am. histór. coloq., despect. De España. *El Deán Funes le escribe al gobernador godo de La Paz* [C].

gofio. m. Harina de maíz, trigo o cebada tostados.

gogó. a ~. loc. adv. coloq. En abundancia o sin límite. *Hay gente a gogó.*

gol. m. En algunos deportes, espec. fútbol: Introducción del balón o de la pelota en la portería. *El delantero metió un gol de cabeza.*

gola - gordo

gola. f. histór. Cuello ancho de tela, rizado y almidonado. *El caballero del cuadro lleva gola.*

goleada. f. Hecho de meter una gran cantidad de goles. *No olvidan la goleada que sufrió su equipo.* ■ **por ~.** loc. adv. Por muchos goles. *Perdimos por goleada.*

golear. tr. En algunos deportes, espec. en fútbol: Meter goles (a un equipo rival), espec. en gran cantidad. *Golearon a su adversario.* FAM **goleador, ra.**

goleta. f. Embarcación de vela, de dos o tres palos, con bordas poco elevadas.

golf. m. Deporte que consiste en empujar con un palo especial una pelota pequeña para introducirla en una serie de hoyos distribuidos por un terreno extenso cubierto de césped. FAM **golfista.**

golfo[1]. m. Porción grande de mar que se adentra en la tierra, gralm. entre dos cabos. *El golfo de México.*

golfo[2], **fa.** adj. **1.** Pillo o sinvergüenza. *Esos chicos son muy golfos.* ● f. **2.** coloq., despect. Prostituta.

gollete. m. Parte superior del cuello de una botella o recipiente semejante. *Bebe del gollete de la botella.* Tb. el cuello entero. *Agarró la botella por el gollete.*

golondrina. f. Pájaro de cuerpo negro azulado por encima y blanco por debajo, alas puntiagudas y cola ahorquillada, que suele anidar bajo los aleros de los tejados y que, en los meses fríos, emigra a lugares cálidos. *La golondrina macho.*

golondrino. m. **1.** Pollo de la golondrina. *Los golondrinos pían en el nido.* **2.** Inflamación de las glándulas sudoríparas de la axila. *Le ha salido un golondrino.*

golosina. f. Alimento delicado y exquisito, gralm. dulce, que se toma más por gusto que por necesidad. *Compra caramelos y otras golosinas.*

goloso, sa. adj. **1.** Aficionado a comer golosinas, espec. si son dulces. *Es goloso y le encanta el chocolate.* **2.** Que siente gran deseo o apetito de algo o de alguien. *Miraba goloso a la mujer.* **3.** Apetecible o atrayente. *Es un premio muy goloso.*

golpe. m. **1.** Hecho o efecto de entrar en contacto físico, más o menos violentamente, dos o más personas o cosas. *Dio unos golpecitos en la puerta y entró.* **2.** Hecho de hacer chocar algo contra una persona o cosa para causarle daño. *Lo mató de un golpe en la cabeza.* **3.** Cosa inmaterial que produce dolor. *El divorcio de sus padres fue un duro golpe.* **4.** Robo o atraco. *El botín del golpe asciende a dos millones.* **5.** Manifestación brusca y repentina de algo, espec. de un fenómeno atmosférico. *Un golpe DE viento.* ■ **~ bajo.** m. **1.** En boxeo: Golpe (→ 2) ilegal que se da por debajo de la cintura. **2.** Acción malintencionada y ajena a las normas admitidas en el trato social. *Hacer ese comentario ha sido un golpe bajo.* ■ **~ de efecto.** m. Hecho que sorprende o impresiona. *Su carta de dimisión fue un golpe de efecto que dio resultado, pues le subieron el sueldo.* ■ **~ de Estado.** m. Toma violenta y rápida del gobierno de un país, gralm. por parte de fuerzas militares. *Pinochet dio un golpe de Estado en 1973.* ■ **~ de fortuna.** → **golpe de suerte.** ■ **~ de gracia.** m. **1.** Golpe (→ 2) con que se remata a alguien. *Si el enemigo caía herido, se le daba el golpe de gracia.* **2.** Revés que completa la desgracia o la ruina de alguien. *La caída de la bolsa fue el golpe de gracia para su empresa.* ■ **~ de mano.** m. Mil. Ataque rápido e inesperado. *El golpe de mano del general cogió por sorpresa al enemigo.* ■ **~ de mar.** m. Ola fuerte que rompe contra una embarcación, roca o costa. *Un golpe de mar volcó el bote.* ■ **~ de pecho.** m. Hecho de golpearse con la mano o el puño en el pecho en señal de arrepentimiento. *Los penitentes se dan golpes de pecho.* ■ **~ de suerte,** o **de fortuna.** m. Suceso inesperado que cambia una situación. *Un golpe de suerte cambió su vida.* ■ **~ de vista.** m. Mirada rápida. *Lo encontré al primer golpe de vista.* □ **a ~** (de algo). loc. adv. Sirviéndose (de ello). *Consiguió apoyos a golpe DE talonario.* ■ **dar el ~.** loc. v. Sorprender o impresionar. *Con ese modelito vas a dar el golpe.* ■ **de ~ (y porrazo).** loc. adv. coloq. De repente. *Dejó de fumar de golpe.* ■ **de un ~.** loc. adv. De una vez. *Se bebió la copa de un golpe.* FAM **golpazo; golpetazo.**

golpear. tr. **1.** Dar un golpe o golpes repetidos (a alguien o algo). *El atracador lo golpeó.* ○ intr. **2.** Dar un golpe o golpes repetidos en alguien o algo. *El mar golpea CONTRA las rocas.* ▶ **1:** PEGAR, PERCUTIR. **2:** PERCUTIR. FAM **golpetear; golpeteo.**

golpista. adj. **1.** Del golpe de Estado. *Una intentona golpista.* **2.** Que participa en un golpe de Estado o que lo apoya. *Los generales golpistas.* FAM **golpismo.**

golpiza. f. Am. Paliza (serie de golpes). *Le dieron una golpiza fenomenal* [C]. ▶ PALIZA.

goma. f. **1.** Sustancia viscosa segregada por algunas plantas, que se emplea en farmacia e industria y que, disuelta en agua, tiene propiedades adhesivas. *La cola de carpintero está hecha con goma.* **2.** Caucho (sustancia elástica). *Suela de goma.* **3.** Anillo de goma (→ 2) empleado para sujetar o atar cosas. *Enrolla el plano y ponle una goma.* **4.** Tira de goma (→ 2), gralm. cubierta de tela, empleada en costura. *Se le caen los pantalones porque no tienen goma.* **5.** Trozo de goma (→ 2) preparada para borrar lo escrito. *Necesito papel, lápiz y goma.* **6.** Neumático. *Se reventó una goma.* ■ **~ arábiga.** f. Goma (→ 1) amarillenta que producen algunas acacias, usada en medicina e industria. ■ **~ de mascar.** f. Chicle. ▶ **2:** CAUCHO. **5:** BORRADOR. FAM **gomoso, sa.**

gomaespuma. f. Caucho natural o sintético, blando y esponjoso, que se emplea espec. en la fabricación de colchones y en tapicería. ▶ ESPUMA.

gomería. f. Am. Taller de venta o reparación de neumáticos. *Llevamos la cubierta a la gomería* [C].

gomero, ra. adj. De La Gomera (España).

gomina. f. Cosmético fijador del cabello. ▶ FIJADOR.

góndola. f. **1.** Embarcación pequeña y alargada, propia de Venecia, manejada desde popa con un solo remo y usada pralm. para pasear por los canales. **2.** Am. Autobús. *Tomó una góndola que corría una vez al día de Chincolco a Petorca* [C]. FAM **gondolero.**

gong. (pl. **gongs**). m. Instrumento de percusión originario de Oriente, formado por un disco metálico que, suspendido de un soporte, vibra al ser golpeado por una maza.

gonorrea. f. Med. Enfermedad contagiosa de origen bacteriano, que se transmite por vía sexual y se caracteriza por un flujo con pus de la vagina o de la uretra.

gordinflón, na. adj. coloq., humoríst. Dicho de persona: Muy gorda. *Es bajito y gordinflón.*

gordo, da. adj. **1.** Que tiene mucha carne. *Me he puesto a régimen porque estoy gordo.* **2.** Que sobrepasa el grosor normal en su especie. *Ponte un jersey gordo.* **3.** coloq. Muy grande o importante. *Tengo un problema gordísimo.* ● f. **4.** coloq. Alboroto o discusión ruidosa. *Aquí se va a armar la gorda.* ■ **caer** alguien **~** (a otra persona). loc. v. coloq. Resultar(le) antipático. *Aunque no me ha hecho nada, me cae gorda.* ▶ **1, 2:** GRUESO. FAM **gordura.**

gorgojo. m. Insecto del grupo de los escarabajos, de pequeño tamaño, cuerpo ovalado y cabeza picuda, muy dañino para las cosechas. *Una plaga de gorgojo.*

gorgonzola. m. Queso de vaca, con vetas de moho y sabor intenso, originario de la localidad italiana de Gorgonzola.

gorgorito. m. Quiebro hecho con la voz, espec. al cantar. *La profesora de canto hace gorgoritos.*

gorgotear. intr. Producir ruido un líquido o un gas al moverse en el interior de una cavidad, o al entrar o salir de ella. *El agua de la fuente gorgotea.* FAM **gorgoteo.**

gorguera. f. histór. Cuello ancho de tela, rizado y almidonado. *El rey aparece retratado con gorguera.* Tb. designaba específicamente cualquier adorno femenino de tela o encaje destinado a cubrir la garganta y el escote.

gorila. m. Simio sin cola, muy fuerte y corpulento, de tupido pelaje negro o gris y de estatura semejante a la de un hombre, que vive en grupo en algunas selvas de África. *El gorila hembra.*

gorjeo. m. Canto o voz característica de algunos pájaros. *Me despertó el gorjeo de los pájaros.* ▶ TRINO. FAM **gorjear.**

gorra. f. Prenda de vestir redondeada, gralm. con visera, que cubre la parte superior de la cabeza. ■ ~ **de plato.** f. Gorra de visera plana y circular. □ **de ~.** loc. adv. coloq. A costa de otro. *Viaja de gorra.* ▶ Am: CACHUCHA.

gorrión, na. m. **1.** Pájaro pequeño, de plumaje pardo con manchas y más claro en el vientre, que abunda en el campo y la ciudad. ○ f. **2.** Hembra del gorrión (→ 1).

gorro. m. Prenda de vestir redondeada, de tela o de punto, que cubre la cabeza ciñéndose a su contorno y carece de alas o visera. *Lleva gorro de lana y bufanda.* ■ ~ **frigio.** m. Gorro de forma más o menos cónica, semejante al que usaban los antiguos frigios, tomado como emblema de la libertad por los revolucionarios franceses y por otros movimientos republicanos. □ **estar hasta el ~** (de alguien o algo). loc. v. coloq. Estar absolutamente harto (de ellos). *Estoy hasta el gorro DE tus quejas.*

gorrón, na. adj. coloq. Dicho de persona: Que vive o come a costa de otra. *Un pariente gorrón se apuntó a la fiesta.* FAM **gorronear; gorronería.**

góspel. m. Música religiosa propia de la población negra norteamericana.

gota. f. **1.** Pequeña porción de líquido, de forma esférica. *Gotas DE rocío.* **2.** coloq. Cantidad muy pequeña de algo. *Hay una gota DE viento.* **3.** Med. Enfermedad producida por el exceso de ácido úrico en la sangre y caracterizada por la hinchazón dolorosa de algunas articulaciones. ○ pl. **4.** Preparación farmacéutica en que se presentan algunos medicamentos líquidos para facilitar su dosificación en gotas (→ 1). *Vitamina A en gotas.* Tb. ese medicamento. *Me han recetado unas gotas.* ■ ~ **a ~.** loc. adv. **1.** En forma de gotas (→ 1). *El agua cae gota a gota.* **2.** Poco a poco, o lentamente. *Perdía la vida gota a gota.* □ loc. s. **3.** Med. Método para administrar sustancias gota a gota (→ **gota a gota** 1) por vía intravenosa. *El médico decidió recurrir al gota a gota.* Tb. el aparato con que se administra (→ **gotero**). ■ **ni ~.** loc. s. Nada. *No queda ni gota de sal.* ■ **sudar la ~ gorda.** loc. v. coloq. Pasar mucho calor. *El panadero suda la gota gorda.* ■ **sudar la ~ gorda** (para algo). loc. v. coloq. Esforzarse o sufrir mucho (para ello). *Sudó la gota gorda PARA aprobar el examen.*

gotear. intr. **1.** Caer un líquido gota a gota. *Gotea sangre de la herida.* **2.** Dejar caer algo un líquido gota a gota. *El grifo gotea.* ○ intr. impers. **3.** Caer gotas de lluvia pequeñas y espaciadas. *Está empezando a gotear.* FAM **goteo.**

gotelé. m. Pintura de pared con pequeñas gotas en relieve.

gotera. f. Filtración de agua a través de un techo o un muro. *En el desván hay goteras.* Tb. la mancha que deja y la grieta o agujero por donde se produce.

gotero. m. **1.** Aparato para administrar sustancias gota a gota por vía intravenosa. *La enfermera le pone un gotero.* **2.** Am. Cuentagotas. *Mediante un gotero se añaden unas gotas de ácido fluorhídrico* [C].

goterón. m. Gota muy grande, espec. de agua de lluvia. *Comenzaron a caer goterones.*

gótico, ca. adj. **1.** Dicho de arte: Desarrollado en Europa occidental desde el s. XII hasta el Renacimiento y caracterizado, arquitectónicamente, por el empleo de arcos apuntados y bóvedas de crucería. Frec. m. *El gótico sucedió al románico.* **2.** Del arte gótico (→ 1). *Una catedral gótica.* **3.** Lit. Dicho de novela: De misterio y terror, propia de finales del s. XVIII y principios del XIX. *"Frankenstein" es una novela gótica.*

gotoso, sa. adj. Que padece gota. *Anciano gotoso.*

gouache. (pal. fr.; pronunc. "guásh", "guás" o "guáche"). m. Arte Aguada.

gourmet. (pal. fr.; pronunc. "gurmét" o "gurmé"). m. y f. Persona de gustos refinados en lo relativo a la comida y a la bebida. *Estos manjares harán las delicias del buen* gourmet. ¶ [Adaptación recomendada: *gurmé,* pl. *gurmés*].

gozada. f. coloq. Cosa que produce goce o gozo intensos. *¡Qué gozada de día!*

gozar. intr. **1.** Sentir placer o alegría a causa de alguien o algo. *Gozo oyéndole cantar.* **2.** Tener o poseer algo bueno. *Goza DE buena salud.* ○ tr. **3.** Sentir placer o alegría (a causa de algo). *Gozó la vista del mar.* **4.** Tener o poseer (algo bueno). *Temía que se acabara la felicidad que gozaba.*

gozne. m. Bisagra metálica para puertas y ventanas, cuya lámina inferior tiene un eje que encaja en la superior. *Los goznes de la puerta chirrían.*

gozo. m. **1.** Placer (sensación agradable). **2.** Alegría (sentimiento de animación que suele manifestarse con risa). ▶ **1:** *PLACER. **2:** *ALEGRÍA. FAM **gozoso, sa.**

grabado. m. **1.** Hecho de grabar un letrero, una figura o una representación en un objeto. **2.** Arte y técnica de grabar una figura sobre una lámina y de reproducirla después mediante su estampación. *Curso de grabado.* **3.** Estampa realizada mediante el grabado (→ 2). *Una exposición de grabados.*

grabador, ra. adj. **1.** Que graba. *Aparato grabador.* ● m. y f. **2.** Persona que se dedica al arte del grabado. *El grabador trabaja el estaño con un buril.* ○ f. **3.** Aparato que sirve para grabar sonidos. *La periodista utiliza una grabadora.*

grabar. tr. **1.** Señalar con incisión o abrir y labrar en hueco o en relieve sobre una superficie (un letrero, una figura o una representación de cualquier objeto). *Graba un corazón en el árbol.* **2.** Captar y almacenar (imágenes o sonidos) por medio de un disco, una cinta magnética u otro procedimiento, de manera que se puedan reproducir. *Graba música de la radio.* Tb. referido al disco o cinta. *El cantante grabó un disco.* **3.** Fijar profundamente en el ánimo (un concepto, un sentimiento o un recuerdo). *Grábenselo bien en la memoria.* ▶ **2:** REGISTRAR. FAM **grabación.**

gracejo. m. Gracia para expresarse al hablar o escribir. *Habla con gracejo criollo.*

gracia. f. **1.** Cualidad o conjunto de cualidades que hacen agradable a la persona o cosa que las tiene. *Ese corte le da cierta gracia al vestido.* **2.** Atractivo de una persona. *Esa chica es fea, pero tiene su gracia.* **3.** Habilidad y soltura para algo. *Tiene gracia para peinarse.* **4.** Capacidad de alguien o de algo para hacer reír o para divertir. *Un chiste con mucha gracia.* **5.** Hecho o dicho que divierten o hacen reír. *Cuando dice una gracia, todos se ríen.* **6.** Cualidad de sorprendente. *La gracia del aparatito es que funciona sin pilas.* **7.** Hecho o dicho sorprendentes. *¡Qué gracia, hemos dicho lo mismo a la vez!* **8.** Acción que sirve de lucimiento, espec. la de un niño. *Los abuelos miran las gracias de su nieta.* **9.** Don o concesión gratuitos. *Cada hada le concedió una gracia a la princesa.* **10.** Perdón o indulto. *La gracia afecta solo a los presos políticos.* **11.** Benevolencia y amistad de alguien poderoso. *Gozaba de la gracia del rey.* **12.** *Rel.* Favor sobrenatural y gratuito que Dios concede al hombre para ponerlo en el camino de la salvación. *La gracia es necesaria para salvarse.* ■ **caer en ~.** loc. v. Agradar o gustar. *Me cayó en gracia desde que la vi.* ■ **dar (las) ~s.** loc. v. Expresar agradecimiento por algo. *Os doy las gracias por vuestro apoyo.* ■ **~s.** expr. Se usa como expresión de cortesía para manifestar agradecimiento. *Gracias por su ayuda.* ■ **~s a.** loc. prepos. Por causa de. Referido a alguien o algo que produce un bien o evita un mal. *Gracias a usted he llegado a tiempo.* ■ **~s a Dios.** expr. Se usa para expresar alegría por algo que se esperaba, o alivio al desaparecer un temor o peligro. *Gracias a Dios, todo quedó en un susto.* ■ **hacer** algo ~ (a una persona o a una cosa). loc. v. Agradar o gustar. *Su coche nuevo no me hace mucha gracia.* ■ **no hacer,** o **no tener,** o **maldita la ~,** o **ninguna ~.** loc. v. coloq. Se usa para expresar el disgusto que produce algo. *La cosa no tiene maldita la gracia.* ■ **por la ~ de Dios.** expr. Se usa como fórmula para acompañar a títulos como el de rey. *Felipe II, rey de España por la gracia de Dios.* ■ **reír las ~s** (a alguien). loc. v. Aplaudir(le) todo lo que dice o hace, aunque sea digno de censura. *No le rían las gracias al niño.* ■ **y ~s.** expr. coloq. Se usa para expresar que hay que contentarse con lo que se ha conseguido. *Te darán un saludo, y gracias.* FAM **gracioso, sa.**

grácil. adj. cult. Que tiene gracia, ligereza y armonía. *Una bailarina de grácil figura.* FAM **gracilidad.**

grada. f. **1.** En un teatro, estadio o edificación semejante: Escalón corrido que sirve de asiento. *Los espectadores aplauden desde las gradas.* ○ pl. **2.** Escalinata situada delante de la fachada o del pórtico de un gran edificio. *Las gradas del palacio.*

gradación. f. Serie de cosas ordenadas gradualmente o en grados. *El retrato presenta una suave gradación de colores.*

graderío. m. **1.** Conjunto de gradas. *El graderío está abarrotado.* **2.** Público que ocupa el graderío (→ 1). *El graderío celebra cada gol.* FAM **gradería.**

grado¹. m. **1.** Cada uno de los diversos estados o valores que, en relación de menor a mayor, puede tener algo. *El grado de dificultad de los ejercicios aumenta.* **2.** Cada uno de los lugares de la escala en la jerarquía de una institución, espec. en la militar. *El grado de soldado es inferior al de sargento.* **3.** Cada una de las generaciones que marcan el parentesco entre las personas. *Los abuelos son parientes en segundo grado.* **4.** En las enseñanzas media y superior: Título que se alcanza al superar determinados niveles de estudio. *Obtuvo el grado de doctor.* **5.** Unidad de medida de temperatura. Frec. seguido de un término especificador que indica la escala. *Grado Fahrenheit; grados Kelvin.* **6.** Grado (→ 5) de la escala que asigna el valor 0 a la temperatura de fusión del hielo, y 100 a la temperatura de ebullición del agua a presión normal (Símb. °C). *El termómetro marca 40 grados.* Tb. ~ *centígrado,* o *Celsius.* **7.** Unidad de medida del porcentaje de alcohol en un líquido, que equivale a 1 cm³ de alcohol en 100 cm³ de líquido. *Un licor de 30 grados.* **8.** *Gram.* Manera de expresar la intensidad relativa de lo designado por un adjetivo o un adverbio. *"Lejísimos" es un adverbio en grado superlativo.* **9.** *Mat.* Cada una de las 360 partes en que se divide la circunferencia, que se utiliza como unidad de medida de ángulos. *El ángulo recto mide 90 grados.* **10.** *Mat.* En una ecuación o en un polinomio: Exponente mayor de una variable. Frec. se alude a ese exponente mediante un numeral ordinal. *La expresión "$3x^2 - 21x = 0$" es una ecuación de segundo grado.* ■ **en ~ sumo,** o **en ~ superlativo.** loc. adv. Mucho. *La cuestión me preocupa en grado sumo.* ■ **en mayor o menor ~.** loc. adv. Con más o menos intensidad. *Todos son responsables en mayor o menor grado.*

grado². **de (buen)** ~. loc. adv. cult. Voluntaria o gustosamente. *Acepté de buen grado.*

graduación. f. **1.** Hecho o efecto de graduar o graduarse. *Ceremonia de graduación.* **2.** Cantidad de alcohol que contiene una bebida alcohólica. *Cerveza de poca graduación.* **3.** Grado de un militar. *El oficial de mayor graduación era el general.*

graduado, da. m. y f. **1.** Persona que ha obtenido el título correspondiente a un nivel de estudios determinado. *Es graduado* EN *Psicología.* **2.** Graduado (→ 1) universitario. *Se incentivará a las empresas que contraten graduados.*

gradual. adj. Que se produce por grados o de grado en grado. *Un aumento gradual de la nubosidad.*

graduar. (conjug. ACTUAR). tr. **1.** Dar (a algo) el grado que le corresponde o se desea. *Las persianas sirven para graduar la entrada de luz.* **2.** Dar (a una lente o a unas gafas) la corrección adecuada. *Me graduaron mal las gafas.* **3.** Medir el grado (de algo). *El oftalmólogo me gradúa la vista.* **4.** Señalar (en algo, espec. en un instrumento de medida) los grados o elementos en que se divide. Frec. en part. *Los termómetros están graduados.* ○ intr. prnl. **5.** Obtener un título al superar un nivel de estudios determinado. *Se graduó en la universidad a los 23 años.* FAM **graduable.**

grafía. f. Representación escrita de un sonido o de una palabra. *Las letras son grafías.*

gráfico, ca. adj. **1.** De la escritura. *El alfabeto es un sistema de signos gráficos.* **2.** Que se hace o representa por medio de signos o figuras. *La representación gráfica de una ecuación.* **3.** Que expresa con gran claridad lo que representa, como si utilizara su imagen. *Con un gesto muy gráfico, me mandó callar.* **4.** Que se basa pralm. en imágenes. *Un reportaje gráfico.* ● m. **5.** Representación de datos mediante líneas, signos y figuras que hacen visible la relación que hay entre ellos. *Un gráfico del índice de natalidad.* ○ f. **6.** Gráfico (→ 5). *La gráfica de un paciente.*

grafismo. m. **1.** Característica o conjunto de características de la letra de una persona. *Su grafismo revela un fuerte carácter.* **2.** Diseño gráfico de libros, carteles u otros materiales impresos. *El arte influye sobre el grafismo y la moda.* FAM **grafista**.

grafito[1]. m. Mineral de color negro, constituido por carbono cristalizado, que se usa en la fabricación de lapiceros y en otras aplicaciones industriales.

grafito[2]. m. Inscripción o dibujo hechos sobre una pared. *Los jóvenes llenan de grafitos los muros de la escuela.*

grafología. f. Estudio de las particularidades de la letra de una persona, con el fin de identificarla o de averiguar sus características psicológicas. FAM **grafológico, ca; grafólogo, ga**.

gragea. f. Pequeña porción de medicamento, de forma gralm. redondeada, recubierta de una sustancia agradable al paladar. *Tómese una gragea al día.*

grajo. m. Ave semejante al cuervo pero de menor tamaño, de plumaje negro violáceo y cara y base del pico blanquecinos. *El grajo hembra.*

grama. f. **1.** Hierba de flores en espiga, tallo cilíndrico y rastrero, y hojas ásperas, que echa raicillas por los nudos. *La grama ha invadido el césped.* **2.** Am. Césped. *Como profesional, pisó la grama del legendario estadio a los 17 años* [C].

gramaje. m. *tecn.* Peso en gramos, espec. del papel. *Papel de gramaje muy bajo.*

gramatical. adj. **1.** De la gramática. *Error gramatical.* **2.** Que se ajusta a las reglas de la gramática. *La oración "la mesa llora" es gramatical, aunque absurda.*

gramático, ca. m. y f. **1.** Especialista en gramática (→ 2). *Los gramáticos distinguen tipos de adjetivos.* ○ f. **2.** Ciencia que estudia los elementos de una lengua y sus combinaciones. *La fonología, la morfología y la sintaxis son partes de la gramática.* **3.** Libro o tratado de gramática (→ 2). *Consulte la gramática.* **4.** Conjunto de normas para hablar y escribir correctamente una lengua. *Domina la gramática del inglés.*

gramilla. f. **1.** Am. Hierba del grupo de la grama, algunas de cuyas especies se usan como forraje. *Avanza por el camino ancho, cubierto de gramilla* [C]. **2.** Am. Césped. *El nuevo estadio tiene una gramilla totalmente nueva* [C].

gramínea. adj. **1.** *Bot.* Del grupo de las gramíneas (→ 2). ● f. **2.** *Bot.* Planta de tallo cilíndrico y nudoso, frec. hueco, y flores en espiga, cuyo fruto es un grano seco, como el arroz.

gramo. m. Unidad de masa que equivale a la de un centímetro cúbico de agua a una temperatura de 4 °C (Símb. g). *Azafrán en cajitas de cinco gramos.* Tb. la cantidad de materia que tiene esa masa. *Cien gramos de chocolate.*

gramófono. (Marca reg.). m. Aparato para reproducir el sonido grabado en un disco, espec. el antiguo que iba provisto de bocina exterior. ▶ FONÓGRAFO.

gramola. (Marca reg.). f. **1.** Gramófono sin bocina exterior. **2.** Gramófono eléctrico propio de ciertos establecimientos públicos, que funciona con monedas y permite escoger entre una variedad de discos. *Pone un disco en la gramola del bar.*

gran. → grande.

grana. f. Color rojo oscuro, que se obtiene de la cochinilla.

granada. f. **1.** Fruto comestible del granado, de forma esférica, color rojizo y corteza dura y correosa, cuya pulpa está llena de jugosas semillas rojas, dulces o agridulces. **2.** Proyectil metálico, hueco y redondeado,

que contiene un gas o un explosivo, y se lanza con la mano, con arma portátil o con pieza de artillería.

granadero. m. Soldado de infantería armado con granadas de mano.

granadina. f. Refresco o jarabe hechos con zumo de granada.

granadino, na. adj. **1.** De Granada (España, Nicaragua). ● f. **2.** Cante popular andaluz, propio de Granada, semejante al fandango.

granado[1]. m. Árbol de cinco a seis metros de altura, de tronco liso y torcido y hojas rojas y alargadas, cuyo fruto es la granada.

granado[2], **da**. adj. Notable o relevante. *Asistió lo más granado de la sociedad.*

granar. intr. Producir y desarrollar el grano una planta o una parte de ella. *Las vides no llegaron a granar.*

granate. m. **1.** Piedra preciosa compuesta de silicatos de aluminio, hierro y otros metales, cuya variedad de color rojo es muy usada en joyería. **2.** Color rojo oscuro como el de una variedad del granate (→ 1). *Una chaqueta en negro y granate.*

grancanario, ria. adj. De Gran Canaria (España).

grande. (Se usa la apóc. **gran** delante de n. sing., salvo cuando va precedido de *más* o *menos*; sup. **grandísimo, máximo**). adj. **1.** De unas dimensiones que exceden de lo corriente o lo esperable. *Escogió el coche más grande.* **2.** Grande (→ 1) con relación a una persona o cosa. *Este mueble es grande* PARA *la sala.* **3.** Antepuesto a un nombre: De importancia en cuanto a su calidad, cantidad o intensidad. *Esta es tu gran oportunidad.* **4.** Dicho de persona: Adulta. *Cuando seas grande, podrás ir solo.* ● m. (Gralm. con art. y en pl.). **5.** Persona o entidad que ocupa un lugar importante en un área determinada. *En su época fue uno de los grandes de la pantalla.* ■ a lo ~. loc. adv. Con mucho lujo. *Viven a lo grande.* ■ en ~. loc. adv. coloq. Muy bien. *Lo pasamos en grande.* ▶ **1:** CORPULENTO. **3:** BUENO. **4:** ADULTO.

grandemente. adv. cult. Mucho.

grandeza. f. **1.** Cualidad de grande. *César acrecentó la grandeza de Roma.* **2.** Importancia social de una persona. *Se da aires de grandeza.* **3.** Gran altura moral o espiritual. *Tuvieron la grandeza de luchar por la libertad.*

grandilocuente. adj. Que se expresa con estilo elevado y en tono muy enfático. *Cuando habla de la patria, se pone grandilocuente.* FAM **grandilocuencia**.

grandioso, sa. adj. Que causa asombro y admiración por su tamaño o importancia. *Los egipcios levantaban grandiosas construcciones.* FAM **grandiosidad**.

grandísimo, ma. → grande.

grandullón, na. adj. coloq. Dicho esp. de muchacho: Muy grande para su edad.

granel. a ~. loc. adj. **1.** Sin envase o sin empaquetar. *Cemento a granel.* **2.** Abundante. *Encontrarás diversiones a granel.*

granero. m. Lugar donde se almacena el grano. *El trigo va del granero al molino.*

granito. m. Roca dura y compacta, compuesta de feldespato, cuarzo y mica, muy empleada como material de construcción. *Muros de granito.* FAM **granítico, ca**.

granívoro, ra. → grano.

granizado, da. adj. Dicho de refresco: Hecho con hielo picado y alguna bebida, espec. zumo de frutas. Frec. m. *Toman granizado de limón.*

granizo. m. Agua congelada que cae de las nubes en forma de granos más o menos duros y gruesos. FAM **granizada** (*Cayó una granizada*); **granizar.**

granja. f. Finca dedicada a la agricultura o a la ganadería, en la que suele haber vivienda, establo y otras instalaciones. ▶ Am: CHACRA. FAM **granjero, ra.**

granjear. tr. Captar o atraer (algo). *Se granjeó el odio de sus compañeros.*

grano. m. **1.** Semilla y fruto de los cereales. *Granos de arroz.* **2.** Semilla pequeña, y frec. redondeada, de algunas plantas. *Tenemos café molido y en grano.* **3.** Fruto, frec. redondeado, que con otros iguales forma un conjunto homogéneo. *Añada unos granos de pimienta.* **4.** Porción pequeña y redondeada de algo. *Granos de arena.* **5.** Protuberancia pequeña y redondeada de las que se distinguen en la superficie o en la estructura de algo. *Una lija de grano grueso.* **6.** Bulto pequeño, a veces con pus, que sale en la piel. *Muchos adolescentes tienen granos.* ■ ~, o **granito, de arena.** m. Pequeña contribución a una obra o fin determinados. *Cada jugador aporta su grano de arena al equipo.* □ **al ~.** loc. adv. A la parte fundamental o sustancial del asunto en cuestión. *Déjese de rodeos y vaya al grano.* FAM **granívoro, ra.**

granuja. m. y f. Persona poco honrada o que engaña con astucia. ▶ *PÍCARO.

granujiento, ta. adj. Que tiene muchos granos. *Cara granujienta.*

granulado, da. adj. **1.** Que se presenta en forma de gránulos. *Sacarina granulada.* **2.** Que tiene gránulos. *La lija tiene una cara granulada.* ▶ **1:** GRANULAR.

gránulo. m. Partícula de materia de pequeño tamaño. *En el interior de la célula hay gránulos de proteínas.* FAM **granular; granuloso, sa.**

grapa. f. Pieza alargada de metal, cuyos extremos, doblados en ángulo recto, se clavan para unir o sujetar cosas, espec. papeles. *Las hojas están unidas con grapas.* FAM **grapadora; grapar.**

graso, sa. adj. **1.** Que tiene grasa (→ 3) o la naturaleza de la grasa. *Quesos grasos.* **2.** Dicho espec. de cabello o piel: Que tiene exceso de grasa (→ 3). ● f. **3.** Sustancia viscosa e insoluble en agua, presente en tejidos animales y vegetales, que se forma por combinación de unos ácidos con la glicerina y actúa como reserva de energía. *Dieta pobre en grasas.* **4.** Grasa (→ 3) animal. *Al cocerla, la carne suelta su grasa.* **5.** Suciedad producida por la grasa (→ 3). *El fogón está lleno de grasa.* **6.** Lubricante graso (→ 1). *Ponga grasa en los engranajes.* FAM **grasiento, ta; grasoso, sa.**

gratén o **gratín. al ~.** loc. adj. Gratinado. *Macarrones al gratén.*

gratificación. f. Recompensa económica por un servicio o un favor. *Ofrecen una gratificación a quien devuelva la cartera.*

gratificar. tr. **1.** Recompensar (a alguien) con una gratificación. *Gratificarán a quien encuentre el perro extraviado.* **2.** Complacer o agradar (a alguien). *Me gratifica saber que puedo contar contigo.* ▶ **2:** *AGRADAR. FAM **gratificador, ra; gratificante.**

gratinado. m. Plato gratinado. *Un gratinado de mariscos.*

gratinar. tr. Tostar o dorar por encima en el horno (un alimento cubierto de queso o besamel). *Gratine la lasaña antes de servirla.* FAM **gratinado** (*Se añade queso en el momento del gratinado*); **gratinador.**

gratis. adv. **1.** Sin coste alguno. *Los niños entran gratis.* ● adj. **2.** Que se da o se recibe gratis (→ 1). *La revista trae un suplemento gratis.* ▶ **2:** GRATUITO.

gratitud. f. Sentimiento de quien aprecia el favor o el beneficio recibidos y desea corresponder a ellos. *Expresó su gratitud por mi apoyo.* ▶ RECONOCIMIENTO.

grato, ta. adj. cult. Que causa placer o satisfacción. *Una grata sorpresa.*

gratuito, ta. adj. **1.** Que se da o se recibe gratis. *Un periódico gratuito.* **2.** Que no tiene fundamento. *Sus acusaciones son gratuitas.* ▶ **1:** GRATIS. FAM **gratuidad.**

grava. f. **1.** Piedra machacada que se emplea para cubrir y allanar el suelo de los caminos. *Tapan con grava los socavones.* **2.** Conjunto de piedras sueltas de pequeño tamaño, procedentes del desgaste de algunas rocas. *Los peces desovan en fondos de grava.* ▶ Am: **1:** RIPIO. FAM **gravilla.**

gravamen. m. Impuesto o tributo. *Incrementan el gravamen sobre el tabaco.*

gravar. tr. Imponer un gravamen (a alguien o algo). *Su política fiscal grava a los más pobres.*

grave. adj. **1.** De mucha entidad o importancia. *Un problema grave.* **2.** Dicho espec. de enfermedad o lesión: Preocupante o peligrosa. **3.** Dicho de persona: Que padece una enfermedad o lesión graves (→ 2). *Los heridos graves.* **4.** Serio o formal. *Tenía una expresión grave en su rostro.* **5.** Dicho de sonido: Que tiene una frecuencia de vibración pequeña. *La viola emite un sonido más grave que el violín.* **6.** Fon. Llano. *Las palabras "árbol" y "trabajo" son graves.* ▶ **5:** BAJO.

gravedad. f. **1.** Cualidad de grave. *No tienes idea de la gravedad de la situación.* **2.** Fís. Fuerza de atracción de los cuerpos en razón de su masa, espec. la que ejerce la Tierra sobre otros cuerpos. *Las cosas tienen un peso debido a la gravedad.*

grávido, da. adj. **1.** cult. Dicho de mujer: Embarazada. **2.** cult. Dicho de cosa: Cargada o llena de algo. *Un futuro grávido DE sorpresas.* **3.** cult. Pesado, o que tiene peso. *Los copos caían grávidos sobre el agua.* FAM **gravidez.**

gravilla. → grava.

gravitación. f. **1.** Hecho de gravitar. *Gravitación del pasado sobre el presente.* **2.** Fís. Atracción que ejercen los cuerpos entre sí con una fuerza que es proporcional al producto de sus masas e inversamente proporcional al cuadrado de la distancia que los separa. *Ley de la gravitación universal.* FAM **gravitacional; gravitatorio, ria.**

gravitar. intr. **1.** Fís. Moverse un cuerpo alrededor de otro por la atracción gravitatoria. *La Tierra gravita alrededor del Sol.* **2.** Descansar o hacer fuerza una cosa sobre otra. *El tejado de la casa gravita SOBRE las vigas maestras.* **3.** Recaer una carga u obligación sobre alguien o algo. *La responsabilidad gravita SOBRE él.*

gravoso, sa. adj. **1.** Que ocasiona un gasto. *La medida va a resultar muy gravosa.* **2.** cult. Que constituye una carga o una molestia. *No se debería ver al anciano como algo gravoso para la familia.*

graznido. m. **1.** Voz característica de algunas aves, como el cuervo. **2.** coloq. o despect. Canto o grito estridentes o desagradables al oído. FAM **graznar.**

greca. f. Adorno consistente en una franja más o menos ancha en la que se repite la misma combinación de elementos decorativos. *Un mantel con una greca en el borde.*

grecolatino, na. adj. De los antiguos griegos y romanos. *Mitología grecolatina.* ▶ GRECORROMANO.

grecorromano, na. adj. Grecolatino. *Literatura grecorromana.*

greda. f. Arcilla arenosa, gralm. de color blanco azulado, usada para quitar manchas y en la fabricación de objetos de cerámica y alfarería. *Un jarrón de greda.*

green. (pal. ingl.; pronunc. "grin"). m. *Dep.* En el golf: Zona de césped bajo y muy cuidado situada alrededor de cada hoyo. *Alcanzó el* green *con su segundo golpe.*

gregario, ria. adj. **1.** Dicho de animal: Que vive en rebaño o manada. **2.** despect. Dicho de persona: Que forma con otras un grupo en el que actúa sin iniciativa propia y siguiendo ciegamente a los demás. *Al régimen le convenía una población gregaria y sumisa.* ● m. y f. **3.** En ciclismo: Corredor encargado de ayudar a su jefe de equipo. *Subió el puerto arropado por sus gregarios.* FAM **gregarismo.**

gregoriano, na. adj. Del canto gregoriano (→ **canto**). *Música gregoriana.*

grelo. m. Hoja tierna y comestible del nabo.

gremio. m. **1.** Conjunto de personas que tienen la misma profesión, oficio o actividad. *El gremio de comerciantes.* **2.** histór. Corporación de origen medieval formada por los maestros, oficiales y aprendices de un mismo oficio. FAM **gremial.**

greña. f. Mechón de pelo revuelto o despeinado. *Debes cortarte esas greñas.* ■ **andar a la ~** dos o más personas. loc. v. coloq. Reñir acaloradamente. *Los vecinos andan a la greña.* FAM **greñudo, da.**

gres. m. Pasta a base de arcilla de alfarero y arena de cuarzo que se cuece a altas temperaturas y se emplea para fabricar cerámica. *Un suelo de gres.*

gresca. f. coloq. Riña o pelea. *Se armó una gresca.*

grey. (pl. **greyes**). f. cult. Rebaño (grupo de ganado, o conjunto de fieles). *El párroco dirigió un sermón a su grey.*

grial. (Frec. en mayúsc.). m. En leyendas y libros de caballerías medievales: Copa o plato supuestamente utilizado por Jesucristo en la Última Cena. Tb. *santo ~.*

griego, ga. adj. **1.** De Grecia. ● m. **2.** Lengua hablada en Grecia. ▶ **1:** HELÉNICO, HELENO.

grieta. f. **1.** Abertura alargada que se hace en la tierra, en un muro o en un cuerpo sólido. *Hay grietas en las paredes.* **2.** Abertura poco profunda que se forma en la piel. *Sus manos están llenas de grietas.* **3.** Dificultad o desacuerdo que amenazan la solidez o unidad de algo. *Nuestra relación presenta numerosas grietas.*

grifa. f. jerg. Marihuana o hachís, espec. de procedencia marroquí.

grifo¹. m. Llave colocada en la boca de una cañería o en un depósito para regular el paso de líquido. *El grifo del lavabo gotea.* ▶ Am: CANILLA. FAM **grifería.**

grifo². m. Animal fabuloso, la mitad para arriba águila, y de la mitad para abajo león.

grill. (pronunc. "gril"). m. **1.** Dispositivo situado en la parte superior del horno, que sirve para gratinar los alimentos. **2.** Parrilla (utensilio, o restaurante). *Carnes al grill.* ▶ **1:** GRATINADOR. **2:** PARRILLA.

grillete. m. Pieza de hierro, gralm. semicircular, que, cerrada con un perno, sirve para asegurar una cadena a algo, espec. al tobillo de un preso.

grillo. m. Insecto saltador de color negro y largas antenas, cuyo macho produce un sonido rítmico y prolongado al frotar las alas.

grillos. m. pl. Conjunto de dos grilletes con un perno común. *Pusieron los grillos al prisionero.*

grima. f. **1.** Dentera (sensación desagradable). *Me da grima el chirrido de la puerta.* **2.** Desazón o inquietud. *Los cementerios le dan grima.* ▶ **1:** DENTERA.

gringo, ga. adj. coloq. o despect. De los Estados Unidos de América. *Embajada gringa.* Tb., espec. en Am., referido a extranjero. *Estos náufragos de las sociedades europeas fueron los hijos gringos de Martín Fierro* [C].

gripe. f. Enfermedad epidémica producida por un virus, cuyos síntomas son fiebre, dolores generalizados y catarro respiratorio. FAM **gripa** (Am); **gripal; griposo, sa.**

gris. adj. **1.** De color semejante al de la ceniza o la plata. *Nubes grises.* **2.** Que carece de singularidad o de atractivo especial. *Una vida gris.* **3.** Nublado o cubierto de nubes. *Un día gris.* ■ **~ marengo.** loc. adj. Gris (→ 1) oscuro. ⇒ MARENGO. ■ **~ perla.** loc. adj. Gris (→ 1) muy claro. FAM **grisáceo, a; grisear; grisura.**

grisú. m. Gas metano que se desprende de las minas de hulla y que, al mezclarse con el aire, se hace inflamable y produce violentas explosiones.

gritar. intr. **1.** Dar uno o más gritos. *El niño chillaba y pataleaba.* **2.** Hablar levantando la voz más de lo normal. *No me grites, que no soy sorda.* **3.** Regañar a alguien dando gritos. *Me gritó y me castigó.* ○ tr. **4.** Decir (algo) levantando la voz más de lo normal. *Los hinchas gritan consignas para animar a su equipo.* ▶ **1:** BRAMAR, CHILLAR, VOCEAR, VOCIFERAR. **2:** CHILLAR. **4:** VOCEAR. FAM **gritón, na.**

grito. m. **1.** Sonido muy alto y fuerte emitido por una persona. *Dio un grito de dolor.* **2.** Palabra o expresión emitidas en voz muy alta. *Lo llama a gritos.* ■ **último ~.** m. Novedad más reciente. *Las faldas largas son el último grito.* □ **a ~ pelado,** o **limpio.** loc. adv. coloq. En voz muy alta. *Discuten a grito pelado.* ■ **pedir** una cosa (algo) **a ~s.** loc. v. coloq. Necesitar(lo) mucho. *La planta está pidiendo a gritos que la rieguen.* ■ **poner el ~ en el cielo.** loc. v. coloq. Quejarse o protestar con vehemencia. *Puso el grito en el cielo al enterarse de la tala de árboles.* ▶ **1:** ALARIDO, BRAMIDO, CHILLIDO. **2:** VOZ. FAM **gritería; griterío.**

groenlandés, sa. adj. De Groenlandia (isla danesa al nordeste de América).

grogui. adj. **1.** En el boxeo: Aturdido por los golpes. *El púgil cae grogui sobre la lona.* **2.** coloq. Atontado o aturdido. *Los medicamentos la dejan grogui.*

grosella. f. Fruto comestible del grosellero, pequeño, redondo, de color rojo o negro y sabor agridulce, que se emplea mucho en postres y mermeladas.

grosellero. m. Arbusto ramoso, de hojas lobuladas y flores en racimo, cuyo fruto es la grosella.

grosero, ra. adj. **1.** Maleducado o descortés. *No seas grosero.* **2.** Basto o mal confeccionado. *Una tela grosera.* ▶ **1:** *MALEDUCADO.* FAM **grosería.**

grosor. m. Anchura (dimensión que no es la altura ni la longitud). *Corte las patatas en rodajas de un centímetro de grosor.* ▶ *ANCHURA.*

grosso modo. (loc. lat.; pronunc. "gróso-módo"). loc. adv. cult. A grandes rasgos o aproximadamente. *Y esto resume, grosso modo, lo ocurrido.*

grotesco, ca. adj. Ridículo y extravagante. *La escena del amante escondido en el armario resulta grotesca.*

grúa. f. **1.** Máquina compuesta por un brazo montado sobre un eje vertical giratorio y con poleas, que sirve para levantar grandes pesos y llevarlos de un lugar a otro, dentro del círculo que el brazo describe o del área de movimiento de la máquina. *Con una grúa desmontan el edificio incendiado.* **2.** Vehículo automóvil provisto de grúa (→ 1) para remolcar a otro. *Llevan el automóvil averiado en una grúa.* **3.** Cine y TV Aparato provisto de un brazo móvil con una plataforma sobre la que van instalados la cámara y el asiento del operador. *La escena está filmada con grúa.*

grueso, sa. adj. **1.** Que sobrepasa el grosor normal en su especie. *Un lápiz de trazo grueso.* **2.** Gordo (que tiene mucha carne). *Personas gruesas.* ● m. **3.** Parte mayor o más importante de algo. *Los legionarios constituían el grueso DEL ejército romano.* **4.** Grosor. *Necesito una tabla de este grueso.* ▶ **1, 2:** GORDO. **4:** *ANCHURA.

grulla. f. Ave grande, de patas y cuello largos, con plumaje gris en el cuerpo y negro y blanco en la cabeza y el cuello, que cuando vuela emite un graznido muy sonoro. *La grulla macho.*

grumete. m. Muchacho que aprende el oficio de marinero ayudando a la tripulación. *Un grumete fregaba la cubierta.*

grumo. m. Parte sólida o más espesa formada en una sustancia líquida. *La papilla tiene grumos.* FAM **grumoso, sa.**

gruñido. m. **1.** Voz característica de algunos animales, como el cerdo. **2.** Sonido ronco que emiten algunos animales cuando amenazan. *Los gruñidos del perro.* **3.** Sonido ronco e inarticulado que emite una persona para expresar algo, espec. enfado o disgusto. *Me soltó un gruñido.* FAM **gruñir** (conjug. MULLIR); **gruñón, na.**

grupa. f. Parte trasera del lomo de una caballería. ▶ ANCAS.

grupo. m. Número limitado de personas o cosas que forman un conjunto, por tener caracteres comunes o por estar en el mismo lugar. *Un grupo de niños juega a la pelota.* ■ **~ sanguíneo.** m. Cada uno de los cuatro tipos establecidos de sangre humana, según su compatibilidad con los otros tres en caso de transfusión. *El donante universal tiene grupo sanguíneo 0.* FAM **grupal.**

grupúsculo. m. despect. Grupo poco numeroso de personas, gralm. de carácter político. *Los detenidos pertenecen a grupúsculos neonazis.*

gruta. f. Cavidad profunda formada en la roca, gralm. de manera natural. *Los espeleólogos exploran la gruta.* ▶ *CUEVA.

gruyer. m. Queso suizo de vaca, con unos agujeros característicos.

guabina. f. **1.** Am. Música popular, propia de algunas zonas de América, de ritmo cadencioso. *Recorrió la región escuchando la nostalgia de la guabina* [C]. Tb. su baile. **2.** Am. Pez comestible de agua dulce, propio de algunas zonas de América, de cuerpo alargado, boca grande y gran voracidad. *También se agarran las guabinas sin anzuelo* [C].

guacal. (Tb. **huacal**). m. frecAm. Especie de cajón hecho con varillas, que se usa para transportar objetos frágiles o animales pequeños. *Vino cargada de guacales de pavos vivos* [C].

guacamayo. m. Ave americana del mismo grupo que el loro, de tamaño medio o grande, plumaje de vistosos colores y cola muy larga. FAM **guacamaya** (Am).

guacamole. m. Salsa de consistencia pastosa, propia de México y América Central, que se prepara con aguacate triturado, cebolla, tomate y chile verde.

guachimán. m. Am. Vigilante (persona encargada de vigilar). *Cuatro guachimanes con pistola están cuadrados en la puerta* [C]. ▶ *VIGILANTE.

guacho, cha. adj. Am. coloq. Dicho de persona o animal: Cuya madre ha muerto. *Si hubo uno criado guacho, sin madre, igual se le escapaba la palabra mamá* [C].

guadaña. f. Instrumento para segar a ras de tierra, constituido por una cuchilla alargada, curva y puntiaguda, y un mango largo que se maneja con las dos manos.

guagua[1]. f. frecAm. Autobús. *Decidí acompañarlo hasta la parada de guaguas* [C].

guagua[2]. f. Am. Bebé. *Cuando era una guagua, le cantaba canciones de cuna* [C].

guajiro, ra. adj. **1.** De La Guajira (Colombia). ● m. y f. **2.** Campesino cubano. *Un guajiro nos ofreció aguacates.* ○ f. **3.** Canción popular cubana de tema campesino. *Se oyen los compases de una guajira.*

guajolote. m. Am. Pavo (ave). *Tuvo mucho cuidado en cebar a los guajolotes* [C]. ▶ *PAVO.

gualdo, da. adj. cult. Amarillo.

gualdrapa. f. Cobertura larga de tela, que tapa y adorna las ancas de las caballerías. *Los caballos desfilan con gualdrapas de terciopelo.*

guama. f. Am. Fruta americana en forma de vaina, cuyas semillas, negras, están envueltas en una pulpa blanca, algodonosa y dulce. *Compra guamas y guayabas* [C].

guanábana. f. frecAm. Fruto comestible de un árbol tropical, de carne dulce y semillas negras, semejante a la chirimoya. *Toma un vasito de jugo de guanábana* [C].

guanche. adj. **1.** histór. De un pueblo que habitaba las islas Canarias (España) en el momento de su conquista por los españoles en el s. XV. *Mujer guanche.* Tb. m. y f. ● m. **2.** Lengua hablada por los guanches (→ 1). *El guanche es una lengua bereber.*

guano[1]. m. Excremento de aves marinas, muy abundante en las costas e islas de Perú y norte de Chile, que se emplea como abono.

guano[2]. m. Am. Hoja de la palma, que se emplea en trabajos de cestería y construcciones rústicas. *Viviendas rústicas con techo de guano* [C].

guantada. f. Bofetada (golpe en la cara). ▶ *BOFETADA.

guantazo. m. Bofetón. ▶ *BOFETADA.

guante. m. **1.** Prenda flexible de abrigo o de protección que cubre la mano enfundando cada dedo por separado. *Unos guantes de lana.* **2.** En algunos deportes, espec. boxeo y béisbol: Cubierta acolchada que protege la mano, enfundando todos los dedos juntos excepto el pulgar. ■ **de ~ blanco.** loc. adj. Dicho de ladrón: Que actúa con elegancia y sin emplear la violencia. ■ **echar el ~** (a alguien). loc. v. coloq. Atrapar(lo) o capturar(lo). *La policía no ha echado el guante al fugitivo.* ■ **recoger el ~.** loc. v. Aceptar el desafío. *El presidente ha recogido el guante de la oposición.*

guantera. f. Compartimento del salpicadero de un automóvil, gralm. cerrado, donde se guardan objetos pequeños. *Saca sus anteojos de la guantera.*

guapo, pa. adj. **1.** De cara y aspecto físico acordes con la idea de belleza. *No es guapo, pero sí atractivo.* **2.** Arreglado y bien vestido. *Ponte guapa.* **3.** frecAm. coloq. Valiente. *Son guapos los buzos* [C]. **4.** frecAm. coloq. Chulo y pendenciero. *Los más guapos llevan años recorriendo cárceles* [C]. FAM guapetón, na; guapura.

guaracha. f. Baile popular antillano, de ritmo rápido, que se ejecuta por parejas. Tb. su música.

guarango, ga. adj. Am. coloq. Grosero. *La gente está cada vez más guaranga* [C].

guaraní. adj. **1.** De un pueblo indígena que se extendía desde el Amazonas hasta el Río de la Plata y que en la actualidad habita en zonas de Brasil, Paraguay y otros países del entorno. Tb. m. y f. ● m. **2.** Lengua hablada por los guaraníes (→ 1). **3.** Unidad monetaria de Paraguay.

guarapo. m. **1.** Am. Zumo de la caña de azúcar. *Con el guarapo mezclado con naranja agria atacaban las fiebres palúdicas* [C]. **2.** Am. Bebida alcohólica elaborada con guarapo (→ 1) fermentado. *No deben ingerir bebidas como guarapo o chicha* [C].

guarda. m. y f. **1.** Persona encargada de cuidar, vigilar o proteger algo. *El guarda ahuyentó a los ladrones.* ○ f. **2.** Hecho de guardar, espec. algo a o a alguien. *El juez le otorgó la guarda y custodia de sus hijos.*

guardabarrera. m. y f. Persona encargada de vigilar un paso a nivel en una línea de ferrocarril. *El guardabarrera les indica que detengan el coche.*

guardabarros. m. En un vehículo: Pieza que va sobre la rueda para proteger de las salpicaduras. *Se abolló uno de los guardabarros.* ▶ frecAm: GUARDAFANGO.

guardabosques o **guardabosque.** m. y f. Persona encargada de cuidar y vigilar los bosques. *El guardabosques nos hizo apagar el fuego.*

guardacostas. m. Barco, gralm. pequeño, destinado a la vigilancia y defensa del litoral o a la persecución del contrabando. *El guardacostas interceptó la embarcación.*

guardaespaldas. m. y f. Persona que tiene como misión acompañar a otra con el fin de protegerla de cualquier ataque. *El guardaespaldas de la actriz es un ex policía.*

guardafango. m. frecAm. Guardabarros. *Quiso esquivarle, pero era tarde; vino a estrellarse sobre el guardafango* [C].

guardagujas. m. y f. Empleado ferroviario encargado de manejar las agujas o raíles móviles que permiten a los trenes cambiar de vía.

guadalajarense. adj. De Guadalajara (México).

guadalajareño, ña. adj. De Guadalajara (España, México).

guaireño, ña. adj. De Guairá (Paraguay) o de La Guaira (Venezuela).

guajiro, ra. adj. De La Guajira (Colombia).

guanacasteco, ca. adj. De Guanacaste (Costa Rica).

guanajuatense. adj. De Guanajuato (México).

guantanamero, ra. adj. De Guantánamo (Cuba).

guardameta. m. y f. *Dep.* Portero (jugador). ▶ *PORTERO.

guardamuebles. m. Local destinado a guardar muebles.

guardapolvo o **guardapolvos.** m. Prenda amplia y larga, de tela ligera, que se lleva sobre la ropa para preservarla de polvo y manchas.

guardar. tr. **1.** Cuidar o vigilar (algo o a alguien). *Los soldados guardan la prisión.* **2.** Poner (algo) en un lugar donde esté seguro o protegido. *¿Por qué no guarda el dinero EN el banco? Guardé la comida EN la nevera.* **3.** Conservar o mantener (algo). *Guardo un buen recuerdo de ella.* **4.** Reservar o no gastar (dinero). *Estoy guardando dinero para el viaje.* **5.** Proteger (algo o a alguien) de algo dañino. *Hay que guardar a los niños DE las corrientes.* **6.** Cumplir (una ley o una obligación). *No guarda las normas de circulación.* ○ intr. prnl. **7.** Precaverse de alguien o algo. *Guárdate DE los murmuradores.* **8.** Poner cuidado en evitar algo. *Guárdate DE llevarle la contraria, que tiene muy mal genio.* ▶ **1:** *VIGILAR.

guardarropa. m. **1.** En un local público: Lugar donde se pueden depositar prendas de abrigo y otros objetos. **2.** Conjunto de vestidos de una persona. *Tengo que renovar mi guardarropa.*

guardavalla. m. y f. Am. *Dep.* Portero (jugador). *La guardavalla brasileña fue la figura del choque* [C]. ▶ *PORTERO.

guardería. f. Establecimiento donde se cuida y atiende a niños que aún no están en edad escolar. *Lleva a su hija de dos años a la guardería.* Tb. ~ infantil.

guardia. f. **1.** Hecho de guardar o vigilar. *Dos soldados hacen guardia a las puertas de palacio.* **2.** Servicio de guardia (→ 1) obligatorio que prestan por turno los miembros del ejército. *El sargento me ha puesto guardia para esta noche.* **3.** Servicio obligatorio que prestan por turno algunos profesionales fuera del horario habitual. *Esta noche tengo guardia en el hospital.* **4.** Conjunto de personas armadas que aseguran la defensa de una persona o de un puesto. *¡A mí la guardia!* **5.** Cuerpo armado que se encarga de las funciones de vigilancia o defensa. *Ingresó en la Guardia Nacional.* **6.** En el boxeo: Posición de los brazos para protegerse de los golpes del adversario. *El púgil intenta mantener alta la guardia.* **7.** En la esgrima: Posición de defensa. *Los contrincantes se ponen en guardia.* ○ m. y f. **8.** Miembro de una guardia (→ 5). *Un guardia dirige el tráfico.* ■ ~ marina. → guardiamarina. □ bajar la ~. loc. v. Descuidar la vigilancia o la defensa. *La situación está bajo control, pero no bajen la guardia.* ■ de ~. loc. adv. Cumpliendo el servicio de guardia (→ 2, 3). *La farmacia está de guardia.* ■ en ~. loc. adv. En actitud de vigilancia o defensa. *Manténganse en guardia por si hay algún imprevisto.* ■ montar ~. loc. v. **1.** *Mil.* Hacer guardia (→ 1). *Los soldados montan guardia en el campamento.* **2.** Vigilar. *Las admiradoras montan guardia frente al teatro.*

guardiamarina. (Tb. **guardia marina**). m. y f. Alumno de uno de los dos últimos años de la Escuela Naval Militar. Tb., en Am., el que ha finalizado esos estudios. *Además de treinta guardiamarinas egresados de la Escuela Naval, el buque llevará a un piloto mercante* [C].

guardián, na. m. y f. Persona encargada de guardar o cuidar algo o a alguien. *Los guardianes de la prisión.*

guarecer. (conjug. AGRADECER). tr. **1.** Cobijar (algo o a alguien). *El tejadillo nos guarece de la lluvia.* ○ intr. prnl. **2.** Cobijarse. *Han entrado en un portal para guarecerse.* ▶ **1:** *REFUGIAR. **2:** *REFUGIARSE.

guarida. f. **1.** Cueva o lugar protegido donde se guarece un animal. *La loba parió en la guarida.* **2.** Lugar donde se refugia o esconde alguien, espec. un delincuente. *La policía localizó la guarida de los ladrones.*

guarismo - guijarro

guarismo. m. Cifra o conjunto de cifras que expresan una cantidad. *La numeración decimal utiliza como base diez guarismos.*

guarnecer. (conjug. AGRADECER). tr. **1.** Poner adornos o complementos (a algo). *Las paredes están guarnecidas* CON *tapices.* **2.** Acompañar (un plato de carne o pescado) con guarnición. *Puede guarnecer el solomillo* CON *unas patatas.* **3.** Mil. Estar una tropa o un soldado (en un lugar) para defender(lo). *Los soldados guarnecían las murallas de la ciudad.*

guarnición. f. **1.** Adorno o complemento con que se guarnece algo. *La guarnición de la capa es de pedrería.* **2.** Porción de hortalizas o legumbres que se sirve para acompañar un plato de carne o de pescado. *El filete lleva guarnición de patatas.* **3.** Tropa que guarnece o defiende un lugar. *Los galos atacaron a las guarniciones romanas.*

guaro. m. Am. Aguardiente de caña. *Me acurruco en el sillón con una botella de guaro en el regazo* [C].

guarrada. f. **1.** coloq. Cosa que produce asco. *No pienso comerme esa guarrada.* **2.** coloq. Hecho o dicho sucios o indecentes. *¡Niño, no digas guarradas!*

guarrería. f. **1.** coloq. Porquería (suciedad o basura). **2.** coloq. Cosa que produce asco. *¡Qué guarrería de habitación!* **3.** coloq. Hecho o dicho groseros o indecentes. *Está en la edad de decir guarrerías.* **4.** coloq. Porquería (alimento poco nutritivo).

guarro, rra. m. **1.** Cerdo (mamífero). ○ f. **2.** Cerda (hembra del cerdo). ○ m. y f. **3.** coloq. Cerdo (persona sucia o grosera). ▶ **1:** *CERDO.

guasa. f. coloq. Broma o burla. *Menos guasa, que esto es serio.* FAM **guasón, na.**

guaso, sa. → **huaso.**

guata. f. Algodón en rama que, dispuesto en capas, se emplea para acolchados o como material de relleno. *Un colchón de guata.* FAM **guatear.**

guatemalteco, ca. adj. De Guatemala. ▶ Am: CHAPÍN.

guateque. m. Reunión bulliciosa en que hay baile y bebidas. *Hay guateque en la plaza, con pulque gratis.*

guau. interj. Se usa para imitar la voz característica del perro.

guayaba. f. Fruto del guayabo, de forma aovada, color gralm. amarillento o verdoso, y carne llena de semillas pequeñas.

guayabera. f. Prenda de vestir masculina, a modo de camisa suelta y ligera, que tiene bolsillos en la pechera y los faldones, y se lleva por fuera del pantalón.

guayabo. m. Árbol originario de América, de tronco torcido, hojas ásperas y gruesas, y flores blancas y olorosas, cuyo fruto es la guayaba.

guayanés, sa. adj. De Guayana (región de América).

guayaquileño, ña. adj. De Guayaquil (Ecuador).

gubernamental. adj. **1.** Del Gobierno del Estado. *La política gubernamental.* **2.** Partidario del Gobierno. *Una emisora gubernamental.* FAM **gubernativo, va.**

gubia. f. Herramienta de carpintería, semejante a un formón pero con hoja de perfil semicircular, que sirve para labrar superficies curvas.

guedeja. f. Mechón de pelo, espec. si es largo. *Una guedeja le cae sobre la frente.*

guepardo. m. Mamífero carnívoro africano de gran tamaño, semejante al leopardo pero más esbelto y veloz, y con una franja negra que va desde el ojo a la boca. *El guepardo hembra.*

güero, ra. adj. Am. Dicho de persona: Rubia. *Luisillo, de tan güero, es casi albino* [C]. ▶ *RUBIO.

guerra. f. **1.** Lucha armada entre dos o más países o grupos. *El fanatismo religioso puede llevar a la guerra.* **2.** Enfrentamiento entre personas o grupos. *Hay una guerra de medios de comunicación.* ■ **~ civil.** f. Guerra (→ 1) entre los habitantes de un mismo país. *Tras la muerte del dictador, hubo una guerra civil.* ■ **~ fría.** f. Situación de hostilidad entre dos naciones o grupos de naciones, sin llegar al empleo de las armas. *La guerra fría entre los bloques capitalista y socialista.* ■ **~ santa.** f. Guerra (→ 1) que se hace por motivos religiosos, espec. la que hacen los musulmanes a quienes no lo son. *El imán llamó a la guerra santa.* ■ **~ sucia.** f. Conjunto de acciones que están al margen de la legalidad y que combaten a un determinado grupo social o político. *La guerra sucia contra el terrorismo.* □ **declarar la ~** un país (a otro). loc. v. Hacer(le) saber la decisión de trata(lo) como enemigo, y empezar la guerra (→ 1) (contra él). *Alemania declaró la guerra a Estados Unidos.* ■ **tener la ~ declarada** (a alguien o algo). loc. v. Actuar de manera hostil (con ellos) continuamente o por sistema. *Los ecologistas tienen la guerra declarada a la fábrica de papel.* FAM **guerrear.**

guerrerense. adj. De Guerrero (México).

guerrero, ra. adj. **1.** De la guerra. *Hazañas guerreras.* **2.** Que hace la guerra. *Las amazonas eran mujeres guerreras.* **3.** Inclinado a la guerra. *Un pueblo guerrero.* ● m. **4.** Soldado, o persona que lucha en una guerra. Gralm. referido a época antigua. *Los guerreros galos hicieron frente a los romanos.* ○ f. **5.** Chaqueta de uniforme militar, ajustada y abrochada desde el cuello. ▶ **1:** BÉLICO. **3:** BELICOSO.

guerrilla. f. Grupo armado independiente y gralm. poco numeroso, que lucha por motivos políticos contra un ejército o contra el poder establecido. *Negociaciones entre el Gobierno y la guerrilla.* FAM **guerrillero, ra.**

gueto. m. **1.** Barrio o suburbio en que vive aislada o marginada una comunidad de personas. *Ningún blanco entraba en los guetos negros.* **2.** Lugar en que vive marginado un grupo de personas. *Los discapacitados no deben quedar aislados en un gueto.* **3.** Judería. *Los nazis destruyeron el gueto de Varsovia.*

guía. f. **1.** Cosa que guía. *El sol nos sirvió de guía.* **2.** Libro que contiene datos orientativos sobre una materia. *Una guía de Europa.* **3.** Lista impresa de nombres o datos ordenados alfabéticamente, gralm. en forma de libro. *Una guía telefónica.* **4.** Pieza que sirve para obligar a otra a seguir en su movimiento un camino determinado. *El cajón se ha salido de sus guías.* **5.** Vara que se coloca junto al tallo de una planta para dirigir su crecimiento. ○ m. y f. **6.** Persona que guía. *Para cruzar la selva nos hace falta un guía.* **7.** Persona que se dedica a enseñar a los turistas las cosas notables de un lugar. *Trabaja de guía turístico en Quito.* ▶ Am: **6:** BAQUEANO, BAQUIANO.

guiar. (conjug. ENVIAR). tr. **1.** Ir mostrando el camino (a alguien). *El perro lazarillo guía a su amo.* **2.** Dirigir u orientar a (alguien) en algo. *El sacerdote guía a sus fieles.* ○ intr. prnl. **3.** Tener algo que muestra el camino. *Se guió* POR *las estrellas.* ▶ **2:** *DIRIGIR.

guija. f. Piedra pequeña y lisa que se encuentra en las orillas y cauces de los ríos.

guijarro. m. Canto rodado pequeño. *Lanza guijarros al río.*

guillotina. f. **1.** Máquina para decapitar a los condenados a muerte, que consiste en una cuchilla ancha y pesada que baja deslizándose entre dos guías verticales. *Muchos murieron en la guillotina durante la Revolución francesa.* **2.** Máquina para cortar papel, que gralm. consiste en una cuchilla vertical que se desliza guiada hasta una base. FAM **guillotinar.**

guinda. f. **1.** Fruto del guindo, semejante a la cereza pero de menor tamaño, ácido y de color rojo vivo. *Una guinda adorna el pastel.* **2.** coloq. Cosa que remata o culmina algo. *El golazo de cabeza fue la guinda del partido.*

guindilla. f. Variedad de pimiento pequeño, alargado y picante.

guindo. m. Variedad de cerezo, de hojas pequeñas y flores blancas, cuyo fruto es la guinda.

guineano, na. adj. De la República de Guinea, o de Guinea-Bissau, o de Guinea Ecuatorial (África).

guineo. m. Am. Variedad de plátano, de tamaño pequeño y sabor muy dulce. *Empuja las tajadas de guineo en el triturador* [C]. Tb. la planta.

guiñapo. m. **1.** Andrajo (prenda vieja y rota). *Tiene el traje hecho un guiñapo.* **2.** Persona moralmente abatida o físicamente muy débil. *La gripe me ha dejado hecha un guiñapo.* ▶ **1:** *ANDRAJO.

guiñar. tr. **1.** Cerrar (un ojo) por un momento manteniendo el otro abierto, gralm. como seña. *Me guiña el ojo con complicidad.* **2.** Cerrar ligeramente (los ojos), por efecto de la luz o por mala visión. *La claridad me hace guiñar los ojos.*

guiño. m. **1.** Hecho de guiñar, espec. como seña. *Me hizo un guiño pícaro.* **2.** Mensaje implícito. *En el libro hay muchos guiños al lector.*

guiñol. m. Teatro de títeres que se manejan metiendo la mano en su interior. *Una función de guiñol.* FAM **guiñolesco, ca.**

guion o **guión.** m. **1.** Texto breve que sirve de guía para desarrollar un tema. *Mira el guion para no perder el hilo de su discurso.* **2.** Texto en que figura de forma detallada el contenido de una película o de un programa de radio o televisión. *Los actores se estudian el guion.* **3.** Signo ortográfico (-) que se usa para dividir una palabra en final de línea o para relacionar elementos, espec. los que forman una palabra compuesta. *Se te ha olvidado poner guion al final de la línea.* FAM **guionista.**

guipuzcoano, na. adj. De Guipúzcoa (España).

guirigay. m. coloq. Alboroto causado por varios que hablan, gritan o cantan a la vez. *Es imposible entenderse en medio de este guirigay.*

guirlache. m. Pasta dulce hecha de almendras tostadas y caramelo.

guirnalda. f. Tira tejida gralm. con flores y ramas, que se emplea como adorno.

güiro. m. frecAm. Instrumento musical popular antillano, hecho con una calabaza. *El ritmo del danzón es lento y está marcado por el güiro* [C].

guisa. f. cult. Modo o manera. *Solo lo he mencionado a guisa de ejemplo.*

guisado. m. Comida guisada hecha de carne o de pescado en trozos, que se rehogan antes de cocerlos en salsa. *Un guisado de cordero con patatas.*

guisante. m. Semilla comestible pequeña, redonda y de color verde, que crece con otras en hilera dentro de un fruto en vaina casi cilíndrica. Tb. la planta y su fruto. ▶ Am: ARVEJA.

guisar. tr. **1.** Preparar (los alimentos) sometiéndo(los) a la acción del fuego. *¿Cómo guisas ese pescado?* **2.** Preparar (los alimentos) cociéndo(los) en una salsa después de rehogar(los). *La ternera le gusta guisada o asada, pero no frita.* FAM **guiso; guisote.**

güisquería. → whiskería.

güisqui. → whisky.

guita. f. **1.** Cuerda delgada de cáñamo. *El paquete va atado con una guita.* **2.** coloq. Dinero (conjunto de monedas o billetes). *Paga tú, que yo no tengo guita.*

guitarra. f. Instrumento musical de cuerda, compuesto por una caja de madera en forma de "8", con un agujero en el centro y un mástil en que se sujetan las cuerdas, gralm. seis, que se hacen sonar con los dedos. ■ ~ **eléctrica.** f. Guitarra cuyo sonido se amplifica por medios electrónicos. FAM **guitarrista.**

gula. f. Vicio de comer y beber sin moderación. *Come por gula, no por hambre.*

gulag. m. Campo de concentración de la antigua Unión Soviética. *Estuvo confinado en un gulag en la época de Stalin.*

gurú. m. **1.** En el hinduismo: Maestro o jefe espiritual. **2.** Persona considerada un maestro o una autoridad en un área determinada. *Es uno de los gurús DEL periodismo.*

gusanillo. m. coloq. Inquietud, espec. la producida por el deseo de hacer algo. *Sintió el gusanillo del deporte desde la niñez.*

gusano. m. **1.** Animal invertebrado pequeño, de cuerpo blando, alargado y cilíndrico o aplanado, que carece de patas y camina arrastrándose. *La tenia es un gusano parásito que vive en el intestino.* **2.** Animal pequeño, de cuerpo blando y alargado, como la oruga. *El gusano se transforma en mariposa.* **3.** Persona mala o despreciable. *Solo un gusano podría hacer una cosa así.* ■ ~ **de (la) seda.** m. Oruga que fabrica un capullo del que se obtiene la seda.

gusarapo. m. Animal con forma de gusano, que se cría en un líquido, espec. en agua. *Limpian los bidones para que no críen gusarapos.*

gustar. intr. **1.** Causar placer o satisfacción a alguien. *Le gusta montar en bicicleta.* **2.** Resultar una persona atractiva a otra. *Me gusta una chica del colegio.* **3.** cult. Sentir placer o satisfacción con algo. *Gusta DE los buenos vinos.* ○ tr. **4.** cult. Probar o tomar (una comida o bebida). *Gustó el vino antes de servirlo.* ▶ **1:** *AGRADAR.

gustillo. m. Sabor que se percibe en una cosa junto con el sabor principal. *El vino tiene un gustillo rancio.*

gusto. m. **1.** Sentido corporal que permite percibir los sabores. *La lengua es el órgano del gusto.* **2.** Sabor de una cosa. *El limón tiene gusto ácido.* **3.** Placer o satisfacción. *Da gusto verte comer.* **4.** Voluntad o deseo. *Ha venido por su gusto.* **5.** Afición o inclinación por algo. *Heredó de su abuelo el gusto POR las letras.* **6.** Manera que tiene cada persona de apreciar las cosas. *Para mi gusto está soso.* **7.** Manera de sentir o apreciar la belleza. *La dama de la foto va arreglada según el gusto de la época.* **8.** Facultad de sentir o apreciar lo bello o lo feo. *Marta tiene buen gusto.* **9.** Cualidad que hace bello o feo algo. *Un adorno de mal gusto.* **10.** Buen gusto (→ 8, 9). *El local está decorado con gusto.* ■ **a** ~. loc. adv. Cómodamente. *En tren se viaja muy a gusto.* ■ **coger, o tomar, el** ~ (a algo). locs. v. Aficionarse (a ello). *Le ha tomado el gusto a viajar.* ■ **con mucho** ~. expr. Se usa como fórmula de cortesía para responder afirmativamente a una petición o invitación.

–¿*Me deja pasar, por favor?* –*Con mucho gusto, seño-rita.* ■ **dar ~** (a alguien). loc. v. Complacer(lo). *Te voy a dar gusto solo por no oírte.* ■ **mucho,** o **tanto ~.** expr. Se usa como fórmula de saludo en presentaciones for-males. –*Le presento al señor García.* –*Mucho gusto.* ■ **tomar el ~** (a algo). → **coger el gusto.** ▶ **1:** PALADAR. **3:** *PLACER. FAM gustativo, va; gustazo.

gustoso, sa. adj. **1.** Que tiene buen gusto o sabor. *Una comida muy gustosa.* **2.** Que hace algo con gusto o placer. *Aceptó gustoso.* **3.** Que causa gusto o pla-cer. *El terciopelo tiene un tacto gustoso.*

gutural. adj. **1.** De la garganta. **2.** Producido en la garganta. *Un sonido gutural.*

h

h. f. Letra del abecedario español cuyo nombre es *hache*, y que no se pronuncia.

haba. f. **1.** Cada una de las semillas comestibles en forma de riñón, semejantes a la judía pero aplastadas y más grandes, que crecen en hilera en frutos con forma de vaina y se consumen verdes o secas. *De primero pedí habas con jamón.* Tb. el fruto. **2.** Semilla de algunos frutos, como el café o el cacao. ■ **en todas partes cuecen ~s.** expr. coloq. Se usa para expresar que un inconveniente o un defecto no es exclusivo de un lugar concreto. *También tendrán sus líos: en todas partes cuecen habas.*

habanero, ra. adj. **1.** De La Habana (Cuba). ● f. **2.** Canción de origen cubano, de ritmo pausado y compás binario. *Suena una habanera.*

habano, na. adj. **1.** Dicho de tabaco: Cubano, espec. de La Habana. ● m. **2.** Cigarro puro cubano. *En el convite repartieron habanos.* ▶ **2:** *CIGARRO.

haber. (conjug. HABER). aux. **1.** Seguido de la forma del participio en -o de cualquier verbo, se usa para formar los tiempos compuestos correspondientes. *Ojalá lo hubiera sabido.* **2.** Seguido de *de* y un infinitivo, expresa obligación de hacer lo expresado por el infinitivo, o la necesidad de que suceda. *He de levantarme pronto.* ○ aux. impers. **3.** Seguido de *que* y un infinitivo: Ser necesario o conveniente hacer lo expresado por el infinitivo. *Hay que empezar ya.* ○ tr. impers. **4.** Acompañado de un nombre o un pronombre, expresa existencia o presencia física de las personas o cosas designadas por ese nombre o pronombre. *Hubo dificultades.* **5.** cult. Hacer (un período de tiempo). Se usa solo en la forma *ha* y detrás del complemento que expresa ese período de tiempo. *Todo sucedió siglos ha.* ● m. **6.** En una cuenta corriente: Columna en que se apuntan las cantidades que se abonan al titular. *La suma ingresada figura en el haber.* Tb. fig. **7.** Conjunto de bienes de una persona. Frec. en pl. *Parte de sus haberes pasará a sus hijos.* ■ **habérselas** (con alguien o algo). loc. v. Enfrentarse (con esa persona o cosa). *Tendré que habérmelas CON él.* ■ **habido y por ~.** loc. adj. Que puede imaginarse. *Lee toda la prensa habida y por haber.* ■ **no hay de qué.** expr. Se usa como fórmula de cortesía para contestar a alguien que da las gracias. *–Gracias por ayudarme. –No hay de qué.*

habichuela. f. Judía. *Hemos comido arroz con habichuelas.*

hábil. adj. **1.** Capaz de realizar con éxito tareas manuales. *Un buen mecánico debe ser hábil.* **2.** Dotado de inteligencia para actuar adecuadamente o lograr lo que se propone. *Un político hábil.* **3.** Apto para algo. *Lo declararon hábil PARA el ejercicio de la medicina.* **4.** Dicho de período de tiempo: Que cuenta o es apto para la realización de una actividad, espec. para actuaciones judiciales o administrativas. *Dispone de quince días hábiles para recurrir.* ▶ **4:** ÚTIL. FAM habilidad; habilidoso, sa.

habilitado, da. m. y f. Persona encargada de cobrar de la Hacienda pública sueldos u otros haberes

para entregarlos a los interesados, espec. a los funcionarios. *El habilitado deberá enviar copia de las nóminas a la inspección.*

habilitar. tr. **1.** Hacer (algo, espec. un lugar) apto para un fin, frec. distinto del que le es propio. *Habilitarán una ventanilla PARA el pago de recibos.* **2.** Hacer (a alguien) hábil o apto para algo. *La ley habilita al vicepresidente PARA ejercer de presidente en funciones.* FAM habilitación.

habitación. f. **1.** En una vivienda u otro edificio: Espacio limitado por tabiques, destinado a comer, dormir, trabajar u otras actividades. *Usamos esta habitación de despacho.* **2.** Habitación (→ 1) de una vivienda destinada a dormir. *Casa con tres habitaciones, cocina y baño.* ▶ **1:** DEPENDENCIA, ESTANCIA, PIEZA, CUARTO. **2:** *DORMITORIO. ‖ frecAm: **1:** AMBIENTE.

habitáculo. m. **1.** Habitación o lugar destinados a vivienda, espec. si son precarios o rudimentarios. *Las familias se hacinan en habitáculos.* **2.** Espacio limitado y de dimensiones reducidas, destinado a ser ocupado por personas o animales.

habitar. tr. **1.** Permanecer un ser vivo (en un lugar) a lo largo de su vida o parte de ella. *El reno habita las regiones árticas.* **2.** Ocupar alguien (un edificio u otra construcción) como residencia habitual. *Habitaban una casa de dos plantas.* ○ intr. **3.** Permanecer un ser vivo en un lugar a lo largo de su vida o de parte de ella. *La chumbera habita EN terrenos áridos.* **4.** Ocupar alguien un edificio u otra construcción como residencia habitual. *Los más pobres habitan EN chabolas.* ▶ **1:** POBLAR. **3, 4:** RESIDIR, VIVIR. FAM habitabilidad; habitable; habitante.

hábitat. (pl. **hábitats**). m. *Ecol.* Lugar donde se dan las condiciones apropiadas para que habite una especie animal o vegetal. *La selva es el hábitat del orangután.*

hábito. m. **1.** Manera individual de comportarse adquirida por repetición de actos iguales y originada por una tendencia natural. *Ha adquirido el hábito DE la lectura.* **2.** Dependencia patológica de algo, espec. de una sustancia. *Hay somníferos que crean hábito.* **3.** Traje que distingue a los miembros del clero o de una orden religiosa. *Un fraile con un hábito blanco.* ■ **colgar**, o **ahorcar, los ~s.** loc. v. coloq. Dejar un religioso la vida o los estudios eclesiásticos. *El sacerdote colgó los hábitos y se casó.* ■ **tomar el ~**, o **los ~s.** loc. v. Ingresar en una orden religiosa con las formalidades correspondientes. *Tras años de seminario, tomó los hábitos.* ▶ **2:** DEPENDENCIA.

habitual. adj. **1.** Dicho de cosa: Que se tiene por hábito. *Esa es su conducta habitual.* **2.** Dicho de cosa: Que existe o se da normalmente o con frecuencia. *Las heladas aquí son habituales.* **3.** Dicho de persona: Que hace repetidamente lo que le es propio. *Un delincuente habitual.* **4.** Dicho de persona: Que acude repetidamente o por hábito a un lugar. *Es cliente habitual del hotel.* ▶ **1:** ACOSTUMBRADO. **2:** ACOSTUMBRADO, COMÚN, CORRIENTE, FRECUENTE, ORDINARIO, USUAL.

habituar. (conjug. ACTUAR). tr. **1.** Acostumbrar (a alguien) a algo. *Habitúe al niño A lavarse los dientes.* **2.** Hacer que (alguien) adquiera hábito o dependencia patológica de algo. *La habituaron A la heroína.* ▶ **1:** *ACOSTUMBRAR. FAM **habituación.**

habla. f. **1.** Facultad de hablar. *Un trauma le hizo perder el habla.* **2.** Hecho de hablar. *Tiene dificultades en la escritura y en el habla.* **3.** Manera particular de hablar. *Por el habla noté que era colombiano.* **4.** Lengua o idioma. *Países de habla inglesa.* **5.** Ling. Uso del idioma que hace cada individuo. *Los fonemas son unidades de la lengua, y los sonidos, del habla.* ■ **al ~.** loc. adv. **1.** En trato o en comunicación con alguien. *Póngase al habla CON nuestras oficinas.* □ expr. **2.** Se usa para contestar una llamada telefónica cuando se es la persona con quien se quiere hablar. *–¿El señor Pedraza? –Al habla, ¿quién es?* ▶ **4:** *LENGUA.

hablado, da. adj. Oral o producido a través del habla. *Expresiones propias del lenguaje hablado.* ■ **bien ~.** → **bienhablado.** ■ **mal ~.** → **malhablado.** ▶ ORAL.

habladuría. f. **1.** Comentario crítico u ofensivo sobre alguien que no está presente. Frec. en pl. *Viste como quiere y le dan igual las habladurías.* **2.** Noticia falsa o sin confirmar que circula entre la gente. Frec. en pl. *Corren habladurías sobre la salud del presidente.* ▶ **2:** *RUMOR.

hablar. intr. **1.** Emitir palabras para hacerse entender. *El niño aún no habla.* **2.** Imitar la voz humana. *Enseñó a hablar a un periquito.* **3.** Dirigirse a alguien al hablar (→ 1). *¿Me habla a mí?* **4.** Comunicarse o tratarse con alguien hablando (→ 1). *Ayer hablé CON él.* **5.** Dar un discurso o disertación ante un público. *Al final del acto hablará el Presidente.* **6.** Expresar noticias, ideas u opiniones sobre algo o alguien, hablando (→ 1) o por escrito. *La prensa habla bien DE la obra.* **7.** Expresarse o decir algo sin hablar (→ 1). *Hablan por señas.* **8.** Tratar una cosa sobre algo. *El capítulo habla DE la filosofía.* **9.** Murmurar o criticar. *No le importa que hablen DE él.* ○ intr. prnl. **10.** En construcción negativa: No tratarse una persona con otra, por haberse enemistado con ella. *No se habla CON su hermano.* ○ tr. **11.** Decir (algo). *Hablan maravillas de ella.* **12.** Tratar (un tema o un asunto). *¿Por qué no se sienta y lo hablamos?* **13.** Expresarse (en una lengua), o tener la capacidad de hacerlo. *Habla alemán.* ■ **~ por ~.** loc. v. Decir algo sin fundamento o sin venir al caso. *Hablan por hablar: nadie sabe qué pasó.* ■ **ni ~.** expr. coloq. Se usa para negar o rechazar algo con rotundidad. *–¿Te llevo? –¡Ni hablar!* ■ **no se hable más (de ello, o del asunto).** expr. Se usa para dar por concluida una discusión. *Dense la mano y no se hable más.* FAM **hablador, ra; hablante.**

hablilla. f. Noticia falsa o sin confirmar que circula entre la gente. *No presta oídos a las hablillas de los vecinos.* ▶ *RUMOR.

habón. m. Bulto en forma de haba que aparece en la piel, gralm. por una picadura de insecto.

hacedero, ra. adj. Que puede hacerse o es fácil de hacer. *Una tarea hacedera.*

hacedor, ra. m. y f. **1.** Persona que hace algo. *Un hacedor DE cuentos.* **2.** (En mayúsc., gralm. con art.). Dios (ser supremo). Frec. en constr. como el *Sumo,* o el *Supremo, Hacedor.* ▶ **2:** *DIOS.

hacendado, da. adj. Dicho de persona: Que tiene muchas tierras, edificios u otros bienes que no pueden trasladarse.

hacendista. m. y f. Especialista en Hacienda pública. FAM **hacendístico, ca.**

hacendoso, sa. adj. Diligente en las tareas domésticas. *Es limpia y hacendosa.*

hacer. (conjug. HACER). tr. **1.** Dar realidad o existencia (a algo). *Me hizo un jersey de lana.* **2.** Seguido de un nombre: Llevar a cabo la acción designada o implicada por él. *Tengo que hacer la compra.* **3.** Se usa, acompañado de palabras como *lo, eso* o *qué,* para referirse a una acción expresada antes o no precisada. *¿Qué hizo ayer?* **4.** Causar o motivar (algo). *No hagas que se enfade.* **5.** Disponer o preparar (un alimento o una comida). *Yo haré la comida.* **6.** Disponer o componer (algo). *¿Han hecho la maleta?* **7.** Seguido de un adjetivo: Dar una cosa (a alguien o algo) el aspecto expresado por él. *El corte de pelo me hace más joven.* **8.** Habituar o acostumbrar (algo o a alguien) a una cosa. *Conviene hacer el cuerpo AL ejercicio.* **9.** Cumplir (años o un número determinado de años). *Hará tres años en julio.* **10.** Recorrer (un trayecto o una distancia). *Han hecho dos kilómetros a pie.* Tb. prnl. **11.** Fomentar el desarrollo o agilidad (de un miembro o un músculo) mediante ejercicios adecuados. *Le aconsejo hacer abdominales.* **12.** Arreglar o embellecer (una parte del cuerpo). *Mientras la peinan, le hacen las uñas.* **13.** Convertir (algo o alguien) en lo que se indica. *Aquello nos hizo más amigos.* **14.** Creer o suponer (a alguien) con una determinada cualidad o en la circunstancia que se indica. *A Ana la hacía en casa.* **15.** Representar o interpretar (un determinado papel) en una obra dramática o en una película. *Va a hacer el papel principal.* **16.** Seguido de una oración introducida por *que* o *como que:* Fingir (lo expresado por ella). *Haga como que no lo sabe.* **17.** Seguido del artículo *el* y un adjetivo o un nombre: Comportarse como se considera propio (de la persona designada). *Cómo le gusta hacer el payaso.* **18.** Constituir (una cantidad). *Cinco y cinco hacen diez.* **19.** Ocupar (cierto número de orden) en una serie. *Hago el número seis de la lista.* **20.** coloq. Expeler (excrementos u orina). *El bebé ha hecho caca.* **21.** Alcanzar (una velocidad determinada). *Este camión hace 120 km por hora.* **22.** Cursar o estudiar (una materia o un ciclo de enseñanza). *Quiere hacer el doctorado.* **23.** Seguido de un infinitivo o de una oración de subjuntivo precedida por *que:* Obligar (a alguien o algo) a lo que se expresa. *Nos hizo salir de la habitación.* ○ intr. **24.** Obrar o actuar de una determinada manera. *Reconozco que hice mal.* **25.** Concernir algo a una persona o cosa, o tener que ver con ellas. *Es exigente EN lo que hace AL trabajo.* **26.** Seguido de un complemento introducido por *con:* Facilitar o procurar a alguien lo designado por él. Más frec. prnl. *Planea hacerse con el dinero.* **27.** Seguido de un complemento introducido por *de:* Representar el papel de lo expresado. *Va a hacer de Cenicienta en la función.* **28.** Seguido de un complemento introducido por *de:* Desempeñar la función de lo expresado por él. *Él hará de guía.* **29.** Seguido de *por* y un infinitivo o una oración introducida por *que:* Poner empeño o esfuerzo en conseguir lo expresado. *Haré por ir a verlo.* ○ tr. impers. **30.** Haber o existir (un estado atmosférico determinado). *Hacía calor.* **31.** Haber transcurrido (cierto tiempo). *Hace horas que esperamos.* ○ intr. prnl. **32.** Llegar alguien o algo al estado adecuado o conveniente que se espera. *El pescado se hace en el horno en media hora.* **33.** Llegar alguien al estado de madurez o plenitud. *Una personalidad muy hecha.* **34.** Seguido de un adjetivo sustantivado con artículo: Fingirse lo expresado por ese adjetivo. *Se hace la valiente.* **35.** Apartarse o retirarse a un lado.

Hágase un poco hacia allá. **36.** Seguido de un complemento introducido por *con:* Apoderarse de lo expresado por él. *Se hicieron con el botín.* **37.** Seguido de un complemento introducido por *con:* Dominar o controlar lo expresado por él. *No pudo hacerse con el auto y derrapó.* **38.** Llegar para alguien la hora que se indica. *Se nos hicieron las dos hablando.* **39.** Parecer una cosa a alguien lo que se indica. *Se me hace difícil creerlo.* ■ ~ alguien **de las suyas.** loc. v. Realizar una mala acción, de las que acostumbra. *Como vuelva a hacer de las suyas, se va a enterar.* ■ ~ **de menos** (a alguien). loc. v. Menospreciar(lo). *No toleraré que nos hagan de menos.* ■ ~**la (buena).** loc. v. coloq. Hacer (→ 1) algo que resulta perjudicial, frec. de modo involuntario. *La hicimos buena diciéndoselo.* ■ ~**se** alguien **de rogar.** loc. v. No acceder a la petición de otra persona hasta que otra se lo insiste con insistencia. *No se haga de rogar y acepte.* ■ ~**se fuerte** (en un lugar). loc. v. Hacer obras de defensa (en él) para resistir un ataque. *Los rebeldes se hicieron fuertes en un edificio.* Tb. fig. ■ ~**se tarde.** loc. v. Sobrevenir un tiempo más avanzado que aquel con el que se contaba. *Me voy, que se me hace tarde.* ■ ~ **y deshacer.** loc. v. Obrar en un asunto sin tener en cuenta la opinión de nadie. *Hace y deshace como si fuera el jefe.* ■ **¿qué le vamos,** o **vas,** etc., **a** ~?, o **¿qué se le va a** ~? expr. coloq. Se usa para expresar resignación ante lo que sucede. *¿Qué le voy a hacer si soy así?* ▶ **1:** ELABORAR, FABRICAR, PRODUCIR, REALIZAR. **2:** EFECTUAR.

hacha[1]. f. Herramienta cortante, compuesta de una hoja de acero gruesa con un mango, que se emplea pralm. para cortar madera. *Un leñador con el hacha al hombro.* ■ **el** ~ **de guerra.** loc. s. Se usa como símbolo de enfrentamiento u hostilidad. *Los dos bandos han desenterrado el hacha de guerra.* FAM **hachazo.**

hacha[2]. f. Vela de cera, grande y gruesa. *Alumbraban con hachas.* FAM **hachón.**

hache. f. Letra *h.* ■ **por** ~ **o por be.** loc. adv. coloq. Por una razón u otra. *Por hache o por be, siempre se libra del trabajo.*

hachemita o **hachemí.** adj. **1.** De una dinastía árabe emparentada con Mahoma, que ha reinado en países como Irak o Jordania. *Monarca hachemita.* **2.** De Jordania (Asia). *Estado hachemí.*

hachís. (pronunc. "jachís"). m. Preparado hecho con la resina que se obtiene de las hojas y flores del cáñamo índico y que se usa como droga. *Un alijo de hachís.*

hachón. → hacha[2].

hacia. prep. **1.** Indica el sentido de un movimiento, una tendencia o una actitud. *Mira hacia allí.* **2.** Indica tiempo o lugar de forma aproximada. *Volveré hacia las cinco.*

hacienda. f. **1.** Finca agrícola. *En su hacienda tiene olivos.* **2.** Conjunto de bienes y riquezas que alguien posee. *Ha legado toda su hacienda a su esposa.* **3.** (Frec. en mayúsc.). Conjunto de rentas y bienes del Estado. Tb. ~ *pública.* **4.** (En mayúsc.). Departamento de la Administración del Estado encargado de elaborar los presupuestos generales, recaudar los ingresos y controlar los gastos. *Pagó sus impuestos en la delegación de Hacienda.* ▶ **2:** *DINERO. **3:** ERARIO, FISCO, TESORO. **4:** FISCO, TESORO.

hacinar. tr. Juntar o amontonar desordenadamente (personas o cosas) en un lugar. *Hacinaron a los prisioneros en barracones.* FAM **hacinamiento.**

hada. f. Ser fantástico que se representa como una mujer y está dotado de poderes mágicos. *El hada madrina le concedió tres deseos.*

hado. m. cult. Fuerza desconocida que determina lo que ha de suceder. Frec. en pl. *Que los hados te sean propicios.*

hagiografía. f. **1.** Historia de la vida de los santos. *San Juan de la Cruz ya figura en las hagiografías del siglo XVII.* **2.** Biografía que alaba en exceso al biografiado. *El libro es una hagiografía de la cantante.* FAM **hagiográfico, ca; hagiógrafo, fa.**

haitiano, na. adj. De Haití.

halagar. tr. **1.** Hacer o decir cosas que agraden (a alguien), frec. de manera interesada. *Me halaga usted, pero no merezco ese elogio.* **2.** Agradar o satisfacer algo (a una persona). *Le halagará que lo inviten.* ▶ **1:** ADULAR. FAM **halagador, ra; halago.**

halagüeño, ña. adj. **1.** Que halaga o elogia. *Ha recibido críticas halagüeñas.* **2.** Que resulta atractivo o satisfactorio. *El panorama es halagüeño.*

halar. tr. frecAm. Jalar (de alguien o algo). *Cuando la caja tocó la tierra, los sepultureros halaron las correas* [C]. ▶ frecAm: JALAR.

halcón. m. **1.** Ave rapaz de mediano tamaño y vuelo rápido, a veces adiestrada para la caza de aves. *El halcón hembra.* **2.** Polít. Persona partidaria de medidas duras e intransigentes. *En el Gobierno hay más halcones que palomas.* FAM **halconero.**

hálito. m. cult. Aliento (aire expulsado, o respiración).

halitosis. f. cult. o Med. Olor fuerte y desagradable del aliento. *Tiene halitosis.*

hall. (pal. ingl.; pronunc. "jol"). m. Vestíbulo de un edificio o de una vivienda. *El hall del hotel.* ▶ *VESTÍBULO. ¶ [Equivalentes españoles: *recibidor, vestíbulo, entrada*].

hallaca. (Tb. **hayaca**). f. Am. Plato consistente en una masa de harina de maíz, rellena de carne o pescado troceados y otros ingredientes, que se envuelve gralm. en una hoja de plátano o de maíz y se cuece. *Uno come hallacas a gusto haciéndolas en la casa* [C]. ▶ frecAm: TAMAL.

hallar. tr. **1.** Encontrar (algo o a alguien) al buscar(los) o casualmente. *Hallaron al montañero perdido.* **2.** Percibir (algo o a alguien) de una determinada manera al ver(los) o pensar (sobre ellos). *El jurado lo halló culpable.* ○ intr. prnl. **3.** Encontrarse en el lugar o de la manera que se indica. *Un corresponsal se halla en la zona.* FAM **hallazgo.**

halo. m. **1.** Círculo de luz difusa en torno a un cuerpo luminoso, espec. el Sol o la Luna. **2.** Aureola (círculo luminoso de las imágenes sagradas). **3.** Atmósfera envolvente que parece surgir de alguien o algo. *La noche tenía un halo de pavor.* ▶ **2:** *AUREOLA.

halógeno, na. adj. **1.** Quím. Dicho de elemento: Que forma parte del grupo de la tabla periódica integrado, entre otros, por el flúor, el cloro y el yodo, una de cuyas características es que suelen combinarse con metales para formar sales. Tb. m. *El cloro es un halógeno.* Frec. m. pl. para designar dicho grupo. **2.** Dicho de lámpara o bombilla: Que contiene un halógeno (→ 1) y produce una luz blanca y brillante.

halón. m. Am. Tirón (hecho de tirar de algo o alguien). *En el remo, mientras las extremidades superiores realizan los halones, las inferiores desarrollan los empujes* [C]. ▶ *TIRÓN.

halterofilia. f. Deporte de levantamiento de peso en el que se levanta una barra metálica con pesas, gralm. en forma de disco, en sus extremos. FAM **halterófilo, la.**

hamaca. f. **1.** Pieza de red o de lona, alargada y resistente, que se extiende y se cuelga por los extremos para poder tumbarse encima. *Colgó la hamaca entre dos palmeras.* **2.** Silla plegable con respaldo alto y graduable que permite recostarse o tumbarse. ▶ **2:** TUMBONA. ‖ **Am: 1:** CHINCHORRO.

hambre. f. **1.** Ganas y necesidad de comer. *No tengo hambre.* **2.** Escasez generalizada de alimentos. *La posguerra fue un tiempo de hambre.* **3.** Deseo grande de algo. *Hambre de aventuras.* ■ ~ canina. f. Hambre (→ 1) grande. □ juntarse el ~ con las ganas de comer. loc. v. coloq. Coincidir dos personas o cosas de características parecidas o complementarias. *Son a cual más egoísta, así que se han juntado el hambre con las ganas de comer.* ■ morirse de ~. loc. v. Pasar muchas penurias o necesidades. *Con mi sueldo me muero de hambre.* FAM hambriento, ta; hambrón, na.

hambruna. f. Hambre o escasez generalizada de alimentos, espec. la de grandes proporciones. *La hambruna azota el país.*

hamburguesa. f. Filete redondo de carne picada, que suele tomarse en un bocadillo hecho con un pan blando y esponjoso, y acompañado de otros ingredientes como lechuga o tomate. FAM hamburguesería.

hampa. f. Conjunto de los maleantes. *Murió a manos del hampa.* FAM hampón.

hámster. (pronunc. "jámster"; pl. **hámsteres**). m. Roedor parecido al ratón, que se cría como animal de compañía y de laboratorio. *El hámster hembra.*

handicap. (pal. ingl.; pronunc. "jándikap"). m. **1.** Desventaja u obstáculo. *Su tartamudez es un handicap para relacionarse.* **2.** *Dep.* Competición en que se imponen desventajas a algunos participantes para igualar las posibilidades de victoria. *En el hipódromo se celebraba un* handicap. ¶ [Equivalentes recomendados: 1: *desventaja, obstáculo, impedimento.* Adaptación recomendada: 2: *hándicap,* pl. *hándicaps*].

hangar. m. Nave o cobertizo grande, utilizado pralm. para guardar vehículos, espec. aviones o trenes. *La avioneta aterriza y se dirige a los hangares.*

haragán, na. adj. Dicho de persona: Vaga o que no quiere trabajar. ▶ *VAGO. FAM haraganear; haraganería.

harapo. m. Andrajo. *El mendigo iba vestido con harapos.* FAM harapiento, ta.

haraquiri. m. Suicidio ritual practicado en Japón, gralm. por razones de honor o por orden superior, que consiste en abrirse el vientre con un instrumento cortante. *El samurái se hizo el haraquiri con su sable.* Frec. fig.

haras. m. Am. Establecimiento destinado a la cría de caballos de carreras. *Fundó un haras propio e hizo construir el primer hipódromo* [C].

hardware. (pal. ingl.; pronunc. "járwer" o "járwar"). m. *Inform.* Conjunto de elementos que componen la parte material de un sistema informático. *En el almacén venden el hardware y cada usuario debe instalar el software.* ¶ [Equivalentes recomendados: *equipo* (*informático*), *componentes, soportes físicos*].

harén. m. **1.** Conjunto de mujeres que viven bajo la dependencia de un jefe de familia musulmán. *Un sultán la compró para su harén.* **2.** Parte de la casa musulmana donde vive el harén (→ 1). ▶ SERRALLO.

harina. f. **1.** Polvo que resulta de moler granos de cereal. *Pan de harina de trigo.* **2.** Polvo más o menos fino a que queda reducida una materia sólida. *Con*

harinas de pescado hacen piensos. ■ ser algo ~ de otro costal. loc. v. coloq. Ser muy diferente a la cosa con que se compara. *Este es buen coche, pero ese es harina de otro costal.* FAM harinero, ra; harinoso, sa.

harpía. → arpía.

hartar. tr. **1.** Satisfacer sobradamente el deseo o la necesidad que (alguien) tiene de comer. *Hay comida para hartar al comensal.* **2.** Satisfacer el deseo que (alguien) tiene de algo. *Nos harta DE buenos libros.* **3.** Cansar mucho (a alguien) hasta conseguir que este pierda la paciencia o el interés. *Conseguirá hartarlo con sus preguntas.* **4.** coloq. Dar algo (a alguien) en abundancia. *Como vuelvas a hacerlo, te harto DE palos.* ▶ **1, 2:** ATIBORRAR. **3:** *ABURRIR. FAM hartazgo; hartón; hartura.

harto, ta. adj. **1.** Cansado en exceso de algo o de alguien. *Estoy harto DE ti.* **2.** Saciado de comer o de beber. *Come hasta sentirse harta.* **3.** Bastante o mucho. En Esp. sobre todo tiene carácter literario o formal. *Mi mamá hacía harto queso* [C]. ● adv. **4.** Muy. En Esp. sobre todo tiene carácter literario o formal. *Sé harto bien esas cosas* [C].

hasta. prep. **1.** Indica el límite final de una trayectoria en el espacio o en el tiempo. *Trabajan desde las ocho hasta las tres.* **2.** Indica el límite máximo de una cantidad variable. *Estaba dispuesta a pagar hasta mil pesos.* **3.** Incluso o con inclusión de. *Hasta yo estoy harta.* ● adv. **4.** Incluso. *La noticia apareció hasta en televisión.*

hastío. m. Aburrimiento o fastidio. *Siente hastío del trabajo.* FAM hastiar (conjug. ENVIAR).

hatajo. (Tb. atajo). m. **1.** Grupo pequeño de ganado. *Un pastor conduce un hatajo.* **2.** coloq., despect. Conjunto de personas o cosas. *Qué hatajo DE vagos.* ▶ **1:** *REBAÑO.

hato. m. **1.** Envoltorio que se hace con la ropa y otros objetos personales de uso ordinario. *Se marchó con el hato al hombro.* **2.** Grupo de ganado. *Un hato de ovejas.* **3.** despect. Grupo de personas. *Son un hato DE inútiles.* **4.** Am. Hacienda destinada a la cría de ganado. *Logró conseguir trabajo en el hato de Angosturas* [C]. ▶ **2:** *REBAÑO.

hawaiano, na. (pronunc. "jawayáno"). adj. De Hawái (archipiélago estadounidense en el Pacífico).

haya. f. Árbol grande, propio de climas suaves y húmedos, de tronco liso y grisáceo y copa redondeada. Tb. su madera. *Mesa de haya.* FAM hayedo.

hayaca. → hallaca.

haz¹. m. **1.** Conjunto de cosas largas y estrechas, como leña, dispuestas a lo largo y frec. atadas por el centro. *Llevaba un haz DE leña al hombro.* **2.** Conjunto de partículas o rayos luminosos que se propagan desde un mismo punto sin dispersarse. *El reflector emite un potente haz DE luz.* **3.** *Biol.* Conjunto de fibras, nervios o vasos, agrupados en paralelo. *Los nervios de las hojas son haces fibrosos.*

haz². f. **1.** Cara más visible o vistosa de una tela u otra cosa plana, gralm. por tener un acabado especial. *El haz de la tela es irisada.* Frec. fig. **2.** *Bot.* Cara superior de una hoja, gralm. más lisa y brillante, y con menos nervios. *Una hoja lustrosa por el haz y pálida por el envés.*

hazaña. f. Acción sobresaliente o extraordinaria, espec. la de carácter heroico. *La "Odisea" narra las hazañas de Ulises.*

hazmerreír. m. Persona que por su aspecto o su conducta sirve de diversión a otros. *Es el hazmerreír DE todo el colegio.*

he. (Verbo defectivo que se usa únicamente en esta forma). tr. impers. cult. Se usa con *aquí, ahí* o *allí* para llamar la atención del que escucha sobre la presencia o existencia de lo designado por el complemento directo. *Lo vio y dijo: –He ahí al autor.*

hebilla. f. Pieza plana unida al extremo de una correa, con un hueco en el centro y gralm. una varilla articulada, que sirve para sujetar el otro extremo de la correa pasándolo por el hueco. *Un cinturón con hebilla plateada.*

hebra. f. **1.** Porción de hilo u otra fibra, que se emplea para coser, metiéndola por el ojo de una aguja. **2.** Fibra o filamento, espec. de una materia vegetal o textil. *El apio tiene muchas hebras.* **3.** Partícula del tabaco picado en filamentos. **4.** Estigma de la flor del azafrán. *Echa unas hebras de azafrán a la paella.*

hebraísmo. m. **1.** Judaísmo. **2.** Palabra o uso propios de la lengua hebrea empleados en otra. *Hebraísmos en el español medieval.* FAM **hebraísta.**

hebreo, a. adj. **1.** De un pueblo semítico que habitó en Palestina. *Tribu hebrea.* **2.** Judío (que profesa el judaísmo, o de los que profesan el judaísmo). Tb. m. f. ● m. **3.** Lengua de los hebreos (→ 1), hablada en comunidades de todo el mundo y, como lengua oficial, en Israel. ▶ **1:** ISRAELITA, JUDÍO. **2:** *JUDÍO. FAM **hebraico, ca.**

hecatombe. f. **1.** cult. Desgracia o catástrofe de grandes proporciones. *Otra crisis del petróleo sería una hecatombe.* **2.** cult. Gran cantidad de muertes a causa de un desastre. *La hambruna causó una hecatombe infantil.*

hechizar. tr. **1.** Ejercer un influjo o un acto maléficos (sobre alguien o algo) usando poderes mágicos. *La bruja hechizó al príncipe convirtiéndolo en rana.* **2.** Despertar fuerte atracción o admiración (en alguien). *Los hechiza con su inteligencia.* ▶ **1:** EMBRUJAR, ENCANTAR. **2:** EMBRUJAR.

hechizo. m. **1.** Hecho o efecto de hechizar. *El beso rompe el hechizo de la bruja.* **2.** Cosa que se emplea para hechizar. *Prepara pócimas y hechizos.* ▶ **1:** EMBRUJAMIENTO, EMBRUJO, ENCANTAMIENTO, ENCANTO, MALEFICIO. FAM **hechicería; hechicero, ra.**

hecho, cha. adj. **1.** Que ha llegado a su punto de madurez o pleno desarrollo. *Caló el melón para ver si estaba hecho.* **2.** Seguido de *un* y un nombre: Semejante a lo designado por ese nombre, o que tiene sus mismas características. *Se puso hecha una fiera.* **3.** Dicho de persona o de su cuerpo, y precedido de *bien* (o *mal*): Bien (o mal) constituidas. *Tiene las piernas mal hechas: es patizambo.* ● m. **4.** Acción. Expresa, en forma sustantivada, la idea de hacer. *El hecho de firmar el contrato obliga a cumplirlo.* **5.** Suceso. Expresa, en forma sustantivada, la idea de suceder. *Habla de hechos ocurridos hace años.* ▶ **4:** *ACCIÓN. **5:** *ACONTECIMIENTO.

hechura. f. **1.** Confección de una prenda de vestir. *Encargó la hechura del traje a una modista.* **2.** Conjunto de formas que configuran el exterior del cuerpo de una persona o un animal. *Tiene hechura DE atleta.*

hectárea. f. Unidad de superficie que equivale a 100 áreas (Símb. *ha*). *Una finca de cincuenta hectáreas.*

hecto-. elem. compos. Significa 'cien'. Se une a n. de unidades de medida para designar el múltiplo correspondiente (Símb. *h*). *Hectogramo, hectolitro, hectómetro.*

heder. (conjug. ENTENDER). intr. cult. Despedir hedor. *Aquí hiede A ajos.*

hediondo, da. adj. cult. Que despide hedor. *La verdura podrida se acumula en cajones hediondos.* FAM **hediondez.**

hedónico, ca. adj. cult. Del placer. *Una vida hedónica.* FAM **hedonístico, ca.**

hedonismo. m. Fil. Doctrina que considera el placer como fin único o supremo de la vida. FAM **hedonista.**

hedor. m. cult. Olor penetrante y desagradable. *Despide un fuerte hedor A sudor.*

hegeliano, na. (pronunc. "jegueliano"). adj. **1.** De Hegel (filósofo alemán, 1770-1831) o de su filosofía. *Obra hegeliana.* **2.** Seguidor de Hegel o de su filosofía. *Filósofo hegeliano.*

hegemonía. f. Supremacía, espec. la de un Estado o un grupo político. *Ambas potencias luchan por la hegemonía EN Europa.* ▶ SUPREMACÍA. FAM **hegemónico, ca.**

hégira o **héjira.** f. Era de los musulmanes, que se cuenta desde el año 622, en que Mahoma huyó de La Meca a Medina. *Comenzaba el 1420 de la hégira.*

helada. f. Hecho o efecto de helar al bajar las temperaturas a menos de cero grados. *Las heladas han arruinado la cosecha.* ■ **caer una ~.** loc. v. Helar al bajar las temperaturas a menos de cero grados. *Esta noche va a caer una helada.* ▶ HIELO.

heladero, ra. m. y f. **1.** Persona que fabrica o vende helados. ○ f. **2.** Am. Nevera (electrodoméstico). *Abrió la heladera y se dio cuenta de que se había quedado sin manteca* [C]. ▶ **2:** *NEVERA.

helado, da. adj. **1.** Muy frío. *Sopla un viento helado.* **2.** coloq. Estupefacto o sobrecogido. *El chillido me dejó helada.* ● m. **3.** Alimento dulce, hecho gralm. con leche o zumo de frutas, que se consume en cierto grado de congelación. *Un helado de chocolate y vainilla.* FAM **heladería.**

helar. (conjug. ACERTAR). tr. **1.** Solidificar (un líquido) el frío, o una persona por medio del frío. *El frío hiela el agua del estanque.* **2.** Hacer que (alguien o algo) se queden muy fríos. *El viento me helaba el cuerpo.* **3.** Secar (una planta o un fruto) el frío. *La ola de frío ha helado los cerezos.* ○ intr. impers. **4.** Producirse hielo al bajar las temperaturas a menos de cero grados. *Esta noche helará.* ▶ **1:** CONGELAR. FAM **helador, ra.**

helecho. m. Planta siempre verde, sin flores y con hojas grandes, que crece en lugares húmedos y sombríos.

helenismo. m. **1.** Período de la cultura griega que va desde Alejandro Magno hasta Augusto. **2.** Influencia de la cultura de la Grecia antigua. *En la poesía renacentista se percibe el helenismo.* **3.** Palabra o uso propios de la lengua griega empleados en otra. *Al español se incorporaron helenismos como "micra".* FAM **helenista; helenístico, ca.**

heleno, na. adj. De Grecia. Frec. referido a la Antigüedad clásica. *Poseidón es el dios heleno del mar.* ▶ *GRIEGO. FAM **helénico, ca; helenización; helenizar.**

hélice. f. **1.** Mecanismo giratorio constituido por varias paletas dispuestas alrededor de un eje. *Limpiaron de algas la hélice del barco.* **2.** Mat. Curva que, trazada sobre la superficie de un cilindro, corta todas sus generatrices formando ángulos iguales. *El tornillo está recorrido por un canal en forma de hélice: la rosca.* ▶ **2:** ESPIRA, ESPIRAL.

helicoidal. adj. Mat. De forma de hélice. *Escalera helicoidal.* FAM **helicoide.**

helicóptero. m. Vehículo aéreo provisto en su parte superior de una gran hélice que le permite elevarse y descender verticalmente.

helio. m. Elemento químico del grupo de los gases nobles, incoloro, muy ligero e incombustible, empleado para llenar globos aerostáticos (Símb. *He*).

heliocentrismo. m. *Fís.* Teoría que consideraba el Sol como centro del universo. *Copérnico defendió el heliocentrismo.* FAM **heliocéntrico, ca.**

heliotropo. m. Planta de tallo leñoso y ramoso, con flores aromáticas azules, todas orientadas hacia el mismo lado, muy cultivada como ornamental.

helipuerto. m. Pista destinada al aterrizaje y despegue de helicópteros.

helvético, ca. adj. De Suiza. ▶ SUIZO.

hematíe. m. *Biol.* Glóbulo rojo.

hematocrito. m. *Med.* Proporción de células o glóbulos que hay en la sangre. *Tiene un hematocrito elevado.*

hematología. f. *Med.* Estudio de la sangre y órganos que la producen, y de sus enfermedades. *Laboratorio de Hematología.* FAM **hematológico, ca; hematólogo, ga.**

hematoma. m. *Med.* Acumulación de sangre en un tejido por rotura de un vaso sanguíneo. *Salió del accidente solo con algunos hematomas.*

hembra. f. **1.** Animal de sexo femenino. *La hembra del león no tiene melena.* **2.** Mujer (ser de sexo femenino). **3.** *Bot.* En plantas con individuos distintos para cada sexo: Individuo que da fruto. *La datilera hembra.* **4.** Pieza, de las dos de que están compuestos algunos objetos, que tiene un hueco o agujero en donde encaja la otra. *Conecte el cable del vídeo a la hembra de la antena.* ▶ **2:** MUJER.

hemeroteca. f. Biblioteca pública donde se guardan diarios, revistas y otras publicaciones periódicas para su consultadas.

hemiciclo. m. Sala semicircular con gradas, espec. la de una cámara legislativa. *En el Parlamento, el partido del Gobierno ocupaba la mitad del hemiciclo.*

hemiplejia o **hemiplejía.** f. *Med.* Parálisis de todo un lado del cuerpo. *Ha sufrido una hemiplejia.* FAM **hemipléjico, ca.**

hemisferio. m. **1.** Mitad de la superficie de la esfera terrestre, espec. la limitada por el Ecuador o por un meridiano. *Chile está en el hemisferio sur.* **2.** *Anat.* Mitad lateral del cerebro. **3.** *Mat.* Semiesfera. ■ **~ austral.** m. Hemisferio (→ 1) que, limitado por el Ecuador, contiene el Polo Sur. ■ **~ boreal.** m. Hemisferio (→ 1) que, limitado por el Ecuador, contiene el Polo Norte. FAM **hemisférico, ca.**

hemistiquio. m. *Lit.* Parte de las dos en que queda dividido un verso por una pausa interior. *El verso alejandrino se compone de dos hemistiquios.*

hemodiálisis. f. *Med.* Proceso de depuración de la sangre haciéndola pasar a través de una membrana semipermeable. *Un enfermo de riñón sometido a hemodiálisis.*

hemofilia. f. *Med.* Enfermedad hereditaria caracterizada por una coagulación deficiente de la sangre. FAM **hemofílico, ca.**

hemoglobina. f. *Bioquím.* Proteína de la sangre que da a esta su color rojo característico, y que transporta oxígeno desde los órganos respiratorios a los tejidos.

hemorragia. f. Salida de sangre por rotura de vasos sanguíneos. *Le han hecho un torniquete para detener la hemorragia.* FAM **hemorrágico, ca.**

hemorroide. f. *Med.* Bulto con acumulación de sangre, que aparece en la zona del ano o del recto debido a una dilatación de las venas. Frec. en pl. *El sedentarismo puede provocar hemorroides.* ▶ ALMORRANA. FAM **hemorroidal.**

henchir. (conjug. PEDIR). tr. cult. Llenar (algo) o a alguien). *La brisa hinche la vela.*

hender. (conjug. ENTENDER). tr. **1.** cult. Abrir o cortar (algo sólido) sin dividir(lo) del todo. *El escultor hiende la piedra con el cincel.* **2.** cult. Atravesar o cortar (algo, espec. un fluido). *Las flechas hendían el aire.*

hendido, da. adj. Que presenta una o más hendiduras. *Tiene el mentón hendido.*

hendidura o **hendedura.** f. Abertura o corte en un cuerpo sólido, que no llega a dividirlo del todo. *La lagartija se cuela por una hendidura de la roca.* ▶ *ABERTURA.

hendija. f. frecAm. Rendija. *Las hendijas de las puertas estaban cubiertas con paños* [C]. ▶ *ABERTURA.

hendir. (conjug. DISCERNIR). tr. cult. Hender (algo).

heno. m. Hierba segada y seca, que se emplea como alimento del ganado.

hepático, ca. adj. **1.** Del hígado. *Función hepática.* **2.** Que padece del hígado. *Enfermos hepáticos.*

hepatitis. f. Inflamación del hígado. *La hepatitis A es de origen vírico.*

heptaedro. m. *Mat.* Cuerpo de siete caras.

heptágono. m. *Mat.* Polígono de siete ángulos y siete lados. *Mida los lados del heptágono para hallar su área.*

heráldico, ca. adj. **1.** De la heráldica (→ 3). *Estudios heráldicos.* **2.** De los escudos de armas y de las figuras que los componen. *Símbolo heráldico.* ● **3.** Técnica de explicar y describir los escudos de armas. *Es experto en heráldica.* FAM **heraldista.**

heraldo. m. **1.** cult. Mensajero. *Un heraldo trajo la noticia a palacio.* **2.** histór. En las cortes medievales: Caballero que tenía el cargo de transmitir mensajes de importancia, ordenar las grandes ceremonias y llevar los registros de la nobleza.

herbáceo, a. adj. Dicho de planta: De forma o características similares a las de la hierba. FAM **herbazal; herbicida; herbívoro, ra.**

herbario. m. Colección ordenada y clasificada de plantas secas. *Cada alumno elaborará un herbario de flores.*

herbolario, ria. m. y f. **1.** Persona que se dedica a recoger hierbas y plantas medicinales, o a venderlas. ○ m. **2.** Establecimiento en que se venden hierbas y plantas medicinales. *Compra valeriana en el herbolario.* ▶ **2:** HERBORISTERÍA.

herboristería. f. Herbolario (establecimiento). ▶ HERBOLARIO.

herciano, na. adj. *Fís.* De las ondas hercianas (→ **onda**). *La imagen televisiva puede transmitirse por redes hercianas.* ▶ HERTZIANO.

hercio. m. *Fís.* Unidad de frecuencia del Sistema Internacional que equivale a la frecuencia de un fenómeno cuyo ciclo o período es de un segundo (Símb. *Hz*). *El procesador del computador funciona a millones de hercios.*

hércules. m. Hombre de gran fuerza y musculatura. *Aquel hércules levantaba pesas de 100 kilos.* FAM hercúleo, a.

heredad. f. Finca rústica, espec. la cultivada y recibida en herencia por una familia. *Tiene casa y heredad a las afueras del pueblo.*

heredar. tr. **1.** Recibir (algo) a la muerte de su poseedor, espec. mediante documento legal. *Ha heredado una fortuna* DE *su tío.* **2.** Recibir los bienes y posesiones (de alguien) a su muerte. *Lo heredará su esposa.* **3.** Recibir (algo) que ha pertenecido a otra persona. *El pequeño hereda ropa* DE *su hermano mayor.* **4.** Recibir (algo, espec. ciertas circunstancias) de una persona o de una situación anteriores. *La directiva hereda problemas* DE *la etapa anterior.* **5.** Recibir un ser vivo (rasgos biológicos) de sus padres. *Heredó los ojos azules* DE *su madre.* ▶ **2:** SUCEDER. FAM heredero, ra.

hereje. m. y f. **1.** Persona que niega dogmas de una religión, espec. el cristiano que niega los de la católica. *La Inquisición enviaba a la hoguera a los herejes.* **2.** coloq. Persona descarada o irrespetuosa, espec. respecto a la opinión oficial o mayoritaria. *Solo un hereje equipararía a los Beatles con Mozart.* FAM herejía; herético, ca.

herencia. f. **1.** Conjunto de cosas que se heredan. *Le dejó una jugosa herencia.* **2.** Derecho de heredar. *Los descendientes del autor son, por herencia, propietarios de su obra.* **3.** Hecho de heredar. *Leyes de la herencia genética.* FAM hereditario, ria.

heresiarca. m. Autor de una herejía. *Lutero fue condenado por heresiarca.*

herida. f. **1.** Daño corporal con perforación o desgarramiento de los tejidos. *Presenta herida* DE *bala.* **2.** Daño moral. *Las heridas del amor.* ■ **respirar por la ~.** loc. v. Dar a conocer un sentimiento que se tiene oculto. *Respiraba por la herida con los comentarios de siempre.*

herir. (conjug. SENTIR). tr. **1.** Hacer daño físico (a una persona o un animal, o a una parte de su cuerpo), con perforación o desgarramiento de tejidos. *El disparo lo hirió* EN *un hombro.* **2.** Hacer daño moral (a una persona, a sus sentimientos o a su sensibilidad). *Me hiere que desconfíes.* **3.** Causar algo una impresión fuerte y gralm. desagradable (en los sentidos, espec. la vista o el oído). *La luz le hería los ojos.*

hermafrodita. adj. Que tiene los dos sexos. *El caracol es hermafrodita.* ▶ ANDRÓGINO. FAM hermafroditismo.

hermanar. tr. **1.** Establecer una relación propia de hermanos (entre personas o colectivos). *La fiesta busca hermanar a la gente.* **2.** Establecer una relación oficial de amistad y cooperación (entre dos municipios o poblaciones). *Los alcaldes hermanaron sus dos municipios.* **3.** Unir o combinar armoniosamente (dos cosas). *Logra hermanar arte y sentimiento.* ○ intr. prnl. **4.** Unirse o combinarse armoniosamente dos cosas. *Coro y orquesta se hermanan a la perfección.* FAM hermanamiento.

hermanastro, tra. m. y f. **1.** Respecto de una persona: Hijo del cónyuge de su padre o de su madre, con el que no se comparten lazos de consanguinidad. *He conocido al nuevo marido de mi madre y a mis hermanastros.* **2.** Respecto de una persona: Otra que tiene en común con ella solo uno de los padres. ▶ **2:** HERMANO.

hermandad. f. **1.** Relación íntima o amistosa, propia de hermanos. *Reina un clima de hermandad.* **2.** (Frec. en mayúsc.). Cofradía (asociación devota).

3. (Frec. en mayúsc.). Sociedad (agrupación de personas con un interés común). ▶ **2:** COFRADÍA. **3:** *SOCIEDAD.

hermano, na. m. y f. **1.** Respecto de una persona o un animal: Otro que tiene el mismo padre y la misma madre. *Mi hermana es mayor que yo.* **2.** Respecto de una persona: Otra que tiene en común con ella solo uno o los padres. Tb. *medio ~.* **3.** Miembro de una orden religiosa. *El hermano prior dirigirá el rezo.* **4.** Individuo que pertenece a una hermandad o cofradía. **5.** Respecto de una cosa: Otra de semejantes características, de la misma clase o de igual procedencia. *La envidia es hermana de los celos.* ■ **~ de leche.** m. y f. Respecto de una persona: Otra que, sin ser su hermana (→ 1, 2), ha sido amamantada por la misma mujer. ■ **~ de madre.** m. y f. Respecto de una persona: Hermano (→ 2) que tiene la misma madre, pero distinto padre. ■ **~ de padre.** m. y f. Respecto de una persona: Hermano (→ 2) que tiene el mismo padre, pero distinta madre. ▶ **2:** HERMANASTRO. **3:** FRAILE, SOR.

hermenéutico, ca. adj. **1.** De la hermenéutica (→ 2). *Estudio hermenéutico.* ● f. **2.** Disciplina que se ocupa de interpretar textos. *Hermenéutica bíblica.* FAM hermeneuta.

hermético, ca. adj. **1.** Dicho de cierre: Que impide el paso de aire u otro fluido. **2.** Dicho de cosa: Provista de cierre hermético (→ 1). *Cámara hermética.* **3.** Dicho de persona: Que no deja ver sus opiniones o sentimientos. **4.** Que no se puede comprender o descifrar. *Poesía hermética.* **5.** Cerrado a la influencia o penetración de lo externo. *La secta crea un mundo hermético.* ▶ **3, 4:** IMPENETRABLE. FAM hermetismo.

hermoso, sa. adj. **1.** Dicho de cosa o persona: Bella. *Un hermoso poema.* **2.** Dicho de tiempo: Despejado y apacible. *¡Qué hermoso día!* **3.** coloq. Dicho espec. de niño: Robusto y saludable. ▶ **1:** *BELLO. FAM hermosear; hermosura.

hernia. f. Salida de parte de un órgano de la estructura anatómica en que está fijado. *Lo van a operar de una hernia.* ■ **~ de disco.** f. Med. Hernia de un fragmento de un disco intervertebral que comprime el nervio adyacente. ■ **~ de hiato.** f. Med. Hernia del estómago u otro órgano abdominal, que se produce a través de un orificio del diafragma por el que pasa el esófago. FAM herniarse (conjug. ANUNCIAR).

héroe, heroína. m. y f. **1.** Persona extraordinariamente valiente, que lleva a cabo una acción o una tarea admirables. *Fue un héroe de guerra.* **2.** Persona admirada y famosa por sus acciones o sus cualidades. *La actriz es la heroína de las jovencitas.* **3.** cult. Protagonista (personaje principal de una obra de ficción). ○ m. **4.** En la mitología grecorromana: Ser nacido de un dios o una diosa y de un ser humano. *Heracles, héroe griego hijo de Zeus.* ▶ **4:** SEMIDIÓS. FAM heroicidad; heroico, ca; heroísmo.

heroína. f. Droga adictiva obtenida de la morfina, que se presenta en forma de polvo blanco y tiene propiedades sedantes y narcóticas. FAM heroinómano, na.

herpes. m. (Tb., más raro, f.). Enfermedad de la piel, caracterizada por la aparición de grupos aislados de pequeñas ampollas transparentes, rodeadas de una franja rojiza y que suelen producir escozor.

herradura. f. Pieza de hierro plana, de forma semicircular o algo más cerrada, que se clava en la base de los cascos de las caballerías para protegerlos. FAM herrador.

herraje. m. **1.** Conjunto de piezas o adornos de hierro u otro metal que se pone en un objeto. *Puerta de ma-*

dera con herraje de latón. **2.** Conjunto de herraduras y clavos que se ponen a las caballerías. *El jinete revisa el herraje antes de montar.*

herramienta. f. **1.** Instrumento, gralm. de hierro o acero, que sirve para diferentes trabajos manuales. *Tiene martillo y otras herramientas.* Tb. fig. *Un ordenador es una gran herramienta.* **2.** Conjunto de herramientas (→ 1). *Ya veo la avería, voy a buscar la herramienta.* ▶ **1:** *INSTRUMENTO.

herrar. (conjug. ACERTAR). tr. **1.** Poner herraduras (a una caballería). *Sabe herrar caballos.* **2.** Marcar con un hierro candente (algo o a alguien, espec. ganado). *Herraron el toro con el número 62.* **3.** Poner piezas o adornos de hierro u otro metal (en un objeto). *Lleva unas botas herradas.*

herreño, ña. adj. De El Hierro (España).

herrero. m. Hombre que tiene por oficio labrar el hierro. *El herrero martillea el hierro sobre el yunque.* FAM herrería.

herrumbre. f. Óxido de hierro, formado a causa de la humedad. *La verja está cubierta de herrumbre.* FAM herrumbroso, sa.

hertziano, na. (pronunc. "erziáno"). adj. *Fís.* Herciano.

hervidero. m. Lugar donde hay agitación o movimiento de gran cantidad de personas, animales o cosas. *El mercado era un hervidero DE gente.*

hervir. (conjug. SENTIR). intr. **1.** Producir burbujas un líquido por calentamiento o por fermentación. *Deje hervir el agua.* **2.** cult. Tener un espacio gran cantidad de personas, animales o cosas en movimiento. *El estadio hierve DE público.* **3.** cult. Experimentar un sentimiento intensamente. *Hierve DE ira.* ○ tr. **4.** Hacer que (un líquido) hierva (→ 1). *Hierva la leche unos minutos.* **5.** Someter (algo) a la acción de un líquido que hierve (→ 1). *Herviré el biberón.* ▶ **1:** BULLIR, COCER. **4, 5:** COCER. FAM hervido; hervor.

hetaira. f. cult. Prostituta.

heteróclito, ta. adj. cult. Heterogéneo.

heterodoxo, xa. adj. Que no aprueba una doctrina o una práctica generalmente admitidas. *Perseguían a los cristianos heterodoxos.* FAM heterodoxia.

heterogéneo, a. adj. Compuesto de partes o elementos muy distintos. *Una población heterogénea.* FAM heterogeneidad.

heterónimo. m. *Lit.* Personaje inventado por un autor para esconder su personalidad detrás de él. *Machado habla por boca de su heterónimo, Mairena.*

heterónomo, ma. adj. cult. Sometido a un poder ajeno. *Grupos heterónomos.*

heterosexual. adj. Dicho de persona: Que siente atracción sexual hacia individuos del otro sexo. FAM heterosexualidad.

heurístico, ca. adj. **1.** *tecn.* De la heurística (→ 2). *Método heurístico.* ● f. **2.** *tecn.* Técnica de la investigación y el descubrimiento.

hexaedro. m. *Mat.* Cuerpo de seis caras.

hexágono. (Tb. **exágono**). m. *Mat.* Polígono de seis ángulos y seis lados. FAM hexagonal o exagonal.

hez. f. **1.** Residuo sólido una sustancia líquida, espec. el vino, que se deposita en el fondo del recipiente. Gralm. en pl. *En el fondo de la cuba van quedando las heces.* **2.** cult. Parte más vil y despreciable de algo. *Los traficantes eran la hez DE la sociedad.* ○ pl. **3.** cult. Excrementos expulsados por el ano. Tb. *heces fecales.* ▶ **1:** MADRE.

hiato. m. **1.** *Fon.* Secuencia de dos vocales que se pronuncian en sílabas distintas. *Tenemos hiato en las palabras "leer", "leo" y "leí".* **2.** cult. Interrupción o separación espacial o temporal. *Tras un breve hiato de silencio, se reanudó el griterío.*

hibernación. f. **1.** *Zool.* Estado de somnolencia que presentan algunos animales en invierno, caracterizado por el descenso de la temperatura corporal y la disminución de las funciones metabólicas. *La marmota pasa los meses fríos en hibernación.* **2.** Estado semejante a la hibernación (→ 1), producido artificialmente en personas, gralm. con fines anestésicos o curativos. FAM hibernar.

híbrido, da. adj. **1.** *tecn.* Dicho de animal o vegetal: Que procede de dos individuos de distinta variedad, raza o especie. Tb. m. *Un híbrido DE perro y lobo.* **2.** Dicho de cosa: Que es producto de elementos de distinta naturaleza. *La sociolingüística es una ciencia híbrida.* Tb. m. FAM hibridación; hibridar.

hidalgo, ga. adj. **1.** De hidalgo o del hidalgo (→ 3). *Una casona hidalga.* **2.** cult. Generoso y noble. *Un gesto hidalgo.* ● m. y f. **3.** histór. Persona que, por sangre, pertenecía a la clase noble. *Don Quijote era un hidalgo empobrecido.* FAM hidalguía.

hidalguense. adj. De Hidalgo (México).

hidra. f. **1.** (Frec. en mayúsc.). En la mitología grecorromana: Monstruo acuático de varias cabezas que resurgían a medida que eran cortadas. **2.** Animal de agua dulce, de pequeño tamaño y forma cilíndrica, con varios tentáculos en uno de sus extremos. *Las hidras y las medusas flotan.* **3.** Culebra acuática venenosa.

hidratar. tr. **1.** Proporcionar (a algo, espec. a la piel o a otro tejido) el grado de humedad normal o necesario. *Crema para hidratar la piel.* **2.** *Quím.* Combinar (un cuerpo) con agua. *Para pintar, hidrata la cal.* FAM hidratación; hidratante.

hidrato. m. *Quím.* Compuesto obtenido por la combinación de agua con otro cuerpo. *Hidrato de metano.* ■ ~ **de carbono.** m. Compuesto químico obtenido por la combinación de carbono, hidrógeno y oxígeno. *Una dieta rica en hidratos de carbono.*

hidráulico, ca. adj. **1.** Del aprovechamiento, embalse y conducción de las aguas. *Red hidráulica.* **2.** Que funciona o se mueve por medio del agua u otro fluido. *Frenos hidráulicos.* **3.** Dicho de energía: Producida por el movimiento del agua. **4.** De la hidráulica (→ 5). *Ingeniero hidráulico.* ● f. **5.** Parte de la mecánica que estudia el equilibrio y el movimiento de los líquidos y otros fluidos, espec. con respecto a sus aplicaciones en ingeniería. *Leyes de la hidráulica.*

hídrico, ca. adj. cult. Del agua. *Hay escasez de recursos hídricos.*

hidroavión. m. Avión diseñado para realizar el aterrizaje y el despegue sobre el agua. ▶ HIDROPLANO.

hidrocarburo. m. **1.** Compuesto químico resultante de la combinación de carbono e hidrógeno. *El petróleo contiene hidrocarburos.* **2.** Producto industrial elaborado con hidrocarburos (→ 1) y usado frec. como carburante o lubricante. *La gasolina es un hidrocarburo.*

hidrocefalia. f. *Med.* Dilatación anormal de los ventrículos del encéfalo por acumulación de líquido, lo que espec. en los niños provoca un aumento del volumen del cráneo. FAM hidrocéfalo, la.

hidrodinámico, ca. adj. **1.** *Mec.* De la hidrodinámica (→ 2). *Estudio hidrodinámico.* ● f. **2.** *Mec.*

Parte de la mecánica que estudia el movimiento de los líquidos y otros fluidos. *Leyes de la hidrodinámica.*

hidroeléctrico, ca. adj. *Fís.* De la energía eléctrica obtenida por transformación de energía hidráulica. *Una central hidroeléctrica.*

hidrófilo, la. adj. Dicho de materia: Que absorbe el agua u otros líquidos con facilidad. *Tenga siempre algodón hidrófilo en su botiquín.*

hidrofobia. f. **1.** Rabia (enfermedad). **2.** Temor patológico al agua. *Los gatos tienen hidrofobia y no se dejan bañar.* ▶ **1:** RABIA. FAM **hidrófobo, ba.**

hidrógeno. m. Elemento químico gaseoso, incoloro, inodoro, muy ligero e inflamable, y que, combinado con el oxígeno, forma el agua (Símb. *H*).

hidrografía. f. **1.** *Geogr.* Parte de la geografía que describe y estudia las aguas del globo terrestre. **2.** *Geogr.* Conjunto de las aguas de un país o región. *El mapa refleja la orografía e hidrografía de la zona.* FAM **hidrográfico, ca.**

hidrólisis o **hidrolisis.** f. *Quím.* Descomposición molecular de una sustancia o de un compuesto por acción del agua. *El almidón puede dar, por hidrólisis, glucosa.* FAM **hidrolizar.**

hidrología. f. *tecn.* Estudio de la distribución, propiedades y comportamiento de las aguas de la Tierra. *Expertos en hidrología analizan el estado de los acuíferos.* FAM **hidrológico, ca.**

hidromasaje. m. Masaje realizado por medio de chorros de agua a presión.

hidromiel. m. Aguamiel.

hidropesía. f. *Med.* Acumulación anormal de un líquido orgánico en una cavidad o en el tejido celular. *Falleció de hidropesía.* FAM **hidrópico, ca.**

hidroplano. m. **1.** Embarcación provista de unas aletas que, al rozar con el agua, hacen que el casco se eleve ligeramente y alcance así mayor velocidad. **2.** Hidroavión.

hidropónico, ca. adj. **1.** *Bot.* Dicho de cultivo: Que se realiza sin tierra, sumergiendo las raíces en una solución acuosa con sustancias nutrientes, gralm. sobre un fondo de arena o grava. **2.** *Bot.* Del cultivo hidropónico (→ 1). *Sistema hidropónico.*

hidrosfera. f. *tecn.* Capa discontinua de la superficie terrestre, formada por todas las partes líquidas del planeta. *La hidrosfera cubre tres cuartas partes de la Tierra.*

hidrosoluble. adj. *tecn.* Que puede disolverse en agua. *Vitaminas hidrosolubles.*

hidrostático, ca. adj. **1.** *Mec.* De la hidrostática (→ 2), o de su objeto de estudio. *Presión hidrostática.* ● f. **2.** *Mec.* Parte de la mecánica que estudia el equilibrio de los líquidos y otros fluidos. *El principio de Arquímedes es un pilar de la hidrostática.*

hidroterapia. f. Tratamiento de las enfermedades por medio del agua. *El balneario ofrece servicios de masajes e hidroterapia.*

hidrotermal. adj. *Geol.* De las aguas que brotan a temperatura superior a la normal. *Fuentes hidrotermales.*

hidróxido. m. *Quím.* Compuesto formado por la agrupación de un átomo de hidrógeno y otro de oxígeno, combinada con uno o más elementos. *Hidróxido sódico.*

hiedra. (Tb. yedra). f. Planta trepadora siempre verde, de hojas oscuras y brillantes, que se agarra a cualquier

superficie mediante unas raicillas que brotan del tronco y las ramas. *La fachada está cubierta de hiedra.*

hiel. f. **1.** Bilis (líquido que segrega el hígado). **2.** cult. Amargura o disgusto. Frec. en pl. *Las hieles del exilio.* ▶ **1:** BILIS.

hielera. f. **1.** Am. Cubitera. *Hielera y pinzas de acero inoxidable* [C]. **2.** Am. Nevera (electrodoméstico). *Abrió la hielera y se tomó una cerveza* [C]. ▶ **2:** *NEVERA.

hielo. m. **1.** Agua helada o congelada por el frío. *Ponga unos cubitos de hielo en el cóctel.* **2.** Helada. ■ **romper el ~.** loc. v. Hacer desaparecer el embarazo, la frialdad o la desconfianza que se producen en una situación. *Le ofrecí un café para romper el hielo.*

hiena. f. **1.** Mamífero carroñero semejante a un perro grande, con pelo gris amarillento y manchas o rayas oscuras. *La hiena macho.* **2.** Persona mala o cruel.

hierático, ca. adj. Que tiene o aparenta mucha solemnidad. *Un mayordomo hierático abrió la puerta.* FAM **hieratismo.**

hierba. (Tb. yerba). f. **1.** Planta pequeña y de tallo tierno, que gralm. muere poco después de dar la semilla. *El burro mordisquea hierbas y florecillas.* **2.** Conjunto de hierbas (→ 1) que nacen en un terreno. *Se sentaron en la yerba.* **3.** Bebida medicinal o venenosa hecha con hierbas (→ 1). *Tomo unas hierbas para el resfriado.* **4.** jerg. Marihuana. ■ **mala ~.** f. Hierba (→ 1) que crece espontáneamente y perjudica los cultivos. *El huerto se llena de malas yerbas.* ⇒ Am: YUYO. □ y **otras ~s.** expr. coloq., humoríst. Se usa al final de una enumeración. *Habló de música, sexo y otras hierbas.* ▶ **2:** VERDE. ‖ Am: **2:** PASTO. FAM **hierbajo** o **yerbajo.**

hierbabuena. (Tb. yerbabuena). f. Hierba aromática de poca altura, tallo erguido y hojas dentadas y vellosas, que se emplea en infusiones y como condimento.

hierbaluisa. (Tb. yerbaluisa). f. Planta de hojas alargadas y flores blancas en espiga, que desprende aroma a limón y tiene usos medicinales y ornamentales.

hierbero, ra. (Tb. yerbero). m. y f. **1.** Am. Persona que vende hierbas medicinales. *Ha tomado agua zafia de la que venden los yerberos* [C]. **2.** Am. Curandero (persona que se dedica a curar). *La hierbera le recetó borraja con manzanilla* [C]. ▶ **2:** CURANDERO.

hierro. m. **1.** Elemento químico del grupo de los metales, gris, maleable y muy resistente, que abunda en yacimientos, se halla en los seres vivos, y es muy empleado en la industria (Símb. *Fe*). *Una verja de hierro oxidada.* **2.** Instrumento o pieza de hierro (→ 1) u otro metal. *Forzaron la puerta con un hierro.* **3.** Marca que se hace al ganado con un hierro (→ 2). *Cada toro lleva grabado el hierro de su ganadería.* **4.** *Dep.* En el golf: Palo con cabeza de hierro (→ 1), utilizado para golpes que requieren más precisión que potencia. *Para el golpe final escogió un hierro.* ○ pl. **5.** Instrumento metálico, como grilletes o cadenas, que sirve para asegurar a un preso. *Le pusieron unos hierros en los pies.* ■ **~ colado.** m. *tecn.* Hierro (→ 1) quebradizo y de tacto rugoso que se obtiene en los altos hornos tras una segunda fusión. *Balcones de hierro colado.* □ **de ~.** loc. adj. coloq. Muy fuerte o resistente. *Una salud de hierro.* ■ **quitar ~** (a algo). loc. v. Quitar(le) importancia. *Quitó hierro al asunto.* ▶ Am: **1 - 4:** FIERRO.

higa. f. Gesto de desprecio que se hace mostrando el puño cerrado y haciendo asomar el dedo pulgar entre el índice y el corazón. *Se escapó y me hizo la higa des-*

de lejos. ■ **una ~.** loc. adv. coloq. Muy poco o nada. *Me importa una higa lo que digan.*

hígado. m. En los vertebrados: Órgano voluminoso de color rojo oscuro, situado en el abdomen, que desempeña importantes funciones metabólicas. FAM **higadillo.**

higiene. f. **1.** Limpieza o aseo. *Productos de higiene corporal.* **2.** Conjunto de normas y técnicas que tienen por objeto la conservación de la salud y la prevención de enfermedades. *Higiene industrial.* FAM **higiénico, ca; higienista; higienización; higienizar.**

higo. m. Segundo fruto comestible de la higuera, más pequeño que la breva, de piel verde, morada o negra, blando, dulce y lleno de pequeñas semillas. ■ **~ chumbo.** m. Fruto comestible de la chumbera. ⇒ frecAm: TUNA.

higuera. f. Árbol frutal de tronco grisáceo y hojas grandes y lobuladas, cuyos frutos son la breva y el higo. ■ **~ chumba.** f. Chumbera.

hijadalgo. → hijodalgo.

hijastro, tra. m. y f. Respecto de una persona: Hijo tenido por su cónyuge de una relación anterior con otra persona. *No se lleva bien con su hijastro.*

hijo, ja. m. y f. **1.** Respecto de una persona o un animal: Otro que ha sido engendrado por ellos. *Es hijo DE madre soltera.* **2.** Respecto de una localidad o un país: Persona nacida en ellos. *Dedicaron la plaza a un escritor, hijo DEL lugar.* **3.** Persona considerada como producto de algo, espec. de una circunstancia. *Los niños de las favelas son hijos DE la miseria.* **4.** Cosa engendrada o producida por otra. *Al rosal le están brotando hijos.* **5.** coloq. Se usa para dirigirse a una persona, gralm. más joven, con la que se tiene confianza, a veces cariñosamente, otras en tono de reproche. *¿Que no sales?, ¡hija, qué aburrida eres!* ○ m. **6.** (En mayúsc.). Rel. Segunda persona de la Santísima Trinidad. *El Padre, el Hijo y el Espíritu Santo.* ○ m. pl. **7.** cult. Descendientes. *Luchemos por un mundo mejor para nuestros hijos.* ■ **hija de la Caridad.** f. Religiosa de la congregación fundada por San Vicente de Paúl en el s. XVII para la asistencia benéfica en hospitales, asilos y centros semejantes. ■ **~ adoptivo/va.** m. y f. **1.** Hijo (→ 1) que ha sido adoptado. (→ adoptivo) **2.** Persona a la que una localidad en la que no ha nacido le concede esa distinción honorífica. *Es hijo adoptivo DE la ciudad.* ■ **~ de papá.** m. y f. despect. Persona que disfruta de buena posición social y económica gracias a sus padres más que a sus propios méritos. *Tanto trabajar para que luego llegue un hijo de papá y le den el puesto.* ■ **~ de puta.** m. y f. malson. Mala persona. ■ **~ de su madre.** m. y f. coloq., eufem. Mala persona. *Algún hijo de su madre me ha robado.* ■ **~ ilegítimo/ma, o natural.** m. y f. Hijo (→ 1) nacido de padres no unidos por el matrimonio. *Era hijo natural DE un aristócrata.* ■ **~ legítimo/ma.** m. y f. Hijo (→ 1) nacido de legítimo matrimonio. *La herencia recayó solo en los hijos legítimos.* ■ **~ predilecto/ta.** m. y f. Persona a la que la localidad en la que nació le concede esa distinción honorífica. *La campeona es hija predilecta DE su pueblo.* ■ **~ pródigo/ga.** m. y f. Hijo (→ 1) que regresa al hogar de sus padres después de haberlo abandonado para independizarse. □ **cada,** o **cualquier,** o **todo, hijo de vecino.** loc. s. coloq. Cualquier persona. *Trabaja como cualquier hijo de vecino.*

hijodalgo, hijadalgo. (pl. **hijosdalgo, hijasdalgo**). m. y f. cult. Hidalgo.

hijuela. f. **1.** Conjunto de bienes que corresponden a cada heredero en una herencia. *La casa pasó a la*

hijuela del hijo mayor. Tb. el documento donde constan. **2.** Cosa derivada de otra principal, o subordinada a ella. *La agencia es una hijuela del Ministerio.*

hilacha. f. **1.** Pedazo de hilo que se desprende de la tela. *Corta las hilachas del retal.* Tb. fig. **2.** Resto o vestigio. *Guardaba fotos, hilachas del pasado.* FAM **hilacho.**

hilada. f. **1.** Fila o hilera. *Una hilada DE columnas.* **2.** Constr. Serie horizontal de ladrillos o piedras. *Los albañiles levantaron varias hiladas de ladrillos.*

hilandero, ra. m. y f. Persona que tiene por oficio hilar materias textiles. *Trabaja de hilandera en una fábrica textil.* FAM **hilandería.**

hilar. tr. **1.** Reducir a hilo (algodón, lana u otra materia textil). *La abuela hilaba la lana con el huso y la rueca.* Tb. como intr. **2.** Formar el gusano de seda (su capullo) o la araña (su tela). *La araña hila su tela en la cueva.* **3.** Unir de manera lógica o coherente (algo inmaterial). *No es capaz de hilar dos frases.* ■ **~ fino,** o **delgado.** loc. v. Ser muy sutil en el pensamiento o muy preciso y cuidadoso en los actos. *No hay que hilar tan fino: los motivos de su dimisión son más simples.* FAM **hilado; hilador, ra; hilatura.**

hilarante. adj. cult. Que produce hilaridad o risa. *La obra tiene diálogos hilarantes.* FAM **hilaridad.**

hilera. f. Conjunto de personas o cosas situadas una detrás de otra. *Hileras DE árboles bordean el bulevar.* ▶ FILA.

hilo. m. **1.** Cuerpo largo y delgado que resulta de la elaboración de una materia textil y que se emplea pralm. para coser. *Tomó aguja e hilo para coser.* **2.** Lino (fibra textil, o tejido). *Un mantel de hilo.* **3.** Cuerpo en forma de hilo (→ 1). *El cable eléctrico lleva hilo de cobre.* **4.** Cable eléctrico de transmisión. *Telefonía sin hilos.* **5.** Chorro muy delgado de líquido. *Le brota un hilo DE sangre.* **6.** Curso o evolución de una cosa, espec. del discurso o del pensamiento. *Cuesta seguir el hilo de la novela.* ■ **~ de voz.** m. Voz muy débil o apagada. *Pidió perdón con un hilo de voz.* □ **colgar,** o **pender, de un ~.** loc. v. Correr gran riesgo. *Su vida pende de un hilo.* ▶ **2:** LINO. **3:** FILAMENTO.

hilván. m. **1.** Costura de puntadas largas con que se une lo que después se ha de coser definitivamente. *Antes de coserlo a máquina, prepárelo con un hilván.* **2.** Hilo empleado para hilvanar. *Había hilvanes por el suelo.*

hilvanar. tr. **1.** Hacer un hilván (en algo que se ha de coser). *Hilvanó la tela para la falda.* **2.** Enlazar o coordinar (algo inmaterial, espec. ideas o frases). *Está nervioso y no hilvana las ideas.* **3.** Preparar (algo) de forma precipitada o poco detallada. *Hilvanó el discurso media hora antes.* FAM **hilvanado.**

himen. m. Anat. Repliegue membranoso que reduce el orificio externo de la vagina mientras se es virgen. *Es normal sangrar un poco cuando se rompe el himen.*

himeneo. m. cult. Boda o casamiento. *En el lecho nupcial se consumó el himeneo.*

himno. m. **1.** Composición musical que identifica y representa a un país o a una colectividad. *Sonó el himno nacional.* **2.** Composición poética, gralm. para ser cantada, de tono solemne y entusiasta, y que tiene por objeto la alabanza o la exaltación. *Compuso un himno a la libertad.*

hincapié. hacer **~** (en algo). loc. v. Insistir (en esa cosa). *Hizo hincapié EN que seamos puntuales.*

hincar. tr. **1.** Clavar o introducir (algo) en un lugar. *Le hincó los dientes EN el brazo.* **2.** Apoyar (algo) en el suelo. *Hincó la rodilla* EN *el suelo*. ○ intr. prnl. **3.** Arrodillarse. *Se hinca ante el crucifijo.*

hincha. m. y f. coloq. Partidario entusiasta de algo o de alguien, espec. de un equipo deportivo. *Los hinchas* DE *la selección festejan cada gol.* FAM **hinchada.**

hinchado, da. adj. **1.** Presumido o vanidoso. *Un político hinchado.* **2.** Dicho de lenguaje o estilo: Enfático y afectado.

hinchar. tr. **1.** Hacer que (algo) aumente de volumen llenándo(lo) de aire u otro fluido. *Hincha el balón.* **2.** Hacer que (alguien o una parte de su cuerpo) aumente anormalmente de volumen. *El calor me hincha los pies.* **3.** Exagerar (algo, espec. un hecho o una noticia). *La prensa hinchó el incidente.* **4.** Am. coloq. Fastidiar (a alguien) o molestar(lo). *Cada uno se prepara lo que quiere, así no te hincho* [C]. Tb. como intr. ○ intr. prnl. **5.** coloq. Hartarse. *Se hinchó* DE *pasteles.* **6.** Ponerse soberbio o vanidoso. *Al oír tales elogios, se hinchaba.* ▶ **1, 3:** INFLAR. FAM **hinchable.**

hinchazón. f. **1.** Efecto de hinchar o hincharse algo, espec. una parte del cuerpo. *Ponga hielo en el tobillo para que baje la hinchazón.* **2.** Cualidad de hinchado. *Habla con una hinchazón que lo hace repelente.* ▶ **1:** TUMEFACCIÓN.

hindi. m. Lengua hablada en la India, cuya escritura y vocabulario están, en gran parte, tomados del sánscrito.

hindú. adj. **1.** De la India. *Cocina hindú.* **2.** Del hinduismo. *El dios hindú Krishna.* **3.** Que profesa el hinduismo. *Creyentes hindúes.* ▶ **1:** *INDIO. **2, 3:** HINDUISTA.

hinduismo. m. Religión politeísta predominante en la India, procedente del antiguo brahmanismo, que afirma la existencia de la reencarnación y prescribe un sistema social de castas. FAM **hinduista.**

hinojo¹. m. Planta aromática, usada espec. como condimento, cuyas variedades cultivadas tienen un cogollo blanco y redondeado que se consume como verdura.

hinojo². m. cult. Rodilla. *Cayó de hinojos ante el rey.*

hipar. → hipo.

híper. → hipermercado.

hiper-. elem. compos. Significa 'exceso'. *Hiperinflación, hiperproducción, hiperestresado, hiperactividad, hiperglucemia, hipersensible, hipertensión.*

hipérbaton. (pl. **hipérbatos**). m. *Lit.* y *Gram.* Inversión o alteración del orden habitual de las palabras en la frase. *En "del salón en el ángulo oscuro" hay hipérbaton.*

hipérbola. f. *Mat.* Curva compuesta por dos tramos simétricos y opuestos respecto de dos ejes de coordenadas perpendiculares, obtenida al cortar un cono doble con un plano. FAM **hiperbólico, ca** (*Superficie hiperbólica*).

hipérbole. f. cult. o *Lit.* Exageración. *En el poema abundan las hipérboles.* FAM **hiperbólico, ca** (*Alabanzas hiperbólicas*).

hiperespacio. m. Espacio de más de tres dimensiones. *En la novela, la nave viaja a través del hiperespacio.*

hiperestesia. f. cult. o *Med.* Sensibilidad excesiva y dolorosa. *La picadura del escorpión puede provocar hiperestesia cutánea.* FAM **hiperestésico, ca.**

hipermercado. m. Supermercado de grandes dimensiones, localizado gralm. en la periferia urbana. FAM **híper.**

hipermetropía. f. *Med.* Defecto visual que hace que los objetos cercanos se perciban de modo confuso, debido a que la imagen se forma más allá de la retina. FAM **hipermétrope.**

hiperrealismo. m. Realismo sumamente fiel y minucioso. Tb. la tendencia artística del último tercio del s. XX caracterizada por dicho realismo. FAM **hiperrealista.**

hipertensión. f. *Med.* Tensión sanguínea excesivamente alta. Tb. ~ *arterial.* FAM **hipertenso, sa.**

hipertermia. f. *Med.* Aumento patológico de la temperatura del cuerpo.

hipertexto. m. *Inform.* Texto que contiene elementos, gralm. resaltados, desde los que se puede acceder a la información contenida en otros archivos o en otras partes de dicho texto. *Haciendo clic en el enlace de hipertexto se pasa a otra página web.*

hipertiroidismo. m. *Med.* Trastorno consistente en un aumento de la segregación de hormonas de la glándula tiroidea. *El hipertiroidismo puede producir bocio.*

hipertrofia. f. **1.** cult. Desarrollo excesivo o exagerado. *La hipertrofia del Estado le resta eficacia.* **2.** *Biol.* y *Med.* Aumento anormal del tamaño de un órgano o de parte de él. FAM **hipertrofiarse** (conjug. ANUNCIAR); **hipertrófico, ca.**

hiperventilación. f. *Med.* Respiración de frecuencia e intensidad anormalmente elevadas. *El atleta ha sufrido un desvanecimiento por hiperventilación.*

hípico, ca. adj. **1.** De la hípica (→ 3). *Concurso hípico.* **2.** Del caballo. *Exhibición hípica.* ● f. **3.** Deporte de montar a caballo en carreras, concursos de salto u otros ejercicios. *Es aficionado a la hípica.* ▶ **3:** EQUITACIÓN.

hípido. m. Hecho o efecto de hipar o sollozar con convulsiones semejantes al hipo. *Entre hípidos, el niño repite que no quiere ir al colegio.* ▶ JIPIDO.

hipnosis. f. Sueño producido por hipnotismo. *Mírame fijamente a los ojos y entrarás en estado de hipnosis.* FAM **hipnótico, ca; hipnotizador, ra; hipnotizar.**

hipnotismo. m. Método para producir sueño artificial mediante técnicas de sugestión o con aparatos adecuados. *En la psicoterapia emplean el hipnotismo.*

hipo. m. **1.** Movimiento convulsivo del diafragma, que produce una respiración con interrupciones bruscas y acompañadas de un ruido gralm. agudo. *Dicen que con un susto se quita el hipo.* **2.** Convulsión semejante a las del hipo (→ 1), que a veces acompaña a un sollozo. *Llora sin poder reprimir los hipos.* FAM **hipar.**

hipoalergénico, ca. adj. tecn. Que tiene pocas probabilidades de producir una reacción alérgica. *Loción hipoalergénica.* FAM **hipoalérgico, ca.**

hipocalórico, ca. adj. *Med.* Que contiene pocas calorías. *Dieta hipocalórica.*

hipocampo. m. *Zool.* Caballito de mar.

hipocondría. f. *Med.* Afección caracterizada por tristeza habitual y preocupación excesiva por la salud. *No está enfermo, es todo fruto de su hipocondría.* FAM **hipocondríaco, ca** o **hipocondriaco, ca.**

hipocorístico, ca. adj. *Ling.* Dicho de nombre: Que se usa, abreviado o modificado, para sustituir al nombre de pila, frec. con intención afectiva. *"Pepe", por José, es un nombre hipocorístico.*

hipocrático, ca. adj. De Hipócrates (médico griego, ss. IV-V a. C.), o de su escuela. *El juramento hipocrático sería adoptado como código ético por los médicos.*

hipócrita. adj. Que finge cualidades o sentimientos que no tiene. *No seas hipócrita, en realidad te da igual lo que me pase.* ▶ *MENTIROSO. FAM **hipocresía.**

hipodérmico, ca. adj. *Med.* Que está o se aplica debajo de la piel. *Ponen la vacuna con una aguja hipodérmica.*

hipódromo. m. Lugar destinado a carreras de caballos.

hipófisis. f. *Anat.* Glándula interna de pequeño tamaño situada en la base del cráneo. *La hipófisis segrega las hormonas del desarrollo sexual.* ▶ PITUITARIA.

hipoglucemia. f. *Med.* Nivel de glucosa en la sangre inferior al normal.

hipogrifo. m. Animal fabuloso cuyo cuerpo es mezcla de caballo, león y águila.

hipopótamo. m. Mamífero de gran tamaño, piel gruesa, patas cortas y grandes mandíbulas, que vive en ríos africanos. *El hipopótamo hembra.*

hipotálamo. m. *Anat.* Región del encéfalo situada en la base del cerebro, que es el centro de control del sistema nervioso y de la vida vegetativa.

hipoteca. f. Derecho que grava un inmueble, sujetándolo al pago de una deuda. *Viven en una casa sujeta a hipoteca.* FAM **hipotecar; hipotecario, ria.**

hipotensión. f. *Med.* Tensión sanguínea excesivamente baja. Tb. ~ *arterial.* FAM **hipotenso, sa.**

hipotenusa. f. *Mat.* Lado opuesto al ángulo recto de un triángulo rectángulo.

hipotermia. f. *Med.* Descenso, gralm. patológico, de la temperatura del cuerpo por debajo de lo normal. *El montañero presenta síntomas de hipotermia.*

hipótesis. f. Suposición en la que se fundamentan una argumentación o unas conclusiones. *Parto de la hipótesis de que el ladrón nos conocía.* FAM **hipotético, ca.**

hipotiroidismo. m. *Med.* Trastorno que consiste en una disminución de la segregación de hormonas de la glándula tiroidea.

hippy o *hippie.* (pal. ingl.; pronunc. "jípi"). adj. De un movimiento juvenil surgido en los Estados Unidos de América en la década de 1960, caracterizado por el pacifismo, la rebelión contra las estructuras sociales vigentes y el retorno a la naturaleza. Tb. m. y f. *Los hippies llevaban el pelo largo.* ¶ [Adaptación recomendada: *jipi*, pl. *jipis*].

hiriente. adj. Que hiere, espec. los sentimientos o los sentidos. *Críticas hirientes.*

hirsuto, ta. adj. cult. Dicho de pelo: Duro y rígido. *Tiene el vello negro e hirsuto.*

hisopo. m. **1.** Utensilio empleado en la liturgia cristiana para esparcir agua bendita, consistente en un mango con una bola hueca y agujereada en su extremo, que contiene el agua. *El sacerdote bendice la lápida con unos golpes del hisopo.* **2.** Planta muy olorosa, de tallos leñosos, hojas puntiagudas y flores azules o blanquecinas en espiga.

hispalense. adj. cult. De Sevilla (España).

hispánico, ca. adj. **1.** De España. *Geografía hispánica.* **2.** De lengua y cultura españolas. *Filología hispánica.* **3.** histór. De Hispania (antigua región de Europa). *Latín hispánico.* ▶ **1:** *ESPAÑOL. FAM **hispanidad; hispanización; hispanizar.**

hispanismo. m. **1.** Estudio de las lenguas y culturas de los pueblos hispánicos. *Es una figura del hispanismo.* **2.** Palabra o uso propio de la lengua española empleados en otra. *En inglés hay hispanismos como "siesta".* ▶ **2:** ESPAÑOLISMO. FAM **hispanista.**

hispano, na. adj. **1.** Hispanoamericano. Frec. referido a pers. de ese origen que residen en los Estados Unidos de América. *La comunidad hispana es numerosa en Florida.* **2.** De España. *El monarca hispano.* **3.** histór. De Hispania (antigua región de Europa). *Al principio, Roma estableció dos provincias hispanas.* ▶ **1:** HISPANOAMERICANO. **2:** *ESPAÑOL.

hispano-. elem. compos. Significa 'español'. *Hispanojudío, hispanofrancés, hispanohablante, hispanoparlante.*

hispanoamericano, na. adj. De Hispanoamérica (conjunto de países americanos donde el español es la lengua oficial). *Naciones hispanoamericanas.* ▶ HISPANO.

hispanorromano, na. adj. histór. De la Hispania romana.

histamina. f. *Bioquím.* Sustancia presente en los tejidos orgánicos, que participa en las reacciones alérgicas.

histeria. f. **1.** Estado pasajero de gran excitación nerviosa. *La aparición del cantante desata la histeria del público.* **2.** *Med.* Enfermedad nerviosa caracterizada por síntomas como hipersensibilidad, excitabilidad y, a veces, ataques convulsivos. *Ataque de histeria.* ▶ HISTERISMO. FAM **histérico, ca; histerismo.**

histología. f. *Biol.* y *Anat.* Estudio de los tejidos orgánicos, espec. de su estructura y composición. FAM **histológico, ca; histólogo, ga.**

historia. f. **1.** Conjunto de los acontecimientos pasados de la humanidad. *El descubrimiento de la rueda fue crucial en la historia.* **2.** Conjunto de los acontecimientos pasados de alguien o algo. *La historia de esta ciudad es muy interesante. Le cuenta su historia a todos.* **3.** Ciencia que estudia y narra cronológicamente los acontecimientos pasados. *Es licenciada en Historia.* **4.** Narración real o inventada. *¡Qué historias cuenta la abuela!* **5.** coloq. Chisme o cuento. *Está harto de oír historias de famosos.* ■ ~ **clínica.** f. Relación de los datos médicos referentes a la enfermedad o enfermedades de un paciente, a su tratamiento y a su evolución. *El médico conserva la historia clínica de cada paciente.* ■ ~ **natural.** f. Ciencia que estudia los reinos animal, vegetal y mineral. ■ ~ **sagrada,** o **sacra.** f. Conjunto de narraciones contenidas en el Antiguo y el Nuevo Testamento. □ **hacer** ~. loc. v. Merecer ser recordado por generaciones futuras. *Hizo historia al conseguir siete medallas en una olimpiada.* ■ **pasar a la** ~. loc. v. **1.** Ser recordado por generaciones futuras. *Esta batalla pasará a la historia POR su crueldad.* **2.** Perder interés, actualidad o vigencia. *Con la llegada del ordenador, la máquina de escribir pasó a la historia.* FAM **historiador, ra; historiar** (conjug. ANUNCIAR o, raro, ENVIAR).

historiado, da. adj. *Arte* Decorado con escenas relativas a una historia. *Capiteles historiados.*

historial. m. Narración escrita y detallada de los antecedentes de alguien o de algo, frec. de los antecedentes profesionales de una persona. *Los interesados en el puesto deberán enviarnos su historial.*

historicismo. m. Tendencia a interpretar la realidad desde un punto de vista principalmente histórico. *El historicismo filosófico del XIX.* FAM **historicista.**

histórico, ca. adj. **1.** De la historia. *Archivo histórico.* **2.** Dicho de persona o cosa: Que ha tenido existencia real y comprobada. *¿Fue el rey Arturo un personaje histórico?* **3.** Que, por su importancia, figura en la historia y es digno de ello. *La histórica cumbre tuvo lugar en Yalta.* **4.** *Lit.* Dicho de obra literaria: Basada en hechos o personajes históricos (→ 1). **5.** *Ling.*

Que atiende a la evolución de la lengua a lo largo de su historia. *Diccionario histórico.* ▶ **5**: DIACRÓNICO. FAM **historicidad.**

historieta. f. **1.** Narración breve de un suceso gracioso o singular y de poca importancia. *¡Qué historietas cuenta!* **2.** Serie de dibujos enmarcados en viñetas, acompañados o no de texto, que constituyen un relato. *Una historieta de Mafalda.*

historiografía. f. **1.** Actividad de escribir la historia, espec. mediante el estudio y crítica de sus fuentes. *La historiografía tuvo gran desarrollo entre los romanos.* **2.** Conjunto de obras de historia. FAM **historiográfico, ca; historiógrafo, fa.**

histrión, nisa. m. y f. **1.** cult. Actor teatral. **2.** despect. Persona que se expresa o gesticula con la afectación o exageración consideradas propias de un histrión (→ 1). *No quiero volver a oír los lamentos de ese histrión.* FAM **histriónico, ca; histrionismo.**

hitita. adj. histór. De un pueblo establecido en Anatolia (península de Asia, hoy perteneciente a Turquía), que constituyó un imperio en el segundo milenio a. C.

hitleriano, na. adj. **1.** histór. De Adolf Hitler (político alemán, 1889-1945). *Discursos hitlerianos.* **2.** histór. Partidario o seguidor de Adolf Hitler. *Las juventudes hitlerianas.*

hito. m. **1.** Poste de piedra clavado en el suelo, que sirve para indicar la dirección o las distancias en un camino, o para delimitar un terreno. *Una senda forestal marcada con hitos.* **2.** cult. Punto culminante de un proceso. *La invención de la imprenta fue un hito en la difusión cultural.* ■ **de ~ en ~.** loc. adv. Fijamente. *Se miran de hito en hito.*

hobby. (pal. ingl.; pronunc. "jóbi"). m. Pasatiempo o entretenimiento que se practican habitualmente en los ratos de ocio. *Su hobby es la jardinería.* ¶ [Equivalentes recomendados: *afición, pasatiempo*].

hocico. m. **1.** En algunos animales: Parte prolongada de la cabeza, donde están la boca y la nariz. *El perro levanta el hocico.* **2.** coloq., humorist. Cara de una persona, espec. la zona de la nariz y la boca. ■ **meter el ~** (en algo). loc. v. coloq. Curiosear o entrometerse (en ello). *No meta el hocico EN esto.* ▶ **1**: MORRO. FAM **hocicudo, da.**

hocicón, na. adj. Am. De hocico grande o saliente. *Tiene la cara larga y hocicona, como de coyote* [C]. ▶ HOCICUDO.

hockey. (pal. ingl.; pronunc. "jókei"). m. Deporte que se juega entre dos equipos que intentan introducir una bola o un disco en la portería contraria, impulsándolos con un bastón con su parte inferior curva. *Juega al hockey sobre hielo.* ¶ [Adaptación recomendada: *jóquey*].

hogaño. adv. cult. En esta época. *Hogaño no tiene las ilusiones de antaño.*

hogar. m. **1.** Vivienda en la que reside una persona o una familia. *Se han mudado a su nuevo hogar.* Tb. esa familia. *Se casó y formó un hogar.* **2.** Centro de reunión para personas que tienen en común una actividad, una situación o una procedencia. *Juega a las cartas en el hogar del pensionista.* **3.** Asilo (establecimiento benéfico). *Hogar de niños abandonados.* **4.** En una cocina, chimenea u otra cosa semejante: Espacio donde se enciende el fuego. *La leña arde en el hogar.* ▶ **1**: *VIVIENDA; LARES.* **3**: ASILO.

hogareño, ña. adj. **1.** Dicho de persona: Amante del hogar y la vida familiar. **2.** Dicho de cosa: Del hogar familiar. *Llevamos una vida muy hogareña.*

hogaza. f. Pan grande y circular, cuyo peso aproximado es de un kilo.

hoguera. f. Fuego de mucha llama, hecho normalmente al aire libre y con leña. *Dormían en torno a una hoguera.* ▶ FUEGO, PIRA.

hoja. f. **1.** En un vegetal: Órgano, gralm. plano, delgado y de color verde, que nace normalmente del tallo. *El pino tiene las hojas puntiagudas.* **2.** En una flor: Pétalo. **3.** Lámina delgada de una materia, como papel o metal. *Con una hoja de papel hace un cucurucho.* **4.** Hoja (→ 3) de papel, espec. de las que componen un libro o un cuaderno. *Arranca una hoja de la libreta.* **5.** En una puerta, una ventana u otra cosa semejante: Cada una de las partes articuladas que se abren y se cierran. *Las hojas de la ventana no encajan bien.* **6.** En un arma blanca o una herramienta cortante: Cuchilla. *La hoja de la espada está mellada.* **7.** Publicación periódica. *La Hoja de Medellín.* ■ **~ afeitar.** f. Lámina de acero, muy delgada y cortante, que colocada en la maquinilla sirve para afeitar. ■ **~ de cálculo.** f. *Inform.* Programa que presenta datos numéricos o textuales en tablas constituidas por filas y columnas, y que permite realizar operaciones matemáticas o estadísticas con esos datos. *Los contables manejan hojas de cálculo.* ■ **~ de lata.** f. Hojalata. ■ **~ de ruta.** f. En transportes, viajes o carreras: Documento en que constan datos sobre el itinerario, la carga y cosas semejantes. *En la hoja de ruta del camionero figura el tipo de mercancía.* ■ **~ de servicios.** f. Documento en que constan los antecedentes personales y profesionales de un funcionario público en el ejercicio de su profesión. *Por su impecable hoja de servicios fue ascendido a coronel.* ■ **~ suelta.** f. Impreso que, sin ser cartel ni periódico, tiene menos de cinco páginas. *No se permite repartir folletos u hojas sueltas.* ▶ **2**: PÉTALO. **5**: BATIENTE. **6**: CUCHILLA.

hojalata. f. Lámina de hierro o acero bañada en estaño por las dos caras. *Envases de hojalata.* ▶ LATA. FAM **hojalatero, ra.**

hojaldre. m. **1.** Masa de harina y manteca que, al cocerse en el horno, forma muchas hojas delgadas superpuestas. *Pastel de hojaldre.* **2.** Dulce de hojaldre (→ 1). *Tomamos unos hojaldres deliciosos.* FAM **hojaldrado, da.**

hojarasca. f. **1.** Conjunto de hojas caídas de los árboles. *El césped se ha cubierto de hojarasca.* **2.** Conjunto de hojas excesivas e inútiles de una planta. *Quite la hojarasca a las plantas con regularidad.* **3.** Cosa que resulta inútil o innecesaria dentro de un conjunto, espec. palabras en un discurso. *En su redacción hay mucha hojarasca.*

hojear. tr. Pasar con rapidez las hojas (de un libro, de un cuaderno o de otra cosa semejante). *Se entretiene hojeando una revista.*

hojuela. f. Dulce hecho con una masa delgada y extendida, que se fríe en aceite.

hola. interj. **1.** coloq. Se usa como saludo. *–Hola, ¿cómo estás?* **2.** cult. Se usa para expresar asombro. *¡Hola, lo que hay que ver!*

holanda. f. Tela muy fina de lino o algodón. *Sábanas de holanda.*

holandés, sa. adj. **1.** De Holanda (Países Bajos). *Solo son holandesas dos provincias de los Países Bajos.* Tb. de los Países Bajos. *Nacionalidad holandesa.* ● m. **2.** Dialecto del neerlandés hablado en los Países Bajos. ▶ **1**: NEERLANDÉS.

holding. (pal. ingl.; pronunc. "jóldin"). m. *Econ.* Sociedad financiera cuyo activo está constituido básicamente por acciones y participaciones de otras sociedades. *La familia levantó un holding de empresas de hostelería.*

holgado, da. adj. **1.** Dicho de objeto, espec. de prenda de vestir: Sobradamente grande o ancho para lo que debe contener. *En verano lleva ropa holgada.* **2.** Dicho de persona o cosa: Que tiene espacio sobrante dentro de lo que la contiene. *En esta cama podrían dormir holgadas tres personas.* **3.** Dicho de persona: Que tiene bastantes recursos para vivir con comodidad y sin problemas. *No nos sobra el dinero, pero vivimos holgados.* ▶ **1, 2:** *ANCHO. **3:** DESAHOGADO.

holganza. f. **1.** cult. Estado de quien no trabaja o está ocioso. *Pretendían sacar de la holganza a los desocupados.* **2.** cult. Placer o diversión.

holgar. (conjug. CONTAR). intr. **1.** cult. Sobrar o ser innecesaria una cosa. *Su descripción es tan gráfica que huelga todo comentario.* **2.** cult. Divertirse o entretenerse. *Vayamos a holgar y bailar.* **3.** cult. Estar ocioso o sin trabajar. *Muchos que quieren trabajar, huelgan a su pesar.*

holgazán, na. adj. Dicho de persona: Vago o que no quiere trabajar. ▶ *VAGO. FAM **holgazanería.**

holgazanear. intr. Tener un comportamiento de holgazán. *En cuanto llega el capataz, cogen el pico y la pala y dejan de holgazanear.* ▶ HARAGANEAR, GANDULEAR.

holgura. f. **1.** Condición de holgado. *Cuesta llegar con holgura a fin de mes.* **2.** Espacio vacío que queda entre dos cosas que deben encajar entre sí. *La ventana tiene algo de holgura y se cuela el frío.*

holístico, ca. adj. Fil. Que trata cada realidad como un todo distinto de la suma de sus partes. *Un enfoque holístico del ser humano.* FAM **holismo.**

hollar. (conjug. CONTAR). tr. cult. Pisar o poner el pie (sobre algo). *Se adentran en territorios que ningún hombre ha hollado.*

hollejo. m. Piel delgada de algunas frutas o legumbres, como la uva o la judía.

hollín. m. Sustancia oscura que el humo deposita en la superficie de los cuerpos. *La chimenea se ha llenado de hollín.* ▶ TIZNE.

holocausto. m. **1.** cult. Gran matanza de personas, espec. por razones políticas, religiosas o étnicas. *Sobrevivió al holocausto judío.* **2.** histór. Rel. Sacrificio en que la víctima se quemaba por completo. *Ofrecieron un cordero en holocausto.*

holografía. f. tecn. Técnica fotográfica que, mediante iluminación por láser, permite obtener imágenes tridimensionales. Tb. la imagen así obtenida. (→ **holograma**) FAM **holográfico, ca.**

holograma. m. Imagen obtenida mediante holografía. ▶ HOLOGRAFÍA.

hombre. m. **1.** Ser animado racional. *El mono es antepasado del hombre.* **2.** Ser animado racional de sexo masculino. *Hay tantos hombres como mujeres.* **3.** Hombre (→ 2) adulto. *El niño se hará un hombre.* **4.** Hombre (→ 2) que tiene cualidades consideradas propias de su sexo, como el valor o la fuerza. *Hay que ser todo un hombre para arriesgar la vida por otro.* **5.** coloq. Marido. ● interj. **6.** coloq. Se usa para expresar asombro. *¡Hombre, usted por aquí!* **7.** coloq. Se usa para expresar intención de conciliar o de persuadir. *¡Venga, hombre, anímese!* ■ ~ **de paja.** Hombre (→ 2) aparentemente responsable en un asunto, pero que en realidad obedece órdenes de otro

que no quiere figurar como tal. *El director es el hombre de paja de un rico empresario.* ■ ~ **lobo.** m. Hombre (→ 2) que, según la tradición popular, se convierte en lobo en las noches de luna llena. ■ ~ **orquesta.** (pl. **hombres orquesta**). m. Hombre (→ 2) que toca un conjunto de instrumentos simultáneamente. ■ ~ **rana.** (pl. **hombres rana**). m. Hombre (→ 2) que, provisto del equipo necesario, realiza trabajos subacuáticos. *Los hombres rana de la policía buscan el cadáver en el embalse.* ■ **pobre ~.** m. Hombre (→ 2) de poca resolución o escaso valor moral o intelectual. *Es un pobre hombre del que abusan todos.* □ **buen ~.** loc. s. Se usa, frec. en zonas rurales, para dirigirse con amabilidad a un desconocido. *Dígame, buen hombre, ¿por dónde queda la ermita?* ■ **de ~ a ~.** loc. adv. Con sinceridad y en igualdad de condiciones. *Hablemos de hombre a hombre.* ▶ **1:** *PERSONA. **2:** VARÓN. FAM **hombrada; hombretón; hombría.**

hombrera. f. **1.** Almohadilla que algunas prendas de vestir llevan por dentro del hombro para realzar esta zona. *Blusa con hombreras.* **2.** Cordón o tira que se colocan sobre el hombro del vestido o del uniforme, gralm. como adorno. **3.** Tira de algunas prendas de vestir que permite que estas se sujeten de los hombros. ▶ **3:** TIRANTE.

hombro. m. **1.** En el cuerpo humano: Parte superior y lateral del tronco, de donde nace el brazo. *El pirata llevaba un loro en el hombro.* **2.** En el cuerpo de algunos animales: Parte de donde nacen el brazo o el ala. *La paloma tiene el hombro herido.* ■ **a ~s, o en ~s.** loc. adv. Sobre los hombros (→ 1). *Llevan el féretro a hombros.* ■ **al ~.** loc. adv. Sobre el hombro (→ 1), o colgando de él. *Se puso la escopeta al hombro.* ■ **arrimar el ~.** loc. v. Ayudar aportando el propio trabajo o esfuerzo. *Todos tendrán que arrimar el hombro.* ■ **encogerse de ~s, o encoger los ~s.** loc. v. Mostrar ignorancia o indiferencia ante algo, gralm. elevando los hombros (→ 1). *Ante mi pregunta, se encogió de hombros.* ■ **en ~s.** → **a hombros.** ■ **mirar** (a alguien) **por encima del ~.** loc. v. Desdeñar(lo) o menospreciar(lo). *Los ricos nos miran por encima del hombro.*

hombruno, na. adj. Dicho de mujer: Que se parece al hombre en algún aspecto.

homenaje. m. **1.** Acto celebrado como demostración de respeto o admiración hacia alguien o algo. *Organizaron un homenaje AL poeta.* **2.** histór. En la Edad Media: Juramento solemne de fidelidad hecho a un rey o a un señor feudal. FAM **homenajear.**

homeopatía. f. Med. Método terapéutico que consiste en administrar, en dosis pequeñas, las mismas sustancias que, en dosis altas, producirían síntomas similares a los de la enfermedad que se intenta combatir. FAM **homeópata; homeopático, ca.**

homérico, ca. adj. De Homero (poeta griego, s. VIII a. C.?), o de características semejantes a las de sus obras, espec. la grandiosidad. *La "Odisea", poema homérico.*

homicidio. m. Muerte dada por una persona a otra. *Lo acusan DEL homicidio de tres personas.* FAM **homicida.**

homilía. f. Discurso en el que un sacerdote explica materias religiosas, gralm. durante la misa. *La homilía de la boda trató sobre el amor entre los esposos.*

homínido. adj. **1.** Zool. Dicho del grupo de los homínidos (→ 2). ● m. **2.** Zool. Mamífero perteneciente al grupo de los primates superiores, cuya única especie superviviente es el hombre.

homofobia. f. cult. Aversión hacia la homosexualidad o las personas homosexuales. *Hay homofobia en ciertos sectores sociales.* FAM **homofóbico, ca.**

homogeneizar. (conjug. PEINAR). tr. **1.** Hacer homogéneo (algo). *La televisión homogeneiza los gustos.* **2.** tecn. Someter (un líquido, espec. leche) a un tratamiento que evita la separación de sus componentes. *La leche homogeneizada se conserva más.*

homogéneo, a. adj. **1.** Dicho de cosa o de un conjunto de ellas: Formado por elementos iguales, o de igual naturaleza. *Las piezas de la colección forman un conjunto homogéneo.* **2.** Dicho de cosa: De igual género o carácter que otra. *Ideas homogéneas.* **3.** Dicho de sustancia o de mezcla: De composición y estructura uniformes. *Amase la mezcla hasta obtener una masa homogénea.* FAM **homogeneidad; homogeneización.**

homologar. tr. **1.** Hacer o considerar (una cosa o a una persona) homólogas o equivalentes a otra. *Homologarán sus sueldos A/CON los de los funcionarios.* **2.** Certificar oficialmente que (algo) cumple las especificaciones o normas establecidas. *Necesita homologar su título para ejercer.* **3.** Dep. Registrar y dar validez oficialmente (al resultado de una prueba). *Homologaron su récord.* FAM **homologación.**

homólogo, ga. adj. Dicho de persona o cosa: Correspondiente o equivalente a otra por tener algunas características esenciales comunes. *En los gorilas se observan pautas de conducta homólogas A las del hombre.* FAM **homología.**

homónimo, ma. adj. **1.** Dicho de persona o cosa: Que tiene el mismo nombre que otra. *La película se basa en una novela homónima.* **2.** Ling. Dicho de palabra: Que se escribe y suena igual que otra, pero tiene distinto significado. FAM **homonimia.**

homosexual. adj. Dicho de persona: Que siente inclinación sexual hacia individuos de su mismo sexo. ▶ GAY, LESBIANA. FAM **homosexualidad.**

homúnculo. m. cult. Hombre pequeño. *Abrió la puerta un homúnculo encorvado.*

honda. f. Tira de cuero, esparto u otro material semejante, algo más ancha en el centro, que se emplea para lanzar piedras. *Cazaban pájaros con una honda.*

hondo, da. adj. Profundo. *Un recipiente hondo.* FAM **hondura.**

hondonada. f. Espacio de terreno más hondo que el que lo rodea. *El pueblo está en una hondonada rodeada de cerros.* FAM **hondón.**

hondureño, ña. adj. De Honduras.

honesto, ta. adj. **1.** Dicho de persona, espec. de mujer: Decente, en el aspecto sexual. *La educaron para ser una esposa honesta.* **2.** Honrado, o que actúa conforme a las normas morales o legales establecidas. *Un funcionario honesto no acepta sobornos.* ▶ **1:** *DECENTE. **2:** *HONRADO. FAM **honestidad.**

hongo. m. **1.** Organismo con aspecto de planta, sin raíces, hojas ni clorofila, que vive parásito o sobre materia orgánica en descomposición, como la seta, la levadura y el moho. Designa espec. el que tiene forma de sombrilla sostenida por un pie. (→ seta). *Con las primeras lluvias, los prados se llenan de hongos.* **2.** Cosa con forma de hongo (→ 1) o seta. *El hongo de la bomba atómica.* **3.** Sombrero hongo (→ sombrero). **4.** Med. Hongo (→ 1) parásito que produce infecciones.

honor. m. **1.** Cualidad moral que lleva al cumplimiento de los propios deberes respecto de los demás y de uno mismo. *Los samuráis se rigen por un estricto código de honor.* **2.** Buena reputación adquirida por la virtud y los méritos propios. *Mancharon su honor con calumnias.* **3.** Honestidad de una mujer. *La protagonista perdía el honor con un donjuán.* **4.** Cosa que hace que alguien se sienta orgulloso. *Es para mí un honor recibir este premio.* **5.** Homenaje o agasajo que se tributa a alguien. *Habrá una fiesta en honor del héroe.* ○ pl. **6.** Demostraciones de respeto solemnes o protocolarias. *Se le rendirán honores de jefe de Estado.* **7.** cult. Dignidades o cargos de alto rango. *Aspiraba a los honores de la Magistratura.* ■ **de ~.** loc. adj. **1.** Que implica homenaje o distinción. *Le concedieron la insignia de honor.* **2.** Honorario. *Presidente de honor.* ■ **hacer ~** (a algo). loc. v. Demostrar ser digno (de ello) o fiel (a ello). *La plaza Vieja, casi en ruinas, hace honor a su nombre.* ■ **hacer los ~es** (a un invitado). loc. v. Atender(lo). *La anfitriona hacía los honores a los que iban llegando.* ■ **hacer los ~es** (a una comida o bebida). loc. v. Manifestar aprecio (hacia ellas), gralm. tomando bastante cantidad. *Los comensales hicieron los honores al asado.* FAM **honorífico, ca.**

honorable. adj. **1.** Dicho de persona: Digna de ser honrada o respetada. *Confía en ella, porque es una mujer honorable.* **2.** Se usa como tratamiento que corresponde a determinadas personas por su cargo o dignidad. *El honorable senador Vargas.* Tb., en Am., referido a instituciones u organismos. *La Honorable Cámara de Diputados* [C]. ▶ **1:** *HONRADO. FAM **honorabilidad.**

honorario, ria. adj. **1.** Dicho de persona con un título o cargo: Que tiene los honores pero no las responsabilidades o los derechos efectivos que implica tal título o cargo. *Fue designado presidente honorario del club.* ● m. pl. **2.** Remuneración por un trabajo, espec. en una profesión liberal. *La factura incluye los honorarios del abogado.*

honoris causa. (loc. lat.). loc. adj. Dicho de doctorado: Concedido con carácter honorífico por la Universidad.

honra. f. **1.** Buena reputación. *Las calumnias dañaron su honra.* **2.** Honestidad de una mujer. *La doncella prefirió perder la vida antes que la honra.* **3.** Demostración de respeto o aprecio hacia alguien por sus virtudes y méritos. *Recibió todo tipo de honras y los premios.* ○ pl. **4.** Acto religioso solemne en recuerdo de un difunto, frec. después de su entierro. Más frec. *~s fúnebres.* *Mañana se celebrarán las honras fúnebres por el fallecido.* ■ **tener** (algo) **a** (mucha) **~.** loc. v. Enorgullecerse o presumir (de ello). *Tiene a mucha honra ser campesino.* ▶ **4:** EXEQUIAS, FUNERAL. FAM **honroso, sa.**

honrado, da. adj. Que actúa conforme a las normas morales o legales establecidas, espec. diciendo la verdad o no apropiándose de lo ajeno. *Sé honrado y reconoce tu error.* ▶ DECENTE, HONESTO, HONORABLE, ÍNTEGRO. FAM **honradez.**

honrar. tr. **1.** Demostrar respeto (por alguien o algo). *Se declaró un día de luto para honrar su memoria.* **2.** Conceder (a alguien o algo) una cosa que supone un honor o un motivo de orgullo. *Nos honra CON su presencia el señor decano.* **3.** Dar honra y estimación (a alguien o algo). *Su dedicación a la defensa de la paz la honra.* ○ intr. prnl. **4.** Tener algo a honra, o enorgullecerse de ello. *Me honro CON su amistad.*

hontanar. m. cult. Sitio donde nace una fuente o un manantial.

hooligan. (pal. ingl.; pronunc. "júligan"). m. Hincha de comportamiento vandálico y agresivo, espec. el británico. ¶ [Equivalente recomendado: *hincha violento*].

hora. f. **1.** Unidad de tiempo que equivale a una de las veinticuatro partes iguales de un día (Símb. *h*). *Llevo media hora esperándote.* **2.** Momento preciso del día, identificado por las horas (→ 1) y minutos transcurridos desde su comienzo. *–¿Qué hora es? –Son las dos y cinco.* **3.** Contabilización de las horas (→ 1) del día establecida con respecto a una referencia, normalmente geográfica. *Al aterrizar, atrasó su reloj para adaptarlo a la hora de Venezuela.* **4.** Momento concreto o determinado. *Están regando justo a la hora en que más calienta el sol.* **5.** Momento oportuno para algo. *Es hora DE que hablemos.* **6.** Momento o tiempo establecidos para algo. *La hora DE la siesta.* **7.** Cita oficial o profesional a una hora (→ 2) determinada. *Tengo hora con la dentista.* **8.** Momento de morir. *A todos nos llega la hora.* ○ pl. **9.** Tiempo tardío, inoportuno o inusual para algo. *¿Qué horas son estas DE llegar a casa?* **10.** *Rel.* Partes del oficio divino que se rezan en distintos momentos del día. *Al amanecer, los monjes rezan los maitines, primera de las horas canónicas.* ■ ~ **pico.** (pl. **horas pico**). f. Am. Hora punta (→ **hora punta**). *En las horas pico, las guaguas deberán salir cada tres minutos* [C]. ■ ~ **punta.** (pl. **horas punta**). f. Tiempo del día en que se registra mayor aglomeración en los transportes o mayor demanda de determinados servicios. *A la hora punta hay grandes atascos.* ■ ~**s bajas.** f. pl. Período o momento de desánimo. *El equipo está en horas bajas debido a las últimas derrotas.* ■ ~**s de vuelo.** f. pl. **1.** Horas (→ 1) pasadas en vuelo a bordo de una aeronave por un piloto u otro profesional de la aviación. *Se necesitan ciertas horas de vuelo para conseguir el carné de piloto.* **2.** Experiencia acumulada en una actividad. *Es un director de cine con muchas horas de vuelo.* □ **a buena ~.** loc. adv. Temprano, o en el momento oportuno. *Madrugaremos para llegar a buena hora.* ■ **a todas ~s.** loc. adv. Continua o constantemente. *Allí llueve a todas horas.* ■ **a última ~.** loc. adv. En el último momento. *Iba a venir, pero a última hora se echó atrás.* ■ **en buena ~.** loc. adv. Feliz o afortunadamente. *Fue a Uruguay, y en buena hora, pues allí se enamoró.* ■ **en mala ~.** loc. adv. Se usa para expresar disgusto o desaprobación ante lo que se enuncia. *¡En mala hora decidí venirme del pueblo!* ■ **entre ~s.** loc. adv. Entre dos de las comidas principales del día. *Comer entre horas engorda.* ■ **hacer ~s.** loc. v. Hacer horas (→ 1) extraordinarias de trabajo. *Como el sueldo es tan bajo, hace horas.* ■ **la ~ de la verdad.** loc. s. El momento decisivo. *A la hora de la verdad, actuó con valentía.* ■ **las ~s muertas.** loc. s. Mucho tiempo ocupado en una sola actividad. *Pasan las horas muertas jugando.* ■ **no ver la ~** (de algo). loc. v. Tener muchas ganas (de ello). *No veo la hora DE acostarme.* ■ **poner en ~** (un reloj). loc. v. Ajustar(lo) para que indique la hora (→ 2) exacta. ■ **por ~s.** loc. adv. Tomando como unidad de cómputo la hora (→ 1). *Cobra por horas.* ■ **tener** alguien o algo **las ~s contadas.** loc. v. Estar próximos su fin o su muerte. *El herido tiene las horas contadas.*

horadar. tr. Agujerear (algo) atravesándo(lo) de parte a parte. *Le horadaron las orejas para ponerle pendientes.* ▶ *AGUJEREAR.

horario, ria. adj. **1.** De la hora o las horas. *Entre los dos países hay una diferencia horaria de seis horas.* ● m. **2.** Cuadro que indica con exactitud las horas en que se realizan determinadas actividades. *En la estación pidió un horario de autobuses.* **3.** Tiempo en que se desarrolla habitual o regularmente una actividad o servicio. *El horario de trabajo es de ocho a tres.* **4.** Contabilización de las horas del día establecida oficialmente en un territorio. *El horario de verano busca aprovechar más la luz solar.*

horca. f. **1.** Estructura compuesta por uno o dos maderos verticales y otro horizontal del que se cuelga por el cuello a un condenado a muerte. *Fue ejecutado en la horca.* **2.** Herramienta agrícola formada por un palo largo con dos o más púas en el extremo, que sirve para tareas como amontonar las mieses o levantar la paja. *Los campesinos llenan el carro de heno con sus horcas.* **3.** Palo terminado en dos puntas.

horcajadas. a ~. loc. adv. Con una pierna a cada lado del animal, persona o cosa sobre los que se está subido. *Se sientan a horcajadas en la tapia.*

horchata. f. Bebida hecha con chufas, almendras u otros frutos semejantes, machacados, exprimidos y mezclados con agua y azúcar. FAM **horchatería.**

horda. f. **1.** Tribu nómada y salvaje. *Las hordas visigodas invadieron la Península.* **2.** Multitud de personas que actúan sin orden ni disciplina. *Una horda de manifestantes.*

horizontal. adj. **1.** Paralelo al horizonte. *La cruz tiene un brazo horizontal y otro vertical.* **2.** Que va de derecha a izquierda, o de izquierda a derecha. *Divide el folio en dos con un trazo horizontal.* FAM **horizontalidad.**

horizonte. m. **1.** Línea que constituye el límite visual de la superficie terrestre, donde parecen juntarse el cielo y la tierra. *El barco se perdió en el horizonte.* **2.** Conjunto de posibilidades o perspectivas de una persona o una cosa. Frec. en pl. *Se abren nuevos horizontes para el comercio.* ○ pl. **3.** Límites o fronteras de un territorio. *Los horizontes del imperio se ensancharon.* **4.** cult. Lugares o paisajes. *Partieron en busca de nuevos horizontes.*

horma. f. **1.** Molde con que se fabrica o forma algo, espec. un zapato o un sombrero. **2.** Pieza que, colocada en el interior de un zapato, evita que este se deforme. *Mete en las botas las hormas y las guarda.* ■ **encontrar** alguien **la ~ de su zapato.** loc. v. coloq. Encontrar la persona o la cosa que mejor se acomodan a él. Frec. en sent. irónico. *Su novia es tan pedante como él: ha encontrado la horma de su zapato.*

hormiga. f. **1.** Insecto gralm. negro, de cuerpo alargado y con dos estrechamientos, que forma colonias en una red de galerías, pralm. bajo tierra. *El pastel caído se llenó de hormigas.* **2.** Persona laboriosa y ahorradora. Frec. *hormiguita.* FAM **hormiguero.**

hormigón. m. Material de construcción formado con una mezcla de piedras pequeñas, agua y arena, aglutinado con cemento o cal. *Muros de hormigón.* ▶ Am: CONCRETO. FAM **hormigonera.**

hormiguear. intr. **1.** Experimentar una parte del cuerpo una sensación, gralm. molesta, semejante a la de que por ella corrieran hormigas. *Me hormiguean las piernas.* **2.** Bullir o moverse una multitud de personas o animales. *El gentío hormiguea por el centro.* ▶ 2: BULLIR. FAM **hormigueo.**

hormona. f. Sustancia segregada internamente por un ser vivo o creada artificialmente en el laboratorio, cuya función es estimular, inhibir o regular la actividad orgánica. *La hormona tiroidea controla el crecimiento.* FAM **hormonal.**

hornacina. f. Hueco en forma de arco, hecho en una pared o un muro gralm. para colocar en él un objeto decorativo o de culto. *Una hornacina con una virgen.*

hornada. f. **1.** Cantidad de pan, pasteles u otras cosas, que se cuece de una vez en el horno. *En cada hornada salían doce hogazas.* **2.** coloq. Conjunto de personas que terminan su período de formación o comienzan a ejercer sus funciones al mismo tiempo. *Una nueva hornada de pintores.*

hornillo. m. **1.** Aparato pequeño, gralm. portátil, que funciona con alcohol, gas o electricidad y sirve para calentar o cocinar. *En el campo, guisan en un hornillo de gas.* **2.** Fuego o quemador de una cocina. ▶ **2:** *QUEMADOR.

horno. m. **1.** Construcción de piedra o ladrillo, o aparato metálico, en cuyo interior se introduce algo para someterlo a la acción del fuego o del calor. *Asa la carne en el horno.* **2.** Tahona. **3.** coloq. Lugar muy caluroso. *Este piso es un horno.* ■ ~ (de) microondas. m. Horno (→ 1) que funciona con ondas electromagnéticas de alta frecuencia y sirve para calentar o cocinar alimentos con gran rapidez. ⇒ MICROONDAS. ■ alto ~, u ~ alto. m. Horno (→ 1) con un recipiente interior muy prolongado, alimentado gralm. por carbón y destinado a reducir y fundir los minerales de hierro. *Con el hierro obtenido en los altos hornos fabrican acero.* □ no estar el ~ para bollos. loc. v. coloq. No haber una situación favorable, o no ser buen momento. *No insistas, que no está el horno para bollos.* FAM hornear; hornero, ra.

horóscopo. m. Predicción del futuro de una persona, basada en la posición de los astros y de los signos del Zodiaco en un momento dado. *Un astrólogo hace horóscopos.*

horqueta. f. Palo terminado en dos puntas que se usa para sostener algo, espec. una rama. *Una horqueta sujetaba una rama del manzano con mucho fruto.*

horquilla. f. **1.** Pieza de alambre u otro material doblada en forma de U, que se emplea para sujetar el pelo. **2.** En una bicicleta o una motocicleta: Pieza que une la rueda delantera y el manillar. *En la caída se dobló la horquilla de la bici.* **3.** Pieza en forma de Y o V, que sirve gralm. para sujetar o apoyar algo. *Apoyaban el mosquete en una horquilla para disparar.* **4.** Espacio comprendido entre dos medidas o valores. *El índice de la Bolsa osciló hoy en una horquilla de 15 puntos.* ▶ Am: **1:** GANCHO.

horrendo, da. adj. Horrible. *Crímenes horrendos.* ▶ *TERRIBLE.

horrible. adj. **1.** Que causa horror. *Un horrible asesinato.* **2.** coloq. Muy feo. *Con ese peinado está horrible.* **3.** coloq. Muy grande o extraordinario. *Me entraron unas ganas horribles de ir al baño.* ▶ **1:** *TERRIBLE.

horripilar. tr. Causar horror (a alguien). *Me horripila la violencia.* FAM horripilante.

horrísono, na. adj. cult. De sonido horrible. *El horrísono fragor de la batalla.*

horror. m. **1.** Rechazo o aversión profundos hacia algo desagradable. *Descubrió con horror el robo.* **2.** Miedo intenso. *En la oscuridad, nos invadió el horror.* **3.** Cosa que causa horror (→ 1). *Relata los horrores de la guerra.* ■ ~es, o un ~. loc. adv. coloq. Muchísimo. *Pesa horrores.* ▶ **2:** *MIEDO. FAM horrorizar; horroroso, sa.

hórror vacui. (loc. lat.). m. Arte Tendencia a llenar todos los espacios vacíos, gralm. con elementos decorativos. *El hórror vacui se acentúa en el Barroco.*

hortaliza. f. Planta comestible que se cultiva en las huertas, como la lechuga o la zanahoria. *Come frutas y hortalizas.* ▶ VERDURA.

hortense. adj. De la huerta. *Plantas hortenses.* FAM hortelano, na.

hortensia. f. Planta muy empleada como ornamental, que tiene racimos redondos de vistosas flores rosas o azules, que después se vuelven casi blancas.

hortera. adj. coloq., despect. Vulgar y de mal gusto. *¡Qué ropa tan hortera!*

horticultura. f. Cultivo de los huertos y huertas. *Tierras propicias para la horticultura.* FAM hortícola; horticultor, ra.

hortofrutícola. adj. Del cultivo de las huertas y frutales. *El sector hortofrutícola.*

hosanna. interj. **1.** *Rel.* En las liturgias cristiana y judía: Se usa para expresar júbilo. *Al paso de Jesús, la gente exclamaba: –¡Hosanna!* ● m. **2.** *Rel.* Himno cantado el Domingo de Ramos. *Los fieles entonaron hosannas y aleluyas.*

hosco, ca. adj. Dicho de persona: Áspera o desagradable en el trato. ▶ *ANTIPÁTICO. FAM hosquedad.

hospedar. tr. **1.** Recibir (a alguien) como huésped, o dar(le) alojamiento. *El hotel hospeda a muchos hombres de negocios.* ○ intr. prnl. **2.** Estar de huésped en un lugar. *Me hospedé EN su casa.* ▶ **1:** *ALOJAR. **2:** *ALOJARSE. FAM hospedaje; hospedería.

hospicio. m. Establecimiento benéfico en que se acoge a niños pobres, huérfanos o abandonados. *Se ha criado en un hospicio.* FAM hospiciano, na.

hospital. m. Establecimiento público destinado al diagnóstico y tratamiento de quienes requieren atención médica, espec. ingresados. *Lo operarán en el hospital central.* ■ ~ de sangre. m. *Mil.* En una guerra: Lugar en el que se hace la primera cura a los heridos. FAM hospitalización; hospitalizar.

hospitalario, ria. adj. **1.** Que acoge con agrado a huéspedes o visitantes. *Gente hospitalaria.* **2.** Del hospital. *Recinto hospitalario.* FAM hospitalidad.

hosquedad. → hosco.

hostal. m. Establecimiento hotelero de categoría superior a la de la pensión e inferior a la del hotel, que ofrece alojamiento y comida.

hostelería. f. Industria que proporciona servicios como alojamiento y comida a huéspedes y viajeros. *Trabaja en la hostelería como camarero.* FAM hostelero, ra.

hostería. f. Establecimiento público donde se da comida y alojamiento.

hostia. f. **1.** *Rel.* Hoja redonda y delgada de pan ácimo, que se consagra en la misa y con la que se comulga. **2.** malson. Golpe fuerte.

hostigar. tr. **1.** Acosar o molestar (a alguien) con insistencia. *La guerrilla hostiga a los invasores.* **2.** Golpear (a un animal) con una fusta o algo parecido para hacer que se mueva. *El buey no anda si no lo hostigan.* ▶ **1:** *ACOSAR. FAM hostigamiento.

hostil. adj. Dicho de persona: Contraria a alguien o algo, o enemiga de ellos. *Son hostiles A cualquier cambio.* FAM hostilizar.

hostilidad. f. **1.** Cualidad de hostil. *Noto hostilidad en ella.* **2.** Conflicto o enfrentamiento armados. Gralm. en pl. *Un tratado puso fin a las hostilidades.* ■ romper las ~es. loc. v. Comenzar la guerra atacando al enemigo. *Japón rompió las hostilidades contra China.*

hotel. m. **1.** Establecimiento público que ofrece alojamiento, comida y otros servicios. *Hizo noche en un hotel.* **2.** Chalé. FAM hotelero, ra.

hotentote, ta. (Gralm. como f. se usa **hotentote**). adj. De un pueblo que habitaba en el sudoeste de África, cerca del Cabo de Buena Esperanza.

hoy. adv. **1.** En este día. *¡Qué elegante viene hoy!* **2.** En el tiempo actual o presente. *Entonces había menos coches que hoy.* Se usa tb. ~ día u ~ en día con intención enfática. ■ por ~, u ~ por ~. loc. adv. Indica que el hecho de que algo suceda en el presente no implica que no pueda cambiar en el futuro. *Hoy por hoy, eso es imposible.*

hoyo. m. **1.** Concavidad formada en una superficie, espec. en la tierra. *El perro excava un hoyo para enterrar el hueso.* Tb. fig. **2.** coloq. Hoyo (→ 1) excavado para enterrar un cadáver. *No quiero enfermar y que me lleven al hoyo.* FAM hoya.

hoyuelo. m. Pequeña concavidad que se forma en la piel, espec. en la barbilla o en las mejillas. *Cuando sonríe le salen hoyuelos.*

hoz¹. f. Instrumento agrícola para segar, compuesto por un mango corto de madera y una hoja curva de acero con filo o dientes cortantes en su parte interior.

hoz². f. Paso estrecho y profundo entre montañas, espec. el que forma un río. *Desde la cima se ven las hoces y desfiladeros que el río ha esculpido a su paso.*

hozar. intr. **1.** Mover y levantar la tierra con el hocico un animal. *Un jabalí hoza en el huerto.* ○ tr. **2.** Mover y levantar (la tierra) con el hocico un animal. *El can hoza la tierra.*

huacal. → guacal.

huancaíno, na. adj. De Huancayo (Perú).

huaso, sa. (Tb. **guaso**). m. y f. frecAm. Campesino chileno. *Amaba la tierra, los caballos, las costumbres del huaso* [C].

huasteco, ca. adj. De una tribu indígena americana de la familia maya que vive en los estados mexicanos de Tamaulipas, San Luis Potosí y Veracruz.

hucha. f. Recipiente cerrado que sirve para guardar dinero y está provisto de una ranura para introducirlo. *Rompió la hucha y sacó sus ahorros.* ▶ ALCANCÍA.

hueco, ca. adj. **1.** Que tiene vacío el interior. *Un tronco hueco.* **2.** Mullido y esponjoso. *La tierra debe estar hueca para que penetre bien el agua.* **3.** De sonido retumbante y profundo. *Una voz hueca.* **4.** Presumido o vanidoso. *Se puso todo hueco cuando lo felicitaron.* **5.** Dicho espec. de lenguaje o de estilo: Afectado y de contenido escaso o trivial. ● m. **6.** Espacio vacío. *La llave cayó por el hueco del ascensor.* **7.** Espacio libre o disponible. *¿Hay un hueco para sentarnos?* **8.** Intervalo de tiempo sin ocupar. *No encontré un hueco para llamarlo.* **9.** Arq. Abertura en un muro para servir de puerta, ventana u otra cosa semejante.

huecograbado. m. *Gráf.* Procedimiento para imprimir mediante planchas o cilindros metálicos en los que se han practicado huecos donde queda alojada la tinta. *Carteles publicitarios hechos en huecograbado.* Tb. la reproducción así obtenida.

huelga. f. Interrupción colectiva de la actividad laboral para exigir ciertas condiciones o protestar por algo. *Los mineros están en huelga.* ■ ~ de brazos caídos. f. Huelga que se realiza permaneciendo inactivo en el puesto de trabajo. ■ ~ de hambre. f. Medida reivindicativa o de protesta, que consiste en abstenerse de tomar alimentos hasta conseguir lo que se demanda. *Los presos políticos permanecen en huelga de hambre.* FAM huelguista; huelguístico, ca.

huella. f. **1.** Señal que deja el pie de un hombre o de un animal en la tierra donde pisa. *Seguimos el rastro de sus huellas en la arena.* **2.** Señal que deja la yema del dedo en algo al tocarlo. Tb. ~ dactilar, o digital. *La policía le toma las huellas dactilares.* **3.** Señal, material o inmaterial, que deja algo o alguien. *En el asfalto se ve la huella del frenazo.* ■ seguir la ~, o las ~s, (de alguien o algo). loc. v. Seguir su ejemplo o imitar(los). *El cantante sigue las huellas de los grandes intérpretes.* ▶ 3: *SEÑAL.

huérfano, na. adj. **1.** Dicho de persona menor de edad: Que ha perdido a uno de sus padres, o a los dos, por fallecimiento. *Se quedó huérfana DE madre.* **2.** cult. Carente o falto de algo o de alguien. *Un discurso huérfano DE ideas.*

huero, ra. adj. **1.** Dicho de huevo: Que no produce cría, aunque ha sido incubado. **2.** cult. Vacío o vano. *Sus promesas son palabras hueras.*

huerta. f. **1.** Terreno de mayor extensión que el huerto, destinado al cultivo de verduras, legumbres y frutales. **2.** Tierra de regadío. *Productos de la huerta chilena.*

huerto. m. Terreno de poca extensión, gralm. cercado, destinado al cultivo de verduras, legumbres y árboles frutales. *Junto al jardín plantó un huerto.*

hueso. m. **1.** En un vertebrado: Pieza dura de las que forman el esqueleto. *Los huesos sirven de sujeción al cuerpo.* **2.** Parte dura y compacta que hay en el centro de algunos frutos. *La ciruela tiene hueso.* **3.** coloq. Cosa o persona a las que resulta difícil enfrentarse. Frec. un ~ duro de roer. ○ pl. **4.** Restos mortales. *Sus huesos reposan ya en el cementerio.* ■ ~ frontal. m. *Anat.* Hueso (→ 1) que forma la parte anterior y superior del cráneo. ⇒ FRONTAL. ■ ~ maxilar. m. *Anat.* Cada uno de los tres huesos (→ 1) que forman las mandíbulas, dos en la superior y uno en la inferior. *En los huesos maxilares están encajados los dientes.* ⇒ MAXILAR. ■ ~ occipital. m. *Anat.* Hueso (→ 1) correspondiente a la parte posterior de la cabeza por donde esta se une con las vértebras del cuello. ⇒ OCCIPITAL. ■ ~ parietal. m. *Anat.* Cada uno de los dos huesos (→ 1) situados a cada lado de la parte media y superior del cráneo. ⇒ PARIETAL. ■ ~ sacro. m. *Anat.* Hueso (→ 1) formado por varias vértebras soldadas, situado en la parte inferior de la espina dorsal, entre las vértebras lumbares y el cóccix. ⇒ SACRO. ■ ~ temporal. m. *Anat.* Cada uno de los dos huesos (→ 1) situados a cada lado de la parte media e inferior del cráneo. *Los huesos temporales corresponden a las sienes.* ⇒ TEMPORAL. □ dar alguien con sus ~s (en un lugar). loc. v. coloq. Ir a parar (a él). *El ladrón dio con sus huesos en la cárcel.* ■ en los ~s. loc. adv. coloq. En estado de suma delgadez. *Come, que te estás quedando en los huesos.* ■ hasta los ~s. loc. adv. Profunda o totalmente. *Vengo empapado hasta los huesos.* ■ la sin ~. (Tb. la sinhueso). loc. s. coloq. La lengua, como órgano del habla. *Pasan el día dándole a la sin hueso.* ■ moler, o romper, (a alguien) los ~s. loc. v. coloq. Golpear(lo) con fuerza y repetidas veces. *Insúlteme y le rompo los huesos.* ▶ Am: 2: CAROZO. FAM huesudo, da.

huésped, da. (Frec. como f. se usa **huésped**). m. y f. **1.** Persona alojada en casa ajena. *No irás a un hotel: serás mi huésped.* **2.** Persona alojada en un establecimiento de hostelería. *El hotel cuenta con piscina para sus huéspedes.* **3.** *Biol.* Ser vivo en cuyo cuerpo se aloja un parásito. *Hay parásitos que causan enferme-dades al huésped.*

hueste. f. **1.** cult. Ejército en campaña. Frec. en pl. *Las huestes de Pizarro se internaron en territorio inca.* **2.** Conjunto de seguidores o partidarios de alguien o algo. Frec. en pl. *El líder es aclamado por sus huestes.*

hueva. f. Masa que forman los huevos de algunos pescados.

huevo. m. **1.** Cuerpo de forma redondeada, que producen las hembras de las aves u otros animales y que contiene el germen del embrión y las sustancias necesarias para su nutrición durante la incubación. *De los huevos que ponen los insectos nacen las larvas.* **2.** Huevo (→ 1) de gallina destinado a la alimentación humana. *Desayuna un huevo cocido.* **3.** Cosa en forma de huevo (→ 2). *Usa un huevo de madera para remendar los calcetines.* **4.** malson. Testículo. **5.** *Biol.* Cigoto. ■ ~ de Colón. m. Cosa sencilla pero aparentemente complicada. *¡Cómo no se nos ha ocurrido antes, si esto es el huevo de Colón!* ■ ~ de Pascua. m. Dulce de chocolate en forma de huevo (→ 2), que se toma por Pascua. ■ ~ duro. m. Huevo (→ 2) cocido con su cáscara hasta hacer que la yema y la clara queden totalmente cuajadas. *Pele el huevo duro y córtelo en rodajas.* ■ ~ frito. m. Huevo (→ 2) que se fríe sin la cáscara y sin batirlo. *Comeré huevos fritos con beicon.* ■ ~ pasado por agua. m. Huevo (→ 2) cocido ligeramente con su cáscara, de modo que la yema y la clara no terminen de cuajar. ■ ~ tibio. m. Am. Huevo pasado por agua (→ huevo pasado por agua). *Se desayunó un par de huevos tibios* [C]. ■ ~s revueltos. m. pl. Huevos (→ 2) batidos y fritos en la sartén, revolviéndose de modo que no formen tortilla. □ pisando ~s. loc. adv. coloq. Con excesiva lentitud. *Iba pisando huevos para no tropezar.* ■ tener ~s. loc. v. malson. Tener valor o coraje. ▶ Am: 1, 2: BLANQUILLO. FAM huevería; huevero, ra.

huevón, na. adj. **1.** Am. coloq., malson. Tonto (de corto entendimiento). Se usa como insulto. **2.** Am. coloq., malson. Perezoso.

hugonote, ta. adj. histór. Calvinista francés.

huida. f. Hecho de huir. *En su huida, los ladrones perdieron el botín.* ▶ ESCAPADA, ESCAPATORIA, ESCAPE, EVASIÓN, FUGA.

huipil. m. Blusa con adornos típica del algunos pueblos indígenas americanos.

huir. (conjug. CONSTRUIR). intr. **1.** Alejarse deprisa, por miedo u otro motivo, de algo o de alguien. *¡No huyas DE mí!* **2.** Salir con fuerza o habilidad de un lugar donde se está encerrado. *Planea huir DE la cárcel.* **3.** Apartarse de alguien o algo considerados perjudiciales. *Huye DE los tópicos.* **4.** cult. Transcurrir o pasar velozmente el tiempo. *El tiempo huye.* ○ tr. **5.** Apartarse (de alguien o algo que se consideran perjudiciales). *Todos me huyen.* ▶ 1: ESCAPAR. 2: ESCAPAR, EVADIRSE, FUGARSE. FAM huidizo, za.

hule. m. **1.** Tela impermeable, pintada y barnizada con caucho por un solo lado. *Un mantel de hule.* **2.** Am. Caucho (sustancia elástica). *Guantes de hule estériles* [C]. ▶ 2: *CAUCHO.

hulla. f. Carbón mineral negro y sin brillo, de gran poder calorífico, que se emplea como combustible. *Minas de hulla.* FAM hullero, ra.

humanidad. f. **1.** (Frec. en mayúsc.). Conjunto de los seres humanos. *Media humanidad pasa hambre.* **2.** Cualidad o condición de humano. *Hay mucha humanidad en sus palabras.* ○ pl. **3.** Disciplinas relacionadas con el hombre, como la filosofía, la literatura, la historia o las lenguas. *Estudia humanidades.* ▶ 3: LETRAS.

humanismo. m. **1.** Doctrina basada en la consideración del ser humano como centro de todas las cosas. *La "Enciclopedia" es producto del humanismo.* **2.** histór. Movimiento cultural renacentista que defiende el estudio de los clásicos grecolatinos como modelos de pensamiento y de vida. *Erasmo y el Humanismo.* FAM humanista.

humanístico, ca. adj. **1.** Del humanismo, espec. del renacentista. *La cultura humanística del XIV.* **2.** De las humanidades. *Disciplinas humanísticas.*

humanitario, ria. adj. **1.** Que aspira al bien de la humanidad. *Una doctrina humanitaria.* **2.** Que tiene como fin ayudar a los necesitados o desfavorecidos. *Una misión humanitaria.* **3.** Caritativo o solidario. FAM humanitarismo.

humano, na. adj. **1.** Dicho de ser: De la especie hombre. Tb. m. *El lenguaje de los humanos.* **2.** Del ser humano (→ 1). *La especie humana.* **3.** Dicho de persona: Comprensiva, benévola y sensible al sufrimiento ajeno. ▶ 1: *PERSONA. FAM humanización; humanizar; humanoide.

humareda; humazo; humeante; humear. → humo.

humedal. m. Terreno de aguas superficiales o subterráneas de poca profundidad. *Las aves migratorias descansan en los humedales.*

húmedo, da. adj. **1.** Ligeramente impregnado de agua u otro líquido. *La ropa está húmeda.* **2.** Dicho de territorio, clima o tiempo: Que abunda en lluvias y tiene el aire cargado de vapor de agua. FAM humedad; humedecer (conjug. AGRADECER).

húmero. m. *Anat.* Hueso de la parte superior del brazo, que se articula en el codo con el cúbito y el radio, y en el hombro con el omóplato. *Presenta fractura de húmero.*

humidificar. tr. Hacer que (algo, espec. el ambiente) pase a estar húmedo o ligeramente impregnado de agua u otro líquido. *Un aparato para humidificar el aire.* ▶ HUMEDECER. FAM humidificador.

humilde. adj. **1.** Dicho de persona: Que reconoce sus propios defectos o limitaciones y no presume de sus cualidades. *Sé humilde y deja que te ayuden.* **2.** De nivel social o económico bajo. *Un barrio humilde.* **3.** De poca categoría o importancia. *Solo soy un humilde trabajador.* FAM humildad.

humillar. tr. **1.** Doblar o inclinar (una parte del cuerpo, espec. la cabeza), frec. en señal de obediencia o sumisión. *Humilló la cabeza ante su señor.* **2.** Vencer la arrogancia o el orgullo (de alguien). *El aspirante humillará al favorito.* **3.** Herir el amor propio o la dignidad (de alguien). *Corrige al alumno sin humillarlo.* FAM humillación; humillante.

humita. f. Am. Plato consistente en una masa elaborada con maíz triturado, rellena con diversos ingredientes, que se envuelve en hojas de mazorca de maíz y se cuece o se asa. *Me sirvieron una humita auténtica, en su envoltorio de hojas de choclo* [C].

humo. m. **1.** Mezcla gaseosa, de color y densidad variables, que despide un cuerpo en combustión. *Me molesta el humo del cigarro.* **2.** Vapor que despide un líquido al hervir o evaporarse. *La sopa echa humo.* ○ pl. **3.** coloq. Arrogancia o vanidad. *¡Menos humos, por favor!* ■ bajarle (a alguien) los ~s. loc. v. coloq. Hacer(le) perder su arrogancia o su vanidad. *¡Ya le *bajaré yo los humos!* ▪ **echar ~** alguien. loc. v. coloq. Estar muy enfadado. *Como llegué tarde, mi padre echaba humo.* ▪ **subírsele** (a alguien) **los ~s** (**a la cabeza**). loc. v. coloq. Ponerse soberbio o vanidoso. *Ahora que tiene dinero, se le han subido los humos.* FAM humareda; humazo; humeante; humear.

humor. m. **1.** Estado de ánimo que muestra una persona. *No entiendo sus cambios de humor.* **2.** Buena disposición para algo. *No estoy de humor PARA recibir visitas.* **3.** Tendencia a ver el lado cómico o ridículo de las cosas. *Con ese humor, a todos hace reír.* Tb. *sentido del ~.* **4.** Actividad de humorista. *Revista de humor.* **5.** *Fisiol.* Cada uno de los líquidos del cuerpo de una persona o de un animal. *El humor acuoso está en el ojo.* ▪ **~ de perros.** m. Mal humor (→ **mal humor**) muy acentuado. *Se levanta con un humor de perros.* ▪ **~ negro.** m. Humor (→ 3, 4) basado en la muerte o en algo trágico o desgraciado. ▪ **buen ~.** m. Estado de alegría o satisfacción. *Siempre está de buen humor.* ▪ **mal ~.** (Tb. **malhumor**). m. Estado de tristeza o enfado. *¡Déjame, no me pongas de mal humor!* ▶ **1:** TALANTE, TEMPLE. **3, 4:** HUMORISMO.

humorada. f. Hecho o dicho graciosos u originales. *Ha tenido la humorada de venir disfrazada.*

humorado, da. **mal ~.** → **malhumorado.**

humorista. m. y f. **1.** Persona que tiene por oficio divertir al público mediante chistes, imitaciones o parodias. **2.** Persona que, en sus obras literarias o en sus dibujos, busca mostrar el lado cómico o ridículo de las cosas. *Es humorista y publica una viñeta en un semanario.* FAM humorismo; humorístico, ca.

humus. m. *Geol.* Capa superficial del suelo constituida por materia orgánica procedente de la descomposición de animales y vegetales. *El humus nutre las plantas.*

hundir. tr. **1.** Meter (algo o a alguien) en el interior de una cosa o en el fondo de algo hueco. *Hunde sus manos EN la masa.* **2.** Deformar (una superficie) haciendo descender su nivel o produciendo huecos (en ella). *No saltes sobre el asiento, que lo vas a hundir.* **3.** Hacer que (alguien o algo) vayan al fondo de un líquido u otra materia. *El misil hundió el barco.* **4.** Derribar (un edificio u otra construcción, o una parte de ellos), o hacer(los) caer al suelo. *Un huracán hundió varias casas.* **5.** Arruinar (algo o a alguien) o causar(les) un grave daño. *La crisis hundirá a la empresa.* **6.** Desanimar o desmoralizar (a alguien). *Que no te hunda este problema.* FAM hundimiento.

húngaro, ra. adj. **1.** De Hungría. ● m. **2.** Lengua hablada en Hungría. ▶ **1:** MAGIAR.

huno, na. adj. histór. De un pueblo asiático que en los ss. IV y V ocupó el territorio que se extiende desde el Volga hasta el Danubio.

huracán. m. **1.** Viento fuerte muy rápido y que gira en grandes círculos, propio de las zonas tropicales. *El huracán ha dejado miles de víctimas.* **2.** Viento muy fuerte. **3.** Persona o cosa impetuosas. *Tu hijo es un huracán.* ▶ **1:** CICLÓN, TIFÓN, TORNADO. **2, 3:** CICLÓN. FAM huracanado, da.

huraño, ña. adj. Dicho de persona: Que se esconde de la gente o rehúye su trato.

hurgar. tr. **1.** Escarbar (algo). *El perro hurgaba la tierra.* **2.** Revolver en el interior (de algo). *Hurga el bolso buscando dinero.* **3.** Fisgar o curiosear (algo ajeno). *Alguien ha hurgado mis archivos.* ○ intr. **4.** Hurgar (→ 1-3) algo. *Un mendigo hurga EN la basura.* ▶ **1:** ESCARBAR.

hurón, na. m. **1.** Mamífero carnívoro pequeño, de cuerpo alargado, patas cortas y pelaje gralm. gris, que despide un olor desagradable y se emplea para cazar conejos. **2.** coloq. Persona huraña. *Es un hurón: nunca saluda.* ○ f. **3.** Hembra del hurón (→ 1).

hurtadillas. a ~. loc. adv. Con disimulo o a escondidas. *Nos mira a hurtadillas.*

hurtar. tr. **1.** Tomar o retener (algo ajeno) contra la voluntad de su dueño, sin hacer uso de la intimidación ni de la fuerza. *Le hurtan la fruta.* Tb. como intr. **2.** Ocultar o esconder (algo o a alguien). *No me hurtes la verdad.* **3.** Apartar (algo o a alguien) para evitar algo. *Trataba de hurtar la cara A los golpes.* ▶ **1:** ROBAR. FAM hurto.

húsar. m. histór. Soldado de caballería ligera vestido a la húngara.

husmear. tr. **1.** Rastrear con el olfato (algo). *Los perros husmean el rastro de la liebre.* **2.** coloq. Indagar o curiosear (algo). *Le gusta husmearlo todo.* Tb. como intr.

huso. m. Utensilio gralm. de madera, alargado y redondeado, que va estrechándose hacia los extremos y se emplea en el hilado manual para torcer y devanar el hilo. *La hilandera sostiene el huso con la mano.* ▪ **~ horario.** m. *Geogr.* Cada parte limitada por meridianos y en la que rige un mismo horario, de las 24 en que se considera dividida la superficie terrestre. *El territorio brasileño abarca varios husos horarios.*

i

i. (pl. **íes**). f. Letra del abecedario español que corresponde al sonido vocálico articulado en la parte anterior de la boca y teniendo esta más cerrada que para la *e*. ■ ~ **griega.** f. Letra *y*.

i-. → **in-.**

ibérico, ca. adj. **1.** De la Península Ibérica. ● m. **2.** Lengua hablada por los iberos. ▶ **2:** IBERO.

ibero, ra o **íbero, ra.** adj. **1.** histór. Dicho de individuo: De alguno de los pueblos que habitaban en la Península Ibérica, espec. en la zona del Levante, antes de las colonizaciones fenicia y griega. Tb. m. y f. ● m. **2.** Lengua hablada por los iberos (→ 1). ▶ **2:** IBÉRICO.

ibero-. elem. compos. Significa 'de la Península Ibérica'. *Iberorrománico.*

iberoamericano, na. adj. **1.** De Iberoamérica (conjunto de países americanos que antes formaron parte de los reinos de España y Portugal). *Ciudades iberoamericanas.* **2.** Del conjunto formado por los países iberoamericanos (→ 1) e ibéricos. *Cumbre iberoamericana sobre desarrollo.*

ibicenco, ca. adj. De Ibiza (España).

ibídem. adv. cult. En la misma obra o pasaje de una obra ya citados. Se usa en índices, notas o citas de impresos o manuscritos. *Como dice Ortega, "el pensamiento es un instrumento para mi vida" (ibídem, p. 164).*

ibis. m. Ave zancuda con pico largo y de punta encorvada, que se alimenta de moluscos fluviales. *El dios egipcio tenía figura de hombre y cabeza de ibis.*

iceberg. (pl. **icebergs**). m. Gran masa de hielo flotante, desgajada del polo, que sobresale parcialmente de la superficie del mar. *El barco chocó contra un iceberg.*

icono o **ícono.** (ícono, frecAm.). m. **1.** Representación pictórica religiosa, sobre tabla y con técnica bizantina, propia de las iglesias cristianas orientales. *Un icono de la Virgen del siglo XV.* **2.** *tecn.* Signo que mantiene una relación de semejanza con el objeto representado. *Las señales de cruce en las carreteras son iconos.* **3.** *Inform.* Pequeña representación gráfica que aparece en la pantalla de un ordenador para realizar una aplicación, función o programa, y que permite ejecutarlos o abrirlos accionando el cursor sobre ella. FAM icónico, ca.

iconoclasta. adj. **1.** Dicho de persona: Que rechaza el culto a las imágenes sagradas. Referido espec. a los miembros de un movimiento religioso desarrollado en Bizancio en el s. VIII y que propugnaba la destrucción de las imágenes y la persecución de quienes las veneraban. **2.** Dicho de persona: Que niega y rechaza la autoridad de maestros, normas o modelos. *Fue un dramaturgo iconoclasta.* FAM iconoclasia.

iconografía. f. **1.** Estudio descriptivo de las imágenes u otras representaciones plásticas sobre un tema. *La iconografía nos muestra al rey enfermo.* **2.** Conjunto de imágenes u otras representaciones plásticas

con una característica común. *El arte medieval tiene una rica iconografía religiosa.* FAM **iconográfico, ca.**

icosaedro. m. *Mat.* Cuerpo de veinte caras.

ictericia. f. *Med.* Coloración amarillenta de piel y las mucosas, producida por la acumulación de pigmentos biliares en la sangre.

ictiología. f. *Zool.* Parte de la zoología que estudia los peces.

ida. f. **1.** Hecho de ir a un lugar. *En la ida he tardado más que en la vuelta.* ■ **de ~.** loc. adj. En deporte, dicho de partido o encuentro: Que es el primero de los dos en que dos equipos se enfrentan en una eliminatoria. *El partido de ida terminó con empate.*

idea. f. **1.** Representación abstracta de algo o alguien que se forma en la mente. *La idea del bien.* **2.** Conocimiento aproximado que se tiene de algo o de alguien. *No tiene ni idea de lo que pasará.* **3.** Intención de hacer algo. *Salí con idea de ir al cine.* **4.** Cosa, gralm. original o ingeniosa, que viene de pronto a la mente de alguien. *Se le ocurrió una idea.* **5.** Creencia sobre algo o alguien. Frec. en pl. *No comparto sus ideas políticas.* **6.** Concepto o juicio que una persona se forma sobre alguien o algo. *Tienen una idea equivocada de mí.* **7.** *Fil.* En el platonismo: Ejemplar eterno e inmutable que de cada cosa creada existe en la mente divina. ■ **mala ~.** f. Mala intención. *Cuidado, que tiene mala idea.* □ **hacerse a la ~** (de algo). loc. v. Aceptar(lo). *Me hice a la idea de que iría.* ▶ **1:** CONCEPTO. **4:** OCURRENCIA. **6:** CONCEPTO.

ideal. adj. **1.** De la idea. *El mundo ideal de Platón.* **2.** Que solo existe en el pensamiento. *El Ecuador es una línea ideal.* **3.** Dicho de cosa o persona: Que se considera perfecta en su línea. *Es la persona ideal para el puesto.* ● m. **4.** Modelo de perfección. *Ese tipo de mujer fue el ideal de belleza.* **5.** Aquello a lo que alguien tiende por considerarlo el mayor bien. *Mi ideal es vivir en la playa.* FAM idealidad; idealismo; idealista.

idealizar. tr. Considerar (algo o a alguien) como un modelo de perfección o como mejor de lo que es en realidad. *Algunos idealizan el pasado.* FAM idealización; idealizador, ra.

idear. tr. Formar la idea (de algo) en la mente. *Ideó un plan.* ▶ CONCEBIR, DISCURRIR. FAM ideación.

ideario. m. Conjunto de ideas o creencias principales de un autor o de una colectividad. *El ideario del partido político.*

ídem. (No se usa en pl.). pron. **1.** El mismo. Se usa gralm. en citas bibliográficas en sustitución del nombre del autor citado antes. *Julio Cortázar, "Rayuela"; ídem, "Libro de Manuel".* **2.** Lo mismo. *Folios, dos paquetes; cuartillas, ídem.*

idéntico, ca. adj. Exactamente igual. *Estamos en idéntica situación.*

identidad. f. **1.** Cualidad de idéntico. *La identidad de los gemelos hace casi imposible distinguirlos.* **2.** Conjunto de rasgos propios de un individuo o de una colectividad que los caracterizan frente a los demás. *Se desconoce la identidad del asesino.* **3.** *Mat.* Igualdad algebraica que se verifica siempre, cualquiera que sea el valor de sus variables. *"2x = x + x" es una identidad.*

identificar. tr. **1.** Hacer que (dos o más personas o cosas) aparezcan y se consideren como una misma. *Identificaban la libertad y el libertinaje.* **2.** Reconocer si (una persona o cosa) es la misma que se supone o se busca. *Lo identificaron como el autor de los disparos.* O intr. prnl. **3.** Ser idénticas dos o más personas o cosas. *El dinero y la felicidad no se identifican entre sí.* **4.** Tener las mismas creencias, propósitos o deseos que otra persona. *Me identifico* CON *ella.* **5.** Dar los datos personales necesarios para ser reconocido. *El cabo se identificó y nos pidió la documentación.* FAM identificable; identificación; identificador, ra; identificativo, va; identificatorio, ria.

ideografía. f. Representación de ideas, palabras, morfemas o frases por medio de ideogramas. FAM ideográfico, ca.

ideograma. m. Imagen convencional o símbolo que en la escritura de ciertas lenguas significa una idea, palabra, morfema o frase determinados, sin representar cada una de sus sílabas o fonemas. *En la escritura china se utilizan ideogramas.*

ideología. f. Conjunto de ideas fundamentales que caracteriza el pensamiento de una persona, grupo o época, de un movimiento cultural, religioso o político. *Ideología republicana.* FAM ideológico, ca; ideologización; ideologizar; ideólogo, ga.

idílico, ca. adj. Del idilio, o de características similares a las suyas, espec. su carácter idealizado. *Conserva un recuerdo idílico del país.*

idilio. m. **1.** Relación amorosa, espec. la de carácter idealizado y tierno. *Mantuvieron un idilio.* **2.** *Lit.* Poema pastoril de tema amoroso.

idiocia. f. *Med.* Deficiencia mental muy profunda.

idioma. m. Lengua de una comunidad humana. ▶ LENGUA. FAM idiomático, ca.

idiosincrasia. f. Manera de ser distintiva y propia de un individuo o de una colectividad. *La idiosincrasia peruana.* FAM idiosincrásico, ca.

idiota. adj. **1.** Tonto o corto de entendimiento. *Lo entiendo bien, no soy tan idiota.* Se usa como insulto. **2.** *Med.* Que padece idiocia. ▶ **1:** *TONTO. FAM idiotez; idiotismo; idiotizar.

ido, da. adj. Dicho de persona: Que ha perdido la capacidad para darse cuenta de lo que pasa a su alrededor. *Durante el entierro, estaba sedada y completamente ida.*

idolatría. f. **1.** Adoración o culto a los ídolos. *Rechaza el paganismo y la idolatría.* **2.** cult. Amor o admiración excesivos y exaltados a alguien o algo. *La idolatría de los bienes materiales.* FAM idólatra; idolatrar; idolátrico, ca.

ídolo. m. **1.** Imagen de una deidad, que es objeto de culto. *La tribu llevaba ofrendas a sus ídolos.* **2.** Persona o cosa amadas o admiradas de manera exaltada. *El cantante es el ídolo de las quinceañeras.*

idóneo, a. adj. Adecuado o apropiado para algo. *Es la más idónea para el puesto.* FAM idoneidad.

idus. m. pl. histór. Según el calendario de los antiguos romanos: Día 15 de marzo, mayo, julio u octubre, o día 13 de los demás meses.

iglesia. (En mayúsc. en acep. 1-3). f. **1.** Comunidad de fieles que siguen la religión de Jesucristo. *La*

Iglesia ha tenido muchos mártires. **2.** Comunidad de fieles unida con una doctrina cristiana particular. *Enrique VIII fundó la Iglesia anglicana.* Frec. designa la comunidad católica. **3.** Conjunto del clero y demás personas pertenecientes a órdenes o congregaciones religiosas. *Las relaciones entre la Iglesia y el Estado.* **4.** Templo cristiano. *El bautizo se celebrará en la iglesia de la Anunciación.* ■ **casarse por la Iglesia.** loc. v. Contraer matrimonio canónico. *No quieren casarse por la Iglesia.*

iglú. m. Vivienda de forma semiesférica hecha con bloques de hielo, propia de los esquimales.

ignaro, ra. adj. cult. Ignorante (que carece de cultura o instrucción). *Campesinos ignaros.*

ígneo, a. adj. **1.** cult. De fuego, o de características semejantes a las del fuego. *Un resplandor ígneo.* **2.** *Geol.* Dicho de roca: Formada por el enfriamiento y solidificación del magma existente en el interior de la Tierra. *El basalto es una roca ígnea.*

ignición. f. **1.** *tecn.* Hecho de estar un cuerpo ardiendo, si es combustible, o enrojecido por un fuerte calor, si es incombustible. *Temperatura de ignición.* **2.** *tecn.* Hecho de iniciarse una combustión. *Sistema de ignición de un motor.*

ignífugo, ga. adj. Que protege contra el fuego. *Tejidos ignífugos.*

ignominia. f. Vergüenza o deshonor públicos. *Causó la ignominia de la familia.* FAM ignominioso, sa.

ignorante. adj. **1.** Que carece de cultura o conocimientos. *Es gente ignorante, pero no tonta.* **2.** Que ignora o desconoce algo. *Ignorante* DEL *peligro, acudió desarmado.* ▶ **1:** ANALFABETO, BRUTO, ILETRADO, INCULTO, INDOCUMENTADO, OBTUSO. **2:** DESCONOCEDOR. FAM ignorancia.

ignorar. tr. **1.** No saber (algo) o no tener noticia (de ello). *Ignoro si sigue viviendo allí.* **2.** No hacer caso (de algo o alguien) o tratar(los) como si no merecieran atención. *Me duele que me ignore.*

ignoto, ta. adj. cult. No conocido o no descubierto. *Tierras lejanas e ignotas.*

igual. adj. **1.** Dicho de cosa o persona: De las mismas características que otra en algún aspecto o en todos. *Todos somos iguales ante la ley.* **2.** Dicho de superficie: Lisa o que no presenta irregularidades. *La parcela está en una zona de terreno igual.* **3.** Dicho de cosa: Del mismo valor que otra. *Dos más tres es igual* A *cinco.* **4.** *Geom.* Dicho de figura: Que se puede superponer a otra de modo que coincidan en su totalidad. *Los dos polígonos son iguales.* ● m. y f. **5.** Persona de la misma clase o condición que otra. *Se dirigía al director como a un igual.* O m. **6.** *Mat.* Signo formado por dos rayas horizontales y paralelas (=), que se utiliza para expresar igualdad. ● adv. **7.** De la misma manera. *Los dos se visten igual. Igual le da por reír que por llorar.* **8.** coloq. A lo mejor. *Igual nieva mañana.* ■ **(al) ~ que.** loc. conjunt. De la misma manera que. *Ella, al igual que yo, vive en Costa Rica.* ■ **dar, o ser, ~.** loc. v. Ser indiferente. *Da igual que venga o no.* ■ **de ~ a ~.** loc. adv. Como a una persona de la misma categoría o clase social. *Se tratan de igual a igual.* ■ **por ~, o por un ~.** loc. adv. Igualmente o de la misma manera. *Los dos anillos me gustan por igual.* ■ **sin ~.** loc. adj. Singular o único. *Está dotada de una inteligencia sin igual.*

igualada. f. *Dep.* Empate. *El gol deshizo la igualada.*

igualado, da. adj. Am. Que se toma excesivas confianzas en el trato. *Además de igualada, eres metiche* [C]. ▶ CONFIANZUDO.

igualar. tr. **1.** Hacer iguales (a dos o más personas o cosas) en cualidades o valor. *Van a igualar los sueldos.* **2.** Hacer igual (una cosa) o hacer que no presente irregularidades. *Hay que igualar el camino antes de asfaltarlo.* ○ intr. **3.** Ser una cosa igual a otra. Tb. prnl. *En esa época del año las noches se igualan CON los días.* FAM igualación; igualador, ra; igualatorio, ria.

igualdad. f. **1.** Cualidad o condición de igual. *La igualdad del terreno.* **2.** Existencia de los mismos derechos para todas las personas. *El lema de la Revolución francesa fue "libertad, igualdad y fraternidad".* **3.** Mat. Expresión de la equivalencia de dos cantidades o expresiones. *Una ecuación es una igualdad con una incógnita.*

igualitario, ria. adj. Que tiende a la igualdad social o que la implica. *Todos recibirán un trato igualitario.* FAM igualitarismo.

igualmente. adv. **1.** De manera igual. *Los dos libros son igualmente interesantes.* **2.** También o asimismo. *Nos habló de sus proyectos y nos confirmó, igualmente, que está embarazada.*

iguana. f. Reptil de América tropical, parecido al lagarto pero de mayor tamaño, gralm. con gran papada y una cresta espinosa a lo largo del lomo. *La iguana macho.*

ijar. m. Cada una de las dos cavidades situadas entre las costillas inferiores unidas al esternón por un cartílago, y los huesos de las caderas. Frec. en pl. *Clavó las espuelas en los ijares del corcel.*

ilación. f. Trabazón o conexión lógica. *Una sucesión de imágenes sin ilación.*

ilegal. adj. Contrario a la ley o no permitido por ella. *Es ilegal la venta de alcohol a menores.* FAM ilegalidad; ilegalización; ilegalizar.

ilegible. adj. Que no puede leerse. *La carta es ilegible.* FAM ilegibilidad.

ilegítimo, ma. adj. No legítimo. *Procedimiento ilegítimo.* FAM ilegitimidad.

íleon. m. Anat. En los mamíferos: Tercera porción del intestino delgado.

ilerdense. adj. De Lérida (España). ▶ LERIDANO.

ileso, sa. adj. Que no ha recibido lesión o daño. *Salió ileso del accidente.*

iletrado, da. adj. Que carece de cultura o instrucción. *Lector iletrado.* ▶ *IGNORANTE.

ilícito, ta. adj. No permitido por la ley o por la moral. *Tenencia ilícita de armas.* ▶ **Am:** CHUECO. FAM ilicitud.

ilimitado, da. adj. Que carece de límites. *Los recursos naturales no son ilimitados.* ▶ IRRESTRICTO. FAM ilimitable.

ilion. m. Anat. En los mamíferos: Hueso superior y lateral de la pelvis. FAM ilíaco, ca o iliaco, ca.

ilocalizable. adj. Que no se puede localizar. *No sé nada de él, está ilocalizable.*

ilógico, ca. adj. Contrario a la lógica o carente de ella. *Tiene una mente ilógica.*

iluminado, da. adj. **1.** histór. Rel. Seguidor de una secta herética española surgida en el s. XVI, que afirmaba que con la oración se llegaba a tal estado de perfección que no eran necesarios los sacramentos o las buenas obras. Más frec. m. y f. *La Inquisición actuó contra los iluminados.* ● m. y f. **2.** Persona que se cree inspirada por un poder sobrenatural para acometer una acción o predecir un acontecimiento. *La secta está llena de iluminados.* FAM iluminismo.

iluminar. tr. **1.** Alumbrar (a dar luz (a alguien o algo). *Las farolas iluminan el paseo.* Tb. fig. **2.** Adornar (un lugar, espec. público) con luces. *El alcalde iluminó la plaza para las fiestas.* **3.** Enseñar (a alguien) la verdad o el camino acertado. *Que Dios me ilumine.* **4.** Dar color (a las figuras, letras, etc.) de una estampa o de un libro. *Dos artistas iluminaron el códice.* FAM iluminación; iluminador, ra; iluminativo, va.

ilusión. f. **1.** Concepto o imagen que no se corresponden con la realidad, sino que son producto de la imaginación o de una falsa percepción de los sentidos. *Le pareció haber visto un barco, pero fue una ilusión.* **2.** Esperanza, frec. infundada, cuyo cumplimiento produciría satisfacción. *Vio cumplida su ilusión de ser astronauta.* Frec. en la constr. *hacerse ilusiones.* **3.** Sentimiento de satisfacción e interés en relación con algo. *Sigo trabajando con ilusión.* ▶ **1:** ESPEJISMO. FAM ilusionar.

ilusionismo. m. Arte de producir, juegos de prestidigitación u otros recursos, ilusiones o fenómenos que parecen contradecir las leyes naturales. FAM ilusionista.

iluso, sa. adj. Inclinado a hacerse ilusiones con demasiada facilidad o sin fundamento. *Sé que no contarán conmigo, no soy tan ilusa.*

ilusorio, ria. adj. Que constituye una ilusión sin fundamento. *Toda esperanza sería ilusoria.*

ilustración. f. **1.** Hecho o efecto de ilustrar. *Se dedica a la ilustración de libros.* **2.** Dibujo o fotografía con que se ilustra un texto. *El cuento trae ilustraciones.* **3.** (En mayúsc.). Movimiento filosófico y cultural del s. XVIII, caracterizado por la preponderancia concedida a la razón y por la fe en el progreso humano.

ilustrado, da. adj. **1.** Dicho de persona: Culta o instruida. *Es una mujer ilustrada, una intelectual.* **2.** De la Ilustración (movimiento filosófico y cultural del s. XVIII). *Carlos III fue un monarca ilustrado.*

ilustrar. tr. **1.** Proporcionar cultura o instrucción (a alguien). *El maestro ilustra a sus pupilos.* **2.** Dar información o hacer aclaraciones (a alguien) sobre algo. *Querría ilustrarme SOBRE las ventajas de cada sistema.* **3.** Poner (a un texto escrito) imágenes gralm. alusivas (al mismo) o complementarias de su información. *Han ilustrado el libro CON láminas en color.* **4.** Servir algo para aclarar (otra cosa). *Ponga un ejemplo que ilustre lo que quiere decir.* ▶ **1:** *ENSEÑAR. FAM ilustrador, ra; ilustrativo, va.

ilustre. adj. **1.** De ascendencia u origen distinguidos. *Familias ilustres.* **2.** Célebre o eminente. *Escritores ilustres.* **3.** Se usa como tratamiento aplicado a personas distinguidas. *La ilustre señora alcaldesa.* **4.** Se usa como calificativo honorífico referido a determinadas corporaciones. *Ilustre Concejo Municipal.* ▶ **2:** *FAMOSO.

ilustrísimo, ma. adj. **1.** Se usa, gralm. antepuesto a *señor* o *señora*, como tratamiento que corresponde a determinados cargos o dignidades. *Preside el acto la Ilustrísima Señora Decana de la Facultad.* ● f. **2.** histór. Se usaba como tratamiento que correspondía a los obispos. *Dios guarde a Vuestra Ilustrísima.*

im-. → in-.

imagen. f. **1.** Figura o representación de una persona o cosa formada por la combinación de los rayos de luz que parten de ellas. *La retina recibe las imáge-nes.* **2.** Representación gráfica o plástica de una divi-nidad o un personaje sagrado. *En el altar hay una imagen de Cristo.* **3.** Representación mental de al-guien o algo. *No puedo borrar de mi cabeza la ima-gen del accidente.* **4.** Conjunto de rasgos que caracte-rizan ante la sociedad a una persona o entidad. *La imagen pública del presidente.* **5.** Aspecto físico de al-guien. *Voy a cortarme el pelo para cambiar de ima-gen.* **6.** *Lit.* Recurso expresivo que consiste en susti-tuir una palabra por otra, o en relacionarlas, cuando estas presentan algún tipo de analogía. *El poema está lleno de sugerentes imágenes.* ■ ~ **real.** f. *Fís.* Imagen (→ 1) de un objeto formada por la convergencia de los rayos luminosos que, procedentes de él, atravie-san una lente o un aparato óptico, y que puede ser proyectada en una pantalla. *En la película fotográfica se forman imágenes reales.* ■ ~ **virtual.** f. *Fís.* Imagen (→ 1) de un objeto formada por la convergencia de los rayos luminosos que proceden de él después de pasar por un espejo o un sistema óptico, y que no puede proyectarse en una pantalla. *Un objeto real da, en un espejo, una imagen virtual.* □ **ser la viva ~** (de una persona). loc. v. Parecerse mucho en el físico (a ella). *Eres la viva imagen de tu madre.*

imaginación. f. **1.** Facultad para imaginar o re-presentar en la mente las imágenes de las cosas reales o ideales. *La niña tiene mucha imaginación.* **2.** Sensa-ción o juicio falsos de algo que no hay en realidad o no tiene fundamento. *No te critican; son imaginacio-nes tuyas.* ■ **pasarle** algo (a alguien) **por la ~.** loc. v. Ocurrírse(le). *Le pasó por la imaginación hacer una locura.* ▶ **1:** IMAGINATIVA.

imaginar. tr. **1.** Representar en la mente imágenes (de cosas reales o ideales). *Imagina un mundo feliz.* **2.** Suponer (algo) a partir de los indicios que se tie-nen. *Imagino que estará enfadada.* **3.** Inventar o crear (algo). *He imaginado solución.*

imaginaria. f. **1.** *Mil.* Vigilancia que se hace por turno durante la noche en cada dormitorio colectivo. *Al soldado le toca estar de imaginaria.* ○ m. **2.** *Mil.* Soldado que presta los servicios de imaginaria (→ 1). *El imaginaria dio el relevo a su compañero.*

imaginario, ria. adj. Que solo existe en la imagina-ción. *La historia se desarrolla en una ciudad imagina-ria.*

imaginativo, va. adj. **1.** De la imaginación o facul-tad para imaginar. *Capacidad imaginativa.* **2.** Que tie-ne mucha imaginación. *En publicidad hay que ser ima-ginativo.* ● f. **3.** Imaginación (facultad para imaginar). *Es un autor de gran imaginativa.* ▶ **3:** IMAGINACIÓN.

imaginería. f. **1.** Arte de tallar o pintar imágenes sagradas. *El escultor cultiva la imaginería religiosa.* **2.** Conjunto de imágenes literarias o plásticas usadas por un autor, una escuela o una época. *La imaginería de sus novelas.* FAM imaginero, ra.

imán[1]. m. **1.** Mineral de hierro de color negruzco, duro, y que tiene la propiedad de atraer el hierro, el acero y otros cuerpos. **2.** Atractivo de alguien o algo. *Usted tiene imán para la clientela.* ▶ **2:** ATRACTIVO.

imán[2]. (Tb. imam). m. **1.** Encargado de presidir y dirigir la oración canónica musulmana en la mezqui-ta. *Los fieles esperan la señal del imam para empezar la plegaria.* **2.** Guía o jefe religioso y frec. también polí-tico en una sociedad musulmana. *La revolución islá-mica estuvo liderada por el imán Jomeini.*

imantar o **imanar.** tr. Transmitir la propiedad magnética (a un cuerpo), o convertir(lo) en un imán.

Imantamos una pieza de hierro. ▶ MAGNETIZAR. FAM imantación o imanación.

imbatible. adj. Que no puede ser batido o derrota-do. *El tenista tiene ante sí un rival imbatible.* FAM imbatibilidad; imbatido, da.

imbécil. adj. Tonto o falto de inteligencia. *Hace falta ser imbécil para no entender algo tan simple.* Se usa como insulto. ▶ *TONTO. FAM imbecilidad.

imberbe. adj. Dicho espec. de joven: Que todavía no tiene barba.

imborrable. adj. Que no se puede borrar. *Un re-cuerdo imborrable.* ▶ INDELEBLE.

imbricar. tr. Disponer (una serie de cosas iguales) de manera que queden superpuestas parcialmente. Tb. fig. *Hay que imbricar los proyectos nacionales e internacionales.* FAM imbricación.

imbuir. (conjug. CONSTRUIR). tr. **1.** Transmitir (a al-guien) o hacer que surja (en él) algo, como una idea o un sentimiento. *Nos había imbuido DE prejuicios.* **2.** Transmitir a alguien o hacer que surja en él (algo, como una idea o un sentimiento). *Les imbuyó los principios del liberalismo.* ▶ **2:** INFUNDIR.

imitar. tr. **1.** Reproducir (algo) o seguir(lo) como modelo. *Es muy difícil imitar su firma.* **2.** Hacer una persona lo mismo que (otra) o actuar de su misma ma-nera. *Me imita hasta en la forma de vestir.* **3.** Presen-tar algo características semejantes a las de (otra cosa) o producir el efecto de ser (esa cosa). *Utilizan un tipo de cristal que imita las piedras preciosas.* ▶ **1, 2:** MI-METIZAR. FAM imitación; imitador, ra; imitativo, va.

impaciente. adj. **1.** Que no tiene paciencia para es-perar. *No sea impaciente: espere a que estemos to-dos.* **2.** Intranquilo o nervioso, espec. debido a una espera o a una falta de información. *Pasan las horas sin noticias y cada vez estamos más impacientes.* **3.** Que espera o desea algo con desasosiego o con mucha in-tensidad. *Estoy impaciente POR saber si será niño o niña.* FAM impaciencia; impacientar.

impacto. m. **1.** Choque de un proyectil u otro cuer-po contra algo. *Un impacto de bala EN la sien.* **2.** Huella o señal que deja un impacto (→ 1). *El auto presenta un impacto atrás.* **3.** Conmoción o impre-sión en el ánimo producidas por alguien o algo. *El atentado produjo un gran impacto.* **4.** Conjunto de efectos causados por un hecho u otra causa sobre algo. *Estudio de impacto ambiental.* FAM impactante; im-pactar.

impagable. adj. Que no se puede pagar. *La deuda contraída resulta impagable.*

impagado, da. adj. *Com.* Que no se ha pagado. *Le remitimos copia de las facturas impagadas.* ▶ **Am:** IM-PAGO.

impago[1]. m. Hecho de no pagar una deuda en la fe-cha o plazo debidos. *La empresa será sancionada por impago.*

impago[2], **ga.** adj. **1.** *Am. Com.* Dicho de persona: Que no ha recibido un determinado pago. *Sus traba-jadores están impagos* [C]. **2.** *Am. Com.* Impagado. *No puedes salir del país mientras mantengas la hipo-teca impaga* [C].

impalpable. adj. **1.** Que no produce sensación al tacto, o la produce apenas. *Una impalpable cortina de vapor.* **2.** Sutil o casi imperceptible. *Un temor im-palpable.*

impar. adj. **1.** cult. Que no tiene par o igual. *Dotado de un ingenio impar.* ● m. **2.** Número impar (→ número). *El resultado de sumar un par y un impar es otro impar.*

imparable. adj. Que no se puede parar o detener. *Comenzó un proceso imparable.*

imparcial. adj. Que juzga o procede con rectitud, sin haber tomado partido previo por alguien o algo. *Jueces imparciales.* FAM imparcialidad.

impartir. tr. Dar o distribuir (algo no material). *El sacerdote imparte la bendición a los fieles.* FAM impartición.

impasible. adj. Que no se altera o no muestra emoción alguna ni indicio de estar afectado. *Escuchó impasible las acusaciones.* ▶ IMPERTÉRRITO. FAM impasibilidad.

impávido, da. adj. Que se muestra sereno o sin miedo ante el peligro. *Cuando se produjo el tiroteo, permaneció impávida.* FAM impavidez.

impecable. adj. **1.** Que no tiene defecto o imperfección. *El texto es impecable.* **2.** Completamente limpio. *El detergente deja la ropa impecable.*

impedancia. f. Fís. Oposición que ofrece un circuito al paso de la corriente alterna, y que es el equivalente a la resistencia en un circuito de corriente continua.

impedido, da. adj. Dicho de persona: Que no puede usar alguno o algunos de sus miembros. *Una muchacha impedida.* ▶ *INVÁLIDO.

impedimenta. f. Equipo o conjunto de pertrechos que lleva la tropa y que dificulta su avance y operaciones. *Los soldados llevan poca impedimenta.*

impedir. (conjug. PEDIR). tr. Estorbar o imposibilitar la ejecución (de algo). *Un accidente impedía la circulación.* ▶ *OBSTACULIZAR. FAM impedimento; impeditivo, va.

impeler. tr. **1.** Impulsar (algo o a alguien) haciendo que se muevan. *El aire es impelido por un fuelle.* **2.** cult. Impulsar o incitar (a alguien) a hacer algo. *Alguna razón la impelió A abandonar a su hija.* ▶ **1:** *IMPULSAR. FAM impelente.

impenetrable. adj. **1.** Dicho de cosa: Que no se puede penetrar. *Una impenetrable puerta de acero.* **2.** Dicho de lugar: Que no permite penetrar en él. *Una fortaleza impenetrable.* **3.** Que no se puede comprender o descifrar. *Un enigma impenetrable.* **4.** Dicho de persona: Que no deja ver sus opiniones o sentimientos. *Un personaje frío e impenetrable.* ▶ **3, 4:** HERMÉTICO. FAM impenetrabilidad.

impenitente. adj. **1.** Que se obstina en el pecado, sin arrepentimiento. *Un ladrón impenitente.* **2.** Antepuesto o pospuesto a un nombre que designa persona con un hábito o comportamiento: Que se mantiene firme en ese hábito o comportamiento. *Una jugadora impenitente.* ▶ **2:** *EMPEDERNIDO.

impensable. adj. Que no se puede pensar o imaginar. *Era impensable alcanzar un éxito tan grande.* FAM impensado, da.

imperar. intr. **1.** Predominar algo en un lugar o en una época. *El caos impera EN el país.* **2.** cult. Mandar sobre alguien o algo. *El león impera SOBRE el resto de los animales.* FAM imperante.

imperativo, va. adj. **1.** Que impera o manda. *Imperativo, hizo la señal de ataque.* **2.** Dicho de cosa: Que expresa o conllevan un mandato o exigencia. *Tono imperativo.* ● m. **3.** Deber o exigencia inexcusables. *Un imperativo moral.* **4.** Modo imperativo (→ modo). *En "suba las manos", el verbo está en imperativo.*

imperceptible. adj. Que no se puede percibir o notar. *Un error imperceptible.*

imperdible. adj. **1.** Am. Que no se debe perder o dejar de aprovechar. *Una cita imperdible para los amantes de la música* [C]. ● m. **2.** Alfiler que se abrocha quedando su punta dentro de un gancho para que no pueda abrirse fácilmente.

imperdonable. adj. Que no se puede o no se debe perdonar. *Error imperdonable.*

imperecedero, ra. adj. No perecedero o inmortal. *Recuerdos imperecederos.*

imperfecto, ta. adj. **1.** Que no es perfecto, o que no tiene las mejores cualidades posibles. *Todos somos imperfectos.* ● m. **2.** Gram. Copretérito. *El imperfecto de "ir" es "iba".* ▶ **1:** DEFECTUOSO. FAM imperfección.

imperialismo. m. Tendencia de un Estado a extender su dominio sobre otro u otros por medio de la fuerza militar, económica o política. FAM imperialista.

impericia. f. Falta de pericia. *Han perdido el juicio por la impericia del abogado.*

imperio. m. **1.** Hecho de imperar. *Vivimos bajo el imperio de una minoría.* **2.** Dignidad de emperador. *Tiberio accede al imperio con casi sesenta años.* **3.** Forma de organización política del Estado regido por un emperador. *En Roma, el imperio se instaura tras la república.* **4.** Estado o conjunto de Estados sometidos a un emperador. *Con Carlos I, España se convierte en imperio.* **5.** Conjunto de Estados o territorios sometidos a otro. *El imperio colonial británico.* **6.** Empresa o entidad que constituyen una potencia. *Construyó un imperio editorial.* **7.** Estilo artístico y decorativo que predominó siendo emperador Napoleón Bonaparte (emperador francés, 1769-1821). *Muebles de estilo imperio.* FAM imperial.

imperioso, sa. adj. **1.** Dicho de cosa: Que resulta ineludible u obliga a actuar. *Una imperiosa necesidad.* **2.** Dicho de persona: Que actúa con marcado autoritarismo. *Es un personaje imperioso.*

impermeable. adj. **1.** Dicho de objeto o material: Que no deja pasar líquidos, espec. el agua, a través de él. *Botas impermeables.* **2.** Que es indiferente a algo o no se deja influir o afectar por ello. *Es impermeable A los ruegos.* ● m. **3.** Prenda ligera semejante a un abrigo, hecha con tela impermeable (→ 1). *Lleva impermeable y paraguas.* ▶ **3:** CHUBASQUERO. FAM impermeabilidad; impermeabilización; impermeabilizante.

impersonal. adj. **1.** Que no tiene o no manifiesta personalidad u originalidad. *Los hoteles me parecen impersonales.* **2.** Que no se aplica a nadie en particular. *El mensaje publicitario tiene un carácter impersonal.* **3.** Gram. Dicho de oración: Que carece de sujeto, elíptico o expreso. *"Llaman por teléfono" es una oración impersonal.* **4.** Gram. Dicho de verbo: De la oración impersonal (→ 3). *"Llover" es un verbo impersonal.* FAM impersonalidad.

impertérrito, ta. adj. Dicho de persona: Que no se altera o no se intimida. *El músico sigue tocando impertérrito, a pesar de los abucheos.* ▶ IMPASIBLE.

impertinente. adj. **1.** Dicho de cosa: Que no es pertinente o no viene al caso. *La prueba es impertinente.* **2.** Dicho de persona: Que molesta por hacer o decir cosas poco respetuosas o inapropiadas. *Se puso impertinente conmigo.* ● m. pl. **3.** hist. Anteojos provistos de un mango lateral, usados por mujeres. *Las damas iban a la ópera con impertinentes.* FAM impertinencia.

imperturbable. adj. Que no se perturba o altera. *Alguien la insultó, pero prosiguió, imperturbable.* FAM imperturbabilidad.

impetrar. tr. **1.** cult. Solicitar (algo) con ruegos. *Impetró la ayuda divina.* **2.** cult. Conseguir (algo solicitado con ruegos). *Desearía conmoverlo para impetrar su perdón.*

ímpetu. m. **1.** Fuerza o violencia con que alguien o algo se mueven. *No consiguen frenar el ímpetu de las llamas.* **2.** Energía o decisión con que se actúa. *Ha empezado el proyecto con mucho ímpetu.* FAM impetuosidad; impetuoso, sa.

impío, a. adj. **1.** Falto de religión. Dicho de pers., tb. m. y f. *Los creyentes y los impíos.* **2.** Contrario a la religión o irrespetuoso con ella. *Profanaron iglesias y cometieron otros actos impíos.* FAM impiedad.

implacable. adj. Que no se puede aplacar o templar. *Odio implacable.* FAM implacabilidad.

implantar. tr. **1.** Establecer (algo, espec. un sistema, una institución o una costumbre). *Implantaron la democracia en el país.* **2.** Med. Colocar (un implante) a alguien. *Le han implantado una prótesis.* **3.** Med. Colocar un implante (a alguien). Más frec. en part. *Muchos pacientes implantados sufren infecciones.* FAM implantación.

implante. m. **1.** Med. Hecho de implantar algo a alguien. *El implante de pelo se realizó con éxito.* **2.** Med. Prótesis, tejido o sustancia que se colocan en el cuerpo para mejorar alguna de sus funciones, o con fines estéticos. *Lleva implantes de silicona.*

implementar. tr. *tecn.* Poner en funcionamiento o aplicar (algo, como un método o una medida). *Implementó un método de trabajo más eficaz.* FAM implementación.

implemento. m. frecAm. Utensilio o instrumento. *Un carrito con implementos de limpieza* [C]. ▶ *INSTRUMENTO.

implicar. tr. **1.** Complicar o enredar (a alguien o algo) en un asunto. *Me implicó EN la estafa.* **2.** Llevar en sí o significar (algo). *El proyecto implica riesgos.* ▶ **1:** COMPROMETER. **2:** CONLLEVAR, COMPORTAR, ENTRAÑAR, SUPONER. FAM implicación.

implícito, ta. adj. Dicho de cosa: Que se entiende incluida en otra que se dice o hace, sin que esta la exprese. *El significado explícito e implícito del texto.*

implorar. tr. Rogar o pedir con suma humildad (algo). *Imploró el perdón.* ▶ *ROGAR. FAM imploración.

implosión. f. *tecn.* Hecho de romperse hacia dentro las paredes de una cavidad cuya presión interior es inferior a la exterior. *La implosión del tanque sumergido.*

impolítico, ca. adj. Contrario a una buena política. *Declaraciones impolíticas.*

impoluto, ta. adj. cult. Limpio o sin mancha. *Sábanas impolutas.*

imponderable. adj. **1.** Que excede a toda ponderación. *Es de una generosidad imponderable.* **2.** Que no se puede pesar, medir o valorar. *El éxito depende de factores imponderables.* ● m. **3.** Circunstancia imprevisible o cuyas consecuencias no se pueden calcular. *Si surge cualquier imponderable, le ruego que me avise.*

imponente. adj. **1.** Que impone o infunde respeto. *Se oyó la voz imponente del director.* **2.** Formidable o extraordinario. *Una imponente catedral.*

imponer. (conjug. PONER). tr. **1.** Poner (algo) como obligación o exigencia. *No me puedes imponer que vaya.* **2.** Infundir (respeto o miedo). *El león impone*

respeto. **3.** Poner a alguien (un nombre). *Le impusieron el nombre de David.* **4.** Poner (algo) sobre alguien en una ceremonia. *Le han impuesto una medalla.* **5.** Poner (dinero) a rédito o en depósito. *Ha impuesto su capital a un interés alto.* **6.** Enterar (a alguien) de algo. *Lo llamó para imponerlo DE la noticia.* **7.** Instruir (a alguien) en algo. *Necesita a un experto que lo imponga EN esos temas.* ○ intr. **8.** Infundir respeto o miedo a alguien. *Tu padre impone.* ○ intr. prnl. **9.** Hacer valer una persona su autoridad o poder. *Si no se impone, le van a perder el respeto.* **10.** Hacerse necesario algo, o ser imprescindible. *Se impone un cambio de política.* **11.** Dep. Ganar. *El líder se impuso AL aspirante.* **12.** Predominar o hacerse habitual algo, espec. una moda. *Se ha impuesto la minifalda.*

imponible. adj. Que se puede gravar con un impuesto. *Renta imponible.*

impopular. adj. Que no agrada al pueblo o a la mayoría. *Medidas impopulares.* FAM impopularidad.

importante. adj. **1.** Dicho de persona o cosa: Que importa, o es motivo de interés o preocupación para alguien. *La familia es importante.* **2.** Dicho de persona o cosa: Que importa por ser de gran valor o magnitud o de consecuencias considerables. *Lo importante es tener salud.* **3.** Dicho de persona: Que tiene relevancia por su cargo o posición. *Asistirán importantes personalidades.* FAM importancia.

importar¹. tr. **1.** Alcanzar algo (el precio que se indica). *Importó 45 pesos.* ○ intr. **2.** Ser una persona o cosa motivo de interés o preocupación para alguien. *Me importas mucho.* **3.** Seguido de un infinitivo o una oración introducida por *que:* Resultar conveniente o necesario lo expresado por ellos. *Lo que importa es que vengas.*

importar². tr. Introducir en un país, mediante compra, (mercancías o servicios extranjeros). *España importa café de Colombia.* FAM importación; importador, ra.

importe. m. Cantidad de dinero correspondiente a algo como un precio, un crédito o una deuda. *Deseo abonar el importe de la factura.*

importunar. tr. Molestar (a alguien) con pretensiones o actos insistentes o poco oportunos. *Espero no importunarlo llamando a estas horas.* FAM importuno, na.

imposibilitado, da. adj. Dicho de persona: Que ha perdido el movimiento del cuerpo o de alguno de sus miembros. *Cuida a un señor imposibilitado.* ▶ *INVÁLIDO.

imposible. adj. **1.** Que no puede existir o suceder. *La situación es tan mala que es imposible que empeore.* **2.** Que no puede realizarse. *Es imposible acabar el trabajo mañana.* **3.** Sumamente difícil. *Ha conseguido un logro tan imposible como aprobar.* **4.** Inaguantable o insoportable. *El niño está imposible.* ● m. **5.** Cosa imposible (→ 1, 2). *Me piden un imposible.* ■ hacer lo ~. loc. v. coloq. Agotar todas las posibilidades para lograr un fin. *Haré lo imposible POR llegar.* FAM imposibilidad; imposibilitar.

imposición. f. Hecho o efecto de imponer o imponerse. *No acepta imposiciones de nadie. Cobro de imposiciones.* ■ ~ de manos. f. Ceremonia de la Iglesia católica para transmitir la gracia del Espíritu Santo a quienes van a recibir ciertos sacramentos, colocando las manos sobre su cabeza.

impositivo, va. adj. **1.** Que impone o se impone. *Es una persona impositiva, que no sabe negociar.* **2.** Del impuesto público. *Reforma del sistema impositivo.*

impositor, ra. m. y f. Persona que impone dinero a rédito o en depósito. *Los impositores eran pequeños y medianos ahorradores.*

impostar. tr. *Mús.* Colocar (la voz) en las cuerdas vocales para poder emitir el sonido de manera clara y graduar su intensidad sin tener que forzar el aparato fonador. *La actriz imposta la voz al recitar.* FAM impostación.

impostergable. adj. Que no se puede postergar. *Un compromiso impostergable.*

impostor, ra. m. y f. Persona que se hace pasar por quien no es. ▶ SUPLANTADOR. FAM impostura.

impotente. adj. **1.** Que no tiene capacidad para hacer algo. *Me veo impotente* PARA *hacerle frente.* **2.** Dicho de hombre: Incapaz de realizar el coito. FAM impotencia.

impracticable. adj. **1.** Que no se puede practicar. *Plan impracticable.* **2.** Dicho de camino o lugar: Que presenta unas condiciones que hacen difícil caminar o pasar por él.

imprecar. tr. cult. Dirigir (a alguien) palabras que expresan el deseo de que sufra algún mal. *Imprecaban a los policías.* FAM imprecación.

impreciso, sa. adj. Que no es preciso o carece de exactitud. *Esta definición es bastante imprecisa.* FAM imprecisión.

impredecible. adj. **1.** Dicho de cosa: Que no se puede predecir. *Resultados impredecibles.* **2.** Dicho de persona: Que actúa de manera impredecible (→ 1).

impregnar. tr. **1.** Penetrar una sustancia, espec. líquida, (en un cuerpo poroso) en cantidad considerable. *El agua ha impregnado la alfombra.* **2.** Hacer que penetre una sustancia, espec. líquida, (en un cuerpo poroso) en cantidad considerable. *Impregne el algodón* DE/EN *alcohol.* **3.** Influir profundamente un sentimiento o una idea (en alguien o algo). *Las ideas revolucionarias impregnaron su espíritu.* FAM impregnación.

impremeditado, da. adj. Que manifiesta o implica falta de premeditación o reflexión. *Homicidio impremeditado.* FAM impremeditación.

imprenta. f. **1.** Arte o técnica de imprimir. *El texto tiene errores de imprenta.* **2.** Taller o lugar donde se imprime.

imprescindible. adj. Dicho de persona o cosa: Absolutamente necesaria, o de la que no se puede prescindir. *En el equipo nadie es imprescindible.* ▶ INDISPENSABLE.

imprescriptible. adj. Dicho espec. de derecho, obligación o responsabilidad: Que no puede prescribir o perder vigencia. *Derechos imprescriptibles.*

impresentable. adj. **1.** Que no puede presentarse o ser presentado públicamente, espec. por tener un aspecto o calidad inaceptables. *No entres, que me acabo de levantar y estoy impresentable. Este informe está impresentable, corrígelo.* **2.** Dicho de persona: De escasa calidad moral. *Tu amigo es un tipo impresentable.*

impresión. f. **1.** Hecho de imprimir. *Se retrasó la impresión del texto.* **2.** Marca o señal que algo deja en otra cosa al presionar sobre ella. *Las impresiones digitales del asesino.* **3.** Efecto o sensación que algo o alguien causa en el ánimo. *Me causa impresión verlo enfermo.* **4.** Efecto o alteración que un cuerpo extraño. *El agua fría me causa impresión.* **5.** Calidad o forma de letra con que está impreso algo. *La impresión del libro es mala.* **6.** Opinión o juicio

que algo o alguien suscitan, sin que, muchas veces, puedan justificar. *Tengo la impresión de que quiere engañarnos.*

impresionar. tr. **1.** Producir (en alguien o algo) impresión o efecto. *Me impresiona su elegancia.* **2.** Exponer (una superficie convenientemente preparada) a la acción de las vibraciones acústicas o luminosas, de manera que queden fijadas (en ella) y puedan ser reproducidas. *Con una cámara podemos impresionar películas.* FAM impresionabilidad; impresionable; impresionante.

impresionismo. m. **1.** Tendencia pictórica surgida en Francia en el s. XIX, que representa los objetos según la impresión, condicionada por la luz, que en un momento dado producen a la vista. **2.** Tendencia literaria o musical que intenta transmitir las impresiones subjetivas que la realidad provoca en el artista. FAM impresionista.

imprevisto, ta. adj. **1.** No previsto. *Surgieron dificultades imprevistas.* ● m. **2.** Hecho imprevisto (→ 1). *Allí estaré, salvo que surja algún imprevisto.* **3.** Gasto imprevisto (→ 1). *Reserva dinero para imprevistos.* ▶ **1:** *INESPERADO.* FAM imprevisibilidad; imprevisible; imprevisión; imprevisor, ra.

imprimar. tr. Preparar con los ingredientes necesarios (una superficie que se va a pintar o teñir). *El pintor se dispone a imprimar el lienzo que va a pintar.* FAM imprimación.

imprimir. (part. imprimido o impreso. Ambos part. se utilizan en la conjugación: *He imprimido/impreso el texto.* Como adj. la forma preferida es *impreso: Me entregó una copia impresa*). tr. **1.** Dejar marcados en el papel o en otra materia (textos, imágenes o elementos gráficos) mediante procedimientos adecuados. *Imprime el texto para corregirlo en papel.* **2.** Imprimir (→ 1) textos o imágenes (en algo). *Imprimen tarjetas para las invitaciones.* **3.** Dejar la marca (de algo) en papel u otra superficie por medio de presión o contacto. *El detenido debe imprimir sus huellas en la ficha.* **4.** Fijar (una idea o un sentimiento) en una persona o en su ánimo. *Quieren imprimir* EN *ella ideas revolucionarias.* **5.** Dar (a alguien o algo) un determinado estilo o característica. *Esa ropa le imprime un aire juvenil.* FAM impreso (*Rellene el impreso*); impresor, ra.

improbable. adj. **1.** Que es bastante difícil que ocurra o que sea cierto. *Es improbable que venga.* **2.** Que no se puede probar o demostrar. *Los hechos improbables no tienen valor para el juez.* FAM improbabilidad.

improbar. (conjug. CONTAR). tr. Am. No aprobar (algo o a alguien). *El Congreso tiene la facultad de aprobar o improbar la propuesta* [C].

ímprobo, ba. adj. cult. Dicho de trabajo o esfuerzo: Muy grande o intenso. *Han llevado a cabo un trabajo ímprobo.*

improcedente. adj. Que no procede o no es conforme a la norma o a la razón. *Su pregunta es improcedente.* Se usa frec. en derecho. FAM improcedencia.

improductivo, va. adj. Que no produce fruto, beneficio o resultado. *Tierras desérticas e improductivas.* ▶ *ESTÉRIL.*

impronta. f. **1.** Huella en hueco o en relieve dejada por un sello u otro cuerpo, mediante presión, en una materia blanda o dúctil. *La impronta de un pie en el barro.* **2.** Huella física o moral dejada por alguien o algo. *Dejó su impronta en sus discípulos.*

impronunciable - inapreciable

impronunciable. adj. **1.** Muy difícil de pronunciar. *Nombre ruso impronunciable.* **2.** Que no debe pronunciarse, para no ofender. *Insulto impronunciable.*

improperio. m. Injuria grave de palabra. *Nos ha dirigido graves improperios.*

impropio, pia. adj. **1.** Falto de las cualidades convenientes. *Conducta impropia.* **2.** No característico de alguien o algo. *Eso es impropio DE él.* FAM impropiedad.

improrrogable. adj. Que no se puede prorrogar. *Plazo improrrogable.*

improvisar. tr. **1.** Hacer (algo) sin haber(lo) preparado previamente. *Ahora improviso la cena.* **2.** Hacer o componer (algo) sobre la marcha. *El cantante improvisa una estrofa más.* FAM improvisación; improvisadamente; improvisador, ra.

improviso. de ~. loc. adv. De manera imprevista o sin avisar. *Vino de improviso.*

imprudente. adj. Que no tiene prudencia para evitar peligros o daños. *Yo no iría de viaje con alguien tan imprudente.* FAM imprudencia.

impúber. adj. cult. Dicho de persona: Que no ha llegado aún a la pubertad.

impudor. m. Falta de pudor. *Habló con impudor de su primera experiencia sexual.* FAM impudicia; impúdico, ca.

impuesto. m. Contribución obligatoria que se paga al Estado o a otra Administración para hacer frente a las cargas públicas. *Los impuestos del tabaco.* ■ ~ revolucionario. m. Dinero exigido por una organización terrorista a determinadas personas o entidades mediante amenazas y chantaje.

impugnar. tr. **1.** Contradecir o refutar (algo). *Copérnico impugnó la teoría de Ptolomeo.* **2.** *Der.* Solicitar la nulidad (de una resolución, una disposición o un acto) al amparo de las normas vigentes. *Los comicios han sido impugnados por la oposición.*

impulsar. tr. **1.** Empujar (a alguien o algo) haciendo que se muevan. *Móntate en el columpio, que yo te impulso.* **2.** Dar impulso o fuerza (a alguien o algo). *Se impulsó con brazos y piernas para saltar.* **3.** Estimular a (alguien) a hacer algo. *El hambre lo impulsó A robar.* ► **1:** IMPELER, PROPULSAR. **3:** *ESTIMULAR. FAM impulsor, ra.

impulso. m. **1.** Hecho o efecto de impulsar. *Con el impulso del palo, la bola se introduce en el hoyo.* **2.** Fuerza que hace moverse a un cuerpo. Frec. fig. *El aumento de las exportaciones dio impulso a la economía.* **3.** Deseo o motivo afectivo que inducen a hacer algo de manera repentina y sin reflexionar. *No pudo refrenar el impulso y lo insultó.* ► IMPULSIÓN. FAM impulsión; impulsividad; impulsivo, va.

impune. adj. Que queda sin castigo. *El criminal quedó impune.* FAM impunidad.

impuntual. adj. Que no es puntual, o que no llega o hace las cosas en el tiempo previsto. *Trenes impuntuales.* FAM impuntualidad.

impuro, ra. adj. **1.** Que tiene mezcla o contiene elementos extraños. *Intentan sacar oro a partir de un metal impuro.* **2.** Que tiene defectos o imperfecciones morales. *El alma impura.* **3.** Que no es honesto o decente, en el aspecto sexual. *Tocamientos impuros.* ► **3:** DESHONESTO. FAM impureza; impurificar.

imputar. tr. Atribuir a alguien la responsabilidad (de un hecho reprobable). *Imputan el delito a una banda.* ► *ACUSAR. FAM imputable; imputación.

in-. (Tb. **im-** o **i-**. Se usa la forma *im-* cuando va delante de *b* o *p*, e *i-* cuando va delante de *l* o *r*). pref. Significa 'negación' (*impagable, irreconstruible*) o 'falta o privación' (*indiscriminación, ilegitimar*).

inabarcable. adj. Que no puede abarcarse. *Un mar inabarcable.*

inabordable. adj. Imposible de abordar. *Una persona inabordable.*

inacabado, da. adj. No acabado. *Un cuadro inacabado.* FAM inacabable.

inaccesible. adj. No accesible. *Un paraje inaccesible.* FAM inaccesibilidad.

inaceptable. adj. No aceptable. *Las condiciones del contrato son inaceptables.*

inactivo, va. adj. Que no es activo o no actúa. *Músculo inactivo.* FAM inacción; inactividad.

inadaptado, da. adj. Que no se adapta o amolda a las circunstancias, espec. sociales. *Un niño inadaptado y con problemas de conducta.* FAM inadaptación.

inadecuado, da. adj. No adecuado, o que no se adapta a las necesidades o a las condiciones de algo o alguien. *Un tratamiento inadecuado.* FAM inadecuación.

inadmisible. adj. No admisible. *Una propuesta inadmisible.*

inadvertido, da. adj. No advertido o no notado. *Llevaba gafas oscuras para pasar inadvertido.* FAM inadvertencia.

inagotable. adj. Que no se puede agotar. *Es una fuente inagotable de saber.*

inaguantable. adj. Que no se puede aguantar o sufrir. *Un calor inaguantable.*

inalámbrico, ca. adj. Dicho espec. de aparato o sistema de comunicación: Que no utiliza alambres o hilos conductores. *Micrófono inalámbrico.* Dicho de teléfono, tb. m.

inalcanzable. adj. Que no se puede alcanzar. *Mi sueño es inalcanzable.*

inalienable. adj. Dicho de cosa: Que no puede enajenarse. *Bienes inalienables.*

inalterable. adj. **1.** Que no se puede alterar. *Material inalterable.* **2.** Que no se altera. *Ella, inalterable, escuchó la sentencia.* FAM inalterabilidad; inalterado, da.

inamovible. adj. Que no se puede mover o cambiar. *La fecha del examen es inamovible.* FAM inamovilidad.

inane. adj. cult. Carente de contenido o interés. *Un debate inane.* FAM inanidad.

inanición. f. Debilidad grande por falta de alimento. *Ha muerto de inanición.*

inanimado, da. adj. Que no tiene vida. *Una piedra es un objeto inanimado.*

inapelable. adj. **1.** Que no se puede apelar o no admite apelación. *El fallo del jurado será inapelable.* **2.** Irremediable o inevitable. *El inapelable discurrir del tiempo.*

inapetencia. f. Falta de apetito o ganas de comer. ► DESGANA. FAM inapetente.

inaplazable. adj. Que no se puede aplazar. *Una tarea inaplazable.*

inaplicable. adj. No aplicable. *El modelo anglosajón es inaplicable A nuestro país.*

inapreciable. adj. **1.** Que no se puede apreciar o medir por su extremada pequeñez. *Existe un inapre-*

ciable margen de error en las estadísticas. **2.** Que no se puede apreciar o tasar por su gran valor o mérito. *Gracias por su inapreciable ayuda.*

inaprensible. adj. **1.** Que no se puede asir o agarrar. *La vida es inaprensible.* **2.** Imposible de comprender. *Son conceptos filosóficos inaprensibles para muchos.*

inapropiado, da. adj. Que no es apropiado. *Es una ropa inapropiada* PARA *ir al trabajo.*

inarmónico, ca. adj. Falto de armonía. *Sonidos inarmónicos.*

inarrugable. adj. Que no se arruga con el uso. *Tejido inarrugable.*

inarticulado, da. adj. **1.** No articulado. *Apéndices inarticulados.* **2.** Dicho de sonido de la voz: Que no forma palabras. *Sonidos inarticulados.*

in artículo mortis. (loc. lat.). loc. adv. A punto de morir. *Se casó con ella in artículo mortis.*

inasequible. adj. No asequible. *Las viviendas resultan inasequibles para muchos.*

inasible. adj. Que no se puede asir o coger. *La vida pasa, escurridiza e inasible.*

inasistencia. f. Falta de asistencia. *La inasistencia supondrá un suspenso.*

inatacable. adj. Que no puede ser atacado. *Un metal inatacable por el óxido.*

inaudible. adj. Que no se puede oír. *Susurros casi inaudibles.*

inaudito, ta. adj. Sorprendente por insólito, nunca oído o escandaloso. *Es inaudito que nadie socorriera a la víctima.*

inaugurar. tr. **1.** Dar comienzo (a algo) con cierta solemnidad. *El presidente inaugura el congreso con un discurso.* **2.** Celebrar con solemnidad y públicamente la terminación o el estreno (de una obra, como un edificio o un monumento). *La alcaldesa inaugurará el monumento.* **3.** Comenzar (algo nuevo). *Con este título inauguramos la colección de novela negra.* FAM **inauguración; inaugurador, ra; inaugural.**

inca. adj. **1.** Dicho de individuo: Del pueblo que, a la llegada de los españoles, habitaba en la parte oeste de América del Sur, desde el actual Ecuador hasta Chile y el norte de Argentina. Tb. m. y f. *Atahualpa fue el último soberano de los incas.* **2.** De los incas. *La ciudad inca de Machu Picchu.* ● m. **3.** Soberano del Imperio inca (→ 2). *El inca se dirigió a sus súbditos.* **4.** Descendiente del inca (→ 3). FAM **incaico, ca.**

incalculable. adj. **1.** Que no se puede calcular. *Distancias incalculables.* **2.** Muy grande o muy numeroso. *He recibido incalculables muestras de afecto.*

incalificable. adj. Que no tiene calificativo posible, frec. por ser sumamente censurable o rechazable. *Su conducta es incalificable.*

incandescente. adj. Dicho de cuerpo, espec. de metal: Que despide luz roja o blanca por la acción del calor. *Un hierro incandescente.* FAM **incandescencia.**

incansable. adj. Que no se cansa. *Es una luchadora incansable.* ▶ INFATIGABLE.

incapaz. adj. **1.** Que no puede realizar la acción designada. *Soy incapaz* DE *leer a esta distancia.* **2.** Que no posee cualidades para algo. *Lo veo incapaz* PARA *esa tarea.* **3.** Falto de talento o de aptitudes intelectuales. *Tiene un sobrino incapaz que va a un colegio especial.* **4.** Que no se atreve a algo. *Soy incapaz* DE *decirle la verdad.* **5.** Der. Que no posee aptitud legal

para algo. *Hasta la mayoría de edad se es incapaz* PARA *votar.* FAM **incapacidad; incapacitación; incapacitado, da; incapacitar.**

incardinar. tr. cult. Incorporar (a una persona o una cosa) a algo. *Trabaja para incardinar a los marginados* EN *la sociedad.* FAM **incardinación.**

incautarse. (conjug. CAUSAR). intr. prnl. Apoderarse una autoridad judicial o administrativa de bienes relacionados con un delito, falta o infracción. *La policía se ha incautado* DE *un alijo de cocaína.* FAM **incautación.**

incauto, ta. adj. **1.** Que no tiene cautela o precaución. *La corriente arrastró a un bañista incauto.* **2.** Ingenuo, o que no tiene malicia. *Clientes incautos.* ▶ **2:** *INGENUO.*

incendiar. (conjug. ANUNCIAR). tr. Hacer que arda (algo, gralm. grande, que no debería arder). *Unos gamberros incendiaron el auto.* FAM **incendio; incendiario, ria.**

incensar; incensario. → incienso.

incentivo. m. **1.** Cosa que estimula a hacer algo o a hacerlo mejor. *Este premio es un incentivo en mi carrera.* **2.** Cantidad de dinero, que se ofrece a un trabajador, grupo o sector con el fin de elevar la producción o mejorar el rendimiento. *Cobra incentivos por productividad.* ▶ **1:** *ESTÍMULO.* FAM **incentivar.**

incertidumbre. f. Falta de certidumbre. *Vive con la incertidumbre de si sanará.*

incesante. adj. Que no cesa. *La localizaron tras una incesante búsqueda.*

incesto. m. Relación sexual entre parientes dentro de los grados en que está prohibido el matrimonio. *El incesto de un padre con su hija.* FAM **incestuoso, sa.**

incidencia. f. **1.** Hecho de incidir. *El clima tiene incidencia* SOBRE *las cosechas.* **2.** Número de casos ocurridos de un fenómeno, espec. de una enfermedad, en un período de tiempo. *Hay que reducir la incidencia del cáncer de mama.* **3.** Acontecimiento que se produce en el curso de un asunto o negocio y tiene con él alguna conexión. *Me enteré de todas las incidencias del caso por la prensa.* **4.** Incidente (acontecimiento). *La operación se desarrolló sin incidencias.* ▶ **4:** INCIDENTE.

incidente. adj. **1.** Que incide. *La luz incidente en un punto.* ● m. **2.** Acontecimiento que altera o interrumpe el curso normal de algo. *La jornada transcurrió sin incidentes.* **3.** Enfrentamiento entre dos o más personas. *Hubo incidentes entre los manifestantes y la policía.* ▶ **2:** INCIDENCIA. FAM **incidental.**

incidir. intr. **1.** Caer o incurrir en una falta, un error o algo similar. *Incidió* EN *un grave error.* **2.** Repercutir o tener efecto una cosa en otra. *La mala gestión de un proyecto incide* EN/SOBRE *el resultado.* **3.** Caer algo, espec. un rayo de sol, sobre algo o alguien. *Los rayos de sol inciden* EN/SOBRE *la mesa.* **4.** Insistir o hacer hincapié en algo. *Los nutricionistas inciden* EN *la importancia de una dieta sana.* ▶ **2:** REPERCUTIR.

incienso. m. Sustancia resinosa extraída de diversos árboles, que despide un olor aromático al arder y que se quema en ceremonias religiosas. FAM **incensar** (conjug. ACERTAR); **incensario.**

incierto, ta. adj. **1.** No cierto o no verdadero. *Cuanto se ha dicho de mí es incierto.* **2.** Desconocido o no sabido con certeza. *Su futuro es incierto.* ▶ **1:** FALSO.

incinerar. tr. Reducir (algo, espec. un cadáver) a cenizas. *Cuando muera, quiere que lo incineren.* ▶ Am: CREMAR. FAM **incineración; incinerador, ra.**

incipiente. adj. Que empieza. *Una incipiente calvicie.*

incisión. f. Hendidura hecha en un cuerpo con un instrumento cortante. *El cirujano hace una incisión en la piel con el bisturí.*

incisivo, va. adj. **1.** Apto para cortar o penetrar como un instrumento cortante. *Arma incisiva.* **2.** Dicho espec. de persona, de su carácter o de sus dichos: Penetrante o mordaz. *Un ensayista incisivo.* ● m. **3.** *Anat.* Diente incisivo (→ diente). *Los conejos tienen los incisivos muy desarrollados.* ▶ **2:** *MORDAZ.

inciso. m. Frase o expresión con autonomía que se intercalan en lo que se está diciendo, frec. para introducir una explicación o un comentario paralelo. *Tras un inciso, continuó la narración.*

incitar. tr. Estimular (a alguien) a algo. *Incitó a sus compañeros A la huelga.* ▶ *ESTIMULAR. FAM incitación; incitador, ra; incitante.

incivil. adj. Falto de civismo o de educación. *Tirar basura es de gente incivil.*

incivilizado, da. adj. No civilizado, o no educado. *Conducta incivilizada.*

inclasificable. adj. Que no se puede clasificar en ningún grupo conocido. *Un músico genial e inclasificable.*

inclemente. adj. **1.** Dicho espec. de tiempo o fenómeno atmosféricos: Riguroso o muy duro. *Lluvia inclemente.* **2.** cult. Falto de clemencia. *Juez inclemente.* FAM inclemencia.

inclinación. f. **1.** Hecho o efecto de inclinar o inclinarse. *La inclinación de la Torre de Pisa.* **2.** Reverencia que se hace con la cabeza o el cuerpo. *Me saludó con una inclinación de cabeza.* **3.** Impulso instintivo de hacer algo, de comportarse de cierta manera, o de interesarse por algo. *Manifiesta su inclinación A/POR las artes.* **4.** Afecto por alguien o algo. *Siente una especial inclinación POR su primogénito.* ▶ **3:** PROCLIVIDAD, PROPENSIÓN, TENDENCIA.

inclinar. tr. **1.** Desviar (algo o a alguien) de la posición horizontal o vertical que tenía. *Inclina HACIA un lado el foco.* **2.** Persuadir (a alguien) para que haga o diga algo que dudaba hacer o decir. *Trata de inclinar al electorado A votar a su partido.* ○ intr. prnl. **3.** Bajar el tronco o la cabeza hacia adelante, a veces en señal de adoración, respeto o cortesía. *Todos se inclinan cuando entran los reyes.* **4.** Sentirse impulsado a pensar, decir o hacer algo. *Me inclino A pensar que miente.* **5.** Mostrar preferencia por algo o por alguien. *Se inclina POR la ropa cómoda.* ▶ **4:** PROPENDER, TENDER.

ínclito, ta. adj. cult. Ilustre o célebre. *Garcilaso, ínclito poeta.*

incluir. (conjug. CONSTRUIR). tr. **1.** Poner (algo o a alguien) dentro de un conjunto. *Incluyéndome a mí, somos diez hermanos.* **2.** Contener (algo o a alguien) una cosa compuesta por elementos. *El precio incluye la cena.* ▶ **2:** *CONTENER. FAM inclusión; inclusivo, va.

inclusive. adv. Pospuesto a un nombre o a un pronombre: Incluyendo lo designado por este nombre. *Abriremos desde mañana hasta el sábado inclusive.*

incluso. adv. **1.** Incluyendo. *Han reformado todas las alas del edificio, incluso las nuevas.* **2.** Indica que lo enunciado en la palabra o elemento de oración a los que modifica resulta sorprendente o inesperado. *Llegó incluso a amenazarlo.* ● prep. **3.** Con inclusión de. *Todos, incluso él, aprueban el proyecto.*

incoar. tr. *Der.* Comenzar (un proceso, pleito, expediente o alguna otra actuación oficial). *El juez ordenó incoar el sumario.* FAM incoación.

incobrable. adj. Que no se puede cobrar. *Deudas incobrables.*

incoercible. adj. cult. Que no se puede reprimir o contener. *Un deseo incoercible.*

incógnito, ta. adj. **1.** cult. No conocido. *Descubrió parajes incógnitos.* ● m. **2.** Situación de una persona, espec. de alguien conocido, que mantiene su identidad oculta. *Nos visitó en el más riguroso incógnito.* ○ f. **3.** Cosa desconocida que se quiere descubrir. *La causa del naufragio es una incógnita.* **4.** *Mat.* Cantidad desconocida que es preciso determinar en una ecuación o en un problema para resolverlos. *La incógnita en una ecuación de primer grado.* ■ **de incógnito.** loc. adv. Ocultando alguien, gralm. una persona conocida, su identidad. *La actriz viaja de incógnito.*

incognoscible. adj. cult. Que no se puede conocer. *Esencia incognoscible del ser.*

incoherente. adj. No coherente. *Un discurso incoherente.* FAM incoherencia.

incoloro, ra. adj. Que carece de color. *El agua es incolora e inodora.*

incólume. adj. cult. Que no ha sufrido daño o deterioro. *Belleza incólume.*

incombustible. adj. **1.** No combustible. *El acero es incombustible.* **2.** Que se mantiene activo o no sufre desgaste a pesar del tiempo y las dificultades. *El público sigue aclamando al incombustible grupo de rock.* FAM incombustibilidad.

incomestible. adj. No comestible. *Este fruto es incomestible.*

incomible. adj. Que no se puede comer, espec. por estar mal preparado. *Nos sirvieron una especie de guiso incomible.*

incómodo, da. adj. **1.** Dicho de cosa: Que no proporciona descanso o bienestar, o implica esfuerzo o molestia. *El colchón es incómodo.* **2.** Dicho de persona: Molesta o de trato difícil. *Es una persona incómoda para tenerla como compañera.* **3.** Dicho de persona: Que se encuentra en una situación incómoda (→ 1). *Se siente incómoda cuando hablamos de sexo.* FAM incomodar; incomodidad; incomodo.

incomparable. adj. Que no es comparable. *En esos años, el poeta escribió páginas de incomparable belleza.*

incomparecencia. f. Hecho de no comparecer en un acto o lugar en que se debía estar presente. *Ganaron por incomparecencia de su rival.*

incompatible. adj. No compatible con alguien o algo. *Mi trabajo es incompatible CON los estudios. Tú y yo somos incompatibles.* FAM incompatibilidad.

incompetente. adj. No competente. *El tribunal ha sido declarado incompetente para juzgar este caso.* FAM incompetencia.

incompleto, ta. adj. No completo. *Debido a la súbita muerte del compositor, la sinfonía quedó incompleta.*

incomprendido, da. adj. **1.** Que no es debidamente comprendido. *Es un libro incomprendido a pesar de su calidad.* **2.** Dicho de persona: Que no es debidamente valorada o apreciada. *Un genio incomprendido.* FAM incomprensibilidad; incomprensible; incomprensión, incomprensivo, va.

incomunicación. f. **1.** Hecho o efecto de incomunicar. *Continúa la incomunicación de varios pueblos a causa de la nieve.* **2.** Falta de comunicación entre las personas. *La incomunicación en la pareja provoca distanciamiento.*

incomunicar. tr. **1.** Privar de comunicación (a alguien o algo). *Estoy incomunicada por la tormenta.* **2.** Aislar temporalmente (a un preso) sin permitir(le) tratar con nadie. *El detenido permanece incomunicado.* FAM incomunicable.

inconcebible. adj. Que no puede concebirse o comprenderse. *Es inconcebible que prescindan de ella.*

inconciliable. adj. Que no se puede conciliar. *Intereses inconciliables.*

inconcluso, sa. adj. cult. No concluido o no acabado. *Una escultura inconclusa.*

inconcreto, ta. adj. Que no es concreto o preciso. *Basta de acusaciones inconcretas.* FAM inconcreción.

incondicional. adj. **1.** Absoluto y sin condiciones ni restricciones. *Tienes mi apoyo incondicional.* ● m. y f. **2.** Persona que es partidaria de algo o de alguien sin condiciones ni limitaciones. *Soy un incondicional de Kahlo.* FAM incondicionado, da.

inconexo, xa. adj. Que no tiene conexión o relación lógica. *Palabras inconexas.*

inconfesado, da. adj. No confesado. *Pasión inconfesada.* FAM inconfesable; inconfeso, sa.

inconforme. adj. **1.** Que no está conforme. *Hay sectores inconformes* CON *la propuesta.* **2.** Hostil a lo establecido en la sociedad. *Jóvenes rebeldes e inconformes.* ▶ **1:** DISCONFORME. FAM inconformidad; inconformismo; inconformista.

inconfundible. adj. Que no se puede confundir. *Una voz inconfundible.*

incongruente. adj. No congruente. *Un relato incongruente.* FAM incongruencia.

inconmensurable. adj. Enorme o de una magnitud tan grande que no se puede medir. *El inconmensurable océano.* ▶ *ENORME.

inconmovible. adj. **1.** Dicho de cosa: Que no se puede conmover. *Fe inconmovible.* **2.** Dicho de persona: Incapaz de conmoverse. *Carcelero inconmovible.*

inconsciente. adj. **1.** Dicho de persona: Que no es consciente de algo concreto, o de sus propios actos y sus consecuencias. *Inconsciente* DEL *peligro, fue a rescatarla.* **2.** Dicho de persona: Que ha perdido la consciencia o la facultad de reconocer la realidad. *La enferma permanece inconsciente.* ● m. **3.** Psicol. Conjunto de caracteres y procesos psíquicos que, aunque condicionan la conducta, no afloran en la conciencia. *El psicoanálisis estudia el inconsciente de una persona.* ■ el ~ colectivo. m. Psicol. Parte del inconsciente (→ 3) que no depende de la experiencia personal y que está compuesto por arquetipos o representaciones comunes al género humano. FAM inconsciencia.

inconsecuente. adj. No consecuente con las propias ideas o principios. *Revolucionarios inconsecuentes.* FAM inconsecuencia.

inconsiderado, da. adj. No considerado o carente de consideración. *Modales inconsiderados.*

inconsistente. adj. Falto de consistencia o firmeza. *Pruebas inconsistentes.* FAM inconsistencia.

inconsolable. adj. Que no puede ser consolado. *El viudo está inconsolable.*

inconstante. adj. No constante. *Es listo, pero inconstante.* FAM inconstancia.

inconstitucional. adj. Que no se ajusta a la Constitución del Estado. FAM inconstitucionalidad.

inconsútil. adj. cult. Que no tiene costuras. *La túnica inconsútil de Cristo.* Tb. fig.

incontable. adj. Tan numeroso que resulta difícil de contar. *Recibió incontables felicitaciones.* ▶ **2:** INNUMERABLE.

incontaminado, da. adj. No contaminado. *Aguas incontaminadas.*

incontenible. adj. Que no se puede contener o frenar. *Deseo incontenible de reír.*

incontestable. adj. Que no se puede discutir o cuestionar. *Un éxito incontestable.*

incontinencia. f. **1.** Incapacidad para controlar voluntariamente la expulsión de orina o heces. *Padece incontinencia urinaria.* **2.** Falta de continencia o moderación, espec. al hablar o en el aspecto sexual. *Incontinencia verbal.* FAM incontinente.

incontrastable. adj. Que no se puede refutar o contradecir con razones o argumentos sólidos. *Verdades incontrastables.*

incontrolado, da. adj. **1.** Que no tiene control. *Un crecimiento incontrolado.* **2.** Que actúa sin control. *Grupos incontrolados de manifestantes.* FAM incontrolable.

incontrovertible. adj. Que no admite duda ni discusión. *Dato incontrovertible.*

inconveniente. adj. **1.** No conveniente. *No haga nada inconveniente.* ● m. **2.** Impedimento u obstáculo para hacer algo. *No creo que nos pongan inconvenientes.* **3.** Aspecto desfavorable de algo. *Habrá ventajas e inconvenientes.* ▶ **2:** *OBSTÁCULO. **3:** DESVENTAJA. FAM inconveniencia.

incordiar. (conjug. ANUNCIAR). tr. coloq. Molestar o importunar (a alguien). *Deja ya de incordiarme, que me tienes harta.* FAM incordio.

incorporar. tr. **1.** Unir (una persona o una cosa) a otra u otras para que forme un todo con ellas. *Incorpore la sal* AL *huevo.* **2.** Poner en posición de sentada o reclinada (a una persona echada o tendida). *Incorporó al enfermo para darle la pastilla.* ○ intr. prnl. **3.** Empezar a trabajar o participar en algo, o a desempeñar las funciones que corresponden. *Mañana se incorporará a su puesto.* FAM incorporación.

incorpóreo, a. adj. No corpóreo, o falto de consistencia física. *Seres incorpóreos.*

incorrecto, ta. adj. No correcto. *Usos incorrectos.* FAM incorrección.

incorregible. adj. **1.** Que no se puede corregir. *Una manía incorregible.* **2.** Antepuesto o pospuesto a un nombre que designa persona con un hábito o comportamiento: Que persiste con firmeza o terquedad en ese hábito o comportamiento. *Es un romántico incorregible.* ▶ **2:** *EMPEDERNIDO.

incorrupto, ta. adj. No corrupto. *Un cadáver incorrupto.* FAM incorruptibilidad; incorruptible.

increado, da. adj. No creado. *Un mundo increado.*

incrédulo, la. adj. **1.** Dicho de persona: Que no cree fácilmente lo que ve o se le dice. *Miraba incrédulo el boleto premiado.* **2.** Dicho de persona: Que no tiene fe religiosa. Tb. m. y f. *Quieren convertir a los incrédulos.* FAM incredulidad.

increíble. adj. Que no se puede creer o es muy difícil de creer.

incrementar - independiente

incrementar. tr. Aumentar (algo). *La campaña incrementó las ventas.* ► *AUMENTAR. FAM incremento.

increpar. tr. Reprender (a alguien) con severidad. *Lo increpó sin motivo.* FAM increpación.

in crescendo. (loc. it.; pronunc. "in-kreshéndo"). loc. adv. Con aumento gradual. *Mi nerviosismo iba in crescendo.* ¶ [Equivalente recomendado: *en aumento*].

incriminar. tr. Imputar (a alguien) un delito o falta graves. *La fiscalía no ha hallado pruebas para incriminarlo.* ► *ACUSAR. FAM incriminación.

incruento, ta. adj. cult. No cruento, o que no causa derramamiento de sangre.

incrustar. tr. Embutir o introducir (algo) en una superficie dura, de modo que quede sujeto o adherido en ella. *Incrustó el clavo EN la pared.* FAM incrustación.

incubadora. f. **1.** Aparato o lugar que sirven para la incubación artificial de huevos. *La granja cuenta con dos incubadoras.* **2.** Aparato con forma de urna de cristal, que permite mantener a temperatura adecuada para su desarrollo a los niños nacidos prematuros o en circunstancias anormales.

incubar. tr. **1.** Calentar un ave u otro animal ovíparo (los huevos), gralm. con su cuerpo, para que nazcan las crías. *La paloma incuba sus huevos en el nido.* **2.** Desarrollar (una enfermedad) desde que se contrae hasta que aparecen los primeros síntomas. *Estoy incubando una gripe.* **3.** Hacer que (algo) comience a desarrollarse sin manifestarse. *Esas actitudes solo sirven para incubar violencia.* ► **1:** EMPOLLAR. FAM incubación.

íncubo. adj. Dicho de diablo: Que adoptando apariencia de hombre tiene relación sexual con una mujer. Más frec. m.

incuestionable. adj. No cuestionable. *Méritos incuestionables.*

inculcar. tr. Infundir de manera duradera y profunda (una idea o un sentimiento) en alguien o en su ánimo. *Es bueno inculcar valores éticos EN el niño.*

inculpar. tr. Atribuir (a alguien) un delito. *La juez lo inculpa DE homicidio.* ► *ACUSAR. FAM inculpación; inculpatorio, ria.

incultivable. adj. Que no se puede cultivar. *Terrenos incultivables.*

inculto, ta. adj. **1.** Que carece de cultura o tiene un nivel cultural bajo. *Era gente inculta, casi analfabeta.* **2.** Dicho de terreno: Que no tiene cultivo ni labor. *Tierras incultas.* ► **1:** *IGNORANTE. **2:** *YERMO. FAM incultura.

incumbir. intr. Corresponder algo a alguien, o ser responsabilidad suya. *Se ha metido en lo que no le incumbe.* ► CORRESPONDER. FAM incumbencia.

incumplir. tr. Dejar de cumplir (algo, espec. una ley, una orden, un castigo, un deber o una promesa). *Incumplió su promesa.* ► *INFRINGIR. FAM incumplimiento.

incunable. adj. Dicho de obra: Impresa en el período que va desde la invención de la imprenta hasta principios del s. XVI. *Libro incunable.* Tb. m.

incurable. adj. **1.** Que no se puede curar. *Una enfermedad incurable.* **2.** Que no tiene arreglo o remedio. *Es de una avaricia incurable.*

incuria. f. cult. Abandono o falta de cuidado. *La incuria oficial ha causado el deterioro del patrimonio.*

incurrir. intr. Cometer una falta, un delito o un error. *No incurra EN ese error.*

incursión. f. **1.** Penetración de corta duración en territorio enemigo, llevada a cabo por fuerzas armadas con intención hostil. *Incursiones enemigas.* **2.** Hecho de dedicarse a una actividad o introducirse en un ámbito de manera temporal. *La actriz hizo alguna incursión EN el cine.*

incursionar. intr. **1.** Realizar una incursión. *Los vikingos incursionaban EN las costas atlánticas.* **2.** Am. Realizar una actividad distinta de la habitual. *El político también incursionó EN el arte operístico* [C].

incurso, sa. adj. Que ha incurrido en algo. *Presos incursos EN delitos de sangre.*

indagar. tr. Intentar averiguar (algo), discurriendo o preguntando. *La comisión indaga las causas del accidente.* FAM indagación; indagador; ra; indagatorio, ria.

indebido, da. adj. Que no se debe hacer por ser contrario a las normas.

indecente. adj. No decente, espec. en el aspecto sexual. FAM indecencia.

indecible. adj. Que no se puede decir o explicar. *Angustia indecible.*

indeciso, sa. adj. Que tiene dificultad para decidirse. FAM indecisión.

indeclinable. adj. Que no se puede declinar o rechazar. *Compromiso indeclinable.*

indecoroso, sa. adj. Que carece de decoro o atenta contra él. *Considera indecorosas esas faldas tan cortas.*

indefectible. adj. Que no puede faltar o dejar de ser. *El verano llega indefectible cada mes de junio.*

indefenso, sa. adj. Que no tiene defensa. *El cazador dispara a un ciervo indefenso.* FAM indefendible; indefensión.

indefinido, da. adj. **1.** Impreciso o no definido. *Color indefinido.* **2.** Que no tiene término señalado o conocido. *Síntomas indefinidos.* **3.** Gram. Dicho de adjetivo o pronombre: Que hace referencia a la calidad, la cantidad o la identidad de manera imprecisa. *"Nadie" es un pronombre indefinido.* Tb. m. ● m. **4.** Gram. Pretérito (tiempo de indicativo). *El indefinido de "andar" es "anduve...".* FAM indefinible; indefinición. ► **4:** PRETÉRITO.

indeleble. adj. Que no se puede borrar o eliminar. *Olor indeleble.* ► IMBORRABLE.

indelicado, da. adj. Falto de delicadeza o cortesía. *Conducta indelicada.* FAM indelicadeza.

indemne. adj. Que no ha recibido daño o perjuicio. *Salió indemne del atentado.*

indemnizar. tr. Dar una compensación, gralm. económica, (a alguien) por un daño. *El Gobierno indemnizará a la víctima.* ► *COMPENSAR. FAM indemnización.

indemostrable. adj. Que no se puede demostrar. *Su teoría es indemostrable.*

independiente. adj. **1.** Dicho de cosa o persona: Que no depende de otra. *Cuba se hizo independiente DE España a finales del XIX.* **2.** Dicho de cosa: Que no tiene relación o conexión con otra. *El curso consta de módulos independientes.* **3.** Dicho de persona: Que mantiene sus opiniones sin dejarse influir o controlar por otros. *Juez independiente.* **4.** Que actúa de forma autónoma, sin contar con el apoyo de otros ni someterse a la disciplina de un grupo. *Candidato independiente.* FAM independencia; independentismo; independentista; independizar.

indescifrable. adj. Que no se puede descifrar. *Un mensaje indescifrable.*

indescriptible. adj. Que no se puede describir, gralm. por su magnitud o carácter extraordinario. *Una emoción indescriptible.*

indeseable. adj. **1.** No deseable. *Evitemos tensiones indeseables.* **2.** Dicho de persona: Cuyo trato no es recomendable, dadas sus cualidades negativas. Tb. m. y f. *No la queremos, es una indeseable.* **3.** Dicho de persona: Cuya permanencia en un país es considerada peligrosa por las autoridades de este. Tb. m. y f. *Varios intelectuales críticos engrosan las listas de indeseables.* FAM indeseado, da.

indestructible. adj. Que no se puede destruir. *Los une un vínculo indestructible.*

indeterminación. f. Falta de determinación en algo, o de resolución en alguien. *Para evitar indeterminaciones, daremos cifras concretas.*

indeterminado, da. adj. No determinado o no concreto. *El terremoto se cobró un número indeterminado de víctimas.*

indexar. tr. **1.** *Inform.* Elaborar un índice (de algo, espec. de un documento o un conjunto de datos). *El buscador indexa los resultados obtenidos.* **2.** *Econ.* Asociar las variaciones (de un valor) a las de un elemento de referencia. *El ministerio indexará los salarios a la inflación.* ▶ INDIZAR. FAM indexación.

indiano, na. adj. **1.** De las Indias Occidentales o América colonial española. *El comercio indiano.* **2.** Dicho de persona: Que vuelve rica de América. Más frec. m. y f. *Se casó con un indiano de Sevilla que había hecho su fortuna en Lima.*

indicar. tr. **1.** Mostrar (algo) con indicios o señales. *Hace un movimiento con la cabeza para indicar asentimiento.* **2.** Decir (algo que se propone, aconseja u ordena). *¿Podría indicarme un bar?* ▶ **1:** *SEÑALAR. FAM indicación; indicador, ra.

indicativo, va. adj. **1.** Que indica o sirve para indicar. *Síntoma indicativo.* ● m. **2.** *Gram.* Modo indicativo (→ modo). *En "fui allí", el verbo "ir" está en indicativo.*

índice. m. **1.** Dedo índice (→ dedo). *El índice de la mano derecha.* **2.** Indicio o señal de algo. *La falta de fiebre es índice de mejoría.* **3.** En un libro u otra publicación: Lista ordenada de contenidos con indicación del lugar donde aparecen. *Índice de ilustraciones.* **4.** Expresión numérica de la relación entre dos cantidades o magnitudes. *Índice de criminalidad.* **5.** *Mat.* Número o letra que indica el grado de una raíz. *El índice de una raíz cuadrada es 2.* ■ ~ **de precios al consumidor,** o **al consumo.** m. *Econ.* Expresión numérica del incremento de los precios de bienes y servicios en un período de tiempo con respecto a otro anterior. *El índice de precios al consumidor subió un 0,4%.* ⇒ IPC. ■ ~ **de refracción.** m. *Fís.* Razón entre las velocidades de propagación de la luz en el vacío y en un determinado medio. ▶ **2:** *INDICIO.

indicio. m. **1.** Cosa que permite conocer o inferir la existencia de otra no percibida. *No hay pruebas, solo indicios.* **2.** Cantidad muy pequeña de algo, que no acaba de manifestarse como significativa. *Se hallaron en la bebida indicios de arsénico.* ▶ **1:** ATISBO, ÍNDICE, SEÑAL, VISLUMBRE. FAM indiciario, ria.

índico, ca. adj. De la India. *Lenguas índicas.* ▶ *INDIO.

indiferenciado, da. adj. Que no tiene caracteres que lo diferencien.

indiferente. adj. **1.** No inclinado a una cosa o persona más que a otra. *Un 20% de los consultados se muestra indiferente.* **2.** Que no manifiesta interés por algo o alguien. *Permanece indiferente A lo que sucede.* **3.** Que puede ser o hacerse de una forma o de otra, sin importar cuál se elija. *Es indiferente que presente el original o una copia.* **4.** Que no despierta interés ni rechazo. *Ella me es indiferente.* FAM indiferencia.

indígena. adj. Originario del país de que se trata. *Lenguas indígenas de América.* FAM indigenismo; indigenista.

indigente. adj. Que carece de los medios necesarios para vivir. *Población indigente.* ▶ *POBRE. FAM indigencia.

indigestarse. intr. prnl. **1.** Provocar un alimento o una comida un trastorno por mala digestión a alguien. *Se le indigestó el plátano.* **2.** coloq. Hacerse alguien o algo desagradables o molestos a una persona. *Se me están indigestando las matemáticas.* FAM indigerible; indigestión; indigesto, ta.

indignación. f. Sentimiento de enfado y rechazo vehementes causados por algo que choca con la conciencia moral o el sentido de justicia. *Causa indignación ver tanta injusticia.* FAM indignante; indignar.

indigno, na. adj. **1.** No digno o no merecedor de algo o de alguien. *Si te engaña, es indigna DE ti.* **2.** Que no corresponde al mérito o condición de alguien o algo. *Sería indigno DE un caballero faltarle al respeto.* **3.** No digno de respeto o consideración. *Son estafadores, gente indigna.* **4.** De calidad muy baja o inaceptable. *Salario indigno.* ▶ **3:** *DESPRECIABLE. FAM indignidad.

índigo. m. Añil. *El índigo da una tonalidad azul oscura.*

indio, dia. adj. **1.** De la India. *Templo indio.* **2.** De los pueblos o razas indígenas de América. *Jefe indio.* Tb. m. y f. En Esp., frec. referido a los indígenas de América del Norte. *Películas de indios y vaqueros.* ▶ **1:** HINDÚ, ÍNDICO.

indirecto, ta. adj. **1.** Que no se produce o no lleva a un fin o resultado de forma directa. *Consecuencias indirectas.* ● f. **2.** Dicho o medio para dar a entender algo sin expresarlo claramente. *Le lancé una indirecta, para ver si se callaba.*

indisciplina. f. Falta de disciplina. FAM indisciplinado, da.

indiscreto, ta. adj. Que se comporta sin discreción. *No quiero ser indiscreta, pero ¿qué edad tiene usted?* FAM indiscreción.

indiscriminado, da. adj. Dicho de cosa: Que no hace discriminación o distinción. *Ordenó fuego indiscriminado.*

indiscutible. adj. Que no se puede discutir por ser evidente. *Una verdad indiscutible.* FAM indiscutido, da.

indisimulado, da. adj. No disimulado, o que se manifiesta de forma patente.

indisociable. adj. Que no se puede disociar. *Mente y cuerpo son indisociables.*

indisoluble. adj. Que no se puede disolver o deshacer desuniendo sus componentes. *La unidad indisoluble de la nación.* FAM indisolubilidad.

indispensable. adj. Dicho de persona o cosa: Absolutamente necesaria, o de la que no se puede prescindir. *Es indispensable ser mayor de edad.* ▶ IMPRESCINDIBLE.

indisponer. (conjug. PONER). tr. Hacer que (dos o más personas) se vuelvan enemigas o pierdan su amistad. *La herencia indispuso a los hermanos.* ▶ ENEMISTAR.

indisposición. f. **1.** Alteración leve de la salud. *No pudo actuar por una indisposición.* **2.** Falta de disposición o preparación para algo. *La indisposición de las partes PARA llegar a un acuerdo.* FAM **indispuesto, ta.**

indisputable. adj. Que no admite disputa o discusión. *Hechos indisputables.*

indistinguible. adj. Que no se puede distinguir o diferenciar. *Con tanta niebla, el puente es casi indistinguible.*

indistinto, ta. adj. **1.** Que no se distingue de otra cosa. *Los días se me antojan indistintos.* **2.** Que no se percibe o distingue con claridad. *Voces indistintas.* **3.** Que resulta indiferente. *Es indistinto tomar uno u otro jarabe.* FAM **indistinción.**

individual. adj. **1.** Del individuo como ser organizado. *Libertades individuales.* **2.** De un solo individuo o elemento. *Porciones individuales.* **3.** Propio de alguien o algo. *Estrategias individuales.* ▶ **3:** *CARACTERÍSTICO. FAM **individualidad.**

individualismo. m. **1.** Tendencia a pensar y actuar con independencia de los demás, o sin sujetarse a normas generales. *No podemos dejarnos llevar por el individualismo.* **2.** Doctrina filosófica que defiende la autonomía y supremacía de los derechos del individuo frente a los de la sociedad y el Estado. FAM **individualista.**

individuo, dua. m. **1.** Ser organizado, animal o vegetal, respecto de la especie a que pertenece. *Un óvulo fecundado genera un nuevo individuo.* **2.** Persona, o individuo (→ 1) de la especie humana. *Todo individuo tiene derecho a la vida.* **3.** Hombre cuyo nombre se ignora. *Un individuo me preguntó la hora.* **4.** Persona perteneciente a una clase o corporación. *Ingresó como individuo de número de la Academia Española.* ○ m. y f. **5.** despect. Persona despreciable. *La individua me cae gorda.* ▶ **2, 3:** *PERSONA. FAM **individuación; individualización; individualizar individuar** (conjug. ACTUAR).

indivisible. adj. Que no se puede dividir. *Todo número primo es indivisible.* FAM **indivisibilidad; indiviso, sa.**

indizar. tr. Inform. y Econ. Indexar (algo). *El programa permite indizar automáticamente los datos.* ▶ INDEXAR. FAM **indización.**

indoamericano, na. adj. Amerindio. *Lengua indoamericana.*

indochino, na. adj. De Indochina (península de Asia).

indócil. adj. No dócil. *El niño se ha vuelto indócil.* FAM **indocilidad.**

indocto, ta. adj. cult. Inculto o falto de instrucción. *Público musicalmente indocto.*

indocumentado, da. adj. **1.** Dicho de persona: Que no lleva consigo documento oficial por el cual pueda identificarse, o que carece de él. *Inmigrante indocumentado.* **2.** Falto de documentación o información. *Una noticia indocumentada.* **3.** Ignorante o inculto. *Son gente indocumentada, sin formación.* ▶ **3:** *IGNORANTE.

indoeuropeo, a. adj. **1.** Dicho de lengua: Que procede del indoeuropeo (→ 3). *El latín es una lengua indoeuropea.* **2.** Dicho de individuo o pueblo: Que habla indoeuropeo (→ 3) o una lengua indoeuropea (→ 1). ● m. **3.** Lengua o grupo de lenguas que supuestamente constituyen el origen común de muchas de las lenguas extendidas desde la India hasta el occidente de Europa.

índole. f. **1.** Condición e inclinación naturales de una persona. *Es hombre de índole pacífica.* **2.** Naturaleza o condición de una cosa. *Exige determinadas capacidades físicas, intelectuales o de otra índole.* ▶ **1:** CONDICIÓN.

indolente. adj. Dicho de persona: Perezosa o abandonada en lo que hace. *Joven indolente.* FAM **indolencia.**

indoloro, ra. adj. Que no causa dolor. *La prueba es completamente indolora.*

indomable. adj. Que no se puede o no se deja domar. *Una fiera indomable.*

indomeñable. adj. cult. Que no se puede domeñar. *Un impulso indomeñable.*

indómito, ta. adj. Indomable o difícil de domar. *Un potro indómito.*

indonesio, sia. adj. **1.** De Indonesia. ● m. **2.** Lengua hablada en la República de Indonesia.

indostánico, ca. adj. Del Indostán (región de Asia).

indubitable. adj. cult. Indudable. *Pruebas indubitables.* FAM **indubitado, da.**

inducido. m. Fís. Circuito que gira en el campo magnético de una dinamo o de un alternador, y en el cual se desarrolla una corriente por efecto de su rotación. *Los dos componentes básicos de un motor eléctrico son el inductor y el inducido.*

inducir. (conjug. CONDUCIR). tr. **1.** Mover (a alguien) a que haga o piense algo. *Su marido la indujo A cometer el robo.* **2.** Provocar o causar (algo). *El médico prefirió inducir el parto.* **3.** Fil. Extraer a partir de observaciones o experiencias particulares (el principio general implícito). *Indujo una regla basándose en los datos concretos.* **4.** Fís. Producir a distancia en otros cuerpos (fenómenos eléctricos o magnéticos). *El imán induce magnetismo en el objeto de hierro.* FAM **inducción; inductivo, va.**

inductancia. f. Fís. Propiedad de un circuito eléctrico de generar una fuerza electromotriz como consecuencia de la variación de la corriente que fluye a través de él o de otro próximo.

inductor, ra. adj. **1.** Que induce. *Factores inductores de accidentes.* Dicho de agente, tb. m. *El fármaco es un inductor del sueño.* ● m. **2.** Fís. Órgano de una máquina eléctrica que produce energía eléctrica o magnética a distancia por medio de campos eléctricos o magnéticos. *El inductor del motor es un imán.*

indudable. adj. Que no se puede poner en duda. *Su calidad es indudable.*

indulgencia. f. **1.** Actitud indulgente. *La maestra trató con indulgencia a los gamberros.* **2.** Rel. Perdón de las penas correspondientes a los pecados cometidos, que se obtiene por mediación de la Iglesia. *La indulgencia plenaria del Papa.*

indulgente. adj. Que perdona o disculpa fácilmente errores o faltas. *El juez fue indulgente con el acusado.*

indulto. m. Perdón total o parcial o conmutación de una pena impuesta por la justicia, que concede una autoridad competente. FAM **indultar.**

indumentario, ria. adj. **1.** De la vestimenta. *Elegancia indumentaria.* ● f. **2.** Vestimenta de una persona. *Debería cuidar más su indumentaria y no ir tan desaliñado.* ▶ **2:** *VESTIMENTA. FAM **indumento.**

industria. f. **1.** Actividad económica que tiene por objeto la obtención, transformación o transporte de productos naturales. *La principal fuente de ingresos nacional es la industria.* **2.** Conjunto de las industrias (→ 1) de un mismo tipo o con una característica común. *La región cuenta con una pujante industria textil.* **3.** Instalación destinada a una industria (→ 1). *En el norte se localizan varias industrias siderúrgicas.* ■ ~ **pesada.** f. Industria (→ 2) que se dedica a la construcción de maquinaria y armamento pesados. *Dentro de la industria pesada destaca la metalurgia.* FAM **industrialización; industrializar.**

industrial. adj. **1.** De la industria. *Los alimentos son sometidos a procesos industriales de congelación.* ● m. y f. **2.** Persona que tiene una industria o se dedica profesionalmente a ella. *El industrial posee varias fábricas.* FAM **industrialismo.**

industrioso, sa. adj. Que se dedica con ahínco al trabajo. *Una mujer industriosa.*

inédito, ta. adj. **1.** Dicho de escrito: No publicado. *Poemas inéditos.* Dicho de obra literaria, tb. m. *Soñaba con encontrar un inédito de Cervantes.* **2.** Dicho de autor: Que aún no ha publicado nada. *Aún es un escritor inédito.* **3.** Desconocido o nuevo. *El suceso tuvo dimensiones inéditas.*

inefable. adj. Que no se puede explicar con palabras. *Una experiencia inefable.* ▶ INENARRABLE. FAM **inefabilidad.**

ineficaz. adj. No eficaz. *Las medidas han resultado ineficaces.* FAM **ineficacia.**

ineficiente. adj. No eficiente. *Sistemas de gestión ineficientes.* FAM **ineficiencia.**

inelegante. adj. No elegante. *Su actitud fue inelegante.* FAM **inelegancia.**

ineluctable. adj. Dicho de cosa: Que es inevitable y contra la cual no se puede luchar. *Nos enfrentamos a un destino ineluctable.*

ineludible. adj. Que no se puede eludir. *Compromisos ineludibles.*

inenarrable. adj. Que no se puede explicar con palabras, gralm. por sus dimensiones o carácter extraordinarios. *La aurora boreal es un espectáculo inenarrable.* ▶ INEFABLE.

inepto, ta. adj. Que no tiene aptitudes o capacidad. *Es tan inepto que no se le puede encargar nada.* FAM **inepcia; ineptitud.**

inequívoco, ca. adj. Que no admite duda o no da lugar a duda o equivocación. *Sus ojeras son signo inequívoco de cansancio.*

inercia. f. **1.** Fís. Propiedad de los cuerpos de no modificar su estado de reposo o de movimiento si no es por la acción de una fuerza. *Cuanto mayor sea la masa de un cuerpo, mayor será su inercia.* **2.** Tendencia a actuar de manera rutinaria, o de la manera como se viene haciendo o como marcan otros, sin plantearse una iniciativa distinta. *Aunque aborrece su trabajo, sigue en él por inercia.* FAM **inercial.**

inerme. adj. cult. Que no tiene armas. *La población civil inerme.*

inerte. adj. **1.** Que no tiene vida. *Materia inerte.* **2.** Inmóvil y sin signos de vida. *Mirada inerte.* **3.** Quím. Inactivo, o incapaz de reacción. *El nitrógeno es un gas inerte.*

inervar. tr. Anat. Alcanzar un nervio o los nervios (un órgano o una parte del cuerpo). *La caries ha afectado a los nervios que inervan las piezas dentales.* FAM **inervación.**

inescrupuloso, sa. adj. Carente de escrúpulos. *Traficantes inescrupulosos.*

inescrutable. adj. Que no se puede saber o averiguar. *Misterios inescrutables.*

inesperado, da. adj. Que sucede sin esperarse. *Una visita inesperada.* ▶ IMPREVISTO, INOPINADO.

inestable. adj. No estable. *Hay tiempo inestable en el norte.* FAM **inestabilidad.**

inestimable. adj. Que no se puede estimar como corresponde por su gran valor o importancia. *Cuenta con la inestimable ayuda de sus colaboradores.*

inevitable. adj. Que no se puede evitar. *La muerte es inevitable.*

inexacto, ta. adj. No exacto. *Versión inexacta de los hechos.* FAM **inexactitud.**

inexcusable. adj. **1.** Que no puede eludirse con pretextos o dejar de hacerse. *El casco viejo es de inexcusable visita.* **2.** Que no tiene excusa o disculpa. *Un descuido inexcusable.*

inexistente. adj. Que no existe. *Se secó una lágrima inexistente.* FAM **inexistencia.**

inexorable. adj. **1.** Dicho de cosa: Que no se puede evitar. *El paso inexorable del tiempo.* **2.** Que no se deja vencer o ablandar con ruegos. *Es inexorable administrando justicia.* FAM **inexorabilidad.**

inexperto, ta. adj. No experto. *Soy inexperto EN la materia.* FAM **inexperiencia.**

inexplicable. adj. Que no se puede explicar. *Es inexplicable que no haya llegado todavía.* FAM **inexplicado, da.**

inexplorado, da. adj. No explorado. *Territorios inexplorados.*

inexpresable. adj. Que no se puede expresar. *Sentimientos inexpresables.* FAM **inexpresado, da.**

inexpresivo, va. adj. No expresivo, o que carece de expresividad. *Es un actor inexpresivo, que no transmite emoción.* FAM **inexpresividad.**

inexpugnable. adj. **1.** Que no se puede conquistar por las armas. *Ciudadela inexpugnable.* **2.** De acceso imposible o muy difícil. *Una selva inexpugnable.*

in extenso. (loc. lat.). loc. adv. Por extenso. *Otro día trataré este punto in extenso.*

inextinguible. adj. Que no puede extinguirse. *El fuego inextinguible del infierno.*

in extremis. (loc. lat.). loc. adv. **1.** En los últimos instantes de la existencia. *Cambió el testamento in extremis.* **2.** En los últimos instantes de una situación peligrosa o comprometida. *El acuerdo se ha logrado in extremis.*

inextricable. adj. Que no se puede desenredar. *Una maraña inextricable de vegetación impedía el paso.*

infalible. adj. **1.** Dicho de persona: Que no puede fallar o equivocarse. *Nadie es infalible.* **2.** Dicho de cosa: Que no puede fallar. *Es un remedio infalible contra la tos.* **3.** Dicho de cosa: Cierta o que no puede estar equivocada. *Que la sentencia sea conforme a derecho no quiere decir que sea infalible.* FAM **infalibilidad.**

infamar. tr. Quitar la fama, la reputación o el aprecio (a alguien o algo). *Los infamaron por ser judíos.* ▶ *DESACREDITAR. FAM **infamante; infamatorio, ria.**

infame. adj. **1.** Muy malo en su especie. *Es una película infame.* **2.** Malvado e indigno de aprecio. *Hay que ser infame para maltratar a un niño.* FAM infamia.

infancia. f. **1.** Niñez. *Los juegos de mi infancia.* **2.** Conjunto de los niños. *UNICEF es un organismo para la protección de la infancia.* **3.** Primer período de la existencia de una cosa, inmediato a su nacimiento o fundación. *La infancia de la humanidad.*

infante, ta. m. y f. **1.** Hijo legítimo del rey, no heredero del trono. *La infanta Margarita, hija de Felipe IV.* **2.** histór. Hasta los tiempos de Juan I de Castilla (1379-1390): Hijo primogénito del rey. *El infante Sancho heredó el trono de Castilla.* **3.** cult. Niño que aún no ha llegado a la edad de siete años. *Traía en brazos a un tierno infante.* ○ m. **4.** Militar que sirve en el arma de infantería. *El ejército aliado contaba con 26 000 infantes y 7000 caballos.* FAM infantado.

infantería. f. Parte del ejército que combate a pie y está encargada de la ocupación del terreno. *Infantería ligera.* ■ ~ **de Marina.** f. Parte de la Armada encargada de llevar a cabo operaciones anfibias. *El batallón de Infantería de Marina.*

infanticidio. m. cult. Muerte dada a un niño de corta edad. FAM infanticida.

infantil. adj. **1.** De la infancia o niñez. *El sarampión suele aparecer en la etapa infantil.* **2.** Del niño o de los niños. *Juegos infantiles.* **3.** Dicho de persona adulta: Que tiene el comportamiento propio de un niño, espec. por su candidez o inmadurez. Frec. despect. *Qué infantil eres.* ▶ **2, 3:** PUERIL. FAM infantilidad; infantilismo.

infanzón, na. m. y f. histór. En la Edad Media: Hidalgo perteneciente a la nobleza media, y que tenía un poder limitado sobre sus dominios. *El Cid era un infanzón.*

infarto. m. **1.** Med. Muerte de un órgano o de parte de él por falta de riego sanguíneo debida a la obstrucción de la arteria correspondiente. Frec. designa el que afecta al corazón. *Sintió un dolor fuerte en el pecho y le dio un infarto.* **2.** Med. Aumento de tamaño de un órgano enfermo. *Infarto pulmonar.* FAM infartar.

infatigable. adj. Incansable. *Eres una trabajadora infatigable.*

infausto, ta. adj. cult. Desgraciado o infeliz. *Aún recuerda aquel infausto día.*

infectar. tr. **1.** Invadir un microorganismo patógeno, como un virus o una bacteria, (un ser vivo o una parte de él). *El virus lo ha infectado.* En informática se usa referido a virus que dañan el funcionamiento o la información de un ordenador. **2.** Transmitir (a alguien o algo) microorganismos patógenos. *Si usted ha contraído la enfermedad, tome medidas para no infectar a otros.* **3.** Corromper o afectar con una influencia nociva (a alguien o algo). *El ansia de dinero infecta a todos.* FAM infección; infeccioso, sa; infectivo, va.

infecto, ta. adj. **1.** cult. Sucio o repugnante. *Vive en un agujero infecto.* **2.** cult. Infectado o contagiado. *Sufre un trastorno estomacal por ingestión de agua infecta.*

infecundo, da. adj. No fecundo. *Fue una época infecunda para el arte.* ▶ *ESTÉRIL. FAM infecundidad.

infeliz. adj. **1.** No feliz o no afortunado. *Es infeliz en su matrimonio.* **2.** Bondadoso y falto de maldad. *Esa infeliz criatura es incapaz de haber robado.* FAM infelicidad.

inferior. adj. **1.** Que está más bajo. *La parte inferior es oscura y la superior clara.* **2.** Que es menos que otro en calidad o en cantidad. *El vino es inferior* AL otro EN *calidad.* **3.** Biol. Dicho de ser vivo: De organización más sencilla y primitiva. *Los peces son vertebrados inferiores.* ○ m. **4.** Persona subordinada a otra. *Sus inferiores le tratan con respeto.* FAM inferioridad.

inferir. (conjug. SENTIR). tr. **1.** Deducir (algo) o extraer(lo) como consecuencia de otra cosa. *Podemos inferir unos conocimientos a partir de otros.* **2.** Causar (una ofensa o un daño). *El detenido infirió insultos a la policía.* ▶ **1:** DEDUCIR. FAM inferencia.

infernal. → infierno.

infértil. adj. No fértil. *Terrenos infértiles.* ▶ *ESTÉRIL. FAM infertilidad.

infestar. tr. **1.** Invadir en forma de plaga gran cantidad de individuos de una misma especie (un lugar o un organismo). *Las langostas infestan los campos.* **2.** Llenar gran cantidad de personas o cosas (un lugar). *Los hinchas infestan la ciudad.* ▶ **2:** ATESTAR. FAM infestación.

infiel. adj. **1.** Que no es fiel o constante en el compromiso con alguien o algo. *Cuesta creer que él te sea infiel.* **2.** Que no profesa la fe considerada verdadera. *Pueblos infieles.* **3.** Dicho de cosa: Inexacto, o que no se ajusta a la verdad o a los rasgos de lo que sirve de referente. *La traducción es infiel* AL *texto original.* FAM infidelidad.

infiernillo. m. Aparato pequeño para calentar o cocinar, que funciona con electricidad, gas o alcohol. *Si vamos de acampada, llevaremos un infiernillo.*

infierno. m. **1.** Rel. Lugar al que están destinados los condenados para sufrir el castigo eterno después de la muerte. *Los pecadores irán al infierno.* **2.** En diversas mitologías y religiones no cristianas: Lugar donde habitan los espíritus de los muertos. **3.** Lugar o conjunto de circunstancias en que hay gran alboroto, enfrentamiento o destrucción, que causan sufrimiento o malestar intensos. *Esta casa es un infierno.* ■ **al ~.** expr. coloq. Se usa para despedir a alguien o desechar algo despectivamente o con enojo. *¡Váyase al infierno, no lo soporto!* FAM infernal.

infiltrar. tr. **1.** Introducir suavemente (un fluido) entre los poros de un sólido. *Han infiltrado agua EN la masa.* **2.** Introducir o infundir (ideas o doctrinas). *Occidente ha infiltrado sus ideas EN algunos países orientales.* **3.** Med. Inyectar (a alguien) un medicamento antiinflamatorio en una articulación lesionada o en un músculo doloroso. *Lo infiltraron para calmarle el dolor de la rodilla.* ○ intr. prnl. **4.** Penetrar subrepticiamente en territorio ocupado por fuerzas enemigas a través de las posiciones de estas. *Grupos armados se han infiltrado EN la ciudad sitiada.* **5.** Introducirse en un partido, corporación o medio social, con propósito de espionaje, propaganda o sabotaje. *Un periodista se infiltrará EN la secta.* FAM infiltración.

ínfimo, ma. adj. Muy bajo o inferior a los demás de la misma clase en valor, calidad, grado o importancia. *Compró una tela de calidad ínfima.*

infinidad. f. Cantidad infinita o muy numerosa de cosas o personas. *Tiene una infinidad DE admiradores.* ▶ SINFÍN.

infinitamente. adv. **1.** De manera infinita. *Nadie vive infinitamente.* **2.** Enormemente o muchísimo. *Una multa sería un mal infinitamente menor que la cárcel.*

infinitesimal. adj. *Mat.* Dicho de cantidad: Infinitamente pequeña.

infinitivo. m. *Gram.* Forma no personal del verbo, cuya terminación en español es *-ar, -er* o *-ir*, y que funciona como un nombre. *En "quiero dormir", "dormir" es un infinitivo.* ■ ~ **compuesto.** m. *Gram.* Forma no personal del verbo, que se construye con el infinitivo del verbo *haber* y el participio del verbo conjugado. *El infinitivo compuesto de "estar" es "haber estado".*

infinito, ta. adj. **1.** Que no tiene ni puede tener fin o límite. *Cree en la existencia de una vida infinita después de la muerte.* **2.** Referido a un nombre en plural: Muchos. *La situación plantea infinitos interrogantes.* ● m. **3.** Espacio impreciso y lejano o sin límite. *Lo encontré con la mirada perdida en el infinito.* **4.** En una cámara fotográfica: Última graduación de un objetivo, adecuada para enfocar lo que está distante. *Para enfocar objetos lejanos, coloque el objetivo de la cámara en infinito.* **5.** *Mat.* Valor mayor que cualquier otro que se pueda asignar. *Calcula el valor de "y" cuando "x" tiende a infinito.* **6.** *Mat.* Signo semejante a un "8" tumbado, con que se expresa el infinito (→ 5). ● adv. **7.** Infinita o enormemente. *Me alegro infinito de su buena suerte.* ▶ **2:** *MUCHOS. FAM **infinitud.**

inflación. f. **1.** *Econ.* Elevación del nivel de precios que implica una reducción del poder adquisitivo del dinero. *La nueva moneda hizo que creciera la inflación.* **2.** Abundancia o aumento excesivos de algo. *Hay inflación DE medios informativos para tan poca noticia.* FAM **inflacionario, ria; inflacionista.**

inflamación. f. **1.** Hecho o efecto de inflamar o inflamarse. *La inflamación de la mezcla de aire y gasolina se realiza mediante una chispa.* **2.** Alteración patológica en una parte del organismo, caracterizada por aumento de calor, enrojecimiento, hinchazón y dolor. *Se puso hielo en el tobillo para bajar la inflamación.* FAM **inflamatorio, ria.**

inflamar. tr. **1.** Hacer que (algo) arda desprendiendo llamas inmediatamente. *Acercó la llama a la probeta para inflamar la mezcla.* **2.** Encender (una pasión o un sentimiento). *La derrota inflamó los ánimos.* ○ intr. prnl. **3.** Empezar a sufrir inflamación una parte del cuerpo. *Se le inflamó la rodilla tras el golpe.* FAM **inflamable.**

inflar. tr. **1.** Hacer que (algo) aumente de tamaño llenándo(lo) de aire u otro gas. *La niña infló el globo.* **2.** Exagerar (algo, espec. un hecho o una noticia). *El portavoz ha inflado el resultado.* ○ intr. prnl. **3.** coloq. Ponerse soberbio o vanidoso. *Se infla en cuanto la halagan.* ▶ **1, 2:** HINCHAR. FAM **inflable.**

inflexible. adj. Que se mantiene firme y constante, sin ceder ni doblegarse. *Seré inflexible con los que cometan faltas de ortografía.* FAM **inflexibilidad.**

inflexión. f. **1.** Comba, o cambio de dirección de algo que estaba recto o plano. *Observa la inflexión de un rayo de luz al incidir sobre el agua.* **2.** Cambio de tono de la voz. *Las inflexiones de voz mantienen la atención del auditorio.* **3.** *Mat.* Cambio en el sentido de la curvatura de una curva. Frec. en la constr. *punto de ~.*

infligir. tr. Causar (un daño o un castigo). *El juez le infligió una dura pena.*

inflorescencia. f. *Bot.* Grupo de flores dispuestas sobre un mismo eje. *La espiga y el racimo son inflorescencias.*

influencia. f. **1.** Hecho o efecto de influir. *En este cuadro se ve la influencia de Velázquez.* **2.** Poder de influir en otra persona o cosa. *El privado tenía in-* fluencia SOBRE el rey. **3.** Buena relación con una persona poderosa de la que se puede obtener un provecho o favor. Más frec. en pl. *Consiguió el puesto gracias a sus influencias.* ▶ **1:** INFLUJO. FAM **influenciar** (conjug. ANUNCIAR).

influir. (conjug. CONSTRUIR). intr. **1.** Producir una cosa o persona sobre otra cosa ciertos efectos. *El tiempo influye EN mi ánimo.* **2.** Ejercer una persona o cosa fuerza moral sobre otra persona. *La televisión influye EN la gente.* ○ tr. **3.** Producir una cosa o persona (sobre otra cosa) ciertos efectos. *El arte romano está influido por el griego.* **4.** Ejercer una persona o cosa fuerza moral (sobre otra persona). *Me influyen mucho sus comentarios.* ▶ **3, 4:** INFLUENCIAR. FAM **influjo; influyente.**

infografía. f. *tecn.* Técnica de creación de imágenes mediante ordenador.

infolio. m. Libro en folio. *Los viejos infolios de la biblioteca.*

información. f. **1.** Hecho o efecto de informar o informarse. *Para su información, cerramos los domingos.* **2.** Conjunto de datos que se dan a conocer o son objeto de información (→ 1). *El sobre contiene información confidencial.* **3.** Oficina o departamento donde se informa sobre algo. *Pregunte en información por su vuelo.* ■ ~ **genética.** f. *Biol.* Conjunto de los caracteres hereditarios propios de los seres vivos, y transmitidos por los genes.

informal. adj. **1.** Dicho de persona: Que no es formal o seria en su comportamiento o en el cumplimiento de sus compromisos. *Es informal en el trabajo.* **2.** Dicho de cosa: Que no se ajusta a las formas o requisitos fijados. *Mantuvieron contactos informales previos.* **3.** Que no se atiene a lo convencional. *Ropa informal.* FAM **informalidad.**

informar. tr. **1.** Hacer saber algo (a alguien). *La informaron SOBRE el precio. No nos informó DE su llegada.* **2.** Hacer saber (algo) a alguien. *Informaron a María que su solicitud había sido admitida.* **3.** cult. Constituir la esencia (de alguien o algo). *La lealtad es uno de los principios éticos que informan su conducta.* ○ intr. **4.** Dictaminar un cuerpo consultivo o un funcionario en un asunto de su competencia. *El museo informó SOBRE la adquisición de la colección.* **5.** *Der.* Hablar un fiscal o un abogado en un juicio. *El abogado informará en la sesión de mañana.* FAM **informador, ra; informante.**

informático, ca. adj. **1.** De la informática (→ 2). *Programas informáticos.* ● f. **2.** Conjunto de conocimientos y técnicas que hacen posible el tratamiento automático de la información por medio de ordenadores. *Tengo conocimientos de informática.* ○ m. y f. **3.** Persona especialista en informática (→ 2). ▶ **2:** COMPUTACIÓN. FAM **informatización; informatizar.**

informativo, va. adj. **1.** Que sirve para informar a alguien de algo. *Carta informativa.* **2.** De la información. *Actualidad informativa.* ● m. **3.** Programa informativo (→ 1) de radio o televisión. *Dieron la noticia en el informativo.*

informe[1]**.** m. **1.** Exposición oral o escrita y gralm. ordenada en que se informa sobre algo o alguien. *Realizó un informe sobre la polución.* **2.** *Der.* Exposición que hace un fiscal o un abogado en un juicio. *Tras el informe fiscal, se concedió la palabra al defensor.* ○ pl. **3.** Información o datos que se dan o se consiguen sobre alguien o algo. *Tengo muy buenos informes de usted y de su trabajo.*

informe[2]**.** adj. Que no tiene forma definida. *Bloques informes de piedra.*

infortunio. m. **1.** cult. Fortuna adversa. *Tuvo el infortunio de enfermar.* **2.** cult. Hecho desgraciado. *Su vida es una sucesión de infortunios.* FAM infortunado, da.

infra-. pref. Significa 'debajo' (*infraorbitario, infracostal*) o 'inferior' (*inframundo, infracondiciones, infraperiodismo*).

infracción. f. Hecho de infringir. *La infracción de las normas de tránsito.* FAM infractor, ra.

infraestructura. f. **1.** Conjunto de elementos o servicios necesarios para la creación y funcionamiento de una organización o actividad. *Aunque el método para potabilizar el agua es sencillo, requiere cierta infraestructura.* **2.** Parte de una construcción que sirve para cimentarla. Frec. fig. *El acuerdo constituye la infraestructura que sustentará las relaciones futuras.*

in fraganti o **infraganti.** loc. adv. En el mismo momento en que se está cometiendo el delito o realizando la acción censurable de que se trata. *Lo sorprendieron in fraganti robando.*

infrahumano, na. adj. Inferior a lo que se considera propio de humanos. *Labores infrahumanas.*

infranqueable. adj. Que no se puede franquear o atravesar. *Muro infranqueable.*

infrarrojo, ja. adj. Fís. Dicho de radiación electromagnética: Situada más allá del rojo visible en el espectro luminoso y de alto poder calorífico. *Rayos infrarrojos.*

infrasonido. m. Fís. Onda sonora de tan baja frecuencia de vibración que no puede ser percibida por el oído humano.

infravalorar. tr. Atribuir (a alguien o algo) valor inferior al que tiene. *Los críticos han infravalorado su obra.* ► *MENOSPRECIAR. FAM infravaloración.

infrecuente. adj. No frecuente o poco frecuente. *Es infrecuente que se manifieste.*

infringir. tr. Desobedecer (una ley o una orden). *Perseguirán a los que infrinjan la ley.* ► CONTRAVENIR, INCUMPLIR, QUEBRANTAR, TRANSGREDIR, VIOLAR, VULNERAR.

infructuoso, sa. adj. Que no da fruto o no produce el efecto deseado. *Esfuerzos infructuosos.* ► *ESTÉRIL.

ínfulas. f. pl. Presunción o pretensiones arrogantes. *Ínfulas DE sabia.* ► AIRES.

infundado, da. adj. Que carece de fundamento real o racional. *Celos infundados.*

infundio. m. Mentira o noticia falsa tendenciosas. ► *MENTIRA.

infundir. tr. **1.** Causar o hacer que surja en alguien (algo, como un sentimiento, un estado de ánimo o una idea). *Su madre me infunde respeto.* **2.** Rel. Comunicar Dios al hombre o a su alma (un don no material). ► 1: IMBUIR.

infusión. f. Bebida que se obtiene introduciendo frutos o hierbas aromáticas en agua hirviendo para extraer sus principios activos. ► TISANA ‖ Am: AGÜITA.

ingeniar. tr. (conjug. ANUNCIAR). tr. Idear (algo) utilizando el ingenio. *Ingenia una manera de salir airoso del problema.* ■ **ingeniárselas** (para algo). loc. v. Conseguir(lo) utilizando el ingenio. *A ver cómo me las ingenio para llegar a fin de mes.*

ingeniería. f. Conjunto de conocimientos técnicos y científicos orientados a la invención y utilización de técnicas para el aprovechamiento de los recursos naturales o para la actividad industrial. *Estudia ingeniería naval.* ■ ~ genética. f. Biol. Conjunto de métodos y técnicas de investigación y experimentación sobre los genes para la creación y mejora de especies. FAM ingenieril; ingeniero, ra.

ingenio. m. **1.** Facultad para inventar o discurrir la manera de resolver problemas con rapidez y facilidad. *Tendrá que aguzar el ingenio para descifrar el enigma.* **2.** Aptitud para inventar cosas graciosas o descubrir el aspecto gracioso de las cosas. *La obra está llena de golpes de ingenio.* **3.** Persona dotada de gran ingenio (→ 1). Gralm. referido a escritor. *Lope de Vega: ingenio de las letras españolas.* **4.** Máquina o aparato, espec. mecánicos. *Aparecieron nuevos ingenios tecnológicos.* ► 4: *APARATO.

ingenioso, sa. adj. **1.** Dicho de persona: Que tiene ingenio. *¡Qué ingeniosa es tu tía!* **2.** Dicho de cosa: Que demuestra ingenio. *Ideó un ingenioso artilugio.* ► AGUDO. FAM ingeniosidad.

ingénito, ta. adj. **1.** cult. No engendrado. *Para el creyente, Dios es eterno e ingénito.* **2.** cult. Connatural. *Hay personas con una maldad ingénita.*

ingente. adj. cult. Muy grande. *Una ingente cantidad de información.*

ingenuidad. f. **1.** Cualidad de ingenuo. *La engañó abusando de su ingenuidad.* **2.** Hecho o dicho ingenuos. ► 1: CANDIDEZ, CANDOR, CREDULIDAD, INOCENCIA.

ingenuo, nua. adj. Dicho de persona: Que se comporta de manera sincera e inocente y sin pensar mal de los demás. *No sea ingenuo: si le ha ayudado, algo quiere de usted.* ► CÁNDIDO, CANDOROSO, CRÉDULO, INCAUTO, INOCENTE, PÁRVULO.

ingerir. (conjug. SENTIR). tr. Introducir en el cuerpo (algo, espec. un alimento o una bebida) a través de la boca. *Ingirió carne en mal estado.* ► TOMAR. FAM ingesta; ingestión.

ingle. f. Parte del cuerpo en que se junta el muslo con el vientre. FAM inguinal.

inglés, sa. adj. **1.** De Inglaterra (Reino Unido). *La ciudad inglesa de Manchester.* Tb. dicho de las cosas o personas de todo el Reino Unido. *Participan representantes ingleses y alemanes.* ● m. **2.** Lengua hablada en Inglaterra y resto del Reino Unido, y en otros países de su cultura.

ingobernable. adj. Que no se puede gobernar. FAM ingobernabilidad.

ingrato, ta. adj. **1.** Desagradecido. *Qué ingrata fuiste, cuando él te crió.* **2.** Desagradable. *Recuerdos ingratos.* **3.** Dicho espec. de ocupación: Que produce un resultado o unos beneficios que no compensan el esfuerzo que requiere. *El trabajo del ama de casa es muy ingrato.* FAM ingratitud.

ingrávido, da. adj. **1.** Dicho de cuerpo: No sometido a la gravedad. *El satélite flota ingrávido.* **2.** cult. Ligero o leve. *Una pluma ingrávida.* FAM ingravidez.

ingrediente. m. Sustancia que, gralm. con otras, entra en la composición de algo, espec. de un guiso. *Los ingredientes de la sopa.*

ingresar. intr. **1.** Entrar en un lugar. *Ingresamos EN el claustro por una pequeña puerta.* **2.** Entrar en un establecimiento sanitario para recibir tratamiento. *Ingresará EN el hospital para ser operado.* **3.** Entrar a formar parte de una corporación o institución. *Ingresó EN el Partido Laborista.* **4.** Entrar a formar parte del alumnado a un centro de enseñanza, del personal de un lugar de trabajo o de los presos de una cárcel. *Ingresó EN el Conservatorio.* ○ tr. **5.** Meter (dinero) en un lugar para su custodia. *He ingresado el dinero EN el banco.* **6.** Meter (a alguien) en un establecimiento sanitario para que reciba tratamiento. *La han ingresado EN una clínica.* **7.** Ganar (una cantidad de dinero) regularmente. *Mensualmente ingresa dos mil euros.* FAM ingreso.

íngrimo, ma. adj. frecAm. Solitario. En Esp. sobre todo tiene carácter literario o formal. *¿Has sido capaz de abandonarlo así, íngrimo y sometido a su suerte?* [C].

inguinal. → ingle.

inhábil. adj. **1.** Poco hábil. *Dedos inhábiles.* **2.** Dicho de persona: Que no es apta o no reúne las condiciones necesarias para algo. *El condenado es inhábil PARA ejercer cargos públicos.* **3.** Dicho de período de tiempo: No hábil o no apto para una actividad, espec. para actuaciones judiciales o administrativas. *En el calendario laboral se señalan los días hábiles e inhábiles.* FAM inhabilidad; inhabilitación; inhabilitar.

inhabitado, da. adj. No habitado. ▶ DESHABITADO. FAM inhabitable.

inhalar. tr. Aspirar (gases, olores o sustancias pulverizadas), voluntaria o involuntariamente, o con fines terapéuticos. *Inhala el humo del cigarrillo.* FAM inhalación; inhalador.

inherente. adj. Que, por naturaleza, está de tal manera unido a algo o a alguien, que no se puede separar de ellos. *El derecho a la vida es inherente A la persona.*

inhibir. tr. **1.** Reprimir o contener (algo o a alguien). *La presencia del jefe nos inhibe.* **2.** Fisiol. Suspender transitoriamente (la función de un órgano o una actividad del organismo). *El fármaco inhibe la coagulación de la sangre.* O intr. prnl. **3.** Abstenerse alguien de entrar en un asunto. *Me inhibo de opinar EN esa cuestión.* **4.** Der. Declararse un juez incompetente en una causa. *El juez se ha inhibido EN el caso.* ▶ **1:** *REPRIMIR. FAM inhibición; inhibidor, ra; inhibitorio, ria.

inhóspito, ta. adj. Dicho de lugar: Carente de comodidad u otras condiciones que hagan agradable la estancia en él. *Páramo inhóspito.*

inhumano, na. adj. Cruel o carente de humanidad. *Trato inhumano.* ▶ *CRUEL. FAM inhumanidad.

inhumar. tr. cult. Enterrar (un cadáver). *Inhuman sus restos.* FAM inhumación.

inicial. adj. **1.** Del inicio o principio. *Momentos iniciales.* **2.** Dicho de una letra: Que es la primera de una palabra, de un verso, de un capítulo o de otro escrito. Tb. f.

inicializar. tr. Inform. Establecer los valores iniciales para la ejecución (de un programa). *Al encender el ordenador debes inicializar el programa.*

iniciar. (conjug. ANUNCIAR). tr. **1.** Empezar o comenzar (algo). *Los corredores inician la marcha.* **2.** Proporcionar (a alguien) los primeros conocimientos o experiencias sobre algo. *Su padre lo inició EN la música.* **3.** Introducir (a alguien) en una secta o una sociedad, especialmente secreta o misteriosa. *Sus compañeros lo iniciaron en la masonería.* ▶ **1:** *EMPEZAR. FAM iniciación; iniciador, ra; inicialmente; inicio.

iniciático, ca. adj. De la introducción en un rito, un culto o una sociedad secreta. *Ceremonias iniciáticas.*

iniciativa. f. **1.** Idea o propuesta para iniciar o hacer algo. *La iniciativa partió de ella.* **2.** Capacidad de tener iniciativas (→ 1). *Tiene mucha iniciativa.* **3.** Derecho de hacer una propuesta. *La iniciativa corres-*

ponde al Gobierno. ■ **tomar la ~.** loc. v. Adelantarse a los demás al hablar o actuar. *EN el amor solía tomar la iniciativa.*

inicuo, cua. adj. **1.** cult. Injusto o perverso. *Gobiernos inicuos.* **2.** cult. Contrario a la equidad o a la ética. *Exigencias inicuas.* FAM iniquidad.

inigualable. adj. Que no puede ser igualado. *Tiene un talento inigualable para la música.* FAM inigualado, da.

in illo témpore. (loc. lat.; pronunc. "in-ílo-témpore"). loc. adv. Hace mucho tiempo. *In illo témpore, los dinosaurios poblaban la Tierra.*

inimaginable. adj. Que no puede ser imaginado. *Antes era inimaginable volar.*

inimitable. adj. Que no puede ser imitado. *Los billetes son inimitables.*

ininteligible. adj. Que no se puede entender. *Caligrafía ininteligible.*

ininterrumpido, da. adj. Continuado, o que no tiene interrupción.

iniquidad. → inicuo.

injerirse. (conjug. SENTIR). intr. prnl. Entrometerse. *Ese país no puede injerirse EN los asuntos de otro.* FAM injerencia.

injertar. tr. **1.** Introducir en la rama o tronco (de un árbol o planta) alguna rama de otro árbol o planta en que haya una yema para que pueda brotar. *En el curso enseñan a injertar rosales.* **2.** Med. Trasladar (una porción de tejido o un órgano) a otra parte del cuerpo o a otro organismo lesionados para que se regeneren. *Técnicas para injertar tejidos animales EN humanos.* FAM injerto.

injuria. f. Ofensa, gralm. hecha de palabra. *Se querelló contra la revista por injurias.* ▶ *OFENSA. FAM injuriar (conjug. ANUNCIAR); injurioso, sa.

injustificado, da. adj. No justificado. *Cese injustificado.* FAM injustificable.

injusto, ta. adj. **1.** Que no actúa de acuerdo con la justicia. *Fuiste injusta al castigarlo.* **2.** Dicho de cosa: No justa o no conforme con la justicia. *Distribución injusta de la riqueza en el mundo.* FAM injusticia.

inmaculado, da. adj. Que no tiene mancha. *Sábanas inmaculadas.*

inmaduro, ra. adj. No maduro, o que no ha alcanzado un grado de madurez o desarrollo adecuado. *Artista inmaduro.* FAM inmadurez.

inmanejable. adj. Que no se puede manejar. *Situación inmanejable.*

inmanente. adj. Fil. Que es inherente a un ser o va unido de un modo inseparable a su esencia y no proviene de una fuente exterior. *La perfección es inmanente A Dios.*

inmarcesible. adj. cult. Inmarchitable. Frec. fig. *Gloria inmarcesible.*

inmarchitable. adj. Que no se puede marchitar. Frec. fig. *Belleza inmarchitable.*

inmaterial. adj. Que no tiene carácter material. *Bienes inmateriales.* FAM inmaterialidad.

inmediación. f. **1.** Inmediatez. *El principio de inmediación en la administración de justicia.* O pl. **2.** Zonas próximas en torno a un lugar. *Hace frío en las inmediaciones del lago.* ▶ **2:** AFUERAS, ALEDAÑOS, ALREDEDORES, CERCANÍAS, PROXIMIDADES.

inmediatamente. adv. **1.** Al instante o en el momento inmediato. *Ven inmediatamente.* **2.** En lugar inmediato o contiguo. *La tienda está inmediatamente detrás.* **3.** De manera inmediata, sin interposición de otros elementos. *De este principio se deducen inmediatamente las siguientes reglas.*

inmediato, ta. adj. **1.** Que sucede enseguida, sin intervalo de tiempo. *Es urgente la hospitalización inmediata del enfermo.* **2.** Que está al lado de alguien o algo. *Ocupa el dormitorio inmediato* AL *salón.* **3.** Que está muy cercano a alguien o algo. *La normativa para edificar en lugares inmediatos* A *un monumento.* **4.** Relacionado con algo directamente, sin interposición de otros elementos. *Consecuencias mediatas e inmediatas del conflicto.* ■ **de inmediato.** loc. adv. Inmediatamente o en el momento inmediato (→ 1). *Iré de inmediato.* ▶ **2:** CONTIGUO. FAM inmediatez.

inmejorable. adj. Que no se puede mejorar. *Es una ocasión inmejorable.*

inmemorial. adj. **1.** Tan antiguo, que no hay memoria de su comienzo. *Leyenda inmemorial.* **2.** Dicho de tiempo: Muy antiguo y no fijado con precisión por documentos ni testigos.

in memóriam. (loc. lat.). loc. adv. En memoria o en recuerdo. Gralm. se usa para recordar a alguien fallecido.

inmenso, sa. adj. **1.** Muy grande, frec. hasta el punto de ser difícil o imposible de medir o de contar. *Me llevé una alegría inmensa.* **2.** Infinito o ilimitado. Gralm. referido a Dios o a sus atributos. *Dios verdadero, inmenso e inmutable.* FAM inmensidad.

inmensurable. adj. cult. Muy grande, frec. hasta el punto de ser difícil o imposible de medir. *El espacio inmensurable.*

in mente. (loc. lat.). loc. adv. En la mente. *Tengo in mente un proyecto.*

inmerecido, da. adj. No merecido. *Gracias por este inmerecido premio.*

inmersión. f. **1.** Hecho de introducir o introducirse algo en un fluido. *La maniobra de inmersión del submarino.* **2.** Hecho de introducir o introducirse plenamente alguien en un ambiente o en una actividad. *La inmersión* EN *mundos imaginarios.* FAM inmerso, sa.

inmigrar. intr. Llegar alguien a un país extranjero para establecerse en él. *Sus padres inmigraron a España.* FAM inmigración; inmigrante; inmigratorio, ria.

inminente. adj. Que está a punto de suceder o amenaza suceder en un tiempo inmediato. *Sonaron las sirenas: el bombardeo era inminente.* FAM inminencia.

inmiscuirse. (conjug. CONSTRUIR). intr. prnl. Entrometerse. *Se inmiscuye* EN *mis asuntos.*

inmisericorde. adj. cult. Carente de compasión. Tb. fig. *Lluvia inmisericorde.*

inmobiliario, ria. adj. **1.** De los inmuebles. *Mercado inmobiliario.* ● f. **2.** Empresa o sociedad que se dedica a construir, arrendar, vender o administrar viviendas.

inmoderado, da. adj. Que no tiene moderación. *Consumo inmoderado.*

inmodesto, ta. adj. Carente de modestia. *A riesgo de parecer inmodesta, quiero decir que hemos hecho una gran obra.* FAM inmodestia.

inmodificable. adj. Que no se puede modificar. *El pasado es inmodificable.*

inmolar. tr. **1.** cult. Sacrificar (algo o a alguien) a la divinidad. *Dios pidió a Abraham que inmolara a su hijo.* ○ intr. prnl. **2.** cult. Ofrecer alguien su vida,

gralm. por alguien o por una causa. *Los mártires se inmolaban por su fe.* FAM inmolación.

inmoral. adj. Contrario a los principios de la moral, en el aspecto ético o sexual. *Fue juzgado por conducta inmoral.* FAM inmoralidad.

inmortal. adj. **1.** Que no puede morir. *Para Platón el alma es inmortal.* **2.** Destinado a perdurar indefinidamente en la memoria de los hombres. *"La Celestina", un clásico inmortal de nuestras letras.* FAM inmortalidad; inmortalizar.

inmotivado, da. adj. Carente de motivo. *Sus críticas son inmotivadas.*

inmóvil. adj. **1.** Que no se mueve. *Yacía inmóvil.* **2.** Invariable o que no cambia. *Una actitud inmóvil.* FAM inmovilidad; inmovilismo; inmovilista.

inmovilizar. tr. **1.** Hacer que (alguien o algo) queden inmóviles. *El miedo la inmovilizaba.* **2.** Com. Invertir (un capital) en bienes de lenta o difícil realización. FAM inmovilización.

inmueble. adj. **1.** Dicho de posesión material: Que no se puede trasladar. *Bienes muebles e inmuebles.* ● m. **2.** Casa (edificio). *Vive en ese inmueble.* ▶ **2:** CASA.

inmundo, da. adj. cult. Sucio y asqueroso. *Trapo inmundo.* FAM inmundicia.

inmune. adj. **1.** Libre de algo negativo, o invulnerable ante ello. *Es inmune a las llamas.* **2.** Med. Que tiene inmunidad. *Soy inmune* A *la rubeola.* **3.** Med. De la inmunidad, o de sus causas, efectos o mecanismos. *Respuesta inmune del organismo.* FAM inmunización; inmunizante; inmunizar; inmunología; inmunológico, ca; inmunólogo, ga; inmunoterapia.

inmunidad. f. **1.** Cualidad de inmune a algo negativo. *Los equipos presentan inmunidad* A *las interferencias.* **2.** Med. Resistencia, natural o adquirida, de un organismo frente a una enfermedad o a acciones patógenas de microorganismos o sustancias extrañas. *La buena alimentación refuerza la inmunidad.* **3.** Der. Prerrogativa concedida a una persona o un lugar, por la cual quedan exentos de determinadas obligaciones, cargos o penas. *Inmunidad fiscal.* ■ **~ diplomática.** f. Der. Inmunidad (→ 3) de la que gozan los representantes diplomáticos acreditados en un país extranjero, que los exime de someterse a la jurisdicción de los tribunales de este. ■ **~ parlamentaria.** f. Der. Inmunidad (→ 3) de la que gozan senadores y diputados, que los exime de ser procesados sin autorización del Parlamento. FAM inmunitario, ria.

inmunodeficiencia. f. Med. Incapacidad total o parcial del organismo para generar la respuesta inmune adecuada ante una enfermedad o un agente patógeno. FAM inmunodeficiente.

inmunoglobulina. f. Bioquím. Proteína presente en el plasma y que actúa como anticuerpo.

inmutar. tr. **1.** Alterar el ánimo de (alguien). *La triste noticia no lo inmutó.* ○ intr. prnl. **2.** Manifestar una alteración del ánimo a través del semblante o la voz. *Ni se inmutó cuando lo despidieron.* FAM inmutabilidad; inmutable.

innato, ta. adj. Dicho de cosa: Natural y como nacida con la persona. *Tiene un don innato para la música.*

innecesario, ria. adj. No necesario. *No corramos riesgos innecesarios.*

innegable. adj. Que no se puede negar. *Su belleza es innegable.*

innegociable. adj. Que no se puede negociar. *Condiciones innegociables.*

innoble. adj. Que no es noble en su comportamiento o manera de ser. *No hay persona más innoble que quien traiciona a un amigo.*

innombrable. adj. Que no se puede o no se debe nombrar. *Tan terrible enfermedad sigue siendo innombrable.*

innominado, da. adj. Que no tiene ningún nombre. *Los exploradores recorrieron lugares innominados.*

innovar. tr. Introducir novedades (en algo). *Se propuso innovar la gastronomía local.* FAM **innovación; innovador, ra.**

innumerable. adj. Muy numeroso. *Tiene innumerables amigos.* ▶ INCONTABLE.

innúmero, ra. adj. cult. Innumerable. *Las innúmeras estrellas del firmamento.*

inobjetable. adj. Que no es objetable o discutible. *La resolución es inobjetable.*

inobservancia. f. Falta de observancia. *Se sanciona la inobservancia de la ley.*

inocentada. f. Broma o engaño, espec. los que se suelen hacer el día de los Santos Inocentes (28 de diciembre). *El periódico publicó una inocentada.*

inocente. adj. **1.** Libre de culpa. *El acusado se declaró inocente DE los cargos.* **2.** Dicho de cosa: De persona inocente (→ 1). *Que nunca más se derrame sangre inocente.* **3.** Dicho de persona: Que carece de malicia y es fácil de engañar. *Es tan inocente que se aprovechan de ella.* **4.** Dicho de cosa: Que carece de malicia. *Le hice una pregunta inocente.* **5.** Dicho de cosa: Que no daña o no es perjudicial. *Conducir no es un juego inocente.* **6.** hist. Dicho de niño: Que no ha llegado a la edad de dos años. Tb. m. y f. *Herodes ordenó la matanza de los inocentes.* ▶ **3:** *INGENUO. FAM **inocencia.**

inocular. tr. **1.** *Med.* Introducir en un organismo (una sustancia que contiene los gérmenes de una enfermedad). *Al inocular el virus, el organismo crea anticuerpos.* **2.** Transmitir o infundir (una pasión, una idea o un sentimiento, espec. negativos). *No deje que le inocule su pesimismo.* FAM **inoculación.**

inocultable. adj. Que no se puede ocultar. *Inocultable satisfacción.*

inocuo, cua. adj. Que no hace daño. *Sustancia inocua.* FAM **inocuidad.**

inodoro, ra. adj. **1.** Que no tiene olor. *Gas inodoro.* ● m. **2.** Taza del váter. *Baja la tapa del inodoro después de orinar.* ▶ **2:** TAZA.

inofensivo, va. adj. Que no puede causar daño. *Acércate, el perro es inofensivo.*

inolvidable. adj. Que no se puede olvidar, espec. por razones afectivas.

inoperable. adj. Dicho de enfermedad: Que no se puede tratar mediante una operación quirúrgica. *Un tumor inoperable.*

inoperante. adj. Que no es eficaz o no produce efecto. *Las medidas adoptadas resultan inoperantes.* FAM **inoperancia; inoperatividad.**

inopia. f. cult. Pobreza. *Terminó sus días en la inopia.* ■ **en la ~.** loc. adv. coloq. Sin enterarse de algo que es sabido en general. *Ella liada con unos y con otros, y el marido, en la inopia.*

inopinado, da. adj. Que sucede sin que se espere. *Recibió la inopinada visita de un amigo de la infancia.* ▶ *INESPERADO.

inoportuno, na. adj. Que interviene o sucede en tiempo inconveniente. *Una inoportuna avería.* ▶ Am: DESUBICADO. FAM **inoportunidad.**

inorgánico, ca. adj. **1.** Dicho de ser o cuerpo: No orgánico o no dotado de órganos para la vida. *Los minerales son seres inorgánicos.* **2.** Dicho de un todo o de un conjunto: Carente de la conveniente ordenación entre sus partes o componentes. *El plan de urbanismo evitará que la zona se convierta en un conjunto inorgánico.* **3.** *Quím.* Dicho de sustancia: Que no tiene como componente el carbono.

inoxidable. adj. Que no se puede oxidar. *Piezas de material inoxidable.*

in péctore. (loc. lat.). loc. adj. cult. Dicho de persona: Que ya ha sido designada para un cargo, pero cuyo nombramiento no se ha hecho público. *Se dice que el ministro es el sucesor in péctore del presidente.*

inquebrantable. adj. Que no se puede quebrantar. *Lealtad inquebrantable.*

inquietante. adj. Que inquieta. *Un futuro inquietante se abre ante nosotros.* ▶ DESASOSEGADOR, DESASOSEGANTE, INTRANQUILIZADOR.

inquietar. tr. Poner inquieto, agitado o preocupado (a alguien). *Su manera de mirar me inquieta.* ▶ ACUCIAR, DESASOSEGAR, DESAZONAR, INTRANQUILIZAR.

inquieto, ta. adj. **1.** Dicho de persona o animal: Que no está tranquilo o tiene cierta agitación nerviosa. *Debe de haber algún zorro: las gallinas están inquietas.* **2.** Que está preocupado. *Estamos inquietos porque no sabemos nada de ellos.* **3.** Interesado en conocer o emprender cosas nuevas. *Es una persona inquieta y con gran curiosidad intelectual.* **4.** Dicho de persona o animal: Que está en constante movimiento. *Es un perro muy inquieto, pero no muerde.* ▶ **1, 2:** INTRANQUILO.

inquietud. f. **1.** Cualidad de inquieto. *Tiene la inquietud de un niño.* **2.** Preocupación o conmoción. *La posibilidad de guerra provoca inquietud.* **3.** Inclinación o interés hacia algo. Frec. en pl. *Tiene inquietudes literarias.* ▶ **1:** COMEZÓN, DESASOSIEGO, DESAZÓN, INTRANQUILIDAD.

inquilino, na. m. y f. Persona que habita una casa, o parte de ella, que ha alquilado. *El nuevo inquilino se mudará mañana.* FAM **inquilinato.**

inquina. f. Aversión o antipatía grande. *Intento disimular la inquina que le tengo.*

inquirir. (conjug. ADQUIRIR). tr. cult. Intentar averiguar (algo), espec. con preguntas. *–¿De dónde vienes? –inquirió su padre.*

inquisición. f. **1.** cult. Hecho o efecto de inquirir. *Sus inquisiciones no han dado resultado.* **2.** (En mayúsc.). histór. Tribunal eclesiástico que inquiría y castigaba los delitos contra la fe. Tb. *Tribunal de la (Santa) Inquisición.* FAM **inquisidor, ra; inquisitivo, va; inquisitorial; inquisitorio, ria.**

insaciable. adj. Que no se puede saciar. *Apetito insaciable.* FAM **insaciabilidad.**

insalubre. adj. Malo o dañino para la salud. *Viviendas insalubres.* ▶ *INSANO. FAM **insalubridad.**

insalvable. adj. Que no se puede salvar o superar. *Un abismo insalvable.*

insania. f. cult. Locura o falta de juicio. *Un psiquiatra certificó la insania del reo.*

insano, na. adj. **1.** Perjudicial para la salud. *Hace un calor insano.* **2.** Loco o perturbado. *Una mente insana planeó el crimen.* ▶ **1:** INSALUBRE, MALSANO. **2:** *LOCO.

insatisfecho, cha. adj. No satisfecho. FAM **insatisfacción; insatisfactorio, ria.**

insaturado, da. adj. *Quím.* Dicho de un compuesto: Que posee uno o varios enlaces covalentes múltiples. *El pescado contiene grasas insaturadas.*

inscribir. (part. **inscrito** o, Am, **inscripto**). tr. **1.** Apuntar (algo o a alguien) en un registro o una lista para un fin determinado. *Me inscribí EN un curso.* **2.** Grabar (algo) en metal, piedra u otra materia. *El escultor inscribe sus iniciales EN su obra.* **3.** *Mat.* Trazar (una figura) dentro de otra, de manera que tengan puntos comunes sin cortarse. *Inscriba una circunferencia EN un rombo.* ▶ **1**: *APUNTAR. FAM inscripción.

insecto. m. Animal invertebrado de pequeño tamaño, con el cuerpo dividido en cabeza, tórax y abdomen, con dos antenas y tres pares de patas, y que frec. tiene alas y sufre metamorfosis, como la mariposa. ■ ~ **social.** m. *Zool.* Insecto que forma parte de una comunidad organizada en castas. *Las abejas son insectos sociales.* FAM insecticida; insectívoro, ra.

inseguro, ra. adj. No seguro, o poco seguro. *Voz insegura.* FAM inseguridad.

inseminar. tr. Hacer llegar el semen al óvulo (de una hembra) de forma natural o mediante técnicas artificiales. *Inseminaron a cien ovejas.* FAM inseminación.

insensato, ta. adj. Que piensa o actúa de manera imprudente e irreflexiva. *Un conductor insensato.* FAM insensatez.

insensible. adj. **1.** Dicho de ser vivo o de órgano: Incapaz de experimentar sensaciones. *Del frío, se me han quedado los dedos insensibles.* **2.** Dicho de persona: Incapaz de reaccionar ante lo que normalmente conmueve o afecta. *Es insensible A las críticas.* **3.** Dicho de cosa: Que no puede ser alterada por la acción de un agente externo. *Sustancia insensible A la radiación.* **4.** Imperceptible. *El paso a la adolescencia ocurre de forma insensible.* FAM insensibilidad; insensibilizar.

inseparable. adj. **1.** Que no se puede separar. *Espacio y tiempo son inseparables.* **2.** Dicho de dos o más personas: Estrechamente unidas entre sí, espec. por vínculos afectivos. *Son amigos inseparables.* FAM inseparabilidad.

insepulto, ta. adj. cult. No sepultado. *Los cadáveres yacían insepultos.*

insertar. tr. **1.** Incluir o introducir (algo) en otra cosa. *Inserte la tarjeta en la ranura.* **2.** Publicar un periódico o una revista (una información o un texto). *El periódico inserta la noticia en primera página.* ○ intr. prnl. **3.** *Biol.* Adherirse un órgano en una parte. *El tendón se inserta EN el hueso.* **4.** Incluirse o situarse algo en otra cosa. *La obra se inserta EN la corriente modernista.* FAM inserción; inserto, ta.

inservible. adj. Dicho de cosa: Que no sirve o no puede servir. ▶ *INÚTIL.

insidia. f. **1.** Engaño para perjudicar a alguien. *Con las insidias que le ha preparado logrará desbancarlo.* **2.** Hecho o dicho malintencionados. *Ha lanzado insidias contra mí.* ▶ **1**: *ENGAÑO. FAM insidioso, sa.

insigne. adj. Célebre o eminente. *Fue una figura insigne del toreo.* ▶ *FAMOSO.

insignia. f. **1.** Distintivo que indica grado o que se concede por un mérito u honor. *La insignia de la Orden del Imperio Británico.* **2.** Distintivo que va prendido en la ropa y que indica pertenencia o vinculación a un grupo o asociación. *Lleva en la chaqueta la insignia del club.* **3.** Bandera o estandarte de un grupo civil, militar o religioso. *La insignia del batallón.* **4.** *Mar.* Bandera que, puesta en lo más alto de un palo del buque, indica la graduación del jefe que está al mando. *La fragata porta la insignia del almirante.* **5.** Se usa en aposición, pospuesto a *buque*, para expresar que este lleva la insignia (→ 4) del jefe de la flota. *El portaaviones es el buque insignia de la Armada.*

insignificante. adj. **1.** De escasa importancia. *Tu problema es insignificante comparado con el mío.* **2.** Dicho de cosa: Muy pequeña. *La diferencia de precio es insignificante.* **3.** Dicho de persona: Pequeña y poco agraciada. *Ninguna se fija en alguien tan insignificante como yo.* ▶ **1**: *NIMIO. FAM insignificancia.

insincero, ra. adj. No sincero. *Su voz suena insincera.* FAM insinceridad.

insinuar. (conjug. ACTUAR). tr. **1.** Dar a entender (algo) de forma sutil o disimulada. *Insinuó que era culpa nuestra.* ○ intr. prnl. **2.** Dar a entender a una persona el deseo de mantener con ella relaciones amorosas. *Se me insinúa muchas veces, pero a mí ella no me gusta.* FAM insinuación; insinuador, ra; insinuante.

insípido, da. adj. **1.** Falto de sabor. *El agua es insípida.* **2.** Que no tiene el grado de sabor que debiera o pudiera tener. *¡Qué consomé tan insípido!* **3.** Falto de gracia o viveza. *Encuentro a su amiga un poco insípida.* FAM insipidez.

insistir. intr. **1.** Persistir o mantenerse firme en algo, espec. en una idea o actitud. *Insistió EN acompañarme.* **2.** Repetir algo, o volver a decirlo. *La mujer insiste EN que no le vio la cara.* FAM insistencia; insistente.

in situ. (loc. lat.). loc. adv. En el lugar de que se trata. *El herido recibió asistencia médica in situ.*

insobornable. adj. **1.** Que no puede ser sobornado. *Funcionaria insobornable.* **2.** Que no se deja llevar o afectar por ninguna influencia ajena. *Voluntad insobornable.*

insociable. adj. No sociable. *Le cuesta hacer amigos: es muy insociable.* FAM insociabilidad.

insolación. f. **1.** Malestar o trastorno producidos por una exposición excesiva a los rayos solares. *Para evitar insolaciones, póngase a la sombra.* **2.** tecn. Exposición al sol. *Una insolación adecuada favorecerá el crecimiento de la planta.* **3.** tecn. Tiempo en que luce el sol sin nubes. *En invierno los días son más cortos y la insolación es menor.*

insolente. adj. Que actúa con descaro, insultando u ofendiendo. *–¡No me da la gana! –replicó insolente.* ▶ *ATREVIDO. FAM insolencia; insolentarse.

insolidario, ria. adj. Que no es solidaria con otros, o no se adhiere a su causa, acción u opinión. *Son insolidarios CON el resto de las regiones.* FAM insolidaridad.

insólito, ta. adj. Raro o poco habitual. *Es insólito que nieve aquí.* ▶ *RARO.

insoluble. adj. **1.** Dicho de sustancia: Que puede disolverse. *El ámbar es insoluble en agua.* **2.** Que no puede resolverse o solucionarse. *Cuestión insoluble.* FAM insolubilidad.

insolvente. adj. Que no puede pagar sus deudas. *Lo condenaron pero se declaró insolvente.* FAM insolvencia.

insomnio. m. Falta de sueño o dificultad para dormirse, frec. de naturaleza patológica. *Padece insomnio y toma somníferos.* FAM insomne.

insondable. adj. Que no se puede averiguar o llegar a conocer a fondo. *Los enigmas insondables del universo.*

insonoro, ra. adj. Que no produce o transmite sonido. *Tabiques insonoros.* FAM insonorización; insonorizar.

insoportable. adj. Que no se puede soportar. *¡Qué dolor tan insoportable!*

insoslayable. adj. Que no se puede soslayar. *Dificultades insoslayables.*

insospechado, da. adj. No sospechado o no esperado. *La historia tiene un desenlace insospechado.* FAM **insospechable.**

insostenible. adj. **1.** Que no se puede sostener. *La situación es insostenible.* **2.** Dicho espec. de argumento o pensamiento: Que no se puede defender razonablemente. *Te obcecas en un argumento insostenible.*

inspección. f. **1.** Hecho de inspeccionar. *Los vehículos pasan una inspección técnica.* **2.** Cargo o actividad de inspector. Tb. la pers. que los ejerce o el órgano administrativo correspondiente. *En el informe de la Inspección se señalan las deficiencias detectadas.*

inspeccionar. tr. Examinar o reconocer (algo) atentamente. *Una avanzadilla inspeccionará el terreno.*

inspector, ra. adj. **1.** Que inspecciona. *Comisión inspectora de la ONU.* **2.** De la inspección. *Función inspectora.* ● m. y f. **3.** Empleado público o particular que tiene la función de inspeccionar. *Inspector de aduanas.* **4.** Oficial de policía de rango inferior al de comisario. *Es inspector de la brigada de estupefacientes.* Tb. *~ de policía.*

inspirar. tr. **1.** Atraer (el aire) a los pulmones. *Inspiró el aire y lo soltó lentamente.* **2.** Causar en el ánimo de alguien (un sentimiento). *Usted me inspira confianza.* **3.** Hacer que nazca en alguien (la idea de algo, espec. de una obra literaria o artística). *La realidad social inspira sus canciones.* **4.** Hacer que (una persona) conciba ideas, espec. artísticas. *Picasso inspiró a muchos pintores.* **5.** *Rel.* Ordenar Dios (a alguien) que anuncie algo públicamente o que realice determinada acción. *Dios inspira a la Iglesia en sus decisiones.* ○ intr. prnl. **6.** Tomar ideas de una persona o cosa para crear algo, espec. una obra artística o literaria. *El modisto se inspiró EN la moda de los años veinte.* **7.** Tener una obra, espec. artística o literaria, su modelo en alguien o algo. *El poema se inspira EN Quevedo.* FAM **inspiración; inspirador, ra; inspiratorio, ria.**

instalar. tr. **1.** Poner (algo) en un lugar de manera más o menos estable. *Hay que instalar la calefacción EN las viviendas.* **2.** Colocar o acomodar (a alguien) en un lugar. *Lo instaló provisionalmente EN un hotel.* ○ intr. prnl. **3.** Fijar alguien su residencia en un lugar. *La familia se ha instalado EN la costa.* FAM **instalación; instalador, ra.**

instancia. f. **1.** Petición formal por escrito, espec. a una autoridad. *Presente una instancia en el Ayuntamiento.* Frec. en la constr. *a ~(s) de.* *Se expide el presente certificado a instancias de la interesada.* **2.** Nivel o grado de autoridad, espec. administrativa o política. *El papel de las distintas instancias del Estado.* **3.** Institución u organismo que decide. *No tenemos ninguna instancia a la que recurrir.* **4.** *Der.* Cada uno de los grados jurisdiccionales que establece la ley para resolver y sentenciar asuntos de justicia. *Gané una demanda en primera instancia.* ■ **en primera ~.** loc. adv. Primeramente o en un primer momento. *Lo que en primera instancia parecía un buen negocio supuso al final nuestra ruina.* ■ **en última ~.** loc. adv. Finalmente o por último. *En última instancia quien decide eres tú.*

instantáneo, a. adj. **1.** Que solo dura un instante. *Un escalofrío instantáneo.* **2.** Que se produce al instante o inmediatamente. *Efecto instantáneo.* ● f. **3.** Fotografía que se obtiene inmediatamente. *Tomé unas instantáneas de la plaza.* FAM **instantaneidad.**

instante. m. Porción de tiempo muy breve. *Espere un instante.* ■ **a cada ~.** loc. adv. Repetida o frecuentemente. *Pregunta a cada instante si falta mucho.* ■ **al ~.** loc. adv. Enseguida o inmediatamente. *Agita su varita y al instante aparece un conejo.* ▶ MOMENTO.

instar. tr. Pedir (a alguien) con insistencia o urgencia que haga algo. *Lo insté A tomar una decisión.* ▶ *URGIR.

instaurar. (conjug. CAUSAR). tr. Establecer o crear (algo). *Es preciso instaurar un orden social más justo.* ▶ *ESTABLECER. FAM **instauración; instaurador, ra.**

instigar. tr. Inducir (a alguien) a algo. *Ella lo instigó A obrar así.* FAM **instigación; instigador, ra.**

instinto. m. **1.** Impulso natural e innato, común a los individuos de una especie animal. *El instinto de conservación.* **2.** Tendencia natural y no deliberada de la persona a actuar o sentir de manera determinada. *No ha desarrollado su instinto maternal.* **3.** Facultad para intuir algo o para valorar ciertas cosas. *Tiene instinto para los negocios.* ▶ **3:** INTUICIÓN. FAM **instintivo, va.**

institución. f. **1.** Hecho de instituir. *La institución del sistema de tarifas fue criticada.* **2.** Cosa establecida o fundada. *La familia es una institución.* **3.** Organismo que desempeña una función de interés público, espec. benéfico o docente. *Institución benéfica.* **4.** Organismo que desempeña una función destacada en un Estado. *El Parlamento es una institución.* **5.** Organización fundamental de un Estado, nación o sociedad. *Institución monárquica.* ○ pl. **6.** Órganos constitucionales del poder soberano en la nación. *El pueblo confía en las instituciones del Estado.* FAM **institucional; institucionalidad; institucionalizar; institucionalización.**

instituir. (conjug. CONSTRUIR). tr. **1.** Fundar o establecer (algo). *El Tratado de Roma instituye la Comunidad Económica Europea.* **2.** *Der.* Nombrar (a alguien) heredero en el testamento. *En el testamento instituye heredero al hijo.* ▶ *ESTABLECER.

instituto. m. **1.** Centro estatal de enseñanza secundaria. *Estudia bachillerato en el instituto.* **2.** Institución científica o cultural. *Instituto de Artes y Ciencias.* **3.** Organismo oficial que se ocupa de un servicio concreto. *Instituto Nacional de Empleo.* **4.** Establecimiento público destinado a tratamientos físicos. *Instituto de belleza.* **5.** Cuerpo militar. *La Ejército es un instituto armado.* **6.** Congregación religiosa. *Institutos y organizaciones religiosas.* ▶ frecAm: **1:** LICEO.

institutriz. f. Mujer encargada de la educación de uno o varios niños en el hogar de estos.

instrucción. f. **1.** Hecho de instruir o comunicar conocimientos. *Campaña de instrucción de adultos.* **2.** Cultura o conocimientos adquiridos. *Es un hombre sin instrucción.* **3.** Conjunto de enseñanzas prácticas para el adiestramiento de un soldado o de un alumno de una academia militar. Tb. *~ militar.* *Los guardiamarinas llevarán a cabo su instrucción en el buque.* **4.** *Der.* Hecho de instruir o tramitar un procedimiento administrativo o judicial. *El juez concluye la instrucción del caso.* ○ pl. **5.** Reglas o advertencias para hacer o utilizar algo. *Un manual de instrucciones.* **6.** Órdenes dictadas. *Cumplir las instrucciones de mis superiores.* ▶ **1:** *ENSEÑANZA. **2:** CULTURA.

instruido, da. adj. Dicho de persona: Que tiene muchos conocimientos adquiridos.

instruir. (conjug. CONSTRUIR). tr. **1.** Comunicar conocimientos (a alguien). *Nos instruyen* EN *el manejo del ordenador.* **2.** Dar formación militar (a un soldado o a un alumno de una academia militar). *Apenas hubo tiempo de instruir al pelotón.* **3.** *Der.* Tramitar un juez (un procedimiento administrativo o judicial). *Una juez instruye el sumario.* ▶ **1:** *ENSEÑAR. FAM **instructivo, va; instructor, ra.**

instrumental. adj. **1.** Del instrumento o de los instrumentos. *Compuso una pieza instrumental.* **2.** Que sirve de instrumento para hacer algo. *La lengua es una materia instrumental básica.* **3.** Dicho de música: Compuesta solo para instrumentos. *Música instrumental.* ● m. **4.** Conjunto de instrumentos u objetos destinados a un determinado fin. *El médico lleva su instrumental en el maletín.*

instrumentar. tr. **1.** Organizar o poner en práctica (una medida o un plan). *Hay que instrumentar una política eficaz.* **2.** Disponer las partituras (de una composición musical) para los instrumentos que han de ejecutar(la). *La ópera, con música del maestro, fue instrumentada por un discípulo.* FAM **instrumentación.**

instrumentista. m. y f. Músico que toca un instrumento.

instrumento. m. **1.** Objeto, simple o constituido por varias piezas, fabricado para realizar determinadas acciones, espec. en artes y oficios. *El pincel es el instrumento del pintor.* **2.** Cosa que sirve o se usa para hacer algo. *Los toros usan los cuernos como instrumento de defensa.* **3.** Objeto constituido por una o varias piezas, utilizado para producir sonidos musicales. *¿Tocas algún instrumento?* Frec. ~ *musical.* **4.** *Der.* Documento con que se justifica o prueba algo. *La venta del local consta en instrumento público.* ■ ~ **de cuerda.** m. *Mús.* Instrumento (→ 3) que lleva cuerdas de tripa o de metal, que se hacen sonar pulsándolas, golpeándolas con macillos o haciendo que un arco roce con ellas. *La guitarra es un instrumento de cuerda.* ⇒ CUERDA. ■ ~ **de percusión.** m. *Mús.* Instrumento (→ 3) que se hace sonar golpeándolo, gralm. por medio de baquetas o varillas. *El timbal y otros instrumentos de percusión.* ⇒ PERCUSIÓN. ■ ~ **de viento.** m. *Mús.* Instrumento (→ 3) que se hace sonar soplando o haciendo pasar aire a través de él. *Se defiende con la trompeta y algún otro instrumento de viento.* ⇒ VIENTO. ▶ **1:** HERRAMIENTA, UTENSILIO, ÚTIL. ‖ frecAm: **1:** IMPLEMENTO. FAM **instrumentalización; instrumentalizar.**

insubordinar. tr. **1.** Hacer que (alguien) se insubordine (→ 2). *Ha insubordinado al resto de los compañeros.* ○ intr. prnl. **2.** Negarse una persona a respetar las órdenes de sus superiores. *El oficial se insubordinó y apoyó el golpe de Estado.* FAM **insubordinación.**

insubstancial; insubstancialidad. → insustancial.

insubstituible. → insustituible.

insuficiencia. f. **1.** Condición de insuficiente. *El proyecto es inviable por la insuficiencia de los recursos.* **2.** *Med.* Incapacidad total o parcial de un órgano para realizar adecuadamente sus funciones. *Paciente aquejado de insuficiencia hepática.*

insuficiente. adj. No suficiente. *Las camas hospitalarias son insuficientes.*

insuflar. tr. Introducir (un gas o una sustancia pulverizada) en alguien o algo. *El vidriero insuflaba aire* EN *la pasta de vidrio.* Frec. fig. referido a algo como valor. *El entrenador ha insuflado energía al equipo.*

insufrible. adj. Que no se puede sufrir o aguantar. *Una escritora insufrible.*

ínsula. f. humoríst. Lugar pequeño desde donde se ejerce el poder, gralm. de forma arbitraria. *El director no consiente que le digan cómo dirigir su ínsula.*

insular. adj. De la isla o de las islas. *Pueblos insulares.* FAM **insularidad.**

insulina. f. Hormona segregada por el páncreas y obtenida también artificialmente, que regula la cantidad de glucosa en la sangre. *Es diabético y debe inyectarse insulina.*

insulso, sa. adj. **1.** Falto o corto de sabor. *Una sopa insulsa.* **2.** Falto de gracia o interés. *Qué vida tan insulsa.* FAM **insulsez.**

insultar. tr. Ofender (a alguien) con palabras. *Me insultó, y eso no se lo perdono.* FAM **insultante; insulto.**

insumergible. adj. No sumergible. *Canoa insumergible.*

insumiso, sa. adj. Que no se somete o no se subordina. *Territorios insumisos.* FAM **insumisión.**

insumo. m. *Econ.* Bien empleado en la producción de otros bienes. *Fabrican insumos agrícolas.*

insuperable. adj. Que no puede ser superado. *Posee un talento insuperable.*

insurgencia. f. **1.** Levantamiento contra la autoridad. *Insurgencia urbana.* **2.** Grupo que protagoniza una insurgencia (→ 1). *Varios miembros de la insurgencia fueron detenidos.* ▶ **1:** *SUBLEVACIÓN. FAM **insurgente.**

insurrección. f. Levantamiento o sublevación de un pueblo o una colectividad contra la autoridad. *Los abusos del dictador motivaron la insurrección del ejército.* ▶ *SUBLEVACIÓN. FAM **insurreccional; insurrecto, ta.**

insustancial. (Tb. insubstancial). adj. De poca o ninguna sustancia. *Discurso insustancial.* FAM **insustancialidad o insubstancialidad.**

insustituible. (Tb. insubstituible). adj. Que no puede ser sustituido, dada su importancia o calidad. *Un componente insustituible de la dieta.*

intachable. adj. Que no merece tacha o censura. *Una empleada intachable.*

intacto, ta. adj. **1.** No tocado o palpado. *Ha dejado las tostadas intactas.* **2.** Que no ha sufrido alteración o deterioro. *El puente se mantiene intacto.*

intangible. adj. Que no puede o no debe ser tocado. *El tiempo es intangible.* FAM **intangibilidad.**

integral. adj. **1.** Que comprende todos los elementos de un conjunto. *Educación integral.* **2.** Dicho de alimento: Que conserva todos sus componentes naturales. *Arroz integral.* **3.** Dicho de producto alimenticio: Elaborado con harina integral (→ 2). *Una barra de pan integral.* ● f. **4.** *Mat.* Resultado de integrar una expresión diferencial. *Calcular derivadas e integrales.*

integrar. tr. **1.** Constituir diversas personas o cosas (un todo). *Doce personas integran el jurado.* **2.** Hacer que (alguien o algo) pasen a formar parte de un todo. *Intentamos integrar al nuevo compañero* EN *el departamento.* **3.** Contener un todo dentro de sí (cosas o personas). *La coalición integra liberales y socialistas.* **4.** Aunar (dos o más partes) en una sola que (las) sintetice. *El nuevo enfoque integra las dos teorías.* **5.** *Mat.* Calcular (una función) a partir de otra que representa su derivada. ▶ 3: *CONTENER. FAM integración; integracionista; integrador, ra; integrante.

integrismo. m. Tendencia a mantener intacta la doctrina tradicional, espec. en materia religiosa. *Un terrorista vinculado al integrismo islámico.* ▶ FUNDAMENTALISMO. FAM integrista.

íntegro, gra. adj. **1.** Dicho de cosa: Completa, o que no carece de ninguna de sus partes. *Me devolverán el importe íntegro de lo dañado.* **2.** Dicho de persona: Honrada y de conducta intachable. *Empleados íntegros.* ▶ **1:** *COMPLETO. **2:** *HONRADO. FAM integridad.

intelecto. m. cult. Inteligencia o entendimiento. *Desarrolle el intelecto.* FAM intelección; intelectivo, va.

intelectual. adj. **1.** De la inteligencia o entendimiento. *El desarrollo intelectual del niño.* **2.** Dicho de persona: Dedicada primordialmente a la actividad intelectual (→ 1) de carácter científico o creativo. Tb. m. y f. *Una tertulia de artistas e intelectuales.* FAM intelectualidad; intelectualismo; intelectualista; intelectualizar.

inteligencia. f. **1.** Capacidad de entender o razonar. *Tiene inteligencia para los negocios.* **2.** Servicio de inteligencia (→ servicio). *Trabajó como espía para la inteligencia soviética.* **3.** cult. Comprensión de algo. *La inteligencia del texto exige amplios conocimientos previos.* ■ ~ **artificial.** f. *Inform.* Desarrollo y utilización de ordenadores con el propósito de reproducir procesos de la inteligencia humana. *Es experto en inteligencia artificial aplicada a la medicina.* ▶ **1:** ENTENDIMIENTO, LISTEZA, PERSPICACIA, RACIOCINIO, RAZÓN, SAGACIDAD.

inteligente. adj. **1.** Que tiene inteligencia o capacidad de entender. *El hombre es un ser inteligente.* **2.** Dicho de persona: Que tiene una inteligencia elevada. *Es inteligente: enseguida aprenderá a leer.* **3.** Que indica inteligencia. *Un discurso inteligente.* ▶ **2:** AGUDO, DESPABILADO, DESPIERTO, ESPABILADO, LISTO, PERSPICAZ, SAGAZ, VIVO. ‖ Am: **2:** ABUSADO.

inteligible. adj. Que se puede entender. *Letra inteligible.* FAM inteligibilidad.

intemperante. adj. Falto de templanza o moderación. *Diputados intemperantes.* ▶ DESTEMPLADO, DA. FAM intemperancia.

intemperie. f. Exposición a los cambios del tiempo atmosférico. *Nos resguardamos de la intemperie en un cobertizo.* ■ **a la ~.** loc. adv. Al aire libre y sin techumbre alguna. *El mendigo duerme a la intemperie.*

intempestivo, va. adj. Inoportuno o inconveniente. *Hora intempestiva.*

intemporal. adj. Que está fuera del tiempo o es independiente de su transcurso. *Un discurso intemporal.* ▶ ATEMPORAL. FAM intemporalidad.

intención. f. **1.** Hecho de intentar. *Hice intención DE irme.* **2.** Propósito o determinación. *No era mi intención molestarla.* ■ **segunda ~.** f. Interés oculto y gralm. malicioso. *Lo que dije no iba con segundas intenciones.* ⇒ SEGUNDAS. □ **de primera ~.** loc. adv. En un primer momento. *De primera intención quiso contárselo.* ▶ **2:** ÁNIMO, MIRA, VOLUNTAD. FAM intencional; intencionalidad.

intencionado, da. adj. **1.** Hecho con alguna intención o propósito. *El encuentro fue intencionado.* **2.** Que tiene una intención, espec. maliciosa. *La canción tiene frases intencionadas.* ■ **bien ~.** → bienintencionado. ■ **mal ~.** → malintencionado. ▶ INTENCIONAL.

intendencia. f. **1.** Cuerpo de oficiales y tropa destinado al abastecimiento de las fuerzas militares. *Jefe de Intendencia del Ejército.* **2.** Administración de las cuestiones materiales. Frec. humoríst. *Yo me ocupo de la intendencia de la fiesta.*

intendente, ta. m. y f. (La forma **intendenta**, frecAm., alterna para el f. con **intendente**). **1.** Persona que se encarga del avituallamiento de una empresa o entidad. *El intendente hará el pedido de material.* **2.** frec. Am. Jefe superior en la administración de algunas entidades. *La intendenta municipal tendrá a su cargo la defensa civil* [C]. ○ m. **3.** En el Ejército: Jefe superior de los servicios de la Administración militar. *El intendente general revisó las cuentas.*

intensidad. f. Grado de fuerza o energía con que se manifiesta algo, espec. un agente natural, una magnitud física, una sensación o una cualidad. *Nunca ha deseado algo con tanta intensidad.* ■ **~ luminosa.** f. *Fís.* Magnitud física que expresa el flujo luminoso emitido por una fuente puntual en una dirección determinada, por unidad de ángulo sólido. *La unidad de la intensidad luminosa en el Sistema Internacional es la candela.* ■ **~ de (la) corriente.** f. *Fís.* Magnitud física que expresa la cantidad de electricidad que atraviesa un conductor en la unidad de tiempo. *La unidad de la intensidad de corriente en el Sistema Internacional es el amperio.* ■ **~ del sonido.** f. *Fís.* Magnitud física que expresa la mayor o menor amplitud de las ondas sonoras. FAM intensificación; intensificador, ra; intensificar; intensivo, va; intenso, sa.

intentar. tr. Hacer todo lo posible para lograr (algo). *Intenté abrir la puerta.* ▶ PROCURAR, TRATAR. FAM intento; intentona.

inter-. pref. Significa 'entre' o 'en medio' (*intercelular*) o 'entre varios' (*interdepartamental*).

interacción. f. **1.** Hecho de relacionarse personas o cosas de forma recíproca. *El medicamento presenta interacciones peligrosas CON otros.* **2.** *Inform.* Intercambio de información entre un usuario y una máquina. *El ratón facilita la interacción del usuario CON el ordenador.* FAM interaccionar; interactividad; interactivo, va.

interanual. adj. Dicho de cifra o cantidad: Que resulta de la comparación con la correspondiente a un año antes. *La inflación interanual.*

interbancario, ria. adj. De los bancos, en cuanto a sus relaciones, o que se produce entre ellos. *Mercado interbancario.*

intercalar. tr. Poner (algo) dentro de una serie de cosas. *Intercalaremos otro párrafo EN el texto.* FAM intercalación.

intercambiador. m. Instalación situada en un nudo urbano de comunicaciones, que permite a los viajeros el enlace rápido entre distintas líneas o medios de transporte.

intercambio. m. Cambio recíproco de cosas o personas. *Hubo un intercambio de insultos.* FAM intercambiable; intercambiar (conjug. ANUNCIAR).

interceder. intr. Hablar o actuar en favor de alguien para que consiga lo que desea o se libre de un mal. *Intercedan POR mí.* FAM intercesión; intercesor, ra.

interceptar. tr. **1.** Apoderarse (de algo) antes de que llegue a su destino. *Interceptó el balón. Han interceptado la llamada.* **2.** Detener (algo) en su camino. *Han interceptado un camión con explosivos.* **3.** Interrumpir (el paso o la comunicación). *El vigilante intercepta la entrada.* FAM interceptación; interceptor, ra.

intercomunicación. f. **1.** Comunicación recíproca. *La intercomunicación del equipo.* **2.** Comunicación telefónica entre las distintas dependencias de un edificio o recinto. *Sistema de intercomunicación de la empresa.* FAM intercomunicador.

interconectar. tr. Establecer conexión (entre dos o más cosas). *El banco interconectará sus oficinas informáticamente.* ▶ *CONECTAR. FAM interconexión.

intercontinental. adj. **1.** Que va de un continente a otro. *Vuelos intercontinentales.* **2.** Que afecta a dos o más continentes. *Comercio intercontinental.*

intercostal. adj. *Anat.* Que está entre las costillas. *Región intercostal.*

interdependencia. f. Dependencia recíproca. FAM interdependiente.

interdigital. adj. *Anat.* Que se halla entre los dedos. *Membranas interdigitales.*

interdisciplinario, ria. adj. Que se refiere o implica a varias disciplinas. *Ciencia interdisciplinaria.* FAM interdisciplinar; interdisciplinariedad.

interés. m. **1.** Inclinación del ánimo hacia alguien o algo. *Interés POR los estudios.* **2.** Deseo de lograr algo. *Tengo interés EN ampliar el negocio.* **3.** Deseo de lograr un provecho. *Se casa con él por interés.* **4.** Valor de una cosa por la que se tiene estimación. *El museo alberga cuadros de gran interés.* **5.** Conveniencia o beneficio. *Trabajan al servicio del interés general.* **6.** Cantidad generada por el capital en un tiempo determinado. *Pague en un año sin interés.* ○ pl. **7.** Bienes que se poseen. *Tiene intereses en América.* ■ ~ compuesto. m. Interés (→ 6) de un capital al que se van acumulando sus réditos para que produzcan otros. ■ ~ simple. m. Interés (→ 6) de un capital sin agregarle los réditos. ■ intereses creados. m. pl. Ventajas, no siempre legítimas, de que gozan varios individuos, y por las que se establece entre ellos alguna solidaridad circunstancial. *Hay intereses creados en el proyecto de privatización.* FAM interesado, da.

interesar. tr. **1.** Provocar interés (en alguien). *Si te interesa Juan, te lo presento.* **2.** *Med.* Producir una cosa alteración o daño (en un órgano del cuerpo). *El navajazo interesa el pulmón.* ○ intr. prnl. **3.** Mostrar interés por alguien o algo. *Sus amigos se interesan POR usted.*

interestatal. adj. Que afecta a varios Estados o tiene lugar entre ellos. *Relaciones interestatales.*

interestelar. adj. Comprendido o situado entre dos o más astros.

interétnico, ca. adj. Que afecta a personas de etnias distintas.

interfaz. f. *Inform.* Conjunto de elementos de un programa que permiten la conexión entre un ordenador y otro aparato, o que permiten la comunicación con el usuario. *El cable de la interfaz para conectar la impresora al ordenador.*

interfecto, ta. m. y f. **1.** *Der.* Persona muerta violentamente, espec. como resultado de un delito. *La interfecta presenta signos de fallecimiento por asfixia.* **2.** coloq., humoríst. Persona o individuo. *Miró de arriba abajo al interfecto.*

interferencia. f. **1.** Hecho o efecto de interferir. *No tolera interferencias EN su vida privada.* **2.** *Fís.* Acción recíproca de las ondas, de la cual puede resultar aumento, disminución o anulación de su movimiento. *En vuelo, apaguen sus teléfonos para evitar interferencias.*

interferir. (conjug. SENTIR). tr. **1.** Interponerse (en el camino de una cosa o en una acción). *Eso interfiere el desarrollo del plan.* **2.** *Fís.* Causar interferencia

(en una transmisión). *Si descolgó el teléfono, interfirió la transmisión del fax.* ○ intr. **3.** Interponerse en el camino de algo o en una acción. *La fama interfiere EN su vida personal.* **4.** *Fís.* Causar interferencia. *El teléfono interfiere CON el marcapasos.*

interfono. m. Aparato para la comunicación telefónica interna en un recinto. ▶ TELEFONILLO.

intergaláctico, ca. adj. *Fís.* Del espacio existente entre las galaxias.

interglaciar. adj. *Geol.* Dicho de período: Comprendido entre dos glaciaciones.

ínterin. en el ~. loc. adv. cult. En el tiempo que transcurre durante la realización de un hecho. *El cese se acordó el lunes y se suspendió ayer; en el ínterin hubo intrigas.*

interino, na. adj. **1.** Que ejerce un cargo o empleo por ausencia o falta de su titular. *Trabajadores interinos del Ayuntamiento.* **2.** Temporal o provisional. *Un acuerdo interino.* FAM interinidad.

interinsular. adj. Que se produce entre dos o más islas. *Tráfico interinsular.*

interior. adj. **1.** Que está en la parte de dentro. *Bolsillo interior.* **2.** Dicho de habitación o vivienda: Que no tiene vistas a la calle. *Baño interior.* **3.** Nacional, o que se produce en el ámbito nacional. *La política interior del Gobierno.* **4.** Del alma o la conciencia. *Una rica vida interior.* ● m. **5.** Parte interior (→ 1) de algo. *Es arquitecto y se dedica al diseño de interiores.* **6.** Parte no costera o no fronteriza de un país. *Camagüey es una ciudad del interior de Cuba.* **7.** Alma o conciencia de alguien. *En mi interior algo me dice que tengo razón.* **8.** En fútbol: Jugador que se sitúa entre el extremo de su lado y el delantero centro. ○ pl. **9.** *Cine* y TV Secuencias de una película o un programa rodadas con decorados que representan espacios cerrados. *Rodaron los interiores en un bar.* **10.** Am. Calzoncillo. *Los interiores del marido se secaban junto a las prendas de la hijita* [C]. ■ del Interior. loc. adj. Dicho de ministerio: Que se ocupa de la administración local y del orden interno (→ 3) del Estado. ▶ **1, 4:** INTERNO. FAM interioridad; interiorización; interiorizar.

interiorismo. m. Acondicionamiento y decoración de los espacios interiores de los edificios. FAM interiorista.

interjección. f. *Gram.* Palabra invariable que expresa lo que siente el hablante, establece una comunicación entre el hablante y el oyente, o reproduce un sonido o un ruido. *"Ay", "zas" y "hola" son interjecciones.*

interlineado. m. Espacio que queda entre las líneas de un escrito. *El interlineado del texto.*

interlineal. adj. Contenido entre dos líneas o renglones de un escrito.

interlocución. f. Diálogo o conversación entre dos o más personas. *CON una persona así no hay interlocución posible.* ▶ DIÁLOGO. FAM interlocutor, ra.

interludio. m. Composición musical breve que se ejecuta a modo de intermedio entre las partes de una obra extensa.

intermediar. (conjug. ANUNCIAR). intr. Actuar poniendo en relación a dos o más personas o entidades, espec. para que lleguen a un acuerdo. *El Papa intermediará para resolver la crisis.* FAM intermediación; intermediador, ra; intermediario, ria.

intermedio, dia. adj. **1.** Que está entre los dos extremos de algo, espec. de una escala, un lugar o un proceso. *Una solución intermedia.* ● m. **2.** Tiempo de descanso en medio de algo. *La llamé en el intermedio de la película.* ■ **por ~ de.** loc. prepos. Por medio de o por mediación de. *Lo he conocido por intermedio de una amiga.*

interminable. adj. Que no se termina. *Una lista de espera interminable.*

intermitente. adj. **1.** Que actúa o se produce con interrupciones gralm. periódicas o regulares. *Destello intermitente.* ● m. **2.** En un automóvil: Luz lateral intermitente (→ 1) que indica un cambio de dirección a derecha o izquierda. FAM intermitencia.

internación. → internar.

internacional. adj. **1.** De varias o de todas las naciones, o que se produce o se realiza entre ellas. *La comunidad internacional.* **2.** Que trasciende las fronteras de su país. *Artista internacional.* **3.** Dicho de deportista: Que participa en competiciones internacionales (→ 1) representando a su país. *Ha sido internacional con Argentina.* ● f. (Gralm. en mayúsc.). **4.** *Polít.* Cada una de las varias organizaciones internacionales (→ 1) sucesivas en que se han agrupado los partidos y sindicatos revolucionarios, espec. socialistas y comunistas, desde mediados del s. XIX. **5.** *Polít.* Organización internacional (→ 1) de partidos y sindicatos con una ideología afín. **6.** *Polít.* Himno internacional (→ 1) de los socialistas y comunistas. FAM internacionalidad.

internacionalismo. m. **1.** Doctrina que defiende que los intereses internacionales deben primar sobre los nacionales. **2.** *Polít.* Doctrina socialista que preconiza la unión internacional de los obreros. *El internacionalismo proletario.* FAM internacionalista.

internacionalizar. tr. **1.** Someter a la autoridad conjunta de varias naciones, o de un organismo que las represente, (territorios o asuntos que dependían de la autoridad de un solo Estado). *Internacionalizaron la zona tras la guerra.* **2.** Dar carácter internacional (a algo). *Internacionalizaron el terrorismo.* FAM internacionalización.

internada. f. *Dep.* Avance rápido de un jugador con el balón hacia el área contraria. ▶ COLADA.

internado. m. **1.** Estado y régimen de personas que viven internas, espec. en un establecimiento educativo. *Mi afición a la música surgió en mis años de internado.* **2.** Establecimiento educativo donde viven alumnos internos. ▶ **2:** PENSIONADO.

internar. tr. **1.** Realizar el ingreso (de alguien) en un establecimiento, espec. en un hospital o una prisión. *La internó en la clínica.* O intr. prnl. **2.** Penetrar o avanzar hacia dentro en un lugar. *Se interna EN el bosque.* FAM internación; internamiento.

internet. (Frec. en mayúsc.). f. (Tb. m.). Red informática mundial, descentralizada, que permite la transferencia casi inmediata de datos entre ordenadores.

internista. adj. Dicho de médico: Especialista en el estudio y tratamiento de enfermedades que afectan a los órganos internos.

interno, na. adj. **1.** Interior, o de dentro. *Órganos internos.* **2.** Dicho de persona: Que vive en el lugar donde estudia o trabaja. *Tiene una sirvienta interna.* **3.** Dicho de persona: Que vive internada, espec. en una prisión o un hospital. Tb. m. y f. *Un interno se fugó de la prisión.* ● m. y f. **4.** Médico interno residente (→ médico). *En la plantilla del hospital hay pocos internos.* ▶ **1:** INTERIOR. **4:** RESIDENTE.

interoceánico, ca. adj. Que pone en comunicación dos océanos, o que se establece entre ellos. *Rutas interoceánicas para el comercio.*

interparlamentario, ria. adj. Que une o incluye a representaciones parlamentarias de varios países. *Conferencia interparlamentaria.*

interpelar. tr. **1.** Pedir (a alguien) explicaciones sobre algo que ha dicho o hecho. *Lo interpeló al ver que le prohibía entrar.* **2.** Usar la palabra un parlamentario para plantear (al Gobierno) una discusión ajena a los proyectos de ley y a las proposiciones. *La oposición interpeló al Gobierno sobre el escándalo.* FAM interpelación.

interpersonal. adj. Que existe o se desarrolla entre dos o más personas.

interplanetario, ria. adj. Que existe, actúa o se produce entre dos o más planetas. *Nave interplanetaria.*

interpolar. tr. Poner (algo) dentro de una serie de cosas, espec. palabras o frases en un texto ajeno. *En la lista interpoló un nombre.* FAM interpolación.

interponer. (conjug. PONER). tr. **1.** Poner (una persona o una cosa) en medio de otras dos. *Interpone una lupa ENTRE sus ojos y la moneda.* **2.** *Der.* Formalizar (un recurso) mediante un escrito. *La demandante interpuso un recurso ante el tribunal.* FAM interposición.

interpretar. tr. **1.** Explicar el sentido de algo, espec. de un texto). *Interpretó correctamente los datos del gráfico.* **2.** Dar (a algo) un significado determinado. *No interpretes mis comentarios como una ofensa.* **3.** Ser actor (en una obra de teatro o en una película). *Un compañero y yo vamos a interpretar una escena de "Romeo y Julieta".* **4.** Hacer (un papel) en una obra teatral o en una película. *Voy a interpretar el papel de Melibea en la obra.* **5.** Ejecutar (una pieza musical o de danza). *La orquesta interpretó una sinfonía.* ▶ **3:** REPRESENTAR. **4:** ENCARNAR, REPRESENTAR. FAM interpretación; interpretador, ra; interpretativo, va.

intérprete. m. y f. **1.** Persona que interpreta. *Es una gran intérprete de obras de Calderón.* **2.** Especialista o titulado en interpretación o traducción oral de lenguas. *Los mandatarios conversan ayudados de un intérprete.* ▶ **1:** INTERPRETADOR.

interracial. adj. **1.** Integrado por individuos de razas distintas. *Sociedad interracial.* **2.** Que afecta a dos o más razas, o se produce entre ellas. *Problemas interraciales.*

interregno. m. Espacio de tiempo en que un Estado no tiene soberano. Tb. fig. *Vuelven las sesiones tras el interregno parlamentario.*

interrelación. f. Relación mutua entre personas, cosas o fenómenos. *La interrelación entre delincuencia y pobreza.*

interrogación. f. **1.** Hecho o efecto de interrogar. *Lo miró con cara de interrogación.* **2.** Signo ortográfico que se pone antes (¿) y después (?) de una frase o una palabra para indicar que tienen entonación interrogativa. *A esta oración le falta la interrogación de cierre.* ▶ **1:** *PREGUNTA.

interrogar. tr. Hacer (a alguien) una o varias preguntas, espec. para aclarar un hecho o unas circunstancias. *La policía interroga a los testigos.* ▶ PREGUNTAR. FAM interrogador, ra; interrogante; interrogativo, va.

interrogatorio. m. Serie de preguntas, espec. la formulada por una autoridad para esclarecer unos hechos. *El juez somete al acusado a un interrogatorio.*

interrumpir. tr. **1.** Impedir la continuidad (de algo) en el lugar o en el tiempo. *Tuvo que interrumpir la* *clase.* **2.** Impedir que (alguien) siga hablando o haciendo algo. *Déjame hablar y no me interrumpas.* FAM interrupción.

interruptor. m. Mecanismo destinado a interrumpir o establecer un circuito eléctrico. *Interruptor de la luz.*

intersección. f. **1.** Punto de encuentro de dos o más cosas de forma lineal, espec. calles o vías. *Gire a la derecha en la próxima intersección.* **2.** *Mat.* Encuentro de dos líneas, dos superficies o dos sólidos que se cortan entre sí. *Llamamos "origen" al punto de intersección entre el eje de abscisas y el de ordenadas.* **3.** *Mat.* Conjunto de elementos comunes a dos o más conjuntos. *Sombrea la intersección de los tres conjuntos.*

intersticio. m. Espacio pequeño que media entre dos cuerpos o entre dos partes de un mismo cuerpo. *La luz se filtra por los intersticios de las contraventanas.* ▶ *ABERTURA. FAM intersticial.

interurbano, na. adj. Que se hace o funciona entre distintas poblaciones. *Autobús interurbano.*

intervalo. m. **1.** Período de tiempo que transcurre entre dos hechos o momentos. *Hará sol con intervalos nubosos.* **2.** Espacio que hay entre dos puntos o lugares. *El escalador avisa a su compañero del intervalo de cuerda que le queda por cubrir.* **3.** *tecn.* Conjunto de los valores que toma una magnitud entre los límites dados. *Un intervalo de temperaturas.* **4.** *Mús.* Diferencia de tono entre los sonidos de dos notas musicales. *Entre do y fa el intervalo es de cuarta.*

intervenir. (conjug. VENIR). intr. **1.** Tomar parte en un asunto o en un proceso. *No intervengan EN la polémica.* **2.** Interceder por alguien. *Intervino a mi favor para que me subieran el sueldo.* ○ tr. **3.** Vigilar (una comunicación privada) por mandato o autorización legal. *La policía ha intervenido los teléfonos.* **4.** Controlar una autoridad el libre ejercicio (de actividades o funciones). *El Estado interviene la producción industrial.* **5.** *Med.* Operar (a alguien). *La van a intervenir DE cataratas.* ▶ **5:** OPERAR. FAM intervención; intervencionismo; intervencionista.

interventor, ra. adj. **1.** Que interviene algo. *Comité interventor.* ● m. y f. **2.** Persona que oficialmente autoriza y fiscaliza ciertas operaciones para asegurar su corrección. *Un interventor comprobará las cuentas del organismo.* **3.** En unas elecciones: Persona designada oficialmente por un partido político para vigilar la regularidad de la votación. *Las mesas tienen interventores de cada partido.*

interviú. f. Entrevista, espec. la periodística. ▶ ENTREVISTA.

intestado, da. adj. Que muere sin hacer testamento. *Murió intestada.*

intestino, na. adj. **1.** Dicho de lucha o confrontación: Interna. *Guerras intestinas.* ● m. **2.** En animales vertebrados y en algunos invertebrados: Conducto membranoso con tejido muscular, que forma parte del aparato digestivo y se halla situado a continuación del estómago. *En el intestino se completa la digestión.* ■ **intestino ciego.** m. *Anat.* Parte del intestino grueso (→ **intestino grueso**) situada entre el delgado y el colon. *El apéndice es una prolongación del intestino ciego.* ⇒ CIEGO. ■ **intestino delgado.** m. *Anat.* Parte del intestino (→ 2) de los mamíferos que tiene menor diámetro. *Los alimentos pasan del estómago al intestino delgado.* ■ **intestino grueso.** m. *Anat.* Parte del intestino (→ 2) de los mamíferos que tiene mayor diámetro. *El recto es la parte final del intestino grueso.* FAM intestinal.

intimidad. f. **1.** Ámbito íntimo y más reservado de una persona o de un grupo de ellas. *Me molesta que se metan en mi intimidad.* **2.** Relación o trato íntimos. *No tengo tanta intimidad con ella como para contarle mis problemas.* **3.** Asunto íntimo. Frec. en pl. *Confía todas sus intimidades a su amiga.*

intimidar. tr. Causar miedo (a alguien). *Sus amenazas no me intimidan.* ▶ *ATEMORIZAR. FAM intimidación; intimidatorio, ria.

íntimo, ma. adj. **1.** Que pertenece a lo más profundo y particular de una persona. *Contó al psicólogo sus experiencias íntimas.* **2.** De la intimidad o que se hace en la intimidad. *Buscaron un sitio íntimo para hablar.* **3.** Dicho de amigo o amistad: De la mayor confianza. *Acudirán familiares y amigos íntimos.* **4.** Dicho de cosa: Más interior o interna. *Estructura íntima de la materia.* FAM intimar; intimismo; intimista.

intitular. tr. **1.** Poner como título (a alguien o algo) el nombre que se indica. *Ha intitulado su artículo "Una guerra anunciada".* ○ intr. prnl. **2.** Tener algo como título el nombre que se indica. *La obra se intitula "Historia de la filosofía".*

intocable. adj. **1.** Que no se puede tocar. *Leyes intocables.* ● m. y f. **2.** En la India: Persona considerada impura, que pertenece a la clase social más baja y cuyo trato evitan los demás. *Las comunidades de intocables en Calcuta.*

intolerancia. f. Falta de tolerancia. *Tiene intolerancia al gluten.* FAM intolerable; intolerante.

intoxicar. tr. **1.** Producir daños (en un ser vivo) por la acción de sustancias tóxicas. *Un escape de gas los intoxicó.* **2.** Proporcionar (a alguien) información manipulada con el fin de crear (en él) un determinado estado de opinión o hacer que se comporte de una determinada manera. *Pretende intoxicar a la opinión pública.* FAM intoxicación.

intracelular. adj. *Biol.* Que está u ocurre dentro de la célula.

intraducible. adj. Que no se puede traducir. *Expresión intraducible.*

intramuros. adv. Dentro de los muros de la ciudad. *El monasterio fue construido intramuros.*

intramuscular. adj. *Med.* Que está o se aplica dentro del músculo. *Inyección intramuscular.*

intranquilo, la. adj. **1.** Dicho de persona o animal: Que muestra nerviosismo o falta de tranquilidad. *Las gallinas están intranquilas.* **2.** Dicho de persona: Preocupada. *Las palabras del médico me dejaron intranquilo.* **3.** Dicho de cosa: Que tiene agitación o mucho movimiento. *Un mar intranquilo.* ▶ **1, 2:** INQUIETO. FAM intranquilidad; intranquilizador, ra; intranquilizar.

intransferible. adj. Que no puede ser transferido o traspasado.

intransigente. adj. Que no es transigente o tolerante. *Sectores intransigentes.* FAM intransigencia.

intransitable. adj. Dicho de lugar: No apto para transitar por él. *Senda intransitable.*

intraocular. adj. *Med.* Del interior del ojo. *Presión intraocular.*

intrascendente. adj. Que no es trascendente o importante. *Noticias intrascendentes.* FAM intrascendencia.

intratable. adj. **1.** Que no se puede tratar. *Enfermedades intratables.* **2.** Dicho de persona: De trato difícil por su mal genio. *Es un viejo gruñón e intratable.*

intrauterino, na. adj. *Med.* Que está u ocurre dentro del útero. *Dispositivo intrauterino.*

intravenoso, sa. adj. Que está o se aplica dentro de la vena. *Suero intravenoso.*

intrepidez. f. Cualidad de intrépido. *La intrepidez del guerrero.* ► *VALENTÍA.

intrépido, da. adj. Que no teme el peligro o no se detiene ante él. *Fue un explorador intrépido.* ► *VALIENTE. FAM intrepidez.

intriga. f. Acción oculta, ejecutada con cautela y astucia, y con un fin normalmente poco noble. *Medró a base de intrigas.* ► ENREDO, MANEJO, MAQUINACIÓN.

intrigar. tr. **1.** Provocar curiosidad (en alguien). *Su actitud nos intriga.* ○ intr. **2.** Emplear intrigas. *Se dedican a intrigar para conseguir el poder.* FAM intrigante.

intrincado, da. adj. Complicado o confuso. *El intrincado terreno de la filosofía.* **2.** Enredado o enmarañado. *Caminos intrincados.* ► **1:** *COMPLICADO.

intríngulis. m. **1.** coloq. Dificultad o complicación de algo. *El intríngulis del concurso es saber de geografía.* **2.** coloq. Razón oculta de algo. *Reveló los intríngulis de su decisión.*

intrínseco, ca. adj. Que pertenece a la esencia o naturaleza propias de alguien o algo. *La racionalidad es una cualidad intrínseca del ser humano.*

introducción. f. **1.** Hecho de introducir o introducirse. *Para la introducción de la droga, utilizaron un barco.* **2.** Preparación para llegar al conocimiento de algo. *El curso es una introducción a la Lingüística.* **3.** Parte que precede a un discurso o a una obra escrita, y que sirve de aproximación al sentido de los mismos. *Lee la introducción para usar el diccionario.* **4.** *Mús.* Parte inicial de una obra instrumental o de cualquiera de sus movimientos. *La introducción de la sinfonía.* FAM introductorio, ria.

introducir. (conjug. CONDUCIR). tr. **1.** Meter (algo o a alguien) en un lugar, o hacer(los) entrar en él. *Introduzca la moneda EN la ranura.* **2.** Hacer que (alguien) sea admitido en un lugar. *Ella se encargará de introducirlo en la radio.* **3.** Hacer que (algo, espec. no material) pase a estar en uso. *Él introdujo la costumbre en la familia.* ► **1:** *METER. FAM introductor, ra.

introito. m. cult. Entrada o principio. *Valga esto a modo de introito.*

intromisión. f. Hecho de entrometerse. *No tolera intromisiones en sus asuntos.*

introspección. f. Observación de los propios estados de ánimo o de conciencia. *Tiene capacidad de introspección.* FAM introspectivo, va.

introversión. f. Actitud de la persona cuyo interés se dirige fundamentalmente al mundo interior, concentrándose en los propios pensamientos y sentimientos, y abstrayéndose del mundo exterior. *El muchacho muestra tendencia a la introversión.* FAM introvertido, da.

intrusismo. m. Ejercicio de una actividad, espec. de una profesión, sin derecho ni autorización. *Los periodistas se quejan del intrusismo en televisión.*

intruso, sa. adj. Que se ha introducido sin derecho ni autorización en un lugar o en una actividad. *Colaboró con el gobierno intruso de José Bonaparte.* FAM intrusión.

intubar. tr. *Med.* Introducir un tubo en un conducto del organismo (de una persona), espec. en la laringe. *Lo intuban por insuficiencia respiratoria grave.* FAM intubación.

intuir. (conjug. CONSTRUIR). tr. **1.** *Fil.* Conocer (algo) de forma instantánea, sin necesidad de razonamiento. *Se puede intuir la teoría mediante un ingenioso ejercicio.* **2.** Presentir (algo que no existe todavía o no puede verificarse), o tener la sensación (de ello). *Intuyo que el negocio nos va a ir muy bien.* FAM intuición; intuitivo, va.

inundar. tr. **1.** Cubrir el agua u otro líquido (un lugar). *Las aguas del río pueden inundar el pueblo.* **2.** Llenar (un lugar) de agua u otro líquido. *La rotura del envase inundó DE aceite la mesa.* **3.** Llenar gran cantidad de personas o cosas un lugar. *Los aficionados inundan los alrededores del estadio.* ► **1, 2:** ANEGAR. FAM inundación.

inusitado, da. adj. Dicho de cosa: No usual o no habitual. *Furia inusitada.*

inusual. adj. No usual. *Se ha retrasado, cosa inusual en él.*

inútil. adj. **1.** Dicho de persona o cosa: Que no es útil o provechosa. *Caprichos inútiles.* **2.** Dicho de persona: Que no puede trabajar o moverse por impedimento físico. *Un accidente laboral lo dejó inútil.* ► **1:** BALDÍO, INSERVIBLE, VANO. FAM inutilidad; inutilizable; inutilización; inutilizar.

invadir. tr. **1.** Entrar (en un lugar) por la fuerza. *El ejército invadió la isla.* **2.** Entrar por la fuerza en el territorio (de alguien). *En la Segunda Guerra Mundial los alemanes invadieron a los polacos.* **3.** Entrar injustificadamente (en las funciones u ocupaciones ajenas). *Lo acusan de invadir las competencias de otros jueces.* **4.** Ocupar alguien o algo (un lugar) de manera anormal o irregular. *El camión invadió el carril contrario.* **5.** Apoderarse (de alguien) un sentimiento o un estado de ánimo. *Una profunda tristeza nos invadió al oír la noticia.* **6.** *Biol.* y *Med.* Penetrar y multiplicarse un agente patógeno (en un órgano o en un organismo). *El virus del sida invade las células y anula el sistema inmunológico.* FAM invasión; invasivo, va; invasor, ra.

invalidar. tr. Hacer que (algo) no tenga validez. *El árbitro invalidó la canasta.* FAM invalidación.

inválido, da. adj. **1.** Dicho de persona: Que padece algún defecto físico que le impide o dificulta alguna de sus actividades. *Quedó inválido tras la guerra.* **2.** Nulo, o que no tiene validez. *El acuerdo resulta inválido.* ► **1:** IMPEDIDO, IMPOSIBILITADO, LISIADO, PARALÍTICO, TULLIDO. FAM invalidez.

invalorable. adj. *Am.* Que no se puede valorar. *Compañera invalorable* [C]. ► INVALUABLE.

invaluable. adj. Que no se puede valorar. *Aporta datos invaluables para la investigación.* ► *Am:* INVALORABLE.

invariable. adj. Que no varía o no puede variar. *Palabras invariables.* FAM invariabilidad.

invasión; invasivo, va; invasor, ra. → invadir.

invectiva. f. Discurso o escrito que critican con dureza a alguien o algo.

invencible. adj. Que no puede ser vencido. *No hay obstáculo invencible.*

inventar. tr. **1.** Hallar o descubrir (algo nuevo o no conocido). *Bell inventó el teléfono.* **2.** Crear o imaginar (algo o a alguien que no existen). *Inventa unas historias divertidas.* **3.** Contar como reales (hechos falsos). *Diga la verdad y no invente cosas raras.* FAM invención; inventivo, va; invento; inventor, ra.

inventario. m. Lista ordenada y precisa de las cosas que pertenecen a una persona, entidad o comunidad, o de las que se hallan en un lugar. *Inventario de muebles.* FAM **inventariar** (conjug. ENVIAR).

invernada. f. Estancia en un lugar durante el invierno. *Zona de invernada de aves acuáticas.*

invernadero. m. Espacio cerrado en cuyo interior se crean las condiciones ambientales adecuadas para el cultivo de determinadas plantas.

invernal; invernar; invernizo, za. → invierno.

inverosímil. adj. Que no es verosímil. *Excusa inverosímil.* FAM **inverosimilitud.**

inverso, sa. adj. Dicho espec. de dirección, orden o sentido: Contrario. *La raíz crece en dirección inversa al tallo.* ■ **a la inversa.** loc. adv. Al contrario. *Echa la sal y luego el aceite, y no a la inversa.*

invertebrado, da. adj. **1.** Del grupo de los invertebrados (→ 2). ● m. **2.** Animal que carece de columna vertebral, como los insectos.

invertido, da. m. y f. eufem. o despect. Homosexual.

invertir. (conjug. SENTIR). tr. **1.** Cambiar (el orden o la posición) por los contrarios. *Para captar el sentido hay que invertir el orden de los párrafos.* **2.** Colocar (algo) en el sentido o en la posición contrarios a los que tenía. *Invierta los párrafos y entenderá el sentido.* **3.** Emplear (un tiempo o un dinero determinados) en algo. *Invirtió su dinero EN acciones.* FAM **inversión; inversionista; inversor, ra.**

investigar. tr. **1.** Hacer diligencias, indagaciones o estudios para tener un conocimiento más profundo (de algo). *Está investigando los fósiles hallados.* **2.** Hacer diligencias, indagaciones o estudios para descubrir (algo). *Investiga por qué explotó.* **3.** Hacer diligencias, indagaciones o estudios para aclarar la conducta (de alguien). *Lo están investigando por posible fraude.* FAM **investigación; investigador, ra.**

investir. (conjug. PEDIR). tr. cult. Conferir (a alguien) dignidad o autoridad. *Lo han investido DE un poder absoluto.* FAM **investidura.**

inveterado, da. adj. Antiguo o arraigado. *Una inveterada costumbre.*

inviable. adj. **1.** Que no es viable o no se puede realizar. *Reformas inviables.* **2.** Med. Dicho espec. de feto o de recién nacido: Que no puede vivir. FAM **inviabilidad.**

invicto, ta. adj. cult. Que no ha sido vencido. *El equipo permanece invicto.*

invidente. adj. cult. Ciego. *Lectura para personas invidentes.* FAM **invidencia.**

invierno. m. Estación más fría del año, que sigue al otoño y que en el hemisferio norte dura del 21 de diciembre al 21 de marzo, y en el hemisferio sur, del 21 de junio al 21 de septiembre. FAM **invernal; invernar; invernizo, za.**

inviolable. adj. Dicho de cosa: Que no se puede violar. *Ley inviolable.* FAM **inviolabilidad; inviolado, da.**

invisible. adj. Que no puede ser visto. *Mundos invisibles.* FAM **invisibilidad.**

invitar. tr. **1.** Pedir (a alguien) que asista a un acto o que se presente en un lugar, como muestra de cortesía. *Nos invitó A su boda.* **2.** Pagar (a alguien) algo, espec. comida o bebida, como muestra de cortesía. *¿Me invitan A una copa?* **3.** Pedir (a alguien) cortésmente que haga algo. *Pasamos al salón y me invitó A que me sentara.* **4.** eufem. Ordenar o pedir con firmeza (a alguien) que haga algo. *La policía invitaba a los*

manifestantes A que se disolvieran. **5.** Incitar o estimular (a alguien) a algo. *El calor invita a la gente A bañarse.* ▶ **1, 2, 5:** CONVIDAR. FAM **invitación.**

in vitro. (loc. lat.). loc. adj. Biol. Dicho de proceso biológico: Realizado en el laboratorio, en un medio creado artificialmente fuera del organismo vivo. *Fecundación in vitro.*

invocar. tr. **1.** Pedir ayuda (a alguien, espec. a Dios, la Virgen o los santos). *Invoquemos al Señor.* **2.** Exponer o alegar (algo) para justificar un hecho o una actitud. *Puede invocar su derecho a guardar silencio.* FAM **invocación.**

involución. f. Detención y retroceso en el desarrollo de alguien o algo. *Involución en el proceso de paz.* FAM **involucionar; involucionismo; involucionista; involutivo, va.**

involucrar. tr. **1.** Complicar (a alguien) en un asunto, comprometiéndo(lo) en él. *Quisieron involucrarlo EN la conspiración.* **2.** Incluir (algo o a alguien) dentro de algo. *Se ha visto involucrado EN un accidente de circulación.* ▶ **1:** *COMPROMETER.

involuntario, ria. adj. Que no es voluntario o no nace de la voluntad. *Homicidio involuntario.*

invulnerable. adj. Que no puede ser dañado o herido. FAM **invulnerabilidad.**

inyectar. tr. **1.** Introducir a presión en alguien o algo (un gas, un líquido o una masa fluida). *Inyectan hormigón EN los cimientos.* **2.** Introducir (un líquido, espec. un medicamento) por medio de una aguja en un organismo o en una parte de él. *Le inyecta insulina.* FAM **inyección.**

inyector. m. tecn. Dispositivo o aparato utilizados para inyectar fluidos.

iodo; ioduro. → yodo.

ion o **ión.** m. Fís. y Quím. Átomo o agrupación de átomos que adquieren carga eléctrica por pérdida o ganancia de electrones. FAM **iónico, ca; ionización; ionizante; ionizar.**

IPC. (sigla; pronunc. "i-pe-ce"). m. Econ. Índice de precios al consumidor, o índice de precios al consumo. *En el primer trimestre el IPC ha subido un 0,3%.*

ipso facto. (loc. lat.). loc. adv. Inmediatamente. *Se durmió ipso facto.*

ir. (conjug. IR). intr. **1.** Moverse en dirección a un lugar, determinado o no, alejado de la persona que habla. *Fue AL parque.* **2.** Ser alguien o algo adecuados a las características de otra persona u otra cosa. *No encuentro una chaqueta que le vaya a esa falda.* **3.** Haber una diferencia. *No creo que vaya tanto DE un programa A otro.* **4.** Llevar o conducir un camino a un lugar, determinado o no. *El sendero va HACIA el Norte.* **5.** Extenderse algo desde un punto en el espacio o en el tiempo a otro. *El plazo de entrega va DEL 15 de enero AL 15 de febrero.* **6.** En algunos juegos de cartas: Entrar en una apuesta. *Con estas cartas no voy.* **7.** Ser u ocurrir algo de una manera determinada. *Sus amenazas van en serio.* **8.** Estar o hallarse. *El balance va en un informe aparte.* **9.** Ser apostado algo, espec. una cantidad de dinero por parte de la persona que habla. *¿Va una cena A que no se presenta?* **10.** Seguido de un gerundio, forma con él una perífrasis que expone en su desarrollo la acción expresada por el gerundio. *Vaya pensando una solución.* **11.** Seguido de *a* y un infinitivo, forma una perífrasis que expone la acción expresada por el infinitivo como un hecho futuro o una intención, espec. en un momento próximo. *¿Qué va a hacer el domingo?* **12.** Seguido de un complemento de modo: Comportarse o actuar ante una determinada circunstancia de la manera expresada. *Hay que ir con mucho tacto.* **13.** coloq. Seguido de *y* y otro verbo, se usa para resaltar la acción expresada por ese verbo. *Y encima va y se pone a llorar.* **14.** Seguido de *en* y un nombre: Depender una cosa de lo designado por el nombre. *Es como si le fuera la vida en ello.* **15.** Seguido de *para* y un nombre: Mostrar inclinación hacia la profesión designada por el nombre, o haber iniciado la preparación para ella. *Yo iba para bailarina.* **16.** Seguido de *por* y una expresión nominal: Estar, dentro de una sucesión, en el lugar, tiempo o situación expresados. *Voy por el último capítulo.* **17.** Seguido de *por* y un nombre: Hacer algo referencia a la persona designada. *Lo de idiota no iba por él.* **18.** Seguido de un complemento introducido por *a*: Decidir tratar o abordar el asunto designado por él. *Bueno, a lo que iba, que mañana nos traen la nevera.* **19.** Seguido de un complemento introducido por *con*: Estar de parte de lo expresado por ese complemento. *En el partido de tenis voy con mi paisano.* **20.** Seguido de un adverbio o una expresión equivalente: Tener una cosa el efecto o resultado expresados por ellos. *El calor te irá bien.* ○ intr. prnl. **21.** Salirse una materia, frec. líquida, del recipiente en que está. *¡La bolsa tenía un agujero y se ha ido toda el agua!* **22.** Desaparecer algo del lugar en que está. *Se me acaba de ir la idea.* **23.** cult., eufem. Morirse. *Se ha ido un gran poeta.* **24.** coloq. Unido a expresiones como *al carajo* o *al diablo*: Estropearse o fracasar algo. *El plan se fue al diablo.* ■ **el no va más.** loc. s. coloq. La persona o cosa que han alcanzado el máximo grado en algún aspecto. *Mi televisor es el no va más.* ■ **~ alguien a lo suyo.** loc. v. coloq. Atender solo a su propio interés o a sus propios asuntos. *Aquí nadie ayuda a nadie, así que yo voy a lo mío también.* ■ **~ a más.** → más. ■ **~ a menos.** → menos. ■ **~ a parar.** loc. v. Terminar o desembocar en algo. *El camino va a parar A la carretera.* ■ **~ algo para largo.** loc. v. Faltar mucho tiempo a esa cosa para terminarse. *La recuperación va para largo.* ■ **~ y venir.** loc. v. **1.** Moverse sin cesar de un lugar a otro. *Se pasa el día yendo y viniendo al pueblo.* ☐ loc. s. m. **2.** Movimiento incesante y en varias direcciones. *El hospital era un ir y venir DE ambulancias.* ■ **no,** o **ni, ~le ni venirle** algo (a una persona). expr. coloq. No importarle ni incumbirle. *No se meta en algo que ni le va ni le viene.* ■ **qué va.** expr. coloq. Se usa para negar algo enfáticamente. *–Habrá unos 200 km, ¿no? –¡Qué va, ni la mitad!* ■ **sin ~ más lejos.** loc. adv. Sin que sea necesario buscar ejemplos más lejanos que el que se expone a continuación. *Esta mañana, sin ir más lejos, lo vi fumando.* ■ **vaya.** interj. **1.** Se usa para expresar sorpresa, aprobación o decepción. *¡Vaya, qué tarde es!* **2.** Seguida de un nombre sin artículo, se usa para enfatizar lo designado por él. *¡Vaya golpe que se dio!* ■ **vaya usted a saber.** expr. coloq. Se usa con intención enfática para expresar duda ante un hecho. *Dice que vivió allí; vaya usted a saber.*

ira. f. **1.** Sentimiento de indignación o rechazo que produce enojo y suele acompañarse de una actitud agresiva. *En un ataque de ira lo golpeó.* ○ pl. **2.** Arranques o ataques de ira (→ 1). *El árbitro fue objeto de las iras del público.*

iracundo, da. adj. **1.** Que tiene o muestra ira. *Se levantó iracundo para insultarme.* **2.** Propenso a la ira. *Es muy iracunda.* FAM iracundia.

iraní. adj. De Irán (Asia). ▶ PERSA.

iraquí. adj. De Iraq (Asia).

irascible. adj. Propenso a la ira. FAM irascibilidad.

iridiscente. adj. Que muestra o refleja los colores del arco iris. *Reflejo iridiscente.*

iris. m. *Anat.* Disco membranoso y coloreado del ojo, en cuyo centro está la pupila.

irisar. tr. Hacer que (algo) muestre reflejos de luz con los colores del arco iris. *Los rayos del sol irisaban los cristales de las ventanas.* FAM irisación.

irlandés, sa. adj. **1.** De Irlanda. ● m. **2.** Lengua hablada en Irlanda.

ironía. f. **1.** Modo de expresión que consiste en dar a entender lo contrario de lo que se dice, gralm. usado como burla disimulada. *Utiliza la ironía para no darse a conocer.* **2.** Tono burlón con que se dice algo. *–Esto está lleno de sabios –dijo con ironía.* ▶ 2: SARCASMO, SORNA. FAM irónico; ironizar.

iroqués, sa. adj. De un pueblo indígena de América del Norte.

irracional. adj. **1.** Dicho de ser, espec. animal: Que carece de razón. *Los perros son seres irracionales.* **2.** Dicho de cosa: Opuesta a la razón o ajena a ella. *Un impulso irracional la llevó a cometer el asesinato.* **3.** *Mat.* Dicho de raíz o de cantidad radical: Que no puede expresarse exactamente con números enteros ni fraccionarios. FAM irracionalidad; irracionalismo; irracionalista.

irradiar. (conjug. ANUNCIAR). tr. **1.** Despedir (luz, calor u otra energía). Tb. fig. *Su cara irradia alegría.* **2.** Someter (un cuerpo) a radiaciones. *Si un producto está irradiado, debe figurar en la etiqueta.* **3.** Propagar o difundir (algo). *El Barroco nace en Europa e irradia su influencia a América.* FAM irradiación.

irrazonable. adj. Dicho de cosa: No razonable. *Conducta irrazonable.*

irreal. adj. Que no es real o no tiene existencia verdadera. FAM irrealidad.

irrealizable. adj. Que no se puede realizar. *El proyecto es irrealizable.*

irrebatible. adj. Que no se puede rebatir. *Argumentos irrebatibles.*

irreconciliable. adj. Dicho de persona o cosa: Que no se puede reconciliar con otra. *Son enemigos irreconciliables.*

irreconocible. adj. Que no se puede reconocer. *Con la barba está irreconocible.*

irrecuperable. adj. Que no se puede recuperar.

irrecusable. adj. Que no se puede recusar. *El testimonio es irrecusable.*

irredento, ta. adj. Que permanece sin redimir. *Territorio irredento.*

irreductible o **irreducible.** adj. Que no se puede reducir. *Guerreros irreductibles.* FAM irreductibilidad.

irreemplazable. adj. Que no se puede reemplazar. *Un amigo irreemplazable.*

irreflexión. f. Falta de reflexión o detenimiento. *No tome una decisión tan importante con tanta irreflexión.* FAM irreflexivo, va.

irrefrenable. adj. Que no se puede refrenar o contener. *Llanto irrefrenable.*

irrefutable. adj. Que no se puede refutar. *Pruebas irrefutables.*

irregular. adj. **1.** No uniforme, o que tiene cambios grandes o bruscos. *Lluvias irregulares.* **2.** Que no se ajusta a una regla o a una organización establecida. *El participio irregular de freír es "frito".* **3.** Contrario a la legalidad o moralidad. *Lleva una vida irregular.*

irrelevante - italiano

4. *Mat.* Dicho de polígono: Cuyos lados y ángulos no son iguales. *Pentágono irregular.* **5.** *Mat.* Dicho de poliedro: Cuyas caras y ángulos no son iguales. FAM irregularidad.

irrelevante. adj. Que no tiene relevancia. ▶ *NIMIO. FAM irrelevancia.

irremediable. adj. Que no se puede remediar. *La ruptura era irremediable.*

irremisible. adj. Que no se puede remitir o perdonar. *Culpa irremisible.*

irrenunciable. adj. Dicho de cosa: A la que no se puede renunciar.

irreparable. adj. Que no se puede reparar. *Un daño irreparable.*

irrepetible. adj. Que no se puede repetir. *Una figura irrepetible del cine.*

irreprimible. adj. Dicho espec. de sentimiento o impulso: Que no se puede reprimir. *Una alegría irreprimible.*

irreprochable. adj. **1.** Que no merece reproche. *Comportamiento irreprochable.* **2.** Que no tiene ningún defecto o falta. *La factura del cuadro es irreprochable.*

irresistible. adj. **1.** Que no se puede resistir o soportar. *Dolor irresistible.* **2.** Dicho de cosa: A la que no es posible oponer resistencia. *Deseo irresistible.* **3.** Muy atractivo.

irresoluble. adj. Que no se puede resolver o solucionar. *Conflicto irresoluble.*

irresoluto, ta. adj. Falto de resolución o decisión. FAM irresolución.

irrespetar. tr. Am. No respetar (algo o a alguien). *Irrespetan las condiciones que fijan las reglas* [C].

irrespeto. m. Am. Falta de respeto. *Irrespeto a la ley* [C].

irrespetuoso, sa. adj. No respetuoso. *Chistes irrespetuosos.*

irrespirable. adj. **1.** Dicho espec. de aire: Que no se puede respirar o aspirar. **2.** Dicho de ambiente social: Insoportable. *El ambiente en el equipo se volvió irrespirable.*

irresponsable. adj. **1.** Que carece de responsabilidad o no suele cumplir sus obligaciones. *Padre irresponsable.* **2.** Dicho de persona: Que carece de responsabilidad legal o moral. *El juez consideró irresponsable al acusado.* FAM irresponsabilidad.

irrestricto, ta. adj. Que no tiene límites o restricciones. *Apoyo irrestricto.* ▶ ILIMITADO.

irreverente. adj. Que muestra falta de reverencia o respeto. FAM irreverencia.

irreversible. adj. Que no es reversible, o no puede volver a un estado o condición anteriores. *Proceso irreversible.* FAM irreversibilidad.

irrevocable. adj. Que no se puede revocar o anular. *La sentencia es irrevocable.*

irrigar. tr. **1.** *Fisiol.* Llevar una arteria sangre (a un órgano). *La arteria irriga el corazón.* **2.** Regar (un terreno). *Un río irriga la comarca.* FAM irrigación.

irrisión. f. Burla a costa de alguien o algo, que mueve a risa. *Era un vanguardista que hacía irrisión de todo.*

irrisorio, ria. adj. **1.** Que mueve a risa o a burla. *Pedantería irrisoria.* **2.** Dicho de cosa: Tan pequeña que resulta insignificante. *Precios irrisorios.*

irritar. tr. **1.** Hacer sentir ira (a alguien). *Su comportamiento me irrita.* **2.** Causar una ligera inflama-

ción, gralm. acompañada de dolor o picor (en un órgano o parte del cuerpo). *Este pañuelo me irrita la piel.* **3.** Excitar (los nervios). *Solo verlo me irrita los nervios.* ▶ **1:** CRISPAR, ENERVAR, ERIZAR, EXASPERAR. FAM irritabilidad; irritable; irritación; irritante.

irrogar. tr. cult. Causar (un daño o perjuicio). *La obra no irrogó gasto al Estado.*

irrompible. adj. Que no se puede romper. *Vínculo irrompible.*

irrumpir. intr. Entrar violentamente en un lugar. *Irrumpió EN el despacho dando voces.* FAM irrupción.

isabelino, na. adj. De cualquiera de las reinas que se llamaron Isabel, espec. de Isabel la Católica (1451-1504), Isabel II de España (1830-1904) o Isabel I de Inglaterra (1558-1603), o del estilo o las características propias de su época.

isla. f. **1.** Porción de tierra rodeada de agua por todas partes. *A la isla se puede llegar solo en barco.* **2.** Zona que por sus características aparece aislada o claramente separada del espacio circundante. *Islas de árboles salpican la llanura.* FAM isleño, ña.

islam. (Frec. en mayúsc.). m. **1.** Religión basada en la doctrina de Mahoma (profeta árabe, ss. VI-VII d. C.). *El Corán es libro sagrado del Islam.* **2.** Conjunto de los pueblos que profesan la religión de Mahoma. *Las tierras conquistadas por el islam.* ▶ **1:** MAHOMETISMO. FAM islámico, ca; islamismo; islamista; islamita; islamizar.

islandés, sa. adj. **1.** De Islandia. ● m. **2.** Lengua hablada en Islandia.

isleta. f. En una vía pública: Área de la calzada, pavimentada y ligeramente elevada, que sirve de refugio a peatones o como medio de canalización del tráfico.

islote. m. Isla pequeña y gralm. despoblada.

isobara. f. *Meteor.* Línea trazada sobre un mapa para unir los puntos de la Tierra que en un tiempo determinado tienen la misma presión atmosférica.

isotermo, ma. adj. **1.** Que mantiene la temperatura constante. *El transporte se hace en contenedores isotermos.* ● f. **2.** *Meteor.* Línea trazada en un mapa para unir los puntos de la Tierra que tienen la misma temperatura media anual. FAM isotérmico, ca.

isotónico, ca. adj. *Quím.* Dicho de sustancia o solución: Que presenta la misma presión osmótica que otra, espec. que el suero de la sangre. *Bebidas isotónicas.*

isótopo o **isotopo.** m. *Quím.* Elemento que ocupa el mismo lugar que otro en la tabla periódica por tener igual número de protones, aunque su número de neutrones es distinto. *Isótopos DE uranio.* FAM isotópico, ca.

isquemia. f. *Med.* Disminución o detención del riego sanguíneo de una parte del cuerpo. *Isquemia renal por oclusión de la arteria.* FAM isquémico, ca.

israelí. (pl. israelíes). adj. De Israel (Asia).

israelita. adj. **1.** Hebreo (de un pueblo semítico que habitó en Palestina). *La Biblia narra la salida del pueblo israelita de Egipto.* **2.** Judío (que profesa el judaísmo, o de los que profesan el judaísmo). *Cementerio israelita.* ▶ **1:** *HEBREO. **2:** *JUDÍO.

istmo. m. *Geogr.* Porción de tierra larga y estrecha que une dos continentes o una península con un continente. *Istmo de Panamá.* ▶ TÓMBOLO.

italiano, na. adj. **1.** De Italia. ● m. **2.** Lengua hablada en Italia. ▶ **1:** ITÁLICO. FAM italianismo; italianizante; italianizar; ítalo, la.

402

itálico, ca. adj. De Italia, espec. de la Italia antigua. ▶ ITALIANO.

italo-. elem. compos. Significa 'italiano'. *Italoamericano, italoespañol.*

ítem. (pl. **ítems**). m. **1.** *tecn.* Cada uno de los elementos que constituyen un conjunto. *Datos técnicos de los ítems hallados en la excavación arqueológica.* **2.** *Psicol.* Cada una de las partes o unidades que componen una prueba o test. *El cuestionario consta de 17 ítems.*

iterativo, va. adj. *cult.* Que se reitera o se repite. *Ruido iterativo.* FAM **iteración.**

itinerante. adj. Ambulante (que va de un lugar a otro). *Muestra itinerante de pintura flamenca.* ▶ AMBULANTE.

itinerario m. Ruta que se sigue para llegar a un lugar. *El itinerario del tren.*

IVA. (sigla; pronunc. "iva"). m. Impuesto que grava el consumo de un producto o el uso de un servicio. *A lo que cuesta la televisión hay que sumarle el IVA.*

izar. tr. Hacer subir (algo, espec. una bandera) tirando de la cuerda de que está colgado. *En el cuartel izan la bandera nacional.* FAM **izada; izado.**

izquierdismo. m. Conjunto de principios y doctrinas de la izquierda política. FAM **izquierdista; izquierdoso, sa.**

izquierdo, da. adj. **1.** Dicho de parte del cuerpo humano: Que está situada en el lado del corazón. *La mano izquierda.* **2.** Que está situado en el mismo lado que el corazón del observador. *Él aparece en el ángulo izquierdo del cuadro.* **3.** Que cae hacia la parte izquierda (→ 2) de una cosa. *El jardín está situado en el lado izquierdo de la casa.* **4.** En las cosas que se mueven: Que está situado en su parte izquierda (→ 2) o cae hacia ella, considerado en el sentido de su marcha o avance. *El faro izquierdo del autobús.* ● f. **5.** Mano izquierda (→ 1). *El tenista golpeó la pelota con la izquierda.* **6.** Dirección correspondiente al lado izquierdo (→ 1). *Al llegar al cruce, tuerza a la izquierda.* **7.** En las asambleas parlamentarias: Conjunto de los representantes de los partidos no conservadores ni centristas. *La izquierda parlamentaria es favorable al proyecto.* **8.** Conjunto de personas que profesan ideas reformistas o, en general, no conservadoras. *La izquierda gana votos, según el sondeo.* ▶ **5:** ZURDA.

j

j. f. Letra del abecedario español cuyo nombre es *jota*.

jabalí, lina. m. **1.** Cerdo salvaje de gran fortaleza, recio pelaje gris o pardo y colmillos grandes y salientes, que habita en bosques y matorrales. *Van al monte a cazar jabalíes.* ○ f. **2.** Hembra del jabalí (→ 1).

jabalina. f. Arma en forma de lanza que se emplea en una modalidad de atletismo consistente en lanzarla lo más lejos posible. *Es campeona en lanzamiento de jabalina.*

jabato. m. Cría de jabalí.

jabón. m. Producto soluble en agua, elaborado con aceite u otro cuerpo graso combinados con una sustancia alcalina, y utilizado para lavar. *Una pastilla de jabón.* FAM jabonadura; jabonar; jaboncillo; jabonero, ra; jabonoso, sa.

jaca. f. **1.** Caballo de poca alzada, gralm. inferior a metro y medio. **2.** Yegua.

jácara. f. *Lit.* Romance de tono jocoso, propio del s. XVII, en que se narran hechos de maleantes. *Una jácara de Quevedo.*

jacarandá o **jacaranda.** m. Árbol propio de América tropical, con hojas caedizas y flores de color azul violáceo, que se cultiva como ornamental.

jacarandoso, sa. adj. coloq. Garboso, alegre y desenvuelto.

jacinto. m. Planta ornamental de hojas largas y estrechas y flores olorosas, blancas, azules, rosadas o amarillentas, en forma de campana y agrupadas en racimo.

jacobino, na. adj. **1.** histór. *Polít.* Dicho de persona: De un grupo revolucionario radical surgido durante la Revolución Francesa. *Robespierre fue un líder jacobino.* **2.** *Polít.* Defensor exaltado de ideas revolucionarias y radicales. *Es un político jacobino.* **3.** *Polít.* De los jacobinos (→ 1, 2). *Partido jacobino.* FAM jacobinismo.

jactarse. intr. prnl. Presumir o mostrarse orgulloso de algo. *Se jacta DE tener mucho dinero.* ▶ *PRESUMIR.* FAM jactancia; jactancioso, sa.

jaculatoria. f. Oración breve y fervorosa, gralm. de fórmula fija. *Rezan jaculatorias a la Virgen.* Tb. fig.

jacuzzi. (pronunc. "yacúsi"; marca reg.). m. Bañera o piscina de hidromasaje provistas de un sistema de chorros de agua que produce remolinos y burbujeo. *El hotel dispone de jacuzzi y sauna.* ¶ [Adaptación recomendada: *yacusi,* pl. *yacusis*].

jade. m. Piedra dura, de aspecto jabonoso y color verdoso o blanquecino, muy utilizada en joyería. *Una figura de jade.*

jadear. intr. Respirar agitadamente, gralm. por fatiga. *Jadeaba al subir la cuesta.* FAM jadeante; jadeo.

jaez. m. **1.** Adorno que se pone a las caballerías. Frec. en pl. *Caballos engalanados con jaeces.* **2.** Cualidad o condición. Frec. despect. *Trata con gente del peor jaez.*

jaguar. m. Felino de gran tamaño y pelaje dorado con manchas negras en forma de anillo, que vive en bosques y zonas pantanosas de América. *El jaguar hembra.* ▶ Am: *YAGUARETÉ.*

jaiba. f. Am. Cangrejo. *Se cuecen las jaibas en agua con sal* [C].

jaima. f. Tienda de campaña que sirve de vivienda a los nómadas del desierto norteafricano. *El beduino descansa en su jaima.*

jalapeño, ña. adj. De Jalapa de Enríquez (México).

jalar. tr. **1.** coloq. Comer (un alimento, espec. sólido). *Vamos a jalar algo.* Tb. como intr. **2.** frecAm. Tirar una persona (de alguien o algo) hacia sí. *Jaló a mi abuelo DE una mano y lo llevó al fondo del pasaje* [C]. ▶ frecAm: **2:** *HALAR.*

jalea. f. Conserva transparente y gelatinosa, hecha con el zumo de algunas frutas. *Jalea de membrillo.* ■ ~ real. f. Sustancia rica en vitaminas, segregada por las abejas obreras para la nutrición de las larvas y las reinas, y empleada con fines medicinales.

jalear. tr. Animar con palmadas y expresiones (a alguien que actúa, espec. cantando o bailando). *La afición jalea a su equipo.*

jaleo. m. **1.** coloq. Ruido o bullicio. *¡Qué jaleo arman los niños!* **2.** coloq. Alboroto o tumulto. *No se meta en jaleos.* **3.** coloq. Confusión o falta de claridad, espec. en las ideas. *Me hago un jaleo con las cuentas.* **4.** coloq. Cosa complicada o confusa. *Lo que propones es un jaleo.*

jaliciense. adj. De Jalisco (México).

jalón¹. m. **1.** Hito (punto clave o culminante). *La obra de Goya es un jalón en la historia del arte.* **2.** tecn. Vara que se clava en la tierra para determinar puntos fijos cuando se levanta el plano de un terreno. FAM jalonar.

jalón². m. frecAm. Tirón (hecho de tirar de algo o alguien). *La arrancaron a jalones del pantalón* [C]. ■ de un ~. loc. adv. Am. De un tirón. *He leído la novela de un jalón* [C]. ▶ *TIRÓN.* FAM jalonear (Am).

jamaicano, na. adj. De Jamaica.

jamás. adv. Nunca. Tb., coloq., (en) ~ de los jamases, con intención enfática.

jamba. f. Cada una de las dos piezas labradas verticales que sostienen el dintel o el arco de una puerta o de una ventana. *Se apoyó en una jamba de la puerta.*

jamelgo. m. despect. Caballo flaco y desgarbado. *Un jamelgo tira del carro.*

jamón. m. **1.** Pierna trasera del cerdo, espec. la que está curada. *Compró un jamón.* **2.** Carne de jamón (→ 1). *Bocadillo de jamón.* ■ ~ serrano. m. Jamón (→ 2) curado.

jamona. adj. coloq. Dicho de mujer: Que ha pasado de la juventud y es algo gruesa. *Está un poco jamona.*

jansenismo. m. *Rel.* Movimiento surgido en el s. XVII y basado en la doctrina de Cornelio Jansen (teólogo holandés, 1585-1638), que exageraba las ideas de San Agustín acerca de la libertad humana y la gracia divina. FAM jansenista.

405

japonés, sa. adj. **1.** Del Japón. ● m. **2.** Lengua hablada en el Japón. ▶ **1:** NIPÓN.

jaque. m. **1.** En ajedrez: Jugada en la que se amenaza directamente al rey o a la reina del contrario. *Me ha dado jaque con un caballo.* **2.** Estado de perturbación o inquietud. *La guerrilla puso en jaque al ejército.* ■ ~ **mate.** m. Jaque (→ 1) que supone el final de la partida, porque el rey no puede librarse de él. ⇒ MATE.

jaqueca. f. Dolor de cabeza intenso, gralm. recurrente y localizado solo en un lado de esta. *El estrés le produce jaquecas.* ▶ MIGRAÑA.

jara. f. Arbusto oloroso, con hojas pegajosas en forma de punta de lanza, de color verde oscuro por el haz y blanquecino por el envés, y grandes flores blancas. *El cazador se abre paso entre las jaras.* FAM jaral.

jarabe. m. Bebida que se prepara cociendo azúcar en agua hasta que se espesa y añadiendo sustancias refrescantes o medicinales. *Un jarabe para la tos.*

jarana. f. **1.** coloq. Diversión bulliciosa. *Va de jarana con sus amigos.* **2.** coloq. Pelea o riña. *Uno con ganas de jarana me provocó.* FAM jaranero, ra.

jarcia. f. *Mar.* Conjunto de aparejos y cabos de un barco. *Antes de zarpar, inspecciona la jarcia.* ▶ CORDAJE.

jardín. m. Terreno donde se cultivan plantas y flores con fines ornamentales. *Ha plantado un rosal en su jardín.* ■ ~ **botánico.** m. Terreno destinado al cultivo de plantas que son objeto de estudio científico. ■ ~ **de infancia.** m. Centro educativo para niños en edad preescolar. FAM jardinería; jardinero, ra.

jareta. f. **1.** En una prenda de vestir: Dobladillo hueco por el que se introduce una cinta, un cordón o una goma. **2.** En una prenda de vestir: Adorno consistente en un pliegue pespunteado cerca de su doblez. *La blusa tiene unas jaretas en la pechera.*

jarra. f. Vasija, gralm. de barro o de vidrio, con cuello y boca anchos y una o dos asas. *El camarero trae una jarra con agua.* ■ **en ~s.** loc. adv. Con las manos en la cintura y los codos separados del cuerpo. *Se puso en jarras, desafiante.* ▶ JARRO.

jarro. m. Jarra, frec. de barro o metal, con una sola asa. ■ ~ **de agua fría.** m. (Frec. con art.). Cosa que quita bruscamente la esperanza o el entusiasmo. *El gol en el último minuto fue un jarro de agua fría.* ▶ JARRA. FAM jarrón.

jaspe. m. **1.** Piedra opaca muy dura, de diversos colores, que se usa en joyería. *El sello del anillo es de jaspe rojo.* **2.** Mármol veteado. *Una mesa de jaspe.*

jaspeado, da. adj. Que tiene vetas o manchas de diferentes colores parecidas a las del jaspe. *Una blusa jaspeada.* FAM jaspeado (*Técnica del jaspeado*); jaspear.

jauja. (Frec. en mayúsc.). f. Lugar imaginario donde reinan la prosperidad y la abundancia y todo es fácil de conseguir. *Esto no es jauja: aquí hay que trabajar.*

jaula. f. **1.** Armazón cerrada, hecha con barrotes o listones separados entre sí y destinada a encerrar animales. *El canario se escapó de su jaula.* **2.** Objeto o espacio de forma semejante a la de una jaula (→ 1). *En una jaula de madera prensan la uva.*

jauría. f. **1.** En una cacería: Conjunto de perros mandados por un mismo perrero. *La jauría ha acorralado al ciervo.* **2.** Conjunto de personas que persiguen con saña a alguien. *Una jauría enfurecida quiere linchar al detenido.*

javanés, sa. adj. De Java (Indonesia).

jayán, na. m. y f. cult. Persona de gran estatura, robustez y fuerza.

jazmín. m. Arbusto de tallos trepadores verdes y flores muy olorosas, blancas o amarillas, que se cultiva como ornamental y para perfumería. Tb. la flor.

jazz. (pal. ingl.; pronunc. "yas"). m. Género de música derivado de la tradicional de los negros estadounidenses y caracterizado por la improvisación y los ritmos cambiantes. *Un concierto de jazz.*

jefe, fa. m. y f. **1.** (A veces como f. se usa **jefe**). Persona que manda y dirige a otras, o que tiene el mando en un lugar o ámbito determinados. *Mi jefe me ha pedido un informe.* **2.** (Gralm. como f. se usa **jefe**). *Mil.* Militar con grado superior al de capitán e inferior al de general. *Junto a oficiales y jefes, hay autoridades civiles.* ■ ~ **de Estado.** (Frec. en mayúsc.). m. y f. Autoridad superior de un país. *Una cumbre de Jefes de Estado.* ■ ~ **de Gobierno.** m. y f. Presidente del Gobierno de un país. FAM jefatura.

jején. m. frecAm. Insecto más pequeño que el mosquito y de picadura más irritante. *Se produjo un aguacero, que trajo más plagas de mosquitos y jejenes* [C].

jengibre. m. Tallo subterráneo grueso, aromático y picante, que, crudo o en polvo, se emplea como condimento y en la elaboración de medicamentos y licores.

jeque. m. En países musulmanes: Superior que gobierna un territorio o una tribu.

jerarca. m. **1.** Hombre de elevada categoría en la jerarquía eclesiástica. *A la beatificación asisten los jerarcas de la Iglesia.* ○ m. y f. **2.** Persona de elevada categoría en la jerarquía de una organización o una empresa.

jerarquía. f. **1.** Ordenación en grados o categorías sucesivos, ascendentes o descendentes. *En su jerarquía de valores, lo primero es el amor.* **2.** Grado o categoría de una jerarquía (→ 1). *El sueldo de cada trabajador depende de su jerarquía en la empresa.* **3.** Persona de elevada categoría en una jerarquía (→ 1). *Asisten las más altas jerarquías del Ministerio.* FAM jerárquico, ca; jerarquización; jerarquizar.

jeremiada. f. Lamentación exagerada. *Dejémonos de jeremiadas y hagamos algo.*

jerez. m. Vino blanco, fino y de alta graduación, originario de la zona de la ciudad española de Jerez de la Frontera.

jerga. f. Lenguaje especial e informal que usan entre sí los individuos de una profesión o actividad o de un grupo. *La jerga carcelaria.* ▶ ARGOT. FAM jergal.

jergón. m. Colchón de paja, hierba o esparto, sin ataduras que mantengan sujeto el relleno. *Duerme sobre un jergón en su choza.*

jerigonza. f. Lenguaje complicado y difícil de entender. *No entiendo la jerigonza de los abogados.*

jeringa. f. **1.** Instrumento compuesto de un tubo terminado en una boquilla estrecha, y dentro del cual hay un émbolo que permite aspirar un líquido y después expulsarlo o inyectarlo. *Le sacó sangre con la jeringa.* **2.** Instrumento semejante a una jeringa (→ 1), que sirve para expulsar o introducir materias blandas. FAM jeringuilla.

jeroglífico, ca. adj. **1.** Dicho de escritura: Que se caracteriza por representar ideas o palabras por medio de figuras, y no por signos fonéticos o alfabéticos. ● m. **2.** Figura usada en la escritura jeroglífica (→ 1). *Estudian los jeroglíficos egipcios.* **3.** Juego de ingenio en el que una frase aparece expresada por medio de un conjunto de signos y figuras. *Resuelve jeroglíficos.* **4.** coloq. Cosa difícil de entender o interpretar.

406

jerónimo, ma. adj. De la orden de San Jerónimo. *Monje jerónimo.*

jersey. (pl. jerséis). m. Prenda de vestir de punto, cerrada y con mangas, que cubre aproximadamente desde el cuello hasta la cintura y se ciñe más o menos al cuerpo. *Un jersey de cuello alto.* ▶ SUÉTER. ‖ Am o frecAm: BUZO, CHOMPA, PULÓVER, TRICOTA.

jesuita. adj. De la Compañía de Jesús (orden religiosa fundada por San Ignacio de Loyola en 1540). *Padre jesuita.* FAM jesuítico, ca.

Jesús. interj. **1.** Se usa para expresar sorpresa o queja ante algo negativo. *¡Jesús, qué susto!* Tb. ~, *María y José.* **2.** Se usa cuando alguien estornuda. *–¡Achís! –Jesús.*

jet¹. (pal. ingl.; pronunc. "yet"). m. Avión propulsado con motor de reacción. *Vuela en su jet privado.* ▶ REACTOR.

jet². (pal. ingl.; pronunc. "yet"). f. Grupo social internacional constituido por personas ricas que frecuentan los lugares de moda. *Una fiesta para la jet.* ¶ [Adaptación recomendada: yet]. FAM jet set.

jeta. f. **1.** coloq. Cara. *¡Qué jeta puso!* **2.** Am. coloq. Boca. *Me callo la jeta* [C].

jíbaro, ra. adj. De un pueblo indígena del este de Ecuador y noroeste de Perú.

jícara. f. Taza pequeña, gralm. de loza, que suele emplearse para tomar chocolate. ▶ frecAm: POCILLO.

jiennense. (Tb. jienense). adj. De Jaén (España).

jilguero, ra. m. **1.** Pájaro cantor de lomo pardo, cabeza blanca con una mancha roja y otra negra, y alas y cola negras con manchas amarillas y blancas. ○ f. **2.** Hembra del jilguero (→ 1).

jineta. f. **1.** Am. Galón (distintivo militar). *Verlo sin medallas y sin siquiera una jineta de cabo o de sargento* [C]. **2.** Am. Amazona (mujer que monta a caballo). *Jinetas a horcajadas en sus cabalgaduras* [C]. ▶ Am: **1:** GALÓN. **2:** AMAZONA.

jinete. m. **1.** Hombre que cabalga o va a caballo. *Llega un jinete al galope.* **2.** Hombre diestro en equitación. *El jinete ha ganado la prueba de saltos.*

jipido. m. Hipido. *La niña dice entre jipidos que se ha perdido.*

jipijapa. m. Sombrero fabricado con una tira fina y flexible que se saca de las hojas de un tipo de palmera. *Me ha traído de Ecuador un jipijapa.*

jira. f. Merienda campestre. *Iremos de jira al río.*

jirafa. f. Mamífero rumiante africano de unos cinco metros de altura, cuello largo y esbelto, y pelaje amarillento con manchas rojizas. *La jirafa macho.*

jirón. m. **1.** Trozo desgarrado de una prenda de vestir o de un objeto de tela u otra materia semejante. *El mendigo tiene la ropa hecha jirones.* **2.** Parte pequeña separada o desgarrada de un todo. *Jirones de nubes salpican el cielo.*

jocoso, sa. adj. Gracioso o divertido. *Comentarios jocosos.* FAM jocosidad.

jocundo, da. adj. cult. Alegre o risueño. *Una muchacha jocunda y revoltosa.*

joda. f. **1.** Am. coloq. Broma (cosa dicha o hecha para reírse de alguien). *Se lo tomó en joda* [C]. **2.** Am. coloq. Fastidio. *Es una joda que te quiten el derecho a examen* [C].

joder. intr. **1.** malson. Realizar el coito. ○ tr. **2.** malson. Realizar el coito (con alguien). **3.** malson. Fastidiar o molestar (a alguien). Tb. como intr. **4.** malson. Estropear (algo). ○ intr. prnl. **5.** malson. Fastidiarse o

aguantarse alguien. ● interj. **6.** malson. Se usa para expresar contrariedad, sorpresa o enfado. ■ ~la. loc. v. malson. Estropear o malograr aquello de que se habla.

jodido, da. adj. **1.** malson. Dicho de persona: Que se halla en muy mal estado físico o moral. **2.** malson. Dicho de cosa: Difícil o complicada.

jodienda. f. **1.** malson. Hecho de joder o realizar el coito. **2.** malson. Cosa que fastidia o molesta.

jofaina. f. Palangana. *Se lava las manos en una jofaina.*

jojoba. f. Arbusto originario de México, de cuyas semillas se extrae un aceite usado en cosmética. *Champú con aceite de jojoba.*

jolgorio. m. coloq. Diversión bulliciosa. *¡Vaya noche de jolgorio!*

jónico, ca. adj. **1.** histór. De un pueblo que habitó en Jonia (antigua región de Grecia y Asia Menor). Tb. m. y f. **2.** Arq. Dicho de orden: Que tiene el capitel adornado con volutas. Tb. dicho de lo perteneciente a ese orden. *Templo jónico.* ● m. **3.** Dialecto de los jónicos (→ 1).

jonio, nia. adj. histór. Jónico (de un pueblo de la antigua Grecia). ▶ JÓNICO.

jordano, na. adj. De Jordania (Asia).

jornada. f. **1.** Día (período de veinticuatro horas). *Se ha declarado jornada de luto.* **2.** Reunión de un día de duración para tratar o estudiar un tema. Gralm. en pl. *Habrá unas jornadas sobre educación vial.* **3.** Período de tiempo dedicado al trabajo diario. *A las seis termina mi jornada.* Tb. ~ *laboral,* o *~ de trabajo.* **4.** Camino que se recorre en un día de viaje. *Al cabo de seis jornadas, llegaron al puerto.* **5.** Teatro Acto (parte de una obra). *Comedia en tres jornadas.* ■ ~ **intensiva.** f. Jornada (→ 3) que se realiza de modo continuado. *En verano tengo jornada intensiva.* ▶ **1:** DÍA. **5:** ACTO.

jornal. m. Remuneración que recibe un trabajador por cada día de trabajo. ■ a ~. loc. adv. Cobrando un jornal. *Trabaja a jornal en la construcción.* ▶ *SUELDO.

jornalero, ra. m. y f. Persona que trabaja cobrando un jornal. *Contratan jornaleros para la cosecha.* ▶ BRACERO, PEÓN.

joroba. f. **1.** Curvatura anómala de la columna vertebral de una persona. *Un hombre bajito y con joroba.* **2.** Abultamiento natural en la espalda de algunos animales, como el camello. ▶ **1:** CORCOVA, GIBA. **2:** GIBA. FAM jorobado, da.

jorobar. tr. **1.** coloq. Fastidiar o molestar (a alguien). *¡No me jorobe más!* Tb. como intr. ○ intr. prnl. **2.** coloq. Fastidiarse o aguantarse alguien. *Si pierdes, te jorobas.*

joropo. m. Baile popular con zapateado y ritmo acelerado, típico de Venezuela y de algunos países limítrofes.

josefino, na. adj. De San José (Costa Rica, Uruguay).

jota¹. f. Letra *j.* ■ ni (una) ~. loc. s. coloq. Nada. *No entiendo ni jota.*

jota². f. Baile popular de Aragón y de otras regiones españolas. FAM jotero, ra.

joven. adj. **1.** Que está en el período de la juventud. *La foto es de cuando yo era joven.* Tb. m. y f. **2.** De poca edad. *Es el más joven de los hermanos.* **3.** Dicho de animal: Que no ha llegado a la madurez sexual. ▶ **1:** *MUCHACHO.

jovial. adj. Alegre y festivo. *Es jovial y simpática.* ▶ *ALEGRE. FAM jovialidad.

joya. f. **1.** Adorno personal hecho de un metal valioso, como oro o plata, y frec. con perlas o piedras preciosas. *Heredó una sortija y otras joyas.* **2.** Persona o cosa de excelentes cualidades. *Tu marido es una joya.* ▶ **1:** ALHAJA. **2:** ALHAJA, PERLA, TESORO. FAM joyería; joyero, ra.

juan. don ~. → donjuán.

juanete. m. Hueso del nacimiento del dedo gordo del pie, que sobresale de forma anormal. *No puedo caminar más, me duele el juanete.*

jubilar. tr. **1.** Disponer que (alguien) cese en su trabajo, por enfermedad o por haber cumplido la edad estipulada por la ley, asignándo(le) una pensión. *Dentro de cinco años me jubilarán.* **2.** Desechar (una cosa), espec. por vieja o inservible. *Voy a jubilar estos zapatos.* O intr. prnl. **3.** Cesar alguien en su trabajo, por edad o enfermedad, recibiendo la pensión correspondiente. *Se jubiló a los 65 años.* FAM jubilación.

jubileo. m. **1.** Rel. Indulgencia plenaria solemne y universal concedida por el Papa en determinadas ocasiones. *Hizo el camino de Santiago para ganar el jubileo.* **2.** Entrada y salida frecuentes de muchas personas en un lugar. *Desde que empiezan las rebajas, esto es un jubileo.* FAM jubilar (*Año jubilar*)

júbilo. m. Alegría intensa que se manifiesta exteriormente. *Se escuchan los gritos de júbilo de los seguidores.* FAM jubiloso, sa.

jubón. m. histór. Prenda de vestir ceñida y ajustada al cuerpo que cubría desde los hombros hasta la cintura. *En el retrato, el caballero viste jubón y capa.*

judaico, ca. adj. De los judíos. *Rito judaico.*

judaísmo. m. Religión de los judíos, que se basa en la ley de Moisés (profeta israelita, s. XIII a. C.). ▶ HEBRAÍSMO.

judas. m. Hombre traidor. *Cuidado con él, es un judas.*

judeocristiano, na. adj. Del cristianismo de raíces judías. *Tradición judeocristiana.*

judería. f. Barrio de los judíos. *Vive en una calle de la antigua judería.* ▶ GUETO.

judía. f. Cada una de las semillas comestibles en forma de riñón y de diversos colores según la variedad, que crecen en hilera en frutos con forma de vaina aplastada y terminada en dos puntas. *Un guiso de judías blancas.* Tb el fruto. ▪ ~ verde. f. Fruto de la planta de la judía, que se consume cuando está verde. ⇒ Am: CHAUCHA, EJOTE, POROTO. ▶ ALUBIA, HABICHUELA. ‖ Am o frecAm: CARAOTA, FRÉJOL, FRIJOL, POROTO.

judicatura. f. **1.** Cargo o empleo de juez. *Ejerce la judicatura.* **2.** Cuerpo constituido por los jueces de un país. *Es miembro de la judicatura.*

judicial. adj. Del juez o de la administración de justicia. *El poder judicial.*

judío, a. adj. **1.** Hebreo (de un pueblo semítico que habitó en Palestina). **2.** Que profesa el judaísmo. *Se obligó a la población judía a convertirse al cristianismo.* **3.** De los judíos (→ 2). *Culto judío.* ▶ **1:** *HEBREO. **2:** HEBREO, ISRAELITA.

judo. (pronunc. "yúdo"). m. Yudo. *Es cinturón negro de judo.*

juego. m. **1.** Hecho de jugar para entretenerse. *Los niños necesitan sus horas de juego.* **2.** Ejercicio recreativo sometido a reglas y en el que se gana o se pierde. *Conoce un juego DE cartas.* **3.** Juego (→ 2) cuyo resultado no depende de la habilidad o destreza de los jugadores, sino de la suerte. *El juego lo ha arrui-*

nado. Tb. ~ de azar. **4.** Actividad intrascendente o que no ofrece ninguna dificultad. *Pilotar un avión es para él un juego.* Tb. ~ de niños. **5.** Cada una de las divisiones de la partida de un juego (→ 2). *Perdimos la partida por tres juegos a dos.* **6.** En tenis: Cada una de las partes en que se divide un set. *Ha ganado el primer set por dos juegos de diferencia.* **7.** En los juegos de cartas: Conjunto de ellas que se reparten a cada jugador. *A ver si me toca un buen juego.* **8.** Conjunto de cosas de las mismas características que sirven para un mismo fin. *Al juego DE café le falta una taza.* **9.** Combinación cambiante de agua, colores o luces que produce un efecto estético. *Los juegos DE agua de la fuente son muy vistosos.* **10.** Propósito o intención con que actúa alguien. *No me engaña, le he descubierto el juego.* **11.** Movimiento de dos cosas unidas entre sí, como articulaciones o goznes. *No puede hacer el juego del codo.* O pl. **12.** histór. Fiestas y espectáculos públicos que se celebraban en la antigua Grecia. *En Grecia se celebraban diversos juegos, como los Olímpicos.* ▪ ~ de manos. Truco de prestidigitación. *El juego de manos consistía en hacer desaparecer un pañuelo.* ▪ ~ de palabras. m. Uso ingenioso del sentido equívoco de una palabra o del parecido fonético entre dos palabras de diferentes sentidos. *En su poesía utiliza juegos de palabras.* ▪ ~ de pelota. m. Juego (→ 2) entre dos o más personas, consistente en lanzar contra una pared, con la mano, con pala o con cesta, una pelota que, al rebotar, debe ser relanzada por un jugador del equipo contrario. *Tenía afición por el juego de pelota.* Tb. el lugar destinado a su práctica. ▪ ~ de rol. m. Juego (→ 2) en que los participantes interpretan el papel de un personaje de ficción, en una historia de carácter misterioso o fantástico. ▪ ~s florales. m. pl. Concurso poético en que el vencedor recibe una flor como premio. *Ganó unos juegos florales.* ▪ ~s malabares. m. pl. Ejercicios de agilidad o destreza que se realizan como espectáculo, lanzando y recogiendo diversos objetos, o manteniéndolos en equilibrio inestable. *Hace juegos malabares con pelotas.* Frec. fig. ⇒ MALABARES. ▪ ~s olímpicos. (Frec. en mayúsc.). m. pl. Olimpiada (competición deportiva internacional). *Ganó una medalla en los juegos olímpicos.* □ a ~ (con algo). loc. adv. En armonía o en correspondencia (con ello). *Puso las cortinas a juego CON la tapicería.* ▪ dar ~ alguien o algo. loc. v. Rendir o ser útil. Tb. fig. *Su humor da mucho juego en las reuniones.* ▪ en ~. loc. adv. **1.** En situación de intervenir. *Puso en juego toda su astucia para convencerlo.* **2.** En peligro. *Está en juego nuestra reputación.* ▪ fuera de ~. loc. s. En algunos deportes, espec. en el fútbol: Posición antirreglamentaria en que se encuentra un jugador, y que se sanciona con falta. *Ha marcado un gol en fuera de juego.* ▪ hacer el ~ (a alguien). loc. v. Favorecer, espec. de manera involuntaria, los propósitos e intenciones (de esa persona). *Si no protestamos, hacemos el juego a los poderosos.* ▪ hacer ~ dos cosas. loc. v. Formar un conjunto armonioso. *La blusa y la falda hacen juego.*

juerga. f. Diversión bulliciosa. *Están de juerga.* ▶ Am: RELAJO. FAM juerguista.

jueves. m. Día de la semana que sigue al miércoles.

juez, za. m. y f. (Frec. como f. se usa juez). **1.** Persona que tiene autoridad para juzgar y sentenciar en un tribunal de justicia. *El juez lo condena a la cárcel.* **2.** Persona que tiene autoridad para juzgar en una materia determinada. *La juez mexicana puntuó con un 9,7 el ejercicio del gimnasta.* **3.** Persona nombrada para resolver una duda o disputa. *Me han pedido que* *sea juez en su discusión.* ○ m. **4.** histór. En época bíblica: Magistrado supremo del pueblo de Israel. ■ ~ **de línea.** m. y f. En algunos deportes, espec. en fútbol y tenis: Árbitro auxiliar encargado pralm. de vigilar una de las líneas que delimitan el terreno de juego. *El juez de línea levanta el banderín.* ⇒ LINIER. ■ ~ **de paz.** m. y f. Persona legalmente autorizada y con competencias en asuntos civiles y penales de menor importancia. ■ ~ **de primera instancia (y de instrucción).** m. y f. Juez (→ 1) encargado de los asuntos civiles en primera instancia y que instruye los sumarios en los asuntos penales. ■ ~ **de silla.** m. y f. En el tenis: Árbitro principal, que se sienta en una silla alta situada cerca de la red. □ **ser** una persona **juez y parte.** loc. v. Estar implicada en un asunto, lo que dificulta o imposibilita mantener una actitud imparcial con respecto a este. *Su socio la defiende porque él es juez y parte en esto.*

jugar. (conjug. JUGAR). intr. **1.** Hacer algo con el fin de entretenerse o divertirse. *El niño juega con sus amigos.* **2.** Llevar a cabo los actos propios de un juego sometido a reglas. *El equipo ha jugado muy bien.* **3.** Tomar parte en un juego de azar. *Juega* A *la lotería.* **4.** Llevar a cabo un jugador una acción propia del juego cada vez que le toca intervenir. *Te toca jugar, echa una carta.* **5.** Intervenir en un asunto. *Diversos factores juegan* EN *la evolución de la Bolsa.* **6.** Entretenerse con una cosa moviéndola o tocándola, sin ningún fin determinado. *Distraído, jugaba* CON *las llaves.* **7.** Seguido de los adverbios *limpio* o *sucio:* Comportarse de la manera que se indica. *Cuidado con ella: no juega limpio.* **8.** Tratar algo o a alguien sin la consideración o el respeto que merece. *Está jugando* CON *su salud.* ○ tr. **9.** Llevar a cabo (una partida o un partido de un juego). *¿Jugamos un partido de tenis?* **10.** Apostar (algo) en un juego de azar. *Juega mucho dinero* A *la lotería.* ○ tr. prnl. **11.** Arriesgar (algo). *Se jugaron la vida.* ■ **jugársela** (a alguien). loc. v. coloq. Comportarse (con él) mal o de modo desleal. *Fuimos amigos hasta que me la jugó.* FAM **jugada; jugador, ra.**

jugarreta. f. coloq. Acción, gralm. malintencionada, con que se perjudica a alguien. *No me fío de ella porque ya me ha hecho alguna jugarreta.*

juglar, resa. m. y f. histór. En la Edad Media: Persona que se ganaba la vida interpretando música, recitando y haciendo acrobacias. FAM **juglaresco, ca; juglaría.**

jugo. m. **1.** Líquido que se extrae de determinadas frutas o verduras. En Am., referido a frutas en general. *Ha bebido jugo de naranja al despertar* [C]. **2.** Líquido que se obtiene de sustancias animales. *Añada al guiso el jugo de carne.* **3.** Líquido orgánico producto de la secreción de una o varias glándulas. *Los jugos gástricos intervienen en la digestión.* **4.** Parte útil o sustancial de algo. Tb. fig. *La novela tiene poco jugo.* ■ **sacar el** ~ (a alguien o algo). loc. v. coloq. Obtener (de ellos) el mayor provecho posible. *Hay que sacarle el jugo a la vida.* ▶ **1:** ZUMO. FAM **jugosidad; jugoso, sa.**

juguete. m. **1.** Objeto que sirve para que los niños jueguen. *Su mejor juguete es la muñeca.* **2.** Persona o cosa completamente dominadas y manejadas por alguien o algo. *Somos juguetes del azar.* FAM **juguetear; juguetería; juguetero, ra; juguetón, na.**

juicio. m. **1.** Hecho o efecto de juzgar. *Emitió un juicio sobre él.* **2.** Facultad de juzgar de forma razonable. Frec. en la constr. *estar* alguien *en su (sano)* ~. **3.** Capacidad de actuar de manera prudente y reflexiva. *¡Qué poco juicio tienen!* **4.** Fil. Operación del entendimiento, que consiste en comparar dos ideas para conocer y determinar sus relaciones. *Formule un juicio con los conceptos "hombre" y "racional".* ■ **perder el** ~. loc. v. coloq. Volverse loco. *En la guerra perdió el juicio.* Tb. fig. ▶ **3:** *SENSATEZ.

juicioso, sa. adj. Dicho de persona: Que actúa de forma razonable o sensata. *Llegará lejos: es inteligente y juiciosa.* ▶ *SENSATO.

jujeño, ña. adj. De Jujuy (Argentina).

julio¹. m. Séptimo mes del año.

julio². m. *Fís.* Unidad de trabajo del Sistema Internacional que equivale al trabajo realizado por una fuerza de un *newton* cuyo punto de aplicación se desplaza un metro en la dirección de la fuerza (Símb. *J*). *Una caloría equivale a 4,18 julios.*

jumento. m. Burro (mamífero). *Iba a lomos de un jumento.* ▶ *BURRO.

juncal. adj. **1.** Gallardo y esbelto. *Mujer juncal.* ● m. **2.** Lugar poblado de juncos.

junco¹. m. Planta que crece en el agua y en lugares húmedos, de tallos rectos, largos, cilíndricos y flexibles, muy usada en cestería. Tb. el tallo. ▶ JUNQUERA.

junco². m. Embarcación de vela, ligera y de fondo plano, propia de países del Extremo Oriente. *Transportaban la mercancía hasta Taiwán en juncos.*

jungla. f. En Asia y América: Selva. *Se adentró en la jungla.* Frec. fig. ▶ SELVA.

junio. m. Sexto mes del año.

júnior. (pronunc. "yúnior"). adj. Se usa pospuesto a un nombre propio de persona para indicar que esta es más joven que otra emparentada con ella, gralm. su padre, y del mismo nombre. *P. López sénior cede los derechos a su hijo, P. López júnior.*

junquera. f. Junco (planta). ▶ JUNCO.

junquillo. m. **1.** Planta semejante al narciso, de flores amarillas muy olorosas y tallo liso y parecido al junco. **2.** Moldura delgada y redondeada. *Marco de junquillo.*

junta. f. **1.** Reunión de las personas que componen una entidad o una junta (→ 2), para tratar asuntos de esta. *Se celebrará una junta de accionistas.* **2.** Conjunto de personas encargadas de dirigir los asuntos de una entidad o un colectivo. *Es miembro de la junta de gobierno del museo.* **3.** Parte o lugar en que se juntan dos o más cosas. *Ponga cinta aislante en la junta de las dos piezas.* **4.** Espacio que queda entre dos elementos contiguos, espec. piedras o ladrillos de una pared, y que gralm. se rellena con un material adecuado. *El albañil tapa las juntas con cemento.* **5.** Pieza o materia que se coloca en la unión de dos elementos contiguos para impedir filtraciones o escapes. *Una de las juntas se ha podrido y se sale el agua.*

juntar. tr. **1.** Unir (dos o más personas o cosas), o hacer que estén juntas. *Junte todos los recibos en una caja.* **2.** Hacer que estén juntas en cantidad (cosas de la misma clase). *Juntó dinero suficiente para pagar.* **3.** Hacer que (varias personas) acudan a un mismo sitio. *Para la fiesta juntaré a todos mis amigos.* ○ intr. prnl. **4.** coloq. Tener amistad una persona con otra. *No se junta* CON *los del barrio.* **5.** coloq. Amancebarse dos personas. *No están casados: se han juntado.* ▶ **2:** ACOPIAR, ACUMULAR, REUNIR. **3:** CONGREGAR, REUNIR.

junto, ta. adj. **1.** Referido a un nombre en plural o a un nombre colectivo en singular: Que está uno muy cerca de otro, o unido a él. *Saltó con las piernas juntas.* **2.** Referido a un nombre en plural o a un nombre colectivo en singular: Que está agrupado o formando un conjunto. *Cueza toda la verdura junta.* ■ **junto a.** loc. prepos. Muy cerca o al lado de. *Leía sentado junto al fuego.* ■ **junto con.** loc. prepos. En compañía de o en colaboración con. *Acudió junto con su novia.* ■ **todo junto.** loc. adv. Al mismo tiempo o a la vez. *Siente tristeza, rabia y decepción todo junto.*

juntura. f. Parte o lugar en que se juntan dos o más cosas. *En las junturas de las baldosas se acumula suciedad.*

jurado, da. adj. **1.** Dicho de persona: Que jura su cargo o función en el momento de empezar a desempeñarlos. *Es intérprete jurado.* ● m. **2.** Institución en la Administración de Justicia, mediante la cual ciudadanos designados por sorteo contribuyen al enjuiciamiento de determinados delitos. *El juez preguntó al jurado si tenían un veredicto.* **3.** Grupo de personas encargadas de calificar o premiar algo en un concurso o competición. *El jurado ha declarado desierto el premio.* ○ m. y f. (Frec. como f. se usa **jurado**). **4.** Miembro de un jurado (→ 2, 3). *Lo acusan de intento de soborno a una jurado.*

jurar. tr. **1.** Afirmar o negar (algo) poniendo por testigo a Dios, a una divinidad o a alguien o algo muy queridos o valiosos, de forma directa o indirecta. *Juro por Dios que yo no he sido.* Tb. como intr. **2.** Comprometerse solemnemente una persona, jurando (→ 1), a cumplir las obligaciones y exigencias (de algo, espec. un cargo). *El ministro jura su cargo ante el Presidente.* ○ intr. **3.** Decir blasfemias o maldiciones. *Cálmese y deje de jurar.* ■ **jurársela** una persona (a otra). loc. v. coloq. Asegurar que se ha de vengar (de ella). *Me la ha jurado porque piensa que la traicioné.* FAM jura; juramentarse; juramento.

jurásico, ca. adj. (Como m. se usa en mayúsc.). Geol. Dicho de división geológica: Que abarca desde hace 208 millones de años hasta hace 144 millones de años. Tb. m. *En el Jurásico predominan los dinosaurios.*

jurel. m. Pez marino comestible, azul por el lomo y blanco por el vientre, de cola en forma de horquilla, y con una fila de escamas duras en el costado. ▶ CHICHARRO.

juridicidad. f. **1.** Condición de conforme con el derecho. *La juridicidad de una norma.* **2.** Tendencia o criterio favorables al predominio de las soluciones de estricto derecho en los asuntos políticos y sociales. *Había una precaria juridicidad en los primeros años de democracia.*

jurídico, ca. adj. Del derecho. *Textos jurídicos.*

jurisconsulto, ta. m. y f. Persona dedicada al estudio, interpretación y aplicación del derecho. *Consulte a un jurisconsulto su pleito.* ▶ JURISPERITO.

jurisdicción. f. **1.** Poder o autoridad que tiene alguien para gobernar. *Este asunto no entra en la jurisdicción del alcalde.* **2.** Poder que tienen los jueces y tribunales para juzgar y hacer ejecutar lo juzgado. *El Tribunal Supremo tiene jurisdicción en todo el país.* **3.** Territorio en que se ejerce una jurisdicción (→ 1, 2). *El obispo visitó muchos pueblos de su jurisdicción eclesiástica.* FAM jurisdiccional.

jurisperito, ta. m. y f. Jurisconsulto.

jurisprudencia. f. **1.** Ciencia del derecho. *Estudia jurisprudencia para ser juez.* **2.** Conjunto de las sentencias de los tribunales, y doctrina que contienen. *Hay abundante jurisprudencia sobre esa cuestión.*

jurista. m. y f. Persona que ejerce una profesión jurídica.

justa. f. **1.** Competición o certamen, espec. literarios. *Participó en varias justas poéticas.* **2.** histór. Juego o torneo en que, a lomos de un caballo, se acreditaba la destreza en el manejo de las armas.

justeza. → justo.

justicia. f. **1.** Idea moral que inclina a dar a cada uno lo que le corresponde o pertenece. *Lucha por la justicia y la libertad.* **2.** Cualidad de justo o conforme con la justicia (→ 1). *No dudo de la justicia de tal medida.* **3.** Aplicación de las leyes, castigando a quien las incumple. *La víctima pide justicia.* **4.** Poder judicial. *Hay tensión entre el ejecutivo y la justicia.* ■ **de ~.** loc. adj. Justo o conforme con la justicia (→ 1). *Es de justicia devolverle el favor.* ■ **hacer ~** (a alguien o algo). loc. v. Dar(les) el trato o reconocimiento que merecen. *Le hacen justicia con el premio.* ■ **tomarse** alguien la **~ por su mano.** loc. v. Aplicar, por cuenta propia e ignorando las normas, el castigo que se considera merecido. *El agredido se tomó la justicia por su mano.* FAM justiciero, ra.

justicialismo. m. Peronismo. FAM justicialista.

justificar. tr. **1.** Hacer una cosa que (algo) sea adecuado o admisible. *Estar borracho no justifica lo que ha hecho.* **2.** Demostrar mediante razones o motivos convincentes que (algo) es adecuado o admisible. *Justificó su ausencia* CON *un viaje imprevisto.* **3.** Demostrar mediante razones o motivos convincentes que la actitud (de alguien) es adecuada o admisible. *La justificas porque es tu hermana.* **4.** Gráf. Hacer que (una línea o un texto) se ajusten a los márgenes laterales predeterminados. *Justifique la carta a la izquierda.* FAM justificable; justificación; justificador, ra; justificante; justificativo, va.

justipreciar. (conjug. ANUNCIAR). tr. Apreciar (algo) o determinar su valor. *Antes de concedernos la hipoteca justipreciaron la casa.* FAM justiprecio.

justo, ta. adj. **1.** Que actúa con justicia. *Un juez justo.* **2.** Dicho de cosa: Conforme con la justicia. *No es justo culparlo.* **3.** Exacto en cantidad, peso o medida, sin que sobre o falte nada. *Tardé una hora justa.* A veces denota escasez. *Tiene las fuerzas muy justas.* **4.** Adaptado al espacio que debe ocupar, de manera que no falte ni sobre nada. *La cocina entra justa en este hueco.* **5.** Rel. Que vive según la ley de Dios. Tb. m. y f. *De los justos será el reino de los cielos.* ● adv. **6.** Exactamente o precisamente. *¿Debe irse justo ahora?* **7.** De manera justa (→ 4). *–¿Cabe ahí la cama? –Entra justo.* FAM justeza.

juventud. f. **1.** Condición de joven. *Envidio tu juventud.* **2.** Período de la vida de una persona entre la niñez y la madurez. *En su juventud viajó mucho.* **3.** Conjunto de los jóvenes. *La juventud lee poco.* ○ pl. **4.** Rama juvenil de una organización, espec. política. *Milita en las juventudes del partido.* ▶ **2:** MOCEDAD. FAM juvenil.

juzgado. m. Juez o conjunto de jueces encargados de administrar justicia en un territorio determinado. *El juzgado ha fallado en contra del demandante.*

juzgar. tr. **1.** Valorar un juez o un tribunal si el comportamiento (de alguien) es contrario a la ley, y establecer una sentencia. *Lo juzgan por robo.* **2.** Valorar un juez o un tribunal si (un hecho) es contrario a la ley, y establecer una sentencia. *Juzgarán cualquier fraude.* **3.** Formar opinión (sobre alguien o algo). *No me juzgue.* Tb. como intr. **4.** Considerar (algo o a alguien) de la manera que se indica. *La juzgo capacitada.* **5.** Tener (una opinión o idea). *Juzgo que es un error.* ▶ **5:** *CREER. FAM juzgador, ra.

k. f. Letra del abecedario español cuyo nombre es *ka*.

ka. f. Letra *k*.

kafkiano, na. adj. **1.** Del escritor checo Franz Kafka (1883-1924) o con características semejantes a las de sus obras. *Obra kafkiana*. **2.** Dicho de situación: Absurda hasta el punto de poder angustiar.

káiser. m. histór. Emperador de Alemania. *El káiser Guillermo II*.

kaki[1]. → caqui[1].

kaki[2]. → caqui[2].

kamikaze. m. **1.** En la Segunda Guerra Mundial: Piloto suicida japonés que tripulaba un avión cargado de explosivos, el cual estrellaba contra su objetivo. ○ m. y f. **2.** Persona temeraria que arriesga su vida. *Conduciendo es un kamikaze*. Tb. fig. **3.** Terrorista suicida. *La kamikaze hizo estallar su chaleco de explosivos en un mercado*.

kan. m. histór. Jefe supremo de los tártaros o los mongoles. *Los ejércitos del kan*.

kantismo. m. Doctrina y escuela filosóficas de Immanuel Kant (filósofo alemán, 1724-1804). *Las críticas de Hegel al kantismo*. FAM **kantiano, na**.

karaoke. m. **1.** Diversión consistente en cantar, sobre un fondo musical grabado, una canción cuya letra va apareciendo en una pantalla de vídeo. *Un concurso de karaoke*. **2.** Establecimiento público que ofrece karaoke (→ 1). *Fuimos a un karaoke*. **3.** Equipo de sonido que se usa para el karaoke (→ 1). *Le han regalado un karaoke*.

kárate o **karate.** m. Deporte de lucha de origen japonés, en el que se enfrentan dos personas dándose golpes secos con el borde de las manos, con los codos o con los pies. *Practica el kárate*. FAM **karateca**.

karma. m. *Rel*. En el hinduismo y el budismo: Conjunto de los actos de una persona durante su vida, que condiciona su destino en las sucesivas reencarnaciones. Tb. la energía que deriva de esos actos. *El karma se disuelve y se alcanza el nirvana*.

kayak. (pl. **kayaks**). m. **1.** Canoa usada por los esquimales, forrada de piel de foca y con una abertura por arriba que se ajusta a la cintura del tripulante. *Salen a pescar en sus kayaks*. **2.** *Dep*. Embarcación semejante al kayak (→ 1), propulsada con remos de dos palas y usada en pruebas de velocidad. Tb. la prueba. *Campeón de kayak*.

kazako, ka. adj. De Kazajstán (Asia).

kebab. (pl. **kebabs**). m. Masa de carne picada que, ensartada en una varilla, se asa haciéndola girar ante una fuente de calor. *Comimos kebab en un restaurante turco*.

kéfir. (pl. **kéfires**). m. Leche fermentada artificialmente, ácida y con contenido alcohólico, propia del Cáucaso.

kelvin. m. *Fís*. Unidad básica de temperatura del Sistema Internacional, cuya magnitud es igual a la del grado centígrado y que se emplea en la escala absoluta, donde 0 equivale a –273,16 °C (Símb. *K*). Tb. *grado Kelvin*.

kendo. m. Arte marcial japonés, en el que se utiliza armadura y un sable de bambú.

keniata. adj. De Kenia (África).

kermés. (Tb. **quermés**). f. Fiesta popular al aire libre, con bailes, concursos y rifas, espec. la de carácter benéfico. *Organizaban kermeses a beneficio de los pobres*.

keroseno. → queroseno.

kétchup. m. Salsa de tomate espesa, condimentada con vinagre, azúcar y especias. *Echa kétchup a las patatas fritas*. ▶ CÁTCHUP, CÁTSUP.

kibutz. (pronunc. "kibúts"; pl. invar.). m. Colonia agrícola israelí de producción y consumo comunitarios. *De estudiante trabajó un verano en un kibutz*.

kilo-. (Tb. **quilo-**). elem. compos. Significa 'mil'. Se une a n. de unidades de medida para designar el múltiplo correspondiente (Símb. *k*). *Kilohercio, kilovoltio*.

kilogramo. (Tb. **quilogramo**). m. Unidad básica de masa del Sistema Internacional que equivale a 1000 gramos (Símb. *kg*). *Pesa cinco kilogramos*. FAM **kilo** o **quilo**.

kilómetro. (Tb. **quilómetro**). m. Unidad de longitud que equivale a 1000 metros (Símb. *km*). *Vive a diez kilómetros de aquí*. FAM **kilometraje; kilométrico, ca** o **quilométrico, ca**.

kilovatio. m. Unidad de potencia eléctrica que equivale a 1000 vatios (Símb. *kW*). *La presa produce millones de kilovatios al año*. ■ **~ hora**. m. Unidad de trabajo o de energía que equivale a la energía producida o consumida durante una hora por una potencia de un kilovatio. *Su consumo energético ha sido de 362 kilovatios hora*.

kimono. → quimono.

kiosco; kiosquero, ra. → quiosco.

kirguís. adj. De un pueblo que vive pralm. en Kirguistán (Asia). ▶ QUIRGUIZ.

kirsch. (pal. al.; pronunc. "kirs"). m. Aguardiente de cerezas.

kit. (pl. **kits**). m. Conjunto de productos y utensilios destinados a un determinado fin y comercializados como una unidad. *Un kit de maquillaje*.

kitsch. (pal. al.; pronunc. "kich"; pl. invar.). adj. Pretencioso, cursi y de mal gusto o pasado de moda. *Decoración kitsch*. Dicho de estética, tb. m. *Detesta el kitsch*.

kiwi. (pronunc. "kíwi" o "kíbi"). m. **1.** Fruto aovado, de piel parda y vellosa y pulpa verde y jugosa, producido por un arbusto originario de China. *De fruta hay naranjas y kiwis*. **2.** Ave de Nueva Zelanda, del tamaño de una gallina y de pico largo, cuyas alas atrofiadas no le permiten volar.

koala. m. Mamífero australiano semejante a un oso pequeño, que habita en los árboles, en bosques de eucaliptos, y cuya hembra posee una bolsa donde lleva las crías. *El koala hembra.*

kril. m. Conjunto de crustáceos marinos diminutos, semejantes al camarón, que integran el plancton y que constituyen el alimento principal de las ballenas.

kung-fu. (pronunc. "kunfú"). m. Arte marcial de origen chino, semejante al kárate.

kurdo, da. → curdo.

kuwaití. adj. De Kuwait (Asia).

l. f. Letra del abecedario español cuyo nombre es *ele*.

la¹. m. *Mús.* Sexta nota de la escala de do mayor.

la². → el.

la³. → lo³.

laberinto. m. **1.** Lugar formado por calles o caminos entrecruzados, en el que es difícil orientarse y encontrar la salida. *El barrio viejo es un laberinto.* **2.** Cosa enredada y confusa. *Un laberinto de trámites.* FAM **laberíntico, ca.**

labia. f. coloq. Capacidad de hablar con gracia y de forma persuasiva. *Con esa labia, es capaz de venderte cualquier cosa.*

labial. adj. Del labio o de los labios. *Crema de protección labial.*

lábil. adj. **1.** cult. Débil o frágil. *Una flor de pétalos lábiles.* **2.** cult. Que resbala o se desliza fácilmente. *El lábil mercurio.*

labio. m. **1.** Borde carnoso y móvil de la boca. *Se pinta los labios.* **2.** Borde de una abertura. *Los labios de la herida.* **3.** *Anat.* Borde de la abertura genital femenina. *Los labios protegen la vagina.* ■ ~ **leporino.** m. Labio (→ 1) superior con una hendidura central, como el de la liebre. □ **morderse los ~s.** loc. v. Evitar reírse o hablar. *Me mordí los labios para no responderle.* ■ **no despegar los ~s.** loc. v. Callar o no contestar. *No despegó los labios en toda la reunión.* ■ **sellar los ~s** (de alguien). loc. v. Impedir que (esa persona) hable. *Un pacto sellaba sus labios.*

labor. f. **1.** Conjunto de acciones realizadas con un fin determinado. *Atender a los periodistas es parte de su labor.* **2.** Labranza (cultivo del campo). *Tierras de labor.* **3.** Trabajo de costura o tejido. *La tía hace labor en la butaca.* ■ ~ **de zapa.** f. Labor (→ 1) que se hace de manera oculta o solapada. *El ciclista hizo una labor de zapa para desbancar al líder.* ▶ **2:** LABRANZA.

laborable. m. Día laborable (→ **día**).

laboral. adj. Del trabajo, en sus aspectos económico, jurídico y social. *Contrato laboral.*

laboralista. adj. Dicho de abogado: Especialista en derecho laboral.

laborar. intr. frecAm. Trabajar. *Laboró en el Ministerio de Acción Social* [C].

laboratorio. m. Lugar en que se realizan investigaciones, experimentos o trabajos de carácter científico o técnico. *Las muestras de sangre se analizan en el laboratorio.*

laboratorista. m. y f. Am. Persona que se dedica a hacer análisis químicos o médicos. *Los laboratoristas deben tener cuidado para no pincharse con agujas contaminadas* [C]. ▶ ANALISTA.

laboreo. m. Hecho de trabajar algo, espec. la tierra o una mina. *Hay cuencas mineras donde el laboreo se hace a cielo abierto.*

laborioso, sa. adj. **1.** Que se aplica mucho en el trabajo. *Es muy laboriosa y siempre tiene algo que hacer.* **2.** Que causa o cuesta mucho trabajo o esfuerzo. *El encaje es una tarea laboriosa.* ▶ **1:** TRABAJADOR. **2:** TRABAJOSO. FAM **laboriosidad.**

laborismo. m. Doctrina o movimiento políticos británicos de carácter socialista y reformista. FAM **laborista.**

labrantío, a. adj. Dicho de terreno: Destinado al cultivo.

labranza. f. **1.** Cultivo del campo. *Aperos de labranza.* **2.** Tierra destinada a la labranza (→ 1). *El campesino cultiva sus labranzas.* ▶ **1:** LABOR.

labrar. tr. **1.** Arar (la tierra). *Hay que labrar el terreno.* **2.** Cultivar (la tierra). *El hombre labra la tierra para obtener alimentos.* **3.** Trabajar (algo) dándo(le) forma. *Los canteros labran los sillares.* **4.** Hacer relieves (en una materia) como adorno. *Labra la madera.* **5.** cult. Hacer lo necesario para causar o conseguir (algo). *Ha labrado su ruina.* ▶ **1:** ARAR. **2:** CULTIVAR. FAM **labra; labrado; labrador, ra; labriego, ga.**

laburo. m. Am. coloq. Trabajo (actividad retribuida). *Acá vas a buscar laburo y te exigen experiencia previa* [C]. FAM **laburar.**

laca. f. **1.** Sustancia resinosa, traslúcida y de color rojo, que se forma en las ramas de algunos árboles asiáticos. **2.** Barniz duro y brillante fabricado a partir de la laca (→ 1). **3.** Barniz de aspecto parecido al de la laca (→ 2). *Dé a la madera una capa de laca.* **4.** Cosmético líquido e incoloro que se vaporiza sobre el cabello para mantener el peinado. **5.** Esmalte de uñas. Tb. ~ *de uñas. Aplique la laca de uñas y espere a que se seque.* ▶ **5:** ESMALTE. FAM **lacado; lacar.**

lacayo. m. histór. Criado vestido de librea cuya ocupación era acompañar a su amo.

lacerar. tr. cult. Herir o hacer daño (a alguien o a una parte de su cuerpo). *Las lanzas laceran su pecho.* ▶ **lacerante.**

lacería. f. *Arte* Decoración geométrica que consiste en una serie de líneas entrecruzadas alternativamente unas sobre otras y formando determinadas figuras. *Techos con motivos florales y de lacería.*

lacio, cia. adj. **1.** Marchito o ajado. *Las hojas de la planta están lacias.* **2.** Dicho de cabello: Liso, o sin ondas ni rizos. ▶ **2:** LISO.

lacónico, ca. adj. Que se expresa de manera breve y concisa. *Es reservada y lacónica.* FAM **laconismo.**

lacra. f. cult. Defecto o vicio morales. *La lacra del racismo.*

lacrar. tr. Cerrar (algo) con lacre. *El testamento está en un sobre lacrado.*

lacre. m. Pasta sólida y gralm. roja, que se utiliza derretida para cerrar o sellar cartas, documentos o paquetes y evitar que puedan abrirse sin que se note.

lacrimal. → **lágrima.**

lacrimógeno, na. adj. **1.** Dicho espec. de gas: Que produce lágrimas. **2.** despect. Que incita al llanto por su carácter triste o conmovedor. *Folletín lacrimógeno.*

lacrimoso - lambiscón

lacrimoso, sa. adj. **1.** cult. Que tiene lágrimas. *Ojos lacrimosos.* **2.** despect. Lacrimógeno (que incita al llanto). *Melodrama lacrimoso.*

lactancia. f. Hecho de alimentarse una persona o un mamífero básicamente con leche durante el primer período de su vida. *El médico recomienda la lactancia natural.*

lactante. adj. **1.** Dicho de persona o de mamífero: Que se alimenta básicamente con leche, estando en el primer período de su vida. *Un bebé lactante.* **2.** Que da de mamar. *Las madres lactantes.*

lácteo, a. adj. De la leche. *Productos lácteos.* FAM **láctico, ca.**

lactosa. f. *Quím.* Azúcar que se encuentra en la leche.

lacustre. adj. cult. Del lago. *Los palafitos son viviendas lacustres.*

ladear. tr. Inclinar (algo) hacia un lado. *Ladeó la cabeza.*

ladera. f. Parte inclinada de un monte o de otra altura del terreno.

ladilla. f. Insecto pequeño, redondo y amarillento, que vive parásito en las partes vellosas del cuerpo humano.

ladino, na. adj. **1.** Que es despierto y tiene habilidad para conseguir lo que quiere, espec. con engaños. **2.** *Am.* Dicho de persona: Mestizo. Frec. referido a los de habla española. *Una minoría ladina acapara la mayoría de beneficios de modernidad* [C]. ● m. **3.** Sefardí (variedad del español). ▶ **1:** *ASTUTO. **2:** MESTIZO. **3:** *SEFARDÍ.

lado. m. **1.** Parte, considerada por separado, de las varias que se pueden diferenciar en una cosa. *Coge el cuchillo por el lado del mango.* **2.** Parte izquierda o derecha de alguien o algo. *Tiene inmovilizado un lado del cuerpo.* **3.** Parte lateral del cuerpo humano comprendida entre la axila y la cintura. *Tenía un terrible dolor en un lado.* **4.** Cada una de las dos caras de una tela, de una moneda o de otra cosa semejante. *Escribo en ambos lados de la hoja.* **5.** Sitio o lugar. *Pon esto en otro lado.* **6.** *Mat.* Cada una de las líneas que forman un ángulo o un polígono. ■ **al ~** (de alguien o algo). loc. adv. **1.** Cerca o a poca distancia (de esa persona o cosa). *El cine está al lado de casa.* **2.** En el lugar inmediato a un lado (→ 2) (de esa persona o cosa). *Ponte a mi lado.* **3.** En comparación (con esa persona o cosa). *A nuestro lado, aquel equipo era fabuloso.* **4.** A favor (de esa persona). *Siempre está al lado de los débiles.* ■ **dar de ~** (a alguien). loc. v. Dejar el trato o la compañía (de alguien). *Sus compañeros lo dieron de lado.* ■ **dejar a un ~** (algo). loc. v. Omitir(lo) o dejar de tener(lo) en cuenta. *Dejemos a un lado ese asunto.* ■ **de ~.** loc. adv. Con inclinación hacia un lado (→ 2). *Duerme de lado.* ■ **de ~ a ~.** loc. adv. De un extremo al otro. *Cruzamos la ciudad de lado a lado.* ■ **del ~** (de alguien). loc. adv. A favor (de esa persona) o de acuerdo (con ella). *En la discusión, se puso de mi lado.* ■ **de medio ~.** loc. adv. De manera oblicua. *Mira de medio lado.* ■ **de un ~ a,** o **para, otro.** loc. adv. Con mucho movimiento o actividad. *Llevo todo el día de un lado para otro.* ■ **por su ~.** loc. adv. Con independencia o autonomía. *Se fue por su lado.* ■ **por un ~.** loc. adv. Enunciado ante un elemento de oración, introduce un aspecto de algo que se considera. Se usa en correlación con *por otro* (~), que introduce otro aspecto que complementa el anterior. *Por un lado, me gusta el abrigo, pero por otro es muy caro.* ▶ **1-3:** COSTADO.

ladrido. m. Voz característica del perro. FAM **ladrador, ra; ladrar.**

ladrillo. m. Pieza de barro cocido en forma de prisma rectangular que se emplea para construir muros y para solar.

ladrón, na. adj. Que roba. *Es bastante ladrón y siempre nos sisa.* ▶ RATERO.

lady. (pal. ingl.; pronunc. "léidi"). f. Se usa, antepuesto al nombre de pila o al apellido, como tratamiento que corresponde a la esposa de un lord. *Lady Windsor asistió a las carreras de Ascot.*

lagar. m. Lugar en que se pisan la uva, la aceituna o la manzana para obtener su jugo.

lagartija. f. Reptil parecido al lagarto pero de menor tamaño, que es muy asustadizo y vive en los huecos de las paredes y las rocas.

lagarto, ta. m. **1.** Reptil de color verdoso, cabeza ovalada, cuatro patas cortas y cola muy larga. ○ f. **2.** Hembra del lagarto (→ 1). ○ m. y f. **3.** coloq. Persona pícara o astuta. *A Andrés lo engatusó una lagarta.* FAM **lagartón, na.**

lago. m. Masa grande y permanente de agua depositada en una depresión del terreno.

lágrima. f. **1.** Gota de líquido acuoso segregada por una glándula del ojo debido a la irritación de este, o a un dolor o una emoción. **2.** En una lámpara: Adorno de cristal con forma de lágrima (→ 1). ○ pl. **3.** Pesadumbre o tristeza. *Vender la casa nos costó lágrimas.* ■ **llorar a ~ viva.** loc. v. Llorar derramando muchas lágrimas (→ 1). *En la despedida, lloramos a lágrima viva.* ■ **llorar ~s de sangre.** loc. v. Sentir arrepentimiento y desesperación. *Si no lo ayudas, llorarás lágrimas de sangre.* ■ **saltársele las ~s** (a alguien). loc. v. Aparecer las lágrimas (→ 1) en los ojos (de esa persona) sin llegar a caer. *Se me saltan las lágrimas de emoción.* FAM **lacrimal; lagrimear; lagrimeo.**

lagrimal. m. Extremo del ojo que está próximo a la nariz.

laguna. f. **1.** Masa de agua depositada en una depresión del terreno, gralm. permanente y de menor tamaño que un lago. **2.** Carencia o falta de algo. *Tiene lagunas DE memoria.*

laico, ca. adj. **1.** Independiente de cualquier confesión religiosa. *Enseñanza laica.* **2.** *Rel.* Que no tiene órdenes clericales. *Los católicos laicos.* FAM **laicado; laicismo; laicista; laicización; laicizar.**

laísmo. m. *Gram.* Empleo de los pronombres *la* y *las* como complemento indirecto, en lugar de *le* y *les.* *"La dije que sí" es un ejemplo de laísmo.* FAM **laísta.**

laja. f. Lancha (piedra). *Casas construidas con lajas superpuestas.* ▶ LANCHA.

lama¹. f. Fango oscuro que se forma en las aguas detenidas. ▶ *BARRO.

lama². f. Lámina fina y plana de un material duro. *Rejilla de lamas de aluminio.*

lama³. m. *Rel.* En el budismo: Sacerdote del lamaísmo.

lamaísmo. m. *Rel.* Secta budista del Tíbet (región asiática).

lamber. tr. *Am.* coloq. Lamer (algo o a alguien). *¿A qué se queda el gato, si no es a lamber el plato?* [C].

lambiscón, na. adj. *Am.* coloq. Adulador. *Premian a los medios lambiscones* [C].

414

lamé. m. Tela tejida con hilos laminados de oro o de plata. *Un vestido de lamé.*

lameculos. m. y f. coloq., despect. Persona aduladora y servil.

lamentable. adj. **1.** Digno de ser lamentado. *Un lamentable accidente.* **2.** coloq. Que por su aspecto o su calidad causa disgusto. *La comida de ese restaurante es lamentable.*

lamentar. tr. **1.** Sentir pena o contrariedad (por algo). *Lamentamos las molestias.* ○ intr. prnl. **2.** Expresar pena o contrariedad por algo. *Se lamenta DE que su sueldo es muy bajo.* FAM **lamentación; lamento; lamentoso, sa.**

lamer. tr. Pasar la lengua por la superficie (de algo). *El perro lame el plato.* FAM **lametazo; lametón.**

lámina. f. **1.** Porción plana y de poco grosor de una materia. *Corte el pepino en láminas.* **2.** Dibujo trasladado al papel. *Una lámina del cuerpo humano.*

laminar[1]. adj. De forma de lámina. *El pez tiene branquias laminares.*

laminar[2]. tr. Dar (a algo, espec. a un metal) forma de lámina. *En la fábrica laminan el hierro.* FAM **laminación; laminado.**

lámpara. f. **1.** Aparato que sirve de soporte a una o más bombillas o velas. *Enciende la lámpara de su escritorio.* **2.** Utensilio que sirve para dar luz mediante la combustión de una sustancia o mediante corriente eléctrica. *Antiguamente se empleaban lámparas de aceite.* **3.** Fís. Dispositivo que se emplea en algunos aparatos eléctricos para generar, amplificar, detectar o modular señales eléctricas. *Una radio de lámparas.*

lamparilla. f. Lámpara formada por una mecha sujeta a un disco de corcho que flota en un recipiente con aceite.

lamparón. m. coloq. Mancha de grasa caída en la ropa.

lampiño, ña. adj. Que no tiene pelo o vello. *Rostro lampiño.*

lamprea. f. Pez comestible de cuerpo alargado, cilíndrico y sin escamas, con boca en forma de ventosa, del que existen una especie marina y otra de río.

lana. f. **1.** Pelo de oveja. *La lana se hila y sirve para hacer tejidos.* **2.** Hilo de lana (→ 1). *Un ovillo de lana.* **3.** Tejido de lana (→ 1). *Una chaqueta de lana.* FAM **lanero, ra; lanilla; lanoso, sa; lanudo, da.**

lanar. adj. De la oveja. *Ganado lanar.* ▶ OVINO.

lance. m. **1.** Suceso o acontecimiento. *Nos contó lances de su juventud.* **2.** Taurom. Suerte de las que ejecuta el torero o matador de toros en la lidia, espec. la realizada con el capote. *El lance favorito del diestro es la chicuelina.* ■ ~ **de honor.** m. Desafío para batirse en duelo. ▶ **2:** SUERTE.

lancear. → lanza.

lanceolado, da. adj. Bot. Dicho espec. de hoja: De forma de punta de lanza.

lancero. m. Soldado armado con lanza.

lanceta. f. Med. Instrumento de hoja de acero, afilada por ambos lados y con la punta muy aguda, que sirve para hacer incisiones.

lancha[1]. f. Piedra lisa, plana y de poco grosor. *Una lancha de granito.* ▶ LAJA.

lancha[2]. f. Embarcación a remo, a vela o a motor, empleada para el transporte en los puertos o entre puntos cercanos de la costa, o como barco de recreo.

landó. m. histór. Coche de cuatro ruedas tirado por caballos, con capota delantera y trasera plegables.

lanero, ra. → lana.

langosta. f. **1.** Crustáceo marino comestible de cuerpo alargado y cilíndrico y color oscuro, con diez patas sin pinzas, cuatro antenas y cola carnosa. **2.** Insecto parecido al saltamontes pero de mayor tamaño, que se reproduce con gran rapidez y forma plagas.

langostino. m. Crustáceo marino comestible de color pardo, con diez patas y con pinzas en seis de ellas, caparazón poco consistente y cola larga.

lánguido, da. adj. Que tiene poca fuerza o energía. *Después de la enfermedad estaba muy lánguida.* FAM **languidecer** (conjug. AGRADECER); **languidez.**

lanilla. → lana.

lanolina. f. Sustancia grasa que se extrae de la lana y se utiliza para fabricar pomadas y cosméticos.

lanoso, sa; lanudo, da. → lana.

lanza. f. Arma compuesta por un palo largo con un hierro puntiagudo y cortante en el extremo. FAM **lancear; lanzada; lanzazo.**

lanzacohetes. m. Arma que dispara cohetes.

lanzadera. f. **1.** Vehículo capaz de transportar un objeto al espacio y situarlo en él. Tb. ~ *espacial. La lanzadera espacial transporta un satélite.* **2.** Instrumento alargado y con punta en sus extremos que se emplea en un telar para hacer su trama. *La tejedora pasa la lanzadera entre los hilos del tapiz.*

lanzado, da. adj. Que actúa de manera impetuosa y sin pensar en los posibles peligros o dificultades. *Hay que tener cuidado con él, que es muy lanzado.*

lanzador, ra. → lanzar.

lanzagranadas. m. Arma portátil que sirve para lanzar granadas o proyectiles.

lanzallamas. m. Arma que lanza un chorro de líquido inflamado a varios metros de distancia.

lanzamiento. m. **1.** Hecho de lanzar. *La fiesta termina con el lanzamiento de cohetes.* **2.** Prueba atlética que consiste en lanzar un determinado objeto a distancia y desde una zona determinada. *Posee el récord de lanzamiento de jabalina.*

lanzamisiles. adj. **1.** Dicho de vehículo o rampa: Que tiene lanzamisiles (→ 2). *Un crucero lanzamisiles.* ● m. **2.** Dispositivo para lanzar misiles.

lanzar. tr. **1.** Impulsar con fuerza (algo o a alguien) hacia un sitio. *Lanzó una piedra AL agua.* **2.** Seguido de un nombre que expresa acción: Realizar con ímpetu o fuerza (lo designado por ese nombre). *Me lanzó una mirada.* **3.** Promover la rápida difusión (de algo nuevo). *Han lanzado un nuevo coche.* ○ intr. prnl. **4.** Empezar alguien a hacer algo con mucho ánimo o con irreflexión. *Las parejas se lanzan A bailar.* ▶ **1:** ARROJAR, TIRAR. ‖ Am: **1:** AVENTAR. FAM **lanzador, ra.**

lanzaroteño, ña. adj. De Lanzarote (España).

lanzatorpedos. adj. Que sirve para lanzar torpedos.

lanzazo. → lanza.

laosiano, na. adj. De Laos (Asia).

lapa. f. Molusco de concha cónica que se adhiere a las rocas por medio de un pie.

laparoscopia. f. Med. Exploración de la cavidad abdominal mediante un instrumento parecido al endoscopio. *Una laparoscopia detectó el tumor.*

lapicera. f. **1.** Am. Pluma estilográfica. *Cargué la lapicera y escribí mi mensaje* [C]. **2.** Am. Bolígrafo. *Busca un cuaderno y una lapicera* [C]. ▶ **1:** PLUMA.

lapicero. m. **1.** Lápiz (instrumento para escribir). *Unos lapiceros de colores.* **2.** Am. Bolígrafo. *Había*

lápida - lata

una carta a medio hacer y un lapicero abierto [C].
▶ **1**: LÁPIZ.

lápida. f. Piedra plana en la que gralm. se pone una inscripción. *Cierran la sepultura con una lápida.*

lapidar. tr. Matar (a alguien) a pedradas. *Lapidaron al condenado.* ▶ APEDREAR. FAM lapidación.

lapidario, ria. adj. cult. Dicho de lenguaje, estilo o expresión: Digno de ser grabado en una lápida, debido a su concisión y exactitud. *Una frase lapidaria.*

lapislázuli. m. Mineral de color azul intenso y tan duro como el acero, que se emplea en joyería y para fabricar objetos de adorno.

lápiz. m. **1.** Utensilio para escribir o dibujar formado por un cilindro o prisma de madera con una barra de grafito en su interior. **2.** Cosmético en forma de lápiz (→ 1), que se usa para pintar determinadas partes del rostro. *Perfila los párpados con un lápiz.* ■ ~ **de labios.** m. Pintalabios en forma de lápiz (→ 1). ▶ **1**: LAPICERO.

lapón, na. adj. De Laponia (región de Europa).

lapso. m. Tiempo comprendido entre dos límites. *En su trayectoria hay un lapso de cinco años en que no trabajó.* Tb. ~ *de tiempo.*

lapsus. m. (pl. invar.). cult. Falta o equivocación cometidas por descuido. *Llamarla Susana en lugar de Marta fue un terrible lapsus.*

laquear. tr. Cubrir o barnizar con laca (algo). *Lacó las puertas.* ▶ LACAR. FAM laqueado.

larense. adj. De Lara (Venezuela).

lares. m. pl. **1.** Hogar (vivienda). *Añora volver a sus lares.* **2.** En la mitología grecorromana: Dioses domésticos que protegen a la familia. ▶ **1**: HOGAR.

largamente. adv. Durante mucho tiempo. *Charlamos largamente.*

largar. tr. **1.** coloq. Dar a alguien (algo, espec. un golpe). *Le largó una bofetada.* **2.** coloq. Decir o contar (algo). *Lo torturaron y largó los nombres.* **3.** *Mar.* Soltar poco a poco (un cabo, un cable o el ancla). *Los marineros largan el ancla.* ○ intr. prnl. **4.** coloq. Irse de un lugar. *Si me aburro, me largo.*

largavista. m. Am. Gemelos (instrumento óptico). *Con un largavista se puede observar el campo circundante* [C]. ▶ *PRISMÁTICOS.

largo, ga. adj. **1.** Que tiene mucha longitud o más longitud de la normal. *Lleva el pelo largo.* **2.** Que dura mucho o en exceso. *Una película larga.* **3.** Siguiendo a un nombre que designa cantidad, indica que dicha cantidad es en realidad superior a lo expresado. *Tiene sesenta años largos.* **4.** cult. Seguido de un nombre que designa tiempo: Mucho. *Pasó largos años en la cárcel.* ● m. **5.** Longitud (dimensión lineal). *Mide el largo del pantalón.* **6.** En algunos deportes, como natación: Recorrido que se tiene que hacer varias veces hasta completar la longitud establecida en la prueba. *El nadador hace dos largos.* ■ **a la larga.** loc. adv. Después de un tiempo. *A la larga, la gente se cansará de él.* ■ **a lo largo.** loc. adv. En sentido de la longitud de una cosa. *Corte el pan a lo largo.* ■ **a lo largo de.** loc. prep. En el transcurso de. *A lo largo del curso habrá tres exámenes.* ■ **de largo.** loc. adv. **1.** Con vestido largo (→ 1), que llega hasta los pies. *Las mujeres iban de largo.* **2.** Desde hace mucho tiempo. *El problema viene de largo.* ■ **largo.** interj. Se usa para echar a alguien de un lugar. *¡Largo DE aquí!* ■ **largo y tendido.** loc. adv. De manera extensa. *Hablamos largo y tendido.* ▶ **5**: *LONGITUD.

largometraje. m. Película cinematográfica de más de sesenta minutos.

larguero. m. **1.** En una pieza de carpintería: Palo o barrote que se coloca en sentido longitudinal a la pieza y forma parte de su armazón. *El larguero de la cama.* **2.** En el fútbol y otros deportes de pelota: Palo horizontal de una portería. *El remate se estrella en el larguero.* ▶ **2**: TRAVESAÑO.

largueza. f. Generosidad. *Nos sirve comida con largueza.*

larguirucho, cha. adj. despect. Alto y delgado. *Un muchacho larguirucho y feo.*

largura. f. Longitud (dimensión lineal mayor de una superficie). *La cigüeña se caracteriza por la largura de su pico.* ▶ *LONGITUD.

laringe. f. *Anat.* Órgano hueco situado a continuación de la boca, que comunica con la faringe y la tráquea. FAM laríngeo, a; laringitis.

larva. f. *Zool.* Animal en estado de desarrollo, que ha abandonado el huevo y se nutre por sí mismo, pero que no ha alcanzado la fase adulta. *Las orugas son larvas de mariposas.* FAM larvario, ria.

larvado, da. adj. Dicho de cosa: Que no se manifiesta abiertamente. *Existe un enfrentamiento larvado entre ambos.*

las[1]. → el.

las[2]. → lo[3].

lasaña. f. Plato formado por capas de tiras de pasta que se intercalan con otras de besamel y de un relleno hecho gralm. de carne picada y tomate.

lasca. f. *Arqueol.* Trozo desprendido de una piedra, espec. de sílex.

lascivo, va. adj. cult. Que tiene una fuerte tendencia al deseo sexual. *Tiene fama de sensual y lascivo.* FAM lascivia.

láser. m. Rayo láser (→ rayo).

laso, sa. adj. cult. Desfallecido o falto de fuerzas. *Después de cada ataque, el enfermo queda laso, tendido y sin moverse.* FAM lasitud.

lástima. f. **1.** Sentimiento de pena producido por el sufrimiento de otro. *El mendigo nos dio lástima.* **2.** Cosa que causa disgusto o pesar. *Es una lástima que te hayas perdido la película.* ● interj. **3.** Se usa para expresar algo produce disgusto o pesar. *¡Lástima que no vengas!* ■ **hecho una ~.** loc. adj. Que tiene muy mal aspecto. *Llega del trabajo hecho una lástima.* ▶ **1**: *COMPASIÓN. FAM lastimoso, sa.

lastimar. tr. Causar daño (a alguien o algo). *Una pedrada le lastimó la frente.*

lastimero, ra. adj. Dicho de queja u otra demostración de dolor: Que da lástima o pretende darla. *Oigo sus gemidos lastimeros.*

lastre. m. **1.** Material pesado que se pone a algo para aumentar su peso. *Al soltar lastre, el globo asciende.* **2.** Cosa que retrasa o impide algo. *El constante recuerdo del pasado es un lastre PARA avanzar.* FAM lastrar.

lata. f. **1.** Hojalata. *Una caja de lata.* **2.** Envase hecho de lata (→ 1), espec. el de conserva. *Abre una lata de atún.* **3.** coloq. Cosa que fastidia o molesta, gralm. por su pesadez o insistencia. *¡Qué lata!; otra vez al colegio.* ■ **dar la ~.** loc. v. coloq. Molestar haciendo o diciendo algo que resulta pesado o insistente. *Estate quieto y no des más la lata.* FAM latazo.

latente. adj. Dicho de cosa: Oculta o que no se muestra exteriormente. *La amenaza de guerra está latente.* FAM latencia.

lateral. adj. **1.** Dicho de cosa: Situada a un lado. *La iglesia tiene dos naves laterales.* **2.** Dep. Dicho de futbolista: Que actúa por las bandas, gralm. con funciones defensivas. Tb. m. *El lateral convirtió en gol su disparo.* ● m. **3.** Calle o parte lateral (→ 1) de una avenida. *Para torcer a la derecha, tome el lateral.*

lateralmente. adv. **1.** De, por o hacia un lado. *El sol da lateralmente.* **2.** En un lado o en los lados. *El pantalón se cierra con una cremallera situada lateralmente.*

látex. m. Jugo lechoso que circula por los vasos de algunas plantas y del que se obtienen materiales como el caucho y la goma. Tb. el material. *Guantes de látex.*

latido. m. Cada uno de los golpes producidos por el movimiento alternativo de dilatación y contracción del corazón contra la pared del pecho, o de las arterias contra los tejidos que las cubren. *Apoya la cabeza en su pecho para oírle los latidos.*

latifundio. m. Finca rústica de gran extensión.

latifundismo. m. Sistema de distribución de la tierra que se basa en la existencia de latifundios. *El retraso de la agricultura se debía al latifundismo y al minifundismo.*

latifundista. adj. **1.** Del latifundismo. *Regiones latifundistas.* **2.** Que posee uno o varios latifundios. *Una oligarquía latifundista.*

látigo. m. Instrumento compuesto por un mango unido a una tira larga de cuero o de cuerda, que se usa para azotar o para animar a andar espec. a las caballerías. *El domador hace restallar el látigo.* ▶ AZOTE, FLAGELO. ‖ **Am:** CHICOTE. FAM latigazo.

latiguillo. m. despect. Palabra o frase que se repiten de forma habitual. *Usa el latiguillo "¿sabes?".*

latín. m. Lengua hablada en la antigua Roma, que se utilizó como lengua de cultura hasta la época moderna y de la que derivan las lenguas romances, como el español o el francés. *Traduzca el texto del latín al español.* ■ ~ **clásico.** m. Latín de los escritores en el Siglo de Oro de la literatura latina. ■ ~ **vulgar.** m. Latín hablado por el vulgo de los pueblos romanizados. FAM latinista.

latinajo. m. despect. Palabra o frase en latín. *Dice latinajos que nadie entiende.*

latinidad. f. **1.** Lengua y cultura latinas. *Los jóvenes tenían profesores de latinidad.* **2.** Conjunto de los pueblos latinos o de los que tienen lengua y cultura latinas. *Roma era el centro político y cultural de la latinidad.*

latinismo. m. Vocablo, giro o modo de hablar propios del latín o procedentes de él. *Al latinismo "colocar" le corresponde la palabra vulgar "colgar".*

latinizar. tr. **1.** Dar forma latina o de latín (a palabras de otra lengua). *Colón latinizó su apellido y pasó a llamarse Colonus.* **2.** Introducir el latín o la cultura latina (en un lugar). *Los romanos latinizaron la Península Ibérica.* FAM latinización.

latino, na. adj. **1.** Dicho de lengua: De la antigua Roma y del Imperio romano. *Roma impuso la lengua latina.* **2.** De la lengua latina (→ 1). *Gramática latina.* **3.** Dicho de lengua: Derivada del latín. *El español es una lengua latina.* **4.** De lengua y cultura latinas (→ 1, 3). *Los países latinos se distribuyen entre Europa y América.*

latinoamericano, na. adj. De Latinoamérica (conjunto de países americanos que fueron colonizados por España, Portugal o Francia). *Países latinoamericanos.*

latir. intr. Dar latidos el corazón o las arterias. *Me late muy deprisa el corazón.*

latitud. f. Geogr. Distancia que hay desde un punto de la superficie terrestre al Ecuador, medida por los grados de su meridiano. *Para comunicar la posición del barco, el capitán dice su latitud y su longitud.*

lato, ta. adj. cult. Dicho espec. del sentido o significado de una palabra: Amplio o que no es el que en rigor le corresponde a esa palabra. *Lo que digo debe interpretarse en sentido lato y no en sentido estricto.*

latón. m. Aleación de cobre y cinc, de color amarillo pálido, que puede tener mucho brillo y quedar muy pulida. *Botones de latón.*

latoso, sa. adj. coloq. Fastidioso o pesado. *No seas latoso y déjame.*

latrocinio. m. cult. Robo o fraude grave. *Estos precios son un latrocinio.*

laucha. f. Am. Ratón (mamífero roedor). *Las lauchas recorren las tinieblas* [C]. ▶ RATÓN.

laúd. m. Instrumento musical de cuerda, semejante a una guitarra pero con la caja de forma aovada y abombada por debajo, y el mástil más corto.

laudable. adj. Digno de alabanza. *Su esfuerzo es laudable.*

láudano. m. Preparado farmacéutico hecho con opio, vino blanco y azafrán, y usado como calmante.

laudatorio, ria. adj. Que contiene alabanza o sirve para alabar. *Un discurso laudatorio.* ▶ ENCOMIÁSTICO.

laudes. f. pl. Rel. Hora canónica que se reza después de maitines.

laudo. m. Der. Fallo dictado por un árbitro. *El laudo del Ministerio establece un aumento salarial.*

laurear. tr. **1.** Premiar o galardonar (a alguien). *Regresa a casa el atleta laureado en los Juegos Olímpicos.* **2.** Poner (a alguien) una corona de laurel. *En la antigua Roma laureaban a los grandes personajes.*

laurel. m. **1.** Árbol siempre verde de hojas aromáticas en forma de punta de lanza, brillantes y de color verde oscuro, que se usan en cocina como condimento. ○ pl. **2.** cult. Gloria o fama obtenidos por hechos destacables. *El escritor obtuvo pronto los laureles.* ■ **dormirse en los ~es.** loc. v. Descuidar una actividad por confiar demasiado en los éxitos logrados. *Tras el triunfo, se durmió en los laureles.*

lauro. m. cult. Laurel, espec. el obtenido por alguna acción destacable. *Cosechó grandes lauros.*

lava. f. Materia fundida que sale de un volcán en erupción y que al enfriarse se solidifica formando rocas. *Un río de lava humeante baja por la ladera.*

lavable. → lavar.

lavabo. m. **1.** Pila adosada a la pared, que tiene grifos y desagüe y se usa para lavarse. **2.** Cuarto de baño. *Entré al lavabo.* **3.** Retrete (habitación). Frec., en pl., designa el que se encuentra en lugares públicos. *Por favor, ¿dónde están los lavabos?* ▶ 3: *RETRETE. ‖ Am: 1: LAVATORIO.

lavacoches. m. y f. Persona que tiene por oficio lavar coches.

lavada; lavadero; lavado. → lavar.

lavadora. f. Máquina para lavar la ropa.

lavanda. f. Espliego (planta). *Colonia con aroma de lavanda.* ▶ ESPLIEGO.

lavandera. f. Mujer que tiene por oficio lavar la ropa. *Las lavanderas trabajaban arrodilladas a la orilla del río.*

lavandería. f. Establecimiento industrial donde se lava la ropa.

lavaplatos. m. **1.** Lavavajillas (máquina). *Sacó la vajilla limpia del lavaplatos.* **2.** Am. Fregadero. *El sumidero del lavaplatos está obstruido* [C].◯ m. y f. **3.** Persona que tiene por oficio lavar platos. ▶ **1:** LAVAVAJILLAS.

lavar. tr. **1.** Limpiar (algo o a alguien) con agua u otro líquido. *Lava la ropa a mano.* **2.** Purificar o limpiar (algo). *Ahora se comporta bien contigo para lavar su conciencia.* FAM lavable; lavada; lavadero; lavado.

lavativa. f. Medicamento líquido que se introduce por el ano, espec. para limpiar el intestino. ▶ ENEMA.

lavatorio. m. **1.** Hecho de lavar o lavarse. **2.** Am. Lavabo (pila). *Se puso frente al lavatorio y se miró al espejo* [C]. **3.** Am. Cuarto de baño. *Aquí la única que hace pipí en este lavatorio soy yo* [C]. **4.** Am. Palangana. *Un lavatorio de porcelana* [C]. ▶ **2:** LAVABO.

lavavajillas. m. **1.** Detergente para lavar la vajilla y otros utensilios. *Friega los platos con lavavajillas.* **2.** Máquina para lavar la vajilla y otros utensilios. *Llenó el lavavajillas con los platos y los vasos.* ▶ **2:** LAVAPLATOS.

lavotear. tr. coloq. Lavar con agua (algo o a alguien) deprisa y sin poner cuidado. *Me lavoteé un poco y me vestí.*

laxante. adj. Que facilita la evacuación de excrementos. *Un jarabe laxante.*

laxo, xa. adj. **1.** Que no tiene tensión o firmeza. *Deje el cuerpo laxo.* **2.** De moral relajada o poco exigente. *Tiene un criterio demasiado laxo.* FAM laxitud.

laya. f. despect. Clase o tipo. *Había delincuentes de toda laya.*

lazada. f. Atadura hecha de manera que tirando de uno de sus cabos se suelta fácilmente. *Hizo una lazada con los cordones de los zapatos.*

lazareto. m. Establecimiento sanitario en que se mantiene aisladas a las personas que padecen o son sospechosas de padecer una enfermedad contagiosa. ▶ LEPROSERÍA.

lazarillo. m. Muchacho que guía a un ciego. *El lazarillo da su brazo al ciego.*

lazo. m. **1.** Atadura que consiste en una o más lazadas sujetas por un nudo, gralm. hecha con cinta y que se usa como adorno. *El regalo lleva un lazo.* **2.** Cuerda con un nudo corredizo en un extremo, que se lanza a los animales para sujetarlos o cazarlos. **3.** Cosa que tiene forma de lazo (→ 1). *Una diadema con lazos de brillantes.* **4.** cult. Unión no material que existe entre dos personas o cosas. *Lazos de amistad.*

le¹. (pl. les; → se². En ciertos casos va detrás del v. y se escribe unido a él: *Debería preguntarle a él*). pron. pers. m. y f. **1.** Designa, en función de complemento indirecto sin preposición, a la misma persona o cosa designadas con los pronombres *él* o *ella*, o con un nombre. *Le dedicó un poema a su hija.* **2.** Designa, en función de complemento indirecto sin preposición, a una persona que recibe el tratamiento de *usted.* *Este asunto no le interesa, señora.* **3.** En singular, designa, en función de complemento directo sin preposición, a la misma persona designada con un nombre o pronombre masculinos. *A tu amigo le vi en el cine.* **4.** En singular, designa, en función de complemento directo sin preposición, a una persona masculina que recibe el tratamiento de *usted.* *A usted le vi ayer muy serio.*

le². (No tiene pl. En ciertos casos va detrás del v. y se escribe unido a él: *No consigo verle la gracia a eso*). pron. pers. Designa, en función de complemento indirecto sin preposición, un hecho, una idea, una cosa o un conjunto de cosas mencionadas antes o que se mencionan después. *A todo le encuentra pegas.*

leal. adj. **1.** Fiel a alguien o algo. *Es leal A sus ideas.* **2.** Que se comporta con alguien con honradez y sin engañarlo ni traicionarlo. *Sé leal CON ella.* FAM lealtad.

leasing. (pal. ingl.; pronunc. "lísin"). m. Arrendamiento con derecho a compra del objeto arrendado. *En vez de comprar el coche, firmó un contrato de leasing por tres años.* ¶ [Equivalentes recomendados: *arrendamiento* (o *alquiler*) *con opción a compra*. Adaptación recomendada: *lisin*].

lebrato. m. Cría de la liebre.

lebrel. m. Perro lebrel (→ perro).

lebrillo. m. Vasija hecha gralm. de barro vidriado, más ancha por el borde que por el fondo, y que se emplea espec. para lavar.

lección. f. **1.** Sesión en la que un profesor enseña una parte de su asignatura. *Tenemos lección de física.* **2.** Parte de una asignatura, o de su libro de texto, que el alumno debe estudiar para una clase. *Se aprende la lección.* **3.** Capítulo o parte de un libro de texto. *Estudien lección de la célula.* **4.** Suceso o acción ajena que sirven para enseñar a alguien cómo hay que comportarse. *Su comportamiento es una lección de valentía.* ¶ ■ ~ **magistral.** f. Exposición oral hecha en un acto público por un profesor, o en una oposición por el candidato. *El catedrático pronunciará una lección magistral.* ☐ **dar** (a alguien) **una ~.** loc. v. Hacer(le) algo para que comprenda un error suyo y lo corrija. *Era un presumido y le dimos una lección.* ■ **tomar** (a alguien) **la ~.** loc. v. Escuchar(lo) mientras repite la lección (→ 2) que ha estudiado, para comprobar que la sabe. *Mi madre nos toma la lección.*

lechada. f. Masa poco compacta hecha de agua mezclada con cal, yeso o cal y arena, que se usa para blanquear paredes o para unir piedras o ladrillos.

lechal. adj. Dicho de animal: Que mama. *Ternera lechal.*

leche. f. **1.** Líquido que segregan las mamas de las hembras de los mamíferos y que constituye el alimento de las crías. *El bebé reclama la leche a su madre.* **2.** Leche (→ 1) de algunos animales que se usa como alimento. *Café con leche.* **3.** Líquido semejante a la leche (→ 1). *Leche de coco.* **4.** Cosmético semejante a la leche (→ 1), pero más espeso. *Leche limpiadora.* ■ ~ **en polvo.** f. Leche (→ 2) que ha sido sometida a deshidratación. ■ ~ **entera.** f. Leche (→ 2) que conserva toda su grasa. ■ **mala ~.** f. **1.** malson. Mal humor. **2.** malson. Mala intención. FAM lechería; lechoso, sa.

lechero, ra. adj. **1.** De la leche, espec. de la empleada como alimento. *El sector lechero.* **2.** Dicho de animal: Que da leche. *Vaca lechera.* ● m. y f. **3.** Persona que vende leche.

lecho. m. **1.** Cauce (de un río). *Los cantos del lecho del río.* **2.** Cosa extendida horizontalmente y sobre la que se pone otra. *Colocan el pescado sobre un lecho de patata.* **3.** cult. Cama (mueble). *La dama reposaba en su lecho.* ▶ **1:** CAUCE.

lechón. m. **1.** Cría del cerdo que todavía mama. **2.** Cerdo macho.

lechuga. f. Hortaliza de hojas verdes y grandes que suele comerse en ensalada. ■ **como una ~.** loc. adv. coloq. Con sensación o aspecto de frescor y vigor. *Después de la ducha me encuentro como una lechuga.*

lechuguino, na. adj. despect. Dicho de persona joven: De elegancia afectada. Más frec. m. y f. *Dos lechuguinos con gomina y raya al medio esperaban en la plaza.*

lechuza. f. Ave rapaz nocturna, parecida al búho pero de menor tamaño, de ojos grandes y redondos, cara blanca en forma de corazón, y pico corto y curvado. *La lechuza macho.*

lectivo, va. adj. Dicho de período de tiempo: Destinado a dar clases.

lectoescritura. f. tecn. Capacidad de leer y escribir. *El artículo trata de las alteraciones en lectoescritura durante la infancia.*

lector, ra. adj. **1.** Que lee, espec. un texto. Tb. m. y f. y, entonces, designa espec. al que lee de forma habitual. *El periódico publica las cartas de los lectores.* **2.** *Electrón.* Dicho de dispositivo: Que convierte la información grabada en un soporte magnético en señales acústicas o visuales. Frec. m. *Un lector de DVD.* **3.** *Inform.* Dicho de dispositivo: Que obtiene los datos almacenados en un soporte, como una memoria, una tarjeta o un disco, para pasarlos a otro. Frec. m. *Un lector óptico.* ● m. y f. **4.** En una editorial: Persona que examina los originales recibidos para valorarlos.

lectura. f. **1.** Hecho de leer. *Le gusta la lectura.* **2.** Obra o publicación leídas o para ser leídas. *¿Cuáles son sus últimas lecturas?* **3.** Interpretación del sentido de un texto. *Cada lector hace una lectura de la novela.* ■ **dar ~** (a un escrito). loc. v. Leer(lo) públicamente y en voz alta. *La presidenta dio lectura AL acta.*

leer. (conjug. LEER). tr. **1.** Interpretar, mentalmente o convirtiéndolos en sonidos, los signos empleados (en un texto escrito), gralm. utilizando para ello la vista. Más frec. como intr. *Aprende a leer.* **2.** Leer (→ 1) (un texto escrito) para entender su significado. *No he leído la nota.* Tb. como intr. *Leo en la cama.* **3.** Interpretar el sentido (de una representación gráfica) pasando la vista (por ella). *Sabe cómo leer un plano.* **4.** Adivinar por indicios (algo no material que está oculto). *Me lees el pensamiento.* **5.** Descifrar el significado (de algo) mediante prácticas esotéricas. *Me leyó la mano.*

legación. f. Conjunto de personas nombradas por un gobierno para que lo representen ante otro gobierno extranjero, y que está encabezado por un ministro plenipotenciario o un encargado de negocios. *La legación sueca en Budapest tramitó su visa.*

legado¹. m. Eclesiástico nombrado para representar al Papa.

legado². m. **1.** Hecho de legar. *Hizo el legado de sus bienes.* **2.** Cosa que se lega. *El legado de su padre consistía en una colección de cuadros.*

legajo. m. Conjunto de papeles atados juntos y que gralm. tratan de una misma materia. *El investigador consulta los legajos del archivo.*

legal. adj. **1.** De la ley o de las leyes. *Textos legales.* **2.** Dicho de cosa: Que se ajusta a lo que dice la ley. *No es legal conducir sin licencia.*

legalidad. f. **1.** Cualidad de legal o que se ajusta a la ley. *Dudo de la legalidad del proyecto.* **2.** Conjunto sistemático de las normas legales. *La legalidad internacional.*

legalismo. m. **1.** Formalidad o requisito legales que obstaculizan o impiden algo. *Los legalismos retrasan la operación.* **2.** Condición del que defiende la aplicación estricta de las leyes. *Su legalismo le impide ver si algo es justo.* FAM **legalista.**

legalizar. tr. **1.** Hacer que (algo) pase a ser legal o conforme a la ley. *Legalizaron los partidos.* **2.** Certificar un notario que (un documento o una firma) son auténticos. *Debe entregar el documento y una copia legalizada.* FAM **legalización.**

légamo. m. Barro viscoso que se forma en el fondo de las aguas detenidas. ▶ *BARRO.

legaña. f. Líquido segregado por la mucosa de los párpados y que se cuaja en los bordes de estos o en los ángulos de los ojos. FAM **legañoso, sa.**

legar. tr. **1.** Dejar a alguien (algo) en el testamento. *Legó su biblioteca a la Universidad.* **2.** cult. Transmitir (algo, espec. ideas o conocimientos). *Mi padre nos legó el amor al trabajo.*

legendario, ria. adj. De la leyenda. *En la novela hay personajes legendarios.*

legible. adj. Que se puede leer. *Escriban con letra legible.* FAM **legibilidad.**

legión. f. **1.** (Frec. en mayúsc.). Cuerpo militar de soldados voluntarios y profesionales, tanto extranjeros como nacionales, que no forma parte del ejército regular. *Se alistó en la Legión.* Tb. *~ extranjera.* **2.** histór. En el ejército romano: Unidad constituida por soldados de infantería y caballería. FAM **legionario, ria.**

legionela. f. **1.** Med. Enfermedad respiratoria grave y contagiosa causada por la legionela (→ 2). *Un brote de legionela.* **2.** Med. Bacteria que se encuentra gralm. en medios acuáticos y se difunde por el aire.

legislación. f. Conjunto de leyes. *El centro no cumple la legislación vigente.*

legislar. intr. Hacer leyes. *El Parlamento legisla.* FAM **legislador, ra.**

legislativo, va. adj. **1.** Dicho espec. de organismo: Que legisla. *El poder legislativo dicta las leyes.* **2.** De la legislación. *Modificaciones legislativas.*

legislatura. f. Tiempo durante el cual funcionan los cuerpos legislativos. *La ley se aprobará antes del fin de la legislatura.*

legitimar. tr. **1.** Hacer que (algo) pase a ser legítimo. *Con sus palabras, legitima el uso de la violencia.* **2.** Probar o justificar que (algo) es legítimo o auténtico. *La firma ha sido legitimada por un notario.* **3.** Hacer que (alguien) pase a tener capacidad legal para algo. Frec. en part. *Solo podrán firmar el convenio las partes legitimadas PARA ello.* **4.** Hacer que (un hijo natural) pase a ser hijo legítimo. *El rey legitimó a su hijo bastardo.* FAM **legitimación; legitimador, ra.**

legitimista. adj. Polít. Partidario de un rey o una dinastía por considerarlos únicos aspirantes legítimos a la corona. *Militó en el bando legitimista.*

legítimo, ma. adj. **1.** Que se ajusta a lo dispuesto por la ley o se basa en ella. *La herencia corresponde a su esposa legítima.* **2.** Lícito. *Me parece legítimo tu deseo de prosperar.* **3.** Auténtico o verdadero. *Pulsera de plata legítima.* ● f. **4.** Der. Parte de una herencia de la que el testador no puede disponer por estar asignada a determinado heredero. *La legítima de los hijos supone los dos tercios del total.* FAM **legitimidad.**

lego, ga. adj. **1.** Que tiene pocos conocimientos sobre algo. *Soy lego EN la materia.* **2.** Rel. Dicho de miembro de comunidad religiosa: *Que es profeso pero no tiene opción a recibir las órdenes sagradas. Hermanos legos.* ▶ **2:** MOTILÓN.

legrado. m. *Med.* Raspado de una parte del organismo, espec. el interior del útero. *El ginecólogo le recomendó hacerse un legrado.* ▶ RASPADO.

legua. f. Unidad tradicional de longitud que equivale a 5572,7 metros.

leguleyo, ya. m. y f. despect. Abogado (persona legalmente capacitada para defender a otra). *Por culpa de aquel leguleyo perdimos el pleito.*

legumbre. f. Fruto que consiste en una vaina que contiene una o varias semillas dispuestas en fila. Tb. su semilla. *Las legumbres que más me gustan son las lentejas.*

leguminoso, sa. adj. **1.** *Bot.* Del grupo de las leguminosas (→ 2). ● f. **2.** *Bot.* Planta de hojas compuestas, con flores gralm. en inflorescencias en racimo y fruto en legumbre, como la habichuela.

leído, da. adj. Que tiene mucha cultura por haber leído mucho. *Es una persona muy leída.*

leísmo. m. *Gram.* Empleo de los pronombres *le* y *les* como complemento directo masculino, en casos en que deberían haberse usado *lo* y *los*. *"El paquete le puse sobre la mesa" es un caso de leísmo.* FAM **leísta.**

leitmotiv. (pal. al.; pronunc. "laitmotíf"). m. **1.** *Mús.* Tema que se repite varias veces a lo largo de una composición. **2.** cult. Tema central o que se repite a lo largo de una obra, espec. literaria o cinematográfica. ¶ [Equivalentes recomendados: *motivo* o *tema*, con los adj. *conductor, central, principal* o *recurrente*].

lejanía. f. **1.** Cualidad de lejano. *Son municipios que pocos visitan debido a su lejanía.* **2.** Parte más lejana de un paisaje. *En la lejanía se divisa el pueblo.*

lejano, na. adj. **1.** Que está lejos. *Viajó por países lejanos.* **2.** Dicho de pariente de una persona: Que no tiene con ella vínculo de parentesco en primer o segundo grado. ▶ **1:** ALEJADO, APARTADO, DISTANTE, REMOTO, RETIRADO.

lejía. f. Líquido obtenido de la disolución en agua de sales alcalinas o neutras, que se emplea para la limpieza y para blanquear la ropa.

lejísimos. adv. Muy lejos. *Ese sitio está lejísimos* DE *mi casa.*

lejos. adv. **1.** A gran distancia. *Está demasiado lejos para ir andando.* **2.** En un tiempo que está distante en el pasado o en el futuro. *Aquella discusión queda ya muy lejos.* ■ **a lo ~.** loc. adv. Al, o en el, lugar que está más lejos (→ 1). *Se quedó mirando a lo lejos.* ■ ~ **de.** loc. prepos. En vez de. *Lejos de arreglar las cosas, las empeoró.* ■ ~ **de mí,** o **de nosotros;** o ~ **de mi,** o **de nuestra, intención.** expr. cult. Seguida de un infinitivo, se usa para expresar enfáticamente que se renuncia a hacer lo expresado por ese infinitivo. *Nada más lejos de mi intención ofenderte.* ■ **ni de ~.** loc. adv. Se usa como refuerzo de una negación. *No es ni de lejos tan buen conductor como tú.*

lelo, la. adj. coloq. Tonto y como pasmado. *Es lelo y no se entera de nada.*

lema. m. **1.** Frase que resume el ideal de conducta de alguien. *Nuestro lema es: "El cliente siempre tiene razón".* **2.** En un concurso: Palabra o frase que se utilizan en lugar del nombre del autor para que no se conozca su identidad hasta el fallo del jurado. **3.** Texto que acompaña a un escudo o emblema.

lempira. m. Unidad monetaria de Honduras.

lémur. m. Mamífero primate de Madagascar, gralm. nocturno, de hocico afilado y cola más larga que el cuerpo. *El lémur hembra.*

lencería. f. **1.** Ropa interior femenina. *Prendas de lencería.* **2.** Establecimiento en que se vende lencería (→ 1). FAM **lencero, ra.**

lengua. f. **1.** Órgano muscular situado en la cavidad de la boca y que sirve para gustar y deglutir, y para articular los sonidos. **2.** Lenguaje o sistema de comunicación utilizado por una comunidad humana. *Habla varias lenguas.* **3.** Modo de hablar o expresarse. *La lengua de los maleantes.* ■ ~ **de fuego.** f. Llama que sale de una hoguera o de un incendio. ■ ~ **de tierra.** f. Porción de tierra larga y estrecha que se adentra en el mar o en un río. ■ ~ **de trapo.** f. coloq. Modo de hablar confuso y vacilante. *El borracho habla con lengua de trapo.* ■ ~ **franca.** f. Lengua (→ 2) que tiene elementos de varias y que es utilizada por personas con diferentes lenguas maternas (→ **lengua materna**) para comunicarse entre sí. *El inglés se usa como lengua franca.* ■ ~ **madre.** f. Lengua (→ 2) de la que han derivado otras. *El latín es la lengua madre de las lenguas romances.* ■ ~ **materna.** f. Lengua (→ 2) que aprende una persona cuando empieza a hablar. *Su lengua materna es el inglés.* ■ ~ **muerta.** f. Lengua (→ 2) que ya no se usa en el momento presente. *El latín es una lengua muerta.* ■ ~ **viperina.** f. Lengua (→ 3) de la persona que critica por costumbre a alguien o algo o que habla maliciosamente de ellos. *Con esa lengua viperina, nos destrozará.* ■ ~ **viva.** f. Lengua (→ 2) que se usa en el momento presente. *El francés es una lengua viva.* ■ **malas ~s.** f. pl. coloq. Gente que murmura o critica a los demás. *Dicen las malas lenguas que son amantes.* □ **irse de la ~.** loc. v. coloq. Decir por descuido lo que no se quería o no se debía decir. *Matará al que se vaya de la lengua.* ■ **morderse la ~.** loc. v. coloq. Contenerse para no decir lo que se quisiera. *Me mordí la lengua para no discutir.* ■ **sacar la ~ (a alguien).** loc. v. Burlarse (de él) haciendo el gesto de sacar la lengua (→ 1). ▶ **2:** HABLA, IDIOMA.

lenguado. m. Pez marino comestible, de cuerpo ovalado y plano, que tiene los dos ojos en el mismo lado del cuerpo.

lenguaje. m. **1.** Sistema de comunicación humano que consiste en un conjunto de signos formados por sonidos articulados. *El niño adquiere el lenguaje en sus primeros años.* **2.** Conjunto organizado de signos. *El lenguaje de los sordomudos.* **3.** Manera de expresarse. *Utiliza un lenguaje vulgar.* **4.** *Inform.* Conjunto de signos y reglas que permiten la comunicación con un ordenador. *Lenguaje de programación.*

lenguaraz. adj. Que habla de forma atrevida o grosera. *Es descarado y lenguaraz.*

lengüeta. f. **1.** En un zapato o bota: Tira de piel que se encuentra en la parte interior del cierre, por debajo de los cordones. **2.** Pieza u objeto con forma de lengua. *La caja se abre tirando de la lengüeta.* **3.** *Mús.* En los instrumentos de viento: Lámina movible que abre o cierra el paso del aire.

lengüetazo. m. Movimiento que realiza la lengua al pasar por algo para lamerlo, o para comer o beber. *El niño da lengüetazos a su helado.*

lenidad. f. cult. Blandura en el castigo de las faltas o en la exigencia del cumplimiento de las obligaciones. *Se quejan de la lenidad de los jueces.*

leninismo. m. Doctrina política y económica basada en el marxismo y elaborada por Lenin (político y estadista ruso, 1870-1924). FAM **leninista.**

lenitivo, va. adj. Que sirve para calmar o suavizar. *Pastillas lenitivas del dolor.*

lente. f. (Tb., más raro, m.). **1.** Pieza de cristal o de otro material transparente, con al menos una de las caras cóncava o convexa y que se utiliza en instrumentos ópticos. *La lente de un microscopio.* ○ pl. **2.** Pareja de lentes (→ 1) con montura que se colocan cerca del ojo para corregir defectos de visión. *Usa lentes para leer.* ■ ~ **de contacto.** f. Lente (→ 1) pequeña, cóncava por un lado y convexa por el otro, que se coloca sobre la córnea para corregir defectos de visión. ⇒ LENTILLA. ▶ **2:** *GAFAS.

lenteja. f. Semilla comestible en forma de disco y de color gralm. marrón.

lentejuela. f. Lámina pequeña y redonda, de metal u otro material brillante, que se cose en los vestidos como adorno. *Un vestido de lentejuelas.*

lenticular. adj. De forma de lenteja. *Muchos ciclistas usan ruedas lenticulares.*

lentificar. tr. Ralentizar (algo). *El fármaco lentifica el ritmo cardíaco.* ▶ *RALENTIZAR.

lentilla. f. Lente de contacto. *Tardó unos días en adaptarse a llevar lentillas.*

lentitud. f. Condición de lento. *Las parejas se quejan de la lentitud de los trámites de divorcio.* ▶ MOROSIDAD, PARSIMONIA.

lento, ta. adj. **1.** Que tarda más de lo normal o de lo esperado en realizar una acción. *Es lento EN las sumas.* **2.** Que se mueve a poca velocidad. *Los trenes antiguos eran muy lentos.* **3.** Dicho de acción o proceso: Que se produce a poca velocidad. *El lento movimiento de las olas.* **4.** Que tarda en comprender algo o en reaccionar ante una situación. *Explícamelo otra vez, que soy un poco lento.* **5.** Dicho espec. de fuego: Suave o poco intenso. *Se dora la cebolla a fuego lento.* ▶ **1:** MOROSO, PARSIMONIOSO.

leña¹. f. Madera cortada y troceada que se usa como combustible. *Busca leña para hacer fuego.* ■ echar ~ al fuego. loc. v. Hacer que aumente un mal. *Si le dices algo ahora, solo conseguirás echar más leña al fuego.* FAM leñador, ra.

leña². hecho ~. loc. adj. Am. coloq. Destrozado o en muy mal estado. *Estoy hecha leña, porque anoche salí con Jaime* [C].

leñazo. m. coloq. Golpe fuerte, espec. el dado con un palo. *Le dio un buen leñazo.*

leño. m. **1.** Trozo de árbol cortado y limpio de ramas. *Puso un leño en el fuego.* **2.** Bot. En una planta: Conjunto de vasos que conducen la savia bruta desde la raíz hasta las hojas. *El leño se encuentra bajo el tronco de los árboles.*

leñoso, sa. adj. Bot. Que tiene la dureza y la consistencia de la madera. *El pino es una especie leñosa.*

leo. m. y f. Persona nacida bajo el signo de Leo.

león, na. m. **1.** Felino carnívoro africano de cuerpo robusto y pelaje amarillo rojizo, con cola larga terminada en un fleco de pelos, y dientes y uñas fuertes. ○ f. **2.** Hembra del león (→ 1). ■ **león marino.** m. Mamífero marino parecido a la foca pero de mayor tamaño y con pequeñas orejas, que vive cerca de las costas de mares glaciales. *El león marino hembra.*

leonado, da. adj. De color amarillo rojizo, como el del león. *Pelaje leonado.*

leonera. f. **1.** Lugar en que se encierra a los leones. **2.** coloq. Habitación o lugar muy desordenados. *El despacho es una leonera.*

leonés, sa. adj. De León (España, Nicaragua).

leonino, na. adj. **1.** Dicho espec. de condición o contrato: Ventajoso solo para una de las partes. *Las condiciones del préstamo son leoninas.* **2.** Del león. *Melena leonina.*

leontina. f. Cadena del reloj de bolsillo.

leopardo. m. Felino carnívoro, parecido al gato pero de tamaño mucho mayor, que gralm. tiene el pelaje amarillo rojizo con manchas negras redondeadas. *El leopardo hembra.* ▶ PANTERA.

leotardo. m. Prenda de vestir femenina que consiste en dos medias altas, frec. de lana, que cubren los pies y las piernas enteras y se prolongan hasta la cintura.

lepra. f. Enfermedad infecciosa que se caracteriza por la aparición de manchas y úlceras, la falta de sensibilidad y la pérdida de tejidos. FAM leprosería; leproso, sa.

lerdo, da. adj. Lento y torpe para comprender o ejecutar algo.

leridano, na. adj. De Lérida (España). ▶ ILERDENSE.

les. → le¹.

lesbiano, na. adj. **1.** De la mujer lesbiana (→ 2). *Relaciones lesbianas.* **2.** Dicho de mujer: Homosexual. *Asociación de mujeres lesbianas.* ▶ **2:** *HOMOSEXUAL. FAM lesbianismo; lésbico, ca.

lesión. f. **1.** Daño de los tejidos del cuerpo causado por una herida, un golpe o una enfermedad. *Sufre una lesión de rodilla.* **2.** Der. Perjuicio o daño. FAM lesionar.

lesivo, va. adj. Que causa lesión, espec. cuando se produce un perjuicio. *Se negó a firmar un acuerdo lesivo para los intereses de su país.*

leso, sa. adj. cult. Agraviado o dañado. *Crímenes de lesa humanidad.*

letal. adj. cult. Dicho de cosa: Que puede causar la muerte. *Un arma letal.*

letanía. f. **1.** Rel. Oración que consiste en una serie ordenada de invocaciones a la Virgen, a Jesucristo o a los santos, recitadas por una persona a las que contestan los demás. **2.** Retahíla o serie larga de cosas que se nombran una detrás de otra. *El camarero recita la letanía del menú.*

letargo. m. **1.** Estado de inactividad y reposo en que permanecen algunos animales durante determinados períodos de tiempo. *El oso sale de su letargo invernal.* **2.** Estado anormal caracterizado por el sueño profundo y prolongado, y que es síntoma de algunas enfermedades. *La fiebre puede producir letargo.* FAM letárgico, ca.

letón, na. adj. **1.** De Letonia (Europa). ● m. **2.** Lengua hablada en Letonia.

letra. f. **1.** Signo gráfico de los que representan los sonidos del lenguaje. *"Tú" tiene dos letras.* **2.** Manera personal de trazar las letras (→ 1). *Tiene mala letra.* **3.** Texto que se canta en una composición musical. *Se sabe la letra de la canción.* **4.** Documento que un comprador entrega a un vendedor a cambio de un producto y por el que se compromete a pagar una cantidad concreta en una fecha determinada. *Tengo que pagar la letra del coche.* Tb. ~ de cambio. **5.** Gráf. Tipo (pieza de la imprenta o de la máquina de escribir). *La letra "d" está rota la parte superior.* ○ pl. **6.** Conjunto de disciplinas relacionadas con el hombre, como la filosofía, la literatura, la historia o las lenguas. *Me gustan más las letras que las ciencias.* **7.** Literatura (arte, conjunto de obras, o conjunto de conocimientos). *El escri-*

tor recibe el mayor galardón de las letras. ■ ~ **cursiva.** f. *Gráf.* Letra (→ 1) impresa inclinada hacia la derecha. *Las palabras extranjeras están en letra cursiva.* ⇒ CURSIVA. ■ ~ **de imprenta.** f. Letra (→ 1) escrita a mano, gralm. mayúscula, que imita la letra impresa. *Rellene la solicitud con letra de imprenta.* ■ ~ **de molde.** f. Letra (→ 1) impresa. *Jamás llegó a ver su novela en letras de molde.* ■ ~ **mayúscula.** f. Letra (→ 1) de mayor tamaño que la minúscula y que gralm. tiene distinta forma. *Los nombres propios empiezan por letra mayúscula.* ⇒ MAYÚSCULA. ■ ~ **minúscula.** f. Letra (→ 1) de tamaño pequeño que se emplea habitualmente en la escritura. *Los días de la semana se escriben con letra minúscula.* ⇒ MINÚSCULA. ■ ~ **muerta.** f. Regla o norma que no se cumplen o que no tienen efecto. *En muchos países la Declaración de los Derechos Humanos es letra muerta.* ■ ~ **negrita.** f. *Gráf.* Letra (→ 1) gruesa que destaca de los tipos ordinarios y resalta el texto. *El título está en letra negrita.* ⇒ NEGRITA. ■ ~ **pequeña.** f. Parte de un texto o contrato en la que figuran cláusulas importantes que pueden resultar menos atendidas por aparecer en un cuerpo menor. *Antes de firmar el crédito, lea la letra pequeña.* ■ ~ **redonda.** f. *Gráf.* Letra (→ 1) vertical y redondeada. *Las definiciones del diccionario están en letra redonda.* ⇒ REDONDA. ■ **primeras ~s.** f. pl. Primeras cosas que se enseñan a los niños, como leer, escribir y la aritmética básica. *El maestro me enseñó las primeras letras.* ■ **unas ~s, o cuatro ~s, o dos ~s.** f. pl. Escrito breve, espec. una carta. *Le pondré unas letras a la familia.* □ **a la ~.** loc. adv. Al pie de la letra. *Sus palabras fueron transcritas a la letra.* ■ ~ **por ~.** loc. adv. Enteramente, sin quitar ni añadir nada. *Repito sus palabras letra por letra.* ▶ **5:** TIPO. **6:** HUMANIDADES. **7:** LITERATURA.

letrado, da. adj. **1.** Que tiene cultura o instrucción. *Es una persona inteligente y letrada.* ● m. y f. **2.** Abogado. *El letrado lee su alegato.*

letrero. m. Palabra o conjunto de palabras escritas en un lugar visible para anunciar o comunicar algo. *Un letrero dice: "Secretaría".* ▶ RÓTULO.

letrilla. f. *Lit.* Composición poética de varias estrofas, con estribillo al final de cada una, que gralm. tiene carácter festivo o satírico.

letrina. f. Retrete colectivo formado por varios compartimentos y empleado en cuarteles y campamentos. ▶ *RETRETE.

letrista. m. y f. Persona que escribe letras para canciones. *Un compositor y un letrista colaboran en la elaboración del disco.*

leucemia. f. Enfermedad que se caracteriza por la proliferación maligna de glóbulos blancos. FAM leucémico, ca.

leucocito. m. *Biol.* Glóbulo blanco.

leva. f. **1.** Hecho de reclutar gente para la guerra. *El Ejército recurrió a la leva forzosa para reunir suficientes hombres.* **2.** *Mec.* Pieza giratoria cuyo perfil se apoya y desliza en el extremo de una varilla, de manera que su movimiento de rotación uniforme se transforma en movimiento de vaivén de la varilla.

levadizo, za. adj. Dicho espec. de puente: Que se puede levantar y volver a bajar por medio de un mecanismo.

levadura. f. **1.** Sustancia capaz de hacer fermentar el cuerpo con el que se mezcla. *El panadero pone levadura a la masa.* **2.** *Bot.* Hongo unicelular que produce las enzimas que provocan la fermentación.

levantar. tr. **1.** Mover (algo) hacia arriba o poner(lo) en un lugar más alto que el que tenía. *Levantó los*

hombros con indiferencia. **2.** Dirigir hacia arriba (algo, espec. los ojos o la mirada). *Levantó los ojos al cielo.* **3.** Poner derecha o en posición vertical (a una persona o una cosa). *Es peligroso levantar a un herido.* **4.** Hacer (un edificio o construcción). *Levantarán un edificio de cuatro plantas.* **5.** Hacer o producir (algo que forma bulto sobre otra cosa). *El roce me levantó una ampolla.* **6.** Separar (algo) de otra cosa sobre la cual descansa o a la que está adherido. *Levante el apósito con cuidado.* **7.** Recoger o quitar (algo) de donde está. *Levantan el campamento.* **8.** Poner (algo o a alguien) en un estado mejor. *Me levantó el ánimo.* **9.** Dar mayor fuerza (a la voz) o hacer que suene más. *Levanta un poco la voz.* **10.** Ocasionar o causar (algo). *Sus palabras levantaron protestas.* **11.** Atribuir o imputar maliciosamente (algo falso). *No levantarás falso testimonio.* **12.** Hacer que cesen (una pena o una prohibición). *Me levantó el castigo.* **13.** Sublevar (a alguien). *Los activistas tratan de levantar a la población.* ○ intr. prnl. **14.** Sobresalir o elevarse algo sobre una superficie o plano. *La torre se levanta sobre los tejados.* **15.** Dejar la cama un enfermo o una persona que está acostada. *Se levanta a las ocho.* **16.** Comenzar a alterarse el viento o la mar. *Se levantó viento.* ▶ **1:** ALZAR. **2:** ALZAR, SUBIR. **3:** ALZAR, ERGUIR. **4:** ALZAR, ELEVAR. **7, 9, 12:** ALZAR. **13:** *SUBLEVAR. **14:** ALZARSE, ELEVARSE, ERGUIRSE. ‖ **Am: 1:** ARRISCAR. FAM levantador, ra; levantamiento.

levante. (Referido a punto cardinal, se usa en mayúsc.). m. Este (punto cardinal, lugar, o viento). *Los primeros rayos de sol surgen por el levante. Soplará levante.* ▶ *ESTE.

levantino, na. adj. De Levante (España).

levantisco, ca. adj. Rebelde o con tendencia a sublevarse. *Los alumnos son levantiscos y desobedientes.*

levar. tr. *Mar.* Desprender (el ancla o las anclas) del fondo y recoger(las). *Levamos anclas y zarpamos.*

leve. adj. **1.** Ligero o de poco peso. *Lleva un leve chal de gasa.* **2.** De poca importancia. *Sufrió heridas leves.* ▶ *LIGERO. FAM levedad.

leviatán. m. Monstruo marino terrorífico y maligno que se menciona en la Biblia.

levita. f. Prenda de vestir masculina de etiqueta, a modo de chaqueta, con faldones que llegan a cruzarse por delante.

levitar. intr. Elevarse en el espacio sin intervención de agentes físicos conocidos. *El mago levita sobre el escenario.* FAM levitación.

levítico, ca. adj. despect. Partidario del clero o supeditado a él. *Era una ciudad provinciana y levítica.*

lexema. f. *Ling.* Unidad mínima de significado, que puede ser una palabra o parte de una palabra. *En la palabra "grandote" el lexema es "grand". "Pan" es a la vez palabra y lexema.*

léxico, ca. adj. **1.** Del léxico (→ 2). *Con la lectura aumenta el caudal léxico.* ● m. **2.** Conjunto de las palabras de una lengua. *Hay palabras extranjeras que forman parte de nuestro léxico.* **3.** Conjunto de las palabras peculiares de una región, de una actividad, de un grupo o de una persona. *El léxico del fútbol.* ▶ **2, 3:** VOCABULARIO.

lexicografía. f. Técnica de hacer diccionarios. *En la lexicografía actual se emplean bases de datos.* FAM lexicográfico, ca; lexicógrafo, fa.

ley. f. **1.** Norma establecida por las autoridades, que prohíbe, regula o manda alguna cosa y que debe cumplirse de forma obligatoria. *Ley de pensiones.*

2. Conjunto de las leyes (→ 1). *Hay que respetar la ley.* **3.** Regla fija a la que está sometido un fenómeno de la naturaleza. *Las leyes de la física.* **4.** Conjunto de preceptos de una religión determinada. *La ley islámica.* ■ ~ **de Dios.** f. *Rel.* Conjunto de preceptos contenidos en los diez mandamientos *Los perjuros quebrantan la ley de Dios.* ■ ~ **del embudo.** f. coloq. Criterio del que es muy permisivo con la propia conducta y muy exigente con la de los demás. *Aplican la ley del embudo: fácil para ellos, difícil para los demás.* ■ ~ **del talión.** f. Norma según la cual se debe castigar al que comete una falta con un daño igual al que ha provocado. *Quieren que se aplique la ley del talión a los asesinos.* ■ ~ **marcial.** f. Ley (→ 1) para mantener el orden público que está en vigor durante el estado de guerra. *Tras el golpe de Estado se implantó la ley marcial.* ■ ~ **seca.** f. Prohibición del tráfico y consumo de bebidas alcohólicas. *Con la ley seca aumentó el contrabando.* □ **con todas las de la ~.** loc. adj. coloq. Que cumple todos los requisitos. *Es un profesional con todas las de la ley.* ■ **de (buena) ~.** loc. adj. Que tiene cualidades morales deseables, como la bondad o la honradez. *Mi amiga es de ley.* ■ **de ~.** loc. adj. Dicho de oro o plata: Que contiene la proporción mínima que debe tener la aleación.

leyenda. f. **1.** Narración de sucesos fantásticos que se transmite por tradición. *Según la leyenda, el palacio está encantado.* **2.** Texto que acompaña a algo, espec. a una imagen, gralm. explicándola. *Al pie de los grabados hay una leyenda.* **3.** Persona muy admirada y a la que se recuerda a pesar del paso del tiempo. *Elvis es una leyenda del rock.* ■ ~ **negra.** f. Relato desfavorable y gralm. infundado sobre alguien o algo. *Sus oponentes hacen circular una leyenda negra del político.*

lezna. f. Instrumento que consiste en un hierro de punta muy fina con mango de madera, usado espec. por los zapateros para agujerear el cuero.

liana. f. Planta tropical trepadora, de tallos largos y flexibles que se sujetan a otras plantas para ascender hacia la luz.

liar. (conjug. ENVIAR). tr. **1.** Envolver o cubrir (algo o a alguien) con una cosa. *Lió la ropa sucia* CON *una sábana.* **2.** Hacer (un cigarrillo) envolviendo el tabaco en el papel. *Lía el cigarrillo con manos expertas.* ○ intr. prnl. **3.** coloq. Empezar a dar golpes una persona a otra o a una cosa. *Se lió* A *puñetazos* CON *ellos.*

libación. f. **1.** cult. Hecho de libar. *Su euforia se debe a un exceso de libaciones.* **2.** histór. Ceremonia religiosa pagana que consistía en derramar vino u otro licor en honor de los dioses.

libanés, sa. adj. Del Líbano (Asia).

libar. tr. **1.** Chupar un insecto (el néctar de las flores). *Las abejas liban el néctar.* **2.** cult. Beber (un líquido, espec. vino). *Libábamos con delectación el excelente vino.*

libelo. m. Escrito en que se desacredita algo o a alguien o en que se expresa una opinión desfavorable sobre ellos. *Se difundió un libelo contra el alcalde.*

libélula. f. Insecto de cuerpo alargado de vivos colores, con ojos grandes y dos pares de alas estrechas y transparentes, que vive en las orillas de estanques y ríos.

líber. m. *Bot.* En una planta: Conjunto de vasos que llevan la savia elaborada.

liberal. adj. **1.** Del liberalismo. *Pensamiento liberal.* **2.** Partidario del liberalismo. *El partido liberal.* **3.** Dicho de profesión: Que consiste pralm. en una actividad intelectual. **4.** Tolerante o comprensivo. *Es liberal y*

respeta a los que tienen ideas distintas. **5.** Generoso o que da lo que tiene desinteresadamente. *Como es tan liberal, se desprende de sus cosas.* ▶ **5:** *GENEROSO. FAM liberalidad; liberalización; liberalizador, ra; liberalizar.

liberalismo. m. **1.** Doctrina política que defiende las libertades de los individuos. *El liberalismo se oponía al sistema feudal.* **2.** Doctrina económica que defiende la libertad de las empresas privadas. *El sistema capitalista se fundamenta en el liberalismo.* **3.** Condición de liberal. *Tiene amigos de todas las ideologías, lo que prueba su liberalismo.*

liberar. tr. **1.** Hacer que (alguien preso o sometido) quede libre. *Liberaron a los rehenes.* **2.** Hacer que (una persona o cosa) queden libres de algo, espec. de una obligación. *Me liberó* DE *la tarea de hacer copias.* **3.** *tecn.* Desprender o soltar (algo). *La madera al quemarse libera calor. FAM liberación; liberador, ra; liberatorio, ria; libertador, ra; libertar.*

liberiano, na. adj. De Liberia (África).

líbero. m. *Dep.* En el fútbol: Jugador que refuerza la línea de defensa, que se puede desplazar libremente y no tiene que marcar a un contrario.

libérrimo, ma. → libre.

libertad. f. **1.** Condición de libre. *Cumplió la condena y está en libertad.* **2.** *Polít.* Facultad de los individuos de actuar como quieran, siempre que sus acciones no se opongan a la ley. *Los ciudadanos reclaman más libertad.* **3.** Derecho de un individuo a actuar libremente en un campo determinado. *Libertad de culto.* **4.** Osadía o familiaridad. *Me tomo la libertad de escribirle para solicitar su ayuda.*

libertar. → liberar.

libertario, ria. adj. *Polít.* Que defiende la libertad política absoluta y la supresión del gobierno y la ley. *Los grupos libertarios actuaban en las calles.* ▶ ANARQUISTA.

libertinaje. m. Exceso de libertad. *En las calles reinaban el caos y el libertinaje.*

libertino, na. adj. Dicho de persona: Que se entrega sin mesura al placer sexual.

liberto, ta. m. y f. histór. Esclavo a quien se ha dado la libertad.

libidinoso, sa. adj. cult. Lujurioso.

libido. f. **1.** *Med.* y *Psicol.* Impulso sexual, considerado como la raíz de variadas manifestaciones de la actividad psíquica. *El fármaco provoca la desaparición de la libido.* **2.** cult. Deseo sexual. *El entorno sensual de la isla despertó su libido.*

libio, bia. adj. De Libia (África).

libra. f. **1.** Unidad monetaria del Reino Unido de Gran Bretaña e Irlanda del Norte. Tb. ~ *esterlina.* **2.** Unidad monetaria de Irlanda anterior al euro, y de otros países. **3.** Unidad de peso del sistema anglosajón, que equivale a 453,592 g. ○ m. y f. **4.** Persona nacida bajo el signo de Libra. ▶ **1:** ESTERLINA.

librar. tr. **1.** Hacer que (una persona o cosa) queden libres de otra perjudicial, molesta o nociva. *El abogado nos libró* DE *una buena multa.* ○ intr. **2.** Disfrutar un obrero o empleado del día o días de descanso que le corresponden. *El taxista libra los lunes.* ■ **salir bien (o mal) librado.** loc. v. Salir en buena (o mala) situación de un asunto o negocio. *Salimos bien librados* DEL *accidente.* ▶ **1:** EXIMIR, EXONERAR.

libre. adj. (sup. **libérrimo**). **1.** Que puede actuar como quiera, sin estar sujeto a limitaciones. *Soy libre y* *nadie controla mi vida.* **2.** Que no está sometido al dominio de otro. *La colonia pasó a ser un Estado libre.* **3.** Que no es esclavo. *Los hombres libres tenían derechos, y los esclavos, no.* **4.** Que no está preso. *Pasó dos años en la cárcel, pero ya está libre.* **5.** Dicho de tiempo: Disponible para otras actividades al margen de las ocupaciones habituales. *¿Qué hace en su tiempo libre?* **6.** Que no está ocupado. *¿Está libre este asiento?* **7.** Que puede moverse con soltura o realizar sus funciones sin impedimento. *Le quitaron las esposas dejándole las manos libres.* **8.** Que no está casado ni mantiene una relación o compromiso parecidos. *Es una mujer libre.* **9.** Que no tiene algo considerado negativo. *La sociedad ideal está libre DE prejuicios.* **10.** Que no está sujeto a algo, como una obligación, una carga o un impuesto. *Ganó dos millones libres DE impuestos.* **11.** Suelto o no sujeto. *Toma el extremo libre de la cuerda.* **12.** Atrevido o deshonesto. *Costumbres libres.* **13.** *Dep.* En natación: Se usa en plural, pospuesto a una expresión de longitud, para especificar la modalidad de competición en que cada nadador puede elegir su estilo. *La final de los cien metros libres.* Tb. dicho del estilo. ■ **por ~.** loc. adv. Por su cuenta o sin seguir las normas de los demás. *Va por libre y le cuesta adaptarse al equipo.* ▶ **10:** EXENTO.

librea. f. Traje de uniforme de lujo, con levita y distintivos, usado por criados y empleados subalternos.

librecambio. (Tb. **libre cambio**). m. *Econ.* Sistema que fomenta el comercio internacional y elimina o reduce las restricciones a este, como los aranceles. FAM **librecambismo; librecambista.**

librepensamiento. m. Doctrina según la cual en materia religiosa solo se debe atender al criterio de la razón. FAM **librepensador, ra.**

librería. f. **1.** Establecimiento en que se venden libros. *Fue a la librería a comprar un diccionario.* **2.** Mueble con estanterías para colocar libros. *Cuando terminó la novela, volvió a ponerla en la librería.* ▶ **2:** BIBLIOTECA. ‖ **Am: 2:** LIBRERO.

librero, ra. m. y f. **1.** Persona que se dedica a la venta de libros. *Suelo comprar obras que me recomienda el librero.* ○ m. **2.** Am. Librería (mueble). *La cuarta habitación contenía un librero con novelas de amor* [C]. ▶ **2:** *LIBRERÍA.

libresco, ca. adj. **1.** De los libros. *La obra está llena de citas librescas.* **2.** Inspirado en la lectura de libros. *Tiene una concepción libresca del amor.*

libreta. f. Cuaderno pequeño. *Apuntó mi teléfono en una libreta.*

libreto. m. Obra dramática escrita para ser puesta en música enteramente, como en la ópera, o solo en parte, como en la zarzuela. *La ópera "Tristán e Isolda" tiene libreto y música de Wagner.* FAM **libretista.**

libro. m. **1.** Conjunto numeroso de hojas de papel unidas por uno de sus lados que gralm. contienen un texto impreso. *Me regalaron un libro de Borges.* **2.** Texto escrito que forma o puede formar el contenido de un libro (→ 1). *Voy a escribir un libro de viajes.* **3.** Cada una de las partes en que se puede dividir un texto y que constituye uno de sus apartados. *El pasaje está en el capítulo dos del libro tercero.* **4.** *Zool.* Tercera de las cuatro cavidades que forman el estómago de los rumiantes. ■ **~ blanco,** o **rojo,** etc. m. Conjunto de documentos oficiales o diplomáticos que publica el gobierno de un país para informar a la opinión pública. *La ministra presentó el libro blanco de la prensa.* ■ **~ de caballerías.** m. Novela de caballerías. ■ **~ de cabecera.** m. Libro (→ 1) que una persona valora mucho y que consulta con frecuencia. *Su libro de cabecera son las obras completas de Shakespeare.* ■ **~ de texto.** m. Libro (→ 1) que se sigue a lo largo del curso para estudiar una asignatura. ⇒ TEXTO.

licántropo. m. cult. Hombre lobo. FAM **licantropía.**

licaón. m. Mamífero carnívoro africano, semejante al chacal pero de mayor tamaño, con manchas irregulares en la piel, y que caza en jaurías.

licencia. f. Permiso para hacer algo, espec. si se da con carácter legal. *No puede abrir el bar porque no tiene licencia.* Tb. el documento en que consta. ■ **tomarse alguien la ~** (de hacer algo). loc. v. Permitírse(lo) sin haber pedido autorización. *Se tomó la licencia de tutearme.*

licenciado, da. m. y f. Persona que ha obtenido una licenciatura. *Es licenciada EN Historia.*

licenciar. (conjug. ANUNCIAR). tr. **1.** Permitir que (un soldado) abandone de forma definitiva el servicio. *Licenciaron a los combatientes.* ○ intr. prnl. **2.** Obtener alguien el grado de licenciado. *Se licenció EN Física.* FAM **licenciamiento.**

licenciatura. f. **1.** Grado universitario inmediatamente inferior al doctorado. *Obtuvo la licenciatura en 2005.* **2.** Estudios necesarios para obtener una licenciatura (→ 1). *Abandonó la universidad antes de acabar la licenciatura.*

licencioso, sa. adj. Que incumple las normas de la moral sexual normalmente admitidas. *Tenía mala fama por su vida licenciosa.*

liceo. m. frecAm. Centro de enseñanza secundaria. *Consiguió dar clases de español a algunos alumnos de liceo atrasados en esa asignatura* [C]. ▶ INSTITUTO.

licitar. intr. Ofrecer precio por algo en una subasta. *Se ha invitado a varias empresas para que liciten en las obras del metro.* FAM **licitación; licitador, ra.**

lícito, ta. adj. Permitido por la ley o la moral. *Dejó el robo para dedicarse a una actividad lícita.* ▶ LEGÍTIMO. FAM **licitud.**

licor. m. Bebida alcohólica obtenida por destilación, maceración o mezcla y compuesta de alcohol, agua, azúcar y zumos o esencias vegetales. FAM **licorera; licorería.**

licuado. m. Am. Bebida de frutas licuadas con leche o agua. *Me detengo en un pequeño café y pido un licuado de melón* [C].

licuar. (conjug. AVERIGUAR o ACTUAR). tr. **1.** Hacer líquida (una sustancia sólida o gaseosa). *Licuó las fresas.* ○ intr. prnl. **2.** Hacerse líquida una sustancia sólida o gaseosa. *Ponga la miel al baño María hasta que se licúe.* FAM **licuación; licuadora.**

lid. f. cult. Combate o pelea. *Los dos ejércitos entraron en lid.*

líder. m. y f. **1.** Persona a la que un grupo reconoce y sigue como su jefe o guía. *El líder socialista.* **2.** Persona o entidad que va en cabeza entre las de su clase, espec. en una competición deportiva. *El líder de la vuelta ciclista.* FAM **liderar; liderato; liderazgo.**

lidiar. (conjug. ANUNCIAR). tr. **1.** Torear (un toro). *El matador lidiará seis toros.* ○ intr. **2.** cult. Pelear o combatir. Frec. fig. *El contable lidia con las facturas.* ▶ **1:** TOREAR. FAM **lidia; lidiador, ra.**

liebre. f. Mamífero roedor parecido al conejo, pero con orejas y patas más largas, de carrera muy veloz y cuya carne es apreciada. *La liebre macho.*

liendre. f. Huevo de piojo.

lienzo. m. **1.** Tela preparada para pintar sobre ella. *El pintor pinta sobre el lienzo en blanco.* **2.** Pintura realizada sobre un lienzo (→ 1). *Se exhibirán lienzos de Goya.* **3.** Tejido grueso hecho de lino, cáñamo o algodón. ▶ **1, 2:** TELA.

lifting. (pal. ingl.; pronunc. "líftin"). m. Operación de cirugía estética que consiste en estirar la piel de la cara y el cuello para eliminar las arrugas. ¶ [Equivalente recomendado: *estiramiento facial*].

liga. f. **1.** Competición deportiva en que cada equipo debe jugar contra los demás. *Comienza la liga de fútbol.* **2.** Cinta de tejido elástico para sujetar las medias o los calcetines. *Antiguamente, las señoras llevaban ligas.* **3.** Unión o agrupación de personas o de grupos que tienen un objetivo común. *Una liga de Estados árabes.* FAM **liguilla.**

ligamento. m. *Anat.* Cordón fibroso y resistente que liga los huesos de las articulaciones o mantiene un órgano en su posición.

ligar. tr. **1.** Atar (algo o a alguien) con una cuerda o algo similar. *Ligaron el brazo herido con un torniquete.* **2.** Atar (a alguien) a una persona o a una cosa con vínculos que (le) impiden actuar con libertad. *Ningún compromiso me liga* CON *esta empresa.* **3.** Hacer que los ingredientes empleados (en un plato, espec. en una salsa) formen una masa homogénea. *Remueva la salsa hasta ligarla.* **4.** Unir (a dos personas o cosas) o hacer que tengan una relación o conexión. *El químico descubrió la ley que liga la presión y el volumen de un gas.* ○ intr. **5.** coloq. Dar comienzo a una relación sexual pasajera con alguien desconocido. *Vamos a la discoteca, a ver si ligamos.* ▶ **1, 2:** ATAR. FAM **ligadura; ligazón; ligón, na; ligue.**

ligero, ra. adj. **1.** Que pesa poco. *Su equipaje es ligero.* **2.** Que actúa o se mueve con rapidez y agilidad. *Es ligera para comer.* **3.** De poca importancia. *Tuvieron un ligero enfrentamiento.* **4.** Dicho del sueño: Que se interrumpe fácilmente si hay un pequeño ruido. **5.** Dicho de alimento: Que se digiere pronto y con facilidad. *Una comida ligera.* **6.** Dicho de parte del ejército: Destinada a intervenir en acciones rápidas, gralm. con armamento ligero (→ 1). *Caballería ligera.* ■ **a la ligera.** loc. adv. Sin reflexionar. *No se puede hablar a la ligera.* ▶ **1:** LEVE, LIVIANO. **2:** *RÁPIDO. **3:** LEVE. **3-5:** LIVIANO. FAM **ligereza.**

light. (pal. ingl.; pronunc. "lait"). adj. **1.** Dicho de bebida o alimento: Preparado de manera que tiene menos calorías que las habituales. *Un refresco* light. **2.** humoríst. Que ha perdido gran parte de su carácter esencial. *Ha sido una huelga* light. ¶ [Equivalentes recomendados: 1: *hipocalórico, bajo en calorías.* 2: *suave, ligero, liviano, superficial, frívolo, descafeinado*].

lignito. m. Carbón fósil de color negro o pardo, frec. con textura semejante a la de la madera de la que procede.

liguero, ra. adj. **1.** De la liga deportiva. *Hoy es la primera jornada liguera.* ● m. **2.** Prenda interior femenina que consiste en una tira que se ajusta a la cintura y de la que cuelgan bandas elásticas para sujetar las medias. *Antes de los pantys, se usaba liguero.*

liguilla. → liga.

lija. f. Papel con polvo o granos de vidrio o esmeril adheridos, que sirve para pulir. *Frota la madera con una lija.* Tb. *papel de ~.* FAM **lijado; lijadora; lijar.**

lila. f. **1.** Arbusto de flores pequeñas y fragantes, gralm. de color morado claro, que forman grandes ramilletes de forma cónica. Tb. su flor. ○ m. **2.** Color morado claro como el de la flor de la lila (→ 1). *Un lila claro.* FAM **lilo.**

liliputiense. adj. cult. Extremadamente pequeño. *Tenía un cuerpo liliputiense.*

lima[1]. f. Fruto comestible, semejante a una naranja aplanada, de color amarillo verdoso y sabor algo dulce. *Zumo de lima.*

lima[2]. f. **1.** Herramienta que consiste en una barra de acero de superficie estriada y que sirve para desgastar o alisar materias duras. **2.** Utensilio que consiste en una lámina fina de metal o de papel de lija, y que sirve para desgastar o pulir las uñas.

limadura. f. Parte muy pequeña que se desprende de una materia al limarla.

limar. tr. **1.** Desgastar o alisar (algo) con una lima. *Limó los barrotes de la prisión.* **2.** cult. Pulir o perfeccionar (algo o a alguien). *Limaré un poco el artículo.* **3.** cult. Disminuir (algo) o hacer(lo) menor. *Se reunieron para limar sus diferencias.*

limbo. m. **1.** *Rel.* En el cristianismo: Lugar al que van las almas de los niños que mueren sin haber sido bautizados. **2.** *Bot.* Parte ensanchada de la hoja de una planta. ■ **en el ~.** loc. adv. coloq. Sin enterarse de lo que ocurre alrededor. *¡Estás en el limbo!*

limeño, ña. adj. De Lima (Perú).

limitado, da. adj. **1.** Que tiene límite o fin. *El presupuesto es limitado y no podemos sobrepasarlo.* **2.** Escaso o poco abundante. *Asistió un número muy limitado de personas.* **3.** Poco inteligente. *Es un poco limitado y no podrá con un trabajo tan difícil.*

limitar. tr. **1.** Poner límites (a algo) o impedir que pase de determinado punto. *Un mecanismo limita el consumo de agua.* **2.** Hacer que (algo) se ajuste a determinados límites. *La empresa ha limitado su área de influencia* A *dos provincias.* ○ intr. **3.** Compartir un territorio o territorio uno o más límites o líneas de separación con otro. *Uruguay limita* CON *Argentina y Brasil.* ○ intr. prnl. **4.** Seguido de *a* y un infinitivo o un nombre: No sobrepasar el límite o punto designado por ellos. *Limítese a cumplir con su obligación.* ▶ **3:** LINDAR. FAM **limitación; limitador, ra; limitante.**

límite. m. **1.** Línea que separa dos cosas, espec. dos territorios o terrenos. *Una valla marca los límites del jardín.* **2.** Punto o que termina algo, en el tiempo o en el espacio. *Su avaricia no tiene límite.* **3.** Punto último al que puede llegar algo. *El corredor está al límite de sus fuerzas.* **4.** *Mat.* En una secuencia infinita de magnitudes: Magnitud fija a la que se aproximan cada vez más los términos de la secuencia. ▶ **1:** *LINDE. **2:** *FIN. **3:** EXTREMO, TECHO, TOPE.

limítrofe. adj. Dicho de territorio: Que tiene límites con otro. *Vive en la parte de Venezuela limítrofe* CON *Colombia.*

limo. m. Barro o mezcla de tierra y agua, espec. el que es muy fino y se deposita en las orillas y en el fondo de los ríos. ▶ *BARRO. FAM **limoso, sa.**

limón. m. Fruto comestible del limonero, de forma ovalada, color amarillo y carne jugosa y ácida, dividida en gajos. FAM **limonada.**

limonero, ra. adj. **1.** Del limón. *La cosecha limonera.* ● m. **2.** Árbol frutal siempre verde, de tronco liso y copa abierta, hojas ovaladas y lustrosas y flores rosas y blancas, cuyo fruto es el limón. FAM **limonar.**

limosna. f. Cosa, espec. dinero, que se da a otro por caridad. *Un vagabundo pide limosna.* FAM **limosnero, ra.**

limoso, sa. → limo.

limpiabotas. m. y f. Persona que tiene por oficio limpiar calzado. ▶ **Am:** LUSTRABOTAS, LUSTRADOR.

limpiaparabrisas. m. Mecanismo adaptado a la parte exterior del parabrisas que se mueve de un lado a otro para limpiarlo de lluvia o nieve.

limpiar. (conjug. ANUNCIAR). tr. **1.** Quitar la suciedad (de alguien o algo). *Limpió la mesa con un paño.* **2.** Hacer que (algo o alguien) queden limpios o libres de algo negativo o perjudicial. *Hay que limpiar de minas la zona.* **3.** Quitar (a algo) la parte que se considera inútil. *Limpiaré el pescado.* FAM **limpiador, ra.**

limpieza. f. **1.** Hecho de limpiar. *He hecho limpieza en la casa.* **2.** Cualidad de limpio. *Me gusta este local por su limpieza.* ▶ **1:** LIMPIA.

limpio, pia. adj. **1.** Que no tiene mancha o suciedad. *Una toalla limpia.* **2.** Que suele mantener limpios su propio aspecto y el de sus cosas. *Los gatos son limpios.* **3.** Dicho de cosa: Que está libre de algo considerado negativo. *La policía ha dejado la zona limpia* DE *maleantes.* **4.** Dicho de cantidad de dinero: Neta o libre de deducciones. *Gana mil dólares limpios.* **5.** coloq. Que no tiene dinero. *Con las compras, me he quedado limpio.* **6.** coloq. Precedido de *a* y de un nombre que designa golpe o acción violenta, se usa para enfatizar la fuerza o la violencia con que se realiza la acción. *Terminaron a puñetazo limpio.* ● f. **7.** Limpieza (hecho de limpiar). *Hizo una limpia de narcotraficantes.* **8.** Am. Limpieza de un terreno para sembrar. *No se abandonaron las atenciones a los cultivos, la siembra y la limpia* [C]. ● adv. **9.** Sin emplear medios censurables. *Siempre jugó limpio con su socio.* ▶ **4:** NETO. **7:** LIMPIEZA. FAM **limpidez; límpido, da.**

limusina. f. Automóvil de lujo de gran tamaño. *La actriz llegó en una limusina.*

linaje. m. Ascendencia o descendencia de alguien, espec. si es noble. *Es de linaje aristocrático.* ▶ ESTIRPE. FAM **linajudo, da.**

linaza. f. Semilla del lino, de forma aovada y aplanada y color castaño, que se emplea espec. para fabricar pinturas y barnices.

lince. m. Felino carnívoro parecido al gato pero de mayor tamaño, de cola corta y orejas puntiagudas terminadas en penacho. *El lince hembra.*

linchar. tr. Ejecutar o matar (a alguien) sin proceso una multitud de personas. *Los vecinos lincharon al asesino.* FAM **linchamiento.**

lindar. intr. **1.** Compartir lindes dos fincas, dos terrenos o dos territorios. *Las propiedades de los dos hermanos lindan.* **2.** Estar una cosa no material muy próxima a otra. *Su atrevimiento linda* CON *la impertinencia.* ▶ **1:** LIMITAR. FAM **lindante.**

linde. f. (Tb., más raro, m.). Límite o línea que separa dos fincas, dos terrenos o dos territorios contiguos. *Aquí está la linde entre nuestras tierras y las de los Gómez.* ▶ LÍMITE, TÉRMINO. FAM **lindero.**

lindo, da. adj. Bello o hermoso. *¡Qué música tan linda!* ■ **de lo lindo.** loc. adv. coloq. Mucho o intensamente. *Disfruté de lo lindo.* ▶ *BELLO. FAM **lindeza.**

línea. f. **1.** *Mat.* Sucesión continua de puntos. *La circunferencia es una línea curva.* **2.** Marca alargada y estrecha que se hace o se forma sobre un cuerpo. *Está prohibido pisar la línea continua de la calzada.* **3.** Perfil o contorno de una figura. *El nuevo coche es más deportivo; me gusta más su línea.* **4.** En una persona, espec. en una mujer: Figura esbelta o delgada.

Yo mantengo la línea gracias al deporte. **5.** Línea (→ 1) que separa dos cosas. *El río marca la línea que divide los dos pueblos.* **6.** Conjunto de personas o cosas situadas una detrás de otra o una al lado de otra. *Una línea de policías impide el paso.* **7.** Renglón (serie de palabras o caracteres). *Cada alumno leerá una línea del texto.* **8.** Clase o tipo. *Este es uno de los coches mejores en su línea.* **9.** Servicio regular de transporte que cubre un determinado itinerario. *En la ciudad hay cinco líneas de metro.* **10.** Dirección o línea (→ 1) en que se mueve un cuerpo para ir a un lugar. *Camina en línea recta.* **11.** Conducta o comportamiento en una determinada dirección. *Se mantuvo en la línea de sencillez acostumbrada.* **12.** Tendencia u orientación. *La línea dura del partido.* **13.** Conjunto de hilos y cables que conducen la energía eléctrica de un punto a otro. Tb. ~ *eléctrica. Hay una avería en la línea eléctrica.* **14.** Conjunto de hilos y aparatos conductores que sirven para establecer la comunicación telefónica o telegráfica. Tb. ~ *telefónica o telegráfica. Solicite a la compañía la instalación de la línea telefónica.* **15.** Comunicación telefónica. *Al ir a llamar, me di cuenta de que no había línea.* **16.** Conjunto de ascendientes o descendientes de alguien. *Los González son tíos míos por línea materna.* **17.** *Dep.* Conjunto de jugadores que desempeñan una misión semejante. *El equipo debe presionar más sobre la línea defensiva rival.* **18.** *Mil.* Conjunto de posiciones alineadas. *La patrulla atravesó las líneas enemigas.* ■ ~ **caliente.** f. Servicio telefónico en que se atiende directamente a los clientes o usuarios. *Usted puede reclamar al ministerio a través de la línea caliente.* ■ ~ **de flotación.** f. En una embarcación: Línea (→ 5) entre la parte sumergida del casco y la que no lo está. ■ ~ **de fuego.** → **primera** ~. ■ ~ **directa.** f. Descendencia de padres a hijos. *Isabel II era descendiente por línea directa de Carlos III.* ■ ~ **equinoccial.** f. Ecuador terrestre. ⇒ ECUADOR. ■ ~ **férrea.** f. Ferrocarril (medio de transporte). ⇒ FERROCARRIL. ■ **primera** ~, o ~ **de fuego.** f. *Mil.* Frente (terreno donde se combate). *Mandaron a mi compañía a la primera línea.* ⇒ FRENTE. □ **de primera** ~. loc. adj. De la mayor calidad o importancia. *La editorial publica solo autores de primera línea.* ■ **en** ~**s generales.** loc. adv. En general o en conjunto. *En líneas generales, los resultados han sido buenos.* ■ **en primera** ~. loc. adv. Entre los mejores o más avanzados de su clase. *La empresa permanece en primera línea desde hace veinte años.* ■ **en toda la** ~. loc. adv. Completamente. *Triunfó en toda la línea.* ■ **leer entre** ~**s.** loc. v. Suponer en un discurso la existencia de un sentido no explícito. *Cuando hay censura, hay que saber leer entre líneas.* ▶ **2:** RAYA. **7:** RENGLÓN.

lineal. adj. **1.** De la línea. *El edificio tiene estructura lineal.* **2.** Que tiene forma de línea. *A lo largo del río se construirá un parque lineal.* **3.** *Lit.* Dicho espec. de relato o narración: Que sigue una secuencia normal de tiempo y con escasa o ninguna acción secundaria. FAM **linealidad.**

linfa. f. *Anat.* Líquido transparente y ligeramente amarillento que contiene pralm. linfocitos y que se difunde por los tejidos, recoge las sustancias producidas por las células y las conduce de nuevo a la sangre venosa. FAM **linfático, ca.**

linfocito. m. *Anat.* Glóbulo blanco con un solo núcleo grande que interviene en la reacción inmunitaria. *Algunos linfocitos destruyen bacterias.*

lingote. m. Barra o bloque de un metal o aleación con la forma del molde que los ha contenido. *El tesoro consistía en varios baúles repletos de lingotes de oro.*

lingual. adj. *Anat.* De la lengua u órgano muscular situado en la boca. *Las papilas linguales sirven para diferenciar los sabores.*

lingüístico, ca. adj. **1.** De la lingüística (→ 3). *El profesor publicó sus estudios lingüísticos.* **2.** Del lenguaje o sistema de comunicación humano. *El niño desarrolla sus habilidades lingüísticas.* ● f. **3.** Ciencia que estudia el lenguaje. FAM lingüista.

linier. m. *Dep.* En el fútbol: Juez de línea. *El linier señaló el fuera de juego.*

linimento. m. Preparación farmacéutica que se aplica en fricciones.

lino. m. **1.** Planta de hojas en forma de punta de lanza, flores azules y tallo recto y hueco, de la que se extrae una fibra textil. *Cultivo del lino.* Tb. esa fibra textil (→ hilo). *Cose con hilo de lino.* **2.** Tejido hecho de fibra de lino (→ 1). *Camisa de lino.* ► 2: HILO.

linóleo. m. Tejido de yute fuerte e impermeable, recubierto de corcho en polvo y aceite de linaza, que se usa espec. para cubrir suelos. *La cocina tiene piso de linóleo.*

linotipia. f. *Gráf.* Máquina de componer textos para imprimir en que las letras pasan a formar el molde de una línea completa, que se funde en una sola pieza. FAM linotipista.

linterna. f. Aparato eléctrico portátil para proyectar luz, que lleva una bombilla y funciona con pilas. *Nos alumbrábamos con una linterna.*

lío. m. **1.** Conjunto de cosas atadas, espec. de ropa. *Lleva un lío de ropa como equipaje.* **2.** coloq. Confusión o falta de claridad, espec. en las ideas. *Me armé un lío con tantos números.* **3.** coloq. Situación confusa y gralm. ruidosa. *¡Menudo lío se armó en el estadio!* **4.** coloq. Situación complicada y de la que es difícil salir. *Si no cumple la ley, se meterá en un buen lío.*

lioso, sa. adj. coloq. Difícil de entender o resolver. *Este texto es muy lioso.*

lípido. m. *Bioquím.* Sustancia orgánica insoluble en agua, que forma reservas de energía en los seres vivos. *Las grasas, los aceites y las ceras son lípidos.*

liposucción. f. *Med.* Técnica de cirugía que consiste en extraer grasa localizada del organismo mediante un pequeño tubo conectado a un aparato aspirador.

lipotimia. f. *Med.* Pérdida repentina y pasajera del conocimiento. ► *DESMAYO.

liquen. m. *Bot.* Organismo vegetal que resulta de la simbiosis entre un hongo y un alga y que vive sobre árboles y rocas formando costras.

liquidar. tr. **1.** Pagar por completo (una cuenta). *Liquidará su deuda.* **2.** Acabar (una cosa), o hacer(la) por completo o hasta el final. *Tengo que liquidar un asunto.* **3.** Hacer el ajuste final de cuentas (de un negocio) para cesar (en él). *Liquidó el negocio y se marchó.* **4.** Vender (algo) a precio rebajado para terminar con las existencias. *Liquidamos todo el género al 50%.* **5.** coloq. Matar (a alguien). *Liquidó al gánster.* **6.** Am. Despedir (a alguien) del trabajo. *Laura tenía buen empleo y la empresa la liquidó* [C]. ► **1:** CANCELAR, FINIQUITAR, SALDAR. **2:** *ACABAR. FAM liquidación.

liquidez. f. *Econ.* Capacidad de hacer frente de manera inmediata a las obligaciones financieras. *La empresa no tiene liquidez para pagar las nóminas.*

líquido, da. adj. Dicho de cuerpo: Que tiene las moléculas con poca cohesión entre sí y que se adapta a la forma del recipiente que lo contiene. *Agregue mantequilla líquida.*

lira¹. f. **1.** Instrumento musical antiguo cuyas cuerdas, sujetas a una caja de resonancia con dos brazos curvos laterales, se pulsan con ambas manos. **2.** *Lit.* Estrofa de cinco versos, tres de siete sílabas, y dos de once.

lira². f. Unidad monetaria de Italia anterior al euro, y de Turquía, Malta, San Marino y Ciudad del Vaticano.

lírico, ca. adj. **1.** De la lírica (→ 6). *Poema lírico.* **2.** Propio de la lírica (→ 6) o apto para ella. *Inspiración lírica.* **3.** Que produce sentimientos o emociones como los que transmite la lírica (→ 6). *Es una pintura lírica e íntima.* **4.** Dicho de autor: Que cultiva la lírica (→ 6). *Poeta lírico.* **5.** Dicho de obra o género musicales o teatrales: Destinados al canto y a la representación escénica. *La ópera pertenece al género lírico.* ● f. **6.** Género literario constituido por las obras, generalmente en verso, en que predomina la expresión de los sentimientos y emociones del autor. *Destaca entre los cultivadores de la lírica.* FAM lirismo.

lirio. m. Planta siempre verde, de largos tallos envueltos por hojas en forma de espada y flores grandes de seis pétalos, azules, moradas o blancas, que se emplea como ornamental. Tb. su flor.

lirón. m. Mamífero roedor nocturno parecido al ratón, de grandes ojos y cola larga y peluda, que se aletarga en invierno. *El lirón hembra.*

lis. m. o f. **1.** cult. Lirio (planta, o flor). **2.** *Heráld.* Flor de lis (→ flor).

lisa. f. Pez marino comestible, de cuerpo alargado, gris azulado por el dorso y plateado por el vientre. ► MÚJOL.

lisboeta. adj. De Lisboa (Portugal).

lisiado, da. adj. Dicho de persona: Que tiene alguna lesión permanente, especialmente en las extremidades. *Un hombre lisiado pedía limosna.* ► *INVÁLIDO.

lisiar. (conjug. ANUNCIAR). tr. Producir una lesión (a una persona o una parte de su cuerpo), espec. si (las) deja incapacitadas. *Levanté peso y me lisié la espalda.*

liso, sa. adj. **1.** Dicho espec. de superficie: Que no tiene asperezas ni partes que sobresalgan. *Una tabla lisa.* **2.** Dicho de cabello: Que no tiene ondas ni rizos. **3.** Dicho de cosa: De un solo color. *Una corbata lisa.* ■ **lisa y llanamente.** loc. adv. De forma sencilla y sin rodeos. *Eso es, lisa y llanamente, un crimen.* ► **1:** *LLANO. **2:** LACIO.

lisonjear. tr. cult. Hacer o decir lo que puede agradar (a alguien), frec. de manera interesada. *Mira con recelo a los que la lisonjean.* FAM lisonja.

lisonjero, ra. adj. **1.** cult. Que resulta agradable o satisfactorio. *Comentarios lisonjeros.* **2.** cult. Que lisonjea. *No quiero a mi lado personas lisonjeras.*

lista. f. **1.** Serie escrita de los nombres o designaciones de un conjunto de personas o cosas, ordenada gralm. en columna. *Lista de alumnos.* **2.** En una superficie: Parte rectangular, larga y delgada, que tiene diferente color o relieve que el resto. *Un taxi blanco con una lista azul.* ■ **pasar ~.** loc. v. Leer en voz alta los nombres de las personas de una lista (→ 1) para comprobar que están presentes. *El profesor pasa lista.*

listado, da. adj. Que tiene listas o rayas. *Suelo de madera listada.*

listar. tr. frecAm. Incluir (algo o a alguien) en una lista. *Un ejemplo es su último comunicado, en el cual listan una serie de embarcaciones* [C].

listo, ta. adj. **1.** Sagaz o despierto. *El niño es listo y no es fácil engañarlo.* **2.** Preparado o dispuesto para algo. *Estoy listo PARA salir.* ► **1:** *INTELIGENTE. FAM listeza.

listón. m. **1.** Pieza plana, larga y estrecha de madera. **2.** *Dep.* En las pruebas de salto: Barra horizontal por encima de la cual hay que saltar. ■ **poner el ~ (muy) alto.** loc. v. Alcanzar alguien o algo un nivel difícil de superar. *Su trabajo es muy bueno; nos ha puesto el listón alto.*

lisura. f. **1.** Cualidad de liso. *Su piel tiene la lisura de la seda.* **2.** Am. Hecho o dicho propios de una persona grosera. *De tres palabras que decía, cuatro eran lisuras* [C]. ▶ **2:** GROSERÍA.

litera. f. **1.** Cada una de las dos o más camas sencillas y estrechas que, superpuestas, forman un mueble. *Yo dormiré en la litera de arriba, y tú, en la de abajo.* Tb. ese mueble. **2.** Cada una de las camas sencillas y estrechas que se usan superpuestas en algunos medios de transporte. *El tren tenía compartimentos con seis literas.*

literal. adj. **1.** Dicho de sentido: Propio y exacto de una palabra o frase. *No tomes sus palabras en sentido literal.* **2.** Dicho de traducción o transcripción: Que sigue palabra por palabra lo que dice el original. *La transcripción literal de la conversación.* FAM literalidad.

literatura. f. **1.** Arte que utiliza como medio de expresión la lengua, espec. escrita. *Sus aficiones son el cine y la literatura.* **2.** Conjunto de obras literarias. *En la literatura del Siglo de Oro destaca la obra de Cervantes.* **3.** Conjunto de conocimientos sobre la literatura. *Enseña literatura.* **4.** Conjunto de libros o textos sobre una materia determinada. *En la literatura médica no aparecen casos como el del paciente.* ▶ **1-3:** LETRAS. FAM literario, ria; literato, ta.

lítico, ca. adj. cult. De la piedra. *Herramientas líticas.*

litigar. tr. Disputar o enfrentarse en un juicio una persona con otra (por algo). Más frec. como intr. *Litigó* CON *su hermano* SOBRE *la herencia.* ▶ PLEITEAR. FAM litigante.

litigio. m. **1.** Hecho o efecto de litigar. *Mantiene un litigio con el ayuntamiento.* **2.** Disputa o enfrentamiento. *El litigio entre los dos países dura ya un año.*

litio. m. *Quím.* Elemento del grupo de los metales, de color blanco plateado, blando y muy ligero, que se emplea para hacer aleaciones y lubricantes y en la industria farmacéutica (Símb. *Li*). *Las baterías de litio tienen larga duración.*

litografía. f. **1.** *Arte* Técnica de grabado consistente en dibujar con lápiz graso sobre una plancha de piedra que se baña en ácido o sobre la que se aplica tinta. **2.** *Arte* Estampa realizada mediante la litografía (→ 1). FAM litográfico, ca; litógrafo, fa.

litología. f. *Geol.* Parte de la geología que estudia las rocas. *Un estudio de litología informa de las condiciones del terreno.* FAM litológico, ca.

litoral. adj. **1.** Del litoral (→ 2). *Zonas litorales.* ● m. **2.** Franja de tierra que está junto a la orilla del mar. *Se prevén nieblas en el litoral.* ▶ **2:** COSTA.

litosfera. f. *Geol.* Capa exterior y sólida de la Tierra, en la que se encuentran las partes rocosas del globo.

litro. m. Unidad de capacidad para líquidos que equivale al volumen de un decímetro cúbico (Símb. *l*). *Una botella de litro.*

lituano, na. adj. **1.** De Lituania (Europa). ● m. **2.** Lengua hablada en Lituania.

liturgia. f. Orden y forma establecidos por una Iglesia para la celebración de las ceremonias de culto. *Conoce la liturgia de la misa.* FAM litúrgico, ca.

liviano, na. adj. **1.** Ligero. En Esp. sobre todo tiene carácter literario o formal. *Lleva una liviana túnica. Se recomiendan cinco comidas livianas durante el día* [C]. **2.** De moral relajada en lo que se refiere al sexo. *Tenía fama de mujer liviana.* FAM liviandad.

lívido, da. adj. **1.** cult. Que tira a morado. *La lívida luz del amanecer.* **2.** cult. Intensamente pálido. *Se quedó lívida de terror.* FAM lividez.

living. (pal. ingl.; pronunc. "líbin"). m. frecAm. Cuarto de estar. *Nos invitó a pasar al living de su casa* [C]. ¶ [Adaptación recomendada: *livin*, pl. *lívines*].

liza. f. cult. Lid (combate). Tb. fig. *Treinta partidos entran en liza en las elecciones.*

ll. f. Combinación de dos letras *l*, que suele recibir el nombre de *elle*, y que en unas zonas se pronuncia con un sonido propio, y en otras, como *y*. *Llanto, ballena.*

llaga. f. Herida abierta en un tejido del cuerpo de un animal o una persona y que no cicatriza o lo hace con dificultad. *Tiene llagas en la boca por falta de vitaminas.* ▶ ÚLCERA.

llama¹. f. Masa gaseosa con forma de lengua puntiaguda que se eleva de un cuerpo que arde, y que produce luz y calor. *Las llamas devoraron el pinar.*

llama². f. Mamífero rumiante doméstico, propio de los Andes, de cuello largo y pelaje lanoso muy apreciado, y que se utiliza como animal de carga. *La llama macho.*

llamada. f. **1.** Hecho de llamar. *Voy a hacer una llamada.* **2.** En un texto: Signo que sirve para enviar al lector de un lugar a otro donde hay una nota o aclaración. *El autor indica las llamadas con asteriscos.* ▶ **Am: 1:** LLAMADO.

llamado. m. **1.** Am. Llamada (hecho de llamar). *Esa misma noche recibió un llamado telefónico de Charly* [C]. **2.** Am. Llamamiento. *Nuestro país no escatima sacrificios en responder al llamado de las Naciones Unidas* [C]. ▶ **1:** LLAMADA.

llamamiento. m. Hecho de estimular a alguien a hacer una cosa o pedirle que la haga, espec. si es de manera formal. *El candidato dirige un llamamiento a la población para que vote.* ▶ **Am:** LLAMADO.

llamar. tr. **1.** Tratar de captar la atención (de alguien) mediante palabras, ruidos o gestos. *La llamé y ella alzó la vista del libro.* **2.** Establecer comunicación (con alguien) a través del teléfono. *Me llamó desde Quito.* **3.** Pedir (a alguien) que vaya a un lugar. *Llama al camarero.* **4.** Aplicar (a alguien o algo) un nombre o un adjetivo calificativo determinados. *La llaman Tere.* **5.** Hacer una persona o cosa que (otra) se sienta atraída por ella. *El estudio no la llama y prefiere trabajar.* ○ tr. prnl. **6.** Tener alguien o algo (el nombre) que se indica. *Su hermano se llama Julio.* ○ intr. **7.** Avisar alguien de su llegada a un lugar golpeando con la mano o accionando un mecanismo, como un timbre, gralm. para que le abran una puerta. *Si llaman a la puerta, abre tú.* ▶ **2:** TELEFONEAR. FAM llamador, ra.

llamarada. f. Llama grande que se apaga rápidamente.

llamativo, va. adj. Dicho de persona o cosa: Que hace que los demás se fijen en ella o le presten atención, espec. por su aspecto. *Lleva ropa muy llamativa.*

llamear. intr. cult. Echar llamas. *En la chimenea llamean tres leños.* FAM llameante.

llana. → llano.

llanero, ra. adj. De Los Llanos (región que comprende territorios de Colombia y Venezuela).

llano, na. adj. **1.** Que no tiene desniveles o desigualdades. *Este camino es llano.* **2.** Sencillo y natural en su trato con los demás. *Es una persona llana que habla con todos.* **3.** Sencillo o sin complicaciones ni adornos. *Se expresa con un lenguaje llano.* **4.** Fon. Dicho de palabra: Que lleva el acento de intensidad en la penúltima sílaba. *"Álbum" y "camino" son palabras llanas.* ○ m. **5.** Terreno llano (→ 1). *Atravesamos los llanos a caballo.* ▶ **1:** LISO, PLANO. **4:** GRAVE, PAROXÍTONO. FAM llaneza.

llanta. f. **1.** Pieza metálica central de una rueda sobre la que se monta el neumático. *El nuevo automóvil tiene llantas de aluminio.* **2.** Am. Neumático. *Los campesinos pincharon las llantas de los camiones de carga* [C].

llantén. m. Hierba siempre verde que crece en prados y huertos, cuyas hojas tienen propiedades medicinales.

llanto. m. Hecho o efecto de llorar. *El llanto del bebé.* ▶ LLORO. FAM llantina.

llanura. f. Extensión de terreno llano, espec. el de gran amplitud.

llave. f. **1.** Instrumento gralm. metálico que se introduce en una cerradura y sirve para abrirla o cerrarla. **2.** Herramienta que sirve para apretar o aflojar tuercas. *El mecánico ajusta las tuercas con una llave.* **3.** Mecanismo que sirve para regular el paso de un fluido por un conducto. *La llave del gas.* Tb. *~ de paso.* **4.** Signo gráfico de forma parecida a un corchete grande ({), que sirve para agrupar varias líneas de elementos que forman una serie. *Dibuja una llave y escribe dentro los tipos de adjetivo.* **5.** En algunos deportes de lucha: Movimiento para derribar o inmovilizar al contrario. *Con una llave de judo derribó a su agresor.* ■ *~ inglesa.* f. Llave (→ 2) de abertura regulable para tuercas de diversos tamaños. ■ *~ maestra.* f. Llave (→ 1) que sirve para varias cerraduras distintas. *En el hotel hay una llave maestra que abre todas las habitaciones.* □ *bajo ~.* loc. adv. En un sitio cerrado con llave (→ 1). *Los documentos los guardo bajo llave.* ■ *bajo siete ~s.* loc. adv. coloq. En lugar muy custodiado u oculto. *Guarda su colección de monedas bajo siete llaves.* FAM llavero; llavín.

llegada. f. **1.** Hecho de llegar. *La llegada del vuelo se retrasa por la niebla.* **2.** Meta (lugar donde termina una carrera). ▶ **2:** META.

llegar. intr. **1.** Acabar alguien o algo su trayectoria o su recorrido hacia un lugar. *Su avión llega a las ocho.* **2.** Durar una persona o una cosa hasta un límite determinado. *Su abuela llegó HASTA los cien años.* **3.** Hacerse realidad algo previsible o esperado. *Ya ha llegado el invierno.* **4.** Convertirse alguien en algo que gralm. se ha propuesto como objetivo. *Llegó A general muy rápidamente.* **5.** Seguido de *a* y un infinitivo, expresa que la realización de la acción denotada por el infinitivo se produce al término de un proceso, frec. como resultado de un esfuerzo. *Llegaron a hacerse amigos íntimos.* **6.** Extenderse algo hasta un punto o límite determinados. *La falda le llegaba a las rodillas.* **7.** Ascender algo a una cantidad. *El cuadro subastado llegó AL millón de dólares.* **8.** Ser suficiente una cantidad de algo. *Ese dinero no llega ni PARA comprar el billete.*

llenar. tr. **1.** Hacer que (algo o alguien) pasen a estar llenos. *No me llenes la taza: solo quiero un poco de café.* **2.** Estar alguien o algo (en un lugar) en gran cantidad o de modo que no quepa más. *Un montón de facturas llenan su cartera.* **3.** Ser algo la actividad (de un espacio de tiempo). *El trabajo me llena toda la mañana.* **4.** Hacer alguien que (un espacio de tiempo) tenga una actividad. *Con este asunto lleno la tarde.* **5.** Satisfacer o gustar (a alguien). *Debes buscar una actividad que te llene.* ▶ **2-4:** OCUPAR. FAM llenado.

lleno, na. adj. **1.** Que contiene la máxima cantidad posible de cosas o de personas. *El vaso está lleno DE agua.* **2.** Que tiene gran cantidad de cosas o de personas. *El escrito está lleno DE errores.* **3.** Dicho de persona: Que no desea comer más, por haber comido mucho. *–¿Quieres torta? –No, gracias; estoy lleno.* **4.** eufem. Dicho de persona: Un poco gorda. Más frec. *llenito.* *Es una chica llenita.* ● m. **5.** Hecho de llenar por completo el público el local destinado a un espectáculo público. *En el estreno hubo un lleno total.* ■ *de lleno.* loc. adv. Total o completamente. *Acertó de lleno.*

llevadero, ra. adj. Que se puede soportar o aguantar. *Gracias al libro, el viaje me resulta más llevadero.*

llevar. tr. **1.** Hacer alguien o algo que, por medio de ellos, (una persona o cosa) pasen a otra o a otro lugar, alejado del que habla. *Olvidé llevar el informe a la reunión.* **2.** Cobrar (una cantidad de dinero). *Nos llevaron seis dólares POR un simple café.* **3.** Soportar alguien (algo), o hacer(lo) más tolerable. *Lo ayudó a llevar su desgracia.* **4.** Soportar alguien (algo) de una determinada manera. *Llevo fatal eso de levantarme tan temprano.* **5.** Manejar (a alguien), o influir sobre su comportamiento o su opinión. *No suele tomar la iniciativa, simplemente se deja llevar.* **6.** Servir de medio algo, espec. un camino (a una persona) para ir a un lugar. *Esta carretera los llevará AL hotel.* Tb. como intr. *Coja el desvío que lleva AL pueblo.* **7.** Estar provisto (de algo). *Mi reloj lleva alarma.* **8.** Tener puesto (algo, como una prenda de vestir). *Lleva una corbata azul.* **9.** Conducir o manejar (un vehículo, espec. un automóvil). *¿Quieres llevar el coche?* **10.** Hacer (un tiempo determinado) que alguien o algo están en una situación o en un lugar. *Llevo una hora esperándote.* **11.** Exceder o sobrepasar una persona o cosa (en una medida) a otra. *Su hija le lleva un año a la mía.* **12.** Ser alguien el responsable o el encargado (de algo). *Lleva las relaciones con la prensa.* **13.** Arrastrar (algo o a alguien) haciendo que se muevan o se desplacen. *El río lleva barro.* **14.** Tener alguien consigo o sobre sí (una cosa o a una persona). *Lleva a la niña en brazos.* **15.** Acomodarse (a un ritmo), o seguir(lo) moviéndose conforme a él. *Lleva el ritmo con las manos.* **16.** Seguido del participio concertado de un verbo transitivo, expresa que continúa o puede continuar el estado al que ha dado lugar la acción expresada por el participio. *Ya llevan marcados tres goles.* **17.** Mat. Reservar las decenas de una operación parcial en una suma o multiplicación para agregarlas al resultado de la siguiente operación parcial. ○ tr. prnl. **18.** Llevar (→ 1) consigo (algo o a alguien). *Se ha llevado mis llaves.* **19.** Ser alguien o algo (no cosa) que reciben (un beneficio o un daño). *Me llevé un susto.* **20.** Tener una persona o cosa (una diferencia en medida) con otra. *Se lleva dos años CON su hermano.* ○ intr. **21.** Estar de moda algo. *Ya no se lleva el pelo así.* ■ *~ las de ganar.* loc. v. coloq. Estar en posición ventajosa. *Lleva las de ganar en la discusión.* ■ *~ las de perder.* loc. v. Estar en posición desventajosa. *No te metas con él, porque llevas las de perder.* ■ *~se por delante.* loc. v. coloq. Derribar una persona o cosa que se mueven (a otra que se interpone en su marcha). *El automóvil* *se llevó por delante una farola.* ▶ **1, 7, 8, 14:** POR-TAR. ‖ **Am: 8, 9:** ANDAR.

llorar. intr. **1.** Derramar lágrimas alguien. *El niño llora cuando se va su madre.* **2.** Derramar lágrimas el ojo. *Me lloran los ojos.* **3.** coloq. Quejarse o lamentarse alguien de sus necesidades o desgracias, espec. para conseguir algo. *A cualquiera que te llora un poco le prestas dinero.* ○ tr. **4.** Sentir tristeza o dolor (por una desgracia). *Sus amigos lloran su muerte.* **5.** Derramar (lágrimas) alguien. *Lloraba lágrimas* DE *dolor.* FAM llorica; lloriquear; lloriqueo; lloro; llorón, na; lloroso; sa.

llover. (conjug. MOVER). intr. impers. **1.** Caer agua de las nubes. *Lleva meses sin llover.* ○ tr. intr. **2.** Caer agua de las nubes. *Está lloviendo una lluvia fina.* **3.** Caer una cosa en abundancia sobre alguien o algo. Tb. fig. *A la actriz le llueven los contratos.*

llovizna. f. Lluvia de gotas finas que cae con suavidad. *Había niebla y llovizna.* ▶ **Am:** GARÚA. FAM lloviznar.

lluvia. f. **1.** Fenómeno atmosférico que consiste en caer agua de las nubes. *Han anunciado lluvias para el fin de semana.* **2.** Hecho de caer algo en abundancia sobre alguien. *Recibieron al político con una lluvia de huevos.* Tb. fig. *La subida de precios produjo una lluvia de quejas.* ■ ~ **ácida.** f. Lluvia (→ 1) que contiene contaminantes ácidos procedentes de las emanaciones de las industrias. *La lluvia ácida asola los bosques.* ■ ~ **de estrellas.** f. Aparición de muchas estrellas fugaces en el cielo. *Esta noche se podrá ver una lluvia de estrellas.* FAM lluvioso, sa.

lo¹. (No tiene pl.). art. **1.** Precede a un adjetivo al que sustantiva dándole el valor de nombre de la cualidad expresada por él. *Nos sorprendió lo inesperado de su reacción.* **2.** Precede a un adjetivo o a una proposición adjetiva que se sustantivan, para designar un aspecto o una parte de algo. *Lo bueno de vivir aquí es que estás cerca del trabajo.* **3.** Precede a un adjetivo o a un elemento adjetivo que se sustantivan, para designar una cosa o un conjunto de cosas. *Eso no es lo que te dije.*

lo². (No tiene pl. En ciertos casos va detrás del v. y se escribe unido a él: *Solo puedo suponerlo; Sigue siéndolo; Compréndelo*). pron. pers. **1.** Designa, en función de complemento predicativo, una cualidad o un conjunto de cualidades expresadas por un adjetivo o un nombre. Se usa con los v. *ser, estar y parecer. Si yo soy tenaz, vosotros lo sois aún más.* **2.** Designa, en función de complemento directo sin preposición, un hecho, una idea o una cosa o conjunto de cosas mencionados antes. *Eso que dices tendrás que probarlo.* Tb. designa, anticipándolos, un hecho, una idea o una cosa o conjunto de cosas que se mencionan después. *Ya lo creo que obedecerá.*

lo³, la. (pl. los, las. En ciertos casos va detrás del v. y se escribe unido a él: *Intentó calmarlo; Estaba buscándolas; Acompáñala*). pron. pers. **1.** Designa, en función de complemento directo sin preposición, a la misma persona o cosa designadas con los pronombres *él* o *ella,* o con un nombre, o a la misma persona designada con el pronombre *usted. A la mujer ya me la habían presentado.* Tb. designa, anticipándolas, a una persona o una cosa que se mencionan después. *Los saludé a todos.* **2.** Designa, en función de complemento directo sin preposición, a una persona que recibe el tratamiento de *usted. A ustedes os creía en París.* **3.** En ciertas expresiones y locuciones verbales, se usan las formas *la* y *las* sin que designen nada

concreto. Arréglatelas como puedas. Buena la hemos hecho pidiéndole ayuda.

loa. f. **1.** cult. Hecho de alabar. *Su valentía es digna de loa.* **2.** Lit. Composición poética en que se alaba algo o a alguien. *Los poetas escribían loas en honor del rey.* FAM loable; loar.

lobanillo. m. Bulto que se forma debajo de la piel. *Le extirparon un lobanillo en la frente.* ▶ QUISTE.

lobby. (pal. ingl.; pronunc. "lóbi"). m. Grupo organizado para presionar a los poderes públicos a favor de intereses particulares. *El lobby de los petroleros lucha por mantener sus privilegios.* ¶ [Equivalentes recomendados: *grupo de presión* o, Am., *grupo de cabildeo*].

lobo, ba. m. **1.** Mamífero carnívoro parecido al perro, de hocico afilado, orejas puntiagudas y cola larga y peluda. ○ f. **2.** Hembra del lobo (→ 1). ■ **lobo de mar.** m. Marino con mucha experiencia. *Un lobo de mar me contaba sus viajes.* FAM lobato; lobera; lobezno; lobuno, na.

lóbrego, ga. adj. cult. Oscuro o que tiene poca luz. *Una habitación lóbrega.* FAM lobreguez.

lobulado, da. adj. tecn. Que tiene lóbulos o partes salientes. *Hojas lobuladas.*

lóbulo. m. **1.** Parte inferior, redondeada y blanda de la oreja. *Se perforó los lóbulos.* **2.** Parte de una cosa que sobresale en forma de onda. *Un arco con tres lóbulos.* **3.** Anat. Parte redondeada y saliente de un órgano. *Lóbulos del pulmón.*

loca. → loco.

local. adj. **1.** De un determinado lugar. *Productos locales.* **2.** Del municipio. *La policía local.* **3.** Que afecta solo a determinada parte del cuerpo. *Anestesia local.* ● m. **4.** Lugar cerrado y cubierto, espec. el dedicado al comercio o al entretenimiento. *En ese local van a abrir un bar.* ▶ **2:** MUNICIPAL.

localidad. f. **1.** Población (lugar edificado). *Vive en una pequeña localidad.* **2.** En un local de espectáculos: Plaza o asiento destinados a un espectador. Tb. la entrada que permite ocupar esa plaza. *Venta de localidades por teléfono.* ▶ **1:** POBLACIÓN.

localismo. m. **1.** Actitud o tendencia de quien tiene excesiva preferencia o preocupación por lo local o por la propia tierra. *Cambiemos el localismo por una actitud más abierta.* **2.** Palabra o expresión propias de una localidad o zona determinadas. *El campesino usa muchos localismos.* FAM localista.

localizar. tr. Averiguar dónde se encuentra (alguien o algo). *Localicen a los familiares del enfermo.* FAM localización.

loción. f. Líquido que se aplica sobre la piel o el pelo por sus propiedades medicinales o como cosmético. *Una loción contra la caída del cabello.*

loco, ca. adj. **1.** Que no es capaz de razonar normalmente. *Vino hacia mí loco* DE *furia.* **2.** Insensato o poco prudente. *Hay que estar loco para conducir tan deprisa.* **3.** Dicho de cosa: Muy grande o excesiva. *Tengo unas ganas locas de bailar.* **4.** coloq. Dicho de persona: Entusiasmada. *Está loco con su coche nuevo.* **5.** coloq. Que siente gran amor o afición por alguien o algo. *Juan está loco* POR *su novia.* ■ **a lo loco.** loc. adv. De manera imprudente o sin reflexionar. *Se gasta el dinero a lo loco.* ■ **hacer el loco.** loc. v. Actuar como un loco (→ 2). *Si haces el loco, te caerás.* ■ **hacerse el ~.** loc. v. Fingir que se está distraído o que se ignora algo. *¡No te hagas la loca, te hablo a ti!*

■ **ni ~.** loc. adv. coloq. De ninguna manera. *No se sube a un avión ni loca.* ▶ **1:** ALIENADO, ALUCINADO, DEMENCIADO, DEMENTE, ENAJENADO, INSANO, PERTURBADO.

locomoción. f. Desplazamiento de un lugar a otro, espec. el que se lleva a cabo en un medio de transporte. *El metro es el medio de locomoción más utilizado.*

locomotor, tora (o **triz**). adj. **1.** De la locomoción. *Nuestro aparato locomotor está formado por dos extremidades.* ● f. (**locomotora**). **2.** Máquina que arrastra los vagones de un tren. *Las locomotoras antiguas eran de vapor.*

locuaz. adj. Que habla mucho. *Estuvo muy locuaz.* FAM locuacidad.

locución. f. *Gram.* Combinación fija de dos o más palabras que funcionan como una unidad. *"Mano a mano" es una locución corriente.*

locura. f. **1.** Condición de loco. *A pesar de su locura, tiene momentos lúcidos.* **2.** Hecho propio de una persona loca. *Es una locura dejar a los niños solos.* **3.** Pasión o afecto extraordinarios. *Tengo locura por mis nietos.* ■ **con ~.** loc. adv. coloq. Muchísimo o con gran intensidad. *Lo ama con locura.* ▶ **1:** DEMENCIA, ENAJENACIÓN. ‖ **Am:** LOQUERA.

locutor, ra. m. y f. Persona que da las noticias o presenta un programa en la radio o en la televisión. *El locutor deportivo anunció el gol a gritos.*

locutorio. m. **1.** Habitación, en un convento, en que los visitantes pueden hablar con las monjas, o, en una cárcel, en que los visitantes pueden hablar con los presos. **2.** Local o departamento en que hay varias cabinas de teléfono individuales. *Habla con su familia de Brasil desde un locutorio.*

lodo. m. Mezcla de agua y tierra que se forma en el suelo por la lluvia, y en el fondo de corrientes o aguas detenidas. ▶ *BARRO. FAM lodazal.

logaritmo. m. *Mat.* Exponente al que hay que elevar una cantidad para obtener un número determinado. FAM logarítmico, ca.

logia. f. Agrupación de masones. *Las logias están estructuradas jerárquicamente.*

lógico, ca. adj. **1.** Que se ajusta a las leyes de la lógica (→ 4, 5). *Su razonamiento es lógico.* **2.** Esperable, dados los antecedentes. *Si no estudias, es lógico que suspendas.* **3.** De la lógica (→ 4). *Leyes lógicas.* ● f. **4.** Parte de la filosofía que estudia las leyes que rigen el pensamiento. *El profesor de filosofía nos enseña el lenguaje de la lógica.* **5.** Conjunto de normas por las que se rige el pensamiento humano. *Eso es un disparate, está fuera de toda lógica.* ○ m. y f. **6.** Persona especialista en lógica (→ 4).

logístico, ca. adj. **1.** De la logística (→ 2, 3). *La empresa tiene una buena estructura logística.* ● f. **2.** Organización de los medios y métodos necesarios para llevar a cabo algo. *Discutieron la logística de la distribución de un producto.* **3.** *Mil.* Parte de la estrategia militar que se ocupa del movimiento y mantenimiento de las tropas en campaña. *El sargento era el encargado de la logística del batallón.*

logopedia. f. *Med.* y *Psicol.* Estudio de los trastornos del lenguaje y aplicación de técnicas para su corrección. *La logopedia ayuda a los sordos a comunicarse mejor.* FAM logopeda.

logotipo. m. Símbolo formado por letras o dibujos que sirve de emblema de una empresa o entidad, de una marca o de un producto. *El sobre lleva el logotipo del banco.*

logrado, da. adj. Bien hecho. *La película tiene una ambientación lograda.*

lograr. tr. **1.** Conseguir (algo no material que se desea). *Logramos nuestro objetivo.* **2.** Seguido de un infinitivo: Llegar a realizar (la acción designada). *¿Lograste hablar con él?* ▶ CONSEGUIR. FAM logro.

logroñés, sa. adj. De Logroño (España).

loísmo. m. *Gram.* Empleo de los pronombres *lo* y *los* como complemento indirecto masculino, en casos en que deberían haberse usado *le* y *les. En la frase "lo di la botella a Juan" hay un caso de loísmo.* FAM loísta.

lojano, na. adj. De Loja (Ecuador).

lolita. f. coloq. Adolescente seductora y provocativa. *La película narra el romance entre una lolita y un cincuentón.*

loma. f. Elevación del terreno pequeña y de forma alargada. *Subió una loma para ver el paisaje.*

lombriz. f. **1.** Gusano de cuerpo alargado y cilíndrico con anillos transversales, que excava galerías en terrenos húmedos. **2.** Gusano parásito que vive en el intestino del hombre y de algunos animales. Tb. ~ *intestinal.*

lomo. m. **1.** Parte del cuerpo de un animal cuadrúpedo, que se extiende sobre el espinazo. *Acaricia el lomo del perro.* **2.** Pieza de carne de cerdo o de vacuno, correspondiente al lomo (→ 1). *Compró un kilo de lomo de cerdo.* **3.** Parte de un libro en la que van pegadas o cosidas las hojas. *En el lomo se lee el título.* ■ **a ~s** (de una caballería). loc. adv. Montando (sobre ella). *Iba a lomos DE un burro.*

lona. f. **1.** Tela fuerte de algodón o cáñamo que se emplea para hacer toldos y velas. **2.** En algunos deportes de lucha: Suelo acolchado sobre el que se celebran los combates. *El púgil cae sobre la lona.* FAM loneta.

loncha. f. Porción plana y delgada de un alimento. *Queso en lonchas.* ▶ LONJA. ‖ **Am:** FETA.

londinense. adj. De Londres (Reino Unido).

longaniza. f. Embutido de forma alargada y estrecha relleno de carne de cerdo picada y adobada.

longevo, va. adj. Que vive muchos años. *La tortuga es un animal longevo.* FAM longevidad.

longitud. f. **1.** En una superficie plana: Dimensión lineal mayor. *La playa tiene dos kilómetros de longitud.* **2.** *Fís.* Magnitud que expresa la distancia entre dos puntos y cuya unidad en el Sistema Internacional es el metro. *La yarda es una medida inglesa de longitud.* **3.** *Geogr.* Distancia que hay entre un punto de la Tierra y el meridiano cero y que se expresa en grados. *El barco se encuentra a 41° 20' de latitud norte y 39° 23' de longitud oeste.* ■ **~ de onda.** f. *Fís.* Distancia entre dos puntos correspondientes a una misma fase de dos ondas consecutivas. ▶ **1:** LARGO, LARGURA.

longitudinal. adj. **1.** De la longitud. *Rasgó la tela en sentido longitudinal.* **2.** Que está en sentido longitudinal (→ 1). *Parte el melón con un corte longitudinal.*

lonja¹. f. Loncha. *La camarera pone las lonjas de jamón en una fuente.*

lonja². f. Edificio donde se compran y venden mercancías al por mayor.

lontananza. en ~. loc. adv. cult. A lo lejos. *En lontananza se ve la sierra.*

loor. m. cult. Elogio. *Era un librito de composiciones en loor de la Virgen.*

loquero, ra. m. y f. **1.** Persona que se dedica a cuidar locos. ○ f. **2.** Am. Locura. *¿Nunca te han dado ganas de hacer una loquera?* [C].

lora. f. Am. Loro (ave). *Ofrecían loras para mascotas* [C]. ▶ LORO.

lord. (pronunc. "lor"; pl. **lores**). m. Miembro de la nobleza británica que tiene el título de conde, barón, marqués o vizconde. *A las fiestas de Buckingham asisten numerosos lores.* Se usa, antepuesto al nombre de pila o al apellido, como tratamiento que corresponde a un lord o a un alto cargo. *Lord Arthur vive en una mansión.*

loro. m. Ave tropical de colorido brillante, con pico fuerte y curvado, que puede aprender a imitar la voz humana. *El loro hembra.* ▶ PERICO. ‖ Am: LORA.

los¹. → el.

los². → lo³.

losa. f. **1.** Piedra grande, llana y delgada, gralm. labrada, que se emplea para cubrir suelos y tapar sepulturas. *La plaza está pavimentada con losas de granito.* **2.** Baldosa. *El suelo de la cocina es de losas blancas y negras.* FAM **loseta.**

lote. m. **1.** Cada una de las partes en que se divide un todo para repartirlo entre varias personas. *Hicieron tres lotes de la herencia.* **2.** Conjunto de objetos similares que se agrupan con un fin determinado. *Sortean un lote de libros.* **3.** Am. Solar o parcela. *Se debe tener un lote limpio para efectuar el trazado del huerto* [C]. ▶ **3:** *SOLAR. ‖ Am: **2:** COMBO.

lotería. f. **1.** Juego de azar del Estado en el que se venden billetes numerados, de los que se premian con diferentes cantidades los que coinciden en una o más cifras con determinados números sacados por sorteo. *Juega a la lotería en Navidad.* **2.** Asunto que depende de la suerte o de la casualidad. *Lo de conseguir el éxito es una lotería.* FAM **lotero, ra.**

loto. m. Planta acuática ornamental de grandes hojas brillantes y flores blancas y olorosas, que se cultiva en lagos y estanques.

loza. f. **1.** Barro fino, cocido y barnizado del que están hechos diversos objetos, espec. las piezas de una vajilla. *Platos de loza.* **2.** Conjunto de objetos de loza (→ **1**), espec. de utensilios de uso doméstico. *Después de fregar, guarda la loza.*

lozano, na. adj. cult. Vigoroso y de aspecto sano. *Las rosas están tan lozanas como el primer día.* FAM **lozanía.**

LP. (sigla; pronunc. "ele-pe"). m. Elepé. *Puso en el tocadiscos un viejo LP.*

lubricar. tr. Hacer que (algo) quede resbaladizo. *El aceite lubrica las piezas del motor.* FAM **lubricación; lubricante; lubrificante; lubrificar.**

lúbrico, ca. adj. cult. Que tiene tendencia excesiva a desear el placer sexual. *Ellas huían del acoso de aquel lúbrico sujeto.* FAM **lubricidad.**

lucense. adj. De Lugo (España).

lucerna. f. *Constr.* Abertura en el techo o en la parte alta de una habitación que sirve para dar luz y para ventilar. *Dos grandes lucernas iluminan la buhardilla.*

lucernario. m. **1.** *Constr.* Ventana abierta en la parte alta de una pared. *La luz entra en el sótano por los lucernarios.* **2.** *Arq.* Torre con ventanas, pequeña y alargada, que remata un edificio y frec. se encuentra sobre una cúpula.

lucero. m. **1.** Astro que se ve grande y brillante en el cielo. *En las noches sin luna se ven mejor los luceros.* **2.** Mancha blanca que tienen en la frente algunos animales de cuatro patas. ■ ~ **del alba.** loc. s. El planeta Venus. *Atardece, sale el lucero del alba.*

lucha. f. **1.** Hecho de luchar. *Todos colaboran en la lucha* CONTRA *el fuego.* **2.** Deporte en que dos adversarios luchan intentando derribarse el uno al otro. ■ ~ **grecorromana.** f. Lucha (→ 2) en que no se permite usar las piernas para derribar al adversario ni atacarlo por debajo de la cintura. ■ ~ **libre.** f. Lucha (→ 2) en que se permite usar todo el cuerpo para derribar al adversario y atacarle por debajo de la cintura. ▶ **1:** *PELEA.

luchar. intr. Emplear alguien las fuerzas o los recursos a su alcance para dominar a una persona o cosa, o para conseguir algo. *Lucharemos* POR *un mundo mejor. Cada macho de la manada lucha a muerte* CONTRA *otros machos.* ▶ COMBATIR, CONTENDER, DEBATIRSE, PELEAR, PUGNAR. FAM **luchador, ra.**

lucido, da. adj. **1.** Dicho de cosa: Que llama la atención por su belleza. *El desfile fue muy lucido.* **2.** Dicho de cosa: Que permite a alguien lucirse. *El papel del actor es muy lucido.*

lúcido, da. adj. Que razona de forma clara. *A pesar de su edad, mantiene la cabeza lúcida.* FAM **lucidez.**

luciérnaga. f. Insecto capaz de emitir luz, cuyo macho tiene forma de escarabajo y cuya hembra, sin alas, parece un gusano y despide una luz más fuerte. *De noche se ve la luz verdosa de las luciérnagas.*

lucio. m. Pez comestible de agua dulce, de gran tamaño, con cuerpo alargado de color verdoso y boca grande con muchos dientes.

lucir. (conjug. LUCIR). intr. **1.** Brillar o despedir luz. *Hace frío, pero luce el sol.* **2.** Resultar provechoso (algo, como un trabajo o un esfuerzo). *Me paso el día limpiando, pero no me luce nada.* ○ tr. **3.** Exhibir (algo de valor o de lo que se puede presumir). *La mujer luce una sortija de brillantes.* ○ intr. prnl. **4.** Hacer alguien muy bien una cosa, de manera que causa buena impresión en los demás. *El bailarín se lució: puso al teatro en pie.* ▶ **1:** *BRILLAR. FAM **luciente; lucimiento.**

lucrarse. intr. prnl. Obtener ganancias de un asunto o negocio. *Perseguiremos a los que se lucran* DE *la inmigración ilegal.* FAM **lucrativo, va; lucro.**

luctuoso, sa. adj. cult. Dicho de cosa: Triste o que produce tristeza. *Se enteró por la prensa de la luctuosa noticia.*

lucubración. f. cult. Hecho o efecto de elaborar pensamientos profundos. *Sus lucubraciones sobre el sentido de la vida son complejas.* ▶ ELUCUBRACIÓN.

lúcuma. f. Fruto comestible americano del tamaño de una manzana y de carne amarilla y dulce. *Las lúcumas se pelan, se muelen y se mezclan con la crema* [C].

lúdico, ca. adj. cult. Del juego. *Los monitores organizan actividades lúdicas.*

ludo. m. Am. Parchís. *Jugábamos al ludo o a las damas* [C].

ludopatía. f. *Med.* Adicción patológica al juego. *El gusto por los juegos de azar puede degenerar en una ludopatía.* FAM **ludópata.**

ludoteca. f. Centro o lugar donde hay juegos y juguetes para su uso o préstamo. *El Ayuntamiento abrirá una ludoteca.*

luego. adv. **1.** Después, o más tarde. *Ya te lo explicaré luego.* **2.** En un lugar que va después o a continuación. *Primero hay un prólogo, y luego, la introducción.* **3.** frecAm. Enseguida. *Se va a dar cuenta, muy luego, quién es el depredador en esta casa* [C]. ● conj. **4.** Así que, o por consiguiente. *El jurado en-*

tra en la sala, luego ya tiene veredicto. ■ **desde ~.** loc. adv. Sin duda. –Supongo que fue un momento inolvidable. –Sí, desde luego. ■ ~ **de.** loc. prepos. frecAm. Después de. Luego de esa reunión, se fue cada uno a sus ocupaciones [C]. ■ ~ **que.** loc. conjunt. cult. Tan pronto como. Luego que tomaron asiento, empezó la ceremonia. ■ **hasta ~.** expr. Se usa para despedirse de alguien a quien se espera volver a ver dentro de poco. Volveré dentro de una hora, hasta luego.

luengo, ga. adj. cult. Largo. La casa permaneció abandonada por luengos años.

lugar. m. **1.** Espacio que está o puede estar ocupado por una persona o cosa. Me gustaría viajar a otros lugares. No sé en qué lugar poner las flores. **2.** Lugar (→ 1), real o imaginario, que corresponde a una persona o una cosa en una serie. El soldado ocupa su lugar en la fila. **3.** Ocasión para algo. Sus palabras no dieron lugar A equívocos. **4.** Población, espec. pequeña. Todos los habitantes del lugar se conocen. ■ ~ **común.** m. Expresión o idea muy conocidas y empleadas en casos semejantes. Decir que hay que fomentar el diálogo se ha convertido en un lugar común. ⇒ *TÓPICO. □ **dar** ~ (a algo). loc. v. Ocasionar(lo) o motivar(lo). La falta de acuerdo dio lugar a una crisis en el partido. ■ **en buen** (o **mal**) ~. loc. adv. En buena (o mala) situación o consideración. Con su comportamiento nos ha dejado en mal lugar. ■ **en** ~ **de.** prepos. En sustitución de. Utilizaré aceite en lugar de mantequilla. ■ **en el** ~ (de alguien). loc. adv. En la situación o circunstancias (de esa persona). En mi lugar tú habrías hecho lo mismo. ■ **fuera de** ~. loc. adj. Inoportuno o poco adecuado. Hice un comentario fuera de lugar. ■ **ponerse en el** ~ (de alguien). loc. v. Adoptar el punto de vista (de esa persona) o tratar de comprenderlo. Si te pones en mi lugar, entenderás mi actitud. ■ **sin** ~ **a duda(s).** loc. adv. Con toda seguridad. Es, sin lugar a duda, el mejor músico del momento. ■ **tener** ~ algo. loc. v. cult. Ocurrir o suceder. La entrega de premios tendrá lugar en marzo. ▶ **1:** SITIO, PARAJE. **2:** PUESTO. FAM **lugareño, ña.**

lugarteniente. m. y f. Persona que tiene la función de sustituir a otra en su cargo en determinadas ocasiones. Al morir el líder, su lugarteniente tomó el poder.

lúgubre. adj. Triste (que experimenta o manifiesta tristeza). Se hundió en lúgubres pensamientos. ▶ *TRISTE.

lujo. m. **1.** Abundancia de objetos y comodidades que supone un gran gasto. Me fascina el lujo del palacio. **2.** Abundancia excesiva de algo. Lo contó con todo lujo DE detalles. **3.** Cosa que no está al alcance de todos, gralm. por exigir muchos medios. Trabajar sin horarios fijos es un lujo. FAM **lujoso, sa.**

lujuria. f. Deseo excesivo del placer sexual. Son imágenes que pueden incitar a la lujuria. FAM **lujurioso, sa.**

lumbago. m. Dolor agudo y persistente en la región lumbar. Me dio lumbago por levantar una caja pesada. FAM **lumbalgia.**

lumbar. adj. Anat. De la parte de la espalda comprendida entre la cintura y los glúteos. Vértebras lumbares.

lumbre. f. Fuego encendido, gralm. con leña, para dar calor, cocinar u otros usos. Me arrimaré a la lumbre para calentarme.

lumbrera. f. Persona que destaca por su saber o su inteligencia. No hay que ser una lumbrera para entender lo que pasa.

luminaria. f. **1.** histór. Luz colocada en calles y ventanas con motivo de una fiesta. Celebraron con luminarias la llegada de los reyes. **2.** Am. Farola u otra pieza del alumbrado público. El mobiliario urbano: las paradas del tranvía, las bancas, las luminarias, los basureros y los pasamanos [C].

lumínico, ca. adj. tecn. De la luz. El aparato mide la intensidad lumínica.

luminiscencia. f. Fís. Propiedad de algunos cuerpos que consiste en emitir luz propia sin que haya aumento de la temperatura. FAM **luminiscente.**

luminoso, sa. adj. **1.** Que despide luz. Un letrero luminoso. **2.** Que tiene mucha luz. Una habitación luminosa. **3.** De aspecto vivo o alegre. Colores luminosos. FAM **luminosidad.**

luminotecnia. f. Arte o técnica de iluminar con luz artificial. En la obra destacan los decorados y los efectos de luminotecnia. FAM **luminotécnico, ca.**

lumpen. m. Capa social más baja y marginada de la sociedad. El lumpen lo forman los mendigos y desarraigados.

luna. f. **1.** (Frec. en mayúsc.; gralm. con art.). Satélite natural de la Tierra. La Luna brilla porque refleja la luz del Sol. **2.** Lámina gruesa de cristal. Los ladrones rompieron la luna de la tienda. **3.** Espejo grande, espec. el que hay en la puerta de un armario ropero. Un armario de luna. **4.** Tiempo que transcurre entre una luna nueva (→ luna nueva) y la siguiente. Hace ya tres lunas que partió. **5.** Luz de la Luna (→ 1). Llegaron a las ruinas, bañadas por la luna. **6.** Fís. Satélite natural de un planeta. Marte tiene dos lunas. ■ ~ **creciente.** f. Luna (→ 1) que se ve como un semicírculo iluminado que aumenta día a día de tamaño. ■ ~ **de miel.** f. Espacio de tiempo que sigue inmediatamente al matrimonio. La pareja pasó su luna de miel en Venecia. ■ ~ **llena.** f. Luna (→ 1) que se ve como un círculo completo iluminado. ■ ~ **menguante.** f. Luna (→ 1) que se ve como un semicírculo iluminado que disminuye día a día de tamaño. ■ ~ **nueva.** f. Luna (→ 1) en la fase en que su superficie no es visible. ■ **media** ~. → **medialuna.** □ **en la** ~. loc. adv. coloq. Sin darse cuenta de lo que está ocurriendo. Es un sabio distraído que está en la luna. ▶ **4:** LUNACIÓN. FAM **lunar** (Rocas lunares).

lunación. f. Fís. Tiempo que transcurre entre una conjunción de la Luna con el Sol y la siguiente. Al final de la lunación aparece una fina luna creciente. ▶ LUNA.

lunar. m. **1.** Mancha pequeña que se forma en la piel por acumulación de pigmento. Tiene un lunar en la mejilla. **2.** Cada uno de los dibujos de forma redondeada que decoran una tela u otra superficie. Una corbata de lunares.

lunático, ca. adj. Que padece ataques de locura de manera periódica. Es lunático e imprevisible.

lunes. m. Día de la semana que sigue al domingo.

lunfardo. m. Jerga empleada originalmente por los maleantes de Buenos Aires y extendida después al habla popular de la región del Río de la Plata. No entiendo algunos tangos porque tienen palabras del lunfardo.

lupa. f. Lente con las dos caras curvas que sirve para ver los objetos con aumento y que gralm. tiene una montura y un mango. El joyero examina el anillo con una lupa.

lupanar. m. cult. Prostíbulo. Es cliente asiduo del lupanar.

lúpulo. m. Planta trepadora de largos tallos sarmentosos y hojas parecidas a las de la vid, cuyo fruto desecado se emplea para dar sabor amargo a la cerveza.

lusitano, na. adj. **1.** cult. Portugués. **2.** histór. De un pueblo prerromano que habitaba el territorio del oeste de la Península Ibérica. FAM **luso, sa.**

lustrabotas. m. y f. Am. Limpiabotas. *Los portales de la plaza estaban llenos de lustrabotas, mendigos y vendedores ambulantes* [C].

lustrador. m. y f. Am. Limpiabotas. *Los niños realizan trabajos como lustradores, limpiadores de carros y voceadores de periódicos* [C]. Tb. *~ de zapatos.*

lustrar. tr. Dar lustre o brillo (a algo). *La plata reluce cuando la lustran.*

lustre. m. **1.** Brillo de un objeto. *El parqué ha perdido lustre.* **2.** cult. Esplendor o grandiosidad. *La presencia de la ministra dará lustre al acto.* FAM **lustroso, sa.**

lustro. m. Período de cinco años. *El presidente permanece un lustro en el cargo.*

luteranismo. m. Doctrina religiosa de Martín Lutero (reformador protestante alemán, 1483-1546). *Los príncipes alemanes adoptaron el luteranismo.*

luterano, na. adj. **1.** De Martín Lutero. *La doctrina luterana se extendió por Europa.* **2.** Que profesa el luteranismo. *La mayoría de la población es luterana.*

luto. m. **1.** Ropa negra que se usa como signo exterior de pena por la muerte de alguien, espec. un pariente. *Se ha quedado viuda y va de luto.* **2.** Duelo, o dolor por la muerte de alguien. *Lleva corbata negra en señal de luto.* Tb. la demostración de este dolor y el tiempo que dura. *El luto por su madre duró un año.* ■ **de ~.** loc. adv. En el período que sigue a la muerte de un pariente y durante el que se respetan determinadas normas en el vestido y el comportamiento. *Está de luto desde la muerte de su hija.*

luxación. f. Med. Desplazamiento de un hueso de su lugar o posición normales. *Sufre una luxación de cadera.* ▶ DISLOCACIÓN.

luxemburgués, sa. adj. De Luxemburgo (Europa).

luz. f. **1.** Agente físico que hace visibles los objetos. *La luz de la Luna ilumina el camino.* **2.** Luz (→ 1) del Sol. *Por las tardes ya no hay luz.* Tb. *~ natural.* **3.** Corriente eléctrica. *Cortaron la luz.* **4.** Utensilio o dispositivo que sirven para dar luz (→ 1), espec. por medio de energía eléctrica. *Enciende una luz, por favor.* ○ pl. **5.** Capacidad para comprender y razonar con claridad. *Es un hombre de pocas luces.* ■ *~ verde.* f. Permiso o autorización. *El jefe dio luz verde al proyecto.* □ **a la ~ de.** loc. prepos. Teniendo en cuenta la información proporcionada por. *No existe cura para el sida, a la luz de los conocimientos actuales.* ■ **a media ~.** loc. adv. Con poca luz (→ 1, 2). *El dormitorio está a media luz.* ■ **sacar a la ~** (algo). loc. v. **1.** Hacer que pase a conocerse (algo oculto o desconocido). *El periódico sacó a la luz el fraude.* **2.** Publicar (un libro u otro texto). *Pronto sacará a la luz otra novela.* ■ **salir** algo **a la ~.** loc. v. **1.** Pasar a ser conocido públicamente (algo oculto o desconocido). *Salieron a la luz sus negocios ilegales.* **2.** Publicarse un libro u otro texto. *El libro salió a la luz en 2006.* ■ **ver la ~.** loc. v. cult. Nacer, o salir del vientre de la madre. *El autor vio la luz en Buenos Aires.* ▶ **3:** CORRIENTE.

lycra. (Marca reg.). f. Tejido artificial, elástico y brillante, utilizado para hacer prendas de vestir. *Medias de lycra.* ¶ [Adaptación recomendada: *licra*].

m. f. Letra del abecedario español cuyo nombre es *eme.*

macabro, bra. adj. **1.** Dicho de cosa: Relacionada con la muerte en su aspecto más repulsivo y desagradable. *Un macabro instrumento de tortura.* **2.** Dicho de persona: Aficionada a las cosas macabras (→ 1).

macaco, ca. m. y f. **1.** Simio de mediano tamaño y pelaje gralm. pardusco, que habita pralm. en Asia. **2.** coloq. Persona insignificante física o moralmente.

macana. f. **1.** Am. Garrote grueso. *Hay vigilantes (adolescentes con macanas y tubos de fierro)* [C]. **2.** Am. coloq. Tontería (hecho o dicho tontos). *No habla macanas* [C]. **3.** Am. coloq. Problema o dificultad. *La macana es que les tapa la luz del sol* [C].

macanudo, da. adj. frecAm. coloq. Magnífico. *Un tipo macanudo* [C].

macarrón. m. Pasta alimenticia en forma de canuto alargado. Frec. en pl.

macarrónico, ca. adj. despect. Dicho de lengua, espec. del latín: Usada de forma defectuosa o manifiestamente incorrecta.

macedónico, ca. adj. histór. Macedonio (del antiguo reino de Macedonia).

macedonio, nia. adj. **1.** De Macedonia (Europa). **2.** histór. Del antiguo reino de Macedonia. ● f. **3.** Ensalada de frutas. *De postre, macedonia.*

macerar. tr. Mantener (una sustancia sólida) sumergida en un líquido para ablandar(la) y que suelte sus partes solubles. *Macera pasas en ron.* FAM **maceración.**

macero. m. Hombre que, en actos públicos, lleva la maza ante las corporaciones o personas que usan esta señal de dignidad. *Delante del alcalde van los maceros.*

maceta. f. Recipiente de barro, gralm. con la base y la boca circulares, que, lleno de tierra, sirve para criar plantas. *Macetas con geranios.* ▶ TIESTO. FAM **macetero.**

machacar. tr. **1.** Aplastar o reducir a trozos muy pequeños (algo) golpeándo(lo). *Machaque un ajo.* **2.** Causar un gran perjuicio o daño (a alguien o algo). *Fumar nos machaca.* ○ intr. **3.** coloq. Insistir sobre algo. *No machaque SOBRE el tema.* ▶ 1: MACHUCAR, MAJAR. FAM **machacón, na; machaconería; machaqueo.**

machete. m. **1.** Arma blanca, más corta que una espada, pesada, ancha y de un solo filo. **2.** Cuchillo grande. ▶ Am: **1:** PEINILLA. FAM **machetazo.**

machihembrar. tr. Of. Ensamblar (dos piezas de madera) de modo que una parte saliente de una entre en una ranura de la otra. *Las tablas están machihembradas.*

machismo. m. Actitud de considerar al hombre superior a la mujer. Frec. despect. *El maltrato a su mujer es una manifestación de su machismo.* FAM **machista.**

macho. m. **1.** Animal de sexo masculino. *Cazaron un macho adulto.* **2.** *Bot.* En plantas con individuos distintos para cada sexo: Individuo que no da fruto. *La datilera macho.* **3.** Pieza, de las dos de que están compuestos algunos objetos, que tiene un gancho o un saliente que encajan en la otra. *Al broche le falta el macho.* **4.** coloq. Hombre con características consideradas propias de su sexo, espec. la fuerza y la valentía. **5.** coloq. Se usa para dirigirse a alguien de sexo masculino. *¡Deprisa, macho!* ■ ~ **cabrío.** m. Macho (→ 1) de la cabra. ⇒ CABRÓN. ‖ Am: CABRA. FAM **machote.**

machón. m. *Arq.* Pilar de fábrica. *Los machones de la iglesia están deteriorados.*

machorra. f. Hembra estéril. *En el rebaño hay varias machorras.*

machucar. tr. Machacar (algo) golpeándo(lo). ▶ *MACHACAR.

macilento, ta. adj. Flaco y descolorido. *Un anciano macilento.*

macillo. m. En un piano: Cada una de las piezas semejantes a un mazo pequeño que, a impulso de una tecla, golpean y hacen sonar la cuerda correspondiente.

macizo, za. adj. **1.** Dicho de cosa: Sólida y sin ningún hueco en su interior. *Oro macizo.* **2.** Dicho de persona: De carnes duras y consistentes. ● m. **3.** Conjunto de montañas que constituye una unidad. *El macizo del Himalaya.* **4.** Conjunto compacto de plantas, espec. el de adorno en zonas ajardinadas. ▶ Am: **4:** CANTERO.

macramé. m. Tejido decorativo hecho con hilos gruesos trenzados y anudados.

macro. f. (Tb., menos frec., m.). *Inform.* Orden simple que permite ejecutar automáticamente una secuencia de operaciones. *Cree una macro para insertar gráficos.*

macro-. elem. compos. Significa 'grande' o 'muy grande'. *Macroconcierto, macroencuesta, macromolécula.*

macrobiótico, ca. adj. **1.** De la macrobiótica (→ 3). *Alimentos macrobióticos.* **2.** Partidario o seguidor de la macrobiótica (→ 3). *Un naturista macrobiótico.* ● f. **3.** Método de alimentación basado en el consumo de vegetales y cereales.

macrocéfalo, la. adj. Dicho de persona o animal: Que tiene la cabeza muy grande con relación al cuerpo. *Un recién nacido macrocéfalo.* FAM **macrocefalia.**

macrocosmos o **macrocosmo.** m. cult. o *Fil.* Universo, espec. considerado como entidad superior de la que es reflejo y resumen el hombre o microcosmos.

macroeconomía. f. *Econ.* Parte de la economía que estudia los factores globales o colectivos, como la renta nacional o las importaciones y exportaciones. *La crisis internacional es un problema de macroeconomía.* FAM **macroeconómico, ca.**

macroscópico, ca. adj. *tecn.* Que se ve a simple vista. *Lesión macroscópica.*

mácula. f. **1.** cult. Mancha. *Un alma pura y sin mácula.* **2.** *Anat.* Zona amarillenta de la retina, que contiene el punto de máxima agudeza visual.

macuto. m. Mochila para excursiones o viajes, espec. la de soldado. ▶ MOCHILA.

madama. f. coloq. Mujer que regenta un prostíbulo.

madeja. f. Hilo recogido en vueltas iguales, gralm. atadas por el centro.

madera. f. **1.** Materia sólida y fibrosa de los árboles cubierta por la corteza. **2.** Pieza de madera (→ 1) cortada, espec. para trabajos de carpintería. *Maderas para estantes.* **3.** Disposición natural de alguien para hacer algo. *Tiene madera DE escritor.* **4.** *Mús.* Conjunto de los instrumentos de viento gralm. hechos de madera (→ 1). ■ **tocar ~.** loc. v. Hacer el gesto supersticioso de tocar algo de madera (→ 1) para alejar un daño posible. *No he tenido accidentes; toco madera.* FAM maderero, ra; madero.

maderable. adj. Dicho espec. de árbol o de bosque: Que da madera útil.

maderamen. m. Conjunto de maderas de una construcción, espec. de un edificio o de una embarcación. *El maderamen de la casa está carcomido.*

madona. f. *Arte* Representación pictórica o escultórica de la Virgen.

madrastra. f. Esposa del padre, respecto del hijo tenido por él con otra mujer.

madre. f. **1.** Mujer de quien ha nacido otra persona. *Ha sido madre.* **2.** Animal hembra del que ha nacido otro animal. **3.** Cosa que es causa u origen de otra. *La envidia es madre de problemas.* **4.** Se usa como tratamiento propio de algunas religiosas. *Madres salesianas.* **5.** Cosa o entidad con características consideradas propias de una madre (→ 1). *La madre patria.* **6.** Heces del vino o del vinagre. *En el fondo de la cuba se deposita la madre.* **7.** Cauce de un río u otra corriente de agua. *El río se salió de madre.* ■ **~ de familia.** f. Mujer con hijos a su cuidado. □ **de puta ~.** loc. adj. malson. Muy bueno. ■ **la ~ del cordero.** loc. s. coloq. La esencia o lo más importante de algo. *Falta dignidad, esa es la madre del cordero.* ■ **la ~ que me, o te, o lo, etc., parió.** expr. coloq. Se usa para expresar rechazo o protesta. *La madre que lo parió, ¡váyase!* ■ **mentar la ~** (a alguien). loc. v. coloq. Insultar a su madre para injuriar(lo). *¡No me miente la madre!* ■ **salirse de ~** alguien o algo. loc. v. coloq. Exceder de lo acostumbrado o de los límites razonables. *El presupuesto se salió de madre.* ▶ **6:** HEZ. FAM madraza.

madreperla. f. Molusco del grupo de las ostras, que produce perlas, y de cuya concha, casi circular, se obtiene nácar. Tb. la concha. *Un colgante de madreperla.*

madrépora. f. *Zool.* Animal marino que habita en colonias, produciendo una masa calcárea muy ramificada que llega a formar escollos, arrecifes o islas.

madreselva. f. Planta de tallos trepadores y flores olorosas gralm. amarillentas.

madrigal. m. **1.** *Lit.* Composición poética breve, gralm. de tema amoroso, en que se combinan versos de siete y once sílabas. **2.** *Mús.* Composición musical para varias voces, sin acompañamiento, sobre un texto lírico. *Un madrigal renacentista.*

madriguera. f. **1.** Cavidad frec. subterránea en que habitan o se refugian algunos animales, espec. el conejo. **2.** Lugar donde se oculta gente de mal vivir.

madrileño, ña. adj. De Madrid (España).

madrina. f. **1.** Mujer que presenta y asiste a una persona en ciertos sacramentos. *Su madre será su madrina de boda.* **2.** Mujer que protege o patrocina a una persona, entidad o iniciativa. *Fue madrina de poetas.*

3. Mujer designada para presidir honoríficamente algo, espec. la botadura de un barco.

madroño. m. Arbusto siempre verde, de hojas en forma de punta de lanza y fruto comestible, redondo y de color rojo. Tb. el fruto.

madrugada. f. **1.** Parte del día que transcurre entre la medianoche y el amanecer. *Se levanta a las cinco de la madrugada.* **2.** Hecho de madrugar o levantarse temprano. *¡Qué madrugada me di!* ■ **de ~.** loc. adv. En la madrugada (→ 1). *Vine de madrugada.*

madrugador, ra. adj. Que madruga. ▶ MAÑANERO, TEMPRANERO.

madrugar. intr. **1.** Levantarse temprano por la mañana. *Le cuesta madrugar.* **2.** Aparecer algo muy pronto. *El primer premio del sorteo madrugó.* FAM madrugón.

maduro, ra. adj. **1.** Dicho de fruto: Que ha alcanzado el punto de desarrollo adecuado para su consumo. *Tomates maduros.* **2.** Que ha alcanzado un estado de desarrollo adecuado para su utilización o funcionamiento. *Un plan maduro.* **3.** Que tiene la capacidad de juicio propia de un adulto. *Un joven maduro.* **4.** Dicho de persona: Que ya no es joven y aún no es viejo. FAM maduración; madurar; madurez.

maese. m. histór. Maestro de un oficio. Se usaba como título que se anteponía al nombre propio de una persona. *Maese Pérez.*

maestranza. f. Conjunto de talleres donde se construyen y reparan piezas de artillería y material de guerra. *Estuvo destinado en la maestranza del Ejército.*

maestre. (Frec. en mayúsc.). m. Superior de una orden militar. FAM maestrazgo.

maestría. f. **1.** Condición de maestro. *Qué maestría como escritor.* **2.** Título o grado de maestro. *Tiene una maestría.* **3.** Am. Curso de posgrado en una determinada especialidad. *Hizo una maestría* [C]. **4.** Am. Título correspondiente a la maestría (→ 3). *Obtuvo la maestría EN Estudios Latinoamericanos* [C]. ▶ **3, 4:** MÁSTER.

maestro, tra. adj. **1.** Dicho de obra: Muy relevante entre las de su clase. ● m. y f. **2.** Persona que enseña una ciencia o arte. *Es maestra DE canto.* **3.** Persona que tiene título oficial para enseñar en una escuela primaria. Tb. *~ de escuela.* **4.** Persona de gran conocimiento o habilidad en una ciencia, arte o actividad. *Fue un maestro DE la novela.* **5.** Persona que ha alcanzado el grado máximo en su oficio. *Un maestro platero.* ○ m. **6.** Compositor de música. *Concierto del maestro Rodrigo.* **7.** Director de orquesta. *¡Música, maestro!* **8.** *Taurom.* Matador de toros. ○ f. **9.** Cosa que enseña. *La historia es maestra DE la vida.* ■ **~ de ceremonias.** m. y f. Persona que dirige una ceremonia. ■ **maestro de capilla.** m. Profesor que compone y dirige la música de un templo. ■ **maestro de obras.** m. Hombre que dirige el trabajo de albañiles y peones en una obra.

mafia. f. **1.** (Frec. en mayúsc.). Organización criminal clandestina de origen siciliano, que emplea la violencia y actúa pralm. en Italia y los Estados Unidos de América. *Un capo de la Mafia.* **2.** Organización criminal clandestina. *Mafias dedicadas al contrabando.* **3.** despect. Grupo que se organiza para defender sus intereses y ejercer control en un ámbito o actividad. *Lidera una mafia que domina el departamento.* FAM mafioso, sa.

magacín. (Tb. **magazín**). m. **1.** Revista de información general con artículos de diversos autores. **2.** Programa de televisión o radio que trata temas variados.

magallánico, ca. adj. De Magallanes (Chile).

436

magdalena. f. Bollo pequeño, hecho al horno en molde de papel, con huevos, leche, harina, aceite y azúcar. ■ **llorar como una Magdalena.** loc. v. Llorar mucho.

magenta. adj. De color rojo intenso, tirando a morado. *Tinta magenta.*

magia. f. **1.** Arte de producir, por manipulaciones o medios ocultos, fenómenos sobrenaturales, o que lo parecen. *Trucos de magia.* **2.** Atracción o encanto misteriosos de alguien o algo. *La Alhambra tiene una magia especial.* ■ **~ blanca.** f. Magia (→ 1) que por medios naturales logra efectos que parecen sobrenaturales. FAM **mágico, ca.**

magiar. adj. **1.** De un pueblo que habita en Hungría y Transilvania. **2.** Húngaro.

magín. m. coloq. Imaginación. *Menuda idea se ha sacado del magín.*

magisterio. m. **1.** Oficio o actividad de maestro. *Ejerce su magisterio en una escuela.* **2.** Conjunto de estudios para la obtención del título de maestro. *Estudia magisterio.* **3.** Conjunto de los maestros. *El magisterio está descontento.*

magistrado, da. m. y f. (Frec. como f. se usa **magistrado**). **1.** Alto dignatario del Estado en el orden civil, hoy espec. en la Administración de Justicia. *El Presidente es el primer magistrado de la nación.* **2.** Miembro de una sala de Audiencia Territorial o Provincial, o del Tribunal Supremo de Justicia. FAM **magistratura.**

magistral. adj. **1.** Que tiene las mejores cualidades dentro de su clase. *Jugador magistral.* **2.** Del maestro. *Tono magistral.* ● m. **3.** Sacerdote predicador de un cabildo.

magma. m. *Geol.* Masa fundida existente en el interior de la Tierra.

magnánimo, ma. adj. cult. Generoso y benévolo, espec. para perdonar. *Un juez magnánimo.* FAM **magnanimidad.**

magnate. m. Persona importante y poderosa, espec. en el mundo empresarial.

magnesia. f. Sustancia blanca y terrosa, constituida por óxido de magnesio, que se halla presente en algunas rocas y se usa en medicina como purgante.

magnesio. m. Elemento químico del grupo de los metales, blanco, ligero y que arde fácilmente y con llama muy brillante (Símb. *Mg*). FAM **magnésico, ca.**

magnetismo. m. **1.** Poder de atracción del imán. *El imán ejerce su magnetismo sobre el hierro.* **2.** Propiedad de los imanes y las corrientes eléctricas de ejercer acciones a distancia, como atracción o repulsión. **3.** Atracción poderosa. *La actriz irradia magnetismo.* FAM **magnético, ca; magnetización; magnetizar.**

magnetita. f. *Mineral.* Mineral de color negro y brillo metálico, compuesto por óxidos de hierro, que tiene propiedades magnéticas.

magnetófono o **magnetofón.** m. Aparato que sirve para registrar y reproducir sonidos imantando un alambre o una cinta recubierta de óxido de hierro. *Graba la entrevista con un magnetófono.* FAM **magnetofónico, ca.**

magnetoscopio. m. *tecn.* Vídeo (aparato). ▶ VÍDEO.

magnicidio. m. cult. Muerte dada violentamente a una persona muy importante por su cargo o su poder. *Un terrorista cometió el magnicidio.* FAM **magnicida.**

magnificar. tr. Engrandecer (algo o a alguien). *No magnifique el problema.*

magníficat. (Frec. en mayúsc.). m. *Rel.* Cántico que dirigió a Dios la Virgen en la visita a su prima Santa Isabel y que se reza o canta. Tb. la composición musical creada sobre este cántico. *El "Magníficat" de Bach.*

magnificencia. f. cult. Cualidad de magnífico o espléndido. *Deslumbra la magnificencia del palacio.* FAM **magnificente.**

magnífico, ca. adj. **1.** Espléndido o grandioso. *Visite la magnífica muralla.* **2.** Muy bueno o extraordinario. *Un magnífico pintor.* **3.** Se usa como tratamiento, pospuesto a *rector. Es rector magnífico de la Universidad.* ▶ **2:** *ESTUPENDO.

magnitud. f. **1.** Tamaño de algo. *Indique la magnitud de la pieza.* **2.** Alcance o importancia, espec. de algo inmaterial. *Un cambio de gran magnitud.* **3.** *Fís.* y *Mat.* Propiedad física que puede ser medida. *La longitud es una magnitud.* ▶ **1:** *TAMAÑO.

magno, na. adj. cult. Grande (de importancia). *Un magno proyecto.*

magnolia. f. Árbol siempre verde, de copa ancha, hojas ovaladas y grandes flores blancas y olorosas, que se cultiva como ornamental. Tb. su flor. FAM **magnolio.**

mago, ga. m. y f. **1.** Persona que practica la magia. *El mago hace desaparecer un conejo.* **2.** Persona muy dotada y exitosa en una actividad. *Un mago DE los negocios.* ○ m. **3.** (Frec. con art. y en mayúsc.). Rey Mago (→ rey). *Los Magos de Oriente.*

magrebí. adj. Del Magreb (región de África).

magro, gra. adj. **1.** Dicho de carne: Que no tiene grasa ni nervios. **2.** cult. Flaco o enjuto. Tb. fig. *Magra ganancia.*

maguey. m. frecAm. Pita (planta). *Aguardiente de maguey* [C]. ▶ *PITA.

magullar. tr. Causar contusiones (a alguien o algo). *Le magullaron el cuerpo.* FAM **magulladura; magullamiento.**

mahometano, na. adj. Musulmán. *Religión mahometana.* FAM **mahometismo.**

mahonesa. f. Salsa mahonesa (→ salsa).

maicena. (Marca reg.: *Maizena*). f. Harina fina de maíz.

maillot. (pl. **maillots**). m. **1.** Camiseta deportiva ajustada que usan los ciclistas. *El maillot de líder.* **2.** Traje de una pieza, ajustado y elástico, usado en gimnasia y danza.

maitines. m. pl. *Rel.* Primera hora canónica, que se reza al amanecer.

maître. (pal. fr.; pronunc. "métre"). m. y f. En restaurantes y hoteles: Jefe de comedor. *El maître los condujo hasta una mesa.* ¶ [Adaptación recomendada: metre, pl. metres].

maíz. m. Cereal cuyos frutos son mazorcas de granos gruesos y amarillos. Tb. el grano. *Las palomitas se hacen tostando maíz.* ▶ Am: CHOCLO. FAM **maizal.**

majada. f. Lugar del campo donde se recoge el ganado y se albergan los pastores.

majadero, ra. adj. Tonto o necio. *¡Qué majadero!* ▶ *TONTO. FAM **majadería.**

majar. tr. Machacar (algo) golpeándo(lo). *Maje un ajo.* Tb. fig. *MACHACAR.

maje. adj. Am. coloq. Tonto (de corto entendimiento). *Soy maje* [C].

majestad. f. **1.** Grandeza que impresiona e infunde respeto. *La majestad de la catedral.* **2.** (Frec. en mayúsc.). Se usa como tratamiento que corresponde a reyes o emperadores. *Bienvenido, Majestad.* Frec. en constr. como *Su ~,* o *Vuestra ~.* ◼ **de lesa ~.** loc. adj. Dicho de crimen o delito: Cometido contra la vida del rey, de su sucesor o del regente. FAM **majestuosidad; majestuoso, sa.**

majo, ja. adj. **1.** coloq. Que gusta por sus cualidades. *Es una persona muy maja.* **2.** coloq. Agradable a la vista. *Está majo con ese abrigo.*

majorero, ra. adj. De Fuerteventura (España).

mal[1]. adj. **1.** → **malo.** ● m. **2.** Lo contrario al bien, o lo malo. *Distingue el bien del mal.* **3.** Cosa mala. *Todo eran males.* **4.** Daño o perjuicio. *Busca mi mal.* **5.** Enfermedad o dolencia. *Cura todo tipo de males.* ◼ **~ de Chagas.** f. Enfermedad infecciosa extendida en zonas de Sudamérica, causada por un parásito y transmitida por la vinchuca. *El mal de Chagas causa estragos en las zonas más pobres.* ◼ **~ de montaña.** m. Trastorno que se experimenta en las grandes alturas, debido a la disminución de la presión atmosférica. ◼ **~ de ojo.** m. Influjo maléfico que, según ciertas creencias, puede ejercer una persona sobre otra mirándola. *Amuletos contra el mal de ojo.* ◼ **~ francés.** m. Sífilis. □ **llevar** alguien **a ~** (algo). loc. v. Soportar(lo) con mal humor o enfado. *Lleva a mal madrugar.* ◼ **menos ~.** expr. Se usa para expresar alivio porque no ocurre algo que se temía, o porque ocurre algo bueno con lo que no se contaba. *Menos mal que aprobó.* ◼ **tomar** alguien **a ~** (algo). loc. v. Ofenderse (por ello). *No lo tome a mal.* ▶ **5:** ENFERMEDAD.

mal[2]. adv. **1.** Contrariamente a lo que es debido o de manera inadecuada. *Se portan mal.* **2.** Contrariamente a lo que se desea o requiere. *Saldrá mal de esta.* **3.** Con mala salud. *Se encuentra mal.* **4.** Difícilmente. *Mal puedo ay ayudar.* **5.** Poco o insuficientemente. *El niño come mal.* ◼ **de ~ en peor.** loc. adv. Cada vez peor. *Va de mal en peor.* ◼ **~ que bien.** loc. adv. Con dificultades. *Mal que bien, se las arregla.*

malabares. m. pl. Juegos malabares (→ **juego**). Frec. fig. *Con ese sueldo, hace malabares para vivir.* FAM **malabarismo; malabarista.**

malacitano, na. adj. cult. Malagueño.

malacostumbrar. (Tb. **mal acostumbrar**). tr. Hacer que (alguien) adquiera un mal hábito o costumbre. *No malacostumbres al niño.*

malagueño, ña. adj. **1.** De Málaga (España). ● f. **2.** Cante popular propio de Málaga, semejante al fandango.

malandanza. f. cult. Desgracia o desdicha. *Una vida de miserias y malandanzas.*

malandrín, na. adj. cult. Dicho de persona: Maligna o perversa. Más frec. m. y f.

malanga. f. Am. Planta de hojas grandes en forma de corazón, tallo muy corto y tubérculo comestible. Tb. su tubérculo. *Fritangas de malanga en ají* [C].

malaquita. f. *Mineral.* Mineral de carbonato de cobre, de color verde, que se puede pulir y se emplea para recubrir objetos de ornamento. *Una mesa de malaquita.*

malar. adj. *Anat.* De la mejilla. *Zona malar.* Dicho de hueso, tb. m. (→ **pómulo**).

malaria. f. Paludismo. *Vacuna contra la malaria.*

malasio, sia. adj. De Malasia (Asia).

malayo, ya. adj. **1.** De un pueblo que habita en Malasia, Indonesia y otras áreas cercanas. Tb. m. y f. ● m. **2.** Lengua hablada por los malayos (→ 1).

malbaratar. tr. **1.** Malvender (algo). *Ha malbaratado su casa.* **2.** Desperdiciar o malgastar (algo). *Malbarató su herencia.* ▶ **1:** MALVENDER. **2:** MALGASTAR.

malcriado, da. (Tb. **mal criado**). adj. Dicho de niño: Maleducado, espec. por consentido. ▶ *MALEDUCADO.* FAM **malcriar** o **mal criar** (conjug. ENVIAR).

maldad. f. **1.** Cualidad de malo. *Tiene maldad.* **2.** Acción mala. *Hizo maldades.*

maldecir. (conjug. BENDECIR). tr. **1.** Decir palabras que expresan enojo o rechazo (contra alguien o algo). *Maldigo mi suerte.* **2.** Expresar el deseo de que le ocurra algo malo (a una persona o cosa): *La maldijo diciendo: ¡Ojalá se pudra!* ○ intr. **3.** Expresar queja o rechazo contra alguien o algo. *Maldice DE él.* FAM **maldiciente; maldición.**

maldito, ta. adj. **1.** Maldecido. *¡Maldito sea el niño!* **2.** Dicho de persona: Perversa o de mala intención. Frec. con intención afectiva. *Dame mi gorra, maldito.* **3.** coloq. Antepuesto a un nombre, se usa para expresar la molestia o rechazo que causa lo designado por este. *¡Maldito tiempo!* **4.** coloq. Ninguno. *No me hace maldita gracia.* ◼ **maldita sea.** expr. Se usa para expresar enojo o enfado.

maldivo, va. adj. De las islas Maldivas (Asia).

maleable. adj. **1.** Dicho de metal: Que puede batirse y extenderse en planchas o láminas. **2.** Dicho de cosa: Que puede ser modelada sin romperse. *La plastilina es maleable.* **3.** Dicho de persona: Fácil de convencer o de dominar. FAM **maleabilidad.**

maleante. m. y f. Persona que vive al margen de la ley cometiendo delitos.

malear. tr. **1.** Pervertir (a alguien), o hacer(lo) malo o vicioso. *Sus amigos lo están maleando.* **2.** Dañar o echar a perder (algo). *No malee el ambiente.* ▶ **1:** *PERVERTIR.*

malecón. m. Dique o muro para contener las aguas, espec. las del mar. ▶ *DIQUE.* ‖ Am: TAJAMAR.

maledicencia. f. Hecho de hablar mal de alguien. *Soy víctima de su maledicencia.*

maleducado, da. (Tb. **mal educado**). adj. Dicho de persona: Que tiene mala educación. ▶ BASTO, CHABACANO, DESATENTO, DESCORTÉS, GROSERO, MALCRIADO, ORDINARIO, TOSCO, VULGAR, ZAFIO. FAM **maleducar** o **mal educar.**

maleficio. m. Hechizo dirigido a causar daño. ▶ *HECHIZO.* FAM **maléfico, ca.**

malentender. (conjug. ENTENDER). tr. Entender o interpretar equivocadamente (algo o a alguien). *Ha malentendido mis palabras.* FAM **malentendido.**

malestar. m. **1.** Sensación indefinida de encontrarse mal físicamente. *Tengo fiebre y malestar general.* **2.** Disgusto o descontento. *Hay malestar entre los empleados.*

maleta. f. **1.** Caja rectangular con asa y cerradura, usada pralm. para llevar cosas en los viajes. *Facturó la maleta.* **2.** frecAm. Maletero de automóvil. *Lo metieron en la maleta trasera del vehículo* [C]. ◼ **hacer la(s) ~(s).** loc. v. coloq. Prepararse para irse de un lugar. *Si falla, que haga las maletas.* ▶ **2:** *MALETERO.* FAM **maletín.**

maletero. m. **1.** Hombre que tiene por oficio transportar equipajes. **2.** Lugar de una vivienda, espec. un armario, destinado a guardar maletas u otros objetos. **3.** En un automóvil: Espacio cubierto con una tapa, destinado a guardar el equipaje. *Su auto tiene un amplio maletero.* ▶ **Am** o frecAm: **3:** BAÚL, CAJUELA, MALETA, PORTAMALETAS.

malevo. m. Am. Hombre pendenciero, provocador y diestro en el manejo del cuchillo. *Malevos y guardaespaldas que metían miedo* [C].

malévolo, la. adj. Malintencionado. FAM malevolencia; malevolente.

maleza. f. **1.** Conjunto denso de arbustos y hierbas salvajes. *Atravesó la maleza.* **2.** Conjunto abundante de malas hierbas. *Arranca la maleza del sembrado.* ▶ **1:** BROZA.

malformación. f. Anat. Anomalía o deformidad, espec. si es de nacimiento.

malgache. adj. De Madagascar (África).

malgastar. tr. Gastar (algo, espec. dinero o tiempo) en algo inútil o que no vale la pena. *Ahorre, no malgaste el dinero.* ▶ MALBARATAR.

malhablado, da. adj. (Tb. **mal hablado**). adj. Dicho de persona: Que utiliza un lenguaje vulgar e irrespetuoso. *Un niño malhablado.*

malhadado, da. adj. Desgraciado o desafortunado. ▶ *DESGRACIADO.

malhechor, ra. m. y f. Delincuente, espec. el habitual. ▶ *DELINCUENTE.

malherir. (conjug. SENTIR). tr. Herir gravemente (a alguien). *Lo malhirieron.*

malhumor. → humor.

malhumorado, da. (Tb. **mal humorado**). adj. Que tiene mal humor.

malí. adj. De Malí (África).

malicia. f. **1.** Intención oculta, gralm. dañina o picante, con que se hace algo. *Lo dije sin malicia.* **2.** Inclinación a pensar mal o a sospechar. *Desconfía por malicia.* **3.** Cualidad de la persona con malicia (→ 1, 2). *Un niño sin malicia.* FAM malicioso, sa.

maliciar. (conjug. ANUNCIAR). tr. **1.** Sospechar (algo). *Malicia una traición.* **2.** Malear (a alguien), hacer(lo) malo o vicioso. *Maliciaron al joven.* ▶ **2:** *PERVERTIR.

maligno, na. adj. **1.** Inclinado a hacer el mal. *Un ser maligno.* **2.** Dañino o perjudicial. *Hierbas malignas.* **4.** Med. Que es grave y evoluciona desfavorablemente. *Úlcera maligna.* ■ **el maligno.** (Frec. en mayúsc.). loc. s. El diablo. FAM malignidad.

malintencionado, da. (Tb. **mal intencionado**). adj. Que tiene mala intención. *Gente malintencionada.* ▶ MALÉVOLO.

malinterpretar. tr. Interpretar (algo o a alguien) mal o de forma equivocada. *No he dicho eso: me ha malinterpretado.*

malísimo, ma. → malo.

malla. f. **1.** Cuadrilátero formado por cuerdas o hilos que se cruzan y anudan en sus cuatro vértices, y que constituye el elemento básico del tejido de red. *Redes de malla ancha.* **2.** Tejido de malla (→ 1). *Medias de malla.* **3.** Tejido formado por anillos o eslabones metálicos enlazados entre sí. *Un guerrero con cota de malla.* **4.** Vestido de punto muy fino, que se ajusta al cuerpo y es propio de gimnastas, bailarines y artistas de circo. **5.** Am. Bañador. *Promocionar la playa mostrando bellezas en malla* [C].

mallorquín, na. adj. **1.** De Mallorca (España). ● m. **2.** Variedad del catalán, que se habla en Mallorca.

malmeter. tr. **1.** Inducir (a alguien) a que haga algo malo. *Él no quería robar, pero lo malmetieron.* **2.** Enemistar (a una persona) con otra. *Intenta malmeterme CON ellos.*

malnacido, da. (Tb. **mal nacido**). adj. despect. Dicho de persona: Indeseable o despreciable. *No sea mal nacido y ayúdeme.*

malnutrición. f. Med. Nutrición inadecuada o insuficiente. *En el Tercer Mundo muchos sufren malnutrición.* FAM malnutrido, da.

malo, la. (apóc. **mal**: se usa ante m. sing.; compar. **peor**; sup. **malísimo, pésimo**). adj. **1.** Que no es como debe o se desea según su naturaleza o su función. *Una mala novela.* **2.** Dicho de cosa: Que no se ajusta a la norma moral. *Una mala acción.* **3.** Dicho de persona: Que piensa o actúa en desacuerdo con la norma moral. **4.** Dicho de persona o animal: Enfermo. **5.** Dicho de cosa: Que no es útil o a propósito para algo. *Es mal momento para hablar.* **6.** Dicho de cosa: Desagradable. *¡Qué mal olor!* **7.** coloq. Dicho espec. de niño: Travieso o enredador. ■ **a malas.** loc. adv. Con enemistad. *Está a malas con todos.* ■ **de malas.** loc. adv. De mal talante. *Se levanta de malas.* ■ **lo malo es.** loc. v. Seguida de una oración introducida por *que*, indica que lo expresado en esta constituye un inconveniente o impedimento para lo expresado antes. *Yo iría, lo malo es que tengo trabajo.* ■ **malo será o sería.** loc. v. Seguida de una oración introducida por *que* expresa un hecho no deseado, se usa para manifestar la dificultad o poca probabilidad de que suceda ese hecho. *Malo será que no lleguemos a tiempo.* ■ **por las malas.** loc. adv. A la fuerza. *Lo hará por las buenas o por las malas.* ▶ **4:** ENFERMO.

malograr. tr. **1.** Impedir que (alguien o algo) alcancen su natural desarrollo o perfeccionamiento. *La sequía malogra la cosecha.* ○ intr. prnl. **2.** No llegar alguien o algo a su natural desarrollo o perfeccionamiento. *Su talento se malogró.* ▶ *ESTROPEAR.

maloliente. adj. Que despide mal olor. *Ropa maloliente.*

malparar. tr. Perjudicar o dañar notablemente (algo o a alguien). Gralm. en part. *El país salió malparado de la guerra.*

malpensado, da. (Tb. **mal pensado**). adj. Que tiende a pensar mal de lo que hacen los demás o de sus intenciones. *No la engaño, no sea mal pensada.*

malquerer. (conjug. QUERER). tr. Tener mala voluntad (a alguien o algo). *No podía malquerer a quien siempre lo ayudó.* FAM malquerencia.

malquistar. tr. cult. Enemistar (a una persona) con otra. *Me malquistó CON él.*

malsano, na. adj. **1.** Dañino para la salud. *En la mina se respira un aire malsano.* **2.** Moralmente perjudicial o poco sano. *Curiosidad malsana.* ▶ **1:** *INSANO.

malsonante. adj. Dicho de palabra o frase: Que ofende al pudor o al buen gusto.

malta. f. **1.** Cebada o trigo que, germinados artificialmente y tostados, se emplean en la fabricación de cerveza o licores. **2.** Cebada tostada y molida empleada para hacer una infusión como sustituto del café. Tb. esa infusión. *En la guerra bebían malta.*

maltés, sa. adj. De Malta (Europa).

maltraer. → traer.

maltratar. tr. **1.** Tratar (algo o a alguien) con violencia o menosprecio. *Maltrata a su perro.* **2.** Estropear (algo). *No maltrate el libro.* FAM maltratador, ra; maltrato.

maltrecho, cha. adj. Que está en mal estado físico o moral. *Edificios maltrechos.*

malva. f. **1.** Planta de tallo recto y flores de color morado pálido, con propiedades medicinales. ○ m. **2.** Color morado pálido como el de la malva (→ 1). *Viste de malva.*

malvado, da. adj. Muy malo o inclinado a hacer daño.

malvavisco. m. Planta de hojas dentadas y flores de color blanco rojizo, cuya gruesa raíz tiene propiedades medicinales.

malvender. tr. Vender (algo) a bajo precio, sin sacar el beneficio justo o debido. *Tuvo que malvender el auto.* ▶ MALBARATAR.

malversar. tr. Gastar una persona indebidamente (fondos ajenos que administra). *El alcalde malversó fondos públicos.* FAM malversación; malversador, ra.

malvivir. intr. Vivir con estrecheces o penalidades. *Malvive en una chabola.*

mama[1]. f. En las hembras de los mamíferos: Órgano que segrega leche. *Durante la gestación, las mamas crecen.* ▶ PECHO, SENO, TETA, UBRE. FAM mamario, ria.

mama[2]. f. infant. o vulg. Madre (mujer). *¡Mama, mama, ven!*

mamá. f. coloq. o infant. Madre (mujer). *Mamá, ¿me compras caramelos?*

mamada. f. **1.** Hecho de mamar leche. *Los lechoncitos están en plena mamada.* **2.** malson. Felación.

mamadera. f. Am. Biberón. *Desea el pecho y rechaza las mamaderas* [C].

mamado, da. adj. coloq. Ebrio o borracho. *Acabaron la fiesta mamados.*

mamar. tr. **1.** Chupar con los labios y la lengua (la leche) de la mama. Tb. como intr. *El bebé se duerme después de mamar.* **2.** Adquirir alguien (un sentimiento, una cualidad o un conocimiento) durante la infancia. *Mamó en su casa la afición a la música.* ○ intr. prnl. **3.** coloq. Emborracharse una persona. *No bebas, que te vas a mamar.*

mamario, ria. → mama[1].

mamarracho. m. coloq. Persona o cosa ridículas y llenas de defectos. *¿Cómo ha podido casarse con ese mamarracho?* FAM mamarrachada.

mambo. m. Baile cubano, de ritmo rápido, muy popular en la década de 1950.

mameluco. m. **1.** histór. Soldado de una milicia especial de los sultanes de Egipto. **2.** coloq. Persona necia o boba. *No es un genio, pero tampoco un mameluco.*

mamey. m. frecAm. Árbol de tronco recto y copa densa, flores blancas y fruto comestible de pulpa amarilla o rojiza. Tb. su fruto. *Mameyes, piñas y aguacates* [C].

mamífero, ra. adj. **1.** Del grupo de los mamíferos (→ 2). ● m. **2.** Animal vertebrado cuya hembra amamanta a sus crías, como la vaca.

mamografía. f. Med. Radiografía de mama. *La mamografía muestra un tumor.*

mamón, na. adj. **1.** Que todavía mama o que mama mucho. *Gatos mamones.* **2.** malson. Dicho de persona: Despreciable o que tiene malas intenciones.

mamotreto. m. **1.** Libro o legajo de gran tamaño. Frec. despect. *Lee cada mamotreto...* **2.** despect. Objeto grande y poco práctico. *¡Qué mamotreto de edificio!*

mampara. f. Panel gralm. de vidrio o madera, para dividir o aislar un espacio.

mampostería. f. *Constr.* Obra hecha con piedras toscas, poco o nada labradas, que se pueden colocar con la mano, con o sin argamasa, y sin seguir un orden específico. *Muros de mampostería.* FAM mampuesto.

mamut. (pl. *mamuts*). m. Elefante fósil del Cuaternario, de grandes colmillos.

maná. m. **1.** *Rel.* En el judaísmo: Alimento milagroso enviado por Dios al pueblo de Israel durante su estancia en el desierto. *El maná caía del cielo.* **2.** cult. Beneficio o regalo que se reciben de manera inesperada. *Conocer a aquel mecenas fue un maná para él.*

manabita. adj. De Manabí (Ecuador).

manada. f. **1.** Conjunto de animales salvajes de la misma especie, gralm. cuadrúpedos, que van o viven en grupo. *Manadas de búfalos.* **2.** Rebaño de ganado al cuidado de un pastor. **3.** despect. Grupo numeroso de personas.

mánager. (pronunc. "mánayer"; pl. invar.). m. y f. **1.** Persona que gestiona los contratos y asuntos profesionales de un artista o un deportista. **2.** *Econ.* Gerente.

managüense. adj. De Managua (Nicaragua).

manantial. m. **1.** Lugar donde brota agua de forma natural. **2.** Cosa que es el origen o principio de algo. *La biblioteca es un manantial DE cultura.*

manar. intr. **1.** Salir líquido de un lugar. *La sangre mana DE la herida.* ○ tr. **2.** Echar algo al exterior (un líquido). *La herida mana sangre.* ▶ 1: BROTAR, SURGIR.

manatí. m. Mamífero acuático herbívoro, semejante a la foca pero de mayor tamaño, piel gris y labio superior muy desarrollado, que habita en costas y ríos de la América y África atlánticas. *El manatí hembra.*

manazas. m. y f. coloq. Persona torpe con las manos. *Lo romperá, es un manazas.*

mancebía. f. Prostíbulo.

mancebo, ba. m. **1.** cult. Hombre joven. ○ m. y f. **2.** Auxiliar de farmacia sin título facultativo. *El mancebo despacha en la botica.* ○ f. **3.** cult. Concubina.

mancha. f. **1.** Señal visible que deja una sustancia en un cuerpo por contacto, gralm. ensuciándolo. *Lleva una mancha de café en la camisa.* **2.** Parte de una superficie, con distinto color del que domina en esta. *La jirafa tiene un pelaje con manchas rojizas.* **3.** Área de terreno que se distingue de la circundante por alguna cualidad, espec. por su vegetación. *Un bosque de eucaliptos con manchas de pinos.* **4.** Cosa que deshonra o que deteriora la reputación. *Un historial sin manchas.* **5.** *Fís.* Área oscura que se observa en la superficie de un astro. *Manchas solares.* FAM manchar.

manchado, da. adj. Que tiene manchas o partes de otro color. *Hienas manchadas.*

manchego, ga. adj. De la Mancha (España).

manchú. adj. De Manchuria (región de Asia).

mancilla. f. cult. Mancha (cosa que deshonra). FAM mancillar.

manco, ca. adj. **1.** Dicho de persona o animal: Que está falto de un brazo o una mano, o de los dos brazos o manos, o los tiene inútiles. *Es manco DE una mano.* **2.** Dicho de cosa: Incompleta o defectuosa. *Sin pruebas, el informe queda manco.*

mancomunar. tr. Unir (varias cosas o a varias personas) para un fin. *Decidieron mancomunar sus esfuerzos.*

mancomunidad. f. Entidad legalmente constituida por agrupación de municipios o provincias. *Las localidades costeras constituyeron una mancomunidad.*

mancuerna. f. **1.** Am. Pareja (conjunto de dos personas o cosas). *Nicolasa y Dionisia hicieron mancuerna* [C]. **2.** Am. Gemelo (instrumento para cerrar el puño de la camisa). *Tiene los puños abrochados con vistosas mancuernas* [C]. **3.** *Dep.* Pesa consistente en una barra cilíndrica con discos metálicos en sus extremos, que se usa para desarrollar los músculos de los brazos. Gralm. en pl. ▶ **1:** PAREJA. **2:** GEMELO.

mandado, da. m. y f. **1.** Persona que cumple órdenes. *No me culpe: soy un mandado.* ○ m. **2.** frecAm. Recado (encargo). *Hacer un mandado* [C]. ▶ **2:** RECADO.

mandala. m. *Rel.* En el budismo y el hinduismo: Dibujo complejo, gralm. circular, que representa simbólicamente el universo y sirve de ayuda a la meditación.

mandamás. m. y f. coloq. Persona con la máxima autoridad o con mando.

mandamiento. m. **1.** Precepto de la ley de Dios o de la Iglesia católica. *"No matarás", dice el quinto mandamiento.* **2.** *Der.* Orden que da un juez por escrito.

mandanga. f. **1.** coloq. Cuento o tontería. Frec. en pl. *¡Basta de mandangas!* **2.** coloq. Indolencia o desgana. *Se sacudió su mandanga y empezó a trabajar.*

mandar. tr. **1.** Manifestar alguien con autoridad su voluntad de que se haga (algo). *Me mandó callar.* **2.** Imponer una ley o precepto (algo). *La ley mandaba votar.* **3.** Dirigir (a una persona o colectividad). *Un general manda la flota.* **4.** Enviar (algo o a alguien). *Le mandé una carta.* ○ intr. **5.** Tener la autoridad o el mando. *Aquí mando yo.* ■ a ~. expr. Se usa para declararse dispuesto a cumplir los deseos de otro. *–Gracias. –De nada, a mandar.* ■ mande. expr. Se usa como fórmula de cortesía para responder a una llamada o para pedir que se repita algo que no se ha entendido. *–¡Abuelo! –Mande.* ▶ **2:** DISPONER, ORDENAR. **3:** *DIRIGIR. FAM mandante; mandón, na.

mandarín. m. **1.** histór. En China y otros países asiáticos: Hombre que tenía a su cargo el gobierno de una ciudad o la administración de justicia. **2.** Lengua hablada en China. **3.** despect. Persona influyente en un ámbito, espec. en el político o el cultural.

mandarina. f. Fruto semejante a la naranja pero más pequeño, de piel fácil de separar y pulpa muy dulce.

mandatario, ria. m. y f. Persona que, gralm. por elección, ocupa un cargo político importante, espec. en el gobierno del Estado. Frec. designa al Jefe de Estado o de Gobierno. *Los mandatarios de ambos países firmarán el tratado.*

mandato. m. m. **1.** Cosa que manda alguien con autoridad. *Cumple el mandato de su superior.* **2.** Período en que una persona ocupa un cargo político. *Mandato de seis años.* **3.** *Polít.* Encargo que, por medio de la elección, se da a diputados, concejales o cargos semejantes. *Elegido diputado, aceptó el mandato y ocupó su escaño.* ▶ **1:** ORDEN.

mandíbula. f. **1.** En los vertebrados: Cada una de las dos piezas óseas, córneas o cartilaginosas que forman la boca y en las que están implantados los dientes, si los hay. *El león ruge y abre sus mandíbulas.* **2.** En una persona: Hueso maxilar inferior. **3.** *Zool.* En los artrópodos: Cada una de las dos piezas duras situadas en la boca, que sirven para triturar los alimentos. ■ a ~ batiente. loc. adv. coloq. A carcajadas. FAM mandibular.

mandil. m. Delantal, espec. el largo, hecho de cuero o tela fuerte y propio de algunos oficios. *El pescadero usa mandil y botas de goma.* ▶ DELANTAL.

mandinga. adj. De un pueblo indígena africano que habita pralm. en Senegal, Costa de Marfil, Guinea y Malí.

mandioca. f. Arbusto tropical originario de América, de cuya raíz, grande y carnosa, se extrae almidón. Tb. la raíz. ▶ YUCA.

mando. m. **1.** Hecho de mandar. *Dotes de mando.* **2.** Autoridad (poder). *Tiene mando sobre la tropa.* **3.** Persona o conjunto de personas que tienen autoridad. *Asisten mandos militares.* **4.** Dispositivo de un aparato para iniciar, suspender o regular su funcionamiento. *Los mandos del horno.* ■ ~ a distancia. m. Mando (→ 4) sin cable para hacer funcionar un aparato a cierta distancia. ⇒ TELEMANDO. ▶ **2, 3:** AUTORIDAD.

mandoble. m. **1.** Cuchillada o golpe grande dados empuñando el arma con ambas manos. *Le dio un mandoble con la espada.* **2.** coloq. Golpe grande dado con la mano.

mandolina. f. Instrumento musical parecido a la bandurria, pero de menor tamaño y con cuatro cuerdas dobles.

mandón, na. → mandar.

mandrágora. f. Planta de hojas grandes que crecen desde el suelo, y raíz con propiedades narcóticas a la que se atribuían poderes mágicos.

mandria. adj. despect. Dicho de persona: Apocada e inútil.

mandril. m. Simio africano robusto, de pelaje pardo, cola corta, hocico alargado rojo con pliegues azules, y nalgas desnudas rojizas y azuladas. *El mandril hembra.*

manducar. tr. coloq. Comer (alimento, espec. sólido). *Necesito manducar algo.*

manecilla. f. Aguja del reloj. *Las manecillas marcan las doce.* ▶ *AGUJA.

manejar. tr. **1.** Usar (algo) con las manos. *Maneja un arma.* **2.** Usar o utilizar (algo). *Manejó fuentes fiables.* **3.** Dirigir o gobernar (algo o a alguien). *Nos maneja a su antojo.* **4.** Am. Conducir (un vehículo). *Él andaba manejando un autobús* [C]. Tb. como intr. ○ intr. prnl. **5.** coloq. Desenvolverse con habilidad. *El aprendiz aún no se maneja bien.* ▶ **1, 2:** *UTILIZAR. **4:** CONDUCIR. FAM manejable; manejo.

manera. f. **1.** Modo (circunstancia en que se produce o realiza algo). *¡Qué manera de pensar!* **2.** Estilo o forma característica de expresión de un artista o un escritor. *Un pintor de maneras innovadoras.* ○ pl. **3.** Modales. *Protestó con malas maneras.* ■ a ~ de. loc. prepos. Como, o a semejanza de. *Puso el jersey a manera de almohada.* ■ de cualquier ~. loc. adv. Sin cuidado o sin interés. *Cocina de cualquier manera.* ■ de cualquier ~, o de todas ~s. loc. adv. En cualquier caso. *No me apetece, pero de cualquier manera iré.* ■ de ~ que. loc. conjunt. De modo que, o de forma que. *Es tarde, de manera que me despido.* ■ de ninguna ~. loc. adv. De ningún modo. *De ninguna manera cederé.* ■ de todas ~s. → de cualquier manera. ■ en gran ~. loc. adv. cult. Mucho. *Lo sintió en gran manera.* ■ no haber ~. loc. v. coloq. Ser imposible. *¿No hay manera DE que acceda?* ■ sobre ~. → sobremanera. ▶ **1:** MODO. **3:** *MODALES.

manes. m. pl. En la mitología grecorromana: Almas de los muertos.

manga. f. **1.** Parte de una prenda de vestir que cubre el brazo. *Blusa de manga corta.* **2.** Tubo largo y flexible, gralm. de lona o caucho, que se utiliza para dirigir fluidos. *Riega con una manga.* **3.** Tela de forma cónica que sirve para colar líquidos. **4.** Utensilio de tela u otro material, de forma cónica y con una boquilla, que se usa en cocina y pastelería para decorar. *Decore la tarta con una manga con nata.* **5.** En algunos deportes: Parte de un encuentro deportivo o una eliminatoria. *Ganó la primera manga por seis juegos a tres.* **6.** *Mar.* Anchura de una embarcación. *Un buque de 15 metros de manga.* ■ **~ ancha.** f. Tolerancia excesiva. *Con él ha habido manga ancha.* □ **en ~s de camisa.** loc. adv. Con la parte superior del cuerpo cubierta solo con la camisa. *Salió en mangas de camisa.* ■ **~ por hombro.** loc. adv. coloq. En completo abandono y desorden. *Está todo manga por hombro.* ■ **sacarse** (algo) **de la ~.** loc. v. coloq. Hacer(lo) o decir(lo) por sorpresa. *Se sacó de la manga la solución.* ▶ **2:** MANGUERA.

manganeso. m. Elemento químico del grupo de los metales, duro y resistente al fuego, que se usa en la fabricación del acero (Símb. *Mn*).

mangar. tr. coloq. Robar (algo). *Me han mangado el reloj.* FAM **mangante.**

manglar. m. Terreno propio de zonas costeras tropicales, inundado gralm. por las grandes mareas y poblado de árboles adaptados a la vida en el agua salada.

mangle. m. Arbusto tropical grande, de ramas largas que descienden hasta el suelo, flores amarillas y raíces aéreas, propio del manglar. *La canoa avanza entre mangles.*

mango[1]. m. Parte alargada, estrecha y con un extremo libre, por la que se puede agarrar un instrumento o un utensilio. *El mango de la sartén.*

mango[2]. m. Árbol tropical de tronco recto, corteza negra y rugosa, y fruto oval, amarillo, aromático y de sabor agradable. Tb. el fruto. *Ensalada de mango y papaya.*

mangonear. tr. **1.** coloq., despect. Imponer alguien injustamente su criterio (sobre alguien o algo). *¡Me mangonea!* ○ intr. **2.** coloq., despect. Imponer alguien injustamente su criterio sobre alguien o algo. *No mangonee EN mis asuntos.* FAM **mangoneo.**

mangosta. f. Mamífero carnívoro pequeño, de pelaje gris, cuerpo alargado, patas cortas y cola larga. *La mangosta macho.*

manguera. f. Manga para dirigir fluidos, espec. la de riego. ▶ MANGA.

manguito. m. **1.** Prenda en forma de media manga que se lleva sobrepuesta, gralm. para proteger la ropa. *En la imprenta trabajaban con manguitos.* **2.** Prenda femenina de piel, en forma de tubo abierto por los extremos, usada para abrigar las manos. **3.** *Mec.* Tubo que sirve para unir o empalmar dos piezas cilíndricas. *Un manguito del radiador.*

maní. m. frecAm. Cacahuete. *Aplauden mientras descascaran maníes* [C].

manía. f. **1.** *Med.* Trastorno mental caracterizado por agitación, euforia e hiperactividad. *Alterna fases de depresión y de manía.* **2.** Obsesión o preocupación caprichosa. *Le entró la manía de que está gorda.* **3.** Costumbre extravagante y obsesiva. *¡Qué manía de dormir con calcetines!* **4.** Afición exagerada por alguien o algo. *Tiene la manía del fútbol.* **5.** Antipatía o aversión. *Me tiene manía.* ■ **~ persecutoria.** f. Manía (→ 2) de sentirse objeto de la mala voluntad de una o más personas. ▶ **5:** *ANTIPATÍA. FAM **maníaco, ca** o **maniaco, ca; maniático, ca.**

maniatar. tr. Atar las manos (a una persona o animal). *Maniataron al rehén.*

manicomio. m. Hospital para enfermos mentales.

manicuro, ra. m. y f. **1.** Persona que tiene por oficio cuidar las manos, espec. cortar y limar las uñas. *Trabaja de manicuro.* ○ f. **2.** Cuidado y embellecimiento de las manos, espec. de las uñas. *En la peluquería le hacen la manicura.*

manido, da. adj. Dicho de asunto o tema: Muy común o utilizado.

manierismo. (Frec. en mayúsc.). m. *Arte* y *Lit.* Estilo difundido por Europa en el s. XVI, que constituye la transición entre el Renacimiento y el Barroco, y se caracteriza por el refinamiento y la expresividad artificiosa. FAM **manierista.**

manifestar. (conjug. ACERTAR). tr. **1.** Declarar o dar a conocer (algo). *Ha manifestado que es inocente.* **2.** Dejar ver (algo). *Manifestó sorpresa.* ○ intr. prnl. **3.** Dar a conocer alguien su opinión sobre algo. *No quiere manifestarse SOBRE el asunto.* **4.** Dejarse ver. *Su humor se manifiesta en sus relatos.* **5.** Participar en una reunión pública, gralm. al aire libre, para reclamar algo o protestar. *Los profesores se manifestarán ante el Ministerio.* ▶ **1:** DECLARAR. **2, 4:** MOSTRAR. FAM **manifestación; manifestante.**

manifiesto, ta. adj. **1.** Claro o evidente. *Un error manifiesto.* ● m. **2.** Escrito en que una persona o un grupo declaran públicamente sus ideas o propósitos. *Manifiesto contra la pena de muerte.* ■ **poner de manifiesto** (algo). loc. v. Manifestar(lo). *Puso de manifiesto sus condiciones.* ▶ **1:** *EVIDENTE.

manigua. f. Terreno pantanoso cubierto de maleza. Referido a algunos países americanos. *Los fugitivos se esconden en la manigua del Darién.*

manija. f. **1.** Mango o agarradero de un utensilio. **2.** Palanca pequeña para accionar el pestillo de una puerta o ventana. *Agarró la manija para salir.* ▶ **2:** MANILLA.

manileño, ña. adj. De Manila (Filipinas).

manilla. f. **1.** Aguja del reloj. *La manilla pequeña marca las dos.* **2.** Manija (palanca pequeña). ▶ **1:** *AGUJA. **2:** MANIJA.

manillar. m. En una bicicleta o un vehículo semejante: Pieza para manejar la dirección, en cuyos extremos, curvados, se apoyan las manos. ▶ **Am:** MANUBRIO.

maniobra. f. **1.** Operación o conjunto de operaciones para dirigir una máquina, espec. un vehículo. *Maniobra para aparcar.* **2.** Acción encaminada a un fin, espec. la realizada con astucia. *Hicieron una maniobra para anular el juicio.* ○ pl. **3.** Conjunto de operaciones militares de entrenamiento. FAM **maniobrabilidad; maniobrar.**

manipular. tr. **1.** Operar con las manos o con un instrumento (sobre algo). *No manipule el explosivo.* **2.** Intervenir (en algo) distorsionándo(lo) de manera hábil e interesada. *Manipulan la información.* FAM **manipulación; manipulador, ra.**

maniqueísmo. m. despect. Tendencia a interpretar la realidad como organizada en torno a dos elementos opuestos, espec. el bien y el mal. FAM **maniqueo, a.**

maniquí. m. **1.** Armazón o figura en forma de cuerpo humano, usadas para exhibir o probar prendas de vestir. *Hay maniquíes en el escaparate.* ○ m. y f. **2.** Persona encargada de exhibir modelos de ropa. *La maniquí luce un vestido de seda.*

manirroto, ta. adj. Que gasta mucho y sin control. *Ahorre, no sea manirroto.*

manisero, ra. m. y f. frecAm. Persona que vende maní tostado en la calle. *Volvieron a salir los maniseros y los que venden dulce de guayaba* [C].

manivela. f. En algunos aparatos o mecanismos: Empuñadura en ángulo recto que, unida normalmente a un eje, sirve para transformar un movimiento giratorio en otro rectilíneo o viceversa. *La organillera da vueltas a la manivela.* ▶ MANUBRIO.

manjar. m. cult. Comida o alimento, espec. los exquisitos. *El caviar es un manjar.*

mano¹. (dim. **manita** o, Am., **manito**). f. **1.** En el cuerpo humano: Extremidad del brazo, que comprende desde la muñeca inclusive hasta la punta de los dedos. *Escribe con la mano derecha.* **2.** En algunos animales: Extremidad cuyo dedo pulgar puede oponerse a los otros. *El mono se agarra con manos y pies.* **3.** En un animal cuadrúpedo: Cada uno de los dos pies delanteros. **4.** En una res de carnicería: Cada uno de los cuatro pies después de cortados. *Comimos manos de cerdo.* **5.** Lado hacia el que cae o está algo, respecto de otra cosa o persona que se toman como referencia. *El museo está a mano derecha.* **6.** Pieza que sirve para machacar en el mortero. **7.** Persona que ejecuta algo. *Han intervenido demasiadas manos.* **8.** Acción o intervención. *Aquí se nota la mano de un adulto.* **9.** Habilidad o destreza. *Tiene mano PARA la cocina.* **10.** Poder o influencia. *Tiene mano en la empresa.* **11.** Capa de pintura u otra sustancia que se da sobre una superficie. *La pared lleva dos manos de yeso.* **12.** Vuelta que se da a algo para su perfección o corrección. *Di la última mano al trabajo.* ○ m. y f. **13.** En un juego: Jugador al que corresponde jugar en primer lugar. *Se reparten las cartas empezando por el mano.* ■ **~ de obra.** f. **1.** Trabajo manual de los obreros. *El coste de la mano de obra es alto.* **2.** Conjunto de los trabajadores asalariados. *Abunda la mano de obra no especializada.* ■ **~ derecha.** f. Persona muy útil a otra como auxiliar o colaborador. *Es la mano derecha del jefe.* ■ **~ dura.** f. Severidad en el ejercicio del mando o de la autoridad. *Hubo mano dura con los rebeldes.* ■ **~ izquierda.** f. Habilidad o astucia para manejarse o para resolver situaciones difíciles. *Tiene mano izquierda con los empleados.* ■ **~s libres.** f. pl. Libertad para actuar o decidir. *La dejo manos libres para decidir.* ■ **~s muertas.** f. pl. histór. Propietarios de fincas, en quienes se perpetuaba el dominio por no poder enajenarlas. *Muchos bienes de manos muertas pertenecían a la Iglesia.* ■ **buena** (o **mala**) **~.** f. Habilidad o destreza notables (o escasas). *Tiene buena mano CON las plantas.* □ **abrir la ~.** loc. v. Moderar el rigor o el grado de exigencia. *El dictador nunca abrió la mano.* ■ **a** (**la**) **~.** loc. adv. **1.** Cerca o a muy poca distancia. *Tengo el diccionario a mano.* **2.** A disposición de la persona a la que se hace referencia. *No siempre hay un experto a mano.* ■ **alzar la ~. → levantar la mano.** ■ **a ~.** loc. adv. Con la mano (→ 1), sin otro instrumento o ayuda. *Bordar a mano.* ■ **a ~ armada.** loc. adv. Con armas. *Roban a mano armada.* ■ **a ~s llenas.** loc. adv. Con gran abundancia. *Gasta dinero a manos llenas.* ■ **bajo ~.** loc. adv. Oculta o secretamente. *Recibió dinero bajo mano.* ■ **caerse de las ~s** un libro u otro escrito. loc. v. coloq. Ser muy aburrido y sin interés. *Esa novela se cae de las manos.* ■ **cambiar** algo **de ~s.** loc. v. Cambiar de propietario. *La casa ha cambiado de manos.* ■ **cargar la ~** (en algo). loc. v. coloq. Excederse (en ello). *Cargó la mano EN el elogio.* ■ **con la ~ en el corazón.** loc. adv. Con absoluta franqueza o sinceridad. *Lo digo con la mano en el corazón.* ■ **con las ~s cruzadas. → mano sobre mano.** ■ **con las ~s en la masa.** loc. adv. coloq. En el momento de estar haciendo algo que no siempre se desea mantener oculto. *Sorprendieron al ladrón con las manos en la masa.* ■ **con las ~s vacías.** loc. adv. **1.** Sin haber logrado lo que se pretendía. *Aspiraba a medalla, pero se quedó con las manos vacías.* **2.** Sin nada que ofrecer. *No puedes ir a verla con las manos vacías.* ■ **con una ~ atrás y otra delante**, o **con una ~ delante y otra atrás.** loc. adv. coloq. Con pobreza o miseria. *Vivían con una mano atrás y otra delante.* ■ **dar la ~** (a alguien). loc. v. Alargársela para saludar(lo). *Dio la mano a todos.* ■ **darse la ~** dos cosas. loc. v. Unirse o coincidir. *Belleza y elegancia se dan la mano en ella.* ■ **dejar de la ~** (algo o a alguien). loc. v. Abandonar(lo). *No dejes de la mano ese asunto.* ■ **de la ~.** loc. adv. Con la mano (→ 1) cogida por la de otro, o con las manos cogidas mutuamente. *Lleva al niño de la mano.* ■ **de ~.** loc. adj. Portátil o fácil de transportar con las manos (→ 1). *Un bolso de mano.* ■ **de ~ en ~.** loc. adv. De una persona a otra. *Las fotografías pasaban de mano en mano.* ■ **de primera ~.** loc. adj. **1.** Adquirido del primer vendedor. *Una casa de primera mano.* **2.** Tomado o aprendido directamente de la fuente original. *Información de primera mano.* ■ **de segunda ~.** loc. adj. **1.** Adquirido del segundo vendedor, o que ha pertenecido antes a otra persona. *Vehículos de segunda mano.* **2.** Tomado no de la fuente original, sino de otra secundaria. *Maneja datos de segunda mano.* ■ **echar ~** (a algo o alguien). loc. v. Agarrar(lo). *Echa mano a la cartera y saca un billete.* ■ **echar ~** (de alguien o algo). loc. v. Valerse (de ellos). *Eche mano DE la astucia.* ■ **echar una ~** (a alguien). loc. v. Ayudar(lo). *¿Le echo una mano?* ■ **en buenas ~s.** loc. adv. Al cuidado de alguien capaz de manejar o hacer bien aquello de que se trata. *El asunto está en buenas manos.* ■ **en ~s** (de alguien). loc. adv. **1.** En poder de alguien. *La ciudad cayó en manos DEL enemigo.* **2.** Al cuidado o bajo la responsabilidad (de esa persona). *Dejo la decisión en sus manos.* ■ **ensuciarse las ~s.** loc. v. Participar en una acción ilícita o poco honrada. *Antes pasar necesidad que ensuciarse las manos.* ■ **estar** alguien o algo **dejado de la ~ de Dios.** loc. v. Estar abandonado o desatendido. *Todo allí está dejado de la mano de Dios.* ■ **estar** algo **en la ~** (de alguien). loc. v. Ser(le) posible. *Si está en mi mano, lo ayudaré.* ■ **estrechar la ~** (de alguien, o a alguien). loc. v. Tomar su mano (→ 1) como saludo o expresión de afecto. *Estrechó la mano a su suegro.* ■ **frotarse las ~s.** loc. v. coloq. Manifestar gran satisfacción. *Estará frotándose las manos al verse ganador.* ■ **ir** una persona en un vehículo **por su ~.** loc. v. Transitar por el lado de la vía que le corresponde. *Circule por su mano.* ■ **írsele** algo (a alguien) **de las ~s.** loc. v. Quedarse sin ello cuando ya lo tenía o creía tenerlo. Tb. fig. *La victoria se nos fue de las manos.* ■ **írsele** (a alguien) **la ~** (en algo). loc. v. Excederse en la cantidad (de esa cosa) que da o pone. *Se me ha ido la mano EN la sal.* ■ **la ~** (de una mujer). f. El permiso formal para casarse (con ella). *Pidió la mano de la joven al padre.* ■ **lavarse** alguien **las ~s** (en un asunto). loc. v. Desentenderse (de ello) o rechazar la responsabilidad en los problemas que presenta. *El tribunal se lava las manos EN este asunto.* ■ **levantar**, o **alzar, la ~** (a alguien, o contra alguien). loc. v. Pegar(le), o amenazar(lo) haciendo el gesto de ir a pegar(le). *Nunca levantaría la mano a su padre.* ■ **llegar**, o **venir, a las ~s** dos personas. loc. v. Empezar a pegarse o a pelear. *Discutieron y casi llegan a las manos.* ■ **llevarse las ~s a la cabeza.** loc. v. coloq. Asombrarse de algo o indignarse a causa de ello. *Muchos se llevarán las manos a la cabeza por esto.* ■ ~ a ~. loc. adv. Interviniendo solo dos personas, gralm. compitiendo entre ellas. *Trabajan mano a mano.* Tb. m., referido a la acción que se realiza de ese modo. *El debate fue un mano a mano entre el presidente y el candidato.* ■ ~s a la obra. expr. Se usa para animarse o animar a los demás a emprender o reanudar un trabajo. *Vamos, manos a la obra.* ■ ~s arriba. expr. Se usa para ordenar una persona armada a otra que alce los brazos y no se resista. *¡Policía, manos arriba!* ■ ~ sobre ~, o con las ~s cruzadas. loc. adv. Sin hacer nada. *Se pasa el día mano sobre mano.* ■ meter las ~s (en algo). loc. v. Intervenir en su ejecución. *Evitó meter las manos EN el asunto.* ■ meter ~ (a algo, espec. a un trabajo). loc. v. coloq. Empezar a ejecutar(lo). *No sé por dónde meter mano a este artículo.* ■ meter ~ (a alguien). loc. v. **1.** coloq. Investigar su conducta para descubrir posibles irregularidades. *Van a meter mano al secretario.* **2.** coloq. Tocar(lo) o manosear(lo) con intención erótica. *Metía mano a la empleada.* ■ poner (a alguien) la ~ encima. loc. v. Pegar(le) o golpear(lo). *¡No me ponga la mano encima!* ■ poner la ~, o las ~s, en el fuego (por alguien o algo). loc. v. Responder (por ellos). Se usa para expresar seguridad en la honradez de esa persona, o en la verdad y certeza de esa cosa. *Pongo la mano en el fuego POR él.* ■ tender (a alguien) la, o una, ~. loc. v. Socorrer(lo) o ayudar(lo). *Lo necesité y me tendió una mano.* ■ tener alguien (algo) en la, o su, ~. loc. v. Poder conseguir(lo), realizar(lo) o disponer (de ello). *Tiene en su mano aprobar.* ■ tocar con la ~ (algo). loc. v. Tener(lo) muy próximo. *Ya toca con la mano la victoria.* ■ traer(se), o tener, entre ~s (algo). loc. v. Estar ocupándose (en ello). *¿Qué se trae entre manos?* ■ venir a las ~s dos personas. → llegar a las manos. FAM manotada; manotazo.

mano², na. m. y f. Am. coloq. Se usa para dirigirse a una persona con la que se tiene amistad o confianza. *Vamos a dar una vuelta, mana* [C].

manojo. m. **1.** Conjunto de cosas, gralm. alargadas y unidas entre sí, que se puede coger con la mano. *Un manojo de rosas.* **2.** Conjunto abundante de cosas. *¡Qué manojo de nervios!* **3.** Conjunto pequeño de personas o cosas. *Compuso un manojo de cuentos.*

manómetro. m. *Fís.* y *Med.* Instrumento para medir la presión.

manopla. f. **1.** Guante sin separaciones para los dedos, o solo con una para el pulgar. **2.** histór. En una armadura: Pieza que cubre la mano.

manosear. tr. **1.** Sobar (algo o a alguien). *No manoseen la fruta.* **2.** Tratar con insistencia (un asunto) o utilizar repetidamente (un procedimiento). *El tema está muy manoseado.* ▶ **1:** *SOBAR. FAM manoseo.

manotada; manotazo. → mano¹.

manotear. intr. Mover alguien las manos reiteradamente de un lado a otro, para dar mayor expresividad a lo que dice. *Empezó a gritar y a manotear.*

mansalva. a ~. loc. adv. Sobre seguro y sin freno. *Disparan a mansalva.*

mansarda. f. Buhardilla. *Vivía en una mansarda.*

mansión. f. Casa grande y lujosa. *Una antigua mansión colonial.*

manso, sa. adj. **1.** Dicho de animal: Que no es bravo o fiero. **2.** Apacible y nada agresivo. *Una lluvia mansa.* ● m. **3.** En ganadería: Animal macho manso (→ 1), espec. buey, que sirve de guía a los demás. FAM mansedumbre; mansurrón, na.

manta. f. **1.** Prenda grande y rectangular, de lana u otro tejido, que sirve de abrigo, espec. en la cama. *Duerme con dos mantas.* **2.** Pez marino semejante a la raya pero de mayor tamaño, con dos cuernos carnosos cerca de la boca, y que se alimenta de plancton. **3.** Am. Tela ordinaria de algodón. *Calzones de manta* [C]. ■ ~ eléctrica. f. Aparato formado por dos capas de tejido y una resistencia eléctrica entre ambas, que se usa para dar calor al cuerpo. □ tirar de la ~. loc. v. coloq. Descubrir algo que se quiere mantener en secreto. *Alguien tiró de la manta.* ▶ Am: **1:** COBIJA, FRAZADA.

mantear. tr. Lanzar al aire repetidas veces (a alguien o a un pelele) con una manta sujeta entre varios. *Sus amigos lo mantearon.* FAM manteo (*El manteo de un pelele*).

manteca. f. **1.** Grasa de los animales, espec. el cerdo. *Fríen con manteca.* **2.** Grasa sólida de algunos frutos. *Manteca de cacao.* **3.** frecAm. Mantequilla. FAM mantecoso, sa.

mantecado. m. **1.** Bollo hecho con manteca de cerdo. *Nos ofreció polvorones y mantecados.* **2.** Helado hecho con leche, huevos y azúcar.

mantel. m. Cubierta gralm. de tela que se pone sobre la mesa para comer.

mantelería. f. Juego de mantel y servilletas. *Le han regalado una mantelería.*

mantener. (conjug. TENER). tr. **1.** Proporcionar (a alguien) el alimento necesario. *Cazan para mantener a la manada.* **2.** Costear las necesidades económicas (de alguien). *Trabaje: no lo mantendrán siempre.* **3.** Hacer que (alguien o algo) estén en una situación o un estado durante un tiempo. *El café me mantiene despierto.* **4.** Hacer que (algo) siga existiendo. *Del edificio mantendrán la fachada.* **5.** Realizar (una acción que se prolonga durante un tiempo). *Mantienen una conversación.* **6.** Defender (una idea o una opinión). *Mantiene que la vida es corta.* ○ intr. prnl. **7.** Alimentarse. *Se mantiene DE fruta.* **8.** Seguir alguien o algo en una situación o un estado durante un tiempo. *Me mantengo en forma.* ▶ **2, 5, 6:** SOSTENER. FAM mantenedor, ra.

mantenida. f. Mujer que vive a expensas de su amante.

mantenimiento. m. **1.** Hecho de mantener o mantenerse. *El mantenimiento del orden actual.* **2.** Hecho de mantener algo o a alguien en perfectas condiciones o en funcionamiento. *Es jefe de mantenimiento de la central.* ▶ **1:** SOSTÉN, SOSTENIMIENTO.

manteo¹. → mantear.

manteo². m. Capa larga con cuello, que llevan los eclesiásticos sobre la sotana.

mantequilla. f. Producto graso y pastoso que se obtiene batiendo la nata de la leche. *Unta mantequilla en la tostada.* ▶ frecAm: MANTECA.

mantilla. f. **1.** Prenda de lana o seda, gralm. de encaje, usada por las mujeres para cubrir la cabeza y los hombros, espec. en fiestas y actos solemnes. *La madrina lleva mantilla.* **2.** Prenda de lana para abrigar y envolver a un niño por encima de los pañales.

mantillo. m. **1.** Capa superior del suelo, formada pralm. por la descomposición de materias orgánicas. **2.** Abono obtenido de la fermentación y putrefacción de estiércol o de la desintegración parcial de materias orgánicas. *Rellena la maceta con mantillo.*

mantis. f. Insecto alargado, de ojos grandes y patas anteriores robustas que recoge cuando reposa, como en actitud orante. Tb. ~ religiosa.

manto. m. **1.** Vestidura amplia, semejante a una capa, que cubre desde la cabeza o los hombros hasta los pies y es propia de monarcas, personajes insignes o imágenes religiosas. **2.** Cosa que cubre u oculta. *Hay un manto de nieve en las calles.* **3.** *Geol.* Capa sólida del interior de la Tierra, entre la corteza y el núcleo central. Tb. *~ terrestre.*

mantón. m. **1.** Pañuelo grande, gralm. bordado, que se pone sobre los hombros. Tb. *~ de Manila.* **2.** Prenda de abrigo cuadrangular que se pone sobre los hombros.

mantra. m. *Rel.* En el hinduismo y el budismo: Conjunto de sílabas, palabras o frases sagradas recitadas para invocar a la divinidad o como apoyo de la meditación.

manual. adj. **1.** De las manos. *Habilidad manual.* **2.** Que se maneja o se usa con las manos. *Una sierra manual.* **3.** Dicho de trabajo: Que se realiza con las manos. **4.** Dicho de persona: Que hace trabajo manual (→ 3). *Obreros manuales.* ● m. **5.** Libro en que se resume lo esencial y más importante de una materia. *Manual de pintura.*

manualidad. f. Trabajo manual. Gralm. en pl., espec. para designar los que se hacen en el tiempo libre o en la escuela. *Le gusta el dibujo y las manualidades.*

manubrio. m. **1.** Manivela. **2.** Am. Manillar. *El manubrio de la bicicleta* [C].

manufacturar. tr. Fabricar con medios mecánicos (algo). *Productos manufacturados.* FAM **manufactura; manufacturación; manufacturero, ra.**

manumitir. tr. Libertar (a un esclavo). FAM **manumisión.**

manuscrito, ta. adj. Escrito a mano. Dicho de texto, tb. m. *Manuscrito medieval.*

manutención. f. Hecho de mantener o proporcionar alimento. *Paga la manutención de sus hijos.*

manzana. f. **1.** Fruto del manzano, redondo, de piel verde, roja o amarilla y carne amarillenta, entre ácida y dulce. **2.** Grupo de edificios, gralm. cuadrangular, delimitado por calles en todos sus lados. *Dio la vuelta a la manzana.* ■ *~ de la discordia.* f. Cosa que produce desacuerdo o discordia. *El reparto fue la manzana de la discordia.*

manzanilla. f. **1.** Planta aromática de tallo delgado, con flores amarillas semejantes a las de la margarita. **2.** Infusión medicinal elaborada con flores secas de manzanilla (→ 1). *Tomó una manzanilla.* ▶ **1:** CAMOMILA.

manzano. m. Árbol de tronco corto y corteza agrietada, cuyo fruto es la manzana.

maña. f. **1.** Habilidad o destreza. *Tiene más maña que fuerza.* **2.** Medio hábil o astuto para conseguir algo. Frec. en pl. *Empleó todas sus mañas para convencerlo.* **3.** Vicio o mala costumbre. Frec. en pl. *Mañas de juerguista.* ■ *darse (buena) ~.* loc. v. Tener mucha habilidad. *Se da maña para bordar.* ▶ **2:** *ARTIMAÑA. FAM **mañoso, sa.**

mañana. f. **1.** Parte del día que transcurre desde que amanece hasta el mediodía. *Trabajo por la mañana.* **2.** Parte del día que transcurre desde la medianoche hasta el mediodía. *Me acosté a las dos de la mañana.* ○ m. **3.** (Frec. con art.). Tiempo que aún no ha llegado. *Ahorra para el mañana.* ● adv. **4.** En el día que sigue inmediatamente al de hoy. *Lo operan mañana.* A veces precedido de prep. *Vendrá desde mañana.* **5.** En un tiempo que todavía no ha llegado. *Estudie para ser alguien mañana.* ■ *muy de ~.* loc. adv.

Muy temprano, o en las primeras horas del día. *Sale muy de mañana.* ■ *pasado ~.* loc. adv. En el día que sigue inmediatamente al de mañana (→ 4). *Iré pasado mañana.* ▶ **3:** *FUTURO. FAM **mañanero, ra.**

mañanita. f. **1.** dim. → mañana. **2.** Prenda femenina de punto o tela, que cubre de los hombros a la cintura y se usa espec. para estar sentada en la cama. ○ pl. **3.** Canción popular mexicana que se le canta a una mujer por la mañana en su cumpleaños.

maoísmo. m. Doctrina política y económica aplicada en la revolución comunista china por Mao Tsetung (político chino, 1893-1976). FAM **maoísta.**

maorí. adj. Del pueblo aborigen de Nueva Zelanda.

mapa. m. Representación de la Tierra o de parte de ella en una superficie plana. *Un mapa de América.* ■ *~ mudo.* m. Mapa que no tiene escritos los nombres de los lugares representados y que se usa pralm. para ejercicios de geografía. □ **borrar** (algo o a alguien) **del** *~.* loc. v. coloq. Eliminar(los) o hacer(los) desaparecer. ▶ CARTA.

mapache. m. Mamífero carnívoro americano, pequeño, de pelaje gris muy apreciado en el comercio, y cola larga con anillos negros. *El mapache hembra.*

mapamundi. m. Mapa de la superficie terrestre dividida en dos hemisferios.

mapuche. adj. **1.** De un pueblo indígena de la región central y sur de Chile. Tb. m. y f. ● m. **2.** Lengua de los mapuches (→ 1). ▶ ARAUCANO.

maqueta. f. **1.** Modelo a escala reducida de una construcción. *Una maqueta de un velero.* **2.** *Gráf.* Modelo previo de un texto o libro que se va a publicar, usado para determinar sus características definitivas. **3.** *Mús.* Grabación de prueba de uno o más temas musicales. FAM **maquetación; maquetar; maquetista.**

maquiavelismo. m. **1.** Doctrina de Nicolás Maquiavelo (político y escritor italiano, 1469-1527), fundada en la preeminencia de la razón de Estado sobre cualquier otra de carácter moral. **2.** Conducta astuta y maliciosa. FAM **maquiavélico, ca.**

maquila. f. **1.** Am. Producción de manufacturas, espec. textiles. *Hoy en día domina la maquila de ropa de compañías coreanas* [C]. **2.** Am. Fábrica destinada a la maquila (→ 1). *Empleados que laboran en maquilas* [C]. FAM **maquiladora.**

maquillar. tr. **1.** Modificar el aspecto (de alguien o de su rostro) mediante cosméticos para embellecer(los) o caracterizar(los). *Maquillan a la actriz.* **2.** Alterar (algo) de manera engañosa para mejorar su apariencia. *No maquille la realidad.* ▶ **1:** PINTAR. FAM **maquillador, ra; maquillaje.**

máquina. f. **1.** Objeto compuesto de diversos elementos, que aprovecha una determinada fuerza para producir trabajo. *Máquina fotográfica.* **2.** Conjunto organizado de partes que funcionan como un todo. *La máquina del Universo.* **3.** Se usa para designar una locomotora o un vehículo. *La máquina descarriló.* **4.** coloq. Persona que realiza las cosas de manera rápida y precisa. *En su trabajo es una máquina.* ■ *a toda ~.* loc. adv. Muy deprisa. FAM **maquinal; maquinaria; maquinismo.**

maquinar. tr. Tramar (algo). ▶ *TRAMAR. FAM **maquinación.**

maquinilla. f. Máquina de afeitar. Tb. *~ de afeitar.*

maquinista. m. y f. Persona que gobierna una máquina, espec. de vapor.

mar - marchamo

mar. m. (En acep. 1, 2 y 4, tb. f.). **1.** Extensión total de agua salada que cubre la mayor parte de la superficie terrestre. *Pescado de mar.* **2.** Cada una de las grandes divisiones del mar (→ 1) delimitadas geográficamente. *El mar Caribe.* **3.** Lago de gran extensión. *Entre Israel y Jordania está el mar Muerto.* **4.** Agitación del mar. *Hay mucha mar.* **5.** Gran cantidad de cosas o personas. *Un mar* DE *gente.* ■ ~ **de fondo.** m. (Tb. f). **1.** *Mar.* Agitación de las aguas producida en alta mar (→ **alta mar**), que alcanza la costa de forma atenuada. *Navegan con mar de fondo.* **2.** Inquietud o agitación que no son evidentes. *Hay mar de fondo en su relación.* ■ ~ **gruesa.** f. *Mar.* Agitación de las aguas, con olas de hasta seis metros. *Se prevé mar gruesa.* ■ **alta** ~. f. Parte del mar (→ 1) que está a bastante distancia de la costa. *Pescan en alta mar.* □ **a ~es.** loc. adv. Abundantemente. *Llueve a mares.* ■ **hacerse a la** ~. loc. v. Empezar la navegación. *El pesquero se hizo a la mar.* ■ **la** ~. loc. adv. coloq. Mucho. *Pinta la mar de bien.*

mara. f. *Am.* Pandilla, espec. la que se reúne para hacer daño. *Estaba presionado para unirse a una mara que le ofrecía protección* [C]. ▶ *PANDILLA.

marabú. m. Ave parecida a la cigüeña, que habita en África y Asia, y cuyo plumaje, gris y blanco, se emplea como adorno. *El marabú hembra.*

marabunta. f. **1.** Plaga de hormigas que devoran a su paso todo lo que encuentran. *La marabunta devastó la zona.* **2.** Gran cantidad de personas que causan jaleo y confusión. *Una marabunta* DE *periodistas.*

maraca. f. Instrumento musical originariamente consistente en una calabaza con granos de maíz o piedrecitas en su interior, y hecho hoy en madera o plástico. Gralm. en pl.

maracuyá. m. Fruto de la pasionaria, redondo, amarillo o púrpura, y comestible.

maragato, ta. adj. De la Maragatería (España).

maraña. f. **1.** Conjunto de cosas, como hilos o cabellos, que se enredan o se cruzan de forma desordenada. **2.** Cosa intrincada o difícil. *Una maraña burocrática.*

marasmo. m. Paralización o inmovilidad. Frec. fig. *El país saldrá del marasmo.*

maratón. m. **1.** (Tb. f.). En atletismo: Carrera de resistencia en la que se recorre una distancia de 42 km y 195 m. **2.** Competición de resistencia. *Un maratón de baile.* **3.** Actividad larga o intensa desarrollada en una sola sesión o en poco tiempo. *El maratón de los exámenes me ha agotado.* FAM maratoniano, na; maratónico, ca (frecAm).

maravedí. (pl. **maravedís** o, más raro, **maravedíes, maravedises**). m. histór. Antigua moneda española. *Pagaban al rey 10 000 maravedís anuales.*

maravilla. f. Persona o cosa que causan admiración o asombro por sus buenas cualidades. *¡Qué maravilla de cuadro!* ■ **de** ~, o **a las mil** ~s. loc. adv. coloq. Muy bien. *Huele de maravilla.* FAM **maravillar; maravilloso, sa.**

marbete. m. Etiqueta que se pone en un objeto para indicar datos como su contenido, precio u origen, o la dirección a la que se envía.

marca. f. **1.** Señal hecha en alguien o algo para distinguirlos o para indicar su pertenencia. *La vaca lleva la marca de su ganadería.* **2.** Distintivo que el fabricante pone a sus productos, y cuyo uso le pertenece exclusivamente. *Ropa de marca.* Tb. ~ **de fábrica. 3.** Señal o huella que deja algo en una persona o en una cosa. *Tiene marcas de la varicela.* **4.** *Dep.* Mejor resultado técnico homologado de una persona o de un grupo. *La saltadora batió su marca.* ■ ~ **registrada.** f. Marca (→ 2) que está inscrita en el registro correspondiente y goza por ello de protección legal. □ **de** ~ (mayor). loc. adj. Que sobrepasa lo normal. *Un error de marca mayor.* ▶ **3:** *SEÑAL. **4:** RÉCORD.

marcado, da. adj. Manifiesto o perceptible. *Un marcado acento inglés.*

marcador, ra. adj. **1.** Que marca. Tb. m. y f. *El delantero se zafa de sus marcadores.* ● m. **2.** Dispositivo en el que se registran los tantos marcados en un encuentro deportivo o en un juego. *Hay empate en el marcador.* ▶ **2:** TANTEADOR.

marcaje. m. Hecho de marcar a un jugador contrario. *Realizó un duro marcaje.*

marcapasos o **marcapaso.** m. Aparato electrónico de pequeño tamaño que regulariza la frecuencia cardíaca. *Le implantaron un marcapasos.*

marcar. tr. **1.** Hacer (una marca). *Marcó sus iniciales en la ropa.* **2.** Hacer una marca (en alguien o algo). *El ganadero marca las vacas.* **3.** Herir (a una persona o una parte de su cuerpo) de modo que quede señal. *Un gánster le marcó la cara.* **4.** Peinar (a una persona o su pelo) de manera que el peinado permanezca durante un tiempo. Frec. como intr. *¿Cuánto cobran por lavar y marcar?* **5.** Dejar una huella inmaterial (en alguien o algo). *El divorcio me marcó.* **6.** Determinar o fijar (algo). *El guía marcará el itinerario.* **7.** Indicar un aparato (un dato, espec. una cantidad o una magnitud). *El termómetro marca 38°.* **8.** Poner el precio (en un producto). *Marcan las prendas con descuentos.* **9.** Hacer resaltar (algo). *Un vestido que marca la silueta.* **10.** Formar (un número) pulsando las teclas o girando el disco de un teléfono. *Marque el prefijo.* Tb. como intr. **11.** Hacer que se noten las pausas y los movimientos (en algo, espec. en el paso o el compás). *Marca el compás con la batuta.* **12.** En algunos deportes: Conseguir (un tanto). *Marcó cinco canastas.* Tb. como intr. **13.** En algunos deportes: Controlar un jugador (a otro contrario) para dificultar su juego. *Marcará al delantero.* ▶ **12:** ANOTAR.

marcha. f. **1.** Hecho de marchar o marcharse. *Llegó el día de mi marcha.* **2.** Modo de andar del hombre y de algunos animales. *El pingüino tiene una marcha torpe.* **3.** Velocidad o rapidez. *Va a toda marcha.* **4.** Desarrollo de algo. *Tengo en marcha un plan.* **5.** En algunos vehículos: Cada una de las posiciones de la caja de cambios. *Meta la primera marcha.* **6.** En atletismo: Carrera en la que el corredor camina rápidamente manteniendo siempre uno de los pies en contacto con el suelo. *Correrá los 5000 metros marcha.* **7.** coloq. Animación o diversión. *Le gusta la marcha.* **8.** *Mús.* Composición musical de ritmo terminado, que marca el paso de la tropa o de un cortejo. *Una marcha militar.* ■ ~ **atrás.** f. **1.** Hecho de retroceder un vehículo. *Maniobra de marcha atrás.* **2.** En algunos vehículos: Posición de la palanca de cambios que corresponde a la marcha atrás (→ **marcha atrás** 1). *Ponga la marcha atrás.* □ **abrir la** ~. loc. v. Ir delante de un grupo que se desplaza. *El líder abría la marcha.* Tb. fig. ■ **a ~s forzadas.** loc. adv. Muy deprisa. *Trabajan a marchas forzadas.* ■ **sobre la** ~. loc. adv. A medida que se hace algo. *Se me ocurrió sobre la marcha.* ▶ **5:** VELOCIDAD.

marchamo. m. Marca que se pone a determinados productos comerciales para indicar que han pasado el debido control. *Carnes con marchamo sanitario.* Tb. fig.

marchante, ta. m. y f. (En acep. 1, se usa **marchante** como f.). **1.** Persona que comercia con obras de arte. *Vendió el cuadro a una marchante.* **2.** frecAm. Persona que vende, espec. la que tiene una clientela habitual. *La marchanta del pescado* [C]. **3.** frecAm. Cliente. *Despache a esas marchantas* [C]. ▶ **2:** VENDEDOR. **3:** CLIENTE.

marchar. intr. **1.** Desplazarse o moverse. *El tren marcha a 250 km/h.* **2.** Ir a un lugar. *Marchó A/HACIA Quito.* **3.** Irse o partir de un lugar. Frec. prnl. *Me marcho.* **4.** Funcionar o desenvolverse algo. *El negocio marcha bien.* **5.** Funcionar o desenvolverse bien algo. *Esto no marcha.* **6.** *Mil.* Caminar en formación. *Los soldados marchan.*

marchito, ta. adj. Falto de vigor y frescura. *Flores marchitas.* FAM **marchitar.**

marchoso, sa. adj. coloq. Que tiene marcha o animación. *Una canción marchosa.*

marcial. adj. **1.** De los militares. *Hizo el saludo marcial.* **2.** Gallardo o garboso. *Camina con paso marcial.* FAM **marcialidad.**

marciano, na. adj. Del planeta Marte. Tb. m. y f. *Una película de marcianos.*

marco. m. **1.** Cerco fijo donde encajan una ventana o una puerta. *Ventana con marco de aluminio.* **2.** Cerco que rodea o protege algo como un cuadro o un espejo, y que se emplea como adorno. *Puso la foto en un marco de plata.* **3.** Espacio o ámbito dentro de los cuales sucede o se desarrolla algo. *La reforma se hará dentro del marco de la Constitución.* **4.** Unidad monetaria de Alemania y Finlandia anterior al euro.

marea. f. **1.** Movimiento periódico y alternativo de ascenso y descenso del nivel del mar, producido por la atracción del Sol y de la Luna. *Los pescadores tienen en cuenta las mareas.* **2.** Nivel del mar. *Ha subido la marea.* **3.** Gran cantidad de personas o de cosas. *Una marea DE gente.* ■ **~ alta.** f. Ascenso máximo de la marea (→ 2). ■ **~ baja.** f. Descenso máximo de la marea (→ 2). ■ **~ negra.** f. Masa de petróleo vertida al mar, que llega a la costa. *La marea negra provocó una catástrofe ecológica.*

mareante, marear. → mareo.

marejada. f. **1.** Movimiento del mar con olas de gran altura. *Se prevé marejada en el Estrecho.* **2.** Situación de excitación o disgusto que suele preceder a una discusión.

maremagno. m. Maremágnum.

maremágnum. (Tb. **mare mágnum;** pl. invar.). m. Cantidad grande y confusa de cosas o personas. *Un maremágnum DE cifras.* ▶ MAREMAGNO.

maremoto. m. Agitación violenta del mar debida a una sacudida del fondo.

marengo. adj. Gris marengo (→ gris). *Un abrigo marengo.*

mareo. m. **1.** Malestar acompañado a veces de náuseas y vómitos, que se produce frec. al viajar en un vehículo. **2.** coloq. Borrachera ligera. **3.** coloq. Molestia o fastidio producidos por ajetreo. *¡Qué mareo con tantos trámites!* FAM **mareante; marear.**

marfil. m. Materia dura, compacta y blanca, de la que están formados los dientes de los mamíferos. *Cazan elefantes por el marfil de sus colmillos.*

marfileño, ña. adj. **1.** Del marfil, o de características semejantes a las suyas, espec. el color. *Palidez marfileña.* **2.** De Costa de Marfil (África).

margarina. f. Producto parecido a la mantequilla, de grasa vegetal o animal.

margarita. f. Planta silvestre pequeña con flores de centro amarillo y pétalos blancos. Tb. la flor. *Deshoja una margarita.*

margen. f. **1.** Orilla de algo, espec. de un río. Tb. m. O m. **2.** Espacio en blanco a cada uno de los cuatro lados de una página, espec. a derecha e izquierda. *Escribe notas en el margen del texto.* **3.** Espacio u oportunidad para algo. *Hay margen PARA negociar.* **4.** Diferencia que se prevé o admite entre un cálculo aproximado y el resultado exacto. *Sondeo con un margen de error del 1%.* **5.** Diferencia entre el precio de coste y el precio de venta. *Estos productos dejan poco margen.* ■ **al ~.** loc. adv. Fuera o sin participar. *Estoy al margen DE sus disputas.*

marginado, da. adj. Dicho de persona: No integrada en la sociedad.

marginal. adj. **1.** Del margen de una página. *Nota marginal.* **2.** Dicho de cosa: Secundaria o de poca importancia. *El dinero para ella es algo marginal.* **3.** Que está al margen, espec. de la sociedad o de las normas sociales comúnmente admitidas. *Un grupo marginal.* FAM **marginalidad; marginalización.**

marginar. tr. **1.** Dejar (algo o a alguien) al margen. *Marginar la violencia.* **2.** Apartar (a alguien) desde el punto de vista social. *Me marginan.* FAM **marginación.**

mariachi. m. **1.** Conjunto de músicos que interpretan canciones mexicanas. *El mariachi cantó rancheras.* **2.** Componente de un mariachi (→ 1).

marianista. adj. De la Compañía de María. *Congregación marianista.*

mariano, na. adj. De la Virgen María, o de su culto. *Oraciones marianas.*

marica. m. coloq., despect. Hombre afeminado u homosexual. FAM **maricón; mariconada.**

mariconera. f. coloq. Bolso de mano para hombres.

maridaje. m. Enlace o unión entre dos o más cosas. *Un maridaje entre razón y fe.*

marido. m. Respecto de una mujer: Hombre casado con ella. ▶ *ESPOSO.

marihuana o **mariguana.** f. Cáñamo índico, cuyas hojas y flores, fumadas, son narcóticas. Tb. las hojas y flores. *Consume marihuana.* ▶ CANNABIS.

marimacho. m. coloq. Mujer con características propias de un hombre, espec. en el aspecto o el comportamiento. *La llaman marimacho por jugar al fútbol.*

marina. → marino.

marinada. f. **1.** *Coc.* Adobo a base de vino, vinagre, sal y especias, para macerar alimentos, espec. pescado y carne de caza, antes de cocinarlos. *Meta las codornices en la marinada.* **2.** *Coc.* Plato preparado con marinada (→ 1). FAM **marinar.**

marine. m. Soldado de la infantería de marina estadounidense.

marinería. f. **1.** Profesión de marinero. **2.** En la Armada: Categoría de rango inferior, constituida por los marineros y los cabos.

marinero, ra. adj. **1.** De la marina o de los marineros (→ 3). *Pueblo marinero.* **2.** Dicho de embarcación: Que tiene las características necesarias para navegar con facilidad y seguridad. *Un barco muy marinero.* ● m. y f. **3.** Persona que trabaja en una embarcación. **4.** Militar de la clase de marinería, cuyo empleo tiene el grado inferior.

marino, na. adj. **1.** Del mar. *Sal marina.* ● m. **2.** Especialista en náutica o navegación. *El timonel es buen marino.* **3.** Hombre que tiene un grado militar o profesional en la Marina (→ 5). *Marinos con uniforme de gala.* ○ f. **4.** Arte o ciencia de navegar. *Conocimientos de marina.* **5.** (Frec. en mayúsc.). Conjunto de los buques de una nación y del personal correspondiente. *Una fragata de la Marina española.*

marioneta. f. **1.** Títere, espec. el que se mueve con hilos. **2.** Títere (persona u organización que se dejan manejar). *Es una marioneta del jefe.* ○ pl. **3.** Espectáculo de teatro con marionetas (→ 1). *Hay marionetas en el parque.* ▶ **1, 2:** TÍTERE. **3:** TÍTERES.

mariposa. f. **1.** Insecto con dos pares de alas gralm. de colores vistosos y cubiertas de pequeñas escamas. **2.** Estilo de natación en que se mueven los brazos hacia delante simultáneamente, y las piernas juntas y de arriba abajo. *Ganó los 100 metros mariposa.*

mariposear. intr. **1.** Ser inconstante en algo, espec. en cuestiones amorosas. *Dejó de mariposear y se casó.* **2.** Andar insistentemente alrededor de alguien, para conseguir el trato con él o atraer su atención. *Los fans mariposean alrededor de la cantante.*

mariquita. f. **1.** Insecto pequeño, de forma semiesférica y alas rojas o anaranjadas con puntos negros. ○ m. **2.** coloq., despect. Hombre afeminado u homosexual.

marisabidilla. f. coloq. Mujer que presume de lista o de culta.

mariscal. m. En determinados países: Jefe militar con mayor graduación. ■ **~ de campo.** m. histór. Militar cuya categoría equivalía a la de general de división.

marisco. m. Animal marino invertebrado, espec. crustáceo o molusco comestible. *La cigala es un marisco.* FAM **mariscada; mariscador, ra; mariscar; marisquería.**

marisma. f. Terreno bajo y pantanoso que se inunda con el agua del mar cuando sube la marea. FAM **marismeño, ña.**

marista. adj. Del Instituto de los Hermanos Maristas de la Enseñanza.

marital. adj. Del matrimonio o de los cónyuges. *Vida marital.*

marítimo, ma. adj. Del mar. *Transporte marítimo.*

marketing. (pal. ingl.; pronunc. "márketin"). m. Mercadotecnia. *Campaña de* marketing. ¶ [Adaptación recomendada: *márquetin*].

marmita. f. Olla de metal con tapadera ajustada y una o dos asas.

mármol. m. Roca dura y compacta, gralm. con vetas de colores, que se pule con facilidad y se usa en escultura y construcción. *Suelo de mármol.* FAM **marmóreo, a.**

marmota. f. **1.** Roedor de pelaje rojizo, cabeza grande y patas y cola cortas, que pasa una larga hibernación. *La marmota macho.* **2.** coloq. Persona dormilona.

maroma. f. **1.** Cuerda gruesa. *El marinero amarra una maroma.* **2.** Am. Pirueta. *Hizo un par de graciosas maromas y se retiró dando saltos* [C]. Tb. fig.

maronita. adj. Rel. De una comunidad cristiana árabe que conserva un rito propio, reconoce la autoridad del papa y está asentada espec. en el Líbano. *Patriarca maronita.*

marqués, sa. m. y f. **1.** Persona con título nobiliario inmediatamente inferior al de duque. **2.** Consorte de un marqués (→ 1) o una marquesa (→ 1). FAM **marquesado.**

marquesina. f. **1.** Alero sobre la entrada de un edificio, que sirve de protección. *Se guarecen de la lluvia bajo una marquesina.* **2.** Construcción con cubierta y cerrada por los lados, que sirve de protección en las paradas de transportes públicos.

marquetería. f. Incrustación hecha en madera con otras maderas de diferentes colores, o con otros materiales. *Mesa de nogal con marquetería de caoba.*

marranada. f. **1.** coloq. Hecho o dicho propios de la persona marrana. *No hagan marranadas con la comida.* ○ pl. **2.** coloq. Hechos considerados groseros u ofensivos, gralm. relacionados con el placer sexual.

marrano, na. m. **1.** Cerdo (mamífero). ○ f. **2.** Cerda (hembra del cerdo). ○ m. y f. **3.** coloq. Persona sucia. *Eres un marrano, limpia eso.* Tb. adj. **4.** coloq. Persona que actúa de manera baja o ruin. Tb. adj. ▶ **1:** *CERDO.

marrar. tr. **1.** Errar o no acertar (algo). *Marró el tiro.* ○ intr. **2.** Errar o equivocarse. *Ha marrado en sus predicciones.*

marras. de ~. loc. adj. coloq. Sobradamente conocido. *Repitió el chiste de marras.*

marrasquino. m. Licor elaborado a base de zumo de cerezas amargas y azúcar.

marrón. adj. De color semejante al del chocolate o la cáscara de la castaña.

marroquí. adj. De Marruecos (África).

marroquinería. f. **1.** Arte o técnica de hacer artículos de cuero o de piel. **2.** Conjunto de artículos de marroquinería (→ 1). *Venden calzado y marroquinería.*

marrullero, ra. adj. Que actúa con trampas y mala intención. FAM **marrullería.**

marsopa. f. Mamífero marino, parecido al delfín pero de menor tamaño, de cuerpo grueso, cabeza redondeada y sin hocico. *La marsopa macho.*

marsupial. adj. **1.** Zool. Del grupo de los marsupiales (→ 2). ● m. **2.** Zool. Mamífero cuyas crías nacen prematuramente y terminan de desarrollarse en una bolsa abdominal donde están las mamas, como el canguro.

marta. f. Mamífero carnívoro de cuerpo alargado y delgado, con patas cortas, cuyo pelaje es muy apreciado en peletería. *La marta macho.*

martes. m. Día de la semana que sigue al lunes.

martillero. m. Am. Persona que subasta. *El martillero señalaba a los que hacían ofertas* [C]. ▶ SUBASTADOR.

martillo. m. **1.** Herramienta formada por una pieza gralm. de hierro y un mango encajado en ella, y que sirve para golpear. **2.** Anat. Hueso pequeño del oído medio de los mamíferos, entre el tímpano y el yunque. **3.** Dep. En atletismo: Bola metálica sujeta a una empuñadura por un cable, que el atleta lanza girando sobre sí mismo. *Prueba de lanzamiento de martillo.* FAM **martillar; martillazo; martillear; martilleo.**

martín. ~ pescador. m. Ave pequeña, con plumaje de colores vistosos y pico largo y fuerte con el que pesca peces y animales acuáticos. *El martín pescador hembra.*

martingala. f. coloq. Medio hábil y engañoso para conseguir algo. *Con la martingala de que está enfermo, no trabaja.*

mártir. m. y f. **1.** Persona que muere por su fe. *Un santo y mártir.* **2.** Persona que sufre o muere por sus ideas o convicciones. *Mártires de la revolución.* **3.** Persona que sufre mucho, espec. si lo hace con resignación. *Esa pobre mujer es una mártir.*

martirio. m. **1.** Muerte o sufrimiento que padece una persona por su fe o por sus ideas. **2.** Dolor o sufrimiento muy grandes. *Este calor es un martirio.* FAM **martirizar.**

martirologio. m. **1.** Libro o catálogo de los mártires por su fe y de los santos. **2.** Lista de las víctimas de una causa. *El poeta engrosó el martirologio de la guerra.*

marxismo. m. Doctrina política y económica creada por los filósofos alemanes Karl Marx (1818-1883) y Friedrich Engels (1820-1895), según la cual la lucha de clases es el motor de la historia. FAM **marxista.**

marzo. m. Tercer mes del año.

mas. conj. **1.** cult. Pero. Une dos oraciones o elementos de oración indicando que la idea expresada en segundo lugar se opone a la otra, sin ser incompatibles. *Le agradezco su ayuda, mas no será necesaria.* **2.** cult. Sino. Une oraciones o elementos de oración indicando contraposición entre la idea afirmativa expresada en segundo lugar y la idea negativa expresada en primer lugar. *No sentía tristeza, mas desesperación.*

más. adv. **1.** Denota idea de aumento o superioridad de una persona o cosa en comparación con un segundo término introducido por *que* o *de*. *El más valiente de todos.* **2.** Tan. Se usa en oraciones exclamativas. *¡Qué salón más espacioso!* ● adj. **3.** Expresa cantidad superior de personas o cosas en comparación con un segundo término introducido por *que* o *de*. *Lee más libros que revistas.* ● pron. **4.** Designa personas o cosas en una cantidad superior en comparación con un segundo término introducido por *de* o *que*. *Llegan más de los previstos.* ● m. **5.** Signo de la suma o adición, que se representa por una cruz (+). *Cambia el más por un menos.* **6.** Mat. y Fís. Signo (+) que indica el carácter positivo de una cantidad. ■ **a lo ~.** loc. adv. Como mucho. *Tardará un día, dos a lo más.* ■ **de lo ~.** loc. adv. Muy. *Recetas de lo más sencillo.* ■ **de ~.** loc. adj. De sobra o sobrante. *Le dio dinero de más.* ■ **ir a ~.** loc. v. **1.** Aumentar o crecer. *El dolor va a más.* **2.** Mejorar o prosperar. *El jugador irá a más si lo ayudan.* ■ **los ~.** loc. s. La mayoría de las personas o cosas. *Los más llegarán mañana.* ■ ~ **bien.** loc. adv. Sobre todo, o principalmente. *No es pena, sino más bien desesperación.* ■ ~ **o menos.** loc. adv. Aproximadamente. *Tendrá más o menos 60 años.* ■ ~ **que.** loc. conjunt. Sino. *No lo sabe nadie más que usted.* ■ ~ **y ~.** loc. adv. Cada vez más. *Fue siendo más y más exigente.* ■ **ni ~ ni menos.** loc. adv. Exactamente. *Eso es ni más ni menos lo que le dije.* ■ **por ~ que.** loc. conjunt. Aunque. *Por más que chillo, no me oye.* (→ **por**). ■ **sin ~ ni ~.** loc. adv. Sin causa justificada. *Empezó a gritar sin más ni más.* ■ **sus ~ y sus menos.** loc. s. Dificultades o problemas. *Con el negocio tuvo sus más y sus menos.*

masa. f. **1.** Mezcla obtenida al incorporar un líquido a una materia sólida o pulverizada. *Haga la masa con cemento y agua.* **2.** Mezcla de harina y agua, y a veces otros ingredientes. *El panadero extiende la masa.* **3.** Cantidad más o menos grande de algo. *Una masa DE hielo.* **4.** Cantidad total de algo. *Ha perdido masa ósea.* **5.** Conjunto numeroso de personas. *Una masa DE fans.* **6.** Fís. Cantidad de materia que contiene un cuerpo, cuya unidad en el Sistema Internacional es el kilogramo. ■ **en ~.** loc. adv. Con la intervención de todos los miembros de una colectividad. *El público aplaude en masa.*

masacrar. tr. Asesinar en masa (a personas, gralm. indefensas). *Los nazis masacraron a los judíos.* FAM **masacre.**

masaje. m. Operación que consiste en presionar, frotar o golpear con las manos determinadas partes del cuerpo con fines terapéuticos o estéticos. FAM **masajista.**

mascar. tr. **1.** Masticar (algo). *Masca chicle.* ○ intr. prnl. **2.** Percibirse algo de forma clara o inminente. *Aquí se masca la tensión.* ▶ **1:** MASTICAR.

máscara. f. **1.** Figura gralm. de cara que se pone sobre el rostro, frec. para ocultarlo o distorsionarlo. *Va con una máscara de Drácula.* **2.** Objeto que cubre la cara para evitar respirar gases tóxicos. *Máscaras antigás.* **3.** Cosa con que alguien oculta sus verdaderos pensamientos, sentimientos o propósitos. *Su simpatía es solo una máscara.*

mascarada. f. Farsa o engaño. *Todo ha sido una mascarada.*

mascarilla. f. **1.** Objeto que cubre la nariz y la boca para evitar contagios o el contacto con sustancias tóxicas, o para permitir la inhalación de oxígeno o medicación. *El cirujano lleva mascarilla.* **2.** Capa de cosméticos con que se cubre una parte del cuerpo, espec. la cara o el pelo, durante un tiempo determinado. Frec. ese cosmético.

mascarón. m. **1.** En una embarcación: Figura colocada como adorno en lo alto del tajamar. Tb. ~ **de proa.** **2.** Arq. Cara fantástica o grotesca que se emplea como adorno.

mascota. f. **1.** Animal de compañía. *Pasea a su mascota.* **2.** Persona, animal o cosa que supuestamente dan buena suerte. *La mascota del equipo es un muñeco.*

masculino, na. adj. **1.** Del hombre. *Anatomía masculina.* **2.** Dicho de ser vivo: Que tiene órganos para fecundar. *Un ejemplar masculino de gorila.* **3.** De un ser masculino (→ 2). *Sexo masculino.* **4.** Gram. Dicho de palabra: De género masculino (→ **género**). *Sustantivo masculino.* ● m. **5.** Gram. Género masculino (→ **género**). *Nombres con igual forma para el masculino y el femenino.* Tb. la palabra con la forma correspondiente a ese género. *El masculino de "gata" es "gato".* FAM **masculinidad.**

mascullar. tr. Decir (algo) entre dientes, de manera que resulte difícil de entender. *¿Qué mascullan?*

masificar. tr. Hacer multitudinario (algo). *Masifican la playa.* FAM **masificación.**

masilla. f. Pasta usada para sujetar cristales o tapar agujeros.

masivo, va. adj. Que se produce en gran cantidad. *Un éxodo masivo de refugiados.*

masonería. f. Asociación secreta internacional cuyos miembros profesan principios de libertad, justicia y fraternidad, y utilizan emblemas y signos reconocibles solo por ellos. FAM **masón, na; masónico, ca.**

masoquismo. m. **1.** Perversión sexual de la persona que encuentra placer en ser maltratada o humillada por otra. **2.** Actitud de la persona que disfruta con el propio sufrimiento. Frec. en sent. irónico. *Lo reeligieron por masoquismo.* FAM **masoquista.**

mastectomía. f. Med. Amputación total o parcial de la mama.

máster. m. **1.** Curso de posgrado en una determinada especialidad. *Hizo un máster EN periodismo.* **2.** Título obtenido tras cursar un máster (→ 1). ▶ **Am:** MAESTRÍA.

masticar. tr. Triturar (algo, espec. un alimento) con los dientes. *Mastica bien la comida.* Tb. como intr. ▶ MASCAR. FAM **masticable; masticación; masticador, ra.**

mástil. m. **1.** Palo de una embarcación. *Del mástil pende la vela.* **2.** Palo vertical que sirve para sostener algo. *El mástil de la bandera.* **3.** En un instrumento musical de cuerda: Parte estrecha y alargada sobre la que se tienden y tensan las cuerdas.

mastín. m. Perro mastín (→ **perro**). *Dos mastines guardan la finca.*

mastodonte. m. **1.** Mamífero fósil del Terciario y el Cuaternario, parecido al elefante. **2.** Persona o cosa muy grandes. FAM **mastodóntico, ca.**

mastuerzo. m. Planta herbácea de tallos largos y divergentes, hojas alargadas y flores blancas, usada como hortaliza y con fines medicinales.

masturbar. tr. Estimular los órganos sexuales (de alguien) para producir un orgasmo. FAM **masturbación; masturbador, ra.**

mata. f. **1.** Planta de poca altura. *Una mata de tomates.* **2.** Planta que tiene el tallo bajo, ramificado y leñoso. *Arranca las matas.* **3.** Am. Planta (vegetal). *Una mata que dé sombra* [C]. ■ **~ de pelo.** f. Cabellera (conjunto de cabellos). ⇒ CABELLERA.

matacaballo. a ~. (Tb. **a mata caballo**). loc. adv. coloq. Atropelladamente.

matadero. → **matar.**

matador, ra. adj. **1.** Que mata. *Mirada matadora.* **2.** coloq. Muy pesado o molesto. *Un dolor matador.* **3.** coloq. Muy feo o de mal gusto. *Un vestido matador.* ● m. y f. **4.** Torero que mata toros con el estoque. Tb. **~ de toros.** ▶ **4:** *TORERO.

matadura. f. Llaga o herida que produce a una caballería el roce de los arreos.

matagalpino, na. adj. De Matagalpa (Nicaragua).

matambre. m. **1.** frecAm. Parte de la carne de una res entre la piel y las costillas. *Desgrasar el matambre y salpimentar* [C]. **2.** frecAm. Fiambre hecho de matambre (→ 1). *Los chacinados no embutidos son, entre otros, la cima y el matambre arrollado* [C].

matamoscas. m. **1.** Utensilio para matar moscas, formado por un mango y una pala de plástico o de tela metálica. **2.** Producto insecticida que sirve para matar moscas.

matancero, ra. adj. De Matanzas (Cuba).

matanza. f. **1.** Hecho de matar muchas personas o animales. *Cometieron una matanza.* **2.** Hecho de matar uno o más cerdos y preparar sus productos para el consumo casero. *Ceban el cerdo para la matanza.* **3.** Conjunto de productos que resultan de la matanza (→ 2) y que están destinados al consumo casero. *Comían matanza.* ▶ **1:** CARNICERÍA, DEGOLLINA, MASACRE.

matar. tr. **1.** Quitar la vida (a alguien). *Mataron al rehén.* Tb. fig. **2.** Hacer (algo) deje de existir. *Matar el hambre.* **3.** Apagar o extinguir (algo, espec. una luz o el fuego). *Mató el fuego de la chimenea.* **4.** Quitar intensidad (a algo, espec. al color o al brillo). *El ácido mata el brillo.* **5.** Quitar el filo o la punta (a algo, espec. a una esquina o a una arista). *Los picos de los muebles están matados.* **6.** Inutilizar (un sello de correos) poniéndo(le) una marca para que no pueda usarse de nuevo. *La carta tenía el sello sin matar.* **7.** Actuar alguien de modo que (el tiempo) no se haga largo. *Matan el tiempo charlando.* **8.** coloq. Hacer sufrir o molestar mucho (a alguien) física o moralmente. *Estos zapatos me matan.* ○ intr. prnl. **9.** Perder alguien la vida involuntariamente. *Se mató en un accidente.* **10.** Esforzarse o trabajar mucho haciendo algo. *Me mato A estudiar.* ■ **a ~.** loc. adv. coloq.

Con gran enemistad o antipatía. *Se llevan a matar.* ■ **mátalas callando.** loc. s. m. y f. coloq. Persona que intenta conseguir sus propósitos con astucia y en secreto. *Es una mátalas callando.* ■ **~las callando.** loc. v. coloq. Actuar de manera interesada en secreto y aparentando bondad. *Ese las mata callando.* ▶ **1:** ASESINAR, ELIMINAR. || Am o frecAm: ULTIMAR, VICTIMAR. FAM **matadero.**

matarife. m. Persona que tiene por oficio matar animales y descuartizarlos.

matarratas. m. **1.** Sustancia venenosa que sirve para matar ratas. **2.** coloq. Aguardiente muy fuerte y de mala calidad. *¡No beba ese matarratas!* ▶ **1:** RATICIDA.

matasanos. m. y f. coloq. o despect. Médico.

matasellos. m. **1.** Estampilla o sello con un dibujo o un escrito grabados que se estampan sobre los sellos de correos para inutilizarlos. **2.** Dibujo o marca que deja el matasellos (→ 1). *La postal lleva matasellos de Guatemala.*

mate¹. adj. Que no tiene brillo. *Fotos en papel mate.*

mate². m. En el ajedrez: Jaque mate (→ **jaque**). *Mate al rey, he ganado.*

mate³. m. **1.** Infusión de sabor fuerte y amargo y color verde oscuro, típica de América del Sur. Tb. la planta con cuyas hojas se prepara. **2.** Am. Recipiente donde se toma el mate (→ 1), espec. la calabaza pequeña, seca y hueca, donde tradicionalmente se prepara. *El mate se había rajado* [C]. FAM **matear** (Am).

matemático, ca. adj. **1.** De las matemáticas (→ 3). *Signo matemático.* **2.** Exacto o preciso. *Puntualidad matemática.* ● f. **3.** Ciencia que trata de la cantidad. Más frec. en pl. *Enseña matemáticas.* ○ m. y f. **4.** Persona especialista en matemáticas (→ 3).

materia. f. **1.** Realidad primaria de la que están hechas las cosas y que, con la energía, constituye el mundo físico. *Los cuerpos tienen materia y forma.* **2.** Materia (→ 1) dotada de unas propiedades determinadas. *La gelatina es una materia pegajosa.* **3.** Lo que tiene existencia física. *El hombre no solo es materia, sino también espíritu.* **4.** Cosa de la que se habla o se piensa. *Un experto en la materia.* **5.** Cada uno de los conjuntos unitarios de conocimientos relativos a un asunto, que se enseñan en un centro docente o forman un plan estudios. *Enseña latín y otras materias.* **6.** Pus. *La herida tiene materia.* ■ **~ prima**, o **primera ~.** f. Materia (→ 2) que se transforma al elaborar un producto. *La arcilla es la materia prima de la cerámica.* □ **entrar en ~.** loc. v. Empezar a tratar un asunto después de un preliminar. *Antes de entrar en materia se presentó.* ■ **en ~ de.** loc. prepos. En lo relativo a, o hablando de. *Modificarán la legislación en materia de empleo.* ▶ **4:** *ASUNTO. **5:** ASIGNATURA.

material. adj. **1.** De la materia. *Solo valora las cosas materiales.* ● m. **2.** Cosa que se usa para hacer algo. *Materiales DE construcción.* **3.** Conjunto de máquinas, utensilios y otros objetos que se usan en una actividad. *El colegio proporciona el material escolar.* **4.** Cuero curtido. *Zapatos de material.* FAM **materialidad.**

materialismo. m. **1.** Tendencia a dar excesiva importancia a las cosas materiales. *Compramos bienes por puro materialismo.* **2.** Fil. Doctrina filosófica según la cual la materia es la única realidad. ■ **~ dialéctico**, o **~ histórico.** m. Fil. Marxismo.

materializar. tr. Hacer que (algo) tenga existencia material o real. *Sueña con materializar su proyecto.* FAM **materialización.**

materialmente. adv. **1.** En el aspecto material. *Me ayudó materialmente.* **2.** De manera real o verdadera. *Es materialmente imposible ir.*

maternizar. tr. Dar (a una leche) propiedades de la materna. *Leche maternizada.*

materno, na. adj. De la madre. *Amor materno.* FAM **maternal; maternidad.**

matinal. adj. De la mañana. *Sesión matinal de cine.*

matiné. f. frecAm. Sesión matinal de un espectáculo, espec. de cine. En Am. designa tb. la de primeras horas de la tarde. *La matiné de los domingos* [C].

matiz. m. **1.** Cada uno de los grados posibles de un color. *Usa todos los matices del azul.* **2.** Rasgo que da determinado carácter a algo. *Hay un matiz de ironía en el texto.* **3.** Rasgo diferenciador de algo que no afecta a lo esencial. *Una voz con mil matices.*

matizar. tr. **1.** Precisar los matices (de algo). *Matizó sus palabras.* **2.** Combinar armónicamente (los colores). *Al pintar, matice bien los colores.* FAM **matización.**

matojo. m. Mata pequeña y frondosa.

matón. m. Hombre fanfarrón y camorrista que intimida a los demás.

matorral. m. **1.** Conjunto espeso de matas. *Se ocultó en un matorral.* **2.** Extensión de terreno llena de matas y de maleza. *El jabalí habita en el matorral mediterráneo.*

matraca. f. **1.** Instrumento de madera propio de la Semana Santa, compuesto por un tablero o varias tablas en aspa y por mazas, que al girar producen un ruido fuerte y desagradable. **2.** coloq. Cosa pesada o molesta. *¡Qué matraca de música!*

matraz. m. Recipiente de vidrio, gralm. redondo u ovalado y terminado en un tubo alargado y estrecho, que se emplea en laboratorios.

matriarcado. m. **1.** *Sociol.* Organización social en que la autoridad es ejercida por la madre. **2.** *Sociol.* Predominio de la mujer en una sociedad o un grupo. *Hay una etapa de matriarcado en el cine.* FAM **matriarca; matriarcal.**

matricial. adj. *Mat.* De las matrices. *Cálculo matricial.*

matricidio. m. cult. Muerte dada a la propia madre. FAM **matricida.**

matrícula. f. **1.** Lista oficial en que se inscriben con un fin determinado personas o vehículos. Tb. el conjunto de inscritos. *La matrícula del instituto es de mil alumnos.* **2.** Placa en que consta el número y letras de orden con que se inscribe un vehículo en una matrícula (→ 1). *Circulaba sin matrícula.* Tb. ese número y letras. *La matrícula de su auto es 7777 CBC.* **3.** Hecho de inscribir algo o a alguien en una matrícula (→ 1). *Plazo de matrícula.* **4.** Calificación académica que se concede como distinción añadida a la nota máxima y da derecho a una matrícula (→ 3) gratuita en el curso siguiente. Frec. ~ *de honor.* ▶ Am o frecAm: **2:** CHAPA, PATENTE, PLACA. FAM **matriculación; matricular.**

matrimonialista. adj. Dicho de abogado: Especialista en causas matrimoniales.

matrimonio. m. **1.** Unión de un hombre y una mujer mediante determinados ritos o formalidades legales. *Contraerán matrimonio civil.* **2.** Conjunto formado por un hombre y una mujer casados entre sí. *Vino un matrimonio.* **3.** *Rel.* En el cristianismo: Sacramento por el cual un hombre y una mujer se unen conforme a las prescripciones de la Iglesia. *Una monja no puede recibir el matrimonio.* FAM **matrimonial.**

matritense. adj. cult. De Madrid (España).

matriz. f. **1.** Útero. *En el embarazo, la matriz aumenta.* **2.** Cosa de la que procede otra. *La empresa matriz invierte en su filial.* **3.** Parte que queda en un talonario al separar los talones. **4.** *tecn.* Molde para fundir o grabar objetos. *El escultor rellena de yeso la matriz.* **5.** *Mat.* Conjunto de números o símbolos algebraicos colocados en líneas horizontales y verticales, y dispuestos en forma de rectángulo. **6.** *Gráf.* Cada uno de los caracteres o espacios en blanco de un texto impreso. *Un texto de cien matrices.*

matrona. f. Comadrona. *Una matrona la asiste en el parto.*

matute. m. Contrabando. *Pasan el tabaco de matute.* ▶ CONTRABANDO.

matutino, na. adj. De la mañana. *Una ducha matutina.*

maula. m. y f. **1.** coloq. Persona vaga o que no cumple sus obligaciones. **2.** coloq. Persona tramposa o embustera. *No me fío de esos maulas.*

maullido. m. Voz característica del gato. FAM **maullar** (conjug. AUNAR).

mauritano, na. adj. De Mauritania (África).

máuser. m. Fusil de repetición.

mausoleo. m. Sepulcro monumental y majestuoso. *El héroe yace en un mausoleo.*

maxi-. elem. compos. Significa 'grande'. *Maxifalda, maxipantalla.*

maxilar. adj. **1.** *Anat.* De la mandíbula. *Región maxilar.* ● m. **2.** *Anat.* Hueso maxilar (→ **hueso**). *Le han fracturado el maxilar de un puñetazo.*

maxilofacial. adj. *Med.* De las mandíbulas y la cara. *Cirugía maxilofacial.*

máxima. f. **1.** Frase breve que encierra una idea de carácter doctrinal o moral. *Máximas y refranes.* **2.** Norma de comportamiento. *Su máxima es gozar.* ▶ **1:** *DICHO.

maximalismo. m. Tendencia a defender posturas extremas e inamovibles. *Rechaza el maximalismo de los radicales.* FAM **maximalista.**

máxime. adv. Principalmente o sobre todo. *Iré, máxime si usted me lo pide.*

maximizar. tr. Hacer que (algo) alcance el máximo. *Maximizan los beneficios.*

máximo, ma. adj. **1.** Más grande que ninguno en su especie. *Velocidad máxima permitida.* ● m. **2.** Límite o punto más alto en cantidad, calidad o intensidad a que se puede llegar. *Trabajan al máximo de su capacidad.* ▶ **2:** MÁXIMUM.

máximum. (pl. **máximums**). m. Máximo (límite o punto). ▶ MÁXIMO.

maya. adj. **1.** De un pueblo amerindio que habita en el Yucatán, Guatemala y regiones vecinas. Tb. m. y f. ● m. **2.** Grupo de lenguas habladas por los mayas (→ 1).

mayar. intr. Dar maullidos el gato. *La gata maya en el balcón.* ▶ MAULLAR.

mayestático, ca. adj. Que tiene majestad o grandeza. ▶ MAJESTUOSO.

mayo. m. Quinto mes del año.

mayonesa. f. Salsa mayonesa (→ **salsa**).

mayor. adj. (Comparativo de *grande* en las acep. 1 y 2; el segundo término de la comparación, cuando se expresa, va introducido por *de* o *que*. Tb. superlativo relativo, en las mismas acep., gralm. precedido de art. det. y seguido de un compl. introducido por *de*). **1.** Más grande. *Una casa mayor que la mía.* **2.** Dicho de persona: De más edad que otra. *Es un año mayor que tú. Soy la mayor de las tres.* **3.** Dicho de persona: De edad avanzada. *Murió muy mayor.* **4.** Dicho de persona: Que tiene mayoría de edad. Tb. ~ *de edad.* **5.** Principal o más importante. *La plaza mayor.* ● **6.** m. pl. cult. Antepasados o ascendientes. *Respete a sus mayores.* ■ **al por ~.** loc. adv. *Com.* En gran cantidad. *Venden al por mayor.*

mayoral. m. Vaquero principal de una ganadería, espec. de reses bravas.

mayorazgo. m. **1.** Institución que tiene por objeto perpetuar en la familia la propiedad de ciertos bienes. **2.** Conjunto de bienes vinculados por mayorazgo (→ 1). *Heredó el mayorazgo.* **3.** Persona que posee un mayorazgo (→ 2). *El mayorazgo visitó sus tierras.* **4.** Hijo mayor de un mayorazgo (→ 3).

mayordomo. m. Criado principal que está a cargo del gobierno de una casa.

mayoría. f. **1.** Parte mayor de un conjunto de cosas o personas. *Irán la mayoría* DE *los niños.* **2.** Mayor número de votos. *Obtuvo la mayoría.* ■ ~ **absoluta.** f. Mayoría (→ 2) formada por más de la mitad de los votos. ■ ~ **de edad.** f. Edad legal para que una persona pueda tener pleno derecho sobre sí y sobre sus bienes. FAM **mayoritario, ria.**

mayorista. adj. **1.** Dicho de comercio: Que se realiza al por mayor. **2.** Que se dedica al comercio mayorista (→ 1). *Comerciantes mayoristas.*

mayormente. adv. Principalmente o sobre todo. *El sol daña mayormente la piel.*

mayúsculo, la. adj. **1.** Enorme o muy grande. *Un susto mayúsculo.* ● f. **2.** Letra mayúscula (→ letra).

maza. f. **1.** Utensilio consistente en un mango con un extremo cilíndrico y más ancho, y que se usa para golpear. *Machaque el ajo con la maza.* **2.** Aparato de gimnasia rítmica formado por un palo gralm. cilíndrico y ensanchado por un extremo. **3.** histór. Arma antigua de hierro o de madera recubierta de hierro, formada por un mango con una pieza cilíndrica o más gruesa en su extremo. FAM **mazazo.**

mazacote. m. **1.** Masa dura y compacta. *No coma ese mazacote.* **2.** Cosa, espec. una construcción, de aspecto macizo y poco elegante. *El edificio es un mazacote.*

mazamorra. f. Am. Plato de harina de maíz y otros ingredientes, semejante a las gachas. *El almuerzo consistía en una taza de chocolate o un poco de mazamorra* [C].

mazapán. m. Pasta hecha con almendras molidas y azúcar, que se presenta gralm. en forma de figuritas cocidas al horno. *En Navidad, no faltan las figuritas de mazapán.*

mazazo. → maza.

mazmorra. f. Prisión subterránea. *Las mazmorras del castillo.*

mazo. m. Martillo grande de madera. *Clava las estacas con un mazo.*

mazorca. f. Fruto de algunas plantas, espec. del maíz, gralm. cilíndrico con granos que crecen muy apretados alrededor del eje. ▶ **Am:** ELOTE.

mazurca. f. Baile de origen polaco, que se ejecuta por parejas con movimientos lentos y cuidados. Tb. su música. *Una mazurca de Chopin.*

me. (En ciertos casos va detrás del v. y se escribe unido a él: *Ayúdame*). pron. pers. Designa, en función de complemento directo o indirecto sin preposición, a la misma persona designada con el pronombre *yo. Me lo dio ayer.*

mea culpa. (loc. lat.). expr. Se usa para admitir una culpa o un error. *Perdimos, mea culpa.* Tb. m. *Entonó el mea culpa.*

meandro. m. Curva pronunciada en el curso de un río.

mear. tr. **1.** malson. Orinar (un líquido). ○ intr. **2.** malson. Orinar. Tb. prnl. ○ intr. prnl. **3.** malson. Orinar de forma involuntaria. FAM **meada; meado.**

meca. f. Lugar que es el centro de una actividad. *Hollywood es la meca* DEL *cine.*

mecanicismo. m. *Fil.* Doctrina según la cual todo fenómeno natural se puede explicar por las leyes de la mecánica. FAM **mecanicista.**

mecánico, ca. adj. **1.** De la mecánica (→ 5). *Leyes mecánicas.* **2.** Que se hace o funciona mediante máquinas. *Escaleras mecánicas.* **3.** Automático o irreflexivo. *Saludó con un gesto mecánico.* ● m. y f. **4.** Persona que se dedica al arreglo y mantenimiento de las máquinas y, a veces, a su manejo. *El mecánico cambió las bujías.* ○ f. **5.** Parte de la física que estudia el movimiento de los cuerpos sometidos a la acción de las fuerzas. **6.** Pieza o conjunto de piezas que ponen en movimiento un aparato o una máquina. *La avería está en la mecánica.* Tb. su funcionamiento. Tb. fig. *Le explico la mecánica del concurso.* ▶ **3:** MAQUINAL. FAM **mecanización; mecanizar.**

mecanismo. m. **1.** Conjunto de piezas que ponen en movimiento un aparato o una máquina. *He desmontado el mecanismo del reloj.* **2.** Modo en que se producen un fenómeno, una actividad o una función. *El mecanismo de pago es sencillo.*

mecano. m. Juguete que consiste en una serie de piezas, gralm. metálicas, con las que se pueden componer construcciones.

mecanografía. f. Técnica de escribir a máquina. *Curso de taquigrafía y mecanografía.* FAM **mecanografiar** (conjug. ENVIAR); **mecanográfico, ca; mecanógrafo, fa.**

mecate. m. Am. Cuerda, espec. la gruesa hecha de fibra vegetal. *Lo ataba por la cintura con un mecate* [C]. ▶ *CUERDA.

mecedor, ra. adj. **1.** Que mece o sirve para mecer. ● m. **2.** frecAm. Mecedora (→ 3). *Recostó la cabeza en el espaldar del mecedor* [C]. ○ f. **3.** Silla con brazos cuyas patas se apoyan en dos balancines que permiten mecerse. *Dormitaba sentada en una mecedora.*

mecenas. m. y f. Persona poderosa que protege y apoya económicamente a uno o más artistas o intelectuales. *Dedicó la novela a su mecenas.* FAM **mecenazgo.**

mecer. tr. Mover (algo o a alguien) de un lado a otro acompasadamente.

mecha. f. **1.** Cuerda o conjunto de hilos que se impregnan de combustible para hacerlos arder. *La mecha de la vela.* **2.** Cordón hecho de material combustible que sirve para dar fuego a un explosivo. *Colocó la mecha en la dinamita.* **3.** Mechón de pelo, espec. el teñido de color diferente al resto del cabello. *Pelo castaño con mechas rubias.*

mechar. tr. Introducir tiras de tocino o de otro ingrediente (en la carne que se va a cocinar). *Hoy comemos ternera mechada.*

mechero. m. Encendedor, espec. el de bolsillo. ▶ ENCENDEDOR.

mechón. m. Conjunto de pelos de la misma forma o color, o colocados en la misma posición, que se separan del resto. *Tiene un mechón rubio.*

medalla. f. **1.** Pieza de metal, gralm. redonda, con una inscripción o figura grabadas. *Una medalla de la Virgen.* **2.** Premio que se concede en competiciones o certámenes. *Aspira a medalla.* **3.** Distinción honorífica. *Le dieron la medalla al valor.* ■ **~ de bronce.** f. Medalla (→ 2) del tercer clasificado. ⇒ BRONCE. ■ **~ de oro.** f. Medalla (→ 2) del primer clasificado. ⇒ ORO. ■ **~ de plata.** f. Medalla (→ 2) del segundo clasificado. ⇒ PLATA. ▶ **Am: 2:** PRESEA. FAM **medallero.**

medallista. m. y f. *Dep.* Deportista que consigue una medalla en una competición.

medallón. m. **1.** Medalla grande. *Luce un medallón de oro.* **2.** Joya en forma de caja pequeña, donde se guardan retratos, cabellos u otros recuerdos. **3.** Porción redonda de un alimento, espec. de carne o pescado. *Medallones de merluza.* **4.** *Arte* Elemento decorativo de forma redonda u ovalada, que encierra un relieve o una pintura.

médano. m. Duna. *Una playa con grandes médanos.*

medellinense. adj. De Medellín (Colombia).

media¹. → medio.

media². m. pl. Medios de comunicación de masas. *El poder de los media.*

mediación. f. Hecho de mediar por alguien o para que varias personas lleguen a un acuerdo. *Alcanzaron un pacto gracias a mi mediación.* FAM **mediador, ra.**

mediados. m. pl. Parte central de un período de tiempo superior o igual a una semana. *Nacerá a mediados de mes.*

mediagua. f. Am. Construcción con el tejado inclinado, de una sola vertiente. *Esa mediagua es una construcción de adobe de un solo cuarto* [C].

medialuna. (Tb. **media luna;** pl. **medialunas** o **medias lunas**). f. **1.** Cosa en forma de media luna. *Sus pendientes son medialunas.* **2.** Bollo en forma de media luna.

medianero, ra. adj. Dicho de pared u otra división: Común a dos edificios o terrenos. Tb. f. *La casa comparte medianera con un almacén.*

mediano, na. adj. **1.** De calidad, cantidad o tamaño intermedios. *Un río mediano.* ● f. **2.** En una carretera: Zona o construcción que separan longitudinalmente los dos sentidos de circulación. *El auto invadió la mediana.* **3.** *Mat.* En un triángulo: Recta que une un vértice con el punto medio del lado opuesto. FAM **medianía.**

medianoche. (Tb. **media noche;** pl. **medianoches** o **medias noches**). f. **1.** Hora en que el Sol está en el punto opuesto al mediodía. *Es casi medianoche.* **2.** Período en torno a la medianoche (→ 1). *Se despertó varias veces a media noche.* **3.** Bollo pequeño y redondeado, que se parte por la mitad para hacer un bocadillo.

mediante. prep. Por medio de. *Mediante el esfuerzo lo lograremos.*

mediar. (conjug. ANUNCIAR). intr. **1.** Llegar algo a la mitad. *Mediaba la primavera cuando nació.* **2.** Existir o encontrarse algo entre dos o más personas o cosas. *Un patio media ENTRE las casas.* **3.** Ocurrir algo entre dos hechos. *ENTRE los dos hechos medió su dimisión.* **4.** Pasar un tiempo entre dos hechos. *Mediaron diez días ENTRE la solicitud y la concesión.* **5.** Intervenir para que dos o más personas lleguen a un acuerdo.

Media ENTRE las partes. **6.** Interceder por alguien. *El Papa mediará POR los condenados.*

mediático, ca. adj. De los medios de comunicación. *Un despliegue mediático.*

mediatizar. tr. Influir (en una persona o una institución) limitando su libertad. *La sociedad mediatiza al individuo.* FAM **mediatización.**

mediato, ta. adj. Cercano a algo, pero dependiente de otro elemento intermedio. *Tenemos objetivos mediatos e inmediatos.*

mediatriz. f. *Mat.* Recta perpendicular a un segmento, que lo corta en su punto medio. *Trace la mediatriz del radio de la circunferencia.*

medicamento. m. Sustancia para prevenir, curar o aliviar las enfermedades y sus efectos. ▶ FÁRMACO, MEDICINA. FAM **medicamentoso, sa; medicar; medicación.**

medicina. f. **1.** Ciencia que se ocupa de la prevención y curación de las enfermedades humanas. *Estudia medicina.* **2.** Medicamento. Tb. fig. ■ **~ legal.** f. Medicina (→ 1) aplicada a asesorar pericialmente a los tribunales. FAM **medicinal.**

medición. → medir.

médico¹, ca. adj. **1.** De la medicina o de los médicos (→ 2). *Receta médica.* ● m. y f. (A veces como f. se usa **médico**). **2.** Persona legalmente capacitada para ejercer la medicina. ■ **~ de cabecera,** o **~ de familia.** m. y f. Médico (→ 2) que atiende habitualmente a una persona o a una familia. ■ **~ forense.** m. y f. Especialista en medicina legal. *La médico forense hará la autopsia.* ⇒ FORENSE. ■ **~ (interno/na) residente.** m. y f. Médico (→ 2) que trabaja en un centro hospitalario para completar su formación. ▶ **2:** DOCTOR, FACULTATIVO.

médico². ca. adj. histór. De los medos. *Guerras médicas.*

medida. f. **1.** Hecho de medir. *El reloj permite la medida del tiempo.* **2.** Expresión numérica del resultado de una medición. *Apunte las medidas de la sala.* **3.** Cada una de las unidades que se emplean para medir longitudes, superficies o volúmenes. *El metro es una medida de longitud.* **4.** Disposición para prevenir algo o enfrentarse a sus consecuencias. Frec. en pl. *Adoptarán medidas de seguridad.* **5.** Grado o intensidad. *Colabora en la medida de sus posibilidades.* **6.** Prudencia o moderación. *Gasta sin medida.* **7.** *Lit.* Número de sílabas de un verso. *Versos de diferentes medidas.* ■ **a (la) ~.** loc. adv. Según las medidas (→ 2) adecuadas a la persona o cosa a las que está destinado. *Un traje hecho a medida.* Tb. fig. ■ **a ~ que.** loc. conjunt. Introduce una proposición que expresa una acción que se desarrolla simultáneamente con la acción de la oración principal. *La temperatura baja a medida que ascendemos.*

medidor, ra. → medir.

medievo. m. cult. Edad Media. *Arte del medievo.* FAM **medieval; medievalista.**

medina. f. Barrio antiguo de una ciudad árabe. *Visitaron la medina de Rabat.*

medio, dia. adj. **1.** Que es la mitad de lo expresado por el nombre que sigue. *Media hora.* **2.** Intermedio entre dos extremos. *Es de clase media.* **3.** Que corresponde a los caracteres más generales de un grupo. *El ciudadano medio.* **4.** Gran parte de lo expresado por el nombre que sigue. *Recorrió medio continente.* ● m. y f. **5.** Jugador de la media (→ 18). *Juego de medio.* ○ m. **6.** En una cosa: Punto o zona situados en su centro y a igual distancia de sus extremos. *Dio* *en el medio de la diana.* **7.** Cosa que sirve para un fin determinado. *Un medio de transporte.* **8.** Conjunto de factores externos que condicionan a un ser vivo en su desarrollo y en sus actividades. Frec. *medio ambiente.* **9.** Conjunto de circunstancias culturales, sociales y económicas que rodean a una persona o a un grupo. *El medio condiciona al individuo.* **10.** Sustancia en que se desarrolla un fenómeno determinado. *El sonido se puede propagar en un medio líquido.* **11.** Grupo o círculo social. Gralm. en pl. *Hay inquietud en los medios financieros.* **12.** *Mat.* Cada una de las dos partes iguales en que puede dividirse la unidad. *¿Le corresponde un tercio o un medio?* ○ m. pl. **13.** Dinero o hacienda. *No estudió por carecer de medios.* **14.** Conjunto de la radio, la prensa y la televisión. Tb. *medios de comunicación.* ○ f. **15.** Prenda de punto que cubre el pie y la pierna hasta la rodilla o más arriba. Frec. designa las femeninas que gralm. llegan hasta la cintura. *Llevo medias de nailon.* **16.** Am. Calcetín. *Los mocasines que se ponía sin medias* [C]. **17.** Media (→ 1) hora. *El reloj dio la media.* **18.** En algunos deportes, espec. en el fútbol: Conjunto de jugadores que actúan entre la defensa y la delantera, y sirven de enlace a estas. *Juega la media.* **19.** *Mat.* Número que resulta al efectuar una serie determinada de operaciones con un conjunto de números y que, en determinadas condiciones, puede representar por sí solo a todo el conjunto. *Media geométrica.* **20.** *Mat.* Cantidad que resulta de dividir la suma de varias cantidades por el número de ellas. *La media de edad es de 12 años.* Tb. *media aritmética.* ● adv. **21.** No del todo o no completamente. *Habla medio en broma.* **22.** coloq. Antepuesto a un adjetivo que expresa cualidad negativa, se usa para suavizar el significado de este. *Es medio tonto.* ■ **a medias.** loc. adv. **1.** Por mitad, o la mitad cada uno. *Pagamos a medias.* **2.** No del todo o no completamente. *–¿Has terminado? –A medias.* ■ **a medio.** loc. adv. Seguida de un infinitivo: Sin haberse completado la acción expresada por el infinitivo. *Casas a medio construir.* ■ **de medio a medio.** loc. adv. Completamente. *Se equivoca de medio a medio.* ■ **de por medio.** loc. adv. **1.** En medio, o entre dos o más personas o cosas. *Hablan con la mesa de por medio.* **2.** Interviniendo. *Hay dinero de por medio.* ■ **en medio.** loc. adv. **1.** En la parte central. *Cayó en medio DE la calle.* **2.** Entre dos o más personas o cosas. *No se meta en medio, es cosa nuestra.* ■ **entre medias.** (Tb. **entremedias**). loc. adv. Entre dos o más personas o cosas. *Tomamos dos platos y, entremedias, un sorbete.* ■ **por en medio,** o **por medio.** loc. adv. En desorden y estorbando. *Está todo por medio.* ■ **por medio de.** loc. prepos. Valiéndose de. *Los sonidos se representan por medio de signos.* ■ **quitar de en medio** (a alguien o algo). loc. v. coloq. Apartar(los) para evitar que estorben o sufran daño. *Quite eso de en medio.* ■ **quitar de en medio** (a alguien). loc. v. coloq. Matar(lo). *Quitó de en medio al testigo.*

medioambiental. adj. Del medio ambiente. *Protección medioambiental.*

mediocre. adj. De calidad media, tirando a mala. *Un actor mediocre.* FAM **mediocridad.**

mediodía. m. **1.** Hora en que el Sol está en el punto más alto de su elevación sobre el horizonte. *Es casi mediodía.* **2.** Período en torno al mediodía (→ 1). *La comida de mediodía.* **3.** (En mayúsc.). Sur (punto cardinal). *Rumbo al Mediodía.* ▶ **3:** *SUR.

medioevo. m. cult. Medievo. *El medioevo comienza con el fin de la Edad Antigua.*

mediometraje. m. *Cine* Película que dura entre treinta y sesenta minutos.

medir. (conjug. PEDIR). tr. **1.** Determinar las dimensiones o la cantidad (de una cosa o de una persona) mediante la unidad de medida. *El médico me midió.* **2.** Tener algo o alguien (una medida determinada). *La parcela mide seis hectáreas.* **3.** Comparar (cosas no materiales). *Medirán sus fuerzas en el campeonato.* **4.** Actuar con moderación (en lo que se hace o se dice). *Mida sus palabras.* FAM **medición; medidor, ra.**

meditabundo, da. adj. Que medita en silencio.

meditar. tr. **1.** Pensar detenidamente (algo). *Medítelo.* ○ intr. **2.** Pensar detenidamente sobre algo. *Meditó SOBRE el tema.* ▶ REFLEXIONAR. FAM **meditación.**

mediterráneo, a. adj. Del mar Mediterráneo, o de los territorios que baña.

médium. (pl. **médiums**). m. y f. Persona a la que se considera dotada de facultades paranormales que le permiten actuar de mediadora en la comunicación con los espíritus.

medo, da. adj. histór. De Media (antigua región de Asia).

medrar. intr. **1.** Mejorar social o económicamente. *Hará de todo para medrar.* **2.** Crecer o desarrollarse una planta o un animal. *Con parásitos, las hortalizas no medran.*

medroso, sa. adj. cult. Que siente temor. *Un muchacho medroso.*

médula o **medula.** f. **1.** *Anat.* Sustancia que se encuentra en el interior de algunos huesos. Tb. ~ *ósea.* **2.** *Anat.* Prolongación del cerebro situada en el interior de la columna vertebral, entre la base del cráneo y la segunda vértebra lumbar. Tb. ~ *espinal.* **3.** Parte interior de la raíz o del tallo de algunas plantas. **4.** Parte más importante de algo no material. *Esta idea constituye la médula de su pensamiento.* FAM **medular.**

medusa. f. Animal marino invertebrado, transparente y gelatinoso, que, en una fase de su vida, tiene forma de campana o sombrilla con tentáculos colgantes.

mefistofélico, ca. adj. cult. Propio de Mefistófeles (personaje maligno de la leyenda de Fausto). *Sonrisa mefistofélica.*

mega-. elem. compos. **1.** coloq. Significa 'muy grande o extraordinario'. *Megaconcierto, megafiesta.* **2.** *tecn.* Significa 'un millón'. Se une a n. de unidades de medida para designar el múltiplo correspondiente (Símb. M). *Megajulio, megavoltio.*

megabyte. (pronunc. "megabáit"). m. *Inform.* Unidad de información que equivale a 1 048 576 bytes (Símb. MB). *Un disquete con 1,44 megabytes de capacidad.*

megáfono. m. Aparato que sirve para aumentar el volumen del sonido, espec. de la voz. *Habla a la multitud con un megáfono.* FAM **megafonía.**

megahercio. m. *tecn.* Unidad de frecuencia del Sistema Internacional, que equivale a un millón de hercios (Símb. MHz). *Procesador de 200 megahercios.*

megalito. m. *Prehist.* Monumento construido con grandes bloques de piedra sin labrar. *Un megalito del Neolítico.* FAM **megalítico, ca.**

megalomanía. f. Trastorno psicológico de la persona que cree tener gran importancia social. *El dictador tenía megalomanía.* FAM **megalómano, na.**

megalópolis. f. Ciudad gigantesca.

454

megatón. m. *Fís.* Unidad que expresa la potencia explosiva de bombas nucleares.

mejicano, na. → mexicano.

mejilla. f. Parte carnosa que hay a cada uno de los dos lados de la cara. *Le di un beso en la mejilla.* ▶ CACHETE, CARRILLO, MOFLETE.

mejillón. m. Molusco marino comestible, con dos valvas negras casi triangulares, que vive pegado a las rocas costeras. ▶ **Am:** CHORO. FAM mejillonero, ra.

mejor. adj. (Comparativo de *bueno;* el segundo término de la comparación, cuando se expresa, va introducido por *de* o *que;* tb. superlativo relativo, gralm. precedido de art. det. y seguido de un compl. introducido por *de*). **1.** Más bueno. *Es mejor que yo.* ● adv. (Comparativo de *bien.* En acep. 2, el segundo término de la comparación, cuando se expresa, va introducido por *de* o *que;* en acep. 3, el segundo término, que se expresa siempre, va introducido por *que*). **2.** Más bien, o de manera más buena o adecuada. *Fue mejor de lo esperado.* **3.** Indica preferencia de algo con respecto al segundo término. *Iré andando mejor que en auto.* ■ a lo ~. loc. adv. Quizá. *A lo mejor va.* ■ ~ que ~, o tanto ~. expr. Se usa para expresar que lo que se acaba de enunciar mejora lo expresado anteriormente. *Puedo ir solo, pero si me acompañas, mejor que mejor.* FAM **mejora; mejorable; mejoramiento; mejorar; mejoría.**

mejorana. f. Planta aromática de aspecto blanquecino, con hojas aovadas y flores blancas en espiga, que tiene propiedades medicinales y se usa como condimento.

mejunje. m. despect. Sustancia de aspecto o sabor desagradables, formada por la mezcla de varios ingredientes. *No me beberé ese mejunje.*

melancolía. f. Tristeza o abatimiento profundos. FAM **melancólico, ca.**

melanina. f. *Biol.* Pigmento negro o pardo negruzco, contenido en algunas células de los vertebrados, que da color a la piel, el pelo y los ojos.

melanoma. m. *Med.* Tumor de las células que contienen melanina.

melaza. f. Líquido espeso y viscoso, oscuro y muy dulce, que queda como residuo en la fabricación del azúcar de caña o de remolacha. *El ron se obtiene de la melaza.*

melena. f. **1.** Pelo largo y suelto. **2.** Crin del león. FAM **melenudo, da.**

melifluo, flua. adj. Dulce y delicado. Frec. despect. *Habla un tonillo melifluo.*

melillense. adj. De Melilla (España).

melindre. m. **1.** Delicadeza excesiva y afectada en palabras, acciones o gestos. Frec. en pl. *Déjese de melindres.* **2.** Dulce hecho de masa frita o al horno y con miel. ▶ **1:** DENGUE, REMILGO. FAM **melindroso, sa.**

melisa. f. Planta aromática con olor a limón, de hojas ovaladas y dentadas, que se usa en medicina, en perfumería y como condimento. *Una infusión de melisa.*

mella. f. **1.** Rotura o hendidura en el borde o el filo de un objeto. *Un puñal con mellas.* **2.** Vacío o hueco que quedan por faltar algo de su lugar. *Al reír se le ven las mellas de la dentadura.* ■ hacer ~. loc. v. **1.** Causar efecto. *Las críticas no le hacen mella.* **2.** Causar daño o deterioro. *El granizo hizo mella en el cultivo.* FAM **mellar.**

mellizo, za. adj. Dicho de persona: Que es una de las nacidas de un mismo parto.

melocotón. m. Fruto del melocotonero, redondo, amarillo anaranjado, de carne jugosa y piel aterciopelada. Tb. su árbol (→ melocotonero). ▶ **Am:** DURAZNO.

melocotonero. m. Árbol frutal propio de climas templados, cuyo fruto es el melocotón. ▶ DURAZNO, MELOCOTÓN.

melodía. f. **1.** Composición musical. **2.** Cualidad de los sonidos que, por su ordenación, resultan agradables al oído. *Versos sin melodía.* **3.** *Mús.* Sucesión de sonidos de distinta altura y duración, ordenada según una idea musical e independiente del acompañamiento. *El solista lleva la melodía.* FAM **melódico, ca; melodioso, sa.**

melodrama. m. **1.** Obra teatral, cinematográfica o literaria en que se exageran los aspectos tristes y sentimentales. **2.** Suceso o narración tristes y exageradamente conmovedores. *La historia de su vida es un melodrama.* FAM **melodramático, ca.**

melomanía. f. Amor apasionado por la música. FAM **melómano, na.**

melón. m. Fruto grande, gralm. ovalado, de corteza gruesa verde o amarilla y carne amarillenta y dulce, con muchas pepitas en el centro. FAM **melonar.**

melopea. f. Canto monótono. *Entona una larga melopea.*

meloso, sa. adj. **1.** Dulce y agradable. *Una voz melosa.* **2.** despect. Empalagoso. *Poesías melosas.* FAM **melosidad.**

membrana. f. **1.** Lámina delgada de un material flexible. *La membrana del tambor está rasgada.* **2.** *Biol.* Capa delgada, elástica y resistente, que cubre o separa células, órganos o cavidades. *Membrana celular.* FAM **membranoso, sa.**

membresía. f. **1.** Am. Condición de miembro. *Las millas pueden canjearse por membresías a los salones VIP* [C]. **2.** Am. Conjunto de los miembros. *La membresía del partido* [C].

membrete. m. Nombre, dirección o título de una persona o entidad, impresos en su papel de escribir. *La carta lleva el membrete del hospital.*

membrillero. m. Membrillo (árbol). ▶ MEMBRILLO.

membrillo. m. **1.** Fruto parecido a la pera, amarillo, aromático y de una carne ácida y áspera con la que se elaboran jaleas y mermeladas. **2.** Árbol pequeño y ramoso de flores blancas, cuyo fruto es el membrillo (→ 1). *Hay que podar el membrillo.* **3.** Carne de membrillo (→ carne). *Merienda queso con membrillo.* ▶ **2:** MEMBRILLERO.

membrudo, da. adj. Robusto de cuerpo y miembros. *Un hombre membrudo.*

memo¹. m. Am. Memorándum (informe en que se expone algo). *Había revisado memos internos y había sonsacado información a Mary* [C]. ▶ *MEMORÁNDUM.

memo², ma. adj. Tonto o simple. *¡Qué mema eres!* ▶ *TONTO. FAM **memez.**

memorable. adj. Digno de ser recordado. *Un espectáculo memorable.*

memorando. m. Memorándum.

memorándum. (pl. **memorándums**). m. **1.** Comunicación diplomática, gralm. no firmada, en que se recapitulan hechos y razones que deben tenerse en cuenta en un asunto. *La embajadora recibió un memorándum sobre el tratado.* **2.** Informe en que se expone algo que debe tenerse en cuenta en un asunto. ▶ MEMORANDO. ‖ **Am: 2:** MEMO.

memoria. f. **1.** Facultad de recordar. *Perdí la memoria.* **2.** Dispositivo, gralm. electrónico, de una máquina o aparato, en el que se almacenan datos o instrucciones para utilizarlos después. *La memoria del teléfono.* **3.** Recuerdo (hecho de recordar, o cosa recordada). *Acto en memoria de los caídos.* **4.** Estudio sobre un tema. *El alumno hará una memoria.* **5.** Informe o relación de datos sobre algo. *Memoria de gastos.* ○ pl. **6.** Texto en que alguien narra su vida. *Escribe sus memorias.* ▪ **de ~.** loc. adv. **1.** Valiéndose solo de la memoria (→ 1). *Recita de memoria.* **2.** Pudiendo repetir algo exactamente. *Lo sé de memoria.* ▪ **hacer ~.** loc. v. Tratar de recordar. *Haga memoria, ¿qué dijo?* ▶ **3:** RECUERDO. FAM **memorístico, ca; memorización; memorizar.**

memorial. m. Escrito en que se hace una petición, alegando los motivos de esta.

mena. f. Mineral del que se extrae un metal, tal y como se encuentra en el yacimiento. *La galena es una mena de plomo.*

menaje. m. Conjunto de utensilios y otros artículos de una casa, espec. de cocina.

menchevique. adj. histór. De la facción moderada del Partido Socialdemócrata ruso, tras su división en 1903. *Dirigentes mencheviques.*

mención. f. **1.** Hecho de nombrar o citar. *Hizo mención DE sus colaboradores.* **2.** En un concurso o certamen: Distinción inferior al premio y al accésit. *El documental ha obtenido una mención.* Tb. **~ honorífica,** o de honor. FAM **mencionable; mencionar.**

mendaz. adj. cult. Mentiroso o embustero. *No sea mendaz.* FAM **mendacidad.**

mendicante. adj. **1.** Que mendiga. *Un pobre mendicante.* **2.** Dicho de orden religiosa: Que tiene como normas el voto de pobreza y vivir de las limosnas. **3.** Dicho de religioso: Que pertenece a una orden mendicante (→ 2). *Frailes mendicantes.*

mendigo, ga. m. y f. Persona que pide limosna habitualmente. *Trabajo, no soy un mendigo.* ▶ POBRE, PORDIOSERO. FAM **mendicidad; mendigar.**

mendocino, na. adj. De Mendoza (Argentina).

mendrugo. m. Trozo de pan duro. *Echa mendrugos a las palomas.* ▶ CORRUSCO.

menear. tr. coloq. Mover (algo o a alguien) de un lado a otro. *La perrita menea el rabo.* FAM **meneo.**

menester. m. cult. Trabajo u ocupación. Frec. en pl. *Se dedica a otros menesteres.* ▪ **haber ~** (algo). loc. v. cult. Necesitar(lo). *Da buen consejo a quien lo ha menester.* ▪ **ser ~** algo. loc. v. cult. Ser necesario. *Renunciaría al cargo si fuera menester.*

menesteroso, sa. adj. cult. Pobre o necesitado. *Las clases menesterosas.*

menestra. f. Guiso a base de hortalizas variadas y frec. trozos de jamón o de carne.

menestral, la. m. y f. Persona que tiene un oficio manual. *Obreros y menestrales.*

mengano, na. (Frec. en mayúsc.). m. y f. Se usa en sustitución del nombre propio de una persona cuando de este se ignora o no se quiere decir, después de aludir a otra persona con un término semejante como *Fulano. Un día viene Fulano, otro Mengano...*

menguado, da. adj. Pequeño o de poca importancia. *Un menguado grupo.*

menguar. (conjug. AVERIGUAR). intr. **1.** Disminuir algo. *Las fuerzas menguan.* **2.** Disminuir la parte iluminada y visible de la Luna. *La Luna empieza a men-*

guar. ○ tr. **3.** Hacer que (algo) disminuya. *El ataque menguó las tropas.* **4.** En una labor de punto o ganchillo: Reducir (puntos). *Mengüe dos puntos en cada vuelta.* ▶ **1, 3:** *DISMINUIR. FAM **mengua; menguante.**

menhir. m. *Arqueol.* Monumento prehistórico que consiste en una piedra grande y larga clavada verticalmente en el suelo. *Menhires del Neolítico.*

menina. f. histór. Niña de familia noble al servicio de la reina o de las infantas.

meninge. f. *Anat.* Cada una de las membranas que envuelven el encéfalo y la médula espinal. FAM **meningítico, ca; meningitis.**

menisco. m. *Anat.* Cartílago situado entre dos articulaciones. Referido espec. al que está en la rodilla. *El delantero se ha roto el menisco.*

menopausia. f. **1.** Cese natural de la menstruación. **2.** Período de la vida de una mujer en que experimenta la menopausia (→ 1). *Durante la menopausia tenía sofocos.*

menor. adj. (Comparativo de *pequeño* en las acep. 1 y 2; el segundo término de la comparación, cuando se expresa, va introducido por *de* o *que.* Tb. superlativo relativo, en las mismas acep., gralm. precedido de art. det. y seguido de un compl. introducido por *de*). **1.** Más pequeño. *Esta sala es menor que la otra.* **2.** Dicho de persona: De menos edad que otra. *Tiene un hermano menor. Es el menor de los cuatro primos.* **3.** Dicho de persona: Que tiene minoría de edad. Tb. *~ de edad.* **4.** De menos importancia. *Leí sus obras menores.* ▪ **al por ~.** loc. adv. *Com.* En pequeñas cantidades. *Venden al por menor.*

menorquín, na. adj. De Menorca (España).

menos. adv. **1.** Denota idea de disminución o inferioridad de una persona o cosa en comparación con un segundo término introducido por *que* o *de. Es menos bromista que ella.* ● adj. **2.** Expresa cantidad inferior de personas o cosas, o de una cosa, en comparación con un segundo término introducido por *que* o *de. Hay menos visitantes que ayer.* ● pron. **3.** Designa personas o cosas en cantidad inferior en comparación con un segundo término introducido por *de* o *que. Vendrán menos que el lunes.* ● m. **4.** Signo de la resta o sustracción, que se representa por una raya horizontal (-). **5.** *Fís.* y *Mat.* Signo (-) que indica el carácter negativo de una cantidad. ● prep. **6.** A excepción de. *Menos María, están todos.* ▪ **o por lo ~.** loc. adv. **1.** Se usa para introducir una salvedad o limitación a lo que se acaba de decir. *No vino, al menos que yo sepa.* **2.** Se usa para establecer el límite mínimo de algo. *Costará por lo menos cien pesos.* ▪ **a ~ que.** loc. conjunt. A no ser que. *No viaje a menos que sea vital.* ▪ **de ~.** loc. adj. Que es menos (→ 3) en medida o cantidad de lo necesario o justo. *Compró tela de menos.* ▪ **ir a ~.** loc. v. Disminuir, o pasar a ser menor. *Su fortuna fue a menos.* ▪ **ir, o venir, a ~.** loc. v. Decaer o empeorar. *El negocio va a menos.* ▪ **lo ~.** loc. s. La cosa más pequeña. Se usa seguido de una oración introducida por *que. Lo menos que puedo hacer es escuchar.* ▪ **los ~.** loc. s. Una parte pequeña de personas o cosas del grupo considerado. *Protestaron los menos.* ▪ **ni mucho ~.** expr. Se usa para negar algo enfáticamente. *No está ni mucho menos bien.* ▪ **no ser para ~.** expr. Se usa para corroborar algo que se ha dicho justificándolo. –¡Lo odio! –No es para menos.* ▪ **por lo ~.** → **al menos.**

menoscabar. tr. Quitar valor o importancia (a algo). *Con sus injurias menoscaba mi reputación.* FAM **menoscabo.**

menospreciar. (conjug. ANUNCIAR). tr. **1.** Tener (algo o a alguien) en menos de lo que merece. *No menosprecie su audacia.* **2.** Despreciar (a alguien). *Me menosprecia.* ▶ **1:** INFRAVALORAR, MINUSVALORAR, SUBESTIMAR. **2:** *DESPRECIAR. FAM **menosprecio.**

mensaje. m. **1.** Comunicación transmitida o enviada. *Le mandé un mensaje.* **2.** Idea que transmiten una persona, una doctrina o una obra. *Dio un mensaje de fe.* **3.** Idea que constituye el sentido profundo de una obra literaria o artística y que su autor dirige al público. *Película con mensaje.* **4.** Comunicación oficial que una autoridad política o religiosa dirige al pueblo. *Mensaje televisado del Rey.* **5.** Ling. Conjunto de señales, signos o símbolos objeto de una comunicación. *El emisor transmite un mensaje.* FAM **mensajería; mensajero, ra.**

menso, sa. adj. Am. coloq. Tonto (de corto entendimiento). *Soy muy mensa* [C].

menstruación. f. **1.** Evacuación de sangre procedente del útero, que se produce mensualmente en las mujeres y en las hembras de algunos mamíferos. *¿A qué edad tuvo la primera menstruación?* **2.** Sangre evacuada durante la menstruación (→ 1). ▶ PERÍODO, REGLA. FAM **menstrual; menstruar** (conjug. ACTUAR); **menstruo.**

mensual. adj. **1.** Que sucede cada mes. *Revista mensual.* **2.** Que dura un mes. *Abono mensual.* FAM **mensualidad.**

menta. f. Hierba aromática de hojas verde intenso y flores lila, que tiene sabor picante y se emplea en infusiones y como condimento.

mentalidad. f. Manera de pensar que caracteriza a una persona o a un grupo.

mentalizar. tr. **1.** Preparar o predisponer la mente (de alguien) de una manera determinada. *El entrenador nos mentaliza* PARA *la final.* **2.** Hacer que (alguien) tome conciencia de algo. *Mentalizan a los jóvenes* SOBRE *el riesgo de fumar.* FAM **mentalización.**

mentar. (conjug. ACERTAR). tr. Nombrar o mencionar (algo o a alguien). *¿Cómo se atreve a mentar mi nombre?*

mente. f. Facultad o capacidad intelectuales. *Ejercitar la mente.* FAM **mental.**

mentecato, ta. adj. Tonto o carente de juicio. ▶ *TONTO.

mentidero. m. Lugar donde se reúne la gente para conversar.

mentir. (conjug. SENTIR). intr. Decir algo contrario a la verdad. *Me has mentido y ya no confío más en ti.* ■ **miento.** expr. coloq. Se usa para rectificar cuando se ha cometido una equivocación en lo que se acaba de decir. *El lunes la vi; miento, fue el martes.*

mentira. f. Expresión o manifestación contrarias a la verdad. *¡Eso es mentira, embustero!* ■ ~ **piadosa.** f. Mentira dicha para evitar un disgusto. □ **de ~.** loc. adj. Que no es verdadero. *Juega con un teléfono de mentira.* ■ **parecer** ~ algo. loc. v. Ser increíble. *Parece mentira que nadie la ayudase.* ▶ EMBUSTE, INFUNDIO, PATRAÑA.

mentiroso, sa. adj. Que miente, espec. por costumbre. ▶ EMBUSTERO, FALSARIO, FALSO, FARISEO, FARSANTE, HIPÓCRITA.

mentís. m. Comunicado en que se desmiente o se niega algo.

mentol. m. Alcohol extraído de la esencia de menta, que se emplea en farmacia y como aromatizante. FAM **mentolado, da.**

mentón. m. Barbilla (parte de la cara). ▶ *BARBILLA.

mentor, ra. m. y f. **1.** cult. Instructor o educador. *Una mentora educa al príncipe.* **2.** cult. Consejero o guía. *El párroco es su mentor y confidente.*

menú. m. **1.** Conjunto de platos que constituyen una comida. *Mi menú favorito es pollo con ensalada.* **2.** En un restaurante o un hotel: Comida de precio fijo, con una posibilidad de elección limitada. *El menú cuesta diez dólares.* **3.** Carta (lista de comidas y bebidas). **4.** Inform. Conjunto de opciones que aparecen en la pantalla de un ordenador. *Despliegue el menú "archivo".* ▶ **3:** CARTA.

menudear. intr. Producirse algo con frecuencia. *Menudean los comentarios.*

menudencia. f. **1.** Cosa de poca importancia. *Se enfadaron por una menudencia.* **2.** Despojos o partes pequeñas que se sacan de reses o aves y se destinan al consumo. *Añada al caldo menudencias de pollo.* ▶ **1:** *NIMIEDAD.

menudeo. m. Venta al por menor. *Compraban cigarrillos al menudeo.*

menudo, da. adj. **1.** De pequeño tamaño. *Escribe con letra menuda.* **2.** Dicho de persona: Pequeña y delgada. *La niña es menudita.* **3.** De poca o ninguna importancia. *Hablan de cosas menudas.* **4.** coloq. Seguido de un nombre, se usa para enfatizar el significado de este. *¡Menuda casa!* ● m. pl. **5.** Vísceras de un ave. *Para la sopa utilizo menudos de pollo.* **6.** Tripas de una res. *Toman menudos de cabrito fritos.* ■ **a menudo.** loc. adv. Frecuentemente. *Voy al cine a menudo.*

meñique. m. Dedo meñique (→ dedo).

meollo. m. Parte principal y esencial de algo. *El meollo de un asunto.* ▶ *ESENCIA.

meón, na. adj. malson. Que orina con mucha frecuencia.

mequetrefe. m. coloq. Hombre entrometido, alocado e informal.

meramente. adv. Sola o únicamente. *Es un cargo meramente honorífico.*

mercachifle. m. despect. Comerciante de poca importancia.

mercadeo. m. **1.** Hecho de comerciar. *El mercadeo de esclavos.* **2.** Am. Mercadotecnia. *Técnico en mercadeo* [C]. FAM **mercadear.**

mercado. m. **1.** Lugar público destinado permanentemente, o en días señalados, a la compra y venta de determinados productos. *Voy al mercado a comprar.* **2.** Reunión pública de compra y venta de productos determinados, que se celebra en lugares y días señalados. *Los martes hay mercado en la plaza.* **3.** Conjunto de actividades relativas a la compra y venta de bienes y servicios. *El mercado se rige por la oferta y la demanda.* **4.** Conjunto de consumidores capaces de comprar un producto o servicio. *La empresa busca nuevos mercados.* ■ ~ **negro.** m. Tráfico clandestino de mercancías escasas o ilegales. *Con la escasez creció el mercado negro.* FAM **mercader; mercadería** (frecAm); **mercadillo.**

mercadotecnia. f. Conjunto de prácticas y técnicas que, basándose en los estudios de mercado, pretenden favorecer y estimular el comercio, espec. la demanda. ▶ *MARKETING.* ‖ Am: MERCADEO.

mercancía. f. Cosa mueble que es objeto de compra o venta. *La policía decomisó mercancía robada.* ▶ GÉNERO. ‖ frecAm: MERCADERÍA.

mercante. adj. Dicho de marino, barco o marina: Que se dedica al transporte de pasajeros y mercancías. *Un buque mercante.*

mercantil. adj. Del comercio, o de la actividad comercial o empresarial. *Derecho mercantil.* ▶ COMERCIAL.

mercantilismo. m. **1.** despect. *Un acusado mercantilismo impregna la sociedad.* **2.** histór. Doctrina política y económica de los ss. XVI y XVII, que fomentaba el desarrollo del comercio y que consideraba la acumulación de metales preciosos como signo de riqueza. FAM **mercantilista.**

merced. f. **1.** cult. Gracia que concede un rey o un señor. *Todos esperaban mercedes del rey.* **2.** cult. Gracia o favor. *Hágame la merced de seguirme.* **3.** cult. Voluntad de alguien. *No pienso estar a su merced.* **4.** histór. Se usaba, precedido de *su* o *vuestra*, como tratamiento de cortesía equivalente al actual *usted. Como guste vuestra merced.* ■ ~ **a.** loc. prepos. cult. Gracias a. *El proyecto es posible merced a la ayuda de la fundación.*

mercedario, ria. adj. De la orden de la Merced. *Fraile mercedario.*

mercenario, ria. adj. Dicho espec. de soldado: Que presta sus servicios exclusivamente a cambio de dinero. *Ejército mercenario.*

mercería. f. Establecimiento donde se venden artículos de costura. FAM **mercero, ra.**

mercurio. m. Elemento químico del grupo de los metales, plateado, brillante y muy pesado, y líquido a temperatura ambiente. ▶ AZOGUE. FAM **mercurial.**

merecer. (conjug. AGRADECER). tr. **1.** Estar alguien en situación de deber recibir (un premio o un castigo) por su comportamiento o sus cualidades. *No merecía ganar.* Frec. prnl. **2.** Estar algo en situación de ser objeto (de algo) por sus cualidades. *Su actuación merece un aplauso.* ▶ **2:** VALER. ‖ Am: **2:** AMERITAR. FAM **merecedor, ra; merecimiento.**

merecido. m. Castigo que merece alguien. *Algún día le darán su merecido.*

merendar. → merienda.

merendero. m. **1.** Lugar en el campo donde los excursionistas pueden comer y descansar. **2.** Establecimiento público situado en un parque o en el campo, donde se sirven bebidas y determinadas cosas de comer.

merengue. m. **1.** Dulce hecho con claras de huevo batidas a punto de nieve y azúcar. **2.** Baile de origen caribeño, de ritmo muy movido, que se ejecuta por parejas. *Bailan merengue.* Tb. su música.

meretriz. f. cult. Prostituta.

meridano, na. adj. De Mérida (México).

merideño, ña. adj. De Mérida (España, Venezuela).

meridiano, na. adj. **1.** Muy claro. *Me lo explicó de forma meridiana.* ● m. **2.** Geogr. Cada uno de los círculos imaginarios que rodean la Tierra en un plano perpendicular al Ecuador y que pasan por los polos.

meridional. adj. Del sur o situado al sur. *Zona meridional del país.* ▶ *SUREÑO.

merienda. f. Comida ligera que se toma por la tarde. FAM **merendar** (conjug. ACERTAR).

merino, na. adj. Dicho de oveja o carnero: Que tiene el hocico grueso y ancho, y el cuerpo cubierto de lana muy fina, corta y rizada.

mérito. m. **1.** Acción de una persona que la hace digna de premio o de aprecio. *Está haciendo méritos para ascender.* **2.** Valor o importancia de alguien o de algo. *Ganar haciendo trampas no tiene mérito.* FAM **meritorio, ria.**

merluza. f. Pez marino comestible, de color gris plateado, mandíbula prominente y dientes finos.

mermar. intr. **1.** Disminuir o hacerse menor algo. *Nuestros ingresos han mermado.* ○ tr. **2.** Hacer que (algo) disminuya o se haga menor. *El tiempo merma nuestras facultades.* ▶ **1:** *DISMINUIR. FAM **merma.**

mermelada. f. Conserva elaborada con fruta cocida y azúcar.

mero, ra. adj. Puro o simple. *No es una mera casualidad.* ▶ *PURO.

merodear. intr. Vagar por los alrededores de un lugar, frec. con malas intenciones. *Hay un tipo merodeando POR el jardín.* FAM **merodeador, ra; merodeo.**

mes. m. **1.** Cada una de las doce partes en que se divide el año. *Agosto es el octavo mes del año.* **2.** Conjunto de días consecutivos desde uno señalado hasta otro de igual fecha en el (→ 1) siguiente. *Falta un mes para tu cumpleaños.* ■ ~ **lunar.** m. Fís. Tiempo que tarda la Luna en dar una vuelta completa alrededor de la Tierra.

mesa. f. **1.** Mueble formado por una superficie plana sostenida por una o varias patas, y que tiene distintos usos, espec. comer o escribir. **2.** Mesa (→ 1) preparada con todo lo necesario para comer. *Nos sentamos a la mesa.* **3.** Conjunto de personas que dirigen una asamblea o corporación. *Se reunió la mesa sectorial.* **4.** cult. Comida que se sirve en la mesa (→ 2). *Es un amante de la buena mesa.* ■ ~ **de noche.** f. Mesilla. ■ ~ **redonda.** f. Reunión de personas especializadas en una materia, para debatir sobre ella. *Después de la conferencia, habrá una mesa redonda.* □ **poner la ~.** loc. v. Preparar la mesa (→ 1) con todo lo necesario para comer en ella. □ **recoger**, o **quitar, la ~.** loc. v. Retirar de la mesa (→ 1) todo lo que se ha preparado para comer en ella.

mesada. f. frecAm. Cantidad que se cobra o se paga mensualmente. *Hace años que dejó de enviarle su mesada* [C]. ▶ MENSUALIDAD.

mesana. f. Mar. En una embarcación de vela: Mástil más próximo a la popa. Tb. la vela que sostiene. *¡Arriad la mesana!*

mesar. tr. cult. Arrancar (el pelo o la barba) con las manos. *El caballero, desesperado, se mesaba los cabellos.*

mescolanza. f. Mezcolanza.

mesero, ra. m. y f. Am. Camarero (persona que tiene por oficio servir consumiciones). *Una mesera nos trajo la botella* [C]. ▶ *CAMARERO.

meseta. f. Planicie extensa situada a considerable altura sobre el nivel del mar.

mesiánico, ca. adj. Del mesías o del mesianismo. *El mensaje mesiánico.*

mesianismo. m. **1.** Confianza en la llegada de un mesías. *El mesianismo está en la base del judaísmo.* **2.** Doctrina del mesías. *El mesianismo de los textos proféticos.*

mesías. m. **1.** En el judaísmo: Hombre enviado por Dios para liberar al pueblo judío. *Los judíos no reconocen a Jesucristo como mesías.* **2.** En el cristianismo: Hombre enviado por Dios para liberar a la humanidad. En mayúsc. designa a Jesucristo. *Los profetas del Antiguo Testamento anuncian la llegada del Mesías.*

mesilla. f. Mueble pequeño, gralm. con cajones, que se coloca al lado de la cabecera de la cama. Tb. ~ de noche. ▶ Am: VELADOR.

mesita. ~ **de noche.** f. Mesilla.

mesnada. f. histór. Compañía de gente armada bajo el mando de un rey o un señor.

mesón. m. **1.** Establecimiento en que se sirven comidas y bebidas. **2.** histór. Establecimiento público donde se daba comida y alojamiento a viajeros y caballerías.

mesonero, ra. m. y f. **1.** Persona que posee o tiene a su cargo un mesón. **2.** Am. Camarero (persona que tiene por oficio servir consumiciones). *A sus gritos acudieron las mesoneras de la cafetería* [C]. ▶ **2:** *CAMARERO.

mesopotámico, ca. adj. histór. De Mesopotamia (antigua región de Asia).

mesosfera. f. Fís. Capa de la atmósfera, inmediatamente superior a la estratosfera.

mesozoico, ca. adj. (Como m. se usa en mayúsc.). Geol. Dicho de era: Que abarca entre los 230 y los 65 millones de años antes del tiempo actual. Tb. m. *Fósil del Mesozoico.*

mestizaje. m. **1.** Mezcla de razas. *En América tuvo lugar un proceso de mestizaje.* **2.** Mezcla de culturas. *La convivencia de culturas dio lugar a un curioso mestizaje.*

mestizo, za. adj. **1.** Dicho de persona: Nacida de padre y madre de razas diferentes. Referido espec. a los nacidos en América de español e india, o de indio y española. **2.** Dicho de animal o vegetal: Que procede del cruce de individuos de razas distintas. *Un perro mestizo.* ▶ **Am: 1:** LADINO.

mesura. f. Moderación o comedimiento. *Come sin mesura.* ▶ *MODERACIÓN. FAM **mesurado, da.**

meta. f. **1.** Lugar donde termina el trayecto de una carrera. **2.** Objetivo o cosa que se pretende conseguir. *¿Cuáles son tus metas en la vida?* **3.** En algunos deportes de pelota: Portería. ○ m. **4.** Dep. Portero (jugador). ▶ **1:** LLEGADA. **3:** *PORTERÍA. **4:** *PORTERO.

metabolismo. m. Fisiol. Conjunto de reacciones y transformaciones químicas que se producen en las células de los seres vivos. FAM **metabólico, ca.**

metacarpo. m. Anat. Conjunto de huesos de la mano, situados entre el carpo y los dedos. FAM **metacarpiano, na.**

metacrilato. m. Plástico transparente, ligero y resistente, que se emplea en la fabricación de diversos objetos, como muebles y artículos de decoración.

metadona. f. Compuesto químico sintético, de propiedades analgésicas y estupefacientes semejantes a las de la morfina, pero no adictivo, que se utiliza en tratamientos de desintoxicación de drogodependientes.

metafísico, ca. adj. **1.** De la metafísica (→ 3). **2.** Difícil de comprender. *No entiendo tus razonamientos metafísicos.* ● f. **3.** Parte de la filosofía que se ocupa del ser en cuanto tal, y de sus propiedades, principios y causas primeras. *Es profesora de metafísica en la facultad.* ○ m. y f. **4.** Especialista en metafísica (→ 3).

metáfora. f. Lit. Figura retórica que consiste en designar una cosa con el nombre de otra, tras establecer una comparación no expresa entre ellas. *En "los luceros con que me miras" hay una metáfora.* FAM **metafórico, ca.**

metal. m. **1.** Quím. Elemento que se caracteriza por ser buen conductor del calor y de la electricidad y por tener un brillo característico. *El mercurio es un metal.* Frec., en pl., designa el grupo correspondiente de la tabla periódica de los elementos. *El hierro y el tita-*

nio pertenecen al grupo de los metales. **2.** Mús. Conjunto de los instrumentos de viento gralm. hechos de metal (→ 1). ■ ~ **precioso.** m. Metal (→ 1) de gran valor, que se usa espec. en joyería. *El oro es un metal precioso.* ■ **no** ~. m. Quím. Elemento que se caracteriza por ser mal conductor del calor y de la electricidad y por carecer de brillo propio. Frec., en pl., designa el grupo correspondiente de la tabla periódica de los elementos. *El oxígeno pertenece al grupo de los no metales.* FAM **metalizar.**

metálico, ca. adj. **1.** Del metal, o de características semejantes a las suyas, espec. el brillo o el sonido. *Objetos metálicos.* ● m. **2.** Dinero en efectivo. *Pagó en metálico.*

metalurgia. f. Conjunto de técnicas que permiten extraer los metales de los minerales que los contienen. Tb. la actividad industrial correspondiente. *La economía de la región se basa en la metalurgia.* FAM **metalúrgico, ca.**

metamórfico, ca. adj. Geol. Dicho de mineral o de roca: Que ha sufrido transformaciones químicas o físicas debidas a diferentes agentes, como la presión y la temperatura. *La cuarcita y el mármol son rocas metamórficas.* FAM **metamorfismo.**

metamorfosis. f. **1.** Transformación o cambio. *La metamorfosis del patito feo EN cisne.* **2.** Zool. Conjunto de cambios que experimentan algunos animales durante su desarrollo, y que se manifiestan espec. en la variación de forma. *Los renacuajos completan su metamorfosis al convertirse en ranas.* FAM **metamorfosear.**

metano. m. Quím. Gas incoloro, inodoro e inflamable en contacto con el aire, que se produce en las minas de carbón y se desprende del cieno de los pantanos, y que es el componente principal del gas natural.

metástasis. f. Med. Propagación del foco de una enfermedad, espec. cáncer, o aparición de otro foco de la misma. *Un tumor con riesgo de metástasis.*

metatarso. m. Anat. Conjunto de huesos del pie, situados entre el tarso y los dedos. FAM **metatarsiano, na.**

meteco. m. histór. En la Grecia antigua: Extranjero establecido en una ciudad, espec. en Atenas, que no gozaba de los derechos de ciudadanía.

metedura. f. coloq. Hecho de meter la pata. Frec. ~ *de pata. Su metedura de pata le ha costado una amonestación.*

meteorito. m. Fragmento de un cuerpo celeste que penetra en la atmósfera y cae sobre la Tierra. *El impacto del meteorito produjo un enorme cráter.*

meteoro o **metéoro.** m. **1.** Fenómeno atmosférico. *Los rayos son meteoros eléctricos.* **2.** Fís. Cuerpo celeste que penetra en la atmósfera terrestre. *Las estrellas fugaces son meteoros.* FAM **meteórico, ca.**

meteorología. f. Ciencia que estudia la atmósfera y los fenómenos atmosféricos. FAM **meteorológico, ca; meteorólogo, ga.**

meter. tr. **1.** Poner (algo o a alguien) dentro de un lugar. *Metió las llaves EN la bolsa.* **2.** Ocasionar o producir (algo, espec. ruido). *Esa máquina mete mucho ruido.* **3.** Poner (a alguien) en determinada situación. *A mí no me metas EN líos.* **4.** Seguido de un nombre, precedido por de, que designa la persona que ejerce una profesión: Dedicar (a alguien) a esa profesión. *Lo metieron de aprendiz en una sastrería.* **5.** Estrechar o acortar (una prenda de vestir o una parte de ella) modificando las costuras. *Hay que meter la* *cintura del vestido.* **6.** coloq. Dar a alguien (algo negativo, como un castigo), o hacer que (lo) reciba. *¡Qué susto nos ha metido!* ○ intr. prnl. **7.** Entrometerse en un asunto ajeno. *Tú no te metas, que no es cosa tuya.* **8.** Pasar alguien a ejercer la actividad que se indica. *Se metió* EN *política.* **9.** Seguido de *a* y un infinitivo: Ponerse alguien a realizar la acción expresada, sin tener capacidad o sin corresponderle. *Pero ¿quién te manda meterte a dar consejos?* **10.** coloq. Censurar o criticar algo o a alguien. *No te metas* CON *tu hermano.* ▶ **1:** ENTRAR, INTRODUCIR. **7:** *ENTROMETERSE.

metiche. adj. Am. coloq. Entrometido. *Discúlpame por hacerte estas preguntas; ya me parezco a mamá, que es tan metiche* [C].

meticuloso, sa. adj. Que se detiene hasta en los detalles más pequeños. *Es muy meticulosa en su trabajo.* ▶ *MINUCIOSO. FAM **meticulosidad.**

metódico, ca. adj. Que sigue un método. *Es ordenado y metódico.*

metodismo. m. *Rel.* Doctrina protestante fundada en Inglaterra en el siglo XVIII. FAM **metodista.**

método. m. **1.** Procedimiento que se usa para hacer algo. *Tus métodos de trabajo están anticuados.* **2.** Modo ordenado de actuar. *Debes estudiar con método.* **3.** Libro que recoge las reglas y los ejercicios para enseñar o aprender algo. *Método de inglés.* FAM **metodología; metodológico, ca.**

metonimia. f. *Lit.* Figura retórica que consiste en designar algo con el nombre de otra cosa con la que guarda determinada relación, como el efecto por la causa, el autor por la obra o el continente por el contenido. *En "leer a Cervantes" hay una metonimia de "Cervantes" por "un libro de Cervantes".*

metraje. m. Longitud de una película cinematográfica.

metralla. f. Munición pequeña con que se cargan piezas de artillería, proyectiles, bombas y otros explosivos. *Le extrajeron del hombro fragmentos de metralla.*

metralleta. f. Arma de fuego portátil, automática y de repetición, que puede disparar a gran velocidad. ▶ SUBFUSIL.

métrico, ca. adj. **1.** Dicho de sistema de medida: Que toma como base el metro. *El litro es una unidad del sistema métrico decimal.* **2.** *Lit.* De la métrica (→ 3). *Análisis métrico.* ● f. **3.** *Lit.* Estudio de la medida o estructura de los versos, de sus clases y de las combinaciones que con ellos pueden formarse. *En literatura estudiamos métrica.*

metro[1]. m. **1.** Unidad básica de longitud del Sistema Internacional que equivale a la distancia que recorre la luz en el vacío durante 1/299 792 458 de segundo y que tradicionalmente se definía como la diezmillonésima parte del cuadrante del meridiano terrestre (Símb. *m*). *Mide casi dos metros.* Tb. la cantidad de materia que tiene esa longitud. *Cuatro metros de tela.* **2.** Instrumento para medir, que tiene marcada la longitud de un metro (→ 1) y sus divisiones en centímetros. *Un metro de carpintero.* **3.** *Lit.* Medida de un verso. Tb. el verso, en relación con la medida. *Se introducen en la poesía nuevos metros y estrofas.* ■ ~ **cuadrado.** m. Unidad de superficie del Sistema Internacional que equivale al área de un cuadrado de un metro (→ 1) de lado (Símb. *m²*). *Un piso de setenta metros cuadrados.* Tb. la cantidad de algo que tiene esa superficie. ■ ~ **cúbico.** m. Unidad de volumen del Sistema Internacional que equivale al volumen

de un cubo de un metro (→ 1) de arista (Símb. *m³*). Tb. la cantidad de algo que tiene ese volumen. *Consumimos cincuenta metros cúbicos de agua al año.*

metro[2]. m. Tren eléctrico, gralm. subterráneo, que circula por los distintos barrios de una ciudad. ▶ METROPOLITANO. ‖ Am: SUBTE, SUBTERRÁNEO.

metrónomo. m. *Mús.* Instrumento que sirve para medir el tiempo y marcar el compás en una interpretación musical.

metrópoli o **metrópolis.** f. **1.** Ciudad principal o muy importante, y de grandes dimensiones. *Vino a la metrópoli buscando trabajo.* **2.** Respecto de una colonia: Estado al que pertenece. *Relaciones comerciales de las colonias con la metrópoli.*

metropolitano, na. adj. **1.** De la metrópoli. *Área metropolitana.* ● m. **2.** Metro (tren). ▶ **2:** *METRO.

mexicano, na. (Tb. **mejicano**); pronunc. "mejicáno"). adj. **1.** De México. ● m. **2.** Náhuatl (lengua). ▶ **2:** *NÁHUATL.

mezcal. m. Aguardiente de origen mexicano que se obtiene del jugo de la pita.

mezcla. f. **1.** Hecho o efecto de mezclar o mezclarse dos o más cosas de manera que formen una unidad o un todo homogéneo. *El batido es una mezcla de fruta y leche.* **2.** Hecho o efecto de mezclar o mezclarse dos o más personas o cosas sin que formen un todo homogéneo. *La población era una mezcla de indígenas y emigrantes.*

mezclar. tr. **1.** Juntar (dos o más cosas) de manera que formen una unidad o un todo homogéneo. *La pintora mezcla los colores.* **2.** Juntar (dos o más personas o cosas) sin que formen un todo homogéneo. *No mezcle la vida personal y los negocios.* **3.** Hacer que (una persona o una cosa) intervengan en algo. *Lo mezclaron* EN *un asunto de drogas.* ○ intr. prnl. **4.** Juntarse una cosa con otra de manera que formen una unidad o un todo homogéneo. *El bolo alimenticio se mezcla* CON *los jugos gástricos.*

mezclilla. f. Tejido hecho con hilos de diferentes clases y colores.

mezcolanza. f. Mezcla extraña y confusa. *Habla una mezcolanza de español y alemán.* ▶ MESCOLANZA.

mezquino, na. adj. **1.** Que escatima exageradamente en lo que da o gasta. *Es tan mezquina que no se permite el menor lujo.* **2.** Falto de nobleza y generosidad en el modo de obrar. *Es mezquino y despreciable.* ▶ **1:** *TACAÑO. FAM **mezquindad.**

mezquita. f. Edificio en el que los musulmanes practican sus ceremonias religiosas.

mezzosoprano. (pal. it.; pronunc. "metsosopráno"). m. y f. *Mús.* Persona cuya voz tiene un registro entre el de soprano y el de contralto. *Abrirá el recital una mezzosoprano.*

mi[1]. m. *Mús.* Tercera nota de la escala de do mayor.

mi[2]. → mío.

mí. (Cuando va precedido de la prep. *con*, forma con ella una sola palabra: *conmigo*). pron. pers. Designa, en función de complemento con preposición, a la misma persona descrita por el pronombre *yo*. *A mí no me molesta.* ■ **dar de ~.** → dar. ■ **volver en ~.** → volver.

miasma. m. (Tb., más raro, f.). Emanación nociva que se desprende de cuerpos enfermos, materias en descomposición o aguas estancadas. Más frec. en pl. *Respira un aire cargado de miasmas.*

miau. interj. Se usa para imitar la voz característica del gato.

mica. f. Mineral constituido por silicatos, que se presenta en láminas finísimas, brillantes y elásticas, y forma parte de diversas rocas, como el granito.

micción. f. cult. o *Med.* Hecho de orinar. *El niño ya controla la micción.*

micénico, ca. adj. histór. De Micenas (antigua ciudad de Grecia).

michelín. m. coloq. Pliegue de grasa que se forma en alguna parte del cuerpo.

michoacano, na. adj. De Michoacán (México).

mico. m. **1.** Mono de cola larga. *El mico está en el hombro de su amo.* **2.** coloq. Persona pequeña. *No era más que un mico y ya tocaba el piano.*

micología. f. Estudio científico de los hongos. FAM **micólogo, ga.**

micra. f. Unidad de longitud que equivale a la milésima parte de un milímetro (Símb. *μ*). *Las bacterias suelen medir alrededor de una micra.*

micro. m. coloq. Micrófono.

micro-. elem. compos. **1.** Significa 'muy pequeño'. *Microcircuito, microficha.* **2.** tecn. Significa 'millonésima parte'. Se une a n. de unidades de medida para designar el submúltiplo correspondiente (Símb. *μ*). *Microgramo, microvoltio.*

microbio. m. Organismo que solo se puede ver a través del microscopio, espec. el causante de enfermedades. FAM **microbiano, na; microbiología; microbiólogo, ga.**

microbús. m. Autobús de tamaño menor que el normal.

microchip. (pl. **microchips**). m. *Electrón.* Chip.

microcirugía. f. *Med.* Cirugía realizada con ayuda del microscopio y otros instrumentos de precisión en partes del cuerpo sumamente pequeñas o delicadas.

microclima. m. *Ecol.* Clima característico de un área reducida, distinto del de la zona en que se encuentra.

microcosmos o **microcosmo.** m. cult. o *Fil.* Ser o entidad concebidos como reflejo y resumen completo del universo. *Los sabios de la Antigüedad veían al hombre como un microcosmos dentro de un macrocosmos.*

microeconomía. f. *Econ.* Parte de la economía que estudia los factores individuales o particulares, como el comportamiento del consumidor o de una empresa.

microelectrónica. f. *Electrón.* Técnica de diseñar y producir circuitos y otros dispositivos electrónicos de tamaño muy reducido.

microfilme o **microfilm.** m. Película en que se reproducen documentos gráficos en tamaño muy reducido, con el fin de facilitar su manipulación y consulta. FAM **microfilmar.**

micrófono. m. Aparato que capta ondas sonoras y las transforma en corriente eléctrica, permitiendo ampliar, grabar o transmitir los sonidos.

microondas. m. Horno de microondas (→ horno).

microorganismo. m. Organismo que solo se puede ver a través del microscopio.

microprocesador. m. *Electrón.* Circuito integrado en un chip, que constituye la unidad central de procesamiento en un ordenador u otro dispositivo electrónico.

microscópico, ca. adj. **1.** Que solo se puede ver a través del microscopio. *Hongo microscópico.* **2.** Hecho u obtenido con microscopio. *Imágenes microscópicas.* **3.** Muy pequeño. *Es un automóvil microscópico.*

microscopio. m. Instrumento óptico que permite ver aumentada la imagen de cosas muy pequeñas o imposibles de percibir a simple vista.

microsurco. m. Disco de gramófono cuyos surcos, finísimos y muy próximos entre sí, permiten grabar gran cantidad de sonidos. *Colecciona viejos microsurcos.*

miedo. m. **1.** Sentimiento de inquietud producido por una persona o cosa que se consideran dañinas o peligrosas. *Las serpientes me dan miedo.* **2.** Sentimiento de inquietud producido por creer que puede suceder algo contrario a lo que se desea. *Tiene miedo* DE *perder su trabajo.* ■ **de** ~. loc. adj. coloq. Que causa asombro o admiración. Frec. con intención enfática. *Hacía un frío de miedo.* ▶ APRENSIÓN, ESPANTO, HORROR, PÁNICO, PAVOR, RESPETO, TEMOR, TERROR. FAM **mieditis; miedoso, sa.**

miel. f. Sustancia comestible, pegajosa, muy dulce y de color amarillento, que producen las abejas a partir del néctar de las flores. ■ ~ **sobre hojuelas.** expr. Se usa para expresar que una cosa viene a mejorar, por añadidura, otra que ya era buena. *El horario es bueno; si además pagan bien, miel sobre hojuelas.*

miembro. m. **1.** Extremidad de una persona o de un animal. *Los miembros superiores.* **2.** Parte de un todo. *El sujeto es un miembro de la oración.* **3.** Pene de un hombre o de un animal. Tb. ~ *viril* para designar el del hombre. **4.** *Mat.* Cada una de las dos expresiones de una ecuación separadas por el signo de igualdad o de desigualdad. O m. y f. **5.** Persona que forma parte de un conjunto o corporación. *Los miembros del jurado.* Tb. se usa el m. referido a mujer. *La directora es el miembro más antiguo de la asociación.* ▶ **1:** EXTREMIDAD. **3:** *PENE.

mientes. f. pl. Mente o pensamiento. *Le vino a las mientes su recuerdo.* ■ **parar** ~ (en algo). loc. v. Pensar (en ello) detenidamente. *No paró mientes* EN *las consecuencias.*

mientras. adv. **1.** Durante el tiempo en que sucede lo expresado antes. *Yo haré la comida; tú, mientras, pon la mesa.* ● conj. **2.** Durante el tiempo en que. *Espérame mientras me visto.* **3.** En la medida en que. Se usa seguida de *más* o *menos. Mientras más tiempo le dediques, mejor te saldrá.* ■ ~ **que.** loc. conjunt. Pero. *Para mí el examen fue fácil, mientras que para Rosa, no.*

miércoles. m. Día de la semana que sigue al martes.

mierda. f. **1.** malson. Excremento. **2.** malson. Suciedad o porquería. **3.** malson. Persona o cosa sin valor alguno. O m. y f. **4.** malson. Persona despreciable. ● interj. **5.** malson. Se usa para expresar contrariedad o enfado. ■ **a la** ~. expr. malson. Se usa para expresar desagrado o rechazo. ■ **una** ~. expr. malson. Se usa para enfatizar una negativa o una reacción de rechazo ante lo que otro acaba de decir.

mies. f. Conjunto de plantas de cereales, espec. de aquellos con los que se hace pan. *Siegan la mies.*

miga. f. **1.** Parte interior y más blanda del pan. **2.** Porción muy pequeña de pan o de otro alimento. *Quedan unas migas* DE *tarta.* **3.** coloq. Sustancia o importancia de algo. *El asunto tiene miga.* ■ **hacer** ~s (buenas) ~s (con otra persona). loc. v. coloq. Llevarse bien (con ella). *Hice buenas migas* CON *él.* ■ **hacer** ~s (algo o a alguien). loc. v. coloq. Destruir(los) por completo. *Hizo migas el cristal.* ▶ **2:** MIGAJA.

migaja. f. **1.** Miga (porción pequeña de alimento). **2.** Porción muy pequeña de algo. *No me conformo con las migajas* DE *su cariño.* ▶ **1:** MIGA.

migración. f. **1.** *Geogr.* Desplazamiento de población desde su lugar de origen a otro diferente. *La guerra produjo una gran migración.* **2.** *Zool.* Desplazamiento periódico de determinados animales de un área geográfica a otra. ▶ **1:** EMIGRACIÓN. FAM **migratorio, ria.**

migraña. f. *Med.* Jaqueca.

migrar. intr. cult. Emigrar.

migueleño, ña. adj. De San Miguel (El Salvador).

mijo. m. Cereal que da una mazorca de granos pequeños, redondos y amarillentos, empleados como pienso y en la alimentación humana, espec. en África y Asia.

mil. adj. **1.** → APÉND. NUM. ● m. pl. **2.** Millares. *Un rebaño de miles DE cabezas.* ■ **las ~** (y quinientas). loc. s. coloq. Una hora muy tardía. *Duerme hasta las mil.*

milagrero, ra. adj. **1.** Que hace milagros. *La santa milagrera.* **2.** despect. Que tiende a tomar hechos naturales como milagros. *La gente milagrera.* FAM **milagrería.**

milagro. m. **1.** Hecho contrario a las leyes de la naturaleza, que se atribuye a una intervención divina o sobrenatural. *El milagro de los panes y los peces.* **2.** Cosa extraordinaria que no concuerda con lo previsible. *El milagro económico.* ■ **de ~.** loc. adv. **1.** Por muy poco o por los pelos. *Se salvó de milagro.* **2.** Por pura casualidad. *Si la cosa sale bien, será de milagro.* ■ **hacer ~s.** loc. v. coloq. Hacer algo que parece imposible con los medios disponibles. *No puedo hacer milagros con este presupuesto.*

milagroso, sa. adj. **1.** Que constituye un milagro. *La milagrosa resurrección de Lázaro.* **2.** Que hace milagros. *Un agua milagrosa.*

milanesa. f. Filete de carne empanado.

milano. m. Ave rapaz de tamaño mediano, plumaje pardo rojizo en el cuerpo, alas largas y cola ahorquillada. *El milano hembra.*

milenario, ria. adj. **1.** Que tiene mil años o más. *Leyendas milenarias.* ● m. **2.** Fecha en que se cumplen uno o varios milenios de un acontecimiento.

milenarismo. m. **1.** Doctrina según la cual Jesucristo reinaría en la tierra durante mil años antes del Juicio Final. *El milenarismo se basa en un capítulo del Apocalipsis.* **2.** Doctrina según la cual el fin del mundo ocurriría en el año mil de la era cristiana. *Las premoniciones del milenarismo eran apocalípticas.* FAM **milenarista.**

milenio. m. Tiempo de mil años. *Durante milenios vivimos de la agricultura.*

milésimo, ma. adj. **1.** → APÉND. NUM. **2.** Dicho de parte: Que es una de las mil iguales en que puede dividirse un todo. Tb. f. *Perdió por unas milésimas DE segundo.*

milhojas. m. Pastel rectangular hecho con capas de hojaldre, espolvoreado con azúcar y relleno de merengue.

mili-. elem. compos. Significa 'milésima parte'. Se une a n. de unidades de medida para designar el submúltiplo correspondiente (Símb. m). *Miliamperio; milivoltio.*

milibar. m. *Meteor.* Unidad de presión atmosférica que equivale a la milésima parte de un bar (Símb. mbar). *Un anticiclón de 1000 milibares.*

milicia. f. **1.** Profesión de soldado. *Dedicó su vida a la milicia.* **2.** Grupo o cuerpo armado, gralm. con estructura o disciplina militares. *La milicia integrista reivindicó el atentado.* FAM **miliciano, na.**

milico. m. frecAm. coloq., despect. Militar (persona que pertenece al ejército). *Lo más posible es que los milicos hicieran desaparecer a su marido* [C].

miligramo. m. Unidad de masa que equivale a la milésima parte de un gramo (Símb. mg). *Comprimidos de 500 miligramos de ácido acetilsalicílico.*

mililitro. m. Unidad de capacidad para líquidos que equivale a la milésima parte de un litro (Símb. ml). *Un envase de 75 mililitros.*

milimétrico, ca. adj. **1.** Del milímetro. **2.** Muy pequeño. *Leía un librito milimétrico.* **3.** Absolutamente exacto o riguroso. *Precisión milimétrica.*

milímetro. m. Unidad de longitud que equivale a la milésima parte de un metro (Símb. mm). *Un tubo de cuatro milímetros de grosor.*

militar¹. intr. **1.** Formar parte de un partido político o de una agrupación. *Milita EN el partido socialista.* **2.** cult. Luchar o pelear. *En la guerra militó EN el bando aliado.* FAM **militancia; militante.**

militar². adj. **1.** Del ejército o de la milicia. *Personal militar.* ● m. y f. **2.** Persona que pertenece al ejército. *Se hizo militar profesional.* ▶ **1:** CASTRENSE.

militarismo. m. **1.** Predominio de los militares o de lo militar en una nación. *En el país hay un clima de militarismo.* **2.** Condición de partidario del militarismo (→ 1). *El militarismo del Gobierno.* FAM **militarista.**

militarizar. tr. **1.** Someter (algo o a alguien) a la disciplina militar. *Han militarizado a la población.* **2.** Dar carácter u organización militar (a alguien o algo). *Militarizarán los cuerpos de seguridad.* FAM **militarización.**

milla. f. **1.** Unidad de longitud para navegación marítima y aérea que equivale a 1852 metros. Tb. ~ **marina,** o **náutica. 2.** Unidad de longitud del sistema anglosajón que equivale a 1609,34 metros. Tb. ~ **terrestre.**

millar. m. **1.** Conjunto de mil unidades. *Un millar DE cabezas de ganado.* ○ pl. **2.** Cantidad numerosa de personas o cosas del mismo tipo, que se cuentan por millares (→ 1). *Millares DE ciudadanos acuden a la manifestación.* ▶ **2:** MILES.

millardo. (APÉND. NUM.). m. *Econ.* Conjunto de mil millones.

millón. (APÉND. NUM.). m. **1.** Conjunto de mil millares. *Un millón DE personas.* ○ pl. **2.** Cantidad numerosa de personas o cosas del mismo tipo, que se cuentan por millones (→ 1). *Millones DE niños pasan hambre.* FAM **millonada.**

millonario, ria. adj. **1.** Que posee una fortuna gralm. de uno o varios millones. *Un comerciante millonario.* **2.** De millones. *Contrato millonario.* ▶ **1:** *RICO.

millonésimo, ma. adj. **1.** → APÉND. NUM. **2.** Dicho de parte: Que es una del millón de partes iguales en que puede dividirse un todo. Tb. f. *Unas millonésimas DE segundo.*

milonga. f. **1.** Canción popular propia del Río de la Plata, de ritmo lento y tono nostálgico, que se acompaña con la guitarra. Tb. la música y el baile que se ejecutan con ella. **2.** Baile argentino de ritmo vivo, que se ejecuta por una pareja enlazada.

milord. m. Se usa como tratamiento para dirigirse a un lord. *Adelante, milord.*

milpa. f. frecAm. Terreno de maíz y a veces de otras semillas. Referido a algunos países americanos. *Nuestros mozos se van a la milpa o a cultivar la tierra* [C].

milpiés. m. Animal invertebrado de cuerpo alargado y anillado, con dos pares de patas en cada segmento, que, cuando hay peligro, se enrosca haciéndose una bola.

milrayas. (Tb. **mil rayas**). adj. Dicho de tejido o prenda: Que tiene un dibujo de rayas finas y muy juntas. *Pantalón milrayas.*

mimado, da. adj. Dicho espec. de niño: Caprichoso y malacostumbrado por exceso de mimos.

mimar. tr. Tratar (a alguien) con mimo o de forma cariñosa y complaciente. *Su madre lo mima.*

mimbre. m. (Tb., menos frec., f.). Ramilla larga, flexible y resistente que produce la mimbrera y que se emplea en trabajos de cestería.

mimbrera. f. Arbusto de la familia del sauce, que crece en lugares húmedos y del cual salen los mimbres o ramillas que se emplean en cestería.

mímesis o mimesis. f. cult. Imitación. *Aprendizaje por mímesis.*

mimético, ca. adj. **1.** De la mímesis o del mimetismo. *Fenómeno mimético.* **2.** Que tiene o muestra mimetismo, o propiedad de camuflarse. *Insectos miméticos.*

mimetismo. m. **1.** Propiedad de algunos animales y plantas de tomar un aspecto semejante al de otros seres u objetos de su entorno. *El mimetismo permite a los insectos camuflarse.* **2.** Tendencia a adoptar como propios los comportamientos y opiniones ajenos. *Por mimetismo hizo suyas las costumbres de sus amigos.*

mimetizar. tr. **1.** Imitar (algo o a alguien). *Los niños mimetizan el comportamiento de los adultos.* O intr. prnl. **2.** Pasar a tener un animal o una planta el aspecto de los seres u objetos de su entorno. *El camaleón se mimetiza.* ▶ **1:** IMITAR.

mímico, ca. adj. **1.** De la mímica (→ 2). *Técnica mímica.* ● f. **2.** Expresión de pensamientos, sentimientos o hechos a través de gestos. *Nos entendemos por mímica.*

mimo¹. m. **1.** Cariño o ternura extremados con que se trata a alguien, espec. a un niño. *Mueve al bebé con mimo.* **2.** Demostración de cariño o ternura con hechos o palabras. *Le hace mimos a la niña.* **3.** Cuidado o delicadeza con que se trata o hace una cosa. *Trata con mimo sus cosas.* **4.** Actitud caprichosa propia de la persona acostumbrada a que la traten con mimo (→ 1). *Este niño tiene mucho mimo.*

mimo². m. **1.** Actor que emplea principalmente gestos y movimientos corporales para actuar. *El mimo simula dormir.* **2.** Pantomima (representación teatral). ▶ **2:** PANTOMIMA.

mimoso, sa. adj. **1.** Que gusta de que le hagan mimos o demostraciones de cariño. ● f. **2.** Planta tropical, frec. espinosa y con flores gralm. amarillas, cuyas hojas, en algunas especies, se repliegan al rozarlas.

mina. f. **1.** Yacimiento de mineral útil para su explotación. *Descubrió una mina de plata.* **2.** Excavación con las instalaciones adecuadas para extraer el mineral de una mina (→ 1). *Trabaja en una mina de carbón.* **3.** Barrita de grafito que va en el interior de un lápiz. *Se partió la mina.* **4.** Artefacto explosivo con espoleta, que se coloca enterrado o camuflado y estalla al mínimo contacto. *Pisó una mina.* **5.** Persona, animal o cosa de los que se puede sacar gran provecho. *El archivo es una mina.* **6.** Am. coloq. Mujer (ser animado racional del sexo femenino). *Pegarle a una mina no está bien* [C]. FAM **minería; minero, ra.**

minar. tr. **1.** Abrir galerías subterráneas (en un lugar). **2.** Colocar minas explosivas (en un lugar). *La resistencia minó las calles.* **3.** Destruir poco a poco (algo o a alguien). *Ha minado su salud.* FAM **minado.**

minarete. m. Alminar. *Desde el minarete llega la voz del muecín.*

mineral. adj. **1.** De los minerales (→ 3). *Reino mineral.* **2.** Que tiene carácter de mineral (→ 3). *Sustancias minerales.* ● m. **3.** Sustancia natural inorgánica con propiedades físicas y químicas determinadas, espec. la que es sólida y se halla en la corteza terrestre. *El cuarzo es un mineral.* **4.** Parte útil de una explotación minera. *La extracción del mineral.* FAM **mineralización; mineralizar, mineralogía.**

minería; minero, ra. → **mina.**

mini-. elem. compos. Significa 'pequeño'. *Minibásquet, minicine, minigolf.*

miniar. (conjug. ANUNCIAR). tr. Ilustrar con miniaturas (algo). Frec. en part. *El libro tiene las iniciales de cada capítulo miniadas.*

miniatura. f. **1.** Pintura de pequeño tamaño hecha con gran detalle y perfección. *Las miniaturas de un códice.* **2.** Reproducción de algo en tamaño muy pequeño. *Coches en miniatura.* FAM **miniaturista; miniaturización; miniaturizar.**

minibar. m. Nevera con bebidas y aperitivos instalada en una habitación de hotel.

minifalda. f. Falda que queda por encima de la rodilla. FAM **minifaldero, ra.**

minifundio. m. **1.** Finca rústica de pequeña extensión. *En esta zona predominan los minifundios.* **2.** Sistema de división de la tierra basado en el minifundio (→ 1). *Se intentaba acabar con el minifundio.* FAM **minifundismo; minifundista.**

minimalismo. m. *Arte* Tendencia a emplear los elementos mínimos y más básicos, como colores puros o formas geométricas simples. Tb. el movimiento artístico correspondiente. FAM **minimalista.**

minimizar. tr. Reducir al mínimo el valor o la importancia (de algo). *Minimiza los errores de sus hijos.* FAM **minimización.**

mínimo, ma. adj. **1.** Más pequeño que ninguno en su especie. *Gana el salario mínimo.* ● m. **2.** Límite o punto más bajo a que puede llegar algo. *La calefacción está en el mínimo.* ■ **como mínimo.** loc. adv. Por lo menos. *Necesito cien dólares como mínimo.* ■ **el más mínimo.** loc. adj. Ninguno. *No tolera el más mínimo error.* ■ **lo más mínimo.** loc. adv. Nada en absoluto. *No me importa lo más mínimo.* ▶ **2:** MÍNIMUM.

mínimum. (pl. **mínimums**). m. Mínimo (límite). *Duermo un mínimum de ocho horas.* ▶ MÍNIMO.

minino, na. m. y f. coloq. Gato (animal).

minio. m. Polvo de óxido de plomo, de color rojo anaranjado, empleado en pinturas. Tb. la pintura antioxidante hecha con este polvo. *Aplique una capa de minio.*

ministerio. m. **1.** Departamento de los varios en que se divide el gobierno de un Estado, que se ocupa de un conjunto de asuntos determinado. *Ministerio de Cultura.* **2.** Edificio en que tiene sus oficinas un ministerio (→ 1). **3.** Función u ocupación de alguien. *Como obispo, ejerció el ministerio pastoral en El Salvador.* ■ ~ **público, o fiscal.** m. *Der.* En un tribunal de justicia: Órgano que representa la legalidad y el interés público, y cuya misión es promover la acción de la justicia, espec. mediante la acusación penal.

Tanto la acusación particular como el ministerio público están satisfechos con la sentencia. ► **1:** CARTERA. FAM ministerial.

ministrable. adj. Que tiene posibilidades de ser nombrado ministro, o aptitudes para ello. *Políticos ministrables.*

ministro, tra. m. y f. Persona que dirige un ministerio. *La ministra de Sanidad.* ■ **ministro de Dios,** o **del Señor.** m. *Rel.* cult. Sacerdote (persona que ha recibido las órdenes sagradas). ■ ~ **plenipotenciario/ria.** m. y f. Diplomático de rango inmediatamente inferior al de embajador. ■ ~ **sin cartera.** m. y f. Persona que forma parte del Gobierno pero no tiene a su cargo ningún ministerio. ■ **primer/ra** ~. m. y f. Jefe del Gobierno o presidente del Consejo de Ministros. *El primer ministro británico.*

minoico, ca. adj. histór. De la antigua Creta, espec. en su época más floreciente (3000-1100 a. C. aproximadamente). *Cultura minoica.*

minorar. tr. cult. Aminorar o disminuir (algo). *Minoraron la crisis.*

minoría. f. **1.** Parte menor de un conjunto de personas o cosas. *Los que hacemos deporte somos minoría.* **2.** Parte de la población que es diferente de la mayoría por motivos como la raza, la lengua o la religión. *La ley protege a las minorías.* ■ ~ **de edad.** f. Edad menor de la establecida por la ley para que una persona pueda tener pleno derecho sobre sí y sobre sus bienes. FAM minoritario, ria.

minorista. adj. **1.** Dicho de comercio: Que se realiza al por menor. **2.** Que se dedica al comercio minorista (→ **1**). *Comerciantes minoristas.*

minucia. f. Cosa de poco valor o importancia. *¡No te preocupes por esas minucias!* ► *NIMIEDAD.

minucioso, sa. adj. Que se detiene hasta en los menores detalles. *Es tan minucioso que no entregará el trabajo hasta que quede perfecto.* ► DETALLISTA, METICULOSO. FAM minuciosidad.

minué. m. histór. Baile de origen francés, de ritmo pausado, que se ejecutaba por parejas y que estuvo de moda en los ss. XVII y XVIII. Tb. su música.

minuendo. m. *Mat.* En una sustracción o resta: Cantidad de la que se resta otra. *En la resta "20 – 5 = 15", el minuendo es 20.*

minueto. m. *Mús.* Composición instrumental de ritmo pausado, como de minué, que constituye un movimiento de otras composiciones, como la *suite*, la sonata o la sinfonía.

minúsculo, la. adj. **1.** Extremadamente pequeño. *Un insecto minúsculo.* ● f. Letra minúscula (→ **letra**).

minusválido, da. adj. Que tiene discapacidad física o mental. *Es más difícil que contraten a una persona minusválida.* ► DISCAPACITADO. FAM minusvalía.

minusvalorar. tr. Valorar (algo o a alguien) menos de lo debido. *No debemos minusvalorar al contrincante.* ► *MENOSPRECIAR.

minuta. f. Factura detallada de los honorarios de un profesional, gralm. un abogado o un notario. *Después del juicio el abogado nos pasará la minuta.*

minutero. m. Manecilla que señala los minutos en un reloj.

minuto. m. **1.** Unidad de tiempo que equivale a una de las sesenta partes iguales de una hora (Símb. *min*). **2.** Período de tiempo muy breve de tiempo. *No lo dudó ni un minuto.* **3.** *Mat.* Cada una de las sesenta partes

iguales en que se divide un grado de una circunferencia. *El ángulo mide 45 grados y 20 minutos.*

mío, a. (Antepuesto al n., apóc. *mi*, pl. *mis*). adj. De la persona que habla. *Mis abuelos son de Rosario.* ■ **la mía.** loc. s. coloq. Respecto de la persona que habla: Ocasión favorable. *¡Esta es la mía!: ahora me aprovecharé.* ■ **lo mío.** loc. s. Mucho. *Este auto me costó lo mío.* ■ **los ~s.** loc. s. Los familiares o personas vinculadas a un grupo del que forma parte el que habla. *Tenía ganas de ver a los míos.*

miocardio. m. *Anat.* Parte musculosa del corazón. *El tabaquismo puede producir infarto de miocardio.*

miopía. f. Defecto de la visión consistente en una percepción confusa de los objetos lejanos, debido a que su imagen se enfoca en un punto anterior a la retina. *Lleva lentillas para la miopía.* FAM miope.

mira. f. **1.** Intención o propósito. Frec. en pl. *La Universidad debe tener amplitud de miras.* **2.** Punto de mira (→ **punto**). ■ **con ~s a.** loc. prepos. Con vistas a o con el objetivo de. *Inversiones con miras a incrementar el turismo.* ■ **poner la** ~, o **las ~s,** (en algo). loc. v. Ponérse(lo) como objetivo. *La empresa ha puesto sus miras EN los mercados del este.* ► **1:** *INTENCIÓN.

mirada. f. **1.** Hecho de mirar hacia alguien o algo. *No aparta la mirada de su hijo.* **2.** Modo de mirar o dirigir la vista. *Tiene la mirada triste.* ► **1:** VISTA.

mirado, da. adj. **1.** Que se comporta de manera respetuosa y atenta con los demás. *El señor es muy mirado y no causa molestias.* **2.** Cuidadoso o prudente. *Soy muy mirada PARA el dinero.* FAM miramiento.

mirador. m. **1.** Balcón cerrado con cristales. *El salón tiene mirador.* **2.** Lugar desde el que se puede contemplar un amplio paisaje. *Tomó fotos del valle desde un mirador.*

mirandino, na. adj. De Miranda (Venezuela).

mirar. tr. **1.** Dirigir la vista (hacia alguien o algo) para ver(los). *Mira su rostro en el espejo.* **2.** Mirar (→ **1**) o examinar (algo o a alguien) despacio y con cuidado para conocer sus características o circunstancias. *Mira el mapa y dime el camino.* **3.** Pensar o considerar detenidamente (algo). *Mira lo que haces.* **4.** tr. Buscar (algo) o informarse (de ello). *Está mirando pisos para mudarse.* **5.** Tener (algo) como objetivo. *Solo mira su provecho.* ○ intr. **6.** Dirigir la vista hacia alguien o algo. *Habla sin mirar A los ojos.* **7.** Cuidar o proteger algo o a alguien. *Miro POR mi familia.* **8.** Estar situada una cosa enfrente de otra. *Los apartamentos miran AL mar.* ■ **bien mirado.** loc. adv. Si se considera con detenimiento. *Bien mirado, por probar no se pierde nada.* ■ **de mírame y no me toques.** loc. adj. coloq. Muy delicado y que se puede dañar con facilidad. *Un jarrón de mírame y no me toques.* ■ **mira.** interj. coloq. Se usa para expresar sorpresa o admiración. *¡Mira, qué coincidencia!* ■ **mira (tú) por dónde,** o **por cuánto.** expr. coloq. Se usa para expresar que lo que se dice a continuación resulta muy sorprendente. *¡Mira tú por dónde!: estaba hablando de ti.* ■ **mira quién habla,** o **quién fue a hablar.** expr. coloq. Se usa para expresar que la persona que habla tiene el mismo defecto que ella critica en otro. *Me ha dicho que estoy gordo; ¡mira quién fue a hablar!*

miríada. f. cult. Cantidad muy grande e indefinida. *Se ven miríadas DE estrellas.*

mirilla. f. Pequeña ventana o abertura hechas en una superficie y que permiten mirar al otro lado. *Mira por la mirilla de la puerta.*

miriñaque. m. histór. Armazón de tela rígida o almidonada, frec. con aros de metal, que se colocaba bajo el vestido a la altura de la cadera para darle vuelo a la falda.

mirlo. m. Pájaro de plumaje negro en el macho y pardo en la hembra, con el pico amarillo, que abunda en parques y jardines. *El mirlo hembra.*

mirón, na. adj. despect. Que mira con insistencia o con curiosidad.

mirra. f. Resina aromática roja, semitransparente y brillante, que se obtiene de un árbol originario de Arabia y del este de África.

mirto. m. Arbusto oloroso, de flores blancas y fruto pequeño, redondeado y de color negro azulado, que se cultiva como ornamental. ▶ ARRAYÁN.

misa. f. En la Iglesia católica: Rito en que el sacerdote ofrece a Dios el sacrificio del cuerpo y la sangre de Cristo en forma de pan y vino. ■ ~ **cantada.** f. Misa que celebra con canto un solo sacerdote. ■ ~ **de campaña.** f. Misa que se celebra al aire libre, espec. la que constituye una ceremonia militar. ■ ~ **de difuntos,** o **de réquiem.** f. Misa que se celebra por los que han fallecido. ■ ~ **del gallo.** f. Misa que se celebra la madrugada del 25 de diciembre. ■ ~ **solemne.** f. Misa cantada (→ misa cantada) en la que, además del sacerdote, están el diácono y el subdiácono. ■ ~s **gregorianas.** f. pl. Misas que se dicen en sufragio de un difunto durante treinta días seguidos, gralm. inmediatos al del entierro. ☐ **decir** ~ un sacerdote. loc. v. Celebrar la misa. *El padre Juan dice misa todos los días.* ■ **no saber de la ~ la media,** o la **mitad.** loc. v. coloq. Ignorar o desconocer aquello de que se trata. *No opines sobre el tema, que no sabes de la misa la media.* ■ **oír ~.** loc. v. Asistir a ella. *Es obligatorio oír misa los domingos.* ▶ EUCARISTÍA.

misal. m. Libro que contiene los textos y oraciones de la misa, y las notas que indican cómo se debe celebrar esta.

misantropía. f. Aversión al género humano o al trato con los demás. *Su misantropía lo llevó a la más absoluta soledad.* FAM **misántropo, pa.**

misceláneo, a. adj. **1.** Compuesto por una mezcla de cosas distintas. ● f. **2.** Mezcla de cosas distintas. *El programa de estudios es una miscelánea de contenidos.* **3.** Obra de contenido variado. *Escribía misceláneas.*

miserable. adj. **1.** Perverso o despreciable. *¿Quién sería el miserable soplón que lo delató?* **2.** Tacaño o mezquino. *No seas miserable y dale una propina.* **3.** Muy pobre. *La gente más miserable no tiene ni para comer.* **4.** cult. Desdichado o infeliz. *Solo piensa en poner fin a su miserable existencia.* ▶ **1:** CANALLA. **2:** *TACAÑO. **3:** *POBRE.

miseria. f. **1.** Pobreza extrema. *Viven en la miseria.* **2.** Estrechez o apuro económicos. Frec. en pl. *Ha pasado muchas miserias.* **3.** Cosa o cantidad insignificantes. *Les pagan una miseria.* **4.** Desgracia o desdicha. Frec. en pl. *No me gusta ir contando mis miserias.* ▶ **1:** *POBREZA.

misericordia. f. **1.** Inclinación a compadecerse del sufrimiento de los demás y a tratar de ayudarlos. *No ha muerto de hambre gracias a la misericordia de una mujer.* **2.** Benevolencia al juzgar a alguien por sus faltas o errores. *Se arrodilló y pidió misericordia.* ▶ **1:** *COMPASIÓN. FAM **misericordioso, sa.**

mísero, ra. adj. (sup. **misérrimo**). **1.** cult. Miserable (muy pobre, o desdichado). **2.** cult. Tacaño o mezquino. *Dio una mísera propina.* **3.** cult. De valor o cantidad insignificante. *Un sueldo mísero.*

misil o **mísil.** m. Proyectil de guerra autopropulsado, guiado electrónicamente.

misión. f. **1.** Encargo hecho a una persona. *Tenía la misión de espiar al enemigo.* **2.** Evangelización de un lugar en que todavía no está establecida la Iglesia católica. Frec. en pl. *Recaudan fondos para las misiones.* **3.** Casa o sede de los misioneros. *En la misión hay una escuela.* **4.** Tierra o lugar en que predican los misioneros. *La misión incluye numerosas aldeas.* **5.** Conjunto de personas enviadas por un Estado u organización con la misión (→ 1) de representarlos o de hacer una determinada tarea. *La misión de la ONU llega al lugar del conflicto.* ▶ **1:** COMETIDO.

misionero, ra. adj. **1.** De Misiones (Argentina, Paraguay). **2.** De la misión o evangelización. ● m. y f. **3.** Persona que predica el Evangelio en las misiones. *Es misionera en África.* FAM **misional.**

misiva. f. cult. Carta (escrito que se envía).

mismamente. adv. **1.** vulg. Justa o precisamente. *Dejé las llaves aquí mismamente.* **2.** vulg. Cabal o exactamente. *Pareces mismamente tu hermano.*

mismo, ma. adj. **1.** Que es una sola persona o cosa, pero en circunstancias diferentes. Se usa antepuesto a un n. precedido de art. *Todos los cuadros son del mismo pintor.* **2.** Exactamente igual. Se usa antepuesto a un n. precedido de art. o poses. *No son del mismo color.* **3.** Referido a un nombre o pospuesto a un pronombre, se usa para enfatizar la identidad de la persona o cosa designadas. *Eso mismo le dije yo.* ● adv. **4.** Pospuesto a otro adverbio, se usa para enfatizar la circunstancia expresada por él. *Mañana mismo te lo doy.* ■ **así mismo.** loc. adv. **1.** De este o del mismo (→ 2) modo. *Decidió cambiar de trabajo por motivos personales y así mismo se lo comunicaron al director.* **2.** → asimismo. ■ **dar,** o **ser, lo mismo** algo. loc. v. Ser indiferente. *Me da lo mismo lo que digan.* ■ **en las mismas.** loc. adv. En la misma (→ 1) situación que antes. *Volvemos a estar en las mismas de siempre.*

misógino, na. adj. cult. Que siente o manifiesta aversión por las mujeres. FAM **misoginia.**

misquito, ta. adj. De un pueblo indígena de Centroamérica que habita en zonas de la costa atlántica de Honduras y Nicaragua.

miss. (pal. ingl.; pronunc. "mis"). f. Mujer ganadora de un concurso de belleza. *Se casó con una miss.* ¶ [Adaptación recomendada: *mis,* pl. *mises*].

mistela. f. Bebida dulce que se obtiene añadiendo al mosto de uva una cantidad de alcohol suficiente para impedir la fermentación.

míster. m. **1.** Hombre ganador de un concurso de belleza. *El nuevo míster recoge el trofeo.* **2.** Dep. En fútbol: Entrenador. ▶ **2:** *ENTRENADOR.

misterio. m. **1.** Cosa secreta u oculta que no se puede conocer. *No se ha resuelto el misterio de si hay vida en el espacio.* **2.** Cosa que no se puede comprender o explicar. *El comportamiento de estos animales es un misterio para los biólogos.* **3.** Rel. En el cristianismo: Verdad que no puede ser comprendida por la razón y debe ser objeto de fe. *El misterio de la Encarnación.* **4.** Rel. En el cristianismo: Episodio de la vida de Jesús. *El misterio de la Pasión.*

misterioso, sa. adj. **1.** Que tiene o implica misterio. *Investigan la misteriosa desaparición.* **2.** Que actúa de manera muy cautelosa y reservada, dando a entender la existencia de algún secreto o misterio. *Los niños están muy misteriosos.*

misticismo. m. **1.** Condición de místico. *Analizaremos el misticismo de Santa Teresa.* **2.** Dedicación profunda e intensa a la religión o a la espiritualidad. *Un halo de misticismo rodea todo lo que hace.* **3.** Fil. y *Rel.* Doctrina según la cual es posible la comunicación directa entre el hombre y la divinidad.

místico, ca. adj. **1.** De la mística (→ 3, 4) o del misticismo. *El santo alcanzó el éxtasis místico.* **2.** Que se entrega a una vida espiritual y contemplativa cuyo fin es la unión con la divinidad, y que frec. escribe sobre ello. *Poetas místicos.* ● f. **3.** Unión del hombre con la divinidad a través de éxtasis o de visiones intuitivas. *La mística requiere un proceso previo de depuración espiritual.* **4.** Literatura que trata sobre la mística (→ 3). *El "Cántico espiritual" es una de las cimas de la mística.*

mistificar. (Tb. **mixtificar**). tr. Falsear o falsificar (algo). *Mistifican la historia para crear una visión idílica del pasado.* FAM **mistificación** o **mixtificación**.

mitad. f. **1.** Cada una de las dos partes iguales en que puede dividirse un todo. *La mitad del grupo votó a favor.* **2.** Parte de un todo que está a igual distancia de todos sus extremos. *A mitad de camino se dieron la vuelta.* ■ ~ y ~. loc. adv. En dos mitades (→ 1). –*¿Cómo repartimos las ganancias? –Mitad y mitad.*

mitigar. tr. Atenuar (algo negativo), o hacer que disminuya su intensidad o gravedad. *Estas pastillas mitigarán el dolor.* ▶ *ALIVIAR. FAM **mitigación**.

mitin. m. **1.** Reunión pública, organizada con fines políticos, en que una o más personas pronuncian discursos. *Mitin de fin de campaña.* **2.** Discurso que se pronuncia en un mitin (→ 1). FAM **mitinero, ra**.

mito. m. **1.** Narración fantástica tradicional, situada en tiempos remotos y protagonizada por seres o fuerzas sobrenaturales, que sirve de explicación a cosas tales como el origen del mundo o la existencia de un fenómeno natural. *Un cuadro sobre el mito de Narciso.* **2.** Concepto muy arraigado y deformado de alguien o algo reales. *El mito de la pasividad de la juventud.* **3.** Persona o cosa muy estimadas y de las que se ha formado un mito (→ 2). *Marilyn Monroe es uno de los grandes mitos del cine.* **4.** Cosa irreal o inventada. *¿Es el yeti un mito?* FAM **mítico, ca; mitificación; mitificar; mitología; mitológico, ca**.

mitómano, na. adj. Que tiene afición exagerada a los mitos o a convertir en mitos a personas o cosas. FAM **mitomanía**.

mitón. m. Guante que cubre la mano y deja los dedos al descubierto.

mitra. f. Gorro alto, con la parte superior de forma triangular, que usan en las celebraciones solemnes los obispos, los arzobispos y otras dignidades eclesiásticas.

mixtificación; mixtificar. → mistificar.

mixto, ta. adj. Formado por varios elementos diferentes. *Un colegio mixto.*

mixtura. f. cult. Mezcla (hecho o efecto de mezclar o mezclarse).

mnemotecnia. (Tb. **nemotecnia**). f. Técnica para aumentar la capacidad de memorización pralm. por medio de asociaciones mentales. FAM **mnemotécnico, ca** o **nemotécnico, ca**.

moaré. m. Muaré. *Un vestido de moaré.*

mobiliario. m. Conjunto de muebles de una casa u otro lugar. ■ ~ urbano. m. Conjunto de elementos dispuestos por el ayuntamiento en espacios públicos para uso de los ciudadanos, como bancos o papeleras.

moca. m. Variedad de café originaria de Moka (ciudad de Yemen).

mocasín. m. **1.** Zapato de piel suave, con empeine en forma de "U" y sin cordones, hecho a imitación del mocasín (→ 2) indio. **2.** Calzado propio de los indios norteamericanos, hecho de piel sin curtir.

mocedad. f. Juventud (período de la vida). *En Rosario pasó su infancia y mocedad.* ▶ JUVENTUD.

mocetón, na. m. y f. Persona joven, alta y corpulenta.

mochila. f. **1.** Bolsa de lona u otro material resistente, con correas para cargarla a la espalda, que sirve para llevar provisiones y equipo en excursiones, expediciones o viajes. *El montañero sacó latas de comida de su mochila.* **2.** Bolso o cartera que se lleva a la espalda. *Los niños cargan sus mochilas de libros.* ▶ **1:** MACUTO.

mochilero, ra. m. y f. Persona que viaja con mochila.

mocho, cha. adj. Dicho espec. de animal cornudo, árbol o torre: Que carece de punta o de la terminación normal. *Una cabra mocha.*

mochuelo. m. **1.** Ave rapaz nocturna, semejante al búho pero de menor tamaño, plumaje pardo oscuro y ojos grandes y amarillos. *El mochuelo hembra.* **2.** coloq. Asunto enojoso del que nadie quiere encargarse. *Me cargaron el mochuelo.* ■ cada ~ a su olivo. expr. coloq. Se usa para indicar la acción de volver cada persona a su casa o a su sitio. *¡Cada mochuelo a su olivo, que ya es muy tarde!*

moción. f. Proposición hecha en una junta o asamblea deliberantes. *Una moción de censura contra el Gobierno.*

moco. m. **1.** Sustancia fluida y pegajosa que segregan las mucosas nasales. *Tengo mucho moco por el catarro.* Tb. la porción más o menos seca de dicha sustancia. **2.** Materia orgánica fluida y pegajosa semejante al moco (→ 1). *El caracol deja un rastro de moco.* **3.** Apéndice carnoso que el pavo tiene sobre el pico. ■ no ser ~ de pavo. loc. v. coloq. No ser despreciable o de poca consideración. *El dinero que cobra no es moco de pavo.* ■ llorar a ~ tendido. loc. v. coloq. Llorar de manera abundante y aparatosa.

mocoso, sa. adj. **1.** Que tiene mocos. *Un niño mocoso.* **2.** despect. Dicho de niño: Atrevido o insolente. Tb. m. y f. *Un mocoso me faltó al respeto.* **3.** despect. Dicho de joven: Inexperto o inmaduro. Tb. m. y f. *Es un mocoso recién salido de la facultad.*

moda. f. **1.** Uso, gusto o costumbre que tienen mucha aceptación en un tiempo o lugar determinados. *Ahora la moda es tener mascota.* **2.** Gusto colectivo y cambiante en lo relativo a prendas de vestir y complementos. *El mundo de la moda.* **3.** Conjunto de la vestimenta y los adornos de moda (→ 2). *Tienda de moda infantil.* ■ de ~. loc. adv. De acuerdo o en consonancia con la moda (→ 1). *El cine mexicano está de moda.*

modal. adj. **1.** Del modo. ● m. pl. **2.** Conjunto de actitudes de alguien, que muestran su modo de comportarse en sociedad. *Tiene buenos modales.* **3.** Buenos modales (→ 2). *No tienes modales.* ▶ **2:** FORMAS, MANERAS, MODOS.

modalidad. f. Modo o forma particulares de manifestarse una cosa. *Las cámaras digitales han creado una nueva modalidad de fotografía.*

modelar. tr. **1.** Formar (una figura) con una materia blanda. *Modela un busto EN arcilla.* **2.** Dar forma (a algo no material). *La televisión modela nuevas formas de comportamiento.* ▶ **2:** MOLDEAR. FAM modelado; modelador, ra.

modélico, ca. adj. Que sirve o puede servir de modelo. *Alumna modélica.* ▶ *EJEMPLAR.

modelo. m. **1.** Persona o cosa que se imitan o deben imitarse. *Los adolescentes tomaron como modelo al actor.* **2.** Persona o cosa que por su perfección son dignas de ser imitadas. *Un padre modelo.* **3.** Cosa diseñada para ser reproducida o imitada. *A partir de un modelo de llave, crean múltiples copias.* **4.** Clase de objetos fabricados según un mismo modelo (→ 3). *Un coche último modelo.* **5.** Esquema teórico de un sistema o de una realidad compleja que se elabora para facilitar su comprensión o explicación. *Platón propuso un modelo de Estado en "La República".* **6.** Objeto cuya imagen se representa. *Hace bocetos fijándose en un modelo de escayola.* **7.** Objeto que reproduce en pequeño otro. *Una exhibición de modelos de aviones.* **8.** Prenda de vestir única creada por un modisto o una firma de ropa. *El modisto presenta sus modelos.* ○ m. y f. **9.** Persona que posa para un artista. *Hace retratos de la modelo.* **10.** Persona de buena figura que se pone las prendas diseñadas por un modisto o una firma de ropa para enseñarlas en público. *Las modelos desfilan en la pasarela.* ▶ **2:** EJEMPLO.

módem. m. *Inform.* Aparato que transforma señales digitales en analógicas, y viceversa, para que puedan transmitirse por una línea de telecomunicación.

moderación. f. **1.** Hecho de moderar o moderarse. *Pidió cierta moderación de los gastos.* **2.** Cualidad de moderado. *Lo más destacado de su carácter es la moderación.* ▶ **2:** COMEDIMIENTO, MESURA, PONDERACIÓN.

moderado, da. adj. **1.** Que no es excesivo. *Precios moderados.* **2.** Que se comporta con sensatez y sin excesos. *Era muy loco, pero se ha vuelto moderado.* **3.** Que no es extremista, espec. en política. *El partido moderado.* ▶ **2:** COMEDIDO, MESURADO, PONDERADO.

moderador, ra. adj. **1.** Que hace moderado o más moderado algo o a alguien. *La costa es un elemento moderador de las temperaturas.* ● m. y f. **2.** Persona que preside y dirige un debate, un coloquio o una asamblea. *El moderador cierra el debate.*

moderar. tr. Hacer moderado o más moderado (algo o a alguien). *Modere la velocidad.*

moderato. m. *Mús.* Tempo moderadamente rápido. *El moderato es menos vivo que el alegro.*

modernamente. adv. En época moderna o en los tiempos actuales. *Modernamente, se ha incorporado la tecnología digital al montaje de películas.*

modernismo. m. **1.** Afición a las cosas modernas, gralm. con desprecio de las antiguas o clásicas. *Critica el modernismo de los jóvenes.* **2.** *Arte* y *Lit.* Movimiento artístico y literario de finales del s. XIX y principios del XX, caracterizado por una actitud esteticista y cosmopolita, y el gusto por lo refinado y exótico. FAM modernista.

moderno, na. adj. **1.** Dicho de tiempo: Actual o más reciente. *Adaptan la obra a la época moderna.* **2.** Del tiempo actual o más reciente, frec. por oposición al antiguo o clásico. *El avión lleva tecnología moderna.* FAM modernidad; modernización; modernizar, ra; modernizar.

modesto, ta. adj. **1.** Humilde o carente de vanidad. *Es honrado y modesto.* **2.** De nivel económico relativamente bajo. *Un barrio modesto.* **3.** De poca categoría o importancia. *Esta es mi modesta contribución.* FAM modestia.

módico, ca. adj. Dicho espec. de precio o cantidad de dinero: Moderado o no excesivo. *Gana un módico sueldo.*

modificar. tr. Transformar o cambiar (algo), sin afectar a la esencia. *Modificaron el plan de trabajo.* FAM modificación; modificador, ra.

modismo. m. Expresión fija, propia de una lengua, cuyo significado no es deducible de las palabras que la forman. *"De armas tomar" es un modismo.*

modista. m. y f. Persona que tiene por oficio hacer prendas de vestir. *La modista corta los patrones.* FAM modistilla; modisto.

modo. m. **1.** Circunstancia o conjunto de circunstancias en que se produce o realiza algo. *Ese modo de hablar es propio de alguien instruido.* **2.** Modo (→ 1) de comportarse con los demás. Frec. en pl. *¡Esos no son modos de tratar a tu madre!* **3.** *Gram.* Accidente gramatical que expresa la actitud del hablante ante lo enunciado por el verbo. *El modo es un accidente propio del verbo.* ■ ~ **imperativo.** m. *Gram.* Modo (→ 3) que expresa orden o mandato. *"Venid" es una forma del modo imperativo.* ⇒ IMPERATIVO. ■ ~ **indicativo.** m. *Gram.* Modo (→ 3) que presenta como real la acción del verbo. *"Estábamos" pertenece al modo indicativo.* ⇒ INDICATIVO. ■ ~ **subjuntivo.** m. *Gram.* Modo (→ 3) que presenta como pensada la acción del verbo. *En "ojalá venga", el verbo está en modo subjuntivo.* ⇒ SUBJUNTIVO. □ **a ~ de.** loc. prepos. Como, o a manera de. *El profesor citó, a modo de ejemplo, casos de escritores exiliados.* ■ **a mi,** o **tu,** o **su,** etc., ~. loc. adv. Según la costumbre o la peculiaridad de la persona que habla o de la que se habla. *Si el trabajo no se hace a su modo, él no colabora.* ■ **de cualquier ~.** loc. adv. De cualquier manera o sin cuidado. *Hace las cosas de cualquier modo.* ■ **de cualquier ~,** o **de todos ~s.** loc. adv. De cualquier manera o en cualquier caso. *No me gusta el plan, pero de todos modos iré.* ■ **de ~ que.** loc. conjunt. Así que, o de forma que. *Ha vivido en muchos lugares, de modo que no le costará adaptarse aquí.* ■ **de ningún ~.** loc. adv. Se usa para negar enfáticamente. *No voy a aceptar de ningún modo ese comportamiento.* ▶ **1:** MANERA. **2:** *MODALES.

modorro, rra. adj. **1.** Que tiene modorra (→ 2). ● f. **2.** Somnolencia profunda. *A ver si con el café se me quita la modorra.* ▶ **1:** *SOMNOLIENTO. **2:** *SOMNOLENCIA.

modoso, sa. adj. Que guarda los buenos modos. *Es una muchacha muy modosa.*

modular. tr. **1.** Producir (un sonido o una melodía) con la entonación adecuada. *El coro modula un cántico.* **2.** Regular (algo) estableciendo la medida o la intensidad adecuadas. *Un técnico modula la intensidad de las luces.* **3.** *Radio* Modificar (una onda, o una de sus características, como su frecuencia o amplitud). *Un circuito de la emisora de radio modula la amplitud de las ondas sonoras.* FAM modulación; modulador, ra.

módulo. m. **1.** Unidad o elemento independientes, destinados a formar con otros un conjunto o una serie, espec. en construcciones. *Los astronautas están en el módulo de mando.* **2.** Dimensión o medida que se toman convencionalmente como norma. *Cada estilo arquitectónico se basa en un módulo distinto.* FAM modular (*Muebles modulares*).

modus operandi. (loc. lat.; pl. invar.). m. Manera determinada de actuar. *Este no es el modus operandi habitual de los terroristas.*

modus vivendi. (loc. lat.; pl. invar.). m. **1.** Modo de vivir. *El libro habla del modus vivendi de las tribus guerreras.* **2.** Medio de ganarse la vida. *La venta ambulante es su modus vivendi.* **3.** Acuerdo provisional entre dos partes enfrentadas. *Los países pactaron un modus vivendi.*

mofa. f. Burla despreciativa. *Hacen mofa de su acento.* ▶ *BURLA. FAM **mofarse**.

mofeta. f. Mamífero carnívoro americano, de pelaje oscuro con partes blancas, que cuando está en peligro lanza un líquido maloliente. *La mofeta macho.*

moflete. m. Carrillo carnoso y abultado. ▶ *MEJILLA. FAM **mofletudo, da**.

mogol, la. adj. Mongol. *El imperio mogol.*

mogollón. m. **1.** (Frec. sin art.). coloq. Cantidad grande de algo. *Había mogollón de gente.* ● adv. **2.** coloq. Mucho. *Trabaja mogollón.*

mohín. m. Mueca o gesto. *Hace un mohín de disgusto.*

mohíno, na. adj. Triste o disgustado. *Venía mohíno y cabizbajo.*

moho. m. **1.** Capa de hongos muy pequeños que se cría sobre la superficie de la materia orgánica. *Le ha salido moho al pan.* **2.** Capa que se forma en la superficie de un cuerpo por alteración química de su materia. *Viejas herramientas llenas de moho.* FAM **mohoso, sa**.

moisés. m. Cuna para bebés y recién nacidos, frec. con asas y portátil.

mojar. tr. **1.** Hacer que el agua u otro líquido humedezcan la superficie (de alguien o algo) o penetren en su interior. *Mojó un pañuelo.* **2.** Orinarse involuntariamente (en algo, espec. en la cama). *La niña ha vuelto a mojar la cama.* ○ intr. prnl. **3.** Orinarse de forma involuntaria. *Hay que cambiarle las sábanas, porque se ha mojado.* ▶ **2, 3**: ORINARSE. FAM **mojadura**.

mojarra. f. Pez marino comestible, de cuerpo ovalado y comprimido, y color plateado por sus lados.

mojiganga. f. Cosa ridícula que se hace por burla.

mojigato, ta. adj. Que muestra escrúpulos morales afectados o exagerados. FAM **mojigatería**.

mojito. m. Cóctel que se prepara con ron, zumo de limón, azúcar y hierbabuena.

mojón. m. **1.** Señal, frec. de piedra, que marca el límite entre fincas o territorios. **2.** En un camino o carretera: Señal que sirve de guía o indica las distancias.

molar. adj. **1.** Apto para moler. *Piedra molar.* ● m. **2.** *Anat.* Diente molar (→ diente).

moldavo, va. adj. De Moldavia (región histórica, o país de Europa).

molde. m. **1.** Recipiente con una o varias formas en hueco, que permite reproducirlas vertiendo en él una masa líquida o blanda y dejándola solidificar. *Se pone la masa en el molde y este se introduce en el horno.* **2.** Instrumento que sirve para estampar o dar forma a algo que se aplica sobre él. *El tipógrafo pone tinta en los moldes.* **3.** Norma o modelo establecidos. *El arte de vanguardia rompió los moldes estéticos tradicionales.*

moldear. tr. **1.** Dar forma (a algo) utilizando un molde. *Moldean el oro para hacer lingotes.* **2.** Modelar o dar forma (a algo). *Este vestido moldea la figura.* ▶ **2**: MODELAR. FAM **moldeado; moldeador, ra**.

moldura. f. *Arq.* y *Of.* Parte saliente, alargada y de perfil uniforme, que sirve de adorno o refuerzo. *El mueble lleva molduras doradas.*

mole¹. f. Cosa muy grande y pesada. *El monumento es una mole de granito.*

mole². m. **1.** frecAm. Salsa espesa típica de Centroamérica, que se prepara con diferentes tipos de chiles y otros ingredientes y especias. *Añoraba el sabor del lomo de puerco en mole amarillo* [C]. **2.** frecAm. Guiso de carne preparado con mole (→ 1). *Sonrió antes de dar un bocado de mole* [C].

molécula. f. *Quím.* Partícula formada por átomos, que constituye la unidad mínima de un cuerpo o sustancia que conserva sus propiedades químicas. FAM **molecular**.

moler. (conjug. MOVER). tr. **1.** Reducir (algo) a polvo o a fragmentos muy pequeños. *La harina se obtiene de moler el trigo.* **2.** Cansar o fatigar mucho (a alguien). *Estoy molido de andar.* **3.** Destrozar o maltratar (algo o a alguien). *¡Te moleré a palos!*

molestar. tr. **1.** Causar fastidio o malestar (a alguien). *Sus comentarios me molestan.* **2.** Impedir u obstaculizar (algo). *Un andamio molesta el paso de los viandantes.* Tb. como intr. *La grúa retira un automóvil que molesta.* ○ intr. prnl. **3.** Hacer alguien algo que puede causarle molestia. *No te molestes EN ir a recogerme.* ▶ **1**: FASTIDIAR. ‖ *Am*: **1**: EMBROMAR.

molestia. f. **1.** Hecho de molestar o molestarse. *Lamentamos las molestias.* **2.** Cosa que causa molestia (→ 1). *No es ninguna molestia llevarte.* **3.** Dolor físico leve. *Tengo molestias en el estómago.* ■ **tomarse la ~** (de hacer algo). loc. v. Molestarse (en ello). *No se ha tomado la molestia de avisarme.*

molesto, ta. adj. **1.** Que causa molestia. *Un ruido molesto.* **2.** Que siente molestia. *Está molesta por la herida.*

molicie. f. Afición a las comodidades y a la vida placentera.

molienda. f. Acción de moler o reducir a polvo. *La molienda del centeno.*

molinete. m. **1.** Rueda con aspas que funciona con un movimiento circular. **2.** Movimiento circular que se hace con una espada, lanza u objeto semejante, gralm. alrededor de la cabeza, para atacar al contrario o para defenderse de sus golpes.

molino. m. **1.** Máquina o instalación para moler, que aprovecha la fuerza motriz del agua, del viento o de otro agente mecánico. *Molino harinero.* Tb. el edificio donde se encuentra. **2.** Máquina, gralm. provista de algún elemento giratorio, que sirve para machacar, estrujar, laminar u otros usos semejantes. *Molino de papel.* FAM **molinero, ra; molinillo**.

molleja. f. **1.** Apéndice carnoso de las reses, formado gralm. por infarto de una glándula y apreciado como alimento. *Mollejas de ternera.* **2.** Estómago muscular de las aves, que les sirve para triturar y ablandar los alimentos. *Corte el pollo y tire la molleja.*

mollera. f. coloq. Cabeza humana. *Es muy duro de mollera.*

mollete. m. Panecillo esponjoso, de forma oval o redondeada.

molusco. m. Animal invertebrado de cuerpo blando, desnudo o cubierto por una concha, y con simetría bilateral, como el caracol.

momentáneo, a. adj. Que dura solo un momento o un tiempo breve.

momento. m. **1.** Porción muy breve de tiempo. *Calla un momento.* **2.** Porción más o menos extensa de tiempo caracterizada por determinadas circunstancias. *Atraviesa un mal momento.* **3.** Época presente o de la que se habla. *Es la actriz del momento.* **4.** Oportunidad u ocasión propicia. *No le ha llegado todavía su momento.* ■ **a cada ~.** loc. adv. Con frecuencia o de manera repetida. *Me llama a cada momento.* ■ **al ~.** loc. adv. Inmediatamente o sin dilación. *Lo haré al momento.* ■ **de ~,** o **por el ~.** loc. adv. Por ahora. *De momento, no se muevan de aquí.* ■ **de un ~ a otro.** loc. adv. Muy pronto o de manera inminente. *De un momento a otro lloverá.* ■ **por ~s.** loc. adv. Continuada y progresivamente. *El enfermo mejora por momentos.* ▶ **1:** INSTANTE.

momia. f. Cadáver que, de manera natural o artificial, se deseca con el paso del tiempo sin entrar en putrefacción. FAM **momificación; momificar.**

mona. → **mono.**

monacal. adj. De los monjes o monjas, o propio de ellos. *Vida monacal.*

monacato. m. **1.** Estado monacal. *Profesar el monacato supone renunciar a los bienes materiales.* **2.** Institución monástica. *Estas tierras pertenecieron al monacato.*

monada. f. **1.** coloq. Gesto o acción afectados y enojosos con que se pretende halagar, hacer gracia o llamar la atención. *Déjate de monadas, que me tienes harto.* **2.** coloq. Acción graciosa de un niño. *¡Qué monadas hace el bebé!* **3.** coloq. Persona o cosa bonita. *Ese niño es una monada.*

monaguillo. m. Niño que ayuda en la misa y presta otros servicios en la iglesia.

monarca. m. Jefe de Estado de una monarquía. *El monarca marroquí.* ▶ REY.

monarquía. f. **1.** Forma de gobierno en la que el poder supremo corresponde a una sola persona y es hereditario. *Se abolió la monarquía y se instauró la república.* **2.** Estado cuya forma de gobierno es una monarquía (→ 1). *España es una monarquía.* FAM **monárquico, ca; monarquismo.**

monasterio. m. Casa, gralm. fuera de poblado, donde vive una comunidad de monjes. *Monasterio benedictino.*

monástico, ca. adj. De los monjes o del monasterio. *Orden monástica.*

monda. f. Piel o cáscara que se quita a un fruto. *Mondas de patata.*

mondadientes. m. Utensilio pequeño, alargado y puntiagudo, gralm. de madera, que sirve para quitar de entre los dientes los restos de comida. ▶ PALILLO.

mondar. tr. Quitar la piel o la cáscara (a algo, como una fruta o un tubérculo). *Monda una naranja.*

mondo, da. adj. Completamente limpio y libre de cosas añadidas o superfluas. *Tiene una calva monda y lironda.*

mondongo. m. Intestinos, espec. de cerdo. *Guiso de mondongo.*

moneda. f. **1.** Pieza de metal, gralm. en forma de disco, acuñada por ambas caras con distintivos que acreditan su legitimidad, y que sirve como medida del valor de las cosas y como medio de pago. *Pagó con unas monedas.* **2.** Signo representativo del valor de las cosas, aceptado oficialmente para hacer contratos y cambios. *La moneda sustituyó al trueque.* **3.** Unidad monetaria de un país. *La moneda de México es*

el peso. ■ **~ fraccionaria.** f. Moneda (→ 1) cuyo valor equivale a una fracción del de la unidad monetaria. □ **ser ~ corriente.** loc. v. Ocurrir con mucha frecuencia. *Los atracos son moneda corriente en el barrio.* ■ **pagar** (a alguien) **en,** o **con, la misma ~.** loc. v. Comportarse (con él) de la misma manera, frec. por venganza. *Me ha engañado, pero le pagaré con la misma moneda.* FAM **monedero; monetario, ria.**

monegasco, ca. adj. De Mónaco (Europa).

monería. f. coloq. Monada. *Esta casa es una monería.*

mongol, la. adj. **1.** De Mongolia (región histórica, o país de Asia). Tb. m. y f. ● m. **2.** Lengua hablada por los mongoles (→ 1). ▶ **1:** MOGOL, MONGÓLICO. FAM **mongoloide.**

mongólico, ca. adj. **1.** Mongol. *Imperio mongólico.* **2.** Que padece mongolismo. *Corre el riesgo de que el niño nazca mongólico.*

mongolismo. m. Síndrome de Down. *Su hijo padece mongolismo.*

monigote. m. **1.** Figura humana hecha sin arte o de manera esquemática. *El niño dibuja monigotes.* **2.** Persona de escasa valía o importancia. *¡Ese qué va a saber, si es un monigote!* **3.** Persona que se deja manejar por otros. *El presidente era un monigote.*

monitor¹. m. **1.** Aparato electrónico que, a través de señales visuales o acústicas, permite hacer el seguimiento o control de un proceso o un fenómeno. *Un monitor de ritmo cardíaco.* **2.** Aparato receptor de imágenes, que las toma directamente de las instalaciones de filmación y sirve para controlar su transmisión. *El guarda vigila a través de monitores.* **3.** Inform. Aparato que tiene la pantalla para visualizar imágenes. *El monitor de un ordenador.* FAM **monitorizar.**

monitor², ra. m. y f. Persona que se dedica a la enseñanza de determinadas disciplinas, espec. deportivas, recreativas o culturales. *Es monitora de esquí.*

monitos. m. pl. Am. Cómic (serie de dibujos, o revista). *Los documentos donde yo aprendí a leer fueron documentos con dibujos, con monitos* [C]. ▶ CÓMIC.

monje, ja. m. y f. Persona que pertenece a una orden religiosa y vive según sus reglas. FAM **monjil.**

mono, na. m. **1.** Mamífero con el cuerpo cubierto de pelo, salvo en la cara, y con cuatro extremidades con dedos adaptados para coger o sujetar las cosas. **2.** Prenda de vestir de una sola pieza, que consta de cuerpo y pantalón y que se usa espec. en diversos oficios. *Un mecánico con mono azul.* ○ f. **3.** Hembra del mono (→ 1). **4.** coloq. Borrachera. *Está durmiendo la mona.* ● adj. **5.** coloq. Bonito. *¡Qué vestido tan mono!* ▶ **1:** SIMIO. **2:** BUZO. ‖ Am: **2:** OVEROL.

mono-. elem. compos. Significa 'uno solo'. *Monocarril, monocolor, monocultivo, monomanía, monomando, monoparental, monoplaza, monorraíl.*

monocorde. adj. **1.** Que suena de manera monótona y repetitiva. *Voz monocorde.* **2.** Monótono o falto de variedad. *Su vida es una sucesión de días monocordes.*

monocromo, ma. adj. De un solo color. FAM **monocromático, ca.**

monóculo. m. Lente para un solo ojo.

monógamo, ma. adj. **1.** Dicho de persona: Que está casada o mantiene relación de pareja con una sola persona. *Los católicos son monógamos.* **2.** Zool. Dicho de animal: Que solo se aparea con un individuo del otro sexo. FAM **monogamia.**

monografía. f. Estudio detallado y extenso sobre un tema específico. *Una monografía sobre un artista.* FAM **monográfico, ca.**

monograma. m. Enlace de letras que representa un nombre abreviado.

monolingüe. adj. **1.** Que solo habla una lengua. *Una parte de la población es monolingüe.* **2.** Expresado en una sola lengua. *Diccionario monolingüe.*

monolítico, ca. adj. **1.** Del monolito. *Una formación monolítica.* **2.** Constituido por un gran bloque de piedra de una sola pieza. *Columnas monolíticas.* **3.** Dicho espec. de cosa inmaterial: Sólida e inalterable. Gralm. denota rigidez o inflexibilidad. *El partido es un bloque monolítico.* FAM **monolitismo.**

monolito. m. Monumento constituido por un gran bloque de piedra de una sola pieza. *En el centro de la plaza hay un monolito.*

monólogo. m. **1.** Reflexión o discurso que una persona hace en voz alta y para sí misma. *Las conversaciones con él acaban en un monólogo.* **2.** En una obra literaria, gralm. dramática: Monólogo (→ 1) puesto en boca de un personaje. *El monólogo de Hamlet empieza: "Ser o no ser".* **3.** *Lit.* Obra literaria en que habla solo un personaje. *Su última obra es un monólogo.* ▶ **1, 2:** SOLILOQUIO. FAM **monologar.**

monomio. m. *Mat.* Expresión algebraica que consta de un solo término. *La expresión "2x" es un monomio.*

monopatín. m. Juguete para patinar consistente en una tabla alargada sobre ruedas en la que se apoyan uno o los dos pies.

monopolio. m. **1.** Régimen económico o situación de mercado en los que una sola empresa explota en exclusiva una industria o comercio. *Una compañía tiene el monopolio del tabaco.* **2.** Dominio o disfrute exclusivos de algo. *Se cree que tiene el monopolio de la verdad.* FAM **monopolista; monopolístico, ca; monopolización; monopolizador, ra; monopolizar.**

monosílabo, ba. adj. Dicho de palabra: De una sola sílaba. *La palabra "sal" es monosílaba.* Tb. m. *Responde con monosílabos.* FAM **monosilábico, ca.**

monoteísmo. m. Creencia en un solo dios. *Los cristianos heredaron el monoteísmo judío.* FAM **monoteísta.**

monótono, na. adj. **1.** Dicho de sonido: De tono uniforme y sin variación. *Música monótona.* **2.** Falto de variedad. *Trabajo monótono.* FAM **monotonía.**

monovalente. adj. *Quím.* Que tiene una sola valencia. *El potasio es monovalente.*

monovolumen. adj. Dicho de automóvil: Que tiene el capó, el habitáculo para los pasajeros y el maletero en un solo espacio de perfil continuo. Tb. m.

monseñor. m. Se usa como tratamiento que corresponde a los prelados y a otros eclesiásticos. *El arzobispo de San Salvador, monseñor Romero, oficiará la misa.*

monserga. f. *coloq.* Exposición o discurso que resultan molestos por su carácter pesado o repetitivo, y que frec. constituyen una represión. *¡Déjate de monsergas!*

monstruo. m. **1.** Ser fantástico que causa horror. **2.** Persona o cosa muy feas. *Esa chica es un monstruo.* **3.** Persona cruel y perversa. *Solo un monstruo cometería esa atrocidad.* **4.** Persona que sobresale en una actividad por sus cualidades extraordinarias. *Es un monstruo de las finanzas.* **5.** Cosa muy grande. *El rascacielos es un monstruo.* **6.** Ser que presenta irregularidades

respecto a los de su especie. *A veces nacen monstruos, como ovejas con cinco patas.*

monstruoso, sa. adj. **1.** Digno de ser condenado o aborrecido. *Un crimen monstruoso.* **2.** Dicho de ser: Que presenta irregularidades respecto a los de su especie. *Dibuja seres monstruosos.* **3.** Muy grande. *Una escultura monstruosa.* **4.** Muy feo. *No sé cómo te gusta; es monstruoso.* ▶ **3:** *ENORME. FAM **monstruosidad.**

monta. f. Hecho de montar. *El jinete practica la monta desde muy joven.* ■ **de poca ~.** loc. adj. De poca importancia. *Delincuentes de poca monta.*

montacargas. m. Ascensor destinado espec. a subir o bajar pesos.

montado, da. adj. Dicho de policía o soldado: Que va a caballo.

montador, ra. m. y f. **1.** Persona encargada de montar muebles, máquinas o aparatos. **2.** Persona que tiene por oficio montar películas.

montaje. m. **1.** Hecho o efecto de montar. *Un montaje teatral.* **2.** Fotografía que se obtiene combinando otras fotografías. **3.** Grabación que se obtiene combinando otras grabaciones. **4.** Acción preparada para hacer creer algo que no es verdad. *Su divorcio fue un montaje.*

montante. m. **1.** Importe de una cuenta. *El montante de la operación es un millón de dólares.* **2.** Ventana, fija o abatible, situada sobre la puerta de una habitación.

montaña. f. **1.** Gran elevación natural del terreno. *Llegan a la cima de la montaña.* **2.** Territorio de montañas (→ 1). *Zonas de montaña.* **3.** Gran cantidad de cosas. *Una montaña DE ropa.* ■ **~ rusa.** f. Atracción de feria que consiste en un raíl con grandes altibajos, por el que se deslizan vehículos pequeños a gran velocidad. ▶ **3:** MONTÓN. FAM **montañero, ra; montañismo; montañoso, sa.**

montañés, sa. adj. **1.** De la montaña. *Pueblo montañés.* **2.** De Territorio de Cantabria (España).

montar. intr. **1.** Estar una cosa o una parte de ella sobre otra. *Una puerta del armario monta sobre la otra.* **2.** Subirse a una caballería o a un vehículo. *Montó en el autobús.* **3.** Andar o estar sobre una caballería. *Monta a caballo.* **4.** Ir sobre un vehículo. *Monta EN bicicleta.* **5.** Alcanzar algo un importe determinado. *El alquiler monta A mil dólares.* ○ tr. **6.** Poner (una cosa o a una persona) encima de otra. *Monta a los niños EN los caballitos.* **7.** Ir o estar (sobre una caballería o sobre un vehículo). *El jinete monta un purasangre.* **8.** Cubrir el macho (a la hembra). *Un semental monta a las vacas.* **9.** Batir (claras de huevo o nata) hasta poner(las) esponjosas y consistentes. *Monte las claras a punto de nieve.* **10.** Poner en su lugar las piezas (de algo). *Montó la librería.* **11.** Poner (en una casa, local o edificio) todo lo necesario para vivir o trabajar (en ellos). *Montaron un restaurante.* **12.** Preparar lo necesario para representar (una obra de teatro). *Están montando una obra para fin de curso.* **13.** Seleccionar y ordenar las secuencias (de una película). *El director también monta sus películas.* **14.** Engastar (una piedra preciosa). *Unos pendientes de brillantes montados al aire.* **15.** Poner (un arma de fuego portátil) en condiciones de disparar. *Montan las escopetas.* **16.** *coloq.* Formar (algo, como un ruido o un lío). *Montó un escándalo.* ■ **montárselo.** loc. v. *coloq.* Organizarse alguien sus asuntos. *¿Cómo te lo montas para tener tiempo para todo?* ■ **tanto monta.** expr. Se usa para expresar que da lo mismo una cosa que otra.

470

–¿Vamos antes a tu casa o a la mía? –Tanto monta. ▶ **3, 7:** CABALGAR. **8:** CUBRIR. **10:** ARMAR. **13:** EDITAR. **14:** *ENGASTAR.

montaraz. adj. Que vive o se ha criado libre o salvaje en el monte. *La fauna montaraz abunda en la montaña.* ▶ frecAm: MONTUNO.

monte. m. **1.** Gran elevación natural del terreno. *Suben al monte por un sendero.* **2.** Terreno poblado de árboles, matas y arbustos. *Hemos comido conejo de monte.* **3.** Establecimiento benéfico, combinado gralm. con una caja de ahorros, en que se hacen préstamos a bajo interés, por los que se deja un objeto en prenda. Tb. ~ *de piedad. Empeñó sus joyas en el monte de piedad.* ■ ~ **bajo.** m. Monte (→ 2) en que predomina una vegetación de matas y arbustos. ■ ~ **de Venus.** m. **1.** Pubis de la mujer. **2.** Pequeña protuberancia de la palma de la mano en la raíz de cada uno de los dedos. □ echarse al ~. loc. v. Irse a vivir fuera de poblado huyendo de la justicia. *Los asesinos se echaron al monte.*

montenegrino, na. adj. De Montenegro (Europa).

montepío. m. Institución que recibe las contribuciones de los miembros de un cuerpo o profesión para conceder pensiones y ayudas. *El montepío de actores.*

montera. f. Gorro que forma parte del traje del torero, de terciopelo negro y rematado a los lados por dos borlas.

montería. f. **1.** Cacería de animales grandes, como el jabalí o el ciervo. *En la finca se organizan monterías.* **2.** Caza de animales grandes, como el jabalí o el ciervo. *Tratado de montería.*

montero, ra. m. y f. Persona que busca la caza y la ahuyenta hasta el lugar en que esperan los cazadores.

montevideano, na. adj. De Montevideo (Uruguay).

montículo. m. Monte pequeño y gralm. aislado, natural o hecho por el hombre.

monto. m. Suma total de las cantidades de una cuenta. *El monto de la deuda asciende a 8000 dólares.*

montón. m. **1.** Conjunto de cosas puestas unas encima de otras, gralm. sin orden. *Un montón DE papeles.* **2.** Gran cantidad de personas o cosas. *Vino un montón DE gente.* ■ a montones. loc. adv. coloq. En abundancia. *Recibió regalos a montones.* ■ del ~. loc. adj. coloq. Corriente o normal. *Es una chica del montón.* ▶ **2:** MONTAÑA.

montonera. f. coloq. Montón.

montonero, ra. adj. De un grupo guerrillero de carácter radical, escindido del peronismo, que surgió en Argentina en los años setenta. *Comando montonero.*

montuno, na. adj. frecAm. Montaraz. *Vio a su niña, bonita pero montuna, y a su hijo, silvestre a más no poder* [C].

montura. f. **1.** Soporte donde se coloca la parte principal de un objeto, espec. de una joya o de unas gafas. **2.** Animal en que se monta. **3.** Conjunto de los arreos que lleva una montura (→ 2) sobre el lomo y que permiten montar sobre ella. ▶ **2:** CABALGADURA.

monumental. adj. **1.** Del monumento o de los monumentos. *Roma monumental.* **2.** coloq. Enorme o muy grande. *Cayó una granizada monumental.* **3.** coloq. Excelente en su línea. *La actriz tuvo una actuación monumental.* FAM monumentalidad.

monumento. m. **1.** Obra arquitectónica o escultórica que conmemora algo o a alguien. *Un monumento a los héroes.* **2.** Construcción que posee gran valor artístico, arqueológico o histórico. *Los principales monumentos de la ciudad.* ■ ~ nacional. m. Monumento (→ 2) que el Estado toma bajo su protección.

monzón. m. Viento periódico propio del sudeste asiático, que durante seis meses trae tiempo húmedo, y durante los otros seis, seco.

moña. f. Lazo u otro adorno que se pone en la cabeza.

moño. m. Parte del cabello enrollada y sujeta, gralm. con horquillas, en la parte posterior de la cabeza. ▶ Am: CHONGO.

mopa. f. Utensilio de limpieza para sacar brillo a los suelos, formado por un palo largo que tiene en su extremo una bayeta o un conjunto de hilos gruesos.

moquear. intr. Echar mocos. *Tiene alergia al polen y se pasa el día moqueando.* FAM moqueo.

moqueguano, na. adj. De Moquegua (Perú).

moqueta. f. Tejido fuerte que se emplea para cubrir suelos y paredes.

moquillo. m. Enfermedad de algunos animales jóvenes, espec. de los perros, que produce fiebre, aumento de la secreción nasal y dificultad respiratoria.

mor. por ~ de. loc. prepos. cult. Por causa de. *Abandonó los estudios por mor de una larga enfermedad.*

mora. f. **1.** Fruto comestible del moral, compuesto por granos pequeños y jugosos, y de color morado cuando está maduro. **2.** Fruto de la morera, parecido a la mora (→ 1) pero más pequeño y de color blanco amarillento. **3.** Zarzamora (fruto). ▶ **3:** ZARZAMORA.

morada. → morar.

morado, da. adj. **1.** De un color que está entre el rojo y el azul. ● m. **2.** coloq. Cardenal (mancha que sale en la piel). FAM moradura.

morador, ra. → morar.

moral¹. adj. **1.** Que está relacionado con el comportamiento o el carácter humanos, desde el punto de vista del bien o del mal. *Ayudar al necesitado es un precepto moral.* **2.** Que está relacionado con la conciencia o con el espíritu. *Tenía la obligación moral de cumplir lo pactado.* **3.** Conforme con las normas morales (→ 1). *No me parece moral gastar tanto dinero.* ● f. **4.** Estudio del comportamiento humano desde el punto de vista del bien o del mal. *La moral establece los criterios que rigen las relaciones entre las personas.* **5.** Conjunto de normas morales (→ 1). *Su comportamiento es contrario a la moral establecida.* **6.** Estado de ánimo. *Tengo la moral por los suelos.* **7.** Buen ánimo. *Se necesita tener moral para aguantar tantas penalidades.* ▶ **4, 5:** ÉTICA. FAM moralidad; moralina.

moral². m. Árbol de tronco grueso y recto, copa amplia y hojas ásperas de forma de corazón, cuyo fruto es la mora.

moraleja. f. Lección o enseñanza que se deduce de algo, espec. de un cuento o de una fábula.

moralismo. m. Tendencia a conceder una importancia predominante a los valores morales. *El partido conservador defiende un moralismo a ultranza.*

moralista. m. y f. **1.** Autor de obras que tratan sobre principios o normas morales. **2.** Persona que realiza reflexiones morales o que enseña moral. *Médicos y moralistas discuten sobre el controvertido tema del aborto.*

moralizar. tr. **1.** Hacer que (algo o alguien) se ajusten a las normas morales. *Utilizó el teatro para moralizar las costumbres.* ○ intr. **2.** Dar lecciones morales. *Las fábulas, además de entretener, moralizan.* FAM **moralizador, ra; moralizante.**

moralmente. adv. En el aspecto moral. *Es algo moralmente inadmisible.*

morar. intr. cult. Habitar o residir en un lugar. *Las nereidas moraban EN las aguas del mar.* FAM **morada; morador, ra.**

moratón. m. coloq. Cardenal (mancha que sale en la piel).

moratoria. f. Ampliación del plazo que se concede para pagar una deuda que ya ha vencido, espec. un impuesto. *Una moratoria para el pago de la deuda exterior.*

mórbido, da. adj. **1.** cult. Blando y suave. *El vaporoso vestido transparenta sus formas mórbidas.* **2.** cult. o *Med.* De la enfermedad. *Obesidad mórbida.* **3.** cult. o *Med.* Que ocasiona una enfermedad. *Los virus son agentes mórbidos.* FAM **morbidez.**

morbilidad. f. Número de personas afectadas por una enfermedad en una población y un tiempo determinados. *Índice de morbilidad de la depresión.*

morbo. m. Interés o atracción por lo prohibido, lo desagradable o lo escabroso.

morboso, sa. adj. **1.** Que produce morbo. *Noticias morbosas.* **2.** Que siente o manifiesta morbo. *Gente morbosa.* **3.** De la enfermedad. *Proceso morboso.* FAM **morbosidad.**

morcilla. f. Embutido hecho con sangre cocida, gralm. de cerdo, y especias, a las que se añaden otros ingredientes, como arroz o cebolla.

morcillo. m. Parte de la carne de una res que corresponde a la parte alta de las patas.

morcón. m. Embutido hecho con la parte más ancha de las tripas del animal.

mordaz. adj. Que critica con malicia aguda e ingeniosa. *Un comentario mordaz.* ▶ CÁUSTICO, CORROSIVO, INCISIVO. FAM **mordacidad.**

mordaza. f. Cosa que se pone a alguien en la boca para impedir que hable.

morder. (conjug. MOVER). tr. Clavar los dientes (en alguien o algo). *Espera a que algún pez muerda el cebo.* FAM **mordedor, ra; mordedura.**

mordida. f. **1.** Hecho o efecto de morder o clavar los dientes. *El pez se lleva el cebo en la mordida.* **2.** coloq. Dinero de un soborno. *El funcionario no ha aceptado la mordida.* ▶ **1:** *MORDISCO.

mordisco. m. **1.** Hecho o efecto de morder o clavar los dientes. *El perro le dio un mordisco.* **2.** Pedazo que se saca de algo al morder o clavar los dientes. *¿Me das un mordisco de tu bocadillo?* **3.** Beneficio o parte que se saca de algo. *Se ha llevado un buen mordisco.* ▶ **1:** MORDEDURA, MORDIDA. FAM **mordisquear.**

morelense. adj. De Morelos (México).

morena. f. Pez marino comestible parecido a la anguila, de color oscuro, con manchas amarillas y cuerpo alargado y cilíndrico.

moreno, na. adj. **1.** De un color oscuro que tira a negro. *Piel morena.* **2.** Dicho de persona: Que tiene el pelo castaño o negro. *Es alto y moreno.* **3.** Dicho de cosa: De color más oscuro que otras de su misma clase. *Azúcar moreno.* **4.** coloq. Dicho de persona: Negra. ▶ **Am: 2, 4:** PRIETO. FAM **morenez.**

morera. f. Árbol de tronco recto, con hojas ovales y dentadas que sirven de alimento a los gusanos de seda, cuyo fruto es la mora.

morería. f. histór. Barrio de una población en que habitaban los moros.

moretón. m. coloq. Cardenal (mancha que sale en la piel).

morfar. tr. Am. coloq. Comer (alimento). *Si vamos a comer salchichas, morfamos salchichas; no nos ponemos a morfar zanahorias* [C]. ▶ COMER.

morfema. m. **1.** *Ling.* Unidad mínima dotada de significado. *Las palabras "pan" y "de" son morfemas.* **2.** *Ling.* Parte de una palabra que contiene la información gramatical. *En español, el morfema de plural es "s" o "es".*

morfina. f. Sustancia que se extrae del opio y se emplea en medicina como somnífero y para calmar el dolor. FAM **morfinómano, na.**

morfología. f. **1.** Forma de algo. *En clase de ciencias estudiamos la morfología de la mosca.* **2.** *Biol.* Parte de la biología que estudia la forma de los seres vivos o de sus partes, y las transformaciones que experimentan. *La morfología explica los diferentes órganos de la planta.* **3.** *Gram.* Parte de la gramática que estudia la forma y la estructura de las palabras. *La morfología se ocupa de los prefijos y los sufijos.* FAM **morfológico, ca.**

morgue. f. Depósito de cadáveres. *El cadáver es trasladado a la morgue.* ▶ DEPÓSITO.

moribundo, da. adj. Que está muriendo o está a punto de morir.

morigerar. tr. Moderar (las costumbres o las pasiones). *Morigere su modo de vida.*

morillo. m. Caballete de hierro que se pone en la chimenea para sujetar la leña.

morir. (conjug. DORMIR; part. **muerto**). intr. **1.** Dejar de vivir. *Murió en un accidente.* Tb. prnl. *Se ha muerto de un ataque al corazón.* **2.** Llegar algo a su fin. *El río muere en la laguna.* ○ intr. prnl. **3.** coloq. Sentir intensamente algo. *Me muero DE hambre.* **4.** coloq. Reírse mucho. Frec. ~se de risa. *Cuenta unas historias para morirse de risa.* **5.** coloq. Amar intensamente a alguien. *Me muero POR ella.* **6.** coloq. Desear vehementemente algo. *Se muere POR conocerlo.* ■ **muera.** expr. Se usa seguido de un nombre de persona o cosa para expresar rechazo u odio hacia ellas. *Los republicanos gritaban: –¡Muera la monarquía!* ▶ **1:** EXPIRAR.

morisco, ca. adj. histór. Dicho de persona de religión musulmana: Que se convirtió al cristianismo y se quedó en España después de la Reconquista.

mormón, na. adj. **1.** *Rel.* De un movimiento religioso fundado en el siglo XIX en los Estados Unidos de América, cuya denominación oficial es Iglesia de Jesucristo de los Santos de los Últimos Días. *Iglesia mormona.* **2.** *Rel.* Adepto al movimiento mormón (→ 1). *Pastor mormón.*

moro, ra. adj. **1.** Del norte de África, espec. de Marruecos. *En la ciudad, la población mora es mayoritaria.* **2.** Musulmán (que profesa la religión musulmana). *La comunidad mora.* **3.** histór. Dicho de persona de religión musulmana: Que ocupó la Península Ibérica desde el siglo VIII hasta el XV. *Rey moro.* ■ **haber moros en la costa.** loc. v. coloq. Estar presente alguien que no conviene que oiga o vea algo. *Espera, calla, que hay moros en la costa.* ▶ **1:** MORUNO. **2:** *MUSULMÁN.

morocho, cha. adj. frecAm. coloq. Dicho de persona: Morena. *Se enamoró de esa muchacha morocha y tímida* [C].

moroso, sa. adj. **1.** Que se retrasa en algo, espec. en un pago o en una devolución. *Inquilinos morosos.* **2.** Lento o que tarda más de lo normal o de lo esperado. *Hace descripciones morosas y detallistas.* ▶ **2:** *LENTO. FAM **morosidad.**

morral. m. Saco, gralm. de lona, que usan los cazadores, pastores y caminantes para echar la caza o llevar provisiones.

morralla. f. coloq. Conjunto de cosas inútiles o de poco valor.

morrear. tr. **1.** coloq. Besar (a alguien) en la boca persistentemente. *La morrea apasionadamente.* ○ intr. prnl. **2.** coloq. Besarse dos personas en la boca persistentemente. *Una pareja se morrea en el parque.* FAM **morreo.**

morrena. f. *Geol.* Montón de piedras, barro y otros materiales, arrastrados y acumulados por un glaciar.

morrillo. m. Pieza de carne de una res que corresponde a la parte superior y anterior del cuello.

morriña. f. Tristeza o melancolía, espec. las que se sienten por nostalgia de la tierra natal.

morrión. m. histór. Casco de la armadura, esférico y de bordes levantados.

morro. m. **1.** En algunos animales: Parte saliente de la cabeza en que están la nariz y la boca. *El perro acerca el morro al suelo para olfatear.* **2.** Extremo delantero y prolongado de una cosa. *Chocó contra el morro de un camión.* ▶ **1:** HOCICO.

morrocotudo, da. adj. coloq. Muy grande o extraordinario.

morsa. f. Mamífero carnívoro marino, parecido a la foca pero de mayor tamaño, que tiene dos grandes colmillos que sobresalen de la mandíbula superior. *La morsa macho.*

morse. (A veces en mayúsc.). m. **1.** Sistema de telegrafía que utiliza un alfabeto formado por la combinación de rayas y puntos. *El barco envía un SOS con el sistema Morse.* **2.** Alfabeto utilizado en el sistema morse (→ 1). *Un mensaje en morse.*

mortadela. f. Embutido muy grueso, hecho con carne de cerdo y de vaca, muy picada y mezclada con tocino.

mortaja. f. Vestidura o tela en que se envuelve a un cadáver para enterrarlo.

mortal. adj. **1.** Que va a morir. *El hombre es mortal.* **2.** Dicho de cosa: Que causa o puede causar la muerte. *Un veneno mortal.* **3.** Dicho de un sentimiento negativo: Que lleva a desear la muerte de alguien. *Siente un odio mortal.* ● m. **4.** Ser humano. *El héroe era hijo de una diosa y un mortal.* ▶ **2:** MORTÍFERO. **4:** *PERSONA.

mortalidad. f. Número de muertes producidas en una población y en un tiempo determinados. *La tasa de mortalidad infantil ha descendido.*

mortandad. f. Gran cantidad de muertes producidas por una epidemia, una guerra u otra catástrofe. *El terremoto ha causado en la zona una enorme mortandad.*

mortecino, na. adj. Que no tiene fuerza, intensidad o vigor. *Una luz mortecina.*

mortero. m. **1.** Recipiente en forma de vaso, que se emplea para machacar cosas en él con un mazo. **2.** Pieza de artillería de gran calibre, destinada a lanzar proyectiles a corta distancia. **3.** *Constr.* Masa formada por la mezcla de agua y arena con cal o cemento.

mortífero, ra. adj. Dicho de cosa: Que causa o puede causar la muerte. *Un arma mortífera.* ▶ MORTAL.

mortificar. tr. **1.** Causar pesadumbre o molestia (a alguien). *Sus hijos la mortifican.* **2.** Causar sufrimiento (a una persona o a una parte de ella) como penitencia o por fervor religioso. *El fraile mortifica su cuerpo.* FAM **mortificación.**

mortuorio, ria. adj. Del muerto. *Sábana mortuoria.*

moruno, na. adj. Moro (del norte de África). ▶ MORO.

mosaico¹. m. Obra decorativa realizada sobre muros o suelos, uniendo trozos pequeños de piedra, vidrio u otros materiales de diferentes colores.

mosaico², ca. adj. De Moisés (profeta hebreo).

mosca. f. **1.** Insecto pequeño de color negro, con dos alas transparentes y cabeza ovalada. **2.** Porción de pelo que se deja crecer entre el labio inferior y el principio de la barbilla. *Se ha dejado mosca y perilla.* **3.** Cebo que imita a una mosca (→ 1) y que se utiliza en la pesca con caña. *Pesca con mosca.* ■ ~ **muerta.** f. coloq. Persona aparentemente mansa o inocente, pero que actúa con malicia y de forma interesada. Más frec. *mosquita muerta. No te fíes de esa mosquita muerta.* □ papar ~s. loc. v. coloq. Estar distraído o sin hacer nada, con la boca abierta. *Esos alumnos se pasan el día papando moscas.* ■ por si las ~s. loc. adv. coloq. Por si acaso. *Guardé algo de dinero por si las moscas.* ■ ¿qué ~ te, o le, etc., ha picado? expr. coloq. Se usa para preguntar por la causa del mal humor, enfado o malestar de alguien.

moscardón o **moscón.** m. **1.** Mosca grande, de color pardo oscuro y muy vellosa, que deposita sus huevos en el pelo de los animales. **2.** coloq. Persona pesada y molesta, que asedia a otra para conseguir algo.

moscatel. adj. **1.** Dicho de vino: Elaborado con uva moscatel (→ 2). ● f. **2.** Uva blanca, grande y muy dulce. Tb. *uva ~.*

moscovita. adj. De Moscú (Rusia).

mosquear. tr. coloq. Causar desconfianza o enfado (a alguien). *Me mosquea que aún no me haya llamado.* FAM **mosqueo.**

mosquete. m. histór. Arma de fuego antigua, parecida al fusil pero más larga y de mayor calibre, que se disparaba apoyándola sobre una horquilla. FAM **mosquetero.**

mosquetón. m. **1.** Anilla que se abre y se cierra mediante un muelle. *Mosquetones de alpinismo.* **2.** Arma de fuego parecida al fusil, pero más corta.

mosquita. → mosca.

mosquitero. m. **1.** Pieza de gasa o de otro tejido similar que se cuelga sobre la cama para impedir que pasen los mosquitos. **2.** Tela metálica que se coloca en puertas y ventanas para impedir que pasen los mosquitos y otros insectos. FAM **mosquitera.**

mosquito. m. Insecto de pequeño tamaño, con patas largas y finas, y dos alas transparentes que producen un sonido agudo, cuya hembra chupa la sangre a los mamíferos. ▶ **Am:** ZANCUDO.

mostacho. m. Bigote grande y espeso.

mostaza. f. **1.** Planta de flores amarillas, cuyas semillas pequeñas y picantes, gralm. negras por fuera y amarillas por dentro, se usan como condimento. Tb. la semilla. **2.** Salsa pastosa y picante, de color amarillo o marrón oscuro, elaborada con las semillas de la mostaza (→ 1). *Échale mostaza y ketchup a la hamburguesa.*

mosto. m. Zumo de la uva, antes de fermentar y hacerse vino.

mostrador. m. **1.** En una tienda: Tablero o mueble alargados, gralm. cerrados por la parte exterior, que se emplean para mostrar las mercancías a los clientes. **2.** En bares, cafeterías y otros establecimientos similares: Tablero alargado que se emplea para servir las consumiciones a los clientes.

mostrar. (conjug. CONTAR). tr. **1.** Enseñar (algo), o poner(lo) ante la vista de alguien. *Nos mostró la cicatriz.* **2.** Poner de manifiesto (algo) o dejar(lo) ver. *Mostró su agradecimiento.* ○ intr. prnl. **3.** Dejarse ver alguien de una manera determinada. *Se muestra optimista.* ► 2: MANIFESTAR.

mota. f. **1.** Partícula de algo. *El mueble no tiene ni una mota DE polvo.* **2.** Mancha o dibujo redondeados y muy pequeños.

mote[1]. m. Nombre dado a alguien en lugar del suyo o añadido a este, y frec. inspirado en una cualidad o condición de esa persona. *Todos le llaman por el mote de "Rubio".* ► *SOBRENOMBRE.

mote[2]. m. Am. Maíz desgranado y cocido. *Se complementa con arroz o mote* [C].

motear. tr. Salpicar de motas o manchas (algo, espec. una tela). *La sangre motea la camisa.*

motejar. tr. Calificar (a alguien) con la denominación que se indica. *Lo motejan DE cobarde.*

motel. m. Establecimiento público, situado gralm. fuera de los núcleos urbanos y junto a la carretera, que ofrece alojamiento en departamentos y plaza de garaje.

motero, ra. → motocicleta.

motete. m. Composición musical breve, de carácter religioso, que se canta en las iglesias.

motilidad. f. *Med.* Cualidad de móvil. *Motilidad intestinal.*

motilón, na. adj. **1.** De un pueblo amerindio que habita en la frontera entre Colombia y Venezuela, y que se caracteriza por su corte de pelo en forma de casquete. **2.** *Rel.* Dicho de miembro de una comunidad religiosa: Lego. *Fraile motilón.* ► 2: LEGO.

motín. m. Movimiento colectivo de protesta, gralm. violento, contra una autoridad.

motivación. f. **1.** Hecho de motivar. *Los anuncios buscan la motivación de los consumidores.* **2.** Motivo o causa. *No comprendo la motivación de este hecho.*

motivar. tr. **1.** Ser el motivo o causa (de algo). *Tu alusión motivó su enfado.* **2.** Explicar los motivos o causas (de algo). *Debes motivar tu respuesta.* **3.** Disponer el ánimo (de alguien) para que proceda de un determinado modo. *El profesor debe motivar a los alumnos para que estudien.* FAM **motivador, ra.**

motivo. m. **1.** Causa que mueve a actuar. *No tengo motivos para alegrarme.* **2.** Causa que hace que algo suceda o exista. *¿Por qué motivo sale el arco iris?* **3.** Rasgo o elemento característico que se repite en una obra o en un conjunto de ellas. *Las hojas de acanto son un motivo ornamental.* ■ **con ~ de.** loc. prepos. A causa de. *Con motivo de la visita del presidente se celebrará un acto.*

moto-. elem. compos. Significa 'movido por motor'. *Motocultivador, motonáutica, motosierra.*

motocicleta. m. Vehículo de dos ruedas con motor. FAM **motero, ra; moto; motociclismo; motociclista; motorista.**

motocross. (pal. fr.; pronunc. "motocrós"). m. Deporte que consiste en montar en una moto a través del campo o en un circuito de terreno accidentado. ¶ [Adaptación recomendada: *motocrós*].

motor, tora (o triz). adj. **1.** Que mueve. *Órganos motores.* ● m. **2.** Máquina que produce movimiento a partir de una fuente de energía. *El motor de la nave.* ○ f. **(motora). 3.** Embarcación pequeña provista de motor. *Salieron a pescar en la motora.* ■ **motor de explosión.** m. *Mec.* Motor (→ 2) que funciona con la energía que produce la explosión de la mezcla de aire y combustible en el carburador, la cual se inflama por la acción de una chispa. *La furgoneta tiene motor de explosión.* ■ **motor de reacción.** m. *Mec.* Motor (→ 2) que produce un movimiento contrario al del chorro de los gases que expulsa. *Los ingenieros desarrollan un motor de reacción para misiles.* □ **calentar motores.** loc. v. coloq. Prepararse para comenzar una actividad que requiere esfuerzo. *Con este partido, el equipo calienta motores para el mundial.*

motorizar. tr. Dotar (a alguien o algo) de medios mecánicos o de vehículos con motor. *El país motorizó su ejército para modernizarlo.* FAM **motorización.**

motu proprio. (loc. lat.). loc. adv. Voluntariamente o por propia iniciativa. *Se disculpó motu proprio.*

mousse. (pal. fr.; pronunc. "mus"). f. (Tb. m.). *Coc.* Plato de consistencia esponjosa, preparado con claras de huevo batidas a punto de nieve y otros ingredientes. *Una mousse de limón.* ¶ [Equivalente recomendado: *espuma*].

movedizo, za. adj. **1.** Que se mueve continuamente. *Nubes movedizas.* **2.** Inseguro o que no es firme. *Cuidado, que este terreno es movedizo.*

mover. (conjug. MOVER). tr. **1.** Hacer que (alguien o algo) dejen el lugar o la posición en que están y pasen a estar en otros. *Ayúdame a mover el mueble.* **2.** Inducir o incitar (a alguien) a algo. *Su sentido de la justicia lo movió A intervenir.* **3.** Hacer gestiones para resolver (un asunto) rápida y eficazmente. *Me encargaré de moverlo personalmente.* ○ intr. prnl. **4.** Darse prisa. *Muévete, que llegamos tarde.* **5.** Desenvolverse en un lugar o en un ambiente determinado. *Se mueve EN círculos financieros.*

movida. f. **1.** coloq. Situación o asunto, gralm. problemáticos. *Nos enteramos por la tele de la movida política.* **2.** coloq. Alboroto o jaleo. *Se montó tal movida que vino la policía.* **3.** coloq. Juerga o fiesta. *El bar es el centro de la movida nocturna.*

movido, da. adj. Que se caracteriza por la agitación o las incidencias. *Llevo una semana muy movida.*

móvil. adj. **1.** Que se mueve o puede moverse. *Esculturas móviles.* ● m. **2.** Cosa que mueve o induce a algo. *El móvil del crimen fue el dinero.* **3.** Objeto decorativo formado por piezas, gralm. colgadas de hilos, que se mueven por la acción del viento o por otro motivo. *El móvil tintinea.* **4.** Teléfono móvil (→ teléfono). **5.** *Fís.* Cuerpo en movimiento. *Velocidad de los móviles en el espacio.* FAM **movilidad.**

movilizar. tr. **1.** Poner (algo o a alguien) en movimiento. *El ejercicio moviliza las grasas del organismo.* **2.** Poner (a las tropas o a sus miembros) en disposición de entrar en guerra. *Han movilizado a todos los efectivos del Ejército.* FAM **movilización.**

movimiento. m. **1.** Hecho de mover o moverse. *El jugador pone el balón en movimiento.* **2.** Presencia en un lugar de personas o vehículos que se mueven. *Se espera movimiento en las carreteras.* **3.** Alzamiento o rebelión. *Movimiento revolucionario.* **4.** Manifestación artística, ideológica o política, de carácter innovador, que se desarrolla durante un período de tiempo determinado. *Movimiento feminista.* **5.** Cambio o conjunto de cambios ocurridos en una actividad durante un período de tiempo determinado. *Los movimientos bursátiles.* **6.** Cambio numérico producido en una cuenta bancaria durante un período de tiempo determinado. *¿Podría decirme los últimos movimientos de mi cuenta?* **7.** *Mús.* Cada una de las grandes partes en que se divide una composición instrumental, como una sonata o una sinfonía, caracterizada por el tempo con que debe ejecutarse. *La orquesta interpreta el segundo movimiento de la sinfonía.* **8.** *Mús.* Ritmo o velocidad con que deben ejecutarse una composición o un fragmento. *El adagio es un movimiento más lento que el andante.* ▶ **7:** TIEMPO. **8:** TEMPO, TIEMPO.

moviola. (Marca reg.). f. *Cine* Aparato proyector utilizado para el montaje de películas cinematográficas.

moza. → mozo.

mozalbete. m. Niño o adolescente. ▶ *MUCHACHO.

mozambiqueño, ña. adj. De Mozambique (África).

mozárabe. adj. **1.** histór. Dicho de persona de religión cristiana: Que vivía en los territorios de la Península Ibérica ocupados por los musulmanes. *Muchos cristianos mozárabes huyeron para no convertirse al Islam.* Tb. m. y f. ● m. **2.** Lengua románica hablada por los mozárabes (→ 1).

mozo, za. adj. **1.** Joven (que está en la juventud). Tb. m. y f. ● m. y f. **2.** Persona que sirve en una casa o en un establecimiento público. *Un mozo se encarga del equipaje.* ■ **mozo de cuadra.** m. Hombre que se ocupa de las caballerías. ■ **buen/na ~.** m. y f. coloq. Persona alta y de buena presencia. ▶ **1:** *MUCHACHO. FAM mozuelo, la.

mozzarella. (pal. it.; pronunc. "motsaréla"). f. Queso fresco de procedencia italiana, elaborado originalmente con leche de búfala. ¶ [Adaptación recomendada: *mozarela*].

muaré. m. Tejido fuerte que forma aguas. ▶ MOARÉ.

mucamo, ma. m. y f. **1.** frecAm. Criado. *Un mucamo de etiqueta lo recibió* [C]. **2.** Am. Persona encargada de acondicionar las habitaciones de un hotel. *Tiene departamentos con TV color, servicio de mucamas, lavandería* [C].

muchacho, cha. m. y f. **1.** Persona adolescente. *El muchacho estudia en el liceo.* **2.** Persona joven. *Una muchacha de veinte años.* **3.** Niño que tiene pocos años. *El muchacho no deja de llorar.* ○ F. **4.** Sirvienta o criada. *La señora ordenó a la muchacha que sirviera el té.* ▶ **1, 2:** CHICO, JOVEN, MOZALBETE, MOZO, MOZUELO, ZAGAL. **3:** *NIÑO. ‖ **Am: 1:** CHAMACO, CHAVO. FAM muchachada.

muchedumbre. f. Gran cantidad de personas o animales.

mucho, cha. (En acep. 6, gralm. apóc. **muy** delante de adjetivos o adverbios). adj. **1.** Que se presenta en gran cantidad o en alto grado. *Ese yacimiento da mucho petróleo.* **2.** Demasiado o que excede a lo justo o previsible. *Es mucho trabajo PARA ti solo.* ● pron. **3.** Una cantidad grande de personas o cosas. *Muchas de las piezas llegaron defectuosas.* **4.** Una cantidad de personas o cosas que excede a lo justo o previsible. *Gana mucho PARA lo que trabaja.* **5.** Una cantidad grande de tiempo o de dinero. Se usa en la forma m. sing. *¿Falta mucho para llegar?* ● adv. **6.** Expresa

intensificación de una cualidad, una circunstancia o una acción. *Está mucho más gordo. Lo hizo muy mal.* **7.** En cantidad o intensidad que exceden a lo justo o previsible. *Trabaja mucho PARA su edad.* ■ **como mucho.** loc. adv. Se usa para establecer el límite máximo de algo. *El examen será, como mucho, a finales de junio.* ■ **ni con mucho.** loc. adv. Se usa para enfatizar una negación referida a intensidad o cantidad. *Es muy listo, pero no llega ni con mucho a tu altura.* ■ **ni mucho menos.** loc. adv. Se usa para enfatizar una negación. *–¿Llegaste a insultarlo? –Ni mucho menos.* ▶ **1:** ABUNDANTES, INFINITOS, NUMEROSOS.

mucosidad. f. tecn. Sustancia pegajosa semejante al moco.

mucoso, sa. adj. **1.** *Anat.* Semejante al moco. *Un tejido mucoso recubre el estómago.* ● f. **2.** *Anat.* Membrana que cubre las cavidades del cuerpo comunicadas con el exterior, y que está provista de glándulas que producen mucosidad. *Una mucosa reviste la cavidad nasal.*

muda. f. **1.** Hecho de mudar, espec. la piel o las plumas. *Añada vitaminas al pájaro durante la muda.* **2.** Conjunto de prendas de vestir, espec. interiores, que se mudan. *Metió en la bolsa una muda.*

mudable. adj. Que muda con gran facilidad. *En primavera el tiempo es mudable.*

mudanza. f. **1.** Hecho o efecto de mudar o mudarse. **2.** Cambio de casa.

mudar. tr. **1.** Poner (una cosa) en lugar de otra de las mismas características. *Muda los pañales al bebé.* **2.** Poner (a alguien) una cosa, espec. una prenda, en lugar de otra de similares características. *Hay que mudar al niño.* **3.** Desprenderse algunos animales (de la piel o de las plumas). *Las serpientes mudan la piel.* **4.** Dar (a alguien o algo) otra naturaleza, situación o apariencia. *La operación mudó sus rasgos.* ○ intr. **5.** Pasar a tener otra naturaleza, situación o apariencia. *Ha mudado DE opinión.* ○ intr. prnl. **6.** Irse una persona de un lugar en que estaba establecido a otro. *Quiere mudarse A una casa mayor.* ▶ **2:** CAMBIAR.

mudéjar. adj. **1.** histór. Dicho de persona de religión musulmana: Que vivía en los territorios cristianos de la Península Ibérica. Tb. m. y f. *Los mudéjares pagaban un tributo para poder conservar su religión.* **2.** Dicho de estilo arquitectónico: Que se caracteriza por el empleo de elementos del arte cristiano y de la ornamentación árabe.

mudo, da. adj. **1.** Privado del sentido del habla. *Una lesión en las cuerdas vocales lo ha dejado mudo.* **2.** Que no puede hablar por efecto de una impresión o un sentimiento intensos. *La sorpresa me dejó muda.* **3.** Que está muy silencioso o callado. *Los niños se han quedado mudos.* **4.** Dicho de cine o película: Que carece de banda sonora. FAM **mudez.**

mueble. adj. **1.** Dicho de posesión material: Que se puede mover de un sitio a otro. *Heredará una fortuna en bienes muebles e inmuebles.* ● m. **2.** Objeto que se puede mover, tiene usos prácticos y sirve para decorar una casa u otro lugar semejante.

mueca. f. Gesto anormal del rostro, frec. de burla. *Puso una mueca de asco.*

muela. f. **1.** Diente de la parte posterior de la boca, que sirve para moler o triturar los alimentos. **2.** Rueda de molino. **3.** Rueda de material abrasivo que se utiliza para afilar herramientas. ■ **~ del juicio.** f. Muela (→ 1) que nace, en la edad adulta, en cada extremo de la mandíbula humana.

muelle¹. adj. **1.** cult. Agradable o blando. *Vida muelle.* ● m. **2.** Pieza elástica, gralm. de metal, que puede deformarse y después recuperar su forma. ▶ **2:** RESORTE.

muelle². m. Obra construida en la orilla del mar o de un río, que sirve para facilitar a las embarcaciones el embarque y desembarque de personas y cosas.

muérdago. m. Planta siempre verde, de fruto pequeño y blanco, que crece parásita en los troncos y ramas de los árboles.

muerte. f. **1.** Término de la vida de una persona o de otro ser vivo. *Pensar en la muerte le produce pavor.* **2.** Hecho de matar a alguien. *Al acusado se le imputan varias muertes.* ■ ~ **natural.** f. Muerte (→ 1) producida por enfermedad y no por accidente o de forma violenta. *Falleció de muerte natural.* ■ ~ **violenta.** f. Muerte (→ 1) que se produce de forma accidental o violenta. *La víctima tuvo una muerte violenta.* □ **a** ~. loc. adj. **1.** Que dura hasta que una de las partes causa la muerte (→ 1) a la otra. *Duelo a muerte.* **2.** Implacable o feroz. *Le tiene un odio a muerte.* ■ **dar** ~ (a alguien). loc. v. Matar(lo). *De un tiro dio muerte al ciervo.* ■ **de mala** ~. loc. adj. coloq. De poco valor o importancia. *Un bar de mala muerte.* ■ **de** ~. loc. adj. coloq. Extraordinario o fuera de lo común. *Un susto de muerte.* ■ **la Muerte.** loc. s. Personaje imaginario con figura de esqueleto humano, gralm. con una guadaña, que simboliza la muerte (→ 1). ▶ **1:** DEFUNCIÓN.

muerto, ta. adj. **1.** coloq. Muy fatigado. *La caminata me dejó muerta.* **2.** Que no tiene vida. *Las joyas para mí son solo cosas muertas.* **3.** Dicho de cosa: Falta de actividad. *La discoteca está muerta.* ● m. **4.** coloq. Asunto pesado o fastidioso. *Siempre me caen todos los muertos.* **5.** coloq. Responsabilidad. *Me ha cargado a mí con el muerto y se ha lavado las manos.* ■ ~ **de hambre.** m. y f. coloq., despect. Persona pobre o miserable. *Es un muerto de hambre.*

muesca. f. **1.** Concavidad o hueco que se hace en una cosa para que encaje con otra. *La puerta encaja en una muesca del marco.* **2.** Corte que se hace en la superficie de algo, espec. como señal. *Hace una muesca por cada día que pasa.*

muestra. f. **1.** Porción de algo, espec. de un producto o mercancía, que sirve para dar a conocer sus características. *El comerciante nos enseña muestras de tela.* **2.** Parte que se extrae de una materia para analizarla y así poder conocer las características de esta. *Una muestra de ADN.* **3.** Parte de un conjunto considerada representativa del mismo. *La estadística se basa en diferentes muestras de población.* **4.** Modelo que se imita o copia. *Entrega a los pintores una muestra del color elegido.* **5.** Señal o indicio. *No da muestras de arrepentimiento.* FAM **muestral; muestrario.**

muestreo. m. Selección, según métodos estadísticos, de muestras consideradas representativas de un conjunto.

mugido. m. Voz característica de una res vacuna. FAM **mugir.**

mugre. f. Suciedad, espec. la grasienta. FAM **mugriento, ta; mugroso, sa** (Am).

mujer. f. **1.** Ser animado racional de sexo femenino. *Nacieron más mujeres que varones.* **2.** Mujer (→ 1) adulta. *Ha dejado de ser una adolescente ya es una mujer.* **3.** Mujer (→ 1) que tiene las cualidades que suelen atribuirse especialmente a su sexo, como la sensibilidad o la fuerza moral. *Es toda una mujer.* **4.** Respecto de un hombre: Mujer (→ 1) casada con él. *¿Vendréis tu mujer y tú?* ● interj. **5.** Se usa, dirigida a una mujer (→ 1), para expresar sorpresa o asombro. *¡Qué susto me has dado, mujer!* **6.** Se usa, dirigida a una mujer (→ 1), para expresar intención de conciliar o de persuadir. *¡Mujer, no te enfades!* ■ ~ **de su casa.** f. Mujer (→ 1) que se dedica a las tareas domésticas y a cuidar a su familia. *Su esposa es una mujer de su casa.* ■ ~ **fatal.** f. Mujer (→ 1) que posee un atractivo irresistible que utiliza para aprovecharse de aquellos a quienes seduce, o para causar su desgracia. ⇒ VAMPIRESA. ■ ~ **objeto.** (pl. **mujeres objeto**). f. Mujer (→ 1) valorada exclusivamente por su belleza o atractivo sexual. *No queremos ser mujeres objeto.* ■ ~ **pública.** f. Prostituta. ■ **pobre** ~. f. Mujer (→ 1) de poca resolución o escaso valor moral o intelectual. □ **de** ~ **a** ~. loc. adv. Con sinceridad y en igualdad de condiciones. Se usa referido a dos mujeres que hablan. *Quiero hablar contigo de mujer a mujer.* ▶ **1:** HEMBRA. **4:** *ESPOSA. FAM **mujeriego, ga; mujeril; mujerío; mujerona; mujerzuela.**

mújol. m. Lisa. *Caviar de mújol.*

mula. → mulo.

muladar. m. Lugar donde se amontona el estiércol u otros desechos.

mulato, ta. adj. Dicho de persona: Nacida de negra y blanco, o de blanca y negro.

mulero, ra. → mulo.

muleta. f. **1.** Bastón con un apoyo para la axila o la parte posterior del brazo y otro para la mano, con que se ayuda la persona que tiene dificultad para andar. **2.** *Taurom.* Palo que lleva pendiente un paño o capa roja que sirve para engañar al toro cuando embiste. *El toro ha enganchado la muleta con el pitón derecho.* ▶ **2:** *CAPOTE.

muletazo. m. *Taurom.* Pase que se ejecuta con la muleta.

muletilla. f. Palabra o frase que se repite mucho, gralm. de forma innecesaria. *Abusa de la muletilla "o sea".*

muletón. m. Tela gruesa, suave y afelpada, de algodón o lana.

mullir. (conjug. MULLIR). tr. Hacer que (algo) quede blando y esponjoso de manera que resulte cómodo. *Mulle los cojines del sofá.*

mulo, la. m. y f. Animal hijo de burro y yegua o de caballo y burra, gralm. estéril. FAM **mulero, ra; mulilla.**

multa. f. Sanción administrativa o penal que consiste gralm. en el pago de una determinada cantidad. FAM **multar.**

multi-. elem. compos. Significa 'muchos'. *Multirracial, multicultural, multicolor, multirriesgo, multicopista, multidisciplinar, multiforme, multipropiedad.*

multifamiliar. adj. frecAm. Dicho de edificio: Que tiene varias plantas y numerosos apartamentos destinados a ser ocupados por familias. *Viviendas multifamiliares* [C].

multilateral. adj. De varias partes. *Firmaron un acuerdo multilateral.*

multimedia. adj. (Como adj., pl. gralm. invar.). Que utiliza simultáneamente diversos medios, como imágenes, texto y sonido, en la transmisión de una información. *Una enciclopedia multimedia en CD-ROM.* Dicho de producto, tb. m. *Los multimedia.*

multimillonario, ria. adj. **1.** Muy rico o acaudalado. **2.** Que asciende a muchos millones. *Pérdidas multimillonarias.*

multinacional. adj. **1.** De muchas naciones. *Ejército multinacional.* **2.** Dicho de empresa o sociedad: Cuyos intereses y actividades se hallan establecidos en diversos países. Tb. f. *Trabaja en una multinacional del acero.* ▶ **2:** TRANSNACIONAL.

múltiple. adj. **1.** Formado por varios elementos. *Parto múltiple.* O pl. **2.** Muchos o abundantes. *El éxito depende de múltiples factores.* FAM **multiplicidad.**

multiplicación. f. Hecho de multiplicar o multiplicarse. *El calor favorece la multiplicación de las bacterias.* En matemáticas, designa la operación aritmética de multiplicar. *Te has equivocado en la multiplicación.* FAM **multiplicativo, va.**

multiplicador, ra. adj. **1.** Que multiplica o se utiliza para multiplicar. *Efecto multiplicador.* ● m. **2.** *Mat.* En una multiplicación: Cantidad por la que se multiplica otra. *En la multiplicación "9 × 4 = 36", el multiplicador es el 4.*

multiplicando. m. *Mat.* En una multiplicación: Cantidad que se multiplica. *En la multiplicación "9 ×4 = 36", el multiplicando es el 9.*

multiplicar. tr. **1.** Averiguar el resultado de sumar (un número) tantas veces como indica otro. *Multiplica 8 POR 65.* **2.** Aumentar el número o la cantidad (de algo). *Multiplicó sus esfuerzos.* O intr. prnl. **3.** Aumentar algo en número o cantidad. *Se multiplican los problemas.* **4.** Reproducirse un ser vivo. *Investigan cómo se multiplica el virus.* **5.** Trabajar duramente para atender a muchas cosas a la vez. *Cuando se queda solo en la tienda, tiene que multiplicarse.*

multiplicidad. → múltiple.

múltiplo. m. *Mat.* Cantidad que contiene a otra un número exacto de veces. *25 es múltiplo DE 5. Hallen el mínimo común múltiplo de 4 y 6.*

multitud. f. Cantidad grande de personas o cosas. FAM **multitudinario, ria.**

multiuso o **multiusos.** adj. Que puede tener varios usos. *Una navaja multiuso.*

mundano, na. adj. **1.** Inclinado a los placeres del mundo. *Un hombre mundano.* **2.** Del gran mundo o de la sociedad adinerada. *Crónicas mundanas.* **3.** Del mundo o de la sociedad humana. *El amor divino frente al mundano.* FAM **mundanal; mundanidad.**

mundial. adj. **1.** De todo el mundo. *El campeón mundial de ajedrez.* ● m. **2.** *Dep.* Campeonato en que pueden participar todas las naciones del mundo. *Consiguió un oro en el mundial de natación.* FAM **mundialista.**

mundillo. m. coloq. Conjunto de personas que tienen una misma posición social, profesión o actividad. *Todo el mundillo del cine asiste al estreno.*

mundo. m. **1.** Conjunto de todo lo existente. *En el Génesis se dice que Dios creó el mundo en seis días.* **2.** Conjunto de los seres humanos. *Gran parte del mundo pasa hambre.* **3.** Sociedad humana. *¡Cómo está el mundo!: todos los días hay crímenes.* **4.** Parte de la sociedad humana caracterizada por alguna cualidad o circunstancia común a todos sus individuos. *El mundo musulmán.* **5.** Ambiente determinado en el que se mueve una persona. *El mundo de las finanzas.* **6.** Experiencia de la vida y del trato social. *Es una persona de mundo.* **7.** (Frec. con el art. *el*). Planeta del sistema solar donde habitan los seres humanos. *Buenos Aires es una de las grandes ciudades del mundo.* **8.** Astro, espec. habitado. *Su sueño es viajar a otros mundos.* ■ tercer ~. (Gralm. en mayúsc.). m. Conjunto de los países menos desarrollados económica y socialmente. *Envían alimentos al Tercer Mundo.* □ caérsele el ~ encima (a alguien). → hundírsele (a alguien) el mundo. ■ correr ~. → ver mundo. ■ del otro ~. loc. adj. coloq. Extraordinario o fuera de lo común. *La actriz no me parece nada del otro mundo.* ■ desde que el ~ es ~. loc. adv. Desde siempre. *Los hombres luchan por su territorio desde que el mundo es mundo.* ■ echar al ~. → traer al mundo. ■ el gran ~. loc. s. La sociedad adinerada y distinguida. *El marqués lo introdujo en el gran mundo.* ■ el ~ al revés. expr. Se usa para hablar de una situación en que el orden de las cosas está invertido. *El hijo regaña al padre: el mundo al revés.* ■ el otro ~. loc. s. El lugar donde se va después de morir. *Tiene un pie en el otro mundo.* ■ hacer un ~ (de algo). loc. v. Creer que es muy grave o difícil, sin serlo. *Hace un mundo de cualquier cosa intrascendente.* ■ hundirse el ~. loc. v. coloq. Haber un cataclismo. Tb. fig. *No se va a hundir el mundo porque llegues tarde.* ■ hundírsele (a alguien) el ~, o venírsele, o caérsele, el ~ encima. loc. v. coloq. Sentirse desamparado ante un acontecimiento adverso. *Cuando vio el resultado del examen se le hundió el mundo.* ■ irse de este ~. loc. v. Morirse. *Se fue de este mundo sin saber quién era su madre.* ■ medio ~. loc. s. coloq. Mucha gente. *Conoce a medio mundo.* ■ por nada del ~. loc. adv. Se usa para expresar la decisión de no hacer algo. *No lo permitiré por nada del mundo.* ■ todo el ~. loc. s. Todas las personas. *Todo el mundo quiere ser feliz.* ■ traer, o echar, al ~ (a alguien). loc. v. Parir(lo) o dar(lo) a luz. *Trajo al mundo un varón.* ■ venir al ~. loc. v. Nacer. *Su hija vino al mundo el 6 de mayo.* ■ venírsele el ~ encima. → hundírsele el mundo. ■ ver, o correr, ~. loc. v. coloq. Viajar por diferentes países. *Sueña con ver mundo.* ▶ **1:** COSMOS, UNIVERSO.

munición. f. Conjunto de cargas o proyectiles que se ponen en las armas de fuego.

municipalidad. f. Ayuntamiento (corporación). ▶ *AYUNTAMIENTO.

municipio. m. División administrativa formada por una o varias poblaciones, con una extensión de terreno determinada y regida por un mismo organismo. FAM **municipal.**

munificencia. f. cult. Generosidad espléndida. *Disfrutamos de este palacio gracias a la munificencia del monarca.*

muñeco, ca. m. y f. **1.** Figura de persona, hecha gralm. de plástico, trapo o goma, que sirve de juguete o adorno. *Vestía a la muñeca.* **2.** Niño o joven muy guapos. *Baila con una muñeca rubia.* O f. **3.** Parte del cuerpo humano en donde se articula la mano con el antebrazo. *Se torció la muñeca.* FAM **muñequera.**

muñón. m. Parte de un miembro cortado que permanece adherida al cuerpo.

mural. adj. **1.** Del muro o pared. *Pinturas murales.* ● m. **2.** Pintura o decoración murales (→ 1). *Encarga un mural al artista.* FAM **muralismo; muralista.**

muralla. f. Muro u obra defensiva que rodea un lugar, espec. una población o una plaza fuerte. *Las murallas del castillo.*

murciano, na. adj. De Murcia (España).

murciélago. m. Mamífero nocturno volador, que se orienta en la oscuridad mediante la emisión de ondas que rebotan en los objetos. *El murciélago hembra.*

murga. f. **1.** Grupo de músicos callejeros de poca calidad. **2.** coloq. Cosa que molesta gralm. por su pesadez o insistencia. *¡Vaya murga de música!*

murmullo. m. Ruido continuado y confuso producido espec. por voces, una corriente de agua o el viento. *Cuando apareció, hubo un murmullo de asombro.*

murmurar. intr. **1.** Hablar entre dientes, espec. manifestando queja o disgusto. *En cuanto me di la vuelta, empezó a murmurar.* **2.** Hablar de alguien ausente o de algo censurándolos. *No le importa que los vecinos murmuren.* **3.** cult. Producir un ruido continuado y confuso algo, espec. una corriente de agua o el viento. *Se oye al viento murmurar.* ○ tr. **4.** Decir entre dientes (algo), espec. manifestando queja o disgusto. *¿Qué estás murmurando?* **5.** Decir (algo) de alguien ausente o de algo, censurándolos. *Quiero saber quién murmura esas cosas de mí.* FAM **murmuración; murmurador, ra.**

muro. m. Pared, espec. la gruesa que soporta una carga. *Un muro de piedra.*

mus. m. Juego de cartas que se juega con baraja española, en el que los jugadores hacen diversas apuestas y, cuando van por parejas, suelen comunicarse por señas.

musa. f. **1.** En la mitología grecorromana: Cada una de las nueve divinidades que protegen las ciencias y las artes liberales. *Talía es la musa de la comedia.* **2.** cult. Inspiración del artista. *Sin su musa el poeta se sentía vacío.*

musaraña. f. Roedor parecido al ratón, con el hocico alargado y puntiagudo, que se alimenta de insectos. ■ **mirar a las ~s, o pensar en las ~s.** loc. v. coloq. Estar muy distraído. *Se pasa toda la clase mirando a las musarañas.*

muscular. tr. Desarrollar los músculos (de alguien o algo). *El ejercicio muscula las piernas.* FAM **musculación.**

músculo. m. Órgano humano y de los animales, compuesto por fibras contráctiles, gracias a las cuales se produce el movimiento. *Los deportistas desarrollan fuertes músculos.* ■ **~ esternocleidomastoideo.** m. *Anat.* Músculo del cuello, que interviene en los movimientos de flexión y giro de la cabeza. ⇒ ESTERNOCLEIDOMASTOIDEO. ■ **~ gemelo.** m. *Anat.* Músculo de los dos que concurren al movimiento de la pierna. ⇒ GEMELO. ■ **~ glúteo.** m. *Anat.* Músculo de los tres que forman la nalga. ⇒ GLÚTEO. FAM **muscular** (*Dolor muscular*); **musculatura; musculoso, sa.**

muselina. f. Tela de algodón, seda o lana, fina y poco tupida. *Blusa de muselina.*

museo. m. **1.** Lugar en que se guardan objetos artísticos, científicos o de interés cultural para conservarlos, estudiarlos y exponerlos al público. *Museo de Ciencias Naturales.* **2.** Lugar que contiene objetos valiosos o curiosos. *Su casa es un museo.* FAM **museístico, ca; museografía; museográfico, ca; museología; museológico, ca.**

musgo. m. Planta, gralm. de color verde, que crece en lugares sombríos, sobre las piedras, las cortezas de los árboles o el suelo, formando masas compactas.

musical. adj. **1.** De la música. *Instrumento musical.* **2.** Dicho de género u obra teatral o cinematográfica:

Cuya acción se desarrolla fundamentalmente con partes cantadas y bailadas. FAM **musicalidad.**

músico, ca. adj. **1.** De la música (→ 2). *Instrumentos músicos de cuerda.* ● f. **2.** Arte de combinar los sonidos de forma armónica para producir emociones. *Tratado de música.* **3.** Sucesión de sonidos combinados de forma armónica. *La música de violín entra por la ventana.* **4.** Composición musical. *La música y la letra de una ópera.* **5.** Conjunto de composiciones musicales. *Es una estudiosa de la música de Mozart.* ○ m. y f. **6.** Persona que se dedica a la música (→ 3-5), espec. como compositor o instrumentista. *El guitarrista es un músico muy conocido.* ■ **música ligera.** f. Música (→ 3) melodiosa y pegadiza que se suele recordar fácilmente. *Una emisora de música ligera.* □ **con la música a otra parte.** loc. adv. coloq. A otro lugar. *Idos con la música a otra parte.* FAM **musicalizar; musicar; musicología; musicólogo, ga.**

musitar. intr. **1.** Susurrar o hablar entre dientes. *La oía musitar con voz entrecortada.* ○ tr. **2.** Decir (algo) susurrando o entre dientes. *Le musitó algo al oído.*

muslo. m. Parte de la pierna que va desde la cadera hasta la rodilla. ▶ PIERNA.

mustio, tia. adj. **1.** Dicho de algo, espec. de plantas: Marchito o falto de vigor. *Los geranios están mustios.* **2.** Melancólico o triste. *Estoy algo mustia.*

musulmán, na. adj. **1.** Que profesa la religión de Mahoma. Dicho de pers., tb. m. y f. **2.** De los musulmanes (→ 1). *Templos musulmanes.* ▶ **1:** ISLAMITA, MAHOMETANO, MORO, SARRACENO. **2:** ISLAMITA, MAHOMETANO.

mutable. adj. cult. Mudable. *La realidad es mutable.* FAM **mutabilidad.**

mutación. f. **1.** Cambio o evolución. *A lo largo de la obra el personaje sufre una mutación.* **2.** *Biol.* Alteración producida en la estructura o en el número de los genes o de los cromosomas de un organismo, que se transmite por herencia. *Las radiaciones pueden producir mutaciones.* FAM **mutar.**

mutante. adj. **1.** Que cambia o se modifica. *Las opiniones mutantes del electorado.* **2.** *Biol.* Dicho de gen u organismo: Que resulta de una mutación.

mutilar. tr. **1.** Cortar (a un ser vivo) una parte del cuerpo. *Las minas terrestres mutilan a miles de personas.* **2.** Cortar a un ser vivo (una parte del cuerpo). *Las hélices de la barca le mutilaron una pierna.* FAM **mutilación.**

mutis. m. En una obra de teatro: Salida de escena de un actor. *Ahora viene el mutis de la protagonista.* ■ **hacer ~.** loc. v. **1.** En una obra de teatro: Salir de escena. *La actriz hace mutis por el foro.* **2.** Callarse. *Esperábamos su respuesta, pero él hizo mutis.*

mutismo. m. Silencio voluntario o impuesto. *Mantiene un absoluto mutismo.*

mutualidad o mutua. f. Asociación con un régimen de prestaciones mutuas. *Contrata el seguro en una mutua automovilística.* FAM **mutualismo; mutualista.**

mutuo, tua. adj. Dirigido a alguien y, a su vez, recibido de este en igual medida. *Se tienen mutuo respeto.* ▶ RECÍPROCO.

muy. → **mucho.**

n. f. **1.** Letra del abecedario español cuyo nombre es *ene*. **2.** *Mat.* Ene (cantidad indeterminada). Tb. adj. *5 elevado a n es igual a 5 multiplicado por sí mismo n veces.*

nabo. m. Hortaliza de raíz comestible, carnosa y blanquecina. Tb. la raíz.

nácar. m. Sustancia dura y blanca con reflejos irisados, que recubre el interior de algunas conchas de moluscos. *Botones de nácar.* FAM **nacarado, da.**

nacer. (conjug. AGRADECER). intr. **1.** Salir del vientre de la madre, o del huevo. *Ha nacido un ternero.* **2.** Salir de la semilla o de la tierra una planta. *¡Mira, ha nacido otro tulipán!* **3.** Aparecer una hoja, flor o fruto en la planta o pelo o pluma en la piel. *Le empieza a nacer vello EN las piernas.* **4.** Salir de la tierra un río o manantial. *El Iguazú nace EN la Serra do Mar.* **5.** Comenzar a existir. *Estas vanguardias nacen en los años veinte.* **6.** Tener principio u origen en algo. *Muchos prejuicios nacen DE la ignorancia.* **7.** Tener una tendencia o aptitud naturales para algo. *Ha nacido PARA la música.* **8.** Comenzar una actividad. *Nació A la pintura en esta escuela.* **9.** Aparecer el sol en el horizonte. *El sol nace por Oriente.* ◆ **volver a ~.** loc. v. Librarse de morir. *El día del accidente volvió a nacer.* ▶ **2, 3:** *SALIR. **5:** BROTAR, SURGIR. **9:** *SALIR. FAM **naciente.**

nacido, da. ■ **bien ~.** loc. adj. Noble o bien intencionado. *Un caballero bien nacido.* ■ **mal ~.** → **malnacido.**

nacimiento. m. **1.** Hecho de nacer. *Fecha y lugar de nacimiento.* **2.** Lugar donde nace algo. *Iremos al nacimiento del río.* **3.** Representación del nacimiento (→ 1) de Jesucristo, mediante una escena con figuras. *En Navidad ponemos el nacimiento.* ■ **de ~.** loc. adj. Dicho de característica: Que se tiene desde el momento de nacer. Tb. dicho de la pers. que la tiene. *Es ciego de nacimiento.* ▶ **3:** BELÉN, PESEBRE, PORTAL.

nación. f. **1.** Conjunto de los ciudadanos que viven en un territorio regido por un mismo Gobierno. *El presidente habla a la nación.* **2.** Territorio de una nación (→ 1). *La red eléctrica cubre toda la nación.* **3.** Conjunto de personas con un origen y tradición comunes, que suele hablar el mismo idioma. *La nación curda.* FAM **nacional.**

nacionalidad. f. Condición de la persona que pertenece a una nación. *Es de nacionalidad francesa.*

nacionalismo. m. **1.** Sentimiento de apego a la propia nación y a lo relacionado con ella. *Cantos que avivan nuestro nacionalismo.* **2.** Aspiración o movimiento políticos basados en la conciencia de singularidad de un pueblo y encaminados hacia su constitución como nación. *Aumentan los votos del nacionalismo.* FAM **nacionalista.**

nacionalizar. tr. **1.** Convertir (a alguien) en ciudadano de una nación. *Han nacionalizado a los refugiados políticos.* **2.** Convertir (un bien, empresa o servicio privados) en propiedad del Estado. *Nacionalizarán el petróleo.* FAM **nacionalización.**

nacionalsocialismo. m. Movimiento político alemán, dictatorial, expansionista y de marcado nacionalismo racista, surgido tras la Primera Guerra Mundial. *Con Hitler llega al poder el nacionalsocialismo.* ▶ NAZISMO. FAM **nacionalsocialista.**

nada. (No tiene pl.). pron. **1.** Ninguna cosa. *No diga nada.* Se usa tb. frec. referido a cantidad. *No queda nada DE pan.* **2.** Poca cantidad de algo, espec. de tiempo. *Se ha ido hace nada.* **3.** Cualquier cosa, gralm. sin importancia. *Se preocupa por nada.* ◆ f. (Frec. con art.). **4.** Inexistencia total o negación del ser. *Quizás tras la muerte esté la nada.* **5.** Sensación de vacío o inexistencia. *Le invade la nada.* **6.** Situación propia de alguien o algo insignificantes. *Creó un imperio de la nada.* ◆ adv. **7.** De ninguna manera. *No estoy nada preocupado.* ■ **como si ~.** loc. adv. Sin inmutarse. *Lo amenazan, y él, como si nada.* ■ **de ~.** loc. adj. **1.** De poca importancia. *Un rasguño de nada.* □ loc. adv. **2.** Se usa como fórmula de cortesía para contestar a alguien que da las gracias. *–Gracias por ayudarme. –De nada.* ■ **~ más.** loc. adv. Solamente. *Hay cinco personas nada más.* ■ **~ menos.** loc. adv. Se usa para enfatizar la importancia o la cantidad de lo expresado. *Es director general, nada menos.* ■ **para ~.** loc. adv. coloq. En absoluto. *Para nada cambió de opinión.*

nadar. intr. **1.** Desplazarse por el agua una persona o animal moviendo el cuerpo y sin tocar el fondo. *Iban al río a nadar.* **2.** Flotar algo en un líquido. *Las hojas secas nadan EN el estanque.* **3.** Tener gran cantidad de algo. *Nada EN dinero.* FAM **nadador, ra.**

nadería. f. Cosa de poco valor o importancia. *Llora por naderías.* ▶ *NIMIEDAD.

nadie. (No tiene pl.). pron. **1.** Ninguna persona. *Nadie lo sabe.* **2.** Ninguna persona de importancia o autoridad. *Él no es nadie PARA mandar.* ■ **don ~.** m. Persona insignificante. *Siempre ha sido un don nadie.*

nadir. m. *Fís.* Punto de la esfera celeste diametralmente opuesto al cenit.

nado. **a ~.** loc. adv. Nadando. *Cruzaremos el embalse a nado.*

nafta. f. **1.** *Quím.* Líquido inflamable obtenido espec. por destilación de petróleo, y usado como disolvente o combustible. **2.** *Am.* Gasolina. *Tanque de nafta del auto* [C].

naftalina. f. Sustancia sólida, blanca y aromática, derivada del alquitrán de hulla, que se utiliza como desinfectante o insecticida. *Bolas de naftalina para las polillas.*

nahua. adj. **1.** De un antiguo pueblo indígena de México y América Central. ◆ m. **2.** Náhuatl (lengua). ▶ **2:** *NÁHUATL.

náhuatl. m. Lengua hablada por el antiguo pueblo nahua, y que aún se conserva en zonas de México y América Central. ▶ MEXICANO, NAHUA.

naíf o **naif.** adj. Dicho de artista, obra o estilo artístico: Que imita la ingenuidad y sencillez infantiles en su representación de la realidad y uso del color. *Un cuadro naíf.*

nailon. m. Material sintético con el que se elabora una fibra elástica y resistente, y que se emplea espec. en la fabricación de tejidos. *Medias de nailon.* ▶ NILÓN.

naipe. m. **1.** Cada una de las cartulinas rectangulares, con dibujos, letras o números estampados por una de sus caras, que se utilizan en diversos juegos de mesa. ○ pl. **2.** Baraja. *Saque unos naipes y echemos una partida.* ▶ **1:** CARTA. **2:** BARAJA.

nalga. f. **1.** Cada una de las dos porciones carnosas y redondeadas del cuerpo humano sobre las que se sienta una persona. *Cayó sobre la nalga izquierda.* ○ pl. **2.** Parte del cuerpo formada por las nalgas (→ 1). *Mueve las nalgas al caminar.*

namibio, bia. adj. De Namibia (África).

nana. f. **1.** Canto o pieza musical con que se duerme a un niño. **2.** Am. Niñera (mujer que cuida niños). *Los niños fueron recogidos por sus nanas* [C]. ▶ **2:** NIÑERA.

nanay. interj. Se usa para negar con rotundidad. *–Yo también voy. –¡Nanay!*

nano-. elem. compos. Significa 'milmillonésima parte'. Se une a n. de unidades de medida para designar el submúltiplo correspondiente (Símb. *n*). *Nanosegundo.*

nao. f. cult. Nave (embarcación). *En cabeza del convoy va la nao capitana.*

napa. f. Piel curtida, gralm. de cabra o cordero, con la que se confeccionan prendas de abrigo. *Guantes de napa.*

napalm. m. Sustancia inflamable empleada en bombas incendiarias y lanzallamas.

napoleónico, ca. adj. De Napoleón Bonaparte (emperador francés, 1769-1821), o del estilo o las características propios de su época. *Muebles de estilo napoleónico.*

naranja. f. **1.** Fruto del naranjo, redondo, entre rojo y amarillo, de carne en gajos y jugo agridulce. *Jugo de naranja.* ○ m. **2.** Color entre rojo y amarillo, como el de la naranja (→ 1) madura. *El naranja le sienta bien.* ■ **media ~.** f. coloq. Esposo o pareja de una persona. *Conoció a su media naranja en un viaje.* □ **~s.** interj. Se usa para negar con rotundidad. *–Yo sé más. –¡Naranjas!* FAM **naranjada; naranjero, ra.**

naranjo. m. Árbol frutal de climas templados, de tronco recto y liso y hoja perenne, cuyo fruto es la naranja. FAM **naranjal.**

narcisismo. m. Aprecio excesivo del aspecto físico, las cualidades o los actos de uno mismo. *Algunas artistas adolecen de narcisismo.* FAM **narcisista; narciso** (*Es un narciso: siempre mirándose al espejo*).

narciso. m. Planta de flores olorosas, gralm. amarillas y en forma de tubo, y hojas largas y puntiagudas que nacen de la raíz. Tb. la flor.

narco-. elem. compos. Significa 'droga o narcótico'. *Narcodependencia, narcodependiente.*

narcodólar. m. Dólar procedente del tráfico de drogas. *Blanqueo de narcodólares.*

narcótico, ca. adj. Dicho de sustancia: Que produce sueño, relajación muscular y disminución de la sensibilidad. Tb. m. *Tráfico de narcóticos.* FAM **narcotizar.**

narcotraficante. m. y f. Persona que se dedica al comercio ilegal, y en grandes cantidades, de drogas o narcóticos. FAM **narco, narcotráfico.**

nardo. m. Planta con espigas de flores blancas y olorosas, espec. de noche, que se cultiva en jardines. *Una vara de nardo.* Tb. la flor.

nariñense. adj. De Nariño (Colombia).

nariz. f. **1.** Órgano prominente del rostro humano, entre los ojos y la boca, formado por dos orificios y con funciones olfativas y respiratorias. *Inspire por la nariz.* **2.** En animales vertebrados: Parte de la cabeza con situación y funciones análogas a las de la nariz (→ 1) humana. *La nariz del zorro.* **3.** Sentido del olfato. *Si la nariz no me falla, aquí han fumado.* ■ **~ griega.** f. Nariz (→ 1) cuyo perfil es una continuación de la frente. ■ **~ perfilada.** f. frecAm. Nariz (→ 1) recta y bien formada. □ **asomar la ~,** o **las narices** (por un lugar). loc. v. coloq. Aparecer (en él), espec. para fisgar. *Nunca asoma la nariz* POR allí. ■ **darse de narices** (con alguien o algo). loc. v. coloq. Encontrárse(los) de repente. *Entré y me di de narices* CON *él.* ■ **hasta las narices.** loc. adv. coloq. En un estado de hartazgo. *Está hasta las narices* DE *líos.* ■ **meter la ~,** o **las narices,** (en algo). loc. v. coloq. Curiosear o entrometerse (en ello). *No meta la nariz* EN *mis asuntos.* ■ **no ver** alguien **más allá de sus narices.** loc. v. **1.** coloq. Ver muy poco. *Sin gafas, no veo más allá de mis narices.* **2.** coloq. Ser demasiado simple o superficial. *Lo engañan porque no ve más allá de sus narices.* ■ **pasar,** o **restregar,** (algo) **por las narices** (a alguien). loc. v. coloq. Mostrár(selo) o recordár(selo) con insistencia para provocar irritación, humillación o envidia. *Goza pasándonos por las narices su triunfo.* ■ **tocar las narices** (a alguien). loc. v. coloq. Molestar(lo) o fastidiar(lo). *No me toque las narices.* FAM **narigón, na; narigudo, da; narizotas.**

narrar. tr. Contar (un hecho o una historia). *La novela narra la vida de una familia.* ▶ *CONTAR. FAM **narración; narrador, ra.**

narrativo, va. adj. **1.** De la narración. *Género narrativo.* ● f. **2.** Género literario constituido por la novela y el cuento. *Cultiva la poesía y la narrativa.*

nasa. f. Arte de pesca consistente en un cesto cilíndrico de juncos entretejidos o en una red de forma semejante con dos aros de madera en sus extremos.

nasal. adj. De la nariz. *Fosas nasales.* FAM **nasalidad.**

nata. f. **1.** Sustancia espesa, cremosa, blanca o amarillenta, que forma una capa sobre la leche dejada en reposo. *Cuele la leche si tiene nata.* **2.** Nata (→ 1) batida con azúcar, de consistencia esponjosa, muy usada en repostería. *Tarta de nata y chocolate.*

natación. f. **1.** Hecho de nadar o desplazarse por el agua moviendo el cuerpo. *Un ave con patas adaptadas para la natación.* **2.** Deporte o ejercicio consistentes en nadar. *Practica natación y tenis.* FAM **natatorio, ria.**

natal. adj. Dicho de lugar: Que es el del nacimiento. *Su país natal.*

natalicio. m. cult. Nacimiento de una persona. *Conmemoran el natalicio del rey.*

natalidad. f. Número de nacimientos en un lugar durante un tiempo determinado. *La natalidad descendió en el país en la última década.*

natillas. f. pl. Dulce cremoso elaborado con huevos, leche y azúcar.

natividad. f. Nacimiento. Frec., en mayúsc. designa el de Jesucristo, el de la Virgen María y el de San Juan Bautista. *El cuadro representa la Natividad.*

nativo, va. adj. **1.** Nacido en el lugar de que se trata. *Busca un profesor de inglés nativo.* **2.** Del país o lugar en que se ha nacido. *Habló en su lengua nativa.* **3.** Dicho de metal o mineral: Que se encuentra en la naturaleza en estado puro. *Oro nativo.*

480

nato, ta. adj. Pospuesto a un nombre que designa persona con una condición o cualidad: Que es lo expresado por ese nombre por predisposición natural. *Un líder nato.*

natura. contra ~. loc. adj. cult. Contrario a las leyes de la naturaleza. *Una relación sexual contra natura.* Tb. fig.

natural. adj. **1.** De la naturaleza. *Ciencias naturales.* **2.** Propio de la naturaleza o esencia de un ser. *El brillo es una cualidad natural de los diamantes.* **3.** Nativo de un lugar. *Soy natural DE Lima.* **4.** Que está tal como se halla en la naturaleza, o que no tiene mezcla o elaboración. *Prefiero la piña natural a la almíbarada.* **5.** Espontáneo o no afectado. *Una persona muy natural.* **6.** Normal o lógico. *Veo natural que convivan.* **7.** Que imita fielmente a la naturaleza. *Se tiñe de un rubio natural.* **8.** *Taurom.* Dicho de pase de muleta: Que se hace con la mano izquierda y sin el estoque. Frec. m. *Series de naturales.* **9.** *Mús.* Dicho de nota: Que no está modificada por sostenido ni bemol. *Do natural.* ● m. **10.** Temperamento o carácter. *Es de natural cariñoso.* **11.** *Arte* Modelo del que copia directamente el artista. *Pinta del natural.* ■ **al ~.** loc. adv. Sin artificio, mezcla o elaboración. *Toman la fruta al natural o en jugos.* FAM **naturalidad.**

naturaleza. f. **1.** Conjunto de caracteres y propiedades que constituyen la esencia de un ser. *Es misteriosa la naturaleza humana.* **2.** Conjunto de todo lo que existe en el universo, ajeno a la intervención humana. *Conservemos la naturaleza.* **3.** Carácter o temperamento. *Soy de naturaleza tranquila.* **4.** Complexión o constitución física. *Aguantará la operación, es de naturaleza fuerte.* **5.** Especie o clase. *Un virus de esa naturaleza colapsaría los ordenadores.* ■ **~ muerta.** f. Cuadro que representa animales muertos o seres inanimados. *Pintó bodegones y naturalezas muertas.* ▶ **1:** CONDICIÓN.

naturalismo. m. Corriente literaria del s. XIX, caracterizada por presentar la realidad con un realismo extremado, incluyendo sus aspectos más crudos.

naturalista. adj. **1.** Del naturalismo. *Manifiesto naturalista.* **2.** Seguidor del naturalismo. *Autor naturalista.* ● m. y f. **3.** Especialista en ciencias naturales.

naturalizar. tr. **1.** Convertir (a alguien) en ciudadano de una nación. *El rey naturalizó a sus colaboradores extranjeros.* **2.** Introducir y emplear como propia de un país (una cosa extranjera). *La nobleza naturalizó muchas costumbres francesas.* **3.** Adaptar a un país (una especie animal o vegetal foráneas). *Intentan naturalizar en Europa nuevas plantas tropicales.* FAM **naturalización.**

naturalmente. adv. **1.** De manera natural. *Actúa naturalmente.* **2.** Lógicamente o como es natural. *No limpió la herida y, naturalmente, se le infectó.* **3.** Por supuesto o sin duda. *¡Naturalmente que iré!*

naturismo. m. Doctrina que preconiza el empleo de medios naturales para conservar la salud y tratar las enfermedades. FAM **naturista.**

naufragar. intr. **1.** Hundirse una embarcación. *El barco naufragó.* **2.** Sufrir alguien el hundimiento de la embarcación en que viaja. *Naufragaron en el Estrecho.* **3.** Salir mal o fracasar una empresa o intento. *El proyecto ha naufragado.* **4.** Fracasar alguien en una empresa o intento. *Naufragó EN el negocio de la hostelería.* FAM **naufragio; náufrago, ga.**

náusea. f. **1.** Ganas de vomitar. Frec. en pl. *Estoy mareado y tengo náuseas.* **2.** Asco o aversión. Frec. en pl. *Ese hombre me produce náuseas.* ▶ **1:** BASCA.

nauseabundo, da. adj. Que produce náuseas. *Un olor nauseabundo.*

nauta. m. cult. Marinero o navegante.

náutico, ca. adj. **1.** De la navegación. *Deportes náuticos.* ● f. **2.** Ciencia o arte de navegar. *Escuela de náutica.* ▶ **2:** NAVEGACIÓN.

navaja. f. Cuchillo cuya hoja puede doblarse sobre el mango para que el filo quede guardado. *Lo atacó con una navaja.* ▶ **Am:** CHAVETA. FAM **navajazo; navajero, ra.**

naval. adj. De las naves o embarcaciones, o de la navegación. *Industria naval.*

navarro, rra. adj. De Navarra (España).

nave. f. **1.** Embarcación. *Una nave de vela.* **2.** Vehículo preparado para desplazarse por el espacio exterior. Tb. **~ espacial. 3.** En los templos y otros grandes edificios: Espacio delimitado por muros o filas de columnas y que se extiende a lo largo. *Una iglesia de tres naves.* **4.** Edificio grande, sin divisiones internas, que se utiliza como almacén o para usos industriales. *El taller está en una nave industrial.* ■ **quemar las ~s.** loc. v. Tomar una decisión extrema y que no tiene vuelta atrás. *Decidió quemar las naves e invirtió todo el dinero.* ▶ **2:** ASTRONAVE, COSMONAVE.

navegar. intr. **1.** Viajar por el agua en una embarcación. *Navegan rumbo al Caribe.* **2.** Avanzar por el agua una embarcación. *El velero navega a 15 nudos.* **3.** Viajar por el aire en avión, globo u otro aparato aéreo. *Navegamos a 3000 pies de altura.* **4.** Avanzar por el aire un avión u otro aparato aéreo. *La nave navega hacia Marte.* **5.** *Inform.* Desplazarse por una red informática. *Navega por Internet.* FAM **navegable; navegación; navegante.**

navidad. (Frec. en mayúsc.). f. **1.** Día en que se celebra el nacimiento de Jesucristo. *Nos reunimos para la comida de Navidad.* **2.** Tiempo comprendido entre la Navidad (→ 1) y el día de Reyes. *Esta Navidad viajé por Europa.* FAM **navideño, ña.**

naviero, ra. adj. **1.** De las naves, o de la navegación. *Empresa naviera.* ● m. y f. **2.** Dueño de uno o más navíos. *Su padre es un naviero griego.*

navío. m. Barco de gran tamaño, gralm. con varias cubiertas, apto para navegar en alta mar. *Un navío de guerra.* ▶ *EMBARCACIÓN.

náyade. f. En la mitología grecorromana: Ninfa de los ríos y de las fuentes.

nazareno, na. adj. **1.** De Nazaret (antigua ciudad de Asia). Tb. m. y f. Frec. referido a Jesucristo y en mayúsc. *El mensaje del Nazareno.* **2.** (Frec. en mayúsc.). Dicho de imagen de Jesucristo: Vestida con túnica morada.

nazismo. m. Nacionalsocialismo. *Las víctimas del nazismo.* FAM **nazi.**

neblina. f. Niebla baja y poco espesa.

nebuloso, sa. adj. **1.** Que tiene niebla o está cubierto por ella. *Paisaje nebuloso.* **2.** Falto de claridad. *Un recuerdo nebuloso.* ● f. **3.** *Fís.* Masa de materia cósmica, compuesta de polvo y gas, de aspecto semejante a una nube.

necedad. → **necio.**

necesario, ria. adj. **1.** Expresa que la falta de la persona o cosa a que se refiere hacen imposible algo. *El agua es necesaria PARA la vida.* **2.** Que inevitablemente ha de ser o suceder. *Según el filósofo, Dios es un ser necesario.*

neceser. m. Estuche o maletín para guardar y trasladar diversos utensilios, espec. de aseo. *Mete en la maleta el neceser con las cosas de baño.*

necesidad. f. **1.** Hecho de ser necesario. *Puede titularse sin necesidad DE ir a clase.* **2.** Cosa necesaria. *Aumentar las ventas es una necesidad PARA la empresa.* **3.** Situación difícil en la que se necesita ayuda o en la que se carece de lo necesario para subsistir. *Tras la guerra pasaron necesidad.* **4.** Evacuación de orina o excrementos. Frec. en pl. *Hacían sus necesidades en el corral.* ■ **de ~.** loc. adv. De manera necesaria o inevitable. *Una herida mortal de necesidad.* ■ **de primera ~.** loc. adj. Dicho de cosa: De la que no se puede prescindir. *Alimento de primera necesidad.* FAM **necesitar.**

necesitado, da. adj. Dicho de persona: Que carece de lo necesario para subsistir. ▶ *POBRE.

necio, cia. adj. Tonto o lelo. *No seas tan necio.* ▶ *TONTO. FAM **necedad.**

nécora. f. Cangrejo de mar de mediano tamaño y carne muy apreciada.

necrófago, ga. adj. cult. Que se alimenta de cadáveres. *Los cuervos son aves necrófagas.* FAM **necrofagia.**

necrofilia. f. **1.** Atracción por la muerte y lo relacionado con ella. *Llevado de su necrofilia, visitó cientos de cementerios.* **2.** Perversión que consiste en sentir atracción erótica por los muertos. FAM **necrofílico, ca; necrófilo, la.**

necrología. f. Noticia comentada acerca de una persona muerta recientemente. *Supo su muerte por la necrología del periódico.* ▶ OBITUARIO. FAM **necrológico, ca.**

necromancia o **necromancía.** f. Nigromancia.

necrópolis. f. cult. Cementerio, espec. el de gran extensión y con abundantes monumentos funerarios. Frec. en arqueología. *Una necrópolis maya.*

necrosis. f. *Biol.* y *Med.* Muerte de las células de un tejido. *Necrosis por infarto.*

néctar. m. **1.** Jugo azucarado que segregan las flores. *Las abejas chupan el néctar de las flores.* **2.** En la mitología grecorromana: Bebida destinada a los dioses. Tb. fig.

nectarina. f. Fruta que resulta del injerto de ciruelo y melocotonero.

neerlandés, sa. adj. **1.** De los Países Bajos. ● m. **2.** Lengua germánica hablada en los Países Bajos y norte de Bélgica. ▶ **1:** HOLANDÉS.

nefando, da. adj. cult. Que causa repugnancia u horror. *Crimen nefando.*

nefasto. adj. Desgraciado o desastroso. *He tenido un año nefasto.*

nefrítico, ca. adj. *Med.* Del riñón. *Un cólico nefrítico.*

nefrología. f. *Med.* Rama de la medicina que estudia el riñón y el tratamiento de sus enfermedades.

negación. f. **1.** Hecho de negar. *Se obstina en la negación de lo evidente.* **2.** Palabra o conjunto de palabras que sirven para negar. *El adverbio "no" es una negación.*

negado, da. adj. Incapaz o inepto. *Un alumno negado PARA las matemáticas.*

negar. (conjug. ACERTAR). tr. **1.** Decir que (algo) no existe o no es verdad. *Negó su relación con la cantante.* **2.** No dar o no conceder (algo). *Le han negado el visado.* ○ intr. prnl. **3.** Oponerse a hacer algo. *Se niega A comer.* FAM **negador, ra.**

negativo, va. adj. **1.** De la negación o que la contiene. *Una respuesta negativa.* **2.** Dicho de cosa: Mala o perjudicial. *Efectos negativos.* **3.** Dicho de persona: Que ve el aspecto negativo (→ 2) de las cosas. **4.** Que indica ausencia de algo. *La analítica es negativa: no hay infección.* **5.** Dicho de imagen fotográfica: Que tiene los tonos claros convertidos en oscuros y a la inversa. Frec. m. *Guardó los negativos para hacer copias.* **6.** *Mat.* Dicho de cantidad: Menor que cero. **7.** *Fís.* Dicho de electricidad: Propia del electrón. ● f. **8.** Hecho de negar o negarse. *Sorprendió su negativa A negociar.* ▶ **3:** PESIMISTA. FAM **negatividad.**

negligencia. f. Falta de cuidado o de interés. *No van a la escuela por la negligencia de los padres.* FAM **negligente.**

negociado. m. Sección de una organización administrativa que se encarga de un determinado tipo de asuntos. *El negociado DE tráfico del Ayuntamiento.*

negociar. (conjug. ANUNCIAR). intr. **1.** Comerciar con algo para obtener un beneficio. *Negocia EN pieles.* ○ tr. **2.** Tratar o discutir (un asunto) para llegar a un acuerdo. *Negociaré las condiciones del contrato.* **3.** Efectuar una operación bancaria (con algo, como una letra o un efecto). *Negociaban títulos de bolsa por millones de euros.* FAM **negociable; negociación; negociador, ra; negociante.**

negocio. m. **1.** Actividad comercial en la que se persigue un beneficio económico. *La venta de coches es un negocio rentable.* **2.** Actuación de la que se obtiene un beneficio económico. *Ha sido un buen negocio esta compra.* **3.** Beneficio o provecho. *Actúa buscando su negocio.* **4.** Ocupación o asunto. *Anda en negocios oscuros.* **5.** Local en el que se negocia o comercia. *Abrió un negocio de hostelería.* ■ **hacer ~.** loc. v. Obtener un beneficio. *Hizo negocio al canjear sus acciones.* ▶ **1:** ASUNTO.

negrero, ra. adj. **1.** Dedicado al comercio de esclavos negros. *Barco negrero.* ● m. y f. **2.** coloq., despect. Persona que trata duramente a sus subordinados o los explota.

negrita. f. *Gráf.* Letra negrita (→ letra). *Los epígrafes vienen en negrita.*

negritud. f. Conjunto de características sociales y culturales propias de los pueblos de raza negra. *Nicolás Guillén, gran poeta de la negritud.*

negro, gra. adj. **1.** De color semejante al del carbón o al de la oscuridad completa. *Un vestido negro.* **2.** Dicho de persona: De piel oscura, labios gruesos y pelo muy rizado. Tb. m. y f. **3.** De los negros (→ 2) o propio de ellos. *Raza negra.* **4.** De color más oscuro de lo habitual. *Nubes negras.* **5.** Dicho de cosa: De color más oscuro que otras de su misma clase. *Pan negro.* **6.** Clandestino o ilegal. *Mercado negro de armas.* **7.** Dicho de ciertos ritos o actividades: Que invocan al demonio. *Magia negra.* **8.** Dicho de novela o cine: Que trata temas policíacos y criminales. **9.** Dicho de cosa: Desgraciada o triste. *Tengo un día negro.* **10.** De tabaco negro (→ tabaco). *Cigarrillos negros.* **11.** coloq. Malhumorado o enfadado. *Está negro porque ha perdido.* **12.** coloq. Bronceado por el sol. *Se ha puesto negro en la playa.* Tb. m. y f. **13.** coloq. Persona que trabaja de manera anónima para beneficio o lucimiento de otra, espec. en trabajos literarios. ○ f. **14.** *Mús.* Nota cuyo valor es la mitad de una blanca. *En un compás de 3/4 caben tres negras.* ■ **negro sobre blanco.** loc. adv. Por escrito. *Puso negro sobre blanco sus aventuras.* ■ **pasarlas negras.** loc. v. coloq. Pasar dificultades. *Las han pasado negras para* *pagar la casa.* ■ **trabajar como un negro.** loc. v. coloq. Trabajar mucho. FAM **negrear; negrura; negruzco, ca.**

negroide. adj. Que presenta rasgos propios de la raza negra. *Nariz negroide.*

nemotecnia; nemotécnico, ca. → mnemotecnia.

nene, na. m. y f. **1.** coloq. Niño de corta edad. **2.** coloq. Persona joven.

nenúfar. m. Planta acuática de pantanos y estanques, con flores grandes y hojas redondas que flotan extendidas sobre el agua. Tb. la flor.

neo-. elem. compos. Significa 'nuevo' o 'reciente'. *Neoconservadurismo, neokantiano, neocolonialismo, neoliberalismo, neoliberal, neonazi, neopositivismo.*

neoclasicismo. m. Movimiento artístico y literario dominante en Europa en la segunda mitad del s. XVIII y caracterizado por seguir los gustos y normas de la Antigüedad clásica. FAM **neoclásico, ca.**

neófito, ta. m. y f. **1.** Persona incorporada recientemente a una actividad, colectividad o ámbito. *Un neófito en matemáticas.* **2.** Persona incorporada recientemente a una religión.

neolítico, ca. adj. (Como m. se usa en mayúsc.). *Prehist.* Dicho de período de tiempo: Que es el último de la Edad de Piedra. Tb. m.

neologismo. m. Palabra, expresión o significado nuevos en una lengua. *"Cliquear" es un neologismo en español.*

neón. m. **1.** Elemento químico del grupo de los gases nobles, escaso en la atmósfera y que se utiliza en la fabricación de tubos fluorescentes (Símb. *Ne*). **2.** Aparato de luz fluorescente que contiene neón (→ 1). *Los neones publicitarios iluminan la calle.*

neonato, ta. m. y f. Niño recién nacido. FAM **neonatal; neonatología.**

neoplatonismo. m. *Fil.* Doctrina desarrollada en Alejandría entre los ss. II y III, y que se basa en la filosofía platónica. FAM **neoplatónico, ca.**

neopreno. m. Caucho sintético muy resistente y con propiedades aislantes, frec. usado para confeccionar prendas deportivas. *Bucean con trajes de neopreno.*

neorrealismo. m. *Cine* Movimiento surgido en Italia tras la Segunda Guerra Mundial, y que refleja los aspectos cotidianos de la realidad social. FAM **neorrealista.**

neoyorquino, na. adj. De Nueva York (Estados Unidos de América).

neozelandés, sa. adj. De Nueva Zelanda (Oceanía).

nepalés, sa. adj. De Nepal (Asia).

nepotismo. m. Preferencia hacia familiares y amigos a la hora de otorgar un empleo o cargo públicos. *Acusan al alcalde de nepotismo.*

nereida. f. En la mitología grecorromana: Ninfa marina, mitad pez y mitad mujer.

nervio. m. **1.** En las personas o los animales: Fibra o conjunto de fibras que transportan sensaciones e impulsos motores entre el cerebro y el resto del cuerpo. *Nervio auditivo.* **2.** Tendón blanquecino, duro y resistente. *Este filete tiene muchos nervios.* **3.** Fuerza o vigor. *Una persona con mucho nervio.* **4.** *Bot.* Haz fibroso que sobresale en el envés de una hoja. **5.** *Arq.* Arco que, al cruzarse con otro u otros, forma una bóveda, espec. la de crucería. **6.** *Encuad.* Cordel del lomo de un libro, que une sus cuadernillos. ○ pl. **7.** Tensión o excitación. *Serene sus nervios.* ■ ~ **ciático.** m. *Anat.* Nervio (→ 1) que se distribuye en los músculos posteriores del muslo, en los de la pierna y en la piel de esta y del pie. ⇒ CIÁTICO. ■ ~ **vago.** m. *Anat.* Nervio (→ 1) craneal que parte del bulbo, desciende por ambos lados del cuello y se ramifica hasta llegar a varios órganos del tórax y del abdomen. ⇒ VAGO. □ **crispar** (a alguien) **los ~s,** o **poner** (a alguien) **los ~s de punta.** loc. v. coloq. Excitar(lo) o irritar(lo). *Me crispa los nervios su insolencia.* ■ **perder** alguien **los ~s.** loc. v. Alterarse o perder la serenidad. *No pierda los nervios.* ■ **ser** alguien (**un**) **puro ~.** loc. v. coloq. Ser muy activo o inquieto. *Es puro nervio, no para.* ▶ **4:** VENA. FAM **nervadura; nerviosismo; nervioso, sa.**

neto, ta. adj. **1.** Claro o bien definido. *Lo apoya una neta mayoría.* **2.** Dicho de cantidad: Libre de gastos, impuestos o deducciones. *Indique cuál es su sueldo neto y bruto.* **3.** Dicho de peso de una cosa: Que es el que le corresponde después de restarle la tara. *La lata de maíz tiene un peso neto de 60 gramos, y bruto de 100.* ▶ **2:** LIMPIO.

neumático, ca. adj. **1.** Dicho de máquina o aparato: Que funciona con aire. *Balsa neumática.* ● m. **2.** Pieza de goma o caucho rellena de aire a presión, con cámara o sin ella, y que se monta sobre la llanta de una rueda. *Necesita cambiar los neumáticos del auto.* ▶ **2:** GOMA. ‖ **Am: 2:** CAUCHO, LLANTA.

neumococo. m. *Biol.* y *Med.* Microorganismo que produce ciertas neumonías.

neumología. f. *Med.* Estudio de las enfermedades de los pulmones o de las vías respiratorias. *Un congreso de neumología.* FAM **neumológico, ca; neumólogo, ga.**

neumonía. f. *Med.* Pulmonía. *Está ingresado con neumonía.*

neural. adj. *Med.* Del sistema nervioso y de las neuronas. *Redes neurales.*

neuralgia. f. *Med.* Dolor fuerte y continuo a lo largo de un nervio y de sus ramificaciones. *Padece una neuralgia cervical.*

neurálgico, ca. adj. **1.** Dicho de lugar: Principal o muy importante. *La plaza es el centro neurálgico del pueblo.* **2.** *Med.* De la neuralgia. *Crisis neurálgicas.*

neurastenia. f. *Med.* Trastorno psíquico caracterizado por agotamiento y depresión. *Las tensiones la tienen al borde de la neurastenia.* FAM **neurasténico, ca.**

neurocirugía. f. *Med.* Cirugía del sistema nervioso. FAM **neurocirujano, na.**

neurología. f. Rama de la medicina que estudia el sistema nervioso y sus enfermedades. FAM **neurológico, ca; neurólogo, ga.**

neurona. f. *Anat.* Célula nerviosa, formada por un cuerpo central y varias prolongaciones. *De estas neuronas depende la actividad cerebral.* FAM **neuronal.**

neurosis. f. *Med.* y *Psicol.* Trastorno mental o emocional caracterizado por ansiedad y miedo irracional, acompañado a veces de una necesidad de repetir algún tipo de conducta. *Padece una neurosis depresiva.* FAM **neurótico, ca.**

neurotransmisor, ra. adj. *Biol.* Dicho de sustancia o producto: Que transmite los impulsos nerviosos. Tb. m.

neurovegetativo, va. adj. **1.** *Anat.* Dicho de sistema nervioso: Que controla el funcionamiento involuntario de vísceras, glándulas y músculos. **2.** *Anat.* Del sistema nervioso neurovegetativo (→ 1). *Desequilibrio neurovegetativo.*

neutral. adj. Que no toma partido por ninguna de las opciones en un enfrentamiento o rivalidad. *Un árbitro neutral.* FAM **neutralidad; neutralismo.**

neutralizar. tr. Anular o contrarrestar (algo). *Un antídoto neutralizará los efectos del veneno.* FAM **neutralización.**

neutro, tra. adj. **1.** Indefinido o carente de rasgos marcados. *Ni aceptó ni rehusó: dio una respuesta neutra.* **2.** Indiferente en política, o que se abstiene de intervenir en ella. **3.** *Gram.* Dicho de palabra: De género neutro (→ **género**). *"Esto" es un pronombre neutro.* ● m. **4.** *Gram.* Género neutro (→ **género**).

neutrón. m. *Fís.* Partícula elemental sin carga eléctrica, que forma parte del núcleo del átomo. *El núcleo del átomo está compuesto de neutrones y protones.*

nevar. (conjug. ACERTAR). intr. impers. **1.** Caer nieve. *Nieva.* ○ tr. **2.** Poner blanca (una cosa) con algo que recuerde a la nieve. *Hombros nevados de caspa.* FAM **nevada.**

nevera. f. **1.** Electrodoméstico que produce frío y sirve para conservar o enfriar alimentos. *Mete la tarta en la nevera.* Tb. fig. **2.** Recipiente portátil de material aislante, que sirve para conservar fríos los alimentos. *A las excursiones llevo una neverita.* ▶ **1:** FRIGORÍFICO, REFRIGERADOR. ‖ Am: **1:** HELADERA, HIELERA, REFRIGERADORA.

nevero. m. Lugar de montaña donde la nieve se conserva todo el año. Tb. la nieve.

nevisca. f. Nevada breve y de copos menudos.

newton. (pal. ingl.; pronunc. "niúton"). m. *Fís.* Unidad de fuerza del Sistema Internacional que equivale a la fuerza necesaria para comunicar a un cuerpo con masa de un kilogramo una aceleración de un metro por segundo cada segundo (Símb. *N*).

nexo. m. Elemento que sirve para unir dos o más cosas entre sí. *El idioma común es un nexo entre ambas culturas.*

ni. conj. **1.** Une oraciones o elementos de oración que tienen forma negativa. *No fuma ni bebe.* ● adv. **2.** Se usa en vez de *no* con intención enfática, cuando va seguido de otra negación introducida por *ni.* *Ni lo sé ni quiero saberlo.* **3.** Enfatiza la negación de un hecho que se considera lo mínimo esperable. *Ni los suyos lo apoyan.* Frec. en constr. como ~ *siquiera*, o ~ *aun*. (→ **siquiera**). **4.** Forma parte de varias locuciones y construcciones adverbiales que se usan como negación enérgica. *¿Darle dinero?; ¡ni soñarlo!* ■ ~ **que.** loc. conjunt. coloq. Introduce una exclamación en la que se rechaza enfáticamente una posibilidad falsa. *Que cambiemos de auto, ¡ni que fuéramos ricos!*

nicaragüense. adj. De Nicaragua.

nicho. m. **1.** En un cementerio: Hueco hecho en un muro para introducir en él un cadáver o sus cenizas. **2.** Hueco hecho en un muro, gralm. en forma de arco, para colocar en él una estatua u otro objeto decorativo. *Rezó ante un nicho con una virgen.*

nicotina. f. Sustancia contenida en el tabaco, aceitosa, amarillenta y perjudicial para la salud.

nidada. f. Conjunto de los huevos puestos por un ave. *La pava empolló la nidada.* Tb. el conjunto de crías nacidas de esos huevos. *La nidada se crió sana.*

nidificar. intr. *Zool.* Anidar un ave. *Aves que nidifican en los tejados.* ▶ ANIDAR.

nido. m. **1.** Cama o refugio que construyen algunas aves para poner los huevos y criar a las crías. *En el campanario hay un nido.* Tb. los que construyen

otros animales. *Un nido de avispas.* **2.** En un hospital: Lugar en el que están los recién nacidos. **3.** coloq. Hogar de alguien. *De recién casados, no salían de su nidito.* **4.** Lugar donde se juntan o hallan en gran cantidad personas o cosas consideradas negativas. *Aquel bar es un nido DE traficantes.* **5.** Lugar en que surge algo, espec. negativo. *La oficina era un nido DE envidias.* ■ ~ **de ametralladoras.** m. *Mil.* Lugar que se encuentra protegido por ametralladoras. *Destruyeron un nido de ametralladoras enemigo.* FAM **nidal.**

niebla. f. **1.** Nube muy baja, que está en contacto con el suelo y dificulta la visión. **2.** Estado de falta de claridad que impide comprender algo. *La niebla de los años distorsionaba sus recuerdos.* ▶ BRUMA.

nieto, ta. m. y f. Respecto de una persona: Otro que es hijo de su hijo o de su hija.

nieve. f. Agua helada que cae de las nubes en cristales microscópicos que forman copos blancos. ■ ~s **eternas,** o **perpetuas.** f. pl. Nieve caída en alta montaña que permanece, sin derretirse, de un invierno a otro. *Cimas cubiertas de nieves perpetuas.*

nigeriano, na. adj. De Nigeria (África).

nigerino, na. adj. De Níger (África).

nigromancia. f. Adivinación mediante la invocación de los muertos. *Practicaba la nigromancia en sesiones espiritistas.* ▶ NECROMANCIA. FAM **nigromante.**

nigua. f. Insecto de América tropical y África, parecido a la pulga pero de menor tamaño, que penetra bajo la piel de animales y personas, y produce picazón y úlceras.

nihilismo. m. **1.** Actitud de negar cualquier creencia, valor o principio religiosos, políticos o sociales. *Su nihilismo lo hundió en la desesperación.* **2.** Fil. Doctrina que niega la posibilidad de conocimiento. *El nihilismo de Schopenhauer.* FAM **nihilista.**

nilón. m. Nailon. *Una bolsa de nilón.*

nimbo. m. **1.** Aureola (círculo luminoso de las imágenes sagradas). **2.** *Meteor.* Nube baja y portadora gralm. de lluvia, nieve o granizo. ▶ **1:** *AUREOLA.

nimiedad. f. **1.** Cualidad de nimio. *Rió por la nimiedad del problema.* **2.** Cosa nimia. *Me distrae con nimiedades.* ▶ **1:** BANALIDAD, INSIGNIFICANCIA, IRRELEVANCIA, TRIVIALIDAD. **2:** BANALIDAD, BOBADA, BOBERÍA, FRUSLERÍA, INSIGNIFICANCIA, MEMEZ, MENUDENCIA, MINUCIA, NADERÍA, SIMPLEZA, TONTADA, TONTERÍA, TRIVIALIDAD.

nimio, mia. adj. Que tiene poca importancia o relevancia. *Dejemos esos detalles nimios.* ▶ BANAL, INSIGNIFICANTE, IRRELEVANTE, TRIVIAL.

ninfa. f. **1.** En la mitología grecorromana: Divinidad femenina representada por una mujer joven y hermosa que suele aparecer en bosques y ríos. Tb. fig. **2.** *Zool.* En la metamorfosis de algunos insectos: Individuo que se encuentra en el estado siguiente al de larva y anterior al de adulto. *Ninfas de saltamontes.* ▶ **2:** *CRISÁLIDA.

ninfomanía. f. cult. o *Med.* Deseo sexual exagerado o patológico en la mujer. FAM **ninfómana.**

ningunear. tr. No hacer caso a (alguien) o tratar(lo) con desprecio. *Me ningunea.*

ninguno, na. (En acep. 1, apóc. **ningún:** se usa delante de m. sing., tb. cuando entre los dos se interpone un adj.: *ningún niño; ningún mal día*). adj. **1.** Expresa la ausencia de lo designado por el nombre al que acompaña. *Ningún profesor faltó.* Cuando va detrás del v., este va precedido de un elemento negativo.

No me cabe ninguna duda. ● pron. **2.** Expresa la ausencia de todas las personas o cosas a las que se refiere. Se usa en sing. *Ninguna de nosotras lo olvida.* Cuando va detrás del v., este va precedido de un elemento negativo. *Prometió varios regalos y no ha traído ninguno.*

niñería. f. Hecho o dicho de poca importancia. *Discuten por niñerías.*

niñero, ra. adj. **1.** Aficionado a tratar con niños. *Soy muy niñero.* ● f. **2.** Mujer que cuida niños o que tiene por oficio cuidar niños. ▶ **Am: 2:** NANA.

niñez. f. Período de la vida de una persona, que se extiende desde el nacimiento hasta la adolescencia. *Vivió en el pueblo durante su niñez.* ▶ INFANCIA.

niño, ña. m. y f. **1.** Persona que está en la niñez. *Los niños juegan.* **2.** Persona que tiene pocos años. *Se casa la niña.* **3.** Persona adulta que se comporta de forma poco responsable o inmadura. *El abuelo es un niño.* ○ f. **4.** Pupila (parte del ojo). ■ ~ **bien.** m. y f. despect. Persona joven de clase social alta. *No trabaja, es un niño bien.* ■ ~ **de pecho,** o ~ **de teta.** m. y f. coloq. Niño (→ 1) pequeño que está en el período de mamar. *La mujer lleva un niño de pecho.* □ **la niña de sus ojos.** loc. s. coloq. La persona o cosa a las que alguien tiene especial aprecio. *Mi nieta es la niña de mis ojos.* ■ **qué... ni qué niño muerto.** expr. coloq. Se usa para expresar rechazo o desprecio hacia lo que se acaba de oír. *¡Qué prisas ni qué niño muerto!, ¡obedezca!* ▶ **1:** CHICO, MOZALBETE, MOZUELO, MUCHACHO. **4:** PUPILA. ‖ **Am: 1:** CHAMACO, CHAVO. FAM **niñato, ta.**

nipón, na. adj. Japonés.

níquel. m. Elemento químico del grupo de los metales, plateado y brillante, usado para recubrir y dar resistencia a otros metales (Símb. *Ni*). FAM **niquelado; niquelar.**

nirvana. m. *Rel.* En el budismo: Estado de felicidad total del alma y fusión con la divinidad, que se alcanza a través de la meditación y la iluminación.

níspero. m. **1.** Fruto comestible de forma globosa, anaranjado, con piel fina, carne tierna y un poco ácida, y varias semillas grandes de color pardo. Tb. ~ *del Japón.* Tb. su árbol. **2.** Fruto casi esférico, pardo y velloso, de carne blanca y áspera y solo comestible tras haber fermentado. Tb. su árbol.

nítido, da. adj. **1.** Que se distingue bien. *Oí un nítido sonido de violín.* **2.** cult. Limpio o claro. *Un cielo nítido.* FAM **nitidez.**

nitro. m. *Quím.* Sustancia que es un compuesto del nitrógeno y que se emplea como abono y para la fabricación de explosivos. ▶ SALITRE.

nitrógeno. m. Elemento químico, gaseoso en estado natural, incoloro e insípido, que constituye las 4/5 partes de la atmósfera terrestre, y que está presente en todos los seres vivos (Símb. *N*). FAM **nitrato; nítrico, ca; nitrogenado, da; nitroso, sa.**

nitroglicerina. f. Líquido inflamable y explosivo, usado para fabricar dinamita.

nivel. m. **1.** Altura a la que llega algo, con respecto a un plano horizontal. *El nivel del agua embalsada está alto.* **2.** Altura de una cosa que se toma como referencia. *Coloque la pantalla por debajo del nivel de los ojos.* **3.** Grado o altura de una cosa. *El nivel de conocimientos ha subido.* **4.** Categoría o rango. *En el Ejército los niveles están muy establecidos.* **5.** Instrumento que sirve para determinar si una superficie está horizontal. *Comprueba con un nivel que la mesa está recta.* ■ ~ **de vida.** m. Grado de bienestar, espec. económico, de una persona o un colectivo. *La crisis afec-*

ta a nuestro nivel de vida. □ **a** ~. loc. adv. **1.** En un plano horizontal. *Ponga a nivel el estante.* **2.** A la misma altura. *Colgó los armarios a nivel.* FAM **nivelación; nivelador, ra; nivelar.**

níveo, a. adj. cult. De la nieve, o de características semejantes a las suyas, espec. la blancura. *Níveos cabellos.*

no. adv. **1.** Se usa como respuesta negativa a una pregunta. *–¿Viene? –No, gracias.* **2.** Se usa para expresar falsedad o la inexistencia de algo. *No tengo tiempo.* **3.** Seguido de un nombre de acción, indica inexistencia. *Aboga por la no violencia.* **4.** Se usa en oraciones interrogativas en las que se supone una respuesta afirmativa. *He dicho que vengas, ¿no me oyes?* **5.** Precede inmediatamente al verbo cuando en la oración hay una palabra de sentido negativo. *No vimos a nadie.* **6.** En una comparación puede seguir a la conjunción *que,* sin ningún significado. *Se le da mejor hablar que no escuchar.* (= 'Se le da mejor hablar que escuchar'). ● m. (pl. **noes**). **7.** Respuesta negativa. *Le pediré que nos casemos, y no espero un no.* ■ ~ **bien.** loc. conjunt. cult. En cuanto, o tan pronto como. *No bien hubo llegado, nos llamó.* ■ ~ **ya.** loc. adv. cult. No (→ 2) solamente. *Lo hizo no ya por obligación, sino por orgullo.*

nobel. m. **1.** (En mayúsc.). Premio otorgado anualmente por la fundación sueca Alfred Nobel a personas o instituciones que han destacado en campos como las artes, las ciencias o la promoción de la paz mundial. *Le concedieron el Nobel de Física.* **2.** Persona galardonada con un Nobel (→ 1). *Entrevistarán al nuevo nobel de literatura.*

noble. adj. **1.** Generoso, leal e incapaz de llevar a cabo una mala acción. *Como amigo es muy noble.* Tb. fig. referido a animal. **2.** Que pertenece a una clase social privilegiada por nacimiento o por haber recibido un título del rey. Frec. m. y f. *Los nobles tenían muchos privilegios.* **3.** Superior en calidad o importancia. *Muebles de maderas nobles.* **4.** *Quím.* Dicho de gas: Químicamente inerte o inactivo. *El helio es un gas noble.* **5.** *Quím.* Dicho de metal: Que es resistente a los agentes químicos y no se oxida. ▶ **2:** ARISTÓCRATA, ARISTOCRÁTICO. FAM **nobiliario, ria; nobleza.**

noche. f. Parte del día que transcurre entre la puesta de sol y el amanecer. *Esta noche hay luna llena.* ■ **Noche Buena.** → Nochebuena. ■ **Noche Vieja.** → Nochevieja. ■ **media** ~. → medianoche. □ **ayer** ~. loc. adv. Anoche. *Llegaron ayer noche.* ■ **buenas** ~s. expr. Se usa como fórmula de saludo o de despedida por la noche. *Buenas noches, doctor, pase usted.* ■ **dar las buenas noches.** loc. v. Despedirse por la noche al irse a dormir. *Dio las buenas noches y se retiró.* ■ **de la noche a la mañana.** loc. adv. Muy rápidamente. *Se convirtió de la noche a la mañana en un potentado.* ■ **de** ~. loc. adv. Durante el tiempo que transcurre desde que se pone el sol hasta que amanece. *Llegó a su casa de noche.* ■ **día y** ~, o ~ **y día.** → día. ■ **hacer** ~ (en un sitio). loc. v. En un viaje: Detenerse y pasar la noche (en un lugar determinado). *Haremos noche EN un hotel.* ■ **hacerse de** ~. loc. v. Desaparecer la luz del sol. *Se hace de noche.*

Nochebuena. (Tb. **Noche Buena**). f. Noche anterior al día de Navidad. *En Nochebuena vendrá toda la familia a cenar.* Tb. el día correspondiente.

Nochevieja. (Tb. **Noche Vieja**). f. Última noche del año. *En Nochevieja iremos a una fiesta.* Tb. el día correspondiente. *Mañana es Nochevieja.*

noción. f. **1.** Conocimiento o idea que se tiene de una cosa. *Nos inculcó la noción del deber.* **2.** Conocimiento elemental de algo. Frec. en pl. *Tiene nociones de geometría.*

nocivo, va. adj. Perjudicial o que causa daño. *Gases nocivos PARA la salud.*

noctámbulo, la. adj. cult. Dicho de persona: Que anda vagando por la noche. Frec. m. y f. *Es un noctámbulo; se acuesta al amanecer.* FAM **noctambulismo.**

nocturnidad. f. **1.** Cualidad de nocturno. *Cobra más por la nocturnidad de su trabajo.* **2.** *Der.* Circunstancia agravante consistente en cometer un delito por la noche.

nocturno, na. adj. **1.** De la noche o que se desarrolla durante la noche. *Horario nocturno.* **2.** Dicho de animal o planta: Que realiza sus principales funciones durante la noche. ● m. **3.** Pieza musical de melodía dulce y tranquila. *Un nocturno de Chopin.*

nodriza. f. **1.** Mujer que amamanta a un niño ajeno. *Me crió una nodriza.* **2.** Buque o aeronave que sirven para abastecer de combustible a otros. *Avión nodriza.* ▶ **1:** AMA.

nódulo. m. *Med.* Concreción o masa celulares pequeñas. *Nódulos en la garganta.*

nogal. m. Árbol grande de hoja caduca, tronco robusto y copa amplia, que da madera de gran calidad y cuyo fruto es la nuez. Tb. la madera. *Mesa de nogal.*

nómada. adj. Dicho de persona o de grupo de personas: Que van de un lugar a otro sin establecer una residencia fija. *Un pueblo nómada.* FAM **nomadismo.**

nombrado, da. adj. Célebre o famoso. *Un restaurante muy nombrado.* ▶ *FAMOSO.

nombrar. tr. **1.** Decir el nombre (de alguien o algo). *Nombre tres ríos americanos.* **2.** Designar (a alguien) para un cargo, oficio o función. *Lo han nombrado presidente.* ▶ **2:** *DESIGNAR. FAM **nombramiento.**

nombre. m. **1.** Palabra o conjunto de palabras con que se designan y distinguen personas, objetos o entidades abstractas. *El nombre de ese objeto es "butaca".* **2.** Palabra o conjunto de palabras con que se designa a una persona o entidad. *Mi nombre es Luis.* **3.** *Gram.* Palabra que puede desempeñar la función sintáctica de sujeto. *En "un disco nuevo", ¿cuál es el nombre?* **4.** Fama o prestigio. *Un profesional de nombre.* ■ ~ **artístico.** m. Nombre (→ 2) usado por un artista en su profesión, en lugar del suyo propio. ■ ~ **comercial.** m. Denominación distintiva de un producto o de un establecimiento. *El laboratorio registró el nombre comercial del fármaco.* ■ ~ **común.** m. Nombre (→ 3) que designa todas las personas o cosas de la misma clase. *"Río" es un nombre común.* ■ ~ **de guerra.** m. Nombre (→ 2) que adopta una persona para realizar una actividad. *Adoptó como nombre de guerra "la Guapa".* ■ ~ **de pila.** m. Nombre (→ 2) que se da a una persona cuando es bautizada. *El nombre de pila del señor Álvarez es Joaquín.* ■ ~ **propio.** m. Nombre (→ 3) que designa una persona o cosa distinguiéndolas entre las demás de su clase. *Los nombres propios se escriben con mayúscula.* □ **a** ~ (de una persona o entidad). loc. adv. Nombre (→ 2) (de esa persona o entidad) como propietarias, o con destino (a ellas). *La casa está a mi nombre.* ■ **en (el)** ~ (de alguien o algo). loc. adv. En representación (de él o de ello). *Firma en nombre DE su marido.* ■ **no tener** ~ algo. loc. v. Ser incalificable o digno de censura. *Su actitud no tiene nombre.* ▶ **1, 2:** DENOMINACIÓN, DESIGNACIÓN. **3:** SUSTANTIVO.

nomenclatura. f. Conjunto de los términos técnicos propios de una ciencia o actividad. *Nomenclatura química.*

nomeolvides. f. Flor pequeña y azul, cuya planta se cultiva en jardinería. Tb. la planta.

nómina. f. **1.** Lista de nombres. *La nómina de premiados.* **2.** Relación de los nombres de las personas que perciben un sueldo en un lugar de trabajo. *La nómina de la empresa es de trescientos empleados.* **3.** Sueldo que percibe regularmente una persona en un lugar de trabajo. *Cobro la nómina a fin de mes.*

nominal. adj. **1.** Del nombre o de los nombres. *Índice nominal.* **2.** Que tiene un nombre dado, pero no es realmente lo significado por él. *Tiene un cargo nominal.* **3.** *Com.* Dicho de título o inscripción: Nominativo. *Cheque nominal.* **4.** *Gram.* Del nombre. *El infinitivo es la forma nominal del verbo.* ▶ **3:** NOMINATIVO.

nominar. tr. **1.** Designar (a alguien) para un cargo o cometido. *El partido lo nominó PARA la presidencia.* **2.** Presentar o proponer (a alguien) para un premio. *Lo han nominado PARA un premio de teatro.* **3.** cult. Dar nombre (a alguien o algo). *Acuñó un término para nominar su invento.* ▶ **1:** *DESIGNAR. FAM **nominación.**

nominativo, va. adj. *Com.* Dicho de título o inscripción: Que lleva el nombre de la persona a favor de la que se extiende. *Cheque nominativo.* ▶ NOMINAL.

nomo. → gnomo.

non. adj. Dicho de número: Impar. Tb. m. *Pares y nones.*

nonagenario, ria. adj. Dicho de persona: Que tiene más de noventa años, pero menos de cien. *Anciana nonagenaria.*

nonagésimo, ma. → APÉND. NUM.

nonato, ta. adj. **1.** Que no ha nacido naturalmente, sino mediante cesárea. *Un bebé nonato.* **2.** Dicho de cosa: Aún no acaecida, o que todavía no existe. *Habló de la constitución, nonata en aquella época.*

nones. interj. Se usa para negar con rotundidad. *–Pásamelo. –Nones.*

nono, na. adj. cult. Noveno. *El papa Pío nono.*

non plus ultra. (loc. lat.). m. Grado máximo que se puede alcanzar en algo. *Lo considero el non plus ultra de los escritores.*

nopal. m. frecAm. Chumbera. *Amarillo, el color del Sol y de la flor del nopal* [C].

noquear. tr. En boxeo: Dejar (al adversario) fuera de combate. *El aspirante ha noqueado al campeón en dos asaltos.* Tb. fig.

nor-. elem. compos. Significa 'norte'. *Noratlántico, noroccidente.*

norcoreano, na. adj. De Corea del Norte (Asia).

nord-. elem. compos. Significa 'norte'. *Nordatlántico, nordiraquí.*

nordeste o **noreste.** m. **1.** (En mayúsc.). Punto del horizonte situado entre el Norte y el Este, a igual distancia de ambos (Símb. *NE*). **2.** En un lugar: Parte que está hacia el Nordeste (→ 1). *Recorrió el nordeste del país.* **3.** Viento que sopla del Nordeste (→ 1).

nórdico, ca. adj. Del norte de Europa o de sus pueblos.

noria. f. **1.** Máquina con forma de rueda que al girar eleva agua. *Sacaban agua con una noria para las* *huertas.* **2.** Atracción de feria consistente en una rueda vertical y giratoria con cabinas. *Montaremos en la noria.*

norirlandés, sa. adj. De Irlanda del Norte (Reino Unido).

norma. f. **1.** Regla que se debe seguir o a la que se debe ajustar una cosa. *Normas de convivencia.* **2.** tecn. Conjunto de normas (→ 1). *La norma del español está recogida en las gramáticas.* ▶ **1:** *REGLA. FAM normativo, va.

normal. adj. **1.** Habitual u ordinario. *No es un palacio, sino una casa normal.* **2.** Que se halla en su estado natural. *El bebé nació normal.* **3.** Que se ajusta a una norma o regla. *Un comportamiento normal.* **4.** Mat. Dicho de línea recta o de plano: Perpendicular. Dicho de línea, tb. f. *La normal A una superficie.* ● f. **5.** Escuela normal (→ escuela). *Estudió magisterio en la Normal de Bogotá.* FAM normalidad.

normalizar. tr. **1.** Hacer que (algo) sea normal. *La paz normalizará la vida cotidiana.* **2.** Ajustar a normas (algo). *El Gobierno quiere normalizar el flujo migratorio.* ▶ frecAm: **2:** NORMAR. FAM normalización.

normando, da. adj. **1.** De Normandía (Francia). **2.** histór. De los pueblos escandinavos que se establecieron en el s. XI en Europa.

normar. tr. frecAm. Ajustar a normas (algo). *El reglamento normará el servicio de transporte urbano* [C]. ▶ NORMALIZAR.

normativo, va. → norma.

noroeste. m. **1.** (En mayúsc.). Punto del horizonte situado entre el Norte y el Oeste, a igual distancia de ambos (Símb. *NO*). **2.** En un lugar: Parte que está hacia el Noroeste (→ 1). *Galicia está en el noroeste de España.* **3.** Viento que sopla del Noroeste (→ 1).

norte. m. **1.** (En mayúsc.). Punto cardinal situado frente a un observador a cuya derecha está el Este (Símb. *N*). **2.** En un lugar: Parte que está hacia el Norte (→ 1). *Suecia está en el norte de Europa.* **3.** Viento que sopla del Norte (→ 1). *Sopla el norte.* **4.** Guía o punto de referencia. *Su fe fue el norte de su vida.* **5.** Meta u objetivo. *Trabaja sin perder el norte.* ■ ~ magnético. m. Dirección que corresponde al Polo Ártico. *La brújula apunta al norte magnético.* ▶ **3:** CIERZO, TRAMONTANA. FAM norteño, ña.

norteamericano, na. adj. **1.** De América del Norte. *Países norteamericanos.* **2.** De los Estados Unidos de América. ▶ **2:** *ESTADOUNIDENSE.

noruego, ga. adj. **1.** De Noruega. ● m. **2.** Lengua hablada en Noruega.

nos. (En ciertos casos va detrás del v. y se escribe unido a él: *Debemos alejarnos*). pron. pers. pl. Designa, en función de complemento directo o indirecto sin preposición, a la misma persona designada con el pronombre *nosotros. Su despedida nos emocionó.*

nosotros, tras. pron. pers. pl. (→ nos). **1.** Designa a las personas entre las que se encuentra el que habla. *Lo propuso usted y nosotros aceptamos.* **2.** cult. Lo usa el que habla para referirse a sí mismo en ciertas situaciones formales, y espec. en textos escritos. *En el prólogo, el autor reconoce: "Para nosotros tal teoría es indemostrable".*

nostalgia. f. Tristeza por estar lejos de las personas o de los lugares queridos, o por el recuerdo de algo perdido. *Siente nostalgia DE su niñez.* FAM nostálgico, ca.

nota. f. **1.** Marca para reconocer algo. *Los párrafos clave están señalados con una nota.* **2.** Explicación o comentario que se escriben para aclarar un texto. *En la nota a pie de página viene la cita.* **3.** Apunte para ampliar o recordar algo. *Toma notas de la explicación.* **4.** Noticia breve de un hecho. *Lo supo por una nota del periódico.* **5.** Calificación de un examen o de un ejercicio. *Mi nota en el examen es alta.* **6.** Cuenta o factura. *Por favor, camarero, la nota.* **7.** Comunicación escrita entre un gobierno y una embajada. *La embajada francesa ha emitido una nota aclaratoria.* **8.** Mús. Signo con que se representa un sonido. *Sabe leer las notas del pentagrama.* Tb. el sonido. *Desafinó en una nota aguda.* ■ ~ discordante. f. Cosa o persona que rompen la armonía de un conjunto. *El incidente fue la nota discordante de la cumbre.* ■ ~ dominante. f. Característica más destacada. *El optimismo ha sido la nota dominante del discurso.* □ dar la ~. loc. v. coloq. Llamar la atención por actuar de manera inapropiada. *Le gusta dar la nota.* ■ tomar ~ (de algo). loc. v. Prestar atención (a eso) con intención de recordar(lo) o tener(lo) en cuenta. *Eso es un error, tome nota.*

notable. adj. **1.** Que destaca por sus cualidades, por su importancia o por su cantidad. *Hizo un notable esfuerzo.* ● m. pl. **2.** Personas más importantes de un grupo. *Una reunión de notables.* ▶ **1:** *DESTACADO. FAM notabilidad.

notación. f. **1.** Sistema de signos convencionales utilizados en una disciplina. *La notación aritmética de los mayas.* **2.** Escritura musical. *En nuestra notación, las notas se sitúan en un pentagrama.*

notar. tr. **1.** Percibir (una sensación). *Noto frío.* **2.** Darse cuenta (de algo). *Ha notado que estoy preocupado.* ■ hacerse ~ alguien. loc. v. Llamar la atención. *Viste así para hacerse notar.* ▶ **1:** *PERCIBIR. **2:** ADVERTIR.

notario, ria. m. y f. Persona autorizada para dar fe de que lo contenido en ciertos documentos es conforme a las leyes. *Hay que firmar el documento ante notario.* ▶ Am: ESCRIBANO. FAM notaría; notarial.

noticia. f. **1.** Información sobre alguien o algo, espec. sobre un suceso reciente. *La radio dio la noticia del terremoto.* **2.** Conocimiento o noción elementales. *No tenía noticia de la existencia del museo.* **3.** Hecho del que se da noticia (→ 1). *El reportero estará donde se produzca la noticia.* ■ ~ bomba. (pl. noticias bomba). f. coloq. Noticia (→ 1) que impresiona por inesperada e importante. FAM noticiable; notición.

noticiario. m. Programa de televisión o de radio en que se difunden noticias. *Me he enterado del incendio por el noticiario.* ▶ Am: NOTICIERO, NOTICIOSO.

noticiero. m. Am. Noticiario. *El noticiero del mediodía* [C].

noticioso, sa. adj. **1.** frecAm. De la noticia. *Las agencias noticiosas reportaron la noticia* [C]. ● m. **2.** Am. Noticiario. *El locutor de un noticioso televisivo* [C].

notificar. tr. **1.** Comunicar de forma oficial (algo). *El juzgado notificó al acusado la sentencia.* **2.** Hacer saber (algo). *Nos notificó su marcha.* FAM notificación.

notorio, ria. adj. **1.** Público y conocido por todos. *Un pintor muy notorio.* **2.** Claro o evidente. *Su delgadez es notoria.* ▶ **2:** *EVIDENTE. FAM notoriedad.

nova. f. Fís. Estrella que adquiere temporalmente un brillo superior al ordinario.

novatada. f. **1.** Broma, gralm. pesada, que los miembros veteranos de un grupo gastan a los recién incorporados. *Le hicieron novatadas en el colegio.* **2.** Tropiezo sufrido por falta de experiencia. *El ciclista ha pagado cara la novatada.*

novato, ta. adj. Que no tiene experiencia en una actividad. *Un abogado novato.*

novecientos, tas. → APÉND. NUM.

novedad. f. **1.** Cualidad de nuevo. *Sus diseños destacan por su novedad.* **2.** Cosa nueva. *La tienda ofrece las últimas novedades.* **3.** Cambio producido en algo. *La jornada electoral transcurre sin novedad.* **4.** Suceso o noticia recientes. *En el programa comentan las novedades del mundo del corazón.* FAM **novedoso, sa.**

novel. adj. Que es nuevo o inexperto en una actividad. *Piloto novel.*

novela. f. **1.** Obra literaria en prosa, gralm. de larga extensión, que narra sucesos total o parcialmente ficticios. *Leo una novela de Onetti.* **2.** Género literario constituido por las novelas (→ 1). *Prefiere la novela al teatro.* **3.** coloq. Ficción o mentira. *¡Déjese de novelas!* ■ **~ de caballerías.** f. Novela (→ 1, 2) propia de los ss. XV y XVI, que narra hazañas y hechos fabulosos protagonizados por caballeros andantes. FAM **novelable; novelar; novelero, ra; novelesco, ca; novelista; novelístico, ca; novelón.**

novelería. f. despect. Fantasía o invención propias de la novela.

noveno, na. adj. **1.** → APÉND. NUM. ● f. **2.** Práctica religiosa, con oraciones y actos de devoción dedicados a Dios, a la Virgen o a los santos, que dura nueve días.

noventa. adj. → APÉND. NUM. ■ **los (años) ~.** m. pl. La décima década del siglo, espec. del XX. *Una moda de los años noventa.*

noviazgo. → novio.

novicio, cia. m. y f. **1.** Persona que ha ingresado en una orden religiosa, pero que todavía no ha profesado. **2.** Persona principiante o sin experiencia. *Es un novicio en política.* FAM **noviciado.**

noviembre. m. Undécimo mes del año. *Nació el 3 de noviembre.*

novillada. f. **1.** Corrida de novillos. *Se celebrará una novillada.* **2.** Conjunto de novillos destinados a la lidia en una novillada (→ 1). *Una novillada con poca casta.*

novillero, ra. m. y f. Persona que lidia novillos. *El novillero cortó dos orejas.*

novillo, lla. m. y f. Toro o vaca de dos o tres años. *Se lidiarán seis novillos.*

novilunio. m. cult. Fase en que la Luna no es visible desde la Tierra. *Era una oscura noche de novilunio.*

novio, via. m. y f. **1.** Persona que mantiene relaciones amorosas con otra y tiene intención de casarse con ella. *Tengo novio.* **2.** Persona que va a casarse o acaba de casarse. *Irán al Caribe de viaje de novios.* ▶ **Am: 1:** CHAVO, POLOLO. FAM **noviazgo.**

novísimo, ma. → nuevo.

nube. f. **1.** Masa de vapor de agua suspendida en la atmósfera. *Un cielo sin nubes.* **2.** Acumulación en el aire de partículas. *Una nube de polvo.* **3.** Conjunto muy numeroso de animales que vuelan agrupados. *Una nube DE mosquitos.* **4.** Gran cantidad de personas o cosas juntas. *Lo rodea una nube DE periodistas.* **5.** Pequeña mancha blanquecina que se forma en el exterior del ojo e impide o dificulta la visión. ■ **en las ~s.** loc. adv. coloq. Fuera de la realidad, o sin darse cuen-

ta de lo que ocurre. *No atiende, está en las nubes.* ■ **por las ~s.** loc. adv. coloq. A un precio muy caro. *El petróleo anda por las nubes.* ■ **poner** (algo o a alguien) **por las ~s.** loc. v. coloq. Elogiar(los). *Sus profesores lo ponen por las nubes.* FAM **nubarrón; nubosidad; nuboso, sa.**

núbil. adj. cult. Dicho de persona, espec. de mujer: Que está en edad de contraer matrimonio. *Una princesa núbil.*

nubio, bia. adj. De Nubia (región de África).

nublado. m. Nube que amenaza tormenta. *Se acerca un nublado.*

nublar. tr. **1.** Cubrir u ocultar las nubes (el cielo, o la luz de la Luna o del Sol). *Unos nubarrones nublan el cielo.* **2.** Hacer que (algo, espec. la vista o la mente) pierda claridad. *El alcohol nubla su mente.* **3.** Enturbiar o ensombrecer (algo). *La mala noticia nubló su alegría.* ○ intr. prnl. **4.** Llenarse de nubes el cielo o el tiempo. *Se ha nublado el día.* ○ intr. impers. **5.** Cubrirse el cielo de nubes. *Se está nublando.*

nubosidad; nuboso, sa. → nube.

nuca. f. Parte posterior del cuello, correspondiente al lugar donde se une la columna vertebral con la cabeza. *Recibió un golpe en la nuca.* ▶ TESTUZ.

nuclear. adj. **1.** Del núcleo. *Estructura nuclear.* **2.** Dicho de energía: Producida por reacciones atómicas. Tb. dicho de lo relacionado con esa energía. *Residuos nucleares.* **3.** Que emplea la energía nuclear (→ 2). *Armamento nuclear.* FAM **nuclearización.**

núcleo. m. **1.** Parte central o fundamental. *El núcleo del problema.* **2.** Biol. En la célula: Parte principal, que regula el crecimiento y la reproducción. **3.** Fís. En el átomo: Parte central, de carga eléctrica positiva, y que tiene la mayor proporción de masa. **4.** Gram. Elemento fundamental de una construcción sintáctica. *El núcleo de un sintagma nominal es el sustantivo.*

nudillo. m. Parte exterior de las articulaciones de los dedos. *Golpeó con los nudillos en la puerta.*

nudismo. m. Práctica de mostrarse desnudo en público, espec. por doctrina o para tomar el sol. Tb. la doctrina. ▶ DESNUDISMO. FAM **nudista.**

nudo. m. **1.** Atadura o ligadura que se hace en una cosa flexible entrelazando sus extremos, y que se aprieta más cuanto más se tira de estos. *El nudo de la corbata.* **2.** Lugar en que se cruzan varias cosas, espec. vías de comunicación. *La localidad es un nudo ferroviario.* **3.** Cuestión o dificultad principales. *Abordemos el nudo del asunto.* **4.** En una obra cinematográfica o literaria: Parte en que se desarrolla la acción, previa al desenlace. *Estas pesquisas constituyen el nudo de la historia.* **5.** Parte, gralm. abultada, del tallo de una planta, por donde salen las ramas y hojas. *El tallo del trigo es hueco y con nudos.* **6.** Unidad de velocidad que equivale a una milla náutica por hora. *El submarino lleva una velocidad de 10 nudos.* ■ **~ en la garganta.** m. Sensación de opresión, gralm. provocada por una emoción fuerte, que impide hablar o expresarse. *Se me pone un nudo en la garganta al verlo.* ■ **~ gordiano.** m. Cosa de difícil o imposible solución. *Los pagos son el nudo gordiano de la negociación.* FAM **nudoso, sa.**

nuera. f. Respecto de una persona: Mujer de su hijo.

nuestro, tra. adj. Que corresponde a nosotros o al grupo en las que se encuentra el que habla. *Aprobó nuestro plan.* ■ **hacer de las nuestras.** → hacer. ■ **la nuestra.** loc. s. coloq. Respecto del grupo de personas del que forma parte el que habla: Ocasión favorable. *Esta es la nuestra, no podemos fallar.* ■ **los ~s.** loc. s. Los familiares o personas vinculadas a un grupo del que forma parte el que habla. *Ganaron los nuestros.* ■ **salirnos con la nuestra.** → salir.

nuevamente. adv. De nuevo. *El caso ha quedado nuevamente archivado.*

nueve. → APÉND. NUM.

nuevo, va. (sup. **novísimo;** sup. coloq., **nuevísimo**). adj. **1.** Que acaba de hacerse, formarse o aparecer. *Mañana inauguran el nuevo hotel.* **2.** Distinto o diferente de lo que antes había. *Esta forma de trabajar es nueva para nosotros.* **3.** Que se añade a lo que ya había. *Escribe un nuevo libro sobre el tema.* **4.** Poco o nada deteriorado por el uso. *No tire los zapatos, están nuevos.* **5.** Dicho de persona: Que se acaba de incorporar a un lugar, un grupo o una actividad. *Aquel es nuevo en el colegio.* **6.** Dicho de un producto agrícola: De la última cosecha. *Patatas nuevas.* ● f. **7.** cult. Noticia. *¿Qué nuevas trae?* ■ **de nuevo.** loc. adv. Otra vez. *Perdí de nuevo.*

nuez. f. **1.** Fruto del nogal, formado por una cáscara dura y rugosa cubierta de una piel verde, y con una semilla comestible, retorcida y amarillenta. Tb. la semilla. *Pastel de nueces.* **2.** Abultamiento que forma la laringe en la parte anterior del cuello del hombre adulto. *Un joven de nuez prominente.* ■ **~ moscada.** f. Fruto oloroso de un árbol tropical, con una semilla pardusca en forma de nuez que se usa como especia.

nulo, la. adj. **1.** Que no tiene validez. *Votos nulos.* **2.** Que no existe. *El riesgo es nulo.* **3.** coloq. Incapaz o inepto. *Soy nula para las matemáticas.* **4.** *Dep.* En boxeo, dicho de un combate: Que termina en empate o sin vencedor. FAM **nulidad.**

numantino, na. adj. **1.** De Numancia (antigua población en la actual España). *El cerco numantino duró mucho tiempo.* **2.** Tenaz u obstinado. *Resistencia numantina.*

numen. m. cult. Inspiración del artista. *Ha perdido el numen poético.*

numeración. f. **1.** Hecho o efecto de numerar. *La numeración de las páginas está equivocada.* **2.** Sistema de expresión de los números. *La actual numeración se debe a los árabes.* ■ **~ arábiga.** f. Numeración (→ 2) que permite expresar cualquier cantidad mediante la combinación de diez signos, del 0 al 9. ■ **~ romana.** f. Numeración (→ 2) empleada por los romanos, basada en la combinación de siete letras del alfabeto latino.

numerador. m. *Mat.* En un quebrado: Número que indica cuántas partes iguales de la unidad se toman. *En la fracción 3/6, el denominador es el doble del numerador.*

numeral. adj. **1.** Del número. *El sistema numeral romano.* **2.** *Gram.* Dicho de adjetivo o pronombre: Que expresa cantidad numérica. Tb. m. *"Cien" es un numeral.*

numerar. tr. **1.** Marcar (algo o a alguien) con números. *Numere las páginas del bloc.* **2.** Contar (algo o a alguien) siguiendo el orden de los números. *El sargento numera a los soldados.*

numerario, ria. adj. **1.** Dicho de persona: Que forma parte de un cuerpo o corporación con carácter fijo. *Socio numerario.* ● m. **2.** Dinero efectivo o moneda acuñada. *No disponía de numerario para el pago.*

número. m. **1.** Expresión de una cantidad con relación a una unidad. *Ya sabe sumar dos números.* **2.** Sig-

no con que se representa un número (→ 1). *¿Dónde están los números en el teclado?* **3.** Cantidad de personas o cosas. *El número DE accidentes subió.* **4.** Número (→ 1) que se asigna a una persona o cosa para distinguirlas de las demás o clasificarlas. *Ha obtenido el número dos en las oposiciones.* **5.** En una publicación periódica: Edición o ejemplar correspondientes a una fecha determinada. *En el número de este mes hay un reportaje interesante.* **6.** En un espectáculo: Actuación que forma parte del programa. *El número del acróbata es extraordinario.* **7.** Billete de lotería o de rifa. *Tengo un número para el sorteo.* **8.** coloq. Acción extravagante con la que se llama la atención. *¡Qué número ha montado!* **9.** *Gram.* Accidente gramatical de determinadas palabras que expresa si estas se refieren a una sola persona o cosa o a más de una. *En español hay dos números: singular y plural.* ■ **~ arábigo.** m. Número (→ 2) de la numeración arábiga. *El 3 y el 9 son números arábigos.* ■ **~ atómico.** m. *Fís.* y *Quím.* Número (→ 1) que expresa la cantidad de protones presentes en el núcleo del átomo de un elemento. *El número atómico del hidrógeno es 1.* ■ **~ decimal.** m. *Mat.* Número (→ 1) que consta de una parte que puede ser cero, o una o más unidades, y de otra que expresa una fracción de la unidad. *3,85 es un número decimal.* ■ **~ entero.** m. *Mat.* Número (→ 1) positivo o negativo que contiene una o más unidades. *El 3 y el –5 son números enteros.* ⇒ ENTERO. ■ **~ fraccionario.** → **número quebrado.** ■ **~ impar.** m. Número (→ 1) que no es exactamente divisible por dos. *El 5 es un número impar.* ⇒ IMPAR. ■ **~ natural.** m. *Mat.* Número entero (→ **número entero**) positivo. ⇒ ENTERO. ■ **~ par.** m. Número (→ 1) exactamente divisible por dos. ⇒ PAR. ■ **~ plural.** m. *Gram.* Número (→ 9) de la palabra que se refiere a dos o más personas o cosas. *El número plural se forma añadiendo "-s" o "-es" a la raíz de la palabra.* ⇒ PLURAL. ■ **~ primo.** m. *Mat.* Número (→ 1) que solo es exactamente divisible por sí mismo y por la unidad. *El 7 es un número primo.* ■ **~ quebrado,** o **fraccionario.** m. *Mat.* Número (→ 1) que expresa una o varias partes iguales de la unidad. *3/5 es un número quebrado.* ⇒ FRACCIÓN, QUEBRADO. ■ **~ redondo.** m. Número (→ 1) que expresa una cantidad aproximada prescindiendo de las unidades de orden inferior. *Pagó, en números redondos, cien dólares.* ■ **~ romano.** m. Número (→ 2) de la numeración romana. *VI es un número romano que equivale a 6.* ■ **~ singular.** m. *Gram.* Número (→ 9) de la palabra que se refiere a una sola persona o cosa. *El nombre "sed" solo se usa en número singular.* ⇒ SINGULAR. ■ **~ uno.** m. y f. Persona o cosa que destacan en algo sobre todas las demás. *Es la número uno EN su profesión.* ■ **~s rojos.** m. pl. Saldo negativo en una cuenta. *La empresa ha cerrado el año con números rojos.* □ **de ~.** loc. adj. Que pertenece a una corporación integrada por una cantidad limitada de personas. *Académico de número.* ■ **sin ~.** loc. adj. Muy abundante. *Hubo quejas sin número.* ■ **hacer ~s.** loc. v. Calcular el dinero de que se dispone. *Hice números y no puedo comprarlo.* FAM **numérico, ca.**

numeroso, sa. adj. **1.** Referido a un nombre colectivo: Compuesto por gran número de personas o cosas iguales. *Un ejército muy numeroso.* **2.** Referido a un nombre en plural: Muchos. *Tiene numerosos amigos.* ▶ **2:** *MUCHOS.

numismático, ca. adj. **1.** De la numismática (→ 2). *Un tratado numismático.* ● f. **2.** Ciencia que estudia las monedas y medallas, espec. las antiguas.

Es aficionado a la numismática. ○ m. y f. **3.** Persona que se dedica a la numismática (→ 2).

nunca. adv. En ningún tiempo. *Nunca viene.* Tb. ~ *jamás,* con intención enfática.

nuncio. m. Representante diplomático del Papa. Tb. ~ *apostólico.* FAM **nunciatura.**

nupcias. f. pl. cult. Casamiento o boda. *Pronto contraerá nupcias.* FAM **nupcial.**

nutria. f. Mamífero carnívoro de cuerpo alargado, patas cortas con dedos unidos por membranas y piel muy apreciada, que vive a orillas de los ríos. *La nutria macho.*

nutrido, da. adj. Abundante o copioso. *Un nutrido grupo de amigos.*

nutrir. tr. **1.** Proporcionar (a un ser vivo) las sustancias necesarias para su desarrollo o su actividad vital. *El abono nutre las plantas.* **2.** Abastecer o proveer (a algo) de lo necesario para que exista o se mantenga. *Un manantial nutre el pozo.* FAM **nutricio, cia; nutrición; nutricional; nutricionista; nutriente; nutritivo, va.**

ñ. f. Letra del abecedario español cuyo nombre es *eñe. Señal, ñoño.*

ñame. m. Tubérculo de una planta trepadora tropical, de corteza oscura y carne comestible parecida a la de la batata.

ñandú. m. Ave americana parecida al avestruz pero de menor tamaño, con tres dedos en cada pie y plumaje grisáceo. *El ñandú hembra.*

ñapa. f. Am. coloq. Yapa. Frec. designa la que se da como propina o regalo. Frec. en la constr. *de ~. El médico cobraba dos bolívares y daba de ñapa los remedios* [C].

ñato, ta. adj. Am. Chato. *Nariz ñata* [C]. *Coches ñatos, de motores cortos* [C].

ñoño, ña. adj. despect. Que muestra delicadeza exagerada y ridícula. *Es ñoña y está muy consentida.* FAM **ñoñería.**

ñoqui. m. Trocito de masa, hecho de patata, harina de trigo y otros ingredientes, que se consume hervido.

ñu. m. Mamífero rumiante africano de la familia de los antílopes, de color pardo grisáceo, cuya cabeza recuerda la de un toro. *El ñu hembra.*

O

o¹. (pl. **oes**). f. Letra del abecedario español que corresponde al sonido vocálico articulado en la parte posterior de la boca y redondeando los labios.

o². conj. (Se usa en la forma *u* ante una palabra que empiece por o u *ho: diez u once; perezoso u holgazán; Juan u Horacio.* Cuando va entre cifras, se escribe con tilde: *3 ó 4*). **1.** Une oraciones o elementos de oración indicando que las nociones expresadas por ellos constituyen alternativas posibles. *Tienes helado de chocolate o de vainilla.* Tb., a veces, ~ *bien. Exijo que me cambien la prenda o bien que me devuelvan el dinero.* **2.** Se usa con intención enfática para introducir también el primer término de la alternativa. *O sales voluntariamente o tendré que echarte.* Tb., a veces, ~ *bien.* **3.** Y también. *Pueden sentarse aquí o allí.* **4.** Introduce, para aclararlo, un término equivalente al expresado antes. *Rumiantes como el bisonte americano o búfalo.* ■ ~ **sea.** → **ser.**

oasis. m. Lugar con agua y vegetación, situado en el interior de un desierto. Tb. fig.

oaxaqueño, ña. adj. De Oaxaca (México).

obcecar. tr. Hacer perder la claridad mental (a una persona), espec. por obstinarse en algo. *La religión no ha de obcecar al historiador en sus análisis.* FAM **obcecación.**

obedecer. (conjug. AGRADECER). tr. **1.** Seguir o cumplir las órdenes o indicaciones (de alguien). *El perro me obedece cuando lo llamo.* **2.** Seguir (una orden o una indicación). *Obedecía órdenes.* ○ intr. **3.** Reaccionar algo o alguien ante una acción o estímulo. *Los mandos de la nave no obedecían.* **4.** Tener una cosa causa u origen en otra. *Su conducta obedece A un trastorno psicológico.* FAM **obediencia; obediente.**

obelisco. m. Pilar muy alto, de cuatro caras que se van estrechando y con un remate piramidal, que suele servir de monumento conmemorativo.

obertura. f. *Mús.* Pieza instrumental que sirve de introducción a una composición musical extensa, espec. a una ópera o a un oratorio. *Las oberturas de Bach.*

obeso, sa. adj. Dicho de persona: Que está demasiado gorda. FAM **obesidad.**

óbice. m. cult. Obstáculo o impedimento. *El error no fue óbice PARA que triunfara.*

obispo. m. En la Iglesia católica: Eclesiástico que posee el grado más alto de las órdenes sagradas y que gralm. tiene a su cargo una diócesis. FAM **obispado; obispal.**

óbito. m. cult. Fallecimiento de una persona. *El óbito se debió a causas naturales.*

obituario. m. **1.** Necrología. *Su muerte mereció un obituario en la prensa.* **2.** Sección necrológica de un periódico. *Se enteró de su muerte al leer el obituario de un diario.* **3.** Libro parroquial donde se apuntan los fallecimientos y entierros.

objeción. f. Hecho o efecto de objetar. *No puso ninguna objeción A la propuesta.* ■ ~ **de conciencia.** f. Negativa a cumplir una obligación o realizar un servicio, espec. el servicio militar, por razones morales o religiosas. *El médico alegó objeción de conciencia.*

objetar. tr. **1.** Exponer (algo) como argumento en contra de lo dicho. *Nada cabe objetar A su discurso.* **2.** Poner reparos (a alguien o algo). *Él objetó al finalista.* ○ intr. **3.** Acogerse a la objeción de conciencia. *El pacifista objetó.* FAM **objetable; objetor, ra.**

objetivismo. m. En arte, literatura o filosofía: Tendencia a valorar especialmente lo objetivo y no lo subjetivo.

objetivo, va. adj. **1.** Que no está movido o motivado por intereses, ideas o sentimientos personales. *El autor trata de ser objetivo.* **2.** *Fil.* Que tiene existencia real fuera del sujeto y con independencia de él. *Los objetos, a diferencia de las ideas, tienen una naturaleza objetiva.* ● m. **3.** Cosa que se pretende conseguir. *Cumplí el objetivo marcado.* **4.** Punto que se pretende alcanzar cuando se dispara un arma. *El misil hizo impacto en el objetivo.* **5.** En una operación militar: Lugar que se pretende alcanzar u ocupar. *Bretaña era el primer objetivo del desembarco.* **6.** En una cámara fotográfica o un instrumento óptico: Lente o sistema de lentes colocados en la parte que se dirige al objeto que se fotografía o examina. *La modelo está acostumbrada a mirar al objetivo de las cámaras.* FAM **objetivación; objetivar; objetividad.**

objeto. m. **1.** Cosa material que se puede percibir por los sentidos. *Guarde sus objetos de valor.* **2.** Cosa que se pretende conseguir. *¿Cuál es el objeto DE su visita?* **3.** Persona o cosa que recibe una acción. *El entrenador fue objeto DE ataques.* **4.** Persona o cosa de que se ocupa una ciencia o estudio. *El objeto DEL informe es la rentabilidad del proyecto.* **5.** *Fil.* Cosa que puede ser pensada o percibida por el sujeto. ■ ~ **directo.** m. *Gram.* Complemento directo. *En la frase "Vendo periódicos", "periódicos" es el objeto directo.* ■ ~ **indirecto.** m. *Gram.* Complemento indirecto. *En "¿Me cuentas un cuento?", el objeto indirecto es "me".* ■ **al, con, ~ de.** loc. prepos. Para, a fin de. *Entraron en su casa con objeto de robar.* ▶ **1:** COSA. ‖ **Am: 1:** COROTO.

oblación. f. cult. Ofrenda o sacrificio hechos a una divinidad.

oblea. f. **1.** Hoja delgada de pan sin levadura, con la que gralm. se hacen hostias para la comunión. **2.** Hoja delgada de masa de harina y agua, que suele servir de base o cubierta en algunos dulces. *Extienda la masa sobre una oblea.*

oblicuo, cua. adj. **1.** Que se desvía de la línea horizontal o vertical. *Una calle oblicua A la calle Sol.* **2.** *Mat.* Dicho de línea o de plano: Que forma un ángulo que no es recto al cortar a otra línea u otro plano. ▶ **1:** DIAGONAL, SESGADO. FAM **oblicuidad.**

obligación. f. **1.** Cosa que se está obligado a hacer. *Debe cumplir con sus obligaciones.* **2.** Hecho de estar obligado. *Lo hago por obligación.*

obligado, da. adj. Dicho de cosa: De realización forzosa, espec. por imposición legal, moral o social. *Normas de obligado cumplimiento.*

obligar. tr. **1.** Hacer que (alguien) haga algo, sin dar(le) elección o contra su voluntad. *La obligaron A dimitir.* **2.** Ejercer fuerza física (sobre algo) para conseguir el efecto deseado. *Hay que obligar un poco la palanca.* ○ intr. prnl. **3.** Adquirir un compromiso. *Los firmantes se obligan A cumplir el contrato.* FAM obligatoriedad; obligatorio, ria.

obliterar. tr. **1.** cult. Anular o borrar (algo). *La censura obliteró toda una generación.* **2.** Med. Cerrar u obstruir (un conducto o cavidad). *La angina de pecho oblitera los vasos que llegan al corazón.*

oblongo, ga. adj. cult. Que es más largo que ancho. *Planta de hojas oblongas.*

obnubilar. tr. **1.** cult. Restar claridad (a un sentido o una facultad mental). *La presión a que está sometido obnubila su mente.* **2.** cult. Restar claridad mental (a alguien). *El golpe en la cabeza lo obnubiló.* FAM obnubilación.

oboe. m. Instrumento musical de viento, de madera, formado por un tubo con una serie de orificios y de llaves, y con una boquilla de doble lengüeta. FAM oboísta.

óbolo. m. cult. Cantidad pequeña de dinero que se da como donativo o limosna.

obra. f. **1.** Cosa hecha por alguien o algo. *El robo fue obra de un menor.* **2.** Creación artística, literaria o científica. *Su obra maestra es un retrato.* **3.** Trabajo de edificación o de albañilería. *Hacen obra en la cocina.* **4.** Institución con fines benéficos o culturales, que no tiene carácter lucrativo. *Es la sede de la Obra Pía.* ■ de ~. loc. adv. De manera material. *Fue maltratado de palabra y obra.* ■ poner por ~ (algo). loc. v. Realizar(lo) o llevar(lo) a cabo. *Trate de poner por obra lo que le manden.* ■ por ~ de. loc. prepos. Debido a la acción o influencia de. *Lo halló por obra de la casualidad.*

obrador. m. Taller donde se elaboran productos artesanales. *Un obrador de panadería.*

obrar. tr. **1.** Producir (algo) como resultado. *El medicamento obró maravillas.* ○ intr. **2.** Realizar una acción o acciones. *Debo obrar con prudencia.* **3.** Hallarse o encontrarse una cosa en un lugar o situación. *Son datos que obran EN el fichero.*

obrero, ra. adj. **1.** De los obreros (→ 3). *Barrio obrero.* **2.** Que trabaja como obrero (→ 3). *Las mujeres obreras.* ● m. y f. **3.** Trabajador manual que realiza su trabajo a cambio de un salario, espec. en la industria. *La fábrica contrató más obreros.* ○ f. **4.** Abeja obrera (→ abeja). ▶ **3:** OPERARIO. FAM obrerismo; obrerista.

obsceno, na. adj. Que ofende al pudor. *Gestos obscenos.* FAM obscenidad.

obscurantismo; obscurantista. → oscurantismo.

obscurecer; obscurecimiento. → oscurecer.

obscuridad; obscuro, ra. → oscuro.

obsequiar. (conjug. ANUNCIAR). tr. Hacer un regalo o agasajar (a alguien). *Obsequiaremos al ganador CON un lote de libros.* ▶ REGALAR. FAM obsequio.

obsequioso, sa. adj. cult. Que se esfuerza por hacer la voluntad de otro.

observación. f. **1.** Hecho de observar. *Está en observación.* **2.** Comentario con que se llama la atención sobre algo. *Oí una observación sobre él.* FAM observacional.

observador, ra. adj. **1.** Dicho de persona: Que observa, espec. fijándose en los detalles. *Un detective debe ser observador.* ● m. y f. **2.** Persona encargada de asistir a un acto o reunión sin intervenir en ellos, gralm. para informar. *Observador de la ONU.*

observancia. f. cult. Cumplimiento exacto de una ley, norma o costumbre. *El voto de pobreza es de obligada observancia para los monjes.*

observar. tr. **1.** Mirar (algo o a alguien) con atención y, a veces, con disimulo. *Alguien nos observa desde la ventana.* **2.** Examinar o considerar (algo) atentamente. *Observaremos la evolución del paciente.* **3.** Darse cuenta (de algo). *Observo cierta ironía en tus palabras.* **4.** Hacer notar (algo). *En la entrevista observó que deseaba mantener el anonimato.* **5.** Obedecer o cumplir (una ley, norma o costumbre). *Durante el ramadán, los musulmanes deben observar el ayuno.* FAM observante.

observatorio. m. **1.** Lugar utilizado para la observación. *La cabaña es un buen observatorio de aves.* **2.** Instalación destinada a observaciones científicas, espec. astronómicas o meteorológicas. *Observatorio de Astrofísica.*

obsesión. f. Idea fija y persistente que ocupa el pensamiento. *Tiene la obsesión DE triunfar.* FAM obsesionante; obsesionar; obsesivo, va.

obseso, sa. adj. Que padece una obsesión, frec. sexual.

obsidiana. f. Roca volcánica de color gralm. negro y brillante.

obsoleto, ta. adj. Que está anticuado o en desuso. *Lenguaje obsoleto.*

obstaculizar. tr. **1.** Poner un obstáculo (a algo o alguien). *Obstaculizaron la aprobación de la ley.* **2.** Ser una persona o una cosa un obstáculo (para la consecución de algo). *El público obstaculiza la marcha.* ▶ ESTORBAR, IMPEDIR. FAM obstaculización.

obstáculo. m. **1.** Cosa o persona que impiden o dificultan algo. *Hay rocas y otros obstáculos en el camino.* **2.** En una carrera deportiva: Obstáculo (→ 1) que debe ser saltado o sorteado por los participantes. *El jinete derribó dos obstáculos en su recorrido. Carrera de 3000 metros obstáculos.* ▶ **1:** ESCOLLO, ESTORBO, HANDICAP, IMPEDIMENTO, INCONVENIENTE, TROPIEZO.

obstante. no ~. loc. adv. Sin embargo. *Parecen piedras; son, no obstante, joyas.*

obstar. intr. Ser un obstáculo. *Pienso así; ello no obsta PARA rechazar el plan.*

obstetricia. f. Med. Rama de la medicina que se ocupa del embarazo, el parto y el período posterior a este. ▶ TOCOLOGÍA. FAM obstetra.

obstinarse. intr. prnl. Mantener con empeño una opinión, actitud o decisión, a pesar de obstáculos o argumentos en contra. *Se obstina EN negarlo todo.* ▶ EMPECINARSE, EMPEÑARSE. FAM obstinación.

obstruir. (conjug. CONSTRUIR). tr. **1.** Impedir el paso (por un conducto o camino). *Algo obstruye la cañería.* **2.** Impedir (una acción) o poner(le) obstáculos. *Un camión averiado obstruye la circulación.* FAM obstrucción; obstruccionismo; obstruccionista.

obtener. (conjug. TENER). tr. **1.** Llegar a tener (algo que se pretende o se merece). *Obtuve un premio.* **2.** Conseguir (un material, sustancia o producto) mediante un proceso de fabricación o extracción. *Obtuvo un veneno* DE *la planta.* FAM **obtención.**

obturar. tr. cult. Tapar o cerrar (una abertura o conducto). *Una piedra obtura el tubo.* FAM **obturación; obturador, ra.**

obtuso, sa. adj. **1.** Que no tiene punta. *Planta de hojas obtusas.* **2.** Poco inteligente o lento en comprender. *¡Es tan obtuso que no lo entiende!* ► **1:** ROMO. **2:** *IGNORANTE.

obús. m. **1.** *Mil.* Pieza de artillería de menor longitud que la del cañón con relación a su calibre. **2.** *Mil.* Proyectil disparado por un obús (→ 1). *Fue herida por un obús.*

obviar. (conjug. ANUNCIAR). tr. Evitar o quitar de en medio (un obstáculo o inconveniente). *Muchos problemas obviaría con un cambio de actitud.*

obvio, via. adj. Claro o evidente. *Es obvio que irá.* ► *EVIDENTE. FAM **obviedad.**

oca. f. **1.** Ganso doméstico. *La oca macho.* **2.** Juego que se practica en un tablero con casillas dispuestas en espiral, por las que avanzan las fichas según determinen los dados. ► **1:** *GANSO.

ocarina. f. Instrumento musical de viento, de carácter popular, hecho gralm. de barro cocido, con forma ovalada y ocho orificios, y de sonido muy dulce.

ocasión. f. **1.** Momento oportuno o favorable para algo. *No tuve ocasión* DE *ir.* **2.** Momento o circunstancia. *En esa ocasión no la vi.* ■ **con ~ de.** loc. prepos. Con motivo de. *La felicité con ocasión de su premio.* ■ **de ~.** loc. adj. **1.** Dicho de objeto: Que está rebajado de precio, gralm. por ser de segunda mano. *Libro de ocasión.* **2.** Que ocurre o surge en alguna ocasión (→ 1). *Amante de ocasión.* FAM **ocasional.**

ocasionar. tr. Ser causa (de algo). *El incendio ocasionó daños.*

ocaso. m. **1.** cult. Puesta del Sol o de otro astro. *La luz del ocaso.* **2.** cult. Decadencia o declive. *El ocaso de la cultura maya.*

occidente. m. **1.** (Referido a punto cardinal, se usa en mayúsc.). Oeste (punto cardinal, o lugar). *El sol se pone por occidente.* **2.** (Frec. en mayúsc.) Conjunto de naciones del oeste de Europa. *Occidente consiguió repeler la invasión otomana.* **3.** (Frec. en mayúsc.). Conjunto de países cuyas lenguas y cultura tienen su origen en Occidente (→ 2). ► **1:** *OESTE. FAM **occidental.**

occipital. adj. **1.** *Anat.* De la parte posterior de la cabeza por donde esta se une con las vértebras del cuello. *Región occipital.* ● m. **2.** *Anat.* Hueso occipital (→ **hueso**).

oceánico, ca. adj. De Oceanía. *En la Polinesia se hablan lenguas oceánicas.*

océano. m. **1.** Extensión total de agua salada que cubre la mayor parte de la superficie terrestre. *El océano cubre el 71% de la superficie de la Tierra.* **2.** Cada una de las grandes divisiones del océano (→ 1) que separan entre sí los continentes. *El océano Pacífico.* **3.** Inmensidad o gran extensión de algo. *Un océano* DE *dudas.* FAM **oceánico, ca** (*Navegación fluvial y oceánica*).

oceanografía. f. Estudio científico de los mares y océanos. FAM **oceanográfico, ca; oceanógrafo, fa.**

ocelo. m. *Zool.* En un artrópodo: Ojo simple. *Los ocelos de la mosca.*

ocelote. m. Mamífero felino americano de tamaño medio y pelaje amarillento con manchas negras. *El ocelote hembra.* ► **Am:** TIGRILLO.

ochenta. adj. → APÉND. NUM. ■ **los (años) ~.** loc. s. La novena década del siglo, espec. del XX. *La generación de artistas de los años ochenta.*

ocho; ochocientos, tas. → APÉND. NUM.

ocio. m. **1.** Cesación del trabajo o inactividad laboral. *Las vacaciones son tiempo de ocio.* **2.** Tiempo de ocio (→ 1). *Dedica su ocio a la lectura.* **3.** Actividad placentera en que se ocupa el tiempo de ocio (→ 1). *El anfiteatro estaba destinado al ocio.*

ocioso, sa. adj. **1.** Que no trabaja o está desocupado. *Gente ociosa.* **2.** Que no tiene uso en aquello a lo que está destinado. *Hay recursos agrarios que permanecen ociosos.* **3.** Que no produce ningún provecho. *Resulta ocioso discutir con él.* FAM **ociosidad.**

ocluir. (conjug. CONSTRUIR). tr. *Med.* Cerrar (un conducto o una abertura) de modo que no pueda abrirse naturalmente. *Los pólipos ocluyen el intestino.* FAM **oclusión; oclusivo, va.**

ocote. m. *Am.* Pino americano, de madera aromática. *Ramas de ocote* [C].

ocre. m. **1.** Mineral terroso, que suele presentarse mezclado con arcilla y es muy utilizado en pintura. **2.** Color amarillo oscuro, como el del ocre (→ 1).

octano. m. *Quím.* Hidrocarburo que se halla en el petróleo y cuya presencia en un carburante se toma como índice de la capacidad antidetonante de este. Tb. la unidad que expresa esa capacidad. *Gasolina de 98 octanos.* FAM **octanaje.**

octavilla. f. **1.** Hoja impresa de pequeño tamaño, que contiene mensajes de propaganda política o social. *Reparten octavillas a la salida de la fábrica.* **2.** *Lit.* Estrofa de ocho versos de arte menor.

octavo, va. adj. **1.** → APÉND. NUM. ● f. **2.** *Lit.* Estrofa de ocho versos gralm. de arte mayor. ■ **octavos de final.** m. pl. En un campeonato deportivo: Fase eliminatoria en la que se producen ocho competiciones cuyos ganadores pasan a los cuartos de final.

octeto. m. **1.** *Mús.* Conjunto de ocho instrumentos o de ocho voces. **2.** *Inform.* Unidad de información que equivale a ocho bites (Símb. *B*). ► **2:** BYTE.

octogenario, ria. adj. Dicho de persona: Que tiene entre ochenta y ochenta y nueve años. *Un anciano octogenario.*

octogésimo, ma. → APÉND. NUM.

octógono. m. *Mat.* Polígono de ocho ángulos y ocho lados. FAM **octogonal.**

octópodo, da. adj. **1.** *Zool.* Del grupo de los octópodos (→ 2). ● m. **2.** *Zool.* Molusco que posee ocho tentáculos con ventosas, como el pulpo.

octosílabo, ba. adj. *Lit.* Dicho de verso: De ocho sílabas. FAM **octosilábico, ca.**

octubre. m. Décimo mes del año.

óctuple. adj. cult. Ocho veces mayor. *Una unidad de CD-ROM de óctuple velocidad.* Dicho de cantidad, tb. m. *Dieciséis es el óctuple de dos.*

ocular. adj. **1.** De los ojos. *Dolor ocular.* **2.** Realizado con los ojos. *Inspección ocular.*

oculista. m. y f. Médico especialista en enfermedades de los ojos. ► OFTALMÓLOGO.

ocultar. tr. **1.** Tapar o encubrir (algo o a alguien) a la vista. *No pudo ocultar su alegría.* **2.** Callar voluntariamente (lo que se pudiera o debiera decir). *Diga si ha venido, no lo oculte.* FAM **ocultación; oculto, ta.**

ocultismo. m. Conjunto de conocimientos y prácticas mágicas o sobrenaturales, relacionados con las ciencias ocultas. FAM **ocultista.**

ocupar. tr. **1.** Instalarse (en un lugar). *Ocuparé este despacho.* **2.** Invadir (un lugar) o tomar posesión (de él). *Los invasores ocuparon el país.* **3.** Estar (en un lugar). *Para mí, la familia ocupa el primer lugar.* **4.** Llenar (un espacio de tiempo o un lugar). *La redacción me ocupará una hora.* **5.** Tener (un cargo). *Ocupa el puesto de director.* **6.** Dar un trabajo o una tarea (a alguien). *La empresa ocupa a mil empleados.* ○ intr. prnl. **7.** Dedicarse a un trabajo o una tarea. *Se ocupa DE preparar la comida.* **8.** Encargarse de alguien o algo. *Mis padres se ocupan DEL niño por las mañanas.* ▶ **4:** LLENAR. FAM ocupación; ocupacional; ocupante.

ocurrencia. f. Idea o dicho ingeniosos u originales. ▶ IDEA. FAM ocurrente.

ocurrir. intr. **1.** Suceder un hecho. *No nos ocurrió nada grave.* ○ intr. prnl. **2.** Venir de pronto una idea a la mente. *Se me ocurren varias respuestas.* ▶ **1:** *SUCEDER.

oda. f. Composición poética de carácter lírico y tono elevado. *Oda a la patria.*

odalisca. f. Esclava o concubina turca. *Matisse pintó odaliscas recostadas en divanes.*

odio. m. Sentimiento grande de rechazo y antipatía. *Se granjeó el odio de todos.* FAM odiar (conjug. ANUNCIAR); odioso, sa.

odisea. f. **1.** Viaje largo lleno de aventuras y dificultades. *El reportaje narra la odisea de la expedición al Polo.* **2.** Sucesión de peripecias, gralm. desagradables, que le ocurren a una persona. *Sufrió una odisea hasta que demostró su inocencia.*

odontología. f. *Med.* Rama de la medicina que estudia los dientes y el tratamiento de sus enfermedades. FAM odontológico, ca; odontólogo, ga.

odre. m. Cuero cosido, gralm. de cabra, que sirve para contener líquidos. ▶ PELLEJO.

oeste. m. **1.** (En mayúsc.). Punto cardinal situado por donde se pone el Sol (Símb. O o W). *El Sol se pone por el Oeste.* **2.** En un lugar: Parte que está hacia el Oeste (→ 1). *Chile está al oeste de Argentina.* **3.** Viento que sopla del Oeste (→ 1). ■ **(Lejano) Oeste.** m. Territorio del oeste (→ 2) de los Estados Unidos de América, en donde se suelen ambientar películas basadas en la vida de sus colonos. ▶ **1:** OCCIDENTE, PONIENTE. **2:** OCCIDENTE. **3:** PONIENTE.

ofender. tr. **1.** Hacer que (alguien) se sienta humillado o herido en el amor propio o la dignidad. *Procura ayudar a tus amigos sin ofenderlos.* **2.** Causar daño (a algo) o ir (contra ello). *Sus actos ofenden la moral.* ○ intr. prnl. **3.** Enfadarse o molestarse alguien. *No se ofenda, pero usted se equivoca.* ▶ **1:** AFRENTAR, AGRAVIAR, DENOSTAR, INJURIAR. FAM ofensor, ra; ofensivo, va.

ofensa. f. Hecho o efecto de ofender. ▶ AFRENTA, AGRAVIO, DENOSTACIÓN, INJURIA.

oferente. adj. cult. Que ofrece. *Empresas oferentes.*

oferta. f. **1.** Hecho o efecto de ofrecer. *Recibió una oferta de trabajo.* **2.** Hecho de poner a la venta un producto rebajado de precio. *Hay una oferta de faxes en esta tienda.* **3.** Producto rebajado de precio. *Solo compra las ofertas.* **4.** *Econ.* Conjunto de bienes o mercancías que se presentan en el mercado con un precio concreto y en un momento determinado. *Los precios se disparan cuando la demanda supera a la oferta.* FAM ofertante; ofertar.

ofertorio. m. *Rel.* Parte de la misa en la que el sacerdote ofrece a Dios la hostia y el vino del cáliz antes de consagrarlos.

offset. (pal. ingl.; pronunc. "ófset"). m. **1.** *Gráf.* Procedimiento de impresión en el que la imagen impregnada de tinta es traspasada a un rodillo de caucho que, a su vez, la imprime en el papel. *Una portada a color en offset.* **2.** *Gráf.* Máquina que utiliza el offset (→ 1) para imprimir. ¶ [Adaptación recomendada: ófset, pl. ófsets].

oficial, la. adj. (Como adj. se usa solo oficial, invar. en género). **1.** Que tiene autenticidad y procede de la autoridad del Estado. *La ley se redacta en un documento oficial.* **2.** Dicho de institución o edificio: Que se costean con fondos públicos y están bajo la dependencia del Estado o de las entidades territoriales. *Centro oficial de enseñanza.* **3.** Dado a conocer públicamente por quien puede hacerlo de manera autorizada. *Harán oficial su relación.* ● m. y f. (Como f., se usa oficiala en la acep. 4, y oficial en las acep. 5, 6). **4.** En los oficios manuales: Persona que ha terminado el aprendizaje y no es maestro todavía. *En el taller necesitan un oficial.* **5.** Funcionario público de rango superior al auxiliar. *El oficial administrativo en el Ayuntamiento.* **6.** Militar de la escala que es superior a la de suboficiales. *Oficiales de la Escuela de Paracaidismo.* ■ **oficial general.** m. y f. Militar de la escala que es superior a la de oficiales (→ 6). FAM oficialidad; oficialización; oficializar.

oficialismo. m. *Am.* Conjunto de tendencias o fuerzas políticas que apoyan al Gobierno. *No está comprometido ni con el oficialismo ni con la oposición* [C]. FAM oficialista (Am).

oficiar. (conjug. ANUNCIAR). tr. **1.** Celebrar (la misa y demás oficios divinos). *La ceremonia fue oficiada por el párroco.* ○ intr. **2.** Actuar alguien como algo. *Su abogado ofició DE conciliador.* FAM oficiante.

oficina. f. **1.** Lugar donde se realizan tareas administrativas. *Infórmese en la oficina de atención al cliente.* **2.** Departamento donde trabajan los empleados públicos o particulares. *Trabaja en la Oficina de Patentes.* FAM oficinesco, ca; oficinista.

oficio. m. **1.** Ocupación habitual o profesión, espec. si es manual. *El oficio de carpintero.* **2.** Función de una cosa. *Los infinitivos pueden desempeñar los mismos oficios que los sustantivos.* **3.** Comunicación escrita referente a asuntos de las administraciones públicas. *Recibió un oficio judicial.* **4.** *Rel.* Conjunto de rezos. *El oficio de difuntos.* **5.** *Rel.* Ceremonia religiosa, espec. alguna de las propias de Semana Santa. ■ **buenos ~s.** m. pl. Diligencias eficaces. *Gracias a sus buenos oficios, conseguí plaza.* □ **de ~.** loc. adv. **1.** con carácter oficial. *La denuncia se realizó de oficio.* □ loc. adj. **2.** *Der.* Dicho de abogado: Que ha sido nombrado para defender a un acusado que no tenía uno propio. ■ **sin ~ ni beneficio.** loc. adj. coloq. Sin trabajo ni ocupación. *Es un vago sin oficio ni beneficio.* ▶ **1:** *TRABAJO.

oficioso, sa. adj. **1.** Que no es oficial, pero procede de una fuente solvente. *Noticia oficiosa.* **2.** Solícito en ejecutar lo que está a su cuidado. *Profesionales oficiosos.* FAM oficiosidad.

ofidio. adj. **1.** Del grupo de los ofidios (→ 2). ● m. **2.** Reptil sin patas, de cuerpo largo, estrecho y escamoso, como la boa.

ofrecer. (conjug. AGRADECER). tr. **1.** Poner (algo o a alguien) al servicio de otra persona o cosa. *Me ofrecí para ayudarle.* **2.** Dar (algo), espec. como muestra de cortesía o de consideración. *El Presidente ofrecerá una recepción.* **3.** Dedicar o consagrar (algo o a alguien) a un ser superior. *Los egipcios ofrecían sacrificios a Isis.* **4.** Contener o manifestar una cosa (algo no

material). *El proyecto ofrece muchas dificultades.*
5. Expresar (la cantidad que se está dispuesto a pagar por algo). *Ofrece una recompensa por su perro.*
■ **ofrecérsele** algo (a alguien). loc. v. Desear eso (esa persona). Se usa en situaciones formales. *¿Qué se le ofrece, señora?* ▶ **1:** BRINDAR. FAM ofrecimiento.

ofrenda. f. Hecho de ofrecer o dedicar algo, espec. un esfuerzo o sacrificio, a una divinidad o a una causa noble. *Una ofrenda floral a la Virgen.* FAM ofrendar.

oftalmia u **oftalmía.** f. *Med.* Inflamación de los ojos. FAM oftálmico, ca.

oftalmología. f. *Med.* Parte de la medicina que se ocupa de las enfermedades de los ojos. FAM oftalmológico, ca; oftalmólogo, ga.

ofuscar. tr. **1.** Trastornar la mente (a alguien) de forma transitoria. *El griterío lo ofuscó y no supo reaccionar en su ayuda.* **2.** Trastornar (la mente) de forma transitoria. *El cansancio ofusca el cerebro.* **3.** Turbar o dificultar (la visión). *La intensidad de las luces ofuscaba la visión.* FAM ofuscación; ofuscamiento.

ogro. m. **1.** Gigante imaginario que se alimenta de carne humana. **2.** Persona insociable o de mal carácter. *Su marido es un ogro.*

oh. interj. Se usa para expresar muy diversos sentimientos, como asombro o pena.

oído. m. **1.** Sentido que permite percibir los sonidos. *El oído regula el equilibrio del cuerpo.* **2.** Órgano que sirve para percibir los sonidos. *Infección de oído.* **3.** Aptitud para percibir y reproducir correctamente los sonidos, espec. musicales. *Tiene buen oído: habla muchos idiomas.* ■ **abrir los ~s.** loc. v. Escuchar con atención. *Abra bien los oídos, que esto le interesa.* ■ **al ~.** loc. adv. En voz muy baja y acercándose mucho al oyente para evitar que otros puedan oír. *Me dijo un secreto al oído.* ■ **dar, o prestar, ~s** (a algo o a alguien). loc. v. Dar(les) crédito. *No doy oídos a los chismes.* ■ **de ~.** loc. adv. Sin haber estudiado música y solo por tener buen oído (→ 3). *Toca la guitarra de oído.* ■ **duro de ~.** loc. adj. Dicho de persona: Que es algo sorda. *Con los años se hizo duro de oído.* ■ **entrarle** (a alguien) algo que se dice **por un ~ y salirle por el otro.** loc. v. No hacer caso (esa persona) de ello. *Sus críticas me entran por un oído y me salen por el otro.* ■ **hacer ~s sordos** (a algo). loc. v. No darse por enterado (de ello). *Hizo oídos sordos a sus insultos.* ■ **llegar algo a ~s** (de alguien). loc. v. Llegar esa cosa a conocimiento (de esa persona). *Llegó a oídos DEL director que no cumplía su trabajo.* ■ **prestar ~s.** → dar oídos. ■ **ser todo ~s.** loc. v. coloq. Escuchar con atención. *Cuéntame qué pasa, soy todo oídos.*

oír. (conjug. OÍR). tr. **1.** Percibir con el oído (los sonidos). *Oigo un ruido en el desván.* **2.** Atender (los ruegos, consejos o explicaciones de alguien). *Dios oyó sus oraciones y su hijo sanó.* ■ **como lo oye, o como lo oyes, o lo que oye, o lo que oyes.** loc. adv. coloq. Se usa para afirmar algo que resulta difícil de creer. *¡Como lo oye! No quiso pagarme.* ■ **como quien, o el que, oye llover.** loc. adv. coloq. Con total indiferencia. *La castigué pero reaccionó como quien oye llover.* ■ **de oídas.** loc. adv. Por haber oído (→ 1) hablar de algo o alguien. *Su nombre me suena de oídas.* ■ **me va, o me vas, a oír.** expr. coloq. Se usa como advertencia para expresar enojo o irritación. *Si vuelve a hacerlo, me va a oír.* ■ **~, ver y callar.** expr. Se usa para advertir a alguien que no intervenga en algo de lo que es testigo. *En la reunión: oír, ver y callar.* ■ **oye, u oiga.** interj. **1.** Se usa para expresar extrañeza o enfado. *¡Oye! ¿Por qué no quieres salir*

hoy? **2.** Se usa para dirigirse a alguien. *¡Oiga!, ¿puede decirme dónde está esta calle?*

ojal. m. **1.** Abertura alargada y reforzada en los bordes, en donde se abrochan los botones. **2.** Agujero que atraviesa de parte a parte algunas cosas. *Los ojales de las cortinas.*

ojalá. interj. Se usa para expresar el deseo fuerte de que suceda algo. *¡Ojalá venga!*

ojear. tr. Mirar superficialmente (algo o a alguien). *Ojeé su ficha.* FAM ojeada.

ojera. f. Mancha oscura que se forma debajo del párpado inferior. *Se levantó con ojeras y resaca.* FAM ojeroso, sa.

ojeriza. f. Antipatía o aversión. *Su hermano me tiene ojeriza.* ▶ *ANTIPATÍA.

ojete. m. **1.** Abertura pequeña y redonda reforzada en los bordes, que sirve como adorno o para meter por ella un cordón o algo que sujete. **2.** malson. Ano.

ojiva. f. **1.** *Arq.* Figura formada por dos arcos de círculo iguales, que se cortan en uno de sus extremos formando un ángulo. *El arco de ojiva es propio de la arquitectura gótica.* Tb. el arco que tiene esa forma. **2.** *Mil.* Parte superior de un proyectil con forma de ojiva (→ 1). *La ojiva de un misil nuclear.* Tb. el proyectil. FAM ojival.

ojo. m. **1.** En una persona o un animal: Órgano de la vista. *Perdí visión en un ojo.* **2.** Parte del ojo (→ 1) visible en la cara. *Tiene ojos azules.* **3.** Agujero por donde se introducen algunas cosas. *El ojo de la aguja.* **4.** En un puente: Espacio vacío comprendido entre dos pilares. *Un puente de ocho ojos.* **5.** Atención o cuidado en lo que se hace. *Ten mucho ojo al cruzar.* **6.** Aptitud para intuir lo que no es evidente, o para calcular lo que no se percibe con precisión. *Tiene ojo para los negocios.* Tb. → *clínico.* **7.** Hueco en la masa del pan, el queso y otras cosas esponjosas. **8.** Manantial que surge en un llano. Tb. ~ **de agua.** ■ ~ **compuesto.** m. *Zool.* Ojo (→ 1) característico de muchos insectos, crustáceos y otros invertebrados, formado por numerosos ojos (→ 1) simples, unidos entre sí por una membrana. *Los insectos suelen tener dos ojos compuestos y tres ocelos.* ■ ~ **de buey.** m. Ventana circular u ovalada. *El ojo de buey de un camarote.* ■ ~ **del huracán.** m. **1.** Centro de un ciclón. **2.** Centro de una situación conflictiva. *Tras sus declaraciones, está en el ojo del huracán.* ■ ~ **rasgados.** m. pl. Ojos (→ 2) alargados y con la comisura de los párpados muy prolongada. *Los chinos tienen los ojos rasgados.* ■ **cuatro ~s.** m. y f. humoríst. o despect. Persona que lleva gafas. *Mi compañero es un cuatro ojos.* □ **abrir los ~s.** loc. v. Descubrir la realidad. *Abre los ojos: nunca te querrá.* ■ **abrir los ~s** (a alguien). loc. v. Descubrir(le) la realidad. *Estaba confundido, pero ella me abrió los ojos.* ■ **a ~ (de buen cubero).** loc. adv. Aproximadamente, sin precisión. *El saco pesará, a ojo de buen cubero, unos diez kilos.* ■ **a ~s cerrados, o con los ~s cerrados.** loc. adv. Sin dudar o sin reflexionar. *Acepté la oferta a ojos cerrados.* ■ **a ~s vistas.** loc. adv. De manera clara y patente. *Mejoró a ojos vistas.* ■ **cerrar los ~s.** loc. v. **1.** Lanzarse a hacer una cosa sin tener en cuenta los inconvenientes. *Cierra los ojos y acepta la oferta.* **2.** Desentenderse de una situación conflictiva. *No podemos cerrar los ojos ante lo que ocurre.* ■ **clavar los ~s** (en algo o alguien). loc. v. Mirar(lo) fijamente. *Entró y clavó los ojos EN ella.* ■ **comer con los ~s.** loc. v. coloq. Desear la comida por su buen aspecto. *Come con los ojos: pidió dos postres y no se acabó ninguno.* ■ **comerse con los ~s**

(a alguien o algo). loc. v. Mirar(lo) fijamente mostrando deseo. *Se nota que le gustas: te come con los ojos.* ■ **con buenos (o malos) ~s.** loc. adv. Con (o sin) simpatía. *Me miran con malos ojos.* ■ **con los ~s abiertos.** loc. adv. Alerta. *Vaya con los ojos abiertos, creo que nos vigilan.* ■ **con los ~s cerrados.** → **a ojos cerrados.** ■ **con otros ~s.** loc. adv. Con distinta actitud o disposición. *Desde que encontró trabajo, ve la vida con otros ojos.* ■ **echar el ~** (a alguien o algo). loc. v. coloq. Mirar(lo) con atención, mostrando deseo. *Me enamoré de él desde que le eché el ojo.* ■ **el ~ derecho** (de alguien). loc. s. coloq. La persona de mayor confianza o más estimada (por él). *Es el ojo derecho DE su abuela.* ■ **entrar** (a alguien) **por los ~s** una persona o cosa. loc. v. Gustar(le) por su aspecto. *María me entró por los ojos y enseguida me cayó bien.* ■ **en un abrir (y cerrar) de ~s.** loc. adv. En un instante o con mucha rapidez. *Vuelvo en un abrir y cerrar de ojos.* ■ **írsele** (a alguien) **los ~s** (detrás de, o tras, una persona o cosa). loc. v. coloq. Sentir (aquel) una intensa atracción (por esta persona o cosa). *Se le van los ojos detrás de los dulces.* ■ **meter** (algo o a alguien) **por los ~s** (a una persona). loc. v. coloq. Alabar(selos) mucho para que (los) desee o acepte. *No aguanto a esa: no insistan en metérmela por los ojos.* ■ **no pegar ~.** loc. v. coloq. No dormir. *No pegué ojo en toda la noche.* ■ **no quitar ~** (a algo o alguien), o **no quitar los ~s** (de algo o alguien). loc. v. coloq. No dejar de mirar(lo). *No le ha quitado ojo a Pedro desde que llegó.* ■ **no tener** alguien **~s en la cara.** loc. v. coloq. No ver lo que es evidente o manifiesto. *Están traicionándole, ¿es que no tiene ojos en la cara?* ■ **~ avizor.** loc. adv. Alerta o en actitud vigilante. *Conviene andarse ojo avizor.* (→ avizor). ■ **poner los ~s** (en alguien o algo). loc. v. Fijarse (en él o en ello) con algún propósito o interés. *Una multinacional ha puesto sus ojos EN la empresa.* ■ **poner los ~s en blanco.** loc. v. coloq. Mostrar gran admiración o asombro. *Pusimos los ojos en blanco al conocer lo que heredó.* ■ **saltar un ~** (a alguien). loc. v. Herír(se)lo o cegár(se)lo. *Tenga cuidado con el palo; casi me salta un ojo.* ■ **un ~ de la cara.** loc. s. coloq. Mucho dinero. *El piano me costó un ojo de la cara.* ■ **volver los ~s** (a alguien o algo). loc. v. Interesarse (por él o por ello). *Al final de su vida, volvió los ojos A su familia.*

ojota. f. Am. Sandalia rústica, frec. de goma, usada gralm. por los campesinos. *Trocó el poncho y las ojotas por el traje de "rapero"* [C].

ola. f. **1.** Onda de gran amplitud que se forma en la superficie del agua. *Báñese, que apenas hay olas.* **2.** Fenómeno atmosférico que produce variación repentina en la temperatura de un lugar. *Una ola de frío.* **3.** Oleada. FAM **oleaje.**

olé u **ole.** interj. Se usa para animar y mostrar admiración o entusiasmo. *¡Ole mi niño!*

oleada. f. Aparición repentina de personas o cosas en gran cantidad. *Una oleada DE atracos.* ▶ OLA.

oleaginoso, sa u **oleoso, sa.** adj. Aceitoso. *Líquido oleaginoso. Crema oleosa.*

óleo. m. **1.** Producto que se obtiene disolviendo sustancias colorantes en aceite secante y que se usa para pintar. *Pinceles y botes de óleo.* **2.** Pintura realizada con óleo (→ 1). *Una exposición de óleos y acuarelas.* **3.** Aceite usado por la Iglesia en los sacramentos y otras ceremonias. Frec. en pl. *Recibió los santos óleos antes de morir.* ■ **al ~.** loc. adj. Dicho de pintura: Realizada con óleo (→ 1). *Pujó por un cuadro al óleo.*

oleoducto. m. Tubería de grandes dimensiones para transportar petróleo a lugares alejados.

oler. (conjug. OLER). tr. **1.** Percibir (un olor). *¿Hueles el aroma de la rosa?* **2.** Aspirar aire para percibir el olor (de algo o alguien). *Alzó la copa y olió el vino.* **3.** coloq. Sospechar o presentir (algo). *Me huelo que no va a venir.* ○ intr. **4.** Exhalar o despedir olor. *Estas flores no huelen A nada.* **5.** coloq. Tener apariencia de algo. *La cita huele A encerrona.* ■ **~ mal,** o **no ~ bien** algo. loc. v. coloq. Inspirar sospechas de que oculta algo malo o negativo. *Este asunto me huele mal.*

olfato. m. **1.** Sentido con el que se perciben los olores. *Su olfato le permitió seguir el rastro del ave herida.* **2.** Intuición para adivinar o prever con sagacidad algo. *Confío en mi olfato periodístico.* FAM **olfatear; olfateo; olfativo, va; olfatorio, ria.**

oligarquía. f. **1.** Polít. Régimen de gobierno en que el poder es ejercido por una minoría que pertenece a la misma clase social. **2.** Minoría privilegiada que controla el poder. *La oligarquía local se reúne en el casino.* FAM **oligarca; oligárquico, ca.**

oligoelemento. m. Biol. Elemento químico presente en muy pequeñas cantidades en un organismo, pero indispensable para su metabolismo.

oligofrenia. f. Med. Deficiencia mental. FAM **oligofrénico, ca.**

oligopolio. m. Econ. Mercado en que la oferta de un producto está bajo el control de un número reducido de vendedores o productores.

olimpiada u **olimpíada.** (Frec. en mayúsc.). f. **1.** Competición deportiva internacional que incluye distintas especialidades y que se celebra cada cuatro años en un lugar diferente. *La Olimpiada de Barcelona 92.* **2.** hist. Fiesta que se celebraba cada cuatro años en la antigua ciudad griega de Olimpia. *Las olimpiadas incluían competiciones deportivas y literarias.* FAM **olímpico, ca; olimpismo.**

olimpo. m. cult. Conjunto de las personas privilegiadas. *El olimpo de los poetas.*

olisquear. tr. Oler (algo o a alguien) de forma detenida. *El perro me olisqueaba.*

oliva. f. Aceituna.

oliváceo, a. adj. Aceitunado. *Rostro oliváceo.*

olivo. m. Árbol de tronco corto, grueso y retorcido, hojas perennes, verdes por el haz y blanquecinas por el envés, cuyo fruto es la aceituna. FAM **olivar; olivarero, ra.**

olla. f. **1.** Vasija redonda, gralm. abombada, con boca ancha y una o dos asas, que se utiliza para cocer alimentos. *Ponga al fuego una olla con agua.* **2.** Guiso de carne, legumbres y hortalizas, al que se añaden a veces otros ingredientes. ■ **~ a presión.** f. Olla (→ 1) metálica con cierre hermético, en la que los alimentos se cuecen con gran rapidez gracias al vapor acumulado en su interior. ■ **~ de grillos.** f. coloq. Lugar en el que hay gran desorden y confusión. *Es imposible oír las noticias en esta olla de grillos.*

olmeca. adj. hist. De un antiguo pueblo indio que habitó en el golfo de México.

olmo. m. Árbol grande de tronco recto y robusto, copa amplia y frondosa, y hojas ovales con los bordes serrados, cuya madera es muy apreciada. FAM **olmeda.**

olor. m. Emanación de los cuerpos capaz de ser percibida por el sentido característico situado en la nariz. *Olor A queso.* ■ **en ~ de santidad.** loc. adv. Con reputación de santo. *El beato murió en olor de santidad.* FAM **oloroso, sa.**

olvidar. tr. **1.** Dejar de tener en la memoria (algo o a alguien). *He olvidado cómo se hacía este plato.* **2.** Dejar (algo o a alguien) por descuido en un lugar. *Olvidé la bufanda en el bar.* **3.** Dejar de tener afecto (por alguien). *Ya olvidó a Ana y está saliendo con otra.* **4.** Dejar de tener afición (por algo). *¡Olvida el juego de una vez!* **5.** No tener en cuenta (algo). *Olviden lo que he dicho.* ○ intr. prnl. **6.** Olvidar (→ 1-5) algo o a alguien. *Si quiere adelgazar, olvídese DE los dulces.* **7.** Desaparecer una cosa de la memoria de alguien. *Se me olvidó su apellido.* FAM **olvidadizo, za; olvido.**

ombligo. m. **1.** En los mamíferos: Cicatriz redonda que queda en medio del vientre tras la caída del cordón umbilical. *Con la blusa que lleva se le ve el ombligo.* **2.** Centro de algo. *Se cree el ombligo del mundo.*

ombú. m. frecAm. Árbol herbáceo de gran tamaño, de tallos no leñosos y raíces emergentes. *Veo el gran ombú del patio* [C].

omega. f. Letra del alfabeto griego (Ω, ω), que corresponde al sonido de o larga.

ominoso, sa. adj. cult. Abominable o despreciable. *Un espectáculo ominoso.*

omitir. tr. **1.** Dejar de hacer (algo). *¡Vaya maqueta!, no han omitido ni un detalle.* **2.** Pasar en silencio (algo). *Omití algunos pasajes para no alargarme.* FAM **omisión.**

ómnibus. (pl. invar.). m. frecAm. Autobús. *Unos 460 ómnibus escolares* [C].

omnímodo, da. adj. cult. Que lo abarca o lo comprende todo. *Poder omnímodo.*

omnipotente. adj. Que todo lo puede. *Dios omnipotente.* Tb. fig. FAM **omnipotencia.**

omnipresente. adj. Que está a la vez en todas partes. *Un ser supremo y omnipresente.* Tb. fig. FAM **omnipresencia.**

omnisciencia. f. cult. Conocimiento de todas las cosas. FAM **omnisciente.**

omnívoro, ra. adj. Zool. Dicho de animal: Que se alimenta de todo tipo de sustancias orgánicas. *El oso es un animal omnívoro.*

omóplato u **omoplato.** m. Anat. Cada uno de los dos huesos anchos, casi planos y de forma triangular, situados en la parte superior de la espalda, bajo cada hombro. ▶ ESCÁPULA.

onanismo. m. cult. Masturbación. FAM **onanista.**

once. adj. **1.** → APÉND. NUM. ● m. **2.** Equipo de once (→ 1) jugadores de fútbol, que disputa un partido. *El once ecuatoriano se impuso claramente.* ○ f. pl. **3.** (once; en Am., frec. onces). frecAm. Refrigerio que se toma a media mañana o por la tarde, según los países. *Tomaron las once en su casa. Me llevaba el desayuno, almuerzo, once y comida* [C]. *Para las onces hicimos empanadas* [C].

oncogén. m. Med. Gen que, al activarse, puede provocar la aparición del cáncer.

oncología. f. Med. Rama de la medicina que se ocupa de los tumores. FAM **oncológico, ca; oncólogo, ga.**

onda. f. **1.** Elevación que se forma en la superficie de un líquido al ser agitado. *Las ondas en el estanque.* **2.** Curva que se forma en algunas cosas flexibles, como el pelo o las telas. *Se peinaba con una onda en la frente.* **3.** Fís. Movimiento periódico regular que se propaga en un espacio físico. *Onda sonora.* **4.** coloq. Línea o tipo. *El libro está en la onda de los dogmáti-*

cos. ■ ~ **corta.** f. Fís. Onda (→ 3) de menor longitud con respecto a la onda media (→ **onda media**). ■ ~ **herciana,** o **hertziana.** f. Fís. Onda (→ 3) electromagnética. *La radiotelefonía utiliza ondas hercianas.* ■ ~ **larga.** f. Fís. Onda (→ 3) de mayor longitud con respecto a la onda media (→ **onda media**). *El barco transmitió su mensaje en onda larga.* ■ ~ **media,** o **normal.** f. Fís. Onda (→ 3) que tiene una longitud comprendida entre los 200 y los 300 metros, empleada en telecomunicaciones. *La emisora utiliza una banda de onda media.* ⇒ AM. □ **captar la ~.** loc. v. coloq. Darse cuenta de algo no explícito o apenas insinuado. *Le lancé indirectas, pero no captó la onda.* FAM **ondeante; ondear.**

ondina. f. En las mitologías germánica y nórdica: Ser fantástico que habita en las aguas.

ondulación. f. **1.** Hecho o efecto de ondular. *Hay que ajustar la máquina para conseguir la ondulación de la plancha.* **2.** Onda o curva. *Las ondulaciones del terreno.* **3.** Movimiento en forma de onda. *La serpiente se desplaza con ondulaciones del cuerpo.*

ondular. tr. **1.** Hacer ondas (en algo, espec. en el pelo). *Le ondulaba el pelo con tenazas.* ○ intr. **2.** Formar ondas u ondulaciones algo. *Las sombras de los camellos ondulaban al sol.* FAM **ondulante; ondulatorio, ria.**

oneroso, sa. adj. **1.** cult. Costoso o gravoso. *Las obras públicas son onerosas.* **2.** cult. Pesado o difícil de soportar. *Su enfermedad es una carga onerosa para la familia.* **3.** Der. Que implica alguna contraprestación. *Bienes adquiridos a título oneroso.*

ONG. (sigla; pronunc. "o-ene-ge"). f. Organización no gubernamental con fines altruistas. *La ONG envió alimentos a la zona afectada por el terremoto.*

ónice u **ónix.** m. (Tb. f.). Ágata de colores alternativamente claros y muy oscuros.

onírico, ca. adj. cult. De los sueños. *El mundo onírico.*

onomástico, ca. adj. **1.** De los nombres propios. *Lista onomástica de los faraones de Egipto.* ● f. **2.** Día en que una persona celebra su santo. *La onomástica de Josefa es el 19 de marzo.* **3.** Rama de la lingüística que estudia los nombres propios. **4.** Conjunto de nombres propios de un lugar, una época o un país. *La onomástica azteca.*

onomatopeya. f. Imitación de un sonido en una palabra que recuerda lo que esta designa. Tb. la palabra. *"Achís" es una onomatopeya.* FAM **onomatopéyico, ca.**

ontología. f. Fil. Parte de la metafísica que estudia el ser en general y sus propiedades. FAM **ontológico, ca.**

onubense. adj. De Huelva (España).

onza. f. **1.** Unidad tradicional de peso que equivale a 28,7 g. *El oro se suele pesar en onzas.* **2.** histór. Antigua moneda española. Tb. ~ *de oro.*

opa. (Tb. OPA). f. Econ. Oferta pública de adquisición de acciones, u operación financiera para la adquisición de las acciones de una sociedad.

opaco, ca. adj. **1.** Que impide el paso de la luz o no es transparente. *Cristales opacos.* **2.** Sin brillo. Tb. fig. *Habla con voz opaca. Es un hombre opaco y sin ninguna habilidad.* FAM **opacar; opacidad.**

opalescente. adj. Irisado como el ópalo, o de características similares a las suyas. *Luz opalescente.*

ópalo. m. Mineral de reflejos irisados, traslúcido u opaco, apreciado en joyería.

opción. f. **1.** Posibilidad de optar o elegir entre dos o más cosas. *Tiene la opción de ir en tren o en avión.*

2. Elección o alternativa. *Vivir en el campo fue una opción personal.* **3.** Posibilidad de optar o aspirar a algo. *Tengo opción AL triunfo.* FAM opcional.

open. m. *Dep.* Abierto. *Participará en un open de golf.*

ópera. f. **1.** Obra dramática musical cuyo texto se canta con acompañamiento de orquesta. *Las óperas de Verdi.* Tb. su letra y su música. **2.** Género constituido por las óperas (→ 1). *Me gusta más la ópera que la zarzuela.*

operador, ra. adj. **1.** Que opera o sirve para operar. *Es la segunda firma operadora en el país.* Dicho de empresa, tb. m. o f. ● m. y f. **2.** Persona que realiza operaciones propias de una actividad profesional o comercial. *Los operadores bursátiles.* **3.** Especialista en el manejo de determinados aparatos. *La operadora de cine graba la secuencia.* **4.** Persona que tiene por oficio establecer las comunicaciones no automáticas de una central telefónica. *La operadora me pasó una llamada desde Australia.* ○ m. **5.** *Mat.* Símbolo que indica un conjunto de operaciones que han de realizarse. *El operador de la suma es "+".*

operar. tr. **1.** Realizar un acto quirúrgico (sobre una persona o animal, o sobre una parte de su cuerpo). *El cirujano me operó DE anginas.* **2.** Realizar o llevar a cabo (algo). *Los revolucionarios operaron grandes cambios en el país.* ○ intr. **3.** Trabajar, o ejecutar alguien o algo una actividad. *La red de vendedores no opera aquí.* **4.** Realizar tratos o negociaciones comerciales. *No operar con una gran distribuidora hundió la editorial.* **5.** *Mat.* Realizar cálculos matemáticos. *Si no operas bien, el resultado de la división será erróneo.* ○ tr. prnl. **6.** Someterse a un acto quirúrgico. *Me operé DE cataratas.* ▶ **1:** INTERVENIR. FAM **operación; operacional; operante.**

operario, ria. m. y f. Obrero (trabajador manual). *Un operario textil.* ▶ OBRERO.

operático, ca. adj. *Am.* Operístico. *Don Félix canta en estilo operático* [C].

operativo, va. adj. **1.** Dicho espec. de cosa: Que opera y realiza el efecto para el que está destinada. *Una junta directiva poco operativa.* **2.** Listo para ser utilizado o para entrar en acción. *Mi tarjeta de crédito no está operativa.* ● m. **3.** Dispositivo (conjunto de medidas). *La televisión pondrá en marcha un operativo para cubrir el evento.* ▶ **3:** DISPOSITIVO. FAM **operatividad.**

operatorio, ria. adj. De la operación quirúrgica. *Tiempo operatorio.*

opérculo. m. *Biol.* En algunos animales o plantas: Pieza que cierra una abertura.

opereta. f. **1.** Obra teatral ligera, compuesta para ser en gran parte cantada y con acompañamiento orquestal. **2.** Género constituido por las operetas (→ 1).

operístico, ca. adj. De la ópera. *Recital operístico.* ▶ Am: OPERÁTICO.

opinión. f. **1.** Juicio o valoración que alguien tiene sobre alguien o algo. *Nuestra opinión es que el cuadro es maravilloso.* **2.** Manifestación de una opinión (→ 1). *Libertad de opinión.* ■ ~ **pública.** f. Opinión (→ 1) que tiene el conjunto de la sociedad sobre alguien o algo. *La prensa sondeó la opinión pública.* FAM **opinable; opinar.**

opio. m. Sustancia amarga y de olor fuerte que se extrae de la adormidera verde, y que se utiliza como droga. *La morfina deriva del opio.* FAM **opiáceo, a.**

opíparo, ra. adj. Dicho de comida o banquete: Que es abundante y espléndido.

oponer. (conjug. PONER). tr. **1.** Poner (a una persona o cosa) contra otra para impedir su acción. *El atracador opuso resistencia A la policía.* **2.** Exponer (un argumento) contra algo. *Las razones que oponía eran rebatidas por ella.* ○ intr. prnl. **3.** Ser una cosa contraria a otra. *El blanco se opone AL negro.* **4.** Estar una cosa situada frente a otra. *El pulgar se opone A los otros dedos.* **5.** Estar en desacuerdo con algo o discrepar de algo. *Se opone A las centrales nucleares.* FAM **oponente; oponible.**

oporto. m. Vino originario de la región portuguesa de Oporto.

oportunamente. adv. En el tiempo oportuno. *Comunicaré oportunamente la fecha.*

oportunidad. f. **1.** Tiempo o circunstancia oportunos para algo. *Tengo la oportunidad de viajar a Asia.* ○ pl. **2.** Sección de un comercio en que se venden artículos a bajo precio. *Compró una blusa en oportunidades.*

oportunismo. m. Actitud que aprovecha las circunstancias para obtener beneficio propio, prescindiendo de los propios principios y convicciones. FAM **oportunista.**

oportuno, na. adj. Que interviene o sucede en el tiempo conveniente. *Estuvieron muy oportunos en sus preguntas.*

oposición. f. **1.** Hecho o efecto de oponer u oponerse. *Vida y muerte están en oposición.* **2.** Serie de pruebas selectivas en las que los aspirantes a un puesto de trabajo muestran sus conocimientos. *Aprobó la oposición para profesor.* **3.** Grupo político o social que se opone a la política de quienes gobiernan. *La oposición impidió que se aprobara la reforma.* FAM **opositar; opositor, ra.**

oprimir. tr. **1.** Ejercer presión (sobre algo). *Las vendas oprimen su muñeca.* **2.** Someter (a alguien) privándo(lo) de sus derechos o libertades. *El ejército invasor oprimía a la población.* ▶ **1:** *PRESIONAR. FAM **opresión; opresivo, va; opresor, ra.**

oprobio. m. cult. Vergüenza o humillación públicas. FAM **oprobioso, sa.**

optar. intr. **1.** Elegir una cosa entre varias. *Opté POR leer en vez de pasear.* **2.** Aspirar a algo. *David opta A un puesto en una empresa de informática.* FAM **optativo, va.**

óptico, ca. adj. **1.** De la óptica (→ 3). *Aparatos ópticos.* **2.** De la visión. *Efecto óptico.* ● f. **3.** Rama de la física que estudia las leyes y los fenómenos de la luz relacionados con la visión. *Laboratorio de óptica.* **4.** Establecimiento donde se venden objetos de óptica (→ 3). *Compré en la óptica unas gafas.* **5.** Punto de vista. *Desde una óptica realista no deberías irte.* ○ m. y f. **6.** Persona que se dedica a la fabricación o comercialización de objetos de óptica (→ 3). *El óptico me recomendó gafas de sol.*

optimista. adj. Que tiende a ver y a juzgar las cosas de la forma más favorable. *Es optimista y no teme fracasar.* FAM **optimismo; optimización; optimizar.**

óptimo, ma. → bueno.

opuesto, ta. adj. **1.** Contrario (totalmente diferente, o en total desacuerdo). *El líder se declaró opuesto AL Gobierno.* **2.** *Bot.* Dicho de órgano de vegetal, espec. de hoja: Que está situado enfrente de otro. *Las hojas de la salvia son opuestas.* ▶ **1:** *CONTRARIO.

opulento, ta. adj. Muy rico o adinerado. ▶ *RICO. FAM **opulencia**.

opus. m. (Tb., más raro, f.). *Mús.* Obra catalogada. *La quinta sinfonía de Beethoven es su opus 67.*

opúsculo. m. Obra científica o literaria de poca extensión.

oquedad. f. Espacio vacío en un cuerpo sólido. *Se escondió en una oquedad del barranco.* ▶ *ABERTURA.

ora. conj. cult. Enunciado ante dos oraciones, introduce otras tantas alternativas que conducen a una misma conclusión. *Ora hable, ora calle, siempre se le respeta.*

oración. f. **1.** Hecho o efecto de orar. *Los monjes estaban en oración.* **2.** Conjunto de palabras con que se ora. *El credo es una oración cristiana.* **3.** *Gram.* Conjunto de palabras en el cual la estructura básica está formada por un sujeto y un predicado. *En el diálogo predominan las oraciones cortas.* ■ ~ **compuesta.** f. *Gram.* Conjunto de palabras formado por la unión de dos o más oraciones (→ 3) o proposiciones. *Las copulativas son oraciones compuestas.* ■ ~ **coordinada.** f. *Gram.* Oración (→ 3) independiente que se une a otra independiente por medio de una conjunción. *La segunda es oración coordinada de la primera.* ⇒ COORDINADA. ■ ~ **simple.** f. *Gram.* Oración (→ 3) formada por un solo predicado. FAM **oracional**.

oráculo. m. **1.** En la antigüedad grecorromana: Respuesta de una divinidad a una consulta, dada a través de un sacerdote o una pitonisa. *La sibila interpretó el oráculo.* **2.** Lugar dedicado a una divinidad y al que se acude para solicitar un oráculo (→ 1). *En el oráculo de Delfos se consultaba al dios Apolo.* Tb. la representación de esa divinidad. **3.** Persona considerada capaz de expresar opiniones o juicios infalibles.

orador, ra. m. y f. **1.** Persona que pronuncia un discurso o una conferencia. *El orador estuvo elocuente.* **2.** Persona que tiene cualidades para la oratoria. *Es muy buen orador.*

oral. adj. **1.** Que se produce o se manifiesta a través de la palabra hablada. *Literatura oral.* **2.** De la boca. *La cavidad oral.* ▶ **1:** HABLADO.

orangután. m. Simio grande y robusto, sin cola, de pelaje rojizo y brazos muy largos, que vive en las selvas de Borneo y Sumatra. *El orangután hembra.*

orar. intr. cult. Dirigirse a una divinidad o a una persona sagrada. *Oran en silencio.* FAM **orante**.

orate. m. y f. cult. Persona loca o que ha perdido el juicio.

oratorio, ria. adj. **1.** De la oratoria (→ 4). *Habilidades oratorias.* ● m. **2.** Lugar en un edificio destinado a la oración. *El oratorio del cementerio.* **3.** Composición musical religiosa para coro y orquesta sin representación escénica. ○ f. **4.** Arte de hablar con elocuencia en público. *Cicerón fue un maestro de la oratoria.*

orbe. m. cult. Mundo (conjunto de todo lo existente). *Las maravillas del orbe.*

órbita. f. **1.** *Fís.* Trayectoria curva que describe un cuerpo en su movimiento alrededor de un centro. *La órbita de Saturno.* **2.** Espacio de influencia. *El candidato se mueve en la órbita radical de su partido.* **3.** *Anat.* Cuenca del ojo. *Los músculos situados en la órbita del ojo.* ■ **en ~.** loc. adv. **1.** En situación de recorrer una órbita (→ 1). *Pondrán en órbita un satélite meteorológico.* **2.** coloq. En situación de ser famoso o popular. *La canción del verano no tardará en ponerse en órbita.* FAM **orbital**.

orca. f. Mamífero cetáceo carnívoro, semejante a una ballena, de cuerpo negro azulado y blanco, muy voraz. *La orca macho.*

órdago. de ~. loc. adj. coloq. Se usa para enfatizar lo designado por el sustantivo que le precede. *Nos dio un susto de órdago.*

orden[1]. m. **1.** Colocación de personas o cosas según un determinado criterio. *El orden cronológico de los hechos.* **2.** Disposición apropiada o correcta de las cosas entre sí. *Tengo los libros en orden.* **3.** Funcionamiento habitual y adecuado de algo. *El movimiento de los planetas sigue las leyes de un orden universal.* **4.** Clase o categoría. *Hoteles de primer orden.* **5.** (Frec. en mayúsc.). *Rel.* Sacramento de la Iglesia católica, que reciben los obispos, presbíteros y diáconos. Tb. ~ *sacerdotal.* **6.** *Biol.* Categoría taxonómica inmediatamente superior a la familia e inferior a la clase. *El orden de los carnívoros.* **7.** *Arq.* Sistema arquitectónico basado espec. en las características de la columna, y que determina un estilo. *El jónico es uno de los órdenes clásicos.* ○ f. (Frec. en mayúsc.). **8.** Instituto religioso integrado por personas que viven en comunidad bajo reglas establecidas. *La Orden Franciscana.* **9.** Instituto civil o militar creado para premiar los méritos de una persona. *Recibió la Condecoración de la Orden de la Legión de Honor.* **10.** *Rel.* Grado del sacramento del orden (→ 5). *Recibió la orden de diácono.* Frec. *órdenes sagradas.* ■ ~ **del día.** m. Relación de las tareas o asuntos que se van a tratar en una asamblea. *Su propuesta se incluye en el orden del día.* ■ ~ **militar.** f. Instituto de carácter religioso y militar, cuya finalidad originaria era luchar contra los infieles y en la actualidad es solo honorífica. *Entre las órdenes militares más famosas está la de Santiago.* ■ ~ **público.** m. Situación de normalidad en que los ciudadanos observan y respetan las leyes. *Lo arrestan por alterar el orden público.* ■ **órdenes mayores.** f. pl. *Rel.* Órdenes (→ 10) que comprenden los grados de diácono, subdiácono y sacerdote. ■ **órdenes menores.** f. pl. *Rel.* Órdenes (→ 10) que comprenden los primeros grados para hacerse sacerdote, anteriores a los de las órdenes mayores (→ **órdenes mayores**). □ **del ~ de.** loc. prepos. Seguida de una expresión de cantidad: Estimándose aproximadamente en. *Hay del orden de cien niños.* ■ **de ~.** loc. adj. De actitud conservadora o conforme con la moral tradicional. *Son gente de orden.* ■ **en ~ a.** loc. prepos. Respecto a. *No hay nada decidido en orden al cambio de sede.* ■ **llamar** (a alguien) **al ~.** loc. v. Advertir(le) que mantenga una conducta correcta. *Su jefe lo llamó al orden.* ■ **sin ~ ni concierto.** loc. adv. Desordenadamente o sin planificación. *Tocan cada uno por su lado, sin orden ni concierto.* FAM **ordenado, da**.

orden[2]. f. Mandato (cosa que manda alguien con autoridad). *Obedezca mis órdenes.* ■ ~ **del día.** f. Comunicación que se da diariamente un jefe militar a sus tropas. *En la orden del día destacó la acción heroica del soldado.* □ **a la ~,** o **a sus órdenes.** expr. Se usa como fórmula militar de acatamiento o saludo ante un superior. *A la orden, mi teniente.* ■ **estar** algo **a la ~ del día.** loc. v. Ser muy usual. *Los robos están a la orden del día.* ▶ MANDATO.

ordenación. → **ordenar**[1].

ordenada. f. *Mat.* Coordenada vertical, que sirve, junto con la abscisa, para determinar la posición de un punto en el plano.

ordenador, ra. adj. **1.** Que ordena o pone en orden. *Medidas ordenadoras del proceso.* ● m. **2.** Máquina electrónica de tratamiento de la información, capaz de almacenar, ordenar y memorizar datos a gran velocidad, gracias al empleo de diversos programas. ■ **ordenador personal**. m. Ordenador (→ 2) de dimensiones reducidas, con limitaciones de capacidad de memoria y velocidad, pero con total autonomía. ⇒ PC. ▶ **2**: COMPUTADOR, COMPUTADORA.

ordenamiento. m. **1**. Hecho o efecto de ordenar o poner en orden. **2**. *Der.* Conjunto ordenado de leyes. *Ordenamiento jurídico.* ▶ **1**: ORDENACIÓN.

ordenanza. f. **1**. Conjunto de disposiciones y normas. *Ordenanza laboral.* ○ m. y f. **2**. Empleado que, en una oficina, desempeña funciones subalternas. *El ordenanza hizo las fotocopias.* **3**. Soldado que está a las órdenes de un oficial o de un jefe para asuntos de servicio. *El ordenanza conduce el vehículo del coronel.* ▶ **2**: BEDEL. FAM **ordenancista**.

ordenar[1]. tr. **1**. Poner (a alguien o algo) en orden. *Ordenaré la mesa del despacho.* **2**. *Rel.* Conferir las órdenes sagradas (a alguien). *El obispo lo ordenó sacerdote.* ○ intr. prnl. **3**. *Rel.* Recibir alguien las órdenes sagradas. *Se ordenó DE sacerdote a los 35 años.* ▶ **1**: *COLOCAR. FAM **ordenación**.

ordenar[2]. tr. **2**. Dar (una orden) con autoridad. *Ordene que se calle.* ▶ *MANDAR.

ordeñar. tr. Extraer leche (de un animal hembra) exprimiendo la ubre. FAM **ordeño**.

ordinal. adj. *Gram.* Dicho de adjetivo o pronombre numerales: Que indica el puesto de un elemento en una serie. *En "segunda vez", "segunda" es un adjetivo ordinal.* Tb. m.

ordinario, ria. adj. **1**. Común o habitual. *Es algo ordinario que llegue tarde.* **2**. Dicho de persona: Grosera o maleducada. *Es muy ordinaria hablando.* **3**. Dicho de cosa: Vulgar o de mal gusto. *Rocío tiene un salón de lo más ordinario.* ■ **de ordinario**. loc. adv. Habitualmente o con frecuencia. *De ordinario, voy en tren.* ▶ **1**: *HABITUAL. **2**: *MALEDUCADO. FAM **ordinariez**.

orear. tr. **1**. Hacer que el viento o el aire dé (en algo) para secarlo o refrescarlo. *Tendí la ropa para orearla.* ○ intr. prnl. **2**. Tomar alguien el aire. *Salió para orearse.* FAM **oreo**.

orégano. m. Hierba aromática, utilizada en cocina como condimento o especia.

oreja. f. En una persona o en un animal: Parte exterior del órgano del oído. *Las orejas del burro son puntiagudas.* ■ **con las ~s gachas**. loc. adv. coloq. Con tristeza o vergüenza. *Fueron eufóricos y volvieron con las orejas gachas.* FAM **orejudo, da**.

orejera. f. **1**. En un gorro: Pieza que cubre la oreja para protegerla, espec. del frío. *Gorro con orejeras.* **2**. Cada una de las dos piezas, a modo de cascos, que se ajustan a las orejas para protegerlas del frío. Frec. en pl. *Lleva orejeras para esquiar.* **3**. Pieza, frec. de metal, que se metían los indios en un agujero perforado en la oreja.

orejón, na. adj. **1**. Orejudo. *El chico es bastante orejón.* ● m. **2**. Trozo de fruta, espec. de melocotón, secado al aire y al sol.

orensano, na. adj. De Orense (España).

oreo. → orear.

orfanato u **orfelinato**. m. Institución que recoge a niños huérfanos. FAM **orfandad**.

orfebrería. f. Arte o técnica de labrar objetos artísticos de oro, plata u otros metales preciosos. FAM **orfebre**.

orfeón. m. Coral (agrupación). *Canta en el orfeón municipal.* ▶ *CORAL.

organdí. m. Tela de algodón muy fina y transparente.

orgánico, ca. adj. **1**. Dicho de ser: Vivo. *Las plantas son seres orgánicos.* **2**. De la constitución de una entidad o corporación, y de sus funciones. *Ley orgánica para las Fuerzas Armadas.* **3**. *Quím.* Dicho de sustancia: Que tiene como componente constante el carbono. *Las sustancias orgánicas son propias de todos los seres vivos.*

organigrama. m. Esquema de la organización de una entidad o de una tarea.

organillo. m. Instrumento musical mecánico que se hace sonar por medio de un cilindro con púas movido por un manubrio. FAM **organillero, ra**.

organismo. m. **1**. Conjunto de órganos del cuerpo animal o vegetal. *Hacer deporte es bueno para el organismo.* **2**. Ser vivo. *Organismos unicelulares.* **3**. Conjunto organizado de oficinas, dependencias y personas con una función de carácter oficial o público. *La ONU es un organismo internacional.* ▶ **3**: ORGANIZACIÓN.

organización. f. **1**. Hecho o efecto de organizar u organizarse. *Sin organización, fracasaremos.* **2**. Conjunto organizado de personas, animales o cosas. *Una organización terrorista.* **3**. Organismo (conjunto de dependencias y personal). *La Organización de las Naciones Unidas.* ▶ **3**: ORGANISMO. FAM **organizativo, va**.

organizar. tr. **1**. Establecer el orden, funcionamiento o estructura (de algo). *Hay que organizar el fichero.* **2**. Hacer los preparativos (de algo). *Los alumnos organizaron un concurso.* **3**. Hacer o producir (algo). *Siempre que organizan alguna bronca.* ○ intr. prnl. **4**. Distribuir una persona su tiempo o sus actividades. *Si se organiza, le dará tiempo a estudiar y a salir con los amigos.* FAM **organizador, ra**.

órgano. m. **1**. Parte de un cuerpo animal o vegetal que realiza una determinada función. *El corazón es un órgano.* **2**. Parte de un organismo o entidad que ejerce una función. *Los órganos de justicia.* **3**. Publicación periódica que expresa la ideología de un partido o la opinión de un grupo social. *La revista era el órgano de opinión de los marginados.* **4**. Instrumento musical de viento formado por uno o varios teclados, un pedal y tubos por donde pasa el aire y se produce el sonido. FAM **organista**.

organza. f. Tejido de seda o algodón, muy ligero, transparente y semirrígido.

orgasmo. m. Punto culminante del placer sexual.

orgía. f. **1**. Fiesta en la que se cometen excesos, gralm. sexuales. **2**. Manifestación grande o exagerada de algo. *La película es una orgía de sangre.* ▶ **1**: BACANAL. FAM **orgiástico, ca**.

orgullo. m. Sentimiento de satisfacción, y a veces de superioridad, causado por la consideración de lo que se es, se tiene o se hace de muy bueno. *Hablaba, lleno de orgullo, de sus éxitos.* ▶ ALTANERÍA, ALTIVEZ, ARROGANCIA, ENGREIMIENTO, PETULANCIA, PRESUNCIÓN.

orgulloso, sa. adj. Que tiene orgullo. ▶ ALTANERO, ALTIVO, ARROGANTE, ENGREÍDO, PETULANTE, PRESUMIDO, PRESUNTUOSO.

orientar. tr. **1**. Colocar (algo) en una posición determinada respecto de un lugar, espec. un punto cardinal. *El piloto orientó el morro del avión HACIA arriba.* **2**. Determinar la posición (de alguien o algo) respecto a los puntos cardinales. *Las estrellas orientaron al patrón del velero.* **3.** Informar (a alguien) de lo que ignora para que actúe adecuadamente. *La camarera nos orientó sobre los platos del menú.* **4.** Dirigir o encaminar (a alguien) hacia una actividad. *Orientó a su hijo* HACIA/POR *el cine.* ▶ **3:** *ACONSEJAR. FAM **orientación; orientador, ra; orientativo, va.**

oriente. m. **1.** (Referido a punto cardinal, se usa en mayúsc.). Este (punto cardinal, o lugar). *El Sol sale por el Oriente. El oriente de Venezuela.* **2.** (Frec. en mayúsc.). Conjunto de los países de Asia y de algunas regiones de África y Europa contiguas a Asia. *El mercado de especias estaba en Oriente.* Designa espec., los países del este de Asia. **3.** Brillo de la perla. ▶ **1:** *ESTE. FAM **oriental; orientalismo; orientalista.**

orificio. m. **1.** Agujero o abertura. *El herido presenta un orificio de bala.* **2.** Anat. Abertura de algunos conductos del cuerpo, que comunica un órgano interno con el exterior. *Orificios nasales.* ▶ **1:** *ABERTURA.

origen. m. **1.** Comienzo de la existencia de algo. *Aquella idea dio origen a este trabajo.* **2.** Lugar de procedencia de alguien o algo. *El maíz es de origen americano.* **3.** Ascendencia de una persona. *Soy de origen humilde.* **4.** Causa o circunstancia que da lugar a la existencia de una cosa. *Enfermedad de origen desconocido.* FAM **originar.**

original. adj. **1.** Del origen. *Películas en versión original.* **2.** Dicho de cosa: Que ha servido de modelo para hacer otras. *El cuadro original está en el Museo del Prado.* **3.** Dicho de persona o cosa: Que no imita o copia. *Lo acusaron de plagio, pero su obra es original.* **4.** Dicho de persona o cosa: Que se aparta de la normalidad. *Es un cocinero muy original.* ● m. **5.** Cosa que sirve de modelo para hacer otras iguales. *Me devolvió el original y tres copias de las llaves.* **6.** Texto que se entrega a la imprenta para su impresión. *El autor entrega el original limpio y claro.* **7.** Persona o cosa que se reproducen en una obra artística. *Su dibujo se parece al original.* FAM **originalidad.**

originalmente. adv. **1.** En un principio o desde su origen. *Originalmente en la Tierra no existía la vida.* **2.** De manera original. *Amuebló la casa originalmente.*

originario, ria. adj. **1.** Que tiene origen en un lugar, persona o cosa. *El tomate es originario* DE *América.* **2.** Dicho de cosa: Que da origen a algo. *La causa originaria* DE *su enfado fue una discusión.* ▶ **1:** ORIUNDO.

orilla. f. **1.** Límite o extremo de la superficie de algo. *No ponga la botella en la orilla de la mesa.* **2.** Límite entre la tierra y el mar u otra extensión o corriente de agua. *En el mar, paseo por la orilla.* **3.** Franja de tierra que está más inmediata a la orilla (→ 2). *Merendamos en la orilla de la laguna.* ▶ **1:** BORDE. ‖ Am: RIBAZO.

orillar. tr. **1.** Eludir o dejar a un lado (algo, espec. una dificultad). *Orillando el problema no desaparecerá.* ○ intr. prnl. **2.** Arrimarse a la orilla. *Los coches se orillan para dejar paso a la ambulancia.*

orín[1]. m. Óxido rojizo que se forma en la superficie del hierro por acción de la humedad. *La bicicleta se cubrió de orín.* ▶ ROÑA.

orín[2]. m. Orina. *El establo huele a orín de vaca.*

orina. f. Líquido amarillento que se produce en los riñones como resultado del proceso de depuración de la sangre, y que se expulsa a través de la uretra. *El pañal está empapado de orina.* ▶ ORÍN. FAM **orinar.**

orinal. m. Recipiente que se utiliza para recoger los excrementos humanos.

oriundo, da. adj. Que tiene su origen en el lugar que se indica. *Su familia está afincada en España, pero es oriunda* DE *México.* ▶ ORIGINARIO.

orla. f. Adorno hecho en las orillas de una hoja de papel o algo semejante, o alrededor de algo escrito o dibujado enmarcándolo. *El título del libro está dentro de una orla.* FAM **orlar.**

ornamento. m. **1.** Adorno o conjunto de adornos que hacen vistosos algo. *Jarrones, cuadros y otros ornamentos ennoblecen el salón.* **2.** Rel. Vestidura sagrada que usa el sacerdote al celebrar misa y en otras ceremonias. *Casullas y otros ornamentos sagrados.* ▶ **1:** *ADORNO. FAM **ornamentación; ornamental; ornamentar.**

ornar. tr. cult. Adornar (algo). *Ornaron la estancia con lujosos cortinajes.*

ornato. m. cult. Adorno u ornamento. *El teatro es un edificio lleno de ornato.*

ornitología. f. Parte de la zoología que estudia las aves. FAM **ornitológico, ca; ornitólogo, ga.**

ornitorrinco. m. Mamífero anfibio australiano del tamaño de un conejo, con hocico semejante al pico de un pato, pies palmeados y larga cola aplanada. *El ornitorrinco hembra.*

oro. m. **1.** Elemento químico del grupo de los metales, de color amarillo brillante y muy usado en joyería (Símb. *Au*). *Collar de oro.* **2.** Cosa o conjunto de cosas de oro (→ 1). *Robaron el oro y las obras de arte.* **3.** Medalla de oro (→ medalla). *Nuestros atletas lograron un oro y dos platas.* ■ **~ molido.** m. coloq. Persona o cosa excelente. *Tiene un marido que es oro molido.* □ **como ~ en paño.** loc. adv. coloq. Con gran cuidado, por el aprecio que se tiene. *Guarda el reloj de su abuelo como oro en paño.* ■ **de ~.** loc. adj. **1.** Muy bueno o valioso. *Una oportunidad de oro.* **2.** Dicho de período de tiempo, espec. de edad o siglo: Del mayor esplendor, espec. en el ámbito cultural. *Los siglos* XVI *y* XVII *constituyen el siglo de oro de las letras españolas.* ■ **el ~ y el moro.** loc. s. coloq. Una cantidad desmedida de cosas. *Para captarme, me ofrecían el oro y el moro.* ■ **hacerse de ~.** loc. v. Enriquecerse o ganar mucho dinero. *Abrió un restaurante y se ha hecho de oro.* ■ **valer todo el ~ del mundo.** loc. v. coloq. Valer muchísimo o ser excelente. *Tengo un amigo que vale todo el oro del mundo.*

orogenia u **orogénesis.** f. Geol. Parte de la geología que estudia el proceso de formación de las montañas.

orografía. f. **1.** Geogr. Parte de la geografía que se ocupa del estudio y descripción de las montañas. **2.** Geogr. Conjunto de las montañas de un determinado territorio. *La orografía de Chile.* FAM **orográfico, ca.**

orondo, da. adj. **1.** coloq. Dicho de persona o cosa: Gruesa y redondeada. *Un actor bajito y orondo.* **2.** coloq. Dicho de persona: Orgullosa y muy contenta de sí misma. *Hablaba oronda de sus hijos.*

oropel. m. **1.** Lámina de latón muy delgada y que imita al oro. *Bisutería de oropel.* **2.** Cosa de poco valor y mucha apariencia. *La ópera fue mucho oropel, pero poco arte.*

orquesta. f. **1.** Conjunto de músicos que interpretan obras musicales bajo la dirección de un director y con instrumentos de distinto tipo. Designa espec. el que interpreta música polifónica y se compone de una sección de cuerda, otra de viento y otra de percusión. *Orquesta de la Ópera.* **2.** En un teatro: Espacio comprendido entre el patio de butacas y la escena, gralm. rebajado, destinado a los músicos. FAM **orquestal.**

orquestar. tr. **1.** Preparar o adaptar (una composición musical) para que pueda ser interpretada por una orquesta. *Orquestó una pieza para piano de Beethoven.* **2.** Organizar (una acción) disponiendo o poniendo de acuerdo los distintos elementos o personas necesarios. Frec. despect. *Orquestaron una campaña contra el candidato.* FAM **orquestación.**

orquestina. f. Orquesta de pocos y variados instrumentos que gralm. interpreta música de baile. *Una orquestina amenza el baile.*

orquídea. f. Flor de vivos colores y formas variadas y originales, muy apreciada en floricultura por su belleza. Tb. su planta.

ortiga. f. Planta silvestre de hojas dentadas y puntiagudas, cubiertas de unos pelillos que al contacto con la piel producen sarpullido y un picor intenso.

ortodoncia. f. **1.** *Med.* Rama de la odontología que estudia las malformaciones y defectos de la dentadura y su tratamiento. **2.** Tratamiento para corregir los defectos de la dentadura. *Al sonreír, se le ven los hierros de la ortodoncia.*

ortodoxo, xa. adj. **1.** Conforme con los dogmas y principios de una religión o de un sistema. *El hereje se apartó de la doctrina ortodoxa de la Iglesia.* **2.** Conforme con las doctrinas y prácticas generalmente aceptadas. *Métodos de venta poco ortodoxos.* **3.** Dicho de iglesia o de religión: Cristiana de rito oriental, separada de la Iglesia católica romana a raíz del cisma del s. XI. *El patriarca de la Iglesia ortodoxa rusa.* **4.** De una iglesia ortodoxa (→ 3), o de su conjunto. *Templo ortodoxo.* FAM **ortodoxia.**

ortogonal. adj. *Mat.* Que forma ángulo recto. *Coordenadas ortogonales.*

ortografía. f. **1.** Conjunto de normas que regulan la escritura de una lengua. *Según la ortografía del español, delante de "p" se escribe "m" y no "n".* **2.** Forma correcta de escribir de acuerdo con las normas de la ortografía (→ 1). *El profesor valorará el contenido y la ortografía.* FAM **ortográfico, ca.**

ortopedia. f. Técnica que tiene por objeto corregir o evitar las deformidades del cuerpo humano por medio de aparatos y ejercicios. *Servicio de traumatología y ortopedia.* FAM **ortopeda; ortopédico, ca; ortopedista.**

oruga. f. **1.** Larva de mariposa, semejante a un gusano, con el cuerpo dividido en anillos y que se alimenta de hojas. **2.** *Mec.* Cadena articulada que rodea las ruedas de cada lado de un vehículo y le permite avanzar por terrenos escabrosos. *Los tanques tienen un sistema de tracción basado en orugas.*

orujo. m. Residuo que queda de un fruto, espec. de la uva o de la aceituna, después de exprimido o prensado. *Del orujo de la aceituna se extrae aceite de calidad inferior.*

orzuelo. m. Inflamación que aparece en el borde de un párpado.

os. (Se escribe unido al v. cuando va detrás de él: *Calmaos; No queremos haceros esperar*). pron. pers. Designa, en función de complemento directo o indirecto, a las mismas personas designadas con el pronombre *vosotros.* *¿Os llegó la invitación?*

osa. → oso.

osado, da. adj. cult. Que tiene atrevimiento y decisión para actuar. *Los osados navegantes que fueron a América.* FAM **osadía.**

osamenta. f. Conjunto de los huesos del esqueleto de los vertebrados.

osar. tr. cult. Atreverse (a hacer algo). *Nadie osó plantear una queja.*

osario. m. **1.** Lugar de las iglesias o de los cementerios donde se depositan los huesos que se sacan de las sepulturas. *El osario de la parroquia.* **2.** Lugar donde se encuentran huesos enterrados. *El osario descubierto pertenece a un pueblo indio.*

oscense. adj. De Huesca (España).

oscilar. intr. **1.** Efectuar algo un movimiento de vaivén. Tb. fig. *Oscila DE la indiferencia A la hostilidad.* **2.** Variar algo creciendo y disminuyendo alternativamente su intensidad, grado o medida. *El precio de los pisos ha oscilado en el último año.* ▶ **1:** TAMBALEARSE. **2:** FLUCTUAR. FAM **oscilación; oscilante; oscilatorio, ria.**

ósculo. m. cult. Beso (hecho de besar). *El ósculo de Judas a Jesucristo.*

oscurantismo. (Tb. **obscurantismo**). m. Oposición a la difusión de la cultura o al progreso. *Los años de oscurantismo y censura.* FAM **oscurantista** u **obscurantista.**

oscurecer. (Tb. **obscurecer**; conjug. AGRADECER). tr. **1.** Privar de luz o claridad (a una cosa). *Oscurece un poco la habitación.* **2.** Dar color oscuro (a una cosa). *El humo oscureció el cuadro.* **3.** Hacer que (algo o alguien) tenga menos valor o importancia. *Un discurso racista oscureció el congreso.* **4.** Dificultar la comprensión (de algo). *Su mala caligrafía oscurece el texto.* **5.** Confundir u ofuscar (la razón). *Los celos oscurecen su mente.* ○ intr. prnl. **6.** Llenarse de nubes el cielo o el día. *Era un día soleado, pero al mediodía se oscureció.* ○ intr. impers. **7.** Anochecer o ponerse oscuro el cielo cuando el Sol se oculta. *En verano oscurece tarde.* ▶ **Am: 2, 3:** OPACAR. FAM **oscurecimiento** u **obscurecimiento.**

oscuro, ra. (Tb. **obscuro**). adj. **1.** Que tiene poca o ninguna luz. *El sótano es oscuro.* **2.** Dicho de día o cielo: Nublado. *El cielo está oscuro y amenaza tormenta.* **3.** Dicho de color: Que tiende al negro o está más cerca del negro que otro de su misma clase. *Marrón oscuro.* **4.** Que tiene color oscuro (→ 3). *Le gusta la ropa oscura.* **5.** Poco conocido. *Es un personaje oscuro, sin nada que destaque.* **6.** Dicho de cosa: Confusa o difícil de entender. *Un pasaje oscuro de un libro.* **7.** Dicho de una persona: Que se expresa de manera difícil de entender. *Un escritor muy oscuro.* **8.** Dicho de cosa: Incierta o insegura. *El porvenir es oscuro.* ■ **a oscuras.** loc. adv. Sin luz. *Camina a oscuras.* ▶ **1:** SOMBRÍO. FAM **oscuridad** u **obscuridad.**

óseo, a. adj. cult. o *Med.* De hueso o del hueso. *Fractura ósea.*

osera. f. Cueva o guarida del oso.

osezno. m. Cachorro del oso.

osificarse. intr. prnl. Convertirse una materia orgánica en hueso o adquirir la consistencia de hueso. *El esqueleto del feto ha comenzado a osificarse.* FAM **osificación.**

ósmosis. f. **1.** *Fís.* Paso recíproco de líquido entre dos disoluciones de distinta concentración a través de una membrana semipermeable que las separa. *Los nutrientes transportados por la sangre pasan a las células por ósmosis.* **2.** cult. Influencia recíproca entre dos personas o grupos. *Hubo ósmosis entre el cantante y el público.* FAM **osmótico, ca.**

oso, sa. m. **1.** Mamífero de gran tamaño, pelaje largo y espeso y andar pesado, del cual existen varias especies, por ej.: ~ *polar*, o *blanco*, ~ *pardo*. *Los osos hibernan.* ○ f. **2.** Hembra del oso (→ 1). ■ **oso hormiguero.** m. Mamífero americano, de hocico alargado, que se alimenta de hormigas. *El oso hormiguero hembra.* ■ **oso panda.** m. Mamífero chino semejante al oso (→ 1), de pelaje blanco y negro, y que se alimenta de bambú. *El oso panda hembra.* ⇒ PANDA.

ossobuco. (pal. it.; pronunc. "osobúko"). m. Plato que se prepara con pierna de vaca o ternera cortada en rodajas, con el hueso y su médula incluidos. ¶ [Adaptación recomendada: *osobuco*].

ostensible. adj. Muy claro o evidente. *Hizo un gesto ostensible.* ▶ *EVIDENTE.

ostentar. tr. **1.** Mostrar (algo) presumiendo o jactándose (de ello). *Le gusta ostentar sus galones.* **2.** Mostrar (algo) de forma patente o visible. *La fachada ostenta un escudo de armas.* FAM **ostentación.**

ostentoso, sa. adj. Llamativo por su grandiosidad o lujo. *La casa es ostentosa.*

osteoporosis. f. *Med.* Fragilidad de los huesos debida a una disminución patológica de su densidad por descalcificación o carencia de componentes minerales. *Muchas fracturas de cadera se producen por osteoporosis.*

ostión. m. Molusco marino parecido a la ostra, pero mayor y de sabor más basto.

ostra. f. Molusco marino de concha grande, rugosa y con valvas desiguales, la mayor de las cuales se adhiere a las rocas, muy apreciado como marisco comestible. *En algunas ostras se forman perlas.*

ostracismo. m. cult. Exclusión voluntaria o forzosa de un cargo público, por razones políticas. *El disidente fue relegado al ostracismo por el régimen.* Tb. fig.

otear. tr. **1.** Observar o examinar desde un punto alto (algo de gran extensión, espec. un terreno). *Desde el acantilado oteamos el mar.* **2.** Observar o examinar con cuidado (algo). *Oteó el panorama de la fiesta.* FAM **oteador, ra.**

otitis. f. *Med.* Inflamación del oído.

otomano, na. adj. **1.** Turco (de Turquía). Gralm. referido a época antigua. *Imperio otomano.* ● f. **2.** Diván muy mullido y sin respaldo. ▶ **1:** TURCO.

otoño. m. **1.** Estación del año que sigue al verano y que en el hemisferio norte dura del 21 de septiembre al 21 de diciembre, y en el hemisferio sur, del 21 de marzo al 21 de junio. **2.** cult. Período de la vida de una persona en que empieza la decadencia de la plenitud hacia la vejez. *En el otoño de su vida tuvo una hija.* FAM **otoñal.**

otorgar. tr. **1.** Dar o conceder (algo), gralm. como respuesta a una petición o como gracia o distinción. *Solo el Gobierno puede otorgar el indulto.* **2.** *Der.* Disponer o establecer (algo). *Otorgó testamento.* FAM **otorgador, ra; otorgamiento; otorgante.**

otorrinolaringología. f. *Med.* Rama de la medicina que estudia las enfermedades del oído, la nariz y la laringe. FAM **otorrino; otorrinolaringólogo, ga.**

otredad. f. cult. o *Fil.* Condición de ser otro o diferente. *El respeto a la otredad.*

otro, tra. adj. **1.** Distinto de la persona o cosa mencionadas o que puede identificar el oyente. *No vino él, pero apareció otro amigo.* **2.** Antepuesto a un nombre propio, expresa que la persona o cosa de las que se habla tienen las cualidades o las características que se atribuyen estereotipadamente a la persona o cosa designadas por el nombre propio. *Este niño será otro Picasso.* **3.** Siguiente. *Concierte una cita*

para la otra semana. **4.** Seguido de un nombre que expresa: Pasado, o situado en el pasado cercano. Se usa precedido de art. y con un v. en pasado. *La otra noche salimos a celebrarlo.* **5.** cult. Diferente. *La realidad es muy otra.* ● pron. **6.** Una persona o cosa distintas de las mencionadas o que puede identificar el oyente. *Eso cuénteselo a otro.*

otrora. adv. cult. En otro tiempo. *Me enseñó un jardín, otrora campo de labranza.*

ovación. f. Aplauso ruidoso que una colectividad dedica a alguien o a algo. *El público brindó una ovación a la actriz.* ▶ APLAUSO. FAM **ovacionar.**

óvalo. m. Curva cerrada parecida a la elipse y simétrica respecto de uno o de dos ejes. *Un retrato con el marco en forma de óvalo.* FAM **oval; ovalado, da; ovalar.**

ovario. m. **1.** *Anat.* En las mujeres o en las hembras de los animales: Órgano del aparato reproductor que produce los óvulos. *El óvulo pasa del ovario al útero.* **2.** *Bot.* En una flor: Parte inferior del pistilo, que contiene los óvulos. *Tras la fecundación del óvulo se transforma en semilla y el ovario en fruto.* FAM **ovárico, ca.**

oveja. f. Mamífero rumiante doméstico, cuya lana y carne son muy apreciadas, y de cuya hembra se obtiene leche. *El pastor conduce un rebaño de ovejas.* ■ **~ negra.** f. coloq. Persona que se distingue desfavorablemente del resto, dentro de una familia o una colectividad. *Soy la oveja negra de la familia.* FAM **ovejero, ra; ovejuno, na.**

overol. m. Am. Mono (prenda de vestir). *Se puso el overol de trabajo* [C]. *En los escaparates hay overoles para niños* [C]. ▶ *MONO.

ovetense. adj. De Oviedo (España) o de Coronel Oviedo (Paraguay).

ovillar. tr. **1.** Hacer un ovillo enrollando (un hilo o material similar). *Ovilla la lana.* ○ intr. prnl. **2.** Encogerse alguien haciéndose un ovillo. *El perro se ovilla en el suelo.*

ovillo. m. Bola que se forma al enrollar un hilo o cordón sobre sí mismo. *El gato juega con un ovillo de lana.* ■ **hacerse** alguien **un ~.** loc. v. coloq. Acurrucarse o encogerse mucho. *Se durmió hecho un ovillo.*

ovino, na. adj. **1.** De la oveja. *Ganado ovino.* ● m. **2.** Ejemplar de ganado ovino (→ 1). *Tendrá unos dos mil ovinos en su finca.* ▶ **1:** LANAR.

ovíparo, ra. adj. *Zool.* Dicho de animal: Que pone huevos, en los que se desarrollan los embriones. *Las aves son animales ovíparos.*

ovni. m. Objeto volador, gralm. una nave, de procedencia y naturaleza desconocidas y supuestamente extraterrestres. *Aseguraban haber visto un ovni.*

ovoide o **ovoideo, a.** adj. cult. Que tiene forma de huevo. *Fruto ovoide.*

óvulo. m. **1.** *Biol.* Célula sexual femenina, producida por el ovario. *El embrión se forma al fecundar el espermatozoide un óvulo.* **2.** *Bot.* En una flor: Órgano que contiene las células reproductoras femeninas. *Tras la polinización, se produce la fecundación del óvulo.* FAM **ovulación; ovular.**

oxidar. tr. **1.** Alterar o afear a los agentes atmosféricos (un cuerpo, espec. un metal) formando una capa (sobre él). *La lluvia oxidó la puerta del garaje.* **2.** *Quím.* Hacer que (una sustancia) gane o incorpore oxígeno. *Al oxidar un cuerpo, sus átomos pierden electrones.* FAM **oxidación; oxidante.**

óxido. m. **1.** *Quím.* Compuesto resultante de la combinación de oxígeno con otro elemento químico, gralm. un metal. *Óxido de plomo.* **2.** Capa que se forma en la superficie de algunos metales al oxidarse. *El martillo está lleno de óxido.*

oxigenar. tr. **1.** Aportar oxígeno (a alguien o algo). *Le hicieron el boca a boca para oxigenar sus pulmones.* ○ intr. prnl. **2.** Airearse o respirar aire puro. *Iremos al campo para oxigenarnos un poco.* FAM oxigenación.

oxígeno. m. Elemento químico no metálico, gaseoso en estado natural, esencial para la respiración y que se encuentra en el aire y en el agua (Símb. O). FAM **oxigenado, da**

oxítono, na. adj. *Fon.* Agudo. *"Camión" y "dedal" son palabras oxítonas.*

oyente. adj. **1.** Que oye. Dicho de pers., tb. m. y f. *Una audiencia de miles de oyentes.* ● m. y f. **2.** Alumno no matriculado que tiene permiso para asistir a clase. *Puede asistir al curso como oyente.*

ozono. m. Gas de color azul, muy oxidante y de fuerte olor, que se forma en la atmósfera por la acción de las descargas eléctricas sobre el oxígeno.

ozonosfera. f. *Fís.* Capa de ozono. *Hay gases que destruyen la ozonosfera.*

p

p. f. Letra del abecedario español cuyo nombre es *pe*.

pabellón. m. **1.** Bandera de una nación, espec. la que se iza en los barcos para indicar su origen. *Un buque con pabellón alemán.* **2.** Tela de adorno que, gralm. suspendida del techo o sostenida por una estructura, cuelga a cierta altura sobre algunos muebles, como una cama, un trono o un altar. **3.** Edificio que forma parte de un conjunto de otros edificios, o que constituye una dependencia de otro mayor. *Pabellón de balonmano.* **4.** Oreja o parte externa del oído. *La bala le rozó el pabellón izquierdo.* Frec. ~ *de la oreja*, o *auditivo*, o *auricular*. **5.** histór. Tienda de campaña en forma de cono, sostenida en el centro por un grueso palo central. *El pabellón real.* ▶ **2:** DOSEL.

pabilo. m. Mecha de una vela. *Acercó un fósforo al pabilo y prendió la vela.*

pábulo. m. Cosa que sirve para mantener o avivar algo. *Su frase dio pábulo a las especulaciones.*

paca. f. Fardo apretado de lana, algodón, forraje o materias semejantes.

pacato, ta. adj. Excesivamente pudoroso o timorato. *Una sociedad pacata.*

pacense. adj. De La Paz (El Salvador) o de Badajoz (España).

paceño, ña. adj. De La Paz (Bolivia, El Salvador, Honduras, México).

pacer. (conjug. AGRADECER). tr. **1.** Comer el ganado (hierba). *La res pace hierba.* ○ intr. **2.** Comer el ganado. *La vaca pace en el prado.* ▶ **1:** PASTAR. **2:** APACENTAR, PASTAR.

pachá. m. histór. Bajá. *El pachá llegó a un trato con los corsarios.* ■ **como un ~.** loc. adv. coloq. Con lujo y opulencia. *Vive como un pachá.*

pachanga. f. **1.** Baile muy movido y festivo. Tb. su música. **2.** coloq. Fiesta o diversión bulliciosas. *Íbamos de pachanga por las calles.* FAM **pachanguero, ra.**

pachorra. f. coloq., despect. Tranquilidad y lentitud al hacer las cosas. *Con esa pachorra vamos a llegar tarde.*

pachulí o **pachuli.** m. Perfume de olor penetrante que se obtiene de una planta tropical de Asia y Oceanía. Tb. la planta. Frec. despect. para designar cualquier perfume penetrante de mala calidad.

paciencia. f. **1.** Capacidad de soportar algo molesto o penoso sin alterarse. *Lleva la enfermedad con paciencia.* **2.** Capacidad de hacer cosas pesadas o minuciosas. *Para completar el puzle hace falta paciencia.* **3.** Capacidad de esperar con calma y tranquilidad cuando se desea algo. *Tenga paciencia, pronto llegará el camarero.*

paciente. adj. **1.** Que tiene paciencia. *Es paciente con los niños.* ● m. y f. **2.** Persona que se halla bajo tratamiento o se somete a un reconocimiento médico. *La paciente será operada.*

pacificar. tr. Establecer la paz (en un lugar o entre personas enfrentadas). *Hay que pacificar la región.* FAM **pacificación; pacificador, ra.**

pacífico, ca. adj. **1.** No agresivo o que no provoca conflictos ni enfrentamientos. *Es una persona pacífica.* **2.** Que está o se desarrolla en paz. *Una convivencia pacífica.*

pacifismo. m. Doctrina que defiende la paz y rechaza la violencia. FAM **pacifista.**

paco, ca. m. y f. Am. coloq., despect. Policía (miembro). *Nadie se movió para agarrar al ladrón; ni siquiera el paco* [C].

pacotilla. f. Cosa de mala calidad. *Este collar es una pacotilla.* ■ **de ~.** loc. adj. coloq. Dicho de persona: De poca categoría. *Un actor de pacotilla.*

pacto. m. Acuerdo entre dos o más partes, que se comprometen a cumplir lo estipulado. *Han suscrito un pacto secreto.* FAM **pactar; pactismo; pactista.**

paddle. (pal. ingl.; pronunc. "pádel"). m. Deporte similar al tenis, que se juega con palas de madera en una pista delimitada por cuatro paredes. ¶ [Adaptación recomendada: *pádel*].

padecer. (conjug. AGRADECER). tr. **1.** Sufrir (un daño o dolor físico o moral, o una enfermedad). *Padece lumbago.* **2.** Sufrir o soportar (una circunstancia adversa o una acción perjudicial). *La región padece hambre.* ○ intr. **3.** Sufrir un dolor físico o moral. *Padeció mucho por su hija.* **4.** Tener una enfermedad. *Padece* DE *diabetes.* **5.** Recibir daño una cosa. *No vaya tan deprisa, que el motor padece.* FAM **padecimiento.**

padrastro. m. **1.** Marido de la madre, respecto del hijo tenido por ella con otro hombre. *Es huérfana de padre, pero su padrastro la quiere mucho.* **2.** Pedazo pequeño de piel que se levanta en la zona inmediata a las uñas de las manos y que causa dolor.

padre. m. **1.** Hombre de quien ha nacido otra persona. *Pronto será padre.* **2.** Animal macho del que ha nacido otro animal. *Ese perro es el padre de "Tobi".* **3.** Sacerdote perteneciente a una orden religiosa. *En el internado religioso viven quince padres.* Se usa tb. como tratamiento. *Gracias, padre Antonio.* **4.** Autor, creador o inventor de una cosa. *El padre de la idea es él.* **5.** cult. Cabeza de una descendencia o pueblo. *Isaac, padre de los hebreos.* **6.** (En mayúsc.). Rel. Primera persona de la Santísima Trinidad. *El Padre, el Hijo y el Espíritu Santo.* Frec. *Dios Padre.* ○ pl. **7.** Padre (→ 1, 2) y madre. *Han venido tus padres.* **8.** cult. Antepasados. *Se han perdido muchas tradiciones de nuestros padres.* ● adj. **9.** coloq. Pospuesto a un nombre con artículo, se usa para enfatizar lo expresado por ese nombre. *Se armó el lío padre.* ■ **~ de familia.** m. Hombre que tiene a su cuidado una familia. ■ **~ de la patria.** m. cult. Persona que se ha distinguido por sus especiales servicios a una nación. Frec. designa a cada miembro del Parlamento, gralm. con intención irónica. *Los padres de la patria han aprobado el nuevo código penal.* ■ **~ espiritual.** m. Confesor y director espiritual de una persona. ■ **Padre Eterno.** m. Dios. ■ **~ nuestro.** (Tb. **padrenuestro**; frec. en mayúsc.). m. Oración cristiana que comienza con las palabras "Padre nuestro". ■ **Santo Padre,** o **Padre Santo.** m. cult. Papa. *El Santo Padre visita Jerusalén.*

padrenuestro. → **padre.**

padrillo. m. Am. Caballo semental. *Cruzamiento con padrillos puros* [C].

padrino. m. **1.** Hombre que presenta y asiste a una persona en ciertos sacramentos. *El padrino de la boda.* **2.** Hombre que presenta y acompaña a una persona que recibe algún honor o grado. *El gran filósofo fue mi padrino académico.* **3.** histór. Hombre que acompaña a asistía a una persona en un torneo o un desafío. *Los padrinos del duelo inspeccionaron las armas.* ○ pl. **4.** Padrino (→ 1) y madrina. *Mis padrinos son mi tía y mi abuelo.* **5.** Apoyos o influencias con que cuenta una persona para conseguir algo o desenvolverse en la vida. *Triunfó porque tenía buenos padrinos.* FAM **padrinazgo.**

padrón. m. Lista oficial de las personas que viven en un lugar. *Padrón municipal.*

padrote. m. **1.** frecAm. Semental. *Podría ser el novillo algún día padrote* [C]. **2.** Am. coloq. Chulo (proxeneta). *Estaba en la cárcel por haber herido a su padrote* [C].

paella. f. Plato de arroz típico de la región española de Valencia, elaborado gralm. con legumbres, carne o pescado, y mariscos.

paga. f. **1.** Cantidad fija que tiene asignada una persona y que recibe periódicamente, espec. como pago por su trabajo. *La paga mensual.* **2.** Cantidad de dinero que se da a alguien como pago por algo. *Dan la paga tras la siega.* ▶ *SUELDO.*

pagano, na. adj. Que no es cristiano ni de las otras grandes religiones monoteístas. Frec. referido a los antiguos griegos y romanos. FAM **paganismo; paganizar.**

pagar. tr. **1.** Dar dinero u otra cosa (por algo). *¿Pagó la blusa?* **2.** Dar (dinero u otra cosa) por algo. *Pagó cincuenta euros* POR *la cena.* **3.** Dar (a alguien) dinero u otra cosa por algo, espec. por un trabajo. *Me pagan* POR *repartir el pan.* **4.** Sufrir el castigo correspondiente (a una falta o error). *Pagará sus delitos en la cárcel.* **5.** Corresponder (a un sentimiento) con algo. *Pagan mis desvelos* CON *su cariño.* ○ intr. prnl. **6.** Sentirse orgulloso o satisfecho de algo. *Un pintor pagado* DE *sí mismo.* ■ ~**la,** o ~**las.** loc. v. coloq. Sufrir el castigo o las consecuencias de lo que se ha hecho. *Me las va a pagar.* ▶ **1, 2:** ABONAR. **3:** REMUNERAR, RETRIBUIR. FAM **pagadero, ra; pagador, ra; pago.**

pagaré. m. Documento en el que alguien se obliga a pagar una cantidad de dinero en un plazo determinado.

página. f. **1.** Cada una de las caras, gralm. numeradas, de una hoja de un libro o cuaderno. *En la página 9 hay una foto.* **2.** cult. Episodio o período de la vida de una persona o de la historia de una comunidad. *Desea olvidar esa página negra de su pasado.* ■ ~ **web.** f. Documento situado en una red informática, al que se accede por enlaces de hipertexto. *Consulte nuestra página web.* FAM **paginación; paginar.**

pagoda. f. Templo de los países de Oriente, espec. el de pisos superpuestos con tejadillo volado. *En la pagoda hay una imagen de Buda.*

pagos. m. pl. cult. Lugar o región. *Hace tiempo que no se le veía por estos pagos.*

paidofilia. f. cult. Atracción sexual que siente un adulto hacia niños o adolescentes. FAM **paidófilo, la.**

paila. f. Am. Recipiente de metal, cilíndrico y poco profundo, que se utiliza para cocinar. *Carne de cerdo cocinada en grandes pailas de cobre* [C].

paipay. (Tb. **paipái;** pl. **paipáis**). m. Abanico en forma de pala y con mango.

pairo. al ~. loc. adv. *Mar.* Con las velas tendidas, pero sin moverse. *Naves al pairo.*

país. m. **1.** Territorio de una nación, que constituye una unidad política. *El embajador representa a su país.* **2.** Territorio que constituye una unidad autónoma dentro de un Estado. *Universidad del País Vasco.* **3.** Región o comarca. *Si va a ese pueblo, pida verduras del país.* **4.** Conjunto de personas que viven en un país (→ 1-3). *Todo el país ha visto la final por televisión.*

paisaje. m. **1.** Extensión de terreno que se observa. *El paisaje de la pampa.* **2.** Pintura o dibujo que representa un paisaje (→ 1). *Expone retratos y paisajes.* FAM **paisajístico, ca.**

paisajismo. m. **1.** Pintura de paisajes. *El paisajismo de Monet.* **2.** Diseño de parques y jardines. *Jornadas de paisajismo y urbanismo.* FAM **paisajista.**

paisano, na. adj. **1.** Dicho de persona: Que es del mismo país, provincia o lugar geográfico que otra. Tb. m. y f. *Dedico el triunfo a mis paisanos.* ● m. y f. **2.** Campesino. *Un paisano me indicó el camino.* ○ m. **3.** Persona no militar. *En el cuartel no se permite la entrada a los paisanos.* ■ **de paisano.** loc. adv. Con ropa distinta al uniforme o al hábito. *El general asistió a la boda de paisano.* FAM **paisanaje.**

paja. f. **1.** Tallo del trigo, la cebada u otros cereales, seco y separado del grano. *La trilladora separa el grano de la paja.* **2.** Conjunto de pajas (→ 1), espec. una vez trituradas. *Tejado de paja.* **3.** Brizna de una hierba u otra planta. *Se me metió una paja en el ojo.* **4.** Tubo delgado, gralm. de plástico, que se utiliza para sorber refrescos u otros líquidos. Frec. **pajita.** **5.** Parte inútil o poco importante de algo. *El texto tiene mucha paja.* **6.** malson. Masturbación. ■ **por un quítame allá esas** ~**s.** loc. adv. coloq. Por algo sin importancia. *Se pelean por un quítame allá esas pajas.* FAM **pajar; pajizo, za.**

pajarita. f. **1.** Figura, gralm. con forma de pájaro, hecha con papel doblado varias veces. Tb. ~ *de papel.* **2.** Corbata que se anuda por delante en forma de lazo corto y sin caídas. *Iba con frac y pajarita.*

pájaro, ra. m. **1.** Ave, espec. la de pequeño tamaño. **2.** *Zool.* Ave que tiene tres dedos dirigidos hacia delante y uno hacia atrás, para poder asirse a las ramas. *Los gorriones son pájaros; las águilas, rapaces.* ○ f. **3.** Hembra del pájaro (→ 1). ○ m. y f. **5.** coloq. Persona astuta y sin escrúpulos. Tb. ~ *de cuenta.* ■ **pájaro bobo.** m. Pingüino. ■ **pájaro carpintero.** m. Ave trepadora de pico robusto, largo y delgado, con el que agujerea la corteza de los árboles para capturar insectos. ■ **pájaro de mal agüero.** m. coloq. Persona que suele anunciar desgracias y acontecimientos desfavorables. *No sea pájaro de mal agüero: todo irá bien.* □ **matar dos pájaros de un tiro.** loc. v. coloq. Lograr dos cosas a la vez. *Si cuando tire la basura meto la bici en el garaje, mato dos pájaros de un tiro.* FAM **pajarería; pajarero, ra; pajarraco, ca.**

paje. m. histór. Criado joven que acompañaba a su señor y realizaba determinadas tareas domésticas.

pakistaní. (Tb. **paquistaní;** pl. **pakistaníes** o **pakistanís; paquistaníes** o **paquistanís**). adj. De Pakistán (Asia).

pala. f. **1.** Utensilio formado por una plancha ancha de metal o de otro material, y un mango más o menos largo, que se emplea para coger y trasladar algo. *Recoge la tierra con una pala.* **2.** Parte ancha y plana de algunos objetos. *La pala del azadón.* **3.** Tabla de madera con mango que se emplea para jugar a la pelota y otros deportes semejantes. *Juegan con las palas en la playa.* ▶ **2:** PALETA. ‖ **Am: 3:** PALETA.

palabra. f. **1.** Sonido o conjunto de sonidos dotados de significado que constituyen una unidad indivisible del discurso. *¿Qué significa esa palabra?* **2.** Representación gráfica de una palabra (→ 1). *El texto supera las veinte palabras.* **3.** Capacidad para expresarse verbalmente. *Tiene facilidad de palabra.* **4.** Promesa o compromiso. *Nos va a ayudar; tengo su palabra.* **5.** Fidelidad a una promesa. *Es una mujer de palabra.* **6.** En asambleas y reuniones: Derecho o turno para hablar. *Uno de los socios pidió la palabra.* **7.** Ninguna cosa. *No dice ni palabra sobre su problema.* ● interj. **8.** Se usa para asegurar que lo que se dice es verdad. Tb. *~ de honor.* ○ pl. **9.** Medios o recursos para expresar verbalmente algo. *No tengo palabras para expresar mi gratitud.* ■ ~ **de Dios.** f. *Rel.* Mensaje contenido en la Biblia. *Predican la palabra de Dios.* ■ **~s mayores.** f. pl. Cosa de importancia considerable. *Esas sumas de dinero son palabras mayores.* ■ **última ~.** f. Decisión definitiva. *Es mi última palabra.* ■ **buenas ~s.** f. pl. Expresiones dichas con intención de agradar o dar esperanzas, pero sin resultado efectivo. *Al final, todo quedó en buenas palabras.* ■ **cuatro,** o **dos, ~s.** f. pl. Una explicación o manifestación breves. *Quisiera decir cuatro palabras sobre esta cuestión.* ■ **medias ~s.** f. pl. Expresiones incompletas y confusas. *Hablaré con franqueza, no soy de medias palabras.* □ **coger,** o **tomar, la ~** (a alguien). loc. v. Considerar lo dicho (por esa persona) como un compromiso que se debe cumplir. *Te tomo la palabra, ¿cuándo dices que irías?* ■ **cruzar (la) ~** dos personas. loc. v. Hablar. *No cruzaron palabra en toda la tarde.* ■ **dar** alguien **(su)** ~ **(de honor)** (de algo). loc. v. Asegurar(lo) o comprometerse (a ello). *Le doy mi palabra de que yo no fui.* ■ **dejar** (a alguien) **con la ~ en la boca.** loc. v. coloq. Irse cuando (esa persona) va a hablar o no permitir(le) que termine lo que ha empezado a decir. *Se marchó y me dejó con la palabra en la boca.* ■ **de ~.** loc. adv. Verbalmente. *Llegamos a un acuerdo de palabra.* ■ **de pocas ~s.** loc. adj. Poco hablador. *Es hombre de pocas palabras.* ■ **dirigir la ~** (a alguien). loc. v. Hablar(le). *No me dirigió la palabra en todo el día.* ■ **en dos ~s,** o **en pocas ~s.** loc. adv. Brevemente. *Intentaré explicarme en pocas palabras.* ■ **en una ~.** loc. adv. En resumen. *En una palabra, que no estoy de acuerdo.* ■ **~ por ~.** loc. adv. Literalmente o con total exactitud. *Me contó la conversación palabra por palabra.* ■ **tener unas ~s** dos personas. loc. v. coloq. Tener una discusión en tono desagradable. *Inés y yo tuvimos unas palabras.* ■ **tomar la ~.** → **coger la palabra.** ▶ **1:** TÉRMINO, VOCABLO, VOZ. FAM palabreja; palabrería.

palabrota. f. coloq. Palabra ofensiva o grosera. *¡Niño, no digas palabrotas!*

palacete. m. Edificio de recreo con algunas de las características de un palacio, pero más pequeño.

palaciego, ga. adj. **1.** Del palacio del rey. *Jardines palaciegos.* **2.** De la corte del rey. *Intrigas palaciegas.*

palacio. m. **1.** Edificio grande y lujoso destinado a residencia de reyes o grandes personajes. *Palacio real.* **2.** Edificio público monumental o de gran tamaño, espec. si es sede de alguna corporación importante. *Palacio de justicia.* FAM palacial.

paladar. m. **1.** Parte interior y superior de la boca. *Se toca el paladar con la lengua.* **2.** Gusto (sentido corporal para percibir los sabores). *Tiene un paladar exigente.* ▶ **2:** GUSTO.

paladear. tr. Saborear (una comida o una bebida). *Paladea el vino.* FAM paladeo.

paladín. m. **1.** histór. Caballero voluntario en la guerra que se distingue por sus hazañas. **2.** cult. Defensor esforzado de alguien o algo. *Paladín de la libertad.*

paladino, na. adj. cult. Claro y evidente. *Se explica con un lenguaje paladino.*

palafito. m. Vivienda primitiva construida sobre estacas en el agua.

palafrén. m. histór. Caballo manso usado por las damas y, en determinados actos solemnes, por príncipes y reyes. *El rey entró en la ciudad a lomos de un palafrén.*

palafrenero. m. histór. Criado que cuida y lleva del freno los caballos.

palanca. f. **1.** Barra rígida que se apoya y puede girar sobre un punto, y que sirve para transmitir una fuerza destinada a levantar o mover una carga. *Coloca una palanca bajo la roca.* Tb. la que sirve para accionar algunos mecanismos. **2.** Medio, espec. recomendación o influencia, que se emplea para lograr algún fin. *El premio fue una palanca para darse a conocer.* **3.** *Dep.* En la especialidad de salto: Plataforma rígida desde la que se lanzan al agua los nadadores.

palangana. f. Recipiente circular, ancho y de poca profundidad, que se emplea espec. para lavarse la cara y las manos. ▶ AGUAMANIL, JOFAINA. ‖ **Am:** LAVATORIO, PONCHERA. FAM palanganero.

palangre. m. Arte de pesca que consiste en un cordel largo y grueso del que arrancan unos ramales con anzuelos en sus extremos. FAM palangrero.

palanquín. m. histór. Especie de andas usadas, espec. en Oriente, para llevar en ellas a personas importantes. *Se trasladaba en un palanquín a lomos de un elefante.*

palatino¹, na. adj. Del paladar. *Zona palatina.* FAM palatal.

palatino², na. adj. **1.** Del palacio. *Salones palatinos.* **2.** histór. Dicho de persona: Que ocupa un alto cargo en palacio. Tb. m. y f. *Eclesiásticos y palatinos.*

palco. m. En un teatro y otros lugares de espectáculo: Espacio independiente con varios asientos, gralm. con forma de balcón. *Palco de autoridades.*

palenque. m. **1.** Valla o cerca de madera que delimita y cierra un terreno. *El capitán ordena levantar un palenque.* **2.** histór. Terreno cercado por un palenque (→ 1) y destinado a un acto festivo o solemne. *Tras el torneo, el palenque queda desierto.*

palentino, na. adj. De Palencia (España).

paleografía. f. Estudio de las escrituras y los signos de los libros y documentos antiguos. FAM paleográfico, ca; paleógrafo, fa.

paleolítico, ca. adj. (Como m. se usa en mayúsc.). *Prehist.* Dicho de período de tiempo: Que es el primero de la Edad de Piedra. Tb. m.

paleontología. f. Estudio de los seres orgánicos ya desaparecidos, cuyos restos se encuentran fósiles. FAM paleontológico, ca; paleontólogo, ga.

paleozoico, ca. adj. (Como m. se usa en mayúsc.). *Geol.* Dicho de era: Que abarca entre los 570 y los 245 millones de años antes del tiempo actual. Tb. m. *Sedimentos del Paleozoico.*

palestino, na. adj. De Palestina (Asia).

palestra. f. **1.** Lugar donde se compite o se discute públicamente. *Salió a la palestra para defender su inocencia.* **2.** histór. Lugar donde se celebran competiciones de lucha. *De la ciudad griega se conservan restos de la palestra y el teatro.*

paleta. f. **1.** Utensilio de pequeño tamaño con forma de pala. *Utiliza la paleta para sacar el huevo frito.* **2.** Tabla pequeña, con un agujero para introducir el dedo pulgar, donde el pintor mezcla y ordena los colores. *Velázquez se pintó con su paleta en la mano.* **3.** Utensilio de albañilería consistente en una plancha triangular de metal unida a un mango de madera, que se emplea para manejar la mezcla. *El albañil retira con la paleta el cemento.* **4.** Pala de una hélice o de un mecanismo semejante. *Las paletas de un ventilador.* **5.** En las reses destinadas al consumo: Pieza de carne que rodea el omóplato. *Paleta de cerdo ibérico.* **6.** coloq. Diente incisivo superior. *Le han roto una paleta de una pedrada.* **7.** Am. Polo (helado). *Un vendedor de paletas heladas* [C]. **8.** frecAm. Pala (tabla de madera para jugar a la pelota). *Cancha de pelota a paleta* [C]. ▶ **4:** PALA. **7:** POLO. **8:** PALA.

paletada. f. Cantidad que se coge de una vez con una pala o una paleta. *Una paletada DE carbón.*

paliar. (conjug. ENVIAR). tr. Mitigar o hacer más soportable (algo negativo). *Nada puede paliar su sufrimiento.* FAM **paliativo, va.**

pálido, da. adj. **1.** Que tiene la piel de la cara más blanca o menos rosada de lo normal. *Se puso pálido y perdió el conocimiento.* **2.** Dicho de color: Poco intenso o que tiene mucha proporción de blanco. *Un verde pálido.* **3.** Que tiene un color menos intenso o brillante de lo que es habitual o característico. *La pálida luz de la luna.* **4.** Falto de expresión o de viveza. *La narración es un pálido reflejo de la realidad.* FAM **palidecer** (conjug. AGRADECER); **palidez.**

palillo. m. **1.** Utensilio de madera, pequeño, estrecho y rematado en punta, que sirve para limpiarse los dientes o pinchar comida. *Saca unos palillos para comer los caracoles.* **2.** Varita redonda que se emplea para tocar el tambor y otros instrumentos de percusión. *Golpeaba el tambor con los palillos.* **3.** Cada uno de los dos palitos largos y finos que se emplean para tomar los alimentos en algunos países orientales. Gralm. en pl. *En el restaurante chino comió con palillos.* **4.** coloq. Persona muy delgada. *De joven era un palillo.* ▶ **1:** MONDADIENTES. **2:** BAQUETA.

palimpsesto. m. *tecn.* Manuscrito antiguo que conserva huellas de una escritura anterior borrada artificialmente.

palíndromo. m. Palabra o frase que se lee igual de izquierda a derecha que de derecha a izquierda. *La palabra "anilina" es un palíndromo.*

palio. m. Especie de dosel, cuya tela va sostenida por cuatro varas largas, bajo el cual se lleva en procesión la eucaristía o una imagen, o al jefe de Estado, el Papa o un prelado en distintos actos.

palique. m. coloq. Conversación de poca importancia o que se tiene por pasar el tiempo. *Han estado de palique toda la tarde.*

paliza. f. **1.** Serie de golpes dados a una persona o animal. *Me asaltaron y me dieron una paliza.* **2.** Esfuerzo que deja agotado o maltrecho. *Fue una paliza estudiar toda la noche.* **3.** Derrota amplia infligida a alguien en una competición o disputa. *¡Vaya paliza nos dieron jugando al béisbol!* ▶ Am: **1:** GOLPIZA.

palma. f. **1.** Cara interna de la mano. *Ponga la palma hacia arriba, como si mendigara.* **2.** Se da este nombre a varias plantas, gralm. tropicales, de tallo leñoso sin ramas, coronado con un penacho de hojas, como la palmera o el cocotero. *Aceite de palma.* **3.** Hoja de la palma (→ 2), espec. si se ha atado con otras para que pierda el color verde. *Las palmas del Domingo de Ramos.* ○ pl. **4.** Palmadas de aplauso o para marcar el ritmo. *Dan palmas al compás.* ■ **llevarse, o ganar, la ~.** loc. v. Sobresalir o ser mejor. *Entre los menús, ese se lleva la palma.* ▶ **2:** PALMERA. FAM **palmada; palmar.**

palmarés. m. **1.** Lista de vencedores en una competición. *Su nombre no figura en el palmarés.* **2.** Historial o relación de méritos de alguien, espec. de un deportista. *El ciclista se retira con un palmarés excepcional.*

palmario, ria. adj. Claro o evidente. *Su superioridad es palmaria.* ▶ *EVIDENTE.

palmatoria. f. Soporte para la vela, con asa y pie, gralm. con forma de platillo.

palmeado, da. adj. **1.** *Bot.* De forma semejante a una mano abierta. *Hoja palmeada.* **2.** *Zool.* Dicho de dedos: Unidos entre sí por una membrana. *Los patos tienen dedos palmeados.*

palmear. intr. **1.** Dar palmadas. *El público palmea al ritmo de la canción.* ○ tr. **2.** Dar palmadas (a alguien o algo). *Le palmea cariñosamente la espalda.* ▶ PALMOTEAR.

palmera. f. Árbol tropical de tronco largo y recto, rematado por una corona de hojas grandes y segmentadas, alargadas o en forma de abanico. ▶ PALMA. FAM **palmeral.**

palmero, ra. adj. De La Palma (España).

palmesano, na. adj. De Palma de Mallorca (España).

palmeta. f. histór. Instrumento, gralm. una tablilla con mango, usado por los maestros para castigar a los niños golpeándolos en la mano.

palmetazo. m. **1.** histór. Golpe dado con la palmeta. *Aguantó los palmetazos del maestro.* **2.** Palmada (golpe dado con la palma). *Un palmetazo en la espalda.* ▶ **2:** PALMADA.

palmípedo, da. adj. **1.** *Zool.* Del grupo de las palmípedas (→ 2). ● f. **2.** *Zool.* Ave que tiene los dedos palmeados, adaptados para la natación, como el pato.

palmito¹. m. Palma de tronco corto o subterráneo y hojas en abanico, con un cogollo comestible, blando y cilíndrico. *La escoba está hecha con hojas de palmito.*

palmito². m. coloq. Cara o tipo atractivos. *Le gusta lucir su palmito.*

palmo. m. Medida de longitud que equivale a unos 20 cm, y que se corresponde aproximadamente con la distancia que hay entre el extremo del pulgar y el del meñique, con la mano abierta y extendida. *La estatua mide unos diez palmos.* ■ **con un ~ de narices.** loc. adv. coloq. Sin lo que se esperaba conseguir. *Se largó con el botín y los dejó con un palmo de narices.* ■ **a ~.** loc. adv. De modo completo y minucioso. *Registró la sala palmo a palmo.* ○ Con dificultad o lentitud. *Avanza palmo a palmo entre la muchedumbre.* ▶ CUARTA.

palmotear. intr. **1.** Dar palmadas. *Palmotea con alegría al ver su regalo.* ○ tr. **2.** Dar palmadas (a alguien o algo). *Me palmotea la espalda cuando me ve.* ▶ PALMEAR. FAM **palmoteo.**

palo. m. **1.** Trozo de madera más largo que grueso, gralm. cilíndrico y fácil de manejar. *Escarba en el suelo con un palo.* **2.** Mango de algunas cosas. *El palo de la escoba.* **3.** Madera. *Cuchara de palo.* **4.** Golpe dado con un palo (→ 1) u otro objeto semejante. *Lo molieron a palos.* **5.** *Dep.* Cada una de las tres barras que forman la estructura de una portería. *Estrellaron tres balones en los palos.* **6.** *Dep.* En algunos deportes, como el golf o el béisbol: Utensilio con que se golpea la pelota. *El golfista elige el palo adecuado.* **7.** *Mar.* En una embarcación: Madero vertical destinado a sostener las velas. *La tormenta dañó los palos del velero.* **8.** Cada una de las cuatro series en que se divide la baraja. *Tire una carta del mismo palo.* **9.** Am. Árbol (planta). *Dos palos de limón estiran sus ramas* [C]. **10.** Am. coloq. Trago de bebida alcohólica. *Un palo en nombre de mi compadre Jaime* [C]. ■ **~ de ciego.** m. Hecho propio de alguien desorientado y que carece de ideas para lograr sus objetivos. *Sin su ayuda seguirán dando palos de ciego.* ■ **~ mayor.** m. *Mar.* Palo (→ 7) más alto y que sostiene la vela principal. *Izó la vela del palo mayor.* ■ **~ santo.** m. Árbol americano de madera negruzca, que segrega una resina aromática. Tb. su madera. *Una mesa de palo santo* [C]. □ **a ~ seco.** loc. adv. **1.** coloq. Sin añadidos. *Bebió el ron a palo seco.* **2.** coloq. Sin nada que atenúe o suavice. *Leyó a palo seco un discurso de tres horas.* ▶ **9:** ÁRBOL.

palomilla. f. Mariposa de pequeño tamaño. *Una palomilla revolotea atraída por la luz.*

palomino. m. Cría de la paloma silvestre. *En el nido hay palominos.* ▶ PICHÓN.

palomita. f. Grano de maíz tostado. *Antes de entrar en el cine, compra palomitas.*

palomo, ma. f. **1.** Ave de cuerpo rechoncho, pico corto y plumaje variado, que vive formando bandadas en bosques y ciudades. *Echa migas a las palomas.* **2.** *Polít.* Persona partidaria de medidas moderadas y conciliadoras. *En todas las negociaciones hay halcones y palomas.* ○ m. **3.** Macho de la especie paloma (→ 1). FAM palomar.

palote. m. **1.** Trazo recto de los que hacen los niños cuando aprenden a escribir. *Ya sabe trazar palotes.* **2.** Am. Rodillo de amasar. *Extender la masa con el palote* [C].

palpar. tr. **1.** Tocar (algo) con las manos para examinar(lo) o identificar(lo). *Palpó la pared buscando el interruptor.* **2.** Percibir claramente (algo no material). *Se puede palpar la tensión.* FAM palpable; palpación.

palpitación. f. **1.** Hecho de palpitar. *La débil palpitación del corazón del agonizante.* **2.** Latido del corazón más perceptible y rápido de lo normal. *Sufre de cefaleas y palpitaciones.*

palpitante. adj. **1.** Que palpita. *Corazón palpitante.* **2.** Que provoca un vivo interés. *El ensayo trata una cuestión palpitante.* ▶ **2:** CANDENTE.

palpitar. intr. **1.** Contraerse y dilatarse alternativamente el corazón. *Su corazón aún palpita.* **2.** Aumentar el corazón el ritmo de sus latidos. *La emoción hace palpitar su corazón.* **3.** Moverse o agitarse interiormente una parte del cuerpo con un movimiento tembloroso e involuntario. *De repente, siente palpitar su párpado.* **4.** Manifestarse o dejarse ver un sentimiento o pasión. *En sus palabras palpita el rencor.*

pálpito. m. Presentimiento. *Tengo el pálpito de que nos va a tocar la lotería.*

palta. f. Am. Aguacate (fruto). *Se pelan las paltas* [C]. ▶ AGUACATE.

palto. m. Am. Aguacate (árbol). *Paltos y otros árboles frutales* [C]. ▶ AGUACATE.

paludismo. m. *Med.* Enfermedad infecciosa caracterizada por fiebre alta, transmitida al hombre por la picadura del mosquito anofeles. ▶ MALARIA. FAM palúdico, ca.

palurdo, da. adj. despect. Rústico. *Es bastante palurda.*

palustre. adj. De la laguna o del pantano. *Vegetación palustre.*

pamela. f. Sombrero de ala ancha y copa baja, que usan las mujeres.

pampa. f. Llanura extensa y sin árboles de América del Sur.

pámpano. m. Sarmiento tierno de la vid. *Van a brotar los pámpanos de la parra.*

pampeano, na. adj. **1.** De La Pampa (Argentina). **2.** Pampero (de las pampas). ▶ **2:** PAMPERO.

pampero, ra. adj. **1.** De las pampas, espec. argentinas. *Gaucho pampero.* ● m. **2.** frecAm. Viento fuerte y frío, propio del sur de la pampa argentina. *Viniera del sur o del sudeste, el pampero nos llevaría hacia la costa* [C]. ▶ **1:** PAMPEANO.

pamplina. f. **1.** coloq. Tontería o nadería. Frec. en pl. *Déjese de pamplinas.*

pamplonés, sa. adj. De Pamplona (España).

pamplonica. adj. coloq. Pamplonés.

pan. m. **1.** Alimento que consiste en una masa de harina y agua cocida al horno. *Desayuna pan con mantequilla.* **2.** Masa de distintas sustancias con forma semejante al pan (→ 1). *Pan de carne.* **3.** Alimento necesario para vivir. *Hay que ganarse el pan cada día.* **4.** Lámina muy delgada de oro o plata, utilizada para dorar o platear. *Un marco recubierto con pan de oro.* ■ **~ ácimo.** (Tb. **~ ázimo.**) m. Pan (→ 1) sin levadura. *La hostia es de pan ázimo.* ■ **~ comido.** m. coloq. Cosa muy fácil de hacer o de conseguir. *Arreglar esa avería es pan comido.* ■ **~ de molde.** m. Pan (→ 1) esponjoso de forma rectangular que se suele vender cortado en rebanadas. *Pan de molde para sándwiches.* □ **contigo ~ y cebolla.** expr. coloq. Se usa entre enamorados para expresar el amor desinteresado que siente el uno por el otro. *Ya nos arreglaremos; contigo pan y cebolla.* ■ **el (nuestro) de cada día.** loc. s. coloq. Algo habitual o frecuente. *Las peleas eran el pan nuestro de cada día.* ■ **llamar al ~, ~, y al vino, vino.** loc. v. coloq. Decir las cosas con claridad y sin rodeos. *Nadie me callará, y seguiré llamando al pan, pan, y al vino, vino.* ■ **negar el ~ y la sal** (a alguien o algo). loc. v. Tratar(lo) mal, no reconociendo sus méritos. *O me ponía por las nubes, o me negaba el pan y la sal.* ▶ **3:** SUSTENTO.

pan-. elem. compos. Significa 'totalidad'. *Panafricanismo, pancromático.*

pana¹. f. Tela gruesa semejante al terciopelo, gralm. con pequeños surcos paralelos en la superficie que va a la vista. *Un pantalón de pana.*

pana². m. y f. Am. coloq. Amigo (persona que tiene amistad con otra). *Estaba jugando dominó con los panas* [C].

panacea. f. **1.** Medicamento capaz de curar cualquier enfermedad. Tb. **~ universal.** *Los antibióticos no son la panacea universal.* **2.** Remedio o solución para cualquier mal. *Cree haber encontrado la panacea para los problemas de tráfico.* Tb. **~ universal.**

panadería. f. **1.** Establecimiento en que se hace o, más espec., se vende pan. *Las panaderías abren los domingos.* **2.** Oficio o actividad de panadero. *Toda la familia se dedica a la panadería.* ▶ **1:** *TAHONA.

panadero, ra. m. y f. Persona que tiene por oficio hacer o vender pan. *El panadero hornea el pan.*

panal. m. Conjunto de celdillas de cera de forma hexagonal, que construyen las abejas en la colmena para depositar la miel.

panamá. m. **1.** Sombrero de jipijapa. *Viste traje blanco y panamá.* **2.** Tela de algodón de hilos gruesos, muy apropiada para el bordado. *Manteles de panamá.*

panameño, ña. adj. De Panamá.

panamericano, na. adj. De todos los países de América. *Conferencia panamericana.* FAM panamericanismo.

pancarta. f. Cartel grande con frases y consignas, que se exhibe en actos públicos, espec. en manifestaciones y acontecimientos deportivos.

panceta. f. Tocino con vetas de magro. *Panceta ahumada.* ▶ **Am:** TOCINETA.

pancho. m. Am. coloq. Perrito caliente (→ perrito). *Un puesto de bebidas y panchos* [C].

páncreas. m. *Anat.* Glándula situada junto al intestino delgado, que segrega insulina y un jugo que interviene en la digestión. FAM pancreático, ca; pancreatitis.

panda. m. Oso panda (→ oso). *El panda se alimenta de los brotes de bambú.*

pandemia. f. *Med.* Enfermedad epidémica que afecta a muchos países o a casi todos los individuos de una región extensa. *Pandemias como la malaria.*

pandemónium. m. Lugar en que hay mucho ruido y confusión. *El centro comercial es un pandemónium en Navidades.*

pandereta. f. Instrumento musical de percusión formado por un aro con sonajas y una piel muy lisa y estirada. *Cantan villancicos con panderetas y zambombas.*

pandero. m. Instrumento musical de percusión semejante a la pandereta pero más grande.

pandilla. f. **1.** Grupo de amigos que se reúnen habitualmente. *Esta tarde salgo con la pandilla.* **2.** Grupo de personas asociadas para hacer daño o engañar a otros. *Una pandilla de atracadores.* **3.** despect. Grupo de personas. *Una pandilla de imbéciles.* ▶ **1:** CUADRILLA. ‖ Am: **1, 2:** MARA. FAM pandillero, ra.

panegírico, ca. adj. **1.** De la alabanza. *Tono panegírico.* ● m. **2.** Discurso o escrito de alabanza. *Un discípulo lee el panegírico.* ▶ **2:** APOLOGÍA. FAM panegirista.

panel[1]. m. **1.** En una pared, una puerta o cosa semejante: Parte lisa, gralm. cuadrada o rectangular, limitada por una moldura. *Quiero revestir la pared con paneles de madera.* **2.** Elemento prefabricado que constituye una superficie plana y que sirve para dividir el espacio en un edificio. *Los despachos están separados por paneles.* Tb. designa otros elementos prefabricados y gralm. planos, con distintas funciones. *Paneles solares.* **3.** Tablón, gralm. de grandes dimensiones, que puede contener información o anuncios. *Los paneles explicativos del museo.*

panel[2]. m. Grupo de personas seleccionado para discutir un asunto en público. *Mañana se reúne un panel de expertos.* FAM (frecAm) panelista.

panela. f. Am. Azúcar de caña sin refinar, gralm. presentado en porciones compactas de forma redonda, prismática o de cono truncado. *Café con panela* [C].

panera. f. Recipiente que se utiliza para colocar el pan en la mesa.

pánfilo, la. adj. coloq., despect. Dicho de persona: Tonta o ingenua.

panfleto. m. Escrito breve de tono agresivo y propagandístico, gralm. de carácter político. *Reparten panfletos racistas.* FAM panfletario, ria; panfletista.

pangermanismo. m. *Polít.* Doctrina o movimiento que defiende la unidad de los pueblos de origen germánico.

paniaguado, da. m. y f. Persona que debe su situación al favor o la protección de otra. *Es un paniaguado del presidente.*

pánico, ca. adj. **1.** cult. Dicho de miedo: Muy intenso. *Terror pánico.* ● m. **2.** Miedo muy intenso. *Al ver las llamas, sintió pánico.* ▶ **2:** *MIEDO.

paniculo. m. *Anat.* Capa de tejido adiposo situada bajo la piel. Frec. ~ *adiposo.*

panificador, ra. adj. **1.** Que fabrica pan. *Industria panificadora.* ● f. **2.** Fábrica de pan.

panocha. f. Am. malson. Vulva.

panoja. f. *Bot.* Conjunto de espigas que nacen de un eje común. *La avena tiene flores en panoja.*

panoplia. f. **1.** Tabla, gralm. en forma de escudo, donde se colocan distintas armas, espec. de esgrima. *Sobre la chimenea cuelga una panoplia de espadas.* **2.** Colección de armas. *En el salón del castillo se expone la panoplia familiar.*

panorama. m. **1.** Paisaje muy extenso. *Desde la cima se contempla un magnífico panorama.* **2.** Aspecto o situación de conjunto de algo. *El panorama literario actual.*

panorámico, ca. adj. **1.** Del panorama. *Visión panorámica.* ● f. **2.** Imagen que muestra un panorama. *Se exponen varias panorámicas del pueblo.* **3.** Cine y TV. Toma realizada con un amplio movimiento giratorio de la cámara, sin desplazamiento.

pantagruélico, ca. adj. Dicho de comida o de apetito: Muy grande o excesivo.

pantaleta. f. Am. Braga (prenda interior). *Dormía en pantaleta* [C]. ▶ *BRAGA.

pantalla. f. **1.** Lámina que se coloca delante o alrededor de una luz artificial para que no moleste a los ojos o para poder dirigirla hacia un determinado lugar. *Pantallas para lámparas.* **2.** Superficie en la que se proyectan imágenes cinematográficas o de otro tipo. **3.** Parte del televisor, ordenador o aparato semejante en que se ve la imagen. **4.** Superficie, como una mampara o una pared, que sirve para amortiguar el ruido, el calor o los efectos de otros fenómenos físicos. *Pantallas acústicas.* **5.** Mundo del cine o la televisión. *Asistirán varias estrellas de la pantalla.* ■ **pequeña ~.** Televisión. *Novela adaptada para la pequeña pantalla.*

pantalón. m. Prenda de vestir que se ajusta a la cintura y gralm. llega hasta el tobillo, cubriendo cada pierna por separado. *Meta en la maleta un pantalón.* ■ **~ bermudas.** m. Pantalón amplio que llega hasta la rodilla. ⇒ BERMUDAS. ■ **~ bombacho.** m. Pantalón de perneras anchas, que se ciñen a la pierna por debajo de la rodilla. *El domador viste pantalón bombacho.* ⇒ BOMBACHO. ‖ Am: BOMBACHA. ■ **~ vaquero.** m. Pantalón confeccionado con una tela resistente de algodón, gralm. azul, y que usaban los vaqueros norteamericanos. ⇒ VAQUERO. □ **bajarse los ~es.** loc. v. coloq. Ceder en condiciones poco honrosas. *Al final, se bajó los pantalones y firmó.* ■ **llevar los ~es.** loc. v. coloq. Mandar o ejercer la autoridad. *En su casa, ella es la que lleva los pantalones.*

pantano. m. Terreno cubierto naturalmente por aguas estancadas poco profundas y por fango, con una vegetación característica. FAM **pantanoso, sa.**

panteísmo. m. Sistema filosófico de quienes creen que la totalidad del universo es el único Dios. FAM **panteísta.**

panteón. m. Monumento funerario destinado a varias sepulturas.

pantera. f. Leopardo, espec. el de pelaje negro. *La pantera macho.* ▶ LEOPARDO.

pantomima. f. **1.** Representación teatral en la que se emplean exclusivamente gestos y movimientos corporales. **2.** Farsa o acción fingida. *No sigan con esa pantomima: lo sé todo.* ▶ **1:** MIMO.

pantorrilla. f. Parte carnosa y abultada de la pierna, por debajo de la corva.

pantufla. f. Zapatilla sin talón para estar en casa. *Nos recibió en pantuflas.*

panty. (pal. ingl.; pronunc. "pánti"). m. Prenda interior femenina, de tejido elástico, que se ajusta desde los pies hasta la cintura. ¶ [Adaptación recomendada: *panti,* pl. *pantis*].

panza. f. **1.** coloq. Vientre o barriga. *Se tumba panza arriba.* **2.** Parte convexa y más saliente de algo, espec. de una vasija. *La panza del jarrón.* **3.** *Zool.* Primera de las cuatro cavidades en que se divide el estómago de los rumiantes. ■ **~ de burra.** loc. adj. coloq. Dicho de color de cielo: Gris oscuro. ▶ **2:** TRIPA. FAM **panzada; panzudo, da.**

pañal. m. **1.** Pieza de material absorbente, a modo de braga, que se pone a los bebés o las personas con incontinencia de orina. *Cámbiale el pañal al niño, que se ha hecho pis.* ○ pl. **2.** histór. Tela en que se envolvía a los niños recién nacidos. *Vistió al recién nacido con pañales.* ■ **en ~es.** loc. adv. coloq. En los inicios o en las primeras fases de desarrollo. *El proyecto se encuentra aún en pañales.*

paño. m. **1.** Tela de lana muy tupida. *Abrigo de paño.* **2.** Trozo o pieza de tela, gralm. rectangular o cuadrada, que tiene diversos usos. *Pásele un paño al mueble.* ■ **~ de lágrimas.** m. Persona que, respecto de otra, escucha sus penas, la consuela y aconseja. *En los momentos duros, soy su paño de lágrimas.* ■ **~s calientes.** m. pl. coloq. Remedios ineficaces que tratan de atenuar el rigor de un problema. *Estoy preparado para todo, así que déjese de paños calientes.* □ **conocer el ~.** loc. v. coloq. Conocer a la persona o el asunto de que se trata. *Iré con cuidado: conozco el paño.* ■ **en ~s menores.** loc. adv. En ropa interior. *La sorprendió en paños menores.* ▶ **2:** TRAPO. FAM **pañito.**

pañol. m. *Mar.* En un buque: Compartimento para guardar víveres, municiones o herramientas.

pañoleta. f. Prenda de forma triangular, que se lleva sobre los hombros como adorno o abrigo, o en la cabeza. *Se echa una pañoleta sobre la blusa porque siente frío.*

pañuelo. m. **1.** Pedazo cuadrado de tela o de papel, que sirve espec. para limpiarse la nariz o secarse el sudor. **2.** Prenda, de forma gralm. cuadrada o rectangular, que suele llevarse en el cuello, la cabeza o los hombros como abrigo o adorno.

papa[1]. (Frec. en mayúsc.). m. Autoridad máxima de la Iglesia católica. *El Papa reside en el Vaticano.* ■ **ser más papista que el ~.** loc. v. Mostrar en un asunto más interés que la persona directamente interesada. *A mí no me concierne, así que no voy a ser más papista que el papa.* ▶ PONTÍFICE. FAM **papable; papado; papal.**

papa[2]. f. frecAm. Patata. *Lomo con papas fritas* [C].

papa[3]. m. infant. o vulg. Padre (hombre). *Se lo voy a contar todo a mi papa.*

papa[4]. **ni ~.** loc. s. coloq. Nada. *No entiendo ni papa DE lo que dice.*

papá. m. **1.** coloq. o infant. Padre (hombre). *Mi papá es médico.* ○ pl. **2.** coloq. o infant. Padre y madre. *¿Esos son tus papás?*

papada. f. **1.** En una persona: Abultamiento carnoso que se forma debajo de la barbilla y que suele llegar hasta el cuello. *Ha engordado mucho y le ha salido papada.* **2.** En un animal: Pliegue de la piel, que sobresale en el borde inferior del cuello y que se extiende hasta el pecho. *La papada de cerdo es muy sabrosa.*

papado. → papa[1].

papagayo. m. **1.** Ave del mismo grupo que el loro, de tamaño medio o grande, con vistosos colores y capaz de repetir palabras o frases. *El papagayo hembra.* **2.** coloq. Persona que habla mucho y sin pensar o entender bien lo que dice.

papal. → papa[1].

papalote. m. Am. Cometa (juguete). *Volaremos un papalote* [C]. ▶ *COMETA.

papamoscas. m. Pájaro de pequeño tamaño, que se alimenta de insectos que caza al vuelo. *El papamoscas hembra.*

papanatas. m. y f. coloq. Persona tonta o crédula. FAM **papanatismo.**

paparazzi. (pal. it.; pronunc. "paparáchi" o "paparátsi"). m. pl. Fotógrafos de prensa que persiguen a personajes famosos para sacarles fotos sin su autorización. ¶ [Adaptación recomendada: *paparazi,* pl. *paparazis*].

papaya. f. Fruto del papayo, ovalado, de carne anaranjada y dulce, semejante a la del melón, y con muchas pepitas negras en el centro.

papayo. m. Árbol frutal tropical, de tronco fino y fibroso, coronado con grandes hojas palmeadas, cuyo fruto es la papaya.

papel. m. **1.** Materia, hecha a partir de fibras vegetales y tratada para formar una hoja delgada, que se emplea pralm. para escribir, dibujar o envolver cosas. *Una bolsa de papel.* **2.** Hoja o pedazo de papel (→ 1). *Apunte el teléfono en un papel.* **3.** Documento o escrito que acredita algo. Frec. en pl. *Los papeles del divorcio.* **4.** En una obra de teatro o cinematográfica: Parte que tiene que representar un actor. *La actriz memoriza su papel.* **5.** Función que cumple algo o alguien. *Nuestro papel en la empresa es aportar ideas.* **6.** coloq. Periódico. Gralm. en pl. *Otro escándalo y acabará saliendo en los papeles.* **7.** Econ. Dinero en billetes. Tb. *~ moneda. El Banco Central ha emitido nuevo papel moneda.* **8.** Com. Conjunto de valores mobiliarios que salen a negociación en el mercado. *Durante esta jornada bursátil se ha vendido poco papel.* ■ **~ biblia.** m. Papel (→ 1) muy fino y resistente, que se suele emplear para imprimir obras de gran ex tensión. *Dos volúmenes en papel biblia.* ■ ~ **carbón,** o **de calco.** m. Papel (→ 1) fino y cubierto con tinta en una de sus caras que, intercalado entre dos hojas, sirve para obtener copias. *Sacaba sus copias a máquina con papel carbón.* ■ ~ **cebolla.** m. Papel (→ 1) muy fino, ligero y traslúcido, que se emplea para hacer copias. *Calque la estampa con un papel cebolla.* ■ ~ **cuché.** m. Papel (→ 1) satinado que se emplea espec. en revistas y obras ilustradas. ■ ~ **de aluminio,** o **de plata,** o **de estaño.** m. Lámina muy fina de aluminio o estaño aleado, utilizada espec. para envolver o proteger alimentos.■ ~ **de calco.** → **papel carbón.** ■ ~ **de estraza.** m. Papel (→ 1) muy basto y áspero, gralm. de color ocre, que se emplea para envolver. ■ ~ **del Estado.** m. *Econ.* Conjunto de documentos emitidos por el Estado reconociendo créditos a favor de las personas que los poseen. *Posee valores en papel del Estado.* ■ ~ **de plata.** → **papel de aluminio.** ■ ~ **de seda.** m. Papel (→ 1) fino, traslúcido y flexible. *Naranjas envueltas en papel de seda.* ■ ~ **higiénico.** m. Papel (→ 1) fino y suave que se vende gralm. en rollos y se emplea para la higiene personal en el retrete. ■ ~ **mojado.** m. Cosa sin valor o efecto, como un documento o un acuerdo. *Las acciones se han convertido en papel mojado.* ■ ~ **pintado.** m. Papel (→ 1), gralm. de colores y con dibujos, que se emplea como adorno para cubrir paredes. ■ ~ **secante.** m. Papel (→ 1) esponjoso que se emplea para secar la tinta de los escritos. *Tintero y papel secante.* ⇒ SECANTE. ■ ~ **vegetal.** m. Papel (→ 1) satinado y transparente usado espec. por dibujantes y arquitectos. □ **hacer** alguien **buen** (o **mal**) ~. loc. v. Quedar bien (o mal). *El equipo hizo un buen papel* EN *el campeonato.* ■ **perder** alguien **los** ~es. loc. v. coloq. Perder el control de sí mismo. *Perdió los papeles y empezó a gritar.* ■ **sobre el** ~. loc. adv. En teoría. *Sobre el papel, son favoritos.* ► 5: ROL. FAM **papelería; papelero, ra; papelote.**

papeleo. m. Conjunto de papeles y trámites necesarios para resolver un asunto, espec. cuando son excesivos. *Por fin terminé el papeleo para matricularme.*

papeleta. f. **1.** Papel pequeño en el que figuran ciertos datos, como el nombre de la persona o partido político o los que se va a votar, la nota de un examen o un resguardo. *El recuento de papeletas en la mesa electoral.* **2.** Tarjeta en la que se escriben datos ordenados con vistas a una clasificación. *Los ficheros guardan un tesoro en papeletas.* **3.** Asunto difícil de resolver. *Resolvió la papeleta con habilidad.*

papelón. m. coloq. Actuación ridícula o deslucida. *¡Qué papelón hizo el equipo!*

paperas. f. pl. Inflamación de las glándulas de la saliva, situadas bajo los oídos.

papiamento. m. Lengua criolla hablada en Curazao y en otras islas de las Antillas holandesas. *El papiamento tiene base portuguesa y española.*

papila. f. *Anat.* Pequeña prominencia cónica de la piel o de las mucosas, gralm. con función sensorial. *Las papilas gustativas nos permiten distinguir los sabores.*

papilla. f. **1.** Comida triturada, que tiene la consistencia de una pasta espesa, destinada a niños o enfermos. *El bebé come una papilla de frutas.* **2.** Sustancia opaca a los rayos X, que se ingiere antes de someterse a una prueba radiológica del aparato digestivo. ■ **hacer** ~ (algo o a alguien). loc. v. coloq. Destrozar(los) completamente. *Hará papilla a su contrincante.*

papiloma. m. Tumor benigno caracterizado por el aumento de volumen de las papilas de la piel o las mucosas. *Algunas verrugas son papilomas.*

papiro. m. **1.** Planta tropical de cuyas cañas, altas y rematadas por un penacho de hojas y pequeñas flores, obtenían los antiguos egipcios láminas para escribir. **2.** Lámina para escribir obtenida del tallo del papiro (→ 1). *El papiro dio paso al pergamino.* **3.** Escrito o dibujo realizado sobre papiro (→ 2). *Experto en papiros persas.*

papirotazo. m. Golpe dado gralm. en la cabeza.

papisa. f. Mujer papa. *La papisa Juana vivió en el siglo* IX.

papista. adj. **1.** despect. Católico romano. *Cristianismo papista.* **2.** histór. Partidario del papa. *Nobles papistas.*

páprika. f. Pimentón, espec. la variedad de origen húngaro. ▶ PIMENTÓN.

papú. adj. De Papuasia (Nueva Guinea).

paquebote. m. Embarcación que transporta pasajeros y correo de un puerto a otro.

paquete. m. **1.** Cosa constituida por otra u otras envueltas o atadas. *El cartero trae un paquete.* **2.** Conjunto de cosas de una misma clase o relacionadas entre sí, espec. si forman una unidad. *Un paquete de medidas contra el paro.* **3.** *Inform.* Conjunto de programas que se presentan reunidos. *El paquete incluye programas de procesamiento de datos.*

paquidermo. adj. **1.** *Zool.* Del antiguo grupo de los paquidermos (→ 2). ● m. **2.** *Zool.* Mamífero de piel muy dura y gruesa, como el elefante.

paquistaní. → **pakistaní.**

par. adj. **1.** cult. Igual o muy semejante. *Su obra no tiene par en Occidente.* **2.** *Anat.* Dicho de órgano: Que corresponde simétricamente a otro igual. *Los riñones son órganos pares.* ● m. **3.** Conjunto de dos personas o cosas de la misma especie. *Se compró un par* DE *zapatos.* **4.** Número par (→ número). *Espéreme en la acera de los pares.* **5.** histór. En algunos países: Miembro de la nobleza. *Los pares de Francia.* **6.** *Dep.* En el golf: Número de golpes establecido para recorrer un campo o cada uno de sus hoyos. *Termina el recorrido con 81 golpes, uno sobre el par.* ■ **a la** ~, o **al** ~. loc. adv. A la vez o a un tiempo. *Los dos cumplen años a la par.* ■ **a la** ~. loc. adv. Al lado. *Caminaron a la par un rato.* ■ **a** ~es. loc. adv. De dos en dos. Frec. fig., con intención enfática. *Come los pasteles a pares.* ■ **de** ~ **en** ~. loc. adv. Enteramente. *Abre la ventana de par en par.* ■ **sin** ~. loc. adj. cult. Singular o único. *Una belleza sin par.*

para. prep. **1.** Introduce un complemento que expresa el objetivo o el propósito de una acción. *Se abrigó para no pasar frío.* **2.** Indica el sentido de un movimiento. *Saldré mañana para Asunción.* **3.** Introduce un complemento que expresa el tiempo en que se realizará una acción o se acabará algo. *Volverá para Navidad.* **4.** Introduce un complemento que expresa la utilidad que se da a algo. *Compró tela para camisas.* **5.** Indica la desproporción que se considera que existe entre lo expresado en el enunciado anterior y lo que sigue. *Come poco para lo gordo que está.* **6.** Indica que lo que sigue es suficiente o necesario en relación con lo expresado por el nombre o el adjetivo que le precede. *Tuvo valor para reconocer su error.* **7.** Indica la materia o el asunto en los que alguien muestra capacidad o incapacidad. *Es torpe para los idiomas.* **8.** Seguida de infinitivo: A punto de. *Estaba ya para irse a dormir.* **9.** Indica la persona o cosa a las que va destinado algo. *El libro es para Ana.* ■ ~ **con.** loc. prepos. cult. Respecto a. *Tuvo atenciones para con ellos.*

parabién. m. Felicitación. *Recibió el parabién de todos.*

parábola. f. **1.** Narración de un suceso fingido, de la que se extrae una enseñanza moral. *La parábola del hijo pródigo.* **2.** *Mat.* Curva cuyos puntos equidistan de una recta y de un punto fijos.

parabólico, ca. adj. **1.** De la parábola o narración de un suceso fingido. *Lenguaje parabólico.* **2.** Dicho de antena, espec. de televisión: Que permite captar emisoras situadas a gran distancia. **3.** *Mat.* De la parábola. *Trayectoria parabólica.*

parabrisas. m. Cristal delantero de un automóvil.

paracaídas. m. Artefacto de tela u otra materia resistente, que al extenderse en el aire toma la forma de una sombrilla, y sirve para moderar la velocidad de caída de los cuerpos que se lanzan desde las aeronaves. *Lanzan víveres en paracaídas sobre la zona.* Tb. el artefacto similar que modera la velocidad de aterrizaje de ciertas aeronaves. FAM **paracaidismo; paracaidista.**

parachoques. m. Pieza que llevan los automóviles y otros vehículos en la parte delantera y trasera para amortiguar los efectos de un choque. ▶ frecAm: PARAGOLPES.

parada. f. **1.** Hecho de parar o pararse. *Haremos una parada para merendar.* **2.** Lugar en que se para. *Cuzco es una parada obligada para un turista que visite Perú.* **3.** Lugar en que se detienen los vehículos destinados a transportes públicos para dejar y recoger pasajeros. *Está en la parada de autobús.* **4.** Lugar destinado al estacionamiento de vehículos de alquiler. *Allí hay una parada de taxis.* **5.** Formación de tropas para pasarles revista o para desfilar. Frec. ~ *militar.*

paradero. m. **1.** Lugar donde para o se encuentra alguien. *Se halla en paradero desconocido.* **2.** Am. Parada de transporte público. *Corrió al paradero y se puso en la fila del bus* [C].

paradigma. m. Modelo o ejemplo. *Su carrera es el paradigma del éxito.* FAM **paradigmático, ca.**

paradisíaco, ca o **paradisiaco, ca.** adj. Del paraíso, o con sus características.

parado, da. adj. **1.** Dicho de persona: Que no tiene empleo. *Las personas paradas reciben un subsidio.* **2.** Am. De pie o derecho. *Ha de estar cansada tanto tiempo parada* [C]. Tb. fig. *No hay nada como nacer parado* [C]. ▶ **1:** DESEMPLEADO. ‖ frecAm: **1:** CESANTE, DESOCUPADO.

paradoja. f. **1.** Hecho o dicho absurdos o contrarios al sentido común. *Es una paradoja querer adelgazar y atiborrarse.* **2.** *Lit.* Figura de pensamiento que consiste en emplear expresiones o frases que encierran contradicción. FAM **paradójico, ca.**

paraestatal. adj. Dicho de institución, organismo o centro: Que coopera con el Estado, por delegación de este, sin formar parte de la Administración Pública. *Una empresa paraestatal está encargada del suministro de gas.*

parafernalia. f. despect. Conjunto de objetos y usos ostentosos o llamativos de una ceremonia o un acto. *Se ven carteles, banderas y demás parafernalia electoral.*

parafina. f. *Quím.* Sustancia sólida compuesta por una mezcla de hidrocarburos y obtenida a partir del petróleo, que tiene aplicaciones industriales. *Vela de parafina.*

parafrasear. tr. Hacer la paráfrasis (de un texto). *Intente condensar el contenido del texto sin parafrasearlo.*

paráfrasis. f. **1.** Explicación o interpretación ampliada de un texto para hacerlo más claro. *El profesor realizó una paráfrasis del poema.* **2.** Frase que imita en su estructura a otra frase conocida, pero que se formula con palabras diferentes. *Su libro podría llamarse "Versos del General", paráfrasis del de Neruda.*

paragolpes. m. frecAm. Parachoques. *El golpe arrancó el paragolpes trasero* [C].

parágrafo. m. Párrafo. *La tesis se expone en el tercer parágrafo.*

paraguas. m. Utensilio portátil, compuesto por un eje y un varillaje cubierto de tela impermeable, que sirve para protegerse de la lluvia. FAM **paraguazo; paragüero.**

paraguayo, ya. adj. Del Paraguay.

paraíso. m. **1.** (Frec. en mayúsc.). En el Antiguo Testamento: Lugar en el que Dios puso a Adán y Eva. Tb. ~ *terrenal.* **2.** (Frec. en mayúsc.). En el cristianismo: Cielo o lugar en que se goza de la presencia de Dios. *Los santos están en el Paraíso.* **3.** Lugar agradable y de gran belleza natural. *El parque es un paraíso en medio de la ciudad.* ■ ~ *fiscal.* m. País o territorio que, por sus ventajas fiscales, favorece la entrada de capitales extranjeros y la realización de operaciones financieras. *La empresa está radicada en un paraíso fiscal.* ▶ **1, 3:** EDÉN.

paraje. m. Sitio o lugar, espec. cuando son abiertos. *Paraje montañoso.* ▶ *LUGAR.

paralelepípedo. m. *Mat.* Sólido limitado por seis paralelogramos, cuyas caras opuestas son iguales y paralelas. *El cubo es un paralelepípedo.*

paralelo, la. adj. **1.** *Mat.* Dicho de línea o plano: Que se encuentra equidistante respecto a otros, por más que se prolonguen. *El trapecio tiene dos lados paralelos.* Dicho de línea, tb. f. **2.** Que tiene semejanzas o correspondencias. *Una experiencia paralela A la mía.* ● m. **3.** Semejanza o correspondencia entre personas o cosas. *La obra de Lope no tiene paralelo en nuestra literatura.* **4.** *Geogr.* Cada uno de los círculos imaginarios que rodean la Tierra en un plano paralelo (→ 1) al Ecuador. *Los paralelos sirven para determinar la latitud.* ○ f. pl. **5.** *Dep.* Barras paralelas (→ barra). *El gimnasta hace su ejercicio en las paralelas.* ■ **paralelas asimétricas.** f. pl. *Dep.* Barras asimétricas. *Consiguió medalla en paralelas asimétricas.* FAM **paralelismo.**

paralelogramo. m. *Mat.* Cuadrilátero cuyos lados opuestos son paralelos entre sí.

parálisis. f. **1.** *Med.* Pérdida total o parcial del movimiento natural de una o varias partes del cuerpo. *La parálisis le afecta a una pierna.* **2.** Detención de una actividad o algo que la implica. *El atasco ha provocado una parálisis del tráfico.* FAM **paralítico, ca; paralización; paralizador, ra; paralizante; paralizar.**

paramento. m. *Arq.* Cada una de las caras de una pared.

parámetro. m. **1.** Dato o factor que se toma en cuenta para analizar o valorar una situación. *Es difícil explicar la situación basándonos en los parámetros habituales.* **2.** *Mat.* Variable que sirve para identificar cada uno de los elementos de una familia mediante su valor numérico.

paramilitar. adj. **1.** Que tiene características militares, espec. su estructura o su disciplina. *Grupo paramilitar.* ● m. y f. **2.** Miembro de una organización paramilitar (→ 1). *Los paramilitares asesinaron a varios civiles.*

páramo. m. Extensión de terreno yermo, raso y de condiciones climáticas extremas. *Un páramo inhóspito.* Tb. fig. *Páramo cultural.* ▶ *YERMO. FAM **paramera.**

paranaense. adj. De Paraná (Argentina) o de Alto Paraná (Paraguay).

parangón. m. Comparación o semejanza. *Su belleza no tiene parangón.* FAM **parangonar.**

paraninfo. m. En una universidad: Salón de actos.

paranoia. f. *Med.* y *Psicol.* Trastorno de la personalidad por el que el individuo afectado recela, sin aparente lógica, de las personas que lo rodean, atribuyéndoles malas intenciones para con él. *En su paranoia, creía que la perseguían.* FAM **paranoico, ca; paranoide.**

paranormal. adj. Dicho de cosa: Que no puede ser explicada por los conocimientos científicos actuales. *Fenómenos paranormales.*

parapente. m. **1.** Deporte que consiste en lanzarse desde una pendiente con un paracaídas rectangular, previamente desplegado, para realizar un descenso controlado. *El programa incluye parapente y paracaidismo.* **2.** Paracaídas que se emplea en el parapente (→ 1) y en otras actividades deportivas. *Se lanza en parapente desde lo alto.*

parapeto. m. **1.** En puentes, escaleras y otras construcciones: Pared o baranda que se pone para evitar caídas. *Gracias al parapeto, se evitó que el muchacho cayera.* **2.** Terraplén o muro construidos para protegerse. *Derribaron el parapeto del bando enemigo.* Tb. fig. *Un parapeto de libros.* FAM **parapetar.**

paraplejia o **paraplejía.** f. *Med.* Parálisis de la mitad inferior del cuerpo. *La lesión de la médula le causó una paraplejia.* FAM **parapléjico, ca.**

parapsicología. (Tb. **parasicología**). f. Estudio de los fenómenos y los comportamientos psíquicos, como la levitación o la premonición, que los conocimientos científicos actuales no pueden explicar. FAM **parapsicológico, ca** o **parasicológico, ca; parapsicólogo, ga** o **parasicólogo, ga.**

parar. intr. **1.** Dejar de hacer un movimiento o de avanzar. *Pararemos un rato para comer algo.* Frec. prnl. **2.** Seguido por *de* y un infinitivo: Cesar en lo expresado por él. *No podía parar de llorar.* **3.** Terminar algo o llegar a su fin. *La música no paró hasta la madrugada.* **4.** Vivir o habitar provisionalmente en un sitio. *Mientras estuvo en Londres paró en nuestro apartamento.* **5.** coloq. Permanecer alguien en un lugar o en una situación durante un tiempo. *No puede parar quieto un momento.* **6.** Am. Levantarse o ponerse de pie. *Debe pararse de su asiento para besar la mano del ciego* [C]. **7.** Am. Levantarse o dejar la cama una persona que está acostada o un enfermo. *Las personas de campo siempre se acostumbran a pararse temprano* [C]. ○ tr. **8.** Hacer que (alguien o algo) paren (→ 1-3). *El portero paró el disparo del jugador.* ○ intr. prnl. **9.** Seguido de *a* y un infinitivo o de *en* y un nombre: Emplear tiempo y atención en lo expresado por ellos. *No se ha parado a sopesar los pros y los contras.* ■ **sin ~.** loc. adv. Continuamente. *Habla sin parar.* ■ **y para de contar.** expr. coloq. Se usa para enfatizar lo escaso de lo expresado en la enumeración que precede. *Hay solo una estufa y para de contar.*

pararrayos o **pararrayo.** m. Aparato que se coloca sobre los edificios o sobre otras construcciones para protegerlos de los rayos. *Instalan un pararrayos en el tejado.*

parasimpático, ca. adj. *Anat.* Dicho de parte del sistema nervioso neurovegetativo: Que está constituida por la parte craneal y la parte espinal, y cuya acción es antagonista del sistema simpático. Tb. m.

parásito, ta. adj. **1.** *Biol.* Dicho de organismo: Que vive a costa de otro de distinta especie, alimentándose de él y causándole perjuicio. *Los pulgones viven en plantas, de las que son parásitos.* Tb. m. **2.** *Fís.* Dicho de ruido: Que perturba las transmisiones radioeléctricas. *En la grabación no se perciben ruidos parásitos.* ● m. **3.** Persona que vive a costa ajena. *Un parásito de la sociedad.* FAM **parasitario, ria; parasitismo; parasitología.**

parasol. m. Sombrilla. *Lee tumbada a la sombra del parasol.*

parca. la ~, o la Parca. loc. s. cult. La muerte. *No tema cuando se acerque la parca.*

parcela. f. **1.** Porción pequeña en que se divide un terreno. *Compró una parcela para construir una casa.* **2.** Parte de un todo. *No quiere ceder su parcela de poder.* FAM **parcelación; parcelar; parcelario, ria.**

parche. m. **1.** Pedazo de tela, papel, piel u otra materia, que se pega o se cose sobre algo, gralm. para tapar un agujero. *Puse unos parches en los pantalones rotos.* **2.** Trozo de tela o de otro material, que contiene un medicamento y que se pone sobre una parte determinada del cuerpo. *Parches de nicotina.* **3.** Piel del tambor. *El parche del tambor está destensado.* **4.** coloq., despect. Solución provisional que se da a algún problema. *La nueva ley es un simple parche.* FAM **parchear.**

parchís. m. Juego que se practica en un tablero con cuatro o más salidas, en el que cada jugador mueve sus cuatro fichas del mismo color tantas casillas como indique el dado al lanzarlo, y en el que gana el que llegue antes a la casilla central. ▶ Am: LUDO.

parcial. adj. **1.** De solo una parte, o que concierne solo a una parte. *Un empleo a tiempo parcial.* **2.** Que toma partido a favor o en contra de alguien o algo, con independencia de que ello sea justo. *Recusan al juez por parcial.* FAM **parcialidad.**

parco, ca. adj. Corto o moderado. *Es parco EN palabras.*

pardo, da. adj. De color oscuro y algo marrón o rojizo. *Tiene los ojos pardos.* FAM **pardear; parduzco, ca** o **parduzco, ca.**

pareado. m. Estrofa formada por dos versos que riman entre sí.

parecer. (conjug. AGRADECER). copul. **1.** Seguido de un adjetivo, un nombre o el pronombre *lo*: Presentarse u ofrecerse a la vista o a la consideración como lo expresado por ellos. *Pareces preocupado.* ○ intr. **2.** Seguido de una oración introducida por *que*: Existir la impresión de lo expresado por ella. *Parece que se avecina una tormenta.* **3.** Seguido de una oración introducida por *que*: Creer alguien que el hecho expresado por ella es probable o posible. *Me parece que llegó ayer.* **4.** Seguido del adverbio *bien* (o *mal*) u otro equivalente: Ser algo, según una persona, correcto o aceptable (o no). *Nos parece mal que mienta.* ○ intr. prnl. **5.** Tener semejanza una persona o cosa con otra. *Se parece A su padre.* ● m. **6.** Opinión o juicio. *No le pidió su parecer.* **7.** cult. Apariencia o disposición física de una persona. *Es un hombre de buen parecer.* ■ **a lo que parece,** o **al ~.** loc. adv. Según lo que muestran o dejan ver los indicios. *Al parecer, se enfadó.* ▶ **5:** ASEMEJAR.

parecido[1]. m. Semejanza. *Su parecido con ella es asombroso.*

parecido[2]**, da.** adj. Que se parece a otro. *Es una casa parecida A la tuya.* ■ **bien** (o **mal**) **~.** loc. adj. Dicho de persona: Que tiene buen (o mal) físico. *Tu novio es bien parecido.* ▶ *SEMEJANTE.

pared. f. **1.** Superficie, gralm. vertical, construida para cerrar o limitar un espacio, espec. en edificios. *Vivía en una casa con paredes de paja.* **2.** Superficie lateral de un cuerpo. *Las paredes de una vasija.* **3.** Superficie vertical de una montaña. *Escaló la pared rocosa.* **4.** *Biol.* y *Anat.* Superficie que limita algunos cuerpos o algunos órganos. *Pared uterina.* **5.** *Dep.* En fútbol: Jugada en la que un jugador, para salvar a un contrario, pasa el balón a otro compañero, que se lo devuelve inmediatamente adelantándoselo. *El delantero hizo una pared con su compañero.* ■ **contra la ~.** loc. adv. En una situación difícil o de apuro. *El fiscal pone contra la pared a la acusada.* ■ **de ~.** loc. adj. Dicho de objeto: Que está destinado a colocarse adosado a una pared (→ 1) o colgando de ella. *Reloj de pared.* ■ **entre cuatro ~es.** loc. adv. Sin trato con la gente o sin salir de casa o de un cuarto. *Pasa el día estudiando entre cuatro paredes.* ■ **las ~es oyen.** expr. Se usa para advertir sobre el peligro de que sea escuchado algo que debe permanecer en secreto. *Hábleme más bajo, que las paredes oyen.* ■ **~ por medio.** loc. adv. Con una pared de separación. *Vivimos pared por medio.* ■ **subirse por las ~es.** loc. v. coloq. Mostrarse muy irritado. *La directora está que se sube por las paredes.*

paredón. m. Pared delante de la que se coloca a los que van a ser fusilados. *Lo llevaron al paredón.*

parejo, ja. adj. **1.** Igual o semejante. *Su casa es pareja A la mía.* **2.** Dicho de cosa: Que forma pareja (→ 3) con otra, o está contigua a ella. *Tenemos asientos parejos en el avión.* ● f. **3.** Conjunto de dos personas o cosas con alguna semejanza o relación entre sí. *Forman una atractiva pareja de actores.* Designa espec. la formada por personas o por animales unidos por vínculos amorosos o sexuales. *Una pareja se besa en el parque.* Tb. la formada simplemente por un hombre y una mujer, o un animal macho y la hembra correspondiente. *Noé juntó una pareja de cada especie.* **4.** Persona o cosa respecto a otra con la que forma pareja (→ 3). *Vivo con mi pareja.* ● adv. **5.** frecAm. De igual modo. *El tinte es difícil de aplicar parejo con la brocha* [C]. ■ **correr** algo **parejas** (con otra cosa). loc. v. Ser comparable una cosa (a otra). *Su egoísmo corre parejas CON su avaricia.* ▶ **Am: 3:** MANCUERNA.

parental. adj. **1.** De los padres o progenitores. *El instinto parental hace que los animales protejan a sus crías.* **2.** De los padres o de los parientes. *Necesita un permiso parental para firmar los documentos.*

parentela. f. Conjunto de los parientes de alguien. *Ha invitado a toda su parentela.*

parenteral. adj. *Med.* Que se efectúa a través de una vía distinta de la digestiva, como la intravenosa, la subcutánea o la intramuscular. *Nutrición parenteral.*

parentesco. m. **1.** Vínculo entre personas que descienden unas de otras, o de un antepasado común. *El parentesco entre primos.* Tb. el vínculo equivalente que se establece con otra persona y su familia, por razones de matrimonio. **2.** Relación o unión entre las cosas con origen o características comunes. *El alfabeto latino tiene parentesco con el griego.*

paréntesis. m. **1.** Signo ortográfico doble ( ) que se usa para aislar un inciso o una aclaración intercalados en un enunciado. **2.** *Mat.* Signo igual que el paréntesis (→ 1), que se usa para aislar una expresión e indicar que una operación debe efectuarse sobre esa expresión entera. **3.** Suspensión o interrupción. *Un paréntesis para comer.* ■ **entre ~.** loc. adv. En duda. *Puso entre paréntesis la imparcialidad del jurado.*

pareo. m. Prenda femenina similar a un pañuelo grande, que se lleva, anudada a la cintura o por encima del pecho, sobre el bañador.

pargo. m. Pez marino comestible de color amarillo dorado y cuerpo ovalado, parecido al besugo pero de mayor tamaño.

paria. m. y f. **1.** Habitante de la India perteneciente a la clase social más baja. *Los parias están fuera del sistema de castas.* **2.** Persona despreciada u oprimida dentro de un grupo. *Los parias de siempre tendremos que hacer el trabajo duro.*

parida. adj. Dicho de hembra: Que ha parido hace poco tiempo. *Una vaca recién parida.* Tb. f., referido a mujer. *Caldo para las recién paridas.*

paridad. f. **1.** Igualdad o semejanza. *La paridad de oportunidades laborales.* **2.** *Econ.* Valor comparativo de una moneda con otra. *La paridad del peso y el dólar.*

pariente, ta. m. y f. **1.** (Frec. como f. se usa **pariente**). Persona que, respecto de otra, tiene parentesco con ella. *Mis parientes de Quito.* ● m. **2.** coloq. Marido respecto de la mujer. *Tengo al pariente con fiebre.* ○ f. **3.** coloq. Mujer respecto del marido. *Hoy salgo con la parienta.* ● **pariente pobre.** m. y f. Persona o cosa más desfavorecidas con respecto a las demás de su mismo grupo. *La cultura fue la pariente pobre en el reparto de las subvenciones.*

parietal. adj. **1.** De la pared, espec. de un órgano. *La hoja parietal de la pleura.* ● m. **2.** *Anat.* Hueso parietal (→ hueso). *Los dos parietales están situados en el cráneo.*

parihuela. f. Artefacto formado por dos varas gruesas con un tablero atravesado, que sirve como camilla o para transportar una carga. Frec. en pl. *Llevan al herido en parihuelas.*

paripé. m. coloq. Fingimiento o simulación. *Hizo el paripé de felicitarnos.*

parir. intr. **1.** Expulsar una hembra vivípara el feto al final de la gestación. *La yegua parió ayer.* ○ tr. **2.** Expulsar una hembra vivípara (el feto) al final de la gestación. *La perra ha parido tres cachorrillos.* ▶ **2:** ALUMBRAR. FAM paritorio.

parisiense. adj. De París (Francia). ▶ PARISINO.

parisino, na. adj. Parisiense.

paritario, ria. adj. Dicho de organismo: Que está constituido por partes que tienen el mismo número de representantes con los mismos derechos. *Comisión paritaria.*

párkinson. m. Enfermedad de Parkinson (→ enfermedad). *Padece párkinson.*

parlamentar. intr. Negociar o entablar conversaciones con la parte contraria para llegar a un acuerdo. *Un policía intenta parlamentar CON el atracador.*

parlamento. m. **1.** Hecho de parlamentar. *Uno de los bandos dio un paso en señal de parlamento.*

2. (En mayúsc.). Cámara o asamblea legislativa, nacional o provincial. *El Parlamento aprobará una nueva ley.* **3.** Discurso que se dirige a una audiencia. *En su parlamento, se refirió al problema del paro.* **4.** En teatro: Intervención larga e ininterrumpida en verso o en prosa. *El actor recita un parlamento de diez minutos.* FAM **parlamentario, ria; parlamentarismo.**

parlanchín, na. adj. coloq. Que habla mucho, espec. de forma inoportuna.

parlante. adj. **1.** Que habla. *Cabeza parlante.* ● m. **2.** Am. Altavoz. *Los parlantes del computador* [C].

parlar. intr. **1.** coloq. Hablar o charlar. *Han estado toda la tarde parlando.* ○ tr. **2.** coloq. Decir (algo) de forma inoportuna. *Ten cuidado, que luego todo lo parla por ahí.*

parlotear. intr. coloq. Hablar, gralm. mucho o sin sustancia, o por entretenimiento. *Se pusieron a parlotear entre ellos.* FAM **parloteo.**

parmesano, na. adj. **1.** De Parma (Italia). **2.** Dicho de queso: De pasta dura, fabricado con leche de vaca, y originario de la zona de Lombardía (Italia). Tb. m.

parnaso. m. cult. Conjunto de todos los poetas, o los de un pueblo o tiempo determinado. *El autor forma parte del parnaso americano.*

paro. m. **1.** Hecho de parar, o dejar de hacer un movimiento o una acción. *Un paro cardíaco.* **2.** Interrupción de la actividad laboral promovida por algún grupo social, espec. en señal de protesta. *Los sindicatos han convocado un paro.* **3.** Situación de que no tiene trabajo. *Lleva un año en paro.* **4.** Subsidio que percibe, o puede percibir, el que no tiene trabajo. *Está cobrando el paro.* ▶ **3-4:** DESEMPLEO. ‖ **Am** o **frecAm: 3-4:** CESANTÍA, DESOCUPACIÓN.

parodia. f. Imitación burlesca. *Hizo una parodia del político.* FAM **parodiar** (conjug. ANUNCIAR); **paródico, ca.**

parótida. f. *Anat.* En las personas y en los animales mamíferos: Glándula salival situada debajo del oído y detrás de la mandíbula inferior.

paroxismo. m. **1.** Grado más alto de un sentimiento. *En su paroxismo, ofrecieron a su líder el sacrificio de sus vidas.* **2.** *Med.* Máxima intensidad de los síntomas de una enfermedad. *Paroxismo febril.* FAM **paroxístico, ca.**

paroxítono, na. adj. *Fon.* Llano. *La palabra "pesca" es paroxítona.*

parpadear. intr. **1.** Abrir y cerrar los párpados. *Intente no parpadear mientras echo el colirio.* **2.** Vacilar o moverse intermitentemente una luz. *La luz del candil parpadea.* FAM **parpadeante; parpadeo.**

párpado. m. Membrana móvil de piel que protege externamente los ojos.

parque. m. **1.** Terreno arbolado y ajardinado, con fines ornamentales o de recreo, situado gralm. en una población o en las inmediaciones de un edificio. *Jugamos en el parque.* **2.** Conjunto de materiales, instrumentos o aparatos destinados a un servicio. *El parque de computadoras de la institución.* **3.** Lugar para estacionar vehículos de un servicio. *El parque de bomberos.* **4.** Pequeño recinto, consistente en una armazón cerrada, acondicionado para que jueguen en él los niños que aún no andan. *Metió al bebé en el parque mientras limpiaba la casa.* ■ ~ **acuático.** m. Recinto dotado de piscinas y otras instalaciones para juegos de agua. ■ ~ **de atracciones.** m. Recinto de ocio que ofrece espectáculos e instalaciones recreativas.

La montaña rusa del parque de atracciones. ■ ~ **nacional.** m. Terreno natural extenso, acotado por el Estado para la conservación de la fauna y la flora. *El parque nacional de las Galápagos.* ■ ~ **temático.** m. Recinto de ocio organizado en torno a un asunto determinado. *Un parque temático acerca del calentamiento del planeta.* ■ ~ **zoológico.** m. Lugar en que se conservan, cuidan y a veces se crían diversas especies animales, para recreo de las personas que lo visitan. *Los camellos del parque zoológico.* ⇒ ZOO, ZOOLÓGICO.

parqué. m. **1.** Suelo de maderas finas ensambladas. *Hay que encerar el parqué.* **2.** *Econ.* Recinto donde se realizan las operaciones de bolsa. *Parqués bursátiles.*

parquear. tr. Am. Aparcar (un vehículo). *Necesitan parquear sus carros en las calles cerradas* [C]. ▶ APARCAR. FAM **parqueadero; parqueo.**

parquedad. f. Cualidad de parco. *No sé más, debido a la parquedad de la nota.*

parquímetro. m. Máquina destinada a regular mediante pago el tiempo de estacionamiento de los vehículos. *Hay parquímetros en los barrios con más vehículos.*

parra. f. Vid, espec. la que está levantada artificialmente y extiende mucho sus vástagos. *Adán y Eva se tapan con hojas de parra.* FAM **parral.**

parrafada. f. coloq. Fragmento largo y pesado de una conversación. *Nos soltó una parrafada sobre los peligros del alcohol.*

párrafo. m. **1.** Cada una de las divisiones de un escrito limitadas por punto y aparte. *Te menciona en el quinto párrafo del informe.* **2.** Signo ortográfico (§) con que a veces se destaca un párrafo (→ 1) o se separan divisiones internas de un capítulo. ▶ PARÁGRAFO. ‖ **Am: 1:** ACÁPITE.

parranda. f. coloq. Juerga bulliciosa, espec. la que se hace yendo de un sitio a otro. *Estuvo de parranda.* FAM **parrandear** (frecAm); **parrandeo; parrandero, ra.**

parricidio. m. cult. Muerte dada por una persona a un familiar próximo, espec. al padre o a la madre. *Lo detuvieron por parricidio.* FAM **parricida.**

parrilla. f. **1.** Utensilio de hierro en forma de rejilla, que se pone al fuego para asar o tostar alimentos. *La parrilla del horno.* **2.** Restaurante especializado en asados, que se preparan gralm. a la vista del cliente. *El bautizo se celebra en una parrilla.* **3.** Am. Portaequipajes. *Las ventas de ropa iban en la parrilla del vehículo* [C]. ■ ~ **de salida.** f. En algunos deportes, como automovilismo o motociclismo: Espacio señalado al principio de la pista, en el que se sitúan los participantes dispuestos para competir. *El piloto ocupa el mejor puesto en la parrilla de salida.* ▶ **1, 2:** GRILL. **3:** REJILLA. FAM **parrillada.**

parroquia. f. **1.** Iglesia encargada de administrar los sacramentos y de atender espiritualmente a los fieles de un territorio o distrito. *Los fieles de la parroquia.* **2.** Conjunto de feligreses. *Toda la parroquia colabora.* **3.** Conjunto de clientes de un establecimiento. *La parroquia del bar.* FAM **párroco; parroquial; parroquiano, na.**

parsi. m. Individuo perteneciente a un pueblo procedente de la antigua Persia, seguidor de la religión de Zoroastro, y que habita en la India actual.

parsimonia. f. Lentitud o flema. *Contestó con parsimonia.* ▶ *LENTITUD. FAM **parsimonioso, sa.**

parte[1]. f. **1.** Cosa que con otra u otras constituye un todo. *Corte el pastel en cuatro partes.* **2.** Conjunto de partes (→ 1) de un todo. *Pasaré en la playa parte de mis vacaciones.* **3.** Parte (→ 1) que corresponde a alguien en un reparto. *Con su parte de la herencia abrió un negocio.* **4.** Cada una de las divisiones principales de una obra científica o literaria. *La primera parte tiene seis capítulos.* **5.** Obra entera relacionada con otra u otras con las que forma un todo. *Solo leí una de las partes de la trilogía.* **6.** Cada una de las personas o grupos que negocian, luchan o discuten entre sí. Se usa espec. en derecho. *El contrato debe ir firmado por las partes.* **7.** Sitio o lugar. *Estará en cualquier parte.* **8.** Cada uno de los aspectos en que se puede considerar una persona o cosa. *Por una parte es una casa bonita, pero por otra está muy lejos.* ○ pl. **9.** Órganos genitales. Frec. *~s pudendas.* ■ *~ decimal,* o **fraccionaria.** f. *Mat.* En un número decimal: Parte (→ 1) situada después de la coma y que corresponde a un número con valor absoluto menor que la unidad. *La parte decimal de 9,2 es 2.* ■ *~ de la oración.* f. *Gram.* Categoría gramatical. *El verbo es una parte de la oración.* ■ *~ entera.* f. *Mat.* En un número decimal: Parte (→ 1) situada antes de la coma y que corresponde a un número entero. *La parte entera de 22,5 es 22.* □ *dar ~ (a alguien) (en algo).* loc. v. Dejar(lo) participar (en ello). *Démosle parte EN el negocio.* ■ *de ~ (un tiempo, como años o meses) a esta ~.* loc. adv. Desde el tiempo que se expresa hasta el momento en que se habla. *De unos años a esta parte, ha descendido la natalidad.* ■ *de ~ a ~.* loc. adv. De un lado o extremo al otro. *Le atravesó el corazón de parte a parte.* ■ *de ~ (de alguien).* loc. adv. En nombre o por encargo (de esa persona). *Traigo un mensaje de parte del jefe.* ■ *de ~ (de alguien o de algo).* loc. adv. A favor (de él o de ello). *Me pongo de parte DE la verdad.* ■ *en ~.* loc. adv. No enteramente. *En parte, tiene razón.* ■ *la ~ del león.* f. La parte (→ 1) mayor o más beneficiosa. *Él se lleva la parte del león y yo me tengo que conformar con promesas.* ■ *llevar la peor* (o **mejor**) *~.* loc. v. Resultar perjudicado (o beneficiado). *No se meta o se llevará la peor parte.* ■ *no ir a ninguna ~* una cosa. loc. v. No tener importancia. *Sus amenazas no van a ninguna parte.* ■ *~ por ~.* loc. adv. Completamente o sin omitir nada. *Vamos a analizarlo parte por parte.* ■ *poner,* o **hacer,** *alguien de su ~.* loc. v. Aplicar los medios que están a su alcance para el logro de un fin. *Tiene que poner algo de su parte si quiere curarse.* ■ *por otra ~.* loc. adv. Además. *No quiero ir al cine; por otra parte, tampoco tengo dinero.* ■ *por ~.* loc. adv. Seguido de un complemento con *de* y un nombre, se usa para expresar relación de parentesco. *Son hermanos por parte de padre.* ■ *por ~ (de alguien).* loc. adv. En lo que se refiere (a esa persona). *Por mi parte, no hay problema.* ■ *por ~s.* loc. adv. Separando los puntos o las circunstancias de la materia que se trata. *Con calma, vayamos por partes.* ■ *tomar,* o *ser,* o *tener ~ (en algo).* loc. v. Participar o interesarse activamente (en ello). *No tomaré parte EN esta discusión.* ▶ **1:** AÑICOS, FRACCIÓN, FRAGMENTO, PEDAZO, PORCIÓN, SECCIÓN, TRIZA, TROZO. **3:** PARTICIÓN. **4:** FRAGMENTO.

parte[2]. m. Comunicación o noticia, frec. oficiales, que se dan sobre algo o alguien. *El parte meteorológico.* ■ *dar* (el) *~* (de algo). loc. v. Comunicar(lo) de manera oficial. Tb. fig., con intención humorística. *En cuanto se entere del divorcio, correrá a dar el parte a sus vecinos.* ■ *dar ~* (de algo). loc. v. Denunciar(lo) a una autoridad. *Fue a la comisaría a dar parte DEL robo.*

partenaire. (pal. fr.; pronunc. "partenér"). m. y f. Persona que interviene como compañero o pareja de otra en algo, espec. en un espectáculo. *El mago hizo desaparecer a su partenaire.* ¶ [Equivalentes recomendados: *compañero, pareja, socio*].

partenogénesis. f. *Biol.* Modo de reproducción de algunos animales y plantas en que no intervienen las células sexuales masculinas.

partero, ra. m. y f. Persona que asiste a una parturienta, con o sin titulación para ello. ▶ *COMADRÓN.

parterre. m. Jardín o parte de jardín con césped y flores y a veces paseos. *La plaza ha sido ajardinada con hermosos parterres.*

partición. f. **1.** Hecho de partir o repartir. *El matrimonio hizo partición de bienes.* **2.** Parte que resulta de haber dividido o repartido algo. *Los programas están en la misma partición del disco duro.* ▶ **2:** PARTE.

participar. intr. **1.** Estar o encontrarse alguien entre los que hacen algo. *Participan EN la prueba veinte equipos.* **2.** Recibir una parte de algo. *Participa DE los beneficios.* **3.** Compartir o tener algo en común con otro. *Participo DE la alegría general.* **4.** *Econ.* Tener parte en una sociedad o negocio, o ser socio de ellos. *Participa EN la sociedad con un capital de cinco millones.* ○ tr. **5.** Comunicar (algo) a alguien, o hacérse(lo) saber. *Le envía una carta participándole su boda.* FAM participación; participante; partícipe.

participio. m. *Gram.* Forma no personal del verbo, capaz de variar de género y número, que en español termina en *-ado* o *-ido* y que funciona sintácticamente como un adjetivo o que forma parte de determinadas construcciones verbales. Tb. *~ pasivo.*

partícula. f. **1.** Parte pequeña de materia. *Partículas DE polvo.* **2.** *Ling.* Elemento invariable que sirve para unir palabras u oraciones. *"Pero" es una partícula adversativa.* ■ *~ elemental.* f. *Fís.* Partícula (→ 1) no susceptible de ser descompuesta en partes menores. *Electrones, protones y neutrones son partículas elementales.*

particular. adj. **1.** Propio y privativo de algo o alguien. *Alegó razones particulares para negarse.* **2.** Especial o poco corriente en su línea. *Tienes unos gustos muy particulares.* **3.** Que se refiere solo a una parte de un conjunto. *Primaron los intereses generales sobre los particulares.* **4.** Que no es de propiedad o uso públicos. *Utiliza el vehículo particular para ir al trabajo.* **5.** Dicho de acto: Que es privado y es llevado a cabo por una persona que tiene una representación oficial o pública. *El presidente viajó a Panamá en visita particular.* ● m. y f. **6.** Persona que no tiene título o cargo oficial que la distingan. *Compró el piano a un particular.* ○ m. **7.** Asunto o materia. *Sobre ese particular, no tengo más que añadir.* ■ *en ~.* loc. adv. **1.** De manera concreta o singular. *¿Buscan a alguien en particular?* **2.** Especialmente. *Su padre, y en particular su madre, eran las personas que más quería.* ■ *sin otro ~.* loc. adv. Sin nada más que decir o añadir. *Sin otro particular, reciba un cordial saludo.* ▶ **2:** *ESPECIAL. FAM particularidad; particularismo; particularista; particularizar.

particularmente. adv. **1.** De manera particular. *Particularmente, prefiero el lunes.* **2.** Sobre todo o especialmente. *Ama la música clásica, particularmente la ópera.*

partida. f. **1.** Hecho de partir o marchar. *Su partida nos apena.* **2.** Anotación de determinados hechos o circunstancias de la vida de una persona en un registro civil o religioso. *La partida* DE *nacimiento.* **3.** En una cuenta: Cantidad parcial. *La partida de educación de los Presupuestos Generales.* **4.** Cantidad de un género de comercio que se entrega o se envía de una vez. *Recibiremos una partida de relojes.* **5.** Grupo de civiles armados, espec. el organizado para delinquir. *Una partida de bandidos.* **6.** Número de jugadas previamente establecidas en un juego para que uno de los jugadores resulte ganador. *Partida de ajedrez.* ■ **~ de caza.** f. Excursión de varias personas para cazar.

partidario, ria. adj. **1.** Que está a favor de una persona o una idea, o las apoya. *Es partidario* DE *la pena capital.* **2.** Que defiende exageradamente o con parcialidad a alguien o algo. *Fue acusada de partidaria a la hora de adjudicar el proyecto.* FAM **partidismo; partidista.**

partido. m. **1.** Organización política constituida por personas de una misma ideología. Frec. *~ político.* **2.** Conjunto de personas que siguen o defienden una misma opinión o causa. *Entre los ecologistas existen varios partidos.* **3.** Provecho o ventaja. *Sacó partido de las posibilidades que se le presentaron.* **4.** Encuentro deportivo entre dos equipos o dos jugadores. *Un partido de tenis.* **5.** Territorio que comprende varios pueblos de una provincia, sometido a la jurisdicción de un juez de primera instancia. Tb. *~ judicial.* **6.** Persona casadera, considerada deseable por su posición social o económica. *Ese médico es todo un partido.* ■ **tomar ~.** loc. v. Decidirse. *No tomó partido* POR *ninguno de los dos.* ▶ **4:** ENCUENTRO.

partir. tr. **1.** Dividir (algo) en dos o más partes. *Partió el pan* EN *tres trozos.* **2.** *Mat.* Dividir (una cantidad) por otra. *Tres partido* POR *tres es igual a uno.* **3.** Repartir o distribuir (algo) entre varios. *Partió sus bienes* ENTRE *sus hijos.* **4.** Romper (algo), deshaciendo sus componentes. *Parte las avellanas con una piedra.* ○ intr. **5.** Salir de un lugar o ponerse en marcha. *Llegó la hora de partir.* **6.** Seguido de un complemento introducido por *de:* Tomar lo expresado por él como base para un razonamiento. *Hay que partir de las mismas premisas.* ○ intr. prnl. **7.** coloq. Reírse mucho. *Cuenta unas cosas para partirse.* Frec. *~se de risa.* ■ **a ~ de.** loc. prepos. Desde. *A partir del lunes, cierran.* ▶ **2:** DIVIDIR. **3:** *REPARTIR.

partisano, na. adj. Guerrillero. *Las fuerzas partisanas.*

partitivo, va. adj. *Gram.* Que expresa parte de un todo. *Complemento partitivo.*

partitura. f. Texto de una composición musical correspondiente a cada uno de los instrumentos o voces que la ejecutan.

parto. m. **1.** Hecho de parir. *La atendió en el parto.* **2.** Producción u obra de alguien o algo. A veces con intención despect. *La nueva canción del verano es uno de sus últimos partos.* ■ **el ~ de los montes.** loc. s. coloq. Cosa que no cumple las expectativas creadas con respecto a los esfuerzos invertidos. *La famosa obra fue el parto de los montes.* ▶ **1:** ALUMBRAMIENTO. FAM **parturienta.**

parvo, va. adj. **1.** cult. Pequeño en tamaño, importancia o cantidad. *Cultura parva.* ● f. **2.** Mies tendida en la era para trillarla o ya trillada. FAM **parvedad.**

párvulo, la. adj. **1.** Dicho de niño: Que recibe enseñanza preescolar. Tb. m. y f. *Da clases en una escuela de párvulos.* **2.** cult. De muy corta edad. Tb. m. y f. FAM **parvulario.**

pasa. → paso².

pasable. adj. Que puede pasar o tiene lo justo para ser aceptable. *Un film pasable.*

pasacalle. m. Marcha popular de compás muy vivo.

pasada. f. **1.** Hecho de pasar de un lado a otro. *El avión dio varias pasadas sobre la ciudad.* **2.** Hecho de pasar ligeramente algo por un lugar. *El suelo necesita una pasada con jabón.* **3.** Hecho de pasar o aplicar un producto de una vez. *Deje secar el barniz, tras cada pasada.* **4.** coloq. Hecho que perjudica a alguien, gralm. de manera intencionada. *Los nervios juegan malas pasadas.* ■ **de ~.** loc. adv. De paso. *La vi de pasada.*

pasadizo. m. Paso estrecho. *La puerta está en el pasadizo que une las dos calles.*

pasado, da. adj. **1.** Dicho de tiempo: Que es inmediatamente anterior al momento presente. *El lunes pasado.* ● m. **2.** Tiempo anterior al presente. *En el pasado, nos peleamos.* **3.** Cosas que sucedieron en el pasado (→ 2). *Quiere olvidar su pasado.*

pasador. m. **1.** Barra de metal sujeta a una puerta, ventana o tapa, que se corre hasta hacerla entrar en una pieza con un agujero dispuesta al efecto, y que sirve como sistema de cierre. **2.** Barrita que pasa por los anillos o los agujeros de algunos objetos y sirve de eje para el movimiento de sus piezas. *Un pasador une las varillas del abanico.* **3.** Aguja grande que usan las mujeres para recogerse el pelo. **4.** Prendedor con el que se sujeta la corbata a la camisa.

pasaje. m. **1.** Hecho de pasar o ir de una parte a otra. *El pasaje* A *la otra orilla será complicado.* **2.** Sitio o lugar por donde se pasa. *Fuimos por un peligroso pasaje entre las montañas.* **3.** Paso entre dos calles, algunas veces cubierto. *De allí sale un pasaje en donde está su casa.* **4.** Billete para un viaje en avión o en barco. *Compramos los pasajes para Irlanda.* En Am. designa el billete para un viaje en cualquier medio de transporte. *Los productos que mostraron incrementos fueron: pasaje de autobús, pasaje de metro, taxis* [C]. **5.** Totalidad de los viajeros de un barco o un avión. *El barco tiene exceso de pasaje.* **6.** Fragmento de una obra literaria o musical. *Un pasaje de la Biblia.*

pasajero, ra. adj. **1.** Que pasa rápido o dura poco. *Un enfado pasajero.* ● m. y f. **2.** Persona que utiliza un medio de transporte sin pertenecer a la tripulación. *Los pasajeros del autobús.* ▶ **1:** EFÍMERO, TEMPORAL, TRANSITORIO. ‖ frecAm: **1:** TEMPORARIO.

pasamanería. f. Conjunto de géneros como galones, cordones, flecos o borlas, que sirven para adornar vestidos y otras cosas. *Cortinas con pasamanería de época.*

pasamanos o **pasamano.** m. Listón que coloca sobre las barandillas. *Bajó la escalerilla apoyándose en el pasamanos.* Tb. la barandilla misma.

pasamontañas. m. Gorro que cubre la cabeza hasta el cuello, salvo la cara, o salvo los ojos y la nariz, y que sirve para protegerse del frío.

pasante. m. y f. Abogado que trabaja como auxiliar de otro abogado para adquirir experiencia en la profesión. *Una pasante del bufete llevó los trámites.* FAM **pasantía.**

pasaporte. m. Documento que acredita la identidad y la nacionalidad de una persona, y que se exige para viajar a algunos países. *Pasaporte expedido en Honduras.*

pasar. tr. **1.** Hacer que (alguien o algo) vayan de un lugar o situación a otros. *Pasa las cuentas* A *este cuaderno.* **2.** Atravesar o cruzar (algo). *Pasaron el río por donde no cubría.* **3.** Hacer alguien que (algo) llegue a otra persona. *Páseme la sal.* **4.** Introducir o sacar de forma fraudulenta (géneros u objetos sometidos a control). *Lo pillaron pasando marihuana.* **5.** Estar (durante un tiempo determinado) en un lugar o en una situación. *Pasó años sin hablarme.* Tb. prnl. **6.** Experimentar (una sensación o una emoción). *Hemos pasado miedo.* **7.** Ir más allá (de un determinado límite). *Ha pasado usted el límite de velocidad.* Tb. prnl. **8.** Superar o aventajar (a alguien o algo) en la cantidad que se indica. *Me pasa casi 20 cm de alto.* **9.** Tolerar o consentir (algo o a alguien). *No le paso ni una más a ese idiota.* **10.** Llevar (algo) por encima de otra cosa, de modo que la vaya tocando. *Pasó un paño por el mueble.* **11.** Hacer que (algo) pase (→ 15) a través de otra cosa. *Pasa la salsa POR el colador.* **12.** Tragar (un alimento o una bebida). *Tras la operación solo podía pasar líquidos.* **13.** Proyectar (una película). *Esta película no la han pasado nunca en televisión.* **14.** *Dep.* Entregar un jugador (la pelota) a otro de su mismo equipo. *Le pasó el balón al delantero.* ○ intr. **15.** Ir de un lugar a otro. *Pase AL salón.* **16.** Ir al estado o situación que se expresan. *Tenemos que pasar A la acción.* Tb. prnl. **17.** Empezar a realizar la acción que se expresa. *Pasemos A tratar el siguiente punto.* **18.** Mantenerse en unas condiciones aceptables. *No podría pasar sin teléfono.* Tb. prnl. **19.** Transcurrir el tiempo. *De eso han pasado ya muchos años.* Tb. prnl. **20.** Acabar o llegar a su fin algo. *¿Le ha pasado ya el dolor?* Tb. prnl. **21.** Ser tenido en un determinado concepto o consideración. *Pasa POR ser sensata.* **22.** Ir a un lugar para hacer algo que requiere poco tiempo. *¿Te va bien que pase hoy POR tu casa?* **23.** Ir por un lugar, atravesándolo o recorriéndolo. *La carretera pasará POR el pueblo.* **24.** Ir más allá de un determinado límite o de lo razonable. *No pasó DE soldado raso.* Tb. prnl. **25.** Tolerar o consentir lo que se expresa. *Tuvo que pasar POR todas sus exigencias.* **26.** Ocurrir o suceder algo. *Eso te pasa por ir despistado.* **27.** En algunos juegos: No jugar alguien cuando es su turno. *En esta mano paso.* ○ intr. prnl. **28.** Ponerse algo, espec. un alimento en un estado que no es el óptimo para su utilización o consumo. *Hoy se ha pasado el arroz.* **29.** Tener alguien en exceso la cualidad expresada. *Se pasa DE amable.* **30.** coloq. Olvidársele algo a alguien. *Que no se te pase llamarlo.* ■ **lo pasado, pasado.** expr. Se usa para exhortar a alguien a olvidar o perdonar los motivos de queja o enfado que pueda tener. *Lo pasado, pasado, y tan amigos.* ■ **~ de largo.** loc. v. Pasar (→ 15) sin detenerse. *Pasé de largo ante su casa.* ■ **~ por alto** (algo o a alguien). loc. v. No tener(los) en cuenta. *No puedo pasar por alto la oferta.* ■ **~(se)lo.** loc. v. Seguida de adverbios como *bien* o *mal:* Estar en una situación de la manera indicada por ellos. *Lo pasamos genial.* ■ **~se de listo.** loc. v. coloq. Equivocarse por exceso de malicia. *Se pasó de lista y la descubrieron.* ▶ **26:** *SUCEDER.

pasarela. f. **1.** Plataforma móvil por la que se accede a un barco. *Los pasajeros saludan desde la pasarela.* **2.** Puente para los peatones, situado gralm. sobre una carretera o una vía de ferrocarril. *Una pasarela lleva hasta el hotel.* **3.** Pasillo estrecho y algo elevado destinado a los desfiles de moda. *La modelo desfila sobre la pasarela.*

pasatiempo. m. Diversión o entretenimiento que sirven para pasar un rato agradable. *La lectura es su pasatiempo preferido.*

pascua. (En mayúsc. en acep. 1-4). f. **1.** En la Iglesia católica: Fiesta solemne de la Resurrección de Cristo. *Llegan el domingo de Pascua.* Tb. *Pascua Flo-*

rida. **2.** En la Iglesia católica: Fiesta de las solemnidades del nacimiento de Cristo, la adoración de los Magos y la venida del Espíritu Santo. Tb. *Pascua de Navidad, Pascua de Epifanía* o *Pascua de Pentecostés.* **3.** Fiesta de los hebreos en memoria de la libertad del cautiverio de Egipto. ○ pl. **4.** Tiempo desde la Natividad de Cristo hasta el día de Reyes inclusive. *En Pascuas nos reunimos para pasar juntos las fiestas.* ■ **santas ~s.** expr. coloq. Se usa para dar a entender que no ocurre o se dice más de lo expresado. *Me vio, me saludó; yo le di la mano y santas pascuas.* FAM pascual.

pascuense. adj. De la isla de Pascua (Chile).

pase. m. **1.** Hecho de pasar. *El primer pase de la película es a las cuatro.* **2.** Permiso que da una autoridad para disfrutar de un privilegio. *Sin pase no se puede entrar.* **3.** Permiso por escrito para que puedan pasar o circular mercancías y personas. *El pase de fronteras es válido para un año.* **4.** Movimiento que hace el hipnotizador o el mago con las manos para someter a uno a su influencia. *Unos pases mágicos, y aparecerá un conejo.* **5.** *Dep.* En el fútbol y otros deportes de equipo: Entrega o lanzamiento de la pelota de un jugador a otro de su mismo equipo. *Un pase de gol.* **6.** *Taurom.* Cada una de las veces que el torero hace pasar al toro embistiendo, después de haberlo citado con la muleta. *Pases de pecho.*

pasear. intr. **1.** Andar por placer o ejercicio. *Pasea por el parque.* Frec. prnl. **2.** Ir en un medio de locomoción por placer o ejercicio. Frec. prnl. *Se pasea a caballo por la finca.* ○ tr. **3.** Llevar (algo o a alguien) a andar por placer o ejercicio. *La vi paseando al niño.* **4.** Llevar (algo o a alguien) de un lado a otro. *Pasea la mirada por la sala.* **5.** Andar (por algún sitio) para distraerse o como ejercicio. *Pasea el andén esperando que llegue el tren.* FAM paseante.

paseíllo. m. *Taurom.* Desfile de las cuadrillas por el ruedo antes de comenzar la corrida. *Los toreros y sus subalternos recibieron una ovación tras el paseíllo.*

paseo. m. **1.** Hecho de pasear o pasearse. *Llevé al perro a dar un paseo.* **2.** Lugar público para pasear. *Hay obras en el paseo marítimo.* **3.** Distancia corta que puede recorrerse a pie. *Ánimo, que no es más que un paseo.* ■ **a ~.** expr. coloq. Se usa para expresar desagrado o rechazo. *Me dan ganas de mandarlo todo a paseo.* ▶ **1:** VUELTA.

pasillo. m. **1.** Pieza de paso, larga y estrecha, de un edificio. *El salón está al final del pasillo.* **2.** Espacio alargado que recuerda a un pasillo (→ 1) y que sirve de paso. *Le abrieron un pasillo entre la multitud.* ▶ **1:** CORREDOR.

pasión. f. (Frec. en mayúsc.). *Rel.* Padecimiento de Jesucristo desde que fue apresado hasta morir en la cruz. *Los pasos representan escenas de la Pasión.* **2.** *Rel.* Descripción y relato de la Pasión (→ 1) en los Evangelios. *La pasión según San Mateo.* **3.** Deseo sexual intenso. *Se acabó la pasión entre ellos.* **4.** Inclinación o preferencia muy intensas por alguien o algo. *Siente pasión por la literatura.* FAM pasional.

pasionaria. f. Planta tropical trepadora, con flores aromáticas de color blanco, púrpura y azul, cuyos largos filamentos recuerdan una corona de espinas. Tb. la flor.

pasivo, va. adj. **1.** Dicho de persona: Que no toma la iniciativa o permanece al margen de la acción. *Es una persona pasiva.* **2.** Que implica falta de acción o de actuación. *El tabaquismo pasivo causa daños en la salud.* **3.** *Gram.* Dicho de oración: Que tiene el verbo en pasiva (→ 5). ● m. **4.** *Econ.* Valor monetario total de las deudas y compromisos que gravan a una empresa, institución o individuo. *La empresa dobló su pasivo en pocos meses.* ○ f. **5.** *Gram.* Voz pasiva (→ **voz**). *Un verbo transitivo puede ponerse en pasiva.* ■ **pasiva refleja.** f. *Gram.* Construcción pasiva (→ 3) cuyo verbo, en forma activa, aparece precedido del pronombre *se* y sin complemento agente. *En la oración "El museo se inauguró hace años" hay una pasiva refleja.* FAM **pasividad.**

pasmo. m. **1.** Asombro y sorpresa extremados. *Dijo que dimitía ante el pasmo general.* **2.** Enfriamiento que causa dolor de huesos y otras molestias. *Abríguese, que va a coger un pasmo.* **3.** Paralización general de los músculos. *Muévete, que parece que te ha dado un pasmo.* ▶ 1: *ASOMBRO. FAM **pasmado, da; pasmar; pasmoso, sa.**

paso[1]. m. **1.** Movimiento sucesivo de cada pie al andar. *Dio unos pasos y se sentó.* **2.** Distancia recorrida en cada paso (→ 1). *El banco está a cinco pasos del portal.* **3.** Huella que queda impresa al andar. *En la arena se ven sus pasos.* **4.** Manera de andar. *Camina con paso rápido.* **5.** Movimiento regular con que camina un animal, espec. una caballería, levantando sus extremidades una a una y sin dar lugar a salto o suspensión. *Paso, trote y galope.* **6.** Cada una de las variaciones que se realizan en un baile. *Aprendí un paso de baile.* **7.** Hecho de pasar. *El paso A la vejez fue difícil.* **8.** Lugar o sitio por donde se pasa de una parte a otra. *Se habilitó un paso para atravesar la frontera.* **9.** Diligencia o trámite para solicitar algo. *El primer paso para participar es inscribirse.* **10.** Efigie o grupo escultórico que representa un suceso de la Pasión de Cristo y que se saca en procesión en Semana Santa. *El paso de la oración en el huerto.* **11.** *Geogr.* Estrecho de mar. *Paso de Calais.* ○ pl. **12.** En baloncesto y balonmano: Falta en que incurre un jugador por dar más de tres pasos (→ 1) sin botar la pelota. ■ ~ **a nivel.** m. Lugar donde un ferrocarril se cruza en otro camino del mismo nivel. *Paso a nivel sin barreras.* ■ ~ **libre.** m. Paso (→ 7) exento de obstáculos, peligros o enemigos. *Le dejaron el paso libre para seguir su viaje.* ■ **mal** ~. m. Acción desacertada. *Esa declaración fue un mal paso en su trayectoria.* □ **abrir** ~. loc. v. Facilitar el tránsito de una parte a otra. *¡Abran paso, que llevamos un herido!* ■ **a buen** ~. loc. adv. Deprisa o rápidamente. *Avanza a buen paso.* ■ **a cada** ~. loc. adv. Repetida o frecuentemente. *Te critica a cada paso.* ■ **a dos** ~s. → **a pocos pasos.** ■ **a ese** ~. loc. adv. Así o de ese modo. *A ese paso, no llegaremos.* ■ **al** ~. loc. adv. **1.** Al pasar por una parte yendo a otra. *Iba en el autobús y lo vi al paso cuando salía de su casa.* **2.** Andando, sin correr ni forzar el paso (→ 4, 5). *Camina al paso.* ■ **al** ~ **que.** loc. conjunt. Mientras. *Comía al paso que leía.* ■ **andar en malos** ~s. loc. v. Frecuentar malas compañías o comportarse de modo que pueden seguirse malas consecuencias. *Este muchacho anda en malos pasos.* ■ **a** ~ **de carga.** loc. adv. coloq. A paso (→ 4) muy rápido. *Vienen a paso de carga.* ■ **a** ~ **de tortuga.** loc. adv. coloq. A paso (→ 4) muy lento. *Anda a paso de tortuga.* ■ **a pocos** ~, **o dos, o unos,** ~s, **o a un** ~. loc. adv. A poca distancia. *Mi colegio está a pocos pasos de aquí.* ■ **apretar el** ~. loc. v. Andar o ir deprisa. *Hay que apretar el paso para llegar a tiempo.* ■ **ceder el** ~. loc. v. Dejar, por cortesía o por respeto a las normas, que otra persona pase antes. *Ceda el paso a las señoras.* ■ **cerrar el** ~. loc. v. Obstaculizarlo o cortarlo. *Una valla cierra el paso.* ■ **dar** una persona o cosa ~ (a

otra). loc. v. Ser seguidas (de esta). *La proyección de la película dará paso a una tertulia.* ■ **dar** ~ (a un lugar). loc. v. Permitir el acceso (a él). *La puerta da paso al salón.* ■ **dar un** ~, o **un** ~ **adelante.** loc. v. Realizar un progreso perceptible en lo que se hace o se intenta. *Se dio un paso adelante en el proceso de paz.* ■ **dar un** ~ **al frente.** loc. v. Actuar de una manera inequívocamente decidida en una situación. *Déjate de dudas y da un paso al frente.* ■ **dar un** ~ **atrás.** loc. v. Experimentar un retroceso en lo que se hace o se intenta. *Dimos un paso atrás en las negociaciones.* ■ **de** ~. loc. adv. **1.** Sin permanencia fija o provisionalmente. *Solo estoy de paso.* **2.** Aprovechando la ocasión. *Cuando salgas, de paso compras el pan.* **3.** Ligeramente o sin profundizar. *Trató el tema de paso.* ■ ~ **a** ~. loc. adv. Poco a poco o por grados. *Se recuperó paso a paso.* ■ ~ **por** ~. loc. adv. Lentamente y con detalle. *Solucione el problema paso por paso.* ■ **salir al** ~ (a alguien). loc. v. Encontrar(lo), de improviso o deliberadamente, deteniéndo(lo) por la marcha. *Un ladrón le salió al paso para robarle.* ■ **salir al** ~ (de algo). loc. v. Negar su veracidad o fundamento. *El portavoz salió al paso del rumor.* ■ **salir del** ~. loc. v. coloq. Desentenderse de cualquier manera de un asunto, compromiso o dificultad. *Sale del paso con vaguedades.* ■ **seguir los** ~s (a alguien). loc. v. Seguir(lo) o perseguir(lo). *La policía le sigue los pasos.* ■ **seguir los** ~s (de alguien). loc. v. Imitar(lo) en sus acciones. *Sigue los pasos DE su madre.* ■ **volver** alguien **sobre sus** ~s. loc. v. **1.** Desandar lo andado o retroceder. *Volví sobre mis pasos y tomé la llave.* **2.** Rectificar lo dicho o hecho. *Volvió sobre sus pasos y empezó de nuevo.*

paso[2], **sa.** adj. Dicho de fruta: Que ha sido desecada. *Higos pasos.* Dicho de uva, tb. f. *Añada un puñado de pasas a la masa.* ■ **como una pasa.** loc. adv. coloq. Con arrugas o con signos de envejecimiento o deterioro. *Está como una pasa; no lo reconocía.*

pasodoble. m. Composición musical española con ritmo vivo, utilizada frec. en desfiles militares y corridas de toros. Tb. el baile.

pasquín. m. Escrito anónimo de contenido satírico, gralm. de crítica al Gobierno, que se coloca en un lugar público.

pasta. f. **1.** Masa de consistencia blanda, hecha de sustancias mezcladas. *Pasta de papel.* **2.** Masa de harina mezclada con agua, que se corta en formas variadas para obtener macarrones, fideos y otros alimentos semejantes. **3.** Dulce elaborado con masa de harina y otros ingredientes, cocido al horno y frec. recubierto de chocolate o mermelada. *Té con pastas.* **4.** *Encuad.* Encuadernación hecha de cartón forrado con piel o pergamino. *El diccionario está encuadernado en pasta.* Tb. designa cualquier tapa de un libro. **5.** coloq. Dinero. *No tengo pasta para pagar.* **6.** coloq. Carácter o modo de ser de una persona. *Es un amigo de una pasta especial.* ■ ~ **de dientes.** f. Pasta (→ 1) que sirve para limpiar los dientes. ⇒ DENTÍFRICO.

pastar. tr. **1.** Pacer el ganado (hierba). *Las vacas pastan la hierba tierna.* ○ intr. **2.** Pacer el ganado. *Las ovejas pastaban en el prado.* ▶ *PACER.

pastel. m. **1.** Dulce pequeño, elaborado con masa de harina y huevo, recubierto de otros ingredientes. *Una docena de pasteles de nata.* **2.** Tarta. *Pastel de boda.* **3.** Guiso de carne, pescado u otros ingredientes, que se cuece en el horno y que tiene una consistencia sólida. *Pastel de carne.* **4.** Lápiz compuesto de una materia colorante y agua de goma. *Un estuche* con carboncillos y pasteles. **5.** Dibujo realizado con pastel (→ 4). *En la exposición hay varios pasteles.* **6.** coloq. Trama secreta con fines malintencionados. *Descubrí el pastel.* **7.** coloq. Beneficios económicos o de poder. *Los países ricos se repartieron el pastel.* ● adj. (pl. gralm. invar.) **8.** Dicho de color: Suave. *Un verde pastel.* FAM pastelería; pastelero, ra.

pasteurizar o **pasterizar.** tr. Someter (un alimento líquido) a una temperatura inferior a la de su punto de ebullición, enfriándo(lo) después rápidamente, para destruir los gérmenes y prolongar su conservación. *La leche ha sido pasteurizada.* FAM pasterización; pasteurización.

pastiche. m. despect. Imitación consistente en tomar varios elementos de algo y combinarlos de forma que parezca una creación independiente. *Un pastiche de estilos.*

pastilla. f. **1.** Pieza pequeña de sustancia medicinal. *Pastillas para la tos.* **2.** Pieza pequeña y compacta de determinadas sustancias. *Pastilla de jabón.* **3.** Caramelo, espec. el de forma cuadrangular. *Pastillas de menta.* ■ **a toda ~.** loc. adv. coloq. A toda velocidad. *Salió a toda pastilla para no perder el tren.* FAM pastillero.

pastizal. m. Terreno de pasto abundante.

pasto. m. **1.** Hierba que el ganado pace en el mismo lugar donde aquella se cría. *El pasto está alto.* **2.** Sitio en que pasta el ganado. *Rotura los pastos.* **3.** Objeto o materia que se destruye o consume por efecto de una acción. *La casa fue pasto DE las llamas.* **4.** Hecho o cosa que sirve para fomentar algo. *No dé pasto a la crítica.* **5.** Am. Hierba (conjunto de hierbas de un terreno). *Corta el pasto del jardín una vez por semana* [C]. ▶ **5:** *HIERBA.

pastor, ra. m. y f. **1.** Persona que guarda, guía o apacienta el ganado, espec. ovejas. **2.** Sacerdote protestante. *Pastor metodista.* ○ m. **3.** Eclesiástico con fieles a su cargo. *El Papa es el supremo pastor de la Iglesia católica.* FAM pastorear; pastoreo.

pastoral. adj. **1.** Del pastor, espec. del eclesiástico que guía a sus fieles o del pastor protestante. *Visita pastoral del Papa.* ● f. **2.** Carta pastoral (→ carta). *El obispo escribe una pastoral.* **3.** Composición musical que evoca la vida de los pastores.

pastorela. f. *Lit.* Composición poética provenzal que trata del encuentro amoroso entre una pastora y un caballero.

pastoril. adj. **1.** De los pastores. *Vida pastoril.* **2.** Dicho de obra o género literarios: Que son propios de los ss. XVI y XVII españoles y giran en torno a las aventuras y desventuras amorosas de pastores idealizados. *"La Galatea" es una novela pastoril.*

pastoso, sa. adj. **1.** Dicho de cosa: Que tiene consistencia blanda y suave, como la pasta. *La crema salió pastosa.* **2.** Dicho de voz o sonido: Que no tiene resonancias metálicas y es agradable al oído. *La soprano tiene un timbre cálido y pastoso.*

pastuso, sa. adj. De Pasto (Colombia).

pata[1]**.** f. **1.** En los animales: Extremidad que sirve para moverse. *¿Cuántas patas tiene un cangrejo?* **2.** En un mueble u otro objeto: Parte en la que se apoyan. *La mesa tiene una pata rota.* **3.** coloq. Pierna de una persona. *¡Qué patas más gordas tienes!* ■ **~ de gallo.** f. Arruga que se forma en el ángulo externo del ojo y que suele tener surcos divergentes. *Crema para las patas de gallo.* ■ **~ de palo.** f. Pieza de madera, convenientemente adaptada, con que se suple la pierna que le falta a una persona. *El pirata tenía una pata*

de palo. ■ **mala ~.** f. coloq. Mala suerte. *Tuve mala pata en el examen.* □ **a cuatro ~s.** loc. adv. coloq. A gatas. *El bebé vino a cuatro patas.* ■ **a ~.** loc. adv. coloq. A pie. *Iré a pata.* ■ **estirar la ~.** loc. v. coloq. Morir. *La vieja estiró la pata.* ■ **meter la ~.** loc. v. coloq. Decir o hacer algo inoportuno o poco adecuado. *Metió la pata con ese comentario.* ■ **~s arriba.** loc. adv. **1.** coloq. Al revés, o vuelto lo de abajo hacia arriba. *Puso las sillas patas arriba para limpiar.* **2.** coloq. En desorden. *Tengo la casa patas arriba.* ■ **poner** (a alguien) **de patitas en la calle.** loc. v. coloq. Echar(lo) o despedir(lo). *Lo insultó y lo puso de patitas en la calle.*

pata[2]**.** → pato[2].

patacón. m. Am. Tostón (rodaja de plátano verde frito). *Bandeja de patacones* [C]. ▶ TOSTÓN.

patada. f. Golpe dado con el pie o con la pata. *Le dio patadas en la cabeza.* ■ **a ~s.** loc. adv. coloq. Con desconsideración. *Los trata a patadas.* ■ **en dos ~s.** loc. adv. coloq. Con facilidad o rápidamente. *Lo arreglé en dos patadas.*

patalear. intr. **1.** Mover las piernas o las patas, agitándolas rápidamente. *El cerdo patalea antes de morir.* **2.** Dar patadas en el suelo por enfado o rabia. *Patalea para conseguir un juguete.*

pataleo. m. **1.** Hecho o efecto de patalear. **2.** coloq. Protesta o queja por algo, aunque ese algo sea inevitable. *Tengo derecho al pataleo.* **3.** Ruido que se hace al patalear o al protestar. *El pataleo del público.*

pataleta. f. coloq. Enfado o rabieta. *Armó una pataleta porque no quería ir.*

patán. m. **1.** coloq., despect. Aldeano o rústico. *Un patán que no sabe leer.* **2.** coloq., despect. Hombre grosero y maleducado. *El patán sorbía la sopa y eructaba.*

patata. f. Tubérculo comestible, redondeado, con piel de color terroso e interior amarillento y harinoso. Tb. su planta. ▶ frecAm: **1:** PAPA.

patatín. que si ~ que si patatán, o **que ~ que patatán.** expr. coloq. Se usa para resumir unas palabras dichas por otro, consideradas poco importantes. *Me dijo que la perdonara, que me quería, que no lo volvería a hacer, que si patatín que si patatán...*

patatús. m. coloq. Desmayo o síncope. *Cuando se quemó la casa le dio un patatús.*

paté. m. Pasta comestible para untar, elaborada gralm. con carne o hígado condimentado con especias. *Fiambre y paté.*

patear. tr. **1.** coloq. Dar golpes (a algo o a alguien) con los pies o las patas. *El caballo la pateó.* **2.** Golpear el público con los pies en el suelo para mostrar su rechazo (a un discurso o un espectáculo). *El público pateó la obra.* ○ intr. **3.** coloq. Patalear o mover los pies o las patas agitándolas rápidamente. *El niño patea por hambre.* FAM pateo.

patena. f. Platillo donde se pone la hostia en la misa. ■ **limpio como una ~.** loc. adj. Muy limpio. *La casa está limpia como una patena.*

patentar. tr. Obtener la patente (de algo) y sus derechos derivados. *Patentó un nuevo tejido sintético.*

patente. adj. **1.** Claro o evidente. *Quedó patente su ignorancia.* ● f. **2.** Documento en que oficialmente se reconoce una invención o los derechos que de ella derivan. *Compró una patente para fabricar un tipo de paracaídas.* Tb. **~ de invención.** **3.** Testimonio que acredita una cualidad o un mérito. *Tiene patente DE sabio.* **4.** Am. Matrícula (placa de un vehículo). *Le tomaron la patente del auto* [C]. ■ **~ de corso.** f. coloq.

Autorización para realizar algo que los demás tienen prohibido. *Los ciclistas no tienen patente de corso para saltarse los semáforos.* ▶ **1**: *EVIDENTE. **4**: *MATRÍCULA.

patentizar. tr. Hacer patente o manifiesto (algo). *La imagen patentiza su rivalidad.*

páter. m. Sacerdote, espec. de un regimiento militar.

paterfamilias. (Tb. **páter familias**). m. histór. En la antigua Roma: Jefe o cabeza de familia.

paternalismo. m. despect. Tendencia a aplicar las formas autoritarias y de protección propias del padre de familia tradicional a las relaciones sociales, laborales o de otro tipo. *La empresa nos trata con paternalismo.* FAM **paternalista**.

paterno, na. adj. **1.** Del padre o de los padres. *Casa paterna.* **2.** Dicho de pariente: Por parte de padre. *Mi abuela paterna era cubana.* FAM **paternal; paternidad**.

patético, ca. adj. Que conmueve profundamente o causa un gran dolor o tristeza. *En una patética escena, la madre se despedía de sus hijos.* FAM **patetismo**.

patibulario, ria. adj. **1.** Del patíbulo. *Horcas patibularias.* **2.** Que produce horror, como los criminales. *Un individuo patibulario la siguió hasta el portal.*

patíbulo. m. Tablado utilizado para la ejecución de los condenados a muerte.

paticorto, ta. adj. Que tiene las patas o las piernas más cortas de lo normal.

patidifuso, sa. adj. coloq. Asombrado hasta el punto de no poder reaccionar.

patilla. f. **1.** Porción de pelo, más marcado en los hombres, que crece a ambos lados de la cara por delante de las orejas. *Tengo que afeitarme las patillas.* **2.** Parte de las gafas con que estas se apoyan en la oreja. **3.** Am. Sandía. *El melón, junto con la patilla, es rico en agua* [C]. ▶ **3**: SANDÍA.

patín. m. **1.** Aparato que consiste en una plancha que se adapta a la suela del calzado, y que lleva una especie de cuchilla o dos pares de ruedas, según sirva para deslizarse sobre hielo o sobre un pavimento. **2.** Patinete. FAM **patinador, ra; patinaje; patinar; patinazo**.

pátina. f. **1.** Capa de óxido verdoso que se forma sobre algunos metales, espec. bronce, debido a la acción de la humedad. *El cuenco está recubierto de una pátina verde.* **2.** Capa que se forma sobre las pinturas al óleo y otros objetos antiguos con el paso del tiempo. *La fotografía antigua tiene una pátina amarillenta.* Tb. fig. *Una pátina de cultura.* **3.** Sustancia parecida al barniz, con que se recubren artificialmente algunos objetos para que adquieran aspecto de antiguos. *Dé más pátina a la pieza.*

patinete. m. Juguete que consiste en una plataforma alargada sobre ruedas provista de un manillar, que sirve para deslizarse poniendo un pie sobre la plataforma e impulsándose con el otro. *Dos niños montan en patinete por el parque.* ▶ PATÍN.

patio. m. En una casa u otro edificio: Espacio delimitado por paredes, pero sin techo o cubierta. *Nuestras casas se comunican a través de un patio.* ■ ~ **de butacas.** m. En los teatros: Planta baja, donde se encuentran las butacas. ⇒ PLATEA.

patita. → **pata**[1].

patitieso, sa. adj. **1.** coloq. Que se queda sin movimiento en las piernas o en los pies. *Un cadáver patitieso.* **2.** coloq. Asombrado o sorprendido. *Me quedé patitiesa cuando se metió monja.*

patizambo, ba. adj. Que tiene las piernas torcidas hacia fuera y las rodillas juntas.

pato[1]. **pagar el ~** alguien. loc. v. coloq. Cargar con culpas ajenas o no merecidas. *Siempre me toca pagar el pato* POR *las travesuras de mi hermana.*

pato[2], **ta.** m. **1.** Ave acuática de pico aplanado y patas cortas, con dedos unidos entre sí por una membrana, de la cual existen varias especies, algunas de ellas domésticas. **2.** coloq. Persona torpe o inhábil. *No vuelvo a bailar con ese pato.* ○ f. **3.** Hembra del pato (→ 1). FAM **patoso**.

patochada. f. coloq. Hecho o dicho disparatados o inoportunos.

patógeno, na. adj. *Med.* Que origina y desarrolla una enfermedad. *En la suciedad se alojan gérmenes patógenos.* FAM **patogénesis; patogenia**.

patología. f. **1.** Parte de la medicina que estudia las enfermedades. **2.** Conjunto de síntomas de una enfermedad. *La investigadora describió la patología de la diabetes.* FAM **patológico, ca; patólogo, ga**.

patota. f. Am. coloq. Pandilla (grupo de personas asociadas, o de amigos). *Lo vimos con su patota de amigos* [C].

patraña. f. Mentira o noticia de pura invención. *Una burda patraña.* ▶ *MENTIRA.

patria. f. **1.** Tierra natal o adoptiva, ordenada como nación, a la que se pertenece o se siente pertenecer. *Tiene dos patrias: Colombia y España.* **2.** Lugar, ciudad o país en que se ha nacido. *Rosario es la patria del Che.* Frec. ~ **chica.** ▶ **2**: TIERRA. FAM **patrio, tria; patriota; patriótico, ca; patriotismo**.

patriarca. m. **1.** Persona de edad que por su autoridad y sabiduría ejerce autoridad y gran influencia en una familia o colectividad. *El patriarca de los gitanos.* **2.** histór. Personaje del Antiguo Testamento que fue cabeza de una numerosa descendencia. *Abraham fue el patriarca de los judíos.* **3.** Rel. Obispo de algunas sedes importantes, como las de Alejandría, Jerusalén y Constantinopla. *San Cirilo, patriarca de Alejandría.* **4.** Rel. Jefe de algunas Iglesias ortodoxas separadas de la católica romana. *El patriarca ruso.* FAM **patriarcal**.

patriarcado. m. **1.** Rel. Dignidad de patriarca. *El patriarcado de Moscú.* **2.** Rel. Territorio bajo la jurisdicción de un patriarca. **3.** Sociol. Organización social en que la autoridad es ejercida por el padre. *Las feministas luchan por el fin del patriarcado.*

patricio, cia. adj. **1.** histór. En la antigua Roma, dicho de persona: Que descendía de las primeras familias fundadoras de Roma y pertenecía a la clase social privilegiada. **2.** De clase social alta. *Familia patricia de Lima.* FAM **patriciado**.

patrimonio. m. **1.** Conjunto de bienes que se heredan. *El patrimonio de sus padres incluye unos terrenos.* **2.** Conjunto de bienes de una colectividad. *Las pirámides de Egipto son patrimonio de la humanidad.* **3.** Conjunto de bienes susceptibles de estimación económica. *La empresa posee un patrimonio valorado en millones.* **4.** Conjunto de características que se heredan. *El patrimonio genético.* FAM **patrimonial**.

patrio, tria; patriota; patriótico, ca; patriotismo. → **patria**.

patriotero, ra. adj. despect. Que alardea de amor a la patria. *Políticos patrioteros.* FAM **patrioterismo**.

patrístico, ca. adj. **1.** De la patrística (→ 2). *Escritos patrísticos.* ● f. **2.** Ciencia que estudia la obra, la vida y la doctrina de los antiguos doctores de la Iglesia.

patrocinar. tr. **1.** Defender o favorecer (algo o a alguien). *El candidato fue patrocinado por el presidente saliente.* **2.** Apoyar con dinero o financiar (a alguien o algo), frec. con fines publicitarios. *Una marca de ropa patrocina al cantante.* ▶ **2:** ESPONSORIZAR, FINANCIAR. FAM **patrocinador, ra; patrocinio.**

patrón, na. m. y f. **1.** Patrono (personaje sagrado protector). *San José, patrón de los carpinteros.* **2.** Patrono (persona que contrata empleados). *El patrón de la fábrica.* **3.** Fundador de una institución benéfica. *El patrón del orfanato.* **4.** Defensor o protector. *La burguesía se convirtió en patrona de las artes.* **5.** Dueño de una pensión o una casa de huéspedes. *Tengo que pagar el mes de agosto a la patrona.* **6.** (A veces como f. se usa **patrón**). Persona legalmente capacitada para mandar una embarcación de pequeño o mediano tamaño. *Es patrón de yate.* ○ m. **7.** Modelo o punto de referencia. *Patrones de comportamiento.* **8.** Cosa que sirve de muestra para sacar otra igual. *El sastre guarda los patrones y los hilos en un baúl.* ■ **patrón oro.** m. *Econ.* Sistema de tipos de cambio fijos en el que cada país establece la cantidad de oro a que equivale su moneda. ▶ **1, 2:** *PATRONO.

patronal. adj. **1.** Del patrón o del patrono. *Fiestas patronales.* ● f. **2.** Conjunto de los patronos que contratan empleados. *La patronal se reunió con los sindicatos.*

patronato. m. **1.** Consejo que ejerce funciones rectoras, asesoras o de vigilancia en una fundación, espec. de carácter benéfico o cultural. *El patronato del museo.* **2.** Condición de patrón o protector. *El patronato del santo sobre la comarca.* **3.** Patronal o conjunto de patronos. *El patronato negocia con los obreros.* ▶ **2:** PATRONAZGO.

patronazgo. m. Patronato (condición de patrón o protector). ▶ PATRONATO.

patronímico. adj. Dicho de apellido: Que se ha formado sobre el nombre del padre. *Apellidos patronímicos como "Fernández", formado sobre "Fernando".*

patrono, na. m. y f. **1.** Personaje sagrado que se escoge como protector de un grupo de personas o de un lugar. *El santo patrono del lugar.* **2.** Persona que contrata empleados. *Los patronos y los obreros.* **3.** Miembro de un patronato. *Los patronos del hospital asistieron a la procesión.* ▶ **1, 2:** PATRÓN. ‖ frecAm: **2:** EMPLEADOR.

patrulla. f. **1.** Grupo de personas, espec. soldados o gente armada, que realizan labores de vigilancia y de mantenimiento de la seguridad y el orden. *La patrulla de soldados.* Tb. designa el grupo de buques o aviones con la misma labor. ○ m. (en Am., frec. f.). **2.** Coche de la policía para vigilancia pública. *El policía permanecía en la patrulla, con la puerta abierta* [C]. FAM **patrullaje; patrullar; patrullero, ra.**

paulatino, na. adj. Que se produce o sucede lentamente. *Ajuste paulatino.*

paupérrimo, ma. → pobre.

pausa. f. **1.** Breve interrupción de una acción o de una actividad. *Haz una pausa y descansa.* **2.** Lentitud o demora. *Tratemos el asunto con pausa.* FAM **pausado, da.**

pauta. f. Modelo o norma. *Pautas de conducta.* FAM **pautar** (conjug. CAUSAR).

pava. → pavo.

pavana. f. Antigua danza española, grave, seria y de movimientos pausados. Tb. la música.

pavesa. f. Partícula ligera que salta de una materia inflamada y se convierte en ceniza. *Quemó el papel hasta reducirlo a pavesas.*

pavimento. m. Suelo o superficie artificial que se hace para que el piso esté sólido y llano. *Las losas del pavimento.* FAM **pavimentación; pavimentar.**

pavo, va. m. **1.** Ave de corral, más grande que la gallina, con cuello largo y sin plumas del que cuelgan, al igual que de la cabeza, unas carnosidades rojas. ○ f. **2.** Hembra del pavo (→ 1). ○ m. y f. **3.** coloq. Persona sosa o ingenua. Tb. adj. *Tan mayor y tan pavo que es.* ■ **pavo real.** m. Ave originaria de Asia, algo mayor que un faisán, cuyo macho, de vistoso plumaje verde azulado, tiene una larga cola que puede desplegar en abanico. ▶ Am: **1:** CHOMPIPE, GUAJOLOTE.

pavonearse. intr. prnl. Presumir o hacer ostentación de algo. *Se pavonea DE su facilidad para las conquistas.* FAM **pavoneo.**

pavor. m. Terror o miedo extremo. ▶ *MIEDO. FAM **pavoroso, sa.**

payada. f. Am. Canto del payador. *El público puede presenciar payadas* [C].

payador, ra. adj. Am. Dicho de persona: Que canta improvisando sobre temas variados, gralm. en contrapunto con otro, y acompañándose con una guitarra. Se usa referido a los países del sur de Sudamérica. *Mujeres payadoras* [C]. Más frec. m. y f.

payaso, sa. m. y f. **1.** Artista de circo, gralm. vestido de forma extravagante, que hace reír con sus actos, gestos o chistes. *Los niños vieron a los payasos en el circo.* **2.** Persona propensa a hacer reír a los demás. Frec. despect. Tb. adj. *¡No seas payaso y bájate de ahí!* ▶ **1:** AUGUSTO, CLOWN. FAM **payasada.**

paz. f. **1.** Situación en la que no existe lucha armada en un país o entre países. *Un período de paz entre guerras.* **2.** Ausencia de conflicto o enfrentamiento entre personas. *Reina la paz en la familia.* **3.** Tratado o convenio político que pone fin a una guerra. *En 1945 se firmó la paz.* **4.** Estado de quien se encuentra tranquilo y sin preocupaciones. *En la vejez encontró la paz que buscaba.* **5.** Ausencia de ruido o ajetreo. *Nada perturba la paz del bosque.* ■ **dar la ~** (a alguien). loc. v. En la misa: Saludar(lo), gralm. con un apretón de manos, en señal de paz (→ 2). *Hermanos, podéis daros la paz.* ■ **dejar** (a alguien) **en ~.** loc. v. No molestar(lo). *¡Déjeme en paz, pesado!* ■ **descansar en ~.** loc. v. eufem. Morir. Frec. en la expr. *que en ~ descanse,* para referirse piadosamente a un difunto. ■ **descanse en ~.** loc. v. Se usa para desear piadosamente que alguien que ha muerto salve su alma. *Acaba de morir su padre; descanse en paz.* ■ **en ~.** loc. adv. Con la cuenta o deuda saldadas. *Te pago la factura y quedamos en paz.* Tb. fig. ■ **hacer las paces** (con alguien). loc. v. Reconciliarse o poner fin a un enfrentamiento (con él). *Haz las paces CON ella.* ■ **(haya) ~.** expr. Se usa para intervenir en una discusión o riña con el fin de cortarla. *Haya paz, señores, no riñan.* ■ **y en ~.** expr. Se usa para expresar que se da por terminado un asunto o discusión. *¡Tú te vienes con nosotros, y en paz!*

pazguato, ta. adj. Simple, o que se pasma o escandaliza con facilidad.

PC. (sigla; pronunc. "pe-ce"). m. Ordenador personal. *El disco duro del PC.*

pe. f. Letra *p.* ■ **de ~ a pa.** loc. adv. coloq. Enteramente, de principio a fin. *Me sé su vida de pe a pa.*

peaje. m. **1.** Derecho que se paga por transitar por un lugar. *Puesto de peaje.* **2.** Lugar donde se paga el peaje (→ 1). *Hay atascos en los peajes de la frontera.*

peana. f. Base, pie o apoyo sobre los que se coloca un objeto, espec. una figura. *En el salón hay lujosos maceteros con peanas de mármol.*

peatón, na. m. y f. Persona que va a pie por una vía pública. *El peatón cruzó por el semáforo.* ► VIANDANTE. FAM peatonal; peatonalización; peatonalizar.

pebetero. m. **1.** Recipiente en el que arde una llama ceremonial. *El pebetero con la llama olímpica.* **2.** Recipiente para quemar perfumes, espec. el que tiene una cubierta agujereada. *Hay pebeteros de incienso a las puertas del templo.*

peca. f. Mancha pequeña y pardusca que aparece en la piel, espec. en la cara.

pecado. m. **1.** En religión: Acto, pensamiento u omisión conscientes que van contra la ley divina o los preceptos religiosos. *El que roba comete un pecado.* **2.** Acto contrario a lo que es o se considera justo o correcto. *Tirar tanta comida es un pecado.* ■ ~ **capital.** m. *Rel.* Cada uno de los siete pecados (→ 1) considerados fuente u origen de otros. *La soberbia es un pecado capital.* ■ ~ **mortal.** m. *Rel.* Pecado (→ 1) muy grave que convierte a quien lo comete en enemigo de Dios y merecedor de condena eterna. *El pecado original se lava con el bautismo.* ■ ~ **venial.** m. *Rel.* Pecado (→ 1) leve, que no aparta totalmente de Dios a quien lo comete. FAM pecador, ra.

pecaminoso, sa. adj. **1.** Del pecado o del pecador. *Pensamientos pecaminosos.* **2.** Que parece contaminado por el pecado. *Sentía una curiosidad pecaminosa.*

pecar. intr. **1.** Cometer un pecado. *Padre, me arrepiento de haber pecado.* **2.** Cometer una falta o equivocación. *¿En qué he pecado para que te enfades así?* **3.** Excederse en algo. *Peca DE modesto.*

pecarí. m. Mamífero americano parecido al jabalí, de pelo pardo, sin cola y con colmillos poco desarrollados. *El pecarí hembra.*

peccata minuta. (loc. lat.; pronunc. "pekáta-minúta"). loc. s. Cosa de poca importancia, espec. un defecto. *El trabajo tiene algunos fallos, que son peccata minuta.*

pecera. f. Recipiente de cristal para tener peces vivos. *En el salón hay una pecera.*

pechar. intr. Asumir o afrontar la carga, responsabilidad o consecuencia de algo. *Tuvo que pechar CON los niños y la casa.*

pechera. f. En una prenda de vestir: Parte que cubre el pecho. *Lleva un bolígrafo en el bolsillo de la pechera.*

pechina. f. *Arq.* Triángulo curvilíneo invertido que forma el anillo de una cúpula con los arcos sobre los que descansa. *La cúpula sobre pechinas de Santa Sofía.*

pecho¹. m. **1.** En una persona: Parte del cuerpo comprendida entre el cuello y el vientre, y que contiene el corazón y los pulmones. *Afloje los músculos de las piernas, del pecho...* **2.** Parte exterior delantera del pecho (→ 1). *Paró la pelota con el pecho.* **3.** En un animal: Parte anterior del tronco, comprendida entre el cuello y las patas delanteras. *Pecho de vaca.* **4.** Aparato respiratorio de una persona. *Una infección de pecho.*

5. Mama de una mujer. *Se palpó el pecho izquierdo.* **6.** Conjunto de ambos pechos (→ 5). *Es delgada y con poco pecho.* **7.** Interior de la persona, donde se considera que están los sentimientos. *Lleva una pena en el pecho.* ■ **a ~ descubierto.** loc. adv. **1.** Sin armas y sin buscar refugio. *Un grupo se enfrentó a la policía a pecho descubierto.* **2.** Con sinceridad. *Me habló a pecho descubierto.* ■ **dar el ~** (a un bebé). loc. v. Dar(le) de mamar. *Es más sano darle el pecho que alimentarlo con biberón.* ■ **entre ~ y espalda.** loc. adv. En el estómago. *Se metió un chuletón entre pecho y espalda.* Tb. fig. ■ **tomar** (algo) **a ~.** loc. v. **1.** Sentirse excesivamente herido u ofendido (por ello). *Se tomó a pecho el comentario.* **2.** Mostrar mucho interés y empeño (en ello). *No te tomas el trabajo a pecho.* ■ **tomar el ~.** loc. v. Mamar. *¿A qué hora toma el pecho el niño?* ► **1:** TÓRAX. **5:** *MAMA. **6:** BUSTO.

pecho². m. histór. Tributo que se pagaba al rey o al señor feudal.

pechuga. f. **1.** Pecho de ave. Tb. cada una de las dos partes en que se divide. *Pechuga de pollo.* **2.** coloq. Pechos de mujer. *Eva lleva la pechuga al aire.* **3.** coloq. Pecho de hombre. *El tipo lleva una cadena sobre la pechuga.* FAM pechugón, na.

pecíolo o **peciolo.** m. *Bot.* Rabillo que une la hoja con el tallo de la planta. ► PEDÚNCULO, PEZÓN, RABILLO, RABO. FAM peciolado, da.

pecoso, sa. adj. Que tiene pecas. *Tenía la piel muy blanca y el rostro pecoso.*

pectina. f. *Bioquím.* Sustancia presente en las plantas y utilizada industrialmente para dar consistencia gelatinosa a alimentos y otros productos.

pectoral. adj. **1.** Del pecho. *La región pectoral.* Dicho de músculo, tb. m. **2.** Beneficioso para el pecho o aparato respiratorio. *Un remedio pectoral que alivia la tos.* ● m. **3.** Cruz que llevan sobre el pecho los obispos y otros prelados. ► **1:** TORÁCICO.

pecuario, ria. adj. Del ganado. *Actividades agrícolas y pecuarias.*

peculiar. adj. Propio o característico de la persona o cosa de que se habla. *Las costumbres peculiares DE los árabes.* ► *CARACTERÍSTICO. FAM peculiaridad.

peculio. m. Dinero o recursos económicos particulares de una persona o familia. *Los caprichos me los pago yo de mi peculio.*

pecuniario, ria. adj. Del dinero. *Le impuso una sanción pecuniaria.*

pedagogía. f. Ciencia que se ocupa de la educación y la enseñanza. *Licenciado en Psicología y Pedagogía.* FAM pedagógico, ca; pedagogo, ga.

pedal. m. **1.** Palanca que, al pisarla, pone en marcha un mecanismo. *Los pedales de la bicicleta.* **2.** En algunos instrumentos musicales: Tecla o palanca que se accionan con los pies y sirven para modificar o producir ciertos sonidos. *Los pedales de un piano.* FAM pedalada; pedalear; pedaleo.

pedante. adj. despect. Dicho de persona: Que presume de saber mucho. *Lo entrevistó un pedante locutor de radio.* FAM pedantería; pedantesco, ca.

pedazo. m. **1.** Parte que se ha separado de algo roto o partido. *El cristal se hizo pedazos.* **2.** Parte constitutiva de algo. *Conquistaron un pedazo DEL continente africano.* **3.** coloq. Seguido de la preposición *de* y un nombre, se usa para enfatizar el significado de este. *¡Vaya pedazo de edificio!* ■ ~ **de pan.** m. coloq. Persona muy buena o noble. Frec. con *ser. Este crío* *es un pedazo de pan.* □ **a ~s,** o **en ~s.** loc. adv. Por partes o en trozos rotos. *El coche voló en pedazos.* ■ **caerse** alguien **a ~s,** o **estar** alguien **hecho ~s.** loc. v. coloq. Estar muy cansado. *Al llegar a la meta estaba hecho pedazos.* ▶ **1, 2:** *PARTE.

pederastia. f. cult. Abuso sexual cometido por un hombre adulto con niños. FAM pederasta.

pedernal. m. Mineral variedad de cuarzo, de gran dureza, color gris oscuro y bordes traslúcidos al fracturarse. *Con una piedra de pedernal afila el cuchillo.* ▶ SÍLEX.

pedestal. m. **1.** Base sólida que sostiene una columna, una escultura u otro objeto grande. *Un globo terráqueo sobre un pedestal.* **2.** Fundamento que sirve de apoyo a algo. *El sufragio universal, pedestal de la democracia.* ■ **en un ~.** loc. adv. En gran estima o consideración. *Siempre ha tenido a su marido en un pedestal.*

pedestre. adj. **1.** Que se hace a pie. *Una carrera pedestre.* **2.** Vulgar, de poca calidad o poco refinado. *La versión cinematográfica de la novela es bastante pedestre.*

pediatría. f. Rama de la medicina que se ocupa de la salud de los niños. *Congreso de pediatría y puericultura.* FAM pediatra; pediátrico, ca.

pedicuro, ra. m. y f. Persona que tiene por oficio el cuidado de los pies y el tratamiento de problemas como la aparición de callos o uñeros. ▶ CALLISTA.

pedida. f. Petición de mano. *La pedida de su hermana será en mayo.*

pedido. m. Encargo de productos a un vendedor o fabricante. *Un pedido de clavos.*

pedigrí. m. Genealogía de un animal de raza. *Un caballo de carreras de pedigrí.*

pedigüeño, ña. adj. Que suele pedir con frecuencia y a veces de forma inoportuna. Tb. m. y f. *Su dinero atrajo a un batallón de pedigüeños.*

pedir. (conjug. PEDIR). tr. **1.** Expresar a alguien la necesidad o deseo (de algo) para que nos satisfaga. *Entró en el bar y pidió un café.* **2.** Pedir (→ 1) (limosna). *Pide limosna por las calles.* **3.** Fijar el vendedor (una cantidad) como precio de algo. *¿Cuánto pide POR el tractor?* **4.** Necesitar una cosa (algo que la mejoraría o complementaría). *La casa está pidiendo una reforma.* **5.** Querer o desear (algo). *Solo pido que me dejen en paz.* **6.** Exponer alguien a los padres o parientes (de una mujer) el deseo de que (la) concedan por esposa para sí o para otro. *Mañana pediré a mi novia.* ▶ **4:** REQUERIR.

pedo. m. **1.** malson. Ventosidad expulsada por el ano. **2.** jerg. Borrachera (estado de la persona borracha). *Se agarró un pedo DE ginebra.* ● adj. (pl. gralm. invar.). **3.** jerg. Que tiene un pedo (→ 2). *Estaba tan pedo que no se acordaba de dónde vivía.* FAM pedorrear; pedorreo; pedorrero, ra; pedorro, rra.

pedofilia. f. cult. Paidofilia. FAM pedófilo, la.

pedorreta. f. coloq. Sonido que se hace con la boca imitando el de un pedo, gralm. con intención de burla. *Hizo una pedorreta a sus vecinos.*

pedrada. f. Golpe dado con una piedra arrojada. *Se liaron a pedradas entre ellos.*

pedrea. f. Combate a pedradas. *Hacíamos pedreas con chicos de otros barrios.*

pedregal. m. Terreno cubierto de piedras sueltas. FAM pedregoso, sa.

pedrería. f. Conjunto de piedras preciosas. *Una diadema con pedrería.*

Pedro. como **~ por su casa.** loc. adv. coloq. Con entera libertad y sin ningún reparo. *Los traficantes se movían en el país como Pedro por su casa.*

pedrusco. m. Piedra grande, gralm. sin labrar. *Lo descalabró con un pedrusco.*

pedúnculo. m. **1.** *Bot.* Tallo estrecho y alargado que une una flor, hoja o fruto a un tallo o a una rama. **2.** *Zool.* En algunos animales sedentarios: Órgano alargado que permite la fijación a una superficie. ▶ **1:** *PECÍOLO. FAM pedunculado, da.

peer. (conjug. LEER). intr. coloq. Expulsar pedos. Frec. prnl.

pega. f. **1.** Hecho de pegar o adherir algo. *Se hará la pega de carteles publicitarios.* **2.** Am. coloq. Trabajo (ocupación retribuida). *A Alberto lo echaron de la pega* [C].

pegada. f. En deporte: Capacidad para golpear o tirar con fuerza. *Buena pegada.*

pegadizo, za. adj. Dicho espec. de música: Que se graba en la memoria con facilidad. *La canción del verano tiene una melodía pegadiza.*

pegajoso, sa. adj. **1.** Dicho de sustancia o cosa: Que se pega con facilidad. *Líquido pegajoso.* **2.** Am. coloq. Pegadizo. *Sonido rítmico y pegajoso* [C].

pegamento. m. Sustancia, gralm. semilíquida, que sirve para pegar.

pegar. tr. **1.** Unir alguien (dos o más cosas) mediante una sustancia útil para ello. *Pega estas hojas.* **2.** Unir una sustancia (dos o más cosas) de forma que sea difícil separar(las). *Una cola para pegar maderas.* **3.** Unir alguien (una cosa) con otra, mediante hilo, cuerda o algo que (la) sujete. *Pegó el cartel A la pared con un clavo.* **4.** Aproximar (cosas o personas) entre sí, haciendo que queden muy cerca o se toquen. *Peguen más las sillas.* **5.** Dar (un golpe o una paliza). *Me pegó un bofetón.* **6.** coloq. Seguido de un nombre: Realizar (la acción designada por él). *Pegan saltos para llamar la atención.* **7.** coloq. Transmitir (algo, espec. un vicio o una enfermedad) por el trato o el contacto. *Le han pegado los piojos en el colegio.* ○ intr. **8.** Quedar una cosa unida a algo de forma que sea difícil separarla. *Estas ventosas no pegan.* **9.** Estar muy cerca o al lado de alguien o algo. *La farmacia está pegando A la plaza.* **10.** Chocar con fuerza contra algo. *La bala pegó EN el techo.* **11.** Golpear a alguien. *Mi hermano me pegó.* **12.** Formar un conjunto armónico. *Estos muebles no pegan.* **13.** Dar la luz o el sol en algo. *El sol pega EN la ventana.* **14.** Tener algo un efecto fuerte o tener alguien o algo un fuerte impacto o éxito. *La canción pegó mucho este verano.* ○ intr. prnl. **15.** Quedar unidas dos o más cosas de forma que sea difícil separarlas. *Espere a que se peguen las piezas.* **16.** Quedar un guiso o un alimento unido al recipiente en que se cuecen o preparan. *Se me va a pegar el arroz.* **17.** Transmitirse algo, espec. un vicio o enfermedad, por el trato o contacto. *Se me pega su acento.* **18.** Unirse a alguien sin ser llamado. *Se nos pegó un pesado.* ■ **pegársela** (a alguien). loc. v. **1.** coloq. Engañar(lo). *Ese a mí no me la pega; seguro que es un infiltrado.* **2.** coloq. Engañar (al cónyuge o pareja habitual) teniendo relaciones sexuales con otra persona. *Se la pega CON una vecina.* ▶ **1:** ADHERIR. **4:** *ACERCAR. **5:** ASESTAR, DESCARGAR, PROPINAR. **11:** *GOLPEAR. **12:** COMBINAR. **15:** ADHERIRSE.

pegatina. f. Adhesivo pequeño que lleva algo impreso, gralm. propagandístico.

pegote. m. **1.** coloq. Porción de una sustancia espesa y pegajosa. *Hay pegotes de barro en el cristal.* **2.** coloq. Añadido inútil, inadecuado o que afea el conjunto, espec. en una obra literaria o artística. *Esa casa es un pegote en este barrio tan lindo.*

peinar. (conjug. PEINAR). tr. **1.** Desenredar y arreglar el pelo (de alguien) con un peine u otro utensilio. *Peina a sus hermanas.* **2.** Desenredar y arreglar (el pelo) de alguien con un peine u otro utensilio. *Le están peinando la melena.* **3.** Desenredar y alisar el pelo o la lana (de un animal). *El mozo de cuadra peina a la yegua.* **4.** Tocar ligeramente (algo). *Rodríguez peina la pelota con la cabeza y marca.* **5.** Recorrer y registrar minuciosamente (una zona o territorio) para encontrar algo o a alguien. *Peinaron la zona en busca de los secuestradores.* ○ tr. prnl. **6.** Hacerse peinar (→ 1) por alguien. *Me peino en la peluquería del barrio.* FAM peinado; peinador, ra.

peine. m. Utensilio consistente en una fila de púas paralelas unidas por un lado, que sirve para arreglar y alisar el pelo. *Se pasa el peine por el pelo.* ▶ Am: PEINILLA.

peineta. f. Utensilio semejante a un peine curvo, que usan las mujeres para sujetar o adornar su peinado. *Lleva en el moño una vistosa peineta.*

peinilla. f. **1.** Am. Machete (arma blanca). *Los guardias los obligaron a dispersarse arremetiendo con las peinillas* [C]. **2.** Am. Peine (utensilio para el pelo). *Se repasó el peinado con la peinilla* [C]. ▶ **1:** MACHETE. **2:** PEINE.

pejiguera. f. coloq. Cosa poco provechosa y que trae problemas o produce molestias. *Todos aquellos compromisos sociales eran una pejiguera.*

pekinés, sa. (Tb. **pequinés**). adj. De Pekín (China).

pelado¹. m. Hecho o efecto de pelar. *Procedimientos para el pelado de la planta.*

pelado², da. adj. **1.** Dicho de cosa: Que carece de lo que normalmente la cubre, rodea o adorna. *Un hueso pelado.* **2.** Am. Dicho de persona: Calva. *Hay pelucas que dan ganas de ser pelado* [C]. **3.** frecAm. Dicho de persona: Pobre o de categoría social baja. *Cada día se llena más la ciudad de gente pelada* [C]. ▶ **2:** CALVO. **3:** *POBRE.

pelador, ra; peladura. → pelar.

pelagatos. m. y f. coloq. Persona insignificante o mediocre. *No te dejes humillar así por ese pelagatos.*

pelágico, ca. adj. **1.** Biol. Dicho de zona marina: De alta mar. **2.** Biol. Dicho de animal, vegetal u organismo: Que vive en zonas pelágicas (→ 1). *Fauna pelágica.*

pelagra. f. Med. Enfermedad caracterizada por trastornos digestivos, erupciones cutáneas y alteraciones nerviosas, producida por falta de vitamina B₁.

pelaje. m. **1.** Pelo que cubre la piel de un animal. *Pelaje de color canela.* **2.** despect. Clase o categoría de persona. *Al acto acudieron artistas de diverso pelaje.*

pelambre o **pelambrera.** f. Pelo o vello abundantes y enredados.

pelandusca. f. coloq. Prostituta.

pelar. tr. **1.** Cortar o arrancar el pelo (a una persona o animal). *Lo pelaron al cero.* **2.** Quitar la piel, las plumas o el caparazón (a un animal). *Pela las gambas a mano.* **3.** Quitar la piel, la cáscara o la corteza (a algo, espec. a un fruto). *Pelo una pera.* **4.** coloq. Dejar sin dinero o bienes (a alguien), espec. en el juego o mediante engaño. *Lo pelaron jugando al póquer.*

○ intr. prnl. **5.** Perder alguien o algo piel o pelo. *Los brazos del sofá están pelados por el roce.* ■ duro de ~. loc. adj. **1.** coloq. Dicho de persona: Difícil de convencer o derrotar. *Un rival duro de pelar.* **2.** coloq. Dicho de cosa: Que tiene muchas dificultades. *Un problema duro de pelar.* ■ que pela. loc. adj. coloq. Se usa para enfatizar la intensidad del frío. *Hace un frío que pela.* ■ que se las pela. loc. adv. coloq. Con intensidad o rapidez. *Corre que se las pela.* FAM pelador, ra; peladura.

peldaño. m. Plataforma horizontal, gralm. rectangular, donde se apoya el pie al recorrer una escalera. ▶ ESCALÓN.

pelea. f. Hecho de pelear o pelearse. *Hubo una pelea a puñetazos.* ▶ ALTERCADO, BRONCA, LUCHA, PENDENCIA, PUGNA, REYERTA, RIÑA.

pelear. intr. **1.** Luchar. *Peleará CON el campeón POR el título.* **2.** Tener dos o más personas un enfrentamiento verbal o físico. *No peleéis, que hay para todos.* **3.** Esforzarse mucho. *Toda la vida peleando y ni siquiera me lo agradecen.* ○ intr. prnl. **4.** Enemistarse. *Cuando se pelean, pasan meses sin hablarse.* ▶ **2:** *REÑIR.

pelele. m. **1.** Muñeco de paja o de trapo, con forma de figura humana, propio de fiestas populares como el carnaval. **2.** despect. Persona simple y fácilmente manipulable. *Era un pelele incapaz de plantar cara a sus hermanos.*

peleón, na. adj. **1.** Inclinado o dispuesto a pelear. *Un equipo muy peleón.* **2.** coloq. Dicho de bebida alcohólica: De mala calidad. *Aguardiente peleón.* ▶ **1:** PENDENCIERO.

peletería. f. **1.** Técnica de tratar pieles de animales para confeccionar con ellas prendas de abrigo, forros o adornos. *Especialistas en peletería fina.* **2.** Establecimiento en que se confeccionan o venden artículos de peletería (→ 1). FAM peletero, ra.

peliagudo, da. adj. Difícil o complicado. *La peliaguda cuestión de la eutanasia.*

pelícano. m. Ave marina de gran tamaño, de pico ancho y con una especie de bolsa en su mandíbula inferior donde almacena los peces que captura. *El pelícano hembra.*

película. f. **1.** Obra cinematográfica. *Ponen una película de dibujos animados.* **2.** Cinta de material plástico sensible a la luz, preparada para la impresión de fotografías o de imágenes cinematográficas. *Abrió la cámara y se veló la película.* **3.** Piel o membrana muy delgada. *El ojo está recubierto por una película llamada "esclerótica".* **4.** Capa muy delgada que se forma sobre algo o que lo cubre. *Una película de grasa en la sopa.* ■ de ~. loc. adj. **1.** coloq. Excelente, espec. por su belleza o su lujo. *Un paraje de película.* **2.** coloq. Poco habitual o fuera de lo común. *Te ocurren cosas de película.* ▶ **1:** CINTA, FILM, FILME. FAM peliculero, ra; peliculón.

peligro. m. **1.** Posibilidad de que algo malo ocurra. *Estoy fuera de peligro.* **2.** Persona o cosa que tiene o crea peligro (→ 1). *Un cable es un peligro.* ■ correr ~. loc. v. Estar en peligro (→ 1). *Su vida corre peligro.* ▶ **1:** RIESGO. FAM peligrar.

peligroso, sa. adj. **1.** Dicho de persona o cosa: Que tiene o crea peligro. *Es peligroso cruzar el río.* **2.** Dicho de persona: Propensa a hacer daño o a cometer delitos. *Un loco peligroso.* ▶ **1:** ARRIESGADO. ‖ Am: **1:** RIESGOSO. FAM peligrosidad.

pelirrojo, ja. adj. De pelo rojo o rojizo.

pella. f. **1.** Conjunto de tallitos blancos y comestibles de la coliflor y otras verduras. **2.** Porción prieta y redondeada de una masa. *Cogió una pella de carne picada.*

pellejo. m. **1.** Piel en un animal, esp. cuando está separada del cuerpo. *Tiras de pellejo de zorro.* **2.** Piel de algunas frutas u hortalizas. *El pellejo de la uva.* **3.** coloq. Piel de una persona. *El mendigo era todo huesos y pellejo.* **4.** coloq. Vida. *Los trapecistas se juegan el pellejo.* **5.** coloq. Situación en que se encuentra alguien. *No me gustaría estar en su pellejo.* **6.** Odre. *Un pellejo de vino.*

pellizcar. tr. **1.** Agarrar con dos dedos un trozo de carne (de alguien o de una parte de su cuerpo), gralm. apretando y haciendo daño. *Pellízcame para asegurarme de que no estoy soñando.* **2.** Apretar o quitar un trozo pequeño (de una cosa) agarrándolo con los dedos. *¡Deja ya de pellizcar el pan!*

pellizco. m. **1.** Hecho o efecto de pellizcar. *Un pellizco en el brazo.* **2.** Trozo pequeño de una cosa, esp. el que se toma o se quita agarrándolo con los dedos. *Echa un pellizco más de sal.* FAM pellizcón (Am.).

pelma. m. y f. **1.** coloq. Persona molesta e inoportuna. *Un pelma insoportable.* **2.** coloq. Persona lenta al hacer algo. *Una pelma incapaz de acelerar.* FAM pelmazo, za.

pelo. m. **1.** Filamento muy delgado de los que crecen en la piel de las personas y de algunos animales. *Hay pelos del gato por todas partes.* **2.** Conjunto de los pelos (→ 1) que crecen en la parte superior y posterior de la cabeza humana. *Voy a la peluquería a cortarme el pelo.* **3.** Filamento, gralm. corto y suave, de los que cubren algunos frutos o crecen en las hojas y tallos de algunas plantas. *Los pelos de la ortiga producen picores.* **4.** Porción de pelo (→ 1) o de un material semejante, esp. cada una de las empleadas en la fabricación de objetos como brochas o cepillos. *Limpia el pincel para que no se estropeen los pelos.* **5.** Hilo fino que sobresale de la superficie de un tejido. *La bufanda suelta pelos.* **6.** En una piedra, vidrio o metal: Raya o grieta, esp. las que restan valor al material o pueden favorecer su fractura. *Un cristal con varios pelos y burbujas.* ■ ~s y señales. m. pl. coloq. Pormenores o detalles de algo, esp. los que se facilitan en una información. *Lo contó con pelos y señales.* □ al ~. loc. adv. coloq. De manera oportuna o acorde con lo que se desea o conviene. *Una aspirina me vendría al pelo.* ■ a ~. loc. adv. **1.** Sin poner al caballo silla de montar ni arreos. *Cabalga a pelo.* **2.** coloq. Sin protección, ayuda o asistencia de ningún tipo. *La infantería luchaba a pelo.* ■ de medio ~. loc. adj. coloq. Dicho de persona o de cosa: De poca categoría, esp. si pretende aparentar una categoría mayor. *Gentes de medio pelo.* ■ de ~ en pecho. loc. adj. coloq. Dicho de persona: Fuerte y decidida. *Aquella expedición era para hombres de pelo en pecho.* ■ (ni) un ~. loc. s. coloq. Nada. *No tiene un pelo DE tonto.* ■ no tener ~s en la lengua. loc. v. coloq. Ser capaz de decir sin reparos y abiertamente lo que se piensa. *No tenía pelos en la lengua en las reuniones.* ■ ponérsele los ~s de punta (a alguien). loc. v. **1.** coloq. Erizársele(l) el pelo (→ 1) o vello por frío, miedo u otra causa. *Los pelos se nos pusieron de punta con el viento frío.* **2.** coloq. Sentir (esa persona) mucho miedo o angustia, frec. hasta el punto de que se (le) erice el pelo (→ 1). *Se me ponen los pelos de punta cuando recuerdo el accidente.* ■ por los ~s. loc. adv. **1.** coloq. Superando por muy poco margen el límite para conseguir lo que se expresa. *Llegué por los pelos.* **2.** coloq. De manera forzada o sin venir a cuento. *Es un ejemplo traído por los pelos.* ■ soltarse alguien el ~. loc. v. coloq. Empezar a hablar o actuar sin preocuparse por lo que piensen los demás. *En cuanto bebe, se suelta el pelo.* ■ tirarse de los ~s. loc. v. coloq. Sentir gran enfado o arrepentimiento. *Me tiro de los pelos pensando en lo que perdí.* ■ tocar un ~ (de la ropa) (a alguien). loc. v. coloq. Causar(le) el menor daño. *¡Como le toques un pelo, te enteras!* ■ tomar el ~ (a alguien). loc. v. coloq. Burlarse (de él), gralm. con bromas o engaños. *La compañía me tomó el pelo.* ■ un ~, o un pelín. loc. adv. coloq. Muy poco. *Faltó un pelo para que se cayera.* □ loc. s. **2.** coloq. Un poco. *Le falta un pelo DE sal.* **3.** → ni un pelo. ■ ver el ~ (a alguien). loc. v. coloq. Ver (a esa persona). Se usa para expresar que se nota mucho la ausencia de esa persona. *Rara vez le veo el pelo por el barrio.* ▶ **1, 2:** CABELLO. **3:** *VELLO. FAM pelón, na; peludo, da.

pelota[1]. f. **1.** Bola, gralm. pequeña y de un material elástico que le permite botar, que se usa en diversos juegos y deportes. *Una pelota hinchable de playa.* **2.** Balón de juegos y deportes. *El delantero envió la pelota al fondo de la red.* **3.** Juego que se practica con una pelota (→ 1). *Baja a la calle a jugar a la pelota.* **4.** Cuerpo o masa de forma esférica, esp. los hechos de materia blanda y fácilmente moldeable. *En la papelera hay pelotas de papel.* **5.** Aparato gimnástico que consiste en una pelota (→ 1) de mediano tamaño y poco peso, que se usa para hacer ejercicios de gimnasia rítmica. *Realizan un ejercicio con aros y pelotas.* **6.** malson. Testículo. Más frec. en pl. ○ m. y f. **7.** coloq. Persona que adula a los demás para conseguir algo. *Este pelota le ríe las gracias al jefe.* ■ ~ vasca. f. Dep. Conjunto de modalidades deportivas que se practican en un frontón, lanzando una pelota (→ 1) contra una de las paredes con la mano, con una pala o con una cesta. □ devolver la ~ (a alguien). loc. v. coloq. Responder a sus actos o argumentos con otros equiparables. *Al saber el engaño, se propuso devolverle la pelota.* ■ estar la ~ en el tejado. loc. v. coloq. Estar pendiente de decidirse o resolverse el asunto de que se trata. *Hasta que termine la negociación, la pelota está en el tejado.* ■ hacer la ~ (a alguien). loc. v. coloq. Adular(lo) para conseguir algo. *No me haga la pelota, que no le daré dinero.* ■ pasar, o echar, la ~ (a alguien). loc. v. coloq. Desentenderse de una responsabilidad, culpa o problema, traspasándoselos (a esa persona). *Cada ministerio pasa la pelota al otro.* ■ tener ~s. loc. v. malson. Tener valor o coraje. ▶ **2:** *BALÓN. **4:** BOLA. FAM pelotazo; pelotear; peloteo; pelotilla.

pelota[2]. en ~(s). loc. adv. coloq. Sin ropa. *Toman el sol en pelotas.*

pelotari. m. y f. Jugador de pelota vasca.

pelotera. f. coloq. Pelea o discusión fuertes. *Tuvo una pelotera con su marido.*

pelotero. m. Am. Jugador de béisbol. *Un pelotero admirado por sus rivales* [C].

pelotón. m. **1.** En el ejército: Unidad de soldados que forma parte de una sección y suele estar a las órdenes de un sargento o de un cabo. *Pelotón de ejecución.* **2.** Aglomeración de personas. *Un pelotón de gente a la puerta del cine.* **3.** En ciclismo: Conjunto numeroso de corredores que marchan en grupo. *Va tirando del pelotón.*

pelotudez. f. Am. coloq. Tontería (hecho o dicho tontos). *Escuchar pelotudeces* [C]. FAM pelotudo, da.

peluca. f. Cabellera postiza. *Se disfrazó con una peluca.* FAM peluquín.

529

peluche. m. **1.** Tejido de fibras, con pelo largo y suave por uno de sus lados. *Osito de peluche.* **2.** Muñeco hecho de peluche (→ 1). *Una tienda de peluches.*

peludo, da. → pelo.

peluquero, ra. m. y f. Persona que tiene por oficio cortar y arreglar el pelo. ▶ PEINADOR. FAM peluquería.

pelusa. f. **1.** Acumulación de polvo y suciedad que se forma en zonas como los rincones o debajo de los muebles. *Pasé el aspirador para quitar las pelusas.* **2.** Pelo muy fino, suave y corto que sale en una parte del cuerpo o que recubre un fruto. *La pelusa de los brazos.* **3.** Pelo menudo que se desprende de algunos tejidos con el uso. *La alfombra suelta pelusa.* ▶ **2:** *VELLO.

pelvis. f. Cavidad ósea del cuerpo de los mamíferos, situada en la parte inferior del tronco, entre la columna vertebral y las extremidades inferiores. FAM pelviano, na.

pena. f. **1.** Sentimiento intenso, gralm. de tristeza, compasión o decepción, que conmueve el ánimo. *Sintió una pena muy grande.* **2.** Cosa que produce pena (→ 1). *Me contó sus penas.* **3.** Dificultad o esfuerzo grandes. Gralm. en pl. *Después de pasar muchas penas, triunfó.* **4.** Castigo impuesto por la autoridad competente, frec. un juez o un tribunal, a quien ha cometido una falta o un delito. *El juez dictó pena de prisión.* **5.** Am. Vergüenza. *¿No les da pena ser amigos de un jipi piojoso?* [C]. ■ ~ **capital.** f. Der. Pena (→ 4) de muerte. *Le fue conmutada la pena capital por cadena perpetua.* □ **a duras ~s.** loc. adv. Con gran esfuerzo o dificultad. *A duras penas se mantenía en pie.* ■ **merecer,** o **valer,** algo o alguien **la ~.** loc. v. Ser interesante o merecer el trabajo que cuesta. *No vale la pena que venga.* ■ **sin ~ ni gloria.** loc. adv. Sin destacar, o de manera discreta. *Pasó por la universidad sin pena ni gloria.* ▶ **4:** *CASTIGO. FAM penado, da; penalidad; penalización; penalizar.

penacho. m. **1.** En algunas aves: Conjunto de plumas erguidas que coronan la cabeza. **2.** Adorno de plumas que se pone sobre la cabeza de una persona o un animal, o sobre un casco o un sombrero. *Un jefe indio con penacho.* **3.** Cosa cuya forma recuerda la de un penacho (→ 1, 2). *El penacho de la palmera.*

penal. adj. **1.** De las penas impuestas por las faltas o delitos cometidos. *Antecedentes penales.* **2.** Der. Del derecho penal (→ derecho), o relacionado con él. *Código Penal.* ● m. **3.** Establecimiento penitenciario para el cumplimiento de penas graves de privación de libertad. *Estuvo recluido en un penal.* ▶ **3:** *CÁRCEL.

penalista. adj. Dicho de abogado: Especialista en derecho penal.

penalti. m. En fútbol y otros deportes: Sanción máxima con que se castiga la falta cometida por un equipo en su propia área, y que consiste en un lanzamiento directo a la portería con el portero como única defensa. *El árbitro pitó penalti.*

penar. tr. **1.** Imponer una pena o castigo (a alguien o algo). *Penarán a los infractores.* ○ intr. **2.** cult. Sufrir pena o tristeza intensas. *Penó mucho por su esposo.* ▶ **1:** *CASTIGAR.

penca. f. Parte blanquecina y dura de las hojas de algunas plantas, que comprende el nervio central y su prolongación hasta el tallo. *Pencas de palma.*

penco. m. Caballo flaco y débil. *El carro iba tirado por cuatro pencos.*

pendejo, ja. m. y f. (Frec. se usa el m. referido a mujer). **1.** coloq. Persona de vida irregular y desorde-

nada. *¡Menudo pendejo estás tú hecha!* **2.** Am. coloq. Persona tonta o estúpida. *Siempre habrá vivos arriba y pendejos abajo* [C]. ○ m. **3.** Am. coloq. Niño o joven. *De pendejo jugaba en un equipo* [C]. FAM pendejada (frecAm).

pendencia. f. Riña o enfrentamiento de palabra o de obra. *Buscaba pendencia por las tabernas.* ▶ *PELEA. FAM pendenciero, ra.

pender. intr. **1.** Estar algo colgado de un sitio o suspendido sobre algo. *La bandera pendía DE la fachada.* **2.** Amenazar de cerca un mal, peligro o sospecha a alguien o algo. *Una orden de demolición pende SOBRE el edificio.* **3.** cult. Depender de algo. *Su porvenir pende DE sus tíos.*

pendiente. adj. **1.** Que pende o cuelga de algo. *Ristras de ajos pendientes DE ganchos.* **2.** Que está por resolverse o terminarse, o a falta de que se realice algo. *La ley está pendiente DE aprobación.* **3.** Que tiene la atención fija en alguien o algo. *Estuvo pendiente DE cada detalle.* **4.** Dicho espec. de terreno: Que tiene inclinación. *Una ladera muy pendiente.* ● m. **5.** Joya o adorno que se llevan colgados de la oreja o de otra parte del cuerpo. *Lleva unos pendientes de nácar.* ○ f. **6.** Inclinación del terreno. *El puerto tiene mucha pendiente.* **7.** Terreno inclinado. *Subí por una pendiente hasta la plaza.* ▶ **3:** *ATENTO. **5:** ARETE. **6:** DECLIVE. **7:** CUESTA, SUBIDA. ‖ Am: **5:** ARETE, ARO.

pendón. m. **1.** Insignia de una cofradía o de una parroquia en procesiones y romerías. *Un cofrade con el pendón abría la marcha.* **2.** histór. Bandera más larga que ancha, que constituía la insignia de una unidad u orden militar, de una región o de una familia noble. *El pendón de los tercios españoles.*

péndulo. m. **1.** Fís. Cuerpo pesado que, suspendido de un punto por un hilo tenso o una varilla, puede oscilar de un lado a otro de forma repetitiva y constante. *La hipnotizó con un péndulo.* **2.** Pieza de un reloj constituida por un péndulo (→ 1) y que, con las oscilaciones, regula su funcionamiento. FAM pendular.

pene. m. Órgano genital masculino que sirve para copular y como conducto para la expulsión de orina. ▶ MIEMBRO, VERGA.

penetrar. intr. **1.** Pasar dentro de un cuerpo o de un lugar. *Un espía penetró EN la organización.* ○ tr. **2.** Pasar dentro (de un cuerpo o de un lugar). *El clavo penetra la madera.* **3.** Pasar algo a través (de un cuerpo). *La humedad penetraba las paredes.* **4.** Realizar un hombre el acto sexual (con otra persona). **5.** Hacerse notar intensamente una sensación o un sentimiento (en alguien o en una parte de su cuerpo). *El frío penetra los huesos.* **6.** cult. Comprender (algo), o percibir(lo) por medio de la inteligencia. *No sé penetrar la razón de su comportamiento.* FAM penetrable; penetración; penetrante.

penicilina. f. Antibiótico que se extrae de un moho y se emplea para combatir algunas enfermedades causadas por bacterias.

península. f. Territorio rodeado de agua por todas partes menos por una, más o menos estrecha, que lo une a otro territorio de mayor extensión. *Península del Yucatán.*

peninsular. adj. **1.** De la península. *Territorio peninsular.* **2.** De la Península Ibérica. Se usa en contraposición a lo relacionado con el territorio español situado fuera de la Península, y con Hispanoamérica.

penique. m. Moneda equivalente a la centésima parte de una libra esterlina del Reino Unido, o de la libra de otros países, como Irlanda.

penitencia. f. **1.** *Rel.* Sacramento por el cual el sacerdote perdona los pecados mediante la confesión. **2.** Pena que impone el confesor por los pecados confesados. *Como penitencia, rezarás tres avemarías.* **3.** Práctica o acto de mortificación que alguien se impone para que le sean perdonados sus pecados. *El ayuno es una forma de hacer penitencia.* FAM penitencial; penitente.

penitenciaría. f. Establecimiento carcelario para el cumplimiento de penas de privación de libertad. ▶ *CÁRCEL. FAM penitenciario, ria.

penoso, sa. adj. **1.** Que produce un sentimiento de pena. *Penosos lamentos.* **2.** Que supone mucho esfuerzo o muchas penalidades. *Una penosa expedición.*

penquista. adj. De Concepción (Chile).

pensado, da. mal ~. → malpensado.

pensador, ra. m. y f. Persona que se dedica a hacer reflexiones y estudios profundos sobre temas importantes. *Andrés Bello fue un gran pensador americano.*

pensamiento. m. **1.** Facultad o capacidad de pensar. *Se le nubló el pensamiento.* **2.** Hecho o efecto de pensar. *Adivíneme el pensamiento.* **3.** Frase breve y de tono serio, que refleja una idea importante de carácter moral o doctrinal. *"Solo sé que no sé nada" es un conocido pensamiento de Sócrates.* **4.** Conjunto de ideas de una persona, colectividad o época. *El pensamiento racionalista del XVII.* **5.** Planta de jardín, pequeña, con flores de tres colores y pétalos grandes y redondeados. Tb. la flor. ▪ **pasarle** algo (a alguien) **por el ~.** loc. v. Ocurrírse(le). *Le pasó por el pensamiento hacer una locura.*

pensar. (conjug. ACERTAR). tr. **1.** Formar o tener en la mente (una idea). *Está pensando nuevas travesuras.* **2.** Opinar (algo) acerca de una cosa. *Pienso que tiene razón.* **3.** Formar en la mente un juicio u opinión (sobre algo). *Piénselo y mañana me da una respuesta.* **4.** Tener intención (de hacer algo). *Pensamos ir a visitarte, pero se nos hizo tarde.* ○ intr. **5.** Formar en la mente un juicio u opinión sobre algo. *No pienses EN ello.* ▪ **cuando menos se piense.** loc. adv. Inesperadamente o en cualquier momento. *Puede presentarse cuando menos se piense.* ▪ **dar** algo **que pensar** (a alguien). loc. v. Hacer que (esa persona) se preocupe o sospeche. *Lo que dijo me dio que pensar.* ▪ **ni ~lo.** expr. Se usa para negar algo con rotundidad. *¿Ir con este frío?; ¡ni pensarlo!* ▪ ~ **mal** (de alguien o algo). loc. v. Tener sospechas (de esa persona o cosa). *No quiero pensar mal, pero creo que miente.* ▶ 2: *CREER. FAM pensante; pensativo, va.

pensión. f. **1.** Cantidad de dinero que alguien cobra periódicamente, de forma temporal o vitalicia, por razón de su situación y no como pago de un trabajo. *Una pensión por invalidez.* **2.** Establecimiento hotelero pequeño, de categoría inferior a la de un hotel, donde se da alojamiento y comida, frec. a clientes que realizan estancias largas. *En sus años de estudiante vivió en una pensión.* **3.** Ayuda económica para la realización de estudios, investigación científica o trabajos artísticos. ▪ ~ **completa.** f. Régimen de alojamiento hotelero que incluye habitación y todas las comidas. *Hotel de tres estrellas con pensión completa.* ▪ **media ~.** f. **1.** Régimen de alojamiento hotelero que incluye habitación, desayuno y una comida. **2.** Régimen de escolarización e inscripción en un centro educativo que incluye la enseñanza y la comida de mediodía. FAM pensionar; pensionista.

pensionado. m. Internado (establecimiento educativo). ▶ INTERNADO.

pentacampeón, na. adj. *Dep.* Dicho de persona o de equipo: Que ha sido campeón cinco veces. *Equipo pentacampeón.*

pentaedro. m. *Mat.* Cuerpo de cinco caras.

pentágono. m. *Mat.* Polígono de cinco ángulos y cinco lados. FAM pentagonal.

pentagrama. m. Conjunto de cinco líneas horizontales, paralelas, y de los cuatro espacios comprendidos entre ellas, que sirve de soporte a la escritura musical.

pentatlón. m. *Dep.* Prueba combinada de cinco disciplinas atléticas que debe realizar un mismo atleta.

penúltimo, ma. adj. Inmediatamente anterior al último o a lo último. *Llegó en penúltimo lugar.*

penumbra. f. Iluminación muy débil, que casi llega a oscuridad. *La sala está en penumbra.* FAM penumbroso, sa.

penuria. f. Situación de pobreza o de escasez de lo más necesario. *En la posguerra, el país vivía en la penuria.* ▶ *POBREZA.

peña. f. **1.** Roca grande, espec. si está aislada. *Se encaramó a la peña para otear el paisaje.* **2.** Grupo de personas formado para participar en actividades de tipo recreativo o relacionadas con una afición común. *Peñas deportivas.* ▶ 1: *ROCA.

peñasco. m. Peña grande. ▶ *ROCA. FAM peñascoso, sa.

peñón. m. Monte rocoso o peñascoso. *El castillo se alza en lo alto de un peñón.*

peón. m. **1.** Jornalero, espec. del campo o de la construcción, que realiza trabajos básicos no especializados. *Peón de albañil.* **2.** En el ajedrez: Pieza de menor valor, de las que hay ocho negras y ocho blancas. *Sacrificó un peón por la reina.* **3.** Persona que actúa subordinada a intereses ajenos. *Es un peón del imperialismo.* **4.** *Taurom.* Torero subalterno que ayuda al matador durante una corrida de toros. Tb. ~ **de brega.** **5.** histór. Soldado de infantería. ▪ ~ **caminero.** m. Peón (→ 1) que trabaja en la conservación y reparación de caminos y carreteras. ⇒ CAMINERO. ▶ 1: *JORNALERO. FAM peonada.

peonía. f. Planta de flores grandes y vistosas, gralm. rojas o rosáceas, propia de terrenos húmedos y laderas montañosas, y muy cultivada en jardinería. Tb. la flor.

peonza. f. Juguete de madera, de forma cónica y con una punta de hierro en el vértice, al cual se enrolla una cuerda para lanzarlo y hacerlo girar. ▶ TROMPO.

peor. adj. (Comparativo de *malo*; el segundo término de la comparación, cuando se expresa, va introducido por *de* o *que*; tb. superlativo relativo, gralm. precedido de art. det. y seguido de un compl. introducido por *de*). **1.** Más malo. *Los resultados fueron peores de lo esperado.* ● adv. (Comparativo de *mal*; el segundo término de la comparación, cuando se expresa, va introducido por *de* o *que*). **2.** Más mal, o de manera más mala o inadecuada. *Canta peor que tú.* ▪ ~ **que ~,** o **tanto ~.** expr. Se usa para expresar que lo que se acaba de enunciar empeora lo expresado anteriormente. *Operar entraña riesgos, y si el paciente es diabético, peor que peor.* ▪ **ponerse** alguien **en lo ~.** loc. v. Suponer que sucede algo malo o perjudicial. *Al verle la cara, se puso en lo peor.*

pepa. f. *Am.* Pepita (semilla). *Se ralla la manzana (sin cáscara, pepas, ni corazón)* [C]. ▶ *PEPITA.

pepinillo. m. Pepino de pequeño tamaño conservado en vinagre.

pepino. m. Fruto de forma cilíndrica, piel verde e interior blanquecino, jugoso y con muchas pepitas, que se come frec. en ensalada. Tb. su planta. ■ un ~. loc. adv. coloq. Muy poco o nada. *Me importa un pepino lo que digan.*

pepita. f. **1.** Semilla pequeña de algunos frutos, como el melón, el tomate o la uva. **2.** Trozo pequeño y pulido de metal puro. *Una pepita de oro.* ▶ **1:** PIPA. ‖ Am: **1:** PEPA.

pepito. m. Bocadillo con un filete de carne. *Un pepito de ternera.*

pepitoria. f. Guiso de carne de ave, cuya salsa lleva yema de huevo.

peplo. m. histór. Vestidura exterior, amplia y sin mangas, que se ajustaba en los hombros formando pliegues sueltos, usada por las mujeres de la Grecia antigua.

pequeño, ña. adj. (compar. **menor**; sup. **pequeñísimo, mínimo**). **1.** Dicho de persona o cosa: De poco tamaño o altura, en comparación con otras de su misma clase. *Los hombres de la tribu son pequeños y robustos.* **2.** Dicho de persona: De poca importancia o categoría. *Pequeños narcotraficantes.* **3.** Dicho de cosa: De poca cantidad, intensidad o duración. *Se tomó unas pequeñas vacaciones.* **4.** Dicho de persona o animal: De poca edad. *Aún es pequeño para ir solo.* **5.** Dicho de persona: De edad inferior, en comparación con otra. *Mis hermanas pequeñas.* ■ en pequeño. loc. adv. En un tamaño reducido. *Esta niña es una dictadora en pequeño.* FAM pequeñez.

pequeñoburgués, sa. (Tb. **pequeño burgués**). adj. despect. De mentalidad estrecha, conformista y sin grandes inquietudes. *Público pequeñoburgués.*

pequinés, sa. adj. **1.** → pekinés. ● m. **2.** Perro pequinés (→ perro).

pera. f. **1.** Fruto del peral, de forma casi cónica y piel gralm. verde o amarillenta, del cual existen diversas variedades, por ej.: ~ *de agua.* **2.** Interruptor de luz o llamador de timbre cuya forma recuerda la de una pera (→ 1). *Encendió la luz con la pera que había sobre la cama.* **3.** Am. Barbilla (parte de la cara). *Alza una ceja y se acaricia la pera* [C]. ■ ~ en dulce. f. Persona o cosa de excelentes cualidades. Frec. *perita en dulce. Aquel jefe era una pera en dulce.* ☐ pedir ~s al olmo. loc. v. coloq. Pretender algo imposible. *¿Que trabaje ese?; no le pidas peras al olmo.* ▶ **3:** *BARBILLA.

peral. m. Árbol frutal de hojas ovaladas y flores blancas, cuyo fruto es la pera.

peralte. m. **1.** *Ingen.* En una carretera, vía o pista: Elevación del lado exterior de una curva. *Las pistas de los velódromos tienen mucho peralte.* **2.** *Arq.* En un arco o una bóveda: Parte de la altura que excede al semicírculo. FAM peraltar.

percal. m. Tela de algodón corriente. *Delantal de percal.*

percance. m. Accidente o contratiempo imprevistos, gralm. de poca importancia.

per cápita. (loc. lat.). loc. adj. Por cabeza o por cada individuo. Se usa espec. en economía. *Un análisis comparativo de los ingresos per cápita de los habitantes.*

percatarse. intr. prnl. Darse cuenta de algo. *No me percaté DE sus intenciones.*

percebe. m. Crustáceo marino con un caparazón compuesto de cinco piezas y con una prolongación negra y carnosa que le permite fijarse a las rocas, muy apreciado como marisco comestible.

percepción; perceptible; perceptivo, va; perceptor, ra. → percibir.

percha. f. **1.** Utensilio provisto de un soporte para colgar una prenda de ropa y de un gancho en la parte superior para suspenderlo de un gancho o una barra. *Necesito perchas para la ropa del armario.* **2.** Perchero. *A la entrada hay una percha con dos sombreros.* **3.** Colgador o gancho que, sujetos a la pared, a un perchero o a una barra, sirven para colgar cosas de él, espec. prendas de ropa. *Queda una percha libre en el perchero.* **4.** Barra horizontal que sirve de soporte para las aves. *El loro dormía en su percha.* ▶ Am: **1:** GANCHO.

perchero. m. Objeto o mueble provistos de colgadores o ganchos, que va sujeto a la pared o apoyado sobre el suelo y sirve para dejar cosas colgadas, espec. prendas de ropa. *El perchero del aula está repleto de abrigos.* ▶ PERCHA.

percherón, na. adj. Dicho de caballo o de yegua: De una raza francesa, fuerte y corpulenta, apropiada para labores de tiro.

percibir. tr. **1.** Conocer (algo) a través de los sentidos. *En la oscuridad, apenas percibía las siluetas.* **2.** Conocer (algo) o tomar conciencia (de ello) por medio de la inteligencia. *Percibo ironía en sus palabras.* **3.** Recibir (algo, espec. dinero), gralm. como retribución o premio. *El acertante percibirá cien millones.* ▶ **1, 2:** APRECIAR, CAPTAR, NOTAR. FAM percepción; perceptible; perceptivo, va; perceptor, ra.

percusión. f. **1.** Hecho o efecto de percutir. *El taladro actúa por percusión.* **2.** Mús. Conjunto de los instrumentos de percusión (→ instrumento). *Acompañamiento de guitarra y percusión.* FAM percusionista.

percutir. tr. **1.** Golpear (algo), espec. de manera repetida o rítmica. *Los macillos del piano percuten las cuerdas.* ○ intr. **2.** Golpear en algo, espec. de manera repetida o rítmica. *La lluvia percutía EN los cristales.* ▶ *GOLPEAR.

percutor. m. En una máquina o aparato: Pieza que golpea. Designa espec. la que provoca la detonación en un arma de fuego. *Accionó el percutor de la pistola.*

perder. (conjug. ENTENDER). tr. **1.** Dejar de tener (algo o a alguien) por no saber dónde están. *Perdí el paraguas.* **2.** Dejar de tener (algo que se poseía). *Le han perdido el respeto.* **3.** No conseguir (algo que se espera o está en juego). *Perdió el premio al fallar la pregunta.* **4.** Dejar de aprovechar (algo). *No pierda el tiempo.* **5.** Tener algo, espec. un recipiente, una fisura por donde se sale (el contenido). *La rueda pierde aire.* **6.** Sufrir la muerte o la separación (de alguien). *Perdió a su hijo en un accidente.* **7.** Salir derrotado (en un enfrentamiento o en una competición). *Perdieron las elecciones.* **8.** Causar la ruina material o moral (a alguien). *Tus enemigos tratan de perderte.* ○ intr. **9.** Desteñirse un tejido o bajar de color cuando se lava. *Esta blusa pierde.* **10.** Empeorar alguien de aspecto o de salud. *Su padre perdió mucho en el último año.* ○ tr. prnl. **11.** Dejar de percibir (algo) con los sentidos. *Me perdí lo último que dijo.* ○ intr. prnl. **12.** Equivocarse de camino o no encontrar la salida. *Se perdieron en el bosque.* **13.** Dejar de seguir el hilo del discurso. *—¿Me entiendes? –No; me he perdido.* **14.** Dejar de verse u oírse algo. *El barco se perdió en la lejanía.* **15.** Dejar de usarse algo. *Viejas costumbres que se han perdido.* **16.** Estropearse o arruinarse algo. *Se perderá la cosecha.* **17.** Sentir gran pasión por alguien o algo. *Se pierde POR ella.* **18.** Entregarse al vicio o a la perversión. *Se perdió por las malas compañías.* ■ habérsele

perdido algo (a alguien en algún lugar). loc. v. Tener (alguien) motivo para estar (en ese lugar). *No se me ha perdido nada en esa reunión.* ■ **tener buen** (o **mal**) ~. loc. v. Aceptar bien (o mal) la derrota. *No quiero jugar con él porque tiene muy mal perder.* ▶ **1**: EXTRAVIAR. **12**: EXTRAVIARSE. FAM **perdedor, ra**; **perdición**; **pérdida**.

perdidamente. adv. Total o exageradamente. *Está perdidamente enamorado.*

perdido, da. adj. **1.** Muy sucio o manchado. *Llevas la camisa perdida DE chocolate.* **2.** Pospuesto a un adjetivo, frec. peyorativo, se usa para enfatizar su significado. *Es idiota perdido.* ● m. y f. **3.** Persona viciosa y de moral reprobable.

perdigón. m. Bolita de plomo que se utiliza como munición de caza. *Una escopeta de perdigones.* FAM **perdigonada.**

perdiz. f. Ave del tamaño de una paloma, de cuerpo grueso, cabeza pequeña y plumaje pardo grisáceo con manchas rojas, muy apreciada como pieza de caza por su carne. *La perdiz macho.*

perdón. m. **1.** Hecho de perdonar. *Obtuvo el perdón del juez.* ● expr. **2.** Se usa como expresión de cortesía para pedir a alguien una disculpa. *Perdón, no ha sido mi intención molestarle.* **3.** Se usa para interrumpir el discurso de otra persona y tomar la palabra. *–Es una buena oferta... –Perdón, ya le dije que no estoy interesada.* **4.** Se usa en forma interrogativa para expresar que algo no se ha entendido y pedir su repetición o aclaración. *–¿Ha llegado ya? –¿Perdón, cómo ha dicho?* ▶ **1**: DISCULPA, EXCUSA.

perdonar. tr. **1.** Dejar de cobrar (una deuda) o de castigar (una ofensa o un delito). *Esta jugarreta no te la perdono.* **2.** Dejar de cobrar una deuda (a alguien), o de castigar(lo) por una ofensa o un delito. *¿Me perdonas POR lo que dije?* **3.** Liberar (de una obligación o un castigo). *Le perdonaron el castigo.* **4.** Renunciar (a algo). *No perdona una fiesta.* ▶ **1**: CONDONAR.

perdonavidas. m. y f. coloq. Persona con actitud arrogante y que presume de valiente. *Nos miró de arriba abajo con aire de perdonavidas.*

perdulario, ria. adj. Entregado al vicio y de moral reprobable. *Gente perdularia.*

perdurar. intr. Continuar existiendo, gralm. durante mucho tiempo. *En todos los pueblos perduran viejas costumbres.* FAM **perdurabilidad; perdurable.**

perecedero, ra. adj. Que ha de perecer, o que dura o existe durante un tiempo limitado. *El pescado es un producto perecedero.*

perecer. (conjug. AGRADECER). intr. **1.** cult. Morir, espec. de manera violenta. *Pereció en el agua.* **2.** cult. Acabarse o dejar de existir algo. *Su recuerdo no perecerá.*

peregrinar. intr. **1.** Ir a un lugar sagrado recorriendo un camino por devoción. *Peregrinó A Santiago de Compostela.* **2.** Recorrer sucesivos lugares o andar de un sitio a otro. *El vagabundo peregrinaba POR las calles.* FAM **peregrinación; peregrinaje.**

peregrino, na. adj. **1.** Que peregrina a un lugar sagrado. Frec. m. y f. *Albergues para peregrinos.* **2.** Extraño por infrecuente o absurdo. *Ideas peregrinas.* ▶ **2**: *RARO.

perejil. m. Planta herbácea aromática, de hojas muy recortadas y gralm. rizadas, que se utiliza como condimento. *Gambas con ajo y perejil.*

perengano, na. (Frec. en mayúsc.). m. y f. Se usa en sustitución del nombre propio de una persona cuan-

do este se ignora o no se quiere decir, después de aludir a otras personas con términos semejantes como *Fulano, Mengano o Zutano. Que si Fulano está enfermo, que si a Perengano le duele aquí...*

perenne. adj. **1.** Que no cesa, o que dura indefinidamente. *Perenne paz.* **2.** Bot. Dicho de planta u hoja: Que vive más de dos años. *El olivo es de hoja perenne.*

perentorio, ria. adj. **1.** Que urge o apremia. *Resolvió los asuntos más perentorios antes de irse.* **2.** Concluyente o definitivo. *Le dieron un plazo perentorio para presentar los documentos.* ▶ **1**: *URGENTE. FAM **perentoriedad.**

perestroika. f. histór. Cambio político promovido en la antigua Unión Soviética a fines de los años ochenta, y caracterizado por un espíritu aperturista y de mayor transigencia ideológica.

pereza. f. **1.** Falta de ganas de hacer cosas, espec. si suponen un esfuerzo. *Me da pereza trabajar.* **2.** Lentitud, frec. anormal, en el funcionamiento o movimiento de una cosa. *Un medicamento contra la pereza intestinal.* ▶ **1**: *VAGANCIA.

perezoso, sa. adj. **1.** Dicho de persona: Que tiene o siente pereza. *Soy perezoso para escribir cartas.* **2.** Dicho de cosa: Que funciona o se mueve con lentitud, frec. en un grado anormal. *Ojo perezoso.* ● m. **3.** Mamífero sudamericano de movimientos muy lentos, con uñas largas y fuertes adaptadas para trepar por los árboles. *El perezoso hembra.* ▶ **1**: *VAGO.

perfectamente. adv. **1.** De manera perfecta. *Usted está perfectamente sano.* **2.** De acuerdo o conforme. *–¿Qué tal a las siete? –Perfectamente.*

perfectible. adj. cult. Que se puede perfeccionar. *Toda obra humana es perfectible.* FAM **perfectibilidad.**

perfecto, ta. adj. **1.** Que tiene las mejores cualidades posibles, o carece de errores o defectos. *El examen estaba perfecto.* **2.** Seguido de un nombre calificador, se usa para enfatizar el significado expresado por este. *Es un perfecto caballero.* ● m. **3.** Gram. Antepresente. *"He llegado" es el perfecto del verbo "llegar".* ● adv. **4.** Perfectamente. Se usa para expresar asentimiento o conformidad. *–¿Te ocupas de hacer la comida? –Perfecto.* ▶ **1, 2**: COMPLETO. FAM **perfección; perfeccionamiento; perfeccionar; perfeccionismo; perfeccionista.**

perfidia. f. cult. Traición o deslealtad. *Pagará cara su perfidia.* FAM **pérfido, da.**

perfil. m. **1.** Mitad lateral del cuerpo o del rostro de una persona. *No es guapa, pero tiene un perfil muy atractivo.* **2.** Contorno de la figura de algo o alguien. *Una moto con perfil aerodinámico.* **3.** Conjunto de rasgos que caracterizan a una persona o cosa. *Describió el perfil de la organización.* **4.** Adorno que se pone en el borde o extremo de algo. *Los platos están decorados con perfiles dorados.* **5.** tecn. Dibujo que representa el corte vertical de un cuerpo. *Aquí podemos ver la planta y un perfil del edificio.* ■ **de** ~. loc. adv. De lado. *¿Me pongo de frente o de perfil?* ▶ **2**: CONTORNO, SILUETA.

perfilar. tr. **1.** Trazar o marcar el perfil (de algo). *Me perfilé los labios.* **2.** Precisar o rematar con esmero (algo). *Falta perfilar el guión de la obra.* FAM **perfilador, ra.**

perforar. tr. Hacer un agujero (en algo) atravesándo(lo) total o parcialmente. *La bala le perforó el corazón.* ▶ *AGUJEREAR. FAM **perforación; perforador, ra.**

perfume. m. **1.** Sustancia gralm. líquida y concentrada, elaborada para dar buen olor. *Prefiero la colonia al* *perfume porque es más suave.* **2.** Olor muy bueno o agradable. *El perfume de los jazmines.* ▶ **2:** AROMA. FAM **perfumador; perfumar; perfumería; perfumista.**

pergamino. m. **1.** Piel de res que, alisada y tratada adecuadamente, sirve para escribir en ella o como material de encuadernación. *Un manuscrito en pergamino.* **2.** Documento escrito en pergamino (→ 1). *En el archivo hay valiosos pergaminos.*

pergeñar. tr. Preparar o realizar (algo) con habilidad. *Pergeñó un plan alternativo.* ▶ *TRAMAR.

pérgola. f. Estructura de columnas y vigas que se pone en los jardines como sostén de plantas trepadoras, frec. para proporcionar sombra.

pericia. f. Habilidad o destreza en una actividad, espec. las adquiridas con la experiencia o la práctica. *Toma las curvas con gran pericia.*

pericial. adj. Del perito. Se usa espec. en derecho. *Un informe pericial.*

periclitar. intr. cult. Declinar o decaer. *Defiende ideas ya periclitadas.*

perico. m. Loro (ave). *Tiene un perico verde que habla.* ▶ LORO.

periferia. f. Zona exterior de algo y que rodea al núcleo. *La periferia de la ciudad.*

periférico, ca. adj. **1.** De la periferia. *Barrios periféricos.* ● m. **2.** *Inform.* Aparato o dispositivo conectados a la unidad central de un ordenador. *El ratón es un periférico.*

perifollo. m. **1.** Planta herbácea de hojas aromáticas semejantes a las del perejil, que se utiliza como condimento. **2.** coloq. Adorno excesivo o de mal gusto, espec. en la indumentaria. *Con tantos perifollos va hecha un adefesio.*

perífrasis. f. Expresión por medio de varias palabras de algo que podría expresarse con menos o con una sola. *La perífrasis "los placeres de la carne" alude al sexo.* ■ ~ **verbal.** f. *Gram.* Construcción formada por un verbo en forma personal y otro en infinitivo, gerundio o participio, que funcionan como uno solo. *"Voy a contestar" es una perífrasis verbal.* ▶ CIRCUNLOCUCIÓN. FAM **perifrástico, ca.**

perilla. f. Porción de pelo que se deja crecer en la punta de la barbilla. ■ **de ~(s).** loc. adv. coloq. Muy bien o muy a propósito. *Unas vacaciones me vendrían de perilla.*

perímetro. m. **1.** Contorno de una superficie. *La policía acordonó el perímetro del estadio.* **2.** *Mat.* Línea que delimita el contorno de una figura geométrica o de un cuerpo. Tb. su medida. *Hallar el perímetro de un rectángulo.*

perinatal. adj. *Med.* Del período que precede y sigue inmediatamente al nacimiento. *La mortalidad perinatal.*

periné o **perineo.** m. *Anat.* Espacio que hay entre el ano y los órganos genitales.

perinola. f. Peonza pequeña que baila al hacer girar con los dedos un manguito que lleva en su parte superior.

periodicidad. f. Cualidad de periódico. *Informes de periodicidad mensual.*

periódico, ca. adj. **1.** Que ocurre o se produce a intervalos regulares de tiempo. *Realice visitas periódicas al dentista.* **2.** Dicho de publicación: Que aparece a intervalos regulares de tiempo. *Diarios y otras publicaciones periódicas.* Tb. m. **3.** *Mat.* Dicho de

fracción decimal: Que tiene período. ● m. **4.** Publicación informativa que aparece diariamente. ▶ **4:** DIARIO, ROTATIVO. FAM **periodismo; periodista; periodístico, ca.**

período o **periodo.** m. **1.** Espacio de tiempo determinado por la duración de algo o caracterizado por algo. *Un período muy feliz de su vida.* Frec. designa una división cronológica. *El período renacentista.* **2.** Menstruación. **3.** *Geol.* Unidad de tiempo geológico, subdivisión de una era y que se añade a su vez en épocas. *El período cuaternario.* **4.** *Mat.* En el cociente de una división inexacta: Cifra o grupo de cifras decimales que se repiten indefinidamente. *En la expresión numérica 3,5212121..., el período es 21.* FAM **periodización; periodizar.**

peripatético, ca. adj. **1.** *Fil.* De la escuela de Aristóteles (filósofo griego, s. IV a. C.). *Doctrina peripatética.* **2.** *Fil.* Seguidor de la escuela de Aristóteles.

peripecia. f. Suceso imprevisto que provoca un cambio repentino de situación. *Vivimos mil peripecias en el viaje.*

periplo. m. **1.** Viaje o recorrido en que se visitan varios lugares, gralm. con regreso al punto de partida. *Termina el periplo europeo del presidente.* **2.** Viaje largo por mar alrededor del mundo o de un lugar. *El periplo de Juan Sebastián Elcano.*

peripuesto, ta. adj. coloq. o despect. Dicho de persona: Arreglada y vestida con mucho esmero o afectación. *Los invitados iban muy peripuestos.*

periquete. m. coloq. Espacio de tiempo muy corto. *Vuelvo en un periquete.*

periquito. m. Ave del grupo de los papagayos, de pequeño tamaño, vistosos colores y cola alargada.

periscopio. m. Instrumento óptico formado por un tubo vertical provisto de prismas o espejos que permiten observar zonas inaccesibles a la visión directa. Designa espec. el que permite ver por encima de la superficie del agua desde un submarino.

perista. m. y f. jerg. Persona que se dedica a comprar y vender objetos robados.

peristáltico, ca. adj. *Fisiol.* Dicho de movimiento: Que, mediante contracción, hace avanzar el material contenido en algunos órganos tubulares, como el intestino.

peristilo. m. **1.** *Arq.* Patio o espacio interiores de un edificio rodeados de columnas. **2.** *Arq.* Galería de columnas que rodea un edificio o parte de él.

perito, ta. (A veces como n. f. se usa **perito**). adj. **1.** Experto o entendido en algo. *Consulta el asunto con gente perita* EN *la materia.* ● m. y f. **2.** Ingeniero técnico. *La madre era perito forestal.* FAM **peritación; peritaje; peritar.**

peritoneo. m. *Anat.* Membrana que reviste la cavidad abdominal y forma pliegues que envuelven las vísceras situadas en dicha cavidad. FAM **peritonitis.**

perjudicial. adj. Que causa perjuicio. ▶ DAÑINO, DAÑOSO, PERNICIOSO.

perjuicio. m. Daño o deterioro morales o materiales causados a alguien o algo. *La plaga causó graves perjuicios al cereal.* ■ **sin ~ de.** loc. prepos. Dejando a salvo, o dejando abierta la posibilidad de. *El Gobierno fijará los horarios comerciales, sin perjuicio de otras medidas reguladoras.* ▶ AGRAVIO, DAÑO. FAM **perjudicar.**

perjurar. tr. **1.** Decir (algo) jurándo(lo) o insistiendo en que es cierto. *Juraba y perjuraba que no lo co-*

nocía. ○ intr. **2.** Jurar en falso. Se usa espec. en derecho. *Tuvieron que elegir entre confesar su culpa o perjurar.* FAM perjurio; perjuro, ra.

perla. f. **1.** Bola de nácar que se forma en el interior de algunos moluscos, como la madreperla o la ostra, y que es muy apreciada en joyería. *Collar de perlas.* **2.** Persona o cosa de grandes cualidades. *Esta isla es la perla del archipiélago.* Frec. en sent. irónico para designar un error o un disparate. ■ **de ~s.** loc. adv. coloq. Muy bien o muy a propósito. *El dinero nos va a venir de perlas.* ▶ **2:** *JOYA. FAM perlado, da.

perlar. tr. cult. Cubrir (algo) de gotas. *Las lágrimas perlaban su rostro.*

permanecer. (conjug. AGRADECER). intr. Mantenerse en un estado, lugar o situación determinados. *Permanece en coma.* FAM **permanencia.**

permanente. adj. **1.** Que permanece. *Olor permanente.* ● f. **2.** Rizado artificial del cabello que se mantiene durante largo tiempo. *Se hizo la permanente en la peluquería.*

permanganato. m. Compuesto químico de manganeso, que se usa como blanqueador y desinfectante.

permeable. adj. Dicho de objeto o material: Que puede ser penetrado o traspasado por un líquido u otro fluido. *Terrenos permeables.* Tb. fig. *Soy permeable A otras ideas.* FAM **permeabilidad; permear.**

permiso. m. **1.** Autorización o consentimiento que se dan para hacer algo. *No tengo permiso PARA hablar en su nombre.* Tb. el documento en que consta. *El permiso de conducir.* **2.** Tiempo durante el que alguien tiene autorización para dejar de acudir a su trabajo o faltar a sus obligaciones. *Disfruta de un permiso de dos días.* ● interj. **3.** Se usa como fórmula de cortesía para pedir autorización para hacer algo, o disculparse por tener que hacer algo a su vez a hacer. *Permiso, ¿se puede?* Tb. con ~. ▶ **1:** *AUTORIZACIÓN.

permitir. tr. **1.** Dejar que se haga (algo) quien tiene autoridad. *El juez permitió la entrada al público.* **2.** Hacer algo posible (una cosa). *El buen tiempo permitirá celebrar la fiesta.* ○ tr. prnl. **3.** Tomarse la libertad (de hacer algo). *Se permitió el lujo de ir.* ▶ **1:** *AUTORIZAR. FAM permisible; permisión; permisividad; permisivo, va.

permutar. tr. Intercambiar (dos cosas). *Permutaron sus viviendas.* FAM permuta; permutabilidad; permutable; permutación.

pernera. f. Parte de un pantalón o de un calzón que cubre la pierna.

pernicioso, sa. adj. Muy perjudicial o dañino. *Plaga perniciosa.* ▶ *PERJUDICIAL.

pernil. m. Anca y muslo de un animal, espec. del cerdo. *Pernil de cerdo al horno.*

perno. m. Pieza metálica, cilíndrica y alargada, con cabeza redonda en un extremo y sujeta por el otro mediante una tuerca o un remache, que sirve para asegurar piezas de gran volumen. *Placas metálicas sujetas con pernos al casco del buque.*

pernoctar. intr. Pasar la noche en un lugar, espec. fuera del propio domicilio. *Pernoctaremos en Durango.* FAM **pernoctación.**

pero. conj. **1.** Une dos oraciones o elementos de oración indicando que la idea expresada en segundo lugar se opone a la otra, sin ser incompatibles. *Quiso decirlo, pero no se atrevió.* **2.** Se usa al principio de una frase sin ningún significado. *Pero qué sorpresa verte.* ● m. **3.** Defecto o fallo. *No halló ni un pero en*

mi trabajo. **4.** Objeción o pega. *Puso peros a lo que dije.* ■ **~ que muy.** loc. adv. coloq. Se usa, antepuesto a un adjetivo o a un adverbio, para intensificar su significado. *Habló pero que muy bien.*

Perogrullo. de ~. loc. adj. coloq. Tan obvio que resulta una tontería o una simpleza decirlo. *Una verdad de Perogrullo.* FAM **perogrullada; perogrullesco, ca.**

perol. m. Recipiente metálico de cocina, gralm. de forma redondeada y con dos asas, que se usa para cocer. *Un perol con carne.*

perola. f. Perol, espec. el más pequeño que el normal. ▶ PEROL.

peroné. m. *Anat.* Hueso largo y delgado de la pierna, situado detrás de la tibia y que va de la rodilla al tobillo.

peronismo. m. Movimiento político de carácter populista, surgido en Argentina en 1946, tras el acceso a la presidencia del país del general Juan Domingo Perón (1895-1974). ▶ JUSTICIALISMO. FAM **peronista.**

perorar. intr. Pronunciar un discurso. *Perora con voz enérgica.* FAM **peroración.**

perorata. f. Discurso o razonamiento largos y pesados. *Escuchamos su interminable perorata.*

perpendicular. adj. Dicho de línea o de plano: Que forma ángulo recto con otra línea u otro plano. *Eje perpendicular.* Tb. f. referido a línea. FAM **perpendicularidad.**

perpetrar. tr. Cometer (un delito). *Perpetró un robo a mano armada.* Tb. fig. ▶ COMETER. FAM **perpetración.**

perpetuo, tua. adj. **1.** Que dura para siempre. *Soñaba con crear una máquina de movimiento perpetuo.* **2.** Dicho de cargo: Que se desempeña hasta la jubilación o hasta el fallecimiento. *Fue nombrado secretario perpetuo de la institución.* ▶ **2:** VITALICIO. FAM perpetuación; perpetuar (conjug. ACTUAR); perpetuidad.

perplejo, ja. adj. Confuso o lleno de dudas, frec. por efecto del asombro. *Su decisión nos dejó perplejos.* ▶ *ATÓNITO. FAM **perplejidad.**

perrería. f. coloq. Hecho malintencionado que causa algún perjuicio.

perro, rra. m. **1.** Mamífero doméstico empleado por el hombre como animal de compañía y en diversos trabajos para los que puede ser adiestrado, y del que existen diversas razas. ○ f. **2.** Hembra del perro (→ 1). ○ m. y f. **3.** coloq. Persona despreciable. *¡Menudo perro, sería capaz de vender a su madre!* ● adj. **4.** coloq. Dicho de cosa: Muy mala. *Lleva una vida perra.* ■ **perro alano.** m. Perro (→ 1) de caza español, de cuerpo robusto y orejas recortadas, que se emplea en jauría para cazar jabalíes. ⇒ ALANO. ■ **perro caliente.** m. Bocadillo de pan blando y forma cilíndrica, relleno con una salchicha cocida y gralm. condimentado con mostaza o salsa de tomate. ⇒ Am: PANCHO. ■ **perro caniche.** m. Perro (→ 1) de compañía, de pequeño tamaño, pelo abundante y rizado y orejas caídas. ⇒ CANICHE. ■ **perro chihuahua.** m. Perro (→ 1) muy pequeño, de cabeza redondeada, ojos saltones y orejas grandes y en punta. ⇒ CHIHUAHUA. ■ **perro dálmata.** m. Perro (→ 1) de pelo corto y blanco, con manchas redondas gralm. negras. ⇒ DÁLMATA. ■ **perro danés.** m. Perro (→ 1) alto y fuerte, de cabeza rectangular y pelo corto. ⇒ DANÉS. ■ **perro de aguas.** m. Perro (→ 1) de pelo largo y rizado, con buenas aptitudes para nadar y atrapar presas y objetos en el agua. ■ **perro de presa.** m. Perro (→ 1) con instinto natural para aferrar con fuerza a su presa, y que se emplea para caza, guarda y defensa. ■ **perro dogo.** m. Perro (→ 1) de cuerpo grueso y fuerte, cabeza redonda, hocico corto y pelo gralm. corto y suave. ⇒ DOGO. ■ **perro faldero.** m. Perro (→ 1) de pequeño tamaño que se utiliza como animal de compañía. Frec. despect. para designar a una persona que va siempre con otra o procura atenerse a su voluntad. ■ **perro galgo.** m. Perro (→ 1) de cuerpo esbelto, cabeza pequeña y hocico puntiagudo, muy veloz. *Carreras de galgos.* ⇒ GALGO. ■ **perro lebrel.** m. Perro (→ 1) de cuerpo largo y esbelto, lomo recto y patas largas, muy apto para la caza y las carreras. ⇒ LEBREL. ■ **perro mastín.** m. Perro (→ 1) muy corpulento, de cabeza grande, orejas caídas y pelaje espeso. *En "Las meninas" aparece un perro mastín.* ⇒ MASTÍN. ■ **perro pequinés.** m. Perro (→ 1) pequeño, de nariz chata, ojos saltones, patas cortas y pelo largo y lacio. ⇒ PEQUINÉS. ■ **perro podenco.** m. Perro (→ 1) de caza, de cuerpo y cabeza alargados, y orejas triangulares y en punta. *Para el rastreo de las piezas tenían un perro podenco.* ⇒ PODENCO. ■ **perro policía.** m. Perro (→ 1) adiestrado para ayudar a la policía, espec. en tareas de vigilancia, rastreo y salvamento. ⇒ SABUESO. ■ **perro sabueso.** m. Perro (→ 1) de caza, de orejas largas y caídas y con olfato muy fino. ⇒ SABUESO. ■ **perro viejo.** m. coloq. Persona con mucha experiencia. *Soy perro viejo y sé lo que me digo.* □ **a otro perro con ese hueso.** expr. coloq. Se usa para expresar rechazo ante algo que resulta increíble. *–¿Que vas a dejar de fumar?; ¡a otro perro con ese hueso!* ■ **como a un perro.** loc. adv. coloq. Con desconsideración o crueldad. *Me trató como a un perro.* ■ **como el perro y el gato, o como perros y gatos.** loc. adv. coloq. Con continuas peleas. *Los dos hermanos están como perros y gatos.* ■ **de perros.** loc. adj. coloq. Muy malo o desagradable. *Un día de perros.* FAM **perrero, ra; perruno, na.**

persa. adj. 1. De Irán (Asia). 2. histór. De Persia, hoy Irán. *La civilización persa.* ● m. 3. histór. Lengua hablada en Persia. 4. Lengua hablada en Irán y otros países, como Afganistán y Tayikistán. ▶ 1: IRANÍ.

perseguir. (conjug. PEDIR). tr. 1. Seguir (algo o a alguien que huye o que se aleja) para alcanzar(lo). *El perro persiguió a la liebre.* 2. Seguir continuamente (a alguien). *Me persigue para que le preste dinero.* 3. Tratar de destruir o causar el mayor daño posible (a alguien o algo). *Los nazis persiguieron a los judíos.* 4. Tratar de conseguir o de alcanzar (algo). *Perseguimos la mejora de la educación.* 5. Proceder judicialmente (contra una falta o delito, o contra quien los comete). *Perseguir el fraude fiscal.* ▶ 1, 2: *ACOSAR. FAM **persecución; persecutorio, ria.**

perseverar. intr. 1. Mantenerse constante en una actitud, una opinión o en una acción. *Debes perseverar si quieres aprobar.* 2. Permanecer una cosa por largo tiempo o de manera permanente en determinado estado o circunstancia. *Si la tos persevera, tome este jarabe.* FAM **perseverancia; perseverante.**

persiana. f. Cierre que se coloca en ventanas, balcones o puertas exteriores para regular la entrada de luz. *Sube las persianas antes de irte.* ■ **~ veneciana.** f. Persiana de tiras regulables ensartadas por cordones.

persignarse. intr. prnl. Hacer una persona la señal de la cruz por tres veces, una sobre la frente, otra sobre la boca y otra sobre el pecho, gralm. santiguándose después. *Mojó los dedos en agua bendita y se persignó.* ▶ SIGNARSE.

persistir. intr. 1. Mantenerse firme en algo, espec. en una idea o una actitud. *Persiste EN su afán.* 2. Durar

o permanecer. *El dolor persiste.* FAM **persistencia; persistente.**

persona. f. 1. Individuo de la especie humana. *En el país viven millones de personas.* 2. Hombre o mujer cuyo nombre se ignora o no se menciona. *Había varias personas esperando.* 3. coloq. Persona (→ 1) sensata o formal. *Compórtese como una persona.* Tb. adj. *Es muy persona.* 4. Der. Persona (→ 1), entidad u organización capaz de tener derechos y deberes. 5. Gram. Accidente gramatical que indica la diferencia entre los individuos que intervienen en el discurso. *En español hay tres personas gramaticales.* 6. Rel. En el cristianismo: el Padre, el Hijo o el Espíritu Santo, consideradas tres personas distintas con una misma esencia. ■ **~ física.** f. Der. Persona (→ 1) capaz de tener derechos y obligaciones. *La medida beneficia a las empresas y a las personas físicas.* ■ **~ jurídica.** f. Der. Entidad u organización capaz de tener derechos y obligaciones. *El titular del contrato puede ser un particular o una persona jurídica.* ■ **primera ~.** f. Gram. Persona (→ 5) que señala al hablante. *"Nosotras" es un pronombre de primera persona.* ■ **segunda ~.** f. Gram. Persona (→ 5) que señala al oyente. *La forma "ven" pertenece a la segunda persona.* ■ **tercera ~.** f. 1. Gram. Persona (→ 5) que señala a lo que no es el hablante ni el oyente. *"Tuvo" es una forma de tercera persona.* 2. Persona (→ 1) distinta a las directamente interesadas o involucradas en un asunto. *No quisiera enterarme por terceras personas.* ⇒ TERCERO. □ **en ~.** loc. adv. Sin interposición ni mediación de alguien o de algo. *Se lo diré en persona.* ▶ 1: HOMBRE, HUMANO, INDIVIDUO, MORTAL, SUJETO. 2: INDIVIDUO.

personaje. m. 1. Persona importante. *Un personaje de las letras.* 2. En una obra de ficción: Ser que interviene en la acción. *En esta comedia hay solo dos personajes.*

personal. adj. 1. De la persona. *Aseo personal.* 2. Particular o propio de determinada persona. *No hablo de mis asuntos personales.* ● m. 3. Conjunto de personas que trabaja en un mismo centro o en una misma actividad. *El personal hará huelga.* ○ f. 4. Dep. En baloncesto: Falta que comete un jugador al tocar o empujar a otro del equipo contrario. *El pívot lleva una personal.* Tb. *falta ~.* FAM **personalizar.**

personalidad. f. 1. Conjunto de características o cualidades propias de una persona. *Nuestras personalidades son distintas.* 2. Personalidad (→ 1) destacada u original. *Actrices con personalidad.* 3. Persona importante o que destaca en un campo. *Asisten las personalidades del mundo de la cultura.* 4. Der. Capacidad para ser titular de derechos y obligaciones. *Las federaciones deportivas poseen personalidad jurídica.*

personalismo. m. 1. Adhesión a una persona o a las tendencias que ella representa, espec. en política. 2. Tendencia a subordinar el bien común a intereses personales. *El reparto es equitativo, sin personalismos.* FAM **personalista.**

personalmente. adv. 1. De manera personal. *El problema me afecta personalmente.* 2. Desde el punto de vista personal. *Personalmente, prefiero la carne.* 3. En persona. *Tras años de cartearnos, nos conocimos personalmente.*

persona non grata. (loc. lat.; pronunc. "persóna-nón-gráta"; frec. sin art.). f. Persona rechazable, espec. la que recibe esta consideración por parte de un Gobierno. *Un funcionario de la embajada ha sido declarado persona non grata.*

personarse. intr. prnl. **1.** Presentarse personalmente en un lugar. *Persónese EN la comisaría.* **2.** *Der.* Comparecer como parte interesada en un juicio o pleito. *Se personó EN el juicio como acusación particular.*

personero, ra. m. y f. Am. Representante oficial. *Personeros del Estado* [C].

personificar. tr. **1.** Atribuir cualidades o acciones humanas (a animales o cosas). *El autor personifica a los animales.* **2.** Representar una persona (algo, espec. una idea o una actitud). *Sancho Panza personifica el materialismo.* FAM personificación.

perspectiva. f. **1.** Punto de vista. *Analice el problema DESDE otra perspectiva.* **2.** Distancia que permite observar o analizar algo. *En la sala no hay perspectiva para contemplar el cuadro. Frec. fig.* **3.** Posibilidad o probabilidad de que algo suceda. *La perspectiva de quedarme sola no me atrae.* **4.** Obra realizada utilizando la perspectiva (→ 6). *Dibujó una perspectiva de las casas.* **5.** Vista o apariencia de algo que se contempla desde la lejanía. *Desde casa tengo una buena perspectiva de la ciudad.* **6.** (A veces en mayúsc.). *tecn.* Técnica de representar en una superficie plana los objetos de modo que se logre dar la sensación de volumen y profundidad. *Estudió perspectiva.* ■ en ~. loc. adv. A la vista, o en proyecto. *–¿Tienes algún viaje en perspectiva?*

perspicaz. adj. Que percibe o comprende con facilidad las cosas aunque no sean evidentes. *Filósofos perspicaces.* ▶ *INTELIGENTE. FAM perspicacia.

persuadir. tr. **1.** Convencer (a alguien) para que crea o haga algo. *La persuade PARA que venga.* ○ intr. prnl. **2.** Convencerse o llegar a creer una cosa. *Se persuadió DE que tenía que estudiar en serio.* FAM persuasión; persuasivo, va; persuasorio, ria.

pertenecer. (conjug. AGRADECER). intr. **1.** Ser una cosa propiedad de alguien. *Los libros pertenecen A mi hermano.* **2.** Formar parte de algo. *Pertenece A una asociación ecologista.* **3.** Tener una cosa las características propias de otra. *La iglesia pertenece AL estilo gótico.* ▶ **3:** CORRESPONDER. FAM perteneciente; pertenencia.

pértiga. f. Vara larga y cilíndrica. Frec. en deporte referido a la empleada en una modalidad de salto de altura. *El campeón de salto con pértiga.* FAM pertiguista.

pertinaz. adj. **1.** Dicho de persona: Obstinada o terca en su actitud o en sus opiniones. *Pertinaz, rechazaba todo tipo de ayuda.* **2.** Dicho de cosa: Muy duradera o persistente. *Un aroma pertinaz.* ▶ **1:** *TERCO. FAM pertinacia.

pertinente. adj. **1.** Adecuado u oportuno. *El jurado podrá consultar a especialistas si lo considera pertinente.* **2.** Correspondiente o perteneciente. *Toda la información pertinente AL pago figura en el sobre adjunto.* FAM pertinencia.

pertrechos. m. pl. **1.** Conjunto de armas, municiones y demás instrumentos necesarios para el uso de los soldados en las operaciones militares. *El Ejército necesita abastecerse de pertrechos.* **2.** Conjunto de utensilios o instrumentos necesarios para una actividad. *Los pertrechos de pesca.* ▶ **2:** *TRASTOS. FAM pertrechar.

perturbado, da. adj. Dicho de persona: Que tiene alteradas sus facultades mentales. *Desde el accidente está perturbado.* ▶ *LOCO.

perturbar. tr. **1.** Alterar el estado o el funcionamiento normales (de algo). *A don Quijote, la lectura le perturbó el juicio.* **2.** Inquietar o hacer perder el so-

siego (a alguien). *Me perturba pensar en ese problema.* FAM perturbación; perturbador, ra.

peruano, na. adj. Del Perú.

perverso, sa. adj. **1.** Muy malo o que causa daño de manera intencionada. *Críticas perversas.* **2.** Que altera de manera perjudicial el orden o el estado normal de las cosas. *La caída de la moneda tendrá un efecto perverso en la economía.* FAM perversidad.

pervertido, da. adj. Dicho de persona: De costumbres o inclinaciones sexuales que se consideran socialmente negativas o inmorales.

pervertir. (conjug. SENTIR). tr. **1.** Hacer (a alguien o algo) malos o viciosos, gralm. mediante malos ejemplos o enseñanzas. *Las malas compañías lo han pervertido.* **2.** Alterar (algo) de manera negativa. *Pervierten el sentido de lo que dice el libro.* ▶ **1:** MALEAR, MALICIAR. FAM perversión; pervertidor, ra.

pervivir. intr. Seguir viviendo o existiendo a pesar del tiempo o las dificultades. *Su recuerdo pervive EN nuestra memoria.* FAM pervivencia.

pesa. f. **1.** Pieza de metal de peso conocido, que se emplea como término de comparación para determinar el peso de algo. *La pesa se coloca en un plato de la balanza.* **2.** Pieza de peso suficiente que en ciertos mecanismos sirve como contrapeso o para dar movimiento. *Reloj de pared con péndulo y cuatro pesas.* **3.** Pieza muy pesada que se usa en halterofilia o para hacer ejercicios de levantamiento de peso. Frec., en pl., designa el aparato formado por una barra con una de esas piezas en cada extremo. *Levantador de pesas.*

pesadamente. adv. **1.** De manera pesada. *Se acerca andando pesadamente.* **2.** Haciéndose sentir todo el peso. *Al ser golpeado, su cuerpo cae pesadamente al suelo.*

pesadilla. f. **1.** Sueño angustioso o que produce terror. *Tuvo una pesadilla y se despertó.* **2.** Preocupación grande y continua. *La pesadilla de no llegar a fin de mes.*

pesado, da. adj. **1.** Que pesa mucho o tiene un peso elevado. *La caja es muy pesada.* **2.** Dicho de parte del cuerpo: Que produce una sensación anormal de peso en ella. *Noto la cabeza pesada.* **3.** Lento o que actúa o se produce a menos velocidad de la normal. *El oso tiene un andar pesado.* **4.** Dicho del sueño: Profundo. **5.** Dicho del tiempo atmosférico: Bochornoso. *Era uno de esos días pesados de verano.* **6.** Que produce desagrado, cansancio o aburrimiento, espec. por ser demasiado largo o muy repetitivo. *Está muy pesado con su casa.* ▶ **6:** *ABURRIDO. FAM pesadez.

pesadumbre. f. Disgusto o pesar. *Al verlo marchar le invadió la pesadumbre.*

pésame. m. Expresión de condolencia que se dirige a una persona por la muerte de alguien próximo a ella. *Tras el funeral, se acercaron a dar el pésame a los hijos.*

pesar. intr. **1.** Tener peso o gravedad. *Los cuerpos pesan.* **2.** Tener mucho peso. *Esta caja pesa: ayúdame.* **3.** Tener una persona o cosa entidad o importancia. *Sus comentarios pesan mucho.* **4.** Hacer sentir a alguien arrepentimiento o dolor. *Me pesa haberte dejado sola.* **5.** Hacer fuerza en el ánimo. *Las responsabilidades pesan.* ○ tr. **6.** Tener algo o alguien (determinado peso). *El filete pesa trescientos gramos.* **7.** Determinar el peso (de alguien o algo) mediante un instrumento apropiado. *El frutero pesa las manzanas en la báscula.* **8.** Examinar o considerar con atención (algo). *Hay que pesar las consecuencias de esto.* ● m. **9.** Sentimiento o dolor. *Siento un gran pesar por su muerte.* ■ **a ~ de,** o **pese a.** loc. prepos. Sin tener en cuenta la oposición o la resistencia de. *Lo hizo a pesar de su familia.* ■ **a ~ de los ~es.** loc. adv. A pesar de todo (→ a pesar de). ■ **mal que me,** o **te,** o **le, etc., pese.** loc. adv. A pesar de que no sea de su agrado. *Mal que le pese, tendrá que poner sus papeles al día.* ■ **pese a quien pese.** loc. adv. Por encima de todo, o a pesar de todo (→ a pesar de). *Lo tendré pese a quien pese.* FAM **pesaje; pesaroso, sa.**

pescadilla. f. Merluza que no ha adquirido aún su desarrollo normal.

pescado. m. **1.** Pez u otro animal acuático que se pesca para su consumo. Frec. con sent. colectivo. *Las barcas llegan llenas de pescado fresco. ¿Vas a pedir carne o pescado?* **2.** Am. Pez. *Todos los aretes se elaboran en plata, con colgantes de flores, pájaros o pescados* [C]. ■ **~ azul.** m. Pescado (→ 1) que contiene abundante grasa. *La sardina es un pescado azul.* ■ **~ blanco.** m. Pescado (→ 1) que contiene poca grasa. *Le recomiendan tomar pescado blanco.* FAM **pescadería; pescadero, ra.**

pescante. m. En un carruaje: Asiento exterior desde donde el cochero gobierna las caballerías. *Subido al pescante, arrea a los caballos con el látigo.*

pescar. tr. **1.** Sacar del agua (peces u otros animales acuáticos). *Pesqué una trucha.* **2.** Sacar del agua (algo). *Pescó el sombrero cuando se hundía.* **3.** coloq. Coger o tomar (algo). *A ver si pesco algún caramelo de los que reparten.* **4.** coloq. Coger o empezar a tener (algo, como una enfermedad, una borrachera o un enfado). *Pesqué una resfriado.* **5.** coloq. Coger o entender (algo). *Pesqué la idea al vuelo.* **6.** coloq. Coger o sorprender (a alguien) desprevenido o cuando no se lo espera. *Lo pescaron en una redada.* **7.** coloq. Lograr o conseguir (algo, espec. algo muy deseado o pretendido). *Pescó un buen marido.* FAM **pesca; pescador, ra; pesquero, ra.**

pescozón. m. Golpe dado con la mano en el pescuezo o en la cabeza.

pescuezo. m. **1.** Cuello de un animal. *Coge el conejo por el pescuezo y lo levanta.* **2.** coloq. Cuello de una persona. Frec. designa solo su parte posterior. *Me saluda con una palmadita en el pescuezo.* ■ **retorcer el ~** (a alguien). loc. v. coloq. Matar(lo), espec. ahorcándo(lo) o estrangulándo(lo). *Me dan ganas de retorcerte el pescuezo.*

pese. ~ a. → pesar.

pesebre. m. **1.** Pila donde se pone el alimento para que coma el ganado. *Pon pienso en el pesebre.* Tb. el lugar donde está esa pila. **2.** Nacimiento (representación del nacimiento de Jesucristo). *En Navidad, ponemos el pesebre.* ▶ **2:** *NACIMIENTO.

peseta. f. Unidad monetaria de España anterior al euro.

pesimista. adj. Que ve o tiende a ver las cosas en su aspecto más negativo o desfavorable. *Soy pesimista respecto a la negociación.* ▶ NEGATIVO. FAM **pesimismo.**

pésimo, ma. → malo.

peso. m. **1.** Fuerza con que la Tierra atrae a un cuerpo. *Los cuerpos físicos tienen peso.* **2.** Medida del peso (→ 1). *Perdió cinco kilos de peso.* **3.** Cosa pesada o que tiene un peso (→ 2) elevado. *Usted no debe levantar pesos.* **4.** Balanza u otro instrumento que sirven para medir pesos (→ 2). *Un peso de cocina.* **5.** Entidad o importancia de alguien o algo. *Tiene*

razones de peso para actuar así. **6.** Carga o responsabilidad que alguien tiene a su cuidado. *Lleva todo el peso del trabajo.* **7.** Preocupación o dolor moral. *Me quité un peso de encima al resolverlo.* **8.** Unidad monetaria de diversos países americanos. *Peso colombiano.* **9.** Dep. En algunos deportes como el boxeo: Categoría de los deportistas según su peso (→ 2). *Campeonato mundial de peso pesado.* **10.** Dep. En atletismo: Bola metálica que se emplea para lanzamientos. *El atleta lanzó el peso a 21 metros.* ■ **~ atómico.** m. Fís. y Quím. Peso (→ 2) de un átomo de un elemento químico, consistente en la relación entre la masa de un isótopo de ese átomo y 1/12 de la masa de cierto isótopo de carbono. *El peso atómico del oxígeno es 16.* ■ **~ específico.** m. **1.** Fís. Peso (→ 2) de un cuerpo o sustancia por unidad de volumen. *En la tabla se indica el peso específico de diversos metales.* **2.** Especial valor o importancia de alguien o algo dentro de un ámbito o grupo. *No todos los miembros tienen el mismo peso específico.* ■ **~ gallo.** m. Dep. En boxeo: Categoría cuyo peso (→ 2) límite es inferior a 53 kg 524 g. ■ **~ ligero.** m. Dep. En boxeo: Categoría cuyo peso (→ 2) límite es inferior a 61 kg 235 g. ■ **~ mosca.** m. Dep. En boxeo: Categoría cuyo peso (→ 2) límite es inferior a 50 kg 802 g. ■ **~ pesado.** m. **1.** Dep. En boxeo: Categoría cuyo peso (→ 2) límite es superior a 79 kg 378 g. **2.** Persona de gran relieve e influencia en un determinado ámbito o actividad. *Su padre es un peso pesado de la política.* ■ **~ pluma.** m. Dep. En boxeo: Categoría cuyo peso (→ 2) límite es inferior a 57 kg 152 g. ■ **~ wélter.** m. Dep. En boxeo: Categoría cuyo peso (→ 2) límite es inferior a 66 kg 678 g. ⇒ WÉLTER. □ **a ~ de oro.** loc. adv. A precio muy elevado. *Las trufas las pagan a peso de oro.* ■ **caer(se)** algo **por,** o **de, su (propio) ~.** loc. v. Ser claro o evidente. *Por supuesto que es así, se cae por su peso.*

pespunte. m. Labor de costura que se hace dando puntadas cortas e iguales, y uniendo cada puntada con el final de la anterior. *Camisa con pespuntes en las mangas.* FAM **pespuntar** o **pespuntear.**

pesquero, ra. → pescar.

pesquisa. f. Investigación o acción que se lleva a cabo para intentar averiguar algo. *Las pesquisas de la policía han conducido al sospechoso.*

pestaña. f. **1.** Pelo de los que nacen en los bordes de los párpados y sirven de defensa a los ojos. **2.** Parte saliente y estrecha en el borde de una cosa. *Al abrir el menú, seleccione una de las opciones de las pestañas.* ■ **jugarse** alguien **(hasta) las ~s.** loc. v. coloq. Apostar todo el dinero o todos los bienes que tiene. *Se ha jugado hasta las pestañas en el casino.* ■ **mover (una) ~.** loc. v. coloq. Se usa en construcciones negativas para enfatizar la atención con que se mira algo, o la serenidad o firmeza con que se afronta o hace algo. *Me escuchó sin mover pestaña.* ■ **quemarse** alguien **las ~s.** loc. v. coloq. Estudiar o leer mucho, espec. de noche. *Después de un mes de quemarme las pestañas, solo aprobé dos.* FAM **pestañear; pestañeo.**

peste. f. **1.** Enfermedad contagiosa y grave, que afecta a personas o a algunos animales, y que causa grandes epidemias. *En la Edad Media, las pestes diezmaban a la población.* Tb. fig. **2.** Mal olor. *¡Qué peste!; abre la ventana.* **3.** Persona o cosa que causan gran daño o malestar. *¡Ay, qué peste de mujer!* **4.** Excesiva abundancia de algo, espec. de algo negativo o perjudicial. *Una peste de indeseables copaba el poder.* O pl. **5.** Palabras de enfado o de crítica negativa. *Habla pestes de ti.* ■ **~ bubónica.** f. Peste (→ 1) muy grave, frec. mortal, caracterizada por fiebre alta, hemorragias y la aparición de tumores por todo el cuerpo. *En el siglo* XIV *una peste bubónica mató a millones de personas.* ▶ **1, 2:** PESTILENCIA. FAM **pestífero, ra; pestilencia; pestilente.**

pesticida. adj. Que sirve para combatir plagas. *Líquido pesticida.* Dicho de producto, tb. m. ▶ PLAGUICIDA.

pestillo. m. **1.** Barra metálica y gralm. cilíndrica que se corre como un cerrojo para cerrar puertas o ventanas. *Antes de acostarse, echa los pestillos.* **2.** En una cerradura: Pieza que sale por la acción de una llave o el impulso de un muelle y entra en el agujero del marco de una puerta o ventana para cerrarlas. *No funciona el pestillo de la puerta.*

petaca. f. Botella de bolsillo, ancha y plana, que se usa para llevar bebidas alcohólicas. *Saca la petaca del abrigo y da un trago.*

pétalo. m. Pieza de las que constituyen la corola de una flor. ▶ HOJA.

petardo. m. Tubo relleno de explosivo que provoca una detonación cuando se le prende fuego. *Durante las fiestas, siempre tiran petardos.*

petate. m. **1.** Conjunto formado por la ropa de la cama y de vestir de un soldado, un marinero o un preso. **2.** frecAm. Estera de palma, para dormir sobre ella. *Ni siquiera un petate hay para reposarnos* [C]. ■ **liar** alguien **el ~.** loc. v. coloq. Abandonar un lugar de estancia, espec. el de residencia. *Si me va mal, lío el petate y desaparezco.*

petenero, ra. adj. De Petén (Guatemala).

petición. f. **1.** Hecho o efecto de pedir, espec. la realización o entrega de algo, o a una mujer en matrimonio. *Su petición será atendida.* **2.** Escrito en el que se hace una petición (→ 1). *Envíe la petición por correo.* ■ **~ de mano.** f. Ceremonia en que se pide a una mujer en matrimonio. ⇒ PEDIDA. ▶ frecAm: **2:** PETITORIO. FAM **peticionario, ria.**

petimetre, tra. m. y f. histór. Persona preocupada en exceso por su aspecto y por seguir la moda. *Un petimetre repeinado y con ropas extravagantes.*

petirrojo. m. Pájaro del tamaño de un gorrión, con el cuerpo pardusco y blanco, y la frente, el pecho y la garganta de color rojo anaranjado. *El petirrojo hembra.*

petiso, sa o **petizo, za.** adj. **1.** Am. coloq. Dicho de persona o animal: Bajo (que mide menos de lo normal). *Era un hamburgués rechoncho y petizo* [C]. ● m. **2.** Am. Caballo pequeño. *Llevaba muy serio de la rienda un petiso* [C].

petitorio, ria. adj. **1.** De la petición. *Pliegos petitorios.* ● m. **2.** frecAm. Escrito en el que se pide algo. *Firmas para respaldar un petitorio* [C]. ▶ **2:** PETICIÓN.

peto. m. **1.** histór. Armadura que protegía el pecho. *El soldado pulía los petos.* **2.** Prenda, o parte de una prenda de vestir, que cubre el pecho. *Pantalón con peto.* **3.** Protección acolchada que se pone en el pecho al practicar algunos deportes, como la esgrima. **4.** Taurom. Protección que cubre el pecho y el costado del caballo del picador.

petrarquismo. m. Corriente literaria generada a partir de la influencia e imitación de la obra de Petrarca (poeta italiano, 1304-1374). FAM **petrarquista.**

pétreo, a. adj. **1.** De piedra. *Columnas pétreas.* **2.** De características semejantes a las de la piedra, espec. su dureza. *Su rostro pétreo no deja entrever emoción.*

petrificar. tr. **1.** Convertir en piedra (una cosa) o endurecer(la) de manera que parezca piedra. *El aire* *ha petrificado el pan.* **2.** Dejar (a alguien) paralizado a causa del asombro o del terror. *El público, petrificado, observa el incendio.* FAM **petrificación.**

petrodólar. m. *Econ.* Unidad monetaria cuyo valor se mide en dólares estadounidenses y que se emplea para cuantificar las reservas de divisas de los países productores y exportadores de petróleo.

petroglifo. m. *Arqueol.* Grabado sobre roca, espec. el realizado por hombres prehistóricos.

petróleo. m. Líquido natural inflamable, viscoso y de color oscuro, compuesto por una mezcla de hidrocarburos, que se extrae de yacimientos subterráneos y se emplea como fuente de energía y para la obtención de productos con usos industriales. *La gasolina y el gasóleo se obtienen del petróleo.* FAM **petrolero, ra; petrolífero, ra.**

petroquímico, ca. adj. **1.** De la petroquímica (→ 2), o de su objeto de estudio. *Productos petroquímicos.* ● f. **2.** Parte de la química que se ocupa de la utilización del petróleo y del gas natural como materias primas para la obtención de productos derivados.

petulante. adj. Presumido y despreciativo con los demás por creerse superior a ellos. *Es tan petulante que desconoce la humildad.* ▶ *ORGULLOSO. FAM **petulancia.**

petunia. f. Flor muy olorosa, de diversos colores, con corola en forma de embudo, que se cultiva como ornamental. Tb. su planta.

peyorativo, va. adj. Dicho de palabra o de modo de expresión: Que indican una idea o juicio desfavorables de aquello sobre lo que se trata. *Habló en tono peyorativo de sus compañeros.*

peyote. m. **1.** Cacto propio de México y del sur de los Estados Unidos de América, con tallos en forma de globo, sin espinas, y que contiene una sustancia narcótica. *Los indios mexicanos comían peyote para ponerse en contacto con los dioses.* **2.** Droga de efectos alucinógenos y narcóticos obtenida del peyote (→ 1).

pez¹. m. Animal vertebrado acuático, que respira por branquias, gralm. cubierto de escamas, con extremidades en forma de aleta y que se reproduce por huevos. *Un acuario con peces.* ■ **~ espada.** m. Pez marino comestible, de cuerpo cilíndrico, piel oscura y sin escamas, y cabeza grande con una prolongación en forma de espada. ■ **~ gordo.** m. coloq. Persona importante o influyente. *Los peces gordos de las finanzas.* □ **como ~ en el agua.** loc. adv. coloq. Con comodidad o soltura. *Se mueve como pez en el agua en el mundillo del arte.* ▶ **Am: 1:** PESCADO.

pez². f. Sustancia resinosa de color oscuro, que se obtiene de la destilación de la trementina y se emplea para impermeabilizar superficies. *Los artesanos revestían el cuero de las botas de vino con pez.*

pezón. m. **1.** En los mamíferos: Parte central y más saliente de la mama, por donde los hijos chupan la leche. *Antes de amamantar al niño, hay que limpiar bien los pezones.* **2.** En una planta: Pecíolo. ▶ **2:** *PECÍOLO.

pezuña. f. Extremo de la pata de algunos animales, formado por una o dos uñas que recubren los dedos. *El caballo y la cabra tienen pezuñas.*

pH. (sigla; pronunc. "pe-ache"). m. *Quím.* Potencial de hidrógeno, o índice del grado de acidez o de alcalinidad de una disolución. *Una disolución con un pH entre 0 y 7 es ácida.*

pi. f. **1.** Letra del alfabeto griego (Π, π), que corresponde al sonido de *p.* **2.** *Mat.* Símbolo igual que la pi (→ 1), que representa el número resultante de la relación entre la longitud de una circunferencia y su diámetro. *El valor de pi es aproximadamente 3,1416.*

piadoso, sa. adj. **1.** Que siente piedad por el mal o el sufrimiento ajenos. *Es piadosa con los que sufren.* **2.** Devoto o muy religioso. *Oraciones de jóvenes piadosos.*

piafar. intr. Levantar un caballo una y otra mano de manera alternativa, dejándolas caer con fuerza. *El caballo piafó y casi me tira.*

piano[1]**.** m. Instrumento musical de teclado y cuerdas, que suenan al ser percutidas por unos pequeños macillos accionados por las teclas. FAM pianista; pianístico, ca.

piano[2]**.** adv. *Mús.* Con suavidad o poca intensidad de sonido. *Toque este fragmento piano.*

pianoforte. m. Instrumento musical de teclado y cuerdas percutidas, precedente del piano actual, utilizado en los ss. XVIII y XIX.

pianola. f. Piano que se puede hacer sonar mecánicamente mediante pedales o por medio de corriente eléctrica, y que lee las partituras grabadas en unos rollos de papel.

piar. (conjug. ENVIAR). intr. Emitir un ave, espec. un pollo, su voz característica.

piara. f. Manada de animales, espec. de cerdos. *Una piara comiendo bellotas.*

piastra. f. Moneda fraccionaria de distintos países, como Egipto, Líbano o Siria.

PIB. (sigla; pronunc. "pib"). m. *Econ.* Producto interior bruto, o valor total de los bienes producidos y de los servicios prestados dentro de un país en un año. *El PIB creció un 2,6% en el tercer trimestre.*

pibe, ba. m. y f. frecAm. coloq. Niño o adolescente. *Cuando era piba, una tía me llevaba siempre al parque* [C].

pica. f. **1.** Palo de la baraja francesa cuyas cartas tienen representadas una o varias figuras en forma de punta de lanza. Más frec. en pl. *El rey de picas.* **2.** *Taurom.* Vara larga que termina en una punta de acero y que emplea el picador para picar al toro desde el caballo. **3.** histór. Lanza larga empleada por los soldados de infantería. ■ **poner una ~ en Flandes.** loc. v. coloq. Lograr algo muy difícil. *Puso una pica en Flandes al ser elegido sin pertenecer a una familia noble.*

picadero. m. Lugar en el que se adiestran caballos y donde se aprende a montar.

picadillo. m. **1.** Lomo de cerdo picado y adobado que se emplea para hacer embutidos. *El picadillo se embute en la tripa.* **2.** Condimento preparado con uno o más ingredientes picados. *Un picadillo de ajo.* ■ **hacer ~** (a alguien). loc. v. coloq. Destruir(lo), o dejarlo en muy mal estado físico o moral. *El calor me hace picadillo.*

picado[1]**.** m. **1.** Hecho o efecto de picar. *Esta máquina realiza el picado de la carne.* **2.** Conjunto de ingredientes picados. *Con el picado de cerdo hace embutido.* **3.** *Cine* y *TV.* Toma realizada con la cámara inclinada de arriba hacia abajo. *La película acaba con un picado.* ■ **en ~.** loc. adv. Hacia abajo y a gran velocidad. *El ave cae en picado.*

picado[2]**, da.** adj. Dicho de una persona o de una parte del cuerpo, espec. la cara: Que tiene pequeños hoyos o cicatrices en la piel. Frec. *~ de viruela(s).*

picador, ra. adj. **1.** Que pica o sirve para picar. *Insectos picadores.* Dicho de máquina o aparato, tb. f. ● m. **2.** Torero que va a caballo y se ocupa de picar los toros en una corrida. **3.** Hombre que tiene por oficio arrancar el mineral de una mina con un pico u otro utensilio. *Dos picadores quedaron atrapados en una galería de la mina.*

picadura. f. **1.** Hecho de picar o morder un animal. *La picadura de una serpiente.* **2.** Efecto de picar o triturar. *Picadura de cebolla.* **3.** Tabaco picado. *Picadura de pipa.* **4.** Caries. *Una picadura en un diente.* **5.** Grieta producida en una superficie por el uso o por la acción de un agente. *La picadura de una rueda.* ▶ **1:** PICOTAZO.

picana. f. Instrumento de tortura con el que se aplican descargas eléctricas en cualquier parte del cuerpo de la víctima. Tb. *~ eléctrica.*

picante. adj. **1.** Dicho de alimento o de sabor: Que pica o produce picor en la boca. *Sopa picante.* **2.** Que tiene cierto carácter mordaz u obsceno que resulta gracioso. *Canciones picantes.* ● m. **3.** Sustancia o ingrediente picantes (→ 1). *La comida tiene picante.* **4.** Cualidad de picante (→ 1, 2). *La salsa aporta al guiso un toque de picante.*

picantería. f. Am. Establecimiento público de carácter popular donde se sirven bebidas y comidas. *Yo como en la picantería de la otra esquina* [C].

picapedrero. m. Hombre que tiene por oficio picar o extraer piedra en una cantera. ▶ CANTERO.

picapleitos. m. y f. coloq. o despect. Abogado (persona legalmente capacitada para defender a otra). *Este picapleitos solo busca meter a la gente en juicios.*

picaporte. m. **1.** Manivela que sirve para accionar el picaporte (→ 2). *Tire del picaporte para cerrar.* **2.** Mecanismo de cierre de puertas o ventanas, con un pestillo u otra pieza que, al cerrar de golpe, encaja en una ranura del marco. ▶ **1:** MANIJA.

picar. tr. **1.** Herir o golpear un ave con el pico (algo o a alguien). *El loro me picó en un dedo.* **2.** Herir ciertos animales (a alguien) con los dientes, el aguijón u otro órgano punzante. *Le picó una avispa.* **3.** Tomar un ave (la comida) con el pico. *La paloma pica el grano.* **4.** Tomar una persona (comida) en pequeñas cantidades. *Vamos a picar unos aperitivos.* **5.** Morder un pez (el anzuelo). *Picó el anzuelo una trucha.* Tb. fig., referido a pers. **6.** Cortar (algo) en trozos muy pequeños. *Pique una cebolla.* **7.** Golpear (una cosa) con un pico u otro instrumento para dar(le) una determinada forma o para arrancar(le) fragmentos. *Hay que picar la pared antes de pintarla.* **8.** Herir el picador (al toro) en el morrillo con la garrocha, procurando detener(lo) cuando acomete al caballo. **9.** Clavar las espuelas (al caballo) para que vaya más deprisa. *Pica a "Huracán" y sale al galope.* **10.** Excitar o estimular (algo). *Trata de picar su curiosidad.* **11.** coloq. Estimular (a alguien) para que haga algo. *Me picó y nos lo apostamos todo.* **12.** *Mús.* Ejecutar (una nota) recortando su duración, de modo que quede claramente separada de la siguiente por un breve silencio. *Ejecuta el pasaje picando las notas para darle un aire juguetón.* ○ intr. **13.** Herir o golpear un ave con el pico en un lugar. *El pájaro pica EN los cristales.* **14.** Morder un pez en el anzuelo. *El pez picó EN el anzuelo.* Tb. fig., referido a pers. **15.** Tomar un ave comida con el pico. *Las gallinas picaban EN el trigo.* **16.** Hacer experimentar picor a alguien en una parte de su cuerpo. *Me pican los ojos.* **17.** Irritar el paladar ciertas cosas excitantes, como la pimienta o la guindilla. *Estos pimientos pican.* **18.** Calentar mucho el sol. *Hoy sí que pica el sol.* **19.** Acudir a un engaño o caer en él. *Le tendieron una trampa y picó.* **20.** Volar un ave o un avión rápida y verticalmente hacia tierra. *El avión picó durante unos segundos.* ○ intr. impers. **21.** Presentársele picor a alguien en una parte del cuerpo. *Me pica en la rodilla.* ○ intr. prnl. **22.** Agujerearse un metal u otra materia. *Las cañerías se han picado.* **23.** Cariarse un diente. *Los dientes se pican con tanto dulce.* **24.** Estropearse un alimento. *El vino se ha picado.* **25.** Agitarse el mar formando olas pequeñas con el impulso del viento. *El mar se está picando.* ▶ **4:** PICOTEAR.

picardía. f. **1.** Cualidad de pícaro. *Los bailarines se contonean con picardía.* **2.** Hecho o dicho propios de una persona pícara. *Se sabe todas las picardías del mundo.*

picaresco, ca. adj. **1.** De los pícaros. *Vida picaresca.* **2.** Dicho de obra o género literarios: Propio de los ss. XVI y XVII españoles y protagonizado por un pícaro que narra su vida, gralm. en primera persona. *El "Guzmán de Alfarache" es una novela picaresca.* Tb. f., referido al género. ● f. **3.** Forma de vida o comportamiento propios de un pícaro. *Hay tendencia a la picaresca.* **4.** Conjunto de pícaros.

pícaro, ra. adj. **1.** Dicho de persona: Astuta y hábil para engañar a los demás. *El tendero es muy pícaro y siempre sisa.* Frec. con intención afectiva. **2.** Dicho de persona: Astuta, de baja condición social y que vive engañando a los demás. Se usa espec. para referirse a los protagonistas de la novela picaresca. **3.** Malicioso. *Un guiño pícaro.* **4.** Que manifiesta o implica cierto carácter obsceno. *Una obra pícara.* ▶ **1:** BRIBÓN, GRANUJA, TUNANTE.

picazón. f. **1.** Picor (sensación que impulsa a rascarse). *Siento picazón en el cuerpo.* **2.** Desazón o malestar. *Sentía la picazón de si habría llamado.* ▶ **1:** *PICOR.

picha. f. malson. Pene.

pichón, na. m. **1.** Pollo de la paloma. ○ m. y f. **2.** Am. coloq. Aprendiz. *Apenas era un pichón de marinero* [C]. ▶ **1:** PALOMINO.

pícnico, ca. adj. cult. o *Psicol.* Dicho de persona: Baja, corpulenta y con tendencia a la obesidad. *Individuos pícnicos.*

pico. m. **1.** En las aves: Parte saliente de la cabeza, compuesta por dos piezas duras gralm. terminadas en punta, que les sirve para tomar el alimento. *El pájaro carpintero taladra los troncos con el pico.* **2.** Parte puntiaguda que sobresale o constituye una esquina en la superficie o en el límite de una cosa. *El pico de la mesa.* **3.** Herramienta formada por un mango de madera y una pieza de hierro o acero con uno o los dos extremos afilados, que se emplea para cavar y extraer piedra o minerales. *Los mineros trabajan con picos.* **4.** Cima puntiaguda de una montaña. *Un teleférico sube hasta el pico.* Tb. esa montaña. **5.** Parte pequeña de una cantidad en que esta excede a un número redondo. *Llegó a las seis y pico.* **6.** (Frec. con art.). Cantidad grande de dinero. *Los zapatos te habrán costado un pico.* **7.** coloq. Boca de una persona (parte del cuerpo, u órgano de la palabra). *No abrió el pico en toda la tarde.* Frec. *~ de oro,* tb. para designar a la persona que tiene facilidad de palabra. ▶ **4:** *CIMA.

picor. m. **1.** Sensación desagradable que se siente en una parte del cuerpo y que frec. impulsa a rascarse. *El roce de las ortigas produce picor.* **2.** Ardor o escozor que se sienten en el paladar al comer determinados alimentos. *El picor de la pimienta.* ▶ **1:** COMEZÓN, DESAZÓN, PICAZÓN, PRURITO.

picota. f. **1.** Columna que se construía a la entrada de algunas poblaciones para exponer en ella a los presos o las cabezas de los ajusticiados. **2.** Parte superior de una torre o de una montaña que tiene forma puntiaguda. ■ **en la ~.** loc. adv. En situación de recibir críticas o ser cuestionado. *El sistema educativo actual está en la picota.*

picotazo. m. Picadura de un animal, espec. de un ave o un insecto. ▶ PICADURA.

picotear. tr. **1.** Golpear un ave con el pico (algo) repetidamente. *El gorrión picotea las migas.* **2.** Picar (comida) en pequeñas cantidades. *Apenas picoteó su plato.* ▶ PICAR.

pictografía. f. Escritura que representa las ideas por medio de símbolos. *Cuevas con pictografías del Paleolítico.* FAM **pictográfico, ca; pictograma.**

pictórico, ca. adj. De la pintura. *Obra pictórica y escultórica del artista.*

picudo, da. adj. Que tiene uno o más picos o partes que sobresalen. *Barba picuda.*

pie. m. **1.** En el cuerpo humano: Extremidad de cualquiera de los dos miembros inferiores, que sirve para andar. *Las uñas de los pies.* Tb. la parte correspondiente de una prenda o de un calzado. **2.** En un animal: Parte análoga al pie (→ 1). *El caballo tiene los pies blancos.* **3.** Base o parte en que se apoya algo. *La copa tiene el pie roto.* **4.** Tallo o tronco de las plantas. *El pie de un olivo.* **5.** Parte inferior de algo. *El pie de la escalera.* **6.** Parte final de un escrito. *El pie de una carta.* **7.** Espacio en blanco que queda en la parte inferior del papel, después de terminado. *El número de página va al pie.* **8.** Nombre o título de una persona o corporación a la que se dirige un escrito y que se pone al pie (→ 7) de este. *Dícteme con cuidado el pie de la instancia.* **9.** Explicación breve que se pone debajo de las ilustraciones de prensa. *El pie de foto.* **10.** Ocasión o motivo para algo. *Su conducta dio pie a comentarios.* **11.** Unidad de longitud de diversos países y regiones, y que corresponde aproximadamente al largo del pie (→ 1). **12.** En teatro: Palabra o palabras con que termina lo que dice un actor y que sirve para indicar a otro que le toca hablar. *Cuando te dé el pie entras.* **13.** *Zool.* Porción musculosa del cuerpo de los moluscos, con función fundamentalmente locomotora, de forma distinta según las especies. *El pie del caracol.* ■ **~ de atleta.** m. *Med.* Infección por hongos en los pies (→ 1), espec. entre los dedos. ■ **~ de imprenta.** m. Expresión de la imprenta, lugar y año de la impresión, que suele ponerse al principio o al fin de los libros y otras publicaciones. *En el pie de imprenta figura Buenos Aires como lugar de impresión.* ■ **~ derecho.** m. Madero que se pone verticalmente, espec. para que cargue sobre él algo. *Las galerías se alzan sobre pies derechos.* ■ **~ plano.** m. *Anat.* Pie (→ 1) que tiene el arco de la planta casi plano. *Lleva plantillas por tener los pies planos.* ■ **~ quebrado.** m. *Lit.* Verso corto, de cinco sílabas a lo más, y de cuatro generalmente, que alterna con otros más largos en ciertas combinaciones métricas. *Estrofas de pie quebrado.* □ **a los ~s** (de alguien). loc. adv. A su entera disposición, o a su servicio. *Quedo a sus pies, señora.* ■ **al ~ de.** loc. prepos. Junto a, o al lado de. *Hizo un hoyo al pie del árbol.* ■ **al ~ de la letra.** loc. adv. Literalmente. *Sigue al pie de la letra mis instrucciones.* ■ **al ~ del cañón.** loc. adv. coloq. Sin desatender ni por un momento un deber o una ocupación. *El negocio marcha porque ella está siempre al pie del cañón.*

■ **a ~**. loc. adv. Andando o dando pasos. *Hago parte del camino a pie.* ■ **a ~ firme**. loc. adv. Sin apartarse ni moverse del sitio que se ocupa. *Esperó a pie firme durante horas.* ■ **a ~ juntillas, o a ~s juntillas**. loc. adv. Sin discusión. *Sigue el reglamento a pie juntillas.* ■ **buscarle tres, o cinco, ~s al gato**. loc. v. coloq. Enredarse en complicaciones inútiles y peligrosas. *Asúmalo y deje de buscarle tres pies al gato.* ■ **con buen (o mal) ~**. loc. adv. Con (o sin) suerte, o con (o sin) acierto. *Estrené el año con mal pie.* ■ **con el ~ derecho (o izquierdo)**. loc. adv. Con buena (o mala) fortuna. *No quiero empezar el trabajo con el pie izquierdo.* ■ **con los ~s por delante**. loc. adv. coloq. Después de muerto. *De aquí no me sacan si no es con los pies por delante.* ■ **con ~(s) de plomo**. loc. adv. coloq. Despacio o con prudencia. *En este asunto hay que andar con pies de plomo.* ■ **con un ~ en el hoyo, o en el sepulcro, o en la sepultura**. loc. adv. coloq. Cerca de la muerte. *Está con un pie en el hoyo.* ■ **dar** una persona **el ~** (a otra) **y tomarse** esta **la mano**. loc. v. coloq. Ofrecer esa persona algo (a la otra) y abusar esta del ofrecimiento. *Este es de los que les das el pie y se toman la mano.* ■ **de a ~**. loc. adj. **1.** Dicho espec. de soldado o de guarda: Que no va a caballo para su cometido. *Jinetes y soldados de a pie.* **2.** Dicho de persona: Normal y corriente. *El ciudadano de a pie.* ■ **de ~(s)**, o **en ~**. loc. adv. Sosteniéndose sobre los pies (→ 1). *El niño ya se mantiene en pie.* ■ **de (los) ~s a (la) cabeza**. loc. adv. Enteramente. *Examinó la sala de los pies a la cabeza.* ■ **echarse a los ~ s** (de alguien). loc. v. cult. Manifestarle acatamiento y sumisión. *Se echó a sus pies para pedir perdón.* ■ **en ~**. loc. adv. **1.** → de pie. **2.** Fuera de la cama. Gralm. aludiendo al hecho de levantarse por la mañana, de estar restablecido de una enfermedad, o de no haber cama por ella. *Está en pie desde las seis.* **3.** Sin destruirse, eliminarse ni acabarse. *Mi propuesta sigue en pie.* ■ **en ~ de guerra**. loc. adv. En disposición para entrar en guerra. *El país está en pie de guerra.* Tb. fig. ■ **hacer ~** alguien. loc. v. Afirmarse o ir con seguridad en un proyecto o intento. *El asunto se complica y siento que no hacemos pie.* ■ **hacer ~** una persona que está dentro del agua. loc. v. Tocar el fondo manteniendo la cabeza fuera del agua. *En este lado de la piscina hago pie.* ■ **nacer** alguien **de ~(s)**. loc. v. coloq. Tener buena suerte. *No te pasará nada: tú has nacido de pie.* ■ **no dar** alguien **~ con bola**. loc. v. Hacer mal las cosas por ignorancia o aturdimiento. *Hoy no doy pie con bola.* ■ **no tener** algo **(ni) ~s ni cabeza**. loc. v. coloq. No tener sentido. *Lo que dice no tiene pies ni cabeza.* ■ **no tenerse en ~**. loc. v. Estar muy cansado o muy débil. *A medianoche ya no me tengo en pie.* ■ **parar los ~s** (a alguien). loc. v. coloq. Impedir(le) que siga haciendo algo que se considera inconveniente o desconsiderado. *Tiene que pararle los pies a ese tirano.* ■ **perder ~**. loc. v. Dejar de hacer pie (→ hacer pie). *Había un hoyo y perdí pie.* ■ **a ~ a tierra**. loc. adv. **1.** De pie, después de haber desmontado del caballo. *El rejoneador continuó su faena pie a tierra.* □ expr. **2.** Se usa para ordenar a alguien que baje de la caballería o del vehículo en que va. *El sargento gritó: –¡Pie a tierra!* ■ **poner los ~s** (en un lugar). loc. v. Ir (a ese lugar). *No pone los pies en una iglesia.* ■ **poner ~s en polvorosa**. loc. v. coloq. Huir o escapar. *El ladrón puso pies en polvorosa.* ■ **por su ~**. loc. adv. Andando y valiéndose por sí mismo. *Ha entrado en la clínica por su pie.* ■ **saber de qué ~ cojea** (alguien). loc. v. coloq. Conocer a fondo sus defectos. *Déjate de excusas; sé muy bien de qué pie cojeas.* ■ **sacar** alguien **los ~s del plato**. loc. v. coloq. Excederse al hacer o decir cosas a las que antes no se atrevía. *Protestar tanto es sacar los pies del plato.* ■ **ser (los) ~s y (las) manos** (de alguien). loc. v. Servir(le) en todos sus asuntos. *Su agente literario era sus pies y sus manos.*

piedad. f. **1.** Compasión por el mal o el sufrimiento ajenos. *Los trata sin piedad.* **2.** Devoción religiosa. *La piedad de la beata.* **3.** *Arte* Representación de la escena en que la Virgen sostiene el cadáver de Jesucristo descendido de la cruz. ▸ **1:** *COMPASIÓN.

piedra. f. **1.** Materia mineral dura, compacta y que no tiene aspecto metálico. *Puente de piedra.* Tb. cada trozo aislado de esa materia. *Un gamberro tiraba piedras.* **2.** Trozo de piedra (→ 1) labrado, espec. el que se usa en construcción. *Hay que restaurar las piedras de la fachada.* **3.** Pieza u objeto hechos de piedra (→ 1). *Una piedra de molino.* **4.** Trozo de una aleación de hierro que se usa para producir la chispa en un encendedor. *La piedra del mechero.* **5.** *Cálculo* (acumulación de sales en el riñón u otro órgano). *Tiene piedras en la vesícula.* ■ **~ angular**. f. Base o fundamento principal de algo. *La justicia es la piedra angular de una democracia.* ■ **~ de toque**. f. Cosa que sirve para probar la calidad o validez de algo. *La partitura es una piedra de toque para cualquier orquesta.* ■ **~ filosofal**. f. Materia con que los alquimistas pretendían hacer oro artificialmente. Tb. fig. para designar una panacea o solución para cualquier mal. *No han encontrado la piedra filosofal para acabar con las guerras.* ■ **~ pómez**. f. Piedra (→ 1) volcánica, esponjosa y frágil, que se usa para pulir y desgastar. *Las callosidades de los pies se pulen con piedra pómez.* ⇒ PÓMEZ. ■ **~ preciosa**. f. Piedra (→ 1) fina y rara, transparente o translúcida y que, tallada, se emplea en joyería. *Los diamantes son piedras preciosas.* ■ **primera ~**. f. **1.** Piedra (→ 2) con que se empieza la construcción de un edificio notable y que se coloca en un acto ceremonial. *La alcaldesa puso la primera piedra del teatro.* **2.** Primer paso que se da como base para poder llevar a cabo un proyecto o una pretensión. *El acuerdo pone la primera piedra para la paz.* □ **de ~**. loc. adj. coloq. Sorprendido o paralizado e incapaz de reaccionar. *Se quedó de piedra cuando lo supo.* ■ **~ sobre ~**. loc. s. Construcción sin destruir. *Tras el ataque, no quedó piedra sobre piedra.* ■ **tirar la ~ y esconder la mano**. loc. v. Hacer daño ocultándose y no responsabilizándose de ello. *Está detrás del complot, pero tira la piedra y esconde la mano.* ■ **tirar** alguien **~s contra su tejado**. loc. v. coloq. Perjudicarse a sí mismo. *Atacar a tu equipo es tirar piedras contra tu tejado.* ▸ **5:** CÁLCULO.

piel. f. **1.** Tejido externo que cubre el cuerpo de las personas y de los animales vertebrados. *Crema para pieles secas.* **2.** Piel (→ 1) de animal curtida. *Zapatos de piel.* **3.** Piel (→ 1) de animal curtida de forma que conserva su pelo natural, frec. usada para la confección de prendas de abrigo. *Un abrigo de piel de nutria.* **4.** Tejido que cubre la parte carnosa de algunos frutos. *Se come las ciruelas con piel.* **5.** coloq. Vida. *Nos traicionaría con tal de salvar la piel.* ■ **~ de gallina**. f. Carne de gallina (→ carne). *La escena nos puso la piel de gallina.* ■ **~ de naranja**. f. Aspecto granuloso que toma la piel (→ 1), debido a la celulitis. *La nueva crema reduce el efecto de piel de naranja.* ■ **~ roja**. m. y f. Indio indígena de América del Norte. *Los pieles rojas defendían su territorio frente al hombre blanco.* □ **dejar(se)** alguien **la ~** (en algo). loc. v. coloq. Esforzarse al máximo (en ello). *Se deja la piel EN los estudios.*

piélago. m. cult. Mar (extensión de agua, o gran cantidad de cosas o personas).

pienso[1]. m. Alimento para el ganado, espec. el seco. *Harina para piensos.*

pienso[2]. **ni por ~.** loc. adv. coloq. Se usa para negar enfáticamente, o como refuerzo de una negación. *¿Monja yo?, ¡ni por pienso!*

pierna. f. **1.** En el cuerpo humano: Extremidad inferior. *Sus largas piernas le permiten avanzar mucho.* Tb. la parte correspondiente de una prenda de vestir (→ **pernera**). **2.** Parte de la pierna (→ **1**) que va desde la rodilla hasta el pie. *Las espinilleras protegen las piernas.* **3.** En un animal cuadrúpedo o en un ave: Muslo. *Pierna de cordero asada.* ■ **a ~ suelta.** loc. adv. Profunda y despreocupadamente. *Duerme a pierna suelta.* ■ **estirar** alguien **las ~s.** loc. v. Desentumecerlas, gralm. dando un paseo, después de un tiempo de reposo. *Se bajó a estirar las piernas.* ▶ **3:** MUSLO.

pierrot. (pl. **pierrots**). m. Persona disfrazada de Pierrot (personaje de la pantomima francesa), con un traje amplio y blanco con grandes botones.

pieza. f. **1.** Parte diferenciada o componente de algo, espec. de una máquina. *Las piezas del rompecabezas.* **2.** Cada uno de los objetos o unidades que componen un conjunto o pertenecen a una misma especie. *Una vajilla de veinte piezas.* **3.** Trozo de tela u otro material que se utiliza para remendar una prenda de vestir. *Cose una pieza en el pantalón roto.* **4.** Porción de tejido que se fabrica de una vez. *La tela de las mangas y la del cuerpo son de piezas distintas.* **5.** Animal que se caza o se pesca. *Pescó una docena de piezas.* **6.** Obra teatral. *Una pieza de Lope.* **7.** Composición musical independiente. *Una pieza para contrabajo.* **8.** Objeto valioso o sobresaliente, frec. por su interés artístico. *Subastan piezas muy cotizadas.* **9.** Habitación (espacio de una vivienda limitado por tabiques). *Todas las piezas de la casa dan al exterior.* ■ **~ de artillería.** f. Arma de fuego de gran calibre. *El cañón es una pieza de artillería.* □ **de una ~.** loc. adj. coloq. Sorprendido o asombrado. *Al verme se quedó de una pieza.* ▶ **9:** *HABITACIÓN.

pífano. m. Flautín de tono muy agudo, usado en las bandas militares. *Los soldados desfilan al son de pífanos y tambores.*

pifia. f. coloq. Error o hecho desacertado. *Cometió la pifia de echar azúcar en vez de sal.* FAM **pifiar** (conjug. ANUNCIAR).

pigmento. m. **1.** Materia colorante que se utiliza en pintura. *Los pigmentos de las obras antiguas pueden deteriorarse con el tiempo.* **2.** Sustancia colorante que se encuentra en muchas células animales y vegetales. *El verde de las plantas se debe a un pigmento: la clorofila.* FAM **pigmentación; pigmentar.**

pigmeo, a. adj. **1.** Dicho de individuo: De los pueblos que viven en zonas de África ecuatorial y Asia, y que se caracterizan espec. por su baja estatura. **2.** De poca estatura. *Chimpancé pigmeo.* Frec. despect. y fig. *A su lado, somos pigmeos intelectuales.*

pignorar. tr. Empeñar o dejar en prenda (algo). *Ha pignorado sus bienes.* Se usa espec. en derecho. ▶ EMPEÑAR. FAM **pignoración.**

pija. f. malson. Pene.

pijama. m. (En Am., tb. f.). Prenda de dormir, gralm. compuesta de pantalón y chaqueta. *Pijama de seda.* ▶ **Am:** PIYAMA.

pila[1]. f. **1.** Conjunto de cosas puestas una sobre otra. *Hay pilas de cajas en el suelo.* **2.** coloq. Montón (gran cantidad de personas o cosas). *Sacó del bolsillo una pila de monedas.*

pila[2]. f. **1.** Pieza cóncava y profunda donde cae o se echa agua para diversos usos. *La pila del fregadero.* **2.** Pila (→ **1**) con un pedestal, que se utiliza en las iglesias para bautizar. Tb. **~ bautismal.** **3.** Dispositivo, gralm. pequeño, que genera corriente eléctrica a partir de la transformación de energía química. *Las pilas del transistor.*

pilar[1]. m. **1.** Elemento arquitectónico vertical, macizo y frec. de sección cuadrangular, que sirve como soporte de estructuras u otros elementos. *El puente descansa sobre pilares de hormigón.* **2.** Persona o cosa que sirven de apoyo o proporcionan estabilidad a alguien o algo. *El capitán es el pilar del equipo.*

pilar[2]. tr. Descascarar (granos) majándo(los). *Pilan el maíz.*

pilastra. f. Arq. Pilar de sección cuadrangular, espec. el adosado a una pared.

pilcha. f. Am. coloq. Prenda de vestir. *Te queda muy bien..., linda pilcha* [C].

píldora. f. **1.** Pequeña porción de medicamento, de forma esférica u ovalada, que se toma por la boca. *Píldoras para la tos.* **2.** Píldora (→ **1**) anticonceptiva para la mujer. *Toma la píldora desde los veinte.* ■ **dorar la ~** (a alguien). loc. v. coloq. Suavizar con palabras halagadoras o tranquilizadoras la mala noticia que se (le) da o la contrariedad que se (le) causa. *Dime la verdad y no me dores la píldora.* ■ **tragarse** alguien **la ~.** loc. v. coloq. Creerse una mentira o un bulo. *Cuénteselo a otro: yo no me trago la píldora.*

pileta. f. **1.** Pila gralm. pequeña para echar o contener agua. *Un hilo de agua caía sobre la pileta.* **2.** Am. Piscina. *La pileta olímpica del Campo de Marte* [C].

pillaje. m. Saqueo o robo, espec. los realizados en una situación de desorden público, o los llevados a cabo por soldados en un territorio invadido. *Actos de pillaje.*

pillar. tr. **1.** coloq. Agarrar (algo o a alguien). *Como eche a correr, no lo pillas.* **2.** coloq. Aprisionar (algo o a alguien) provocándo(les) daño. *Le ha pillado un dedo al cerrar la ventana.* **3.** coloq. Encontrar (a alguien) en un lugar o situación determinada, de modo imprevisto. *Nos va a pillar la tormenta.*

pillastre. m. coloq. Pillo. *Un pillastre le robó la bolsa.*

pillo, lla. adj. **1.** coloq. Dicho de persona: Pícara y hábil para engañar a los demás. Tb. m. y f. *Pillos y ladronzuelos merodean por el puerto.* Frec. se usa para referirse a una pers. de manera irónica o cariñosa; tb. **pillín.** **2.** coloq. Dicho de persona: Astuta o sagaz. *Es tan pillo que enseguida supo cómo tenerme de su lado.* FAM **pillería.**

pilón[1]. m. Pila de piedra construida en una fuente y que sirve gralm. como abrevadero o lavadero.

pilón[2]. m. Am. Mano del mortero. *Con el pilón aplastaba las hebras tiernas* [C].

píloro. m. Anat. Abertura del estómago que lo comunica con el intestino.

piloso, sa. adj. **1.** Anat. Del pelo. *Folículo piloso.* **2.** cult. o Anat. Que tiene pelo.

pilote. m. Madero gralm. cilíndrico y terminado en una punta de hierro, que se hinca en el suelo, gralm. para consolidar los cimientos de una construcción.

piloto. m. y f. **1.** Persona que dirige un barco. *El capitán ordenó al piloto poner rumbo a tierra.* **2.** Persona que dirige un vehículo aéreo. *Es piloto de una compañía aérea.* **3.** Persona que conduce un vehículo de carreras. *Piloto de motociclismo.* ○ m. **4.** En un aparato o una instalación: Señal luminosa que indica que están en funcionamiento o en un estado determinado. *Cuando quede poca gasolina, se encenderá el piloto.* **5.** En un automóvil: Luz roja situada en su parte posterior y que sirve para indicar su posición. *El camión tiene un piloto roto.* **6.** Se usa en aposición para expresar el carácter experimental o la condición de modelo de lo designado por el nombre al que sigue. *Proyecto piloto.* ■ ~ **automático.** m. Dispositivo instalado en un barco o en un vehículo aéreo y que es capaz de dirigirlos automáticamente. *El comandante puso el piloto automático.* FAM **pilotaje; pilotar.**

piltrafa. f. **1.** Trozo de carne menudo, que casi no tiene más que el pellejo. *Los buitres apenas dejaron las piltrafas de la vaca.* **2.** Persona de muy poca consistencia física o moral. *¡Que se ha enamorado de esa piltrafa!* **3.** coloq. Desecho, o cosa inservible o de muy poco valor. *Devolvió el traje hecho una piltrafa.*

pimentero. m. **1.** Recipiente destinado a contener la pimienta molida para servirse de ella en la mesa. **2.** Arbusto trepador, de origen tropical, cuyo fruto es la pimienta.

pimentón. m. Condimento que se obtiene moliendo pimientos rojos. ▶ PÁPRIKA.

pimienta. f. Fruto del pimentero, redondo, de pequeño tamaño, picante y muy aromático, que se utiliza, molido o entero, como condimento.

pimiento. m. Fruto comestible de forma cónica, gralm. de color verde o rojo, hueco en su interior y con muchas semillas. Tb. su planta. ▶ frecAm: AJÍ.

pimpante. adj. coloq. Resplandeciente de satisfacción, vigor o vitalidad. *Iba tan pimpante con su bicicleta nueva.*

pimpollo. m. **1.** Capullo de la rosa. *Los pimpollos están a punto de abrirse.* **2.** coloq. Persona joven y sana. *Pasea del brazo de un pimpollo.*

pinacoteca. f. Galería o museo de pinturas. *El Prado es una gran pinacoteca.*

pináculo. m. **1.** Arq. Remate piramidal o cónico de una construcción. *Contrafuertes coronados por pináculos.* **2.** Punto más alto o sublime de algo inmaterial. *Elevó la pintura al pináculo de la gloria.*

pinar. → pino.

pinareño, ña. adj. De Pinar del Río (Cuba).

pincel. m. **1.** Utensilio compuesto por un mango alargado y terminado por uno de sus extremos en un manojo de pelos o cerdas, que se usa espec. para pintar. *Limpia los pinceles con aguarrás.* **2.** cult. Pintor, espec. de obras artísticas. *Goya está entre los grandes pinceles de la Historia.* FAM **pincelada.**

pinchadiscos. m. y f. Persona encargada de seleccionar y poner discos en una discoteca o en un programa de radio o televisión. ▶ DISC-JOCKEY.

pinchar. tr. **1.** Clavar algo punzante (en alguien o algo). *Los niños se divierten pinchando los globos.* **2.** coloq. Poner una inyección (a alguien). *La enfermera me pinchó.* **3.** coloq. Enfadar (a alguien), o causar(le) un sentimiento de disgusto o molestia. *La pincha escondiéndole sus juguetes.* **4.** coloq. Incitar o estimular (a alguien) a hacer algo. *Lo pincha para que estudie.* **5.** coloq. Manipular (una línea telefónica) para espiar las conversaciones que se realicen (a través de ella). *La policía pinchó el teléfono de un narcotraficante.* **6.** coloq. Poner (un disco) en un equipo reproductor de sonido. *Hay una cabina para pinchar discos.* ○ intr. **7.** Sufrir alguien un pinchazo en una

rueda del coche que ocupa. *Pinchamos al salir de la curva.* FAM **pinchadura.**

pinchazo. m. **1.** Hecho de pinchar o pincharse. *El pinchazo de la aguja.* **2.** Dolor agudo y pasajero. *El jugador sintió un pinchazo en la pierna.* ▶ 2: *PUNZADA.

pinche, cha. m. y f. (Frec. como f. se usa **pinche**). Persona que presta servicios auxiliares en la cocina. *El restaurante tiene un cocinero y un pinche.* ▶ Am: GALOPÍN.

pincho. m. **1.** Punta u objeto puntiagudo que pinchan o con los que se pincha algo. *Alambrada con pinchos.* **2.** Porción de comida que se toma como aperitivo y que a veces se sirve atravesada con un pincho (→ 1). *Pinchos de carne.* ▶ 2: BROCHETA, BROQUETA.

pinga. f. Am. malson. Pene.

pingajo. m. **1.** despect. Harapo o jirón. *De la vieja cortina cuelgan unos pingajos.* **2.** despect. Persona o cosa en mal estado. *Tan delgada está hecha un pingajo.*

pingo. m. Am. Caballo. *No lograbas que el pingo emprendiera el galope* [C].

ping-pong. (pronunc. "pin-pón"; marca reg.). m. Tenis de mesa. ¶ [Equivalente recomendado: *tenis de mesa.* Adaptación recomendada: *pimpón*].

pingüe. adj. cult. Abundante o cuantioso. *Pingües ganancias.*

pingüino. m. Ave propia de las zonas polares del hemisferio sur, de figura erguida, plumaje blanco y negro, incapaz de volar y buena nadadora. *El pingüino hembra.*

pinitos. m. **1.** coloq. Primeros pasos de un niño. *El bebé ha dado sus pinitos.* **2.** coloq. Primeros pasos que se dan en una actividad. *Hizo sus pinitos como actriz.*

pino. m. Árbol siempre verde, de tronco recto y resinoso y hojas en forma de aguja, cuyo fruto es la piña, y cuya semilla, el piñón. Tb. su madera. FAM **pinar.**

pinta¹. f. **1.** Mancha o dibujo pequeños y gralm. redondeados. *La piel del leopardo tiene pintas negras.* **2.** Aspecto o apariencia de alguien o algo. *Un hombre con mala pinta.* ▶ 2: *APARIENCIA.

pinta². f. Unidad de capacidad del sistema anglosajón, que en Gran Bretaña equivale a 0,568 litros. *Una pinta de cerveza.*

pintada. f. Letrero que se pinta en las paredes de las calles, gralm. con un contenido político o social. *En el muro hay una pintada contra el Gobierno.*

pintado, da. adj. De varios colores. *Gallina pintada.* ■ **el más pintado.** loc. s. coloq. El más hábil o experimentado. *Este problema no lo resuelve el más pintado.* ■ **que ni ~.** loc. adj. coloq. Adecuado o muy a propósito. *El dato me viene que ni pintado.*

pintalabios. m. Cosmético que se usa para pintarse los labios. ▶ CARMÍN.

pintar. tr. **1.** Representar (algo) en una superficie con líneas y colores. *Pintan las rayas de la carretera.* **2.** Representar algo (en una superficie) con líneas y colores. *El niño pintó la pared de monigotes.* **3.** Cubrir con color la superficie (de algo). *Pintemos el techo de un color pastel.* **4.** Describir (algo o a alguien) por medio de la palabra. *Pintó una situación sombría.* **5.** Maquillar (a alguien o alguna parte de su rostro). *La maquilladora pinta a la novia.* ○ intr. **6.** Dibujar o dejar marca un lápiz u otro utensilio para escribir. *El lápiz no pinta.* **7.** Empezar a mostrarse algo de terminada manera. *Este año las vacaciones no pintan bien.* **8.** En un juego de cartas: Ser triunfo un palo de la baraja. *Pintan bastos.* **9.** coloq. Ser importante, significativo o útil en un lugar o situación. *Aquí no pinto nada.* ■ ~se alguien **solo** (para algo). loc. v. coloq. Ser muy apto o hábil (para ello). *PARA organizar fiestas se pinta sola.* ▶ 5: MAQUILLAR. FAM pintor, ra.

pintarrajear. tr. **1.** coloq. Pintar (algo) sin arte, frec. con manchas de color o garabatos. *Un alumno pintarrajeó la pizarra.* **2.** coloq. Pintar o maquillar mal o excesivamente (a alguien). *Apareció toda pintarrajeada.*

pintiparado, da. adj. Adecuado u oportuno para un fin determinado. *Esta falda me viene pintiparada PARA la fiesta.*

pintoresco, ca. adj. **1.** Que interesa o llama la atención por su peculiaridad o carácter típico. *Pueblecitos pintorescos.* **2.** Chocante o extraño. *Su forma de vestir es pintoresca.*

pintura. f. **1.** Hecho de pintar algo. *Procedamos a la pintura de la chapa.* **2.** Arte o técnica de pintar o representar algo con líneas y colores. *La pintura es una de las Bellas Artes.* **3.** Obra de pintura (→ 2). *Subastan dos pinturas de Murillo.* **4.** Sustancia con un color determinado que se utiliza para pintar. *Compramos pintura blanca para el salón.* ■ **no poder ver** (algo o a alguien) **ni en ~.** loc. v. coloq. Sentir gran rechazo (hacia ellos). *No puede ver un hospital ni en pintura.*

pinza. f. **1.** Instrumento cuyos extremos se aproximan para hacer presión sobre algo y sujetarlo. *Tendió la sábana y le puso dos pinzas.* **2.** Pliegue que se cose en una tela para darle una forma determinada. *Un pantalón con pinzas.* **3.** *Zool.* En las patas de algunos artrópodos: Extremo articulado y formado por dos piezas, que les sirve como órgano prensor. *Las pinzas del cangrejo.* ○ pl. **4.** Instrumento formado por dos piezas unidas por un extremo y que se utiliza para coger o sujetar cosas pequeñas. *Pinzas de depilar.* ▶ 3: TENAZA. ‖ Am: 1: GANCHO.

pinzamiento. m. *Med.* Compresión de un órgano, de un nervio o de un músculo entre dos superficies. *El dolor de espalda está producido por un pinzamiento.*

pinzar. tr. **1.** Sujetar (algo) con pinzas. *La comadrona pinza el cordón umbilical.* **2.** Comprimir o pellizcar (algo) con los dedos o con otra cosa que actúa como una pinza. *Las vértebras han pinzado un nervio.*

pinzón. m. Pájaro cantor de plumaje pardo rojizo y cabeza gris azulada. *El pinzón hembra.*

piña. f. **1.** Fruto del pino y otros árboles, de forma cónica y compuesto por piezas duras unidas entre sí como las escamas de un pez, bajo las cuales están los piñones. **2.** Fruto tropical de gran tamaño y forma ovalada, rematado por un penacho de hojas duras, cuya carne es amarillenta, jugosa y dulce. **3.** Conjunto de personas o cosas juntas o unidas estrechamente. *El equipo es una piña.* ▶ Am: 2: ANANÁ, ANANÁS.

piñata. f. Recipiente de barro, lleno gralm. de dulces y que, en ciertas fiestas, se cuelga para jugar a romperlo con un palo llevando los ojos vendados.

piñón[1]. m. **1.** Semilla del pino. **2.** Parte interna comestible de la semilla del pino piñonero, pequeña, alargada y de color blanquecino. *Un guiso de carne con piñones.*

piñón[2]. m. Rueda pequeña y dentada que forma parte de un engranaje. *Mi bicicleta tiene tres platos y nueve piñones.*

pío[1]. interj. Se usa para imitar la voz característica del pollo de un ave. Frec. m. *¿No oyes el pío, pío de los pajarillos?* ■ **ni ~.** loc. s. coloq. Nada. *No dije ni pío.*

pío[2], a. adj. cult. Religioso o piadoso. *Libros píos.*

piojo. m. Insecto sin alas y de pequeño tamaño, que vive parásito en el hombre y en otros animales alimentándose de su sangre.

piojoso, sa. adj. **1.** Que tiene piojos. *Un perro piojoso.* **2.** despect. Miserable o sucio. *Vivía en una pensión piojosa.*

piola[1]. f. Am. Cuerda delgada. *Espérese que amarre con piola las cajas* [C]. ▶ CORDEL.

piola[2]. adj. **1.** Am. coloq. Estupendo. *Acepté porque me parecía piola la idea* [C]. **2.** Am. coloq. Dicho de persona: Lista o astuta. *El general es el más piola* [C].

piolet. (pronunc. "piolé" o "piolét"; pl. **piolets**). m. Bastón de alpinista, parecido a un pico, con el extremo del mango puntiagudo. *Se aseguran en la nieve con piolets.*

piolín. m. Am. Cuerda delgada. *Un paquete atado con piolines* [C]. ▶ CORDEL.

pionero, ra. m. y f. **1.** Persona que inicia la exploración de nuevas tierras. *Los pioneros que se establecieron en América.* **2.** Persona que abre nuevos caminos en una actividad o disciplina. *Fue un pionero del cine.*

piorrea. f. *Med.* Flujo de pus en las encías. Tb. la enfermedad correspondiente.

pipa[1]. f. Utensilio para fumar, formado por un tubo con boquilla terminado en un recipiente cóncavo, donde se coloca el tabaco picado u otra sustancia. ▶ CACHIMBA.

pipa[2]. f. Semilla pequeña de algunos frutos. *Pipas de melón.* Frec. designa la semilla de girasol, que se come como golosina. ▶ *PEPITA.

pipeta. f. Tubo de cristal ensanchado en su parte media, gralm. graduado y que se usa para trasladar pequeñas cantidades de líquido de un recipiente a otro. *Las pipetas y los tubos de ensayo del laboratorio.*

pipí. m. infant. o coloq. Orina. *Se ha hecho pipí en la cama.*

pipiolo, la. m. y f. **1.** coloq. Persona novata o inexperta. *Yo era una pipiola en mi primer trabajo.* **2.** coloq. Niño o joven. *¿Que ya tienes novia?, ¡pero si eres un pipiolo!*

pique. m. **1.** Resentimiento o disgusto provocados por una discusión o por algo que ofende o molesta. *Tiene un pique contigo.* **2.** Empeño en hacer algo por amor propio o por rivalidad. *Mantienen un pique por ver quién sabe más.* ■ **irse a ~** una embarcación. loc. v. Hundirse. *El barco torpedeado se fue a pique.* ■ **irse a ~** algo, espec. un intento. loc. v. coloq. Fracasar o no llegar al final deseado. *El negocio se irá a pique.* ▶ 1: *ENFADO.

piqué. m. Tejido de algodón con dibujos en relieve. *Camisas de piqué.*

piqueta. f. Herramienta de albañilería formada por un mango de madera y una pieza de metal que en un extremo tiene forma plana, como el martillo, y en el otro, forma puntiaguda, como el pico. *Derriban el tabique a golpe de piqueta.*

piquete. m. **1.** Grupo de personas que, pacífica o violentamente, intentan imponer o que se mantenga una huelga. *Un piquete impide entrar en la fábrica.* **2.** Grupo pequeño de soldados encargado de realizar un servicio extraordinario. *Un piquete de ejecución.*

pira. f. **1.** Hoguera donde se queman los cuerpos de los difuntos o las víctimas de los sacrificios. *Pira funeraria.* **2.** Hoguera.

piragua. f. Embarcación larga, estrecha y ligera, que navega a remos y a veces a vela. *Descienden en piragua por los rápidos.* FAM **piragüismo; piragüista.**

pirámide. f. **1.** Cuerpo geométrico cuya base es un polígono y cuyas caras laterales son triángulos que se juntan en un mismo vértice. *Calcula el área de una pirámide regular.* **2.** Construcción arquitectónica con forma de pirámide (→ 1). *Las pirámides aztecas.* **3.** Representación gráfica cuya forma recuerda la de la pirámide (→ 1). *En la pirámide de población se aprecia un descenso de los nacimientos.* FAM **piramidal.**

piraña. f. Pez propio de ríos sudamericanos, de pequeño tamaño y dientes muy afilados, de gran voracidad.

pirata. m. y f. **1.** Persona que se dedica al abordaje de barcos en el mar para robar. *Drake fue un pirata del siglo XVI.* **2.** Persona que se apropia o aprovecha ilícitamente de algo ajeno. *En el mercado informático hay piratas que comercian con copias ilegales.* ● adj. **3.** Del pirata (→ 1). *Bandera pirata.* **4.** Clandestino, o que no tiene la licencia legal exigida. *Radio pirata.* ■ ~ **aéreo/a.** m. y f. Persona que, bajo amenazas, obliga a la tripulación de un avión a modificar su rumbo. ▶ **1:** CORSARIO. FAM **piratear; pirateo; piratería.**

pirca. f. Am. Construcción de piedra hecha para cercar o limitar un terreno. *Estamos construyendo pircas en vez de tener a los animales en potreros* [C].

pirenaico, ca. adj. De los montes Pirineos. *Ríos pirenaicos.*

pirita. f. Mineral de hierro, brillante y de color amarillo oro.

pirograbado. m. **1.** Técnica para grabar o tallar superficialmente la madera o el cuero por medio de un metal incandescente. *Estudia pirograbado en la escuela.* **2.** Talla o grabado realizados mediante el pirograbado (→ 1). *Tiene litografías y pirograbados.*

pirómano, na. adj. Que padece una tendencia patológica a provocar incendios. Tb. m. y f. *La policía ha detenido al pirómano.*

piropo. m. Expresión de alabanza o elogio que se dirige a alguien o algo. Designa espec. la que ensalza la belleza de una mujer. ▶ REQUIEBRO. FAM **piropear; piropeo.**

pirotecnia. f. **1.** Técnica de fabricación y utilización de materiales explosivos y fuegos artificiales. *En pirotecnia se utiliza mucho la pólvora.* **2.** Material explosivo o para fuegos artificiales. *Un arsenal de pirotecnia militar.* FAM **pirotécnico, ca.**

pírrico, ca. adj. Dicho de triunfo o victoria: Obtenido con más daños del vencedor que del vencido. *Una victoria pírrica que, al fin y al cabo, costó tantas vidas.*

pirueta. f. **1.** Voltereta. *Saltó del trampolín, dio una pirueta y cayó al agua.* **2.** Giro ágil que se da alrededor del propio eje vertical, gralm. al danzar. *El patinador hace piruetas.* Frec. fig. para designar lo que se hace o dice con habilidad para salir de un apuro. *Hará una pirueta para no decir lo que piensa.* ▶ **Am. 2:** MAROMA.

pirulí. m. Caramelo, gralm. de forma cónica, con un palito que sirve de mango.

pis. m. coloq. Orina. *Tengo ganas de hacer pis.*

pisapapeles. m. Objeto que se pone sobre los papeles para que no se muevan.

pisar. tr. **1.** Poner el pie (sobre alguien o algo). *No pise el césped.* **2.** Oprimir o apretar con los pies (algo).

Pisó el acelerador. **3.** Entrar o estar (en un lugar). *No pisa la biblioteca.* **4.** Cubrir parcialmente una cosa (a otra). *El sillón pisa la alfombra.* **5.** Apretar con los dedos (una tecla o una cuerda de un instrumento). *Pisa las cuerdas de la guitarra con el índice.* **6.** coloq. Humillar o maltratar (a alguien). *A mí no me pisan.* ○ intr. **7.** Poner sucesivamente los pies en el suelo al andar. *Pise con cuidado en el hielo.* ■ ~ **fuerte.** loc. v. coloq. Actuar con seguridad y soltura. *Ese pisa fuerte.* FAM **pisada.**

pisaverde. m. coloq. o despect. Hombre presumido y que solo se ocupa de arreglarse y buscar galanteos. *La encandila cualquier pisaverde.*

piscícola. adj. De la piscicultura o de los peces. *Explotación piscícola.*

piscicultura. f. Cría de peces y mariscos. FAM **piscicultor, ra.**

piscifactoría. f. Establecimiento donde se practica la piscicultura.

piscina. f. Estanque destinado al baño, a la natación o a otros deportes acuáticos. *Piscina olímpica.* Tb. las instalaciones donde se encuentra. ▶ **Am:** ALBERCA, PILETA.

piscis. m. y f. Persona nacida bajo el signo de Piscis.

pisco. m. Aguardiente de uva originario de la ciudad peruana de Pisco. *Nos sirvió un traguito de pisco* [C].

piscolabis. m. coloq. Comida ligera que se toma como aperitivo o entre horas.

piso. m. **1.** Suelo sobre el que se anda, espec. si es artificial. *El piso es de parqué.* Tb., frecAm., designa cualquier superficie sobre la que se pisa. *Tiéndase en el piso* [C]. **2.** Cada una de las divisiones horizontales y superpuestas a distintas alturas que constituyen un edificio. *Suba al cuarto piso.* **3.** Vivienda en un edificio de varios pisos (→ 2). *Comparten piso.* **4.** Cada una de las partes horizontales y superpuestas que, en su conjunto, forman una unidad. *Tarta de tres pisos.* **5.** En un calzado: Suela. *Botas con piso de goma.* ▶ **1:** SUELO. **2:** PLANTA. **3:** APARTAMENTO, DEPARTAMENTO. **5:** SUELA.

pisotear. tr. **1.** Pisar repetidamente (algo) causando daño o destrozo. *El perro pisoteó las plantas.* **2.** Humillar o maltratar (a alguien). *Que nadie nos pisotee.* **3.** Tratar sin respeto y con violencia (algo). *Pisotean las libertades.* FAM **pisoteo; pisotón.**

pista. f. **1.** Huella o rastro que dejan un animal o una persona en el lugar por donde han pasado. *El cazador seguía la pista del jabalí.* **2.** Conjunto de indicios o datos que pueden conducir a averiguar algo. Tb. cada indicio o dato. *No adivino; deme una pista.* **3.** Terreno acotado y acondicionado para carreras o para determinadas competiciones deportivas. *Pista de atletismo.* **4.** Faja de terreno llano y acondicionado para el despegue y aterrizaje de aviones. **5.** En una discoteca o un local de diversión: Espacio destinado al baile. **6.** En un circo u otro recinto de espectáculos: Espacio frec. circular donde actúan los artistas. **7.** Autopista. **8.** *tecn.* Banda de una cinta magnetofónica, película o disco óptico o magnético donde se registra información. ■ **seguir la ~** (a alguien). loc. v. Vigilar(lo) o estar pendiente de sus movimientos y evolución. *Siguen la pista a jóvenes valores.* ▶ **3:** CALLE. ‖ **Am: 3:** ANDARIVEL.

pistacho. m. Fruto pequeño, oval, de cáscara dura y semilla comestible verdosa.

pistilo. m. *Bot.* Órgano femenino de una flor, en cuya base se encuentra el ovario.

pistola. f. **1.** Arma de fuego de corto alcance, frec. provista de un cargador en la culata, y que se puede usar con una sola mano. **2.** Utensilio para proyectar pintura pulverizada u otro líquido. *Pinta con pistola.* FAM **pistolera; pistolero; pistoletazo.**

pistón. m. **1.** Émbolo (pieza). *El pistón comprime el combustible en el cilindro.* **2.** En algunos instrumentos musicales de viento: Pieza móvil en forma de émbolo, que regula el paso del aire. *Los pistones de la trompeta.* **3.** En un arma de fuego o en un cartucho: Parte donde está colocado el fulminante. ▶ **1:** ÉMBOLO.

pita[1]. f. **1.** Planta propia de zonas cálidas, de hojas carnosas y alargadas, flores amarillas que crecen sobre un tallo central de gran altura, y de la que se extrae una fibra muy empleada en la industria textil. **2.** Hilo que se hace con las hojas de la pita (→ 1). *Con pita se fabrican cuerdas.* ▶ **1:** AGAVE. ‖ **Am: 1:** MAGUEY.

pita[2]. f. Pitada (hecho de pitar). ▶ *PITADA.

pitada. f. **1.** Hecho de pitar y silbar para expresar desaprobación, gralm. un grupo numeroso de personas. *Recibieron a la ministra con una pitada.* **2.** Pitido. *El policía dio una pitada y nos detuvimos.* ▶ **1:** PITA, SILBA.

pitagórico, ca. adj. **1.** *Fil.* De Pitágoras (filósofo y matemático griego, s. VI a. C.) o de su escuela. *Teorías pitagóricas.* **2.** *Fil.* Seguidor de Pitágoras o de su escuela. *Filósofo pitagórico.* FAM **pitagorismo.**

pitahaya. f. *Am.* Planta del grupo de los cactos, de fruto comestible parecido al higo chumbo. Tb. su fruto. *Tomo de la bandeja una pitahaya* [C]. ▶ **Am:** PITAYA.

pitanza. f. coloq. Comida o alimento cotidiano. *Cada cual se busca su pitanza.*

pitar. intr. tr. **1.** Tocar el pito. *El jefe de estación pitó.* **2.** Sonar un pito. *Este silbato no pita.* **3.** Zumbar algo, o hacer ruido o sonido continuado. *Me pitan los oídos.* ○ tr. **4.** Silbar un grupo de personas para manifestar desagrado o descontento (hacia alguien o algo). *Los espectadores pitaron la obra.* **5.** *Dep.* Arbitrar (un partido). *¿Quién pitará el encuentro?* **6.** *Dep.* En un partido: Señalar el árbitro (una falta u otra incidencia). *El árbitro pitó falta.* ■ **pitando.** adv. coloq. Muy deprisa. *Salió pitando.* ▶ **4:** SILBAR.

pitaya. f. *Am.* Pitahaya. *Estaban sentadas comiéndose unas pitayas* [C].

pitazo. m. **1.** frecAm. Pitido. *La máquina entró dando pitazos* [C]. **2.** *Am.* coloq. Soplo de una información. *Le dio el pitazo de que los andaban buscando* [C].

pitido. m. Hecho o efecto de pitar. *Con el pitido del árbitro terminó el partido.* ▶ PITADA. ‖ **Am:** PITAZO.

pitillo. m. Cigarrillo. *Apagó el pitillo.* FAM **pitillera.**

pito. m. **1.** Silbato. *Tocó el pito.* **2.** Bocina o claxon. **3.** Sonido muy agudo. Frec., coloq., referido a la voz humana. *¡Hija, qué pito tiene!* **4.** coloq. Cigarrillo. *Se fuma un pito.* **5.** coloq. Pene. ■ **entre ~s y flautas.** loc. adv. coloq. Por diversos motivos, o por atender a distintas cosas. *Entre pitos y flautas, nunca nos vemos.* ■ **un ~,** o **tres ~s.** loc. adv. coloq. Muy poco o nada. *Me importa un pito si viene o no.* ▶ **2:** *BOCINA.

pitón[1]. m. **1.** Punta del cuerno de un toro. En tauromaquia, tb. el cuerno. *Un astado con peligrosos pitones.* FAM **pitonazo.**

pitón[2]. m. (Tb. f.). Serpiente de gran tamaño y fuerza, no venenosa, propia de zonas cálidas de Asia y África. Tb. **serpiente ~.**

pitonisa. f. **1.** histór. Sacerdotisa de Apolo, que daba los oráculos en el templo de Delfos. **2.** Mujer adivina o capaz de predecir el futuro. ▶ **2:** *ADIVINA.

pitorrearse. intr. prnl. coloq. Burlarse o reírse de alguien o algo. *Se pitorrean DE él.* FAM **pitorreo.**

pituco, ca. adj. *Am.* coloq. o despect. Que muestra características de una clase social acomodada. *Barrio pituco* [C].

pituitaria. f. **1.** *Anat.* Membrana que cubre la cavidad de las fosas nasales y en la que se encuentra el sentido del olfato. **2.** *Anat.* Hipófisis.

piurano, na. adj. De Piura (Perú).

pívot. (pl. **pívots**). m. y f. *Dep.* En baloncesto: Jugador cuya misión principal consiste en estar cerca del tablero para recoger rebotes y anotar puntos.

pivote. m. Extremo cilíndrico o puntiagudo de una pieza, donde se apoya o inserta otra de forma que una de ellas pueda girar u oscilar respecto a la otra. *El remolque se engancha al vehículo mediante un pivote.* Frec. fig. FAM **pivotante; pivotar.**

píxel. (pl. **píxeles**). m. *Inform.* y *Fís.* Fracción homogénea más pequeña de las que componen una imagen grabada, y que se define por su brillo y su color.

piyama. f. (Tb. m.). *Am.* Pijama. *¿Vas a ponerle la piyama a esos niños?* [C].

pizarra. f. **1.** Roca de color negro azulado, opaca y que se divide con facilidad en hojas planas y delgadas. *Suelo de pizarra.* **2.** Trozo de pizarra (→ 1), espec. el cortado y preparado para la construcción de suelos y tejados. **3.** Trozo de pizarra (→ 1) pulimentado, rectangular y que se usa para escribir en él con tiza u otro material semejante. *Hace cuentas en una pizarra.* **4.** Superficie o tablero de un material apropiado que se utiliza para escribir y poder borrar en ellos con facilidad, espec. en las aulas. ▶ **4:** ENCERADO, TABLERO. ‖ **Am: 4:** PIZARRÓN. FAM **pizarroso, sa.**

pizarrón. m. *Am.* Pizarra (tablero). *Copiaba en el pizarrón* [C]. ▶ *PIZARRA.

pizca. f. coloq. Porción muy pequeña de algo. *Una pizca DE sal.* ■ **ni ~.** loc. s. coloq. Nada. *No tengo ni pizca DE ganas de salir.*

pizpireto, ta. adj. coloq. Alegre y vivaz. *Ojos pizpiretos.*

pizza. (pal. it.; pronunc. "pídsa"). f. Especie de torta hecha con harina de trigo, con tomate, queso y otros ingredientes por encima, y cocida al horno. FAM **pizzería.**

pizzicato. (pal. it.; pronunc. "pidsikáto"). m. *Mús.* Modo de tocar un instrumento de arco pellizcando las cuerdas con los dedos. *Canta entrecortado, imitando el pizzicato.*

placa. f. **1.** Lámina poco gruesa de metal u otra materia rígida. **2.** Placa (→ 1) con una inscripción o algún símbolo, gralm. de carácter informativo o conmemorativo. *Hay una placa con su nombre en la puerta.* **3.** frecAm. Placa (→ 2) en que consta la matrícula de un vehículo. *Un auto lujoso, con placa diplomática* [C]. **4.** Insignia o distintivo que llevan los agentes de policía para acreditar que lo son. *El agente muestra su placa.* **5.** Insignia de una condecoración. *Le concedieron la Placa de Honor.* **6.** Parte superior de una cocina, donde están los fuegos. *Placa vitrocerámica.* **7.** Lámina o capa que se forman o están superpuestas en algo. *La placa de sarro de los dientes.* **8.** En fotografía: Placa (→ 1) cubierta por una sustancia sensible a la luz y en la que se obtienen ciertos tipos de reproducciones fotográficas. Tb. la reproducción. *Le harán una placa de tórax.* **9.** *Geol.* Cada uno de los bloques en que se divide la litosfera, que flotan sobre el manto y cuyas zonas de choque forman los cinturones de actividad volcánica, sísmica o tectónica. ▶ **3:** *MATRÍCULA.

placar. tr. *Dep.* En el *rugby* y el fútbol americano: Sujetar con las manos (al jugador contrario que lleva el balón) impidiendo que avance y forzándo(lo) a soltar el balón. *Varios defensas placan al delantero.* FAM **placaje.**

placebo. m. *Med.* Sustancia sin propiedades terapéuticas, pero que puede tener efectos curativos si el paciente está convencido de su eficacia. *Producto placebo.*

pláceme. m. cult. Felicitación. *Reciba mi pláceme más sincero.*

placenta. f. Órgano de forma redondeada y aplastada que se desarrolla en el útero de la madre durante la gestación, envuelve el feto y permite su nutrición a través del cordón umbilical. *La placenta se expulsa después del parto.*

placentario, ria. adj. **1.** *tecn.* De la placenta. *Líquido placentario.* **2.** *Zool.* Del grupo de los placentarios (→ 3). ● m. **3.** *Zool.* Mamífero que se desarrolla en el útero de la madre, con formación de placenta.

placer. (conjug. AGRADECER; existen tb., cult., en pret. de indicativo, pret. de subjuntivo y fut. de subjuntivo, las formas arcaicas *plugo, pluguiera* o *pluguiese* y *pluguiere*). intr. **1.** cult. Agradar o causar placer (→ 2) a alguien. *Hará lo que le plazca.* ● m. **2.** Sensación agradable producida por la realización de algo que se desea o necesita, o por la existencia de algo que se considera bueno. *Tuve el placer de oírla cantar.* **3.** Diversión o entretenimiento. *Viaje de placer.* ■ a ~. loc. adv. Con total satisfacción y sin ningún impedimento. *Comió a placer.* ▶ **2:** DELEITACIÓN, DELEITE, GOZO, GUSTO, SATISFACCIÓN. FAM **placentero, ra.**

plácet. m. **1.** cult. Aprobación u opinión favorable. *Cuento con su plácet.* **2.** cult. Aprobación dada por el gobierno de un país a la designación de una persona como representante en él de otro país. *El Gobierno otorgó el plácet al nuevo embajador.*

plácido, da. adj. **1.** Quieto o sosegado. *Las plácidas aguas del lago.* **2.** Agradable y placentero. *Una plácida velada.* FAM **placidez.**

plafón. m. **1.** Lámpara plana que se coloca pegada al techo de modo que las bombillas quedan ocultas. **2.** Adorno en el techo de una habitación, en el que está el soporte para suspender una lámpara. *Plafones de escayola.*

plaga. f. **1.** Calamidad grande que sobreviene a un pueblo o comunidad. *La décima plaga de Egipto consistió en la muerte de los primogénitos.* **2.** Daño grave o enfermedad que afecta a numerosas personas. *El desempleo es una plaga.* **3.** Aparición masiva de seres vivos de la misma especie muy dañinos para poblaciones animales o vegetales. *Una plaga DE gusanos amenaza los cultivos.* **4.** Abundancia excesiva de algo gralm. nocivo, molesto o no conveniente. *La plaga DE curiosos.* FAM **plaguicida.**

plagar. tr. Llenar o cubrir (algo) de una cosa gralm. nociva o no conveniente. *Las noticias sobre la crisis plagan los informativos.*

plagiar. (conjug. ANUNCIAR). tr. **1.** Copiar dando como propio (algo ajeno, espec. una obra). *Plagió párrafos del libro.* **2.** *Am.* Secuestrar (a alguien). *Detenida por plagiar a un bebé* [C]. ▶ **1:** FUSILAR. **2:** *SECUESTRAR. FAM **plagiario, ria; plagio.**

plan. m. **1.** Proyecto o idea, gralm. orientados a conseguir un propósito. *Un plan de ataque.* **2.** Pro-grama elaborado para la ejecución de un proyecto, frec. de una actuación pública. *El plan nacional de la vivienda.* **3.** Régimen de vida, espec. alimenticio, prescrito por un médico. *El médico le puso un plan para adelgazar.* **4.** coloq. Actitud o disposición. *Hablan en plan relajado.* ▶ **3:** *RÉGIMEN. FAM **planeamiento; planear** (*Planean irse de viaje*).

plana. → plano.

plancha. f. **1.** Utensilio gralm. eléctrico, formado por una placa metálica triangular y lisa por su parte inferior, con un asa en la parte superior, que se calienta y se utiliza para quitar las arrugas a la ropa. *Ponga la plancha a temperatura alta.* **2.** Hecho de planchar. *Lavado y plancha de la prenda.* **3.** Lámina de una materia rígida, gralm. metal o madera, lisa y delgada. *Planchas de acero.* **4.** Placa metálica que se utiliza para asar o tostar alimentos. *Sepia a la plancha.* **5.** Postura horizontal del cuerpo en el aire o en el agua. *Se tiró en plancha.* **6.** En imprenta: Reproducción preparada para la impresión.

planchar. tr. **1.** Quitar arrugas (a la ropa) mediante la plancha u otro procedimiento. *Plancha unos pantalones.* Tb. como intr. **2.** Alisar o estirar (algo). *Metió la hoja de arce en un libro para plancharla.* FAM **planchado; planchador, ra.**

plancton. m. *Biol.* Conjunto de organismos vegetales y animales, gralm. minúsculos, que flotan y se desplazan pasivamente en aguas saladas o dulces. *Algunos tiburones se alimentan de plancton.* FAM **planctónico, ca.**

planeación. f. *Am.* Hecho o efecto de trazar un plan u organizar algo siguiendo un plan. *La planeación familiar es un asunto político* [C]. ▶ PLANEAMIENTO, PLANIFICACIÓN.

planeador. m. Aeronave sin motor, que despega remolcada por un avión y se mantiene y desplaza en el aire aprovechando las corrientes atmosféricas.

planear[1]. → plan.

planear[2]. intr. **1.** Volar un vehículo aéreo sin motor, aprovechando las corrientes atmosféricas. *El avión descendió planeando.* **2.** Volar un ave con las alas extendidas e inmóviles. *Un halcón planea acechando a su presa.* FAM **planeo.**

planeta. m. Cuerpo sólido celeste, sin luz propia, que gira alrededor de una estrella de la que recibe la luz que refleja. *Mercurio es el planeta más cercano al Sol.*

planetario. adj. **1.** De los planetas. *Órbita planetaria.* ● m. **2.** Aparato que representa los planetas del sistema solar y reproduce sus movimientos. **3.** Edificio donde está el planetario (→ 2). *Visita cultural al planetario.*

planicie. f. Terreno llano y gralm. muy extenso. *La ciudad se alza en una planicie.*

planificar. tr. Organizar (algo) siguiendo un plan. *Planifique sus vacaciones con tiempo.* FAM **planificación; planificador, ra.**

planilla. f. **1.** *Am.* Formulario. *Yo mismo llené la planilla* [C]. **2.** *Am.* En unas elecciones: Lista de candidatos. *Formaba parte de la planilla electoral* [C].

planisferio. m. Mapa en el que se representa la esfera celeste o la terrestre en un plano. *Fue señalando países en un planisferio.*

plano, na. adj. **1.** Llano o liso. *Un terreno plano.* **2.** Dicho de superficie: Que puede contener una recta imaginaria en cualquier dirección. *Televisión de pantalla plana.* ● m. **3.** Representación gráfica, en dos dimensiones y a determinada escala, de un terreno, una población, una construcción o un objeto. *El arquitecto prepara los planos del edificio.* **4.** Posición o punto de vista desde los que se puede considerar algo. *Opina desde un plano subjetivo.* **5.** Mat. Superficie plana (→ 2). *Represente dos planos perpendiculares.* **6.** *Cine* y *TV* Parte de una película rodada en una sola toma. *En el último plano, los protagonistas se besan.* ○ f. **7.** Cada una de las dos caras de una hoja de papel. *Escribe por una plana del folio.* **8.** Página impresa, espec. la de una publicación periódica. *La noticia aparece en la primera plana.* **9.** Llanura, o porción extensa de terreno llano. *Caminan por una inmensa plana.* ■ **plano general.** m. *Cine* y *TV* Plano (→ 6) que muestra un paisaje o un amplio escenario. *La película comienza con un plano general.* ■ **plano inclinado.** m. *Mec.* Superficie plana que forma ángulo agudo con la horizontal, usada para facilitar la elevación o el descenso de cuerpos. *La carga de toneles se realiza mediante un plano inclinado.* ■ **plano medio.** m. *Cine* y *TV* Plano (→ 6) que recoge la figura de un personaje de cintura para arriba. ■ **plana mayor.** f. Conjunto de las personas de más autoridad en una organización o empresa. *La plana mayor del Gobierno.* ■ **primer plano.** m. *Cine* y *TV* Plano (→ 6) que centra la atención en el rostro y los hombros de un personaje o en un objeto aislado. *Un primer plano del protagonista.* □ **a toda plana.** loc. adv. En un periódico o revista: Ocupando todas las columnas de una página o una parte considerable de ella. *La noticia se publica a toda plana.* ■ **corregir, o enmendar, la plana** (a alguien). loc. v. Hacer notar algún defecto en lo que ha hecho o dicho. *No es quien para enmendarme la plana.* ■ **de plano.** loc. adv. **1.** Por completo o totalmente. *Rechacé de plano la propuesta.* **2.** Con lo ancho de un instrumento cortante o con la mano abierta. *Le golpeó de plano con la espada.* ▶ 1: *LLANO.

planta. f. **1.** Vegetal (ser orgánico). Frec. designa el vegetal pequeño, con raíces, tallo y hojas, por contraposición a *árbol*. *Había árboles y vistosas plantas.* **2.** Parte inferior del pie, que se apoya al andar. Tb. la parte correspondiente de un calzado. **3.** Piso (cada una de las divisiones horizontales y superpuestas de un edificio). *Suba a la quinta planta.* **4.** Instalación industrial. *Planta química.* **5.** Aspecto o presencia de alguien. *Joven de buena planta.* **6.** Plan diseñado para la realización de una obra o un proyecto. *Primero elaboraré la planta del diccionario.* **7.** *tecn.* Dibujo que representa un cuerpo, espec. un edificio al nivel de sus cimientos, en un plano horizontal. *Delineó la planta y el alzado del chalé.* ■ **~ baja.** f. Planta (→ 3) que está al nivel del suelo. □ **de (nueva) ~.** loc. adv. De nueva construcción desde los cimientos, sin partir de nada anterior. *Un pabellón de nueva planta.* Tb. fig. ▶ 1: VEGETAL. 3: PISO.

plantado, da. ■ **bien ~.** loc. adj. Que tiene buena planta o presencia. *Una mujer bien plantada.*

plantar. tr. **1.** Meter en la tierra de un lugar (una planta, esqueje o semilla) para que se desarrollen. *Aquí plantaré tomates.* **2.** Poblar de plantas (un terreno). *Han plantado la ladera DE vides.* **3.** Clavar o introducir (algo) en el suelo. *Plantan estacas para hacer la cerca.* **4.** Colocar (algo) en el lugar en que debe ser usado. *Plantamos la tienda de campaña cerca del río.* **5.** coloq. Dar a alguien (algo molesto o que implica brusquedad) o hacer que (lo) reciba. *Me plantó dos besos.* **6.** coloq. Poner (a alguien) en un lugar contra su voluntad. *El casero lo ha plantado EN la calle.* **7.** coloq. Abandonar o dejar (a alguien). *Después de años de noviazgo lo plantó.* ○ intr. prnl. **8.** Ponerse

alguien en un lugar sin moverse. *Se plantó delante de la puerta.* **9.** Adoptar alguien la actitud firme de no seguir haciendo o soportando algo. *Se ha plantado y no trabaja más.* **10.** En algunos juegos de cartas: No querer más cartas de las que se tienen. *Me planté con un seis.* **11.** coloq. Llegar a un lugar en un tiempo determinado, que se considera corto. *Nos plantamos EN su casa EN dos minutos.* FAM **plantación; plantador, ra.**

plantear. tr. **1.** Exponer (algo, como un problema, duda o asunto dificultoso). *Nadie planteó objeciones.* **2.** Enfocar la solución (de un problema). *Planteé bien el problema, pero fallé en las cuentas.* **3.** Causar o suponer (algo, como un problema o una dificultad). *Trabajar a distancia plantea inconvenientes.* FAM **planteamiento.**

plantel. m. Conjunto de personas que comparten una actividad o tienen otra característica común. *Contamos con un plantel de excelentes especialistas.*

planteo. m. frecAm. Hecho o efecto de plantear. *Ese planteo carece de futuro* [C]. ▶ PLANTEAMIENTO.

plantificar. tr. coloq. Poner (algo o a alguien) en un lugar. *Plantificaron una estatua EN la plaza.*

plantígrado, da. adj. *Zool.* Dicho de mamífero: Que camina apoyando completamente la planta del pie y las manos, como el oso.

plantilla. f. **1.** Pieza suelta de material flexible con que se cubre interiormente la planta del calzado. *Plantillas para pies planos.* **2.** Tabla o plancha con la forma y tamaño de una pieza o un dibujo y que sirven de guía para cortarlos o realizarlos. *Hizo el mapa con una plantilla.* **3.** Relación de los trabajadores fijos de una empresa o un organismo. *La empresa redujo la plantilla.* **4.** En deporte: Conjunto de los jugadores de un equipo.

plantío. m. Lugar plantado recientemente de árboles o plantas.

planto. m. cult. Composición literaria en que se lamenta la muerte de una persona u otro acontecimiento desgraciado.

plantón. m. **1.** Planta joven que ha de ser trasplantada. *Compró plantones de frutales.* **2.** Rama de árbol plantada para que arraigue. **3.** coloq. Hecho de no acudir alguien a una cita con otra persona, o de hacerla esperar mucho. *Habíamos quedado y me dio un plantón.*

plañidero, ra. adj. **1.** cult. Lloroso y lastimero. *Voz plañidera.* ● f. **2.** Mujer a quien se pagaba para llorar en un entierro. FAM **plañido; plañir** (conjug. MULLIR).

plaqueta. f. **1.** Pieza de cerámica, pequeña y rectangular, que se usa para revestir paredes y suelos. **2.** *Biol.* Célula de la sangre de los vertebrados, carente de núcleo y que interviene en la coagulación. ▶ 2: TROMBOCITO. FAM **plaquetario, ria.**

plasma. m. **1.** *Biol.* Parte líquida de la sangre o de la linfa, que contiene en suspensión sus células componentes. **2.** *Fís.* Materia gaseosa fuertemente ionizada, presente en las estrellas y muy abundante en el universo. FAM **plasmático, ca.**

plasmar. tr. **1.** Dar una determinada forma plástica (a algo). *El artista plasma la realidad fielmente.* **2.** Dar forma concreta (a algo abstracto, como un proyecto o una idea), frec. por medio de palabras o representaciones. *Plasmó su concepción del Estado en un esquema.* FAM **plasmación.**

plasta. f. **1.** coloq. Cosa blanda, espesa y pegajosa. *Una plasta de arroz incomible.* **2.** coloq. Cosa aplastada. *El auto quedó hecho una plasta de hierros.* **3.** coloq. Excremento. *Una plasta de vaca.* ● adj. **4.** coloq. Dicho de persona: Muy pesada.

plástico, ca. adj. **1.** Capaz de ser modelado. *La plastilina es un material muy plástico.* **2.** Dicho de material: Sintético, compuesto pralm. de derivados de resinas y de la celulosa, y fácil de moldear mediante presión o calor. Tb. m. *Vaso de plástico.* **3.** Dicho espec. de estilo o lenguaje: De una concisión y fuerza expresiva que realzan las ideas. **4.** De la plástica (→ 6). *Museo de artes plásticas.* **5.** Dicho de cirugía: Que tiene por objeto la reconstrucción o embellecimiento de una parte externa del cuerpo. ● f. **6.** Conjunto de artes que plasman o representan cosas dándoles una forma estética. *Es profesor de Plástica.* FAM plasticidad; plastificación; plastificado; plastificar.

plastilina. (Marca reg.). f. Sustancia blanda, de diversos colores, que se utiliza para modelar. *Los niños hacen muñecos con plastilina.*

plata. f. **1.** Elemento químico del grupo de los metales, de color blanco grisáceo, brillante y muy usado en joyería (Símb. Ag). *Sortija de plata.* **2.** Cosa o conjunto de cosas de plata (→ 1). *Limpia la plata.* **3.** Medalla de plata (→ **medalla**). *En el mundial consiguió la plata.* **4.** Am. Dinero (conjunto de monedas y billetes, o conjunto de bienes o riquezas). *El banco le deja suficiente plata* [C]. *Una familia de plata* [C]. ■ **de ~.** Dicho de período de tiempo, espec. de edad: De gran esplendor, aunque inferior al de la edad de oro, espec. en el ámbito cultural. *La edad de plata de nuestra literatura.* ■ **en ~.** loc. adv. coloq. Claramente y sin rodeos. *Es imbécil, hablando en plata.* ▶ **4:** *DINERO. FAM plateado (*Proceso de plateado de un metal*); platear; platería; platero, ra.

plataforma. f. **1.** Superficie horizontal y elevada sobre el suelo, donde se colocan personas o cosas. *Presidió el desfile desde una plataforma.* **2.** Instalación fijada en el mar y que sirve de base para la exploración del subsuelo marino en busca de yacimientos petrolíferos, y para la extracción del petróleo. Tb. *~ petrolífera.* **3.** Asociación constituida para servir de cauce a un movimiento reivindicativo. *Es miembro de la plataforma contra la guerra.* **4.** Conjunto de reivindicaciones o exigencias que presenta un grupo político o una asociación de otro tipo. *El sindicato presentó su plataforma reivindicativa.* **5.** En un vagón, tranvía u otro vehículo semejante: Parte anterior o posterior, inmediata a la puerta y sin asientos. ■ **~ continental.** f. *Geol.* Zona submarina cercana a la costa y con cierta pendiente, que alcanza hasta 200 m de profundidad.

platanero, ra. adj. **1.** Del plátano. *Explotación platanera.* ● m. **2.** Planta tropical con aspecto de árbol, con grandes hojas que recuerdan las de una palmera, cuyo fruto es el plátano. *Plantaron plataneros.* ○ f. **3.** Platanero (→ 2). **4.** Terreno poblado de plataneros (→ 2). *Un paisaje de palmerales y plataneras.* ○ m. y f. **5.** Persona que se dedica al cultivo de plataneros (→ 2), o al comercio de su fruto. ▶ **2, 3:** BANANERO, BANANO, PLÁTANO. FAM platanal o platanar.

plátano. m. **1.** Fruto del platanero, de forma alargada y algo curva, piel gruesa y amarilla cuando madura, y carne blanquecina. *Resbaló con una cáscara de plátano.* Tb. su planta. (→ **platanero**). **2.** Árbol grande, con hojas que recuerdan una mano extendida y frutos redondos y vellosos, usual en parques y paseos. *Leía a la sombra de un plátano.* ▶ **1:** BANANA, BANANO. ‖ Am: **1:** CAMBUR.

platea. f. En un teatro o un cine: Patio de butacas. *Localidades de platea.*

plateado¹. → plata.

plateado², da. adj. De color blanco grisáceo, como el de la plata. *Traje plateado.*

platear; platería; platero, ra. → plata.

platense. adj. De La Plata (Argentina).

plática. f. **1.** frecAm. Conversación o charla. *Una plática larga y tendida* [C]. **2.** Sermón gralm. breve de contenido religioso o moral. *El sacerdote dirigió una plática a los fieles.* ▶ **1:** *CONVERSACIÓN.

platicar. intr. **1.** frecAm. Conversar o charlar dos personas. *Platican SOBRE política.* ○ tr. **2.** Am. Contar (un hecho o una historia). *¿A quién le platicará sus cosas?* [C]. ▶ **1:** *CONVERSAR. **2:** *CONTAR.

platillo. m. **1.** Plato pequeño o pieza similar. *Pedía limosna con un platillo.* **2.** Pieza en forma de plato o de disco que tiene una balanza, frec. en número de dos, y en la que se ponen las pesas o lo que se va a pesar. **3.** Cada uno de los dos discos metálicos, ligeramente cónicos en el centro, que componen un instrumento musical de percusión. Frec., en pl., designa ese instrumento. *El batería toca los platillos.* **4.** Am. Plato (comida preparada). *Tortas de Navidad, mi platillo favorito* [C]. ■ **~ volador.** m. Am. Platillo volante (→ **platillo volante**). *Un restaurante con la forma de un platillo volador* [C]. ■ **~ volante.** m. Objeto volador de procedencia desconocida, supuestamente extraterrestre, cuya forma recuerda la de un plato.

platina. f. Parte de un microscopio donde se coloca lo que se quiere observar.

platino. m. **1.** Elemento químico del grupo de los metales, plateado, muy pesado, resistente a los ácidos y empleado en joyería, electrónica y diversos campos científicos (Símb. Pt). *Pulsera de oro y platino.* **2.** *Mec.* En un motor de explosión: Cada una de las piezas que establecen contacto eléctrico en el sistema de encendido.

plato. m. **1.** Recipiente bajo y gralm. redondo, con una concavidad en medio, que se utiliza para servir alimentos o comerlos en él. *Sirven la cena en platos de loza.* Tb. designa otros objetos cuya forma recuerda la de ese recipiente. *El plato de la ducha.* **2.** Comida preparada para ser consumida. *Tomé dos platos y postre.* **3.** En una balanza: Platillo. **4.** En un tocadiscos: Pieza de forma circular sobre la que se coloca el disco. **5.** En una bicicleta: Rueda dentada unida a los pedales y que, a través de la cadena, transmite el impulso de estos a los piñones de la rueda trasera. *En las subidas, cambie al plato pequeño.* **6.** *Dep.* Disco de arcilla que se usa como blanco móvil en pruebas de tiro. ■ **~ combinado.** m. Plato (→ 2) compuesto por varios alimentos, que se consume como comida completa. ■ **~ de segunda mesa.** m. coloq. Persona o cosa que son objeto de menosprecio o desconsideración por pertenecer o haber pertenecido a otro. *Rechazó a un divorciado para no ser plato de segunda mesa.* ■ **~ fuerte.** m. Asunto o hecho principales o muy importantes. *El festival será el plato fuerte de las fiestas.* ■ **~ hondo,** o **sopero.** m. Plato (→ 1) con la concavidad muy honda. ■ **~ llano.** m. Plato (→ 1) con la concavidad poco honda. □ **no haber roto** alguien **un ~.** loc. v. coloq. No haber cometido nunca un error o una acción censurable. *Tiene cara de no haber roto un plato.* ■ **pagar** alguien **los ~s rotos.** loc. v. coloq. Ser castigado o verse afectado injustamente por algo que no ha hecho o de lo que no es el único culpable.

550

En una huelga de transportes, el usuario paga los platos rotos. ▶ **3**: PLATILLO. ‖ **Am**: **2**: PLATILLO.

plató. m. *Cine* y *TV*: Escenario acondicionado para el rodaje de películas o la realización de programas. ▶ SET.

platón. m. Am. Recipiente grande y poco profundo, usado espec. para presentar los alimentos en la mesa. *Platones con canapés* [C]. Tb. el que tiene otros usos domésticos, como el aseo o el lavado de ropa. *Súbeme dos platones de agua hirviendo* [C].

platónico, ca. adj. **1.** De Platón (filósofo griego, s. v a. C.) o de su doctrina. *Diálogos platónicos.* **2.** Seguidor de Platón o de su doctrina. *Filósofo platónico* **3.** Idealista o desinteresado. *Un amor platónico.* FAM **platonismo.**

plausible. adj. **1.** Digno de aplauso. *Una labor plausible.* **2.** Admisible, o digno de ser tenido en consideración. *Una hipótesis plausible.* FAM **plausibilidad.**

playa. f. **1.** Terreno plano y arenoso en la orilla del mar o de otra extensión grande de agua. **2.** Porción de mar contigua a la playa (→ 1). *Bucean en la playa.*

playero, ra. adj. **1.** De la playa. *Día playero.* ● f. **2.** Zapatilla de lona con suela de goma y cordones, que se usa espec. en verano o para hacer deporte. *Calza playeras.*

plaza. f. **1.** Lugar amplio y espacioso de una población, en el que suelen confluir varias calles. *Vive en la Plaza Mayor.* **2.** Sitio destinado a ser ocupado por una persona o una cosa. *Un avión con cien plazas.* **3.** Empleo o puesto de trabajo. *Aspira a una plaza de bombero.* **4.** Construcción circular y gralm. provista de gradas, donde se celebran corridas de toros. Frec. ~ *de toros.* **5.** Com. y Mil. Población, espec. si es centro de operaciones. *La ciudad es una plaza importante en el comercio marítimo.* **6.** histór. Población o lugar fortificados. Tb. ~ *fuerte.* ■ ~ **de armas.** f. Zona de una fortificación o de una instalación militar donde forman y hacen ejercicio las tropas. ▶ **3**: *TRABAJO. **4**: COSO. FAM **plazoleta.**

plazo. m. **1.** Período de tiempo determinado para la realización de algo. *El plazo de solicitud acaba mañana.* **2.** Cada uno de los varios pagos parciales en que se acuerda dividir el pago total de algo. *Compró el televisor a plazos.* ■ **a corto** ~. loc. adv. Dentro de un período de tiempo próximo o breve. *Los resultados se verán a corto plazo.* ■ **a largo** ~. loc. adv. Dentro de un período de tiempo lejano o largo. *Esto se solucionará a largo plazo.* ■ **a medio** ~. loc. adv. Dentro de un período de tiempo ni próximo ni lejano. ■ **a** ~ **fijo.** loc. adv. En economía: Sin poder retirar un depósito bancario hasta que se haya cumplido el plazo (→ 1) establecido. *El dinero lo invirtió a plazo fijo.*

pleamar. f. Nivel más alto que alcanza la marea. *Con la pleamar no se ve la playa.*

plebe. f. **1.** Clase social más baja. *La educación estaba vetada para la plebe.* **2.** histór. En la antigua Roma: Clase social que carecía de los privilegios de los patricios.

plebeyo, ya. adj. **1.** De la plebe. *Población plebeya.* **2.** De características atribuidas a la plebe, espec. su vulgaridad o falta de delicadeza. *Modales plebeyos.*

plebiscito. m. Consulta de los poderes públicos al pueblo para que este apruebe o rechace mediante voto directo una propuesta sobre soberanía u otro asunto de especial importancia. *La Constitución se aprobó en plebiscito.* FAM **plebiscitario, ria.**

plectro. m. *Mús.* Palillo o púa para tocar instrumentos de cuerda.

plegamiento. m. *Geol.* Deformación en forma de ondulación de la corteza terrestre, producida por el movimiento conjunto de rocas sometidas a una presión lateral. *Los movimientos orogénicos dan lugar a plegamientos y fallas.* ▶ PLIEGUE.

plegar. (conjug. ACERTAR). tr. **1.** Doblar (una cosa) haciendo pliegues (en ella). *Pliegue el papel por la mitad.* ○ intr. prnl. **2.** Ceder o someterse a alguien o algo. *Se plegó a mi voluntad.* FAM **plegable; plegado.**

plegaria. f. Ruego o súplica, espec. los dirigidos a la divinidad. *Señor, escucha mi plegaria.*

pleitesía. f. cult. Muestra reverente de sumisión. *Rindió pleitesía al nuevo rey.*

pleito. m. **1.** Disputa judicial entre dos o más partes. *Ganó el pleito por las tierras.* **2.** Disputa o enfrentamiento. *No quiero pleitos en el trabajo.* FAM **pleitear.**

plenario, ria. adj. **1.** Completo, o que cuenta o se realiza con la presencia de todas las partes o miembros. *Sesión plenaria de accionistas.* ● m. **2.** Pleno (reunión). *La ley se discutirá en el plenario del Senado.* ▶ **2**: PLENO.

plenilunio. m. cult. Luna llena. *Me gustan las noches de plenilunio.*

plenipotenciario, ria. adj. Dicho de enviado o representante diplomático: Que tiene plenos poderes para cumplir una misión.

pleno, na. adj. **1.** Completo o absoluto. *Un acuerdo pleno.* **2.** Antepuesto a un nombre que expresa tiempo o lugar, se usa para enfatizar que se hace referencia precisamente al tiempo o lugar expresados. *Dio a luz en plena calle.* **3.** Lleno (que tiene gran cantidad de algo). *Sonríe plena DE satisfacción.* ● m. **4.** Reunión o junta general de una corporación. *La moción se aprobó en el pleno del Ayuntamiento.* **5.** En un juego de azar: Acierto de todos los resultados. *Le faltan dos aciertos para el pleno.* ■ **en pleno.** loc. adv. Con todos los miembros que integran la colectividad de que se habla. *Dimite en pleno del Gobierno.* ▶ **1**: *COMPLETO. **4**: PLENARIO. FAM **plenitud.**

pleonasmo. m. *Lit.* Figura retórica que consiste en emplear palabras innecesarias para la comprensión, pero que aportan expresividad. *La expresión "volar por el aire" es un pleonasmo.* FAM **pleonástico, ca.**

pletina. f. **1.** Dispositivo de un casete que permite grabar y reproducir cintas magnetofónicas. *Puso la cinta en la pletina.* **2.** Pieza metálica rectangular y de poco espesor. *El soporte se sujeta a la pared mediante pletinas con tornillos.*

plétora. f. Gran abundancia de algo. *Me abruma una plétora DE dudas.*

pletórico, ca. adj. Que tiene gran abundancia de algo. *Está pletórica DE fuerzas.* Frec. referido a un sentimiento de alegría o felicidad. *Se casó pletórico.*

pleura. f. *Anat.* Membrana que recubre la cavidad torácica y la superficie de los pulmones. FAM **pleural.**

plexiglás. (Marca reg.). m. Resina sintética y resistente, fácil de moldear y de aspecto parecido al del vidrio. *Las ventanas del avión eran de plexiglás.*

plexo. m. *Anat.* Red formada por nervios o vasos sanguíneos o linfáticos entrelazados. *Plexo solar.* Tb. fig.

pléyade. f. cult. Grupo de personas que sobresalen en una actividad, espec. en las letras, y que coinciden en una misma época. *Tal pléyade DE poetas dio grandes obras.*

plica. f. Sobre cerrado y sellado, con información que no debe hacerse pública hasta un momento determinado. *Las obras se acompañarán de plica con los datos del autor.*

pliego. m. **1.** Hoja grande de papel de forma cuadrangular, plegada por el medio una o varias veces. Tb. el conjunto de páginas de un libro o folleto, obtenidas de una de esas hojas. *El libro consta de cinco pliegos.* **2.** Hoja de papel, gralm. grande, que se vende sin doblar. *Un pliego de papel de regalo.* **3.** Documento o escrito en que consta algo, como las condiciones de un contrato o la relación de cargos existentes contra alguien. *Según el pliego* DE *condiciones, se entregará una fianza al firmar.*

pliegue. m. **1.** Doblez en una tela o en algo flexible. *Se esconde entre los pliegues de la cortina.* **2.** *Geol.* Plegamiento.

plinto. m. **1.** Aparato gimnástico de madera con la superficie almohadillada utilizado para realizar pruebas de salto. **2.** *Arq.* Parte inferior y cuadrangular de la pieza que sirve de base a una columna o a una estatua.

plisar. tr. Hacer pliegues (en una tela o en algo flexible). *Hay que fruncir y plisar la falda.* FAM **plisado.**

plomada. f. **1.** Instrumento formado por una pesa metálica que cuelga de una cuerda, y que sirve para señalar la línea vertical al tensarse la cuerda por la fuerza de la gravedad. *El albañil cuelga la plomada de un listón.* **2.** Conjunto de plomos que se ponen en una red de pesca.

plomero. m. Am. Fontanero. *Albañiles y plomeros* [C]. FAM **plomería.**

plomo. m. **1.** Elemento químico del grupo de los metales, gris azulado, pesado y maleable (Símb. *Pb*). *Tubería de plomo.* **2.** Pieza o pedazo de plomo (→ 1) que se pone en algunas cosas para darles peso. *Lastra la red con plomos.* **3.** Bala o proyectil de un arma de fuego. *El plomo se alojó en su brazo.* **4.** coloq. Persona o cosa pesadas o molestas. *Amparo es un plomo.* ○ pl. **5.** Cortacircuitos o fusible de una instalación eléctrica. *Se fundieron los plomos.* ■ a ~. loc. adv. **1.** Verticalmente. *Los rayos del sol caían a plomo.* **2.** Con todo el peso del cuerpo. *Cayó a plomo.* FAM **plomizo, za.**

pluma. f. **1.** Cada una de las piezas que cubren el cuerpo de las aves. **2.** Utensilio que sirve para escribir con tinta. *¿Usa bolígrafo o pluma?* **3.** Pluma (→ 1) natural o artificial que se usa como adorno. *Un traje con plumas.* **4.** Mástil de una grúa. *La pluma del camión de bomberos llegó hasta el piso en llamas.* **5.** cult. Escritor, espec. de obras literarias. *Es una gran pluma.* ■ ~ estilográfica. f. Pluma (→ 2) que incorpora un depósito recargable o un cartucho para la tinta. ⇒ ESTILOGRÁFICA. ‖ Am: LAPICERA. ■ ~ fuente. f. Am. Pluma estilográfica (→ **pluma estilográfica**). *Empezó a firmar con su eterna pluma fuente* [C]. □ a vuela ~. → **vuelapluma.** FAM **plumaje; plumífero, ra.**

plumazo. de un ~. loc. adv. coloq. De forma resuelta, rápida y tajante. *Esto lo arreglo yo de un plumazo.*

plúmbeo, a. adj. **1.** cult. De plomo. *Un gris plúmbeo.* **2.** Muy aburrido o pesado. *La conferencia era plúmbea.* ▶ **2:** *ABURRIDO.

plumero. m. Utensilio que sirve para quitar el polvo, formado por un manojo de plumas sujetas a un mango. *Pasa el plumero a los muebles.* ■ vérsele (a alguien) el ~. loc. v. coloq. Entreverse sus intenciones o pensamientos. *Miente, se le ve el plumero.*

plumífero, ra. → **pluma.**

plumilla. f. Parte o pieza de una pluma de escribir, que se inserta o está fija en uno de sus extremos y que, al mojarse en tinta, permite escribir o dibujar. *Retrato a plumilla.* ▶ PLUMÍN.

plumín. m. Plumilla, espec. la de una pluma estilográfica o la que se inserta en un portaplumas. *Estilográfica con plumín de oro.* ▶ PLUMILLA.

plumón. m. Conjunto de plumas muy delgadas y suaves que cubren el cuerpo de las crías de ave, o que presentan las aves adultas bajo el plumaje exterior.

plural. adj. **1.** Múltiple o que se presenta en más de un aspecto. *Una visión plural del caso.* ● m. **2.** *Gram.* Número plural (→ **número**). *"Amamos" está en plural.* Tb. la palabra con la forma correspondiente a ese número. *El plural de "coz" es "coces".* FAM **pluralidad.**

pluralismo. m. Sistema basado en el reconocimiento del conjunto de ideas o posiciones plurales, espec. en materia política, cultural o religiosa. *En democracia hay pluralismo político.* FAM **pluralista.**

pluralizar. intr. Atribuir a varias personas o cosas algo que es peculiar de una. *Eso lo piensa usted, no pluralice.*

pluri-. elem. compos. Significa pluralidad. *Pluripartidismo, pluricelular, pluridimensional.*

plus. m. Gratificación o sobresueldo suplementarios u ocasionales. *En su trabajo cobra un plus por peligrosidad.*

pluscuamperfecto. m. **1.** *Gram.* Antecopretérito. *"Había conocido" está en pluscuamperfecto.* **2.** *Gram.* Antepretérito (tiempo de subjuntivo). *En "Lo hubiera sabido" el verbo está en pluscuamperfecto.*

plusmarquista. m. y f. Deportista que consigue la mejor marca en una especialidad atlética. *Es el plusmarquista mundial de maratón.*

plusvalía. f. *Econ.* Incremento del valor de una cosa por causas externas a ella. *Vendió la casa y obtuvo una plusvalía del 10%.*

plutocracia. f. **1.** cult. Preponderancia de los ricos en el gobierno del Estado. Tb. ese gobierno y Estado. *No había justicia social: vivíamos en una plutocracia.* **2.** cult. Grupo social constituido por personas muy influyentes, espec. en política, debido a su riqueza. *La plutocracia apoyó a la derecha.* FAM **plutócrata; plutocrático, ca.**

plutonio. m. Elemento químico metálico, radiactivo, obtenido artificialmente y que se usa como combustible nuclear (Símb. *Pu*). *Bomba de plutonio.*

pluvial. adj. De la lluvia. *La gráfica representa el régimen pluvial.*

pluviometría. f. *Meteor.* Medida de las precipitaciones caídas en un lugar durante un tiempo determinado. FAM **pluviométrico, ca; pluviómetro.**

pluvioso, sa. adj. cult. Lluvioso. *Clima pluvioso.* FAM **pluviosidad.**

poblacho. m. despect. Pueblo de poca entidad y de aspecto humilde o destartalado.

población. f. **1.** Conjunto de personas que habitan en un determinado lugar. *La población mundial crece.* **2.** Conjunto de seres vivos que habitan en un determinado lugar. *Hay una población de buitres en la zona.* **3.** Lugar edificado y organizado administrativamente en que habita una colectividad. *El ciclón arrasó dos poblaciones.* ■ ~ activa. f. Suma de la población (→ 1) empleada de un país, más la que busca trabajo. *El paro afecta al 10% de la población activa.* ▶ **3:** LOCALIDAD, POBLADO.

poblado. m. **1.** Población (lugar edificado). *Nació en un pequeño poblado.* **2.** Lugar poblado. *En poblado la velocidad máxima es de 50 km/h.* ▶ **2:** POBLACIÓN.

poblano, na. adj. **1.** De Puebla (México). **2.** Am. Campesino. *Las iglesias ecuatorianas poblanas* [C].

poblar. (conjug. CONTAR). tr. **1.** Habitar un conjunto de personas o de seres vivos (un lugar). *Los indios pueblan el valle.* **2.** Ocupar (un lugar) con personas u otros seres vivos para que vivan en él. *Poblarán el bosque DE castaños.* ▶ **1:** HABITAR. FAM **poblador, ra; poblamiento.**

pobre. adj. (sup. **pobrísimo;** sup. cult., **paupérrimo**). **1.** Que tiene poco dinero o carece de lo necesario para vivir. *Son muy pobres.* **2.** Que tiene una cantidad escasa o insuficiente de algo. *Dieta pobre EN proteínas.* **3.** Infeliz o desgraciado. Se usa para expresar compasión hacia la pers. o animal a que se refiere. *¡Pobre perrito!* **4.** Humilde o de poco valor. *Ropas pobres.* ● m. y f. **5.** Mendigo. ■ ~ **de mí.** expr. Se usa para expresar autocompasión o defensa de la propia inocencia, frec. como reacción ante algo que se dice. *¿Yo mentir, pobre de mí?* ■ ~ **de ti,** o **de él,** etc. expr. Se usa para expresar amenaza hacia la persona aludida. *¡Pobre de él si falta!* ▶ **1:** INDIGENTE, MISERABLE, NECESITADO. ‖ frecAm: **1:** PELADO. FAM **pobrete, ta; pobretería; pobretón, na.**

pobreza. f. Cualidad o condición de pobre. *Pasaron de la riqueza a la pobreza.* ▶ ESCASEZ, INDIGENCIA, MISERIA, PENURIA.

pocero. m. **1.** Hombre que se dedica a la construcción de pozos o a trabajar en ellos. **2.** Hombre que se dedica a la limpieza de pozos, cloacas o fosas sépticas.

pocilga. f. **1.** Establo para ganado porcino. **2.** coloq. Lugar muy sucio. *Esta cocina es una pocilga.* ▶ **1:** COCHIQUERA, PORQUERIZA. ‖ Am: **1:** CHIQUERO.

pocillo. m. frecAm. Taza o vasija pequeñas de loza. *Un pocillo con café* [C]. ▶ JÍCARA.

pócima. f. **1.** Bebida medicinal, frec. elaborada con hierbas o materias vegetales. *No hay pócima mágica que cure el mal de amores.* **2.** coloq. Bebida desagradable. *Aquel cóctel era una pócima imbebible.* ▶ **1:** ELIXIR, POCIÓN.

poción. f. Líquido que se bebe. Designa espec. el que tiene propiedades medicinales o mágicas. *El druida dio a los guerreros una poción mágica.* ▶ *PÓCIMA.

poco, ca. adj. **1.** Que se presenta en pequeña cantidad o en grado bajo. *Acudió poco público.* **2.** Que no es suficiente para lo que es justo o previsible. *Gana poco dinero PARA lo que vale.* ● pron. **3.** Una cantidad pequeña de personas o cosas. *Invitó a pocos.* **4.** Una cantidad insuficiente de personas o cosas para lo que es justo o previsible. *Asistieron pocos PARA ser un estreno.* **5.** Una cantidad pequeña de tiempo o de dinero. *Tardamos poco en llegar.* **6.** Una cantidad insuficiente de tiempo o de dinero para lo que es justo o previsible. *Gasta poco PARA lo que gana.* ● m. (No tiene pl.; frec. con el art. *un*). **7.** Cantidad pequeña de algo. *¿Quiere un poco DE agua?* ● adv. **8.** En cantidad o intensidad bajas. *Una cuerda poco resistente.* **9.** En cantidad o intensidad insuficientes para lo que es justo o previsible. *Engorda poco PARA lo que come.* ■ **poco a poco.** loc. adv. Despacio. *Camina poco a poco.* ■ **poco más o menos.** loc. adv. Aproximadamente o casi con exactitud. *Había cien personas poco más o menos.* ■ **por poco.** loc. adv. Se usa para expresar que estuvo a punto de ocurrir algo que finalmente no sucedió. *Por poco me caigo.* ■ **tener en poco** (a alguien). loc. v. Menospreciar(lo). *Me tiene en poco si no me cree capaz.* ■ **un poco.** loc. adv. Se usa para indicar que lo expresado se presenta en un grado o intensidad bajos. *Está un poco resentido.*

podar. tr. **1.** Cortar o quitar (a un árbol u otra planta) las ramas superfluas, para que crezcan con más vigor. *Podan los árboles en otoño.* Tb. como intr. **2.** Eliminar (de algo) partes o aspectos considerados innecesarios o negativos. *Podó el artículo DE anécdotas.* FAM **poda; podadera; podador, ra.**

podenco. m. Perro podenco (→ perro).

poder. (conjug. PODER). aux. **1.** Seguido de un infinitivo, expresa que no hay obstáculos que impidan que se realice la acción designada por él. *¿Cómo puede andar con esos tacones?* **2.** Seguido de un infinitivo, expresa probabilidad o posibilidad. *Su experiencia podría resultarnos útil.* **3.** Seguido de *que* y una oración introducida por *que*, presenta lo designado como un hecho posible o no seguro. *¿Y no puede ser que se le haya olvidado?* Frec., usado en la forma *puede*, se omite el v. *ser*. *Puede que esté equivocado.* ○ tr. **4.** coloq. Ser capaz de vencer (a alguien). *El mayor podía a todos.* ○ intr. **5.** Seguido de un complemento introducido por *con* que designa una persona o cosa que suponen alguna dificultad: Lograr dominar lo expresado por él. *No pudo con los estudios.* **6.** Seguido de un complemento introducido por *con* que designa una persona o cosa que producen rechazo: Aguantar o soportar lo expresado por él. *No puede con los hospitales, lo deprimen.* ● m. **7.** Facultad para mandar o para imponerse. *El poder se concentraba en una persona.* **8.** Capacidad o condiciones de una cosa o de una persona para lograr algo. *¡Qué poder DE convicción!* **9.** Fuerza o vitalidad. *El ciclista hizo una demostración de poder.* **10.** Posesión actual de algo. *El documento obra en mi poder.* **11.** Gobierno de un Estado. *Se mantuvo en el poder dos legislaturas.* **12.** Cada uno de los grandes aspectos considerados constitutivos del poder (→ 11). *Representantes del poder ejecutivo, legislativo y judicial.* **13.** Autorización legal que una persona da a otra para que la represente o actúe en su nombre. *Se presentó su representante acreditado mediante poder notarial.* ■ ~ **fáctico.** m. Institución que, sin ser parte de los órganos de gobierno, puede influir en la política de un país gracias a su capacidad de presión o a su autoridad. Frec. en pl. *Los poderes fácticos: banca, Iglesia, ejército, prensa.* □ **a,** o **hasta, más no** ~. loc. adv. En un grado o intensidad muy altos. *Llovía a más no poder.* ■ **de** ~ **a** ~. loc. adv. Empleando cada contendiente todas sus fuerzas o capacidad, sin dar por sentada la superioridad del otro. *Los dos tenistas se enfrentaron de poder a poder.* ■ **hacer** alguien **un** ~. loc. v. coloq. Esforzarse en hacer algo que se considera incapaz. *¿Que no puede?, ¡pues haga un poder!* ■ **los** ~**es públicos.** loc. s. Los organismos que gobiernan un Estado. *Exigen a los poderes públicos medidas sociales.* ■ **no** ~ **más.** loc. v. Haber llegado al límite de la capacidad o la resistencia. *Estoy harto, no puedo más.* ■ **no** ~ alguien **por menos,** o **no** ~ **menos.** loc. v. No poder (→ 1) evitar lo que se expresa a continuación. *No pude por menos que escucharlo.* ■ **no** ~ algo **por menos,** o **no** ~ **menos.** loc. v. Ser inevitable que suceda lo que se expresa a continuación. *Lo que vio no pudo por menos de asombrarlo.* ■ **por** ~, o **por** ~**es.** loc. adv. Con intervención de un apoderado. *Se casó por poderes sin conocer a su* *marido.* ■ **¿se puede?** expr. Se usa para pedir permiso para entrar en un lugar en el que hay alguien. *–¿Se puede? –Adelante.*

poderío. m. **1.** Poder o dominio. *Las grandes potencias extienden su poderío.* **2.** Fuerza o vigor grandes. *Un caballo de poderío.*

poderoso, sa. adj. **1.** Que tiene poder. *Un Estado poderoso.* **2.** Dicho de persona: Muy rica. **3.** Grande o de peso. *Tengo poderosas razones para actuar así.* ▶ **1:** FUERTE.

podio. m. **1.** Plataforma elevada a la que sube alguien para ocupar una posición preferente, frec. para recibir un premio deportivo o presidir un acto. *El ganador sube al podio.* **2.** *Arq.* Pedestal alargado sobre el que descansan varias columnas. ▶ **1:** PÓDIUM.

pódium. (pl. **pódiums**). m. Podio (plataforma). ▶ PODIO.

podología. f. *Med.* Rama de la medicina que se ocupa de las enfermedades y deformaciones de los pies. FAM **podólogo, ga.**

podredumbre. f. **1.** Putrefacción. *El vertedero huele a podredumbre.* Tb. fig. **2.** Cosa podrida. *Aleje esa podredumbre de mi vista.*

podrir. (conjug. PODRIR; se usa solo en infin. y part.). tr. **1.** Pudrir (algo). *La lluvia ha podrido las vigas.* ○ intr. prnl. **2.** Pudrirse. *Va a podrirse el plátano.* ▶ *DESCOMPONER.

poema. m. Obra poética, gralm. en verso. *Poemas de Neruda.* ■ **~ en prosa.** m. Obra poética en que no se utiliza el verso. ■ **~ sinfónico.** m. *Mús.* Composición musical para orquesta, de forma libre y tema gralm. inspirado en una obra literaria. ■ **(todo) un ~.** loc. s. coloq. Una cosa que llama la atención por ser muy ridícula o exagerada. *Su cara era un poema.* ▶ POESÍA. FAM **poemario; poemático, ca.**

poesía. f. **1.** Género literario, pralm. en verso, cuya expresividad se basa en el ritmo y armonía de las palabras, y en la creación de imágenes mediante el uso figurado del lenguaje. *Prefiero la poesía a la novela.* **2.** Poema. **3.** Belleza o cualidades propias de la poesía (→ 1). *Discursos llenos de poesía.* **4.** histór. Arte de componer obras literarias en prosa o en verso, cuyo fin es la creación de belleza. Tb. cada uno de los géneros literarios que incluyen estas obras. *Poesía épica, lírica o dramática.*

poeta, tisa. m. y f. (A veces como f. se usa **poeta**). **1.** Autor de obras poéticas. *Fue poeta y novelista.* **2.** Persona con facultades para hacer poesías. FAM **poetastro.**

poético, ca. adj. **1.** De poesía o de la poesía. *Lenguaje poético.* **2.** Que tiene o expresa cualidades propias de la poesía, como la belleza. *Regalarle una rosa fue un gesto muy poético.* ● f. **3.** Estudio de los principios y reglas de la poesía como género literario. *Estudios de poética.* FAM **poetizar.**

polaco, ca. adj. **1.** De Polonia. ● m. **2.** Lengua hablada en Polonia.

polaina. f. Prenda, gralm. de paño o cuero, que cubre la pierna hasta la rodilla.

polar. adj. Del polo de un cuerpo esférico, espec. del terrestre. *Zona polar.*

polaridad. f. **1.** Cualidad de lo que posee dos propiedades o fuerzas opuestas. *La polaridad del parlamento dificulta el consenso.* **2.** *Fís.* Propiedad de un cuerpo, de un sistema o de un aparato de tener polos o puntos opuestos. *Polaridad eléctrica.*

polarizar. tr. **1.** Concentrar alguien (algo, como la atención o el interés) en una cosa. *Polarizó su actividad* HACIA *la enseñanza.* **2.** Atraer alguien o algo (la atención o el interés). *Su presencia polarizó la atención del público.* FAM **polarización.**

polca. f. Baile centroeuropeo de ritmo rápido, que se ejecuta gralm. por parejas.

polea. f. **1.** Mecanismo que consiste en una rueda giratoria de borde acanalado por el que se desliza una cuerda o cadena, y que sirve para mover o levantar cosas pesadas. *Suben el piano con una polea.* **2.** *tecn.* Rueda metálica que gira sobre un eje y transmite el movimiento mediante una cinta o correa. ▶ **1:** GARRUCHA, ROLDANA.

polémico, ca. adj. **1.** De polémica (→ 3). *Clima polémico.* **2.** Que produce polémica (→ 3). *Decisión polémica.* ● f. **3.** Debate o discusión entre dos o más personas con opiniones enfrentadas. *Las medidas fiscales levantan polémica.* ▶ **3:** CONTROVERSIA. FAM **polemista; polemizar.**

polen. m. Conjunto de granos diminutos presentes en los órganos reproductores de las flores y portadores de las células masculinas. *Alergia primaveral debida al polen.*

poleo. m. Planta olorosa de flores azuladas o violáceas, empleada para hacer infusiones estomacales. Tb. la infusión. *Tomaré un poleo.*

polera. f. Am. Camiseta (prenda de vestir exterior). *Vestía un short oscuro, una polera y sandalias de playa* [C]. ▶ CAMISETA.

policía. f. **1.** (Frec. en mayúsc.). Cuerpo de personas a las órdenes de una autoridad política, encargado de mantener el orden público y la seguridad de los ciudadanos. *La policía busca al ladrón.* ○ m. y f. **2.** Miembro de la Policía (→ 1). *Un policía regula el tráfico.* ■ **~ secreta.** f. Policía (→ 1) cuyos miembros no llevan uniforme a fin de pasar inadvertidos. ▶ Am: **2:** CARABINERO. FAM **policíaco, ca** o **policiaco, ca; policial.**

policlínica. f. Establecimiento sanitario en que se prestan servicios de distintas especialidades médicas y quirúrgicas. *Trasladaron al herido a una policlínica.*

policromo, ma o **polícromo, ma.** adj. De varios colores. *Mármoles policromos.* FAM **policromar; policromía.**

polideportivo, va. adj. Dicho de conjunto de instalaciones: Destinado a la práctica de varios deportes. *Pabellón polideportivo.* Frec. m. *Polideportivo municipal.*

poliedro. m. *Mat.* Cuerpo limitado por superficies planas. FAM **poliédrico, ca.**

poliéster. m. Sustancia sintética, resistente a la humedad y a los productos químicos, con la que se fabrican pralm. fibras y revestimientos. *Tejidos de poliéster.*

polietileno. m. *Quím.* Material plástico moldeable, utilizado en la fabricación de envases, envoltorios, tuberías y revestimiento de cables.

polifacético, ca. adj. **1.** Dicho de persona: Que realiza múltiples actividades. **2.** Dicho de cosa: Que tiene varias facetas o aspectos. *Una personalidad polifacética.*

polifonía. f. *Mús.* Música en que se combinan armónicamente voces o partes simultáneas con líneas melódicas distintas. *La polifonía barroca.* FAM **polifónico, ca.**

polígamo, ma. adj. **1.** Dicho de persona, espec. de hombre: Que está casada o mantiene relación de pareja con varias personas al mismo tiempo. **2.** *Zool.* Dicho de animal: Que se aparea con varios individuos del otro sexo. FAM **poligamia.**

políglota o **poliglota.** adj. **1.** Que domina varias lenguas. *Un diplomático políglota.* **2.** Escrito en varias lenguas. *Biblia políglota.*

polígloto, ta o **poligloto, ta.** adj. cult. Políglota. *Un traductor polígloto.*

polígono. m. **1.** *Mat.* Superficie plana limitada por líneas rectas. *Un pentágono es un polígono de cinco lados.* **2.** Terreno delimitado que constituye una unidad urbanística y tiene un fin específico. *Polígono industrial.* ■ ~ **de tiro.** m. Campo utilizado por el ejército para prácticas. FAM **poligonal.**

polígrafo, fa. m. y f. Autor que escribe sobre diferentes materias.

polilla. f. Mariposa nocturna de pequeño tamaño, gralm. grisácea, cuya larva es muy dañina para los tejidos.

polímero. m. *Quím.* Compuesto, natural o sintético, cuya molécula está formada por la combinación de varias moléculas idénticas. FAM **polimerización.**

polinesio, sia. adj. De Polinesia (grupo de islas y archipiélagos en el Pacífico).

polinizar. tr. *Bot.* Transportar el polen de los estambres al pistilo (de una flor). *Las abejas polinizan las flores.* FAM **polinización.**

polinomio. m. *Mat.* Expresión algebraica compuesta por dos o más términos unidos por los signos más o menos. *La expresión "$5x - 8 + 2y$" es un polinomio.*

poliomielitis. f. Enfermedad producida por una lesión de la médula espinal que provoca deterioro grave y parálisis en algunos músculos. *Lleva muletas porque tuvo poliomielitis de pequeño.* FAM **polio; poliomielítico, ca.**

pólipo. m. **1.** *Zool.* Forma en que se presentan algunos animales del tipo de la medusa o el coral, y que se caracteriza por tener aspecto de tubo, fijarse al fondo del agua, y llevar en un extremo la boca, rodeada de tentáculos. **2.** *Med.* Tumor con una parte alargada unida al tejido, que se desarrolla en las mucosas de algunas cavidades.

polis. f. histór. En la antigua Grecia: Estado autónomo constituido por una ciudad y el terreno que la rodea. *Atenas era una polis.*

polisemia. f. *Ling.* Pluralidad de significados de una palabra o de una expresión. *La palabra "sobre" es un caso de polisemia.* FAM **polisémico, ca.**

polisílabo, ba. adj. *Gram.* Dicho de palabra: De varias sílabas. Tb. m.

polisón. m. histór. Armazón o almohadilla que las mujeres se sujetaban a la cintura para que la falda abultase por detrás.

politécnico, ca. adj. Dicho espec. de centro de enseñanza: Que abarca muchas ciencias o técnicas, pralm. con un enfoque práctico. *Universidad Politécnica.*

politeísmo. m. Creencia en varios dioses. *Politeísmo romano.*

político, ca. adj. **1.** De la política (→ 4). *Debate político.* **2.** Que interviene en política (→ 4), o se dedica a ella. Tb. m. y f. *Políticos profesionales.* **3.** Dicho de pariente de una persona: Que lo es por ser pariente directo de la persona con la que aquella está casada. *Mis padres políticos son los padres de mi*

mujer. ● f. **4.** Actividad relacionada con el gobierno del Estado, la sociedad y los asuntos públicos. *Ejerció la política.* **5.** Manera de ejercer la política (→ 4). *Critican su política fiscal.* **6.** Principios o directrices que guían la actuación de una persona o entidad. *Mi política es no ofender.* FAM **politicastro, tra; politización; politizar; politología; politólogo, ga.**

politiquear. intr. despect. Intervenir en política. *Una cosa es gobernar y otra politiquear.* FAM **politiqueo.**

politraumatismo. m. *Med.* Conjunto de lesiones producidas simultáneamente por causas externas. *El accidentado presenta politraumatismo grave.*

poliuretano. m. Resina sintética de baja densidad, obtenida por condensación de poliésteres y muy utilizada en la industria. *Aislamiento térmico de poliuretano.*

polivalente. adj. **1.** Que vale o sirve para varios fines. *Mueble polivalente.* **2.** *Med.* Dicho espec. de vacuna: Que actúa contra varios microbios. **3.** *Quím.* Dicho de elemento: Que tiene varias valencias. FAM **polivalencia.**

póliza. f. **1.** Documento justificativo de un contrato de seguros, de una operación de bolsa o de otra transacción comercial. *Firmó la póliza del seguro.* **2.** Trozo de papel con figuras o signos grabados que acredita haber pagado el impuesto que grava la emisión de ciertos documentos oficiales. *El impreso llevaba pegada una póliza.*

polizón. m. Persona que viaja en una embarcación o en un vehículo aéreo de manera clandestina. *Viajó de polizón en un trasatlántico.*

polizonte. m. coloq., despect. Miembro de la Policía. *Nos seguían dos polizontes.*

polla. f. **1.** Gallina joven, espec. la que aún no pone huevos. **2.** malson. Pene. **3.** *Am.* Apuesta. *Organiza una polla con sus amigos* [C].

pollero, ra. m. y f. **1.** Persona que tiene por oficio criar o vender pollos y otras aves. ● f. **2.** *Am.* Falda (prenda). *Vestía pollera muy corta* [C]. ▶ **2:** *FALDA.

pollino, na. m. **1.** Burro (mamífero). ● f. **2.** Burra (hembra del burro). ▶ **1:** *BURRO.

pollo. m. **1.** Cría de un ave. **2.** Pollo (→ 1) joven de gallina, espec. el criado para el consumo. Frec. su carne. *Arroz con pollo.* FAM **pollada; pollería.**

polo[1]. m. **1.** Cada uno de los extremos del eje de rotación de un cuerpo esférico, espec. de la Tierra. *La Tierra es achatada por los polos.* **2.** Zona situada alrededor de cada polo (→ 1) de la Tierra. *Expedición al polo.* **3.** (Marca reg.). Helado de forma alargada, fabricado con agua congelada y aromatizada, y provisto de un palito en la base para poder sujetarlo. *Un polo de limón.* **4.** Cada uno de los extremos del circuito de una pila, batería o máquina eléctrica. *Para cargar la batería, se conecta una pinza en cada polo.* **5.** *Fís.* Cada uno de los dos puntos opuestos de un cuerpo, donde se concentra mayor cantidad de energía. *Los polos de un imán.* ■ ~ **antártico,** o **austral.** → Polo Sur. ■ ~ **ártico,** o **boreal.** → Polo Norte. ■ ~ **de desarrollo,** o **industrial.** m. Zona delimitada oficialmente para impulsar en ella el desarrollo industrial de manera planificada. ■ ~ **magnético.** m. Cada uno de los dos puntos de las regiones polares de la Tierra, hacia los que se orienta una brújula. ■ ~ **negativo.** m. Polo (→ 4) de menor potencial, por el que sale la corriente. ■ **Polo Norte,** o ~ **ártico,** o ~ **boreal.** m. Polo (→ 1, 2) situado en el norte de la Tierra. ■ ~ **positivo.** m. Polo (→ 4) de mayor potencial, por el que entra la corriente. ■ **Polo Sur,** o ~ **antártico,** o ~ **austral.** m. Polo (→ 1, 2) situado en el sur de la Tierra. ▶ **Am: 3:** PALETA.

polo². m. **1.** Deporte que se practica a caballo entre dos equipos y que consiste en meter una bola de madera en la meta contraria, golpeando aquella con un mazo de mango alargado. **2.** Prenda de punto, gralm. de algodón, con cuello como el de una camisa y botonadura hasta el pecho. *Viste polo y tejanos.*

pololear. intr. Am. Tener una persona una relación amorosa con otra. *Claudio pololeaba* CON *Pilar* [C].

pololo, la. m. y f. Am. Novio (persona que mantiene relaciones amorosas con otra). *Su primer pololo lo tuvo a los dieciséis años* [C]. ▶ *NOVIO.

polonesa. f. *Mús.* Composición musical con ritmo de marcha, inspirada en un baile nacional polaco. *Una polonesa de Chopin.*

poltrona. f. Asiento para una persona, mayor y más cómodo que una silla, con brazos y respaldo y gralm. mullido. *Me senté a leer en la poltrona.* ▶ BUTACA.

polución. f. **1.** Contaminación intensa del medio ambiente, espec. del agua o del aire. *El tráfico genera polución.* **2.** Expulsión involuntaria de semen. FAM polucionar.

polvareda. f. **1.** Cantidad grande de polvo que se levanta de la tierra por el viento u otra causa. *El rebaño levanta una polvareda a su paso.* **2.** Escándalo o alboroto que causa entre la gente un hecho o un comentario. *Sus declaraciones levantan polvareda.*

polvera. f. Recipiente pequeño, gralm. aplanado y circular, para contener polvos de maquillaje y la borla para aplicarlos.

polvo. m. **1.** Conjunto de fragmentos sólidos minúsculos que se levantan en el aire y se depositan sobre las cosas. *Limpia el polvo de los muebles.* **2.** Conjunto de fragmentos sólidos que resultan de moler una materia sólida. Frec. en pl. *Polvos* DE *talco.* **3.** malson. Coito. Frec. en la constr. *echar un ~.* O pl. **4.** Cosmético en polvo (→ 2) de distintos colores, usado como maquillaje. *Se puso polvos en la cara.* ■ hacer ~ (a alguien). loc. v. **1.** coloq. Dejar(lo) destrozado. *La gripe me hace polvo.* **2.** coloq. Causar(le) un gran trastorno. *Este horario me hace polvo.* ■ hacer ~ (algo). loc. v. coloq. Romper(lo) o destruir(lo). *Hizo polvo el jarrón.* ■ morder el ~. loc. v. Salir derrotado o humillado. *Su rival mordió el polvo.* FAM polvoriento, ta.

pólvora. f. Explosivo sólido, gralm. en grano, que se emplea en las armas de fuego, en voladuras y en los fuegos artificiales.

polvorín. m. **1.** Lugar donde se guardan los explosivos. *Un soldado vigila el polvorín.* **2.** Situación o lugar en los que hay gran riesgo de que estalle un conflicto.

polvorón. m. Pastelillo de harina, manteca y azúcar, que se desmenuza fácilmente, resulta pastoso al paladar y se consume espec. en Navidad.

pomada. f. Preparación farmacéutica de uso externo en que se presentan algunos medicamentos, compuesta por una sustancia grasa y otros ingredientes.

pomelo. m. Fruto semejante a la naranja pero de mayor tamaño, color amarillo o anaranjado, y sabor algo amargo. *Jugo de pomelo.* Tb. su árbol. ▶ frecAm: TORONJA.

pómez. f. Piedra pómez (→ piedra). *Yacimientos de pómez.*

pomo. m. **1.** Pieza más o menos esférica, que sirve de tirador en puertas, ventanas o cajones. *Para abrir, gire el pomo a la derecha.* **2.** Frasco pequeño, gralm.

destinado a contener perfumes. **3.** Extremo de la guarnición de la espada situado encima del puño.

pompa¹. f. Lujo y solemnidad, espec. los que acompañan a un acto o ceremonia. *Se casó con gran pompa.* ■ ~s fúnebres. f. pl. Ceremonias que acompañan al entierro de un difunto. *Empresa de pompas fúnebres.* FAM pomposidad; pomposo, sa.

pompa². f. Burbuja formada al introducir aire en agua jabonosa. Tb. ~ *de jabón.*

pompeyano, na. adj. **1.** histór. De Pompeya (antigua ciudad de Italia). **2.** Dicho de estilo: Que imita el arte pompeyano (→ 1).

pompis. m. coloq., eufem. Nalgas (parte del cuerpo humano).

pompón. m. Bola de lana u otro material que sirve de adorno. *Gorro con pompón.*

pómulo. m. Hueso de la mejilla. *Tiene pómulos prominentes.* Tb. la parte del rostro correspondiente. ▶ MALAR.

ponche. m. Bebida alcohólica que se hace mezclando ron u otro licor con agua o leche, azúcar y otros ingredientes.

ponchera. f. Am. Palangana. *Le tenía preparada una ponchera con agua* [C].

poncho. m. Prenda de abrigo típica de algunas zonas de América, que consiste en una manta gralm. de lana con una abertura en el centro para meter la cabeza.

ponderación. f. **1.** Cualidad de ponderado. *Admiro su ponderación.* **2.** Hecho de ponderar. *Se hará una ponderación de los hechos.* ▶ **1:** *MODERACIÓN. **2:** *ALABANZA.

ponderado, da. adj. Moderado y prudente. *Juez ponderado.* ▶ *MODERADO.

ponderar. tr. **1.** Considerar o examinar (algo) con cuidado. *Ponderó las ofertas.* **2.** Alabar (algo) o resaltar sus cualidades, gralm. de forma exagerada. *El nuevo ministro ponderó los logros de su antecesor.* ▶ **2:** *ALABAR.

ponderativo, va. adj. Que pondera o alaba. *Habló de él en tono ponderativo.*

ponedor, ra. adj. Dicho de ave, espec. de gallina: Que pone huevos. FAM ponedero.

ponencia. f. Informe o estudio sobre un tema, que se presentan ante una asamblea o en un congreso profesional. *En el simposio leyó una ponencia.* FAM ponente.

poner. (conjug. PONER). tr. **1.** Hacer que (alguien o algo) estén en un lugar. *Puso la leche* EN *la nevera.* **2.** Hacer que (alguien o algo) pasen al estado o situación que se expresan. *Me pone en un aprieto.* **3.** Instalar (algo, espec. un aparato), o hacer que esté en el lugar y las condiciones adecuados para que cumpla su función. *Ya nos han puesto el teléfono.* **4.** Hacer lo necesario para que (un aparato) empiece a funcionar. *¿Pongo la televisión?* **5.** Disponer (algo) para un fin. *Iré poniendo la mesa.* **6.** Suponer (algo), o plantear(lo) como posibilidad. *Pongamos que hablo con él, ¿qué le digo?* **7.** Escribir (algo) en un lugar o utilizando un medio. *Me puso una dedicatoria.* **8.** Utilizar un medio de comunicación para enviar (un mensaje) o establecer (una conferencia). *Le he puesto un fax.* **9.** Establecer o instalar (un negocio). *Puso una pandería.* **10.** coloq. Ofrecer al público (un espectáculo), una película o un programa. *En el cine ponen una de terror.* **11.** Dar (un nombre o un mote). *¡Mire que ponerle Josefina a una gata!* **12.** Contribuir (con algo) para un fin. *Pusimos dinero para el regalo.* **13.** coloq.

Tener una cosa (algo) escrito. *La etiqueta pone el precio.* **14.** Hacer que (algo, como un castigo o una obligación) recaiga en alguien. *Me han puesto una multa.* **15.** Hacer que (algo, como una prenda de vestir o un adorno) cubra una parte del cuerpo o esté sobre ella. *Pusieron al niño un gorro.* **16.** Hacer posible que (una persona) hable por teléfono con otra. *¿Puede ponerme con el encargado?* **17.** Apostar (una cantidad de dinero). *Lo puso todo al mismo número.* **18.** Expulsar un animal (un huevo) de su organismo. *Las tortugas marinas ponen muchos huevos.* Tb. como intr. **19.** Seguido de *a* y un infinitivo, o *de* y un nombre que designa empleo, tarea o función: Dedicar (a alguien) a lo expresado por ellos. *Lo pusieron a despachar. La han puesto de directora.* **20.** Seguido de un adverbio o un complemento introducido por *como* o, a veces, *de*: Hablar (de alguien o algo) de la manera expresada. *Lo ponen como a un genio. Me puso de mentirosa.* **21.** Seguido de un complemento introducido por *como, por* o *de*: Tener (algo o a alguien) en calidad de lo expresado por él. *Pongo a Dios por testigo.* **22.** Seguido de *a* y un infinitivo, o de *en* y un nombre que designa una actividad: Hacer que (una persona o cosa) empiecen a realizar lo expresado por ellos. *Puso en marcha el motor.* ○ tr. prnl. **23.** coloq. Decir (algo que se ha expresado oralmente). Se usa para citar las palabras textuales. *No la soporto cuando se pone: "Me aburro".* ○ tr. impers. **24.** Haber (algo) escrito en un sitio. *¿Qué pone aquí?* ○ intr. prnl. **25.** Ocultarse un astro en el horizonte. *Se está poniendo el sol.* **26.** coloq. Seguido de *con* y un nombre que implica actividad: Pasar a ocuparse de ella. *Merienda y se pone con el estudio.* **27.** coloq. Seguido de un complemento introducido por *en*: Llegar algo al precio expresado por él. *¿En cuánto se nos pone el billete?* ■ **~ a parir** (a alguien). loc. v. coloq. Criticar(lo) duramente. *Me puso a parir.* ■ **~ en claro** (algo). loc. v. Hacer que no haya dudas (acerca de ello). *Quiero poner en claro mi postura.* ■ **~se colorado,** o **rojo.** loc. v. Ruborizarse.

póney. (pl. **poneis**). m. Poni.

poni. m. Caballo de una raza que se caracteriza por su poca alzada o altura. *El niño montaba un poni.* ▶ PÓNEY.

poniente. (Referido a punto cardinal, se usa en mayúsc.). m. Oeste (punto cardinal, o viento). *El balcón mira a Poniente.* ▶ *OESTE.

pontevedrés, sa. adj. De Pontevedra (España).

pontificar. intr. Dar opiniones personales presentándolas como verdades indiscutibles. *Pontifica SOBRE cualquier tema.*

pontífice. (Frec. en mayúsc.). m. Papa. Tb. *sumo ~.* FAM **pontificado; pontificia, cia.**

pontón. m. **1.** Embarcación poco profunda y de fondo plano que sirve para cruzar ríos, construir puentes o excavar o limpiar el fondo de las aguas. *Llevan el cargamento en pontones hasta la otra orilla.* **2.** Puente formado por maderos o por una sola tabla.

ponzoña. f. Sustancia que puede dañar gravemente la salud de un ser vivo o causar su muerte. *Una araña de ponzoña mortal.* Tb. fig. ▶ *VENENO. FAM **ponzoñoso, sa.**

pop. m. **1.** Género de música moderna, derivado de la música popular anglosajona y basado pralm. en una melodía pegadiza y un ritmo marcado, que se interpreta con instrumentos eléctricos y batería. ● adj. **2.** Del pop (→ 1). *Música pop.*

popa. f. Parte posterior de una embarcación. *Midió el barco de proa a popa.*

pope. m. Sacerdote de la iglesia ortodoxa.

popelín. m. Tela fina y tupida, gralm. de algodón y con algo de brillo.

populacho. m. **1.** despect. Gente de la de clase social más baja. *Las comedias divertían al populacho.* **2.** despect. Gente descontrolada de la clase social más baja. *El marqués fue linchado por el populacho.* FAM **populachero, ra.**

popular. adj. **1.** Del pueblo o clase social más humilde. *Revuelta popular.* **2.** Conocido y apreciado por mucha gente. *Una popular cantante.* **3.** Que está al alcance de la gente con menos recursos económicos. *Precios populares.* ▶ **2:** *FAMOSO. FAM **popularidad; popularismo; popularista; popularización; popularizar.**

populismo. m. despect. Tendencia a defender los intereses del pueblo o clase social más humilde. *Un gobierno de marcado populismo.* FAM **populista.**

populoso, sa. adj. Dicho de lugar: Muy poblado. *Un barrio populoso.*

popurrí. m. **1.** Composición musical formada por fragmentos de varias obras distintas. *Interpretó un popurrí.* **2.** Mezcla de cosas distintas. *Un popurrí DE poemas.*

poquedad. f. **1.** cult. Timidez o falta de decisión al actuar. *Su poquedad la frena.* **2.** cult. Escasez o falta de la cantidad suficiente de algo. *¡Cuánta poquedad intelectual!*

póquer. m. Juego de cartas con baraja francesa, en el que cada jugador recibe cinco de ellas, se hacen apuestas y se trata de conseguir, o de hacer creer que se ha conseguido, la jugada de mayor valor. Tb. una de sus jugadas. *Hizo póquer de reyes.*

por. prep. **1.** Introduce el complemento agente de una oración pasiva. *Fue traicionado por un amigo.* **2.** Indica el lugar a través del cual se pasa para ir a otro punto. *Vinimos por la vereda.* **3.** Indica lugar o tiempo de forma aproximada. *Esa calle está por el centro.* **4.** Indica la parte de un todo sobre la que se ejerce una acción. *Lo sujeté por una mano.* **5.** Introduce un complemento que expresa causa o motivo. *Esto le pasa por vago.* **6.** Introduce un complemento que expresa el medio o el modo de ejecutar la acción verbal. *Hablan por señas.* **7.** A cambio de. *Lo compré por poco dinero.* **8.** A favor de, o en defensa de. *Se manifestarán por la paz.* **9.** Introduce un complemento que expresa la consideración, el concepto o el estado en los que se encuentra alguien o algo. *Lo tienen por tonto.* **10.** Indica distribución o reparto. Frec. referido a la velocidad desarrollada. *Va a 50 kilómetros por hora.* **11.** Introduce un complemento que expresa la cantidad respecto a la cual se establece una proporción. *Un diez por ciento.* **12.** Introduce el número que designa el multiplicador. *Tres por cuatro, doce.* **13.** En busca de. *Fue por pan.* **14.** Para, o con el fin de. *No llamé por no molestar.* **15.** Seguido de un infinitivo, indica que la acción denotada por él no se ha realizado todavía. *Una factura por pagar.* **16.** Precedida de un verbo, frec. en infinitivo, y seguida del infinitivo de ese mismo verbo, expresa que la acción designada es inútil o innecesaria. *Dejémoslo, esto es hablar por hablar.* **17.** Seguido de un adjetivo o un adverbio y la conjunción *que*, expresa que el hecho que se expone en primer lugar no puede impedir que se cumpla lo que se dice a continuación. *Por más que se* *esfuerza, no lo consigue.* ■ ~ **si.** loc. conjunt. En previsión de que. *Llevo paraguas por si llueve.*

porcelana. f. **1.** Material de cerámica fino, brillante y gralm. translúcido, elaborado con una arcilla blanca. **2.** Objeto de porcelana (→ 1).

porcentaje. m. Tanto por ciento. *¿Qué porcentaje del censo votó?* ▶ TANTO. FAM **porcentual.**

porche. m. Espacio cubierto, bordeado de columnas o arcos y situado gralm. ante la entrada principal de un edificio. *En verano cenamos en el porche.*

porcino, na. adj. Del cerdo. *Ganado porcino.*

porción. f. **1.** Parte de un todo, gralm. separada o desprendida de este. *Una isla es una porción de tierra rodeada de agua.* **2.** Cada una de las partes en que se divide o reparte algo. *Corte la tarta en porciones.* **3.** coloq. Número considerable e indeterminado de personas o cosas. *Trajo una porción de regalos.* ▶ **1, 2:** *PARTE.

pordiosero, ra. m. y f. Mendigo. *Un pordiosero pide limosna.* FAM **pordiosear.**

porfiar. (conjug. ENVIAR). intr. Persistir obstinadamente en hacer o decir algo. *No porfíe, que no tiene razón.* FAM **porfía.**

pormenor. m. Circunstancia o detalle de pequeña importancia. Gralm. en pl. *Explicó los pormenores del proyecto.* FAM **pormenorizar.**

porno. (pl. invar.). adj. **1.** coloq. Pornográfico. *Cine porno.* ● m. **2.** coloq. Pornografía. *En algunos canales echan porno por la noche.*

pornografía. f. **1.** Modo de presentar el sexo abiertamente y con crudeza, para producir excitación. **2.** Textos o material audiovisual que utilizan la pornografía (→ 1). *Prohibieron la venta de pornografía.* FAM **pornográfico, ca.**

poro[1]. m. **1.** Orificio muy pequeño de la piel o de la superficie de los vegetales. *Esta crema limpia los poros.* **2.** Espacio muy pequeño que hay entre las partículas que forman la materia sólida. *Los poros de la madera.* FAM **porosidad; poroso, sa.**

poro[2]. m. Am. Puerro. *Al caldo se añaden apio, poro, nabo y cebolla* [C].

poroto. m. Am. Judía. *Cultivos de algodón, ají, porotos...* [C]. ■ ~ **verde.** m. Am. Judía verde. *Se cortan los porotos verdes en tiras* [C]. □ **anotarse,** o **apuntarse,** un ~. loc. v. Am. coloq. Tener un acierto o un éxito. *Se habían apuntado un poroto* [C].

porque. (Tb. **por que**). conj. **1.** Introduce una proposición que expresa la causa o el motivo de lo expuesto en la oración principal. *No ha venido porque está enfermo.* **2.** Para que. *Lo he escondido porque no lo vea.*

porqué. m. (Frec. con art.). Causa o motivo. *No entiendo el porqué de su actitud.*

porquería. f. **1.** Suciedad o basura. *Las calles están llenas de porquería.* **2.** Cosa inútil o de poco valor. *¡Vaya porquería de auto!* **3.** Cosa que produce asco. *¡No hagan porquerías con la comida!* **4.** Alimento de escaso valor nutritivo. *Solo come porquerías.* **5.** Hecho o dicho groseros o indecentes. *Le decía porquerías al oído.*

porquerizo, za. m. y f. **1.** Porquero. ○ f. **2.** Pocilga (establo). ▶ **2:** *POCILGA.

porquero, ra. m. y f. Persona que se encarga de cuidar cerdos. ▶ PORQUERIZO.

porra. f. **1.** Instrumento en forma de palo, gralm. más grueso por la punta que por la empuñadura, usado como arma para golpear. *Policías con porra.* **2.** Am. coloq. Hinchada. *Dirigentes de la porra del América* [C]. **3.** Am. coloq. Conjunto de gritos y cánticos de una porra (→ 2). *Se confundían los vítores y las porras* [C]. ■ **a la** ~. expr. coloq. Se usa para expresar rechazo o enfado. *¡Váyase a la porra!*

porrazo. m. **1.** Golpe fuerte dado con una porra u otro instrumento. *La policía se lió a porrazos.* **2.** coloq. Golpe fuerte que se recibe al caer o chocar. *Se dio un porrazo.*

porro. m. coloq. Cigarrillo de marihuana o hachís, mezclados gralm. con tabaco.

porrón. m. Vasija de vidrio de cuello estrecho, provista de un saliente largo y cónico, que sirve para beber a chorro, espec. vino.

porta-. elem. compos. Significa 'llevar, contener o sostener'. *Portafirmas, portapapeles, portamonedas.*

portaaviones. m. Buque de guerra preparado para el transporte de aviones y dotado de instalaciones para su despegue y aterrizaje.

portación. f. Am. Hecho o efecto de portar o llevar algo encima, espec. un arma. *Se les acusa de portación de armas* [C].

portada. f. **1.** En una publicación periódica: Primera página. *La noticia apareció en portada del diario.* **2.** Puerta principal ornamentada de un edificio monumental. Tb. su fachada. *Iglesia con portada renacentista.* **3.** Graf. Página del comienzo de un libro, donde constan pralm. el título, el nombre del autor y el de la editorial.

portadilla. f. Graf. Primera página de un libro, que precede a la portada y en la que gralm. aparece sólo el título de la obra.

portador, ra. adj. **1.** Que lleva o trae consigo algo, espec. enfermedades. *Virus portadores de enfermedades.* ● m. **2.** Com. Persona que posee un cheque u otro título o documento emitidos a nombre de quienquiera que los tenga. *Cheque al portador.*

portaequipajes. m. En un vehículo: Estructura metálica en forma de rejilla que se coloca en el techo para llevar el equipaje y otros bultos. ▶ Am: PARRILLA.

portafolio. m. frecAm. Portafolios. *Sacó del portafolio tres documentos* [C].

portafolios. m. Cartera de mano, gralm. plana y rectangular, para llevar papeles. *Llevaba un portafolios de piel bajo el brazo.* ▶ frecAm: PORTAFOLIO.

portal. m. **1.** En una casa de vecinos: Zona de paso inmediata a la puerta de entrada. *Pasado el portal está el ascensor.* **2.** Nacimiento (representación). Tb. ~ de Belén. ▶ **2:** *NACIMIENTO.

portalámparas. m. Pieza donde se encaja o enrosca el casquillo de una bombilla.

portalón. m. Puerta grande que comunica una zona descubierta de un recinto con el exterior. *Tras el portalón del palacio hay un jardín.*

portamaletas. m. frecAm. Maletero de un automóvil. ▶ *MALETERO.

portaminas. m. Instrumento de escritura, gralm. de metal o plástico, que contiene minas recambiables y se utiliza como lápiz.

portaobjetos. m. Lámina de cristal donde se coloca algo para examinarlo a través de un microscopio.

portar. tr. **1.** Llevar (algo) consigo, o de un lugar a otro. *Sus amigos portaron el féretro.* ○ intr. prnl. **2.** Actuar o comportarse de una determinada manera.

portarretratos - posibilidad

Se portó mal. **3.** Actuar o comportarse bien. *A ver si se portan.* ▶ **1:** *LLEVAR. **2, 3:** COMPORTARSE.

portarretratos. m. Marco para retratos fotográficos, gralm. con un soporte para sostenerlo en pie. *En la mesa tengo un portarretratos con la foto de mi hija.*

portarrollos. m. Soporte para un rollo de papel, espec. de papel higiénico.

portátil. adj. Que puede llevarse fácilmente de un lugar a otro. *Ordenador portátil.*

portavoz. m. y f. Persona encargada de hablar en nombre de un grupo. *Intervino la portavoz de los estudiantes.* ▶ VOCERO. FAM **portavocía.**

portazo. m. **1.** Golpe que da una puerta al cerrarse con fuerza. *Oí un portazo.* **2.** Hecho de cerrar una puerta con fuerza al salir, en señal de enfado. *Se fue de un portazo.*

porte. m. **1.** Hecho de transportar algo de un lugar a otro. *Empresa de portes.* **2.** Cantidad que se paga por un porte (→ 1). *El cliente paga el porte.* **3.** Aspecto exterior de alguien. *Tiene buen porte.* **4.** Tamaño o dimensiones de algo. *Árbol de gran porte.*

portear. tr. Llevar o transportar (algo, espec. mercancías o equipajes) de un lugar a otro. *Unos hombres porteaban bultos.* FAM **porteador, ra.**

portento. m. **1.** Persona o cosa admirables por alguna cualidad. *Como médico es un portento.* **2.** Suceso que causa admiración por su extrañeza o por salirse de lo normal. *No se explica el portento de que cayeran ranas del cielo.* FAM **portentoso, sa.**

porteño, ña. adj. De Buenos Aires (Argentina), de Valparaíso (Chile), de Izabal (Guatemala), de Puerto Barrios (Guatemala), de Cortés (Honduras) o de Puerto Cabezas (Nicaragua).

portería. f. **1.** En un edificio: Cuarto del portero. *Pregunte en la portería.* **2.** En algunos deportes de pelota: Marco rectangular formado por dos postes y un larguero, por donde se debe meter la pelota para conseguir tantos. ▶ **2:** META, PUERTA.

portero, ra. m. y f. **1.** Persona que tiene por oficio vigilar la puerta de un edificio o de un recinto y controlar las entradas y salidas. **2.** En algunos deportes de pelota: Jugador encargado de defender la portería. *El portero paró el penalti.* ■ **portero automático.** m. Mecanismo eléctrico que permite, desde el interior de un edificio, abrir la puerta principal y comunicar con el exterior. *El cartero llama al portero automático.* ▶ **2:** ARQUERO, CANCERBERO, GUARDAMETA, META. ‖ Am: **2:** GUARDAVALLA.

portezuela. f. Puerta de un vehículo.

pórtico. m. **1.** Espacio cubierto y con columnas a la entrada de templos o edificios monumentales. **2.** Galería con arcos o columnas a lo largo del muro de una fachada o de un patio. *Nos refugiamos en el pórtico de la plaza.* FAM **porticado, da.**

portillo. m. Abertura practicada en una muralla, una tapia o una cerca.

portón. m. Puerta grande que sirve de entrada a una casa.

portorriqueño, ña. adj. Puertorriqueño.

portuario, ria. adj. De puerto de mar o del puerto de mar. *Ciudad portuaria.*

portugués, sa. adj. **1.** De Portugal. ● m. **2.** Lengua hablada en Portugal, Brasil y otros países de su cultura. FAM **portuguesismo.**

porvenir. m. **1.** Situación futura. *Su porvenir era incierto.* **2.** Tiempo futuro. *¿Qué ocurrirá en el porvenir?* ▶ **2:** *FUTURO.

pos. en ~ de. loc. prepos. Detrás de. *El animal corre en pos de su presa.*

pos-. (Tb. **post-**). pref. Significa 'después de' (*posrenacimiento, posromanticismo, postromántico*) o 'detrás de' (*postbranquial*).

posada. f. **1.** Establecimiento que ofrece comida y alojamiento económicos, espec. a viajeros. **2.** Alojamiento u hospedaje. *Pide posada.* ▶ **1:** VENTA. FAM **posadero, ra.**

posaderas. f. pl. coloq., eufem. Nalgas (parte del cuerpo humano).

posar[1]. tr. **1.** Poner (algo) suavemente o con cuidado en un sitio. *Posó la mano SOBRE mi hombro.* ○ intr. prnl. **2.** Ponerse un animal o un vehículo aéreo o espacial en un sitio después de volar. *Las moscas se posan EN la carne.* **3.** Depositarse partículas en suspensión en el fondo de un líquido o en una superficie. *Bébalo antes de que se pose el azúcar.*

posar[2]. intr. Permanecer en determinada postura para servir de modelo a un fotógrafo, pintor o escultor. *Todos posamos para la foto.*

posavasos. m. Pieza pequeña de plástico, papel u otro material que se coloca bajo los vasos con bebida para que no dejen huella en la mesa.

posdata. (Tb. **postdata**). f. Texto que se añade al final de una carta después de la firma. *Al pie de la carta figura una posdata.*

pose. f. **1.** Postura poco natural, espec. la que se adopta al posar. *La retrató en diversas poses.* **2.** Actitud afectada o poco natural. *Su refinamiento es una pose.*

poseer. (conjug. LEER). tr. **1.** Tener una persona (algo) como suyo. *Poseen tierras.* **2.** Tener una persona o cosa (algo) en su interior o formando parte de ellas. *Posee dotes para la música.* **3.** Tener algo una influencia poderosa (sobre alguien). *La poseía el ansia de venganza.* **4.** Tener un espíritu maligno dominada (a una persona) o sometida a su voluntad. *La había poseído el demonio.* **5.** cult. Practicar el acto sexual (con alguien), espec. con una mujer. *La poseyó.* FAM **poseedor, ra.**

posesión. f. **1.** Hecho de poseer. *Se cree en posesión de la verdad.* **2.** Cosa que se posee, espec. una finca. *Repartió sus posesiones.* **3.** Territorio situado fuera de las fronteras de una nación, pero que le pertenece por convenio, ocupación o conquista. Más frec. en pl. *Posesiones de ultramar.* ■ **tomar ~** (de algo). loc. v. Pasar a poseer(lo) u ocupar(lo) de manera oficial. *Tomó posesión DEL cargo.* FAM **posesionarse.**

posesivo, va. adj. **1.** De la posesión o hecho de poseer. *La ambición posesiva de un coleccionista.* **2.** Dicho de persona: Que en su relación con los otros es dominante o quiere poseerlos. **3.** Gram. Dicho de adjetivo o pronombre: Que expresa posesión y señala al poseedor de lo designado por el nombre al que se refiere. *En "mi cama", "mi" es adjetivo posesivo.*

poseso, sa. adj. Dicho de persona: Poseída por un espíritu. ▶ ENDEMONIADO.

posgrado. (Tb. **postgrado**). m. Ciclo de estudios universitarios de especialización posterior a la graduación o licenciatura. FAM **posgraduado, da** o **postgraduado, da.**

posibilidad. f. **1.** Cualidad de posible. *Hay muchas posibilidades DE que llueva.* **2.** Capacidad de alguien para hacer algo. *Tiene posibilidades* DE *recuperación.* ○ pl. **3.** Medios disponibles, espec. económicos. *Una familia con posibilidades.*

posibilismo. m. Tendencia a aprovechar todas las posibilidades para conseguir un objetivo determinado. *Su posibilismo le permite pactar con todos.* FAM **posibilista.**

posible. adj. **1.** Que puede existir o suceder. *Una posible tormenta.* **2.** Que puede realizarse. *No es posible arreglarlo.* ● m. pl. **3.** coloq. Bienes o recursos económicos. *Un hombre de posibles.* ◼ **hacer (todo) lo ~** (por, o para, algo). loc. v. Poner todos los medios necesarios para conseguir(lo). *Hizo lo posible* POR *ayudare.* FAM **posibilitar.**

posiblemente. adv. Tal vez, o quizá. *Aquel fue posiblemente su mejor año.*

posición. f. **1.** Manera en que está puesto algo o alguien. *Siempre duerme en esa posición.* **2.** Lugar que ocupa algo o alguien. Tb. fig. *Me hallo en una posición difícil.* **3.** Manera de pensar o actuar respecto a algo. *¿Cuál es su posición* SOBRE *el tema?* **4.** Categoría o condición sociales o económicas de una persona. *Gente de buena posición.* **5.** En una guerra: Lugar en que se sitúan las tropas o las instalaciones militares. *Adelantaron posiciones para el asedio.* ▶ **3:** POSTURA. FAM **posicional; posicionamiento; posicionarse.**

posindustrial. (Tb. **postindustrial**). adj. Del período en que la gran industria ha sido desplazada como sector económico predominante. *La sociedad postindustrial.*

positivar. tr. Obtener el positivo (de una imagen fotográfica). *En el laboratorio positivan los negativos.* FAM **positivado.**

positivismo. m. *Fil.* Doctrina que basa el conocimiento solo en la experiencia y rechaza cualquier concepto absoluto o universal. FAM **positivista.**

positivo, va. adj. **1.** Seguro o que no ofrece duda. *Hay indicios positivos de culpabilidad.* **2.** Que indica existencia o presencia de algo. *El análisis dio un resultado positivo.* **3.** Afirmativo o que expresa afirmación. *Una respuesta positiva.* **4.** Dicho de cosa: Que es útil o beneficiosa. *Una actitud positiva.* **5.** Dicho de persona: Que busca el aspecto positivo (→ 4) de las cosas. **6.** Dicho de copia o imagen fotográficas: Que tiene los claros y oscuros tal y como se ven en la realidad. Frec. m. *Sacó varios positivos de cada foto.* **7.** *Mat.* Dicho de cantidad: Mayor que cero. **8.** *Fís.* Dicho de electricidad: Propia del protón. **9.** *Gram.* Dicho de grado del adjetivo o del adverbio: Que expresa su significado sin punto de vista comparativo. *"Bien" es un adverbio en grado positivo.*

posmodernidad. (Tb. **postmodernidad**). f. Movimiento cultural de fines del s. XX, caracterizado por la oposición al racionalismo, el culto formal, el individualismo y la falta de compromiso social. FAM **posmoderno, na** o **postmoderno, na.**

poso. m. Materia sólida que se deposita en el fondo de un líquido en el que estaba en suspensión. *Posos de café.* Tb. fig.

posología. f. *Med.* Dosificación indicada para un medicamento.

posparto. m. Tiempo inmediatamente posterior al parto. *Cayó en una depresión en el posparto.* ▶ PUERPERIO.

posponer. (conjug. PONER). tr. **1.** Poner (una cosa o a una persona) detrás o después de otra. *Un adverbio pospuesto* AL *verbo.* **2.** Dejar (algo) para más ade-

lante. *Habrá que posponer la visita.* **3.** Poner alguien (una cosa o a una persona) detrás de otra en su estimación. *Pospone el placer* AL *deber.* ▶ **2:** *RETRASAR.* FAM **posposición.**

pospretérito. m. *Gram.* Tiempo verbal que expresa acción futura respecto a una acción del pasado, y que se forma sin el verbo auxiliar *haber.* *"Cantaría"* es una forma de pospretérito.

post-. → **pos-.**

posta. f. **1.** Bala pequeña de plomo, mayor que un perdigón. **2.** histór. Conjunto de caballos situados en los caminos cada cierta distancia, para reemplazar a los de viajeros, diligencias o correos. Tb. el lugar donde estaban. ◼ **a ~.** → **aposta.**

postal. adj. **1.** De correos. *Envíos postales.* ● f. **2.** Tarjeta postal (→ **tarjeta**).

postdata. → **posdata.**

poste. m. **1.** Madero o pieza de metal alargada, que se coloca en posición vertical sobre el suelo y sirve de apoyo a algo. *Poste de telégrafos.* **2.** En algunos deportes de pelota: Cada palo vertical de una portería. *El balón dio en el poste.* FAM **postear.**

póster. (pl. **pósteres**). m. Cartel grande que se coloca en la pared como adorno. *En su habitación tiene un póster de su ídolo.* ▶ *CARTEL.*

postergar. tr. **1.** Dejar (algo) para más adelante. *Ha postergado la decisión.* **2.** Dejar (algo o a alguien) en posición inferior a la que (les) corresponde. *El partido lo postergó en beneficio de otro candidato.* ▶ **1:** *RETRASAR.* FAM **postergación.**

posteridad. f. Conjunto de personas que vivirán después de determinado momento o de determinada persona. *Lega una gran obra a la posteridad.*

posterior. adj. **1.** Que ocurre o va después. *Hechos posteriores* A *la guerra.* **2.** Que está atrás o detrás. *La parte posterior del cráneo.* FAM **posterioridad.**

posteriormente. adv. **1.** Después, o en un momento posterior. *Fue detenido y posteriormente encarcelado.* **2.** En la parte posterior o trasera. *La bala incidió en su cuerpo posteriormente.*

postgrado; postgraduado, da. → **posgrado.**

postigo. m. Tablero sujeto al marco de una ventana o de una puerta y que cubre la parte acristalada por dentro o por fuera. *Cierro los postigos para que no entre el sol.*

postín. **darse ~.** loc. v. coloq. Darse importancia o presumir. *Se da un postín con eso de conocer a unos marqueses...* ◼ **de ~.** loc. adj. coloq. Distinguido o importante. *Un restaurante de postín.* FAM **postinero, ra.**

postindustrial. → **posindustrial.**

postizo, za. adj. **1.** Que no es natural o propio, sino agregado o sobrepuesto. *Dientes postizos.* ● m. **2.** Añadido de pelo postizo (→ 1). *Es calvo y lleva postizo.*

post merídiem. (loc. lat.). loc. adv. Después del mediodía.

postmodernidad; postmoderno, na. → **posmodernidad.**

post mórtem. (loc. lat.; pronunc. "pos-mórtem"). loc. adj. Posterior a la muerte.

postor. m. Persona que ofrece un precio en una subasta. *Lo vendió al mejor postor.*

postrar. tr. **1.** Debilitar (a alguien) o causar su abatimiento. *La enfermedad la postró* EN *cama.* ○ intr. prnl. **2.** Arrodillarse en señal de respeto, veneración o humildad. *Se postró* ANTE *la cruz.* FAM **postración.**

postre. m. Alimento, gralm. dulce, que se sirve al final de una comida. *De postre tomaron tarta.* ■ **a la ~.** loc. adv. Al final. *A la postre, el esfuerzo fue inútil.*

postrero, ra. (apóc. **postrer:** se usa ante n. m. sing.). adj. cult. Último o que está en último lugar. *Se arrepintió de su vida en el postrer momento.*

postrimerías. f. pl. cult. Período final o último de algo. *Conoció las postrimerías de la dictadura.*

postulado. m. Afirmación que se admite como verdadera sin demostración, y que sirve de base para razonamientos posteriores. *Rechaza los postulados del capitalismo.*

postular. tr. **1.** Pedir o exigir (algo). *Postulan más ayudas.* **2.** frecAm. Proponer (a alguien) como candidato a un cargo. *Votación para postular A la dirección a quien convenga* [C]. Tb. fig., referido a cosa. O intr. **3.** Pedir por la calle en una colecta. *Postulan para la lucha contra el cáncer.* **4.** Am. Presentarse alguien candidato a algo, como un cargo o un premio. *No necesita renunciar a su cargo para postular A la alcaldía* [C]. Tb. fig., referido a cosa. FAM **postulación; postulante.**

póstumo, ma. adj. **1.** Dicho de hijo: Que nace después de la muerte del padre. **2.** Dicho de obra: Que se publica después de la muerte del autor. **3.** Dicho de acto, espec. de homenaje: Que se realiza después de la muerte de la persona a quien va dirigido.

postura. f. **1.** Modo en que está puesto alguien o una parte de su cuerpo. *Evite malas posturas.* **2.** Posición (manera de pensar o actuar). *Admiro su postura ante la vida.* **3.** En un juego: Cantidad apostada de una vez. *Subió la postura.* ▶ **2:** POSICIÓN. FAM **postural.**

potable. adj. **1.** Que se puede beber sin peligro para la salud. *Agua potable.* **2.** coloq. Pasable o aceptable. *Una calidad potable.* FAM **potabilidad; potabilizador, ra; potabilizar.**

potaje. m. **1.** Guiso caldoso de legumbres y verduras. *Potaje de garbanzos.* **2.** despect. Mezcla confusa o desordenada de cosas. *Un potaje de datos.*

potasio. m. Elemento químico del grupo de los metales, blando, blanco plateado, y empleado en la fabricación de abonos, jabones y explosivos (Símb. *K*). *Fruta rica en potasio.* FAM **potasa; potásico, ca.**

pote. m. **1.** Vasija de barro, usada para beber o para guardar alimentos. *Desayuna leche en un pote.* **2.** Olla de cocina con barriga y boca ancha. *Puso el pote al fuego para calentar agua.* **3.** Am. Bote (recipiente pequeño). *Potes de maquillaje* [C]. ▶ **3:** BOTE.

potencia. f. **1.** Capacidad que una cosa para hacer algo o causar un efecto. *Microscopio de gran potencia.* **2.** Fuerza o vigor. *Potencia muscular.* **3.** Capacidad de realizar el acto sexual o de engendrar hijos. Más frec. **~ sexual. 4.** Nación o Estado poderosos e influyentes, espec. en política. *Los mandatarios de las grandes potencias.* **5.** Fís. Cantidad de trabajo realizado en una unidad de tiempo. *Motor con 140 caballos de potencia.* **6.** Mat. Producto resultante de multiplicar una cantidad por sí misma una o más veces. *9 es potencia de 3.* ■ **elevar** (una cantidad) **a una ~.** loc. v. Mat. Multiplicar(la) por sí misma una o más veces. *2 elevado a la tercera potencia es $2^3 = 2 \times 2 \times 2$.* Tb. fig. ■ **en ~.** loc. adj. Que puede llegar a ser lo que se expresa. *Es un suicida en potencia.* FAM **potenciación; potenciador, ra; potenciar** (conjug. ANUNCIAR).

potencial. adj. **1.** Que puede existir. *Peligro potencial.* ● m. **2.** Fuerza o poder. *Un país de gran potencial económico.* **3.** Fís. Fuerza electromotriz que existe entre dos puntos de un circuito. Tb. **~ eléctrico.**

■ **~ compuesto.** m. Gram. Antepospretérito. *Potencial compuesto de "saber": "habría sabido".* ■ **~ simple.** m. Gram. Pospretérito. *En la frase "Yo no lo haría" el verbo está en potencial simple.* ▶ **3:** *VOLTAJE. FAM **potencialidad.**

potentado, da. m. y f. Persona rica. ▶ *RICO.

potente. adj. **1.** Que tiene potencia. *Altavoces potentes.* **2.** Poderoso o influyente. *Un potente empresario del sector.*

potestad. f. Poder o capacidad para mandar o hacer algo. *El presidente tiene la potestad de convocar elecciones.* ■ **patria ~.** f. Der. Conjunto de facultades y deberes de los padres respecto de los hijos menores de edad, salvo que estos estén casados. *El juez privó al padre de la patria potestad.*

potestativo, va. adj. Que no es obligatorio. *La asistencia a clase era potestativa.*

potingue. m. **1.** despect. Bebida de aspecto y sabor desagradables. **2.** despect. Producto cosmético, espec. una crema. *Se llena la cara de potingues.*

potito. (Marca reg.). m. Alimento infantil consistente en un puré de diversos ingredientes envasado para su consumo. *Un potito de frutas.*

poto. m. Am. coloq. Nalgas. *Ya quisiera tener un poto tan lindo como el tuyo* [C].

Potosí. **valer un ~.** loc. v. Valer mucho. *Esa mujer vale un Potosí.*

potosino, na. adj. De Potosí (Bolivia) o de San Luis de Potosí (México).

potrero. m. **1.** frecAm. Lugar destinado a la cría de caballos. *Veo en el potrero de enfrente al pobre percherón* [C]. **2.** Am. Terreno cercado destinado a labores agrícolas y ganaderas. *Miraba las vacas rumiando en los potreros* [C]. **3.** Am. Terreno sin cultivar ni edificar. *Cuando niño recogía chatarra por los potreros* [C].

potro, tra. m. **1.** Cría del caballo desde que nace hasta que muda los dientes de leche, gralm. a los cuatro años y medio. **2.** Aparato gimnástico formado por un paralelepípedo, sostenido por cuatro patas. *Salto de potro.* **3.** histór. Aparato de tortura donde se ataba al procesado y gralm. se le estiraban los miembros. O f. **4.** Hembra del potro (→ 1). FAM **potranco, ca.**

poyo o **poyete.** m. Banco de piedra o de obra, gralm. adosado a una pared.

poza. f. **1.** Zona de un río donde este es más profundo. *Nos bañamos en una poza.* **2.** Hoyo en el que hay agua estancada. ▶ **1:** POZO.

pozo. m. **1.** Hoyo excavado en la tierra para sacar agua. *Sacan agua del pozo con un cubo.* **2.** Hoyo profundo, espec. el que permite bajar a una mina o extraer petróleo. *Han abierto pozos petrolíferos.* **3.** Poza (zona de un río). **4.** Persona o cosa llena de algo, espec. de una cualidad. *La abuela era un pozo de sabiduría.* ■ **~ negro.** m. Pozo (→ 2) excavado junto a una vivienda para servir como depósito de aguas residuales. ■ **~ sin fondo.** m. Persona o cosa que no parecen tener límites, espec. por las cantidades de dinero que precisan. *¡Esta obra es un pozo sin fondo!* ▶ **3:** POZA.

práctica. → práctico.

practicable. adj. **1.** Que se puede practicar o poner en práctica. *Una solución practicable.* **2.** Dicho de sitio o camino: Que permite pasar o transitar por él.

prácticamente. adv. **1.** Casi. *Vinieron prácticamente todos.* **2.** En la práctica, o en realidad. *Quiere* *ayudar, pero prácticamente le es imposible.* **3.** De manera práctica. *¡Qué prácticamente lo ha ordenado todo!*

practicante, ta. (La forma **practicanta** solo se usa como f. coloq. en la acep. 2, alternando con la más frec. **practicante**). adj. **1.** Dicho de persona: Que practica una actividad, profesión o religión. *Un católico practicante.* ● m. y f. **2.** Persona legalmente capacitada para realizar operaciones de cirugía menor, como poner inyecciones.

practicar. tr. **1.** Realizar continuadamente (una actividad). *Practico el tenis.* **2.** Hacer o realizar (algo). *Practicó un orificio.* **3.** Llevar a la práctica de forma habitual las normas y preceptos (de una religión). *Practica el judaísmo.* Tb. como intr. **4.** Realizar prácticas o ejercicios para adquirir destreza (en algo). *Practicaré mi revés.*

práctico, ca. adj. **1.** De la práctica (→ 5). *Conocimientos teóricos y prácticos.* **2.** Dicho de persona: Que actúa ajustándose a cada situación y buscando un fin útil. **3.** Dicho de cosa: Que es útil o provechosa. *Práctica navaja multiuso.* **4.** De la acción o de la realidad concreta. *Ideas sin aplicación práctica.* ● f. **5.** Realización continuada de una actividad. *Recomiendo la práctica de un deporte.* **6.** Experiencia o destreza en la realización de una actividad. *Tiene práctica EN hacer fotos.* **7.** Ejercicio para adquirir destreza en algo de lo que se tiene un conocimiento teórico. Frec. en pl. *Hacen prácticas de tiro.* **8.** Costumbre o modo de actuar. *El canibalismo es práctica habitual en estas tribus.* **9.** Aplicación real de una teoría, idea o doctrina. *Teoría y práctica del psicoanálisis.* ○ m. **10.** *Mar.* En un puerto: Persona encargada de dirigir las maniobras de entrada y salida de las embarcaciones. ■ **en la práctica.** loc. adv. En realidad. *En la práctica, nadie hace nada.* ■ **llevar** (algo) **a la práctica,** o **poner** (algo) **en práctica.** loc. v. Realizar(lo). *Llevó a la práctica su promesa.* ▶ **4:** PRAGMÁTICO. **9:** PRAXIS.

pradera. f. Extensión de terreno llano y con hierba. *Pastan vacas en la pradera.*

prado. m. Terreno donde se siembra o deja crecer la hierba para pasto del ganado. FAM **pradería.**

pragmático, ca. adj. **1.** Que tiene preferencia por lo práctico o útil. *Un político pragmático.* **2.** Práctico (de la acción o realidad concreta). *El plan falla en los aspectos pragmáticos.* ▶ **2:** PRÁCTICO. FAM **pragmatismo; pragmatista.**

praguense. adj. De Praga (República Checa).

praliné. m. Crema de chocolate y almendras o avellanas. *Bombones de praliné.*

praxis. f. Práctica (aplicación de una teoría). *Teoría y praxis.* ▶ PRÁCTICA.

pre-. pref. Significa 'antes de' (*preoperatorio, preconstitucional*) o 'delante de' (*precordial*).

preámbulo. m. **1.** Introducción a un texto o a un discurso. *El autor explica en el preámbulo cómo nació la obra.* **2.** Rodeo o explicación innecesaria previos a entrar en materia o decir algo claramente. *Sin más preámbulos, diré el nombre del ganador.*

prebenda. f. Renta o beneficio económico unidos a un cargo eclesiástico.

preboste. m. **1.** Persona que tiene mucho poder o influencia en determinado ámbito. *Los prebostes de la banca.* **2.** Persona que preside o gobierna un grupo o una comunidad. *El preboste de la isla firmó la paz.*

precario, ria. adj. **1.** Inseguro o poco estable. *Equilibrio precario.* **2.** Que resulta escaso o insufi-

ciente. *Sueldo precario.* FAM **precariedad; precarización; precarizar.**

precaución. f. Cuidado para evitar o prevenir un daño o peligro posibles. *Tenga precaución al volante.* FAM **precautorio, ria; precavido, da.**

precaver. tr. **1.** Creer que puede ocurrir (un daño o peligro) y tratar de evitar(lo). *Hay que precaver los accidentes.* ○ intr. prnl. **2.** Tomar medidas contra alguien o algo para tratar de evitar un daño o peligro posibles. *Debemos precavernos* CONTRA *el frío.*

precedente. adj. **1.** Que precede. *El relato enlaza con el capítulo precedente.* ● m. **2.** Hecho o caso anteriores al que se considera y que son equivalentes a él o le sirven de referencia. *Un acontecimiento sin precedentes.*

preceder. tr. Ir una persona o cosa antes o delante (de otra). *Hechos que precedieron a la guerra.* Tb. como intr. ▶ ANTECEDER.

precepto. m. **1.** Orden o mandato que se deben cumplir de manera obligatoria. *Cumple los preceptos de la Iglesia.* **2.** Regla o norma de un arte o una disciplina científica. *Según un precepto horaciano, la poesía debe aprovechar deleitando.* ▶ **2:** *REGLA. FAM **preceptista; preceptivo, va; preceptuar** (conjug. ACTUAR).

preceptor, ra. m. y f. Persona encargada de la educación de un niño en una casa.

preces. f. pl. *Rel.* Oraciones dirigidas a Dios, a la Virgen o a los santos.

preciado, da. adj. Valioso o estimado. *Un bien muy preciado.*

preciarse. (conjug. ANUNCIAR). intr. prnl. Sentir orgullo o satisfacción por algo. *Me precio DE ser buen amigo suyo.*

precinto. m. **1.** Cierre sellado que se pone a algo, como un paquete o una puerta, para garantizar que solo lo abra quien corresponda. *La botella lleva un precinto.* **2.** Hecho de poner precinto (→ 1) a algo. *Ordenó el precinto del local.* FAM **precintar.**

precio. m. **1.** Cantidad de dinero por la que se compra algo. *¿Qué precio tiene ese bolso?* **2.** Esfuerzo o sufrimiento que se pagan por algo. *La fama tiene un precio muy alto.* ■ **no tener ~.** loc. v. Valer mucho. *Como ayudante no tiene precio.*

preciosismo. m. Gran pulcritud y esmero. *Interpretó la sonata con magistral preciosismo.* A veces despect. FAM **preciosista.**

precioso, sa. adj. **1.** Muy bello o hermoso. *Una niña preciosa.* **2.** De mucho valor. *La vida es demasiado preciosa para malgastarla.* FAM **preciosidad.**

precipicio. m. Desnivel del terreno, muy profundo y de paredes verticales. *El auto cayó por un precipicio.* Tb. fig.

precipitación. f. **1.** Hecho de precipitar o precipitarse. *Salió con precipitación.* **2.** Agua líquida o sólida que cae de la atmósfera. *Precipitaciones en forma de nieve.*

precipitado, da. adj. **1.** Dicho de persona: Que actúa con prisa o precipitación. *Medítelo, no sea precipitado.* **2.** Dicho de cosa: Hecha con prisa o precipitación. *Una huida precipitada.* ● m. **3.** *Quím.* Materia sólida que, por efecto de una reacción, se separa del líquido en que está disuelta y se deposita en el fondo.

precipitar. tr. **1.** Arrojar (algo o a alguien) desde un lugar alto. *Lo precipitaron* POR *la borda.* **2.** Hacer que (un hecho) se produzca antes o más deprisa. *La crisis precipitó su dimisión.* **3.** *Quím.* Hacer que (la materia sólida de una disolución) se deposite en el fondo. *Se agrega alcohol etílico para precipitar la fibra soluble.* ○ intr. prnl. **4.** Actuar con prisa y sin reflexionar. *No se precipite al decidir.*

precisamente. adv. **1.** Exactamente. Gralm. con intención enfática. *¿Debo ir precisamente ahora?* Se usa frec. para expresar asentimiento o confirmación. *–¿Este es el famoso libro? –Precisamente.* **2.** De manera precisa o exacta. *Indique lo más precisamente posible dónde se encontraba.*

precisar. tr. **1.** Fijar o determinar (algo) de manera precisa o exacta. *Precise la fecha del hecho.* **2.** Necesitar (algo o a alguien). *Precisan ayuda.* **3.** Se usa en constr. como *verse* alguien *precisado* a algo, para expresar que esa persona se siente obligada a eso. *Se vio precisado A desistir.* ○ intr. **4.** Necesitar algo o a alguien. *Precisa DE todo.*

preciso, sa. adj. **1.** Dicho de cosa: Que se ve o aparece de manera clara o exacta. *Contorno preciso.* **2.** Dicho de persona o cosa: Que actúa o funciona de manera exacta. *Un aparato preciso.* **3.** Dicho de cosa: Realizada de forma exacta. *Realiza movimientos precisos.* **4.** Dicho de cosa: Concreta o que se conoce con certeza. *No sé la hora precisa de la reunión.* **5.** Necesario o indispensable. *Es preciso dialogar.* FAM **precisión.**

preclaro, ra. adj. cult. Ilustre o célebre. *Un preclaro pensador.*

precocidad. → precoz.

precocinado, da. adj. Dicho de comida: Que se vende ya cocinada y necesita poco tiempo de preparación. Tb. m. *Solo come precocinados.*

precolombino, na. adj. Anterior al descubrimiento de América por Colón.

preconcebir. (conjug. PEDIR). tr. Concebir anticipadamente (una idea o un proyecto). Frec. en part. *No existía un plan preconcebido.*

preconizar. tr. Proponer o recomendar (algo). *Preconiza un reparto del poder.*

precoz. adj. **1.** Dicho de cosa: Que ocurre antes de lo normal. *Una primavera precoz.* **2.** Dicho de persona: Que desarrolla sus cualidades o capacidades antes de lo normal. *Un poeta precoz.* **3.** Que se realiza en las primeras fases de una enfermedad. *Diagnóstico precoz del cáncer.* FAM **precocidad.**

precursor, ra. adj. Dicho de persona o cosa: Que es anterior a otra y anticipa su llegada. *Homínidos precursores DEL hombre.*

predador, ra. adj. Dicho de animal: Que mata a otros de distinta especie para comérselos. *El león es un mamífero predador.* ▶ *DEPREDADOR.

predecesor, ra. m. y f. Persona que ha precedido a otra, espec. en un cargo o empleo. *Mi predecesora en el cargo hizo buen trabajo.*

predecir. (conjug. PREDECIR). tr. Anunciar (un hecho futuro) por conocimiento, conjetura o intuición. *El meteorólogo predijo lluvias.* ▶ ADIVINAR, AUGURAR, AUSPICIAR, PRESAGIAR, PROFETIZAR, PRONOSTICAR, VATICINAR. FAM **predecible.**

predestinar. tr. **1.** Destinar anticipadamente (algo o a alguien) para un fin. *Todo la predestinaba AL arte.* **2.** *Rel.* Destinar Dios (a alguien) desde la eternidad a la salvación o la condenación. *Quizá el hombre esté predestinado.* FAM **predestinación.**

predeterminar. tr. Determinar (algo) de antemano. *No puedo predeterminar el resultado de la prueba.* FAM **predeterminación.**

predicado. m. *Gram.* En la oración: Parte cuyo núcleo es un verbo que concuerda en número y persona con el núcleo del sujeto. *En la siguiente oración, diga cuál es el sujeto y cuál el predicado.* ■ ~ **nominal.** m. *Gram.* Predicado formado por el verbo y por el atributo. *En la oración "Juan es alto", "es alto" es el predicado nominal.* ■ ~ **verbal.** m. *Gram.* Predicado cuyo núcleo es un verbo no copulativo que puede ir solo o acompañado de complementos.

predicamento. m. Estimación o consideración. *Autores de gran predicamento.*

predicar. tr. **1.** Publicar o dar a conocer (algo, espec. el Evangelio). *Como apóstol predicó el Evangelio.* **2.** Pronunciar (un sermón). Más frec. como intr. *Predicó en las misiones.* **3.** *Fil.* y *Gram.* Decir (algo) de un sujeto. *Se llama predicado lo que se predica DEL sujeto.* ▶ **2:** SERMONEAR. FAM **prédica; predicación; predicador, ra.**

predicativo, va. adj. *Gram.* Dicho de oración: Que se construye con un verbo predicativo (→ **verbo**). *"La yegua corre" es una oración predicativa.*

predicción. f. Hecho o efecto de predecir. *Su predicción sobre mi futuro se cumplió.* ▶ ADIVINACIÓN, AGÜERO, AUSPICIO, PROFECÍA, PRONÓSTICO, VATICINIO.

predilecto, ta. adj. Preferido de manera especial. *Es su nieto predilecto.* FAM **predilección.**

predio. m. cult. Finca, espec. rústica. *Vivía de cultivar su predio.*

predisponer. (conjug. PONER). tr. Preparar o disponer anticipadamente (algo o a alguien) para un fin. *La oscuridad predispone AL sueño.* FAM **predisposición.**

predominar. intr. Ser una cosa más importante o abundante que otra u otras. *En sus cuadros predomina el azul SOBRE otros colores.* FAM **predominante; predominio.**

preeminente. adj. Que destaca o sobresale. *Borges ocupa un lugar preeminente en la literatura.* FAM **preeminencia.**

preescolar. adj. **1.** Dicho de enseñanza: Anterior a la enseñanza primaria. **2.** De la enseñanza preescolar (→ 1). *Edad preescolar.*

prefabricado, da. adj. Dicho de construcción: Formada por partes fabricadas previamente para su montaje posterior. *Casas prefabricadas.* Tb. dicho de cada parte.

prefacio. m. Prólogo o introducción de un libro.

prefecto. m. **1.** *Rel.* Eclesiástico que dirige una congregación o comunidad. *Es el prefecto de la orden.* **2.** En algunos países: Persona dotada de una autoridad civil. *El prefecto de la Alta Córcega. Acababan de nombrarle prefecto de Ayacucho* [C]. **3.** *hist.* En la antigua Roma: Jefe militar o civil. FAM **prefectura.**

preferir. (conjug. SENTIR). tr. Tener (una cosa o a una persona) por mejor que otra. *Prefiero reír A llorar.* FAM **preferencia; preferencial; preferente; preferible.**

prefigurar. tr. Representar anticipadamente (algo) o tener características que (lo) anuncian. *Aquellas revueltas prefiguraban la revolución.*

prefijo, ja. adj. **1.** *Ling.* Dicho de elemento: Antepuesto a la raíz de una palabra, con la que forma una palabra nueva. Más frec. m. *El prefijo "post-" significa 'después de', como en "postgrado".* ● m. **2.** Serie de cifras que se marca antes de un número de teléfono. *El prefijo del Reino Unido es el 44.* FAM **prefijación.**

pregón. m. Anuncio de una noticia de interés general que se hace en voz alta y por las calles. *El pregón* *del alcalde anuncia las fiestas.* FAM **pregonar; pregonero, ra.**

pregunta. f. Hecho o efecto de preguntar. *El examen consta de cinco preguntas.* ▶ INTERROGACIÓN, INTERROGANTE.

preguntar. tr. **1.** Pedir a alguien que diga lo que sabe (sobre algo) o aclare (una duda). *Pregúnteme todas sus dudas.* **2.** Pedir información (a alguien). *A mí no me pregunten: no sé nada.* ○ tr. prnl. **3.** Pensar (algo) como dudoso. *Me pregunto si lo conseguirá.* ▶ **2:** INTERROGAR. FAM **preguntón, na.**

prehistoria. f. **1.** (Tb. en mayúsc.). Período de la vida de la humanidad anterior a cualquier documento escrito. **2.** Estudio científico de la prehistoria (→ 1). *Licenciado en Prehistoria.* **3.** Período anterior al desarrollo completo de algo. *Estaban en la prehistoria de internet.* FAM **prehistórico, ca.**

preindustrial. adj. Anterior al desarrollo de la industria. *Sociedad preindustrial.*

preinscribir. (part. **preinscrito** o, Am., **preinscripto**). tr. Solicitar la admisión (de alguien) en una entidad o en el ejercicio de una actividad antes de presentar la solicitud formal. *Los han preinscrito para las Olimpiadas.* FAM **preinscripción.**

prejuicio. m. Idea u opinión, gralm. desfavorables, que se tienen de manera anticipada sobre algo que no se conoce bien. *Hay prejuicios sobre los extranjeros.*

prejuzgar. tr. Juzgar (algo o a alguien) antes del tiempo oportuno o sin tener un conocimiento exacto o ajustado (de ellos). *Escuche y no me prejuzgue.*

prelación. f. cult. Preferencia que tiene una persona o cosa sobre otras. *La redacción establece el orden de prelación de las noticias.*

prelado. m. Eclesiástico de rango superior, como un abad, obispo o arzobispo. *El Papa se reunió con los prelados.* FAM **prelatura.**

preliminar. adj. Que precede a algo y le sirve de introducción. *Fase preliminar del torneo.* Tb. m., gralm. pl. *Los preliminares del diccionario explican cómo usarlo.*

preludio. m. **1.** Cosa que sirve de principio o introducción de otra. *Aquel estallido fue el preludio de la guerra.* **2.** Mús. Composición instrumental que sirve de introducción a obras como una ópera o una suite. FAM **preludiar** (conjug. ANUNCIAR).

premamá. adj. Dicho de ropa o accesorio: Destinado a la mujer embarazada.

prematuro, ra. adj. **1.** Que se hace u ocurre antes de tiempo. *Es prematuro culparlo antes del juicio.* **2.** Dicho de niño: Que nace antes del final de la gestación.

premeditar. tr. Pensar detenidamente (algo) antes de hacer(lo). *No premeditó ofenderme.* FAM **premeditación.**

premiación. f. Am. Hecho o efecto de premiar. *Premiación de los ganadores* [C].

premio. m. **1.** Cosa que se da a alguien como recompensa por algún mérito o servicio. *Le dieron un premio por su labor.* **2.** Cosa que se da al ganador de un concurso, competición o sorteo. *El premio es una copa.* ■ **~ gordo.** m. Premio (→ 2) máximo de la lotería. FAM **premiar** (conjug. ANUNCIAR).

premioso, sa. adj. **1.** cult. Dicho de persona: Lenta o torpe al actuar o expresarse. *El alcohol nos volvía premiosos.* **2.** cult. Dicho de lenguaje o estilo: Que carece de soltura o espontaneidad. FAM **premiosidad.**

premisa. f. **1.** Principio que sirve de base a una hipótesis o a un razonamiento. *Partimos de la premisa de que es un buen producto, por lo que se venderá bien.* **2.** Fil. Cada una de las dos proposiciones de un silogismo que permiten inferir la conclusión.

premolar. m. Anat. Diente premolar (→ **diente**).

premonición. f. Presentimiento o sensación de que algo va a ocurrir. *Tuvo la premonición de que llamarían.* FAM **premonitorio, ria.**

premunir. tr. Am. Proveer (a alguien o algo) de una cosa necesaria. *Para mariscadas recomiendan premunirse de una bandeja de acero* [C]. ▶ *PROVEER.

premura. f. cult. Prisa o rapidez con que se hace algo. *Actuó con premura.*

prenatal. adj. Anterior al nacimiento. *Diagnóstico prenatal.*

prenda. f. **1.** Artículo que se usa para vestirse o cubrirse el cuerpo. Tb. *~ de vestir.* **2.** Cosa que sirve de garantía para el cumplimiento de una obligación. *Dejó su reloj en prenda por el préstamo.* **3.** Cualidad o virtud que posee una persona. *La bondad no está entre sus prendas.* **4.** Persona a la que se quiere mucho. Se usa para dirigirse a una persona cariñosamente. *Ven, prenda.* ■ **soltar ~.** loc. v. coloq. Hablar sobre lo que se quería o debía mantener en secreto. *Su cómplice no soltó prenda.*

prendar. tr. **1.** cult. Enamorar (a alguien). *La prendó con sus encantos.* ○ intr. prnl. **2.** cult. Enamorarse de alguien o algo. *Se ha prendado DE ella.*

prendedor. m. Broche o alfiler que sirven de adorno o para sujetar una prenda.

prender. tr. **1.** Sujetar o enganchar (algo), espec. con un broche, alfiler u otro instrumento parecido. *Prendió una flor EN su solapa.* **2.** Sujetar o agarrar (algo o a alguien). *La perra prende a los cachorros por el cuello.* **3.** Hacer prisionero o detener (a alguien). *Lo prendieron en la huida.* **4.** Encender (fuego, luz o algo que puede arder). *Prendieron fuego a la casa.* **5.** Am. Encender (un dispositivo o un aparato eléctricos). *Prender el televisor* [C]. ○ intr. **6.** Arraigar una planta en la tierra. *La hierbabuena prende fácilmente.* **7.** Empezar a surtir efecto algo en una persona o cosa. *Ha prendido EN ella la pasión por el deporte.* **8.** Encenderse algo que puede arder. *Este leño no prende.* ▶ **3:** *APRESAR. **5:** ENCENDER. **6:** *ARRAIGAR. FAM **prensor, ra.**

prendimiento. m. Detención o captura. Designa espec. la de Jesucristo.

prensa. f. **1.** Máquina que sirve para apretar o comprimir algo mediante la aproximación de dos superficies. *Una prensa aplasta las olivas.* **2.** Conjunto de las publicaciones periódicas. *La prensa publicó la noticia.* **3.** Conjunto de personas que se dedican al periodismo. *Al acto asiste la prensa.* ■ **~ amarilla.** f. Prensa (→ 2) sensacionalista. □ **en ~.** loc. adv. En fase de impresión. *La obra está en prensa.* ■ **tener buena** (o **mala**) **~.** loc. v. Tener buena (o mala) fama. FAM **prensado; prensar.**

prensil. adj. Zool. Que sirve para agarrar o sujetar. *Trompa prensil.* ▶ PRENSOR.

prensor, ra. → prender.

preñado, da. adj. **1.** Dicho de hembra: Que ha sido fecundada y lleva un feto en el vientre. Tb., coloq., referido a mujer. *Está preñada DEL novio.* **2.** cult. Lleno o henchido. *Nubes preñadas DE lluvia.* ▶ **1:** *EMBARAZADA. FAM **preñar; preñez.**

preocupar. tr. **1.** Producir inquietud o temor (en alguien) de manera persistente. *Su salud nos preocupa.* ○ intr. prnl. **2.** Sentir inquietud o temor por alguien o algo. *No se preocupe POR mí.* **3.** Poner interés en alguien o algo. *Preocúpese DE que todo se solucione.* FAM preocupación; preocupante.

preparado. m. *Med.* Medicamento elaborado con diversos ingredientes. *Un preparado contra la tos.*

preparar. tr. **1.** Hacer las operaciones necesarias para que (algo) se produzca o exista. *Prepara un cóctel.* **2.** Hacer que (alguien o algo) estén en la disposición o en las condiciones adecuadas para algo. *Preparan a futuros cocineros.* ▶ **2:** APRESTAR, DISPONER. ‖ **Am: 2:** ALISTAR. FAM preparación; preparador, ra; preparativo; preparatorio, ria.

preponderante. adj. Que tiene mayor importancia, fuerza o abundancia. *Tuvo un papel preponderante EN la negociación.* FAM preponderancia; preponderar.

preposición. f. *Gram.* Palabra invariable que sirve para introducir un nombre o una expresión con valor de nombre que tienen función de complemento. *El verbo "acordarse" lleva la preposición "de".* FAM preposicional; prepositivo, va.

prepotente. adj. despect. Que abusa de su poder. *Políticos prepotentes.* FAM prepotencia.

prepucio. m. *Anat.* Piel móvil que recubre el extremo del pene.

prerrogativa. f. **1.** Derecho o privilegio concedido a alguien por su cargo o condición. *Como parlamentario tiene ciertas prerrogativas.* **2.** Derecho o privilegio que corresponde exclusivamente a uno de los poderes del Estado. *La concesión de indultos era prerrogativa de la Corona.*

presa. f. **1.** Animal que es o puede ser cazado. *El lince corre tras su presa.* **2.** Construcción hecha en un río o un canal para retener el agua o desviarla de su cauce. **3.** Hecho de prender, espec. agarrando o sujetando. Tb. fig. *El miedo hizo presa en ella.* **4.** Tajada (porción de carne). *Sírvame dos presas de pollo.* **5.** cult. Persona dominada por un sentimiento. *Él, presa DEL pánico, huyó.* ▶ **4:** TAJADA. ‖ frecAm: **2:** REPRESA.

presagio. m. Señal o indicio de algo futuro. *¿Será este encuentro un presagio de buena suerte?* ▶ AUGURIO, AUSPICIO. FAM presagiar (conjug. ANUNCIAR).

presbicia. f. *Med.* Vista cansada. *Gafas para la presbicia.*

presbiteriano, na. adj. **1.** *Rel.* Seguidor de una doctrina protestante que no reconoce la autoridad del obispo sobre los sacerdotes. *Pastor presbiteriano.* **2.** *Rel.* De los presbiterianos (→ 1). *Iglesia presbiteriana.*

presbiterio. m. En una iglesia: Área del altar mayor.

presbítero. m. *Rel.* Clérigo ordenado para decir misa. ▶ SACERDOTE.

prescindir. intr. **1.** Privarse de alguien o algo, o renunciar a ellos. *Prescindió DEL chófer.* **2.** Omitir algo, o no tenerlo en cuenta. *Prescindo DE los detalles y voy al grano.*

prescribir. (part. prescrito o, Am., prescripto). tr. **1.** Ordenar o mandar (algo). *El Corán prescribe el ayuno durante el Ramadán.* **2.** Ordenar el médico (un medicamento u otro remedio). *Su médico le ha prescrito un analgésico.* ○ intr. **3.** Dejar de existir un derecho, una obligación o una responsabilidad por el transcurso del tiempo, espec. de los plazos legales. *La multa prescribe en tres meses.* ▶ **2:** RECETAR. FAM prescripción.

presea. f. **1.** cult. Objeto precioso, como una joya o una alhaja. *Preseas regaladas a la Virgen.* **2.** Am. Medalla. *Acaba de obtener la presea de oro en los Juegos* [C].

presencia. f. **1.** Hecho de estar alguien o algo presentes. *Gracias por su presencia.* **2.** Apariencia o aspecto externos. *Tiene buena presencia.* ■ ~ de ánimo. f. Serenidad o tranquilidad. *En el funeral mantuvo su presencia de ánimo.* FAM presencial.

presenciar. (conjug. ANUNCIAR). tr. Ver (un hecho o acontecimiento), hallándose presente allá donde sucede. *Nadie ha presenciado el accidente.*

presentar. tr. **1.** Poner (algo o a alguien) ante una persona para que (los) conozca, valore o considere. *Presenten el carné a la entrada.* **2.** Poner (a alguien), diciendo su nombre, ante otra persona, para que la conozca. *Me presentó a un amigo.* **3.** cult. Dar (algo) a alguien voluntariamente. *Presentan ofrendas a la Virgen.* **4.** Dar (quejas, disculpas o muestras de respeto). *Presentaré una queja a su superior.* **5.** Dejar ver o dejar observar (algo que se tiene). *El enfermo presenta mejoría.* **6.** Proponer (a alguien) para una dignidad o un cargo. *Cada partido presenta a un candidato.* **7.** Dar a conocer públicamente (algo o a alguien). *Hoy presenta su novela.* **8.** Exponer al público (un programa de radio o televisión informativo o de entretenimiento, o un espectáculo). *Presenta un informativo.* ○ intr. prnl. **9.** Ponerse algo a la vista o a la consideración. *Valoraré los problemas que se presenten.* **10.** Ofrecerse uno mismo de una determinada manera a alguien. *Se presenta voluntario.* **11.** Ir alguien a un lugar o a un acto en que se le espera. *Debe presentarse EN secretaría.* **12.** Acudir ante alguien. *Preséntese AL coronel.* **13.** Aparecer en un lugar, espec. de forma inesperada o a horas intempestivas. *Se presentó a las tantas.* **14.** Producirse algo, espec. de modo repentino o inesperado. *Se presentó una tormenta.* FAM presentable; presentación; presentador, ra.

presente. adj. **1.** Que está en el mismo sitio que alguien, en el sitio de que se trata o en el sitio donde sucede el hecho de que se trata. *Habla al público presente EN la sala.* **2.** Dicho de tiempo: Actual o de ahora. Tb. m. *Vivir el presente.* **3.** cult. Precedido de artículo: Este. *De esto trata el presente capítulo.* ● m. **4.** cult. Regalo u obsequio. *Todos traían presentes.* **5.** *Gram.* Tiempo verbal que indica que la acción ocurre en el momento en que se habla. *"Amo" es el presente de indicativo del verbo "amar".* ■ la ~. loc. s. Esta carta o misiva. *Espero que al recibo de la presente estén bien.*

presentimiento. m. Hecho o efecto de presentir. *Tengo el presentimiento de que ganará.* ▶ BARRUNTO, CORAZONADA, PÁLPITO.

presentir. (conjug. SENTIR). tr. **1.** Tener la sensación de que algo va a suceder. *Presiento que habrá problemas.* **2.** Intuir vagamente que (algo) ha sucedido. *Presiente que ha aprobado.* ▶ **1:** BARRUNTAR.

preservar. tr. Proteger (algo o a alguien) de un daño o peligro. *Preservemos el monte DE la especulación.* ▶ *PROTEGER. FAM preservación.

preservativo. m. Funda fina y elástica con que se cubre el pene durante el coito para evitar la fecundación o el contagio de enfermedades. ▶ CONDÓN, PROFILÁCTICO.

presidencialismo. m. *Polít.* Sistema político en que el presidente de la República es también jefe del Gobierno. FAM presidencialista.

presidente, ta. m. y f. (A veces como f. se usa presidente). **1.** Persona que preside. *La presidenta del Go-*

bierno. **2.** En una república: Jefe del Estado. FAM **pre-sidencia; presidencial.**

presidio. m. **1.** Establecimiento penitenciario para el cumplimiento de penas de privación de libertad por delitos graves. **2.** *Der.* Pena de privación de libertad, con distintos grados de rigor. *Condenado a presidio.* ▶ **1:** *CÁRCEL. FAM **presidiario, ria.**

presidir. tr. **1.** Ocupar alguien el puesto más importante o de mayor autoridad (en una organización o colectividad, o en un acto). *El Rey presidirá la cena.* **2.** Ocupar algo el puesto más importante o destacado (en un lugar). *Su retrato preside la sala.*

presilla. f. Cordón o tira de tela pequeños, que van cosidos en forma de anilla al borde de una prenda y sirven gralm. para abrochar un botón o sujetar un cinturón.

presión. f. **1.** Hecho de apretar o comprimir. *Haga presión SOBRE la herida.* **2.** Fuerza ejercida por un cuerpo sobre otro. *Presión atmosférica.* **3.** Fuerza moral ejercida sobre alguien para que actúe de determinada manera. *No se casará pese a las presiones.* ■ **a ~.** loc. adj. **1.** Sometido a gran presión (→ 2). *Chorros de agua a presión.* **2.** Que funciona mediante agua o vapor sometidos a gran presión (→ 2). *Caldera a presión.*

presionar. tr. Ejercer presión (sobre alguien o algo). *Presione el botón de encendido.* ▶ APRETAR, COMPRIMIR, CONSTREÑIR, OPRIMIR.

preso, sa. adj. **1.** Dicho de persona: Privada de libertad. Referido espec. a la persona encarcelada; tb. m. y f. *Un preso se fugó.* **2.** Dominado por un sentimiento o un estado de ánimo. *Vive presa DEL terror.* ▶ **1:** CONVICTO, PRESIDIARIO, RECLUSO.

prestación. f. **1.** Hecho de prestar ayuda, un servicio u otra cosa semejante. *Urge la prestación de ayuda.* **2.** Servicio, renta u otra cosa semejante que, por ley o convenio, es obligatorio dar. *Recibe una prestación por desempleo.* **3.** Servicio proporcionado por algo, espec. por una máquina. Frec. en pl. *Motor de excelentes prestaciones.*

prestado. de ~. loc. adv. **1.** Con cosas prestadas. *Viste de prestado.* **2.** De modo precario o con poca estabilidad. *Siente que está de prestado en la empresa.*

prestador, ra. → prestar.

prestamista. m. y f. Persona que presta dinero con interés, espec. como oficio.

préstamo. m. **1.** Hecho de prestar algo a alguien temporalmente. *El préstamo de libros es por la tarde.* **2.** Cosa que se presta a alguien temporalmente, espec. una suma de dinero. *Le devolveré el préstamo en el plazo acordado.* **3.** *Ling.* Elemento, gralm. léxico, que una lengua toma de otra. *La palabra "chalet" es un préstamo del francés.*

prestancia. f. Aspecto de distinción o elegancia. *Tiene prestancia en el vestir.*

prestar. tr. **1.** Dar (algo) a alguien para que (lo) utilice temporalmente y (lo) devuelva. *¿Me prestas ese libro?* **2.** Dar u ofrecer (algo inmaterial). *Nos prestó su colaboración.* **3.** Dar o comunicar (una cualidad). *Los arreglos prestan más ritmo a la canción.* O intr. prnl. **4.** Ofrecerse o acceder a algo. *Se ha prestado A llevarnos.* **5.** Dar motivo u ocasión para algo. *Su actitud se presta A malentendidos.* FAM **prestador, ra.**

prestatario, ria. adj. Que toma dinero en préstamo. *Empresa prestataria.*

presteza. f. cult. Rapidez o celeridad. *Los bomberos actuaron con presteza.*

prestidigitación. f. Arte o técnica de hacer trucos de magia con la habilidad de las manos para distracción del público. FAM **prestidigitador, ra.**

prestigio. m. Opinión favorable que la gente tiene de alguien o algo. *Una revista de prestigio internacional.* FAM **prestigiar** (conjug. ANUNCIAR); **prestigioso, sa.**

presto, ta. adj. **1.** cult. Preparado o dispuesto. *Estoy presta A negociar.* **2.** cult. Rápido o ligero. *Acuden prestos.* ● adv. **3.** cult. Rápidamente o con gran prontitud.

presumible. adj. Que se puede presumir o suponer. *Era presumible el retraso.*

presumido, da. adj. Que presume, mostrándose orgulloso o cuidando su aspecto. *Qué presumida, siempre con el espejo.* ▶ *ORGULLOSO.

presumir. tr. **1.** Sospechar o suponer (algo). *Presumo que habrá problemas.* O intr. **2.** Mostrarse alguien excesivamente orgulloso de sí mismo o de sus cosas. *Presume DE auto.* **3.** Cuidar alguien mucho su aspecto exterior para parecer atractivo. *Le encanta presumir.* ▶ **2:** ALARDEAR, GLORIARSE, JACTARSE, VANAGLORIARSE. FAM **presunción.**

presunto, ta. adj. Supuesto. Se usa espec. para referirse a lo sospechoso de un delito antes de ser juzgado. *El presunto asesino.*

presuntuoso, sa. adj. **1.** Presumido o excesivamente orgulloso de sí mismo o de sus cosas. *Un hombre presuntuoso.* **2.** Que pretende pasar por muy elegante o lujoso. *La decoración de la casa resulta presuntuosa.* ▶ **1:** *ORGULLOSO.

presuponer. (conjug. PONER). tr. **1.** Dar por cierto (algo) de manera anticipada. *Presupuso que aceptaría.* **2.** Implicar o significar (algo). *Invertir presupone riesgos.* FAM **presuposición.**

presupuestal. adj. Am. Del presupuesto económico, espec. de un Estado. *Problemas presupuestales [C].* ▶ PRESUPUESTARIO, RIA.

presupuesto. m. **1.** Cálculo anticipado del coste de algo, espec. de una obra o un servicio, o de los gastos e ingresos previstos para un período de tiempo. *Le hicieron un presupuesto de la reforma.* **2.** Cantidad de dinero calculada para cubrir los gastos generales de la vida cotidiana o de algo concreto. *Tengo poco presupuesto para libros.* **3.** Supuesto o suposición. *Parto del presupuesto de que hay solución.* FAM **presupuestar; presupuestario, ria.**

presurizar. tr. Mantener la presión atmosférica normal (en un lugar cerrado, espec. un avión o una nave espacial), independientemente de la presión exterior. *Avión con cabina presurizada.*

presuroso, sa. adj. Rápido o apresurado. *Pasos presurosos.*

pretencioso, sa. adj. Que pretende pasar por mejor de lo que es en realidad. *Unos tan modestos y otros tan pretenciosos.* FAM **pretenciosidad.**

pretender. tr. **1.** Tener el deseo o la intención de conseguir (algo). *Pretende ser astronauta.* **2.** Cortejar alguien, espec. un hombre, (a otra persona, espec. una mujer) con idea de establecer una relación formal. *Él la pretendía.* ▶ **1:** *QUERER. FAM **pretensión.**

pretendido, da. adj. Supuesto o fingido. *El pretendido primo era su amante.*

pretendiente, ta. (La forma **pretendienta** solo se usa como n. f., alternando con la más frec. **pretendiente**). adj. **1.** Que pretende una cosa. Tb. m. y f.

Los pretendientes A *la corona.* **2.** Dicho de persona, espec. de hombre: Que pretende o corteja a otra, espec. a una mujer. Tb. m. y f. *Al viudo le han salido pretendientas.*

preterir. (conjug. PEDIR; solo se usa en las formas cuya desinencia empieza por *i*). tr. cult. Hacer caso omiso (de algo o alguien). *Su obra ha sido injustamente preterida.*

pretérito, ta. adj. **1.** cult. Pasado o anterior al presente. *Época pretérita.* ● m. **2.** *Gram.* Tiempo verbal que indica que la acción ocurre en un momento anterior al momento en que se habla. *"Amé" y "amaba" son formas de pretérito.* **3.** *Gram.* En el modo indicativo: Tiempo que presenta una acción pasada como acabada. *"Pasó" es pretérito.* **4.** *Gram.* En el modo subjuntivo: Tiempo que presenta una acción pasada como no acabada. *En la frase "Si yo me fuera" el verbo está en pretérito.* ■ **pretérito anterior.** m. *Gram.* Antepretérito (tiempo de algo o indicativo). *"Hubieron entrado" es pretérito anterior.* ⇒ ANTEPRETÉRITO. ■ **pretérito imperfecto.** m. **1.** *Gram.* En el modo indicativo: Copretérito. *El pretérito imperfecto de indicativo del verbo "correr" es "corría".* **2.** *Gram.* En el modo subjuntivo: Pretérito (→ 4). *"Viniera" es una forma del pretérito imperfecto.* ■ **pretérito indefinido,** o **pretérito perfecto simple.** m. *Gram.* En el modo indicativo: Pretérito (→ 3). *"Tropecé" es pretérito indefinido.* ■ **pretérito perfecto,** o **pretérito perfecto compuesto.** m. *Gram.* Antepresente. *El pretérito perfecto de "comer" es "he comido".* ■ **pretérito pluscuamperfecto.** m. **1.** *Gram.* Antecopretérito. *"Había cantado" es pretérito pluscuamperfecto de indicativo.* **2.** *Gram.* Antepretérito (tiempo de subjuntivo). *El pretérito pluscuamperfecto de subjuntivo de "llamar" es "hubiera llamado".* ⇒ ANTEPRETÉRITO. ▶ **3:** INDEFINIDO.

pretexto. m. Razón falsa que se alega para hacer o dejar de hacer algo. *Puso un pretexto para marcharse.* FAM pretextar.

pretil. m. Valla o muro que se pone en puentes y otros lugares para evitar caídas.

pretor. m. histór. En la antigua Roma: Magistrado que administra justicia y, a veces, ejercía el gobierno de una provincia.

pretoriano, na. adj. **1.** histór. Del pretor. *La toga pretoriana.* **2.** histór. Dicho de soldado o de guardia: Encargado de la defensa del emperador romano. **3.** cult. Dicho de guardia: Encargada de proteger a un político u otro personaje destacado.

prevalecer. (conjug. AGRADECER). intr. Dominar o imponerse una persona o cosa sobre otras. *Que su opinión prevalezca SOBRE todas.* FAM prevaleciente; prevalencia.

prevalerse. (conjug. VALER). intr. prnl. Valerse o servirse de algo para obtener una ventaja o un beneficio. *Se ha prevalido DE sus contactos para conseguir el puesto.*

prevaricar. intr. *Der.* Cometer una autoridad o empleado público el delito de tomar una resolución injusta o ilegal a sabiendas de que lo es. *El alcalde prevaricó al adjudicar contratas a familiares.* FAM prevaricación; prevaricador, ra.

prevención. f. **1.** Hecho de prevenir o prevenirse. *Campaña para la prevención de enfermedades.* **2.** Desconfianza o disposición desfavorable hacia algo o alguien. *Tengo prevención A volar.*

prevenido, da. adj. Dicho de persona: Que tiende a tomar precauciones o a estar preparada para cualquier necesidad. *Es sensata y prevenida.*

prevenir. (conjug. VENIR). tr. **1.** Prever y tratar de evitar (un daño o un peligro). *Hay que prevenir los accidentes.* **2.** Prever (un acontecimiento futuro) y tomar medidas o precauciones. *Previniendo un despido, buscó otro empleo.* **3.** Informar con anticipación (a alguien) de algo. *Lo prevengo DEL peligro que corre.* **4.** Informar con anticipación a alguien (de algo). *Nos previno que el examen no sería fácil.* **5.** Hacer que (una persona) juzgue anticipadamente algo o a alguien, gralm. de forma negativa. *Tanta simpatía me previene CONTRA él.* ○ intr. prnl. **6.** Tomar medidas de precaución ante alguien o algo. *Se vacunó para prevenirse DE/CONTRA la gripe.* FAM preventivo, va.

prever. (conjug. VER). tr. **1.** Ver o conocer (algo) con anticipación. *Preveo que habrá problemas.* **2.** Considerar (un acontecimiento futuro) y tomar medidas o precauciones. *Los organizadores previeron la lluvia.* **3.** Preparar (algo) con anticipación. *Han previsto un plan de evacuación.* ▶ **1:** ANTICIPAR. FAM previsibilidad; previsible; previsión; previsor, ra.

previo, via. adj. Que va delante o es anterior en el tiempo. *Días previos al hecho.*

prez. f. (Tb., menos frec., m.). cult. Honor o prestigio derivados de un acto glorioso.

prieto, ta. adj. **1.** Ajustado o apretado. *La ropa me queda prieta.* **2.** Duro o denso. *Carnes prietas.* **3.** Am. Dicho de persona: De piel oscura o negra. *Eres más prieto que el cabo Ramón, un negrito tinto* [C]. **4.** Am. Dicho de cosa: Morena (de color oscuro o más oscuro que otras de su clase). *Azúcar prieta* [C]. ▶ **4:** MORENO.

prima. → primo.

primacía. f. Condición de primero o superior. *Se disputan la primacía EN la liga.*

primado¹. m. cult. Primacía. *El primado de lo general SOBRE lo particular.*

primado², da. adj. **1.** Dicho de obispo o arzobispo: Que es el primero o más importante de un país o región. **2.** Del obispo primado (→ 1). *Catedral primada.*

prima donna. (pronunc. "príma-dóna"). f. Cantante que interpreta el papel de protagonista femenina en una ópera. *La soprano actúa hoy como prima donna.*

primar. intr. **1.** Prevalecer o tener primacía. *El interés colectivo prima SOBRE el individual.* ○ tr. **2.** Dar primacía (a algo). *Nuestro entrenador prima el juego defensivo.*

primario, ria. adj. **1.** Primero en orden o grado. *Enseñanza primaria.* **2.** Principal o esencial. *Necesidades primarias.* **3.** Primitivo o elemental. *Sus argumentos son torpes y primarios.*

primate. adj. **1.** *Zool.* Del grupo de los primates (→ 2). ● m. **2.** *Zool.* Mamífero de cerebro desarrollado y con las extremidades terminadas en cinco dedos, de los cuales el pulgar es oponible, como los simios.

primavera. f. **1.** Estación del año que sigue al invierno y que en el hemisferio norte dura del 21 de marzo al 21 de junio, y en el hemisferio sur del 21 de septiembre al 21 de diciembre. *En primavera el clima es templado.* **2.** Año de edad. Más frec. en pl. *Tiene diecisiete primaveras.* **3.** cult. Época de mayor vigor o desarrollo. *Está en la primavera de su vida.* **4.** Planta pequeña de hojas alargadas, que se extienden en círculo sobre la tierra y en cuyo centro crecen flores amarillas, rojas o violáceas, gralm. en forma de sombrilla. ▶ **2:** *AÑO. **4:** PRÍMULA. FAM primaveral.

primeramente. adv. En primer lugar o antes de todo. *Primeramente se presentó.*

primerizo, za. adj. **1.** Que es principiante en algo o lo hace por primera vez. *Autor primerizo.* **2.** Dicho de hembra: Que pare por primera vez. ▶ **2:** PRIMÍPARA.

primero, ra. adj. (apóc. **primer:** se usa ante n. m. sing.). **1.** → APÉND. NUM. **2.** Principal o más importante. *Su primera preocupación es su hijo.* ● adv. **3.** Antes de todo. *Primero estudia y después juega.* ■ **a primeros.** loc. adv. En los días iniciales de un determinado período de tiempo, espec. de un mes o un año. *Cobro a primeros DE mes.* ■ **de primera.** loc. adj. coloq. Excelente o muy bueno. *Un trabajador de primera.*

primicia. f. **1.** Primera noticia de un hecho. *Una revista publica la primicia DE la boda.* **2.** Fruto primero de algo. Frec. en pl. *Las primicias de la huerta.*

primigenio, nia. adj. Primitivo u originario. *El palacio recuperó su aspecto primigenio.*

primípara. adj. Dicho de hembra: Primeriza. ▶ PRIMERIZA.

primitivo, va. adj. **1.** De los orígenes o primeros tiempos. *La institución perdió sus primitivos valores.* **2.** Dicho de pueblo o individuo: De cultura o civilización poco desarrolladas. **3.** Elemental o rudimentario. *La palanca es una máquina muy primitiva.* **4.** *Arte* Dicho de artista o de obra artística: De época anterior a la que se considera clásica. *Pinturas de los primitivos flamencos.* FAM primitivismo.

primo, ma. m. y f. **1.** Hijo del tío o de la tía, respecto de una persona. Tb. ~ *hermano,* o ~ *carnal.* ○ f. **2.** Cantidad extra de dinero que se da como recompensa o estímulo. *Cobrarán una prima por ganar.* **3.** Cantidad que el asegurado paga periódicamente al asegurador. *Una prima anual.* ■ ~ **segundo/da.** m. y f. Hijo de un primo (→ 1) del padre o de la madre, respecto de una persona. □ **ser** algo o alguien **primo hermano** (de otro). loc. v. Ser muy parecido (a él). *Una flor prima hermana DEL clavel.*

primogénito, ta. adj. Dicho de hijo: Primero en nacer. FAM primogenitura.

primor. m. **1.** Esmero o sumo cuidado con que se hace algo. *Talla la madera con primor.* **2.** Cosa de gran belleza o hecha con primor (→ 1). *Este bordado es un primor.* **3.** Persona de excelentes cualidades. *Tu niña es un primor.* FAM primoroso, sa.

primordial. adj. Principal o esencial. *Este es el motivo primordial de mi visita.*

prímula. f. Primavera (planta). *Plantó prímulas y violetas.* ▶ PRIMAVERA.

principal. adj. **1.** De mayor importancia. *Mi principal objetivo es aprender.* **2.** *Gram.* Dicho de oración o proposición: Que forma parte de una oración compuesta, en la que está complementada por otra. *En "aparca donde puedas", hay una oración principal y una subordinada.*

príncipe, princesa. m. y f. **1.** Hijo del rey, heredero de la corona. Tb. ~ *heredero.* Tb. designa, en algunas monarquías, a cualquier hijo del rey. *Junto a los reyes aparecen sus hijos, los príncipes.* **2.** Miembro de una familia real o imperial. **3.** En algunos Estados: Monarca o soberano. *El príncipe de Mónaco.* **4.** En algunos países: Persona de la alta nobleza. **5.** cult. Persona, animal o cosa que tienen superioridad en algo o en una colectividad. *Es un príncipe de la escena.* ○ f. **6.** Mujer de una princesa (→ 1-4). *La princesa Diana de Inglaterra.* ■ **príncipe azul.** m. Hombre ideal soñado por una mujer. *Nunca llegó su príncipe azul.*

■ ~ **de Asturias.** m. y f. Príncipe (→ 1) heredero de la corona española. ■ ~ **de Gales.** m. y f. Príncipe (→ 1) heredero de la corona británica. ■ **príncipe de Gales.** m. Tejido de cuadros, gralm. sobre fondo gris. *Un traje de príncipe de Gales.* ■ **príncipe de las tinieblas.** m. Satanás, príncipe (→ 5) de los diablos o ángeles rebelados contra Dios. □ **como un príncipe.** loc. adv. Con gran lujo o magnificencia. *Vive como un príncipe.* FAM principado; principesco, ca.

principiante, ta. (La forma **principianta** solo se usa como n. f., alternando con la más frec. **principiante**). adj. Que empieza a aprender o a ejercer un oficio o actividad. Frec. m. y f. *Clases de español para principiantes.*

principiar. (conjug. ANUNCIAR). tr. **1.** Empezar o comenzar (algo). *En cuanto acaba un proyecto, principia otro.* ○ intr. **2.** Empezar o comenzar algo. *El libro principia CON una cita.* ▶ *EMPEZAR.

principio. m. **1.** Momento en que empieza algo. Frec. en pl. *Edificio de principios de siglo.* **2.** Punto o lugar en que empieza algo. *El principio de la calle es empinado.* **3.** Cosa de la que procede otra. *Para él, Dios es principio de todo.* **4.** Idea sobre la que se basa un razonamiento o una doctrina. *Partía del principio de que el universo es limitado.* **5.** Noción básica o fundamental de un arte o ciencia. Gralm. en pl. *Principios de pintura.* **6.** Norma o idea fundamentales que rigen el pensamiento o la conducta. Gralm. en pl. *Eso va contra mis principios.* ■ ~ **activo.** m. *Quím.* Componente responsable de las propiedades farmacológicas o tóxicas de una sustancia. *El ácido acetilsalicílico es el principio activo de la aspirina.* □ **al ~.** loc. adv. En los primeros momentos. *Al principio cuesta adaptarse.* ■ **a ~s.** loc. adv. En los primeros días, meses o años del período de tiempo que se indica. *Volveré a principios de mes.* ■ **de(l) ~ a(l) fin.** loc. adv. Absolutamente. *Me sé la lección de principio a fin.* ■ **desde un ~.** loc. adv. Desde el primer momento. *Desde un principio nos gustó.* ■ **en ~.** loc. adv. De forma general. Se usa espec. para referirse a algo que se acepta provisionalmente. *En principio, estoy de acuerdo, pero ya hablaremos.*

pringar. tr. **1.** Manchar (algo o a alguien) con pringue u otra sustancia grasienta o pegajosa. *Se ha pringado DE grasa.* **2.** Untar (el pan) con pringue u otra sustancia grasienta. *Pringa pan EN la salsa.* ○ intr. prnl. **3.** coloq. Implicarse o comprometerse en un asunto turbio o ilegal. *Se ha pringado en la estafa.*

pringue. m. o f. **1.** Grasa que suelta el tocino u otro alimento semejante al ponerlo al fuego. **2.** Suciedad grasienta y pegajosa. *El taller está lleno de pringue.* FAM pringoso, sa.

prior, ra. m. y f. Superior de un convento, a veces a las órdenes de un abad.

prioridad. f. Preferencia de una persona o cosa frente a otras. *Darán prioridad al gasto sanitario.* FAM prioritario, ria; priorizar.

prisa. f. **1.** Rapidez al hacer algo. *Trabaja con prisa.* **2.** Necesidad de hacer algo rápidamente. *Me voy, que tengo prisa.* ■ **a ~.** → aprisa. ■ **a toda ~.** loc. adv. Con gran rapidez. *Ha salido a toda prisa.* ■ **correr ~** algo. loc. v. Ser urgente. *Esta tarea corre prisa.* ■ **darse ~** alguien. loc. v. Hacer las cosas con rapidez. *Si nos damos prisa, llegamos.* ■ **de ~.** → deprisa. ■ **meter ~** (a alguien). loc. v. Pedir(le) que haga las cosas con rapidez. *Me mete prisa y me pone nervioso.* ▶ frecAm: APURO.

prisión. f. **1.** Cárcel. *Está recluido en la prisión.* **2.** *Der.* Pena de privación de libertad, inferior a la reclusión y superior al arresto. *Fue condenado a diez años de prisión.* ■ ~ **mayor.** f. *Der.* Prisión (→ 2) que dura desde seis años y un día hasta doce años. ■ ~ **menor.** f. *Der.* Prisión (→ 2) que dura desde seis meses y un día hasta seis años. ■ ~ **preventiva.** f. *Der.* Prisión (→ 2) que sufre el procesado antes del juicio.

prisionero, ra. m. y f. **1.** Persona que cae en poder del enemigo en la guerra. *Fue prisionero de guerra.* **2.** Persona privada de libertad, gralm. por causas que no son delito. *Los asaltantes tienen a dos clientes como prisioneros.* Tb. fig.

prisma. m. **1.** Cuerpo geométrico que tiene por bases dos polígonos planos, paralelos e iguales, y por caras laterales tantos paralelogramos como lados tiene cada base. *Un pilar en forma de prisma rectangular.* **2.** cult. Punto de vista. *Analicemos el asunto desde otro prisma.* **3.** *Fís.* Prisma (→ 1) transparente, gralm. triangular y de cristal, que se usa para producir reflexión, refracción y descomposición de la luz.

prismático, ca. adj. **1.** Del prisma: *Forma prismática.* **2.** Que tiene forma de prisma. *Torre prismática.* ● m. pl. **3.** Instrumento óptico formado por dos tubos provistos de lentes prismáticas (→ 2), que sirve para observar de cerca y con los dos ojos lo que está alejado. ▶ **3:** BINÓCULO, GEMELOS. ‖ **Am: 3:** LARGAVISTA.

prístino, na. adj. cult. Primitivo u original. *La isla conserva su prístina belleza.*

privación. f. **1.** Hecho de privar a alguien de algo. *Una condena de privación DE libertad.* **2.** Carencia de lo necesario o de lo deseado, debida a las circunstancias o a la renuncia voluntaria. Frec. en pl. *En la guerra pasaron privaciones.*

privado¹. m. Hombre de confianza de un rey o alto personaje, que ejerce una gran influencia en sus decisiones. *El privado de Felipe IV.* ▶ FAVORITO. FAM **privanza.**

privado², da. adj. **1.** Particular o personal. *Respete mi vida privada.* **2.** Particular o no público. *Un colegio privado.* ■ **en privado.** loc. adv. A solas o sin testigos. *Hablaremos en privado.* FAM **privacidad.**

privar. tr. **1.** Dejar (a una persona o cosa) sin algo que tenía o podría haber tenido. *Lo privarán DE sus privilegios.* ○ intr. **2.** coloq. Gustar mucho. *Me privan los pasteles.* **3.** coloq. Tener general aceptación. *Hoy priva el libre mercado.* ○ intr. prnl. **4.** Renunciar voluntariamente a algo. *No se priva DE nada.*

privativo, va. adj. **1.** Que causa o implica privación. *Pena privativa DE libertad.* **2.** Propio o característico de alguien o algo, y no de otros. *Hablar es privativo del hombre.*

privatizar. tr. Hacer que (una empresa o servicio públicos) pasen a ser privados. *La compañía telefónica será privatizada.* FAM **privatización; privatizador, ra.**

privilegiado, da. adj. **1.** Que tiene algún privilegio. *Una minoría privilegiada dirige el país.* **2.** Sobresaliente o extraordinario. *Tiene una memoria privilegiada.*

privilegio. m. **1.** Dispensa de una obligación o del cumplimiento de una norma, concedida a alguien o algo. *Los diplomáticos gozan de ciertos privilegios.* **2.** Ventaja especial y exclusiva de que disfruta alguien o algo. *Tenemos el privilegio de contar con su presencia.* FAM **privilegiar** (conjug. ANUNCIAR).

pro. prep. A favor de, o en apoyo de. Se usa seguido de un n. sin artículo. *Asociación pro derechos humanos.* ■ **de ~.** loc. adj. cult. Dicho de persona: De valía o de utilidad para la sociedad. ■ **el ~ y el contra.** loc. s. Las ventajas y los inconvenientes. Frec. *los ~s y los*

contras. Valora los pros y los contras de cada opción. ■ **en ~ de.** loc. prepos. En favor de. *Lo hizo en pro del buen entendimiento.*

proa. f. **1.** Parte delantera de una embarcación. *Uno va al timón y otro en la proa del bote.* **2.** Parte delantera de un vehículo, espec. de un avión.

probable. adj. **1.** Que es bastante posible que ocurra o que sea cierto. *Es probable que llueva.* **2.** Que se puede probar o demostrar. *La acusación se basa en hechos probables.* FAM **probabilidad.**

probador, ra. adj. **1.** Que prueba, espec. para examinar cualidades. *Es piloto probador de una escudería.* ● m. **2.** En una tienda de ropa o taller de costura: Lugar en que los clientes se prueban las prendas de vestir. *Fue al probador con tres pantalones.*

probar. (conjug. CONTAR). tr. **1.** Hacer uso (de algo o de alguien) para conocer sus cualidades o ver si cumplen bien la función a que están destinados. *Probé su auto.* **2.** Poner (una prenda de vestir o un calzado) a una persona para ver cómo le queda. *Probó la blusa al niño.* **3.** Demostrar (algo) con razones, hechos o testigos. *Tanta vacilación prueba que no ha estudiado.* **4.** Tomar una pequeña cantidad (de comida o bebida), gralm. para examinar su sabor. *Pruebe la sopa, a ver si tiene sal.* **5.** Comer o beber (algo). Se usa gralm. en constr. negativas. *No prueba el alcohol.* ○ intr. **6.** Intentar algo, o hacer lo posible para conseguirlo. *Pruebe A levantarse.* FAM **probatorio, ria.**

probeta. f. Tubo de cristal, cerrado por uno de sus extremos, que se emplea en el laboratorio como recipiente, frec. para mediciones. *Vierta el líquido en una probeta.*

problema. m. **1.** Dificultad que hay que superar. *Ha tenido problemas para aprobar.* **2.** Cuestión que se trata de aclarar o explicar. *Plantea el problema de la existencia de Dios.* **3.** En matemáticas y otras ciencias: Planteamiento de una situación sobre la que se formulan una o más preguntas a las que hay que responder aplicando métodos científicos. *Me equivoqué en un problema de física.* FAM **problemático, ca.**

probo, ba. adj. cult. Honrado o íntegro. *Un probo funcionario.* FAM **probidad.**

procaz. adj. Descarado o desvergonzado, espec. en el aspecto sexual. *Chistes procaces.* FAM **procacidad.**

proceder. intr. **1.** Tener origen una persona o cosa en otra. *El aceite procede DE las aceitunas.* **2.** Venir de un lugar. *El vuelo procede DE Cuba.* **3.** Comportarse o actuar. *Procedamos correctamente.* **4.** Pasar a hacer o realizar algo, una vez hechos los trámites previos o preparatorios. *Asada la carne, proceda A deshuesarla.* **5.** Ser una cosa conforme con la norma o la razón. *En este caso no procede sanción.* **6.** *Der.* Iniciar un procedimiento judicial contra alguien. *Si no paga, procederán CONTRA él.* ● m. **7.** Modo de proceder (→ 3). *Desapruebo su proceder.* ▶ **3:** *COMPORTARSE. FAM **procedencia; procedente.**

procedimiento. m. **1.** Modo de actuar o de realizar algo. *Apruebo su intención, pero no sus procedimientos.* **2.** *Der.* Actuación por trámites judiciales o administrativos. *Se iniciará un procedimiento de desahucio.* FAM **procedimental.**

proceloso, sa. adj. cult. Tempestuoso o tormentoso. *Mar proceloso.* Tb. fig.

prócer. m. cult. Persona eminente o ilustre. *Bolívar, prócer del independentismo.*

procesador. m. *Inform.* Dispositivo integrado en la unidad central de un ordenador, que sirve para procesar la información. ■ ~ **de textos.** m. *Inform.* Programa de tratamiento de textos. *Ha escrito la tesis con un procesador de textos.*

procesal. adj. *Der.* Del proceso. *El abogado denuncia una irregularidad procesal.*

procesar. tr. **1.** *Der.* Someter (a alguien) a un proceso judicial. *Ha sido procesado por fraude.* **2.** *Inform.* Someter (datos o información) a una serie de operaciones programadas. *El ordenador procesa los datos.* **3.** *tecn.* Someter (algo) a un proceso de transformación física, química o biológica. *Procesan los alimentos y los envasan.* ▶ **1:** ENCARTAR, ENCAUSAR, ENJUICIAR. FAM **procesamiento.**

procesión. f. **1.** Acto religioso en que muchas personas marchan en un lugar a otro de forma solemne y ordenada. *Procesiones de Semana Santa.* **2.** Sucesión de personas o cosas que marchan de un lugar a otro en hilera. *Una procesión DE vehículos llena la carretera.* ■ **la ~ va por dentro.** expr. coloq. Se usa para indicar que la aparente serenidad de una persona no responde a la realidad y oculta pena o preocupación. *Parece animado, pero la procesión va por dentro.*

procesionaria. f. Oruga muy dañina que se desplaza en largas filas y fabrica nidos en las ramas de los pinos y otros árboles. *La procesionaria del pino.*

proceso. m. **1.** Conjunto de fases sucesivas que constituyen un hecho, fenómeno u operación. *Proceso de elaboración de la cerveza.* **2.** *Der.* Conjunto de actuaciones de un tribunal judicial en un asunto. *Comienza el proceso contra el jefe mafioso.*

proclama. f. Discurso breve, de carácter político o militar, espec. el dirigido por un superior a sus inferiores. *El líder pronunció una proclama independentista.*

proclamar. tr. **1.** Decir (algo) públicamente. *Proclamó su inocencia.* **2.** Declarar pública y solemnemente el principio (de algo). *El Parlamento proclamó la república.* **3.** Declarar (a alguien), pública y solemnemente, rey, presidente, campeón u otro cargo o título semejante. *Fue proclamado rey.* **4.** Dejar ver claramente (algo). *Ese temblor proclama su nerviosismo.* FAM **proclamación.**

proclive. adj. Inclinado o propenso a algo. *Es proclive A dudar.* FAM **proclividad.**

procónsul. m. histór. En la antigua Roma: Gobernador de una provincia.

procrear. tr. Engendrar una persona o animal (individuos de su misma especie). *Quiere casarse y procrear hijos.* Tb. como intr. ▶ ENGENDRAR. FAM **procreación.**

procurador, ra. m. y f. Persona habilitada legalmente para representar a otras ante un tribunal. *Presente la demanda en el juzgado a través de un procurador.*

procurar. tr. **1.** Hacer lo posible para lograr o realizar (algo). *Procura ser puntual.* **2.** Dar o proporcionar (algo) a alguien. *Me ha procurado alojamiento.* ▶ **1:** *INTENTAR.

prodigar. tr. **1.** Dar (algo) en abundancia. *Nos prodiga todo tipo de atenciones.* ○ intr. prnl. **2.** Dejarse ver con frecuencia. *El presidente no se prodigaba.*

prodigio. m. **1.** Hecho que excede los límites de lo natural. *Se obrará el prodigio y el Sol se oscurecerá.* **2.** Persona o cosa que causa admiración por sus extraordinarias cualidades. *Mozart era un prodigio.* FAM **prodigioso, sa.**

pródigo, ga. adj. **1.** Que tiene o produce algo en gran cantidad. *Un día pródigo EN noticias.* **2.** Muy

generoso. *Es pródigo con todos.* **3.** Que desperdicia o malgasta sus bienes. *El pródigo muchacho dilapida su herencia.* FAM **prodigalidad.**

producir. (conjug. CONDUCIR). tr. **1.** Hacer que (algo) suceda o exista. *Una pieza defectuosa produjo el accidente.* **2.** Dar (algo) como fruto o beneficio. *La huerta produce tomates.* Tb. fig. Tb. como intr. **3.** Crear o fabricar (cosas útiles o de valor económico). *La empresa produce motores.* **4.** Facilitar los recursos económicos y materiales necesarios para la realización (de una película, programa televisivo o cosa semejante) y dirigir su presupuesto. *Dirige y produce sus películas.* ▶ **3:** *HACER.

producto. m. **1.** Cosa producida. *Venden sus productos en el extranjero.* **2.** *Mat.* Cantidad que resulta de una multiplicación. *El producto de 3 por 5 es 15.* ■ **~ nacional bruto.** m. *Econ.* Valor de todos los bienes producidos y los servicios suministrados por un país en un período de tiempo. *Gastan el 8% del producto nacional bruto en sanidad.* FAM **producción; productividad; productivo, va; productor, ra.**

proemio. m. Prólogo de una obra, escrito o discurso.

proeza. f. Hazaña o acción de gran mérito. *Hizo la proeza de escalar el Everest.*

profanar. tr. Tratar sin el debido respeto (algo sagrado o respetable). *Profanaron la tumba.* FAM **profanación; profanador, ra.**

profano, na. adj. **1.** Que no es sagrado ni sirve para usos sagrados. *Música profana.* **2.** Que carece de conocimiento en una materia. *Es incomprensible para personas profanas EN la materia.*

profe, fa. m. y f. (Frec. como f. se usa **profe**). coloq. Profesor. *Pregunta a la profe.*

profecía. f. Predicción de acontecimientos futuros, espec. por inspiración divina. *Se cumplió la profecía.* ▶ *PREDICCIÓN.

proferir. (conjug. SENTIR). tr. Emitir (palabras o sonidos, gralm. bruscos). *Deje de proferir insultos.*

profesar tr. **1.** Tener (un sentimiento o actitud) hacia alguien o algo. *Profesa admiración POR/HACIA su maestro.* **2.** Seguir (una idea o doctrina). *No profeso sus ideales.* **3.** cult. Enseñar (una ciencia o un arte). *Profesaba latín.* **4.** cult. Ejercer (una profesión o un oficio). *Ha profesado la medicina.* ○ intr. **5.** Hacer los votos en una orden religiosa. *Profesará EN un convento franciscano.*

profesión. f. **1.** Actividad habitual y retribuida de una persona, para cuyo ejercicio gralm. ha recibido formación. *Es camarero de profesión.* **2.** Hecho de profesar. *Hizo profesión de fe católica.* ▶ **1:** *TRABAJO.

profesional. adj. **1.** De la profesión. *Experiencia profesional.* **2.** Que realiza una actividad como profesión. *Es futbolista profesional.* Tb. m. y f (→ **profesionista**). **3.** Que ejerce su profesión con competencia y dedicación. *Un electricista poco profesional.* **4.** Que practica algo habitualmente, espec. si obtiene beneficio de ello. *Un ladrón profesional.* FAM **profesionalidad; profesionalización; profesionalizar.**

profesionalismo. m. Utilización de una actividad como medio para obtener un beneficio económico. *El profesionalismo del deporte lo desvirtúa.*

profesionista. m. y f. Am. Profesional (persona que realiza una actividad como profesión). *Obreros y profesionistas [C].* ▶ PROFESIONAL.

profeso, sa. adj. Que ha profesado en una orden religiosa. *Monje profeso.*

profesor, ra. m. y f. Persona que enseña una ciencia, arte o técnica. *Es profesor DE matemáticas.* ■ ~ asociado/da. m. y f. Persona ajena a la universidad, contratada temporalmente por esta para que ejerza como profesor. *Estuvo un año en Harvard como profesor asociado.* FAM profesorado; profesoral.

profeta, tisa. m. y f. Persona que predice acontecimientos futuros, espec. por inspiración divina. *El islamismo tiene como profeta a Mahoma.* FAM profetizar.

profético, ca. adj. De la profecía o del profeta. *Palabras proféticas.*

profiláctico, ca. adj. **1.** Med. Que puede proteger o preservar de la enfermedad. *Medidas profilácticas.* ● m. **2.** Med. Preservativo. *Los profilácticos evitan contagios.*

profilaxis. f. Med. Prevención de la enfermedad. *Medidas de profilaxis.*

profiterol. m. Pastelillo relleno de crema u otra masa dulce, gralm. cubierto de chocolate caliente.

prófugo, ga. adj. Que anda huyendo de la justicia o de otra autoridad. *Han repartido carteles con las fotos de los presos prófugos.*

profundo, da. adj. **1.** Que tiene el fondo muy distante del borde, de la superficie o de la entrada. *Un lago profundo.* **2.** Que tiene mucho fondo o gran dimensión de profundidad. *Un estante más profundo que ancho.* **3.** Que está a mucha distancia de la superficie. *Las capas profundas de la piel.* **4.** Dicho de cosa: Que penetra mucho o va hasta muy adentro. *Una herida profunda.* **5.** Muy intenso. *Siento profunda admiración por él.* **6.** Dicho de persona: Que penetra intelectualmente mucho en las cosas. *Un profundo analista.* **7.** Difícil de comprender. *Un concepto demasiado profundo para un niño.* ▶ HONDO. FAM profundidad; profundización; profundizar.

profuso, sa. adj. cult. Abundante o numeroso. *Datos profusos.* FAM profusión.

progenie. f. **1.** cult. Descendencia o conjunto de hijos. *Se ha presentado con toda su progenie.* **2.** cult. Familia o linaje. *Procede de ilustre progenie.*

progenitor, ra. m. y f. cult. Padre o madre. *Heredó el carácter de su progenitor.* Tb. en m. pl., designando a ambos.

programa. m. **1.** Conjunto ordenado de actividades o proyectos que se piensan realizar. *Un programa de festejos.* **2.** Conjunto ordenado de las materias que componen un curso o de los temas que componen una asignatura. *En el examen entra todo el programa.* **3.** Impreso explicativo de un espectáculo teatral o de otro tipo. Tb. *~ de mano.* **4.** Cada una de las partes dotadas de unidad propia, que constituyen una emisión de radio o de televisión. *Presenta un programa deportivo.* **5.** Conjunto de instrucciones que permite a un ordenador u otro aparato realizar una determinada función de forma automática. *Un programa de tratamiento de textos.* FAM programático, ca.

programar. tr. **1.** Hacer el programa (de algo). *Han programado el viaje minuciosamente.* **2.** Hacer que (algo) forme parte de un programa o de una programación. *El teatro programará conciertos.* **3.** Preparar (una máquina) por anticipado para que ejecute un determinado programa en el momento adecuado. *La película es a las diez; programe el vídeo.* **4.** Elaborar (un programa informático). *Programó una aplicación para el banco.* ○ intr. **5.** Elaborar programas infor-

máticos. *Aprendió a programar EN Basic.* FAM programación; programador, ra.

progresión. f. **1.** Hecho de avanzar o realizar un progreso. *Una lesión truncó su progresión deportiva.* **2.** Mat. Sucesión de números o términos algebraicos que responde a una constante. ■ ~ aritmética. f. Mat. Progresión (→ 2) en que cada número es igual a la suma del anterior más una cantidad constante. *La serie 3, 5, 7, 9... constituye una progresión aritmética.* ■ ~ geométrica. f. Mat. Progresión (→ 2) en que cada número es igual al anterior multiplicado por una cantidad constante. *La serie 3, 6, 12, 24... constituye una progresión geométrica.*

progresista. adj. Partidario del progreso político y social, y del desarrollo de las libertades públicas. *Un partido progresista.* FAM progresismo.

progreso. m. **1.** Mejora, perfeccionamiento o desarrollo. *La ciencia impulsa el progreso de la humanidad.* **2.** Avance hacia adelante. *Un lento progreso de las tropas.* FAM progresar; progresivo, va.

prohibir. (conjug. PROHIBIR). tr. Ordenar que no se use o no se haga (algo). *El médico le ha prohibido el alcohol.* FAM prohibición.

prohibitivo, va. adj. **1.** Dicho de precio: Exageradamente alto. **2.** Dicho de cosa: De precio prohibitivo (→ 1). *Joya prohibitiva.* **3.** Que prohíbe. *Normas prohibitivas.*

prohijar. (conjug. PROHIJAR). tr. **1.** Adoptar (a alguien) como hijo. *Ha prohijado a un niño.* **2.** Adoptar como propio (algo ajeno, espec. opiniones o ideas). *Prohijó mi fe.*

prohombre. m. Hombre ilustre y que goza de especial consideración.

prójimo. m. Respecto de una persona: Otra, considerada desde el punto de vista de la solidaridad humana. *Amaba a sus prójimos.* ▶ SEMEJANTE.

prole. f. Conjunto de hijos de alguien. *La gallina va seguida de su prole.*

prolegómeno. m. Cosa que sirve de introducción o preparación a otra. Más frec. en pl. *Los prolegómenos DE la ceremonia.*

proletario, ria. adj. De la clase obrera. Tb. m. y f. *Derechos de los proletarios.* FAM proletariado.

proliferar. intr. **1.** Multiplicarse abundantemente algo. *Proliferan los incendios.* **2.** Reproducirse algo vivo. *El virus prolifera en ambientes cálidos.* FAM proliferación; proliferante.

prolífico, ca. adj. **1.** Dicho de persona, espec. de autor o artista: Muy productivo. **2.** Capaz de reproducirse abundantemente. *Los conejos son muy prolíficos.*

prolijo, ja. adj. **1.** Largo o minucioso, gralm. en exceso. *Una descripción prolija.* **2.** Cuidadoso o esmerado, gralm. en exceso. *Un magnífico mantel con puntillas bordadas.* **3.** Pesado, por ser prolijo (→ 1). *Resultaría prolijo citarlos a todos.* **4.** Am. Pulcro. *La muchacha prolija y el muchacho desaliñado* [C]. FAM prolijidad.

prólogo. m. **1.** Escrito que precede y sirve de introducción al texto de una obra. **2.** Parte primera de una cosa, que precede y sirve de introducción al resto. *Como prólogo de la conferencia, se proyectará un documental.* FAM prologar; prologuista.

prolongado, da. adj. Largo, en el espacio o en el tiempo. *Un sonido prolongado.*

prolongar. tr. Hacer (algo) más largo en el espacio o en el tiempo. *Prolongaron la conversación hasta la noche.* FAM prolongación.

promediar. (conjug. ANUNCIAR). tr. **1.** Calcular el promedio (de algo). *La nota final se obtiene promediando las puntuaciones.* ○ intr. **2.** Llegar a su mitad un espacio de tiempo. *Llegará antes de promediar julio.*

promedio. m. Cantidad igual o más próxima a la media aritmética de un conjunto de cantidades. *El promedio o término medio de 12, 8 y 7 es 9.*

promesa. 1. Hecho o efecto de prometer. **2.** Persona o cosa que promete o muestra cualidades positivas.

prometer. tr. **1.** Contraer de palabra la obligación de dar o hacer (algo). *Prometió venir.* **2.** Asegurar la certeza (de lo que se dice). *No lo sabía, se lo prometo.* **3.** Dar muestras o indicios (de algo, gralm. positivo). *La película promete ser divertida.* **4.** Prometer (→ 1) solemnemente el buen cumplimiento de los deberes (de un cargo). *El diputado promete su cargo.* ○ intr. **5.** Mostrar alguien o algo cualidades positivas que podrían asegurar un éxito futuro. *Como bailarina promete.* ○ prnl. **6.** Prometerse (→ 1) dos personas contraer matrimonio entre sí. *Ana y Luis se han prometido.* FAM **prometedor, ra.**

prometido, da. m. y f. Respecto de una persona: Otra con la que ha hecho mutua promesa de matrimonio. *Vendrá con su prometida a la cena.*

prominente. adj. **1.** Que se eleva o sobresale respecto a lo que está alrededor. *Barriga prominente.* **2.** Ilustre o destacado. *Un prominente jurista.* FAM **prominencia.**

promiscuo, cua. adj. **1.** Dicho de persona: Que mantiene relaciones sexuales poco estables con distintas personas. **2.** Mezclado de forma confusa y desordenada. *Una multitud promiscua.* FAM **promiscuidad.**

promisorio, ria. adj. Que promete o encierra promesa. *Un futuro promisorio.*

promoción. f. **1.** Hecho de promover. *Prometió una promoción de la enseñanza.* **2.** Conjunto de personas que han obtenido un grado, título o empleo al mismo tiempo. *Son de la misma promoción del colegio.* **3.** Mejora de las condiciones de vida, culturales o sociales. *La promoción de la mujer.* **4.** Conjunto de actividades comerciales destinadas a dar a conocer un producto o incrementar sus ventas. *La promoción del disco incluye conciertos.* **5.** Dep. Torneo para determinar la permanencia en una categoría, el ascenso o el descenso. *Los dos últimos clasificados juegan la promoción.* FAM **promocional.**

promocionar. tr. Hacer que (algo o alguien) sean más conocidos y valorados, gralm. a través de la publicidad. *Estamos promocionando este jamón, pruébelo.*

promontorio. m. Elevación del terreno, espec. si penetra en el mar.

promover. (conjug. MOVER). tr. **1.** Impulsar el desarrollo o la realización (de algo). *El Gobierno promoverá la investigación.* **2.** Ascender (a alguien) a un empleo o categoría superiores. *Ha sido promovida A jefa de ventas.* FAM **promotor, ra.**

promulgar. tr. Publicar oficialmente (una ley, norma o disposición) para que comience a cumplirse. *El Gobierno promulgó la ley.* FAM **promulgación.**

pronombre. m. Gram. Parte de la oración que, sin ser nombre, puede desempeñar las funciones propias de este. *En la oración "ella está enferma", el sujeto es el pronombre "ella".* ■ ~ **personal.** m. Gram. Pronombre que hace referencia a una persona gramatical. *"Yo", "se" y "ti" son pronombres personales.* FAM **pronominal.**

pronóstico. m. **1.** Hecho o efecto de predecir algo futuro a partir de indicios. *Se cumplió el pronóstico.* **2.** Med. Juicio que hace el médico sobre la evolución posible de una enfermedad. *Un herido con pronóstico grave.* ■ ~ **reservado.** m. Med. Pronóstico (→ 2) que se reserva el médico ante la posibilidad de que surjan complicaciones. ▶ **1:** *PREDICCIÓN. FAM **pronosticar.**

prontitud. f. Rapidez o celeridad. *Acudió con prontitud.* ▶ *RAPIDEZ.

pronto, ta. adj. **1.** cult. Rápido, o que ocurre en un plazo breve de tiempo. *Una pronta recuperación.* **2.** cult. Preparado o dispuesto para hacer algo rápidamente. *Está siempre pronto A/PARA ayudar.* ● adv. **3.** Antes del tiempo oportuno, debido o acostumbrado. *Llegué pronto a la cita.* **4.** En un plazo breve de tiempo. *Pronto vendrá el invierno.* **5.** A una hora temprana del día o de la noche. *Se levanta pronto.* ● m. **6.** coloq. Impulso repentino que hace a alguien actuar de forma inesperada o apasionada. *Tuvo uno de sus prontos y se fue.* ■ **al** ~. loc. adv. En el primer momento. *Al pronto no lo reconocí.* ■ **de** ~. loc. adv. De repente. *De pronto lo entendí.* ■ **por lo** ~, o **por de** ~. loc. adv. Para empezar, o por ahora. *Todo mejorará; por lo pronto, ya tienes trabajo.*

prontuario. m. Compendio de las reglas de una ciencia o arte.

pronunciación. f. **1.** Hecho de pronunciar o emitir sonidos. *La pronunciación de vocales.* **2.** Manera de pronunciar o emitir sonidos. *En inglés mejoró su pronunciación.*

pronunciado, da. adj. Marcado o muy perceptible. *Una pronunciada cojera.*

pronunciamiento. m. **1.** Alzamiento militar contra el Gobierno. *Un pronunciamiento acabó con la democracia.* **2.** Der. Declaración o resolución de un juez o un tribunal.

pronunciar. (conjug. ANUNCIAR). tr. **1.** Emitir y articular (uno o más sonidos del lenguaje). *Pronuncia mal la jota.* **2.** Decir (una palabra o una frase). *Pronunció mi nombre.* **3.** Emitir oralmente (un discurso) ante un público. *Ha pronunciado una conferencia.* **4.** Publicar o dar a conocer (una sentencia). *El juez pronunciará sentencia.* **5.** Hacer más marcado o pronunciado (algo). *La blusa blanca pronuncia su bronceado.* ○ intr. prnl. **6.** Expresar alguien su opinión sobre algo. *Se pronunció a mi favor.* **7.** Emprender un pronunciamiento militar. *El ejército se pronunció contra el poder civil.*

propaganda. f. **1.** Hecho de dar a conocer algo con el fin de atraer seguidores o compradores. *Hizo propaganda de su libro en la radio.* **2.** Conjunto de los medios o materiales empleados hacer propaganda (→ 1), o de los mensajes que se difunden. *Reparte propaganda en la calle.* FAM **propagandista; propagandístico, ca.**

propagar. tr. **1.** Multiplicar por reproducción (un ser vivo). *Un semental para propagar la especie.* **2.** Hacer que (algo) llegue a lugares distintos de aquel en que se produce. *El viento propaga el fuego.* **3.** Hacer que (algo) sea conocido y seguido por muchos en diversos lugares. *Propagaron la fe.* FAM **propagación; propagador, ra.**

propalar. tr. Divulgar (algo oculto, secreto o desconocido). *Propalan rumores.*

propano. m. Gas derivado del petróleo, usado como combustible. *Depósitos de propano.*

proparoxítono, na. adj. Fon. Esdrújulo. *Palabra proparoxítona: "cántaro".*

propasarse. intr. prnl. **1.** Excederse en lo que se hace o dice. *Beba sin propasarse.* **2.** Faltar al respeto a alguien, espec. en el aspecto sexual. *Se propasó* CON *ella.*

propedéutico, ca. adj. **1.** De la propedéutica (→ 2). *El carácter propedéutico de los estudios primarios.* ● f. **2.** Enseñanza preparatoria para el estudio de una disciplina. *Enseña filosofía como propedéutica para cualquier ciencia.*

propenso, sa. adj. Que tiene tendencia o inclinación a algo. *Es propenso* A *engordar.* FAM **propender; propensión.**

propicio, cia. adj. **1.** Dicho de cosa: Favorable o apropiada. *Un momento propicio* PARA *invertir.* **2.** Dicho de persona: Que es favorable o tiene buena disposición hacia algo o alguien. *Es poco propicia* A *la frivolidad.* FAM **propiciador, ra; propiciar** (conjug. ANUNCIAR); **propiciatorio, ria.**

propiedad. f. **1.** Derecho de poseer algo y poder disponer libremente de ello dentro de los límites legales. *Adquirió la propiedad de la finca.* **2.** Cosa, espec. un inmueble, sobre la que se tiene derecho de propiedad (→ 1). *El museo es propiedad* DEL *Estado.* **3.** Cualidad propia o característica de algo. *Infusión de propiedades sedantes.* **4.** Cualidad de propio. *Destaca en el texto la propiedad de las palabras empleadas.* ■ **en ~.** loc. adv. Como propietario. *Adquirió la casa en propiedad.*

propietario, ria. adj. Que tiene derecho de propiedad sobre una cosa. Frec. m. y f. *Buscan al propietario del vehículo.* ► *DUEÑO.

propina. f. **1.** Cantidad extra que, como muestra de satisfacción, se da sobre el precio convenido por un servicio. *Dejó propina en el restaurante.* **2.** Gratificación pequeña por un servicio o favor. *Me dará una propina por ayudarlo.*

propinar. tr. Dar (un golpe). *Le propinó una bofetada.* ► *PEGAR.

propio, pia. adj. **1.** Que pertenece o corresponde a la misma persona que habla o a la persona o cosa de las que se habla. Se usa pospuesto al n. *Tiene casa propia.* **2.** Antepuesto a un nombre y precedido de artículo, se usa para enfatizar la identidad de la persona o cosa designadas. *El propio acusado admite su culpabilidad.* **3.** Característico de alguien o algo. *Preguntas propias* DE *un niño.* **4.** En uso sustantivado, precedido de lo: Conveniente o adecuado. *Lo propio sería ir de etiqueta.* **5.** Precedido de artículo: Mismo o exactamente igual. *Estaba conforme y disconforme al propio tiempo.* **6.** Dicho del sentido de una palabra: Principal o fundamental. *Habló de un tesoro, no sé si en sentido propio o figurado.* **7.** coloq. Reproducido o representado con mucha exactitud o realismo. *Ha quedado muy propio en el retrato.* ► **3:** *CARACTERÍSTICO.

proponer. (conjug. PONER). tr. **1.** Exponer (algo) a alguien para que (lo) acepte. *Me propuso un trato.* **2.** Presentar (a alguien) para un cargo, un empleo u otra cosa semejante. *Lo han propuesto* PARA *el Nobel.* ○ tr. prnl. **3.** Aspirar a conseguir (algo). *¿Qué se propone el artista con su obra?* **4.** Decidir o determinar (algo). *Se propuso estudiar.* FAM **proponente; propuesta.**

proporción. f. **1.** Relación de correspondencia o conformidad entre las partes y el todo o entre varias cosas. *La torre no guarda proporción con la iglesia.* **2.** Dimensión o tamaño. *Edificios de proporciones gigantescas.* **3.** Mat. Igualdad de dos razones o cocientes numéricos. FAM **proporcionado, da; proporcional; proporcionalidad.**

proporcionar. tr. **1.** Poner a disposición de alguien (algo, espec. lo que necesita o le conviene). *Me ha proporcionado el dinero.* **2.** Hacer que algo adquiera (una cualidad). *Sus metáforas proporcionan belleza al texto.* **3.** Hacer que (algo) tenga proporción o se ajuste a ella. *La ley pretende proporcionar penas y delitos.*

proposición. f. **1.** Hecho o efecto de proponer. *Me hizo proposición de matrimonio.* **2.** Gram. Oración, o unidad lingüística con estructura de oración, que se une a otras para formar una oración compuesta. *La oración compuesta "Si puedo, iré" está formada por dos proposiciones.* **3.** Fil. Expresión de un juicio. *"Los perros son mamíferos" es una proposición afirmativa.* FAM **proposicional.**

propósito. m. Hecho o efecto de proponerse algo. *Tiene el propósito de cambiar.* ■ **a ~.** loc. adv. **1.** Con intención determinada o de manera voluntaria. *Lo ha dicho a propósito para molestar.* **2.** Indica que lo que se va a decir ha sido sugerido por lo que se acaba de mencionar. *Iré al cine; a propósito, ¿qué película recomiendan?* □ loc. adj. **3.** Adecuado u oportuno. *Un recipiente a propósito para el aceite.* ■ **a ~ de.** loc. prepos. Acerca de. *Discuten a propósito de la herencia.*

propuesta. → proponer.

propugnar. tr. Defender o apoyar (una idea o un proyecto). *Propugnan la paz.*

propulsar. tr. Impulsar (algo o a alguien) para que avancen. *Un motor propulsa la nave.* ► *IMPULSAR. FAM **propulsión; propulsor; ra.**

prorrata. f. Parte que le toca a una persona en un reparto proporcional. *El socio recibe una prorrata ajustada a su aportación.* ■ **a ~.** loc. adv. Mediante reparto proporcional. *Se adjudicaron las acciones a prorrata.* FAM **prorratear; prorrateo.**

prórroga. f. **1.** Hecho de alargar algo más allá del tiempo fijado. *Solicitan una prórroga del plazo.* **2.** Tiempo añadido en una prórroga (→ 1). *Hay una prórroga de tres días para presentar instancias.* **3.** Dep. Prórroga (→ 2) de un encuentro para deshacer un empate. *Marcaron el gol en la prórroga.* FAM **prorrogar.**

prorrumpir. intr. Realizar, de repente y con fuerza, una acción que pone de manifiesto un sentimiento o estado de ánimo. *Prorrumpió* EN *sollozos.* ► ROMPER.

prosa. f. **1.** Forma que toma naturalmente el lenguaje, no sometida a reglas de medida, rima o ritmo. *Obras en prosa y en verso.* **2.** coloq. Exceso de palabras inútiles o intrascendentes. *Aburre con tanta prosa.* FAM **prosificar; prosista; prosístico, ca.**

prosaico, ca. adj. Vulgar o trivial. *Una vida prosaica.* FAM **prosaísmo.**

prosapia. f. Ascendencia o linaje, espec. los nobles. *Personas de ilustre prosapia.*

proscenio. m. Teatro Parte del escenario más cercana al público, situada entre el borde y los bastidores. *Los actores se acercan al proscenio para saludar.*

proscribir. (part. proscrito o, Am., proscripto). tr. **1.** Prohibir o excluir (algo). *Proscribieron el consumo de alcohol.* **2.** Expulsar (a alguien) de su tierra, gralm. por causas políticas. *El régimen proscribe a los disidentes.* FAM **proscripción.**

proseguir. (conjug. PEDIR). tr. **1.** Seguir o continuar (lo que se ha empezado). *Prosiguió su discurso.* ○ intr. **2.** Seguir o continuar. *Prosiga* CON *el tratamiento.* ► *SEGUIR. FAM **prosecución.**

prosélito, ta. m. y f. Partidario ganado para una religión o una doctrina. *La secta hacía prosélitos entre los más jóvenes.* FAM **proselitismo; proselitista.**

prosificar; prosista; prosístico, ca. → prosa.

prosodia. f. *Fon.* Estudio de los rasgos fónicos, espec. de acentuación y entonación, que afectan a unidades superiores al fonema. FAM **prosódico, ca.**

prosopopeya. f. Solemnidad o gravedad gralm. afectadas. *Se inauguró con gran prosopopeya.*

prospección. f. **1.** Exploración del subsuelo de un terreno encaminada a descubrir yacimientos. *Trabajos de prospección petrolera.* **2.** Exploración de posibilidades futuras basada en datos presentes. *Para comercializar el producto, hacen una prospección de mercados.* FAM **prospectar.**

prospectivo, va. adj. **1.** Que se refiere al futuro. *Estudio prospectivo del impacto de la energía nuclear.* ● f. **2.** Estudio de las posibilidades o condiciones futuras en una determinada materia. *Una prospectiva del mercado de trabajo.*

prospecto. m. **1.** Papel o folleto explicativos que acompañan a ciertos productos, espec. a los farmacéuticos. *Según el prospecto, debe tomar una gragea al día.* **2.** Papel o folleto informativos o publicitarios. *En la entrada del museo me dieron un prospecto.*

prosperar. intr. **1.** Mejorar económicamente. *Con la tienda hemos prosperado.* **2.** Tener éxito o desarrollo favorable algo. *La reclamación no prosperó.*

próspero, ra. adj. **1.** Que tiene éxito económico. *Una industria próspera.* **2.** Dicho de cosa: Favorable o propicia. *Le deseo un próspero año nuevo.* FAM **prosperidad.**

próstata. f. *Anat.* En los machos de los mamíferos: Glándula unida al cuello de la vejiga y a la uretra, que segrega un líquido que forma parte del semen.

prosternarse. intr. prnl. Arrodillarse en señal de respeto. *Se prosternó ante la imagen.* ▶ *ARRODILLARSE.

prostíbulo. m. Local donde se ejerce la prostitución. ▶ BURDEL, MANCEBÍA. FAM **prostibulario, ria.**

prostituir. (conjug. CONSTRUIR). tr. **1.** Hacer que (alguien) mantenga relaciones sexuales con otras personas a cambio de dinero. *Las mafias prostituyen a mujeres inmigrantes.* **2.** Deshonrar o degradar (algo o a alguien) para obtener un beneficio. *Falsear la información es prostituir el periodismo.* FAM **prostitución.**

prostituto, ta. m. y f. Persona que ejerce la prostitución. ▶ BUSCONA.

protagonista. m. y f. **1.** Personaje principal de una obra de ficción. *La actriz encarna a la protagonista.* **2.** Persona o cosa que se desempeña un papel principal en algo, espec. en un suceso. *Fue el protagonista del acto.* FAM **protagonismo; protagonizar.**

protección. f. **1.** Hecho de proteger. **2.** Cosa que protege. *Tomó el sol sin protección.*

proteccionismo. m. *Econ.* Política de protección de la producción nacional contra la competencia de productos extranjeros. FAM **proteccionista.**

protectorado. m. histór. Soberanía limitada que, espec. en materia de relaciones exteriores, ejerce un Estado sobre un territorio no plenamente integrado en sus dominios y con gobierno propio. *El Reino Unido ejerció un protectorado en la India.* Frec. ese territorio.

proteger. tr. **1.** Impedir que (alguien o algo) sufran daño o peligro. *Una manta la protege DEL frío.* **2.** Favorecer o apoyar (algo o a alguien). *El rey protegía las artes.* ▶ **1:** DEFENDER, PRESERVAR. FAM **protector, ra.**

protegido, da. m. y f. Persona que tiene la protección o el favor de otra. *El protegido del jefe.*

proteico, ca. adj. cult. Que cambia fácilmente de forma o de ideas. *Una civilización proteica.*

proteína. f. Compuesto orgánico constituyente esencial de la materia viva. *La carne y los huevos tienen muchas proteínas.* FAM **proteico, ca** (*El aporte proteico de un alimento*); **proteínico, ca.**

protervo, va. adj. cult. Perverso (muy malo). *Una mente proterva.*

protésico, ca. adj. y f. **1.** De la prótesis. *Aparatos protésicos.* ● m. y f. **2.** Persona que prepara y ajusta las piezas de una prótesis dental. Tb. ~ *dental.*

prótesis. f. **1.** Pieza o aparato empleados para sustituir un órgano o un miembro del cuerpo. *Lleva una prótesis en la pierna.* **2.** Procedimiento mediante el cual se coloca o implanta una prótesis (→ 1). *Cirujano especializado en prótesis de cadera.*

protestantismo. m. Religión cristiana surgida de la reforma del teólogo alemán Martín Lutero (1483-1546), que no reconoce la autoridad del Papa. FAM **protestante.**

protestar. intr. Expresar queja o disconformidad, gralm. con vehemencia. *Protestan CONTRA la subida de precios.* FAM **protesta; protestón, na.**

protocolo. m. **1.** Conjunto de reglas establecidas para ceremonias y actos oficiales o solemnes. *Se saltó el protocolo al no ir vestido de etiqueta.* **2.** Acta o conjunto de actas de una conferencia internacional, un acuerdo diplomático u otra cosa semejante. *Los dos países firmarán un protocolo de cooperación.* **3.** Conjunto de escrituras y otros documentos originales que un notario autoriza y guarda con ciertas formalidades. *Escritura de compraventa con n° de protocolo 371.* **4.** tecn. Plan escrito y detallado de una actuación médica o de un ensayo clínico o de un experimento científico. *Existen protocolos de actuación en caso de epidemia.* FAM **protocolario, ria.**

protohistoria. f. Período de la vida de la humanidad inmediatamente posterior a la prehistoria y anterior a la aparición de la escritura. FAM **protohistórico, ca.**

protomártir. m. y f. Primer mártir. *San Esteban, protomártir del cristianismo.*

protón. m. *Fís.* Partícula elemental con carga eléctrica positiva, que forma parte del núcleo del átomo. *En el átomo hay protones, electrones y neutrones.*

prototipo. m. **1.** Primer ejemplar de una cosa, que sirve como modelo para hacer o fabricar otras iguales. *Un prototipo de avión.* **2.** Persona o cosa ideal en su clase y que puede servir de modelo. *Es el prototipo del padre de familia.* FAM **prototípico, ca.**

protozoo. adj. **1.** *Zool.* Del grupo de los protozoos (→ 2). ● m. **2.** *Zool.* Animal, gralm. microscópico, cuyo cuerpo está formado por una sola célula o por una colonia de células iguales entre sí, como la ameba.

protuberante. adj. Que sobresale en una superficie o lo hace más de lo normal. *Ojos protuberantes.* FAM **protuberancia.**

provecho. m. Resultado o efecto favorables de una cosa para algo o alguien. *Saca provecho DE su esfuerzo.* ■ **buen ~.** expr. Se usa como fórmula de cortesía para desearle a alguien que la comida le siente bien o que otra cosa que va a disfrutar sea buena para su salud o bienestar. *—Me voy a comer. —Buen provecho.* ■ **de ~.** loc. adj. Dicho de persona: Útil y cumplidora de sus obligaciones. FAM **provechoso, sa.**

provecto, ta. adj. **1.** cult. Dicho de edad: Avanzada. **2.** cult. Dicho de persona: De edad avanzada.

proveer. (conjug. LEER; part. **provisto** y **proveído**). tr. **1.** Proporcionar (a alguien o algo) una cosa necesaria. *El ministerio proveerá las bibliotecas* DE *libros.* **2.** Preparar (lo necesario) para algo. *Proveyó los víveres para la excursión.* **3.** Cubrir (un empleo o cargo). *Concurso para proveer plazas vacantes.* ▶ **1:** ABASTECER, APROVISIONAR, EQUIPAR, SUMINISTRAR, SURTIR. ‖ **Am: 1:** PREMUNIR. FAM **proveedor, ra.**

provenir. (conjug. VENIR). intr. Proceder una persona o cosa de otra o de un lugar. *La carta proviene* DEL *extranjero.* FAM **proveniencia; proveniente.**

provenzal. adj. De Provenza (Francia).

proverbial. adj. **1.** Del proverbio, o que lo incluye. *Frases proverbiales.* **2.** Dicho de cosa: Conocida desde siempre o por todo el mundo. *Isla de proverbial belleza.*

proverbio. m. Frase breve, gralm. de carácter popular, que encierra un contenido moral. *Según un proverbio chino, cuando el dinero habla, la verdad calla.* ▶ *DICHO.

providencia. f. **1.** Cuidado que Dios tiene de la creación y de sus criaturas. Frec., en mayúsc., designa al mismo Dios. *Agradece a la Providencia estar vivo.* Tb. *divina ~.* **2.** cult. Medida para evitar o conseguir algo. *Como primera providencia, interrogarán a los testigos.* **3.** Der. Resolución judicial sobre cuestiones de trámite o secundarias, que no requiere ser fundamentada. *El juez dictó providencia autorizándolo a salir del país.*

providencial. adj. **1.** De la providencia divina. *Don providencial.* **2.** Dicho espec. de hecho casual: Muy oportuno y provechoso. *Su providencial aparición me salvó.*

providencialismo. m. Doctrina según la cual todo sucede por disposición de la divina Providencia. FAM **providencialista.**

providente. adj. cult. Dispuesto para proveer de lo necesario. *Un Dios providente.*

provincia. f. **1.** División administrativa de las que componen un Estado. *El territorio argentino está dividido en provincias.* **2.** División territorial de una orden religiosa. *Las provincias franciscanas del Nuevo Mundo.* **3.** histór. En la antigua Roma: Territorio conquistado fuera de Italia y administrado por un gobernador. ▶ **1:** DEPARTAMENTO. FAM **provincial.**

provincialismo. m. Predilección por las cosas de la provincia en que se ha nacido. Frec. despect. *Viajando se le curará ese provincialismo.*

provinciano, na. adj. **1.** De cualquier parte del territorio nacional que no sea la capital. Tb. m. y f. *Muchos provincianos emigraron.* **2.** Excesivamente apegado a la mentalidad y costumbres locales, con exclusión de las demás. *Gustos provincianos.* FAM **provincianismo.**

provisión. f. **1.** Hecho de proveer. *Una empresa se encarga de la provisión de materiales.* **2.** Conjunto de cosas, espec. alimentos, que se tienen guardadas o reservadas para cuando se necesiten. Frec. en pl. *Tenían provisiones para un mes.* ▶ **1:** ABASTECIMIENTO, ABASTO, APROVISIONAMIENTO, SUMINISTRO. FAM **provisor, ra.**

provisional. adj. Temporal, o que puede cambiar. *Solución provisional.* ▶ PROVISORIO. FAM **provisionalidad.**

provisorio, ria. adj. Provisional. *Gobierno provisorio.*

provocar. tr. **1.** Incitar (a alguien) para que se enoje o sienta deseo sexual. *Peleamos porque me provocó.* Tb. como intr. **2.** Ser causa o motivo (de algo). *La medida provoca indignación.* FAM **provocación; provocador, ra; provocativo, va.**

proxeneta. m. y f. cult. Persona que obtiene beneficio económico de la prostitución de otra. *Han detenido a un proxeneta.* FAM **proxenetismo.**

próximo, ma. adj. **1.** Cercano en el espacio. *Un pueblo próximo* A *Quito.* Tb. fig. **2.** Cercano en el tiempo futuro. *El fin de la dictadura está próximo.* **3.** Inmediatamente posterior en el espacio o en el tiempo. *Vendré la próxima semana.* FAM **proximidad.**

proyectar. tr. **1.** Pensar en la ejecución (de algo), gralm. trazando un plan para ello. *Proyecta marcharse a otro país.* **2.** Hacer el proyecto de ingeniería o arquitectura (de una obra). *Un arquitecto proyectará el edificio.* **3.** Lanzar (algo) con fuerza hacia delante o a distancia. *La catapulta proyectaba piedras.* **4.** Hacer visible sobre una superficie (la figura o la sombra de un cuerpo). *En el eclipse solar, la Luna proyecta su sombra* SOBRE *la Tierra.* **5.** Reflejar sobre una pantalla la imagen amplificada (de diapositivas, películas u objetos opacos). *Proyectan diapositivas* EN/SOBRE *una pared.* **6.** Mat. Trazar rectas desde todos los puntos (de un cuerpo) hasta un plano, según determinadas reglas, para obtener su representación en este. *Cómo proyectar objetos de tres dimensiones.* FAM **proyección.**

proyectil. m. Cuerpo que se lanza con fuerza a distancia, espec. con un arma de fuego. *Proyectiles de cañón.*

proyecto. m. **1.** Propósito de hacer algo. *Tiene el proyecto de viajar.* **2.** Esquema o plan de algo que se piensa hacer. *Presentó un proyecto de investigación.* **3.** Conjunto de planos, cálculos y dibujos previos a la ejecución de una obra de arquitectura o ingeniería. *Un arquitecto hizo el proyecto de la casa.* ■ **~ de ley.** m. Ley elaborada por el Gobierno y presentada al Parlamento para su aprobación. FAM **proyectista.**

proyector. m. **1.** Aparato que sirve para proyectar imágenes ópticas fijas o en movimiento. *Un proyector de diapositivas.* **2.** Aparato con el que se obtiene un haz luminoso de gran potencia que puede orientarse. *Unos proyectores iluminan la muralla.*

prudencia. f. Cualidad de prudente.

prudencial. adj. **1.** De la prudencia. *Actitud prudencial.* **2.** Que no es exagerado ni escaso. *Esperé un tiempo prudencial y me fui.*

prudente. adj. **1.** Que actúa con precaución para evitar peligros o daños. *Un chófer prudente.* **2.** Que piensa y actúa con buen juicio. ▶ **2:** *SENSATO.

prueba. f. **1.** Hecho de probar. *Todo aspirante pasa un período de prueba.* **2.** Cosa que prueba o demuestra algo. *Presentó pruebas de su inocencia.* **3.** Análisis médico con fines diagnósticos. *Le harán radiografías y otras pruebas.* **4.** Acto deportivo en que compiten varios participantes entre sí. *Ganó en la prueba de salto.* **5.** Mat. Operación que sirve para comprobar la exactitud de otra. *La prueba de la división es: cociente por divisor, más el resto, igual a dividendo.* **6.** Gráf. Muestra de un texto impreso en que se corrigen las posibles erratas antes de la impresión definitiva. *Es corrector de pruebas.* ■ **~ de fuego.** f. Prueba (→ 1) más difícil y decisiva. *Este torneo va a ser su prueba de fuego.* □ **a ~** (de algo). loc. adj. Capaz de resistir(lo). *Un reloj a prueba* DE *golpes.*

pruno. m. Ciruelo, espec. el silvestre o el ornamental. ▶ CIRUELO.

prurito. m. **1.** *Med.* Picor (sensación que impulsa a rascarse). **2.** cult. Deseo intenso y persistente de algo. *Tiene el prurito de ser original.* ▶ **1:** *PICOR.

prusiano, na. adj. De Prusia (antiguo Estado de Alemania).

pseudo-. → seudo-.

pseudónimo, ma. → seudónimo.

psico-. (Tb. sico-). elem. compos. Significa 'actividad mental'. *Psicofisiología, sicosocial.*

psicoanálisis. (Tb. sicoanálisis). m. Método de investigación y tratamiento de las enfermedades mentales y los trastornos emocionales, basado en el estudio de los procesos psíquicos inconscientes. *Freud fundó el psicoanálisis.* FAM psicoanalista o sicoanalista; psicoanalítico, ca o sicoanalítico, ca; psicoanalizar o sicoanalizar.

psicodélico, ca. adj. **1.** Dicho de estado mental: Alterado y de extrema sensibilidad sensorial, espec. por efecto de una droga. **2.** Del estado psicodélico (→ 1). *Una experiencia psicodélica.* **3.** Que causa estado psicodélico (→ 1). *Drogas psicodélicas.* **4.** Raro o extravagante, espec. si recuerda las percepciones sensoriales de un estado psicodélico (→ 1). *Lleva una camisa psicodélica.*

psicodrama. m. *Psicol.* Técnica propia de la terapia de grupo, consistente en la representación teatral de situaciones relacionadas con los conflictos de los pacientes.

psicofármaco. m. *Med.* Medicamento que actúa sobre la actividad mental.

psicofísico, ca. adj. *Psicol.* De las manifestaciones físicas relacionadas con la actividad psíquica. *El alcohol altera las facultades psicofísicas del conductor.*

psicofonía. f. En parapsicología: Grabación de voces o sonidos atribuidos a espíritus. *Obtienen psicofonías con un magnetófono.*

psicología. (Tb. sicología). f. **1.** Ciencia que estudia la actividad y los procesos psíquicos. *Licenciado en Psicología.* **2.** Manera de pensar y comportarse de una persona o una colectividad. *La sicología del niño.* FAM psicológico, ca o sicológico, ca; psicologismo o sicologismo; psicólogo, ga o sicólogo, ga.

psicomotricidad. f. *Psicol.* Coordinación de los movimientos del cuerpo con la actividad mental. *Ejercicios de psicomotricidad.* FAM psicomotor, tora (o triz).

psicopatía. (Tb. sicopatía). f. *Med.* Enfermedad mental, espec. la caracterizada por un comportamiento antisocial. FAM psicópata o sicópata; psicopático, ca o sicopático, ca.

psicopatología. (Tb. sicopatología). f. *Med.* Estudio de las causas y naturaleza de las enfermedades mentales. FAM psicopatológico, ca o sicopatológico, ca.

psicosis. (Tb. sicosis). f. *Med.* Enfermedad mental, espec. la caracterizada por alteración de la personalidad, trastornos del pensamiento y pérdida de contacto con la realidad. FAM psicótico, ca o sicótico, ca.

psicosomático, ca. adj. *Med.* Que afecta al cuerpo y tiene su origen en la mente, o viceversa. *Una enfermedad psicosomática.*

psicotécnico, ca. adj. De la rama de la psicología que tiene por objeto determinar las aptitudes de los individuos, con fines de orientación y selección. *Test psicotécnico.*

psicoterapia. (Tb. sicoterapia). f. *Med.* Tratamiento de las enfermedades, espec. las nerviosas o mentales, por medio de técnicas psicológicas. *Sesión de psicoterapia.* FAM psicoterapeuta o sicoterapeuta; psicoterapéutico, ca o sicoterapéutico, ca.

psicotrópico, ca. adj. Dicho de sustancia: Que actúa sobre el sistema nervioso, alterando la actividad mental, el comportamiento y la personalidad.

psique o **psiquis.** f. Mente o alma humana. *Cuerpo y psique.* FAM psíquico, ca o síquico, ca; psiquismo.

psiquiatría. (Tb. siquiatría). f. Rama de la medicina que estudia las enfermedades mentales. FAM psiquiatra o siquiatra; psiquiátrico, ca o siquiátrico, ca.

psoriasis. f. *Med.* Enfermedad de la piel, gralm. crónica, que se caracteriza por la presencia de manchas rojizas y escamas.

púa. f. **1.** Cuerpo delgado y rígido que acaba en punta. *Las púas de un peine.* **2.** Pieza plana de marfil, carey o plástico, gralm. triangular, usada para tocar ciertos instrumentos de cuerda. *Toca la guitarra eléctrica con púa.*

pubertad. f. Período de la vida de una persona en el que empiezan a manifestarse los caracteres sexuales propios de la edad adulta. FAM púber.

pubescente. adj. **1.** Que está en la pubertad. *Muchacho pubescente.* **2.** *Bot.* Que tiene vello. *Hojas pubescentes.* ▶ **1:** PÚBER.

pubis. m. **1.** Parte inferior del vientre, cubierta de vello en los humanos adultos. *Para la operación le afeitaron el pubis y las ingles.* **2.** *Anat.* En los mamíferos: Hueso inferior y delantero de la pelvis. *Fractura del pubis.* FAM pubiano, na; púbico.

publicar. tr. **1.** Dar a conocer (algo) de manera pública. *Va por ahí publicando el secreto.* **2.** Difundir por medio de la imprenta u otro procedimiento semejante (un escrito o una obra gráfica). *Ha publicado una novela.* FAM publicación.

publicidad. f. **1.** Cualidad de público o conocido por todos. *La publicidad del proceso judicial supone una garantía.* **2.** Divulgación de noticias o de anuncios para atraer el interés del público. *Harán publicidad del producto.* **3.** Conjunto de medios o de soportes empleados para la publicidad (→ 2). *Echan publicidad en los buzones.* FAM publicista; publicitario, ria.

público, ca. adj. **1.** Dicho de cosa: Sabida o conocida por todos. *Han hecho pública la noticia.* **2.** Que pertenece al Estado. *Universidades públicas o privadas.* **3.** Que se hace a la vista de todos. *Hizo confesión pública.* **4.** Accesible a todos. *Parque público.* **5.** Destinado al público (→ 7). *Vehículos de servicio público.* **6.** Dicho de persona: Que tiene presencia y gralm. influencia en la vida pública (→ 1). ● m. **7.** Conjunto de personas que forman una colectividad. *Venta al público.* **8.** Conjunto de personas que asiste a un espectáculo o a un acto. *La obra agradó al público.* **9.** Conjunto de personas que tienen una afición común. *Cada escritor tiene su público.* ■ **en público.** loc. adv. Públicamente o a la vista de todos. *Habló en público.*

publirreportaje. m. Reportaje publicitario, gralm. de larga duración.

pucherazo. m. Fraude electoral que consiste en alterar el resultado del escrutinio de votos.

pucho. m. *Am.* Colilla. *Barría el aserrín lleno de puchos* [C]. Tb. el cigarrillo mismo. *Enciende el pucho* [C].

pudibundo, da. adj. cult. Que tiene mucho pudor. FAM **pudibundez.**

pudiente. adj. Poderoso o rico. *Una familia pudiente.* ▶ *RICO.

pudin o **pudín.** m. **1.** Pastel a base de harina, leche y frutos, espec. secos, que se prepara en un molde y tiene consistencia de bizcocho. *Pudin de pasas.* **2.** Plato no dulce, de consistencia semejante a la del pudin (→ 1). *Pudín de carne.* ▶ BUDÍN.

pudor. m. Sentimiento de vergüenza, espec. en lo relacionado con el sexo. *Siente pudor al ducharse con otros en el gimnasio.* FAM **púdico, ca; pudoroso, sa.**

pudridero. m. **1.** Cámara destinada a los cadáveres antes de enterrarlos en el panteón. **2.** Lugar en que se pone algo para que se pudra. Frec. fig.

pudrir. (conjug. PUDRIR). tr. **1.** Hacer que (una materia orgánica) se descomponga. *La lluvia pudrió el tronco.* ○ intr. prnl. **2.** Descomponerse una materia orgánica. *La fruta se pudre.* **3.** coloq. Seguido de un complemento introducido por *de*: Tener lo expresado por él en gran cantidad. *Está podrido* DE *dinero.* ▶ **1, 2:** *DESCOMPONER.

pueblo. m. **1.** Población de menor categoría que la ciudad y frec. de pequeño tamaño. *Veranea en un pueblo costero.* **2.** Conjunto de habitantes de un territorio, unidos por vínculos políticos o culturales. *El pueblo cubano.* **3.** Conjunto de personas con un origen étnico común. *El pueblo judío.* **4.** Clase social constituida por la gente más humilde. *El pueblo se alzó en armas contra el Gobierno.* FAM **pueblerino, na.**

puente. m. **1.** Construcción sobre un río, una vía o un obstáculo para poder pasarlos por encima. *Cruzamos el río por un puente.* **2.** Día laborable, o par de días laborables, entre dos festivos, que se toman como vacaciones. *Este lunes es puente.* Tb. la serie de esos días, incluyendo los festivos. **3.** Prótesis dental que consiste en dos o más dientes artificiales que se sujetan en otros naturales. *El dentista me ha tomado un molde para un puente.* **4.** Pieza central de la montura de las gafas, que une los dos cristales y se apoya sobre la nariz. **5.** En un instrumento de cuerda: Tablilla que hace que las cuerdas estén elevadas respecto de la caja. *El puente del violín.* **6.** Curva o arco de la parte interior de la planta del pie. *Las personas con pies planos apenas tienen puente.* **7.** Conexión entre dos cables para poner en funcionamiento un circuito eléctrico. *Hicieron un puente en el auto para robarlo.* **8.** Cubierta de una embarcación desde donde el oficial de guardia comunica las órdenes. *El capitán ordenó desde el puente las maniobras de atraque.* ■ **~ aéreo.** m. Comunicación frecuente y continua que, por medio de aviones, se establece entre dos puntos para el transporte de pasajeros y mercancías. *Se estableció un puente aéreo entre las dos ciudades.* ■ **~ colgante.** m. Puente (→ 1) cuya plataforma está suspendida por cables o por cadenas.

puentear. tr. **1.** Colocar un puente (en un circuito eléctrico). *Han puenteado los cables y se han llevado la moto.* **2.** Saltarse (algo o a alguien) eludiendo el orden jerárquico. *El soldado puenteó al sargento y se dirigió directamente al capitán.*

puerco, ca. m. **1.** Cerdo (animal). ○ f. **2.** Hembra del puerco (→ 1). ○ m. y f. **3.** despect. Persona sucia o poco aseada. *Es un puerco: nunca se ducha.* **4.** despect. Persona moralmente ruin o de mala intención. *Esa puerca es capaz de todo.* ● adj. **5.** Dicho de cosa: Sucia. ■ **puerco espín.** m. Mamífero roedor con el cuerpo

cubierto de largas púas blancas y negras. ▶ **1:** *CERDO. **5:** SUCIO.

puericultura. f. Conjunto de conocimientos y técnicas destinadas a conseguir el sano desarrollo de los niños pequeños. *Revista de puericultura.* FAM **puericultor, ra.**

pueril. adj. **1.** Del niño. *Edad pueril.* **2.** Propio de los niños. Frec. despect. *Conducta pueril.* **3.** Trivial o de poca importancia. *Se preocupa por cosas pueriles.* ▶ **1, 2:** INFANTIL. FAM **puerilidad.**

puerperio. m. Med. Tiempo inmediatamente posterior al parto. *Complicaciones del parto y el puerperio.* ▶ POSPARTO. FAM **puerperal.**

puerro. m. Hortaliza de bulbos comestibles, cilíndricos y alargados, formados por capas superpuestas. Tb. el bulbo. *Puré de puerros y patatas.* ▶ Am: PORO.

puerta. f. **1.** Hueco o abertura en una pared, una cerca o una verja, desde el suelo hasta una altura adecuada que permita el paso. *Pase, no se quede en la puerta.* **2.** Armazón que se coloca en una puerta (→ 1) para poder abrirla o cerrarla. *La puerta de casa es de madera.* Tb. la armazón similar que sirve pralm. para abrir o cerrar ciertas cosas o para acceder a su interior. *Las puertas de un armario.* **3.** Entrada o medio de acceso para conseguir algo. *La universidad es una puerta hacia el mundo laboral.* **4.** Dep. Portería. *El delantero tiró a puerta.* ■ **~ falsa.** f. Puerta (→ 1) de una casa que no está en la fachada principal y que da a un lugar poco transitado. *Escapó por una puerta falsa.* □ **a las ~s.** loc. adv. Muy cerca. *Está a las puertas* DEL *éxito.* ■ **a ~ cerrada.** loc. adv. En privado, sin presencia de público, o en secreto. *El consejo se reúne a puerta cerrada.* ■ **cerrar la(s) ~(s)** (a algo). loc. v. Hacer(lo) imposible o dificultar(lo) mucho. *No cierren la puerta a la paz.* ■ **dar** (a alguien) **con la ~ en las narices.** loc. v. coloq. Desairar(lo) o negar(le) bruscamente lo que pide. *Le pedí un favor y me dio con la puerta en las narices.* ■ **de ~s abiertas.** loc. adj. Dicho espec. de día: Que se caracteriza por que en él se autoriza al público a visitar determinadas instalaciones cuyo acceso normalmente le está vedado. *Hoy es jornada de puertas abiertas en el Senado.* ■ **de ~s** (**para**) **adentro.** loc. adv. En la intimidad o en privado. *De puertas adentro se llevan fatal.* ■ **de ~s** (**para**) **afuera.** loc. adv. De cara al exterior. *Su vida es un éxito de puertas para afuera.* ■ **llamar a la(s) ~(s)** (de alguien). loc. v. Pedir(le) un favor. *Es orgulloso, pero llamará a mi puerta.* ■ **por la ~ grande.** loc. adv. Triunfalmente. *Tras su éxito teatral, entró por la puerta grande en el cine.*

puerto. m. **1.** Lugar de la costa o de la orilla de un río navegable, protegido de los vientos, que se utiliza para que las embarcaciones realicen las operaciones que les son propias. *Hay pesqueros amarrados en el puerto.* **2.** Paso entre montañas. *Los ciclistas suben el puerto.* ■ **~ franco.** m. Zona de un puerto (→ 1) habilitada para descargar o almacenar mercancías libres de impuestos. □ **tomar ~** un barco. loc. v. Llegar a puerto (→ 1). *El buque tomará puerto a mediodía.*

puertorriqueño, ña. adj. De Puerto Rico. ▶ PORTORRIQUEÑO. ‖ frecAm: BORICUA.

pues. conj. **1.** Introduce una oración que expresa causa. *Lo hicieron, pues era su obligación.* **2.** Introduce una oración que expresa consecuencia. *–No tengo ganas de ir. –Pues no vaya.* **3.** Introduce la continuación del asunto que se estaba tratando después de una pausa o interrupción. *Pues, como decía, sería mejor otra solución.* **4.** Se usa, sin ningún significado, para introducir una respuesta. *–¿Puede ayudarnos? –Pues claro.*

puesta. f. Hecho o efecto de poner o ponerse. *Trabaja hasta la puesta del sol.* ■ ~ **en marcha.** f. Mecanismo de arranque de un automóvil. *Se averió la puesta en marcha del auto.*

puesto, ta. adj. **1.** Dicho de persona: Bien vestida o arreglada. *Fue a la boda muy puesta.* ● m. **2.** Lugar que ocupan una persona o una cosa. *Ha quedado en el primer puesto en el maratón.* **3.** Establecimiento comercial, gralm. de pequeñas dimensiones, situado en la calle, en un mercado o en una feria. *Un puesto de helados.* **4.** Empleo o trabajo. Frec. ~ *de trabajo. Se han perdido muchos puestos de trabajo.* **5.** Lugar determinado para la realización de una actividad. *Se ha habilitado un puesto de socorro para el concierto.* **6.** Destacamento permanente de fuerzas armadas. ■ **puesto que.** loc. conjunt. Porque. *Iré, puesto que lo he prometido.* ▶ **2:** LUGAR. **4:** *TRABAJO.

púgil. m. **1.** Luchador que emplea los puños. *Los dos púgiles saltan al ring.* **2.** histór. Gladiador que competía con los puños. ▶ **1:** *BOXEADOR. FAM **pugilato; pugilismo; pugilista; pugilístico, ca.**

pugnar. intr. Luchar, espec. si es de forma inmaterial. *Dos jóvenes pugnan* POR *el amor de una dama.* ▶ *LUCHAR. FAM **pugna.**

pujanza. f. Fuerza o vigor. *Una industria con pujanza.* FAM **pujante.**

pujar[1]. intr. **1.** Luchar por conseguir algo. *Dos equipos pujan* POR *el campeonato.* **2.** frecAm. Empujar o hacer fuerza. *El paciente no puede levantar cosas pesadas ni pujar* [C]. FAM **puja** (*La puja* POR *el poder*).

pujar[2]. intr. **1.** Ofrecer una cantidad de dinero en una subasta. *El museo puja* POR *la colección.* ○ tr. **2.** Ofrecer una cantidad de dinero (por algo) en una subasta. *Unos desconocidos pujan el cuadro por teléfono.* FAM **puja** (*Una puja millonaria*).

pujo. m. **1.** Ganas de romper a llorar o a reír. *Sofocó un pujo de llanto.* **2.** coloq. Aspiración o deseo de conseguir algo. Gralm. en pl. *Tiene pujos de aristócrata.*

pulcro, cra. adj. (sup. **pulcrísimo;** sup. cult., **pulquérrimo**). **1.** Limpio o aseado. *Lleva a sus hijos muy pulcros.* **2.** Delicado o esmerado. *Pulcras miniaturas ilustran el códice.* ▶ **Am: 1:** PROLIJO. FAM **pulcritud.**

pulga. f. Insecto pequeño, sin alas y con patas adaptadas para el salto, que se alimenta de la sangre del hombre y otros animales. *El perro tiene pulgas.* ■ ~ **de agua.** f. Pequeño crustáceo que vive en aguas estancadas y nada como a saltos. □ **tener** alguien **malas** ~**s.** loc. v. coloq. Tener mal genio. FAM **pulgoso, sa.**

pulgada. f. Unidad de longitud que equivale a la duodécima parte del pie, es decir, entre 2,3 y 2,54 cm. *Televisor de 25 pulgadas.*

pulgar. m. Dedo pulgar (→ **dedo**).

pulgón. m. Insecto pequeño que vive parásito de las plantas.

pulido, da. adj. Pulcro y cuidado. *Un lenguaje pulido y claro.*

pulir. tr. **1.** Alisar y dejar brillante la superficie (de algo). *Pulir el parqué.* **2.** Perfeccionar o corregir (algo). *Está redactado, solo queda pulirlo.* **3.** Educar (a alguien) para que sea más correcto y elegante. *Lo llevan a ese colegio para que lo pulan.* FAM **pulido** (*El pulido de las uñas*); **pulidor, ra; pulimentar; pulimento.**

pulla. f. Expresión o comentario agudos con intención de criticar o atacar a alguien. *Le lanzan pullas sobre sus fracasos amorosos.*

pulmón. m. **1.** Órgano, o cada uno de los dos órganos, de la respiración de las personas y de los vertebrados que viven o pueden vivir fuera del agua. **2.** *Zool.* Órgano de la respiración de los moluscos terrestres, que consiste en una cavidad que comunica con el exterior por un orificio por el que penetra el aire. *El caracol respira por medio de un pulmón.* ■ **a pleno** ~, o **a todo** ~. loc. adv. Con toda la fuerza de los pulmones. *Respire a pleno pulmón.* ▶ **1:** BOFE. FAM **pulmonar.**

pulmonía. f. Inflamación del pulmón o de una parte de él. ▶ NEUMONÍA.

pulóver. m. frecAm. Jersey. *Se quitó el saco, el pantalón, el pulóver* [C].

pulpa. f. **1.** Parte carnosa y blanda de los frutos. *Pele el mango y corte su pulpa en daditos.* **2.** Tejido blando, con numerosos nervios y vasos sanguíneos, contenido en el interior de los dientes de los vertebrados. *La caries afectó a la pulpa.* Tb. ~ *dentaria.*

pulpejo. m. Parte blanda y carnosa de un miembro pequeño del cuerpo humano, espec. la parte de la palma de la mano de donde nace el pulgar, y la de la punta de los dedos. *Amasa una bolita de pan entre los pulpejos de sus dedos.*

pulpería. f. Am. Establecimiento donde se venden distintos productos, gralm. comestibles, y a veces se sirven bebidas alcohólicas. *Hay que ir a la pulpería y traer los artículos de primera necesidad* [C]. FAM **pulpero, ra.**

púlpito. m. En una iglesia: Plataforma pequeña y elevada desde donde el sacerdote o el predicador se dirige a los fieles.

pulpo. m. Molusco marino comestible, con cuerpo en forma de saco y ocho tentáculos provistos de ventosas.

pulque. m. Bebida alcohólica originaria de México, obtenida por fermentación del jugo del maguey.

pulquérrimo, ma. → **pulcro.**

pulsación. f. **1.** Hecho de pulsar. *Con la pulsación del botón, se activa la alarma.* **2.** Presión o toque que se da en las teclas de los teclados de algunas máquinas. *La mecanógrafa da 250 pulsaciones por minuto.* **3.** Cada uno de los latidos que produce la sangre en las arterias. *Tras una carrera, aumenta el número de pulsaciones.*

pulsar[1]. tr. **1.** Presionar con la punta de los dedos (algo, espec. una tecla, un botón o las cuerdas de un instrumento). *Pulse el timbre.* **2.** Tantear (algo, como una opinión) para actuar en consecuencia. *La encuesta pulsa el sentir popular.* FAM **pulsador.**

pulsar[2]. m. *Fís.* Estrella de neutrones que emite radiaciones muy intensas a intervalos cortos y regulares. *Se cree que en la Vía Láctea hay miles de pulsares.*

pulsera. f. **1.** Pieza en forma de aro o cadena que se pone alrededor de la muñeca como adorno. **2.** Correa o cadena de un reloj, que sirve para sujetar este a la muñeca.

pulsión. f. *Psicol.* Energía psíquica instintiva que orienta el comportamiento hacia un fin y se descarga al conseguirlo. *Tiene pulsiones agresivas contra sí mismo.*

pulso. m. **1.** Latido intermitente de las arterias que se percibe espec. en la muñeca. *Con los nervios se me acelera el pulso.* **2.** Parte de la muñeca donde se siente el pulso (→ 1). **3.** Seguridad en la mano para ejecutar una acción que requiere precisión. *Para dibujar se requiere buen pulso.* **4.** Cuidado o tiento para tratar algo. *Se llegó a un acuerdo gracias al buen pulso de los negociadores.* **5.** Enfrentamiento entre dos partes equilibradas. *Mantienen un pulso por el poder.* ■ **a ~.** loc. adv. Sin apoyar el brazo, para levantar o sostener algo. *Han levantado el sofá a pulso.* Tb. fig. ■ **echar un ~** dos personas. loc. v. Cogerse por una de las manos y, apoyando los codos firmemente, tratar cada uno de abatir el brazo contrario. *Echemos un pulso y pagará el que gane.* ■ **tomar el ~** (a algo, como una opinión). loc. v. Tantear(lo) para poder actuar en consecuencia. *Antes de invertir, quiere tomar el pulso al mercado.*

pulular. intr. Abundar o bullir en un lugar personas, animales o cosas. *Un gran número de insectos pulula sobre la charca.*

pulverizar. tr. **1.** Convertir en polvo (algo). *El fuego pulverizó las vigas.* **2.** Esparcir un líquido en partículas muy pequeñas (sobre una superficie). *Con un producto de limpieza pulveriza el mueble.* **3.** Esparcir (un líquido) en partículas muy pequeñas sobre una superficie. *Pulverizó agua en la planta.* **4.** Destruir por completo (algo o a alguien). *Ha pulverizado el récord.* ▶ **2:** VAPORIZAR. **3:** ATOMIZAR, VAPORIZAR. FAM **pulverización; pulverizador, ra.**

pum. interj. coloq. Se usa para imitar un golpe, una explosión o un ruido. *Al salir, ¡pum!, se dio contra la viga.* ■ **ni ~.** loc. adv. coloq. Nada en absoluto. *No dijo ni pum.*

puma. m. Felino americano de gran tamaño, de color rojizo o pardo, que vive en serranías y llanuras. *El puma hembra.*

puna. f. **1.** Planicie elevada, cercana a la cordillera de los Andes. *Llamas y alpacas pastan en la puna.* **2.** Am. Soroche o mal de montaña. *Cuidado con la puna causada por la altitud* [C]. ▶ **Am: 2:** SOROCHE.

punción. f. Med. Operación que consiste en introducir en un tejido o un órgano un instrumento punzante. *Punción medular.*

pundonor. m. Sentimiento que impulsa a una persona a cuidar su fama y a superarse. *Salió adelante gracias a su pundonor.* FAM **pundonoroso, sa.**

puneño, ña. adj. De Puno (Perú).

punible. adj. cult. Que merece castigo. *Actos punibles según la ley.*

púnico, ca. adj. histór. Cartaginés (de una antigua ciudad del norte de África).

punitivo, va. adj. cult. Del castigo. *Medidas punitivas.*

punk. (pl. **punks** o invar.). m. **1.** Movimiento juvenil de protesta, que se manifiesta espec. en el ámbito musical, y cuyos seguidores adoptan atuendos y comportamientos no convencionales. *El punk surgió en Gran Bretaña.* ● adj. **2.** Del punk (→ 1). *Concierto punk.* **3.** Seguidor del punk (→ 1). *Grupos punk.*

punta. f. **1.** Extremo de algo. *Agarra la punta de la cuerda.* **2.** Extremo agudo de un arma o de otro instrumento que pueda herir. *La punta de la navaja.* **3.** Extremo agudo de un lápiz o de otro instrumento similar. **4.** Clavo pequeño. **5.** Cantidad pequeña de algo. *Eche una punta de sal.* **6.** Lengua de tierra, gralm. baja y de pequeña extensión, que penetra en el mar. *El faro fue erigido en una punta.* ● adj. **7.** Puntero. *Tecnología punta.* ● **de ~.** loc. adv. **1.** Con la punta (→ 1) tiesa. *Lleva el pelo de punta.* **2.** Por la parte de la punta (→ 2). *Las tijeras se han caído de punta.*

□ loc. adj. **3.** frecAm. Puntero. *Tecnología de punta* [C]. ■ **de ~ a cabo,** o **de ~ a ~.** loc. adv. **1.** Del principio al fin. *Vimos el reportaje de punta a cabo.* **2.** De un extremo a otro. *Recorrió América de punta a punta.* ■ **de ~ en blanco.** loc. adv. Bien vestido y arreglado. *Fue a la boda de punta en blanco.* ■ **la ~ del iceberg.** loc. s. La parte conocida de un asunto del que se desconoce casi todo. *Esto es solo la punta del iceberg de una gran estafa.* ■ **sacar ~** (a algo). loc. v. Atribuir(le) un significado que no tiene, o un sentido malicioso. *Le saca punta al más mínimo comentario.* ■ **tener en la ~ de la lengua** (algo). loc. v. Estar a punto de acordarse (de ello). *Cómo se llama, lo tengo en la punta de la lengua.*

puntada. f. **1.** Hecho de meter y sacar una aguja u otro instrumento semejante sobre la materia que se cose. *Dé puntadas regulares al coser.* **2.** Porción de hilo que ocupa una puntada (→ 1). *Por el revés se ven las puntadas.* **3.** Puntazo. *El torero recibió una puntada.* **4.** coloq. Cosa que se dice como al descuido para provocar que se hable de algo. *Le gusta soltar puntadas.* **5.** Am. Punzada (dolor intenso). *Una puntada en el estómago* [C]. ■ **no dar** alguien **~ sin hilo.** loc. v. Actuar de forma calculada de modo que todo revierta en su provecho. *Ese no da puntada sin hilo.* ▶ **5:** *PUNZADA.

puntaje. m. Am. Número de puntos que se dan o se obtienen en una prueba. *Obtendrá un puntaje bajo* [C]. ▶ PUNTUACIÓN.

puntal. m. **1.** Madero fijado en el suelo para sostener un edificio que amenaza ruina, o parte de él. **2.** Apoyo o base. *Su madre es el puntal de la familia.*

puntano, na. adj. De San Luis (Argentina) o de San Luis de la Punta de los Venados (Argentina).

puntapié. m. Golpe dado con la punta del pie. *Apartó al gato de un puntapié.* ■ **a ~s.** loc. adv. coloq. Con desconsideración o violencia. *La trata a puntapiés.*

puntarenense. adj. De Punta Arenas (Chile).

puntazo. m. Herida hecha con la punta de un arma blanca o de otro objeto punzante. *Presenta un puntazo de navaja en el muslo.* ▶ PUNTADA.

puntear. tr. **1.** Marcar o señalar con puntos (una superficie). *Pinte la zona punteada.* **2.** Dibujar o hacer puntos (en algo). *Punteó el mapa para señalar los puestos enemigos.* **3.** Hacer sonar (un instrumento de cuerda) pulsando las cuerdas por separado. *Puntea su guitarra.* **4.** Cotejar los datos (de una lista o cuenta) marcando con un punto cada revisión. *Puntee la lista de mercancías.* FAM **punteado; punteo.**

puntería. f. Destreza del tirador para dar en el blanco. *Tiene buena puntería.*

puntero, ra. adj. **1.** Avanzado o que va por delante del resto. *La informática es un sector puntero.* ● m. **2.** Vara o palo largos rematados en punta que sirven para señalar. *Con un puntero, mostró la ciudad en el mapa.* ○ f. **3.** Parte del zapato, del calcetín o de la media que cubre la punta del pie. *Golpeó el balón con la puntera.* ▶ **1:** AVANZADO.

puntiagudo, da. adj. Que acaba en punta aguda. *Un cuchillo puntiagudo.*

puntilla. f. **1.** Encaje estrecho que forma ondas o picos y se usa para adornar prendas. *Toallas rematadas con puntillas.* **2.** Puñal pequeño y corto que se utiliza para rematar a las reses, espec. en una corrida de toros. *Descabellan al toro con la puntilla.* ■ **dar la ~** (a alguien o algo). loc. v. Causar(les) la ruina definitiva. *Los grandes almacenes han dado la puntilla al pequeño*

puntillismo - punzada

comercio. ■ **de ~s.** loc. adv. **1.** Pisando con las puntas de los pies y levantando los talones. *Bailaban de puntillas.* **2.** Sin hacer ruido. *Entró de puntillas para no despertarlo.* FAM **puntillero.**

puntillismo. m. *Arte* Escuela pictórica derivada del impresionismo, que se caracteriza por la pincelada corta y desunida.

puntillo. m. **1.** Amor propio o pundonor. *Lo mueve la ambición y el puntillo.* **2.** *Mús.* Signo consistente en un punto que se coloca a la derecha de una nota y aumenta en la mitad su duración y valor. *Una corchea con puntillo.*

puntilloso, sa. adj. **1.** Minucioso o concienzudo. *Es muy puntilloso trabajando.* **2.** Quisquilloso o suspicaz. *Es puntillosa y enseguida piensa mal.*

punto. m. **1.** Señal de pequeño tamaño, gralm. circular, que destaca en una superficie por contraste de color o relieve. *Le han salido en la cara unos puntitos rojos.* **2.** Signo ortográfico (.) que señala el final de una oración, o que aparece detrás de una abreviatura. **3.** Punto (→ 1) que forma parte de las letras minúsculas i y jota, y de algunos signos ortográficos, como los de interrogación y exclamación. **4.** Lugar concreto. *Se reúnen en un punto céntrico.* **5.** Instante o momento. *En ese punto apareció su prima.* **6.** Estado o situación de algo. *La relación está en un punto crítico.* **7.** Estado perfecto que llega a tomar un alimento al prepararlo. *Este arroz está en su punto.* **8.** Apartado o tema. *La lección consta de cinco puntos.* **9.** Extremo o grado. *La tensión llegó a un punto insostenible.* **10.** Unidad de valoración dentro de una escala. *Se aprueba con más de cinco puntos.* **11.** Puntada que se da en una obra de costura. *Hay que darle un par de puntos al dobladillo.* **12.** Lazada o nudo de los que forman algunos tejidos. *Se me han soltado varios puntos del jersey.* **13.** Tejido o labor que se hace con lazadas o nudos de hilo. *Le gusta hacer punto.* **14.** Roto que se hace en una media al soltarse algún punto (→ 12). **15.** Puntada que da un cirujano en los bordes de una herida uniéndolos para que esta cierre. *Le dieron cuatro puntos en la ceja.* **16.** Extremo del pico de la pluma estilográfica. *Al caerse la pluma, se le dobló el punto.* **17.** *Fís.* Grado de temperatura necesario para que se produzcan determinados fenómenos. *El punto de congelación del agua está en 0 °C.* **18.** *Mat.* Lugar del espacio al que se le puede asignar una posición pero que carece de dimensiones. *La intersección de dos rectas es un punto.* ■ **~ cardinal.** m. Cada uno de los cuatro puntos (→ 4) que dividen el horizonte en otras tantas partes iguales y que sirven para orientarse. *Norte, Sur, Este y Oeste son los puntos cardinales.* ■ **~ de apoyo.** m. *Mec.* Lugar fijo sobre el que se apoya una palanca u otra máquina, para que la potencia pueda vencer la resistencia. Tb. fig. *La familia es su punto de apoyo.* ■ **~ débil,** o **flaco.** m. Aspecto más vulnerable de alguien o algo. *El orgullo es su punto débil.* ■ **~ de mira.** m. **1.** Pieza de las armas de fuego que sirve para asegurar la puntería. *Alineó el punto de mira con el objetivo y disparó.* ⇒ MIRA. **2.** Centro de atención e interés. *Está en el punto de mira de la prensa.* ■ **~ de nieve.** m. Grado de firmeza de la clara de huevo batida en que esta se espesa. *Bata las claras a punto de nieve.* ■ **~ de partida.** m. Base a partir de la cual se trata o se deduce algo. *La novela toma como punto de partida un crimen.* ■ **~ de vista.** m. Forma de considerar algo. *Desde mi punto de vista, es un error.* ⇒ ÁNGULO, ÓPTICA, PERSPECTIVA, VISIÓN. ■ **~ final.** m. **1.** Punto (→ 2) con el que acaba un escrito o una división importante del texto. *Tras el punto final aparece la palabra "Fin".* **2.** Cosa con que se da por terminado algo. *El himno será el punto final del acto.* ■ **~ flaco.** → **punto débil.** ■ **~ fuerte.** m. Aspecto en el que se destaca. *Las matemáticas son su punto fuerte.* ■ **~ muerto.** m. **1.** Posición de la caja de cambios de un motor en que el movimiento generado por él no se transmite al mecanismo que actúa sobre las ruedas. *En los semáforos pone el auto en punto muerto.* **2.** Estado de un asunto en el que no hay avances o novedades. *Las negociaciones están en un punto muerto.* ■ **~ negro.** m. **1.** Poro de la piel, espec. de la cara, que acumula grasa y suciedad. **2.** Lugar de una carretera en que se producen numerosos accidentes. *Ese cruce es un punto negro.* **3.** Aspecto negativo de algo o alguien. *Su gestión presenta varios puntos negros.* ■ **~ y aparte.** m. Punto (→ 2) que se pone cuando termina un párrafo y el texto continúa en otro renglón. ■ **~ y coma.** m. Signo ortográfico (;) que indica una pausa mayor que la coma, pero menor que la del punto (→ 2). ■ **~ (y) seguido.** m. Punto (→ 2) que se coloca cuando acaba un período y sigue otro inmediatamente después en la misma línea. ■ **~s suspensivos.** m. pl. Signo ortográfico (...) que indica una interrupción de la oración o un final impreciso. ■ **dos ~s.** m. pl. Signo ortográfico (:) que indica que la oración que sigue es la continuación lógica de la que precede. Se usa tb. tras las fórmulas de saludo de cartas y documentos. *Dicta a su secretario: "Estimado amigo, dos puntos..."* □ **a ~.** loc. adv. **1.** En el momento adecuado u oportuno. *Llegué a punto para ver el partido.* **2.** En buenas condiciones. *Puso el coche a punto para el viaje.* ■ **a ~ de.** loc. prepos. Introduce un infinitivo para expresar situación inminente. *Está a punto de partir.* ■ **al ~.** loc. adv. cult. Inmediatamente. *Obedeció al punto.* ■ **con ~s y comas.** loc. adv. Sin olvidar detalle alguno. *Lo describió con puntos y comas.* ■ **en ~.** loc. adv. Exactamente. Referido a horas o fracciones de hora. *Son las doce en punto.* ■ **ganar (o perder) ~s.** loc. v. Ganar (o perder) prestigio o reconocimiento. *Su esfuerzo le ha hecho ganar puntos.* ■ **hasta cierto ~.** loc. adv. De alguna manera. *Es culpable hasta cierto punto.* ■ **poner los ~s sobre las íes.** loc. v. Precisar algo para eliminar interpretaciones o comportamientos incorrectos. *Lo regañó y le puso los puntos sobre las íes.* ■ **~ en boca.** expr. Se usa para mandar a alguien que guarde silencio. *Sobre esto, punto en boca.* ■ **~ por ~.** loc. adv. Sin omitir detalles. *Me lo contó punto por punto.*

puntual. adj. **1.** Que llega o hace las cosas en el tiempo previsto. *El tren suele ser puntual.* **2.** Cierto o exacto. *Un informe puntual de los hechos.* **3.** Concreto o específico. *Solo ha conseguido algún que otro éxito puntual.* FAM **puntualidad.**

puntualizar. tr. Aclarar (algo) de modo preciso. *Ha puntualizado que llegó el viernes, no el sábado.* Tb. como intr. FAM **puntualización.**

puntuar. (conjug. ACTUAR). tr. **1.** Poner (en un texto) los signos ortográficos necesarios para su correcta comprensión e interpretación. *Puntúen bien sus escritos.* **2.** Calificar con puntos (algo o a alguien). *Puntuó el ejercicio con la máxima nota.* ○ intr. **3.** Entrar una prueba o un ejercicio en el cómputo de los puntos. *Esta carrera puntúa para el mundial.* **4.** Ganar u obtener puntos, espec. en una competición deportiva. *En los últimos partidos no han puntuado.* FAM **puntuable; puntuación.**

punzada. f. **1.** Dolor agudo y pasajero que suele repetirse de vez en cuando. *Unas punzadas en el vientre la obligaron a sentarse.* **2.** Sentimiento triste o doloroso que dura poco tiempo. *Sintió una punzada de celos.* ▶ **1**: PINCHAZO. ‖ **Am**: **1**: PUNTADA.

punzar. tr. **1.** Pinchar (algo o alguien) con un objeto puntiagudo. *El cirujano punzará el tumor.* **2.** Causar daño moral o zaherir (a alguien). *Me punzaba el remordimiento.* FAM **punzante.**

punzón. m. Instrumento rematado en punta que sirve para hacer agujeros.

puñado. m. **1.** Cantidad de algo que cabe en un puño. *Un puñado DE tierra.* **2.** Cantidad pequeña de personas o cosas. *Vinieron un puñado DE amigos.* ■ **a ~s.** loc. adv. En gran número. *Gente como él la hay puñados.*

puñal. m. Arma blanca de acero, de 20 a 30 cm de largo, que solo hiere con la punta. FAM **puñalada.**

puñeta. f. **1.** Encaje en el puño de algunas prendas. *El juez vestía una toga con puñetas.* **2.** coloq. Cosa que incomoda o molesta. *Este trabajo es una puñeta.* ■ **a hacer ~s.** expr. coloq. Se usa para despedir a alguien o desechar algo despectivamente o con enojo. *Como me harten, los mando a hacer puñetas.* ■ **hacer la ~** (a alguien). loc. v. coloq. Fastidiar(lo) o incordiar(lo). *¡Deje de hacerme la puñeta!* ■ **~(s).** interj. Se usa para expresar sorpresa o enfado. *¡Cállese, puñetas!*

puñetero, ra. adj. coloq. Molesto o fastidioso. *Qué asunto tan puñetero.* Se usa, gralm. antepuesto a un nombre, para expresar la molestia o rechazo que causa lo designado por este. *Me golpeé con la puñetera puerta.*

puño. m. **1.** Mano cerrada. *Aprieta el puño de rabia.* **2.** Parte de la manga de algunas prendas de vestir que rodea la muñeca. *Se abrochó los puños de la camisa.* **3.** Parte de un arma blanca o un utensilio por donde se agarran. *El puño de un bastón.* ■ **como un ~,** o **como ~s.** loc. adj. Muy grande. *Verdades como puños.* ■ **en un ~.** loc. adv. En estado de intimidación u opresión. *El dictador tenía al país en un puño.* ■ **de su ~ y letra.** loc. adv. De mano de la persona que escribe. *Firmó de su puño y letra.*

pupa. f. **1.** Herida que sale en la piel, espec. en los labios. *Tengo pupas por la gripe.* **2.** infant. Daño o herida. *¿Te has hecho pupa?* **3.** Zool. En la metamorfosis de algunos insectos: Individuo que se encuentra en el estado siguiente al de larva, y anterior al de adulto. ▶ **1**: CALENTURA. **3.** *CRISÁLIDA.

pupila. f. Abertura circular o en forma de rendija, situada en el centro del iris del ojo, por donde penetra la luz. ▶ NIÑA.

pupilo, la. m. y f. **1.** Huérfano que está bajo la tutela de un tutor. Tb. designa a determinadas personas que están al cuidado de otras. *El entrenador aconseja a su pupilo.* ○ f. **2.** Prostituta que ejerce en un prostíbulo.

pupitre. m. Mueble parecido a una mesa pequeña con tapa en forma de plano inclinado, que se usa espec. en centros de enseñanza. *Guardó el libro en su pupitre.*

purasangre. m. Caballo descendiente de una raza que es producto del cruce de la árabe con las del norte de Europa. *Ganó la carrera un purasangre.*

puré. m. Comida elaborada con patatas, legumbres, verduras y otros ingredientes, cocidos y triturados. *Puré de patatas.* ■ **hacer ~** (algo o a alguien). loc. v. coloq. Destrozar(los) completamente. *Leer con poca luz hace puré la vista.*

pureza. → puro.

purgación. f. **1.** Hecho o efecto de purgar o purgarse. *Rece por la purgación de sus pecados.* **2.** Flujo mucoso de la uretra y la vagina provocado por una enfermedad de transmisión sexual. *Le pusieron penicilina para las purgaciones.*

purgar. tr. **1.** Expulsar o eliminar (a alguien) por motivos políticos. *Purgaron a antiguos funcionarios.* **2.** Dar a (alguien) un medicamento para que evacue el vientre. *La enfermera lo purgará antes de la prueba.* **3.** Sufrir una pena o un castigo (por una culpa o una falta). *Purga su crimen en la cárcel.* **4.** Sacar aire u otro fluido del circuito (de un aparato) para que este funcione bien. *Purgó los radiadores.* **5.** Sacar (aire u otro fluido) del circuito de un aparato para que este funcione bien. *Hay que purgar el aire de las tuberías.* **6.** Limpiar o depurar (algo) eliminando lo inadecuado o superfluo. *El censor purgaba los textos libertinos.* FAM **purga; purgante; purgativo, va.**

purgatorio. m. **1.** Rel. Estado de quienes, tras haber muerto en gracia de Dios, necesitan aún purificarse para alcanzar la gloria. *Misa por las almas del purgatorio.* **2.** Lugar o causa de penalidades y sufrimientos. *El hospital era un purgatorio.*

puridad. **en ~.** loc. adv. cult. En realidad. *Nadie sabe, en puridad, si hay otra vida.*

purificar. tr. **1.** Eliminar las impurezas o los elementos extraños (de algo). *Los parques purifican el aire.* **2.** Eliminar todas las imperfecciones morales (de alguien o de algo no material). *Rezó para purificar su espíritu.* FAM **purificación; purificador, ra.**

Purísima. **la ~.** loc. s. Rel. La Virgen María. *Rezaba a la Purísima.*

purismo. m. Tendencia a ajustarse a algo, como el lenguaje, una doctrina o un arte, en su estricta pureza. *El edificio es reflejo del purismo neoclásico.* FAM **purista.**

puritano, na. adj. De moral rígida o extremadamente rigurosa, espec. en el aspecto sexual. *Una educación puritana.* FAM **puritanismo.**

puro, ra. adj. **1.** Que no tiene mezcla. *La copa es de oro puro.* **2.** Que carece de defectos o imperfecciones morales. *Un niño de alma pura.* **3.** Casto o ajeno a la sensualidad. *Solo tuvo pensamientos puros hacia ella.* **4.** Gralm. antepuesto al nombre, se usa para enfatizar el significado de este. *Eso es pura mentira.* **5.** Dicho de lenguaje o de estilo: Correcto y exento de voces y construcciones extrañas. ● m. **6.** Cigarro puro (→ cigarro). ▶ **4**: MERO, SIMPLE. FAM **pureza.**

púrpura. f. **1.** Sustancia colorante de color rojo oscuro, tirando a violeta, espec. la que se extraía de un molusco. Tb. ese molusco. **2.** Tela o vestimenta teñidas con púrpura (→ 1), características del atuendo de determinadas dignidades, como la de emperador, rey o cardenal. *Una túnica de púrpura.* **3.** cult. Cargo o dignidad que tienen como atributo la púrpura (→ 2). *El Papa elevó al obispo a la púrpura cardenalicia.* ● adj. **4.** De color rojo oscuro que tira a violeta, como el de la púrpura (→ 1). *Un amanecer púrpura.* FAM **purpúreo, a.**

purpurina. f. Polvo fino de bronce o de metal blanco que se añade a una pintura para dorarla o platearla. Tb. la pintura así preparada. *Pintó con purpurina el marco.*

purulento, ta. adj. Que tiene pus. *Llagas purulentas.*

pus. m. Líquido amarillento y espeso que segregan las heridas o los tejidos infectados. *Tiene varios granos con pus.* ▶ MATERIA.

pusilánime. adj. Que no tiene valor o coraje para soportar las desgracias o para afrontar un reto importante. *Un hombre apagado y pusilánime.* FAM **pusila-nimidad.**

pústula. f. Vejiga inflamatoria de la piel, llena de pus. *Llagas y pústulas.* ▶ BUBA.

putativo, va. adj. Dicho de determinado familiar, espec. el padre: Que tiene consideración de tal sin serlo. *Se convirtió en madre putativa de la huérfana.*

putear. tr. **1.** malson. Fastidiar o molestar (a alguien). **2.** Am. malson. Decir palabras groseras e insultos (a alguien). Tb. como intr. ○ intr. **3.** malson. Tener un hombre relaciones sexuales con prostitutas. **4.** malson. Dedicarse una mujer a la prostitución, o comportarse con la relajación sexual de quien lo hace. FAM **putada; puteada** (Am).

puto, ta. adj. **1.** malson. Antepuesto a un nombre, se usa como calificativo despectivo. ● m. **2.** malson. Homosexual masculino. ○ f. **3.** malson. Prostituta. Se usa frec. como insulto. FAM **putañero; putería; puterío.**

putrefacción. f. Hecho o efecto de pudrir o pudrirse. *Hallaron el cadáver en avanzado estado de putrefacción.* ▶ PODREDUMBRE. FAM **putrefacto, ta.**

pútrido, da. adj. Podrido o corrompido. *Aguas pútridas de alcantarilla.*

puya. f. **1.** Garrocha (vara para picar al toro). *El picador sostiene la puya con el brazo.* **2.** Punta de acero de la puya (→ 1). ▶ **1:** GARROCHA. FAM **puyazo.**

puzle. m. Rompecabezas (juego). *Puzle de mil piezas.* ▶ ROMPECABEZAS.

pyme. (Tb. **PYME**). f. Empresa que cuenta con un número de trabajadores y volumen de facturación reducidos. *Política de apoyo a las pymes.*

q

q. f. Letra del abecedario español cuyo nombre es *cu*, que se pronuncia como *k* y que cuando va delante de *e* o *i* se escribe acompañada de una *u* que no se pronuncia. *Aquí, querer, quórum, quadrívium, Qatar, Iraq.*

quark. (pronunc. "kuárk"; pl. **quarks**). m. *Fís.* Partícula elemental, componente de otras partículas subatómicas como el protón o el neutrón, y constituyente fundamental de la materia.

que. pron. relat. **1.** Introduce una proposición que funciona como adjetivo de un nombre de persona o cosa que actúa como antecedente. *Tiene deudas que no puede pagar. Los parientes de que le hablé.* Precedido de *lo*, se usa siguiendo a una oración que funciona como antecedente. *Cree que puede hacerlo sola, lo que es un error.* **2.** Precedido de artículo, introduce una proposición que funciona como sustantivo. Se usa sin antecedente. *Lo que me propones no me gusta.* **3.** En que. Se usa con un antecedente que expresa medida temporal. *El día que vengas te veré.* ● conj. **4.** Introduce una proposición sustantiva. *Dijo que volvería.* **5.** Introduce una proposición que expresa el término de una comparación. Se usa en correlación con *más, menos, mayor, menor*, etc. *Soy menos decidido que tú.* **6.** cult. Seguida de *no*, introduce una noción contrapuesta a otra expresada antes. *Es servicial, que no servil.* **7.** Porque. *Vete, que es tarde.* **8.** Introduce dos alternativas que conducen a la misma conclusión. Se usa repetida en la constr. *que... que. Que quiera, que no quiera, tendrá que ir.* **9.** Introduce una proposición que expresa resultado o consecuencia. Se usa en correlación con *tal, tan* o *tanto. Corría tanto que no lo alcancé.* **10.** Para que. *Déjame el libro, que lo vea.* **11.** Introduce una oración independiente que expresa un deseo o un lamento. *¡Que disfrutéis!* **12.** Introduce un inciso que expresa una opinión o un deseo del que habla. *Si llegan tarde, que espero que no, les guardaremos la cena.* **13.** Precedida y seguida de la 3ª persona singular de presente de indicativo del mismo verbo, se usa para indicar que la acción expresada por dicho verbo se realiza constantemente. *Está todo el día habla que habla.* ■ a ~. loc. conjunt. Introduce una oración que expresa un reto. *¡A que no me ganas!* ■ el ~ más y el ~ menos. loc. s. Todos sin excepción. *El que más y el que menos ha aportado algo.*

qué. pron. interrog. **1.** Pregunta por la naturaleza de algo o por la condición de alguien. *¿Qué está leyendo?* Tb. exclam. *–Lo han premiado. –¡Qué me dices!* **2.** Pregunta por la cantidad o el precio. *¿Qué le costó el auto?* ● adj. interrog. **3.** Pregunta por la identidad o la naturaleza de una persona o cosa, o por la clase a que pertenece lo designado por el nombre que sigue. *Me preguntó en qué ciudad vivo.* Tb. exclam. *¡Qué voz tiene!* ○ adj. exclam. **4.** Enfatiza la cantidad. *¡Qué frío!* ● adv. exclam. **5.** Enfatiza una cualidad o una circunstancia. *¡Qué tarde es!* ■ ~ tal. loc. adv. Cómo. *¿Qué tal te encuentras?* Se usa tb. como fórmula de saludo. *Hola, ¿qué tal?* ■ ¿y ~? expr. Se usa para expresar que lo que acaba de decirse no importa. *Subirán los precios, ¿y qué?*

quebequés, sa. adj. De Quebec (Canadá). FAM **quebequense.**

quebrada. f. **1.** Abertura o paso estrechos entre montañas. **2.** Am. Arroyo que corre por una hendidura de la tierra. *Al otro día bajaría crecida la quebrada* [C].

quebradero. m. coloq. Preocupación o inquietud. Tb. ~ de cabeza.

quebradizo, za. adj. **1.** Que se quiebra o rompe fácilmente. *Las ramas del árbol son quebradizas.* **2.** Dicho de salud: Delicada o endeble.

quebrado, da. adj. **1.** Dicho de línea: Que está compuesta de varias rectas. **2.** Dicho de terreno: Que es desigual o que tiene altos y bajos. ● m. **3.** Número quebrado (→ **número**). *2/3 es un quebrado.*

quebradura. f. Hendidura o grieta. *Las quebraduras del muro.*

quebrantahuesos. m. Ave rapaz de gran tamaño, con el cuerpo pardo oscuro y la cabeza clara con una mancha negra, que se alimenta de carroña y de huesos que rompe arrojándolos contra las rocas. *El quebrantahuesos hembra.*

quebrantar. tr. **1.** Hacer quebraduras (en una cosa) de manera que se rompa más fácilmente. *Los golpes quebrantan la pared.* **2.** Machacar (una cosa sólida) reduciéndo(la) a fragmentos, pero sin triturar(la). *Quebrantan la piedra.* **3.** Disminuir las fuerzas, el brío o la resistencia (de alguien o algo). *La enfermedad lo quebrantó.* **4.** Causar algo como una enfermedad o un disgusto una disminución (de la salud o la vitalidad de una persona). *El estrés quebranta su salud.* **5.** Violar (una ley, una palabra o promesa, o una obligación). *Quebranta la ley.* **6.** Forzar o romper (un cierre). *Quebrantaron la cerradura.* ▶ **1:** *AGRIETAR.* **5:** *INFRINGIR.* FAM **quebrantador, ra; quebrantamiento.**

quebranto. m. **1.** Hecho o efecto de quebrantar o quebrantarse, espec. la salud o las fuerzas de alguien. *El cansancio causó el quebranto de su salud.* **2.** Pérdida grande o perjuicio. *La caída del dólar ha supuesto un quebranto económico.* **3.** Dolor o pena muy grandes. *El libro narra sus penas y quebrantos.*

quebrar. (conjug. *ACERTAR*). tr. **1.** Romper (una cosa) con violencia. *El balonazo quiebra el cristal.* **2.** Interrumpir o impedir la continuación (de una cosa). *El incidente quebró su carrera.* ○ intr. **3.** Arruinarse o fracasar una empresa, un negocio o su propietario. *La fábrica quebró.* ○ intr. prnl. **4.** Interrumpirse la continuidad de una cordillera, una cuesta o un terreno. *Al llegar al pico, la montaña se quiebra.*

quechua. adj. **1.** De un pueblo indígena americano que en el momento de la colonización habitaba la región andina del norte y oeste del Cuzco (provincia del Perú). Tb. m. y f. ● m. **2.** Lengua hablada por los quechuas (→ 1). ▶ *QUICHUA.*

quedar. intr. **1.** Seguir en determinado estado o situación. *Quedan productos sin etiquetar.* Tb. prnl. *No se quede callado.* **2.** Pasar a determinado estado o situación que se expresan, o acabar en ellos, como re-

quedo - querubín

sultado de algo. *La ciudad quedó destrozada.* Tb. prnl. *Se quedó sordo.* **3.** Pasar a determinado estado o situación que se sobrentienden, o acabar en ellos, como resultado de algo. *Han quedado huellas en el barro.* **4.** Existir todavía parte de determinada cosa. *Queda un litro de leche.* **5.** Ponerse de acuerdo una persona con otra en algo. *Quedé CON él EN repartirnos el premio.* **6.** Concertar una cita una persona con otra. *He quedado CON ella.* **7.** Pasar a tener alguien determinada fama como resultado de su comportamiento o de las circunstancias. *Quedó POR mentiroso.* **8.** Estar situado algo. *¿Queda lejos la estación?* ○ tr. prnl. **9.** Adquirir (una cosa), o pasar a poseer(la). *Me quedo estos zapatos.* ○ intr. prnl. **10.** Seguir estando en un lugar. *Hoy me quedaré EN casa.* Tb., cult., como no prnl. *Su corazón quedó EN Buenos Aires.* **11.** eufem. Morir. *Se quedó en la operación.* **12.** Seguido de un complemento introducido por *con*: Adquirir la cosa designada por él, o pasar a poseerla. *Nos quedaremos con el piso.* ■ **¿en qué quedamos?** expr. coloq. Se usa para expresar el deseo de que termine una indecisión o de que se aclare algo contradictorio. *¿En qué quedamos?, ¿quieres ir o no?* ■ **no ~ algo** (por una persona o cosa). loc. v. No ser (esa persona o cosa) la causa de que eso no se lleve a cabo. *–Hay que limpiar. –POR mí que no quede.* ■ **-se alguien corto.** loc. v. coloq. Hacer o conseguir alguien menos de lo que puede o de lo que debe. *Nos quedamos cortos: no hay pasteles para todos.*

quedo, da. adj. **1.** cult. Silencioso o que casi no hace ruido. *Voz queda.* **2.** cult. Quieto. *Las quedas aguas.* ● adv. **3.** cult. En voz baja o sin hacer ruido. *Habla quedo.*

quehacer. m. Ocupación o tarea que ha de hacerse. *Tiene demasiados quehaceres.* ▶ *TAREA.

quejarse. intr. prnl. **1.** Expresar alguien el dolor o la pena que siente emitiendo determinados sonidos o palabras. *Se quejaba y le dieron un calmante.* **2.** Manifestar una persona disconformidad o disgusto con alguien o algo. *Se queja DE su trabajo.* FAM **queja; quejica; quejicoso, sa; quejido; quejoso, sa; quejumbroso, sa.**

quemador, ra. adj. **1.** Que quema o sirve para quemar. ● m. **2.** En un aparato como una cocina o una caldera: Dispositivo en que se quema el combustible. *Cocina de cuatro quemadores.* ▶ **2:** FUEGO, HORNILLO.

quemadura. f. **1.** Herida causada en un tejido orgánico por la acción del fuego o de algo que quema. *Si se expone al sol, puede sufrir quemaduras.* **2.** Daño causado en una cosa por la acción de algo que quema. *Una camisa con quemaduras de cigarro.*

quemar. tr. **1.** Destruir el fuego (algo o a alguien). *El fuego quemó todo el bosque.* **2.** Destruir alguien mediante fuego (algo o a alguien). *Queman las hojas secas.* **3.** Destruir o dañar (algo) por la acción de una fuente de energía o de un agente corrosivo. *La lejía quemó el jersey.* **4.** Secar el excesivo calor o frío (una planta). *El hielo quema las plantas.* **5.** Causar (en una persona o en una parte de su cuerpo) una sensación de ardor. *La pimienta me quema la lengua.* **6.** Producir el sol heridas (a una persona o una parte de su cuerpo). *El sol me quema la cara.* **7.** coloq. Malgastar o derrochar (algo, espec. el dinero). *Quemó su fortuna.* **8.** coloq. Impacientar o causar disgusto (a alguien). *Me quema que me hagan burla.* ○ intr. **9.** Estar muy caliente o desprender mucho calor una cosa. *La sopa quema.* ○ intr. prnl. **10.** coloq. Dejar de estar alguien en las condiciones adecuadas para ejercer una activi-

dad o desempeñar un cargo, gralm. por haberse excedido en ellos. *El ciclista se quemó.* ▶ **1:** ABRASAR, CALCINAR. **2-6, 9:** ABRASAR. FAM **quema; quemadero; quemante.**

quemarropa. a ~. (Tb. **a quema ropa**). loc. adv. **1.** Desde muy cerca. Se usa hablando de disparos con arma de fuego. *Lo disparó a quemarropa.* **2.** De manera directa y algo brusca. *Me soltó la pregunta a quema ropa.*

quemazón. f. **1.** Sensación de ardor o escozor. *Noto quemazón en las manos.* **2.** Desazón anímica o intranquilidad. *Lo invadió una angustiosa quemazón.*

quena. f. Flauta originaria de Sudamérica, gralm. de caña, con cinco o seis agujeros en la parte anterior y uno en la posterior, y sin boquilla.

quepis. m. Gorra cilíndrica con visera horizontal.

querella. f. **1.** cult. Discordia o pelea. *Olvidemos viejas querellas.* **2.** Der. Acusación de un delito que se presenta contra alguien por escrito ante un juez o tribunal. *Presentó una querella por difamación.* FAM **querellante; querellarse.**

querencia. f. **1.** Inclinación o tendencia del hombre y de algunos animales a volver a determinado lugar, espec. a aquel en que se han criado o al que tienen costumbre de ir. *Tiene querencia A su tierra.* Tb. ese lugar. **2.** Inclinación o tendencia de alguien hacia algo. *Muestra querencia POR la botella.* **3.** Hecho o efecto de querer o apreciar a alguien. *Le tengo querencia.* FAM **querencioso, sa.**

querendón, na. adj. frecAm. coloq. Cariñoso (que siente cariño). *Es una mujer rolliza, querendona, de sonrisa fácil* [C].

querer. (conjug. QUERER). tr. **1.** Tener voluntad o intención de conseguir (algo) o de realizar (un hecho). *Quería saber la verdad.* **2.** Amar o tener cariño (a alguien o algo). *Juan la quiere.* **3.** Seguido de un infinitivo: Estar a punto de producirse (lo expresado por él). *Parece que quiere salir el sol.* **4.** En un juego de cartas: Aceptar (un envite o apuesta). *Quiero tus cien y ahí van cien más.* Tb. como intr. ● m. **5.** Amor, espec. de tipo sexual. *Me habló de su querer por ella.* ■ **como quiera.** → comoquiera. ■ **donde quiera.** → dondequiera. ■ **¿qué más quieres?** expr. coloq. Se usa para expresar que lo que otro ha conseguido es suficiente, o incluso excesivo. *Eres rico, ¿qué más quieres?* ■ **qué quieres, o qué quieres que** (le) **haga.** expr. coloq. Se usa para expresar excusa o justificación ante lo dicho anteriormente. *A mí tampoco me gusta, pero ¿qué quieres que le haga?* ■ **~ alguien bien** (a otra persona). loc. v. Amar(la). *Te quiere bien.* ■ **~ decir.** loc. v. Significar. *El inglés "man" quiere decir 'hombre'.* ■ **sin ~.** loc. adv. Sin intención o involuntariamente. *La empujé sin querer.* ▶ **1:** ANSIAR, APETECER, ASPIRAR, DESEAR, PRETENDER. **2:** AMAR, APRECIAR, ESTIMAR. **6:** AMOR.

queretano, na. adj. De Querétaro (México).

querido, da. adj. **1.** Se usa en fórmulas de cortesía para dirigirse afectuosamente al destinatario de una carta. *"Querido sobrino –leyó–, espero que te encuentres bien".* ● m. y f. **2.** coloq. Amante (persona con quien se mantienen relaciones sexuales ilícitas).

quermés. → kermés.

queroseno. (Tb. **keroseno**). m. Producto líquido derivado del petróleo, que se emplea como combustible y en la fabricación de insecticidas.

querubín. m. Rel. Espíritu celeste que integra el segundo de los nueve coros en que se jerarquizan los ángeles. *Al lado de la Virgen aparecen dos querubines.*

quesadilla. f. Am. Torta de maíz rellena de queso u otros ingredientes y que se come caliente. *Traía un envoltorito de quesadillas de sesos* [C].

queso. m. Producto alimenticio obtenido de la maduración de la cuajada de la leche. Tb. cada pieza de ese producto. FAM **quesería; quesero, ra.**

quetzal. m. **1.** Ave trepadora de las selvas tropicales centroamericanas, con el plumaje del pecho rojo, el de la parte superior del cuerpo verde, y una especie de casco de plumas también verdes en la cabeza. **2.** Unidad monetaria de Guatemala.

quetzalteco, ca. adj. De Quetzaltenango (Guatemala).

quevedos. m. pl. Lentes redondas, sin patillas, montadas sobre un armazón que se sujeta en la nariz.

quiche. f. (Tb. m.). Pastel salado elaborado con una base de masa sobre la que se pone una mezcla de huevos, leche y otros ingredientes, y que se cuece al horno.

quiché. adj. De un grupo étnico indígena, de origen maya, que habita en el oeste de Guatemala.

quichua. adj. Quechua. *Indios quichuas.* Tb. m.

quicio. m. Parte de una puerta o ventana donde están fijados los goznes o bisagras que sujetan la hoja y permiten su giro. ■ **fuera de ~.** loc. adv. En un estado carente de orden o equilibrio. *El mundo está fuera de quicio.* ■ **sacar de ~** (a alguien). loc. v. Exasperar(lo) o hacer(le) perder la moderación o el equilibrio. *Su impuntualidad me saca de quicio.* ■ **sacar de ~** (algo). loc. v. Exagerar(lo) o dar(le) una interpretación forzada. *No saques las cosas de quicio.*

quid. (Gralm. con art.). m. Esencia o punto fundamental de algo. *No faltan apenas, falta presupuesto; ese es el quid de la cuestión.* ▶ *ESENCIA.

quid pro quo. (loc. lat.; pronunc. "kíd-pro-kuó"; frec. con art.). m. **1.** cult. Error que consiste en tomar a una persona o cosa por otra. *Un lamentable quid pro quo produjo el malentendido.* ● expr. **2.** Se usa para expresar que una cosa se sustituye o cambia por otra equivalente. *Pagó la compra diciendo: –Quid pro quo.*

quiebra. f. **1.** Hecho de quebrar o arruinarse un negocio o su propietario. *Llevó la fábrica a la quiebra.* **2.** Pérdida o deterioro de algo. *Los disgustos causan la quiebra de su salud.* **3.** Rotura de una superficie dura o rígida. ▶ 1: BANCARROTA. ‖ Am: QUIEBRE.

quiebre. m. Am. Hecho de quebrar. *El quiebre del jarrón se mantuvo dentro de la niña como una travesura* [C]. ▶ 1: QUIEBRA.

quiebro. m. **1.** Movimiento ágil que se hace con el cuerpo doblándolo por la cintura, frec. para esquivar un golpe u obstáculo. **2.** coloq. Inflexión o alteración repentina del tono de voz. *Con un quiebro de voz añadió: –Lo siento.*

quien. pron. relat. **1.** El que. Se usa sin antecedente. *Él es quien debe decidir.* **2.** La persona que. *No es fácil para quien está al mando.* **3.** Nadie que. Se usa precedido de negación. *No hay quien estudie.* **4.** El cual. Se usa con antecedente. *Se lo dijo al jefe, quien se lo dijo al director.* ■ **no ser ~.** loc. v. No tener capacidad para hacer algo. *No es quien PARA opinar.*

quién. pron. interrog. Qué persona. *¿Quién llamó?* Tb. exclam. *¡Quién pudiera!*

quienquiera. (pl. **quienesquiera**). pron. indef. cult. Cualquier persona. *Quienquiera puede intentarlo.*

quietismo. m. **1.** Condición de quieto o inmóvil. **2.** Desidia que lleva a no actuar. *Huya del quietismo.*

quieto, ta. adj. **1.** Que no hace ningún movimiento. *¡Estate quieta ya!* **2.** cult. Sosegado o calmado. *Una quieta tarde de agosto.* ▶ 2: *TRANQUILO. FAM quietud.

quijada. f. Mandíbula de los vertebrados que tienen dientes.

quijote. m. **1.** Hombre que actúa anteponiendo sus ideales a su interés y en defensa de causas que considera justas. *Es un quijote que lo da todo por los demás.* **2.** histór. Pieza de la armadura que cubría el muslo. FAM **quijotada; quijotismo.**

quijotesco, ca. adj. **1.** De don Quijote de la Mancha (personaje literario de Miguel de Cervantes, 1547-1616). *Las aventuras quijotescas.* **2.** Propio de un quijote. *Mantiene una lucha quijotesca.*

quilate. m. **1.** Unidad de peso para perlas y piedras preciosas, que equivale a 205 mg. *Un diamante de diez quilates.* **2.** Veinticuatroava parte de oro puro contenido en una aleación o en una cantidad de oro. Se usa como unidad de medida del grado de pureza de una aleación. *Una sortija de oro de 18 quilates.*

quilla. f. En un barco: Pieza de madera o metal que va de popa a proa por su parte inferior y en la que se asienta su armazón.

quilo; quilogramo. → kilogramo.

quilo-. → kilo-.

quilombo. m. Am. coloq. Lío (situación confusa). *Se armó un quilombo bárbaro* [C].

quilométrico, ca; quilómetro. → kilómetro.

quimera. f. **1.** Cosa o idea concebidas por la imaginación como posibles o verdaderas, sin serlo. *Ser rico era su quimera.* **2.** En la mitología grecorromana: Monstruo con cabeza de león, cuerpo de cabra y cola de dragón, que vomitaba llamas. FAM **quimérico, ca.**

químico, ca. adj. **1.** De la química (→ 2), o de su objeto de estudio. ● f. **2.** Ciencia que estudia la composición, las transformaciones y las combinaciones de las sustancias. ○ m. y f. **3.** Especialista o titulado en química (→ 2). ■ **química inorgánica.** f. *Quím.* Rama de la química (→ 2) que estudia las sustancias inorgánicas. ■ **química orgánica.** f. *Quím.* Rama de la química (→ 2) que estudia las sustancias orgánicas.

quimioterapia. f. *Med.* Tratamiento de las enfermedades, espec. del cáncer, por medio de productos químicos.

quimono. (Tb. **kimono**). m. **1.** Túnica típica japonesa, de mangas anchas y largas, abierta por delante y que se ciñe, cruzándola, mediante un cinturón. **2.** Conjunto de ropa deportiva para practicar artes marciales, formado por un pantalón amplio y una chaqueta de mangas anchas que se ciñe como un quimono (→ 1).

quina. f. Licor o preparado líquido elaborado con una sustancia extraída de la corteza del quino. Tb. esa sustancia y la corteza.

quincallería. f. **1.** Conjunto de objetos de escaso valor y gralm. metálicos, como tijeras, dedales o imitaciones de joyas. **2.** Establecimiento en que se fabrica o se vende quincallería (→ 1). FAM **quincalla; quincallero, ra.**

quince. → APÉND. NUM.

quinceañero, ra. adj. Dicho de persona: Que tiene alrededor de quince años.

quincena. f. Tiempo de quince días. FAM **quincenal.**

quincuagésimo, ma. → APÉND. NUM.

quiniela. f. Apuesta en la que el apostante pronostica los resultados de una competición deportiva, espec. de fútbol. FAM **quinielista; quinielístico, ca.**

quinientos, tas. → APÉND. NUM.

quinina. f. Sustancia blanca y amarga que se extrae de la corteza del quino y se emplea como medicamento contra la fiebre y contra la malaria y el paludismo.

quino. m. Árbol originario de Sudamérica, de hojas ovaladas y flores blancas o purpúreas, cuya corteza se utiliza en medicina.

quinqué. m. Lámpara de mesa alimentada con petróleo y provista de un tubo y una pequeña pantalla de cristal que protegen la llama.

quinquenio. m. Tiempo de cinco años. FAM **quinquenal.**

quinta. → quinto.

quintacolumnista. m. y f. Persona que pertenece a la quinta columna de un país en guerra. *Los espías tuvieron la colaboración de un quintacolumnista.*

quintaesencia. (Tb. **quinta esencia**). f. cult. Cosa o persona en que se concentra lo esencial de algo, espec. de una cualidad. *Es la quintaesencia DE la elegancia.*

quintal. m. Unidad tradicional de peso que en Castilla equivale a 46 kg.

quinteto. m. **1.** Conjunto de cinco personas o cosas. *El entrenador sacará al quinteto titular.* **2.** *Mús.* Conjunto de cinco instrumentos o de cinco voces. *Actuará un quinteto de viento.* **3.** *Mús.* Composición para ser interpretada por un quinteto (→ 2). *Interpretarán un quinteto para cuerda.*

quintillizo, za. adj. Dicho de persona: Que es una de las cinco nacidas de un mismo parto.

Quintín. la de San ~. loc. s. coloq. Una pelea o escándalo muy grandes. *Se armó la de San Quintín.*

quinto, ta. adj. **1.** → APÉND. NUM. **2.** Dicho de parte: Que es una de las cinco iguales en que puede dividirse un todo. *Le corresponde una quinta parte del total.* ● f. **3.** Casa de recreo situada en el campo.

quíntuple. adj. **1.** Cinco veces mayor. Dicho de cantidad, tb. m. *Diez es el quíntuple de dos.* **2.** Compuesto de cinco de los elementos designados por el nombre al que acompaña. *Puso una quíntuple condición para aceptar.* FAM **quintuplicar.**

quinua. f. Am. Cereal americano cuyas semillas, que recuerdan las del mijo, son comestibles. *Donde no se daba maíz ni trigo, los indios tenían sus chacras de papa y quinua* [C]. Tb. la semilla.

quiosco. (Tb. **kiosco**). m. **1.** Construcción pequeña instalada en un lugar público y donde se venden periódicos u otros artículos. **2.** Templete abierto por todos sus lados, que se instala en parques o jardines para celebrar conciertos. FAM **quiosquero, ra** o **kiosquero, ra.**

quiquiriquí. interj. Se usa para imitar la voz característica del gallo.

quirguiz. adj. Kirguís. *El pueblo quirguiz era tradicionalmente nómada.*

quirófano. m. Sala acondicionada para realizar en ella operaciones quirúrgicas.

quiromancia o **quiromancía.** f. Adivinación de lo relacionado con una persona mediante la interpretación de las líneas de sus manos. FAM **quiromántico, ca.**

quiromasaje. m. Masaje terapéutico dado con las manos. FAM **quiromasajista.**

quiropráctico, ca. m. y f. **1.** *Med.* Especialista en quiropráctica (→ 2). ○ f. **2.** *Med.* Tratamiento de algunas dolencias de huesos y músculos mediante la manipulación de la zona afectada.

quirquincho. m. Am. Mamífero americano parecido al armadillo, que habita en zonas arenosas y pastizales, y con cuyo caparazón se hacen los charangos. *La fauna incluye osos hormigueros, perezosos y quirquinchos* [C].

quirúrgico, ca. adj. De la cirugía. *Intervención quirúrgica.*

quisque. cada, o todo, ~. loc. s. coloq. Cada cual, o cualquier persona. *Cada quisque es libre de hacer lo que quiera.*

quisqui. cada, o todo, ~. loc. s. coloq. Cada quisque, o todo quisque.

quisquilla. f. Camarón. *Comimos gambas y quisquillas.*

quisquilloso, sa. adj. **1.** Que tiende a sentirse ofendido por causas pequeñas. **2.** Que se fija mucho en los detalles. *Un jefe quisquilloso.* ▶ **1:** *SUSCEPTIBLE.

quiste. m. **1.** *Med.* Bolsa de tejido, llena de materia gralm. líquida, que se desarrolla anormalmente en diferentes partes del cuerpo. *Le ha salido un quiste de grasa.* **2.** *Biol.* Envoltura resistente e impermeable que rodea a un animal o vegetal de pequeño tamaño, aislándolo del medio. ▶ **1:** LOBANILLO. FAM **quístico, ca.**

quisto, ta. bien ~. → bienquisto.

quitaesmalte. m. Producto líquido que se usa para quitar el esmalte de las uñas.

quitamanchas. m. Producto que sirve para quitar las manchas, espec. de la ropa.

quitamiedos. m. Baranda o barrera que se colocan en lugares elevados donde hay peligro de caer, y que sirven para evitar la caída y el vértigo.

quitanieves. f. Máquina para quitar la nieve de los caminos y carreteras.

quitar. tr. **1.** Tomar (una cosa) separándo(la) del lugar en que estaba. *Quita el tapón a la botella.* **2.** Dejar a alguien (sin algo que tenía). *Me quitó las ganas de comer.* **3.** Robar (algo). *Me quitaron la cartera.* **4.** Apartar (a alguien) de algo. *Si lo quitas DE fumar, se pone histérico.* **5.** Suprimir (algo). *Han quitado autobuses de esta línea.* **6.** Prohibir (algo) a alguien. *El médico me quitó los dulces.* **7.** Impedir (algo). *Una cosa no quita la otra: puedes estudiar y luego salir.* ○ intr. prnl. **8.** Apartarse alguien de un lugar. *Quítate DE ahí, que no veo la pantalla.* ■ **de quita y pon.** loc. adj. Dicho de pieza o de parte de un objeto: Que se puede quitar (→ 1) y poner. *La mesa tiene una tabla de quita y pon.* ■ **~ de encima** (algo o a alguien). loc. v. Hacer que dejen de estorbar (esa persona o cosa). *¡Qué peso me quité de encima!* ▶ **5:** ELIMINAR, SACAR, SUPRIMIR.

quitasol. m. Sombrilla.

quite. m. *Taurom.* Suerte que consiste en atraer el torero la atención del toro, gralm. con el capote, para librar a otra persona de su embestida. *Hizo un quite.*

quiteño, ña. adj. De Quito (Ecuador).

quizá o **quizás.** adv. Se usa para expresar la posibilidad de que ocurra o sea cierto lo que se dice. *–¿Crees que lloverá? –Quizá.*

quórum. (pronunc. "kuórum"; pl. **quórums** o invar.; frec. sin art.). m. Número de miembros de una asamblea o cuerpo deliberante, que es necesario que estén presentes para que se puedan tomar determinados acuerdos. *No se votó porque no había quórum.*

r. f. Letra del abecedario español cuyo nombre es *erre*, y que se pronuncia unas veces con un sonido suave (*caro, cabra, morder*) y otras con un sonido fuerte (*rufián, carro, honra*). En la pronunciación suave, a veces se llama *ere*.

rabadilla. f. Extremo inferior de la columna vertebral, formado por la última pieza del hueso sacro y por todas las del cóccix. *Se me clava la rabadilla en el asiento.*

rábano. m. Hortaliza de raíz comestible, algo picante, de forma redondeada o alargada y color gralm. rojo. Tb. la raíz. ■ **tomar el ~ por las hojas.** loc. v. coloq. Equivocarse completamente en la interpretación o ejecución de algo. *No dije eso; no tomes el rábano por las hojas.* ■ **un ~.** loc. adv. coloq. Muy poco o nada. *Me importa un rábano.*

rabel. m. Instrumento musical parecido al laúd, compuesto de tres cuerdas de sonido agudo que se tocan con un arco.

rabí. (pl. *rabíes* o *rabís*). m. Rabino.

rabia. f. **1.** Enfermedad mortal causada por un virus, que se transmite a los humanos por mordedura de ciertos animales, espec. perros. **2.** Sentimiento de enojo o disgusto grandes, que a veces hace perder los nervios o actuar violentamente. *Lleno de rabia, le pega un puñetazo.* **3.** coloq. Odio o antipatía. *Me tiene rabia.* ▶ **1:** HIDROFOBIA. ‖ **Am: 2:** BRONCA.

rabiar. (conjug. ANUNCIAR). intr. **1.** Sentir rabia o enojo. *Me hace rabiar.* **2.** coloq. Tener un deseo intenso de algo. *Rabia POR un coche.* **3.** coloq. Padecer intensamente una sensación física determinada. *Rabia DE dolor.* ■ **a ~.** loc. adv. coloq. Mucho o extremadamente. *Aplauden a rabiar.*

rabieta. f. coloq. Manifestación fuerte y pasajera de rabia o enojo, espec. si está motivada por algo de poca importancia. *¡Menudas rabietas agarra el niño!*

rabillo. m. **1.** Rabo (ramita de una hoja, una flor o un fruto). **2.** Ángulo exterior del ojo. Gralm. ~ *del ojo. Vigila con el rabillo del ojo.* ▶ **1:** *PECÍOLO.

rabino. m. **1.** Maestro o doctor de la ley judía. **2.** Jefe espiritual de una comunidad judía. ▶ RABÍ.

rabioso, sa. adj. **1.** Que padece la enfermedad de la rabia. *Un perro rabioso.* **2.** Que siente rabia o enojo. *Está rabiosa conmigo.* **3.** Lleno de furia o violencia. *La fiera se revuelve rabiosa.* **4.** Muy grande o extremado. *Tengo un hambre rabiosa.*

rabo. m. **1.** Cola (extremidad posterior de algunos animales). *El perro mueve el rabo.* **2.** Ramita que sostiene una hoja, una flor o un fruto. *Coge la rosa por el rabo.* **3.** Parte saliente y alargada de una cosa, que a veces cuelga a semejanza del rabo (→ 1) de un animal. *El rabo de la letra i griega.* **4.** malson. Pene. ■ **con el ~ entre las piernas.** loc. adv. coloq. Quedando avergonzado o abochornado. *Reconoció su error y vino con el rabo entre las piernas.* ▶ **1:** COLA. **2:** *PECÍOLO. FAM **rabicorto, ta; rabilargo, ga; rabón, na.**

rácano, na. adj. **1.** coloq. Tacaño o avaro. *No seas rácana e invítanos.* **2.** coloq. Vago u holgazán. *Es tan rácano que no hace ni la cama.* FAM **racanear; racanería.**

racha. f. **1.** Ráfaga de viento. *Habrá vientos moderados con rachas fuertes.* **2.** Período breve de fortuna. *Atraviesa una mala racha.* FAM **racheado, da.**

racial. adj. De la raza. *Discriminación racial.*

racimo. m. Conjunto de flores o frutos sostenidos por un eje común, con rabillos de longitud variable. *Un racimo de plátanos.*

raciocinio. m. **1.** Facultad de razonar. *Las pasiones ofuscan el raciocinio.* **2.** Hecho o efecto de razonar. *Tiene capacidad de raciocinio.* ▶ **1:** *INTELIGENCIA.

ración. f. **1.** Porción de comida asignada como alimento a una persona o a un animal. *Me sirve mi ración.* **2.** Porción de un determinado alimento que se sirve en bares, restaurantes o locales semejantes. *Pedimos una ración DE cerdo.* **3.** coloq. Cantidad de algo que se considera suficiente para alguien. *Tuvo su ración DE golpes.*

racional. adj. **1.** De la razón. *Una comprensión racional de los fenómenos.* **2.** Conforme a la razón. *Haga un uso racional del automóvil.* **3.** Dotado de razón. *El hombre es un ser racional.* FAM **racionalidad.**

racionalismo. m. **1.** Actitud en que la razón prima sobre las emociones u otras facultades humanas. **2.** *Fil.* Sistema filosófico que considera la razón como única fuente de conocimiento. FAM **racionalista.**

racionalizar. tr. **1.** Reducir (algo) a normas o conceptos racionales. *Racionaliza la situación.* **2.** Hacer racional (algo). *Racionalicemos el consumo.* **3.** Organizar (una actividad productiva) de manera que aumente el rendimiento o se reduzca el coste con el mínimo esfuerzo. *Racionalizaron la agricultura.* FAM **racionalización.**

racionar. tr. **1.** Someter (algo que escasea) a una distribución ordenada por raciones. *Racionaron los productos básicos.* **2.** Limitar el consumo (de algo) para evitar consecuencias negativas. *Te voy a racionar el dulce.* FAM **racionamiento.**

racismo. m. Tendencia a exaltar la raza o el grupo étnico propios, considerando como inferiores los demás. *Apenas hay racismo entre la población local.* FAM **racista.**

rada. f. Bahía o ensenada donde las naves pueden estar ancladas al abrigo de los vientos.

radar. m. **1.** Sistema que permite localizar objetos emitiendo ondas electromagnéticas y detectando el reflejo de estas en dichos objetos. *Las señales de radar indican la posición del avión.* **2.** Aparato que utiliza el radar (→ 1). *Se controlará la velocidad de los vehículos por medio de radares.*

radiación. f. **1.** Hecho o efecto de radiar. **2.** Emisión de rayos, ondas o partículas atómicas. *Proteja la piel de las radiaciones solares.*

radiactividad. f. Propiedad de los cuerpos cuyos átomos se desintegran espontáneamente emitiendo radiaciones. *Los residuos nucleares registran altos niveles de radiactividad.* ▶ RADIOACTIVIDAD. FAM **radiactivo, va.**

radiado, da. adj. Dispuesto como los radios de una circunferencia o con arranque en el centro. *Una red radiada de carreteras.* FAM **radial** (*Puertas de apertura radial*).

radiador. m. **1.** Aparato de calefacción que consta de una serie de conductos por cuyo interior circula un fluido caliente. **2.** Aparato de refrigeración de un motor, que consiste en una serie de tubos por los que circula agua.

radial. adj. Am. De la radio (sistema, emisión, o aparato). *Reportero radial* [C].

radiante. adj. **1.** Muy brillante o resplandeciente. *Un sol radiante.* **2.** Que manifiesta alegría u otro sentimiento semejante. *Está radiante DE satisfacción.*

radiar. (conjug. ANUNCIAR). tr. **1.** Transmitir (algo, espec. sonidos) por medio de ondas hercianas. *El debate será radiado.* **2.** Fís. Emitir (rayos, ondas o partículas atómicas). *Las estrellas radian energía luminosa.* **3.** Med. Tratar (algo o a alguien) con radiaciones. *Algunos pacientes con cáncer son radiados.*

radical. adj. **1.** Fundamental o esencial. *La forma radical de energía es el calor.* **2.** Total o completo. *Un cambio radical.* **3.** Tajante o que no admite término medio. *Una postura radical.* **4.** Partidario de reformas políticas extremas, espec. en sentido democrático. *Un partido radical.* ● m. **5.** *Quím.* Agrupamiento de átomos que interviene como una unidad en un compuesto químico y pasa inalterado de unas combinaciones a otras. **6.** *Mat.* Signo (√) con que se indica la operación de extraer raíces. FAM **radicalidad; radicalismo; radicalizar.**

radicar. intr. **1.** Estar situado o establecido en un lugar. *La sede de la ONU radica EN Nueva York.* **2.** Tener una cosa su raíz o origen en otra. *Su éxito radica EN su belleza.* ○ intr. prnl. **3.** Establecerse una persona en un lugar. *Se marchó del pueblo para radicarse EN la ciudad.* ▶ **2:** ESTRIBAR. FAM **radicación.**

radio[1]. m. **1.** *Mat.* Segmento lineal que une el centro del círculo con un punto dado de la circunferencia. **2.** Cada una de las piezas alargadas y rectas que unen la parte central de una rueda con la llanta. **3.** *Anat.* Hueso un poco más corto que el cúbito, con el cual forma el antebrazo. ■ **- de acción.** m. Área en que algo o alguien puede ejercer su actividad o su influencia. *La ola de frío extiende su radio de acción hasta el golfo de México.*

radio[2]. m. Elemento químico radiactivo del grupo de los metales, procedente del uranio por desintegración, que se emplea en física nuclear y en medicina (Símb. *Ra*).

radio[3]. f. **1.** Sistema de transmisión a distancia del sonido mediante ondas hercianas. *Los policías se comunican por radio.* **2.** Emisión por radio (→ 1) de mensajes sonoros destinados al público. *Programa de radio.* Tb. la actividad correspondiente. *Una estrella de la radio.* Tb. la emisora donde se realiza. *Una radio local.* **3.** Aparato que capta y transforma las ondas portadoras de sonidos u otras señales emitidas por otro aparato transmisor. *Enciende la radio.* ○ m. **4.** Radiotelegrama. **5.** Am. Radio (→ 1-3). *Inventos exclusivamente humanos, como el radio o la televisión* [C]. ○ m. y f. **6.** Radiotelegrafista.

▶ **2:** RADIODIFUSIÓN. **3:** RADIORRECEPTOR, TRANSISTOR. **5:** RADIODIFUSIÓN, RADIORRECEPTOR, TRANSISTOR.

radio-. elem. compos. Significa 'radiación'. *Radiodiagnóstico, radiotransmisor.*

radioactividad. f. Radiactividad. FAM **radioactivo, va.**

radioaficionado, da. m. y f. Persona autorizada para emitir y recibir mensajes radiados privados, usando bandas de frecuencia administrativamente establecidas.

radiocasete. m. Aparato electrónico integrado por una radio y un pequeño magnetófono.

radiodifusión. f. Radio (emisión por radio). Tb. la actividad correspondiente. ▶ RADIO.

radioemisora. f. frecAm. Emisora de radio. *Hizo las declaraciones a la radioemisora estatal* [C].

radioescucha. m. y f. Persona que escucha una emisión de radio o de radiotelefonía. *El programa es seguido por miles de radioescuchas.*

radiofonía. f. Transmisión a distancia del sonido por medio de ondas hercianas. FAM **radiofónico, ca.**

radiografía. f. Procedimiento para fotografiar el interior de un cuerpo por medio de rayos X, gralm. con fines médicos. Tb. la fotografía así obtenida. FAM **radiografiar** (conjug. ENVIAR); **radiográfico, ca.**

radiología. f. Parte de la medicina que estudia las radiaciones, espec. los rayos X, en sus aplicaciones al diagnóstico y tratamiento de las enfermedades. FAM **radiológico, ca; radiólogo, ga.**

radionovela. f. Serial radiofónico. ▶ **Am:** RADIOTEATRO.

radiorreceptor. m. Radio (aparato). ▶ *RADIO.

radiotaxi. m. Taxi dotado de un aparato de radio emisor y receptor conectado a una central que da instrucciones al taxista para realizar los servicios.

radioteatro. m. Am. Serial radiofónico. *Recuerdo la banda musical que emitieron al comienzo de un radioteatro de la noche* [C]. ▶ RADIONOVELA.

radiotelefonía. f. Radio Sistema de comunicación telefónica sin hilos, mediante ondas hercianas. FAM **radiotelefónico.**

radiotelegrafía. f. Radio Sistema de comunicación telegráfica por medio de ondas hercianas. *Los buques de guerra contaban con aparatos de radiotelegrafía.* FAM **radiotelegráfico, ca.**

radiotelegrafista. m. y f. Persona que se encarga de la instalación, conservación y servicio de aparatos de radiotelegrafía. ▶ RADIO.

radiotelegrama. m. Mensaje transmitido por radiotelegrafía. ▶ RADIO.

radioterapia. f. Med. Tratamiento de enfermedades por medio de radiaciones, espec. de rayos X. *Contra algunos tipos de cáncer es eficaz la radioterapia.*

radioyente. m. y f. Persona que escucha lo que se transmite por radio, espec. una emisión de radiodifusión. *Un programa con muchos radioyentes.*

raer. (conjug. CAER, salvo la 1ª pers. del presente de indicativo –raigo o rayo– y el presente de subjuntivo –raiga o raya...–). tr. **1.** Raspar (algo, espec. una superficie) con un instrumento áspero o cortante. *Se alisa el yeso rayéndolo con una lija.* **2.** Eliminar enteramente (algo) de un sitio. *Procura raer DE la mente todo recuerdo de la tragedia.*

ráfaga. f. **1.** Golpe de viento fuerte y de corta duración. *Entró una ráfaga de viento.* **2.** Golpe de luz intenso y de corta duración. *Un auto nos da ráfagas.* **3.** Sucesión rápida de proyectiles disparados por un arma automática. *Una ráfaga de ametralladora.*

rafia. f. Fibra muy resistente y flexible que se obtiene de las hojas de una palmera propia de África y América. Tb. la palmera.

ragú. (pl. **ragús**). m. Guiso de carne con patatas y verduras. *Ragú de ternera.*

raído, da. adj. Dicho de prenda o tela: Que está muy gastada por el uso, sin llegar a estar rota.

raigambre. f. **1.** Conjunto de raíces de una planta. **2.** Conjunto de antecedentes que dan firmeza y estabilidad a alguien o a algo, o que los ligan a un lugar.

raíl o **rail.** m. Carril de la vía férrea. ▶ VÍA.

raíz. f. **1.** Órgano vegetal que, introducido en la tierra o en otro cuerpo, absorbe el agua y los nutrientes necesarios para la planta y le sirve de sostén. **2.** Parte donde se halla el punto de fijación o arranque de una cosa. *La raíz de un pelo.* **3.** Parte del diente que está engastada en los alvéolos. **4.** Causa u origen de algo. *La pobreza es la raíz de muchos problemas.* **5.** *Gram.* Parte de una palabra obtenida después de quitar las desinencias, los prefijos y los sufijos. *En las palabras "amar", "amable" y "amante" la raíz es "am-".* **6.** *Mat.* Cantidad que se ha de multiplicar por sí misma una o más veces para obtener un número determinado. ■ ~ **cuadrada.** f. Cantidad que se ha de multiplicar por sí misma una vez para obtener un número determinado. *La raíz cuadrada de 16 es 4.* ■ ~ **cúbica.** f. Cantidad que se ha de multiplicar por sí misma dos veces para obtener un número determinado. *La raíz cúbica de 27 es 3.* □ **a ~ de.** loc. prepos. **1.** Inmediatamente después de. *A raíz del accidente, se sumió en una depresión.* **2.** A causa de. *Se arruinó a raíz de la crisis.* ■ **de ~.** loc. adv. Enteramente y desde la misma raíz (→ 1, 2, 4). *Es necesario acabar con la violencia de raíz.* ■ **echar raíces.** loc. v. Fijarse o establecerse en un lugar. *Echó raíces EN esta tierra.* FAM **raicilla.**

raja. f. **1.** Hendidura alargada y estrecha. *Se hizo una raja en el dedo.* **2.** Pedazo de un alimento cortado uniformemente a lo largo o a lo ancho. *Una raja de melón.* ▶ **1:** *ABERTURA.

rajá. (pl. **rajás**). m. histór. Soberano de las Indias orientales.

rajar. tr. **1.** Hacer una raja o hendidura (a alguien o algo). *Me rajaron las ruedas del auto.* **2.** coloq. Herir (a alguien) con arma blanca. *El asaltante los rajó.* ○ intr. **3.** coloq. Hablar mucho. *No para de rajar.* ○ intr. prnl. **4.** coloq. Volverse atrás o acobardarse. *Se rajó y nos dejó solos.* **5.** *Am.* coloq. Irse o moverse a un lugar. *Que se anime el viejo y se raje a Venezuela* [C]. FAM **rajadura.**

rajatabla. a ~. (Tb. **a raja tabla**). loc. adv. De manera estricta o rigurosa. *Acatan las normas a rajatabla.*

ralea. f. despect. Género o clase, espec. de personas. *Unos delincuentes de la peor ralea.*

ralentí. m. **1.** Número mínimo de revoluciones por minuto a que debe funcionar un motor para mantenerse en marcha. *Espera con el motor al ralentí.* **2.** *Cine* Cámara lenta. *Veamos las imágenes al ralentí.*

ralentizar. tr. Imprimir lentitud (a algo). *La enemistad entre los líderes ralentiza el proceso de paz.* ▶ ENLENTECER, LENTIFICAR. FAM **ralentización.**

rallador. m. Utensilio de cocina que consiste en una chapa metálica con agujeros salientes, y que sirve para desmenuzar pan, queso u otros alimentos.

rallar. tr. Desmenuzar (algo, espec. un alimento) frotándo(lo) contra el rallador u otro instrumento semejante. *Rallaré un poco de queso.* FAM **ralladura.**

rally. (pal. ingl.; pronunc. "ráli"). m. Competición de resistencia, de automóviles o de motocicletas, celebrada fuera de pista y gralm. por etapas. ¶ [Adaptación recomendada: *rali*, pl. *ralis*].

ralo, la. adj. Dicho espec. de pelo o vegetación: Poco espeso o poblado.

rama[1]. f. **1.** Parte que nace del tronco de un árbol o del tallo principal de una planta, en la que suelen brotar hojas, flores y frutos. **2.** División de las que nacen o se derivan de una parte común. *El cristianismo se escindió en tres ramas.* **3.** Parte de una ciencia, arte o disciplina. *Se especializó en la rama de comercio exterior.* **4.** Serie de personas con un ascendiente común. *Es de la rama chilena de los Gómez.* ■ **andarse, o irse, por las ~s.** loc. v. coloq. Detenerse en lo que tiene menos importancia, o dejar a un lado lo principal. *No te andes por las ramas y dime el precio.* ▶ **1:** BRAZO, RAMO. FAM **ramaje; ramoso, sa.**

rama[2]. **en ~.** loc. adv. Sin manufacturar o sin la última manufactura. *La canela se vende en polvo o en rama.*

ramada. f. *Am.* Cobertizo hecho con ramas de árboles. *Construyeron una ramada para albergarse* [C]. Tb. designa aquel en que se venden comidas y bebidas, y se canta y se baila, con motivo de determinadas fiestas. *En las ramadas se tocaron tangos* [C].

ramadán. m. Noveno mes del año lunar de los musulmanes, en el que estos hacen ayuno.

ramal. m. **1.** Parte que arranca o se desvía de la línea principal de algo, espec. de una vía de comunicación. *Un ramal de la línea de metro va al aeropuerto.* **2.** Tramo de escalera de los que confluyen en un mismo rellano. **3.** Cabo de los que componen una cuerda u otra cosa semejante.

ramalazo. m. **1.** Acceso corto y repentino de locura, dolor u otros estados. *Lo sacudió un ramalazo DE pánico.* **2.** coloq. Afeminamiento.

rambla. f. Cauce natural del agua de lluvia cuando cae en abundancia.

ramera. f. despect. Prostituta.

ramificar. intr. Dividirse en ramas. Más frec. prnl. *La red de carreteras se ramifica por todo el país.* FAM **ramificación.**

ramillete. m. **1.** Ramo pequeño de flores o hierbas. **2.** Grupo pequeño de personas o cosas selectas. *El disco contiene un ramillete DE canciones.*

ramo. m. **1.** Conjunto de flores, ramas o hierbas, cortadas y unidas por su base. *Un ramo DE rosas.* **2.** Rama (parte de una planta). **3.** Rama de una actividad, espec. económica o profesional. *El ramo de la hostelería.* ▶ **2:** *RAMA.

ramón. m. Ramaje resultante de podar árboles.

ramonear. intr. Pacer un animal las hojas, las puntas de las ramas u otras partes tiernas de la planta. *Las cabras ramonean entre los matorrales.*

ramoso, sa. → **rama.**

rampa. f. **1.** Plano inclinado entre dos superficies de distinta altura, dispuesto para subir y bajar por él. *Suben al escenario por una rampa.* **2.** Terreno en pendiente.

rampante. adj. **1.** Ascendente o creciente. *Un desempleo rampante.* **2.** *Heráld.* Dicho espec. de león: Que está de pie y con las garras tendidas en ademán de agarrar.

ramplón, na. adj. Vulgar o mediocre. *Es un poeta ramplón.* FAM **ramplonería.**

rana. f. Anfibio sin cola, de ojos saltones, piel gralm. verdosa y fuertes patas traseras que le permiten saltar y nadar con agilidad. *La rana macho.*

ranchero, ra. adj. **1.** Del rancho o granja. *La vida ranchera.* ● m. y f. **2.** Persona que posee y dirige un rancho. **3.** Persona que guisa y atiende el rancho. ○ f. **4.** Canción popular de diversos países de Hispanoamérica, espec. México. Tb. su baile.

rancho. m. **1.** Granja de gran extensión, donde se crían caballos, vacas y otros tipos de ganado, típica de países americanos. **2.** Comida que se hace para muchos en común, espec. soldados o presos. *Cada recluta tiene su escudilla para el rancho.* **3.** Am. Vivienda pobre de barrio marginal. *Vivían hacinadas en ranchos de barro y paja* [C].

rancio, cia. adj. **1.** Dicho de vino o alimento: Que con el tiempo ha adquirido un olor o un sabor más fuertes. **2.** Dicho de cosa: Antigua. *Una familia de rancia estirpe.* **3.** despect. Anticuado o pasado de moda. *La comedia rezuma un rancio machismo.*

rango. m. **1.** Categoría o nivel. *Una norma con rango de ley.* **2.** Categoría elevada, espec. social o profesional. *Entre los colaboradores hay algunos nombres de rango.*

ranking. (pal. ingl.; pronunc. "ránkin"). m. Clasificación o lista de elementos ordenados de mayor a menor de acuerdo con un valor o mérito específicos. *El tenista es el número uno del ranking.* ¶ [Equivalentes recomendados: *lista, tabla clasificatoria, clasificación, escalafón.* Adaptación recomendada: *ranquin,* pl. *ránquines*].

ranúnculo. m. Planta venenosa de flores amarillas, común en terrenos húmedos.

ranura. f. Hendidura estrecha y alargada abierta en un cuerpo sólido, frec. para que algo encaje o se deslice en ella. *Inserte una moneda en la ranura.* ▶ *ABERTURA.

rapapolvo. m. coloq. Represión severa. *Me echó un rapapolvo por llegar tarde.*

rapar. tr. **1.** Cortar (el pelo) al rape. *Rapan el pelo a los soldados.* **2.** Cortar el pelo (a alguien o algo) al rape. *Le han rapado la cabeza.* **3.** Afeitar (la barba). *Trae la barba rapada.* FAM **rapado.**

rapaz¹. f. Ave rapaz (→ ave).

rapaz², za. m. y f. Muchacho, espec. el de corta edad.

rape¹. al ~. loc. adv. Al límite o a la raíz. *Pelan al rape a los prisioneros.*

rape². m. Pez marino comestible, de cabeza muy grande y aplanada, con varios filamentos largos y móviles en la parte superior, que suele mantenerse enterrado en el fondo del mar.

rapé. m. Tabaco en polvo que se toma aspirado por la nariz.

rapidez. f. Cualidad de rápido. *Se mueve con rapidez.* ▶ LIGEREZA, PRONTITUD, VELOCIDAD.

rápido, da. adj. **1.** Que actúa, se hace o se produce en un tiempo corto. *Una corredora rápida.* ● m. **2.** Parte de un río donde la corriente fluye con gran ímpetu debido al estrechamiento o a la inclinación del cauce. *Descienden por los rápidos.* **3.** Tren rápido (→ tren). ● adv. **4.** De manera rápida (→ 1). *Se fue rápido.* ▶ **1:** LIGERO, VELOZ.

rapiña. f. Robo o saqueo, espec. los ejecutados con violencia. *La ciudad sufre la rapiña del ejército invasor.* FAM **rapiñar.**

raposo, sa. m. **1.** Zorro (mamífero). ○ f. **2.** Zorra (mamífero). ○ m. y f. **3.** Persona astuta. ▶ **1:** ZORRO. **2:** ZORRA. **3:** *ASTUTO.

rapsoda. m. y f. **1.** cult. Recitador de versos. **2.** cult. Poeta (autor). ○ m. **3.** histór. En la antigua Grecia: Recitador ambulante de poemas épicos.

rapsodia. f. *Mús.* Composición musical de carácter instrumental basada en aires populares o en fragmentos de otras obras.

raptar. tr. **1.** Secuestrar (a una persona). *Lo raptaron para pedir un rescate.* **2.** Llevarse un hombre (a una mujer) violentamente o con engaño. *Paris raptó a Helena y la llevó a Troya.* ▶ **1:** *SECUESTRAR. FAM **raptor, ra.**

rapto. m. **1.** Hecho de raptar. *Es sospechoso del rapto de un niño.* **2.** Impulso repentino o arrebato. *Un rapto DE ira.* ▶ **1:** *SECUESTRO. **2:** *ATAQUE.

raqueta. f. **1.** Instrumento formado por un mango y una superficie oval, gralm. un bastidor con una red de cuerdas tensadas, que se emplea para golpear la pelota en el tenis y otros deportes semejantes. **2.** Utensilio semejante a una raqueta (→ 1) de tenis, que se pone en los pies para caminar por la nieve sin hundirse en ella. FAM **raquetazo.**

raquídeo, a. adj. *Anat.* De la columna vertebral. *Nervios raquídeos.*

raquítico, ca. adj. **1.** Débil o enfermizo. *Como no comas, te vas a quedar raquítica.* **2.** coloq. Dicho de cosa: Muy pequeña o escasa. *Un sueldo raquítico.*

raquitismo. m. Enfermedad normalmente infantil, debida a la carencia de vitamina D y caracterizada por deformación de los huesos y debilidad general.

rara avis. (loc. lat.). f. Persona o cosa que constituyen un caso singular o excepcional. *La mujer que estudia una ingeniería ya no es una rara avis.*

raramente. adv. **1.** Con escasa frecuencia. *Es afable; raramente se enfada.* **2.** De manera rara o extraña. *Se comporta raramente.*

raro, ra. adj. **1.** Que es poco común o se sale de lo normal. *Es raro que no venga.* **2.** Escaso o poco abundante. *Raras veces falla.* **3.** Extravagante o singular. *Una chica rara.* ▶ **1:** DESUSADO, EXTRAÑO, INSÓLITO, PEREGRINO. **3:** PEREGRINO. FAM **rareza.**

ras. a ~, o al ~. loc. adv. Al mismo nivel. *El mantel casi llega a ras DE suelo.*

rasante. adj. **1.** Que rasa o pasa rozando. ● f. **2.** En una calle o camino: Inclinación o paralelismo respecto del plano horizontal. *No adelante en un cambio de rasante.*

rasar. tr. **1.** Igualar con un rasero u otra cosa semejante la superficie (de una medida completa de algo). *Llene una cuchara de harina y rásela.* **2.** Pasar rozando (algo) ligeramente. *La bala rasa la pared.*

rascacielos. m. Edificio de gran altura y muchos pisos.

rascar. tr. **1.** Frotar la piel (de alguien o de una parte de su cuerpo) con algo agudo o áspero, espec. las uñas. *Me rasca la espalda.* **2.** Frotar la superficie (de una cosa) con algo agudo o áspero, espec. las uñas. *Rasca el boleto.* **3.** Quitar (algo) de una superficie raspándo(lo) con un instrumento adecuado. *Rasque las manchas de pintura.* **4.** Tocar de manera estridente (un instrumento de cuerda). *Rasca la guitarra.* FAM **rascador.**

rasero. m. **1.** Utensilio, gralm. con forma de palo cilíndrico, que sirve para rasar o igualar. **2.** Criterio de valoración. *Se medirá a todos por el mismo rasero.*

rasgar - raudal

rasgar. tr. Romper (algo poco consistente, espec. papel o tela) tirando con fuerza o empleando un instrumento cortante. FAM **rasgado; rasgadura; rasgón.**

rasgo. m. **1.** Trazo, a veces de adorno, que se hace al escribir. *Una caligrafía de rasgos finos.* **2.** Acción que muestra una cualidad positiva. *Fue un rasgo de humildad.* **3.** Línea de las que forman el rostro de una persona. *Rasgos orientales.* **4.** Propiedad o nota distintivas. *La reiteración es un rasgo del discurso político.* ■ **a grandes ~s.** loc. adv. De manera general y sin entrar en pormenores. *Nos lo explica a grandes rasgos.*

rasguear. tr. Tocar (la guitarra u otro instrumento semejante) rozando varias cuerdas a la vez con las puntas de los dedos. FAM **rasgueo.**

rasguño. m. Arañazo pequeño producido por corte o por roce.

raso¹. m. Tejido ligero de seda, de haz lisa y brillante. *Sábanas de raso.*

raso², sa. adj. **1.** Liso o plano. *La cumbre rasa del monte.* **2.** Dicho de campo: Llano, sin árboles ni edificios. **3.** Dicho de cielo o de tiempo atmosférico: Despejado o libre de nubes. **4.** Dicho de persona: Que carece de título o categoría que la distinga entre las de su clase. *Soldado raso.* **5.** Dicho de medida: Llena pero sin rebasar el borde. *Una cucharada rasa de sal.* **6.** Que se realiza o pasa a poca altura del suelo. *Vuelo raso.* ■ **al raso.** loc. adv. A la intemperie, sin techo ni otro cobijo. *Dormimos al raso.*

raspa. f. **1.** Espina de pescado, espec. la central. *Deja limpia la raspa del lenguado.* **2.** Filamento de la cascarilla del grano de trigo o de otra gramínea. *La raspa del trigo.*

raspado. m. **1.** Hecho o efecto de raspar. **2.** Med. Operación que consiste en raspar una parte del organismo, espec. el interior del útero. ▶ **2:** LEGRADO.

raspar. tr. **1.** Frotar ligeramente la superficie (de algo) con un objeto agudo o áspero, quitándo(le) una parte superficial. *Raspe las zanahorias.* **2.** Frotar ligeramente (algo) con un objeto agudo o áspero para quitar(lo) de una superficie. *Raspa los borrones de tinta.* **3.** Causar sensación de aspereza (en alguien o una parte de su cuerpo). *La toalla raspa la cara.* Tb. como intr. FAM **raspadura; rasposo, sa.**

raspón. m. Lesión o erosión superficial causada por un roce violento. *Le hizo un raspón al automóvil.* FAM **rasponazo.**

rasqueta. f. Utensilio compuesto gralm. por un mango y una chapa de cantos afilados, que sirve para raspar ciertas superficies. *Limpia la cocina con una rasqueta.*

rastras. a ~. loc. adv. **1.** Arrastrando o arrastrándose. *Lleva la maleta a rastras.* **2.** De mala gana o a la fuerza. *Voy a la boda a rastras.*

rastrear. tr. **1.** Seguir el rastro (de alguien o algo). *Los perros rastrean la presa.* **2.** Examinar cuidadosamente (algo, espec. un lugar) en busca de un rastro. *La policía rastrea la zona.* **3.** Arrastrar (por el fondo del agua) un utensilio que permita pescar o sacar lo que está sumergido. *Rastrean el fondo del río.* FAM **rastreador, ra; rastreo.**

rastrero, ra. adj. **1.** Vil o despreciable. *Gente rastrera.* **2.** Que va casi tocando el suelo. *Vuelo rastrero.* **3.** Bot. Dicho de tallo: Que crece a ras de suelo. Tb. dicho de la planta con ese tipo de tallo. *La fresa es una planta rastrera.*

rastrillar. tr. **1.** Recoger (algo, espec. hierba, hojas o mies) con el rastrillo. *Rastrillo las hojas secas.*

2. Limpiar de hierba y hojas con el rastrillo (un jardín, un parque, o sus calles). *Está rastrillando el jardín.* **3.** Allanar (la tierra) con el rastrillo u otro utensilio semejante. *Rastrillan la arena de la plaza.*

rastrillo. m. **1.** Instrumento consistente en un mango largo cruzado en uno de sus extremos por un travesaño con púas, que sirve para recoger hierba, hojas u otras cosas semejantes. **2.** Mercadillo de artículos diversos, a veces con fines benéficos. *Compro la fruta en un rastrillo.* ▶ **1:** RASTRO.

rastro. m. **1.** Vestigio o huella. *El animal va dejando un rastro de sangre.* **2.** Mercado callejero donde se compran y venden artículos diversos, nuevos o usados. **3.** Rastrillo (instrumento). ▶ **3:** RASTRILLO.

rastrojo. m. **1.** Residuo de las cañas de mies que queda en la tierra después de segar. *Queman los rastrojos.* **2.** Campo del que se ha segado la mies y que aún no se ha vuelto a labrar. *Hay que arar el rastrojo.* FAM **rastrojera.**

rasurar. tr. Afeitar (a alguien o una parte de su cuerpo). ▶ AFEITAR.

rata. f. **1.** Mamífero roedor mayor que el ratón, de cola larga, hocico puntiagudo y pelaje gris o pardo, muy fecundo y voraz. *La rata macho.* **2.** coloq. Persona despreciable. *Solo una rata como tú nos traicionaría.*

ratero, ra. m. y f. Ladrón que roba con habilidad cosas de poco valor. *Un ratero me quitó la cartera.* ▶ LADRÓN. FAM **ratear; ratería.**

raticida. m. Producto que sirve para matar ratas y ratones. ▶ MATARRATAS.

ratificar. tr. **1.** Confirmar la validez o certeza (de algo). *El Senado ratifica la ley.* ○ intr. prnl. **2.** Confirmar alguien lo que ha dicho con anterioridad. *El médico se ratifica EN su diagnóstico.* FAM **ratificación.**

ratio. f. tecn. Razón (cociente o relación). *La ratio hombre/mujer en nuestra facultad es de 2 a 1.* ▶ RAZÓN.

rato. m. Porción indeterminada de tiempo, gralm. corta. *Descanse un rato.* ■ **~ perdido.** m. Rato libre entre ocupaciones obligatorias. *Estudia a ratos perdidos.* ■ **buen** (o **mal**) **~.** m. Rato de placer (o disgusto). *He pasado un buen rato.* □ **a cada ~.** loc. adv. Con gran frecuencia o cada poco tiempo. *Me interrumpe a cada rato.* ■ **al ~,** o **al poco ~.** loc. adv. Poco después. *Al rato de irse, volvió.* ■ **a ~s.** loc. adv. **1.** De manera intermitente. *A ratos nos aburríamos.* **2.** A veces. *Solo es simpática a ratos.* ■ **para ~.** loc. adv. coloq. Para mucho tiempo. *Tengo tarea para rato.* ■ **pasar el ~.** loc. v. Ocupar el tiempo en algo entretenido. *Pasan el rato leyendo o conversando.* ■ **un ~,** o **un ~ largo.** loc. adv. coloq. Mucho. *Sabe un rato.*

ratón, na. m. **1.** Mamífero roedor pequeño, de pelaje gralm. gris, hocico puntiagudo y cola larga, muy fecundo y que habita en las casas. **2.** Inform. Aparato móvil de pequeño tamaño que se conecta a un ordenador y permite desplazar el cursor por la pantalla para dar órdenes. ○ f. **3.** Hembra del ratón (→ 1). ■ **ratón de biblioteca.** m. coloq., humoríst. Persona erudita o estudiosa que siempre está entre libros. A veces despect. *No sabe de la vida; es un ratón de biblioteca.* ▶ Am: **1:** LAUCHA. FAM **ratonil.**

ratonero, ra. adj. **1.** Del ratón o de ratón. *Pelo ratonero.* ● f. **2.** Trampa para cazar ratones. **3.** Madriguera de ratones. **4.** Trampa en que alguien cae o está atrapado. ▶ **1:** RATONIL.

raudal. m. **1.** Cantidad grande de algo que fluye con fuerza. *Entra un raudal DE luz.* **2.** Caudal abundante de agua que corre violentamente. *El raudal se*

591

ha llevado por delante un árbol. ■ **a ~es.** loc. adv. De manera abundante. *Llueve a raudales.*

raudo, da. adj. cult. Rápido o veloz. *Un raudo caminante cruza ante nosotros.*

ravioli. m. Pasta alimenticia de harina en forma de cuadrados pequeños, rellenos gralm. de carne o verdura.

raya¹. f. **1.** Línea o señal alargada y estrecha que se hace o se forma sobre un cuerpo. *No pise la raya blanca.* **2.** Límite de un territorio o de un terreno. **3.** Límite o término que se le pone a algo. *No te pases de la raya con la bebida.* **4.** Señal alargada que queda en la cabeza después de echar con el peine parte del cabello a un lado y parte al otro. **5.** Pliegue vertical que se marca al planchar una prenda de vestir, espec. los pantalones. **6.** Signo ortográfico (—) más largo que el guión, que se usa para separar oraciones incidentales o para indicar la intervención de una persona en el diálogo. ■ **a ~.** loc. adv. Dentro de los justos límites. *Mantenga a raya esos kilos.* ■ **mil ~s.** → **milrayas.** ▶ **1:** LÍNEA. FAM **rayado, da** (*Blusa rayada*).

raya². f. Pez marino de cuerpo romboidal y aplanado, y cola larga y delgada con espinas.

rayano, na. adj. **1.** Que raya en algo o se asemeja a ello. *Luchan con un pundonor rayano* EN *el heroísmo.* **2.** Que raya o linda con algo. *Una finca rayana* CON *la nuestra.*

rayar. tr. **1.** Hacer rayas o líneas alargadas y estrechas (en algo). *Raya el interior del círculo con rotulador rojo.* **2.** Estropear o deteriorar (algo) con rayas o incisiones alargadas. *Rayé el suelo con la silla.* ○ intr. **3.** Limitar o lindar con algo. *El pueblo raya* CON *la provincia de Entre Ríos.* **4.** Ser una cosa semejante o casi igual a otra. *Su miedo a volar raya* EN *lo patológico.* **5.** Alcanzar determinado nivel en las acciones o en el rendimiento. *Como estadista, siempre rayó a gran altura.* **6.** Comenzar a aparecer la luz del alba o del día. *Rayaba el día.* FAM **rayado** (*El rayado del cuaderno es grueso*).

rayo. m. **1.** Línea de las que parten del punto en que se produce una forma de energía y señalan la dirección en que esta se propaga. *Rayos* DE *luz.* **2.** Línea de luz que procede de un cuerpo luminoso, espec. el Sol. *Rayos* DE *sol.* **3.** Chispa eléctrica de gran intensidad producida por descarga entre dos nubes o entre una nube y la tierra. *Ha caído un rayo.* **4.** Persona o cosa que actúa con rapidez y eficacia. *La traductora es un rayo.* ○ pl. **5.** Radiación. *Rayos ultravioleta.* ■ **~ láser.** m. Haz de luz coherente, muy poderoso y de un solo color. ⇒ LÁSER. ■ **~s X.** m. pl. Rayos (→ 5) muy penetrantes que atraviesan ciertos cuerpos, originan impresiones fotográficas y se utilizan en medicina como medio de investigación y de tratamiento. □ **a ~s.** loc. adv. Muy mal. *Huele a rayos.* ▶ **3:** EXHALACIÓN.

rayón. m. Fibra textil obtenida artificialmente de la celulosa y que tiene propiedades parecidas a las de la seda. Tb. el tejido fabricado con ella. *Traje de rayón.*

rayuela. f. Juego infantil consistente en recorrer unas casillas pintadas en el suelo mientras se empuja un tejo con un pie y se mantiene el otro en el aire, evitando pisar las rayas de las casillas. ▶ TEJO.

raza. f. **1.** Cada uno de los grandes grupos humanos caracterizados por el color de la piel o por otros rasgos hereditarios. *Un atleta de raza negra.* **2.** Biol. Categoría taxonómica en que se clasifican los seres vivos, que se usa a veces como subdivisión de la especie y se caracteriza por la uniformidad de ciertos rasgos

genéticos secundarios. *El galgo es una raza de perro.* ■ **~ humana.** f. Humanidad o género humano. *La raza humana siempre se ha preguntado por su destino.* □ **de ~.** loc. adj. Dicho de animal: Que pertenece a una raza (→ 2) pura o sin mezcla. *Un perro de raza.*

razia. f. Incursión en territorio enemigo con el fin de obtener un botín o causar destrucción. *Los habitantes temían las razias de las tribus guerreras.*

razón. f. **1.** Facultad de razonar o de pensar. *La razón distingue al hombre de los animales.* **2.** Acierto en las acciones o en el pensamiento. *Te castiga con razón.* **3.** Causa o motivo. *No sé la razón de su enfado.* **4.** Argumento que se utiliza en apoyo o demostración de algo. *Las razones del abogado no convencen al jurado.* **5.** Aviso o información. *Nos dieron razón de tu llegada.* **6.** Mat. Cociente de dos números o cantidades comparables entre sí. **7.** Mat. Número constante que, sumado o multiplicado, permite la formación de términos sucesivos en una progresión. ■ **~ de Estado.** f. Razón (→ 3) de interés y utilidad para el Estado, que a veces se invoca para hacer algo contrario a la ley. *El presidente aduce razones de Estado para justificar los casos de espionaje.* □ **a ~ de.** loc. prepos. En la proporción de. Se usa seguido de una expresión de cantidad. *Se lee siete libros a la semana a razón de uno* POR *día.* ■ **dar la ~** (a alguien). loc. v. Conceder(le) que está en lo cierto o que su opinión es acertada. *Es mejor darle la razón.* ■ **en ~ de,** o **en ~ a.** loc. prepos. **1.** Debido a. *El muchacho no irá a la cárcel en razón de su edad.* **2.** En lo relativo a. *Es un auto único, tanto en razón de su precio como de sus prestaciones.* ■ **entrar en ~.** loc. v. Darse cuenta de lo que es razonable. *Menos mal que han entrado en razón.* ■ **perder la ~.** loc. v. Volverse loco. *Perdió la razón en la guerra.* ■ **tener,** o **llevar, ~.** loc. v. Estar en lo cierto o tener una opinión acertada. *Tienes razón, no debo ir.* ▶ **1:** *INTELIGENCIA. **6:** RATIO.

razonable. adj. **1.** Que atiende a razones o argumentos. *Es razonable y te entenderá.* **2.** Conforme a la razón o al modo acertado de pensar o actuar. *Decisión razonable.* **3.** Proporcionado o no exagerado. *Precio razonable.*

razonado, da. adj. Basado en razones o argumentos. *Respuesta razonada.*

razonar. intr. **1.** Ordenar y relacionar ideas para llegar a una conclusión. *Razona un poco.* **2.** Exponer razones o argumentos. *Razona y convence.* ○ tr. **3.** Exponer razones para demostrar o explicar (algo). *Razone su respuesta.* FAM **razonador, ra; razonamiento.**

re. m. Mús. Segunda nota de la escala de do mayor.

re-. pref. **1.** Significa 'repetición'. *Reexplicación, revaluar.* **2.** coloq. Denota 'intensidad o intensificación'. *Relisto, remacho.*

reabrir. (part. **reabierto**). tr. Volver a abrir (lo que estaba cerrado). *La policía reabrirá el caso.*

reabsorber. tr. Volver a absorber (algo). *La planta ha reabsorbido el agua.* FAM **reabsorción.**

reacción. f. **1.** Acción de respuesta a otra acción o a un estímulo. *Su reacción fue echarse a llorar.* **2.** Efecto secundario inmediato de un medicamento o terapia. *La vacuna le ha hecho reacción.* **3.** Respuesta del organismo para contrarrestar los efectos de un agente patógeno. *Reacciones inmunológicas.* **4.** Actitud tradicionalista y opuesta a las innovaciones, espec. en política. Tb. conjunto de partidarios de dicha actitud. **5.** Quím. Interacción entre sustancias que da origen a transformaciones. **6.** Fís. Fuerza igual y opuesta con que un cuerpo responde a la acción de otro sobre él. FAM **reaccionario, ria.**

reaccionar. intr. **1.** Tener determinada reacción ante algo. *El conductor ha reaccionado bien y ha evitado el accidente.* **2.** Recobrar la actividad o la vitalidad perdidas. *El accidentado no reaccionaba.*

reacio, cia. adj. Que es contrario a algo o se resiste a ello. *Es reacia A pedir dinero.*

reactivar. tr. Volver a activar (algo). *Hay que reactivar el negocio.* FAM **reactivación.**

reactivo, va. adj. **1.** Que tiene o produce reacción. *El oxígeno es un elemento muy reactivo.* ● m. **2.** *Quím.* Sustancia empleada para producir una reacción, gralm. con objeto de descubrir la presencia de otra sustancia.

reactor. m. **1.** Motor de combustión que origina un movimiento contrario al del chorro de los gases expulsados. *Falló un reactor del avión.* **2.** Avión propulsado con reactor (→ 1). *Un reactor cruza el cielo.* **3.** Instalación destinada a la producción y control de reacciones nucleares de fisión o de fusión en cadena. ▶ **2:** JET.

readmitir. tr. Volver a admitir (a alguien que había quedado fuera o había sido expulsado). *Readmitirán al alumno expulsado.* FAM **readmisión.**

reafirmar. tr. **1.** Afirmar (algo) de nuevo, o volver(lo) a decir. *Reafirma su disposición a negociar.* **2.** Dar más firmeza o estabilidad (a algo). *Reafirman el andamio.* ○ intr. prnl. **3.** Afirmarse de nuevo en lo dicho o pensado antes. *Me reafirmo EN mis opiniones.*

reagrupar. tr. Agrupar de nuevo o de modo diferente (personas, animales o cosas). *Reagrupa a los alumnos según su nivel.* FAM **reagrupación; reagrupamiento.**

reajustar. tr. **1.** Volver a ajustar (algo). *Reajuste las piezas del televisor.* **2.** Aumentar o disminuir (precios, salarios o puestos de trabajo) por motivos coyunturales. *Reajustarán el precio de los carburantes.* ▶ **2:** REGULAR. FAM **reajuste.**

real¹. adj. Que tiene existencia verdadera y efectiva. *La película está basada en un hecho real.*

real². adj. Del rey o de la realeza. *Palacio real.* ● m. **2.** histór. Antigua moneda española. ▶ **1:** REGIO.

realce. m. Hecho o efecto de realzar. *La presencia de los reyes da realce al evento.*

reales. sentar, o asentar, alguien sus ~. loc. v. Asentarse o establecerse en un lugar. *A su regreso de Argentina, sentó sus reales EN Lima.*

realeza. f. **1.** Dignidad de rey. **2.** Conjunto de los reyes y sus familias. *Asisten miembros de la realeza.*

realidad. f. **1.** Cualidad de real o existente. **2.** Cosa real o verdadera, espec. un hecho. *Que pasé hambre es una realidad innegable.* **3.** Conjunto de cosas y hechos reales. *Percibimos la realidad a través de los sentidos.* ■ ~ **virtual.** f. *Inform.* Representación de imágenes producida por un sistema informático, que da la sensación de su existencia real. □ **en** ~. loc. adv. Realmente. *En realidad, no lo sé.* ▶ **2:** VERDAD.

realimentación. f. *tecn.* Retorno de parte de la salida de un circuito o sistema a su propia entrada.

realismo. m. **1.** Cualidad de realista o práctico. *Habla con realismo de su futuro.* **2.** Tendencia artística o literaria a representar la realidad tal como es. ■ ~ **mágico.** m. *Lit.* Movimiento literario hispanoamericano surgido a mediados del s. XX, caracterizado por la introducción de elementos fantásticos en una narrativa de tono realista. *"Cien años de soledad" es una de las cumbres del realismo mágico.*

realista. adj. **1.** Que actúa ajustándose a la realidad y gralm. con sentido práctico. *Seamos realistas: si invertimos todo el dinero, podemos arruinarnos.* **2.** Del realismo artístico. *Estilo realista.* **3.** Seguidor del realismo artístico. *Un pintor realista.*

realizar. tr. **1.** Hacer (algo). *Cada uno realiza una tarea.* **2.** Hacer real y efectivo (algo que solo era una posibilidad). *Realizar una idea.* **3.** Dirigir la ejecución (de una película o un programa de televisión). ○ intr. prnl. **4.** Cumplir alguien plenamente sus aspiraciones o posibilidades. *Trabajar en lo que gusta ayuda a realizarse profesionalmente.* ▶ **1:** *HACER. FAM **realización; realizador, ra.**

realmente. adv. De manera real o verdadera. *Realmente, no me apetece ir.*

realojar. tr. Alojar en un lugar distinto (a alguien, espec. a población marginal o en situación de emergencia). *Realojan a los damnificados.* FAM **realojamiento; realojo.**

realquilar. tr. Alquilar (un piso, local o habitación) su arrendatario a otra persona. *Realquila habitaciones para poder pagar la renta.*

realzar. tr. **1.** Destacar o resaltar (algo). *Ese vestido realza tu figura.* **2.** Dar mayor grandeza o distinción (a alguien o algo). *Su presencia realza el acto.* **3.** Levantar o elevar (algo). *Realzan la mesa presidencial con una tarima.*

reanimar. tr. **1.** Devolver el vigor o las fuerzas (a alguien o algo). *La sopa caliente me reanima.* **2.** Dar valor o ánimos (a alguien). *Sus palabras me reanimaron.* **3.** Hacer que (alguien) recupere el conocimiento o la normalidad de sus constantes vitales. *Reaniman al accidentado.* FAM **reanimación.**

reanudar. tr. Continuar (algo que se había interrumpido). *Los parlamentarios reanudan la sesión.* FAM **reanudación.**

reaparecer. (conjug. AGRADECER). intr. Volver a aparecer. *La cantante reaparece tras una larga ausencia.* FAM **reaparición.**

rearmar. tr. Dotar de más o de nuevo armamento (a un ejército o a un país). *Rearman al ejército ante la amenaza de guerra.* FAM **rearme.**

reaseguro. m. Contrato por el que un asegurador toma a su cargo total o parcialmente un riesgo ya cubierto por otro asegurador, sin alterar lo convenido entre este y el asegurado.

reasumir. tr. Volver a asumir o tomar (algo, espec. un cargo o una responsabilidad). *A su vuelta, reasume el mando.*

reata. f. **1.** Cuerda o correa con que se atan varias caballerías para que vayan una detrás de otra. **2.** Hilera de caballerías que van atadas una detrás de otra.

reavivar. tr. Avivar de nuevo o con más intensidad (una cosa). *Reaviva el fuego.*

rebaba. f. Porción de materia sobrante que sobresale irregularmente en el borde o en la superficie de un objeto. *El albañil retira la rebaba de argamasa.*

rebaja. f. **1.** Hecho o efecto de rebajar algo, espec. un precio. *Le haré una rebaja del 10%.* ○ pl. **2.** Venta de productos a precios más bajos durante un período determinado. *Espera a las rebajas para comprarte el calzado.*

rebajar. tr. **1.** Reducir la altura o el nivel (de algo). *Rebaja el techo.* **2.** Reducir el precio (de algo). *Reba-*

jan la ropa. **3.** Reducir (el precio o el valor de algo). *Rebajamos los precios.* **4.** Restar o descontar (una cantidad) de un precio o de una medida. *Rebajé un kilo.* **5.** Reducir la intensidad o la fuerza (de algo). *Rebaja el whisky echándole agua.* **6.** Humillar (a alguien), o herir su dignidad. *No hay que rebajar al vencido.*

rebajo o **rebaje.** m. Parte del canto o del borde de una cosa, donde se ha reducido el espesor por medio de un corte. *La ventana tiene un rebajo donde encaja la hoja.*

rebanada. f. Porción delgada de una cosa, espec. de pan, cortada de un extremo a otro, gralm. a lo ancho.

rebanar. tr. **1.** Cortar (algo) en rebanadas. *Rebana las patatas.* **2.** Cortar (algo) de parte a parte. *El asesino le rebanó el cuello.*

rebañar. tr. **1.** Apurar los restos de comida (de un recipiente). *Rebaña el cuenco de la mayonesa.* **2.** Apurar (los restos de comida) de un recipiente. *Le gusta rebañar la salsa.* **3.** Juntar y recoger (una cosa) sin dejar nada (de ella).

rebaño. m. **1.** Grupo numeroso de ganado, espec. del lanar. **2.** Conjunto de fieles respecto de su guía espiritual. *El cura se dirige a su rebaño.* **3.** despect. Grupo numeroso de personas, espec. si actúan por iniciativa ajena o se dejan dirigir. *Rebaños DE turistas.* ▶ **1:** HATAJO, HATO.

rebasar. tr. **1.** Pasar o exceder (un límite o una señal). *Rebasó la velocidad máxima permitida.* **2.** Dejar atrás (algo o a alguien) en una carrera o en una progresión. *El corredor rebasa a su rival.* ▶ SUPERAR.

rebatir. tr. Refutar (algo). *Rebate la argumentación del fiscal.* ▶ REFUTAR.

rebato. m. Llamada a los vecinos de una población, gralm. por medio de señal sonora, para advertirles de la inminencia de un peligro. *Las campanas tocan a rebato.*

rebelarse. intr. prnl. **1.** Sublevarse contra una autoridad o contra la persona que manda. *Se rebelan CONTRA el dictador.* **2.** Oponerse radicalmente a algo. *Se rebela CONTRA su destino.* ▶ **1:** *SUBLEVARSE. FAM rebelión.

rebelde. adj. **1.** Que se rebela. *Es un niño rebelde.* **2.** Dicho de cosa: Difícil de dominar o controlar. *Pelo rebelde.* **3.** Dicho de enfermedad o síntoma: Resistente al tratamiento o a los medicamentos. ▶ **1:** INSURGENTE, INSURRECTO. FAM rebeldía.

rebenque. m. Am. Látigo de jinete. *Se golpeaba las botas con el rebenque* [C].

reblandecer. (conjug. AGRADECER). tr. Ablandar (algo). *La lluvia reblandece la nieve.* ▶ ABLANDAR. FAM reblandecimiento.

rebobinar. tr. Hacer que (un hilo, una cinta o una película) se enrolle de nuevo en su carrete original, gralm. desenrollándose de otro. FAM rebobinado.

reborde. m. Saliente estrecho a lo largo del borde de una cosa.

rebosadero. m. Orificio que da salida a un líquido impidiendo que rebose. *El rebosadero de la bañera.*

rebosar. intr. **1.** Derramarse un líquido por encima de los bordes del recipiente que lo contiene. *El agua del cubo rebosa.* **2.** Estar un recipiente lleno hasta el límite de su capacidad. *La jarra casi rebosa.* **3.** Experimentar un sentimiento o estado de ánimo con gran intensidad. *Rebosa DE satisfacción.* ○ tr. **4.** Tener (algo) en abundancia. *Estas tierras rebosan riqueza.* **5.** Experi-

mentar (un sentimiento o estado de ánimo) con gran intensidad. *Rebosaba alegría.* FAM rebosante.

rebotar. intr. **1.** Botar otra vez o repetidas veces una cosa, espec. una pelota u otro cuerpo elástico, tras chocar contra algo. *La pelota cae rebotando EN las baldosas.* **2.** Cambiar una cosa de dirección por haber chocado con un obstáculo. *El disparo rebota EN la portería.* ○ tr. **3.** Hacer una cosa que (algo o alguien) salgan despedidos en dirección contraria. *El blindaje rebota las balas.*

rebote. m. **1.** Hecho o efecto de rebotar, espec. un cuerpo elástico. **2.** Dep. En baloncesto: Pelota que rebota en el tablero o en el aro sin convertirse en canasta. *El jugador atrapa el rebote.* ■ de ~. loc. adv. **1.** De manera accidental o casual. *Me he enterado de rebote.* **2.** De resultas o como consecuencia. *La separación afecta a los hijos y, de rebote, a toda la familia.*

rebotica. f. Habitación trasera de una botica.

rebozar. tr. **1.** Bañar (un alimento) en harina, huevo batido u otra sustancia, gralm. para freír(lo) después. *Reboza el pescado EN harina.* **2.** Manchar (algo o a alguien) con una sustancia que se pega. *Rebozó la toalla mojada por toda la arena.*

rebozo. sin ~. loc. adv. Abierta o sinceramente. *Lo dijo sin rebozo.*

rebrotar. intr. Volver a brotar. *Han rebrotado las hojas de la planta.*

rebrote. m. **1.** Hecho de rebrotar. *Temen el rebrote de la violencia.* **2.** Retoño (brote de una planta). ▶ **2:** RETOÑO.

rebufo. m. Zona de menor resistencia al avance, que deja en su estela un cuerpo en movimiento, espec. un vehículo. *El motociclista va seguido por su rival a rebufo.*

rebullir. (conjug. MULLIR). intr. Moverse ligeramente o empezar a moverse alguien o algo que estaban quietos. *Algo le rebulle por dentro.* Tb. prnl. *Se rebulle en la silla.*

rebuscado, da. adj. Que muestra complicación o falta de naturalidad. *Una idea rebuscada.* FAM rebuscamiento.

rebuscar. tr. Buscar con cuidado o detenimiento (algo). Más frec. como intr. *Un mendigo rebusca entre la basura.* ■ rebuscárselas. loc. v. Am. coloq. Ingeniarse para sobrevivir y encontrar los medios de subsistencia necesarios. *Se las rebuscan con trabajos apenas dignos* [C]. FAM rebusca; rebusque (Am).

rebuzno. m. Voz característica del burro. FAM rebuznar.

recabar. tr. **1.** Conseguir (algo) con peticiones o súplicas. *La campaña ha recabado ayuda humanitaria por valor de miles de dólares.* **2.** Pedir o reclamar (algo inmaterial). *El juez recabará la opinión de un perito.*

recado. m. **1.** Mensaje o respuesta que de palabra se da o se envía a otro. *Me dio un recado para ti.* **2.** Encargo o gestión. *Tengo que hacer recados.* **3.** frecAm. Conjunto de objetos necesarios para una actividad. *El petate era un recado de dormir muy práctico* [C]. **4.** Am. Aderezo líquido y espeso usado para condimentar carnes. *Preparar la sazón, majando los ajos y picando la cebolla, ají, orégano, verdecito y el recado* [C]. ▶ frecAm: **2:** MANDADO. FAM recadero, ra.

recaer. (conjug. CAER). intr. **1.** Volver a caer, espec. en un vicio, error o cosa semejante. *Recayó EN los mismos errores.* **2.** Volver a caer enfermo de la misma dolencia el que estaba convaleciente o ya recuperado. *El en-*

fermo recayó. **3.** Ir a parar una cosa sobre alguien o algo. *Todas las sospechas recaen SOBRE él.* FAM **recaída.**

recalar. intr. **1.** Aparecer alguien por un lugar. *Muchos famosos recalaron EN la fiesta.* **2.** Detenerse una embarcación en un punto a la vista de la costa. *El yate recala en el puerto de Sicilia.*

recalcar. tr. Decir (algo) con insistencia o con pronunciación lenta y enfática. *La locutora recalca mucho las palabras.*

recalcitrante. adj. Obstinado. *Es un pesimista recalcitrante.*

recalentar. (conjug. ACERTAR). tr. **1.** Volver a calentar (algo). *Recalenté la cena.* **2.** Calentar demasiado (algo). *El sol recalienta la arena.* FAM **recalentamiento.**

recalificar. tr. Cambiar la calificación urbanística (de un terreno), espec. para hacer(lo) urbanizable. *Recalificarán el suelo.* FAM **recalificación.**

recamar. tr. Bordar (algo) con realce o labor que sobresale de la superficie. Frec. en part. *Luce un vestido recamado en oro.*

recámara. f. **1.** En un arma de fuego: Parte del cañón, en el extremo opuesto a la boca, donde se coloca el proyectil. **2.** Am. Dormitorio (habitación). *Exhausta, se encierra en su recámara, a descansar* [C]. ▶ **2:** *DORMITORIO.

recambio. m. **1.** Hecho de sustituir una cosa que ya no sirve por otra de su misma clase. **2.** Cosa o persona destinadas a sustituir a otra que ya no sirve. *No hay recambios de esta pieza.* ■ **de ~.** loc. adj. Dicho de cosa o persona: Destinada a sustituir a otra que ya no sirve. *Rueda de recambio.* ▶ **Am: 2:** REFACCIÓN. FAM **recambiar** (conjug. ANUNCIAR).

recapacitar. intr. **1.** Volver a considerar con detenimiento algo, espec. los propios actos. *Me has hecho recapacitar.* ○ tr. **2.** Volver a considerar con detenimiento (algo, espec. los propios actos). *Tienes que recapacitar qué estás haciendo mal.*

recapitular. tr. Recordar de manera resumida y ordenada (algo expresado o pensado con extensión). *El científico recapitula todas sus teorías en su último libro.* FAM **recapitulación.**

recargamiento. m. Acumulación excesiva de elementos, espec. decorativos. *Su prosa adolece de cierto recargamiento.*

recargar. tr. **1.** Volver a cargar (algo). *Recarga la batería.* **2.** Cargar (algo o a alguien) demasiado. *Recargó el texto con notas.* **3.** Adornar (algo o a alguien) en exceso. *No recargues los muebles de adornos.* **4.** Aumentar la cuota o el precio (de algo que se debe pagar). *Nos recargarán el recibo de la luz.* FAM **recarga; recargable; recargo.**

recatar. tr. **1.** cult. Encubrir u ocultar (algo). *No recata sus intenciones.* ○ prnl. **2.** Mostrar recato o cautela. *No se recata EN decir lo que piensa.*

recato. m. **1.** Cautela o reserva. *Hay que tener cierto recato al realizar una afirmación tan arriesgada.* **2.** Decencia y pudor. *Viste con recato.* FAM **recatado, da.**

recauchutar. tr. Cubrir (un neumático desgastado) con una nueva capa de caucho. *Me están recauchutando las ruedas en el taller.* FAM **recauchutado.**

recaudar. (conjug. CAUSAR). tr. **1.** Cobrar (impuestos). *El Estado recauda tributos.* **2.** Recoger (dinero) por medio de colecta, pagos o donativos. *Recaudan fondos.* FAM **recaudación; recaudador, ra; recaudatorio, ria.**

recaudo. a buen ~. loc. adv. En sitio seguro. *Guarda el dinero a buen recaudo.*

recelar. tr. **1.** Temer o sospechar (algo). *Recela que no le darán el puesto.* ○ intr. **2.** Desconfiar o sospechar de alguien o de algo. *Recelo DE sus buenas intenciones.* FAM **recelo; receloso, sa.**

recental. adj. Dicho de cordero o ternero: Que mama o que no ha pastado todavía.

recentísimo, ma. → reciente.

recepción. f. **1.** Hecho de recibir. *Plazo de recepción de solicitudes.* **2.** En un edificio, espec. un hotel: Mostrador situado gralm. a la entrada, donde se recibe y se atiende al público. *Pida su llave en recepción.* **3.** Fiesta celebrada por una autoridad o personaje importante, gralm. para recibir a otro. FAM **recepcionista.**

receptáculo. m. Cavidad que contiene o puede contener algo. *Coloque el cartucho de la impresora en su receptáculo.*

receptivo, va. adj. Capaz de recibir, espec. una idea o un estímulo. *Un público receptivo.* FAM **receptividad.**

receptor, ra. adj. **1.** Que recibe. *Antena receptora.* **2.** Dicho de aparato: Que sirve para recibir señales, espec. de telecomunicaciones. Tb. m.

recesión. f. *Econ.* Disminución, gralm. pasajera, de la actividad económica. *El presidente no logra sacar al país de la recesión.* Tb. *~ económica.*

receso. m. **1.** cult. Pausa o interrupción. *La defensa solicitará al juez un receso.* **2.** frecAm. En instituciones públicas: Suspensión temporal de actividades. *El presidente legislara a discreción en los períodos de receso parlamentario* [C].

receta. f. **1.** Prescripción médica. Tb. la nota en que se hace. *El médico extiende una receta.* **2.** Explicación en que se detalla el modo de preparar algo, espec. un plato de comida, y los ingredientes necesarios para ello. FAM **recetar; recetario.**

rechazar. tr. **1.** Forzar a retroceder (a algo o a alguien). *El portero rechaza el balón.* **2.** Resistir (un ataque). *Las líneas de vanguardia rechazan la ofensiva enemiga.* **3.** No aceptar o no admitir (algo, espec. una propuesta o una petición). *El Gobierno rechazará las propuestas de la oposición.* **4.** Contradecir o negar (lo que alguien afirma). *Ha rechazado los rumores sobre su dimisión.* **5.** Mostrar oposición o desprecio (hacia alguien). *La sociedad rechaza al alcohólico.* **6.** *Med.* No asimilar el organismo (un órgano o tejido trasplantado) por incompatibilidad inmunológica. *Su cuerpo ha rechazado el corazón trasplantado.* FAM **rechazable; rechazo.**

rechifla. f. coloq. Burla o mofa.

rechinar. intr. **1.** Hacer una cosa un sonido, gralm. desagradable, al rozar con otra. *La puerta rechina.* **2.** Resultar desagradable o poco armonioso, espec. dentro de un conjunto. *Los diálogos de la novela me rechinan un poco.* ▶ **1:** CHILLAR, CHIRRIAR.

rechistar. intr. Hablar o decir algo, espec. para replicar o protestar. *Obedece sin rechistar.*

rechoncho, cha. adj. Grueso y de poca altura. ▶ CHAPARRO.

rechupete. de ~. loc. adv. coloq. Muy bien o estupendamente. *Está de rechupete.*

recibí. m. Fórmula que, situada delante de la firma en ciertos documentos, expresa que se ha recibido lo que en ellos se indica. Tb. el documento donde aparece.

recibidor - recoger

recibidor. m. Vestíbulo de una vivienda. ▶ *VES-TÍBULO.

recibir. tr. **1.** Pasar a tener alguien o algo (una cosa que se le da, que se le envía o que le llega). *Recibí ayer su carta.* **2.** Ser alguien o algo el objeto (de una acción). *Ha recibido un golpe.* **3.** Manifestar un sentimiento o reacción determinados (ante alguien que llega o algo que se presenta). *El público la recibe con aplausos.* **4.** Aceptar la visita (de alguien). *El director nos recibirá.* **5.** Admitir (a alguien) en una agrupación o colectividad. *Hoy la escritora será recibida como miembro de la Academia.* **6.** Ir a encontrarse (con alguien que llega). *La afición recibe al equipo en el aeropuerto.* ○ intr. prnl. **7.** frecAm. Completar sus estudios una persona y obtener el título o grado correspondientes. *Mi muchacha se recibió DE maestra* [C]. FAM recibimiento.

recibo. m. **1.** Hecho de recibir. **2.** Documento firmado o sellado, donde se declara haber recibido o pagado algo. *Debe presentar el recibo de compra.* ■ **acusar ~.** loc. v. Avisar, gralm. por escrito, que se ha recibido algo, espec. una carta. *Hace días que le envié la carta, pero él no ha acusado recibo.*

reciclar. tr. **1.** Someter (algo usado, espec. un material) a un proceso que permita su reutilización. *En la planta reciclan papel.* **2.** Dar nueva formación (a alguien, espec. a un profesional o un técnico) para que ponga al día sus conocimientos o para que desempeñe otra actividad. FAM **reciclado; reciclaje.**

recién. adv. Antepuesto a un participio: Muy recientemente. *Recién terminada la carrera, encontró trabajo.* Tb., Am., con v. conjugado. *El espectáculo recién comienza* [C].

reciente. adj. (sup. **recentísimo;** sup. coloq., **recientísimo**). Que acaba de hacerse o de suceder. *Pan reciente.*

recientemente. adv. Muy poco tiempo antes del momento en que se encuentra el que habla. *El escándalo se ha destapado recientemente.*

recinto. m. Espacio cerrado, comprendido dentro de unos límites. *La entrada al recinto del hipódromo es gratuita.*

recio, cia. adj. **1.** Fuerte y vigoroso. *Es alto y recio.* **2.** Fuerte y sólido. *Paredes recias.* **3.** Grueso o gordo. *Papel recio.* **4.** Intenso o violento. *Viento recio.* FAM **reciedumbre.**

recipiente. m. Utensilio hueco destinado a contener algo. *Un recipiente con agua.*

recíproco, ca. adj. **1.** Dicho de acción o sentimiento: Dirigido a alguien y, a su vez, recibido de este en igual medida. *Sentimos una admiración recíproca.* **2.** Gram. Dicho de verbo u oración: Que expresa una acción recíproca (→ 1). *"Nos telefoneamos"* es una *oración recíproca.* ▶ **1:** MUTUO. FAM **reciprocidad.**

recital. m. **1.** Concierto compuesto de varias obras interpretadas por un solo artista en un mismo instrumento. **2.** Hecho de recitar poemas ante un público.

recitar. tr. Decir (algo, espec. versos) en voz alta y de memoria. *Recitará versos de Rubén Darío.* FAM **recitación; recitado; recitador, ra.**

reclamar. tr. **1.** Exigir (algo) con derecho. *Reclame su maleta.* **2.** Pedir (algo) con insistencia. *Reclaman la atención de su madre.* **3.** Llamar (a alguien) con insistencia. *La reclaman en caja.* **4.** Der. Exigir un tribunal la comparecencia o llamar (a un huido). *Es un mafioso reclamado por la justicia.* ○ intr. **5.** Manifestar oposición o protesta ante algo. *Hoy concluye el plazo para reclamar.* FAM **reclamación; reclamante.**

reclamo. m. **1.** Ave amaestrada que se emplea en la caza para que con su canto atraiga a otras de su especie. **2.** Voz con que un ave llama a otras de su especie. **3.** Instrumento que imita la voz de las aves y que se utiliza en la caza para atraerlas. **4.** Cosa que sirve para despertar atracción o interés por algo, gralm. con fines publicitarios. *Como reclamo para vender el coche, regalan combustible.*

reclinar. tr. Inclinar (algo, espec. el cuerpo o una parte de él, o a alguien), apoyándo(los) sobre otra cosa. *Reclina la cabeza SOBRE la almohada.*

reclinatorio. m. Mueble que se utiliza para arrodillarse y rezar.

recluir. (conjug. CONSTRUIR). tr. Encerrar (a alguien). *Van a recluir al reo en la cárcel.* ▶ ENCERRAR.

reclusión. f. **1.** Hecho de recluir. *El juez ordena su reclusión en un psiquiátrico.* **2.** Der. Pena de privación de libertad por un tiempo muy largo. *Lo han condenado a treinta años de reclusión.*

recluso, sa. adj. Encarcelado. Frec. m. y f. *Los reclusos del penal.* ▶ *PRESO.

recluta. m. y f. Persona alistada como soldado, que no ha completado el primer período de instrucción militar.

reclutar. tr. **1.** Alistar (personas) en el ejército. *Muchos jóvenes son reclutados para ir al frente.* **2.** Reunir (personas) para un propósito determinado. *Han reclutado a un equipo entero para el departamento de informática.* FAM **reclutamiento.**

recobrar. tr. **1.** Volver a tener (algo perdido, prestado o depositado). *No recobraré el dinero que le he prestado.* ○ intr. prnl. **2.** Volver alguien a un estado de normalidad después de haber pasado por una situación difícil o haber sufrido un daño. *Aún no se ha recobrado DEL susto.* ▶ **1:** RECUPERAR. **2:** RECUPERARSE.

recocer. (conjug. MOVER). tr. **1.** Volver a cocer (algo). *Hay que recocer las habas.* **2.** Cocer (algo) mucho o en exceso. *Nos han servido unas patatas recocidas.*

recochineo. m. coloq. Burla molesta, hecha con complacencia. *No aguanto el recochineo con que me habla.*

recodo. m. Ángulo o curva que forma algo, como una calle o un camino, cuando cambia de dirección. *En el recodo de la carretera hay un coche parado.*

recogepelotas. m. y f. En un campo de deportes: Persona encargada de recoger las pelotas que quedan por el suelo o que salen fuera del terreno de juego.

recoger. tr. **1.** Volver a coger (algo). *No olviden recoger sus pertenencias al desembarcar.* **2.** Coger (algo que se ha caído). *Me recogió la servilleta del suelo.* **3.** Juntar o reunir (personas o cosas dispersas). *Están recogiendo fondos.* **4.** Arrancar de la planta (los frutos), o del lugar en que están (las plantas), juntándo(los). *Han recogido el trigo.* **5.** Hacer que (algo) ocupe menos, sujetándo(lo) o plegándo(lo). *Se recogió el pelo.* **6.** Guardar (algo) en su sitio, cuando deja de usarse. *Recoge las herramientas.* **7.** Disponer ordenadamente las cosas (de un lugar). *Hay que recoger la cocina.* **8.** Acoger (a una persona o un animal que necesitan protección), o dar(les) asilo. *Recogimos un perro abandonado.* **9.** Hacerse cargo alguien (de una persona o cosa), gralm. llevándose(las) consigo. *Fue a recoger a la niña al colegio.* ○ intr. prnl. **10.** Retirarse a casa, espec. para descansar. *Suele recogerse temprano.* FAM **recogedor, ra; recogida; recogido** (*Se ha hecho un recogido en el pelo*); **recogimiento.**

recogido, da. adj. **1.** Que ocupa poco espacio. *Un pueblo recogido.* **2.** Dicho de lugar: Que, aunque pequeño, resulta acogedor o agradable. *Es una sala muy recogida.* **3.** Que manifiesta o implica recogimiento. *Una vida recogida.*

recolectar. tr. **1.** Juntar (cosas dispersas). *Recolectamos fondos para el viaje.* **2.** Recoger (los frutos). *Recolectan las manzanas.* FAM **recolección; recolector, ra.**

recoleto, ta. adj. Dicho de lugar: Tranquilo y poco transitado. *Una plaza recoleta.*

recomendar. (conjug. ACERTAR). tr. **1.** Aconsejar (algo) a alguien. *Te recomiendo que tengas paciencia.* **2.** Hablar a alguien elogiosamente (de otra persona) para que (le) dé ayuda o trato de favor, espec. en el trabajo. *El director la ha recomendado para el puesto.* ▶ **1**: ACONSEJAR. FAM **recomendación.**

recomenzar. (conjug. ACERTAR). tr. **1.** Volver a comenzar (algo). *Recomenzarán la búsqueda al amanecer.* ○ intr. **2.** Volver a comenzar algo. *Las obras recomienzan mañana.* ▶ REINICIAR.

recompensa. f. Premio por un servicio, un mérito o una virtud. *Se ofrece una recompensa* POR *la captura del prófugo.* FAM **recompensar.**

recomponer. (conjug. PONER). tr. **1.** Componer de nuevo (algo desbaratado o descompuesto). *Recomponer un puzle.* **2.** Arreglar o reparar (algo roto o estropeado). *Recompone la máquina.* ▶ **2**: *ARREGLAR.

reconcentrar. tr. **1.** Concentrar intensamente (personas o cosas) en un punto. *Reconcentró toda su ira* EN *sus enemigos.* ○ intr. prnl. **2.** Abstraerse o concentrarse en algo. *Se reconcentra* EN *la lectura.*

reconciliar. (conjug. ANUNCIAR). tr. **1.** Hacer que (personas enfrentadas) vuelvan a tener buenas relaciones. *No consigue reconciliar a sus hijos.* **2.** Poner de acuerdo (cosas opuestas). *Reconcilíemos las dos posturas.* ○ intr. prnl. **3.** Volver a tener dos o más personas buenas relaciones. *Se reconciliaron.* FAM **reconciliación; reconciliador, ra.**

reconcomer. tr. **1.** Causar una cosa fuerte ansiedad moral (a alguien). *La envidia la reconcome.* ○ intr. prnl. **2.** Sentir fuerte ansiedad moral sin manifestarlo. *Se reconcome de celos.*

recóndito, ta. adj. Muy escondido u oculto. *Sus más recónditos sentimientos.*

reconducir. (conjug. CONDUCIR). tr. Corregir la dirección u orientación (de algo, espec. de un asunto, una situación o un proceso). *Reconducirán la negociación.*

reconfortar. tr. Confortar eficazmente (a alguien). *Sus palabras me reconfortaron.* FAM **reconfortante.**

reconocer. (conjug. AGRADECER). tr. **1.** Identificar (algo o a alguien) o distinguir(los) entre otros. *Te reconocí en cuanto llegaste.* **2.** Admitir o aceptar (algo) como cierto. *No reconoce su error.* **3.** Admitir o aceptar (algo) como legítimo. *La ley le reconoce ese derecho.* **4.** Admitir o aceptar que (alguien o algo) tienen determinada cualidad o condición. *Me reconozco incapaz.* **5.** Declarar legalmente una persona que (otra) tiene determinado parentesco con ella y aceptar los derechos y deberes derivados de ello. *Reconoció a su hijo.* **6.** Mostrar agradecimiento (por un beneficio recibido). *Reconoce los favores.* **7.** Examinar con cuidado (algo, espec. un lugar) para obtener información. *Una patrulla reconoce el terreno.* **8.** Examinar (a alguien) para averiguar su estado de salud. *El médico me ha reconocido.* FAM **reconocible.**

reconocido, da. adj. Que reconoce un favor recibido. *Le quedo muy reconocido.*

reconocimiento. m. **1.** Hecho de reconocer. *Reconocimiento médico.* **2.** Gratitud.

reconquista. f. Hecho de reconquistar. *La reconquista de la paz.* Frec., a mayúsc., designa el llevado a cabo en territorio español por los reinos cristianos y que culminó con la toma de Granada en 1492.

reconquistar. tr. Volver a conquistar (algo perdido). *El equipo reconquistó el título.* FAM **reconquistador, ra.**

reconsiderar. tr. Volver a considerar o reflexionar (algo). *Reconsidere la oferta.*

reconstituir. (conjug. CONSTRUIR). tr. Rehacer o volver a constituir (algo deshecho o destruido). *Hubo que reconstituir el país.* FAM **reconstitución.**

reconstituyente. adj. Que devuelve al organismo su vigor perdido o sus condiciones normales. *Tónico reconstituyente.*

reconstruir. (conjug. CONSTRUIR). tr. **1.** Volver a construir (algo destruido). *Reconstruirán el edificio.* **2.** Rehacer o recomponer (algo roto o deshecho). *Reconstruye la vasija.* **3.** Reproducir en el presente (algo pasado o que ya no existe, espec. un hecho). *Reconstruyen el crimen.* FAM **reconstrucción; reconstructivo, va.**

recontar. (conjug. CONTAR). tr. **1.** Contar el número (de personas, animales o cosas) para asegurarse de su exactitud. *Están recontando los votos.* **2.** Volver a contar (un hecho o una historia). *Recontó una vieja anécdota.*

reconvenir. (conjug. VENIR). tr. Censurar o reprender (a alguien). *Lo reconvino por su impuntualidad.* ▶ *REÑIR. FAM **reconvención.**

reconvertir. (conjug. SENTIR). tr. Convertir (algo, espec. una industria o un sector económico) en otra cosa, modificando su función o su actividad. *El Gobierno reconvertirá el sector naval.* FAM **reconversión.**

recopilar. tr. Juntar o reunir (cosas de la misma índole, espec. escritos). *Recopila información para un libro.* FAM **recopilación; recopilador, ra; recopilatorio, ria.**

recórcholis. interj. Se usa para expresar sorpresa o enfado.

récord. (pl. récords). m. Marca (mejor resultado en un deporte). ▶ MARCA.

recordar. (conjug. CONTAR). **1.** tr. Pasar a tener en la mente (algo vivido o percibido con anterioridad). *Recuerdo su cara.* **2.** Tener en la mente o en consideración (algo o a alguien). *Os recordaré siempre.* **3.** Hacer que alguien recuerde (→ 1, 2) (algo). *Recuérdame que llame.* **4.** Parecerse una persona o cosa (a otra). *Me recuerda a su madre.* FAM **recordable.**

recordatorio, ria. adj. **1.** Que sirve para recordar. *Placa recordatoria.* ● m. **2.** Aviso, señal u otro medio para recordar algo. *Su cicatriz es un amargo recordatorio de la guerra.* **3.** Tarjeta o impreso breve en que con fines religiosos se recuerda el fallecimiento, la primera comunión o los votos de alguien.

recorrer. tr. **1.** Ir por toda la extensión (de un lugar). *Recorrió el país.* **2.** Ir a lo largo (de una distancia). *Recorrerán el trayecto.* **3.** Pasar la mirada de una parte a otra (de algo). *Recorre el salón con la mirada.* ▶ **2**: *ANDAR. FAM **recorrido.**

recortado, da. adj. Que tiene muchos entrantes y salientes. *Una costa recortada.*

recortar. tr. **1.** Cortar lo que sobra o sobresale (de algo). *Recorta el seto.* **2.** Cortar con cuidado (una figura o una pieza) del papel o materia semejante en que se hallan. *Recorta la noticia.* **3.** Hacer más corto o pequeño (algo material o inmaterial). *Recorten gastos.* ○ intr. prnl. **4.** Mostrar una cosa nítidamente su perfil sobre otra. *Una figura se recorta EN el umbral.* FAM **recortable; recorte.**

recostar. (conjug. CONTAR). tr. Inclinar (algo, espec. la parte superior del cuerpo, o a alguien), apoyándo(los) sobre una cosa. *Recuesta la cabeza EN/SOBRE el cojín.*

recoveco. m. **1.** Vuelta o cambio de dirección de algo lineal, como un río o una calle. *Conoce bien el cañón y sus recovecos.* **2.** Sitio escondido o rincón. *El perro guarda sus huesos en un recoveco del jardín.*

recrear. tr. **1.** Crear o producir de nuevo (algo). *La novela recrea el ambiente de los suburbios.* **2.** Proporcionar deleite o esparcimiento (a alguien), apoyándo(los). *El paisaje recrea la vista.* ○ intr. prnl. **3.** Disfrutar o gozar con algo. *Se recrea pensando en tiempos pasados.* FAM **recreación; recreativo, va.**

recreo. m. **1.** Hecho de recrearse o divertirse. *Un viaje de recreo.* **2.** En un colegio: Tiempo que se interrumpen las clases y que se dedica al recreo (→ 1). *Juegan durante el recreo.* **3.** Lugar adecuado para el recreo (→ 1, 2). *Un recreo cubierto.*

recriminar. tr. **1.** Reprender o censurar (a alguien). *La recrimina duramente.* **2.** Censurar (algo, espec. un comportamiento o una actitud) a alguien. *Le recriminan su insolidaridad.* FAM **recriminación; recriminador, ra; recriminatorio, ria.**

recrudecer. (conjug. AGRADECER). intr. Incrementarse algo negativo o perjudicial. Frec. prnl. *La violencia se ha recrudecido.* FAM **recrudecimiento.**

recta; rectal. ● → **recto.**

rectangular. adj. **1.** Del rectángulo. *La pantalla tiene forma rectangular.* **2.** Que tiene forma de rectángulo. *Un edificio de planta rectangular.* **3.** Mat. Del ángulo recto. *Coordenadas rectangulares.* **4.** Mat. Que contiene uno o más rectángulos. *Prisma rectangular.* **5.** Mat. Que tiene uno o más ángulos rectos. *Polígono rectangular.*

rectángulo. adj. **1.** Mat. Dicho de figura o cuerpo geométricos: Que tiene uno o más ángulos rectos. *Triángulo rectángulo.* ● m. **2.** Cuadrilátero que tiene los cuatro ángulos rectos y los lados contiguos desiguales. *Un folio tiene forma de rectángulo.*

rectificar. tr. **1.** Corregir (algo erróneo, inexacto o imperfecto). *Rectificarán los datos.* **2.** Corregir (lo dicho por uno mismo o por otro). Tb. como intr. *No rectificaré.* **3.** Corregir lo dicho (por alguien). *Él me rectificó.* **4.** Corregir (la propia conducta o actitud). Tb. como intr. *Aún puedes rectificar.* ▶ **1:** *CORREGIR. **4:** ENMENDARSE. FAM **rectificación; rectificador, ra.**

rectilíneo, a. adj. Que tiene forma de línea recta. *Una trayectoria rectilínea.*

recto, ta. adj. **1.** Que no se inclina o desvía, ni hace curvas o ángulos. *Línea recta.* **2.** Dicho de prenda de vestir o de una parte de ella: Que de la parte superior a la inferior ni se ensancha ni se estrecha. **3.** Severo, consigo y con los demás, en el cumplimiento de normas morales y de conducta. *Un hombre recto.* **4.** Dicho de cosa: Justa o correcta, espec. en lo moral. *Recto proceder.* **5.** Dicho de sentido: Literal y no figurado. ● adv. **6.** En línea recta (→ 1). *Siga recto.* ● m. **7.** Anat. Última porción del intestino, que termina en el ano. ○ f. **8.** Mat. Línea más corta que puede trazarse entre

dos puntos. **9.** Tramo recto (→ 1) de una carretera, camino o cosa semejante. *En las rectas se embala.* ■ recta final. f. *Dep.* Tramo recto (→ 1) inmediatamente anterior a la meta. *El piloto adelanta en la recta final.* FAM **rectal; rectitud.**

rector, ra. adj. **1.** Que rige o dirige. ● m. y f. **2.** Persona responsable de dirigir una institución o comunidad, espec. una universidad. *El decano es candidato a rector.* ○ m. **3.** Párroco o cura. *El rector de la parroquia.* FAM **rectorado; rectoral; rectoría.**

recua. f. **1.** Conjunto de animales de carga, que sirve para transportar mercancías. *Una recua DE mulas.* **2.** coloq. Conjunto numeroso de personas o, menos frec., de cosas que van en grupo o en fila. *Viene con toda su recua DE amigos.* ▶ Am: **1:** ARREO.

recuadro. m. **1.** Cuadrado o rectángulo que delimita una superficie. *Traza un recuadro en torno al texto.* **2.** En un periódico: Noticia o texto que se encierra en un recuadro (→ 1) para hacer que resalte. *Las películas aparecen en un recuadro.* FAM **recuadrar.**

recubrir. (part. **recubierto**). tr. Cubrir (algo) por completo. *Recubra el pastel de chocolate.* FAM **recubrimiento.**

recuento. m. Hecho de recontar el número de personas, animales o cosas. *Hizo el recuento de votos.*

recuerdo. m. **1.** Hecho de recordar. **2.** Cosa recordada. *Tengo muchos recuerdos.* **3.** Cosa que recuerda algo o a alguien. **4.** Objeto que se adquiere, se regala o se conserva para recordar algo o a alguien. *Un recuerdo de Río.* ○ pl. **5.** Saludo afectuoso que se envía a un ausente. *Da recuerdos a tu tío.* ▶ **1, 2:** MEMORIA.

recular. intr. Retroceder. *El coche frenó y reculó.*

recuperar. tr. **1.** Volver a tener (a alguien perdido, o algo perdido, prestado o depositado). *He recuperado mi libro.* **2.** Volver a poner en servicio (algo que se daba por inservible). *Recuperan muebles viejos.* **3.** Trabajar un tiempo adicional para compensar (el tiempo perdido o la tarea no realizada). *Recuperaremos las clases perdidas.* **4.** Aprobar (una materia o un examen) después de haber suspendido en una convocatoria anterior. *Tengo que recuperar tres asignaturas.* ○ intr. prnl. **5.** Volver algo o alguien a un estado de normalidad después de haber pasado por una situación difícil o haber sufrido un daño. *Se ha recuperado DE su lesión.* ▶ **1:** RECOBRAR. **5:** RECOBRARSE. FAM **recuperable; recuperación.**

recurrente. adj. Que vuelve a ocurrir o a aparecer, espec. después de un intervalo. *Fiebre recurrente.* FAM **recurrencia.**

recurrir. intr. **1.** Acudir a alguien o algo en caso de necesidad. *Recurriré A mis padres.* **2.** Der. Presentar recurso contra una resolución o sentencia. *Se ha acabado el plazo para recurrir.* ○ tr. **3.** Der. Presentar recurso (contra una resolución o sentencia). *Recurrirá la multa.* ▶ **1:** ACUDIR.

recurso. m. **1.** Hecho de recurrir a alguien o algo en caso de necesidad. **2.** Medio al que se recurre o se puede recurrir. *Use el arma como último recurso.* Tb. aquello que está disponible en caso de necesidad. *Recursos naturales.* **3.** Der. Reclamación que una resolución o sentencia, que se presenta ante la autoridad que las dictó o ante otra superior. *Presentará un recurso.* ○ pl. **4.** Bienes o medios de subsistencia. *Viven sin apenas recursos.* **5.** Capacidad para actuar con eficacia. *Un delantero lleno de recursos.*

recusar. tr. **1.** No aceptar o no admitir (algo o a alguien). *Las teorías de Galileo fueron recusadas por la*

Iglesia. **2.** *Der.* Rechazar de manera legítima (a un juez, perito, testigo u otra persona que ha de intervenir en un juicio o procedimiento). *Varios miembros del jurado han sido recusados por la defensa.* FAM recusación.

red. f. **1.** Utensilio hecho con hilos, cuerdas o alambres entrelazados en forma de malla. *Ponen una red a los árboles para que los pájaros no se coman la fruta.* **2.** Designa diversos objetos constituidos básicamente por un tejido de mallas. *Redes de pesca.* **3.** Organización clandestina de personas, unidas para una actividad ilegal o delictiva. *Red de tráfico de armas.* **4.** Conjunto organizado de sucursales, agencias o personas de un mismo negocio o empresa. *Una red de colaboradores.* **5.** Conjunto organizado de tuberías, hilos o vías de comunicación. *Red de agua.* **6.** *Inform.* Conjunto de ordenadores conectados entre sí para poder intercambiar información. *La red interna de una oficina.* ■ **caer** alguien **en la ~,** o **en las redes,** (de alguien o algo). loc. v. Estar bajo su influjo. *Cayó en las redes de una arpía.*

redacción. f. **1.** Hecho de redactar. *El artículo falla en la redacción.* **2.** Conjunto de redactores de una publicación periódica. *El comunicado va dirigido a la redacción.* **3.** Lugar u oficina donde trabaja la redacción (→ 2). *Hay una actividad frenética en la redacción.* **4.** Ejercicio escolar que consiste en redactar un escrito sobre un tema dado.

redactar. tr. Poner por escrito (algo), o dar(le) forma escrita. *Su trabajo consiste en redactar noticias.* Tb. como intr. *Redacta muy bien.* FAM redactor, ra.

redada. f. Operación policial que consiste en detener a varias personas de una vez.

redecilla. f. **1.** Utensilio hecho con tejido de malla, más pequeño que la red. *Mete naftalina en una redecilla y la cuelga en el armario.* Tb. el tejido. *Bolsa de redecilla.* **2.** Prenda de redecilla (→ 1) con forma de bolsa, que se emplea para recoger el pelo.

rededor. en ~. loc. adv. cult. Alrededor. *Miró en rededor sorprendido.*

redefinir. tr. Definir (algo) de nuevo, o de modo diferente. *Redefinieron los objetivos.*

redención. f. Hecho de redimir o redimirse. *La redención del alma.* Frec., en mayúsc., designa la llevada a cabo por Jesucristo. *La Redención nos libró del demonio.*

redentor, ra. adj. Que redime. *Sangre redentora.* ■ **el Redentor.** loc. s. *Rel.* Jesucristo. *Para los cristianos, el Redentor sufrió para salvar a los hombres.*

redescubrir. (part. **redescubierto**). tr. Volver a descubrir o conocer (algo o a alguien). *Ha redescubierto el amor.* FAM redescubrimiento.

redicho, cha. adj. Que habla con una corrección que no resulta natural y escogiendo palabras afectadas. *Estoy harta de escuchar a ese abogado redicho.*

redil. m. Lugar cercado donde se recoge al ganado. *Mete a las ovejas en el redil.*

redimir. tr. **1.** histór. Rescatar (a un esclavo o a un prisionero) pagando un precio. *Redimían a los cristianos cautivos.* **2.** Hacer que termine (una obligación, un dolor u otra situación molesta). *Los presos redimen su condena trabajando.* **3.** cult. Librar (a alguien) de una obligación o castigo. *Lo ha redimido* DEL *castigo.*

redistribuir. (conjug. CONSTRUIR). tr. Volver a distribuir (algo), espec. si se hace de manera diferente. *Redistribuye el trabajo.* FAM redistribución.

rédito. m. Interés o beneficio que produce un capital. *El rédito de una inversión.*

redituar. (conjug. ACTUAR). tr. frecAm. Producir (beneficio económico). *El agua embotellada redituó una fortuna para algunas familias* [C].

redivivo, va. adj. Resucitado. Se usa pospuesto a un nombre de persona para enfatizar una relación de semejanza entre dicha persona y otra con la que es comparada. *Es un Gandhi redivivo.*

redoblar. tr. **1.** Hacer doble (algo, como una cantidad). *Redoblo la apuesta.* **2.** Aumentar (algo) considerablemente. *Redoblamos los esfuerzos.* **3.** Tocar redobles (en el tambor). *El músico redobla el tambor.* ○ intr. **4.** Tocar redobles en el tambor. *El titiritero redobla.*

redoble. m. Toque vivo y continuo que se produce golpeando rápidamente el tambor con los palillos. *Un redoble de tambor y empieza el espectáculo.*

redoma. f. Recipiente de cristal de fondo ancho, que se estrecha hacia la boca.

redomado, da. adj. Acompañando a un nombre calificador que expresa cualidad negativa, se usa para enfatizar el significado expresado por este. *Es un tonto redomado.*

redonda. → redondo.

redondeado, da. adj. Aproximadamente circular o esférico. *La Tierra tiene forma redondeada.*

redondear. tr. **1.** Dar forma redonda (a algo). *Redondea las aristas.* **2.** Terminar (una cosa) de manera satisfactoria. *Redondearé el trabajo.* **3.** Eliminar (pequeñas diferencias numéricas) entre dos cantidades, para tener solo unidades de orden superior. Tb. como intr. *–Son 399. –Deme 400, para redondear.* FAM redondeo.

redondel. m. coloq. Circunferencia o círculo. *Dibuja un redondel.*

redondo, da. adj. **1.** Circular o esférico. *Una plaza redonda.* **2.** Aproximadamente circular o esférico. *Zapato de punta redonda.* **3.** Perfecto o completo. *Un negocio redondo.* ● f. **4.** *Gráf.* Letra redonda (→ letra). **5.** *Mús.* Nota cuyo valor llena un compás de cuatro por cuatro. ○ m. **6.** Pieza de la carne de una res, que corresponde a la parte inferior del lomo y que se corta de forma casi cilíndrica para su consumo. ■ **a la redonda.** loc. adv. En torno, o alrededor. *Es la única casa en un kilómetro a la redonda.* ■ **en redondo.** loc. adv. **1.** En círculo, o dando una vuelta completa. *Giró en redondo.* **2.** De manera clara y tajante. *Se ha negado en redondo.* FAM redondez.

reducción. f. **1.** Hecho de reducir o reducirse. *Reducción de tarifas.* **2.** histór. En la América hispana: Pueblo de indígenas convertidos al cristianismo, al cuidado de misioneros. *Las reducciones pretendían preservar a los indios del contacto con los españoles.*

reducido, da. adj. Pequeño o limitado. *Un número reducido de personas.*

reducir. (conjug. CONDUCIR). tr. **1.** Hacer menor (algo). *Reduje la velocidad.* **2.** Resumir o hacer más breve (algo, como un discurso o una narración). *Reduzca su intervención a dos minutos.* **3.** Convertir una cosa en otra de menos calidad. *Reducen la casa* A *escombros.* **4.** Hacer que (una cosa) pase a ser otra más pequeña o de menor importancia. *Redujo su vida* AL *trabajo.* **5.** Someter a obediencia por la fuerza (a alguien que se resiste). *Redujo al atracador.* **6.** Seguido de un complemento introducido por *a* que designa si-

reducto - refilón

tuación o la implica: Obligar (a alguien) a permanecer en ella. *El accidente lo redujo a ir en silla de ruedas.* **7.** Mat. Expresar el valor (de una cantidad) en unidades diferentes a las que se tienen. *Reduzca un kilómetro a metros.* **8.** En un vehículo: Cambiar (una marcha) a otra más corta. *Reduce la marcha.* Tb. como intr. ▶ **1:** *DISMINUIR. **2:** RESUMIR. FAM reducible; reductible; reductor, ra.

reducto. m. Mil. Construcción de guerra, cerrada y gralm. con un parapeto. Tb. fig. *Escribe desde el reducto de su casa de campo.*

redundancia. f. Repetición, gralm. excesiva, de una palabra o de un concepto. *Los tres trillizos acudieron en trío, valga la redundancia.* FAM redundante.

redundar. intr. Dar como resultado una cosa. *El ahorro de energía redunda EN beneficio de todos.* ▶ REVERTIR.

reduplicar. tr. **1.** Duplicar o aumentar (una cosa) al doble de lo que era antes. *Reduplican los precios.* **2.** Repetir (una cosa). *La publicidad reduplica las palabras.* FAM reduplicación.

reedificar. tr. Construir de nuevo (un edificio). *Reedificarán la iglesia en ruinas.*

reeditar. tr. Volver a editar (algo). *Van a reeditar la novela.* FAM reedición.

reeducar. tr. Volver a educar (a alguien o algo). *Reeducan a los reclusos.* FAM reeducación.

reelegir. (conjug. PEDIR; part. **reelegido** o, Am., **reelecto**). tr. Volver a elegir (a alguien). *Lo han reelegido como director. Aspira a ser reelecto* [C]. FAM reelección.

reembarcar. tr. **1.** Volver a embarcar (algo o a alguien). *Reembarcan las mercancías.* ○ intr. **2.** Volver a embarcar alguien. *Los pasajeros reembarcan.* Tb. prnl.

reembolsar. (Tb. **rembolsar**). tr. **1.** Devolver a alguien (una cantidad que ha desembolsado). *Le reembolsaron su dinero.* ○ tr. o prnl. **2.** Recuperar alguien (una cantidad que ha desembolsado). *Se ha reembolsado lo que pagó.* FAM reembolsable.

reembolso. (Tb. **rembolso**). m. **1.** Hecho de reembolsar o reembolsarse. *Para cualquier rembolso es imprescindible el recibo.* **2.** Cantidad de dinero que se paga al recibir un objeto enviado por correo o por una agencia de transportes.

reemplazar. (Tb. **remplazar**). tr. **1.** Sustituir (una cosa o a una persona) por otra. *Han reemplazado la fuente POR/CON una más moderna.* **2.** Pasar una persona o cosa a ocupar el lugar o la función (de otra). *A las ocho lo reemplaza otro vigilante.*

reemplazo. (Tb. **remplazo**). m. **1.** Hecho de reemplazar. *Comienza el reemplazo de los autobuses de gasóleo POR/CON otros eléctricos.* **2.** Renovación parcial periódica de los soldados del ejército que prestan servicio activo.

reemprender. tr. Continuar (una acción que se había interrumpido). *Reemprenderemos la marcha.*

reencarnar. intr. Volver a encarnar o a tomar forma corpórea un ser o un espíritu. Tb. prnl. *El dios se reencarna EN diferentes animales.* FAM reencarnación.

reencontrar. (Tb. **rencontrar**; conjug. CONTAR). tr. **1.** Volver a encontrar (algo o a alguien). *Reencontró a su viejo amigo.* ○ intr. prnl. **2.** Volver a encontrarse con alguien o algo. *Quiere reencontrarse CON sus raíces.* FAM reencuentro o rencuentro.

reenganchar. tr. Volver a alistar (a alguien) como soldado una vez que ha terminado el servicio militar. Tb. fig. *Reengancha a los despedidos.* FAM reenganche.

reenviar. (conjug. ENVIAR). tr. Volver a enviar (algo o a alguien que se reciben o llegan). *Reenvía el mensaje a todos sus amigos.* FAM reenvío.

reescribir. (part. **reescrito**). tr. **1.** Volver a escribir (algo) haciendo cambios o correcciones. *Ha reescrito el cuento.* **2.** Volver a escribir (sobre algo) para dar(le) una nueva interpretación. *Los fósiles ayudarán a reescribir la historia.*

reestrenar. tr. Volver a estrenar (un espectáculo, una obra dramática o una película). *Esta temporada reestrenan "Romeo y Julieta".* FAM reestreno.

reestructurar. tr. Estructurar de nuevo o de forma diferente (algo). *El entrenador quiere reestructurar el equipo.* FAM reestructuración.

reexpedir. (conjug. PEDIR). tr. Expedir (algo antes recibido). *Cuando reciba la carta se la reexpediré.*

reexportar. tr. Exportar (algo que se ha importado antes). *La empresa reexporta frutas tropicales.*

refacción. f. **1.** cult. Comida pequeña que se toma para reparar las fuerzas. **2.** frecAm. Hecho de refaccionar. *Talleres de refacción de armas* [C]. **3.** Am. Recambio (cosa que sustituye a otra). *Compran refacciones robadas* [C]. ▶ **3:** RECAMBIO.

refaccionar. tr. Am. Restaurar o reparar (algo, espec. un edificio). *En esa época refaccionaron el Penal* [C].

refajo. m. Falda interior de tela gruesa que se usaba como prenda de abrigo. Tb., en Am., designa cualquier falda interior. *Nos ponía a buen precio los pantys, los refajos y las medias de nilón* [C].

refectorio. m. En un convento: Habitación que se emplea como comedor común.

referencia. f. **1.** Hecho o efecto de referir o referirse. *Este es el libro al que hizo referencia.* **2.** Remisión o indicación que se da al lector en un escrito para que acuda a otro lugar del mismo texto o a otro texto. *A pie de página hay una referencia a otro libro.* **3.** Informe que se da sobre el trabajo y las cualidades de alguien. Frec. en pl. *Me han dado buenas referencias de ella.* ■ **con ~ a.** loc. prepos. Acerca de. *Con referencia a su petición, le informamos de que ha sido aceptada.* ■ **por ~(s).** loc. adv. De manera indirecta. *Sabemos por referencias de su existencia.*

referéndum. (pl. invar.). m. Procedimiento jurídico por el que se somete a votación popular una ley o un acto administrativo para su ratificación. *La constitución fue aprobada por referéndum.* FAM referendo.

referente. adj. **1.** Que se refiere o alude a alguien o a algo, o tiene relación con él. *Trató de asuntos referentes A la enseñanza.* ● m. **2.** Término de referencia. *La ciudad es el referente de la arquitectura vanguardista.*

referir. (conjug. SENTIR). tr. **1.** Contar (un hecho) de palabra o por escrito. *Refirió lo sucedido.* ○ intr. prnl. **2.** Hablar de una persona o una cosa sin mencionarlas directamente. *Se refería A nosotros cuando dijo que algunos no estudian.* **3.** Hablar o hacer mención de alguien o algo. *La noticia se refiere A la caída de la bolsa.* **4.** Relacionarse una cosa dicha o escrita con una persona u otra cosa, que no se mencionan directamente. *El pasaje de las manos ensopadas se refiere A la censura.* **5.** Tener que ver una persona o cosa con otra. *Es estricto en lo que se refiere a la moral* ▶ **1:** *CONTAR. **2-4:** ALUDIR.

refilón. **de ~.** loc. adv. **1.** De lado. *Mira de refilón.* **2.** De pasada. *Lo dijo de refilón.*

refinado, da. adj. Exquisito o que sobresale por su calidad o perfección. *Gustos refinados.* FAM refinamiento.

refinar. tr. **1.** Hacer más fino (algo) eliminando impurezas y elementos inservibles. *Refinan el aceite.* **2.** Perfeccionar (algo o a alguien), gralm. haciendo que ganen en pureza, estilo o elegancia. *Ha refinado su técnica.* FAM refinado (*El refinado del petróleo*); refinería; refino.

reflectar. tr. *Fís.* Reflejar una superficie (algo como la luz, el calor o el sonido), o hacer que cambie su dirección. *El vidrio reflecta los rayos de luz.* FAM reflectante.

reflector, ra. adj. **1.** Que refleja las ondas o las radiaciones. ● m. **2.** Aparato que lanza la luz de un foco en una dirección determinada. *Un reflector ilumina el edificio.*

reflejar. tr. **1.** Hacer una superficie cambiar de dirección (las ondas o las radiaciones que llegan hasta ella). *La lupa refleja el rayo.* **2.** Formarse en una superficie lisa y brillante (la imagen de alguien o algo). *El cristal refleja su cara.* **3.** Mostrar o manifestar (algo). *Las estadísticas reflejan el aumento de la natalidad.*

reflejo, ja. adj. **1.** *Fisiol.* Dicho espec. de un movimiento: Que se produce de manera involuntaria como respuesta a un estímulo. **2.** Que se refleja o ha sido reflejado. *Luz refleja del sol.* ● m. **3.** Luz reflejada en un objeto. *El reflejo del sol no me deja ver.* **4.** Imagen de una persona o cosa reflejada en una superficie. *Miró su reflejo en el agua.* **5.** Cosa que refleja o manifiesta otra. *La novela es un reflejo de la sociedad.* ○ m. pl. **6.** Capacidad para reaccionar de manera rápida y eficaz ante algo. *Tiene buenos reflejos.*

réflex. adj. Dicho de cámara fotográfica: Que usa un espejo entre el visor y el objetivo, que permite ver la misma imagen que aparece después en la fotografía.

reflexión. f. **1.** Hecho o efecto de reflexionar. *En el libro aparecen reflexiones del poeta.* **2.** Razonamiento o consejo que se comunica a alguien para persuadirlo o convencerlo de algo. *Mi hermano me hizo una reflexión SOBRE mi decisión.* **3.** *Fís.* Hecho o efecto de reflejar o reflejarse. *La reflexión de un rayo láser en un cristal.* ▶ **1:** MEDITACIÓN.

reflexionar. intr. **1.** Pensar a fondo o detenidamente sobre algo. *Antes de tomar la decisión, necesito reflexionar.* ○ tr. **2.** Pensar a fondo o detenidamente (sobre algo). *Reflexiona la respuesta antes de contestar.* ▶ MEDITAR.

reflexivo, va. adj. **1.** Dicho de persona: Que suele actuar y hablar con reflexión, o pensando detenidamente las cosas. *Es una persona reflexiva.* **2.** Dicho de cosa: Que reflecta. *Ropa de materiales reflexivos.* **3.** *Gram.* Dicho de verbo u oración: Que expresa una acción en la que el sujeto y el objeto designan la misma persona o cosa. *"Me peino" es una construcción reflexiva.* **4.** *Gram.* Dicho de pronombre: Que designa la misma persona o cosa que el sujeto de un verbo reflexivo (→ 3). *En "Juan se lava", "se" es un pronombre reflexivo.*

reflexología. f. *Med.* Estudio de las técnicas de masaje aplicadas a determinados puntos de las manos o los pies con fines terapéuticos.

reflexoterapia. f. *Med.* Tratamiento de las enfermedades por medio de masajes en determinados puntos de las manos y de los pies.

reflorecer. (conjug. AGRADECER). intr. Volver a florecer o echar flores. *El arbusto reflorecerá en otoño.*

reflotar. tr. **1.** Volver a poner a flote (una embarcación sumergida o encallada). *Han reflotado la barca hundida.* **2.** Hacer que (una empresa con dificultades económicas) vuelva a ser rentable. *Logró reflotar el negocio.* FAM reflotamiento.

refluir. (conjug. CONSTRUIR). intr. **1.** Volver hacia atrás un líquido. *Las aguas refluyen mar adentro.* **2.** Pasar a tener algo un efecto sobre una persona o cosa. *Las bajas temperaturas han refluido SOBRE el turismo.*

reflujo. m. Movimiento de descenso de la marea.

refocilar. tr. Divertir una cosa (a alguien, que gralm. se regodea en ella groseramente o con malicia). *La derrota del equipo visitante refocila a los hinchas locales.*

reforestar. tr. Repoblar (un terreno) con plantas forestales. *Reforestan el bosque con especies autóctonas.* FAM reforestación.

reforma. f. **1.** Hecho o efecto de reformar. *La reforma de la enseñanza.* **2.** (Frec. en mayúsc.). histór. Movimiento religioso europeo del siglo XVI que dio lugar a la formación de las iglesias protestantes.

reformado, da. adj. **1.** Que sigue la Reforma protestante. *Iglesias reformadas.* **2.** Dicho de religioso: Que pertenece a una orden reformada (→ 1). *Carmelitas reformados.*

reformar. tr. **1.** Modificar o cambiar (algo), gralm. con la intención de mejorar(lo). *Van a reformar la casa.* **2.** Corregir o cambiar (a alguien) haciendo que abandone hábitos o comportamientos censurables. *Su novia lo reformó.* FAM reformador, ra.

reformatorio, ria. adj. **1.** frecAm. Que reforma o sirve para reformar. *Institución reformatoria* [C]. ● m. **2.** Establecimiento donde se ingresa, con la intención de reformarlos, a los menores de edad que han cometido algún delito. ▶ **2:** CORRECCIONAL.

reformismo. m. Tendencia o doctrina que defienden la aplicación de reformas o mejoras progresivas en una situación política, social o religiosa. FAM reformista.

reforzar. (conjug. CONTAR). tr. Hacer más fuerte (algo o a alguien). *Han reforzado la estructura de la casa.* FAM reforzamiento.

refractar. tr. *Fís.* Hacer un cuerpo que (un rayo o una onda) cambien de dirección, como resultado del cambio de velocidad que (estos) experimentan al pasar de un medio a otro. *El cristal refracta los rayos de luz.* FAM refracción.

refractario, ria. adj. **1.** Opuesto o contrario a algo. *Era refractario A las ideas innovadoras.* **2.** Dicho de material o de cuerpo: Que resiste altas temperaturas sin cambiar de estado ni descomponerse. *Trajes de material refractario.*

refrán. m. Dicho tradicional gracioso u oportuno, que expresa una afirmación, una advertencia o un consejo, y que a veces contiene alguna rima. *"Al que madruga Dios le ayuda" es un refrán muy conocido.* ▶ *DICHO. FAM refranero.

refregar. (conjug. ACERTAR). tr. **1.** Frotar (algo o a alguien) muchas veces o con insistencia. *No te refriegues los ojos.* **2.** coloq. Decir a alguien (algo que le ofende o molesta) muchas veces o con insistencia. *Me refriega que él gana más.*

refreír. (conjug. SONREÍR; part. refreído o refrito. Los part. *refreído* y *refrito* se utilizan en la conjugación. *He refreído/refrito las croquetas.* Como adj. se usa casi exclusivamente *refrito: Patatas refritas*). tr. **1.** Volver a freír (una cosa). *Se nota que han refrito* *estos calamares.* **2.** Freír mucho o muy bien (una cosa). *Refríe la cebolla.* **3.** Freír en exceso (una cosa). *Has refreído los filetes y se han quemado.*

refrenar. tr. **1.** Contener (a alguien o algo, como un sentimiento o un impulso) o impedir que se manifieste. *Refrenó sus ansias de huir.* **2.** Sujetar (al caballo) con el freno y dominar(lo). *Refrena al caballo para que no galope.* ▶ **1:** *REPRIMIR.

refrendar. tr. **1.** Hacer válido (un documento) la persona que está capacitada para ello. *El Parlamento no refrendó el presupuesto del Gobierno.* **2.** Confirmar que (algo) es válido o verdadero. *El catedrático refrendó las palabras de su discípulo.*

refrendo. m. **1.** Hecho de refrendar. *La ley se someterá al refrendo del Senado.* **2.** Firma con la que se refrenda un documento. *El texto lleva el refrendo de la ministra.*

refrescar. tr. **1.** Hacer disminuir la sensación de calor (en alguien o algo). *Refrescó el patio regándolo.* **2.** Recordar o hacer recordar (algo que se tenía olvidado). *Voy a refrescar lo que estudié.* ○ intr. **3.** Hacerse más fresco el tiempo. *En septiembre refrescan las mañanas.* Tb. en constr. impers. *Ha refrescado.* **4.** Quitarse alguien el calor espec. tomando una bebida fría. *Entramos en un bar a refrescar un poco.* FAM **refrescante.**

refresco. m. **1.** Bebida refrescante, gralm. sin alcohol, que se sirve fría. *Un refresco de limón.* **2.** Bebida y comida ligera que se sirven en una reunión. *Nos dieron un refresco a base de vino y canapés.* ■ **de ~.** loc. adj. Que releva a alguien en una actividad, para que pueda descansar. *Pronto llegará el vigilante de refresco.*

refriega. f. **1.** Batalla de poca importancia o en la que interviene poca gente. *Lo mataron en una refriega de la guerra.* **2.** Pelea o riña. *Una refriega entre borrachos.*

refrigerador, ra. adj. **1.** Que refrigera o sirve para refrigerar. *El agua tiene propiedades refrigeradoras.* ● m. (en Am., tb. f.). **2.** Nevera (electrodoméstico). *Sacó del congelador de la refrigeradora dos cubos de hielo* [C]. ▶ **2:** *NEVERA.

refrigerar. tr. Enfriar (algo) por medios artificiales. *Un sistema de aire acondicionado refrigera la sala.* FAM **refrigeración; refrigerante.**

refrigerio. m. Comida ligera que se toma para reponer fuerzas.

refrito. m. **1.** Salsa o condimento elaborado con ajo, cebolla y otros ingredientes fritos en aceite, que se añade a algunos guisos. **2.** coloq. Obra, espec. escrita, elaborada con fragmentos de otras anteriores. *Ha publicado un refrito de sus artículos de prensa.*

refuerzo. m. **1.** Hecho de reforzar o reforzarse. *El refuerzo de las prendas de cuero se hará a mano.* **2.** Pieza que sirve para reforzar o hacer más fuerte una cosa. *Hay que poner un refuerzo a los pantalones.* **3.** Persona o conjunto de personas que sirven de apoyo o de ayuda. *El policía pide refuerzos por radio.* ▶ **1:** REFORZAMIENTO.

refugiado, da. m. y f. Persona que busca refugio fuera de su país para escapar de una persecución política o de una guerra. *Los países vecinos acogen a los refugiados.*

refugiar. (conjug. ANUNCIAR). tr. **1.** Proteger una persona o un lugar (a alguien) de algún peligro. *Lo refugió en su casa.* ○ intr. prnl. **2.** Buscar protección en alguien o algo. *Se refugian DE la lluvia bajo un árbol.* ▶ **1:** COBIJAR, GUARECER. **2:** COBIJARSE, GUARECERSE.

refugio. m. **1.** Protección frente a un peligro o amenaza. *Vino en busca de refugio.* **2.** Lugar adecuado para refugiarse. *La roca es un buen refugio.* **3.** Casa de montaña que sirve para que los montañeros y excursionistas se refugien. ■ **~ atómico,** o **nuclear.** m. Espacio habitable protegido contra los efectos de las explosiones nucleares. ▶ **2:** COBIJO.

refulgir. intr. cult. Resplandecer o despedir rayos de luz una cosa. *La nieve refulgía con el sol.* FAM **refulgente.**

refundación. f. Hecho de transformar radicalmente una institución o una sociedad para adaptarlas a los nuevos tiempos o a otros fines. *La refundación de un partido.*

refundición. f. **1.** Hecho de refundir. *Harán una refundición de todas las normas EN un solo código.* **2.** Obra que resulta al refundirse otra. *Este texto es una refundición.*

refundir. tr. **1.** Volver a fundir o derretir (un metal). *El horno refunde el hierro.* **2.** Dar nueva forma (a una obra escrita). *Ha refundido la obra para modernizarla.* **3.** Unir (varias cosas) en una sola. *Refundirá todos sus estudios sobre la materia EN uno.*

refunfuñar. intr. Expresar enfado o desagrado hablando entre dientes o emitiendo sonidos confusos. *¡Ya estás refunfuñando!, ¿es que nada te parece bien?* ▶ RENEGAR. FAM **refunfuño; refunfuñón, na.**

refutar. tr. Contradecir o negar con argumentos (algo dicho). *Refutaba las afirmaciones de su colega.* ▶ REBATIR. FAM **refutación.**

regadera. f. **1.** Recipiente portátil empleado para regar, compuesto por un depósito del que sale un tubo terminado en una boca más ancha y con agujeros por los que sale el agua. **2.** Am. Ducha (instalación o aparato). *Se metió a la regadera y dejó que el agua fría cayera sobre su cabeza* [C]. ▶ **2:** DUCHA.

regadío. m. Terreno dedicado a cultivos que requieren riego en abundancia. *En los regadíos cultivan frutas.* ■ **de ~.** loc. adj. Dicho de terreno: Que se puede regar.

regalado, da. adj. **1.** Agradable o placentero. *Una vida regalada.* **2.** coloq. Muy barato. *Venden la casa a un precio regalado.*

regalar. tr. **1.** Dar (algo) sin recibir nada a cambio, a menudo como muestra de afecto o de consideración. *Me regaló unos zapatos.* **2.** Tratar bien o con atención (a alguien). *El pianista regaló a los invitados CON un concierto.* ▶ **1:** OBSEQUIAR.

regalía. f. Cantidad fija o parte de los beneficios que se paga al propietario de un derecho a cambio de poder utilizarlo. *El industrial que explotaba una mina debía pagar una regalía al propietario del terreno.*

regaliz. m. **1.** Pastilla o barrita hechas con el jugo del tallo subterráneo del regaliz (→ 2), que se toma como golosina. **2.** Planta de largos tallos subterráneos de sabor dulce, de los que se extrae un jugo con propiedades medicinales.

regalo. m. **1.** Cosa que se regala a alguien. *Le trajo regalos del viaje.* **2.** Cosa que resulta agradable o produce placer. *Este plato es un regalo para el paladar.* **3.** Conjunto de comodidades que rodean a una persona. *Vive con regalo.* ▶ **1:** OBSEQUIO.

regalón, na. adj. frecAm. coloq. Dicho de persona o animal: Que es tratado con mimo o a quien gusta ser mimado. *Es un poco regalón, le gusta que lo atendamos* [C].

regalonear. tr. Am. coloq. Mimar (a una persona o a un animal). *Mi vieja hacía empanadas para regalonearme* [C].

regante. adj. Que riega. Referido espec. a persona, sobre todo a agricultor, y en ese caso, tb. m. y f. *Cada regante dispone de una cantidad limitada de agua.*

regañadientes. a ~. loc. adv. Con queja o fastidio. *Aceptó a regañadientes.*

regañar. tr. **1.** Reñir (a alguien) por algo que ha hecho. *Me regaña si llego tarde.* ○ intr. **2.** Discutir o pelearse dos personas. *Los hermanos han regañado.* ▶ *REÑIR. FAM regañina.

regar. (conjug. ACERTAR). tr. **1.** Echar agua (sobre las plantas) para alimentar(las). *Riega los geranios.* **2.** Echar agua (sobre una superficie) para limpiar(la) o refrescar(la). *Riegan las calles.* **3.** Atravesar un río (un territorio). *El Paraná riega Brasil, Paraguay y Argentina.* **4.** Derramar o extender algo (sobre una cosa o en un lugar). *Hay que regar el pescado CON vino.*

regata. f. Competición deportiva en la que un grupo de embarcaciones de la misma clase, a vela, motor o remo, debe recorrer un itinerario en el menor tiempo posible. FAM regatista.

regate. m. Movimiento rápido del cuerpo para esquivar algo o a alguien. Frec. en el fútbol y otros deportes. *El jugador hace un regate al defensa.*

regatear. tr. **1.** Discutir un vendedor y un comprador (el precio de algo). Tb. como intr. *Regatean hasta fijar el precio.* **2.** Escamotear o evitar (algo, espec. un esfuerzo). *No regatearon esfuerzos para conseguirlo.* ○ intr. **3.** Hacer regates, espec. en un deporte. *Cruzó el campo regateando y metió un gol.* ▶ 3: DRIBLAR. FAM regateo.

regatón. m. Pieza metálica que se pone en la parte inferior de lanzas, bastones y otros utensilios, gralm. para reforzarlos. *Golpea el suelo con el regatón del paraguas.*

regazo. m. Hueco que forma la falda en la parte del cuerpo que va desde la cintura hasta las rodillas. *Lleva manzanas en el regazo.* Tb. la parte del cuerpo correspondiente de la mujer que está sentada. *Ven, siéntate en mi regazo.*

regenerar. tr. **1.** Volver a poner (algo deteriorado) en el estado que antes tenía. *Hay que regenerar la zona devastada por el fuego.* **2.** Volver a generar (un órgano o un tejido). *La vitamina E ayuda a regenerar la piel.* **3.** Hacer que (alguien) vuelva a tener buenos hábitos o buen comportamiento. *Han regenerado a varios delincuentes.* FAM regeneración; regenerador, ra; regenerativo, va.

regentar. tr. **1.** Ejercer (un empleo o cargo) de manera temporal. *Regentará la presidencia durante la ausencia del presidente.* **2.** Dirigir (un negocio) o estar al frente (de él). *Regenta un bar.*

regente, ta. tr. **1.** La forma **regente** solo se usa como n. f. en la acep. 5). adj. **1.** Que rige o gobierna. *Pertenece a la dinastía regente en el país asiático.* ● m. y f. **2.** Persona designada para gobernar durante la minoría de edad, la ausencia o la incapacidad del rey. *Al quedar huérfano el príncipe, nombraron un regente.* **3.** Persona que dirige un negocio o establecimiento sin ser el propietario. ○ f. **4.** histór. Magistrado que presidía una audiencia territorial. ○ f. **5.** histór. Mujer del regente (→ 4). FAM regencia.

*reggae.** (pal. ingl.; pronunc. "régue" o "régui"). m. Música popular de origen jamaicano, con ritmo sencillo y repetitivo. *Bob Marley fue una figura del reggae.*

regicidio. m. Muerte dada a un rey. *Lo condenaron por regicidio.* FAM regicida.

regidor, ra. adj. **1.** Que rige o gobierna. *Un código regidor de las costumbres.* **2.** Alcalde. *El regidor del pueblo pronunciará un discurso.* **3.** Concejal. *Es regidor de Cultura del Ayuntamiento.* **4.** Cine, Teatro y TV Persona responsable de la organización de los movimientos y efectos escénicos dispuestos por el director. FAM regiduría.

régimen. (pl. **regímenes**). m. **1.** Sistema político por el que se rige una nación. *Este país tiene un régimen democrático.* **2.** Conjunto de normas por las que se regula una actividad o una institución. *Su régimen de vida es muy sencillo.* **3.** Conjunto de normas que regulan la cantidad, el tipo y la distribución de los alimentos que debe tomar una persona, gralm. por motivos de salud. *Un régimen bajo en grasas.* **4.** Conjunto de características regulares o habituales en el desarrollo de algo. *Se ha alterado el régimen de lluvias de la región.* **5.** Gram. Relación de dependencia gramatical que existe entre dos palabras. *Régimen verbal.* **6.** Gram. Palabra que depende gramaticalmente de otra. *La preposición "en" es el régimen del verbo "residir".* ▶ 3: DIETA, PLAN.

regimiento. m. **1.** En el ejército: Unidad de soldados compuesta de varios grupos o batallones, y que está a las órdenes de un coronel. **2.** Hecho de regir o gobernar. **3.** coloq. Grupo numeroso de personas. *Vino un regimiento DE amigos.*

regio, gia. adj. **1.** Real (del rey o de la realeza). *Comitiva regia.* **2.** Grande y magnífico. *Una propina regia.* **3.** Am. Estupendo. *La película es regia* [C]. ● adv. **4.** Am. Estupendo o muy bien. *Un vino le viene regio a la comida* [C]. ▶ 1: REAL.

región. f. **1.** Porción de territorio que tiene características geográficas, históricas o políticas comunes. *La región amazónica.* **2.** Parte determinada del cuerpo, gralm. de las que se establecen para su estudio. *Región abdominal.* **3.** Parte del territorio nacional de las que se establecen con fines militares. FAM regional.

regionalismo. m. **1.** Sentimiento de apego a la propia región y a lo relacionado con ella. **2.** Aspiración o movimiento políticos que defienden que el gobierno de un Estado se debe llevar a cabo teniendo en cuenta las características propias de cada región. **3.** Vocablo, giro o modo de hablar propios de una región o porción de territorio. FAM regionalista.

regionalizar. tr. Organizar con criterios descentralizadores (algo). *Regionalizaron las estructuras administrativas.* FAM regionalización.

regir. (conjug. PEDIR). tr. **1.** Dirigir o gobernar (algo). *Un consejo de administración rige la compañía.* **2.** Gram. Exigir una palabra la presencia (de otra dotada de unos rasgos gramaticales determinados). *La palabra "ojalá" rige un verbo en subjuntivo.* ○ intr. **3.** Funcionar bien un mecanismo o un organismo. *Su mente no regía.* **4.** Estar vigente una ley o una norma. *Cuando se cometió el delito no regía aún esa ley.*

registrador, ra. adj. **1.** Que registra o sirve para registrar. ● f. **2.** En un establecimiento comercial: Máquina donde se guarda el dinero, y que suma y registra automáticamente el importe de las ventas. Tb. *caja,* o *máquina, registradora. Tecleó el importe en la caja registradora.* ○ m. y f. **3.** Persona que tiene a su cargo algún registro público. ▶ 2: CAJA.

registrar. tr. **1.** Examinar (algo o a alguien) con atención para buscar algo que puede estar oculto. *La *policía registra la casa.* **2.** Inscribir (algo o a alguien) en un registro. *Se registra en el hotel.* **3.** Grabar (imágenes o sonidos). *Registraron la conversación.* **4.** Marcar un aparato (un valor o una medida) automáticamente. *El termómetro registra 30°C.* ○ intr. prnl. **5.** Producirse o suceder algo que puede observarse o medirse. *Se han registrado lluvias abundantes.* ▪ **a mí que me registren.** expr. coloq. Se usa para expresar que se es inocente o que no se es responsable de algo. ▶ **3:** GRABAR. ‖ Am o frecAm: **1:** ALLANAR, CATEAR, ESCULCAR.

registro. m. **1.** Hecho o efecto de registrar. *Se hizo un registro de la casa.* **2.** Libro que se emplea para apuntar nombres o datos que deben ser guardados. *Todas las empresas aparecen en el registro.* **3.** Oficina en la que se inscribe algo o a alguien en un registro (→ 2). *Llevó su novela al registro.* **4.** Abertura para examinar algo que está subterráneo o empotrado, como la conducción de un fluido. *El registro del agua.* **5.** *Ling.* Modo de expresarse que varía en función de la situación comunicativa. *Registro coloquial.* **6.** *Mús.* Extensión de la escala musical que corresponde a la tesitura de una voz humana o de un instrumento. *Registro de soprano.* **7.** *Inform.* Conjunto de datos relacionados entre sí que constituyen una unidad de información en una base de datos. ▪ **~ civil.** m. Registro (→ 2, 3) en el que se anotan los datos relativos a nacimientos, matrimonios, muertes y otros estados de los ciudadanos. ▪ **~ de la propiedad.** m. Registro (→ 2, 3) en el que se anotan los datos de todos los bienes inmuebles que hay en un lugar y el nombre de sus propietarios. ▶ Am: **1:** ALLANAMIENTO, CATEO. FAM registral.

regla. f. **1.** Instrumento de forma alargada y gralm. plana que sirve para trazar líneas rectas y para medir la distancia entre dos puntos. **2.** Principio que establece lo que hay que hacer o cómo debe ser algo. *Las reglas de ortografía.* **3.** Procedimiento o fórmula aritmética para solucionar una operación. **4.** Manera habitual de que se hace o se produce una cosa. *Hoy llega temprano, pero la regla es que llegue tarde.* **5.** Menstruación. ▪ **~ de tres.** f. Regla (→ 3) que sirve para hallar una cantidad desconocida cuando se conocen dos cantidades que están entre sí en cierta proporción y una tercera cantidad que se encuentra en la misma relación de proporción con la cantidad desconocida. ▪ **las cuatro ~s.** f. pl. Las cuatro operaciones matemáticas de sumar, restar, multiplicar y dividir. □ **en ~.** loc. adj. **1.** De acuerdo con la ley. *Un pasaporte en regla.* □ loc. adv. **2.** Como es debido. *Se levantó y se aseó en regla.* ▪ **por ~ general.** loc. adv. Normalmente o casi siempre. *Por regla general no bebo.* ▶ **2:** CANON, NORMA, PRECEPTO. FAM reglar.

reglaje. m. *Mec.* Reajuste que se hace de las piezas de un mecanismo para mantenerlo a punto o en la posición correcta.

reglamento. m. Conjunto de reglas o normas establecidas por la autoridad correspondiente para la ejecución de una ley o para regular una actividad o el funcionamiento de una corporación. *El reglamento del baloncesto señala que debe pitarse falta.* FAM reglamentación; reglamentar; reglamentario, ria.

regleta. f. Soporte aislante sobre el que se disponen uno o más componentes de un circuito eléctrico.

regocijo. m. Alegría intensa o júbilo. FAM regocijar.

regodearse. intr. prnl. Deleitarse o complacerse intensamente en algo, frec. de forma maliciosa o grosera. *Te regodeas EN estar ahí tirado sin hacer nada.* FAM regodeo.

regoldar. (conjug. CONTAR). intr. coloq. Eructar. *Regüelda después de comer.* FAM regüeldo.

regordete, ta. adj. coloq. Dicho de persona o de parte de su cuerpo: Pequeña y gruesa. *Tiene la cara regordeta.*

regresar. intr. **1.** Volver al lugar del que se partió, o en donde se estaba antes. *Regresó A casa.* En Am., tb. prnl. *Si me llevan a la fuerza, por mi fuerza me regreso* [C]. ○ tr. **2.** Am. Devolver (algo) a alguien. *Me mandó una tarjeta para que le regresara el anillo que me había regalado* [C]. ▶ **2:** *DEVOLVER. ‖ Am: **1:** DEVOLVERSE. FAM regreso.

regresión. f. Hecho de volver hacia atrás. *La regresión económica afectó a las capas sociales más bajas.* FAM regresivo, va.

reguero. m. **1.** Hilo o chorro fino de algún líquido. *Un reguero DE vino sale de la tinaja.* Tb. el hilo o la señal que deja algo que se va cayendo. *Un reguero DE pólvora.* **2.** Canal pequeño para conducir el agua de riego. ▪ **como un ~ de pólvora.** loc. adv. Muy rápidamente. *El rumor correrá como un reguero de pólvora.* FAM reguera.

regular[1]. adj. **1.** Uniforme, o que no tiene cambios grandes ni bruscos. *Respiración regular.* **2.** Que tiene proporciones armoniosas. *Tiene facciones regulares.* **3.** Medio, o inferior a medio. *Ha hecho un examen regular.* **4.** Que se ajusta a una regla o a un sistema establecido. *Vuelos regulares.* **5.** Que pertenece a una orden religiosa. *El clero regular y el secular.* **6.** *Mat.* Dicho de polígono: Cuyos lados y ángulos son iguales. *Triángulo regular.* **7.** *Mat.* Dicho de poliedro: Cuyas caras y ángulos son iguales. *El cubo es un poliedro regular.* ● adv. **8.** No muy bien. *La sopa me ha salido regular.* ▪ **por lo ~.** loc. adv. Por lo general, o normalmente. *Por lo regular se acuesta temprano.* FAM regularidad.

regular[2]. tr. **1.** Establecer las reglas (de algo). *La ley regulará las importaciones.* **2.** Establecer la medida, proporción o intensidad adecuadas (de algo). *Regula la altura del asiento.* **3.** *Econ.* Reajustar (precios, salarios o tarifas de trabajo) por razones coyunturales. *La subida del petróleo ha obligado a regular los precios.* ▶ **1:** REGLAR, REGULARIZAR. **3:** REAJUSTAR. FAM regulación; regulador, ra; regulativo, va.

regularizar. tr. Regular (algo) o hacer(lo) regular. *Después de la avería, regularizaron el abastecimiento de agua.* ▶ *REGULAR.

regurgitar. tr. *Biol.* Expulsar por la boca, sin sacudida ni esfuerzo de vómito, (sustancias contenidas en el estómago o en el esófago). Tb. como intr. *El zorro regurgita para alimentar a sus crías.*

regusto. m. **1.** Sabor que queda después de tomar una comida o una bebida. *El vino tenía un regusto A regaliz.* **2.** Sensación imprecisa que queda tras una experiencia, o que se produce al recordar esta. *De los años de la guerra le quedó un regusto amargo.* **3.** Impresión de semejanza que evoca algo. *La novela tiene cierto regusto A los años 40.*

rehabilitación. f. Hecho de rehabilitar. *La rehabilitación de un edificio.* Frec. en medicina para designar el conjunto de métodos para recuperar una función perdida o disminuida a causa de una enfermedad o una lesión. *Con la rehabilitación recuperó la movilidad de los dedos.*

rehabilitar. tr. Volver a habilitar (algo o a alguien) o restituir(los) a su antiguo estado. *Han rehabilitado una casa del siglo XVIII.* FAM rehabilitador, ra.

rehacer. (conjug. HACER). tr. **1.** Volver a hacer (algo). *Rehízo el poema varias veces.* **2.** Reparar (algo deteriorado o que ha sufrido un daño). *Después del divorcio, rehará su vida.* O intr. prnl. **3.** Recuperarse. *Aún no se ha rehecho DE la paliza.* **4.** Serenarse o mostrar tranquilidad. *Tras la sorpresa se rehízo.*

rehén. m. Persona retenida por otra para obligar a un tercero a cumplir determinadas condiciones. *Los atracadores tomaron rehenes.*

rehogar. tr. Freír ligeramente (un alimento) para que se impregne de la grasa y de los ingredientes con que se condimenta. *Rehogó las verduras.*

rehuir. (conjug. HUIR). tr. Evitar o esquivar (algo o a alguien). *Me rehúye.*

rehusar. (conjug. REHUSAR). tr. Rechazar o no aceptar (algo). *Rehusó mi ayuda.*

reidor, ra. → reír.

reimplantar. tr. **1.** Volver a implantar o establecer (algo, como una ley, una costumbre o una institución). *Han reimplantado la pena de muerte.* **2.** Med. Volver a colocar en su lugar (un órgano seccionado o arrancado con violencia). *Le reimplantaron la mano.* FAM **reimplantación.**

reimportar. tr. Importar a un país (algo que antes se había exportado de él). *Han reimportado los productos sin pagar aduanas.*

reimprimir. (part. **reimpreso** o **reimprimido.** Los part. *reimprimido* y *reimpreso* se utilizan en la conjugación: *Han reimprimido/reimpreso el libro.* Como adj. solo se usa *reimpreso: Libros reimpresos*). tr. Volver a imprimir, sin hacer modificaciones, (una obra o un escrito). *Reimprimieron la obra en 2005.* FAM **reimpresión.**

reina. → rey.

reinado. m. Período de tiempo en que gobierna un rey o una reina. *El reinado de Carlos I comienza en 1516.*

reinar. (conjug. PEINAR). intr. **1.** Regir o gobernar un rey o monarca un Estado. *Felipe V reinó desde 1700.* **2.** Existir una cosa de manera generalizada. *En la casa reina el desorden.* FAM **reinante.**

reincidir. intr. Volver a caer o incurrir en un error, falta o delito. *Si reincide, será castigado.* FAM **reincidencia; reincidente.**

reincorporar. tr. Volver a incorporar (algo o a alguien) a una actividad, un puesto o una institución. *La van a reincorporar A su antiguo cargo.* FAM **reincorporación.**

reingresar. intr. **1.** Volver a ingresar en un lugar. *Reingresará EN prisión.* O tr. **2.** Volver a ingresar (una cantidad de dinero). *Reingresó lo defraudado.* FAM **reingreso.**

reiniciar. (conjug. ANUNCIAR). tr. Volver a comenzar (algo). *Reiniciarán las clases en octubre.* ▶ RECOMENZAR. FAM **reinicio.**

reino. m. **1.** Territorio o Estado en el que reina un rey. *El reino de España.* **2.** Región que antiguamente fue reino (→ 1) y que ahora forma parte de un Estado. **3.** Cada uno de los tres grandes grupos en que se consideran distribuidos los seres y elementos de la naturaleza. *Reino animal, reino vegetal, reino mineral.* **4.** Biol. Categoría taxonómica más alta en que se clasifican los seres vivos y que se subdivide en filos. *Los hongos constituyen uno de los cinco reinos.* ■ ~ de Dios, o de los cielos. m. Rel. Estado de justicia, paz y felicidad espiritual anunciado por los profetas y

predicado por Jesucristo. ■ ~ de los cielos. m. Rel. Cielo. ▶ **1:** CORONA.

reinsertar. tr. Volver a insertar o integrar en la sociedad (a alguien que estaba condenado o marginado). *El terrorista se reinsertó.* FAM **reinserción.**

reinstalar. tr. Volver a instalar (algo o a alguien). *Tras las obras, los han reinstalado en la casa.* FAM **reinstalación.**

reintegrar. tr. **1.** Volver a integrar o incorporar (algo o a alguien) a un grupo o una actividad. *Me reintegré A las clases.* **2.** Devolver (una cantidad de dinero) a alguien. *Le reintegraremos la fianza.* O intr. prnl. **3.** Recuperar alguien una cantidad que ha desembolsado. *Podrá reintegrarse DEL importe del artículo.* FAM **reintegración; reintegro.**

reinversión. f. Econ. Aplicación de los beneficios de una actividad productiva al aumento de su capital. *Reinversión de dividendos.*

reír. (conjug. SONREÍR). intr. **1.** Expresar alegría intensa con movimientos del rostro, sacudidas del cuerpo y emitiendo sonidos inarticulados. Tb. prnl. *Se ríe mucho con mis historias.* O intr. prnl. **2.** Burlarse de alguien o algo por considerarlos graciosos o ridículos. *Se ríen DE mí.* **3.** Despreciar algo o a alguien, o no hacerles caso. *Se ríe DE las normas.* O tr. **4.** Reírse (→ 1) (por algo). *Le ríen las gracias.* FAM **reidor, ra.**

reiterado, da. adj. Que se hace o sucede repetidamente. *Da reiterados golpes.*

reiterar. tr. **1.** Volver a hacer o decir (algo). *Reiteró su petición.* O intr. prnl. **2.** Volver a decir algo, insistiendo en ello. *Me reitero EN lo que dije.* FAM **reiteración; reiterativo, va.**

reivindicar. tr. **1.** Reclamar (algo a lo que se cree tener derecho). *Reivindican la igualdad salarial.* **2.** Argumentar en favor (de algo o alguien). *El autor reivindica la figura del padre en la crianza de los hijos.* **3.** Declarar o manifestar alguien que es el autor o el responsable (de un acto, gralm. criminal). *Los terroristas han reivindicado el asesinato del policía.* FAM **reivindicación; reivindicador, ra; reivindicativo, va; reivindicatorio, ria.**

reja[1]. f. En un arado: Pieza que sirve para romper y remover la tierra.

reja[2]. f. Conjunto de barrotes o barras cruzados o entrelazados que se pone en puertas, ventanas y otros lugares para impedir el acceso, como adorno o para separar un sitio de otro. *Una reja bordea el jardín.* ■ **entre ~s.** loc. adv. En la cárcel. *Lo metieron entre rejas.* FAM **rejería.**

rejilla. f. **1.** Objeto formado por un conjunto de láminas o tiras de metal, entrecruzadas o dispuestas de modo que queden huecos entre ellas, que sirve para tapar parcialmente una abertura. *Una rejilla de ventilación.* **2.** Rejilla (→ 1) que se emplea para disponer en ella los alimentos que se van a cocinar. *La rejilla del horno.* **3.** Tejido hecho con tallos de plantas entrelazados que se emplea pralm. en la fabricación de muebles. *Sillas de rejilla.* **4.** Radio y TV Cuadro de programación de una cadena.

rejón. m. Asta de madera con una cuchilla de acero en la punta, que se emplea en el toreo a caballo. FAM **rejonazo.**

rejonear. tr. Torear (al toro) a caballo. Tb. intr. *Rejoneó con sencillez y buena técnica.* FAM **rejoneador, ra; rejoneo.**

rejuvenecer. (conjug. AGRADECER). tr. **1.** Dar (a alguien o algo) el aspecto o el vigor propios de la juventud. *Mi nieto me rejuvenece.* **2.** Incorporar personas jóvenes (a un grupo formado por otras de mayor edad). *Quiere rejuvenecer la empresa.* **3.** Hacer moderno o actual (algo anticuado o viejo). *Rejuvenece la casa pintándola.* ○ intr. **4.** Adquirir de nuevo el aspecto o el vigor propios de la juventud. *Con ese trabajo ha rejuvenecido.* FAM **rejuvenecedor, ra; rejuvenecimiento.**

relación. f. **1.** Conexión o unión entre dos cosas. *Hay una relación entre el cansancio y el riesgo de accidente.* **2.** Hecho de tener alguien comunicación o trato con otra persona. Tb. referido a entidades o a grupos de personas o animales. *No tenemos apenas relación.* Frec. en pl. **3.** Trato de carácter amoroso o sexual. *Mantiene una relación con un argentino.* Frec. en pl. **4.** Narración o relato que se hace de algo. *Leímos la relación de un viaje del siglo XVI.* **5.** Lista de nombres o elementos. *Haga una relación de sus pertenencias.* **6.** *Mat.* Resultado de comparar dos cantidades expresadas en números. ○ pl. **7.** Conocidos o amigos, espec. si son influyentes. *Ha acudido a todas sus relaciones.* ■ **relaciones públicas.** f. pl. **1.** Actividad profesional que tiene como objetivo crear una buena imagen pública de una persona, empresa o institución. ◻ m. y f. **2.** Persona que se dedica a las relaciones públicas (→ 1). *Es el relaciones públicas de la discoteca.* ◻ **con ~**, o **en ~**. loc. prepos. **1.** Con respecto a, o en lo que se refiere a. *Pregúntele en relación con lo que sucedió anoche.* **2.** En correspondencia con, o conforme a. *Los libros están dispuestos con relación a un orden.* FAM **relacional.**

relacionar. tr. **1.** Poner en relación (dos personas o cosas). *Relacionan el crecimiento económico y el aumento de la natalidad.* ○ intr. prnl. **2.** Estar en relación dos personas o cosas. *La sequía y la pobreza se relacionan directamente.*

relacionista. ~ **público/ca.** m. y f. *Am.* Persona que se dedica a las relaciones públicas. *Vanesa tiene 25 años y un empleo como relacionista pública* [C].

relajado, da. adj. Que no produce tensión o no supone esfuerzo. *Una vida relajada.* ▶ *TRANQUILO.

relajar. tr. **1.** Hacer que (algo, espec. un músculo) se afloje o deje de estar en tensión. *Relaja el cuerpo.* **2.** Hacer que alguien deje de estar en tensión psicológica. *La música me relaja.* **3.** Hacer que (una ley o norma) sea menos severa o rigurosa. *La presencia de extranjeros ha relajado el protocolo.* ○ intr. prnl. **4.** Pasar a tener unas costumbres o reglas morales menos rigurosas o severas. *Se fue relajando y enviciando.* FAM **relajación; relajamiento; relajante.**

relajo. m. **1.** Hecho de relajar o relajarse. *Con el relajo veraniego, nada funciona.* **2.** *Am.* Broma (cosa hecha o dicha para reírse). *Terminó riéndose y aceptando el relajo* [C]. **3.** coloq. Desorden o barullo. *Con este relajo, no te entiendo.* **4.** coloq. Alboroto o jaleo. *Tras las borracheras siempre arma relajo* [C]. ▶ **2:** *BROMA.

relamer. tr. **1.** Lamer (algo) o pasar(le) la lengua repetidamente. *Relamía el helado.* ○ intr. prnl. **2.** Lamerse los labios o pasarse la lengua por ellos por la satisfacción que produce una comida rica. *Me relamí con los postres.* **3.** Disfrutar mucho con algo. *Se relame solo de pensar en su triunfo.*

relamido, da. adj. Afectadamente pulcro o pulido. *Un tipo relamido.*

relámpago. m. **1.** Resplandor intenso e instantáneo que se produce en las nubes por una descarga eléctrica. **2.** En aposición, indica la rapidez o brevedad de lo expresado por el nombre al que sigue. *Visi-*

ta relámpago. ■ **como un ~.** loc. adv. Muy rápidamente. *Pasó como un relámpago.*

relampagueante. adj. **1.** Que relampaguea. *Relampagueantes espadas.* **2.** Muy rápido. *Un descenso relampagueante.*

relampaguear. intr. impers. **1.** Haber relámpagos. *Ha empezado a relampaguear.* ○ intr. **2.** Brillar mucho y de manera intermitente una cosa. *Sus ojos relampaguean.* FAM **relampagueo.**

relanzar. tr. Volver a lanzar o impulsar (algo o a alguien). *La película lo relanzó.*

relatar. tr. Referir o contar (algo). *Relató la historia de su familia.* ▶ *CONTAR.

relatividad. f. **1.** Cualidad de relativo. *La relatividad de los datos no permite sacar conclusiones.* **2.** *Fís.* Teoría formulada por Albert Einstein (físico alemán, 1879-1955), basada en que la luz se propaga en el vacío con velocidad independiente del movimiento del cuerpo que la emite, y que describe las relaciones entre masa, energía, espacio y tiempo. Tb. *teoría de la ~.*

relativismo. m. *Fil.* Doctrina según la cual el conocimiento humano es relativo.

relativista. adj. **1.** De la teoría de la relatividad. **2.** Del relativismo. *Ética relativista.* **3.** Seguidor del relativismo o de la relatividad. *Filósofos relativistas.*

relativizar. tr. Hacer (algo) relativo, o considerar algún aspecto que (lo) haga menos importante o menos grave. *El informe relativizó la importancia de los daños.*

relativo, va. adj. **1.** Que tiene relación con alguien o algo, o que se refiere a ellos. *No contesta a las preguntas relativas AL negocio.* **2.** Que existe en tanto se considera en relación con otra cosa. *El saber humano es relativo.* **3.** Incompleto o limitado. *Ha conseguido una fama relativa.* **4.** Discutible o susceptible de ser puesto en duda. *Eso que dices es relativo.* **5.** *Gram.* Dicho de adjetivo, pronombre o adverbio: Que introduce una oración subordinada en la que, además, desempeña su función de adjetivo, pronombre o adverbio. *"Cuyo" es un adjetivo relativo.* ■ **de relativo.** loc. adj. *Gram.* Dicho de oración o proposición: Subordinada introducida por un adjetivo, pronombre o adverbio relativos (→ 5). En *"la camisa que llevas"*, *"que llevas" es una oración de relativo.*

relato. m. **1.** Hecho de relatar. *Se detuvo en medio de su relato.* **2.** Obra literaria que consiste en un relato (→ 1). *Un libro de relatos.* ▶ **1:** NARRACIÓN.

relator, ra. adj. **1.** Que relata o narra algo. ● m. y f. **2.** Persona que en un congreso o asamblea hace una relación de los asuntos tratados, de las deliberaciones y de los acuerdos adoptados.

relax. (pl. invar.). m. Relajación física o psíquica. *Dedique tiempo al relax.*

relé. m. *Electrón.* Aparato que produce una modificación en un circuito cuando se cumplen determinadas condiciones en ese circuito o en otro distinto.

releer. (conjug. LEER). tr. Volver a leer (algo). *Releyó el texto por tercera vez.*

relegar. tr. Apartar (algo o a alguien) a un lugar considerado inferior. *Lo han relegado AL último despacho.*

relente. m. Humedad que se nota en la atmósfera en las noches despejadas.

relevante. adj. **1.** Sobresaliente o destacado. *Es el poeta más relevante de la actualidad.* **2.** Significativo, o que tiene significado importante. *El dato puede ser* *relevante para la investigación.* ▶ **1:** *DESTACADO. FAM **relevancia.**

relevar. tr. **1.** Sustituir o reemplazar (a alguien) en un servicio. *A las cinco relevaré al otro soldado.* **2.** Librar (a alguien) de una obligación o un trabajo. *Lo relevó DE la tarea.* **3.** Destituir o quitar (a alguien) de un cargo. *Lo han relevado DE su cargo.*

relevo. m. **1.** Hecho de relevar a alguien. *El enfermero hizo el relevo a medianoche.* **2.** Persona o grupo de personas que relevan a otra. *El relevo llegará a las seis.* O pl. **3.** *Dep.* Carrera en que los miembros de un equipo se relevan unos a otros a lo largo del recorrido. *En los relevos ganó México.* FAM **relevista.**

relicario. → reliquia.

relieve. m. **1.** Cosa que resalta sobre una superficie. *La tabla no es lisa, tiene relieves.* **2.** Obra artística cuyas figuras resaltan por encima del plano. *El zócalo está adornado con relieves.* **3.** Conjunto de formas que sobresalen y de formas hundidas en la superficie de la Tierra. *Estudiaremos el relieve de América.* **4.** Importancia de alguien o algo. *Es un artista de mucho relieve.* ■ **alto ~.** → altorrelieve. ■ **bajo ~.** → bajorrelieve. □ **poner de ~** (algo). loc. v. Destacar(lo) o subrayar(lo). *El entrevistador pone de relieve los méritos del invitado.*

religión. f. Conjunto de creencias acerca de la divinidad, y de normas y prácticas, como la oración y el sacrificio, que las acompañan. *Religión cristiana.*

religiosamente. adv. **1.** De manera religiosa. *Vivía religiosamente.* **2.** Con puntualidad o exactitud. *Paga religiosamente el alquiler.*

religiosidad. f. **1.** Cualidad de religioso. *Es un hombre de profunda religiosidad.* **2.** Puntualidad o exactitud. *Cumple sus obligaciones con religiosidad.*

religioso, sa. adj. **1.** De la religión. *Creencias religiosas.* **2.** Dicho de persona: Que tiene una religión y la practica habitualmente. *Son muy religiosos y no incumplirán el ayuno.* **3.** Que ha profesado en una orden o congregación. Tb. m. y f. *Dos religiosas cuidan al enfermo.* **4.** Dicho de cosa: Que tiene características consideradas propias de la religión o de lo sagrado. *Un silencio religioso.* ▶ **1:** ESPIRITUAL.

relimpio, pia. adj. coloq. Muy limpio. *La cocina está relimpia.*

relincho. m. Voz característica del caballo. FAM **relinchar.**

reliquia. f. **1.** Resto del cuerpo de un santo, u objeto relacionado con él, que se veneran por considerarse sagrados. **2.** Cosa que se guarda como recuerdo, espec. por haber pertenecido a una persona querida. *El libro es una reliquia, porque fue de mi abuelo.* **3.** Vestigio de algo pasado. *Los helechos son reliquias de otros tiempos.* **4.** coloq. Cosa o persona muy viejas. *A ver cuándo tiras esa reliquia de sofá.* FAM **relicario.**

rellano. m. **1.** Parte llana en que termina cada tramo de una escalera. **2.** Llano horizontal que interrumpe la pendiente de un terreno.

rellenar. tr. **1.** Llenar (algo) de nuevo o llenar(lo) por completo. *Hay que rellenar el azucarero.* **2.** Introducir un material en el interior (de algo). *Han rellenado las paredes CON aislante.* **3.** Llenar (un alimento) con otro o con algún condimento. *Rellena el pavo CON/DE ciruelas.* **4.** Llenar con datos los espacios en blanco (de un impreso o documento). *Rellene este formulario.* ▶ **4:** CUMPLIMENTAR.

relleno[1]. m. **1.** Hecho de rellenar o rellenarse. *El relleno de los baches solucionará el problema.* **2.** Cosa o materia con que se rellena algo. *El edredón tiene un relleno de plumas.* **3.** Parte innecesaria o superflua que se añade para alargar algo. *Hubo varias actuaciones de relleno.*

relleno[2], na. adj. Que tiene su interior parcial o totalmente lleno de algo. *Pasteles rellenos DE crema.*

reloj. m. Máquina, instrumento o aparato que sirven para medir el tiempo y marcar las horas. ■ **~ de agua.** m. Reloj compuesto de dos cápsulas de vidrio que contienen agua, la cual cae gota a gota de una a otra. ■ **~ de arena.** m. Reloj compuesto de dos cápsulas de vidrio unidas por el cuello y que contienen arena, la cual se va dejando caer de una a otra para medir el tiempo. ■ **~ de cuco.** m. Reloj de pared con un mecanismo que hace aparecer la figura de un cuclillo cuyo canto da las horas. ■ **~ de pulsera.** m. Reloj que se lleva en la muñeca sujeto por una correa o una cadena. ■ **~ de sol**, o **~ solar.** m. Reloj compuesto por una superficie plana expuesta al sol y una barrita cuya sombra señala la hora. ■ **~ despertador.** m. Reloj que, a una hora que se fija previamente, activa una alarma para despertar a quien duerme. ⇒ DESPERTADOR. □ **como un ~.** loc. adj. **1.** Muy puntual. *Llega siempre a la hora: es como un reloj.* □ loc. adv. **2.** Con mucha regularidad. *Mi cuerpo funciona como un reloj.* ■ **contra ~.** loc. adj. **1.** Con mucha rapidez o con mucha prisa y en poco tiempo. *Hicimos el trabajo contra reloj.* □ loc. adj. (Tb. **contrarreloj**). **2.** Dicho de carrera ciclista o de etapa: Que se realiza saliendo los corredores o los equipos de uno en uno y a intervalos regulares. *Etapa contrarreloj.* Tb. f. *El líder ha ganado la contrarreloj.* FAM **relojería; relojero, ra.**

relucir. (conjug. LUCIR). intr. Brillar o resplandecer. *Después de la lluvia, las calles relucen.* ■ **sacar a ~** (algo o a alguien). loc. v. Mencionar(los) o comentar algo (sobre ellos) de forma inesperada, casual o inoportuna. *No sé por qué sacaste a relucir ese tema.* ■ **salir a ~** algo o alguien. loc. v. Aparecer en una conversación de forma inesperada, casual o inoportuna. *Estábamos charlando y salió a relucir lo de su nuevo trabajo.* ▶ *BRILLAR. FAM **reluciente.**

relumbrar. intr. Brillar con intensidad. *Las hogueras relumbran.* FAM **relumbre.**

relumbrón. m. Rayo de luz intenso y pasajero. *Se pudo ver el relumbrón de un relámpago.* ■ **de ~.** loc. adj. Que tiene buena apariencia, pero no tiene tanto valor como parece. *Salieron famosos de relumbrón.*

remachar. tr. **1.** Golpear la cabeza o la punta (de un clavo ya clavado) para que esté más firme o no sobresalga. *Remacha el clavo de la silla.* **2.** Sujetar (algo) con remaches. *Remachan las planchas de acero.* **3.** Recalcar (algo que se dice o se ha dicho). *Remachó esta afirmación.* **4.** Rematar (algo, como una jugada). *Remachó el pase con un gol de cabeza.* FAM **remachado; remachador, ra.**

remache. m. **1.** Hecho de remachar. *Haz el remache con cuidado para no estropear la madera.* **2.** Clavo o clavija cuya punta, una vez pasada por el taladro de la pieza que se va a asegurar, se remacha hasta formar otra cabeza. *Botas con remaches.*

remanente. m. Parte que queda o se reserva de algo. *Este año habrá un remanente de mil toneladas de aceite.*

remangar. tr. **1.** Levantar o recoger hacia arriba las mangas (de una prenda de vestir). *El tatuaje se le ve cuando remanga la camisa.* **2.** Levantar o recoger hacia arriba (una prenda de vestir o parte de ella). *Remanga el vestido, que te lo vas a pisar.*

remansarse. intr. prnl. Hacerse más lenta una corriente de agua, o quedarse quieta o casi quieta. *Buscaron un sitio donde el río se remansara.*

remanso. m. **1.** Lugar en que una corriente de agua se remansa. *Este remanso es bueno para la pesca.* **2.** Lugar en que se disfruta tranquilamente de algo. *Su casa es un remanso DE paz.*

remar. intr. Mover el remo de una embarcación para hacer que esta avance en el agua. *El piragüista rema con todas sus fuerzas.* ► BOGAR.

remarcar. tr. Resaltar o destacar (algo). *Remarcó sus palabras.* ► *DESTACAR.

rematadamente. adv. Total o absolutamente. *Lo ha hecho rematadamente mal.*

rematar. tr. **1.** Terminar o acabar (algo), espec. poniendo cuidado para que quede perfecto. *Le ha costado rematar el trabajo.* **2.** Terminar con la vida (de una persona o un animal que estaba a punto de morir). *Está malherido y hay que rematarlo.* **3.** En costura: Asegurar (lo que se ha cosido) dando una puntada más sobre la última o haciendo un nudo en la hebra. **4.** En fútbol y otros deportes: Terminar un jugador una serie de jugadas lanzando (el balón o la pelota) hacia la meta contraria. Tb. como intr. *El delantero remata y marca un tanto.* ○ intr. **5.** Terminar algo de determinada manera. *Las torres rematan EN punta.* ► **1:** *ACABAR. FAM rematador, ra.

remate. m. **1.** Hecho o efecto de rematar. *Su remate se estrelló contra el larguero.* **2.** Final o conclusión de algo. *Como remate del discurso, brindó.* **3.** Parte de un edificio que se pone, gralm. como adorno, para coronarlo. **4.** frecAm. Subasta. *La aduana sacó a remate el cargamento* [C]. ■ **de ~.** loc. adv. Rematadamente. Se usa pospuesto a un adj. despectivo. *Está loca de remate.*

rembolsar. → reembolsar.

rembolso. → reembolso.

remecer. tr. **1.** frecAm. Mover reiteradamente (algo o a alguien) de un lado a otro. *No despertó hasta que yo lo remecí* [C]. ○ intr. prnl. **2.** Am. Moverse reiteradamente algo de un lado a otro. *Con el golpe vigoroso, el árbol se remeció* [C]. ► **1:** SACUDIR.

remedar. tr. **1.** Imitar (algo o a alguien). *El estilo de este pintor remeda el de Picasso.* **2.** Imitar (a alguien o sus gestos), gralm. con intención de burlarse (de ellos). *El humorista remeda a un presentador de televisión.* FAM remedo.

remediar. (conjug. ANUNCIAR). tr. **1.** Hacer que desaparezca (un daño) o hacer que sea menos grave. *El jarabe remedia la tos.* **2.** Evitar que suceda (algo que se considera negativo). *No pude remediar el accidente.* **3.** Corregir o cambiar (algo). *Me irrita; no lo puedo remediar.*

remedio. m. **1.** Cosa que ayuda a eliminar un daño, frec. una enfermedad, o que hace que sea menos grave. *Un remedio para el asma.* **2.** Hecho de remediar. *El remedio de este asunto llevará tiempo.* ■ **no haber más ~** (que hacer algo). loc. v. Ser absolutamente necesario. *No hay más remedio que operar.* ■ **no tener más ~** alguien (que hacer algo), o **no quedar** (a alguien) **más ~** (que hacerlo). loc. v. Estar obligado a ello). *No nos queda más remedio que aguantar.* ■ **no tener ~** alguien. loc. v. coloq. Ser incorregible. *No tienes remedio: ni una vez llegas puntual.* ■ **poner ~** (a algo negativo). loc. v. Hacer(lo) desaparecer o hacer que

sea menos grave. *Si no le ponen remedio, el problema irá a más.* ■ **qué ~.** expr. Se usa para expresar resignación o impotencia. *–No sé cómo lo soportas. –¡Qué remedio!* ■ **ser peor el ~ que la enfermedad.** expr. Se usa para expresar que la solución que se propone para un problema es más perjudicial que el problema mismo. *Quiso ayudarme, pero fue peor el remedio que la enfermedad.* ■ **sin ~.** loc. adv. De manera inevitable. *El tiempo se nos escapa sin remedio.*

remembranza. f. cult. Recuerdo (hecho de recordar, o cosa recordada).

rememorar. tr. cult. Recordar o traer a la memoria (algo). *Al ver las fotos, rememoró su infancia.* FAM rememoración; rememorativo, va.

remendar. (conjug. ACERTAR). tr. **1.** Reforzar con remiendo (algo viejo o gastado, espec. un tejido). *Remendó la sábana.* **2.** Arreglar de manera superficial o transitoria (algo o a alguien). *En el hospital lo remendaron.* FAM remendado; remendón, na.

remero, ra. adj. **1.** Zool. Dicho de pluma de ave: Que es grande y larga, y se encuentra en el extremo del ala. ● m. y f. **2.** Persona que rema.

remesa. f. Conjunto de cosas que se envía o se recibe a la vez. *Mañana llega otra remesa DE material.*

remeter. tr. Empujar (una cosa o sus extremos) para meter(los) en un lugar y que queden sujetos. *Remete los bordes de la sábana.*

remezón. m. **1.** Am. Hecho o efecto de remecer o remecerse. *Debimos despertarlo a remezones* [C]. **2.** Am. Temblor de tierra. *El remezón sigue teniendo réplicas* [C]. ► **1:** SACUDIDA.

remiendo. m. **1.** Trozo de tela u otro material que se cose sobre algo roto o desgastado. *Puso un remiendo a los pantalones.* **2.** Arreglo o reparación, gralm. provisional o que se hace con urgencia. *Haré un remiendo en la vieja máquina.* **3.** Cosa provisional que se añade a otra para arreglarla o mejorarla. *Era un bonito palacio, pero lo estropearon con tantos remiendos.*

remilgo. m. Gesto o comportamiento que muestran delicadeza o escrúpulos excesivos. ► *MELINDRE. FAM remilgado, da.

reminiscencia. f. **1.** Recuerdo vago o impreciso. *Reminiscencias de la niñez.* **2.** En una obra de arte: Rasgo que hace recordar algo o que muestra la influencia de esa cosa. *Estos cuentos tienen reminiscencias de "Las mil y una noches".*

remirar. tr. Volver a mirar (algo) con cuidado y atención. *Miró y remiró su mesa, pero no lo encontró.*

remisión. f. **1.** Hecho de remitir o remitirse. *Una remisión de la fiebre.* **2.** En un escrito: Indicación que remite al lector a un lugar de ese mismo escrito o de otro distinto. ■ **sin ~.** loc. adv. Sin remedio. *Morirán sin remisión.*

remiso, sa. adj. Poco decidido o determinado. *Se ha mostrado remiso A aceptar.*

remite. m. En un sobre o un paquete que se envían: Nota en la que consta el nombre y la dirección de la persona que los envía. *Ponga el remite al dorso.*

remitir. tr. **1.** Enviar (algo) a una persona o a un lugar. *Remití la carta a mi hermano.* **2.** En un escrito: Indicar (al lector) el lugar del mismo texto, o de otro, en el que se encuentra algo relativo al asunto de que se trata. *El párrafo nos remite al capítulo tres.* **3.** Perdonar (una pena) o eximir (de una obligación). ○ intr.

4. Perder intensidad una cosa. *El dolor remitirá.* ○ intr. prnl. **5.** Atenerse a algo o apoyarse en ello. *En lo relativo al uniforme, me remito AL reglamento.* FAM **remitente.**

remo. m. **1.** Instrumento en forma de pala larga y estrecha, que sirve para mover una embarcación haciendo fuerza en el agua. *Barca de remos.* **2.** Deporte que consiste en recorrer una determinada distancia sobre el agua en una embarcación impulsada por remos (→ 1). *Campeón de remo.* **3.** En un cuadrúpedo: Brazo o pata. *A la yegua le fallan los remos.* ■ a ~. loc. adv. Remando o utilizando los remos (→ 1) para desplazarse. *Como no había viento, tuvimos que volver a remo.*

remoción. f. Hecho de remover o removerse. *Propuso la remoción del magistrado.*

remodelar. tr. Reformar (algo) modificando su estructura o alguno de sus elementos. *Han remodelado el museo para añadir más salas.* FAM **remodelación.**

remojar. tr. Mojar por completo (una cosa) sumergiéndo(la) en un líquido. *Remoja las rebanadas EN leche.* ▶ *EMPAPAR. FAM **remojo; remojón.**

remolacha. f. Hortaliza de raíz comestible, grande, carnosa y de color gralm. rojizo, de la que se extrae azúcar. Tb. la raíz. *Ensalada de remolacha.*

remolcar. tr. Llevar un vehículo (a otro) tirando (de él). *Una fragata remolcó el barco averiado.* FAM **remolcador, ra.**

remolino. m. **1.** Movimiento rápido y giratorio de un fluido, espec. de aire o agua. *El viento elevó el papel en remolinos.* Tb. la masa de fluido. *En el mar hay remolinos.* **2.** Conjunto de pelos que crece desordenadamente, y que es difícil de peinar o alisar. *Un remolino junto a la oreja.* **3.** Conjunto numeroso y desordenado de personas o cosas en movimiento. *Se formó un remolino en torno al herido.* ▶ **1:** TORBELLINO.

remolón, na. adj. Que intenta evitar el trabajo o una obligación. *No te hagas el remolón y ayúdame.* FAM **remolonear.**

remolque. m. **1.** Hecho de remolcar. *El remolque del pesquero se hizo de noche.* **2.** Vehículo que se remolca. *El remolque nos hace avanzar más despacio.* ■ a ~. loc. adv. **1.** Siendo remolcado por un vehículo. *La grúa llevó la furgoneta a remolque hasta un taller.* **2.** De mala gana, o siendo obligado o arrastrado por otra persona. *Aunque a remolque, conseguí que fuera.* ▶ **Am: 2:** ACOPLADO.

remontar. tr. **1.** Subir (una pendiente o cuesta). *El caballo remontó la colina.* **2.** Ir navegando o nadando (a lo largo de una corriente de agua) hacia su nacimiento. *Remontamos el río en una hora.* **3.** Superar (un obstáculo, una dificultad o una situación difícil). *Ha remontado su enfermedad.* **4.** Subir o elevar un ave (el vuelo). *El águila remonta el vuelo.* ○ intr. prnl. **5.** Subir o elevarse en el aire. *El globo se remontó aprovechando una corriente.* **6.** Retroceder en el tiempo o volver hacia atrás con el recuerdo. *Se remontó HASTA/A la Edad Media.* **7.** Tener algo su origen en un determinado momento del pasado. *La costumbre se remonta A los romanos.* FAM **remonte.**

remoquete. m. coloq. Apodo. *Era conocida con el remoquete de "la Chata".*

rémora. f. **1.** Pez marino que tiene en la parte superior de la cabeza una ventosa con la que se adhiere a otros peces mayores para alimentarse de sus parásitos. *Un tiburón con unas cuantas rémoras.* **2.** coloq. Cosa o persona que retrasan o impiden que se realice algo. *No quiero ser una rémora para mi equipo.*

remorder. (conjug. MOVER). tr. Inquietar interiormente algo (a alguien). *Me remuerde la conciencia.* FAM **remordimiento.**

remotamente. adv. **1.** De manera remota. *No los veo ni remotamente parecidos.* **2.** En un lugar o tiempo remotos. *Ya remotamente, el hombre se servía de los animales.*

remoto, ta. adj. **1.** Distante o lejano en el tiempo o en el espacio. *País remoto.* **2.** Que no es probable que suceda. *La posibilidad de que muera es remota.* **3.** Dicho de idea o pensamiento: Confuso o impreciso. *Conservo una imagen remota de él.* ▶ **1:** *LEJANO.

remover. (conjug. MOVER). tr. **1.** Mover (algo) de modo que sus elementos se mezclen o cambien de lugar. *Remueve el azúcar del café.* **2.** Hacer que aparezca o salga a la luz de nuevo (un asunto). *No remuevas más lo de la herencia.* **3.** Destituir (a alguien), o apartar(lo) de su cargo. *La acusación removió al juez DE su cargo.* **4.** Eliminar (algo negativo). *Frotando removerá las manchas.* ▶ **3:** *DESTITUIR.

remozar. tr. **1.** Dar (a alguien o algo) un aspecto más nuevo, joven o moderno. *Remozaron la fachada.* ○ intr. prnl. **2.** Tomar alguien o algo un aspecto más nuevo, joven o moderno. *La cantante se ha remozado.* FAM **remozamiento.**

remplazar. → reemplazar.

remplazo. → reemplazo.

remunerar. tr. Retribuir (un trabajo o un servicio realizados, o a la persona que los realiza). *Le remunerarán las horas extras.* ▶ *PAGAR. FAM **remuneración; remunerador, ra; remunerativo, va.**

renacimiento. m. **1.** Hecho de volver a nacer. *Se observa un renacimiento del teatro.* **2.** (Frec. en mayúsc.). Movimiento cultural y artístico europeo de los ss. XV y XVI caracterizado por la recuperación y el estudio de la Antigüedad clásica griega y romana. *Leonardo fue uno de los maestros del Renacimiento.* FAM **renacentista; renacer.**

renacuajo. m. **1.** Larva de la rana, que se caracteriza por respirar por branquias y tener cola. **2.** coloq. Niño pequeño. *Daré de mamar al renacuajo.* Tb. persona pequeña.

renal. adj. Del riñón. *Insuficiencia renal crónica.*

renano, na. adj. De la región situada a orillas del Rin (río de Europa central).

rencilla. f. Riña de dos o más personas, que da lugar a una enemistad entre ellas.

renco, ca. adj. Cojo. *Se quedó renca de un accidente.*

rencontrar; rencuentro. → reencontrar.

rencor. m. Sentimiento persistente de antipatía y oposición hacia una persona, acompañado de deseos de venganza, por considerarla la causante de un daño o perjuicio. *Sus palabras revelan rencor.* ▶ RESENTIMIENTO. FAM **rencoroso, sa.**

rendido, da. adj. Que muestra sumisión o acatamiento. *Su rendido admirador.*

rendija. f. Abertura larga y estrecha que queda entre dos cosas muy cercanas o que atraviesa un cuerpo sólido. *Deja una rendija en la persiana.* ▶ *ABERTURA.

rendimiento. m. **1.** Producto o utilidad que rinden o dan alguien o algo. *El rendimiento del equipo.* **2.** Proporción entre el producto o el resultado obtenidos y los medios utilizados. *El carburante es de rendimiento bajo.* **3.** cult. Sumisión, acatamiento o subordinación. *Da muestras de un excesivo rendimiento ANTE la autoridad.*

rendir. (conjug. PEDIR). tr. **1.** Vencer (a alguien) u obligar(lo) a que se entregue. *El general rindió la plaza.* **2.** Someter (algo o a alguien) al dominio o a la voluntad de otro. *Ante tales halagos no tengo más remedio que rendirme.* **3.** Dar alguien o algo (producto o utilidad). *Rinde poco en su trabajo.* **4.** Cansar o fatigar (a alguien). *Vuelvo a casa rendida.* **5.** Seguido de un nombre: Dar u ofrecer (la cosa expresada por él). *La ciudad rinde homenaje a su alcaldesa.* FAM **rendición.**

renegar. (conjug. ACERTAR). intr. **1.** Abandonar alguien su religión o sus creencias religiosas. *La acusaron de renegar DE su fe.* Tb. fig. **2.** Decir blasfemias o expresiones que manifiestan enfado. *El conductor renegaba y nos echaba la culpa.* **3.** Refunfuñar. *Reniega todo el día.* ▶ **1:** ABJURAR, APOSTATAR. FAM **reniego.**

renegrido, da. adj. Que tira a negro. *El techo de la cocina está renegrido.*

renglón. m. **1.** Serie de palabras o de caracteres escritos o impresos en línea recta. *El párrafo tiene veinte renglones.* **2.** Cada una de las líneas horizontales que aparecen en algunos papeles y que sirven para escribir sin torcerse. *Pon la fecha y, en el siguiente renglón, escribe.* ■ **a ~ seguido.** loc. adv. A continuación, o inmediatamente después. *Dijo que se sentía mal, pero, a renglón seguido, se fue de fiesta.* ▶ **1:** LÍNEA.

rengo, ga. adj. Cojo. *Una silla renga.* FAM **renguear** (frecAm); **renguera** (Am).

reno. m. Mamífero rumiante propio de los países fríos del hemisferio norte, parecido al ciervo pero con la parte inferior de los cuernos dirigida hacia delante, y que se emplea como animal de tiro. *El reno hembra.* *Los renos de Papá Noel.*

renombre. m. Fama o celebridad. *Un poeta de renombre.* FAM **renombrado, da.**

renovar. (conjug. CONTAR). tr. **1.** Sustituir (una cosa) por otra nueva de la misma clase. *Renueve el agua del florero.* **2.** Dar nuevo impulso (a algo). *Renuevo mi esfuerzo.* **3.** Volver a hacer (algo). *Renovó su petición.* **4.** Modificar o cambiar (algo o a alguien) para dar(les) nueva apariencia. *Renovarán la sala.* FAM **renovación; renovador, ra.**

renquear. intr. **1.** Cojear, o andar inclinando el cuerpo a un lado y a otro sin apoyar firmemente los pies. *Anda renqueando.* **2.** Tener dificultades en la actividad o la materia de que se trata. *Renquea EN Arte.* ▶ **1:** *COJEAR. FAM **renqueante; renqueo.**

renta. f. **1.** Utilidad o beneficio que rinde algo. *La renta que producen las acciones.* **2.** Cantidad de dinero que se paga por el arrendamiento o alquiler de algo. *Le paga una renta anual al propietario.* Tb. el arrendamiento o alquiler. *Viviendas en renta.* **3.** Conjunto de ingresos de una persona o una entidad en un período de tiempo, gralm. un año. *Impuesto sobre la renta.* **4.** Ingresos de una persona que no proceden del trabajo, en un período de tiempo. *Una renta por viudedad.* ■ **~ nacional.** f. Conjunto de los ingresos anuales de un país, derivados de su participación en el proceso productivo. *El 2% de la renta nacional es para investigación.* ■ **~ per cápita.** f. Valor que resulta de dividir la renta nacional (→ **renta nacional**) de un país entre el número de sus habitantes. *La renta per cápita es de 300 dólares.* □ **vivir de las ~s.** loc. v. Disfrutar de lo conseguido anteriormente, sin esforzarse en conseguir más. FAM **rentar; rentista.**

rentable. adj. Que produce una renta o un beneficio suficientes. *Las viñas eran rentables.* FAM **rentabilidad; rentabilizar.**

renuente. adj. cult. Que muestra oposición o resistencia. *Está renuente A darnos más datos.* FAM **renuencia.**

renuevo. m. **1.** Tallo tierno que nace en una planta que se ha podado o cortado. **2.** Hecho de renovar o renovarse. *El renuevo del agua del estanque.* ▶ **1:** VÁSTAGO.

renunciar. (conjug. ANUNCIAR). intr. **1.** Dejar o abandonar voluntariamente algo o a alguien, o el derecho a ellos. *El rey renunció AL trono.* ○ tr. **2.** Dejar o abandonar voluntariamente (algo) o el derecho (a ello). *El ministro renunció su cargo.* FAM **renuncia; renunciable; renunciación; renunciamiento.**

renuncio. m. Mentira o contradicción. *La pescaré en algún renuncio.*

reñido, da. adj. **1.** Dicho de cosa, espec. de oposición, de elección o de concurso: Que se desarrolla con gran competencia entre los participantes. *La partida está reñida.* **2.** Dicho de cosa: Incompatible con otra. *El deporte no está reñido CON el estudio.*

reñir. (conjug. CEÑIR). tr. **1.** Expresar (a alguien) enfado o disgusto por algo que ha hecho. *Si no llego a tiempo, me reñirán.* ○ intr. **2.** Pelear de palabra o de obra dos personas. *Mis hermanas riñen continuamente.* **3.** Enemistarse dos personas o romper la relación que las unía. *Luis y su novia han reñido.* ▶ **1:** AMONESTAR, RECONVENIR, REGAÑAR, REPRENDER. **2:** PELEAR, REGAÑAR.

reo, a. (La forma **rea** se usa como f. alternando con **reo**). m. y f. **1.** Persona acusada de cometer un delito, o condenada por ello. *El reo pasará su vida en la cárcel.* **2.** Persona que, por haber cometido una culpa, merece un castigo. *Era rea DE excomunión.*

reojo. de ~. loc. adv. Con una ojeada disimulada, o hacia un lado y sin volver la cabeza. *La miró de reojo el escote.*

repantigarse o **repantingarse.** intr. prnl. coloq. Extenderse en el asiento, estirando las piernas e inclinando el cuerpo hacia atrás. *Se repantigaba en una butaca.*

reparar. tr. **1.** Arreglar (algo que está roto o estropeado). *Reparan una moto.* **2.** Corregir alguien (un daño o perjuicio que ha causado) o poner(le) remedio. *Reparará las pérdidas que nos causó.* **3.** Recuperar (las fuerzas perdidas). *En aquel bar repararemos fuerzas.* ○ intr. **4.** Notar algo, o darse cuenta de ello. *No habían reparado EN el cuadro.* **5.** Pararse a pensar algo o a reflexionar sobre ello. *No reparé EN que tendría menos tiempo libre.* ▶ **1:** *ARREGLAR. FAM **reparable; reparación; reparador, ra.**

reparo. m. **1.** Dificultad o inconveniente. *No tengas reparo en pedirme lo que necesites.* **2.** Advertencia u observación que se hacen sobre algo, espec. para señalar en ello un fallo o defecto. *Le enseñé mi proyecto e hizo unos cuantos reparos.*

repartimiento. m. **1.** histór. Reparto de un número determinado de indios entre los colonizadores españoles con el fin de que trabajaran para ellos. *El rey concedió repartimientos y encomiendas.* **2.** histór. En zonas de España, tras la Reconquista: Reparto de casas y tierras de las poblaciones reconquistadas entre quienes habían tomado parte en su conquista.

repartir. tr. **1.** Dividir (un conjunto de personas o cosas) entre otras. *Repartió sus bienes ENTRE sus hijos.* **2.** Dar (una serie de cosas) a distintas personas o entregar(la) en diferentes lugares. *Reparte propaganda POR los buzones.* **3.** Extender (una sustancia) de manera uniforme sobre una superficie. *Reparte la* *mermelada* POR *la tostada.* **4.** Adjudicar (un papel) a un actor. *Aún no han repartido los papeles secundarios.* ▶ **1:** DISTRIBUIR, DIVIDIR. **2:** DISTRIBUIR. **3:** *EX-TENDER. FAM **repartición; repartidor, ra.**

reparto. m. **1.** Hecho de repartir o repartirse. *El reparto de bienes.* **2.** Relación de los personajes de una obra de teatro, cine o televisión, y de los actores que los representan. Tb. el conjunto de esos actores (→ **elenco**). ▶ **1:** REPARTICIÓN.

repasador. m. Am. Paño de cocina. *Seca los recipientes con el repasador* [C].

repasar. tr. **1.** Volver a pasar una cosa (sobre otra). *Repasa esas letras* CON *tinta.* **2.** Volver a mirar o examinar (algo). *He estado repasando viejas revistas.* **3.** Examinar (algo ya terminado) para corregir los errores. *Antes de entregar el trabajo, repásalo.* **4.** Examinar (la ropa) y remendar(la) si es necesario. *Tengo que repasar las sábanas.* **5.** Volver a leer o estudiar (lo estudiado) para recordar(lo). *Repase la lección.* **6.** Volver a explicar (una lección o una materia). *Necesita un profesor que le repase la geografía.*

repaso. m. **1.** Hecho de repasar. *Un repaso de la lección.* **2.** coloq. Demostración de superioridad en conocimientos o en habilidad. *El equipo dio un repaso a los contrarios.*

repatriar. (conjug. ANUNCIAR O ENVIAR). tr. Devolver (algo o a alguien) a su patria. *Han repatriado a varias familias por miedo a la guerra.* FAM **repatriación.**

repechaje. m. Am. Dep. Oportunidad de clasificarse que se da a los equipos o participantes de una competición que han quedado en los últimos puestos. *Los celestes se asegurarán al menos jugar el repechaje ante Australia* [C]. ▶ REPESCA.

repecho. m. Cuesta corta y con bastante pendiente. *El repecho del camino.*

repeinar. (conjug. PEINAR). tr. Peinar (a una persona o su pelo) con esmero o de manera excesiva. *Ya estás repeinando a la niña: ¡si estaba muy bien antes!*

repeler. tr. **1.** Rechazar (algo) o lanzar(lo) lejos de sí. *Una loción que repele los insectos.* **2.** Rechazar o no admitir (algo). *Todos repelen la oferta.* **3.** No admitir una cosa que (otra) pase dentro de ella. *Esta tela repele el polvo.* ○ intr. **4.** Causar repugnancia o rechazo. *Me repele tu actitud egoísta.* FAM **repelencia; repelente.**

repensar. (conjug. ACERTAR). tr. **1.** Pensar de nuevo o detenidamente (sobre algo). *Se detuvo con intención de repensar sus palabras.* ○ intr. **2.** Pensar de nuevo o detenidamente sobre algo. *Esa noticia lo obliga a repensar acerca de lo sucedido.*

repente. m. Impulso repentino que mueve a hacer cosas inesperadas. *Le dio un repente y se fue.* ■ **de ~.** loc. adv. De forma repentina. *De repente empezó a llover.*

repentino, na. adj. Rápido e inesperado. *Se produjo un cambio repentino.*

repercutir. intr. **1.** Tener algo efecto en una persona o cosa. *La demanda del producto repercute* EN/SO-BRE *el precio.* **2.** Producir eco un sonido al chocar o rebotar en una superficie. *Su voz repercutía en la casa desierta.* ▶ **1:** INCIDIR. FAM **repercusión.**

repertorio. m. **1.** Conjunto de las obras que una compañía, una orquesta o un intérprete tienen preparadas para su representación o ejecución. *El repertorio de la cantante.* **2.** Conjunto o colección de cosas de la misma clase. *Tiene un repertorio de trajes de fiesta.* **3.** Libro o registro en que se recogen de forma abreviada y ordenada datos o informaciones de interés. *En el repertorio se mencionan las ediciones del autor.*

repesca. f. Readmisión de alguien que ha sido eliminado en una prueba. *Tiene opciones de jugar el campeonato si pasa la repesca.* ▶ Am: REPECHAJE.

repetición. f. Hecho de repetir o repetirse. *Una repetición de los errores pasados.* ■ **de ~.** loc. adj. Dicho de arma de fuego: Que utiliza un cargador con varios cartuchos que pueden dispararse sucesivamente. *Un fusil de repetición.*

repetidor, ra. adj. **1.** Que repite o sirve para repetir. ● m. (En Am, tb. f.) **2.** *Electrón.* Aparato electrónico que recibe una señal electromagnética y la vuelve a transmitir amplificada. *La avioneta chocó contra un repetidor de televisión.*

repetir. (conjug. PEDIR). tr. **1.** Volver a hacer o decir (algo). *No me lo repita más.* ○ intr. **2.** En una comida: Volver a servirse de un plato que ya se ha tomado. *Si hay té, repito.* **3.** Volver a la boca el sabor de algo que se ha comido o bebido antes. *El pepino me repite.* ○ intr. prnl. **4.** Volver a suceder algo o suceder con frecuencia. *Los robos se repiten.* **5.** Repetir (→ 1) alguien con frecuencia algo. *Se repite con el tema.* FAM **repetitivo, va.**

repicar. intr. **1.** Sonar repetidamente y con cierto compás algo, espec. una campana. *La lluvia repica en los cristales.* ○ tr. **2.** Hacer sonar (una campana) repetidamente y con cierto compás. *Me pondré a repicar la campana.* ▶ REPIQUETEAR. FAM **repique.**

repiquetear. intr. **1.** Repicar o sonar algo, espec. una campana, con viveza y repetidamente. *Al fondo repiquetea un teletipo.* ○ tr. **2.** Repicar o hacer sonar (algo, espec. una campana) con viveza y repetidamente. *Se quedó repiqueteando los dedos sobre la mesa.* ▶ REPICAR. FAM **repiqueteo.**

repisa. f. **1.** Estante o tabla colocadas horizontalmente contra una pared, y que se emplean para servir de soporte a algún objeto. *La repisa de la chimenea.* **2.** Elemento arquitectónico que tiene más longitud que vuelo, y que sirve como soporte de un objeto.

replegar. (conjug. ACERTAR). intr. prnl. **1.** Retirarse las tropas de un ejército de manera ordenada. *El ejército se replegó* HACIA *las montañas.* En deportes, frec. fig. **2.** Tomar alguien una actitud de aislamiento. *Se replegó* EN *sí mismo.* ○ tr. **3.** Plegar o doblar (algo) sobre sí mismo. *El insecto repliega las alas.* **4.** Retirar (las tropas de un ejército) de manera ordenada. *El general replegó sus líneas.* En deportes, frec. fig.

repletar. tr. Am. Llenar por completo (algo, espec. un lugar). *La muchedumbre repletaba el estadio* [C].

repleto, ta. adj. Muy lleno o totalmente lleno. *El autobús va repleto.*

réplica. f. **1.** Hecho o efecto de replicar. *Su tono no admite réplica.* **2.** Copia exacta de algo, espec. una obra de arte. *Una réplica del cuadro.* **3.** Temblor de tierra secundario, normalmente más atenuado, que sigue a un terremoto. *El sismógrafo ha registrado más de ochenta réplicas.*

replicar. tr. **1.** Contestar (algo) a alguien, espec. oponiéndose a lo dicho por él. *Me replicó que me metiera en mis asuntos.* **2.** Contestar (algo) a lo que alguien ha dicho, espec. oponiéndose a ello. *Replicó* A *mi invitación que estaba cansado.* ▶ *CONTESTAR.

repliegue. m. **1.** Hecho de replegar o replegarse. *Orden de repliegue de la tropa.* **2.** Pliegue irregular o muy pronunciado. *La piel del elefante tiene gruesos repliegues.*

repoblar - reproducir

repoblar. (conjug. CONTAR). tr. **1.** Volver a poblar (un lugar que ha quedado despoblado o con poca población). *Quieren repoblar la costa con tortugas.* **2.** Volver a plantar árboles u otras especies vegetales (en un lugar que tiene poca vegetación). *Han repoblado DE árboles la zona.* FAM **repoblación; repoblador, ra.**

repollo. m. Col de hojas gruesas y anchas, de color verde claro, unidas muy estrechamente entre sí. *La casa olía a repollo hervido.*

reponer. (conjug. PONER). tr. **1.** Reemplazar o sustituir por otra cosa (algo que falta o que se ha quitado de su sitio). *Ya han repuesto los objetos desparecidos.* **2.** Responder o contestar (algo) a alguien. Se usa en pret. de indicativo o de subjuntivo. *La invité y me repuso que estaba muy ocupada.* **3.** Volver a representar (una obra de teatro) o proyectar (una película). *Todos los años reponen "Don Juan Tenorio".* **4.** Volver a poner (algo o a alguien) en el lugar, puesto o estado que tenían antes. *La repondrán EN su puesto.* ◯ intr. prnl. **5.** Restablecerse alguien o algo o volver al estado de normalidad. *Logré reponerme DE las pérdidas.* FAM **reposición.**

reportaje. m. Trabajo periodístico de carácter informativo, que se difunde en la prensa, radio, cine o televisión. *Ayer emitieron un reportaje sobre el nazismo.*

reportar. tr. **1.** Dar o producir (algo) a alguien. *El hotel le reporta cuantiosos beneficios.* **2.** frecAm. Comunicar o hacer saber (algo) a alguien. *Cada autoridad deberá reportar al Ministerio la información relacionada* [C]. ◯ intr. prnl. **3.** Reprimir alguien sus sentimientos para evitar que se manifieste con violencia o de forma inadecuada. *Repórtate, que no te vean llorando.* ▶ **3:** *REPRIMIRSE.

reporte. m. Am. Informe o noticia. *No se tenían reportes de daños* [C].

reportear. tr. **1.** Am. Recoger un informador el reporte (de un acontecimiento) para un medio de comunicación. *El semanario envió un corresponsal para reportear el enfrentamiento* [C]. **2.** Am. Hacer una entrevista o una serie de preguntas (a alguien). *Me reportearon de distintos medios* [C]. ▶ **1:** CUBRIR. **2:** ENTREVISTAR.

reportero, ra. m. y f. Periodista que se dedica a recoger noticias o elaborar reportajes. *Reportero gráfico.* FAM **reporterismo.**

reposado, da. adj. Sosegado o tranquilo. *Tiene un hablar reposado.*

reposar. intr. **1.** Descansar interrumpiendo el trabajo o el esfuerzo. *Reposemos y luego seguiremos.* **2.** Descansar durmiendo un poco. *Cierro las cortinas para que reposes.* **3.** Permanecer una cosa quieta y sin que nadie la mueva ni la modifique. *Deje reposar la masa.* **4.** cult. Estar enterrado en un lugar. *Sus restos reposan EN la catedral.* FAM **reposo.**

reposición. → reponer.

repostar. tr. Reponer (combustible o provisiones). *Hay que repostar gasolina.*

repostero, ra. m. y f. **1.** Persona que tiene por oficio hacer y vender dulces y pastas. *El repostero hizo un pastel de cumpleaños.* ◯ m. **2.** Am. Despensa. *Me mostró un repostero bien provisto* [C]. FAM **repostería.**

reprender. tr. Reñir o llamar la atención (a alguien) por algo que ha hecho. *Lo reprendió POR su mala conducta.* ▶ *REÑIR.

reprensión. f. **1.** Hecho de reprender. *La reprensión de la sociedad.* **2.** Expresión o palabras con

que se reprende. *Oye las reprensiones de su madre.* ▶ AMONESTACIÓN, RECONVENCIÓN, RECRIMINACIÓN, REGAÑINA, REPRIMENDA. FAM **reprensible.**

represa. f. **1.** frecAm. Construcción, gralm. de cemento armado, para contener o regular el curso del agua. *Las represas hidroeléctricas* [C]. **2.** Lugar donde el agua u otro líquido están detenidos o almacenados, de manera natural o artificial. *La fábrica tiene una represa donde echa los residuos tóxicos.* ▶ **1:** PRESA. FAM **represar.**

represalia. f. **1.** Castigo o venganza con que se responde a alguien por algo que ha hecho. *Lo despidieron como represalia por haber hecho la huelga.* **2.** Medida hostil que toma un Estado contra otro para responder a un acto perjudicial de este con aquel. *El Gobierno adoptará represalias contra el país que acogió a los terroristas.* ▶ Am: **1:** RETALIACIÓN. FAM **represaliar** (conjug. ANUNCIAR).

representar. tr. **1.** Hacer presente en la mente (algo) con palabras, signos o figuras. *Representamos los sonidos mediante las letras.* **2.** Hacer presente (algo) en la mente una cosa. *El rojo representa la sangre.* **3.** Ejecutar (una obra de teatro). *La compañía de teatro representa "La Celestina".* **4.** Hacer un actor (un papel) en una obra de teatro. *Va a representar al torturador en "Pedro y el capitán".* **5.** Sustituir (a una persona o entidad) o hacer algo en nombre (de ellas). *El delegado representará a los estudiantes.* **6.** Aparentar una persona (una edad determinada) o tener el aspecto que corresponde (a esa edad). *Tiene veinte años, pero representa quince.* **7.** Significar (mucho o poco) una persona o cosa para alguien. *Tu amistad representa mucho para mí.* ▶ **3, 4:** *INTERPRETAR. **7:** SIGNIFICAR. FAM **representable; representación; representatividad; representativo, va.**

reprimenda. f. Represión. *Se ganó una reprimenda del cabo.*

reprimido, da. adj. Dicho de persona: Que impide que se manifiesten sus sentimientos o deseos, espec. los sexuales.

reprimir. tr. **1.** Refrenar (un sentimiento o un impulso), o impedir que se manifiesten. *Reprimí mis deseos de huir.* **2.** Detener o castigar (un movimiento político o social) frec. con el uso de la fuerza. *La dictadura reprimía toda protesta.* ◯ intr. prnl. **3.** Contenerse una persona, o impedir que sus sentimientos o impulsos se manifiesten. *Dilo, no te reprimas.* ▶ **1:** COHIBIR, CONTENER, INHIBIR, REFRENAR, REPRESAR. **2:** *CONTENER. **3:** COHIBIRSE, CONTENERSE, INHIBIRSE, REFRENARSE, REPORTARSE. FAM **represión; represivo, va; represor, ra.**

reprobar. (conjug. CONTAR). tr. **1.** Censurar o no aprobar (algo). *El 60% de los entrevistados reprueba el uso de la violencia.* **2.** Am. Suspender (un examen, una asignatura o a un alumno). *Su hija había reprobado alguna materia* [C]. ▶ **1:** DESAPROBAR. **2:** *SUSPENDER. FAM **reprobable; reprobación; reprobatorio, ria.**

réprobo, ba. adj. **1.** Rel. Condenado a las penas eternas. *Humanidad réproba.* **2.** Rel. Condenado por apartarse del dogma de la religión cristiana. *En el siglo XVI se consideraba réprobos a los erasmistas.*

reprochar. tr. Censurar (algo) a alguien o echárse(lo) en cara. *No me acudiera cuando me necesitaba.* ▶ Am: ENROSTRAR. FAM **reprochable; reproche.**

reproducir. (conjug. CONDUCIR). tr. **1.** Hacer una copia (de algo). *Han reproducido la escultura original.* **2.** Ser una cosa copia (de otra). *Este cuadro repro-*

duce uno del museo. **3.** Volver a producir (algo dicho o hecho antes). *No me estoy inventando nada: solo reproduzco sus palabras.* ○ intr. prnl. **4.** Producir un ser vivo otros de su misma especie o con los mismos rasgos biológicos. *El ave se reproduce por huevos.* FAM reproducción; reproductivo, va; reproductor, ra.

reptar. intr. Arrastrarse un animal sobre el vientre, moviendo el cuerpo de un lado a otro, para desplazarse. *La serpiente se desplaza reptando.*

reptil. m. Vertebrado que se reproduce por huevos, de temperatura variable y respiración pulmonar, y que, por no tener patas o tenerlas muy cortas, se desplaza reptando, como la lagartija.

república. f. Forma de gobierno en que el jefe del Estado es un presidente elegido por los ciudadanos. *En México, Pavón proclamó la república en 1814.* Tb. el Estado así gobernado. *Argentina y Bolivia son repúblicas.* ■ ~ **de las letras.** f. cult. Conjunto de los escritores o intelectuales. FAM **republicanismo**; **republicano, na**.

repudiar. (conjug. ANUNCIAR). tr. **1.** Rechazar o no aceptar (algo). *Repudia la guerra.* **2.** Rechazar un hombre (a su esposa) por cauces legales, de modo que se rompa el matrimonio. *El rey repudió a su mujer porque era estéril.* FAM **repudiable**; **repudio**.

repuesto. m. Cosa, espec. pieza, que se guarda para sustituir a otra de la misma clase cuando esta se gasta o se estropea. *Necesito un repuesto para la pluma.* ■ **de repuesto.** loc. adj. Dicho de cosa: Reservada para sustituir a otra de la misma clase cuando esta se gasta o se estropea. *Piezas de repuesto.*

repugnancia. f. Asco (sensación de desagrado, o sentimiento de rechazo). *A Mafalda la sopa le produce repugnancia.* ■ ASCO. FAM **repugnante**; **repugnar**.

repujar. tr. Trabajar (el cuero o la chapa) haciendo relieves (en ellos). *El artesano aprendió a repujar la plata.* FAM **repujado**.

repulgo. m. Borde labrado que se hace en la masa de algunos platos.

repulsa. f. Rechazo de algo que se condena como malo. *La repulsa de la guerra.*

repulsión. f. **1.** Repugnancia o asco. *Siente repulsión por él.* **2.** Hecho de repeler o lanzar lejos de sí. *Los fenómenos de atracción y de repulsión de un imán.* FAM **repulsivo, va**.

repuntar. intr. **1.** *Econ.* Experimentar un alza o un crecimiento algo. *Los precios del petróleo han repuntado.* **2.** *Am.* Crecer o aumentar. *Su esperanza repuntó al detectar manchas de sangre* [C]. FAM **repunte**.

reputación. f. **1.** Opinión o consideración que los demás tienen de alguien o algo. *Tiene reputación DE vago.* **2.** Buena reputación (→ 1) de alguien o algo. *Se ganó una reputación y una clientela a base de trabajo.*

reputado, da. adj. Que tiene buena reputación profesional. *Médico reputado.*

reputar. tr. Juzgar o considerar (algo o a alguien) de determinada manera. *Sus compañeras lo reputan DE machista.*

requebrar. (conjug. ACERTAR). tr. Halagar (a una mujer) con piropos o palabras que destaquen sus atractivos. *Cuando la ve pasar, la requiebra.* FAM **requiebro**.

requemar. tr. **1.** Quemar o tostar en exceso (algo). *Requemó el pan.* **2.** Quemar o curtir en exceso algo, espec. el sol (a alguien o una parte del cuerpo). *El sol nos requemó.*

requerir. (conjug. SENTIR). tr. **1.** Necesitar alguien o algo (una cosa), o manifestar necesidad (de ella). *La jardinería requiere paciencia.* **2.** Pedir (a alguien) que haga algo. *El Ayuntamiento requerirá la ayuda de los ciudadanos.* **3.** Exigir (algo) con autoridad. *Para entrar requieren una autorización.* ▶ **1:** PEDIR. FAM **requerimiento**.

requesón. m. Cuajada que se saca de los residuos de la leche después de hecho el queso. *De postre, requesón con miel.* ▶ **Am:** RICOTA.

requete-. pref. coloq. Denota 'intensidad o intensificación'. *Requetebién, requetebuena, requetesabido, requetelejos, requetejurar.*

requiebro. → requebrar.

réquiem. m. Composición musical que se canta con el texto litúrgico de la misa de difuntos, o con parte de él. *El réquiem de Mozart.*

requisar. tr. Quitar el gobierno o la autoridad (algo) a su propietario, espec. con fines militares o de seguridad pública. *Han requisado 300 camiones.* FAM **requisa**.

requisito. m. Condición necesaria para algo. *El requisito PARA ir es tener 18 años.*

requisitorio, ria. adj. **1.** *Der.* Dicho de carta o despacho oficiales: Que contiene un requerimiento de un juez. *Una carta requisitoria.* ● f. **2.** *Der.* Requerimiento hecho por un juez. *Una requisitoria de busca y captura contra el preso fugado.*

res. f. **1.** Animal cuadrúpedo, espec. el doméstico criado para la explotación, como la oveja o la vaca, o el salvaje que se caza, como el ciervo o el jabalí. *Sacrificaron un cordero, trocearon la res y la repartieron.* **2.** frecAm. Res (→ 1) vacuna. *Afirman que carne sabe a pollo, res, cerdo y pescado* [C]. ▶ **1:** CABEZA.

resabiar. (conjug. ANUNCIAR). tr. **1.** Hacer que (una persona o un animal) cojan un vicio o mala costumbre. *De tanto molestar a las vaquillas las han resabiado.* ○ intr. prnl. **2.** Volverse desconfiada y maliciosa una persona. *La gente está ya muy resabiada.*

resabido, da. adj. Que presume de sabio o entendido. *Juan es muy resabido.*

resabio. m. Vicio o mala costumbre que se adquieren. *Al viejo político le quedan resabios de autoritarismo.* FAM **resabioso, sa** (Am).

resaca. f. **1.** Movimiento de retroceso de las olas después de haber llegado a la orilla. *Hay mucha resaca en esta zona de la playa.* **2.** Malestar físico que padece al despertarse una persona que ha bebido en exceso la noche anterior. *Se emborracharon y hoy tienen resaca.* **3.** Situación o estado de asimilación y reflexión que siguen a un suceso importante. *Tras la resaca de la derrota, hay que pensar en el futuro.*

resaltar. tr. **1.** Destacar o poner de relieve (algo). *El artículo resalta lo mejor de su carrera.* ○ intr. **2.** Destacarse o sobresalir alguien o algo. *El vestido rojo resalta entre los uniformes grises.* ▶ **1:** *DESTACAR. FAM **resalte**.

resarcir. tr. **1.** Dar una compensación (a alguien) por un daño o perjuicio. *La resarció DE la ofensa.* **2.** Dar una compensación a alguien (por un daño o perjuicio). *Le resarcen los daños ocasionados por el accidente.* ▶ *COMPENSAR. FAM **resarcimiento**.

resbalar. intr. **1.** Deslizarse alguien o algo sobre una superficie en la que no se tiene suficiente adherencia. *El coche resbaló EN la curva helada.* Tb. prnl. **2.** coloq. Cometer alguien un error o una equivocación. *Con cualquier comentario podrías resbalar.* ■ **resbalarle**

(a alguien) una cosa. loc. v. coloq. Ser(le) indiferente o no importar(le). *Le resbala todo lo que le dicen.* FAM resbaladizo, za; resbalón; resbaloso, sa (frecAm).

rescatar. tr. **1.** Recuperar (algo o a alguien que están en manos de otra persona) pagando un precio o empleando la fuerza. *El ejército rescató al rehén.* **2.** Sacar (a alguien) de una situación difícil. *Rescataron a los náufragos.* **3.** Recuperar (algo que se había olvidado, estropeado o perdido). *Rescatemos la música popular.* FAM rescate.

rescindir. tr. *Der.* Anular o dejar sin efecto (un contrato u otra obligación legal). *La empresa ha rescindido el contrato con la constructora.* FAM rescisión.

rescoldo. m. **1.** Conjunto de brasas que permanecen debajo de la ceniza. *El rescoldo aún calienta la habitación.* **2.** Resto de algo pasado, espec. un sentimiento. *Apenas queda un rescoldo de aquel amor.*

resección. f. *Med.* Extirpación total o parcial de un órgano. *Resección de la mama.*

reseco, ca. adj. **1.** Muy seco o que carece de agua o de otro líquido. *Tengo la garganta reseca.* **2.** Muy flaco o delgado. *Te estás quedando reseco.* FAM resecar.

resentimiento. m. Sentimiento persistente y contenido de hostilidad hacia alguien, por considerarse maltratado por él. ▶ RENCOR. FAM resentido, da.

resentirse. (conjug. SENTIR). intr. prnl. **1.** Sentir alguien dolor o molestia en alguna parte del cuerpo. *Aún se resiente DE la fractura.* **2.** Hacer sentir a alguien dolor o molestia una parte del cuerpo por una enfermedad, una lesión o un esfuerzo pasados. *Los pies se resienten DE la caminata.* **3.** Sentir alguien disgusto hacia una persona o cosa que le han causado algún mal o perjuicio. *Se resiente DEL desprecio.* **4.** Decaer algo en su rendimiento como consecuencia de alguna circunstancia negativa. *El autobús se resentía DEL exceso de carga.*

reseñar. tr. **1.** Narrar o contar (algo que ha sucedido), espec. por escrito. *El reportero reseñó el accidente.* **2.** Dar noticia breve (de una obra literaria o científica publicadas), gralm. con una crítica acerca de la misma. *El escritor ha reseñado la novela de su colega.* **3.** Hacer mención o relación (de algo) de forma detallada. *La ley toca algunos aspectos que cabe reseñar.* FAM reseña; reseñable.

reserva. f. **1.** Hecho de reservar o reservarse. *La reserva de avión.* **2.** Precaución o actitud cuidadosa. *Permítame la reserva de ocultar su nombre.* **3.** Parte del ejército formada por militares que no están en el servicio activo, pero que pueden ser movilizados en caso de necesidad. *El general pasó a la reserva.* **4.** En algunos países: Territorio sujeto a un régimen especial en que vive confinada una comunidad indígena. *Una reserva india.* **5.** Lugar acotado y protegido jurídicamente para la protección de su fauna y su flora. *Existen reservas marinas para preservar los arrecifes.* **6.** Conjunto de recursos disponibles. *Tenemos reserva de agua para tres días.* **7.** Sustancias que se acumulan en las células de los seres vivos, y que el organismo emplea para nutrirse en caso necesario. *Usted tiene bajas sus reservas de hierro.* ○ m. **8.** Vino o licor que tiene una crianza mínima de tres años en un envase de roble o en botella. *Para beber pedimos un reserva de la región.* ○ m. y f. **9.** *Dep.* Jugador que no está en la alineación titular de su equipo, y que sustituye a otro si es necesario. *La titular tuvo un esguince y salió a jugar la reserva.* ■ **sin ~(s).** loc. adv. **1.** Abierta y sinceramente. *Dime sin reservas lo que piensas.* **2.** Completa e incondicionalmente. *Admira sin reserva a ese artista.*

reservadamente. adv. De manera reservada o secreta. *Informará reservadamente de los avances de la investigación.*

reservado, da. adj. **1.** Dicho de persona: Reacia a mostrar sus pensamientos o sentimientos. *Es reservada y discreta.* **2.** Dicho de cosa: Oculta o secreta. *Información reservada.* ● m. **3.** En un lugar o establecimiento públicos: Parte o estancia que se destina solo a personas o a usos determinados. *Me espera en un reservado del café.*

reservar. tr. **1.** Guardar (algo) para el futuro. *Las botellas las reserva para la fiesta.* **2.** Destinar (algo) a alguien o señalar que (esa cosa) corresponde o pertenece a esa persona. *Hemos reservado una mesa en el restaurante.* **3.** Callar en el momento (la propia opinión o algo que se sabe). *Reservaré lo que pienso hasta que estemos todos.* ○ intr. prnl. **4.** No hacer una cosa en el momento para hacerla en otro más oportuno. *No me baño aún; me reservo PARA cuando haya menos gente.*

reservista. adj. Dicho de militar: Que pertenece a la reserva o parte del ejército que no está en el servicio activo. *Han movilizado a los soldados reservistas.*

reservorio. m. **1.** *Bot.* y *Zool.* En una célula, en un órgano o en un organismo: Depósito o lugar en que se almacenan sustancias nutritivas o de desecho. *La vesícula es un reservorio de la bilis.* **2.** *Biol.* Población de seres vivos que aloja de manera crónica el agente de una enfermedad, que puede propagarse como epidemia en otros seres vivos. *El cerdo es reservorio de la triquina.*

resfriarse. (conjug. ENVIAR). intr. prnl. Coger un enfriamiento o catarro. *Todos los años me resfrío.* ▶ *ACATARRARSE. FAM resfriado; resfrío (frecAm).

resguardar. tr. Proteger (algo o a alguien) de otra persona o cosa que resultan perjudiciales. *Me he resguardado DE la lluvia en un portal.* FAM resguardo.

residencia. f. **1.** Hecho de residir o vivir de manera habitual en un lugar. *Se exigen dos años de residencia EN el país.* **2.** Lugar en que se reside o se vive de manera habitual. *Cambió de residencia por motivos de trabajo.* Tb. la casa en que se reside, espec. la grande y lujosa. **3.** Casa en que residen, de acuerdo con una reglamentación, personas que tienen alguna característica común, como la edad o la ocupación. *Una residencia de ancianos.* **4.** Establecimiento público donde se alojan viajeros o huéspedes estables. *El casero de la residencia.* **5.** Domicilio de una corporación. *La Federación de Atletismo con residencia sita en la calle Real.* ▶ **2:** *VIVIENDA.

residencial. adj. Dicho de barrio o zona: Que está destinado pralm. a viviendas, gralm. de clase acomodada. *Sector residencial de la ciudad.*

residente. adj. **1.** Que reside o vive de manera habitual en un determinado lugar. *Hay más de cien mil personas residentes EN la ciudad.* ● m. y f. **2.** Médico residente (→ médico). *Este año habrá dos residentes más en cardiología.* ▶ **2:** INTERNO.

residir. intr. **1.** Estar establecido o vivir de manera habitual en un lugar. *Reside EN Londres.* **2.** Estar o encontrarse algo en una persona o en una cosa. *El problema reside EN su incultura.* ▶ **1:** *HABITAR.

residuo. m. **1.** Parte o porción que quedan de un todo. *En la botella queda un residuo de aceite.* **2.** Material, gralm. inservible, que queda después de haber hecho algo. Gralm. en pl. *Residuos tóxicos.* **3.** *Mat.* Resto de la sustracción y de la división. *Quedan*

5 unidades como residuo de la división. ▶ *RESTO. FAM **residual**.

resignarse. intr. prnl. Conformarse con algo negativo o aceptarlo sin luchar contra ello. *Ya me he resignado A no irme de vacaciones.* FAM **resignación**.

resina. f. Sustancia sólida o de consistencia pastosa que es segregada por diversas plantas, espec. por el pino. *Resinas fósiles.* Tb. la sustancia similar que se obtiene por síntesis química. FAM **resinero, ra; resinoso, sa.**

resistencia. f. **1.** Hecho de resistir o resistirse. *Entiendo su resistencia A ir.* **2.** Capacidad de resistir. *Para el maratón necesitas resistencia.* **3.** Conjunto organizado de personas que se opone a los invasores de un territorio o a una dictadura. *Perteneció a la resistencia polaca durante la guerra.* **4.** *Fís.* Fuerza que se opone a la acción de otra. *Cuando un cuerpo se desplaza, vence la resistencia del aire.* **5.** *Fís.* Elemento o pieza que se ponen en un circuito eléctrico para hacer más difícil el paso de la corriente o para transformar esta en calor. *La resistencia de la plancha.* **6.** *Fís.* Dificultad que opone un cuerpo al paso de una corriente o del calor. *La resistencia de un conductor depende del material de que esté hecho.* ■ ~ **pasiva.** f. Resistencia (→ 1) que consiste en negarse a obedecer una norma o una autoridad, o en no cooperar con quien tiene el poder. *La población ofreció una resistencia pasiva durante la ocupación.* ▶ **2:** FUERZA.

resistir. tr. **1.** Sufrir la acción o la fuerza (de algo) sin ser vencido (por ello). *He resistido el envite.* **2.** Aguantar (algo o a alguien que resultan molestos). *Será lista, pero no la resisto.* ○ intr. **3.** Oponer fuerza o resistencia a la acción o a la fuerza de algo. *Ella resiste en su puesto.* ○ intr. prnl. **4.** Oponerse con fuerza a algo. *Los vecinos se resistían A salir.* **5.** Resultar una cosa difícil de hacer o de conseguir para alguien. *No hay receta que se le resista.* ▶ **1, 3:** AGUANTAR. **2:** *TOLERAR. FAM **resistente.**

resma. f. Conjunto de quinientos pliegos u hojas grandes de papel.

resol. m. Reflejo de la luz del sol. *Echa las cortinas para evitar el resol de la tarde.*

resollar. (conjug. CONTAR). intr. **1.** Respirar con fuerza y haciendo ruido. *Resolló agotado.* **2.** Respirar una persona o un animal. *Tras la bronca, no fue capaz ni de resollar.*

resolución. f. **1.** Hecho o efecto de resolver o resolverse. *Tomó la resolución de marcharse.* **2.** Ánimo o decisión. *Se enfrenta con resolución a las dificultades.* **3.** *Fís.* Capacidad de algunos aparatos o instrumentos de separar o distinguir algo, espec. imágenes. *La pantalla es de alta resolución.* FAM **resolutivo, va; resoluto, ta.**

resolutorio, ria. adj. **1.** De la resolución. *Facultad resolutoria.* **2.** Que resuelve. *Órgano resolutorio.*

resolver. (conjug. MOVER; part. **resuelto**). tr. **1.** Solucionar (un problema, una duda o una dificultad). *Resuelvo sus dudas.* **2.** Decidir (algo), o formar la idea o el propósito firme (de hacerlo). *Resolvió no jugar más.* ○ intr. prnl. **3.** Decidirse a hacer algo. *Se resolvió A estudiar inglés.* ▶ **1:** *SOLUCIONAR. **2:** *DECIDIR. FAM **resoluble.**

resonancia. f. **1.** Hecho o efecto de resonar. *La resonancia del eco fue apagándose.* **2.** Divulgación o fama que adquieren alguien o algo. *La noticia tendrá gran resonancia.* **3.** *Mús.* Sonido elemental de los que acompañan al principal en una nota y comunican tim-

bre particular a cada voz o instrumento. *El ecualizador corrige una resonancia indeseada.* **4.** *Fís.* Fenómeno que se produce al coincidir la frecuencia propia de un sistema mecánico o eléctrico con la frecuencia de una excitación externa. *La copa de cristal vibra por resonancia.* ■ ~ **magnética.** f. *Med.* Método de diagnóstico con el que se obtienen imágenes internas de un organismo, basado en el fenómeno por el cual los átomos de una sustancia absorben energía al ser sometidos a campos magnéticos de frecuencias específicas. *Resonancia magnética del cerebro.*

resonante. adj. **1.** Que ha alcanzado mucha resonancia o fama. *Un apellido resonante.* **2.** Que resuena. *El sonido resonante de un gong.*

resonar. (conjug. CONTAR). intr. **1.** Prolongarse un sonido por repercusión o por reflejo de este en una superficie. *Su voz resonó en la sala vacía.* **2.** Producir algo sonido por repercusión o por reflejo de este en una superficie. *El viento resuena entre las ramas de los árboles.* FAM **resonador, ra.**

resoplar. intr. Respirar o soltar el aliento con fuerza y haciendo ruido, espec. como muestra de cansancio o enfado. *Subía la cuesta resoplando.* FAM **resoplido.**

resorte. m. **1.** Muelle (pieza elástica). *El resorte de la puerta.* **2.** Medio de que se dispone para lograr algo. *Movió todos los resortes para medrar.* ▶ **1:** MUELLE.

respaldo. m. **1.** Parte de un asiento en que se apoya la espalda. *Puso la chaqueta en el respaldo.* **2.** Apoyo o amparo. *Cuente con nuestro respaldo.* FAM **respaldar.**

respectar. intr. Tocar o atañer una cosa a otra o a alguien. *Por lo que a mí respecta puede irse.* ▶ CONCERNIR.

respectivo, va. adj. Que se corresponde con cada una de las personas o cosas de un conjunto mencionado. *Pedro y Luis bailaron con sus respectivas esposas.*

respecto. al ~. loc. adv. Acerca de lo que se acaba de mencionar. *–¿Qué me dice de este asunto? –No diré nada al respecto.* ■ **(con)** ~ **a**, o **(con)** ~ **de.** loc. preps. Acerca de. *Con respecto al aumento de sueldo, por ahora no es posible.*

respetable. adj. Digno de respeto. *Son ideas muy respetables.* ■ **el** ~. loc. s. coloq. El público de un espectáculo. *El respetable aplaudió la función.* FAM **respetabilidad.**

respetar. tr. **1.** Tener respeto o consideración (a alguien o algo). *Respétenos.* **2.** Aceptar o cumplir (algo, espec. una ley o una norma). *Respeto la voluntad del enfermo.*

respeto. m. **1.** Sentimiento que se tiene hacia alguien o algo y que hace que se les trate con atención y cuidado, y que se les reconozca un mérito o valor especiales. *Inspira respeto.* **2.** Miedo o recelo. *Tengo respeto al mar.* **3.** Hecho de respetar o aceptar algo, como una ley o una norma. *El respeto del ayuno.* ○ pl. **4.** Manifestación de respeto (→ 1) que se hace a alguien. *Transmítale mis respetos.* ▶ **2:** *MIEDO. FAM **respetuoso, sa.**

respingo. m. Sacudida violenta del cuerpo o de la cabeza, que se produce a causa de un susto o de una sorpresa. *Fui por detrás y pegó un respingo.* FAM **respingar.**

respingón, na. adj. Dicho espec. de nariz: Levantada hacia arriba.

respiración. f. **1.** Hecho de respirar o absorber aire. *Contenga la respiración.* **2.** Entrada y salida del aire de un lugar cerrado. *El cuarto tiene solo un ventanuco de respiración.* ■ ~ **artificial.** f. Conjunto de técnicas que se aplican en el cuerpo de una persona que está sin respiración (→ 1) para que la recupere. □ **sin ~.** loc. adv. **1.** En estado de gran asombro o sorpresa. *La noticia nos dejó sin respiración.* **2.** Con gran dificultad para respirar debido a la fatiga. *Llegó corriendo y sin respiración.* ▶ **1:** ALIENTO, RESUELLO. FAM **respiratorio, ria.**

respiradero. m. Abertura por donde entra y sale el aire. *Respiraderos del metro.*

respirar. intr. **1.** Absorber un ser vivo el aire para tomar algunas de sus sustancias y expulsarlo modificado. *Los anfibios respiran a través de la piel.* **2.** Descansar o sentir alivio después de una situación difícil o angustiosa, o de un período de mucho trabajo o actividad. *Después del ajetreo podremos respirar un poco.* **3.** Tener algo que está encerrado comunicación con el aire externo. *No tapes la comida; deja que respire.* **4.** Tener una sensación agradable debido al descenso de la temperatura después de haber pasado mucho calor. *Al caer la tarde ya se puede respirar.* ○ tr. **5.** Absorber o aspirar (algo, espec. aire). *Aquí vas a respirar el aire de la sierra.* ■ **no dejar ~ (a alguien).** loc. v. No dejar(lo) tranquilo o molestar(lo) continuamente. *Me llama continuamente: no me deja respirar.* ■ **sin ~.** loc. adv. Sin interrupción, o sin descanso. *Lleva horas trabajando sin respirar.* FAM **respirable; respirador, ra; respiro.**

resplandecer. (conjug. AGRADECER). intr. **1.** Brillar o despedir luz, propia o reflejada. *Las fachada blanca resplandece al sol.* **2.** Reflejar la cara de alguien mucha alegría o satisfacción. *Su cara resplandecía al recibir la noticia.* **3.** Destacar o sobresalir alguien o algo entre otros. *Resplandece entre todos.* ▶ **1:** *BRILLAR. FAM **resplandeciente; resplandor.**

responder. tr. **1.** Contestar (algo) a una pregunta o a una llamada. *Han respondido "no" A mi propuesta.* **2.** Contestar (a alguien) para atender a una pregunta o a una llamada. *–Solicité más sueldo. –Y ¿te respondieron ya?* **3.** Contestar algo para resolver (una pregunta). *Un médico responderá sus dudas.* ○ intr. **4.** Reaccionar a algo o mostrar el efecto que esa cosa persigue. *No responde AL tratamiento.* **5.** Corresponder alguien con una acción a una persona o a algo hecho por ella. *A esta faena responderé con otra.* **6.** Hacerse cargo alguien de los propios actos o de los de otro, asumiendo sus consecuencias. *Respondo DE su capacidad.* ▶ **1-3:** CONTESTAR. FAM **respuesta.**

respondón, na. adj. coloq. Que replica de manera irrespetuosa. *Hija respondona.*

responsabilidad. f. **1.** Obligación moral de alguien de responder de algo o de alguien, o de hacerse cargo de sus consecuencias. *Ocuparse de los gatitos que trajiste es tu responsabilidad.* **2.** Obligación de alguien de reparar legalmente la falta o el delito cometidos por él o por otro. *La responsabilidad del accidente es de la empresa.* **3.** Cualidad de responsable. *No le pienso confiar nada: no tiene responsabilidad.*

responsable. adj. **1.** Que conoce sus obligaciones y procura cumplirlas, y que pone cuidado y atención en lo que dice o hace. *Parece muy responsable.* **2.** Que tiene la responsabilidad u obligación de ocuparse de algo o alguien, o de responder por una falta o un delito. *Soy responsable DE estos niños mientras no esté su madre.* ● m. y f. **3.** Persona que tiene a su cargo la dirección de algo. *El informe está firmado por el responsable del departamento.* FAM **responsabilizar.**

responso. m. Conjunto de preces y versículos que se dicen por los difuntos.

respuesta. → responder.

resquebrajar. tr. Agrietar o producir hendiduras (en algo). *El sol resquebrajó las baldosas.* ▶ *AGRIETAR. FAM **resquebrajadura; resquebrajamiento.**

resquemor. m. Sentimiento de inquietud o disgusto. *La medida generó resquemor.*

resquicio. m. **1.** Abertura pequeña, espec. la que queda entre el quicio y la puerta. *El resquicio de la puerta.* **2.** Oportunidad u ocasión para algo. *Si le dejas un resquicio, te habla.* **3.** Resto que queda de un todo. *Un resquicio de esperanza.* ▶ **1:** *ABERTURA.

resta. f. Operación aritmética de restar. *Ya sabe hacer sumas y restas.* ▶ SUSTRACCIÓN.

restablecer. (conjug. AGRADECER). tr. **1.** Volver a establecer (algo). *La policía ha restablecido la circulación.* ○ intr. prnl. **2.** Recuperarse de una enfermedad. *Ya me he restablecido DE la bronquitis.* FAM **restablecimiento.**

restallar. intr. **1.** Producir un ruido seco una cosa, espec. un látigo. *El látigo restalla en el aire.* ○ tr. **2.** Hacer que (una cosa, espec. un látigo) restalle (→ 1). *Él restalló la correa junto a mí.* FAM **restallido.**

restante. adj. Referido a un nombre en plural, o a ciertos nombres colectivos o de materia en singular: Que resta o queda. *Los días restantes los dedicaré a descansar.*

restañar. tr. Detener la salida (de la sangre) de una herida. *Restaña la sangre con paños.*

restar. tr. **1.** Calcular la diferencia entre dos cantidades quitándole (una) a la otra. *Si restas 2 a 6, el resultado es 4.* **2.** Quitar (una cosa) de otra. *La lluvia restó belleza al espectáculo.* **3.** Dep. En algunos juegos de pelota: Devolver (el saque del contrario). *Gómez restó el saque del italiano.* ○ intr. **4.** Quedar aún una parte de algo. *El tiempo que nos reste lo dedicaremos a descansar.*

restauración. f. **1.** Hecho de restaurar. *Obras de restauración de la catedral.* **2.** Restablecimiento en un país del régimen político que existía, espec. la monarquía, y que había sido sustituido por otro. *Después de la caída de la monarquía se produjo la restauración de la república.* **3.** Oficio o actividad de explotar un restaurante. *El curso de gastronomía estará dirigido a profesionales de la restauración.*

restaurador, ra. adj. **1.** Que restaura o sirve para restaurar. *Ciclo restaurador.* ● m. y f. **2.** Persona que tiene por oficio la restauración de objetos artísticos o valiosos. **3.** Persona que tiene o dirige un restaurante.

restaurante. m. Establecimiento público donde se sirven comidas mediante pago y se consumen en el mismo local. ▶ RESTORÁN.

restaurar. (conjug. CAUSAR). tr. **1.** Reparar o arreglar (algo que está estropeado o roto, espec. una obra de arte). *Restauran las imágenes de la capilla.* **2.** Restablecer (algo) o volver a poner(lo) en el estado que tenía. *Restauró la paz en la zona.*

restituir. (conjug. CONSTRUIR). tr. **1.** Devolver (una cosa) a quien la tenían antes. *Le ruego que restituya el libro A su dueño.* **2.** Volver a poner (algo o a alguien) en el estado o lugar en que estaban. *Han restituido el cuadro A su color original.* ▶ **1:** *DEVOLVER. FAM **restitución.**

resto. m. **1.** Parte que queda de un todo. *Mañana vendré a recoger el resto de los libros.* **2.** Mat. Resultado de la operación de restar. *Si restas 85 a 100, el resto es 15.* **3.** Cantidad que queda del dividendo cuando este no es exactamente divisible por el divisor. *Al dividir 26 entre 8, el resto será 2.* **4.** *Dep.* En algunos juegos de pelota: Hecho de restar o devolver el saque del contrario. *Saca el jugador argentino, y el chileno se prepara para el resto.* ○ pl. **5.** Partes de algo, espec. de comida, y gralm. inservibles, que sobran. *Recoge los platos y echa los restos en esta bolsa.* **6.** Cuerpo muerto de una persona, o parte de él. Tb. *~s mortales.* ◼ echar el ~. loc. v. Hacer todo el esfuerzo posible. *Prometo que de ahora en adelante echaré el resto.* ▶ **1-3:** RESIDUO. **2:** DIFERENCIA. **5:** RESIDUOS. ‖ Am: **1:** REZAGO.

restorán. m. Restaurante. *Comimos en un restorán de las afueras.*

restregar. (conjug. ACERTAR). tr. Frotar mucho y con fuerza (algo o a alguien). *El oso se restregaba CONTRA un árbol para rascarse.* ▶ ESTREGAR. FAM **restregón.**

restricción. f. **1.** Hecho de restringir. *La restricción del tráfico se hará poco a poco.* **2.** Limitación o reducción en el suministro de algunos productos de consumo, gralm. por escasez de estos. *Sufriremos restricciones de agua a causa de la sequía.*

restringir. tr. Reducir (algo) a unos límites menores. *Acabarán por restringir las llamadas de teléfono.* FAM **restrictivo, va.**

resucitar. intr. **1.** Volver un muerto a la vida. *Cristo resucitó de entre los muertos.* ○ tr. **2.** Renovar o restablecer (algo desaparecido, olvidado o caído en desuso). *Intentan resucitar el club.* **3.** Hacer que (un muerto) vuelva a la vida. *Ningún médico puede resucitarla.* ▶ REVIVIR. FAM **resurrección.**

resuello. m. Aliento o respiración, espec. si son intensos. *Déjame que recobre el resuello después de esta carrera.* ▶ *RESPIRACIÓN.

resuelto, ta. adj. Que actúa con resolución o ánimo. *Vino muy resuelta a mí.*

resulta. de ~s. loc. adv. A consecuencia, o como resultado. *De resultas DEL accidente tiene una lesión en la espalda.*

resultado. m. Efecto o consecuencia de algo. *Este libro es resultado de años de trabajo.* Tb. la cosa que se produce como consecuencia de otra. *Los resultados de los exámenes aparecerán en el tablón.*

resultar. intr. **1.** Seguido de un adjetivo: Llegar a ser una persona o cosa lo expresado por él. *A veces resulta simpático.* **2.** Ocurrir o producirse una cosa a causa de otra. *DEL entusiasmo de todos ha resultado una gran obra.* **3.** Seguido de un adjetivo: Descubrirse o comprobarse que una persona o cosa son lo expresado por él. *El chico resulta lento para este trabajo.* **4.** Seguido de un nombre: Comprobarse que una cosa termina siendo lo que el nombre indica. *Su proyecto resultó una estafa.* **5.** Seguido de un adverbio como bien o mal: Comprobarse que una cosa termina en la forma que el adverbio indica. *La boda resultó bastante bien.* FAM **resultante.**

resultón, na. adj. coloq. Que gusta por su aspecto. *No es guapa, pero sí resultona.*

resumen. m. **1.** Hecho de resumir. *El resumen de textos requiere capacidad de síntesis.* **2.** Exposición resumida de algo, que se hace por escrito o de palabra. *A veces tras les ofrecernos un resumen de las noticias.* ◼ en ~. loc. adv. Resumiendo, o a modo de conclusión. *Lo que dijo, en resumen, es que la empresa está en quiebra.*

resumidamente. adv. Brevemente, o en pocas palabras. *Contaré resumidamente lo que pasó ayer.*

resumir. tr. Reducir o hacer más breve (algo, espec. un discurso o un texto), atendiendo solo a lo esencial. *Resumiré en un minuto lo que dije.* ▶ REDUCIR.

resurrección. → resucitar.

retablo. m. Obra arquitectónica, hecha gralm. de piedra o de madera, situada detrás del altar, y decorada normalmente con pinturas o esculturas. *El retablo del altar mayor.*

retacear. tr. Am. Escatimar (algo). *El presidente reclamó que no se retaceen fondos destinados a la asistencia social* [C]. ▶ ESCATIMAR.

retaco, ca. adj. coloq. o despect. Dicho de persona: De baja estatura y gralm. rechoncha. *Es una muchacha un poco retaca.*

retador, ra. → retar.

retaguardia. f. **1.** Parte del ejército que se encuentra más alejada del enemigo, o que avanza o se mantiene en último lugar. *Comunique a la retaguardia que vamos a comenzar la marcha.* **2.** En una guerra: Zona en la que no se combate. *Trasladarán a los heridos a la retaguardia.* ◼ a (la) ~, o en ~. loc. adv. Detrás. *El atleta se ha situado a retaguardia DE los otros corredores.*

retahíla. f. Serie de muchas cosas, espec. palabras, que van o están una detrás de otra. *Me ha lanzado una retahíla de insultos.*

retal. m. Pedazo o trozo de una cosa, espec. tela. *Sobró un retal de la tela del traje.*

retaliación. f. Am. Represalia (castigo). *La matanza pudo haber sido en retaliación por los atracos* [C]. ▶ REPRESALIA.

retama. f. Arbusto de ramas finas y flexibles, con flores en racimos, pequeñas y amarillas. *En esta ladera abundan la retama y el romero.*

retar. tr. **1.** Incitar una persona (a otra) a enfrentarse con ella en una lucha o competición, o a hacer algo difícil o desagradable. *La reto A que haga públicas sus acusaciones.* **2.** Am. coloq. Reprender (a alguien). *Mi mamá me retó; no quise ser atrevida y callé* [C]. ▶ **1:** DESAFIAR. FAM **retador, ra.**

retardado, da. adj. Am. Dicho de persona: Retrasada o que tiene un desarrollo mental inferior al normal. *Son niños que tienen problemas de aprendizaje, no niños retardados* [C]. Tb. m. y f. y, entonces, frec. ~ mental. ▶ RETRASADO.

retardar. tr. **1.** Hacer que (algo) llegue o suceda más tarde del tiempo debido o acordado. *La burocracia retardará su puesta en libertad.* **2.** Hacer que (algo) vaya más lento. *El medicamento retarda el proceso del tumor.* ▶ **1:** *RETRASAR. FAM **retardo.**

retazo. m. **1.** Parte aislada o separada de una cosa. *Oía retazos de la conversación.* **2.** Retal o pedazo de una tela. *Una colcha hecha de retazos.*

retemblar. (conjug. ACERTAR). intr. Temblar repetidamente o con intensidad. *Las paredes han retemblado con la explosión.*

retén. m. **1.** Conjunto de personas que permanecen en un puesto para controlar o vigilar. *Un retén de bomberos.* **2.** Conjunto de soldados destinados a reforzar la vigilancia de un puesto. *Hay retenes militares en varios puntos de la ciudad.* **3.** Cantidad de una cosa o conjunto de cosas reservadas para un fin. *Se dispondrá de un retén de maquinaria para la extinción de incendios.* **4.** Am. Puesto de control o vigilancia. *Se ha enviado su retrato a todas las comisarías, retenes, puestos fronterizos* [C]. **5.** Am. Establecimiento donde se recluye a menores o a presos preventivos. *Heridos dos menores durante un motín en un retén* [C].

retención. f. **1.** Hecho de retener. *Retención del calor.* **2.** Detención o marcha lenta del tráfico de vehículos, por aglomeración o por obstáculos en la carretera. *Hay retenciones en todos los accesos.* **3.** Cantidad de dinero descontada de un pago, espec. de un sueldo, en concepto de impuesto fiscal. *Retención fiscal.* **4.** Med. Acumulación en el organismo de materias que debieran ser expulsadas. *Retención de orina.*

retener. (conjug. TENER). tr. **1.** Impedir que (alguien o algo) salgan de algún lugar, se muevan o avancen. *Un accidente retuvo el tráfico en la autopista.* **2.** Conservar (algo) dentro de sí o para sí, de modo que no se escape o no pase a otro. *Las cazuelas de barro retienen el calor.* **3.** Guardar (algo) en la memoria. *Me cuesta retener las fechas.* **4.** Descontar (una cantidad) de un pago, espec. de un sueldo o factura, en concepto de impuesto fiscal. *La empresa le retiene el 14% DE su salario bruto.* **5.** Contener o reprimir (un sentimiento o impulso, o la forma de expresarlos). *No puede retener las lágrimas.* **6.** Der. Detener la policía (a alguien) momentáneamente para una averiguación urgente. *La policía retuvo a varios manifestantes.*

retentiva. f. Capacidad para retener o guardar en la memoria algo.

reticencia. f. **1.** Reserva o desconfianza. *El plan suscita reticencias.* **2.** Hecho de dar a entender algo, espec. con malicia. *Hábleme sin reticencias.* FAM reticente.

retícula. f. *tecn.* Conjunto de líneas que se cruzan unas sobre otras. *Observe en el plano la compleja retícula urbana.* FAM reticular.

retículo. m. **1.** *tecn.* Tejido en forma de red. *Algunas células poseen un retículo que produce proteínas.* **2.** *tecn.* Conjunto de dos o más líneas entrecruzadas, que se coloca en el foco de un instrumento óptico para hacer mediciones y precisar el punto al que se dirige la visión.

retina. f. Membrana interna del ojo que, al captar la luz, emite al cerebro impulsos nerviosos que se transforman en imágenes.

retinol. m. *Bioquím.* y *Med.* Vitamina A. *El retinol es básico para la piel.*

retintín. m. coloq. Tono irónico o burlón. *–¿Qué?, ¿vendrás? –dijo con retintín.*

retinto, ta. adj. **1.** De color castaño muy oscuro. **2.** Am. De color negro muy oscuro. *Un moreno retinto del Chocó* [C].

retirado, da. adj. **1.** Dicho de lugar: Distante o apartado. *La ermita está muy retirada DEL pueblo.* **2.** Dicho de vida: Alejada del trato con los demás. ▶ **1:** *LEJANO.

retirar. tr. **1.** Apartar o separar (una cosa o a una persona) de otra. *Retire esas bolsas para que podamos sentarnos.* **2.** Quitar (algo o a alguien) del lugar en que estaban. *Retira los platos DE la mesa.* **3.** Hacer que (alguien) deje de ejercer una actividad o una profesión. *Las lesiones lo retiraron DEL atletismo.* **4.** Desdecirse (de lo expresado) o dejar de mantener(lo). *Si le ofendió mi comentario, lo retiro.* **5.** Negar (algo) a alguien o privarlo (de ello). *Me retiró la palabra.* ○ intr. prnl. **6.** Irse a un lugar distante o apartado, gralm. para alejarse del trato con los demás. *Se retiró A un monasterio.* **7.** Irse a dormir o a casa. *Me retiro, que mañana madrugo.* **8.** Abandonar

el campo de batalla un ejército. *Las tropas tuvieron que retirarse.* **9.** Abandonar una competición. *Se retiró DEL torneo por una lesión.* FAM retirada; retiro.

reto. m. **1.** Hecho de retar o incitar a alguien a que luche o compita. *Le han propuesto subir a la cima y ha aceptado el reto.* **2.** Objetivo difícil de llevar a cabo y que constituye un estímulo para quien lo afronta. *El ministro tiene ante sí el reto de reformar la Sanidad.* **3.** Am. coloq. Hecho de retar o reprender. *El oficial le dio un reto por tirar cohetes en lugares públicos* [C]. ▶ **1, 2:** DESAFÍO.

retocar. tr. Hacer pequeños cambios o modificaciones (en algo) para perfeccionar(lo). *La maquilladora le retoca los ojos.* FAM retoque.

retomar. tr. Volver a tomar (algo que se había interrumpido o perdido). *Retomaron la conversación donde la habían dejado.*

retoño. m. **1.** Brote o tallo nuevo de una planta. *Retoños de olivo.* **2.** coloq. Hijo, espec. de corta edad. *Lleva a sus retoños a jugar.* ▶ **1:** REBROTE. FAM retoñar.

retorcer. (conjug. MOVER). tr. **1.** Dar vueltas (a algo) sobre sí mismo para que tome forma helicoidal. *Escurra la ropa sin retorcerla.* Tb. fig. *Me retorció el brazo.* **2.** Dar (a lo expresado) un sentido distinto del que tiene, gralm. de forma maliciosa. *Retuerce lo que digo en su provecho.* ○ intr. prnl. **3.** Doblar el cuerpo o hacer giros y contorsiones, gralm. a causa de un dolor agudo o de una risa incontenible. *Se retorcía DE dolor.* FAM retorcimiento.

retorcido, da. adj. **1.** Dicho de persona: Que tiene malicia o intenciones ocultas, en su conducta o en su manera de interpretar las cosas. *No seas retorcido, no lo dijo para ofenderte.* **2.** Dicho de lenguaje o modo de expresarse: Confuso y difícil de entender. *Un estilo retorcido.* ▶ **2:** SINUOSO, TORCIDO, TORTUOSO. ‖ **Am: 2:** CHUECO.

retórico, ca. adj. **1.** De la retórica (→ 3, 4). *Teoría retórica.* **2.** Experto en retórica (→ 3). Tb. m. y f. *Demóstenes fue uno de los grandes retóricos de la antigua Grecia.* ● f. **3.** Arte de hablar o escribir de manera eficaz y convincente. *La antigua retórica exigía conocimientos de artes y ciencias.* **4.** despect. Modo de expresarse poco natural y que tiene escaso contenido. *Los políticos emplean su retórica preelectoral.*

retornar. tr. **1.** Devolver o volver (algo o a alguien) al lugar o situación en que estaban. *Han retornado al niño A su hogar.* ○ intr. **2.** Volver alguien o algo al lugar o situación en que estaban. *Todo retornó A la normalidad.* FAM retornable; retorno.

retorta. f. *Quím.* Vasija de laboratorio que tiene el cuello largo y curvado hacia abajo.

retortijón. m. Dolor breve y agudo en el vientre. *Tiene retortijones y diarrea.*

retozar. intr. **1.** Saltar y moverse alegremente, espec. jugueteando. *Los cachorros retozan en el jardín.* **2.** Realizar juegos amorosos dos personas. *Una pareja retoza en la playa.* FAM retozo; retozón, na.

retracción. f. **1.** Hecho de retraer o retraerse. *Movimiento de retracción.* **2.** Med. Reducción de volumen. *Durante el parto se produce la retracción del útero.*

retractarse. intr. prnl. Retirar lo que se ha dicho. *No se retracta DE nada.* ▶ DESDECIRSE. FAM retractación.

retráctil. adj. Dicho de mecanismo o pieza, o de parte del cuerpo: Que puede moverse hacia atrás y quedar oculto o replegado. *Los felinos poseen uñas retráctiles.*

retraer. (conjug. TRAER). tr. **1.** Hacer que (algo o alguien) vayan hacia atrás en el espacio o en el tiempo. *El viaje al pueblo los retrajo A la infancia.* **2.** Apartar (a alguien) de su propósito. *El mal tiempo ha retraído al público.* ○ intr. prnl. **3.** Alejarse del trato con los demás, frec. por timidez. *En las fiestas se retrae.* FAM **retraimiento.**

retraído, da. adj. Tímido y poco comunicativo. *Una joven retraída.*

retransmitir. tr. **1.** Volver a transmitir (algo). *La sonda espacial retransmite las imágenes a la Tierra.* **2.** Transmitir una emisora de radio o televisión (algo transmitido a ella desde otro lugar). *Van a retransmitir la entrega de los premios.* FAM **retransmisión.**

retrasado, da. adj. Dicho de persona: Que tiene un desarrollo mental inferior al normal. Tb. m. y f. y, entonces, frec. ~ *mental.* ▶ **Am:** RETARDADO.

retrasar. tr. **1.** Hacer que (algo) llegue o suceda más tarde del tiempo debido o acordado. *La niebla retrasará el vuelo.* **2.** Atrasar (un reloj). *A las tres deben retrasar sus relojes una hora.* ○ intr. prnl. **3.** Quedarse atrás en el espacio, en una acción o en un proceso. *Se ha retrasado en los estudios.* **4.** Llegar o presentarse más tarde del tiempo debido o acordado. *Sé puntual y no te retrases.* ▶ **1:** APLAZAR, ATRASAR, DEMORAR, DIFERIR, DILATAR, POSPONER, POSTERGAR, RETARDAR. **2:** ATRASAR. **3:** ATRASARSE. || **frecAm: 4:** DEMORAR.

retraso. m. Hecho o efecto de retrasar o retrasarse. ▶ ATRASO, DEMORA.

retrato. m. **1.** Representación de una persona, espec. de su rostro, en un dibujo, pintura o fotografía. *Goya hizo varios retratos del rey.* **2.** Descripción detallada de una persona o cosa. *La película es un retrato de la Lima actual.* ■ ~ *robot.* m. Retrato (→ 1) de una persona, compuesto a partir de la descripción de alguien que la ha visto. *El retrato robot del secuestrador.* □ *ser el vivo* ~ (de alguien). loc. v. Parecerse mucho (a él) en el físico. *Elvira es el vivo retrato DE su abuela.* FAM **retratar; retratista.**

retreta. f. **1.** Toque militar con el que por la noche se ordena a la tropa que se recoja en el cuartel. **2.** Am. Concierto al aire libre, gralm. nocturno, ofrecido por una banda. *La banda municipal ameniza las retretas dominicales* [C].

retrete. m. **1.** Habitación donde se encuentran las instalaciones diseñadas para evacuar excrementos. *El retrete está al fondo del pasillo.* **2.** Instalación con forma de recipiente diseñada para evacuar excrementos. *El baño tiene ducha, lavabo y retrete.* ▶ **1:** LAVABO, LETRINA, SERVICIO, URINARIO, VÁTER. **2:** VÁTER.

retribuir. (conjug. CONSTRUIR). tr. Pagar o recompensar con dinero (un trabajo o un servicio realizados, o a la persona que los realiza). *Su trabajo fue bien retribuido.* ▶ *PAGAR. FAM **retribución; retributivo, va.**

retro-. pref. Significa 'hacia atrás'. *Retroacción, retroproyector.*

retroactivo, va. adj. Que actúa o se aplica sobre algo que ya ha pasado. *Leyes retroactivas.* FAM **retroactividad.**

retroceder. intr. Ir hacia atrás. *Retroceda por aquí.* ▶ RECULAR. FAM **retroceso.**

retrógrado, da. adj. despect. Partidario de instituciones políticas o sociales propias de tiempos pasados, o contrario a innovaciones o cambios. *Política retrógrada.*

retropropulsión. f. *Aer.* Propulsión que hace frenar o retroceder a una nave, y que se produce mediante la expulsión de un fluido, espec. un gas, en el sentido de la marcha. *Sistema de retropropulsión para frenar la nave al entrar en la órbita lunar.*

retroproyector. m. Proyector que reproduce la imagen ampliada de una transparencia en una pantalla colocada detrás de la persona que lo maneja.

retrospectivo, va. adj. **1.** Que se refiere a un tiempo pasado. *Mirada retrospectiva.* **2.** Dicho de exposición o muestra: Que presenta cronológicamente la obra de un artista o grupo para mostrar su trayectoria. FAM **retrospección.**

retrotraer. (conjug. TRAER). tr. **1.** Llevar (algo o a alguien) a un tiempo pasado. *Para entender el problema, hay que retrotraerlo AL siglo pasado.* ○ intr. prnl. **2.** Retroceder alguien en el tiempo, frec. para relatar algo. *Se retrotrajo A su infancia.*

retrovirus. m. *Biol.* y *Med.* Virus con ácido ribonucleico que puede ser el agente causante de enfermedades como la leucemia o el sida.

retrovisor. m. En un vehículo: Espejo que permite al conductor ver lo que hay detrás.

retruécano. m. *Lit.* Figura retórica que consiste en construir dos frases distintas con los mismos términos pero invertidos, para realzar el contraste entre ambas. *En "dice lo que sabe, pero no sabe lo que dice", hay un retruécano.*

retumbar. intr. Resonar con fuerza o hacer mucho ruido. *Las detonaciones de la mina retumban en el valle.* FAM **retumbante.**

reuma o **reúma.** m. (Tb., frecAm., f.). Reumatismo. *Padezco de reuma.*

reumatismo. m. Enfermedad que se caracteriza por inflamación y dolor en las articulaciones y en los músculos. ▶ REUMA. FAM **reumático, ca; reumatología.**

reunir. tr. **1.** Volver a unir (a dos o más personas o cosas que estaban separadas). *Hay que reunir y clasificar los papeles.* **2.** Juntar (a varias personas) en un mismo lugar con un fin común. *El acto reunió a la flor y nata del mundo teatral.* **3.** Juntar (varias cosas), espec. para un fin, como una colección o una recopilación. *Han logrado reunir mil firmas.* ▶ **2, 3:** *JUNTAR. FAM **reunión.**

reválida. f. **1.** Hecho de revalidar. **2.** Examen que tiene por objeto ratificar la validez de ciertos estudios, una vez acabados. *Aprobó la reválida.*

revalidar. tr. Confirmar la validez o el valor (de algo). *Los hallazgos arqueológicos revalidaron su teoría.*

revalorizar. tr. Aumentar el valor (de algo) o hacer que lo recupere. *La cotización de la empresa en bolsa la revalorizó.* ▶ VALORIZAR. FAM **revalorización.**

revaluar. (conjug. ACTUAR). tr. *Econ.* Aumentar el valor (de una moneda). *El Banco Central intenta revaluar la moneda.* FAM **revaluación.**

revancha. f. **1.** Venganza por un daño, una ofensa o una derrota que se han sufrido. *Ánimo de revancha.* **2.** En algunos juegos: Oportunidad que tiene alguien de recuperar lo perdido o de volver a enfrentarse a quien lo ha derrotado. *Perdió un dineral al póquer, y aun así quería la revancha.* FAM **revanchismo; revanchista.**

revelar. tr. **1.** Descubrir o manifestar (algo oculto o desconocido). *Reveló la existencia de un complot.* **2.** Dar muestras claras (de algo). *Su rostro revela fatiga.*

3. Hacer visible la imagen impresa (en una película o placa fotográfica) mediante un proceso químico. *Aquí revelan dos carretes al precio de uno.* **4.** Manifestar Dios a los hombres (algo cuyo conocimiento no es accesible por la razón). *El Corán contiene lo que Dios reveló a Mahoma.* ○ intr. prnl. **5.** Mostrarse de una manera determinada. *El petróleo se reveló imprescindible.* FAM **revelación; revelado; revelador, ra.**

revender. tr. Volver a vender (algo), gralm. al poco tiempo de haber(lo) comprado y con intención de sacar ganancia. *Compra terrenos para revenderlos.* FAM **revendedor, ra; reventa.**

revenirse. (conjug. VENIR). intr. prnl. Ponerse blando y correoso algo por la humedad o el calor. *El pan se ha revenido por dejarlo en la bolsa.*

reventar. (conjug. ACERTAR). intr. **1.** Abrirse o estallar algo por no poder soportar la presión interior. *La bolsa va a reventar.* Frec. prnl. **2.** Deshacerse con fuerza una ola al chocar con algo. *Las olas revientan* CONTRA *el barco.* **3.** Sentir grandes deseos de algo. *Reviento DE ganas de decirlo.* **4.** coloq. Morir violentamente, espec. por agotamiento o indigestión. *Reventó en alguna trinchera.* **5.** Estallar o manifestarse alguien o algo con violencia. *Su odio reventará por algún lado.* **6.** Sentir y manifestar algo con intensidad. *Está que revienta DE gozo.* ○ tr. **7.** Hacer que (algo) se abra o estalle ejerciendo presión o aplastándo(lo). *Hay que reventar el grano.* **8.** Hacer que (una persona o un animal) mueran, espec. de agotamiento. *Reventó a su caballo.* **9.** Cansar mucho a (alguien). *Nos revienta en los entrenamientos.* **10.** coloq. Molestar o enfadar algo (a alguien). *Me revienta que me ignore.* ▶ 1: ESTALLAR. FAM **reventón.**

reverberar. intr. Reflejarse la luz o el sonido en una superficie. *Nuestras voces reverberan al entrar en la gruta.* FAM **reverberación; reverbero.**

reverdecer. (conjug. AGRADECER). intr. **1.** Recobrar verdor la vegetación mustia o seca. *La ramas reverdecen.* **2.** Tomar algo nuevo vigor o fuerza. *Su carrera como actriz ha reverdecido.* ○ tr. **3.** Hacer que (la vegetación mustia o seca) recobre verdor. *La lluvia reverdece los prados.* **4.** Hacer que (algo) tome nuevo vigor o fuerza. *Sus composiciones reverdecieron el panorama musical.* FAM **reverdecimiento.**

reverencia. f. **1.** Inclinación del cuerpo hacia delante en señal de respeto. *Los cortesanos hacían reverencias a la reina.* **2.** Veneración o gran respeto hacia alguien o algo. *Siente reverencia HACIA/POR su maestra.* **3.** Se usa como tratamiento que corresponde a religiosos de determinada dignidad. *Como guste Vuestra Reverencia.* FAM **reverencial; reverenciar** (conjug. ANUNCIAR); **reverencioso, sa; reverente.**

reverendísimo, ma. adj. Se usa como tratamiento que corresponde a un cardenal, un arzobispo u otra alta dignidad eclesiástica. *Presidió el acto su Eminencia Reverendísima don José Antonio Lezcano, Arzobispo de Managua.*

reverendo, da. adj. Se usa como tratamiento que corresponde a un religioso. *La reverenda madre superiora salió a recibirlos.*

reversa. f. Am. En un vehículo: Marcha atrás. *El vehículo se precipitó en reversa contra el menor* [C].

reversible. adj. **1.** Que puede revertir o volver a un estado o condición anteriores. *Ceguera reversible.* **2.** tecn. Que puede ir o actuar en un sentido o en el contrario. *Los acumuladores son pilas reversibles.* FAM **reversibilidad.**

reverso. m. En una cosa con dos caras: Cara opuesta a la frontal o principal, espec. la opuesta al anverso en una moneda o en una medalla. *Examiné el anverso y el reverso de la moneda.* ■ el ~ de la medalla. loc. s. Persona o cosa que son totalmente contrarias u opuestas a otra. *Una era lista; la otra, el reverso de la medalla.* ▶ *CRUZ.

revertir. (conjug. SENTIR). intr. **1.** Volver algo a un estado o condición anteriores. *La enfermedad podría revertir.* **2.** Dar algo una cosa como resultado. *El esfuerzo que ha hecho revierte EN su beneficio.* **3.** Der. Volver una cosa a su antiguo propietario, o pasar a manos de uno nuevo. *Los puestos del mercado revertirán AL municipio a los veinte años.* ▶ 2: REDUNDAR. FAM **reversión.**

revés. m. **1.** En una cosa plana: Lado contrario al derecho o principal. *En el revés de la tela se ven las costuras.* **2.** Golpe que se da a alguien con el dorso de la mano. *Le dio tal revés que lo tumbó.* **3.** En tenis: Golpe dado a la pelota cuando viene por el lado contrario al de la mano que empuña la raqueta. *Lanzó un revés cruzado desde el fondo de la pista.* **4.** Contratiempo o suceso perjudicial. *El escándalo fue un revés en su carrera.* ■ al ~. loc. adv. Al contrario. *–¿Estás triste? –¡Al revés!, estoy contenta.*

revestir. (conjug. PEDIR). tr. **1.** Cubrir por completo la superficie (de una cosa), gralm. para proteger(la), aislar(la) o decorar(la). *Revistieron el interior de los cajones con fieltro.* **2.** Dar a (alguien o algo) cierta cualidad o apariencia. *Tal actitud reviste al hombre DE su dignidad.* **3.** Presentar algo (determinado aspecto o cualidad). *La lesión no reviste gravedad.* **4.** Vestir (a un sacerdote) una ropa sobre otra, para decir misa y celebrar otros sacramentos. *Revisten al obispo antes de la misa.* FAM **revestimiento.**

revirar. tr. Am. Replicar (algo). *Reviró que la expropiación de los ingenios no aumentó la deuda pública* [C]. ▶ *CONTESTAR.

revisar. tr. Someter (algo) a un examen cuidadoso y atento, espec. para corregir(lo) o reparar(lo). *Un policía de aduanas revisa nuestro equipaje.* FAM **revisión; revisionismo; revisionista; revisor, ra.**

revista. f. **1.** Publicación periódica, de información general o sobre tema específico, que gralm. aparece cada semana o cada mes. *Compró una revista de modas.* **2.** Inspección que hace una persona con autoridad de otras que están bajo su mando, espec. de soldados en formación, o de cosas que están a su cargo. *En palacio, vajilla y cubertería pasan una exhaustiva revista.* **3.** Espectáculo teatral de carácter frívolo, en el que alternan escenas dialogadas con números musicales y de baile. *En el Molino Rojo se estrena una nueva revista.* Tb. ~ musical. **4.** Period. Examen o resumen de acontecimientos, noticias u opiniones recientes, gralm. relacionados con un mismo asunto. *Consulte nuestra revista de espectáculos en la página 50.* ■ pasar ~. loc. v. **1.** Inspeccionar una persona con autoridad (a alguien bajo su mando o algo que está a su cargo). *El sargento pasa revista a sus soldados.* **2.** Pasar una autoridad ante (las tropas que le rinden honores). *El rey pasó revista a las tropas.* **3.** Repasar o examinar con cuidado (algo). *La prensa pasa revista a la labor del Gobierno.* FAM **revistero.**

revitalizar. tr. Dar mayor fuerza o vitalidad a (algo). FAM **revitalización.**

revivir. intr. **1.** Resucitar o volver a la vida. *Hoy se congelan cadáveres con la esperanza de que puedan revivir en el futuro.* **2.** Recuperar la vitalidad o el vigor

620

alguien o algo que parecían muertos. *El conflicto revive periódicamente.* ○ tr. **3.** Recordar o evocar con viveza (algo). *En el juicio tuvo que revivir su secuestro.* ► RESUCITAR.

revocar. tr. **1.** Anular o dejar sin efecto (algo, espec. un mandato o resolución). *La Audiencia revocó la sentencia.* **2.** Hacer que (algo, espec. el humo) retroceda. *El viento revoca el humo de la chimenea.* **3.** *Constr.* Dar una nueva capa de pintura, yeso u otro material semejante (a un muro o una pared, espec. por su parte exterior). *Van a revocar las paredes* CON *yeso.* ► **3:** *ENLUCIR. FAM revocable; revocación.

revolcar. (conjug. CONTAR). tr. **1.** Echar o tirar (a alguien) sobre algún lugar, espec. haciendo que dé vueltas y se restriegue. *El perro se revuelca* POR/EN *el barro.* **2.** malson. Practicar juegos amorosos (con alguien) o tener relaciones sexuales (con él). **3.** Am. coloq. Volcar (algo). *Un mendigo pasó revolcando las canecas de basura* [C]. FAM revolcón.

revolotear. intr. Volar haciendo giros en poco espacio. *Las moscas revolotean sobre la comida.* FAM revoloteo.

revoltijo o **revoltillo.** m. Conjunto o mezcla de cosas desordenadas. *Un revoltijo de ropa.*

revoltoso, sa. adj. **1.** Dicho espec. de niño: Travieso o inquieto. *Los alumnos son revoltosos.* **2.** Que toma parte en una revuelta o disturbio. *Un grupo de manifestantes revoltosos fue detenido.* ► **1:** TRAVIESO.

revolución. f. **1.** Cambio violento en las instituciones políticas de una nación, espec. el que se consigue por la fuerza. *La Revolución rusa acabó con el zarismo.* **2.** Cambio rápido y profundo. *La revolución industrial.* **3.** coloq. Alboroto o desorden. *Cuando se juntan los de la pandilla arman una revolución.* **4.** *Mec.* Vuelta o giro completos de una pieza sobre su eje. *Ese motor funciona a unas 900 revoluciones por minuto.* FAM revolucionar; revolucionario, ria.

revolver. (conjug. MOVER; part. **revuelto**). tr. **1.** Mover (una cosa o un conjunto de cosas) de un lado a otro, de arriba abajo o en círculo, gralm. para que se mezclen. *Revuelve bien la ensalada.* **2.** Desordenar (algo) o alterar su disposición. *El viento le revolvía el pelo.* **3.** Registrar o examinar (algo) removiendo y desordenando su contenido. *El ladrón revolvió los cajones.* **4.** Agitar o alborotar (a alguien). *No revuelvas a los niños, que ahora están tranquilos.* **5.** Alterar o indisponer (el estómago). *Ese olor me revuelve el estómago.* ○ intr. prnl. **6.** Moverse de un lado a otro, gralm. en un sitio estrecho. *Cada vez que te revuelves me dejas sin manta.* **7.** Volverse o darse la vuelta, espec. para enfrentarse o atacar a alguien. *El toro se revolvió y corneó al torero.* **8.** Enfrentarse a alguien o algo. *La población se revolvió* CONTRA *el tirano.*

revólver. m. Arma de fuego de corto alcance, que se puede usar con una sola mano y lleva un cilindro giratorio donde se ponen las balas. *El pistolero saca el revólver.*

revoque. m. *Constr.* Hecho o efecto de revocar con pintura, yeso u otro material.

revuelo. m. Agitación o perturbación de la calma. *La noticia causó revuelo.*

revuelto, ta. adj. **1.** Dicho de líquido: Turbio por haberse levantado el sedimento del fondo. *Las aguas del río bajan revueltas.* **2.** Dicho de tiempo: Inestable o borrascoso. *La tarde está revuelta para pasear.* ● m. **3.** Plato de cocina consistente en una mezcla de huevo batido con algún otro ingrediente, que se cuaja sin darle una forma definida. *Revuelto* DE *espárragos.* ○ f. **4.** Movimiento colectivo de protesta con alteración del orden público. *Revuelta estudiantil.* **5.** Cambio brusco de dirección. *Esa carretera tiene muchas vueltas y revueltas.*

revulsivo, va. adj. Dicho de cosa: Que causa sufrimiento, pero que al final resulta beneficiosa por la reacción que provoca. *Aquel truculento drama tenía un efecto revulsivo en el público.* Frec. m.

rey, reina. m. y f. **1.** Jefe de Estado de una monarquía. *Fue proclamada reina.* **2.** Consorte de un rey o de una reina (→ 1). *Al acto acudió el monarca acompañado de la reina.* **3.** Persona, animal o cosa que más destacan en un lugar, en una actividad o entre los de su clase. *La pequeña es la reina de la casa.* ○ m. **4.** En una baraja: Carta que tiene representada la figura de un rey (→ 1). *En la baraja española, los reyes llevan el número 12.* **5.** En ajedrez: Pieza principal, cuya pérdida supone el final de la partida. *Consiguió salvar un jaque al rey.* **6.** (Frec. con art. y en mayúsc.). En el cristianismo: Cada uno de los tres sabios que fueron desde Oriente, guiados por una estrella, a adorar al Niño Jesús. *Los Reyes llevaban regalos al Niño.* Tb. *Rey Mago.* ○ m. pl. **7.** (Frec. en mayúsc.). Festividad que conmemora la adoración del Niño Jesús por los Reyes (→ 6). *En Reyes me trajeron un reloj.* Tb. *Día de Reyes.* ○ f. **8.** En ajedrez: Pieza de mayor importancia después del rey (→ 5). *Me amenazó la reina con un caballo.* **9.** Abeja reina (→ abeja). *La reina es la hembra fértil.* ► **1:** MONARCA. **6:** MAGO. **8:** DAMA.

reyerta. f. Pelea o riña violentas entre dos o más personas. *Hubo una reyerta entre los partidarios de uno y otro bando.* ► *PELEA.

rezagarse. intr. prnl. Quedarse atrás. *Me rezagué y perdí de vista al grupo.*

rezago. m. **1.** Am. Atraso (falta de desarrollo). *Las autoridades deberán subsanar el rezago de nuestra nación* [C]. **2.** Am. Resto (parte que queda). *Relacionó el alboroto con los últimos rezagos de la boda* [C]. ► **1:** ATRASO. **2:** *RESTO.

rezar. tr. **1.** Dirigir mentalmente o de palabra (una oración) a una divinidad o a una persona sagrada. *Rezó un padrenuestro.* Tb. como intr. **2.** Decir un cartel o un escrito (algo). *El cartel reza que la finca es propiedad privada.* ○ intr. **3.** Tocar o pertenecer algo a alguien. *Eso no reza* CON *nosotros.* FAM rezo.

rezongar. intr. Refunfuñar o hablar entre dientes en señal de enfado o desagrado. *Bajó a abrirme rezongando.* FAM rezongo (Am); rezongón, na.

rezumar. tr. **1.** Dejar pasar un cuerpo (un líquido) a través de sus poros. *Las paredes rezuman humedad.* **2.** Manifestar o dejar ver (una cualidad o un sentimiento). *Sus relatos rezuman imaginación.* ○ intr. **3.** Salir al exterior una cosa a través de los poros de un cuerpo. *Limpió el agua que rezumaba de la cañería.*

Rh. (pronunc. "erre-ache"). m. *Fisiol.* Factor Rh (→ factor). *Su sangre tiene Rh positivo.*

ría. f. **1.** Zona de una cuenca fluvial en la que ha penetrado el mar. *Las rías de la Patagonia.* **2.** *Dep.* Obstáculo que consiste en una masa de agua colocada gralm. tras una valla. *El jinete fue penalizado en la ría.*

riachuelo. m. Río pequeño y poco caudaloso. *El ganado abreva en un riachuelo.*

riada. f. Aumento repentino del caudal de un río, que frec. provoca una inundación. *La riada arrasó los huertos de la orilla.*

ribazo. m. Am. Orilla. *Tirado en un ribazo del camino* [C].

ribera. f. **1.** Orilla del mar, de un río o de un lago. *Amarramos los botes en la ribera del río.* **2.** Franja de terreno que está junto a un río o cerca de él. *Por la ribera del río se extienden los chopos.* FAM **ribereño, ña.**

ribete. m. **1.** Cinta estrecha con que se adorna o refuerza el borde de algo, como una pieza de tela o de cuero. *La mochila de lona tiene ribetes de cuero.* ○ pl. **2.** Señales o indicios de algo. *Su acalorado monólogo tenía ribetes cómicos.* FAM **ribetear.**

riboflavina. f. *Bioquím.* y *Med.* Vitamina B$_2$.

ricacho, cha. m. y f. despect. Persona rica o adinerada. Frec. *ricachón.*

ricamente. adv. **1.** Con lujo o con abundancia. *Los vestidos estaban ricamente adornados.* **2.** coloq. A gusto o cómodamente. *Me quedaría en la cama tan ricamente.*

ricino. m. Planta originaria de África, de hojas grandes, flores naranjas y fruto esférico con espinas, de cuyas semillas se obtiene un aceite usado como laxante.

rico, ca. adj. **1.** Que tiene mucho dinero o muchos bienes. *Se casó con una mujer muy rica.* **2.** Que tiene abundancia de algo. *El kiwi es rico EN vitamina C.* **3.** De mucho valor o muy lujoso. *Las damas vestían con ricas telas.* **4.** Dicho de terreno: Fértil. *La tierra es rica.* **5.** Sabroso o que tiene buen sabor. *El arroz está muy rico.* **6.** coloq. Bonito o encantador. *Un bebé muy rico.* ■ **nuevo/va ~.** m. y f. despect. Persona que se ha hecho rica (→ 1) de repente y hace ostentación de su dinero, frec. dejando ver su tosquedad o incultura. *Un nuevo rico se construyó esta mansión.* ▶ **1:** ACAUDALADO, ADINERADO, CAPITALISTA, MILLONARIO, OPULENTO, POTENTADO, PUDIENTE. **4:** *FÉRTIL.

ricota. f. Am. Requesón. *Mezclar la ricota con la mitad del queso rallado* [C].

rictus. m. Gesto en el que se contraen los labios, dando a la boca un aspecto parecido al de una sonrisa, y que suele indicar un determinado estado de ánimo. *Un rictus de dolor se dibujó en su rostro.*

ricura. f. coloq. Persona o cosa ricas o bonitas. *¡Qué ricura de niña!*

ridículo, la. adj. **1.** Que provoca risa o burla, gralm. por su rareza o extravagancia. *Lleva un peluquín ridículo.* **2.** Absurdo, o que carece de sentido. *Es ridículo que te enfades por una tontería.* **3.** Que es muy pequeño o escaso. *Trabajan de sol a sol por un salario ridículo.* ● m. **4.** Situación ridícula (→ 1) en que se ve una persona. *No habla en público por miedo al ridículo.* ■ **hacer el ridículo.** loc. v. Comportarse de manera ridícula (→ 1). FAM **ridiculez; ridiculización; ridiculizar.**

riego. m. Hecho de regar. *La huerta tiene riego por goteo.* ■ **~ sanguíneo.** m. Flujo de sangre que nutre los órganos u otras partes del cuerpo.

riel. m. **1.** Carril de una vía de tren, de metro o de tranvía. *Los rieles del tren.* **2.** Barra de metal utilizada como soporte de algo que se desliza, como unas cortinas.

rielar. intr. **1.** cult. Vibrar o temblar. *Veía rielar su imagen en las aguas del estanque.* **2.** cult. Brillar con luz temblorosa. *La luna riela en la superficie del lago.*

rienda. f. **1.** Cada una de las dos correas o cuerdas que van unidas al freno de una caballería y que sujeta el jinete para dirigir al animal. *Tiró de las riendas para frenar al caballo.* ○ pl. **2.** Mando o dirección de algo. *El entrenador tomará las riendas del equipo.* ■ **dar ~ suelta** (a alguien o algo). loc. v. Dejar(les) vía libre. *En sus juegos, los niños dan rienda suelta a su imaginación.*

riesgo. m. **1.** Posibilidad de que ocurra algo malo. *Hay riesgo DE accidente.* **2.** Com. Cada uno de los daños que cubre un contrato de seguro. *En la póliza debe figurar la lista de riesgos.* ■ **correr ~.** loc. v. Estar expuesto a algún riesgo (→ 1). *Su puesto de trabajo no corre riesgo.* ▶ **1:** PELIGRO. FAM **riesgoso, sa** (Am).

rifa. f. Sorteo de una cosa entre varias personas, gralm. con papeletas o boletos numerados. *Con la rifa recaudaron fondos para el gimnasio.* ▶ TÓMBOLA. FAM **rifar.**

rifle. m. Fusil de cañón largo, que tiene en su interior estrías en espiral que aumentan su precisión. *El cazador lleva un rifle con mira telescópica.*

rígido, da. adj. **1.** Que no se puede doblar o torcer. *No estés tan rígida, relájate.* **2.** Severo o inflexible. *Es demasiado rígida con los alumnos.* FAM **rigidez.**

rigodón. m. histór. Baile de origen provenzal y ritmo alegre, que estuvo de moda en los ss. XVII y XVIII. Tb. su música.

rigor. m. **1.** Severidad o dureza. *La castigó con rigor.* **2.** Precisión o exactitud. *El estudio científico tiene rigor.* **3.** Dureza de las condiciones climáticas. *El rigor del verano.* ■ **de ~.** loc. adj. Que es indispensable o habitual por la costumbre. *Se harán las investigaciones policiales de rigor.* ■ **en ~.** loc. adv. En realidad o estrictamente. *En rigor, la ley aún no está vigente.* FAM **rigorismo; rigorista; rigurosidad; riguroso, sa.**

rígor mortis. (loc. lat.). m. Rigidez que aparece en un cadáver poco después de la muerte. *No se pueden mover los miembros del fallecido por el rígor mortis.*

rijoso, sa. adj. Dicho de persona o animal: Que siente o muestra fuerte deseo sexual. *Gatos rijosos.* Frec. despect.

rima. f. **1.** *Lit.* Identidad de sonidos vocálicos y consonánticos, o solamente vocálicos, en la terminación de la palabra final de varios versos o unidades rítmicas. *En el verso "Oh, María, luz del día" hay rima interna.* **2.** *Lit.* Composición en verso, de género lírico. Gralm. en pl. *Rimas de Garcilaso.* FAM **rimar.**

rimbombante. adj. despect. Dicho de cosa: Ostentosa o llamativa. *Su apellido es muy rimbombante.* FAM **rimbombancia.**

rímel. (Marca reg.: *rimmel*). m. Cosmético que se usa para oscurecer y endurecer las pestañas. *Se pintó la raya del ojo y se puso un poco de rímel.*

rimero. m. Conjunto de cosas puestas unas sobre otras. *Un rimero de carpetas.*

rincón. m. **1.** Ángulo formado en el encuentro de dos paredes o de dos superficies, considerado por su parte interior. Tb., más frec., el espacio correspondiente. *Se acumula pelusa en los rincones.* **2.** Lugar retirado o escondido. *Se conoce hasta el último rincón del bosque.* ▶ **1:** ÁNGULO. FAM **rinconada.**

rinconera. f. Mueble de forma gralm. triangular diseñado para ser colocado en un rincón. *Guardo las llaves en un cajón de la rinconera.*

ring. (pal. ingl.; pronunc. "rin"). m. *Dep.* En boxeo y otros deportes de lucha: Cuadrilátero. *El púgil cayó noqueado sobre la lona del ring.* ▶ CUADRILÁTERO.

rinitis. f. *Med.* Inflamación de la mucosa de las fosas nasales.

rinoceronte. m. Mamífero de gran tamaño y piel gruesa, que tiene uno o dos cuernos curvados en la zona de la nariz y es propio de África y Asia. *El rinoceronte hembra.*

riña. f. Hecho de reñir o pelear. *La apuñalaron en una riña callejera.* ▶ *PELEA.

riñón. m. **1.** En los vertebrados: Órgano que se encarga de regular los líquidos del organismo y de excretar orina, que, en el hombre, es rojo oscuro, con forma de haba, y está situado detrás del abdomen. *Transplante de riñón.* ○ pl. **2.** Parte baja de la espalda a la altura de la cadera. *Levanté demasiado peso y me duelen los riñones.* ■ ~ **artificial.** m. *Med.* Aparato que sirve para depurar la sangre cuando el riñón (→ 1) funciona mal.

riñonada. f. Parte baja de la espalda a la altura de la cadera. *Chuletas de riñonada.*

riñonera. f. Bolso pequeño que se sujeta con una correa a la altura de los riñones.

río. m. **1.** Corriente continua y natural de agua que, por un curso fijo, va a parar al mar, a un lago o a otra corriente de agua. *El río Pilcomayo desemboca en el río Paraguay.* **2.** Flujo abundante de algo. *Un río DE lava descendía por la ladera del volcán.* ■ ~ **revuelto.** m. Situación de confusión o desorden. *En el río revuelto de la posguerra, algunos hicieron fortuna.*

riobambeño, ña. adj. De Riobamba (Ecuador).

riojano, na. adj. De La Rioja o Rioja (Argentina, España, Perú).

rioplatense. adj. De la región del Río de la Plata (estuario entre Argentina y Uruguay).

ripio. m. **1.** Palabra o conjunto de palabras superfluas, utilizadas para completar un verso o conseguir una rima. *La canción del verano está llena de ripios.* **2.** *Constr.* Material de relleno formado por fragmentos de ladrillos, piedras y otros materiales de obra desechados. *Una rampa de ripio y cemento.* **3.** *Am. Constr.* Piedra pequeña que se usa para pavimentar. *Las calles necesitan más ripio y alumbrado* [C]. ▶ **3:** GRAVA.

riqueza. f. **1.** Cualidad o condición de rico o dueño de mucho dinero o muchos bienes. *La riqueza del sultán.* **2.** Cualidad de rico o abundante en algo. *Riqueza de vocabulario.* **3.** Cualidad de rico o lujoso. *La riqueza del palacio.*

risa. f. **1.** Hecho de reír o expresar alegría con gestos y sonidos. *No podía contener la risa.* **2.** Cosa que causa risa (→ 1). *Las historias que cuenta son una risa.* ■ ~ **sardónica.** f. **1.** *Méd.* Contracción de los músculos de la cara que da a la persona un aspecto de estar riéndose. **2.** Risa (→ 1) falsa o fingida que no expresa alegría. *Tenía una risa sardónica que nos hizo temer una trampa.* □ **tomar a** ~ (algo). loc. v. coloq. No dar(le) importancia. *No se tomen a risa el problema.* FAM **risible.**

risco. m. Peñasco alto y escarpado. *El pastor guía a su ganado entre los riscos.*

risotada. f. Risa fuerte y ruidosa. *Cada chiste provoca grandes risotadas.*

ristra. f. **1.** Conjunto de ajos o cebollas unidos por una trenza hecha con sus tallos. *Una ristra de ajos cuelga de un clavo en la cocina.* **2.** Conjunto de cosas colocadas una detrás de otra. *Ristras de números cubrían la pizarra.*

ristre. m. histór. En una armadura: Hierro situado a la altura del pecho, que permite sujetar la lanza. *Los caballeros afianzaron sus lanzas en los ristres.* ■ **en ~.** loc. adv. Teniendo determinado utensilio, gralm. en la mano, en disposición de utilizarlo. *Los periodistas se acercaban micrófono en ristre.*

risueño, ña. adj. **1.** Dicho de persona: Que ríe con facilidad o tiene carácter alegre. *Se levantó risueña y de buen humor.* **2.** Dicho de cosa: Que produce alegría o agrado. *El risueño canturrear de las aves.* **3.** Favorable o próspero. *Un futuro risueño.*

ritmo. m. **1.** Disposición de una sucesión de sonidos en un intervalo de tiempo, según su distribución, duración y acentuación. *El batería pierde el ritmo.* **2.** En el lenguaje: Combinación o sucesión armoniosas de palabras, frases y pausas, espec. cuando se tiene en cuenta la acentuación o cantidad de las sílabas. *El ritmo y la rima dan musicalidad al poema.* **3.** Regularidad con que ocurre o se repite algo. *Sufría una alteración en el ritmo cardíaco.* FAM **rítmico, ca.**

rito. m. **1.** Ceremonia o acto, espec. religiosos, que siguen unas reglas establecidas. *Los ritos de iniciación en el vudú.* **2.** Conjunto de reglas establecidas, espec. para el culto de una religión o iglesia. *Se casaron según el rito ortodoxo.* **3.** Costumbre o práctica muy arraigadas. *El rito de la siesta.* FAM **ritual; ritualismo.**

rival. adj. Dicho de persona o grupo de personas: Que compiten contra alguien para superarlo o para conseguir algo. *Se produjo una pelea entre bandas rivales.* ▶ CONTENDIENTE, CONTRARIO, ENEMIGO. FAM **rivalidad; rivalizar.**

rivera. f. Arroyo o riachuelo. *Una rivera regaba las huertas.*

rizar. tr. **1.** Formar rizos (en el pelo). *Me quiero rizar el pelo.* **2.** Formar el viento olas pequeñas (en el mar). *Una suave brisa rizaba el océano.* FAM **rizado** (*El rizado del pelo forma parte de su cambio de imagen*); **rizador, ra.**

rizo. m. **1.** Mechón de pelo con forma de círculo o de espiral. *Le caía un rizo sobre la frente.* **2.** Círculo completo que describe un avión en el aire moviéndose en sentido vertical. *El piloto hizo un rizo y un descenso en barrena.* ■ **rizar el** ~. loc. v. Hacer algo de gran dificultad para demostrar destreza. *Rizó el rizo con un triple mortal.* ▶ **frecAm: 1:** RULO. FAM **rizado, da** (*Melena rizada*); **rizoso, sa.**

rizoma. m. *Bot.* Tallo subterráneo que crece en sentido horizontal.

robar. tr. **1.** Quitar (algo) a alguien contra su voluntad y gralm. con violencia o engaño. *Le robaron la cartera en el autobús.* **2.** Quitar algo (a alguien) contra su voluntad y gralm. con violencia o engaño. *Nos robaron en el autobús.* **3.** Llevarse algo (de un lugar) ilícitamente, gralm. con violencia. *Han robado el banco.* ▶ **1:** HURTAR. **2, 3:** DESVALIJAR, SAQUEAR. FAM **robo.**

robinsón. m. Hombre que vive en soledad y consigue cubrir todas sus necesidades por sí mismo y sin ayuda de nadie. *Vive en una cabaña hecho un robinsón.*

roble. m. **1.** Árbol de gran tamaño, tronco robusto y madera muy resistente, cuyo fruto es la bellota amarga. **2.** Persona o cosa muy fuertes y resistentes. *Usted aún es un roble.* FAM **robledal; robledo.**

robot. (pl. **robots**). m. **1.** Máquina programada para realizar automáticamente operaciones y movimientos

robótica - rodilla

diversos, gralm. propios de las personas. *Un robot los ayuda a escapar del planeta.* **2.** Persona que se comporta como una máquina o que se deja dirigir por otra. *Es un robot al servicio de su jefe.* ▶ AUTÓMATA. FAM robotizar.

robótica. f. Técnica que se ocupa del diseño, construcción y empleo de robots. *Robótica espacial.*

robusto, ta. adj. Fuerte o vigoroso. *Colgaron el columpio de la rama más robusta.* FAM **robustecer** (conjug. AGRADECER); **robustecimiento; robustez.**

roca. f. **1.** Piedra dura y sólida. *Escalan por una pared de roca lisa.* **2.** Trozo aislado de roca (→ 1), gralm. de gran tamaño. *Buscamos cangrejos entre las rocas.* **3.** Persona o cosa duras y resistentes. *El defensa central es una roca.* **4.** Geol. Sustancia formada por uno o varios minerales, que forma parte de la masa terrestre. *Rocas volcánicas.* ▶ **2:** PEÑA, PEÑASCO. FAM **rocoso, sa.**

rocambolesco, ca. adj. Que tiene muchos acontecimientos o sucesos extraordinarios o increíbles. *En una huida rocambolesca despistó a la policía.*

roce. m. **1.** Hecho de rozar o tocar ligeramente. *Notó el roce de una mano en la espalda.* **2.** Señal o marca que quedan en una superficie por efecto del roce (→ 1) con otra. *El otro coche me hizo un roce al aparcar.* **3.** Trato o comunicación entre personas. *La conozco, pero tengo poco roce con ella.* **4.** Discusión o enfrentamiento leves. *Tuvimos algunos roces, pero nos llevamos bien.*

rociar. (conjug. ENVIAR). tr. **1.** Esparcir agua u otro líquido (sobre alguien o algo). *Rociaron el coche DE gasolina.* **2.** Arrojar un conjunto de cosas, gralm. pequeñas, de modo que caigan diseminadas (sobre alguien o algo). *El bombardeo roció DE metralla los edificios.* FAM **rociada.**

rocín. m. Caballo de mal aspecto y poca altura. *Se alejó a lomos de un rocín.*

rocío. m. Conjunto de pequeñas gotas de agua, formadas por la condensación de vapor de la atmósfera en las noches frías, que se deposita sobre la tierra y las plantas.

rock. (pal. ingl.). m. **1.** Rock and roll. **2.** Género de música derivado del *rock and roll.* Rock duro. ● adj. **3.** Del *rock and roll* o derivado de este género de música. *Grupo rock. Estética rock.* **4.** Del *rock* (→ 2). *Hoy se estrena un musical rock.*

rock and roll. (pal. ingl.; pronunc. "rók-an-ról"). m. Género de música moderna de origen estadounidense, de ritmo muy marcado e interpretado a menudo con instrumentos eléctricos y batería. *Elvis Presley fue el rey del rock and roll.* Tb. el baile que se ejecuta con esa música. ▶ ROCK.

rococó. m. *Arte* Estilo derivado del barroco, que se desarrolla en Europa durante el s. XVIII y se caracteriza por la ornamentación abundante y refinada.

rocoso, sa. → roca.

rodada[1]. f. Señal que deja en el suelo la rueda de un vehículo. *Por las rodadas del camino supo que había pasado un camión.*

rodada[2]. f. Am. Hecho de rodar o caer dando vueltas. *Uno no puede arrastrar al mundo entero en su rodada* [C].

rodado, da. adj. **1.** Dicho de tráfico o tránsito: De vehículos de ruedas. *Ha quedado suspendido el tránsito rodado.* ● m. **2.** Am. Vehículo de ruedas. *Chocaron un automóvil y una camioneta; en el primero de los rodados viajaban Adriana y Juan* [C].

rodador, ra; rodadura. → rodar.

rodaja. f. Trozo circular o redondeado y de forma plana, espec. de un alimento. *Corte la berenjena en rodajas.*

rodaje. m. **1.** Hecho de rodar una película. *El rodaje de la película fue en El Salvador.* **2.** Hecho de rodar un automóvil para que pueda funcionar. *¿Le has hecho ya el rodaje al coche?* **3.** Situación en que se encuentra un motor, particularmente el de un automóvil, hasta que no ha funcionado el tiempo previsto por el fabricante. *No rebase esta velocidad mientras el motor esté en rodaje.* **4.** Adquisición de práctica en un trabajo o actividad. *Aún le falta rodaje como profesor.*

rodal. m. frecAm. Espacio limitado, gralm. de plantas de una misma clase, y que se diferencia de lo que lo rodea. *En todo el territorio existieron rodales de frutales silvestres y cultivados.*

rodar. (conjug. CONTAR). intr. **1.** Dar vueltas algo alrededor de su eje, cambiando o sin cambiar de lugar. *La ruleta rodaba y la bola giraba en su interior.* **2.** Caer dando vueltas o resbalando, gralm. por una pendiente. *La cantimplora se soltó y rodó ladera abajo.* **3.** Moverse mediante ruedas un vehículo o sus ocupantes. *Una moto rodaba a gran velocidad.* **4.** Ir alguien o algo de un sitio a otro, sin quedar fijos en ninguna parte. *El manuscrito había rodado de mano en mano.* **5.** Marchar o funcionar de determinada manera. *Las cosas les ruedan muy bien.* ○ tr. **6.** Hacer que (algo) ruede (→ 1, 2). *Unos críos jugaban a rodar los neumáticos.* **7.** Conducir (un automóvil) durante distancia inicial prescrita por el fabricante y siguiendo sus indicaciones, para lograr su buen funcionamiento. *Conviene rodar el vehículo en ciudad y en carretera.* **8.** Filmar (una película cinematográfica o una parte de ella). *Rodaron varias escenas en exteriores.* ▶ **8:** FILMAR. FAM **rodador, ra; rodadura; rodamiento; rodante.**

rodear. tr. **1.** Poner a una persona o cosa alrededor (de otra). *Rodeó la tarta CON/DE nata.* **2.** Estar alrededor (de alguien o algo). *Una tapia rodea la casa.* **3.** Colocarse alrededor (de alguien o algo). *Rodéenlos y que no escapen.* ○ intr. **4.** Ir por un camino más largo que el normal. *Al volver, rodeamos para no encontrarnos con ellos.* ▶ **2, 3:** CIRCUNVALAR.

rodela. f. histór. Escudo pequeño y redondo para proteger el pecho al luchar con la espada.

rodeo. m. **1.** Hecho de rodear. *Dimos un rodeo para evitar su casa.* **2.** Camino más largo que el normal. *Me llevó por un rodeo para que viera el bosque.* **3.** Manera indirecta o poco habitual de hacer algo, espec. de expresarse, gralm. para evitar dificultades. *Dio un rodeo para no decirnos lo que pensaba.* **4.** Espectáculo propio de países americanos, que consiste en capturar y montar potros salvajes o reses bravas y realizar otros ejercicios de doma con ellos. *Es un as del rodeo.* ▶ **3:** CIRCUNLOQUIO.

rodete. m. **1.** Rosca de tela u otro material, que se pone en la cabeza para llevar un peso sobre ella. *La muchacha traía el pan caliente en una tabla sobre el rodete.* **2.** Moño con forma de rosca que se hace gralm. con el pelo trenzado.

rodilla. f. **1.** En el cuerpo humano: Zona donde se une el muslo con la parte inferior de la pierna y que comprende la articulación del fémur con la tibia. *Le tiemblan las rodillas de miedo.* **2.** Parte delantera, saliente y redondeada, de la rodilla (→ 1). *Qué rodillas tan bonitas.* **3.** En un animal de cuatro patas: Articulación que une el brazo, o parte superior de las patas delanteras, con la caña o parte inferior. *El domador hace que el elefante doble las rodillas.* ■ **de ~s.** loc. adv. **1.** Con las rodillas (→ 1, 2) dobladas y apoyadas en una superficie, gralm. en señal de respeto o como castigo. *Friega de rodillas.* **2.** De manera suplicante. *Te lo pido de rodillas.* ■ **doblar, o hincar, la ~.** loc. v. Apoyar una rodilla (→ 2) en tierra. *Al llegar ante el rey, hincó la rodilla.* FAM **rodillazo; rodillera.**

rodillo. m. **1.** Instrumento cilíndrico y giratorio. *Pinto con rodillo.* **2.** Pieza cilíndrica y giratoria que forma parte de una máquina. *El rodillo de la apisonadora.*

rododendro. m. Árbol o arbusto siempre verdes, de hojas con aspecto de cuero, flores en racimo y fruto en forma de cápsula, que se cultivan como ornamentales.

roedor, ra. adj. **1.** Del grupo de los roedores (→ 2). ● m. **2.** Mamífero que posee en cada mandíbula un par de dientes largos y fuertes, que crecen de forma continua y sirven para roer, como el ratón.

roer. (conjug. ROER). tr. **1.** Cortar trozos pequeños (de algo) con los dientes desgastándo(lo). *Los ratones royeron el cable.* **2.** Quitar poco a poco con los dientes la carne pegada (a un hueso). *El perro roe los huesos.* **3.** Deteriorar o destruir (algo) poco a poco. *Los útiles de jardinería están roídos por la humedad.* **4.** Producir intranquilidad o sufrimiento constante (a alguien). *Los celos lo roían por dentro.* ▶ **4:** CORROER.

rogar. (conjug. CONTAR). tr. Pedir (algo) como gracia o favor. *Le ruego que me perdone.* ▶ IMPLORAR, SUPLICAR.

rogativa. f. Oración pública dirigida a Dios, a la Virgen o a los santos para pedir remedio a una necesidad urgente. *El pueblo hace rogativas para que acabe la sequía.*

rojo, ja. adj. **1.** De color semejante al de la sangre o al de un tomate maduro. *Rosas rojas.* **2.** coloq. De izquierdas, espec. comunista. *Es una familia muy roja.* ■ **al rojo** (vivo). loc. adv. **1.** De color rojo (→ 1) por efecto de la alta temperatura. *Un hierro al rojo.* **2.** En estado de gran exaltación o emoción. *La eliminatoria está al rojo vivo.* ▶ **1:** COLORADO, ENCARNADO. FAM **rojez; rojizo, za.**

rol. m. Papel (función de alguien o algo). *El rol de ama de casa.* ▶ PAPEL.

roldana. f. Rueda giratoria que tiene un borde acanalado por el que se desliza una cuerda, y que sirve para mover o levantar pesos. *La roldana del pozo.* ▶ *POLEA.

rollizo, za. adj. Robusto y gordo. *Es un bebé rollizo.*

rollo. m. **1.** Cilindro o rosca que forma una materia al rodar o dar vueltas. *Rollo de cable. Rollo de masa.* **2.** Película fotográfica envuelta en forma de rollo (→ 1). *Por el revelado de dos rollos regalan un álbum.* **3.** Instrumento cilíndrico de madera, metal u otra materia dura usado espec. en cocina y repostería. *Estira la masa con el rollo.* **4.** coloq. Persona o cosa que resultan pesadas o aburridas. Frec. designa una charla o discurso. *Me soltó un rollo sobre su viaje.* **5.** coloq. Actitud o manera de ser. *Me gusta el rollo de tu amiga.* **6.** coloq. Asunto o cuestión. *No le gusta el rollo de la informática.*

rolo. m. Am. Rulo (cilindro para rizar el pelo). *Mujeres con rolos y en chancletas* [C]. ▶ RULO.

romana. f. Balanza compuesta de dos brazos, uno corto para colocar lo que se quiere pesar, y otro largo con una escala graduada de pesos, sobre el que se desliza un peso fijo hasta conseguir el equilibrio con el otro brazo.

romance. adj. **1.** Dicho de lengua moderna: Derivada del latín. *El español es una lengua romance.* Tb. m. ● m. **2.** Lit. Composición poética formada por un número ilimitado de versos, gralm. de ocho sílabas, de los cuales riman los pares en asonante y quedan libres los impares. *Muchos romances proceden de la tradición oral.* **3.** Relación amorosa. *Tuvo un romance con una cantante.* ▶ **1:** ROMÁNICO. FAM **romancero.**

romanche. m. Lengua de origen latino hablada en el norte de Italia y en Suiza.

románico, ca. adj. **1.** Dicho de estilo arquitectónico: Que predomina en Europa del s. XI al XIII y se caracteriza por el empleo de arcos de medio punto y bóvedas de cañón. Tb. m. *El románico de Castilla.* **2.** De estilo románico (→ 1). *Monasterio románico.* **3.** Dicho de lengua: Derivada del latín. *El portugués es una lengua románica.* **4.** De las lenguas románicas (→ 3). *La filología románica.* ▶ **3:** ROMANCE.

romanista. adj. **1.** De los romanistas (→ 2, 3). ● m. y f. **2.** Especialista en derecho romano. **3.** Especialista en lenguas románicas y en su literatura.

romanizar. tr. Difundir la civilización romana o la lengua latina (por un territorio o entre un grupo de gente). *Romanizaron la Península Ibérica.* FAM **romanización.**

romano, na. adj. **1.** De Roma. *Polideportivo romano.* **2.** De Roma como sede del Papa y de la Iglesia católica. *La autoridad romana en la Iglesia.* **3.** histór. De la antigua Roma o de su imperio. *Una calzada romana.*

romanticismo. m. **1.** (Frec. en mayúsc.). Movimiento artístico y cultural de la primera mitad del s. XIX, caracterizado por un fuerte individualismo, por la defensa de la libertad y por la oposición a las reglas y preceptos clásicos. **2.** Cualidad de soñador o sentimental. *Su romanticismo le hace creer en el amor eterno.* FAM **romántico, ca.**

romanza. f. Mús. Composición musical de carácter vocal, sencilla y melodiosa.

rombo. m. Polígono de cuatro lados iguales y cuatro ángulos, dos de los cuales, opuestos, son mayores que los otros dos. FAM **rómbico, ca.**

romboide. m. Mat. Polígono de cuatro ángulos y cuatro lados, en el que los lados y ángulos opuestos son iguales, y los contiguos son desiguales. FAM **romboidal.**

romería. f. **1.** Peregrinación a un santuario o lugar sagrado. *Sube en romería hasta la ermita.* **2.** Fiesta popular que se celebra en el campo junto a una ermita o santuario con motivo de la festividad religiosa del lugar. *En la romería se bailará.* **3.** Gran número de personas. *Ante su cadáver desfiló una romería de admiradores.* FAM **romero, ra** (*Los romeros llegan a la ermita*).

romero. m. Arbusto aromático de flores azuladas, que se emplea en perfumería y cocina y tiene propiedades medicinales. *Friegas con alcohol de romero.*

romo, ma. adj. Que carece de punta o filo. *Un cuchillo romo.* ▶ OBTUSO.

rompecabezas. m. **1.** Juego que consiste en ir encajando piezas hasta componer una imagen o un dibujo. *Un rompecabezas de mil piezas.* **2.** Problema de difícil solución. *La red de relaciones familiares es un rompecabezas.* ▶ **1:** PUZLE.

rompehielos. m. Buque diseñado para abrirse camino en las aguas heladas.

rompehuelgas. m. y f. frecAm. despect. Esquirol. *¡Es un rompehuelgas!* [C].

rompeolas. m. Muro construido a la entrada de un puerto o una ensenada para protegerlos del oleaje. ▶ *DIQUE.

romper. (part. roto). tr. **1.** Dividir con más o menos violencia (algo) en trozos o partes, deshaciendo su unión. *El vendaval rompió una teja.* Tb. fig. *El velero rompe las aguas del lago.* **2.** Estropear (algo), o hacer que pase a estar en malas condiciones. *Si llenas tanto la lavadora, terminarás rompiéndola.* **3.** Abrir espacio en algo que constituye una barrera) para poder atravesar(lo). *El gentío rompió el cordón policial.* **4.** Deshacer (una formación) las personas que la componen. *Los jugadores rompen la fila al acabar el himno.* **5.** Interrumpir la continuidad (de algo no material). *Un bando rompió las negociaciones.* **6.** Interrumpir o abandonar alguien (la relación o el trato) con otro. *Rompió relaciones* CON *ella.* **7.** Dejar de cumplir (lo acordado o establecido). *Nadie se atreve a romper el pacto.* ○ intr. **8.** Deshacerse en espuma las olas, gralm. al chocar contra algo. *El mar rompe* CONTRA *el acantilado.* **9.** Empezar, o comenzar a existir, el día. *Saldrán al romper el día.* **10.** Seguido de *a* y un infinitivo: Empezar a hacer lo expresado por él de manera brusca o repentina. *Al enterarse, rompió a llorar.* **11.** Seguido de *en* y un nombre que designa una acción: Comenzar alguien bruscamente lo designado. *El público rompe en aplausos.* **12.** Salir o brotar con brusquedad. *Tanta tensión tenía que romper* POR *algún lado.* **13.** Abrirse una flor. *Las rosas están a punto de romper.* ■ **de rompe y rasga.** loc. adj. coloq. Dicho de persona: De espíritu decidido y enérgico. *Una mujer de rompe y rasga.* ▶ **2:** *ESTROPEAR. **11:** PRORRUMPIR. FAM rompedor, ra; rompimiento.

rompiente. m. o f. Lugar donde rompen las olas o el agua.

ron. m. Licor obtenido por fermentación de zumo de caña de azúcar y melazas.

roncar. intr. Emitir alguien un sonido ronco al respirar mientras duerme. *Su marido ronca.* FAM ronquido.

roncha. f. Bulto pequeño y rojizo que sale en la piel. *Comió algo en mal estado y se llenó de ronchas.* ■ **levantar,** o **sacar, ~s.** loc. v. Causar mucho disgusto o molestia. *Sus declaraciones sacarán ronchas en los militares.*

ronco, ca. adj. **1.** Dicho de persona: Que padece ronquera. *Está ronca de tanto chillar.* **2.** Dicho de voz o sonido: Áspero y grave. *Una voz ronca y profunda.*

ronda. f. **1.** Hecho de rondar un lugar, espec. para vigilarlo, o a una mujer para ganarse su amor. *El vigilante hace su ronda nocturna.* **2.** Grupo de personas que andan rondando, espec. policías o soldados. *Esquivaron una ronda de policías militares.* **3.** Reunión nocturna de mozos para tocar y cantar por las calles. *Con el pueblo en fiestas, toda calle organizaba su ronda.* **4.** Serie de cosas que se desarrollan sucesiva y ordenadamente durante un tiempo limitado. *El edil contestó una ronda de preguntas.* **5.** Fase de una competición deportiva. *El equipo cayó eliminado en la primera ronda.* **6.** En un juego: Turno en el que participan todos los jugadores. *Si caes en esta casilla, te saltas dos rondas.* **7.** Invitación a comer o a beber que a su costa hace uno de los participantes en una reunión. *Yo pago esta ronda.* **8.** Cada una de las calles o avenidas cuyo conjunto rodea una población.

El tránsito en las rondas. **9.** Am. Corro. *Forman una ronda alrededor de la niña y dan brincos cantando* [C].

rondalla. f. Mús. Conjunto musical de instrumentos de cuerda, que suele interpretar música popular.

rondar. tr. **1.** Andar de noche (por un lugar) para vigilar(lo). *Los coches patrulla rondan la ciudad.* **2.** Andar de noche paseando (las calles). *Los mozos rondan las calles tocando guitarras.* **3.** Moverse alrededor o cerca (de algo). *Un individuo fue visto rondando el edificio.* **4.** Andar alrededor (de alguien) o seguir(lo) continuamente para conseguir algo. *Un equipo ronda al centrocampista.* **5.** Acudir (a la calle o lugar donde vive una mujer) para procurar ganarse el amor de esta. *Los jóvenes rondan la casa de la muchacha.* **6.** Cortejar (a una mujer) para procurar ganarse su amor. *Luis ronda a tu hermana.* **7.** Comenzar a manifestarse (en alguien) una cosa, espec. una sensación o enfermedad. *Me ronda el sueño.* ○ intr. **8.** Andar de noche por un lugar o población para vigilarlo. *Los vigilantes rondan* POR *el museo.* **9.** Andar de noche paseando por las calles. *Los mozos rondan* POR *las calles tocando guitarras.* **10.** Moverse cerca de algo o por un lugar. *Unos delincuentes rondan* POR *el barrio.*

rondó. m. Mús. Composición musical de carácter instrumental cuyo tema principal se repite varias veces, alternando con otros secundarios. *La sonata acaba con un rondó.*

rondón. de ~. loc. adv. coloq. Sin llamar o sin tener permiso. *Se metió de rondón.*

ronquera. f. Enfermedad de la laringe que hace que la voz se vuelva áspera y poco sonora. *Está acatarrado y tiene una buena ronquera.*

ronquido. → roncar.

ronronear. intr. Emitir un gato un sonido ronco y prolongado en señal de contento. *Al acariciarle la barriga, la gata ronronea.* FAM ronroneo.

roña. f. **1.** Suciedad que ha quedado fuertemente pegada. *Tiene roña tras la oreja.* **2.** Orín (óxido rojizo). *Hierro lleno de roña.* ▶ **2:** ORÍN. FAM roñoso, sa.

ropa. f. Conjunto de prendas de vestir o de artículos de uso doméstico confeccionados con tela u otro material similar. *Ropa de verano.* ■ **~ blanca.** f. Ropa de uso doméstico, como la de cama y mesa. *El mantel está en el armario de la ropa blanca.* ■ **~ interior,** o **blanca.** f. Ropa que se usa debajo de otras sin que sea visible exteriormente. *Se duchó y se puso ropa interior limpia.* □ **a quema ~.** → quemarropa.

ropaje. m. Ropa de vestir, espec. la lujosa o solemne. *Ropajes de época.*

ropavejero, ra. m. y f. Persona que vende ropa usada.

ropero. m. Armario donde se guarda ropa. *Busca a tientas un jersey en el ropero.* También la habitación correspondiente. ▶ Am: ESCAPARATE.

roquedo. m. Peñasco o roca. *El águila anida en los roquedos.* FAM roquedal.

roquefort. m. Queso de oveja de olor y sabor fuertes, con manchas verdosas producidas por un moho, y que es originario de la población francesa de Roquefort.

roquero[1], ra. adj. **1.** De las rocas. *Pulpo roquero.* **2.** Edificado sobre roca. *Castillo roquero.*

roquero[2], ra. adj. **1.** Del *rock. Un sonido muy roquero.* **2.** Que interpreta música *rock. Banda roquera.* **3.** Aficionado a la música *rock. Público roquero.*

rosa. f. **1.** Flor del rosal, de aroma agradable y diferentes colores, que se cultiva como ornamental. *Me regaló un ramo de rosas rojas.* **2.** Objeto cuya forma recuerda la de la rosa (→ 1). *Un pastel adornado con rosas de chocolate.* ● adj. **3.** De color rojo muy pálido. *Pañuelo rosa.* ■ ~ **de los vientos.** f. Círculo que tiene marcados alrededor los 32 rumbos en que se divide la vuelta del horizonte. *Con la rosa de los vientos, el rumbo de navegación se hizo más preciso.* ☐ **como una ~.** loc. adv. coloq. En perfecto estado. *Me he recuperado y estoy como una rosa.* FAM **rosáceo, a; rosado, da.**

rosal. m. Arbusto espinoso, gralm. cultivado, cuya flor es la rosa. FAM **rosaleda.**

rosario. m. **1.** *Rel.* Rezo dividido en quince partes, en cada una de las cuales se recitan un padrenuestro, diez avemarías y un gloria, para conmemorar los quince misterios principales de la vida de la Virgen y Jesucristo. *Los fieles rezaban el rosario.* **2.** Objeto formado por una serie de cuentas ensartadas y separadas de diez en diez, que sirve para contar las partes del rosario (→ 1) a la vez que se reza. *Sus manos pasan las cuentas de un rosario de nácar.* **3.** Serie de cosas. *Pasó por un rosario DE desgracias.*

rosbif. (pl. **rosbifs**). m. Pieza de carne de vaca asada.

rosca. f. **1.** Espiral que tienen algunos objetos, como un tornillo, y que permite que encajen en otros que también la tienen, como una tuerca. *Rosca de la botella.* **2.** Cosa circular u ovalada con un agujero en el centro. *Rosca de pan. Molde de rosca.* ■ **pasarse de ~ un tornillo.** loc. v. No encajar en la tuerca por haberse desgastado la rosca (→ 1). ■ **pasarse alguien de ~.** loc. v. coloq. Sobrepasar los límites de lo razonable o de lo debido en lo que hace o dice. *Se pasó de rosca criticando.* FAM **roscón.**

roseta. f. **1.** Flor que recuerda a una rosa pequeña. **2.** Cosa cuya forma recuerda la de la rosa. *El pelaje del felino está salpicado de rosetas negras.*

rosetón. m. **1.** *Arq.* Ventana circular calada, con adornos y gralm. con vidriera. *La fachada de la catedral tiene en lo alto un gran rosetón.* **2.** *Arq.* Adorno circular que se coloca en el techo. *Las lámparas del teatro cuelgan de unos rosetones de escayola.*

rosquilla. f. Dulce de forma circular u ovalada con un agujero en el centro.

rostro. m. **1.** cult. Cara o parte delantera de la cabeza de una persona. *La lluvia le azota el rostro.* **2.** cult. Expresión o aspecto del rostro (→ 1) que reflejan el estado físico o anímico de la persona. *Se le mudó el rostro al verla aparecer.*

rotar. intr. **1.** Girar un cuerpo alrededor de su eje. *La Tierra rota.* **2.** Alternarse o seguir un turno. *Los médicos van rotando para cubrir el servicio de guardia del hospital.* FAM **rotación; rotatorio, ria.**

rotativo, va. adj. **1.** Que rota sobre un eje. *Mecanismo rotativo.* ● f. **2.** Máquina que sirve para imprimir periódicos o revistas a gran velocidad. *De madrugada, las rotativas funcionan a pleno rendimiento.* ○ m. **3.** Periódico (publicación diaria). *La noticia aparece en los principales rotativos.* ▶ **1:** ROTATORIO. **3:** *PERIÓDICO.

roto, ta. adj. **2.** coloq. Agotado o muy cansado. *Estoy rota de tanto caminar.* ● m. **3.** Agujero que se produce en algo al romperse, espec. en una prenda o en una tela.

rotonda. f. **1.** Plaza circular, espec. la diseñada para permitir desvíos y cambios de sentido en el tráfico de automóviles. *Al llegar a la rotonda, desvíate a la derecha.* **2.** Edificio o sala de planta circular. *El vestíbulo del hotel es una amplia rotonda.*

rotor. m. *Fís.* y *Mec.* Parte giratoria de una máquina, espec. la de un motor. *Un rotor hace girar las aspas de la batidora.*

rótula. f. *Anat.* Hueso redondeado de la rodilla, que se encuentra en la articulación de la tibia y el fémur.

rotulador. m. Instrumento de escritura o dibujo parecido al bolígrafo, pero con punta de fieltro y de trazo más grueso. *Tiene los apuntes marcados con rotulador.*

rótulo. m. **1.** Letrero o conjunto de palabras escritas en un lugar visible para indicar o dar a conocer algo. *Los rótulos luminosos de los cines.* **2.** Título de un texto o escrito. *Cada capítulo va encabezado por un rótulo en letras mayúsculas.* ▶ **1:** LETRERO. **2:** *TÍTULO. FAM **rotulación; rotulado; rotular.**

rotundo, da. adj. **1.** Que no admite duda o discusión. *Expresó su rotundo rechazo.* **2.** Dicho de lenguaje o de voz: Lleno de fuerza y claridad. FAM **rotundidad.**

rotura. f. Hecho o efecto de romper o romperse, espec. algo material.

roturar. tr. Arar o labrar (la tierra) por primera vez para poner(la) en cultivo. *Roturaban el terreno para cultivar café.* FAM **roturación.**

roya. f. Enfermedad de las plantas, espec. de los cereales, provocada por un hongo parásito que suele dejar manchas rojizas o amarillentas en las hojas. Tb. ese hongo.

rozagante. adj. De aspecto saludable y vigoroso. *Una rozagante adolescente.*

rozar. tr. **1.** Tocar ligeramente (algo o a alguien) al pasar. *La rueda roza la acera.* **2.** Estar muy cerca (de algo). *La inflación roza el 4%.* **3.** Producir un ligero daño o desgaste (en alguien o algo) al rozar(los) (→ 1). *¿Te rozan los zapatos?* **4.** Limpiar (la tierra) antes de labrar(la). *Tenemos que rozar la huerta.* ○ intr. **5.** Tocar ligeramente algo o a alguien al pasar. *La puerta roza CON/EN el suelo.* ○ intr. prnl. **6.** Tener dos personas trato o confianza. *Los vecinos no se rozan.* FAM **roza; rozadura; rozamiento.**

rúa. f. Calle de una población. ▶ CALLE.

ruana. f. Am. Prenda de abrigo, gralm. campesina, similar al poncho. *Labriegos de machete y ruana* [C].

ruandés, sa. adj. De Ruanda (África).

rubeola o **rubéola.** f. Enfermedad contagiosa causada por un virus, que se caracteriza por la aparición de manchas rojizas en la piel, parecidas a las del sarampión.

rubí. (pl. **rubíes** o **rubís**). m. Piedra preciosa de color rojo, brillo intenso y gran dureza, muy utilizada en joyería.

Rubicón. **pasar el ~.** loc. v. cult. Dar un paso decisivo y arriesgado. *Dio un paseo por el parque antes de pasar el Rubicón.*

rubicundo, da. adj. Dicho espec. de persona o de rostro: Rojizo o que tira a rojo. *Del avión descendían turistas de rostros rubicundos.*

rubio, bia. adj. **1.** Dicho espec. de pelo: De color dorado o amarillento. *Cerveza rubia.* **2.** Dicho de persona o animal: De pelo rubio (→ 1). *Mujeres rubias.* ▶ Am: **2:** CATIRE, GÜERO.

rublo. m. Unidad monetaria de Rusia y de algunos otros países de la antigua Unión Soviética.

rubor - rumbo

rubor. m. **1.** Enrojecimiento del rostro producido por la vergüenza. *Cuando lo elogian, el rubor enciende sus mejillas.* **2.** Vergüenza (turbación del ánimo). *No siente el menor rubor al reconocer que nos traicionó.* ▶ **2:** *VERGÜENZA. FAM **ruborizar; ruboroso, sa.**

rúbrica. f. **1.** Trazo o conjunto de trazos que acompañan al nombre en la firma de una persona. *Su rúbrica es una simple línea bajo el nombre.* **2.** Título o epígrafe. *Propuso cambiar la rúbrica del artículo dos.* FAM **rubricar.**

rucio, cia. adj. Dicho de animal: Que tiene el pelo de color pardo claro o blanquecino. *Un burro rucio.* Dicho de caballo o asno, tb. m. y f.

ruco, ca. adj. Am. coloq. Dicho de persona: Vieja. *Derrotaba a ese ruco* [C].

rudimentario, ria. adj. **1.** De los rudimentos. *Nociones rudimentarias de latín.* **2.** Sencillo o poco perfeccionado. *Con unos maderos hicieron una barca rudimentaria.*

rudimentos. m. pl. Conocimientos o principios básicos de algo, espec. de una disciplina científica o artística. *El estudiante aprende los rudimentos de la anatomía.*

rudo, da. adj. **1.** Tosco o poco educado. *Modales rudos.* **2.** Duro o violento. *La muerte de su esposo fue un rudo golpe.* FAM **rudeza.**

rueca. f. Instrumento que sirve para hilar, compuesto por una vara delgada con una pieza en su extremo superior donde se coloca la materia textil, y un huso giratorio donde se va enrollando el hilo.

rueda. f. **1.** Pieza mecánica circular, más o menos aplanada, que gira alrededor de un eje y sirve gralm. para transmitir movimiento, espec. a un vehículo u otra máquina. *Las ruedas de la moto.* **2.** Conjunto de personas o cosas dispuestas en círculo. *Los niños hacían una rueda y la profesora cantaba con ellos.* **3.** Rodaja circular de fruta, pescado u otro alimento. *Unas ruedas de limón decoran el plato* **4.** Despliegue en abanico que hace el pavo con las plumas de la cola. *El pavo real hace la rueda a una hembra.* ■ ~ **de la fortuna.** f. Inconstancia de las cosas humanas en lo próspero y en lo adverso. *La rueda de la fortuna quiso que nos encontrásemos.* ■ ~ **de molino.** f. Rueda (→ 1) de piedra, de gran tamaño, en los molinos sirve para moler el grano u otras cosas. ⇒ MUELA. ■ ~ **dentada.** f. Rueda (→ 1) provista de dientes a lo largo de su perímetro para funcionar en un engranaje. ■ ~ **de prensa.** f. Reunión concertada por una o varias personas con periodistas para hacer una declaración pública y contestar a sus preguntas. *El presidente da una rueda de prensa.* □ **chupar ~.** loc. v. coloq. En ciclismo: Colocarse un ciclista detrás de otro para reducir la resistencia del aire y hacer menos esfuerzo. *Un grupo chupa rueda del ciclista que está en cabeza.* ■ **comulgar con ~s de molino.** loc. v. coloq. Creer algo inverosímil. *Que lo crean, pero a mí no me van a hacer comulgar con ruedas de molino.* ■ **sobre ~s.** loc. adv. coloq. Muy bien. *El noviazgo va sobre ruedas.*

ruedo. m. En una plaza de toros: Círculo de arena donde se desarrolla la corrida. *El cuarto de la tarde salió al ruedo.* ▶ ARENA, REDONDEL.

ruego. m. Hecho o efecto de rogar. *Escuche mis ruegos.* ▶ IMPLORACIÓN, SÚPLICA.

rufián. m. **1.** Hombre despreciable. *Su socio es un rufián que se fugó con el dinero.* **2.** Hombre que vive a costa de una o más prostitutas. *Circulaban prostitutas y rufianes.*

rugby. (pal. ingl.; pronunc. "rúgbi"). m. Deporte en el que dos equipos de quince jugadores tratan de llevar un balón ovalado más allá de la línea de meta contraria, utilizando las manos y los pies. ¶ [Adaptación recomendada: *rugbi*].

rugir. intr. **1.** Emitir el león, el tigre u otro animal salvaje similar su voz característica. *El tigre ruge en la selva.* **2.** Dar una persona voces o gritos de enojo. *Se puso a rugir como un loco.* **3.** Emitir algo un sonido fuerte y ronco. *El viento rugía embravecido.* FAM **rugido.**

rugoso, sa. adj. Que tiene arrugas o pliegues irregulares. FAM **rugosidad.**

ruibarbo. m. Planta herbácea, de hojas grandes y de borde dentado, cuya raíz se usa como purgante.

ruido. m. **1.** Sonido, o conjunto de sonidos confusos o poco armónicos. *Se oía el ruido del tráfico.* **2.** Repercusión pública de un hecho. *Sus declaraciones han armado mucho ruido.* ■ ~ **de sables.** m. Malestar en los miembros de las fuerzas armadas, que hace sospechar una rebelión. *Con los atentados aumentó el ruido de sables.* □ **mucho ~ y pocas nueces.** expr. coloq. Se usa para expresar que algo aparentemente importante es en realidad insignificante. *Tras el escándalo, todo quedó igual; mucho ruido y pocas nueces.* FAM **ruidoso, sa.**

ruin. adj. **1.** Despreciable o digno de desprecio. *La envidia es un sentimiento ruin.* **2.** Tacaño. *No seas ruin y dale una propina.* ▶ **1:** *DESPRECIABLE. FAM **ruindad.**

ruina. f. **1.** Pérdida económica muy grave que lleva a la pobreza. *Un mal negocio causó la ruina del financiero.* **2.** Hecho de destruirse una cosa, espec. una edificación. *La ruina del palacio se debe al abandono.* **3.** Persona o cosa que se encuentran en un estado de decadencia o deterioro graves. *Con lo guapa que era y ahora es una ruina.* ○ pl. **4.** Restos de uno o más edificios destruidos. *Ruinas mayas.* FAM **ruinoso, sa.**

ruiseñor. m. Pájaro pequeño de color pardo rojizo por el dorso y blanco grisáceo por el vientre, muy conocido por su canto armonioso. *El ruiseñor hembra.*

ruleta. f. Juego de azar que consiste en lanzar una bolita sobre una rueda giratoria dividida en casillas numeradas, y apostar sobre el lugar en que caerá la bolita. *Lo perdió todo jugando a la ruleta.* ■ ~ **rusa.** f. Juego temerario que consiste en dispararse en la propia sien por turnos con un revólver cargado con una sola bala.

ruletero, ra. m. y f. Am. Conductor de un automóvil de alquiler que no tiene parada fija. *Normará el servicio de turismos y el de colectivos y ruleteros* [C].

rulo. m. **1.** Cilindro pequeño, hueco y perforado, en el que se enrolla un mechón de pelo para rizarlo. *No abras, que aún tengo los rulos puestos.* **2.** Pieza o instrumento cilíndricos que sirven espec. para allanar o machacar. *Pasan el rulo sobre la hierba sembrada.* **3.** frecAm. Rizo. *La carita roja y los rulos dorados* [C]. ▶ Am: **1:** ROLO.

rumano, na. adj. **1.** De Rumanía. ● m. **2.** Lengua hablada en Rumanía y en algunos países cercanos, como Moldavia.

rumba. f. Baile popular afrocubano, ejecutado a un ritmo vivo y con un pronunciado movimiento de caderas. Tb. su música. FAM **rumbero, ra.**

rumbo¹. m. **1.** Dirección o camino que siguen una embarcación o un avión. *El avión cambió de rumbo.* **2.** Dirección u orientación que toman alguien o algo en un proceso o asunto. *El suceso alteró el rumbo de los* *acontecimientos.* **3.** Dirección considerada o trazada en el plano del horizonte, pralm. cada una de las comprendidas en la rosa de los vientos. *La rosa de los vientos marca 32 rumbos.* ▶ **1, 2:** DERROTERO.

rumbo². m. Pompa o esplendidez en el gasto. FAM **rumboso, sa.**

rumiante. adj. **1.** Del grupo de los rumiantes (→ 2). ● m. **2.** Mamífero que se alimenta de vegetales que traga y digiere parcialmente, para después devolverlos a la boca y terminar de masticarlos, como la vaca.

rumiar. (conjug. ANUNCIAR). tr. **1.** Masticar un animal por segunda vez (el alimento que ha tragado previamente). *Las vacas rumian la hierba tumbadas en el prado.* **2.** Pensar (algo) despacio y detenidamente. *Tengo que rumiar el asunto.*

rumor. m. **1.** Ruido sordo y continuado. *El rumor de las olas.* **2.** Noticia falsa o sin confirmar que circula entre la gente. *Corre el rumor de que se van a casar.* ▶ **2:** BULO, HABLADURÍA, HABLILLA, VOZ. FAM **rumorar** (Am); **rumorear; rumoroso, sa.**

runa. f. *tecn.* Signo o carácter de los empleados en la escritura por los antiguos escandinavos. *Los vikingos grababan runas en las armas.*

runrún. m. *coloq.* Ruido sordo y continuo. *Se durmió con el runrún del tren.* FAM **runrunear; runruneo.**

rupestre. adj. Dicho espec. de pintura prehistórica: Que está hecha sobre roca.

rupia. f. Unidad monetaria de la India, Pakistán y otros países, pralm. asiáticos.

ruptura. f. Hecho de romper o romperse, espec. algo inmaterial.

rural. adj. Del campo. *Escuela rural.* ▶ RÚSTICO. FAM **ruralismo.**

ruso, sa. adj. **1.** De Rusia. ● m. **2.** Lengua hablada en Rusia y otros países de la antigua Unión Soviética.

rústico, ca. adj. **1.** Del campo. *Mundo rústico.* **2.** Tosco o poco refinado. *Muebles rústicos.* ■ **en rústica.** loc. adv. Con cubierta flexible de papel, cartulina o plástico. Se usa hablando de encuadernación. *Edición en rústica.* ▶ **1:** RURAL. FAM **rusticidad.**

ruta. f. **1.** Camino o dirección que se siguen para llegar a un lugar. *Una ruta para cruzar los Andes.* **2.** Serie de lugares por los que deben pasar o en los que deben detenerse alguien o algo a lo largo de un recorrido. *El autobús ha modificado su ruta.*

rutilante. adj. *cult.* Que rutila. *Estrellas rutilantes.* FAM **rutilar.**

rutina. f. Costumbre de hacer las cosas de determinada manera y sin pensar. *Cambie sus hábitos para no caer en la rutina.* FAM **rutinario, ria.**

S

s. f. Letra del abecedario español cuyo nombre es *ese*.

sábado. m. Día de la semana que sigue al viernes. FAM sabatino, na.

sábalo. m. Pez marino comestible, de unos 70 cm de longitud, de color verde azulado, y que remonta los ríos para desovar.

sabana. f. Llanura con escasa vegetación arbórea, y abundantes plantas herbáceas, propia de zonas tropicales y subtropicales. *Las jirafas de la sabana.*

sábana. f. Pieza rectangular de tela, que sirve para cubrir el colchón de la cama o para colocarla por encima del cuerpo y por debajo de las mantas. ■ ~ **santa.** (Frec. en mayúsc.). f. *Rel.* Sábana donde envolvieron a Cristo para ponerlo en el sepulcro. □ **pegársele las ~s** (a alguien). loc. v. coloq. Levantarse más tarde de lo debido o acostumbrado. *Se le pegaron las sábanas y llegó tarde.*

sabandija. f. **1.** Animal perjudicial o molesto, espec. reptil pequeño o insecto. *La cueva está llena de bichos y sabandijas.* **2.** coloq. Persona despreciable. *Esa sabandija me quiere arruinar.*

sabañón. m. Enrojecimiento o ulceración de la piel, espec. de las manos, de los pies y de las orejas, que causa ardor y picazón, y que se produce por el frío excesivo.

sabático, ca. adj. **1.** Del sábado. ● m. **2.** Año sabático (→ año). ▶ **1:** SABATINO.

sabatino, na. → sábado.

sabedor, ra. adj. cult. Conocedor o consciente de algo. *Sabedora de la noticia, actuó con discreción.*

sabelotodo. m. y f. coloq., despect. Persona que presume de sabia sin serlo.

saber¹. (conjug. SABER). tr. **1.** Tener conocimiento o noticia (de algo). *No supo qué contestar.* **2.** Estar instruido (en algo). *No sé música.* **3.** Seguido de un infinitivo: Tener habilidad o capacidad (para hacer lo expresado por él). *Sabe conducir.* ○ intr. **4.** Seguido de un complemento introducido por *de:* Tener noticias o información de la persona o cosa designadas. *No sabemos de ella.* **5.** coloq. Ser astuto. *Ese sabe mucho.* ● m. **6.** Conjunto de conocimientos acumulados por una persona. *Nos transmitió su saber.* **7.** Conjunto estructurado de conocimientos que pertenecen a la sociedad en general. *Los centros culturales difunden el saber.* ■ **a ~.** expr. **1.** Se usa para expresar que se va a explicar o a precisar lo expuesto antes. *Cuatro son los puntos cardinales, a saber: Norte, Sur, Este y Oeste.* **2.** Se usa con intención enfática para expresar que se pone en duda algo expuesto antes. *–Dice que ha viajado mucho. –A saber.* ■ **no ~** alguien **dónde meterse.** loc. v. coloq. Se usa para enfatizar el temor o la vergüenza ante una situación o una persona. *Se equivocó y no sabía dónde meterse.* ■ **un no sé qué.** loc. s. Una cosa que no se acierta a explicar. *Tiene un no sé qué muy interesante.* ■ **sabérselas todas.** expr. coloq. Tener gran habilidad para desenvolverse con éxito en cualquier circunstancia. *Es*

difícil engañarlo; se las sabe todas. ■ **(y) qué sé yo.** expr. coloq. **1.** Se usa para expresar enfáticamente que el que habla se desentiende de una cuestión. *–¿Vendrán? –Y qué sé yo.* **2.** Se usa para cerrar de manera imprecisa una enumeración. *Le han regalado un balón, una bicicleta, qué sé yo.* ▶ **2:** ENTENDER. **6, 7:** SABIDURÍA.

saber². (conjug. SABER). intr. **1.** Tener una cosa, espec. un alimento, determinado sabor, o producir su sabor determinada sensación. *La salsa sabe A cebolla.* **2.** Seguido de un adverbio como *bien* o *mal*, o una expresión equivalente: Producir algo en el ánimo el efecto expresado. *Me sabe mal que no vengas.* ■ ~ **algo a poco.** loc. v. Resultar insuficiente por considerar que la satisfacción obtenida podría ser aún mayor. *Las vacaciones me han sabido a poco.*

sabido, da. adj. **1.** Habitual o conocido. *Me dijo la tan sabida frase: "Que te vaya bien".* **2.** Que sabe o entiende mucho. *Es muy sabido EN este tema.*

sabiduría. f. **1.** Cualidad de sabio. *Admiro su sabiduría.* **2.** Conocimiento profundo o elevado de algo, espec. de una materia de estudio. *Se requieren años de estudio para adquirir esa sabiduría.* **3.** Conjunto estructurado de conocimientos que pertenecen a la sociedad en general. *La enciclopedia aspira a reunir toda la sabiduría.* ▶ **2, 3:** SABER.

sabiendas. a ~. loc. adv. **1.** Con conocimiento seguro de algo. *Fui a sabiendas DE que no estaba.* **2.** De forma deliberada. *Lo hizo a sabiendas.*

sabio, bia. adj. **1.** Que posee profundos conocimientos. *Busca el consejo de alguien más sabio.* **2.** Prudente o sensato. *Es sabia; tomará la decisión adecuada.* **3.** Que contiene sabiduría. *Un sabio proverbio.*

sabiondo, da. (Tb. **sabihondo**). adj. despect. Que presume de sabio sin serlo.

sablazo. m. **1.** Golpe o corte producidos con un sable. **2.** coloq. Acto de sacar dinero a alguien, gralm. con habilidad o insistencia, sin intención de devolverlo. *Malvive dando sablazos a los amigos.* FAM **sablear; sablista.**

sable. m. Arma blanca semejante a la espada, pero algo corva y de un solo corte.

sabor. m. **1.** Cualidad por la cual algunas cosas, espec. alimentos, producen una determinada sensación en el órgano del gusto. *Me gusta el sabor del queso.* Tb. la sensación. *Este vino tiene un sabor afrutado.* **2.** Cualidad de algo que produce una determinada impresión en el ánimo. *La noticia nos dejó sabor amargo.* **3.** Propiedad de una cosa de parecerse a algo o de evocarlo. *Ropa de sabor clásico.* ■ **buen** (o **mal**) ~ **de boca.** m. Sensación agradable (o desagradable). *El encuentro me dejó un buen sabor de boca.* FAM **saborizante.**

saborear. tr. **1.** Comer o beber (algo) detenidamente para percibir su sabor. *Saborea el café.* **2.** Disfrutar alguien (de algo grato) recreándose en el placer que le produce. *Ahora puedes saborear tu triunfo.* ▶ PALADEAR. FAM **saboreo.**

sabotear. tr. **1.** Realizar actos que produzcan el daño o el deterioro (de algo, espec. de instalaciones o servicios) o que impidan su correcto funcionamiento. *Han saboteado el oleoducto.* **2.** Obstruir o dificultar el desarrollo o evolución (de algo, como un proyecto). *Intentan sabotear el proceso de paz.* FAM **sabotaje; saboteador, ra.**

sabroso, sa. adj. **1.** De sabor agradable. *Carne sabrosa.* **2.** Interesante o sustancioso. *Noticias sabrosas.* **3.** Entretenido o ameno. *Sabrosas anécdotas.* **4.** coloq. Ligeramente salado. *La sopa está sabrosa.* **5.** frecAm. coloq. Dicho de música o de baile: Rítmico o melodioso. *Improvisa cualquier ritmo, hasta la sabrosa rumba* [C]. ● adv. **6.** Am. coloq. De manera sabrosa (→ 3). *Conversaban sabroso en los cafés* [C].

sabueso. m. **1.** Perro sabueso (→ perro). **2.** Persona que tiene especial capacidad para investigar y descubrir cosas.

saca[1]. f. Hecho de sacar o poner fuera de un lugar.

saca[2]. f. Saco grande de tela fuerte, más largo que ancho. *Una saca de correo.*

sacacorchos. m. Instrumento que consiste gralm. en una espiral metálica con un mango o una palanca, y que sirve para sacar los tapones de corcho. ▶ DESCORCHADOR.

sacaleches. m. Aparato que sirve para extraer la leche del pecho de una mujer.

sacamantecas. el ~. loc. s. coloq. Ser imaginario con que se asusta a los niños.

sacamuelas. m. y f. histór. Persona que tenía por oficio sacar muelas. Frec. se usa actualmente para designar, de manera despect., al dentista.

sacapuntas. m. Instrumento que sirve para afilar un lápiz.

sacar. tr. **1.** Poner (algo o a alguien) fuera de un lugar. *Saca los filetes* DEL *congelador.* **2.** Quitar o apartar (algo o a alguien) de la situación o condición en que se encuentran. *La ha sacado* DE *muchos apuros.* **3.** Resolver (algo, como un cálculo o un pasatiempo). *Saca la cuenta.* **4.** Conseguir con habilidad o fuerza que alguien diga o dé (algo). *Saca dinero a todo el mundo.* **5.** Conseguir u obtener (algo). *No sé* DE *dónde ha sacado esa idea.* **6.** Extraer (una cosa) de otra, de la que forma parte. *Se puede sacar aceite* DE *las almendras.* **7.** Adquirir o comprar (algo, como una entrada o un billete). *Saqué el pasaje.* **8.** Aventajar una persona a otra (en la medida que se expresa). *Me saca un año.* **9.** Alargar o ensanchar (una prenda de vestir o una parte de ella) modificando las costuras. *Sacó los pantalones de ancho.* **10.** Hacer (algo, como una fotografía, una grabación o una copia). *Me sacaron una foto.* **11.** Exceptuar o excluir (algo o a alguien). *Sacando la primera media hora, la película es aburridísima.* **12.** Mostrar o manifestar (algo). *Cuando saca el carácter, es temible.* **13.** Quitar (una mancha) o hacer(la) desaparecer. *No es fácil sacar las manchas de tinta.* **14.** Introducir (algo) en la conversación o en el discurso. *Si hablas con ella, no saques ese tema.* **15.** Inventar o crear (algo). *Han sacado una muñeca que llora.* **16.** Poner en juego (la pelota) o dar(le) el impulso inicial. Tb. como intr. *Esa tenista saca bien.* **17.** Pedir una persona (a otra) que baile con ella. Tb. *~ a bailar. La sacó a bailar.* ■ **~ adelante.** loc. v. Hacer que (alguien o algo) prospere o se desarrollen de manera adecuada. *Sacó a sus hijos adelante.* ■ **~ en claro, o en limpio,** (algo). loc. v. Obtener una idea clara (de ello). *No he sacado nada en claro de su explicación.* ▶ **6:** EXTRAER. **11:** *EXCLUIR. **13:** *QUITAR.

sacarina. f. Sustancia blanca que se utiliza como sustituto del azúcar.

sacarosa. f. *Quím.* Azúcar común.

sacerdote, tisa. m. y f. **1.** Persona consagrada a celebrar y ofrecer sacrificios. **2.** En la religión cristiana: Persona que ha recibido las órdenes sagradas que le permiten celebrar culto. ○ m. **3.** En la religión católica: Hombre que ha recibido las órdenes sagradas que le permiten celebrar misa. ▶ **3:** PRESBÍTERO. FAM **sacerdocio; sacerdotal.**

saciar. (conjug. ANUNCIAR). tr. **1.** Satisfacer por completo (la sed o el hambre). *Sació su sed con una cerveza.* **2.** Satisfacer por completo la sed o el hambre (de alguien). *Sacia a los niños* DE *dulces.*

saciedad. f. Cualidad de saciado o satisfecho por completo. *La fibra aumenta la sensación de saciedad.* ■ **hasta la ~.** loc. adv. Muchas veces o hasta no poder más. *Es un tema tratado hasta la saciedad.*

saco. m. **1.** Receptáculo de tela, papel u otro material flexible, de forma gralm. rectangular, y abierto por uno de los lados. **2.** Am. Chaqueta. *Se quitó el saco* [C]. ■ **~ de dormir.** m. Receptáculo almohadillado o forrado que se usa para dormir dentro de él. □ **echar** (algo) **en ~ roto.** loc. v. coloq. Olvidar(lo) o no tener(lo) en cuenta. *Echó en saco roto mi consejo.* ■ **meter** (varias cosas o personas) **en el mismo ~.** loc. v. coloq. Dar(les) la misma consideración siendo diferentes. *No nos metas en el mismo saco.*

sacralidad. f. cult. Cualidad de sacro o sagrado. FAM **sacralización; sacralizar.**

sacramentado, da. adj. *Rel.* Dicho de Jesucristo: Que está en la eucaristía.

sacramental. adj. **1.** Del sacramento o de los sacramentos. *Gracia sacramental.* **2.** Dicho espec. de palabra o fórmula: Acostumbrada o asentada por la costumbre para un acto o ceremonia. ● m. pl. **3.** *Rel.* Remedios que sirven para sanar el alma y limpiarla de los pecados veniales, y de las penas debidas por estos y por los mortales.

sacramento. m. *Rel.* Signo sensible instituido por Cristo por el que las personas reciben un efecto interior y espiritual de santificación o gracia. *El sacramento del bautismo.* ■ **Santísimo Sacramento.** m. *Rel.* Cristo sacramentado en la hostia. ■ **últimos ~s.** m. pl. *Rel.* Sacramentos de la penitencia, eucaristía y extremaunción que se administran a un enfermo en peligro de muerte. FAM **sacramentar.**

sacratísimo, ma. → sagrado.

sacrificar. tr. **1.** Ofrecer a una divinidad como muestra de reconocimiento (alguien o algo a los que gralm. se mata o destruye). *Sacrificaron un cordero a los dioses.* **2.** Matar (una res u otro animal en cautividad) espec. para su consumo. *Han sacrificado dos gallinas.* **3.** Exponer (a una persona o cosa) a daño o destrucción en provecho de otra que se considera más importante. *Lo sacrificó todo* POR *su hijo.* ○ intr. prnl. **4.** Renunciar a una cosa en favor de alguien o algo. *No le importa sacrificarse* POR *él.* **5.** Someterse con resignación y voluntariamente a algo molesto o desagradable. *Aunque no me agrada, me sacrificaré* A *acompañarla.* FAM **sacrificial; sacrificio.**

sacrilegio. m. *Rel.* Profanación de algo sagrado. FAM **sacrílego, ga.**

sacristán, na. m. y f. Persona encargada de ayudar al sacerdote, y de cuidar y limpiar la iglesia y la sacristía.

sacristía. f. Parte de una iglesia donde se revisten los sacerdotes y se guardan los objetos de culto.

sacro, cra. adj. **1.** Sagrado. *Recinto sacro.* **2.** *Anat.* De la región donde está situado el sacro (→ 3). *Vértebras sacras.* ● m. **3.** *Anat.* Hueso sacro (→ **hueso**).

sacrosanto. adj. cult. Que reúne las cualidades de sagrado y santo. Frec. en sent. irónico. *Todo en nombre del sacrosanto dinero.*

sacudir. tr. **1.** Mover violentamente (algo o a alguien) en una dirección y en la contraria. *Un terremoto sacudió California.* **2.** Golpear (una cosa) o agitar(la) en el aire para quitar(le) ciertas sustancias adheridas, espec. el polvo. *Sacude la manta.* **3.** Conmocionar o alterar (a alguien). *La noticia nos sacudió.* **4.** coloq. Golpear o dar golpes (a alguien). *Te voy a sacudir.* **5.** coloq. Dar (dinero). *Sacúdeme lo que me debes.* ○ tr. prnl. **6.** Librarse (de alguien o algo que resultan molestos). *Sacúdete la pereza.* ▶ frecAm: **1, 3:** REMECER. FAM **sacudida; sacudidor; sacudimiento; sacudón** (Am).

sadismo. m. **1.** Perversión sexual del que provoca su propia excitación cometiendo actos de crueldad en otra persona. *Se demostró el sadismo del asesino.* **2.** Complacencia en el sufrimiento ajeno. *Una broma de cierto sadismo.* FAM **sádico, ca.**

sadomasoquismo. m. Tendencia sexual de quien goza causando y recibiendo humillación y dolor. FAM **sadomasoquista.**

saeta. f. **1.** Flecha (arma arrojadiza). **2.** Aguja del reloj. ▶ **1:** FLECHA. **2:** *AGUJA.

safari. m. **1.** Expedición de caza mayor por ciertas regiones de África. **2.** Excursión, pralm. por África, para ver o fotografiar animales salvajes. Tb. ~ *fotográfico.*

saga. f. **1.** Leyenda poética, de carácter heroico y mitológico, perteneciente a la literatura medieval escandinava. **2.** Historia, gralm. novelada, que recoge las vicisitudes de varias generaciones de una familia. *Ha escrito una saga sobre unos hacendados.*

sagaz. adj. Perspicaz y astuto. *Un detective sagaz.* ▶ *INTELIGENTE. FAM **sagacidad.**

sagitario. m. y f. Persona nacida bajo el signo de Sagitario.

sagrado, da. adj. (sup. **sacratísimo**). **1.** Digno de veneración por su carácter divino o por estar relacionado con la divinidad. *Libros sagrados.* **2.** Dedicado al culto divino. *Vasos sagrados.* **3.** Que merece el máximo respeto. *Su trabajo es sagrado.* ● m. **4.** Lugar sagrado (→ 1). *Fue enterrado en sagrado.* ▶ **1, 2:** SACRO, SANTO.

sagrario. m. Lugar donde se guardan las hostias consagradas.

sah. m. histór. Monarca de Persia, hoy Irán.

saharaui. (pronunc. "sajaráui" o "saaráui"). adj. Del Sahara español (antigua colonia española).

sahariano, na. (pronunc. "sajariáno" o "saariáno"). adj. Del Sahara (desierto de África).

sahumar. (conjug. AUNAR). tr. Dar humo aromático (a una cosa), espec. para purificar(la) o perfumar(la). *Han sahumado la sala con incienso.* FAM **sahumerio.**

sainete. m. **1.** Pieza teatral, frec. cómica, de ambiente y personajes populares, en uno o más actos, que se representa con función independiente. **2.** coloq. Situación o acontecimiento grotescos o ridículos. *Un debate serio se ha convertido en un sainete.*

sajar. tr. **1.** Realizar (a alguien) un corte en la carne como método curativo. *La anestesiaron para sajarla.* **2.** Realizar un corte (en un grano o en un quiste) para abrir(los) y que salga el pus. *El cirujano le saja el quiste.*

sajón, na. adj. **1.** histór. De un pueblo germánico que habitaba en la desembocadura del Elba, y parte del cual se estableció en Inglaterra en el s. V. **2.** De Sajonia (Alemania). **3.** De lengua y cultura inglesas. ▶ **3:** ANGLOSAJÓN.

sake. m. Bebida alcohólica japonesa obtenida a partir de la fermentación del arroz.

sal. f. **1.** Sustancia blanca, soluble en agua, y abundante en el mar, que se emplea para sazonar los alimentos. Tb. ~ *común,* o *de cocina.* **2.** coloq. Gracia o desenvoltura. *¡Qué sal tiene para hablar!* **3.** *Quím.* Compuesto resultante de la sustitución de los átomos de hidrógeno de un ácido por radicales básicos. ○ pl. **4.** Sustancia que contiene gralm. amoniaco, y que sirve para reanimar a alguien desmayado. **5.** Sustancia perfumada, gralm. en forma de cristales, que se disuelve en el agua para el baño.

sala. f. **1.** Habitación principal de una casa, que se utiliza pralm. para estar o para recibir visitas. Tb. ~ *de estar.* **2.** En un edificio público: Habitación de grandes dimensiones destinada a un uso específico. *Sala de conferencias.* **3.** *Der.* Local donde se constituye un tribunal de justicia para celebrar audiencia y despachar los asuntos a él sometidos. *El juez entra en la sala.* ■ ~ **de fiestas.** f. Local donde se puede bailar y consumir bebidas, y donde gralm. se ofrecen espectáculos. ▶ **1:** SALÓN.

salacot. m. Sombrero de forma casi semiesférica, ligero y rígido, propio de países cálidos. *Los integrantes del safari llevan salacot.*

salado, da. adj. **1.** Que contiene sal. *El agua del mar es salada.* **2.** Dicho de alimento: Que contiene más sal de la necesaria. *La tortilla está salada.* **3.** coloq. Que tiene sal o gracia. *Es una niña muy salada.* **4.** Am. coloq. Dicho de persona: Que tiene o transmite mala suerte. *Andas con una mujer salada* [C].

salamandra. f. **1.** Anfibio que recuerda en su forma a una lagartija, de color negro con manchas amarillas, y cuya piel segrega una sustancia tóxica. **2.** Estufa de combustión lenta.

salamanquesa. f. Reptil parecido a la lagartija pero más grande, de color verde grisáceo, con almohadillas en los dedos que le sirven para aferrarse a las paredes.

salami. m. Embutido elaborado con carne picada de vaca y de cerdo.

salar¹. tr. **1.** Poner en sal (un alimento, espec. carne o pescado) para que se conserve. *Salan los jamones para curarlos.* **2.** Sazonar con sal (un alimento). *Sale los filetes antes de freírlos.* FAM **saladero; salado** (*Se realiza el salado del pescado*).

salar². m. Am. Lugar donde hay salitre. *Jamás le habían gustado los salares* [C].

salario. m. Remuneración regular, espec. la que reciben los trabajadores por cuenta ajena. ■ ~ **mínimo.** m. Salario mínimo que debe percibir un trabajador, y que fija el Gobierno. ▶ *SUELDO. FAM **salarial.**

salaz. adj. cult. Lujurioso o lascivo. *Una mirada salaz.*

salazón. f. **1.** Hecho de salar o poner en sal un alimento para su conservación. **2.** Carne o pescado en salazón (→ 1). Frec. en pl. *El consumo de salazones ha aumentado.*

salchicha. f. Embutido, en tripa delgada, de carne de cerdo picada.

salchichón - salomónico

salchichón. m. Embutido de carne magra de cerdo y tocino, prensado y curado, que se consume crudo.

saldar. tr. Liquidar (una cuenta). *Saldaré mis deudas.* ▶ *LIQUIDAR.

saldo. m. **1.** Resultado final, positivo o negativo, de una cuenta o un balance. *El balance de enero arroja un saldo negativo.* **2.** Venta de mercancías a bajo precio para terminar con las existencias. *Compré la camisa en un saldo.*

saledizo, za. adj. **1.** Saliente o que sobresale. *Balcones saledizos.* ● m. **2.** Arq. Elemento que sobresale de las paredes que sostienen un edificio. *El saledizo del portal.*

salero. m. **1.** Recipiente en que se guarda o se sirve la sal. **2.** coloq. Gracia o desenvoltura. *Baila con salero.* FAM **saleroso, sa.**

salesiano, na. adj. De la congregación de San Francisco de Sales, fundada por San Juan Bosco. *Padre salesiano.*

salida. f. **1.** Hecho de salir. *Ese tren tiene prevista su salida para las cuatro.* **2.** Lugar por donde se sale fuera de un sitio. *La salida del cine.* **3.** Lugar o punto desde donde se sale para ir a otro. *Los pilotos se colocan en la salida.* **4.** Solución o recurso. *La única salida que tengo es dimitir.* **5.** Posibilidad de venderse un producto. *Ese producto no tiene salida en el mercado.* **6.** coloq. Ocurrencia o idea ingeniosa. *Tiene unas salidas divertidísimas.* ○ pl. **7.** Posibilidades favorables de futuro en el terreno laboral. *La informática tiene muchas salidas.* ■ ~ de tono. f. Despropósito o inconveniencia. *Tuvo una salida de tono.* □ dar la ~. loc. v. Hacer una señal convenida para indicar a los participantes el comienzo de una competición de velocidad.

saliente. adj. **1.** Que sale. *Pómulos salientes.* ● m. **2.** Parte que sobresale de algo. *Se sentó en un saliente de la roca.*

salinidad. f. **1.** Cualidad de salino o que contiene sal. *La característica principal de este terreno es su salinidad.* **2.** Proporción de sales contenidas espec. en el agua. *La salinidad del agua potable es baja.*

salino, na. adj. **1.** Que contiene sal. *Solución salina.* **2.** De sal o de la sal. *Concentración salina.* ○ f. **3.** Lugar en que se obtiene sal, espec. mediante evaporación del agua en que está disuelta. FAM **salinero, ra.**

salir. (conjug. *SALIR*). intr. **1.** Pasar de dentro afuera de un lugar delimitado o cerrado. *Cierra la puerta al salir.* Tb. prnl. *Me he salido DE la reunión.* **2.** Partir o marcharse de un lugar. *El tren sale a las seis.* **3.** Dejar de estar en una situación o estado determinados. *Ha salido DEL coma.* **4.** Aparecer o dejarse ver. *Está saliendo el sol.* **5.** Aparecer o publicarse. *La noticia ha salido EN el periódico.* **6.** Nacer o brotar algo. *Me sale sangre DE la nariz.* **7.** Surgir o presentarse algo. *Le ha salido un trabajo.* **8.** Desaparecer o quitarse una mancha. *Las manchas de grasa no salen fácilmente.* **9.** Sobresalir una cosa, o estar más alta o más afuera que otra. *El voladizo de la puerta sale demasiado.* **10.** Seguido de un adjetivo, un adverbio o una expresión equivalente: Resultar de la manera expresada. *El niño ha salido travieso.* **11.** Resultar algo de la manera correcta o adecuada. *No me sale la suma.* **12.** Proceder una persona o cosa de otra, o tener su origen en ella. *Debería salir DE ti darle las gracias.* **13.** En ciertos juegos: Ser la persona la primera que juega. *Sales tú porque tienes la carta más alta.* **14.** Decir o hacer algo inesperado o intempestivo. *¿Ahora me sales CON esas?* **15.** Costar o

valer una cosa lo que se indica. *La tela sale A veinte dólares el metro.* **16.** Seguido de un complemento introducido por *a*: Tocar o corresponder a alguien, en un reparto o un pago, la parte o la cantidad designada por él. *Salimos a tres pasteles cada uno.* **17.** Pasar de un lugar menos visible a otro que está a la vista, gralm. de un público, para desarrollar una actividad. *Nadie se decidía a salir A bailar.* **18.** Seguido de un complemento introducido con *por*: Defender a la persona designada por él. *Siempre sale por su amigo.* **19.** Frecuentar una persona el trato o la compañía de otra, frec. por motivos amorosos. *Sale CON un chico.* **20.** Aparecer en determinadas obras, como un libro o una película. *En esa novela sale el Amazonas.* **21.** Parecerse una persona a otra mayor de su familia directa. *Ha salido a su madre.* **22.** Resultar elegida una persona o cosa por votación. *¿Quién ha salido delegado?* **23.** Resultar seleccionada una persona o cosa por suerte. *Aún no ha salido el premio gordo.* **24.** Ir a parar a un lugar. *Esta calle sale A la plaza.* ○ intr. prnl. **25.** Apartarse o separarse. *Es un caso que se sale DE lo normal.* **26.** Derramarse el contenido de un recipiente por una causa accidental. *Se está saliendo la leche.* **27.** Tener un recipiente una rendija o rotura por donde se derrama su contenido. *La jarra se sale.* ■ ~ adelante. loc. v. Superar una dificultad o un problema. *Les costó salir adelante.* ■ ~se alguien con la suya. loc. v. Hacer lo que quiere enfrentándose a los demás. *Me salí con la mía y no fuimos al zoo.* ▶ **4:** NACER. **6:** BROTAR, NACER.

salitre. m. **1.** Sustancia salina, espec. la que aflora en tierras y paredes. *El salitre ha corroído el casco del barco.* **2.** Nitro. *El salitre se utiliza para hacer pólvora.*

saliva. f. Líquido algo viscoso que mantiene húmeda la boca y reblandece los alimentos para facilitar su digestión. FAM **salivación; salival; salivar.**

salivazo. m. Saliva que se escupe de una vez.

salmantino, na. adj. De Salamanca (España).

salmo. m. Composición o cántico que contiene alabanzas a Dios. Frec. designa cualquiera de los compuestos por David, y que figuran en la Biblia.

salmodia. f. **1.** Parte de la liturgia en que se cantan los salmos. Tb el canto que acompaña a los salmos. **2.** coloq. Canto monótono y poco variado. FAM **salmodiar** (conjug. *ANUNCIAR*).

salmón. m. Pez marino comestible de carne rojiza o rosada, de hasta metro y medio de longitud, que remonta los ríos para desovar.

salmonela. f. **1.** Biol. Bacteria que contamina los alimentos, produciendo trastornos intestinales. **2.** Med. Salmonelosis. *Tienen síntomas de la salmonela.*

salmonelosis. f. Med. Enfermedad producida por la salmonela. ▶ SALMONELA.

salmonete. m. Pez marino comestible de carne rosada y pequeño tamaño, con dos barbillas en la mandíbula inferior.

salmorejo. m. **1.** Comida que recuerda al gazpacho y que se prepara con pan, huevo, tomate, pimiento, ajo, sal y agua. **2.** Salsa compuesta de agua, vinagre, aceite, sal y pimienta. *Pollo en salmorejo.*

salmuera. f. Agua cargada de sal, que se usa frec. para conservar alimentos.

salobre. adj. Que contiene sal. *Aguas salobres.*

salomónico, ca. adj. **1.** De Salomón (rey de Israel y de Judá, s. x a. C.). *Juicio salomónico.* **2.** Propio de Salomón. *Una decisión salomónica.*

634

salón. m. **1.** Habitación principal de una vivienda en la que se suele recibir a las visitas, y que gralm. sirve como comedor o cuarto de estar. **2.** Habitación de grandes dimensiones destinada a actos a los que pueden acudir numerosos asistentes. *Salón de actos.* **3.** Instalación donde se exponen productos de una determinada industria con fines comerciales. *Salón de la moda.* **4.** Establecimiento en que se prestan determinados servicios. *Salón de belleza.* ▶ **1:** SALA.

salpicadero. m. En un vehículo automóvil: Tablero situado delante del asiento del conductor donde se encuentran algunos mandos y aparatos indicadores.

salpicar. tr. **1.** Saltar un líquido (sobre algo) esparcido en gotas menudas por choque o movimiento brusco. *La lluvia salpica los cristales.* **2.** Mojar o manchar (algo o a alguien) con un líquido que salpica (→ 5). *Un coche me salpicó.* **3.** Esparcir o extender una cosa (sobre otra). *Salpica la sopa* CON *perejil.* **4.** Repercutir de forma indirecta (en alguien), o tener algún efecto (sobre él), algo negativo o que supone una pérdida de prestigio. *El escándalo lo ha salpicado.* ○ intr. **5.** Saltar un líquido esparcido en gotas menudas por choque o movimiento brusco. *Al freír, el aceite salpica.* FAM **salpicadura.**

salpicón. m. **1.** Guiso de carne, pescado o marisco desmenuzado, con pimienta, sal, aceite, vinagre y cebolla. **2.** Hecho o efecto de salpicar.

salpimentar. (conjug. ACERTAR). tr. Condimentar con sal y pimienta (un alimento). *Hay que salpimentar los filetes antes de freírlos.*

salpullido. m. frecAm. Sarpullido. *Los productos faciales curan salpullidos* [C].

salsa. f. **1.** Composición de varias sustancias, líquida o pastosa, que se obtiene al mezclar y triturar varios alimentos, y que sirve para acompañar y dar sabor a las comidas. **2.** Cosa que anima o alegra. *Estos momentos son la salsa de la vida.* **3.** Baile de origen afrocubano, de ritmo muy movido. Tb. su música. ■ ~ **boloñesa.** f. Salsa (→ 1). elaborada con carne picada, tomate y especias, y que se añade espec. a la pasta. ⇒ BOLOÑESA. ■ ~ **mahonesa,** o **mayonesa.** f. Salsa (→ 1) que se elabora batiendo aceite y huevo. ⇒ MAHONESA, MAYONESA. ■ ~ **rosa.** f. Salsa (→ 1) elaborada con mayonesa y tomate frito. □ **en su (propia)** ~. loc. adv. coloq. En un ambiente y circunstancias cómodos, en que pueden desarrollarse las características propias de algo o alguien. *Con los amigos se encuentra en su salsa.* FAM **salsera.**

saltamontes. m. Insecto frec. verde o gris, de cabeza gruesa y ojos prominentes, con las patas posteriores largas y adaptadas para saltar. ▶ Am: CHAPULÍN.

saltar. intr. **1.** Alzarse o levantarse con un impulso rápido, separándose del punto de apoyo para caer en el mismo sitio o en otro. *Saltó y encestó el balón.* **2.** Arrojarse o lanzarse desde un lugar a otro que está más bajo. *Salta desde el trampolín.* **3.** Abalanzarse sobre alguien o algo. *El policía saltó sobre el atracador.* **4.** Pasar de un lugar o una situación a otros omitiendo pasos intermedios. *Saltó a la fama.* **5.** Salir un deportista al terreno de juego. *Los jugadores saltan al campo.* **6.** Salir despedida una cosa del lugar en que estaba. *Ha saltado el corcho de la botella.* **7.** Surgir algo de forma repentina. *En la reunión saltó una propuesta sorprendente.* **8.** Liberarse el dispositivo de un aparato que controla el funcionamiento de este. *Ha saltado la alarma.* **9.** Reaccionar alguien con viveza o sin poder contenerse ante algo que se ha dicho o hecho. *No pudo soportar la humillación y saltó.* ○ tr. **10.** Pasar de un lado a otro (de algo) saltando (→ 1). *Saltó la zanja.*

11. Saltar (→ 1) hacia arriba o hacia delante para llegar (a una altura o una distancia). *Salta 5,90 m en salto con pértiga.* **12.** Pasar a otra situación omitiendo (estados o grados intermedios). *El equipo ha saltado tres puestos.* ○ tr. prnl. **13.** Omitir (algo), voluntariamente o por inadvertencia. *Se salta capítulos del libro.* **14.** coloq. No tener en cuenta (algo, espec. una norma), o no hacer caso (de ello). *La empresa se ha saltado la normativa.* FAM **saltador, ra.**

saltarín, na. adj. **1.** Que salta mucho. *Una bolita saltarina.* **2.** Vivo e inquieto.

salteador, ra. m. y f. Persona que roba en despoblados y caminos.

saltear. tr. **1.** Sofreír (un alimento) a fuego vivo. *Saltear los guisantes.* **2.** Hacer (algo) de manera discontinua o desordenada. *Le hizo preguntas salteadas.*

salteño, ña. adj. De Salta (Argentina) o de Salto (Uruguay).

salterio. m. Instrumento musical de cuerda, que consiste en una caja prismática de madera, sobre la que se extienden hileras de cuerdas metálicas que se tocan con un macillo, con uñas de marfil o con las de las manos.

saltimbanqui. m. y f. coloq. Acróbata que realiza saltos u otros ejercicios gimnásticos de equilibrio en espectáculos públicos, gralm. al aire libre.

salto. m. **1.** Hecho o efecto de saltar. *El campeón da un salto de ocho metros.* **2.** Caída de un caudal importante de agua donde hay un desnivel repentino. Tb. ~ *de agua. El salto de agua genera energía.* **3.** Palpitación violenta. *Me dio un salto el corazón.* **4.** En atletismo: Prueba que consiste en saltar una altura o una longitud. **5.** En natación: Prueba que consiste en saltar desde un trampolín. ■ ~ **de cama.** m. Bata ligera de mujer para el momento de levantarse de la cama. ■ ~ **mortal.** m. Salto (→ 1) que consiste en tirarse de cabeza dando una vuelta en el aire para caer de pie. ■ **triple** ~. m. Salto (→ 4) de longitud en el cual el atleta apoya alternativamente los pies dos veces antes de caer con ambos juntos. □ **a** ~ **de mata.** loc. adv. coloq. Aprovechando las ocasiones que depara la casualidad. *Vive a salto de mata.*

saltón, na. adj. Que sobresale más de lo normal. *Ojos saltones.*

salubre. adj. Saludable o sano. *No viven en condiciones salubres.* ▶ *SANO.* FAM **salubridad.**

salud. f. **1.** Estado de un ser vivo en que ejerce normalmente todas sus funciones. *Fumar perjudica la salud.* **2.** Condiciones físicas o psíquicas en que se encuentra un organismo en un momento determinado. *Tiene una salud estupenda.* ● interj. **3.** coloq. Se usa para brindar. *¡Salud!; ¡por nosotros!* Tb. *a tu, su,* etc., ~. ■ **curarse en** ~. loc. v. Precaverse de un daño de manera anticipada. *Es mejor que nos curemos en salud.*

saludable. adj. **1.** Bueno para la salud o que sirve para restablecerla. *Hábitos saludables.* **2.** Que manifiesta o implica buena salud. *Un bebé saludable.* ▶ *SANO.*

saludar. tr. **1.** Dirigir (a una persona) palabras corteses al encontrar(la) o al despedirse (de ella). *Nos saluda cada mañana.* **2.** Mostrar respeto (a alguien o algo) mediante gestos formularios. *Saludan al rey con salvas.* Tb. como intr. **3.** Enviar saludos (a alguien). *Saluda a su familia desde la radio.* FAM **salutación.**

saludo. m. **1.** Hecho de saludar. *Tras los saludos, pasan a la sala.* **2.** Palabra, gesto o fórmula para saludar. *Su saludo consistió en un movimiento de cabeza.*

3. Manifestación de afecto o cortesía que se envía por carta o por medio de otra persona. *Saludos a su padre.*

salutífero, ra. adj. cult. Saludable. *Propiedades salutíferas del agua de mar.*

salva. f. Disparo o serie de disparos sin bala, gralm. de artillería, que se hacen como saludo o para rendir honores. ■ ~ **de aplausos.** f. Aplauso entusiasta y masivo.

salvación. → salvar.

salvado. m. Cáscara triturada del grano de los cereales y separada de la harina.

salvadoreño, ña. adj. De El Salvador o de su capital, San Salvador.

salvaguardar. tr. Defender o proteger (algo o a alguien). *La ley pretende salvaguardar la libertad de expresión.* FAM **salvaguardia** o **salvaguarda.**

salvaje. adj. **1.** Dicho de planta: Silvestre o no cultivada. **2.** Dicho de animal: No doméstico. **3.** Dicho de terreno: No cultivado o no colonizado. *Isla salvaje.* **4.** Primitivo o no civilizado. *Tribu salvaje.* **5.** Dicho de cosa: No controlada, o que se aparta de lo establecido. *Una huelga salvaje.* **6.** Cruel o inhumano. *Un castigo salvaje.* **7.** Falto de educación o ajeno a las normas sociales. *Unos niños salvajes.* ▶ **4, 7:** SELVÁTICO. FAM **salvajada; salvajismo.**

salvar. tr. **1.** Poner (algo o a alguien) a salvo de un peligro, o de la muerte o la destrucción. *El médico puede salvarlo.* **2.** *Rel.* Hacer que (alguien) quede libre de pecado para alcanzar la gloria eterna. *Jesucristo vino al mundo para salvarnos.* **3.** Exceptuar o excluir (algo o a alguien). *Salvando a un par de amigos, no se lleva bien con nadie.* **4.** Vencer o superar (un obstáculo) evitándo(lo). *Salvó el arroyo de un salto.* **5.** Recorrer (una distancia, espec. si presenta cierta dificultad). *Es capaz de salvar los quinientos metros en pocos segundos.* ■ **sálvese quien, o el que, pueda.** expr. Se usa para expresar que, ante un peligro o amenaza, cada cual debe actuar por su cuenta y pensar en ponerse a salvo. FAM **salvación; salvador, ra; salvamento.**

salvavidas. m. **1.** Flotador con forma de anillo que se coloca alrededor del cuerpo. **2.** Se usa en aposición para expresar que el designado por el nombre al que sigue sirve para el salvamento de personas que están en el agua. *Chaleco salvavidas.*

salve. f. **1.** *Rel.* Oración dedicada a la Virgen, que comienza con las palabras "Dios te salve María". ● interj. **2.** cult. o humoríst. Se usa como saludo. *¡Salve, hermano!*

salvedad. f. Excepción o restricción. *A lo dicho hay que hacer algunas salvedades.*

salvia. f. Planta aromática de flores gralm. azuladas, que se usa en infusiones y como condimento.

salvífico, ca. adj. cult. Que produce la salvación. *El poder salvífico de la oración.*

salvo, va. adj. **1.** Libre de un peligro. Se usa en la constr. *sano y ~.* (→ sano). *Los montañeros están sanos y salvos.* ● prep. **2.** Excepto, o a excepción de. *No hay nadie aquí, salvo nosotros.* ● adv. **3.** Indica que la circunstancia expresada a continuación se excluye o se exceptúa de lo enunciado. *Bajarán las temperaturas, salvo en el sur.* ■ **a salvo.** loc. adv. **1.** Sin daño o fuera de peligro. *Aquí estaremos a salvo.* **2.** Al margen o a un lado. *Dejando a salvo el influjo español, es una obra muy porteña.* ■ **a salvo de.** loc. prepos. Estando protegido o libre de. *Nadie está a salvo de sus críticas.* ■ **salvo que.** loc. conj. A menos que. *Lo haremos así, salvo que suceda algo imprevisto.*

salvoconducto. m. **1.** Documento expedido por una autoridad, que permite a una persona transitar libremente por el territorio en que dicha autoridad es reconocida. **2.** Libertad para actuar. *Cree tener salvoconducto para trabajar menos que los demás.*

samanés, sa. adj. De Samaná (República Dominicana).

samaritano, na. adj. **1.** histór. De Samaria (región de Asia). **2.** Dicho de persona: Que ayuda a otra desinteresadamente.

samba. f. Baile popular brasileño, de influencia africana y de ritmo rápido y alegre. Tb. su música.

sambenito. m. Cosa que se aplica a alguien para desacreditarlo. *Me han puesto el sambenito de juerguista.*

samoano, na. adj. De Samoa (Oceanía).

samovar. m. Utensilio de origen ruso, con un tubo interior donde se ponen carbones, que se emplea para preparar té.

sampedrano, na. adj. De San Pedro Sula (Honduras) o de San Pedro (Paraguay).

samurái. (Tb. **samuray;** pl. **samuráis**). m. histór. En el antiguo sistema feudal japonés: Guerrero al servicio de un señor y perteneciente a una clase inferior de la nobleza.

san. → santo.

sanación. f. Curación, espec. por medio de prácticas esotéricas o de terapias alternativas. *El curandero afirma tener poderes de sanación.*

sanar. tr. **1.** Curar (a una persona o una parte de su cuerpo enfermas o lesionadas), o hacer que recuperen la salud. *Le recomiendan la fisioterapia para sanar su brazo.* ○ intr. **2.** Recobrar la salud una persona o una parte de su cuerpo enfermas o lesionadas. *Un tobillo fracturado tarda en sanar.* ▶ CURAR. FAM **sanador, ra.**

sanatorio. m. Establecimiento preparado para la estancia de enfermos que necesitan tratamiento médico, quirúrgico o climatológico.

sanción. f. **1.** Pena que se establece para quien infringe una ley. *El juez le impone una sanción por fraude.* **2.** Aprobación de algo. *La sanción final de la obra la tiene el público.* **3.** Acto solemne por el que el jefe del Estado o la autoridad competente confirma una ley o un estatuto. *Es necesaria la sanción del Rey a la Constitución.* **4.** Castigo o pena. *Le impusieron la sanción de dos partidos sin jugar.* ▶ **4:** *CASTIGO.

sancionar. tr. **1.** Confirmar o ratificar (una ley o disposición) mediante sanción del jefe del Estado o de la autoridad competente. *El Rey sancionó la Constitución.* **2.** Confirmar la validez (de algo). *La junta de accionistas ha sancionado las decisiones de la dirección.* **3.** Aplicar una sanción o castigo (a alguien o algo). *El árbitro sanciona al delantero.* ▶ **3:** *CASTIGAR. FAM **sancionable; sancionador, ra; sancionatorio, ria.**

sancochar. tr. **1.** Cocinar mal y sin cuidado (un alimento). *Saca la carne de la olla, que la vas a sancochar.* **2.** Am. Cocer ligeramente (un alimento). *Sancochar las berenjenas en agua* [C].

sancocho. m. frecAm. Guiso caldoso, gralm. de carne. *Sancocho de carne* [C].

sanctasanctórum. (pl. **sanctasanctórums**). m. **1.** Parte interior y más sagrada del Tabernáculo y del templo de Jerusalén. **2.** Parte más reservada y misteriosa de un lugar. *Se ha encerrado a estudiar en su sanctasanctórum.*

sandalia. f. **1.** Calzado compuesto por una suela que se asegura al pie con correas o cintas. *Un penitente con sandalias de cuero.* **2.** Zapato ligero y abierto, usado gralm. en verano.

sándalo. m. Árbol parecido al nogal, propio de la India y de varias islas de Oceanía, de madera amarillenta y aromática, de la cual se extrae un aceite utilizado en perfumería. Tb. la madera y el aceite.

sandez. f. Tontería o necedad. *No dice más que sandeces.* ▶ *TONTERÍA.

sandía. f. Fruto redondeado de gran tamaño, corteza verde y carne roja, dulce y muy acuoso, con pepitas negras incrustadas. ▶ Am: PATILLA.

sandinismo. m. Movimiento revolucionario nicaragüense de carácter populista, basado en las ideas de César Augusto Sandino (guerrillero y político, 1895-1934). FAM **sandinista.**

sandio, dia. adj. cult. Tonto o simple.

sanducero, ra. adj. De Paysandú (Uruguay).

sandunguero, ra. adj. coloq. Que tiene gracia o salero. *Caminaba con paso sandunguero.*

sándwich. (pl. **sándwiches**). m. Bocadillo hecho con dos o más rebanadas de pan de molde entre las cuales se coloca algún alimento. ▶ EMPAREDADO.

saneado, da. adj. **1.** Dicho de bienes o rentas: Que producen buenos beneficios. *Una fortuna saneada.* **2.** Dicho de beneficios o ingresos: Que son especialmente satisfactorios. *De su negocio obtienen saneados beneficios.*

sanear. tr. **1.** Dar condiciones de salubridad (a un lugar), espec. quitándo(le) la humedad. *Sanean los terrenos pantanosos.* **2.** Poner (algo, espec. la economía) en las condiciones adecuadas para funcionar debidamente y producir beneficios. FAM **saneamiento.**

sanedrín. m. **1.** histór. Consejo supremo de los judíos, en el que se trataban y decidían los asuntos de estado y de religión. **2.** Junta o reunión de personas influyentes.

sanfermines. m. pl. Fiestas que se celebran en Pamplona (España) en honor de San Fermín.

sangrante. adj. **1.** Que sangra o echa sangre. *Úlcera sangrante.* **2.** Que produce dolor o indignación. *Es sangrante que te traten así.* ▶ **1:** *SANGRIENTO.

sangrar. intr. **1.** Echar sangre. *Estás sangrando por la nariz.* ○ tr. **2.** Abrir o punzar una vena (a alguien) para extraer la sangre o determinada cantidad de sangre. *Antiguamente sangraban a los enfermos.* **3.** Graf. Empezar (un renglón) más adentro que los otros. *Sangra el primer renglón del párrafo.* FAM **sangrado.**

sangre. f. **1.** Líquido rojo que circula por los vasos sanguíneos del cuerpo de las personas y de algunos animales, que distribuye el oxígeno, los nutrientes y otras sustancias a las células del organismo, y que está compuesto de una parte líquida, o plasma, y de células en suspensión. **2.** Familia o parentesco. *Velaré por los de mi sangre.* **3.** Condición o carácter de una persona. *Es apasionado, como corresponde a su sangre andaluza.* ■ **~ azul.** f. Origen o procedencia noble. *Una familia de sangre azul.* ■ **~ de horchata.** f. coloq. Carácter excesivamente tranquilo y calmado. *Reacciona, que tienes sangre de horchata.* ■ **~ fría.** f. Serenidad o dominio de sí mismo. ■ **mala ~.** f. coloq. Carácter malintencionado o vengativo. □ **a ~ fría.** loc. adv. De manera premeditada y calculada, sin dejarse llevar por un arrebato mo-

mentáneo. *Lo mató a sangre fría.* ■ **a ~ y fuego.** loc. adv. Con todo rigor y sin perdonar nada ni a nadie. *Tomaron la ciudad a sangre y fuego.* ■ **chupar la ~** (a alguien). loc. v. coloq. Abusar (de esa persona), espec. de su dinero. *El banco nos chupa la sangre.* ■ **correr ~.** loc. v. Haber heridos o muertos como consecuencia de una pelea. *Los separamos antes de que corriera la sangre.* ■ **de ~ caliente.** loc. adj. Dicho de animal: Que tiene una temperatura corporal que no depende de la ambiental. ■ **de ~ fría.** loc. adj. Dicho de animal: Que tiene una temperatura corporal que depende de la ambiental. ■ **encender la ~.** → **hervir la sangre.** ■ **hacer ~.** loc. v. Causar una herida leve de la que sale sangre (→ 1). *Me ha hecho sangre con la cuchilla.* ■ **hacerse** alguien **~.** loc. v. Sufrir una herida leve de la que sale sangre (→ 1). *Me he hecho sangre con una zarza.* ■ **hacerse** alguien **mala ~.** loc. v. coloq. Atormentarse o disgustarse. *No te hagas mala sangre, no merece la pena.* ■ **helar la ~.** loc. v. coloq. Paralizar de miedo o de espanto. *Los gritos helaban la sangre.* ■ **hervir,** o **encender,** o **quemar, la ~** (a alguien). loc. v. coloq. Irritar(lo) o poner(lo) de mal humor. *Tanta pasividad me hierve la sangre.* ■ **llegar la ~ al río.** loc. v. coloq. Tener una disputa o una situación difícil consecuencias graves. *Se amenazaron, pero no llegó la sangre al río.* ■ **llevar** (una cosa) **en la ~.** loc. v. Ser esa cosa innata o hereditaria. *Lleva el ritmo en la sangre.* ■ **quemar la ~.** → **hervir la sangre.** ■ **sudar ~.** loc. v. coloq. Realizar un esfuerzo duro que conlleva sufrimiento. *Sudé sangre para lograrlo.*

sangría. f. **1.** Hecho o efecto de sangrar o extraer sangre. *Los médicos practicaban sangrías.* **2.** Pérdida paulatina y sustanciosa de algo, espec. de dinero. *Tanto vicio es una sangría.* **3.** Bebida refrescante elaborada con vino tinto, azúcar y trozos de fruta. **4.** Graf. Hecho o efecto de sangrar un renglón.

sangriento, ta. adj. **1.** Que echa sangre. *Herida sangrienta.* **2.** Teñido o manchado de sangre. *Prenda sangrienta.* **3.** Sanguinario. **4.** Que causa derramamiento de sangre. *Batalla sangrienta.* ▶ **1:** SANGRANTE, SANGRIENTO. **3:** SANGUINOLENTO.

sanguijuela. f. **1.** Gusano de agua dulce, con ventosas en los extremos para succionar la sangre de los animales que parasita, y que se utilizaba antiguamente en medicina para sangrar a los enfermos. **2.** despect. Persona que se aprovecha de otra, desposeyéndola de sus propiedades.

sanguinario, ria. adj. Que goza con el derramamiento de sangre. *Un asesino sanguinario.* ▶ SANGRIENTO.

sanguíneo, a. adj. **1.** De la sangre. *Presión sanguínea.* **2.** Que contiene sangre o es abundante en ella. *Vasos sanguíneos.*

sanguino, na. adj. **1.** Dicho de variedad de naranja: Cuya pulpa es de color rojizo. ● f. **2.** Lápiz rojo oscuro fabricado con un mineral de hierro oxidado. **3.** Dibujo hecho con sanguina (→ 2). *Expone sanguinas y carboncillos.*

sanguinolento, ta. adj. Sangriento (que echa sangre, o manchado de sangre). ▶ *SANGRIENTO.

sanidad. f. Conjunto de servicios gubernativos ordenados para preservar la salud de los habitantes de una nación, una región o un municipio.

sanitario, ria. adj. **1.** De la sanidad. *Centro sanitario.* **2.** Dicho de aparato o instalación: Que están destinados a la higiene y el aseo personal. ● m. y f. **3.** Persona que trabaja en la sanidad pública. *Los sanitarios están en huelga.*

sanjuanero, ra. adj. De San Juan (Puerto Rico; República Dominicana) o de San Juan de la Managua (República Dominicana) o de San Juan de los Morros (Venezuela).

sanjuanino, na. adj. De San Juan (Argentina) o de San Juan Bautista (Paraguay).

sanmarinense. adj. De San Marino (Europa).

sano, na. adj. **1.** Dicho de persona o animal: Que tiene buena salud. *El bebé nació sano.* **2.** Bueno para la salud. *Una alimentación sana.* **3.** Que no tiene vicios o malas costumbres. *Un alma sana.* **4.** Noble o carente de malicia. *Es muy sana, incluso ingenua.* **5.** Dicho de vegetal o de parte de él: Que no está podrido o en mal estado. *Fruta sana.* **6.** Dicho de cosa: No rota o estropeada. *No ha dejado un plato sano.* ■ **cortar** (algo) **por lo sano.** loc. v. coloq. Poner(le) fin de forma expeditiva para evitar problemas futuros. *Es preferible que cortes por lo sano esos rumores.* ■ **~ y salvo/va.** loc. adj. Dicho de persona: Que no ha sufrido ningún daño. *Los niños perdidos han llegado sanos y salvos.* ▶ **1:** SALUDABLE. **2:** SALUBRE, SALUDABLE.

sánscrito, ta. adj. Se usa para referirse a la antigua lengua de los brahmanes. *Lengua sánscrita.* Tb. m. *La palabra "karma" viene del sánscrito.*

sanseacabó. (Tb. **san se acabó**). interj. Se usa para dar por terminado algo. *Si no quieres que vaya, no voy y sanseacabó.*

santacruceño, ña. adj. De Santa Cruz (Argentina) o de Santa Cruz de Tenerife (España) o de Santa Cruz de Quiché (Guatemala).

santacrucero, ra. adj. De Santa Cruz de Tenerife (España).

santafereño, ña. adj. Bogotano.

santafesino, na o **santafecino, na.** adj. De Santa Fe (Argentina).

santandereano, na. adj. De Santander (Colombia).

santanderino, na. adj. De Santander (España).

santaneco, ca. adj. De Santa Ana (El Salvador).

santería. f. *Rel.* Sistema de cultos propio de Cuba, que tiene como elemento esencial la adoración de deidades surgidas del sincretismo entre creencias africanas y la religión católica.

santero, ra. m. y f. **1.** *Rel.* Sacerdote de la santería. *El santero entra en trance.* Tb. la persona que cree en ella o la practica. *Los santeros y los cristianos conviven en Cuba.* **2.** Persona que cuida de un santuario.

santiagueño, ña. adj. De Santiago del Estero (Argentina) o de Morona Santiago (Ecuador) o de Santiago (Panamá).

santiaguero, ra. adj. De Santiago de Cuba (Cuba) o de Santiago (República Dominicana) o de Santiago de los Caballeros (República Dominicana).

santiaguino, na. adj. De Santiago de Chile (Chile).

santiamén. en un ~. loc. adv. Enseguida o en poco tiempo. *Prepararé la cena en un santiamén.*

santidad. f. **1.** Cualidad de santo. *Alcanzó la santidad.* **2.** (En mayúsc.). Se usa como tratamiento que corresponde al Papa. Frec. precedido de posesivo. *Su Santidad viajará a Asia.*

santificar. tr. **1.** Hacer santo (a alguien) para que reciba culto. *Van a santificar a varios mártires.* **2.** Dedicar (algo) a Dios. *El catecismo ordena santificar las fiestas.* FAM **santificación.**

santiguarse. (conjug. AVERIGUAR). intr. prnl. **1.** Hacerse alguien la señal de la cruz desde la frente al pecho y desde el hombro izquierdo al derecho invocando a las tres personas de la Santísima Trinidad. *Se santigua al entrar en la iglesia.* **2.** coloq. Mostrar una persona escándalo o sorpresa, frec. haciéndose la señal de la cruz. *Se santiguan y murmuran a su paso.*

santísimo, ma. el Santísimo. loc. s. *Rel.* Cristo en la Eucaristía. *El Santísimo recorrerá las calles bajo palio.*

santo, ta. adj. **1.** Dicho de persona: Cuya vida ejemplar ha sido reconocida oficialmente por la Iglesia católica, por lo que es merecedora de recibir culto. Tb. m. y f. *Reza a la santa.* Se usa tb., frec. en mayúsc., como tratamiento antepuesto a un nombre propio, adoptando la forma *san* si se trata de nombre propio masculino, salvo Tomás, Tomé, Toribio y Domingo. *San Antón, Santo Tomás.* **2.** Que destaca por sus virtudes, espec. por su bondad y paciencia. Tb. m. y f. *Eres una santa; no sé cómo nos soportas.* **3.** Sagrado. *Los templos son lugares santos.* **4.** Antepuesto a un nombre, se usa para enfatizar el significado expresado por este. *Hace su santa voluntad.* **5.** (En mayúsc.). Dicho de semana: Que sigue al Domingo de Ramos y que conmemora los últimos días de la vida de Jesucristo. *Tengo vacaciones en Semana Santa.* Dicho tb. de los días de esa semana que van de lunes a sábado. *Hoy es Jueves Santo.* ● m. y f. **6.** Imagen de un santo (→ 1). *Sacan a la santa en procesión.* ○ m. **7.** Respecto de una persona: Día en que se celebra la festividad del santo (→ 1) cuyo nombre coincide con el de ella. *El 19 de marzo es el santo de José.* ■ **santo y seña.** m. Contraseña, espec. la exigida por un vigilante en un puesto militar. *El centinela pide el santo y seña.* □ **¿a santo de qué?** loc. adv. coloq. ¿Con qué motivo? *¿A santo de qué te niegas a ir?* ■ **írsele** (a alguien) **el santo al cielo.** loc. v. coloq. Distraerse olvidando lo que iba a decir o hacer. *Me puse a leer y se me fue el santo al cielo.* ■ **llegar y besar el santo.** loc. v. coloq. Conseguir inmediatamente algo que se pretendía. *Entramos y nos sirvieron; fue llegar y besar el santo.* ■ **por todos los santos.** expr. Se usa para expresar protesta o sorpresa ante algo inadecuado. *Por todos los santos, haz algo.* ■ **quedarse** alguien, espec. una mujer **para vestir santos.** loc. v. coloq. Quedarse soltero. *Como no espabile, se va a quedar para vestir santos.* ■ **ser** alguien **santo de la devoción** (de otra persona). loc. v. coloq. Caer(le) bien o agradar(le). *Ya sabes que no es santo de mi devoción.*

santón. m. **1.** Hombre que profesa una religión no cristiana y que lleva una vida austera y penitente. **2.** coloq., despect. Hombre hipócrita que aparenta santidad. **3.** coloq. Hombre muy influyente o autorizado en una determinada colectividad.

santoral. m. Lista de los santos cuya festividad se conmemora en cada uno de los días del año. *Según el santoral, hoy es Santa Cecilia.*

santuario. m. Templo en que se venera una imagen o una reliquia de un santo.

santurrón, na. adj. coloq. o despect. Que manifiesta una devoción exagerada o fingida. FAM **santurronería.**

saña. f. Furor rencoroso o cruel. *Lo han apaleado con saña.* FAM **sañudo, da.**

sapiencia. f. cult. Sabiduría. FAM **sapiencial.**

sapo. m. Anfibio sin cola, de ojos saltones, cuerpo rechoncho y robusto, extremidades cortas y piel de aspecto verrugoso. *El sapo hembra.* ■ **~s y culebras.** m. coloq. Insultos o maldiciones. *Echó sapos y culebras al enterarse.* ▶ ESCUERZO.

saque. m. En deporte: Hecho de sacar una pelota. ■ ~ **de esquina.** f. En algunos deportes, espec. en fútbol: Saque que el atacante realiza desde una esquina cuando el bando defensor toca el balón en último lugar y lo saca del campo. ⇒ CÓRNER.

saquear. tr. **1.** Apoderarse violentamente los soldados de lo que encuentran (en un lugar). *Las tropas saquearon la ciudad.* **2.** Robar o desvalijar (un lugar o a una persona). *Han saqueado el almacén.* ▶ **2:** *ROBAR. FAM **saqueador, ra; saqueo.**

sarampión. m. Enfermedad febril, contagiosa y frec. epidémica, propia de la infancia, que se caracteriza por la aparición de pequeñas manchas rojizas y síntomas catarrales.

sarao. m. Reunión o fiesta de sociedad. *Lo invitan a todos los saraos.*

sarcasmo. m. Burla o ironía mordaz y cruel. ▶ *IRONÍA. FAM **sarcástico, ca.**

sarcófago. m. Obra de piedra, que se construye levantada del suelo, en que se da sepultura a un cadáver. *Sacaron a la momia del sarcófago.* ▶ SEPULCRO.

sardina. f. Pez marino comestible de forma alargada, color negro azulado por encima y plateado en costados y vientre, que suele prepararse asado o en conserva. ■ **como ~s (en lata).** loc. adv. coloq. Con mucha estrechez por haber muchas personas y faltar espacio. *En el metro vamos como sardinas.* FAM **sardinero, ra.**

sardo, da. adj. **1.** De Cerdeña (Italia). ● m. **2.** Lengua hablada en Cerdeña.

sardónico, ca. adj. Que muestra o implica sarcasmo. *Voz sardónica.* ▶ *IRÓNICO.

sarga. f. Tela cuyo tejido forma líneas diagonales.

sargazo. m. Alga marina, algunas de cuyas especies forman grandes masas flotantes gracias a vesículas a modo de flotadores.

sargento. m. y f. Suboficial del ejército cuyo empleo es superior al de cabo e inferior al de brigada.

sari. m. Prenda de vestir femenina, típica de la India, que consiste en una túnica hasta los pies que se enrolla en el cuerpo.

sarmentoso, sa. adj. **1.** Del sarmiento, o de características similares a las suyas. *Manos sarmentosas.* **2.** Dicho de planta: De ramas flexibles y nudosas, capaces de apoyarse sobre aquellas cosas que tiene cerca.

sarmiento. m. Vástago de la vid, largo, delgado, flexible y nudoso, de donde brotan las hojas y los racimos.

sarna. f. Enfermedad contagiosa de la piel, que sufren algunos animales y el hombre, provocada por un ácaro que excava túneles bajo la piel, y que se caracteriza por enrojecimiento, hinchazón y picor intenso. FAM **sarnoso, sa.**

sarpullido. m. Erupción pasajera de la piel, formada por muchos granitos o ronchas. ▶ **frecAm:** SALPULLIDO.

sarraceno, na. adj. Que profesa la religión de Mahoma. ▶ *MUSULMÁN.

sarro. m. Sustancia amarillenta y calcárea que se adhiere al esmalte dental.

sarta. f. **1.** Serie de cosas metidas por orden en un hilo o una cuerda. *Sarta de perlas.* **2.** Serie de cosas no materiales de la misma naturaleza. *Una sarta de mentiras.*

sartén. f. (En Am., tb. m.). Recipiente de cocina, de forma circular, poco hondo y con mango largo, que sirve espec. para freír. ■ **tener** alguien **la ~ por el mango.** loc. v. coloq. Dominar una situación al tener el poder de imponer su voluntad a los demás. *El jefe tiene la sartén por el mango.* FAM **sartenada; sartenazo.**

sastre, tra. m. y f. Persona que tiene por oficio cortar y confeccionar prendas de vestir, pralm. de hombre. FAM **sastrería.**

satánico, ca. adj. Diabólico. FAM **satanismo; satanizar.**

satélite. m. **1.** Cuerpo celeste sin luz propia, que gira alrededor de un planeta. *La Luna es un satélite de la Tierra.* **2.** Aparato que se coloca en órbita alrededor de un astro, gralm. para recoger información y retransmitirla. FAM **satelital** (Am).

satén. m. Tejido de seda o algodón, parecido al raso.

satinar. tr. Dar (a algo) la tersura y el brillo del satén. *Papel satinado.*

sátira. f. Escrito o dicho en que se critica de manera mordaz algo o a alguien. FAM **satírico, ca; satirizar.**

sátiro. m. **1.** En la mitología grecorromana: Divinidad campestre con patas y cuernos de macho cabrío y cuerpo de hombre. **2.** cult. Hombre lascivo. ▶ **1:** FAUNO.

satisfacción. f. **1.** Hecho o efecto de satisfacer. **2.** Gusto o placer. *Sonrisa de satisfacción.* ▶ **2:** *PLACER.

satisfacer. (conjug. HACER, salvo el imperativo: *satisfaz* o *satisface*). tr. **1.** Proporcionar (lo que se desea o necesita) para que desaparezca el deseo o necesidad. *Satisface todos sus caprichos.* **2.** Producir agrado o placer (a alguien). *Su trabajo no la satisface.* **3.** Pagar (algo que se debe). *Satisfacen la cuota.* **4.** Dar respuesta o solución (a una pregunta o una duda). *No ha satisfecho mis preguntas.* **5.** Cumplir (ciertos requisitos o exigencias). *No satisface las condiciones para el puesto.* **6.** Mat. Cumplir un valor (las condiciones expresadas en un problema). ○ intr. **7.** Producir agrado o placer. *No me satisfacen sus modales.* ▶ **7:** *AGRADAR. FAM **satisfactorio, ria.**

satisfecho, cha. adj. Que implica o manifiesta satisfacción o placer. *Expresión satisfecha.*

sátrapa. m. **1.** hístór. Gobernador de una provincia de la antigua Persia. **2.** despect. Hombre poderoso que gobierna de forma despótica o abusa de su poder.

saturado, da. adj. Quím. Dicho de un compuesto: Que posee enlaces covalentes de tipo sencillo. *Ácidos grasos saturados.*

saturar. tr. **1.** Llenar (algo o a alguien) por completo de una cosa. Tb. fig. *Tanto trabajo me satura.* **2.** Quím. y Fís. Añadir (a un disolvente) una sustancia hasta que no admita más. *Sature el agua DE sal.* FAM **saturación.**

saturnal. adj. **1.** Del dios Saturno. ● f. **2.** hístór. Fiesta en honor del dios Saturno. Más frec. en pl. *En Roma se celebraban saturnales.*

sauce. m. Árbol de gran altura, ramas largas, colgantes y flexibles, que suele crecer en lugares húmedos.

saúco. m. Arbusto de flores blancas dispuestas en ramillete y fruto negruzco en forma de baya.

saudade. f. cult. Nostalgia o sentimiento de añoranza.

saudí. adj. De Arabia Saudí o Saudita (Asia).

sauna. f. **1.** Baño de vapor, que produce una rápida y abundante sudoración, y que se toma con fines higiénicos y terapéuticos. **2.** Lugar para tomar una sauna (→ 1).

saurio. adj. **1.** Zool. Del grupo de los saurios (→ 2). ● m. **2.** Zool. Reptil que gralm. tiene cuatro patas cortas, mandíbulas con dientes, cuerpo y cola largos y piel escamosa, como el lagarto.

savia. f. Líquido que circula por los vasos de algunas plantas, y del cual se nutren sus células.

saxo. m. **1.** Saxofón. O m. y f. **2.** Músico que toca el saxofón. ▶ **2:** SAXOFONISTA.

saxofón o **saxófono.** m. Instrumento musical de viento, de metal, con boquilla de madera y varias llaves. ▶ SAXO. FAM **saxofonista.**

saya. f. Falda (prenda de vestir). *Desliza la saya hasta la cintura* [C]. En Esp. suele designar la de algunos trajes tradicionales. ▶ *FALDA.

sayal. m. **1.** Tela basta de lana. **2.** Prenda de sayal (→ 1). *El fraile viste sayal.*

sayo. m. histór. Prenda de vestir larga, holgada y sin botones.

sayón. m. histór. Verdugo que ejecutaba las penas a que eran condenados los reos.

sazón. f. Estado de perfección o madurez de algo que se desarrolla o cambia. *La cosecha está en sazón.* ■ **a la ~.** loc. adv. cult. En aquel tiempo o por aquella época. *Casado a la sazón con su primera esposa, viajó para recibir el premio.*

sazonar. tr. Añadir (a la comida) condimentos para dar(le) buen sabor. *Sazona la carne con eneldo.* ▶ *CONDIMENTAR.

scooter. (pal. ingl.; pronunc. "escúter"). m. Motocicleta de poca cilindrada, con ruedas pequeñas, una plataforma para apoyar los pies y una plancha protectora delantera. ¶ [Adaptación recomendada: *escúter*, pl. *escúteres*].

se[1]**.** En las acep. 1 y 2, se escribe unido al v. cuando va detrás de él: *Corrió a esconderse*). pron. pers. m. y f. **1.** Designa, en función de complemento directo o indirecto sin preposición, a la misma persona o personas designadas con los pronombres *él, ella, ellos, ellas,* o con un nombre. *Eva se peina. Se afeitó la barba.* **2.** Designa, en función de complemento directo o indirecto sin preposición, a la persona o personas que reciben el tratamiento de *usted. No se levante, don Luis.* **3.** Indica el sentido pasivo de la oración de la que forma parte. Se usa con el v. solo en 3ª pers. sing. o pl. en concordancia con el sujeto. *Se sorteó una entrada para el concierto.* **4.** Indica el carácter impersonal de la oración de la que forma parte. Se usa con el v. solo en 3ª pers. sing. y no tiene sujeto. *Se come bien en ese restaurante.*

se[2]**.** Se escribe unido al v., junto con los pron. *lo, la, los, las,* cuando va detrás de él: *Tienes que leérselos*). pron. pers. Se usa en función de complemento indirecto, en vez de *le* o *les,* cuando va seguido de las formas de complemento directo *lo, la, los, las. ¿Y las entradas?, ¿ya se las has dado? Dáselo mañana el regalo.*

sebáceo, a. adj. Del sebo de la piel. *Glándulas sebáceas.*

sebiche. (Tb. **seviche**). m. frecAm. Cebiche. *Habían comido sebiche fresco* [C].

sebo. m. **1.** Grasa sólida que se saca de los animales herbívoros y que sirve para hacer velas o jabones. **2.** Materia grasa producida por determinadas glándulas. FAM **seboso, sa.**

seborrea. f. Aumento anormal de la secreción de las glándulas sebáceas de la piel. FAM **seborreico, ca.**

secano. m. Tierra de cultivo que no se riega y solo recibe el agua de la lluvia. ■ **de ~.** loc. adj. Dicho de terreno: Que no necesita riego. *Tierras de secano.*

secante[1]**.** adj. **1.** Que seca o elimina el líquido o la humedad. *Polvos secantes.* ● m. **2.** Papel secante (→ **papel**).

secante[2]**.** adj. Mat. Dicho de línea o superficie: Que corta a otra línea o superficie. Tb. f. *Trace una secante A las dos rectas paralelas.*

secar. tr. **1.** Hacer que (alguien o algo) pierdan el agua u otro líquido, o la humedad. *Seca los cubiertos.* **2.** Quitar (el líquido) de una superficie. *Se secó las lágrimas.* O intr. **3.** Perder algo el agua u otro líquido, o la humedad. Más frec. prnl. y, entonces, tb. referido a pers. *Se tumbó en la toalla para secarse.* O intr. prnl. **4.** Evaporarse un líquido. *Han caído unas gotas, que se secarán enseguida.* **5.** Quedarse sin agua algo, como un río o una laguna. *El arroyo se seca en verano.* **6.** Morirse una planta. *Riega los pimientos, que se van a secar.* **7.** Cerrarse o cicatrizar una herida. *Deja la herida al aire para que se te seque.* FAM **secadero; secado; secador, ra; secamanos.**

sección. f. **1.** Hecho o efecto de cortar un cuerpo en partes. *Realizaremos una sección de la médula.* **2.** Parte resultante de dividir un todo. *La tercera sección va del undécimo verso al final del poema.* **3.** Parte en que se divide una empresa o una organización. *Sección de perfumería.* **4.** En los medios de comunicación: Espacio reservado para tratar un tema determinado. *La sección de economía del periódico.* **5.** Mat. Figura que resulta de la intersección de una superficie o un cuerpo con otra superficie. **6.** Mat. Dibujo del perfil o figura que resultaría al cortar un cuerpo por un plano, para conocer su estructura o disposición interior. ▶ **2:** *PARTE. FAM **seccionar.**

secesión. f. Separación de parte de la población y del territorio de una nación. FAM **secesionismo; secesionista.**

seco, ca. adj. **1.** Que carece de agua u otro líquido. *Recoge la ropa seca.* **2.** Dicho de fruto: Que tiene cáscara dura y no tiene jugo. *Las avellanas son frutos secos.* **3.** Dicho de alimento: Deshidratado para su mejor conservación. *Higos secos.* **4.** Dicho de alimento: Que no tiene caldo o jugo. *La carne está seca.* **5.** Dicho de río, lago o algo similar: Falto de agua. **6.** Dicho de un lugar o de su clima: Caracterizado por la escasez de lluvias. *Un país seco.* **7.** Dicho de tiempo: Falto de lluvia. **8.** Dicho de planta o de una parte de ella: Muerta. *Ramas secas.* **9.** Dicho de cabello o piel: Falto de grasa o de hidratación. **10.** Dicho de persona o animal: Muy delgado. **11.** Dicho de persona: De trato áspero o desabrido. *No le caes mal; es que es seca.* **12.** Dicho de persona: Falta de ideas o improductiva. *No se me ocurre nada: estoy seco.* **13.** Dicho de bebida alcohólica: Que no tiene sabor dulce. *Vino seco.* **14.** Dicho de aguardiente: Puro o sin mezcla. **15.** Dicho de sonido: Ronco o áspero. *Tos seca.* **16.** Dicho de golpe: Fuerte, rápido y que no resuena. **17.** coloq. Que tiene mucha sed. *Estoy seca; necesito agua.* **18.** coloq. Muerto en el acto. *Lo dejaron seco de un tiro.* **19.** coloq. Muy sorprendido. *Me quedé seco al verlo.* **20.** coloq. Falto de dinero. *Con tanta invitación me he quedado seca.* ■ **a secas.** loc. adv. Sin ninguna otra cosa. *Me llaman Ana a secas.* ■ **en seco.** loc. adv. **1.** De repente y de forma total. *Frenó en seco.* **2.** Fuera del agua o de un lugar húmedo. *La nave varó en seco.*

secoya. f. Secuoya.

secretar. tr. Biol. Segregar (una sustancia). *Las glándulas suprarrenales secretan adrenalina.* ▶ SEGREGAR. FAM **secreción; secretor, ra; secretorio, ria.**

secretaría. f. **1.** Cargo o destino de secretario. *Ocupa la secretaría del partido.* **2.** Oficina del secretario. *Está reunido con el jefe de personal en la secretaría.* **3.** Sección de una empresa, un organismo o una institución que se ocupa de tareas administrativas. *Solicite el formulario en secretaría.* FAM **secretariado.**

secretario, ria. m. y f. **1.** Persona encargada de las tareas administrativas de un organismo o una institución, y que lleva a cabo labores tales como extender actas, dar fe de los acuerdos y custodiar los documentos de ese organismo o institución. *El secretario informa de la agenda del día al presidente.* **2.** Persona encargada de redactar la correspondencia de otra para la que trabaja, y de atender los asuntos administrativos de un despacho. *Trabaja como secretaria en un bufete de abogados.* **3.** Máximo dirigente de algunas instituciones, partidos políticos y sindicatos. *Ha sido elegido secretario general del partido.* **4.** En algunos países: Ministro de gobierno. *El secretario de estado estadounidense ha mandado una nota al presidente del país.*

secretear. intr. coloq. Hablar dos personas en voz baja para que los demás no se enteren. *Las dos amigas secretean.* FAM **secreteo.**

secreter. m. Mueble con cajones y tablero para escribir. ▶ ESCRITORIO.

secreto, ta. adj. **1.** Oculto o escondido. *Pasadizo secreto.* **2.** Dicho de cosa: Que se hace manteniéndola oculta al conocimiento de otras personas. *Voto secreto.* **3.** Dicho de servicio: Que se ocupa de las actividades de espionaje y contraespionaje de un Estado. *El servicio secreto sigue sus pasos.* Tb. dicho del agente de ese servicio. ● m. **4.** Reserva o silencio que se mantiene sobre algo secreto (→ 1, 2). *Esta cuestión está siendo tratada con el más absoluto secreto.* **5.** Asunto muy reservado o que no se puede divulgar. *Lo que te dicho es un secreto.* **6.** Conocimiento secreto (→ 1, 2). *Me contó el secreto de su guiso.* **7.** Cosa imposible de comprender. *La informática es un secreto para él.* **8.** Obligación de no divulgar a terceros hechos confidenciales conocidos en el ejercicio de la profesión. Tb. ~ **profesional.** *El periodista se acoge al secreto profesional para no revelar sus fuentes.* ■ **secreto a voces.** m. Asunto que se pretende ocultar cuando ya todo el mundo está enterado. ■ **secreto de Estado.** m. Asunto político o diplomático cuya divulgación es perjudicial para el Estado. *Esta información es secreto de Estado.* □ **en secreto.** loc. adv. Sin difundir el conocimiento de algo. *Mantuvieron en secreto el nombre del ganador.* FAM **secretismo; secretista.**

secretor, ra; secretorio, ria. → secretar.

secta. f. **1.** Conjunto de seguidores de una parcialidad religiosa o ideológica. *Algunas sectas gnósticas creían en la reencarnación.* **2.** Conjunto de seguidores de una doctrina religiosa, que suele agruparse en torno a un líder carismático y mantenerse aislado de influencias externas. *Los miembros de la secta se suicidaron.* FAM **sectario, ria; sectarismo.**

sector. m. **1.** Parte de un lugar. *El sector norte de la ciudad.* **2.** Parte de un conjunto. *Todos los sectores sociales accederán a la universidad.* **3.** Conjunto de empresas o negocios que tienen una actividad económica y productiva común. *El sector del automóvil.* **4.** *Mat.* Porción de círculo comprendida entre dos radios y el arco que determinan. ■ ~ **primario.** m. *Econ.* Sector (→ 3) que abarca las actividades productivas de la agricultura, ganadería, pesca y minería. *El turismo ha favorecido la transferencia de trabajadores del sector primario al terciario.* ■ ~ **secundario.** m. *Econ.* Sector (→ 3) que abarca las actividades pro-

ductivas que someten las materias primas a procesos industriales de transformación. *La siderurgia se incluye en el sector secundario.* ■ ~ **terciario.** m. *Econ.* Sector (→ 3) que abarca las actividades relacionadas con los servicios que se prestan a los ciudadanos. *El turismo y la enseñanza pertenecen al sector terciario.* FAM **sectorial.**

secuaz. m. y f. despect. Seguidor de una persona, un partido o una doctrina. *Detuvieron al bandido y a sus secuaces.*

secuela. f. **1.** Consecuencia o resultado, espec. negativo, de algo. *La pobreza es una secuela de la guerra.* **2.** Lesión que queda tras la curación de una enfermedad o un traumatismo, y que es consecuencia de ellos. *La meningitis le ha dejado secuelas.*

secuencia. f. **1.** Serie o sucesión de elementos relacionados entre sí. *La clave secreta es una secuencia de números y letras.* **2.** *Cine* Sucesión de planos que forma un conjunto con unidad temática o estructural. *En la última secuencia, el protagonista regresa.* FAM **secuencial; secuenciar** (conjug. ANUNCIAR).

secuestrar. tr. **1.** Retener indebidamente (a una persona) para exigir dinero por su rescate. *Unos terroristas lo secuestraron.* **2.** Apoderarse a la fuerza (de un medio de transporte) reteniendo a la tripulación y a los pasajeros para exigir un rescate o la concesión de alguna reivindicación. *Los guerrilleros han secuestrado un avión.* **3.** Embargar judicialmente (algo, espec. una publicación). *El juez ordena secuestrar el periódico.* ▶ **1:** RAPTAR. ‖ *Am:* **1:** PLAGIAR. FAM **secuestrador, ra; secuestro.**

secular. adj. **1.** Que dura un siglo o desde hace siglos. *Una tradición secular.* **2.** Seglar. *Justicia secular y eclesiástica.* **3.** Dicho del clero o de un sacerdote: Que vive en la sociedad y no en clausura.

secularizar. tr. **1.** Hacer seglar (lo que era eclesiástico). *La ley seculariza los bienes eclesiásticos.* **2.** Devolver al estado laico (a un sacerdote católico) con dispensa de sus votos y la autoridad competente. *El obispo secularizó al sacerdote.* FAM **secularización.**

secundar. tr. Apoyar (algo o a alguien) ayudándo(los). *No secundaré sus planes.*

secundario, ria. adj. **1.** Accesorio (de importancia menor). *Para mí el dinero es secundario.* **2.** Que deriva o es consecuencia de lo principal. *Efectos secundarios.* **3.** De segundo grado. *Enseñanza secundaria.* ▶ **1:** ACCESORIO.

secuoya. f. Árbol americano del grupo del pino, de gran altura, copa estrecha y vida larga. ▶ SECOYA.

sed. f. **1.** Deseo y necesidad de beber. *Tengo sed.* **2.** Necesidad de agua o de humedad que tienen algunas cosas. *La sed del campo.* **3.** Deseo intenso de algo. *Sed de venganza.* FAM **sediento, ta.**

seda. f. **1.** Sustancia viscosa en forma de hilo segregada por ciertas orugas, con la que forman sus capullos. *Hilo de seda (→ 1).* **2.** Borda con seda. **3.** Tejido de seda (→ 1). *Pañuelo de seda.* **4.** Sustancia viscosa en forma de hilo segregada por las arañas y otros antrópodos. FAM **sedería; sedero, ra; sedoso, sa.**

sedal. m. Hilo fino y resistente del que cuelga el anzuelo en una caña de pescar.

sedar. tr. Apaciguar o calmar (algo o a alguien). *Esta infusión ayuda a sedar el sistema nervioso.* FAM **sedación; sedante; sedativo, va.**

sede. f. **1.** Lugar donde tiene su domicilio una entidad o un organismo. *La sede de la ONU está en*

Nueva York. **2.** Capital de una diócesis o archidiócesis. **3.** Territorio bajo la jurisdicción de un obispo o arzobispo. Tb. el cargo o dignidad de prelado. ■ ~ **apostólica.** (En mayúsc.) f. Cargo o dignidad de Papa. *Alcanzó la Sede apostólica.*

sedentario, ria. adj. **1.** Dicho de actividad o modo de vida: Que exigen poco movimiento. *Lleva una vida sedentaria.* **2.** Dicho de grupo o individuo: Que están asentados en un lugar y viven en él de forma permanente. *Los cazadores nómadas se convirtieron en agricultores sedentarios.* FAM **sedentarismo; sedentarización.**

sedente. adj. Que está sentado. *La estatua representa a una mujer sedente.*

sedería; sedero, ra. → seda.

sedicente. adj. Dicho de persona: Que se da a sí misma, de manera impropia, el nombre o título que se menciona, o que se hace conocer con ellos. *La revista recoge opiniones de sedicentes expertos en arte y literatura.*

sedición. f. Levantamiento colectivo y violento contra la autoridad, el orden público o la disciplina militar. *Los condenaron por sedición.* FAM **sedicioso, sa.**

sediento, ta. → sed.

sedimentar. tr. **1.** Depositar un líquido (algo) como sedimento. *El río sedimenta materiales a lo largo de su cauce.* ○ intr. **2.** Formar sedimento las materias suspendidas en algo, frec. un líquido. Frec. prnl. *Las sales del agua se sedimentan.* FAM **sedimentación.**

sedimentario, ria. adj. **1.** Geol. Del sedimento. *Los deltas son depósitos sedimentarios.* **2.** Geol. Dicho de roca: Que se forma al sedimentarse una materia.

sedimento. m. **1.** Materia que, habiendo estado suspensa en un líquido, se posa en el fondo por su mayor peso. *En las cubas aparecen sedimentos del vino.* **2.** Huella o marca que deja en una cosa algo no material. *El sedimento de la civilización romana.*

sedoso, sa. → seda.

seducir. (conjug. CONDUCIR). tr. **1.** Persuadir (a alguien) con mentiras o halagos para algo, frec. malo. *Lo sedujo para cometer el crimen.* **2.** Atraer (a una persona) con el propósito de mantener relaciones sexuales (con ella). *Intenta seducirla con la mirada.* **3.** Cautivar (a alguien), o ejercer una atracción irresistible (sobre él). *Nos sedujo con su simpatía.* ▶ 3: *ATRAER. FAM **seducción; seductor, ra.**

sefardí. adj. **1.** Dicho de judío: Que desciende de los judíos españoles expulsados en el s. XV, o que sigue sus prácticas religiosas. ● m. **2.** Variedad de la lengua española hablada por los sefardíes (→ 1). ▶ 1: SEFARDITA. 2: LADINO.

sefardita. adj. Sefardí (que desciende de judíos españoles). ▶ SEFARDÍ.

segar. (conjug. ACERTAR). tr. **1.** Cortar (mies o hierba). *Siega la hierba con la guadaña.* **2.** Cortar la mies o la hierba (de un campo). *Siegan el prado.* **3.** cult. Cortar (algo, espec. la vida) de forma violenta. *Un accidente segó su vida.* FAM **segador, ra.**

seglar. adj. No eclesiástico. *Misioneras seglares.* ▶ SECULAR.

segmento. m. **1.** Parte o porción cortada o separada de un todo. *Un segmento de población con pocos recursos.* **2.** Mat. Parte de una recta comprendida entre dos puntos. **3.** Zool. Parte dispuesta en serie lineal, de que está formado el cuerpo de algunos animales,

como los insectos. FAM **segmentación; segmentado, da; segmentar; segmentario, ria.**

segoviano, na. adj. De Segovia (España) o de Nueva Segovia (Nicaragua).

segregacionismo. m. Doctrina que defiende la separación o marginación discriminatoria de un determinado grupo de personas, espec. por razones raciales. FAM **segregacionista.**

segregar. tr. **1.** Separar o apartar (una cosa o a una persona) de otra. *De este conjunto de plantas, cabe segregar algunas muy características del bosque.* **2.** Marginar (a una persona o a un grupo). *Sus compañeros lo segregaron.* **3.** Biol. Expulsar una glándula o un órgano (sustancias producidas por ellos). *El páncreas segrega insulina.* ▶ 3: SECRETAR. FAM **segregación.**

segueta. f. Sierra de marquetería.

seguidamente. adv. A continuación. *Seguidamente, damos paso al informativo.*

seguidilla. f. Canción popular española de carácter vivo y ritmo rápido. Tb. su música y el baile que se ejecuta con ella.

seguido, da. adj. **1.** Que no tiene interrupción en el tiempo o en el espacio. *Estudió dos horas seguidas.* ● adv. **2.** En línea recta. *Vaya todo seguido.* **3.** frecAm. Frecuentemente. *Va muy seguido a verme a la clínica* [C]. ■ **en seguida.** → enseguida.

seguir. (conjug. PEDIR). tr. **1.** Ir después o detrás (de alguien o algo). *Me sigue a todas partes.* Tb. como intr. **2.** Ir detrás (de alguien) o en su busca, frec. con intención hostil. *La policía lo sigue.* **3.** Realizar (una actividad, espec. estudios) de forma continuada. *Sigue un curso de inglés.* **4.** Mantener la vista fija en el movimiento (de alguien o algo). *Seguimos con los ojos el tren hasta perderlo de vista.* **5.** Estar atento a la marcha o el desarrollo (de algo). *Sigue la actualidad.* **6.** Atenerse (a algo establecido), o actuar de acuerdo (con ello). *Siga mi consejo.* **7.** Ir (por una dirección). *Siga la flecha.* **8.** Imitar (a alguien que se toma como modelo). *Lo admira y lo sigue en todo.* **9.** No dejar de realizar (lo que se ha empezado). *Los policías siguieron su ronda.* ○ intr. **10.** Seguido de un complemento que expresa una situación o un lugar: No dejar de estar en ellos. *Sigo sin entenderlo.* **11.** Seguido de un complemento que expresa un hecho: No dejar de producirse o tener lugar. *Sigue viviendo en el mismo sitio.* **12.** No dejar de producirse o tener lugar algo. *Seguirán los chubascos.* ○ intr. prnl. **13.** Ser una cosa consecuencia de otra. *Del párrafo anterior se sigue que no piensan en subir los sueldos.* ▶ 9-12: CONTINUAR, PROSEGUIR. FAM **seguidor, ra; seguimiento.**

según. prep. **1.** Conforme a, o de acuerdo con. *Se comportó según lo previsto.* **2.** Con arreglo a la opinión de. *Según Juan, tu actitud es inadmisible.* **3.** Con arreglo a la información de. *Según el periódico, lloverá.* **4.** En proporción a. *Te pagaremos según lo que trabajes.* ● conj. **5.** Dependiendo de como o de que. *Según haga calor o frío, iremos de excursión o nos quedaremos en casa.* **6.** Tal como. *Lo haré según dicten las normas.* **7.** A medida que. *Según nos alejamos, los vamos perdiendo de vista.*

segundero. m. Manecilla que señala los segundos en un reloj.

segundo, da. adj. **1.** → APÉND. NUM. ● m. y f. **2.** Persona que en una institución sigue en jerarquía a quien la dirige o preside. *El presidente de la empresa consulta al segundo.* ○ m. **3.** Unidad de tiempo del Sistema Internacional, que equivale a una de las se-

642

senta partes iguales en que se divide el minuto (Símb. *s*). **4.** Período muy breve de tiempo. *Espera un segundo, por favor.* **5.** *Mat.* Cada una de las 60 partes iguales en que se divide un minuto de circunferencia. O f. pl. **6.** Segunda intención (→ **intención**). *Me lo dijo con segundas.* ● adv. **7.** En segundo (→ 1) lugar. *Primero, no llores, y segundo, cuéntame lo que te pasa.*

segundón, na. adj. **1.** Dicho de hijo, espec. del que ha nacido en segundo lugar: Que no es el primogénito. Tb. m. y f. *El mayor heredó la casa, y el segundón, el resto.* **2.** Dicho de persona: Que ocupa un puesto o lugar no destacado y a la sombra de otra. *Es una actriz segundona.*

seguramente. adv. De manera probable o casi segura. *Seguramente no vendré.*

seguridad. f. **1.** Cualidad de seguro. *Habla con seguridad.* **2.** Garantía que se da de que algo sucederá o se hará de un modo determinado. Más frec. en pl. *Dio toda clase de seguridades de que se respetarían los acuerdos.* ■ **~ social.** f. Organización estatal que se ocupa de atender determinadas necesidades sociales de los ciudadanos, como atención médica o pensiones de jubilación. □ **de ~.** loc. adj. **1.** Dicho de un cuerpo u organismo: Que se encargan de velar por la seguridad (→ 1) de los ciudadanos. *Fuerzas de seguridad.* **2.** Dicho de dispositivo: Que evita que suceda un hecho que podría suponer un daño o perjuicio, o palía sus consecuencias negativas. *Cierre de seguridad.*

seguro, ra. adj. **1.** Libre de peligro o riesgo. *No temas, aquí estás seguro.* **2.** Firme o sujeto. *La estantería no está segura.* **3.** Que no falla. *Es un método seguro.* **4.** Cierto o que no ofrece duda. *La fecha de llegada no es segura.* **5.** Que no siente duda. *Es así, estoy segura.* ● m. **6.** Lugar libre de peligro. *Sus bienes están en seguro.* **7.** Mecanismo que impide el funcionamiento no deseado de un aparato, utensilio, máquina o arma, o que aumenta la firmeza de un cierre. *Echa el seguro de la puerta.* **8.** Contrato por el que alguien se obliga mediante el cobro de una prima a indemnizar el daño producido a otra persona, o a satisfacerle un capital, una renta u otras prestaciones convenidas. *Un seguro de vida.* ● adv. **9.** De manera segura o que no ofrece duda. *Seguro que llueve.* ■ **sobre seguro.** loc. adv. Sin aventurarse a ningún riesgo. *Le gusta ir sobre seguro.* ▶ **2:** *FIRME.

seis. → APÉND. NUM.

seiscientos, tas. → APÉND. NUM.

seísmo. m. Terremoto.

selección. f. **1.** Hecho de elegir de entre varias personas o cosas las que se consideran mejores o más adecuadas. *Pruebas de selección.* **2.** Elección de los mejores animales o plantas reproductores para mejorar una raza o una especie. Tb. **~ artificial.** **3.** *Dep.* Equipo que se forma con jugadores o atletas de distintos clubes, gralm. para participar en una competición internacional. *La selección argentina de fútbol.* ■ **~ natural.** f. *Biol.* Fenómeno, debido a la acción continuada del tiempo y del medio, por el que se produce la desaparición más o menos completa de ciertas especies y su sustitución por otras de condiciones superiores. ▶ **Am: 3:** SELECCIONADO. FAM seleccionar; seleccionador, ra; selectivo, va; selector, ra.

seleccionado. m. Am. Selección (equipo de jugadores). *El seleccionado de Paraguay derrotó al de Australia por 2 a 0* [C]. ▶ SELECCIÓN.

selecto, ta. adj. Que es o se considera de lo mejor en su especie. *Una clientela selecta.* ▶ ESCOGIDO.

selenita. m. y f. Habitante de la Luna.

sellar. tr. **1.** Poner un sello postal o una marca impresa (a algo). *Tienen que sellarle el documento.* **2.** Cerrar herméticamente (algo). *Selle las ventanas.* **3.** Precintar (algo). *La policía ha sellado el piso.* **4.** Concluir (algo), o poner(le) fin. *Sellan el trato.*

sello. m. **1.** Trozo pequeño de papel, con un dibujo impreso, que se pega en las cartas y paquetes que se mandan por el servicio de correos, para indicar que se han pagado los gastos de envío. Tb. **~ postal.** **2.** Utensilio que lleva grabados en relieve dibujos, letras o signos para estamparlos o imprimirlos, pralm. sobre papel. *En la oficina tienen un sello en el que pone: "Pagado".* **3.** Marca estampada o impresa con un sello (→ 2). *El sello del documento es ilegible.* **4.** Anillo que lleva, en su parte ancha, las iniciales o el escudo de una persona. *Lleva un sello de oro.* **5.** Firma o empresa, espec. de discos o películas. *Sello discográfico.* **6.** Rasgo distintivo o carácter peculiar de algo o alguien. *La novela lleva el sello de un gran escritor.* **7.** Am. Cruz (reverso de una moneda). *Tal situación representa la cara y el sello de una misma moneda* [C]. ▶ **5:** *EMPRESA. **6:** FIRMA. **7:** *CRUZ. ‖ Am: **1:** ESTAMPILLA.

selva. f. Bosque con abundante vegetación propio de zonas ecuatoriales. ▶ JUNGLA.

selvático, ca. adj. **1.** De la selva. *Fauna selvática.* **2.** Salvaje (no civilizado, o falto de educación). ▶ **2:** SALVAJE.

semáforo. m. Aparato eléctrico de señales luminosas que sirve para regular la circulación.

semana. f. **1.** Período de siete días consecutivos. *El miércoles me dijeron que volviera dentro de una semana.* **2.** Período de siete días que transcurre de lunes a domingo. *El sábado es el mejor día de la semana.* ■ **entre ~.** loc. adv. En cualquier día de la semana (→ 2), menos el sábado y el domingo. *Podemos vernos entre semana.* FAM **semanal.**

semanario. m. Publicación periódica que sale cada semana. *Lee periódicos y semanarios.*

semántico, ca. adj. **1.** De la semántica (→ 2), o de su objeto de estudio. *Analiza el texto desde el punto de vista semántico.* ● f. **2.** Rama de la lingüística que estudia el significado de los signos lingüísticos. *En clase de Semántica estudiamos la sinonimia.*

semblante. m. **1.** Expresión del rostro de una persona, que refleja su estado físico o anímico. *Hablaba con semblante melancólico.* **2.** Apariencia o aspecto que presenta algo. *El semblante gris del cielo anuncia tormenta.* **3.** cult. Cara o parte delantera de la cabeza de una persona. *La alegría inunda su semblante.* ▶ **1, 2:** CARA.

semblanza. f. Bosquejo de la biografía, o de los rasgos físicos y morales de una persona. *El periódico trae una semblanza del escritor fallecido.*

sembrado. m. Terreno en que se ha sembrado o se va a sembrar. *No pisen el sembrado.*

sembrar. (conjug. ACERTAR). tr. **1.** Esparcir o poner en la tierra la semilla (de una planta) para que germine. *Sembró pimientos y tomates.* Tb. referido a la semilla o a la tierra. *Han sembrado el prado DE trigo.* **2.** Hacer lo necesario para que (algo) surja y produzca fruto o resultado. *Sembró en sus alumnos la curiosidad.* **3.** Dar motivo (para algo). *Ha sembrado la discordia.* **4.** Esparcir (algo) en un lugar en gran cantidad. *Sembraron la calle DE octavillas.* **5.** Esparcir algo (en un lugar) en gran cantidad. *Sembró la cocina DE platos sucios.* FAM **sembrador, ra.**

semejante. adj. **1.** Que tiene características o cualidades en común con otra persona o cosa. *Los dos hermanos son muy semejantes.* **2.** De estas o esas características o clase. *Con semejantes gritos, no es extraño que huyera.* **3.** *Mat.* Dicho de figura: Igual a otra en la forma, pero no en el tamaño. ● m. **4.** Prójimo. *Respetad a vuestros semejantes.* ▶ **1:** PARECIDO, SIMILAR.

semejanza. f. Cualidad de semejante. *La semejanza del retrato con el modelo es sorprendente.* Tb. aquello en que dos personas o cosas son semejantes. *Hay pocas semejanzas entre ellas.* ▶ PARECIDO, SIMILITUD.

semejar. copul. cult. Parecer una persona o cosa otra. *El desierto semejaba un mar de arena.*

semen. m. Líquido blanquecino y viscoso constituido por los espermatozoides y las sustancias segregadas por las glándulas genitales masculinas. ▶ ESPERMA.

semental. adj. Dicho de animal macho: Que se destina a la reproducción. ▶ frecAm: PADROTE.

sementera. f. **1.** Hecho de sembrar una planta. **2.** Terreno sembrado. *Tiene una sementera de trigo.* ▶ **1:** SIEMBRA.

semestre. m. Tiempo de seis meses. *En el primer semestre del año la vivienda subió un 7%.* FAM **semestral.**

semi-. elem. compos. Significa 'medio' (*semidiámetro, semiperíodo, semilunar, semicilindro, semisuma*) o 'casi, parcialmente' (*semiabierto, semiautomático, semidesértico, semidesnudo, semidesnatada, semicautividad, semipenumbra, semiinconsciente, semianalfabeto, semivacío*).

semicírculo. m. *Mat.* Cada una de las dos mitades de un círculo separadas por un diámetro. FAM **semicircular.**

semicircunferencia. f. *Mat.* Cada una de las dos mitades de una circunferencia separadas por un diámetro.

semiconductor, ra. adj. *Fís.* Dicho de cuerpo o material: Que tiene una capacidad para conducir la electricidad, intermedia entre la de los buenos conductores y la de los aislantes. *El silicio es un material semiconductor.*

semicorchea. f. *Mús.* Nota cuyo valor es la mitad de una corchea.

semidiós, sa. m. y f. En la mitología grecorromana: Ser nacido de un dios o una diosa y de un ser humano. ▶ HÉROE.

semieje. m. *Mat.* Cada una de las dos mitades de un eje separadas por el centro.

semiesfera. f. *Mat.* Cada una de las dos mitades de una esfera dividida por un plano que pasa por su centro. ▶ HEMISFERIO. FAM **semiesférico, ca.**

semifinal. f. Penúltima prueba o enfrentamiento de una competición, en los que se gana por eliminación del contrario y no por puntos. *Los vencedores de ambas semifinales jugarán la gran final.* FAM **semifinalista.**

semifusa. f. *Mús.* Nota cuyo valor es la mitad de una fusa.

semilla. f. **1.** Parte del fruto de una planta que contiene el embrión de una futura planta. *Planta las semillas de melón.* **2.** Cosa que es causa u origen de algo. *Los celos son siempre semilla de conflictos.* ▶ SIMIENTE. FAM **semillero.**

seminal. adj. **1.** *Fisiol.* Del semen. *Secreciones seminales.* **2.** *Biol.* De la semilla.

seminario. m. **1.** Centro eclesiástico destinado a formar a quienes se preparan para el sacerdocio. *In-gresó en el seminario.* **2.** Curso o conjunto de sesiones docentes, frec. universitarios, en que los alumnos, dirigidos por un profesor, realizan actividades de investigación o especialización en una materia. FAM **seminarista.**

semiología. f. *tecn.* Estudio de los signos y los sistemas de signos. *Analiza una representación teatral desde el punto de vista de la semiología.* ▶ SEMIÓTICA. FAM **semiológico, ca; semiólogo, ga.**

semiótico, ca. adj. **1.** *tecn.* De la semiótica (→ 2). *Estudios semióticos sobre el lenguaje televisivo.* ● f. **2.** *tecn.* Semiología.

semiplano. m. *Mat.* Cada una de las porciones de un plano dividido por cualquiera de sus rectas.

semiprecioso, sa. adj. En joyería, dicho de piedra o mineral: De calidad y valor elevados, pero sin alcanzar los de las piedras preciosas.

semirrecta. f. *Mat.* Cada una de las porciones en que queda dividida una recta por cualquiera de sus puntos.

semisótano. m. Planta o local de un edificio situados parcialmente bajo el nivel de la calle.

semita. adj. **1.** Dicho de individuo: De uno de los pueblos que constituyen un grupo étnico originario de Asia occidental y que tienen lenguas emparentadas, como los árabes y los hebreos. Tb. m. y. f. *Los nazis defendían la superioridad de los arios sobre los semitas.* **2.** De los semitas (→ 1). *Lenguas semitas.* FAM **semítico, ca; semitismo.**

semitono. m. *Mús.* Intervalo más pequeño existente entre las notas contiguas de la escala, y que equivale a la mitad de un tono.

sémola. f. Pasta alimenticia en forma de granos pequeños, hecha de harina de arroz, trigo u otros cereales. *Sopa de sémola.*

sempiterno, na. adj. cult. Eterno o que durará siempre. Frec. con intención enfática. *Allí estaba ella, con su sonrisa sempiterna.*

senado. (Frec. en mayúsc.). m. **1.** En un sistema parlamentario bicameral: Cuerpo colegislativo que constituye la segunda cámara y que está formado por personas elegidas mediante sufragio o designadas en virtud de su cargo o cualificación. *El Senado o Cámara alta deberá ratificar la ley aprobada por el Parlamento.* **2.** Edificio donde se celebran las sesiones del Senado (→ 1, 3). **3.** En la antigua Roma: Asamblea de patricios que formaba el Consejo supremo. FAM **senador, ra; senatorial.**

sencillo, lla. adj. **1.** Que no ofrece dificultad. *Un examen sencillo.* **2.** Que no tiene artificios ni complicación. *Se expresa con estilo claro y sencillo.* **3.** Que carece de ostentación o adornos. *Una boda sencilla.* **4.** No compuesto, o formado por un solo elemento. *Hay acristalamientos dobles o sencillos.* **5.** Que actúa con naturalidad y tratando a los demás de igual a igual. *A pesar de su fama, es sencilla.* **6.** Dicho de disco: De corta duración, gralm. con una o dos grabaciones en cada cara. *Han sacado un disco sencillo.* ▶ **1:** ELEMENTAL, SIMPLE. **2:** ELEMENTAL. **4:** SIMPLE. FAM **sencillez.**

senda. f. Camino estrecho, espec. el abierto por el tránsito de personas o de ganado. FAM **senderismo; senderista; sendero.**

sendos, das. adj. pl. Uno cada uno o uno para cada uno. Se usa siempre antepuesto al n. *Los cuatro asientos libres los ocuparon sendos caballeros.*

senectud. f. cult. Vejez (período de la vida de una persona).

senegalés, sa. adj. De Senegal (África).

senil. adj. De la persona vieja, espec. de aquella en la que se aprecia la degeneración de sus facultades físicas y psíquicas. *Demencia senil.* FAM **senilidad.**

sénior. adj. Se usa pospuesto a un nombre propio de persona para indicar que esta es mayor que otra emparentada con ella, gralm. su hijo, y del mismo nombre. *P. López sénior cedió la presidencia a su hijo, P. López júnior.*

seno. m. **1.** Concavidad o hueco. *Fregadero de dos senos.* **2.** Mama de una mujer. *El bebé mama del seno de su madre.* **3.** Parte del cuerpo donde la madre concibe al hijo y lo lleva antes del nacimiento. *Llevaba mellizos en su seno.* **4.** Parte interna de algo. *Nació en el seno de una sociedad clasista.* **5.** Lugar o cosa que acogen algo o a alguien, proporcionándoles protección o consuelo. *Regresa al seno familiar.* **6.** Anat. Cavidad existente en algunos huesos, o formada por la reunión de varios huesos. ▶ **2:** *MAMA.

sensación. f. **1.** Impresión producida por algo y que se percibe por medio de los sentidos. *Sensación de picor.* **2.** Percepción mental o presentimiento de un hecho. *Sensación de fracaso.* **3.** Impresión fuerte, frec. de sorpresa, producida por algo o alguien en un grupo de personas. *La noticia causó sensación.*

sensacional. adj. **1.** Que causa sensación o sorpresa. *Un acontecimiento sensacional.* **2.** coloq. Muy bueno. *Es una madre sensacional.*

sensacionalismo. m. Tendencia a presentar noticias o sucesos de una manera espectacular que produzca sensación o impacto. FAM **sensacionalista.**

sensatez. f. Cualidad de sensato. *Actuad con sensatez.* ▶ CABEZA, JUICIO, PRUDENCIA.

sensato, ta. adj. Que piensa o actúa de manera prudente y reflexiva. *Es sensata y hará lo más conveniente.* ▶ JUICIOSO, PRUDENTE.

sensible. adj. **1.** Dicho de ser vivo o de órgano: Capaz de experimentar sensaciones por medio de los sentidos. *Los animales son seres sensibles.* **2.** Dicho de cosa: Que puede ser modificada o afectada por la acción de un agente externo. *Una piel sensible.* **3.** Capaz de apreciar algo o reaccionar emocionalmente ante ello. *Es sensible A los elogios.* **4.** Que tiende a emocionarse o a acusar las impresiones profundamente. *Era tan sensible que cualquier escena violenta la hacía llorar.* **5.** Que puede ser conocido por medio de los sentidos. *La realidad sensible.* **6.** Perceptible o evidente. *Experimentó una sensible mejoría.* **7.** Dicho de aparato o instrumento: Capaz de registrar o medir fenómenos de muy poca intensidad o diferencias muy pequeñas. *Un detector de metales muy sensible.* ▶ **4:** *SENTIMENTAL. FAM **sensibilidad; sensibilización; sensibilizar.**

sensiblero, ra. adj. despect. Dicho de persona o cosa: Sentimental de manera exagerada o fingida. *Me empalagan esas películas tan sensibleras.* FAM **sensiblería.**

sensitivo, va. adj. **1.** De las sensaciones o de los sentidos. *Capacidad sensitiva.* **2.** Que tiene sensibilidad. *Alma sensitiva.* **3.** Capaz de excitar la sensibilidad. *Una voz cálida y sensitiva.* ● f. **4.** Variedad de mimosa, originaria de América Central, de flores color púrpura y fruto en vaina, cuyas hojas se retraen al tocarlas.

sensor. m. Dispositivo que detecta determinados estímulos y los transforma en señales que transmite como información a otro dispositivo o sistema.

sensorial. adj. De la sensibilidad o de los órganos de los sentidos. *Durante el sueño hay un cese de la actividad sensorial.*

sensual. adj. **1.** De las sensaciones que se experimentan a través de los sentidos. *Placeres sensuales.* **2.** Que incita o satisface los placeres sensuales (→ 1), espec. los relacionados con el sexo. *Una boca sensual.* **3.** Dicho de persona: Inclinada a los placeres sensuales (→ 1), espec. a los relacionados con el sexo. *Es un hombre sensual y vividor.* FAM **sensualidad; sensualismo; sensualista.**

sentada. f. **1.** Hecho o efecto de permanecer sentado. **2.** Hecho de permanecer sentados en el suelo un grupo de personas durante un período largo de tiempo con fines reivindicativos o de protesta. *Los estudiantes hicieron una sentada frente al Ministerio.* ■ de una ~. loc. adv. De una vez o sin interrupción. *Se lo comió todo de una sentada.*

sentar. (conjug. ACERTAR). tr. **1.** Colocar (a alguien) en un lugar de forma que quede apoyado sobre las nalgas. *Sentó a su hijo en el columpio.* **2.** Apoyar (algo) sobre una cosa. *Sienta la mano en la mesa.* ○ intr. **3.** Producir algo un efecto determinado sobre la salud, el aspecto o el ánimo de alguien. *La comida me ha sentado mal.*

sentencia. f. **1.** Resolución de un juez o de un tribunal que pone fin a un juicio. *La sentencia declara inocente al acusado.* **2.** Decisión o dictamen sobre una discusión o disputa, dados por alguien que actúa como árbitro en ellas. *El Gobierno debía cambiar: esta fue la sentencia emitida por los electores.* **3.** Frase breve y condensada que encierra una enseñanza o una idea de carácter doctrinal o moral. ▶ **3:** *DICHO.

sentenciar. (conjug. ANUNCIAR). tr. **1.** Establecer un juez o un tribunal (algo) como sentencia. *El juez sentenció que era inocente.* **2.** Condenar un juez o un tribunal (a alguien) a una pena o castigo mediante sentencia. *Lo han sentenciado A dos años cárcel.* **3.** Aseverar o afirmar (algo) con tono sentencioso o grave. *−Tendremos problemas −sentenció.* **4.** Decidir o resolver el resultado (de una competición deportiva). *Aquella volea sentenciaría el partido.* FAM **sentenciador, ra.**

sentencioso, sa. adj. **1.** De la sentencia moral o doctrinal, o que tiene carácter de ese tipo de sentencia. *Escribió un poema de tono crítico y sentencioso.* **2.** Dicho de persona: Que se expresa por medio de sentencias, o afectando gravedad. *Contestó sentencioso: −No somos nadie.*

sentido[1]. m. **1.** Capacidad para percibir estímulos externos o internos, mediante determinados órganos. *El sentido del gusto.* **2.** Conciencia o noción de la propia existencia. *Al caer, perdió el sentido.* **3.** Capacidad que se posee para algo. *Tiene sentido DEL ritmo.* **4.** Modo particular de entender algo. *Tiene un increíble sentido DEL deber.* **5.** Razón de ser o justificación. *No encuentra sentido a su vida.* **6.** Significado de algo, espec. de una palabra o de un grupo de palabras. *La palabra "ala" tiene varios sentidos.* **7.** Cada una de las dos orientaciones opuestas de una misma dirección. *El auto cambia de sentido.* ■ ~ común. m. Capacidad de entender o juzgar de forma razonable. *Utilizad el sentido común.* ■ sexto ~. m. Capacidad de percibir de manera intuitiva lo que a los demás les pasa inadvertido. *Tiene un sexto sentido para los negocios.* □ de ~ común. loc. adj. Lógico o conforme al sentido común (→ sentido común). *Lo que propones es de sentido común.* ■ los cinco ~s. loc. s. La máxima atención o prudencia. *Cuando conduce pone los cinco sentidos.* ▶ **6:** *SIGNIFICADO.

sentido², da. adj. **1.** Que contiene o expresa sentimiento. *Unas sentidas palabras.* **2.** Que se ofende o disgusta con facilidad. *Qué sentida eres, no se te puede decir nada.*

sentimental. adj. **1.** Del sentimiento o de los sentimientos. *Esa pulsera tenía valor sentimental para mí.* **2.** Propenso a los sentimientos tiernos y afectuosos, o a dejarse afectar por ellos. *Cuando habla de ella se emociona; es muy sentimental.* **3.** Que implica o despierta sentimientos tiernos o afectuosos. *Una dedicatoria muy sentimental.* **4.** Amoroso o de pareja. *Relaciones sentimentales.* ▶ **2:** SENSIBLE, TIERNO. FAM **sentimentalidad; sentimentalismo.**

sentimiento. m. **1.** Hecho o efecto de sentir. *Es un hombre de sentimientos nobles.* **2.** Estado afectivo del ánimo. *Le cuesta hablar de sus sentimientos.*

sentina. f. **1.** *Mar.* Cavidad inferior de una embarcación, en la que se reúnen las aguas procedentes de la limpieza de las bodegas o que entran por los costados y cubiertas, y de donde son expulsadas mediante bombas. **2.** Lugar lleno de inmundicias y mal olor. *El calabozo era una sentina.*

sentir. (conjug. SENTIR). tr. **1.** Experimentar (una sensación o un estado de ánimo). *Siento frío.* **2.** Oír (algo), o percibir(lo) con el sentido del oído. *He sentido pasos.* **3.** Lamentar (algo), o sufrir (por ello). *Siento lo ocurrido.* **4.** Presentir (algo), o tener la sensación de que va a suceder. *Siento que va a cambiar el tiempo.* **5.** Seguido de un adjetivo o un adverbio: Tomar conciencia de que (alguien) se encuentra en el estado o la circunstancia expresados por ellos. *La siento recelosa conmigo.* ● m. **6.** Opinión. *En nuestro sentir, han obrado mal.* **7.** cult. Sentimiento. *En la poesía expresa su sentir.* ■ **sin ~** (algo). loc. v. Sin darse cuenta (de ello). Tb. como intr. *El tiempo pasó sin sentir.*

seña. f. **1.** Gesto o ademán con que se da a entender algo. *El policía me hizo una seña para que detuviera el auto.* **2.** Señal que se utiliza para recordar algo. *Dejó una seña en el libro.* **3.** Convención entre dos o más personas para comunicarse. *La seña era esperar a las doce de la noche.* **4.** Rasgo distintivo o peculiar de una persona o cosa. *Si no me das más señas, no sabré lo que buscas.* ○ pl. **5.** Dirección (datos del lugar de residencia). *Dame tus señas para escribirte.* ■ **por más ~s.** loc. adv. Se usa acompañando a la mención de un dato que se añade para llevar al conocimiento de alguien o algo. *Su novio es un chico alto, francés por más señas.* ▶ **5:** DIRECCIÓN.

señal. f. **1.** Cosa que, natural o convencionalmente, representa o indica algo. *La señal de tráfico indica que no se puede girar.* **2.** Rasgo físico que sirve para distinguir a una persona o cosa. *Nació con una señal en el hombro.* **3.** Huella que deja una cosa. *Aquellos agujeros son señales de disparos.* **4.** Indicio (cosa por la que se infiere otra). *Si le duele la rodilla es señal de que lloverá.* **5.** Cantidad de dinero que se paga anticipadamente por la compra de algo. *Déjeme como señal la mitad del importe.* **6.** Sonido que emiten determinados aparatos para avisar sobre su funcionamiento. *El teléfono no da señal.* ■ **~ de la cruz.** f. Cruz formada con los dedos o con el movimiento de la mano, y que representa aquella en que murió Jesucristo. □ **en ~ de.** loc. prepos. Como prueba o muestra de. *Los comerciantes cerrarán en señal de protesta.* ▶ **3:** HUELLA, MARCA. **4:** *INDICIO.

señalado, da. adj. Notable o destacado. *Un día señalado.* ▶ *DESTACADO.

señalar. tr. **1.** Poner señal (en una cosa) para reconocer(la) o para distinguir(la) de otras. *Señale la respuesta correcta.* **2.** Llamar la atención (sobre alguien o algo) haciendo una señal o gesto (hacia ellos), gralm. con la mano. *No señales a la gente.* **3.** Apuntar algo, como una aguja de un aparato, (hacia una señal o marca). *Las agujas del reloj señalan la una.* **4.** Hacer notar (algo). *Señaló la importancia de una alimentación variada.* **5.** Determinar o fijar (algo). *No han señalado la fecha de la boda.* **6.** Dejar señales o marcas de heridas (en una persona o en una parte de su cuerpo). *Le habían señalado la cara con una navaja.* ○ intr. prnl. **7.** Distinguirse o hacerse notar una persona. *No le preocupa señalarse.* ▶ **2:** APUNTAR, INDICAR. **5:** *FIJAR. FAM **señalamiento.**

señalizar. tr. Colocar señales (en una vía de comunicación) para que sirvan de guía a los usuarios. *Señalizarán los cruces.* FAM **señalización; señalizador, ra.**

señero, ra. adj. cult. Único o sin par. *Es una figura señera del arte moderno.*

señor, ra. m. y f. **1.** Persona que es dueña de una cosa o tiene propiedad sobre ella. *El señor de una hacienda.* **2.** Persona respetable y de posición. *Viste como una señora.* **3.** Persona de cierta edad o que ya no es joven. *Ha venido un señor.* **4.** Persona a la que sirve un criado. *Señora, la cena está servida.* **5.** Persona que posee cierto título nobiliario. *Acudió la Señora de Meirás.* **6.** Se usa como tratamiento que corresponde a una persona de la realeza. *Se dirigió al Rey: –Señor, es un honor contar con vuestra presencia.* **7.** Se usa como tratamiento de cortesía aplicado a una persona cuyo nombre se desconoce o no se quiere mencionar. *Dígame, señora, ¿en qué puedo ayudarla?* **8.** Se usa como tratamiento, antepuesto al apellido de un hombre o de una mujer casada o viuda, o al cargo de una persona. *Señor Fernández, acuda a recepción.* Frec. antepuesto a *don* o *doña* y al nombre y apellido de una persona. *La carta va dirigida al señor don Jaime Rubiera.* ○ m. **9.** hist. Persona que poseía un estado o lugar, gralm. con dominio y jurisdicción. ○ f. **10.** Esposa. *Vi a Luis y a su señora.* ● adj. **11.** Se usa, antepuesto a algunos nombres, para enfatizar el significado de estos. *Una señora casa.* **12.** Elegante o de buen gusto. *Es muy señora.* ■ **el Señor.** loc. s. **1.** Dios. **2.** Jesucristo. ■ **muy ~ mío.** loc. s. Se usa como fórmula de cortesía para dirigirse formalmente al destinatario de una carta. *Muy señor mío: Me dirijo a usted para solicitar su ayuda.* ■ **Nuestra Señora.** loc. s. La Virgen María. ▶ **1:** *DUEÑO. FAM **señoril.**

señorear. tr. **1.** Dominar una persona (algo), o tener(lo) bajo su dominio o mando. *Su familia había señoreado aquellas tierras.* **2.** Estar una cosa en una situación superior o a mayor altura que (otra). *La iglesia señorea el pueblo.*

señoría. f. Se usa como tratamiento que corresponde a determinadas personas, como jueces y parlamentarios, por su cargo o dignidad. *La Presidenta dijo al diputado: –Su señoría tiene la palabra.*

señorial. adj. **1.** Del señorío o del señor. *Poder señorial.* **2.** Majestuoso o elegante. *Un salón señorial.*

señorío. m. **1.** Dominio o mando sobre algo. *El señorío del hombre sobre el entorno natural.* **2.** Territorio perteneciente a un señor. *Dejó a su hija como heredera de sus señoríos.* **3.** Dignidad de señor. **4.** Distinción y elegancia en la forma de vestir y de actuar. *Tiene clase y señorío.* **5.** Conjunto de señores o personas de distinción.

señorito, ta. m. y f. **1.** Hijo de un señor o de una persona importante. *El mayordomo cede el paso al señorito.* **2.** Persona, espec. si es joven, a la que sirve un criado. *¿Quiere la señorita que le prepare el baño?* **3.** coloq. o despect. Persona joven de clase alta que lleva una vida acomodada y gralm. no trabaja. *La única ocupación del señorito es viajar.* ○ f. **4.** Se usa como tratamiento de cortesía aplicado a una mujer soltera. *Pase usted, señorita.* **5.** Se usa como tratamiento de cortesía aplicado a mujeres que desempeñan determinados trabajos. *La señorita me castigó en clase.* FAM señoritismo.

señorón, na. m. y f. despect. Persona distinguida o importante, o que se comporta como si lo fuera. *Acompaña a la señorona un fornido guardaespaldas.*

señuelo. m. **1.** Cosa que sirve para atraer o para inducir a algo con engaño. *Lo utilizaron como señuelo para atraer a su víctima.* **2.** *Caza* Ave u objeto que se utiliza para atraer a otras aves.

sépalo. m. *Bot.* Cada una de las piezas, gralm. verdosas, del cáliz de una flor.

separadamente. adv. Por separado. *Tratemos los dos asuntos separadamente.*

separado. por ~. loc. adv. De manera independiente, o considerando individualmente las personas o cosas de que se trata. *Trabajan por separado.*

separar. tr. **1.** Establecer distancia (entre una persona o cosa) y otra a la que estaban unidas o próximas. *Separa la silla DEL fuego.* **2.** Considerar separadamente (cosas que estaban unidas). *Debes separar esos dos conceptos.* **3.** Hacer que (dos o más personas o animales) dejen de pelear. *La profesora intentó separarlos.* **4.** Hacer que (una persona) abandone un cargo o empleo. *Han separado al teniente DE su cargo.* ○ intr. prnl. **5.** Interrumpir dos cónyuges su vida en común, por decisión propia o por sentencia judicial, sin que quede anulado el vínculo matrimonial. *Mis tíos se han separado.* **6.** Hacerse autónoma una comunidad política respecto de otra a la que pertenecía. *La república de Bosnia se separó DE la antigua Yugoslavia.* **7.** Dejar de pertenecer a un grupo, actividad o asociación. *Se ha separado DE su partido político.* ▶ **4:** *DESTITUIR. FAM separable; separación; separador, ra.

separata. f. Impreso independiente que contiene un artículo de una revista o un capítulo de un libro.

separatismo. m. Doctrina política que defiende la separación de un territorio respecto de la nación a la que pertenece. FAM separatista.

sepelio. m. cult. Entierro (hecho de enterrar un cadáver).

sepia. m. Color entre rojizo y pardusco. *Fotos antiguas en sepia.*

septembrino, na. → septiembre.

septentrión. m. (Referido a punto cardinal, se usa en mayúsc.). cult. Norte (punto cardinal, lugar, o viento). *La brújula señalaba el Septentrión.* FAM septentrional.

septeto. m. **1.** *Mús.* Conjunto de siete instrumentos o de siete voces. *Actúa un septeto.* **2.** *Mús.* Composición para ser interpretada por un septeto (→ 1).

septicemia. f. *Med.* Infección generalizada grave del organismo, producida por el paso a la sangre de gérmenes patógenos.

séptico, ca. adj. *Med.* De la infección, o que contiene gérmenes infecciosos. *Foco séptico.*

septiembre. (Tb. **setiembre**). m. Noveno mes del año. FAM septembrino, na.

septillizo, za. adj. Dicho de persona: Que es una de las siete nacidas de un mismo parto.

séptimo, ma. (Tb. **sétimo**). adj. **1.** → APÉND. NUM. **2.** Dicho de parte: Que es una de las siete iguales en que puede dividirse un todo. *Una séptima parte de la clase son chicos.*

septuagenario, ria. adj. Dicho de persona: Que tiene entre setenta y setenta y nueve años.

septuagésimo, ma. → APÉND. NUM.

septuplicar. tr. Multiplicar por siete o hacer siete veces mayor (algo). *La empresa ha septuplicado sus beneficios.*

sepulcro. m. Construcción, gralm. de piedra, levantada sobre el suelo para sepultar uno o más cadáveres. ■ **Santo Sepulcro.** m. Lugar en que estuvo sepultado Jesucristo. ▶ SARCÓFAGO. FAM sepulcral.

sepultar. tr. **1.** Enterrar (un cadáver), o poner(lo) en una sepultura. *Lo sepultaron en el panteón familiar.* **2.** Ocultar (algo o a alguien) cubriéndo(los) por completo. *La nieve ha sepultado el camino.* ▶ ENTERRAR.

sepulto, ta. adj. cult. Que está sepultado. *Una ciudad sepulta.*

sepultura. f. **1.** Hoyo, excavado en el suelo, en que se entierra un cadáver. **2.** Lugar, levantado sobre el suelo, en que se entierra un cadáver. **3.** Hecho de sepultar. ■ **dar ~** (a alguien). loc. v. Enterrar(lo), o poner(lo) en una sepultura (→ 1, 2). *Le dieron sepultura ayer.* FAM sepulturero, ra.

sequedad. f. Cualidad de seco. *Me recibió con sequedad.*

sequía. f. Ausencia o insuficiencia de lluvias durante una temporada larga.

séquito. m. Conjunto de personas que acompañan y siguen a otra relevante de la que son subordinados o a la que se debe respeto. *Llegaron el Papa y su séquito.*

ser. (conjug. SER). copul. **1.** Constituye el predicado de una oración junto con un adjetivo o un nombre, o una expresión equivalente, que expresan una característica o cualidad que se conciben como permanentes en lo designado en el sujeto. *Es de Lima.* **2.** Constituye el predicado de una oración junto con un nombre, un adverbio o una expresión con valor de adverbio, que expresan tiempo. Se usa sin sujeto. *Son las tres.* **3.** Seguido del participio de un verbo transitivo, forma la construcción pasiva, que presenta la persona o cosa designadas en el sujeto como objetos de la acción expresada por ese participio. *Fue nombrado rector.* ○ intr. **4.** Suceder o tener lugar. *¿Dónde fue el accidente?* **5.** Existir. *¡Allí fue la debacle: todos empezaron a pegarse!* **6.** Valer o costar. *La tela es a 20 dólares el metro.* ● m. **7.** Cosa existente, espec. la dotada de vida. *Seres orgánicos.* **8.** Ser (→ 7) humano o persona. *Es un ser admirable.* **9.** Esencia o naturaleza. *El instinto de cazar es parte de su ser.* ■ **érase** (**una vez**). expr. Se usa para empezar los cuentos infantiles. *Érase una vez una princesita...* ■ **es decir,** u **o sea,** o **esto es,** o **es a saber.** expr. Se usa para introducir una explicación o aclaración a algo expuesto. *Viajaremos al Cono Sur, es decir, a Argentina, Uruguay y Chile.* ■ **no ~ para menos.** loc. v. Haber razones suficientes para justificar lo expuesto. *Me enfadé, pero es que no era para menos.* ■ **sea lo que fuere,** o **sea lo**

que sea. expr. Se usa para indicar que lo que se expresa a continuación se considera lo principal con respecto a lo accesorio que se ha expresado antes. *Entiendo tus reservas, pero sea lo que sea tenemos que decidirnos.* ▶ **7:** ENTE, ENTIDAD. **8:** *PERSONA.

serafín. m. *Rel.* Espíritu celeste que integra el primero de los nueve coros en que se jerarquizan los ángeles. *En la bóveda hay pintados serafines.* FAM **seráfico, ca.**

serbio, bia. (Tb. **servio**). adj. **1.** De Serbia (Europa). ● m. **2.** Lengua hablada en Serbia.

serbocroata. adj. **1.** De Serbia y Croacia (Europa). ● m. **2.** Lengua hablada en Serbia, Croacia y otras regiones de la antigua Yugoslavia.

serenata. f. Música interpretada en la calle durante la noche y que se dirige a una persona para homenajearla o con fines amorosos. *Da una serenata a su novia.*

serenísimo, ma. adj. Se usa, frec. pospuesto a *alteza* o antepuesto a *señor* o *príncipe*, como tratamiento que corresponde a reyes o príncipes. *Su Alteza Serenísima la princesa de Mónaco.*

sereno[1]. m. Humedad que hay en la atmósfera durante la noche. *El sereno despejaba su mente.* ■ **al ~.** loc. adv. A la intemperie de la noche. *Dormimos al sereno.*

sereno[2], na. adj. **1.** Apacible y tranquilo o libre de turbaciones. *Mirada serena.* **2.** Dicho de tiempo atmosférico: Despejado o claro. *Una mañana serena.* **3.** Que no está bajo los efectos del alcohol. *Al final de la noche, ninguno estaba sereno.* ▶ **1:** *TRANQUILO. **3:** SOBRIO. FAM **serenar; serenidad.**

serial. adj. **1.** De la serie. ● m. **2.** Obra radiofónica o televisiva, gralm. una novela, que se emite en capítulos sucesivos. *Ve el serial venezolano todos los días.*

serie. f. **1.** Conjunto de cosas que se suceden unas a otras y que están relacionadas entre sí. *La serie de los meses del año.* **2.** Conjunto de varias cosas o personas. *Piden una serie de mejoras.* **3.** Conjunto de billetes, sellos u otros valores que forman parte de una misma emisión. *Posee varias series de sellos de gran valor.* **4.** Obra radiofónica o televisiva que se emite en capítulos, frec. dotados de cierta independencia argumental. *Millones de telespectadores siguen la serie.* ■ **en ~.** loc. adj. Dicho de fabricación: Que se realiza por medios mecánicos y aplicando un sistema de trabajo que permite obtener gran cantidad de objetos idénticos. *Una casa fuera de serie.* FAM **seriación; seriar** (conjug. ANUNCIAR).

serigrafía. f. **1.** *tecn.* Procedimiento de impresión y estampación en el que el motivo se dibuja en una malla muy fina, que se coloca sobre la superficie que se quiere imprimir, y sobre la que se aplica la tinta o pintura para que se filtre a través de ella. **2.** *tecn.* Dibujo o estampación realizados mediante serigrafía (→ 1). FAM **serigráfico, ca.**

serio, ria. adj. **1.** Que no ríe, o no manifiesta alegría en sus gestos o comportamiento. *Tuve que ponerme serio para que me atendieran.* **2.** Que actúa con responsabilidad y tomando en consideración aquello que importa. *Es un trabajador serio.* **3.** Importante o de consideración. *Tenemos que hablar de cosas serias.* ■ **en serio.** loc. adv. De manera responsable, o sin burla. *Te lo dije en serio.* FAM **seriedad.**

sermón. m. **1.** Discurso de carácter religioso y doctrinal pronunciado por un sacerdote ante los fieles. **2.** despect. Discurso largo e insistente con que se reprende, advierte o aconseja a alguien. FAM **sermoneador, ra; sermonear; sermoneo.**

serón. m. Cesto grande, más largo que ancho, gralm. de esparto y sin asas, que se coloca a una caballería para transportar carga en él.

seronegativo, va. adj. *Med.* Dicho de persona: Que presenta un diagnóstico negativo según el cual su sangre no contiene anticuerpos específicos causados por la presencia de un virus, espec. el del sida.

seropositivo, va. adj. *Med.* Dicho de persona: Que presenta un diagnóstico positivo según el cual su sangre está infectada por un virus, espec. el del sida, y contiene anticuerpos específicos.

serosidad. f. **1.** *Fisiol.* Líquido que segregan determinadas membranas del organismo. **2.** *Fisiol.* Líquido que se acumula en las ampollas formadas en la piel.

seroso, sa. adj. **1.** *Anat.* y *Fisiol.* Del suero o la serosidad, o de características semejantes a las suyas. *Sacos serosos.* ● f. **2.** *Anat.* Membrana que cubre las cavidades del cuerpo que no están comunicadas con el exterior.

serpentear. intr. Moverse o extenderse formando curvas en una dirección y en la contraria como las serpientes. *El camino serpentea.* FAM **serpear; serpenteo.**

serpentín. m. *tecn.* Tubo largo en forma de espiral o en zigzag, que, en un aparato, sirve para facilitar el enfriamiento o calentamiento de un fluido.

serpentina. f. Tira de papel enrollada, que se desenrolla al lanzarla sujetándola por un extremo, y que suele lanzarse por diversión en actos festivos.

serpiente. f. Reptil de cuerpo cilíndrico y muy largo, cabeza aplanada y piel coloreada y escamosa, del cual existen varias especies, por ej.: ~ *de cascabel* (→ crótalo). ■ **la ~.** loc. s. *Rel.* Se usa para designar o representar al diablo. ▶ CULEBRA.

serrado, da. adj. Que tiene dientes pequeños como los de una sierra. *Hojas serradas.* ▶ ASERRADO.

serrallo. m. Harén.

serranía. f. Terreno atravesado por montañas y sierras.

serrano, na. adj. De la sierra. *Viento serrano.*

serrar. (conjug. ACERTAR). tr. Cortar con la sierra (algo, espec. madera). *Serró la tabla.* ▶ ASERRAR. FAM **serrería.**

serrín. m. Conjunto de partículas que se desprenden de la madera al serrarla. ▶ frecAm: ASERRÍN.

serrucho. m. Sierra de hoja ancha y gralm. con un solo mango.

servible. → servir.

servicial. adj. Dispuesto a prestar servicios o ayuda a otros. *Me ayudó servicial.*

servicio. m. **1.** Hecho de servir o servirse. *El servicio de la tenista fue potente.* **2.** Realización o prestación por parte de alguien o algo del trabajo o función que les son propios. *Hoy no hay servicio de limpieza.* **3.** Conjunto de personas que sirven como sirvientes o atendiendo al público. *Hoy libra el servicio.* **4.** Trabajo o actividad de sirviente. Tb. ~ *doméstico*. *Encontró trabajo en el servicio doméstico.* **5.** Organización y personal destinados a cuidar intereses o satisfacer necesidades del público o de una entidad. *Servicio de correos.* **6.** Conjunto de utensilios que se usan para un fin, espec. para servir en la mesa. *Servicio de té.* **7.** Conjunto de utensilios que se ponen en la mesa para cada comensal. *Una mesa con seis servicios.* **8.** Retrete (habitación). *Por favor, ¿dónde está el servicio?* **9.** Celebración de culto religioso. *Durante el servicio, sonó música de órgano.* ○ pl. **10.** *Econ.*

Conjunto de actividades económicas relacionadas con los servicios (→ 2) que se prestan a los ciudadanos, y no con la producción de bienes. *Empresas del sector servicios.* ■ **~ militar.** m. Servicio (→ 2) que presta una persona al Estado cumpliendo la obligación de ser soldado durante un tiempo determinado. *Hizo el servicio militar en la Marina.* ⇒ Am: CONSCRIPCIÓN. ■ **~ de inteligencia.** m. Organización secreta de un Estado, que se ocupa de dirigir y organizar el espionaje. *El servicio de inteligencia alertó de que se preparaba un atentado.* ⇒ INTELIGENCIA. ■ **flaco ~.** m. coloq. Perjuicio que se causa al hacer algo que pretende ser una ayuda o beneficio. *Al falsear las noticias hace un flaco servicio a su profesión.* □ **al ~** (de alguien). loc. adv. A disposición (de esa persona). *Si necesita algo, estoy a su servicio.* ■ **de ~.** loc. adj. Dicho de acceso o instalación: Destinado al uso de sirvientes y proveedores. *Puerta de servicio.* ▶ **7:** CUBIERTO. **8:** *RETRETE.

servidor, ra. m. y f. **1.** Persona que sirve como criado. *Ha llegado la señora con su fiel servidor.* **2.** Persona que presta un servicio, espec. como miembro o empleado de una institución u organismo. *Los servidores de la justicia.* **3.** Con un verbo en tercera persona: Lo usa, por cortesía, una persona de nivel popular para referirse a sí misma. Tb. *un ~,* y entonces se utiliza como sustituto de *yo.* *Puede usted contar con una servidora.* **4.** Se usa en fórmulas de despedida de cartas formales. *Acabó la carta: "Se despide atentamente su seguro servidor".* ▶ **1:** *CRIADO.

servidumbre. f. **1.** Conjunto de personas que sirven en una casa. *Las habitaciones de la servidumbre.* **2.** Condición de servicio. *Lo liberó de la servidumbre.* **3.** Obligación penosa e inexcusable. *Aliarse con los poderosos conlleva servidumbres.*

servil. adj. **1.** Que actúa con exagerada sumisión o humildad frente a alguien. *Se rodeó de colaboradores serviles.* **2.** De los siervos. *Condición servil.* FAM servilismo.

servilleta. f. Pieza de tela o papel que se usa para limpiarse las manos o la boca en las comidas. FAM servilletero.

servio, via. → serbio.

servir. (conjug. PEDIR). tr. **1.** Atender (a un cliente) o proporcionar(le) lo que pide. *En esta tienda nos sirven rápido.* Tb. como intr. **2.** Proporcionar a un cliente (lo que pide). *Mañana le serviremos el pedido.* Tb. como intr. **3.** Poner en el plato o vaso de alguien (la comida o bebida que va a tomar). *Servimos un vino a los invitados* Tb. como intr. **4.** Atender (la mesa) llevando (a ella) los alimentos y bebidas que se necesitan. *Hoy sirvo yo la mesa.* **5.** Trabajar como criado o sirviente (para alguien). *Sirve a una señora.* **6.** Hacer algo en favor o beneficio (de alguien) o ayudar(lo). *Sirven a los necesitados.* **7.** Realizar una tarea en beneficio o favor (de algo). *Como alcalde, sirve los intereses de su ciudad.* ○ intr. **8.** Ser adecuada una persona o cosa para otra. *Este destornillador no me sirve.* **9.** Actuar o funcionar como lo expresado. *Tú me servirás* DE *guía.* **10.** Trabajar como criado o sirviente. *Entró a servir en una gran casa.* **11.** En determinados deportes, espec. en tenis: Sacar. *Al tenista argentino le toca servir.* ○ tr. prnl. **12.** cult. Seguido de un infinitivo: Tener a bien o dignarse (hacer lo expresado por él). *Sírvase aceptar este pequeño regalo.* ○ intr. prnl. **13.** Utilizar algo o a alguien. *Se ha servido* DE *él para ascender.* ■ **para ~lo.** expr. Se usa como fórmula de cortesía para presentarse alguien. *Soy Pedro González, para servirla.* FAM servible.

sésamo. m. Planta herbácea, cuyo fruto contiene numerosas semillas comestibles y de las que se extrae aceite. Tb. la semilla. ▶ AJONJOLÍ.

sesear. intr. Pronunciar la *z* o la *c,* ante *e* o *i,* como *s.* *Gran parte de los hispanohablantes sesean.* FAM seseante; seseo.

sesenta. adj. → APÉND NUM. ■ **los (años) ~.** loc. s. La séptima década del siglo, espec. del XX. *Los Beatles surgieron en los sesenta.* FAM sesentón, na.

sesera. f. **1.** coloq. Cráneo. **2.** coloq. Seso (masa contenida en el cráneo). **3.** coloq. Juicio o inteligencia. *Tiene muy poca sesera.*

sesgado, da. adj. **1.** Oblicuo. *La luz caía sesgada.* **2.** Dicho de información: Tendenciosa. *El reportaje ofrece una información sesgada.* ▶ **2:** TENDENCIOSO.

sesgar. tr. **1.** Cortar o partir (algo) de forma oblicua o en diagonal. *Sesga el papel.* **2.** Torcer o desviar (algo). *Pretende sesgar mis propósitos.*

sesgo. m. **1.** Rumbo o dirección que toma un asunto. *Los acontecimientos tomaron un sesgo inesperado.* **2.** Cualidad de sesgado. *Un análisis de sesgo partidista.* ■ **al ~.** loc. adv. De manera oblicua o en diagonal. *Las gotas de lluvia caen al sesgo.*

sesión. f. **1.** Reunión de los miembros de una junta o corporación. *El Parlamento celebra una sesión extraordinaria.* **2.** Espacio de tiempo dedicado a una actividad. *Una sesión fotográfica.* **3.** Representación o proyección del programa completo de un espectáculo, espec. de cine o de teatro. *Sesión de noche.* FAM sesionar (frecAm).

seso. m. **1.** Masa de tejido nervioso contenida en el cráneo. Frec. en pl. *Comen sesos de ternera.* **2.** Prudencia o sensatez. *¡Qué poco seso tienes!* ■ **devanarse,** o **calentarse,** alguien **los ~s.** loc. v. coloq. Pensar o meditar mucho. *Se devana los sesos buscando una solución.* ■ **sorber el ~** (a alguien). loc. v. coloq. Ejercer (sobre él) una atracción o influencia irresistible, hasta hacer(le) perder el juicio. *Ella le tiene sorbido el seso.* FAM sesudo, da.

sestear. intr. **1.** Dormir la siesta. *Sestea en la butaca.* **2.** Agruparse el ganado en un lugar sombrío para descansar y librarse del calor. *Las ovejas sestean.* FAM sesteo.

set. (pl. sets). m. **1.** Conjunto de elementos del mismo tipo o que tienen un fin común. *Un set de maquillaje.* **2.** En algunos deportes, como el tenis o el voleibol: Parte de un partido, con tanteo independiente. *Ha ganado por tres sets a dos.* **3.** En cine o televisión: Plató. *La actriz se dirige al set para rodar.* ▶ **3:** PLATÓ.

seta. f. Hongo con forma de sombrilla sostenida por un pie. ▶ HONGO.

setecientos, tas. → APÉND. NUM.

setenta. adj. → APÉND. NUM. ■ **los (años) ~.** loc. s. La octava década del siglo, espec. del XX. *En los setenta surge una gran generación de poetas.* FAM setentón, na.

setiembre. → septiembre.

sétimo, ma. → séptimo.

seto. m. Cercado hecho con matas o arbustos, o con palos entretejidos.

seudo-. (Tb. pseudo-). elem. compos. Significa 'falso'. *Seudopoeta, seudoperiodismo, pseudodemocrático, pseudocientífico.*

seudónimo, ma. (Tb. pseudónimo). adj. **1.** Dicho de persona, espec. de autor: Que emplea seudónimo

(→ 2). *Un autor seudónimo firma el relato.* ● m. **2.** Nombre que utiliza una persona, frec. un autor, en lugar del suyo verdadero. *"Pablo Neruda" era el pseudónimo de Ricardo Eliecer Neftalí Reyes.*

severo, ra. adj. **1.** Duro y poco indulgente en el trato, o en la valoración de errores y debilidades. *Es muy severa con los demás.* **2.** Estricto o riguroso en el cumplimiento de una ley o una regla. *Juez severo.* **3.** Serio o sobrio. *Un traje severo.* FAM **severidad.**

seviche. → sebiche.

sevicia. f. **1.** cult. Crueldad excesiva. *Fueron golpeados con sevicia.* **2.** cult. Acto de trato cruel, espec. el que se realiza con alguien sobre quien se tiene autoridad o poder. *La ley castiga toda sevicia corporal.*

sevillano, na. adj. **1.** De Sevilla (España). ● f. pl. **2.** Cante popular español propio de Sevilla y su comarca, bailable, muy vivo y compuesto de estrofas de cuatro versos de siete o cinco sílabas. Tb. el baile que se ejecuta con él.

sexagenario, ria. adj. Dicho de persona: Que tiene entre sesenta y sesenta y nueve años.

sexagesimal. adj. *Mat.* Dicho de sistema de numeración: Que toma como base el número 60. *La unidad de medida de ángulos en el sistema sexagesimal es el grado.*

sexagésimo, ma. → APÉND. NUM.

sex-appeal. (pal. ingl.; pronunc. "sexapíl"). m. Atractivo físico y sexual. *No es guapa pero tiene mucho* sex-appeal. ¶ [Adaptación recomendada: *sexapil*].

sexenio. m. Tiempo de seis años. FAM **sexenal.**

sexismo. m. Discriminación de las personas en función de su sexo. *El sexismo de la sociedad se refleja en el lenguaje.* FAM **sexista.**

sexo. m. **1.** Condición orgánica de un ser vivo por la cual este es masculino o femenino. *La tecnología permite conocer el sexo del feto.* **2.** Conjunto de seres que tienen un mismo sexo (→ 1). *El poder era ejercido tradicionalmente por el sexo masculino.* **3.** Órganos genitales externos. **4.** Actividad sexual. *Practicar el sexo sin precauciones puede dar lugar a embarazos no deseados.* ■ ~ **débil**, o **bello** ~. m. Sexo (→ 2) femenino. ■ ~ **fuerte**, o **feo**. m. Sexo (→ 2) masculino. ▶ **4:** SEXUALIDAD. FAM **sexuado, da.**

sexología. f. Estudio de la sexualidad. *Expertos en sexología hablarán de la incidencia del estrés en las relaciones sexuales.* FAM **sexólogo, ga.**

sextante. m. *Mar.* y *Aer.* Instrumento óptico consistente en un sector de círculo graduado de 60° y un juego de lentes y espejos, que sirve para medir la altura de un astro desde una embarcación o desde un avión y calcular así la posición de estos.

sexteto. m. **1.** *Mús.* Conjunto de seis instrumentos o de seis voces. *Un concierto para sexteto de cuerda.* **2.** *Mús.* Composición para ser interpretada por un sexteto (→ 1). *Interpretaron el sexteto opus 70 de Tchaikovsky.* **3.** *Lit.* Estrofa de seis versos de arte mayor, que suelen rimar en consonante.

sextillizo, za. adj. Dicho de persona: Que es una de las seis nacidas de un mismo parto.

sexto, ta. adj. **1.** → APÉND. NUM. **2.** Dicho de parte: Que es una de las seis iguales en que puede dividirse un todo. *Una sexta parte de la población es negra.*

sextuplicar. tr. Multiplicar por seis o hacer seis veces mayor (algo). *Quieren sextuplicar el número de contrataciones.*

sexuado, da. → sexo.

sexual. adj Del sexo. *Educación sexual.*

sexualidad. f. **1.** Conjunto de características físicas, fisiológicas y psicológicas propias de cada sexo. *En la adolescencia se acentúan los rasgos de la sexualidad.* **2.** Comportamiento relacionado con el sexo y la satisfacción de las necesidades sexuales. *No es cierto que la sexualidad desaparezca en la vejez.* ▶ **2:** SEXO.

sexy. (pal. ingl.; pronunc. "séxi"). adj. **1.** Dicho de persona: Que tiene atractivo sexual. *Es guapo y alto, pero nada sexy.* **2.** Que resalta el atractivo sexual de alguien. *Vestía una blusa ajustada muy sexy.* ● m. **3.** Atractivo físico y sexual. *Tiene sexy y lo explota.* ¶ [Adaptación recomendada: *sexi*, pl. *sexis*].

sheriff. (pal. ingl.; pronunc. "sérif" o "shérif"). m. En los Estados Unidos de América y ciertas regiones o condados británicos: Representante de la justicia, encargado de mantener el orden y hacer cumplir la ley. *El sheriff formó una patrulla para perseguir a los forajidos.* ¶ [Equivalente recomendado: *comisario*].

sherpa. (pal. ingl.; pronunc. "sérpa"). adj. **1.** De un pueblo de Nepal que habita en el Himalaya y es conocido por su pericia en montañismo. *Territorios sherpas.* ● m. **2.** Guía o porteador *sherpas* (→ 1). *Un* sherpa *nos guió hasta las cimas del Himalaya.* ¶ [Adaptación recomendada: *serpa*, pl. *serpas*].

si¹. conj. **1.** Introduce una proposición que expresa una condición o suposición de las que depende la realización de un hecho expuesto en la oración principal. *Si acaso llegas antes, prepáralo todo.* (→ **acaso**). **2.** Introduce una proposición que expresa pregunta, desconocimiento o duda. *Pregúntale si lo conoce.* **3.** Introduce una oración independiente enfatizándola. *¡Si ya decía yo que acabaría mal!* **4.** Introduce una oración independiente que expresa un deseo cuya realización se considera poco probable. *¡Si me tocara la lotería!* **5.** cult. Aunque o incluso si (→ 1). *Está tan convencido de ello que si todos le dijeran lo contrario, seguiría creyéndolo.* ■ ~ **no.** loc. conjunt. En caso contrario. *Come despacio, si no, te vas a atragantar.*

si². (pl. sis). m. *Mús.* Séptima nota de la escala de do mayor.

sí¹. (Cuando va precedido de la prep. *con*, forma con ella una sola palabra: *consigo*). pron. pers. Designa, en función de complemento con preposición, a la misma persona designada con los pronombres *él, ella, ellos, ellas, usted, ustedes.* *Ustedes solo piensan en sí mismos.* ■ **dar** alguien de ~. → **dar.** ■ **decir** alguien **para** ~. → **decir.** ■ **fuera de** ~. → **fuera.** ■ **no caber** alguien **en** ~. → **caber.** ■ **volver** alguien **en** ~. → **volver.**

sí². adv. **1.** Se usa como respuesta afirmativa a una pregunta. *–¿Vendrás? –Sí.* **2.** Se usa para enfatizar o reforzar una afirmación. *Aquel sí fue un partido emocionante.* ● m. (Frec. con art.; pl. **síes**). **3.** Respuesta afirmativa. *Los síes ganaron a los noes en la votación.* **4.** Consentimiento y permiso. *Consiguió el sí de sus padres.* ■ **dar el** ~. loc. v. Responder afirmativamente a una petición, espec. de matrimonio. *Dio el sí y se casaron.* ■ **porque** ~. loc. adv. Por capricho o sin causa o motivo justificados. *–¿Por qué lo haces? –Porque sí, porque me da la gana.* ■ **pues** ~ **que.** loc. adv. Se usa con intención irónica para expresar negación. *¡Pues sí que me estás ayudando!*

siamés, sa. adj. **1.** De Siam, hoy Tailandia (Asia). Tb. m. y f. **2.** Gemelo que ha nacido unido a su hermano por alguna parte del cuerpo. Más frec. en pl. *Hermanas siamesas.* ● m. **3.** Gato siamés (→ **gato**). **4.** Lengua hablada por los siameses (→ 1).

sibarita. adj. Que busca los placeres de la vida en el lujo y el refinamiento. Tb. m. y f. *El sibarita frecuenta los restaurantes selectos.* FAM **sibarítico, ca; sibaritismo.**

siberiano, na. adj. De Siberia (región de Asia).

sibila. f. En la Antigüedad grecorromana: Mujer sabia y dotada de espíritu profético.

sibilino, na. adj. Misterioso o de significado oscuro u oculto. *Ignoro con qué sibilinas intenciones se acercó a nosotros.*

sic. adv. Se usa en textos escritos, gralm. entre paréntesis, siguiendo a una palabra o frase que pueden parecer erróneas, para indicar que estas son una cita textual. *El anuncio decía: "Se bende (sic) piso".*

sicalíptico, ca. adj. Erótico o pícaro. *Espectáculos sicalípticos.*

sicario. m. cult. Asesino a sueldo. *Lo mató un sicario pagado por el narcotráfico.*

siciliano, na. adj. **1.** De Sicilia (Italia). ● m. **2.** Dialecto italiano hablado en Sicilia.

sico-. → psico-.

sicoanálisis; sicoanalista; sicoanalítico, ca. → psicoanálisis.

sicofante. m. cult. Calumniador o delator. *No den crédito a esos sicofantes.*

sicología; sicológico, ca; sicologismo; sicólogo, ga. → psicología.

sicomoro o **sicómoro.** m. Árbol originario de Egipto, con hojas ásperas parecidas a las de la morera, fruto pequeño y amarillento semejante a un higo, y madera incorruptible. Tb. la madera.

sicópata; sicopatía; sicopático, ca. → psicopatía.

sicopatología; sicopatológico, ca. → psicopatología.

sicosis; sicótico, ca. → psicosis.

sicoterapeuta; sicoterapéutico, ca; sicoterapia. → psicoterapia.

sida. (Tb. SIDA). m. Enfermedad infecciosa causada por un virus, transmitida por vía sexual o sanguínea, y que se caracteriza por la desaparición de las reacciones inmunitarias del organismo. FAM **sidoso, sa.**

sidecar. m. Habitáculo con un asiento, adosado a un costado de una motocicleta y apoyado sobre una rueda.

sideral. adj. De las estrellas o los astros. *Espacio sideral.*

siderurgia. f. Conjunto de técnicas y operaciones que permiten la extracción del hierro y la elaboración industrial de sus derivados. FAM **siderúrgico, ca.**

sidra. f. Bebida alcohólica, de color ámbar, que se obtiene por la fermentación del zumo de manzana. FAM **sidrería; sidrero, ra.**

siega. f. Hecho de segar. *La siega se hace en verano.*

siembra. f. Hecho de sembrar. *Comienza la siembra del trigo.* ▶ SEMENTERA.

siempre. adv. **1.** En todo tiempo o todas las veces. *Siempre está contento.* **2.** En todo caso o por lo menos. *Aunque erremos, siempre podremos rectificar.* **3.** Am. coloq. Se usa antepuesto a una oración para enfatizar su significado. *Siempre sí parece que se desposa la niña* [C]. ■ **para,** o **por, ~.** loc. adv. Por tiempo indefinido. *Puede quedarse para siempre.* ■ **~ que.** loc. conjunt. **1.** Con la condición de que. *Iré siempre que no volvamos tarde.* **2.** Todas las veces que. *Siempre que voy, está ocupada.* ■ **~ y cuando.** loc. conjunt. Con la condición de que. *Le darán el crédito siempre y cuando lo avalen.*

siempreviva. f. Planta de hojas duras y perennes y flores que mantienen un aspecto casi vivo, sin alterar su forma y color, después de cortadas. Tb. cada flor.

sien. f. Cada una de las dos partes laterales de la cabeza comprendidas entre la frente, la oreja y la mejilla. *Le puso la pistola en la sien.*

siena. adj. Dicho de color: Castaño amarillento. *Papel de color siena.*

sierpe. f. cult. Serpiente, espec. la de gran tamaño.

sierra. f. **1.** Herramienta consistente en una hoja de acero dentada y gralm. sujeta a una empuñadura o un soporte, que sirve para cortar materiales duros, espec. madera. **2.** Cordillera montañosa de poca extensión.

sierraleonés, sa. adj. De Sierra Leona (África).

siervo, va. m. y f. **1.** Persona completamente sometida a alguien o algo, o entregada a su servicio. *Nunca fue siervo de nadie.* **2.** histór. Esclavo de un señor. En el feudalismo, designa a la pers. sometida a un señor feudal, obligada a trabajar para él gralm. como campesino, pero que conservaba ciertas libertades. *Siervos y villanos cultivaban la tierra.*

siesta. f. **1.** Hecho de dormir un rato después de la comida del mediodía. *Se echó una siesta.* **2.** Tiempo que sigue al mediodía, en que aprieta más el calor. *Se pasa las siestas leyendo novelones.*

siete. → APÉND. NUM.

sietemesino, na. adj. Nacido a los siete meses de haber sido engendrado.

sífilis. f. Enfermedad infecciosa crónica, que se transmite por contagio sexual o por herencia. FAM **sifilítico, ca.**

sifón. m. **1.** Tubo encorvado que sirve para sacar líquido de un recipiente, haciéndolo pasar por un punto superior a su nivel. **2.** Botella, gralm. de cristal, cerrada herméticamente y con un tapón provisto de una llave que, al abrirla, deja salir el agua carbónica contenida a presión. *Un sifón de soda.* **3.** Tubo en forma de "S" que conecta la salida del retrete y otros sanitarios al desagüe y que, al quedar siempre detenida en él una cantidad de agua, impide la salida de gases y olores al exterior.

sigilo. m. **1.** Silencio cauteloso. *Entra en la casa con sigilo.* **2.** Secreto que se guarda de algo. *Mantuvieron la noticia en el mayor sigilo.* FAM **sigiloso, sa.**

sigla. f. **1.** Letra inicial de cada una de las palabras que constituyen una denominación compleja. *Aluden a la Organización de Estados Americanos mediante sus siglas: OEA.* **2.** Palabra formada por el conjunto de las siglas (→ 1) de una denominación. *"ONU" es la sigla de "Organización de las Naciones Unidas".*

siglo. m. **1.** Período de cien años. *La catedral tiene cuatro siglos.* **2.** Cada uno de los períodos de cien años en que se divide una era, espec. la cristiana. *Vivimos en el siglo XXI.* **3.** coloq. Mucho tiempo. *Hace un siglo que no te veo.* **4.** Rel. Vida en la sociedad civil. Se usa en contraposición a la vida religiosa o monástica. ■ **por los ~s de los ~s.** loc. adv. Siempre o eternamente. *Durará por los siglos de los siglos.*

sigma. f. Letra del alfabeto griego (Σ, σ o ς), que corresponde al sonido de *s*.

signar. tr. **1.** cult. Firmar (un documento). *El presidente signa el acta.* **2.** Rel. Hacer la señal de la cruz (sobre alguien o algo). *El sacerdote lo ha signado en la frente.* ○ intr. prnl. **3.** *Rel.* Persignarse. *Se signó delante del crucifijo.* FAM **signatario, ria.**

signatura. f. Código de números y letras que se asigna a un libro o a un documento y que indica su colocación en una biblioteca o un archivo.

significación. f. **1.** Significado de algo, espec. de una palabra o frase. *No conozco la significación de esa palabra.* **2.** Hecho o efecto de significarse. **3.** Importancia o relevancia. *Aquello tuvo gran significación.* ▶ **1:** *SIGNIFICADO.

significado, da. adj. **1.** Conocido o importante. *Un significado empresario.* ● m. **2.** Concepto o idea representados por algo, espec. por una palabra o frase. *No entiendo el significado de esta frase.* **3.** *Ling.* Contenido del signo lingüístico. *El signo lingüístico está formado por el significado y el significante.* ▶ **2:** SENTIDO, SIGNIFICACIÓN.

significante. adj. **1.** Que significa. *En la comunicación humana, los gestos son elementos significantes.* ● m. **2.** *Ling.* Secuencia de fonemas que constituye la parte material del signo lingüístico y sirve de soporte al significado. *El significante "sierra" tiene varios significados.*

significar. tr. **1.** Tener algo, espec. una palabra o frase como significado (otra cosa). *La luz roja del semáforo significa obligación de detenerse.* **2.** Seguido de un adverbio: Tener (la importancia expresada por él). *Su apoyo significó mucho para mí.* ○ intr. prnl. **3.** Hacerse notar o distinguirse una persona por expresar públicamente sus ideas o pensamientos. *No le gusta significarse.* ▶ **2:** REPRESENTAR.

significativo, va. adj. **1.** Que significa o da a entender algo. *Fue significativo que no viniera a la fiesta.* **2.** Que tiene significación o importancia, espec. por representar algo. *La antología recoge lo más significativo de su obra.* FAM **significatividad.**

signo. m. **1.** Objeto, fenómeno o acción material que, por naturaleza o convención, representa o sustituye a otro. *La media luna es el signo de los musulmanes.* **2.** Indicio o vestigio de algo. *Su lujosa casa era signo DE riqueza.* **3.** Figura que se emplea en un texto escrito y que no es ni número ni letra. *La coma es un signo de puntuación.* **4.** Cada una de las doce partes en que está dividido el Zodiaco. *Ha nacido bajo el signo de Piscis.* **5.** *Mat.* Figura que se utiliza en los cálculos para indicar la naturaleza de las cantidades y las operaciones que se han de ejecutar con ellas. *El signo de la suma es "+".* **6.** *Ling.* Unidad constituida por una forma y un contenido. Tb. *~ lingüístico. Las palabras son signos lingüísticos.*

siguiente. adj. Que sigue o va inmediatamente después. *Esperaré el siguiente autobús.*

sílaba. f. Sonido o conjunto de sonidos articulados que se pronuncian con una sola emisión de voz. *"Padre" empieza por la sílaba "pa".* FAM **silabario; silabear; silabeo; silábico, ca.**

silbar. intr. **1.** Emitir una persona un sonido agudo al hacer pasar con fuerza el aire por una abertura estrecha de la boca o al soplar en un cuerpo hueco. *Silba y su perro acude.* **2.** Emitir un animal, espec. una serpiente un sonido agudo parecido al de una persona que silba (→ 1). *Me pareció oír silbar a una serpiente.* **3.** Producir algo un sonido agudo. *El viento silba.* ○ tr. **4.** Entonar (una canción) silbando (→ 1). *Iba silbando una melodía.* **5.** Manifestar el público desagrado o desaprobación (ante alguien o algo) silbando (→ 1). *Silbaron*

al actor protagonista. ▶ **5:** PITAR. FAM **silba; silbador, ra; silbante; silbido; silbo.**

silbato. m. Instrumento pequeño y hueco que produce un sonido agudo al soplar por él. *El árbitro toca el silbato.* ▶ PITO.

silenciador. m. Dispositivo que se acopla al tubo de escape de un automóvil, o al cañón de algunas armas de fuego, para amortiguar el ruido. *Moto con silenciador.*

silencio. m. **1.** Ausencia de ruido o sonido. *El silencio de la iglesia sobrecogía.* **2.** Hecho de permanecer sin hablar. *Escucha en silencio a su padre.* **3.** Hecho de omitir algo o no hablar de ello. *En su crónica hay silencio sobre el sucesor.* ● interj. **4.** Se usa para pedir o imponer silencio (→ 1, 2). *–¡Silencio! –dijo el profesor.* ■ **~ administrativo.** m. *Der.* Falta de respuesta, dentro del plazo establecido, de la Administración a una solicitud o recurso, indicativa de que estos han sido estimados o desestimados. FAM **silenciar** (conjug. ANUNCIAR); **silencioso, sa.**

silente. adj. cult. Silencioso. *El silente desierto.*

sílex. m. Pedernal. *Hachas prehistóricas de sílex.*

sílfide. f. **1.** En la mitología germánica: Genio del aire, femenino y lleno de gracia. *Un bosque con elfos y sílfides.* **2.** coloq. Mujer muy hermosa y esbelta.

sílice. f. *Quím.* Mineral compuesto por silicio y oxígeno. *En el granito hay un 80% de sílice.* FAM **silíceo, a; silícico, ca.**

silicio. m. *Quím.* Elemento muy abundante en la corteza terrestre en forma de sílice o de sales de ácidos, empleado en la industria electrónica por sus propiedades semiconductoras (Símb. *Si*). *Microchip de silicio.* FAM **silicato.**

silicona. f. Sustancia sintética compuesta de oxígeno y silicio, resistente a la humedad y a las altas temperaturas, y muy usada en la industria y en la fabricación de prótesis. *Selló las juntas de las ventanas con silicona.*

silicosis. f. *Med.* Enfermedad respiratoria crónica, producida por la inhalación de polvo de sílice. *La silicosis es frecuente entre mineros.*

silla. f. **1.** Asiento con respaldo y gralm. con cuatro patas, para una sola persona. *Hay seis sillas en torno a la mesa.* **2.** Aparejo para montar a caballo, formado por una armazón cubierta gralm. de cuero y con un relleno, que se coloca sobre el lomo del animal y sirve de asiento al jinete. Tb. *~ de montar.* **3.** Asiento semejante a una silla (→ 1) baja, provisto de ruedas y de un asidero para empujarlo, y destinado a transportar a un niño pequeño sentado o tumbado. ■ **~ de ruedas.** f. Silla (→ 1) provista de ruedas laterales, frec. plegable, acondicionada para el desplazamiento de una persona impedida. ■ **~ eléctrica.** f. Silla (→ 1) que se utiliza para ejecutar a los condenados a muerte mediante una descarga eléctrica. ■ **~ gestatoria.** f. Silla (→ 1) portátil que usa el Papa en actos solemnes. *El Pontífice entró llevado en la silla gestatoria.* FAM **sillería** (*Muebles y sillería para oficinas*); **sillero, ra; silletazo.**

sillar. m. Piedra labrada, gralm. de forma rectangular, que se usa en construcción. *Un acueducto de 20 400 sillares.* FAM **sillería** (*Muro de sillería*).

sillín. m. Asiento pequeño y gralm. individual de una bicicleta u otros vehículos.

sillón. m. Asiento para una persona, gralm. mayor y más cómodo que una silla, con respaldo y brazos.

silo. m. Lugar seco y con buenas condiciones de conservación, donde se almacenan cereales u otros productos agrícolas.

silogismo. m. *Fil.* Razonamiento que consta de tres proposiciones, dos de las cuales son premisas de las que se deduce la tercera como conclusión. *El argumento "Los seres humanos son mortales, María es un ser humano, luego María es mortal" es un silogismo.* FAM **silogístico, ca.**

silueta. f. **1.** Dibujo que representa el contorno de un objeto. *Dibujó la silueta del mapa de América.* **2.** Forma que presenta a la vista un objeto que se proyecta sobre un fondo más claro. *A lo lejos divisamos la silueta de la catedral.* **3.** Perfil (contorno de una figura). *Tiene una silueta perfecta.* ▶ 3: *PERFIL. FAM **siluetear.**

silva. f. *Lit.* Combinación métrica en la que alternan libremente versos de siete y once sílabas. *Poema en silvas.*

silvestre. adj. **1.** Dicho de planta: Que se cría naturalmente, sin ser cultivada, en bosques o campos. *Arbustos silvestres.* **2.** Agreste, o no cultivado. *Prados silvestres.* **3.** Dicho de animal: No domesticado. *Aves silvestres.* ▶ 1: BRAVÍO.

silvícola. adj. Que habita en la selva. *Especies silvícolas.*

silvicultura. f. Cultivo de los bosques y montes. *Se dedican a la silvicultura.* FAM **silvicultor, ra.**

sima. f. Cavidad grande y muy profunda en la tierra. *Se despeñó por una sima.*

simbiosis. f. *Biol.* Asociación de organismos vivos de diferentes especies, que conlleva un beneficio mutuo. *Bacterias que viven en simbiosis con los insectos.* Frec. fig. *Su ensayo es una simbiosis de ciencia y literatura.* FAM **simbiótico, ca.**

simbolismo. m. **1.** Sistema de símbolos. *Las figuras de los capiteles conforman todo un simbolismo.* **2.** Movimiento artístico, espec. poético y pictórico, surgido en Francia a finales del s. XIX, y que se caracteriza por intentar sugerir o evocar los objetos por medio de símbolos e imágenes, en vez de nombrarlos o presentarlos directamente. *Baudelaire fue un representante del simbolismo.* FAM **simbolista.**

símbolo. m. **1.** Ser o cosa perceptible que representan de manera convencional algo gralm. abstracto. *Símbolos nazis.* **2.** Expresión de carácter científico o técnico, constituida por una letra, un signo o un conjunto de ellos, y que representa de manera convencional un elemento o un concepto. *El símbolo del potasio es "K".* **3.** *Lit.* Figura retórica que consiste en utilizar las asociaciones inconscientes que sugieren las palabras para producir emociones conscientes. *En su poesía, el agua es símbolo de la vida.* FAM **simbólico, ca; simbolización; simbolizar; simbología.**

simetría. f. Correspondencia en forma, tamaño y posición de las partes o elementos de algo respecto de un punto, un eje o un plano. *La simetría del cuerpo no es total: hay dos pulmones, pero un corazón.* FAM **simétrico, ca.**

simiente. f. Semilla. *Los pájaros se comen las simientes.*

símil. m. cult. Expresión en la que se comparan de forma explícita dos cosas o personas para dar una idea más viva de una de ellas. *Empleando un símil, diré que un corrupto es como una manzana podrida.*

similar. adj. Semejante (que tiene características en común con otra persona o cosa). *Emplea una táctica similar A la mía.* ▶ SEMEJANTE. FAM **similitud.**

simio. m. *Zool.* Mamífero con el cuerpo cubierto de pelo, salvo en la cara, y con cuatro extremidades con dedos adaptados para coger o sujetar las cosas, como el chimpancé. ▶ MONO. FAM **simiesco, ca.**

simón. m. Coche de caballos de alquiler, con un punto fijo de parada en la calle.

simonía. f. *Rel.* Compra o venta deliberadas de cosas espirituales, como los sacramentos, o de cosas temporales unidas a las espirituales, como beneficios o cargos eclesiásticos. *La simonía está condenada por la Iglesia.*

simpatía. f. **1.** Inclinación afectiva y gralm. espontánea que hace sentir atracción hacia alguien o algo. *Sus ideas fueron acogidas con simpatía.* **2.** Cualidad de una persona que le hace resultar atractiva o agradable a los demás. *No es guapo, pero tiene mucha simpatía.* **3.** *Med.* Relación de actividad fisiológica y patológica entre órganos que no tienen conexión directa. *El dolor en un órgano sano se puede producir por simpatía con otro enfermo.* **4.** *Fís.* Relación entre dos cuerpos o sistemas por la que la acción de uno induce el mismo comportamiento en el otro. *Al tocar una cuerda de la guitarra, las otras pueden vibrar por simpatía.* FAM **simpaticón, na; simpatizante; simpatizar.**

simpático, ca. adj. **1.** Que inspira simpatía. *Un hombre simpático.* **2.** *Anat.* Dicho de parte del sistema nervioso neurovegetativo: Constituida por dos cordones nerviosos a los lados de la columna vertebral. *El sistema nervioso simpático es el responsable de la dilatación de la pupila.* Tb. m.

simple. adj. (sup. **simplísimo**; sup. cult., **simplicísimo**). **1.** No compuesto, o formado por un solo elemento. *En la conjugación verbal hay formas simples y compuestas.* **2.** Sencillo, o sin dificultades o complicaciones. *Vestía de forma simplicísima.* **3.** Antepuesto al nombre, se usa para enfatizar el significado de este. *Juega por simple placer.* **4.** Tonto o inocente. **5.** *Ling.* Dicho de palabra: Que no está compuesta de otras palabras. *"Árbol" es una palabra simple.* ▶ 1, 2: SENCILLO. 3: *PURO. 4: *TONTO. FAM **simpleza; simplicidad; simplón, na.**

simplificar. tr. **1.** Hacer (una cosa) más simple o sencilla. *Está simplificando el problema.* **2.** *Mat.* Reducir (una expresión, una fracción o una ecuación) a su forma más simple. *Simplificamos una fracción dividiendo numerador y denominador por un mismo número.* FAM **simplificación; simplificador, ra; simplista; simplismo.**

simposio. m. Conferencia o reunión de especialistas de un ámbito científico para tratar de un tema de su especialidad. *II Simposio Internacional de Cardiología.*

simulacro. m. Cosa que es reproducción ficticia de otra, o solo una apariencia de lo que pretende ser. *Hacen simulacros de incendio para estar preparados.*

simulador, ra. adj. **1.** Que simula. *Gente simuladora.* ● m. **2.** Aparato que reproduce artificialmente el funcionamiento real de un sistema, y que se usa gralm. para entrenar a quienes manejarán ese sistema. *Un simulador de vuelo.*

simular. tr. Fingir (algo). *Simuló un enfado.* ▶ *FINGIR. FAM **simulación.**

simultáneo, a. adj. Dicho de cosa: Que se hace u ocurre al mismo tiempo que otra. *Los dos acróbatas daban saltos simultáneos.* FAM **simultaneidad.**

sin. prep. **1.** Indica privación o carencia. *Lo hizo sin ayuda.* **2.** Seguido de un infinitivo o de una oración introducida por *que*, equivale a negación de lo que sigue.

Lo ha escuchado sin inmutarse. **3.** cult. Precedido de *no,* equivale a una afirmación. *Se marchó, no sin antes decir lo que pensaba.*

sinagoga. f. Templo o edificio destinados al culto judío. *Mezquitas y sinagogas.*

sinalefa. f. *Fon.* y *Lit.* Unión en una sola sílaba de la vocal o vocales finales de una palabra y la vocal o vocales iniciales de la siguiente.

sinaolense. adj. De Sinaloa (México).

sincero, ra. adj. Que dice o expresa lo que realmente piensa o siente, sin fingimiento. *Era sincera cuando pidió perdón.* ▶ FRANCO, VERAZ. FAM sincerarse; sinceridad.

síncopa. f. **1.** *Ling.* Supresión de uno o más sonidos dentro de una palabra. *En "Navidad" hay una síncopa por "Natividad".* **2.** *Mús.* Desplazamiento del acento rítmico normal, producido al prolongarse una nota de una parte o tiempo débiles del compás a otros fuertes. *Síncopas típicas del jazz.* FAM sincopado, da.

síncope. m. *Med.* Pérdida repentina del conocimiento debida a una parada momentánea de la acción del corazón. *Le dio un síncope.* ▶ *DESMAYO.

sincretismo. m. Conciliación de elementos diferentes, espec. doctrinas o ideas. *Se produjo un sincretismo de culturas.* FAM sincrético, ca.

sincrónico, ca. adj. cult. Dicho de cosa, espec. de fenómeno o proceso: Que se desarrolla o actúa al mismo tiempo que otra. *Dos movimientos artísticos casi sincrónicos.* FAM sincronía; sincronismo; sincronización; sincronizar.

sindicalismo. m. Sistema de organización obrera por medio de sindicatos. *Gracias al sindicalismo se conquistaron nuevos derechos.* FAM sindicalista.

sindicar. tr. **1.** Agrupar en sindicato (a personas de una misma profesión o con intereses comunes). *Sindicaron a los empleados.* **2.** Am. Acusar (a alguien) de algo. *Los sindican DE actos reñidos con la ley* [C]. ○ intr. prnl. **3.** Entrar a formar parte de un sindicato afiliándose a él. *Se sindicó.* ▶ **2:** *ACUSAR. FAM sindicación.

sindicato. m. Asociación de trabajadores cuyo fin es la defensa de los intereses profesionales, económicos y sociales de sus miembros. Designa espec. la de carácter obrero y que defiende intereses de clase. *Los sindicatos convocan una huelga.* ■ ~ amarillo. m. Sindicato cuyo fin es minar la acción reivindicativa de los sindicatos obreros, y defender así los intereses patronales. Frec. despect. FAM sindical.

síndico. m. **1.** Persona elegida por una comunidad o corporación para defender sus intereses. *Ha sido propuesto como síndico de la Bolsa.* **2.** *Der.* En un concurso de acreedores o en una quiebra: Persona encargada de liquidar el activo y el pasivo del deudor. *El síndico designado por el juez.*

síndrome. m. **1.** *Med.* Conjunto de síntomas característicos de una enfermedad o un estado determinado. *Irritabilidad, dolor de cabeza, etc., constituyen el síndrome premenstrual.* **2.** Conjunto de signos o fenómenos reveladores de una situación gralm. negativa. *Hay un síndrome de inseguridad en las calles.* ■ ~ de abstinencia. m. Conjunto de trastornos que presenta una persona adicta a una droga cuando deja de tomarla de manera brusca. ■ ~ de Down. (pronunc. "síndrome-de-dáun"). m. *Med.* Enfermedad producida por una alteración cromosómica y caracterizada por un grado variable de retraso mental y diferentes anomalías físicas, espec. el aspecto del rostro, que re-

cuerda el de los mongoles. ⇒ MONGOLISMO. ■ ~ de Estocolmo. m. Reacción de comprensión de una persona secuestrada hacia sus secuestradores. ■ ~ de inmunodeficiencia adquirida. m. *Med.* Sida.

sinecura. f. cult. Empleo o cargo retribuido que ocasiona poco o ningún trabajo. *Algunos adeptos al régimen eran premiados con sinecuras.*

sine díe. (loc. lat.; pronunc. "sine-díe"). loc. adv. Sin plazo o fecha fijos. *El juez aplazó sine díe la comparecencia del testigo.*

sine qua non. (loc. lat.; pronunc. "sine-kua-nón"). loc. adj. Dicho de condición: Indispensable o exigida para algo. *Su firma es condición sine qua non.*

sinergia. f. **1.** cult. Acción conjunta de dos o más elementos, cuyo efecto es superior a la suma de los efectos individuales. *Aprovechan la sinergia de publicidad y televisión para atraer al comprador.* **2.** *Biol.* o *Fisiol.* Participación coordinada de varios órganos para realizar una función. FAM sinérgico, ca.

sinfín. m. Infinidad. *Trajo un sinfín DE regalos.*

sinfonía. f. **1.** Composición musical para orquesta, de larga duración y estructurada en varios movimientos, gralm. cuatro. *Interpretaron una Sinfonía de Beethoven.* **2.** cult. Conjunto armonioso de cosas, espec. de sonidos o colores. *El documental era una sinfonía DE imágenes.* FAM sinfonismo; sinfonista.

sinfónico, ca. adj. **1.** De la sinfonía. *La producción sinfónica de Mozart.* **2.** Dicho de orquesta: Formada por un amplio número de músicos que tocan instrumentos de viento, cuerda y percusión. ▶ **2:** FILARMÓNICA.

singalés, sa. adj. Cingalés. *Población singalesa.*

singladura. f. **1.** *Mar.* Distancia recorrida por una embarcación en 24 horas. *Atracamos tras larga singladura.* Frec. fig. *La revista inicia una nueva singladura.* **2.** *Mar.* Intervalo de 24 horas de navegación. *Pescaron durante seis singladuras.*

singular. adj. **1.** Único y diferente del resto. *Tiene un carácter singular.* **2.** Extraordinario o poco común. *Joyas de singular valor.* ● m. **3.** *Gram.* Número singular (→ número). *El sustantivo "crisis" tiene la misma forma en singular y en plural.* Tb. la palabra con la forma correspondiente a ese número. *El singular de "regímenes" es "régimen".* ▶ **2:** *ESPECIAL. FAM singularidad; singularizar.

singularmente. adv. De manera especial o más destacada. *Anuncian lluvias, singularmente en el noroeste.*

sinhueso. → hueso.

siniestro, tra. adj. **1.** Malintencionado o malvado. *Bruja siniestra.* **2.** Funesto o que hace temer una desgracia. *Callejón siniestro.* **3.** cult. Que está a la izquierda. Dicho de mano, tb. f. *Pinta igual con la diestra que con la siniestra.* ● m. **4.** Suceso catastrófico, como un incendio o un choque, que ocasiona muertes o daños importantes. *El siniestro destruyó el edificio.* **5.** *tecn.* Daño sufrido por alguien o algo y susceptible de ser indemnizado por una compañía aseguradora. *Un perito evaluará el siniestro.* ▶ **4:** *CATÁSTROFE. FAM siniestrado, da; siniestralidad.

sinnúmero. m. Cantidad incalculable de personas o cosas. *Un sinnúmero DE fans.*

sino[1]. m. Destino (fuerza que determina los sucesos, o encadenamiento de estos). *Su sino era morir joven.* ▶ *DESTINO.

sino[2]. conj. **1.** Une oraciones o elementos de oración indicando contraposición entre la idea afirmati-

654

va expresada en segundo lugar y la idea negativa expresada en primer lugar. *No vine a discutir, sino a solucionarlo.* **2.** Precedida de negación, se usa para indicar enfáticamente que solo sucede o se considera lo expresado a continuación. *No hace sino quejarse.* **3.** Se usa, en correlación con *no solo*, para expresar enfáticamente la suma de dos hechos. *No solo es listo, sino también bueno.*

sínodo. m. *Rel.* Reunión o junta de eclesiásticos, espec. de obispos. *Un sínodo episcopal sobre la vida religiosa.* FAM **sinodal.**

sinónimo, ma. adj. *Ling.* Dicho de palabra o expresión: Que tiene el mismo significado que otra. *"Pito" y "silbato" son términos sinónimos.* Tb. m. FAM **sinonimia; sinonímico, ca.**

sinopsis. f. Exposición sintética o esquemática de una materia o asunto. *En la carátula de la película hay una sinopsis del argumento.* FAM **sinóptico, ca.**

sinovia. f. *Anat.* Líquido viscoso que lubrifica las articulaciones de los huesos. FAM **sinovial.**

sinrazón. f. Acción o cosa contrarias a lo razonable o debido. *Un secuestro es siempre una sinrazón.*

sinsabor. m. Disgusto o desazón anímica. *¡Cuántos sinsabores causan los celos!*

sinsentido. m. Cosa absurda o sin lógica. *La guerra es un sinsentido.*

sinsonte. m. frecAm. Pájaro cantor americano, de plumaje pardo, con las extremidades de alas y cola, el pecho y el vientre blancos. *El trino del sinsonte* [C].

sintagma. m. *Gram.* Conjunto formado por un núcleo y unos elementos estructurados en torno a él, y que funciona como una unidad normalmente dentro de una oración. *El esquema básico de oración combina un sintagma nominal y otro verbal.* FAM **sintagmático, ca.**

sintaxis. f. **1.** *Gram.* Estudio de las relaciones que se establecen entre los elementos de una oración, y de las funciones que desempeñan. *Lecciones de morfología y sintaxis.* Tb. el conjunto de reglas para combinar elementos en la formación de oraciones. *Una falta de concordancia atenta contra la sintaxis.* **2.** *Inform.* Conjunto de reglas que definen las secuencias correctas de los elementos de un lenguaje de programación. *El ordenador no ejecuta la orden si no está escrita según la sintaxis del lenguaje.* FAM **sintáctico, ca.**

síntesis. f. **1.** Composición de un todo por la reunión de sus partes. *El jazz es una síntesis de ritmos y melodías afroamericanos.* **2.** Resumen o compendio. *Hizo una síntesis de la conferencia.* **3.** *Quím.* Proceso por el que se obtiene un compuesto a partir de sus componentes. *Se ha conseguido la síntesis de una nueva vitamina.* FAM **sintético, ca; sintetizar.**

sintetizador, ra. adj. **1.** Que sintetiza. *Un texto sintetizador de varias propuestas.* ● m. **2.** Instrumento musical electrónico, provisto de un teclado y un tablero de control, capaz de producir, sintetizando señales eléctricas, sonidos propios de otros instrumentos, o efectos sonoros especiales.

sintoísmo. m. Religión tradicional japonesa, de carácter politeísta. FAM **sintoísta.**

síntoma. m. **1.** Fenómeno revelador de una enfermedad. *La fiebre puede ser síntoma de gripe.* **2.** Señal o indicio de algo. *Hay síntomas de recuperación económica.* FAM **sintomático, ca; sintomatología; sintomatológico, ca.**

sintonía. f. **1.** Melodía u otra señal sonora que suenan al comienzo de un programa de radio o televisión, y que sirven para identificarlos. *Se despertaba con la sintonía de un informativo de radio.* **2.** Entendimiento o coincidencia de puntos de vista. *Hay buena sintonía* ENTRE *ellos.* **3.** *Radio y TV* Situación en que la frecuencia de un aparato receptor se ajusta a la de una emisora. *Para lograr una sintonía correcta de su aparato, utilice el botón de ajuste.* FAM **sintonización; sintonizador; sintonizar.**

sinuoso, sa. adj. **1.** Que tiene ondulaciones o curvas. *Sendero sinuoso.* **2.** Que oculta sus propósitos. *Hombre sinuoso.* ▶ **2:** *RETORCIDO. FAM **sinuosidad.**

sinusitis. f. *Med.* Inflamación de los senos de la cara.

sinvergüenza. adj. **1.** Dicho de persona: Que comete actos ilegales o inmorales en beneficio propio. *Es tan sinvergüenza que pegaría hasta a su madre.* **2.** Dicho de persona: Que se comporta con falta de vergüenza, respeto o pudor. *¡Qué sinvergüenza, ir tan descocada!* ▶ **2:** DESVERGONZADO.

sinvivir. m. Estado de angustia o intranquilidad constantes. *Vive en un sinvivir.*

sionismo. m. Movimiento político judío que aspira a recobrar Palestina como patria. FAM **sionista.**

sioux. (pal. fr.; pronunc. "síux" o "síus"). adj. De un pueblo indio americano, originario de las llanuras del norte de los Estados Unidos de América. ¶ [Adaptación recomendada: *siux,* pl. invar.].

siquiatra; siquiatría; siquiátrico, ca. → psiquiatría.

síquico, ca; siquismo. → psique.

siquiera. adv. **1.** Al menos, o por lo menos. Se usa para establecer el límite mínimo aceptable de algo. *Necesito siquiera una hora.* A veces en la constr. *tan* ~ con intención enfática. **2.** Tan solo, o ni tan solo. *No dijo hola siquiera.* Tb. *tan* ~ con intención enfática. *Ni tan siquiera lo había pensado.* (→ **ni**). ● conj. **3.** cult. Aunque. *Póngase las gafas, siquiera sea para ver dónde pisa.*

sirena. f. **1.** Aparato o mecanismo sonoros que se oyen a mucha distancia, que se usan en barcos, automóviles especiales y determinadas instalaciones para producir una señal de aviso. *El buque hace sonar su sirena.* **2.** En la mitología grecorromana: Ninfa marina con cabeza y torso de mujer, y el resto del cuerpo de pez o de ave, que atrae a los navegantes con la dulzura de su canto para hacerlos naufragar.

siringa. f. cult. Instrumento musical de viento formado por tubos de caña de distintas longitudes y sujetos uno al lado de otro, cuyos sonidos forman la escala musical.

sirio, ria. adj. De Siria (Asia).

siroco. m. Viento sudeste, cálido y seco, de origen sahariano y que sopla en el sur de Europa.

sirope. m. Líquido espeso y azucarado que se emplea en la elaboración de dulces y refrescos. *Sirope de fresa.*

sirviente, ta. (A veces como f. se usa **sirvienta**). m. y f. Persona que sirve como criado. *Una sirvienta lleva la comida a la mesa.* ▶ *CRIADO.

sisa. f. **1.** En una prenda de vestir: Corte curvo hecho en la parte de la axila. *El vestido me tira de la sisa.* **2.** Cantidad que se sisa, espec. en la compra diaria. *Solo con las sisas, se sacaba un sobresueldo.*

sisar. tr. Quedarse con una pequeña parte del dinero (de otro) al manejarlo. *Descubrió que lo sisaban.*

sisear. intr. **1.** Emitir repetidamente el sonido *s* o *ch,* espec. para manifestar desaprobación o desagrado, o

para mandar callar. *Siseó para pedir silencio.* ○ tr.
2. Sisear (→ 1) (algo o a alguien). *No deja de sisear a
los que hablan.* FAM siseo.

sismo. m. Terremoto. *Un sismo sacudió la región.*
FAM sísmico, ca; sismógrafo; sismología; sismológi-
co, ca; sismólogo, ga.

sistema. m. **1.** Conjunto de reglas o principios de
una materia o ámbito, enlazados entre sí de manera
racional. *El país se dotó de un sistema político democrático.* **2.** Conjunto organizado de elementos, gralm.
de la misma especie, que desempeñan la misma función o contribuyen a un mismo fin. *La lengua es un
sistema de signos.* **3.** Mecanismo o dispositivo, gralm.
complejos, que realizan una función. *Falló el sistema
de alarma.* **4.** Conjunto de ideas o teorías estructurado como un todo coherente. *Kant creó un sistema filosófico.* **5.** Método para hacer algo. *Tiene un sistema de estudio eficaz.* **6.** Biol. Conjunto de órganos
que intervienen en una función vegetativa determinada. *El cerebro es el órgano fundamental del sistema
nervioso.* ■ ~ **de ecuaciones.** m. *Mat.* Conjunto de
dos o más ecuaciones que tienen una solución común. ■ ~ **experto.** m. *Inform.* Sistema (→ 2) que integra una base de conocimientos sobre una materia y
diversos programas y herramientas, y que es capaz de
dar respuestas como lo haría un experto en esa materia. *Han diseñado un sistema experto para el pronóstico meteorológico.* ■ ~ **operativo.** m. *Inform.* Programa o conjunto de programas fundamentales que
controlan el funcionamiento de un ordenador y permiten la ejecución de los demás programas. ■ ~ **periódico.** m. *Quím.* Sistema (→ 2) que ordena los elementos
químicos según su número atómico y los agrupa en
función de sus propiedades químicas. □ **por** ~. loc.
adv. De manera reiterada y frec. sin obedecer a una razón o justificación. *Me lleva la contraria por sistema.*
FAM sistemático, ca; sistematización; sistematizar.

sístole. f. Fisiol. Movimiento de contracción del corazón. *En la sístole, la sangre sale del corazón; en la
diástole, entra.* FAM sistólico, ca.

sitial. m. Asiento de ceremonia, espec. el destinado
en actos solemnes a personas con un cargo o dignidad importantes. *Un cuadro de Cleopatra en su sitial.*

sitiar. (conjug. ANUNCIAR). tr. Cercar (un lugar,
espec. una fortaleza) para apoderarse (de él). *El enemigo sitia la ciudad.* ▶ *CERCAR. FAM sitiador, ra; sitio
(Pusieron sitio a la villa).

sitio. m. Lugar (espacio que está o puede estar ocupado). *No queda sitio para más libros.* ■ **hacer** ~. loc.
v. Dejar espacio libre para que quepa algo o alguien.
Haré sitio para el computador. ■ **poner** (a alguien) **en
su** ~. loc. v. coloq. Hacer(le) ver cuál es su verdadera
posición o categoría para que no se dé importancia o se
permita determinadas libertades. *A ese lo pongo yo en
su sitio.* ■ **quedarse** alguien en el ~. loc. v. coloq. Morir
en el acto. *Cayó y se quedó en el sitio.* ▶ *LUGAR.

sito, ta. adj. Situado en el lugar que se indica. *Edificio sito EN la calle Mayor.*

situación. f. **1.** Lugar que ocupa una persona o una
cosa. *La situación del pueblo lo hace punto de paso.*
2. Conjunto de circunstancias en las que se encuentra
alguien o algo. *Mejora la situación del enfermo.* **3.** Posición social o económica. *Su buena situación le permite una vida acomodada.* FAM situacional.

situar. (conjug. ACTUAR). tr. **1.** Poner (algo o a alguien) en un sitio o situación determinados. *El árbitro situó la barrera a la distancia adecuada.* ○ intr.
prnl. **2.** Estar alguien o algo en una determinada situa-

ción. *La ermita se sitúa al pie del monte.* ▶ **1:** EMPLA-
ZAR. **2:** EMPLAZARSE.

siútico, ca. adj. Am. coloq., despect. Dicho de persona: Que presume de fina o elegante e imita los modales y costumbres de las personas distinguidas. *Lo
que quería era lo que sus congelados familiares siúti-
cos más despreciaban* [C].

slip. (pal. ingl.; pronunc. "eslíp"). m. Prenda interior masculina, ajustada, que cubre el cuerpo desde
debajo de la cintura hasta las ingles. *Debajo del pantalón se le nota el slip.* Tb. la prenda de baño de forma semejante. ▶ *CALZONCILLO. [Adaptación recomendada: *eslip,* pl. *eslips*].

so[1]. prep. cult. Bajo. *So pretexto de encontrarse enfermo, no fue a trabajar.*

so[2]. adv. Se usa antepuesto a un adjetivo o a un
nombre empleado como adjetivo para intensificar su
significado con intención despectiva. *¡Te equivocas,
so listo!*

so[3]. interj. Se usa para mandar a las caballerías que
se detengan. *¡So, caballo!*

sobaco. m. Axila. *Se echa desodorante en los sobacos.* FAM sobaquera.

sobado, da. adj. Muy usado o tratado. *Un tema
muy sobado.*

sobaquina. f. Sudor de los sobacos, de olor característico. Tb. ese olor. *Se notaba un tufo a sobaquina
insoportable.*

sobar. tr. **1.** Tocar repetidamente (algo) pasando la
mano. *No soben la fruta.* **2.** Trabajar (algo) con las
manos oprimiéndo(lo) repetidamente para que se
ablande o suavice. *Sobó bien la arcilla.* **3.** coloq. Tocar repetidamente (a una persona o una parte de su
cuerpo) con la mano, gralm. con intención erótica.
Intentaba sobar a las mujeres. **4.** Estropear o deteriorar (algo) por usar(lo) o manosear(lo) mucho. *Suele
la cortina, que la va a sobar.* ▶ **1:** MANOSEAR, TOQUE-
TEAR. FAM sobetear; sobeteo; sobo; sobón, na.

soberano, na. adj. Que posee la autoridad suprema e independiente. *Un gobierno soberano.* Tb. m. y
f., frec. referido a monarca. *El soberano marroquí.*
FAM soberanía.

soberbio, bia. adj. **1.** Dicho de persona: Que se cree
superior a los demás y actúa de manera arrogante y
despreciativa. **2.** Magnífico o extraordinario. *Tuvo una
actuación soberbia.* ▶ **2:** *ESTUPENDO. FAM soberbia.

sobornar. tr. Dar regalos o dinero (a alguien) para
conseguir (de él) algo ilegal. *Intentó sobornar a un
policía.* ▶ COMPRAR, CORROMPER. ‖ Am: COIMEAR.

soborno. m. Hecho de sobornar. *Hizo sobornos.*
▶ CORRUPCIÓN. ‖ Am: COIMA.

sobra. f. **1.** Hecho de sobrar o haber una cosa en
más cantidad de lo necesario. *La sobra en la producción abaratará los precios.* ○ pl. **2.** Conjunto de las
cosas que sobran o quedan después de haber usado lo
necesario. *Tira las sobras de la comida.* ■ **de** ~. loc.
adv. Con exceso, o más de lo necesario. *Demostró de
sobra su valía.*

sobrado[1]. m. Desván. *Guardaba unos sacos de trigo en el sobrado.*

sobrado[2], **da.** adj. **1.** Que sobra o hay más de lo
necesario. *Tengo razones sobradas para protestar.*
2. Seguido por *de* y un nombre: Que tiene de sobra lo
designado por ese nombre. *Va sobrado de fuerzas.*
3. Rico y abundante de bienes. *Con tantos hijos, no
andarán muy sobrados.*

sobrar. intr. **1.** Haber una cosa en más cantidad de lo necesario. *Aquí sobran muebles.* **2.** Quedar parte de algo después de haber usado lo necesario. *Ha sobrado comida.* **3.** Estar de más una persona o una cosa, o ser innecesarias. *Sobran las explicaciones.* FAM **sobrante.**

sobre¹. prep. **1.** Encima de. *Deja la ropa sobre cama.* **2.** Por encima de. *Mil metros sobre el nivel del mar.* **3.** Acerca de. *Hablamos sobre política.* **4.** Además de. *Le dio cien dólares sobre lo pactado.* **5.** Indica aproximación en una cantidad o en el tiempo. *Acabaré sobre las diez.* **6.** A, u orientándose a. *Tiene dos balcones sobre la calle.* **7.** Introduce un complemento que designa la persona sujeta a un dominio o una influencia. *Ejerce fascinación sobre él.* **8.** Hacia, o en dirección a. *El ejército marcha sobre la ciudad.*

sobre². m. Cubierta gralm. de papel plegado a modo de bolsa, que se usa para meter en ella una carta, papeles u otra cosa, frec. para enviarlos por correo.

sobre-. pref. **1.** Significa 'superposición' o 'lugar superior'. *Sobrefalda, sobrecosido, sobreceja.* **2.** Significa 'intensidad excesiva o superior a un límite normal'. *Sobreesfuerzo, sobrealimentar, sobreañadir, sobreprecio.*

sobreactuar. (conjug. ACTUAR). intr. Interpretar un actor un papel exagerando los rasgos del personaje que encarna. *Sobreactúa en todas sus películas.*

sobrecargo. m. **1.** En un barco mercante: Oficial responsable del cargamento. *El sobrecargo informó al capitán.* **2.** En un avión: Miembro de la tripulación encargado de supervisar diversas funciones auxiliares.

sobrecoger. tr. Causar impresión o susto (a alguien). *La escena me sobrecogió.* FAM **sobrecogedor, ra; sobrecogimiento.**

sobrecubierta. f. Segunda cubierta que se pone a algo para resguardarlo mejor. Designa espec. la de un libro. *La sobrecubierta trae una foto del autor.*

sobredimensionar. tr. **1.** Dar (a algo) dimensiones excesivas. *Sobredimensionaron la plantilla y ahora habrá despidos.* **2.** Dar (a algo) más importancia de la que en realidad tiene. *No sobredimensione el problema.*

sobredosis. f. Dosis excesiva de algo, espec. de una droga o un medicamento. *Ingresó grave por una sobredosis DE cocaína.*

sobreentender; sobreentendido. → **sobrentender.**

sobreexcitar. (Tb. **sobrexcitar**). tr. Aumentar la excitación o las propiedades vitales (de una persona o de una parte de su organismo). *Tanta expectación la sobreexcitaba.* FAM **sobreexcitación** o **sobrexcitación.**

sobrehilar. (conjug. DESCAFEINAR). tr. Dar puntadas sobre el borde (de una tela cortada) para que no se deshilache. *Sobrehíla la tela a máquina.* FAM **sobrehilado.**

sobrehumano, na. adj. Que excede a lo humano. Frec. con intención enfática. *Hizo un esfuerzo sobrehumano.*

sobreimprimir. (part. **sobreimprimido** o **sobreimpreso**. Ambos part. se utilizan en la conjugación: *Han sobreimprimido/sobreimpreso el logotipo.* Como adj. la forma preferida es *sobreimpreso: Me entregó una copia sobreimpresa*). tr. Imprimir (un texto o una imagen) sobre otra imagen. *Sobreimprimen los títulos de crédito al final de la película.* FAM **sobreimpresión.**

sobrellevar. tr. Soportar (un problema o una desgracia) o cargar (con ellos). *Le cuesta sobrellevar la separación de sus padres.*

sobremanera. (Tb. **sobre manera**). adv. En extremo o mucho. *Se parece sobremanera a su abuelo.*

sobremesa. f. Tiempo inmediatamente posterior a una comida y que se dedica gralm. a la conversación. *En la sobremesa charlamos de todo.* ■ **de ~.** loc. adj. Dicho de objeto: Adecuado para ser colocado sobre una mesa u otro mueble semejante. *Calendario de sobremesa.*

sobrenadar. intr. Mantenerse encima de un líquido sin hundirse. *En el mar sobrenadan unas manchas de petróleo.*

sobrenatural. adj. Que excede los límites de lo natural. *Seres sobrenaturales.*

sobrenombre. m. **1.** Nombre calificador que se añade al de una persona. *Alude al rey con su nombre y sobrenombre: Enrique IV el Impotente.* **2.** Nombre, frec. calificador, que se da a una persona en sustitución del suyo. *Le pusieron el sobrenombre de "el Gatopardo".* ▶ APODO, MOTE, REMOQUETE.

sobrentender. (Tb. **sobreentender**; conjug. ENTENDER). tr. Entender (algo que no está expreso, pero que puede suponerse por lo anterior o por lo que se trata). *No lo dijo claro, pero lo sobrentendimos.* FAM **sobrentendido** o **sobreentendido.**

sobrepasar. tr. **1.** Rebasar (un límite). *Su ganancia ha sobrepasado el millón.* **2.** Superar o aventajar (a alguien o algo). *Sobrepasa EN diez puntos al segundo.*

sobrepelliz. f. Vestimenta blanca, corta y de mangas amplias, que se ponen sobre la sotana los sacerdotes y otras personas que ayudan en funciones de iglesia.

sobrepeso. m. Exceso de peso. *Pagó una tasa por sobrepeso del equipaje.*

sobreponer. (conjug. PONER). tr. **1.** Poner (una cosa) encima de otra. *Para calcarlo, sobreponga un papel transparente al dibujo.* ○ intr. prnl. **2.** Dominar una persona los sentimientos de desánimo o pena causados por una adversidad o desgracia. *Sobreponiéndose A su dolor, volvió al trabajo.* ▶ **1:** SUPERPONER.

sobrepujar. tr. Exceder o superar (a una persona o cosa) en algo. *Ninguna máquina sobrepuja al hombre EN inteligencia.*

sobrero, ra. adj. *Taurom.* Dicho de toro: Que se tiene de reserva por si alguno de los destinados a una corrida no resulta apto. Más frec. m.

sobresaliente. adj. **1.** Que sobresale. *Un profesional sobresaliente.* ● m. **2.** Calificación académica máxima. *Un sobresaliente en lengua.* ▶ **1:** *DESTACADO.

sobresalir. (conjug. SALIR). intr. **1.** Ser una persona o cosa superiores en tamaño respecto a las que están alrededor. *Como es tan alto, sobresale ENTRE los demás.* **2.** Ser una persona o cosa superiores en importancia respecto a las que están alrededor. *ENTRE sus obras sobresale una novela.* **3.** Estar una cosa más alta o más afuera que otra. *El alero sobresale demasiado.* ▶ **1, 2:** DESCOLLAR, DESPUNTAR, DESTACAR.

sobresalto. m. Sensación producida por un hecho repentino o imprevisto. *El estruendo nos produjo un sobresalto.* FAM **sobresaltar.**

sobresdrújulo, la. adj. *Fon.* Dicho de palabra: Que lleva el acento de intensidad en una sílaba anterior a la antepenúltima.

sobreseer. (conjug. LEER). tr. *Der.* Suspender la instrucción (de un sumario) o dejar sin curso ulterior (un procedimiento). *El juez sobreseyó el caso por falta de pruebas.* FAM **sobreseimiento.**

sobrestimar. tr. Estimar (algo o a alguien) por encima de su valor. *Me sobrestima; no soy tan capaz.*

sobresueldo. m. Retribución que se añade al sueldo fijo. *Cobra un sobresueldo por horas extras.*

sobretasa. f. Recargo sobre la tasa ordinaria. *Pagó una sobretasa del 10%.*

sobrevenir. (conjug. VENIR). intr. Suceder una cosa de manera imprevista. *Le sobrevino la muerte mientras dormía.*

sobrevivir. intr. **1.** Vivir después de la muerte de alguien o después de algo. *Sobrevivió a la operación.* **2.** Vivir con escasos medios o en condiciones adversas. *Sobrevivía con limosnas.* ▶ **1:** SUPERVIVIR. FAM **sobreviviente.**

sobrevolar. (conjug. CONTAR). tr. Volar (sobre un lugar). *Los aviones sobrevuelan la ciudad.*

sobrexcitación; sobrexcitar. → sobreexcitar.

sobrino, na. m. y f. Respecto de una persona: Hijo de su hermano o de su hermana. *No tengo hijos, pero sí sobrinos.* Tb. ~ carnal.

sobrio, bria. adj. **1.** Dicho de persona: Moderada, espec. en relación con la comida y la bebida. **2.** Dicho de cosa: Que carece de elementos, espec. adornos, excesivos o superfluos. *Una fachada sobria.* **3.** Dicho de persona: Que no está borracha. ▶ **3:** SERENO. FAM **sobriedad.**

socaire. m. Abrigo o defensa que proporciona una cosa en el lado opuesto a aquel de donde sopla el viento. *El viento nos azotó al salir del socaire de las rocas.* ■ **al ~** (de algo). loc. adv. Amparándose (en ello) o sirviéndose de su protección. *Al socaire DEL alcalde, hacía negocios sucios.*

socarrón, na. adj. Que se burla de manera disimulada. *Es tan socarrona que nunca sé si habla en serio.* FAM **socarronería.**

socavar. tr. **1.** Excavar (algo) por debajo. *Están socavando la colina para construir un túnel.* **2.** Debilitar (algo o a alguien), espec. en el aspecto moral. *Las ambiciones personales socavan la unidad del grupo.*

socavón. m. Hundimiento del suelo causado por una oquedad producida bajo su superficie. *La rotura de una tubería produjo un socavón en la calzada.*

sociable. adj. Capaz de vivir en sociedad, o inclinado a relacionarse socialmente. *Una persona sociable.* FAM **sociabilidad.**

social. adj. **1.** De la sociedad, o de las personas que conviven en ella. *Crece la presión social.* **2.** Destinado a cubrir las necesidades básicas de la sociedad. *Gasto social sanitario.* **3.** De una sociedad o compañía, o de los socios que la forman. *Domicilio social.* **4.** Que vive en sociedad o en agrupación. *Animales sociales.*

socialdemocracia. f. *Polít.* Socialismo democrático, moderado y reformista, que renuncia a la propiedad exclusivamente estatal de los medios de producción. ▶ SOCIALISMO. FAM **socialdemócrata.**

socialismo. m. **1.** Sistema de organización social, político y económico, en que se antepone el interés colectivo al particular y en que los grandes medios de producción pertenecen al Estado. *La Revolución rusa propició la instauración del socialismo en la Unión Soviética.* **2.** Socialdemocracia. FAM **socialista.**

socializar. tr. **1.** Hacer que (algo de propiedad privada, espec. un servicio o un medio de producción) pase a estar bajo control del Estado. *El Gobierno socializó los medios de transporte.* **2.** Hacer que (un individuo) se integre socialmente o se adapte a las normas de la sociedad. *Medidas para socializar a la población marginada.* FAM **socialización; socializador, ra.**

sociedad. f. **1.** Conjunto de las personas que conviven de manera organizada y se relacionan entre sí. *La sociedad española era sobre todo rural.* **2.** Modo de vivir ciertos animales en grupos organizados. *Las abejas viven en sociedad.* **3.** Agrupación de personas unidas por un interés común. *Pertenece a una sociedad cultural.* **4.** Agrupación comercial de carácter legal, que cuenta con un capital inicial formado con las aportaciones de sus miembros. *Los beneficios de la sociedad se reparten entre los accionistas.* ■ **~ anónima.** f. *Com.* Sociedad (→ 4) cuyo capital está dividido en acciones y cuyos socios no responden personalmente por las deudas contraídas. ■ **~ cooperativa.** f. Sociedad (→ 4) constituida entre productores, vendedores o consumidores para obtener ventajas y utilidades comunes. *Los viticultores fundaron una sociedad cooperativa.* ⇒ COOPERATIVA. ■ **~ de consumo.** f. Sociedad (→ 1) en la que se estimula la compra y el consumo de bienes no estrictamente necesarios. *El papel de la publicidad en la sociedad de consumo.* ■ **~ (de responsabilidad) limitada.** f. *Com.* Sociedad (→ 4) formada por un número reducido de socios, y en la que se responde de las deudas solo hasta el límite del capital aportado por esos socios. ■ **buena,** o **alta, ~.** f. Conjunto de personas de clase acomodada cuyas costumbres y comportamiento se suelen considerar elegantes y refinados. *Damas de la alta sociedad.* ☐ **presentar en ~** (a una muchacha). loc. v. Incorporar(la) simbólicamente a la vida social en una fiesta. Frec. fig. *Hoy será presentada en sociedad una nueva revista.* ▶ **3:** ASOCIACIÓN, CÍRCULO, CLUB, COFRADÍA, HERMANDAD. **4:** *EMPRESA.

societario, ria. adj. De las sociedades empresariales u obreras. *Delitos societarios.*

socio, cia. m. y f. **1.** Persona que está asociada con otra u otras para un fin o una actividad comunes, gralm. de carácter comercial. *Consultaré su oferta con mi socia.* **2.** Miembro de una sociedad o agrupación. *Los socios del club pagan una cuota.* ■ **~ capitalista.** m. y f. *Com.* En una empresa o en un negocio: Socio (→ 1) que aporta capital. ⇒ CAPITALISTA.

sociocultural. adj. De la cultura en su relación con la sociedad. *Factores socioculturales.*

sociolingüístico, ca. adj. **1.** De la sociolingüística (→ 2). *Estudio sociolingüístico.* ● f. **2.** Rama de la lingüística que estudia las relaciones entre lengua y sociedad.

sociología. f. Ciencia que estudia la estructura y el funcionamiento de las sociedades humanas. FAM **sociológico, ca; sociólogo, ga.**

socorrer. tr. Ayudar (a alguien que está en situación de peligro o de necesidad). *Una lancha socorrió a los náufragos.* ▶ *AYUDAR. FAM **socorro.**

socorrido, da. adj. Dicho de cosa: Que sirve como recurso fácil y frecuente para resolver una dificultad. *Unas flores son un regalo socorrido.*

socorrismo. m. Conjunto de técnicas para socorrer a personas que han sufrido un accidente o se encuentran en peligro. *Curso de socorrismo.* FAM **socorrista.**

socrático, ca. adj. **1.** De Sócrates (filósofo griego, s. V a. C.), o de su doctrina. *Ideas socráticas.* **2.** Seguidor de la doctrina o del método socráticos (→ 1).

soda. f. Agua gasificada que suele mezclarse con bebidas alcohólicas para rebajarlas. *Tomaré un vermú con soda.*

sodio. m. Elemento químico del grupo de los metales, blanco brillante, muy abundante en la naturaleza formando sales (Símb. *Na*). FAM **sódico, ca.**

sodomita. adj. **1.** Que practica el coito anal. Tb. m. *En la Edad Media quemaban a los sodomitas.* **2.** histór. De Sodoma (antigua ciudad de Asia). FAM **sodomía; sodomítico, ca; sodomizar.**

soez. adj. Grosero o vulgar. *Palabras soeces.*

sofá. m. Asiento mullido para dos o más personas, con respaldo y brazos. *Sofá de salón.* ◼ ~ **cama.** (pl. **sofás cama**). m. Sofá que se puede convertir en cama.

sofisma. m. Argumento falso, pero que parece válido o verdadero. *Se vale de sofismas para convencer.* FAM **sofístico, ca.**

sofista. adj. **1.** despect. Que utiliza sofismas. Más frec. m. y f. *El conferenciante me ha parecido un sofista.* ● m. **2.** histór. En la Grecia del s. V a. C.: Maestro de retórica y de filosofía que enseñaba el arte de hablar en público y de defender una tesis mediante cualquier tipo de argumento.

sofisticado, da. adj. **1.** Afectadamente refinado. *Una mujer sofisticada.* **2.** Dicho de sistema o de mecanismo: Técnicamente complejo o avanzado.

sofisticar. tr. Adulterar o falsificar (una cosa). *Solo utiliza materias sin sofisticar.* FAM **sofisticación.**

soflama. f. Discurso vehemente con que se pretende excitar los ánimos de los oyentes. *Pronunció una soflama a favor de la guerra.* ▶ ARENGA.

sofocar. tr. **1.** Producir a (alguien) sensación de ahogo. *Me sofocaba el humo.* **2.** Hacer enrojecer (a alguien) por vergüenza o excitación. *Ha logrado sofocarla con su discusión.* **3.** Extinguir (un fuego o una rebelión). *Los vecinos sofocaron el incendio.* ▶ **3:** EXTINGUIR. FAM **sofocación; sofocante.**

sofoco. m. **1.** Efecto de sofocar a alguien o de sofocarse. *Llegó corriendo y con sofoco.* **2.** Sensación repentina de calor, gralm. con enrojecimiento de la piel y sudor. *Me entró tal sofoco que tuve que abrir la ventana.* **3.** coloq. Disgusto o sensación de inquietud o desasosiego. *¡Qué sofoco!, no sabía dónde estaba.* ▶ **1:** SOFOCACIÓN. **2:** ACALORAMIENTO, SOFOCACIÓN. FAM **sofocón.**

sofreír. (conjug. SONREÍR; part. **sofreído** o **sofrito.** Ambos part. se utilizan en la conjugación: *He sofreído/sofrito el pimiento y la cebolla.* Como adj. solo se usa *sofrito: Tomate sofrito*). tr. Freír ligeramente (un alimento). *Sofríe los ajos.* FAM **sofrito** (*Añada el sofrito a las verduras*).

sofrología. f. Med. Práctica psicoterapéutica que emplea técnicas como el hipnotismo o la relajación para tratar trastornos físicos o psíquicos.

software. (pal. ingl.; pronunc. "sófwer"). m. *Inform.* Conjunto de programas que permiten que un ordenador realice determinadas operaciones. *Instale el software de la impresora.* ¶ [Equivalentes recomendados: *programas* o *aplicaciones* (*informáticas*), *soporte lógico*].

soga. f. Cuerda gruesa de esparto. *Sujetan la carga con sogas.* ◼ **con la ~ al cuello.** loc. adv. coloq. En situación de aprieto o dificultad. *La quiebra lo dejó con la soga al cuello.* ◼ **mentar la ~ en casa del ahorcado.** loc. v. Hablar ante alguien de algo que puede despertarle recuerdos dolorosos o molestos. *Hablar de drogas a un ex drogadicto es mentar la soga en casa del ahorcado.*

soja. f. Planta asiática de fruto en vaina, con semillas comestibles semejantes a pequeñas judías, de las que se extrae aceite y harina. Tb. la semilla. ▶ Am: SOYA.

sojuzgar. tr. Dominar o someter (algo o a alguien) por la fuerza. *Los invasores sojuzgaron a la población.* ▶ *SOMETER.

sol¹. m. **1.** (Frec. en mayúsc.; gralm. con art.). Estrella que se halla en el centro del sistema planetario al que pertenece la Tierra. *El Sol sale por el Este.* **2.** Luz o calor del Sol (→ 1). *Voy a tomar el sol.* **3.** Antigua unidad monetaria del Perú. **4.** coloq. Persona o cosa encantadoras o muy buenas. *Gracias, ¡eres un sol!* ◼ **~ de justicia.** m. Sol (→ 2) muy fuerte y que da mucho calor. *Caminaban bajo un sol de justicia.* ▢ **de ~ a ~.** loc. adv. Desde que sale el Sol (→ 1) hasta que se pone. *Trabaja de sol a sol.* ◼ **ni a ~ ni a sombra.** loc. adv. En ningún momento ni lugar. *No se separa de mí ni a sol ni a sombra.*

sol². m. *Mús.* Quinta nota de la escala de do mayor.

solado. → solar³.

solamente. adv. Quitando cualquier otra cosa, persona, modo, lugar o tiempo. *Solamente quiero un café.*

solana. f. Lugar donde el sol da de lleno. *Hay un lagarto tumbado en la solana.*

solano. m. Viento que sopla de donde nace el Sol. *Habrá solano.*

solapa. f. **1.** En una prenda de vestir: Parte situada a la altura del pecho, que va doblada hacia fuera sobre la misma prenda. *Lleva una flor en la solapa.* **2.** En un libro: Prolongación lateral de la cubierta, que se dobla hacia adentro y puede contener texto impreso. *En la solapa hay una foto del autor.* **3.** En algunos objetos: Parte saliente que se pliega sobre otra, cubriéndola total o parcialmente, y que gralm. sirve de cierre. *El remite viene en la solapa del sobre.*

solapado, da. adj. **1.** Dicho de persona: Que oculta con mala intención sus pensamientos o sus intenciones. *Es astuto y solapado.* **2.** Dicho de cosa: Que no se manifiesta abiertamente. *Una enfermedad solapada.*

solapar. tr. Ocultar (algo) con mala intención. *Solapa sus actividades ilegales.*

solar¹. m. Terreno sobre el que se ha edificado o se va a edificar. *En el solar se construirán viviendas.* ▶ Am: BALDÍO, LOTE.

solar². adj. **1.** Del Sol. *Energía solar.* **2.** Que protege de las radiaciones del Sol. *Crema solar.* **3.** Que funciona con la luz o los rayos del Sol. *Microscopio solar.*

solar³. (conjug. CONTAR). tr. Cubrir (el suelo de un lugar) con un material, como losas o baldosas. *Solaron el patio con baldosas.* ▶ PAVIMENTAR. FAM **solado.**

solariego, ga. adj. De linaje noble. *Casa solariega.*

solárium. (pl. **soláriums**). m. Terraza u otro lugar preparado para tomar el sol. *El hotel cuenta con piscina y solárium.*

solaz. m. cult. Placer o esparcimiento. *Escribía para su solaz.* FAM **solazar.**

soldada. f. Sueldo o paga, espec. los de un soldado. *Combatían por la soldada.*

soldado. m. y f. **1.** Persona que pertenece al ejército. **2.** Militar de la clase de tropa cuyo empleo tiene el grado inferior. *Oficiales y soldados.* FAM **soldadesco, ca.**

soldar. (conjug. CONTAR). tr. Unir o pegar (dos piezas de metal) fundiendo una parte (de ellas) u otro material parecido. *Suelda los tubos con cobre.* FAM **soldador, ra; soldadura.**

solear. tr. Exponer (algo) al sol. *Solean las mantas.* ▶ frecAm: ASOLEAR.

soledad. f. **1.** Condición de solo o carente de compañía. *El ermitaño vive en soledad.* **2.** Condición de solitario o desierto. *Sobrecoge la soledad del bosque.*

solemne. adj. **1.** Que se hace o se celebra públicamente y con suntuosidad. *Sesión solemne del Parlamento.* **2.** Que se hace públicamente, en firme y con todos los requisitos necesarios. *La testigo hace juramento solemne de decir la verdad.* **3.** Que es grave o serio y causa respeto. *Se puso solemne para anunciar el ganador.* **4.** De mucha entidad o importancia. *El solemne día de su boda.* **5.** Antepuesto a algunos nombres, se usa para enfatizar el significado de estos. *Eso es una solemne tontería.* FAM **solemnizar.**

solemnidad. f. **1.** Cualidad de solemne. *La inauguración tuvo mucha solemnidad.* **2.** Acto o ceremonia solemnes. *Asiste a grandes solemnidades.* **3.** Cada una de las formalidades o requisitos que se deben cumplir en un acto solemne. *Se iban sucediendo todas las solemnidades de una toma de posesión.* ■ **de ~.** loc. adv. Pospuesto a un adjetivo, frec. peyorativo, se usa para enfatizar el significado de este. *Era pobre de solemnidad.*

soler. (conjug. MOVER; no se usa en fut., pospret. ni imperativo). aux. Seguido de un infinitivo, expresa que lo significado por este es habitual o frecuente. *Suele llover en esta época del año.*

solera. f. Carácter tradicional y prestigioso de una cosa. *Un apellido de solera.*

solfa. f. **1.** Técnica de leer y entonar los signos musicales. *Enseña solfa.* **2.** Conjunto de signos musicales. *Tocaba sin mirar la solfa.* ■ **poner en ~** (algo o a alguien). loc. v. coloq. Ridiculizar(los). *La comedia pone en solfa a la clase alta.*

solfeo. m. Hecho de cantar algo marcando el compás y pronunciando el nombre de las notas. *El solfeo de una partitura.* Tb. su técnica. *Estudia solfeo.* FAM **solfear.**

solicitar. tr. **1.** Pedir (algo) rellenando una solicitud o instancia. *Solicitó una beca de estudios.* **2.** cult. Pedir respetuosamente (algo) a alguien. *Su abogado solicita la absolución.* **3.** Intentar conseguir la amistad, la compañía o la ayuda (de alguien). *Lo solicitan de todos los departamentos.* FAM **solicitante.**

solícito, ta. adj. Diligente y cuidadoso, espec. en atender a alguien. *El personal del hotel es muy solícito.*

solicitud. f. **1.** Hecho de solicitar o pedir. *Plazo de solicitud de subvenciones.* **2.** Carta o documento en que se pide algo de manera oficial. *Rellene la solicitud con letras mayúsculas.* **3.** Cualidad de solícito. *¡Con qué solicitud nos atendió!*

solidario, ria. adj. **1.** Que se adhiere a una causa o una acción, o a la persona que las defiende. *Soy solidaria CON los despedidos.* **2.** Der. Dicho de obligación o responsabilidad: Que es común a varias personas y debe ser asumida por entero por cada una de ellas. *Los padres tienen responsabilidad solidaria de las infracciones de sus hijos menores.* FAM **solidaridad; solidarizarse.**

solideo. m. Casquete de seda u otra tela ligera, que usan algunos eclesiásticos para cubrirse la coronilla. *El Papa lleva un solideo blanco.*

sólido, da. adj. **1.** Dicho de cuerpo: Que, debido a la gran cohesión de sus moléculas, mantiene forma y volumen constantes. Tb. dicho del estado en que se encuentra ese cuerpo. *El hielo es agua en estado sólido.* **2.** Fuerte o resistente. *Una estantería sólida.* **3.** Firme o estable. *Terrenos poco sólidos.* **4.** Establecido con razones fundamentales y verdaderas. *Argumento sólido.* ● m. **5.** Mat. Cuerpo (objeto de tres dimensiones). *El cono es un sólido.* ▶ **5:** CUERPO. FAM **solidez; solidificación; solidificar.**

soliloquio. m. Monólogo (discurso para uno mismo, o fragmento literario). *A través del soliloquio del protagonista, conocemos su pensamiento.* ▶ MONÓLOGO.

solio. m. Trono, espec. el del papa. *El emperador ocupa el solio.* ▶ TRONO.

solista. adj. Mús. Que ejecuta un solo. *Instrumento solista.*

solitario, ria. adj. **1.** Dicho de persona: Que ama la soledad. *Es muy solitaria.* **2.** Dicho de persona: Que está sola o sin compañía. *Caminaba solitario.* **3.** Dicho de cosa: Que está aislada, sin formar conjunto con otras. *Hay una casa solitaria en el valle.* **4.** Dicho de lugar: Desierto o poco frecuentado. *Calles solitarias.* ● m. **5.** Juego, gralm. de cartas, que ejecuta una sola persona. *Se entretiene haciendo solitarios.* **6.** Diamante grande que se engasta solo en una joya. *Una sortija con un solitario.* Tb. la joya. ○ f. **7.** Tenia. *Tiene la solitaria.* ▶ frecAm: **2, 3:** ÍNGRIMO.

soliviantar. tr. **1.** Alterar el ánimo (de alguien) induciéndo(lo) a adoptar una actitud rebelde u hostil. *Sus palabras soliviantaron al público.* **2.** Inquietar o alterar (a alguien). *Me solivianta discutir con él.*

sollozar. intr. Llorar con movimientos convulsivos y respirando de manera entrecortada. *Se despidió sollozando.* FAM **sollozante; sollozo.**

solo[1]**.** (Tb. **sólo,** cuando existe riesgo de ambigüedad con **solo**[2]). adv. Solamente. *Solo lo conozco de vista.* ■ **solo que.** loc. conjunt. Pero. *Es el mismo reloj, solo que con cronómetro.*

solo[2]**, la.** adj. **1.** Que no forma pareja o conjunto con otros de su clase. *El edificio tiene una sola planta.* **2.** Dicho de cosa: Que no va acompañada de otras. *Tomo la leche sola, sin azúcar.* **3.** Dicho de persona: Que no tiene o no lleva compañía. *Viaja sola.* ● m. **4.** Mús. Composición, o parte de ella, que canta o toca una persona sola (→ 3). *Interpretó un solo de guitarra.* ■ **a solas.** loc. adv. Sin compañía. *Quería estar a solas.*

solomillo. m. Parte de la carne de una res, que se extiende entre las costillas y el lomo. *Comieron solomillo de cerdo.*

solsticio. m. Fís. Cada uno de los dos momentos anuales en que el Sol se encuentra a mayor distancia del Ecuador, y en que la diferencia entre la duración del día y de la noche es mayor. *En el hemisferio sur, el solsticio de invierno es en junio.*

soltar. (conjug. CONTAR). tr. **1.** Hacer que (algo o alguien que estaban sujetos o atados) dejen de estarlo. *Prohibido soltar al perro.* **2.** Dejar (algo que se tenía en las manos). *¡Suelte el arma!* **3.** Dejar ir (a alguien que estaba retenido o preso), o poner(lo) en libertad. *Han soltado al sospechoso por falta de pruebas.* **4.** Dejar que salga (algo que estaba detenido o estancado). *Han soltado el agua del estanque.* **5.** Dejar que surja (la expresión de un sentimiento, espec. si estaba contenida). *Soltó un suspiro de alivio.* **6.** Desprender o despedir una persona o cosa (algo) de sí. *Este jersey suelta pelusa.* **7.** Provocar algo, espec. un alimento, la evacuación (del vientre). *Las ciruelas ayudan a soltar el vientre.* **8.** coloq. Decir (algo), frec. en un momento inoportuno o de manera brusca. *Era un secreto, pero él lo soltó todo.* **9.** coloq. Dar (un golpe). *Le soltó un puñetazo.* ○ intr. prnl. **10.** Empezar a hacer algo con desenvoltura. *El niño ya se ha soltado A leer.* ▶ **1:** DESATAR. **6:** *DESPEDIR.

soltero, ra. adj. Que no se ha casado. *Está soltero, pero tiene novia.* ▶ CÉLIBE. FAM **soltería; solterón, na.**

soltura. f. Agilidad o facilidad para hacer algo. *Habla inglés con soltura.*

soluble. adj. **1.** Dicho de sustancia: Que se puede disolver. *La sal es soluble EN agua.* **2.** Que se puede resolver o solucionar. *Problema soluble.* FAM **solubilidad.**

solución. f. **1.** Hecho de solucionar. *Será difícil la solución del conflicto.* **2.** Respuesta a un problema o a una cuestión difícil. *Sé la solución A esa adivinanza.* **3.** *Quím.* Disolución (mezcla que resulta de disolver). *Una solución acuosa.* ■ **~ de continuidad.** f. Interrupción, o falta de continuidad. *El bosque rodea el pueblo sin solución de continuidad.* ▶ **3:** DISOLUCIÓN.

solucionar. tr. Hacer que (algo, como un problema o una duda) deje de existir. *Hemos solucionado el problema de las goteras.* ▶ RESOLVER, SOLVENTAR.

soluto. m. *Quím.* En una disolución: Sustancia o cuerpo disueltos.

solventar. tr. Solucionar (algo). *Ya solventé el problema.* ▶ *SOLUCIONAR.

solvente. adj. **1.** Capaz de pagar sus deudas. *Un cliente solvente.* **2.** Digno de crédito o confianza. *Consulte fuentes solventes.* **3.** Capaz de cumplir eficazmente una obligación o un cargo. *Una abogada solvente.* FAM **solvencia.**

somalí. adj. De Somalia (África).

somático, ca. adj. *Biol.* Del cuerpo, o de la parte material de un ser animado. *La depresión presenta síntomas psíquicos y somáticos.*

somatizar. tr. Transformar (un problema psíquico) en enfermedad o síntomas orgánicos o somáticos. *Ha somatizado la ansiedad y sufre taquicardia.*

sombra. f. **1.** Proyección oscura que despide un cuerpo opaco al interceptar los rayos de un foco de luz. *El nogal da sombra.* Tb. el lugar en que se refleja. *Vamos a la sombra.* **2.** Oscuridad o falta de luz. Gralm. en pl. *Las sombras de la noche invaden el parque.* **3.** Persona que sigue a otra a todas partes. *Se convirtió en mi sombra.* **4.** Situación de clandestinidad o de anonimato. *La resistencia actuaba en la sombra.* **5.** Indicio o atisbo mínimos de algo. *No me quedó sombra DE duda.* **6.** Forma que se percibe de manera vaga. *Una sombra se movió en el jardín.* **7.** Cosmético, gralm. en polvo y en distintos colores, que se usa para maquillar los párpados. Tb. *~ de ojos.* **8.** En un dibujo o una pintura: Tono más oscuro con que se representa una sombra (→ 1), y que sirve para dar apariencia de volumen. *Perfilado el retrato, trazó unas sombras.* **9.** *tecn.* Lugar al que no llegan las señales transmitidas por un aparato o una emisora. *La radio no se oye en zonas de sombra.* ■ **~s chinescas.** f. pl. Espectáculo que consiste en hacer sombras (→ 1) con figuras que se mueven detrás de una superficie blanca y translúcida sobre la que se proyecta una luz orientada hacia los espectadores. ■ **mala ~.** f. coloq. Mala suerte. *¡Qué mala sombra tengo!* □ **a la ~** (de alguien o algo). loc. adv. Bajo su protección. *Se hizo un nombre a la sombra DE su maestro.* ■ **hacer ~** una persona o cosa (a otra). loc. v. Impedir que (esta) destaque o sobresalga por tener aquella más méritos o mejores cualidades. *Su hermano le hace sombra.* FAM **sombreado; sombrear.**

sombrajo. m. Cobertura sencilla, hecha de ramas, mimbres o esteras, que sirve para dar sombra. *Descansaba bajo el sombrajo de la terraza.*

sombrero. m. **1.** Prenda de vestir que sirve para cubrir la cabeza y que gralm. tiene copa y ala. *Lleva abrigo y sombrero.* **2.** *Bot.* Parte superior de una seta, gralm. en forma de sombrilla y con numerosas láminas en su cara inferior. Tb. *sombrerillo.* ■ **~ chambergo.** m. histór. Sombrero (→ 1) de copa acampanada y ala ancha, levantada por un lado y sujeta a la copa por un broche, frec. adornado con plumas y cintas. ⇒ CHAMBERGO. ■ **~ de copa.** m. Sombrero (→ 1) de ala estrecha y copa alta, cilíndrica y plana por arriba, gralm. forrado de felpa negra. ⇒ CHISTERA. ■ **~ de tres picos.** m. histór. Sombrero (→ 1) de base triangular, con el ala levantada por tres lados formando tres picos. ■ **~ hongo.** m. Sombrero (→ 1) de ala estrecha y copa baja, rígida y semiesférica. ⇒ BOMBÍN, HONGO. □ **quitarse el ~** (ante alguien o algo). Sentir gran admiración (por ellos). *Me quito el sombrero ANTE los voluntarios.* FAM **sombrerería; sombrerero, ra.**

sombrilla. f. Utensilio semejante a un paraguas, gralm. mayor y de tela más gruesa, usado para protegerse del sol. *Sombrilla de playa.* ▶ PARASOL, QUITASOL.

sombrío, a. adj. **1.** Dicho de lugar: Que tiene poca luz solar. *Una habitación sombría.* **2.** Triste o melancólico. *Gesto sombrío.* ▶ **1:** OSCURO.

somero, ra. adj. Dicho de cosa: Superficial o poco profunda. *Hizo una somera descripción del accidente.*

someter. tr. **1.** Conquistar (algo o a alguien) o dominar(los) por la fuerza. *Los invasores sometieron a los aborígenes.* **2.** Subordinar (una cosa o a una persona) a otra, o hacer(las) depender de ella. *Nos sometía a sus caprichos.* **3.** Hacer que (alguien o algo) reciban o soporten los efectos de una acción. *Lo someterán a un interrogatorio.* **4.** Exponer o presentar (algo) a alguien para que dé su opinión o juicio (sobre ello). *Sometió el proyecto a la comisión asesora.* ▶ **1:** AVASALLAR, DOBLEGAR, DOMINAR, SOJUZGAR, SUBYUGAR. FAM **sometimiento.**

somier. m. Soporte de tela metálica, láminas de madera u otro material más o menos elástico, sobre el que se coloca el colchón de la cama.

somnífero, ra. adj. Que produce sueño. *Sustancia somnífera.* ▶ SOPORÍFERO.

somnolencia. f. Pesadez y torpeza motivadas por el sueño. *Después de comer siento somnolencia.* ▶ MODORRA, SOÑOLENCIA, SOPOR.

somnoliento, ta. adj. Que tiene sueño o somnolencia. *A estas horas está ya somnolienta.* ▶ MODORRO, SOÑOLIENTO.

somormujo o **somorgujo.** m. Ave acuática de pico fuerte y puntiagudo, con una especie de penacho de plumas detrás de cada ojo, buena buceadora, y que habita en lagos y lagunas. *El somormujo hembra.*

son. m. Sonido agradable, espec. el musical. *Se oyen los sones de un acordeón.* ■ **al ~** (de un instrumento). loc. adv. Con acompañamiento (de ese instrumento). *Baila al son DE la guitarra.* ■ **bailar** alguien **al ~ que le toca** (otra persona). loc. v. coloq. Acomodar su conducta a la situación o las circunstancias impuestas (por esa otra persona). *Ese baila al son que le toque su jefe.* ■ **en ~ de.** loc. prepos. Con ánimo o voluntad de. *Viene en son de paz.*

sonado, da. adj. **1.** Que se divulga o se hace público con mucho ruido y admiración. *Un caso muy sonado.* **2.** Dicho de boxeador: Que ha perdido las facultades mentales a causa de los golpes recibidos en

sonaja - sopetón

los combates. **3.** coloq. Chiflado o que tiene algo trastornada la razón. *No le haga caso: está sonada.*

sonaja. f. Par de chapas metálicas que, atravesadas por un alambre, se colocan en algunos juguetes e instrumentos musicales para hacerlas sonar cuando se agitan. *Las sonajas de la pandereta.*

sonajero. m. Juguete para entretener a los bebés, compuesto de un mango y un extremo con sonajas, cascabeles u otra cosa semejante.

sonámbulo, la. adj. Dicho de persona: Que mientras duerme puede realizar algunos actos coordinados, como caminar o hablar. FAM **sonambulismo.**

sonar. (conjug. CONTAR). intr. **1.** Hacer o producir algo un sonido. *No sonó el despertador.* **2.** Tener una cosa apariencia de otra. *Esa oferta suena A timo.* **3.** coloq. Resultar a alguien vagamente conocidas una persona o una cosa. *Me suena su cara.* **4.** Tener una letra valor fónico o un sonido determinado. *La "g" delante de "e" suena como la "j".* ○ tr. **5.** Limpiar de mocos (la nariz) de una persona haciendo que los expulse con una espiración fuerte. *Sonó la nariz al niño.* **6.** Limpiar (de mocos) la nariz de una persona haciendo que (los) expulse con una espiración fuerte. *Le sonó los mocos.* ○ intr. prnl. **7.** Limpiarse los mocos de la nariz expulsándolos con una espiración fuerte. *Sacó el pañuelo y se sonó.* ■ **(así) como suena.** loc. adv. coloq. Se usa para confirmar algo que se ha dicho y que puede resultar increíble a quien escucha. –*¿Le llamó ladrón?* –*Así como suena.* FAM **sonante.**

sónar. m. *Mar.* Aparato que sirve para detectar la presencia y posición de objetos sumergidos, mediante la emisión de ondas acústicas y su reflexión en ellos.

sonata. f. *Mús.* Composición musical para uno o más instrumentos, que consta gralm. de tres o cuatro movimientos. *Sonata para piano.* FAM **sonatina.**

sonda. f. **1.** Cuerda con un peso de plomo, que sirve para medir la profundidad de las aguas y explorar el fondo. *Desde el barco lanzan una sonda para saber si hay rocas.* **2.** Máquina consistente en una gran barra de hierro de extremos cortantes que sirve para perforar el terreno o las rocas. *Sondas para buscar petróleo.* **3.** Aparato empleado para explorar o investigar zonas de difícil acceso. *La sonda espacial envió datos sobre Marte.* **4.** *Med.* Instrumento largo y delgado que se introduce en el organismo para fines tales como administrar o extraer sustancias, o explorar cavidades. *Un enfermo alimentado por sonda.*

sondar. tr. **1.** Sondear (algo o a alguien). *Sondaron la bahía.* **2.** *Med.* Introducir una sonda en el cuerpo (de alguien) por un conducto natural o accidental. *Tendrán que sondarlo para alimentarlo.* ► **1:** SONDEAR.

sondear. tr. **1.** Echar al agua una sonda para averiguar la profundidad o la calidad del fondo (de una masa de agua). *Sondean la ría.* **2.** Tratar de averiguar (algo). *Sondeó nuestra opinión.* **3.** Tratar de averiguar la opinión o los pensamientos (de alguien). *Pregunta por sondearme.* **4.** Explorar (el subsuelo) perforándo(lo) con una sonda. *Sondean el terreno en busca de agua.* ► SONDAR. FAM **sondeo.**

soneto. m. Composición poética formada por catorce versos, gralm. de once sílabas, distribuidos en dos cuartetos y dos tercetos. FAM **sonetista.**

sonido. m. **1.** Sensación producida en el oído por el movimiento vibratorio de los cuerpos transmitido por un medio elástico, como el aire. *¡Qué agradable sonido de olas!* **2.** *Fís.* Vibración mecánica transmitida por un medio elástico y que produce el sonido

(→ 1). *El sonido se propaga en el aire.* **3.** *Ling.* Sonido (→ 1) del lenguaje considerado en cuanto a sus características acústicas o articulatorias. *El sonido de la "s" es distinto según las regiones.* FAM **sónico, ca.**

soniquete. m. Sonsonete.

sonorense. adj. De Sonora (México).

sonoro, ra. adj. **1.** Del sonido. *Efectos sonoros.* **2.** Que suena o puede sonar. *Instrumento sonoro.* **3.** Que suena bien o con fuerza. *Ovación sonora.* **4.** Dicho de cine o película: Que tiene banda sonora (→ **banda**). **5.** Dicho de lugar: Que permite una buena audición en su interior. FAM **sonoridad; sonorización; sonorizar.**

sonreír. (conjug. SONREÍR). intr. **1.** Reír levemente y sin ruido. *Sonrió al verme.* Tb. prnl. **2.** Mostrarse algo favorable a alguien. *La vida le sonríe.* FAM **sonriente; sonrisa.**

sonrojar. tr. Hacer que (a alguien) se le ponga la cara roja, espec. haciendo o diciendo algo que (le) produce vergüenza. *Los elogios me sonrojan.* FAM **sonrojo.**

sonrosar. tr. Dar (a algo) color rosado. *El sol sonrosó su piel.*

sonsacar. tr. **1.** Conseguir, con habilidad o disimulo, que alguien diga (algo que mantiene en secreto). *Le sonsacó información.* **2.** Conseguir, con habilidad o disimulo, que (alguien) diga algo que mantiene en secreto. *No intente sonsacarme.*

sonso, sa. adj. frecAm. Zonzo. *La chica no es sonsa* [C]. ► *TONTO.

sonsonete. m. Sonido continuado y monótono. *El sonsonete de un organillo.* ► SONIQUETE.

soñar. (conjug. CONTAR). intr. **1.** Tener alguien mientras duerme la percepción o la vivencia de imágenes o sucesos que no son reales. *Anoche soñé CON él.* **2.** Imaginar que son ciertas y reales cosas que no lo son. *Usted sueña si cree que le van a hacer caso.* **3.** Seguido de un complemento introducido por con: Desear intensamente lo expresado por él. *Sueña con llegar a ser escritor.* ○ tr. **4.** Soñar (→ 1, 2) (con algo). *He soñado que era violinista. Paso el día soñando que me encuentro con ella.* ■ **ni ~lo.** expr. coloq. Se usa para negar algo con intención enfática. *¿Prestarle dinero?, ¡ni soñarlo!* FAM **soñador, ra.**

soñolencia. f. Somnolencia. FAM **soñoliento, ta.**

sopa. f. **1.** Plato compuesto de pasta, arroz u otros ingredientes sólidos, y el caldo en que se han cocido. *Sopa de pescado.* Tb. los ingredientes sólidos, espec. la pasta. *Cuando hierva el caldo, añada la sopa.* **2.** Pedazo de pan, bollo u otro alimento empapados en un líquido. *Hace sopas en la salsa.* ■ **~ boba.** f. histór. Comida que se daba a los pobres en los conventos. □ **como una ~, o hecho una ~.** loc. adj. coloq. Muy mojado. *Llegó hecho una sopa.* ■ **hasta en la ~.** loc. adv. coloq. En todas partes. *A ese lo veo hasta en la sopa.* FAM **sopero, ra.**

sopapo. m. coloq. Golpe dado con la mano en la cara. *¡Qué sopapo le dio!*

sopesar. tr. **1.** Examinar con atención los pros y los contras de (algo). *Sopesaré su oferta.* **2.** Examinar con atención (los pros y los contras de algo). *Antes de decidir, sopese las ventajas y desventajas.* **3.** Levantar (una cosa) para tantear o calcular su peso. *Al sopesar la mochila se sorprendió del peso.*

sopetón. de ~. loc. adv. coloq. De repente o de improviso. *Lo dijo de sopetón.*

soplamocos. m. coloq. Golpe dado con la mano en la cara, espec. en las narices. *O te apartas, o te suelto un soplamocos.*

soplar. intr. **1.** Expulsar con fuerza aire por la boca, juntando los labios y dejando una pequeña abertura en el centro. *Sopló para quitar el polvo.* **2.** Haber viento. *Sopla mucho viento.* **3.** Hacer que un fuelle u otro instrumento adecuado expulsen aire. *Soplaré en las brasas con el fuelle.* ○ tr. **4.** Apartar (algo) soplando (→ 1). *Sopló unas virutas.* **5.** Hinchar (algo, espec. la pasta de vidrio) soplando (→ 1). *Soplan el vidrio para darle forma.* **6.** coloq. Decir a alguien de forma disimulada (algo que debe decir y no recuerda o no sabe). *Me sopló una respuesta del examen.* Tb. como intr. **7.** coloq. Decir (algo) a alguien como denuncia o para delatar a otra persona. *Le ha soplado a mi padre que fumo.* FAM **soplado; soplador, ra; soplido.**

soplete. m. Instrumento provisto de un tubo por el que sale un gas que produce una llama, y que se emplea para fundir o calentar metal. *Corta la chapa con soplete.*

soplo. m. **1.** Hecho de soplar. *De un soplo apagó la vela.* **2.** Instante o tiempo muy breve. *Se come un pastel en un soplo.* **3.** *Med.* Ruido que se aprecia al auscultar el corazón, y que puede ser normal o patológico. *Tiene un soplo.*

soplón, na. adj. coloq., despect. Que sopla o dice algo a alguien como denuncia o para delatar. Frec. m. y f. *Es un soplón de la policía.*

soponcio. m. coloq. Desmayo o indisposición, debidos gralm. a una impresión fuerte. Frec. con intención enfática. *Me ha dado un soponcio al ver la factura.*

sopor. m. Somnolencia o adormecimiento. *Me entra un sopor terrible con el calor.* ▶ *SOMNOLENCIA.* FAM **soporífero, ra.**

soportal. m. **1.** Espacio cubierto que precede a la entrada principal de un edificio. *La acompañó hasta el soportal de su casa.* ○ pl. **2.** En una calle o una plaza: Espacio cubierto delante de las puertas de las casas y locales, formado por arcos o columnas que sostienen la parte delantera de los edificios. *Pasean por los soportales de la plaza Mayor.*

soportar. tr. **1.** Sostener o tener alguien o algo sobre sí (el peso de algo). *El puente soporta mil kilos.* Tb. fig. **2.** Tolerar o llevar con paciencia (algo o a alguien desagradables). *No soporto que grite.* ▶ **1:** *SOSTENER.* **2:** *TOLERAR.* FAM **soportable.**

soporte. m. **1.** Cosa que soporta o sostiene el peso de otra. Tb. fig. *Ella es el soporte de la familia.* **2.** *tecn.* Material empleado para registrar información. *El diccionario se publicará en soporte informático.* ▶ **1:** SOSTÉN.

soprano. m. y f. *Mús.* Persona cuya voz tiene el registro más agudo de las humanas. *La soprano cantó un aria.* ▶ TIPLE.

sor. f. Hermana (religiosa). *Sor Juana Inés de la Cruz.* ▶ *HERMANA.*

sorber. tr. **1.** Beber (algo) aspirando. *Sorbe el café.* **2.** Atraer hacia dentro (algo, frec. la mucosidad nasal) con fuerza. *Sorbía los mocos en vez de sonarse.*

sorbete. m. Refresco hecho gralm. de zumo de frutas, agua o leche y azúcar, al que se da cierto grado de congelación. *Sorbete de limón.*

sorbo. m. **1.** Hecho de sorber o beber aspirando. *Dio un sorbo al zumo.* **2.** Cantidad de líquido que se sorbe de una vez. *Bebió un par de sorbos.* **3.** Cantidad pequeña de líquido. *Queda un sorbo de leche.* ■ a ~s. loc. adv. Poco a poco. *Disfruta la felicidad a sorbos.*

sórdido, da. adj. **1.** Muy pobre o miserable. *Barrios sórdidos.* **2.** Vil o indecente. *Contaba los detalles más sórdidos de su vida.* FAM **sordidez.**

sordina. f. Pieza que se ajusta a algunos instrumentos musicales para disminuir la intensidad y variar el timbre del sonido. *Toca la trompeta con sordina.*

sordo, da. adj. **1.** Dicho de persona o animal: Que no oye, o que no oye bien. *Es sorda de un oído.* **2.** Dicho de persona: Que no hace caso a las peticiones o consejos de los demás. *Sigue sordo A nuestras súplicas.* **3.** Dicho de ruido o sonido: Que suena poco o de forma apagada. FAM **sordera.**

sordomudo, da. adj. Dicho de persona: Que carece de la facultad de hablar debido a una sordera de nacimiento. FAM **sordomudez.**

sorgo. m. Cereal semejante al maíz pero de tallos más delgados, empleado en la alimentación humana y animal.

soriano, na. adj. De Soria (España).

sorna. f. Ironía o tono burlón con que se dice algo. *–¡Vaya, cómo se ha arreglado! –dijo con sorna.* ▶ *IRONÍA.*

soroche. m. Am. Mal de montaña causado por la altura. *Encontraron guardias de asalto desmayados, víctimas del soroche* [C]. ▶ **Am:** PUNA.

sorprender. tr. **1.** Causar sorpresa (a alguien). *Me sorprendió su llamada.* **2.** Coger desprevenido (a alguien). *El jugador sorprendió al portero.* **3.** Descubrir (a alguien) en una acción o situación que desearía ocultar. *Lo ha sorprendido robando.* **4.** Descubrir (algo que alguien ocultaba o disimulaba). *Sorprendí un gesto de duda en su rostro.* ▶ **1:** *ASOMBRAR.* FAM **sorprendente.**

sorpresa. f. **1.** Impresión producida por algo imprevisto o extraordinario. *Me he llevado una sorpresa al verla.* **2.** Cosa que produce sorpresa (→ 1). *Le traigo una sorpresa.* ■ por ~, o de ~. loc. adv. De improviso o de manera inesperada. *Dimitió por sorpresa.* ▶ **1:** *ASOMBRO.* FAM **sorpresivo, va.**

sortear. tr. **1.** Someter (algo o a alguien) al resultado de un sistema de adjudicación o reparto basado en la suerte o el azar. *En la tómbola sortean un viaje.* **2.** Evitar con destreza (un obstáculo, riesgo o dificultad). *El conductor sortea los baches.* FAM **sorteo.**

sortija. f. Anillo (aro que se pone en los dedos). *Una sortija de oro.* ▶ *ANILLO.*

sortilegio. m. **1.** Adivinación por medios supersticiosos o artes mágicas. **2.** Hechizo o encantamiento. *El beso de un príncipe rompería el sortilegio.*

SOS. (sigla; pronunc. "ese-o-ese"). m. Llamada urgente de socorro. *El barco envió un SOS.*

sosa. f. Hidróxido de sodio, blanco, soluble en agua y muy corrosivo, empleado en la elaboración de jabones y en la industria química. Tb. ~ *cáustica.*

sosegado, da. adj. Tranquilo o pacífico. *Vida sosegada.* ▶ *TRANQUILO.*

sosegar. (conjug. ACERTAR). tr. **1.** Tranquilizar o calmar (algo o a alguien). *La buena noticia ha sosegado los ánimos.* ○ intr. **2.** Tranquilizarse o calmarse. Frec. prnl. *Por fin se sosegó y dejó de llorar.* FAM **sosiego.**

sosias o **sosia.** m. Doble (persona que se parece mucho a otra). *Dicen que el presidente tiene un sosias.* ▶ *DOBLE.*

soslayar - subarrendar

soslayar. tr. Evitar (algo, espec. una dificultad) dejándo(lo) a un lado. *No puedo soslayar el problema.*

soslayo. de ~. loc. adv. **1.** De manera oblicua, o desviándose de la línea horizontal o vertical. *Me mira de soslayo.* **2.** De pasada o sin profundizar, espec. para evitar una dificultad. *Ese tema solo lo trató de soslayo.*

soso, sa. adj. **1.** Dicho de alimento: Que no tiene sal, o tiene poca. *Las patatas están sosas.* **2.** Dicho de alimento: Falto o escaso de sabor. *El arroz hervido es soso.* **3.** Que no tiene gracia o viveza. *Soy sosa y aburrida.* FAM sosera; sosería.

sospechar. tr. **1.** Imaginar una persona (algo) basándose en conjeturas o indicios. *Al no verlo, sospeché que algo había ocurrido.* O intr. **2.** Desconfiar de alguien o algo. *Sospecha DE todos.* FAM sospecha; sospechoso, sa.

sostén. m. **1.** Hecho de sostener algo o a alguien. *Trabaja para el sostén de la familia.* **2.** Persona o cosa que sostienen. *Unas columnas constituyen el sostén de la cúpula.* **3.** Sujetador (prenda interior femenina). *Se le transparenta el sostén.* ▶ **1:** *MANTENIMIENTO. **2:** SOPORTE. **3:** *SUJETADOR.

sostener. (conjug. TENER). tr. **1.** Mantener (algo o a alguien) para que no se caigan o se muevan. *Un trípode sostiene el telescopio.* Tb. fig. **2.** Defender (una idea o una opinión). *Sostenía que hay otra vida.* **3.** Dar o procurar (a alguien) lo necesario para vivir. *Trabajo, nadie me sostiene.* **4.** Mantener (una actividad) o realizar(la) durante cierto tiempo. *Sostuvimos una discusión.* ▶ **1:** AGUANTAR, SOPORTAR, SUJETAR. **2-4:** MANTENER. FAM sostenible; sostenimiento.

sostenido, da. adj. **1.** *Mús.* Dicho de nota: Que está alterada en un semitono por encima de su sonido natural. *Do sostenido.* ● m. **2.** *Mús.* Signo que se coloca delante de una nota para indicar que es sostenida (→ 1).

sota. f. En la baraja española: Carta que tiene representada la figura de un paje. *La sota de oros.*

sotana. f. Prenda de vestir de los eclesiásticos, que llega hasta los talones y va abotonada por delante de arriba abajo. *El sacerdote viste sotana negra.*

sótano. m. Habitación o planta situadas bajo el suelo de un edificio o por debajo del nivel de la calle. *En el sótano hay un garaje.* ▶ CUEVA.

sotavento. m. *Mar.* Parte opuesta a aquella de donde viene el viento. *El velero vira y se pone a sotavento.*

soterrado, da. adj. Escondido u oculto. *El artículo es una crítica soterrada.*

soterrar. (conjug. reg. o ACERTAR). tr. Enterrar o poner bajo tierra (algo o a alguien). *Han soterrado los cables de la luz.*

soto. m. Lugar poblado de árboles y arbustos, situado gralm. en una vega o en una ribera. *Merendaremos en el soto, junto al río.*

sotobosque. m. Vegetación de matas y arbustos que crece bajo los árboles de un bosque. *El robledal tiene un sotobosque de helechos y otras especies.*

soufflé. (pal. fr.; pronunc. "suflé"). m. **1.** *Coc.* Plato de consistencia esponjosa, preparado con claras de huevo a punto de nieve y otros ingredientes, y cocido al horno. *Soufflé de naranja.* ● adj. **2.** *Coc.* Dicho de alimento: Preparado de manera que queda inflado. *Buñuelo soufflé.* ¶ [Adaptación recomendada: suflé, pl. suflés].

souvenir. (pal. fr.; pronunc. "subenír"). m. Objeto que sirve como recuerdo de la visita a un lugar. *Un souvenir de Roma.* ¶ [Equivalente recomendado: recuerdo. Adaptación recomendada: suvenir, pl. suvenires].

sóviet o **soviet.** (soviet, Am.; pl. **sóviets** o, Am., **soviets**). m. **1.** (Frec. en mayúsc.). En la antigua Unión Soviética: Cámara de representantes de carácter local, regional o nacional. *El Soviet Supremo sesiona de forma permanente* [C]. **2.** histór. En la Revolución rusa: Agrupación formada por delegados de los obreros y por soldados. *Los sóviets se hicieron cargo de las empresas capitalistas.*

soviético, ca. adj. De la antigua Unión Soviética.

soya. f. Am. Soja. *Salsa de soya* [C].

sport. (pal. ingl.; pronunc. "espór" o "espórt"). adj. Dicho de prenda de vestir o de calzado: Deportivo (cómodo e informal). *Una chaqueta sport.* Frec. de ~. ▶ DEPORTIVO. ¶ [Equivalente recomendado: deportivo].

spot. (pal. ingl.; pronunc. "espót"). m. Película publicitaria de corta duración. *Un spot de televisión.* ▶ *ANUNCIO. ¶ [Equivalente recomendado: anuncio].

spray. (pal. ingl.; pronunc. "esprái"). m. Envase que contiene un líquido mezclado con un gas a presión, y que está provisto de un dispositivo para que el líquido salga pulverizado. *Laca en spray.* Tb. el líquido. *Aplique spray lubricante.* ▶ AEROSOL. ¶ [Adaptación recomendada: espray, pl. espráis].

sprint. (pal. ingl.; pronunc. "esprínt" o "esprín"). m. *Dep.* Aceleración a fondo que realiza un corredor en un tramo de la carrera, espec. en la llegada a meta. *Hizo un sprint para ganar.* Tb. fig. ¶ [Adaptación recomendada: esprín, pl. esprines].

statu quo. (loc. lat.; pronunc. "estátu-kuó"; pl. invar.). m. Situación o estado de cosas en un momento determinado. *Las elecciones cambiarán el statu quo del país.*

stricto sensu. (loc. lat.; pronunc. "estríkto-sénsu"). loc. adv. En sentido estricto. *No interpreten stricto sensu mis palabras.*

striptease. (pal. ingl.; pronunc. "estríptis" o "estriptís"). m. Espectáculo en el que una persona se va desnudando poco a poco, de manera insinuante y gralm. al ritmo de la música. *Una mujer hizo un striptease.* ¶ [Adaptación recomendada: estriptis, pl. invar., o estriptís, pl. estriptises].

su. → suyo.

suave. adj. **1.** Que resulta agradable al tacto por no presentar irregularidades o asperezas. *¡Qué piel tan suave!* **2.** Dicho de cosa: Que resulta agradable a los sentidos, espec. por su escasa intensidad o por su carencia de cambios bruscos. *Un olor suave.* **3.** Moderado o poco intenso. *La pendiente aquí es suave.* **4.** Dócil o apacible. *Después del paseo, la yegua iba suave.* FAM suavidad; suavización; suavizante; suavizar.

suazi. adj. De Suazilandia (África).

sub-. pref. **1.** Significa 'debajo de'. *Subsuelo, subacuático.* **2.** Significa 'inferioridad de nivel, calidad o categoría'. *Subespecie, subcultura, subintendente, subgénero.* **3.** Significa 'acción secundaria o posterior a la principal'. *Subdividir.*

suba. f. Am. Hecho o efecto de subir o aumentar. *La suba de los precios* [C]. ▶ SUBIDA.

subalterno, na. adj. **1.** De categoría inferior o secundaria. Frec. m. y f. *Un jefe no puede hablar así a un subalterno.* ● m. **2.** *Taurom.* Torero que forma parte de la cuadrilla de un matador.

subarrendar. (conjug. ACERTAR). tr. **1.** Dar en arriendo (algo) una persona que ya lo tenía en arriendo.

Como el piso alquilado era grande, subarrendó una habitación. **2.** Tomar en arriendo (algo) de una persona que ya lo tenía en arriendo. *Ella alquila el piso y yo le subarriendo una habitación.* FAM **subarriendo.**

subasta. f. **1.** Venta pública en la que lo vendido se adjudica a quien más dinero ofrece por ello. *Pujé por un cuadro en una subasta.* Tb. ~ *pública.* **2.** Adjudicación del contrato de una obra o un servicio a quien presenta la propuesta más ventajosa. *El Ayuntamiento sacará a subasta la construcción del polideportivo.* Tb. ~ *pública.* ▶ frecAm: **1:** REMATE. FAM **subastador, ra; subastar.**

subclavio, via. adj. *Anat.* Que está debajo de la clavícula. *Vena subclavia.*

subconsciente. adj. **1.** Que no llega a ser consciente. *Temor subconsciente.* ● m. **2.** Parte subconsciente (→ 1) de la mente. *Me traicionó el subconsciente.*

subcontrata. f. Contrato que una empresa hace a otra para que se haga cargo de una parte de un trabajo contratado originalmente por la primera. *La compañía telefónica realizó la instalación de su red mediante subcontratas.* FAM **subcontratación; subcontratar; subcontratista.**

subcutáneo, a. adj. **1.** *Anat.* Que está inmediatamente debajo de la piel. *Grasa subcutánea.* **2.** *Med.* Que se pone inmediatamente debajo de la piel. *Inyección subcutánea.*

subdesarrollo. m. Situación de un país o región que no alcanza determinados niveles económicos, sociales o culturales. *El subdesarrollo de la región se debe a la falta de recursos naturales.* FAM **subdesarrollado, da.**

súbdito, ta. m. y f. **1.** Respecto de una autoridad, espec. un monarca: Persona que está sujeta a ella y tiene obligación de obedecerla. *El califa era aclamado por sus súbditos.* **2.** Ciudadano de un país. *Muchos turistas eran súbditos británicos.*

subempleo. m. *Econ.* Empleo en que se asigna al trabajador un puesto o unas tareas por debajo de sus capacidades. *Crece el desempleo y el subempleo.*

subestimar. tr. Estimar (algo o a alguien) por debajo de su valor o importancia. *No subestime el poder del dinero.* ▶ *MENOSPRECIAR.

subfusil. m. Arma de fuego automática, individual y portátil, de cañón más corto que el del fusil y con gran velocidad de disparo. ▶ METRALLETA.

subido, da. adj. Dicho espec. de color: Muy intenso. *Un amarillo subido.*

subíndice. m. Letra o número que se colocan en la parte inferior derecha de una palabra o de un símbolo para distinguirlos de otros iguales. *En la fórmula H_2O, el subíndice "2" indica dos átomos de hidrógeno.*

subir. intr. **1.** Ir de un lugar a otro superior o más alto. *Suban AL quinto piso.* **2.** Ponerse encima de un animal o de una cosa. *Subió A su caballo.* **3.** Entrar en un vehículo. *Ha subido EN el tren.* **4.** Aumentar algo o ponerse más alto. *Subirán las temperaturas.* **5.** Ponerse más alto el precio de algo. *Ha subido la gasolina.* **6.** Llegar a un punto más alto. *El camino sube HASTA el pueblo.* **7.** Llegar una cuenta a una cantidad determinada. *El total subía A cien euros.* **8.** Pasar a un estado o nivel más altos o mejores. *Fue subiendo hasta hacerse famoso.* ○ tr. **9.** Ir desde la parte de abajo a la parte de arriba (de algo). *Subió el Everest.* **10.** Llevar (algo o a alguien) desde un lugar a otro más alto. *Subiré los paquetes A casa.* **11.** Hacer que (algo) aumente de intensidad o valor. *Suba un poco la voz.* **12.** Poner más

alto el precio (de algo). *Han subido la luz.* **13.** Elevar o dirigir hacia arriba (algo, espec. una parte del cuerpo). *Subió la cabeza para ver.* ▶ **1, 4, 6-8:** ASCENDER. **11:** *ELEVAR. **13:** *LEVANTAR. FAM **subida.** *(Una subida empinada).*

súbito, ta. adj. Repentino e inesperado. *Un súbito ataque de tos.*

sub iúdice. (loc. lat.; pronunc. "sub-yúdize"). loc. adj. *Der.* Pendiente de resolución judicial. *Un caso sub iúdice.*

subjetivo, va. adj. **1.** Que depende de la manera de pensar o sentir del individuo. *Tiene una visión muy subjetiva de las aptitudes de su hijo.* **2.** Del sujeto, o ser que piensa o actúa. *La conducta es una actividad subjetiva.* FAM **subjetividad; subjetivismo; subjetivista.**

sub júdice. (loc. lat.; pronunc. "sub-yúdize"). loc. adj. *Der.* Pendiente de resolución judicial. *Un asunto sub júdice.*

subjuntivo. m. *Gram.* Modo subjuntivo (→ **modo**). *En "cuando llegue", el verbo está en subjuntivo.*

sublevación. f. Hecho de sublevar o sublevarse, espec. contra la autoridad a la que se está sometido. *La medida provocará una sublevación popular.* ▶ ALZAMIENTO, INSURGENCIA, INSURRECCIÓN, LEVANTAMIENTO, REBELIÓN.

sublevar. tr. **1.** Hacer que (alguien) se subleve (→ 3). *Sublevó al ejército.* **2.** Provocar indignación o enfado (en alguien). *Me subleva que se burle.* ○ intr. prnl. **3.** Oponerse a la autoridad, espec. negándose a obedecerla o atacando a los representantes de esta. *El pueblo se sublevó contra el tirano.* ▶ **1:** LEVANTAR. **3:** ALZARSE, LEVANTARSE, REBELARSE.

sublimar. tr. **1.** Exaltar (algo o a alguien) o elevar(los) a un grado moral o estético superior. *El poeta sublima a su amada.* **2.** *Quím.* Transformar (una sustancia sólida) directamente en vapor. *En este proceso, el calor sublima el agua congelada.* FAM **sublimación.**

sublime. adj. Que causa admiración por sus excelentes cualidades morales, intelectuales o estéticas. *Una artista sublime.*

subliminal. adj. **1.** *Psicol.* Que está por debajo del nivel mínimo de conciencia. *Percepción subliminal.* **2.** *Psicol.* Dicho de estímulo: Que por su escasa duración o intensidad no se percibe de manera consciente, pero sí influye en la conducta. *La publicidad incluye mensajes subliminales que incitan a comprar.*

sublunar. adj. cult. Terrestre (de la Tierra). *El mundo sublunar.*

submarinismo. m. Conjunto de actividades que se realizan bajo la superficie del mar, gralm. con fines deportivos, científicos o militares. *Practica submarinismo.*

submarinista. m. y f. **1.** Persona que practica el submarinismo. *Un grupo de submarinistas busca restos arqueológicos.* **2.** Tripulante de un submarino, espec. el que pertenece a la Armada. ● adj. **3.** Del submarinismo. *Actividad submarinista.*

submarino, na. adj. **1.** Que está o se efectúa bajo la superficie del mar. *Pesca submarina.* ● m. **2.** Embarcación, espec. de guerra, capaz de sumergirse y navegar bajo la superficie del agua. *El submarino hundió la fragata.* ▶ **2:** SUMERGIBLE.

submúltiplo. m. *Mat.* Divisor (cantidad contenida en otra). *Dos es submúltiplo de 30.* ▶ *DIVISOR.

submundo. m. Ambiente particular, frec. de carácter marginal o delictivo, dentro de un mundo superior. *El submundo de la droga.*

subnormal - subtropical

subnormal. adj. Dicho de persona: Afectada de una deficiencia mental de carácter patológico. ► DEFICIEN-TE. FAM **subnormalidad.**

suboficial. m. y f. Militar de la escala inmediatamente superior a las clases de tropa y de marinería. *Los sargentos son suboficiales.* ■ **~ mayor.** m. y f. Suboficial de mayor rango, cuyo empleo es superior al de subteniente.

subordinación. f. **1.** Hecho o efecto de subordinar. *Se exige subordinación A la autoridad.* **2.** *Gram.* Relación que se establece entre dos palabras u oraciones, de manera que una de ellas depende de la otra. *En "Dígame qué quiere", la oración "qué quiere" está unida a "dígame" por subordinación.*

subordinado, da. adj. **1.** Dicho de persona: Que está a las órdenes de otra. Frec. m. y f. *Alabó el trabajo de sus subordinados.* **2.** *Gram.* Dicho de oración o proposición: Que está unida a otra por subordinación. *En "quiero que venga", la oración subordinada es "que venga".*

subordinante. adj. **1.** Que subordina. *Un poder subordinante.* **2.** *Gram.* Dicho espec. de oración: Que va unida a una oración subordinada por medio de una conjunción que expresa subordinación. Tb. dicho de la conjunción correspondiente.

subordinar. tr. **1.** Hacer que (una persona) esté bajo la autoridad de otra. *Los subordinó a todos.* **2.** Hacer que (una cosa) dependa de otra. *Subordinaré mi decisión A los resultados de esta entrevista.* **3.** Considerar que (una cosa) es menos importante que otra y colocar(la) en un lugar secundario. *Subordinó su interés particular AL bienestar general.* **4.** *Gram.* Hacer que (un elemento gramatical, espec. una oración) dependa de otro.

subproducto. m. En una operación o proceso industriales: Producto que se obtiene además del producto principal y que suele tener menor valor que este. *La parafina es un subproducto de la destilación del petróleo.* Tb. fig., gralm. despect.

subrayar. tr. **1.** Señalar (algo que está escrito) haciendo una raya por debajo. *Subraya los verbos que hay en el texto.* **2.** Destacar (algo que se considera importante) o llamar la atención (sobre ello). *Subrayó la importancia de esta investigación.* ► **2:** *DESTA-CAR. FAM **subrayable; subrayado.**

subrepticio, cia. adj. Que se hace o se produce a escondidas. *Echó una mirada subrepticia.*

subrogar. tr. **1.** *Der.* Sustituir una persona o cosa (a otra). *Mi hijo me va a subrogar como titular en el contrato de alquiler.* O intr. prnl. **2.** *Der.* Sustituir una persona o cosa a otra en una obligación o en un derecho. *Si compro una casa que tiene hipoteca puedo subrogarme.* FAM **subrogación.**

subsahariano, na. (pronunc. "subsajariáno" o "subsaariáno"). adj. Del sur del Sahara (desierto de África). *Países subsaharianos.*

subsanar. tr. Remediar o corregir (un defecto, un daño, un error o un problema). *Hay que subsanar los daños causados por la riada.* FAM **subsanación.**

subscribir; subscripción; subscriptor, ra. → suscribir.

subsecretario, ria. m. y f. En un ministerio: Persona que ocupa el cargo inmediatamente inferior al de ministro. *El Subsecretario de Pesca.* FAM **subsecretaría.**

subsecuente. adj. Subsiguiente. *Se culpó del error y de la crisis subsecuente.*

subsidiario, ria. adj. **1.** Dicho de cosa: Que sirve de apoyo o refuerzo a otra principal. *La empresa es subsidiaria de una multinacional.* **2.** *Der.* Dicho de persona o cosa: Que sustituye a otra principal. *El Estado fue declarado responsable civil subsidiario del accidente.* FAM **subsidiaridad** o **subsidiariedad.**

subsidio. m. Dinero que durante un tiempo determinado se concede como ayuda de carácter oficial a una persona, una entidad o una actividad. *Cobra el subsidio de desempleo.* FAM **subsidiar** (conjug. ANUNCIAR).

subsiguiente. adj. Dicho de cosa: Que sigue inmediatamente a otra. *Participó ese año y los años subsiguientes.* ► SUBSECUENTE.

subsistencia. f. **1.** Hecho de subsistir. *En el clima desértico es difícil la subsistencia para la mayor parte de las especies. Una pensión es su único medio de subsistencia.* O pl. **2.** Medios necesarios para subsistir o mantenerse con vida, espec. alimentos. *A causa de la guerra subieron los precios de las subsistencias.*

subsistir. intr. **1.** Permanecer o seguir existiendo. *Subsisten antiguas costumbres.* **2.** Mantener la vida o seguir viviendo. *El agua es imprescindible para subsistir.* FAM **subsistente.**

substancia; substancial; substancioso, sa. → sustancia.

substanciar. → sustanciar.

substantivación; substantivar; substantivo, va. → sustantivo.

substitución; substituir; substitutivo, va; substituto, ta. → sustituir.

substracción. → sustracción.

substraendo. → substraendo.

substraer. → substraer.

substrato. → sustrato.

subsuelo. m. **1.** Parte profunda de la corteza terrestre, que está debajo de la parte superior o de la capa de terreno cultivable. *Hay petróleo en el subsuelo.* **2.** Capa de terreno que está debajo del suelo. *El metro circula por el subsuelo.*

subsumir. tr. cult. Incluir (una cosa) en una clasificación más abarcadora o en un conjunto más amplio. *Esta ley queda subsumida EN otra más general.*

subte. m. Am. Subterráneo (tren). *Siempre viajo en subte* [C]. ► *METRO.

subteniente. m. y f. Suboficial del ejército cuyo empleo es inmediatamente superior al de brigada. *Es subteniente del Cuerpo General del Ejército del Aire.*

subterfugio. m. Trampa, engaño u otro recurso hábil que se emplean para conseguir algo o sortear una dificultad. *Utilizó un subterfugio para ganar tiempo.*

subterráneo, a. adj. **1.** Que está debajo de tierra. *Aguas subterráneas.* ● m. **2.** Vía, paso o espacio subterráneos (→ 1). *Puede cruzar la calle por un subterráneo.* **3.** Am. Metro (tren). *Viajar en ómnibus o en subterráneo* [C]. ► **3:** *METRO.

subtítulo. m. **1.** Título secundario que se pone a veces después del principal. *"Divinas palabras" lleva el subtítulo de "Tragicomedia de aldea".* **2.** En una película: Letrero que aparece en la parte inferior de la imagen y que contiene la traducción o, menos frec., la transcripción del texto hablado. *Una película en inglés con subtítulos en español.* FAM **subtitular.**

subtropical. adj. De las zonas templadas adyacentes a los trópicos, caracterizadas por un clima cálido con lluvias estacionales. *Anticiclón subtropical.*

suburbano, na. adj. **1.** Del suburbio. *Barrio suburbano.* ● m. **2.** Tren que comunica el centro de una ciudad con las zonas suburbanas (→ 1). *Va al trabajo en el suburbano.* ▶ **1:** SUBURBIAL.

suburbio. m. Núcleo urbano situado en las afueras o en la periferia de una ciudad, espec. el de población pobre. FAM **suburbial.**

subvención. f. **1.** Cantidad de dinero dada por el Estado u otra entidad como ayuda. *La película ha recibido una subvención de medio millón de euros.* **2.** Hecho o efecto de dar una subvención (→ 1). *El ministerio prevé la subvención del proyecto.* FAM **subvencionar.**

subvenir. (conjug. VENIR). intr. **1.** Ayudar a algo. *El aire puro subvendrá A su recuperación.* **2.** Costear o sufragar algo, espec. una necesidad. *El Estado va a subvenir A las necesidades de la organización.*

subvertir. (conjug. SENTIR). tr. Trastornar o alterar (algo, espec. en el ámbito moral o en el orden establecido). *Subvirtió las normas.* FAM **subversión; subversivo, va.**

subyacer. (conjug. YACER). intr. Estar una cosa debajo de otra. Más frec. fig. *EN sus escritos subyace una ideología conservadora.* FAM **subyacente.**

subyugar. tr. **1.** Dominar (algo o a alguien) de manera violenta. *Los invasores subyugaron al país.* **2.** Embelesar (a alguien). *Su forma de hablar nos subyuga.* ▶ **1:** *SOMETER. **2:** *EMBELESAR. FAM **subyugador, ra; subyugante.**

succionar. tr. **1.** Chupar (la sustancia o el jugo de algo). *Las crías succionan la leche de las mamas.* **2.** Absorber (algo), o atraer(lo) hacia dentro de sí. *La aspiradora succiona el polvo.* FAM **succión.**

sucedáneo, a. adj. Dicho espec. de sustancia: Que, por tener propiedades parecidas a las de otra, puede reemplazarla. Frec. m. *Un sucedáneo de café.*

suceder. tr. **1.** Pasar a ocupar de manera estable una persona el puesto o el cargo (de otra). *Ella lo sucedió EN el cargo.* **2.** Seguir una cosa (a otra), o ir a continuación (de ella) en el tiempo o en el espacio. *La calma sucede a la tormenta.* **3.** Heredar (a una persona), o pasar a ser dueño legal de sus bienes cuando muere. *No tenía hijos que lo sucedieran.* ○ intr. **4.** Hacerse realidad un hecho. *Eso sucedió en abril.* ▶ **3:** HEREDAR. **4:** OCURRIR, PASAR. FAM **sucedido; sucesor, ra.**

sucesión. f. **1.** Hecho o efecto de suceder. *Será difícil la sucesión del líder.* **2.** Conjunto de cosas en el que cada una sigue a otra en un orden determinado. *Una sucesión de acontecimientos.* **3.** Descendencia o conjunto de personas que descienden de alguien por línea directa. *Murió sin sucesión.* **4.** Mat. Conjunto ordenado de números que cumplen una ley determinada. *La sucesión de los números naturales es infinita.* FAM **sucesorio, ria.**

sucesivo, va. adj. Dicho de cosa: Que sucede o sigue a otra. *Días sucesivos al parto.* ■ **en lo sucesivo.** loc. adv. A partir de este momento. *En lo sucesivo iré yo.*

suceso. m. **1.** Cosa que sucede, espec. si es importante. *Vivió sucesos felices.* **2.** Hecho delictivo o accidente desgraciado. Frec. designa la noticia sobre ese hecho y, en pl., la sección periodística correspondiente. *El crimen aparece en la página de sucesos.* ▶ **1:** *ACONTECIMIENTO.

sucinto, ta. adj. **1.** Breve y conciso. *Un relato sucinto.* **2.** Dicho de prenda de vestir: Pequeña. *Un sucinto biquini.*

sucio, cia. adj. **1.** Que tiene manchas, polvo, grasa o cosas semejantes que hacen que su aspecto sea poco

agradable. *La toalla está sucia.* **2.** Que produce suciedad. *¡Qué sucio es este perro!* **3.** Dicho de cosa: Que se ensucia fácilmente. *La ropa blanca es muy sucia.* **4.** Dicho de color: Oscurecido o falto de su claridad natural. **5.** Contrario a la ley, la moral o la ética. *Negocios sucios.* **6.** Vil o despreciable. *Un sucio traidor.* **7.** Obsceno o impúdico. *Palabras sucias.* ● adv. **8.** Empleando medios censurables. *Juegan sucio.* ▶ **1:** PUERCO. FAM **suciedad.**

sucre. m. Unidad monetaria de Ecuador. *Cambió dólares por sucres.*

sucrense. adj. De Sucre (Bolivia, Colombia, Venezuela).

sucreño, ña. adj. De Sucre (Colombia).

súcubo. adj. Dicho de diablo: Que adoptando apariencia de mujer tiene relación sexual con un hombre. Más frec. m. *Un súcubo se le aparece al monje en su celda.*

sucucho. m. frecAm. coloq., despect. Habitación pequeña y estrecha. *La pieza donde vivía era un sucucho* [C].

suculento, ta. adj. **1.** Dicho de alimento: Muy sabroso o sustancioso. Tb. fig. *Una suculenta recompensa.* **2.** Bot. Dicho de planta o de alguno de sus órganos: Carnoso y con mucho jugo. *La fresa es un fruto suculento.*

sucumbir. intr. **1.** Ceder o rendirse a algo. *Sucumbió A la tentación.* **2.** cult. Morir, espec. en una circunstancia poco común. *Muchos sucumbieron en el ataque.*

sucursal. adj. Dicho de establecimiento: Que está situado en distinto lugar de la central de la que depende y cumple funciones análogas a las de esta. Más frec. f. *El banco tiene varias sucursales por todo el país.*

sud. m. (Referido a punto cardinal, se usa en mayúsc.). Am. Sur (punto cardinal, o parte de un lugar). *La dirección era de Norte a Sud* [C]. ▶ *SUR.

sud-. elem. compos. Significa 'sur'. *Sudasiático, sudoriental.*

sudaca. adj. coloq., despect. Sudamericano. Frec. referido a hispanoamericano en general.

sudadera. f. Prenda deportiva semejante a un jersey, de tejido gralm. afelpado y a veces con capucha. ▶ **Am:** BUZO.

sudafricano, na. adj. **1.** De Sudáfrica (África). *El presidente sudafricano.* **2.** Del sur de África. *Países sudafricanos.*

sudamericano, na. adj. De Sudamérica o América del Sur. ▶ SURAMERICANO.

sudanés, sa. adj. De Sudán (África).

sudar. → sudor.

sudario. m. Tela que se pone sobre el rostro de un difunto o en la que se le envuelve su cadáver. ■ **santo ~.** (Tb. en mayúsc.). m. Rel. Sábana con que José de Arimatea cubrió el cuerpo de Cristo cuando lo bajó de la cruz.

sudeste. m. **1.** (En mayúsc.). Punto del horizonte situado entre el Sur y el Este, a igual distancia de ambos (Símb. SE). *La veleta señala al Sudeste.* **2.** En un lugar: Parte que está hacia el Sudeste (→ 1). *El sudeste asiático.* **3.** Viento que sopla del Sudeste (→ 1). *Soplará el sudeste en la región.* ▶ SURESTE.

sudista. adj. histór. En la Guerra de Secesión de los Estados Unidos de América: Partidario de los Estados del sur. *El ejército sudista.*

sudoeste. m. **1.** (En mayúsc.). Punto del horizonte situado entre el Sur y el Oeste, a igual distancia de ambos (Símb. *SO*). *Rumbo al Sudoeste.* **2.** En un lugar: Parte que está hacia el Sudoeste (→ 1). *España está en el sudoeste de Europa.* **3.** Viento que sopla del Sudoeste (→ 1). *Anuncian rachas de sudoeste.* ▶ SUROESTE.

sudor. m. **1.** Líquido claro, transparente y de olor gralm. fuerte, que segregan unas glándulas de la piel de los mamíferos. *Lleva manchas de sudor en la camisa.* **2.** Líquido que sueltan algunas cosas, espec. una planta o algo poroso. *El cántaro destila gotas de sudor.* **3.** coloq. Trabajo o esfuerzo grandes. Frec. en pl. *Le cuesta sudores estudiar.* FAM **sudar**; **sudoración**; **sudoroso, sa.**

sudoríparo, ra. adj. *Anat.* Dicho espec. de glándula: Que segrega sudor.

sueco, ca. adj. **1.** De Suecia. ● m. **2.** Lengua hablada en Suecia y en una parte de Finlandia. ■ **hacerse el ~.** loc. v. coloq. Fingir que no se oye, no se entiende o no se sabe algo que no interesa. *Cuando le hablo de su deuda, se hace la sueca.*

suegro, gra. m. y f. **1.** Respecto de una persona casada: Padre o madre de su cónyuge. ○ m. pl. **2.** Suegro (→ 1) y suegra. *Cenaremos en casa de mis suegros.*

suela. f. **1.** Parte del calzado que toca el suelo. *Botas con suela de goma.* **2.** Cuero grueso y curtido que se emplea espec. para hacer suelas (→ 1). ■ **de siete ~s.** loc. adj. coloq. Pospuesto a un nombre, se usa para enfatizar su significado o la cualidad por él designada. *Un pícaro de siete suelas.* ■ **no llegar** una persona (a otra) **a la ~ del zapato.** loc. v. coloq. Ser aquella muy inferior (a esta). *Ellos no le llegan a la suela del zapato.* ▶ **1:** PISO.

sueldo. m. **1.** Cantidad de dinero que se paga regularmente a alguien por su trabajo. *El sueldo de un maestro era bajo.* **2.** histór. Antigua moneda de distintos países. ■ **a ~.** loc. adv. Con un sueldo (→ 1) u otro pago. *Trabaja a sueldo para una empresa.* ▶ **1:** JORNAL, PAGA, REMUNERACIÓN, RETRIBUCIÓN, SALARIO.

suelo. m. **1.** Superficie sobre la que se anda o se pisa. *Cayó al suelo.* Tb. el material con que se recubre. *Suelos de mármol.* **2.** Zona superficial de la corteza terrestre, espec. la capaz de sostener vida vegetal. *La ley prohíbe edificar en suelo rústico.* **3.** Territorio de un país u otra área geográfica. *Fue detenido al entrar en suelo francés.* **4.** Superficie inferior de algunas cosas. *El suelo del armario.* **5.** *Dep.* En gimnasia artística: Prueba que consiste en la ejecución de ejercicios acrobáticos y gimnásticos sin aparatos sobre una superficie de medidas reglamentarias. *Campeón de suelo y anillas.* ■ **besar el ~.** loc. v. coloq. Caer boca abajo. *Tropezó y besó el suelo.* ■ **por los ~s.** loc. adv. En un nivel muy bajo en cuanto al valor, la estimación, el prestigio o los ánimos. *Su moral está por los suelos.* ▶ **1:** PISO.

suelta. f. Hecho de soltar, espec. una cosa o un animal que estaban sujetos o retenidos. *Una suelta de globos.*

suelto, ta. adj. **1.** Que no está sujeto o retenido. *Trae el pelo suelto.* **2.** Poco compacto o apretado. *La pasta debe quedar suelta.* **3.** Separado de otras personas o cosas con las que forma un conjunto. *No tengo la colección, solo fascículos sueltos.* **4.** Dicho de dinero: Que está en moneda fraccionaria. **5.** Holgado o no ajustado. *La bombilla no luce porque está algo suelta.* **6.** Desenvuelto en su modo de actuar. *Se la ve muy suelta para despachar.* **7.** Ágil o fluido. *Escribe con un estilo suelto.* **8.** coloq. Que padece diarrea. *Algo*

me ha sentado mal y estoy un poco suelto. ● m. **9.** Escrito inserto en un periódico, de extensión e importancia inferiores a los del artículo y gralm. sin firma. *En un suelto se informaba del robo.*

sueño. m. **1.** Hecho de dormir. *Necesito ocho horas de sueño.* **2.** Ganas de dormir. *¡Qué sueño tengo!* **3.** Hecho de soñar. *Durante el sueño veo cosas increíbles.* **4.** Cosa soñada. *Contaré mi sueño de esta noche.* **5.** Cosa, espec. proyecto, que se desea con fuerza y que gralm. tiene pocas probabilidades de hacerse realidad. *Su sueño era ser actor.* Tb. ~ dorado. ■ **coger, o conciliar, el ~.** loc. v. Quedarse dormido. *Tardo en conciliar el sueño.* ■ **echar, o descabezar, un ~.** loc. v. coloq. Dormir un rato, frec. sin acostarse en la cama. *Solía echar un sueño en el autobús.* ■ **en ~s.** loc. adv. Soñando. *He visto el mar en sueños.* ■ **entre ~s.** loc. adv. Dormitando, o durmiendo de manera poco profunda. *Oí el timbre entre sueños.* ■ **ni en ~s.** loc. adv. coloq. Se usa para negar enfáticamente. *No robaría ni en sueños.* ■ **quitar el ~** (a alguien). loc. v. coloq. Preocupar(le) mucho. *La enfermedad de nuestra madre nos quita el sueño.*

suero. m. **1.** Parte que permanece líquida al coagularse la sangre o la linfa. **2.** Parte que permanece líquida al coagularse la leche. *Al añadir limón a la leche, se obtienen requesón y suero.* **3.** Disolución de sales u otras sustancias en agua, que se inyecta con fines curativos. *Le pondrán suero para hidratarlo.* ■ **~ fisiológico.** m. *Med.* Disolución medicinal de sales en agua destilada.

suerte. f. **1.** Causa que se atribuye a los sucesos que no son intencionados o previsibles. *Encontrar empleo depende a veces de la suerte.* **2.** Con adjetivos como *buena* o *mala:* Poder imaginario que se considera como causa de que las cosas le sucedan a alguien de manera favorable o desfavorable. *Hemos tenido mala suerte con el negocio.* **3.** Buena suerte (→ 2). *¡Suerte en el examen!* **4.** Destino, o situación que viene determinada por las circunstancias. *Emigró sin imaginar cuál sería su suerte.* **5.** cult. Clase o tipo. *Es de esa suerte de personas íntegras.* **6.** cult. Especie (persona o cosa muy semejantes a otra). *Llevaba una suerte de mantón.* **7.** cult. Manera o modo. *El niño imita y, de esta suerte, aprende.* **8.** *Taurom.* Acto de los que realiza el matador de toros en la lidia. *El quite es una suerte del toreo.* **9.** *Taurom.* Tercio. *La suerte de banderillas.* ■ **caer, o tocar, en ~** algo (a alguien). loc. v. Corresponder(le) esa cosa por suerte (→ 1) en un sorteo o reparto. *Le ha caído en suerte un premio.* ■ **de ~ que.** loc. conjunt. cult. Del modo adecuado para que. *Coloque el mantel de suerte que cubra toda la mesa.* ■ **echar (a) ~s.** loc. v. Valerse del azar o la suerte (→ 1) para decidir algo. *Nadie quería ir, así que echaron suertes.* ■ **echar** (algo) **a ~, o a ~s.** loc. v. Valerse del azar o la suerte (→ 1) para decidir(lo). *Echaremos a suertes quién cocina.* ■ **por ~.** loc. adv. Afortunadamente. *Por suerte no hubo heridos.* ■ **probar ~.** loc. v. Actuar o participar en algo de dudoso resultado con esperanzas de tener buena suerte (→ 2). *Probó suerte con la lotería.* ■ **tocar en ~.** ➙ **caer en suerte.** ▶ **1:** FORTUNA, VENTURA. **2:** FORTUNA. **3:** FORTUNA, VENTURA. **4:** DESTINO. **8:** LANCE. FAM **suertudo, da.**

suéter. (pl. **suéteres**). m. Jersey. *Un suéter de lana.*

suficiente. adj. **1.** Bastante (que basta). *Hay comida suficiente PARA todos.* **2.** Dicho de persona: Pedante o engreído. ▶ **1:** BASTANTE. FAM **suficiencia.**

sufijo, ja. adj. *Ling.* Dicho de elemento: Pospuesto a la raíz de una palabra, con la que forma una palabra nueva. Más frec. m. *El sufijo "-ción" forma el nombre "edificación" a partir del verbo "edificar".* FAM **sufijación.**

sufismo. m. Doctrina mística musulmana, profesada pralm. en Persia. FAM **sufí.**

sufragar. tr. Costear (algo), o pagar los gastos (de ello). *La empresa sufraga sus viajes.*

sufragio. m. **1.** Sistema de elección de cargos por medio de votación. *Los diputados son elegidos por sufragio.* **2.** Voto emitido en unas elecciones o en una asamblea. *Ha obtenido el 20% de los sufragios.* **3.** Ayuda espiritual al alma de un difunto. *Se oficiará una misa en sufragio de los fallecidos.* ■ ~ **universal.** m. Sufragio (→ 1) en que pueden participar todos los ciudadanos, con las excepciones que determine la ley. ▶ **2:** VOTO.

sufragismo. m. histór. Movimiento político surgido en Inglaterra a principios del s. XX, defensor de conceder el voto a las mujeres. FAM **sufragista.**

sufrido, da. adj. **1.** Dicho de persona: Que sufre con resignación. **2.** Dicho de cosa, espec. de color: Que se ensucia o se estropea poco y puede mantener un buen aspecto durante bastante tiempo. *El gris es muy sufrido.*

sufrir. tr. **1.** Experimentar (un daño o dolor, físico o moral). *La empresa sufre pérdidas.* **2.** Tolerar o llevar con paciencia (algo o a alguien desagradables o molestos). *No puedo sufrir a esa mujer.* ○ intr. **3.** Sentir un daño o dolor, físico o moral. *Ha sufrido mucho.* ▶ **2:** TOLERAR. FAM **sufridor, ra; sufrimiento.**

sugerente. adj. **1.** Que sugiere o evoca algo. *El título "Sal y arena" es muy sugerente.* **2.** Que resulta atrayente o interesante. *Nos ha propuesto una sugerente excursión.* ▶ **1:** EVOCADOR. **2:** SUGESTIVO.

sugerir. (conjug. SENTIR). tr. **1.** Proponer (algo) sin imponer(lo). *Sugiero ir a Machu Picchu.* **2.** Traer una cosa a la memoria o a la imaginación (otra semejante o relacionada de algún modo con ella). *Los grises del cuadro sugieren una tarde otoñal.* ▶ **2:** EVOCAR. FAM **sugerencia; sugeridor, ra.**

sugestionar. tr. Influir (en una persona) alterando su modo normal de comportarse o pensar sin que sea consciente de ello. *Me sugestionan las películas violentas.* FAM **sugestión.**

sugestivo, va. adj. Sugerente o atrayente. *Imágenes sugestivas.* ▶ SUGERENTE.

suicidio. m. **1.** Hecho de quitarse la vida voluntariamente. *Nadie pudo evitar su suicidio.* **2.** Acción que perjudica gravemente a quien la realiza. *Conducir borracho es un suicidio.* FAM **suicida; suicidarse.**

sui géneris. (loc. lat.; pronunc. "sui-géneris"). loc. adj. Singular o particular. *La obra es una adaptación sui géneris de "La vida es sueño".*

suite. (pal. fr.; pronunc. "suít"). f. **1.** En un hotel: Conjunto de dos o más habitaciones comunicadas entre sí que se alquilan como una unidad. *La suite nupcial.* **2.** Mús. Composición musical de carácter instrumental formada por una serie de movimientos de ritmos diferentes, pero basados en una misma tonalidad. *La suite en re mayor de Bach.* ¶ [Adaptación recomendada: *suit*, pl. *suits*].

suizo, za. adj. **1.** De Suiza. ● m. **2.** Bollo elaborado con harina, huevo y azúcar, de forma gralm. ovalada y cubierto de azúcar. *Desayuno un suizo.* ▶ **1:** HELVÉTICO.

sujetador. m. Prenda interior femenina que sirve para sujetar el pecho. Tb. la pieza del biquini que tiene esa función. ▶ SOSTÉN. ‖ frecAm: AJUSTADOR, CORPIÑO.

sujetapapeles. m. Instrumento que sirve para sujetar papeles, espec. el que tiene forma de pinza. *Tenía las facturas prendidas con un sujetapapeles.*

sujetar. tr. **1.** Mantener o sostener (algo o a alguien) de manera que no puedan moverse o caer. *Por favor, ¿me sujeta el bolso?* **2.** Asegurar (algo), o hacer que quede firme y no pueda moverse o caer. *Sujetemos el cartel con unos clavos.* ▶ **1:** SOSTENER. **2:** ASEGURAR. FAM **sujeción.**

sujeto[1]. m. **1.** Persona (individuo de la especie humana). Frec. se usa para designar a un hombre cuyo nombre se ignora, y, entonces, gralm. despect. *¿Alguien conoce al sujeto ese?* **2.** Gram. En la oración: Parte cuyo núcleo concuerda con el verbo del predicado en número y persona. *En "me gusta que me inviten", el sujeto es "que me inviten".* ■ ~ **agente.** m. Gram. Sujeto (→ 2) de un verbo en voz activa. ■ ~ **paciente.** m. Gram. Sujeto (→ 2) de un verbo en voz pasiva. *En "el pueblo fue conquistado", "el pueblo" es el sujeto paciente.* ▶ **1:** PERSONA.

sujeto[2], ta. adj. **1.** Que está sujetado. *Puso macetas sujetas con alambre.* **2.** Seguido de *a* y un nombre: Que puede sufrir lo designado por ese nombre. *El programa está sujeto a cambios de última hora.*

sulfamida. f. Med. Compuesto que contiene azufre, oxígeno y nitrógeno, empleado en el tratamiento de infecciones producidas por bacterias.

sulfatar. tr. **1.** Tratar o pulverizar (una planta) con sulfatos para combatir las enfermedades. *Hay que sulfatar las vides.* ○ intr. prnl. **2.** Cubrirse de sulfato de plomo una pila o una batería por una reacción química interna. *Las pilas se han sulfatado.* FAM **sulfatación; sulfatado.**

sulfato. m. Quím. Sal del ácido sulfúrico. *El yeso es sulfato de calcio hidratado.*

sulfurar. tr. **1.** coloq. Irritar o encolerizar (a alguien). *Me sulfura esa actitud.* **2.** Quím. Combinar (una sustancia) con azufre. *Sulfurar un metal.*

sulfúrico, ca. adj. Quím. Del azufre. *Emisiones sulfúricas. Ácido sulfúrico.* FAM **sulfúreo, a; sulfuroso, sa.**

sultán, na. m. **1.** En algunos países musulmanes: Monarca o soberano. *El sultán de Brunei.* **2.** histór. Emperador turco. ○ f. **3.** Mujer del sultán (→ 1, 2). FAM **sultanato.**

suma. f. **1.** Hecho o efecto de sumar o sumarse. *Necesitamos la suma de todos.* En matemáticas, designa la operación aritmética de sumar (→ **adición**). *Para sumas complejas uso la calculadora.* **2.** Conjunto de cosas. *Tiene una larga suma DE problemas.* **3.** Cantidad de dinero. Tb. ~ *de dinero.* ■ en ~. loc. adv. En resumen. *En suma, hay que actuar ya.* ■ ~ **y sigue.** expr. Se usa para expresar repetición o continuación de algo. *Otra victoria, y suma y sigue.*

sumando. m. Mat. En una suma: Cada una de las cantidades que se suman. *En la suma "10 + 5 = 15", los sumandos son 10 y 5.*

sumar. tr. **1.** Añadir (alguien o algo) a otra persona o cosa. *Suma A sus conocimientos su capacidad didáctica.* **2.** Unir o juntar (dos o más cantidades) en una sola. *El vendedor suma los precios de mis compras.* **3.** Componer dos o más cantidades (un total) al sumarlas (→ 2). *Cinco y siete suman doce.*

sumario[1]. m. **1.** Resumen del contenido de algo. *El programa empieza con un sumario de los reportajes que emitirán.* **2.** Der. Conjunto de actuaciones judiciales que se realizan para preparar un juicio. *El juez reabrió el sumario.* FAM **sumarial.**

sumario², ria. adj. **1.** Breve y resumido. *Una explicación sumaria.* **2.** *Der.* Dicho espec. de juicio o procedimiento: De realización rápida, prescindiendo de algunas de las formalidades ordinarias.

sumarísimo, ma. adj. *Der.* Dicho de juicio o procedimiento: De tramitación brevísima, debido pralm. a la urgencia del caso o a la gravedad del hecho que se juzga. *Consejo de guerra sumarísimo.*

sumergido, da. adj. **1.** Que está o se desarrolla bajo la superficie del agua. *Una ciudad sumergida.* **2.** Clandestino. *Hay miles de puestos de trabajo sumergidos.*

sumergir. tr. **1.** Introducir (algo o a alguien) bajo la superficie de un líquido, espec. del agua. *No sumerja este reloj* EN *agua.* **2.** Meter por completo (a una persona o cosa) en algo, espec. en una situación. *La tarde sumerge al pueblo* EN *el silencio.* FAM **sumergible.**

sumerio, ria. adj. histór. De un pueblo antiguo que habitó Sumeria (región de la baja Mesopotamia).

sumidero. m. Agujero o conducto por donde las aguas residuales o de lluvia pasan a las alcantarillas. *Se ha atascado el sumidero de la piscina.* ▶ TRAGADERO.

sumiller. m. En un restaurante: Encargado de los vinos y los licores.

suministrar. tr. Proveer a alguien (de algo) o proporcionárse(lo). *Una compañía nos suministra gas.* ▶ *PROVEER. FAM **suministrador, ra; suministro.**

sumir. tr. **1.** Hacer caer (a alguien) en determinado estado o situación. *Su muerte nos sume* EN *la tristeza.* ○ intr. prnl. **2.** Hundirse o formar una concavidad anormal una parte del cuerpo, espec. la boca. Frec. en part. *Tiene la boca sumida.*

sumiso, sa. adj. Que se somete o se subordina. *El soldado es sumiso* A *las órdenes.* FAM **sumisión.**

súmmum. m. (Frec. con art.). Grado máximo al que puede llegar algo inmaterial, espec. una cualidad. *Son el súmmum* DE *la hospitalidad.* ■ el ~. loc. s. Una cosa que no se puede superar. *Ganar el Nobel sería ya el súmmum.* ▶ COLMO.

sumo¹. m. Deporte de lucha japonés en que dos adversarios de gran corpulencia se enfrentan sobre una superficie circular tratando de derribarse o de sacarse el uno al otro del círculo.

sumo², ma. adj. **1.** Superior a todos los demás de su clase. *El sumo sacerdote.* **2.** Muy grande. *Lo trata con sumo cuidado.* ■ a lo sumo. loc. adv. **1.** Como mucho. *Llevaré a lo sumo tres libros.* **2.** Si acaso, o en todo caso. *Hará buen día; a lo sumo habrá alguna nube.*

suntuario, ria. adj. Del lujo. *Joyas y otros objetos suntuarios.*

suntuoso, sa. adj. Lujoso y costoso. *Mansión suntuosa.* FAM **suntuosidad.**

supeditar. tr. Subordinar (una cosa o a una persona) a otra, o hacer(las) depender de ella. *Supedita sus deseos al bien común.* FAM **supeditación.**

súper¹. adj. Dicho de gasolina: De alto octanaje.

súper². → supermercado.

super-. pref. **1.** Significa 'encima de'. *Superpuesto.* **2.** Significa 'superioridad'. *Supercomputadora, superhombre.* **3.** Significa 'en grado sumo'. *Superelegante, superlujo.* **4.** Significa 'en exceso'. *Supervalorar.*

superabundante. adj. Que abunda mucho o en exceso. *Allí el agua era superabundante.* FAM **superabundancia.**

superar. tr. **1.** Ser una persona o cosa superiores (a otra) o mejores que (ella). *Su reloj supera* EN *calidad* al mío. **2.** Lograr alguien que deje de existir (un obstáculo o una dificultad), gralm. poniendo esfuerzo en ello. *El enfermo ha superado la fase crítica.* **3.** Rebasar o pasar (un límite). *Las temperaturas superarán los 40°.* **4.** Rebasar (algo o a alguien), o dejar(los) atrás en una carrera o progresión. *Superó al favorito en la recta final.* ▶ **3, 4:** REBASAR. FAM **superación; superador, ra.**

superávit. (pl. superávits). m. **1.** En economía y comercio: Exceso del haber sobre el debe o los ingresos sobre los gastos. *La empresa cerró el ejercicio con un superávit de diez millones.* **2.** Abundancia o exceso de algo que se considera bueno o necesario. *Hay superávit de universitarios.*

superchería. f. Engaño o fraude. *Le sacaba el dinero con supercherías.*

superconductividad. f. *Fís.* Propiedad que tienen algunos materiales de perder su resistencia a la corriente eléctrica, gralm. por debajo de una temperatura específica. FAM **superconductor, ra.**

superdotado, da. adj. Dicho de persona: Que tiene cualidades, espec. intelectuales, superiores a lo normal. *Niños superdotados.*

superficie. f. **1.** Parte exterior de un cuerpo, que lo separa y distingue de aquello que lo rodea. *La superficie lunar.* **2.** Porción de la superficie (→ 1) de algo. *La mancha de petróleo ocupa una gran superficie* DE *la bahía.* **3.** Extensión de terreno. *Las llamas invaden una superficie arbolada.* **4.** Aspecto externo de algo inmaterial. *Se ha quedado en la superficie del problema.* **5.** *Mat.* Extensión de un cuerpo de dos dimensiones. *La superficie de un rectángulo se calcula multiplicando su base por su altura.* ■ gran ~. f. Establecimiento comercial de grandes dimensiones. Gralm. en pl. *Las grandes superficies abrirán el domingo.* FAM **superficial; superficialidad.**

superfluo, flua. adj. Que sobra o no es necesario. *Adornos superfluos.* FAM **superfluidad.**

superíndice. m. Letra o número que se colocan en la parte superior derecha de un símbolo o de una palabra, frec. para distinguir a estos de otros semejantes. *En 6², el superíndice "2" indica que "6" está elevado al cuadrado.*

superintendente. m. y f. Persona que tiene a cargo la dirección y el cuidado de algo, con autoridad sobre las demás personas que trabajan en ello. *El superintendente de Bancos.* FAM **superintendencia.**

superior, ra. adj. (Como adj. se usa solo superior, invar. en género). **1.** Que está más alto. *Su despacho está en la planta superior* A *esta.* **2.** Que es más que otro en cualidad o en cantidad. *Un vino superior* EN *calidad* A *otros.* **3.** Excelente o muy bueno. *Hace una paella superior.* **4.** *Biol.* Dicho de ser vivo: Que posee un organismo más complejo que el de otros, como resultado de una mayor evolución. *El desarrollo del encéfalo distingue a los animales superiores de los inferiores.* ● m. **5.** Persona que tiene a otras a su cargo o que tiene mayor autoridad. *Acata las órdenes de sus superiores.* ○ m. y f. (Como f. se usa superiora). **6.** Persona que dirige una comunidad religiosa. *La superiora del convento.* FAM **superioridad.**

superlativo, va. adj. **1.** cult. Muy grande o extraordinario. *Una inteligencia superlativa.* **2.** *Gram.* Que expresa el grado máximo de una cualidad o circunstancia. *Los adjetivos "paupérrimo" y "pobrísimo" son formas superlativas de "pobre".* Dicho de adjetivo o adverbio, tb. m.

supermercado. m. Establecimiento en que se venden básicamente alimentos, bebidas y artículos de perfumería y limpieza, y donde el cliente se sirve a sí mismo y paga a la salida. FAM **súper** (*Hace la compra en el súper*).

supernova. f. *Fís.* Estrella cuyo brillo aumenta muchísimo de repente al sufrir una explosión en que se libera gran cantidad de energía. Tb. dicha explosión.

supernumerario, ria. adj. **1.** Que excede el número establecido o habitual. *Los niños con síndrome de Down tienen un cromosoma supernumerario.* **2.** Dicho espec. de militar o de funcionario: Que está añadido al escalafón o a la plantilla sin figurar oficialmente en ellos, espec. por excedencia. *Profesor supernumerario.*

superpoblar. (conjug. CONTAR). tr. Poblar en exceso (un lugar). *Hay ciudades superpobladas.* FAM **superpoblación.**

superponer. (conjug. PONER). tr. Poner (una cosa) encima de otra. *Superpuso un papel vegetal SOBRE el dibujo.* ▶ SOBREPONER. FAM **superposición.**

superpotencia. f. País que tiene gran poder económico y militar.

superproducción. f. **1.** Obra cinematográfica o teatral cuyos costes de producción son muy altos. *La película es una superproducción estadounidense.* **2.** *Econ.* Producción que excede las cantidades necesarias.

superrealismo. m. Surrealismo. FAM **superrealista.**

supersónico, ca. adj. Que supera la velocidad del sonido. *Avión supersónico.*

superstición. f. Creencia irracional ajena a la religión, que consiste en atribuir a determinados hechos una consecuencia positiva o negativa. *Es una superstición creer que un espejo roto trae mala suerte.* FAM **supersticioso, sa.**

supervisar. tr. Realizar un control o una revisión generales (de un trabajo realizado por otro). *El jefe de taller supervisa las reparaciones.* FAM **supervisión; supervisor, ra.**

supervivir. intr. Sobrevivir. *Pocos supervivieron al terremoto.* FAM **supervivencia; superviviente.**

supino, na. adj. coloq. Dicho de algo negativo, espec. de ignorancia: Muy grande.

suplantar. tr. Ocupar alguien el lugar o el puesto (de otra persona), gralm. con procedimientos reprobables o ilícitos. *Suplantó al contable para robar.* FAM **suplantación; suplantador, ra.**

suplemento. m. **1.** Cosa que se añade a otra para hacerla más grande, completa o perfecta. *Al salario suma un suplemento por las guardias.* **2.** En un periódico o revista: Hoja o cuaderno independientes del número ordinario, con secciones propias. *Un suplemento dominical.* FAM **suplementario, ria.**

supletorio, ria. adj. **1.** Dicho de cosa: Que suple o sirve para suplir. *Si falla el primer plan, hay otro supletorio.* **2.** Que sirve como suplemento. *Una fuente de ingresos supletorios.* ▶ **1:** SUPLEMENTARIO.

suplicar. tr. Rogar o pedir (algo) a alguien con humildad y tratando de provocar su compasión. *Suplico perdón.* ▶ *ROGAR. FAM **súplica; suplicante; suplicatorio, ria.**

suplicio. m. **1.** Muerte o daño corporal grave causados a alguien como castigo. *Sometía a los condenados a terribles suplicios.* **2.** Dolor físico o moral intenso. Frec. con intención enfática. *Estudiar en verano es un suplicio.*

suplir. tr. **1.** Reemplazar o sustituir (una cosa o a una persona) con otra. *Supliremos el mantel CON periódicos.* **2.** Reemplazar o sustituir una persona o cosa (a otra). *Un compañero me suplió cuando enfermé.* **3.** Remediar (una carencia o un defecto). *Suple su inexperiencia CON esfuerzo.* FAM **suplencia; suplente.**

suponer. (conjug. PONER). tr. **1.** Considerar una persona (algo) como real o verdadero a partir de los indicios que tiene. *Al acercarse supuse que me buscaba.* **2.** Imaginar (algo que no existe) es real o considerar(lo) como si fuera real. *Suponga que lo traicionan, ¿qué haría?* **3.** Implicar una cosa (otra), o tener(la) como consecuencia. *El uso de tecnología supone un ahorro de tiempo.* ▶ **1:** CONJETURAR. **3:** *IMPLICAR. FAM **suposición.**

supositorio. m. Porción de medicamento en forma cilíndrica u ovoide, que se introduce por el recto. *Supositorios contra el estreñimiento.*

supra-. pref. Significa 'situación o condición superior'. *Suprarrenal, supranacional, supraestructura.*

supremacía. f. Superioridad, o posición de autoridad o dominio. *Las potencias ejercían su supremacía SOBRE los demás países.* ▶ HEGEMONÍA.

supremo, ma. adj. **1.** Sumo, o superior a todos los demás de su clase. *El jefe supremo del Ejército.* **2.** Dicho de momento o instante: Decisivo. ● m. **3.** (En mayúsc.). Tribunal Supremo (→ tribunal). *Presentó un recurso ante el Supremo.*

suprimir. tr. Hacer que (algo) desaparezca o deje de existir. *Suprimió una cláusula del contrato.* ▶ *QUITAR. FAM **supresión; supresor, ra.**

supuesto, ta. adj. **1.** Considerado real o verdadero sin la seguridad de que lo sea. *No hay pruebas de la supuesta conspiración.* ● m. **2.** Suposición o hipótesis. *Parte del supuesto de que lo más caro es lo mejor.* ■ **por supuesto.** loc. adv. Ciertamente, o sin duda. Se usa para afirmar o confirmar algo enfáticamente. *Por supuesto que vendré.* ■ **supuesto que.** loc. conjunt. Puesto que, o dado que. *Supuesto que el tema es importante, consultemos a un especialista.* ▶ **1:** PRESUNTO.

supurar. intr. Formar y echar pus. *La herida supura.* FAM **supuración.**

sur. m. **1.** (En mayúsc.). Punto cardinal situado a la espalda de un observador a cuya derecha está el Este (Símb. *S*). *Puso rumbo al Sur.* **2.** En un lugar: Parte que está hacia el Sur (→ 1). *La Patagonia está en el sur de Argentina.* **3.** Viento que sopla del Sur (→ 1). ▶ **1:** MEDIODÍA. ‖ *Am:* **1, 2:** SUD.

sur-. elem. compos. Significa 'sur'. *Surafricano, suroriental, surpirenaico.*

sura. f. Capítulo del Corán. *El Corán se divide en 114 suras.*

suramericano, na. adj. Sudamericano. *Países suramericanos.*

surcar. tr. **1.** Hacer surcos (en algo, espec. en la tierra al ararla). *El arado surca la tierra.* **2.** cult. Ir o avanzar (a través de un fluido) cortándo(lo) o atravesándo(lo). *Un cometa surca el aire.*

surco. m. **1.** Hendidura alargada que se hace en la tierra con el arado o la azada. *Hacen surcos y después echan las semillas.* **2.** Hendidura alargada que deja una cosa al pasar sobre otra más blanda. *Al cortar el queso, el cuchillo deja un surco en la tabla.* **3.** Arruga profunda en la piel, espec. en el rostro. *Tiene surcos en la frente.* **4.** Hendidura espiral de un disco de vinilo, por la que se desliza la aguja del tocadiscos.

surcoreano, na. adj. De Corea del Sur (Asia).

sureño, ña. adj. Del sur o situado en el sur. *Ciudad sureña.* ▶ AUSTRAL, MERIDIONAL.

sureste. (Referido a punto del horizonte, se usa en mayúsc. Símb. *SE*). m. Sudeste. *La veleta apunta al Sureste. El sureste europeo.*

surf. m. Deporte que consiste en desplazarse sobre la cresta de las olas manteniendo el equilibrio encima de una tabla. FAM **surfista.**

surgir. intr. **1.** Aparecer o manifestarse una cosa de forma inesperada. *Si le surgen dudas, pregunte.* **2.** Brotar o salir de un lugar agua u otro líquido. *El agua surgía de entre las rocas.* ▶ **1:** *NACER. **2:** *MANAR. FAM **surgimiento.**

suroeste. (Referido a punto del horizonte, se usa en mayúsc. Símb. *SO*). m. Sudoeste. *Puso rumbo al Suroeste. El suroeste de Bolivia linda con Chile.*

surrealismo. m. Movimiento artístico y literario surgido en Francia en la década de 1920, cuyo objetivo es expresar lo producido por la irracionalidad y el subconsciente. ▶ SUPERREALISMO. FAM **surrealista.**

surtido, da. adj. **1.** Variado. *Pasteles surtidos.* ● m. **2.** Conjunto de cosas surtidas (→ 1). *Un surtido de quesos.*

surtidor. m. **1.** Bomba que sirve para extraer de un depósito subterráneo gasolina u otro combustible para automóviles. *Un surtidor de gasoil.* **2.** Chorro de líquido, espec. agua, que brota hacia arriba. *En medio del estanque hay un surtidor.*

surtir. tr. Proveer (a alguien o a algo) de una cosa. *La fábrica surte a varias empresas.* ▶ *PROVEER.

susceptible. adj. **1.** Dicho de persona: Que se ofende con facilidad. *No sea susceptible, no me refería a usted.* **2.** Seguido de un complemento introducido por *de*: Que puede recibir la acción o el efecto expresado por él. *Un plan susceptible de mejora.* ▶ **1:** QUISQUILLOSO, SUSPICAZ. FAM **susceptibilidad.**

suscitar. tr. Provocar (algo), o ser causa o motivo (de ello). *El proyecto ha suscitado polémica.*

suscribir. (Tb. **subscribir**; part. **suscrito** o, Am., **suscripto**). tr. **1.** Poner (a alguien) en el compromiso de comprar una publicación periódica. *Nos ha suscrito A una revista.* **2.** Hacer que (alguien) pague una cantidad de dinero periódica para una obra o asociación. *Ha suscrito a su familia A una asociación.* **3.** Firmar al pie (de un escrito). *Varios artistas subscribirán el manifiesto.* **4.** Estar de acuerdo (con lo dicho por otra persona). *El presidente suscribe las declaraciones del ministro.* FAM **suscripción** o **subscripción; suscriptor, ra** o **subscriptor.**

susodicho, cha. adj. Dicho o mencionado con anterioridad. *El film se basa en la susodicha novela.*

suspender. tr. **1.** Colgar (algo o a alguien), o mantener(los) en el aire sujetándo(los) por un punto. *Suspendieron el columpio de una rama.* **2.** Detener o interrumpir (una acción) por un tiempo. *Suspenderán las negociaciones.* **3.** Negar (a un alumno) la calificación de aprobado en un examen o en una asignatura. *Me han suspendido EN Matemáticas.* **4.** Obtener una calificación inferior al aprobado (en un examen o en una asignatura). *Suspendí el examen.* **5.** Privar temporalmente (a alguien) del empleo o el sueldo que tiene. *Lo suspendieron DE empleo y sueldo.* ▶ **Am: 3:** APLAZAR, REPROBAR. FAM **suspensivo, va.**

suspense. m. Expectación impaciente o ansiosa ante el desarrollo de una acción, espec. en una película,

obra teatral o relato. *La película mantiene el suspense hasta el final.* ▶ **Am:** SUSPENSO.

suspensión. f. **1.** Hecho de suspender. *Decidió la suspensión del juicio.* **2.** En un vehículo: Conjunto de piezas y mecanismos que sirven para hacer más elástico el apoyo de la carrocería sobre los ejes de las ruedas. *La suspensión del vehículo le da estabilidad en las curvas.* **3.** *Quím.* Mezcla formada por partículas dispersas en un fluido. ■ **~ de pagos.** f. *Com.* Situación en que se coloca ante el juez el empresario o la empresa que, a pesar de tener un activo superior al pasivo, no puede temporalmente afrontar el pago de sus obligaciones. *El juzgado ha declarado en suspensión de pagos a la empresa.* *Quím.* Formando suspensión (→ 3) en el seno de un fluido. *El polen está en suspensión en el aire.*

suspenso, sa. adj. **1.** Que está suspendido. *Alumnos suspensos.* **2.** Dicho de persona: Parada o perpleja o asombrada. *Al verlo nos quedamos suspensos.* ● m. **3.** Calificación que indica que se ha suspendido un examen o una asignatura. *Sacó un suspenso en la escuela.* **4.** Am. Suspense. *Una buena película de suspenso* [C]. ■ **en suspenso.** loc. adv. Sin cumplir o sin resolver. *La negociación ha quedado en suspenso.* ▶ **Am: 1:** APLAZADO.

suspensorio, ria. adj. **1.** *Anat.* y *Med.* Que sirve para suspender o mantener algo en alto. *Ligamento suspensorio.* ● m. **2.** Vendaje para sostener o proteger un miembro, espec. los genitales masculinos *El jugador lleva un suspensorio.*

suspicaz. adj. Propenso a sospechar que las palabras o acciones ajenas llevan mala intención. *No quise ofender, no sea tan suspicaz.* ▶ *SUSCEPTIBLE. FAM **suspicacia.**

suspirar. intr. **1.** Dar suspiros. *Suspiró aliviado.* **2.** Seguido de un complemento introducido de *por*: Desear intensamente lo designado por él. *Suspira POR una moto.*

suspiro. m. **1.** Aspiración profunda de aire, seguida de una fuerte espiración y acompañada a veces de un gemido, que puede expresar pena, angustia, cansancio o alivio. *La viuda dejó escapar un suspiro.* **2.** coloq. Espacio de tiempo muy breve. *Las vacaciones pasan en un suspiro.* ■ **último ~.** m. (Frec. con art.). **1.** cult. Espiración que se da al morir. *Exhaló el último suspiro.* **2.** Último momento o parte final. *Marcó el gol en el último suspiro.*

sustancia. (Tb. **substancia**). f. **1.** Materia caracterizada por un conjunto específico y estable de propiedades. *La gelatina es una sustancia viscosa.* **2.** Parte esencial o más importante de algo. *Resumió la sustancia DEL acuerdo.* **3.** Valor o importancia de algo con relación a su contenido. *Un discurso sin mucha sustancia.* **4.** Jugo nutritivo extraído de un alimento. *Hierva el hueso para que suelte la sustancia.* **5.** Valor nutritivo de un alimento. *Un plato de mucha sustancia.* **6.** Juicio o sensatez. *Una persona de poca sustancia.* ■ **~ gris.** f. *Anat.* Sustancia (→ 1) compuesta pralm. de células nerviosas, que constituye la corteza cerebral y el eje de la médula espinal. *La sustancia gris suele asociarse con la inteligencia.* □ **en ~.** loc. adv. En resumen. *Esto es, en sustancia, lo que dijo.* FAM **sustancial** o **substancial; sustancioso, sa** o **substancioso, sa.**

sustanciar. (Tb. **substanciar**; conjug. ANUNCIAR). tr. *Der.* Conducir (un asunto o un juicio) por el procedimiento judicial adecuado hasta poner(los) en estado de sentencia. *Una vez sustanciado el proceso judicial, habrá un culpable.*

sustantivo, va. (Tb. **substantivo**). adj. **1.** Esencial o fundamental. *Un cambio sustantivo.* **2.** *Gram.* Dicho de palabra o de grupo de palabras: Que tiene función propia de sustantivo (→ 3). *Locución sustantiva.* ● m. **3.** *Gram.* Nombre (palabra que puede funcionar como sujeto). *"Libro" y "mar" son sustantivos.* ▶ **3:** NOMBRE. FAM sustantivación o substantivación; sustantivar o substantivar.

sustentar. tr. **1.** Sostener o mantener (algo o a alguien) para que no se caigan o se muevan. *Una columna sustenta el arco.* **2.** Proveer (a alguien) del alimento y los cuidados necesarios para vivir, o suministrárselos. *El ave sustenta a sus crías.* **3.** Sostener o defender (una idea u opinión). *Sustentó una rara teoría.* **4.** Conservar o hacer que se conserve (algo) en determinado estado, impidiendo que cambie o desaparezca. *Los voluntarios sustentan el proyecto.* FAM sustentación; sustentador, ra; sustento.

sustituir. (Tb. **substituir**; conjug. CONSTRUIR). tr. Poner una cosa o a una persona en el lugar (de otra). *Han sustituido al conserje* POR *un guarda.* FAM sustitución o substitución; sustitutivo, va o substitutivo, va; sustituto, ta o substituto, ta; sustitutorio, ria.

susto. m. Impresión repentina de miedo. *¡Ay, qué susto me ha dado!* ■ **no ganar para ~s.** loc. v. coloq. Sufrir continuos sustos o sobresaltos. *No gano para sustos con el niño.*

sustracción. (Tb. **substracción**). f. **1.** Hecho de sustraer. *Denunció la sustracción de unos documentos.* **2.** *Mat.* Resta.

sustraendo. (Tb. **substraendo**). m. *Mat.* En una sustracción o resta: Cantidad que se resta. *En la resta "15 – 9 = 6", el sustraendo es 9.*

sustraer. (Tb. **substraer**; conjug. TRAER). tr. **1.** Robar fraudulentamente o sin violencia (algo). *Sustrajo un bolso del vehículo.* **2.** Apartar (a alguien) de algo, o hacer que lo evite. *Nada la sustrae* DE *su obsesión.*

sustrato. (Tb. **substrato**). m. **1.** Base profunda de algo, cuya influencia es perceptible en un estado posterior. *La civilización grecorromana forma el sustrato cultural de Occidente.* **2.** *Geol.* Respecto de un terreno: Otro que está situado debajo. *La lluvia pasa a través del suelo y del sustrato.* **3.** *Biol.* Materia que sirve de asiento a una planta o a un animal. *Sustratos arenosos.*

susurrar. intr. **1.** Hablar en voz baja. *El público susurraba.* **2.** Producir algo, espec. el aire o un arroyo un ruido suave y monótono. *El viento susurra entre las ramas.* ○ tr. **3.** Decir (algo) susurrando (→ 1). *Me susurró un piropo.* FAM susurrante; susurro.

sutil. adj. **1.** Dicho de cosa: Muy delgada o de muy poco espesor. *El sutil hilo de la telaraña.* **2.** Dicho de cosa: Tenue o de poca intensidad. *Un aroma sutil.* **3.** Perspicaz o agudo. *Una crítica sutil.* FAM sutileza; sutilidad.

sutura. f. *Med.* Unión de los bordes de una herida con hilo, grapas u otro material quirúrgico. *Le dieron diez puntos de sutura.* FAM suturar.

suyo, ya. (Antepuesto al n., apóc. *su*, pl. *sus*). adj. **1.** De la persona o cosa de las que se habla, o de las personas o cosas de las que se habla. *Su voz es peculiar.* **2.** De la persona o personas a quienes se da tratamiento de usted. *Dijo usted que su mujer era inglesa, ¿no?* ■ **de suyo.** loc. adv. cult. Por naturaleza. *Es de suyo colérico.* ■ **hacer alguien de las suyas.** → hacer. ■ **la suya.** loc. s. coloq. Respecto de la persona de que se habla: Ocasión favorable. *Esta es la suya, a ver si acierta.* ■ **lo suyo.** loc. s. Mucho. *Sabe lo suyo de cine.* ■ **los ~s.** loc. s. Los familiares o personas vinculadas a un grupo del que forma parte la persona de la que se habla. *Cuida de los suyos.* ■ **salirse** alguien **con la suya.** → salir. ■ **tener** alguien **lo suyo.** loc. v. Tener características que lo hacen meritorio o difícil. *Aprender ruso tiene lo suyo.*

swahili. (pal. ingl.; pronunc. "suajíli"). m. Lengua bantú hablada en varios países de África oriental. ¶ [Adaptación recomendada: suajili].

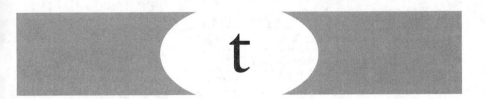

t. f. Letra del abecedario español cuyo nombre es *te*.

taba. f. **1.** Hueso del tarso que está articulado con la tibia y el peroné. **2.** Juego en que se tiran al aire una o varias tabas (→ 1) de animales, y en el que se gana o se pierde según la posición en la que caigan estas. ▶ **1:** ASTRÁGALO.

tabaco. m. **1.** Planta americana de olor fuerte y flores gralm. rojas y amarillas, cuyas hojas contienen nicotina. *Plantación de tabaco.* **2.** Producto elaborado con las hojas curadas del tabaco (→ 1) y que se fuma o se mastica. *Fuma tabaco en pipa.* ■ **~ negro.** m. Tabaco (→ 2) de color oscuro y de sabor y olor fuertes. ■ **~ rubio.** m. Tabaco (→ 2) de color cobrizo y de sabor y olor suaves. FAM **tabacalero, ra; tabaquero, ra.**

tábano. m. Insecto parecido a la mosca pero de mayor tamaño, cuya hembra produce dolorosas picaduras.

tabaquismo. m. Intoxicación producida por el abuso de tabaco. Tb. ese abuso.

tabasco. (Marca reg.). m. Salsa roja muy picante, hecha con una variedad de pimiento parecida a la guindilla.

tabasqueño, ña. adj. De Tabasco (México).

taberna. f. Establecimiento público de carácter popular en que se sirven bebidas y, a veces, comidas. ▶ TASCA. FAM **tabernario, ria; tabernero, ra.**

tabernáculo. m. cult. Sagrario. *El sacerdote se arrodilla ante el tabernáculo.*

tabique. m. Pared delgada que sirve para separar habitaciones. FAM **tabicar.**

tabla. f. **1.** Pieza de madera plana y poco gruesa, de caras paralelas. *Un suelo de tablas de roble.* **2.** Pieza plana, ancha y poco gruesa de un material rígido. *Tabla de mármol.* **3.** Utensilio constituido básicamente por una tabla (→ 1, 2). *Tabla de surf.* **4.** Surtido de alimentos del mismo tipo, frec. servidos en una tabla (→ 3). *Tabla de quesos.* **5.** Pliegue que se hace en una tela mediante dos dobleces paralelos y que deja entre ellos un trozo ancho y liso. *Falda de tablas.* **6.** Lista o cuadro de cosas dispuestas según un orden o relacionadas entre sí. *Tabla clasificatoria.* **7.** Índice de un libro. *Tabla de materias.* **8.** *Arte* Pintura hecha sobre una tabla (→ 1). *Tabla renacentista.* ○ pl. **9.** En el ajedrez o en las damas: Situación en la que hay que dar por terminada la partida porque ninguno de los jugadores puede ganar. *La partida acabó en tablas.* **10.** Escenario de un teatro. *La actriz vuelve a las tablas.* ■ **~ de salvación.** f. Último recurso para salir de un apuro. *Él es mi tabla de salvación.* ■ **~ periódica.** f. *Quím.* Sistema periódico. ■ **Tablas de la Ley.** f. pl. (Frec. con art.). *Rel.* Piedras en que se escribió el Decálogo de los mandamientos de la Ley de Dios. □ **a raja ~.** → rajatabla. ■ **hacer ~ rasa** (de algo). loc. v. Prescindir o desentenderse (de ello). *Hay que hacer tabla rasa y comenzar de nuevo.* FAM **tablilla.**

tablado. m. **1.** Suelo de tablas levantado sobre una armazón. *El alcalde sube al tablado para dar su discurso.* **2.** Suelo del escenario de un teatro. Tb. ese escenario.

tablao. m. Escenario dedicado a espectáculos de cante y baile flamencos.

tablear. tr. Hacer tablas (en una tela o en una prenda). Frec. en part. *Falda tableada.*

tablero. m. **1.** Tabla o conjunto de tablas unidas de modo que formen una superficie plana. *Duerma sobre un tablero.* **2.** Tabla o pieza ancha de un material rígido. *El tablero del mueble es de mármol.* **3.** Superficie horizontal de una mesa. *El tablero del escritorio.* **4.** Superficie gralm. cuadrada, dibujada o dispuesta para jugar a determinados juegos de mesa, como el ajedrez y las damas. *Tablero de ajedrez.* **5.** Pizarra (superficie). **6.** Tablón de anuncios. *Mira la lista en el tablero.* **7.** Superficie con los indicadores y mandos de control de un sistema o de una maquinaria. **~ de mandos.** *En el tablero de mandos se encendió un piloto.* ▶ **5:** *PIZARRA. **6:** TABLÓN.

tableta. f. **1.** Porción plana y rectangular de un alimento consistente. *Una tableta de chocolate.* **2.** Pastilla de medicamento, de forma plana. *Vitaminas en tabletas.*

tabletear. intr. Producir un ruido parecido al de tablas que chocan entre sí repetidamente. *Las ametralladoras tabletean sin cesar.* FAM **tableteo.**

tablilla. → tabla.

tabloide. m. Periódico de dimensiones menores que las habituales y con abundantes fotografías. *Un tabloide ha publicado las escandalosas fotos.*

tablón. m. **1.** Tabla ancha y gruesa. **2.** Panel en que se fijan avisos o noticias. Tb. **~ de anuncios.** *Mire la fecha del examen en el tablón de anuncios.* ▶ **2:** TABLERO.

tabú. (pl. **tabúes** o **tabús**). m. **1.** Prohibición o reservas para decir o hacer algo, debidas a imposiciones religiosas o a prejuicios sociales. *En algunos ambientes existe el tabú de hablar de sexo.* **2.** Persona o cosa sujetas a un tabú (→ 1). *Aquí esa palabra es tabú.*

tabulación. f. **1.** Hecho o efecto de tabular. *El programa permite hacer tabulaciones de los datos que se introducen.* **2.** Hecho o efecto de fijar el comienzo de la escritura con el tabulador. *La tecla con dos flechas permite hacer tabulaciones en el texto.*

tabulador. m. Dispositivo de una máquina de escribir o de un ordenador, que permite fijar el comienzo de la escritura a diferentes distancias del margen.

tabular[1]. adj. *tecn.* De forma de tabla. *Lista tabular.*

tabular[2]. tr. Expresar (datos) por medio de una tabla. *Tabula los datos de la encuesta.*

taburete. m. Asiento sin respaldo y sin brazos, para una persona. ▶ BANQUETA.

tac[1]. interj. Se usa para imitar determinados ruidos. *Se oía su corazón: tac, tac, tac.*

tac[2]. (Tb. **TAC**). m. *Med.* Tomografía axial computarizada, o técnica radiológica que permite obtener una serie de imágenes de las secciones de un órgano o de un tejido.

tacada. de una ~. loc. adv. coloq. De una vez. *Se comió diez pasteles de una tacada.*

tacañería. f. **1.** Cualidad de tacaño. *Me avergüenza su tacañería.* **2.** Hecho propio de un tacaño. ▶ **1:** AVARICIA, CICATERÍA, MEZQUINDAD. **2:** CICATERÍA, MEZQUINDAD.

tacaño, ña. adj. Que escatima exageradamente en lo que gasta o en lo que da. *¡Hombre, no seas tacaño y sírveme un poco más!* ▶ AVARICIOSO, AVARIENTO, AVARO, CICATERO, MEZQUINO, MISERABLE, RUIN. FAM tacañear.

tacatá. m. Aparato con un asiento y ruedas en las patas, que sirve para que los niños aprendan a andar. *Dio sus primeros pasos en un tacatá.* ▶ ANDADOR.

tacha. f. Falta o defecto que hacen imperfecta a una persona o a una cosa. *Es un ciudadano honrado y sin tacha.* ▶ *DEFECTO.

tachar. tr. **1.** Anular (algo escrito) haciendo trazos encima. *Tachó el escrito con una X.* **2.** Atribuir (a alguien o a algo) un defecto o una característica considerada negativa. *Lo tachan* DE *machista.* ▶ **2:** *CALIFICAR. FAM tachadura; tachón.

tachirense. adj. De Táchira (Venezuela).

tacho. m. **1.** Am. Recipiente gralm. de metal o de plástico, para usos diversos. *Tachos de aceite* [C]. **2.** Am. Cubo de la basura. *La arrojó al fondo del tacho* [C]. Tb. ~ *de la basura.*

tachonar. tr. **1.** Adornar (algo) clavándo(le) tachuelas. Frec. en part. *Un cofre de bordes tachonados.* **2.** Cubrir (una superficie) casi por completo. Frec. en part. y fig. *Una trayectoria profesional tachonada* DE *éxitos.*

tachuela. f. Clavo corto de cabeza grande.

tácito, ta. adj. Que no se dice o no se expresa formalmente, pero se sobrentiende. *Entre los candidatos hay un pacto tácito para evitar ataques personales.*

taciturno, na. adj. **1.** Que habla poco. *Es una mujer taciturna.* **2.** Triste y melancólico. *Se marcha con semblante taciturno.*

taco. m. **1.** Trozo corto y grueso de madera o de otro material. *Ponga un taco para sujetar la puerta.* **2.** Conjunto de hojas de papel superpuestas en forma de bloque y frec. unidas por un lateral. *Coloca un taco de papel en la fotocopiadora.* **3.** Pieza alargada, gralm. de plástico, que se empota en la pared para introducir en ella un clavo o un tornillo y que queden firmemente fijados. **4.** En el billar: Vara cilíndrica de madera que se usa para golpear la bola. *Dale tiza al taco.* **5.** Tortilla de maíz enrollada y rellena de alimentos, típica de México. *Hizo un taco de carne* [C]. **6.** Am. Tacón. *El Coronel chocó los tacos* [C]. **7.** Am. coloq. Persona experta o hábil en alguna materia. *Éramos unos tacos en inglés* [C].

tacón. m. **1.** Pieza más o menos alta unida a la suela del calzado por la parte que corresponde al talón. **2.** Tacón (→ 1) alto. *Zapatos de tacón.* **3.** Calzado de tacón (→ 2). Más frec. en pl. *Siempre lleva tacones.* ■ ~ **de aguja.** m. Tacón (→ 2) muy fino. *No sé andar con tacones de aguja.* ▶ Am: TACO. FAM taconazo; taconear; taconeo.

táctico, ca. adj. **1.** De la táctica (→ 3, 4). *Repliegue táctico.* **2.** Especialista en táctica (→ 4). Tb. m. y f. *El táctico militar explica la maniobra.* ● f. **3.** Método o sistema que se siguen para realizar o conseguir algo. *Habrá que cambiar de táctica.* **4.** Mil. Conjunto de reglas por las que se rigen las operaciones militares en combate. *Una táctica de ataque equivocada hizo fracasar la operación.*

tacto. m. **1.** Sentido corporal que permite percibir mediante el contacto características de los objetos, como la forma, la textura o la temperatura. *Ha desarrollado mucho el tacto.* **2.** Cualidad de algo que se percibe por el tacto (→ 1). *La seda tiene un tacto suave.* **3.** Hecho de tocar o palpar. *El tacto de su rostro me convenció de que no soñaba.* **4.** Cuidado o habilidad para proceder en asuntos delicados o en el trato personal sin provocar reacciones negativas. *La noticia hay que darla con tacto.* FAM táctil.

taekwondo. (pal. coreana; pronunc. "taekuóndo"). m. Deporte de lucha de origen coreano, semejante al kárate y en el que se desarrollan espec. las técnicas de salto. ¶ [Adaptación recomendada: *taecuondo*].

tafetán. m. Tejido gralm. de seda, delgado, muy tupido y de brillo apagado.

tafilete. m. Cuero muy delgado, flexible y con brillo, que se usa espec. en la elaboración de calzado fino y en trabajos artesanales. *Encuadernación en tafilete rojo.*

tagalo, la. adj. **1.** De un pueblo indígena de Filipinas que habita en el centro de la isla de Luzón. ● m. **2.** Lengua hablada en Filipinas.

tahitiano, na. adj. De Tahití (isla de la Polinesia Francesa, en el Pacífico).

tahona. f. Establecimiento en que se vende o, más espec., se hace pan. ▶ HORNO, PANADERÍA.

tahúr. m. Jugador muy aficionado a las cartas o a otros juegos de azar, o muy hábil en ellos. *Jugamos con un tahúr que nos dejó sin nada.*

taichí. m. Práctica gimnástica de origen chino, caracterizada por la lentitud y coordinación de sus movimientos, y encaminada a conseguir el equilibrio interior y la liberación de tensiones.

taiga. f. *Geogr.* y *Ecol.* Ecosistema propio del norte de Rusia, Siberia y Canadá, constituido por bosques de coníferas y caracterizado por los inviernos largos y fríos, que mantienen el subsuelo helado. *En la taiga rusa viven animales de gran resistencia.*

tailandés, sa. adj. De Tailandia (Asia).

taimado, da. adj. Astuto y hábil para disimular y engañar. *Ten cuidado con él, que es taimado y traicionero.* ▶ *ASTUTO.

taíno, na. adj. **1.** histór. De un pueblo indígena que habitaba en las Antillas. Tb. m. y f. ● m. **2.** Lengua hablada por los taínos (→ 1).

taita. m. **1.** Am. coloq. Padre. *¿Y mi taita quién será?* [C]. ○ f. **2.** Am. coloq. Padre y madre. *Les ponéis los nombres de tus taitas a los muchachitos* [C].

tajada. f. **1.** Porción cortada de un alimento, espec. de carne. *Una tajada de pollo.* **2.** coloq. Beneficio o ventaja, espec. los que se obtienen en algo que se distribuye. *Todos quieren sacar tajada del negocio.* ▶ **1:** PRESA.

tajamar. m. **1.** Tablón curvo situado en la parte delantera de una embarcación y que va cortando el agua al navegar. *El tajamar quedó destrozado por las rocas.* **2.** Pieza curva o en forma de ángulo, unida frontalmente a los pilares de los puentes para cortar el agua de la corriente. *Baja al río y se sienta en un tajamar a ver pasar el agua.* **3.** Am. Malecón. *Una lancha inglesa se dirige hacia el tajamar* [C].

tajante. adj. Contundente o que no admite discusión o réplica. *Dio un "no" tajante.*

tajar. tr. Cortar o dividir (algo) con un instrumento cortante. *Taja la pieza de carne.*

tajo. m. **1.** Hecho o efecto de tajar. *Cortó el madero de un tajo.* **2.** Corte profundo y casi vertical de un terreno. *Muchos tajos se forman por la erosión de los ríos.*

tal. adj. **1.** De estas o esas características o clase. *Había sufrido un grave accidente, y un suceso tal resulta traumático.* **2.** Este o ese. *Nunca le oí tal cosa.* **3.** (Frec. con art.). Seguido de un nombre propio, señala que la persona designada por ese nombre es desconocida o poco conocida para el que habla. *El tal Felipe fue el que lo propuso.* **4.** Intensifica el significado del nombre que sigue. Se usa en correlación con una oración introducida por *que* o *como*, que expresa consecuencia o término de una comparación. *Hablaba con tal entusiasmo que nos convenció.* ● pron. **5.** Este o ese. *Habrá alumnos que no se presenten al examen final; tal es el caso de los que hayan aprobado todos los parciales.* ■ **con ~ de.** loc. prepos. Con la condición de. Se usa seguido de un infinitivo o de una oración introducida por *que*, y en este último caso puede omitirse la prep. *de. Iré, con tal de estar de vuelta a las 3.* ■ **~ cual.** loc. conjunt. **1.** Como, o de la misma manera que. *Déjalo tal cual estaba.* □ loc. adv. **2.** De la misma forma. *No te cambies, puedes ir tal cual.* ■ **~ para cual.** loc. adj. Dicho de dos personas: Parecidas en su modo de ser u obrar. *Óscar y Alberto son tal para cual.* ■ **y ~.** expr. coloq. Se usa para cerrar una frase de manera poco precisa. *Fue una cena muy elegante, con sus mantelitos bordados y tal.*

tala¹. → talar².

tala². m. Am. Árbol americano parecido al olmo, cuya raíz sirve para teñir y cuyas hojas, en infusión, tienen propiedades medicinales. *Talas frondosos* [C].

talador, ra. → talar².

taladrar. tr. **1.** Hacer agujeros (en una cosa) con un taladro o un instrumento semejante. *Taladra el tablón.* **2.** Herir un sonido agudo o penetrante (los oídos). *La sirena nos taladró los tímpanos.* ▶ **1:** *AGUJEREAR. FAM taladrado; taladrador, ra.

taladro. m. **1.** Instrumento alargado, agudo y cortante, que se usa presionándolo y haciéndolo girar, y que sirve para hacer agujeros. *Use un taladro de 4 mm de diámetro.* **2.** Agujero hecho con un taladro (→ 1). *Haz un taladro en la pared.*

tálamo. m. cult. Cama de los casados, espec. de los recién casados. *Un dios desposó a la doncella y se unió a ella en el tálamo nupcial.*

talanquera. f. Valla de madera que sirve gralm. de protección.

talante. m. **1.** Estado de ánimo o disposición de una persona. *Hace todo de buen talante.* **2.** Carácter o inclinación personal. *Tiene talante progresista.* ▶ **1:** *HUMOR.

talar¹. adj. Dicho de vestidura: Que llega hasta los talones. *La sotana es un traje talar.*

talar². tr. Cortar (un árbol o una masa de árboles) por la base. *Van a talar los árboles del parque.* FAM tala (*Protestan por la tala de abetos*); talador, ra.

talco. m. Mineral verdoso o blanquecino, muy blando y suave al tacto, que se usa en polvo como producto higiénico o cosmético. *Polvos de talco.*

talego. m. Saco de tela fuerte que se usa para guardar o llevar cosas. FAM talega.

talento. m. **1.** Capacidad intelectual de una persona. *Destaca por su talento.* **2.** Aptitud de una persona para una actividad. *Tiene talento PARA la música.* FAM talentoso, sa.

talibán. (pl. **talibanes**). adj. De un grupo integrista musulmán, surgido en Afganistán a finales del s. XX y organizado como milicia. *El régimen talibán.*

talismán. m. Objeto al que se atribuyen poderes mágicos.

talla. f. **1.** Hecho de tallar, espec. un material. *Para la talla de la madera usa un buril.* **2.** Obra escultórica, espec. la realizada en madera. *Tallas antiguas.* **3.** Estatura de una persona. *Mide un metro ochenta de talla.* **4.** Medida estándar que corresponde a cada tamaño de una serie de prendas de confección. *Uso la talla grande.* **5.** Calidad moral o intelectual de una persona. *Un intelectual de gran talla.* ■ **dar** alguien **la ~.** loc. v. Tener o demostrar las aptitudes adecuadas. *No da la talla para el puesto.* ▶ **1:** TALLADO. **3, 5:** ESTATURA. FAM tallado; tallador, ra; tallista.

tallar. tr. **1.** Trabajar (un material duro, espec. piedra o madera) dándo(le) forma. *Tallan las piedras preciosas.* **2.** Dar forma (a algo, espec. a una escultura) tallando (→ 1) el material de que está hecho. *Ha tallado una Virgen.* **3.** Medir la estatura (de una persona). *El pediatra talla al niño.*

tallarín. m. Pasta alimenticia en forma de tira larga y estrecha. Frec. en pl.

talle. m. **1.** Cintura (parte del cuerpo, o parte de una prenda). *Sujeta a su pareja por el talle.* **2.** Figura o apariencia corporal de una persona. ▶ **1:** CINTURA. **2:** *FIGURA.

taller. m. **1.** Lugar destinado a realizar un trabajo o una actividad de tipo manual. *Taller de carpintería.* **2.** Lugar en el que se realizan reparaciones, espec. de automóviles. *Lleva el auto al taller.* **3.** Escuela o seminario destinado a la enseñanza práctica de una actividad gralm. artística. *La Facultad organiza un taller de diseño.*

tallo. m. **1.** Órgano de las plantas que crece en sentido contrario a la raíz y que sostiene las hojas, las flores y los frutos. *El tallo de la rosa tiene espinas.* **2.** Brote que echa una planta después de cortada, o que crece en una semilla, en un bulbo o en un tubérculo. *Las cebollas están echando tallos.*

talmúdico, ca. adj. Del Talmud (libro sagrado de la religión judía).

talón. m. **1.** Parte posterior del pie de una persona. *El zapato me roza en el talón.* Tb. la parte correspondiente de un calzado o de una prenda que cubre el pie. **2.** Documento, espec. un cheque, que se corta de un cuadernillo en el que queda una matriz como resguardo. *Paga con un talón.* ■ **~ de Aquiles.** m. Punto vulnerable o débil de alguien o de algo. *La ortografía es su talón de Aquiles.* □ **pisar los talones** (a alguien). loc. v. Seguir(lo) de cerca. *Sus rivales le van pisando los talones.*

talonario. m. Cuadernillo de talones. *Arranca un cheque del talonario.* ▶ CHEQUERA.

talud. m. Inclinación pronunciada de un muro o de un terreno.

tamal. m. frecAm. Plato elaborado con una masa de harina de maíz, rellena de carne u otros ingredientes, que se envuelve gralm. en hojas de plátano o de mazorca de maíz y se cuece al vapor o en el horno. *Se envuelven en las hojas y se doblan como todos los tamales* [C]. ▶ Am: HALLACA.

tamaño, ña. adj. **1.** cult. Tan grande. *¿Cómo pudo cometer tamaña locura?* ● m. **2.** Cualidad de más o menos grande. *Roca de gran tamaño.* ▶ **2:** DIMENSIÓN, MAGNITUD.

tamarindo. m. Árbol propio de los países cálidos, de gran altura, tronco grueso y flores amarillas, cuyo fruto se usa para la elaboración de bebidas y como laxante.

tambalearse - tanto

tambalearse. intr. prnl. Moverse alguien o algo a un lado y a otro, como si se fuese a caer, por falta de equilibrio. *El borracho se tambaleaba.* ▶ OSCILAR. FAM **tambaleante; tambaleo.**

también. adv. Indica que lo expresado en la palabra o elemento de oración a los que modifica se añade a algo mencionado antes. *Si tú vas, yo también.*

tambo. m. **1.** Am. Establecimiento ganadero en que se ordeñan vacas y se vende, gralm. al por mayor, su leche. *La leche procede de tambos pulcros* [C]. **2.** Am. Tonel de metal. *Son de zinc los tambos que traen* [C]. **3.** Am. histór. Posada (establecimiento que ofrece comida y alojamiento). *Tambos donde podían dormir* [C].

tambor. m. **1.** Instrumento musical de percusión, de forma cilíndrica, hueco, cubierto por una o por ambas bases con una piel tensa, y que se suele tocar con dos palillos. **2.** Pieza u objeto cuya forma cilíndrica recuerda la de un tambor (→ 1). *El tambor del revólver.* ▶ **1:** CAJA. FAM **tamborero, ra** (frecAm); **tamboril; tamborilero, ra.**

tamborilear. intr. Producir un ruido semejante al del tambor dando golpes pequeños y reiterados sobre algo, gralm. con los dedos. *La lluvia tamborilea EN el tejado.* FAM **tamborileo.**

tamil. adj. De un pueblo que habita en el sudeste de la India y en el norte de Sri Lanka. *Guerrilla tamil.*

tamiz. m. Utensilio formado por un aro y una tela o rejilla muy tupidas ajustadas a uno de sus lados, que se usa para separar las partículas finas de las gruesas de algunas cosas. *Pasa el puré por el tamiz.* ▶ CEDAZO, CRIBA.

tamizar. tr. **1.** Pasar (algo) por un tamiz. *Una vez cocidos los tomates, tamícelos.* **2.** Elegir (algo) con cuidado. *Tamizó bien sus palabras.* ▶ **1:** CERNER, CERNIR, CRIBAR.

támpax. (Marca reg.; pl. invar.). m. Tampón (cilindro de celulosa). ▶ TAMPÓN.

tampoco. adv. Indica que lo expresado en la palabra o elemento de oración a los que modifica se suma a algo mencionado antes en forma negativa. *No ha escrito ni tampoco ha llamado.*

tampón. m. **1.** Almohadilla empapada en tinta, que se usa para entintar sellos antes de estamparlos. *Moja el sello en el tampón.* Tb. el sello. **2.** Cilindro de celulosa que se introduce en la vagina de la mujer para absorber el flujo menstrual. ▶ **2:** TÁMPAX.

tan. → tanto.

tanatorio. m. Edificio acondicionado para depositar los cadáveres en las horas previas a su entierro o incineración, y poder velarlos.

tanda. f. **1.** Conjunto de un número indeterminado de cosas del mismo tipo, que suele formar parte de una serie de conjuntos similares. *Dos tandas DE penaltis.* **2.** Cada uno de los grupos que se turnan en una actividad. *La primera tanda DE concursantes.*

tándem. (pl. **tándems**). m. **1.** Bicicleta con dos asientos y dos pares de pedales, situados uno detrás de otro. **2.** Conjunto de dos personas que realizan una actividad en colaboración. *Los dos actores forman un magnífico tándem.*

tanga. m. (Tb. f., frecAm). Prenda de baño parecida a una braga o un calzón muy reducidos, que cubre solo la zona genital. *Tangas, bikinis y otros trajes de baño* [C]. Tb. la prenda interior de forma semejante.

tangencial. adj. **1.** Mat. Tangente, o de la tangente. *Una recta tangencial A la curva.* **2.** Dicho de idea o asunto: Que se refiere a algo de manera parcial y no sustancial. *Cuestiones tangenciales.*

tangente. adj. **1.** cult. Que toca o roza otra cosa. **2.** Mat. Dicho de línea o de superficie: Que toca a otra sin cortarla. Tb. f. *Trace una tangente A la circunferencia.* ■ **escapar(se), salir(se), o irse** alguien **por la ~.** loc. v. coloq. Utilizar evasivas para salir de un apuro, gralm. en una conversación. *Cuando le pregunto por los estudios, se va por la tangente.* FAM **tangencia.**

tangible. adj. **1.** Que se puede tocar. *El alma no es tangible.* **2.** Que se puede percibir de manera clara y precisa. *Esto es una prueba tangible de su buena voluntad.*

tango. m. Baile de origen argentino, de ritmo lento, que se ejecuta por una pareja enlazada. Tb. su música y su letra. FAM **tanguero, ra; tanguista.**

tanino. m. Sustancia que se encuentra en algunos tejidos vegetales, muy usada para curtir pieles y como astringente. *Este es un vino rico en tanino.*

tano, na. adj. Am. coloq. Italiano. *Comida tana* [C]. Dicho de lengua, tb. m. *Él habla en tano* [C].

tanque¹. m. Depósito grande y gralm. cerrado para almacenar o transportar productos, espec. líquidos o gases. *El buque llena sus tanques de combustible.*

tanque². m. Vehículo de guerra blindado que se desplaza sobre dos cintas metálicas articuladas y va armado con un cañón o con ametralladoras. ▶ CARRO. FAM **tanqueta.**

tanteador, ra. adj. **1.** Que tantea. ● m. **2.** En deporte: Marcador (dispositivo). *El equipo visitante se adelantó en el tanteador.* ▶ **2:** MARCADOR.

tantear. tr. **1.** Calcular (algo) aproximadamente. *Tantea lo que te puede costar.* **2.** Intentar averiguar con cuidado las condiciones o el estado (de algo o de alguien). *Antes de hacerle la propuesta, lo tanteó.* **3.** Tocar (algo) repetidamente o a tientas para obtener información mediante el tacto. *Buscamos la salida tanteando las paredes.*

tanteo. m. **1.** Hecho de tantear. *Haz un tanteo rápido de lo que necesitas.* **2.** En un juego o deporte: Número de tantos que obtienen los participantes. *Un tanteo de 87 a 63.*

tanto, ta. (En las acep. 12 y 13, apóc. **tan**). adj. **1.** Expresa cantidad equivalente de personas o cosas, o de una cosa, en comparación con lo expresado en un segundo término tomado como referencia, que va introducido por *como* o *cuanto. Le hicieron tantos regalos como a mí.* **2.** Expresa la intensidad o la cantidad de lo designado por el nombre que sigue, por medio de la consecuencia de lo expuesto antes, la cual va introducida por *que. Había tanta niebla que no se veía.* **3.** Que se presenta en una cantidad que no se quiere o no se puede precisar. *Cada tantos kilómetros pararemos.* **4.** Siguiendo a la expresión de un número determinado de decenas, indica una cantidad imprecisa de unidades que se le añaden. *Treinta y tantos años.* ● pron. **5.** Designa personas o cosas en una cantidad equivalente en comparación con un segundo término tomado como referencia, que va introducido por *como* o *cuanto. No había tanto en juego como decía.* **6.** Designa personas o cosas en una cantidad que se expresa por medio de la consecuencia de lo expuesto antes, la cual va introducida por *que. Acudieron tantos al acto que no pudieron sentarse todos.* **7.** Lo que se acaba de mencionar. *–Ha cometido perjurio. –Yo no diría tanto.* **8.** Cantidad o núme-

678

ro de personas o cosas que no se quiere o no se puede precisar. *Lo venden a tanto el kilo.* **9.** Siguiendo a la expresión de un número determinado de decenas, designa una cantidad imprecisa de unidades que se le añaden. *–¿Cuántos soldados enviaron? –Treinta y tantos mil.* ● m. (Frec. con art.). **10.** Cantidad convenida de algo, espec. de dinero. *Tienes que poner ya el tanto que te corresponde.* **11.** En algunos juegos y deportes: Unidad de cuenta de los logros parciales de un encuentro. *El resultado fue de 28 tantos a 10.* ● adv. **12.** Indica idea de equivalencia o igualdad en comparación con lo expresado en un segundo término tomado como referencia, que va introducido por *como* o *cuanto.* *¿Es tan exigente como dicen?* **13.** Indica el grado de una acción, una cualidad o una circunstancia por medio de la consecuencia de lo expuesto antes, la cual va introducida por *que.* *Es tan rico que puede permitirse ese lujo.* ■ **tanto por ciento.** m. Cantidad proporcional que constituye una parte de un total de cien. *Hacen un tanto por ciento de descuento.* ⇒ PORCENTAJE. □ **al tanto.** loc. adv. Al corriente, o en situación de estar informado sobre algo. *Siempre está al tanto* DE *la moda.* ■ **las tantas.** loc. s. Una hora avanzada del día o de la noche. *Anoche nos dieron las tantas.* ■ **mientras tanto, entre tanto** (tb. **entretanto**), o **en tanto.** loc. adv. En el tiempo que transcurre durante la realización de un hecho. *Deje reposar la masa y, entretanto, monte las claras a punto de nieve.* ■ **otro tanto.** loc. s. Lo mismo o una cosa igual. *Si yo fuera tú habría hecho otro tanto.* ■ **por (lo) tanto.** loc. adv. En consecuencia. *Presenció el accidente y, por lo tanto, tendrá que declarar como testigo.* ■ **tan pronto como.** loc. conjunt. Inmediatamente después de que. *Tan pronto como lleguen, nos iremos.* ■ **tantos otros.** loc. adj. Otros muchos. *Aurora, como tantas otras compañeras, secundó la huelga.* ■ **un tanto.** loc. adv. Algo, o un poco. *Su actitud resulta un tanto sospechosa.* ■ **y tanto.** expr. Se usa para expresar enfáticamente conformidad o acuerdo con algo que otro ha dicho. *–¡Qué calor hace aquí! –¡Y tanto!*

tañer. (conjug. TAÑER). tr. cult. Tocar (un instrumento musical de cuerda o de percusión). *Un monaguillo tañe las campanas.* FAM **tañedor, ra; tañido.**

taoísmo. m. Doctrina religiosa y filosófica fundada en China por Lao-Tsé (s. VI a. C.). *El yin y el yang son principios básicos del taoísmo.* FAM **taoísta.**

tapa. f. **1.** Pieza con que se cierra un objeto, espec. un recipiente y gralm. por su parte superior. *Pone la tapa al bote.* **2.** Cada una de las dos cubiertas de un libro o de un cuaderno. *Un libro de tapas duras.* **3.** Parte de la carne de una res que corresponde al centro de la pata trasera. ■ **~ de los sesos.** f. coloq. Parte superior del cráneo. □ **levantar, o saltar,** (a alguien) **la ~ de los sesos.** loc. v. coloq. Matar(lo) de un tiro en la cabeza. *Se suicidó saltándose la tapa de los sesos.*

tapacubos. m. Tapa gralm. metálica que se adapta a la parte exterior de la llanta de una rueda.

tapadera. f. **1.** Tapa de un recipiente. *Ponga la tapadera a la olla.* **2.** Persona o cosa que sirven para encubrir o disimular algo. *La empresa era una tapadera.*

tapado[1]. m. **1.** Hecho de tapar. **2.** Am. Abrigo, espec. de mujer. *Tapado de visón* [C].

tapado[2]**, da.** m. y f. Candidato a un cargo, frec. a la presidencia de un país, cuyo nombre se mantiene oculto hasta el momento oportuno.

tapajuntas. m. Listón que se usa para tapar la juntura del cerco de una puerta o de una ventana con la pared.

tapar. tr. **1.** Cerrar (algo, espec. un recipiente) con una tapa o un tapón. *Tapa el bote de perfume.* **2.** Cerrar u obstruir (algo). *Un coche tapa la salida.* **3.** Cubrir (algo o a alguien) de modo que no puedan ser vistos. *No veía las gafas porque me las tapaban los libros.* **4.** Cubrir (algo, como los ojos o la cabeza de alguien) de modo que esa persona no pueda ver. *Tápate los ojos.* **5.** Cubrir (algo o a alguien) para proteger(los), gralm. de agentes externos. *Voy a tapar los cuadros.* **6.** Cubrir o abrigar (a alguien) con ropa. *Me tapó con una manta.*

taparrabos o **taparrabo.** m. **1.** Pieza de tela que cubre solo la zona genital. *Los nativos llevaban solo un taparrabos.* **2.** coloq. Tanga (prenda de baño).

tapete. m. **1.** Pieza de tejido u otro material que se pone encima de un mueble, espec. de una mesa, para adornarlo o protegerlo. **2.** Am. Alfombra. *Trajo especias, sedas, tapetes persas* [C]. ■ **sobre el ~.** loc. adv. En situación de ser discutido o analizado. *Ha puesto sobre el tapete una última oferta.*

tapia. f. Pared o muro que cercan un lugar. ■ **más sordo que una ~.** loc. adj. coloq. Muy sordo. *Háblele alto, que está más sordo que una tapia.*

tapiar. (conjug. ANUNCIAR). tr. **1.** Cerrar (un hueco) con un muro o un tabique. *Tapió la ventana.* **2.** Rodear (algo) con una tapia. *Tapian la finca.* FAM **tapiado.**

tapicería. f. **1.** Tela u otro material que se usan para tapizar. *He cambiado la tapicería de los sillones.* **2.** Establecimiento en que se hacen o venden tapicerías (→ 1). **3.** Arte u oficio de tapicero. ▶ **1:** TAPIZADO.

tapicero, ra. m. y f. **1.** Persona que tiene por oficio tapizar y hacer y colocar cortinajes. **2.** Persona que se dedica a la elaboración de tapices.

tapioca. f. Fécula blanca y granulada que se extrae de la raíz de la mandioca y que se usa en alimentación, gralm. para hacer sopa.

tapir. m. Mamífero propio de zonas tropicales de América y Asia, de tamaño parecido al de un jabalí y con la nariz prolongada en forma de trompa. *El tapir hembra.*

tapiz. m. Tejido de lana, seda u otros materiales, que reproduce escenas o dibujos, y que se usa para cubrir paredes. *En el palacio hay tapices antiguos.*

tapizado. m. **1.** Hecho de tapizar. **2.** Tapicería (tela). ▶ **2:** TAPICERÍA.

tapizar. tr. **1.** Forrar (un mueble o una pared) con tela u otro material. *Tapizó el sofá.* **2.** Cubrir (una superficie). *Las hojas tapizan la calle.*

tapón. m. **1.** Pieza que sirve para cerrar una botella o una vasija, al introducirse en el orificio por donde sale el líquido. *Al descorchar la botella, saltó el tapón.* Tb. designa otras piezas que sirven para tapar otro tipo de orificios. *El tapón del lavabo.* **2.** Cosa, persona o acumulación de ellas, que obstruyen un conducto o un lugar de paso. *El accidente provocó un tapón.* **3.** Acumulación de cera en el oído, que puede dificultar la audición. **4.** En el baloncesto: Acción que consiste en interceptar el balón con la mano e impedir así que entre en la canasta. FAM **taponamiento; taponar; taponazo.**

tapujo. m. Reserva o disimulo al hablar o al actuar. Frec. en pl. *Hable sin tapujos.*

taquicardia. f. Med. Frecuencia excesiva del ritmo de las contracciones del corazón. *Tiene taquicardia.*

taquigrafía. f. Sistema de escritura mediante signos y abreviaturas, que permite transcribir las palabras a la velocidad con que se pronuncian. FAM **taquigrafiar** (conjug. ENVIAR); **taquigráfico, ca; taquígrafo, fa.**

taquilla. f. **1.** Ventanilla o lugar donde se venden entradas o billetes. *Compre su boleto en taquilla.* **2.** Recaudación obtenida con la venta del conjunto de entradas o billetes de la taquilla (→ 1). *La película ha conseguido una gran taquilla.* **3.** Armario individual para guardar ropa y efectos personales, que suele haber en lugares de trabajo y en centros de actividades colectivas. ▶ **Am: 1:** BOLETERÍA.

taquillero, ra. adj. **1.** Dicho de artista o de espectáculo: Que proporciona buenas recaudaciones. *Es un actor muy taquillero.* ● m. y f. **2.** Persona que tiene por oficio atender una taquilla de entradas o billetes. ▶ **Am: 2:** BOLETERO.

tara. f. **1.** Defecto físico o psíquico graves, frec. hereditarios. *El niño no tiene taras.* **2.** Defecto o imperfección de algo. *La prenda tiene una tara.* ▶ **2:** *DEFECTO.

taracea. f. **1.** Incrustación hecha en madera con trozos pequeños de otras maderas de diferentes colores, o con materiales como el nácar o la concha. *Arqueta de caoba con taracea de marfil.* **2.** Obra decorada mediante taracea (→ 1).

tarado, da. adj. **1.** Tonto o de escaso juicio. *¡No te enteras de nada, tarado!* **2.** Que padece una tara física o psíquica. ▶ **1:** *TONTO.

tarahumara. adj. De un pueblo indio de la familia azteca, que habita en el Estado mexicano de Chihuahua.

tarambana. m. y f. coloq. Persona alocada y de poco juicio. *De joven era un tarambana.*

tarantela. f. Baile de origen napolitano, de ritmo muy vivo. Tb. su música.

tarántula. f. Araña grande, de cuerpo pardo y velloso, que vive entre las piedras o en agujeros profundos y cuya picadura es venenosa.

tararear. tr. Cantar (una canción o una melodía) sin articular palabras. *Tararea una vieja melodía.* Tb. como intr. FAM **tarareo.**

tarascada. f. Golpe o mordisco violentos. *El animal le lanzó una tarascada.*

tardar. intr. **1.** Emplear el tiempo que se indica en hacer algo. *Tardan un día EN pintar la casa.* **2.** Emplear mucho o demasiado tiempo en hacer algo. *Tardó EN volver.* ■ **a más ~.** loc. adv. Como plazo máximo. *Iré mañana, a más tardar.* FAM **tardanza.**

tarde. adv. **1.** Después del tiempo oportuno, debido o acostumbrado. *Llegó tarde a clase.* **2.** A una hora avanzada del día o de la noche. *Se levanta tarde.* ● f. **3.** Parte del día que transcurre entre el mediodía y el anochecer. *Estudia por la tarde.* ■ **buenas ~s.** expr. Se usa como fórmula de saludo o de despedida por la tarde (→ 3). ■ **de ~ en ~.** loc. adv. De vez en cuando, dejando pasar mucho tiempo de una vez a otra. *Solo nos vemos de tarde en tarde.* ■ **~ o temprano,** o **más ~ o más temprano.** loc. adv. Referido a un tiempo futuro: Alguna vez. *Tarde o temprano encontrarás trabajo.*

tardío, a. adj. **1.** Que llega o sucede tarde o después de lo acostumbrado o esperado. *La lectura ha sido para él una afición tardía.* **2.** Dicho de fruto: Que madura más tarde de lo habitual. **3.** Que se encuentra en la última fase de su existencia o de su evolución. *El templo es de estilo gótico tardío.*

tardo, da. adj. **1.** Lento en actuar o en producirse. *Avanza con andares tardos.* **2.** Torpe en comprender. *Era ingenua y un poco tarda.*

tardo-. elem. compos. Significa 'tardío o final' (*tardomedieval, tardobarroco*).

tarea. f. Actividad o conjunto de cosas que hay que hacer. *Las tareas del hogar.* ▶ QUEHACER, TRABAJO.

tarifa. f. **1.** Precio fijado para una mercancía o un servicio, frec. con carácter oficial. *Suben las tarifas del taxi.* **2.** Tabla de precios, derechos o impuestos. FAM **tarifario, ria.**

tarifar. tr. **1.** Aplicar una tarifa (a algo). *Las llamadas nacionales las tarifan a menor precio.* ○ intr. **2.** coloq. Enemistarse o reñir dos personas. *Cada vez que tocamos ese tema, salimos tarifando.* FAM **tarifación; tarificación; tarificar.**

tarima. f. **1.** Plataforma gralm. de madera, elevada a poca altura sobre el suelo. *El profesor explica desde la tarima.* **2.** Suelo semejante al parqué, pero de tablas mayores y más gruesas. *Pondremos tarima en las habitaciones.*

tarjeta. f. **1.** Pieza rectangular de un material delgado, como la cartulina, que suele llevar algo impreso o escrito. *Utiliza tarjetas blancas para hacer la ficha de los libros.* **2.** Tarjeta (→ 1) que suele tener una fotografía o ilustración por un lado, se emplea como carta y puede enviarse por correo sin sobre. *Me envió una tarjeta desde la playa.* Tb. ~ **postal. 3.** Tarjeta (→ 1) que lleva impresos el nombre, dirección y a veces otros datos, como la actividad profesional, de una persona o una entidad. *En la tarjeta pone que es jefe de ventas.* Tb. ~ **de visita. 4.** Tarjeta (→ 1) de plástico magnetizada, emitida por un banco, unos grandes almacenes u otra entidad, y que permite pagar sin dinero en efectivo, con cargo a una cuenta, o acceder a un cajero automático. Tb. ~ **de crédito.** *Paga con tarjeta de crédito.* **5.** En fútbol y otros deportes: Tarjeta (→ 1) que usa el árbitro como señal de amonestación. ■ **~ amarilla.** f. Tarjeta (→ 5) que muestra el árbitro por una falta grave. ○ ~ **roja.** f. Tarjeta (→ 5) que muestra el árbitro por una falta muy grave y que supone la expulsión. ▶ **2:** POSTAL. FAM **tarjetero.**

tarot. (pl. **tarots**). m. Baraja de 78 cartas con figuras especiales estampadas, que se usa como instrumento de adivinación. *La vidente sabe leer el tarot.*

tarraconense. adj. De Tarragona (España).

tarro. m. Recipiente de vidrio, porcelana u otro material semejante, gralm. cilíndrico y más alto que ancho. *Cierra bien el tarro de la miel.*

tarso. m. **1.** Anat. En los mamíferos, reptiles y anfibios: Parte del esqueleto correspondiente a las extremidades posteriores, situada entre los huesos de la pierna y el metatarso, y constituida por varios huesos cortos. *El pie está formado por tarso, metatarso y dedos.* **2.** Anat. En las aves: Parte más delgada de la pata, que une los dedos con la tibia. **3.** Anat. En los insectos: Parte más externa de las cinco articulaciones que constituyen la pata.

tarta. f. Pastel grande y gralm. redondo, elaborado sobre una base de bizcocho u otra masa y decorado con frutas u otros ingredientes. ▶ **Am:** TORTA.

tartajear. intr. coloq., despect. Tartamudear. FAM **tartaja; tartajeo; tartajoso, sa.**

tartaleta. f. Pastel formado por una masa gralm. de hojaldre en forma de cazoleta, cocida al horno y rellena con diversos ingredientes.

tartamudear. intr. Hablar con pronunciación entrecortada y repitiendo las sílabas. *Los nervios me hacen tartamudear.* FAM **tartamudeo; tartamudez; tartamudo, da.**

tartán. (Marca reg.). m. Material formado por una mezcla de amianto, caucho y materias plásticas, muy resistente y deslizante, y que se emplea como revestimiento de pistas de atletismo.

tartana. f. Carruaje tirado por caballos, gralm. de dos ruedas, cubierto con un toldo abovedado y provisto de asientos laterales.

tártaro[1]. m. cult. Infierno (lugar donde habitan los espíritus de los muertos). Frec., en mayúsc., referido a la Antigüedad clásica. *Zeus confinó a los Titanes al Tártaro.*

tártaro[2]**, ra.** adj. De Tartaria (región de Asia).

tartera. f. Am. Fuente de horno. *Asar el pescado en una tartera engrasada* [C].

tarugo. m. **1.** Trozo de madera corto y grueso. *Fue cortando la leña en tarugos.* **2.** coloq. Persona torpe para comprender o razonar. *No haces nada bien, tarugo.*

tasa. f. **1.** Efecto de tasar o poner precio. Tb. ese precio. *Suben las tasas universitarias.* **2.** Impuesto exigido por el uso o disfrute de un servicio. *El precio del billete incluye las tasas.* **3.** Limitación o restricción en lo que se hace. *Gasta sin tasa.* **4.** tecn. Relación entre dos magnitudes, frec. expresada en términos de porcentaje. Tb. el índice que la expresa. *La tasa de natalidad es alta.*

tasajo. m. **1.** Cecina. *Lonjas de tasajo.* **2.** Porción cortada de carne, pescado o fruta.

tasar. tr. **1.** Fijar oficialmente el precio máximo o mínimo (de una mercancía). Tb. referido a ese precio y, entonces, frec. en part. *Estas viviendas tienen un precio tasado.* **2.** Determinar el precio o valor (de algo). *Un perito tasará la casa.* **3.** Poner límite (a algo), frec. por prudencia o tacañería. *Nos tasa el dinero.* ► 2: *VALORAR. FAM tasación; tasador, ra.

tasca. f. Taberna.

tata. m. **1.** Am. coloq. Padre (hombre). *Mi tata encuentra trabajo fijo y comemos todos los días* [C]. O pl. **2.** Am. coloq. Padre y madre. *Le dirían Arsenio Orellana, su verdadero nombre; el que le heredaran sus tatas* [C].

tatami. m. Superficie acolchada sobre la que se practican algunos deportes de lucha de origen oriental. *El yudoca derriba a su rival sobre el tatami.*

tatarabuelo, la. m. y f. Respecto de una persona: Padre o madre de su bisabuelo o de su bisabuela.

tataranieto, ta. m. y f. Respecto de una persona: Hijo o hija de su bisnieto o de su bisnieta.

tatarear. tr. coloq. Tararear (una canción). *Tatarea una canción mientras cocina.* Tb. como intr.

tatuar. (conjug. ACTUAR). tr. **1.** Grabar algo sobre la piel (de una persona o de una parte de su cuerpo), introduciendo materias colorantes bajo la epidermis. *Le han tatuado el brazo.* **2.** Grabar (algo) sobre la piel de una persona, introduciendo materias colorantes bajo la epidermis. *Le han tatuado un dragón en la espalda.* FAM tatuaje.

taumaturgo, ga. m. y f. cult. Persona que realiza milagros o prodigios. *Muchos santos han sido considerados taumaturgos.* FAM taumaturgia; taumatúrgico, ca.

taurino, na. adj. **1.** Del toro o de las corridas de toros. *Espectáculo taurino.* **2.** Aficionado a los toros. Tb. m. y f. *Su padre es un taurino de verdad.*

tauro. m. y f. Persona nacida bajo el signo de Tauro.

tauromaquia. f. Arte o técnica de lidiar toros. ► TOREO. FAM taurómaco, ca.

tautología. f. cult. Repetición innecesaria de un pensamiento, gralm. expresándolo de distinta manera. *"Un día es un día" es una tautología.* FAM tautológico, ca.

taxativo, va. adj. Que no admite discusión por la firmeza o el carácter inequívoco con que se expresa. *Lo negó de forma taxativa.*

taxi. m. Automóvil de alquiler con conductor, provisto de taxímetro. FAM taxista.

taxidermia. f. Arte o técnica de disecar animales muertos para conservarlos con apariencia de vivos. FAM taxidermista.

taxímetro. m. Aparato del que van provistos los taxis y que va marcando automáticamente el precio del trayecto recorrido. *Paró el taxímetro al llegar al destino.*

taxón. m. Biol. Cada uno de los grupos o categorías de la clasificación sistemática de los seres vivos, reconocidos internacionalmente. *Las aves pertenecen al taxón de los vertebrados.*

taxonomía. f. **1.** tecn. Estudio científico de los principios, métodos y fines de la clasificación, espec. el que se aplica en biología para ordenar sistemáticamente los grupos de seres vivos. *La taxonomía es una disciplina auxiliar de muchas ciencias.* **2.** tecn. Clasificación hecha de acuerdo con la taxonomía (→ 1). *Taxonomía zoológica.* FAM taxonómico, ca.

taza. f. **1.** Recipiente pequeño, profundo y con asa, que se usa para beber líquidos. *Taza de café.* **2.** Parte del retrete que sirve de asiento para orinar o evacuar excrementos. ► 2: INODORO. FAM tazón.

te[1]. f. Letra *t*.

te[2]. pron. pers. (Se escribe unido al v. cuando va detrás de él: *Péinate; Sentate aquí a mi lado* [C]). Designa, en función de complemento directo o indirecto sin preposición, a la misma persona designada con el pronombre *tú* o, Am., *vos. No te hagas el loco. Vos no te lo podés imaginar* [C].

té. m. **1.** Arbusto oriental de hojas en forma de punta de lanza, muy aromáticas y ricas en cafeína. Tb. su hoja, una vez seca y tostada. *Un paquete de té.* **2.** Infusión estimulante que se hace con hojas tostadas de té (→ 1). *Prepara té.*

tea. f. Palo o trozo de madera impregnados en resina y que, encendidos, sirven para alumbrar.

teatral. adj. **1.** Del teatro. *Representación teatral.* **2.** despect. Afectado o exagerado. *Gesto teatral.* FAM teatralidad; teatralización; teatralizar.

teatro. m. **1.** Arte de componer o representar obras dramáticas. *Es actor de teatro.* **2.** Conjunto de las obras dramáticas con una característica común. *El teatro griego.* **3.** Dramática (género). *Cultivó la poesía y el teatro.* **4.** Lugar destinado a la representación de obras dramáticas o de otros espectáculos escénicos. *En el teatro Apolo estrenan una obra.* **5.** Lugar en el que se produce un acontecimiento. *Europa ha sido el teatro de grandes guerras.* **6.** coloq. Exageración o fingimiento en la forma de actuar. *No la creas; está haciendo teatro.* ■ ~ de cámara, o de ensayo. m. Teatro (→ 2, 3) de carácter experimental, destinado a un público minoritario y que suele representarse en locales pequeños y en pocas funciones. ► 3: *DRAMÁTICA. FAM teatrero, ra.

tebano, na. adj. histór. De Tebas (antigua ciudad de Grecia).

teca. f. Árbol tropical de gran tamaño, propio del sur de Asia, cuya madera, resistente y elástica, se usa mucho para la fabricación de barcos y muebles. Tb. la madera. *Muebles de teca.*

techado. m. Techo (parte superior de un edificio o construcción). *Casas con muros de piedra y techado de pizarra.* ▶ *TECHO.

techo. m. **1.** Parte superior de un edificio o una construcción, que los cubre y cierra. *En la aldea abandonada solo quedan casas sin techo.* Frec. designa la parte superior de otros recintos, como el habitáculo de un vehículo. *El techo del autobús.* **2.** Cara interior del techo (→ 1). *Se tumba en la cama y mira al techo.* **3.** Casa o lugar donde vivir o albergarse. *No tenía un techo donde pasar la noche.* **4.** Límite máximo que puede alcanzar alguien o algo. *El partido ha alcanzado su techo electoral.* ▶ **1:** TECHADO, TECHUMBRE, TEJADO. **3:** *VIVIENDA. **4:** *LÍMITE. FAM **techado, da** (*Un recinto techado*); **techar.**

techumbre. f. **1.** Techo o cubierta de una construcción. *Casas bajas con techumbre de teja.* Frec. designa los que tienen poca solidez. *Una techumbre de ramas.* **2.** Conjunto de la estructura y los elementos que constituyen un techo. ▶ **1:** *TECHO.

tecla. f. **1.** En el piano y otros instrumentos musicales: Cada una de las piezas que, al presionarlas con los dedos, producen el sonido. *El órgano suena cuando se accionan sus teclas o sus pedales.* **2.** En una máquina de escribir u otro aparato semejante: Cada una de las piezas que, al pulsarlas, imprimen una letra o un signo. *Al teclado de mi ordenador le falta la tecla de la "ñ".* **3.** Pieza que, al pulsarla, sirve para accionar un mecanismo. *Pulse la tecla de encendido.*

teclado. m. **1.** Conjunto de las teclas de determinados instrumentos musicales, como el piano. *Los dedos del organista recorren el teclado.* Tb. el instrumento provisto de esas teclas. *Toca el teclado en un grupo.* **2.** Conjunto de las teclas de una máquina de escribir u otro aparato semejante. *El teclado de la computadora es incómodo.*

teclear. intr. **1.** Pulsar las teclas de un instrumento musical o de una máquina. *Teclea en el ordenador.* ○ tr. **2.** Escribir (algo) tecleando (→ 1) en una máquina. *Teclee su contraseña.* FAM **tecleo.**

teclista. m. y f. **1.** Músico que toca un instrumento de teclado, frec. en un conjunto de música moderna. **2.** Persona que se dedica a copiar textos en un ordenador o en una máquina de imprenta, espec. si lo hace por oficio.

tecnicismo. m. **1.** Cualidad de técnico. *El tecnicismo del informe lo hace incomprensible.* **2.** Palabra o expresión propias del lenguaje técnico. *"Quark" es un tecnicismo de física.*

técnico, ca. adj. **1.** De la técnica (→ 3-6). *En el siglo XX se produce una revolución científica y técnica.* **2.** Propio de una técnica (→ 3). Frec. referido al lenguaje. *El médico nos habla con palabras técnicas.* ● f. **3.** Conjunto de reglas y procedimientos propios de una ciencia, arte, disciplina o actividad. *Aprende la técnica de la fotografía.* **4.** Conjunto de procedimientos científicos aplicados a la producción industrial y a la explotación de los recursos naturales. *Los avances de la técnica han simplificado las tareas agrícolas.* **5.** Conocimiento y dominio de una técnica (→ 3). *Es un futbolista con mucha técnica.* **6.** Habilidad para hacer o conseguir algo. *Tiene una técnica admirable para escabullirse.* ○ m. y f. **7.** Persona que posee los conocimientos propios de una técnica (→ 3) o de la técnica (→ 4). *Un técnico repara la lavadora.*

tecnicolor. (Marca reg.). m. Procedimiento cinematográfico que permite reproducir los colores en la pantalla. *Una película en tecnicolor y cinemascope.*

tecnificar. tr. Dotar de medios y procedimientos técnicos modernos (a algo, frec. a una rama de producción). *Urge tecnificar la Administración.* FAM **tecnificación.**

tecnocracia. f. **1.** cult. Gobierno en que los tecnócratas tienen un papel predominante. *En el país había una tecnocracia.* **2.** Grupo constituido por los tecnócratas y técnicos con un papel dirigente o dominante.

tecnócrata. m. y f. **1.** Técnico que ejerce un cargo público buscando la eficacia propia de su especialización por encima de consideraciones ideológicas o políticas. *El ministro, un tecnócrata, saneó las cuentas del Estado sin preocuparse del coste social.* **2.** Partidario de la tecnocracia. FAM **tecnocracia; tecnocrático, ca.**

tecnología. f. Estudio científico de los procedimientos y medios técnicos aplicados en la industria. FAM **tecnológico, ca; tecnólogo, ga.**

tecolote. m. Am. Búho. *Con el tamaño que tiene, ningún gavilán ni ningún tecolote se metería con él* [C].

tectónico, ca. adj. **1.** Geol. De la tectónica (→ 2), o de su objeto de estudio. *Placa tectónica.* ● f. **2.** Geol. Parte de la geología que estudia la estructura de la corteza terrestre y los movimientos y deformaciones que se producen en ella.

tedeum. (pronunc. "tedéum"; frec. en mayúsc.; pl. **tedeums**). m. Cántico católico de acción de gracias dirigido a Dios, y que comienza con las palabras "Te Deum".

tedio. m. cult. Aburrimiento o cansancio extremos, producidos por algo o alguien que no despiertan interés. *Los discursos largos me producen tedio.* FAM **tedioso, sa.**

teflón. (Marca reg.). m. Material plástico muy resistente al calor y a la corrosión, empleado espec. para la fabricación de juntas y revestimientos de utensilios de cocina.

tegucigalpense. adj. De Tegucigalpa (Honduras).

tegumento. m. **1.** Zool. Tejido protector que recubre el cuerpo del hombre, de un animal o de alguno de sus órganos, y que puede presentar varias capas, glándulas, escamas, pelo o plumas. **2.** Bot. Membrana protectora que cubre algunas partes de las plantas, espec. el óvulo o la semilla.

tehuelche. adj. histór. De un pueblo amerindio que habitaba en el sur de la Patagonia (región de Argentina).

teína. f. Quím. Sustancia semejante a la cafeína, que se encuentra en las hojas del té.

teja. f. Pieza de barro cocido, de forma acanalada y color marrón rojizo, que se usa, montándola sobre otras, para cubrir techos y permitir que escurra el agua de lluvia.

tejado. m. Parte superior o cubierta de un edificio o una construcción, gralm. recubierta de tejas. *Suben al tejado para repararlo.* ▶ *TECHO. FAM **tejadillo.**

tejano, na. → texano.

tejar[1]. m. Lugar donde se fabrican tejas y ladrillos.

tejar[2]. tr. Poner tejado (a un edificio o construcción). *Están tejando la casa.*

tejemaneje. m. **1.** coloq. Actividad intensa y con movimientos continuos que se desarrolla al realizar algo. **2.** coloq. o despect. Actividad poco clara y llena de enredos para conseguir algo. Frec. en pl. *Está harto de los tejemanejes de la política.*

tejer. tr. **1.** Formar (una tela) entrecruzando los hilos de la trama y la urdimbre. Tb. como intr. *Tejían con telar.* **2.** Formar (un objeto) entrelazando hilos o tiras de un material flexible. *Sombrero tejido EN paja.* **3.** Hacer (una prenda o una labor de punto). *Teje un jersey.* Tb. como intr. **4.** Formar un animal (su tela o su capullo) con los hilos que segrega. *El gusano de seda teje un capullo.* Tb. como intr. **5.** Idear o elaborar (algo, como un plan o una estructura). *El autor teje una complicada intriga.* ▶ **3:** TRICOTAR. FAM **tejedor, ra; tejido** (*Hacían el hilado y tejido de la seda*).

tejido. m. **1.** Material hecho tejiendo, espec. el realizado con hilos. *Un tejido de algodón.* **2.** Biol. Conjunto de células de la misma naturaleza y estructura, y que desempeñan una misma función. *Tejido adiposo.* ▶ **1:** TELA.

tejo¹. m. **1.** Trozo pequeño de teja o piedra, o pieza de metal, que se usan en determinados juegos, como la rayuela. **2.** Rayuela. *Juegan al tejo en el patio.*

tejo². m. Árbol de tronco grueso y copa ancha, hojas alargadas de color verde oscuro y semillas contenidas en una envoltura roja. Tb. su madera.

tejón. m. Mamífero pequeño, de patas cortas, hocico alargado y pelaje largo y espeso, que vive en madrigueras profundas y se alimenta de frutos y animales pequeños. *El tejón hembra.*

tejuelo. m. Trozo de papel, piel u otro material que se pega en el lomo de un libro para poner su título u otro dato. *Cada libro lleva un número en el tejuelo.*

tela¹. f. **1.** Material con forma de lámina, hecho entrecruzando hilos alternativa y regularmente, gralm. en un telar. *Tela de lino.* **2.** Telaraña (red que forma la araña). *La araña teje su tela.* Tb. ~ *de araña.* **3.** Película que cubre algo, espec. la que se forma en la superficie de algunos líquidos o envuelve algunos órganos o frutos. Frec. *telilla. En la leche se forma una telilla.* **4.** coloq. Asunto o materia de que hablar. *Si hablan de fútbol, tienen tela para rato.* **5.** Arte Lienzo o tela (→ 1) preparados para pintar. *Un óleo en tela.* ■ ~ **metálica.** f. Tejido hecho con alambre. *Cercan el huerto con tela metálica.* ■ (**mucha**) ~ **que cortar.** f. coloq. Tarea o trabajo por hacer. *Aquí hay mucha tela que cortar.* ▶ **1:** TEJIDO. **2:** TELARAÑA. **5:** LIENZO.

tela². **en** ~ **de juicio.** loc. adv. En duda. *Puso en tela de juicio mi honradez.*

telar. m. **1.** Máquina para tejer. *El telar impulsó el desarrollo de la industria textil.* **2.** Fábrica de tejidos. ▶ **1:** TEJEDORA.

telaraña. f. Red que forma la araña con los hilos que segrega. *Me rozó una telaraña.* ▶ TELA.

tele. → televisión.

tele-¹. elem. compos. Significa 'a distancia' (*teletrabajo, teleoperador, teletransportar, telebanco*).

tele-². elem. compos. Significa 'de la televisión' (*teleconcurso, telepresentador, teleadicto*).

telebasura. f. Televisión de muy baja calidad, gralm. por anteponer a esta la búsqueda de una máxima audiencia. *En la cadena abunda la telebasura.*

telecabina. f. (Tb. m.). Teleférico dotado de cabinas y con un único cable de tracción. *Desde el valle se sube en telecabina a los campos.*

telecomedia. f. Comedia producida para ser emitida por televisión, gralm. en forma de serie. *Hoy se emite el último episodio de la telecomedia.*

telecomunicación. f. Comunicación a distancia mediante cables u ondas eléctricas o hertzianas. Frec.,

en pl., designa la actividad comercial correspondiente. *Empresa de telecomunicaciones.*

telediario. m. Programa informativo de televisión, de emisión diaria, sobre las noticias más destacadas del día. *Dieron la noticia en el telediario.*

teledifusión. f. Transmisión de imágenes de televisión por medio de ondas electromagnéticas. Tb. la actividad comercial correspondiente. *Dos empresas dominan el sector de la teledifusión.*

teledirigir. tr. **1.** Dirigir (un vehículo o un aparato) mediante un mecanismo de control a distancia. *Teledirigen la nave desde tierra.* **2.** Dirigir o controlar (algo o a alguien) de manera reservada u oculta. *Han teledirigido la campaña electoral.*

telefacsímil. m. Fax. *La solicitud podrá enviarse por telefacsímil.*

telefax. (pl. **telefaxes**) m. Fax. *Recibe el documento por telefax.*

teleférico. m. Sistema de transporte constituido por una serie de vehículos o cabinas que se desplazan suspendidos de uno o varios cables de tracción.

telefilme. m. Filme realizado para la televisión. *Emitirán un telefilme policíaco.*

telefonazo. m. coloq. Llamada telefónica, gralm. breve. *Dame un telefonazo.*

telefonear. intr. **1.** Llamar por teléfono. *Telefónéame luego.* ○ tr. **2.** Comunicar (algo) por teléfono. *El periodista telefonea la noticia a su agencia.* ▶ **1:** LLAMAR.

telefonía. f. **1.** Técnica de las comunicaciones por medio del teléfono. Tb. la actividad comercial correspondiente. *La telefonía es un sector en alza.* **2.** Sistema de comunicación que emplea la telefonía (→ 1). *Un técnico instalará la telefonía.*

telefónico, ca. adj. Del teléfono, o de la telefonía. *Llamada telefónica.*

telefonillo. m. **1.** Interfono. *Llamó por un telefonillo a su secretario.* **2.** coloq. Portero automático. *Cuando llegue al portal, llame por el telefonillo.*

teléfono. m. **1.** Sistema de comunicación que permite transmitir a distancia palabras y sonidos, gralm. por medio de la electricidad, a través de una red de aparatos e hilos conductores. *La invención del teléfono revolucionó las comunicaciones.* **2.** Aparato provisto de micrófono y receptor, que sirve para comunicarse por medio del teléfono (→ 1). *Cuelga el teléfono.* **3.** Número asignado a un teléfono (→ 2). *Anotaré su teléfono.* ■ ~ **celular.** m. Am. Teléfono móvil (→ **teléfono móvil**). *Efectuó una llamada con su teléfono celular* [C]. ⇒ CELULAR. ■ ~ **móvil.** m. Teléfono (→ 2) portátil que permite la comunicación sin cables, por medio de ondas electromagnéticas. *Tienes el teléfono móvil apagado.* ⇒ MÓVIL. FAM **telefonista.**

telegénico, ca. adj. Que tiene cualidades para resultar atractivo en televisión. *El presentador es muy telegénico.* FAM **telegenia.**

telegrafía. f. Técnica de las comunicaciones por medio del telégrafo. Tb. el sistema de comunicación que emplea esta técnica (→ **telégrafo**). *Telegrafía sin hilos.*

telegrafiar. (conjug. ENVIAR). intr. **1.** Enviar un telegrama. *Telegrafió a su familia.* ○ tr. **2.** Comunicar (algo) por telégrafo. *Telegrafían la noticia.*

telegráfico, ca. adj. **1.** Del telégrafo, o de la telegrafía. *Líneas telegráficas.* **2.** Dicho de modo de expresión: Muy conciso. *Respondió de manera telegráfica.*

telégrafo. m. **1.** Sistema o aparato que permiten la transmisión de mensajes a distancia, utilizando un código establecido de señales. Designa espec. el que emplea la línea eléctrica como medio de transmisión. *Envía el mensaje a través del telégrafo.* ○ pl. **2.** Servicio público del que dependen las comunicaciones por medio del telégrafo (→ 1). *Es empleada de telégrafos.* ▶ **1:** TELEGRAFÍA. FAM **telegrafista.**

telegrama. m. Mensaje transmitido por telégrafo. *Mandó un telegrama.*

telele. m. coloq. Desmayo o indisposición pasajera, gralm. provocados por una impresión fuerte. *Cuando le tocó la lotería, casi le da un telele.*

telemando. m. Mando a distancia. *El telemando del televisor.* ▶ MANDO.

telemático, ca. adj. **1.** Inform. De la telemática (→ 2). *Redes telemáticas.* ● f. **2.** Inform. Conjunto de las técnicas que combinan los medios y procedimientos informáticos y los de las telecomunicaciones.

telenovela. f. Novela, frec. de carácter sentimental, dramatizada y filmada para ser emitida por capítulos por televisión. *Siempre veo la telenovela de las diez.*

teleobjetivo. m. Objetivo que permite fotografiar o filmar cosas lejanas.

telepatía. f. Transmisión de pensamientos o contenidos psíquicos entre personas, sin intervención de los sentidos o de agentes físicos conocidos. FAM **telepático, ca.**

telepredicador, ra. m. y f. Persona que predica mensajes religiosos a través de la televisión, gralm. valiéndose de recursos propios del espectáculo televisivo.

telequinesia o **telequinesis.** f. *tecn.* Desplazamiento de objetos producido sin causa física aparente, por una fuerza psíquica o mental. Tb. la capacidad para producir ese desplazamiento. *Miró el vaso y, mediante telequinesia, hizo que se moviera.*

telescópico, ca. adj. **1.** Del telescopio. *Sistemas telescópicos.* **2.** Hecho con ayuda del telescopio. *Observación telescópica.* **3.** Dicho de aparato: Formado por piezas que pueden recogerse encajando cada una en la anterior, como la de un telescopio. *Antena telescópica.*

telescopio. m. Instrumento óptico que permite ver una imagen agrandada de objetos lejanos, muy empleado para la observación de los astros. ▶ ANTEOJO, CATALEJO.

teleserie. f. Serie de televisión. *Ponen una teleserie romántica.*

telesilla. m. (En Am., tb. f.). Sistema de transporte constituido por una serie de asientos suspendidos de un cable de tracción, que se emplea para el traslado de personas a una cima o lugar elevado.

telespectador, ra. m. y f. Persona que ve la televisión. ▶ TELEVIDENTE.

telesquí. m. Sistema de transporte que permite trasladar a los esquiadores con los esquís puestos hasta la parte alta de las pistas, suspendidos de un cable de tracción.

teletexto. m. Sistema de transmisión de textos escritos y de gráficos por televisión, que permite la visualización y consulta de estos en la pantalla.

teletienda. f. Servicio de venta de productos por televisión. Tb. el programa publicitario en que se presentan esos productos.

teletipo. (Marca reg.: *Télétype*). m. **1.** Aparato telegráfico que sirve para transmitir textos por medio de un teclado mecanográfico, y recibirlos impresos. *La*

noticia fue enviada por teletipo. **2.** Mensaje transmitido por teletipo (→ 1). ▶ TÉLEX.

televenta. f. Venta de productos presentados en un programa de teletienda y encargados por el cliente gralm. a través del teléfono.

televidente. m. y f. Telespectador. *Miles de televidentes siguen el programa.*

televisar. tr. Transmitir (algo) por televisión. *Televisarán el partido.*

televisión. f. **1.** Sistema de transmisión de imágenes a distancia, por medio de ondas hertzianas. Tb. la actividad profesional correspondiente. *Asistirán periodistas de radio y televisión.* **2.** Televisor. **3.** Emisora de televisión (→ 1). *Esta televisión pone mucha publicidad.* FAM **tele.**

televisivo, va. adj. **1.** De la televisión. *Una serie televisiva.* **2.** Que tiene buenas condiciones para ser televisado. *El fútbol es un deporte televisivo.* ▶ **1:** TELEVISUAL.

televisor. m. Aparato receptor de televisión. ▶ TELEVISIÓN.

televisual. adj. Televisivo (de la televisión). *Programa televisual.* ▶ TELEVISIVO.

télex. (pl. invar.). m. **1.** Sistema de comunicación que permite enviar mensajes por medio de teletipos. *Reciben información por télex.* Tb. el teletipo (→ teletipo). **2.** Mensaje transmitido por télex (→ 1). *Envía un télex informando de lo sucedido.* ▶ **2:** TELETIPO.

telón. m. Pieza grande de tela que se pone en el escenario de un teatro, puede bajarse o subirse y sirve como decorado o para cubrir la escena. Designa espec. la que separa la escena de la sala. *Silencio, que están subiendo el telón.* ■ ~ **de fondo.** m. Conjunto de circunstancias que, situadas en un segundo plano, condicionan, explican o rodean un hecho. *La película narra un romance con la guerra como telón de fondo.*

telonero, ra. adj. Que interviene en un espectáculo antes de la actuación principal, por ser menos importante que esta. Dicho de pers., espec. de artista o de orador, tb. m. y f. *Muchos cantantes de éxito empezaron como teloneros de otros.*

telúrico, ca. adj. cult. o *Geol.* Del planeta Tierra. *Movimientos telúricos.*

tema. m. **1.** Idea o hechos generales que se desarrollan en una obra literaria o artística, o cuando se habla. *El tema de la novela es la búsqueda de un tesoro.* **2.** Asunto o materia. *El medio ambiente es un tema de actualidad.* **3.** Cada una de las unidades de contenido en que se divide un programa de estudios, una oposición o algo semejante. **4.** *Mús.* Elemento, gralm. melódico, que constituye la base de una composición musical, espec. de una fuga, y que es objeto de variaciones y desarrollo. Frec., coloq., designa una composición de música moderna. Tb. ~ *musical. El disco está compuesto por doce temas musicales.* ▶ **2:** *ASUNTO.

temario. m. Conjunto de temas que se proponen para su estudio. *Expuso el temario del congreso.*

temático, ca. adj. **1.** Del tema, o de los temas. *Índice temático.* ● f. **2.** Conjunto de temas. *Las conferencias giraron en torno a una temática variada.*

tematizar. tr. Tratar (algo) como tema central de lo que se dice o expresa, espec. en una obra artística o de pensamiento. *La película tematiza los aspectos más cotidianos de la vida en la aldea.* FAM **tematización.**

temblar. (conjug. ACERTAR). intr. **1.** Moverse alguien o algo con sacudidas rápidas y frecuentes. *Temblaba* de frío. **2.** Sentir alguien mucho miedo o inquietud, frec. hasta el punto de temblar (→ 1). *Tiemblo cuando pienso en ir al dentista.* ▶ **1:** TREPIDAR. FAM **temblón, na.**

temblequear. intr. coloq. Temblar de manera continuada. *La niña temblequea bajo la lluvia.*

temblor. m. **1.** Hecho de temblar o moverse con sacudidas. *La fiebre puede provocar temblores.* **2.** Movimiento sísmico de baja intensidad. *El terremoto fue precedido de temblores.* Tb., frecAm., designa cualquier terremoto. *Un temblor azotó Santiago* [C]. ■ **~ de tierra.** m. Terremoto. *Un temblor de tierra sacude San Francisco.* ▶ **2:** *TERREMOTO. FAM **tembloroso, sa.**

temer. tr. **1.** Tener temor (a alguien o algo). *Temo su ira.* **2.** Creer o sospechar que (algo negativo o dañino) ha ocurrido o va a ocurrir. *Temo que llueva.* Frec. prnl. O intr. **3.** Sentir temor por alguien o algo. *Teme* POR *su vida.* FAM **temeroso, sa; temible.**

temerario, ria. adj. **1.** Que realiza acciones peligrosas de forma imprudente. *Un conductor temerario.* **2.** Que se dice, hace o piensa sin fundamento o razón suficiente. *Hace juicios temerarios.* FAM **temeridad.**

temor. m. **1.** Sentimiento de inquietud y rechazo hacia las cosas o las personas que se consideran dañinas o peligrosas. *Temor* A *la oscuridad.* **2.** Creencia o sospecha de que algo negativo o dañino ha ocurrido o va a ocurrir. *La prueba confirmó sus temores.* ■ **~ de Dios.** m. *Rel.* Temor (→ 1) respetuoso a Dios y a ser castigado por Él. ▶ *MIEDO.

témpano. m. Pedazo de una materia dura y plana, gralm. de hielo. *En el océano Ártico flotan témpanos* DE *hielo.*

témpera. f. Temple (producto para pintar, o pintura realizada con este producto). *Sacó botecitos de témpera y pinceles.* ▶ TEMPLE.

temperamento. m. **1.** Conjunto de rasgos innatos de la personalidad que dependen de la constitución de cada individuo y condicionan su forma de ser y de reaccionar. *Es de temperamento vivo.* **2.** Temperamento (→ 1) fuerte e impulsivo. *Una mujer con temperamento.* FAM **temperamental.**

temperar. intr. Am. Cambiar alguien de clima, espec. por razones de salud. *Había llegado desde Granada a temperar a Masatepe en busca de clima benigno* [C].

temperatura. f. **1.** Grado de calor de un cuerpo o de la atmósfera, cuya unidad en el Sistema Internacional es el kelvin. *Hace una temperatura de 25 °C.* **2.** coloq. Calor de un organismo. Frec. ese calor cuando constituye fiebre. *Tengo temperatura.*

tempestad. f. Tormenta grande, espec. la que se produce en el mar con vientos muy fuertes. *Se desató una tempestad que hizo zozobrar el barco.* Tb. fig. ▶ *TORMENTA. FAM **tempestuoso, sa.**

templado, da. adj. **1.** Que está entre caliente y frío, tirando más a caliente. *Café con leche templada.* **2.** Moderado o sin excesos. *Una respuesta templada.* **3.** Sereno y con control o dominio. *Nervios templados.*

templanza. f. **1.** Moderación en las acciones o en las palabras. *Habla con serenidad y templanza.* **2.** Virtud que consiste en moderar los apetitos y los placeres de los sentidos, espec. el consumo de comida y bebida. **3.** Benignidad del clima.

templar. (conjug. reg. o, Am., ACERTAR). tr. **1.** Hacer que (algo, espec. un líquido) pase a estar entre caliente y frío, tirando más a caliente. *Si quema el agua,*

témplela. 2. Moderar o suavizar la fuerza o la intensidad (de algo). *Intentó templar los ánimos.* **3.** Enfriar bruscamente (un material calentado a determinada temperatura) para mejorar alguna de sus propiedades, gralm. la resistencia. Frec. en part. *Acero templado.* **4.** Tensar o apretar debidamente (algo, como una cuerda o una pieza). *Las clavijas de la guitarra sirven para templar las cuerdas.* **5.** *Mús.* Disponer (un instrumento) para que suene con la afinación o el tono adecuados. *Templa la guitarra.* ▶ **5:** AFINAR.

templario, ria. adj. histór. De la orden militar del Temple (ss. XII-XIV).

temple. m. **1.** Hecho o efecto de templar. **2.** Humor o disposición de ánimo de una persona. *Está de mal temple.* **3.** Serenidad y fortaleza para afrontar las dificultades. *Demostró un gran temple.* **4.** Producto para pintar que se prepara con líquidos pegajosos como la cola o la yema de huevo, y es soluble en agua. *Pinta con temple.* **5.** Pintura realizada con temple (→ 4). *Exposición de temples.* ■ **al ~.** loc. adj. Dicho de pintura: Realizada con temple (→ 4). *Mural al temple.* ▶ **2:** *HUMOR. **4, 5:** TÉMPERA.

templete. m. Construcción formada por una cúpula sostenida por columnas.

templo. m. **1.** Edificio público destinado al culto religioso. *Templo judío.* **2.** Lugar en que se rinde culto a una actividad espiritual. *El monasterio era un templo* DEL *saber.* ■ **como un ~.** loc. adj. coloq. Muy grande. *Es una verdad como un templo.*

tempo. m. **1.** *Mús.* Ritmo o velocidad con que deben ejecutarse una composición o un fragmento. **2.** Ritmo con que se desarrolla una acción. *El tempo narrativo de la novela es lento.* ▶ **1:** *MOVIMIENTO.

temporada. f. **1.** Período de tiempo constituido por varios días, semanas o meses, considerados como un conjunto. *Pasó una temporada en Río.* **2.** Temporada (→ 1) caracterizada por algo, espec. por estar destinada a una actividad, frec. de manera periódica. *Temporada de caza.* ■ **~ alta.** f. Época del año con un nivel de actividad turística superior al normal. ■ **~ baja.** f. Época del año con un nivel de actividad turística inferior al normal. ■ **~ media.** f. Época del año con un nivel de actividad turística normal. □ **de ~.** loc. adj. Que se produce o se usa solo en una temporada (→ 1) determinada. *Fruta de temporada.*

temporal¹. adj. **1.** Del tiempo, pores. del cronológico. *Evolución temporal.* **2.** Que dura solo algún tiempo. *Un trabajo temporal.* **3.** Que pasa con el tiempo. *La belleza es temporal.* **4.** Secular o profano. ● m. **5.** Tormenta grande o tempestad. *Se avecina un temporal.* **6.** Tiempo de lluvia persistente. *Tras varios días de temporal, el río se ha desbordado.* ■ **capear el ~.** loc. v. coloq. Salir de una situación difícil o comprometida. *Empezó a decir evasivas para capear el temporal.* ▶ **2, 3:** *PASAJERO. **5:** *TORMENTA. FAM **temporalidad; temporario, ria** (frecAm).

temporal². adj. **1.** *Anat.* De la sien. *Región temporal.* ● m. **2.** *Anat.* Hueso temporal (→ **hueso**).

temporero, ra. adj. Que realiza un trabajo temporalmente. Referido espec. a trabajador agrícola. Tb. m. y f. *Para la cosecha contratan temporeros.*

temporizador. m. Dispositivo electrónico que sirve para poner en funcionamiento un aparato o un mecanismo en el momento previamente fijado.

tempranero, ra. adj. **1.** Temprano (que se anticipa al tiempo oportuno). *Cultivos tempraneros.* **2.** Madrugador. ▶ **1:** TEMPRANO.

temprano, na. adj. **1.** Que se anticipa al tiempo oportuno, debido o acostumbrado. *Vocación temprana.* **2.** Dicho de fruto o cultivo: Que fructifica antes de lo habitual. *Habas tempranas.* ● adv. **3.** Antes del tiempo oportuno, debido o acostumbrado. *Llegas temprano.* **4.** En las primeras horas del día o de la noche. *Me desperté temprano.* ▶ **1:** TEMPRANERO.

tenaz. adj. **1.** Que se mantiene firme en sus propósitos. *Es decidido y tenaz.* **2.** Que está muy pegado o fijado en algo y es difícil de quitar o de separar. *Una mancha tenaz.* FAM **tenacidad.**

tenaza. f. **1.** Instrumento metálico, formado por dos brazos articulados y que sirve para sujetar, arrancar o cortar. **2.** En algunos animales artrópodos: Pinza. ▶ **2:** PINZA.

tendedero. m. **1.** Lugar en que se tiende algo, espec. ropa. **2.** Dispositivo de alambres o cuerdas para tender ropa.

tendencia. f. **1.** Inclinación de una persona a actuar o comportarse de determinada manera. *Tiene tendencia A la exageración.* **2.** Inclinación de algo a desarrollarse o evolucionar en determinada dirección. *El precio de la vivienda tiene tendencia A subir.* **3.** Orientación de una concepción o un movimiento, gralm. ideológicos o artísticos, en determinada dirección. *El expresionismo es una tendencia artística.* ▶ **1:** *INCLINACIÓN. FAM **tendencial.**

tendencioso, sa. adj. Que manifiesta parcialidad, obedeciendo a una tendencia o idea determinadas. *Da una interpretación tendenciosa de los hechos.* ▶ SESGADO. FAM **tendenciosidad.**

tender. (conjug. ENTENDER). tr. **1.** Extender (algo doblado, encogido o amontonado). *Tiendo la colcha en la cama.* **2.** Extender o colgar (la ropa mojada) para que se seque. *Tiende la ropa.* **3.** Tumbar extendido (a alguien). *Tiéndase.* **4.** Construir o colocar (algo) apoyándo(lo) en dos o más puntos. *Tienden un puente sobre el río.* **5.** Extender una persona (una cosa o una extremidad de su cuerpo) aproximándo(las) hacia alguien o algo. *Me tendió la mano.* **6.** Preparar (una trampa) para alguien. *Le tienden una emboscada.* ○ intr. **7.** Dirigirse de manera natural hacia algo. *Los precios tienden A subir.* **8.** Tener alguien o algo una característica que se aproxima a otra. *Su pelo tiende A rubio.* **9.** *Mat.* Aproximarse una variable o una función a un valor determinado, sin alcanzarlo. ▶ **1, 2:** *EXTENDER. **3:** TUMBAR. **7:** *INCLINARSE. FAM **tendente; tendiente.**

tenderete. m. Puesto de venta al aire libre. *Compra la fruta en un tenderete.*

tendero, ra. m. y f. Persona que tiene por oficio atender una tienda, espec. de comestibles.

tendido¹. m. **1.** Hecho de tender, espec. ropa para que se seque. **2.** Conjunto de cables que forman una conducción eléctrica. *Una rama dañó el tendido eléctrico.*

tendido², da. adj. Dicho de galope o carrera: Muy rápido y violento.

tendón. m. *Anat.* Órgano fibroso en forma de cordón, de color blanco, mediante el cual un músculo se inserta en un hueso o en otro órgano. ■ ~ **de Aquiles.** m. *Anat.* Tendón del talón, que une la parte posterior de la pierna con el pie. FAM **tendinitis.**

tenebroso, sa. adj. **1.** Oscuro, o cubierto de tinieblas. *Bosque tenebroso.* **2.** Sombrío o muy desgraciado. *Les espera un futuro tenebroso.* **3.** Misterioso y perverso. *El asesino era un individuo tenebroso.* FAM **tenebrosidad.**

tenedor, ra. m. **1.** Utensilio de mesa formado por un mango acabado en tres o cuatro púas, que sirve para pinchar los alimentos y llevarlos a la boca. ○ m. y f. **2.** Persona que tiene o posee algo, espec. una letra de cambio o un documento semejante. ■ ~ **de libros.** m. y f. Persona encargada de llevar los libros de contabilidad.

tener. (conjug. TENER). tr. **1.** Expresa que lo designado en el complemento directo pertenece o le designado en el sujeto, o está en su poder, o forma parte de él. *Tiene una colección de relojes.* **2.** Expresa que lo designado en el complemento directo existe o se presenta en relación con la persona designada en el sujeto. *Tiene familia en Cuzco.* **3.** Expresa que lo designado en el complemento directo está dentro de los límites o en el interior de lo designado en el sujeto. *¿Cuántos capítulos tiene el libro?* **4.** Expresa que el ser designado en el sujeto es objeto del sentimiento, la sensación o el estado designados en el complemento directo, o está afectado por ellos. *Tengo calor.* **5.** Seguido de una expresión que indica tiempo: Haber vivido o existido (durante el tiempo expresado). *Tiene quince años.* **6.** Sostener o mantener (algo o a alguien) firmes o derechos para que no se caigan. *A un recién nacido hay que tenerle la cabeza.* **7.** Agarrar o sujetar (algo). *Ten el martillo.* **8.** Seguido de *en* y *mucho, poco* o expresiones similares: Valorar o estimar (a una persona) en la medida expresada. *Lo tienen en más de lo que vale.* **9.** Seguido de *por* o, a veces, *como* y un adjetivo o un nombre: Considerar (algo o a alguien) con la condición o la característica designadas por ellos. *Lo tenía por menos tonto.* ○ aux. **10.** Seguido del participio concertado de un verbo transitivo: Haber realizado la acción expresada por ese participio. *Hoy no tenía pensado salir.* **11.** Seguido de *que* y un infinitivo, expresa necesidad o determinación de hacer lo expresado por el infinitivo. *tienes que contestar si no quieres.* ○ intr. prnl. **12.** Sostenerse o mantenerse algo firme o asentado sobre una superficie. *La silla no se tiene porque le falta una pata.* ■ **no ~** alguien **dónde caerse muerto,** o **no ~** alguien (un lugar) **donde caerse muerto.** loc. v. coloq. Estar en la pobreza más absoluta. *Ha sido muy rico, pero ahora no tiene dónde caerse muerto.* ■ **no ~las** alguien **todas consigo.** loc. v. coloq. Sentirse inseguro o intranquilo. *Cuando me presenté al examen, no las tenía todas conmigo.* ■ ~ **a menos** (algo). loc. v. Despreciar(lo). *Tiene a menos realizar ciertas tareas.* ■ ~ **presente** (algo o a alguien). loc. v. Recordar(los) o tener(los) en cuenta. *Ten muy presentes sus advertencias.* FAM **tenencia.**

tenería. f. Taller en que se curten y trabajan pieles.

tenia. f. Gusano que vive parásito en el intestino de algunos animales y del hombre, de cuerpo en forma de cinta, constituido por numerosos anillos planos y con ventosas. ▶ SOLITARIA.

teniente. m. y f. **1.** Oficial del Ejército cuyo empleo es inmediatamente superior al de alférez. **2.** Persona que ejerce el cargo o las funciones de otra, en sustitución o representación suya. *Fue nombrado teniente de gobernador.* ■ ~ **coronel.** m. y f. Oficial del Ejército cuyo empleo es inmediatamente superior al de comandante. ■ ~ **de alcalde.** m. y f. Concejal encargado de ciertas funciones de la alcaldía. ■ ~ **de navío.** m. y f. Oficial de la Armada cuyo empleo es superior al de alférez de navío. ■ ~ **general.** m. y f. Oficial general del Ejército cuyo empleo es inmediatamente superior al de general de división.

tenis. m. **1.** Deporte en el que dos jugadores o dos parejas se lanzan alternativamente una pelota, por medio de raquetas, por encima de una red que divide el campo. ○ pl. **2.** Zapatillas deportivas. ■ ~ **de mesa.** m. Deporte semejante al tenis (→ 1), que se practica sobre una mesa rectangular y con palas de madera. ⇒ PING-PONG. FAM tenista; tenístico, ca.

tenor¹. m. Contenido literal de un escrito o de algo dicho. *El tenor de la ley.* ■ **a ~ de.** loc. prepos. De acuerdo con, o según. *A tenor de los datos, el paro disminuirá.*

tenor². m. *Mús.* Persona cuya voz tiene un registro entre el de contralto y el de barítono. *El tenor debutó con una ópera de Verdi.*

tenorio. m. Donjuán. *Las mujeres caen rendidas a los pies de ese tenorio.*

tensión. f. **1.** Estado de un cuerpo sometido a la acción de fuerzas opuestas. *Las cuerdas de una guitarra están en tensión.* **2.** Estado anímico de excitación o exaltación, frec. producido por una situación de presión o de exigencia. *El trabajo y los estudios le provocan una fuerte tensión.* **3.** Estado de oposición u hostilidad entre personas o grupos de personas, que amenaza con provocar un conflicto o una ruptura. *Las tensiones entre los dos países ponen en peligro la paz.* **4.** Presión de la sangre sobre las paredes de las arterias. Tb. ~ *arterial. La sal eleva la tensión o presión arterial.* **5.** En electricidad: Voltaje. *Un tendido de alta tensión.* ▶ **5:** *VOLTAJE. FAM tensiómetro.

tenso, sa. adj. Que está en tensión. *Pone una cuerda tensa para tender la ropa.* ▶ TIRANTE. FAM tensar; tensionar; tensor, ra.

tentación. f. **1.** Hecho de tentar o inducir a hacer algo. *No caí en la tentación de contestarle.* En religión, designa el hecho de inducir el diablo al pecado. **2.** Persona o cosa que tientan o inducen a algo, frec. por la atracción que ejercen. *El chocolate es una tentación para mí.* FAM tentador, ra.

tentáculo. m. *Zool.* Apéndice móvil y blando de algunos animales invertebrados, que les sirve pralm. como órgano del tacto, para atrapar a sus presas o para desplazarse. *El pulpo tiene tentáculos.* FAM tentacular.

tentar. (conjug. ACERTAR). tr. **1.** Tocar o palpar (algo o a alguien), frec. para examinar(los) mediante el tacto cuando no se puede ver. *Tentaba los muebles para no tropezar.* **2.** Estimular o atraer (a alguien) algo, como una posibilidad o un proyecto. *Me tienta la idea de viajar.* **3.** Poner a prueba la fortaleza moral (de alguien) ofreciéndo(le) algo que no (le) conviene de modo que (le) resulte atractivo. *La tentó CON unos pasteles.*

tentativa. f. Hecho de intentar algo. *Batió el récord en la primera tentativa.* ▶ INTENTO.

tentempié. m. coloq. Refrigerio. *A media mañana tomamos un tentempié.*

tenue. adj. **1.** Débil o de poca intensidad. *Luz tenue.* **2.** Muy delgado o fino. *Un velo de tenue seda.*

teñido. m. Hecho de teñir o teñirse algo, gralm. al aplicarle una sustancia colorante. *Limpieza, reparación y teñido de prendas.* ▶ TINTE, TINTURA.

teñir. (conjug. CEÑIR). tr. **1.** Aplicar (a algo) una sustancia colorante para que cambie de color. *Se ha teñido el pelo DE rubio.* **2.** Dar (a algo) un carácter determinado. *La novela está teñida DE desesperación.* ▶ **1:** *COLOREAR.

teocracia. f. cult. Gobierno en que la autoridad se considera emanada de Dios y es ejercida por sus representantes. FAM teocrático, ca.

teogonía. f. cult. En las religiones politeístas: Sistema que explica el nacimiento de los dioses y su genealogía.

teología. f. Estudio científico de las cuestiones religiosas, que se centra espec. en Dios, su naturaleza y sus atributos, y se basa en los textos sagrados y en los dogmas. *Es sacerdote y doctor en teología.* ■ ~ **de la liberación.** f. Movimiento teológico cristiano que propone una nueva lectura del Evangelio, con un enfoque social que incita a luchar contra la opresión y la miseria. FAM teologal; teológico; ca; teólogo, ga.

teorema. m. Proposición científica demostrable lógicamente, obtenida de manera deductiva a partir de axiomas o de otros teoremas ya demostrados.

teoría. f. **1.** Conocimiento abstracto, considerado con independencia de la práctica. *El científico debe comprobar empíricamente las hipótesis planteadas desde la teoría.* **2.** Conjunto de principios y conocimientos abstractos de una ciencia, arte o actividad. *No basta con dominar la teoría literaria para ser un buen escritor.* **3.** Hipótesis o conjunto organizado de hipótesis e ideas que dan una explicación sobre un asunto o sobre un dominio del conocimiento. *Copérnico defendió la teoría de que la Tierra gira alrededor del Sol.* ■ **en ~.** loc. adv. Desde el punto de vista de la teoría (→ 1). *En teoría, todo ha quedado aclarado, pero ya veremos.*

teórico, ca. adj. **1.** De la teoría. *El curso tiene una parte teórica y otra práctica.* **2.** Dicho de persona: Que se dedica al estudio de la teoría de una ciencia, arte o actividad. Más frec. m. y f. *Un teórico de la economía.*

teorizar. intr. Tratar de un asunto de forma teórica, o elaborar teorías sobre él. *Teorizan SOBRE las posibilidades de la clonación.* FAM teorizador, ra; teorizante.

teosofía. f. cult. Conjunto de doctrinas de carácter filosófico o religioso, frec. con componentes ocultistas, que defienden la posibilidad de un conocimiento de la divinidad a través de la iluminación interior y la contemplación del universo. FAM teosófico, ca; teósofo, fa.

tequila. m. Bebida alcohólica de origen mexicano, parecida a la ginebra.

terapéutico, ca. adj. **1.** De la terapéutica (→ 2). *Masaje terapéutico.* ● f. **2.** Parte de la medicina que se ocupa del tratamiento de las enfermedades. **3.** Terapia. FAM terapeuta.

terapia. f. Tratamiento de las enfermedades. *Asiste a sesiones de terapia de grupo.* ■ ~ **ocupacional.** f. Terapia orientada a rehabilitar al paciente haciendo que realice actividades y movimientos de la vida diaria. ▶ TERAPÉUTICA.

tercermundista. adj. **1.** Del Tercer Mundo (conjunto de los países subdesarrollados). *Países tercermundistas.* **2.** despect. De características propias del Tercer Mundo, espec. la baja calidad. *Nuestras carreteras son tercermundistas.* FAM tercermundismo.

tercero, ra. adj. (apóc. **tercer:** se usa ante n. m. sing.). **1.** → APÉND. NUM. **2.** Dicho de parte: Que es una de las tres iguales en que puede dividirse un todo. *Le corresponde una tercera parte de la herencia.* ● m. **3.** Tercera persona (persona distinta de las interesadas). *Me he enterado por un tercero.* ● adv. **4.** En tercer (→ 1) lugar. *Primero, cálmate; segundo, piensa, y tercero, actúa.* ■ ~ **en discordia.** m. y f. Persona que interviene, gralm. como mediador, en una discusión o conversación entre otras dos.

terceto. m. **1.** *Lit.* Estrofa de tres versos de arte mayor, que suelen rimar en consonante 1º con 3º. **2.** *Mús.*

Trío (conjunto de instrumentos, o composición). *Terceto para viola, clarinete y piano.* ▶ **2**: TRÍO.

terciana. f. Fiebre intermitente que se repite cada tres días.

terciar. (conjug. ANUNCIAR). intr. **1.** Mediar en una conversación o una discusión. *Tercia EN las peleas de sus hermanos.* **2.** Intervenir en un asunto o una conversación. *No me atrevo a terciar EN problemas de familia.* ○ tr. **3.** Poner (algo) atravesado diagonalmente o ladeado. *Lleva la escopeta terciada.* ○ intr. prnl. **4.** Presentarse la oportunidad de algo. *Soy profesor de español, pero puedo enseñar latín si se tercia.*

terciario, ria. adj. **1.** Tercero en orden o en grado. *Educación terciaria.* **2.** (Como m. se usa en mayúsc.). *Geol.* Dicho de división geológica: Que abarca desde hace 65 millones de años hasta hace 2 millones de años. Tb. m. *En el Terciario se diversifican los mamíferos.*

tercio. m. **1.** Cada una de las tres partes iguales en que puede dividirse un todo. *Se ha comido un tercio de la torta.* **2.** (Frec. en mayúsc.). *Mil.* histór. Regimiento de infantería española de los ss. XVI y XVII. **3.** *Taurom.* Cada una de las tres partes en que se divide la lidia de un toro. ▶ **3**: SUERTE.

terciopelo. m. Tejido gralm. de seda, con una de sus caras cubierta de vello tupido y suave.

terco, ca. adj. Que mantiene con empeño una opinión, actitud o decisión, a pesar de los obstáculos o argumentos en contra. ▶ CABEZUDO, CERRIL, CONTUMAZ, EMPECINADO, OBSTINADO, PERTINAZ, PORFIADO, TESTARUDO, TOZUDO.

tergal. (Marca reg.). m. Tejido de fibra sintética de poliéster, muy resistente.

tergiversar. tr. Interpretar de manera errónea o forzada (algo, espec. las palabras). *No tergiverses lo que digo.* ▶ TORCER. FAM tergiversación; tergiversador, ra.

termas. f. pl. **1.** Baños de aguas minerales calientes. *Toma baños terapéuticos en las termas.* **2.** histór. En la antigua Roma: Baños públicos. ▶ **1**: CALDAS. FAM termal.

térmico, ca. adj. **1.** Del calor o de la temperatura. *Se prevé una subida térmica.* **2.** Que conserva la temperatura. *Tejido térmico.*

terminal. adj. **1.** Que termina o pone fin a algo. *Fase terminal.* **2.** Dicho de enfermedad: Que es irreversible y conduce a la muerte. **3.** Dicho de enfermo: Que padece una enfermedad terminal (→ 2). ● m. **4.** *Fís.* Extremo de un conductor eléctrico preparado para facilitar su conexión. *Un enchufe es un terminal.* **5.** (Tb. f.). *Inform.* Dispositivo gralm. compuesto de teclado y pantalla, conectado a distancia a un ordenador y capaz de enviar y recibir información. ○ f. **6.** Conjunto de instalaciones que constituyen uno de los extremos de una línea de transporte. *La terminal de autobuses.*

terminante. adj. Concluyente, o que no admite discusión. *Decisión terminante.*

terminar. tr. **1.** Hacer que (algo) quede completamente hecho. *Los obreros terminaron la nueva casa.* **2.** Consumir o usar (algo) gastándo(lo) por completo. *Ya hemos terminado el jamón.* ○ intr. **3.** Dejar algo de existir, ocurrir o hacerse. *Las vacaciones terminan mañana.* Tb. prnl. *Se ha terminado el plazo.* **4.** Tener una cosa su final de una determinada manera. *La torre termina EN punta.* **5.** Hacer que algo desaparezca o deje de existir. *Hay que terminar CON el hambre en el mundo.* **6.** Romper las relaciones, espec. amorosas, que se mantienen con otra persona. *Ha terminado*

CON *su novio.* **7.** Seguido de *de* y un infinitivo: Realizar por completo lo expresado por el infinitivo. *Cuando termines de trabajar, ven a buscarme.* **8.** Precedido de negación y seguido por *de* y un infinitivo, indica que no se consigue hacer lo expresado por el infinitivo. *No termino de entenderlo.* ▶ **1-5, 7, 8**: *ACABAR. FAM terminación.

término. m. **1.** Punto en que termina algo en el tiempo o en el espacio. *Al término del congreso se entregará un diploma.* **2.** Frontera o línea divisoria de un territorio. *El río constituye el término entre los dos pueblos.* **3.** Porción de territorio bajo la autoridad de un Ayuntamiento. Frec. ~ *municipal. La casa está en el término municipal de Campechuela.* **4.** Plazo de tiempo determinado. *Tengo que presentar el trabajo en el término de una semana.* **5.** Palabra (sonido o conjunto de sonidos). *El término "almohada" procede del árabe.* **6.** Plano en que se presenta alguien o algo ante la vista. *El protagonista aparece en segundo término en esa escena.* **7.** Lugar que se atribuye a algo en una enumeración. *En primer término estudiemos las opciones y después decidiremos.* **8.** Elemento con el que se establece una relación. *Los datos varían según los términos de referencia.* ○ pl. **9.** Modo de expresarse o de comportarse. *Le habla en términos poco respetuosos.* **10.** Condiciones con que se plantea un asunto, o que se establecen en un contrato. *Los términos del contrato son claros.* ■ ~ **medio.** m. Promedio. *Trabaja diez horas por término medio.* □ **en buenos ~s.** loc. adv. En buena relación. *Las dos familias están en buenos términos.* ■ **en último ~.** loc. adv. Como última solución o recurso. *En último término, el abogado puede recurrir la sentencia.* ■ **llevar** (algo) **a ~.** loc. v. Realizar(lo) o llevar(lo) a cabo. *Hay que llevar los planes a término.* ■ **poner,** o **dar, ~** (a algo). loc. v. Hacer que termine o acabe. *Han puesto término a su noviazgo.* ▶ **2**: *LINDE. **3**: CONCEJO. **5**: *PALABRA.

terminología. f. Conjunto de palabras o términos propios de un ámbito determinado. FAM terminológico, ca; terminólogo, ga.

termita. f. Insecto parecido a la hormiga, de cuerpo blanco, que vive en colonias y roe la madera para alimentarse de ella. FAM termitera; termitero.

termo[1]. (Marca reg.: *Thermos*). m. Recipiente de paredes aislantes y provisto de cierre hermético, que sirve para mantener la temperatura de las bebidas o alimentos que se introducen en él. *Lleva café caliente en un termo.*

termo[2]. → termosifón.

termodinámico, ca. adj. **1.** *Fís.* De la termodinámica (→ 2). ● f. **2.** *Fís.* Parte de la física que estudia las relaciones entre el calor y otras formas de energía.

termoelectricidad. f. **1.** *Fís.* Energía eléctrica producida por acción del calor. **2.** *Fís.* Parte de la física que estudia la termoelectricidad (→ 1). FAM termoeléctrico, ca.

termómetro. m. Instrumento que sirve para medir la temperatura.

termonuclear. adj. **1.** *Fís.* Dicho de proceso: De la fusión de núcleos atómicos ligeros a temperaturas muy elevadas y con liberación de energía. Dicho de la energía obtenida en ese proceso y de lo relacionado con ella. *Central termonuclear.* **2.** Dicho de arma o artefacto: Que obtiene su energía de un proceso termonuclear (→ 1).

termosifón. m. Aparato que sirve para calentar agua y distribuirla mediante tuberías a distintas partes de una casa o local. FAM termo (*Casa con termo solar*).

termostato - territorial

termostato. m. Aparato o dispositivo que regulan automáticamente la temperatura y permiten mantenerla constante. *El termostato de la calefacción.*

terna. f. **1.** Trío (conjunto de tres personas o cosas). *Una terna de negociadores.* **2.** Terna (→ 1) de personas propuestas para que se designe una de entre ellas para ocupar un cargo. *De la terna saldrá el sucesor del presidente.* ▶ **1:** *TRÍO.

ternario, ria. adj. Que está formado por tres elementos. *Estructura ternaria.*

ternero, ra. m. y f. **1.** Cría de la vaca. ○ f. **2.** Carne de ternero (→ 1). *Ternera estofada.* ▶ **1:** CHOTO.

terneza. f. **1.** Ternura. **2.** Dicho o expresión tiernos o cariñosos. Más frec. en pl. *La ha conquistado con ternezas.*

ternilla. f. Cartílago. *La ternilla nasal.*

ternísimo, ma. → tierno.

terno. m. Conjunto de pantalón, chaqueta y chaleco de la misma tela. En Am., tb. el conjunto formado solo de chaqueta y pantalón. *Estaba vestido con terno y chaleco* [C]. ▶ *TRAJE.

ternura. f. Cualidad de tierno. *La madre acuna con ternura a su bebé.* ▶ TERNEZA.

tero. m. frecAm. Ave americana, de tamaño medio, patas y pico largos, plumaje blanco, negro y pardo, que da chillidos muy característicos y vive en bandadas. *El tero hembra. Desde afuera venía el bullicio de las calandrias y los teros* [C].

terquedad. f. Cualidad de terco. *Ha mantenido su teoría con terquedad.* ▶ CERRILIDAD, CERRILISMO, CONTUMACIA, PERTINACIA, TESTARUDEZ, TOZUDEZ.

terracería. f. Am. Camino sin pavimentar. *Me asfixió el polvo de la terracería* [C]. ■ **de ~.** loc. adj. Am. Dicho de camino u otra vía: Que no está pavimentado. *Era una ciudad de calles de terracería* [C].

terracota. f. **1.** Arcilla cocida. **2.** Escultura, gralm. pequeña, de terracota (→ 1).

terrado. m. Terraza (cubierta de un edificio). *Suben al terrado.* ▶ *TERRAZA.

terraplén. m. **1.** Desnivel del terreno con pendiente. *Se ha caído por un terraplén.* **2.** Montón de tierra hecho para rellenar un hueco, para salvar un desnivel, como defensa o para otra obra. *Los soldados levantan barricadas y terraplenes.*

terrario. m. Instalación preparada para mantener en cautividad determinados animales, como reptiles o arácnidos.

terrateniente. m. y f. Persona que posee grandes extensiones de tierra, espec. cultivos. *Las plantaciones estaban en manos de los grandes terratenientes.*

terraza. f. **1.** Espacio abierto y elevado de una casa, gralm. protegido por una barandilla o un muro bajo. *Se asoma a la terraza.* **2.** Cubierta plana de un edificio, dispuesta para poder andar por ella y gralm. protegida por barandillas o muros. *Subimos a la terraza del hotel.* **3.** Espacio acotado al aire libre, junto a un bar o establecimiento similar del que depende, en el que se colocan mesas donde se sirve al público. *Toman un refresco en una terraza.* **4.** En un terreno en pendiente: Espacio llano, que gralm. constituye con otros una serie en forma de escalones y está destinado al cultivo. *Cultivan en terrazas.* ▶ **2:** AZOTEA, TERRADO. **4:** *BANCAL.

terrazo. m. Pavimento formado por piedras o trozos de mármol aglomerados con cemento, y con la superficie pulimentada.

terremoto. m. Sacudida del terreno, debida a la deformación de la corteza terrestre que provocan fuerzas internas del planeta. ▶ SEÍSMO, SISMO, TEMBLOR.

terrenal. adj. De la tierra o del mundo material. *Se desprende de los bienes terrenales en busca de lo espiritual.* ▶ TERRENO.

terreno, na. adj. **1.** Terrenal. *Vida terrena.* **2.** Terrestre (de la Tierra). ● m. **3.** Superficie terrestre no ocupada por el mar. *Accidentes del terreno.* **4.** Extensión delimitada del terreno (→ 3). *Nos compramos un terreno.* **5.** Espacio delimitado y gralm. acondicionado para la práctica de un deporte. Tb. ~ *de juego. El terreno de juego está en malas condiciones.* **6.** Campo o esfera de acción de una persona o una cosa. *Se acusa al Gobierno de invadir el terreno de los jueces.* **7.** Geol. Extensión del terreno (→ 3) caracterizada por un origen, composición o estructura determinados. *Terrenos calcáreos.* ■ **terreno abonado.** m. Cosa que reúne condiciones favorables para que se produzca o desarrolle algo en ella. *La falta de higiene es terreno abonado para las enfermedades.* □ **allanar, o preparar, el terreno.** loc. v. Hacer que se den las condiciones favorables para que ocurra o se produzca algo. *Tu mediación allanaría el terreno PARA la negociación.* ■ **ganar terreno.** loc. v. Aumentar la distancia o la ventaja. *Los japoneses nos han ganado terreno en tecnología.* ■ **ganar terreno** algo, espec. una idea. loc. v. Imponerse o conseguir mayor aceptación. *La idea de convocar un referéndum gana terreno.* ■ **perder terreno.** loc. v. Quedarse atrás, o pasar a tener menos ventaja. *El ciclista está perdiendo terreno.* ■ **perder terreno** algo, espec. una idea. loc. v. Tener menos aceptación. *La tendencia conciliadora pierde terreno.* ■ **preparar el terreno.** → allanar el terreno. ■ **saber** alguien **el terreno que pisa.** loc. v. Conocer bien el asunto que tiene entre manos o a las personas con que trata. *Déjame negociar el precio, que yo sé el terreno que piso.* ■ **sobre el terreno.** loc. adv. **1.** En el mismo lugar en que ocurren o se desarrollan los hechos. *Examinan sobre el terreno los daños causados.* **2.** A medida que ocurren o se desarrollan los hechos. *Iré decidiendo sobre el terreno.* ▶ **2:** TERRESTRE. **5:** CAMPO. **6:** *ÁMBITO.

terrero, ra. adj. **1.** De tierra. ● m. **2.** Montón o depósito de tierra acumulada.

terrestre. adj. **1.** Del planeta Tierra. *Atmósfera terrestre.* **2.** De la superficie de la Tierra, espec. la que no está ocupada por el mar. *Transporte terrestre.* **3.** Que vive en la superficie de la Tierra no ocupada por el mar. *Mamíferos terrestres.* ▶ **1:** TERRENO.

terrible. adj. **1.** Que causa terror o miedo muy intenso. *Un sujeto de aspecto terrible.* **2.** Difícil de soportar. *Las escenas del terremoto son terribles.* **3.** coloq. Muy grande o extraordinario. *Tiene unas ganas terribles de verlo.* ▶ **1:** ATERRADOR, ATROZ, ESPANTOSO, HORRENDO, HORRIBLE, HORRIPILANTE, HORROROSO, TERRORÍFICO, TREMEBUNDO, TREMENDO.

terrícola. adj. Que vive en el planeta Tierra. Dicho de pers., tb. m. y f. *Son los primeros pasos de un terrícola por la superficie lunar.*

terrina. f. **1.** Recipiente pequeño, frec. de barro y con forma de cono truncado invertido, destinado a la conservación de productos alimenticios. **2.** Tiesto en forma de terrina (→ 1) usado espec. como semillero.

territorial. adj. **1.** Del territorio. *Expansión territorial.* **2.** Zool. Dicho de animal: Que tiene como rasgo de comportamiento la delimitación y defensa de su territorio.

territorialidad - testigo

territorialidad. f. **1.** Hecho de pertenecer a un territorio. *El enfrentamiento se debe a un problema de territorialidad.* **2.** *Der.* Condición de territorio nacional que tiene una sede diplomática o el lugar en que reside un diplomático en funciones. *La territorialidad de la embajada.* **3.** *Zool.* Condición o comportamiento del animal territorial.

territorio. m. **1.** Porción delimitada de superficie terrestre, espec. aquella sobre la que se ejerce una autoridad o jurisdicción. *Parte del mar Caspio se halla en territorio ruso.* **2.** *Zool.* Espacio donde vive un animal o un grupo de animales, y que es defendido de la invasión de otros de su misma especie.

terrón. m. **1.** Porción pequeña de tierra compacta. **2.** Porción pequeña y compacta de una sustancia que suele presentarse en grano o en polvo, frec. azúcar.

terror. m. **1.** Miedo muy intenso. *El incendio sembró el terror entre el público.* **2.** (Con art.). Persona o cosa que producen terror (→ 1). *Los piratas eran el terror de los mares.* **3.** Conjunto de actos violentos orientados a provocar terror (→ 1), con fines políticos, en una población. *Viven asediados por el terror paramilitar.* ▶ **1:** *MIEDO.

terrorífico, ca. adj. **1.** Que causa terror o miedo muy intenso. *Contaban historias terroríficas.* **2.** coloq. Muy grande o extraordinario. *Frío terrorífico.* ▶ **1:** *TERRIBLE.

terrorismo. m. Empleo de la violencia y el terror sobre una colectividad, como forma de lucha política. *Actos de terrorismo.* FAM **terrorista.**

terroso, sa. adj. **1.** De características semejantes a las de la tierra, espec. por el color o la textura. *Tonos terrosos.* **2.** De tierra o que tiene tierra. *Calles terrosas.*

terruño. m. **1.** Tierra o región de nacimiento. *Añoraba el terruño.* **2.** coloq. Terreno, espec. el que se cultiva para vivir de él.

terso, sa. adj. **1.** Liso y sin arrugas. *Piel tersa.* **2.** Limpio y brillante. *Un cielo terso.* FAM **tersura.**

tertulia. f. **1.** Reunión de personas que se juntan habitualmente para conversar. *Tertulia literaria.* **2.** Conversación o charla. *Los dos amigos estaban de tertulia.* FAM **tertuliano, na.**

tesela. f. Cada una de las piezas con que se forma un mosaico.

tesina. f. Trabajo de investigación realizado para obtener un grado inferior al de doctor, espec. el de licenciatura.

tesis. f. **1.** Opinión o idea que se mantiene con razonamientos. *El fiscal sostiene la tesis de que ha sido un asesinato.* **2.** Trabajo de investigación realizado al final de los estudios universitarios para obtener el título de doctor. Tb. *~ doctoral.*

tesitura. f. Actitud o estado de ánimo. *El acusado negó su culpabilidad, tesitura que mantuvo a lo largo de todo el juicio.*

teso. m. Colina pequeña y de cima llana.

tesón. m. Perseverancia para mantenerse en un empeño. *Con tesón aprobarás.*

tesorero, ra. m. y f. Persona encargada de guardar y administrar el dinero y los bienes de una empresa o una entidad. FAM **tesorería.**

tesoro. m. **1.** Cantidad de joyas, dinero u otros objetos de valor, considerados como conjunto. *Los piratas enterraron el tesoro.* **2.** Persona o cosa muy valiosas. **3.** (Frec. en mayúsc.). Organismo del Estado encargado de la elaboración y administración del presupuesto público. *Bonos del Tesoro.* Tb. *~ público.* **4.** (Frec. en mayúsc.). Hacienda pública (conjunto de bienes del Estado). Tb. *~ público.* *Acusan al ministro de una mala gestión del tesoro público.* ▶ **2:** *JOYA. **3, 4:** *HACIENDA.

test. (pl. invar. o tests). m. **1.** Prueba para evaluar los conocimientos o aptitudes de una persona y que consiste en un cuestionario en el que hay que elegir una respuesta entre varias opciones. *Test de cultura general.* **2.** Prueba psicológica para determinar las capacidades o características de una persona. *El psicólogo le hizo un test.* **3.** Prueba o control para comprobar un dato. *Test de embarazo.* FAM **testar** (*Hay que testar el producto en el laboratorio*); **testear** (Am).

testa. f. cult. Cabeza humana o de animal. *Un toro de testa imponente.*

testador, ra. m. y f. Persona que hace testamento.

testaferro. m. Persona que presta su nombre para que figure en un contrato o negocio, en lugar del nombre del interesado.

testamentaría. f. **1.** Ejecución de lo dispuesto en un testamento. *Los herederos se comprometen a pagar los impuestos de la testamentaría.* **2.** *Der.* Conjunto de bienes dejados por alguien en un testamento, considerados desde su muerte hasta que pasan a manos de los herederos. *Se subastan cuadros de la testamentaría del pintor.*

testamentario, ria. adj. **1.** Del testamento. *Disposiciones testamentarias.* ● m. y f. **2.** Persona encargada por el testador de cumplir su última voluntad. *Dejó como testamentario a su hijo mayor.*

testamento. m. Declaración en la que una persona dispone lo que se ha de hacer después de su muerte con sus bienes y los asuntos que le conciernen. *Murió sin hacer testamento.* Tb. el documento legal donde consta. *El testamento lleva la firma de un notario.* ■ **Antiguo,** o **Viejo, Testamento.** m. Parte de la Biblia que comprende los libros y escritos anteriores al nacimiento de Jesucristo. ■ **Nuevo Testamento.** m. Parte de la Biblia que comprende los libros y escritos posteriores al nacimiento de Jesucristo.

testar¹. intr. Hacer testamento. *Testó a favor de su esposo.*

testar². → test.

testarazo. m. **1.** coloq. Cabezazo. **2.** coloq. Golpe fuerte.

testarudo, da. adj. Terco. *No sea testarudo: que ahí no cabe.* FAM **testarudez.**

testear. → test.

testero. m. Parte frontal de algo.

testículo. m. En un hombre o un animal macho: Cada una de las dos glándulas sexuales que producen espermatozoides. ▶ CRIADILLA. FAM **testicular.**

testificar. tr. **1.** Declarar (algo) como testigo en un juicio u otro acto judicial. Tb. como intr. *Su marido se negó a testificar* CONTRA *ella.* **2.** Probar o certificar (algo), gralm. mediante documentos o testimonios. *Fuentes bien informadas testifican que la reunión tuvo lugar.* **3.** Atestiguar una cosa (algo) o dar pruebas (de ello). *Los mártires testificaban el arraigo del cristianismo.* ▶ **1, 3:** ATESTIGUAR. FAM **testificación.**

testigo. m. y f. **1.** Persona que presencia algo o tiene conocimiento directo de ello. *Fueron testigos de la masacre.* **2.** Persona llamada a declarar en un juicio, del cual no es parte interesada, por haber sido testigo (→ 1) de algo. *El juez llama a declarar al testigo.*

3. Persona que acude a un acto, espec. de tipo legal, para dar testimonio de su celebración. *Fue testigo en la boda.* ○ m. **4.** Cosa que sirve como señal o prueba de algo. **5.** *Dep.* En una carrera de relevos: Objeto que un corredor debe entregar al que le hace el relevo, dentro de una zona delimitada para ello. ■ ~ de cargo (o de descargo). m. y f. *Der.* Testigo (→ 2) que declara en contra (o a favor) del acusado. ■ ~ ocular. m. y f. *Der.* Testigo (→ 2) que ha presenciado el hecho que se juzga. FAM testifical.

testimonio. m. **1.** Declaración con que se afirma o confirma la veracidad de algo, espec. en un juicio. *El testimonio de la víctima.* **2.** Cosa que prueba o confirma la veracidad de algo. *Los fósiles son el testimonio de la existencia de vida animal hace millones de años.* ■ falso ~. m. **1.** Acusación falsa. *Sus enemigos están levantando falsos testimonios* CONTRA *ella.* **2.** *Der.* Declaración falsa hecha en un proceso judicial. *Ha sido condenado por falso testimonio.* FAM testimonial; testimoniar (conjug. ANUNCIAR).

testosterona. f. *Biol.* Hormona sexual masculina que controla el desarrollo y funcionamiento de los órganos genitales y la aparición de ciertos rasgos de masculinidad. *Los testículos segregan testosterona.*

testuz. f. (Tb. m.). **1.** Frente de algunos animales. *El potro tiene una mancha en la testuz.* **2.** Nuca de algunos animales, espec. del toro. *Un toro de testuz abultada.* ▶ **2:** NUCA.

teta. f. **1.** En las hembras de los mamíferos: Mama. *Los gatitos luchan por agarrarse a una teta de su madre.* Referido a mujer, gralm. es malson. **2.** coloq. Leche que toma un niño de la teta (→ 1) de su madre. ■ dar la ~. loc. v. coloq. Dar de mamar. *Dio la teta a su hijo hasta los seis meses.* ■ quitar la ~ (a un niño o una cría). loc. v. coloq. Dejar de alimentar(los) con la leche materna. ▶ **1:** *MAMA.

tetamen. m. malson. Conjunto de los pechos de una mujer, espec. si son muy voluminosos.

tétanos o **tétano.** m. *Med.* Enfermedad infecciosa que se contrae gralm. a través de las heridas y que produce fiebre y dolorosas contracciones musculares.

tetera. f. Recipiente apropiado para preparar y servir té o infusiones.

tetero. m. Am. Biberón. *Le daba el tetero al niño* [C].

tetilla. f. **1.** Teta de un mamífero macho, menos desarrollada que las de las hembras. **2.** Tetina. *El biberón trae una tetilla de recambio.*

tetina. f. Pieza del biberón, con forma de pezón, para que el niño chupe por ella. ▶ TETILLA.

tetona. adj. coloq. Dicho de hembra: Que tiene tetas grandes. Referido a mujer, gralm. es malson.

tetracampeón, na. adj. *Dep.* Que ha sido campeón cuatro veces.

tetraedro. m. *Mat.* Cuerpo de cuatro caras triangulares.

tetralogía. f. Conjunto de cuatro obras literarias o musicales de un mismo autor, que forman una unidad.

tetraplejia o **tetraplejía.** f. *Med.* Parálisis de las cuatro extremidades. FAM tetrapléjico, ca.

tetrasílabo, ba. adj. *Gram.* y *Lit.* De cuatro sílabas. *Palabra tetrasílaba.*

tétrico, ca. adj. Muy triste y sombrío, espec. si produce miedo o evoca la muerte. *Contaron tétricas historias de crímenes.*

tetuda. adj. coloq. Tetona. Referido a mujer, gralm. es malson.

teutón, na. adj. **1.** De un pueblo germánico que habitó cerca de la desembocadura del Elba. **2.** De Alemania. ▶ **2:** *ALEMÁN. FAM teutónico, ca.

texano, na. (pronunc. "tejáno"; tb. tejano). adj. De Texas (Estados Unidos de América).

textil. adj. **1.** Dicho de materia: Que puede reducirse a hilo y tejerse. *El algodón y la lana son materias textiles.* **2.** De los tejidos. *Sector textil.*

texto. m. **1.** Enunciado o conjunto coherente de enunciados orales o escritos. *Una noticia periodística es un texto.* **2.** Fragmento de una obra, que se cita oralmente o por escrito. *Se leyeron textos de su última novela.* **3.** Cuerpo de una obra escrita, excluyendo lo que en ella va por separado, como portadas, notas o índices. *Al texto se le suman numerosas notas y un apéndice.* **4.** Libro de texto (→ libro).

textual. adj. **1.** Del texto. *Analice la estructura textual.* **2.** Conforme de manera exacta con lo dicho o escrito. *Ha incluido citas textuales de varios autores.*

textura. f. **1.** Disposición de las partes de una cosa, que da a esta una cualidad perceptible, espec. mediante el tacto o la vista. *Una esponja de textura suave.* **2.** Colocación y ordenación de los hilos de una tela o tejido. *Estos tejidos tienen la misma textura, pero uno es de algodón y el otro de lana.*

tez. f. cult. Piel de la cara de una persona. *Es rubio y de tez pálida.*

ti. pron. pers. (Cuando va precedido de la prep. *con,* forma con ella una sola palabra: *contigo*). Designa, en función de complemento con preposición, a la misma persona designada con el pronombre *tú. A ti no puedo engañarte.* ■ dar de ~. → dar. ■ volver en ~. → volver.

tiamina. f. *Bioquím.* y *Med.* Vitamina B$_1$.

tiara. f. **1.** Gorro alto, bordeado por tres coronas, que usa el papa como símbolo de autoridad. **2.** Diadema (joya femenina). ▶ **2:** DIADEMA.

tibetano, na. adj. Del Tíbet (región de Asia).

tibia. f. Hueso largo situado en la parte delantera de la pierna, entre la rodilla y el pie.

tibio, bia. adj. **1.** Que está entre caliente y frío, pero tira más a frío. *Agua tibia.* **2.** Que demuestra indiferencia o poco entusiasmo. *Recibe tibios aplausos.* FAM tibieza.

tiburón. m. Pez marino muy voraz, de mediano o gran tamaño, cuerpo en forma de huso, boca grande y dientes afilados. *El tiburón hembra.*

tic. (pl. tics). m. Movimiento convulsivo, que se repite con frecuencia, producido por la contracción involuntaria de uno o varios músculos. *Tiene un tic que le hace torcer la boca al hablar.*

tico, ca. adj. Am. coloq. Costarricense.

tictac. interj. Se usa para imitar el sonido de un reloj. *Se oye el reloj: tictac, tictac.*

tiempo. m. **1.** Magnitud que permite medir la duración de las cosas y ordenar, en el pasado, presente o futuro, la sucesión de acontecimientos que se producen. *El tiempo y el espacio son percibidos de manera diferente según las culturas.* **2.** Porción de tiempo (→ 1) limitada, espec. la que viene determinada por hechos o circunstancias particulares. *Acabó el maratón en un tiempo inferior a dos horas y media.* **3.** Porción de tiempo (→ 1) libre o suficiente para algo. *Dame tiempo y lo acabaré.* **4.** Porción larga de tiempo (→ 1). *Hace tiempo que no hablo con él.* **5.** Época del año. *Llega el tiempo de la siega.* **6.** Momento adecuado u oportuno. *Haz cada cosa a su tiempo.* **7.** Edad, espec. la de un niño. *¿Qué tiempo tiene el bebé?* **8.** Cada una de las partes sucesivas en que se divide la ejecución de una cosa. *Un partido de baloncesto consta de cuatro tiempos.* **9.** Estado de la atmósfera. *Hace buen tiempo.* **10.** *Gram.* Cada una de las formas verbales que expresan el momento en que sucede la acción, respecto al momento en que se sitúa el hablante o respecto a otra acción verbal. *Los tres tiempos fundamentales son el presente, el pretérito y el futuro.* **11.** *Mec.* Cada una de las fases de funcionamiento de un motor. **12.** *Mús.* Movimiento (parte de una composición instrumental, o ritmo con que se ejecuta). **13.** *Mús.* Cada una de las partes de igual duración en que se divide un compás. ■ **~ compuesto.** m. *Gram.* Tiempo (→ 10) verbal que se forma con el verbo auxiliar *haber* y el participio del verbo conjugado. *El antepresente es un tiempo compuesto.* ■ **~ simple.** m. *Gram.* Tiempo (→ 10) verbal que se forma sin el verbo auxiliar *haber. El copretérito es un tiempo simple.* □ **al mismo ~, o a un ~.** loc. adv. **1.** En el mismo tiempo (→ 2). *Intentaron pasar los dos al mismo tiempo.* **2.** De manera conjunta. *Es fuerte y sensible al mismo tiempo.* ■ **andando el ~.** loc. adv. Con el paso del tiempo (→ 2). *Andando el tiempo, se dio cuenta de su error.* ■ **a ~.** loc. adv. En el momento oportuno, o cuando todavía no es tarde. *Aún estás a tiempo de decirlo.* ■ **dar ~ al ~.** loc. v. Dejar que pase el tiempo (→ 2) para que llegue el momento oportuno o la solución de algo. *Da tiempo al tiempo y todo se arreglará.* ■ **de ~ en ~.** loc. adv. De vez en cuando. *De tiempo en tiempo viene de visita.* ■ **de un ~ a esta parte, o de un ~ acá.** loc. adv. Desde hace algún tiempo (→ 2). *De un tiempo a esta parte nos vemos poco.* ■ **en los buenos ~s** (de alguien o algo). loc. adv. coloq. Cuando era joven o estaba en su esplendor. *En mis buenos tiempos corría la maratón.* ■ **en ~s.** loc. adv. En el pasado, o en otra época. *En tiempos, solíamos venir a este café.* ■ **ganar ~.** loc. v. Hacer de modo que el tiempo (→ 2) transcurrido aproveche para acelerar o retrasar un suceso. *Entretiene a los policías para ganar tiempo.* ■ **hacer ~.** loc. v. Entretenerse o esperar hasta que llegue el momento oportuno para algo. *Tenía que hacer tiempo hasta la hora del tren.* ■ **matar el ~.** loc. v. Ocuparse en algo para que el tiempo (→ 2) se haga más corto. *Matamos el tiempo jugando a las cartas.* ■ **un ~.** loc. adv. cult. En el pasado, o en otra época. *Esta nación, un tiempo próspera, es hoy un país devastado.* ▶ **12:** *MOVIMIENTO.

tienda. f. **1.** Establecimiento comercial en donde se venden al público artículos al por menor. **2.** Estructura de tubos o palos cubierta con lona o pieles, que sirve de alojamiento en un espacio abierto. Tb. *~ de campaña.* ▶ Am: **2:** CARPA.

tienta. a ~s. loc. adv. Usando las manos en lugar de la vista para reconocer las cosas y guiarse. *Busca a tientas el interruptor de la luz.*

tiento. m. Cuidado o tacto al hacer o decir algo. *Ve con tiento, que está oscuro.*

tierno, na. adj. (sup. **tiernísimo, ternísimo**). **1.** Dicho espec. de alimento: Blando y fácil de cortar o partir. *Carne tierna.* **2.** Dicho de organismo vivo: Que tiene poco tiempo de existencia. *Un tierno bebé.* **3.** Dicho de edad de una persona: Corta o temprana. *A la tierna edad de seis años ya tocaba el violín.* **4.** Afectuoso o cariñoso. *Es tierna con sus hijos.* **5.** Que se emociona fácilmente. *Siempre me pongo tierno con las películas de final feliz.* **6.** Delicado o suave. *El cielo se tiñe de una tierna palidez.* ▶ **5:** *SENTIMENTAL.

tierra. f. **1.** (En mayúsc.; gralm. con art.). Planeta del sistema solar donde habitan los seres humanos. *La Tierra se sitúa entre Venus y Marte.* **2.** Superficie de la Tierra (→ 1), espec. la que no está ocupada por el mar. *Construyeron diques para ganar tierra al mar.* **3.** Conjunto de materiales, como granos de arena y otras partículas, que constituyen el suelo natural. *Un camino de tierra.* **4.** (Frec. sin art.). Suelo o piso. *Una vez en tierra, el piloto detiene la nave.* **5.** Terreno de cultivo o apropiado para él. *Labran la tierra.* **6.** País, región o territorio. Frec. en pl. *Viaja por tierras africanas.* **7.** Respecto de una persona: Tierra (→ 6) en que ha nacido. *Volvió a su tierra.* **8.** (Frec. sin art.). *Fís.* Masa de tierra (→ 4) empleada como conductor eléctrico. ■ **~ de nadie.** f. Territorio no ocupado que separa las primeras líneas de dos ejércitos enemigos. Tb. fig. *Se organizó una reunión en tierra de nadie.* ■ **~ firme.** f. Tierra (→ 2) constituida por los continentes. *La isla se unió más tarde a tierra firme.* □ **echar por ~** (algo). loc. v. Destruir(lo) o arruinar(lo). *La lluvia echa por tierra nuestros planes.* ■ **echar ~** (a, o sobre, algo). loc. v. Hacer lo posible para que (eso) se olvide y no vuelva a hablarse (de ello). *El partido echó tierra sobre el caso de corrupción.* ■ **en ~.** loc. adv. Sin subir al medio de transporte en que se iba a viajar. *La huelga dejó a muchos pasajeros en tierra.* ■ **poner ~ por medio.** loc. v. Marcharse o distanciarse, frec. para huir de algo. *Acosado por las deudas, decidió poner tierra por medio.* ■ **tomar ~.** loc. v. **1.** Aterrizar un vehículo aéreo o espacial. *Un helicóptero toma tierra en la azotea.* **2.** Llegar a puerto una embarcación. *El barco toma tierra en Varadero.* **3.** Desembarcar un ocupante de un vehículo aéreo o de una embarcación. *Los pasajeros toman tierra.* ■ **trágame, ~, o ~,** **trágame.** expr. coloq. Se usa para expresar que la vergüenza sentida es tan grande que provoca deseos de desaparecer. *Cuando comprendí mi error, pensé: "¡trágame, tierra!".* ■ **tragarse la ~** (algo o a alguien). loc. v. coloq. Desaparecer (esa cosa o persona), o dejar de haber noticias suyas. *No sé nada de él; se lo ha tragado la tierra.* ▶ **7:** PATRIA.

tieso, sa. adj. **1.** Rígido, o difícil de doblar o torcer. *Almidona los cuellos para que queden tiesos.* **2.** Tenso o tirante. *Tira de la goma hasta que esté tiesa.* **3.** coloq. Muerto. *Lo dejó tieso de un tiro.* **4.** coloq. Helado de frío. *Me quedé tiesa esperando el tren.* **5.** coloq. Muy sorprendido o asombrado. *Se ha quedado tiesa al verme.* **6.** coloq. Serio y engreído. *El policía era un tío muy tieso.*

tiesto. m. Maceta. *Planta geranios en los tiestos.*

tifoideo, a. adj. **1.** Del tifus. ● f. **2.** Fiebre tifoidea (→ fiebre).

tifón. m. Huracán tropical originado al sur del mar de la China o al noroeste del Pacífico. ▶ *HURACÁN.

tifus. m. Enfermedad contagiosa grave caracterizada por fiebre alta y estados de delirio o inconsciencia.

tigre, gresa. m. **1.** Felino asiático de gran tamaño y pelaje amarillento con rayas negras. ○ f. **2.** Hembra del tigre (→ 1). **3.** coloq. Mujer seductora y provocadora.

tigrillo. m. Am. Ocelote. *Aníbal dormía encogido sobre la piel de tigrillo* [C].

tijera. f. **1.** Instrumento compuesto de dos hojas de acero de un solo filo, provistas de mango circular para meter los dedos y unidas hacia el centro por un eje que permite cerrarlas y cortar lo que se coloca entre ellas. **2.** Cosa compuesta de piezas articuladas como las de la tijera (→ 1). *Sillas de tijera.* **3.** Salto o movimiento consistentes en levantar alternativamente las piernas en el aire. *Ha metido un gol de tijera.* FAM **tijeretazo; tijeretear.**

tila. f. Infusión de propiedades sedantes, que se elabora con las flores del tilo.

tildar. tr. Calificar negativamente (algo o a alguien). *Han tildado su libro* DE *oportunista.* ▶ *CALIFICAR.

tilde. f. **1.** Acento gráfico. *"Azúcar" se escribe con tilde en la "u".* **2.** Signo en forma de rayita, a veces ondulada, que forma parte de algunas letras, como la ñ, y de algunas abreviaturas. ▶ **1:** ACENTO.

tiliche. m. Am. coloq. Trasto (cosa inútil). Frec. en pl. *El cuartito de atrás servía para tiliches* [C].

tilo. m. Árbol ornamental de gran altura, hojas en forma de corazón, madera blanca y flores blanquecinas que se usan en infusión.

timar. tr. **1.** Engañar (a alguien), espec. en una venta o negocio. *Timaron a muchos con billetes falsos.* **2.** Quitar o robar (algo) a alguien mediante engaño. *Un falso agente de seguros le ha timado mil dólares.* ○ intr. prnl. **3.** Dirigir miradas seductoras una persona a otra. *Su novio la descubrió timándose* CON *otro.* FAM **timador, ra; timo** (*Fue víctima de un timo*).

timba. f. coloq. Partida de naipes u otro juego de azar. *Organiza timbas en su casa.*

timbal. m. Instrumento musical de percusión, semejante a un tambor, con la caja metálica y semiesférica, y un solo parche. FAM **timbalero, ra.**

timbrado, da. adj. Dicho de voz: Que tiene un timbre agradable.

timbrar. tr. Poner timbre, sello o membrete (a algo). Frec. en part. *Papel timbrado.*

timbre. m. **1.** Aparato para llamar o avisar, compuesto por una campanilla y un mazo que la golpea repetidamente, o por un mecanismo, gralm. eléctrico, que produce un sonido similar al de aquella. **2.** Sello del Estado que, estampado o pegado en un documento, acredita el pago de determinadas tasas o impuestos. **3.** Fís. y Mús. Cualidad de un sonido, independiente de su altura, intensidad o duración, y determinada por la naturaleza de la voz o del instrumento que lo produce. FAM **timbrazo; tímbrico, ca.**

tímido, da. adj. Que actúa con miedo o indecisión, espec. en el trato con los demás. ▶ TIMORATO. FAM **timidez.**

timo¹. → timar.

timo². m. *Anat.* En un vertebrado: Glándula de secreción interna, situada por encima del corazón, que interviene en la función inmunitaria del organismo.

timón. m. **1.** En una embarcación o en una aeronave: Pieza articulada que sirve para marcar o variar el rumbo. Tb. la rueda o palanca que mueve dicha pieza. *Gira el timón a estribor.* **2.** Am. Volante (pieza del automóvil). *Giró el timón a la derecha, alejándose de la carretera* [C]. ▶ **2:** VOLANTE. FAM **timonel.**

timonera. adj. *Zool.* Dicho de pluma: Que es grande, está situada en la cola y sirve para dirigir el vuelo.

timorato, ta. adj. **1.** Que se escandaliza fácilmente de lo que no se ajusta a la moral convencional. *Una sociedad timorata.* **2.** Tímido o indeciso. ▶ **2:** TÍMIDO.

tímpano. m. **1.** *Anat.* Membrana tensa que se halla al final del conducto auditivo externo y transmite las vibraciones sonoras al interior del oído. **2.** *Arq.* Espacio triangular que hay entre las cornisas de un frontón.

tina. f. **1.** Recipiente grande, gralm. de madera, con forma de media cuba. **2.** Recipiente grande para bañarse.

tinaco. m. Am. Depósito para almacenar agua en las casas. *El agua del tinaco había sido calentada por el sol* [C].

tinaja. f. Vasija grande de barro, mucho más ancha por el centro que por la boca o el fondo, que suele servir para guardar agua, vino o aceite.

tincar. intr. Am. coloq. Parecerle algo a alguien probable o posible. *Me tinca que no tienes ganas* [C].

tinerfeño, ña. adj. De Tenerife (España).

tinglado. m. **1.** Armazón o estructura hechas de forma apresurada. *Los feriantes montan sus tinglados.* **2.** despect. Situación confusa o complicada. *No te metas en ese tinglado.* **3.** despect. Maquinación o proyecto oculto, gralm. malintencionados.

tiniebla. f. **1.** Oscuridad o falta de luz. *Una linterna ilumina la tiniebla del calabozo.* ○ pl. **2.** Ignorancia o falta de conocimientos. *Vivían entre tinieblas.*

tino. m. **1.** Habilidad para acertar, espec. para dar en el blanco al tirar. *Para disparar hace falta tino.* **2.** Juicio o cordura. *Conduce con tino las negociaciones.* **3.** Moderación o prudencia. *Come y bebe sin tino.*

tinta. f. **1.** Líquido coloreado que se emplea para escribir, dibujar o imprimir. **2.** Líquido segregado por algunos animales marinos, como el calamar, para enturbiar el agua en caso de peligro. ■ **~ china.** f. Tinta (→ 1) negra empleada espec. en dibujo. ■ **medias ~s.** f. pl. Acciones o actitudes poco concretas, que revelan indecisión o precaución. *El asunto es tan grave que no valen medias tintas.* □ **cargar,** o **recargar, las ~s.** loc. v. Exagerar la importancia o significado de algo. *No dije más porque no quise cargar las tintas.* ■ **de buena ~.** loc. adv. coloq. De una fuente de información fiable. *Lo sé de buena tinta.*

tintar. tr. Teñir (algo). Frec. en part. *Vidrio tintado.* ▶ *COLOREAR.

tinte. m. **1.** Color o sustancia con que se tiñe algo. *Tinte para el cabello.* **2.** Aspecto o característica de algo inmaterial. *Su humor tiene un tinte de melancolía.* **3.** Teñido (hecho de teñir). ▶ **1:** TINTURA. **3:** *TEÑIDO.

tintero. m. Recipiente para la tinta. ■ **en el ~.** loc. adv. Sin mencionar. *Los temas más delicados se quedan en el tintero.*

tintín. m. Sonido de una campanilla, un timbre o de algunos objetos de cristal o metal al chocar entre sí. *Se oyen risas y el tintín de las copas al brindar.* FAM **tintineante; tintinear; tintineo.**

tinto, ta. adj. **1.** Rojo oscuro. **2.** cult. Que está teñido de algo. *El asesino lleva las manos tintas* EN *sangre.* ● m. **3.** Vino tinto (→ vino). **4.** Am. Café tinto (→ café). *Un café con leche, un marroncito, un tinto...* [C].

tintorería. f. Establecimiento donde se limpian o tiñen prendas de ropa, telas y alfombras.

tintorero, ra. m. y f. **1.** Persona que trabaja en la tintorería, o tiene por oficio teñir telas. ○ f. **2.** Tiburón grande de color azulado o gris.

tintura. f. **1.** Teñido (hecho de teñir). *Proceso de tintura de los tejidos.* **2.** Tinte (color o sustancia). *Tintura para el pelo.* **3.** Med. Disolución de una sustancia medicinal en un líquido. *Tintura de yodo.* ▶ **1:** *TEÑIDO. **2:** TINTE.

tiña. f. Enfermedad causada por un parásito en la piel del cráneo y que suele producir costras, llagas o caída del cabello.

tiñoso, sa. adj. **1.** Que padece tiña. *Niños tiñosos.* **2.** despect. Miserable o pobre. Tb. m. y f. Se usa como insulto. *El maldito tiñoso logró escapar.*

tío, a. m. y f. **1.** Respecto de una persona: Hermano de su padre o de su madre. *Mi tía Laura es la hermana mayor de mi madre.* Tb. el cónyuge de dicho hermano. **2.** coloq. Persona (hombre o mujer). *Su padre es un tío muy joven.* Frec. se usa para designar a una persona cuyo nombre se ignora y, entonces, gralm. despect. *Se me acercó un tío de mal aspecto.* ○ m. pl. **3.** Tío (→ 1) o tía (→ 1) y su cónyuge. *Mis tíos se casaron el año pasado.* ■ ~ **abuelo/la.** m. y f. Respecto de una persona: Hermano de su abuelo o de su abuela.

tiovivo. m. Atracción de feria consistente en una plataforma giratoria con asientos o figuras en los que se montan las personas. ▶ CABALLITOS, CARRUSEL.

tipa. → tipo.

tipejo, ja. m. y f. coloq. o despect. Persona despreciable. *Cuidado con ese tipejo.*

típico, ca. adj. **1.** Peculiar o propio de algo o alguien. *Esa actitud machista es típica EN él.* **2.** Que representa un tipo. *Es la típica persona que no se fía de nadie.* ▶ **1:** *CARACTERÍSTICO. FAM tipicidad; tipismo.

tipificar. tr. **1.** Asignar (a varias cosas semejantes) una categoría o norma común. *La ley tipifica estos hechos como delitos.* **2.** Representar alguien o algo el tipo (de la clase o categoría a que pertenece). *Ella tipifica a la mujer emprendedora.* FAM tipificación.

tiple. m. y f. Mús. Soprano (persona). *La tiple cantó un aria.* ▶ SOPRANO.

tipo, pa. m. y f. **1.** Clase o categoría que comprende personas o cosas con características comunes. *El camión es un tipo de vehículo.* **2.** Modelo o ejemplar que representa a un grupo con características comunes. *Examen tipo.* **3.** Forma exterior del cuerpo de una persona. *Tiene buen tipo.* **4.** Com. y Econ. Valor o porcentaje establecido para una operación financiera o fiscal. *Tipo de interés.* **5.** Biol. Filo. *La mosca pertenece al tipo de los artrópodos.* **6.** Gráf. Cada una de las piezas de una imprenta o máquina de escribir, que lleva grabada una letra o signo en relieve. *La máquina de escribir no tenía el tipo de la "ñ".* **7.** Gráf. Cada una de las familias o clases de letra de acuerdo con su forma. *La cursiva es un tipo.* ○ m. y f. **8.** coloq. Persona (hombre o mujer). *Es una tipa valiente.* ■ ser alguien el **tipo** (de otra persona). loc. v. coloq. Tener las cualidades necesarias para gustar (a esa persona). *Es guapo, pero no es mi tipo.* ▶ **1:** *CLASE. **3:** *FIGURA. **6:** LETRA. FAM tipología; tipológico, ca.

tipografía. f. Técnica de imprimir textos o ilustraciones sobre papel, espec. mediante tipos de imprenta. FAM tipográfico, ca; tipógrafo, fa.

tique. m. Vale o recibo. *Conserve el tique de compra.* ▶ Am: TIQUETE.

tiquete. m. **1.** Am. Tique. *Le presté unos tiquetes para ir a almorzar al comedor* [C]. **2.** Am. Billete (papel o tarjeta impresos para entrar en un lugar o utilizar un medio de transporte). *Le dieron su tiquete de ida y vuelta* [C]. **3.** Am. Billete (papel impreso para participar en un sorteo). *La Ley establece un impuesto sobre las boletas y tiquetes de apuestas* [C]. ▶ **2, 3:** BILLETE.

tira. f. Pedazo alargado y estrecho de algo gralm. delgado, como tela o papel.

tirabuzón. m. Rizo largo de cabello que cuelga en espiral.

tirachinas. m. Horquilla con mango, a cuyos extremos se atan los de una goma elástica para estirarla y disparar piedras u objetos similares. ▶ TIRADOR, TIRAGOMAS.

tirada. f. **1.** Hecho de tirar o lanzar, espec. en un juego o deporte. *Hizo diana en su primera tirada.* **2.** Gráf. Hecho de tirar o imprimir. *En el libro no figura el año de tirada.* **3.** Gráf. Conjunto de ejemplares que se tiran o imprimen en una edición. *Una tirada de diez mil ejemplares.* ▶ **2, 3:** TIRAJE.

tiradero. m. Am. Basurero o vertedero. *Los recolectores de basura depositaron sus desperdicios en el antiguo tiradero* [C]. ▶ *BASURERO.

tirado, da. adj. **1.** coloq. Abandonado o carente de recursos, espec. ante una situación difícil. *No podemos dejarte aquí tirada, tan lejos.* **2.** coloq. Dicho de persona: Despreciable o de malas costumbres. *El bar es un antro para golfos y gente tirada.*

tirador, ra. m. y f. **1.** Persona que tira o lanza, espec. en un juego o deporte. *Es el mejor tirador de la liga.* ○ m. **2.** Agarradero del que se tira para abrir o cerrar algo, espec. una puerta, una ventana o un cajón. *Se ha soltado el tirador de la puerta.* **3.** Pieza que sirve para accionar un mecanismo, tirando de ella. **4.** Tirachinas. *Le dieron una pedrada con un tirador.* ○ m. pl. **5.** Am. Tirantes (objeto para sujetar los pantalones o la falda). *Lo veía calcularse los tiradores antes de ponerse el saco* [C]. ▶ **5:** TIRANTES.

tiragomas. m. Tirachinas. *Lanzan piedrecillas con el tiragomas.*

tiraje. m. Gráf. Tirada. *La revista tiene un tiraje de cincuenta mil ejemplares.*

tiralíneas. m. Instrumento de dibujo en forma de pinzas, cuya separación se gradúa con un tornillo, y que sirve para trazar líneas de tinta.

tiramisú. m. Pastel hecho con bizcocho empapado en café, gralm. con algún licor, y un queso blando y suave.

tiranía. f. **1.** Gobierno ejercido en un Estado por un tirano. *Impuso una sangrienta tiranía en su país.* **2.** Abuso de poder, fuerza o superioridad. *Trata con tiranía a los alumnos.* **3.** Dominio excesivo de una cosa, espec. un sentimiento, sobre la voluntad de alguien. *La tiranía de la moda.* ▶ **1, 2:** DESPOTISMO.

tirano, na. adj. **1.** Dicho de gobernante: Que accede al poder de forma ilegítima, o lo ejerce sin justicia y abusando de su autoridad. **2.** Dicho de persona: Que abusa de su poder, fuerza o superioridad. *Es tirano con sus empleados.* **3.** Dicho de cosa, espec. de sentimiento: Que domina la voluntad de alguien. *Una pasión tirana.* ▶ **1, 2:** DÉSPOTA. FAM tiranicida; tiranicidio; tiránico, ca; tiranizar.

tirante. adj. **1.** Tenso o estirado. *Las cuerdas de la tienda de campaña tienen que estar tirantes.* **2.** Dicho de relación: Distante o próxima a romperse. *Las relaciones entre ambos países son tirantes.* **3.** Dicho de situación: Tensa o violenta. *Hubo un momento tirante en el debate.* ● m. **4.** Tira de algunas prendas de vestir que permite que estas se sujeten de los hombros. *Los tirantes del bikini.* ○ pl. **5.** Objeto compuesto por dos tiras elásticas con cierres en los extremos, que sirve para sujetar los pantalones o la falda. ▶ **1-3:** TENSO. **4:** HOMBRERA. ‖ Am: TIRADORES. FAM tirantez.

tirar. tr. **1.** Dejar caer intencionadamente (algo). *No tiren papeles al suelo.* **2.** Lanzar o arrojar (algo o a alguien) en una dirección. *Unos niños tiran piedras AL río.* Tb. como intr. *Tira a la portería y falla.* **3.** Derribar (algo o a alguien), o hacer(los) caer al suelo. *El vendaval ha tirado algunos árboles.* **4.** Desechar (algo) o deshacerse (de ello) por estar viejo o inservible. *Esta camisa está para tirarla.* **5.** Disparar (un proyectil o un tiro). *Tiran dardos envenenados.* Tb. como intr. *Aprendió a tirar con la escopeta.* **6.** Echar o tender (algo o a alguien). *Se tira en el sofá.* **7.** Dar (un pellizco, un mordisco o una coz). **8.** En algunos juegos: Echar (una carta o un dado). *Tengo que tirar el rey.* Tb. como intr. *Te toca tirar.* **9.** Malgastar o derrochar (dinero o bienes). *Comprar otro televisor es tirar el dinero.* **10.** Graf. Imprimir (un pliego o una publicación). *Han tirado 10 000 ejemplares.* **11.** Mat. Trazar (una línea). **12.** coloq. Hacer (una fotografía). *Hay turistas tirando fotos.* ○ intr. **13.** Atraer algo o a alguien. *El imán tira DEL hierro.* **14.** Atraer la voluntad o el afecto de alguien. *Le tira el campo.* **15.** Hacer fuerza una persona o animal para llevar hacia sí o tras de sí algo o a alguien. *Tira DE la cuerda.* **16.** Producir algo la corriente de aire necesaria para la combustión. *La chimenea tira bien.* **17.** Quedarle a alguien demasiado corta o estrecha una prenda de vestir o parte de ella. *La chaqueta me tira.* **18.** Tomar una dirección determinada. *En el cruce, tire A la derecha.* **19.** coloq. Durar o mantenerse algo en condiciones no muy buenas. *La lavadora aún puede tirar unos meses.* **20.** coloq. Encontrarse alguien poco sobrado de medios o de salud. *–¿Qué tal estás? –Voy tirando.* **21.** Tender a algo. *Este tira PARA artista.* **22.** coloq. Parecerse una persona o cosa a otra de la que desciende o proviene. *Tira A la familia de la madre.* ○ tr. prnl. **23.** malson. Poseer sexualmente (a alguien). ■ **tira y afloja.** loc. s. coloq. Alternancia de una actitud firme con la disposición a hacer concesiones. *Hubo un tira y afloja en las negociaciones.*▶ **1:** *LANZAR.

tirilla. f. Tira de tela que remata el escote de una camisa o prenda similar, o que lo une al cuello. *Se afloja la tirilla de la guerrera.*

tirio, ria. adj. histór. De Tiro (antigua ciudad de Asia). ■ **tirios y troyanos.** m. pl. Personas con ideas o intereses opuestos. *La medida tiene divididos a tirios y troyanos.*

tirita. (Marca reg.). f. Tira adhesiva con un trozo de gasa esterilizada en el centro, que sirve para proteger heridas pequeñas. ▶ Am: CURITA.

tiritar. intr. Temblar de frío, miedo o fiebre. *Tiritaba bajo la lluvia.* FAM **tiritera.**

tiritón, na. adj. **1.** Que tirita. ● m. **2.** Cada uno de los estremecimientos de quien tirita. *No podía contener los tiritones.* ○ f. **3.** coloq. Temblor intenso, espec. por fiebre. *Le dio la tiritona.*

tiro. m. **1.** Disparo hecho con un arma de fuego. *Ha recibido un tiro en la pierna.* **2.** Hecho de tirar o lanzar algo, espec. la pelota. *El tiro del delantero se convirtió en gol.* **3.** Deporte consistente en disparar con un arma a un blanco u objetivo. *Tiro con arco.* **4.** Conjunto de animales empleados para tirar de algo, espec. de un vehículo. *El carruaje llevaba un tiro de seis caballos.* **5.** Corriente de aire necesaria para que se produzca la combustión, espec. en una chimenea. *A esta chimenea le falta tiro.* **6.** En un pantalón: Distancia entre la unión de las perneras y la cintura. *Los pantalones me están cortos de tiro.* ■ **~ de gracia.** m. Tiro (→ 1) que se da a una persona o animal que están heridos para terminar de matarlos. *Dio al caballo el tiro de gracia.* ■ **~ libre.** m. En baloncesto: Sanción que consiste en el lanzamiento de un tiro (→ 2) a canasta sin la oposición de ningún contrario. □ **a ~.**

loc. adv. **1.** Al alcance de un arma de fuego o arrojadiza. *La pieza está a tiro.* **2.** Al alcance de alguien o de sus posibilidades. *Cuando lo tenga a tiro, hablaré con él.* ■ **a (un) ~ de piedra.** loc. adv. Muy cerca. *La estación está a tiro de piedra DEL hotel.* ■ **al ~.** loc. adv. Am. coloq. Inmediatamente o al momento. *Espérame, me visto al tiro* [C]. ■ **pegarse un ~.** loc. v. Suicidarse disparándose con un arma de fuego. *Decidió dejar este mundo pegándose un tiro.* ■ **salir el ~ por la culata** (a alguien). loc. v. Tener (esa persona) un resultado contrario al que pretendía o deseaba. *Querían engañarnos, pero les ha salido el tiro por la culata.*

tiroides. adj. Anat. Dicho de glándula de un animal vertebrado: Que está situada en la parte delantera e inferior del cuello, y regula el crecimiento y el metabolismo. Tb. m. o, menos frec., f. *El médico palpa el tiroides.* FAM **tiroideo, a.**

tirolés, sa. adj. Del Tirol (región de Europa).

tirón. m. **1.** Hecho de tirar de algo o alguien con fuerza o brusquedad. *Me dio un tirón del pelo.* **2.** Hecho de crecer con rapidez. *El niño ha pegado un tirón.* **3.** Robo consistente en arrebatar algo a alguien tirando violentamente del objeto y dándose a la fuga. *Le dieron el tirón y se llevaron el bolso.* **4.** Sacudida o movimiento brusco de un vehículo. *El coche da tirones.* **5.** Incremento repentino de la velocidad de una persona o un vehículo. *El ciclista da varios tirones y se separa del pelotón.* **6.** Contracción fuerte y dolorosa de un músculo. *Le dio un tirón en la pierna.* **7.** Atracción que ejerce alguien o algo sobre otra persona. *La cantante tiene mucho tirón.* ■ **de un ~.** loc. adv. De una sola vez y sin interrupción. *Durmió de un tirón.* ▶ Am o frecAm: **1:** HALÓN, JALÓN. FAM **tironear; tironero, ra.**

tirotear. tr. Disparar repetidamente (contra alguien o algo) con arma de fuego. *Unos matones lo han tiroteado.* ▶ Am o frecAm: ABALEAR, BALEAR. FAM **tiroteo.**

tirria. f. coloq. Odio u ojeriza hacia algo o alguien. *Le tengo tirria a ese tipo.*

tisana. f. Infusión medicinal de una o varias hierbas. ▶ *INFUSIÓN.

tisis. f. Tuberculosis pulmonar. FAM **tísico.**

tisú. (pl. **tisúes** o **tisús**). m. Tela de seda entretejida con hilos de oro o plata.

titán. m. Persona que sobresale por su excepcional fortaleza. FAM **titánico, ca.**

titanio. m. Elemento químico del grupo de los metales, de color blanco plateado, ligero, duro y resistente a la corrosión (Símb. *Ti*).

títere. m. **1.** Muñeco que se mueve con hilos, varillas u otro mecanismo, o bien metiendo la mano en su interior. **2.** Persona u organización que se dejan manejar por otra. *Es un títere de su marido.* ○ pl. **3.** Espectáculo de teatro con títeres (→ 1). *Iremos a los títeres.* ■ **~ con cabeza.** loc. s. coloq. Persona o cosa exentas de crítica o ataque. *Su artículo no deja títere con cabeza.* ▶ **1, 2:** MARIONETA. **3:** MARIONETAS.

tití. m. Simio de América del Sur, muy pequeño, con mechones alrededor de las orejas y una larga cola. *El tití hembra.*

titilar. intr. cult. Centellear con ligero temblor un cuerpo luminoso. *Las estrellas titilan.*

titiritero, ra. m. y f. **1.** Persona que maneja los títeres o hace teatro con ellos. *En el parque hay titiriteros haciendo guiñol.* **2.** Persona que realiza acrobacias o números circenses en la calle o en las ferias. ▶ **2:** *ACRÓBATA.

titubear. intr. **1.** Dudar o mostrar inseguridad, espec. al tomar una decisión. *Respondió sin titubear.* **2.** Oscilar por falta de estabilidad. *Del golpe, el jarrón titubeó.* FAM **titubeante; titubeo.**

titulado, da. adj. Que posee un título académico o profesional. *Personal titulado.*

titular[1]. adj. **1.** Que ocupa, gralm. en propiedad o de forma permanente, un puesto o cargo para los que ha sido designado. *Es profesor titular de la Universidad.* **2.** Que tiene un título o documento que acreditan la posesión de algo, como un derecho o una inversión. *La persona titular de una libreta de ahorros.* **3.** *Dep.* Dicho de jugador: Que forma parte del equipo desde el principio del juego. Tb. dicho del equipo formado por esos jugadores. ● m. **4.** Título que encabeza una noticia o un artículo periodístico. *Un titular sensacionalista.* ▶ **Am: 4:** ENCABEZADO. FAM **titularidad.**

titular[2]. tr. **1.** Poner título o nombre (a algo, espec. a una obra). *¿Cómo titulará su libro?* ○ intr. prnl. **2.** Tener como título o nombre el que se indica. *El film se titula "El Malacara".* **3.** Obtener un título académico o profesional. *Se tituló EN Magisterio.* FAM **titulación.**

título. m. **1.** Nombre dado a una obra o a un escrito, o a una de sus partes. *La serie lleva por título "El regreso".* **2.** Categoría de una persona que pertenece a la nobleza. *Tiene el título de conde.* **3.** Nivel académico o profesional. *Obtuvo el título de doctor.* **4.** Sobrenombre honorífico que se da a alguien. *Lope de Vega mereció el título de "Fénix de los ingenios".* **5.** Documento jurídico en el que se establece un derecho u obligación. *El título de propiedad de una finca.* **6.** *Econ.* Documento financiero que acredita una inversión en deuda pública o en un valor bursátil. *El Tesoro emite títulos de deuda.* **7.** *Der.* Cada una de las partes principales en que está dividida una ley o reglamento. *El título I de la Constitución.* ■ **~s de crédito.** m. pl. *Cine* y *TV* Lista que aparece al inicio o al final de una película o de un programa, y en la que figuran las personas que han intervenido en su realización. □ **a ~ de.** loc. prepos. Como, o en calidad de. *Lo digo a título de ejemplo.* ▶ **1:** EPÍGRAFE, RÓTULO. ‖ **Am: 1:** ACÁPITE.

tiza. f. **1.** Barrita de arcilla blanca o coloreada que se utiliza pralm. para escribir o pintar sobre una pizarra. *Tizas de colores.* **2.** En billar: Compuesto de yeso y arcilla con que se frota la punta del taco para que esta no resbale al golpear la bola.

tizne. m. (Tb. f.). Humo que se queda pegado a un objeto, espec. a una vasija que ha estado a la lumbre. *Cuesta quitarle el tizne a la sartén.* ▶ HOLLÍN. FAM **tiznar.**

tizón. m. **1.** Palo a medio quemar. *Echó unos tizones al brasero.* **2.** Hongo que vive parásito en el trigo y otros cereales, produciéndoles unas manchas negruzcas.

tizona. f. cult. Espada. *Un guerrero con su tizona en alto.*

TNT. (sigla; pronunc. "te-ene-te"). m. Trinitrotolueno. *La bomba contenía TNT.*

toalla. f. Prenda gralm. rectangular, de algodón u otro tejido suave, que sirve para secarse. *Toalla de baño.* ■ **tirar,** o **arrojar, la ~.** loc. v. **1.** *Dep.* En boxeo: Lanzar el cuidador de un boxeador una toalla al cuadrilátero como señal de que este abandona la pelea. **2.** Desistir o darse por vencido. *Intentó ser actor, pero tiró la toalla.* FAM **toallero.**

toba. f. Piedra caliza, porosa y ligera, formada por depósito y acumulación de la cal disuelta en el agua.

tobera. f. *tecn.* Conducto o abertura en forma de tubo por donde pasa a presión un fluido, gralm. gaseoso. *El auto tiene toberas de ventilación regulables.*

tobillo. m. Abultamiento lateral que forman los huesos de la pierna en la zona de unión con el pie. Tb. esa zona. *Se ha torcido el tobillo.* FAM **tobillero, ra.**

tobogán. m. Aparato de recreo consistente en una rampa de deslizamiento, a la que se accede por una escalera, y por la que se baja sentado o tumbado.

toca. f. Prenda de tela que llevan las monjas ceñida al rostro y cubriendo la cabeza.

tocadiscos. m. Aparato reproductor de sonido, que consta de un plato giratorio sobre el que se coloca un disco de vinilo, y un brazo móvil provisto de una aguja que capta los sonidos grabados en dicho disco.

tocado[1]. m. **1.** Prenda con que se cubre la cabeza. *Lleva por tocado un turbante.* **2.** Peinado o adorno de la cabeza, propios de mujeres. *Se hacen moños y otros tocados.*

tocado[2], **da.** adj. **1.** Dicho de fruta: Dañada o que empieza a estropearse. **2.** coloq. Que está un poco loco o perturbado. *Hay que estar tocado para hacer eso.* **3.** coloq. Afectado por una pequeña enfermedad o lesión. *No estoy mal, solo un poco tocada.*

tocador. m. **1.** Mueble en forma de mesa y con espejo, que sirve para peinarse y maquillarse. **2.** Habitación destinada al aseo personal y el maquillaje. *El tocador está contiguo a la alcoba.* ■ **de ~.** loc. adj. Dicho espec. de producto: Cosmético o de aseo.

tocamiento. m. Hecho de tocar con las manos. *Lo acusan de tocamientos a niñas.*

tocante. adj. Que toca o concierne a alguien o algo. *Normas tocantes A la moral.* ■ **(en lo) ~ a.** loc. prepos. Con referencia a, o respecto a. *En lo tocante al precio, disiento.*

tocar. tr. **1.** Llegar con una parte del cuerpo, espec. la mano, o con un objeto (a alguien o algo) sin agarrar(los). *No toquen la fruta.* Tb. como intr. **2.** Estar algo cerca (de otra cosa), de modo que en algún punto estén unidos. *La silla toca la pared.* **3.** Hacer sonar (un instrumento musical o un aparato sonoro). *Toqué el timbre.* Tb. como intr. **4.** Interpretar con algún instrumento (una pieza musical). *La banda tocará una marcha.* **5.** Dar aviso u orden (de algo) mediante sonidos. *El corneta tocó retirada.* **6.** Alterar (algo) con intención de perfeccionar(lo). *El guión es bueno; no hace falta tocarlo.* **7.** Tratar o mencionar (un asunto), gralm. de manera superficial. *Ese tema, mejor no tocarlo.* ○ intr. **8.** Estar algo cerca de otra cosa, de modo que en algún punto estén unidos. *La silla toca CON/EN la pared.* **9.** Corresponder una cosa a alguien por derecho, azar o reparto. *Le han tocado millones en la lotería.* **10.** Ser una cosa responsabilidad o tarea de alguien. *A él le toca decidir.* **11.** Tener una cosa importancia o interés para alguien, o relación con alguien o algo. *Trataron temas que tocan a todos.* **12.** Tener una cosa su turno o momento fijado. *Mañana toca el examen teórico.* **13.** Dar aviso u orden de algo mediante sonidos. *Las campanas tocan A muerto.* **14.** coloq. Ser pariente de alguien. *Tenemos mucho trato, pero no me toca nada.* ■ **~le (a alguien) bailar con la más fea.** loc. v. coloq. Corresponder(le) resolver un asunto muy difícil o desagradable. *En el trabajo, siempre me toca bailar con la más fea.*

tocarse. intr. prnl. Cubrirse o adornarse la cabeza con un tocado. Frec. en part. *Mujeres tocadas CON peineta.*

tocata. f. *Mús.* Composición de estilo libre, hecha gralm. para instrumentos de teclado y con la intención de demostrar las cualidades técnicas del intérprete.

tocayo, ya. m. y f. Respecto de una persona: Otra que tiene su mismo nombre.

tocineta. f. Am. Panceta. *Se sofríe la cebolla, champiñones y la tocineta* [C].

tocino. m. Capa de grasa que tienen algunos animales bajo la piel, espec. el cerdo. *Al cocido le echa tocino y chorizo.*

tocología. f. Rama de la medicina que se ocupa del embarazo, el parto y el período posterior a este. ▶ OBSTETRICIA. FAM tocólogo, ga.

tocón. m. Parte del tronco de un árbol que queda unida a la raíz después de talarlo.

tocuyo. m. Am. Tela basta de algodón. *Rasgaré el tocuyo de esta sábana* [C].

todavía. adv. **1.** Indica que lo expuesto continúa vigente en el momento en que se habla o al que se hace referencia. *Todavía está despierto.* **2.** A pesar de lo expuesto. *Lo hice todo yo y todavía se queja.* **3.** Al menos, o por lo menos. Se usa con intención enfática. *Todavía, si fuera su madre, entendería que se preocupara por él.* **4.** Precede o sigue a una palabra comparativa para indicar enfáticamente grado o intensidad superiores. *Si ella es mala, su hermana es todavía peor.*

todo, da. adj. **1.** Seguido de un nombre en plural con artículo, adjetivo posesivo o demostrativo, o de un pronombre, expresa que, del conjunto de personas o cosas designadas por el nombre o el pronombre, no se excluye ninguna. *Se vendieron todos sus cuadros.* **2.** Seguido de un nombre en singular con artículo, adjetivo posesivo o demostrativo, o de un pronombre, expresa que, de lo designado por el nombre o el pronombre, no se excluye ninguna parte. *Se ha comido todo el pollo.* **3.** Delante de un nombre precedido de *un*, expresa que lo designado por él tiene las cualidades ideales de su clase. *Es toda una mujer.* **4.** Seguido de un nombre en singular sin artículo, equivale al plural de lo designado por ese nombre. *Toda falta será castigada.* ● pron. **5.** Designa un conjunto de personas o cosas que se consideran sin excluir ninguna de ellas. *Todos protestaron.* **6.** Toda (→ 2) la persona o cosa. *La música me gusta toda.* ● m. (Frec. con art.). **7.** Cosa íntegra. *El todo es mayor que las partes.* ● adv. **8.** Enteramente o por completo. *Siga todo recto hasta la plaza.* ■ ante todo. loc. adv. En primer lugar. *Ante todo, gracias.* ■ así y todo. loc. adv. A pesar de lo que se ha expuesto antes. *Llovía, y así y todo salió.* ■ con todo. loc. adv. Sin embargo. *Hay riesgo; con todo, es preferible operar.* ■ del todo. loc. adv. Completamente. *No lo veo del todo claro.* ■ de todas todas. loc. adv. Con seguridad absoluta. *Es el mejor de todas todas.* ■ jugarse el todo por el todo. loc. v. Arriesgarse mucho. *En la última prueba se jugó el todo por el todo.* ■ sobre todo. loc. adv. Principalmente. *Importa, sobre todo, ser prudente.* ■ y todo. loc. adv. Siguiendo a la expresión de una circunstancia, se usa para enfatizar la sorpresa o la incredulidad que provoca esa circunstancia. *¡Quisieron expulsarlo y todo!*

todopoderoso, sa. adj. Que todo lo puede. *La todopoderosa multinacional abrirá otra fábrica.* ■ el Todopoderoso. loc. s. Dios. *Reza al Todopoderoso.*

todoterreno. (como adj., pl. invar.; como sustantivo, pl. **todoterrenos**). adj. **1.** Dicho de vehículo: Capaz de circular por terrenos escarpados e irregulares.

Camiones todoterreno. Tb. m. **2.** Dicho de persona: Capaz de realizar múltiples tareas o funciones. *Un político todoterreno.*

toga. f. **1.** Vestidura larga, gralm. negra, que usan jueces, letrados y catedráticos en determinados actos. *Los catedráticos asistían con toga y birrete.* **2.** histór. En la antigua Roma: Prenda de vestir que se llevaba sobre la túnica, enrollada alrededor del cuerpo. FAM togado, da.

togolés, sa. adj. De Togo (África).

toisón. (Frec. en mayúsc.). m. Orden de caballería fundada en el s. XV por el duque de Borgoña. Tb. su insignia. Frec. ~ de oro. *El rey le otorgó el Toisón de Oro.*

toldilla. f. Mar. En algunos buques: Plataforma elevada sobre la cubierta superior, hasta la altura de la borda, que cubre el extremo de popa.

toldo. m. Cubierta de tela, espec. de lona, que se instala gralm. para dar sombra. *Comían en el jardín, bajo un toldo.* ▶ ENTOLDADO.

toledano, na. adj. De Toledo (España).

tolerar. tr. **1.** Permitir (algo que no se tiene por bueno o con lo que no se está de acuerdo). *Le tolera todo.* **2.** Respetar (ideas o costumbres distintas de las propias). *Aprendí a tolerar otras opiniones.* **3.** Llevar con paciencia (algo o a alguien que resultan desagradables). *No tolero la pereza.* **4.** Admitir o resistir un ser vivo o su organismo (algo, espec. una sustancia) sin sufrir daño o trastorno. *Tolera bien la medicación.* ▶ **3**: AGUANTAR, RESISTIR, SOPORTAR, SUFRIR. FAM tolerable; tolerancia; tolerante.

tolteca. adj. De un pueblo indígena que dominó en México en época precolombina.

tolueno. m. *Quím.* Líquido derivado del benceno, muy utilizado como disolvente y en la fabricación de explosivos.

tolva. f. Caja grande en forma de pirámide o cono invertidos, con una abertura inferior estrecha que permite que pasen poco a poco materias en grano o similares para ser procesadas por una máquina o cargadas en un vehículo.

tolvanera. f. Remolino de polvo. *Se levantó una densa tolvanera.*

toma. f. **1.** Hecho o efecto de tomar. *Participan en la toma de decisiones.* **2.** Punto de un circuito o de un conducto, por donde se hace salir la corriente de fluido, espec. agua o electricidad. *Hay varias tomas de agua en el jardín.*

tomado, da. adj. Am. Borracho (trastornado por exceso de bebida alcohólica). *Se había ido para su departamento, muy tomado* [C]. ▶ *BORRACHO.

tomador, ra. m. y f. Der. Persona que contrata un seguro.

tomadura. ~ de pelo. f. coloq. Burla. *Esa oferta es una tomadura de pelo.*

tomar. tr. **1.** Coger (algo o a alguien) con la mano o con otra cosa. *Tomó al bebé en brazos.* **2.** Introducir en el cuerpo (algo, espec. un alimento o una bebida) a través de la boca. *Toma sopa.* **3.** Aceptar (algo o a alguien). *Tome mi consejo.* **4.** Pasar a tener (algo, espec. una sensación o una costumbre). *Su tesis toma fuerza.* **5.** Pasar a tener (algo, espec. una característica o cualidad) mediante copia o imitación. *Colombia toma su nombre DE Colón.* **6.** Pasar a tener (algo) mediante alquiler o préstamo. *Tomó un garaje.* **7.** Pasar a realizar (una acción). *Tomé una decisión.* **8.** Pasar a controlar por la fuerza (un lugar o un edificio). *Las tropas toman la ciudad.* **9.** Hacer uso (de algo). *Tomó unos días libres.* **10.** Utilizar (un medio de transporte). *Tomé el metro.* **11.** Recoger información (sobre algo). *Un policía toma sus datos.* **12.** Entender o interpretar (algo) de determinada manera. *No tome en serio la broma.* **13.** Considerar de modo equivocado que (alguien o algo) son determinada cosa o tienen determinadas características. *Me toman POR tonto.* **14.** Exponerse a los efectos (del sol o del aire). *Salgo a tomar el aire.* **15.** Hacer (una fotografía o filmación). *¿Me toma una foto?* **16.** Hacer una fotografía o filmación (de algo). *Tomó la escena con la cámara.* **17.** Empezar a seguir (una dirección o un camino). *Tome la segunda bocacalle.* ○ intr. **18.** Empezar a seguir una dirección o un camino. *En el cruce tomó POR/HACIA la izquierda.* **19.** Am. Beber una bebida alcohólica. *Chocan los vasos y toman [C].* ○ intr. prnl. **20.** Sufrir la voz falta de claridad o sonoridad, por alguna afección de garganta. *Con el frío, se le toma la voz.* ■ **toma y daca.** m. Intercambio de cosas. *La negociación es un toma y daca.* □ **toma.** interj. **1.** Se usa para expresar que lo dicho no es una novedad o es evidente. *–Quiere ganar. –¡Toma, y yo!* **2.** Se usa para resaltar la consecuencia negativa de algo. *No cedió, pues ¡toma!* ■ **~la** (con alguien o algo). loc. v. coloq. Convertir(los) en objeto de antipatía o aversión. *La ha tomado CONMIGO.* ▶ **2:** INGERIR. **19:** BEBER.

tomate. m. Fruto de la tomatera, comestible, de forma redondeada, rojizo y jugoso, con muchas semillas en su interior. *Ensalada de tomate y lechuga.* Tb. su planta (→ tomatera). ■ **como un ~.** loc. adv. coloq. Con un color rojo intenso en la piel, gralm. por vergüenza. *Se puso como un tomate al verse sorprendida.* FAM **tomatazo.**

tomatera. f. Hortaliza cuyo fruto es el tomate. ▶ TOMATE.

tómbola. f. Sorteo público de objetos diversos mediante papeletas o boletos numerados, gralm. como negocio de feria o con fines benéficos. ▶ RIFA.

tómbolo. m. *Geogr.* Porción estrecha y arenosa de tierra, que une dos islas o una isla con la costa. ▶ ISTMO.

tomillo. m. Planta siempre verde, muy aromática, de hojas pequeñas y flores blancas o rosáceas, frec. usada como condimento. FAM **tomillar.**

tomismo. m. *Fil.* Doctrina filosófica y teológica, de inspiración aristotélica, creada por Santo Tomás de Aquino (teólogo italiano, 1225-1274). FAM **tomista.**

tomo. m. Cada una de las partes de una obra escrita extensa, que tienen su propia paginación y están gralm. encuadernadas por separado. *Un diccionario en dos tomos.* ■ **de ~ y lomo.** loc. adj. coloq. Muy grande o extraordinario. *Una artista de tomo y lomo.*

tomografía. f. *tecn.* Técnica de exploración, espec. radiológica, que permite obtener imágenes de un corte o plano concreto de un cuerpo. *La tomografía axial computarizada (TAC) es muy útil en la detección de tumores.*

ton. sin ~ ni son. loc. adv. coloq. Sin motivo o causa. *Nos regaña sin ton ni son.*

tonada. f. Canción de carácter popular. *Un marinero cantaba una tonada.*

tonadilla. f. Canción popular española, ligera y alegre. FAM **tonadillero, ra.**

tonal. adj. Del tono o de la tonalidad. *Música tonal.*

tonalidad. f. **1.** Conjunto de tonos y colores. *Un cuadro con una tonalidad ocre.* **2.** *Mús.* Sistema de sonidos organizado de acuerdo con el predominio de un tono o una nota. *La pieza está compuesta en la tonalidad de re menor.*

tonante. adj. cult. Que truena. *Júpiter tonante.* Tb. fig. *Una voz tonante.*

tonel. m. **1.** Cuba. *Tonel de vino.* **2.** coloq. Persona muy gorda. FAM **tonelero, ra.**

tonelada. f. **1.** Unidad de peso que equivale a 1000 kg (Símb. *t*). *Un dinosaurio podía pesar varias toneladas.* Tb. ~ *métrica.* **2.** *Mar.* Unidad de capacidad que equivale a 2,83 m³. Tb. ~ *de arqueo. Un buque de mil toneladas de arqueo.* FAM **tonelaje.**

tóner. m. Pigmento en polvo utilizado para la reproducción de imágenes y caracteres en algunas fotocopiadoras e impresoras. *Cambie el cartucho de tóner.*

tongo. m. En una competición deportiva: Trampa que consiste en que uno de los competidores se deja ganar. *El boxeador fue acusado de tongo.*

tonicidad. f. *Fisiol.* Grado normal de tensión de un órgano, espec. de un músculo. *El ejercicio favorece la tonicidad muscular.*

tónico, ca. adj. **1.** Que tonifica el organismo o es reconstituyente. *Una infusión tónica.* **2.** *Fon.* Dicho de vocal, sílaba o palabra: Que se pronuncia con acento. ● m. **3.** Cosmético que tonifica una parte del cuerpo, como el pelo o el cutis. *Tónico capilar contra la calvicie.* ○ f. **4.** Característica o tendencia generales que predominan en algo. *La crispación ha sido la tónica del debate.* **5.** Agua tónica (→ agua). *Bebe ginebra con tónica.* **6.** *Mús.* Nota que corresponde al primer grado de la escala y constituye el sonido fundamental de esta. *El do es la tónica en la escala de do mayor.*

tonificar. tr. Fortalecer o vigorizar (a alguien o una parte de su cuerpo, como los músculos o los nervios). *Nadar tonifica los músculos.* Tb. como intr. ▶ ENTONAR. FAM **tonificación; tonificante.**

tonillo. m. **1.** Tono irónico o burlón. *¿A qué viene ese tonillo?* **2.** Entonación o acento propios de un lugar o un grupo de personas. *Tiene tonillo cubano.* ▶ **2:** DEJO.

tono. m. **1.** Cualidad del sonido, que depende de su frecuencia o número de vibraciones por segundo, y que permite ordenarlo de grave a agudo. *Una sirena de tono agudo.* **2.** Manera de modular la voz o de decir algo, que denota una actitud o un estado de ánimo. *Habló con tono fúnebre.* Tb. designa el volumen de una voz o de algunos sonidos. *¡Baje el tono, que nos oyen!* **3.** Señal acústica que suena en el auricular del teléfono, y que indica que hay línea. *Espere el tono y marque.* **4.** Carácter o tendencia que predominan en algo, espec. en una obra artística o en un acto social. *Poema de tono melancólico.* **5.** Grado de color. *Ropa en tonos claros.* **6.** Grado de tensión de una discusión. *La pelea subió de tono.* **7.** Grado de obscenidad de algo, espec. un chiste o una expresión. *Chistes subidos de tono.* **8.** *Fisiol.* Tensión normal de un tejido o de un órgano, espec. un músculo. *Nadar ayuda a mantener el tono muscular.* **9.** *Mús.* Intervalo o distancia que hay entre una nota y su inmediata en la escala, excepto entre el mi y el fa, y el do. *Entre do y mi hay dos tonos.* ■ **a ~.** loc. adv. **1.** En armonía. *Se vistió a tono CON la ocasión.* **2.** En buen estado, o en el estado deseable. *Entrena para ponerse a tono.* ■ **darse ~.** loc. v. Darse importancia o presumir vanamente. *Habla de sus títulos para darse tono.* ■ **de buen** (o **mal**) ~. loc. adj. Que es (o no) elegante y de buen gusto. *Es de mal tono llegar tarde.* ■ **fuera de** ~. loc. adj. Inoportuno o inapropiado. *Unas palabras fuera de tono.* ▶ **1:** ALTURA. **2:** ENTONACIÓN.

tonsura. f. **1.** *Rel.* Hecho o efecto de cortar a un hombre el cabello de la coronilla, como símbolo de que se le confiere el grado preparatorio para recibir las órdenes sacerdotales menores. *Ceremonia de tonsura.* **2.** *Rel.* Porción de la cabeza, gralm. circular, donde se ha hecho la tonsura (→ 1). ▶ **2:** CORONILLA. FAM **tonsurar.**

tontear. intr. **1.** Hacer o decir tonterías. *Se pasa el día tonteando.* **2.** coloq. Coquetear. *Tontea* CON *un compañero.*

tontería. f. **1.** Cualidad de tonto. *Su inocencia raya en la tontería.* **2.** Hecho o dicho tontos. *No dice más que tonterías.* **3.** Cosa de poca importancia. *Le regalaremos alguna tontería.* ▶ **1:** ESTUPIDEZ, IDIOTEZ, IMBECILIDAD, MEMEZ, NECEDAD, SIMPLEZA. **2:** ESTUPIDEZ, IDIOTEZ, IMBECILIDAD, MAJADERÍA, MEMEZ, NECEDAD, BOBADA, BORDADA, SANDEZ, SIMPLEZA, TONTERA. **3:** *NIMIEDAD.** ‖ Am: **2:** COJUDEZ.

tonto, ta. adj. **1.** Dicho de persona: De corto entendimiento. Frec. se usa como insulto. *¡Qué tonta es!* **2.** coloq. Dicho de persona: Que padece una deficiencia mental. *Tuvo un hijo tonto.* **3.** coloq. Que carece de sentido o motivo. *Le entró una risa tonta.* **4.** coloq. Dicho de persona: Pesada o molesta. *El niño se pone muy tonto cuando tiene sueño.* **5.** coloq. Presumido o vanidoso. ■ **a lo tonto.** loc. adv. coloq. De manera imperceptible o disimulada. *Fue ahorrando y, a lo tonto, se hizo rico.* ■ **a tontas y a locas.** loc. adv. coloq. Sin reflexionar, o sin ningún sentido. *No invierta a tontas y a locas.* ■ **hacer el tonto.** loc. v. coloq. Hacer o decir tonterías. *¡Deje de hacer el tonto!* ■ **hacerse el** ~. loc. v. coloq. Fingir no darse cuenta de lo que no interesa. *Al verme se hizo el tonta.* ▶ **1:** ALELADO, ATONTADO, BOBO, CRETINO, ESTÚPIDO, IDIOTA, IMBÉCIL, MAJADERO, MEMO, MENTECATO, NECIO, SIMPLE, TARADO. ‖ frecAm: **1:** SONSO, ZONZO. FAM **tontera; tontorrón, na.**

top. (pl. **tops**) m. Prenda de vestir femenina, gralm. ajustada y sin mangas, que cubre el pecho y llega como mucho a la cintura.

topacio. m. Piedra fina, muy dura y de color amarillo, apreciada en joyería.

topadora. f. **1.** Am. Pala mecánica, acoplada en la parte delantera de un tractor de oruga, que se emplea en tareas de desmonte y nivelación de terrenos. *Tractores tipo oruga con topadora* [C]. **2.** Am. Tractor de oruga provisto de una topadora (→ 1). *Poseen tractores y topadoras* [C].

topar. intr. **1.** Tropezar o chocar con alguien o algo. *Topó* CON *el bordillo.* **2.** Encontrar algo o a alguien por casualidad. Tb. prnl. *Adivine* CON *quién me he topado.* **3.** Golpear un animal con cuernos algo o a alguien en la cabeza. *El toro topó* CONTRA *las tablas hasta astillarlas.* ○ tr. **4.** Tropezar o chocar (con alguien o algo). *Al aparcar, han topado una farola.* **5.** Encontrar (algo o a alguien) por casualidad. *En el campo topé a un pastor.* **6.** Golpear un animal con cuernos (algo o a alguien) con la cabeza. *La vaquilla nos topaba si nos acercábamos.* FAM **topetazo.**

tope. m. **1.** Pieza que sirve para impedir que el movimiento de un objeto o un mecanismo pase de cierto punto. *Puso un tope en la puerta.* **2.** Pieza situada en el extremo de un vagón o una locomotora para amor-

tiguar choques, o en el extremo de una vía férrea para detener un tren. **3.** Extremo o límite al que puede llegar algo o alguien. *Hay un tope de edad para concursar.* ■ **a** ~. loc. adv. **1.** coloq. Al máximo de capacidad. *El metro iba a tope* DE *gente.* **2.** coloq. Hasta el límite de las fuerzas o posibilidades. *Se esfuerza a tope.* ■ **hasta los** ~**s.** loc. adv. coloq. Al máximo de capacidad. *El estadio se llenó hasta los topes.* ▶ **3:** *LÍMITE.

topera. → topo.

tópico, ca. adj. **1.** Del tópico (→ 3, 4). *Fórmulas tópicas.* **2.** *Med.* Que se administra o se realiza externamente sobre una parte del cuerpo. *Medicamento de uso tópico.* ● m. **3.** Expresión o idea muy comunes y carentes de originalidad. *Canciones llenas de tópicos sobre el amor.* **4.** *Lit.* Tema o modo de expresión con esquema fijo, que proceden gralm. de la antigua retórica y se repiten a menudo en distintas obras o autores. *El tópico del "carpe diem".* ▶ **3:** CLICHÉ, CLISÉ.

topless o **top-less.** (pal. ingl.; pronunc. "tóp-lés"). m. **1.** Práctica femenina de dejar los pechos al aire. *En la piscina permiten el* topless. Tb. ese modo de ir vestida. *Iba en* top-less. **2.** Local de espectáculos donde las empleadas trabajan en *topless* (→ 1). *Fueron a un* topless. ¶ [Adaptación recomendada: *toples,* pl. invar.].

top-model. (pal. ingl.; pronunc. "tóp-módel"). m. y f. Modelo de alta costura muy cotizado. Gralm. designa a mujer. ¶ [Equivalente recomendado: *supermodelo*].

topo. m. **1.** Mamífero del tamaño de un ratón, de pelaje negruzco, ojos diminutos y fuertes patas con las que excava galerías subterráneas. *El topo hembra.* **2.** Persona que se infiltra en una organización y actúa al servicio de otros. *Había un topo de la policía en la mafia.* FAM **topera.**

topografía. f. **1.** Técnica de describir y delinear con detalle la superficie de un terreno. *Escuela de topografía.* **2.** Conjunto de rasgos que configuran la superficie de un terreno. *Una zona de abrupta topografía.* FAM **topográfico, ca; topógrafo, fa.**

topología. f. *Mat.* Parte de las matemáticas que estudia las propiedades de las figuras geométricas con independencia de cualquier alteración en su forma o tamaño. FAM **topológico, ca.**

topónimo. m. Nombre propio de lugar. *El atlas incluye un índice de topónimos.* FAM **toponimia; toponímico, ca.**

toque. m. **1.** Hecho o efecto de tocar con una parte del cuerpo, espec. la mano, o con un objeto. *Introdujo la bola en el hoyo con un suave toque.* **2.** Sonido producido por una campana u otro instrumento para dar un aviso o una orden. *Toque de difuntos.* **3.** Indicación o advertencia que recibe alguien. *Le dieron un toque por impuntual.* Tb. ~ *de atención.* **4.** Aplicación de una sustancia, frec. un medicamento. *Se dio unos toques de maquillaje.* **5.** Pincelada ligera. Tb. fig. *Un toque de elegancia.* ■ ~ **de queda.** m. Medida excepcional tomada por una autoridad gubernativa, por la que se prohíbe estar en la calle a determinadas horas, gralm. nocturnas. *El Gobierno decretó el toque de queda.* Tb. el sonido con que se anuncia la hora en que debe cumplirse esa prohibición. ■ **último** ~. m. Pequeña corrección o añadido que se hacen a algo ya acabado para perfeccionarlo. *Se están dando los últimos toques al estadio.*

toquetear. tr. **1.** Tocar repetidamente (algo) con la mano. *Los clientes toquetean el género.* **2.** Tocar repetidamente (a alguien o una parte de su cuerpo) con la mano, gralm. por deseo sexual. *La besaba y toque-teaba.* ▶ **1:** *SOBAR. FAM **toqueteo**.

toquilla. f. Prenda de punto con la que se cubren las mujeres los hombros o se tapa a un bebé.

tora. (Frec. en mayúsc.). f. Ley de los judíos.

tórax. (pl. invar.). m. **1.** En el hombre y otros verte-brados: Parte del cuerpo comprendida entre el cuello y el abdomen. *Presenta una herida en el tórax.* **2.** *Zool.* En un insecto: Parte central de las tres en que se divi-de su cuerpo. ▶ **1:** PECHO. FAM **torácico, ca.**

torbellino. m. **1.** Remolino, espec. de aire. *Se le-vantó un torbellino de polvo.* Frec. fig. **2.** coloq. Per-sona muy inquieta y que hace las cosas atropellada-mente. *El niño es un torbellino.* ▶ **1:** REMOLINO.

torcer. (conjug. MOVER). tr. **1.** Cambiar la posición, dirección u orientación normales o habituales (de al-guien o algo). *Al pasar ha torcido el cuadro.* **2.** Mover bruscamente (una parte del cuerpo, espec. un miem-bro) hacia una posición antinatural. *Forcejeando, me torció la muñeca.* **3.** Dar vueltas (a algo) sobre sí mis-mo para que tome forma helicoidal. *Tuerce la punta del hilo para enhebrar la aguja.* **4.** Tergiversar (algo). *La prensa torció sus palabras.* ○ intr. **5.** Cambiar de dirección. *En el cruce, tuerza A la derecha.* ○ intr. prnl. **6.** Ir o marchar mal algo. *Si nada se tuerce, iré en verano.* **7.** Desviarse del comportamiento correcto. *Se torció por las malas compañías.* ▶ **4:** TERGIVERSAR. **5:** VOLVER. ‖ **Am: 5:** VOLTEAR. FAM **torcedura.**

torcido, da. adj. **1.** Que no está recto o derecho. *Tiene la nariz torcida.* **2.** Que tiene malicia o mala in-tención. ▶ **2:** *RETORCIDO. ‖ **Am: 1:** CHUECO.

tordo, da. adj. **1.** Dicho de caballería: Que tiene el pelo mezclado de negro y blanco. *Una yegua torda.* ● m. **2.** Pájaro de cuerpo robusto, pico negro y plu-maje pardo por encima y blanquecino con motas por debajo. ○ f. **3.** Hembra del tordo (→ 2).

torear. tr. **1.** Luchar (con un toro) incitándo(lo) y esquivando sus embestidas según unas reglas. *Toreó un astado.* Tb. como intr. **2.** Entretener (a alguien) con excusas o falsas promesas. *Págueme y no me toree.* **3.** Hacer frente (a un asunto o problema) con habi-lidad. *Toreó muchas dificultades.* ▶ **1:** LIDIAR. FAM **to-reador; torería.**

toreo. m. **1.** Hecho de torear toros. *Hizo un toreo elegante.* **2.** Arte o técnica del toreo (→ 1). *Maestro del toreo.* ▶ **1:** LIDIA. **2:** TAUROMAQUIA.

torero, ra. adj. **1.** Del toreo o del torero (→ 3). *Lance torero.* **2.** Que tiene características considera-das propias de un torero (→ 3), espec. la gallardía o la valentía. *Estuvo muy torero.* ● m. y f. **3.** Persona que tiene por oficio torear toros. ■ **saltarse** (algo) **a la torera.** loc. v. coloq. No hacer caso (de ello). *Se sal-tan las normas a la torera.* ▶ **3:** DIESTRO, ESPADA, LI-DIADOR, MATADOR, TOREADOR.

toril. m. Sitio donde se tienen encerrados los toros que van a lidiarse.

tormenta. f. **1.** Perturbación atmosférica violenta, con truenos, relámpagos, viento fuerte y lluvia, nieve o granizo. *Se avecina una tormenta.* Designa tb. otras perturbaciones caracterizadas por un fuerte viento. *Una tormenta de arena.* **2.** Tensión o agitación gran-des en una persona o cosa. *Tormenta financiera.* **3.** Gran cantidad de algo, que se manifiesta con ímpe-tu o violencia. *Una tormenta DE críticas.* ▶ **1:** BO-RRASCA, TEMPESTAD, TEMPORAL. FAM **tormentoso, sa.**

tormento. m. **1.** Dolor corporal o psíquico infligi-do a una persona como castigo o para obtener de ella

una confesión o una declaración. *Daban tormento a los reos.* **2.** Dolor fuerte, espec. de tipo moral. *Pasa-ron un tormento hasta que apareció su hijo.* **3.** Perso-na o cosa que causan tormento (→ 2). *Este niño es un tormento.* ▶ **1:** TORTURA. **2:** CALVARIO, CRUZ, TORTURA. **3:** TORTURA.

torna. **cambiar(se)**, o **volverse, las ~s.** loc. v. Produ-cirse un cambio de situación en sentido opuesto al que había. *Nos va bien, pero pueden cambiarse las tornas.*

tornadizo, za. adj. Que cambia o varía con facili-dad, espec. de opinión o creencia. Frec. despect. *Era tornadizo y caprichoso.*

tornado. m. Huracán de gran violencia, que suele manifestarse como una columna de aire semejante a un embudo. *El tornado superó los 400 km/h.* ▶ *HURA-CÁN.

tornar. tr. **1.** cult. Hacer que (alguien o algo) pasen a determinado estado. *La soledad lo había tornado huraño.* ○ intr. **2.** cult. Regresar o volver al lugar de donde se partió. *Todos tornaron A sus pueblos.* **3.** cult. Seguido de *a* y un infinitivo: Volver a hacer lo expresado por ese infinitivo. *La cigüeña se posa y torna a volar.*

tornasol. m. **1.** Reflejo o cambio de color que hace la luz en algo, como en una tela. *Al atardecer hay bellos tornasoles sobre el lago.* **2.** *Quím.* Materia colorante azul violácea, que sirve para reconocer el carácter ácido o básico de una disolución. FAM **tornasolado, da.**

torneado, da. adj. Dicho de cuerpo humano o de una de sus partes: Bien formado y de suaves curvas. *Muslos torneados.*

tornear. tr. Dar forma (a algo) en el torno. *El alfa-rero tornea las piezas.* FAM **torneado** (*La cocción si-gue al torneado*).

torneo. m. **1.** Competición deportiva formada por series de encuentros en que los participantes se van eliminando unos a otros. *Torneo internacional de golf.* **2.** histór. Combate a caballo entre dos bandos de caballeros, frec. durante una fiesta pública.

tornillo. m. **1.** Pieza cilíndrica, gralm. de metal, cuya superficie tiene un relieve acanalado en espiral para enroscarla. *Apretó las tuercas de los tornillos.* **2.** *tecn.* Instrumento que permite sujetar la pieza en que se está trabajando, por medio de dos topes, uno fijo y otro móvil. *Para pulir la pieza, sujétela con un tornillo.* ■ **apretar los ~s** (a alguien). loc. v. coloq. Adoptar una actitud severa o exigente (con él). *Le es-tán apretando los tornillos en el trabajo.* ■ **faltarle** (a alguien) **un ~,** o **tener un ~ flojo.** loc. v. coloq. Estar loco. *A ese le falta un tornillo.* FAM **tornillería.**

torniquete. m. **1.** Instrumento que, al presionar sobre un vaso sanguíneo, permite contener la hemo-rragia en operaciones o heridas de las extremidades. *Con un pañuelo y un palo le hicieron un torniquete.* **2.** Aparato provisto de barras giratorias para que las personas pasen de una en una a un lugar de acceso controlado. *Los aficionados entran al estadio por unos torniquetes.* ▶ **2:** TORNO.

torno. m. **1.** Máquina para mover objetos pesados, compuesta por un cilindro que gira sobre su eje y una cuerda o un cable que se van enrollando en él. *Con la ayuda de tornos, sacaron del embalse el auto.* **2.** Má-quina que, mediante una rueda o un mecanismo se-mejante, hace que algo dé vueltas sobre sí mismo. *El alfarero hace girar con sus pies la rueda del torno.* **3.** Instrumento consistente en una barra con una pie-za giratoria en su extremo, utilizado por los dentistas para limpiar o limar los dientes. **4.** Torniquete (aparato para el paso de personas). **5.** Armazón circular y giratorio que se ajusta al hueco de una pared y sirve para pasar objetos de una parte a otra. *Tenían un torno entre el salón y la cocina.* ■ **en ~.** loc. adv. Alrededor. *Cree que todo gira en torno suyo.* ■ **en ~ a.** loc. prepos. **1.** Alrededor de. *Llegaré en torno a las ocho.* **2.** Acerca de. *Escribe en torno a Cervantes.* ▶ **4:** TORNIQUETE. FAM tornero, ra.

toro. m. **1.** Macho adulto de la vaca, apto para la reproducción. *Juntan a las vacas con los toros.* **2.** Especie de mamíferos rumiantes, de gran tamaño, con cabeza provista de cuernos curvados hacia delante, y a la que pertenecen el toro (→ 1) y la vaca. **3.** Hombre muy fuerte y robusto. *De joven, yo era un toro.* ○ pl. **4.** Fiesta o corrida de toros (→ 1). *Iremos a los toros.* ■ **~ de lidia.** m. Toro (→ 1) bravo criado para la lidia. □ **a ~ pasado.** loc. adv. Una vez pasado el momento o el hecho en cuestión, espec. si es controvertido. *Es fácil criticar a toro pasado.* ■ **coger el,** o **al, ~ por los cuernos.** loc. v. Abordar una dificultad directamente y con decisión. *Es de los que coge el toro por los cuernos si hay problemas.* ■ **mirar,** o **ver, los ~s desde la barrera.** loc. v. No intervenir ni exponerse en un hecho comprometido del que se tiene conocimiento. *En vez de ayudar, se limita a ver los toros desde la barrera.* ▶ **2:** VACA.

toronja. f. frecAm. Pomelo (fruto). *Gajos de naranja y toronja* [C]. ▶ POMELO.

torpe. adj. **1.** Que se mueve con dificultad. *La abuela está torpe.* **2.** Que carece de habilidad o soltura. *Como camarero es torpe.* **3.** Poco inteligente o que tarda en comprender. *Un alumno torpe.* ▶ **1, 2:** PATOSO. FAM torpeza; torpón, na.

torpedo. m. Proyectil submarino autopropulsado que explota al chocar contra su objetivo, gralm. una embarcación. FAM torpedear; torpedeo; torpedero, ra.

torrar. tr. Tostar (algo) al fuego. Frec. en part. *Café torrado.*

torre. f. **1.** Edificio más alto que ancho, independiente o unido a otra construcción, que sirve gralm. para defensa u observación. *La torre del campanario.* Tb. fig. **2.** Edificio de gran altura y menor anchura. *Construirán una torre para oficinas.* **3.** En ajedrez: Pieza cuya forma recuerda a la de una torre (→ 1), y que se desplaza en línea recta. **4.** En un buque acorazado: Reducto acorazado que alberga piezas de artillería. ■ **~ de Babel.** f. Lugar en que hay gran desorden y confusión producidos por personas que no se entienden. *El congreso era una torre de Babel.* ⇒ BABEL. ■ **~ de control.** f. En un aeropuerto: Torre (→ 1) destinada al control y la regulación del tráfico aéreo. ■ **~ de marfil.** f. Aislamiento de un artista o un intelectual indiferentes ante la realidad y los problemas del momento. *Poeta comprometido, nunca se encerró en su torre de marfil.*

torrente. m. **1.** Corriente fuerte de agua, producida gralm. por intensas lluvias o por un rápido deshielo. *El torrente arrasó árboles y casas.* **2.** Gran cantidad de personas o cosas que coinciden en un lugar o en el tiempo. *Un torrente DE críticas.* **3.** Flujo de la sangre por el aparato circulatorio. Más frec. *~ sanguíneo,* o *circulatorio.* ■ **~ de voz.** m. Voz fuerte y sonora. *Canta con un torrente de voz.* FAM torrencial; torrentera.

torrentoso, sa. adj. Am. Dicho de río: De curso rápido e impetuoso. *El río se torna cada vez más torrentoso* [C].

torreón. m. En un castillo o fortaleza: Torre grande de defensa.

torreta. f. En un buque de guerra o un tanque: Torre acorazada.

tórrido, da. adj. Muy ardiente o caluroso. *Un aire tórrido.* Tb. fig.

torsión. f. *tecn.* Hecho o efecto de torcer o torcerse una cosa en forma helicoidal. *Someten el cable a pruebas de torsión.*

torso. m. **1.** Tronco del cuerpo humano. *Trabajan con el torso desnudo.* **2.** Estatua sin cabeza, brazos, ni piernas. *Copió del natural un torso y un busto.*

torta. f. **1.** Porción, gralm. plana y redonda, de masa de harina, cocida a fuego lento. *Merendaron tortas con miel.* **2.** Masa de determinadas cosas, con forma de torta (→ 1). *Una torta de barro.* **3.** Am. Tarta. *Torta de bodas* [C].

tortazo. m. coloq. Bofetada (golpe en la cara). *La mujer le pegó un tortazo.*

tortícolis. f. (Tb., menos frec., m.). Dolor de los músculos del cuello, que afecta al libre movimiento de la cabeza.

tortilla. f. **1.** Plato hecho con huevo batido, y a veces otros ingredientes, cuajado con aceite en la sartén y de forma redonda o alargada. *Tortilla de patatas.* **2.** Am. Torta de harina de maíz, que se toma rellena o para acompañar algunas comidas. *El consumo del maíz compite con la papa, y la tortilla con el pan* [C]. ■ **voltearse la ~.** loc. v. Am. coloq. Volverse la tortilla (→ volverse la tortilla). *Ahora que se volteó la tortilla, que se aguante* [C]. ■ **volverse,** o **dar la vuelta, la ~.** loc. v. coloq. Producirse un cambio de situación en sentido totalmente opuesto. *Ayer perdí, pero hoy dará la vuelta la tortilla.*

tortillera. f. coloq., despect. Lesbiana.

tortillería. f. Lugar donde se hacen o se venden tortillas. *Hay escasez de harina de maíz y las tortillerías podrían dejar de laborar* [C].

tórtolo, la. f. **1.** Ave silvestre parecida a la paloma pero más esbelta, grisácea, con una mancha negra y blanca en el cuello. ○ m. **2.** Macho de la tórtola (→ 1). ○ m. pl. **3.** coloq. Pareja de enamorados. Frec. *tortolitos. Los tortolitos están de luna de miel.*

tortuga. f. Reptil de cuatro patas, provisto de caparazón óseo, del que existen especies terrestres y acuáticas.

tortuoso, sa. adj. **1.** Que tiene muchas vueltas o curvas. *Un camino tortuoso.* Tb. fig. **2.** Que actúa con malicia o intenciones ocultas. *Un personaje tortuoso.* ▶ **2:** *RETORCIDO.* FAM tortuosidad.

tortura. f. **1.** Dolor corporal o psíquico infligido a una persona como castigo o para obtener de ella una confesión o una declaración. *Practicaban la tortura en las cárceles.* **2.** Dolor o sufrimiento fuertes, espec. de tipo moral. *No soportaría la tortura de perder a un hijo.* **3.** Persona o cosa que causan tortura (→ 2). *Tanta incertidumbre es una tortura.* ▶ *TORMENTO.* FAM torturador, ra; torturar.

torunda. f. *Med.* Bola de algodón o gasa, gralm. esterilizada, que se usa en curas y operaciones. *Debe limpiarse los ojos con una torunda humedecida.*

torvo, va. adj. Que causa espanto, espec. por el aspecto fiero. *Mirada torva.*

tory. (pal. ingl.; pronunc. "tóri"). adj. *Polít.* Del partido conservador de Gran Bretaña. *Diputados* tories. ¶ [Equivalente recomendado: *conservador*].

tos. f. Emisión repentina, ruidosa y gralm. entrecortada, del aire de los pulmones. *El catarro le provoca tos.* ■ ~ **ferina.** f. Med. Enfermedad infecciosa de las vías respiratorias, que se da espec. en la infancia y se caracteriza por una tos fuerte y persistente. FAM **toser.**

toscano, na. adj. **1.** De Toscana (Italia). ● m. **2.** Lengua hablada en Toscana, base del italiano moderno.

tosco, ca. adj. **1.** Dicho de cosa: Poco o mal trabajada. *Mueble tosco.* **2.** Que tiene poca o mala educación. *Es tosco pero noble.* ▶ **2:** *MALEDUCADO. FAM **tosquedad.**

tostado, da. adj. **1.** De color oscuro, espec. marrón oscuro. *Un alazán tostado.* ● f. **2.** Rebanada de pan tostado. *Desayuna café y tostadas.*

tostar. (conjug. CONTAR). tr. **1.** Poner (algo) al fuego para que se deseque y tome color sin llegar a quemarse. *Tuesta pan.* **2.** Poner de color moreno (a alguien o una parte de su cuerpo). *El sol le ha tostado la cara.* FAM **tostadero; tostado** (*Fase del tostado del café*); **tostador; tostadora.**

tostón. m. **1.** Am. Rodaja de plátano verde aplastado y frito. *Frijoles negros y tostones* [C]. **2.** Am. Antigua moneda. *Cobraban un tostón por llevar al pasajero* [C]. ▶ **1:** PATACÓN.

total. adj. **1.** Que comprende todos los elementos de algo. *La cifra total de accidentes.* **2.** Absoluto o completo. *Un silencio total.* ● m. **3.** Resultado final, espec. de una suma u operación similar. *El saldo arroja un total positivo.* ● adv. **4.** En resumen o en conclusión. *Total, que al final no nos vimos.* ▶ **1:** *GENERAL. **2:** *COMPLETO. FAM **totalidad; totalizador, ra; totalizar.**

totalitarismo. m. Sistema político que concentra el poder en un solo grupo o partido, sin permitir la actuación de otros y ejerciendo una fuerte intervención en todos los órdenes de la vida nacional. FAM **totalitario, ria; totalitarista.**

tótem. (pl. **tótems**). m. Animal u objeto de la naturaleza, que en algunas sociedades se toma como símbolo protector de la tribu o del individuo, y a veces como ascendiente o progenitor. *El toro era un tótem para estos pueblos primitivos.* Tb. la figura tallada o pintada que lo representa. FAM **totémico, ca; totemismo.**

totonaco, ca. adj. De una gran tribu de México, que habita hacia la costa del golfo.

totora. f. Am. Planta americana siempre verde, de tallo largo y erguido, que crece en terrenos muy húmedos o pantanosos, y que se usa espec. para construir cobertizos o balsas. *La casa era de barro y techo de totora* [C].

totuma. f. **1.** Am. Fruto, parecido a la calabaza, de un árbol tropical americano. *Algunas totumas son del tamaño de una naranja* [C]. **2.** Am. Recipiente hecho con la corteza de la totuma (→ 1). *Nos echábamos agua de la alberca con una totuma* [C].

tótum revolútum. m. cult. Conjunto o mezcla de muchas cosas desordenadas. *Su discurso ha sido un tótum revolútum.*

tour de force. (pal. fr.; pronunc. "túr-de-fórs"). m. Trabajo o esfuerzo grandes, espec. los realizados con habilidad. *Su obra es un verdadero tour de force novelístico.*

tóxico, ca. adj. **1.** Que contiene veneno o produce envenenamiento. Dicho de sustancia, tb. m. (→ veneno). *Se emiten muchos tóxicos a la atmósfera.* **2.** De

una sustancia tóxica (→ 1). *Efecto tóxico.* ▶ **1:** *VENENOSO. FAM **toxicidad; toxicología; toxicológico, ca; toxicólogo, ga.**

toxicomanía. f. Adicción a las drogas u otras sustancias afines. *El tabaquismo es una toxicomanía.* ▶ *DROGADICCIÓN. FAM **toxicómano, na.**

toxina. f. Sustancia tóxica producida por un ser vivo. *Al sudar eliminamos toxinas.*

tozudo, da. adj. Terco u obstinado. *¡No sea tozudo!* ▶ *TERCO. FAM **tozudez.**

traba. f. **1.** Atadura para impedir el movimiento de algo, espec. de las patas de ciertos animales. *Sujetan la res con trabas.* **2.** Impedimento u obstáculo. *Superó las trabas.*

trabajado, da. adj. **1.** Dicho espec. de persona: Que muestra el efecto del paso del tiempo o del exceso de trabajo. *Está mayor y muy trabajada.* **2.** Lleno de trabajo o conseguido con mucho trabajo. *Un éxito trabajado.*

trabajar. intr. **1.** Ocuparse de forma continuada en una actividad que requiere un esfuerzo físico o intelectual. *Está trabajando en su tesis.* **2.** Ejercer una actividad profesional retribuida. *Trabajé DE jardinero.* **3.** Funcionar una cosa, espec. una máquina. *Un programa hace que el computador trabaje.* **4.** Esforzarse para conseguir algo. *Trabajan por la paz.* **5.** Actuar algo de modo que produzca un efecto determinado. *El organismo trabaja para vencer la enfermedad.* ○ tr. **6.** Ocuparse de forma continuada (en algo que requiere un esfuerzo). *Trabajan la tierra.* **7.** Manipular (una materia) para dar(le) forma. *Trabaja muy bien el cuero.* **8.** Ejercitar (un músculo o una parte del cuerpo). *Con las flexiones trabajamos los brazos.* **9.** Esforzarse para influir (en alguien). *Sabe trabajar a los clientes.* ▶ frecAm: **1, 2:** LABORAR. FAM **trabajador, ra.**

trabajo. m. **1.** Hecho de trabajar. *Calla durante el trabajo.* **2.** Actividad retribuida, espec. la que se tiene como profesión u oficio. *Le gusta el trabajo de juez.* **3.** Lugar donde se realiza el trabajo (→ 2). *Voy al trabajo a pie.* **4.** Obra que es resultado del entendimiento o de la actividad humana. *Va a publicar su trabajo.* **5.** Tarea que hay que hacer. *No puedo salir: tengo trabajo.* **6.** Esfuerzo o molestia. *¡Qué trabajo cuesta aprender!* **7.** Dificultad o impedimento para hacer algo. *Camina con trabajo.* **8.** Penalidad o tormento. Frec. en pl. *Pasaron muchos trabajos.* **9.** Fís. Magnitud que expresa la energía transferida de un cuerpo a otro, cuando este recorre una distancia por la acción de una fuerza ejercida por aquel. *El trabajo se mide en julios.* ■ ~s **forzados,** o **forzosos.** m. pl. Pena que se impone a un condenado y que consiste en realizar tareas de especial dureza física. *Fue condenado a trabajos forzados.* ▶ **2:** CARGO, EMPLEO, OCUPACIÓN, OFICIO, PLAZA, PROFESIÓN, PUESTO. **5:** *TAREA. FAM **trabajoso, sa.**

trabalenguas. m. Palabra o conjunto de palabras difíciles de pronunciar, que se proponen como juego. *Repita este trabalenguas: "Pablito clavó un clavito…".*

trabar. tr. **1.** Unir (cosas) para dar(les) mayor fuerza o resistencia. *Improvisaron una cerca trabando palos y ramas.* **2.** Sujetar (algo o a alguien) para impedir su movimiento. *Trabó las patas a la mula.* **3.** Espesar o dar mayor consistencia (a una salsa o una masa). *Para trabar la salsa, añade harina.* **4.** Empezar (algo, como una relación, una disputa o una conversación). *Enseguida trabamos amistad.* ○ intr.

prnl. **5.** Entorpecérsele la lengua a alguien al hablar. *Se trababa al explicarse.* FAM **trabazón.**

trabilla. f. Tira pequeña cosida solo por los extremos a una prenda y que sirve para ajustarla o como adorno. *Pasa el cinturón por las trabillas del pantalón.*

trabucar. tr. **1.** Confundir (una cosa) con otra. *He trabucado una fecha* CON *otra.* **2.** Alterar la colocación o el orden correctos (de algo). *Alguien trabucó las fichas.* ○ intr. prnl. **3.** Equivocarse al hablar o escribir, cambiando unas palabras, sílabas o letras por otras. *Me trabuqué y dije "estupiendo" en vez de "estupendo".*

trabuco. m. histór. Arma de fuego semejante a la escopeta, pero más corta y de mayor calibre. FAM **trabucazo.**

trácala. f. Am. Artimaña o engaño. *Domina a su marido con sus trácalas de hechicera* [C]. ▶ *ARTIMAÑA.

tracción. f. Hecho de tirar de algo, espec. de un vehículo, para moverlo o arrastrarlo. Tb. el sistema mecánico que lo produce. *Vehículo con tracción delantera.*

tracio, cia. adj. histór. De Tracia (región de la antigua Grecia).

tracto. m. *Anat.* Estructura orgánica que realiza una función de conducción. *El tracto digestivo.*

tractor, ra. adj. **1.** De la tracción. *La cabina tractora del camión.* ● m. **2.** Vehículo de motor cuyas ruedas se adhieren fuertemente al terreno, que se usa espec. en tareas agrícolas y para arrastrar remolques. FAM **tractorista.**

tradición. f. **1.** Transmisión de conocimientos, doctrinas o costumbres, de generación en generación. *Nos llegan leyendas por tradición oral.* **2.** Conjunto de conocimientos, doctrinas, relatos, ritos o costumbres de un pueblo o colectividad, transmitidos por tradición (→ 1). *El Renacimiento revaloriza la tradición clásica.* Tb. cada uno de esos conocimientos, etc. *Celebrar la Navidad es una tradición.* FAM **tradicional.**

tradicionalismo. m. **1.** Sentimiento de apego a ideas o costumbres del pasado. *Su tradicionalismo lo lleva a una firme defensa del matrimonio.* **2.** Movimiento político que defiende la conservación o el restablecimiento de las instituciones del pasado. *El tradicionalismo apoyaba la monarquía.* FAM **tradicionalista.**

traducción. f. Hecho o efecto de traducir a otro idioma. *Le encargaron la traducción de un manual.* ■ ~ **directa.** f. Traducción que se realiza de un idioma extranjero al idioma del que traduce. ■ ~ **inversa.** f. Traducción que se realiza del idioma del que traduce a un idioma extranjero. ■ ~ **simultánea.** f. Traducción que se realiza oralmente al mismo tiempo que habla la persona cuyas palabras se traducen. ▶ VERSIÓN.

traducir. (conjug. CONDUCIR). tr. **1.** Expresar en un idioma (algo que se ha expresado antes en otro). *Tradujo* AL *español un libro francés.* **2.** Explicar o interpretar (algo). *Tradúzcame lo que acaba de decir.* **3.** Convertir o transformar (algo) en otra cosa. *Traduciré mis sueños* EN *realidades.* FAM **traductor, ra.**

traer. (conjug. TRAER). tr. **1.** Trasladar (algo) al lugar donde se encuentra el que habla o de quien se habla. *El cartero ha traído esta carta.* **2.** Causar o acarrear (algo). *Su comportamiento nos traerá problemas.* **3.** Contener o recoger algo, espec. una obra escrita (una cosa). *El periódico trae una terrible noticia.* **4.** Llevar puesto o consigo (algo, espec. una prenda de vestir). *Hoy trae un vestido largo.* Frec. fig. *Traigo frío.* **5.** Tener (a una

persona) en el estado o situación que se indican. *Elisa nos trae locos.* ○ tr. prnl. **6.** Andar haciendo o planeando (algo que se quiere ocultar). *¿Qué asuntos se trae* CON *María?* ■ ~ (a alguien) **a mal** ~, o **a maltraer.** loc. v. coloq. Molestar(lo) mucho o causar(le) continuos disgustos. *El muchacho trae a mal traer a sus padres.* ■ **traérselas.** loc. v. coloq. Tener más intención, malicia o dificultad de lo que a primera vista parece. Frec. con intención enfática. *Su hermanito se las trae.*

tráfago. m. Ajetreo o actividad intensa y fatigosa. *El tráfago de la vida moderna.*

tráfico. m. **1.** Hecho de comerciar o negociar, espec. de forma ilícita. *Lo acusaron de tráfico de drogas.* **2.** Circulación de vehículos. *Un guardia dirige el tráfico.* **3.** Movimiento o circulación de mercancías o personas. *Normas para el tráfico de materiales peligrosos.* ■ ~ **de influencias.** m. Utilización abusiva o ilegal de la posición social o política para conseguir un beneficio. *Acusan al ministro de tráfico de influencias por favorecer a su cuñado.* ▶ **2:** TRÁNSITO. FAM **traficante; traficar.**

tragaluz. m. Ventana abierta en el techo o en la parte superior de la pared.

tragamonedas. f. Am. Tragaperras. *El casino cuenta con tragamonedas* [C].

tragaperras. f. Máquina de juegos de azar que funciona introduciendo monedas en ella. *Ha perdido todos sus ahorros en las tragaperras.* ▶ Am: TRAGAMONEDAS.

tragar. tr. **1.** Hacer que (algo que está en la boca) pase al tubo digestivo. *Mastica la carne y la traga.* Tb. como intr. **2.** Absorber una cosa (algo) o hacer que desaparezca en su interior. *La tierra tragó todo el agua.* Tb. coloq. Comer con voracidad. *¡Cómo traga papas!* Frec. como intr. **4.** coloq. Consumir o gastar (algo). *El auto traga mucha gasolina.* **5.** coloq. Soportar (algo o a alguien que desagradan o molestan). *No trago a ese.* ○ tr. prnl. **6.** Tragar (→ 1) de forma involuntaria (algo). *Se tragó un hueso.* **7.** coloq. Creerse (algo), o dar(lo) por cierto. *Me tragué el cuento.* **8.** coloq. Soportar o aguantar (algo desagradable o pesado). *Se tragó unas conferencias aburridísimas.* ○ intr. **9.** coloq. Acceder a algo a disgusto o sin convicción. *Al final tragará* CON *cualquier cosa.* ▶ **1:** DEGLUTIR. FAM **tragadero; tragón, na.**

tragasables. m. y f. Artista de circo que actúa tragándose armas blancas.

tragedia. f. **1.** Obra dramática protagonizada por personajes elevados, sujetos a un destino que los envuelve en grandes conflictos internos y los conduce fatalmente a un final funesto. *Las tragedias de Sófocles.* **2.** Obra de cualquier género literario o artístico en que predominan rasgos propios de la tragedia (→ 1). *La ópera "Rigoletto" es una tragedia.* **3.** Género literario constituido por las tragedias (→ 1). *Cultivó la comedia y la tragedia.* **4.** Suceso o situación muy desgraciados. *Ocurrió una tragedia: un incendio.* ■ **hacer una** ~ (de algo). loc. v. coloq. Dar(le) unos tintes trágicos que no tiene. *No haga una tragedia* DE *ese error.* ▶ **4:** *CATÁSTROFE. FAM **trágico, ca.**

tragicomedia. f. Obra dramática con rasgos de tragedia y de comedia. Tb. fig. *Su vida es una tragicomedia.* FAM **tragicómico, ca.**

trago. m. **1.** Cantidad de un líquido que se toma de una vez. *Tomó solo un trago del agua.* **2.** coloq. Copa (bebida alcohólica). *Echó unos tragos con los amigos.*

3. Disgusto o situación que causan sufrimiento. *Pasará un mal trago cuando se separe de sus hijos.*

tragón, na. → tragar.

traición. f. **1.** Hecho de faltar a la lealtad o fidelidad debidas. *Robarme la novia fue una traición.* **2.** Hecho de atentar contra la patria, espec. al servir al enemigo. *Fue desterrado por traición.* ■ a ~. loc. adv. Con engaño o aprovechándose de la confianza de alguien. *Lo mataron a traición.*

traicionar. tr. **1.** Cometer traición (contra alguien o algo). *No traicione mi confianza.* **2.** Fallar o abandonar algo, como una facultad, (a alguien). *En el examen me traicionaron los nervios.* **3.** Delatar algo (a alguien), descubriendo su intención o sus pensamientos. *Se muestra alegre, pero sus ojos lo traicionan.* FAM traicionero, ra; traidor, ra.

tráiler. (pl. tráileres). m. **1.** Remolque de un camión. *El tráiler se desenganchó de la cabina.* Tb. el camión provisto de ese remolque. **2.** Cine Avance (serie de fragmentos de una película). *A juzgar por el tráiler, la película es interesante.* ▶ 2: AVANCE.

traílla. f. **1.** Cuerda o correa con que se lleva atado a un perro en las cacerías, para soltarlo en el momento oportuno. **2.** Pareja de perros atados con traílla (→ 1).

traje. m. **1.** Vestimenta de una persona. *Traje de marinero.* **2.** Conjunto masculino de pantalón, chaqueta y, a veces, chaleco, de la misma tela. *Lleva traje y corbata.* **3.** Conjunto femenino de chaqueta y falda, o pantalón, a juego y de corte recto. Tb. ~ de chaqueta, o sastre. **4.** Vestido femenino de una pieza. *La reina vestía un traje largo.* ■ ~ de baño. m. Prenda, gralm. de una pieza, que se usa para nadar o para bañarse en lugares públicos como piscinas o playas. ⇒ *BAÑADOR. ■ ~ de luces. m. Traje (→ 2) que usan los toreros para torear, confeccionado en seda y con bordados de oro o plata y lentejuelas. ■ ~ de noche. m. Vestido femenino, gralm. largo, que se usa en fiestas y ceremonias. ▶ 1: *VESTIMENTA. 2: TERNO. 4: VESTIDO. ■ Am: 2: FLUX. FAM trajear.

trajinar. intr. **1.** Ir de un lado a otro con cualquier ocupación o actividad. *Llevo todo el día trajinando.* ○ tr. **2.** Transportar o llevar (géneros) de un lugar a otro. *Trajinaban las hortalizas en cestos.* FAM trajín.

trallazo. m. **1.** Golpe o ruido violentos. *Oyó un trallazo de escopeta.* **2.** En algunos deportes, espec. en el fútbol: Lanzamiento muy fuerte de la pelota. *Marcó el gol de un trallazo.* ▶ 2: CAÑONAZO.

trama. f. **1.** Conjunto de hilos paralelos que se cruzan y entrelazan a lo ancho con los de la urdimbre para formar un tejido. Tb. la estructura formada por esos hilos con los de la urdimbre. *Tela de trama sencilla.* **2.** Estructura interna de algo, determinada por la forma de entrelazarse las partes que lo componen. *Estudia la trama social.* **3.** Disposición de los sucesos entrelazados en que se desarrolla el argumento de una obra. *La trama de la película es enrevesada.* **4.** Confabulación o plan oculto para perjudicar a alguien, frec. por medios ilícitos. *Había una trama mafiosa contra empresarios.*

tramar. tr. **1.** Preparar (algo, como un engaño o una traición) con astucia y gralm. ocultación. *Traman un robo.* **2.** Preparar u organizar (algo complicado o difícil) con habilidad. *Tramó un plan para huir.* ▶ 1: MAQUINAR, URDIR. 2: MAQUINAR, PERGEÑAR.

trámite. m. Cada uno de los pasos o gestiones necesarios y gralm. establecidos de modo oficial para la conclusión o resolución de un asunto. *Tasar el local es un trámite para conceder el crédito.* FAM tramitación; tramitador, ra (frecAm); tramitar.

tramo. m. **1.** Parte que puede distinguirse en algo que tiene estructura lineal. *El río es navegable en su tramo final.* **2.** Parte de una escalera comprendida entre dos descansillos. **3.** Cada una de las partes o etapas en que puede dividirse algo. *En ese tramo de edad, las niñas están más desarrolladas que los niños.*

tramontano, na. adj. **1.** Del otro lado de los montes. *Pueblos tramontanos.* ● f. **2.** Viento del norte, espec. el que sopla en el Mediterráneo occidental. Tb. designa cualquier viento que desciende de las montañas. *Sopla la tramontana.* ▶ 2: *NORTE.

tramoya. f. **1.** Máquina o conjunto de máquinas que sirven para cambiar los decorados y producir efectos especiales en el escenario de un teatro. Tb. fig. *El dictador controla toda la tramoya del Estado.* **2.** Enredo o montaje preparados con fines engañosos. *Su romance era una tramoya de la prensa del corazón.* FAM tramoyista.

trampa. f. **1.** Artificio que sirve para cazar un animal, atrapándolo mediante engaño. *Trampas para tigres.* **2.** Plan o artificio para engañar o perjudicar a alguien. *Me tendió una trampa.* **3.** Incumplimiento disimulado de una regla, una norma o una ley en provecho propio. *Hace trampas en el juego.* FAM trampero, a; tramposo, sa.

trampear. intr. **1.** coloq. Vivir sorteando o intentando hacer más llevaderas las dificultades. *Voy trampeando, a veces con trabajo, otras sin él.* **2.** coloq. Sobrellevar los achaques. *No tiene buena salud, pero va trampeando.* ○ tr. **3.** coloq. Afrontar (algo) sorteando las dificultades con habilidad o mediante engaño. *Trampeó la situación.*

trampilla. f. **1.** Puerta o ventana pequeñas, situadas en el suelo o en el techo y que dan acceso a una habitación superior o inferior. *Por una trampilla se baja a la bodega.* **2.** Abertura con tapa articulada que se practica en algunas puertas y muebles, y que permite el paso de objetos por ella. *Pasan la comida al preso a través de una trampilla.*

trampolín. m. **1.** Tablero elástico que sirve para tomar impulso al saltar o lanzarse. *Se tiró al agua desde el trampolín.* **2.** Persona o circunstancia que sirven para alcanzar un objetivo o mejorar de situación. *Su fama fue un trampolín para entrar en la política.*

tranca. f. **1.** Palo grueso y fuerte, espec. el que se usa como bastón para defenderse. *Tomó una tranca y lo golpeó.* **2.** Palo o barra gruesos que sirven para asegurar el cierre de una puerta o una ventana, gralm. atravesándolos por detrás. *Cierren con tranca las ventanas, que viene un temporal.* **3.** coloq. Borrachera (estado de la persona borracha). ■ a ~s y barrancas. loc. adv. coloq. Con dificultad y superando muchos obstáculos. *Iba aprobando a trancas y barrancas.* FAM trancazo.

trancar. tr. Atrancar (un lugar o una puerta). *Tranca bien la puerta.* ▶ ATRANCAR.

trance. m. **1.** Momento crítico o difícil. *No sé cómo salir de este trance.* **2.** Estado de suspensión o exaltación de las facultades anímicas, frec. asociado a fenómenos místicos o paranormales. *La médium entra en trance.* ■ a todo ~. loc. adv. De manera decidida y pese a cualquier riesgo u obstáculo. *Quería evitarlo a todo trance.* ■ último, o postrer, ~, o mortal, ~. m. cult. Momento final de la vida, próximo a la muerte. *Un sacerdote lo asistió en su último trance.*

tranco. m. Paso largo que se da abriendo mucho las piernas. *Caminaba a trancos.*

tranque. m. **1.** Am. Atasco de vehículos. *En la vía se había formado un tranque* [C]. **2.** Am. Obstáculo con que se bloquea una vía pública, como protesta social. *Instó a sus bases a que coloquen tranques y barricadas* [C]. ▶ **1:** ATASCO.

tranquilo, la. adj. **1.** Dicho de persona: Que se toma las cosas sin alterarse, agobiarse ni preocuparse. *Él es tranquilo y no se inmuta.* **2.** Dicho de persona: Que está en un estado libre de nerviosismo o preocupación. *Tranquila, se arreglará.* **3.** Dicho de persona o de conciencia: Libre de sentimiento de culpa o remordimientos. **4.** Dicho de cosa: Carente de agitación, ajetreo o movimiento. *Una calle tranquila.* ▶ **2:** SERENO. **4:** APACIBLE, QUIETO, RELAJADO, SERENO, SOSEGADO. FAM **tranquilidad**; **tranquilización**; **tranquilizador, ra**; **tranquilizante**; **tranquilizar**.

trans-. (Tb. **tras-**). pref. Significa 'a través' (*transoceánico, transcontinental, trascutáneo, transiberiano*) o 'al otro lado' (*transalpino, transmontano, trasmuro*).

transacción. f. cult. Trato o acuerdo. Frec. designa el de carácter comercial, gralm. de compraventa, y la operación correspondiente. *La empresa obtiene beneficios de sus transacciones.* FAM **transaccional**.

transandino, na. (Tb. **trasandino**). adj. **1.** Dicho de lugar: Situado al otro lado de los Andes. **2.** De las regiones transandinas (→ 1). *Ganadería transandina.* **3.** Dicho espec. de tráfico o de medio de transporte: Que atraviesa los Andes. *Tren trasandino.*

transar. intr. **1.** frecAm. Transigir. *Siguen en huelga de hambre y no van a transar* [C]. **2.** Am. Llegar a un acuerdo. *Eran tercos y fue difícil transar con ellos* [C].

transatlántico, ca. (Tb. **trasatlántico**). adj. **1.** Dicho de lugar: Que se encuentra situado al otro lado del Atlántico. **2.** De las regiones transatlánticas (→ 1). *Pacto trasatlántico.* **3.** Dicho espec. de tráfico o de medio de transporte: Que atraviesa el Atlántico. *Vuelo transatlántico.* **4.** Dicho de embarcación: De grandes dimensiones y destinada a hacer la travesía del Atlántico o de otro océano. Tb. m. *Un transatlántico.*

transbordar. (Tb. **trasbordar**). tr. **1.** Trasladar (algo o a alguien) de un vehículo a otro. *Los pasajeros serán transbordados a otro tren.* ○ intr. **2.** Cambiar alguien de vehículo, espec. en un viaje en ferrocarril o en otro medio de transporte público. *Fui en metro hasta la estación central y allí trasbordé.* FAM **transbordador, ra** o **trasbordador, ra**; **transbordo** o **trasbordo**.

transcendencia; **transcendental**; **transcendente.** → trascendente.

transcender. → trascender.

transcribir. (Tb. **trascribir**; part. **transcrito** o, Am., **transcripto**). tr. **1.** Copiar (algo escrito). *Transcribió en un papel el poema.* **2.** Representar con signos de un sistema de escritura (algo escrito en otro sistema). *Se equivocó al trascribir un nombre ruso.* **3.** Representar mediante un sistema de escritura (algo, como palabras o elementos lingüísticos). *Iba transcribiendo el discurso.* ▶ **2:** TRANSLITERAR. FAM **transcripción** o **trascripción**; **transcriptor, ra** o **trascriptor, ra**.

transcultural. adj. Que afecta a varias culturas o a sus relaciones. *Fenómeno transcultural.*

transcurrir. (Tb. **trascurrir**). intr. **1.** Pasar o correr el tiempo. *Transcurrió una semana.* **2.** Realizarse o desarrollarse algo que se extiende en el tiempo. *La reunión trascurre en privado.* FAM **transcurso** o **trascurso**.

transeúnte. adj. Que transita o pasa por un lugar. Dicho de pers., tb. m. y f. *Atropelló a una transeúnte.*

transexual. adj. Dicho de persona: Que se siente del sexo opuesto, viste y se comporta en consecuencia, y aspira a adquirir o ha adquirido los caracteres físicos correspondientes mediante tratamiento hormonal o intervención quirúrgica. FAM **transexualidad**; **transexualismo**.

transferir. (Tb. **trasferir**; conjug. SENTIR). tr. **1.** Pasar o trasladar (algo) de un sitio a otro. *La empresa ha transferido su sede a la capital.* **2.** Ceder o traspasar (algo, como un derecho, o a alguien). *Transfirió el poder a su hijo.* **3.** Traspasar (fondos bancarios) de una cuenta a otra. *Transfiera el importe del curso a nuestra cuenta.* FAM **transferencia** o **trasferencia**.

transfigurar. (Tb. **trasfigurar**). tr. Hacer que (alguien o algo) cambie de figura o de aspecto. *La noticia trasfiguró su rostro.* FAM **transfiguración** o **trasfiguración**.

transformador, ra. (Tb. **trasformador**). adj. **1.** Que transforma o sirve para transformar. *Elemento transformador.* ● m. **2.** Aparato eléctrico que sirve para transformar la tensión y la intensidad de una corriente alterna. *Una avería en el transformador nos dejó sin luz.*

transformar. (Tb. **trasformar**). tr. **1.** Hacer que (alguien o algo) cambien de forma o de aspecto. *Van a transformar el local.* **2.** Convertir (una cosa o a una persona) en otra. *La convivencia transformó su amistad EN amor.* **3.** Hacer que (alguien o algo) sean distintos. *La maternidad la ha transformado.* FAM **transformación** o **trasformación**; **transformativo, va** o **trasformativo, va**.

transformista. m. y f. Actor o payaso que, al actuar, se cambia rápidamente de traje y caracterización para interpretar distintos personajes. Tb. fig. FAM **transformismo** o **trasformismo**.

transfronterizo, za. adj. Que funciona o tiene efecto traspasando las fronteras. *Acuerdos transfronterizos.*

tránsfugo, ga. (Tb. **trásfugo**; frec. como m. se usa **tránsfuga**). m. y f. Persona que abandona una agrupación, espec. un partido político, para pasarse a otra. *Se aprobó la propuesta gracias al voto de un tránsfuga.* FAM **transfuguismo** o **trasfuguismo**.

transfundir. (Tb. **trasfundir**). tr. cult. Hacer pasar (sangre o plasma sanguíneo), directa o indirectamente, de un individuo a otro. *Transfundieron al herido dos litros de sangre.* FAM **transfusión** o **trasfusión**.

transgénico, ca. adj. Biol. Dicho de organismo vivo: Que ha sido modificado genéticamente en laboratorio para lograr nuevas propiedades. *Cereal transgénico.* Tb. dicho de productos elaborados a partir de organismos así modificados.

transgredir. (Tb. **trasgredir**). tr. Infringir (un precepto o una ley). *Ha transgredido todas las normas de cortesía.* ▶ *INFRINGIR. FAM **transgresión** o **trasgresión**; **transgresivo, va** o **trasgresivo, va**; **transgresor, ra** o **trasgresor, ra**.

transición. f. **1.** Paso de un modo de ser o de estar a otro distinto. *Hubo una transición a la democracia.* **2.** Estado intermedio entre el principio y el final de una transición (→ 1). *Un edificio de transición del románico al gótico.*

transido, da. adj. cult. Consumido o muy afectado, frec. por un dolor o una necesidad. *Camina tras el féretro, transida DE dolor.*

transigir. intr. Aceptar o consentir en parte algo que no se considera justo, razonable o verdadero. *No transijo* CON *la mentira.* ▶ *CEDER. FAM **transigencia; transigente.**

transistor. m. **1.** Radio portátil, provista de transistores (→ 2). *Oía música en el transistor.* **2.** Dispositivo electrónico hecho con materiales semiconductores, que sirve para rectificar y amplificar los impulsos eléctricos. *Un microprocesador tiene millares de transistores integrados.* ▶ **1:** *RADIO.

tránsito. m. **1.** Hecho de ir o pasar de un punto a otro por un camino o una vía pública. *Zona reservada al tránsito de peatones.* **2.** Actividad o movimiento de personas o vehículos que pasan por un lugar, espec. por una vía pública. *Los conductores deben respetar las normas de tránsito.* **3.** Paso de un lugar a otro. *El tránsito de los alimentos hacia el estómago.* **4.** Paso de un estado o situación a otros. *El tránsito de la dictadura a la democracia.* **5.** cult. Fallecimiento de una persona. Frec. referido a la Virgen. ▶ **2:** TRÁFICO. FAM **transitar; transitable.**

transitorio, ria. adj. Que dura solo un tiempo o no es definitivo. *Estado de locura transitoria.* ▶ *PASAJERO. FAM **transitoriedad.**

translación. → traslación.

transliterar. tr. Ling. Transcribir (algo) con signos de otro sistema de escritura. *Cómo transliterar nombres árabes al español.* ▶ TRANSCRIBIR. FAM **transliteración.**

translúcido, da. → traslúcido.

translucir. → traslucir.

transmigrar. (Tb. **trasmigrar**). intr. Pasar un alma de un cuerpo a otro. *Cree que el alma de los difuntos transmigra.* FAM **transmigración** o **trasmigración.**

transmitir. (Tb. **trasmitir**). tr. **1.** Hacer que (algo) pase o se traslade de una cosa o de una persona a otra. *Transmitieron la leyenda de generación en generación.* **2.** Hacer llegar (algo no material) a alguien. *Me trasmitió sus condolencias.* **3.** Difundir (algo, como un espectáculo o un acontecimiento) por radio o televisión. *Transmiten el partido vía satélite.* Tb. como intr. **4.** Hacer alguien que otra persona experimente o padezca (lo mismo que él, espec. un estado de ánimo o una enfermedad). *Me trasmite optimismo.* **5.** Der. Ceder o dejar (algo, o el derecho a ello) a otra persona. *Transmitir una herencia.* ▶ **4:** CONTAGIAR. FAM **transmisión** o **trasmisión; transmisor, ra** o **trasmisor, ra.**

transmutar. (Tb. **trasmutar**). tr. Convertir (una cosa o a una persona) en otra. *Jesucristo transmutó el agua* EN *vino.* FAM **transmutación** o **trasmutación.**

transnacional. (Tb. **trasnacional**). adj. **1.** Que se extiende a través de varias naciones. *Comercio transnacional.* ● f. **2.** Multinacional (empresa). *Es ejecutivo de una transnacional.* ▶ **2:** MULTINACIONAL.

transparencia. (Tb. **trasparencia**). f. **1.** Cualidad de transparente. *La transparencia del cristal.* **2.** Lámina transparente en la que se imprimen imágenes o textos para proyectarlos sobre una superficie. *El conferenciante utilizó transparencias.*

transparentar. (Tb. **trasparentar**). tr. **1.** Permitir un cuerpo que se vea o perciba (algo) a través de él. Frec. fig. *Tal respuesta transparentaba su disgusto.* ○ intr. **2.** Ser transparente algo. Frec. prnl. *La camisa se trasparenta.* ○ intr. prnl. **3.** Dejarse ver o mostrarse algo a través de otra cosa. *Se le transparenta la alegría* EN *la cara.*

transparente. (Tb. **trasparente**). adj. **1.** Dicho de cuerpo: Que deja ver nítidamente los objetos a través de él. *Aguas transparentes.* **2.** Dicho de cuerpo: Que deja pasar la luz y traslucirse los objetos. *Un vestido transparente.* **3.** Claro o que no ofrece duda. *Una gestión transparente.*

transpirar. (Tb. **traspirar**). intr. Destilar líquido a través de la piel o de los poros. *En verano, el cuerpo transpira más.* Referido a pers., frecAm. *Empecé a transpirar con tal intensidad que el cigarrillo se me deshizo entre los dedos* [C]. ▶ SUDAR. FAM **transpiración** o **traspiración.**

transponer. → trasponer.

transportador, ra. (Tb. **trasportador**). adj. **1.** Que transporta o sirve para transportar. *Carretilla transportadora.* ● m. **2.** Instrumento de dibujo en forma de círculo o semicírculo graduados, que sirve para medir o trazar ángulos.

transportar. (Tb. **trasportar**). tr. **1.** Llevar (algo o a alguien) de un lugar a otro. *Trasportan la fruta en camiones.* ○ intr. prnl. **2.** cult. Caer en un estado de éxtasis que suspende la razón o los sentidos. *Me transporto escuchando música clásica.*

transporte. (Tb. **trasporte**). m. **1.** Hecho de transportar o transportarse. *Se dedica al transporte de mercancías.* **2.** Sistema de medios de transporte (→ 1) de personas o cosas. *Utilice el trasporte público.* Tb. cada uno de esos medios. *El transporte más rápido es el avión.* FAM **transportista** o **trasportista.**

transposición. → trasponer.

transustanciar. (Tb. **transubstanciar**; conjug. ANUNCIAR). tr. cult. Convertir (una sustancia) en otra. Se usa espec. en religión, hablando de la conversión del pan y el vino en el cuerpo y la sangre de Jesucristo. *Cristo transustanció el pan y el vino* EN *su cuerpo y sangre.* Tb. fig. FAM **transustanciación** o **transubstanciación.**

transvasar; transvase. → trasvasar.

transversal. (Tb. **trasversal**). adj. **1.** Dicho de cosa alargada o que tiene estructura lineal: Que atraviesa o corta a otra. *Una calle trasversal* A *la avenida.* **2.** Que sigue una dirección perpendicular u oblicua respecto del eje principal. *En un corte transversal del terreno se aprecian los estratos.*

tranvía. m. Vehículo que circula sobre raíles en el interior de una ciudad o sus cercanías, y se usa para el transporte de viajeros. FAM **tranviario, ria.**

trapacería. f. Fraude o engaño. *Cometió muchas trapacerías.* ▶ *ENGAÑO.

trápala. f. coloq. Mentira o engaño. *Maquina alguna trápala.*

trapear. tr. Am. Fregar (el suelo) con trapo o estropajo. *Tres sujetos trapeaban meticulosamente el suelo* [C]. Tb. como intr.

trapecio. m. **1.** Aparato para realizar ejercicios gimnásticos o acrobáticos, formado por una barra horizontal suspendida de dos cuerdas por sus extremos. **2.** Mat. Cuadrilátero irregular que tiene paralelos dos de sus lados. **3.** Anat. Músculo aplanado y triangular, situado en la parte posterior del cuello y superior de la espalda, que permite mover el hombro y girar la cabeza. *Tiene una contractura del trapecio.* **4.** Anat. Primer hueso de la segunda fila del carpo o muñeca. FAM **trapecista.**

trapense. adj. De la orden de la Trapa. *Monje trapense.*

trapero, ra. m. y f. Persona que se dedica a la compraventa de trapos y otros objetos usados.

trapezoide. m. *Mat.* Cuadrilátero irregular que no tiene ningún lado paralelo a otro. FAM **trapezoidal.**

trapichear. intr. coloq. Realizar negocios u otras actividades por medios ingeniosos y frec. ilícitos para conseguir algún fin. *Trapichean con droga para pagarse sus propias dosis.* FAM **trapicheo.**

trapío. m. *Taurom.* Buena planta y gallardía del toro de lidia. *Un toro de trapío.*

trapisonda. f. **1.** coloq. Enredo o engaño. *Descubrirán sus trapisondas.* **2.** coloq. Riña o discusión ruidosa. *Se armó una buena trapisonda.*

trapo. m. **1.** Pedazo de tela viejo, roto o inútil. *Había papeles y trapos por el suelo.* **2.** Paño, espec. el que se usa en tareas de limpieza. *Limpia el polvo con un trapo.* **3.** *Taurom.* Capote o muleta. **4.** *Mar.* Conjunto de velas de una embarcación. *Recogieron el trapo.* ○ pl. **5.** coloq. Prendas de vestir, espec. de mujer. *Le encantan los trapos.* Tb. *trapitos.* ■ **~s sucios.** m. pl. coloq. Asuntos personales que se tiende a ocultar por considerarlos una falta o una vergüenza. *Mejor no airear los trapos sucios.* □ **a todo ~.** loc. adv. **1.** coloq. A gran velocidad. *Pasó una moto a todo trapo.* **2.** coloq. Con gran intensidad. *La música suena a todo trapo.* ► **2:** PAÑO. **3:** *CAPOTE.

tráquea. f. **1.** *Anat.* En las personas y en algunos vertebrados: Conducto del aparato respiratorio que va desde la laringe a los bronquios. *Una obstrucción de la tráquea asfixia.* **2.** *Zool.* En los insectos y otros animales articulados: Cada uno de los conductos aéreos ramificados que constituyen el aparato respiratorio. FAM **traqueal.**

traqueotomía. f. *Med.* Intervención quirúrgica que consiste en realizar una abertura en la tráquea para evitar la asfixia. *Le practicaron una traqueotomía.*

traquetear. intr. Moverse o agitarse algo de una parte a otra haciendo ruido. *El viejo autobús traquetea.* FAM **traqueteo.**

tras. prep. (en uso culto, a veces ~ **de**). **1.** Después de, o a continuación de. *Tras su paso por la política, volvió a la abogacía.* **2.** En busca de, o siguiendo a. *La policía está tras el sospechoso.* **3.** Detrás de. *Oculta sus ojos tras unas gafas oscuras.*

tras-. → **trans-.**

trasandino, na. → transandino.

trasatlántico, ca. → transatlántico.

trasbordador, ra; trasbordar; trasbordo. → transbordar.

trascendente. (Tb. **transcendente**). adj. **1.** Que se distingue por su importancia. *Un hecho trascendente para el país.* **2.** *Fil.* Que sobrepasa los límites del conocimiento posible a través de la experiencia. *La idea de Dios es un concepto trascendente.* FAM **trascendencia o transcendencia; trascendental o transcendental.**

trascender. (Tb. **transcender**; conjug. ENTENDER). intr. **1.** Empezar a ser conocido o sabido algo que estaba oculto. *La noticia trascendió A los medios.* **2.** Extenderse o comunicarse los efectos de una cosa a otra, produciendo consecuencias. *Los errores del planteamiento trascienden A las conclusiones.* **3.** Estar o ir más allá de algo. *Algunos fenómenos trascienden DEL ámbito de la ciencia.*

trascribir; trascripción; trascriptor, ra. → transcribir.

trascurrir; trascurso. → transcurrir.

trasegar. (conjug. ACERTAR). tr. **1.** Cambiar de sitio (algo, espec. un líquido). *Trasiegan el vino de las cubas a las botellas.* **2.** coloq. Beber (una bebida alcohólica). *Allí se reunían a trasegar alcohol.*

trasero, ra. adj. **1.** Que se encuentra o viene detrás. *Saldremos por la puerta trasera.* ● m. **2.** coloq., eufem. Nalgas (parte del cuerpo humano). *¡Me dio una patada en el trasero!* ○ f. **3.** Parte de atrás o posterior de algo. *La trasera del vehículo.*

trasferencia; trasferir. → transferir.

trasfiguración; trasfigurar. → transfigurar.

trasfondo. m. Elemento que está detrás del fondo visible o de la apariencia de algo. *El conflicto tiene un trasfondo económico.*

trasformación; trasformativo, va. → transformar.

trasformador, ra. → transformador.

trasformista. → transformista.

trásfugo, ga; trasfuguismo. → tránsfugo.

trasfundir; trasfusión. → transfundir.

trasgo. m. Duende (espíritu fantástico). ► DUENDE.

trasgredir; trasgresión; trasgresivo, va; trasgresor, ra. → transgredir.

trashumar. intr. **1.** Pasar el ganado y su pastor desde las dehesas de invierno a las de verano, y viceversa. *Cada invierno, el rebaño trashumaba.* **2.** Cambiar una persona periódicamente de lugar. *Trashuman por hambre.* FAM **trashumancia; trashumante.**

trasiego. m. Hecho o efecto de trasegar. Frec. fig. para designar el paso constante de personas de un lugar a otro. *A estas horas hay mucho trasiego de gente.*

traslación. (Tb. **translación**). f. **1.** cult. Hecho o efecto de trasladar algo de lugar, o un texto a otro idioma. *La traslación del féretro al cementerio tendrá lugar tras la misa.* **2.** *Fís.* Movimiento de un astro a lo largo de su órbita. Tb. *movimiento de ~.*

trasladar. tr. **1.** Llevar (a alguien o algo) de un lugar a otro. *Una ambulancia traslada a los heridos.* **2.** Cambiar (a alguien) de lugar de trabajo, gralm. para ocupar un puesto de igual categoría. *Me trasladaron A otra sucursal.* **3.** Cambiar de fecha (algo, espec. un acto). *Trasladarán los festejos AL lunes.* **4.** Copiar o reproducir (un texto o un escrito). *Conocemos la leyenda porque alguien la trasladó en papel.* **5.** cult. Traducir (algo) de un idioma a otro. *Muchas cancioncillas árabes fueron trasladadas AL castellano.* ○ intr. prnl. **6.** Ir a un lugar. *Se trasladan a la costa.* FAM **traslado.**

traslúcido, da. (Tb. **translúcido**). adj. Dicho de cuerpo: Que deja pasar la luz, pero no permite ver nítidamente los objetos. *Cristal traslúcido.*

traslucir. (Tb. **translucir**; conjug. LUCIR). tr. **1.** Permitir una cosa entrever (algo) o conjeturar(lo) por algún indicio. *Sus lágrimas traslucen amargura.* ○ intr. prnl. **2.** Dejarse entrever algo, o conjeturarse por algún indicio. *Su pasión se trasluce en su obra.* **3.** Ser traslúcido un cuerpo. *El vidrio de la puerta se trasluce.*

trasluz. al ~. loc. adv. De forma que el objeto que se trasluce o transparenta se encuentre entre la luz y el ojo. *Miró la radiografía al trasluz.*

trasmano. a ~. loc. adv. **1.** Fuera del alcance de la mano, o donde no se alcanza con comodidad. *El diccionario, cerca, nunca a trasmano.* **2.** Fuera de los caminos habituales o frecuentados. *Su casa me queda un poco a trasmano.*

trasmigración; trasmigrar. → transmigrar.

trasmisión; trasmisor, ra; trasmitir. → transmitir.

trasmutación; trasmutar. → transmutar.

trasnacional. → transnacional.

trasnochado, da. adj. Pasado de moda o carente de novedad. *Tiene unas ideas un poco trasnochadas sobre el matrimonio.*

trasnochar. intr. Pasar alguien la noche o parte de ella sin dormir. *Los sábados sale con los amigos y trasnocha.* FAM **trasnochador, ra.**

traspapelar. tr. Perder o extraviar (un papel o algo en papel) por colocar(lo) en un lugar distinto al que debía ocupar. *Traspapeló el expediente entre otros documentos.*

trasparencia. → transparencia.

trasparentar. → transparentar.

trasparente. → transparente.

traspasar. tr. **1.** Pasar o llevar (algo o a alguien) de un lugar o situación a otros. *Traspasarán el archivo al sótano.* **2.** Pasar a la otra parte (de algo). *Traspasamos un arroyo.* **3.** Atravesar (algo o a alguien) de parte a parte. *La estaca le traspasó el brazo.* **4.** Ceder a favor de otro el derecho (sobre algo). *Traspasó el negocio.* FAM **traspaso.**

traspatio. m. frecAm. Segundo patio de una casa, que suele estar detrás del principal. *La halló lavándose en una fuente, en el traspatio de la cocina* [C].

traspié. m. **1.** Resbalón o tropezón al andar. *Dio un traspié al salir de la tienda y casi se cae.* **2.** Error o fracaso. *He tenido muchos traspiés en mi vida, pero no me arrepiento de nada.*

traspiración, traspirar. → transpirar.

trasplantar. tr. **1.** Trasladar (una planta) del sitio en que está arraigada y plantar(la) en otro. *Trasplantaré el rosal a un tiesto mayor.* **2.** Trasladar (algo o a alguien) a un lugar diferente al de su origen, para que arraiguen en él. *Deberían trasplantar estos avances médicos a todos los países.* **3.** Med. Trasladar (un órgano procedente de un donante) a un organismo receptor, para sustituir en este el órgano correspondiente. *Van a trasplantarle un riñón de su madre.* **4.** Med. Trasplantar (→ 3) un órgano (a una persona). *Está en lista de espera para ser trasplantada.* FAM **trasplante.**

trasponer. (Tb. **transponer**; conjug. PONER). tr. **1.** Cambiar (algo o a alguien) de lugar o de orden. *Traspuso dos fechas por error.* **2.** Trasplantar o trasladar (algo) a otro ámbito. *Pretende trasponer AL arte conceptos filosóficos.* **3.** Pasar al otro lado (de algo, como un límite o un obstáculo). *Temía transponer el umbral de la puerta.* ○ intr. prnl. **4.** Pasar a estar alguien medio dormido o medio inconsciente. *Viendo la tele me quedé traspuesto.* FAM **trasposición** o **transposición.**

trasportador, ra. → transportador.

trasportar. → transportar.

trasporte, trasportista. → transporte.

traspunte. m. y f. Teatro Persona encargada de avisar a cada actor cuando tiene que salir a escena, y de apuntarle el comienzo de lo que debe decir. *La traspunte llama al camerino de la actriz.*

trasquilar. tr. **1.** Esquilar (un animal). *Trasquilan a las ovejas.* **2.** Cortar mal o en exceso el pelo (a una persona). *En la peluquería me trasquilaron.* ▶ **1:** ESQUILAR.

trastabillar. intr. **1.** Dar traspiés o tropezones. *Va trastabillando con los muebles.* **2.** Vacilar o tambalearse. *Al empujarme trastabillé.*

trastada. f. **1.** coloq. Faena (acción perjudicial). *Él nunca me haría una trastada.* **2.** coloq. Travesura. *El niño, cuando hace una trastada, se esconde.*

traste¹. m. **1.** En una guitarra u otro instrumento semejante: Cada uno de los salientes que recorren el mástil y lo dividen en espacios sobre los que se oprimen las cuerdas con los dedos para producir los distintos sonidos. **2.** Am. Utensilio casero. Frec. en pl. *Salía al patio a fregar los trastes de la comida* [C]. ■ **dar al ~** (con algo). loc. v. Destruir(lo) o echar(lo) a perder. *La lluvia dio al traste CON nuestros planes.*

traste². m. frecAm. coloq. Nalgas (parte del cuerpo humano). *¡No saben limpiarse el traste y quieren derecho a voto!* [C].

trastear. intr. **1.** Revolver o llevar trastos de un sitio para otro. *Anda trasteando en el garaje.* **2.** Enredar o hacer travesuras. *El niño se pone a trastear y lo rompe todo.* ▶ **2:** ENREDAR. FAM **trasteo.**

trastienda. f. Habitación o espacio situados detrás de una tienda. *El frutero sale de la trastienda para atendernos.* Tb. fig.

trasto. m. **1.** coloq. o despect. Cosa inútil, estropeada o que estorba. *Tiene el desván lleno de trastos.* ○ pl. **2.** Conjunto de utensilios o herramientas propios de una actividad. *Trastos de cocina.* ▶ **2:** APEROS, PERTRECHOS, TREBEJOS. FAM **trastero, ra.**

trastocar. tr. **1.** Trastornar o cambiar (algo). *Tener un hijo le trastocó la vida.* ○ intr. prnl. **2.** Trastornarse o perturbarse alguien. *Tanto se había trastocado que lo internaron.* ▶ **1:** TRASTROCAR. **2:** TRASTROCARSE.

trastornar. tr. **1.** Producir un cambio o alteración, gralm. negativos, (en algo). *El incidente ha trastornado mis planes.* **2.** Perturbar o alterar el funcionamiento normal de la mente o la conducta (de alguien). *La droga lo ha trastornado.* **3.** Inquietar o desasosegar (a alguien). *Sus insinuaciones me trastornan.* FAM **trastorno.**

trastrocar. (conjug. CONTAR). tr. **1.** Trastocar (algo). *Este imprevisto trastrueca los cálculos.* ○ intr. prnl. **2.** Trastocarse alguien. *Se trastrocó en la guerra.* ▶ **1:** TRASTOCAR. **2:** TRASTOCARSE.

trasunto. m. cult. Imitación, representación o reflejo de algo o de alguien. *El protagonista de la novela es un trasunto del autor.*

trasvasar. (Tb. **transvasar**). tr. Pasar (un líquido) de un recipiente a otro. *Trasvasan el vino de las cubas a las botellas.* Tb. fig. FAM **trasvase** o **transvase.**

trasversal. → transversal.

trata. f. Tráfico que consiste en vender seres humanos. *Está prohibida la trata de esclavos.* ■ **~ de blancas.** f. Trata de mujeres para dedicarlas a la prostitución.

tratado. m. **1.** Obra que trata sobre una materia determinada, gralm. de manera extensa y sistemática. *Tratado de filosofía del derecho.* **2.** Acuerdo o compromiso formal entre Estados. *Con el tratado de Versalles termina la Guerra.* FAM **tratadista.**

tratamiento. m. **1.** Hecho de tratar algo o a alguien. *No me gusta el tratamiento que el periódico da a la noticia.* **2.** Conjunto de medios y medicamentos que se emplean para curar a un enfermo o una enfermedad. *Le han puesto un tratamiento con antibióticos.*

3. Título que se da a una persona por cortesía o en función de su cargo o condición. *Le corresponde el tratamiento de "excelencia".* ■ ~ **de texto(s).** m. *Inform.* Programa que permite la composición y manipulación de textos en un ordenador.

tratante. adj. **1.** Que trata. *Crema tratante para pieles sensibles.* ● m. y f. **2.** Persona que se dedica a comprar géneros para revenderlos. *Un tratante DE ganado.*

tratar. tr. **1.** Manejar (algo) y usar(lo) materialmente de determinada manera. *Trate bien la ropa.* **2.** Portarse o actuar una persona de determinada manera (respecto a otra). *Trata muy bien a sus amigos.* **3.** Analizar o discutir (un asunto) de palabra o por escrito. *Pronto trataremos ese tema.* **4.** Someter (algo) a la acción de una sustancia. *Trate el cuero CON grasa de caballo.* **5.** Aplicar un médico (a un paciente) los remedios adecuados para curar(lo). *Lo trata un cardiólogo.* **6.** Aplicar los medios adecuados para curar o aliviar (una enfermedad). *Me están tratando una infección.* **7.** Dar (a una persona) un determinado tratamiento en función de su edad, condición u otras características. *Luis me trata DE usted.* **8.** Calificar (a alguien) de manera despectiva. *Lo trató DE loco.* **9.** Relacionarse (con un individuo). *No trata a sus vecinos.* ○ intr. **10.** Procurar el logro de algo. *Trato DE vivir tranquilo.* **11.** Ocuparse o discutir de un asunto de palabra o por escrito. *Los reunidos tratarán DEL tema.* **12.** Tener una cosa algo como tema. *La película trata DE/SOBRE la guerra.* **13.** Comerciar con géneros. *Trata EN vinos.* ○ intr. prnl. **14.** Tener relación dos o más personas. *Nuestras familias no se tratan.* ▶ **10:** *INTENTAR. **12:** VERSAR. FAM **tratable.**

tratativa. f. *Am.* Negociación para llegar a un acuerdo. *Hoy se reanudan las tratativas entre Perú y Chile para la eliminación de aranceles* [C].

trato. m. **1.** Hecho de tratar algo o a alguien. *Recibe un trato discriminatorio en el colegio.* **2.** Hecho de tratarse dos personas. *Ya no tenemos trato.* **3.** Acuerdo o convenio entre dos partes. *Formalizaron el trato con la firma.* **4.** Compraventa de determinados productos, espec. de ganado. *Se dedica al trato de ganado.* ■ **malos ~s.** m. pl. *Der.* Delito consistente en ejercer de modo continuado violencia física o psíquica sobre el cónyuge o las personas con quienes se convive o están bajo la guarda del agresor. *Acusó a su marido de malos tratos.* □ ~ **hecho.** expr. coloq. Se usa para dar por cerrado un convenio o acuerdo. *–Se lo vendo por medio millón. –Trato hecho.*

trauma. m. **1.** Choque emocional que produce una impresión negativa y duradera en el inconsciente. *Ser abandonado le produjo un trauma.* **2.** *Med.* Traumatismo. *Trauma pélvico.* FAM **traumático, ca; traumatizante; traumatizar.**

traumatismo. m. *Med.* Lesión interna o externa provocada por un agente mecánico externo, gralm. por un golpe violento. *El herido sufre traumatismo craneal.* ▶ TRAUMA. FAM **traumatología; traumatológico, ca; traumatólogo, ga.**

travelín. m. *Cine* Desplazamiento de la cámara montada sobre una plataforma móvil para acercarla al objeto filmado, alejarla de él o seguirlo en sus movimientos. *La película empieza con un travelín por la habitación.* Tb. esa plataforma.

través. a ~. loc. adv. En dirección transversal. *Baja la cuesta a través.* ■ **a ~ de.** loc. prepos. **1.** Pasando de un lado a otro de. *La sangre se filtró a través del vendaje.* **2.** Por en medio de. *El atajo va a través del bosque.* **3.** Por medio o mediación de. *Consiguió trabajo*

a través de ella. ■ **de ~.** loc. adv. De manera transversal. *Se tumbó de través.*

travesaño. m. **1.** Pieza de madera u otro material que atraviesa de una parte a otra. *Se ha desprendido un travesaño del respaldo de la silla.* **2.** En el fútbol y otros deportes: Larguero. *El balón dio en el travesaño.* ▶ **2:** LARGUERO.

travesero, ra. adj. Que se pone en dirección transversal. *Una viga travesera.*

travesía. f. **1.** Calle o camino transversales. *De la calle principal sale una travesía.* **2.** Parte de una carretera que discurre dentro de una población. *En travesías no utilice las luces de largo alcance.* **3.** Viaje, espec. el que se realiza por mar o por aire. *Realizamos una travesía en barco.*

travesti o **travestí.** m. y f. Persona que, por inclinación natural o como parte de un espectáculo, se viste con ropas del sexo contrario. *Actúa un travesti.* ▶ TRAVESTIDO. FAM **travestismo.**

travestido, da. m. y f. Travesti.

travestir. (conjug. PEDIR). tr. **1.** Vestir (a una persona) con la ropa del sexo contrario. *En la obra la actriz se traviste DE hombre.* **2.** Disfrazar (algo o a alguien). *Se había travestido DE monja.* ▶ **2:** DISFRAZAR.

travieso, sa. adj. **1.** Dicho de persona, espec. de niño: Inquieta e inclinada a realizar acciones ingeniosas y malignas o molestas, pero de poca importancia. ● f. **2.** Cada una de las piezas de madera u otro material que atraviesan una vía férrea y sobre las que se asientan los rieles. ▶ **1:** REVOLTOSO. ‖ *Am:* DURMIENTE. FAM **travesura.**

trayecto. m. **1.** Espacio que se recorre de un punto a otro. *De aquí a la ciudad hay un trayecto corto.* **2.** Hecho de recorrer un trayecto (→ 1). *Leeré durante el trayecto.*

trayectoria. f. **1.** Línea que describe en el plano o en el espacio un cuerpo en movimiento. *La trayectoria del proyectil fue una parábola.* **2.** Curso o evolución de algo o de alguien a lo largo del tiempo. *Su trayectoria está cuajada de éxitos.*

traza. f. **1.** Apariencia de alguien o algo. Frec. en pl. *Esto tiene trazas DE mejorar.* **2.** coloq. Habilidad o maña para hacer algo. *Se da buena traza para la cocina.* **3.** Huella o señal dejadas por algo. *No dejó trazas de su paso.* **4.** Diseño o plano para la construcción de un edificio u otra obra. *En la traza de la iglesia participan dos arquitectos.* ▶ **1:** *APARIENCIA.

trazar. tr. **1.** Dibujar (una línea o una figura). *Trace una perpendicular a la recta OA.* **2.** Idear las líneas maestras (de un plan o un proyecto). *Ha trazado un plan para huir.* **3.** Describir con palabras (un conjunto de rasgos característicos o relevantes) de algo o alguien. *En su discurso, trazó un resumen de sus proyectos.* **4.** Hacer el plano o el diseño (de un edificio). *Un arquitecto traza la fábrica.* FAM **trazado; trazo.**

trebejo. m. Utensilio o instrumento, frec. los utilizados para una actividad. Más frec. en pl. (→ trastos). *Los trebejos de limpieza.*

trébol. m. **1.** Planta herbácea abundante en prados, de hojas formadas gralm. por tres hojuelas redondeadas, y con flores blancas o moradas. *Cree que un trébol de cuatro hojuelas trae suerte.* **2.** Palo de la baraja francesa cuyas cartas tienen representadas una o varias figuras en forma de hojas de trébol (→ 1). Más frec. en pl. *El dos de tréboles.*

trece. adj. → APÉND. NUM. ■ **en sus ~.** loc. adv. Manteniendo de manera persistente la misma actitud u opinión. *Se lo advertí, pero él siguió en sus trece.*

trecho. m. Espacio o distancia entre dos lugares o dos momentos. *Falta un buen trecho para llegar.* ■ **a ~s,** o **de ~ en ~.** loc. adv. Con interrupciones, o de manera discontinua en el espacio o en el tiempo. *Viajaban durmiendo a trechos.*

tregua. f. **1.** Cese temporal de las hostilidades entre los enemigos enfrentados en una guerra o en un conflicto armado. *Acordaron una tregua para evacuar a los heridos.* **2.** Interrupción o descanso. *Los hijos exigen atención sin tregua.*

treinta. adj. → APÉND. NUM. ■ **los (años) ~.** loc. s. La cuarta década del siglo, espec. del XX. *La crisis económica de los años treinta.* FAM **treintena.**

treintañero, ra. adj. coloq. Dicho de persona: Que tiene entre treinta y treinta y nueve años.

tremebundo, da. adj. **1.** Que causa horror o espanto. *Un crimen tremebundo.* **2.** coloq. Muy grande o extraordinario. *Un éxito tremebundo.* ▶ **1:** *TERRIBLE.

tremedal. m. Terreno pantanoso, abundante en turba, cubierto de césped y que, por su escasa consistencia, retiembla al andar sobre él. Frec. fig. *Un tremedal de angustia.*

tremendismo. m. Tendencia a exagerar los aspectos más tremendos o alarmantes de las cosas. *Informaron del secuestro con tremendismo.* FAM **tremendista.**

tremendo, da. adj. **1.** Que causa terror. *Un suceso tremendo.* **2.** coloq. Muy grande o extraordinario. *Un disgusto tremendo.* **3.** coloq. Muy travieso o incorregible. *Es tremendo este niño.* ■ **a,** o **por, la tremenda.** loc. adv. coloq. Dando demasiada importancia a aquello de lo que se habla, o considerando sus aspectos más negativos. *Se lo toma todo a la tremenda.* ▶ **1:** *TERRIBLE.

trementina. f. Sustancia casi líquida y pegajosa, que fluye de algunos árboles y se emplea mucho como disolvente. *Diluye las pinturas con trementina.*

tremolar. tr. **1.** cult. Enarbolar (algo, espec. una bandera) agitándo(lo) o moviéndo(lo) al viento. *Un soldado tremola la bandera.* ○ intr. **2.** cult. Agitarse o moverse al viento algo, espec. una bandera. *Las sábanas tendidas tremolaban.*

tremolina. f. coloq. Situación confusa y ruidosa, gralm. provocada por personas que riñen. *Perdió el equipo de casa y se armó la tremolina.*

trémolo. m. *Mús.* Repetición rápida de un sonido, que produce un efecto de temblor. *Trémolo de violines.* Tb. fig. *Habla con un trémolo de emoción.*

trémulo, la. adj. cult. Tembloroso. *La trémula luz de las velas.*

tren. m. **1.** Conjunto formado por uno o varios vagones y una locomotora que los arrastra, y que circula sobre raíles. *Tomé el tren de las doce.* Frec. fig. *No perdamos el tren de la modernidad.* **2.** Conjunto de máquinas, instrumentos y útiles que se emplean para realizar una operación o servicio. *Un tren de lavado.* **3.** Forma de vida de una persona, en relación con los gastos y comodidades que puede permitirse. Frec. → *de vida.* *Lleva un tren de vida alto.* **4.** Ritmo con que se hace o se produce algo, espec. si es acelerado. *Agota trabajar a este tren.* ■ **~ correo.** m. Tren (→ 1) destinado gralm. a transportar la correspondencia pública. ■ **~ de alta,** o **gran, velocidad.** m. Tren (→ 1) que debe circular a una velocidad mínima muy elevada

por vías de diseño especial. ■ **~ de aterrizaje.** m. Sistema mecánico del que están provistos los aviones, dotado de ruedas o esquíes y que permite el correcto aterrizaje y despegue. ■ **~ expreso.** m. Tren (→ 1) de viajeros que circula por la noche y se detiene solamente en las estaciones principales del trayecto. ⇒ EXPRESO. ■ **~ rápido.** m. Tren (→ 1) que circula de día y se detiene solamente en las estaciones principales del trayecto. ⇒ RÁPIDO. □ **a todo ~.** loc. adv. **1.** coloq. Con la máxima velocidad. *Trabajan a todo tren.* **2.** coloq. Sin reparar en gastos o con gran lujo. *Vive a todo tren.* ▶ **1:** CONVOY, FERROCARRIL.

trencilla. f. Tejido trenzado de seda, algodón o lana, que se usa para bordados y adornos de telas y ropas. *Una casaca ribeteada con trencilla.*

trenza. f. **1.** Conjunto de tres cabos o tres grupos de hebras o fibras, que se entrecruzan alternativamente. *Hizo una trenza de cintas.* **2.** Trenza (→ 1) de pelo. *La peinan con dos trenzas.* FAM **trenzado; trenzar.**

trepanar. tr. *Med.* Perforar (un hueso), espec. el cráneo), gralm. con fines curativos o de diagnóstico. *Trepanaron el cráneo del paciente.* FAM **trepanación.**

trépano. m. Instrumento o herramienta usados para trepanar un hueso o perforar otra superficie. *Perforan el terreno con trépanos en busca de petróleo.*

trepar. intr. **1.** Subir a un lugar alto o poco accesible valiéndose de los pies y las manos. *Trepa hasta una ventana.* **2.** Crecer y subir una planta agarrándose a los árboles o a otros objetos. *La enredadera trepa por la fachada.* **3.** coloq. Ascender o progresar en la vida, espec. en el ámbito profesional, aprovechando sin escrúpulos las oportunidades que se presentan. *Solo busca trepar.* ○ tr. **4.** Subir (por un lugar) a otro alto o poco accesible, valiéndose de los pies y las manos. *Trepó el muro.* FAM **trepador, ra.**

trepidar. intr. Temblar o agitarse intensamente. *Su corazón trepidaba al verla.* ▶ TEMBLAR. FAM **trepidación; trepidante.**

tres. → APÉND. NUM.

trescientos, tas. → APÉND. NUM.

tresillo. m. **1.** Conjunto de un sofá y dos butacas que hacen juego. *En el salón hay un tresillo.* **2.** Juego de cartas que se juega entre tres personas, con nueve cartas cada una, y en el que gana la que hace un mayor número de bazas. *Jugaban al tresillo.*

treta. f. Medio sutil e ingenioso para conseguir un fin. *Ganó con sucias tretas.* ▶ *ARTIMAÑA.

tri-. elem. compos. Significa 'tres' (*tricentenario, tricolor, triforme, trilobulado, tridimensional, trimotor, tripartición, tripartito, trisílabo*) o 'tres veces' (*tricampeón*).

tríada. f. cult. Conjunto de tres seres o cosas vinculados estrecha o especialmente entre sí. *Júpiter, Marte y Quirino forman una tríada de dioses.* FAM **triádico, ca.**

trial. m. *Dep.* Prueba de habilidad con motocicleta o bicicleta, realizada sobre terrenos accidentados y con obstáculos. *El trial se desarrolló por zonas boscosas.*

triangular. tr. Disponer (algo, o sus piezas) de modo que formen un triángulo. Frec. fig. *Los jugadores triangulaban los pases.* FAM **triangulación.**

triángulo. m. **1.** Polígono de tres ángulos y tres lados. *La diagonal divide el cuadrado en dos triángulos.* **2.** Instrumento musical de percusión consistente en una varilla metálica doblada en forma de triángulo (→ 1), que se toca suspendiéndola de un cordón y golpeándola con otra varilla también metálica. ■ **~ amoroso.**

m. Relación amorosa de tres personas, gralm. un matrimonio y el amante de uno de los cónyuges. *El argumento gira en torno a un triángulo amoroso.* ■ ~ **escaleno.** m. *Mat.* Triángulo (→ 1) que tiene los tres lados desiguales. ■ ~ **isósceles.** m. *Mat.* Triángulo (→ 1) que tiene iguales solamente dos ángulos y dos lados. ■ ~ **rectángulo.** m. *Mat.* Triángulo (→ 1) que tiene recto uno de sus ángulos. FAM **triangular** (*Superficie triangular*).

triatlón. m. *Dep.* Prueba combinada de tres disciplinas atléticas (natación, carrera ciclista y carrera a pie), que debe realizar un mismo atleta. FAM **triatleta.**

tribalismo. m. **1.** Organización social basada en la tribu. *La colonización acabó con el tribalismo.* **2.** Tendencia a sentirse muy ligado al grupo de gente al que se pertenece y a ignorar al resto de la sociedad. Frec. despect. *Calificó de tribalismo la actitud de algunos nacionalistas.*

tribu. f. **1.** Agrupación social y política autónoma propia de pueblos primitivos, formada por individuos que comparten origen, cultura, costumbres y lengua. *Tribus indígenas apaches.* **2.** coloq. Grupo numeroso de personas que comparten determinadas características o intereses. *Tribus de adolescentes.* **3.** histór. Cada una de las agrupaciones en que estaban divididos algunos pueblos antiguos. *Las doce tribus de Israel.* FAM **tribal.**

tribulación. f. **1.** cult. Pena o congoja. *Su muerte nos causó gran tribulación.* **2.** cult. Adversidad o dificultad. *Afrontó todo tipo de tribulaciones.*

tribuna. f. **1.** Plataforma elevada desde donde el orador se dirige a su audiencia. *Subió a la tribuna para tomar la palabra.* Tb. fig. **2.** Plataforma elevada para presenciar un acto público. *Ven el desfile desde una tribuna.*

tribunal. m. **1.** Lugar destinado a los jueces para administrar justicia y dictar sentencias. *Se presentará en el tribunal como testigo.* **2.** Persona o conjunto de personas que administran justicia y dictan una sentencia. *El tribunal lo absolvió.* **3.** Conjunto de personas que actúan como jueces en un examen, un certamen u otro acto análogo. O pl. **4.** Administración de justicia. *Llevará el caso a los tribunales.* ■ **Tribunal de Cuentas.** m. Organismo central de contabilidad que se encarga de examinar y controlar las cuentas de todas las dependencias del Estado. ■ **Tribunal Supremo.** m. *Der.* Tribunal (→ 2) más alto de la justicia ordinaria. ⇒ SUPREMO.

tribuno. m. **1.** cult. Orador político, espec. el de gran elocuencia. *Fue gran tribuno.* **2.** histór. En la antigua Roma: Magistrado que elegía el pueblo reunido en tribus, y que tenía la facultad vetar las resoluciones del Senado. Tb. ~ *de la plebe.* **3.** histór. En la antigua Roma: Magistrado que era jefe de un cuerpo de tropas. Tb. ~ *militar.*

tributo. m. **1.** Cantidad que debe entregarse al Estado para el sostenimiento de las cargas públicas. *Paga tributos a Hacienda.* **2.** Manifestación que se hace como prueba de reconocimiento, agradecimiento o admiración. *El público rinde tributo al actor.* **3.** Carga u obligación que impone el uso y disfrute de algo. *Para criar a sus hijos, pagó el tributo de renunciar al trabajo.* **4.** histór. Contribución en dinero, especie o servicios que un vasallo debía hacer a su señor en reconocimiento del señorío. *El tributo consistía en una parte de la cosecha.* FAM **tributación; tributar; tributario, ria.**

tricéfalo, la. adj. cult. Que tiene tres cabezas. *Monstruo tricéfalo.* FAM **tricefalia.**

tríceps. m. *Anat.* Músculo que tiene tres porciones o cabezas en su parte superior, espec. el que está situado en la parte posterior del brazo. *Un desgarro del tríceps.*

triciclo. m. Vehículo de tres ruedas. Frec. designa el que se usa como juguete, con dos ruedas traseras y una delantera, y que se mueve mediante pedales.

triclinio. m. histór. Lecho, gralm. capaz para tres personas, en que los antiguos griegos y romanos se reclinaban para comer.

tricornio. m. histór. Sombrero de tres picos.

tricota. f. Am. Jersey. *La nena tenía una pollera blanca y una tricota rosa* [C].

tricotar. tr. Tejer (una prenda o una labor de punto). *Siempre está tricotando alguna bufanda.* Tb. como intr. ▶ TEJER.

tridente. m. Arpón de tres dientes. Frec. designa el que lleva en la mano Neptuno (dios romano del mar) cuando se lo representa.

tridentino, na. adj. **1.** De Trento (Italia). *Ayuntamiento tridentino.* **2.** Del Concilio de Trento (s. XVI). *Teología tridentina.*

trienio. m. **1.** Tiempo de tres años. *En el último trienio creció la economía.* **2.** Incremento económico de un sueldo o salario, correspondiente a un trienio (→ 1) de trabajo. *Pronto cobraré un trienio más.* FAM **trienal.**

trifulca. f. coloq. Riña o pelea con gran alboroto. *Se enzarzaron en una trifulca.*

trigésimo, ma. → APÉND. NUM.

trigo. m. Cereal de espigas compuestas por varias hileras de granos, de los cuales se obtiene la harina más común para hacer el pan. FAM **trigal; triguero, ra.**

trigonometría. f. *Mat.* Rama de las matemáticas que trata del cálculo de los elementos de los triángulos, y de las relaciones entre sus lados y sus ángulos. FAM **trigonométrico, ca.**

trigueño, ña. adj. De color dorado oscuro, como el del trigo. *Pelo trigueño.*

trilingüe. adj. **1.** Que habla tres lenguas. *Es trilingüe.* **2.** Que tiene tres lenguas, o desarrolla su actividad en tres lenguas. *Un país trilingüe.* **3.** Expresado en tres lenguas. *Diccionario trilingüe.*

trillado, da. adj. Común y sabido. *Un tema muy trillado.*

trillar. tr. **1.** Triturar (la mies esparcida en la era) para separar el grano de la paja. *Trillan el trigo.* Tb. como intr. **2.** Seguir (algo, espec. un camino) de manera continuada o habitual. *Abandonan caminos tantas veces trillados.* FAM **trilla; trillador, ra.**

trillizo, za. adj. Dicho de persona: Que es una de las tres nacidas de un mismo parto. *Hermanos trillizos.*

trillo. m. Instrumento de agricultura para trillar la mies, gralm. constituido por un tablón con pedazos de piedra o cuchillas de acero en su cara inferior.

trillón. (APÉND. NUM.). m. Conjunto de un millón de billones. *Un trillón DE dólares.*

trilogía. f. Conjunto de tres obras literarias o artísticas, gralm. del mismo autor, que constituyen una unidad. *De su trilogía sobre el amor, destaca la primera película.*

trimestre. m. Tiempo de tres meses. *La obra duró un trimestre.* FAM **trimestral.**

trinar. intr. **1.** Emitir trinos un pájaro. *El canario trinaba en su jaula.* **2.** coloq. Rabiar o enfadarse mucho. Frec. en la constr. *estar* alguien *que trina.* ▶ **1:** GORJEAR.

trincar. tr. **1.** Atar o sujetar fuertemente (algo). *Utilice alicates para trincar la tuerca.* **2.** coloq. Apresar o detener (a alguien). *Lo trincó la policía.*

trinchar. tr. Partir en trozos (la comida), gralm. para servir(la). *Trincha el pollo.*

trinchera. f. **1.** Zanja defensiva que se cava gralm. cerca de las líneas enemigas y permite disparar manteniéndose a cubierto. *Los soldados cavaron trincheras.* Tb. fig. **2.** Corte hecho en el terreno, con inclinaciones a ambos lados, para construir una vía de comunicación. *Para soterrar la vía, taparán la actual trinchera y abrirán un túnel.*

trineo. m. Vehículo provisto de cuchillas o de esquís en lugar de ruedas para deslizarse sobre el hielo o la nieve. *Un trineo tirado por perros.*

trinidad. f. **1.** Conjunto de tres personas o cosas unidas con un fin o por algún aspecto común. *Defiende una trinidad de principios: libertad, justicia e igualdad.* **2.** (En mayúsc.). Rel. Conjunto de las tres personas divinas, unidas en una sola y única esencia. *Padre, Hijo y Espíritu Santo forman la Santísima Trinidad.*

trinitario, ria. adj. De la orden de la Santísima Trinidad. *Religiosa trinitaria.*

trinitense. adj. De Trinidad y Tobago (América).

trinitrotolueno. m. *Quím.* Explosivo muy potente, en forma de sólido cristalino y de color amarillo, obtenido a partir del tolueno. ▶ TNT.

trino[1]. m. **1.** Gorjeo. *Los trinos de un canario.* **2.** *Mús.* Sucesión rápida y alternada de dos notas de igual duración, y cuyos sonidos distan un tono o un semitono.

trino[2], na. adj. cult. Que contiene en sí tres elementos distintos, o participa de ellos. Frec., en la religión católica, referido a Dios. *Conciben a Dios como uno y trino.*

trinomio. m. **1.** *Mat.* Expresión algebraica formada por tres términos unidos por los signos más o menos. *La expresión "26x + 36y − 10z" es un trinomio.* **2.** cult. Conjunto de tres personas o elementos que actúan como uno solo.

trinquete. m. *Mar.* En una embarcación de vela: Mástil más próximo a la proa. *El viento ha partido el trinquete.* Tb. la vela que sostiene. *Izaron el trinquete.*

trío. m. **1.** Conjunto de tres personas o cosas. *El trío de escaladores.* **2.** *Mús.* Conjunto de tres instrumentos o de tres voces. *Toca en un trío de jazz.* **3.** *Mús.* Composición para ser interpretada por un trío (→ 2). *Compuso un trío para oboes.* ▶ **1:** TERNA, TRIPLETA. **2, 3:** TERCETO.

tripa. f. **1.** Vientre (cavidad del cuerpo, o parte externa correspondiente). *He comido demasiado y me duele la tripa.* **2.** coloq. Tripa (→ 1) abultada. *Ya se le nota la tripa del embarazo.* **3.** Trozo de intestino. *Comieron tripa de cerdo.* **4.** Panza (parte saliente y convexa de algo). *La tripa de un botijo.* ○ pl. **5.** Intestino (conducto del aparato digestivo). *El carnicero le saca las tripas al animal.* **6.** Relleno o partes interiores de algo. *Las tripas de una máquina.* ■ **hacer de ~s corazón.** loc. v. coloq. Esforzarse para soportar algo o a alguien que causan rechazo, o para sobreponerse ante una adversidad. *Tuve que hacer de tripas corazón para comerme aquello.* ■ **revolver las ~s** (a alguien). loc. v. coloq. Causar(le) disgusto o repugnancia. *Ver a su ex novio le revuelve las tripas.* ▶ **1:** *VIENTRE. **4:** PANZA.

tripanosoma. m. *Zool.* Microorganismo parásito, transmitido por insectos y que causa graves enfermedades infecciosas. *El tripanosoma causa la enfermedad del sueño.*

triple. adj. **1.** Tres veces mayor. Dicho de cantidad, tb. m. *Nueve es el triple DE tres.* **2.** Compuesto de tres de los elementos designados por el nombre al que acompaña. *Un paquete con envoltura triple.* ● m. **3.** En baloncesto: Canasta que vale tres puntos. *El alero metió un triple.* ● adv. **4.** En triple (→ 1) cantidad o intensidad. *Lo hizo, deshizo y rehízo, así que trabajó triple.* Tb. el ~. FAM **triplicado; triplicar.**

tripleta. f. Trío (conjunto de tres personas o cosas). *La tripleta compuesta por Aranda, Menéndez y Esquivel quedó campeona.* ▶ *TRÍO.

trípode. m. **1.** Armazón de tres pies que sirve de soporte. *Colocó el telescopio en un trípode.* **2.** Banquillo de tres pies.

tripón, na. adj. coloq. Tripudo. *Es bajito y tripón.*

tríptico. m. **1.** Obra de pintura o escultura formada por tres paneles o tableros unidos de modo que los dos laterales puedan doblarse sobre el del centro. *El Bosco pintó el tríptico "El Jardín de las Delicias".* Tb. designa el documento o folleto de forma semejante. **2.** Obra, gralm. literaria, que consta de tres partes.

triptongo. m. *Fon.* Conjunto de tres vocales que forman una sola sílaba. *La última sílaba de "cambiáis" contiene un triptongo.*

tripudo, da. adj. Que tiene mucha tripa. *Un niño tripudo.*

tripular. tr. Conducir (una embarcación o un vehículo aéreo o espacial), o prestar servicio (en ellos). *Un capitán tripula el avión.* FAM **tripulación; tripulante.**

triquina. f. *Zool.* Gusano parásito cuya larva se enquista en los músculos de algunos mamíferos y causa la enfermedad de la triquinosis.

triquinosis. f. *Med.* Enfermedad provocada por la invasión de larvas de triquina, que produce dolores agudos y trastornos intestinales, y que puede ser mortal.

triquiñuela. f. coloq. Recurso astuto o artimaña. *Emplea sucias triquiñuelas.*

triquitraque. m. Buscapiés. *Un estruendo de cohetes y triquitraques.*

tris. m. coloq. Porción pequeña de tiempo o de lugar. *Me faltó un tris para ganar.* ■ **en un ~.** loc. adv. coloq. A punto, o en situación inminente de hacer u ocurrir lo que se indica. *Estuvo en un tris DE caerse.*

triscar. intr. Retozar o saltar de un lugar a otro un animal, espec. una oveja o una cabra. *Unas cabras triscaban por el monte.* Tb. fig. para expresar una idea semejante referida a pers.

triste. adj. **1.** Que experimenta un estado de ánimo de tristeza. *Se puso triste en la despedida.* **2.** Dicho de persona: De carácter inclinado a sentir tristeza. *Es un niño triste.* **3.** Dicho de cosa: Que denota o manifiesta tristeza. *Ojos tristes.* **4.** Que produce tristeza. *Una triste noticia.* **5.** Que se desarrolla con tristeza o pesar. *Los tristes días de la guerra.* **6.** Funesto o desgraciado. *Su vida encontró un triste final.* **7.** Antepuesto a un nombre, se usa para expresar la insignificancia o la insuficiencia de lo designado por este. *Quedar subcampeón es un triste consuelo.* ▶ **1, 3:** FÚNEBRE, LÚGUBRE. FAM **tristón, na.**

tristeza. f. **1.** Estado de ánimo que se caracteriza por un sentimiento de dolor o desilusión que incita al llanto. *Se sumió en la tristeza.* **2.** Cualidad de triste. *Conmueve la tristeza de su rostro.* **3.** Cosa que produce tristeza (→ 1). *Una vida llena de tristezas.*

tristura. f. cult. Tristeza (estado de ánimo, o cualidad correspondiente).

tritón. m. En la mitología grecorromana: Divinidad marina con figura de hombre desde la cabeza a la cintura, y con cola de pez.

triturar. tr. **1.** Moler o desmenuzar (algo sólido) sin llegar a reducir(lo) a polvo. *Las piedras del molino trituran el cereal.* **2.** Destruir (algo o a alguien), o causar(les) un grave daño. *Han triturado nuestras esperanzas.* FAM **trituración; triturador, ra.**

triunfar. intr. **1.** Alzarse con la victoria. *Triunfó SOBRE su adversario.* **2.** Conseguir el éxito. *Triunfa como cantante.* FAM **triunfador, ra; triunfal; triunfalismo; triunfalista; triunfante; triunfo.**

triunvirato. m. **1.** histór. En la antigua Roma: Gobierno formado por tres magistrados. *Octavio, Antonio y Lépido constituyeron el segundo triunvirato.* **2.** cult. Conjunto de tres personas que ejercen el poder o una influencia determinante en algo. *Se ha formado un triunvirato en el partido.* FAM **triunviro.**

trivalente. adj. **1.** Que cumple tres funciones. *Vacuna trivalente.* **2.** *Quím.* Que tiene tres valencias. *Óxido de hierro trivalente.*

trivial. adj. Que carece de importancia o no se sale de lo ordinario. *Describe hasta los detalles más triviales.* ▶ *NIMIO. FAM **trivialidad; trivialización; trivializar.**

triza. f. Pedazo pequeño de algo. Más frec. en pl. *Hay trizas de papel por el suelo.* ■ **hacer ~s** (algo). loc. v. coloq. Destruir(lo) o reducir(lo) a pedazos muy pequeños. *Después de leer la carta, la hizo trizas.* Tb. fig. ■ **hacer ~s** (a alguien). loc. v. coloq. Causar(le) un gran daño físico o moral. *Hizo trizas a su oponente.* ▶ *PARTE.

trocar. (conjug. CONTAR). tr. **1.** Cambiar (una cosa) por otra. *Trocó monedas POR sellos.* **2.** Convertir (una cosa) en otra distinta u opuesta. *Trocará su alegría EN tristeza.*

trocear. tr. Dividir o cortar en trozos (algo). *Trocea la carne.* FAM **troceo.**

trocha. f. **1.** Camino estrecho o que sirve de atajo para llegar a un lugar. *Una trocha bordea el río.* **2.** Am. Anchura de las vías férreas. *Tren de trocha angosta* [C].

troche. **a ~ y moche.** loc. adv. coloq. Sin orden ni medida. *Habla a troche y moche.*

trofeo. m. Objeto que se entrega como señal de victoria o triunfo, espec. en una competición. *El trofeo será una copa.* Tb. esa competición. *Trofeo de tenis.*

trófico, ca. adj. *Biol.* De la nutrición. *Relaciones tróficas entre los seres marinos.*

troglodita. adj. **1.** Que habita en cavernas. Gralm. referido a época prehistórica. Tb. m. y f. *Los trogloditas vestían pieles de animales.* **2.** Bárbaro y cruel. Tb. m. y f. *El jefe de la banda es un troglodita.* FAM **troglodítico, ca.**

troika. (Tb. **troica**). f. Equipo dirigente o con labores de representación integrado por tres miembros. Se usa espec. referido al que dirigía la antigua Unión Soviética, o al que representa a la Unión Europea en sus relaciones exteriores con cada turno de presidencia. *La troika comunitaria firmará acuerdos con varios países americanos.*

trole. m. Dispositivo móvil del que van provistos algunos vehículos eléctricos, formado por una pértiga o armadura de hierro y que sirve para transmitir la corriente de un cable conductor al motor. *Del trole del tranvía saltaban chispas.*

trolebús. m. Vehículo de transporte público semejante a un tranvía, provisto de un trole doble y que circula sin raíles.

tromba. f. **1.** Chaparrón repentino y violento. Tb. ~ **de agua.** Frec. fig. *Se agolpan una tromba de recuerdos.* **2.** Columna de agua con movimiento giratorio que se levanta en el mar por efecto de un torbellino. *El barco fue azotado por una tromba.* Tb. ~ **de agua.** ■ **en ~.** loc. adv. De manera repentina o violenta. *El público entró en tromba.*

trombo. m. *Med.* Coágulo de sangre que se forma en el interior de un vaso sanguíneo y permanece allí. *Sufrió un infarto provocado por un trombo.*

trombocito. m. *Biol.* Plaqueta (célula). ▶ PLAQUETA.

tromboflebitis. f. *Med.* Inflamación de las venas con formación de trombos.

trombón. m. Instrumento musical de viento, de metal, semejante a la trompeta pero más grande y con forma de U, y provisto de un sistema de varas o de pistones. *Una melodía de saxos y trombones.* FAM **trombonista.**

trombosis. f. *Med.* Formación de un trombo en el interior de un vaso sanguíneo.

trompa. f. **1.** Instrumento musical de viento, de metal, formado por un tubo de latón enroscado circularmente y que va ensanchándose desde la boquilla hasta terminar en una abertura ancha en forma de cono. **2.** En algunos animales: Prolongación muscular de la nariz, hueca y elástica, que les sirve para asir y para absorber fluidos. *El elefante estiró su trompa.* **3.** *Anat.* En los mamíferos: Cada uno de los dos conductos que unen los ovarios con el útero. Tb. ~ **de Falopio.** **4.** *Zool.* En algunos insectos: Aparato chupador, que se dilata y contrae con facilidad. *Las mariposas succionan el néctar con su trompa.* ■ ~ **de Eustaquio.** f. *Anat.* Conducto que pone en comunicación el oído medio con la faringe.

trompada. f. coloq. Trompazo.

trompazo. m. coloq. Golpe fuerte. *Resbaló y se dio un trompazo.*

trompear. tr. **1.** Am. coloq. Dar trompazos (a alguien). *Estaba de pie y quería trompearme* [C]. O intr. prnl. **2.** Am. coloq. Pelear una persona con otra. *Ahora sé por qué te pusiste a trompearte CON el ladrón* [C].

trompeta. f. Instrumento musical de viento, de metal, formado por un tubo largo que va ensanchándose desde la boquilla hasta una abertura en forma de cono. FAM **trompetazo; trompetería; trompetero, ra; trompetista.**

trompetilla. f. Instrumento en forma de trompeta pequeña, usado por los sordos acercándoselo al oído para oír mejor. *Cuando no había audífonos, usaban trompetilla.*

trompicón. m. Hecho o efecto de tropezar o dar pasos tambaleantes. *Entró dando trompicones.* ■ **a trompicones.** loc. adv. Con dificultades o pasando por altibajos. *Aprobó el curso a trompicones.* ▶ *TROPIEZO. FAM **trompicar.**

trompo. m. **1.** Peonza. *Sabe bailar el trompo.* **2.** Giro de un vehículo sobre sí mismo al derrapar. *El auto dio un trompo y se salió de la carretera.*

tronada. f. Tormenta con muchos truenos. *Les sorprendió una tronada.*

tronado, da. adj. coloq. Loco (que tiene el juicio trastornado). *¡Ese está tronado!*

tronar. (conjug. CONTAR). intr. impers. **1.** Haber o sonar truenos. *Llueve y truena.* ○ intr. **2.** Producir algo un ruido muy fuerte. *Truenan los cañones.* **3.** Hablar alguien de forma enérgica o violenta, frec. contra algo u otra persona. *Tronaba airado contra todo.*

tronchar. tr. **1.** Partir o romper sin herramienta (un vegetal por el tronco, su tallo o una rama). *El viento ha tronchado un árbol.* **2.** Partir o romper sin herramienta (algo con forma de tronco o tallo). *Tronchó el bastón.* **3.** Truncar o interrumpir (algo). *Un accidente ha tronchado su vida.* ○ intr. prnl. **4.** coloq. Reírse mucho. Tb. *~se de risa.*

tronco. m. **1.** Parte de un árbol o de un arbusto constituida por su tallo, fuerte y leñoso, y comprendida entre las raíces y las ramas. **2.** Cuerpo de una persona o de un animal, prescindiendo de la cabeza y las extremidades. *Un ejercicio de torsión del tronco.* **3.** Conducto o canal principal del que salen o al que llegan otros menores. *La aorta es un gran tronco arterial.* **4.** Ascendiente común de dos o más ramas, líneas o familias. *El francés y el español proceden del mismo tronco lingüístico.* **5.** Parte principal o que constituye el eje de algo. *El tronco de la carrera de traducción son los idiomas.* **6.** Mat. Parte de un cuerpo geométrico comprendida entre su base y un plano, paralelo o no a esta, que lo corta. *Tronco de pirámide.* ■ **como un ~.** loc. adv. coloq. Con un sueño muy profundo. *Dormí como un tronco.* ▶ 2: CUERPO. FAM troncal.

tronera. f. **1.** En un buque o en una muralla: Abertura para disparar los cañones. **2.** Ventana pequeña y estrecha. *Entraba claridad por una tronera.* **3.** En una mesa de billar: Agujero o abertura por los que deben entrar las bolas.

tronío. m. coloq. Ostentación o arrogancia. Tb. fig. para referirse enfáticamente a la categoría o importancia de algo o alguien. *Un artista de alto tronío.*

trono. m. **1.** Asiento, frec. con gradas y dosel, que ocupan en las ceremonias los monarcas y otras personas de alta dignidad. **2.** Dignidad de rey. *El heredero del trono británico.* ▶ 1: SOLIO. 2: CORONA.

tropa. f. **1.** Grupo numeroso de personas. *El profesor iba seguido de una tropa DE alumnos.* Frec. despect. **2.** Grupo regular y organizado de soldados. *Mandaba una tropa romana.* **3.** En el ejército: Clase de tropa (→ clase). *La orden afecta a suboficiales y tropa.* **4.** Am. Conjunto de animales, como ganado, que se conduce de un lugar a otro. *A lo largo del recorrido no se veían más que enormes tropas de vacas y de caballos* [C]. Tb. designa cualquier conjunto de animales de una misma especie. *Una tropa de delfines* [C]. ○ pl. **5.** Conjunto de cuerpos que componen un ejército o una unidad militar. *Las tropas enemigas atacaron.* ▶ 1: *BATALLÓN.

tropel. m. **1.** Conjunto de personas o animales que se mueven en desorden ruidoso. *La gente entraba en tropel.* **2.** Conjunto de cosas mal ordenadas o descolocadas. *Tengo un tropel DE papeles para archivar.*

tropelía. f. cult. Atropello o acto violento contra alguien, frec. cometido abusando del poder que se tiene. *Cometió todo tipo de tropelías.*

tropezar. (conjug. ACERTAR). intr. **1.** Dar con los pies en un obstáculo al ir andando, y perder el equilibrio. *Tropecé CON el bordillo de la acera.* **2.** Encontrar una cosa un estorbo que impide su desarrollo. *La economía tropieza CON la inflación.* **3.** Sufrir un fracaso o cometer una equivocación. *Ha tropezado EN el examen.* **4.** Encontrar algo o a alguien por casualidad.

Tb. prnl. *Ayer me tropecé CON él.* **5.** Enfrentarse o reñir con alguien. *Evita tropezar CON nadie.* ▶ 1: TROMPICAR. FAM **tropezón.**

trópico. m. **1.** Geogr. Cada uno de los dos paralelos de la esfera terrestre, que distan del Ecuador 23° 27' al Norte y al Sur, respectivamente. *El trópico de Cáncer está en el hemisferio norte.* **2.** Región de la Tierra comprendida entre los trópicos (→ 1). *Hay zonas desiertas en el trópico.* FAM **tropical.**

tropiezo. m. **1.** Hecho de tropezar, espec. si supone un fracaso. *Ha tenido más éxitos que tropiezos.* **2.** Cosa en que se tropieza. *Encontró numerosos tropiezos.* ▶ 1: TROMPICÓN, TROPEZÓN. 2: *OBSTÁCULO.

tropo. m. Lit. Figura retórica que consiste en emplear una palabra en un sentido distinto del que propiamente le corresponde, pero que tiene con este alguna conexión o semejanza. *La metáfora es un tipo de tropo.*

troposfera. f. Meteor. Capa inferior de la atmósfera terrestre, que se extiende desde el suelo hasta la estratosfera y en la que se producen los fenómenos meteorológicos.

troquel. m. **1.** Molde que se emplea para estampar relieves en piezas metálicas, y para acuñar monedas, medallas u otros objetos. **2.** Instrumento con bordes cortantes para recortar con precisión materiales como el cuero o el cartón.

troquelar. tr. **1.** Acuñar (monedas o medallas). *Ya no troquelan reales.* **2.** Dar forma (a algo) o recortar(lo) con troquel. *Troquelan planchas metálicas.* ▶ 1: ACUÑAR. FAM **troquelado.**

trotamundos. m. y f. Persona aficionada a viajar y recorrer países.

trote. m. **1.** Modo de caminar natural y acelerado de una caballería, que consiste en avanzar saltando, con apoyo alterno en cada conjunto de mano y pie contrapuestos. *Una yegua bien dotada para el trote.* Tb. fig. referido a otro animal o a una persona. **2.** Trabajo o actividad intensos y fatigosos. *A mi edad, no estoy para muchos trotes.* ■ **al ~.** loc. adv. De forma acelerada. *Lo hace todo al trote.* FAM **trotar.**

trotón, na. adj. Dicho de caballería: Que tiene por paso ordinario el trote.

trotskismo. m. Teoría política de León Trotski (político soviético, 1879-1940), de carácter comunista y defensora de la revolución permanente internacional, frente a la idea de consolidar el comunismo en un solo país. FAM **trotskista.**

troupe. (pal. fr.; pronunc. "trup"). f. **1.** Compañía o grupo de artistas, espec. de teatro, cine o circo, que trabajan juntos, desplazándose de un lugar a otro. *Una troupe de payasos.* **2.** Grupo de personas que van juntas o que actúan de forma similar. *Llegó con su troupe de asesores.* ¶ [Equivalentes recomendados: 1: *compañía.* 2: *tropa*].

trova. f. cult. Composición poética escrita gralm. para el canto. Tb. la canción compuesta sobre ese texto. *Cantaban trovas de amor.* FAM **trovar.**

trovador, ra. m. **1.** histór. En la Edad Media: Poeta provenzal que escribía y trovaba en la lengua de su región. ○ m. y f. **2.** Poeta, espec. el de carácter popular. *Acudieron cantautores y trovadores de todo tipo.* FAM **trovadoresco, ca.**

trovero, ra. m. y f. Persona que improvisa o canta composiciones métricas populares, gralm. amorosas.

Troya. **allí,** o **aquí, fue ~.** expr. coloq. Se usa para expresar el comienzo de un conflicto o jaleo grandes.

Se metieron en la discusión y allí fue Troya. ■ **arda ~.** expr. coloq. Se usa para expresar la determinación de hacer algo sin reparar en las consecuencias. *Diré toda la verdad, y que arda Troya.* ■ **la de ~.** loc. s. coloq. Un lío o escándalo muy grandes. *Anularon el gol y se armó la de Troya.*

troyano, na. adj. histór. De Troya (antigua ciudad de Asia Menor).

trozo. m. Pedazo de algo. *Deme un trozo de tarta.* ▶ *PARTE.

trucar. tr. Disponer o preparar (algo) con trucos o trampas que produzcan la impresión o el efecto deseados. *Han trucado la foto para rejuvenecerlo.* FAM **trucaje.**

trucha. f. Pez de agua dulce, de la familia del salmón, de piel gris verdosa con pintas negras, y carne muy apreciada. *Cené trucha a la marinera.* FAM **truchero, ra.**

trucho, cha. adj. Am. coloq. Falso o fraudulento. *Licencias de taxi truchas* [C].

truco. m. **1.** Habilidad que se adquiere en el ejercicio de un arte, oficio o actividad. *Tengo mis trucos de cocina.* **2.** Trampa que se utiliza para el logro de un fin. *Usa sucios trucos.* **3.** Artificio o procedimiento para producir un efecto especial o una ilusión, espec. en magia, cine y fotografía. *El mago hace trucos de cartas.* ▶ **2:** *ARTIMAÑA.

truculento, ta. adj. Que sobrecoge o asusta por su exagerada crueldad o dramatismo. *Un truculento crimen.* FAM **truculencia.**

trueno. m. **1.** Estruendo que acompaña a un rayo, producido en las nubes por una descarga eléctrica. *Los truenos me despertaron.* **2.** Ruido muy fuerte, espec. el producido por un arma de fuego. *Truenos de cañones.*

trueque. m. **1.** Hecho de trocar o trocarse. *El trueque de la ilusión* EN *desengaño.* **2.** Intercambio directo de bienes y servicios, sin mediar la intervención de dinero. *Economía de trueque.*

trufa. f. **1.** Hongo subterráneo redondeado, negro o grisáceo y aromático, muy apreciado como comestible. *Cené langosta con trufas.* **2.** Pasta hecha de chocolate sin refinar y mantequilla. *Tarta de trufa.* **3.** Dulce de trufa (→ 2), redondeado y rebozado en cacao en polvo o en ralladuras de chocolate. *Compraré trufas en la pastelería.*

trufar. tr. Aderezar o rellenar con trufas (un ave u otra comida). *Trufaremos el pavo.* Tb. fig. *Trufó su historia* DE *mentiras.*

truhan, na o **truhán, na.** adj. Dicho de persona: Que no tiene vergüenza y vive de engaños y estafas. Tb. m. y f. *Un truhán lo despojó de todo.*

trujillano, na. adj. De Trujillo (España, Honduras, Perú, Puerto Rico, Venezuela).

truncado, da. adj. Mat. Dicho de cuerpo geométrico: Que está cortado por un plano paralelo u oblicuo a la base. *Cilindro truncado.*

truncar. tr. **1.** Interrumpir (algo) dejándo(lo) incompleto. *La enfermedad ha truncado sus proyectos.* **2.** Cortar (una parte de algo) separándo(la) del resto. *Truncó una rama del árbol.* FAM **truncamiento.**

trusa. f. **1.** Am. Braga (prenda interior). *Recogió la trusa y la falda* [C]. **2.** Am. Calzoncillo. *Se quitó las medias y la trusa y quedó desnudo* [C]. **3.** Am. Bañador. Tb. ~ *de baño.* *Diseñó para las concursantes las trusas de baño* [C]. ▶ **1:** *BRAGA.

trust. (pl. invar. o **trusts**). m. *Econ.* Grupo de empresas unidas para monopolizar el mercado y controlar los precios en un sector económico determinado.

tu. → **tuyo.**

tú. pron. pers. (→ **te, ti**). Designa a la persona a quien se dirige el que habla cuando entre ellos hay algún tipo de familiaridad. *Entre tú y yo lo conseguiremos.* ■ **tratar,** o **llamar,** o **hablar, de ~** (a alguien). loc. v. Tutear(lo). *Trátame de tú, por favor.*

tuareg. (pl. **tuaregs**). adj. De un pueblo bereber nómada del Sahara.

tuba. f. Instrumento musical de viento, de metal, formado por un gran tubo cónico, enroscado en espiral y provisto de pistones. *Tubas y trombones hacían los bajos.*

tuberculina. f. *Med.* Preparación hecha con gérmenes tuberculosos, que se utiliza para el diagnóstico de la tuberculosis. *Le hicieron la prueba de la tuberculina.*

tubérculo. m. **1.** *Bot.* Parte abultada y redondeada de los tallos subterráneos o de las raíces de algunas plantas, en cuyas células se acumulan sustancias de reserva para la planta. *La patata es un tubérculo.* **2.** *Med.* Masa redondeada blanca o amarillenta, que adquiere el aspecto del pus y aparece en órganos afectados por ciertas enfermedades.

tuberculosis. f. *Med.* Enfermedad infecciosa del hombre y de muchos animales, causada por el bacilo de Koch y caracterizada por la aparición de tubérculos. *Murió de tuberculosis.* FAM **tuberculoso, sa.**

tubería. f. **1.** Conducto formado de tubos por donde se lleva o distribuye fluidos. *La tubería del gas explotó.* **2.** Conjunto de tubos o tuberías (→ 1). *Fábrica de tubería.*

tuberoso, sa. adj. *Bot.* y *Med.* Que tiene tubérculos. *Planta de raíz tuberosa.*

tubo. m. **1.** Pieza hueca, gralm. cilíndrica y abierta por ambos extremos. *Empalmó los tubos para hacer una cañería.* **2.** Recipiente cilíndrico, gralm. de paredes flexibles, que se abre por un extremo con un tapón y está destinado a contener sustancias blandas. *Un tubo de pomada.* **3.** Recipiente cilíndrico y rígido, que se abre por un extremo con un tapón y está destinado a contener pastillas u otras cosas pequeñas. **4.** *Anat.* Órgano de un ser vivo, cuya forma recuerda la de uno (→ 1). *Tubo digestivo.* ■ ~ **de ensayo.** m. Tubo (→ 1) de cristal, cerrado por uno de sus extremos y que se usa para los análisis químicos. ■ ~ **catódico,** o **de rayos catódicos.** m. *Electrón.* Tubo (→ 1) de cristal en cuyo interior se produce un haz de electrones de dirección e intensidad controladas, que al incidir sobre una pantalla reproduce gráficos e imágenes. *Televisor con tubo catódico.* ■ ~ **fluorescente.** m. Tubo (→ 1) de iluminación que alumbra al ponerse incandescente el gas que contiene, por efecto de una corriente eléctrica. *En la cocina pondré un tubo fluorescente.* ⇒ FLUORESCENTE. FAM **tubular.**

tucán. m. Ave propia de América del Sur, de mediano tamaño, plumaje negro con manchas de vivos colores y pico muy largo, grueso y arqueado.

tuco. m. Am. Salsa de tomate frito con la que se condimentan pralm. la pasta o el arroz. *Fideos con tuco* [C].

tucumano, na. adj. De Tucumán (Argentina) o de San Miguel de Tucumán (Argentina).

tudesco, ca. adj. De Alemania. ▶ *ALEMÁN.

tuerca. f. Pieza con un hueco labrado en espiral en el que se ajusta exactamente un tornillo. *Apretó la tuerca con una llave inglesa.* ■ **apretar las ~s** (a alguien). loc. v. coloq. Ser estricto o severo (con él). *Le aprietan las tuercas para que estudie.*

tuerto, ta. adj. Falto de un ojo, o carente de vista en él. *El accidente la dejó tuerta.*

tueste. m. Hecho o efecto de tostar. *Proceso de tueste del café.* ▶ TOSTADO.

tuétano. m. **1.** Sustancia contenida en los huesos. *Cogió el hueso de vaca del cocido y le sacó el tuétano.* **2.** Parte interior de la raíz o del tallo de una planta. ■ **hasta los ~s.** loc. adv. coloq. Profundamente. *Es comunista hasta los tuétanos.*

tufarada. f. Olor fuerte y desagradable percibido de pronto. *Una tufarada de gas.*

tufo. m. **1.** Emanación gaseosa que se desprende de las fermentaciones y combustiones imperfectas. *Las brasas de la chimenea despedían un tufo intenso.* **2.** coloq. Hedor. *¡Qué tufo hay en esta habitación!* **3.** Sospecha de algo oculto o que todavía no ha ocurrido. *Había un tufo de dimisión.*

tugurio. m. Local o vivienda pequeños y miserables o mal acondicionados. *Malviven en un tugurio.*

tul. m. Tejido fino y transparente que forma una malla gralm. en octógonos. *Traje de novia con velo de tul.*

tulipa. f. Pantalla de vidrio de una lámpara, con forma parecida a la de un tulipán.

tulipán. m. Flor grande y muy vistosa, en forma de copa, con seis pétalos y de diversos y brillantes colores. Tb. su planta. *Holanda es la tierra de los tulipanes.*

tullido, da. adj. Dicho de persona o de una parte de su cuerpo: Que ha perdido la capacidad de movimiento. *Tiene una pierna tullida.* ▶ *INVÁLIDO.

tullir. (conjug. MULLIR). tr. Hacer que (alguien o una parte de su cuerpo) pierda la capacidad de movimiento. *La enfermedad lo ha tullido.*

tumba. f. **1.** Lugar excavado en la tierra o construido sobre ella en el que se entierra un cadáver. *Dejaron flores sobre su tumba.* **2.** coloq. Persona que guarda celosamente un secreto. *Cuéntemelo, soy una tumba.*

tumbar. tr. **1.** Hacer caer o derribar (algo o a alguien). *El viento tumbó un árbol.* Frec. fig. *Quieren tumbar al Gobierno.* **2.** Poner (algo o a alguien) en posición horizontal. *Lo tumbaron para hacerle el boca a boca.* ▶ **2:** TENDER.

tumbo. m. Vaivén violento. *Va borracho y dando tumbos.* ■ **dar ~s.** loc. v. coloq. Tener dificultades y tropiezos. *Di muchos tumbos hasta conseguir lo que tengo.*

tumbona. f. Silla con respaldo largo y con tijera, que permite inclinarlo en ángulos muy abiertos para recostarse o tumbarse. *Leía en una tumbona de la playa.* ▶ HAMACA.

tumefacción. f. *Med.* Hinchazón (efecto de hincharse). *Presenta una tumefacción de los párpados.* ▶ HINCHAZÓN. FAM **tumefacto, ta.**

tumor. m. *Med.* Masa de células transformadas, con crecimiento y multiplicación anormales. *Le detectaron un tumor en el pecho.* ■ **~ benigno.** m. *Med.* Tumor no canceroso, formado por células muy semejantes a las normales, y que no se extiende a otros tejidos u órganos. ■ **~ maligno.** m. *Med.* Tumor canceroso y que se extiende a otros tejidos u órganos. ▶ TUMORACIÓN. FAM **tumoral.**

tumoración. f. **1.** *Med.* Tumor. **2.** *Med.* Hinchazón o bulto.

túmulo. m. **1.** Sepulcro que está levantado del suelo. *En la Capilla Real está el túmulo del monarca.* **2.** Armazón revestido de paños fúnebres, donde se coloca el ataúd en la celebración de las honras de un difunto. **3.** histór. Montículo artificial con que cubrían una sepultura algunos pueblos antiguos. *Enterraron al héroe bajo un túmulo.*

tumulto. m. **1.** Alboroto producido por una multitud. *La llegada de la artista provocó un tumulto.* **2.** Alboroto o confusión agitada. *¡Qué tumulto de gritos y bocinas!* ▶ *ALBOROTO. FAM **tumultuario, ria; tumultuoso, sa.**

tuna. f. **1.** frecAm. Chumbera. *Tunas grisáceas con flores de seda rosa crecían entre las piedras* [C]. **2.** frecAm. Higo chumbo. *Había un puesto de tunas* [C].

tunante, ta. adj. Que tiene picardía o astucia para engañar. Tb. m. y f. *Un tunante me robó.* ▶ *PÍCARO.

tunda. f. coloq. Paliza (serie de golpes). *Como te portes mal, te doy una tunda.*

tundir[1]. tr. Azotar o dar una paliza (a alguien). *Lo tundieron hasta casi matarlo.*

tundir[2]. tr. Cortar o igualar el pelo (de paños o pieles). *Tunden pieles de visón.*

tundra. f. *Geogr.* y *Ecol.* Ecosistema propio de las zonas árticas, caracterizado por el clima muy frío, el subsuelo casi siempre helado, la falta de vegetación arbórea y la abundancia de musgos y líquenes. *La tundra es característica de Siberia y Alaska.*

tunecino, na. adj. De Túnez (África).

túnel. m. Paso subterráneo abierto artificialmente para establecer una vía de comunicación. *Un túnel atraviesa la montaña.* Tb. fig. para designar una situación difícil a la que no se ve solución o salida. *La depresión lo sumió en un túnel.*

túnica. f. **1.** Prenda de vestir exterior, amplia y larga, con o sin mangas. *El cura lleva una túnica blanca.* **2.** histór. Prenda de vestir amplia, gralm. sin mangas y con caída hasta los talones, que se usaba en la Antigüedad, espec. entre griegos y romanos.

tuntún. al (buen) ~. loc. adv. coloq. Al azar o sin reflexión. *Elegí al tuntún.*

tupamaro, ra. adj. De la organización guerrillera uruguaya Túpac Amaru.

tupé. m. Mechón de pelo que se lleva levantado sobre la frente. *Se peina con tupé.*

tupí. (pl. **tupíes** o **tupís**). adj. **1.** De un pueblo indio de Brasil, Paraguay y parte de la cuenca amazónica. Tb. m. y f. ● m. **2.** Lengua hablada por los tupís (→ 1).

tupido, da. adj. Formado por elementos muy juntos o apretados. *Una tela tupida.* ▶ *DENSO. FAM **tupir.**

turba[1]. f. Carbón fósil, formado de residuos vegetales, de color pardo oscuro y poco peso. *La turba, la hulla y la antracita son carbones.*

turba[2]. f. Muchedumbre de gente que va de manera desordenada o alborotada. *Una turba de curiosos se acercó al lugar.*

turbamulta. f. Multitud confusa y desordenada. *Una turbamulta de fans.*

turbante. m. Prenda propia de culturas orientales, consistente en una banda larga de tela que se enrolla alrededor de la cabeza. *El jeque llevaba chilaba y turbante.*

turbar. tr. **1.** Alterar o interrumpir de manera molesta o violenta (algo). *Sus voces turban el silencio.* **2.** Aturdir o dejar en un estado de confusión o desconcierto (a una persona). *Aquellas amenazas nos turbaron.* FAM turbación; turbador, ra.

turbera. f. Yacimiento de turba. *En la zona hay abundantes turberas.*

turbina. f. Máquina que aprovecha la fuerza o la presión de un fluido para hacer girar una rueda. *Una turbina transforma el vapor de agua en electricidad.*

turbio, a. adj. **1.** Dicho de líquido: Falto de la claridad o transparencia naturales. *Aguas turbias.* **2.** Sospechoso o de legalidad dudosa. *Tiene un turbio pasado.* **3.** Dicho de cosa, espec. de visión: Confusa o poco clara. FAM turbidez; turbiedad.

turbión. m. **1.** Lluvia intensa, repentina, de corta duración y con viento fuerte. *Nos sorprendió un turbión.* **2.** Cantidad grande de cosas que se presentan juntas y de manera impetuosa. *Se desató un turbión DE gritos.*

turbo. adj. **1.** *Mec.* Dicho de vehículo o motor: Que está dotado de turbocompresor. ● m. **2.** *Mec.* Turbocompresor. *Vehículo con turbo.*

turbo-. elem. compos. Significa 'de turbina'. *Turbodiésel, turbopropulsor, turborreactor.*

turbocompresor. m. *Mec.* Compresor movido por una turbina, que aprovecha los gases de escape de un motor. *Motor equipado con turbocompresor.* ▶ TURBO.

turbulencia. f. **1.** Cualidad de turbulento o agitado. *La turbulencia de las aguas complicó el rescate.* **2.** Desorden o confusión. *Un período de turbulencia política.* **3.** *Fís.* Movimiento brusco del aire, que se caracteriza por la formación de remolinos. *Abróchense los cinturones: el avión va a entrar en una zona de turbulencias.*

turbulento, ta. adj. **1.** Dicho de cosa: Turbia y agitada. *Un mar turbulento.* **2.** Dicho espec. de acción o situación: Conflictiva. *Una turbulenta relación amorosa.* **3.** Dicho de persona: Que causa disturbios o conflictos.

turco, ca. adj. **1.** De Turquía. **2.** histór. De un pueblo procedente del Turquestán (Asia Central), que se estableció en Asia Menor y Europa oriental. *El Imperio turco.* **3.** Am. coloq. Dicho de persona: De procedencia árabe. Tb. m. y f. *Ningún turco de aquí viene de Turquía* [C]. ● m. **4.** Lengua hablada en Turquía. ▶ **1:** OTOMANO.

turgente. adj. cult. Abultado y firme. *Senos turgentes.* FAM turgencia.

turismo. m. **1.** Hecho de viajar por placer. *En vacaciones hago turismo.* **2.** Conjunto de personas que hacen turismo (→ 1). *El turismo acude a las playas.* **3.** Automóvil de turismo (→ automóvil). *Conduce un turismo.* FAM turista; turístico, ca.

turnarse. intr. prnl. Alternarse dos personas en una actividad o en una tarea siguiendo un orden establecido. *Nos turnaremos para conducir durante el viaje.*

turno. m. **1.** Orden que se establece para que se sucedan los elementos de una serie. *Seguiremos un turno para cocinar.* **2.** Momento u ocasión de hacer algo siguiendo un turno (→ 1). *Es su turno, tire el dado.* **3.** Conjunto de trabajadores que desempeñan su actividad al mismo tiempo, según un turno (→ 1). *El turno de noche entra a las diez.* ■ **de ~.** loc. adj. **1.** Dicho de persona o cosa: Que actúa por corresponderle el turno (→ 1). *Me atendió el médico de turno.* **2.** despect. Dicho de persona o cosa: Habitual o típica. Frec. en sent. irónico. *Ya salió el chistecito de turno.*

turolense. adj. De Teruel (España).

turpial. m. Am. Pájaro tropical, de tamaño mediano, plumaje negro con manchas amarillentas en nuca y vientre, y canto melodioso. *Un turpial cantaba en la jaula* [C].

turquesa. f. **1.** Mineral duro y opaco, de color azul verdoso, que se usa en joyería. *Un anillo de oro y turquesa.* ○ m. **2.** Color azul verdoso, como el de la turquesa (→ 1). *Una habitación decorada en turquesa.*

turrón. m. Dulce navideño, elaborado gralm. con una pasta de frutos secos, azúcar y miel, y en forma de tableta. *En Nochebuena comimos turrón.* FAM turronero, ra.

turulato, ta. adj. coloq. Asombrado hasta el punto de no poder reaccionar. *Nos dejó turulatos con su reacción.*

tute. m. **1.** Juego de cartas en que gana quien reúne los cuatro reyes o los cuatro caballos. *Juegan al tute.* **2.** En el tute (→ 1): Combinación de los cuatro reyes o de los cuatro caballos. *Un tute de reyes.* **3.** coloq. Esfuerzo grande. *Me di un tute A trabajar.*

tutear. tr. Utilizar el que habla el pronombre *tú* para dirigirse (a alguien) cuando entre ellos hay algún tipo de familiaridad. *Prefiero que me tutees.* FAM tuteo.

tutela. f. **1.** Autoridad legal que se concede a alguien para velar por un menor o por una persona incapacitada para hacerlo. *Los tíos han solicitado la tutela de su sobrino huérfano.* **2.** Defensa de alguien o algo. *La tutela de los derechos humanos.* **3.** Dirección o amparo de alguien o algo. *Dejo a tu hermano bajo tu tutela.* FAM tutelaje; tutelar (*Los abuelos tutelarán al menor*); tutelar (*Tribunal tutelar*).

tutor, ra. m. y f. **1.** Persona que ejerce la tutela de alguien. *Fui su tutora legal hasta su mayoría de edad.* **2.** En la enseñanza: Profesor encargado de la atención y orientación de los alumnos de un curso académico. *La profesora de lengua es nuestra tutora.* ● m. **3.** Palo que se clava al pie de una planta para sostenerla o mantenerla derecha. *Sujetó el fino tronco al tutor con una cuerda.* FAM tutoría.

tutú. (pl. **tutús**). m. Falda de varias capas de tejido vaporoso, que usan las bailarinas de danza clásica. *Un tutú de tul blanco.*

tuya. f. Árbol del mismo grupo que el ciprés, siempre verde y de madera muy resistente, que se suele utilizar para setos y jardines.

tuyo, ya. (Antepuesto al n., apóc. **tu**, pl. **tus**). adj. De la persona a quien se habla. *¿Pedro es amigo tuyo? Tus perros no ladran.* ■ **la tuya.** loc. s. coloq. Respecto de la persona a quien se habla: Ocasión favorable. *Ahora es la tuya, ¡aprovecha!* ■ **los ~s.** loc. s. Los familiares o personas vinculadas a un grupo del que forma parte la persona a quien se dirige el que habla. *¿Tienes noticias de los tuyos?*

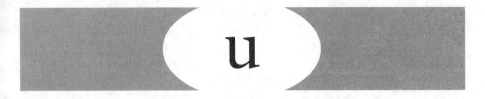

u

u¹. (pl. **úes**). f. Letra del abecedario español que corresponde al sonido vocálico articulado en la parte posterior de la boca y cerrando más los labios que para la o. *La palabra "gurú" se escribe con dos úes.*

u². → o.

ubérrimo, ma. adj. cult. Muy fértil. *Ubérrimas huertas.*

ubicar. tr. **1.** frecAm. cult. Situar (algo o a alguien) en un lugar determinado. *Hizo un horno y lo ubicó* EN *el balcón* [C]. ○ intr. prnl. **2.** cult. Estar situado algo en un lugar determinado. *El barrio se ubica* ENTRE *el puerto y la catedral.* FAM **ubicación.**

ubicuo, cua. adj. cult. Que está en todas partes al mismo tiempo. *Para los cristianos, Dios es ubicuo.* FAM **ubicuidad.**

ubre. f. **1.** Teta de la hembra de un animal mamífero. *Para ordeñar hay que saber apretar las ubres.* **2.** Conjunto de las ubres (→ 1). ▶ **1:** *MAMA.

uci. (Tb. **UCI**). f. Unidad de cuidados intensivos. *Los heridos están en la UCI.*

ucraniano, na. adj. **1.** De Ucrania (Europa). ● m. **2.** Lengua hablada en Ucrania. ▶ **1:** UCRANIO.

ucranio, nia. adj. Ucraniano.

uf. interj. Se usa gralm. para expresar cansancio, sofoco, alivio o repugnancia. *¡Uf, qué calor!*

ufano, na. adj. **1.** Contento o satisfecho. *Se muestra ufano* DE *los triunfos de su hijo.* **2.** Arrogante o presuntuoso. *Camina ufano con su traje nuevo.* **3.** Desenvuelto o decidido. *Un espontáneo salta al ruedo todo ufano.* FAM **ufanarse; ufanía.**

ufología. f. Estudio de los ovnis. *Revista de ufología y fenómenos paranormales.*

ugandés, sa. adj. De Uganda (África).

ujier. m. Empleado subalterno de algunos tribunales y cuerpos del Estado. *El juez ordena a los ujieres que desalojen la sala.*

ukelele. m. Guitarra pequeña de cuatro cuerdas, típica de Hawái.

úlcera. f. Herida que se abre en un tejido orgánico y no cicatriza, o lo hace con dificultad. *Tiene úlceras en la piel.* ▶ LLAGA. FAM **ulceración; ulcerar; ulceroso, sa.**

ulema. m. Doctor de la ley islámica.

ulterior. adj. cult. Dicho de cosa: Posterior (que ocurre o va después). *El concepto se explica en páginas ulteriores.*

últimamente. adv. En el tiempo inmediatamente anterior al momento en que se habla. *Últimamente salimos muy poco.*

ultimar. tr. **1.** Acabar (algo), o hacer las últimas operaciones de detalle (en ello) para terminar(lo) o perfeccionar(lo). *Ultiman los preparativos del viaje.* **2.** Am. Matar (a alguien). *Ultimaron a un turista* [C]. ▶ **1:** *ACABAR. **2:** *MATAR. FAM **ultimación.**

ultimátum. (pl. **ultimátums**). m. En un conflicto o negociación: Declaración con que una de las partes comunica a otra su intención definitiva de llevar a cabo acciones hostiles, si no se cumplen las condiciones exigidas. Tb. fig. *Su novia le dio un ultimátum.*

último, ma. adj. **1.** Que ocupa en una serie el lugar posterior a todos los demás elementos. *El bar está en el último vagón.* **2.** Que es inmediatamente anterior en el tiempo al momento que se toma como referencia. *El último cine cubano.* **3.** Más alejado o escondido. *Registran hasta el último rincón.* **4.** Menos importante. *Es nuestra última preocupación.* **5.** Final o definitivo. *Es mi última oferta.* **6.** Más extremo. *Sería el último recurso.* ■ **a últimos.** loc. adv. En los días finales de un período de tiempo, espec. de un mes. *Volvemos a últimos de agosto.* ■ **en las últimas.** loc. adv. coloq. A punto de morir. *El enfermo está en las últimas.* ■ **lo último.** loc. s. coloq. Lo que no se puede superar, frec. por desagradable o indignante. *Que se explote así a los niños es lo último.* ■ **por último.** loc. adv. Finalmente, en un último (→ 1) lugar. *Eche cebolla, ajo y, por último, sal.*

ultra. adj. En política: Extremista. *Ideología ultra.*

ultra-. pref. Significa 'más allá de' (*ultrapirenaico*) o 'extremadamente' (*ultrarrápido, ultrasecreto, ultraconservador*).

ultraderecha. f. En política: Extrema derecha. *La ultraderecha ganó las elecciones.* FAM **ultraderechista.**

ultraísmo. m. Lit. Movimiento poético español e hispanoamericano, surgido en 1918, que propone una renovación radical de la estética modernista a través del uso de la metáfora, y que incorpora temas del mundo moderno tratados sin sentimentalismo. FAM **ultraísta.**

ultraizquierda. f. En política: Extrema izquierda. FAM **ultraizquierdista.**

ultrajar. tr. **1.** Ofender gravemente (a alguien o algo) con palabras o hechos. *Nos ultrajan esas acusaciones.* **2.** cult. Violar (a alguien, espec. a una mujer). *Lo han condenado por ultrajar a una menor.* FAM **ultrajante; ultraje.**

ultraligero, ra. adj. **1.** Muy ligero. **2.** Dicho de avión deportivo: De poco peso y propulsado por un pequeño motor de escaso consumo. Frec. m. *Vuelo en ultraligero.*

ultramar. m. (Gralm. sin art.). Territorio o lugar situado al otro lado del mar. Se usa espec. para designar las antiguas colonias europeas. *Productos de ultramar.*

ultramarino, na. adj. **1.** De ultramar. *Territorios ultramarinos.* ● m. pl. **2.** Comestibles. Se usa solo hablando de su comercio. *Tienda de ultramarinos.*

ultramontano, na. adj. **1.** Del otro lado de los montes. *Viento ultramontano.* **2.** histór. Partidario del poder del Papa. Más frec. fig., para calificar el extremado conservadurismo de alguien, espec. en religión. *El sector más ultramontano.* Tb. m. y f. **3.** histór. De los ultramontanos (→ 2). Más frec. fig. *Moral ultramontana.*

ultranza. a ~. loc. adv. De manera decidida y sin hacer ninguna concesión. *La asociación defenderá a ultranza los espacios verdes.*

ultrasonido. m. Onda sonora de tan alta frecuencia de vibración que no puede ser percibida por el oído humano. *El murciélago emite ultrasonidos.* FAM ultrasónico, ca.

ultratumba. f. Mundo más allá de la muerte. *Vida de ultratumba.*

ultravioleta. (pl. gralm. invar.). adj. Dicho de radiación: Que se encuentra en la parte invisible del espectro luminoso, entre la longitud de onda del color violeta y la de los rayos X. *Rayos ultravioleta.*

ulular. intr. cult. Emitir un sonido grave y prolongado, que recuerda a un aullido. *Se oye al búho ulular.*

umbilical. adj. *Anat.* Del ombligo. *Cordón umbilical.*

umbral. m. **1.** En el hueco de una puerta: Parte inferior, contrapuesta al dintel. *No traspasó el umbral.* **2.** Entrada, espec. de una casa. *Espera en el umbral.* **3.** *tecn.* Valor a partir del cual cambian determinadas condiciones. *El umbral de pobreza.*

umbrío, a. adj. **1.** cult. Dicho de lugar: Que suele estar en sombra. *Bosque umbrío.* ● f. **2.** Lugar donde casi siempre da la sombra por estar orientado al Norte.

umbroso, sa. adj. **1.** cult. Umbrío. *Jardín umbroso.* **2.** cult. Que da o produce sombra. *Árboles umbrosos.*

un. → uno.

unánime. adj. Dicho de conjunto de personas: Que tienen la misma opinión o intención. *Todos los políticos han sido unánimes en su rechazo del atentado.*

unanimidad. f. Cualidad de unánime. *Hay unanimidad en la forma de abordar el problema.* ■ **por ~.** loc. adv. De manera unánime. *Se aprobó por unanimidad.*

unción. f. **1.** cult. Hecho o efecto de ungir. **2.** cult. Fervor o respeto extremado con que se hace o se expresa algo. *Hablan de él con unción.* **3.** *Rel.* Extremaunción.

uncir. tr. Atar (bueyes u otros animales de tiro) a un yugo. *Uncían las yuntas.*

undécimo, ma. → APÉND. NUM.

ungir. tr. **1.** cult. Aplicar (sobre alguien o algo) una sustancia gralm. grasa, como aceite o bálsamo. *Ungieron su cuerpo* CON *perfumes.* **2.** *Rel.* Hacer la señal de la cruz (a alguien) con óleo sagrado para administrar(le) un sacramento o conferir(le) una dignidad. *El capellán unge* CON *los santos óleos al moribundo.*

ungüento. m. **1.** Sustancia con que se unge. *Ungüentos y perfumes.* **2.** Medicamento de consistencia untuosa que se aplica sobre la piel. *Ungüento balsámico.*

únicamente. adv. Solamente. *Somos únicamente amigos. Únicamente él irá a la boda.*

unicameral. adj. *Polít.* Dicho de sistema o de órgano legislativo: De una sola cámara de representantes. *Parlamento unicameral.*

unicelular. adj. *Biol.* Formado por una sola célula. *Organismos unicelulares.*

único, ca. adj. **1.** Que existe sin que haya otro igual o de su misma clase. *Es hija única.* **2.** Extraordinario o singular. *Es única contando chistes.* FAM unicidad.

unicornio. m. Animal imaginario con figura de caballo y un cuerno recto en mitad de la frente. *En el cuento, una princesa cabalga a lomos de un unicornio.*

unidad. f. **1.** Propiedad de lo que constituye un todo o no puede dividirse sin alterar su esencia. *Niegan la unidad del átomo.* **2.** Unión de las partes en un todo. *La herencia acabó con la unidad de la familia.* **3.** Cosa que tiene unidad (→ 1 y 2). *La célula es la unidad*

básica en los seres vivos. **4.** Cada uno de los elementos de una serie o conjunto. *Un paquete de veinte unidades.* **5.** Cantidad que se toma como medida o término de comparación de las demás de su especie. *El metro es la unidad de longitud.* Frec., en matemáticas, precedido de *la,* designa el número uno. **6.** Sección de un organismo con una función específica. *La unidad de quemados del hospital.* **7.** *Mil.* Fracción de una fuerza militar bajo las órdenes de un jefe. ■ **~ de cuidados intensivos.** f. Unidad (→ 6) de un hospital preparada para el tratamiento de enfermos muy graves que se requieren vigilancia constante. ⇒ UCI.

unidimensional. adj. De una sola dimensión. *La línea es unidimensional.*

unidireccional. adj. De una sola dirección. *Comunicación unidireccional.*

unifamiliar. adj. Dicho de vivienda: Que constituye un solo edificio y corresponde a una sola familia. *Chalés unifamiliares.*

unificar. tr. Dar unidad (a algo). *El líder deberá unificar su fragmentado partido.* FAM **unificación; unificador, ra.**

uniformado. m. *Am.* Agente de un cuerpo de seguridad pública. *Dos uniformados me advirtieron sobre la prohibición de cazar* [C].

uniformar. tr. **1.** Hacer uniforme (algo). *Se pretende uniformar la terminología científica.* **2.** Dar uniforme (a alguien), o hacer que lo lleve. *La empresa será la encargada de uniformar a su personal.* ▶ **1:** UNIFORMIZAR. FAM **uniformador, ra.**

uniforme. adj. **1.** Que se mantiene igual, o con parecidas características, en el tiempo o en el espacio. *El terreno no es uniforme.* **2.** Que se compone de elementos de la misma naturaleza o repartidos de manera semejante. *Una mezcla uniforme.* ● m. **3.** Traje distintivo y obligatorio que usan los militares, ciertos profesionales y los niños de algunos colegios. *Las azafatas llevan uniforme.* FAM **uniformidad; uniformizar.**

unigénito, ta. adj. cult. Dicho de hijo: Único. *Al morir el rey, sube al trono su hija unigénita.* Frec., en mayúsc., referido a Jesucristo. *Dios envió a su Hijo Unigénito.*

unilateral. adj. **1.** Que se refiere o se limita solo a un lado o a un aspecto. *Pérdida de audición unilateral.* **2.** Que está hecho solo por una de las partes implicadas, sin que intervengan las otras. *Un alto el fuego unilateral.* FAM **unilateralidad.**

unión. f. **1.** Hecho o efecto de unir o unirse. *Para la unión de las piezas utilice un buen pegamento.* Tb. el punto donde se unen dos o más cosas. **2.** Unión (→ 1) de dos personas en matrimonio. *La unión tuvo lugar en la catedral.* **3.** Organización formada por la unión (→ 1) de otras o por la asociación de individuos. *Unión de comerciantes.* ■ **en ~ de.** loc. prepos. Junto con. *Celebrarán la boda en unión de parientes y amigos.* FAM **unionismo; unionista; unitivo, va.**

unipersonal. adj. De una sola persona. *Empresa unipersonal.*

unir. tr. **1.** Hacer que (una cosa) forme un todo con otra, o esté junto a ella sin que quede espacio entre ambas. *Unan una mesa* CON/A *la otra.* **2.** Hacer que (una persona o cosa) esté con otra. *Dos corredores se unieron* AL *que iba en cabeza.* **3.** Hacer que (una cosa) tenga conexión o comunicación con otra. *La carretera une el pueblo* CON/A *la costa.* **4.** Hacer que (una persona) tenga un vínculo o unos intereses comunes con otra. *Ella es la mujer* CON/A *la que me uniré* EN *matrimonio.* ○ intr. prnl. **5.** Estar o presentarse dos o más cosas a la vez. *Belleza y simpatía se unen* EN *esta joven actriz.*

unisex. adj. Dicho de cosa: Que es adecuada o está destinada tanto para hombres como para mujeres. *Pantalones unisex. Peluquería unisex.*

unísono, na. adj. Que tiene el mismo tono o sonido. *Voz unísona.* ■ **al unísono.** loc. adv. De acuerdo y con unanimidad. *Todos deben actuar al unísono.*

unitario, ria. adj. **1.** De la unidad. *En la factura constan los productos comprados y el importe unitario.* **2.** Que tiene unidad o constituye una unidad. *Novela de estructura unitaria.*

unitivo, va. adj. → unión.

universal. adj. **1.** Del universo. *Teoría sobre la gravitación universal.* **2.** Que concierne o se aplica a todo el mundo, todos los tiempos o todas las personas. *Atlas de historia universal.* **3.** Común a todos los elementos de una clase. *El instinto de supervivencia es una característica universal en el ser humano.* **4.** Dicho de máquina o herramienta: Que sirve para muchos y distintos usos, o se adapta a ellos. *Llave universal.* **5.** *Der.* Dicho de persona: Que recibe la totalidad de los bienes de una herencia. *Lo nombró heredero universal.* ▶ **2:** ECUMÉNICO. FAM universalidad; universalización; universalizar.

universidad. f. Institución de enseñanza superior, que comprende diversas facultades y otros centros, y que concede los títulos de diplomado, licenciado o doctor. *Es licenciado en Medicina por la Universidad de Chile.*

universitario, ria. adj. **1.** De la universidad. *Título universitario.* **2.** Que estudia o ha estudiado en una universidad. Dicho de pers., tb. m. y f. *Los universitarios están de exámenes.*

universo. m. Conjunto de toda la materia, energía y espacio existentes. *Discuten sobre el origen del universo.* ▶ *MUNDO.

unívoco, ca. adj. Que tiene un solo sentido y carece de ambigüedad. *Intente que su mensaje sea unívoco.* FAM univocidad.

uno, una. (APÉND. NUM.; en las acep. 1-3, apóc. **un:** se usa delante de m. sing., y delante de f. sing. cuando este empieza por *a* o *ha* tónicas. *Un niño, un arma blanca, un hacha pequeña*). art. indet. **1.** Precede a un nombre para indicar que de momento no se ha identificado o nombrado la persona o cosa a las que se refiere. *El pájaro ha anidado en un cerezo de su jardín.* ● adj. **2.** Precede a un nombre en singular para indicar que no hay más cantidad de su clase. *He mandado dos cartas y un paquete postal.* **3.** Precede a un nombre para indicar que se refiere a una persona o cosa de manera indeterminada. *Escoge un vestido cualquiera.* **4.** Primero o que inicia una serie. *El artículo uno de la Constitución.* **5.** Único (sin otro de su clase). *Dios es uno.* **6.** Idéntico o lo mismo. *Tu niño y el mío creo que son de una edad.* **7.** Se usa contrapuesto a *otro*, con sentido distributivo. *El uno leía, el otro estudiaba.* **8.** Referido a un nombre en plural: Algunos. *Eso sucedió unos años después.* **9.** Antepuesto a un numeral, indica que la cantidad expresada es aproximada. *Dista de la ciudad unos tres kilómetros.* ● pron. **10.** Alguien cuyo nombre se ignora o no quiere decirse. *Uno lo dijo.* Tb., en sing., aplicado a la persona que habla. *Uno no sabe qué hacer.* ● m. **11.** Primero de los números. *El uno se escribe 1.*

12. Persona o cosa que ocupan el primer lugar de una serie. *El uno corresponde al as.* ■ **a una.** loc. adv. A un tiempo o juntamente. *Venga, todos a una.* ■ **de ~ en ~.** loc. adv. Uno a uno. *Los fue cogiendo de uno en uno.* ■ **más de ~.** loc. s. Algunos o muchos. *Más de uno quisiera estar en tu lugar.* ■ **una de dos.** expr. Se usa para contraponer en disyuntiva dos cosas o ideas. *Una de dos: o te callas o te vas.* ■ **una de las tuyas,** o **de las suyas,** etc. expr. Se usa para aludir a algo característico de alguien. *Habrá hecho una de las suyas.* ■ **~ a ~.** loc. adv. Se usa para explicar la separación de personas y cosas. *Recogía las monedas una a una.* ■ **~ de tantos.** loc. adj. coloq. Que no se distingue entre los de su grupo por ninguna cualidad especial. *Es un escritor de tantos.* ■ **~ por ~.** loc. adv. Uno a uno. Se usa para expresar mayor separación. *Recoge todas las monedas, una por una.* ■ **~ que otro.** loc. adj. Algunos, pocos. *Una que otra vez había venido a vernos.* ■ **~s cuantos.** loc. adj. Pocos. *Hace unos cuantos días que no la veo.* ■ **~ tras otro.** loc. adv. Sucesivamente. *Fue leyendo los trabajos uno tras otro.* ■ **~ y otro.** loc. s. Ambos. *Uno y otro me parecen excelentes personas.*

untar. tr. **1.** Extender una sustancia grasa o pegajosa (sobre algo o alguien). *Me unto* DE *protector solar.* **2.** Extender (una sustancia grasa o pegajosa) sobre algo o alguien. *Unto mantequilla en la tostada.* **3.** Hacer que (algo) se impregne de una sustancia. *Unta pan* EN *la salsa.* **4.** coloq. Sobornar (a alguien). *Untan a la policía.* FAM untura.

unto. m. **1.** Materia para untar. *Unto impermeabilizante.* **2.** Grasa de animal. *Echa en el caldo unto de cerdo.*

untuoso, sa. adj. **1.** Dicho de cosa: Grasa o pegajosa, o que produce una sensación similar a la de las sustancias que tienen esas características. *Salsa untuosa.* **2.** despect. Excesivamente amable o atento. *Modales untuosos.* FAM untuosidad.

uña. f. **1.** Lámina dura y delgada que protege la parte superior de la punta de los dedos del hombre y de algunos animales. *Se lima las uñas.* **2.** Casco o pezuña de un animal. **3.** Punta curvada de la cola del escorpión, con la que inyecta el veneno. *Un alacrán me ha clavado su uña.* **4.** Hendidura que se hace en algunas piezas para poder moverlas fácilmente introduciendo o apoyando el dedo en ella. *La hoja de la navaja lleva una uña.* **5.** Punta curvada de algunos instrumentos o herramientas. *La uña del martillo.* ■ **con ~s y dientes.** loc. adv. Con mucha fuerza y empeño. *Lo defenderé con uñas y dientes.* ■ **enseñar,** o **sacar, las ~s.** loc. v. coloq. Mostrarse agresivo o amenazador. *Si se enfada saca las uñas.* ■ **ser** dos personas **~ y carne.** loc. v. Estar muy unidas por tener una gran amistad. *Las dos amigas son uña y carne.*

uñero. m. Herida que produce la uña cuando, al crecer mal, se introduce en la carne que la rodea. *Corte sus uñas con frecuencia para evitar los uñeros.*

uralita. (Marca reg.). f. Material de construcción, hecho de cemento y de fibras, usado frec. en cubiertas y tuberías. *Han techado el cobertizo con placas de uralita.*

uranio. m. Elemento químico del grupo de los metales, radiactivo, de color blanco plateado, muy utilizado como fuente de energía nuclear (Símb. U). *Bomba de uranio.*

urbanidad. f. Buena educación o comportamiento correcto, espec. en el trato con los demás. *Servirse el primero es una falta de urbanidad.* ▶ *EDUCACIÓN.

urbanismo. m. Conjunto de los conocimientos relacionados con la organización de los edificios y espacios de una población con arreglo a las necesidades de sus habitantes. *Los expertos en urbanismo proyectan una plaza.* FAM **urbanístico, ca.**

urbanista. adj. **1.** Del urbanismo. *Reforma urbanista.* ● m. y f. **2.** Especialista en urbanismo. *Los urbanistas diseñan la estructura de la nueva ciudad.*

urbanización. f. **1.** Hecho o efecto de urbanizar. *Critican el proyecto de urbanización de la zona.* **2.** Núcleo residencial urbanizado, frec. situado en las afueras o en la periferia de una población. *Viven en una urbanización de lujo.*

urbanizar. tr. Acondicionar (un terreno) dotándo(lo) de luz, calles, alcantarillado y otros servicios. *Van a urbanizar las parcelas.* FAM **urbanizable; urbanizador, ra.**

urbano, na. adj. De la ciudad. *Transporte urbano.*

urbe. f. Ciudad, espec. la muy populosa. *Nueva York es una gran urbe.* ▶ CIUDAD.

urbi et orbi. (loc. lat.). loc. adj. **1.** Dicho de bendición del papa: Que se extiende a todo el mundo. □ loc. adv. **2.** A los cuatro vientos, o por todas partes. *Ha anunciado su embarazo urbi et orbi.*

urdidor, ra. adj. **1.** Que urde, espec. un plan o una trampa. *Un personaje urdidor de engaños.* ● m. **2.** Instrumento donde se preparan los hilos para la urdimbre.

urdimbre. f. **1.** Conjunto de hilos paralelos que forman un tejido, dispuestos en sentido longitudinal, y que van cruzados y entrelazados con la trama. *Los hilos de la trama se van colocando por encima y por debajo de los de la urdimbre.* Tb. fig. *La novela tiene una complicada urdimbre.* **2.** Hecho de urdir un plan o una trampa. *Participó en la urdimbre del plan.*

urdir. tr. **1.** Preparar los hilos (de una tela) en el urdidor para pasarlos al telar. Tb. como intr. *En el curso se enseña a urdir y a tejer en un telar.* **2.** Preparar o planear (algo) en secreto y de forma cautelosa. *Urden un plan para huir.* ▶ **2:** *TRAMAR.

urdu. m. Lengua hablada en Pakistán. *El urdu se escribe en caracteres árabes.*

urea. f. *Med.* y *Quím.* Sustancia nitrogenada que se presenta en la sangre y en la orina de los vertebrados terrestres, y que es producto de la descomposición de las proteínas. *La urea se sintetiza artificialmente para fabricar productos farmacéuticos.*

uréter. m. *Anat.* Conducto por donde desciende la orina desde el riñón hasta la vejiga.

uretra. f. *Anat.* Conducto que conduce la orina desde la vejiga hasta el exterior. *La obstrucción de la uretra dificulta la micción.* FAM **uretral.**

urgencia. f. **1.** Cualidad de urgente. *No hubo tiempo para preparativos ante la urgencia de la misión.* **2.** Necesidad urgente. *En la zona del terremoto hay urgencia DE medicamentos.* **3.** Situación o caso urgentes. *Podríamos necesitar el coche para una urgencia.* ○ pl. **4.** Sección de un hospital donde se atiende a heridos o enfermos graves que requieren cuidados inmediatos. *Tuvo un de infarto y lo llevaron a urgencias.*

urgente. adj. Que urge o requiere una actuación rápida. *Si hay algo urgente, llámeme.* ▶ ACUCIANTE, APREMIANTE, PERENTORIO.

urgir. intr. **1.** Precisar algo su rápida ejecución o consecución. *¿Le urge mucho el dinero?* ○ tr. **2.** Hacer que (alguien) actúe con rapidez. *La urgió A termi-*

nar el informe. **3.** Pedir (algo) de manera apremiante. *Los consumidores urgen medidas contra el fraude.* ▶ **2:** ACUCIAR, APREMIAR, INSTAR.

urinario, ria. adj. **1.** De la orina. *Infección urinaria.* ● m. **2.** Retrete público. *El ayuntamiento instalará urinarios en los parques de la ciudad.* ▶ **2:** *RETRETE.

urna. f. **1.** Caja con tapa, provista gralm. de una ranura, destinada a depositar en ella las papeletas de un sorteo o de una votación. *Las urnas deben estar precintadas.* **2.** Caja de cristal que sirve para exhibir y proteger determinados objetos de valor. *El manuscrito está expuesto en una urna en la biblioteca.* **3.** Recipiente que sirve para guardar ciertos objetos, como las cenizas de los difuntos o el dinero.

urología. f. *Med.* Rama de la medicina que se ocupa del aparato urinario. *Servicio de Urología del hospital.* FAM **urólogo, ga.**

urraca. f. Ave similar al cuervo, pero más pequeña y de plumaje negro y blanco, con una larga cola. *La urraca macho.*

urticante. adj. cult. o *Biol.* Que produce una comezón parecida a la provocada por la ortiga. *Algunas orugas están provistas de pelos urticantes.*

urticaria. f. Enfermedad de la piel, caracterizada por comezón intensa y por la aparición de manchas o habones. *El conservante produce urticaria a los alérgicos.*

uruguayo, ya. adj. De Uruguay.

usanza. f. Costumbre o práctica habitual de una sociedad. *En las fiestas, se visten a la antigua usanza.* ▶ *COSTUMBRE.

usar. tr. **1.** Hacer que (una cosa) sirva para algo. *Para clavar este tipo de clavos, usa un martillo grande.* **2.** Llevar habitualmente o por costumbre (una prenda de vestir o un adorno). *Yo no uso corbata.* **3.** Tener (algo) por costumbre. *Las personas educadas no usan decir expresiones soeces.* **4.** Gastar o deslucir (una cosa) por usarla (→ 1). Frec. en part. *Lleva un pantalón muy usado.* ○ intr. **5.** Hacer que una cosa sirva para algo. *Usó DE toda su astucia para hacerse con el puesto.* ▶ **1:** *UTILIZAR.

usía. pron. pers. Vuestra señoría. Se usa como tratamiento de respeto para dirigirse a determinadas personas. *Mi coronel: si usía da su permiso, yo me retiro.*

usina. f. *Am.* Instalación industrial, espec. la destinada a la producción de energía. *Usinas nucleares* [C].

uso. m. **1.** Hecho de usar o usarse. *Las botas están desgastadas por el uso.* **2.** Uso (→ 1) propio o habitual de una cosa. *Este robot de cocina tiene varios usos: bate, amasa y tritura.* **3.** Costumbre o práctica habitual en una sociedad. *Se acostumbró a los usos del país.* ■ ~ **de razón.** m. Capacidad para entender y razonar, propia de quien ha pasado la primera niñez. *Aún no tiene uso de razón.* □ **al** ~. loc. adj. Que es lo habitual o lo acostumbrado. *Quería un traje de novia al uso, blanco y con cola.* ▶ **3:** *COSTUMBRE.

usted. (pl. **ustedes**; → **le, la, sí**[1]). pron. pers. Designa a la persona a quien se dirige el que habla cuando no tiene con ella mucha familiaridad. *Le agradezco a usted sus atenciones.* El plural *ustedes*, en *Am.*, se usa tanto para un sing. *usted* como para un sing. *tú* o *vos.* *Tengo una sorpresa para ustedes, niños* [C].

usual. adj. Común o habitual. *¿Ha observado algo poco usual en su conducta?* ▶ *HABITUAL.

usuario, ria. adj. Que usa una cosa. Más frec. m. y f. *El virus informático ha causado gran alarma entre los usuarios de ordenadores.*

usufructo. m. **1.** *Der.* Derecho a usar y disfrutar bienes ajenos con la obligación de conservarlos. *Se concede al Ayuntamiento el usufructo de la finca.* **2.** *Der.* Utilidades o provecho que se derivan del usufructo (→ 1). *Deberemos hacer frente a los gastos con cargo al usufructo.* FAM **usufructuar** (conjug. ACTUAR); **usufructuario, ria.**

usuluteco, ca. adj. De Usulután (El Salvador).

usura. f. Interés excesivo en un préstamo. *Presta con usura.* FAM **usurero, ra.**

usurpar. tr. Apoderarse (de algo ajeno, como una propiedad, un cargo o un derecho) de manera ilegítima y a veces con violencia. *Provocó una guerra para usurpar el trono.* FAM **usurpación; usurpador, ra.**

utensilio. m. Objeto de uso gralm. manual y funcionamiento simple, utilizado espec. en un oficio o actividad. *Utensilios de cocina.* ▶ *INSTRUMENTO.

útero. m. Órgano de las hembras de los mamíferos, situado en la zona de la pelvis, donde se desarrolla el feto hasta el momento del parto. *En la fecundación in vitro, el embrión se deposita en el útero de la madre.* ▶ MATRIZ. FAM **uterino, na.**

útil. adj. **1.** Que produce provecho o sirve para un fin concreto. *La mesita plegable es útil PARA comer en el campo o la playa.* **2.** Dicho de período de tiempo: Hábil (que cuenta o es apto para la realización de una actividad). *Horas útiles de trabajo.* ● m. **3.** Utensilio. *Los útiles de pesca.* ▶ **2:** HÁBIL. **3:** *INSTRUMENTO. FAM **utilidad; utillaje.**

utilería. f. *Cine* y *Teatro* Conjunto de objetos que se utilizan en escena. *Las escenas están rodadas con armas de utilería.* ▶ ATREZO. FAM **utilero, ra.**

utilitario, ria. adj. **1.** Orientado prioritariamente a la utilidad. *Estas construcciones tenían un carácter utilitario, no ornamental.* ● m. **2.** Vehículo pequeño y barato. *El utilitario es ideal para la ciudad.*

utilitarismo. m. Actitud o tendencia de valorar ante todo la utilidad de las cosas. *En el diseño moderno prima el utilitarismo.* FAM **utilitarista.**

utilizar. tr. **1.** Hacer que (una cosa) sirva para algo. *Utiliza un machete para partir los cocos.* **2.** Aprovecharse (de alguien) para que haga algo sin que se dé cuenta. *Me utilizó para darle celos a su novia.* ▶ **1:** EMPLEAR, MANEJAR, USAR. FAM **utilización.**

utopía. f. Plan o proyecto ideales que aparecen como irrealizables. *La erradicación del la pobreza es, cada vez más, una utopía.* FAM **utópico, ca; utopismo; utopista.**

uva. f. Fruto de la vid, de forma redondeada, jugoso y carnoso, que forma racimos, y del que existen diversas variedades, por ej.: ~ *moscatel* (→ moscatel). *Del zumo de uvas fermentado se obtiene el vino.* ■ **mala ~.** f. **1.** coloq. Mala intención. *Ese comentario está hecho con mala uva.* **2.** coloq. Mal humor. *Está de mala uva.*

uve. f. Letra *v. Puso dos dedos en forma de uve.* ■ ~ **doble.** f. Letra *w.* ▶ Am: VE.

uzbeko, ka. adj. De Uzbekistán (Asia).

V

v. f. Letra del abecedario español cuyo nombre es *uve*, y que se pronuncia como *b*.

vaca. f. **1.** Hembra del toro, de la que se obtiene carne y leche. *Ordeña la vaca.* **2.** Especie de mamíferos rumiantes, de gran tamaño, con cabeza provista de cuernos curvados hacia delante, y a la que pertenecen el toro y la vaca (→ 1). *Rebaños de vacas.* **3.** Carne de vaca (→ 2). *La vaca es jugosa.* ■ ~ **loca.** f. Vaca (→ 2) que padece una enfermedad que ataca el cerebro, transmisible al hombre mediante el consumo de su carne. *Prohíben la exportación de vacas locas.* ■ ~**s flacas.** f. pl. coloq. Período de escasez o carencias. *Ahorra por si llegan las vacas flacas.* ■ ~**s gordas.** f. pl. coloq. Período de abundancia o prosperidad. *Vivimos una época de vacas gordas.* ▶ **2:** TORO.

vacación. f. **1.** Interrupción temporal de una actividad habitual, espec. el trabajo o los estudios, por descanso. *Cerrado por vacación.* **2.** Tiempo que dura la vacación (→ 1). *Pasan la vacación en la playa.* FAM **vacacional; vacacionar** (Am); **vacacionista** (Am).

vacada. f. Conjunto de ganado vacuno, espec. el que pertenece a un ganadero.

vacancia. f. **1.** frecAm. Condición de vacante. *Los legisladores declararon la vacancia del puesto de presidente* [C]. **2.** Am. Plaza vacante. *Me ordenó que cancelara todas las reuniones hasta que se hubiera cubierto la vacancia* [C]. ▶ **2:** VACANTE.

vacante. adj. Que está sin ocupar. *Hay una plaza vacante en la editorial.* Dicho de plaza o de cargo, tb. f. (→ **vacancia**). *Quedaron cubiertas todas las vacantes.*

vaciado. m. **1.** Hecho de vaciar o vaciarse. *Haré un vaciado total de los armarios.* **2.** Objeto formado mediante la técnica de rellenar un molde con un material fundido o blando. *Vaciados EN yeso de esculturas clásicas.* ▶ **1:** VACIAMIENTO.

vaciar. (conjug. ENVIAR). tr. **1.** Dejar (algo) vacío o sin contenido. *Hay que vaciar el cuarto para pintarlo.* **2.** Sacar de un recipiente (su contenido). *Vació las colillas del cenicero.* **3.** Dejar (algo) hueco. *Vacié el pavo.* **4.** Formar (un objeto) echando en un molde hueco metal derretido u otra materia blanda. *Vacían esculturas EN escayola.* ○ intr. **5.** Desembocar una corriente de agua. *EN el Amazonas vacían numerosos afluentes.* ▶ **5:** *DESEMBOCAR. FAM **vaciamiento.**

vacilar. intr. **1.** Moverse una persona o una cosa de forma indeterminada o inestable. *La llama de la vela vacila.* **2.** Titubear o estar indeciso. *Contestó sin vacilar.* **3.** coloq. Burlarse (de alguien) o tomar(le) el pelo. *¡Deja de vacilarme, que no estoy para bromas!* FAM **vacilación; vacilante; vacile; vacilón, na.**

vacío, a. adj. **1.** Que no tiene contenido. *Me tendió su plato vacío.* **2.** Dicho de espacio o de lugar: Que está mucho menos lleno u ocupado de lo habitual. *El cine estaba vacío para ser sábado.* **3.** Deshabitado. **4.** Que está libre o sin ocupar. *Un taxi vacío.* **5.** Dicho de persona: Vana o superficial. *Gente va-*cía. ● m. **6.** Espacio vacío (→ 1). *Donde estaba el caserón, ahora solo hay un vacío.* **7.** Espacio vacío (→ 1) muy profundo, espec. el que se percibe desde un precipicio o una gran altura. *Se arrojó al vacío.* **8.** Sensación de añoranza producida por la falta de algo o de alguien queridos. *Desde que se fue siento un vacío enorme.* **9.** Fís. Espacio que no contiene materia. *En el vacío, dos cuerpos de distinto peso, soltados desde la misma altura, llegarían al suelo a la vez.* **10.** Fís. Ausencia total o parcial de aire. *Una ventosa se adhiere cuando, al oprimirla contra una superficie, se produce el vacío.* ■ **caer** algo **en el vacío.** loc. v. No tener ninguna acogida o efecto. *La propuesta cayó en el vacío.* FAM **vaciedad.**

vacunar. tr. Administrar una vacuna (a una persona o a un animal). *El veterinario vacunó al perro contra la rabia.* FAM **vacunación.**

vacuno, na. adj. **1.** Del toro o de la vaca. *Ganado vacuno.* ● m. **2.** Ejemplar de ganado vacuno (→ 1). Tb. ese ganado. *Carne de vacuno.* ○ f. **3.** Virus o principio orgánico que se administra a una persona o a un animal para preservarlos de una enfermedad. *Pusieron al niño la vacuna de la poliomielitis.*

vacuo, cua. adj. cult. Vacío, espec. en el aspecto moral, afectivo o intelectual. *Es un tipo vacuo e insustancial.* FAM **vacuidad.**

vadear. tr. Cruzar (un río u otra corriente de agua) por un vado o por otro sitio donde se haga pie. *Tuvieron que vadear el río porque el puente se había hundido.*

vademécum. (pl. vademécums). m. Libro con las nociones e informaciones básicas de una materia, gralm. dispuestas para facilitar una rápida consulta.

vade retro. (loc. lat.). expr. Se usa para expresar rechazo. *Cuando le preguntan si se va a casar, contesta: –¡Vade retro!*

vado. m. En un río u otra corriente de agua: Lugar de fondo firme y poco profundo por donde se puede pasar a pie, a caballo o en un vehículo.

vagabundo, da. adj. **1.** Que va de un lugar a otro, sin rumbo ni destino determinados. *Fue un artista bohemio y vagabundo.* **2.** Dicho de persona: Que anda de un lugar a otro, sin tener domicilio ni trabajo o medios de vida determinados. Tb. m. y f. *Un vagabundo pide limosna.* FAM **vagabundear; vagabundeo.**

vagancia. f. Condición de la persona vaga. *Ha dejado los datos sin comprobar por pura vagancia.* ▶ HARAGANERÍA, HOLGAZANERÍA, PEREZA, VAGUERÍA.

vagar. intr. Andar por distintos lugares, sin detenerse especialmente en ninguno y sin intención determinada. *Estuvimos vagando POR el barrio para hacer tiempo.* ▶ ERRAR.

vagido. m. cult. Gemido o llanto del recién nacido. *Se oía el vagido de un bebé.*

vagina. f. Conducto membranoso de las hembras de los mamíferos, que se extiende desde la vulva hasta el útero. FAM **vaginal; vaginitis.**

vago[1]**, ga.** adj. **1.** Reacio a trabajar o a esforzarse. *Es tan vaga que no hay forma de que haga los deberes.* **2.** Que no tiene domicilio ni trabajo u ocupación determinados. Más frec. m. y f. *La ley castigaba con la cárcel a vagos y maleantes.* **3.** Dicho de ojo: Que tiende a desarrollar su actividad con un rendimiento inferior al normal. ▶ **1:** HARAGÁN, HOLGAZÁN, PEREZOSO.

vago[2]**, ga.** adj. **1.** Impreciso o indefinido. *Tengo una idea vaga del proyecto.* **2.** Que no se detiene en ningún lugar. *Mirada vaga.* ● m. **3.** Nervio vago (→ nervio).

vagón. m. Cada uno de los vehículos de un tren arrastrados por una locomotora y destinados al transporte de pasajeros o mercancías. *Comimos en el vagón restaurante.*

vagoneta. f. Vehículo sobre raíles, pequeño y descubierto, destinado gralm. al transporte de mercancías. *De la mina salían vagonetas cargadas de mineral.*

vaguada. f. Zona más honda de un valle, por donde van las aguas de las corrientes naturales. *El sendero recorre la ladera desde la cumbre hasta la vaguada.*

vaguear. intr. coloq. Holgazanear. *Se pasa las tardes vagueando en el sofá.*

vaguedad. f. **1.** Cualidad de vago o impreciso. *Se expresó con vaguedad.* **2.** Expresión vaga o imprecisa. Frec. en pl. *Hizo un examen lleno de vaguedades.*

vaguería. f. Vagancia. *No he hecho la cama por pura vaguería.*

vaharada. f. **1.** Hecho o efecto de echar o desprender vaho. *Echó una vaharada y el cristal se empañó.* **2.** Golpe de olor. *Nos llegó una vaharada de perfume.*

vahído. m. Desvanecimiento o ligero desmayo. *Sufrió un vahído.* ▶ *DESMAYO.

vaho. m. **1.** Vapor que desprende un cuerpo en determinadas condiciones de temperatura y humedad. *Los cristales se empañan por el vaho de la olla.* ○ pl. **2.** Inhalación de vahos (→ 1) de sustancias balsámicas, que se realiza como método curativo. *El médico me ha recomendado vahos de eucalipto.*

vaina. f. **1.** Funda para guardar un arma blanca o un instrumento cortante o punzante. *Enfundó la espada en su vaina.* **2.** Cáscara alargada y tierna que encierra las semillas de algunas plantas. *Separe los guisantes de sus vainas.* **3.** Am. coloq. Molestia. *Las madres somos a veces una verdadera vaina* [C]. **4.** Am. coloq. Cosa (asunto o tema). *Pensamos que eran vainas de borrachos* [C].

vainica. f. Labor que se hace gralm. en el borde de un dobladillo entresacando hilos de la tela, de manera que se forme un pequeño calado.

vainilla. f. Fruto, en forma de vaina, que una vez seco se usa como especia o aromatizante. *Helado de vainilla.*

vaivén. m. **1.** Movimiento alternativo de un cuerpo, primero en un sentido y luego en el contrario. *Se dormía con el vaivén de la mecedora.* **2.** Cada una de las variaciones alternativas que experimenta una cosa o una situación. *Los vaivenes de la Bolsa.*

vajilla. f. Conjunto de recipientes, como platos, fuentes y tazas, que se utilizan para servir o comer alimentos. *Una vajilla de porcelana.*

vale. m. Papel que da derecho a lo que consta en él, espec. a la adquisición de determinados artículos o al disfrute de un servicio. *Un vale de descuento.*

valedero, ra. → valer.

valedor, ra. m. y f. Persona que protege o defiende algo o a alguien. *El caballero era el valedor de su dama.*

valencia. f. *Quím.* Capacidad de combinación de un átomo o radical con otros para formar un compuesto. Tb. el número con que se expresa. *El hidrógeno tiene valencia 1.*

valenciano, na. adj. **1.** De Valencia (España, Venezuela). ● m. **2.** Variedad del catalán, que se usa en gran parte del antiguo reino de Valencia (España) y se siente allí comúnmente como lengua propia. *La palabra "chuleta" proviene del valenciano.*

valentía. f. **1.** Cualidad de valiente. *Lo condecoraron por su valentía.* **2.** Hecho valiente. *Enfrentarse a semejante enemigo fue una valentía por su parte.* ▶ **1:** ARROJO, BRAVURA, INTREPIDEZ, VALOR.

valentísimo, ma. → valiente.

valentón, na. adj. despect. Que presume de valiente. *Un tipo fornido y valentón.* FAM valentonada.

valer. (conjug. VALER). tr. **1.** Tener algo (un precio o un valor determinados). *Un boleto valía tres dólares.* **2.** Producir algo a alguien (otra cosa) como efecto. *Su tardanza le valió una reprimenda.* **3.** Merecer una persona o una cosa (algo). *No llores por él, que no lo vale.* **4.** Equivaler algo (a otra cosa). *Una nota blanca vale dos negras.* **5.** Tener una persona o una cosa calidad (en la medida que se indica). *Esa máquina no vale gran cosa.* ○ intr. **6.** Tener una persona valía o dotes, espec. para realizar una actividad. *Vale PARA estudiar.* **7.** Ser una cosa válida o estar vigente. *El gol no ha valido.* **8.** Prevalecer una cosa. *El presidente hizo valer su autoridad y anuló la votación.* **9.** Equivaler una persona o una cosa a otras, o tener su mismo valor. *Tu novia vale POR dos.* **10.** Ser útil o adecuada una cosa. *Tus consejos no me valen.* **11.** Servir alguien o algo de protección o defensa a una persona. *Sus excusas no le valdrán conmigo.* ○ intr. prnl. **12.** Servirse de algo o alguien. *Movió la roca valiéndose DE una palanca.* **13.** Tener una persona la capacidad para cuidarse o desenvolverse por sí misma. *Tiene edad para valerse.* ● m. **14.** Valía. *El premio reconoce su valer.* ■ **vale.** interj. Se usa para expresar asentimiento o conformidad. *–¿Comemos? –Vale.* ▶ **1:** COSTAR. **3:** *MERECER. **13:** *DESENVOLVERSE. FAM valedero, ra.

valeriana. f. Planta de flores rojas o blancas y raíces muy ramificadas, que se emplea en medicina como tranquilizante y relajante muscular. *Infusión de valeriana.*

valeroso, sa. → valor.

valía. f. Cualidad de la persona dotada o preparada para algo. *Tiene valía como empresario.* ▶ VALER.

valido. m. histór. Hombre que, por gozar de la mayor confianza del rey, ejerce el poder o tiene gran influencia. *El valido del rey gobernaba el país.*

válido, da. adj. **1.** Que satisface los requisitos necesarios, frec. legales u oficiales, para producir su efecto. *El gol es válido.* **2.** Aceptable por su valor o calidad. *Sus motivaciones son válidas.* FAM validación; validar; validez.

valiente. (sup. **valentísimo**). adj. **1.** Que tiene muestra valor para emprender acciones arriesgadas o peligrosas. *Hay que ser valiente para adentrarse en la selva.* **2.** Seguido de un adjetivo o un nombre, se usa para enfatizar despectivamente el significado de estos. *¡Valiente tontería!* ▶ **1:** BRAVO, INTRÉPIDO, VALEROSO.

valija. ~ **diplomática.** f. Cartera para transportar el correo diplomático en condiciones especiales de protección y confidencialidad. Tb. el procedimiento correspondiente para enviar ese correo. *El Gobierno envió documentos al embajador por valija diplomática.*

valimiento. m. Protección o defensa. *Solicitaron el valimiento de la ONU.*

valioso, sa. adj. Que tiene mucho valor o merece gran estimación. *Un cuadro valioso.*

valkiria. → valquiria.

valla. f. **1.** Cerco de madera o de otro material que se levanta alrededor de un lugar para delimitarlo o impedir la entrada en él. *Un zorro saltó la valla del corral.* **2.** Panel publicitario instalado gralm. en vías públicas. *En una valla se anuncia la bebida.* **3.** En una carrera deportiva: Obstáculo en forma de valla (→ 1) que debe ser saltado por los participantes. Se usa en aposición en pl., pospuesto a una expresión de longitud, para designar la modalidad de carrera en que se colocan esos obstáculos. *En 110 metros vallas ganó un atleta nigeriano.* FAM valladar; vallado; vallar; vallista.

valle. m. **1.** Llanura entre montañas. *Las vacas pacen en el valle.* **2.** Cuenca de un río. *Cultivan las tierras del valle del Chillón.* ■ ~ de lágrimas. m. Lugar o situación en que se pasan grandes sufrimientos. Frec., precedido de *este*, designa el mundo. *Ha abandonado este valle de lágrimas.* ▶ **2:** CUENCA.

vallecaucano, na. adj. Del Valle del Cauca (Colombia).

vallisoletano, na. adj. De Valladolid (España).

valón, na. adj. **1.** De Valonia (Bélgica). ● m. **2.** Dialecto francés hablado en Valonia.

valor. m. **1.** Cualidad de una persona o cosa por la que se considera buena, útil o digna de interés. *Tu opinión tiene valor para mí.* **2.** Cualidad de una cosa, en virtud de la cual se da por poseerla cierto precio. *Un collar de valor incalculable.* **3.** Equivalencia de una cosa, espec. una moneda o una cantidad, con otra. *El euro tenía un valor de 1,24 dólares.* **4.** Significación de una palabra o expresión. *El valor de una palabra varía según el contexto.* **5.** Validez de una cosa para producir su efecto. *Ese documento no tiene valor.* **6.** Cualidad que permite emprender acciones arriesgadas o peligrosas con firmeza y decisión. *Luchó con valor.* **7.** Osadía o atrevimiento. *Tuvo el valor de mentirme.* **8.** Persona preparada o dotada para una actividad determinada. *Nuevos valores de la canción.* **9.** *Mat.* Cantidad o número que se atribuye a una variable. **10.** *Mús.* Duración de una nota musical. **11.** *Econ.* Título o documento que representan una cantidad de dinero. Frec. en pl. *Mercado de valores.* ■ ~ absoluto. m. *Mat.* Valor (→ 3) de un número sin tener en cuenta su signo. ▶ **6:** *VALENTÍA.* FAM valeroso, sa.

valorar. tr. **1.** Establecer el precio (de algo). *Robaron unas pinturas valoradas EN millones.* **2.** Reconocer o apreciar el valor, mérito o cualidades (de alguien o algo). *No supieron valorar la originalidad de la obra.* ▶ **1:** TASAR. **2:** *APRECIAR.* ‖ frecAm: **1:** AVALUAR, VALUAR. FAM valoración; valorativo, va.

valorizar. tr. **1.** Aumentar el valor (de algo). *La privatización valorizó las acciones de la empresa.* **2.** Valorar (algo o a alguien). *Si antes se despreciaba la diversidad, ahora se valoriza.* ▶ **1:** REVALORIZAR. **2:** *APRECIAR.* FAM valorización.

valquiria. (Tb. **valkiria**). f. En la mitología nórdica: Divinidad femenina, hija del dios Odín, que designaba a los héroes que debían morir en el combate.

vals. m. Baile de origen alemán, de ritmo ternario, que se ejecuta por parejas girando enlazadas sobre sí mismas y desplazándose al mismo tiempo. Tb. su música.

valuar. (conjug. ACTUAR). tr. frecAm. Valorar (algo) o establecer su precio. *Los objetos vendidos fueron valuados EN dos millones* [C]. ▶ *VALORAR.* FAM valuación.

valva. f. *Zool.* Pieza dura y frec. articulada con otra, que forma la concha de algunos moluscos y de otros invertebrados. *Al cocer el mejillón, sus valvas se separan.*

válvula. f. **1.** Dispositivo que regula el flujo de un líquido, de un gas o de una corriente eléctrica por un conducto, impidiendo su retroceso. *La válvula de una olla a presión.* **2.** *Anat.* En un vaso sanguíneo o un conducto: Pliegue membranoso que impide el retroceso de los líquidos que circulan por ellos. *Válvulas del corazón.* ■ ~ de escape. f. Cosa que sirve para evadirse o desahogarse de las tensiones o problemas. *El baile es su válvula de escape.* FAM valvular.

vamos. → ir.

vampiresa. f. Mujer fatal o que posee un atractivo irresistible que utiliza para aprovecharse de aquellos a quienes seduce, o causar su desgracia.

vampiro. m. **1.** Murciélago originario de América Central y del Sur, que se alimenta de la sangre que chupa a otros animales mientras duermen. *El vampiro hembra.* **2.** Fantasma o cadáver que supuestamente sale de la tumba por las noches para chupar la sangre de los vivos. *Drácula muestra sus colmillos de vampiro.* FAM vampírico, ca; vampirismo; vampirizar.

vanagloria. f. Jactancia de la propia valía o actuación. *Habla de sus hazañas con vanagloria.* FAM vanagloriarse (conjug. ANUNCIAR).

vándalo, la. adj. **1.** Dicho de persona: Que actúa de forma destructiva y salvaje. *Hubo enfrentamientos entre policías y algunos jóvenes vándalos.* **2.** histór. De un antiguo pueblo germánico que en el s. V invadió la Península Ibérica y creó un reino en el norte de África. FAM vandálico, ca; vandalismo.

vanguardia. f. **1.** Parte de una fuerza armada que va delante del cuerpo principal. *La vanguardia frenó el ataque enemigo.* **2.** Avanzadilla de un grupo o de un movimiento ideológico o artístico. Tb. ese movimiento. *El cubismo fue una vanguardia pictórica del siglo XX.* Frec., en pl., designa el conjunto de movimientos vanguardistas surgidos a principios del s. XX (→ vanguardismo). *En literatura estudiaremos las vanguardias.* ■ a (la) ~, o en ~. loc. adv. En primera posición, o en el punto más avanzado de algo. *El diseño italiano está a la vanguardia de la moda.*

vanguardismo. m. Conjunto de movimientos artísticos o literarios surgidos en Europa a principios del s. XX y caracterizados por una actitud renovadora y experimental. ▶ VANGUARDIAS. FAM vanguardista.

vanidad. f. **1.** Cualidad de vanidoso. *Su mayor defecto es la vanidad.* **2.** Cosa propia de la persona vanidosa. *Sería una vanidad considerar que el éxito del proyecto se debe a mi aportación.* **3.** Cualidad de vano. *Consciente de la vanidad de mi empeño, desistí.* **4.** Cosa vana o insustancial. *Vive apartado de las vanidades del mundo.*

vanidoso, sa. adj. Que se siente y muestra orgulloso de sus cualidades o méritos, y tiene un deseo excesivo de reconocimiento y alabanza de los demás. *Es tan vanidoso que se extrañará si no lo consideras perfecto.*

vano, na. adj. **1.** Vacío o falto de contenido. *Conversaciones vanas.* **2.** Inútil, o que no produce el fruto o efecto deseados. *Intento vano.* **3.** Falto de fundamento o razón. *Vanas ilusiones.* **4.** Arrogante o presuntuoso. *Es vana y ambiciosa.* ● m. **5.** Parte de un muro abierta y sin apoyo para el techo. *El vano de la* *ventana.* ■ **en vano.** loc. adv. **1.** Inútilmente o sin conseguir lo que se pretende. *Te esfuerzas en vano.* **2.** Sin necesidad, motivo o justificación. *Un cristiano no debe jurar en vano.* ▶ **2:** *INÚTIL.

vapor. m. **1.** Cuerpo, gralm. un fluido, transformado en estado gaseoso por la acción del calor. Designa espec. el de agua. *El vapor de la sauna.* **2.** Barco que navega impulsado por una máquina de vapor (→ 1) de agua. *Remontaron el río en un vapor.*

vaporizar. tr. **1.** Transformar en vapor (un cuerpo o sustancia, gralm. un líquido). *El motor vaporiza la gasolina.* **2.** Esparcir (un líquido) sobre algo en pequeñas gotas. *Vaporice el insecticida sobre las hojas.* **3.** Esparcir un líquido (sobre algo) en pequeñas gotas. *Vaporizó toda la casa con ambientador.* ▶ **2, 3:** *PULVERIZAR. FAM vaporización; vaporizador, ra.

vaporoso, sa. adj. **1.** Dicho espec. de tela o prenda de vestir: Muy fina y transparente. *Un vestido vaporoso.* **2.** Ligero como el vapor, o de características similares a las suyas. *Niebla vaporosa.*

vapulear. tr. **1.** Golpear repetidamente (a alguien o algo). *El campeón vapuleó al aspirante.* **2.** Criticar duramente (a alguien o algo). *Hoy admiramos al músico que vapulearon sus contemporáneos.* FAM **vapuleo.**

vaquería. f. Establecimiento en que se tienen vacas y se vende su leche.

vaquero, ra. adj. **1.** De los vaqueros (→ 4). *Sombrero de estilo vaquero.* **2.** Dicho de prenda de vestir: Que está confeccionada con una tela de algodón resistente y gralm. de color azul. *Cazadora vaquera.* ● m. **3.** Pantalón vaquero (→ **pantalón**). ○ m. y f. **4.** Pastor de ganado vacuno. *Al oeste americano llegaron numerosos vaqueros.*

vaquillona. f. Am. Vaca de uno o dos años que aún no ha tenido cría. *Son vaquillonas si no han tenido cría y están entre los 250 y 300 kilos* [C].

vara. f. **1.** Rama delgada y sin hojas. *Ponen varas a las tomateras para que trepen.* **2.** Palo largo y delgado. *Conduce al ganado con una vara.* **3.** Tallo sin hojas que sostiene la flor y el fruto de algunas plantas. *Vara de lirios.* **4.** Bastón que llevan como símbolo de autoridad los alcaldes y tenientes de alcalde. **5.** Unidad tradicional de longitud que en Castilla equivale a 835,9 mm. Tb. el trozo o cantidad de una materia, frec. de una tela, que tiene esa longitud. *Dos varas de tela.* **6.** Barra, gralm. de madera o metal, que tiene la longitud de una vara (→ 5) y que se usa para medir. **7.** *Taurom.* Vara (→ 2) terminada en una puya con que el picador hiere al toro.

varar. tr. **1.** Poner (una embarcación) en la playa o en seco para resguardar(la) o reparar(la). *Vararon el barco cuando bajó la marea.* ○ intr. **2.** Encallar una embarcación. *El pesquero varó en un banco de arena.* ▶ **2:** *ENCALLAR. FAM varadero.

varear. tr. **1.** Golpear o sacudir con una vara (un árbol) para que caigan sus frutos. *Varearon el nogal.* **2.** Golpear con una vara (algo). *Varean las mantas.*

variable. adj. **1.** Que puede variar. *El adjetivo "pequeño" es variable en género y número.* **2.** Inestable o que varía con facilidad o frecuencia. *Humor variable.* ● f. **3.** *Mat.* Magnitud que puede tener un valor cualquiera de los comprendidos en un conjunto. *La gráfica relaciona dos variables: el tiempo de vuelo (t) y la altura alcanzada (a).* Tb. el símbolo que la representa. FAM **variabilidad.**

variación. f. **1.** Hecho o efecto de variar. *Habrá una brusca variación de la temperatura.* **2.** *Mús.* Modificación de un tema o de una composición, de modo que estos conserven su identidad. Frec. en pl. Tb. la composición musical creada a partir de ese tema y sus modificaciones. *Interpretarán las "Variaciones sobre un tema de Haydn", de Brahms.* **3.** *Mat.* Cada uno de los subconjuntos de un conjunto finito que pueden formarse con el mismo número de elementos y que difieren entre sí por algún elemento o por el orden de estos. ▶ **1:** CAMBIO.

variado, da. adj. **1.** Dicho de cosa: Constituida por elementos distintos. *Eligieron un menú variado.* **2.** Dicho de cosas: Distintas entre sí. *Colores variados.*

variante. f. **1.** Variación o diferencia existentes entre diversas clases, versiones o formas de algo. *Las dos ediciones del texto presentan variantes.* Tb. cada una de esas clases, versiones o formas. *El superlativo "bonísimo" es la variante culta* DE *"buenísimo".* **2.** Desviación de un trecho de carretera. *Tomó la variante de la carretera.*

variar. (conjug. ENVIAR). tr. **1.** Hacer que (algo) cambie o sea distinto de lo que era o de como era. *El actor ha variado su aspecto.* **2.** Dar variedad (a algo). *Varíe la alimentación.* ○ intr. **3.** Cambiar o volverse distinto. *El color de las hojas varía en otoño.* **4.** Ser diferente. *Las dos camisas varían* EN *el color.* ▶ **3:** CAMBIAR.

varicela. f. *Med.* Enfermedad infecciosa y contagiosa propia de la infancia, caracterizada por una erupción parecida a la de la viruela y que produce picor.

varicoso, sa. → *variz.*

variedad. f. **1.** Cualidad de variado. *La programación televisiva carece de variedad.* **2.** Conjunto de cosas diversas. *Hay gran variedad* DE *telas para elegir.* **3.** Cosa que constituye una variación respecto de otra. *El andaluz es una variedad* DEL *castellano.* **4.** *Biol.* Categoría taxonómica en que se clasifican los seres vivos, que se usa a veces como subdivisión de la especie y se caracteriza por la uniformidad de ciertos rasgos genéticos secundarios. *La moscatel es una variedad de uva.* ○ pl. **5.** Espectáculo ligero formado por números de diverso carácter. *Teatro de variedades.*

varilla. f. Cada una de las piezas largas y delgadas que forman la armazón de un paraguas, un abanico u otro utensilio. *El viento rompió dos varillas de la sombrilla.* FAM **varillaje.**

vario, ria. adj. **1.** Seguido de un nombre en plural: Algunos o no muchos. *Tiene varios hermanos.* **2.** cult. Variado (que tiene características o elementos distintos). *Personas de varia condición.* ▶ **1:** DIFERENTES, DISTINTOS, DIVERSOS.

variopinto, ta. adj. **1.** Que ofrece diversidad de colores o de aspectos. *El bosque en otoño presenta una estampa variopinta.* **2.** Dicho de grupo o conjunto: Compuesto por partes o elementos de distinta naturaleza. *Había un público variopinto.*

varita. f. Vara pequeña que utilizan los magos, hadas y prestidigitadores para hacer sus prodigios o trucos. Tb. ~ *mágica.* *Un hada la tocó con su varita mágica.*

variz. f. Dilatación permanente de una vena, causada por la acumulación de sangre en su cavidad. *La operaron de varices en la pierna.* FAM **varicoso, sa.**

varón. m. Persona del sexo masculino. *Tiene tres hijos: una mujer y dos varones.* ■ **santo ~.** m. Hombre de gran bondad. *Su marido es un santo varón.* ▶ HOMBRE.

varonil. adj. **1.** Del varón. *Belleza varonil.* **2.** Que tiene la fuerza, el valor u otras características consideradas propias del varón. *Una mujer varonil.* ▶ VIRIL.

varsoviano, na. adj. De Varsovia (Polonia).

vasallo, lla. m. y f. histór. En el feudalismo: Persona sometida a un señor con un vínculo de dependencia y fidelidad. FAM **vasallaje.**

vasco, ca. adj. **1.** Del País Vasco (España). Tb. del departamento francés de los Bajos Pirineos. ● m. **2.** Euskera (lengua). ▶ **1:** VASCONGADO. **2:** *EUSKERA.

vascongado, da. adj. Vasco (del País Vasco). ▶ VASCO.

vascuence. adj. **1.** Del vascuence (→ 2). *Vocabulario vascuence.* ● m. **2.** Euskera (lengua). ▶ *EUSKERA.

vascular. adj. *Biol.* De los vasos de los animales o de las plantas. *Cirugía vascular.*

vasectomía. f. *Med.* Operación quirúrgica consistente en seccionar los conductos de los testículos que permiten la eyaculación, gralm. con el fin de esterilizar al hombre.

vaselina. f. Sustancia blanda y grasa que se obtiene como derivado del petróleo, y que se usa en perfumería y farmacia como hidratante o lubricante. *Si se le secan los labios, póngase vaselina.*

vasija. f. Recipiente cóncavo, frec. de barro, que se usa para contener líquidos o alimentos. *Guardan el aceite en una vasija de barro.*

vaso. m. **1.** Recipiente pequeño, frec. de vidrio y gralm. de forma cilíndrica, que se utiliza para beber. *Llenó el vaso de agua.* **2.** Recipiente cóncavo capaz de contener algo. *El vaso de la batidora.* **3.** *Anat.* y *Zool.* En las personas o los animales: Conducto por el que circulan la sangre o la linfa. *Vasos sanguíneos.* **4.** *Bot.* En los vegetales: Conducto por el que circula la savia. ■ **~s comunicantes.** m. pl. *Fís.* Conjunto de dos o más recipientes unidos entre sí por conductos que permiten el paso de líquido de unos a otros. □ **ahogarse** alguien **en un ~ de agua.** loc. v. coloq. Preocuparse o apurarse por una causa pequeña. *Está muy capacitada, pero se ahoga en un vaso de agua.*

vástago. m. **1.** Renuevo de una planta. *A la planta le han salido nuevos vástagos.* **2.** Pieza en forma de varilla que sirve para articular o sostener otras piezas. *Cada broca termina en un vástago para ponerla en la taladradora.* **3.** cult. Hijo o descendiente de una persona. *Creó una gran empresa que heredaron sus vástagos.* ▶ **1:** RENUEVO.

vasto, ta. adj. cult. Amplio o extenso. *Navegó por el vasto mar.* FAM **vastedad.**

vate. m. cult. Poeta (autor). *Fue el más insigne vate de nuestra literatura.*

váter. m. Retrete. *La cisterna del váter pierde agua.*

vaticano, na. adj. Del Vaticano (sede de la corte pontificia). *Concilios vaticanos.*

vaticinar. tr. Pronosticar o profetizar (algo). *Me vaticinaron un futuro lleno de éxitos laborales.* ▶ *PREDECIR. FAM **vaticinador, ra; vaticinio.**

vatio. m. Unidad de potencia eléctrica del Sistema Internacional, que equivale a un julio por segundo (Símb. W). *Un foco de cien vatios.*

vaya. → ir.

ve. f. Am. Uve. Tb. *~ corta,* o *baja. En números romanos: equis, palito, ve corta: catorce* [C]. ■ **doble ~.** f. Am. Uve doble. *A través de los incisos ka, o, qu y doble ve se eleva la tasa al treinta y cinco por ciento* [C].

vecindad. f. **1.** Condición de vecino. *Mantenemos relaciones de buena vecindad.* **2.** Conjunto de los vecinos, espec. los de una casa. *Un estallido alarmó a la vecindad.* **3.** Cercanías de un lugar. *Compra en las tiendas de la vecindad.* ▶ **2:** VECINDARIO.

vecino, na. adj. **1.** Dicho de persona: Que habita, en vivienda independiente, dentro de la misma casa, barrio o población que otras personas. *La piscina es solo para los vecinos.* **2.** Dicho de persona: Que tiene vivienda en una población, contribuye a las cargas de esta y ha adquirido los derechos propios de sus habitantes por haber residido en ella el tiempo determinado por la ley. *Es vecino DE Guayaquil.* **3.** Dicho de persona o cosa: Que está en un lugar próximo o inmediato a otra. *Fuimos al pueblo vecino.* **4.** Semejante a algo, o coincidente con ello en un alto grado. *Tenemos puntos de vista vecinos.* FAM **vecinal; vecindario.**

vector. m. *Fís.* Magnitud en la que, además de la cantidad, hay que considerar el punto de aplicación, la dirección y el sentido. *La aceleración y la velocidad son vectores.* Tb. su representación gráfica, constituida por un segmento de recta orientado y de longitud determinada. FAM **vectorial.**

vedar. tr. **1.** Prohibir (algo), frec. por ley. *Vedaron la entrada al país de extranjeros sin visado.* **2.** Impedir o dificultar (algo). *Su cerrazón vedó toda posibilidad de acuerdo.* FAM **veda.**

vedette. (pal. fr.; pronunc. "bedét"). f. Artista principal de un espectáculo de variedades o de una revista. *La vedette lleva un espectacular tocado de plumas.* ¶ [Adaptación recomendada: *vedet,* pl. *vedets*].

veedor, ra. m. y f. **1.** Am. Persona que desempeña funciones de inspección o supervisión. *El veedor del partido corroboró la lesión de Cruz dentro de la cancha* [C]. ○ m. **2.** histór. Funcionario encargado de tareas de inspección y control. *Nombraron al arquitecto veedor de las obras del palacio.*

vega. f. Terreno bajo, llano y fértil, gralm. bañado por un río. *El pueblo está en la vega del río.*

vegetación. f. **1.** Conjunto de las plantas o vegetales propios de un lugar, o existentes en él. *La vegetación de la selva es rica y variada.* ○ pl. **2.** *Med.* Desarrollo excesivo de las amígdalas faríngeas y nasales, y del tejido linfático de la parte posterior de las fosas nasales. *Lo operaron de vegetaciones.*

vegetal. adj. **1.** De los vegetales (→ 2). *Reino vegetal.* ● m. **2.** Ser orgánico que crece y vive sin poder moverse de lugar por impulso voluntario. ▶ **2:** PLANTA.

vegetar. intr. **1.** Realizar un vegetal sus funciones vitales. *La vid vegeta bien en terrenos arenosos.* **2.** Vivir una persona como un vegetal, desarrollando una actividad meramente orgánica. *Perdió la consciencia y tan solo vegetaba.* **3.** Llevar una persona una existencia pasiva o inactiva. *¿Es que no te aburres de vegetar?*

vegetarianismo. m. Régimen alimenticio basado en el consumo exclusivo o casi exclusivo de productos de origen vegetal. FAM **vegetariano, na.**

vegetativo, va. adj. *Biol.* De las funciones vitales inconscientes. *Presenta trastornos vegetativos como insomnio o pérdida de apetito.*

veguero, ra. m. y f. **1.** Am. Persona que trabaja en el cultivo de una vega, espec. para la explotación de tabaco. *El veguero sabe aumentar la fuerza del tabaco.* [C]. ○ m. **2.** Cigarro puro. *Se fuma un buen veguero.* ▶ **2:** *CIGARRO.

vehemente. adj. Que actúa dejándose llevar por la pasión o el ímpetu. *Es la más vehemente defensora de nuestros derechos.* ▶ *APASIONADO. FAM **vehemencia.**

vehículo. m. **1.** Medio de transporte para personas o cosas. Frec. designa el automóvil. *Prohibido estacionar vehículos.* **2.** Cosa que sirve para transmitir o conducir algo. *El agua sin tratar puede ser vehículo de enfermedades.* FAM **vehicular** (*Tráfico vehicular*); **vehicular** (*La radio vehicula la información*).

veinte. adj. → APÉND. NUM. ■ **los** (años) ~. loc. s. La tercera década del siglo, espec. del XX. *La historia transcurre en los locos años veinte.* FAM **veintena.**

veinteañero, ra. adj. Dicho de persona: Que tiene entre veinte y treinta años. *Una mujer veinteañera.*

veinticinco; veinticuatro; veintidós; veintinueve; veintiocho; veintiséis; veintisiete; veintitrés. → APÉND. NUM.

veintiuno, na. adj. (apóc. **veintiún**: se usa ante n. m.). → APÉND. NUM.

vejar. tr. Maltratar o hacer sufrir (a una persona) humillándo(la). *Fue demandado por vejar a un empleado minusválido.* FAM **vejación; vejamen; vejatorio, ria.**

vejestorio. m. despect. Persona muy vieja. *Tu vecina es un vejestorio.*

vejete. m. coloq. o despect. Hombre viejo. *Su abuelo es un vejete adorable.*

vejez. f. **1.** Condición o estado de viejo. *La vejez lo está consumiendo.* **2.** Período de la vida de una persona en el que se es viejo. *Quiero llegar a la vejez.*

vejiga. f. En las personas y en muchos vertebrados: Órgano musculoso y membranoso en forma de bolsa, en el que se deposita la orina procedente de los riñones.

vela[1]. f. **1.** Hecho de velar durante la noche o el tiempo destinado al sueño. **2.** Pieza gralm. cilíndrica de cera u otra materia grasa consistente, que tiene una mecha en su eje para encenderla, y se usa para alumbrar. *Enciende una vela.* ■ **dar** (a alguien) ~ **en este entierro.** loc. v. coloq. Dar(le) autorización, ocasión o motivo para que intervenga en el asunto de que se trata. *Cállate, que nadie te ha dado vela en este entierro.* ■ **en ~.** loc. adv. Sin dormir. *He pasado la noche en vela.* ▶ **1:** VIGILIA. **2:** CANDELA.

vela[2]. f. **1.** Pieza o conjunto de piezas de tejido fuerte que se sujetan a los palos de una embarcación para recibir el viento que impulsa la nave. *Arriaron las velas.* **2.** Deporte náutico que consiste en navegar con embarcaciones de vela (→ 1). *Curso de vela.* **3.** Embarcación de vela (→ 1). ■ **a toda** ~, o **a** ~**s desplegadas.** loc. adv. **1.** *Mar.* Con gran viento y la máxima velocidad de navegación. *El galeón navegaba a toda vela.* **2.** Con la máxima intensidad y velocidad de ejecución. *Trabajan a toda vela.*

velada. f. **1.** Reunión nocturna de varias personas. *La velada se prolongó hasta el amanecer.* **2.** Sesión de una actividad artística, cultural o deportiva que se celebra por la noche. *El viernes se celebrará en el pabellón una velada de boxeo.*

velador, ra. adj. **1.** Que vela o está al cuidado de alguien o algo. Dicho de pers., tb. m. y f. *Ha tomado para sí el papel de velador de la moral.* ● m. **2.** Mesita de un solo pie y gralm. redonda. *Velador de mármol.* **3.** Am. Mesilla de noche. *Fue a buscar un vaso de agua para dejárselo en el velador* [C]. **4.** Am. Lámpara pequeña que suele colocarse en la mesilla de noche. *Apagó el velador* [C]. Tb. f. **5.** Am. Vigilante nocturno. *Los veladores escucharon un chirrido* [C]. ▶ **3:** MESILLA. **5:** *VIGILANTE.

velamen. m. Conjunto de las velas de una embarcación.

velar[1]. tr. **1.** Hacer guardia durante la noche cuidando o vigilando (algo). *El centinela velaba el castillo.* **2.** Acompañar (a un difunto) durante la noche. *Los familiares velan el cadáver.* **3.** Atender (a un enfermo) durante la noche. *Una enfermera lo vela.* ○ intr. **4.** Estar sin dormir durante el tiempo destinado al sueño. *Veló toda la noche.* **5.** Cuidar con esmero de alguien o de algo. *Velan POR sus hijos.*

velar[2]. tr. **1.** Cubrir (algo), o hacer que quede oculto o disimulado. *La capucha le vela el rostro.* **2.** Hacer que (una película fotográfica) se vele (→ 4). *No abras la cámara, que velas el carrete.* **3.** Cubrir (algo o a alguien) con velo. *La novia iba velada.* ○ intr. prnl. **4.** Borrarse total o parcialmente la imagen de una película fotográfica por la acción indebida de la luz. *Se ha velado el carrete.*

velatorio. m. **1.** Acto o reunión en que se vela a un difunto. *Asistió al velatorio.* **2.** Lugar acondicionado para velatorios (→ 1). *Llevarán el cadáver al velatorio del hospital.* ▶ **1:** VELORIO.

velcro. (Marca reg.). m. Sistema de cierre o de sujeción compuesto por dos tiras de tejidos diferentes que, al unirse, se pegan entre sí. *Mi cartera tiene el cierre de velcro.*

veleidad. f. **1.** Cualidad de veleidoso. *Cambiaba de aficiones por pura veleidad.* **2.** Deseo o actitud antojadizos y pasajeros. *De joven tuvo veleidades literarias.*

veleidoso, sa. adj. Inconstante o mudable. *La suerte es veleidosa.*

velero, ra. adj. **1.** Dicho de embarcación: Muy ligera o que navega mucho. *De las carabelas, La Pinta era la más velera.* ● m. **2.** Barco de vela. *Navega en un velero.*

veleta. f. Aparato formado por una pieza de metal, gralm. en forma de flecha, que gira en torno a un eje vertical impulsada por el viento y que se coloca en lo alto de los edificios para señalar la dirección de este. *La veleta del caserón tiene forma de gallo.*

vello. m. **1.** Pelo corto y suave de algunas zonas del cuerpo humano. *Del frío, se me erizaba el vello.* **2.** Pelusa que cubre algunas plantas o frutas. ▶ **2:** PELO, PELUSA. FAM **vellosidad; velloso, sa; velludo, da.**

vellocino. m. Cuero curtido de oveja o de carnero con su lana. *Jasón y los argonautas fueron en busca del vellocino de oro.*

vellón[1]. m. Conjunto de la lana de una oveja o un carnero esquilado. *Para el colchón necesitó el vellón de varias ovejas.*

vellón[2]. m. histór. Aleación de plata y cobre con que se acuñaba moneda.

velo. m. **1.** Cortina o tela, frec. de tejido muy fino, destinadas a cubrir algo. *El velo de una cuna.* **2.** Prenda de tejido fino, gralm. gasa o tul, con que se cubren la cabeza y a veces el rostro las mujeres, espec. para entrar en una iglesia. *La novia lleva un velo de tul.* **3.** Cosa gralm. delgada o vaporosa que oculta total o parcialmente la vista de otra. *Un velo de niebla.* ■ ~ **del paladar.** m. *Anat.* Órgano muscular y membranoso de forma cuadrada, que separa la cavidad bucal de la faringe. □ **correr,** o **echar, un tupido** ~ (sobre algo). loc. v. coloq. Omitir(lo) o dejar(lo) para el olvido, por no convenir mencionar(lo) o tener(lo) en cuenta. *No quiero hablar del tema, corramos un tupido velo.* ■ **tomar** una monja **el** ~. loc. v. Profesar. *Tomó el velo con el nombre de sor Lucía.*

velocidad. f. **1.** Cualidad de veloz. *El guepardo destaca por su velocidad.* **2.** Relación entre una distancia y el tiempo empleado en recorrerla. *Circula a una velocidad de 100 km/h.* **3.** En un vehículo: Cada una de las posiciones de la caja de cambios. *Ponga la quinta velocidad.* ▶ **1:** *RAPIDEZ. **3:** MARCHA. FAM **velocímetro.**

velocípedo. m. histór. Vehículo formado por un caballete sobre dos o tres ruedas desiguales que se mueven por pedales. *La bicicleta sustituyó al velocípedo.*

velocista. m. y f. Corredor o nadador especializados en carreras de velocidad y corto recorrido. *Los velocistas de los cien metros lisos estaban en sus puestos de salida.*

velódromo. m. Lugar destinado para carreras de bicicletas. *Las pruebas de velocidad y persecución se celebrarán en el velódromo.*

velón. m. **1.** Vela grande. *Los dos monaguillos sostenían sendos velones negros.* **2.** Lámpara de aceite compuesta por un vaso con uno o varios mecheros, un eje sobre el que puede girar, subir o bajar, un asa por arriba y un pie gralm. en forma de platillo.

velorio. m. Velatorio (acto en que se vela a un difunto). ▶ VELATORIO.

veloz. adj. Rápido o ágil en el movimiento o en lo que se hace. *La liebre es un animal muy veloz.* ▶ *RÁPIDO.

vena. f. **1.** Anat. Vaso sanguíneo de los que conducen la sangre que vuelve al corazón. Tb. cualquier vaso sanguíneo. *Se le marca una vena en la frente.* **2.** Veta. *Una vena de oro.* **3.** Inspiración poética o artística. *En su última obra, aflora su vena poética.* **4.** Estado de ánimo pasajero en que alguien se encuentra. *Me invadió una vena melancólica.* **5.** Inclinación a comportarse o pensar de determinada manera. *Ya salió tu vena machista.* **6.** Conducto natural subterráneo por donde circula el agua. Tb. ~ *de agua. Buscan las venas de agua para hacer un pozo.* **7.** En una planta: Haz fibroso de los que sobresalen en el envés de las hojas. ■ ~ **cava.** f. *Anat.* Cada una de las dos venas (→ 1) mayores del cuerpo que conducen la sangre hasta la aurícula derecha del corazón. ⇒ CAVA. ■ ~ **yugular.** f. *Anat.* Cada una de las dos venas (→ 1) situadas a uno u otro lado del cuello. ⇒ YUGULAR. □ **estar** alguien **en** ~. loc. v. **1.** coloq. Estar inspirado para realizar una actividad, espec. si es de carácter artístico. *Nadie puede ganar a este ajedrecista si está en vena.* **2.** coloq. Estar ocurrente o ingenioso. *Cuando está en vena, me hace reír durante horas.* ▶ **7:** NERVIO.

venablo. m. Dardo o lanza pequeña y delgada. *Alcanzó al ciervo con un venablo.*

venado, da. m. **1.** Ciervo. ○ f. **2.** Hembra del venado (→ 1). *Una venada y su cría.*

venal. adj. **1.** Vendible o destinado a la venta. *Me regaló una edición no venal del libro.* **2.** Que se deja sobornar. *Los jueces venales serán castigados.* FAM **venalidad.**

vencejo. m. Pájaro de plumaje negro en el cuerpo y blanco en la garganta, alas largas y puntiagudas y cola también larga y en forma de horquilla, que se alimenta de insectos. *El vencejo hembra.*

vencer. tr. **1.** Superar (a alguien) en algo, espec. en una disputa o combate o en una competición. *El boxeador venció al aspirante al título.* Tb. como intr. *Divide y vencerás.* **2.** Dominar (un sentimiento) por medio de la razón. *Debes vencer el miedo.* **3.** Superar (una dificultad u obstáculo), luchando contra ellos. *Hemos terminado nuestra obra venciendo muchos obstáculos.* **4.** Ser superior (a alguien) en algo. *Nadie*

la vence EN elegancia. **5.** Torcer o inclinar (algo). *El peso vence la carga.* ○ intr. **6.** Terminar o acabar un plazo o un espacio de tiempo. *El lunes vence el plazo de inscripción.* **7.** Perder su vigencia un contrato por vencer (→ 6) su plazo. *El contrato vence el próximo mes.* **8.** Hacerse exigible una deuda u otra obligación por haberse cumplido la condición o el plazo necesarios para ello. *La letra del piso vence a primeros de mes.* ▶ **1:** BATIR, DERROTAR, GANAR. **6:** CUMPLIR, EXPIRAR. FAM **vencedor, ra; vencimiento.**

vencida. la ~. loc. s. La tentativa en que se consigue el fin pretendido, gralm. después de varios intentos. *He suspendido dos veces, pero a la tercera va la vencida.*

venda. f. Tira de gasa u otro tejido, que se usa para proteger un miembro dañado enrollando la tira a su alrededor, o para sujetar los apósitos que cubren una herida. *Lleva una venda en la muñeca por una torcedura.* Frec. fig., en constr. como *tener* alguien *una* ~ *en los ojos,* o *caérsele* a alguien *la* ~ *de los ojos,* para referirse a algo que ofusca la mente e impide ver la realidad como es. *Todos saben que su novio es un sinvergüenza, pero ella tiene una venda en los ojos.* FAM **vendaje; vendar.**

vendaval. m. Viento fuerte. *El vendaval arrancó varios árboles.*

vender. tr. **1.** Traspasar la propiedad (de algo) a alguien a cambio de dinero. *He vendido mi casa.* **2.** Dar (algo que no tiene valor material) a alguien a cambio de dinero o beneficios. *Vendió su honor.* **3.** Traicionar (a alguien) a cambio de dinero o beneficios. *Vendería a sus compañeros.* **4.** Exponer u ofrecer al público (una mercancía) para estimular o promover su compra. *En esa tienda venden sofás.* ○ intr. prnl. **5.** Aceptar dinero o favores a cambio de realizar acciones indignas. *El árbitro se ha vendido.* ■ ~ caro (algo). loc. v. Dar(lo) tras mucha resistencia. *Ha vendido cara su ayuda.* FAM **vendedor, ra; vendible.**

vendetta. (pal. it.; pronunc. "bendéta"). f. Venganza por rencillas entre familias, clanes o grupos rivales. *Los asesinatos se debieron a una vendetta entre bandas mafiosas.* ¶ [Equivalente recomendado: *venganza*].

vendimiar. (conjug. ANUNCIAR). tr. Recoger el fruto (de la viña). *Vendimiaron cientos de viñedos.* Tb. referido al fruto. *Los jornaleros vendimian las uvas.* Tb. como intr. *Este fin de semana voy a vendimiar.* FAM **vendimia; vendimiador, ra.**

veneciano, na. adj. De Venecia (Italia).

veneno. m. **1.** Sustancia que, introducida en un ser vivo, puede producir graves alteraciones de sus funciones vitales, o la muerte. *El arsénico es un veneno muy potente.* **2.** Cosa que produce un daño físico o moral. *Para quien tiene el colesterol alto, las grasas son veneno.* **3.** Sentimiento negativo, como la ira o el rencor, hacia alguien o algo. *Me insultó y echó todo el veneno que llevaba dentro.* ▶ **1:** PONZOÑA, TÓXICO.

venenoso, sa. adj. Que tiene veneno. *Una serpiente venenosa.* ▶ PONZOÑOSO, TÓXICO.

venerar. tr. **1.** Sentir profundo respeto (por alguien o algo). *Los discípulos veneran a su maestro.* **2.** Rendir culto (a un dios, o a alguien o algo sagrados). *Los griegos veneraban al dios Apolo.* ▶ REVERENCIAR. FAM **venerable; veneración.**

venéreo, a. adj. **1.** Dicho de enfermedad: Que es contagiosa y se contrae habitualmente por vía sexual. **2.** cult. Del placer o acto sexuales. *Pasión venérea.*

venero. m. Manantial de agua. *Bebimos en un venero.*

venezolano, na. adj. De Venezuela.

vengar. tr. **1.** Satisfacer o reparar (un daño o agravio). *Lo mató para vengar su honor ofendido.* ○ intr. prnl. **2.** Satisfacer o reparar un daño o agravio. *Juró vengarse* DE/POR *lo que le habían hecho.* FAM **vengador, ra; venganza; vengativo, va.**

venia. f. Licencia o permiso para hacer algo. *Con la venia, señoría, ¿puedo acercarme al estrado?*

venial. adj. Que se opone levemente a una ley o precepto. *No has cometido un delito, ni siquiera una falta venial.*

venidero, ra. adj. Que está por venir o suceder. *Los tiempos venideros.*

venir. (conjug. VENIR). intr. **1.** Moverse en dirección al lugar en que está la persona que habla, o a uno próximo a ella. *Mi perro viene cuando lo llamo.* Tb. prnl. *Se vino a Bogotá.* **2.** Llegar al lugar en que está la persona que habla, o a uno próximo a ella. *El tren vino tarde.* **3.** Resultarle a alguien o a algo una cosa de determinada manera, o producir en ellos determinado efecto. *¿Te viene bien que nos veamos el lunes?* **4.** Proceder de alguien o algo. *"Hijo" viene* DEL *latín.* **5.** Aparecer o hacerse realidad en un tiempo. *Tras la tormenta vendrá la calma.* **6.** Figurar o estar presente algo en el lugar esperado. *Esa palabra no viene en el diccionario.* **7.** Seguido de un gerundio, forma con él una perífrasis que expone en su desarrollo la acción expresada por ese gerundio. *Los robos vienen sucediéndose desde el verano.* **8.** Seguido de *a* y un infinitivo, expone de manera aproximada el hecho expresado por él. *La visita guiada viene a durar una hora.* **9.** Seguido de un complemento introducido por *con:* Exponer lo designado por él. *¡No me vengas con tonterías!* ■ **¿a qué viene** algo? loc. v. Se usa para expresar que esa cosa se considera inoportuna o injustificada. *¿A qué vienen esos gritos?* ■ **que viene.** loc. adj. Precedido de algunos nombres que expresan tiempo: Siguiente. *La reunión es el lunes que viene.* ■ **~ a menos.** → **menos.** ■ **~le** algo **grande,** o **ancho,** (a alguien). loc. v. coloq. Ser excesivo para su capacidad o sus méritos. *La presidencia le venía grande.* ■ **~ mal dadas.** loc. v. coloq. Presentarse desfavorablemente los asuntos o las circunstancias. *Si vienen mal dadas, cerrarán la fábrica.* FAM **venida.**

venoso, sa. adj. **1.** De las venas. *Le administraron la medicación por vía venosa.* **2.** Que tiene venas, o las tiene muy marcadas. *Tiene manos huesudas y venosas.*

venta. f. **1.** Hecho o efecto de vender. *Se dedica a la venta de pisos.* **2.** Establecimiento rural, situado en un camino o un lugar despoblado, da alojamiento y comida al viajero. ■ **en ~.** loc. adj. Ofrecido o anunciado para ser vendido. *Los artículos en venta han pasado el control de calidad.* ▶ **2:** POSADA. FAM **ventero, ra.**

ventaja. f. **1.** Situación de superioridad o adelanto en que se encuentra una persona o cosa respecto de otra. *Me llevas ventaja, porque hablas idiomas.* **2.** Condición favorable de una persona o cosa respecto de otra. *Vivir en el campo tiene ventajas.* **3.** Ganancia anticipada que una persona concede a otra para compensar la inferioridad o falta de habilidad de esta, espec. en un juego o una actividad deportiva. *¡Echemos una carrera, te doy diez metros de ventaja!* FAM **ventajoso, sa.**

ventajista. adj. Dicho de persona: Que intenta obtener ventaja por cualquier medio y sin miramientos. *No conozco a nadie tan ventajista como él.*

ventana. f. **1.** Abertura hecha en una pared, gralm. a cierta altura del suelo, para permitir la entrada de luz y aire del exterior. *Se asoma a la ventana.* **2.** Hoja u hojas, gralm. formadas por un marco de madera o metal con cristal, con que se cierra una ventana (→ 1). *Cierra la ventana.* **3.** Orificio de la nariz. Tb. *~ nasal. Tenía costras alrededor de las ventanas nasales.* **4.** *Inform.* En la pantalla de un ordenador: Espacio delimitado donde se visualiza información que puede manejarse independientemente del resto de la pantalla. FAM **ventanal; ventanillo; ventano; ventanuco.**

ventanilla. f. **1.** Abertura pequeña en una pared de un despacho o de una oficina, a través de la cual un empleado atiende al público. *Ventanilla de información.* **2.** En un vehículo: Abertura de los costados provista de cristal. *Mira por la ventanilla del tren.*

ventarrón. m. Viento muy fuerte. *El ventarrón tiró varios árboles.*

ventear. tr. **1.** Olfatear un animal (algo) en el aire. *Los perros ventean el rastro de la caza.* ○ intr. impers. **2.** Soplar fuerte el viento. *Venteaba en el puerto.*

ventero, ra. → **venta.**

ventilación. f. **1.** Hecho o efecto de ventilar o ventilarse. *La casa ha estado cerrada y necesita ventilación.* **2.** Instalación o sistema de ventilación (→ 1). *Se ha estropeado la ventilación.* **3.** Abertura en un espacio cerrado que sirve para su ventilación (→ 1). *El cuarto de baño no tiene ventilación porque es interior.*

ventilador. m. **1.** Aparato que remueve el aire y sirve para refrigerar un lugar u otra cosa. *En verano se disparan las ventas de ventiladores.* **2.** Abertura hacia el exterior hecha en un recinto para que se ventile sin necesidad de abrir puertas o ventanas. *Los humos de la cocina salen por el ventilador.*

ventilar. tr. **1.** Hacer que entre o que se renueve el aire (en un espacio cerrado). *Ventila la habitación.* **2.** Exponer (algo) a la acción del aire. *Hay que ventilar las mantas.* **3.** Resolver (un asunto). *Finalmente ventilaron la cuestión.* **4.** Dar a conocer (un asunto privado). *Ha ventilado sus conquistas sin ningún pudor.*

ventisca. f. **1.** Tormenta de viento, espec. viento y nieve. *Se avecina una ventisca.* **2.** Viento muy fuerte. *Empezó a soplar una ventisca de cerca de 100 km/h.*

ventisquero. m. **1.** Lugar de una montaña muy expuesto a las ventiscas. *Cruzó los ventisqueros más peligrosos.* **2.** Lugar de una montaña donde se conserva la nieve y el hielo. *Para ver nieve en esta época, tendrías que subir a un ventisquero.*

ventolera. f. Golpe de viento fuerte y poco durable. *Se levantó una ventolera.*

ventosa. f. **1.** Pieza cóncava de goma u otro material elástico que, al presionarla contra una superficie lisa, queda adherida a ella por producirse el vacío entre ambas. *Una ventosa sujeta el paño de cocina.* **2.** En algunos animales: Órgano en forma de disco que les sirve para adherirse mediante el vacío, o para succionar. *Las ventosas del pulpo.*

ventosear. intr. Expulsar los gases intestinales por el ano. *El muy cerdo ventosea en cualquier parte.* FAM **ventosidad.**

ventoso, sa. adj. Caracterizado por vientos abundantes o fuertes. *Invierno ventoso.*

ventral. adj. Del vientre. *Se queja de un dolor en la zona ventral.*

ventrículo. m. **1.** *Anat.* Cavidad del corazón que recibe la sangre de una aurícula y la envía por las arterias a todo el organismo. **2.** *Anat.* Cada una de las cuatro cavidades del encéfalo de los vertebrados. FAM **ventricular.**

ventrílocuo, cua. adj. Que puede hablar sin mover los labios y modificando la voz de forma que parezca proceder de otra persona o lugar. *Un payaso ventrílocuo.*

ventrudo, da. adj. Que tiene el vientre abultado. *Vasijas ventrudas.*

ventura. f. **1.** Felicidad. *Nos deseó toda clase de venturas.* **2.** Suerte, espec. si es favorable. *Tuvo la ventura de conocer al maestro.* ■ **buena ~.** → **buenaventura.** □ **a la (buena) ~.** loc. adv. Sin un objetivo determinado, o a lo que depare la suerte. *Navegan a la ventura.* ■ **por ~.** loc. adv. cult. Quizá. *¿Estaría enojada, por ventura?* ▶ **2:** *SUERTE. FAM **venturoso, sa.**

venus. f. **1.** Mujer muy bella. *La joven es una venus.* **2.** Estatuilla prehistórica de mujer. *Han hallado una venus de piedra en las excavaciones.*

venusiano, na. adj. Del planeta Venus. *Atmósfera venusiana.*

venusino, na. adj. cult. De Venus (diosa de la mitología grecorromana), o de características atribuidas a ella, espec. la belleza. *Mito venusino.*

ver. (conjug. VER). tr. **1.** Percibir (algo o a alguien) por los ojos. *Desde mi ventana veo la plaza.* **2.** Percibir (algo) con la inteligencia. *Enseguida ve la solución de los problemas de matemáticas.* **3.** Reconocer o examinar (algo o a alguien) con cuidado y atención. *La han visto ya cinco médicos.* **4.** Visitar (a una persona) o reunirse (con ella). *Fui a ver a mi hermano.* Tb. prnl. *Nos veremos esta tarde.* **5.** Considerar (algo) o reflexionar (sobre ello). *Veré las ofertas antes de comprar el coche.* **6.** Notar (algo) o darse cuenta (de ello). *¿Has visto lo caro que está todo?* **7.** Presentir o sospechar (algo). *Veo que va a llover.* **8.** Juzgar o estimar (algo). *No veo mal esta solución.* **9.** Ser un lugar escenario (de algo). *La universidad ha visto pasar por sus aulas generaciones de jóvenes.* ○ intr. **10.** Tratar de realizar algo. *Veré DE hacer lo que me pides.* ○ intr. prnl. **11.** Encontrarse alguien en una situación o en un lugar determinados. *Se ve en un aprieto.* ● m. **12.** Apariencia o aspecto de algo o de alguien. *Está de buen ver.* ■ **visto bueno.** m. Fórmula que se pone al pie de algunas certificaciones y otros documentos, con que el que firma debajo da a entender hallarse ajustados a los preceptos legales y estar expedidos por persona autorizada al efecto. *Solo falta el visto bueno del jefe.* □ **a ~.** expr. **1.** Se usa para pedir algo que se quiere ver (→ 1) o conocer. *–He traído las fotos. –A ver.* **2.** Se usa para expresar la determinación de esperar a que se haga patente la certidumbre de algo o la eventualidad de un suceso. *A ver qué pasa ahora.* ■ **a ~ si.** expr. **1.** Se usa, seguida de un verbo, para denotar curiosidad, expectación o interés. *A ver si llega de una vez.* **2.** Denota temor o sospecha. *No come: a ver si va a estar enfermo.* **3.** Expresa mandato. *A ver si te estás quieto.* ■ **aquí donde me, o lo, ves, veis, ve usted, o ven ustedes.** expr. coloq. Se usa para denotar que alguien va a hacer de sí mismo o de otra persona algo que no es de esperar. *Aquí donde lo ves, es un as de los negocios.* ■ **bien visto.** loc. adj. Que merece la aprobación de la gente. *No estaba bien visto que una mujer saliese sola.* ■ **está visto.** expr. Se usa para dar algo por cierto y seguro. *Está visto que llegamos tarde.* ■ **había que ~.** expr. Se usa para ponderar algo notable. *Había que ver lo bien que cantaban.* ■ **hasta más ~.** expr. coloq. Hasta la vista. *Me marcho, ¡hasta más ver!* ■ **hay que ~.** expr. Se usa para ponderar algo notable. *¡Hay que ver cómo ha cambiado!* ■ **mal visto.** loc. adj. Que no merece la aproba-

ción de la gente. *Estaba mal visto ir al teatro con un atuendo informal.* ■ **nunca visto.** loc. adj. Raro o extraordinario en su línea. *Un caso nunca visto.* ■ **por lo visto.** loc. adv. Al parecer, según se infiere de determinados indicios. *Por lo visto, no conocía la noticia.* ■ **si te he visto, o si te vi, no me acuerdo, o ya no me acuerdo.** expr. Se usa para manifestar el despego con que los ingratos suelen pagar los favores recibidos. *Ese va a lo suyo y después, si te he visto, no me acuerdo.* ■ **~ para creer, o ~ y creer.** expr. Se usa para manifestar incredulidad o asombro. *¡Tú por aquí!, ¡ver para creer!* ■ **veremos.** expr. **1.** Se usa para diferir la resolución de algo, sin concederlo ni negarlo. *–¿Me comprarás otro coche? –Veremos.* **2.** Se usa para manifestar la duda de que se realice o resulte algo. *–Te aseguro que vendrá. –Veremos.* ■ **visto que.** loc. conjunt. Puesto que. *Visto que no hay otra solución, nos resignaremos.* ■ **ya se ve.** expr. Se usa para manifestar asentimiento. Con intención irónica. *–Me encanta cómo guisas. –Ya se ve; no comes nada.*

vera. f. Orilla, espec. la de un río o un camino. *Pasean por la vera del río.* ■ **a la ~.** loc. adv. Al lado. *Allí está, siempre a la vera DE su novia.*

veracruzano, na. adj. De Veracruz (México).

veranear. intr. Pasar las vacaciones de verano en un lugar distinto al de la residencia habitual. *Veranea en un pueblo de la costa.* FAM **veraneante; veraneo.**

veranillo. m. Período breve de tiempo, durante el otoño, en que hace calor.

verano. m. Estación más calurosa del año, que sigue a la primavera y que en el hemisferio norte dura del 21 de junio al 21 de septiembre, y en el hemisferio sur, del 21 de diciembre al 21 de marzo. FAM **veraniego, ga.**

veras. de ~. loc. adv. **1.** De verdad o realmente. *De veras tengo ganas de verte.* **2.** En serio. *¿Lo dices de veras o es una broma?*

veraz. adj. **1.** Dicho de persona: Que dice la verdad. *Es un hombre veraz.* **2.** Que se ajusta a la verdad. *El informe aporta datos veraces.* ▶ **1:** *SINCERO. FAM **veracidad.**

verbal. adj. **1.** De la palabra. *Usaban un lenguaje no verbal: el de los tambores.* **2.** Que se hace de palabra, y no por escrito. *Acuerdo verbal.* **3.** Gram. Del verbo. *La forma verbal "cantar" es un infinitivo.* **4.** Gram. Que tiene valor verbal (→ 3). *Locución verbal.*

verbalizar. tr. Expresar (algo) por medio de palabras. *Es incapaz de verbalizar sus sentimientos.* FAM **verbalización.**

verbena. f. **1.** Fiesta popular al aire libre, con música y baile, que se celebra gralm. por la noche y con motivo de alguna festividad. *En las fiestas patronales, se celebra una verbena.* **2.** Planta herbácea de tallo erguido y ramoso, hojas ásperas y flores de varios colores en espigas largas y delgadas. FAM **verbenero, ra.**

verbigracia adv. Por ejemplo. *El trabajo versará sobre un aspecto concreto, verbigracia, el estilo borgiano.*

verbo. m. **1.** cult. Expresión, oral o escrita, del pensamiento. *Es un poeta de verbo fácil.* **2.** Gram. Palabra susceptible de variar de persona, número, tiempo, modo y aspecto, que puede funcionar como núcleo del predicado. ■ **~ auxiliar.** m. Gram. Verbo (→ 2) que se emplea en la formación de los tiempos compuestos, de la voz pasiva y de las perífrasis verbales. *"Haber" y "ser" son verbos auxiliares.* ⇒ AUXILIAR. ■ **~ copulativo.** m. Gram. En oraciones de predicado nominal: Verbo (→ 2) que une el sujeto con el atributo. *"Ser"*, *"estar"* y *"parecer"* son verbos copulativos. ⇒ CÓPULA. ■ ~ **defectivo.** m. *Gram.* Verbo (→ 2) que no se usa en todas las formas de su conjugación. *"Soler"* y *"abolir"* son verbos defectivos. ⇒ DEFECTIVO. ■ ~ **deponente.** m. *Gram.* Verbo (→ 2) latino que tiene forma pasiva y significado activo. *"Loquor"*, *que significa 'hablar', es un verbo deponente.* ⇒ DEPONENTE. ■ ~ **intransitivo.** m. *Gram.* Verbo (→ 2) que no se construye con complemento directo. *"Ir"* y *"venir" son verbos intransitivos.* ■ ~ **irregular.** m. *Gram.* Verbo (→ 2) que presenta alguna variación en la raíz, el tema o las desinencias con respecto a la conjugación regular. *"Caber"* y *"dormir" son verbos irregulares.* ■ ~ **predicativo.** m. *Gram.* Verbo (→ 2) que no es copulativo. *"Cantar" es un verbo predicativo.* ■ ~ **pronominal.** m. *Gram.* Verbo (→ 2) que se construye en todas sus formas con un pronombre átono que concuerda con el sujeto y que no desempeña ninguna función sintáctica. *"Arrepentirse" es un verbo pronominal.* ■ ~ **transitivo.** m. *Gram.* Verbo (→ 2) que se construye con complemento directo. *"Dar" es un verbo transitivo.* □ **el Verbo.** loc. s. cult. Jesucristo, el Hijo de Dios.

verborrea. f. despect. Verbosidad exagerada. *Con su verborrea me convenció.*

verboso, sa. adj. Que emplea una gran o excesiva cantidad de palabras. *Como orador es verboso, pero no buen comunicador.* FAM **verbosidad.**

verdad. f. **1.** Conformidad de lo que se expresa con lo que se cree, se conoce o se piensa. *Nadie discute la verdad de tu afirmación.* **2.** Cosa dicha conforme a lo que se cree, se conoce o se piensa. *Lo que te he dicho es verdad.* **3.** Cosa real o existente. *Era verdad que lloraba.* **4.** Idea o afirmación razonables, o que no se pueden negar de forma racional. *Es verdad que debes obedecer al médico.* **5.** Pensamiento expresado de manera clara y sin rodeos, y dirigido a alguien para reprenderlo. *Ven, que te voy a decir cuatro verdades.* ■ **a decir ~.** expr. Se usa para asegurar la certeza y realidad de algo. *A decir verdad, no me parece bien lo que haces.* ■ **bien es ~.** expr. Se usa contraponiendo algo a otra cosa, para indicar que no impide o estorba el asunto, o para exceptuarlo de una regla general. *Nos ha ayudado, si bien es verdad que interesadamente.* ■ **de ~.** loc. adj. **1.** Auténtico o verdadero. *Los deportistas de verdad viven por y para el deporte.* □ loc. adv. **2.** Realmente. *Si te vas a poner a estudiar, hazlo de verdad.* ■ **en ~.** loc. adv. Ciertamente. *En verdad lo pensaba.* ■ **faltar** alguien **a la ~.** loc. v. Mentir. *Ha faltado a la verdad y volverá a hacerlo.* ■ **¿verdad?** expr. Se usa para pedir al interlocutor el asentimiento ante lo expresado. *Mañana es lunes, ¿verdad?* ▶ **3:** REALIDAD.

verdaderamente. adv. **1.** De verdad, o realmente. *Verdaderamente, no lo entiendo.* **2.** De manera verdadera. *Tienes que creer tú verdaderamente.*

verdadero, ra. adj. **1.** Que se atiene o es conforme a la verdad. *Me contaron una historia increíble, pero verdadera.* **2.** Real o auténtico. *Lo llaman por su apodo, nunca por su verdadero nombre.*

verde. adj. **1.** De color semejante al de la hierba fresca o la esmeralda. *¿Está verde o rojo el semáforo?* **2.** Dicho de planta: Que tiene savia. **3.** Dicho de leña: Recién cortada de un árbol vivo. **4.** Dicho de fruto: Que no está maduro. *Las ciruelas están verdes.* **5.** Dicho de legumbre: Que se consume fresca. *Porotos verdes.* **6.** Dicho de cosa: Que está en sus comienzos, falta de elaboración o lejos de poder considerarse

perfecta o acabada. *El proyecto está aún verde.* **7.** Dicho de zona o espacio urbanos: Destinado a parques o jardines y no edificable. **8.** Ecologista. *Partido verde.* **9.** coloq. Obsceno o indecente. *Chistes verdes.* **10.** coloq. Dicho de persona: Que tiene inclinaciones sexuales impropias a su edad o estado. *Un viejo verde.* ● m. **11.** Hierba (conjunto de hierbas). *Me tumbé en el verde.* **12.** Follaje. *Árboles llenos de verde.* ▶ **11:** HIERBA. FAM **verdinegro, gra; verdoso, sa; verdusco, ca.**

verdear. intr. **1.** Mostrar o tener algo color verde. *Las esmeraldas del collar verdean.* **2.** Tender algo a mostrar o tener color verde. *El amarillo de su falda verdea.* **3.** Cubrirse la tierra de brotes, o las plantas de hojas. *Los almendros ya verdean.* ▶ **3:** VERDECER.

verdecer. (conjug. AGRADECER). intr. Verdear la tierra o las plantas. *Los campos empiezan a verdecer.* ▶ VERDEAR.

verdemar. m. Color verdoso como el del mar. *Unos ojos de un verdemar intenso.*

verdín. m. Capa verde de plantas como hongos, líquenes o musgos, que se forma en algunas aguas, espec. en las estancadas, y en lugares húmedos.

verdolaga. f. Hortaliza de tallos gruesos y jugosos, hojas carnosas comestibles y flores amarillas. *Ensalada de verdolagas.*

verdor. m. Color verde de las plantas. *Sorprende el verdor de estos campos.*

verdoso, sa. → verde.

verdugo. m. Persona encargada de ejecutar la pena de muerte u otras penas corporales impuestas por la justicia. *Ya junto al verdugo, pidió una última voluntad.*

verdugón. m. Señal alargada producida en la piel por un azote dado con una vara o algo similar. *Los latigazos le dejaron verdugones en la espalda.*

verdura. f. Hortaliza, espec. la que tiene hojas verdes. *Sopa de verduras.* ▶ HORTALIZA. FAM **verdulería; verdulero, ra.**

verdusco, ca. → verde.

vereda. f. **1.** Camino estrecho para el paso de personas o ganado. *Esa vereda lleva al río.* **2.** Am. Acera. *Ordenaron a las hijas que se cruzasen de vereda* [C]. **3.** Am. División administrativa de un municipio. *Comisario de la vereda Santa Rita* [C].

veredicto. m. Fallo pronunciado por un juez o un jurado. *El jurado ha emitido un veredicto de culpabilidad.*

verga. f. **1.** Pene. **2.** *Mar.* Palo horizontal a un mástil y en el que se sujeta la vela. *Se subió a la verga más alta del palo mayor.*

vergel. m. Huerto con gran variedad de flores y árboles frutales. *El pintor imagina el paraíso como un vergel.*

vergonzante. adj. Dicho de persona: Que siente vergüenza o humillación. Referido espec. a quien pide limosna de manera poco abierta por avergonzarse de ello. *Aquel que fue hidalgo orgulloso se había convertido en un pobre vergonzante.*

vergüenza. f. **1.** Turbación del ánimo causada por una falta cometida o por una humillación recibida. *Sintió vergüenza por no saber la respuesta.* **2.** Turbación del ánimo causada por timidez o encogimiento y que frec. supone un freno para actuar o expresarse. *Le da vergüenza hablar en público.* **3.** Estimación de la propia honra o dignidad. *Si tuvieras vergüenza, no te pasarías el día holgazaneando.* **4.** Cosa o persona que causan vergüenza (→ 1) o deshonra. *Es una ver-*

güenza que haya gente muriéndose de hambre. ○ pl. **5.** Órganos sexuales externos del ser humano. *La pintura muestra a Adán con una hoja de parra cubriendo sus vergüenzas.* ■ ~ **ajena.** f. Vergüenza (→ 1) que se siente por lo que dice o hace otra persona. *Cuando dice esos disparates, siento vergüenza ajena.* ▶ **1, 2:** RUBOR. || Am: **1, 2:** PENA. FAM vergonzoso, sa.

vericueto. m. Lugar, frec. escabroso y tortuoso, por el que es difícil pasar. *La montaña es buen escondite para quien conozca bien sus vericuetos.*

verídico, ca. adj. Dicho de cosa: Que se ajusta a la verdad o a la realidad. *Se ha descubierto que la noticia publicada no es verídica.*

verificar. tr. **1.** Comprobar la verdad (de algo). *Verifica el resultado de la suma.* **2.** Realizar o efectuar (algo). *El traspaso de poderes será verificado antes de un mes.* ○ intr. prnl. **3.** Resultar cierto algo predicho o pronosticado. *Se han verificado mis temores.* FAM verificable; verificación; verificador, ra.

verismo. m. Realismo extremado, espec. en arte y literatura. *Para dar mayor verismo a la película, optó por actores no profesionales.*

verja. f. Cerca o puerta de rejas. *Una verja rodea el chalé.*

vermú. (pl. **vermús**). m. Bebida alcohólica compuesta de vino, ajenjo y otras sustancias amargas y tónicas, que suele tomarse como aperitivo. ▶ VERMUT.

vermut. (pl. **vermuts**). m. Vermú.

vernáculo, la. adj. Dicho de cosa, espec. de lengua: Propia del lugar, región o país de que se trata. *Costumbres vernáculas.*

verónica. f. Taurom. Lance que consiste en esperar el torero la acometida del toro manteniendo el capote extendido o abierto con ambas manos frente al animal.

verosímil. adj. Que parece verdadero o creíble. *Es una historia verosímil.* FAM verosimilitud.

verraco. m. Cerdo semental. *Ha comprado un verraco en la feria ganadera.*

verruga. f. Abultamiento carnoso y gralm. redondeado de la piel. *Le ha salido una verruga en el dedo.* FAM verrugoso, sa.

versado, da. adj. Experto o preparado en una materia. *Es un político muy versado.*

versallesco, ca. adj. **1.** De Versalles (palacio de Francia), o de la corte francesa establecida allí durante el s. XVIII. *Jardines versallescos.* **2.** Extremada o afectadamente cortés. *Modales versallescos.*

versar. intr. Tratar algo, como un libro o un discurso, de una materia determinada. *La charla ha versado* SOBRE *las nuevas tecnologías.* ▶ TRATAR.

versátil. adj. **1.** Capaz de adaptarse con facilidad a diversas funciones o situaciones. *Una herramienta versátil.* **2.** Dicho de persona: Inconstante y voluble. *Es versátil e inestable.* FAM versatilidad.

versículo. m. Cada una de las divisiones breves establecidas en un capítulo de determinados libros, espec. de las Sagradas Escrituras. *El sacerdote leerá unos versículos del Éxodo.*

versión. f. **1.** Traducción. *Ha hecho una versión* AL *castellano de la "Ilíada".* **2.** Visión de un suceso transmitida al narrarlo. *No conozco su versión de los hechos.* **3.** Cada una de las formas que adopta una obra artística o literaria al ser sometida a modificaciones o a interpretaciones. *Un disco con versiones de canciones famosas.*

verso. m. **1.** Palabra o sucesión de palabras sujetas a medida, ritmo y rima, o solo a ritmo, que constituyen una unidad métrica y en la escritura de poemas se disponen en una sola línea. *La lira es una estrofa de cinco versos.* **2.** Forma de expresión en versos (→ 1). *Tiene obras en prosa y en verso.* **3.** coloq. Composición poética en verso (→ 2). Frec. en pl. *Ha escrito unos versos de amor.* ■ ~ **de arte mayor.** m. *Lit.* Verso (→ 1) que tiene más de ocho sílabas. *El verso alejandrino es un verso de arte mayor.* ■ ~ **de arte menor.** m. *Lit.* Verso (→ 1) que tiene ocho sílabas o menos. *El octosílabo es un verso de arte menor.* ■ ~ **libre.** m. *Lit.* Verso (→ 1) que no está sujeto a rima, medida ni esquema métrico determinados. *El poema está compuesto en versos libres de longitud variable.* ■ ~ **suelto, o libre.** m. *Lit.* Verso (→ 1) que queda sin rima dentro de una composición rimada. *Las rimas de la silva se distribuyen libremente, y pueden quedar algunos versos sueltos.* FAM versificación; versificador, ra; versificar.

vértebra. f. Cada uno de los huesos cortos que forman la columna vertebral. *Se ha fracturado una vértebra lumbar.* FAM vertebral.

vertebrado, da. adj. **1.** Del grupo de los vertebrados (→ 2). ● m. **2.** Animal con esqueleto provisto de columna vertebral y cráneo, y sistema central formado por médula espinal y encéfalo. *Un mamífero es un vertebrado.*

vertebrar. tr. Dar consistencia y estructura internas (a algo), frec. cohesionando o articulando sus componentes. *Dos ideas fundamentales vertebran su sistema filosófico.* FAM vertebración; vertebrador, ra.

vertedero. m. Lugar en que se vierten basuras o escombros. ▶ * BASURERO.

verter. (conjug. ENTENDER). tr. **1.** Echar o vaciar (un líquido o un material sólido no compacto) en un recipiente. *Vierta la harina y la leche en un cuenco.* **2.** Inclinar o volcar (un recipiente) para vaciar su contenido. *Vas a verter la botella sobre el mantel.* **3.** Vaciar una corriente (sus aguas) en otra corriente o en el mar. *El Cuchivero vierte sus aguas* A/EN *el Orinoco.* **4.** cult. Traducir (algo) a otro idioma. *Vertieron la novela* A/EN *cinco idiomas.* **5.** Expresar (algo) en una exposición, frec. con mala intención. *Vierte sus doctrinas en muchos artículos.* ▶ **3:** *DESEMBOCAR.

vertical. adj. **1.** Perpendicular al horizonte. *Dibuje una línea vertical y otra horizontal.* **2.** Dicho de cosa: Que está colocada con su dimensión mayor en la posición de arriba abajo, o que va en esa dirección. *Ponga el folio vertical.* **3.** Dicho espec. de organización o estructura: Que está jerarquizada y presenta una fuerte subordinación al estrato o nivel superior máximo. FAM verticalidad.

vértice. m. **1.** *Mat.* Punto en que se unen los dos lados de un ángulo. *Trace una recta desde el vértice A del triángulo hasta el centro del lado opuesto.* **2.** *Mat.* Punto en que se unen tres o más planos. **3.** *Mat.* Cúspide (punta de una pirámide o cono). **4.** *Mat.* Punto de una curva en que la curvatura es máxima o mínima. ▶ **3:** CÚSPIDE.

vertido. m. Material de desecho que se vierte al agua o a un vertedero. Tb. el hecho de verterlo. *El vertido de sustancias contaminantes* AL *mar está penado con multa.* Frec., en pl., designa el conjunto de esos materiales procedentes de instalaciones industriales. *Los análisis han detectado vertidos químicos en el agua del río.*

vertiente. f. **1.** Terreno o superficie inclinados, por los que corre o puede correr el agua. *Un arroyo baja por la vertiente norte de la montaña.* **2.** Aspecto o punto de vista. *Consideremos el problema en todas sus vertientes.*

vertiginoso, sa. adj. **1.** Del vértigo. **2.** Que causa vértigo. *Alturas vertiginosas.* Frec. con intención enfática, referido a velocidad o a algo que se produce con velocidad. *Ritmo vertiginoso.*

vértigo. m. **1.** *Med.* Trastorno del sentido del equilibrio, caracterizado por una sensación de inestabilidad y de movimiento rotatorio del cuerpo o de los objetos que lo rodean. **2.** Apresuramiento o intensidad excesivos en el desarrollo de una actividad. *El vértigo del trabajo.* **3.** Turbación del juicio, repentina y pasajera. *Tanta responsabilidad me da vértigo.*

vesania. f. cult. Locura o demencia. *Acto de vesania.* FAM vesánico.

vesícula. f. *Anat.* Órgano en forma de saco o de cavidad, gralm. lleno de líquido. Designa espec. el que contiene la bilis producida por el hígado; tb. ~ *biliar. Lo han operado para extirparle la vesícula.* FAM vesicular.

vespertino, na. adj. **1.** De la tarde. *Sesión vespertina.* ● m. **2.** Periódico que sale por la tarde. *Un vespertino francés adelantó la noticia.*

vestal. f. histór. En la antigua Roma: Sacerdotisa virgen consagrada al culto de la diosa Vesta. *Las vestales custodiaban el fuego sagrado.*

vestíbulo. m. **1.** En un edificio, espec. en un hotel: Pieza, gralm. de grandes dimensiones, inmediata o próxima a la entrada. *Al fondo del vestíbulo están los ascensores.* **2.** En una vivienda: Espacio o habitación situados a la entrada, donde se recibe a las personas que llegan. *Deja el paraguas en el vestíbulo.* **3.** *Anat.* Cavidad central del oído interno, comprendida en el laberinto. ▶ **1:** HALL. **2:** HALL, RECIBIDOR.

vestido. m. **1.** Vestimenta. *Museo del vestido.* **2.** Prenda exterior de vestir femenina de una sola pieza. *Luce un vestido de seda.* ▶ **2:** TRAJE.

vestidor. m. Habitación para vestirse y desvestirse, dotada a veces de armarios para guardar la ropa. *El dormitorio principal tiene cuarto de baño y vestidor.*

vestidura. f. Vestimenta. Frec. en pl. *Lleva negras vestiduras.* ■ **rasgarse las ~s.** loc. v. Escandalizarse con indignación. *El asunto no es para rasgarse las vestiduras.*

vestigio. m. Resto o señal que quedan de algo material o inmaterial. *Las ruinas del foro son los últimos vestigios de la villa romana.*

vestimenta. f. Prenda o conjunto de prendas exteriores de vestir con que se cubre el cuerpo. *Vestimenta tradicional.* ▶ INDUMENTARIA, TRAJE, VESTIDO, VESTIDURA.

vestir. (conjug. PEDIR). tr. **1.** Cubrir (a alguien) con ropa. *¿Puedes vestir a la niña?* **2.** Cubrir (algo), espec. para adornar(lo). *Visten el suelo DE/CON alfombras.* **3.** Proporcionar o hacer vestidos (a alguien). *La viste una modista.* ○ intr. **4.** Llevar ropa de unas características determinadas. *Vestía DE rojo.* Tb. prnl. *Se viste a la moda.* **5.** Llevar ropa de un determinado gusto. *Viste bien.* **6.** Ser algo, espec. la ropa o el material de que está hecha, elegante. *El color negro viste mucho.* ■ **de ~.** loc. adj. Dicho de ropa o calzado: Elegante o formal. *Camisa de vestir.*

vestuario. m. **1.** Conjunto de los vestidos o prendas de vestir de alguien. *Vestuario de verano.* **2.** Conjunto de los vestidos o prendas de vestir que se usan en una representación escénica o en una película. *Premio al mejor del vestuario.* **3.** En algunos lugares públicos: Local destinado a vestirse o cambiarse de ropa. *El vestuario del gimnasio.*

veta. f. **1.** Faja o lista que se diferencia de la masa en la que se encuentra por su color o su calidad. *Mármol con vetas oscuras.* **2.** Filón pequeño de un mineral. *Encontraron una veta de plata.* ▶ VENA. FAM veteado, da; vetear.

veterano, na. adj. Que ha estado mucho tiempo desempeñando una profesión o realizando una actividad, y está experimentado en ellas. *Profesor veterano.* FAM veteranía.

veterinario, ria. adj. **1.** De la veterinaria (→ 2). *Control veterinario.* ● f. **2.** Ciencia que se ocupa de la prevención y curación de las enfermedades animales. ○ m. y f. **3.** Persona legalmente capacitada para ejercer la veterinaria (→ 2).

veto. m. **1.** Hecho de impedir la aplicación o entrada en vigor de una ley o de una decisión, llevado a cabo por una persona, organización o país en ejercicio de su derecho a ello. *En determinados aspectos, cada Estado de la Unión tiene derecho de veto.* **2.** Hecho de vedar o prohibir. *Se puso el veto a la caza de ballenas.* FAM vetar.

vetusto, ta. adj. cult. Muy viejo. *La vetusta ciudad.* FAM vetustez.

vez. f. **1.** Momento en que se realiza una acción. *Una vez fui a verlo.* **2.** Momento en se repite o se alterna una acción. *Tómelo tres veces al día.* ■ **a la ~.** loc. adv. Al mismo tiempo. *Llegamos a la vez.* ■ **a su ~.** loc. adv. Por su parte. *Juan friega los platos, y María, a su vez, los va secando.* ■ **a veces.** loc. adv. En algunas ocasiones. *A veces me mareo.* ■ **cada ~.** loc. adv. Se usa para expresar progresión en la intensidad con que se realiza una acción o se presenta una cualidad. *Trabaja cada vez más.* ■ **cada ~ que.** loc. conjunt. Siempre que, o en todos los casos en que. *Cada vez que salgo, me llamas.* ■ **de una ~.** loc. adv. **1.** Con una sola acción. *Se ha sacado la licencia de motos y la de automóviles de una vez.* **2.** Por fin. *¡A ver si llueve de una vez!* ■ **de una ~, o de una ~ para siempre.** loc. adv. Definitivamente. *Se acabó el problema de una vez para siempre.* ■ **de ~ en cuando.** loc. adv. Algunas veces, o dejando transcurrir algún tiempo entre una y otra ocasión. *De vez en cuando va al cine.* ■ **en ~ de.** loc. prepos. En sustitución de. *En vez de salir, se queda en casa.* ■ **hacer las veces** (de alguien o algo). loc. v. Desempeñar las funciones (de él o ello). *Una caja hace las veces de mesa.* ■ **otra ~.** loc. adv. Se usa para expresar la repetición de una acción. *Otra vez con ese tema; ¡qué pesado!* ■ **tal ~.** loc. adv. Quizá. *Tal vez vayamos al teatro.* ■ **toda ~ que.** loc. conjunt. Puesto que. *Toda vez que el asunto estaba resuelto, se disolvió la reunión.* ■ **una ~.** loc. adv. Antepuesta a una construcción con participio, indica que la acción expresada por ese participio ha terminado poco tiempo antes de que empiece la expresada por el verbo principal. *Una vez arada la tierra, se siembra.* ■ **una ~ que.** loc. conjunt. Después que. *Una vez que haya rellenado la solicitud, envíela.*

VHS. (sigla; pronunc. "uve-ache-ese"). m. Sistema de vídeo doméstico. *La película está grabada en VHS.*

vía. f. **1.** Camino (franja de terreno por donde se transita habitualmente). *La vía más importante de la ciudad está colapsada.* **2.** Conjunto formado por los raíles y traviesas de un tren o de un tranvía y el camino en que se asientan. *La vía del tren atraviesa el pueblo.*

3. Raíl. *El tren se desliza por las vías.* **4.** Conducto del cuerpo humano o de un animal. *Vías respiratorias.* **5.** Medio o procedimiento. *La vía de diálogo.* **6.** *Med.* Cánula que se utiliza durante un cierto tiempo para introducir líquidos en el cuerpo de un paciente. ● prep. **7.** Pasando por. Se usa seguido de un n. sin art. *Televisión vía satélite.* ● adv. **8.** Utilizando el conducto o el procedimiento que se expresa por medio del adjetivo que sigue. *Administre el medicamento vía oral.* ■ ~ **de agua.** f. En una embarcación: Rotura o abertura por donde entra el agua. ■ ~ **de comunicación.** f. Camino terrestre o ruta marítima. *Aquí coinciden varias vías de comunicación.* ■ ~ **férrea.** f. Ferrocarril o medio de comunicación. *Entrarán en el país por vía férrea.* ■ ~ **muerta.** f. **1.** Vía (→ 2) sin salida que se emplea para apartar vagones y locomotoras de la circulación. **2.** Situación de paralización en un proceso. *El proyecto está en vía muerta.* ■ ~ **pública.** f. Calle, plaza o camino por los que circulan personas y vehículos. *Armaron un escándalo en la vía pública.* ■ ~ **rápida.** f. Carretera de una sola calzada, sin cruces ni accesos. □ **en ~s de.** loc. prepos. En camino o en proceso de. *El asunto está en vías de solucionarse.* ■ **por la ~ rápida.** loc. adv. Con procedimiento expeditivo. *Se impuso la ley por la vía rápida.* ■ **por ~ de.** loc. prep. A modo de. *Pongamos este caso por vía de ejemplo.* ▶ **1:** *CAMINO. **5:** CAUCE, CONDUCTO.

viable[1]. adj. Que se puede realizar o llevar a cabo. *No es viable acabar las obras en un mes.* FAM **viabilidad.**

viable[2]. adj. Dicho de vía o camino: Apto para el tránsito. *Tras el bombardeo no han quedado carreteras viables.*

vía crucis. (loc. lat.; pl. invar.). m. **1.** *Rel.* Camino señalado por catorce cruces, que se recorre parándose y rezando ante cada una de ellas en recuerdo del recorrido hecho por Jesucristo con la cruz hasta el monte Calvario. Tb. el rezo correspondiente. **2.** *Rel.* Conjunto de las catorce cruces de un vía crucis (→ 1), o de catorce cruces o cuadros que representan los pasos de Jesucristo hasta el Calvario y que suelen colgarse en las paredes de las iglesias. **3.** Penalidad o sufrimiento prolongado. *Su enfermedad fue un vía crucis.*

viaducto. m. Puente que permite el paso de un camino o de una vía férrea sobre una hondonada. *Un túnel y un viaducto facilitan la salida del valle.*

viajante. m. y f. **1.** Representante comercial que viaja de un lugar a otro negociando sus ventas. *El viajante lleva un maletín con muestras.* **2.** Am. Persona que viaja. *Un buen número de viajantes intrépidos recorrían la China* [C]. ▶ **2:** VIAJERO.

viajar. intr. **1.** Trasladarse de un lugar a otro, gralm. cubriendo una distancia grande mediante un medio de locomoción. *Viajaremos A Nueva York EN barco.* **2.** Ser transportado algo, espec. una mercancía. *Las maletas viajan en otro vagón.* FAM **viajero, ra.**

viaje. m. **1.** Hecho o efecto de viajar. *Organizamos un viaje A Italia.* **2.** Ida a un lugar, espec. para transportar algo o llevar a cabo una acción. *Llevó los paquetes en dos viajes.* **3.** jerg. o coloq. Estado producido por una droga alucinógena. *Decía que tenía unos viajes increíbles cuando fumaba opio.* ■ **buen ~.** expr. Se usa como fórmula de despedida dirigida a quien se va de viaje (→ 1). *Buen viaje, y hasta la vuelta.*

vial[1]. adj. De la vía o camino. *Circulación vial.*

vial[2]. m. Frasco pequeño en que se presentan algunos medicamentos inyectables, y del cual se puede extraer la dosis adecuada. *Antibiótico en viales.*

vianda. f. **1.** Comida para las personas. *Sirven ricas viandas.* **2.** Am. Tubérculo o fruto comestibles que se sirven guisados. *Viandas: yuca, apio, plátano...* [C].

viandante. m. y f. Persona que va a pie. *Calles llenas de viandantes.* ▶ PEATÓN.

viario, ria. adj. De los caminos y carreteras. *Red viaria.*

viático. m. **1.** *Rel.* Sacramento de la eucaristía que se administra a un enfermo en peligro de muerte. **2.** frecAm. Provisión, en especie o en dinero, que se da a la persona que hace un viaje, para sufragar sus gastos. *No te preocupes por los viáticos, que el periódico cubre los gastos* [C].

víbora. f. Serpiente venenosa de mediano tamaño, de cuerpo gralm. recorrido por una faja parda ondulada, cabeza triangular y aplastada, y con dos dientes huecos en la mandíbula superior por donde vierte el veneno al morder.

vibrar. intr. **1.** Oscilar algo con movimientos pequeños y rápidos en torno a su posición de equilibrio. *La lavadora vibra.* **2.** Tener la voz un sonido trémulo o tembloroso. *Le vibraba la voz.* **3.** Conmoverse o estremecerse alguien por algo. *Vibran con el espectáculo.* FAM **vibración; vibrador, ra; vibrante; vibrátil; vibratorio, ria.**

vicario, ria. adj. **1.** Dicho de persona: Que desempeña las funciones de otra, o que la sustituye. Frec. m. y f. *El Papa es el vicario de Cristo.* ● m. y f. **2.** Persona que en las órdenes regulares sustituye a alguno de los superiores mayores en caso de ausencia. *La hermana Pilar ha sido vicaria general de la congregación.* FAM **vicaría.**

vice-. elem. compos. Significa 'que hace las veces de'. *Vicedirector, vicerrectora.*

vicealmirante. m. y f. Oficial general de la Armada cuyo empleo es inmediatamente superior al de contralmirante.

vicecónsul. m. y f. Funcionario diplomático de categoría inmediatamente inferior a la de cónsul. *El vicecónsul da la bienvenida al embajador.* FAM **viceconsulado.**

vicepresidente, ta. m. y f. Persona facultada para hacer las veces de presidente en ausencia de este, o para desempeñar algunas de sus funciones. *Es vicepresidente de la compañía.* FAM **vicepresidencia.**

viceversa. adv. Al contrario, o recíprocamente. *Vamos del hotel a la playa, y viceversa.*

viciar. (conjug. ANUNCIAR). tr. **1.** Hacer que (alguien o algo) adquiera un vicio. *Lo vas a viciar con tanto mimo.* **2.** Corromper o estropear (algo). *Tanto humor ha viciado el ambiente.*

vicio. m. **1.** Hábito de obrar mal o de manera contraria a la moral. *Ha crecido en un ambiente de degradación y vicio.* **2.** Costumbre mala o negativa. *Tiene el vicio de morderse las uñas.* **3.** Defecto o falta de alguien o de algo. *Sabes mucho inglés, pero tienes vicios de pronunciación.* FAM **vicioso, sa.**

vicisitud. f. **1.** Hecho que modifica el desarrollo de algo. Frec. en pl. *Ha pasado por muchas vicisitudes para llegar a ser lo que es.* **2.** Alternancia de vicisitudes (→ 1) positivas y negativas. Frec. en pl. *Ha acabado trabajando como periodista por las vicisitudes de la vida.* ▶ AVATAR.

víctima. f. **1.** Persona que sufre un daño o muere por causa de alguien o algo, frec. por agresión o accidente. *El huracán ha dejado miles de víctimas.* **2.** Persona o animal destinados al sacrificio. ■ **hacerse** alguien **la ~.** loc. v. Quejarse, gralm. sin motivo, para obtener la compasión de los demás. *Deja de hacerte la víctima, que no te pasa nada.* FAM **victimismo; victimista; victimización; victimizar.**

victimar. tr. frecAm. Matar (a alguien). *Victimaron a cuatro personas* [C]. ▶ *MATAR.

victimario, ria. m. y f. Persona que causa la muerte de otra o la convierte en su víctima. *El victimario conocía las costumbres de su víctima.*

victoria. f. Hecho de vencer en una disputa, combate o competición. *Su éxito es una victoria del esfuerzo sobre la dificultad.* ■ **cantar** alguien **~.** loc. v. Mostrar alegría por una victoria, frec. cuando esta parece segura pero aún no lo es. *No cantes victoria antes de tiempo.*

victoriano, na. adj. De la reina Victoria de Inglaterra (1819-1901), o del estilo o las características propios de su época. *Muebles victorianos.*

victorioso, sa. adj. **1.** Que ha logrado una victoria. *Ejército victorioso.* **2.** Dicho de acción: Que da la victoria. *Los soldados llevaron a cabo una empresa victoriosa.*

vicuña. f. **1.** Mamífero rumiante salvaje propio de los Andes, parecido a la llama y cuyo pelo, largo, muy fino y de color amarillento rojizo, es muy apreciado. *La vicuña macho.* **2.** Lana de vicuña (→ 1). Tb. el tejido confeccionado con esa lana. *Poncho de vicuña.*

vid. f. Planta trepadora de tronco retorcido, ramas largas, flexibles y nudosas y hojas grandes, cuyo fruto es la uva. *Toda la ladera está plantada de vides.* ▶ CEPA.

vida. f. **1.** Condición de los seres orgánicos, por la que estos crecen, se reproducen y responden a los estímulos. *Las piedras no tienen vida.* **2.** Existencia de seres orgánicos. *¿Hay vida en el planeta Marte?* **3.** Período de tiempo que transcurre entre el nacimiento y la muerte de un ser orgánico. *La vida de las mariposas es breve.* **4.** Duración de las cosas. *La vida de ciertos electrodomésticos es corta.* **5.** Modo de vivir de una persona. *No le gusta la vida campesina.* **6.** Conjunto de cosas necesarias para vivir. *Desde muy joven se gana la vida.* **7.** Relación de los hechos y sucesos notables de una persona desde su nacimiento hasta su muerte. *Nos ha hablado de la vida y la obra de Rubén Darío.* **8.** Expresión o viveza, espec. de los ojos. *Sus ojos quedaron sin vida.* **9.** Vitalidad. *Los niños están llenos de vida.* **10.** Animación o actividad. *El pueblo tiene mucha vida.* **11.** Cosa que contribuye al ser o conservación de otra. *El agua es la vida para las plantas.* **12.** Cosa que produce gran complacencia o que es muy importante. *Su hijo es su vida.* ■ **~ airada.** f. cult. Vida (→ 5) desordenada o licenciosa. *Mujeres de vida airada.* ■ **~ y milagros.** f. coloq. Relación detallada de los hechos o sucesos pasados y presentes de una persona. *Me contó su vida y milagros.* □ **costar** algo o alguien **la ~** (a una persona). loc. v. Ser causa de la muerte (de esa persona). *Su afán por salvar al náufrago le ha costado la vida.* ■ **dar** alguien **la ~** (por una persona o una cosa). loc. v. Sacrificarse o morir voluntariamente (por ella). *Daría la vida por él.* ■ **darse** alguien **buena ~,** o **la gran ~.** loc. v. Vivir con gran regalo y comodidad. *Mientras los demás trabajan, él se da la gran vida.* ■ **de mala ~.** loc. adj. **1.** Dicho de persona: De malas costumbres o de conducta viciosa. *Es gente de mala vida.* **2.** Dicho de mujer: Prostituta. ■ **de mi ~.** loc. adj. Pospuesto a un nombre de perso-

na, se usa para expresar afecto, impaciencia o enfado hacia esta. *¡Hija de mi vida, por fin llegas!* ■ **de por ~.** loc. adv. Para siempre. *Tiene que tomar la medicación de por vida.* ■ **de toda la ~.** loc. adv. coloq. Desde hace mucho tiempo. *Somos amigos de toda la vida.* ■ **en la ~,** o **en mi, tu,** etc., **~.** loc. adv. Nunca. *En mi vida he oído una cosa igual.* ■ **entre la ~ y la muerte.** loc. adv. En peligro inminente de muerte. *Está entre la vida y la muerte.* ■ **en ~.** loc. adv. Estando vivo o durante la vida (→ 3). *Van Gogh no vendió sus obras en vida.* ■ **la otra ~,** o **la ~ futura.** loc. s. La existencia del alma después de la muerte. *Cree en la otra vida.* ■ **pasar** alguien **a mejor ~.** loc. v. Morir. *El anciano pasó a mejor vida.* ■ **perder** alguien **la ~.** loc. v. Morir, espec. de forma violenta. *Perdió la vida en un accidente.* ▶ **3:** DÍAS, EXISTENCIA. **7:** BIOGRAFÍA. **10:** ANIMACIÓN.

vidente. adj. **1.** Que posee el sentido de la vista. Tb. m. y f. *Videntes e invidentes deben tener las mismas oportunidades.* ● m. y f. **2.** Persona que adivina el pasado, el futuro o lo que está oculto. *Una vidente le ha vaticinado muchos éxitos.* **3.** Persona que tiene visiones sobrenaturales o fuera de lo común. *El vidente ha ofrecido a la policía una descripción del lugar donde está el secuestrado.* ▶ **2:** *ADIVINO. FAM **videncia.**

vídeo o **video.** (video, Am.). m. **1.** Sistema de grabación de imágenes y sonidos en una cinta magnética. *Buena parte de la historia de nuestros pueblos está siendo registrada en video* [C]. **2.** Aparato que graba en cintas de vídeo (→ 1) imágenes y sonidos procedentes de la televisión o de otro aparato de sus características, y permite también reproducirlas. *Uso el vídeo para grabar películas.* **3.** Grabación en vídeo (→ 1). *Tuve la oportunidad de apreciar unos videos de México* [C]. Tb. la cinta que la contiene. ▶ **2:** MAGNETOSCOPIO. FAM **videoteca.**

video-. elem. compos. Significa 'de la transmisión de imágenes mediante técnicas audiovisuales'. *Videocasete, videocinta, videocámara.*

videoclip. (pl. **videoclips**). m. Película en vídeo de corta duración, en que se registra un tema musical acompañado de imágenes, frec. con fines publicitarios. *El conjunto grabará un videoclip.* ▶ CLIP.

videoclub. (pl. **videoclubs** o **videoclubes**). m. Establecimiento en que se alquilan o venden películas de vídeo. *Alquilaré una película en el videoclub.*

videoconferencia. f. Conferencia mantenida entre personas distantes entre sí, a través de pantallas conectadas a una red de comunicación que transmite imágenes y sonidos. *Ahora las reuniones internacionales se sustituyen por videoconferencias.*

videoconsola. f. Consola (aparato para videojuegos). ▶ CONSOLA.

videodisco. m. Disco óptico en el que se registran imágenes y sonidos que pueden ser reproducidos en un televisor. *La película está disponible en video y videodisco.*

videojuego. m. Juego electrónico interactivo, contenido en un soporte informático, y que se practica con una consola o sobre la pantalla de un televisor o un ordenador.

vidriar. (conjug. ANUNCIAR o, raro, ENVIAR). tr. **1.** Recubrir (un objeto de cerámica) con un barniz que, fundido al horno, toma la transparencia y el brillo del vidrio. *Plato vidriado.* ○ intr. prnl. **2.** Ponerse vidriosos los ojos. *Se le vidriaron los ojos.*

vidriero, ra. m. y f. **1.** Persona que tiene por oficio trabajar en vidrio o venderlo. *En las obras de la catedral trabajan vidrieros.* ○ f. **2.** Bastidor o armazón con vidrios, con que se cierran puertas o ventanas. Frec. designa los formados por vidrios de colores, que componen figuras o dibujos decorativos y se emplean en arquitectura para cubrir grandes vanos. *La iglesia tiene una vidriera.* **3.** Am. Escaparate (espacio exterior de una tienda). *La vidriera de una tienda de ropa* [C]. ▶ **3:** ESCAPARATE.

vidrio. m. **1.** Material duro, frágil y transparente o translúcido, que se obtiene a partir de algunos silicatos y que puede moldearse a altas temperaturas. *Botella de vidrio.* **2.** Objeto de vidrio (→ 1). **3.** Lámina de vidrio (→ 1), espec. la que se coloca en puertas y ventanas. *Han roto el vidrio de la ventana.* ▶ **1:** CRISTAL. FAM vidriería.

vidrioso, sa. adj. **1.** Del vidrio, o de características semejantes a las suyas, espec. el carácter quebradizo. *Había helado y una costra vidriosa cubría los charcos.* **2.** Dicho de ojo: Que está cubierto por una capa líquida y tiene una mirada carente de viveza. **3.** Dicho de asunto: Que es delicado y requiere ser tratado con cuidado y tacto. *La inmigración ilegal es un tema vidrioso.* ▶ **1:** VÍTREO.

viejo, ja. adj. **1.** Dicho de persona o animal: Que tiene muchos años y está en el final de su ciclo vital. *Mis abuelos son muy viejos.* Frec. despect. *¡Ese viejo no entiende nada!* **2.** Antiguo o de tiempos pasados. *Las viejas radios eran enormes.* **3.** Que no es nuevo y existe o permanece en un lugar o circunstancias desde hace mucho tiempo. *Ese es un problema viejo.* **4.** Estropeado o deslucido por el paso del tiempo o el uso. *Esta camisa ya está vieja.* ● m. y f. **5.** Am. coloq. Se usa para dirigirse o referirse afectuosamente a alguien, espec. al padre o a la madre, o a la pareja. *¿De qué te ríes, vieja? –le preguntó su esposo* [C]. ○ f. **6.** Am. coloq. Mujer. *Se usave uno más macho para las viejas* [C]. ○ m. pl. **7.** Am. coloq. Padre y madre. *Mis abuelos se sacrificaron por mis viejos* [C]. ■ **de viejo.** loc. adj. Dicho de tienda, comerciante o artesano: Que se dedica a la venta o reparación de artículos usados. *Librería de viejo.* ▶ **1:** ANCIANO.

vienés, sa. adj. De Viena (Austria).

viento. m. **1.** Movimiento del aire atmosférico. *Se levantó un viento frío.* **2.** Cable o cuerda que se ata a algo para mantenerlo firme o moverlo con seguridad. *Engancha los vientos de la tienda de campaña.* **3.** Mús. Conjunto de los instrumentos de viento (→ instrumento). Tb. el conjunto de sus instrumentistas. Frec. en pl. *En los primeros compases, intervienen los vientos.* ■ **~s alisios.** m. pl. Vientos (→ 1) regulares que soplan desde las zonas tropicales hasta la zona ecuatorial, en dirección noreste en el hemisferio norte y en dirección sudeste en el hemisferio sur. ⇒ ALISIOS. □ **a los cuatro ~s.** loc. adv. Por todas partes y para que se entere todo el mundo. *Gritó la noticia a los cuatro vientos.* ■ **contra ~ y marea.** loc. adv. A pesar de los problemas y las dificultades. *Lo logrará contra viento y marea.* ■ **llevarse el ~** (algo). loc. v. Ser (eso) inestable o inconsistente. *Las palabras se las lleva el viento.* ■ **~ en popa.** loc. adv. Satisfactoriamente o sin problemas. *El negocio va viento en popa.*

vientre. m. **1.** Cavidad del cuerpo de los vertebrados comprendida entre el tórax y la pelvis, y en la que se contienen los órganos principales de los aparatos digestivo, reproductor y urinario. *El estómago está en el vientre.* **2.** Parte exterior del cuerpo que corres-

ponde al vientre (→ 1). *Tiene una cicatriz en el vientre.* ■ **bajo ~.** m. Parte inferior del vientre (→ 1). *Siente un dolor agudo en el bajo vientre.* ▶ ABDOMEN, BARRIGA, TRIPA.

viernes. m. Día de la semana que sigue al jueves.

vierteaguas. m. Superficie inclinada que se coloca como protección en puertas y ventanas para escurrir el agua de lluvia. *El chalé tiene vierteaguas de piedra.*

vietnamita. adj. De Vietnam.

viga. f. **1.** Madero largo y grueso que se usa para formar los techos y para asegurar y sostener las construcciones. *Las vigas del caserón están podridas.* **2.** Pieza larga y gralm. prismática, de hierro u otro material resistente, destinada en construcción a los mismos usos que la viga (→ 1). *Un puente con vigas de hormigón.* FAM viguería; vigueta.

vigencia. f. Cualidad de vigente. *La actual ley dejará de tener vigencia a principios de año.* ▶ VIGOR.

vigente. adj. Dicho espec. de ley, norma o costumbre: Que se aplica, cumple o tiene validez en el momento que se considera. *La legislación vigente.*

vigésimo, ma. adj. **1.** → APÉND. NUM. **2.** Dicho de parte: Que es una de las veinte iguales en que puede dividirse un todo. *Una vigésima parte del precio corresponde a los impuestos.*

vigía. m. y f. Persona destinada a vigilar, espec. el campo o el mar desde una atalaya. *El vigía alerta de la llegada de barcos enemigos.*

vigilante. adj. **1.** Que vigila. ● m. y f. **2.** Persona encargada de vigilar, o que realiza esta actividad como oficio. ▶ **1:** *ATENTO. ∥ Am:* **2:** GUACHIMÁN, VELADOR.

vigilar. tr. Observar (algo o a alguien) atenta y cuidadosamente. *Vigila al niño.* Tb. como intr. *Entraron cuando nadie vigilaba.* ▶ CUSTODIAR, GUARDAR. FAM vigilancia.

vigilia. f. **1.** Hecho de estar despierto o en vela. *Estaba entre la vigilia y el sueño.* **2.** Abstinencia de carne, en cumplimiento de un mandato de la Iglesia. *Los viernes de Cuaresma hace vigilia.* **3.** Día en que la Iglesia manda guardar vigilia (→ 2). *El Viernes Santo es vigilia.* **4.** Rel. Víspera de una festividad. *Vigilia de Navidad.* ▶ **1:** VELA.

vigor. m. **1.** Fuerza o vitalidad de un ser vivo. *Son deportistas llenos de vigor.* **2.** Viveza o energía en las acciones o en las cosas. *Sacude la manta con vigor.* **3.** Vigencia. *Las nuevas tarifas entran hoy en vigor.* FAM vigorizar; vigoroso, sa.

viguería; vigueta. → viga.

VIH. (sigla; pronunc. "uve-i-ache" o, Am., "ve-i-ache"). m. Med. Virus de inmunodeficiencia humana, causante del sida. *El VIH puede transmitirse por vía sexual.*

vihuela. f. Instrumento musical de cuerda, que se toca con arco o pulsándolo con una púa. *Recital de vihuela y laúd.* FAM vihuelista.

vikingo, ga. adj. histór. Dicho de individuo: De los pueblos escandinavos de navegantes y guerreros que entre los ss. VIII y XI realizaron incursiones por las islas del océano Atlántico y por Europa occidental.

vil. adj. **1.** Indigno o merecedor de desprecio. *Fue un vil asesinato.* **2.** De valor, calidad o condición muy bajos o despreciables. *El artista combina piedras preciosas con materiales viles, como el barro.* ▶ **1:** *DESPRECIABLE. FAM vileza.

vilano. m. Apéndice de pelos o filamentos que corona el fruto de algunas plantas y que sirve para que la semilla sea transportada por el aire.

vilipendiar. (conjug. ANUNCIAR). tr. cult. Despreciar o tratar de modo denigrante (algo o a alguien). *Mañana os ensalzarán quienes hoy os vilipendian.* FAM **vilipendio.**

villa. f. **1.** Población que históricamente poseía determinados privilegios. *Las fiestas de la villa.* **2.** Casa de recreo aislada en el campo. *Una villa junto al mar.*

Villadiego. coger, o tomar, las de ~. loc. v. coloq. Marcharse apresuradamente para huir de algo. *Los ladrones tomaron las de Villadiego.*

villancico. m. Canción popular de tema religioso que se canta por Navidad.

villano, na. adj. **1.** Ruin o indigno. *Lo mató de la manera más cobarde y villana.* **2.** histór. Dicho de persona: Que pertenecía al estado llano y habitaba en una villa o aldea. FAM **villanía.**

villorrio. m. despect. Población pequeña y poco urbanizada. *Vive en un villorrio.*

vilo. en ~. loc. adv. **1.** Manteniéndose la persona o cosa a las que se refiere suspendidas sin apoyo, o con poca estabilidad. *Me levantó en vilo.* **2.** Con inquietud y desasosiego. *Dímelo de una vez, que me tienes en vilo.*

vinagre. m. Líquido agrio producido por la fermentación ácida del vino, que se usa como condimento. *Echa aceite y vinagre a la ensalada.* FAM **vinagrera.**

vinagreta. f. Salsa compuesta de vinagre, aceite, cebolla y otros ingredientes, que se consume fría.

vinajera. f. **1.** Jarra pequeña de las que se usan en la misa para contener el agua o el vino. ○ pl. **2.** Conjunto de las dos vinajeras (→ 1) y de la bandeja donde se colocan.

vinatero, ra. → vino.

vincha. f. Am. Cinta elástica gruesa para sujetar el pelo sobre la frente. *Llevaba el pelo suelto, sujeto con una vincha* [C].

vincular. tr. **1.** Unir o relacionar mediante un vínculo (una persona o cosa) con otra. *El trabajo me vincula A mis compañeros.* **2.** Sujetar (a alguien) a una obligación. *La norma vinculará a los profesores contratados.* FAM **vinculación; vinculante.**

vínculo. m. Lazo o cosa inmaterial que une a una persona o cosa con otra. *Entre los dos existe un vínculo de amistad.* FAM **vincular** (*Una fuerte relación vincular*).

vindicación. f. Hecho de vindicar. *El abogado ha hecho una vindicación de su defendido.*

vindicar. tr. Defender, frec. por escrito, (a alguien o algo injustamente injuriados o calumniados). *El ministro vindica la actuación de su país.*

vindicativo, va. adj. **1.** De la vindicación o que la contiene. *Un discurso vindicativo.* **2.** Vengativo. *Es vindicativa y rencorosa.*

vinicultura. f. Elaboración de vinos. *La región vive de la vinicultura.* FAM **vinícola; vinicultor, ra.**

vinilo. m. **1.** Sustancia química de consistencia parecida a la del plástico o el cuero, que se emplea en la fabricación de muebles, tejidos y otros productos. *Un elepé de vinilo.* **2.** Disco fonográfico de vinilo (→ 1). *Conserva un tocadiscos y algunos vinilos.*

vino. m. Bebida alcohólica obtenida del zumo de las uvas exprimido y fermentado. *¿Prefiere vino o cerveza?* ■ ~ blanco. m. Vino de color dorado. ⇒ BLANCO. ■ ~ de mesa. m. Vino corriente destinado a acompañar las comidas. ■ ~ generoso. m. Vino más añejo y de más graduación que el común. *Venden piscos y vinos generosos.* ■ ~ rosado. m. Vino de color rosado. ⇒ ROSADO. ■ ~ tinto. m. Vino de color muy oscuro. ⇒ TINTO. ▶ CALDO. FAM **vinatero, ra; vínico, ca; vinificación; vinoso, ta.**

viña. f. Terreno plantado de vides. *Cultiva su viña.* ▶ VIÑEDO. FAM **viñador, ra.**

viñedo. m. Viña.

viñeta. f. **1.** Recuadro con dibujos que forma una serie con otros para componer una historieta. *Invente una historia y dibújela en viñetas.* **2.** Dibujo o escena impresos en una publicación, gralm. de carácter humorístico y a veces acompañados de texto. *Publican una viñeta diaria en un periódico.* **3.** Dibujo o estampa que se ponen como adorno en el principio o final de un libro o un capítulo. *Un libro salpicado de viñetas.*

viola. f. Instrumento musical de cuerda y arco, parecido al violín, pero más grande y de sonido más grave. *Concierto para viola y orquesta.*

violáceo, a. adj. Violeta, o que tira a violeta. *Una tela violácea.*

violado, da. adj. cult. Violeta. *Un anillo con una piedra violada.*

violar. tr. **1.** Infringir o incumplir (algo como una norma, una promesa o un acuerdo). *Se castigará a quien viole la ley.* **2.** Realizar el acto sexual (con alguien) en contra de su voluntad, o cuando está privado de sentido o es menor de doce años. *Algunos soldados violaron a mujeres en la guerra.* **3.** Profanar (un lugar sagrado). *Unos saqueadores violaron el templo.* ▶ 1: *INFRINGIR. FAM **violación; violador, ra.**

violatorio, ria. adj. frecAm. Que viola algo, espec. una ley o un derecho. *Prácticas violatorias de los derechos humanos* [C].

violentar. tr. **1.** Someter (algo o a alguien) a métodos violentos para vencer su resistencia. *Han violentado la caja fuerte.* **2.** Dar interpretación o sentido violentos (a lo dicho o escrito). *El comentarista violenta las palabras del autor.* **3.** Poner (a alguien) en una situación violenta. *Me violenta hablar en público.*

violento, ta. adj. **1.** Impetuoso y que se deja llevar por la ira. *No puedo dialogar con alguien tan violento.* **2.** Que implica una fuerza o intensidad extraordinarias. *Una violenta tempestad.* **3.** Que implica el uso de la fuerza, física o moral. *Gana por medios violentos.* **4.** Que está fuera de su estado o tendencia naturales. *Puso el brazo en una postura violenta.* **5.** Dicho del sentido o interpretación que se da a lo dicho o escrito: Falso o fuera de lo natural. *Eso es una interpretación violenta del texto.* **6.** Dicho de situación: Incómoda o embarazosa. **7.** Dicho de persona: Tensa o incómoda en una situación determinada. *Me siento violenta en su presencia.* FAM **violencia.**

violeta. f. **1.** Flor aromática y gralm. de color morado claro. *Un ramo de violetas.* ● adj. **2.** De color morado claro como el de la violeta (→ 1). *Tul violeta.* FAM **violetera.**

violín. m. Instrumento musical de cuerda y arco, que se toca sujetándolo entre el hombro y la barbilla. *Toca el violín en un cuarteto de cuerda.* FAM **violinista.**

violonchelo o **violoncelo.** m. Instrumento musical de cuerda y arco, mayor y de sonido más grave que la viola, y que se toca sentado y sujetándolo entre las piernas. *Suites para violonchelo de Bach.* ▶ CHELO. FAM **violonchelista** o **violoncelista.**

vip. (pl. **vips**; tb. **VIP**). m. y f. Persona que recibe un trato especial por ser importante o famosa. *En el aeropuerto hay salas reservadas para los vips.*

viperino, na. adj. De la víbora, o de características atribuidas a ella, espec. su carácter dañino. *¡A ver lo que dice con esa lengua viperina!*

viral. adj. *Med.* Vírico. *Infección viral.*

virar. intr. **1.** Cambiar de dirección un vehículo, espec. una embarcación, o quien lo pilota. *El buque viró a babor.* **2.** Evolucionar o cambiar. *Sus ideas viraron hacia el comunismo.* ○ tr. **3.** Hacer que (algo) vire (→ 1). *Viré el coche a la derecha.* FAM **virada; viraje.**

virgen. adj. **1.** Dicho de persona: Que no ha tenido relaciones sexuales. *Era virgen cuando se casó.* **2.** Dicho de terreno: Que no ha sido cultivado o explorado. *Bosques vírgenes.* **3.** Dicho de cosa: Que aún no ha sido utilizada para el uso al que está destinada. *Grabó la película en una cinta virgen.* **4.** Dicho espec. de sustancia o producto: Que conserva su pureza original y no ha sido sometido a mezcla o elaboración compleja. *Lana virgen.* ● f. **5.** (Frec. en mayúsc.). Imagen o representación de la Virgen (→ **la Virgen**). *Hay una Virgen de mármol en la iglesia.* ■ **la Virgen.** loc. s. María, madre de Jesucristo. *Reza a la Virgen.* FAM **virginal; virginidad.**

virgo. m. y f. **1.** Persona nacida bajo el signo de Virgo. *Si nació el 7 de septiembre, es una virgo.* ○ m. **2.** coloq. Himen. *La alcahueta se dedicaba a remendar virgos.*

vírico, ca. adj. *Med.* De los virus. *Enfermedad de origen vírico.* ▶ VIRAL.

viril. adj. Varonil. *Ademanes viriles.* FAM **virilidad; virilización; virilizar.**

virología. f. Parte de la microbiología que estudia los virus. *Los especialistas en virología buscan nuevas vacunas.* FAM **virólogo, ga.**

virrey, virreina. m. y f. **1.** histór. Persona que representaba al rey en un territorio de la corona, y lo gobernaba en su nombre. *Carlos V nombró a Blasco Núñez de Vela virrey del Perú.* ○ f. **2.** histór. Mujer del virrey (→ 1). FAM **virreinal; virreinato.**

virtual. adj. **1.** Que reúne las condiciones necesarias para llegar a ser real o efectivo, aunque no lo es. *Aunque no ha acabado la liga, es el virtual campeón.* **2.** Que tiene existencia aparente y no real. Frec. referido a un recurso informático que realiza la misma función que la cosa real de que se trata. *Accede a bibliotecas virtuales por Internet.* FAM **virtualidad.**

virtud. f. **1.** Hábito de hacer el bien y comportarse de acuerdo con la moral. *El santo practicó siempre la virtud.* **2.** Cualidad buena o positiva de alguien o de algo. *Tendrá defectos, pero también la virtud de reconocerlos.* **3.** Capacidad o facultad de algo para producir un efecto. *El eucalipto tiene virtudes balsámicas.* ■ **~ cardinal.** f. *Rel.* Cada una de las cuatro virtudes (→ 1) que son principio de otras contenidas en ellas. *Las virtudes cardinales son prudencia, justicia, fortaleza y templanza.* ■ **~ teologal.** f. *Rel.* Cada una de las tres virtudes (→ 1) cuyo objeto inmediato es Dios. *Las virtudes teologales son fe, esperanza y caridad.* □ **en ~** (de algo). loc. adv. A consecuencia (de ello). *La ley no establece diferencias en virtud* DEL *sexo.*

virtuoso, sa. adj. **1.** Que tiene virtudes o practica la virtud. *Una madre virtuosa.* **2.** Dicho de artista: Que domina de modo extraordinario la técnica de su arte o de su instrumento. *Un virtuoso violinista.* **3.** Dicho de persona: Que domina la técnica de algo. Frec. m. y f. *Es un virtuoso de los ordenadores.* FAM **virtuosismo; virtuosista; virtuosístico, ca.**

viruela. f. *Med.* Enfermedad infecciosa, contagiosa y epidémica, caracterizada por la erupción de numerosas ampollas llenas de pus y cuyas costras dejan cicatrices al caerse. *Vacuna contra la viruela.* Tb. cada ampolla. *Tiene la cara picada de viruelas.*

virulento, ta. adj. **1.** Ardoroso y cargado de saña o mordacidad. *Insulto virulento.* **2.** Dicho de germen o agente infeccioso: Muy nocivo y con gran capacidad para causar una infección o una enfermedad y expandirse. *Un virus virulento causó la epidemia.* Dicho tb. de esa infección o enfermedad. *Gripe virulenta.* FAM **virulencia.**

virus. m. **1.** *Biol.* Microorganismo infeccioso capaz de reproducirse en células vivas de las que es parásito, y de causar y propagar así enfermedades. *Tiene una diarrea causada por un virus.* **2.** *Inform.* Programa introducido de forma accidental o intencionada en un ordenador, y que destruye o altera la información almacenada. Tb. ~ *informático.*

viruta. f. Lámina delgada y gralm. enrollada en espiral, que se saca de la madera o de un metal al trabajarlos con un cepillo u otra herramienta cortante. *El suelo de la carpintería está lleno de virutas.*

vis[1]. **~ cómica.** (loc. lat.). f. Capacidad de una persona, espec. de un actor, para hacer reír. *El actor demostró su vis cómica.*

vis[2]. **~ a ~.** loc. adv. **1.** Cara a cara. *Discutiremos el asunto vis a vis.* □ m. **2.** Encuentro autorizado y a solas, mantenido en una prisión entre un preso y un visitante, espec. su pareja. *Cachearon al recluso después del vis a vis.*

visa. f. frecAm. Visado. *Estados Unidos le canceló la visa al mandatario* [C].

visado. m. Hecho de visar un documento. *Ha solicitado el visado de su pasaporte.* Tb. ese documento. *En la aduana me han pedido el visado.* ▶ frecAm: VISA.

visaje. m. Gesto exagerado del rostro. *Hace constantes visajes por el dolor.*

visar. tr. **1.** Examinar (algo) y poner(le) el visto bueno. *Un tesorero visa los gastos.* **2.** Dar validez la autoridad competente (a un documento, espec. un pasaporte) para determinado uso. *Deberá visar el pasaporte en la embajada.*

víscera. f. Órgano de los contenidos en las principales cavidades del cuerpo del hombre o de los animales. *El corazón es una víscera.* ▶ ENTRAÑA.

visceral. adj. **1.** De las vísceras. *Cavidad visceral.* **2.** Dicho espec. de sentimiento o reacción: Muy intenso e irracional. *Un amor visceral.* **3.** Dicho de persona: Que se deja llevar por sentimientos o reacciones viscerales (→ 2). FAM **visceralidad.**

viscoso, sa. adj. **1.** Pegajoso y ligeramente pastoso. *Un líquido viscoso.* ● f. **2.** Producto obtenido mediante el tratamiento de la celulosa y empleado espec. en la fabricación de fibras textiles. Tb. la fibra. *Una blusa de viscosa.* FAM **viscosidad.**

visera. f. **1.** Pieza delantera y saliente de una gorra u otra prenda semejante, que sirve para proteger los ojos del sol. *La tenista lleva gorra con visera.* Tb. esa gorra. **2.** Pieza independiente que se sujeta a la cabeza con una cinta, y tiene la misma función que la visera (→ 1). **3.** histór. Pieza móvil del yelmo de una armadura, que cubría y protegía el rostro y tenía agujeros o ranuras para permitir ver.

visible - visual

visible. adj. **1.** Que se puede ver. *Partículas visibles solo con microscopio.* **2.** Claro o evidente. *Sus nervios eran visibles.* ▶ **2:** *EVIDENTE. FAM visibilidad; visibilizar.

visigodo, da. adj. histór. De un pueblo germánico que fundó un reino en la Península Ibérica en el siglo V. FAM visigótico, ca.

visillo. m. Cortina pequeña y gralm. muy fina y casi transparente, que se coloca en la parte interior de los cristales de una puerta o ventana. *Corre los visillos.*

visión. f. **1.** Hecho o efecto de ver. *La visión del hogar la emocionó.* **2.** Punto de vista sobre un asunto. *Su visión sobre el tema es particular.* **3.** Creación de la fantasía o la imaginación, que no tiene realidad y se toma como verdadera. *Los gigantes eran visiones de Don Quijote.* ■ **ver** alguien **visiones.** loc. v. coloq. Dejarse llevar excesivamente por la imaginación, hasta el punto de equivocarse o creer ver lo que no existe. *¿Que me vio en la tele?; usted ve visiones.* ▶ **1:** VISTA.

visionar. tr. Ver (imágenes cinematográficas o televisivas), espec. con un criterio o interés técnicos o críticos. *El jurado visionó todas las películas.* FAM visionado.

visionario, ria. adj. **1.** Dicho de persona: Que tiene gran fantasía y se cree con facilidad cosas imaginarias o irreales. **2.** Que se adelanta a su tiempo o tiene visión de futuro. *Goya fue un artista visionario.*

visir. m. histór. Ministro de un soberano musulmán. *El califa pidió consejo a su visir.* ■ **gran ~.** m. histór. Primer ministro de un soberano musulmán.

visitación. (Frec. en mayúsc.). f. Rel. Visita. Designa la que hizo la Virgen María a su prima Santa Isabel. *Un cuadro de la Visitación de la Virgen.*

visitador, ra. adj. **1.** Que visita con frecuencia. Frec. m. y f. *Es un gran visitador del museo.* ● m. y f. **2.** Persona que visita a los médicos para mostrarles los productos y novedades de un laboratorio farmacéutico. *Es visitador médico.* **3.** Persona que realiza visitas de reconocimiento o inspección. *Llegó el visitador para investigar la presunta corrupción.*

visitar. tr. **1.** Ir a ver (a alguien) a su casa o lugar de estancia, gralm. por cortesía. *Venga a visitarme.* **2.** Ir (a un lugar) para conocer(lo). *Visité Chile.* **3.** Ir un médico a casa (de un enfermo) para atender(lo). *Tuvo que visitarlo el doctor.* FAM visita; visitante.

vislumbrar. tr. **1.** Ver (algo) de manera confusa por la distancia o la falta de luz. *Al amanecer, vislumbramos la cumbre.* **2.** Conocer (algo) de manera imprecisa, o conjeturar(lo) por indicios. *Vislumbra una traición.* ▶ ATISBAR. FAM vislumbre.

viso. m. **1.** Apariencia de alguien o algo. *La novela tiene un viso DE realidad.* **2.** Reflejo o resplandor ondulados que produce la luz en una superficie. *Las cortinas hacen visos irisados.* **3.** Forro o combinación que se ponen debajo de un vestido o una falda que se transparentan. ▶ **1:** *APARIENCIA. **3:** *COMBINACIÓN.

visón. m. **1.** Mamífero carnívoro de cuerpo alargado, patas cortas y color pardo oscuro, cuya piel es muy apreciada en peletería. *El visón hembra.* Tb. la piel. *Abrigo de visón.* **2.** Prenda de vestir, espec. un abrigo, hecha con piel de visón (→ 1). *Ponte el visón.*

visor. m. **1.** En un aparato fotográfico: Dispositivo óptico que permite enfocar los objetos y delimitar el campo de visión. *Mire por el visor y enfoque antes de hacer la foto.* **2.** En un arma de fuego: Dispositivo óptico que ayuda a precisar la puntería.

víspera. f. **1.** Día inmediatamente anterior con relación a otro determinado. *Llegó la víspera de la boda.* **2.** Tiempo inmediatamente anterior a algo, espec. a un suceso. Frec. en pl. *Estamos en vísperas de conseguir algo importante.*

vista. f. **1.** Sentido corporal que permite percibir los objetos por los ojos, mediante la acción de la luz. *Los ciegos están privados del sentido de la vista.* **2.** Conjunto de ambos ojos, que constituyen los órganos de la vista (→ 1). *La van a operar de la vista.* **3.** Visión (hecho de ver). *La vista de mi padre enfermo me deprime.* **4.** Mirada (hecho de mirar). *Al verme bajó la vista.* **5.** Aptitud para descubrir o intuir lo que no es evidente. *Tiene mucha vista para los negocios.* **6.** Apariencia o aspecto. *El asado tiene buena vista.* **7.** Extensión de terreno que se contempla desde un punto. *Desde aquí hay una vista fantástica.* **8.** Representación visual de lo que se ve desde un punto. *El cuadro es una vista de su pueblo.* **9.** Der. Acto en que se expone un hecho ante un tribunal con presencia de las partes, oyendo a los defensores o interesados que a él asistan. *Han aplazado la vista del caso.* ■ **~ cansada.** f. Defecto óptico adquirido por la edad y caracterizado por la visión confusa de los objetos cercanos. *Tiene vista cansada.* ⇒ PRESBICIA. ■ **~ de águila.** f. Vista (→ 3) que alcanza a mucha distancia. *Me divisó a lo lejos con su vista de águila.* □ **a la ~.** loc. adv. **1.** De manera visible. *No deje nada de valor a la vista.* **2.** De manera evidente. *A la vista está que tiene suerte.* **3.** En perspectiva. *Tengo un negocio a la vista.* ■ **a la ~ de.** loc. prepos. En presencia de o delante de. *Discutieron a la vista de todos.* ■ **a primera,** o **a simple,** **~.** loc. adv. Sin fijarse mucho. *A simple vista su examen está muy bien.* ■ **conocer de ~** (a alguien). loc. v. Conocer(lo) exclusivamente de manera visual, sin trato o contacto. *A su novio solo lo conozco de vista.* ■ **con ~s a.** loc. prepos. Para, o con el propósito de. *Estudia idiomas con vistas a ser traductor.* ■ **corto de ~.** loc. adj. **1.** Miope. *Lleva lentes porque es corto de vista.* **2.** Poco perspicaz. *Ante aquel problema demostró ser bastante corto de vista.* ■ **en ~ de.** loc. prepos. Como consecuencia de. *En vista de sus exigencias, no hubo acuerdo.* ■ **hacer** alguien **la ~ gorda.** loc. v. coloq. Fingir que no ha visto o notado algo. *Notó que habían fumado, pero hizo la vista gorda.* ■ **hasta la ~.** expr. Se usa como despedida. *Me marcho; hasta la vista.* ■ **nublársele la ~** (a alguien). loc. v. Empezar a ver esa persona de forma confusa. *Se me nubló la vista del hambre.* ■ **perder** alguien **de ~** (a una persona o cosa). loc. v. **1.** Dejar de ver(las). *El barco viró y lo perdí de vista.* **2.** Dejar de observar(las) con cuidado y vigilancia. *No pierda de vista al niño.* ■ **saltar** algo **a la ~.** loc. v. Ser evidente. *Salta a la vista que se odian.* ■ **volver** alguien **la ~ atrás.** loc. v. Recordar sucesos del pasado o reflexionar sobre ellos. *Reharé mi vida sin volver la vista atrás.* ▶ **3:** VISIÓN. **4:** MIRADA.

vistazo. m. Mirada superficial o rápida. *Echó un vistazo al escaparate y se fue.*

visto. → ver.

vistoso, sa. adj. Que atrae la atención por su brillantez, colorido o magnífica apariencia. *La novia lleva un vistoso tocado de flores.* FAM vistosidad.

visual. adj. **1.** De la visión o la vista. *Agudeza visual.* ● f. **2.** Línea recta imaginaria que va desde el ojo del observador hasta el objeto observado. *El ángulo entre la visual del espectador y la pantalla será inferior a 40°.*

visualidad. f. Efecto agradable que produce un conjunto de objetos vistosos. *Valora el arte por su visualidad, más que por su perfección.*

visualizar. tr. **1.** Hacer visible, frec. por medios artificiales, (algo que no se puede ver a simple vista). *El telescopio permite visualizar astros lejanos.* **2.** Representar (algo) mediante imágenes. *Visualiza el crecimiento del empleo mediante un gráfico.* **3.** Formar en la mente la imagen visual (de algo). *Escuchando su relato, es fácil visualizar la escena.* **4.** Inform. Hacer visible (algo) en la pantalla de un ordenador. *Visualice la ventana de ayuda pulsando la tecla F1.* ▶ **1:** VISIBILIZAR. FAM **visualización.**

vital. adj. **1.** De la vida. *Ciclo vital de una planta.* **2.** De gran importancia. *Decisión vital.* **3.** Que tiene mucha energía o impulso para vivir o actuar. *Siempre fue muy vital.*

vitalicio, cia. adj. Dicho espec. de cargo o de renta: Que dura hasta el final de la vida de la persona que lo ha obtenido. *Es presidente vitalicio del partido.* ▶ PERPETUO.

vitalidad. f. Energía o impulso para vivir o desarrollarse. *Es joven y rebosa vitalidad.* ▶ VIDA. FAM **vitalización; vitalizar.**

vitalismo. m. Fil. y Biol. Doctrina según la cual los fenómenos biológicos se explican por la acción no solo de las fuerzas de la materia, sino también de una fuerza vital irreductible a procesos físicos o químicos. FAM **vitalista.**

vitamina. f. Sustancia orgánica de las que están presentes en los alimentos, carecen de valor energético y son necesarias para el desarrollo equilibrado de las funciones vitales. *Fruta rica en vitamina C.* FAM **vitaminado, da; vitamínico, ca.**

viticultura. f. Cultivo de la vid. *Se dedica a la viticultura.* FAM **vitícola; viticultor, ra.**

vitivinicultura. f. Actividad de cultivar la vid y elaborar el vino. *El Gobierno impulsará el desarrollo de la vitivinicultura.* FAM **vitivinícola; vitivinicultor, ra.**

vitola. f. Anillo de papel que rodea a un cigarro puro. *Quitó la vitola al habano.*

vítor. m. Palabra o expresión con que se aclama a alguien o se aplaude algo. Más frec. en pl. *La cantante saludó entre vítores y aplausos.* FAM **vitorear.**

vitoriano, na. adj. De Vitoria (España).

vitral. m. Vidriera de colores. *Están restaurando los vitrales de la catedral.*

vítreo, a. adj. **1.** Del vidrio, o de características semejantes a las suyas. *Brillo vítreo.* **2.** Hecho de vidrio. *La luz traspasa el cuerpo vítreo.* ▶ **1:** VIDRIOSO. FAM **vitrificación; vitrificar.**

vitrina. f. Escaparate o armario con puertas de cristal, destinados a tener expuestos a la vista y protegidos objetos o productos. *Vio el libro en la vitrina de una librería. Las copas están en la vitrina del salón.*

vitriolo. m. Quím. Ácido sulfúrico. *Quemó a su víctima con vitriolo.* Tb. fig. para dar idea de carácter cáustico. *Una crítica llena de vitriolo.* FAM **vitriólico, ca.**

vitrocerámico, ca. adj. **1.** Dicho de material: Que se forma al someter el vidrio, mezclado con otros materiales, a altas temperaturas, y se caracteriza por presentar gran estabilidad y resistencia al calor. *Esmaltes vitrocerámicos.* ● f. **2.** Placa de material vitrocerámico (→ 1), empleada como elemento calefactor en cocinas y otros aparatos. *Cocina con horno y vitrocerámica.*

vitualla. f. Conjunto de víveres, espec. en el ejército. *Abastecen a las tropas de vitualla.* ▶ VÍVERES.

vituperar. tr. Criticar o censurar con dureza (algo o a alguien). *Antes lo elogiaban y ahora lo vituperan.* FAM **vituperable; vituperio.**

viudo, da. adj. Dicho de persona: Que ha perdido a su cónyuge por haber muerto este, y no ha vuelto a casarse. *Se quedó viuda en la guerra.* FAM **viudedad; viudez.**

vivac. (pl. vivacs). m. **1.** Campamento provisional, espec. militar, para pasar la noche al aire libre. *La tropa llegó al vivac.* **2.** Hecho de pasar la noche al aire libre, espec. como actividad militar o deportiva. *Hicimos vivac.* ▶ VIVAQUE. FAM **vivaquear.**

vivales. m. y f. coloq. Persona viva o astuta para beneficiarse. *Ese vivales se escabulló.*

vivaque. m. Vivac.

vivaracho, cha. adj. Alegre y vivo. *Un niño vivaracho.*

vivaz. adj. **1.** Vivo (expresivo, o rápido). *Una sonrisa vivaz.* **2.** Bot. Dicho de planta: Que vive más de dos años. ▶ **1:** VIVO. FAM **vivacidad.**

vivencia. f. **1.** Experiencia que se tiene de algo. *Contó sus vivencias en Asia.* **2.** Hecho de vivir o experimentar algo. *La vivencia DE ser madre la cambió.* FAM **vivencial.**

víveres. m. pl. Provisión de comestibles para alimentar a las personas. *La ciudad sitiada carece de víveres.* ▶ VITUALLA.

vivero. m. **1.** Terreno donde se siembran o mantienen plantas para ser transplantadas a su lugar definitivo. *Compró en el vivero un abeto.* **2.** Lugar donde se mantienen o se crían peces, crustáceos o moluscos, espec. para la alimentación humana.

viveza. f. Cualidad de vivo. *Colores de gran viveza.*

vívido, da. adj. cult. Que refleja o evoca con viveza la realidad. *Recuerdos vívidos.*

vividor, ra. adj. **1.** Que vive la vida disfrutando de ella al máximo. *Una persona vividora y optimista.* **2.** Que vive buscando el beneficio propio a costa de los demás. Frec. m. y f. *Se casó con un vividor que buscaba su dinero.*

vivienda. f. Casa o lugar destinados a ser habitados. *Construirán oficinas y viviendas.* ▶ CASA, DOMICILIO, HOGAR, RESIDENCIA, TECHO.

vivificar. tr. Dar vida o energía (a algo o a alguien). *El sol nos vivifica.* FAM **vivificador, ra; vivificante.**

vivíparo, ra. adj. Zool. Dicho de animal: Que tiene embriones que se desarrollan completamente en el vientre de la madre. *Los mamíferos son, en general, vivíparos.*

vivir. intr. **1.** Tener vida o existencia. *Te querré mientras viva.* **2.** Subsistir o tener las cosas necesarias para pasar la vida. *Vive DE su trabajo.* **3.** Perdurar algo, espec. un recuerdo. *Su recuerdo vive en mi memoria.* **4.** Disfrutar de la vida del modo que se indica. *Vive muy bien desde que se casó.* **5.** Habitar en un lugar. *Los pingüinos viven en el polo.* **6.** Desenvolverse en la vida disfrutando de ella. *No trabaja tanto y vive.* ○ tr. **7.** Experimentar (algo). *Viví una situación rara.* ● m. **8.** Modo de vivir (→ 1). *Un vivir placentero.* ■ **de mal ~.** loc. adj. De conducta social reprobable. *Iba con gentes de mal vivir.* ■ **viva.** expr. **1.** Se usa seguido de un nombre de persona o cosa para enaltecerlas o rendirles homenaje. *Gritó: "¡Vivan los novios!".* □ interj. **2.** Se usa para expresar alegría o aplauso. *Llegan las vacaciones, ¡viva!* ▶ **5:** *HABITAR. FAM **viviente.**

vivisección. f. *Biol.* Disección de un animal vivo con fines científicos.

vivo, va. adj. **1.** Que tiene vida. *Salió viva del accidente.* **2.** Intenso o fuerte. *Un vivo deseo de saber.* **3.** Que perdura o mantiene su vigencia. *Una tradición aún viva.* **4.** Expresivo o que manifiesta vitalidad. *Utiliza un lenguaje vivo.* **5.** Rápido o ágil. *Baile de ritmo vivo.* **6.** Listo o despierto. *Un alumno muy vivo.* **7.** Astuto para actuar en beneficio propio. *Es muy viva para eludir compromisos.* ■ ~ y coleando. loc. adj. coloq. Con vida. Más frec. *vivito y coleando. ¿Muerta?; ¡vivita y coleando la vi yo!* ▶ **4, 5:** VIVAZ. **6:** *INTELIGENTE.

vizcaíno, na. adj. De Vizcaya (España).

vizconde, desa. m. y f. Persona con título nobiliario inmediatamente inferior al de conde. *La marquesa se casó con un vizconde.*

vocablo. m. Palabra (sonido o conjunto de sonidos que constituyen una unidad del discurso, y su representación gráfica). *¿Qué significa el vocablo "hiel"?* ▶ *PALABRA.

vocabulario. m. **1.** Conjunto de palabras de un idioma. *El vocabulario se recoge en los diccionarios.* **2.** Conjunto de palabras de un idioma propias de una región, una actividad determinada o una persona concreta. *Tiene un vocabulario muy rico.* **3.** Lista o catálogo ordenados en que se definen de forma concisa las palabras del vocabulario (→ 1, 2). *Consultó un vocabulario de términos de física.* ▶ **1, 2:** LÉXICO.

vocación. f. **1.** Inclinación hacia una profesión, actividad o forma de vida. *Es médico por vocación.* **2.** Llamada que una persona siente como procedente de Dios para profesar la vida religiosa. *Sintió la vocación y se ordenó sacerdote.* FAM **vocacional.**

vocal. adj. **1.** De la voz. *Estudia técnica vocal y canto.* **2.** Que se expresa mediante la voz. *Música vocal.* ● m. y f. **3.** Persona que pertenece a un consejo, tribunal o junta, y que tiene derecho a opinar en ellos. *Es vocal de la Corte Suprema de Justicia.* ○ f. **4.** Sonido del lenguaje en cuya emisión el aire expulsado de los pulmones no encuentra obstáculos. *En español hay cinco vocales.* **5.** Letra con que se representa una vocal (→ 4). *Aprende a escribir las vocales.* FAM **vocálico, ca; vocalismo.**

vocalista. m. y f. Cantante de un grupo musical.

vocalizar. intr. Pronunciar las palabras de forma clara e inteligible. *Un locutor de radio debe vocalizar bien.* FAM **vocalización.**

vocear. intr. **1.** Dar voces o gritos. *¡No vocee, que ya oigo!* ○ tr. **2.** Decir o manifestar (una cosa) a voces o gritos. *Los manifestantes voceaban consignas.* **3.** Anunciar (algo) a voces. *Un vendedor vocea su género.* ▶ **1, 2:** *GRITAR. FAM **voceador, ra; vocerío.**

vocero, ra. m. y f. Persona que habla en nombre de otra. *El vocero del Gobierno informará a la prensa.* ▶ PORTAVOZ.

vociferar. intr. Dar voces o gritos. *Vociferaba de ira.* ▶ *GRITAR. FAM **vociferante.**

vocinglero, ra. adj. Que da muchas voces o habla muy alto. *Jóvenes vocingleros.*

vodevil. m. Comedia ligera cuyo argumento se basa en la intriga y el equívoco, y que suele incluir números musicales. *Estrenan un divertido vodevil.*

vodka o **vodca.** m. (Tb., más raro, f.). Aguardiente que se obtiene por fermentación de maíz, centeno o cebada, y que se elabora pralm. en Rusia. *Bebe vodka con hielo.*

voladizo, za. adj. Dicho de elemento arquitectónico: Que sobresale de la construcción de que forma parte. *Un techo voladizo.* Tb. m. ▶ VOLADO.

volado, da. adj. **1.** Inquieto o sobresaltado. *Estaba volado por tu tardanza.* **2.** Voladizo. *Una cornisa volada.*

voladura. f. Hecho de volar o hacer saltar algo por los aires con explosivos. *Procedieron a la voladura del edificio con dinamita.*

volandero, ra. adj. **1.** Dicho de pollo de ave: Que está a punto de salir a volar. **2.** Que se mueve por la acción del viento. *Hojas volanderas.*

volante. adj. **1.** Que vuela, o se mantiene y mueve en el aire. *Objeto volante.* **2.** Que va o se lleva de una parte a otra sin lugar fijo. *La etapa tiene dos metas volantes.* ● m. **3.** Pieza, gralm. en forma de aro, que sirve para dirigir un vehículo automóvil. *Conducía con las dos manos en el volante.* **4.** Tira rizada, plegada o fruncida con que se adorna una prenda de vestir o de tapicería. *Una falda con volantes.* **5.** Hoja pequeña de papel en que se hace constar algo, espec. una recomendación o una autorización. *Se presentó en el hospital con un volante del médico.* **6.** *Dep.* Objeto semiesférico de material ligero, bordeado de plumas, que a modo de pelota sirve para jugar al bádminton. ▶ **Am: 3:** TIMÓN. FAM **volantazo.**

volantín. m. *Am.* Cometa (juguete). *El Cabildo había prohibido elevar volantines en zonas habitadas* [C]. ▶ *COMETA.

volar. (conjug. CONTAR). intr. **1.** Mantenerse y moverse en el aire un animal por medio de las alas. *Un halcón volaba en círculos.* **2.** Mantenerse y moverse en el aire un vehículo o un aparato. *El avión vuela a gran altura.* **3.** Elevarse y moverse en el aire algo por acción del viento. *Con el viento, la sombrilla salió volando.* **4.** Viajar en un vehículo aéreo. *Mañana vuelo a Quito.* **5.** coloq. Ir o pasar muy deprisa. *Los bomberos llegaron volando.* **6.** Desaparecer inesperada y rápidamente una persona o cosa. *Para cuando me di cuenta, mi acompañante había volado.* ○ tr. **7.** Destruir o hacer saltar por los aires (algo) por medio de explosivos. *Amenazan con volar el tren.* FAM **volador, ra.**

volátil. adj. **1.** Que vuela, o se mantiene y mueve en el aire. *Ave volátil.* **2.** Inconstante o cambiante. *Una situación política volátil.* **3.** *Fís.* Dicho de sustancia: Que se transforma espontáneamente en gas. *El amoníaco es muy volátil.* FAM **volatilidad.**

volatilizar. tr. *Fís.* Transformar (una sustancia sólida o líquida) en gas. *El aire es capaz de volatilizar el alcohol.* FAM **volatilización.**

volatín. m. Ejercicio acrobático en el aire. *Observa los volatines de los acróbatas.* FAM **volatinero, ra.**

volcán. m. **1.** Abertura en la tierra, gralm. en una montaña, por la que salen, en ciertas ocasiones, gases cenizas y materiales fundidos. *El volcán entró en erupción.* **2.** Persona o cosa muy impetuosas o ardorosas. *Cuando baila es un volcán.* ■ **sobre un ~.** loc. adv. En una situación de peligro grande e inminente. *Vive sobre un volcán desde que su agresor salió de la cárcel.* FAM **volcánico, ca.**

volcar. (conjug. CONTAR). tr. **1.** Torcer o inclinar (una cosa) parcial o totalmente, de modo que caiga, gralm. haciendo salir su contenido. *He volcado la copa sin querer.* **2.** Verter (algo) dando la vuelta al recipiente que (lo) contiene. *El camión vuelca su carga en* *la carretera.* ○ intr. **3.** Inclinarse algo, espec. un vehículo, hasta quedar invertido o sobre un lado. *Un auto se salió de la calzada y volcó.* ○ intr. prnl. **4.** Dedicarse a algo o alguien con tesón o con entrega. *Se vuelca* EN *los estudios.* ▶ **Am: 1:** REVOLCAR.

volea. f. Golpe dado a una cosa en el aire antes de que caiga al suelo, espec. a una pelota antes de que bote. *El tenista ganó el punto con una volea.* FAM **volear.**

voleibol. m. Balonvolea. *Juega al voleibol.*

voleo. a, o al, ~. loc. adv. **1.** Al azar o de forma arbitraria. *Eligió un número a voleo.* **2.** Arrojando la semilla a puñados esparciéndola al aire. *Sembraban al voleo.*

volición. f. Fil. Acto de la voluntad. *Sin libertad, no hay volición.* FAM **volitivo, va.**

volquete. m. Vehículo provisto de una caja articulada, con un dispositivo mecánico que permite volcarla para vaciar su carga. *Llegó a las obras un volquete con grava.*

volt. (pl. **volts**). m. Am. Fís. Voltio. *Una batería de 12 volts de un Citroën* [C].

voltaje. m. Fuerza electromotriz expresada en voltios. *El voltaje de la red eléctrica era de 125 voltios.* ▶ POTENCIAL, TENSIÓN.

voltear. tr. **1.** Dar una o más vueltas (à alguien o algo) de modo que giren sobre sí mismos. *Mandó voltear las campanas para celebrarlo.* **2.** Dar la vuelta (a alguien o algo) de modo que queden en posición invertida. *La corriente volteó la piragua.* **3.** Am. Derribar (a alguien o algo) o hacer(los) caer. *Se puso de pie volteando la silla en la prisa por retroceder* [C]. **4.** Am. Volver (una parte del cuerpo, espec. la cabeza) hacia una dirección distinta a la que tenía antes. *Voltea la cabeza para mirarla* [C]. **5.** Am. Doblar (una esquina). *Aceleró al voltear la esquina* [C]. ○ intr. **6.** Dar vueltas. *Las aspas del molino voltean.* **7.** Am. Torcer o cambiar de dirección. *Otros voltean a la izquierda por la carretera* [C]. ○ intr. prnl. **8.** Am. Girar la cabeza o el cuerpo de modo que queden en dirección a lo que está detrás de ellos. *Al entrar, la gente se voltea a ver quiénes son* [C]. **9.** Am. Darse la vuelta algo de modo que quede en posición invertida. *El vehículo chocó contra un barranco y se volteó, quedando con las llantas hacia arriba* [C]. ▶ **3:** *DERRIBAR. **4:** VOLVER. **5:** *DOBLAR. **7:** *TORCER. **8:** VOLVERSE.

voltereta. f. Vuelta ligera dada en el aire o apoyando las manos sobre una superficie. *El gimnasta saltó y dio tres volteretas antes de caer al suelo.* ▶ PIRUETA.

volteriano, na. adj. Que adopta o manifiesta la incredulidad o el escepticismo cínico de Voltaire (filósofo francés, 1694-1778). *Tiene un espíritu independiente y volteriano.*

voltio. m. Fís. Unidad de potencial eléctrico o de fuerza electromotriz del Sistema Internacional, que equivale a la diferencia de potencial que hay entre dos puntos de un hilo conductor cuando transporta una corriente de un amperio con un trabajo realizado de un vatio. (Símb. V). ▶ **Am:** VOLT. FAM **voltímetro.**

voluble. adj. **1.** Inconstante o que cambia continuamente de opinión. *Es voluble y caprichosa.* **2.** Bot. Dicho de tallo: Que crece enroscándose alrededor de un objeto que le sirve como soporte. Tb. dicho de la planta que tiene ese tallo. FAM **volubilidad.**

volumen. m. **1.** Parte del espacio ocupado por un cuerpo de tres dimensiones. Tb. su medida. *Calcule el volumen de un cubo de 9 cm de arista.* **2.** Tamaño de una persona o cosa. *Un paquete de gran volumen.*

3. Cuerpo material de un libro encuadernado. *Han editado sus obras en dos volúmenes.* **4.** Intensidad de un sonido. *El volumen de la música era muy alto.* FAM **voluminoso, sa.**

volumétrico, ca. adj. **1.** De la medición del volumen. *Los gases experimentan variaciones volumétricas según la temperatura.* **2.** De la determinación o distribución de volúmenes. *En la maqueta se aprecia el aspecto volumétrico mejor que en el plano.*

voluntad. f. **1.** Facultad humana de tomar decisiones y actuar en consecuencia. *La voluntad nos diferencia de los animales.* **2.** Fuerza de voluntad (→ fuerza). *¡Qué voluntad para superarse!* **3.** Deseo o intención de hacer algo. *No mi voluntad ofender.* ■ **buena** (o **mala**) ~. f. Inclinación a hacer el bien (o el mal). *Me ayudaron personas de buena voluntad.* ■ **última** ~. f. Voluntad (→ 3) expresada por una persona, gralm. en su testamento, con la intención de que se cumpla tras su muerte. *Su última voluntad fue ser incinerado.* Tb. el testamento. *Dieron lectura a su última voluntad.* □ **a** ~. loc. adv. Según se desee o decida. *Sazone el guiso a voluntad.* ■ **la** ~. loc. s. Cantidad de dinero que se da voluntariamente, frec. como limosna o en pago de un servicio. *–¿Cuánto cuesta? –La voluntad.* ▶ **3:** *INTENCIÓN. FAM **voluntarioso, sa.**

voluntario, ria. adj. **1.** Dicho de acto: Que surge de una decisión tomada con la voluntad. *No fue un error: fue voluntario.* **2.** Dicho de acto: Que no es obligatorio. *Este examen es voluntario.* **3.** Dicho de persona: Que se ofrece por propia voluntad para algo. Frec. m. y f., espec. referido a soldado o a miembro de una organización humanitaria. *Se alistó como voluntario.* FAM **voluntariado; voluntariedad.**

voluntarismo. m. Actitud de quien basa sus previsiones más en el deseo de que se cumplan o en la confianza en el poder de la voluntad, que en las posibilidades reales. *Su fe en el éxito es toda una muestra de voluntarismo.* FAM **voluntarista.**

voluptuoso, sa. adj. **1.** Que produce placer en los sentidos. *Una música voluptuosa.* **2.** Dicho de persona: Dada a los placeres de los sentidos. FAM **voluptuosidad.**

voluta. f. **1.** Figura en forma de espiral. *Al fumar, echaba volutas de humo.* **2.** Arq. Adorno en forma de caracol o espiral, propio de los capiteles jónicos.

volver. (conjug. MOVER; part. **vuelto**). tr. **1.** Hacer que (algo) muestre el lado contrario al que tenía antes. *Volvió la hoja y siguió leyendo.* **2.** Hacer que la parte interna (de algo, espec. de una prenda de vestir) aparezca a la vista, de modo que quede por dentro su parte externa, o viceversa. *Vuelve el calcetín del revés.* **3.** Hacer que (algo) se sitúe en una posición o dirección contraria a la que tenía. *El tenor vuelve la vista al palco.* **4.** Hacer que (algo o alguien) pase a tener otro estado. *La universidad lo volverá más maduro.* **5.** Pasar a otro lado (de una esquina). *Al volver la esquina lo vi.* ○ intr. **6.** Ir al lugar del que se partió, o en donde se estaba antes. *Volvió* A *su país.* **7.** Retomar algún aspecto de una historia, tema o conversación. *Siempre vuelve* AL *mismo tema.* **8.** Seguido de *a* y un infinitivo, indica repetición de la acción expresada por ese infinitivo. *Hoy ha vuelto a llover.* **9.** Torcer o cambiar de dirección. *En el cruce, vuelva a la izquierda.* ○ intr. prnl. **10.** Ir al lugar de donde se partió. *Se vuelve* A *su tierra.* **11.** Girar la cabeza o el cuerpo en dirección a algo o alguien. *Se volvió* A *su ayudante para pedirle algo.* **12.** Girar la cabeza o el cuerpo de modo que queden en dirección a lo que está detrás de ellos. *Un grito me hizo volverme.* **13.** Pasar alguien o algo a tener otro estado. *Se volvió antipático.* **14.** Pasar alguien o algo a ser contrario o enemigo de otra persona o cosa. *Las pruebas se han vuelto* CONTRA *el acusado.* ■ **~ en sí.** loc. v. Recobrar el sentido o el conocimiento. *Me desmayé y tardé en volver en mí.* ■ **~se una persona atrás.** loc. v. Desdecirse o dejar de hacer lo que se había propuesto. *Se volvieron atrás en la venta.* ▶ **5:** *DOBLAR. **9:** *TORCER. ‖ Am: **3:** VOLTEAR. **12:** VOLTEARSE.

vomitar. tr. **1.** Expulsar por la boca (lo contenido en el estómago). *El bebé vomitó la papilla.* Tb. como intr. *El niño vomita con frecuencia.* **2.** Expulsar por la boca (sangre u otra materia corporal). *Vomitaba sangre.* **3.** Expulsar una cosa (algo que contiene en su interior). *El volcán vomita lava.* ▶ **1:** ARROJAR, DEVOLVER. FAM vomitivo, va; vómito; vomitona.

vorágine. f. **1.** Aglomeración confusa de cosas, sucesos o personas. *La ciudad era una vorágine de gente.* **2.** Pasión desenfrenada o mezcla de sentimientos muy intensos. *Se siente atrapado por una vorágine de presentimientos.* **3.** cult. Remolino de gran fuerza que se forma en el agua del mar, de un río o de un lago.

voraz. adj. **1.** Que come mucho o con ansia. *Este perro es muy voraz.* Tb. fig. *Soy una voraz lectora de novelas.* **2.** Que destruye o consume rápidamente. *Un incendio voraz.* FAM voracidad.

vos. pron. pers. **1.** (→ os). En lenguaje protocolario o solemne: Designa a la persona a quien se habla. Se usa con el v. en 2ª pers. pl. *Vos, Alteza, sois el primer visitante de este museo.* **2.** (→ te). Am. Designa a la persona a quien se dirige el que habla cuando entre ellos hay algún tipo de familiaridad. Se usa en combinación con diferentes formas del sistema verbal según las zonas. *¿Quién te va a creer a vos, que vas a ir preso?* [C]. *¿Vos habéis visto el mar?* [C]. *Vos ya sos grandecita* [C].

voseo. m. Uso del pronombre *vos* en lugar de *tú.* *En Hispanoamérica hay zonas de voseo.* FAM vosear.

vosotros, tras. pron. pers. pl. Designa a las personas a las que se dirige el que habla cuando entre ellos hay algún tipo de familiaridad. *Venid vosotras. Vosotros sois.*

votivo, va. adj. *Rel.* Ofrecido por voto o promesa. *Encendió una lámpara votiva.*

voto. m. **1.** Opinión con que se expresa una preferencia entre varias opciones, espec. en unas elecciones. *Cuenta con mi voto.* **2.** Papeleta u otra cosa con que se expresa un voto (→ 1). *Abrieron las urnas para contar los votos.* **3.** Promesa hecha a Dios o a los santos, espec. cuando se hacen al entrar en religión. *Los frailes hacen voto de castidad.* ○ pl. **4.** cult. Deseos. *Hago votos por su felicidad.* ■ **~ de calidad.** m. *Der.* Voto (→ 1) que, por proceder de una persona de mayor autoridad, decide una votación en caso de empate. *El presidente del Consejo emitió el voto de calidad.* ■ **~ de censura.** m. Voto (→ 1) que emite una asamblea, frec. una Cámara, para negar su confianza a sus dirigentes. *La oposición pide un voto de censura contra el Gobierno.* ■ **~ de confianza.** m. Voto (→ 1) que emiten las Cámaras para aprobar la actuación del Gobierno o para dejarle libertad de acción. Frec. fig. *Decidí darle un voto de confianza y contarle el problema.* ■ **~ útil.** m. Voto (→ 1) a favor de una opción que no es la preferida, pero que tiene más posibilidades que esta de derrotar a otra no deseada. *La izquierda mayoritaria defiende el voto útil.* ▶ **1:** SUFRAGIO. FAM votación; votante; votar.

vox pópuli. (loc. lat.; frec. sin art.). f. Opinión o conocimiento generalizados. *Antes de contarlo él, aquello era ya vox pópuli.*

voyeur. (pal. fr.; pronunc. "buayér"). m. y f. Persona que disfruta contemplando a escondidas escenas eróticas. *Descubrieron a un voyeur en el vestuario femenino.* ¶ [Equivalentes recomendados: *voyerista, mirón*]. FAM voyeurismo.

voz. f. **1.** Sonido que produce el aire procedente de los pulmones al pasar por la laringe haciendo vibrar las cuerdas vocales. *Baje la voz, que están durmiendo.* **2.** Carácter acústico de la voz (→ 1), determinado por la calidad, el timbre y la intensidad. *Tiene voz de barítono.* **3.** Sonido que producen algunas cosas inanimadas. *La voz del viento.* **4.** Manifestación íntima de algunas cosas que incita a pensar o actuar de determinada manera. *Obedezco la voz de mi conciencia.* **5.** Grito (palabra o expresión en voz muy alta). *Hablan a voces.* **6.** Palabra o vocablo. *Subraye las voces de uso culto.* **7.** Cantante. *Aria para voz y orquesta.* **8.** Rumor. *Corre la voz de que se casan.* **9.** Opinión o juicio. *Se han levantado voces contra la nueva ley.* **10.** Derecho a opinar en una asamblea. *Asisten asesores con voz, pero sin voto.* **11.** *Gram.* Accidente gramatical que expresa si el sujeto del verbo designa al agente o al objeto de la acción verbal. *La forma verbal "vio" está en voz activa, y "fue visto", en voz pasiva.* **12.** *Mús.* Cada una de las líneas melódicas que forman una composición polifónica. *Interpretaron una fuga a cuatro voces.* ■ **~ activa.** f. *Gram.* Voz (→ 11) en la que el sujeto designa la persona o cosa que realizan la acción expresada por el verbo. ⇒ ACTIVA. ■ **~ pasiva.** f. *Gram.* Voz (→ 11) en la que el sujeto designa la persona o cosa que son objeto de la acción expresada por el verbo. *La voz pasiva se forma con el verbo "ser" y el participio del verbo conjugado.* ⇒ PASIVA. ■ **~ de mando.** f. *Mil.* Palabra o expresión que se utiliza para dar una orden. *A la voz de mando de "alto", la tropa se detiene.* □ **alzar la ~.** → levantar la ~. ■ **a media ~.** loc. adv. En voz (→ 1) más baja de lo normal. *Hablan a media voz.* ■ **a ~ en cuello,** o **a ~ en grito.** loc. adv. En voz (→ 1) muy alta o gritando. *Cantan a voz en cuello su himno.* ■ **de viva ~.** loc. adv. De forma oral. *¿Respondo por escrito o de viva voz?* ■ **levantar,** o **alzar,** alguien **la ~** (a otra persona). loc. v. Hablar(le) a gritos y sin el respeto debido. *¡A mí no me levante la voz!* ■ **llevar** alguien **la ~ cantante.** loc. v. Ser quien tiene la iniciativa o impone sus puntos de vista en una reunión o en un asunto. *En todas las protestas lleva la voz cantante.* ▶ **5:** GRITO. **6:** *PALABRA. FAM vozarrón.

vudú. m. **1.** *Rel.* Culto religioso extendido entre los negros antillanos y del sur de los Estados Unidos de América, en el que se mezclan elementos católicos y ritos de origen africano. Frec. fig. para designar cualquier hechicería. *Sospecha que le hacen vudú, porque todo le sale mal.* ● adj. **2.** Del vudú (→ 1). *Rito vudú.*

vuelapluma. a ~. (Tb. **a vuela pluma**). loc. adv. Deprisa o sin detenerse a pensar. *Escribió una nota a vuelapluma.*

vuelco. m. **1.** Hecho de volcar o volcarse. *El autobús sufrió un vuelco.* **2.** Cambio radical o inversión producidos en algo. *El resultado electoral supuso un vuelco del panorama político.* ■ **darle** (a alguien) **un ~ el corazón.** loc. v. Sentir (una persona) un sobresalto o una impresión fuerte. *Me dio un vuelco el corazón al verlo herido.*

vuelo. m. **1.** Hecho de volar. *Observe el vuelo de una rapaz.* **2.** Viaje en un vehículo aéreo. *Perdí el vuelo a París.* **3.** Amplitud de una prenda de vestir o de un tejido desde la parte en que están ajustados o fruncidos. *Una falda con mucho vuelo.* **4.** Conjunto de plumas del ala de un ave que le sirven para volar. Frec. en pl. *La paloma tenía los vuelos cortados.* ■ ~ **rasante.** m. Vuelo (→ 1) cuya trayectoria se mantiene muy cerca de la superficie del terreno. *Pasó una avioneta en vuelo rasante.* □ **al** ~. loc. adv. **1.** Mientras vuela. *Lance algo al perro y lo atrapará al vuelo.* **2.** Con mucha rapidez. *He captado al vuelo su indirecta.* **3.** De paso o por casualidad. *Oyó al vuelo que hablaban de él.* ■ **alzar el** ~. → **levantar el vuelo.** ■ **de altos** (o **cortos**) ~**s.** loc. adj. De mucha (o poca) importancia o aspiraciones. *Poesía de altos vuelos.* ■ **en un** ~. loc. adv. Rápidamente. *La vida se pasa en un vuelo.* ■ **levantar,** o **alzar, el** ~. loc. v. **1.** Echar a volar. *Las perdices alzaron el vuelo.* **2.** coloq. Abandonar un lugar, o desaparecer de él. *El ladrón levantó el vuelo.*

vuelta. f. **1.** Hecho de volver, espec. al lugar de donde se partió o en donde se estaba. *Me voy, pero a la vuelta charlamos.* **2.** Movimiento en círculo o alrededor de algo, hasta llegar de nuevo al punto inicial. *Los corredores dieron dos vueltas al circuito.* **3.** Movimiento giratorio de algo sobre sí mismo hasta quedar en posición inversa o hasta describir un giro completo. *Dele la vuelta al filete o se quemará.* **4.** Paseo (hecho de pasear). *¿Damos una vuelta?* **5.** Cada una de las series paralelas de puntos que se hacen al tejer una labor. *Me faltan cuatro vueltas para acabar el jersey.* **6.** Curva o desviación respecto de la línea recta, espec. en un camino. *¡Qué vuelta he dado para llegar!* **7.** Carrera, gralm. ciclista, que se celebra por etapas, y en la que se va recorriendo un país o zona geográfica concretos. *El líder de la vuelta lleva maillot amarillo.* **8.** Cada una de las veces en que se produce un hecho que se realiza en varios turnos o en varias fases. *Ganó en la segunda vuelta de las elecciones.* **9.** Repetición de una actividad, espec. la que consiste en repasar lo estudiado. *Dio otra vuelta a los apuntes antes del examen.* **10.** Dinero que se devuelve al cobrar a quien paga con moneda o billete de valor superior al del importe. *Cobre y quédese con la vuelta.* **11.** Tira de tela superpuesta o doblada en el borde de las mangas o de otras partes de una prenda de vestir. *Pantalón con vueltas.* **12.** Parte de una cosa opuesta a la que se tiene a la vista. *La dirección se escribe por el frente, y el remite, por la vuelta.* ■ ~ **de campana.** f. Vuelta (→ 3) que da un cuerpo rodando o girando sobre sí mismo hasta quedar de nuevo en su posición inicial. *El auto dio una vuelta de campana.* □ **a la** ~. loc. adv. Torciendo a la derecha, o a la izquierda. *El bar está a la vuelta.* ■ **a la** ~ **de.** loc. prepos. Después de. *Volveré a la vuelta de una semana.* ■ **a la** ~ **de la esquina.** loc. adv. coloq. Muy próximo, o al alcance: *Los exámenes están ya a la vuelta de la esquina.* ■ **a** ~ **de correo.** loc. adv. De manera inmediata después de recibir una carta. *Contestó a vuelta de correo.* ■ **dar** al-

guien **la** ~. loc. v. Emprender el regreso. *Si llueve, daremos la vuelta.* ■ **dar la** ~ (a algo, espec. una prenda de vestir). loc. v. Volver(lo) del revés. *Dio la vuelta al calcetín.* ■ **dar** ~**s** (a algo). loc. v. Pensar (en ello) insistentemente. *Le da vueltas al problema.* ■ **de** ~. loc. adj. En deporte, dicho de partido o encuentro: Que es el segundo de los dos en que dos equipos se enfrentan en una eliminatoria. ■ **estar** alguien **de** ~ (de algo). loc. v. coloq. Conocer(lo) bien por propia experiencia, frec. hasta el punto de haber perdido el interés (por ello). *A sus años, está de vuelta de todo.* ■ **no tener** algo ~ **de hoja.** loc. v. Ser incuestionable o no admitir otra interpretación. *Hay que hacerlo, no tiene vuelta de hoja.* ■ **poner de** ~ **y media** (a alguien). loc. v. coloq. Insultar(lo) o hablar mal (de él). *Me puso de vuelta y media.* ▶ **4:** PASEO. **10:** CAMBIO. ‖ Am: **10:** VUELTO.

vuelto. m. Am. Vuelta (dinero). *Recibió el vuelto del billete* [C]. ▶ *VUELTA.

vuestro, tra. adj. **1.** De las personas entre las que se encuentra aquella a quien se habla. *Me divierten vuestras historias.* **2.** De la persona a la que alguien se dirige en lenguaje protocolario o solemne. *Majestad, gracias por vuestra visita.* ■ **los** ~**s.** loc. s. Los familiares o personas vinculadas a un grupo del que forman parte las personas a quienes se dirige el que habla. *Han ganado los vuestros.*

vulcanizar. tr. Combinar (el caucho) con azufre para que conserve su elasticidad y aumente su resistencia. Frec. en part. *Caucho vulcanizado para neumáticos.*

vulcanología. f. Geol. Estudio científico de los volcanes. FAM vulcanólogo, ga.

vulgar. adj. **1.** Común o general, y no especializado. *Es estomatólogo; en lenguaje vulgar, dentista.* **2.** Corriente o que no tiene una particularidad especial. *Tiene una cara vulgar.* **3.** Dicho de persona: Que no tiene cultura o educación. *Gente vulgar y sin modales.* ▶ **3:** *MALEDUCADO. FAM vulgaridad; vulgarizar; vulgarización; vulgarizar.

vulgarismo. m. Palabra o expresión propias de las personas vulgares o de escasa formación. *La forma "agüelo" por "abuelo" es un vulgarismo.*

vulgo. m. **1.** Conjunto de las personas que pertenecen al pueblo. *El político se mezclaba entre el vulgo.* **2.** despect. Conjunto de las personas que tienen escasa formación o una posición social baja. ● adv. **3.** En lenguaje vulgar o común. *Se quejaba de cefalea, vulgo dolor de cabeza.*

vulnerable. adj. Que puede ser dañado o herido. *Es vulnerable a los resfriados.* FAM vulnerabilidad.

vulnerar. tr. **1.** Infringir (una ley o precepto). *Se castigará a quien vulnere la ley.* **2.** cult. Dañar o herir (algo o a alguien). *Las imágenes violentas vulneran su sensibilidad.* ▶ **1:** *INFRINGIR. FAM vulneración.

vulva. f. Parte del aparato genital de las hembras de los mamíferos, que rodea y constituye la abertura externa de la vagina.

W

w. f. Letra del abecedario español cuyo nombre es *uve doble*, y que se pronuncia unas veces como *u* (*washingtoniano*) y otras como *b* (*wolframio*).

washingtoniano, na. (pronunc. "wasintoniáno"). adj. De Washington (Estados Unidos de América).

waterpolo. (pronunc. "waterpólo" o "baterpólo"). m. Deporte que se practica en una piscina entre dos equipos de siete jugadores cada uno, y que consiste en introducir el balón con la mano en la portería contraria. FAM **waterpolista.**

web. (pl. **webs;** pronunc. "web"; frec. en mayúsc.). f. *Inform.* Red informática mundial. *Busca en la web la información que necesitas.*

wélter. (pronunc. "wélter"). m. Peso wélter (→ **peso**). *Campeón de los wélters.*

western. (pal. ingl.; pronunc. "wéster"). m. **1.** Película del Oeste. *Ponen un western.* **2.** Género cinematográfico constituido por los *westerns* (→ 1). *Es aficio-*nado al western. ¶ [Equivalente recomendado: 1: *película del Oeste.* Adaptación recomendada: 2: *wéstern,* pl. *wésterns*].

whiskería. (Tb. **güisquería**). f. Establecimiento donde se sirve *whisky* y otras bebidas alcohólicas. *Frecuenta la whiskería.* Frec., eufem., designa un local de alterne.

whisky. (pal. ingl.; pronunc. "wíski" o "güíski"; tb. **güisqui**). m. Bebida alcohólica de alta graduación, obtenida por fermentación de cereales, espec. cebada o centeno. *Me gusta el whisky escocés.* ¶ [Adaptación recomendada: *güisqui*].

windsurf o **wind surf.** (pal. ingl.; pronunc. "wínsurf" o "wín-súrf"). m. Deporte náutico que consiste en deslizarse por el agua sobre una tabla provista de una vela. *En verano practica el windsurf.* ▶ *WINDSURFING.* ¶ [Equivalente recomendado: *tablavela*]. FAM **windsurfing** o **wind surfing; windsurfista.**

X

x. f. **1.** Letra del abecedario español cuyo nombre es *equis*, y que se pronuncia unas veces como *ks* (*examen*) y otras como *s* (*extraño*), y excepcionalmente como *j*, como en *México, Oaxaca y Texas*, y sus derivados. **2.** *Mat.* Equis (cantidad indeterminada). *Calcula el valor de x en las siguientes ecuaciones.*

xenofobia. f. cult. Odio a lo extranjero o a los extranjeros. *La asociación lucha contra el racismo y la xenofobia.* FAM **xenófobo, ba.**

xilófono o **xilofón.** m. Instrumento musical de percusión formado por una serie de láminas metálicas o de madera y de diferente tamaño y sonido, que se hacen sonar golpeándolas con unas mazas. *La parte aguda de la percusión la ponían los triángulos y el xilófono.* FAM **xilofonista.**

xilografía. f. **1.** *tecn.* Procedimiento de impresión por medio de planchas de madera grabadas. *La xilografía es originaria de China.* **2.** *tecn.* Estampa realizada mediante la xilografía (→ 1). *Una exposición de xilografías.* FAM **xilográfico, ca.**

y

y¹. f. Letra del abecedario español cuyo nombre es *i griega* o *ye*, y que se pronuncia unas veces como *i* (*buey*, *y*) y otras con un sonido propio (*raya*).

y². conj. (Se usa en la forma *e* ante una palabra que empiece por *i* o *hi* –siempre que esa *i* o *hi* no inicien diptongo–, salvo en la acep. 3, cuando va seguida de un nombre propio: *extranjeros e indígenas*; *Sonia e Inés*; *leones y hienas*; *¿Y Inés?*). **1.** Une oraciones o elementos de oración indicando básicamente suma de lo expresado por ellos. *Ha sido una intervención brillante y muy aplaudida.* **2.** Se usa al principio de una frase exclamativa con valor enfático. *¡Y yo sin enterarme!* **3.** Se usa al principio de una frase interrogativa para preguntar por lo expresado. *¿Y Inés?, hace mucho que no la veo.* **4.** Precedida y seguida de la misma forma verbal o del mismo nombre, intensifica su significado. *Hablan y hablan sin llegar a una solución.*

ya. adv. **1.** Con un verbo en tiempo simple, indica que, en un momento anterior, no tenía lugar el hecho que se expresa. *Juan ya va a la Universidad.* **2.** Con un verbo en tiempo compuesto, enfatiza la idea de anterioridad de la acción verbal. *Ya he leído ese libro.* **3.** Con un verbo en futuro, refuerza la convicción de que sucederá la acción esperada. *Ya hablaremos de ese asunto.* **4.** Inmediatamente, o ahora mismo. –*Date prisa.* –*Ya voy.* **5.** cult. Enunciado ante dos o más elementos de oración, introduce otras tantas alternativas que conducen a una misma conclusión. *Ya con su consentimiento, ya sin él, siguieron adelante.* ● interj. **6.** Se usa para expresar que se ha comprendido lo que se acaba de oír. –*He llegado antes para sacar las entradas.* –*Ya.* **7.** Se usa para expresar que acaba de recordarse algo. *¡Ah, ya!, tú eres el amigo del que tanto me habían hablado.* ■ **~ que.** loc. conjunt. **1.** Puesto que. *El descubrimiento tiene un gran interés, ya que permite datar los fósiles con más precisión.* **2.** cult. Seguida de *no:* Aunque. *Ya que no todos, al menos sí irán los amigos más cercanos.*

yacaré. m. Am. Caimán. *El yacaré es de hábitos acuáticos* [C].

yacer. (conjug. YACER). intr. **1.** cult. Estar echada o tendida una persona, espec. muerta. *Los cuerpos yacen en el campo de batalla.* **2.** cult. Estar enterrada una persona. *Los restos yacen en la cripta.* **3.** cult. Realizar el coito dos personas. *Los amantes yacen.* FAM **yacente.**

yacimiento. m. Lugar donde se encuentran de forma natural rocas, minerales, fósiles o restos arqueológicos. *Trabaja en la explotación de un yacimiento de cobre.*

yaguareté. m. Am. Jaguar. *El yaguareté recorre la maraña selvática* [C].

yak. m. Mamífero rumiante parecido al búfalo, de cuerpo robusto y pelaje espeso y lanoso, que habita en zonas montañosas de Asia Central. *Un viejo yak lleva la carga.*

yang. (pal. china; pronunc. "yan"). m. En la filosofía china: Principio positivo y masculino, que complementa al *yin*. *El yin y el yang están en la base del taoísmo.*

yanqui. adj. coloq. Estadounidense. *Odia la comida yanqui.*

yanomami. adj. De un pueblo indio que habita en la región del alto Orinoco.

yapa. f. Am. coloq. Añadidura. Frec. designa la que se da como propina o regalo. *La yapa se entendía como un gesto de generosidad* [C].

yarda. f. Unidad de longitud del sistema anglosajón, que equivale a 0,9144 metros.

yate. m. Embarcación de recreo, de motor o de vela. *Llega a la isla en un yate.*

yayo, ya. m. y f. **1.** infant. Abuelo (padre o madre del padre o de la madre). *Yayo, ¿me das un caramelo?* ○ m. pl. **2.** infant. Abuelo y abuela. *Vamos a visitar a los yayos.*

ye. f. Letra *y*.

yedra. → hiedra.

yegua. f. Hembra del caballo. *Cabalga una hermosa yegua.* ▶ JACA.

yeguada. f. Conjunto numeroso de caballos que viven agrupados.

yeísmo. m. *Fon.* Pronunciación de la *ll* como *y*. FAM yeísta.

yelmo. m. histór. Parte de la armadura usada para proteger la cabeza y la cara.

yema. f. **1.** Porción central del huevo de las aves. *Moja pan en la yema del huevo.* **2.** Parte central y carnosa de la punta del dedo, opuesta a la uña. *El portero roza el balón con las yemas de los dedos.* **3.** Brote de un vegetal, con forma de botón escamoso, del que nacen hojas, ramas y flores. *A los árboles ya les han salido yemas.* ▶ 3: BOTÓN.

yemení. adj. De Yemen (Asia).

yen. m. Unidad monetaria de Japón.

yerba¹. → hierba.

yerba². f. Am. Hoja de yerba mate (→ yerba mate). *Llegó con su yerba, su mate y su bombilla* [C]. ■ **~ mate.** f. Am. Árbol de copa tupida, cuyas hojas, siempre verdes y con forma de punta de lanza, se toman en infusión. Tb. su hoja, deshidratada y triturada, con la que se prepara la infusión de mate. *Una caja de yerba mate* [C].

yerbabuena. → hierbabuena.

yerbajo. → hierba.

yerbaluisa. → hierbaluisa.

yerbatero, ra. adj. **1.** Am. Dicho de médico o de curandero: Que cura con yerbas. *Me dijo que me llevara a un médico yerbatero* [C]. **2.** Am. De la yerba mate. *El sector yerbatero espera una mayor productividad para el año que se inicia* [C].

yerbero. → hierbero.

yermo, ma. adj. **1.** No habitado. *Pueblos derruidos y yermos.* **2.** No cultivado. *Terrenos yermos.* ▶ 2: BALDÍO, ERIAL, INCULTO, PÁRAMO.

yerno. m. Respecto de los padres de una mujer: Marido de ella. *Vienen a comer mi hija y mi yerno.*

yerro. m. cult. Equivocación o error. *Tiene la intención de enmendar sus yerros.*

yerto, ta. adj. cult. Tieso o rígido, espec. a causa del frío o de la muerte. *Velan el cuerpo yerto del difunto.*

yesca. f. Materia muy seca preparada para que prenda con facilidad al contacto con una chispa. *Sabe hacer fuego con yesca y pedernal.*

yeso. m. Sulfato de calcio hidratado, muy blando y gralm. de color blanco, que se endurece rápidamente al mezclarse con agua. *Estatua de yeso.* FAM **yesería.**

yeti. m. Ser no identificado que supuestamente habita en el Himalaya.

yeyuno. m. *Anat.* En los mamíferos: Segunda porción del intestino delgado.

yin. (pal. china). m. En la filosofía china: Principio negativo y femenino, que complementa al *yang. El* yin *representa el frío, y el* yang, *el calor.*

yo. pron. pers. (→ **me, mí**). **1.** Designa a la persona que habla. *Soy yo el que tiene toda la responsabilidad.* ● m. **2.** (pl. **yoes** o, coloq., **yos**; frec. con art.). *Psicol.* Aspecto de la persona que hace elecciones y rechazos, que le permiten desarrollarse como individuo. ■ **~ que tú.** loc. s. Se usa para introducir una sugerencia referida a la persona aludida. *Yo que tú aprovecharía la oportunidad.*

yodo. (Tb. **iodo**). m. Elemento químico del grupo de los halógenos, que se emplea en medicina como desinfectante (Símb. *I*). FAM **yodado; yoduro** o **ioduro.**

yoga. m. **1.** Doctrina filosófica hindú que persigue la perfección espiritual del hombre y su unión con la divinidad, para lo cual propone la práctica de determinados ejercicios. **2.** Sistema de ejercicios basado en el yoga (→ 1) y dirigido a conseguir el dominio del cuerpo y de la mente. *Hacer yoga ayuda a liberar tensiones.* FAM **yogui.**

yogur. m. Producto lácteo que se obtiene de la fermentación de la leche. Tb. cada ración individual envasada de ese producto. *He comido un yogur de postre.*

yóquey. m. Jinete profesional de carreras de caballos.

yoyó. m. Juguete formado por dos discos unidos por un eje en el que se enrolla una cuerda para hacerlo subir y bajar alternativamente. *Juegan al yoyó en el recreo.*

yuca. f. **1.** Planta tropical americana, de tallo cilíndrico, hojas largas y gruesas y flores blancas en forma de globo, que se cultiva con fines ornamentales. *En el jardín del colegio hay una yuca.* **2.** Mandioca. *Harina de yuca.*

yudo. m. Deporte de lucha de origen japonés, en el que se enfrentan dos personas sin armas, mediante llaves y movimientos realizados con habilidad. *Lo derriba con una llave de yudo.* ▶ JUDO. FAM **yudoca.**

yugo. m. **1.** Instrumento de madera mediante el cual se unen por el cuello o por la cabeza dos animales de tiro, para que tiren del arado o de un carro. *Puso el yugo a los bueyes.* **2.** cult. Atadura o carga pesada. *El yugo del trabajo.* **3.** cult. Dominio o autoridad superiores. *El país vive bajo el yugo extranjero.*

yugoslavo, va o **yugoeslavo, va.** adj. De Yugoslavia (antiguo país de Europa).

yugular. f. *Anat.* Vena yugular (→ **vena**). *Le han cortado la yugular de un tajo.*

yunque. m. **1.** Pieza de hierro con forma de prisma, a veces con punta en uno de los extremos, que se usa para trabajar a martillo los metales sobre ella. *El herrero forja una herradura sobre el yunque.* **2.** *Anat.* Hueso pequeño del oído, situado entre el martillo y el estribo. *La rotura del yunque le ha provocado una pérdida de audición.*

yunta. f. Par de animales de tiro, espec. bueyes o mulas, que se emplean en los trabajos del campo. *El labrador ara la tierra con una yunta de bueyes.*

yute. m. Fibra textil que se extrae de la corteza de una planta originaria de la India.

yuxtaponer. (conjug. PONER). tr. cult. Poner (dos o más cosas) inmediatas. *Yuxtaponen las pequeñas piedras coloreadas del mosaico.* FAM **yuxtaposición.**

yuyo. m. **1.** Am. Mala hierba. *La construcción estaba devorada por yuyos* [C]. **2.** Am. Hierba medicinal. *Sabía salvar con yuyos y con misterios* [C]. **3.** Am. Hierba tierna comestible. *Rosa, dame otro yuyo para la olla* [C].

Z

z. f. Letra del abecedario español cuyo nombre es *ze-ta* o *zeda*, y que se pronuncia con un sonido propio, salvo en América y algunas zonas de España, donde se pronuncia como *s*. *Zapato, azul, zinc, bizco, paz.*

zacate. m. Am. Hierba menuda que forma praderas y sirve a menudo de forraje. *Del aguacero nocturno no quedaban más rastros que el rocío en el zacate* [C].

zacatecano, na. adj. De Zacatecas (México).

zafarrancho. m. **1.** *Mil.* Conjunto de preparativos para entrar en combate. Más frec. *~ de combate. Los soldados se despertaron al toque de zafarrancho de combate.* **2.** coloq. Lío o jaleo. *Se ha armado un buen zafarrancho.*

zafarse. intr. prnl. **1.** Librarse de algo. *Se ha zafado DEL examen.* **2.** Esconderse o escaparse de algo o de alguien. *Se zafó DEL guardia.* ▶ **1:** ESCABULLIRSE.

zafio, fia. adj. Tosco o grosero. *Es un chico muy zafio.* ▶ *MALEDUCADO. FAM **zafiedad**.

zafiro. m. Piedra preciosa de color azul, muy apreciada en joyería.

zaga. a la ~. loc. adv. cult. Atrás o detrás. *Está a la zaga de los países industrializados.* ■ **no ir,** o **no andar,** una persona o cosa **a la ~** (de otra). loc. v. cult. No ser peor (que ella). *Tiene buenas calificaciones, y su hermana no va a la zaga de ella.*

zagal, la. m. y f. **1.** Muchacho (adolescente, o joven). **2.** Pastor joven que está a las órdenes de otro pastor. *El pastor y su zagal conducen el rebaño.* ▶ **1:** *MUCHACHO.

zaguán. m. Espacio cubierto de una casa, contiguo a la puerta de la calle, que sirve de entrada. *El repartidor está esperando en el zaguán.*

zaguero, ra. m. y f. En algunos deportes, espec. en fútbol: Defensa (jugador). *El zaguero ha evitado un gol.* ▶ *DEFENSA.

zaherir. (conjug. SENTIR). tr. Decir algo (a alguien) para molestar(lo) o mortificar(lo). *Lo dijo con intención clara de zaherirla.*

zahorí. m. y f. Persona que tiene la facultad de descubrir lo que está oculto bajo tierra, espec. agua o depósitos minerales. *El zahorí busca agua con un péndulo.*

zaino, na. adj. Dicho de caballo o de yegua: Que tiene el pelo de color castaño oscuro. *El jinete monta una yegua zaina.*

zaireño, ña. adj. **1.** De la República Democrática del Congo (África). **2.** histór. Del Zaire, hoy República Democrática del Congo.

zalamería. f. Demostración afectada o exagerada de cariño o amabilidad. *Déjate de zalamerías, que no te voy a dejar el coche. FAM **zalamero, ra**.

zalema. f. Reverencia humilde en muestra de sumisión. *Lo saludan con zalemas.*

zamarra. f. Prenda rústica de abrigo, a modo de chaqueta, hecha de piel con su lana o su pelo. *El pastor, envuelto en su zamarra, salió a apacentar el ganado.*

zambiano, na. adj. De Zambia (África).

zambo, ba. adj. **1.** Dicho de persona: Que tiene juntas las rodillas y separadas las piernas hacia fuera. *Camina un poco desgarbada porque es zamba.* **2.** frecAm. Hijo de negro e india o de negra e indio. *Por su aspecto zambo y su ropa raída, parecen negritos sanjuaneros* [C].

zambomba. f. Instrumento musical popular, formado por un cilindro cerrado por un extremo con una piel tirante, en la que va sujeto un palo que, al ser frotado con la mano, produce un sonido ronco. *En la feria indígena, tocaban una zambomba.*

zambombazo. m. **1.** coloq. Ruido fuerte de algo que explota. *El zambombazo casi me deja sordo.* **2.** coloq. Golpe fuerte. *El portero logra parar el zambombazo.*

zambullir. (conjug. MULLIR). tr. Meter (a alguien) debajo del agua con ímpetu o de golpe. *Lo han zambullido en la piscina. FAM **zambullida**.

zamorano, na. adj. De Zamora (España).

zampar. tr. **1.** coloq. Comer (algo) en exceso y con ansia. *Tengo un hambre que me zamparía cualquier cosa.* **2.** Meter (algo o a alguien) de improviso en un lugar. *El niño se zampó en la cama de sus padres.* **3.** Am. Tirar o arrojar (algo). *Lo zampó a la pila para que soltara mugre* [C]. **4.** Am. coloq. Dar (un golpe). *Le zamparon dos galletas que sonaron en toda la cuarta* [C].

zampoña. f. Instrumento musical popular semejante a la flauta, o compuesto de muchas flautas. *El pastor toca la zampoña.*

zamuro. m. Am. Zopilote. *El zamuro hembra. Bandadas de zamuros* [C].

zanahoria. f. Hortaliza cuya raíz, comestible, tiene forma alargada y cilíndrica y color anaranjado. Tb. la raíz. *Ensalada de lechuga y zanahorias.*

zanca. f. humoríst. Pierna, espec. larga y delgada. *¿Cómo puedes andar tan despacio con esas zancas?*

zancada. f. Paso largo. *Camina dando grandes zancadas.*

zancadilla. f. Hecho de cruzar alguien su pierna con las de otra persona para que pierda el equilibrio y caiga. *Le puso la zancadilla y casi se cae.*

zanco. m. Cada uno de los dos palos altos que, con soportes para apoyar los pies, se usan en danzas y juegos de equilibrio. *Hay equilibristas que andan sobre zancos.*

zancudo, da. adj. **1.** Que tiene las piernas largas y delgadas. *Es un chico alto y zancudo.* **2.** Del grupo de las zancudas (→ 4). ● m. **3.** Am. Mosquito. *El paludismo se produce por la picadura de zancudos* [C]. ○ f. **4.** Ave que tiene los tarsos muy largos y desprovistos de plumas, como la cigüeña.

zángano, na. m. y f. **1.** Persona holgazana. *Esa zángana no ha hecho ni la cama.* ○ m. **2.** Macho de la abeja. *El zángano fecunda a la abeja reina. FAM **zanganear**.

zangolotear. intr. coloq. Moverse alguien o algo de un lado a otro de manera continua y sin un fin determinado. *El avión zangolotea por el aire.* FAM **zangoloteo.**

zanja. f. Excavación larga y estrecha en la tierra. *Llena la zanja con la pala.*

zanjar. tr. Resolver (una dificultad o un asunto problemático) con rapidez. *Han zanjado el problema llegando a un acuerdo.*

zapa. f. Excavación. ■ **de ~.** loc. adj. Que se hace oculta o solapadamente. *El espía infiltrado hacía trabajo de zapa.*

zapador. m. Militar que sirve en el Cuerpo de Ingenieros y cuya misión es hacer obras de excavación. *Los zapadores excavan las trincheras.*

zapallito. m. Am. Calabacín. *Poner los zapallitos en fuente que vaya al horno* [C].

zapallo. m. Am. Calabaza (fruto). *Se alimentaba con zapallo* [C]. ▶ *CALABAZA.

zapata. f. Pieza del freno, que se aplica sobre la llanta de la rueda, sobre el tambor o sobre los lados del disco. *Las zapatas de la bicicleta son de goma.*

zapatazo. m. Golpe dado con un zapato. *Mató la araña de un zapatazo.*

zapateado. m. Baile español que se ejecuta golpeando el suelo con los zapatos. *En la fiesta flamenca se deleitaron con los zapateados.* Tb. la música que lo acompaña.

zapatear. intr. Golpear el suelo con los pies al ritmo de la música. *La bailaora zapatea sobre el tablao.*

zapatero, ra. adj. **1.** Del zapato o de los zapatos. *Industria zapatera.* ● m. y f. **2.** Persona que tiene por oficio vender, hacer o arreglar zapatos. FAM **zapatería.**

zapateta. f. Golpe que se da en un pie o en un zapato con el otro, saltando al mismo tiempo. *Los payasos daban zapatetas y hacían cabriolas.*

zapatilla. f. Calzado ligero y cómodo, que se fabrica con diversos materiales y se utiliza para estar en casa o para hacer deporte. FAM **zapatillazo.**

zapatismo. m. **1.** *Polít.* Movimiento revolucionario agrario, surgido a principios del s. XX en México y liderado por Emiliano Zapata (revolucionario mexicano, 1883-1919). *El profesor de historia nos ha explicado el zapatismo.* **2.** *Polít.* Movimiento surgido con el levantamiento campesino de Chiapas (Estado mexicano) en 1994, que reivindica los postulados del zapatismo (→ 1). *La candidata progresista apoya el zapatismo.* FAM **zapatista.**

zapato. m. Calzado que cubre solo el pie, hecho gralm. de piel y con suela rígida.

zapear. intr. Cambiar reiteradamente de canal de televisión por medio del mando a distancia. *Zapea un poco, a ver qué ponen en los otros canales.* FAM **zapeo.**

zapote. m. Am. Árbol de copa redondeada y espesa, y tronco grueso, cuyo fruto es comestible. *El huerto era inmenso, con zapotes, arrayanes y limones* [C].

zar, zarina. m. y f. **1.** histór. Emperador de Rusia. *Nicolás II fue el último zar.* **2.** histór. Rey de Bulgaria. *Tras la muerte del zar, los soviéticos invadieron Bulgaria.*

zarabanda. f. **1.** Alboroto o jaleo. **2.** histór. Baile popular español de los ss. XVI y XVII. *Bailaban las zarabandas al son de las castañuelas.*

zaragozano, na. adj. De Zaragoza (España).

zarandaja. f. coloq. Cosa sin valor o de poca importancia. Más frec. en pl. *Déjate de zarandajas y habla claro.*

zarandear. tr. Mover (algo o a alguien) de un lado a otro. *Lo agarró por los hombros y lo zarandeó.* FAM **zarandeo.**

zarcillo. m. **1.** Pendiente en forma de aro. *Lleva zarcillos de plata.* **2.** *Bot.* Órgano de algunas plantas trepadoras que les sirve para agarrarse a algo o para trepar.

zarco, ca. adj. cult. Azul claro. *Ojos zarcos.*

zarevich. m. histór. Primogénito del zar. *El zarevich murió siendo niño.*

zarigüeya. f. Mamífero trepador americano del tamaño de una rata, de hocico alargado y pelaje gris, cuya hembra tiene en el vientre una bolsa donde lleva las crías. *La zarigüeya macho.*

zarina. → zar.

zarismo. m. histór. Forma de gobierno absoluto propia de los zares. FAM **zarista.**

zarpa. f. Mano o pie de algunos animales, con uñas preparadas para agarrar o herir. *El león desgarra su presa con las zarpas.* FAM **zarpazo.**

zarpar. intr. Salir un barco del lugar donde estaba atracado o fondeado. *¿A qué hora zarpa el transbordador?*

zarrapastroso, sa. adj. coloq. Desaseado o desaliñado. *Llevas unos pantalones zarrapastrosos.*

zarza. f. Arbusto silvestre espinoso, cuyo fruto es la zarzamora. *En las orillas del riachuelo crecen las zarzas.* ▶ ZARZAMORA. FAM **zarzal.**

zarzamora. f. **1.** Fruto comestible de la zarzamora (→ 2), compuesto por granos pequeños y jugosos, de color negro azulado cuando está maduro. *Pastel de zarzamora.* **2.** Zarza. *Las zarzamoras están repletas de fruto.* ▶ **1:** MORA.

zarzaparrilla. f. **1.** Arbusto de tallos delgados y espinosos, hojas en forma de corazón y fruto pequeño y redondeado. **2.** Bebida refrescante hecha con las raíces de zarzaparrilla (→ 1). *Pidió una zarzaparrilla bien fría.*

zarzuela. f. **1.** Obra dramática musical, originaria de España, en la que se alternan fragmentos hablados y cantados. *Tengo entradas para la zarzuela.* **2.** Género constituido por las zarzuelas (→ 1). *Me gusta más la zarzuela que la ópera.* FAM **zarzuelero, ra.**

zas. interj. Se usa para imitar el sonido que produce un golpe. *¡Zas!, se cayó.*

zeda. f. Zeta.

zen. m. Escuela budista japonesa que concede gran importancia a la contemplación y a la meditación como única vía para alcanzar la iluminación espiritual. *El maestro enseña los principios del zen a sus discípulos.*

zepelín. m. Dirigible de forma alargada, utilizado en el primer tercio del s. XX.

zeta. f. Letra z. ▶ ZEDA.

zigoto. → cigoto.

zigurat. (pl. **zigurats**). m. histór. Construcción religiosa en forma de pirámide escalonada, propia de la cultura mesopotámica. *En Ur existen restos de un zigurat.*

zigzag. (pl. **zigzags**). m. Línea que, en su desarrollo, forma alternativamente ángulos entrantes y salientes. *El escuadrón avanza en zigzag.* FAM **zigzagueante; zigzaguear; zigzagueo.**

zimbabuense. adj. De Zimbabue (África).

zinc. → cinc.

zíngaro, ra. → cíngaro.

zipizape. m. coloq. Alboroto o jaleo causados por una riña o una discusión. *Se va a armar un zipizape.*

zócalo. m. Franja que se pinta o se coloca en la parte inferior de una pared. *La pared está revestida con un zócalo de madera.* ▶ FRISO.

zoco. m. En países de religión musulmana: Mercado al aire libre. Tb. el lugar donde se celebra. *Si vas a Casablanca, no dejes de visitar el zoco.*

zodiaco o **zodíaco.** (Frec. en mayúsc.). m. Zona celeste que comprende los doce signos o constelaciones que el Sol recorre en su movimiento anual aparente. *Aries y Géminis son signos del Zodiaco.* FAM zodiacal.

zombi. m. En las creencias populares antillanas: Persona muerta que ha sido revivida mediante brujería. *En la película, los zombis atacan a la gente.*

zona. f. **1.** Superficie o terreno situados entre determinados límites. *Está prohibido montar en bicicleta por la zona ajardinada del parque.* **2.** Extensión de terreno determinado por ciertas características, espec. administrativas o fiscales. *Tras la guerra, la ciudad quedó dividida en cuatro zonas.* **3.** Parte de una superficie. *Limpie la zona antes de aplicar la pomada.* **4.** *Geogr.* Cada una de las cinco partes en que se considera dividida la Tierra por los trópicos y los círculos polares. *Zonas templadas.* FAM zonal.

zonzo, za. adj. frecAm. Dicho de persona: Tonta (de corto entendimiento). *Con razón eres tan zonzo* [C]. ▶ *TONTO.

zoofilia. f. Bestialismo.

zoología. f. Ciencia que estudia los animales. *Es licenciada en Zoología y Botánica.* FAM zoólogo, ga.

zoológico, ca. adj. **1.** De la zoología. *Clasificación zoológica.* ● m. **2.** Parque zoológico (→ parque). *En el zoológico hay un acuario.* FAM zoo.

zopenco, ca. adj. coloq. Torpe o de corto entendimiento. *Si no fueras tan zopenca, lo entenderías.*

zopilote. m. Ave rapaz americana de gran tamaño, plumaje gralm. negro o rojizo, desprovista de plumas en la cabeza, y que se alimenta de carroña. *El zopilote hembra.* ▶ Am o frecAm: GALLINAZO, ZAMURO.

zoque. adj. De un pueblo indígena mexicano que habita los Estados de Chiapas, Oaxaca y Tabasco.

zoquete. m. coloq. Persona poco inteligente o corta de entendimiento. *Estudia, que no quiero que digan que eres un zoquete.*

zorro, rra. adj. **1.** coloq. Astuto y sagaz para conseguir un fin, espec. mediante engaños. *Era muy zorro; se las sabía todas.* ● m. **2.** Mamífero carnívoro de mediano tamaño, color pardo rojizo, hocico alargado, orejas puntiagudas y cola larga y espesa. *Una trampa para zorros.* Tb. designa específicamente al macho. ○ f. **3.** Zorro (→ 2). *Una zorra entró en el gallinero.*

Tb. designa específicamente a la hembra. **4.** despect. Prostituta. ▶ **2:** RAPOSO. **3:** RAPOSA.

zorzal. m. Pájaro de plumaje pardo y pico y patas fuertes. *El zorzal hembra.*

zozobra. f. Inquietud o desasosiego. *Esperan con zozobra el resultado.*

zozobrar. intr. **1.** Irse a pique o hundirse una embarcación. *El navío zozobró.* **2.** Fracasar o frustrarse algo. *La empresa ha estado a punto de zozobrar.*

zueco. m. **1.** Zapato cerrado y sin talón, gralm. con suela de madera o de corcho. *La enfermera lleva zuecos blancos.* **2.** Zapato de madera de una sola pieza. *El campesino utiliza zuecos para andar por el barro.*

zuliano, na. adj. De Zulia (Venezuela).

zulú. (pl. **zulúes** o **zulús**). adj. De un pueblo de raza negra que habita en el sur de África. *Rito zulú.*

zum. m. En una cámara fotográfica o cinematográfica: Objetivo cuyo avance o retroceso permiten alejar o acercar la imagen. *Mi cámara de fotos tiene zum.*

zumbar. intr. **1.** Producir zumbido. *Las abejas zumban alrededor de la flor.* ○ tr. **2.** coloq. Golpear o pegar (a alguien). *Como me vuelvas a contestar así, te zumbo.* ■ **zumbando.** adv. coloq. Muy deprisa. *Dijo que se le hacía tarde y salió zumbando.*

zumbido. m. Ruido seco y continuado, gralm. desagradable. *Se oye el zumbido de un ventilador.*

zumbón, na. adj. coloq. Burlón o bromista. *Habla con tono zumbón.*

zumo. m. Líquido que se extrae de determinadas frutas o verduras. *Desayuno zumo de naranja y café.* ▶ JUGO.

zurcir. tr. Coser (un roto o una prenda de vestir rota) dando puntadas que imitan el entrecruzamiento del tejido. *Está zurciendo los calcetines.* FAM zurcido.

zurdazo. m. Golpe dado con la mano o el pie izquierdos. *De un zurdazo, metió el balón por la escuadra.*

zurdo, da. adj. **1.** Dicho de persona: Que utiliza preferentemente la mano y el pie izquierdos. *En clase hay varios niños zurdos.* **2.** Izquierdo. Dicho de mano o pierna, tb. f. *El delantero lanzó con la zurda.*

zurear. intr. Hacer arrullos una paloma. *Se oye zurear a las palomas.* FAM zureo.

zurra. f. coloq. Paliza (serie de golpes, o derrota). *¡Menuda zurra me dio mi padre!* FAM zurrar.

zurriagazo m. Golpe dado con un látigo u otro objeto semejante. *Da zurriagazos a la mula.*

zurrón. m. Bolsa grande de cuero o piel, espec. la usada por los pastores. *Llevaba pan y queso en el zurrón.*

zutano, na. (Frec. en mayúsc.). m. y f. Se usa en sustitución del nombre propio de una persona cuando este se ignora o no se quiere decir, después de aludir a otras personas con términos semejantes como *Fulano, Mengano o Perengano. Me da igual lo que digan Fulano, Zutano o Perengano.*

Apéndices

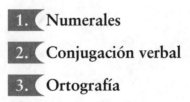

Numerales

Numerales cardinales

0	cero	30	treinta
1	uno	31, 32...	treinta y uno, treinta y dos...
2	dos		
3	tres	40	cuarenta
4	cuatro	41, 42...	cuarenta y uno, cuarenta y dos...
5	cinco		
6	seis	50	cincuenta
7	siete	60	sesenta
8	ocho	70	setenta
9	nueve	80	ochenta
10	diez	90	noventa
11	once	100	cien o ciento
12	doce	101, 102...	ciento uno, ciento dos...
13	trece	200	doscientos
14	catorce	201, 202...	doscientos uno, doscientos dos...
15	quince		
16	dieciséis	300	trescientos
17	diecisiete	400	cuatrocientos
18	dieciocho	500	quinientos
19	diecinueve	600	seiscientos
20	veinte	700	setecientos
21	veintiuno	800	ochocientos
22	veintidós	900	novecientos
23	veintitrés	1000	mil
24	veinticuatro	1001, 1002...	mil uno, mil dos...
25	veinticinco	1100, 1101...	mil cien, mil ciento uno...
26	veintiséis	2000	dos mil
27	veintisiete	3000	tres mil
28	veintiocho	10 000, 11 000...	diez mil, once mil...
29	veintinueve	100 000, 200 000...	cien mil, doscientos mil...

Las palabras *millón*, *millardo*, *billón*, *trillón* y *cuatrillón* no pertenecen propiamente a esta lista, que es de adjetivos o pronombres, sino que son en realidad sustantivos que solo se usan precedidos de un determinante, por ej., *los millones* o *seis billones*.

Numerales ordinales

1.º	primero		30.º	trigésimo
2.º	segundo		31.º, 32.º...	trigésimo primero,
3.º	tercero			trigésimo segundo...
4.º	cuarto		40.º	cuadragésimo
5.º	quinto		50.º	quincuagésimo
6.º	sexto		60.º	sexagésimo
7.º	séptimo		70.º	septuagésimo
8.º	octavo		80.º	octogésimo
9.º	noveno		90.º	nonagésimo
10.º	décimo		100.º	centésimo
11.º	undécimo o décimo primero		101.º, 102.º...	centésimo primero,
12.º	duodécimo o décimo segundo			centésimo segundo...
13.º	decimotercero o décimo tercero		200.º	ducentésimo
14.º	decimocuarto o décimo cuarto		300.º	tricentésimo
15.º	decimoquinto o décimo quinto		400.º	cuadringentésimo
16.º	decimosexto o décimo sexto		500.º	quingentésimo
17.º	decimoséptimo o décimo séptimo		600.º	sexcentésimo
18.º	decimoctavo o décimo octavo		700.º	septingentésimo
19.º	decimonoveno o décimo noveno		800.º	octingentésimo
20.º	vigésimo		900.º	noningentésimo
21.º, 22.º...	vigesimoprimero o		1000.º, 2000.º...	milésimo, dosmilésimo...
	vigésimo primero,		10 000.º	diezmilésimo
	vigesimosegundo o		100 000.º	cienmilésimo
	vigésimo segundo...		500 000.º	quinientosmilésimo
			1 000 000.º	millonésimo

Conjugación verbal

ADVERTENCIAS PRELIMINARES

Se recogen en este apéndice los cuadros que sirven de modelo para la conjugación de los verbos regulares (→ I) e irregulares (→ II). En los cuadros de los tres verbos escogidos como modelo para la conjugación regular (*amar, temer, partir*), se ofrecen las formas correspondientes a todos los tiempos, tanto simples como compuestos. En el resto de los verbos, por razones de espacio, solo se enuncian las formas de los tiempos simples y las formas no personales.

Cuando aparecen dos denominaciones separadas por una barra para designar los tiempos verbales, la primera de ellas corresponde a la terminología establecida por Andrés Bello en su *Gramática de la lengua castellana destinada al uso de los americanos* (1847), vigente en varios países de Hispanoamérica, y la segunda, a la terminología académica.

En América, así como en Canarias y en parte de Andalucía, para la segunda persona del plural se usa el pronombre *ustedes* y no *vosotros*, y, en consecuencia, en lugar de las formas verbales correspondientes a *vosotros* se usan las correspondientes a *ellos* y *ustedes*.

En el imperativo, solo se registran las formas que corresponden a la segunda persona del singular y del plural, esto es, *tú* y *usted* en singular, y *vosotros* y *ustedes* en plural.

En la segunda persona del singular del presente de indicativo, y en la misma persona del imperativo, se ofrecen entre paréntesis, junto a las formas corrientes en el español de España y de la América no voseante, las formas del voseo rioplatense admitidas en la norma culta.

I. Verbos regulares

Se incluyen bajo este epígrafe, además de los tres verbos modelo de la conjugación regular (→ 1, 2 y 3), los modelos de conjugación para cada uno de los dos grupos en que se dividen, en cuanto al acento, los verbos terminados en *-iar* (→ 4 y 5) y en *-uar* (→ 6 y 7), y los verbos que presentan en su raíz los grupos vocálicos /ai/ (→ 8 y 9), /au/ (→ 10 y 11), /ei/ (→ 12 y 13) y /eu/ (→ 14 y 15).

1. AMAR

Verbo modelo de la 1.ª conjugación.

INDICATIVO

TIEMPOS SIMPLES

	presente	copretérito / pretérito imperfecto	pretérito / pretérito perfecto simple	futuro / futuro simple	pospretérito / condicional simple
yo	amo	amaba	amé	amaré	amaría
tú	amas (amás)	amabas	amaste	amarás	amarías
él / usted	ama	amaba	amó	amará	amaría
nosotros	amamos	amábamos	amamos	amaremos	amaríamos
vosotros	amáis	amabais	amasteis	amaréis	amaríais
ellos / ustedes	aman	amaban	amaron	amarán	amarían

TIEMPOS COMPUESTOS

	antepresente / pretérito perfecto compuesto	antecopretérito / pretérito pluscuamperfecto	antepretérito / pretérito anterior	antefuturo / futuro compuesto	antepospretérito / condicional compuesto
yo	he amado	había amado	hube amado	habré amado	habría amado
tú	has amado	habías amado	hubiste amado	habrás amado	habrías amado
él / usted	ha amado	había amado	hubo amado	habrá amado	habría amado
nosotros	hemos amado	habíamos amado	hubimos amado	habremos amado	habríamos amado
vosotros	habéis amado	habíais amado	hubisteis amado	habréis amado	habríais amado
ellos / ustedes	han amado	habían amado	hubieron amado	habrán amado	habrían amado

SUBJUNTIVO

TIEMPOS SIMPLES

	presente	pretérito / pretérito imperfecto	futuro / futuro simple
yo	ame	amara o amase	amare
tú	ames	amaras o amases	amares
él / usted	ame	amara o amase	amare
nosotros	amemos	amáramos o amásemos	amáremos
vosotros	améis	amarais o amaseis	amareis
ellos / ustedes	amen	amaran o amasen	amaren

TIEMPOS COMPUESTOS

	antepresente / pretérito perfecto compuesto	antepretérito / pretérito pluscuamperfecto	antefuturo / futuro compuesto
yo	haya amado	hubiera o hubiese amado	hubiere amado
tú	hayas amado	hubieras o hubieses amado	hubieres amado
él / usted	haya amado	hubiera o hubiese amado	hubiere amado
nosotros	hayamos amado	hubiéramos o hubiésemos amado	hubiéremos amado
vosotros	hayáis amado	hubierais o hubieseis amado	hubiereis amado
ellos / ustedes	hayan amado	hubieran o hubiesen amado	hubieren amado

IMPERATIVO

ama tú (amá vos)
ame usted
amad vosotros
amen ustedes

FORMAS NO PERSONALES

infinitivo		participio	gerundio	
SIMPLE	COMPUESTO		SIMPLE	COMPUESTO
amar	haber amado	amado	amando	habiendo amado

Conjugación verbal

2. TEMER

Verbo modelo de la 2.ª conjugación.

INDICATIVO

TIEMPOS SIMPLES

	presente	copretérito / pretérito imperfecto	pretérito / pretérito perfecto simple	futuro / futuro simple	pospretérito / condicional simple
yo	temo	temía	temí	temeré	temería
tú	temes (temés)	temías	temiste	temerás	temerías
él / usted	teme	temía	temió	temerá	temería
nosotros	tememos	temíamos	temimos	temeremos	temeríamos
vosotros	teméis	temíais	temisteis	temeréis	temeríais
ellos / ustedes	temen	temían	temieron	temerán	temerían

TIEMPOS COMPUESTOS

	antepresente / pretérito perfecto compuesto	antecopretérito / pretérito pluscuamperfecto	antepretérito / pretérito anterior	antefuturo / futuro compuesto	antepospretérito / condicional compuesto
yo	he temido	había temido	hube temido	habré temido	habría temido
tú	has temido	habías temido	hubiste temido	habrás temido	habrías temido
él / usted	ha temido	había temido	hubo temido	habrá temido	habría temido
nosotros	hemos temido	habíamos temido	hubimos temido	habremos temido	habríamos temido
vosotros	habéis temido	habíais temido	hubisteis temido	habréis temido	habríais temido
ellos / ustedes	han temido	habían temido	hubieron temido	habrán temido	habrían temido

SUBJUNTIVO

TIEMPOS SIMPLES

	presente	pretérito / pretérito imperfecto	futuro / futuro simple
yo	tema	temiera o temiese	temiere
tú	temas	temieras o temieses	temieres
él / usted	tema	temiera o temiese	temiere
nosotros	temamos	temiéramos o temiésemos	temiéremos
vosotros	temáis	temierais o temieseis	temiereis
ellos / ustedes	teman	temieran o temiesen	temieren

TIEMPOS COMPUESTOS

	antepresente / pretérito perfecto compuesto	antepretérito / pretérito pluscuamperfecto	antefuturo / futuro compuesto
yo	haya temido	hubiera o hubiese temido	hubiere temido
tú	hayas temido	hubieras o hubieses temido	hubieres temido
él / usted	haya temido	hubiera o hubiese temido	hubiere temido
nosotros	hayamos temido	hubiéramos o hubiésemos temido	hubiéremos temido
vosotros	hayáis temido	hubierais o hubieseis temido	hubiereis temido
ellos / ustedes	hayan temido	hubieran o hubiesen temido	hubieren temido

IMPERATIVO

teme *tú* (temé *vos*)
tema *usted*
temed *vosotros*
teman *ustedes*

FORMAS NO PERSONALES

infinitivo		participio	gerundio	
SIMPLE	COMPUESTO		SIMPLE	COMPUESTO
temer	haber temido	temido	temiendo	habiendo temido

3. PARTIR

Verbo modelo de la 3.ª conjugación.

INDICATIVO

TIEMPOS SIMPLES

	presente	copretérito / pretérito imperfecto	pretérito / pretérito perfecto simple	futuro / futuro simple	pospretérito / condicional simple
yo	parto	partía	partí	partiré	partiría
tú	partes (partís)	partías	partiste	partirás	partirías
él / usted	parte	partía	partió	partirá	partiría
nosotros	partimos	partíamos	partimos	partiremos	partiríamos
vosotros	partís	partíais	partisteis	partiréis	partiríais
ellos / ustedes	parten	partían	partieron	partirán	partirían

TIEMPOS COMPUESTOS

	antepresente / pretérito perfecto compuesto	antecopretérito / pretérito pluscuamperfecto	antepretérito / pretérito anterior	antefuturo / futuro compuesto	antepospretérito / condicional compuesto
yo	he partido	había partido	hube partido	habré partido	habría partido
tú	has partido	habías partido	hubiste partido	habrás partido	habrías partido
él / usted	ha partido	había partido	hubo partido	habrá partido	habría partido
nosotros	hemos partido	habíamos partido	hubimos partido	habremos partido	habríamos partido
vosotros	habéis partido	habíais partido	hubisteis partido	habréis partido	habríais partido
ellos / ustedes	han partido	habían partido	hubieron partido	habrán partido	habrían partido

SUBJUNTIVO

TIEMPOS SIMPLES

	presente	pretérito / pretérito imperfecto	futuro / futuro simple
yo	parta	partiera o partiese	partiere
tú	partas	partieras o partieses	partieres
él / usted	parta	partiera o partiese	partiere
nosotros	partamos	partiéramos o partiésemos	partiéremos
vosotros	partáis	partierais o partieseis	partiereis
ellos / ustedes	partan	partieran o partiesen	partieren

TIEMPOS COMPUESTOS

	antepresente / pretérito perfecto compuesto	antepretérito / pretérito pluscuamperfecto	antefuturo / futuro compuesto
yo	haya partido	hubiera o hubiese partido	hubiere partido
tú	hayas partido	hubieras o hubieses partido	hubieres partido
él / usted	haya partido	hubiera o hubiese partido	hubiere partido
nosotros	hayamos partido	hubiéramos o hubiésemos partido	hubiéremos partido
vosotros	hayáis partido	hubierais o hubieseis partido	hubiereis partido
ellos / ustedes	hayan partido	hubieran o hubiesen partido	hubieren partido

IMPERATIVO

parte tú (partí vos)
parta usted
partid vosotros
partan ustedes

FORMAS NO PERSONALES

infinitivo		participio	gerundio	
SIMPLE	COMPUESTO		SIMPLE	COMPUESTO
partir	haber partido	partido	partiendo	habiendo partido

4. ANUNCIAR

La *i* que precede a la desinencia es átona en todas las formas de este verbo.

INDICATIVO

	presente	copretérito / pretérito imperfecto	pretérito / pretérito perfecto simple	futuro / futuro simple	pospretérito / condicional simple
yo	anuncio	anunciaba	anuncié	anunciaré	anunciaría
tú	anuncias (anunciás)	anunciabas	anunciaste	anunciarás	anunciarías
él / usted	anuncia	anunciaba	anunció	anunciará	anunciaría
nosotros	anunciamos	anunciábamos	anunciamos	anunciaremos	anunciaríamos
vosotros	anunciáis	anunciabais	anunciasteis	anunciaréis	anunciaríais
ellos / ustedes	anuncian	anunciaban	anunciaron	anunciarán	anunciarían

SUBJUNTIVO

	presente	pretérito / pretérito imperfecto	futuro / futuro simple
yo	anuncie	anunciara o anunciase	anunciare
tú	anuncies	anunciaras o anunciases	anunciares
él / usted	anuncie	anunciara o anunciase	anunciare
nosotros	anunciemos	anunciáramos o anunciásemos	anunciáremos
vosotros	anunciéis	anunciarais o anunciaseis	anunciareis
ellos / ustedes	anuncien	anunciaran o anunciasen	anunciaren

IMPERATIVO

anuncia *tú* (anunciá *vos*)
anuncie *usted*
anunciad *vosotros*
anuncien *ustedes*

FORMAS NO PERSONALES

infinitivo	participio	gerundio
anunciar	anunciado	anunciando

5. ENVIAR

La *i* que precede a la desinencia es tónica en las formas de este verbo que llevan el acento prosódico en la raíz.

INDICATIVO

	presente	copretérito / pretérito imperfecto	pretérito / pretérito perfecto simple	futuro / futuro simple	pospretérito / condicional simple
yo	envío	enviaba	envié	enviaré	enviaría
tú	envías (enviás)	enviabas	enviaste	enviarás	enviarías
él / usted	envía	enviaba	envió	enviará	enviaría
nosotros	enviamos	enviábamos	enviamos	enviaremos	enviaríamos
vosotros	enviáis	enviabais	enviasteis	enviaréis	enviaríais
ellos / ustedes	envían	enviaban	enviaron	enviarán	enviarían

SUBJUNTIVO

	presente	pretérito / pretérito imperfecto	futuro / futuro simple
yo	envíe	enviara o enviase	enviare
tú	envíes	enviaras o enviases	enviares
él / usted	envíe	enviara o enviase	enviare
nosotros	enviemos	enviáramos o enviásemos	enviáremos
vosotros	enviéis	enviarais o enviaseis	enviareis
ellos / ustedes	envíen	enviaran o enviasen	enviaren

IMPERATIVO

envía *tú* (enviá *vos*)
envíe *usted*
enviad *vosotros*
envíen *ustedes*

FORMAS NO PERSONALES

infinitivo	participio	gerundio
enviar	enviado	enviando

6. AVERIGUAR

La *u* que precede a la desinencia es átona en todas las formas de este verbo.

INDICATIVO

	presente	copretérito / pretérito imperfecto	pretérito / pretérito perfecto simple	futuro / futuro simple	pospretérito / condicional simple
yo	averiguo	averiguaba	averigüé	averiguaré	averiguaría
tú	averiguas (averiguás)	averiguabas	averiguaste	averiguarás	averiguarías
él / usted	averigua	averiguaba	averiguó	averiguará	averiguaría
nosotros	averiguamos	averiguábamos	averiguamos	averiguaremos	averiguaríamos
vosotros	averiguáis	averiguabais	averiguasteis	averiguaréis	averiguaríais
ellos / ustedes	averiguan	averiguaban	averiguaron	averiguarán	averiguarían

SUBJUNTIVO

	presente	pretérito / pretérito imperfecto	futuro / futuro simple
yo	averigüe	averiguara o averiguase	averiguare
tú	averigües	averiguaras o averiguases	averiguares
él / usted	averigüe	averiguara o averiguase	averiguare
nosotros	averigüemos	averiguáramos o averiguásemos	averiguáremos
vosotros	averigüéis	averiguarais o averiguaseis	averiguareis
ellos / ustedes	averigüen	averiguaran o averiguasen	averiguaren

IMPERATIVO

averigua *tú* (averiguá *vos*)
averigüe *usted*
averiguad *vosotros*
averigüen *ustedes*

FORMAS NO PERSONALES

infinitivo	participio	gerundio
averiguar	averiguado	averiguando

---

7. ACTUAR

La *u* que precede a la desinencia es tónica en las formas de este verbo que llevan el acento prosódico en la raíz.

INDICATIVO

	presente	copretérito / pretérito imperfecto	pretérito / pretérito perfecto simple	futuro / futuro simple	pospretérito / condicional simple
yo	actúo	actuaba	actué	actuaré	actuaría
tú	actúas (actuás)	actuabas	actuaste	actuarás	actuarías
él / usted	actúa	actuaba	actuó	actuará	actuaría
nosotros	actuamos	actuábamos	actuamos	actuaremos	actuaríamos
vosotros	actuáis	actuabais	actuasteis	actuaréis	actuaríais
ellos / ustedes	actúan	actuaban	actuaron	actuarán	actuarían

SUBJUNTIVO

	presente	pretérito / pretérito imperfecto	futuro / futuro simple
yo	actúe	actuara o actuase	actuare
tú	actúes	actuaras o actuases	actuares
él / usted	actúe	actuara o actuase	actuare
nosotros	actuemos	actuáramos o actuásemos	actuáremos
vosotros	actuéis	actuarais o actuaseis	actuareis
ellos / ustedes	actúen	actuaran o actuasen	actuaren

IMPERATIVO

actúa *tú* (actuá *vos*)
actúe *usted*
actuad *vosotros*
actúen *ustedes*

FORMAS NO PERSONALES

infinitivo	participio	gerundio
actuar	actuado	actuando

8. BAILAR

La *i* del grupo /ai/ es átona en todas las formas de este verbo.

INDICATIVO

	presente	copretérito / pretérito imperfecto	pretérito / pretérito perfecto simple	futuro / futuro simple	pospretérito / condicional simple
yo	bailo	bailaba	bailé	bailaré	bailaría
tú	bailas (bailás)	bailabas	bailaste	bailarás	bailarías
él / usted	baila	bailaba	bailó	bailará	bailaría
nosotros	bailamos	bailábamos	bailamos	bailaremos	bailaríamos
vosotros	bailáis	bailabais	bailasteis	bailaréis	bailaríais
ellos / ustedes	bailan	bailaban	bailaron	bailarán	bailarían

SUBJUNTIVO

	presente	pretérito / pretérito imperfecto	futuro / futuro simple
yo	baile	bailara o bailase	bailare
tú	bailes	bailaras o bailases	bailares
él / usted	baile	bailara o bailase	bailare
nosotros	bailemos	bailáramos o bailásemos	bailáremos
vosotros	bailéis	bailarais o bailaseis	bailareis
ellos / ustedes	bailen	bailaran o bailasen	bailaren

IMPERATIVO

baila *tú* (bailá *vos*)
baile *usted*
bailad *vosotros*
bailen *ustedes*

FORMAS NO PERSONALES

infinitivo	participio	gerundio
bailar	bailado	bailando

9. AISLAR

La *i* del grupo /ai/ es tónica en las formas de este verbo que llevan el acento prosódico en la raíz.

INDICATIVO

	presente	copretérito / pretérito imperfecto	pretérito / pretérito perfecto simple	futuro / futuro simple	pospretérito / condicional simple
yo	aíslo	aislaba	aislé	aislaré	aislaría
tú	aíslas (aislás)	aislabas	aislaste	aislarás	aislarías
él / usted	aísla	aislaba	aisló	aislará	aislaría
nosotros	aislamos	aislábamos	aislamos	aislaremos	aislaríamos
vosotros	aisláis	aislabais	aislasteis	aislaréis	aislaríais
ellos / ustedes	aíslan	aislaban	aislaron	aislarán	aislarían

SUBJUNTIVO

	presente	pretérito / pretérito imperfecto	futuro / futuro simple
yo	aísle	aislara o aislase	aislare
tú	aísles	aislaras o aislases	aislares
él / usted	aísle	aislara o aislase	aislare
nosotros	aislemos	aisláramos o aislásemos	aisláremos
vosotros	aisléis	aislarais o aislaseis	aislareis
ellos / ustedes	aíslen	aislaran o aislasen	aislaren

IMPERATIVO

aísla *tú* (aislá *vos*)
aísle *usted*
aislad *vosotros*
aíslen *ustedes*

FORMAS NO PERSONALES

infinitivo	participio	gerundio
aislar	aislado	aislando

10. CAUSAR

La *u* del grupo /au/ es átona en todas las formas de este verbo.

INDICATIVO

	presente	copretérito / pretérito imperfecto	pretérito / pretérito perfecto simple	futuro / futuro simple	pospretérito / condicional simple
yo	causo	causaba	causé	causaré	causaría
tú	causas (causás)	causabas	causaste	causarás	causarías
él / usted	causa	causaba	causó	causará	causaría
nosotros	causamos	causábamos	causamos	causaremos	causaríamos
vosotros	causáis	causabais	causasteis	causaréis	causaríais
ellos / ustedes	causan	causaban	causaron	causarán	causarían

SUBJUNTIVO

	presente	pretérito / pretérito imperfecto	futuro / futuro simple
yo	cause	causara o causase	causare
tú	causes	causaras o causases	causares
él / usted	cause	causara o causase	causare
nosotros	causemos	causáramos o causásemos	causáremos
vosotros	causéis	causarais o causaseis	causareis
ellos / ustedes	causen	causaran o causasen	causaren

IMPERATIVO

causa *tú* (causá *vos*)
cause *usted*
causad *vosotros*
causen *ustedes*

FORMAS NO PERSONALES

infinitivo	participio	gerundio
causar	causado	causando

11. AUNAR

La *u* del grupo /au/ es tónica en las formas de este verbo que llevan el acento prosódico en la raíz.

INDICATIVO

	presente	copretérito / pretérito imperfecto	pretérito / pretérito perfecto simple	futuro / futuro simple	pospretérito / condicional simple
yo	aúno	aunaba	auné	aunaré	aunaría
tú	aúnas (aunás)	aunabas	aunaste	aunarás	aunarías
él / usted	aúna	aunaba	aunó	aunará	aunaría
nosotros	aunamos	aunábamos	aunamos	aunaremos	aunaríamos
vosotros	aunáis	aunabais	aunasteis	aunaréis	aunaríais
ellos / ustedes	aúnan	aunaban	aunaron	aunarán	aunarían

SUBJUNTIVO

	presente	pretérito / pretérito imperfecto	futuro / futuro simple
yo	aúne	aunara o aunase	aunare
tú	aúnes	aunaras o aunases	aunares
él / usted	aúne	aunara o aunase	aunare
nosotros	aunemos	aunáramos o aunásemos	aunáremos
vosotros	aunéis	aunarais o aunaseis	aunareis
ellos / ustedes	aúnen	aunaran o aunasen	aunaren

IMPERATIVO

aúna *tú* (auná *vos*)
aúne *usted*
aunad *vosotros*
aúnen *ustedes*

FORMAS NO PERSONALES

infinitivo	participio	gerundio
aunar	aunado	aunando

12. PEINAR

La *i* del grupo /ei/ es átona en todas las formas de este verbo.

INDICATIVO

	presente	copretérito / pretérito imperfecto	pretérito / pretérito perfecto simple	futuro / futuro simple	pospretérito / condicional simple
yo	peino	peinaba	peiné	peinaré	peinaría
tú	peinas (peinás)	peinabas	peinaste	peinarás	peinarías
él / usted	peina	peinaba	peinó	peinará	peinaría
nosotros	peinamos	peinábamos	peinamos	peinaremos	peinaríamos
vosotros	peináis	peinabais	peinasteis	peinaréis	peinaríais
ellos / ustedes	peinan	peinaban	peinaron	peinarán	peinarían

SUBJUNTIVO

	presente	pretérito / pretérito imperfecto	futuro / futuro simple
yo	peine	peinara o peinase	peinare
tú	peines	peinaras o peinases	peinares
él / usted	peine	peinara o peinase	peinare
nosotros	peinemos	peináramos o peinásemos	peináremos
vosotros	peinéis	peinarais o peinaseis	peinareis
ellos / ustedes	peinen	peinaran o peinasen	peinaren

IMPERATIVO

peina *tú* (peiná *vos*)
peine *usted*
peinad *vosotros*
peinen *ustedes*

FORMAS NO PERSONALES

infinitivo	participio	gerundio
peinar	peinado	peinando

13. DESCAFEINAR

La *i* del grupo /ei/ es tónica en las formas de este verbo que llevan el acento prosódico en la raíz.

INDICATIVO

	presente	copretérito / pretérito imperfecto	pretérito / pretérito perfecto simple	futuro / futuro simple	pospretérito / condicional simple
yo	descafeíno	descafeinaba	descafeiné	descafeinaré	descafeinaría
tú	descafeínas (descafeinás)	descafeinabas	descafeinaste	descafeinarás	descafeinarías
él / usted	descafeína	descafeinaba	descafeinó	descafeinará	descafeinaría
nosotros	descafeinamos	descafeinábamos	descafeinamos	descafeinaremos	descafeinaríamos
vosotros	descafeináis	descafeinabais	descafeinasteis	descafeinaréis	descafeinaríais
ellos / ustedes	descafeínan	descafeinaban	descafeinaron	descafeinarán	descafeinarían

SUBJUNTIVO

	presente	pretérito / pretérito imperfecto	futuro / futuro simple
yo	descafeíne	descafeinara o descafeinase	descafeinare
tú	descafeínes	descafeinaras o descafeinases	descafeinares
él / usted	descafeíne	descafeinara o descafeinase	descafeinare
nosotros	descafeinemos	descafeináramos o descafeinásemos	descafeináremos
vosotros	descafeinéis	descafeinarais o descafeinaseis	descafeinareis
ellos / ustedes	descafeínen	descafeinaran o descafeinasen	descafeinaren

IMPERATIVO

descafeína *tú* (descafeiná *vos*)
descafeíne *usted*
descafeinad *vosotros*
descafeínen *ustedes*

FORMAS NO PERSONALES

infinitivo	participio	gerundio
descafeinar	descafeinado	descafeinando

14. ADEUDAR

La *u* del grupo /eu/ es átona en todas las formas de este verbo.

INDICATIVO

	presente	copretérito / pretérito imperfecto	pretérito / pretérito perfecto simple	futuro / futuro simple	pospretérito / condicional simple
yo	adeudo	adeudaba	adeudé	adeudaré	adeudaría
tú	adeudas (adeudás)	adeudabas	adeudaste	adeudarás	adeudarías
él / usted	adeuda	adeudaba	adeudó	adeudará	adeudaría
nosotros	adeudamos	adeudábamos	adeudamos	adeudaremos	adeudaríamos
vosotros	adeudáis	adeudabais	adeudasteis	adeudaréis	adeudaríais
ellos / ustedes	adeudan	adeudaban	adeudaron	adeudarán	adeudarían

SUBJUNTIVO

	presente	pretérito / pretérito imperfecto	futuro / futuro simple
yo	adeude	adeudara o adeudase	adeudare
tú	adeudes	adeudaras o adeudases	adeudares
él / usted	adeude	adeudara o adeudase	adeudare
nosotros	adeudemos	adeudáramos o adeudásemos	adeudáremos
vosotros	adeudéis	adeudarais o adeudaseis	adeudareis
ellos / ustedes	adeuden	adeudaran o adeudasen	adeudaren

IMPERATIVO

adeuda *tú* (adeudá *vos*)
adeude *usted*
adeudad *vosotros*
adeuden *ustedes*

FORMAS NO PERSONALES

infinitivo	participio	gerundio
adeudar	adeudado	adeudando

15. REHUSAR

La *u* del grupo /eu/ es tónica en las formas de este verbo que llevan el acento prosódico en la raíz.

INDICATIVO

	presente	copretérito / pretérito imperfecto	pretérito / pretérito perfecto simple	futuro / futuro simple	pospretérito / condicional simple
yo	rehúso	rehusaba	rehusé	rehusaré	rehusaría
tú	rehúsas (rehusás)	rehusabas	rehusaste	rehusarás	rehusarías
él / usted	rehúsa	rehusaba	rehusó	rehusará	rehusaría
nosotros	rehusamos	rehusábamos	rehusamos	rehusaremos	rehusaríamos
vosotros	rehusáis	rehusabais	rehusasteis	rehusaréis	rehusaríais
ellos / ustedes	rehúsan	rehusaban	rehusaron	rehusarán	rehusarían

SUBJUNTIVO

	presente	pretérito / pretérito imperfecto	futuro / futuro simple
yo	rehúse	rehusara o rehusase	rehusare
tú	rehúses	rehusaras o rehusases	rehusares
él / usted	rehúse	rehusara o rehusase	rehusare
nosotros	rehusemos	rehusáramos o rehusásemos	rehusáremos
vosotros	rehuséis	rehusarais o rehusaseis	rehusareis
ellos / ustedes	rehúsen	rehusaran o rehusasen	rehusaren

IMPERATIVO

rehúsa *tú* (rehusá *vos*)
rehúse *usted*
rehusad *vosotros*
rehúsen *ustedes*

FORMAS NO PERSONALES

infinitivo	participio	gerundio
rehusar	rehusado	rehusando

II. Verbos irregulares

Se incluyen bajo este epígrafe tanto los verbos de irregularidad propia, cuyo paradigma es único (*ir*, *ser*, etc.), como los que sirven de modelo a otros verbos irregulares (*acertar*, *agradecer*, etc.). También se incluye aquí el verbo *leer* –modelo de otros verbos como *creer* o *proveer*–, que aun siendo regular desde el punto de vista morfológico, no lo es desde el punto de vista gráfico-articulatorio, ya que el sonido vocálico /i/ de algunas desinencias, cuando queda entre vocales, se transforma en el sonido consonántico /y/; así, la raíz *le-* + la desinencia *-ió*, no da *leió*, sino *leyó*; *le* + *iera* no da *leiera*, sino *leyera*, etc.

16. ACERTAR

INDICATIVO					
	presente	copretérito / pretérito imperfecto	pretérito / pretérito perfecto simple	futuro / futuro simple	pospretérito / condicional simple
yo	acierto	acertaba	acerté	acertaré	acertaría
tú	aciertas (acertás)	acertabas	acertaste	acertarás	acertarías
él / usted	acierta	acertaba	acertó	acertará	acertaría
nosotros	acertamos	acertábamos	acertamos	acertaremos	acertaríamos
vosotros	acertáis	acertabais	acertasteis	acertaréis	acertaríais
ellos / ustedes	aciertan	acertaban	acertaron	acertarán	acertarían

SUBJUNTIVO			
	presente	pretérito / pretérito imperfecto	futuro / futuro simple
yo	acierte	acertara o acertase	acertare
tú	aciertes	acertaras o acertases	acertares
él / usted	acierte	acertara o acertase	acertare
nosotros	acertemos	acertáramos o acertásemos	acertáremos
vosotros	acertéis	acertarais o acertaseis	acertareis
ellos / ustedes	acierten	acertaran o acertasen	acertaren

IMPERATIVO	FORMAS NO PERSONALES		
	infinitivo	participio	gerundio
acierta *tú* (acertá *vos*) acierte *usted* acertad *vosotros* acierten *ustedes*	acertar	acertado	acertando

17. ADQUIRIR

INDICATIVO					
	presente	copretérito / pretérito imperfecto	pretérito / pretérito perfecto simple	futuro / futuro simple	pospretérito / condicional simple
yo	adquiero	adquiría	adquirí	adquiriré	adquiriría
tú	adquieres (adquirís)	adquirías	adquiriste	adquirirás	adquirirías
él / usted	adquiere	adquiría	adquirió	adquirirá	adquiriría
nosotros	adquirimos	adquiríamos	adquirimos	adquiriremos	adquiriríamos
vosotros	adquirís	adquiríais	adquiristeis	adquiriréis	adquiriríais
ellos / ustedes	adquieren	adquirían	adquirieron	adquirirán	adquirirían

SUBJUNTIVO			
	presente	pretérito / pretérito imperfecto	futuro / futuro simple
yo	adquiera	adquiriera o adquiriese	adquiriere
tú	adquieras	adquirieras o adquirieses	adquirieres
él / usted	adquiera	adquiriera o adquiriese	adquiriere
nosotros	adquiramos	adquiriéramos o adquiriésemos	adquiriéremos
vosotros	adquiráis	adquirierais o adquirieseis	adquiriereis
ellos / ustedes	adquieran	adquirieran o adquiriesen	adquirieren

IMPERATIVO	FORMAS NO PERSONALES		
	infinitivo	participio	gerundio
adquiere *tú* (adquirí *vos*) adquiera *usted* adquirid *vosotros* adquieran *ustedes*	adquirir	adquirido	adquiriendo

18. AGRADECER

INDICATIVO

	presente	copretérito / pretérito imperfecto	pretérito / pretérito perfecto simple	futuro / futuro simple	pospretérito / condicional simple
yo	agradezco	agradecía	agradecí	agradeceré	agradecería
tú	agradeces (agradecés)	agradecías	agradeciste	agradecerás	agradecerías
él / usted	agradece	agradecía	agradeció	agradecerá	agradecería
nosotros	agradecemos	agradecíamos	agradecimos	agradeceremos	agradeceríamos
vosotros	agradecéis	agradecíais	agradecisteis	agradeceréis	agradeceríais
ellos / ustedes	agradecen	agradecían	agradecieron	agradecerán	agradecerían

SUBJUNTIVO

	presente	pretérito / pretérito imperfecto	futuro / futuro simple
yo	agradezca	agradeciera o agradeciese	agradeciere
tú	agradezcas	agradecieras o agradecieses	agradecieres
él / usted	agradezca	agradeciera o agradeciese	agradeciere
nosotros	agradezcamos	agradeciéramos o agradeciésemos	agradeciéremos
vosotros	agradezcáis	agradecierais o agradecieseis	agradeciereis
ellos / ustedes	agradezcan	agradecieran o agradeciesen	agradecieren

IMPERATIVO

agradece tú (agradecé vos)
agradezca usted
agradeced vosotros
agradezcan ustedes

FORMAS NO PERSONALES

infinitivo	participio	gerundio
agradecer	agradecido	agradeciendo

19. ANDAR

INDICATIVO

	presente	copretérito / pretérito imperfecto	pretérito / pretérito perfecto simple	futuro / futuro simple	pospretérito / condicional simple
yo	ando	andaba	anduve	andaré	andaría
tú	andas (andás)	andabas	anduviste	andarás	andarías
él / usted	anda	andaba	anduvo	andará	andaría
nosotros	andamos	andábamos	anduvimos	andaremos	andaríamos
vosotros	andáis	andabais	anduvisteis	andaréis	andaríais
ellos / ustedes	andan	andaban	anduvieron	andarán	andarían

SUBJUNTIVO

	presente	pretérito / pretérito imperfecto	futuro / futuro simple
yo	ande	anduviera o anduviese	anduviere
tú	andes	anduvieras o anduvieses	anduvieres
él / usted	ande	anduviera o anduviese	anduviere
nosotros	andemos	anduviéramos o anduviésemos	anduviéremos
vosotros	andéis	anduvierais o anduvieseis	anduviereis
ellos / ustedes	anden	anduvieran o anduviesen	anduvieren

IMPERATIVO

anda tú (andá vos)
ande usted
andad vosotros
anden ustedes

FORMAS NO PERSONALES

infinitivo	participio	gerundio
andar	andado	andando

20. ASIR

INDICATIVO

	presente	copretérito / pretérito imperfecto	pretérito / pretérito perfecto simple	futuro / futuro simple	pospretérito / condicional simple
yo	asgo	asía	así	asiré	asiría
tú	ases (asís)	asías	asiste	asirás	asirías
él / usted	ase	asía	asió	asirá	asiría
nosotros	asimos	asíamos	asimos	asiremos	asiríamos
vosotros	asís	asíais	asisteis	asiréis	asiríais
ellos / ustedes	asen	asían	asieron	asirán	asirían

SUBJUNTIVO

	presente	pretérito / pretérito imperfecto	futuro / futuro simple
yo	asga	asiera o asiese	asiere
tú	asgas	asieras o asieses	asieres
él / usted	asga	asiera o asiese	asiere
nosotros	asgamos	asiéramos o asiésemos	asiéremos
vosotros	asgáis	asierais o asieseis	asiereis
ellos / ustedes	asgan	asieran o asiesen	asieren

IMPERATIVO / FORMAS NO PERSONALES

ase tú (así vos) asga usted asid vosotros asgan ustedes	infinitivo	participio	gerundio
	asir	asido	asiendo

21. BENDECIR

INDICATIVO

	presente	copretérito / pretérito imperfecto	pretérito / pretérito perfecto simple	futuro / futuro simple	pospretérito / condicional simple
yo	bendigo	bendecía	bendije	bendeciré	bendeciría
tú	bendices (bendecís)	bendecías	bendijiste	bendecirás	bendecirías
él / usted	bendice	bendecía	bendijo	bendecirá	bendeciría
nosotros	bendecimos	bendecíamos	bendijimos	bendeciremos	bendeciríamos
vosotros	bendecís	bendecíais	bendijisteis	bendeciréis	bendeciríais
ellos / ustedes	bendicen	bendecían	bendijeron	bendecirán	bendecirían

SUBJUNTIVO

	presente	pretérito / pretérito imperfecto	futuro / futuro simple
yo	bendiga	bendijera o bendijese	bendijere
tú	bendigas	bendijeras o bendijeses	bendijeres
él / usted	bendiga	bendijera o bendijese	bendijere
nosotros	bendigamos	bendijéramos o bendijésemos	bendijéremos
vosotros	bendigáis	bendijerais o bendijeseis	bendijereis
ellos / ustedes	bendigan	bendijeran o bendijesen	bendijeren

IMPERATIVO / FORMAS NO PERSONALES

bendice tú (bendecí vos) bendiga usted bendecid vosotros bendigan ustedes	infinitivo	participio	gerundio
	bendecir	bendecido	bendiciendo

22. CABER

INDICATIVO

	presente	copretérito / pretérito imperfecto	pretérito / pretérito perfecto simple	futuro / futuro simple	pospretérito / condicional simple
yo	quepo	cabía	cupe	cabré	cabría
tú	cabes (cabés)	cabías	cupiste	cabrás	cabrías
él / usted	cabe	cabía	cupo	cabrá	cabría
nosotros	cabemos	cabíamos	cupimos	cabremos	cabríamos
vosotros	cabéis	cabíais	cupisteis	cabréis	cabríais
ellos / ustedes	caben	cabían	cupieron	cabrán	cabrían

SUBJUNTIVO

	presente	pretérito / pretérito imperfecto	futuro / futuro simple
yo	quepa	cupiera o cupiese	cupiere
tú	quepas	cupieras o cupieses	cupieres
él / usted	quepa	cupiera o cupiese	cupiere
nosotros	quepamos	cupiéramos o cupiésemos	cupiéremos
vosotros	quepáis	cupierais o cupieseis	cupiereis
ellos / ustedes	quepan	cupieran o cupiesen	cupieren

IMPERATIVO	FORMAS NO PERSONALES		
	infinitivo	participio	gerundio
No se usa	caber	cabido	cabiendo

23. CAER

INDICATIVO

	presente	copretérito / pretérito imperfecto	pretérito / pretérito perfecto simple	futuro / futuro simple	pospretérito / condicional simple
yo	caigo	caía	caí	caeré	caería
tú	caes (caés)	caías	caíste	caerás	caerías
él / usted	cae	caía	cayó	caerá	caería
nosotros	caemos	caíamos	caímos	caeremos	caeríamos
vosotros	caéis	caíais	caísteis	caeréis	caeríais
ellos / ustedes	caen	caían	cayeron	caerán	caerían

SUBJUNTIVO

	presente	pretérito / pretérito imperfecto	futuro / futuro simple
yo	caiga	cayera o cayese	cayere
tú	caigas	cayeras o cayeses	cayeres
él / usted	caiga	cayera o cayese	cayere
nosotros	caigamos	cayéramos o cayésemos	cayéremos
vosotros	caigáis	cayerais o cayeseis	cayereis
ellos / ustedes	caigan	cayeran o cayesen	cayeren

IMPERATIVO	FORMAS NO PERSONALES		
	infinitivo	participio	gerundio
cae tú (caé vos) caiga usted caed vosotros caigan ustedes	caer	caído	cayendo

24. CEÑIR

INDICATIVO

	presente	copretérito / pretérito imperfecto	pretérito / pretérito perfecto simple	futuro / futuro simple	pospretérito / condicional simple
yo	ciño	ceñía	ceñí	ceñiré	ceñiría
tú	ciñes (ceñís)	ceñías	ceñiste	ceñirás	ceñirías
él / usted	ciñe	ceñía	ciñó	ceñirá	ceñiría
nosotros	ceñimos	ceñíamos	ceñimos	ceñiremos	ceñiríamos
vosotros	ceñís	ceñíais	ceñisteis	ceñiréis	ceñiríais
ellos / ustedes	ciñen	ceñían	ciñeron	ceñirán	ceñirían

SUBJUNTIVO

	presente	pretérito / pretérito imperfecto	futuro / futuro simple
yo	ciña	ciñera o ciñese	ciñere
tú	ciñas	ciñeras o ciñeses	ciñeres
él / usted	ciña	ciñera o ciñese	ciñere
nosotros	ciñamos	ciñéramos o ciñésemos	ciñéremos
vosotros	ciñáis	ciñerais o ciñeseis	ciñereis
ellos / ustedes	ciñan	ciñeran o ciñesen	ciñeren

IMPERATIVO

ciñe tú (ceñí vos)
ciña usted
ceñid vosotros
ciñan ustedes

FORMAS NO PERSONALES

infinitivo	participio	gerundio
ceñir	ceñido	ciñendo

25. CONDUCIR

INDICATIVO

	presente	copretérito / pretérito imperfecto	pretérito / pretérito perfecto simple	futuro / futuro simple	pospretérito / condicional simple
yo	conduzco	conducía	conduje	conduciré	conduciría
tú	conduces (conducís)	conducías	condujiste	conducirás	conducirías
él / usted	conduce	conducía	condujo	conducirá	conduciría
nosotros	conducimos	conducíamos	condujimos	conduciremos	conduciríamos
vosotros	conducís	conducíais	condujisteis	conduciréis	conduciríais
ellos / ustedes	conducen	conducían	condujeron	conducirán	conducirían

SUBJUNTIVO

	presente	pretérito / pretérito imperfecto	futuro / futuro simple
yo	conduzca	condujera o condujese	condujere
tú	conduzcas	condujeras o condujeses	condujeres
él / usted	conduzca	condujera o condujese	condujere
nosotros	conduzcamos	condujéramos o condujésemos	condujéremos
vosotros	conduzcáis	condujerais o condujeseis	condujereis
ellos / ustedes	conduzcan	condujeran o condujesen	condujeren

IMPERATIVO

conduce tú (conducí vos)
conduzca usted
conducid vosotros
conduzcan ustedes

FORMAS NO PERSONALES

infinitivo	participio	gerundio
conducir	conducido	conduciendo

26. CONSTRUIR

INDICATIVO

	presente	copretérito / pretérito imperfecto	pretérito / pretérito perfecto simple	futuro / futuro simple	pospretérito / condicional simple
yo	construyo	construía	construí	construiré	construiría
tú	construyes (construís)	construías	construiste	construirás	construirías
él / usted	construye	construía	construyó	construirá	construiría
nosotros	construimos	construíamos	construimos	construiremos	construiríamos
vosotros	construís	construíais	construisteis	construiréis	construiríais
ellos / ustedes	construyen	construían	construyeron	construirán	construirían

SUBJUNTIVO

	presente	pretérito / pretérito imperfecto	futuro / futuro simple
yo	construya	construyera o construyese	construyere
tú	construyas	construyeras o construyeses	construyeres
él / usted	construya	construyera o construyese	construyere
nosotros	construyamos	construyéramos o construyésemos	construyéremos
vosotros	construyáis	construyerais o construyeseis	construyereis
ellos / ustedes	construyan	construyeran o construyesen	construyeren

IMPERATIVO

construye *tú* (construí *vos*)
construya *usted*
construid *vosotros*
construyan *ustedes*

FORMAS NO PERSONALES

infinitivo	participio	gerundio
construir	construido	construyendo

27. CONTAR

INDICATIVO

	presente	copretérito / pretérito imperfecto	pretérito / pretérito perfecto simple	futuro / futuro simple	pospretérito / condicional simple
yo	cuento	contaba	conté	contaré	contaría
tú	cuentas (contás)	contabas	contaste	contarás	contarías
él / usted	cuenta	contaba	contó	contará	contaría
nosotros	contamos	contábamos	contamos	contaremos	contaríamos
vosotros	contáis	contabais	contasteis	contaréis	contaríais
ellos / ustedes	cuentan	contaban	contaron	contarán	contarían

SUBJUNTIVO

	presente	pretérito / pretérito imperfecto	futuro / futuro simple
yo	cuente	contara o contase	contare
tú	cuentes	contaras o contases	contares
él / usted	cuente	contara o contase	contare
nosotros	contemos	contáramos o contásemos	contáremos
vosotros	contéis	contarais o contaseis	contareis
ellos / ustedes	cuenten	contaran o contasen	contaren

IMPERATIVO

cuenta *tú* (contá *vos*)
cuente *usted*
contad *vosotros*
cuenten *ustedes*

FORMAS NO PERSONALES

infinitivo	participio	gerundio
contar	contado	contando

28. DAR

		INDICATIVO			
	presente	copretérito / pretérito imperfecto	pretérito / pretérito perfecto simple	futuro / futuro simple	pospretérito / condicional simple
yo	doy	daba	di	daré	daría
tú	das	dabas	diste	darás	darías
él / usted	da	daba	dio	dará	daría
nosotros	damos	dábamos	dimos	daremos	daríamos
vosotros	dais	dabais	disteis	daréis	daríais
ellos / ustedes	dan	daban	dieron	darán	darían

	SUBJUNTIVO		
	presente	pretérito / pretérito imperfecto	futuro / futuro simple
yo	dé	diera o diese	diere
tú	des	dieras o dieses	dieres
él / usted	dé	diera o diese	diere
nosotros	demos	diéramos o diésemos	diéremos
vosotros	deis	dierais o dieseis	diereis
ellos / ustedes	den	diéramos o diésemos	dieren

IMPERATIVO	FORMAS NO PERSONALES		
da *tú* dé *usted* dad *vosotros* den *ustedes*	infinitivo	participio	gerundio
	dar	dado	dando

29. DECIR

		INDICATIVO			
	presente	copretérito / pretérito imperfecto	pretérito / pretérito perfecto simple	futuro / futuro simple	pospretérito / condicional simple
yo	digo	decía	dije	diré	diría
tú	dices (decís)	decías	dijiste	dirás	dirías
él / usted	dice	decía	dijo	dirá	diría
nosotros	decimos	decíamos	dijimos	diremos	diríamos
vosotros	decís	decíais	dijisteis	diréis	diríais
ellos / ustedes	dicen	decían	dijeron	dirán	dirían

	SUBJUNTIVO		
	presente	pretérito / pretérito imperfecto	futuro / futuro simple
yo	diga		dijere
tú	digas	dijera o dijese	dijeres
él / usted	diga	dijeras o dijeses	dijere
nosotros	digamos	dijera o dijese	dijéremos
vosotros	digáis	dijéramos o dijésemos	dijereis
ellos / ustedes	digan	dijerais o dijeseis	dijeren

IMPERATIVO	FORMAS NO PERSONALES		
di *tú* (decí *vos*) diga *usted* decid *vosotros* digan *ustedes*	infinitivo	participio	gerundio
	decir	dicho	diciendo

Conjugación verbal

30. DISCERNIR

INDICATIVO

	presente	copretérito / pretérito imperfecto	pretérito / pretérito perfecto simple	futuro / futuro simple	pospretérito / condicional simple
yo	discierno	discernía	discerní	discerniré	discerniría
tú	disciernes (discernís)	discernías	discerniste	discernirás	discernirías
él / usted	discierne	discernía	discernió	discernirá	discerniría
nosotros	discernimos	discerníamos	discernimos	discerniremos	discerniríamos
vosotros	discernís	discerníais	discernisteis	discerniréis	discerniríais
ellos / ustedes	disciernen	discernían	discernieron	discernirán	discernirían

SUBJUNTIVO

	presente	pretérito / pretérito imperfecto	futuro / futuro simple
yo	discierna	discerniera o discerniese	discerniere
tú	disciernas	discernieras o discernieses	discernieres
él / usted	discierna	discerniera o discerniese	discerniere
nosotros	discernamos	discerniéramos o discerniésemos	discerniéremos
vosotros	discernáis	discernierais o discernieseis	discerniereis
ellos / ustedes	disciernan	discernieran o discerniesen	discernieren

IMPERATIVO / FORMAS NO PERSONALES

IMPERATIVO	infinitivo	participio	gerundio
discierne tú (discerní vos) discierna usted discernid vosotros disciernan ustedes	discernir	discernido	discerniendo

31. DORMIR

INDICATIVO

	presente	copretérito / pretérito imperfecto	pretérito / pretérito perfecto simple	futuro / futuro simple	pospretérito / condicional simple
yo	duermo	dormía	dormí	dormiré	dormiría
tú	duermes (dormís)	dormías	dormiste	dormirás	dormirías
él / usted	duerme	dormía	durmió	dormirá	dormiría
nosotros	dormimos	dormíamos	dormimos	dormiremos	dormiríamos
vosotros	dormís	dormíais	dormisteis	dormiréis	dormiríais
ellos / ustedes	duermen	dormían	durmieron	dormirán	dormirían

SUBJUNTIVO

	presente	pretérito / pretérito imperfecto	futuro / futuro simple
yo	duerma	durmiera o durmiese	durmiere
tú	duermas	durmieras o durmieses	durmieres
él / usted	duerma	durmiera o durmiese	durmiere
nosotros	durmamos	durmiéramos o durmiésemos	durmiéremos
vosotros	durmáis	durmierais o durmieseis	durmiereis
ellos / ustedes	duerman	durmieran o durmiesen	durmieren

IMPERATIVO / FORMAS NO PERSONALES

IMPERATIVO	infinitivo	participio	gerundio
duerme tú (dormí vos) duerma usted dormid vosotros duerman ustedes	dormir	dormido	durmiendo

780

32. ENTENDER

		INDICATIVO			
	presente	copretérito / pretérito imperfecto	pretérito / pretérito perfecto simple	futuro / futuro simple	pospretérito / condicional simple
yo	entiendo	entendía	entendí	entenderé	entendería
tú	entiendes (entendés)	entendías	entendiste	entenderás	entenderías
él / usted	entiende	entendía	entendió	entenderá	entendería
nosotros	entendemos	entendíamos	entendimos	entenderemos	entenderíamos
vosotros	entendéis	entendíais	entendisteis	entenderéis	entenderíais
ellos / ustedes	entienden	entendían	entendieron	entenderán	entenderían

	SUBJUNTIVO		
	presente	pretérito / pretérito imperfecto	futuro / futuro simple
yo	entienda	entendiera o entendiese	entendiere
tú	entiendas	entendieras o entendieses	entendieres
él / usted	entienda	entendiera o entendiese	entendiere
nosotros	entendamos	entendiéramos o entendiésemos	entendiéremos
vosotros	entendáis	entendierais o entendieseis	entendiereis
ellos / ustedes	entiendan	entendieran o entendiesen	entendieren

IMPERATIVO	FORMAS NO PERSONALES		
	infinitivo	participio	gerundio
entiende tú (entendé vos) entienda usted entended vosotros entiendan ustedes	entender	entendido	entendiendo

33. ERGUIR

		INDICATIVO			
	presente	copretérito / pretérito imperfecto	pretérito / pretérito perfecto simple	futuro / futuro simple	pospretérito / condicional simple
yo	yergo	erguía	erguí	erguiré	erguiría
tú	yergues (erguís)	erguías	erguiste	erguirás	erguirías
él / usted	yergue	erguía	irguió	erguirá	erguiría
nosotros	erguimos	erguíamos	erguimos	erguiremos	erguiríamos
vosotros	erguís	erguíais	erguisteis	erguiréis	erguiríais
ellos / ustedes	yerguen	erguían	irguieron	erguirán	erguirían

	SUBJUNTIVO		
	presente	pretérito / pretérito imperfecto	futuro / futuro simple
yo	yerga	irguiera o irguiese	irguiere
tú	yergas	irguieras o irguieses	irguieres
él / usted	yerga	irguiera o irguiese	irguiere
nosotros	irgamos	irguiéramos o irguiésemos	irguiéremos
vosotros	irgáis	irguierais o irguieseis	irguiereis
ellos / ustedes	yergan	irguieran o irguiesen	irguieren

IMPERATIVO	FORMAS NO PERSONALES		
	infinitivo	participio	gerundio
yergue tú (erguí vos) yerga usted erguid vosotros yergan ustedes	erguir	erguido	irguiendo

34. ERRAR

	presente	copretérito / pretérito imperfecto	pretérito / pretérito perfecto simple	futuro / futuro simple	pospretérito / condicional simple
	INDICATIVO				
yo	yerro	erraba	erré	erraré	erraría
tú	yerras (errás)	errabas	erraste	errarás	errarías
él / usted	yerra	erraba	erró	errará	erraría
nosotros	erramos	errábamos	erramos	erraremos	erraríamos
vosotros	erráis	errabais	errasteis	erraréis	erraríais
ellos / ustedes	yerran	erraban	erraron	errarán	errarían

	presente	pretérito / pretérito imperfecto	futuro / futuro simple
	SUBJUNTIVO		
yo	yerre	errara o errase	errare
tú	yerres	erraras o errases	errares
él / usted	yerre	errara o errase	errare
nosotros	erremos	erráramos o errásemos	erráremos
vosotros	erréis	errarais o erraseis	errareis
ellos / ustedes	yerren	erraran o errasen	erraren

IMPERATIVO

yerra tú (errá vos)
yerre usted
errad vosotros
yerren ustedes

FORMAS NO PERSONALES

infinitivo	participio	gerundio
errar	errado	errando

35. ESTAR

	presente	copretérito / pretérito imperfecto	pretérito / pretérito perfecto simple	futuro / futuro simple	pospretérito / condicional simple
	INDICATIVO				
yo	estoy	estaba	estuve	estaré	estaría
tú	estás	estabas	estuviste	estarás	estarías
él / usted	está	estaba	estuvo	estará	estaría
nosotros	estamos	estábamos	estuvimos	estaremos	estaríamos
vosotros	estáis	estabais	estuvisteis	estaréis	estaríais
ellos / ustedes	están	estaban	estuvieron	estarán	estarían

	presente	pretérito / pretérito imperfecto	futuro / futuro simple
	SUBJUNTIVO		
yo	esté	estuviera o estuviese	estuviere
tú	estés	estuvieras o estuvieses	estuvieres
él / usted	esté	estuviera o estuviese	estuviere
nosotros	estemos	estuviéramos o estuviésemos	estuviéremos
vosotros	estéis	estuvierais o estuvieseis	estuviereis
ellos / ustedes	estén	estuvieran o estuviesen	estuvieren

IMPERATIVO

está[1] tú
esté usted
estad vosotros
estén ustedes

FORMAS NO PERSONALES

infinitivo	participio	gerundio
estar	estado	estando

[1] El imperativo de la segunda persona del singular solo se usa en forma pronominal (estate): Estate tranquilo.

36. HABER

INDICATIVO

	presente	copretérito / pretérito imperfecto	pretérito / pretérito perfecto simple	futuro / futuro simple	pospretérito / condicional simple
yo	he	había	hube	habré	habría
tú	has	habías	hubiste	habrás	habrías
él / usted	ha (como impersonal: hay)	había	hubo	habrá	habría
nosotros	hemos	habíamos	hubimos	habremos	habríamos
vosotros	habéis	habíais	hubisteis	habréis	habríais
ellos / ustedes	han	habían	hubieron	habrán	habrían

SUBJUNTIVO

	presente	pretérito / pretérito imperfecto	futuro / futuro simple
yo	haya	hubiera o hubiese	hubiere
tú	hayas	hubieras o hubieses	hubieres
él / usted	haya	hubiera o hubiese	hubiere
nosotros	hayamos	hubiéramos o hubiésemos	hubiéremos
vosotros	hayáis	hubierais o hubieseis	hubiereis
ellos / ustedes	hayan	hubieran o hubiesen	hubieren

IMPERATIVO

FORMAS NO PERSONALES

	infinitivo	participio	gerundio
No se usa	haber	habido	habiendo

37. HACER

INDICATIVO

	presente	copretérito / pretérito imperfecto	pretérito / pretérito perfecto simple	futuro / futuro simple	pospretérito / condicional simple
yo	hago	hacía	hice	haré	haría
tú	haces (hacés)	hacías	hiciste	harás	harías
él / usted	hace	hacía	hizo	hará	haría
nosotros	hacemos	hacíamos	hicimos	haremos	haríamos
vosotros	hacéis	hacíais	hicisteis	haréis	haríais
ellos / ustedes	hacen	hacían	hicieron	harán	harían

SUBJUNTIVO

	presente	pretérito / pretérito imperfecto	futuro / futuro simple
yo	haga	hiciera o hiciese	hiciere
tú	hagas	hicieras o hicieses	hicieres
él / usted	haga	hiciera o hiciese	hiciere
nosotros	hagamos	hiciéramos o hiciésemos	hiciéremos
vosotros	hagáis	hicierais o hicieseis	hiciereis
ellos / ustedes	hagan	hicieran o hiciesen	hicieren

IMPERATIVO

FORMAS NO PERSONALES

	infinitivo	participio	gerundio
haz *tú* (hacé *vos*) haga *usted* haced *vosotros* hagan *ustedes*	hacer	hecho	haciendo

38. IR

INDICATIVO

	presente	copretérito / pretérito imperfecto	pretérito / pretérito perfecto simple	futuro / futuro simple	pospretérito / condicional simple
yo	voy	iba	fui	iré	iría
tú	vas	ibas	fuiste	irás	irías
él / usted	va	iba	fue	irá	iría
nosotros	vamos	íbamos	fuimos	iremos	iríamos
vosotros	vais	ibais	fuisteis	iréis	iríais
ellos / ustedes	van	iban	fueron	irán	irían

SUBJUNTIVO

	presente	pretérito / pretérito imperfecto	futuro / futuro simple
yo	vaya	fuera o fuese	fuere
tú	vayas	fueras o fueses	fueres
él / usted	vaya	fuera o fuese	fuere
nosotros	vayamos	fuéramos o fuésemos	fuéremos
vosotros	vayáis	fuerais o fueseis	fuereis
ellos / ustedes	vayan	fueran o fuesen	fueren

IMPERATIVO

ve *tú*
vaya *usted*
id *vosotros*
vayan *ustedes*

FORMAS NO PERSONALES

infinitivo	participio	gerundio
ir	ido	yendo

39. JUGAR

INDICATIVO

	presente	copretérito / pretérito imperfecto	pretérito / pretérito perfecto simple	futuro / futuro simple	pospretérito / condicional simple
yo	juego	jugaba	jugué	jugaré	jugaría
tú	juegas (jugás)	jugabas	jugaste	jugarás	jugarías
él / usted	juega	jugaba	jugó	jugará	jugaría
nosotros	jugamos	jugábamos	jugamos	jugaremos	jugaríamos
vosotros	jugáis	jugabais	jugasteis	jugaréis	jugaríais
ellos / ustedes	juegan	jugaban	jugaron	jugarán	jugarían

SUBJUNTIVO

	presente	pretérito / pretérito imperfecto	futuro / futuro simple
yo	juegue	jugara o jugase	jugare
tú	juegues	jugaras o jugases	jugares
él / usted	juegue	jugara o jugase	jugare
nosotros	juguemos	jugáramos o jugásemos	jugáremos
vosotros	juguéis	jugarais o jugaseis	jugareis
ellos / ustedes	jueguen	jugaran o jugasen	jugaren

IMPERATIVO

juega *tú* (jugá *vos*)
juegue *usted*
jugad *vosotros*
jueguen *ustedes*

FORMAS NO PERSONALES

infinitivo	participio	gerundio
jugar	jugado	jugando

40. LEER

	INDICATIVO				
	presente	copretérito / pretérito imperfecto	pretérito / pretérito perfecto simple	futuro / futuro simple	pospretérito / condicional simple
yo	leo	leía	leí	leeré	leería
tú	lees (leés)	leías	leíste	leerás	leerías
él / usted	lee	leía	leyó	leerá	leería
nosotros	leemos	leíamos	leímos	leeremos	leeríamos
vosotros	leéis	leíais	leísteis	leeréis	leeríais
ellos / ustedes	leen	leían	leyeron	leerán	leerían

	SUBJUNTIVO		
	presente	pretérito / pretérito imperfecto	futuro / futuro simple
yo	lea	leyera o leyese	leyere
tú	leas	leyeras o leyeses	leyeres
él / usted	lea	leyera o leyese	leyere
nosotros	leamos	leyéramos o leyésemos	leyéremos
vosotros	leáis	leyerais o leyeseis	leyereis
ellos / ustedes	lean	leyeran o leyesen	leyeren

IMPERATIVO	FORMAS NO PERSONALES		
lee *tú* (leé *vos*) lea *usted* leed *vosotros* lean *ustedes*	infinitivo	participio	gerundio
	leer	leído	leyendo

41. LUCIR

	INDICATIVO				
	presente	copretérito / pretérito imperfecto	pretérito / pretérito perfecto simple	futuro / futuro simple	pospretérito / condicional simple
yo	luzco	lucía	lucí	luciré	luciría
tú	luces (lucís)	lucías	luciste	lucirás	lucirías
él / usted	luce	lucía	lució	lucirá	luciría
nosotros	lucimos	lucíamos	lucimos	luciremos	luciríamos
vosotros	lucís	lucíais	lucisteis	luciréis	luciríais
ellos / ustedes	lucen	lucían	lucieron	lucirán	lucirían

	SUBJUNTIVO		
	presente	pretérito / pretérito imperfecto	futuro / futuro simple
yo	luzca	luciera o luciese	luciere
tú	luzcas	lucieras o lucieses	lucieres
él / usted	luzca	luciera o luciese	luciere
nosotros	luzcamos	luciéramos o luciésemos	luciéremos
vosotros	luzcáis	lucierais o lucieseis	luciereis
ellos / ustedes	luzcan	lucieran o luciesen	lucieren

IMPERATIVO	FORMAS NO PERSONALES		
luce *tú* (lucí *vos*) luzca *usted* lucid *vosotros* luzcan *ustedes*	infinitivo	participio	gerundio
	lucir	lucido	luciendo

42. MOVER

INDICATIVO					
	presente	copretérito / pretérito imperfecto	pretérito / pretérito perfecto simple	futuro / futuro simple	pospretérito / condicional simple
yo	muevo	movía	moví	moveré	movería
tú	mueves (movés)	movías	moviste	moverás	moverías
él / usted	mueve	movía	movió	moverá	movería
nosotros	movemos	movíamos	movimos	moveremos	moveríamos
vosotros	movéis	movíais	movisteis	moveréis	moveríais
ellos / ustedes	mueven	movían	movieron	moverán	moverían

SUBJUNTIVO			
	presente	pretérito / pretérito imperfecto	futuro / futuro simple
yo	mueva	moviera o moviese	moviere
tú	muevas	movieras o movieses	movieres
él / usted	mueva	moviera o moviese	moviere
nosotros	movamos	moviéramos o moviésemos	moviéremos
vosotros	mováis	movierais o movieseis	moviereis
ellos / ustedes	muevan	movieran o moviesen	movieren

IMPERATIVO	FORMAS NO PERSONALES		
mueve *tú* (mové *vos*) mueva *usted* moved *vosotros* muevan *ustedes*	infinitivo	participio	gerundio
	mover	movido	moviendo

43. MULLIR

INDICATIVO					
	presente	copretérito / pretérito imperfecto	pretérito / pretérito perfecto simple	futuro / futuro simple	pospretérito / condicional simple
yo	mullo	mullía	mullí	mulliré	mulliría
tú	mulles (mullís)	mullías	mulliste	mullirás	mullirías
él / usted	mulle	mullía	mulló	mullirá	mulliría
nosotros	mullimos	mullíamos	mullimos	mulliremos	mulliríamos
vosotros	mullís	mullíais	mullisteis	mulliréis	mulliríais
ellos / ustedes	mullen	mullían	mulleron	mullirán	mullirían

SUBJUNTIVO			
	presente	pretérito / pretérito imperfecto	futuro / futuro simple
yo	mulla	mullera o mullese	mullere
tú	mullas	mulleras o mulleses	mulleres
él / usted	mulla	mullera o mullese	mullere
nosotros	mullamos	mulléramos o mullésemos	mulléremos
vosotros	mulláis	mullerais o mulleseis	mullereis
ellos / ustedes	mullan	mulleran o mullesen	mulleren

IMPERATIVO	FORMAS NO PERSONALES		
mulle *tú* (mullí *vos*) mulla *usted* mullid *vosotros* mullan *ustedes*	infinitivo	participio	gerundio
	mullir	mullido	mullendo

44. OÍR

INDICATIVO					
	presente	copretérito / pretérito imperfecto	pretérito / pretérito perfecto simple	futuro / futuro simple	pospretérito / condicional simple
yo	oigo	oía	oí	oiré	oiría
tú	oyes (oís)	oías	oíste	oirás	oirías
él / usted	oye	oía	oyó	oirá	oiría
nosotros	oímos	oíamos	oímos	oiremos	oiríamos
vosotros	oís	oíais	oísteis	oiréis	oiríais
ellos / ustedes	oyen	oían	oyeron	oirán	oirían

SUBJUNTIVO			
	presente	pretérito / pretérito imperfecto	futuro / futuro simple
yo	oiga	oyera u oyese	oyere
tú	oigas	oyeras u oyeses	oyeres
él / usted	oiga	oyera u oyese	oyere
nosotros	oigamos	oyéramos u oyésemos	oyéremos
vosotros	oigáis	oyerais u oyeseis	oyereis
ellos / ustedes	oigan	oyeran u oyesen	oyeren

IMPERATIVO	FORMAS NO PERSONALES		
oye tú (oí vos)	infinitivo	participio	gerundio
oiga usted oíd vosotros oigan ustedes	oír	oído	oyendo

45. OLER

INDICATIVO					
	presente	copretérito / pretérito imperfecto	pretérito / pretérito perfecto simple	futuro / futuro simple	pospretérito / condicional simple
yo	huelo	olía	olí	oleré	olería
tú	hueles (olés)	olías	oliste	olerás	olerías
él / usted	huele	olía	olió	olerá	olería
nosotros	olemos	olíamos	olimos	oleremos	oleríamos
vosotros	oléis	olíais	olisteis	oleréis	oleríais
ellos / ustedes	huelen	olían	olieron	olerán	olerían

SUBJUNTIVO			
	presente	pretérito / pretérito imperfecto	futuro / futuro simple
yo	huela	oliera u oliese	oliere
tú	huelas	olieras u olieses	olieres
él / usted	huela	oliera u oliese	oliere
nosotros	olamos	oliéramos u oliésemos	oliéremos
vosotros	oláis	olierais u olieseis	oliereis
ellos / ustedes	huelan	olieran u oliesen	olieren

IMPERATIVO	FORMAS NO PERSONALES		
huele tú (olé vos)	infinitivo	participio	gerundio
huela usted oled vosotros huelan ustedes	oler	olido	oliendo

46. PEDIR

INDICATIVO

	presente	copretérito / pretérito imperfecto	pretérito / pretérito perfecto simple	futuro / futuro simple	pospretérito / condicional simple
yo	pido	pedía	pedí	pediré	pediría
tú	pides (pedís)	pedías	pediste	pedirás	pedirías
él / usted	pide	pedía	pidió	pedirá	pediría
nosotros	pedimos	pedíamos	pedimos	pediremos	pediríamos
vosotros	pedís	pedíais	pedisteis	pediréis	pediríais
ellos / ustedes	piden	pedían	pidieron	pedirán	pedirían

SUBJUNTIVO

	presente	pretérito / pretérito imperfecto	futuro / futuro simple
yo	pida	pidiera o pidiese	pidiere
tú	pidas	pidieras o pidieses	pidieres
él / usted	pida	pidiera o pidiese	pidiere
nosotros	pidamos	pidiéramos o pidiésemos	pidiéremos
vosotros	pidáis	pidierais o pidieseis	pidiereis
ellos / ustedes	pidan	pidieran o pidiesen	pidieren

IMPERATIVO

pide *tú* (pedí *vos*)
pida *usted*
pedid *vosotros*
pidan *ustedes*

FORMAS NO PERSONALES

infinitivo	participio	gerundio
pedir	pedido	pidiendo

47. PODER

INDICATIVO

	presente	copretérito / pretérito imperfecto	pretérito / pretérito perfecto simple	futuro / futuro simple	pospretérito / condicional simple
yo	puedo	podía	pude	podré	podría
tú	puedes (podés)	podías	pudiste	podrás	podrías
él / usted	puede	podía	pudo	podrá	podría
nosotros	podemos	podíamos	pudimos	podremos	podríamos
vosotros	podéis	podíais	pudisteis	podréis	podríais
ellos / ustedes	pueden	podían	pudieron	podrán	podrían

SUBJUNTIVO

	presente	pretérito / pretérito imperfecto	futuro / futuro simple
yo	pueda	pudiera o pudiese	pudiere
tú	puedas	pudieras o pudieses	pudieres
él / usted	pueda	pudiera o pudiese	pudiere
nosotros	podamos	pudiéramos o pudiésemos	pudiéremos
vosotros	podáis	pudierais o pudieseis	pudiereis
ellos / ustedes	puedan	pudieran o pudiesen	pudieren

IMPERATIVO

puede *tú* (podé *vos*)
pueda *usted*
poded *vosotros*
puedan *ustedes*

FORMAS NO PERSONALES

infinitivo	participio	gerundio
poder	podido	pudiendo

48. PONER

	INDICATIVO				
	presente	copretérito / pretérito imperfecto	pretérito / pretérito perfecto simple	futuro / futuro simple	pospretérito / condicional simple
yo	pongo	ponía	puse	pondré	pondría
tú	pones (ponés)	ponías	pusiste	pondrás	pondrías
él / usted	pone	ponía	puso	pondrá	pondría
nosotros	ponemos	poníamos	pusimos	pondremos	pondríamos
vosotros	ponéis	poníais	pusisteis	pondréis	pondríais
ellos / ustedes	ponen	ponían	pusieron	pondrán	pondrían

	SUBJUNTIVO		
	presente	pretérito / pretérito imperfecto	futuro / futuro simple
yo	ponga	pusiera o pusiese	pusiere
tú	pongas	pusieras o pusieses	pusieres
él / usted	ponga	pusiera o pusiese	pusiere
nosotros	pongamos	pusiéramos o pusiésemos	pusiéremos
vosotros	pongáis	pusierais o pusieseis	pusiereis
ellos / ustedes	pongan	pusieran o pusiesen	pusieren

IMPERATIVO	FORMAS NO PERSONALES		
	infinitivo	participio	gerundio
pon tú (poné vos) ponga usted poned vosotros pongan ustedes	poner	puesto	poniendo

49. PREDECIR

	INDICATIVO				
	presente	copretérito / pretérito imperfecto	pretérito / pretérito perfecto simple	futuro / futuro simple	pospretérito / condicional simple
yo	predigo	predecía	predije	prediré	prediría
tú	predices (predecís)	predecías	predijiste	predirás	predirías
él / usted	predice	predecía	predijo	predirá	prediría
nosotros	predecimos	predecíamos	predijimos	prediremos	prediríamos
vosotros	predecís	predecíais	predijisteis	prediréis	prediríais
ellos / ustedes	predicen	predecían	predijeron	predirán	predirían

	SUBJUNTIVO		
	presente	pretérito / pretérito imperfecto	futuro / futuro simple
yo	prediga	predijera o predijese	predijere
tú	predigas	predijeras o predijeses	predijeres
él / usted	prediga	predijera o predijese	predijere
nosotros	predigamos	predijéramos o predijésemos	predijéremos
vosotros	predigáis	predijerais o predijeseis	predijereis
ellos / ustedes	predigan	predijeran o predijesen	predijeren

IMPERATIVO	FORMAS NO PERSONALES		
	infinitivo	participio	gerundio
predice tú (predecí vos) prediga usted predecid vosotros predigan ustedes	predecir	predicho	prediciendo

789

50. PUDRIR / PODRIR

			INDICATIVO		
	presente	copretérito / pretérito imperfecto	pretérito / pretérito perfecto simple	futuro / futuro simple	pospretérito / condicional simple
yo	pudro	pudría / podría	pudrí / podrí	pudriré / podriré	pudriría / podriría
tú	pudres (pudrís)	pudrías / podrías	pudriste / podriste	pudrirás / podrirás	pudrirías / podrirías
él / usted	pudre	pudría / podría	pudrió / podrió	pudrirá / podrirá	pudriría / podriría
nosotros	pudrimos / podrimos	pudríamos / podríamos	pudrimos / podrimos	pudriremos / podriremos	pudriríamos / podriríamos
vosotros	pudrís / podrís	pudríais / podríais	pudristeis / podristeis	pudriréis / podriréis	pudriríais / podriríais
ellos / ustedes	pudren	pudrían / podrían	pudrieron / podrieron	pudrirán / podrirán	pudrirían / podrirían

	SUBJUNTIVO		
	presente	pretérito / pretérito imperfecto	futuro / futuro simple
yo	pudra	pudriera *o* pudriese	pudriere
tú	pudras	pudrieras *o* pudrieses	pudrieres
él / usted	pudra	pudriera *o* pudriese	pudriere
nosotros	pudramos	pudriéramos *o* pudriésemos	pudriéremos
vosotros	pudráis	pudrierais *o* pudrieseis	pudriereis
ellos / ustedes	pudran	pudrieran *o* pudriesen	pudrieren

IMPERATIVO	FORMAS NO PERSONALES		
pudre *tú* (pudrí / podrí *vos*) pudra *usted* pudrid / podrid *vosotros* pudran *ustedes*	infinitivo	participio	gerundio
	pudrir / podrir	podrido	pudriendo

En la norma culta americana, en el infinitivo y en algunas formas conjugadas de este verbo, se presenta la alternancia *-u-* / *-o-* en la raíz; en esos mismos casos, la norma culta peninsular solo admite hoy las formas con *-u-*, que también suelen ser las preferidas en América.

51. QUERER

			INDICATIVO		
	presente	copretérito / pretérito imperfecto	pretérito / pretérito perfecto simple	futuro / futuro simple	pospretérito / condicional simple
yo	quiero	quería	quise	querré	querría
tú	quieres (querés)	querías	quisiste	querrás	querrías
él / usted	quiere	quería	quiso	querrá	querría
nosotros	queremos	queríamos	quisimos	querremos	querríamos
vosotros	queréis	queríais	quisisteis	querréis	querríais
ellos / ustedes	quieren	querían	quisieron	querrán	querrían

	SUBJUNTIVO		
	presente	pretérito / pretérito imperfecto	futuro / futuro simple
yo	quiera	quisiera *o* quisiese	quisiere
tú	quieras	quisieras *o* quisieses	quisieres
él / usted	quiera	quisiera *o* quisiese	quisiere
nosotros	queramos	quisiéramos *o* quisiésemos	quisiéremos
vosotros	queráis	quisierais *o* quisieseis	quisiereis
ellos / ustedes	quieran	quisieran *o* quisiesen	quisieren

IMPERATIVO	FORMAS NO PERSONALES		
quiere *tú* (queré *vos*) quiera *usted* quered *vosotros* quieran *ustedes*	infinitivo	participio	gerundio
	querer	querido	queriendo

52. ROER

INDICATIVO

	presente	copretérito / pretérito imperfecto	pretérito / pretérito perfecto simple	futuro / futuro simple	pospretérito / condicional simple
yo	roo o roigo o royo	roía	roí	roeré	roería
tú	roes (roés)	roías	roíste	roerás	roerías
él / usted	roe	roía	royó	roerá	roería
nosotros	roemos	roíamos	roímos	roeremos	roeríamos
vosotros	roéis	roíais	roísteis	roeréis	roeríais
ellos / ustedes	roen	roían	royeron	roerán	roerían

SUBJUNTIVO

	presente	pretérito / pretérito imperfecto	futuro / futuro simple
yo	roa o roiga o roya	royera o royese	royere
tú	roas o roigas o royas	royeras o royeses	royeres
él / usted	roa o roiga o roya	royera o royese	royere
nosotros	roamos o roigamos o royamos	royéramos o royésemos	royéremos
vosotros	roáis o roigáis o royáis	royerais o royeseis	royereis
ellos / ustedes	roan o roigan o royan	royeran o royesen	royeren

IMPERATIVO

roe tú (roé vos)
roa o roiga o roya usted
roed vosotros
roan o roigan o royan ustedes

FORMAS NO PERSONALES

infinitivo	participio	gerundio
roer	roído	royendo

53. SABER

INDICATIVO

	presente	copretérito / pretérito imperfecto	pretérito / pretérito perfecto simple	futuro / futuro simple	pospretérito / condicional simple
yo	sé	sabía	supe	sabré	sabría
tú	sabes (sabés)	sabías	supiste	sabrás	sabrías
él / usted	sabe	sabía	supo	sabrá	sabría
nosotros	sabemos	sabíamos	supimos	sabremos	sabríamos
vosotros	sabéis	sabíais	supisteis	sabréis	sabríais
ellos / ustedes	saben	sabían	supieron	sabrán	sabrían

SUBJUNTIVO

	presente	pretérito / pretérito imperfecto	futuro / futuro simple
yo	sepa	supiera o supiese	supiere
tú	sepas	supieras o supieses	supieres
él / usted	sepa	supiera o supiese	supiere
nosotros	sepamos	supiéramos o supiésemos	supiéremos
vosotros	sepáis	supierais o supieseis	supiereis
ellos / ustedes	sepan	supieran o supiesen	supieren

IMPERATIVO

sabe tú (sabé vos)
sepa usted
sabed vosotros
sepan ustedes

FORMAS NO PERSONALES

infinitivo	participio	gerundio
saber	sabido	sabiendo

54. SALIR

	INDICATIVO				
	presente	copretérito / pretérito imperfecto	pretérito / pretérito perfecto simple	futuro / futuro simple	pospretérito / condicional simple
yo	salgo	salía	salí	saldré	saldría
tú	sales (salís)	salías	saliste	saldrás	saldrías
él / usted	sale	salía	salió	saldrá	saldría
nosotros	salimos	salíamos	salimos	saldremos	saldríamos
vosotros	salís	salíais	salisteis	saldréis	saldríais
ellos / ustedes	salen	salían	salieron	saldrán	saldrían

	SUBJUNTIVO		
	presente	pretérito / pretérito imperfecto	futuro / futuro simple
yo	salga	saliera o saliese	saliere
tú	salgas	salieras o salieses	salieres
él / usted	salga	saliera o saliese	saliere
nosotros	salgamos	saliéramos o saliésemos	saliéremos
vosotros	salgáis	salierais o salieseis	saliereis
ellos / ustedes	salgan	salieran o saliesen	salieren

IMPERATIVO	FORMAS NO PERSONALES		
sal *tú* (salí *vos*) salga *usted* salid *vosotros* salgan *ustedes*	infinitivo	participio	gerundio
	salir	salido	saliendo

55. SENTIR

	INDICATIVO				
	presente	copretérito / pretérito imperfecto	pretérito / pretérito perfecto simple	futuro / futuro simple	pospretérito / condicional simple
yo	siento	sentía	sentí	sentiré	sentiría
tú	sientes (sentís)	sentías	sentiste	sentirás	sentirías
él / usted	siente	sentía	sintió	sentirá	sentiría
nosotros	sentimos	sentíamos	sentimos	sentiremos	sentiríamos
vosotros	sentís	sentíais	sentisteis	sentiréis	sentiríais
ellos / ustedes	sienten	sentían	sintieron	sentirán	sentirían

	SUBJUNTIVO		
	presente	pretérito / pretérito imperfecto	futuro / futuro simple
yo	sienta	sintiera o sintiese	sintiere
tú	sientas	sintieras o sintieses	sintieres
él / usted	sienta	sintiera o sintiese	sintiere
nosotros	sintamos	sintiéramos o sintiésemos	sintiéremos
vosotros	sintáis	sintierais o sintieseis	sintiereis
ellos / ustedes	sientan	sintieran o sintiesen	sintieren

IMPERATIVO	FORMAS NO PERSONALES		
siente *tú* (sentí *vos*) sienta *usted* sentid *vosotros* sientan *ustedes*	infinitivo	participio	gerundio
	sentir	sentido	sintiendo

792

56. SER

INDICATIVO					
	presente	copretérito / pretérito imperfecto	pretérito / pretérito perfecto simple	futuro / futuro simple	pospretérito / condicional simple
yo	soy	era	fui	seré	sería
tú	eres (sos)	eras	fuiste	serás	serías
él / usted	es	era	fue	será	sería
nosotros	somos	éramos	fuimos	seremos	seríamos
vosotros	sois	erais	fuisteis	seréis	seríais
ellos / ustedes	son	eran	fueron	serán	serían

SUBJUNTIVO			
	presente	pretérito / pretérito imperfecto	futuro / futuro simple
yo	sea	fuera o fuese	fuere
tú	seas	fueras o fueses	fueres
él / usted	sea	fuera o fuese	fuere
nosotros	seamos	fuéramos o fuésemos	fuéremos
vosotros	seáis	fuerais o fueseis	fuereis
ellos / ustedes	sean	fueran o fuesen	fueren

IMPERATIVO	FORMAS NO PERSONALES		
	infinitivo	participio	gerundio
sé tú sea usted sed vosotros sean ustedes	ser	sido	siendo

57. SONREÍR

INDICATIVO					
	presente	copretérito / pretérito imperfecto	pretérito / pretérito perfecto simple	futuro / futuro simple	pospretérito / condicional simple
yo	sonrío	sonreía	sonreí	sonreiré	sonreiría
tú	sonríes (sonreís)	sonreías	sonreíste	sonreirás	sonreirías
él / usted	sonríe	sonreía	sonrió	sonreirá	sonreiría
nosotros	sonreímos	sonreíamos	sonreímos	sonreiremos	sonreiríamos
vosotros	sonreís	sonreíais	sonreísteis	sonreiréis	sonreiríais
ellos / ustedes	sonríen	sonreían	sonrieron	sonreirán	sonreirían

SUBJUNTIVO			
	presente	pretérito / pretérito imperfecto	futuro / futuro simple
yo	sonría	sonriera o sonriese	sonriere
tú	sonrías	sonrieras o sonrieses	sonrieres
él / usted	sonría	sonriera o sonriese	sonriere
nosotros	sonriamos	sonriéramos o sonriésemos	sonriéremos
vosotros	sonriáis	sonrierais o sonrieseis	sonriereis
ellos / ustedes	sonrían	sonrieran o sonriesen	sonrieren

IMPERATIVO	FORMAS NO PERSONALES		
	infinitivo	participio	gerundio
sonríe tú (sonreí vos) sonría usted sonreíd vosotros sonrían ustedes	sonreír	sonreído	sonriendo

58. TAÑER

		INDICATIVO			
	presente	copretérito / pretérito imperfecto	pretérito / pretérito perfecto simple	futuro / futuro simple	pospretérito / condicional simple
yo	taño	tañía	tañí	tañeré	tañería
tú	tañes (tañés)	tañías	tañiste	tañerás	tañerías
él / usted	tañe	tañía	tañó	tañerá	tañería
nosotros	tañemos	tañíamos	tañimos	tañeremos	tañeríamos
vosotros	tañéis	tañíais	tañisteis	tañeréis	tañeríais
ellos / ustedes	tañen	tañían	tañeron	tañerán	tañerían

		SUBJUNTIVO	
	presente	pretérito / pretérito imperfecto	futuro / futuro simple
yo	taña	tañera o tañese	tañere
tú	tañas	tañeras o tañeses	tañeres
él / usted	taña	tañera o tañese	tañere
nosotros	tañamos	tañéramos o tañésemos	tañéremos
vosotros	tañáis	tañerais o tañeseis	tañereis
ellos / ustedes	tañan	tañeran o tañesen	tañeren

IMPERATIVO	FORMAS NO PERSONALES		
tañe *tú* (tañé *vos*)	infinitivo	participio	gerundio
taña *usted* tañed *vosotros* tañan *ustedes*	tañer	tañido	tañendo

59. TENER

		INDICATIVO			
	presente	copretérito / pretérito imperfecto	pretérito / pretérito perfecto simple	futuro / futuro simple	pospretérito / condicional simple
yo	tengo	tenía	tuve	tendré	tendría
tú	tienes (tenés)	tenías	tuviste	tendrás	tendrías
él / usted	tiene	tenía	tuvo	tendrá	tendría
nosotros	tenemos	teníamos	tuvimos	tendremos	tendríamos
vosotros	tenéis	teníais	tuvisteis	tendréis	tendríais
ellos / ustedes	tienen	tenían	tuvieron	tendrán	tendrían

		SUBJUNTIVO	
	presente	pretérito / pretérito imperfecto	futuro / futuro simple
yo	tenga	tuviera o tuviese	tuviere
tú	tengas	tuvieras o tuvieses	tuvieres
él / usted	tenga	tuviera o tuviese	tuviere
nosotros	tengamos	tuviéramos o tuviésemos	tuviéremos
vosotros	tengáis	tuvierais o tuvieseis	tuviereis
ellos / ustedes	tengan	tuvieran o tuviesen	tuvieren

IMPERATIVO	FORMAS NO PERSONALES		
ten *tú* (tené *vos*)	infinitivo	participio	gerundio
tenga *usted* tened *vosotros* tengan *ustedes*	tener	tenido	teniendo

60. TRAER

INDICATIVO					
	presente	copretérito / pretérito imperfecto	pretérito / pretérito perfecto simple	futuro / futuro simple	pospretérito / condicional simple
yo	traigo	traía	traje	traeré	traería
tú	traes (traés)	traías	trajiste	traerás	traerías
él / usted	trae	traía	trajo	traerá	traería
nosotros	traemos	traíamos	trajimos	traeremos	traeríamos
vosotros	traéis	traíais	trajisteis	traeréis	traeríais
ellos / ustedes	traen	traían	trajeron	traerán	traerían

SUBJUNTIVO			
	presente	pretérito / pretérito imperfecto	futuro / futuro simple
yo	traiga	trajera o trajese	trajere
tú	traigas	trajeras o trajeses	trajeres
él / usted	traiga	trajera o trajese	trajere
nosotros	traigamos	trajéramos o trajésemos	trajéremos
vosotros	traigáis	trajerais o trajeseis	trajereis
ellos / ustedes	traigan	trajeran o trajesen	trajeren

IMPERATIVO	FORMAS NO PERSONALES		
	infinitivo	participio	gerundio
trae tú (traé vos) traiga usted traed vosotros traigan ustedes	traer	traído	trayendo

61. VALER

INDICATIVO					
	presente	copretérito / pretérito imperfecto	pretérito / pretérito perfecto simple	futuro / futuro simple	pospretérito / condicional simple
yo	valgo	valía	valí	valdré	valdría
tú	vales (valés)	valías	valiste	valdrás	valdrías
él / usted	vale	valía	valió	valdrá	valdría
nosotros	valemos	valíamos	valimos	valdremos	valdríamos
vosotros	valéis	valíais	valisteis	valdréis	valdríais
ellos / ustedes	valen	valían	valieron	valdrán	valdrían

SUBJUNTIVO			
	presente	pretérito / pretérito imperfecto	futuro / futuro simple
yo	valga	valiera o valiese	valiere
tú	valgas	valieras o valieses	valieres
él / usted	valga	valiera o valiese	valiere
nosotros	valgamos	valiéramos o valiésemos	valiéremos
vosotros	valgáis	valierais o valieseis	valiereis
ellos / ustedes	valgan	valieran o valiesen	valieren

IMPERATIVO	FORMAS NO PERSONALES		
	infinitivo	participio	gerundio
vale tú (valé vos) valga usted valed vosotros valgan ustedes	valer	valido	valiendo

62. VENIR

	INDICATIVO				
	presente	copretérito / pretérito imperfecto	pretérito / pretérito perfecto simple	futuro / futuro simple	pospretérito / condicional simple
yo	vengo	venía	vine	vendré	vendría
tú	vienes (venís)	venías	viniste	vendrás	vendrías
él / usted	viene	venía	vino	vendrá	vendría
nosotros	venimos	veníamos	vinimos	vendremos	vendríamos
vosotros	venís	veníais	vinisteis	vendréis	vendríais
ellos / ustedes	vienen	venían	vinieron	vendrán	vendrían

	SUBJUNTIVO		
	presente	pretérito / pretérito imperfecto	futuro / futuro simple
yo	venga	viniera o viniese	viniere
tú	vengas	vinieras o vinieses	vinieres
él / usted	venga	viniera o viniese	viniere
nosotros	vengamos	viniéramos o viniésemos	viniéremos
vosotros	vengáis	vinierais o vinieseis	viniereis
ellos / ustedes	vengan	vinieran o viniesen	vinieren

IMPERATIVO	FORMAS NO PERSONALES		
	infinitivo	participio	gerundio
ven tú (vení vos) venga usted venid vosotros vengan ustedes	venir	venido	viniendo

63. VER

	INDICATIVO				
	presente	copretérito / pretérito imperfecto	pretérito / pretérito perfecto simple	futuro / futuro simple	pospretérito / condicional simple
yo	veo	veía	vi	veré	vería
tú	ves	veías	viste	verás	verías
él / usted	ve	veía	vio	verá	vería
nosotros	vemos	veíamos	vimos	veremos	veríamos
vosotros	veis	veíais	visteis	veréis	veríais
ellos / ustedes	ven	veían	vieron	verán	verían

	SUBJUNTIVO		
	presente	pretérito / pretérito imperfecto	futuro / futuro simple
yo	vea	viera o viese	viere
tú	veas	vieras o vieses	vieres
él / usted	vea	viera o viese	viere
nosotros	veamos	viéramos o viésemos	viéremos
vosotros	veáis	vierais o vieseis	viereis
ellos / ustedes	vean	vieran o viesen	vieren

IMPERATIVO	FORMAS NO PERSONALES		
	infinitivo	participio	gerundio
ve tú vea usted ved vosotros vean ustedes	ver	visto	viendo

64. YACER

	INDICATIVO				
	presente	copretérito / pretérito imperfecto	pretérito / pretérito perfecto simple	futuro / futuro simple	pospretérito / condicional simple
yo	yazco o yazgo o yago	yacía	yací	yaceré	yacería
tú	yaces (yacés)	yacías	yaciste	yacerás	yacerías
él / usted	yace	yacía	yació	yacerá	yacería
nosotros	yacemos	yacíamos	yacimos	yaceremos	yaceríamos
vosotros	yacéis	yacíais	yacisteis	yaceréis	yaceríais
ellos / ustedes	yacen	yacían	yacieron	yacerán	yacerían

	SUBJUNTIVO		
	presente	pretérito / pretérito imperfecto	futuro / futuro simple
yo	yazca o yazga o yaga	yaciera o yaciese	yaciere
tú	yazcas o yazgas o yagas	yacieras o yacieses	yacieres
él / usted	yazca o yazga o yaga	yaciera o yaciese	yaciere
nosotros	yazcamos o yazgamos o yagamos	yaciéramos o yaciésemos	yaciéremos
vosotros	yazcáis o yazgáis o yagáis	yacierais o yacieseis	yaciereis
ellos / ustedes	yazcan o yazgan o yagan	yacieran o yaciesen	yacieren

IMPERATIVO	FORMAS NO PERSONALES		
yace o yaz tú (yacé vos) yazca o yazga o yaga usted yaced vosotros yazcan o yazgan o yagan ustedes	infinitivo	participio	gerundio
	yacer	yacido	yaciendo

Ortografía

EXPLICACIÓN DE ALGUNOS TÉRMINOS QUE APARECEN EN LAS PÁGINAS QUE SIGUEN

ABIERTO. Dicho de sonido vocálico: Que se articula con gran abertura de la boca, dejando pasar el aire sin obstáculos, como *a, e, o.*

BILABIAL. Dicho de sonido consonántico: Que se pronuncia aproximando o juntando los labios, como el de las letras *b* o *m.*

CERRADO. Dicho de sonido vocálico: Que se articula con menor abertura de la boca, dejando poco paso al aire, como *i, u.*

DIACRÍTICA. Dicho de tilde (o acento gráfico): Que tiene función distintiva o sirve para distinguir entre dos palabras iguales. *Él* (pronombre) y *el* (artículo).

DÍGRAFO. Signo gráfico compuesto por dos letras que representan un solo sonido, como *ch* o *ll* en español.

INTERDENTAL. Dicho de sonido consonántico: Que se pronuncia dejando que la punta de la lengua asome entre los dientes superiores e inferiores, como el de la letra *z* en la pronunciación castellana.

INTERVOCÁLICA. Dicho de consonante: Que está situada entre dos vocales.

LATERAL. Dicho de sonido consonántico: Que se pronuncia dejando salir el aire por los laterales de la cavidad bucal, y no por el centro, como el de la letra *l.*

PALATAL. Dicho de sonido consonántico: Que se pronuncia apoyando la lengua en el paladar duro, como el de las letras *ch* o *ñ.*

SONORO. Dicho de sonido: Que se pronuncia con vibración de las cuerdas vocales, como el de las consonantes *b, d, g,* y todas las vocales.

SORDO. Dicho de sonido: Que se pronuncia sin vibración de las cuerdas vocales, como el de las consonantes *f, p, t.*

VELAR. Dicho de sonido consonántico: Que se pronuncia acercando o pegando la parte posterior del dorso de la lengua a la parte posterior del paladar, como el de las letras *k, g, j.*

VIBRANTE. Dicho de sonido consonántico: Que se pronuncia apoyando la lengua en los alvéolos superiores y produciendo con ella una o varias vibraciones, por interrumpirse una o varias veces la salida del aire, como el de *r* en *pero* y el de *rr* en *perro.*

VOLADA. Dicho de letra: Que se coloca en la parte superior del renglón y en menor tamaño, como en n^o (*número*) o en 2^a (*segunda*).

PRINCIPALES REGLAS ORTOGRÁFICAS

1. Abecedario y uso de las letras

El abecedario del español está formado por veintinueve letras, cada una de las cuales puede adoptar la forma de minúscula o mayúscula:

a, A; b, B; c, C; ch, Ch; d, D; e, E; f, F; g, G; h, H; i, I; j, J; k, K; l, L; ll, Ll; m, M; n, N; ñ, Ñ; o, O; p, P; q, Q; r, R; s, S; t, T; u, U; v, V; w, W; x, X; y, Y; z, Z.

En propiedad, la *ch* y la *ll* son dígrafos, esto es, signos gráficos compuestos por dos letras. Estos dígrafos se han considerado tradicionalmente letras del abecedario porque cada uno de ellos representa un solo sonido. No obstante, cuando se trate de ordenar palabras alfabéticamente, la *ch* y la *ll* no deben considerarse letras independientes, sino grupos de dos letras. Por tanto, las palabras que empiezan por *ch* y *ll* o que contienen *ch* y *ll* deben alfabetizarse en los lugares correspondientes dentro de la *c* y la *l*, respectivamente.

El sistema gráfico del español es el resultado de un largo proceso de ajustes y reajustes entre la pronunciación, la tradición escrita y la etimología de las palabras. La correspondencia entre los sonidos del español y las grafías con las que estos se representan no es exacta, de forma que el español cuenta con letras que representan un solo sonido (la *t*, la *p*, etc.), pero también con letras que pueden representar sonidos diferentes (la *g*, la *r*, etc.), sonidos que pueden ser representados por varias letras distintas (el sonido /j/ puede representarse con *j* o *g*), dígrafos que representan un sonido (*ch, ll, rr, qu* y *gu*), una letra que representa un grupo de sonidos (la *x*) e incluso una letra que no representa sonido alguno (la *h*).

En el siguiente cuadro se reflejan las grafías utilizadas en la escritura del español y los sonidos que representan.

grafía	sonido	grafía	sonido
a	/a/	*n*	/n/
b	/b/	*ñ*	/ñ/
c + a, o, u	/k/	*o*	/o/
c + e, i	/z/ (/s/ en zonas de seseo)	*p*	/p/
ch	/ch/	*q, qu + e, i*	/k/
d	/d/	*r*	/r/, /rr/
e	/e/	*rr*	/rr/
f	/f/	*s*	/s/ (/z/ en zonas de ceceo)
g + a, o, u / *gu + e, i*	/g/	*t*	/t/
g + e, i	/j/	*u*	/u/
h	No representa ningún sonido en español estándar.	*v*	/b/
i	/i/	*w*	/b/, /u/
j	/j/	*x-*	/s/
k	/k/	*x + consonante*	/ks/, /gs/ o /s/
l	/l/	*-x-*	/ks/ o /gs/ (/j/ en *México, Oaxaca*...)
ll	/ll/ (/y/ en zonas de yeísmo)	*y*	/y/, /i/
m	/m/	*z*	/z/ (/s/ en zonas de seseo)

La falta de correspondencia entre el sistema gráfico y la pronunciación del español en lo referente al uso de ciertas consonantes constituye la causa de las dificultades que se plantean a la hora de escribir las palabras que contienen estas letras. Para ayudar a fijar las grafías correctas de estas palabras, se utilizan algunas reglas que facilitan el aprendizaje ortográfico.

Una norma general que afecta al léxico del español es la de que **el lexema o raíz permanece invariable en todas las palabras que lo contienen** (tanto palabras de la misma familia como variantes de género y número, o formas verbales). Por ejemplo, todas las palabras que pertenecen a la familia léxica de *cabeza* se escriben manteniendo la *b* en su lexema: *cabezada, cabecear, cabecera, encabezar, encabezaban, cabizbajo, rompecabezas*, etc.

No obstante, **el lexema puede variar en determinados casos condicionados por el propio sistema gráfico.** Así, las formas verbales *protejo* y *protejamos* se escriben con *j* aunque el verbo *proteger* se escriba con *g*; de la misma manera que las palabras *cacería* y *cacen* se escriben con *c*, mientras que *cazar* se escribe con *z*.

1.1. Letras *b* y *v*

La letra *b* y la letra *v* representan el mismo sonido bilabial sonoro de *barco* y *vida*, por eso la escritura de palabras con estas letras puede dar lugar a errores.

1.1.1. Reglas sobre el uso de la *b*

Se escriben con *b:*

a) Los verbos terminados en *-bir: escribir.* Excepciones en voces de uso actual: *hervir, servir, vivir* y sus derivados.
b) Los verbos terminados en *-buir: atribuir.*
c) Los verbos *deber, beber, caber, saber* y *haber: cabía, hubiera.*
d) Las terminaciones *-aba, -abas, -ábamos, -abais, -aban* del copretérito de los verbos de la primera conjugación: *cantaba, bajabas.*
e) El copretérito de *ir: iba, ibas,* etc.
f) Las palabras que empiezan por el elemento compositivo *biblio-* ('libro') o por las sílabas *bu-, bur-* y *bus-: biblioteca, burla.* Excepción: *vudú* y sus derivados.
g) Las que empiezan por el elemento compositivo *bi-, bis-, biz-* ('dos' o 'dos veces'): *bipolar, bisnieto.*
h) Las que contienen el elemento compositivo *bio-, -bio* ('vida'): *biografía, microbio.*
i) Las palabras compuestas cuyo primer elemento es *bien* o su forma latina *bene: bienaventurado, beneplácito.*
j) Toda palabra en que el sonido /b/ precede a otra consonante o está en final de palabra: *obtener, brazo, baobab.* Excepciones: *ovni* y algunos términos desusados.
En las palabras *obscuro, subscribir, substancia, substituir, substraer* y sus compuestos y derivados, el grupo *-bs-* se suele simplificar en *s: oscuro, suscribir,* etc.
k) Las palabras acabadas en *-bilidad: amabilidad.* Excepciones: *movilidad, civilidad* y sus derivados.
l) Las acabadas en *-bundo* y *-bunda: tremebundo.*

1.1.2. Reglas sobre el uso de la *v*

Se escriben con *v:*

a) Las palabras en las que las sílabas *ad-, sub-* y *ob-* preceden al sonido /b/: *adviento, subvención, obvio.*
b) Las palabras que empiezan por *eva-, eve-, evi-* y *evo-: evasión, evitar.* Excepción: *ébano.*
c) Las que empiezan por el elemento compositivo *vice-, viz-* o *vi-* ('en lugar de'): *vicealmirante, vizconde, virrey.*
d) Los adjetivos llanos terminados en *-avo, -ava, -evo, -eva, -eve, -ivo, -iva: esclavo, activo.*
e) Las voces terminadas en *-ívoro, -ívora,* como *carnívora.* Excepción: *víbora.*
f) Los verbos acabados en *-olver: disolver.*
g) Los presentes de indicativo y subjuntivo y el imperativo del verbo *ir: voy, ve, vaya.*
h) El pretérito de indicativo y el pretérito y futuro de subjuntivo de los verbos *estar, andar, tener* y sus derivados: *estuviéramos, anduve, mantuviere.*

1.2. Letra *d*

La letra *d* a final de palabra se pronuncia muy débil y en ocasiones puede llegar casi a perderse. En el habla de algunas zonas de España puede llegar a pronunciarse incorrectamente como una *z.*

1.2.1. Reglas sobre el uso de la *-d* final

Se escriben con *-d:*

a) Las formas de imperativo de segunda persona del plural: *mirad.*
b) Los sustantivos cuyo plural termina en *-des: red* (plural *redes*).

1.3. Letras *g* y *j*

La letra *j* siempre representa el sonido velar sordo de *jamón* y *reloj.* También puede representar este sonido la letra *g* cuando va seguida de las vocales *e, i: gemelo* y *gimnasia.* Esa coincidencia es la que plantea problemas en la escritura de estas palabras.

1.3.1. Reglas sobre el uso de la *g*

Se escriben con *g*:

a) Las palabras en que el sonido /g/ precede a cualquier consonante, pertenezca o no a la misma sílaba: *glacial, dogmático.*
b) Las palabras que empiezan por *gest-: gestor.*
c) Las que empiezan por el elemento compositivo *geo-* ('tierra'): *geógrafo.*
d) Las que terminan en *-gélico, -genario, -géneo, -génico, -genio, -génito, -gesimal, -gésimo* y *-gético: angélico, homogéneo.*
e) Las que terminan en *-giénico, -ginal, -ginoso: higiénico, original.*
f) Las que terminan en *-gia, -gio, -gión, -gional, -gionario, -gioso* y *-gírico: magia, regional.* Excepciones: las voces que terminan en *-plejía* o *-plejia (apoplejía).*
g) Las que terminan en *-gente* y *-gencia: regencia.*
h) Las que terminan en *-ígeno, -ígena, -ígero, -ígera: indígena.*
i) Las que terminan en *-logía, -gogia* o *-gogía: pedagogia.*
j) Las que terminan en el elemento compositivo *-algia* ('dolor'): *lumbalgia.*
k) Los verbos terminados en *-igerar, -ger* y *-gir (aligerar, proteger, fingir)* y las correspondientes formas de su conjugación, excepto en el caso de los sonidos *ja, jo,* que nunca se pueden representar con *g: protege,* pero *proteja.* Existen algunas excepciones, como *tejer, crujir* y sus derivados.

1.3.2. Reglas sobre el uso de la *j*

Se escriben con *j*:

a) Las palabras derivadas de voces que tienen *j* ante las vocales *a, o, u: cajero* (de *caja*). También las formas verbales de infinitivos que terminan en *-jar,* como *trabaje* (de *trabajar*), y las de los pocos verbos terminados en *-jer* y en *-jir,* como *cruje* (de *crujir*).
b) Las voces de uso actual que terminan en *-aje, -eje: coraje.*
c) Las que acaban en *-jería: consejería.*
d) Los verbos terminados en *-jear,* así como sus correspondientes formas verbales: *homenajear.*
e) El pretérito de indicativo y el pretérito y futuro de subjuntivo de los verbos *traer, decir* y sus derivados, y de los verbos terminados en *-ucir: traje* (de *traer*); *predijéramos* (de *predecir*); *adujeren* (de *aducir*).

1.4. Letra *h*

La letra *h* no representa hoy sonido alguno en español estándar, razón por la cual su escritura representa una dificultad ortográfica. Solo en algunos extranjerismos, así como en algunos nombres propios extranjeros y sus derivados, la *h* se pronuncia también aspirada o con sonido cercano al de /j/: *hachís, Hawái,* etc.; o puede pronunciarse indistintamente con o sin aspiración: *sahariano.*

1.4.1. Reglas sobre el uso de la *h*

Se escriben con *h*:

a) Las formas de los verbos *haber, hacer, hallar, hablar, habitar: haga, hallemos.*
b) Los compuestos y derivados de los vocablos que tengan esta letra: *gentilhombre,* compuesto de *hombre; herbáceo,* derivado de *hierba.* Las palabras *oquedad, orfandad, orfanato, osamenta, osario, óseo, oval, óvalo, ovario, oler,* etc., se escriben sin *h* porque no la tienen en su origen. *Hueco, huérfano, hueso, huevo, huelo* la llevan por comenzar con el diptongo *ue,* según la regla ortográfica siguiente.
c) Las palabras de uso actual que empiezan por las secuencias vocálicas *ie, ue* y *ui: hiena, huele.*
d) Las palabras que contienen el diptongo *ue* precedido de vocal: *vihuela.* En estos casos, la *h* es intercalada.
e) Las palabras que empiezan por los elementos compositivos *hecto-* ('cien') —distinto de *ecto-* ('por fuera')—, *helio-* ('sol'), *hema-, hemato-, hemo-* ('sangre'), *hemi-* ('medio, mitad'), *hepta-* ('siete'), *hetero-* ('otro'), *hidra-, hidro-* ('agua'), *higro-* ('humedad'), *hiper-* ('superioridad' o 'exceso'), *hipo-* ('debajo de' o 'escasez de'), *holo-* ('todo'), *homeo-* ('semejante' o 'parecido'), *homo-* ('igual'): *hectómetro, hidráulico.*
f) Algunas interjecciones: *eh.*
g) Por regla general, las palabras que empiezan por *histo-, hosp-, hum-, horm-, herm-, hern-, holg-* y *hog-: historia, hernia.*

1.5. Dígrafo *ll* y letra *y*

La letra *y* puede representar un sonido vocálico como el que representa la letra *i* en palabras como *muy,* o bien un sonido consonántico palatal sonoro en palabras como *yo.*

El dígrafo *ll* representa el sonido lateral palatal sonoro de *calle*. Sin embargo, en la mayor parte de los territorios de habla hispana, la *ll* se pronuncia con el mismo sonido palatal que representa la consonante *y*. Esta pronunciación se denomina *yeísmo*. Para los hablantes yeístas, palabras como *callado* y *cayado* se pronuncian de la misma manera, de ahí el problema que plantea su correcta escritura.

1.5.1. Reglas sobre el uso de la *ll*

Se escriben con *ll*:

a) Las palabras de uso general terminadas en *-illa* e *-illo*: *costilla*.
b) La mayor parte de los verbos terminados en *-illar*, *-ullar* y *-ullir*: *bullir*.

1.5.2. Reglas sobre el uso de la *y*

Se escriben con *y*:

a) Las palabras que terminan con el sonido correspondiente a *i* precedido de una vocal con la que forma diptongo, o de dos con las que forma triptongo: *estoy*, *Uruguay*. Hay algunas excepciones, como *saharaui* o *bonsái*.
b) La conjunción copulativa *y*: *Juan y María*. Esta conjunción toma la forma *e* ante una palabra que empiece por el sonido vocálico correspondiente a *i* (*catedrales e iglesias*), salvo si esa *i* forma diptongo (*nieve y hielo*).
c) Las palabras que tienen el sonido palatal sonoro ante vocal, y especialmente:
   1.º Cuando sigue a los prefijos *ad-*, *dis-* y *sub-*: *subyacer*.
   2.º Algunas formas de los verbos *caer*, *raer*, *creer*, *leer*, *poseer*, *proveer*, *sobreseer*, y de los verbos acabados en *-oír* y *-uir*: *cayeran*, *concluyo*.
   3.º Las palabras que contienen la sílaba *-yec-*: *trayecto*, *proyección*.
   4.º Los plurales de los nombres que terminan en *y* en singular: *reyes* (de *rey*).
   5.º El gerundio del verbo *ir*: *yendo*.

1.6. Letras *m* y *n*

En posición final de sílaba ante las consonantes *p*, *b* y *v*, las letras *m* y *n* se pronuncian igual, por eso se confunden en su escritura: *embarcar*, *enviar*.

1.6.1. Reglas sobre el uso de *-m* y *-n*

a) Se escribe *m* antes de *b* y *p*: *ambiguo*, *campo*. En cambio, se escribe siempre *n* antes de *v*: *invitar*.
b) Cuando un prefijo o el primer componente de una palabra compuesta terminados en *-n* se anteponen a una palabra que empieza por *p* o *b*, la *n* se sustituye por una *m*: *ciempiés* (de *cien* y *pies*).

1.7. Letra *p*

El grupo consonántico *ps-* aparece en posición inicial de palabra en numerosas voces cultas de origen griego. En todos los casos se admite en la escritura la reducción del grupo *ps-* a *s-*, grafía que refleja mejor la pronunciación normal de las palabras que contienen este grupo inicial, en las que la *p-* no suele articularse: *sicología*. No obstante, el uso culto sigue prefiriendo las grafías con *ps-*: *psicología*, salvo en alguna excepción, como *seudónimo*, que se escribe normalmente sin *p-*.

1.8. Letra *r*

La letra *r*, duplicada, forma el dígrafo *rr*, que representa el sonido vibrante fuerte entre vocales: *perro*. Este sonido también se representa con una *r* simple en posición inicial de palabra o tras las consonantes *l*, *n* o *s*: *alrededor*.

1.8.1. Reglas sobre el uso de la *rr*

Se escriben con *rr*:

a) Las palabras que tienen el sonido vibrante fuerte en posición intervocálica: *barra*.
b) Las palabras compuestas o con prefijo cuyo segundo componente comienza por *r*, de manera que el sonido vibrante fuerte queda en posición intervocálica: *autorretrato*.

1.9. Letra x

La letra x se pronuncia de maneras diferentes según el lugar que ocupa dentro de la palabra: como /ks/ o /gs/ en posición intervocálica o a final de palabra (*examen, relax*); como /s/ en posición inicial (*xilófono*), y como /ks/ o /gs/ en la pronunciación culta enfática o /s/ en la pronunciación corriente de España cuando va ante consonante (*explicar*). También puede pronunciarse como /j/ en palabras como *México*.

1.9.1. Reglas sobre el uso de la x

Se escriben con *x:*

a) Las palabras que empiezan por los elementos compositivos *xeno-* ('extranjero'), *xero-* ('seco, árido') y *xilo-* ('madera'): *xenofobia, xilófono.*
b) Las palabras que empiezan por la sílaba *ex-* seguida del grupo *-pr-: expresar*. Excepciones: *esprínter* y otras palabras de la misma familia.
c) Las palabras que empiezan por la sílaba *ex-* seguida del grupo *-pl-: explotar*. Excepciones: *esplendor* y sus derivados, *espliego* y otras voces.
d) Las palabras que empiezan por los prefijos *ex-* ('fuera, más allá' o 'privación') y *extra-* ('fuera de'): *excomunión, extraescolar.*

1.10. Letras s, c y z

En el centro y norte de España, la letra *z* y la letra *c* ante *e, i* se pronuncian con sonido interdental sordo /z/ distinto del sonido fricativo sordo /s/ con el que se pronuncia la letra *s*. Sin embargo, en las hablas del suroeste peninsular español, en Canarias y en toda Hispanoamérica, la letra *c* ante *e, i* y la letra *z* no representan el sonido interdental, sino que se pronuncian de la misma manera que se pronuncia la letra *s*. Este fenómeno recibe el nombre de *seseo*. Los hablantes seseantes, por tanto, pueden tener dificultades al escribir palabras con estas letras.

Las mismas dificultades afectan a los hablantes de zonas de *ceceo,* que pronuncian la letra *s* con el sonido interdental propio de la *c* ante *e, i* y de la *z* en zonas no seseantes.

A continuación se ofrecen algunas notas orientadoras para el uso correcto de estas letras.

1.10.1. Reglas sobre el uso de la c

Se escriben con *c:*

a) Los verbos terminados en *-cer* y *-cir* y aquellas de sus formas en las que la *c* va seguida de *e* o *i: nacer, nacen, decir, decías*. Son excepción a esta regla los verbos *coser* ('unir con hilo') y sus derivados, *toser* y *asir.*
b) Todas las palabras terminadas en *-cimiento* (salvo en algún caso, como *desasimiento*): *acontecimiento.*
c) Todas las palabras terminadas en *-áceo, -ácea, -ancio, -ancia, -encio* y *-encia: cetáceo, adolescencia*. Excepciones: *ansia* y *hortensia.*
d) Las palabras terminadas en *-icida* ('que mata') e *-icidio* ('acción de matar'). Ejemplos: *plaguicida, homicidio.*
e) Las palabras terminadas en *-cente* y *-ciencia: adolescente, conciencia*. Excepciones: *ausente, presente, antepresente* y *omnipresente.*
f) Los sustantivos terminados en *-ción* que derivan de verbos terminados en *-ar: actuación* (de actuar). Excepciones: los sustantivos que, derivando de verbos terminados en *-sar*, no contienen la sílaba *-sa-: expresión* (de expresar).
g) Por regla general, una palabra se escribirá con *-cc-* cuando en alguna palabra de la familia léxica aparezca el grupo *-ct-: adicción* (*adicto*), *dirección* (*director*). Hay, sin embargo, palabras que se escriben con *-cc-* a pesar de no tener en ninguna palabra de su familia léxica el grupo *-ct-: cocción, confección,* etc. Otras muchas palabras de este grupo, que no tienen *-ct-* sino *-t-* en su familia léxica, se escriben con una sola *c: discreción* (*discreto*).

1.10.2. Reglas sobre el uso de la s

Se escriben con *s:*

a) Los adjetivos terminados en *-oso, -osa: hermoso*. Excepciones: *mozo, moza* y *carroza.*
b) Los sustantivos y adjetivos terminados en *-esco, -esca: picaresca.*
c) Los sustantivos terminados en *-sión* que expresan la acción de verbos terminados en *-sar*, y que no contienen en su forma la sílaba *-sa-* del verbo: *expulsión* (de expulsar).
d) Los sustantivos terminados en *-sión* que expresan la acción de verbos terminados en *-der, -dir, -ter, -tir*, y que no contienen en su forma la *-d-* o la *-t-* del verbo: *cesión* (de ceder), *alusión* (de aludir). Excepciones: *atención* (de atender) y *deglución* (de deglutir).

1.10.3. Reglas sobre el uso de la z

Se escriben con z:

a) Las palabras terminadas en el sufijo -azo, -aza, tanto cuando forma un aumentativo como cuando significa 'golpe': codazo, manaza.
b) Los adjetivos agudos terminados en -az: audaz. Excepción: antigás.
c) Los sustantivos terminados en -azgo: noviazgo. Excepciones: rasgo y trasgo.
d) Los sustantivos abstractos terminados en -ez o en -eza formados a partir de adjetivos: lucidez, pobreza.
e) Los sustantivos terminados en -anza y en -zón formados a partir de verbos: andanza, ligazón.
f) Se escriben con -zc- la primera persona del singular del presente de indicativo y todo el presente de subjuntivo de los verbos irregulares terminados en -acer (menos hacer y sus derivados), -ecer, -ocer (menos cocer y sus derivados) y -ucir: nazco, reconozcamos, produzca.

2. Uso de las mayúsculas

Aunque en distintos casos pueden escribirse enteramente con mayúsculas palabras, frases e incluso textos enteros, la escritura normal utiliza las letras mayúsculas solo en posición inicial de palabra combinadas con letras minúsculas. La utilización de la mayúscula inicial depende de factores como la puntuación, la condición de nombre propio de la palabra y otras circunstancias.

El uso de las letras mayúsculas no exime de la obligatoriedad de escribir la tilde en las palabras que así lo requieran según las reglas de acentuación del español: Ángel, MEDITERRÁNEO.

2.1. Uso de mayúscula inicial exigido por la puntuación

Se escribe con mayúscula la primera palabra de un texto o enunciado, que sigue normalmente al punto: Hemos terminado por hoy. Nos vemos mañana.

También se escribe con mayúscula la palabra que sigue a los puntos suspensivos que cierran enunciado, a los signos de interrogación o exclamación y a ciertos usos de los dos puntos: Las invitaciones se mandaron con retraso... ¿Podrán venir todos? Esperemos que sí.

2.2. Uso de mayúscula inicial con independencia de la puntuación

Con independencia de la puntuación, se escriben con inicial mayúscula las palabras siguientes:

2.2.1. Los nombres propios de persona, animal y cosa singularizada, apellidos y nombres de divinidades: Beatriz, Platero, Martínez, Júpiter.

2.2.2. Los sobrenombres, apodos y seudónimos, y no los artículos que los preceden: Alfonso X el Sabio; el Libertador.

2.2.3. Los nombres propios geográficos: América, el Himalaya. Solo cuando el nombre oficial de un lugar lleve incorporado el artículo, este se escribe con mayúscula y no se contrae con las preposiciones a o de: El Salvador, La Habana; a El Cairo. Los nombres comunes genéricos que acompañan a los nombres propios geográficos se escriben con minúscula, salvo cuando forman parte del nombre propio: la ciudad de Panamá, el río Ebro; pero Ciudad Real.

2.2.4. Los nombres de vías y espacios urbanos, y no los nombres comunes genéricos que los acompañan, como calle, plaza, avenida, paseo, etc.: plaza de España.

2.2.5. Los nombres de galaxias, constelaciones, estrellas, planetas y satélites: la Vía Láctea, Venus. Las palabras Sol y Luna solo suelen escribirse con mayúscula cuando nombran los astros en textos especializados: Alrededor del Sol giran diferentes planetas. En otro tipo de textos se escriben normalmente con minúscula: Entra mucho sol por la ventana.

La palabra Tierra se escribe con mayúscula solo cuando designa el planeta: El astronauta contempló la Tierra desde la nave. En el resto de los casos se escribe con minúscula: Esta tierra es muy fértil.

2.2.6. Los nombres de los signos del Zodiaco y sus denominaciones alternativas: Aries; Toro (por Tauro). Se escriben con minúscula cuando se refieren a las personas nacidas bajo cada signo: Manuel es tauro.

2.2.7. Los nombres de los puntos cardinales (Norte, Sur, Este, Oeste) y de los puntos del horizonte (Noroeste, Sudeste, etc.), cuando designan tales puntos o forman parte de un nombre propio: rumbo al Noroeste; Corea *del Norte*. Si se refieren a la orientación o la dirección correspondientes o están usados en aposición, se escriben en minúscula: *el sur de Europa, hemisferio sur*. En el caso de las líneas imaginarias, se recomienda el uso de la minúscula: *ecuador, trópico de Cáncer*.

2.2.8. Los sustantivos y adjetivos que componen el nombre de entidades, instituciones, departamentos, edificios, monumentos, establecimientos públicos, organizaciones, etc.: *el Ministerio de Hacienda, la Universidad Nacional Autónoma de México, la Torre de Pisa, el Partido Demócrata*.

2.2.9. Los nombres de los libros sagrados: *el Corán*. También los nombres de los libros de la Biblia: *Hechos de los Apóstoles*.

2.2.10. Los sustantivos y adjetivos que forman parte del nombre de publicaciones periódicas o de colecciones: *La Vanguardia, Biblioteca de Autores Españoles*.

2.2.11. La primera palabra del título de cualquier obra de creación (libros, películas, cuadros, esculturas, obras musicales, programas de radio o televisión, etc.): *La vida es sueño*.

2.2.12. Los sustantivos y adjetivos que forman parte del nombre de documentos oficiales, como leyes o decretos, cuando se cita el nombre completo: *Ley para la Ordenación General del Sistema Educativo* (pero *la ley de educación*).

2.2.13. Los nombres de festividades religiosas o civiles: *Navidad, Día de la Constitución*.

2.2.14. Los nombres de marcas comerciales: *Me gusta tanto el Cinzano como el Martini*. Pero cuando estos nombres pasan a referirse no exclusivamente a un objeto de la marca en cuestión, sino a cualquier otro con características similares, se escriben con minúscula: *Me aficioné al martini seco en mis años de estudiante* (al vermú seco, de cualquier marca).

2.2.15. Los sustantivos y adjetivos que forman el nombre de disciplinas científicas utilizados en contextos académicos: *Me he matriculado en Arquitectura*. Fuera de estos contextos se utiliza la minúscula: *La medicina ha experimentado grandes avances*.

2.2.16. La primera palabra del nombre latino de las especies vegetales y animales: *Pimpinella anisum* (los nombres científicos latinos deben escribirse en cursiva). Se escriben también con mayúscula los nombres de los grupos taxonómicos zoológicos y botánicos superiores al género, cuando se usan en aposición: *orden Roedores, familia Leguminosas;* pero estos mismos términos se escriben con minúscula cuando se usan como adjetivos o como nombres comunes: *El castor es un mamífero roedor*.

2.2.17. Los nombres de períodos geológicos, edades y épocas históricas, acontecimientos históricos y movimientos religiosos, políticos o culturales: *la Edad de los Metales, la Segunda Guerra Mundial, el Renacimiento*.

2.2.18. Determinados nombres, cuando designan entidades o colectividades institucionales: *la Universidad, el Estado, el Ejército, la Iglesia, la Administración, el Gobierno*.

2.2.19. Los títulos, cargos y nombres de dignidad, como *rey, papa, duque, presidente, ministro*, etc., que normalmente se escriben con minúscula, pueden aparecer en determinados casos escritos con mayúscula. Así, es frecuente, aunque no obligatorio, que estas palabras se escriban con mayúscula cuando se emplean referidas a una persona concreta, sin mención expresa de su nombre propio: *El Papa visitará la India*. También se suelen escribir con mayúscula en leyes y documentos oficiales, y en el encabezamiento de cartas.

2.3. Casos en que no debe usarse la mayúscula inicial

Salvo cuando la mayúscula venga exigida por la puntuación, se escriben con minúscula las siguientes palabras:

2.3.1. Los nombres de los días de la semana, de los meses y de las estaciones del año: *lunes, abril, verano*. Solo se escriben con mayúscula cuando forman parte de fechas históricas, festividades o nombres propios: *Primavera de Praga, Viernes Santo*.

2.3.2. Los nombres de las notas musicales: *do, re, mi, fa, sol, la, si*.

2.3.3. Los nombres propios que se usan como nombres comunes: *De joven era un donjuán. ¿Te apetece un rioja?* Pero conservan la mayúscula inicial los nombres de los autores aplicados a sus obras: *Se subastó un Picasso*.

2.3.4. Los nombres de las religiones: *catolicismo, budismo*.

2.3.5. Los nombres de tribus o pueblos y de lenguas, así como los gentilicios: *el pueblo inca, los mayas, el español*.

2.3.6. Los tratamientos (*usted, señor, don, fray, san, santo, sor, reverendo*, etc.), salvo que aparezcan en abreviatura, caso en que se escriben con mayúscula: *Ud., Sr., D., Fr., Sta., Rvdo.; don Pedro Díaz*, pero *D. Pedro Díaz*.

2.3.7. Los títulos y cargos como *rey, papa, duque, presidente, ministro*, etc., cuando aparecen acompañados del nombre propio de la persona que los posee, o del lugar o ámbito al que corresponden (*el rey Felipe IV, el presidente de Nicaragua, el ministro de Trabajo*), o cuando están usados en sentido genérico (*El papa, el rey, el duque están sujetos a morir, como lo está cualquier otro hombre*).

3. Acentuación

A lo largo de la cadena hablada no todas las sílabas se pronuncian con igual relieve. El **acento prosódico** o **fonético** es el mayor relieve con el que se pronuncia una sílaba con respecto a las que la rodean. La sílaba sobre la que recae el acento prosódico dentro de una palabra es la **sílaba tónica**; las sílabas pronunciadas con menor intensidad son las **sílabas átonas**. En la palabra *zaPAto*, la sílaba tónica es *pa*, las sílabas átonas son *za* y *to*.

El acento prosódico en español puede distinguir unas palabras de otras según la sílaba sobre la que recae: *HÁbito / haBIto / habiTÓ*.

La **tilde** o **acento gráfico** (´) es un signo que se coloca sobre una vocal de una palabra para indicar que la sílaba de la que forma parte debe pronunciarse tónica. La colocación de la tilde se rige por las reglas que se explican a continuación. Estas reglas afectan a todas las palabras del español, incluidos los nombres propios.

3.1. Reglas generales de acentuación

3.1.1. Acentuación de polisílabos

Según el lugar que ocupe la sílaba tónica, se pueden distinguir cuatro clases de palabras polisílabas: agudas (su sílaba tónica es la última), llanas (su sílaba tónica es la penúltima), esdrújulas (su sílaba tónica es la antepenúltima) y sobresdrújulas (su sílaba tónica es alguna sílaba anterior a la antepenúltima).

Las palabras polisílabas se acentúan de acuerdo con las siguientes reglas:

a) Las palabras **agudas** llevan tilde en la sílaba tónica cuando terminan en vocal, *-n* o *-s*: *consomé, jardín, además*. Sin embargo, cuando terminan en *-s* precedida por otra consonante, no llevan acento gráfico: *robots*. Tampoco llevan tilde las palabras agudas terminadas en *-y: virrey*.
b) Las palabras **llanas** llevan acento gráfico en la sílaba tónica cuando terminan en consonante distinta de *-n* o *-s*: *ágil, Héctor*. No obstante, cuando terminan en *-s* precedida de consonante, sí llevan tilde: *cómics*. Por otra parte, las palabras llanas terminadas en *-y* también llevan tilde: *póney*.
c) Las palabras **esdrújulas** y **sobresdrújulas** siempre llevan tilde en la sílaba tónica: *teléfono, cómetelo*.

3.1.2. Acentuación de monosílabos

Las palabras de una sola sílaba no se acentúan gráficamente, salvo en los casos de tilde diacrítica (→ 3.3): *mes, ti, fe, fue*.

3.2. Reglas de acentuación de palabras con grupos de vocales

3.2.1. Palabras con diptongo

3.2.1.1. Diptongos ortográficos. Dos vocales contiguas que forman parte de una misma sílaba constituyen un diptongo. A efectos de acentuación gráfica, se consideran diptongos las secuencias vocálicas siguientes:

a) Vocal abierta + vocal cerrada o, en orden inverso, vocal cerrada + vocal abierta siempre que la cerrada no sea tónica: *aire, causa, viaje, fuerte*.
b) Dos vocales cerradas distintas: *huida, ciudad*.

La *h* intercalada no impide que dos vocales formen un diptongo: *ahu - mar, ahi - ja - do*.

3.2.1.2. Acentuación de palabras con diptongo. Las palabras con diptongo se acentúan siguiendo las reglas generales de acentuación (→ 3.1). Así, *vio* no lleva tilde por ser monosílaba; *bebéis* la lleva por ser aguda terminada en *-s*, y *huésped*, por ser llana terminada en consonante distinta de *-n* o *-s*; *superfluo, vienen* y *amarais* se escriben sin tilde por ser llanas terminadas en vocal, *-n* y *-s*, respectivamente; y *periódico* y *lingüístico* se tildan por ser esdrújulas.

3.2.1.3. Colocación de la tilde en los diptongos

a) En los diptongos formados por una vocal abierta tónica y una cerrada átona —en ese orden o en el inverso—, la tilde se coloca sobre la vocal abierta: *adiós, después, soñéis, Cáucaso.*
b) En los diptongos formados por dos vocales cerradas, la tilde se coloca sobre la segunda vocal: *casuística, interviú.*

3.2.2. Palabras con triptongo

3.2.2.1. Triptongos ortográficos. Tres vocales contiguas que forman parte de una misma sílaba constituyen un triptongo. A efectos de acentuación gráfica, se considera un triptongo cualquier grupo de tres vocales formado por una vocal abierta situada entre dos vocales cerradas, siempre que ninguna de las vocales cerradas sea tónica: *confiáis, amortiguáis, buey.*

3.2.2.2. Acentuación de palabras con triptongo. Las palabras con triptongo siguen las reglas generales de acentuación (→ 3.1). Así, *continuéis* y *despreciáis* llevan tilde por ser agudas terminadas en *-s,* mientras que *Uruguay,* que también es aguda, no se tilda por terminar en *-y.*

3.2.2.3. Colocación de la tilde en los triptongos. La tilde se coloca siempre sobre la vocal abierta: *consensuéis, habituáis.*

3.2.3. Palabras con hiato

3.2.3.1. Hiatos ortográficos. Dos vocales contiguas que pertenecen a sílabas distintas constituyen un hiato. A efectos de acentuación gráfica, se consideran hiatos las combinaciones vocálicas siguientes:

a) Dos vocales iguales: *poseer, dehesa, chiita.*
b) Dos vocales abiertas: *anchoa, ahogo, eólico.*
c) Vocal cerrada tónica + vocal abierta átona o, en orden inverso, vocal abierta átona + vocal cerrada tónica: *alegría, búho, raíz, transeúnte, oír.*

3.2.3.2. Acentuación de las palabras con hiato

a) Las palabras con hiato formado por dos vocales iguales, o por dos vocales abiertas distintas, siguen las reglas generales de acentuación (→ 3.1). Así, *acordeón* lleva tilde por ser aguda terminada en *-n; poeta* y *chiita* no la llevan por ser llanas terminadas en vocal; *aéreo* y *caótico* se tildan por ser esdrújulas.
b) Las palabras con hiato formado por una vocal cerrada tónica y una vocal abierta átona, o por una vocal abierta átona y una cerrada tónica, siempre llevan tilde sobre la vocal cerrada, con independencia de que lo exijan o no las reglas generales de acentuación: *María, puntúa, dúo, laúd, feúcho, oír.*

La presencia de una hache intercalada no es un inconveniente para tildar la vocal tónica del hiato si fuese preciso: *búho, prohíbe.*

3.3. Tilde diacrítica

La tilde diacrítica es el acento gráfico que permite distinguir palabras con idéntica forma, pero que pertenecen a categorías gramaticales diferentes. En general, llevan tilde diacrítica las formas tónicas (las que se pronuncian con acento prosódico o de intensidad) y no la llevan las formas átonas (las que carecen de acento prosódico o de intensidad dentro de la cadena hablada).

3.3.1. Tilde diacrítica en monosílabos

TILDE DIACRÍTICA EN MONOSÍLABOS *			
de	preposición: *Quiero tarta* DE *manzana.* sustantivo ('letra'): *Ha escrito una* DE *torcida.*	*dé*	forma del verbo *dar:* DÉ *las gracias al portero.*
el	artículo: EL *árbol se ha secado.*	*él*	pronombre personal: *Lo ha hecho* ÉL.

mas	conjunción adversativa: *Intentó ir, MAS no pudo ser.*	*más*	adverbio, adjetivo o pronombre: *Ella es MÁS inteligente.* *No me des MÁS preocupaciones.* *No quiero MÁS.* conjunción con valor de suma o adición: *Dos MÁS dos son cuatro.* sustantivo ('signo matemático'): *En esta suma falta el MÁS.*
mi	adjetivo posesivo: *Esta es MI casa.* sustantivo ('nota musical'): *El compás empieza con un MI.*	*mí*	pronombre personal: *A MÍ no me eches la culpa.*
se	pronombre, con distintos valores: *¿SE lo has dicho?* *Ya SE viste él solo.* *SE saludaron en la escalera.* *No SE arrepiente de nada.* *El barco SE hundió en pocos minutos.* indicador de impersonalidad: *Aquí SE come muy bien.* indicador de pasiva refleja: *SE compran muebles antiguos.*	*sé*	forma del verbo *ser* o *saber*: *SÉ cariñoso con ella.* *Yo SÉ su teléfono.*
si	conjunción, con distintos valores: *SI lo sabes, cállate.* *Pregunta SI es allí.* *SI será inocente...* *¡SI he aprobado!* sustantivo ('nota musical'): *Afinó la cuerda en SI.*	*sí*	adverbio de afirmación: *SÍ, quiero.* pronombre personal reflexivo: *Lo atrajo hacia SÍ.* sustantivo ('aprobación o asentimiento'): *Solo admito un SÍ como respuesta.*
te	pronombre personal: *¿TE ha visto el médico?* sustantivo ('letra'): *A la TE le falta la raya.*	*té*	sustantivo ('planta' e 'infusión'): *Allí cultivan el TÉ.* *Tomaré un TÉ.*
tu	posesivo: *Es TU hijo.*	*tú*	pronombre personal: *Habéis ganado Ana y TÚ.*

* Se tratan fuera de este cuadro otras parejas de monosílabos afectadas por la tilde diacrítica, como *qué/que, cuál/cual, cuán/cuan, quién/quien,* porque forman serie con palabras polisílabas (→ 3.3.2). También se trata aparte el caso de *aún/aun,* puesto que esta palabra puede articularse como bisílaba o como monosílaba → 3.3.5) y el caso de la conjunción *o* (→ 3.3.6).

3.3.2. Interrogativos y exclamativos

Cuando las palabras *adónde, cómo, cuál, cuán, cuándo, cuánto, dónde, qué* y *quién* tienen valor interrogativo o exclamativo, llevan tilde diacrítica. Introducen enunciados directamente interrogativos o exclamativos: *¿Adónde vamos? ¡Cómo te has puesto! ¿De quién ha sido la idea?* También introducen oraciones interrogativas o exclamativas indirectas: *Pregúntales dónde está el mercado. Verá usted qué frío hace fuera.*

Estas palabras se escriben sin tilde cuando funcionan como relativos o como conjunciones: *El lugar adonde vamos te gustará. Puede participar quien lo desee.*

3.3.3. Demostrativos

Los demostrativos *este, ese* y *aquel,* sus femeninos y sus plurales, pueden ser pronombres: *Ese ganará.* O pueden ser también adjetivos: *Estas actitudes nos preocupan.*

En cualquiera de los dos casos, los demostrativos no deben llevar tilde según las reglas de la acentuación: todos salvo *aquel,* que es aguda terminada en *-l,* son palabras llanas terminadas en vocal o en *-s.* Solamente cuando en una oración exista riesgo de ambigüedad porque el demostrativo pueda interpretarse como pronombre o adjetivo, el demostrativo llevará obligatoriamente tilde en su uso pronominal: *¿Por qué compraron aquéllos libros usados? (aquéllos* es el sujeto de la oración). *¿Por qué compraron aquellos libros usados?* (el sujeto de esta oración no está expreso, y *aquellos* acompaña al sustantivo *libros).*

Las formas neutras de los demostrativos, es decir, las palabras *esto, eso* y *aquello,* se escriben sin tilde porque son siempre pronombres: *Eso no es cierto.*

3.3.4. *sólo/solo*

La palabra *solo* puede ser un adjetivo: *No me gusta el café solo.* Y también puede ser un adverbio: *Solo nos llovió dos días.*

Se trata de una palabra llana terminada en vocal, por lo que no debe llevar tilde. Ahora bien, cuando esta palabra pueda interpretarse en un mismo enunciado como adverbio o como adjetivo, se utilizará obligatoriamente la tilde en el uso adverbial para evitar ambigüedades: *Estaré solo un mes (solo* se interpreta como adjetivo: 'en soledad, sin compañía'). *Estaré sólo un mes (sólo* se interpreta como adverbio: 'solamente, únicamente').

3.3.5. *aún/aun*

a) Lleva tilde cuando puede sustituirse por *todavía* (tanto con significado temporal como con valor ponderativo o intensivo) sin alterar el sentido de la frase: *Aún espera que vuelva. Ahora que he vuelto a ver la película, me parece aún más genial.*

b) Se escribe sin tilde cuando se utiliza con el mismo significado de *hasta, también, incluso* (o *siquiera,* con la negación *ni): Aprobaron todos, aun los que no estudian nunca. Ni aun de lejos se parece a su hermano.*

Cuando la palabra *aun* tiene sentido concesivo, tanto en la locución conjuntiva *aun cuando,* como si va seguida de un adverbio o de un gerundio, se escribe también sin tilde: *Aun cuando no lo pidas* (= aunque no lo pidas), *te lo darán. Me esmeraré, pero aun así* (= aunque sea así), *él no quedará satisfecho. Aun conociendo* (= aunque conoce) *sus limitaciones, decidió intentarlo.*

3.3.6. Tilde en la conjunción *o*

Por razones de claridad, ha sido hasta ahora tradición ortográfica escribir la *o* con tilde cuando iba colocada entre números, para distinguirla del cero: *3 ó 4, 10 ó 12.* La escritura mecanográfica hace cada vez menos necesaria esta norma, pues la letra *o* y el cero son tipográficamente muy diferentes. No obstante, se recomienda seguir tildando la *o* en estos casos para evitar toda posible confusión. La *o* no debe tildarse si va entre un número y una palabra y, naturalmente, tampoco cuando va entre dos palabras: *Había 2 o más policías.*

3.4. Acentuación de palabras y expresiones compuestas

3.4.1. Palabras compuestas sin guion

Las palabras compuestas escritas sin guion se pronuncian con un único acento prosódico que recae sobre la sílaba tónica del segundo componente. Siguen las reglas de acentuación como las palabras simples, con independencia de cómo se acentúen gráficamente sus componentes por separado: *dieciSÉIS (diez + y + seis)* se escribe con tilde por ser palabra aguda terminada en *-s; balonCESto (balón + cesto)* no lleva tilde por ser palabra llana terminada en vocal; y *cortaÚñas (corta + uñas)* sí la lleva para marcar el hiato de vocal abierta átona y cerrada tónica.

3.4.2. Adverbios en *-mente*

Los adverbios terminados en *-mente* se pronuncian con dos sílabas tónicas: la que corresponde al adjetivo del que derivan y la del elemento compositivo *-mente: LENtaMENte.* Estas palabras conservan la tilde, si la había, del adjetivo del que derivan: *fácilmente* (de *fácil);* pero *bruscamente* (de *brusco).*

3.4.3. Formas verbales seguidas de pronombres átonos

Los pronombres personales átonos *me, te, lo(s), la(s), le(s), se, nos, os* pospuestos a formas verbales se pronuncian y se escriben formando una sola palabra con la forma verbal: *espéranos, dámelo, caerse.* Estas palabras constituidas por una forma verbal y un pronombre átono siguen las reglas de la acentuación: *estaos, deme, ayudadnos* se escriben sin tilde por ser llanas terminadas en vocal o en *-s,* mientras que *mírate* y *escúchala* llevan tilde por ser esdrújulas, y *salíos* y *oídme,* por contener un hiato de vocal cerrada tónica y vocal abierta átona (o en orden inverso).

Las formas del imperativo de segunda persona del singular propias del voseo siguen, igualmente, las reglas de acentuación, tanto sin pronombre como con pronombre átono: sin pronombre llevan tilde por ser palabras agudas terminadas en vocal (*pensá, comé, decí*); cuando van seguidas de un solo pronombre, pierden la tilde al convertirse en llanas terminadas en vocal o en *-s* (*andate*) y, si van seguidas de más de un pronombre, llevan tilde por ser esdrújulas (*ponételo*).

3.4.4. Palabras compuestas con guion

Las palabras unidas entre sí mediante un guion conservan la acentuación gráfica que corresponde a cada uno de los términos por separado: *Martínez-Carnero, hispano-árabe.*

3.5. Acentuación de voces y expresiones latinas

Las voces y expresiones latinas utilizadas corrientemente en español se someten a las reglas de acentuación: *tedeum* (sin tilde, por ser palabra aguda terminada en *-m*); *álter ego* (con tilde *álter* por ser palabra llana terminada en *-r*). Sin embargo, las palabras latinas usadas en el nombre científico de las categorías taxonómicas de animales y plantas (especie, género, familia, etc.) se escriben siempre sin tilde por tratarse de nomenclaturas de uso internacional: *El nombre científico de la encina es* Quercus ilex.

3.6. Acentuación de palabras extranjeras

3.6.1. Palabras extranjeras no adaptadas

Los extranjerismos que conservan su grafía original y no han sido adaptados (razón por la cual deben escribirse en cursiva o entre comillas), así como los nombres propios originarios de otras lenguas (que se escriben en redonda), no se someten a las reglas de acentuación del español: *gin-tonic, Düsseldorf.*

3.6.2. Palabras extranjeras adaptadas

Las palabras de origen extranjero adaptadas completamente a la pronunciación y escritura del español, incluidos los nombres propios, deben someterse a las reglas de acentuación de nuestro idioma: *interviú,* del inglés *interview; minué,* del francés *menuet.*

3.7. Acentuación de letras mayúsculas

Las letras mayúsculas, tanto si se trata de iniciales como si forman parte de palabras escritas enteramente en mayúsculas, deben llevar tilde si así les corresponde según las reglas de acentuación (→ 2): *Álvaro; ATENCIÓN.* No se acentúan, sin embargo, las mayúsculas que forman parte de las siglas o acrónimos: *OCDE.*

3.8. Acentuación de abreviaciones

Las abreviaturas se escriben con tilde si incluyen la vocal tónica que lleva tilde en la palabra que representan (→ 5.1.1.2): *núm.* (por *número*), *C.ía* (por *compañía*).

Los símbolos, sin embargo, nunca se escriben con tilde (→ 5.2.1.2): *ha* (por *hectárea*), *Ex* (por *Éxodo*).

Las siglas y acrónimos solo llevan tilde cuando no están escritos con todas sus letras en mayúscula (→ 5.3.1.2 y 5.4): *láser.*

4. Puntuación

4.1. Punto

El uso fundamental del punto (.) es señalar gráficamente la pausa que marca el final de un enunciado —que no sea interrogativo o exclamativo—, de un párrafo o de un texto. La palabra que sigue al punto se escribe siempre con inicial mayúscula.

El punto recibe distintos nombres, según marque el final de un enunciado, de un párrafo o de un texto:

a) Si se escribe al final de un enunciado y a continuación, en el mismo renglón, se inicia otro, se denomina **punto y seguido.**
b) Si se escribe al final de un párrafo y el enunciado siguiente inicia un párrafo nuevo, se denomina **punto y aparte.**
c) Si se escribe al final de un escrito o de una división importante del texto, se denomina **punto final.**

Por otra parte, también se escribe punto detrás de las abreviaturas (salvo tras las formadas con barra o con paréntesis): *Sra., Excmo., Ud.* (→ 5.1.1.1). Si la abreviatura incluye alguna letra volada, el punto se coloca delante de esta: *D.ª, 1.º.*

Actualmente las siglas no llevan puntos entre las letras que las componen: *ONU* (→ 5.3.1.1).

4.1.1. Usos incorrectos

4.1.1.1. Nunca se escribe punto tras los títulos y subtítulos de libros, artículos, capítulos, textos, etc., cuando aparecen aislados y son el único texto del renglón:

Cien años de soledad

Tampoco llevan punto al final los nombres de autor que aparecen solos en un renglón en portadas o firmas de cartas.

4.1.1.2. A diferencia de las abreviaturas, los símbolos no llevan punto (→ 5.2.1.1): *4 cm* ('cuatro centímetros').

4.1.1.3. No se debe usar punto en los números escritos con cifras para separar millares, millones, etc. Para facilitar la lectura de estos números cuando constan de más de cuatro cifras, se recomienda separar estas mediante espacios por grupos de tres, contando de derecha a izquierda: *52 345, 6 462 749.*

4.1.2. Usos no lingüísticos

4.1.2.1. Se utiliza un punto para separar las horas de los minutos cuando se expresa numéricamente la hora: *8.30 h, 12.00 h.* Para ello se usan también los dos puntos (→ 4.4.3).

4.1.2.2. En los números escritos con cifras, la normativa internacional admite el uso del punto para separar la parte entera de la decimal, aunque es preferible emplear la coma (→ 4.2.3): *3.1416* o bien *3,1416.*

4.2. Coma

El signo coma (,) indica normalmente la existencia de una pausa breve dentro de un enunciado.

4.2.1. Usos lingüísticos

4.2.1.1. La coma se utiliza para delimitar incisos explicativos o comentarios. Deben utilizarse dos comas, una delante del comienzo del inciso y otra al final: *Charo, la vecina del tercero, subió a ayudarnos.*

4.2.1.2. La coma separa los elementos de una enumeración. Cuando la enumeración es exhaustiva, el último elemento va introducido por una conjunción (*y, e, o, u, ni*), delante de la cual no debe escribirse coma: *Es un chico reservado, estudioso y de buena familia. ¿Quieres té, café o manzanilla?*

4.2.1.3. Se utilizan comas las aislar los sustantivos que funcionan como vocativos, esto es, que sirven para llamar o nombrar al interlocutor: *Javier, no quiero que salgas. Has de saber, muchacho, que tu padre era amigo mío.*

4.2.1.4. Se escribe coma para separar el sujeto de los complementos verbales cuando el verbo está elidido por haber sido mencionado con anterioridad o estar sobrentendido: *Su hijo mayor es rubio; el pequeño, moreno.*

4.2.1.5. Se escribe coma delante de las conjunciones o locuciones conjuntivas que unen las oraciones incluidas en una oración compuesta, en los casos siguientes:

a) Ante oraciones coordinadas adversativas introducidas por *pero, mas, aunque, sino (que): Hazlo si quieres, pero luego no digas que no te lo advertí.*
b) Ante oraciones consecutivas introducidas por *conque, así que, de manera que,* etc.: *Prometiste acompañarla, así que ahora no te hagas el remolón.*
c) Ante ciertas oraciones causales: *Ha llovido, porque está el suelo mojado.*

4.2.1.6. Cuando se invierte el orden regular de las partes de un enunciado, anteponiendo al verbo elementos que suelen ir pospuestos —complementos del predicado o, en oraciones compuestas, las subordinadas adverbiales—, se escribe coma detrás del bloque anticipado: *Con un poco de paciencia, lograrás arreglarlo. Si vas allí en otoño, no te olvides el paraguas.*

4.2.1.7. Se escribe coma detrás de determinados enlaces como *esto es, es decir, a saber, pues bien, ahora bien, en primer lugar, por uno/otro lado, por una/otra parte, en fin, por último, además, con todo, en tal caso, sin embargo, no obstante, por el contrario, en cambio* y otros similares, así como detrás de muchos adverbios o locuciones adverbiales que modifican a toda la oración y no solo a uno de sus elementos, como *efectivamente, generalmente, naturalmente, por regla general,* etc.: *Por lo tanto, los que no tengan invitación no podrán entrar; no obstante, podrán seguir el acto a través de pantallas. Naturalmente, los invitados deben vestir de etiqueta.*

Si estas expresiones van en medio de la oración, se escriben entre comas: *Estas palabras son sinónimas, es decir, significan lo mismo.*

4.2.1.8. En la datación de cartas y documentos, se escribe coma entre el lugar y la fecha: *Santiago, 8 de enero de 2005;* o entre el día de la semana y el del mes: *Lunes, 23 de enero de 2002.*

4.2.1.9. En las direcciones, en España se escribe coma entre la calle y el número del inmueble: *Calle del Sol, 34; Avenida de la Constitución, n.º 2.*

4.2.2. Usos incorrectos

4.2.2.1. Es incorrecto escribir coma entre el sujeto y el verbo de una oración, incluso cuando el sujeto es largo o está compuesto de varios elementos separados por comas; así, no está bien puntuado el ejemplo siguiente: *Mis padres, mis tíos, mis abuelos, me felicitaron ayer.* Sí se escribe coma cuando el sujeto es una enumeración que se cierra con *etcétera* (o su abreviatura *etc.*) o cuando tras el sujeto se abre un inciso entre comas: *El novio, los parientes, etc., esperaban ya. Mi hermano, como tú sabes, es deportista.*

4.2.2.2. No debe escribirse coma delante de la conjunción *que* cuando esta tiene sentido consecutivo y va precedida, inmediatamente o no, de *tan(to)* o *tal: Tiene tanta fuerza de voluntad que logra todo lo que se propone.*

4.2.2.3. No se escribe coma detrás de *pero* cuando precede a una oración interrogativa o exclamativa: *Pero ¿dónde vas a estas horas? Pero ¡qué barbaridad!*

4.2.2.4. El uso de la coma tras las fórmulas de saludo en cartas y documentos es un anglicismo ortográfico que debe evitarse; en español se emplean los dos puntos (→ 4.4.1.3): *Querida amiga: / Te escribo esta carta para comunicarte...*

4.2.3. Usos no lingüísticos

En las expresiones numéricas escritas con cifras, la normativa internacional establece el uso de la coma, escrita siempre en la parte inferior, para separar la parte entera de la parte decimal: $\pi = 3{,}1416$. También se acepta el uso anglosajón del punto (→ 4.1.2.2): $\pi = 3{.}1416$.

4.3. Punto y coma

El signo punto y coma (;) indica una pausa mayor que la marcada por la coma y menor que la señalada por el punto. La primera palabra que sigue al punto y coma se escribe con minúscula.

4.3.1. Usos lingüísticos

4.3.1.1. Se emplea punto y coma para separar los elementos de una enumeración cuando se trata de expresiones complejas que incluyen comas: *Cada grupo irá por un lado: el primero, por la izquierda; el segundo, por la derecha.*

4.3.1.2. Para separar oraciones sintácticamente independientes entre las que existe una estrecha relación semántica: *Todo el mundo a casa; ya no hay nada más que hacer.*

4.3.1.3. Se escribe punto y coma delante de conectores de sentido adversativo, concesivo o consecutivo, como *pero, mas, aunque, sin embargo, por tanto, por consiguiente,* etc., cuando las oraciones que encabezan tienen cierta longitud: *Los jugadores se entrenaron intensamente durante todo el mes; sin embargo, los resultados no fueron los que el entrenador esperaba.*

Si el período encabezado por la conjunción es corto, se usa la coma; y si tiene una extensión considerable, es mejor utilizar el punto y seguido:

Vendrá, pero tarde.
Este año han sido muy escasos los días en que ha llovido desde que se sembraron los campos. Por consiguiente, lo esperable es que haya malas cosechas y que los agricultores se vean obligados a solicitar ayudas gubernamentales.

4.4. Dos puntos

El signo dos puntos (:) representa una pausa mayor que la de la coma y menor que la del punto. Los dos puntos detienen el discurso para llamar la atención sobre lo que sigue.

4.4.1. Usos lingüísticos

4.4.1.1. Preceden a una enumeración de carácter explicativo: *Ayer me compré dos libros: uno de Carlos Fuentes y otro de Cortázar.*

4.4.1.2. Preceden a la reproducción de citas o palabras textuales, que deben escribirse entre comillas e iniciarse con mayúscula: *Ya lo dijo Ortega y Gasset: «La claridad es la cortesía del filósofo».*

4.4.1.3. Se emplean tras las fórmulas de saludo en el encabezamiento de cartas y documentos. En este caso, la palabra que sigue a los dos puntos se escribe con inicial mayúscula y en renglón aparte: *Estimado Tomás: / Cuando recibas esta carta...*

4.4.1.4. Sirven para separar una ejemplificación del resto de la oración: *De vez en cuando tiene comportamientos inexplicables: hoy ha venido a la oficina en zapatillas.*

4.4.1.5. Se usan también para conectar oraciones relacionadas entre sí sin necesidad de emplear otro nexo. Son varias las relaciones que pueden expresar:

a) Causa-efecto: *Se ha quedado sin trabajo: no podrá ir de vacaciones este verano.*
b) Conclusión, consecuencia o resumen de la oración anterior: *El arbitraje fue injusto y se cometieron demasiados errores: al final se perdió el partido.* En este caso se usa también el punto y coma (→ 4.3.1.2).
c) Verificación o explicación de la oración anterior, que suele tener un sentido más general: *La paella es un plato muy completo y nutritivo: tiene la fécula del arroz, las proteínas de sus carnes y pescados, y la fibra de sus verduras.* En este caso se usa también el punto y coma (→ 4.3.1.2).

4.4.2. Uso incorrecto

Es incorrecto escribir dos puntos entre una preposición y el sustantivo o sustantivos que esta introduce; así, no está bien puntuado el ejemplo siguiente: *En la reunión había representantes de: Bélgica, Holanda y Luxemburgo.*

4.4.3. Uso no lingüístico

Se emplean dos puntos para separar las horas de los minutos en la expresión de la hora: *15:30 h.* Con este valor se usa también el punto (→ 4.1.2.1).

4.5. Puntos suspensivos

El signo puntos suspensivos (...) está formado por tres puntos consecutivos —y solo tres—. Se llama así porque entre sus usos principales está el de dejar en suspenso el discurso.

4.5.1. Usos lingüísticos

4.5.1.1. Se utilizan puntos suspensivos para indicar la existencia en el discurso de una pausa transitoria que expresa duda, temor, vacilación o suspense: *Quería preguntarte... No sé..., bueno..., que si quieres ir conmigo a la fiesta. Si yo te contara...*

4.5.1.2. Para señalar la interrupción voluntaria de un discurso cuyo final se da por conocido o sobrentendido por el interlocutor: *A pesar de que prepararon cuidadosamente la expedición, llevaron materiales de primera... Bueno, ya sabéis cómo acabó la cosa.*

4.5.1.3. Para insinuar, evitando su reproducción, expresiones o palabras malsonantes o inconvenientes: *Vete a la m... No te aguanto más.*

4.5.1.4. Con intención enfática o expresiva: *Ser... o no ser... Esa es la cuestión.*

4.5.1.5. Al final de enumeraciones abiertas o incompletas, con el mismo valor que la palabra *etcétera* o su abreviatura: *Puedes hacer lo que quieras: leer, ver la televisión...*

Debe evitarse, por redundante, la aparición conjunta de ambos elementos.

4.5.1.6. Entre corchetes [...] o entre paréntesis (...), los puntos suspensivos indican la supresión de una palabra o un fragmento en una cita textual: *«Fui don Quijote de la Mancha y soy agora [...] Alonso Quijano el Bueno»* (M. de Cervantes: *Quijote* II).

4.6. Signos de interrogación y exclamación

Los signos de interrogación (¿?) y de exclamación (¡!) sirven para representar en la escritura, respectivamente, la entonación interrogativa o exclamativa de un enunciado.

4.6.1. Indicaciones sobre su uso correcto

4.6.1.1. Son signos dobles, pues existe un signo de apertura y otro de cierre, que deben colocarse de forma obligatoria al comienzo y al final del enunciado correspondiente. Es incorrecto suprimir los signos de apertura (¿ ¡): *¡Qué alegría verte! ¿Cuánto hace que no venías?*

4.6.1.2. Tras los signos de cierre puede colocarse cualquier signo de puntuación, salvo el punto. Cuando los signos de cierre (?!) constituyen el final de un enunciado, la oración siguiente ha de comenzar con mayúscula: *¡Qué le vamos a hacer! Otra vez será.*

4.6.1.3. Los signos de apertura (¿ ¡) se han de colocar justo donde empieza la pregunta o la exclamación, aunque no se corresponda con el inicio del enunciado; en ese caso, la interrogación o la exclamación se inician con minúscula: *Por lo demás, ¿qué aspecto tenía tu hermano? Si encuentras trabajo, ¡qué celebración vamos a hacer!*

4.6.1.4. Los vocativos (sustantivos que sirven para llamar al interlocutor), cuando ocupan el primer lugar del enunciado, se escriben fuera de la pregunta o de la exclamación; pero si van al final, se consideran incluidos en ellas: *Raquel, ¿sabes ya cuándo vendrás? / ¿Sabes ya cuándo vendrás, Raquel?*

4.7. Paréntesis

Los paréntesis constituyen un signo ortográfico doble ( ) que se usa para insertar en un enunciado una información complementaria o aclaratoria.

4.7.1. Usos lingüísticos

4.7.1.1. Se emplean paréntesis cuando se interrumpe el enunciado con un inciso aclaratorio o accesorio: *Las asambleas (la última duró cuatro horas) se celebran en el salón de actos.* Aunque también las comas y las rayas se utilizan para enmarcar incisos (→ 4.2.1.1 y 4.9.1.1), el uso de los paréntesis implica menor relación con el enunciado en que se inserta.

4.7.1.2. Para intercalar algún dato o precisión, como fechas, lugares, el desarrollo de una sigla, el nombre de un autor o de una obra citados, etc.: *Toda su familia nació en Guadalajara (México). Representa a la ONU (Organización de Naciones Unidas).*

4.7.1.3. Para introducir opciones en un texto. En estos casos se encierra entre paréntesis el elemento que constituye la alternativa, sea este una palabra completa, sea uno de sus segmentos: *En el documento se indicará(n) el (los) día(s) solicitado(s).* En este uso, el paréntesis puede alternar con la barra (→ 4.11.3.2).

4.7.1.4. En la reproducción de citas textuales, se usan tres puntos entre paréntesis para indicar que se omite un fragmento del original: *«Pensé que él no pudo ver mi sonrisa (...) por lo negra que estaba la noche»* (J. Rulfo: *Pedro Páramo*). En estos casos es más frecuente y recomendable el uso de los corchetes (→ 4.8.1.4).

4.7.1.5. Para encerrar, en las obras teatrales, las acotaciones del autor o los apartes de los personajes:

«BERNARDA. (Golpeando con el bastón en el suelo). ¡No os hagáis ilusiones de que vais a poder conmigo!» (F. García Lorca: *La casa de Bernarda Alba*).

4.8. Corchetes

Los corchetes constituyen un signo ortográfico doble [ ] que se utiliza de forma parecida a los paréntesis que incorporan información complementaria o aclaratoria.

4.8.1. Usos lingüísticos

4.8.1.1. Se usan corchetes cuando dentro de un enunciado que va entre paréntesis es preciso introducir alguna precisión o nota aclaratoria: *Una de las últimas novelas que publicó Galdós (algunos estudiosos consideran su obra* Fortunata y Jacinta *[1886-87] la mejor novela española del siglo XIX) fue* El caballero encantado *(1909).*

4.8.1.2. En libros de poesía, se coloca un corchete de apertura delante de las últimas palabras de un verso cuando no se ha transcrito en una sola línea y se termina, alineado a la derecha, en el renglón siguiente:

«*Y los ritmos indóciles vinieron acercándose,
juntándose en las sombras, huyéndose y
                                    [buscándose*»
(J. A. Silva: *Obra poética*).

4.8.1.3. En la transcripción de un texto, se emplean para marcar cualquier interpolación o modificación en el texto original, como aclaraciones, adiciones, enmiendas o el desarrollo de abreviaturas: *Hay otros [templos] de esta misma época de los que no se conserva prácticamente nada. Subió la cue[s]ta con dificultad. [En el original,* cuenta*].*

4.8.1.4. Se usan tres puntos entre corchetes para indicar, en la transcripción de un texto, que se ha omitido un fragmento del original: «*Pensé que él no pudo ver mi sonrisa [...] por lo negra que estaba la noche*» (J. Rulfo: *Pedro Páramo*). También se usan los paréntesis con este valor (→ 4.7.1.4).

4.9. Raya

La raya es un signo de puntuación representado por un trazo horizontal (—) de mayor longitud que el correspondiente al guion (-), con el cual no se debe confundirse. Dependiendo de los usos concretos, puede utilizarse, bien aisladamente, bien como un signo doble para encerrar partes del enunciado.

4.9.1. Usos lingüísticos

4.9.1.1. Para encerrar aclaraciones o incisos se usan dos rayas, una de apertura y otra de cierre: *Lo más importante para él es su perro —un caniche feo y antipático—.* Con este fin pueden utilizarse también las comas o los paréntesis (→ 4.2.1.1 y 4.7.1.1).

4.9.1.2. En la reproducción escrita de un diálogo, la raya precede a la intervención de cada uno de los interlocutores, sin que se mencione el nombre de estos: *—¿Cuándo volverás? —No tengo ni idea.*

4.9.1.3. En textos narrativos, la raya se utiliza también para introducir o enmarcar los comentarios del narrador a las intervenciones de los personajes. En este uso deben tenerse en cuenta las siguientes indicaciones:

a) No se escribe raya de cierre si tras el comentario del narrador no sigue hablando inmediatamente el personaje: *—Espero que todo salga bien —dijo Azucena con gesto ilusionado. / A la mañana siguiente, Azucena se levantó nerviosa.*
b) Se escriben dos rayas, una de apertura y otra de cierre, cuando las palabras del narrador interrumpen la intervención del personaje y esta continúa inmediatamente después: *—Lo principal es sentirse viva —añadió Pilar—. Afortunada o desafortunada, pero viva.*

4.9.1.4. Las rayas se usan también para enmarcar los comentarios del transcriptor de una cita textual: «*Es imprescindible —señaló el ministro— que se refuercen los sistemas de control sanitario en las fronteras*».

4.10. Comillas

Signo ortográfico doble del cual se usan diferentes tipos en español: las comillas angulares (« »), las inglesas (" ") y las simples (' ').

4.10.1. Usos lingüísticos

4.10.1.1. Se utilizan comillas para enmarcar la reproducción de citas textuales: *Sus palabras fueron: «Por favor, el pasaporte».*

4.10.1.2. Para indicar que una palabra o expresión es impropia, vulgar, procede de otra lengua o se utiliza irónicamente o con un sentido especial: *Dijo que la comida llevaba muchas «especies».* En el salón han puesto una «boiserie».

En textos impresos en letra redonda es más frecuente y recomendable reproducir los extranjerismos sin adaptar en letra cursiva.

4.10.1.3. Cuando en un texto manuscrito se comenta un término desde el punto de vista lingüístico, este se escribe entrecomillado: *La palabra «cándido» es esdrújula.* En textos impresos en letra redonda es preferible utilizar en este caso la cursiva.

4.10.1.4. En obras de carácter lingüístico, las comillas simples se utilizan para enmarcar los significados: *La voz* apicultura *está formada a partir de los términos latinos* apis *'abeja' y* cultura *'cultivo, crianza'.*

4.10.1.5. Se usan las comillas para citar el título de un artículo, un poema, un capítulo de un libro o, en general, cualquier parte dependiente dentro de una publicación; los títulos de los libros y los nombres de publicaciones periódicas, sin embargo, se escriben en cursiva: *Su artículo «Repensar la ortografía» está publicado en la revista* Arbor.

4.11. Uso de signos auxiliares

4.11.1. Guion

Este signo ortográfico auxiliar (-) no debe confundirse con la raya (—), que tiene una mayor longitud. El guion se usa tanto para unir palabras u otros signos, como para dividir palabras a final de línea cuando es necesario por razones de espacio.

4.11.1.1. Como signo de unión entre palabras u otros signos

Se utiliza, bien para unir, en determinados casos, los dos elementos que integran una palabra compuesta (*franco-alemán, bomba-trampa*), bien para expresar distintos tipos de relaciones entre palabras simples (*relación calidad-precio, dirección Norte-Sur*), funcionando con valor de enlace similar al de una preposición o una conjunción. En ambos casos, cada uno de los elementos unidos por el guion conserva la acentuación gráfica que le corresponde como palabra independiente.

Los prefijos se unen directamente a la palabra base sin necesidad de guion (*antinatural, prerrevolucionario*, etc.). Solo cuando el prefijo precede a una sigla o a una palabra que comienza por mayúscula, se escribe guion intermedio: *anti-OTAN, anti-Mussolini.*

El guion también puede unir números, sean arábigos o romanos, para designar el espacio comprendido entre uno y otro: *las páginas 23-45; durante los siglos X-XII; temporada 1992-93.*

4.11.1.2. Como signo de división de palabras a final de línea

Cuando, por motivos de espacio, se deba dividir una palabra al final de una línea, se utilizará el guion de acuerdo con las siguientes normas:

1. El guion no debe separar letras de una misma sílaba: *te- / léfono, telé- / fono* o *teléfo- / no.* Existe una excepción a esta regla, pues en la división de las palabras compuestas de otras dos, o en aquellas integradas por una palabra y un prefijo, se dan dos posibilidades:

a) Se pueden dividir coincidiendo con el silabeo de la palabra: *ma- / linterpretar, rein- / tegrar.*

b) Se pueden dividir separando sus componentes: *mal- / interpretar, re- / integrar.* Esta división solo es posible si los dos componentes del compuesto tienen existencia independiente, o si el prefijo sigue funcionando como tal en la lengua moderna.

2. Dos o más vocales seguidas nunca se separan al final de renglón, formen diptongo, triptongo o hiato: *cau- / sa,* y no *ca- / usa; come- / ríais,* y no *comerí- /ais.* La única excepción se da si las vocales forman parte de dos componentes de una palabra compuesta o con prefijo: *re- / abierto.*

3. Cuando la primera sílaba de una palabra es una vocal, no se dejará esta letra sola al final del renglón, salvo que vaya precedida por una *h: amis- / tad,* y no *a- / mistad,* pero *he- / rederos.*

4. Para dividir con guion de final de línea las palabras que contienen una *h* intercalada, se actuará como si esta letra muda no existiese, aplicando las mismas reglas que para el resto de palabras; por lo tanto, no podrán romperse sílabas ni secuencias vocálicas, salvo que se trate de palabras compuestas o con prefijo que cumplan los requisitos expuestos anteriormente: *adhe- / rente* (no *ad- / herente*), *in- / humano* (→ regla 1b); *al- / cohol* (no *alco- / hol*), *prohí- / ben* (no *pro- / híben*) (→ regla 2); *ahu- / mar, alha- / raca* (→ regla 3). Hay una única restricción: en las palabras con hache intercalada no podrá aplicarse ninguna regla general que dé como resultado la presencia, a comienzo de renglón, de combinaciones gráficas extrañas; son, pues, inadmisibles divisiones como *desi- / nhibición, de- / shumanizar,* pues, aunque se atienen a la regla de dividir las palabras por alguna de sus sílabas, dejan a principio de línea los grupos consonánticos *nh, sh,* ajenos al español.

5. Cuando la *x* va seguida de vocal, es indisociable de esta en la escritura, de forma que el guion de final de línea debe colocarse delante de la *x: bo- / xeo.* Si va seguida de consonante, la *x* forma sílaba con la vocal precedente: *ex- / traño.*

6. En cuanto a la división a final de renglón de grupos de consonantes, debe tenerse en cuenta lo siguiente:

a) Los dígrafos *ch, ll* y *rr* no se dividen con guion de final de línea, ya que representan, cada uno de ellos, un solo sonido: *ca- / lle, pe- / rro, pena- / cho.*

b) Cuando en una palabra aparecen dos consonantes seguidas, iguales o diferentes, generalmente la primera pertenece a la sílaba anterior y la segunda a la sílaba siguiente: *con - ten - to, per - fec - ción.* Son excepción los grupos formados por una consonante seguida de *l* o *r,* como *bl, cl, fl, gl, kl, pl, br, cr, dr, fr, gr, kr, pr, tr,* pues siempre inician sílaba y no pueden separarse: *de- / clarar, su- / primir.* No obstante, cuando las secuencias *br* y *bl* surgen por la adición de un prefijo a otra palabra, sí pueden separarse, puesto que cada consonante pertenece a una sílaba distinta: *sub- / rayar, sub- / lunar.*

c) El grupo *tl* podrá separarse o no con guion de final de línea según que las consonantes que lo componen se articulen en sílabas distintas (como ocurre en la mayor parte de la España peninsular) o dentro de la misma sílaba (en Hispanoamérica y Canarias y algunas áreas españolas peninsulares): *at- / leta, atle- / ta.*

d) Cuando hay tres consonantes seguidas dentro de una palabra, se reparten entre dos sílabas, teniendo en cuenta la inseparabilidad de los grupos señalados como excepción en el apartado b, que siempre inician sílaba y no pueden separarse, y los grupos formados por las consonantes *st, ls, ns, rs, ds, bs,* que siempre cierran sílaba y tampoco deben separarse: *supers- / ticioso, abs- / tenerse.* Así pues, la tercera consonante que se haya sumado a estos grupos formará parte de la sílaba anterior, en el caso de los grupos detallados en el apartado b: *des- / plazar;* o de la posterior, en el caso de los grupos detallados en este apartado: *cons- / tante.*

e) Cuando las consonantes consecutivas son cuatro, las dos primeras pertenecen a la primera sílaba y las otras dos, a la siguiente: *cons- / treñir.*

7. Es preferible no dividir a final de línea las palabras en otras lenguas, a no ser que se conozcan las reglas vigentes para ello en los idiomas respectivos.

8. Las abreviaturas y las siglas no se dividen a final de línea. Solo los acrónimos que se han incorporado al léxico general pueden dividirse: *lá- / ser, ov- / nis.*

9. Cuando coincide con el final de línea un guion de una palabra compuesta, debe repetirse este signo al comienzo de la línea siguiente, para evitar que quien lee considere que el compuesto se escribe sin guion: *teórico- / -práctico.*

4.11.2. Diéresis

Este signo auxiliar está representado por dos puntos (¨) dispuestos horizontalmente sobre la vocal a la que afectan. En español tiene los usos siguientes:

4.11.2.1. Se coloca obligatoriamente sobre la *u* (minúscula o mayúscula) para indicar que esta vocal ha de pronunciarse en las combinaciones *gue* y *gui: vergüenza, LINGÜÍSTICA.*

4.11.2.2. En textos poéticos, la diéresis puede colocarse sobre la primera vocal de un diptongo para indicar que las vocales que lo componen deben pronunciarse en sílabas distintas: *«¡Oh! ¡Cuán süave resonó en mi oído / el bullicio del mundo y su rüido!»* (J. de Espronceda: *El diablo mundo*).

4.11.3. Barra

La barra es una línea diagonal que se traza de arriba abajo y de derecha a izquierda (/). Se usa en los casos siguientes:

4.11.3.1. Sustituye a una preposición en expresiones como *120 km/h* (= kilómetros por hora), *Real Decreto Legislativo 1/1995 de 24 de marzo* (= primer decreto de 1995), *salario bruto 1800 euros/mes* (= euros al mes). En este uso se escribe sin separación alguna de los signos gráficos que une.

4.11.3.2. Colocada entre dos palabras, o entre una palabra y un morfema, indica la existencia de dos o más opciones posibles. En este caso tampoco se escribe entre espacios y puede sustituirse por paréntesis (→ 4.7.1.3): *El/los día/s pasado/s; Querido/a amigo/a.*

4.11.3.3. Forma parte de algunas abreviaturas (→ 5.1.1.1): *c/* (por *calle*), *c/c* (por *cuenta corriente*).

4.11.3.4. También se emplea para separar los versos en los textos poéticos que se reproducen en línea seguida. En este caso, la barra se escribe entre espacios: *«¡Si después de las alas de los pájaros, / no sobrevive el pájaro parado! / ¡Más valdría, en verdad, / que se lo coman todo y acabemos!»* (C. Vallejo: *Poemas humanos*).

5. Abreviaciones

5.1. Abreviaturas

Las abreviaturas son representaciones gráficas reducidas de una palabra o grupo de palabras, obtenidas por eliminación de algunas de las letras o sílabas de su escritura completa y que siempre se leen sustituyéndolas por la palabra que representan.

5.1.1. Escritura

5.1.1.1. Se escribe siempre punto detrás de las abreviaturas (*tel.* por *teléfono*) salvo en el caso de las abreviaturas con barra (*c/* por *calle*). En las abreviaturas que llevan letras voladas, el punto se escribe delante de estas: *n.º*, *3.ᵉʳ*.

Si una abreviatura coincide con final de enunciado, el punto de la abreviatura sirve de punto de cierre de enunciado, de modo que solo se escribirá un punto y no dos. Los otros signos de puntuación sí deben escribirse tras el punto de la abreviatura; por lo tanto, si tras una abreviatura hay puntos suspensivos, se escriben cuatro puntos: *Algunas abreviaturas con tilde son pág., teléf., admón....*

5.1.1.2. Las abreviaturas mantienen la tilde en caso de incluir la vocal que la lleva en la palabra desarrollada: *pág.* (por *página*), *C.ía* (por *compañía*).

5.1.1.3. Las abreviaturas tienen variación de número. Las que están formadas por una sola letra forman su plural duplicándola: *ss.* por *siguientes*, *EE. UU.* por *Estados Unidos*. Las que están formadas por más letras, añaden *-s* o *-es*: de *pág.*, *págs.* (por *páginas*); de *dpto.*, *dptos.* (por *departamentos*); de *admón.*, *admones.* (por *administraciones*); de *n.º*, *n.ᵒˢ* (por *números*). Las abreviaturas de formas verbales no varían en plural: *v.* vale como abreviatura de *véase* y de *véanse*.

5.1.1.4. Algunas abreviaturas pueden tener variación de género: *Ldo.*, *Lda.* por *licenciado, licenciada; Sr., Sra.* por *señor, señora*.

5.1.1.5. En general, las abreviaturas se escriben con mayúscula o minúscula según corresponda a la palabra o expresión abreviadas: *Bs. As.* (por *Buenos Aires*); *etc.* (por *etcétera*).

5.1.1.6. Cuando la abreviatura corresponde a una expresión compleja, se separan mediante un espacio las letras que representan cada una de las palabras que la integran: *b. l. m.* (por *besa la mano*), *SS. MM.* (por *sus majestades*).

5.2. Símbolos

Los símbolos son abreviaciones de carácter científico-técnico y están constituidos por letras o por signos no alfabetizables. En general, son fijados convencionalmente por instituciones de normalización y poseen validez internacional. Los símbolos más comunes son los referidos a unidades de medida (*m*, *kg*), elementos químicos (*Ag*, *C*, *Fe*), puntos cardinales (*N*, *S*, *SE*), operaciones y conceptos matemáticos (+, $\sqrt{\ }$, %) y monedas ($, £, ¥, €, CLP). También se utilizan símbolos para denominar abreviadamente los libros de la Biblia: *Gn* (*Génesis*), *Lv* (*Levítico*).

Los símbolos, como las abreviaturas, se leen sustituyéndolos por la palabra que representan, salvo que estén integrados en una fórmula química o matemática, en que lo normal es el deletreo: CO_2 (se lee "ce-o-dos"), $2\pi r$ (se lee "dos-pi-erre").

5.2.1. Escritura

5.2.1.1. Se escriben siempre sin punto: *cm* (por *centímetro*), *He* (por *helio*).

5.2.1.2. No llevan nunca tilde, aunque mantengan la letra que la lleva en la palabra que representan: *a* (y no *á*) por *área* y *ha* (y no *há*) por *hectárea*.

5.2.1.3. No varían de forma en plural: *25 km* (por *veinticinco kilómetros*).

5.2.1.4. Los símbolos se escriben con mayúscula o minúscula dependiendo de la naturaleza del símbolo. Así, los de los puntos cardinales se escriben siempre con mayúsculas: *N*, *SE*. Los de los elementos químicos se escriben con una sola letra mayúscula: *C*, *O*; o, con inicial mayúscula si están constituidos por dos letras: *Ag*, *Fe*. Las unidades de medida se escriben normalmente con minúscula: *g*, *dm*, *ha*, salvo las que tienen su origen en nombres propios de persona: *N* por *newton* (de *Isaac Newton*), *W* por *vatio* (de *Jacobo Watt*); o las que incorporan algunos prefijos para formar múltiplos, como *M-* (*mega-*), *G-* (*giga-*). Los símbolos de las unidades monetarias, cuando están constituidos por letras, se escriben con mayúscula: *ARP*, símbolo del peso argentino; *ECS*, símbolo del sucre ecuatoriano.

5.2.1.5. Los símbolos que acompañan a una cifra se escriben normalmente pospuestos a esta y separados de ella por un blanco de separación: *18 $, 125 m²*. Se exceptúan el símbolo del porcentaje y el de los grados, que se escriben pegados a la cifra a la que acompañan: *25%, 12°*. Los grados de temperatura tienen una ortografía diversa, según que aparezca o no especificada la escala en que se miden; así, se escribirá *12°*, pero *12 °C* (por *doce grados Celsius*). Para las monedas, el uso en España prefiere la escritura pospuesta y con blanco de separación: *3 £, 50 $*; en cambio, en América, por influjo anglosajón, los símbolos monetarios, cuando no son letras, suelen aparecer antepuestos y sin blanco de separación: *£3, $50*.

5.3. Siglas

Se llama sigla tanto a la palabra formada por las iniciales de los términos que integran una denominación compleja (exceptuando, generalmente, preposiciones y artículos), como a cada una de esas letras iniciales. Las siglas se utilizan para referirse de forma abreviada a organismos, empresas, objetos, sistemas, asociaciones, etc. Muchas siglas acaban incorporándose como sustantivos al léxico común.

A diferencia de las abreviaturas y los símbolos, las siglas se leen sin restablecer la expresión a la que reemplazan, siguiendo el procedimiento que requiera su forma.

a) Hay siglas que se leen tal y como se escriben, las cuales reciben también el nombre de acrónimos (→ 5.4): *ONU, láser*.

b) Hay siglas cuya forma impronunciable obliga a leerlas con deletreo: *DDT* se lee "de-de-te".

c) Hay siglas que se leen combinando ambos métodos: *CD-ROM* se lee "ce-de-rom".

5.3.1. Escritura

5.3.1.1. Las siglas se escriben hoy sin puntos ni blancos de separación: *OTAN*.

5.3.1.2. Las siglas presentan normalmente en mayúscula todas las letras que las componen (*ADN*) y, en ese caso, no llevan nunca tilde. Las siglas que se pronuncian como se escriben, esto es, los acrónimos, se pueden escribir solo con la inicial mayúscula si se trata de nombres propios y tienen más de cuatro letras: *Unicef, Unesco*; o con todas sus letras minúsculas, si se trata de nombres comunes: *ovni, sida*. Los acrónimos escritos con minúsculas sí deben someterse a las reglas de acentuación gráfica del español: *láser*.

5.3.1.3. Si los dígrafos *ch* y *ll* forman parte de una sigla, va en mayúscula el primer carácter y en minúscula el segundo: *PCCh*, sigla de *Partido Comunista de China*.

5.3.1.4. Aunque en la lengua oral tienden a tomar marca de plural, las siglas son invariables en la escritura: *las ONG*; por ello, cuando se quiere aludir a varios referentes, es recomendable introducir la sigla con determinantes que indiquen pluralidad: *Representantes de algunas/varias/numerosas ONG*.

Debe evitarse el uso, copiado del inglés, consistente en formar el plural de las siglas añadiendo al final una *s* minúscula, precedida o no de apóstrofo; así, no debe escribirse *CD's, ONGs*.

5.3.1.5. Las siglas adoptan el género de la palabra que constituye el núcleo de la expresión abreviada: *el FMI*, por *el «Fondo» Monetario Internacional; la OEA*, por *la «Organización» de Estados Americanos*. Las siglas son una excepción a la regla que obliga a utilizar la forma *el* del artículo cuando la palabra femenina que sigue comienza por *a-* tónica; así, se dice *la APA* (y no *el APA*), por «Asociación» *de Padres de Alumnos*, ya que la palabra *asociación* no comienza por *a-* tónica.

5.4. Acrónimos

Un acrónimo es, por un lado, el término formado por la unión de elementos de dos o más palabras: *documental dramático; Mercosur*, de *documental dramático; Mercosur*, de *Mercado Común del Sur*. Por otro lado, también se llama acrónimo a la sigla que se pronuncia como una palabra: *OTAN, ovni, sida* (→ 5.3).

Es muy frecuente que estos últimos, tras una primera fase en que aparecen escritos con mayúsculas por su originaria condición de siglas (*OVNI, SIDA*), acaben por incorporarse al léxico común del idioma y se escriban con letras minúsculas (*ovni, sida*), salvo, naturalmente, la inicial cuando se trata de nombres que exigen la escritura de esta letra con mayúscula (*Unesco, Unicef*). Escritos con minúsculas, sí deben someterse a las reglas de acentuación gráfica del español: *láser, radar*.

Una vez incorporados al léxico común, los acrónimos forman el plural siguiendo las reglas generales de formación del plural en español: *ovnis, radares*.

Se acabó de imprimir este libro en Barcelona,
en los Talleres Gráficos de Printer
Industria Gráfica Newco, S. L.,
el 7 de septiembre de 2010